JN300574

刑事法辞典

三井　誠　町野　朔　曽根威彦
中森喜彦　吉岡一男　西田典之 編

刑事法辞典

信山社

はしがき

　本書は，刑法，刑事手続法，犯罪学・刑事政策という刑事法の全領域にわたって重要な項目を収録した総合的な刑事法辞典である．

1 日本では，明治維新を経て，不平等条約改正のため西洋的近代化が急がれ，政府は，フランスの法学者であるギュスタヴ・ボアソナード（Gustave Boissonade）を招いて，近代的法典の起草に当たらせた．その結果，成立したのが刑事法の分野では，1880（明治13）年の旧「刑法」（太政官布告第36号）であり，「治罪法」（太政官布告第37号）であった．それまでの中国法系の法典（仮刑律・新律綱領・改定律例）から訣別し，西欧的刑法思想を移入することとなったのである．

　以降，実体法の分野では，犯罪の増加現象を背景に，1907（明治40）年，新派刑法理論の影響を受けた現行「刑法」（法律第45号），刑事手続法の分野では，治罪法を継承する1890（明治23）年の旧旧「刑事訴訟法」（法律第96号），ドイツの刑事手続に範をとった1922（大正11）年の旧「刑事訴訟法」（法律第75号）が成立するとともに，さらに刑事政策の分野では，1908（明治41）年に，自由刑の執行方法を法律で規律した世界初の法典とされる監獄法（法律第28号）が制定された．

　第2次世界大戦後，新憲法の制定に伴って，刑法および監獄法には重要な部分改正が行われるとともに，1948（昭和23）年に，旧「刑事訴訟法」の全面改正の手続を経て，現行「刑事訴訟法」（法律第131号）および現行「少年法」（法律第168号）が制定された．また，1995（平成7）年には，刑法典全体の表記の平易化が実現した（法律第91号）．

2 旧刑法，治罪法が制定されてから現在まで，ほぼ120年を経過する．この間の刑事法をめぐる動きを，どのように総括するかは当然ながら人により一様ではない．ただし，次のようなことは言えるであろう．

　刑事法は，法の中でも最も国家権力が正面から現れる領域である．それだけに，人権保障の要請もきわめて強い．国家権力と基本的人権，これは法の基底を形作る2つの大きな柱である．人間の行為の中で，犯罪とされるのは何か．犯罪に対する刑罰はどのように設定されるか．犯罪の成否はどのようにして認定されるか．刑罰は何のために科されるか．刑事法において人身の

自由はどのようにして守られるか．これらは古くからの刑事法の課題であり，この120年間，基幹となる法律に依拠しながら議論され続けてきた．

同時に，現代社会において，法の分野は，政治，経済，文化，技術等と同様，かつてない速さと激しさで発展・変動を遂げつつある．法分野の重要な領域を占める刑事法もその例外ではない．

課題は普遍でありながらも，その具体的内容は時代に応じて移り変わる．現在は，組織犯罪等の防止・摘発，刑事司法の刷新・改革，刑事人権の充実強化，犯罪被害者の保護などが国際化，近代化，民主化，法律化などの言葉で語られている．

多様化・流動化の波の中で，何が変わり何が不変であるか，何を変え何を変えるべきでないか，現在ほど，刑事法においてこれを見極めることが求められている時代はないといってよい．こうした状況下で，刑事法全体の現段階を辞典の形で示したのが，本書である．

3 利用者の便に供するため，いずれの国にも刑事法事典・辞典の類は見られる．たとえば，アメリカでは，Joshua Dressler (ed.), Encyclopedia of Crime and Justice, 2nd ed., 4 vols., Macmillan Reference, 2002 および David Levinson (ed.), Encyclopedia of Crime and Punishment, 4 vols., Sage Publications, 2002 などがその代表であろう．犯罪に関しては，Jay Robert Nash (ed.), Encyclopedia of World Crime : Criminal Justice, Criminology, and Law Enforcement, 6 vols., Crime Books, 1989-90 もよく知られている．

刑事法専門に特化したものではないが，ドイツでは，辞書的機能を有するものとして，Lexikon des Rechts シリーズの第2巻, Strafrecht und Strafverfahrensrecht, 2. Aufl., Luchterhand, 1996 が，フランスでは，Juris-Classeur の Pénal と Procédure pénale, Encyclopédie juridique, Dalloz の Pénal などをひもとくのが一般であると言われる．

わが国でも，中辞典としては，瀧川幸辰編『刑事法学辞典』(有斐閣，初版・1957年) が長い間，重宝されてきた．とはいえ，この辞典は，1962 (昭和37) 年に改訂されてからすでに40年を経過するところとなった．

刑事法の最新情報を提供する本辞典が，他の国の事典・辞典と同様，研究者・刑事実務家はもとより，幅広く刑事法に関心を有する市民・学生のニーズに応えることができればと思う．

4 本書の特徴は次の点にある．
第1に，各項目の性質に応じ，比較法・法思想・歴史の視点を織り込みな

がら，立法・制度，学説（理論・法解釈），判例・実務等の最新の動向・到達点を提示するよう試みたことである．いわば刑事法全体にわたって，現時点における成果の集大成を目指したものである（なお，本書の項目は，2002年5月を基準とする）．

　第2に，刑事法の全領域から1686の項目を精選し，各項目につきコンパクトな解説を付す中項目辞典に徹したことである．

　刑事法の領域でも，個別テーマに関する論文・判例研究の蓄積は夥多に及ぶ現在，大項目辞典を刊行する意義は必ずしも大きくはない．一方，最近では，用語解説に多様な工夫を凝らした教科書・体系書が種々刊行されており，小項目形式の辞典の需要もそれほどではない．また，法学全般にわたる小項目辞典にも有用な例は少なくない．こうした状況を踏まえて，本書では中項目主義を採用し，項目相互の有機的関連・統一に留意し，刑事法の立体的理解を助けることとした．

　第3に，執筆者として，日本刑法学会に所属し，今まさに多方面で活躍する研究者136名の力を結集したことである．世代的には，すべて編者よりも若い層に属する（執筆者名は，各項目ごとに明示されている）．

　多数の研究者の叡智を結集した本書を末永く活用していただくよう，刑事法に関わる事情の変遷に応じて，今後，さらに版を重ね，一層の充実を期していきたい．

　2003（平成15）年1月28日

　　　　　　　　　　　　　　　　　　　三井　誠　　町野　朔　　曽根威彦
　　　　　　　　　　　　　　　　　　　中森喜彦　　吉岡一男　　西田典之

編集・執筆者

(*印は編者，所属等は2002年10月現在)

愛知 正博	中京大学法学部教授
秋葉 悦子	富山大学経済学部助教授
浅田 和茂	大阪市立大学大学院法学研究科教授
荒木 伸怡	立教大学法学部教授
石塚 伸一	龍谷大学法学部教授
井田 良	慶應義塾大学法学部教授
伊東 研祐	名古屋大学大学院法学研究科教授
伊藤 渉	東洋大学法学部助教授
指宿 信	立命館大学法学部教授
今井 猛嘉	法政大学法学部教授
岩間 康夫	大阪学院大学法学部教授
上嶌 一高	神戸大学大学院法学研究科教授
上田 信太郎	香川大学法学部助教授
上田 寛	立命館大学法学部教授
植木 博	広島修道大学法学部教授
臼木 豊	小樽商科大学商学部助教授
宇藤 崇	岡山大学法学部助教授
梅田 豊	島根大学法文学部教授
大久保 哲	元久留米大学法学部教授
大越 義久	東京大学大学院総合文化研究科教授
大澤 裕	名古屋大学大学院法学研究科教授
大塚 裕史	岡山大学法学部教授
大出 良知	九州大学大学院法学研究院教授
大沼 邦弘	成城大学法学部教授
奥村 正雄	同志社女子大学現代社会学部教授
小田 直樹	広島大学法学部教授
甲斐 克則	広島大学法学部教授
香川 喜八朗	亜細亜大学法学部教授
加藤 克佳	愛知大学法学部教授
門田 成人	島根大学法文学部教授
上口 裕	南山大学法学部教授
川出 敏裕	東京大学大学院法学政治学研究科助教授
川崎 英明	関西学院大学法学部教授
川端 博	明治大学法学部教授
北川 佳世子	海上保安大学校助教授
木村 光江	東京都立大学法学部教授
京藤 哲久	明治学院大学法学部教授
葛野 尋之	立命館大学法学部教授
葛原 力三	関西大学法学部助教授
後藤 昭	一橋大学大学院法学研究科教授
小山 雅亀	西南学院大学法学部教授
近藤 和哉	富山大学経済学部助教授
斎藤 信治	中央大学法学部教授
斉藤 豊治	東北大学大学院法学研究科教授
齋野 彦弥	横浜国立大学大学院国際社会科学研究科教授
佐伯 仁志	東京大学大学院法学政治学研究科教授
酒井 安行	青山学院大学法学部教授
酒巻 匡	上智大学法学部教授
佐久間 修	大阪大学大学院法学研究科教授
佐藤 隆之	東北大学法学部助教授
佐藤 美樹	高岡法科大学法学部助教授
椎橋 隆幸	中央大学法学部教授
塩見 淳	京都大学大学院法学研究科教授
島 伸一	駿河台大学法学部教授
島岡 まな	亜細亜大学法学部助教授
清水 一成	琉球大学法文学部教授
洲見 光男	朝日大学法学部教授
白取 祐司	北海道大学大学院法学研究科教授
城下 裕二	明治学院大学法学部教授
新屋 達之	立正大学法学部助教授
鈴木 左斗志	学習院大学法学部教授
瀬川 晃	同志社大学法学部教授
関 正晴	日本大学法学部助教授
*曽根 威彦	早稲田大学法学部教授

園田 寿	関西大学法学部教授	福島 至	龍谷大学法学部教授
高田 昭正	大阪市立大学大学院法学研究科教授	福山 道義	福岡大学法学部教授
高橋 則夫	早稲田大学法学部教授	堀内 捷三	法政大学法学部教授
髙山 佳奈子	京都大学大学院法学研究科助教授	前田 雅英	東京都立大学法学部教授
田口 守一	早稲田大学法学部教授	*町野 朔	上智大学法学部教授
只木 誠	中央大学法学部教授	松生 光正	姫路獨協大学法学部教授
多田 辰也	大東文化大学法学部教授	松代 剛枝	関西大学法学部助教授
田中 利幸	横浜国立大学経済学部教授	松原 久利	京都産業大学法学部教授
田中 開	法政大学法学部教授	松原 芳博	早稲田大学法学部教授
田淵 浩二	静岡大学人文学部助教授	松宮 孝明	立命館大学法学部教授
津村 政孝	学習院大学法学部教授	丸山 雅夫	南山大学法学部教授
寺崎 嘉博	筑波大学社会科学系教授	三島 聡	大阪市立大学大学院法学研究科助教授
土井 政和	九州大学大学院法学研究院教授	水谷 規男	愛知学院大学法学部教授
長井 長信	北海道大学大学院法学研究科教授	*三井 誠	神戸大学大学院法学研究科教授
長井 圓	横浜国立大学法学部教授	宮城 啓子	成城大学法学部教授
中空 壽雅	関東学園大学法学部助教授	宮澤 節生	早稲田大学法学部教授
長沼 範良	成蹊大学法学部教授	村山 眞維	千葉大学法経学部教授
中野目 善則	中央大学法学部教授	守山 正	拓殖大学政経学部教授
*中森 喜彦	京都大学大学院法学研究科教授	安田 拓人	大阪大学法学部助教授
鯰越 溢弘	新潟大学法学部教授	安冨 潔	慶應義塾大学法学部教授
新倉 修	青山学院大学法学部教授	安村 勉	立教大学法学部教授
*西田 典之	東京大学大学院法学政治学研究科教授	山口 厚	東京大学大学院法学政治学研究科教授
西村 秀二	富山大学経済学部教授	山田 道郎	明治大学法学部教授
野村 稔	早稲田大学法学部教授	山中 敬一	関西大学法学部教授
橋田 久	京都産業大学法学部助教授	山名 京子	奈良産業大学法学部教授
橋爪 隆	神戸大学大学院法学研究科助教授	山火 正則	神奈川大学法学部教授
橋本 正博	一橋大学大学院法学研究科教授	山本 輝之	帝京大学法学部助教授
林 幹人	上智大学法学部教授	山本 正樹	近畿大学法学部教授
林 美月子	神奈川大学法学部教授	吉井 蒼生夫	神奈川大学法学部教授
林 陽一	千葉大学法経学部教授	*吉岡 一男	京都大学大学院法学研究科教授
久岡 康成	立命館大学法学部教授	吉田 敏雄	北海学園大学法学部教授
日髙 義博	専修大学法学部教授	吉田 宣之	桐蔭横浜大学法学部教授
平川 宗信	名古屋大学大学院法学研究科教授	吉弘 光男	九州国際大学法学部教授
平田 元	三重大学人文学部教授	吉村 弘	北九州市立大学法学部教授
平良木 登規男	慶應義塾大学法学部教授	米山 耕二	一橋大学大学院法学研究科専任講師
深尾 正樹	京都産業大学法学部講師	渡辺 修	神戸学院大学法学部教授

凡　例

A　編集の基本方針

(1)　解説は，高度な理論水準を維持しつつも，できるだけ平易・簡潔な表現を旨とした．外国法への言及は，当該の項目の解説に必要な範囲に限定．研究者・学生・刑事実務関係者・各種受験者を読者対象として，引いて分かる，読んで分かる辞典を基本方針とした．

(2)　解説文中に用いられている用語で本辞典に収録されているものについては，その用語の冒頭にアステリスク(*)を付し，終わりにアポストロフィ(')を付けた．

(3)　内容は，通説・判例の立場を基本としているが，最新の実務や有力説にも留意し，解説を加えた．

(4)　基準日は2002年5月の現行法を基準とした．

B　編集の指針とした事柄

　項目は大・中・小の3つのランクに分け，また，大項目と中項目については，1……，2……のように番号を付するとともに小見出しを掲げている．

1　冒頭項目名の表記
(1)　項目名の欧文表記

項目名を冒頭に掲げ，欧文表記を続けて表記した．

　　例：**安楽死**　（英）euthanasia
　　　　（独）Euthanasie ……,

(2)　人名項目の表記の仕方

人名項目は，名前（姓名）の次に，生没年を西暦で（　）内に表示し，日本人の場合には読み仮名を生没年の前に小活字で表示し，外国人名の場合にはカタカナ表記のあとにさらに欧文表記を示すとともに，国名および生没年を（　）内に入れた．

　国名は原則として出生地とし，主に活動した国が別にある場合はそれを併記した．

　例：日本人名
　　　牧野英一（まきのえいいち1878-1970）
　　　外国人名
　　　リスト　Franz von Liszt
　　　（独・1851-1919）

2　解説文の記述方法
(1)　国名表記は，ドイツ，フランス，イタリア，アメリカ，イギリス等，カタカナ表記を用い，外国語については，慣用的読み方に従いカタカナで表記し，続けて原語を付した．

　　例：マグナ・カルタ　Magna Carta

(2)　参照指示（→）は，内容が多岐にわたる場合や，解説中で用いていないが参照すべき関連用語については，解説文末尾に一括して，「→」を付して掲げた．

例：……*法律の錯誤*……，…….
　　→確信犯，故意犯，責任説

3　法令・判例等の扱い
(1)　法令名は，原則として正式名称を用いた．ただし条文引用の場合には法令略語による．
(2)　条数表記はアラビア数字で示し，前段，後段，本文，但書を示す必要がある場合は，それぞれ「前」，「後」，「本」，「但」とし，項数はローマ数字（例：Ⅰ…），号数は丸数字（例：①…）で表記した．
　例：刑訴212Ⅱ③
(3)　判例を引用する場合，裁判の年月日，巻号等は中黒（・）で略記した．
　例：最判大昭49・5・29 刑集28・4・114

4　文　献
著書を掲げる場合，日本語文献については，『　』内に書名を記し，（　）内に出版年を示した．外国語文献については，『　』内に邦訳を記し，（　）内に出版年を示している．
　例：『刑法読本』（1932）
　　：『犯罪と刑罰Dei delitt e delle pene』（1764）

5　索　引
見出し語は，すべて索引の中にゴジック体で表示した．
　参照の便のために事項索引（和文・欧文）・判例索引（日本の判例・外国の判例・事件名）・人名索引（和文・欧文）に分類して索引を付し，総合刑事法辞典としての役割を果たしている．

6　目　次
執筆者名入り目次を付して検索の便に供した．

7　担当者項目一覧を巻末に付した．

判例集略語

刑　　録	大審院刑事判決録(東京法学院・中央大学, 明28(1輯)～大10(27輯))
刑　　集	大審院刑事判例集(法曹会, 大11(1巻)～昭22(26巻))
刑　　集	最高裁判所刑事判例集(昭22(1巻)～)
民　　集	最高裁判所民事判例集(昭22(1巻)～)
新　　聞	法律新聞(法律新聞社, 明33(1号)～昭19(4922号))
裁判集刑	最高裁判所裁判集刑事(昭22(1号)～)
高　　刑	高等裁判所刑事判例集(昭22(1巻)～)
判　　特	高等裁判所刑事判決特報(昭24(1号)～昭29(40号))
高 刑 特	高等裁判所刑事裁判特報(昭29(1巻)～昭33(5巻))
下　　刑	下級裁判所刑事裁判例集(昭34(1巻)～昭43(10巻))
刑　　月	刑事裁判月報(昭44(1巻)～昭62(18巻5＝6号))
東高刑時報	東京高等裁判所刑事判決時報(昭26(1巻)～)
訟　　月	訟務月報(法務省訟務局, 昭30(1巻)～)
判　　時	判例時報(判例時報社, 昭28(1号)～)
判　　タ	判例タイムズ(判例タイムズ社, 昭23(1輯)～)

法令略語

あへん	あへん法		特定物質の規制等に関する法律
安保協定	日本国とアメリカ合衆国との間の相互協力及び安全保障条約第六条に基づく施設及び区域並びに日本国における合衆国軍隊の地位に関する協定	覚せい剤	覚せい剤取締法
		下事規	下級裁判所事務処理規則
		家審	家事審判法
		学教	学校教育法
		火薬	火薬類取締法
医師	医師法	監	監獄法
遺失	遺失物法	関税	関税法
印紙模造	印紙等模造取締法	関税定率	関税定率法
宇宙約	月その他の天体を含む宇宙空間の探査及び利用における国家活動を律する原則に関する条約	監則	監獄法施行規則
		議院証言	議院における証人の宣誓及び証言等に関する法律
		教育中立	義務教育諸学校における教育の政治的中立の確保に関する臨時措置法
煙禁	未成年者喫煙禁止法		
恩赦	恩赦法		
恩赦則	恩赦法施行規則		
外貨為	外国ニ於テ流通スル貨幣紙幣銀行券証券偽造変造及模造ニ関スル法律	行審	行政不服審査法
		行組	国家行政組織法
		行執	行政代執行法
		行手	行政手続法
外公	外務公務員法	行累	行刑累進処遇令
会社更生	会社更生法	漁業	漁業法
外為法	外国為替及び外国貿易法	銀行	銀行法
		刑	刑法
海保	海上保安庁法	警	警察法
海洋法約	海洋法に関する国際連合条約	刑施	刑法施行法
		警職	警察官職務執行法
化学兵器禁止法	化学兵器の禁止及び	刑訴	刑事訴訟法

刑訴規	刑事訴訟規則	交通裁判	交通事件即決裁判手続法
刑訴記	刑事確定訴訟記録法		
刑訴費	刑事訴訟費用等に関する法律	鉱保	鉱山保安法
		国賠	国家賠償法
刑特	日本国とアメリカ合衆国との間の相互協力及び安全保障条約第六条に基づく施設及び区域並びに日本国における合衆国軍隊の地位に関する協定の実施に伴う刑事特別法	国連憲章	国際連合憲章及び国際司法裁判所規程
		国会	国会法
		国公	国家公務員法
		古物	古物営業法
		裁	裁判所法
		財	財政法
		裁限	裁判官分限法
		裁施	裁判所法施行法
競馬	競馬法	最事規	最高裁判所裁判事務処理規則
経罰	経済関係罰則ノ整備ニ関スル法律		
		裁弾	裁判官弾劾法
軽犯	軽犯罪法	裁判傍聴規	裁判所傍聴規則
警備	警備業法	裁令	裁判所法施行令
刑補	刑事補償法	砂防	砂防法
決闘	決闘罪ニ関スル件	サリン	サリン等による人身被害の防止に関する法律
憲	日本国憲法		
検察	検察庁法		
検審	検察審査会法	自衛	自衛隊法
戸	戸籍法	司警職員	司法警察職員等指定応急措置法
公害犯罪	人の健康に係る公害犯罪の処罰に関する法律		
		司警職務指定	司法警察官吏及司法警察官吏ノ職務ヲ行フヘキ者ノ指定等ニ関スル件
航空危険	航空の危険を生じさせる行為等の処罰に関する法律		
		自治	地方自治法
航空強取	航空機の強取等の処罰に関する法律	質屋	質屋営業法
		執行官規	執行官規則
公証	公証人法	児福	児童福祉法
更生	更生保護事業法	借地借家	借地借家法
公選	公職選挙法	銃刀所持	銃砲刀剣類所持等取締法
高速	高速自動車国道法		

住民台帳	住民基本台帳法		者福祉に関する法律
収用	土地収用法	税徴	国税徴収法
酒禁	未成年者飲酒禁止法	税通	国税通則法
酒税	酒税法	税犯	国税犯則取締法
出資取締	出資の受入れ，預り金及び金利等の取締りに関する法律	船員	船員法
		船舶	船舶法
		騒音規制	騒音規制法
種苗	種苗法	臓器移植	臓器の移植に関する法律
狩猟	鳥獣保護及狩猟ニ関スル法律		
		捜査規範	犯罪捜査規範
少	少年法	組織犯罪	組織的な犯罪の処罰及び犯罪収益の規制等に関する法律
商	商法		
少院	少年院法		
証券行為	証券会社の行為規制等に関する内閣府令	大麻	大麻取締法
		治維	治安維持法
少審規	少年審判規則	地公	地方公務員法
証取	証券取引法	地税	地方税法
少補	少年の保護事件に係る補償に関する法律	通貨模造	通貨及証券模造取締法
		通信傍受	犯罪捜査のための通信傍受に関する法律
職安	職業安定法		
所税	所得税法	通信傍受規	犯罪捜査のための通信傍受に関する規則
新幹線妨害	新幹線鉄道における列車運行の安全を妨げる行為の処罰に関する特例法		
		鉄営	鉄道営業法
		典	皇室典範
		電通事	電気通信事業法
人権宣言	世界人権宣言	電波	電波法
人権B規約	市民的及び政治的権利に関する国際規約	道交	道路交通法
		盗犯	盗犯等ノ防止及処分ニ関スル法律
人保	人身保護法		
人保規	人身保護規則	動物愛護	動物の愛護及び管理に関する法律
森林	森林法		
生活安定	国民生活安定緊急措置法	毒物	毒物及び劇物取締法
		特許	特許法
請願	請願法	独禁	私的独占の禁止及び公正取引の確保に関する法律
政資	政治資金規正法		
精神	精神保健及び精神障害		

略語	法令名
入管	出入国管理及び難民認定法
農薬	農薬取締法
破	破産法
売春	売春防止法
爆発	爆発物取締罰則
罰金臨措	罰金等臨時措置法
破防	破壊活動防止法
犯罪被害給付	犯罪被害者等給付金の支給等に関する法律
犯罪被害保護	犯罪被害者等の保護を図るための刑事手続に付随する措置に関する法律
被疑者	被疑者補償規程
非訟	非訟事件手続法
人質	人質による強要行為等の処罰に関する法律
秘密保護	日米相互防衛援助協定等に伴う秘密保護法
風俗	風俗営業等の規制及び業務の適正化等に関する法律
不正競争	不正競争防止法
弁護	弁護士法
法税	法人税法
法廷秩序	法廷等の秩序維持に関する法律
暴力	暴力行為等処罰ニ関スル法律
暴力団	暴力団員による不当な行為の防止等に関する法律
保険	保険業法
保護観察	執行猶予者保護観察法
保護司	保護司法
補助金	補助金等に係る予算の執行の適正化に関する法律
母体保護	母体保護法
麻薬	麻薬及び向精神薬取締法
麻薬特	国際的な協力の下に規制薬物に係る不正行為を助長する行為等の防止を図るための麻薬及び向精神薬取締法等の特例等に関する法律
民	民法
民再	民事再生法
民訴	民事訴訟法
無限連鎖講	無限連鎖講の防止に関する法律
明憲	大日本帝国憲法
酩酊防止	酒に酔つて公衆に迷惑をかける行為の防止等に関する法律
有	有限会社法
有線電通	有線電気通信法
郵便	郵便法
預金契約取締	預金等に係る不当契約の取締に関する法律
予防更生	犯罪者予防更生法
流通食品毒物	流通食品への毒物の混入等の防止等に関する特別措置法
労基	労働基準法
労組	労働組合法
労調	労働関係調整法

目　次
［執筆者］

あ

項目	執筆者	頁
悪徳商法	［京藤哲久］	1
悪徳の栄え事件	［松原久利］	1
アジャン・プロヴォカトゥール	［植田　博］	1
預合い罪	［大塚裕史］	2
あっせん収賄罪	［塩見　淳］	2
あてはめの錯誤	［長井長信］	2
アノミー論	［宮澤節生］	3
あへん法	［近藤和哉］	4
アムネスティ・インターナショナル	［斉藤豊治］	4
アメリカ犯罪学会	［斉藤豊治］	4
アリバイ	［多田辰也］	5
アレインメント	［上田信太郎］	5
アンセル(人)	［新倉　修］	5
安寧秩序に対する罪	［中空壽雅］	6
安楽死	［清水一成］	6

い

硫黄殺人事件	［山口　厚］	7
移監	［宇藤　崇］	7
遺棄罪	［大沼邦弘］	7
異議の申立て	［安冨　潔］	8
違警罪	［新倉　修］	9
意思自由論	［曽根威彦］	9
意思責任	［堀内捷三］	10
意思説	［齋野彦弥］	10
遺失物等横領罪	［伊藤　渉］	10
遺失物法	［伊藤　渉］	10
移審	［米山耕二］	11
移送	［米山耕二］	11
イタリア学派	［守山　正］	11
一罪一勾留の原則	［宇藤　崇］	11
一罪一訴因の原則	［椎橋隆幸］	12
一事不再理	［白取祐司］	12
一部起訴	［椎橋隆幸］	13
一部上訴	［後藤　昭］	14
一部認定	［高田昭正］	14
一厘(いちりん)事件	［木村光江］	14
一件記録	［指宿　信］	14
一身的刑罰阻却事由	［松原芳博］	14
一般的指揮権	［山本正樹］	15
一般的指示権	［山本正樹］	15
一般予防	［林美月子］	16
委任命令	［門田成人］	16
違法	［前田雅英］	17
違法共犯論	［大越義久］	18
違法収集証拠の排除法則	［三井　誠］	18
違法状態維持説	［大塚裕史］	20
違法性の意識	［長井長信］	20
違法阻却事由	［前田雅英］	21
——の錯誤	［川端　博］	22
違法配当罪	［橋爪　隆］	22
意味の認識	［齋野彦弥］	23
因果関係	［林　陽一］	24
——の錯誤	［林　陽一］	25
——の断絶	［林　陽一］	25
——の中断	［林　陽一］	25
因果的行為論	［井田　良］	26
淫行(いんこう)	［北川佳世子］	26
淫行勧誘罪	［北川佳世子］	26
インコミュニカード	［大久保哲］	26
インサイダー取引	［中森喜彦］	27
印紙等模造取締法	［島岡まな］	27
印紙犯罪処罰法	［島岡まな］	27
印章偽造罪	［園田　寿］	27
引致(いんち)	［川出敏裕］	28
陰謀	［臼木　豊］	28
飲料水に関する罪	［葛原力三］	29

う

ウェーバーの概括的故意	［齋野彦弥］	29
ヴェルツェル(人)	［町野　朔］	30
浮貸し	［大塚裕史］	30

項目	執筆者	頁
疑わしきは被告人の利益に	[高田昭正]	31
内ゲバ事件	[山本輝之]	31

え

項目	執筆者	頁
営業犯	[只木　誠]	32
営業秘密	[佐久間修]	32
嬰児殺(えいじごろし)	[秋葉悦子]	33
営利の目的	[鈴木左斗志]	33
営利目的等拐取(かいしゅ)罪	[鈴木左斗志]	33
疫学的因果関係	[林　陽一]	33
エスコビード・ルール	[洲見光男]	34
越権行為説	[伊東研祐]	34
エルマイラ制	[吉田敏雄]	34
冤　罪(えんざい)	[高田昭正]	35
延焼罪	[奥村正雄]	35

お

項目	執筆者	頁
押　収	[久岡康成]	35
押収拒絶権	[久岡康成]	36
応報刑	[林美月子]	36
オウム事件	[葛原力三]	37
往来危険罪	[葛原力三]	38
往来妨害罪	[葛原力三]	38
横領罪	[伊東研祐]	39
大浦事件	[吉村　弘]	39
大須事件	[上口　裕]	40
大津事件	[香川喜八朗]	40
大場茂馬(おおばしげま)(人)	[山火正則]	40
岡田朝太郎(おかだあさたろう)(人)	[山火正則]	41
汚職罪	[塩見　淳]	41
おとり捜査	[佐藤隆之]	42
小野清一郎(おのせいいちろう)(人)	[平川宗信]	42
恩　赦	[吉岡一男]	43

か

項目	執筆者	頁
カード犯罪	[島岡まな]	44
概括的故意	[齋野彦弥]	45
概括的認定	[大澤　裕]	45
外患罪	[橋田　久]	46
戒　護	[吉岡一男]	47
外国為替及び外国貿易法	[安田拓人]	47
外国元首等に対する暴行・脅迫・侮辱罪	[橋田　久]	47
外国公務員に対する贈賄	[塩見　淳]	48
外国国章損壊罪	[橋田　久]	48
外国人事件と刑事手続	[葛野尋之]	48
外国人犯罪	[石塚伸一]	49
外国通貨偽造罪	[園田　寿]	50
会社荒らし等に関する贈収賄罪	[橋爪　隆]	50
会社財産を危うくする罪	[橋爪　隆]	50
会社犯罪	[宮澤節生]	51
外　出	[吉田敏雄]	51
拐取幇助目的収受罪	[鈴木左斗志]	51
改正刑法仮案	[吉井蒼生夫]	52
改正刑法準備草案	[新倉　修]	52
改正刑法草案	[吉井蒼生夫]	53
蓋然性(がいぜんせい)説	[齋野彦弥]	53
改定律例	[野村　稔]	54
回　避	[米山耕二]	54
回復証拠	[山田道郎]	54
外部交通	[吉田敏雄]	54
外部通勤	[吉田敏雄]	55
開放処遇	[吉田敏雄]	55
外務省秘密漏洩事件	[斉藤豊治]	56
火炎びんの使用等の処罰に関する法律	[奥村正雄]	57
科学警察研究所	[守山　正]	57
科学的証拠	[多田辰也]	57
科学的捜査	[長沼範良]	58
化学兵器の禁止及び特定物質の規制等に関する法律	[葛原力三]	58
核原料物質，核燃料物質及び原子炉の規制に関する法律	[葛原力三]	59
確信犯	[斉藤豊治]	59
覚せい剤取締法	[近藤和哉]	60
拡張解釈	[門田成人]	60
拡張的正犯概念	[橋本正博]	61
確定後救済手続	[加藤克佳]	61
確定判決	[白取祐司]	61
確定力	[白取祐司]	62
科刑上一罪	[山火正則]	62

項目	執筆者	頁
加減的身分	[西田典之]	63
加減例	[西村秀二]	63
過　失	[松宮孝明]	64
過失致死罪	[甲斐克則]	65
過失致傷罪	[甲斐克則]	65
過失の共同正犯	[斎藤信治]	66
過失の共犯	[斎藤信治]	66
過失犯	[松宮孝明]	67
瑕疵の治癒	[田口守一]	67
加重収賄罪	[塩見　淳]	67
過剰避難	[橋田　久]	68
過剰防衛	[山本輝之]	68
かすがい現象	[山火正則]	69
ガス等漏出(ろうしゅつ)罪	[奥村正雄]	69
過怠破産罪	[京藤哲久]	69
加担犯	[斎藤信治]	70
課徴金	[田中利幸]	70
学校病理	[吉岡一男]	70
勝本勘三郎(かつもとかんざぶろう)(人)	[山中敬一]	71
家庭裁判所	[吉岡一男]	71
家庭内暴力	[吉岡一男]	72
可罰的違法性	[木村光江]	72
可罰的責任	[酒井安行]	73
貨幣損傷等取締法	[島岡まな]	74
火薬類取締法	[松生光正]	74
仮刑律	[野村　稔]	75
仮拘禁	[宇藤　崇]	75
仮釈放	[瀬川　晃]	75
仮出獄	[瀬川　晃]	76
仮出場	[瀬川　晃]	76
仮退院	[瀬川　晃]	77
仮納付	[久岡康成]	77
科　料	[田中利幸]	77
過　料	[田中利幸]	78
カルテル	[京藤哲久]	78
カレン・クィンラン事件	[清水一成]	78
ガロファロ(人)	[大沼邦弘]	78
カロリナ刑事法典	[米山耕二]	79
簡易却下	[米山耕二]	79
簡易公判手続	[上口　裕]	79
簡易裁判所	[中野目善則]	80
簡易送致	[村山眞維]	81
管　轄	[米山耕二]	81
管轄違い	[米山耕二]	82
管轄の修正	[米山耕二]	82
環境刑法	[町野　朔]	82
環境調整	[守山　正]	83
環境と犯罪	[守山　正]	83
緩刑(かんけい)化	[石塚伸一]	84
監　獄	[吉岡一男]	84
監獄建築	[吉岡一男]	85
監獄破産論	[土井政和]	86
監獄法	[吉岡一男]	86
観護措置	[吉岡一男]	87
鑑　識	[長沼範良]	87
関税定率法	[安田拓人]	88
関税法	[安田拓人]	88
間接教唆	[植田　博]	89
間接事実	[多田辰也]	89
間接証拠	[多田辰也]	89
間接正犯	[橋本正博]	90
感染症の予防及び感染症の患者に対する医療に関する法律	[北川佳世子]	90
監　置	[宇藤　崇]	91
勘違い騎士道事件	[川端　博]	91
姦通(かんつう)罪	[松原久利]	92
鑑　定	[長沼範良]	92
鑑定証人	[長沼範良]	93
鑑定人	[長沼範良]	93
鑑定留置	[長沼範良]	94
カント(人)	[吉田宣之]	94
監督過失	[大塚裕史]	95
観念的競合	[只木　誠]	95
還　付	[久岡康成]	96
管理可能性説	[吉田宣之]	97
関連性	[田淵浩二]	97

き

項目	執筆者	頁
キール学派	[伊東研祐]	98
期　間	[寺崎嘉博]	98
毀棄(き)罪	[髙山佳奈子]	98
棄　却	[白取祐司]	98
帰休制	[吉田敏雄]	99
企業犯罪	[宮澤節生]	99
危　険	[福山道義]	100
危険性	[守山　正]	101
危険犯	[福山道義]	101
企　行(きこう)	[植田　博]	102

項目	執筆者	頁
旗国主義	[愛知正博]	102
期日外尋問	[渡辺 修]	102
汽車転覆等の罪	[葛原力三]	103
偽証罪	[岩間康夫]	103
既遂	[井田 良]	104
擬制同意	[山田道郎]	104
帰責	[山中敬一]	104
季節・気候と犯罪	[上田 寛]	105
キセル乗車	[伊藤 渉]	105
偽造	[今井猛嘉]	106
偽装心中	[秋葉悦子]	106
偽造通貨収得後知情行使罪	[園田 寿]	106
偽造文書行使罪	[園田 寿]	107
偽造有価証券等行使罪	[島岡まな]	107
覊束力(きそくりょく)	[白取祐司]	107
起訴裁量主義	[吉村 弘]	107
起訴状	[指宿 信]	108
起訴状一本主義	[指宿 信]	109
起訴独占主義	[鯰越溢弘]	109
起訴法定主義	[吉村 弘]	110
起訴猶予	[吉村 弘]	111
期待可能性	[酒井安行]	111
——の錯誤	[酒井安行]	112
規範的構成要件要素	[町野 朔]	113
——の錯誤	[川端 博]	113
規範的責任論	[酒井安行]	114
既判力	[白取祐司]	115
忌避	[米山耕二]	115
器物損壊罪	[髙山佳奈子]	115
義務の衝突	[橋田 久]	116
木村亀二(きむらかめじ)(人)	[髙山佳奈子]	116
逆送	[村山眞維]	117
客体の錯誤	[北川佳世子]	117
逆探知	[島 伸一]	117
却下	[白取祐司]	118
客観主義	[山中敬一]	118
客観的違法論	[前田雅英]	118
客観的危険説	[山口 厚]	119
客観的帰属	[山中敬一]	119
客観的処罰条件	[松原芳博]	120
旧過失論	[松宮孝明]	121
旧々刑事訴訟法	[酒巻 匡]	122
求刑	[安冨 潔]	122
旧刑事訴訟法	[酒巻 匡]	122
旧刑法	[野村 稔]	123
救護義務	[大沼邦弘]	124
吸収関係	[山火正則]	124
旧派刑法学	[山中敬一]	124
糾問(きゅうもん)主義	[田口守一]	125
糾問的捜査観	[川崎英明]	125
教育刑	[守山 正]	126
教誨(きょうかい)	[土井政和]	126
境界損壊罪	[髙山佳奈子]	127
恐喝罪	[安田拓人]	127
凶器	[臼木 豊]	128
凶器準備集合罪	[臼木 豊]	128
行刑	[吉田敏雄]	129
行刑累進(るいしん)処遇令	[吉田敏雄]	130
教唆	[植田 博]	131
——の未遂	[大越義久]	131
教唆犯	[植田 博]	131
供述拒否権	[安冨 潔]	132
供述書	[津村政孝]	133
供述証拠	[津村政孝]	133
供述心理学	[荒木伸怡]	133
供述不能	[津村政孝]	134
供述録音	[津村政孝]	134
供述録取書	[山田道郎]	134
矯正	[土井政和]	135
矯正医学	[土井政和]	135
矯正教育	[土井政和]	136
行政刑法	[田中利幸]	136
強制採尿	[島 伸一]	137
矯正施設	[土井政和]	138
行政執行法	[山本正樹]	138
強制執行妨害罪	[小田直樹]	138
矯正職員	[土井政和]	139
強制捜査	[川崎英明]	139
行政罰	[田中利幸]	140
行政犯	[田中利幸]	140
矯正保護	[吉田敏雄]	141
強制わいせつ罪	[北川佳世子]	141
共同意思主体説	[髙橋則夫]	142
共同正犯	[髙橋則夫]	142
共同被告人	[山名京子]	143
脅迫罪	[大沼邦弘]	144
共犯	[大越義久]	145
——からの離脱	[清水一成]	146
共犯者と刑事手続	[山名京子]	146

項目	執筆者	頁
共犯者の自白	[荒木伸怡]	147
共犯従属性説	[大越義久]	148
共犯独立性説	[大越義久]	148
共犯と身分	[西田典之]	149
共犯の因果性	[大越義久]	150
共犯の過剰	[斎藤信治]	150
共犯の錯誤	[斎藤信治]	151
共犯の従属形式	[大越義久]	152
共犯の従属性	[大越義久]	152
共犯の処罰根拠	[大越義久]	152
共犯の中止	[清水一成]	153
共犯理論	[斎藤信治]	154
共 謀	[高橋則夫]	154
共謀共同正犯	[高橋則夫]	155
業 務	[町野 朔]	156
業務主体処罰規定	[田中利幸]	156
業務上過失	[町野 朔]	156
業務妨害罪	[京藤哲久]	157
強要罪	[大沼邦弘]	158
虚偽鑑定罪	[岩間康夫]	158
虚偽公文書作成罪	[今井猛嘉]	158
虚偽告訴罪	[岩間康夫]	159
虚偽診断書作成罪	[今井猛嘉]	159
虚偽の風説	[京藤哲久]	159
極端従属形式	[斎藤信治]	160
挙証責任	[平田 元]	160
緊急救助	[橋田 久]	161
緊急執行	[川出敏裕]	161
緊急逮捕	[川出敏裕]	162
緊急避難	[橋田 久]	162
禁 錮(きん)	[丸山雅夫]	163
禁止の錯誤	[長井長信]	164
禁酒法	[酒巻 匡]	164
近親相姦(そうかん)	[松原久利]	164
禁制品	[吉田宣之]	164
金 銭	[伊東研祐]	165
金融犯罪	[大塚裕史]	165

く

項目	執筆者	頁
偶然防衛	[山本輝之]	166
草野 豹一郎(くさのひょういちろう)(人)	[高橋則夫]	166
公事方御定書(くじかたおさだめがき)	[野村 稔]	167
具体的危険説	[山口 厚]	167
具体的危険犯	[福山道義]	167
具体的指揮権	[山本正樹]	168
具体的事実の錯誤	[日髙義博]	168
具体的符合説	[日髙義博]	169
具体的法定符合説	[日髙義博]	169
国 親(くにおや)	[吉岡一男]	169
虞犯(ぐはん)少年	[吉岡一男]	170
熊本水俣病事件	[鈴木左斗志]	170
クレジット・カード	[島岡まな]	171
グロールマン(人)	[伊東研祐]	171
軍刑法	[中空壽雅]	172
群集犯罪	[上田 寛]	172

け

項目	執筆者	頁
経験則	[多田辰也]	173
傾向犯	[酒井安行]	173
軽 罪	[新倉 修]	174
経済関係罰則ノ整備ニ関スル法律	[佐久間修]	174
経済刑法	[佐久間修]	174
経済と犯罪	[村山眞維]	175
警 察	[山本正樹]	176
警察官	[城下裕二]	177
警察官職務執行法	[城下裕二]	177
警察庁	[三井 誠]	177
警察白書	[村山眞維]	178
警察犯処罰令	[松生光正]	178
刑事学	[守山 正]	178
刑事確定訴訟記録法	[福島 至]	178
形式裁判	[白取祐司]	179
形式的確定力	[白取祐司]	179
形式犯	[福山道義]	180
刑事施設	[吉岡一男]	180
刑事施設法案	[吉岡一男]	181
刑事司法制度	[宮澤節生]	182
刑事制裁	[石塚伸一]	183
刑事政策	[吉岡一男]	184
刑事訴訟規則	[酒巻 匡]	185
刑事訴訟法	[酒巻 匡]	185
警視庁	[三井 誠]	186
刑事統計	[村山眞維]	186
刑事法社会学	[村山眞維]	186
刑事補償	[福島 至]	187
刑事未成年	[林美月子]	188
刑事免責	[上田信太郎]	188

刑事立法	[村山眞維]	189
継続審理	[上口　裕]	189
継続犯	[島岡まな]	189
刑の加重(かちょう)	[松原芳博]	190
刑の減軽	[西村秀二]	190
刑の時効	[寺崎嘉博]	190
刑の執行	[松原芳博]	191
――の免除	[吉岡一男]	191
刑の消滅	[松原芳博]	191
刑の廃止	[西村秀二]	192
刑の併科	[松原芳博]	192
刑の免除	[松原芳博]	192
競売入札妨害罪	[小田直樹]	193
刑　罰	[丸山雅夫]	193
刑罰阻却事由	[松原芳博]	194
刑罰能力	[浅田和茂]	194
刑罰論	[平川宗信]	195
軽犯罪法	[松生光正]	195
警備活動	[村山眞維]	196
刑　法	[田中利幸]	196
刑法学派の争い	[平川宗信]	197
刑法の平易化	[平川宗信]	198
刑務委員会	[吉田敏雄]	199
刑務作業	[石塚伸一]	199
刑務所	[吉岡一男]	200
刑務所文化	[守山　正]	200
激発物破裂罪	[奥村正雄]	200
結　果	[福山道義]	201
結果回避可能性	[松宮孝明]	201
結果回避義務	[松宮孝明]	202
結果責任	[丸山雅夫]	202
結果的加重(かちょう)犯	[丸山雅夫]	202
結果犯	[福山道義]	203
結果無価値	[山口　厚]	204
月刊ペン事件	[佐伯仁志]	204
結合犯	[丸山雅夫]	204
結　審	[安冨　潔]	205
欠席裁判	[三島　聡]	205
欠席判決	[白取祐司]	205
決　定	[白取祐司]	205
決定論	[曽根威彦]	206
決闘(とう)罪	[橋爪　隆]	206
原因説	[林　陽一]	206
原因において違法な行為	[山本輝之]	207
原因において自由な行為	[中空壽雅]	207
厳格故意説	[長井長信]	208
厳格責任説	[川端　博]	208
厳格な証明	[田淵浩二]	209
幻覚犯	[井田　良]	209
喧嘩両成敗(けんかりょうせいばい)	[山本輝之]	209
嫌疑刑(けんぎけい)	[田口守一]	210
検　挙	[村山眞維]	210
減　刑	[西村秀二]	210
権限濫用説	[上嶌一高]	211
現行犯	[川出敏裕]	211
現行犯逮捕	[川出敏裕]	211
検察官	[小山雅亀]	212
検察官上訴	[後藤　昭]	213
検察官処分権主義	[上田信太郎]	213
検察官同一体の原則	[小山雅亀]	214
検察官面前調書	[山田道郎]	214
検察事務官	[小山雅亀]	215
検察審査会	[新屋達之]	215
検察庁	[小山雅亀]	216
検　視	[長沼範良]	216
検　事	[小山雅亀]	217
限時法	[西村秀二]	217
現住建造物等放火罪	[奥村正雄]	217
検　証	[島　伸一]	218
建造物等以外放火罪	[奥村正雄]	219
建造物等損壊罪	[髙山佳奈子]	219
検　束(そく)	[川出敏裕]	219
限定責任能力	[林美月子]	220
現場助勢(じょせい)罪	[甲斐克則]	220
憲法違反	[平良木登規男]	221
謙抑(けんよくしゅぎ)主義	[木村光江]	221
権利行使と恐喝罪	[安田拓人]	222
権利章典	[酒巻　匡]	222
権利濫用説	[山本輝之]	222
牽連犯(けんれんはん)	[只木　誠]	223

こ

故　意	[齋野彦弥]	224
――ある道具	[橋本正博]	226
故意説	[長井長信]	226
5・15事件	[橋田　久]	227
故意犯	[齋野彦弥]	227
公安条例	[斉藤豊治]	227

行 為	[井田 良]	228	控 訴	[後藤 昭]	245
行為共同説	[斎藤信治]	228	公訴棄却	[白取祐司]	246
行為支配	[橋本正博]	229	控訴棄却	[後藤 昭]	246
合意書面	[山田道郎]	229	拘束力	[白取祐司]	247
行為責任	[浅田和茂]	230	公訴権	[寺崎嘉博]	247
行為犯	[福山道義]	230	公訴権濫用	[新屋達之]	248
行為無価値	[山口 厚]	231	公訴時効	[寺崎嘉博]	249
勾 引(こういん)	[宇藤 崇]	231	公訴事実	[椎橋隆幸]	250
公開主義	[田中 開]	232	——の同一性	[椎橋隆幸]	250
強姦罪	[林美月子]	232	控訴趣意書	[後藤 昭]	251
合 議	[香川喜八朗]	233	控訴審	[後藤 昭]	251
公共危険罪	[奥村正雄]	234	公訴取消し	[新屋達之]	252
口供(こう)結案	[荒木伸怡]	234	公訴の提起	[鯰越溢弘]	252
公共の平穏に対する罪	[伊藤 渉]	234	公訴不可分の原則	[寺崎嘉博]	253
拘 禁	[宇藤 崇]	234	控訴理由	[後藤 昭]	254
拘禁心理学	[石塚伸一]	235	強談威迫(ごうだんいはく)	[岩間康夫]	254
航空機の強取(ごうしゅ)等の処罰に関する法律	[葛原力三]	235	拘 置(こうち)	[吉岡一男]	255
			公知の事実	[田淵浩二]	255
航空の危険を生じさせる行為等の処罰に関する法律	[葛原力三]	236	交通切符	[福島 至]	255
			交通事件即決裁判	[福島 至]	255
抗 告	[関 正晴]	236	交通犯罪	[石塚伸一]	256
行 使	[園田 寿]	237	交通反則金	[福島 至]	257
皇室に対する罪	[中空壽雅]	238	強盗強姦罪	[髙山佳奈子]	257
公衆訴追主義	[鯰越溢弘]	238	強盗罪	[髙山佳奈子]	257
公職選挙法	[松生光正]	238	高等裁判所	[中野目善則]	258
公職にある者等のあっせん行為による利得等の処罰に関する法律	[塩見 淳]	239	口頭主義	[田口守一]	259
			強盗致死傷罪	[髙山佳奈子]	259
			口頭弁論	[田口守一]	260
			強盗予備罪	[髙山佳奈子]	260
更生緊急保護	[瀬川 晃]	239	公判期日	[佐藤美樹]	261
公正証書原本等不実記載罪	[今井猛嘉]	240	——の指定	[佐藤美樹]	261
			公判準備	[上口 裕]	261
構成的身分	[西田典之]	240	公判請求	[鯰越溢弘]	261
更生保護	[瀬川 晃]	240	公判専従論	[小山雅亀]	262
更生保護事業	[瀬川 晃]	241	公判中心主義	[田口守一]	262
更生保護施設	[瀬川 晃]	241	公判調書	[米山耕二]	263
構成要件	[曽根威彦]	241	公判廷	[香川喜八朗]	263
構成要件該当性	[前田雅英]	243	——の自白	[荒木伸怡]	263
構成要件的錯誤	[日髙義博]	243	公判手続	[安冨 潔]	264
構成要件的符合説	[日髙義博]	243	公文書偽造罪	[今井猛嘉]	265
構成要件の修正形式	[前田雅英]	244	公平な裁判所	[香川喜八朗]	266
公設弁護人	[深尾正樹]	244	公務員	[吉田宣之]	266
公然わいせつ罪	[松原久利]	245	公務員職権濫用罪	[吉田宣之]	267
公 訴	[寺崎嘉博]	245	公務執行妨害罪	[小田直樹]	267
			公務所	[吉田宣之]	268

項目	執筆者	頁
公務所等照会	[川崎英明]	268
公務の適法性	[小田直樹]	269
拷問	[川崎英明]	269
合理的な疑いを超える証明	[高田昭正]	269
勾留(こうりゅう)	[宇藤 崇]	270
拘留(こうりゅう)	[丸山雅夫]	271
勾留質問	[宇藤 崇]	271
勾留状	[宇藤 崇]	272
勾留理由開示	[宇藤 崇]	272
国外犯	[愛知正博]	272
国際刑事学協会	[守山 正]	273
国際刑事警察機構	[川出敏裕]	273
国際刑事裁判所	[愛知正博]	274
国際刑法	[愛知正博]	274
国際刑法学会	[斉藤豊治]	275
国際司法共助	[川出敏裕]	276
国際社会学会・逸脱と統制部会	[宮澤節生]	276
国際社会防衛会議	[石塚伸一]	276
国際捜査共助	[川出敏裕]	277
国際的な協力の下に規制薬物に係る不正行為を助長する行為等の防止を図るための麻薬及び向精神薬取締法等の特例等に関する法律(麻薬特例法)	[近藤和哉]	277
国際犯罪	[宮澤節生]	278
国際犯罪学会議	[上田 寛]	279
国際被害者学シンポジウム	[上田 寛]	279
国際連合・アジア極東犯罪防止研修所	[上田 寛]	279
国際連合・犯罪と司法に関する研究所	[上田 寛]	279
国際連合・犯罪防止及び犯罪者処遇会議	[土井政和]	279
国税犯則取締法	[福島 至]	280
国選弁護	[大出良知]	281
告訴	[寺崎嘉博]	281
告訴不可分の原則	[寺崎嘉博]	282
国内犯	[愛知正博]	283
告発	[寺崎嘉博]	283
国民の司法参加	[安村 勉]	283
児島惟謙(こじまこれかた)(人)	[香川喜八朗]	284
御成敗式目(ごせいばいしきもく)	[野村 稔]	284
護送	[宇藤 崇]	285
誤想過剰防衛	[川端 博]	285
誤想避難	[川端 博]	285
誤想防衛	[川端 博]	286
国家正当防衛	[山本輝之]	287
国家訴追主義	[鯰越溢弘]	288
国家的法益に対する罪	[吉田宣之]	288
国家の作用に対する罪	[吉田宣之]	289
国家の存立に対する罪	[橋田 久]	289
国家賠償	[田口守一]	289
国家秘密	[斉藤豊治]	290
国交に関する罪	[橋田 久]	290
誤判	[高田昭正]	291
古物営業法	[大塚裕史]	292
コミュニティ・オーガニゼーション	[村山眞維]	292
コラテラル・エストッペル	[宮城啓子]	292
昏酔強盗罪	[髙山佳奈子]	293
コンスピラシー	[高橋則夫]	293
コントロールド・デリバリー	[佐藤隆之]	293
コンピュータウイルス	[北川佳世子]	294
コンピュータ犯罪	[北川佳世子]	294
コンフリクト理論	[守山 正]	295

さ

サーシオレイライ	[宮城啓子]	296
再起訴	[鯰越溢弘]	296
罪刑法定主義	[門田成人]	296
採血	[長沼範良]	298
最高裁判所	[中野目善則]	298
最高裁判所調査官	[中野目善則]	299
財産刑	[橋爪 隆]	299
財産上の利益	[伊藤 渉]	299
財産犯	[伊藤 渉]	300
最終陳述	[安冨 潔]	300
最終弁論	[安冨 潔]	301
罪証隠滅(ざいしょういんめつ)	[川出敏裕]	301
採証学	[高田昭正]	302
罪状認否	[佐藤美樹]	302
再審	[加藤克佳]	302

項目	執筆者	頁
罪数	[山火正則]	304
罪体	[多田辰也]	305
再逮捕	[川出敏裕]	305
財田川(さいたがわ)事件	[加藤克佳]	305
裁定合議	[香川喜八朗]	306
在廷証人	[渡辺 修]	306
裁定通算	[吉弘光男]	306
在廷命令	[三島 聡]	306
差異的接触理論	[宮澤節生]	306
再伝聞	[津村政孝]	307
齊藤金作(人)	[高橋則夫]	308
再度の考案	[平良木登規男]	308
採尿令状	[島 伸一]	308
再犯	[髙山佳奈子]	309
裁判	[白取祐司]	309
再犯加重	[髙山佳奈子]	310
裁判官	[中野目善則]	310
裁判官面前調書	[山田道郎]	311
裁判権	[香川喜八朗]	311
裁判所	[中野目善則]	311
裁判書	[白取祐司]	312
裁判上顕著な事実	[田淵浩二]	313
裁判所外尋問	[渡辺 修]	313
裁判長	[中野目善則]	313
裁判の告知	[香川喜八朗]	313
裁判の成立	[白取祐司]	314
再犯予測	[村山眞維]	314
財物	[吉田宣之]	315
罪名	[指宿 信]	315
最良証拠の原則	[高田昭正]	316
詐欺罪	[安田拓人]	316
詐欺破産罪	[京藤哲久]	317
先物取引	[伊藤 渉]	317
作為義務	[堀内捷三]	318
作為犯	[堀内捷三]	319
錯誤	[川端 博]	319
桜木町事件	[北川佳世子]	320
酒に酔つて公衆に迷惑をかける行為の防止等に関する法律	[北川佳世子]	320
酒酔い鑑識カード	[山田道郎]	320
サザランド(人)	[宮澤節生]	320
差押え	[久岡康成]	321
差戻し	[後藤 昭]	321
雑居拘禁(ざっきょこうきん)	[吉田敏雄]	322
殺人罪	[秋葉悦子]	322
狭山(さやま)事件	[水谷規男]	323
サリン等による人身被害の防止に関する法律	[葛原力三]	323
三角詐欺	[安田拓人]	323
残虐な刑罰	[甲斐克則]	324
産業スパイ	[佐久間修]	324
三項書面	[山田道郎]	325
三号書面	[山田道郎]	326
参考人	[山名京子]	326
参審	[安村 勉]	326
三審制度	[香川喜八朗]	327
三徴候説	[長井 圓]	327
三罰規定	[田中利幸]	327

し

項目	執筆者	頁
シージャック	[葛原力三]	328
資格制限	[吉岡一男]	328
指揮権発動	[小山雅亀]	329
自救行為	[伊東研祐]	329
死刑	[甲斐克則]	330
死刑の廃止を目指す市民的及び政治的権利に関する国際規約の第2選択議定書	[甲斐克則]	331
試験観察	[吉岡一男]	332
事件受理	[上田信太郎]	332
事件処理	[上田信太郎]	333
事件単位の原則	[川出敏裕]	333
事後強盗罪	[髙山佳奈子]	334
事後従犯	[斎藤信治]	334
事後収賄罪	[塩見 淳]	335
事後審	[後藤 昭]	335
自己の物に対する犯罪	[小田直樹]	336
自己負罪拒否特権	[大出良知]	336
自己報告犯罪研究	[宮澤節生]	337
自己矛盾の供述	[山田道郎]	337
自殺関与罪	[秋葉悦子]	337
事実誤認	[高田昭正]	338
事実上の推定	[高田昭正]	338
事実審	[後藤 昭]	339
事実認定	[高田昭正]	339
事実の欠缺	[山口 厚]	340
事実の錯誤	[川端 博]	340

事実の取調べ	[渡辺　修]	341	自　白	[荒木伸怡]	361
死者の名誉毀損罪	[佐伯仁志]	342	自白法則	[荒木伸怡]	361
自　首	[西村秀二]	342	支払用カード電磁的記		
自手犯（じしゅはん）	[橋本正博]	343	録に関する罪	[西田典之]	362
自招危難（じしょうきなん）	[橋田　久]	343	自　判	[後藤　昭]	363
自招侵害	[山本輝之]	344	事物管轄	[米山耕二]	363
私人訴追主義	[鯰越溢弘]	345	私文書偽造罪	[今井猛嘉]	364
雫石（しずくいし）事件	[北川佳世子]	345	紙幣類似証券取締法	[島岡まな]	364
施設内処遇	[土井政和]	345	司法官憲	[山本正樹]	365
事前収賄罪	[塩見　淳]	346	司法共助	[川出敏裕]	365
事前準備	[上口　裕]	346	司法警察	[山本正樹]	365
事前の故意	[齋野彦弥]	346	司法警察職員	[山本正樹]	365
自然犯	[平川宗信]	347	司法権の独立	[香川喜八朗]	366
私選弁護	[深尾正樹]	347	司法前処理	[川崎英明]	367
私戦予備罪	[橋田　久]	347	島田事件	[水谷規男]	367
自損行為	[佐伯仁志]	348	市民的及び政治的権利		
死体損壊等の罪	[近藤和哉]	348	に関する国際規約		
自宅拘禁	[吉田敏雄]	349	（自由人権規約=B規約）	[葛野尋之]	367
失火罪	[奥村正雄]	349	事務移転の権	[米山耕二]	368
実況見分	[島　伸一]	350	指名手配	[城下裕二]	368
失業と犯罪	[上田　寛]	350	地面師（じめんし）	[伊藤　渉]	368
実　刑	[西村秀二]	350	下山（しもやま）事件	[水谷規男]	368
実行行為	[前田雅英]	350	指　紋	[長沼範良]	369
実行中止	[清水一成]	351	社会治療	[石塚伸一]	369
実行の着手	[野村　稔]	351	社会的行為論	[井田　良]	369
執行猶予	[西村秀二]	352	社会的制裁	[吉田敏雄]	369
執行猶予者保護観察法	[瀬川　晃]	353	社会的責任論	[浅田和茂]	370
実質犯	[福山道義]	353	社会的相当性	[木村光江]	371
実体形成行為	[田口守一]	354	社会的統制理論	[宮澤節生]	371
実体裁判	[白取祐司]	354	社会的法益に対する罪	[奥村正雄]	372
実体的真実主義	[三井誠=深尾正樹]	354	社会的予後	[村山眞維]	372
実体的デュープロセス	[門田成人]	355	社会統制	[宮澤節生]	372
私的独占の禁止及び公			社会内処遇	[瀬川　晃]	373
正取引の確保に関す			社会復帰	[土井政和]	374
る法律	[佐久間修]	356	社会防衛	[守山　正]	375
児童買春（かいしゅん），児童			社会奉仕命令	[瀬川　晃]	375
ポルノに係る行為等			釈放前処遇	[吉田敏雄]	376
の処罰及び児童の保			釈　明	[安冨　潔]	376
護等に関する法律	[西田典之]	357	酌量減軽（しゃくりょうげんけい）	[西村秀二]	376
自動車検問	[城下裕二]	358	写　真	[多田辰也]	377
児童自立支援施設	[吉岡一男]	358	ジャスティス・モデル	[石塚伸一]	377
児童相談所	[吉岡一男]	359	惹起説（じゃっきせつ）	[大越義久]	378
自動速度監視装置	[長沼範良]	359	重加算税	[田中利幸]	379
児童福祉法	[吉岡一男]	360	重過失	[町野　朔]	379
児童養護施設	[吉岡一男]	360	収監状	[宇藤　崇]	379

項目	執筆者	頁
臭気選別	［長沼範良］	379
宗教と犯罪	［守山 正］	380
終局裁判	［白取祐司］	380
終局処分	［上田信太郎］	380
住居侵入罪	［中空壽雅］	381
集金横領	［伊東研祐］	381
自由刑	［丸山雅夫］	382
自由刑単一化論	［土井政和］	382
集合犯	［只木 誠］	383
重婚罪	［松原久利］	383
重 罪	［新倉 修］	384
囚人自治制	［吉岡一男］	384
自由心証主義	［髙田昭正］	385
集団処遇	［土井政和］	386
集団犯	［植田 博］	386
集団犯罪	［伊藤 渉］	387
集中審理	［上口 裕］	387
自由な証明	［田淵浩二］	388
従 犯	［斎藤信治］	388
銃砲刀剣類所持等取締法	［松生光正］	389
週末拘禁	［土井政和］	390
収賄罪	［塩見 淳］	390
主観主義	［山中敬一］	391
主観的違法要素	［酒井安行］	391
主観的違法論	［前田雅英］	392
主観的構成要件要素	［酒井安行］	392
縮小解釈	［門田成人］	393
縮小認定	［椎橋隆幸］	394
主 刑	［橋爪 隆］	394
受刑者	［石塚伸一］	394
――の権利	［石塚伸一］	395
主尋問	［渡辺 修］	396
受託裁判官	［中野目善則］	396
受託収賄罪	［塩見 淳］	396
主張責任	［平田 元］	396
出資の受入れ，預り金及び金利等の取締りに関する法律（出資法）	［大塚裕史］	397
出水罪	［奥村正雄］	397
出 頭	［城下裕二］	398
出入国管理及び難民認定法	［安田拓人］	398
主 文	［白取祐司］	398
シュミット（人）	［曽根威彦］	398
受命裁判官	［中野目善則］	399
主要事実	［多田辰也］	399
準現行犯	［川出敏裕］	400
準抗告	［関 正晴］	400
準強盗罪	［髙山佳奈子］	401
順点の原則	［三井 誠］	401
準備手続	［上口 裕］	401
傷害罪	［甲斐克則］	402
消火妨害罪	［奥村正雄］	402
召 喚	［宇藤 崇］	402
情 願（じょうがん）	［石塚伸一］	403
情況証拠	［多田辰也］	404
消極的構成要件要素	［川端 博］	404
消極的身分	［橋爪 隆］	405
承継的共同正犯	［植田 博］	405
承継的共犯	［植田 博］	406
承継的従犯	［植田 博］	407
条件関係	［林 陽一］	407
証言拒絶権	［渡辺 修］	407
証言拒否罪	［岩間康夫］	408
条件説	［林 陽一］	408
条件付き故意	［齋野彦弥］	409
証券取引等監視委員会	［中森喜彦］	409
証券取引法	［中森喜彦］	409
証言能力	［渡辺 修］	410
証 拠	［多田辰也］	410
証拠隠滅罪	［岩間康夫］	411
証拠開示	［松代剛枝］	412
証拠禁止	［三井 誠］	412
上 告	［平良木登規男］	413
上告棄却	［平良木登規男］	413
上告理由	［平良木登規男］	414
証拠決定	［渡辺 修］	414
証拠裁判主義	［髙田昭正］	415
証拠書類	［津村政孝］	415
証拠調べ	［渡辺 修］	416
証拠提出責任	［平田 元］	416
証拠能力	［三井 誠］	417
証拠の新規性	［加藤克佳］	418
証拠の明白性	［加藤克佳］	418
証拠の優越	［髙田昭正］	418
証拠物	［多田辰也］	419
証拠保全	［川崎英明］	419
常習犯	［林美月子］	420

項目	執筆者	頁	項目	執筆者	頁
情　状	［多田辰也］	420	書面主義	［田口守一］	443
上申書	［津村政孝］	421	所有権留保	［西田典之］	444
使用窃盗	［小田直樹］	421	白地（とち）刑罰法規	［門田成人］	444
上　訴	［後藤　昭］	421	白鳥（しらとり）事件	［加藤克佳］	445
焼損（しょうそん）	［奥村正雄］	422	侵害犯	［福山道義］	445
状態犯	［島岡まな］	423	人格責任論	［堀内捷三］	446
承諾殺人罪	［秋葉悦子］	423	人格的行為論	［井田　良］	446
承諾捜索	［久岡康成］	424	新過失論	［中空壽雅］	447
証　人	［渡辺　修］	424	新幹線鉄道における列車運行の安全を妨げる行為の処罰に関する特例法	［葛原力三］	447
証人尋問	［渡辺　修］	425			
証人審問権	［渡辺　修］	426			
証人等威迫罪	［岩間康夫］	426			
証人の保護	［渡辺　修］	427	審　級	［米山耕二］	448
少　年	［吉岡一男］	427	審級管轄	［米山耕二］	448
少年院	［吉岡一男］	428	審級の利益	［後藤　昭］	448
少年院処遇	［吉田敏雄］	428	人工妊娠中絶	［秋葉悦子］	449
少年鑑別所	［吉岡一男］	429	親告罪	［寺崎嘉博］	449
少年警察活動	［村山眞維］	430	真実義務	［深尾正樹］	449
少年刑務所	［吉岡一男］	430	真実性の証明	［佐伯仁志］	450
少年司法運営最低基準規則	［吉岡一男］	431	新社会防衛論	［守山　正］	450
			新宿駅騒乱（そうらん）事件	［伊藤　渉］	451
少年の刑事事件	［村山眞維］	431	人種と犯罪	［宮澤節生］	451
少年非行	［吉岡一男］	432	信書隠匿（いんとく）罪	［髙山佳奈子］	452
少年法	［吉岡一男］	433	心情要素	［上嶌一高］	452
少年保護手続	［吉岡一男］	433	信書開封罪	［佐伯仁志］	453
少年補導	［村山眞維］	434	新新過失論	［中空壽雅］	453
賞　罰	［吉岡一男］	435	心神耗弱（こうじゃく）	［林美月子］	453
証　明	［田淵浩二］	435	心神喪失	［林美月子］	454
──の必要	［田淵浩二］	436	人身売買	［鈴木左斗志］	455
証明力	［髙田昭正］	436	人身保護法	［深尾正樹］	455
昭和電工事件	［塩見　淳］	437	真正不作為犯	［堀内捷三］	455
書記官	［香川喜八朗］	437	心臓死	［長井　圓］	456
嘱託尋問調書（しょくたくじんもんちょうしょ）	［山田道郎］	438	親族相隠（そういん）	［岩間康夫］	456
			親族相盗例（そうとうれい）	［岩間康夫］	457
職務強要罪	［小田直樹］	438	迅速な裁判	［上口　裕］	457
職務質問	［城下裕二］	438	身体刑	［橋爪　隆］	458
所持品検査	［城下裕二］	439	身体検査	［島　伸一］	458
書　証	［多田辰也］	440	人定質問	［佐藤美樹］	459
女性犯罪	［守山　正］	440	人的不法	［山口　厚］	459
除　斥（じょせき）	［米山耕二］	441	人道に対する罪	［愛知正博］	459
処断刑	［松原芳博］	441	新派刑法学	［山中敬一］	460
職権主義	［三井誠＝深尾正樹］	441	審判の分離	［佐藤美樹］	461
職権証拠調べ	［渡辺　修］	442	神兵隊（しんぺいたい）事件	［橋田　久］	461
職権調査	［渡辺　修］	442	人民電車事件	［葛原力三］	461
職権破棄	［後藤　昭］	443	信用毀損罪	［甲斐克則］	462

項目	執筆者	頁
信用性の情況的保障	[山田道郎]	462
信頼の原則	[大塚裕史]	462
新律綱領(しんりつこうりょう)	[野村 稔]	463
心理的責任論	[酒井安行]	463
審理不尽(ふじん)	[後藤 昭]	464
森林窃盗罪	[小田直樹]	464

す

吹田黙禱(すいたもくとう)事件	[水谷規男]	465
推 定	[高田昭正]	465
推定的承諾	[秋葉悦子]	465
ストーカー行為等の規制に関する法律	[町野 朔]	466
ストップ・アンド・フリスク	[城下裕二]	466

せ

性格責任論	[浅田和茂]	467
性格調査	[上田 寛]	467
請願作業	[石塚伸一]	468
請 求	[寺崎嘉博]	468
制限故意説	[長井長信]	468
制限従属形式	[斎藤信治]	469
制限責任説	[川端 博]	469
制限的正犯概念	[橋本正博]	469
正式裁判の請求	[白取祐司]	470
政治資金規正法	[塩見 淳]	470
青少年保護条例	[宮澤節生]	470
精神医学	[浅田和茂]	471
精神障害	[上田 寛]	471
精神状態の供述	[津村政孝]	472
精神病質	[上田 寛]	472
精神保健及び精神障害者福祉に関する法律	[上田 寛]	473
精神薬理	[上田 寛]	473
性的倒錯(とうさく)	[上田 寛]	474
正当業務行為	[臼木 豊]	474
正当防衛	[山本輝之]	475
正 犯	[斎藤信治]	477
性犯罪	[上田 寛]	478
声 紋(せいもん)	[長沼範良]	479
生来性犯罪人	[上田 寛]	479
世界主義	[愛知正博]	479
世界人権宣言	[葛野尋之]	480
責 任	[堀内捷三]	480
責任共犯論	[大越義久]	481
責任主義	[浅田和茂]	481
責任条件	[浅田和茂]	482
責任説	[川端 博]	482
責任阻却事由	[浅田和茂]	483
責任能力	[中空壽雅]	484
責任要素	[曽根威彦]	484
関根橋(せきねばし)事件	[松生光正]	484
セクシュアル・ハラスメント	[上田 寛]	485
説教強盗	[山本輝之]	485
説教等妨害罪	[近藤和哉]	485
接見交通	[大久保哲]	486
接続犯	[只木 誠]	486
窃盗罪	[小田直樹]	486
——の保護法益	[西田典之]	487
説得責任	[高田昭正]	489
窃 用(せつよう)	[佐伯仁志]	489
善意の例外	[三井 誠]	489
前 科	[吉岡一男]	490
全件送致主義	[村山眞維]	490
宣告刑	[松原芳博]	490
宣告猶予	[西村秀二]	491
戦時刑事特別法	[中空壽雅]	491
善時制(ぜんじせい)	[瀬川 晃]	491
宣 誓	[渡辺 修]	492
宣誓供述書	[三井 誠]	492
戦争と犯罪	[石塚伸一]	492
戦争犯罪	[愛知正博]	493
仙台全司法事件	[木村光江]	493
選択刑	[松原芳博]	493
選択的認定	[大澤 裕]	493
選択的法執行	[村山眞維]	494
煽動(せん動)	[植田 博]	494
全農林警職法事件	[木村光江]	495
占 有	[小田直樹]	495
占領目的阻害行為処罰令	[斉藤豊治]	496

そ

訴 因	[椎橋隆幸]	497
——と罪数	[椎橋隆幸]	497
——と訴訟条件	[椎橋隆幸]	498
——の特定	[椎橋隆幸]	498
訴因変更	[椎橋隆幸]	499

項目	執筆者	頁
騒音規制法	[伊藤　渉]	500
騒音防止条例	[伊藤　渉]	500
臓器移植	[長井　圓]	500
臓器の移植に関する法律（臓器移植法）	[長井　圓]	501
増強証拠	[山田道郎]	502
送検	[小山雅亀]	502
捜査	[川崎英明]	502
捜査機関	[山本正樹]	503
捜索	[久岡康成]	503
捜査の構造	[川崎英明]	504
捜査の端緒	[城下裕二]	504
捜査比例の原則	[川崎英明]	505
造船疑獄事件	[水谷規男]	505
送達	[米山耕二]	505
送致	[小山雅亀]	506
相当因果関係	[林　陽一]	506
相当因果関係説	[林　陽一]	506
相場操縦の罪	[中森喜彦]	507
騒乱罪	[伊藤　渉]	508
贈賄罪	[塩見　淳]	508
遡及(きゅう)処罰	[甲斐克則]	509
即時抗告	[関　正晴]	509
属人主義	[愛知正博]	510
即成犯(そくせいはん)	[島岡まな]	510
属地主義	[愛知正博]	510
速度測定カード	[山田道郎]	511
組織的犯罪対策法	[中森喜彦]	511
組織の犯罪	[宮澤節生]	512
組織犯罪	[石塚伸一]	513
訴訟係属	[田口守一]	513
訴訟行為	[田口守一]	514
訴訟指揮	[三島　聡]	514
訴訟条件	[寺崎嘉博]	515
訴訟追行行為	[田口守一]	516
訴訟能力	[安冨　潔]	516
訴訟費用	[香川喜八朗]	516
訴訟法上の事実	[田淵浩二]	517
訴訟法律関係	[田口守一]	518
訴訟法律状態	[田口守一]	518
租税犯罪	[安田拓人]	518
措置入院	[上田　寛]	519
訴追	[鮎越溢弘]	519
訴追裁量	[吉村　弘]	520
速記	[香川喜八朗]	520
疎明(そめい)	[多田辰也]	520
尊厳死	[清水一成]	521
損失補填	[中森喜彦]	521
尊属に対する罪	[鈴木左斗志]	522

た

項目	執筆者	頁
体液の採取	[島　伸一]	523
大逆(たいぎゃく)罪	[中空壽雅]	523
大逆(たいぎゃく)事件	[中空壽雅]	524
対向犯	[植田　博]	524
第五柏島丸(かしわじま)事件	[酒井安行]	524
第三者供賄罪	[塩見　淳]	525
胎児	[鈴木左斗志]	525
胎児傷害	[鈴木左斗志]	525
大赦(たいしゃ)	[吉岡一男]	525
大審院	[中野目善則]	526
退廷命令	[三島　聡]	526
ダイヴァージョン→ディヴァージョン	[村山眞維]	566
大陪審	[新屋達之]	527
体罰	[臼木　豊]	527
対物防衛	[山本輝之]	527
逮捕	[川出敏裕]	528
大宝律令(たいほうりつりょう)	[野村　稔]	529
逮捕監禁罪	[鈴木左斗志]	529
逮捕状	[川出敏裕]	530
逮捕先行主義	[川出敏裕]	530
大麻取締法	[近藤和哉]	531
代用監獄	[宇藤　崇]	531
平(たいら)事件	[水谷規男]	532
代理権	[田口守一]	533
代理処罰	[愛知正博]	533
高田事件	[上口　裕]	533
他管(たかん)送致	[上田信太郎]	533
瀧川幸辰(ゆきとき)(人)	[平川宗信]	534
択一関係	[山火正則]	534
択一的故意	[齋野彦弥]	535
択一的認定	[大澤　裕]	535
多衆不解散罪	[伊藤　渉]	536
太政官布告(だじょうかんふこく)	[野村　稔]	537
堕胎罪	[上嶌一高]	537
立会権	[深尾正樹]	538
単一刑論	[土井政和]	538
弾劾(だんがい)主義	[田口守一]	538

弾劾証拠	[山田道郎]	539		治療行為	[清水一成]	558
段階的過失	[大塚裕史]	540		治療処分	[石塚伸一]	558
段階的処遇	[吉岡一男]	540				
弾劾的捜査観	[川崎英明]	541		**つ**		
短期自由刑	[吉田敏雄]	541		追起訴	[鯰越溢弘]	559
談合罪	[佐久間修]	542		追求権説	[大塚裕史]	559
断獄則例(だんごくそくれい)	[野村 稔]	543		追 送	[小山雅亀]	560
単純一罪	[只木 誠]	543		追 徴	[橋爪 隆]	560
団体責任	[只木 誠]	543		通貨及証券模造取締法	[島岡まな]	560
団体等規正令	[斉藤豊治]	544		通貨偽造罪	[園田 寿]	561
担当制	[石塚伸一]	544		通貨偽造準備罪	[園田 寿]	561
単独正犯	[斎藤信治]	544		通常抗告	[関 正晴]	561
				通信の秘密	[佐伯仁志]	562
ち				通信の傍受	[島 伸一]	562
治安刑法	[斉藤豊治]	544		通 訳	[葛野尋之]	563
地域警察活動	[村山眞維]	545		付添人	[吉岡一男]	564
治罪法	[酒巻 匡]	546		筑波大膵腎同時移植事件	[長井 圓]	564
知的財産権の侵害	[佐久間修]	546		罪となるべき事実	[指宿 信]	565
知能と犯罪	[上田 寛]	547		つり銭詐欺	[安田拓人]	565
地方更生保護委員会	[瀬川 晃]	547				
地方裁判所	[中野目善則]	548		**て**		
着手中止	[清水一成]	548		DNA鑑定	[田淵浩二]	565
チャタレイ事件	[松原久利]	548		ディヴァージョン	[村山眞維]	566
注意義務	[松宮孝明]	549		帝銀事件	[水谷規男]	567
中央更生保護審査会	[瀬川 晃]	550		定型説	[門田成人]	568
中間施設	[瀬川 晃]	550		提出命令	[松代剛枝]	568
中間処分	[上田信太郎]	550		訂正の判決	[指宿 信]	568
中止処分	[上田信太郎]	550		適正手続主義	[三井誠=深尾正樹]	568
中止犯	[清水一成]	550		手続形成行為	[田口守一]	569
抽象的危険説	[山口 厚]	551		手続二分論	[田口守一]	569
抽象的危険犯	[福山道義]	551		転嫁罰(てんか)規定	[伊東研祐]	570
抽象的事実の錯誤	[日髙義博]	552		電気窃盗	[吉田宣之]	570
抽象的符合説	[日髙義博]	553		電子監視	[吉田敏雄]	570
抽象的法定符合説	[日髙義博]	554		電子計算機使用詐欺罪	[北川佳世子]	571
中立命令違反罪	[橋田 久]	554		電子計算機損壊等による業務妨害罪	[北川佳世子]	571
懲 役	[丸山雅夫]	554				
懲戒権	[白木 豊]	554		電磁的記録不正作出罪	[島岡まな]	571
調書裁判	[白取祐司]	555		伝聞証拠	[津村政孝]	572
調書判決	[白取祐司]	555		伝聞法則	[津村政孝]	573
超法規的違法阻却事由	[前田雅英]	555				
超法規的責任阻却事由	[酒井安行]	556		**と**		
跳躍上告(ちょうやくじょうこく)	[平良木登規男]	556		同意書面	[山田道郎]	574
直接主義	[津村政孝]	556		統一公判	[佐藤美樹]	574
直接証拠	[多田辰也]	557		統一的正犯概念	[高橋則夫]	574
牴反正義(ちょはんせいぎ)	[平良木登規男]	558				

項目	執筆者	頁
東海大学安楽死事件	［清水一成］	575
動機説	［齋野彦弥］	576
道義的責任論	［浅田和茂］	576
東京中郵事件	［木村光江］	577
道具理論	［橋本正博］	577
当事者主義	［三井誠＝深尾正樹］	578
当事者適格	［安冨潔］	579
同時傷害	［甲斐克則］	579
同時犯	［斎藤信治］	580
同種前科の立証	［多田辰也］	580
当然無効	［田口守一］	580
逃走罪	［岩間康夫］	581
盗犯等ノ防止及処分ニ関スル法律	［山本輝之］	581
当番弁護士	［大出良知］	582
盗品等運搬罪	［大塚裕史］	583
盗品等に関する罪	［大塚裕史］	583
盗品等保管罪	［大塚裕史］	584
盗品等無償譲受け罪	［大塚裕史］	584
盗品等有償処分あっせん罪	［大塚裕史］	585
盗品等有償譲受け罪	［大塚裕史］	585
動物の愛護及び管理に関する法律	［島岡まな］	585
答弁取引	［三井誠］	586
道路交通法	［松生光正］	586
都教組事件	［木村光江］	586
徳島事件	［水谷規男］	587
特赦(とくしゃ)	［吉岡一男］	587
毒樹の果実	［三井誠］	587
特定商取引に関する法律	［京藤哲久］	588
毒物及び劇物取締法	［近藤和哉］	588
特別刑法	［田中利幸］	588
特別抗告	［平良木登規男］	589
特別公務員職権濫用罪	［吉田宣之］	589
特別公務員暴行陵虐(ぼうこうりょうぎゃく)罪	［吉田宣之］	590
特別背任罪	［上嶌一高］	590
特別弁護人	［深尾正樹］	590
特別予防	［林美月子］	591
独立教唆罪	［植田博］	591
都市化と犯罪	［村山眞維］	592
土地管轄	［米山耕二］	592
独居拘禁(どっきょこうきん)	［吉田敏雄］	593
賭博(とばく)罪	［松原久利］	593
賭博場開張図利(とり)罪	［松原久利］	594
富井政章(とみいまさあきら)(人)	［大沼邦弘］	594
富くじ罪	［松原久利］	594
取込詐欺	［安田拓人］	595
取調べ	［川崎英明］	595
取引の安全に対する罪	［島岡まな］	596

な

項目	執筆者	頁
内容的確定力	［白取祐司］	596
内乱罪	［橋田久］	596
名古屋中郵事件	［木村光江］	597

に

項目	執筆者	頁
二項犯罪	［林幹人］	597
二重起訴	［寺崎嘉博］	598
二重抵当	［上嶌一高］	598
二重の危険	［白取祐司］	598
二重売買	［伊東研祐］	598
日米相互防衛援助協定等に伴う秘密保護法	［斉藤豊治］	599
日数罰金	［守山正］	599
仁保(にほ)事件	［水谷規男］	600
日本国憲法	［平川宗信］	600
日本国憲法の施行に伴う刑事訴訟法の応急的措置に関する法律	［酒巻匡］	600
日本国とアメリカ合衆国との間の相互協力及び安全保障条約第6条に基づく施設及び区域並びに日本国における合衆国軍隊の地位に関する協定	［斉藤豊治］	601
日本国とアメリカ合衆国との間の相互協力及び安全保障条約第6条に基づく施設及び区域並びに日本国における合衆国軍隊の地位に関する協定の実施に伴う刑事特別法	［斉藤豊治］	601
任意出頭	［城下裕二］	602
任意捜査	［川崎英明］	602

任意的共犯	[植田 博]	603
任意同行	[城下裕二]	603
認識ある過失	[大塚裕史]	604
認識なき過失	[大塚裕史]	604
認容説	[齋野彦弥]	604

の

脳死	[長井 圓]	605
脳梅毒事件	[丸山雅夫]	605
ノウ・ハウ	[佐久間修]	605

は

配給詐欺	[安田拓人]	606
配偶者からの暴力の防止及び被害者の保護に関する法律	[西田典之]	606
売春防止法	[北川佳世子]	607
陪審	[安村 勉]	607
背信説	[上嶌一高]	608
背任罪	[上嶌一高]	608
ハイフィールズ[計画]	[瀬川 晃]	609
破壊活動防止法	[斉藤豊治]	609
博多駅事件	[久岡康成]	610
破棄	[後藤 昭]	610
白山丸事件	[寺崎嘉博]	611
漠然不明確	[門田成人]	611
博徒(ばくと)結合罪	[松原久利]	612
爆発物取締罰則	[松生光正]	612
パターナリズム	[秋葉悦子]	613
罰金	[田中利幸]	613
罰金等臨時措置法	[田中利幸]	614
罰条	[指宿 信]	614
パロール	[瀬川 晃]	615
判決	[白取祐司]	615
判決前調査制度	[白取祐司]	616
犯行再現ビデオ	[山田道郎]	616
犯罪学	[上田 寛]	616
犯罪共同説	[髙橋則夫]	617
犯罪行為環境	[守山 正]	618
犯罪行動系	[宮澤節生]	618
犯罪行動習得	[宮澤節生]	619
犯罪行動理論仮説	[宮澤節生]	620
犯罪行動類型	[宮澤節生]	621
犯罪者	[上田 寛]	622
犯罪社会学	[宮澤節生]	623
犯罪者処遇	[土井政和]	626
犯罪者予防更生法	[瀬川 晃]	627
犯罪者類型	[上田 寛]	627
犯罪心理学	[上田 寛]	628
犯罪精神医学	[上田 寛]	629
犯罪生物学	[上田 寛]	629
犯罪捜査学	[守山 正]	630
犯罪捜査規範	[山本正樹]	630
犯罪捜査共助	[川出敏裕]	631
犯罪対応	[吉田敏雄]	632
犯罪地	[愛知正博]	632
犯罪徴表説	[山中敬一]	633
犯罪統計	[村山眞維]	634
犯罪人引渡し	[川出敏裕]	635
犯罪人名簿	[吉岡一男]	635
犯罪の競合	[山火正則]	635
犯罪の地理的分布	[宮澤節生]	636
犯罪白書	[宮澤節生]	636
犯罪被害者等給付金支給法	[土井政和]	637
犯罪被害者等の保護を図るための刑事手続に付随する措置に関する法律	[川出敏裕]	637
犯罪報道	[吉田敏雄]	638
犯罪要因	[上田 寛]	638
判事・判事補	[中野目善則]	639
反証	[多田辰也]	639
反対解釈	[門田成人]	639
反対尋問	[渡辺 修]	640
犯人識別供述	[荒木伸怡]	640
犯人蔵匿罪	[岩間康夫]	641
判例違反	[後藤 昭]	641
判例変更	[後藤 昭]	642

ひ

ピーナル・リフォーム・インターナショナル	[斉藤豊治]	642
BBS運動	[吉岡一男]	642
被害者	[土井政和]	643
被害者学	[土井政和]	644
被害者と刑事手続	[田口守一]	645
被害者なき犯罪	[宮澤節生]	646
被害者の錯誤	[秋葉悦子]	647
被害者の承諾	[秋葉悦子]	647

被害者補償	[土井政和]	648	費用補償	[福島 至]	669
被害調査	[土井政和]	648	ビルクマイヤー(人)	[伊東研祐]	669
被害届	[久保康成]	649	ビンディング(人)	[伊東研祐]	670
被害弁償	[土井政和]	649	**ふ**		
被疑者	[山名京子]	650			
被疑者の権利	[大久保哲]	650	封印破棄罪	[小田直樹]	671
ひき逃げ	[大沼邦弘]	651	風俗営業等の規制及び業務の適正化等に関する法律	[松原久利]	671
非供述証拠	[津村政孝]	651	風俗犯	[松原久利]	671
非決定論	[曽根威彦]	652	フェリー(人)	[大沼邦弘]	672
非現住建造物等放火罪	[奥村正雄]	652	フォイエルバッハ(人)	[伊東研祐]	672
被拘禁者処遇最低基準規則	[土井政和]	652	不応為律(ふおういりつ)	[野村 稔]	673
非行少年	[吉岡一男]	653	不確定的故意	[曽根威彦]	674
非行地域	[宮澤節生]	654	付加刑	[橋爪 隆]	674
非行副次文化	[村山眞維]	655	不可罰的事後行為	[山火正則]	674
非行要因	[吉岡一男]	655	不起訴処分	[上田信太郎]	674
非行予測	[宮澤節生]	657	武器対等の原則	[松代剛枝]	675
被告人	[山名京子]	657	武器等製造法	[松生光正]	675
被告人質問	[佐藤美樹]	658	福岡県青少年保護育成条例事件	[門田成人]	675
被告人の権利	[大久保哲]	659	武家諸法度(ぶけしょはっと)	[野村 稔]	676
微罪処分	[山本正樹]	659	武家法	[野村 稔]	676
非常上告	[加藤克佳]	659	不告不理の原則	[鯰越溢弘]	677
筆跡	[長沼範良]	660	不作為犯	[堀内捷三]	677
必要的共犯	[植田 博]	660	藤木英雄(人)	[平川宗信]	678
必要的弁護	[深尾正樹]	661	侮辱罪	[佐伯仁志]	679
非伝聞	[津村政孝]	661	不真正不作為犯	[堀内捷三]	679
人質による強要行為等の処罰に関する法律	[鈴木左斗志]	662	付審判制度	[新屋達之]	680
ヒトに関するクローン技術等の規制に関する法律(ヒトクローン規制法)	[町野 朔]	663	婦人補導院	[守山 正]	681
			不正アクセス行為の禁止等に関する法律	[西田典之]	681
人の健康に係る公害犯罪の処罰に関する法律	[町野 朔]	663	不正競争防止法	[佐久間修]	681
			付帯私訴	[鯰越溢弘]	682
人の始期	[山口 厚]	664	附帯上訴	[後藤 昭]	682
人の終期	[長井 圓]	664	不逮捕特権	[酒巻 匡]	682
非犯罪化	[宮澤節生]	665	復権	[吉岡一男]	682
秘密侵害	[佐伯仁志]	666	不定期刑	[石塚伸一]	683
秘密の暴露	[荒木伸怡]	667	不動産侵奪罪	[大沼邦弘]	683
秘密漏示罪	[佐伯仁志]	667	不当な取引制限の罪	[京藤哲久]	684
百日裁判	[上口 裕]	667	不特定的認定	[大澤 裕]	685
評決	[安村 勉]	667	不妊手術	[上田 寛]	685
表現犯	[酒井安行]	668	不能犯	[山口 厚]	685
表象説	[齋野彦弥]	668	部分的責任能力	[林美月子]	686
			不法原因給付	[曽根威彦]	686

項目	執筆者	頁	項目	執筆者	頁
不法収益等隠匿罪	[近藤和哉]	687	片面的従犯	[斎藤信治]	706
不法収益等収受罪	[近藤和哉]	688	弁 論	[安冨 潔]	706
不法責任符合説	[日髙義博]	688	**ほ**		
不法領得の意思	[小田直樹]	688			
プライヴァシー	[佐伯仁志]	689	ボアソナード(人)	[平川宗信]	707
プラカード事件	[白取祐司]	690	保安処分	[石塚伸一]	708
フランク(人)	[酒井安行]	690	法医学	[浅田和茂]	708
不利益な事実の承認	[荒木伸怡]	691	法 益	[伊東研祐]	709
不利益変更禁止の原則	[後藤 昭]	691	法益考量(衡量(こうりょう))説	[曽根威彦]	710
プリペイド・カードの改ざん	[島岡まな]	692	放火罪	[奥村正雄]	710
不良貸付	[上嶌一高]	692	包括一罪	[只木 誠]	711
不良行為	[吉岡一男]	692	包括罪種	[守山 正]	711
プレイン・ヴューの理論	[洲見光男]	693	判官は些事(さじ)を取り上げず	[木村光江]	712
プレイン・フィールの理論	[洲見光男]	693	忘却犯	[甲斐克則]	712
			暴行罪	[甲斐克則]	712
プロベーション	[瀬川 晃]	693	幇 助(ほうじょ)	[斎藤信治]	713
文 書	[今井猛嘉]	694	法条競合	[山火正則]	713
文書毀棄(きき)罪	[髙山佳奈子]	695	法 人	[田中利幸]	714
文書偽造罪	[今井猛嘉]	695	法曹一元	[香川喜八朗]	715
粉飾決算	[橋爪 隆]	696	法廷技術	[田口守一]	715
墳墓(ふんぼ)発掘罪	[近藤和哉]	696	法定刑	[松原芳博]	716
分離公判	[佐藤美樹]	696	法廷警察	[三島 聡]	716
分類処遇	[吉田敏雄]	696	法定減軽	[西村秀二]	717
へ			法定合議	[香川喜八朗]	717
			法定証拠主義	[高田昭正]	717
併合罪	[山火正則]	697	法廷秩序	[三島 聡]	718
ヘイビアス・コーパス	[宇藤 崇]	698	法定通算	[吉弘光男]	718
米兵ひき逃げ事件	[林 陽一]	699	法定的符合説	[日髙義博]	719
平和に対する罪	[松生光正]	699	法廷闘争	[上口 裕]	719
ヘーゲル(人)	[愛知正博]	699	法廷侮辱(ぶじょく)	[三島 聡]	720
ベーリング(人)	[井田 良]	700	法廷メモ	[田中 開]	720
ベッカリーア(人)	[大沼邦弘]	700	法的に空虚な領域	[伊東研祐]	721
別件捜索	[久岡康成]	701	冒頭陳述	[渡辺 修]	721
別件逮捕	[川出敏裕]	702	冒頭手続	[佐藤美樹]	721
弁護権	[深尾正樹]	702	法の不知は害する	[長井長信]	722
弁護士	[大出良知]	703	法は家庭に入らず	[岩間康夫]	722
弁護人	[深尾正樹]	703	方法の錯誤	[北川佳世子]	722
弁護人抜き裁判法案	[上口 裕]	704	法務省	[三井 誠]	723
ベンサム(人)	[新倉 修]	704	法務総合研究所	[吉岡一男]	723
変死者密葬罪	[近藤和哉]	705	法律上の推定	[高田昭正]	723
変 造	[今井猛嘉]	705	法律審	[後藤 昭]	724
片面的共同正犯	[斎藤信治]	705	法律なければ刑罰なし	[門田成人]	725
片面的共犯	[斎藤信治]	706	法律の錯誤	[長井長信]	725
			法律扶助	[深尾正樹]	726

項目	執筆者	頁
暴力行為等処罰ニ関スル法律	[甲斐克則]	726
暴力団員による不当な行為の防止等に関する法律(暴対法)	[石塚伸一]	727
法令違反	[後藤 昭]	727
法令解釈の統一	[平良木登規男]	728
法令行為	[臼木 豊]	728
法令適用	[後藤 昭]	729
傍 論	[白取祐司]	729
ポースタル制	[吉田敏雄]	729
補強証拠	[荒木伸怡]	729
保護観察	[瀬川 晃]	730
保護観察官	[瀬川 晃]	731
保護観察所	[瀬川 晃]	732
保護司	[瀬川 晃]	732
保護処分	[吉岡一男]	732
保護責任者遺棄(いき)罪	[大沼邦弘]	733
保佐人	[三井 誠]	734
補佐人	[三井 誠]	734
保 釈	[吉弘光男]	734
補充裁判官	[中野目善則]	735
補充尋問	[渡辺 修]	735
保障人説	[堀内捷三]	735
補助事実	[多田辰也]	736
補 正	[指宿 信]	736
母体保護法	[上田 寛]	736
没 取	[橋爪 隆]	736
没 収	[橋爪 隆]	737
欲する者に対しては侵害はない	[秋葉悦子]	738
補導委託	[吉岡一男]	738
補導処分	[守山 正]	739
ポポロ事件	[前田雅英]	739
ポリグラフ	[長沼範良]	739
ホワイトカラー犯罪	[宮澤節生]	740
本案裁判	[白取祐司]	740
本 証	[多田辰也]	741
翻 訳	[葛野尋之]	741
本来的一罪	[山火正則]	741
ま		
舞鶴事件	[前田雅英]	742
マイヤー(人)	[井田 良]	742
牧野英一(まきのえいいち)(人)	[高山佳奈子]	743
マクナブ・ルール	[洲見光男]	744
正木亮(まさきあきら)(人)	[新倉 修]	744
麻酔分析	[長沼範良]	744
松川事件	[水谷規男]	744
マップ事件	[洲見光男]	745
松山事件	[水谷規男]	745
マネーロンダリング	[近藤和哉]	745
麻薬及び向精神薬取締法(麻薬向精神薬取締法)	[近藤和哉]	746
み		
三河島(みかわしま)二重衝突事件	[北川佳世子]	746
未 決	[宇藤 崇]	747
未決通算	[吉弘光男]	747
未 遂	[井田 良]	747
——の教唆	[大越義久]	748
未遂犯	[井田 良]	748
未成年者飲酒禁止法	[鈴木左斗志]	748
未成年者拐取罪	[鈴木左斗志]	748
未成年者喫煙禁止法	[鈴木左斗志]	749
三鷹(みたか)事件	[葛原力三]	749
身の代金目的拐取(かいしゅ)罪	[鈴木左斗志]	749
見張り	[高橋則夫]	749
未必の故意	[齋野彦弥]	750
身 分	[橋爪 隆]	750
身分犯	[橋爪 隆]	751
宮本英脩(みやもとひでなが)(人)	[木村光江]	751
ミランダ・ルール	[洲見光男]	752
む		
無期刑	[丸山雅夫]	752
無形偽造	[今井猛嘉]	753
無形的幇助	[植田 博]	753
無限連鎖講の防止に関する法律	[京藤哲久]	753
無 罪	[高田昭正]	754
無罪の推定	[高田昭正]	755
むささび・もま事件	[川端 博]	755
無銭飲食	[安田拓人]	756
村八分	[佐伯仁志]	756

め

項目	執筆者	頁
迷信犯	[山口　厚]	756
名　誉	[佐伯仁志]	756
名誉毀損罪	[佐伯仁志]	757
命　令	[白取祐司]	758
迷惑防止条例	[北川佳世子]	758
メーデー事件	[伊藤　渉]	758
メツガー(人)	[井田　良]	758
メモの理論	[渡辺　修]	759
面会強請(きょうせい)	[岩間康夫]	759
免囚保護事業	[吉岡一男]	759
免　訴	[白取祐司]	760
免田事件	[水谷規男]	760

も

項目	執筆者	頁
申立適格	[安冨　潔]	761
毛　髪	[長沼範良]	761
目的刑	[林美月子]	761
目的説	[曽根威彦]	762
目的的行為論	[井田　良]	762
目的犯	[酒井安行]	762
黙秘権	[大出良知]	763
模　造	[園田　寿]	764
勿論(もちろん)解釈	[門田成人]	764
泉二新熊(もとじしんくま)(人)	[山中敬一]	765
森永ドライミルク事件	[甲斐克則]	765

や

項目	執筆者	頁
八海(やかい)事件	[水谷規男]	766
薬物犯罪	[近藤和哉]	766
やわらかな決定論	[曽根威彦]	767

ゆ

項目	執筆者	頁
有価証券偽造罪	[島岡まな]	767
有形偽造	[今井猛嘉]	768
有　罪	[高田昭正]	769
──である旨の陳述	[椎橋隆幸]	770
有罪の答弁	[椎橋隆幸]	770
有責行為能力	[浅田和茂]	770
郵便切手類模造等取締法	[島岡まな]	771
猶予制度	[村山眞維]	771
許された危険	[中空壽雅]	771

よ

項目	執筆者	頁
容疑者	[山名京子]	772
要急事件	[宇藤　崇]	772
要急処分	[宇藤　崇]	772
要証事実	[高田昭正]	773
要保護性	[村山眞維]	773
預金等に係る不当契約の取締に関する法律	[京藤哲久]	773
抑　留	[川出敏裕]	774
予見可能性	[松宮孝明]	774
予見義務	[松宮孝明]	775
余　罪	[川崎英明]	775
四畳半襖(よじょうはんふすま)の下張(したばり)事件	[松原久利]	776
予　審	[梅田　豊]	776
予断防止の原則	[指宿　信]	777
予　備	[臼木　豊]	778
予備罪	[臼木　豊]	779
予備審問	[梅田　豊]	779
予備の共犯	[臼木　豊]	779
予備の中止	[清水一成]	780
予防拘禁	[石塚伸一]	781

ら

項目	執筆者	頁
ラートブルフ(人)	[曽根威彦]	782
ラディカル犯罪学	[石塚伸一]	782
ラベリング論	[守山　正]	783

り

項目	執筆者	頁
利益供与罪	[橋爪　隆]	784
離隔(りかく)犯	[橋本正博]	784
リスト(人)	[曽根威彦]	785
立証趣旨	[高田昭正]	786
利得罪	[上嶌一高]	787
略式手続	[福島　至]	787
略取誘拐(りゃくしゅゆうかい)罪	[鈴木左斗志]	787
留　置	[川出敏裕]	788
流通食品への毒物の混入等の防止等に関する特別措置法	[葛原力三]	788
理由不備	[後藤　昭]	788
量　刑	[安冨　潔]	789
領置(りょうち)	[久岡康成]	790
領得行為説	[伊東研祐]	790

両罰(りょうほう)規定	[田中利幸]	790	労作処分	[石塚伸一]	796
臨床尋問	[渡辺 修]	791	老人と犯罪	[守山 正]	797
			労働刑法	[木村光江]	797
る			ローチン原則	[島 伸一]	798
類似事実の立証	[多田辰也]	791	録音テープ	[山田道郎]	798
累進処遇(るいしんしょぐう)	[吉田敏雄]	791	ロッキード事件	[三井 誠]	798
類推解釈	[門田成人]	792	論 告	[安冨 潔]	799
累 犯(るいはん)	[髙山佳奈子]	793	ロンブローゾ(人)	[大沼邦弘]	799

れ			**わ**		
レイシオ・デシデンダイ	[白取祐司]	793	わいせつ	[松原久利]	800
令 状	[川出敏裕]	794	——の罪	[松原久利]	801
礼拝所及び墳墓に関する罪	[近藤和哉]	795	わいせつ物陳列罪	[松原久利]	801
			わいせつ物頒布販売罪	[松原久利]	801
礼拝所不敬罪	[近藤和哉]	795	ワイヤ・タッピング	[島 伸一]	802
連座制	[只木 誠]	795	賄 賂(わいろ)	[塩見 淳]	802
連続犯	[只木 誠]	795	賄賂罪	[塩見 淳]	803
ろ			和田心臓移植事件	[長井 圓]	803
労役場留置	[吉岡一男]	796	「わな」の抗弁	[佐藤隆之]	804

あ

悪徳商法　1 意義　悪質商法，悪質商取引などとも呼ばれる．一般に，高齢者，主婦，若者など経済取引に不慣れな者を対象に，その知識不足や判断力の未熟さ，衰え等につけこんで，通常の取引を装いながら危険な取引に引き込み，その者を犠牲にすることで不当な利益をあげる悪質な取引行為を意味する．とくに有利な運用で資産の形成維持をはかるよう装って資産をまきあげる資産形成型の悪徳商法は，被害者の生活に深刻な打撃を与えることから，これに対する対策は，*経済刑法'の大きな課題となっている．

悪徳商法は，一見すると，合法的に行われている通常の正常な取引と区別がつかないが，しかし，経済合理性の観点から見た場合に，悪徳商法にあっては，その本質的な部分において必ず破綻を招く大きな欠陥が含まれており，結果的に，取引をしたほとんどの者が損失を被ることになる．悪徳商法では，high risk high return, low risk low return という経済取引の常識に反して，low risk high return を標榜することが多く，悪徳商法を見分けるひとつの指標となっている．

2 形態　悪徳商法にはさまざまな形態がある．現物まがい商法（ペーパー商法），客殺し商法，投資顧問商法，「商品*先物取引'・海外先物取引」利用の悪徳商法，無限連鎖講（ねずみ講），連鎖販売取引（マルチ商法，マルチまがい商法），原野（ぱん）商法，会員権商法，資格商法（士（さむらい）商法），霊感商法，催眠商法等々．これらには，詐欺罪や特別法上の犯罪が成立する場合もあるが，そうでない場合にも，*特定商取引に関する法律'のように，取引形態に応じて，書面の交付やクーリングオフ等の取引規制が行われるものも多い．また，国民生活センターなどの消費者保護機関が啓蒙活動を行うなどして被害防止に努めている．

3 対策　このように悪徳商法のなかには詐欺罪の成立が認められるものもあるが，経験の未熟さ，判断力の衰えなどにつけ込んでいるとはいえ，同意を取りつけた形をとっており，被害はあるが詐欺罪が適用できないということも少なくない．また，法律の穴が積極的に利用されることも多く，立法で新たに規制対象に加えるなどして対処せざるをえない場合も多い．*無限連鎖講の防止に関する法律'はそのよい例で，詐欺罪の適用が困難であることから同法が立法され（昭53年），また，施行後も，金銭の配当組織を金品の配当組織に改めるなど，法律の抜け穴をなくす改正が行われている（昭63年改正）．

〔京藤哲久〕

悪徳の栄え事件　被告人Xは，マルキ・ド・サド原作「悪徳の栄え」の邦訳原稿を作成し，被告人Yがこれを出版した．この行為が*わいせつ物頒布販売罪'・同所持罪（刑175）で起訴された．1審は本件訳書は*わいせつ'文書に当たらないとして無罪としたが，2審は本罪の成立を認めた．最高裁は，わいせつ概念については*チャタレイ事件'判決に従い，その判断については，文章の個々の章句の部分は全体としての意味をもつものであるから，その章句の部分のわいせつ性の有無は，文書全体との関連において判断されなければならないとし，文書がもつ芸術性・思想性が性的刺激を減少・緩和させ，わいせつ性を解消させる場合があるとしたが，本件においては2審判決を支持して上告を棄却した（最大判昭44・10・15刑集23・10・1239）．本判決は，部分的に露骨な性描写があっても，作品全体から判断してわいせつ性が否定される場合があるとする全体的考察方法を採用することを明らかにしたものである．→四畳半襖（ふすま）の下張事件

〔松原久利〕

アジャン・プロヴォカトゥール　（仏）（英）（独）agent provocateur　「教唆する刑事巡査」あるいは「他人を犯罪に陥れることを職業とする警察の手先」の意味で，はじめから逮捕する目的で，人に犯罪遂行を教唆し，被教唆者が犯罪を実行するのをまってその場で直ちに逮捕する者をいう．麻薬犯罪などの摘発の際に行われる*おとり捜査'のおとりがこれにあたる．この犯罪を教唆した者の刑事責任は，最初

から未遂に終わらせることを意図して教唆を行う*未遂の教唆'の可罰性という形で争われる．学説は，まず教唆の故意の理解をめぐり対立する．教唆の故意は，被教唆者に犯罪実行の決意を生ぜしめる意思であることを要し，それで十分であるとの立場をとれば，未遂の教唆の場合にも未遂犯の処罰規定があるかぎり，未遂犯の教唆として可罰的である．これに対して，教唆の故意はさらに正犯の構成要件的結果の発生についての認識をも要するという立場をとれば，未遂の教唆は教唆の故意を欠き不可罰となる．この対立は，かつては*共犯従属性説'と*共犯独立性説'の争いとされたこともあったが，今日では*共犯の処罰根拠'をめぐる争いを反映するものと理解されている．つまり，可罰説は，教唆行為は基本的構成要件の実行行為ではないから，教唆の故意も基本的構成要件についての故意と異なるという共犯従属性説の立場を出発点としながら，教唆犯の実質を，正犯を罪責と刑罰に陥れたことにみる*責任共犯論'に立脚する．これに対して，不可罰説は，かつては教唆犯の可罰性を教唆行為自体の，危険性徴表機能にみるという共犯独立性説からの帰結とされたが，今日では，教唆犯は自己の行為により（正犯を通じて）結果を発生させるという*因果的共犯論'に立脚している．ただ，因果的共犯論に立ちながらも，故意に結果発生の認識を要求しつつ，結果発生の危険も「結果」であるとして，危険の認識があれば，未遂の教唆は可罰的であるとする見解もある．なお，おとり捜査による被教唆者に麻薬取締法違反の刑事責任を認めた最決昭28・3・5刑集7・3・482は，麻薬所持罪の既遂の事案であり，未遂の教唆については傍論で触れられているにすぎないので，本決定が一般的にその可罰性を認めたとはいえない．[植田 博]

預合い罪　預合いとは，株式会社における株式の払込みの際，発起人または取締役等が払込取扱銀行から借入金をし，これを株式払込金として会社の預金に振り替え，同時に借入金を弁済するまではその預金の引出しをしない旨を特約することによって株式の払込みを仮装することをいう．このような行為は，会社の資本充実を害し，会社債権者等の取引の安全を損なう危険があるので，預合いをした者および預合いに応じた者は，それぞれ「預合い罪」「応預合い罪」として処罰されている（商491）．有限会社についても，出資の払込みを仮装するための預合いについて同趣旨の規定がある（有79）．預合いは，払込取扱銀行以外の第三者から借入金をして株式の払込みを仮装する「見せ金」と異なる．見せ金を直接処罰する規定はないが，判例・通説は，第三者から仮装払込みの資金を調達した場合であっても，払込取扱機関の役職員と「通謀」してなされた場合には，本罪が成立すると解している．なお，預合いや見せ金の結果，登記事項について虚偽の申請をし，登記官吏をして商業登記簿に不実の記載をなさしめた場合には，*公正証書原本不実記載罪'（刑157）が成立する．→金融犯罪　　　　　[大塚裕史]

あっせん収賄罪　刑法197条の4．*収賄罪'の一類型．「公務員が請託を受け，他の公務員に職務上不正な行為をさせるように，又は相当の行為をさせないようにあっせんすること又はしたことの報酬として」，賄賂を収受・要求・約束した場合に成立する．いわゆる*昭和電工事件'を契機として1958年に新設された．その際，刑法198条2項に贈賄罪の減軽類型としてあっせん贈賄罪も置かれたが，同項は1980年の改正で削除されている．

あっせん収賄罪は，公務員が自己の職務上の行為について賄賂を受け取る原則的類型と異なり，職務権限を有する他の公務員に働きかける行為が賄賂の対象とされる点に特色がある．そのような口利き自体は私人でも行いうるが，本罪はあくまで公務員の職務犯罪と位置づけられており，あっせんの主体は公務員に限られるとともに，あっせん行為も，私人としてではなく公務員としての立場で行うことが必要だと解されている（最決昭43・10・15刑集22・10・901）．
[塩見 淳]

あてはめの錯誤（独　Subsumtionsirrtum）　あてはめの錯誤とは，一般に，事実（行為・結果）が構成要件に該当するにもかかわらず，行為者がこれに該当しないと誤信して行為する場合をいう．錯誤の一種で包摂の錯誤ともいわれる．あてはめの錯誤には，あてはめる対象のレベルに応じて様々なものがありうるが，一般には，①自己の行為がどの構成要件に該当

するかを知らない(または誤る)場合と,②行為者が刑罰法規の解釈を誤り自己の行為には適用されないと誤信する場合のように,「刑罰法規」(条文)へのあてはめを誤る場合を「あてはめの錯誤」という.①の例として,たとえば偽造した借用証書が刑法上の「文書」でないと誤信する場合や,自動車のタイヤを傷つけずに空気を抜くことが「器物損壊」に当たるとは思わなかった場合などがあげられる.また,②の場合には,行為者の認識・判断(あてはめ作用)の誤りが*法律の錯誤'(違法性の錯誤または*禁止の錯誤'ともいう)に至る場合が問題となる.

あてはめの錯誤は一般に故意を阻却しないとされる.というのも,もし構成要件概念に正しくあてはめたときにのみ故意を認めうるとするなら,法律の素人には多くの場合そのようなあてはめは期待できず,法律専門家だけが故意犯を犯しうるという逆転した結論になるからである(刑38Ⅲ参照).その意味で,故意には法技術的概念へのあてはめは不要である.ただ,①の場合にも,たとえば「わいせつ」概念のように,最終的には裁判官の価値判断・評価によってはじめてその意味内容が確定されるいわゆる「規範的構成要件要素」についてのあてはめの錯誤,たとえば自分の著書はわいせつ文書ではないと思ったというような場合には,そもそもわいせつ物を頒布するといった認識がない場合がありうる.そこで,学説の多くは,故意に,構成要件該当事実の外形的認識,裸の事実の認識だけでなく,その言語体系における日常用語的・社会的な「意味の認識」を要求している.また,②の場合にも,行為者が条文へのあてはめを誤り,ひいては自らの行為が違法でないと誤信した(法律の錯誤または違法性の錯誤)ことにつき相当の理由がある場合には,故意または責任そのものが阻却されるものとしている(*制限故意説'ないし*責任説'による解決).[長井長信]

アノミー論 (英) anomie theory 狭義には,アメリカの社会学者マートン Robert K. Merton(米・1910-)がその論文 "Social Structure and Anomie"「社会構造とアノミー」(1938)(森東吾・他訳『社会理論と社会構造』1961)において定式化した逸脱行動の説明理論を意味する.しかし,アノミー概念自体は,フランスの社会学者デュルケム Émile Durkheim(仏・1858-1917)の著書 Le suicide『自殺論』(1897)(宮島喬訳,1985)に起源を持つ.

1 デュルケムのアノミー概念 デュルケムが『自殺論』において試みたのは,異なる社会が示す自殺の違いを,社会構造の違いによって説明することであった.そこで提起されたのが,社会的統合の強弱によって現れる集団本位的自殺および自己本位的自殺と,人々の欲求と欲求実現手段の乖離から生じるアノミー的自殺という,自殺の3類型である.ここでアノミーとは,欲求の高進を適度に規制する共通の価値観や道徳的基準が社会解体の進行によって失われた状態を意味する.そのような状態においては,人々は際限のない欲求にとらわれ,それが実現されないことによる極度の失望から自殺に至るとされる.

2 マートンのアノミー論 しかし,社会的に承認され制度化された欲求実現手段の利用可能性は不平等であり得るから,欲求と欲求実現手段の乖離の程度は同じ社会の中でも同一ではない.このことに着目したマートンは,支配的文化によって承認された目標の受容・拒否と制度化された目標達成手段の利用の有無とを組み合わせて,自己が置かれた状況に対する人々の適応行動に関して5つの類型を提示した.文化的目標を受容し制度的手段も利用しうる場合の同調,文化的目標は受容しているが制度的手段は利用できない場合に非合法的手段で目標を追求する革新,文化的目標は放棄しているにもかかわらず外見上は制度的手段をとり続ける儀礼,文化的目標を受容せず制度的手段もとらない者が示す逃避,および新しい文化的目標の構築をめざす反抗である.これらのうち,革新,逃避,反抗が支配的文化によって逸脱行動とされることになる.これを犯罪に適用すれば,革新にあたるのが伝統的犯罪であり,逃避にあたるのが薬物犯罪であり,反抗にあたるのが政治的犯罪であるとされる.

このようなマートンの理論は,*犯罪社会学'における主要な理論的源泉のひとつとなり,その後,文化的目標への合法的機会が阻止されていることに起因する緊張 strain に注目する,緊張理論と総称される一連の理論的展開を生み出

した．→犯罪行動理論仮説　　　［宮澤節生］

あへん法　*麻薬及び向精神薬取締法'，*大麻取締法'，*覚せい剤取締法'とならぶ，いわゆる薬物四法のひとつ．第2次世界大戦後，いわゆるポツダム省令のひとつである「麻薬原料植物ノ栽培，麻薬ノ製造，輸入及輸出等禁止ニ関スル件」(昭20厚生省令46)が，けしの栽培禁止，あへんの輸入制限等の措置を打ち出したため，医療用・研究用のあへんの供給は，主に在庫に頼ることとなったが，その在庫の減少とともに，けしの栽培と輸入とを再開する必要が生じた．また，1953(昭28)年にニューヨークで調印された，「けしの栽培並びに生産，国際取引，卸取引及び使用の制限及び取締に関する議定書」を受けて，国内法を整備する必要も生じた．本法は，これらの事情を背景として，麻薬取締法(昭28法14)から，あへんに関係する部分を取り出し，改正を加える形で制定されたものである(昭29法71，昭29・4・22公布，同年5・1施行)．

本法は，けしの栽培，あへん・けしがらの輸出入・譲渡・譲受・所持・吸食等を，絶対的に，または有資格者等以外が行った場合について禁止し(4以下)，けしの栽培等に要する資金の提供等とともに処罰している(51以下)．本法が処罰している行為は，刑法14章のあへん煙に関する罪のそれと一部重複しているが，これらは「重きに従つて処断」されるため(あへん56)，すべてあへん法によることになり，刑法のあへん煙に関する罪は，あへん法が処罰規定をもたない，あへん煙，吸器具の輸入の製造，販売，販売目的での所持(136, 137)等に限って問題となる．本法51条の罪(あへんをみだりに採取等する罪)等の罪を犯して得た不法収益を隠匿等する行為，収受する行為は，いわゆる麻薬特例法により，それぞれ，不法収益等隠匿罪(麻薬特9)，不法収益等収受罪(10)として処罰される．→薬物犯罪　　　　　　　　［近藤和哉］

アムネスティ・インターナショナル　(英) Amnesty International　1961(昭36)年に創設された民間の国際的な人権擁護団体．略称，アムネスティ．本部はロンドンにある．弁護士ピーター・ベネンソン Peter Benenson (英・1924-)がロンドン・オブザーバー紙に寄せた論文「忘れられた囚人たち」のなかで，全世界の政治囚を救うには弁護士の法廷活動では不十分であり，イデオロギー・思想・信条にとらわれない国際的な世論が必要であることを訴えた．それを受けて，アムネスティ・インターナショナルが創設され，2000(平12)年8月の時点で，150ヵ国を超える国々に100万人を超える会員を有する．日本支部は1970(昭55)年に創設された．

アムネスティは，国連，ユネスコ，ヨーロッパ理事会の諮問機関である．アムネスティは，①思想・信条のゆえに，暴力を行使しないにもかかわらず囚われている「良心の囚人」の釈放，②すべての政治囚への公正な裁判の促進，③*死刑'・*拷問'の廃止を目的として活動し，世界の人権問題に関し年次報告を発表している．ロンドンにある国際事務局は，各国に調査団を派遣し，その結果報告書を発行している．日本に対しては，1989(平1)年から調査を行い，1991(平3)年に『日本の死刑廃止と被拘禁者の人権保障』と題する報告書を作成し，死刑廃止や*代用監獄'の廃止等について日本政府に勧告を行っている．　　　　　　　　［斉藤豊治］

アメリカ犯罪学会　(英) American Society of Criminology (ASC)　1941年に創設．A・ヴォルマー August Vollmer (米・1876-1955)が初代会長である．年1回，学術総会がアメリカまたはカナダで開催される．戦後，アメリカは*犯罪学'の国際的な中心となったが，この学会での研究の動向は大きな影響力を有する．全米各地の州立大学に刑事司法学部(学科)がつくられるにともない，会員数が増加し，近年の総会には数千人が参加し，500前後のパネルが組織されている．アメリカ犯罪学会は北米中心の学会であるが，総会にはヨーロッパを含む多くの国々から，研究者と実務家が多数参加し，日本からの参加者も少なくない．機関誌"Criminology"が年4号，ニュースレター"The Criminologist"が年6回刊行されている．同学会の特別部門として「国際犯罪学部門」Division on International Criminology,「有色人種と犯罪部門」Division on People of Color and Crime,「女性と犯罪部門」Division on Women and Crime,「批判的犯罪学部門」Division on

Critical Criminology がある． [斉藤豊治]

アリバイ （英）alibi （独）Alibi （仏）alibi 一般に，現場不在証明と訳されるが，もともとは，犯罪が行われた時点に犯行現場とは異なる場所にいたという意味である．アリバイという言葉は，elsewhere という意味のラテン語に由来する．同一人が２つ以上の場所に同時に存在することはできないから，犯罪時に犯行場所にいることが必要な犯罪に関するかぎり，アリバイは，犯人でないことの決定的な証明になる．しかし，そのため，偽装工作が行われることもあるので，慎重な検討が必要とされる．なお，アリバイの不存在は，被疑者・被告人に不利な*情況証拠'のひとつにすぎず，それのみで犯人と決めつけることはできない．アメリカでは，公判でアリバイを主張する場合には，検察側に対する事前告知を要求し，奇襲を防いでいる法域もあるが，わが国の場合そうした制限は存在しない． [多田辰也]

アレインメント （英）arraignment アレインメント制度とは，起訴認否手続・*'罪状認否'手続において，*検察官'の*起訴状'朗読の後，*裁判長'が*被告人'に*'有罪'か*無罪'かを問い，もし被告人が*有罪の答弁'（guilty plea）を行えば，争いのないものとして*証拠調べ'を省略し，直ちに*量刑'についての調査をして判決を言渡す手続をいう．英米法下で確立した法制度である．この制度の下では，被告人が無罪を主張した事件のみが公判審理（trial）に付されることになるが，大部分の事件がこのアレインメントの段階で解決されるため，公判審理へと至る事件は少ない．裁判所をはじめとする訴訟関係人の負担軽減，*迅速な裁判'の実現を狙って英米法で採用された制度であるが，わが国はこの制度を採用していない．その理由として，主に，①憲法38条3項および刑事訴訟法319条3項に抵触するおそれがあること，②民事訴訟法とは異なり，刑事訴訟法は当事者処分権主義を採っていないことが挙げられる．すなわち，①憲法は*公判廷の自白'であるかどうかを区別せず，また刑訴法は公判廷の自白にも*補強証拠'を要求していることから，本人の自白だけで有罪にすることを現行法は予定していないし，②現に英米で行われているように，有罪の答弁と引き換えに刑の軽減を獲得するといった法廷戦術は，刑事訴訟に*司法取引'（plea bargaining）の要素を持ち込むことになり妥当でない，ということに帰着する．

もっとも，初めから当事者が争っていない事件と争っている事件とを同列に取り扱う必然性は乏しい．そのため，刑事訴訟法はアレインメント制度に示唆を受けつつも，これとは異なる法制度を採用した．これが*簡易公判手続'である（刑訴291の2）．これは，*冒頭手続'で*被告人'が被疑事件につき認否する際，起訴状に記載された*訴因'について*有罪である旨の陳述'をしたときは，裁判所は，検察官，被告人および*弁護人'の意見を聴き，有罪である旨の陳述をした訴因に限って*伝聞法則'を適用せず，また証拠調べを簡略化して審理を行うというものである．死刑または無期もしくは短期１年以上の懲役もしくは禁錮に当たる事件には適用がない．しかし，アレインメント制度が，有罪の答弁によって事実審理自体の省略をもたらすものであるのに対し，簡易公判手続では，単に手続の簡略化をもたらすだけで事実審理は行われ，また当事者が争えば，伝聞法則が適用される点で決定的に異なる．→検察官処分権主義

[上田信太郎]

アンセル Marc Ancel（仏・1902-90）フランスの刑法理論家で裁判官．*新社会防衛論'を主唱し，フランス比較法研究所・刑事政策研究所の所長のほか，国連および欧州理事会の専門委員を歴任した．20年にわたり国際社会防衛学会（Société internationale de Défense sociale）の会長を務めた．この学会は1945年にイタリアの弁護士フィリッポ・グラマチカ Fhilippo Gramatica（伊・1901-79），スイスのジャン・グラヴァン Jean Graven（スイス・1899-1979），ベルギーのポール・コルニール Paul Cornil（ベルギー・1902-85）らとアンセルが創設したもの．グラマチカが責任概念を否定して刑罰に代わる社会防衛処分を唱えたのに対して，アンセルは責任感の実在を主張し社会復帰理念に基づく刑罰と処分の両立を唱えた．その主張は1954年に「最小限綱領」となって結実した．人権・博愛・人間科学に基づく刑事政策のこの運動は，フランスの刑事立法のみならず，ひろ

くラテン系社会に影響を与えた．主著である『新社会防衛論 Nouvelle défense sociale』は，人道主義的な刑事政策という副題で1954年に刊行され，その後2度改訂された． 　［新倉 修］

安寧秩序に対する罪　1941年の刑法一部改正（昭16法61）により，第7章の2として新設された刑法旧105条の2・105条の3・105条の4の3ヵ条に規定された犯罪．これらの規定は，刑法改正仮案13章の規定から刑法中に取り入れられたものであり，その内容には国家主義的傾向が強い．

「人心ヲ惑乱スルコト」（刑旧105の2 I）や「経済上ノ混乱ヲ誘発スルコト」（105の2 II）を目的とした虚偽の事実の流布や，「戦時，天災其ノ他ノ事変」の際の「人心ノ惑乱又ハ経済上ノ混乱ヲ誘発スベキ虚偽ノ事実」（105の3）の流布を処罰する流言の罪と，「戦時，天災其ノ他ノ事変」の際に「暴利ヲ得ルコトヲ目的トシテ」国民経済の運用を著しく阻害するおそれのある行為を処罰する国民経済の運用を阻害する罪（105の4）からなる．

第2次世界大戦後，流言の罪については表現の自由（憲21）との関係で問題があること，国民経済の運用を阻害する罪は構成要件が不明確であることを理由として，1947年の刑法改正（昭22法124）で刑法典から削除された． ［中空壽雅］

安楽死　（英）euthanasia　（独）Euthanasie　（仏）euthanasie　**1 概念**　安楽死（安死術ともいう）の概念は一律でないが，一般に，死期の切迫している病者の同意に基づいてその苦痛を緩和・除去して安らかに死を迎えさせることをいい，次の4類型に分類される．(1)純粋な安楽死（苦痛を緩和・除去する措置が死期に影響を及ぼさない場合），(2)間接的安楽死（頻繁なモルヒネ投与のように，苦痛の緩和・除去の措置が副作用として死期を早める場合），(3)消極的安楽死（病者の死苦を長引かせないために，死期を遅らせる措置を差し控える場合），(4)積極的安楽死（苦痛から免れさせるため積極的行為により殺害する場合）．なお，かつてナチスは安楽死計画と称して精神障害者やユダヤ人等を強制的に死亡させたが（生きる価値のない生命の抹殺），このような「不任意の安楽死」は単なる違法な殺人にすぎないとされ，安楽死の問題とは区別されている．

2 判例・学説の状況　安楽死については殺人罪（刑199）や同意殺人罪（202）の成否が問題となるが，(1)は死期を早めていないので特に議論の対象とはならず（麻酔による意識混濁は治療行為の結果であり傷害罪にもならない），(2)はそれが正当な治療行為の範囲内であるならば違法性が阻却されると解されている．また，(3)についてはわが国ではむしろ*尊厳死’の問題として扱われている．

最も議論が集中しているのは(4)で，裁判上もしばしば争われてきたが，今日までに無罪が言い渡されたケースはまだ存在しない．有名な名古屋高判昭37・12・22高刑15・9・674は，人道主義的な立場から「惻隠の情」の現れである行為は違法性が否定されるという当時有力な学説に影響を受けて，①死期が切迫している，②何人も見るに忍びないほど苦痛が激しい，③もっぱら死苦の緩和を目的とする，④意思を表明しうる場合には真摯な嘱託・承諾がある，⑤医師によることを原則とする，⑥倫理的に妥当な方法によることを要件として違法阻却の可能性を認めたが，⑤⑥の要件を満たすことは実際上困難であることから裁判所のリップサービスにすぎないと評されてきた．

その後，医療における患者の自己決定権の考え方が普及してくると，生命が患者本人に属する個人的法益である以上その処分についても本人の意思が決定的でなければならないとの立場から，「死ぬ意思が真意であるときは生命に対する要保護性が失われる」ことを理由とする違法阻却説が有力となり，*東海大学安楽死事件に関する横浜地判平7・3・28判時1530・28はこの考え方に立脚した新たな要件を提示した．それは①耐え難い肉体的苦痛があること，②死期が切迫していること，③肉体的苦痛除去・緩和の方法を尽し他に代替手段がないこと，④生命短縮についての患者の明示の同意があることであるが，③の要件を満たすときにはすでに患者に意識はないのが通常であるから①④の要件を満たすことは難しく，積極的安楽死が合法とされる余地はここでも事実上否定されているという見方が強い．

患者の自己決定権を基軸にした違法阻却の考

え方に対しては，死ぬ権利の承認は患者にその権利行使を迫る機会を周囲の者に与えかねず，また積極的安楽死が合法であることを正面から認めてしまうと「生きる価値のない生命の抹殺」に堕する危険があるとして，積極的安楽死はやはり違法であり，行為者に他の適法行為に出ることが期待できない場合に限り例外的に責任阻却が認められるにすぎないとする考えも非常に有力である． [清水一成]

い

硫黄殺人事件 殺害の意思をもって，硫黄粉末を飲食物ないし水薬に混和して服用させることにより，2回にわたり被害者の毒殺を図ったが，目的を達することができなかったため，絞殺によりその目的を遂げた事案．大判大6・9・10刑録23・998は，硫黄粉末を摂取させる行為について，殺害の目的を達するにつき絶対不能であるから*不能犯'であるとして，殺人未遂の成立を否定し，*傷害罪'の成立を認めたことで知られている．ここでは，絶対不能と相対不能を区別して未遂の成否を判断する*客観的危険説'の論理が採用されている．なお，同判決は，傷害罪の*連続犯'と殺人既遂罪の*併合罪'の成立を肯定している． [山口 厚]

移 監 *勾留'されている被疑者・被告人を*勾留状'に記載されている勾留場所から他の*監獄'に移すこと．*代用監獄'から監獄に移す場合はもとより，代用監獄間での移動をも含む．明文上，被告人を移監する場合，検察官は，裁判長の同意を得ることが必要とされる（刑訴規80Ⅰ）．検察官は，被告人を移監したときは，直ちにその旨およびその監獄を裁判所および弁護人等に通知しなければならない（80Ⅱ）．被疑者または第1回公判期日前の被告人の移監についても，これが準用され，裁判官の同意が必要とされる（刑訴207Ⅰ，刑訴規302Ⅰ）．この同意の性格については，「勾留に関する裁判」（刑訴429Ⅰ②）に当たると解され，判例は，被疑者の移監の同意につき，*準抗告'することができるとする（最決昭46・11・12裁判集刑182・27）．また，最高裁判例によれば，検察官による移監請求を待たず，裁判所・裁判官は職権により移監命令を発することができるとされる（最決平7・4・12刑集49・4・609）．

被疑者・被告人の移監請求権については，勾留取消請求を認める現行法の趣旨を理由に，これを認める見解も見受けられるが，判例は，これを否定し，移監請求にもかかわらず裁判所・裁判官が職権を発動しない場合にも不服を申し立てることはできないとする． [宇藤 崇]

遺 棄 罪 （独）Aussetzung （英）desertion （仏）abandon 老年，幼年，身体障害または疾病のために扶助を必要とする者を遺棄した者は，1年以下の懲役に処せられる（刑217）．

1 罪質 現行刑法は，遺棄の罪として，本罪（単純遺棄罪ともいう）のほかに，*保護責任者遺棄罪'（218），両者の結果的加重犯である遺棄致死傷罪（219）を規定している．遺棄の罪は，被遺棄者の生命と身体に対する危険犯であると解するのが通説であるが，被遺棄者の生命に対する危険犯であると解する見解も有力である．通説は，遺棄の罪の刑法典における位置づけと刑法219条が遺棄による致傷罪も規定していることに，有力説は，218条が「生存に必要な保護をしなかったとき」と規定していることと，身体に対する危険を含むと解すれば遺棄の罪の成立範囲が広がりすぎることに，その根拠を求めている．また，遺棄の罪は，法文上危険の発生が要件とされていないので，抽象的危険犯と解するのが通説・判例であるが（大判大4・5・21刑録21・670），実質的には具体的危険犯と解すべきだとする見解もある．抽象的危険犯と解すれば，たとえば新生児を産院のベッドの上に置いて立ち去る行為のように，被遺棄者の生命ないし身体に対する危険がほとんど考えられないような行為にも遺棄の罪の成立が認められることになりかねず，その成立範囲が広がりすぎるというのである．しかし，抽象的危険犯でも法益に対するなんらかの具体的危険の発生が必要だと解するならば，上記のような行為も遺棄の罪にあたらないと解することができよう．

2 主体と客体 本罪には主体の制限がない．主体が保護責任者に限定されている保護責任者遺棄罪と異なる．客体は，老年等のため「扶助を必要とする者」，すなわち他人の助力なしでは日常生活を営めず生命ないし身体に対する危険を回避しえない者をいう．

3 行為 本罪では遺棄，保護責任者遺棄罪では遺棄と不保護である．遺棄とは，行為者が要扶助者との間に場所的な離隔を置いてその生命ないし身体に危険を生じさせることをいい，場所的離隔を置かずに要扶助者の生存に必要な保護をしない不保護とは区別されている．さらに，遺棄は，要扶助者を場所的に移転する作為的な移置と，場所的移転を伴わない不作為的な置き去りとに区別されるが，通説によれば，本罪の遺棄には移置だけが，保護責任者遺棄罪の遺棄には，移置とともに置き去りも含まれると解されている．置き去りのような不作為的形態のものが遺棄の罪で処罰されるのは行為者に保護責任がある場合に限られ，保護責任のない者に関する本罪では置き去りを遺棄として処罰することはできないというのである．しかし，このような見解には，遺棄概念を統一的に理解しない点と，保護責任者遺棄罪における保護責任と不作為の遺棄における作為義務とを同一視する点で疑問が生じる．そこで，最近は，本罪の遺棄にも，作為による移置だけでなく不作為による置き去りも含まれるとする見解や，遺棄は，本罪と保護責任者遺棄罪を通して作為による遺棄のみを意味し，不作為による遺棄(置き去り)は，保護責任者遺棄罪における「不保護」に当たるとする見解も有力に主張されている．

4 遺棄致死傷罪 遺棄罪または保護責任者遺棄罪を犯し，よって人を死傷させた者は，傷害の罪に比較して重い刑によって処断される(刑219)．本罪は，この両罪の結果的加重犯である．したがって不作為による殺人罪とは，殺意の有無によって区別されることになるが，作為義務の軽重によって区別すべきだとする見解もある．→ひき逃げ　　　　　　　　［大沼邦弘］

異議の申立て (英) objection (独) Einspruch (仏) objection　異議の申立ては，一般的に，*裁判所'・*裁判官'または訴訟関係人の*訴訟行為'が*違法'または不当であるとして，その裁判所に対して是正を求める意思表示をいう．

*刑事訴訟法'においては，異議の申立ては，①*公判調書'の正確性に対する異議申立て(刑訴51，刑訴規48・52)，②*証拠調べ'に関する異議の申立て(刑訴309，刑訴規205〜206)，③*高等裁判所'の決定に対する異議の申立て(刑訴428)，④裁判の執行に関する異議の申立て(刑訴502〜504・366，刑訴規295・227・228)について，これをすることができる．

①*公判調書'は，絶対的証明力が認められる(刑訴52)ので，*検察官'，*被告人'または*弁護人'は，公判調書の内容・表現の正確性につき異議を申し立てることができることとされている．異議の申立てがあったときは，その旨を調書に記載しなければならない．

②証拠調べに関する異議の申立ては，*当事者主義'訴訟において手続を適正・妥当に進めることを目的とした規定である．検察官，被告人または弁護人は，証拠調べに関し，また*裁判長'の処分に対して異議を申し立てることができ，裁判所は，その申立てについて決定をしなければならない．

証拠調べに関して異議の対象となるのは，*冒頭陳述'(刑訴296)，証拠調べの請求(刑訴298Ⅰ・299Ⅰ・300〜302)，*証拠決定'(刑訴298Ⅱ・299Ⅱ，刑訴規190)，証拠調べの方式(刑訴304〜307)，裁判長の尋問の制限(刑訴295)など証拠調べに関するすべての事項である．また，裁判長の処分に対する異議の申立てが許されるのは，*訴訟指揮権'(刑訴294)および*法廷警察権'(刑訴288)に基づく裁判長の処分が法令に違反する場合である(刑訴309Ⅱ，刑訴規205Ⅱ)．

異議の申立てについて*決定'があったときは，その決定で判断された事項については，重ねて異議を申し立てることはできない(刑訴規206)．

③高等裁判所の決定に対しては，*抗告'することができないので，これに代わり異議の申立てによる不服申立てを認めたものである．なお，最高裁の決定に対しては，刑事訴訟法414条・386条1項3号による*上告棄却'決定の場合を除いて，原則として異議の申立てをすることはできない(最大決昭30・2・23刑集9・2・372)．

④裁判の執行に関する異議の申立ては，検察官の裁判の執行が不適法な場合に，裁判の言渡しをした裁判所に異議の申立てを認めたもので，裁判の執行に対する救済のひとつである．
　　　　　　　　　　　　　　　　［安冨 潔］

違警罪　(独) Übertretung　(仏) contravention　旧刑法(明13太36)における犯罪の軽重による分類の一．*重罪'・*軽罪'・違警罪のうち最も軽微な犯罪を指し，拘留または科料のみを科せられる犯罪をいう(旧刑1・9条)．重罪・軽罪の場合と異なり，違警罪の未遂は罪を論じないとされた(旧刑113)．各罪は旧刑法第4編(425〜430)に規定された．その処罰は正式裁判によらないで，警察署長またはその代理である官吏による即決処分で行うとされた(違警罪即決例，明18太31)．現行刑法を制定する際に，そもそも違警罪という名称は廃止されたが，拘留・科料のみにあたる犯罪は違警罪とみなされた(刑施31)．違警罪にあたる犯罪は，刑法とは別に*警察犯処罰令'(明41内務省令16)に定められた．もっとも旧刑法25条13号の密葬罪は，*変死者密葬罪'として規定ぶりを改めたうえで，現行刑法に残された．

警察犯処罰令は，簡易な手続を定めた違警罪即決例とあいまって濫用された．このこともあって，警察犯処罰令は戦後改革期に，裁判所施行法(昭22法60)によって廃止され，新たに濫用禁止の訓示規定をともなって，*軽犯罪法'(昭23法39)に引き継がれることになった．

旧刑法の母法とされたフランス旧刑法(1810年)は，違警罪を違警罪刑をもって罰せられる犯罪と規定し(1)，各罪は464条〜477条に規定されたが，1958年の改正でこれが削除され，行政規則で定められることになった．1994年の新刑法典はこれまでの行き方を反省し，法律の委任に基づいた行政規則が違警罪を定めるとした．また違警罪の刑罰から自由刑を廃止し，罰金または権利制限もしくは権利剥奪の刑に限定した．

なお，ドイツでは戦後違警罪が廃止され，秩序違反罪(Ordnungswidrigkeit)が規定されるに至ったが，原則として，金銭的制裁に限定された．　　　　　　　　　　　　　　　　　［新倉 修］

意思自由論　刑法学で自由意思が問題となるのは，①自由意思の存在を肯定するか否か，また，自由意思の内容をどのように理解するかによって，刑法と刑罰・保安処分についての基本的な考え方に相違が生じ，さらに，②自由意思をめぐる論議が，犯罪論の領域における責任論の具体的問題の解決に影響してくるからである．

かつて，(後期)古典学派の採る*道義的責任論'は，*非決定論'(自由意思肯定論)に立脚して意思決定の自由を認め，犯罪を人間の完全に自由な意思決定の所産と解し，他方，近代学派の採用する社会的責任論は，*決定論'(自由意思否定論)に立って，犯罪は行為者の素質と環境によって決定されたものと解して，両者はきびしく対立していた．しかし，その後，非決定論者も行為に素質と環境によって決定された部分があることを認める相対的意思自由論(相対的非決定論)を採るようになり，また，決定論の側においても，宿命論的なかたい決定論に代わって，自由の契機を認める*やわらかな決定論'が現れ，両者の歩み寄りがみられることになった．

決定論は，自然の世界と同様，人間の世界における意思決定と行為も因果法則によって支配されているとするが，自然の世界についても決定論に異を唱える見方もあり，いわんや人間の意思決定と行為が因果法則的に決定されているといえるかについては，非決定論の側から強力な批判がある．他方，非決定論は，人間の創造性，自由の意識，人間が過去の行為について責任を感ずることなどから，選択可能性としての自由が認められるとするが，そのような自由意思の存在を科学的に証明することはできない．

そこで，今日，特にドイツにおいて，自由意思の存否は認識論的に知りえないことである，とする不可知論も有力に主張されている．不可知論は，責任非難における他行為可能性について，行為者本人ではなく，平均人(一般人)の他行為可能性を問題とし，平均人が行為者と同じ事情のもとにあったならば他の行為をする可能性があった場合に，行為者が違法行為を行ったことに責任を求めることによって(平均人標準説)，自由意思の存否は証明不可能であるとする基本思想との整合性を図ろうとする．しかし，責任判断があくまでも具体的な行為者本人の行為についての法的非難可能性の問題であるとす

る見地からは，平均人標準説に疑問が提起されている．

現行の法制度としての刑罰，したがってその前提としての責任を問題にするとき，他行為可能性がなく，因果法則によって完全に決定され尽くされた過去の違法行為を非難することが意味をもちえない以上，自由意思の存否を科学的に証明できないとしても，責任非難はやはり他行為可能性としての行為選択の自由を前提とせざるをえない．そして，政策的にみても，国家による犯罪予防目的の追求から個人の尊厳を保障するためには，刑罰権の行使が自己決定への自由を前提とする責任によって限界づけられなければならない，との規範的要請が働くことになる．　　　　　　　　　　　　［曽根威彦］

意思責任　刑法上，責任は犯罪行為が故意・過失に基づいて行われたときに認められる．故意・過失がなければ責任はない．これを意思責任という．刑法は，「罪を犯す意思」＝故意による行為（故意犯）の処罰を原則とする（刑38Ⅰ）．刑法各本条が「人を殺した者」（199）を処罰するなどと規定している場合は，故意の殺人を処罰する趣旨である．

故意のない行為の処罰には法律上特別の規定が必要である（38Ⅰ但）．過失行為の処罰にはこのような「特別な規定」を要する．刑法が「過失により」（210「過失致死罪」など），「失火により」（116「失火罪」），「業務上必要な注意を怠り」（211「業務上過失致死傷罪」）などと規定する場合がこれに当たる．

また，38条2項は，「重い罪に当たるべき行為をしたのに，行為の時にその重い罪に当たることとなる事実を知らなかった者は，その重い罪によって処断することはできない」と規定し，行為者は認識した事実の範囲についてのみ故意責任を負う旨を明らかにし，*結果責任'を否定している．→行為責任　　　　　　［堀内捷三］

意思説　(独) Willenstheorie　*故意'が成立するには，構成要件事実の実現を，意欲することが必要であるとする見解をいう．意思主義・希望主義も同様．構成要件事実の単なる表象だけで足りるとする*表象説'（認識説ないし，認識主義・観念主義ともいう）に対立する．故意から，情緒的要素を排除しようとしたものが表象説であるのに対し，不法内容の実現意思を故意だとするのが，意思説である．

「意欲」と「認識」の違いは，*未必の故意'と認識ある過失との区別に関して，とくに意味をもつ．すなわち，意思説からは，結果発生の積極的な意思＝意欲までは必要でないが，結果が発生してもかまわないという認容が必要であるという，認容説に結びつくのに対して，表象説では，結果発生の蓋然性（高度の可能性）を認識していたことが，故意の内容であるという，蓋然性説が導かれる．→認容説，動機説
　　　　　　　　　　　　　　　　［齋野彦弥］

遺失物等横領罪　遺失物，漂流物その他，占有を離れた他人の物を領得することにより成立する罪で，占有離脱物横領罪ともいう（刑254）．遺失物とは，置き忘れたり盗取後放置された物など，占有者の意思に基づかないでその占有を離れ，未だ何人の占有にも属しない物をいう．誤配された郵便物のように，偶然に自己の支配下に入った物についても，委託物横領罪（252・253）ではなく本罪が成立する．受け取ったつり銭が正当な金額より多いことに気づきながら，そのまま取得するいわゆる*つり銭詐欺'については，通説は詐欺罪（246）の成立を認めるが，本罪の成立に止める見解もある．法定刑は1年以下の懲役または10万円以下の罰金もしくは科料である．→遺失物法，横領罪
　　　　　　　　　　　　　　　　［伊藤　渉］

遺失物法　遺失物を拾得したり，埋蔵物を発見した場合の手続について規定した法律（明32法87）．遺失物を拾得した者は，遺失物を遺失者等に返還するか，警察署長に提出すべきものとされている（1）．警察署長は遺失者が不明の場合には公告を行い，6ヵ月経過してもなお不明の場合には，拾得者が所有権を取得する（民240）．遺失者に遺失物を返還する場合には，拾得者は遺失者から5分ないし2割の報労金を受ける（遺失4Ⅰ）．なお，船舶・車両・建築物内等での拾得の場合は，拾得者は拾得物をこれらの場所の管守者に提出し，管守者から占有者を経由して警察署長へ提出すべきものとされ（10Ⅱ・Ⅲ），報労金は拾得者と占有者とで折半する（4Ⅱ）．拾得者が拾得の日から7日（船舶・車両・建築物内から管守者に提出すべき場合は

24時間)以内に拾得物を返還ないし提出しない場合，および*遺失物等横領罪'により処罰された場合には，拾得者は所有権を取得する権利および報労金を受ける権利を失い (9)，その物件は原則として警察署の属する都道府県に帰属するものとされている (15)．なお，埋蔵物の発見についても同じ手続に従うが，所有権の取得は発見者と包蔵物所有者とで折半することとなる（民 241)． ［伊藤 渉］

移 審 *上訴'申立ての効果として事件の*訴訟係属'が原裁判所から上訴裁判所へ移ることをいう．その時期については，上訴申立書を提出(原裁判所に差し出す，刑訴 374・414・423 I・434)した時ではなく，申立書および訴訟記録が上訴裁判所に送付(刑訴規 235・251)された時と考えられている．控訴・上告の申立てが明らかに上訴権の消滅後になされている場合，原裁判所がその申立てを棄却するとされ(刑訴 375・414)，また抗告にあっては原裁判所に再度の考案の機会が与えられているのは(刑訴 423 II)，このためである．なお，訴訟記録到達前には，実際上の見地から，勾留に関する処分(期間の更新や保釈など)は原裁判所が行うものとされている(刑訴 97 II，刑訴規 92 II)． ［米山耕二］

移 送 現に審理を担当している裁判所(受訴裁判所)がその事件を他の裁判所(官署としての裁判所)に送り，*訴訟係属'を移すことをいう．審判を分離するとき(刑訴 4・7)，管轄違いの場合の特例として高等裁判所から下級裁判所へ(刑訴 330)，簡易裁判所から地方裁判所へ(刑訴 332)，そして上訴裁判所が原判決を破棄するとき(刑訴 399以下)に行われる．特殊なものとしては，控訴裁判所から最高裁判所への移送がある(移送上告，刑訴 406，刑訴規 247)．ほかに，重要な定めとして刑事訴訟法 19 条があり，裁判所は，適当と認めるときには，事件を事物管轄を同じくする他の管轄裁判所に移送することができる．裁判の便宜と被告人の利益の保護という両面から判断され，被告人の現在地で起訴されて犯罪地または住所地へ，あるいは犯罪地から住所地へ，などの取扱いが想定される．ただ，証拠調べが始まると，審理は核心に入ったということであり，もはやこの移送をす

ることはできない．→差戻し，自判，中間処分 ［米山耕二］

イタリア学派 19世紀後半イタリアで発展した犯罪および刑罰に関する研究方法およびその主張に基づく学派．当時ヨーロッパでは産業革命が起こり，資本主義が発達したが，これは一方で自然科学と技術の飛躍的進歩をもたらし，他方で諸都市において犯罪，とくに窃盗その他財産犯の累犯の激増を招いた．そこで，自然科学の成果を採り入れて実証的に犯罪現象を解明し，有効な犯罪防止対策を打ち立てる要請が生じた．このような社会状況に対して最初に応えたのがイタリア学派であった．すなわち，イタリア学派は，経験科学による人間行動の量的測定，あるいは人間行動に結びつく生物的社会的諸条件を分析し，それに有効な犯罪予防策，とりわけ犯罪者の危険性に対する刑罰の個別化を提唱した．その基本となる考えは，人間の行動は予め決定されているという決定論，つまり自由意思の否定であり，これは 18 世紀ドイツにおける古典学派(旧派)の，人間は自由な意思を有する理性人とする思弁的主張とはことごとく対立し，他方で近代学派(新派刑法学)の形成に大きな影響を与えた．別名，実証学派ともいわれるように，調査研究データに基づく仮説検証の手法は，今日においてアメリカ犯罪学などひろく世界の犯罪学研究に受け継がれている．*ロンブローゾ'，*フェリー'，*ガロファロ'がその主唱者である．ロンブローゾは近代犯罪学の父ともよばれ，犯罪人類学の立場から生来的犯罪者説を打ち出し，フェリーはイタリア刑法におけるフェリー草案を作成して保安処分の必要性を訴え，ガロファロは法律学的見地から犯罪社会学を唱えた．イタリア学派の主張は今日支持されているわけではないが，その手法が 19 世紀において斬新であり，科学の名に値するものとして注目されたものといえる． ［守山 正］

一罪一勾留の原則 同一の犯罪事実(1個の犯罪)についての*勾留'は 2 回以上許されないとする刑事訴訟法上の原則．この原則は，勾留が 1 回に限定されなければ，勾留期間が明文上厳格に制限される意義がなくなることから，認められる．同様の事情は逮捕にも当てはまること，また起訴前段階では逮捕前置主義が採用

されており(刑訴207Ⅰ)、先の原則を徹底するためには、*逮捕'を含めた身柄拘束の1回性が求められることなどから、逮捕についても同様の原則が認められる(一罪一逮捕の原則)。これらの身柄拘束に関する原則は、まとめて一罪一逮捕・一勾留の原則と称される。この原則には、再逮捕・再勾留禁止の原則と重複逮捕・重複勾留禁止の原則という2つの側面がある。

再逮捕・再勾留禁止の原則とは、同一事実につき逮捕・勾留の不当なくり返しを禁ずるというものである。ただし、再逮捕・再勾留が全面的に禁止されるわけではない。*再逮捕'については、消極的な形であるが、その存在が法律・規則上認められている(刑訴199Ⅲ,刑訴規142Ⅰ⑧)。再勾留については、明文はないが、逮捕前置主義が採られていることから、これも認められると一般に解されている。再逮捕・再勾留のいずれの場合にも、新たな重要な証拠の発見により嫌疑が復活したこと、または逃走・罪証隠滅のおそれが復活したことといった事情の変化を前提として、犯罪の重要性から当該処分の必要性がきわめて高いこと、不当なくり返しでないことが要件とされうる。もっとも、再勾留のほうがより慎重な判断を要すると一般に指摘される。前回勾留の期間次第では、勾留期間を10日よりも短縮して勾留状が発付されるべきであるとの有力な見解もある。

重複逮捕・重複勾留禁止の原則とは、1個の犯罪事実につき2回以上の身柄拘束を許されないというもの(分割禁止の原則とも呼ばれる)。一罪一逮捕・一勾留の原則にいう「一罪」の客観的範囲は、実体法上の一罪であり、*包括一罪'や*科刑上一罪'が対象となる。実体法上一罪関係にある事実は、公判・判決段階において1単位として取り扱われるのと同様に、起訴前段階でも、可能な限り同時に処理すべきであるということを理由とする。したがって、通説によれば、当初逮捕・勾留の理由となった行為と常習一罪関係にある行為が釈放後あるいは保釈中に行われたなど、同時処理が不可能な場合には、例外的にこの原則が適用されないと理解される。　　　　　　　　　　　　［宇藤　崇］

一罪一訴因の原則　一罪を一訴因として構成して起訴すべきとの原則である。複数の事実を一通の起訴状で起訴することは許されるが、それは複数の*訴因'として起訴するのである。2つの訴因が併合罪の関係にある場合、両訴因の間には*公訴事実の同一性'はないので、両訴因の間で*訴因変更'は許されない(刑訴312Ⅰ)。併合罪として2つの訴因で起訴しなければならない。問題は、検察官の訴因と裁判所の認定との間で罪数の評価にくい違いがある場合で、たとえば、一罪の訴因を数罪と認定したり、数罪としての起訴を一罪と認定する場合にどうするかである。判決の個数に合わない訴因は不適法であるとの見解によれば、いずれの場合も判決の個数に合わせて訴因を補正すべきことになる。この見解は一罪一訴因一判決の原則といえよう。また、一罪の訴因を数罪と認定する場合だけ罰条ごとの訴因として補正すべきとの見解もある。他方、判例は、①物品税逋脱(ほだつ)罪の包括一罪の訴因のまま6個の逋脱罪が成立すると認定した事例(最判昭29・3・2刑集8・3・217)、②被告人の一連のほぼ同一機会の綿の窃取を一罪の窃盗に当たるとした訴因のまま、共謀者と機会を二分する2個の窃盗と認定した事例(最判昭32・10・8刑集11・10・2487)、③凶器準備集合罪と同結集罪を併合罪として起訴したが、審理の結果、前者は後者に吸収され単純一罪と認定した事例(最決昭35・11・15刑集14・13・1677)において、いずれも補正の要否を問題にすることなく、訴因の変更も必要ないと判示している。判例の事案はいずれも訴因に重要な事実はすべて示され、被告人の防御に実質的な不利益がなく、単に訴因と裁判官の認定との間にくい違いがあっただけなのであり、したがって訴因の告知機能は全く害されていないので、その意味で訴因変更の必要がないとした判例の立場は理解できる。

もっとも、事実の変化に伴って罪数の評価が変わる場合や量刑上影響が予想されるような場合は訴因変更すべき場合が出てこよう。→訴因と罪数　　　　　　　　　　　　［椎橋隆幸］

一事不再理　(羅) ne bis in idem

1 意義と沿革　刑事裁判では、有罪・無罪の実体判決があれば、もはや再起訴は許されない。この原則を、一事不再理の原則という。この原則の起源は、古くローマ法までさかのぼる。ロ

ーマ法では、訴訟の被告人が勝訴した場合の被告人保護の手段として、再訴の危険からの回避を「訴権の消耗」という構成で一事不再理を説明した。その後、仮放免制度によって一事不再理を大幅に制限した中世ヨーロッパのアンシャン・レジームの時代を経て、近代市民革命の成果として一事不再理の原則が定着した。英米法では、同じ一事不再理につき、手続の負担に着目して、一度手続の苦痛を受けた者は二度と受けないという*二重の危険'(double jeopardy)の原則のかたちをとっている。これが日本の現行憲法39条に受け継がれた。一事不再理の原則は、旧法以来認められてきたが、今日の通説・判例は、被告人が裁判をむしかえされない権利を、「二重の危険」の問題として理解している(最判大昭25・9・27刑集4・9・1805)。

2 *既判力'との区別 以前の通説は、一事不再理を既判力ないし*確定力'と同視していたため、判断内容の効力(*内容的確定力')と、手続をむしかえされない権利としての一事不再理が混同あるいは同一視され、一事不再理の人権としての側面が十分明らかにされないうらみがあった。「二重の危険」説は、その帰結として、一事不再理を裁判の効力と切り離し、一定の手続負担があれば一事不再理＝二重の危険を認めうるところから、その柔軟な適用に途を開いた(ただし、現行刑事訴訟法337条1号は「確定判決」を一事不再理効発生の要件とする)。具体的に問題になったものとして、少年法19条の「審判不開始決定」、同23条2項の「不処分決定」がある。最高裁は、前者の決定に一事不再理効のあるか否かについて、大法廷判決で否定した(最判大昭40・4・28刑集19・3・204)。しかし、一事不再理効を否定すれば、少年の地位は著しく不安定なものになり、適正手続の要請に反するとの批判も強い。なお、337条1号の「確定判決」には有罪、無罪の実体判決のほか、免訴判決を含むと解するのが通説である。

3 客観的範囲 一事不再理の及ぶ範囲、すなわち再訴禁止の範囲について、法は何も述べていない。現行法は訴因制度をとり、審判の対象は訴因に限局されているが、被告人は訴因変更(刑訴312)が可能な範囲で「危険」にさらされている。したがって、訴因変更が可能であった範囲、すなわち*公訴事実の同一性'の範囲で再訴は禁止されると解すべきことになる(通説)。ただ、判例の一部には、公訴事実の同一性の範囲であるのに一事不再理効を制限しようとするものがある。大阪高判昭50・8・27高刑28・3・321は、自ら掘った穴、用水路およびマンホールなどに大量の廃油を投棄した被告人を、最初「無許可収集営業」「危険物貯蔵」の罪で有罪を言い渡した後、「器物損壊」による起訴を適法とした理由として、「廃棄物不法投棄」と「器物損壊」が観念的競合の関係にあったとしても、「同時審判の可能性はありえない以上これにまで一事不再理の効力が及ぶと解すべき根拠はな」いと述べる。この見解は、同時捜査が困難な場合について一事不再理効を制限することで処罰を確保しようとするものである。これによれば確かに「正義」には適うかもしれないが、余りにも被告人の地位を不安定なものにする。また、解釈により再訴を認めてしまうことは、無制約の不利益再審を肯認するに等しい事態を招く危険もあるとの批判も強い。　　　　　　　　［白取祐司］

一部起訴　一罪の一部のみを起訴することが許されるか問題になる。原則として許され、例外的に許されない場合があるとするのが通説・判例である。訴因制度を採用し当事者主義を基調とする現行法下で、検察官は幅広い裁量権を行使していかなる訴追をするかを決定できる(刑訴256・312・248など)。検察官が立証の難易や刑事政策的理由を考慮して、合理性の認められる裁量権の範囲内で一部起訴をすることは許される。金銭等の交付が公職選挙法の供与罪の疑いがあっても交付罪で起訴することは許されるし(最決昭59・1・27刑集38・1・136)、交通事故で被害者が死亡した場合でも立証の難易や訴訟経済等の諸般の事情を考慮して業務上過失傷害で起訴することも許される(名古屋高判昭62・9・7判タ653・228)。他方、強姦未遂罪で告訴がない場合に脅迫罪で起訴することは許されない(広島高判昭25・12・26高刑3・4・692)。このような一部起訴は被害者の意思を尊重して強姦罪を親告罪とした法の趣旨に反する結果となるからである。結局は個々の事案における一部起訴が検察官の合理的な訴追裁量権の行使といえるかにかかっている。→公訴の提起

[椎橋隆幸]

一部上訴 (独) Teilanfechtung　原裁判の一部だけを対象として申し立てられる*上訴．申立人が上訴申立書において，原判決の一部分だけを不服の対象とすることを示した場合に成立する(刑訴357)．一部上訴の結果，不服の対象となった部分だけが上訴審に*移審'し，それ以外の部分では原裁判が確定する．このような上訴対象の限定は，通説によれば，事件を単位にして認められる．したがって，併合罪の関係にある複数の公訴事実に対して，それぞれ有罪判決と無罪判決とが言い渡された場合(最判昭28・9・25刑集7・9・1832)，あるいは間に禁錮以上の刑に処する確定判決があるために，複数の公訴事実に対してそれぞれ刑が言い渡されたような場合に，一部上訴が可能となる．これに対して，ひとつの刑を言い渡された併合罪のうち一罪についての事実認定などを争う上訴は，一部上訴とはみなされず，単に上訴理由を限定した上訴として扱われる．判決内容のうちで，量刑だけを争うような上訴も同様である．民事訴訟法には，一部上訴の概念はない．しかし，処分権主義の適用によって，これと似た効果が生じる場面がある(民訴296Ⅰ・304)．

[後藤 昭]

一部認定　*有罪'を言渡す場合，判決書には，罪となるべき事実(犯罪構成要件に該当する具体的事実)を示さなければならない(刑訴335Ⅰ)．起訴状に記載された犯罪事実(甲事実)をそのままでは認定できない場合に，この甲事実と大小関係ないし包摂関係にある小ないし被包摂事実(乙事実)は認定することができ，かつ，この乙事実が独立して具体的な刑罰法令を適用する根拠となる場合には，この乙事実を「罪となるべき事実」として有罪を言渡すことができる．これを一部認定という．たとえば，現住建造物放火(甲事実)で起訴された被告人について，建造物の住居性について疑いが残るために，単なる〔非現住〕建造物放火(乙事実)を認定して有罪を言い渡すという場合などがそうである(このほか，住居侵入窃盗の被告事件で，財物の窃取について疑いが残るために，十分な証明がある住居侵入だけで有罪を言い渡す場合など)．なお，起訴状記載の甲事実に包摂される乙事実は，検察官によって予備的に主張されていたと解することができ，予備的認定と呼ぶこともできる．→罪となるべき事実

[高田昭正]

一厘事件　煙草耕作者が旧煙草専売法48条1項に違反し，政府に納めるべき葉煙草7分(価格にして一厘相当)を手刻みとして自ら費消した事件．原審の有罪判決を覆し，大審院(大判明43・10・11刑録16・1620)は「共同生活上ノ観念ニ於テ刑罰ノ制裁ノ下ニ法律ノ保護ヲ要求スヘキ法益ノ侵害ト認メサル以上ハ之ニ臨ム刑罰法ヲ以テシ刑罰ノ制裁ヲ加フルノ必要ナク……共同生活ニ危害ヲ及ホサル零細ナル不法行為ヲ不問ニ付スルハ……解釈法ノ原理ニ合スルモノトス」として無罪を言い渡した．構成要件該当性判断に，刑罰という制裁に適するか否かという実質的判断を導入し，処罰を限定したもので，*可罰的違法性'論の契機となった判決とされる．法益侵害の軽微性のみで処罰を否定しうるという，絶対的軽微型の典型例である．

[木村光江]

一件記録　捜査で集められた証拠や捜査書類をまとめたもの．旧刑事訴訟法では，*起訴状'とともに検察官から裁判所に提出されるのが慣行であったが，現行法では*起訴状一本主義'の採用により，その提出は禁止されている(刑訴256Ⅵ)．戦前は，こうした慣行のおかげで弁護人は，一件記録を裁判所で閲覧することにより*公判'開始前に検察側の手持ち証拠にアクセスすることが可能であった．しかしながら，戦後はこうした道が閉ざされたため，公判において検察官による証拠調べ請求がなされた証拠書類・証拠物を除いては(299Ⅰ)，検察側が任意で資料の閲覧を認めない限り，弁護側において証拠の全貌を把握することが困難となった．このため，検察側の手持ち証拠を弁護側に閲覧する機会の付与を義務づけようとする，いわゆる*証拠開示'の必要が問題となっている．

[指宿 信]

一身的刑罰阻却事由 (独) persönliche Strafausschließungsgrund　犯罪成立要件の外部にあって実体的刑罰権の成立を阻止する*刑罰阻却事由'のうち，その事由の備わっている者自身に対してのみ効果の及ぶものをいう．人的処罰阻却事由ともいわれる．ときとして「一

身的」刑罰阻却事由と「客観的」処罰条件とは反対概念だとされるが、前者が共犯論における個別的作用を示すのに対して、後者は故意論における認識不要性を表現しているのであって、関心領域を異にしている。一身的刑罰阻却事由も、行為者の認識を要しない点では「客観的」であるといえよう。また、行為者の属性ないし身分関係に基づくので「一身的」刑罰阻却事由と呼ばれるとされることもあるが、「一身的」とは、そのような要件に関する一身性ではなく、むしろ効果に関する一身性を示すものと解される。もっとも、共犯処罰にかんする今日の制限従属形式の下では、効果の一身性は一身的刑罰阻却事由に固有のものではなく、責任要素ないし責任阻却事由も一身的な効果を有している。

実定法上の例としては、*親族相盗例'(刑244 I)、盗品等に関する罪における親族間の特例(257)、犯人蔵匿罪・証拠隠滅罪における親族間の特例(105)のほか、ときとして両院議員の院内での演説等に関する特権(憲51)や国際法上の外交官特権もあげられる。だが、議員特権は、要件は一身であっても効果は演説の起案者などにも及ぶべきものであって「一身的」刑罰阻却事由に含めることには疑問があり、外交官特権はむしろ訴訟条件と解するのが一般的であるといえよう。

一身的刑罰阻却事由概念を認める通説に対しては、犯罪とは刑罰を科すべき行為と定義しながら犯罪と無関係に刑罰を左右する事由を認めるのは矛盾であり、これらの事情を犯罪論の外部に放置するのは刑法学の任務の放棄であるとする批判が寄せられている。この批判的見解によれば、一身的刑罰阻却事由という概念は、従来の犯罪概念が形式的でありこれをその内部に包摂しえなかったこと、そして共犯処罰に関する極端従属形式の下で不処罰効果の一身性を確保しようとしたことに由来するという。それゆえ、制限従属形式の一般化、ならびに規範的責任概念の採用を初めとする犯罪概念の実質化に伴い、一身的刑罰阻却事由概念は、その刑法学上の使命を終え、犯罪概念の構成要素、とくに(可罰的)責任阻却事由へと還元されるべきだとする。　　　　　　　　　　　　[松原芳博]

一般的指揮権　　*検察官'の所属する検察庁に対応する裁判所の管轄区域内(検察5)で、捜査についての*司法警察職員'の協力(刑訴192)を検察官の側から確保するために認められる権限を一般的指揮権という(刑訴193 II)。これは、司法警察職員のする捜査について一般的指揮を認めるものでもなく、司法警察職員相互の協力をさせるためのものでもない。また、検察官がみずから犯罪を捜査する場合に、司法警察職員が検察官の指揮下に入り、その捜査を補助する形態をとる*具体的指揮権'(刑訴193 III)とも異なる。

この権限の内容は、もともと具体的事件の存在を前提とし、それを検察官が主体になって捜査しているような場合に認められる権限であり、その限りで、個々の事件の捜査に関して、個々の司法警察職員を指揮するものではないが、司法警察職員一般を指揮することができるという意味における権限である。それは、必ずしも検察官の管轄区域内の司法警察職員全体を対象とすることではなく、ある範囲内の司法警察職員一般であればよい。具体的事件は、多数の同種事件というような複数のものも含む。

　　　　　　　　　　　　[山本正樹]

一般的指示権　　*検察官'が、その所属する検察庁に対応する裁判所の管轄区域内(検察5)で、捜査を行う司法警察職員に対して、「捜査を適正にし、その他公訴の遂行を全うするために必要な事項に関する一般的な準則を定めることによって行う」権限のことをいう(刑訴193 I)。捜査についての司法警察職員の協力(192)を検察官の側から確保するために認められている*一般的指揮権'(193 II)とはその内容を異にする。

制定当初の、一般的指示は、「公訴を実行するため必要な犯罪捜査の主要な事項に関する準則を定めるものに限られる」という文言が、1953(昭28)年の刑事訴訟法一部改正により、現行のような文言になった。その理由は解釈を統一するためであり、公訴権行使に関する重要な事項について、すなわち、起訴・不起訴を決めるのに密接な関係をもつ捜査にも及び、その限度で捜査自体の適正を期して、一般的の指示をなしうるが、検察官と司法警察職員との協力関係をそこないかねないような過度の介入は避ける

べきであると解されている.

この準則に, 司法警察職員捜査基本書式例, 司法警察職員捜査書類簡易書式例, 刑事訴訟法246条但書の規定による送致手続の特例(いわゆる*微罪処分'の準則)などがある. [山本正樹]

一般予防 (独) Generalprävention

一般人が犯罪を犯すことを予防しようとする考え方. 既に犯罪を犯してしまった当の行為者が将来再び犯罪を犯すことを予防しようとする*特別予防'と対比される. 刑罰の正当化根拠や刑罰の機能として論じられることが多い. 一般予防を*刑罰論'すなわち刑罰の正当化根拠や刑罰目的として考える場合には, 刑罰は犯罪に対する単なる*応報刑'ではなく, 合理的な目的を持つ*目的刑'であるとすることになる.

1 消極的一般予防 わが国の戦国時代においては磔や耳そぎなどが用いられたし, ドイツ中世後期のアンシャン・レジームの下の刑罰も生命刑・身体刑中心の残虐なものであった. これらは一般人に対するみせしめの目的があったといえる. このように一般人を威嚇して犯罪予防を図ることを威嚇予防あるいは消極的一般予防と呼んでいる.

時代が下り, 啓蒙期には威嚇予防ももう少し洗練されたものとなった. すなわち, 近代刑法学の父といわれる*フォイエルバッハ'は, 刑法にどのような行為が犯罪となりそれに対してどのような刑罰が科されるかを予め規定し, これを一般人に知らしめれば, 一般人はその犯罪実行が割に合わないとして犯罪を思いとどまるだろうと考えた. 人々に対する心理強制によって一般予防を図ろうとするのである. ここでは, 心理強制が*罪刑法定主義'と結び付けられている点に特色がある. そして, このような心理強制は, 実際の刑の執行によってさらに強められることになる. このように, フォイエルバッハの一般予防は刑法と刑罰の執行の両者によるものである点で, 単なるみせしめによる一般予防とは異なる. また, 単なるみせしめによる一般予防では刑罰は苛酷であればあるだけ効果を発揮するという考えに陥りやすい. しかし, 啓蒙期においては, *ベッカリーア'が,『犯罪と刑罰 Dei delitti e delle pene』(1764)において, 刑罰の程度は犯罪によって得られる利益を超えていれば十分であるとしていた. フォイエルバッハの起草した1813年のバイエルン刑法典においても刑罰は人道化されたものとなっている.

2 積極的一般予防 積極的一般予防という考え方は, とくにドイツのヤコブス Günther Jakobs(独・1937-)によって主張されている. 従来の一般予防はどちらかというと刑罰に重きを置いているが, 積極的一般予防は規範の内容に重点を置く. そこで規範的予防とも呼ばれている. すなわち, 人々はお互いに法に従って行動することを期待しているが, 犯罪が行われてこの期待が充たされなかったときには, 最後の手段として刑罰が発動することになる. その場合, 人々の期待ではなく, 期待に反した行為を誤りであると宣言し, 刑罰はその期待に反する行為は無価値であることを明らかにする. そして, 将来はそのような無価値な行為を選択できないようにする. こうして, 法的な信頼を市民に覚え込ませることによって一般予防を図ろうというのである.

しかし, このような考え方は, 結局, 犯罪は法の否定であり, 刑罰はその否定であるとする*ヘーゲル'の弁証法に基づく応報刑と異ならないのではないかが問題となる. そもそも, 積極的一般予防ないし規範的予防論は, 現存する刑罰制度の機能の説明として唱えられたものであり, また, そのようなものとして捉えるべきである. [林美月子]

委任命令

委任命令とは, 法律の委任(法律で定める事項を, 命令その他の法形式に委任すること)に基づき制定された命令(行政機関によって制定される法規範)をいう.

憲法は「政令には, 特にその法律の委任がある場合を除いては, 罰則を設けることができない」(憲73⑥但)とし, 委任命令としての政令の制定権を内閣に認め, 一定の場合に罰則を設けることも容認している. これは, 国会を唯一の立法機関と定め(41), 立法権が国会によってのみ行使されるとする国会中心立法の原則の例外と解される. ところで, *罪刑法定主義'は, 罪刑の法定という形式原理の具体的内容として, 刑罰法規が成文法であることのみならず, 民主主義的要請から刑罰法規が国会で法律の形式で制定された狭義の法律でなければならないことを

も意味する．したがって委任命令は罪刑法定主義の例外でもある．

現代国家では専門性・技術性が高く迅速な処理を要請される行政活動が増大し，委任立法は不可避的である．しかし，罰則をともなう委任立法が無限定になされれば，罪刑法定主義（および国会中心立法の原則）は形骸化することとなる．そこで，法律が命令に罰則の制定を委任する場合の限界が問われる．憲法は「特にその法律の委任がある場合」，すなわち特定委任を要件とする．つまり法律の委任は，包括的な白紙委任であってはならず，個別具体的な委任でなければならない．委任法令において，委任の目的や趣旨，委任対象である特定事項の内容および範囲の明示が必要である．

最高裁は一般に法律の具体的委任を必要とするが，「政治的行為」の具体的な定めを人事院規則に委任する国家公務員法102条1項の合憲性が争われた猿払事件判決（最大判昭49・11・6刑集28・9・393）において，本規定が「公務員の政治的中立性を損なうおそれのある行動類型に属する政治的行為を具体的に定めることを委任するものであることは，同条項の合理的な解釈により理解しうる」とし，憲法の許容する委任の限度を超えるものではないとした．しかし，「中立性を損なうおそれのある行為」という定義は余りにもあいまいであり，罰則を伴う禁止行為の委任にかかわることにかんがみれば，特定委任の要件がより厳格に判断され，委任対象事項の特定性・限定性・明確性が明文上要求されるべきであったのではなかろうか．→刑の廃止，白地刑罰法規　　　　　　　　　　〔門田成人〕

違　法（独）Rechtswidrigkeit（英）illegality（仏）illégalité　行為が法に反すること．刑法上は，犯罪成立の要件のひとつで，違法性という語も同義といってよい（かつて，違法評価を加える対象としての不法(Unrecht)と，評価そのものとしての違法性を分けて論じることもあったが，現在はあまり区別されていない）．犯罪は，*罪刑法定主義'の原則から，法律に「犯罪」として定められた行為でなければならないが，どのような行為が犯罪と定められるのかという実質的視点から考察した場合，行為が違法で，行為者に対し責任非難が可能であることが必要となる．

「実定法規に違反すること」という形式的定義（形式的違法論）に対し，より実質的な根拠で違法を説明する実質的違法論は，2つの考え方に大別される．違法性を「法規範(法秩序)違反」として理解する法規範違反説と，違法行為を「法益の侵害およびその危険（一定程度以上の可能性）を生ぜしめる行為」と定義する法益侵害説である．前者は，行為が「悪い」と評価されるのは，それが法秩序・規範に違反するからだとする．そして，法規範違反の中身を，道義秩序違反，文化規範違反，社会的相当性を欠くこと等で説明する．後者は，国民の具体的な法益が侵害されることが違法性の原点と考え，法益侵害がない限り違法性を欠き処罰の必要はないとする．さらに，法益侵害が存在しても，より大きな法益を保全するためであれば，行為は正当化される．違法性の基本に関する規範・倫理秩序違反か法益侵害かの対立は，解釈論上は「違法性は純粋に客観的に決まるのか，主観的事情や倫理も関係するのか」という形で争われてきた．法益の侵害は客観的に決まるが，倫理違反の判断においては主観的事情が重要な役割を果たすからである．この対立は「犯罪の成否を主観を中心に判断するのか客観を重視するのか」という犯罪論全体に関する「主観説」対「客観説」の違法面での発現といってよい．前者の立場からは，責任論の重視と違法論における主観面の重視が導かれ，後者の立場は，違法論の重視と違法論における客観的事情の重視，さらには責任も客観的に判断する方向に進む．そして近時は，「悪い結果の発生」を違法性の根拠とする*結果無価値論'という形で主張されている．「結果」は客観的なものであるから，客観的に違法性を考える立場とほぼ同じことになる．これに対し，法規範違反説に立ち刑法上の違法性判断においても倫理・道徳を重視すると，「悪い行為，悪い内心が違法性の主要根拠である」という*行為無価値論'にいたる．「行為」「行為態様」というが，実際には故意などの主観面（心情無価値）が重要な意味を持つ．違法判断の対象が主観的か客観的かという議論は，犯罪行為の行われる時間的な流れを捨象して静的に考察するのに対し，これを動的観点から分析するのが，行為

無価値論・結果無価値論であるといえよう．行為時に立って違法性を判断するのが行為無価値論であり，結果発生の時点から遡って違法性を問題にするのが結果無価値論である．

さらに，違法論の対立は，刑法の裁判規範性を重視するか，行為規範性を重視するかの相違を反映したものでもある．刑法は現に生じた犯罪を裁くための基準だとすれば，結果から遡って考察していくことになる．これに対し，刑法は国民に犯罪を犯さないよう行動の規範を指し示したものであるとすれば，行為をコントロールするには内心に働きかけねばならない以上，行為無価値的になる．なお，行為無価値論は違法論を超えて，行為無価値的犯罪論つまり「主観主義的犯罪論」，結果無価値論は「客観主義的犯罪論」を指すこともあることに注意しなければならない．前者は犯罪の成否の判断において責任を中心に考える責任刑法であり，後者は犯罪論全体を違法性中心に構成する違法刑法と見ることもできる．ただ，行為無価値論といっても，わが国では，違法性には行為無価値・結果無価値の両方が必要だとする二元説が圧倒的に多いことに注意を要する．

なお，刑法上の違法性は，犯罪の一要件である以上，処罰に値するか否かという判断と無関係ではあり得ない．そこで刑法上は，処罰に値する程度のもののみを違法と呼ぶとする考え方が存在し，これは，民法などと違法性は同一であるが，処罰するには'可罰的違法性'が必要だとする考え方と対立する．→主観的違法要素，違法性の意識，人的不法，主観的違法論，客観的違法論　　　　　　　　　　　　［前田雅英］

違法共犯論　（独）Unrechtsteilnahmetheorie　違法共犯論とは，'共犯の処罰根拠'に関する見解のひとつであって，不法共犯論とも呼ばれ，共犯の処罰根拠を，共犯者が正犯者の違法な行為を惹起した点にみる見解である．違法共犯論は，正犯者の「違法な行為」の内実を，①社会的完全性の侵害，②'行為無価値'の惹起，③'結果無価値'の惹起のいずれに求めるかによって，3つに分かれる．違法共犯論は，制限従属性説と結びつくが，共犯論の諸問題に関して，①②は'責任共犯論'に近い解釈論的帰結をとり，③は，'惹起説'（因果的共犯論）に近い解釈論的帰結をとる．①は，責任共犯論が責任要素でもあると捉えていた誘惑要素をもっぱら違法要素と捉え直した見解であり，②は，正犯者の行為無価値を必要とする見解であるのに対して，③は，違法の相対性（違法の個別性）を否定した惹起説であるからである．　［大越義久］

違法収集証拠の排除法則　（英）thr exclusionary rule of illegally obtained evidence　**1 意義と背景**　違法な手続によって収集された証拠（たとえば無令状で差し押さえた凶器など）の'証拠能力'，すなわち証拠としての許容性を否定する原則．'排除法則'という点で伝聞法則と同じであるが，伝聞法則が事実認定の適正さを確保するためのものであるのとは異なって，政策的な理由により証拠としてこれを排除するものである．

歴史的には，コモン・ローの証拠法則においてさえ，非供述証拠の場合，証拠収集の手続に瑕疵があっても，そのことでその証明力に影響を及ぼすことはなく，関連性が認められる限り，証拠は許容されるというのが基本であった．判例法も同様であった．

アメリカ連邦最高裁が，初めて憲法修正4条違反を理由に，押収された証拠を排除することを示唆したのは，1886年のボイド事件判決（*Boyd v. United States*, 116 U.S. 616)であり，証拠排除が修正4条の要請であることを明言したのは，1914年のウィークス事件判決（*Weeks v. United States*, 232 U.S. 383)であった．以降，連邦では排除法則が判例法として確立した．さらに，1961年のマップ事件判決（*Mapp v. Ohio*, 367 U.S. 643)は，この排除法則が単なる証拠法則ではなく，憲法に基づくものとして，修正14条を通して，州にも適用される旨判示し，これによって排除法則は，アメリカ全土の法となった．

学説上，わが国の場合も，旧法下はもとより現行刑訴法下でも，実体的真実の発見を重視し，明文規定が欠けていること，違法に対する救済は損害賠償や捜査官の処罰等で対処すべきことなどを理由に，この法則の採用に消極的な立場も見られたが，適正手続の理念を重視するアメリカ法の影響を受けて，次第に法則の採用に積極的な見解が広く浸透していった．

その根拠として，違法に収集された証拠の活用は，①適正手続違反に違反する（適正手続の保障），②廉潔であるべき裁判に対する国民の信頼を破る（司法の廉潔性・無瑕性）などのほか，③排除するのが将来の違法捜査を抑止する上で最善である（抑止効），などが挙げられた．

2 昭和53年判決の登場 現行刑訴法下の判例も，当初は，収集手続に違法があっても「物其自体の性質，形状に変異を来す筈がないから其形状等に関する証拠たる価値に変りはない．其故裁判所の自由心証によってこれを罪証に供すると否とは其専権に属する」として法則の採用に消極的であった（最判昭24・12・13裁判集刑15・349）．捜査手続の違法を抑制するために，収集された物の証拠能力を否定するのは考え方として「筋違いの感を免れない」とする下級審判例もあった（東京高判昭和28・11・25判特39・202）．

しかし，その後次第に，手続面の適正さを重視する傾向が強まり，大阪高判昭和31・6・19（高刑特3・12・631），東京高判昭和41・5・10（高刑19・3・356）をはじめ，違法に収集された証拠の証拠能力を否定する下級審裁判例がその数を増すこととなった．

これらの流れを受けて，1978（昭53）年，最高裁は，覚せい剤の押収手続の違法性が問題とされた事案において，「証拠物の押収等の手続に，憲法35条及びこれを受けた刑訴法218条1項等の所期する*令状主義'の精神を没却するような重大な違法があり，これを証拠として許容することが，将来における違法な捜査の抑制の見地からして相当でないと認められる場合においては，その証拠能力は否定されるものと解すべきである」と判示し，違法収集証拠が排除される場合のあることを宣言するに至った（最判昭53・9・7刑集32・6・1672）．最高裁として，違法に収集された物の証拠能力が否定される場合があり得ることを正面から認めた最初のケースであった（もっとも，前出最判昭24・12・13に反するとして判例違反をいう検察官の上告申立てを斥け，刑訴法411条によって原審判決を破棄した）．判示には直接は見られないが，背後には司法の廉潔性（judicial integrity）の思想が流れているものと解してよい．

ただし，本判決は，被疑者の承諾なしにその上着のポケットから所持品（ビニール袋入り覚せい剤等）を取り出した警察官の行為を違法であるとしたが，警察官には令状主義の規定を潜脱する意図がないばかりか，強制力は行使されておらず，その違法は*所持品検査'として許される限度をわずかに超えたにすぎなかったとして，覚せい剤の証拠能力を肯定した．

3 その後の判例の動き 本判決以後，実務では，排除法則の適用が争われた場合，①捜査手続に違法があったか，あったとすればその違法は重大であったか，②得られた証拠を許容するのが相当でない場合に当たるか，の具体的検討が論点となった．一般に，その要件・基準としては，手続違反の程度・状況・〔結果との〕因果性，捜査機関の意図，事件の重大性，証拠の重要性などが挙げられ，これらを総合的に考量した結果，排除の可否が決定されるといってよい．

問題とされるのは，覚せい剤取締法違反の事例が大部分であり，下級審判決には，証拠能力を否定した事例が散見されるが，最高裁では，捜査手続に違法があったことを認めながら，違法の程度は重大でないとして，押収物等の証拠能力を肯定したものが数件あるものの，個別事例で証拠排除の判断を示したものはまだない（最判昭和61・4・25刑集40・3・215，最決昭和63・9・16刑集42・7・1051，最決平成6・9・16刑集48・6・420，最決平成7・5・30刑集49・5・703参照）．

もっとも，最高裁は，覚せい剤事犯において，違法な所持品検査，任意同行，留め置きなどの先行手続に引き続いて採尿手続と尿鑑定が実施されている場合，先行手続が覚せい剤事犯の捜査という同一目的に向けられ，これを直接利用して採尿が行われた関係にあるときは，先行手続の違法が採尿手続にも及んでこれも違法性を帯びることになるとの立場を示しており，今後，長い目で下級審への影響を見守っていく必要がある．

4 自白と違法排除との関係 証拠収集手続における違法がその証拠の証拠能力に影響を与えるかは，非供述証拠だけでなく，供述証拠，とくに自白についても問題とされる．もっとも，自白に関しては，「任意にされたものでない疑の

ある自白」の証拠能力を否定する自白法則が明文上認められている(憲38条2項,刑訴319条1項).

学説上は,この自白法則を違法収集証拠排除の一環と捉える見解も有力であるが,判例の流れを見ると,自白法則とこの排除法則を併存させ,どちらの問題と捉えるかは自白取得の類型によると解する傾向が強い.すなわち,違法な身柄拘束,違法な別件逮捕・勾留中に得られた自白のような類型については,その自白に不任意の疑いがなかった場合でも,違法な手続で採取されたものとして自白排除の可能性があるとするのである.

5 関連問題 その他,違法収集証拠の排除法則に関連する問題として,「派生証拠」や「毒樹の果実」をめぐる論点のほか,① 申立ての適格性(排除の申立ては,権利侵害を受けた者本人に限定されるか否か),② 申立ての要否(被告人側からの排除の申立てであることが必要か),③ 異議がない場合の証拠能力(*違法収集証拠'であっても,被告人に証拠とすることに異議がない場合,その証拠の証拠能力は認められることになるか),④ 弾劾証拠としての使用(犯罪事実の立証に供することはできないとしても,被告人供述等の信用性を弾劾する目的であれば許されるか),⑤ 私人による違法行為の場合(捜査機関ではなく私人が違法に収集した証拠についても排除の適用はあるか)などがあり,これらは違法収集証拠排除の根拠を何に求めるかと結び付けてその結論が導かれ,多様な論議が展開されている.

[三井 誠]

違法状態維持説 (独) Aufrechterhaltungstheorie *盗品等に関する罪'の本質について,*追求権説'を批判し,本犯によって違法に成立せしめられた財産状態を維持存続させる点に求める見解.違法状態維持説は,本犯が取得した利益を本犯のために確保しその利用を助ける行為という本罪の事後従犯としての側面に着目したものであり,ドイツでは通説とされている.この見解によれば,第1に,盗品等の範囲は,財産犯によって取得された財物に限定されず,財産の侵害を内容とする犯罪によって取得された物(たとえば,収賄,賭博,特別法に規定された密猟・密輸等によって取得された物)でもよいとされたが,1995年の刑法改正によって「贓物(ぞうぶつ)」という文言は「盗品その他財産に対する罪に当たる行為によって領得された物」と改められたので,本罪における本犯は財産罪に限定されることになった.第2に,不法原因給付物や禁制品のように民法上の返還請求権が認められない物であっても,違法状態を維持するものとして盗品性が認められる.この点に追求権説との実質的な対立点がある.

[大塚裕史]

違法性の意識 (独) Bewußtsein der Rechtswidrigkeit **1 意義** 違法性の意識とは,行為者が自己の行為の違法なことを意識することをいう.違法性の認識または不法の認識ともいわれる.違法性の意識については,(1)*故意'(責任)の成立に違法性の意識を要するか否か,あるいは犯罪論体系上どこに位置づけるか,という「違法性の意識の体系的地位」の問題と,(2)違法性の意識にいう「違法性」とはどのようなものか,という「違法性の意識の内容」(認識対象)の問題がある.

2 違法性の意識の体系的地位 違法性の意識の体系的地位については,① 故意の成立には事実の認識をもって足り,違法性の意識を要しないとする違法性の意識不要説に対して,違法性の意識ないしその可能性を故意ないし責任の要素と解する*故意説'および*責任説'が対立している.故意説はその内部で,② 故意には現実的な違法性の意識を要するとする*厳格故意説',③ 過失により行為の違法性を知らないこと(違法性の過失または法律の過失)は概念上過失であるが,故意犯に準じて取り扱うべきだとする違法性の過失準故意犯説,④ 違法性の意識は自然犯(刑事犯)では不要であるが,法定犯(行政犯)では必要であるとする自然犯法定犯区別説,⑤ 故意には違法性の意識の可能性を必要とする*制限故意説'がある.*責任説'は,違法性の意識の可能性は故意・過失に共通の独立した責任要素であるとするが,その内部でさらに,⑥ 違法阻却事由の事実的前提の錯誤(正当化事情の錯誤)を*禁止の錯誤'(違法性の錯誤)とする*厳格責任説'と,⑦これを事実の錯誤とする*制限責任説'に分かれる.

判例は大審院以来一貫して不要説を採用して

きたが(ただし，一部例外的に，違法性の錯誤に「相当な理由」がある場合には故意を阻却するとして，制限故意説ないし責任説の結論を示した判例もある)，学説は，不要説は責任主義に反する権威主義的な解釈であるとして，こぞって反対してきた．厳格故意説に対しては，常習犯や激情犯あるいは*確信犯'には違法性の意識がなく処罰できないことになり，また，過失犯処罰規定のない限り違法性の意識のない者は不可罰とせざるをえないとの批判がなされ，また，準故意説に対しては，違法性の過失を故意犯として取り扱う実質的理由が明らかでない，自然犯法定犯区別説に対しては，自然犯と法定犯の区別が曖昧・流動的であるなどといった批判がなされている．最近では，制限故意説ないし責任説が通説的な見解となっているが，厳格故意説も依然有力に主張されている．

3 違法性の意識の内容 違法性の意識の認識内容については，①違法性の意識を反条理性・反社会性・国家的道義違反などといった「前法律的規範違反」の認識と捉える見解，②法律上許されないこと(法的禁止・命令違反)すなわち「一般的違法性」の認識と捉える見解，③自己の行為が刑罰法規の対象となること，すなわち「特殊刑法的違法性」の認識と捉える見解(もっともこの見解の内部でも，ニュアンスの差があり，「可罰性」の認識を要求するものや「刑法的禁止」の認識と捉える見解がある)が対立している．

理論的には，故意の成立範囲は，厳格故意説と「特殊刑法的違法性の認識」説が結びつけば最も狭くなり，逆に，制限故意説ないし責任説と「前法律的規範違反の認識」説が結びつけば最も広くなるが，実際には，「一般的違法性の認識」説が判例・通説となっており，中庸な結論になっている．また最近では，責任説の立場から「特殊刑法的違法性の認識」説を支持する見解が有力に主張されている．→法律の錯誤

[長井長信]

違法阻却事由 *構成要件'に該当する行為のうち違法性を欠くので不可罰とされる類型のこと．正当化事由とも呼ぶ．現在の多数説は，構成要件を違法行為の類型化したものと捉え，構成要件該当行為は原則として違法性があるとし，例外的に違法阻却事由があれば行為の違法性が阻却されるとする(遡って初めから違法ではないとされる)．刑法典は，違法阻却事由として，*正当業務行為'・*法令行為'(35)，*正当防衛'(36)，*緊急避難'(37)を定めているが，そのほかに*超法規的違法阻却事由'が論じられている．

違法阻却の一般原理に関する学説としては，法益衡量説(優越的利益説)，目的説，*社会的相当性'説などが存在する．法益衡量説は，違法に関する法益侵害説と結びつくもので，「構成要件に該当する法益侵害を上回る(ないしは等しい)利益が，行為に存在するから正当化される」とする考え方であり，結果無価値的違法観を基礎とする．これに対し，目的説は「正当な目的のための正当(相当)な手段だから正当化される」とする考え方で，判例が基本的に採用する立場である．そして，社会的相当性説は「歴史的に形成された倫理秩序の枠内の行為であるから正当化される」という考え方で，「文化規範や道義秩序に反しない限りで正当化される」とするのとほぼ同じであるといってよい．一般に，*目的説'と社会的相当性説は，法規範違反説に結びついており，*行為無価値'的だと説明される．ただ，「正当な目的のための相当な手段」とは，目的の有する客観的価値と手段によって生じる法益侵害との衡量を意味する場合が多い．一方，「環境権を守る目的は正しいが，手段に暴力が用いられた以上絶対に正当化されない」という形で，「手段」のみを重視することにより「正当な目的」と手段の衡量をしない類型も存在する．このような手段重視型目的説は，手段の反倫理性の強調にもつながる．その意味では，目的説は*法益衡量説'とは相反し，行為無価値的な考え方といわざるを得ない．なお，法益衡量説にしても，「公序も法益である」とか「社会的に相当なもののみが法益である」と解すれば，社会的相当性説などと実質的に差異はないことになる．逆に，社会的相当性説も，ある種の法益衡量を行いその結論を社会倫理で説明しているともいえる．それゆえ，まさに具体的事案を前提とした実質的な価値判断こそが争点でなければならない．

実質的違法性(阻却)論に関する学説の現在の実践的な対立は，①実質的違法阻却判断の中で主観的事情をどこまで考慮するのか，②倫

理・道義的価値，義務違反的要素をどこまで重視するのか，③侵害結果を被告人の行為の有する価値と比較衡量することなしに独立に評価するのか否か，④実質的違法阻却事由に「補充性」を必須の要件とするか否か，にあるといってよい．→主観的違法要素，被害者の承諾，推定的承諾，可罰的違法性，消極的構成要件要素，違法阻却事由の錯誤　　　　　　　　　　［前田雅英］

違法阻却事由の錯誤　（独）Irrtum über Rechtfertigungsgründe　*違法阻却事由'の錯誤という場合，違法阻却事由の「存在」についての錯誤と正当化事情の錯誤とを意味することがある．前者は，違法阻却事由それ自体が存在しないのに存在すると誤認する場合であり，違法性の錯誤の一種にほかならない．一般には違法阻却事由の錯誤は，正当化事情の錯誤を意味するのである．正当化事情の錯誤とは，違法阻却事由の事実的前提に関する錯誤である．これは，違法阻却事由の客観的要件としての「事実」に関する錯誤であるが，「違法性」に関わる事実である点において，構成要件的事実の錯誤と異なる．この相違を重視すべきか否かをめぐって見解が対立している．故意阻却を認めるべきであるとする従来の素朴な法感覚を前提にすると，この相違を強調すればするほど，故意阻却を認めるのが困難になるので，構成要件的事実の錯誤との類推を推し進めることによって故意阻却を肯定しようとする試みがなされてきた．これが「*事実の錯誤'説」であり，現在の通説となっている．これに対して，事実的故意として構成要件的故意を把握すると，上記のような処理には無理が生じてくるので，故意阻却を否定することによって，これを事実の錯誤ではないとする「違法性の錯誤説」が主張されるに至る．

このように，従来，正当化事情の錯誤は，故意を阻却する「事実の錯誤」なのか，それとも「違法性の錯誤（禁止の錯誤・*法律の錯誤'）」なのか，という形で争われてきた．しかし，このように2つの錯誤に分類しきれないとの自覚のもとに，近時，有力に主張されているのが，「独自の錯誤説」である．これは，従来の錯誤論の枠内での処理を図りつつ，その中間的領域での解決を追求するものである．さらに，責任論の問題と考えられてきた本問題を，責任論の前の違法性論において検討すべきである，とする見解も主張されるに至っている．これは，さらに①事実の錯誤を基本とする説と②違法性の錯誤を基本とする説（二元的厳格責任説）とに分かれる．①説は，正当化事情の錯誤は事実の錯誤であるが，行為者の故意不法を阻却し，錯誤に陥るにつき過失があれば過失犯が成立するとする．②説すなわち二元的厳格責任説によれば，正当化事情の錯誤は，正当化事由の客観的要件の存否に関わるもので，いわゆる「事前判断」の見地から，その錯誤が一般人にとって回避不可能である場合には，行為の違法阻却を認め，回避可能である場合には，違法性の認識を失わせる違法性の錯誤（禁止の錯誤）として扱われるべきであるとする．この説は，厳格責任説をとったうえで，違法阻却事由の客観的要件の存在について「事前判断」つまり行為時を基準とする判断を要求することによって，一般人の見地から正当化事情の錯誤が避けられなかった場合にはその正当化事由により違法阻却を認め，避けえた場合には厳格責任説と同様に故意犯の成立を肯定する．これまでの学説が正当化事情の事実的前提について「客観的事後的判断」を必要とするのに対して，この説は，行為無価値論の観点から事前的判断を要求する点に特徴がある．正当化事情の錯誤の問題が今なお争われるのは，それが「故意」概念はもとより，構成要件・違法性・責任の基本概念にまたがる問題点を包含しており，それぞれについて厳しい見解の対立が存するからである．正当化事情の錯誤の問題は，結局，「事実」のもつ意味の「評価」ないし「位置づけ」に尽きるのであり，これは，故意の認識対象は何か，過失の内容は何か，という根本問題に還元される．→誤想避難，誤想防衛　　　　　　　　　　　　　　［川端　博］

違法配当罪　会社の役職員または検査役が，法令または定款の規定に違反して利益配当，利息配当，中間配当を行ったときに成立する商法罰則上の犯罪（商489③）．5年以下の懲役刑または500万円以下の罰金刑に処せられる．*会社財産を危うくする罪'のひとつであり，会社財産に対する抽象的危険犯として理解されている．たとえば利益配当についてみると，会社が利益配当を行えるのは，配当可能利益（商290

I参照)が存在し、かつ定時株主総会における承認決議(商283I参照)がある場合であるから、本罪が成立する場合としては、①配当可能利益が存在しないのに、またはその限度を超過して配当を行った場合(いわゆる蛸配当)と、②株主総会の決議を経ずして配当を行った場合の2類型が考えられる。そして前者の方法で違法配当を行う場合には、粉飾決算に基づいて架空の配当可能利益を仮装していることが多い。

本罪の既遂時期については株主の利益配当請求権が具体化した段階と考えられるから、①株主総会の決議を経るときは決議の時点、②それを欠く場合には会社が配当金支払いの意思表示をした時点(配当金の支払いまたは支払いの通知の時点)と解されている。

いわゆる逆粉飾決算、すなわち秘密準備金の留保等により、利益を過少計上して低率配当を行う行為が本罪を構成するかについては争いがある。本罪は会社財産危殆罪のひとつであり、その目的は会社財産の不当な流出を防止し、会社資本の充実・維持を図る点にあると理解されているから、逆粉飾の場合には実質的違法性を欠き、違法配当罪に該当しないと解するのが妥当であろう(通説)。

本罪は*特別背任罪'(商486)の補充規定と解されているから、違法配当が特別背任罪を構成する場合には、本罪は成立しない(大判昭7・9・12刑集11・1317)。特別背任罪との限界は、実際には図利加害目的の存否によって決せられる場合が多いとされている。たとえば取締役等が自ら株主として利益配当を得る目的や、自己の地位保全の目的で違法配当を実行した場合には図利加害目的があるといえるから特別背任罪が成立するが、会社の信用を維持するためなど、本人の利益を図ることが主目的であるときは図利加害目的が欠けるため、特別背任罪は成立せず、違法配当罪が成立するにとどまる。

[橋爪 隆]

意味の認識　構成要件事実の認識としての*故意'において、事実の内容が問題となる。構成要件事実は、伝統的には、価値判断が低い記述的構成要件要素(たとえば、「人」、「財物」、「電磁的記録物」など)と、一定の価値判断を必要とする規範的構成要件要素(たとえば、「わいせつ」、「公共の危険」など)が区別されてきた。しかし、記述的要素である「人」でも、脳死状態の場合や、出生時期について、また財物についても、電気を含むかどうかなど、価値判断が必要な場合もあり、その区別は相対的なものにすぎない。つまり、構成要件事実は、なんらかの一定の価値的要素＝意味をもっており、その認識が、「意味の認識」といわれるものである。故意には意味の認識を含むか、たとえば、わいせつ物頒布罪において、わいせつな対象物の外形的な存在の認識(これを「裸の事実の認識」と呼ぶことがある)に加えて、それが「わいせつである」という意味の認識がわいせつ物頒布罪の故意の内容であるか、が問題とされる。今日では、なんらかの意味で、意味の認識を必要とすると考えるのが一般的である。つまり、ギリシャ語で書かれたわいせつ小説をそれとは知らないで販売した書店主は、その書物の裸の事実の認識があっても、意味の認識を欠くためわいせつ物頒布罪の故意があるとはいえない。

しかし、意味の認識を厳格に要求すると、たとえば刑法175条の条文を正確に認識し、そこでの学問的な意味でのわいせつ性の認識を備えていなければ、意味の認識がなく、故意がないということになりかねないであろう。そこで、学説の中には、構成要件において規定されている厳密な意味と実質的に同一の内容の認識があればよい(素人間の平行的評価 Parallelwertung in der Laiensphäre：メツガー)とする見解がある。しかし、判例は、日本に持ち込むことが禁止されているような違法な薬物であるとの認識があれば、覚せい剤輸入罪の故意として十分であるとしているが、そうだとすると、覚せい剤とその他の薬物との構成要件関係性は必要とされていないことになり、平行的評価とはいえないであろう。

意味の認識は、行為者の価値的認識である点で、違法性の意識と境を接する。処罰の対象となるようなわいせつ物であるかどうか、という意味の認識と、この程度のわいせつ物が実際に処罰されるものであるのかどうか、という違法性の意識とは、ほとんど実質的な区別を見出しがたいであろう。最高裁の判例は、公衆浴場の無許可営業罪について、届出事項変更願が違

法・無効であることについて，意味の認識の問題として，そのような届出が適法であると信じていた行為者の認識の相当性を問うことなく故意を阻却するものとしたが，届出が適法であると信じていた点をとらえればまさに違法性の意識の問題となりえた．そうだとすると，違法性の錯誤については，その錯誤が相当である場合に限って，故意ないし故意責任を阻却するとする責任説など現在の多数説では，意味の認識と違法性の意識との理論的な区別が明らかにされることが必要となろう．→規範的構成要件要素の錯誤　　　　　　　　　　　　　　［齋野彦弥］

因果関係　(英) causation　(独) Kausalität, Kausalzusammenhang　(仏) causalité　(伊) nesso causale　**1 意義と背景**　*結果犯'において，行為と結果の間に存在すべき，「行為が結果を惹き起こした」という関係をいう．*構成要件'の要素であり，これが欠ける場合には犯罪は成立しない．すなわち，(1)既遂犯においては，行為と既遂結果との間に因果関係がなければ既遂犯が成立せず，未遂犯成立の可能性が残るにとどまる．また，(2)未遂犯にも法益危殆化などの「結果」発生を要求する立場からは，未遂犯の成立にも，行為と未遂結果との間の因果関係が要求される．

犯罪に限らず，良い結果について栄誉を帰し，悪い結果について責めを負わせること，換言すれば，結果をある行為の「せいにする」ことを，*客観的帰属'（または，客観的帰責'）というが，結果を帰属・*帰責'するために，行為-結果間の事実的惹起関係を要求するのは，人間が因果的な理解枠組みを備えていることに基づいて，おそらく太古から見られたことであると考えられる．刑法理論の上では，因果関係は，ドイツ普通法の時代には殺人罪内部の問題として論じられていたが，19世紀初頭に，すべての結果犯共通の問題として論じられるようになった．近代刑法理論が発展を遂げたこの時期が，まさに近代科学の発展期でもあったため，自然科学的な（とくに，J.S.ミル John Stuart Mill（英・1806-73）に代表される経験主義的）世界観を背景として，因果律を前提とした経験法則的知識によって説明される行為-結果の惹起関係が，刑法上における結果帰責の要件とされるようになった

と考えられるのである．

因果性を帰責の前提とする考え方は，共犯論における因果共犯論にも見られる．*共犯の因果性'（とくに帮助の因果性）の問題では，他者（正犯者）を介して結果に及ぶ因果関係は，単純な物理的因果性とは異なる，より弱い関係で足りるかが問題となる．

2 因果関係の存在と限定　因果関係の要件は，(1)事実的惹起関係が存在することのみではなく，さらに，(2)それを妥当な処罰範囲に限定する仕組みを，その内部に含むべきであるという立場が，わが国の通説である（*相当因果関係説'）．そこでは，(1)事実的惹起関係を扱う要件が*条件関係'，(2)限定要件が*相当因果関係'（相当性）といわれる．

因果関係を事実的惹起関係と考えた場合，その存否は通常自明であって，ことさら因果関係要件においてその存否を判断する必要はないという主張もある（因果関係不要論）．しかし，必ずしもつねにそうであるわけではないから，因果関係の要件は必要といわなければならない．

また，事実的惹起関係を，いわば物理力が伝播するもののように理解した場合には，消極的存在である不作為には因果関係を観念することができないことになる．しかし，因果関係をそのような実体的な力としてではなく，J.S.ミルのいう「規則性」として理解し，不作為にも因果関係を観念しうると解するのが一般である．

3 過失の因果関係　過失（すなわち，注意義務違反）の存在と結果の有無の事実的対応関係を，「過失の因果関係」ということがある．たとえば，汽車の運転手が前方注視，警笛吹鳴などの注意義務を怠り，幼児を轢死させたが，注意義務を尽くしていても同じ結果が発生していたであろうという京踏切事件判決（大判昭4・4・11新聞3006・15）において，大審院は condicio sine qua non 公式を用いて，過失と結果の因果関係を否定している．本来の因果関係ではないが，過失と結果の事実的対応関係を過失犯成立の要件とすること自体は妥当であろう．最近，合義務的代替行為の代置とよばれているのも，そのような事例に関わるものである．

4 因果関係論の将来　事実的惹起関係を中心とする因果関係を結果犯成立の要件とすること

は,基本的に妥当なことと考えられる.

しかし,たとえばこれまで条件関係を判断するために用いられてきた仮定的取去り公式について,惹起関係の存否を判断する機能を否定し,結果回避可能性を判断する規範的な公式であると理解する立場が主張されるようになっている.その場合,事実的惹起関係の確認が不要であるのかは,明らかでない.

相当性も,処罰範囲の妥当な限定を目的とした評価的な判断であるとはいえ,事実的惹起関係のもつ属性として,それが相当(経験上通常)であることを意味するから,事実的関係を離れた純粋の規範的判断を内容とすることはできないと考えられてきた.しかし因果関係とは別の要件として,事実的関係から離れた判断基準を設定しようとする客観的帰属理論からは,そのように規範化を徹底することができない点が批判されている.

このような中で現在の因果関係理論は,事実的惹起関係という性格を維持しつつ,同要件の中に妥当な帰責限定の論理をどのように構築するかを,模索しているということができよう.
→条件説,原因説,概括的故意,結果的加重犯,因果関係の断絶,因果関係の中断,因果関係の錯誤,疫学的因果関係　　　　　　[林 陽一]

因果関係の錯誤　(独) Irrtum über den Kausalverlauf　**1 意義**　故意犯において,行為者が意図したとおりの結果が発生したが,行為から当該結果に至る因果経過が行為者の予想と異なっていた場合をいう.因果経過の錯誤ともいわれる.(1)溺死させる意図で被害者を橋から川に突き落としたところ,被害者が橋脚に頭を衝突させて死亡した,というように物理的な因果進行の経過が予定外の場合と,(2)殺意をもって被害者の頸を絞めたところぐったりしたので,死亡したと考えて砂浜に捨てたが,実は被害者は生きており,砂を吸引して死亡した(大判大 12・4・30 刑集 2・378),というように第1行為による結果発生を誤信した行為者自身の第2行為が介在する場合とがある.(2)は,*ウェーバーの概括的故意'の事例ともいう.

*因果関係'の錯誤が故意を否定する*錯誤'に当たるかは,因果関係の認識を故意の内容と解するか否かにかかっている.もちろん,因果経過の詳細に至るまで予見することは不可能であるから,これを故意の対象とすることはできない.逆に,結果発生の認識があれば故意として十分であるという立場もあるが,通説は因果経過の重要な部分の認識を故意の内容と解している.したがって,実際の因果経過が予想から大きく逸脱したときは,故意が否定されることになる.どの程度の逸脱が必要かは必ずしも明確でないが,前掲(1)(2)の事例では故意が否定されないとするのが一般的見解である.

2 相当因果関係との関係　因果関係の錯誤が問題になるのは,稀有な因果経過をたどった事例であるから,その判断は相当因果関係と同一の基準によるという立場もある.しかし原理的には,両者は別の問題である.たとえば,行為者が稀有な経過を経て結果を発生させることを意図し,そのとおりになった場合,少なくとも行為者の事実的な認識・予見と現実との間にはくい違い(錯誤)は存在しないのである.→因果関係　　　　　　　　　　　　　　[林 陽一]

因果関係の断絶　(独) Abbruch des Kausalzusammenhanges　行為後に他の事情が介入することによって,結果に対する行為の*条件関係'が失われることをいう.たとえば,Xが被害者Aに毒を飲ませたところ,その毒が効きはじめる前にYがAを射殺したような場合,Xの行為がなくともAの死亡結果は生じていたであろうといえる.このようなとき,Aの死亡結果に対するXの投毒行為の*因果関係'がYの射撃行為によって断絶された,という.Yの行為から発する因果性がXの行為の因果性を凌駕したということもできることから,凌駕的因果関係(überholende Kausalität)ともいわれる.

行為と結果の間の事実的つながりが,現実に存在しなくなったと考えられるものであり,この点で,法的評価の観点からそのように考える*因果関係の中断'とは異なる.条件関係を否定する要素として因果関係の判断を認めるべきかについては争いがあるが,因果関係の断絶によって条件関係が否定されることには,争いがない.　　　　　　　　　　　　　　　　[林 陽一]

因果関係の中断　(独) Unterbrechung des Kausalzusammenhanges　「行為がなければ結果もなかったであろう」という意味で

の*条件関係'は認められるが, 法的な評価として, 条件関係の存在を否定すべき場合があるとする立場(因果関係中断論)において, そのような否定がなされる場合をいう.

*因果関係'の中断の考え方は, *条件説'の中で, 同説によると因果関係が広く認められすぎることを考慮して主張された. しかし, 因果関係を中断させる事情(中断事由)として考えられている(1)責任能力者の自由かつ有意的行為と(2)例外的な偶然事情は, 因果関係を当然に否定させるようなものでもなく, その内容も明確とはいえないという問題がある. さらに, いったん認められた因果関係が中断・否定されるという理論構成に対しては, 因果関係は存在するか否かのいずれかである, という批判が強く, 現在ではほとんど主張されなくなっている.

なお, わが国の判例には「因果関係は中断されない」という判示がときおり見られるが, これは中断論に拠る因果関係不存在の主張を斥けるものにすぎず, 判例が中断論を採用しているわけではない.　　　　　　　　　　　[林 陽一]

因果的行為論　(独) kausale Handlungslehre　*行為'を人の意思を起点とする因果的過程として把握し,「何らかの意思にもとづく身体的動作または不動作」と定義する学説. 19世紀末以降, 違法性の本質を法益侵害の因果的惹起として捉える*結果無価値'論に対応した通説的行為概念として主張された. 外部に現れた「動作または不動作」でなければならないから, 純然たる思想や心情そのものは刑法的評価の対象から除外される. また「何らかの意思にもとづく」ものであること(有意性)が要求されるから, 反射的運動や睡眠中の動作, 絶対的強制下での挙動などの行為性は否定される. しかし, この学説が因果的考察にとどまるかぎり不作為の行為性を説明することはできず, また, 有意性を要求するかぎりで*忘却犯'の説明にも窮するものと批判された. →社会的行為論, 人格的行為論, 目的的行為論　　　　　[井田 良]

淫行　淫行という言葉は, 複数の刑罰法令の中で使われており, 各法令の趣旨に従って解釈されるが, しばしばその概念のあいまいさが問題になる. *淫行勧誘罪'(刑182)にいう淫行は性交そのものを意味すると一般的に解釈されているが, *児童福祉法(34Ⅰ)'や*青少年保護条例'上の淫行には性交だけでなく性交類似行為も含むものと解されているため, さらに性交類似行為のうちどの範囲のものまでを淫行と称し得るかが, わいせつ行為との区別および罪刑法定主義から要請される明確性の原則との関連で問われている. 児童や青少年の保護を目的とする法令の場合であっても, 淫行を, 性行為一般にまで広げてしまうと処罰範囲が不当に広汎にすぎるので, 性交または性交類似行為のうち, 誘惑, 困惑等青少年の心身の未成熟に乗じた不当な手段を用いた場合や単に自己の性欲を満足させるためにした場合に限るとするのが判例の立場である(*福岡県青少年保護育成条例事件'). →強制わいせつ罪　　　[北川佳世子]

淫行勧誘罪　営利の目的で*淫行'の常習のない女子を勧誘して第三者と姦淫(性交)させる行為を処罰の対象とする(刑182). 淫行の常習とは, 不特定の相手方と性交する習癖のあることをいい, 職業的な売春に限らない. 処罰されるのは, 営利の目的をもって女子に姦淫を決意させる行為をした勧誘者のみであり, 誘惑されて姦淫を行った女子とその相手になった者は処罰されない. したがって, 行為者自身が姦淫の相手方となった場合は本罪に当たらない. 本罪を女子の性的自由を侵害する罪であるとする見解もあるが, 営利目的を要件とすること, 姦淫の相手方は不処罰であること, 親告罪ではないこと等を理由に, 本罪は女子を性的に堕落させ社会の健全な性風俗を乱す罪であるとするのが多数説である. なお, *売春防止法'が欺き・困惑等により売春をさせる行為を処罰する等特別法上も類似行為処罰規定があり, 両罪の関係と罪数が問題になる.　　　　　[北川佳世子]

インコミュニカード　(英) incommunicado　独房の中で監禁され, 外部とのコミュニケーションの方法がないことをいう. つまり, 被疑者・被告人が捜査機関により身体を拘束されて, 外部との連絡や捜査官以外の他者とのコミュニケーションを遮断されたままの状態であり, *接見交通'を断たれ, 供述・非供述の自由が奪われた状態である. 被疑者・被告人のもつ自由で秘密の接見交通権を侵害することになり, このような状態は違法である. 本来はスペイン

語に由来するが、アメリカ法で使われる用語である。アメリカ法では、インコミュニカードの状態で得られた供述は証拠から排除される。日本国憲法の制定時に、マッカーサー草案（総司令部案）にはこの語が明記されていたが、日本語草案の作成過程で削除され、弁護人依頼権を保障した憲法34条には明記されていない。接見交通権を規定した刑事訴訟法39条と80条でも、インコミュニカードの状態に置かれてはならないことは、明確には表現されていない。しかし、接見交通権の重要性を考えれば、わが法でも常に意識されるべき概念である。　　　　[大久保哲]

インサイダー取引　　1　禁止の概要
投資判断に影響を及ぼす会社の未公開の重要事実をその立場によって知った当該会社の関係者らが、その情報が一般投資家に公表される前に、会社の有価証券を売買等すること。内部者取引ともいう。このような取引は、一般投資家にとって不公平であり、証券市場の公正性に対する信頼を損なう。*証券取引法'は、以前から、刑罰をもって不正取引行為を一般的に禁止してきたが（証取157・197Ⅰ⑦）、この規定がインサイダー取引に適用されたことはなかった。しかし、わが国を「インサイダー天国」と呼ぶ国際的な批判が高まり、また、1987（昭62）年にタテホ化学工業のインサイダー取引事件が明るみに出たこともあって、翌年の証券取引法の改正によって、独立に処罰されるようになった（166・167・198⑱）。わが国の処罰規定は、重要事実を知った会社関係者や情報受領者が、その公表前に、一定の有価証券の取引を行う行為自体を処罰しており、その際重要事実を利用したことを要件としていない。規制の対象となる重要事実は法定されており（166Ⅱ）、株式の発行などの会社の意思決定に係る事実、災害または業務に起因する損害など会社の意思によらない事実、決算や業績予想に係る事実、その他投資判断に著しい影響を及ぼす事実に分けられている。最後のものはいわゆるバスケット条項であって、重要事実を予め網羅的に規定することが困難であることから設けられたものであるが、これが緩やかに適用されると、他の重要事実を詳細に規定した意味がなくなることになるから、その適用は慎重になされなければならない。

2　刑罰　　当初の法定刑は、6ヵ月以下の懲役もしくは50万円以下の罰金、またはその併科であったが、その後も証券不祥事が相次いだことから、1997（平9）年の「罰則の整備のための金融関係法律の一部を改正する法律」（法117）により改正され、3年以下の懲役もしくは300万円以下の罰金、またはその併科に引き上げられ（証取198）、さらに、法人に対しては3億円までの罰金を科すことができることになった（207Ⅰ②）。また、1998（平10）年の「金融システム改革のための関係法律の整備等に関する法律」（法107）による改正で、インサイダー取引によって得た財産は原則として没収されることになった（198の2）。→経済刑法　　　　[中森喜彦]

印紙等模造取締法　　政府の発行する印紙に紛らわしい外観を有するもの、または税印の印影に紛らわしい外観を有するものもしくはこれらに紛らわしい印影を生ずべき器具を製造、輸入、販売、頒布または使用する罪（1Ⅰ）を処罰する法律（昭22法189）。

印紙は、私法上の財産権を化体するものではないから刑法上の*有価証券'にあたらず、その*偽造'・*変造'は、*印紙犯罪処罰法'の規定によって処罰されるが、偽造・変造に至らない行為、すなわち普通の人が真正な印紙であると誤信する程度の外観・体裁をもたない印紙を造る行為は模造にあたり、本法の規定によって処罰される。→有価証券偽造罪　　　　[島岡まな]

印紙犯罪処罰法　　行使の目的で政府の発行する印紙または印紙金額を表彰する印章を偽造または変造する罪、印紙の消印を除去する罪（1）、これらを使用し、または行使の目的でこれらを他人に交付、輸入、移入する罪（2）等を処罰する法律（明42法39）。

印紙は、郵便切手などと同様、*有価証券'類似の機能を有するが、私法上の財産権を化体するものではないから刑法上の有価証券にあたらず、*有価証券偽造罪'（刑162）で処罰できない行為を捕捉する。偽造、変造のみならず、*通貨偽造罪'（148）や有価証券偽造罪等と同様、行使目的での交付、輸入等も処罰している。

[島岡まな]

印章偽造罪　　印章や署名、公務所の記号は、社会生活において特定の人ないし公務所の

同一性を表示する手段として重要な機能を果たしている。印章偽造の罪は、このような印章や署名、公務所の記号に対する公共の信用を保護することによって取引の安全を保障しようとするものである。

印章等の*偽造'は、*文書偽造罪'や有価証券偽造罪の手段として行われることが多く、文書偽造罪や有価証券偽造罪が既遂に達したときは、それらに吸収され、独立の犯罪としては成立しない。それらが未遂に終わったときに、印章偽造の罪が成立する。したがって、印章偽造の罪は、文書偽造罪・有価証券偽造罪の未遂罪としての性格を有する。偽造行為に未遂規定が存在しないのはそのためである。

印章とは、人の同一性を表示するために使用される一定の象形であり、署名とは、自己を表彰する文字をもって氏名その他の呼称を表記したものであり、記号とは、一定の事項を証明・表示するための簡略な表示である。印章の概念が、現に顕出された影蹟、すなわち印影を意味するにとどまらず、これを顕出させるための物体である印顆(印形)も含むかについては、判例は肯定しているが、学説は分かれている。肯定説と否定説では、印章偽造の既遂時期に違いが生じるが、印顆の社会生活における重要性や一個の印影偽造より一個の印顆偽造の方が危険性が大であることなどを考えると肯定説が妥当であろう。したがって、印章偽造とは、権限なく印影を顕出させること、およびその原体である印顆を作成することである。

印章偽造の罪は文書偽造罪と同様の条文形式で規定されている。印章・署名が公的なものか私的なものかによって、公印偽造罪(刑165 I)と私印偽造罪(167 I)を分け、印章偽造については未遂を処罰しないが、偽造文書の行使に対応する偽造公印不正使用罪(165 II)と偽造私印不正使用罪(167 II)については未遂も処罰し(168)、さらに公記号偽造罪(166)において、公務所の記号も保護の対象としている。→取引の安全に対する罪　　　　　　　　　　　［園田　寿］

引　致　(独) Vorführung　身体の自由を拘束した者を、所定の場所または人の面前に強制的に連行することをいう。刑事訴訟法上は、*逮捕'、*勾引'および勾留の際に認められる(刑訴73 I・II・202・215)。逮捕および勾引は、所定の場所への引致をその第1次的な内容とするものであり、それに対応して、*逮捕状'、勾引状には、引致すべき場所を記載することとされている(64 I・200 I)。引致後は、勾引については24時間、逮捕については48時間まで、対象者を引致場所に留め置くことができる(59・203 I・204 I)。また、犯罪者予防更生法は、*保護観察'に付されている者が一定の住居に居住しない等の事由がある場合には、*地方更生保護委員会'または*保護観察所'の長が、裁判官の発する引致状に基づき、その者を引致させることができるとしている(予防更生41 II)。これについては、その性質に反しないかぎり、刑事訴訟法の規定が準用される(41VI)。［川出敏裕］

陰　謀　(独) Komplott, Verabredung　2人以上の者が犯罪を実行することにつき謀議し合意を形成すること。*共謀'ともいう。単に謀議するだけでは足りず、その結果合意が形成されることを要する。*予備'とともに、未遂すなわち実行の着手よりも前の段階の犯罪準備行為である。

英米法には、2人以上の者による違法行為遂行に関する合意をその実行の有無にかかわりなく独立罪として一般的に処罰する*コンスピラシー'(conspiracy：共謀罪)がある。しかしわが国では、予備と同様、陰謀それ自体を処罰する場合はごく限られている。実行の着手に至らない準備行為は、法益に対していまだ遠く小さな危険しかない行為であるから、刑法は予備と陰謀を原則的に処罰しないこととし、一定の重大犯罪についてのみ例外的にとくに規定を設けて処罰するにすぎない。

陰謀罪の例として、刑法典には内乱陰謀罪(刑78)、外患陰謀罪(88)、私戦陰謀罪(93)の3種があり、特別刑法には、政治目的のための放火等の陰謀罪(破防39・40)等がある(なお特別刑法にはさらに、違法行為の共謀を「企て」る行為を処罰し、予備・陰謀以前の行為にまで処罰を拡大するものもある［国公110 I ⑰等］)。

予備と陰謀はいずれも犯罪準備行為であるが、陰謀は複数人によってのみ可能であり、予備は単独人の場合も複数人による場合もありうる。この予備と陰謀の関係につき、陰謀も予備の一

種でこれに含まれるとする見解や、陰謀を予備に先行する心理的準備行為とする見解があるが、刑法は予備と陰謀を区別して規定しており、予備が陰謀に先行することもあるから、陰謀は犯罪実行に関する謀議であり、予備は謀議以外の方法による準備行為と解すべきである。よって、陰謀は処罰せず予備のみ処罰する規定(刑113・153・201・228の3・237)において、2人以上の者により謀議があっただけでは、これを予備罪として処罰することはできない。　　[臼木 豊]

飲料水に関する罪　浄水汚染罪、水道汚染罪、浄水毒物等混入罪、以上の致死傷罪、水道毒物混入罪、同致死罪、水道損壊・閉塞罪(刑142〜147)の総称。不特定多数人が飲用に供する飲料水を害して、公衆の生命・身体に危険を生じさせる*公共危険罪*である。したがって特定少数人しか飲用しない飲料水は、客体とならない。未遂規定はない。水道損壊・閉塞罪は、水道設備自体への攻撃により、浄水の供給を不能または著しく困難にする行為を捕捉するが、その他の罪は、水の性質を変更する行為を内容とする。客体を「人の飲用に供する『浄水』(人が飲用しうる程度の清潔な水)」と「水道により公衆に供給する飲料の浄水又はその水源」とに分け、被害を受けるおそれのある人の範囲がより広くなる可能性のある、後者に対する場合をより重く罰する。また、「汚染」の場合よりも危険が直接的な「毒物その他、人の健康を害すべき物」の混入につき、より重い刑を定める。「汚染」は、飲用できない程度に水質を変更することであり、心理的に飲用できなくする場合を含むとされる(最判昭36・9・8刑集15・8・1309)。水道毒物混入罪の刑は傷害罪よりも重いことから、傷害結果を生じた場合をも含むとされる。更に傷害故意がある場合も含むかについては反対論もある。また、同致死罪については、法定刑が「死刑、または無期もしくは5年以上の懲役」と殺人罪よりも重いので、殺意がある場合をも含むとする見解が有力である。[葛原力三]

う

ウェーバーの概括的故意　故意に関して、ウェーバー Hellmuth von Weber (独・1893-1970)は、行為者が第1の行為で結果を発生させたと思い、それを前提に第2の行為を行ったが、実際には第2の行為で結果が発生したような場合に、第1行為と第2行為を分断し、第1行為の未遂罪と第2行為の過失罪の併合罪であるとするのは形式的であると批判し、1個の故意既遂罪を基礎づける故意を認めるべきだとした。このような故意概念を、ウェーバーの概括的故意という。日本の判例でも、頸を絞めて殺害したと思って、砂浜に運んで放置したところ、単に気絶していただけの被害者が砂を吸引することにより窒息して死亡した場合に、故意の既遂犯の成立を認めたものがある(大判大12・4・30刑集2・378)。通常の*概括的故意*は、雑踏の中に爆弾を投げ込んだ場合の殺人の故意のように、複数の対象のうちのいくつかについて、結果が発生することは認識していたが、そのどれであるかは特定していなかったような場合をいう。これに対して、ウェーバーの概括的故意は、上記どの例でいえば、殺害の対象者は確定しているという意味で異なることになるが、絞殺か窒息死かという結果が確定していないという意味では、結果の認識として不確定なのであり、広義の概括的故意に包摂されうる。

このウェーバーの概括的故意を*因果関係の錯誤*の問題と同視する見解もあるが、因果関係の錯誤とは、本来は構成要件的行為と構成要件的結果については確定的な認識があり、その点では客観的事実との間に齟齬がないが、その行為と結果の因果連関においては客観的に発生した事実と主観的認識の間に齟齬がある場合をいう。たとえば、ナイフで心臓を斬りつけ、失血死させるつもりであったところ、ショックによる心停止により相手が死亡した場合などである。もっとも、構成要件的結果を抽象化すれば、た

とえば，橋の欄干から溺死させるつもりで突き落としたところ，実際には橋桁に頭を強打して死亡した場合にも，結果の同一性から，因果関係の錯誤の問題とすることは可能であり，それが可能であれば，さらに時間的間隔の存在するウェーバーの概括的故意についても因果関係の錯誤の問題に集約することも不可能ではなかろう．しかしながら，かりにそのような概念操作が可能だとしても，本来確定的認識を原則とするはずの故意について，因果関係の重要部分の認識があれば足り，それからの軽微な逸脱は故意を阻却しないとする因果関係の錯誤に関する通説の立場そのものが再検討されなければならないであろう．

むしろ一般的には，ウェーバーの概括的故意を*事前の故意'の一環であるとみるものが多い．すなわち，第2の行為の結果に対する故意を，「事前」の第1行為の故意で代替できるか，という問題だとするならば，ウェーバーの概括的故意は，事前の故意の一事例にすぎないことになる．しかし，ウェーバーの概括的故意では，第2行為に対応する故意，たとえば窒息死させるという故意は，事前にも，そもそも存在せず，第1行為の絞殺に対応する故意が存在するだけであるから，ウェーバーの概括的故意と事前の故意とは異なるものであるというのが正確であろう． ［齋野彦弥］

ヴェルツェル Hans Welzel（独・1904-77） ドイツの刑法・法哲学者．ゲッティンゲン大学，後にボン大学の教授．それまでは，存在と当為を峻別する新カント派の法哲学を基礎とする*ラートブルフ'，*メツガー'，*シュミット'らの刑法学が支配的であったが，彼は，存在自体は価値に満ちたものであり概念もそれに拘束されるという存在論の立場から，刑法上の行為は人間の目的活動の遂行であるという*目的的行為論'を主張し，意思にもとづいた身体の動静とする通説的な行為論は人間の行為を因果過程のひとつにすぎないとする*因果的行為論'であると批判した．また，目的設定過程を重視することから，不法とは人間の営みであるとする*人的不法'論，法益の侵害・危殆という*結果無価値'より，行為態様の不当性という*行為無価値'が重要であるとする．故意・過失は責任ではなく不法要素として構成要件に属するというのも，このような不法論のひとつの帰結である．彼はさらに*違法性の意識'，その可能性は，*故意説'の説くように故意の要素ではなく，その可能性の不存在は，適法行為の*期待可能性'の不存在と同様に，意思決定過程の非難可能性を排除し責任を阻却するという*責任説'，を主張するが，*違法阻却事由の錯誤'は違法性の錯誤とともに*禁止の錯誤'であり，単純に故意を阻却しないとした．これは*厳格責任説'と呼ばれる．

目的的行為論は必ずしも一般的な支持を得たわけではなく，人的不法論，行為無価値論には反対が強いが，ヴェルツェルは疑いもなくドイツ刑法学における20世紀最大のドグマティカーの1人であり，その学説はドイツばかりでなく，ヨーロッパ・ドイツ語圏諸国と日本，韓国の刑法学に大きな影響を与えた．彼の研究室に学んだ刑法学者も多い．現在の刑法学の用語，キーワードにはヴェルツェルに由来するものも多い．福田平＝大塚仁訳『目的的行為論序説』（有斐閣，1965）によって，彼の学説の要点を知ることができる． ［町野 朔］

浮貸し 浮貸とは，金融機関の役職員が，金融機関の業務としてではなく，その地位を利用し自己または第三者の利益を図るため，金銭を貸付けることをいう．たとえば，銀行の役職員が，正規の貸付けの手続はもちろん，元帳にも記載しないで，自分の責任で手元にある銀行の資金，あるいは有利な利殖を希望する顧客から個人的に運用を委ねられた資金などを貸し付ける行為である．

戦後の経済復興期に民間の資金需要が激増したが，国の経済建て直しのため不要不急の事業に対しては金融が引締められていたため，金融機関の役職者に頼みこみ，法定の利息以上の有利な条件で資金を借りるといった行為が横行した．しかし，いったん不況に見舞われると，これらの浮貸し資金はいっせいに焦げつき，金融機関はもちろん，その正当な顧客の利益をも危険に陥れることとなった．

そこで，1949（昭24）年には「貸金業等の取締に関する法律」が制定されてこの種の浮貸しが禁止され，同法の廃止後は，いわゆる出資法，すなわち*出資の受入れ，預り金及び金利等の取

締りに関する法律'(出資法)に同趣旨の規定が置かれた．同法3条は，金融機関の役職員が，その地位を利用し，自己または当該金融機関以外の第三者の利益を図るため，「金銭の貸付け」，「金銭の貸借(融資)の媒介」，または「債務の保証」をすることを禁止しており，同法8条1項は，その違反に対して刑罰を科している(浮貸し等の罪)．金融機関の役職員が，その地位を利用してサイドビジネスを行うことは，当該金融機関の信用を失墜させ，ひいては預貯金者一般に不慮の損害を与える恐れがあるからである．浮貸し等の罪が成立するためには，行為者が金融機関の役職員としての「地位を利用して」，すなわち，金融機関の役職員なるがゆえに特に便宜かつ有利な立場を利用し，当該金融機関の業務の遂行としてではなく，自己の行為として自己の計算において貸付け等の行為を行う必要がある．

また，本罪が成立するためには，利息や手数料などの利益を自ら得，または当該金融機関以外の第三者に得させることを行為の動機・目的とすること(図利目的)が必要である．これらの目的と当該金融機関の利益を図る目的とが併存しているときは，両目的の主従により図利目的の有無が決まるとされている．なお，浮貸し等の行為が，刑法上の(業務上)*横領罪'や*背任罪'に当る場合は，同法上の罪の適用は排除される(出資取締8Ⅱ)． 　　　　［大塚裕史］

疑わしきは被告人の利益に　　(羅) in dubio pro reo　　刑事被告人は，起訴状記載の具体的犯罪事実について自己が犯人だという検察官の主張の真偽(理由の存否)が不明である場合，事実認定が自己の利益に行われ，無罪判決を受けて，市民としての尊厳が回復されるよう要求する法的地位と権利をもつ．このことを，証拠法上は「疑わしきは被告人の利益に」と表現する．

検察官は被告人に対し公訴を提起し，応訴を強制するためには，応訴強制の理由を明らかにしなければならない．すなわち，犯罪構成要件に該当する具体的な事実(主要要証事実)を主張し，その事実を証明する具体的な証拠を提出しなければならない(本証)．検察官が主張する事実を否定するために，被告人側も証拠を提出する(反証)．

検察官，被告人側がそれぞれ立証活動を尽くした後に，なお検察官の主張について「真偽不明」である場合が生ずる．かつてヨーロッパでは，真偽不明の場合，「有罪の嫌疑がなお濃厚である」という理由から刑罰を科すものとしたり(*嫌疑刑)，暫定的に手続を中止し有罪の新証拠発見を待つものとすることが行われた(仮釈放)．しかし，嫌疑刑に対しては，疑いがあるというだけで刑罰を科すものであり不合理といわざるをえず，仮釈放に対しては，被告人の法的地位を不安定にして，応訴を強制した市民に不当な犠牲を強いるものと批判された．このような不合理・不当を許さないために，真偽不明の場合，すなわち，検察官の主張に「理由がある」という認定も「理由がない」という認定もいずれもできないという場合，裁判所は検察官に不利益な事実認定を行うべきものとされた．すなわち，検察官の主張には理由がない，という判断を裁判所は下さねばならない．

検察官から見た場合，その主張に理由があるかないか不明の場合は，不利益な認定を受けなければならない．被告人に応訴を強制したことに対する反射ないし見返りとして検察官が負担すべき立証上の「不利益」ないし「責任」(客観的*挙証責任'ないし実質的挙証責任)だ，ということができる．応訴を強制される被告人の側から見た場合，検察官の立証が不十分でその主張に理由があるかないか不明の場合，自己の利益に事実認定が行われ，無罪判決が下されて，個人の尊厳回復を要求する法的地位と権利をもつことになる．このことを「疑わしきは被告人の利益に」というのである．無罪判決が下されるべきであるため，「疑わしきは罰せず」とも表現される．→無実の推定　　　　［高田昭正］

内ゲバ事件　　中核派に属する被告人は，かねてから対立抗争関係にあった革マル派の者が襲撃してくることを予期してバリケードなどを築いていたところ，革マル派の数名が押しかけて来たため，鉄パイプを投げたり，鉄棒を突き返すなどしたため，*暴力行為等処罰ニ関スル法律'1条の罪で起訴された．

最決昭52・7・21刑集31・4・747は，「本[刑法36]条が侵害の急迫性を要件としている趣旨

から考えて、単に予期された侵害を避けなかったというにとどまらず、その機会を利用し積極的に相手に対して加害行為をする意思で侵害に臨んだときは、もはや侵害の急迫性の要件を充たさない」と判示し、被告人らの行為に正当防衛の成立を否定した．

この最高裁判例は、「喧嘩と正当防衛」(*自招侵害')の問題に関する判例の理論の現在までの到達点と見ることができるものである．学説にも、このような最高裁の立場を支持する有力な見解もあるが、多くの学説は批判的である．その理由は、本来物理的・客観的に判断されるべきである侵害の「急迫性」の有無を、侵害の予期と積極的加害の意思という行為者の主観的事情により判断することは妥当ではないからである．→喧嘩両成敗　　　　　　　　[山本輝之]

え

営業犯　(独) Gewerbsmäßigkeits-verbrechen

財産上の利益を得る目的(営利目的)で一定の行為を反復・継続することを予定している犯罪をいう．この場合，1個の構成要件に該当する複数の行為が行われても，これらは包括されて1個の犯罪となる．営業犯は，行為が業として反復・継続して行われる業態犯の一種であり，*集合犯' に属する．*包括一罪'のひとつと解されているが，*単純一罪'とする説もある．営業犯の例としては，各種の行政法規に定める無免許・無許可営業の禁止違反(医師17，弁護72など)の罪や管理売春罪(売春12)などがあり，たとえば，医師の資格のない者が営利の目的をもって多数の患者に医療行為を行っても，1個の無免許医業の包括一罪が成立するにすぎない．なお，同じく業態犯である職業犯は，財産上の利益を得る目的を有しない点で営業犯と区別される．その例として，わいせつ物頒布罪(刑175)がある．　　　　　　　　　　[只木 誠]

営業秘密　(英) trade secrets　(独) Geschäftsgeheimnis　たとえば，商品の展示や広告方法の秘訣のような、いわゆる*ノウハウ'などを含む広範な概念であって，トレード・シークレットとも呼ばれる．特許権や意匠権などの法的に認められた無体財産権とは異なり，必ずしも、その内容が独立した財産的価値を有しない場合もある．これに対して、いわゆる企業秘密は、多額の研究開発費を投じて得られた製造上の秘密であって、企業における重要な営業上の資産を形成するものであり、かりにその内容が競争会社に知られたならば、競業上著しい不利益を受けるようなものをいう．営業秘密の概念(広義)も、当初は、もっぱら物品の製造に関する技術的な秘密を想定していたが、その後、次第に、顧客情報やデータベースなどの価値が重視されるに従って、営業上の秘密という考え方が一般に用いられるようになった．なるほど、物品の製造に関する秘訣は、本来、特許法などによって保護されるべきであるが、同法では、高度な創造性や新規性が前提となっている．しかも、内容の公開が条件とされる一方、国際法上の効力には限界があるため、営業秘密の保護に適さない場合も少なくない．そこで、企業秘密として秘匿する方法が採られるわけであるが、その際、営業秘密が有体物に化体された場合には、その移転に着目して、各種の財産犯諸規定(刑235・252など)を適用することも可能であろう．過去の判例では、窃盗罪または横領罪に問擬したものや、権限の「濫用」にあたるとして、背任罪(刑247)の成立を肯定したものがある．とくにデータベースを顧客外に販売した場合については、もっぱら社内で保管する秘密情報と異なり、第三者に貸与・譲渡を予定した「財産的情報」であることに着目して、犯人が当該客体を管理・使用する権限があったと判示した．しかし、何らかの媒体に固定されない無形的な「情報」は、たとえ、それ自体がどれほど多大の経済的価値を有するノウハウであっても、有体物の奪取を想定して設けられた現行刑法典では、充分に対処できないのも事実である．そこで、1974(昭49)年の改正刑法草案では、製造上の秘密を侵害する*産業スパイ'を取り締まるべく、企業秘密漏示罪(318)の規定を設けたが、その後立法化が困難になったため、

今日では、*不正競争防止法'によって、損害賠償や差止請求を含む民事法上の保護が認められるに至った(不正競争2Ⅳ～涉1以下). これに対して、アメリカ合衆国では、統一トレード・シークレット法(U.T.S.A.)を制定して、早くから法的保護が図られてきた. 具体的には、「成分表、様式、編集物、手順表、考案、方法、手法又は処理を含む情報であって、①その開示ないし使用により経済的価値を取得しうる第三者に対して、一般に知られておらず、かつ、②合法的手段によっては容易に探知しえないという意味で、現実的ないし潜在的価値を有しており、かつ、当該状況下で秘密保持のための合理的努力の対象となるもの」を、漏洩しもしくは不正に利用した場合には、当該行為の差止または損害賠償の請求が可能となる(U.T.S.A 1(4)). また、ドイツ連邦共和国では、不正競争防止法(UWG)に処罰規定が設けられており、被用者が、競業の目的または雇用主に害を加える目的で、秘密を漏洩する行為を処罰している(UWG 17 Ⅰ). 他方、わが国では、これまで営業秘密を保護するための罰則がなかったが、たとえば、通信回線を経由して秘密情報に直接にアクセスする方法で、これを不法に探知する場合には、1999(平11)年に制定された「不正アクセス行為の禁止等に関する法律」によって、新たに処罰できるようになった. したがって、コンピュータ・データの形で保管された秘密情報については、データの盗取を予防する法制度が整備されたものの、それ以外の営業秘密に対しては、十分な保護が図られないままである. その意味で、営業秘密それ自体の刑法的保護の問題は、依然として、今後の立法的解決に委ねられている. 〔佐久間修〕

嬰児殺 (独) Kindestötung 分娩時または分娩中に母親が嬰児を殺害すること. ドイツ刑法217条は殺人罪の減軽類型として、「出産中に、または出産の直後に自己の婚姻外の子を故意に殺害した母親」を処罰する嬰児殺の規定を設けていた. この規定は1998年に削除され、以後、嬰児殺は通常の殺人罪(213条)で処罰されることになった. オーストリア刑法、スイス刑法は今日でもこのような嬰児殺の処罰規定を設けている. これらの国では、出産開始後の胎児は人として保護されることになる. イギリスでも嬰児殺は別個の類型とされ、殺人ではあるが刑が減軽される. わが国の刑法はこのような規定を持たず、出産中の殺害については堕胎罪、出産後の殺害については一般の*殺人罪'が適用されることになるが、どの時点を*人の始期'と見るかで、結論に違いを生ずる.
〔秋葉悦子〕

営利の目的 自ら財産上の利益を得ること、または、第三者に財産上の利益を得させることを内容とする目的のこと. 営業の利益であることを要としなく、継続的・反復的な利益である必要もなく、一時的な利益でもよい. *営利目的等拐取罪'(刑225)のように、営利目的の存在が犯罪の成立要件になっているような場合と、*覚せい剤取締法'のように、営利目的の存在によって刑罰が加重される場合がある. →薬物犯罪 〔鈴木左斗志〕

営利目的等拐取罪 営利・わいせつ・結婚目的による略取・誘拐を処罰する罪(刑225). これらの目的のうち、営利目的は、被拐取者の自由の侵害を手段として財産的利益を得る目的であることを要する. もっとも、判例は、被拐取者を使役して利益を得る目的の場合だけではなく、第三者から拐取行為の報酬を得る目的の場合も含まれるとしている(最決昭37・11・21)(なお、身代金を目的とする場合には、*身の代金目的拐取罪'〔225の2〕が成立する). わいせつ目的は、被拐取者をわいせつ行為の客体または主体とする目的をいう. 結婚目的は、被拐取者を自己または第三者と結婚(事実上の結婚で可)させる目的の場合である. →営利の目的, 略取誘拐罪 〔鈴木左斗志〕

疫学的因果関係 事実的惹起関係としての*因果関係'(すなわち*条件関係')の存在を認定するためには、物理学、医学その他の諸科学において確立された法則知識を用いるのが本来であるが、そのような法則知識が存在しない場合に、疫学的方法によって獲得された法則知識によって、その認定を行おうとする場合がある. そのような形で認定される因果関係を疫学的因果関係といい、そのような証明方法を疫学的証明という.

疫学的因果関係・証明はとくに公害・薬害事

件において,物質の健康被害への原因性について問題となった.民事公害裁判では広く採用されているが,刑事法においても,他の証拠と合わせて合理的疑いを超える証明に至る認定手段のひとつとして用いることは,判例も認めている(千葉大チフス菌事件決定.最決昭57・5・25判時1046・15).また,*人の健康に係る公害犯罪の処罰に関する法律'5条が,一定の場合に排出物質と生命・身体の危険との間の因果関係の推定をする旨を定めているのは,疫学的証明に類似する考え方に立つものである.

疫学とは,疾病の原因が未知である場合に,原因であると疑われる因子を排除することによって疾病の発生・伝染を防ぐことを目的とする,病因推定のための学問である.そこでは疾病の発生が大量的・統計的に観察され,①因子が発病前に作用すること,②因子作用の程度と疾病罹患率の間の相関性,③因子の分布・消長と疾病流行の特性の間の無矛盾性,④因子の作用メカニズムの生物学的説明可能性などにより,因子の疾病に対する原因性が推定される.

[林 陽一]

エスコビード・ルール (英) The Escobedo rule アメリカ連邦憲法修正6条の保障する弁護人の援助を受ける権利を侵害して得られた自白を証拠から排除する法則.連邦最高裁判所が,エスコビード事件判決(*Escobedo v. Illinois*, 378 U.S. 478 (1964))で採用した.同判決は,修正6条違反を理由に被疑者の自白の証拠能力を否定した点で,同条の弁護人の援助を受ける権利は対審的司法手続が開始されて初めて保障されるという従来の判例理論から逸脱するようにみられた.同判決は,弁護人から修正5条の*自己負罪拒否特権'を告知される権利にも言及していたが,その後の判例によれば,本ルールの主たる目的は,弁護人の援助を受ける権利自体を保障することではなく,*ミランダ・ルール'同様,自己負罪拒否特権の保障を確実にすることにあったのであり,同ルールが適用されるのは,当該事件の事実関係(①捜査が特定の被疑者に焦点を絞り始め,②その被疑者が警察に身柄を拘束され,③負罪供述を引き出すための取調べが開始され,④被疑者が弁護人と相談する機会を要求し,これが拒否され,か

つ⑤警察が*黙秘権'を実効的な形で告知していない場合)に限られる(*Kirby v. Illinois*, 406 U.S. 682 (1972)).→接見交通

[洲見光男]

越権行為説 *横領罪'ないし横領行為を,財物の占有に関して委託者と受託者との間に成立した委託信任関係の受託者による破棄と解し,委託に基づいて占有している他人の財物または公務所から保管を命じられた自己の財物に対し,その権限を越えて行う処分行為を横領とする見解.不法領得の意思の発現として,自己の占有する他人の財物または公務所から保管を命じられた自己の財物を不法に領得することと解する*領得行為説'と対立する.両説は,委託の趣旨に反した委託物の一時使用(使用横領)や毀棄・隠匿等に関して,結論を異にし得る.越権行為説では,*不法領得の意思'の発現というようなことは不要であるから,これらの場合も横領罪が成立するが,領得行為説では,不法領得の意思の発現が認められる場合に限り,横領罪が成立する.判例は,不法領得の意思必要説を採り,越権的な占有物の処分も委託者本人のためにする意思である場合は横領罪は成立しないとする反面,横領罪にいう不法領得の意思を所有者として振舞う意思と解して,占有物の毀棄・隠匿を横領に当たるとしている.

[伊東研祐]

エルマイラ制 (英) Elmira Reformatory System 1870年10月に,オハイオ州,シンシナティで,ワインズ Enoch C. Wines (1806-1879)の組織にかかる「全国悔罪監,矯正監紀律会議」が開かれ,「刑務所紀律の至高の目的は犯罪者の改善であって,報復的苦痛を科することではない」との「原理宣言」が採択され,ここにアメリカ行刑の新しい時代が始まった.1876年に,以後数十年の間に開設されることになる18の矯正監のうちの最初の矯正監(reformatory)が,ニューヨーク州,エルマイラに開設され,ここに「原理宣言」は結実した.エルマイラ矯正監には,16歳から30歳までの初犯者が収容される予定であった.これらの者は,少年院(training school)に収容されている年少少年ほど純真ではないが,若年成人とはいえない常習犯よりは矯正受容性があると考えられたからである.ただ,実際には,累犯者の収容

が多かった．エルマイラ矯正監は，少年矯正を始めとして，諸々の野心的実験を試みたが，そのひとつに3階級からなる累進処遇がある．これは，新入者は2級に編入し，一定の賞点数を得たものは1級に進ませる一方，行状不良の者は3級に下げ，一緒に進級して賞点を得れば仮釈放を許すというもので，エルマイラ制と呼ばれる．→不定期刑，累進処遇，パロール

[吉田敏雄]

冤　罪（えんざい）　具体的犯罪事実に関して，本来理由のない非難を受け，犯人視されること．具体的犯罪事実について本来あるべき処理から外れ，不当に犯人として扱われることだともいえる．「無実の罪」「濡れ衣」とも呼ばれる．ちなみに「冤」は，不当にまげる意．

刑事訴訟法は，事実認定について一見相反する2つのスタンスをとる．誤った有罪判決に対する「絶対的な不寛容」と，誤りを恐れない大胆な無罪判決に対する「相対的な寛容」を共存させるのである．しかし，そこには刑罰権ないし刑事手続による被疑者・被告人の権利侵害を可能な限り回避しようという一貫した考え方がある．その意味で，両者の矛盾はいわば高い次元で止揚される．

このように刑事訴訟においては，誤った有罪判決はこれを絶対に許さないという「冤罪に対する不寛容」がひとつの基本的理念となっている．この理念は，冤罪者の救済を目的とし，有罪方向の*誤判'だけを片面的に正す戦後の*再審'制度にも具体化された．

冤罪に対する不寛容は，実体的真実主義の現れではない．実体的真実主義とは，実体的真実の発見を至上命題ないし絶対的課題とする考え方であり，実体的真実の発見を阻害するような手続的保障をないがしろにし，実体的真実を追求するためには被疑者・被告人の法的地位や権利を侵害することがあってもよい，と考えるものであった．この実体的真実主義を現代の刑事訴訟法は否定する．しかし，冤罪を負わせることについては，市民の基本的権利を侵害する国家の重大な違法行為であり，これを絶対に許さないというのも現代の刑事訴訟法なのであった．→無罪

[高田昭正]

延焼罪　自己の所有する非現住建造物または建造物以外の物に放火して具体的な公共の危険を生じさせ，その結果として，現住建造物または他人の所有する非現住建造物もしくは建造物以外の物に延焼させる罪である(刑111)．延焼罪は，自己所有物件に対する*放火罪'の*結果的加重犯'である．他人所有の非現住建造物に放火した場合を含まないのは，110条1項の法定刑の方が重いためである．延焼の結果について認識があれば，その客体について放火罪が成立するので，その認識がないことを要する．「延焼」とは，行為者が予期しなかった物に燃え移って，これを焼損することである．例えば，自己所有の自動車に火を放ち燃焼させた結果として公共の危険を生じさせ，行為者が予期しない他の住居等の物に延焼させると本罪が成立する．

自己所有物件でも，差押えを受け，物権を負担し，または賃貸し，もしくは保険に付した物は他人の所有物として取り扱われるが(115)，これに延焼した場合にも延焼罪が適用されるかにつき，111条に明文規定がなく，115条は故意に焼損した場合のみ適用される規定であると解する否定説と，消極に解する理由はないとする肯定説とが対立している．

[奥村正雄]

お

押　収　押収とは占有を取得する強制処分である．捜査段階での*差押え'(刑訴222Ⅰ・99Ⅰ)と*領置'(221)，公判段階での差押え(99Ⅰ)，領置(101)と*提出命令'(99Ⅱ)の2種類がある．これらのうち，差押えでは物理的強制力を用いて占有が取得されるが，領置では，その目的物は遺留物，任意提出物であって，その占有取得の段階では物理的強制力は用いられない．また提出命令は，差し押さえるべき物を指定して，所有者などに裁判所への提出を命ずる裁判である．弁護人側から，検察官手持証拠の証拠開示を要求する手段として，裁判所に申し立てられることもある．必要があるときは被疑者，被告人または弁護人も，第1回公判期日前に限

り，証拠保全請求をして裁判官により押収の処分をしてもらうことができる(179)．

押収は強制処分のひとつであるから，強制処分法定主義の原則のもと，刑事訴訟法に特別の定めがなければならないとともに(197Ⅰ但)，その処分は，令状主義の要請により，正当な理由に基づいて裁判官が発した，押収する物を明示する令状によって行わなければならない(憲35)．裁判所が自ら差押えをする場合でも，公判廷外で行う場合は差押状によってこれをしなければならない．ただし，逮捕の現場で差押えが行われるときは令状を要しないものとされている(220)．令状がなく，逮捕の現場での差押えでもない場合は，準抗告(430)さらには違法収集証拠排除法則の問題となる．

捜査段階の押収のうち，差押えは，通常は捜索差押許可状により場所の捜索と連結して行われる(218)．すなわち，司法警察員または検察官が，捜索する場所と差し押さえる物を明示する令状を裁判官に請求し，裁判官が発付した令状により，捜索と差押えを行い，差し押えた物を保管する．差押状または捜索状の執行をする場合には，錠をはずし，封を開くなど必要な処分をすることができる(111・222Ⅰ)．

差押えの対象物は，郵便物などの押収の特則(100・222Ⅰ)は別として，証拠物または没収すべき物である．ただし，公務員または公務員であった者が保管する職務上の秘密に関わる物(103・222Ⅰ)，医師，弁護士，宗教の職にある者またはあった者が業務上保管する他人の秘密に関する物については(105・222Ⅰ)，*押収拒絶権'が認められている．

捜索差押許可状の執行に際しては，その処分を受ける者に令状を示すとともに(110・222Ⅰ)，責任者の立会いを認め(114・222Ⅰ)，押収物の目録を交付しなければならない(120・222Ⅰ)．被疑者の立会権は刑事訴訟法上定められていない．捜索差押許可状の発付，押収の処分に不服がある者は，裁判所へのまたは準抗告(429,430)によって，その取消または変更を請求することができる．

捜査段階で差し押さえられ，または領置された物は，公判で証拠調べされた後，裁判所により領置され，終局裁判により没収されるか，没収の言渡しがないときは，押収を解く言渡しがあったものとして返還される．捜査段階で差し押さえられ，または領置された物のうち，公判で証拠調べされず，裁判所による領置が行われぬまま検察官のもとで保管されていた物についても同様である．

押収された物で留置の必要がない物は，被告事件の終結をまたないで，押収の処分を受けた者(123Ⅰ)，または贓物については被害者に(124)，*還付'される．押収物の所有者などは，還付がなされないときは仮還付を請求できる(123Ⅱ)． ［久岡康成］

押収拒絶権 公務員または公務員であった者が保管し所持する物で，本人または当該公務所が公務上の秘密に関することを申し立てた物は，監督官庁の承諾がなければ*押収'できない．ただし監督官庁は，国の重大な利益を害する場合でなければ承諾を拒めない(刑訴103)．また医師，弁護士，宗教等の職にある者またはあった者は，業務上委託を受けたため保管・所持する物で他人の秘密に関するものについては押収を拒絶できる(105)．この押収拒絶権の規定は，検察官，検察事務官，司法警察職員による押収に対しても準用される(222Ⅰ)．

押収については，自己や近親が不利益になる場合の証言拒絶権(146・147)に対応するものはなく，上記のように公務・業務上の拒絶権のみが認められる．なお，刑事訴訟法103・105条が列挙する者のほかに，報道関係者についても取材活動を保障するため，証言拒絶権の場合と同様に，押収拒絶権が認められるべきという意見がある．

なお，押収拒絶をすべきか否かは，刑事訴訟法の問題でなく，秘密保持の責務についての，各公務・業務上の問題である． ［久岡康成］

応報刑 (独) Vergeltungsstrafe
犯罪を行ったがゆえに，それに対する報いとして科される刑罰を応報刑という．通常は，犯罪に相応の刑，あるいは「目には目を，歯には歯を」という同害報復の原理を含んだものとして理解されている．応報刑論は，刑罰の正当化根拠として，犯人は犯罪を行ったがゆえに*刑罰'という害悪を科すことが正当化されると考えるものである．

1 絶対的応報刑論 犯人は犯罪を行ったことを理由として刑罰を科されるのであって,刑罰には何らの目的はないとする考え方である.*カント'は,市民社会がその合意によって解散する場合でも,獄中の殺人犯はその前に死刑に処せられなくてはならないとした.その社会が将来は存続しないのであれば,人々を殺人犯の処置によって威嚇して犯罪予防を図る*一般予防'や,殺人を犯した行為者自体の将来の犯罪を予防する*特別予防'からも,処罰は意味がなくなるはずである.しかし,カントは,人の処罰を他の人の犯罪予防のために行うことは,人を手段として扱うことであるとして,これを拒否した.あるいは,個人をもののように扱い,道徳的な生活を強いることはできないとしたのである.*ヘーゲル'も,犯罪と,侵害態様において同じでなくても,価値的に等価なものを科すべきとして応報刑を主張した.犯罪は法の否定であり,刑罰は否定の否定であるとして,侵害された法と正義の回復のみに刑罰の意義を認めたのである.

2 相対的応報刑論 刑罰に応報の側面があることは確かであるが,それのみで刑罰を正当化することはできず,応報によって何らかの合理的目的を追求する場合にのみ,刑罰は正当化されるという考え方をいう.わが国では*小野清一郎'が,応報としての刑罰は国民の応報感情の満足,国家の倫理秩序の維持・形成という文化的目的を持つとした.しかし,これらは刑罰の付随効果にすぎず,これを目的とするといっても絶対的応報論と変わりがない.これに対して,平野龍一(1920-)によって,抑止刑論が主張されている.これは,応報のための刑罰を加えることは国家の任務ではなく,刑罰という害悪を個人に加えるのは,それによって犯罪の防止という効果がある場合に限られるとするものである.絶対的応報刑論は,犯罪行為に対して刑罰で応報することは正義であり,したがって,必罰主義に傾く.これに対して,抑止刑論では刑罰は必要悪であるから,他の方法,たとえば職業的地位の失墜などの社会統制手段や刑事手続やその報道などを考慮して,もし他の方法によっても犯罪防止が可能であるなら,できるだけ刑罰の使用を控えようとするのである.

なお,応報刑の範囲内で特別予防,すなわち,行為者の再社会化を目指す考え方も相対的応報刑論のひとつとして説明し得る.→目的刑

[林美月子]

オウム事件 麻原彰晃こと松本智津夫を教祖・代表とする新興宗教集団「オウム真理教」が組織的に起こしたとされる数多くの事件の総称.主な刑事事件としては,1994年6月長野県松本市の住宅街で猛毒ガス「サリン」が噴霧され7名の死者と約600名の重軽症者を出した松本サリン事件,1995年3月朝のラッシュ時間帯に地下鉄日比谷,千代田,丸ノ内の3路線の5本の電車内でサリンが発散され,通勤客,駅員などに11名の死者,約5500名の重軽症者を出した地下鉄サリン事件,オウム真理教被害者の会結成の推進役となった弁護士が妻子と共に殺害された坂本弁護士一家殺害事件がある.その他にも,教団に対する捜査の発端となった目黒公証役場事務長監禁殺害事件,VXガス殺人事件,信徒に対するリンチ殺人事件,東京都庁小包爆弾事件等数多くの事件について,実行犯として複数名の信徒と,共謀共同正犯者として教祖が起訴された.また,警察庁長官襲撃事件についても教団の関与が問題となった.

教祖が,起訴された17件中16件について無罪を主張したため,他の信徒の刑事裁判でも主に問題となったのは,教祖の指示・関与の有無あるいは殺意の有無といった事実問題であった.サリン生成プラントを建設してサリンの生成を企てた事案について殺人予備罪の成否が争われた事件では,実行への関与を予定しない者についての予備罪の成否(他人予備・予備の共犯),承継的共同正犯の可否,組織的・計画的かつ大規模な殺人予備行為の一部のみに関与した者の予備行為全体についての責任の有無,といった理論的な諸点も争点となった(東京地判平8・3・22判時1568・35,いずれの点も積極).

政府は,1996年に*破壊活動防止法'の団体解散指定処分(破防7)を公安審査委員会に請求したが,1997年3月,棄却された.しかし,この一連の事件は,これを契機に早くも1995年には*サリン等による人身被害の防止に関する法律'が,1999年には,*組織犯罪対策法'が制定されるなど,刑事立法政策を大きく動かすこと

になった．

また，少なからざる数の事件についての別件逮捕や，本来の逮捕勾留が許されない軽微事件を理由とする逮捕勾留が捜査の端緒として用いられたこと，あるいは松本サリン事件の第一通報者が「犯人扱い」で実名報道されたことなど，周辺にも問題の波紋を広げた．→組織の犯罪，宗教と犯罪　　　　　　　　　　　[葛原力三]

往来危険罪　**1 趣旨と犯罪成立要件**　鉄道もしくはその標識を損壊し，あるいは灯台もしくは浮標を損壊し，またはその他の方法によって汽車・電車・艦船の往来の危険を生じさせる罪(刑125 I・II)．法定刑は，2年以上の有期懲役．交通機関の不特定多数の利用者の生命・身体・財産に対する危険行為を処罰する，*公共危険罪'のひとつ．公共性を有する大規模・高速度交通機関の施設，設備等に対する攻撃によってその運行に危険を生じさせる行為を，単に通行妨害に留まる*往来妨害罪'(2年以下の懲役，20万円以下の罰金)よりも重く処罰する規定である．「汽車」にはディーゼルカー，ガソリンカーを，「電車」にはモノレール，ケーブルカーを含むとされている．鉄道の損壊等は例示であって，危険を生じるに足る行為であれば方法を問わない．「その他の方法により」という文言には無人電車の暴走(*三鷹事件')，正規の運行計画に従わない電車の運行(*人民電車事件')等も含まれる．「往来の危険」つまり，汽車，電車，艦船の衝突，転覆，沈没等の危険が生じたことが明示的要件とされている具体的危険犯である．危険を生じさせる行為に着手したが実際に具体的危険を生じるに至らなかった場合は本罪の未遂として処罰される(128)．

2 関連規定　結果的加重犯規定として往来危険による汽車転覆等の罪(127)がある．過失犯も処罰される(過失往来危険罪，*業務上過失往来危険罪')(129 I・II)．鉄道・船舶以外の，立法当時想定されていなかったこれらと同等もしくはそれ以上の大規模性と高速性を有する交通システムに関しては特別法が設けられている．航空機に関しては，*航空の危険を生じさせる行為等の処罰に関する法律'に刑法125条以下とほぼ対応する諸規定がある．道路交通法115条は，信号機の不正操作，道路標識・標示の移転，またはそれらの損壊により「道路における交通の危険を生じさせ」る行為を処罰する．また，高速道路については，高速自動車国道法26条以下に類似の諸規定が，また，新幹線については，*新幹線鉄道における列車運行の安全を妨げる行為の処罰に関する特例法'がある．

3 解釈論上の問題点　本罪の結果的加重犯である*往来危険による汽車転覆等の罪'(127)は，往来危険罪を犯し汽車・艦船等を転覆・沈没もしくは破壊した者も「前条の例による」として，刑法126条の参照を指示している．刑法126条の汽車転覆等の罪は，「現に人がいる」汽車・電車，艦船の転覆，沈没，破壊(126 I・II)およびその致死罪(126 III)からなる．往来危険による汽車転覆等の罪(127)には，客体の有人・無人を特定する文言はないから，まず，往来危険行為の結果として無人の電車等を転覆させた場合にも，「前条の例」(「現に人がいる」電車等の転覆等)によることができるのか否かが，次に，無人の電車等を転覆させた結果として周囲にいた人を死亡させた場合に，*汽車等転覆等の罪'の致死罪(126 III)を適用することができるか否かが問題となる．判例は，いずれの点も肯定した(三鷹事件．最判昭30・6・22刑集9・8・1189)．学説においては，往来危険行為の結果として「人の現在する」電車等の転覆等が来たされたことを要するとする見解が優勢である．車外の人に対する致死罪については，車内に人が現在したことを条件として肯定する見解が多く見られるが，全面否定説も有力である．　　[葛原力三]

往来妨害罪　広義では刑法典第11章に規定された諸罪(*往来危険罪'ほか，刑124〜129)の総称であるが，狭義においては，陸路，水路または橋を損壊し，または閉塞して往来の妨害を生じさせる罪(124 I)を指す．往来の妨害とは，通行を困難ならしめることを言う．「往来の危険」(125)が生じただけでは足りない(具体的危険犯)．現実に特定の人が通行を妨げられたことを要しないか否かについては争いがある．陸路，水路または橋の損壊・閉塞を要件としているから，鉄道は含まれず刑法125条他の客体となる．未遂も処罰される(128)．往来妨害の結果として人を死傷させた場合(往来妨害致死傷罪)には，傷害の罪と比較して上限・下限

ともに重い刑により処断する(124 II). ただし, 往来妨害罪を「犯し, よって人を死傷させた」ことを要件とするから, 陸路等の損壊・閉塞行為自体から死傷結果が発生した場合を含まない. その後に成立した通行困難の状態から生じたことを要すと解される. ただし異論もある.

[葛原力三]

横領罪 **1 意義および分類・他罪との関係等** 他人の*占有'に属しない他人の*財物', または, *公務所'より保管を命じられている自己の財物を領得ないし処分する罪の総称. 財物の占有侵害を伴わない点に特質がある. 横領罪ないし横領行為の捉え方には大きな見解の対立があり, 以下の3で説明する. 横領罪の類型として, 現行刑法典上は, 第2編第38章に, 単純横領罪(刑252. 委託物横領罪と呼ばれることがあるが, 講学上の分類名と混同を生じる虞もあり, 近時は単純横領罪と呼ぶのが一般である), 業務上横領罪(253)および占有離脱物横領罪(254. '遺失物等横領罪'と呼ばれることもある)が規定されている. いずれも未遂処罰規定を有しない. 親族相盗例(244)が準用される(255). 講学上は, 委託に基づいて自己の占有に属している財物を客体とする委託物横領罪と, 遺失物等の何人の占有にも属さない財物および偶然の事情からたまたま自己の占有に属することとなった財物を客体とする占有離脱物横領罪とに区別される. 単純横領罪と業務上横領罪とが前者に, 占有離脱物等横領罪が後者に当たる. 単純横領罪と業務上横領罪とは, 行為者が業務者という身分を有するか否かで区別される一般類型と加重類型の関係にある. 単純横領罪がさらに占有離脱物横領罪の加重類型であるという見解もあったが, 現在では, 委託信任関係違背の存否により罪質を異にする別個の類型とする理解が一般である. 他方, 委託信任関係違背という特質を有する委託物横領罪, すなわち, 単純横領罪と業務上横領罪は, *背任罪'(247)と共通性を有する背信罪の類型として位置づけられるようになっている(たとえば, 改正刑法草案350条以下で横領罪と背任罪を同一の章に規定する).

2 横領罪の軽減処罰理由 横領罪の法定刑は, 加重類型である業務上横領罪のそれが窃盗罪や詐欺罪のそれと同じであって, 財産犯として基本的に低いといい得る. これは, 単純横領罪にあっては, 財物の占有が既に自己にあって, いわば気の迷いを生じがちな状況にあるため責任非難が減少し, また, 他人の物の利用妨害という側面が少なく違法性も減少するため等と説明されているが, 自己の占有する他人の物を自己の用途のためについ費消してしまうという費消横領の事例を考えれば, 首肯されるであろう(なお, 判例は, 費消横領の場合, 後日補塡する意思があっても, 委託の趣旨が費消を許さない場合には横領罪の成立を免れないとする). 選択刑に科料まで含む占有離脱物横領罪については, 状況的にさらに一層責任非難が減少するためと説明されている.

3 横領罪の捉え方 横領罪ないし横領行為の捉え方については, *領得行為説'と'*越権行為説'との間で厳しい対立がある. 越権行為説が横領を委託により授与された権限を逸脱した占有物の処分と捉え, 特段の主観的要素・意図を必要としないのに対し, 領得行為説は横領を*不法領得の意思'という特段の主観的要素の発現としての委託物の取得・処分と捉える点に乗り越えがたい相違がある. 現時点では領得行為説が多数説であろう.

なお, 横領罪と背任罪とを背信罪として統一的に理解するという観点からは, 横領罪で越権行為説=権限逸脱説を採る場合には, 背任罪での*権限濫用説'の採用が端的に帰結され得ることに留意すべきであろう. もっとも, 近時には, 横領罪について領得行為説を採りつつ, 同旨を説く見解も増えている. →集金横領, 二重売買, 浮貸し

[伊東研祐]

大浦事件 1914(大3)年, 大隈内閣の内務大臣であった子爵大浦兼武(1850-1918)は, 議会工作のため野党議員を買収したことが発覚して, 贈賄罪で取調べを受けた. これが大浦事件である. 大浦は, 事件が発覚すると, 爵位を返上し, 一切の公職を辞し政界から引退して, 悔悟謹慎の情を示したため, *起訴猶予'処分に付された. この処分をめぐって, 世論は賛否に分かれた. また, 学界においても, 起訴猶予を認めない*起訴法定主義'を主張する見解と起訴猶予を認める*起訴裁量(便宜)主義'を主張する

見解とが対立した．微罪に対する処分から軽微とはいえない事件へと起訴猶予の運用を拡張・強化してきた検察実務は，当時進行中の刑事訴訟法改正作業において起訴裁量主義の明文化が試みられていた重要な時期に，この大浦事件をめぐる試練を巧みに乗り切った．そして，最終的には，旧刑事訴訟法(1922年)279条に，考慮すべき事項として「犯人ノ性格，年齢及境遇並犯罪ノ情状及犯罪後ノ状況」を掲げただけの全面的な起訴裁量主義の規定がおかれることとなった．この意味で，大浦事件は，起訴裁量主義の実務上の拡張・強化と立法化への礎石を築く大きな意義を有していたといえる．　　［吉村　弘］

大須事件　1952(昭27)年7月7日，名古屋市大須球場周辺で生じた騒乱事件をいう．*メーデー事件'，*吹田黙禱事件'とならんで戦後三大騒乱事件と呼ばれる．総計150名の被告人が*騒乱罪'等で起訴され，審理は*統一公判'方式で行われたが，後に一部被告人に対する手続が分離された．統一組および分離組に対する審理はいずれも長期化したが，最高裁は前者につき，控訴審判決まで20年をこえる長期を要したとしても，審理長期化の原因が，事案の複雑困難，証拠の厖大，被告人の多数という事情のほかに，被告人らが執拗な法廷闘争を展開したことにもあると認められ，迅速な裁判の要請に反するものとして免訴の裁判をすべきであるとはとうてい考えられない，とした(最決昭53・9・4刑集32・6・1077)．後者は，第1審での14年の審理中断をいれ控訴審判決まで約22年を要したが，審理中断に伴う審理の遅延は，もっぱら統一組の審理結果をまって合一に確定するのが相当であるとの配慮に基づくものであり，統一組の審理が長期化した主たる理由が本件騒乱事件の性質・内容にあることを考慮すると，遅延はまことにやむをえないというべきであって，迅速な裁判の保障条項に反する異常な事態とはいえない，とされた(最決昭53・9・4刑集32・6・1652)．→平事件，新宿駅騒乱事件
　　　　　　　　　　　　　　　　［上口　裕］

大津事件　1891(明24)年5月11日午後1時50分頃，大津市京町2丁目(現在の住居表示)で，シベリア鉄道起工式に臨席の途次，非公式訪日中のロシア皇太子ニコライ・アレキサンドロヴィッチ(後のニコライ2世)に対し，警護に当たっていた滋賀県巡査津田三蔵が頭部めがけて斬りつけ，負傷させた事件．湖南事件ともいう．

非公式訪問とはいえ，皇太子を国賓の大礼をもって遇していた政府は，この事件により日ロ関係が急激に悪化し，軍事大国ロシアと敵対することを恐れ，また，ロシア公使と青木外務大臣との間で皇太子に危害を加えんとする者を厳罰に処するとの密約もあったことから，犯人を極刑に処することにより対ロシア宥和策としようとした．そこで当時の刑法116条「天皇三后皇太子ニ対シ危害ヲ加ヘ又ハ加エントシタル者ハ死刑ニ処ス」を適用すべきとし，大審院院長*児島惟謙'に対し圧力をかけたが，児島はこれを容れず，大審院特別法廷は，一般謀殺罪未遂に当たるとして，津田を無期徒刑に処した．政府側からの圧力に抵抗し，*司法権の独立'を確保したことで有名な事件．　　［香川喜八朗］

大場茂馬(おおばしげま)　1869-1920　日本における*旧派刑法学'の最初の主唱者．明治末期から大正期にかけて活躍した．中央大学の前身である東京法学院を卒業(1890年)後，代言人，司法官となったが，1905(明38)年秋から約3年間ドイツに留学，学派の争いにおける旧派刑法学の代表者*ビルクマイヤー'に師事し，„Unverbesserliche Verbrecher und ihre Behandlung"(1908)により法学博士の称号を得て帰国した．『刑事政策大綱』(1909)は，その日本語訳である．帰国後は，司法省参事官と同時に中央大学教授として法学教育にも従事し，さらに大審院判事，衆議院議員を務めるなど，その経歴は多彩である．この間，活発な著作活動を続け，『刑法各論上巻』(1909)，『刑法各論下巻』(1910)，『刑法総論上巻』(1912)，後に合本される『刑法総論下巻上冊』(1913)，『刑法総論下巻中冊』(1914)，『刑法総論下巻下冊』(1917)を次々に上梓し，これらはその後も版を重ねた．このほかにも，『個人識別法』(1908)，『最近刑事政策根本問題』(1909)，『判事ノ自由裁量』(1912)，1913年に東京帝国大学法科大学から博士号を授与された『陪審制度論』(1914)，『人権伸張論』(1915)などを相次いで公刊した．『個人識別法』は，指紋法について司法上に多大の実

益を与えたとされている．

その刑法理論は，ビルクマイヤーに学び，刑事責任が責任能力者に対する*道義的責任'を意味するものであり，刑罰が行為者の罪責に基づくものでなければならないとする旧派刑法学に属するものである．刑罰を行為者の危険性に対する防衛だとする*新派刑法学'の主張には正面から反対し，当時支配的であった*牧野英一'に代表される新派に対決した．犯罪論においては，構成要件論が展開されていないなどの不十分な点はあるが，客観的相当因果関係説，*具体的符合説'の主張，未遂と不能犯の区別に関する客観的危険判断の重視など今なお参酌されるべき理論を展開した．また，刑法各論についても，各犯罪をその法益を基準として分類し，これを再編して個人的法益に対する罪，社会的法益に対する罪，国家的法益に対する罪の順で叙述したことは注目される．その刑事政策論は，旧派に属しながらも，新派刑法学の妥当な点には正当な評価をするという柔軟な態度を示すものであり，新派からも一定の評価を受けていた．→小野清一郎　　　　　　　　　　　　　　［山火正則］

岡田朝太郎（おかだあさたろう 1868-1936）明治後期における代表的な刑法学者．1891年東京大学の前身である帝国大学法科大学を卒業．1893年同大学に設置された刑法講座の初代担当者となり，講師，助教授を経て，1900年から1915年まで東京帝国大学(1897年改称)法科大学教授．この間，ドイツに留学，*リスト'に師事した．また，清国政府に招聘され，刑法草案の起草に貢献した．助教授時代に『日本刑法論完』(總則之部1894, 各則之部1895)，留学後に『刑法講義(全)』(1903)，『刑法論』(1920)などを公刊している．

その基本思想は，穂積陳重等の主張する進化主義の学問的風潮のもとに，刑罰を犯罪との均衡において科すべきだとする折衷主義を批判し，社会生活に必要な条件の否認を淘汰する方法が刑罰であるとするところにあった．社会防衛の重視である．しかし，これも刑罰を苦痛とすることを前提とするものであったが，留学後は*新派刑法学'の強い影響のもとに，刑罰を犯人の改善を促す方法と理解するに至った．留学によって学んだものは多く，いまだフランス刑法学への関心の強かった時代に，初めてドイツ的概念構成による刑法解釈論を構築した刑法学者としても知られている．　　　　　　　　　［山火正則］

汚職罪　(英) official corruption (仏) corruption de fonctionnaire　刑法典は，第2編第25章「汚職の罪」のもとに公務員の職権濫用および賄賂に関する処罰規定を置いている．これは，旧刑法第2編第9章「官吏瀆職ノ罪」第2節「官吏人民ニ対スル罪」に由来するもので，1995年改正により条文の表記が平易化されるまでの章名は「瀆職ノ罪」であった．汚職罪を構成する職権濫用罪(193〜196)と*賄賂罪'(197〜198)は，ともに原則的には公務員の身分犯であり，そのような国家作用の担い手による職務犯罪，国家内部からの侵害行為である点に共通性をもつ．

他方で，両罪はかなり異質な側面も有している．まず，保護法益に関して，職権濫用罪では，国家作用の適正な行使・実現と併せて，身体の自由など職権行使の相手方の個人法益も含まれるのに対して，賄賂罪の法益は，判例・通説によれば，職務行為の公正とそれに対する社会の信頼と解されている．換言すると，前者には特定された被害者が存在するが，後者にはこれが欠ける点で相違するといえよう．

さらに，沿革的に両罪の法定刑には大きな格差が見られた．すなわち，戦前，*公務員職権濫用罪'(193)は6ヵ月以下の懲役または禁錮，特別公務員職権濫用罪(194)は6ヵ月以上7年以下の懲役または禁錮，特別公務員暴行陵虐罪(195)は3年以下の懲役または禁錮とされたのに対して，賄賂罪は，刑法典制定当時，単純収賄罪(刑旧197Ⅰ前)が3年以下の懲役，加重収賄罪(同Ⅰ後)が1年以上10年以下の懲役を規定していた．職務熱心の余りの行き過ぎという事情に配慮して，職権濫用罪は寛大に扱われたのである．

もっとも，戦後の新憲法により，公務員は「全体の奉仕者」と位置づけられ(憲15Ⅱ)，「公務員による拷問」が絶対的に禁止された(36)．これを受けて，刑法でも1947年の改正で，職権濫用罪の法定刑が大幅に引き上げられるに至った．また，1948年に成立した新刑事訴訟法では，検察官により職権濫用罪の公訴提起がなされなか

った場合について準起訴手続の制度が採用された(刑訴262〜269). かくして, 法規定・制度上は賄賂罪との不均衡がある程度解消されたものの, 適用件数の比較的多い賄賂罪に較べて, 職権濫用罪の成立が認められたケースは極めて少ないなど, 運用面でなお見過ごすことのできない相違が存在している. →政治資金規正法

[塩見 淳]

おとり捜査 (英) entrapment 捜査機関またはその協力者が, 被疑者に犯罪を行うように働きかけ, その者が犯罪の実行に着手するのを待ってこれを検挙する捜査手段をいう. 組織的・隠密裡に遂行され, 直接の被害者が存在しないために, 通常の捜査手段では検挙の困難な犯罪に対して有効であることから, 主に規制薬物・銃器の密売事犯に対して実施されている.

現行法上は, 麻薬犯罪の捜査にあたり, 麻薬を譲り受けた麻薬取締官等を免責する規定が, 麻薬及び向精神薬取締法58条におかれているが(同様の規定として, あへん45, 銃刀所持27の3), おとり捜査には, 国家が詐術を用いて, 犯罪を創り出す側面があるため, 従来より, その適法性および違法とされた場合の効果が問題とされてきた.

おとり捜査の適法性に関して, 最高裁は, おとり(*アジャン・プロヴォカトゥール')の行為が可罰的な違法性を有する場合があるとしたが, 捜査手段としての適否に関する明確な判断基準を示していない(最決昭28・3・5刑集7・3・482参照).

これに対して, 最近の下級審は, おとり捜査を,「犯意(=事前の犯罪的傾向)」のなかった者に新たに犯罪を実行させる場合(犯意誘発型)と, すでに「犯意」を有していた者に犯行の機会を提供する場合(機会提供型)とに分けて, 前者を違法, 後者を適法とする, 二分説を基調とする判断を重ねており, 捜査実務も犯意誘発型のおとり捜査には慎重である(これらは, アメリカ合衆国における*「わな」の抗弁'をめぐる議論に影響を受けたものと考えられる).

ただ, この二分説に対しては, 機会提供型であっても, 国家が犯罪の創出に関与していることに変りはないのに, なぜ犯意誘発型だけが違法とされるのか, 必ずしも明らかではないという指摘も見られる.

そこで, おとり捜査は, 有形力の行使を伴わず, また, 対象者の権利・自由の侵害も通常認められないため, 任意捜査の範疇に含まれるとしたうえで, 犯罪の嫌疑が存在することを前提に, 対象犯罪の重大性, 手段の必要性・補充性, 働きかけの態様・内容などの要因を考慮して, 具体的事案に応じて, 相当と認められるか否かを判断すべきだとする見解も主張されている.

おとり捜査が違法とされた場合, 前出最決は, 実体法または手続法上の効果を認めることに否定的であるが, 学説の多くは, 何らかの効果が生じることを肯定している(もっとも, 無罪説, *違法収集証拠'排除説, 公訴棄却説, 免訴説などに分かれる).

[佐藤隆之]

小野清一郎 (おのせいいちろう 1891-1986) 小野清一郎は, 盛岡に生まれ, 東京帝国大学法科大学を卒業後, 検事を経て, 1919年に母校の助教授に就任し, 1923年に教授に昇任した. 東大在職中は, 刑法・刑事訴訟法・刑事学・法理学を講義し, 門下に団藤重光(1913-), 平野龍一(1920-)らを育てた. 小野は, 初めは師の*牧野英一'に従って新派刑法学に立ったが, 後に*旧派刑法学'に立場を転じ, 牧野と対立した. 小野は, 戦時下に国家主義に傾斜し, 太平洋戦争中には「大東亜法秩序」を主張してアジア侵略を法理論的に正当化する役割を果たした. そのため, 戦後, 公職追放になり, 東大を退官して弁護士となった. しかし, 平和条約の締結とともに追放は解除され, 1952年に法制審議会委員, 1956年に法務省特別顧問となり, 戦後の刑法改正作業を指導した. そして, 1961年に刑法改正準備会の議長として*改正刑法準備草案'をまとめた後, 1974年, 法制審議会刑事法特別部会の部会長として*改正刑法草案'を立案した. 1972年に文化勲章を受章し, 1986年に95歳で死去した. 遺蔵書・遺稿等は,「小野文庫」として愛知学院大学にある.

小野の刑法理論は, *道義的責任論'と構成要件理論を柱とした客観主義の理論である. 小野は, 仏教的立場から, 普遍的なものの歴史的・民族的発現が文化であり, 法は人倫の文化として倫理であり, その根本は道義であるとする.

そして，犯罪は反道義的行為であり，刑罰は国民の道義秩序を維持するためにあるとする．小野は，仏教の業論に基づいて刑罰は犯罪行為に対する道義的非難・応報であるとするが，応報が刑罰の自己目的ではなく，応報による国民一般の道義意識の明確化と行為者の道義観念の覚醒による道義の形成が刑罰の目的であり，*応報刑' と目的刑は総合・止揚されるとする．そして，処罰に値する反道義的行為を類型化したものが *構成要件' であり，構成要件は違法・有責行為の類型であるとしている．小野の刑法理論は，客観主義や構成要件理論に自由主義的側面が見られるものの，全体的には国家主義的・権威主義的傾向が強い．

小野の問題意識は，仏教に基づく日本の伝統に根ざした刑法理論の構築にあった．その仏教的思想は，初めは比較的リベラルな理想主義的なものであったが，戦時体制下で国家主義的なナショナリズムの傾向が顕著になった．このような小野の問題意識と思想から何を学び何を捨てるかは，今後の日本の刑法学の課題であろう．
[平川宗信]

恩　赦　行政権による刑の恩恵的減免措置．わが国の現行制度では，*大赦'，*特赦'，*減刑'，*刑の執行の免除'，*復権' を内閣が決定し(憲73⑦)，天皇が認証する(7⑥)．その総称が恩赦であり，恩赦法(昭22法20)がある．

1 沿革等　犯罪者に対する刑罰を君主や国王など首長の恩恵によって赦したり減じたりすることは古くから見られる．わが国でも，日本書紀に記載があり大化以前からあったとされるが，武家政権下の将軍による赦を経て，明治元年には天皇元服(1・15)，同即位(9・8)の恩赦令が出されるなどした．大日本帝国憲法(明22)では，天皇ハ大赦特赦減刑及復権ヲ命ス(16)とし，大権事項として，勅令である恩赦令によって運用された．日本国憲法(昭21)は大赦以下の恩赦を決定することを内閣の職務とし，その認証を天皇の国事行為とした．法律たる恩赦法によることとなったが，国民主権下では時代遅れのものとして廃止論もある．恩赦の機能としては，法の画一性から生じる具体的な不妥当を矯正すること，事情変更に際して裁判結果を変更すること，他に方法がない場合に誤判を救済すること，有罪者の行状が良いとき刑事政策的に裁判内容を緩和したり資格を回復させたりすることなどが言われており，刑事司法の安全弁や緩刑化の最後のよりどころともされる．

2 方式と手続　恩赦は，その方式によって，一般恩赦(大赦，減刑，復権)と，個別恩赦(特赦，減刑，刑の執行の免除，復権)に分けられる．

一般恩赦は，内閣の発する政令によって，犯罪の種類(大赦，減刑)または刑の種類(減刑)，あるいは要件(復権)を定めて，一律に行われ(恩赦2以下)，政令恩赦とも呼ばれる．政令公布の日が執行日または基準日となるのが通常であり，該当者に対してそれぞれの効力が及ぶことになる．

個別恩赦は，特定の者を対象にして個別に行われる．内閣が，政令恩赦に際してなど，特別の基準を定め，期限を限って行う特別(基準)恩赦と，随時行われている常時恩赦の二つがある．いずれにおいても，対象者を処遇している監獄・刑事施設の長，保護観察所長，担当検察官が，本人の出願を受けて，あるいは職権で，意見を付し所定の書類を添付して *中央更生保護審査会' に上申する(恩赦則1の2以下)．審査会は，本人の性格，行状，違法行為をするおそれ，社会感情その他関係事項を調査し，また，在監中の者については，社会の安寧福祉を害することなく釈放されるに適するかを考慮して，恩赦の申出をするかどうかを判断する(予防更生54)．審査会から法務大臣に申出のあった者に対して恩赦が行われ，特赦状など，それぞれの恩赦状が下付される(恩赦13)．

3 具体的運用　一般恩赦は，特別(基準)恩赦を伴いつつ明治以来20数回，第2次世界大戦後では，大戦終局(昭20・10・17)の大赦令(26万人ほどが該当)，特赦(基準)(同246人)，減刑令(5万人)，減刑(基準)(2人)，復権令(11万人)，復権(基準)(381人)に始まり，日本国憲法公布(昭21・11・3)，平和条約発効(昭27・4・28)，立太子礼など皇室関係(昭27，昭34，平元，平2，平5)，国際連合加盟(昭31)，明治百年(昭43)，沖縄復帰(昭47)など，平成5年の皇太子御結婚(復権令はなし)までで12回を数えている．

常時恩赦は，復権を大部分とし，一部，刑の

執行免除や減刑，年によって特赦もともないながら，数十人から百人ほどを対象に行われている（1989年以降，81, 76, 30, 96, 57, 69, 83, 88, 92, 102, 98人）．　　　　[吉岡一男]

か

カード犯罪　カード犯罪とは，銀行のキャッシュカード（以下，CDカードという），*クレジットカード'，*プリペイドカード'等，各種カードの不正使用の総称である．

たとえば，CDカードの不正使用として，①不正に入手したCDカードを現金自動支払機に使用して他人の銀行口座から現金を引き出す行為，または②自動振込機能を悪用して他人の口座から自己の口座へ金銭を振り込む行為，③CDカードの*偽造'などがある．①不正に入手したCDカードによる現金引き出し行為は*窃盗罪'（刑235）となるが，②自己の口座への金銭振込行為については，預金データは財物ではないため窃盗罪は成立せず，機械に対する欺罔（欺く行為）ということも考えにくいため*詐欺罪'（246）も成立せず，処罰の間隙を埋めるため昭和62年の刑法一部改正で新設された*電子計算機使用詐欺罪'（246の2）が適用される．③CDカードの偽造も，磁気部分のみを改ざんした場合，従来文書の要件とされてきた可視性・可読性があるといえるか，さらに機械に対する使用が偽造私文書の*行使'といえるかについて争いがあり，同様に昭和62年に新設された*電磁的記録不正作出罪'（161の2）が適用されることとなった．しかし，その後平成13年の刑法一部改正により*支払用カード電磁的記録不正作出罪'（163の2Ⅰ）が新設されたため，今後は同罪で処罰されることとなろう．

クレジットカードの不正使用としては，①不正に入手した他人名義のクレジットカードの不正使用，②支払能力も支払い意思もない行為者による自己名義のクレジットカードの不正使用，③クレジットカードの偽造などがある．①他人名義カードの不正使用および，②自己名義カードの不正使用については，加盟店またはクレジット会社に対する*詐欺罪'（246）が成立するというのが判例（福岡高判昭56・9・21刑月13・8 =

9・35，東京高判平3・12・26判タ787・272）および多数説である．③クレジットカードの偽造については，上記CDカードの偽造と同様の問題が生じ，昭和62年以降電磁的記録不正作出罪（161の2）が適用されるとされたが，①有価証券偽造罪と較べ法定刑が低い，②輸入や交付罪がない，③カード情報の不正取得や偽造カード所持に対する処罰の必要性，などの理由から，前述のように平成13年に新設された支払用カード電磁的記録不正作出罪（163の2Ⅰ）が適用されることとなる．

プリペイドカードの不正使用としては，①*プリペイドカードの改ざん'，②改ざんしたプリペイドカードの使用などがある．①プリペイドカードの磁気部分を改ざんした場合，昭和62年以降電磁的記録不正作出罪（161の2Ⅰ）が適用され，②改ざんしたカードの不正使用に対しては，*不正作出電磁的記録供用罪'（161の2Ⅲ）および*電子計算機使用詐欺罪'（246の2）が成立するとされた．しかし，電磁的記録不正作出・供用罪は交付・輸入行為等を処罰していないため，テレホンカードの磁気部分を改ざんし，改ざんした旨を告げて他人に売却した事案について，判例は変造有価証券交付罪（163Ⅰ）の成立を認めた（最決平3・4・5刑集45・4・171）．この判例に対しては学説からの批判も多く，CDカード，クレジットカード，プリペイドカード等の支払用カード全般に関する統一的な立法の必要性が生じた．

そこで，平成13年に刑法の一部を改正し，クレジットカードその他の支払用カードの偽造，供用，偽造支払用カードの交付・輸入・所持，偽造目的での支払用カードを構成する電磁的記録情報の取得・保管等を処罰する*支払用カード電磁的記録に関する罪'（163の2-163の5）が新設された．→支払用カード電磁的記録に関する罪　　　　　　　　　　　　　［島岡まな］

概括的故意　（羅）dolus generalis　たとえば雑踏の中に爆弾を投げ込んだような場合，誰を殺害するかは特定していないが，誰かが殺害されるであろうという認識があったような場合を一般に，概括的故意とよぶ．*択一的故意'では，複数のうちいずれかひとつが排他的に成立する場合であるが，概括的故意では，排他的成立を前提としない．その意味で，概括的故意の方が択一的故意よりも広い概念であるといえる．上記の例は，空間的に概括的な広がりをもつ場合であるが，時間的な概括的故意もありうる．たとえば，つり橋を華奢につくっておいて通行人を落下させて死亡させるが，何時落下するかは，時間的な幅がある場合である．被害者が特定されていないという点では，空間的な概括的故意も時間的概括的故意も共通する．これに対して，*ウェーバーの概括的故意'は，同一の被害者に関するものであるから，一応区別されるべきである．もっとも，故意としての認識の対象について特定ができていない場合を意味すると広義に考えれば，概括的故意には，ウェーバーの概括的故意をも含みうる．*不確定的故意'という点では，未必の故意や，*条件付き故意'と共通するが，これらが認識の「態様」における不確定性の問題であるのに対して，概括的故意はあくまでも認識の「内容」が不確定な場合である．もっとも概括的故意と*未必の故意'とが併存する場合もありえよう．雑踏の爆弾の事例では，実際に死亡した被害者については，それぞれ殺人の未必の故意があるといってよいであろう．しかし，たとえば，何か規制されている薬物であることだけを知らされて輸入したところ，覚せい剤であったような場合は，一般的に覚せい剤輸入について未必の故意があるとは必ずしもいえないから，そのような内容の不確定なまま安易に故意の成立を認めることには問題がある．　　　　　　　　　　　　　　　［齋野彦弥］

概括的認定　**1 意義**　*有罪'判決は，被告事件について犯罪の証明があったとき（刑訴333Ⅰ），すなわち，訴因について*合理的疑いを超える証明'があったときに言い渡され，判決には，証明された事実が，*罪となるべき事実'として判示される（335Ⅰ）．もっとも，事実の認定は，限られた証拠から過去の犯罪事実を推認する作業である．証拠調べの結果，犯罪事実が認められる場合にも，その細部に至るまで完全な解明が果たされるとは限らない．このような場合に，罪となるべき事実として，幅をもった事実を認定することを，概括的認定と呼ぶ．

2 罪となるべき事実の特定　罪となるべき事実は，刑罰法令適用の事実上の根拠を明らかに

するため、特定の犯罪構成要件に即して明示されなければならない（最判昭24・2・10刑集3・2・155）。事実の幅が、複数の構成要件にまたがるような概括的認定は、許されない。そのような認定に基づく有罪判決には、*'理由不備'の違法（378④）があることになる。

また、罪となるべき事実は、具体的事実でなければならない。審判の対象である*'訴因'と同じく、有罪判決の対象として、他の犯罪事実と識別可能であることを要する。

しかし、特定の構成要件に該当する事実が、その同一性を識別できる程度に具体的に明らかにされている限り、罪となるべき事実の判示として欠けるところはない。ひとつの構成要件内部の犯罪事実の細目については、比較的広く概括的認定が許される余地がある。

3 犯罪の日時、場所、方法 訴因については、とくに「できる限り日時、場所及び方法を以て」犯罪事実を特定することが求められている（256Ⅲ）。同じ要請は、有罪判決の罪となるべき事実にもあてはまるから、これらの点について、幅のある認定が許されるのか、疑問とする余地も絶無ではない。しかし、一般に、犯罪の日時、場所、方法は、それがとくに構成要件要素とされている場合を除いては、罪となるべき事実そのものではなく、犯罪事実を特定するために記載される事項であるとされる（最大判昭37・11・28刑集16・11・1633'白山丸事件'）。他の要素とも相俟って、犯罪事実の同一性が識別可能である場合には、日時、場所、方法に幅があっても、罪となるべき事実の判示として欠けるところはない。

実際、「…頃」、「…付近」のような記載は、一般的に用いられている。被害者を屋上から落下させた方法が「有形力を行使して」とだけ判示された場合に、殺人未遂の犯罪行為の判示として不十分とはいえないとされた例もある（最決昭58・5・6刑集37・4・375）。

4 合理的疑いを超える証明 罪となるべき事実は、合理的疑いを超えて証明された事実でなければならない。一般に、事実が具体的に明らかになるほど、その存在の蓋然性は高まるから、事実の具体化が不完全な程度にとどまる場合には、犯罪事実の存在自体に合理的な疑いが生じ

ないか、慎重な吟味を要する。しかし、概括的な認定しかできない部分が残っても、特定の構成要件に該当する事実が合理的疑いを超える程度に証明されているといえる限り、そのような事実を認定して有罪とすることが妨げられる理由はない。→事実認定、択一的認定、選択的認定、不特定的認定、訴因の特定　　　　［大澤 裕］

外患罪　*'国家の存立に対する罪'のひとつであり、外国からわが国に対してなされる武力行使に関与して、わが国の安全を害しようとする犯罪。刑法典第2編第3章に、外患誘致罪（刑81）、外患援助罪（82）、それらの未遂罪（87）、外患予備陰謀罪（88）の規定がある。さらに、かつては上記以外の多様な利敵行為に関する犯罪類型が存在し（旧刑83～86）、戦時同盟国に対する行為にも以上の規定が適用されていたが（旧刑89）、戦争の放棄を謳う新憲法の制定に伴い現在の形に縮小された。罪質は、*'内乱罪'とは異なって懲役刑の定めがあることから、祖国への裏切りによる国家忠誠義務違反に求められるのが通説であるが、国外犯の処罰規定（刑2③）によって罰せられる外国人の行為についてはその理が当てはまらないことから、国家の存立に対する抽象的危険犯とみる立場もある。なお、特別法として破壊活動防止法38条がある。

個別的に見ると、外患誘致罪は、外国と通謀してわが国に対する武力行使を招く罪であり、刑法典中で唯一、死刑を絶対的法定刑としている。外国とは外国政府を意味する。通謀とは意思の連絡を取ることで、行為者と外国政府のいずれが発意者であっても良い。武力行使は、軍事力を用いてわが国の安全を害することをいい、国際法上の戦争であることを要しない。通謀と武力行使の間には*'因果関係'が必要である。*'未遂'も処罰されるが、通謀行為の開始で足りるかには争いがある。次に外患援助罪は、わが国に対して外国から武力行使が行われた際にこれを援助する罪である。援助の態様は、直接戦闘に参加する行為から、武器、弾薬、食糧、医薬品の支給、運搬、軍事情報の提供に至るまで様々であるため、法定刑は死刑、無期もしくは2年以上の懲役と幅が広い。未遂が処罰され、また予備、陰謀にも1年以上10年以下の懲役刑が科せられるのは、外患誘致罪と同様である。

戒護　[橋田 久]

戒護　 *監獄'・*刑事施設'において，保安・規律に反する在監者の行動を警戒し，同時に在監者を保護するための強制的実力措置．戒護が直接的な強制力・実力の行使による監獄の保安・規律秩序維持作用であるのに対し，間接的な監獄規律の強制・維持方法としては，*賞罰'（賞遇ないし褒賞と懲罰）がある．

*監獄法'は，第四章「戒護」のもとに，①在監者に逃走，暴行，自殺の虞れがあるとき，または監外にあるとき戒具を使用できるが，その種類は命令の定めによること(19)，②剣・銃の使用(20)，③天災事変時の処置(21, 22)，④監獄官吏の逮捕権(23)といった断片的な規定をおくのみで，出入の警戒(監則41)以下，門等の閉鎖，鍵(42)，監房開扉の権限(43)，障害物(44)，監房の検査(45)，還房者の検査(46)，検査の免除(46の2)，戒護のための独居拘禁(47)，鎮静衣，防声具，手錠，捕縄の4種の戒具(48)，戒具の使用(49以下)など，体系的な諸規定は監獄法施行規則(57条まで)に委ねている．これらが戒護の具体的内容である．

監獄法改正のための*刑事施設法案'(平3)は，戒護といった古い用語を廃し，第一編総則の第七章「規律及び秩序の維持」のもとに，規律秩序の厳正維持と，そのための措置が収容確保及び適切な処遇環境と安全平穏な共同生活の維持に必要な限度を超えてはならないこと(37)，遵守事項等(38)，身体の検査等(39)，逃走や規律秩序を害するおそれなどによる隔離(40)，自己または他人への加害，逃走，施設職員の職務執行の妨害，その他規律秩序を著しく害する行為に対する刑務官による制止等の措置(41)，捕縄，手錠，拘束台，防声具の使用(42)，原則5日，3日ごとに更新できる保護室への収容(43)，小型武器の携帯と暴動等に際しての武器の使用(44)，収容のための逮捕(45)，災害時の応急用務(46)，災害時の避難及び解放(47)の諸規定をおく．規律秩序の維持という一般的用語が用いられてはいるが，褒賞と懲罰は第五編雑則第二章賞罰として別扱いされており，概念的に従来の戒護にあたるものだけがまとめられている．

また，問題のある防声具等も含めた戒具四種を維持するなど，現行監獄法による戒護体制の実質が維持されていることから，監獄法施行規則によっていた事項の多くを法律で規定するという形式的な法律化が図られているにすぎないとの評価もある．　　　　　　　　[吉岡一男]

外国為替及び外国貿易法　（英）Foreign Exchange and Foreign Trade Act（独）Gesetz zum Devisen‐und Außenhandel本法(外為法・昭24法224)は，わが国の対外取引に関する基本法である．1979年改正(昭54法65)により，対外取引の自由を基本とし，「対外取引に対し必要最小限の管理又は調整を行う」(外為1)法体系に改められたが，わが国の国際金融・資本市場活性化(金融ビッグバン)のための1997年改正(平9法59)によりさらなる自由化が進められ，法律の題名からも「管理」の文字が削られている．外為法上の罰則(第9章)としては，東芝機械事件を契機とする1987年改正(昭62法89)により新設された，国際的な安全保障上の理由による特定技術提供目的での取引等の規制違反を処罰する69条の6(5年以下の懲役もしくは200万円以下あるいは目的物の価額の5倍以下の高い方による罰金またはこれの併科，IIは未遂犯処罰規定)があるほか，外為法上の管理・規制に対する違反行為について，ほぼ網羅的に処罰規定がおかれている(70では3年以下の懲役もしくは100万円以下あるいは目的物の価額の3倍以下の高い方による罰金またはこれの併科，71では6ヶ月以下の懲役または20万円以下の罰金)．また，外為法では，全ての罪に関する*両罰規定'(72)のほか，独自の*国外犯'処罰規定(5)がおかれている．→経済刑法　　　　　　　　　　　[安田拓人]

外国元首等に対する暴行・脅迫・侮辱罪　*国交に関する罪'のひとつとしてかつて存在した処罰規定．旧90条は日本滞在中の外国の君主または大統領，旧91条は日本派遣中の外国の使節に対して行われた暴行，脅迫，侮辱に，暴行罪，脅迫罪，名誉毀損罪，侮辱罪の一般規定よりも重い法定刑を科していた(さらに，刑法草案128・129参照)．しかし，1947(昭22)年に，皇室に対する罪の諸規定と共にこの特別規定も削除され，今日，これらの行為は，一般規定によって処断される．　　　　　　[橋田 久]

外国公務員に対する贈賄　外国公務員に対する贈賄は、国際商取引において広汎に見られる現象とされ、当該外国に深刻な道義的・政治的問題を引き起こし、国際的な競争条件を歪めるなどの重大な弊害をもたらしている。このような行為の処罰を目指して、経済協力開発機構(OECD)では、1997年に「国際商取引における外国公務員に対する贈賄の防止に関する条約」が締結された。わが国もこれに署名して国内法の整備を行い、1998年、不正競争防止法のなかに外国公務員に対する贈賄罪を新設した(不正競争11・14)。

そこでは、営業上の不正の利益を得るため、外国公務員等に対し、その職務行為、または、地位を利用して行う他の外国公務員等に対するあっせん行為をさせることを目的として賄賂を供与・申込・約束する行為に3年以下の懲役または300万円以下の罰金(法人の場合は3億円以下の罰金)を科す旨が規定されている(不正競争11・14)。条約上の要請がないことを理由とする。→賄賂罪　　　　　　　　　[塩見 淳]

外国国章損壊罪　*国交に関する罪'のひとつ。外国に対して侮辱を加える目的で、その国の国旗その他の国章を損壊、除去、汚損した者は、2年以下の懲役または20万円以下の罰金に処せられる(刑92Ⅰ)。器物損壊罪と侮辱罪の両側面を有する。保護法益が外国の利益かわが国の外交上の利益かには争いがある。外国は、わが国と外交関係になくとも良い。国章は、国旗の他、元首旗、軍旗等、国家を象徴する物件をいうが、私人の掲揚したもので足りるかという問題がある。

実行行為としての損壊は物理的破壊をいう。除去は場所的移転の他、遮蔽を含むというのが判例(最決昭40・4・16刑集19・3・143)、通説である。汚損とは、塗料、汚物等、嫌悪感を催す物を付着させて汚すことである。本罪と器物損壊罪との関係については、観念的競合を認める説と、本罪がより低い法定刑を定めた趣旨を尊重して本罪の成立のみを認める説とが対立する。なお、外国政府の請求が訴訟条件とされている(92Ⅱ)。　　　　　　　　　　　[橋田 久]

外国人事件と刑事手続　**1 総説**　1980年以降の*外国人犯罪'の増加にともない、外国人の被疑者・被告人が刑事手続に付される場合も増加した。地方裁判所・簡易裁判所による通常第1審における通訳・翻訳人の付いた外国人事件の有罪人員は、1987年の375人から1992年には2,271人、1997年には7,233人にまで増加した。とくに被疑者・被告人が日本語に通じない場合には、日本の刑事手続の理解が浅いことと相まって、刑事手続の円滑な進行に困難が生じると同時に、被疑者・被告人の権利保障を実質化し、適正な刑事手続を確保するうえで大きな障害が存在する。捜査から公判を通じて被疑者その他の供述調書の作成および取調べが決定的重要性を持ち、調書裁判と評される日本の刑事手続が抱える問題点が、先鋭化された形で現れるともいわれる。刑事訴訟法は*通訳'および*翻訳'に関して若干の規定を持つだけである。

*市民的及び政治的権利に関する国際規約'は、公正な審理を受ける権利の要素として、「理解する言語で……罪の性質及び理由を告げられること」(14Ⅲ(a))、「無料で通訳の援助を受けること」(14Ⅲ(f))を保障する。他の国際文書にも、外国人被疑者・被告人の権利保障に関する規定がある。

2 捜査手続　(1) 日本語を理解しない被疑者の場合、明文規定がないことから、逮捕状を提示する際に翻訳文の添付または通訳の必要はないとの見解に対しては、被疑者が理解できなければ刑事訴訟法201条の令状提示は意味を失うから、必要であるとの見解もある。犯罪捜査規範236条は、通訳を用意しない限り「なるべく翻訳文を添付」するべき旨定め、警察実務ではこのように行われている。欧州人権条約5条2項は理解する言語による告知を規定する。

(2) 被拘禁者処遇最低基準38条1項は、身体を拘束された外国人が外交機関と交通する権利を規定する。

(3) 被疑事実および権利の告知についても、刑訴に明文規定はないが、理解できなければ告知は無意味であるから、通訳等の措置が必要であるとの見解がある。さらに、日本の刑事手続について理解を促進するための措置がとられるべきともされる。

(4) 刑事訴訟法223条1項は、犯罪捜査のため

に捜査機関が通訳を嘱託できると定める．日本語を理解しない外国人の取調べに際して，実務では一般に，通訳人を介して行われた取調べの内容を要約した日本語の供述調書を作成し，通訳人を介して読み聞かせたうえで，それに外国人の署名を得ている．これを是認した判例もある．しかし，日本語に通じない者が日本語の供述調書の内容を確認することは不可能であるから，署名は無効であって，まずは理解できる言語による供述調書を作成し，それに署名を得るべきであり，これが捜査実務に過大な負担となるならば，少なくとも外国人の供述を録音し，その記録を公判に提出するべきであるとの見解がある．録音記録の作成は，取調べ通訳の正確性を後の公判で争うことが困難であることからも提案されている．また，有能な通訳人の確保，通訳の中立性の確保等も課題である．

(5) 弁護人との接見にも通訳が必要な場合があるが，有能な通訳の確保，費用の支払方法等が課題となる．

3 起訴状謄本の翻訳文 下級審判例は，明文規定のないこと，実際上困難であること等から，日本語に通じない外国人被告人に起訴状謄本を送達する場合でも，翻訳文を添付しなくとも適正手続に違反しないとする(東京高判平2・11・29高刑43・3・202)．しかし，理解する言語の翻訳文が添付されなければ，被告人に審判対象を告知し防御準備の機会を保障することはできず，刑事訴訟法271条1項の起訴状謄本送達が無意味なものとなるから，原則として翻訳文の添付が必要であるとの見解がある．現在は実務上も相当程度の配慮がなされている．

4 法廷通訳 裁判所法74条は裁判所では日本語を用いると定め，公判手続は日本語で進められるから，被告人が日本語に通じない場合等には通訳が必要となる．刑事訴訟法175条は，国語に通じない者に陳述させる場合には通訳人に通訳をさせなければならないと定める．市民的及び政治的権利に関する国際規約14条3項(f)による無料で通訳の援助を受ける権利の保障は無条件かつ絶対的なものであるから，刑訴法181条1項により被告人に通訳費用を負担させることはできないとした下級審判例がある一方で(東京高判平5・2・3外国人犯罪裁判例集55)，有罪の場合には事後的に負担させることができるとした判例もある(東京高判平4・9・2訟月39・6・1053)．この規定と同文の欧州人権規約6条3項(e)について，1978年の欧州人権裁判所判決は，被告人が事後的にも通訳費用を負担させられないことを保障していると解しており，この判決に従って，西ドイツおよびフランスは通訳費用を国庫負担とした．適正・公正な刑事手続にとって正確な通訳は不可欠である．このために，有能・的確な通訳人の確保，通訳人選任手続の適正，法廷審理の録音(実務上ほぼ行われているという)，チェック通訳人の関与の保障等が課題とされる． 　　　　　［葛野尋之］

外国人犯罪　（独）Ausländerkriminalität　**1 犯罪学的意義**　異なる国家から移住してきた人たちによって犯される犯罪を外国人犯罪という．当該社会の支配的文化とは異なる文化をもつ人たちが，当該社会に適応する過程で発生するさまざまな問題が，犯罪の近因あるいは遠因になっていることがある．外国人労働者や定住移民の第1世代が，言語・文化・経済などあらゆる局面での適応問題に直面する中で逸脱行動を犯すのがその典型例である．また，少数者であるがゆえの偏見や差別が，逸脱行動を誘発し，問題を大きくするという側面も否定できない．最近では，いずれの言語・文化にも同化できない第2世代の外国人による犯罪も注目されている．アメリカ犯罪学では在米移民の犯罪が，ヨーロッパでは外国人労働者や難民の犯罪が問題となっている．

2 日本の外国人犯罪　日本では，①定着居住者(永住権を有する者等)による在日外国人の犯罪，②在日米軍関係者による犯罪，③比較的新規に入国した来日外国人の犯罪を区別して論ずることが多い．

①については，第2次大戦前の朝鮮半島からの強制的移住という歴史がもたらした在日朝鮮人・韓国人による犯罪がその典型であり，その背景には根深い差別問題があるといわれる．いわゆる金嬉老事件はその典型例として社会的にも注目を集めた．また，指紋押捺拒否問題をめぐる大量の出入国管理法違反事件の存在は，差別問題の複雑さを示していた．②については，兵士特有の心理状況や日米関係の特殊性から，

被害が潜在化しやすく、一旦発覚すると政治問題化することが少なくない。沖縄の海兵隊兵士による少女暴行事件はその典型例であろう。

3 犯罪の国際化 近年、「犯罪の国際化」というスローガンの下で注目されているのが、③の来日外国人の犯罪である。1990年代に入って、来日外国人の刑法犯の検挙件数は急増しているが、検挙人員は若干減少傾向にある。罪名では、窃盗・遺失物横領・文書偽造などが多い。特別刑法犯は、送致人員・送致件数ともに急増しているが、その80％は、不法在留・旅券不携帯・不法入国などの出入国管理及び難民認定法違反である。その他の外国人の犯罪については、一般に減少傾向にあり、指紋押捺問題をめぐる政府の方針変更によって外国人登録法違反の件数が減少したため、特別刑法犯総数は、激減している。

4 犯罪処理と受刑者処遇 一般に、来日外国人の犯罪は、顕在化しやすく、捜査当局も厳しく対処する傾向がある。事件の処理の特徴としては、*起訴猶予*あるいは*執行猶予*をした上で、退去強制を命ずるケースが多い。*外国人事件の刑事手続*においては、法廷*通訳*や関係書類の*翻訳*に特別の配慮が必要となる。

*分類処遇*でＦ級（日本人と異なる処遇を必要とする外国人）と分類される者は、全受刑者の２％未満である。外国人受刑者の処遇については、従来、府中・横須賀・栃木など特定の刑務所に集禁し、特殊な処遇をしてきた。被収容者数の増加や外国人収容者の逃走事故が原因となって、若干の方針変更があった。Ｆ級と分類されていても、他の被収容者とあまり差のない処遇ができる者については、黒羽・大阪・神戸・名古屋・広島・福岡・札幌などの大規模施設に収容し、集団室で一般受刑者と一緒に処遇することになった。また、来日外国人でも、滞在期間の比較的長い外国籍の受刑者については、一般受刑者と同様の処遇をできるよう収容分類の運用を弾力化している。　　　　　　［石塚伸一］

外国通貨偽造罪　外国通貨偽造罪とは、行使の目的をもって、わが国に流通する外国の貨幣・紙幣・銀行券を偽造または変造する罪である（刑149Ⅰ）。偽造・変造の外国の貨幣・紙幣・銀行券を行使し、または行使の目的をもって、これを人に交付しもしくは輸入した場合は、偽造外国通貨行使罪（149Ⅱ）として処罰される。本罪は、わが国において事実上適法に流通している外国通貨について、わが国における取引の安全を保護するものであって、外国の法益を保護するための規定ではない。もっぱら外国においてのみ流通する外国の通貨の偽造・変造等の行為については、外国ニ於テ流通スル貨幣紙幣銀行券証券偽造変造及模造ニ関スル法律が適用される。→通貨偽造罪　　　　　　　　　　　［園田　寿］

会社荒らし等に関する贈収賄罪　株主の権利行使等に関して不正の請託を受け、財産上の利益を収受し、要求し、またはその約束をすることによって成立する商法罰則上の犯罪。５年以下の懲役または500万円以下の罰金が科される（商494Ⅰ）。利益を供与しまたは申し込み、もしくはその約束をする側（供与者側）も同様に処罰される（494Ⅱ）。

本罪は、総会屋が株主権の行使に藉口して金銭等を強請することの防止を目的として1938（昭13）年に創設された規定であるが、「不正ノ請託」を要件としているため、事実上その適用は困難であった。たとえば株主権の正当な行使の範囲内で、株主総会において経営陣に有利な発言をするように依頼すること、あるいは株主総会で議事の妨害のための発言をすることを控える旨、すなわち「不正を行わない」旨の請託をすることはともに「不正ノ請託」とはいえず、本罪に該当しないという理解が一般的であったのである。実際、その適用例も東洋電機カラーテレビ事件（最決昭44・10・16刑集23・10・1359）など数件にとどまっている。そのため、本罪だけでは総会屋対策としては不十分であるという認識のもと、1981（昭56）年の商法改正において*利益供与罪*（497）が新設されるに至っている。　　　　　　　　　　　　　　［橋爪　隆］

会社財産を危うくする罪　会社の役職員または検査役が、会社財産の基礎を危うくする行為のうち、商法489条所定のものを行った場合に成立する商法罰則上の犯罪。会社財産危殆罪ともいわれる。５年以下の懲役刑または500万円以下の罰金刑に処せられる。本罪は会社財産に対する抽象的危険犯であり、*特別背任罪*（486）の補充規定として理解されている。そ

れゆえ特別背任罪とは異なり，本罪成立のためには図利加害目的や財産上の損害の発生は必ずしも要求されていない．

具体的な犯罪類型としては，株式会社の設立および新株発行の手続において，裁判所または株主総会に対し不実の申述をし，または事実を隠蔽する行為(489①)，商法210条から210条の3などの規定に反して違法に自己株式の取得をし，または質受けする行為(489②)，法令または定款に違反して，利益配当，中間配当，利息配当をする行為(489③)，会社の営業の範囲外において，投機取引のために会社財産を処分する行為(489④)がある．→違法配当罪

[橋爪 隆]

会社犯罪 会社制度に伴う犯罪の総称．会社の設立，資金，株式，経理，決算，監査等の会社組織・経理事項との関わりで遂行される犯罪を意味する．通常，このようなビジネス過程において生じることから，ビジネス犯罪とも呼ばれる．

1 会社犯罪の類型 主として，商法に規定される犯罪をいい，主なものとしては，発起人，取締役等の特別背任罪(商486)，社債権者集会代表者等の特別背任罪(487)，発起人，取締役，検査役等による会社財産を危うくする罪(489)，発起人，取締役等による不実文書行使罪(490)，発起人，取締役等による預合いの罪(491)，発起人，取締役等による超過発行の罪(492ノ2)，会社荒し等に関する贈収賄罪(494)，株式払込み責任逸脱の罪(496)，株主の権利の行使に関する利益供与の罪(497)等がある．

その行為形態としては，会社内部における被用者が当該会社の利益に反して実行するものであり，その意味で，会社のために行われる*企業犯罪'とは区別され，被用者犯罪と呼ばれることもある．

2 会社犯罪の処理 このように，その被害の対象が当該会社であり，その実行行為者も会社内部における被用者であることから，当該会社が事件に気づいたとしても，その発覚によって会社のイメージが損なわれることを避けようとして，企業内司法といわれるような，会社内における実行者の特定やその責任の所在を明らかにするようなシステムを通じて，当該実行者を免職処分等にすることによって事件が処理されてしまうことが多い．そのため，司法機関へ通報されることも少なく事件が発覚しにくいことが指摘される．

また，経済活動やビジネス過程に伴う犯罪に共通することであるが，その犯罪類型が包括的に規定されていることが多く，そのことから合法/違法の限界が明確にはなりにくく，事件自体の複雑性とも相まって，法の適用に困難が生じる場合が少なくない．→ホワイトカラー犯罪

[宮澤節生]

外 出 外出とは，1日のうちの時間を定めて，刑事施設の職員の同行なしに施設から外出することを許す制度をいう．外泊とは，一定の期間，刑事施設の職員の同行なしに刑事施設の外に宿泊することを受刑者に許す制度をいう．外出・外泊中も受刑者としての法的地位は継続しているから，その期間中刑期は継続している．外出・外泊の制度は，受刑者が社会の実情を直接見聞し，また近親者との愛情・信頼関係を維持または復活させ，さらに釈放後の生活設計に関係のある者と接触するなど，社会復帰のための努力を促すものとして処遇上の意義がある．現行法にはこの種の制度はないが，「刑事施設法案」は，外出・外泊制度の導入を図っている(刑事施設法案87-100)．

外出・外泊は，受刑者の「性」問題の解決にも役立つが，それは人間性の喪失現象を防止し，かつ外部社会との人的関係の維持を図るという観点が重視されるべきであろう．外出・外泊の許されない者については，「夫婦面会」も受刑者と配偶者間の正常な生活関係，愛情関係の維持・発展という視点から，制度化されることが望まれる．外出・外泊では，社会に有用な社会奉仕作業に従事することで，自己の社会的存在感の確立が期待できる．→帰休制，外部通勤，開放処遇，社会復帰

[吉田敏雄]

拐取幇助目的収受罪 未成年者拐取罪(刑224)・営利目的等拐取罪(225)・国外移送拐取罪・人身売買罪・国外移送罪(以上の3罪は，226)・身代金目的拐取罪(225の2Ⅰ)を犯した者を幇助する目的で，被拐取者・被売者を収受・蔵匿し，あるいは，隠避させる行為を処罰する罪(227)．収受とは，被拐取者・被売者を自己の

実力的支配下に置くこと．蔵匿は，被拐取者・被売者の発見を妨げる場所を提供すること．隠秘は，蔵匿以外の方法で被拐取者・被売者の発見を妨げる行為を行うことをいう．これらの方法によって，被拐取者・被売者に対する支配の継続を助ける行為を処罰対象とする．身代金目的拐取罪の犯人を助ける場合には，より重く処罰されることになっている(227 II)．→略取誘拐罪　　　　　　　　　　　　　　[鈴木左斗志]

改正刑法仮案　昭和15(1940)年4月に，刑法並監獄法改正調査委員会によって「刑法並監獄法改正調査委員会総会決議及留保事項(刑法総則及各則未定稿)」として発表された刑法改正案で，若干の留保条項を付けた総則153ヵ条・各則309ヵ条からなる．

1　起草の経緯　大正10(1921)年11月，施行後10余年の現行刑法について改正の必要を認めた政府は，臨時法制審議会に対し，わが国固有の道徳および美風良習の維持，人身および名誉の保護の完全化，犯罪防止の効果をあげるための刑事政策上の要請といった理由をあげて，刑法改正の可否と改正の綱領について諮問した(諮問第4号)．これを受けて臨時法制審議会は，主査委員会を設け4年半におよぶ審議を経て，大正15(1926)年10月に人心の趨向・犯罪の情勢に鑑み刑法改正の必要があるとして，40項目にわたる「刑法改正ノ綱領」を決議し，翌11月に政府に答申した．政府からこれを移牒された司法省は，昭和2(1927)年1月，刑法改正原案起草委員会を組織して討議を重ね，同年3月に「刑法改正予備草案」を作成した．ついで同年6月，刑法並監獄法改正調査委員会を設置し，この「予備草案」を基礎として本格的な審議にあたった結果，昭和6年12月に総則を，昭和15年4月に総則・各則をあわせた462ヵ条からなる改正案を若干の留保条項を付したまま未定稿として発表した．

2　内容上の特色　政府の諮問理由およびそれを具体化した「刑法改正ノ綱領」にもとづいて起草されたこの「改正刑法仮案」は，まず淳風美俗の維持を目的として皇室に対する罪・神社に対する罪・尊属親に対する罪などの強化をはかったほか，「安寧秩序ノ罪」を新設し，また人身および名誉の保護の完全化に関わって，殺人罪や名誉毀損罪のみならず，法定刑の全般的な引上げをもたらし，さらに刑事政策的規定の整備・強化をねらって，常習累犯に対する不定期刑・軽微な犯罪に対する宣告猶予や，労働嫌忌者・酒精中毒者・精神障害者などに対する保安処分を新設したことなどに内容上の特色がみられる．

3　その後の刑法改正作業への影響　このように保守的・国家主義的思想と刑事政策の思想との結合の産物である「仮案」は，戦時体制下にあって制定法化されないまま，委員会も昭和15年に廃止されたが，執行猶予，刑の消滅，賄賂罪，名誉毀損罪などに関する刑法の部分改正に採り入れられ，また第2次大戦後に刑法改正準備会によって作成された「改正刑法準備草案」の基礎となるなど戦後の刑法改正作業に大きな影響を与えた．　　　　　　　　[吉井蒼生夫]

改正刑法準備草案　1961(昭36)年に公表された刑法改正案．1956(昭31)年に設けた「刑法改正準備会」(座長・*小野清一郎')は，刑法仮案を下敷きにして，1960(昭和35)年4月に改正刑法準備草案(未定稿)を発表し，諸処の批判を聞いたうえで若干の修正を加えて確定稿とした．

責任主義をいっそう明確にするとして，法律の錯誤や結果的加重犯における重い結果に対する予見可能性を定める一方，不作為による*作為犯'，*原因において自由な行為'，*共謀共同正犯'を規定した．判決の*宣告猶予'，軽微な犯罪での自由刑から罰金刑への裁判上の転換，罰金の分納制，常習累犯への*不定期刑'，精神障害者，アルコール中毒・麻薬中毒者に治療処分・禁断処分を設けた．しかし，自由刑の単一化は見送った．

各則では，尊属加重をなくし，「公の選挙及び投票に関する罪」を設けたが，内乱・外患の教唆や幇助の独立処罰と*刑の加重'，騒動罪の単純関与者に対する加重と予備処罰，機密探知罪，偽計・威力による公務妨害罪など，国家的法益に対する犯罪に厳しい反面，公務員による*拷問'や*自白'の強要，不法な*捜索'・*押収'などの犯罪規定はない．国家主義的な傾向が強いという批判がある．→改正刑法仮案，改正刑法草案
　　　　　　　　　　　　　　[新倉　修]

改正刑法草案 昭和49(1974)年5月に、法制審議会によって答申された刑法の全面改正案で、総則116ヵ条・各則253ヵ条からなる。

1 答申の経緯 現行刑法の全面改正作業は、大正10(1921)年に政府が臨時法制審議会に対し、刑法改正の可否と改正の綱領について諮問したことに始まり、臨時法制審議会による「刑法改正ノ綱領」40項目の答申(大正15年)、司法省内の刑法改正原案起草委員会による「刑法改正予備草案」の作成(昭和2年)を経て、刑法並監獄法改正調査委員会の審議の結果、昭和6年に総則が、昭和15年に総則と各則をあわせた改正案が、若干の留保事項を付したまま未定稿として発表された。この「*改正刑法仮案」は、制定法化されないまま戦後に至った。戦後の刑法全面改正作業は、昭和31(1956)年10月、法務省内に刑法改正準備会が設けられて開始され、同準備会は、「改正刑法仮案」を基礎として予備的な草案の作成を進め、昭和36年12月に「改正刑法準備草案」およびその理由書を公表した。この「準備草案」に対して各方面から賛否の意見が出されたが、昭和38年5月、法務大臣から法制審議会に対し「刑法に全面的改正を加える必要があるか。あるとすればその要綱を示されたい。」との諮問(諮問第20号)が発せられた。これを受けて法制審議会では、刑事法特別部会を組織し、「準備草案」を重要な参考資料として審議を重ねた末、昭和46年11月に至って「部会草案」が決定され、これを前提として刑法に全面的改正を加える必要があるとの結論を得た。ついで法制審議会の総会において審議が行われ、「部会草案」に若干の修正を加えた上、昭和49年5月29日、「刑法に全面的改正を加える必要がある。改正の要綱は当審議会の決定した改正刑法草案による。」との結論に達し、これを法務大臣に答申した。

2 内容上の特色 この改正刑法草案は、まず平易な現代語を法文に用い、難解な用語を避けるなど刑法を国民にわかりやすくし、罪刑法定主義および処罰不遡及の原則を冒頭に掲げ、犯罪として処罰される行為の範囲をできるだけ明確なものとするとともに、不作為による作為犯・不能犯・間接正犯・共謀共同正犯などを明文化した。また、社会情勢の変化にともなって生じた新しい型の違法行為に対処するため、暴力行為等処罰ニ関スル法律・人の健康に係る公害犯罪の処罰に関する法律など多くの特別法上の罰則を採り入れるとともに、秘密公文書開封・集団反抗・騒動予備・船舶強奪等・飲食物毒物混入・企業秘密漏示・自動車等の不法使用・準恐喝などの処罰規定を新設した。さらに刑事政策的観点から、各罪の法定刑について全般的な再検討を加え、刑の執行猶予・仮釈放・保護観察などに関する規定を整備するとともに、常習累犯に対する不定期刑や精神障害者およびアルコール・薬物中毒者に対する保安処分などの新しい制度を採用した。

3 批判とその後の経緯 このような内容の改正草案に対しては、草案が「仮案」および「準備草案」の延長線上にあり、その基本的性格が治安優先主義・重罰主義などにあるとして、各方面とりわけ、「刑法研究会」をはじめとする刑法学者・弁護士会・日本精神神経学会・新聞協会などから批判的な意見が数多く表明された。その後法務省は、昭和51年6月に「刑法全面改正の検討結果とその解説」(「中間報告」と「代案」)を公表し、さらに昭和56年から59年にかけて行われた日本弁護士連合会との意見交換の過程で法務省により「刑法改正作業の当面の方針」が提示されたのち、刑法の現代用語化の検討が進められ、平成6(1994)年6月の法務大臣からの諮問(諮問第40号)およびこれを受けた法制審議会の審議を経て、内閣から「表記の平易化」を中心とする「刑法の一部を改正する法律案」が国会に提出され、衆参両院を通過して法律となり、平成7年5月公布、6月から施行された。〔吉井蒼生夫〕

蓋然性説 (独) Wahrscheinlichkeitstheorie *未必の故意'と認識ある過失との区別について、結果発生の蓋然性を認識していれば故意があるとする見解をいう。故意についての*表象説'(認識説)からの理論的な帰結といえる。つまり、故意と、それと境を接する認識ある過失との区別は、その結果発生の蓋然性の認識の程度の違いにあるというのである。蓋然性説は、行為者の情緒的な要素を排除し、蓋然性の認識という、客観的に判断可能な要素に故意判断を還元しようとしたものである。しかし、

結果発生の蓋然性が主観的な認識において低い場合であっても、下手なピストル撃ちの発砲行為と、成功率の低い手術の執刀では、故意の正否になんらかの差を認めなければ不合理であろう。そこで、蓋然性が低い場合とそうでない場合とで区別する'動機説'が、蓋然性説の修正形式として主張されることになる。→認容説, 意思説

[齋野彦弥]

改定律例 明治6（1873）年'太政官布告'(だじょうかんふこく)第206号により頒布され、同年7月10日より施行された刑法典である。旧刑法が明治15（1882）年1月1日に施行されるまで、'新律綱領'(しんりつこうりょう)（明治3年）と並んで施行された（法務総合研究所編『刑事関係旧法令集（刑法編）』〈1969・法曹会〉96頁以下）。首巻（12図）の外2巻318条から構成され、新律綱領と同じく14律からなる。新律綱領は罪囚停滞を除去し、'仮刑律'(かりけいりつ)の刑罰を仁政のご趣旨により緩和することを目的として一時の暫定法として制定されたものであり、そこで改定律例は新律綱領の不十分なところを補足し、その内容の一層の充実を図るために制定されたことから、本質において新律綱領と変わるものではなかった。「爾臣僚(なんじりょう)其レ之ヲ遵守セヨ」（上諭(じょゆ)）とあるように官吏を名宛人として頒布されたこと、'不応為律'(ふおうい)や閏刑(じゅんけい)を認めていたことに非近代的性格が見られるが、他方で「各国ノ定律ヲ酌(くみ)ミ」（上諭）にあるように、条文形式を採ったこと、笞杖徒流(ちじょうずる)の刑名を懲役に改めたことおよび雞姦(けいかん)（男色）に関する規定（266条）などにわずかながら西洋法の影響が見られる。また、「凡(およ)ソ罪ヲ断スルハ'口供結案'(こうきょうけつあん)ニ依ル」（318条）との規定は、自白を獲得するための拷問の使用（'断獄則例'(だんごくそくれい)15, 16則）に結びついていた。

[野村 稔]

回 避 憲法37条1項にうたわれている'公平な裁判所'の理念を実現するために、'除斥'・'忌避'（刑訴20・21）とともに訴訟手続上もうけられているもので、裁判官が、忌避されるべき原因があると考えるときに、みずから職務の執行からしりぞく制度である（刑訴規13）。裁判所書記官についても同様である（刑訴規15）。

[米山耕二]

回復証拠 回復証拠とは、'弾劾証拠'によって減殺された証拠の証明力を回復するための証拠である。このような証拠が刑事訴訟法328条によって証拠能力を認められるかについて争いがある。

この点につき最高裁判例はなく、高裁判例も分かれている。学説の多数説は回復証拠の証拠能力を認める。その理由は、回復は弾劾に対する弾劾であり、弾劾の一種であるというものである。しかし、多くの場合、'自己矛盾の供述'（不一致供述）による弾劾に対しては、回復証拠として以前の一致供述の使用が考えられるが、たとえどんなに一致供述があっても、不一致供述がなされたという事実は変わらないとして、一致供述による回復を認めず、したがって、その証拠能力を否定する見解もある。これに対しては、一致供述について証明力の回復になにがしかの効力を認めて証拠能力を肯定する見解や、アメリカの連邦証拠規則にならって、自己矛盾の供述による弾劾が、証人等の証言は証拠のねつ造、不当な影響ないし動機によるものであるとの主張の趣旨にとれる場合には、それに対する反証としての一致供述に回復の効力を認めて証拠能力を肯定する見解が主張されている。

[山田道郎]

外部交通 （英）contact with the outside world （独）Außenverkehr 閉鎖的処遇を受けている受刑者が外部社会との接触を維持することは、拘禁反応を回避するばかりか、社会復帰処遇上も重要である。外部交通には、面会（＝接見。監45）、通信（＝信書。監46）といった直接的方法と、新聞、図書等の享受といった間接的方法がある。

外部交通の手段としての通信や新聞閲読などは、憲法上の基本的人権にかかわるものであることから、その制限は法律によって合理的範囲にとどめられなければならない。この点で、監獄法は、外部交通の手段を一切刑事施設側の許可にかからしめ、個別的および累進級別にこれを緩和するという考え方に立っているところに問題がある。

面会は、監獄法45条および同規則127条が定めている。原則として親族に限るものとし、刑務官立会いのもとに行われる。接見の時間は

30分以内，接見度数は，禁錮受刑者については15日ごとに，懲役受刑者については1月ごとに許される．累進第2級以上の受刑者または教化上その他必要があると認められる者には立会いが免除できる（行累65・66）．

監獄法および「刑事施設法案」は，通信の手段としては信書に限って認めている．監獄法は，信書の発受は当然に制限できるという前提に立って，発信数の制限および信書の検閲等を定めている（監則129～139）が，信書の発受は基本的人権であるから，その権利性を認めたうえで，合理的範囲内で制限すべきである．この点で刑事施設法案95条は妥当である．受刑者の作成にかかる文書図画の交付，出版は信書に準じて規制されるべきである（刑施102）．なお，電話は緊急の場合以外は不要であるとともに，通話の内容を規制するのが困難であることから通信手段としては認められていない．

外部交通の間接的方法には，新聞，図書等の印刷物およびテレビ，ラジオ，映画等の視聴覚機器によるものがある．現在，図書，新聞の閲読は原則として認められている．刑事施設法案32条も，書籍，雑誌，新聞紙その他の文書図画の閲覧が権利的性格をもつものであることを正面から認め，「規律・秩序」，「矯正処遇の適切な実施」の観点からのみ制限できるものとしている（刑施33）．→接見交通　　　　　　　　［吉田敏雄］

外部通勤（英）work release（独）Freigang　外部通勤とは，受刑者を監視なしで施設外の事業所に通わせ，一般人とともに同一の勤務条件で就業させ，終業後は施設に帰らせ拘禁する制度をいう．この制度はアメリカで今世紀の初めに採用され，その後ヨーロッパにおいて普及したものであり，わが国においても構外作業の1種として，緩和した警備による泊込作業ないし通役作業として実施されている．この制度は，正常な勤労生活の意義と価値を受刑者に理解させるとともに，社会人として最も必要な職場における学習を可能にし，あわせて受刑者の自立心と責任感の涵養に役立つことは否定できない．

構外作業は，刑務所が管理する構外作業場において行われるほか，民間企業の協力を得て一般事業所においても実施されている．その実施の態様としては，作業場に泊まり込んで行う「泊込作業」と，施設から作業場へ通勤して行う「通役作業」とがある．「泊込作業場」としては，大井造船作業場，尾道刑務支所管内の石井作業場などがあり，*開放処遇'が行われている．

通役作業は「外部通勤作業」（ワーク・リリース work release）に相当する．刑事施設法案67条は，外部通勤作業につき，「その円滑な社会復帰を図るため必要があるときは，期間を定めて，刑事施設の職員の同行なしに，その受刑者を刑事施設の外の事業所（「外部事業所」）に通勤させて作業を行わせることができる」（Ⅰ）としている．ところが，この法案では，「外部事業所の事業主は，いかなる名目によるかを問わず，受刑者に対し業務に従事することの対価を支払ってはならない」（Ⅱ）としており，せっかく，「外部通勤」という新しい名称の下で新たな「作業」形態を導入しておきながら，「賃金」の点では旧態依然たる制度であるのは，まさに画龍点睛を欠くと評価されても止むをえないであろう．「社会復帰」の円滑な実現を目的として実施される制度であるとすれば，その「社会復帰」の準備金，仕度金を作らせるためにも，「外部通勤」においては，ある一定の就業期間（たとえば最低6ヵ月）と賃金制は必要であろう．

外部通勤と並んで，アメリカ，ヨーロッパで実施されている外部通学制度の採用も考えられよう．それは刑務施設内教育よりもはるかに充実した教育を約束しよう．→外出，刑務作業，短期自由刑，ハイフィールズ　　　　　［吉田敏雄］

開放処遇　**1　開放処遇とその意義**

開放処遇とは，施設の物的逃走防止設備（周壁，錠，鉄格子）および人的逃走防止措置（武装看守，特別保安看守など）における拘禁度を緩和し，できるだけ刑務所の社会化を図り，受刑者の自律心および責任感に対する信頼を基礎として行われる処遇方法である．隔離と監視を基盤とした閉鎖処遇の弊害を少なくし，人的・物的な逃走防止措置を講じていない施設を開放施設という．

開放処遇の刑事政策的意義は，閉鎖処遇の欠陥を是正し，犯罪者処遇の理念である受刑者の個人の尊重と改善，社会復帰の推進に合致するとともに，行刑経済の効率化に寄与するという

点にある．開放処遇は，拘禁中心の処遇がもたらす苦痛を除去する点で人道主義に即し，受刑者の生活を一般社会の生活条件に近づけ，また，社会と接触させることによって受刑者の心身に好影響を与え，受刑者と職員間の信頼関係を生み矯正教育を可能にする点で社会復帰の理念に合致する．

2 開放処遇の発展過程 開放処遇は，19世紀半ばのアイルランド制における中間監獄の処遇のような形で古くからあったが，その発展の歴史をみると，労働力の利用，過剰拘禁の緩和策など，社会的，経済的な必要から実施された場合が多い．

開放処遇が矯正処遇の一形態として注目されるようになったのは，第2次大戦後のことであり，ことに，1955年にジュネーヴで開催された第1回国連犯罪防止および犯罪者の処遇に関する会議で，その必要性と有用性が強調され，同会議で決議された「被拘禁者処遇最低基準規則」で確認された．

3 わが国の開放処遇 第2次大戦中の造船隊や飛行場建設が，わが国における開放処遇の一例として挙げられるが，これは受刑者の労働力利用という国策によるもので，受刑者の改善更生を目標としたものではなかった．

開放処遇は，交通事犯禁錮受刑者が急増した昭和30年代半ばから本格的に実施されるようになった．1969年に開庁した市原刑務所は，交通事犯禁錮受刑者の開放処遇を目的として建築されたわが国最初の本格的な開放施設である．現在では，豊橋刑務所，加古川刑務所，大分刑務所，山形刑務所，函館少年刑務所，尾道刑務支所および西条刑務所で開放的な雰囲気で自主性を重んずる集禁処遇が行われている．なお，市原，加古川，西条の各刑務所では交通事犯懲役受刑者も収容している．交通事犯受刑者の開放施設適格基準は，成人受刑者であって，交通事犯以外の犯罪による懲役刑を併存せず，交通事犯以外の犯罪による受刑歴がなく，刑期がおおむね3ヵ月以上であって，心身に著しい障害がないことなどである．

一般受刑者に対する開放施設としては，1970年に喜連川刑務支所が開設され，喜連川農業・土木学園の名称の下に農業および土木の職業訓練(大型特殊自動車免許，危険物取扱主任者，ガス溶接士，自動車整備士などの免許取得も可能である)を中心に開放処遇が実施された．

開放処遇には，そのほか，B級受刑者を含めた受刑者一般を対象とする構外作業がある．これには，刑務所が直接管理・運営する構外作業場(鹿児島・吉松農場，網走・二見ケ岡農場，函館・鱒川農場，山形・最上農芸学園)において行うものと，民間企業の協力を得て，一般事務所(松山・大井造船作業場，岐阜・各務原(かがみはら)作業場，加古川・神戸鉄工団地，大分・豊海作業場)において実施されるものとがある．また，実施の態様としては，作業場に泊り込んで行う「泊込作業」と，施設から作業場へ通勤して行う「通役作業」(=*外部通勤)とがある．→外出，分類処遇，累進処遇，帰休制，少年院処遇

〔吉田敏雄〕

外務省秘密漏洩事件 1972(昭47)年3月，国会で野党議員が沖縄返還交渉に関する極秘の電信文を暴露し，入手経路が問題となった．その結果，毎日新聞のN(西山記者)が外務省のH事務官から秘密扱いの公電3通を入手したとして，Hが国家公務員法の*秘密漏示罪'(100Ⅰ・109⑫)に，Nが同*そそのかし'罪(111)で起訴された(西山事件)．東京地裁は，Hを有罪としたが，Nについては公電の秘密保護の相当性は小さいとし，取材の自由を理由に正当行為として無罪とした(東京地判昭49・1・31刑月6・1・37)．Hは控訴しなかったが，Nに対し検察官控訴があり，東京高裁は逆転有罪を言渡し(東京高判昭51・7・20高刑29・3・429)，最高裁もそれを維持し，懲役4ヵ月執行猶予1年が確定した(最決昭53・5・31刑集32・3・457)．

この事件では，①同法の秘密漏示罪の「秘密」が実質秘か形式秘か，②本件の外交密約が保護に値する「秘密」なのか，③本件での取材方法が*正当業務行為'といえるか等が問題となった．最高裁は，同法の秘密とは，「実質的にも秘密として保護するに値するものをいい，その判定は司法判断に服する」として，実質秘説を採用した．被告人側は，本件で秘匿されたのは，国会の条約審議権を侵害する違法な秘密であり，保護に値しないとしたと主張した．すなわち，

沖縄返還交渉では沖縄返還に伴う軍用地の復元補償および人身事故の補償を日本側が請求し、日米間の懸案になっており、返還協定ではアメリカ側が自発的に支払うとし、その旨国会でも説明していたが、実際には日本側が肩代わりするとの密約があったのであり、それは「違法な秘密」であって、保護に値しないと主張した。これに対して最高裁は次のように判断した。外交交渉の過程での会談の内容が漏示されるならば、外交交渉の効果的な遂行を阻害される危険性があるから、実質秘として保護するに値する。この密約は憲法秩序に抵触するとまではいえない。③につき、取材の手段・方法が刑罰法令に触れる場合だけではなく、取材対象者の人格の尊厳を蹂躙する等法秩序全体の精神に照らし社会観念上是認することができない態様のものである場合にも、正当な取材範囲を逸脱し、違法性を帯びる。N記者は秘密文書を入手する手段として、H事務官と性的関係を持ち、それを利用したものであるから、違法阻却を認められないとした。→秘密侵害、国家秘密、独立教唆罪
〔斉藤豊治〕

火炎びんの使用等の処罰に関する法律

1972(昭47)年に、火炎びんの使用・製造・所持等の取締りのために制定された。この法律は、火炎びんが1952(昭27)年以降に社会闘争手段として警察署等の襲撃に使用され始め、1960年代後半に学生運動の集団暴力の中心的な武器として使用されるに至ったことが立法化の背景にある。「火炎びん」とは、ガラスびんその他の容器にガソリン、灯油その他引火しやすい物質を入れ、その物質が流失し、または飛散した場合にこれを燃焼させるための発火装置または点火装置を施した物で、人の生命・身体・財産に害を加えるのに使用されるものをいう(1)。これと*爆発物取締罰則'にいう「爆発物」との相違は、判例上、同罰則の著しく重い法定刑を考慮すると、後者は爆発作用により公共の安全を乱し、または人の身体・財産を害するに足る破壊力を有するものに限定される点にあると解されている。火炎びん使用罪の保護法益は、1次的には公共の安全であるが、2次的には個々人の生命・身体・財産の安全である。本罪は、使用行為だけではなく、人の生命・身体・財産に対する危険の発生を要する点で具体的危険犯である。「使用」とは、引火しやすい物質を流失、飛散させて燃焼しうる状態に置くことをいい、未遂も処罰される。
〔奥村正雄〕

科学警察研究所

警察庁に付属する国立研究所。1948(昭23)年に、戦後の新憲法と新刑事訴訟法の制定による人権の尊重と証拠に基づく科学的な犯罪捜査の理念のもと科学捜査研究所として設立された。その後防犯少年部、交通部を加えて1959(昭34)年に現在の名称になり、さらに附属鑑定所、法科学研修所、法科学3部が追加されて今日に至っている。所長以下に上記部門、総務部のほか、交通部、防犯少年部、法科学1部、2部、3部が配置されている。業務として、犯罪科学に関する総合的な研究、*科学的捜査'、*鑑識'、犯罪および少年非行の防止、交通事故の防止その他交通警察に関する研究・実験を行う。具体的には、鑑定技術の確立、鑑識器材の開発、犯罪・非行原因の解明、防犯対策、交通の安全・円滑に関する研究など*犯罪捜査学'にとどまらず、ひろく犯罪学領域を対象とする。これらの業務を遂行するため、約90名の研究職員がそれぞれの専門に応じた部門に配置されて活動している。科学警察研究所報告などを発刊する。千葉県柏市に所在。なお、各都道府県には、同様の役割を果たす科学捜査研究所がある。
〔守山 正〕

科学的証拠

科学の諸分野における知識・技術等を活用して得られた証拠。近年の科学技術の進歩はめざましく、これを応用した*採証学'の発展は、プライヴァシーとの緊張関係を孕みながらも、捜査段階でその科学化に貢献するだけでなく、公判段階では事実認定の精度を高めるのに役立つ。科学的証拠の中でも特に重要なのが、*指紋'、血液型、*声紋'、足跡、*筆跡'、毛髪、臭気、*DNA鑑定'などによる同一性確認ないし異同識別である。その他、犯罪事実に関する認識の有無を機械的に評価するものとして、*ポリグラフ'が用いられることもある。問題は、これらの科学的証拠の*証拠能力'ないし*証明力'をどのように考えるかである。ある証拠につき証拠能力が認められるためには、その証拠が要証事実の存否の証明に役立ちうる性質(*関連性')を有していなければならない。関

連性は，自然的関連性と法律的関連性に分けて論じられるが，科学的証拠については，その性質上，自然的関連性が問題となる．したがって，当該証拠が要証事実を推認させるに必要な最小限度の証明力を有しているか否かが問題となり，証明力がほとんどゼロに近いものなどは，自然的関連性がないとして，その証拠能力が否定されることになる．もっとも，科学的証拠の自然的関連性の有無をいかなる基準で判断すべきかについては争いがある．ひとつは，類型的・定型的にみて検査の正確性・確実性の保証が欠けているとまではいえないときは，自然的関連性を肯定してもよいとする考え方である．しかし，これに対しては，アメリカにおけるいわゆる一般的承認の基準ないしフライ・テスト(Frye test)を参考に，検査の基礎となる科学的原理・法則が確実なものであること，および使用された検査の手法・技術がその科学的原理に基づく妥当なものであることが関連分野において一般的に承認されていなければならないとする考え方も示されている．

判例は，検査の科学的原理の確実さや検査技法の妥当性について一般的承認を得ているかをことさら問題にするのではなく，検査実施者の適格性，器具の性能・作動の正確性など，検査が正確に実施されていたことが担保されるか否かを重視し，それが整っているといえる場合に自然的関連性を肯定しているといえよう．もっとも，科学的証拠のみで有罪認定を行った事例は存在せず，この点に科学的証拠に対する裁判所の警戒心を読み取ることもできなくはない．
→自動速度監視装置　　　　　　　　[多田辰也]

科学的捜査　医学，生物学，化学，心理学等の専門的な科学知識を応用して行う捜査のこと．採証活動に科学を応用することは，法医学や裁判化学等から始められたが，現在では種々の科学的理論および技術を裏づけとして科学的捜査が推進されるに至っている．①犯人や被害者等の同一性を識別することは，刑事手続にとって重要な関心事である．そのための手段として，血液型(ABO式のほか，MN式，Q式，Duffy式，Kidd式など，種々の判定法がある)，指紋(終生不変，万人不同という特徴がある)のように，ほぼ確立されたものもある．一方，*声紋'鑑定，*毛髪'鑑定，足跡の識別，筆跡鑑定，警察犬による*臭気選別'などの手法により人の識別を試みることもなされているが，現状では，それらの役割は補助的なものにとどまっている．最近では，DNAの塩基配列の個体差を個人識別に利用する*DNA鑑定'も，いくつかの手法により実用化されるに至ったが，それらの証拠能力や証明力については，なお議論がある(MCT 118法によるDNA鑑定の証拠能力を認めた事例として最決平12・7・17刑集54・6・550がある)．②人の生死や心身の状態についても，科学的な手段で証拠が採集される．人の死亡原因・機序・時期等については，法医学が重要な貢献をしているし，身体内物質の判別のいくつか(覚せい剤の検出，アルコール濃度の判定等)については，化学的手法が確立されている．また，人がある事実を認識しているか否かについては，心理学・生理学を応用した*ポリグラフ'検査が用いられている．③物の存在や状態を認識するためにも，種々の科学的手段が用いられる．微物の検査，薬物の同定，自動車事故原因の特定は，その一例である．また，情報処理や通信技術の発達により，犯罪の態様も高度化・技術化してきているため，コンピュータによるデータ処理等について，捜査機関の側でも対応がせまられている．

科学的捜査の手法には，現行法の制定当時には予想されていなかったものもある．それらがプライバシー等の法益を侵害することがあるから，そのような手段の必要性と侵害される利益の性質・程度とを慎重に衡量しなければならない．また，収集された科学的証拠について厳密な検討を怠ると，事実認定に決定的な影響を及ぼしかねない．したがって，個別の手段ごとに，そのような捜査が許容されるか否か，許容される場合の要件・手続，収集された証拠の証拠能力・証明力の有無ないし程度を判断していく必要がある．→科学警察研究所　　　　　[長沼範良]

化学兵器の禁止及び特定物質の規制等に関する法律　1992年12月に採択された「化学兵器の開発，生産，貯蔵及び使用の禁止並びに廃棄に関する条約」の批准に必要な国内措置として1995年制定された．①化学兵器の製造，所持，譲渡，譲受，②化学兵器の製造の用

に供する目的での毒性物質等およびその原料物質の製造，所持，譲渡，譲受，③専ら化学兵器に使用される部品，化学兵器使用の際に用いられる機械器具のうち施行令で定めるものの製造，所持，譲渡，譲受を禁止し(3)，その違反にそれぞれ懲役もしくは罰金刑を予定する(39．未遂罪39Ⅳ)．化学兵器の製造(39Ⅰ)については予備も処罰する(41)．また，化学兵器使用による毒性物質等の発散を特に重く処罰する(38，無期もしくは2年以上の懲役または1,000万円以下の罰金．未遂・予備罪あり38Ⅱ・40)．さらに，化学兵器製造の目的がない場合にも，毒性物質およびその原料物質のうち，化学兵器の製造の用に供されるおそれが高いものとして政令で定める「特定物質」および，それ以外の毒性物質等で化学兵器の製造の用に供されるおそれがあるものとして政令で定める「指定物質」(以上，定義規定，2)の製造，使用，譲渡，運搬，廃棄その他の取扱いに行政的な制限を設け(4以下)，その違反に対しても刑罰を以て臨む(43以下)．→サリン等による人身被害の防止に関する法律　　　　　　　　　　　[葛原力三]

核原料物質，核燃料物質及び原子炉の規制に関する法律　　核物質および原子炉の平和的・計画的利用の確保，災害の防止，核燃料物質の防護，および関連する国際条約の実施に必要な規制を行うことを目的として1957年に制定された．その後数次の改正を経ている．略称，「原子炉等規制法」．製錬・加工事業，原子炉設置，原子炉運転計画，再処理事業，廃棄事業等の指定・許可・届け出といった事業規制，および保安・防護規定の定立・認可等の保安措置のための規制等の，主に行政法的諸規制およびその違反に対する罰則とからなるが，独立した犯罪構成要件も設けている．まず，特定核燃料物質をみだりに取り扱うことにより核分裂の連鎖反応を引き起こしまたは放射線を発散させて人の生命・身体または財産に危険を生じさせる罪(76の2，1988年の改正により新設．改正以前は「核爆発」を生じさせる罪．)には，10年以下の懲役を予定し，未遂も処罰する．また，特定核燃料物質を用いた脅迫，特定核燃料物質の窃取・強取の告知による強要(76の3Ⅰ・Ⅱ)という，いわゆる「核ジャック」行為に対しても3年以下の懲役を以て臨む．いずれの罪についても，国外犯(条約による国外犯，刑4の2)を処罰する(76の4)．　　　　　　　　[葛原力三]

確信犯　(独) Überzeugungstäter　政治的，宗教的または思想的確信から実行される犯罪．政治的確信によるものは，とくに政治犯と呼ぶ．戦前の治安維持法違反の「犯罪」がその例である．オウム真理教団の一連の犯罪は，宗教的確信犯の例である．東西冷戦が終息すると，各国で宗教的確信犯によるテロリズムが問題となり，特別な対策立法を制定する動きがある．確信犯人には動機が非破廉恥であるので，名誉に配慮した特別な処遇をするという考え方がある．わが国でも内乱罪は禁錮のみを規定し，公務執行妨害罪や騒乱罪などでは禁錮が選択刑として認められている．*ラートブルフ'は，価値相対主義に基づき，確信犯人に対する名誉拘禁を提唱した．しかし，内乱も破廉恥な動機に基づく場合があるし，殺人等の一般の犯罪が世界観的確信から行われる場合もある．そこで，動機も確信犯か否かの判断基準となる．かつて「外国人登録および難民登録法」は外国人に指紋押捺を義務づけていたが，多くの定住外国人がこれを人権侵害として拒否し，処罰された．これらの事例も，動機に焦点を当てれば，確信犯といえる．これに対して，動機は刑事責任の量には反映するとしても，刑事責任の質の転換をもたすべきではないとして，動機という内面にまで立ち入って確信犯か否かを判断することを疑問とする見解もある．また，確信犯人の特別処遇に対しては，懲役・禁錮の区別の廃止を主張する*自由刑単一化論'からは，強い批判がある．

確信犯人には*違法性の意識'がないとの見解もあったが，確信犯人は自己の行為の正統性を超実定法的世界観に求めており，実定法秩序に違反するという認識は存在し，違法性の意識はある．民主主義の未発達の社会ほど，政府権力に批判的な確信の表明は違法とされがちであり，厳罰で対処しようとする．徳川幕府のキリシタン弾圧がその例である．また，治安維持法は，戦時体制の確立のため1941(昭16)年に全面改正され，禁錮刑が削除された．反対に，民主主義と人権保障が高度に発達した社会であれば，

自己の信条を訴えるために適法な方法を選択する余地が広い．あえて確信犯がなされるとすれば，それは民主主義や人権を否定し敵視する世界観によることが多い．反民主的な社会ほど，確信犯人の名誉を重んじた特別処遇の必要性は大きいが，それが現実に行われる可能性は小さい． [斉藤豊治]

覚せい剤取締法 *あへん法', *大麻取締法', *麻薬及び向精神薬取締法'と並ぶ，いわゆる薬物四法のひとつ．覚せい剤の濫用による保健衛生上の危害を防止するため，覚せい剤および覚せい剤原料の輸出入，所持，製造，譲渡，譲り受け，および使用に関して必要な取締りを行うことを目的とする(覚せい剤1)．覚せい剤は，当初，旧薬事法(昭23法197)によってその製造や譲渡が規制されていたが，戦後の覚せい剤濫用の深刻化に対応するため，本法が制定された(昭26法252，昭26・6・30公布，同年7・30施行)．

本法は，数次の改正を経て，処罰範囲の拡大や法定刑の強化を行ってきたが，近時，*薬物犯罪'に対する世界的な取り組みの中で締結された，いわゆる麻薬新条約の義務履行のための措置として，麻薬及び向精神薬取締法等の一部を改正する法律(平3法93，平2・10・5公布，平3・7・1施行)による改正がなされ，覚せい剤原料に対する規制の整備，国外犯処罰規定の新設などが行われた．

本法は，8章44条から成り，その構成は，総則(第1章)，指定および届出(第2章)，禁止および制限(第3章)，取扱(第4章)，業務に関する記録および報告(第5章)，覚せい剤原料に関する指定および届出，制限および禁止並びに取扱(第5章の2)，監督(第6章)，雑則(第7章)，罰則(第8章)である．本法41条の罪(覚せい剤をみだりに輸出入等する罪)等の罪を犯して得た不法収益を隠匿する行為，収受等する行為は，いわゆる麻薬特例法により，それぞれ，不法収益等隠匿罪(麻薬特9)，不法収益等収受罪(10)として処罰される． [近藤和哉]

拡張解釈 (英) extensive interpretation (独) extensive Auslegung (仏) interprétation extensive　拡張解釈とは，法律の文言の意味をその言葉の日常的意味を超えて拡張する解釈方法をいい，立法目的・趣旨から法文の意味を導く目的論的解釈のひとつである．

刑法の解釈も基本的には一般の法解釈と異ならない．文理解釈や論理解釈に加え，目的論的解釈として拡張解釈も許される．それは，*刑事立法'も犯罪行為を網羅できるものではなく，時代の進展に伴い新たな犯罪が起こるが，これに対応した立法の改変が機敏に行われないからである．*わいせつ物陳列罪'(刑175)において，映画の映写(大判大15・6・19刑集5・267)や録音テープの再生(東京地判昭30・10・31判時69・27)が「陳列」(辞書では「見せるためにものをならべること」)とされたり，器物損壊罪(261)では器物の本来の効用を害する一切の行為を「損壊」(辞書では「害をうけてこわれること」)とする(最判昭32・4・4刑集11・4・1327)ことが，拡張解釈の例として挙げられる．

刑法の目的論的解釈では，処罰による犯罪の抑止とともに，公正な告知および刑罰権の恣意的濫用の防止という目的も重視される．そこで，利益衡量に基づき行為の要罰性・当罰性が認められても*罪刑法定主義'による形式的限界がある．

第1に，拡張解釈は「言葉の客観的に可能な意味の範囲内」でなければならず，これにより*類推解釈'と区別する見解が多い．しかし，この境界線はかなりあいまいである．言葉の可能な意味の確認方法は明らかではなく，直感的判断によるならば，あるいは可能な意味と日常的意味とが大きくずれるならば，罪刑法定主義の要請とは矛盾する．そこで，言葉の解釈可能な範囲内にあっても，国民の予測可能性を超える拡張解釈は許されないとする見解もある．行為の当罰性に関する予測可能性や，その意味を予測できないことはないという低い予測可能性では，限定機能を果たさないであろう．

第2に，拡張解釈が可能であっても，その解釈により文言の特定性・限定性が損なわれ処罰範囲が無限定となるならば，罪刑法定主義の明確性の要請が実質的に否定されるから，その解釈は許されるべきではない．

罪刑法定主義の趣旨を徹底すれば，刑法の解釈は文言の同時代的な日常的意味(辞書的意

味)の範囲内にとどめざるをえないのではなかろうか。ちなみに、英米法では拡張解釈は許されていない。刑法の解釈は厳格でなければならない。→縮小解釈，反対解釈，勿論解釈

[門田成人]

拡張的正犯概念 (独) extensiver Täterbegriff　犯罪事実(構成要件該当事実)の実現に何らかの条件を与えて関与した者はすべて正犯である，とする正犯概念を拡張的正犯概念という。これに対し，制限的正犯概念(限縮的正犯概念)は，自ら直接構成要件を実現した者を正犯であるとする。拡張的正犯概念は，制限的正犯概念の立場を形式的に貫徹させた正犯理論における形式的客観説によると，*間接正犯'の場合を正犯概念に包摂することが困難であるため，形式的に実行行為を行った者でなくとも正犯とする必要から主張された。すなわち，拡張的正犯概念を採用すれば，犯罪事実実現に対し因果的な寄与をなした者はすべて正犯であり，本来的に処罰されるべき者である。また，構成要件該当事実を他人を通じて間接的に実現した場合であっても，むしろ因果的には最初の原因を作ったとみられるのであって，いわゆる間接正犯の場合も当然正犯であることが帰結される。

このようにすべての関与者を正犯とする立場からは，現行日本刑法のように共犯を正犯と区別して規定し，特定の態様で因果的寄与を与えた者(教唆・幇助)を共犯として(通常は第2次的処罰対象者として正犯より軽く)処罰する場合，それは本来的に処罰される者の範囲からいえば限定的な処罰を規定するものであって，その意味で実定法上の共犯規定は刑罰縮小原因であると位置づけられることになる。しかし，拡張的正犯概念が，構成要件実現のための因果的寄与をなした者は実行行為を行った者であり，したがって実行行為を行う正犯であるとする構成をとるならば，実行行為概念の内実が希薄化することは否めない。構成要件該当性判断に際して，実行行為概念を中核に犯罪成立要件をできるだけ明確に記述することによって罪刑法定主義を実効あらしめようとする通説的思考からは，いわゆる構成要件の保障的機能，類型化機能を減殺するおそれがあると批判されよう。今日，間接正犯の正犯性を拡張的正犯概念に基づいて説明するものはほとんどない。

なお，わが国の確立した判例となっているいわゆる共謀共同正犯概念は，実際上狭義の共犯の成立する範囲を著しく狭める結果を招いており，事実上拡張的正犯概念が採用されていると評価する向きもある。理論的に正犯概念を拡張的正犯概念の立場から構成するだけでなく，立法上共犯カテゴリーそのものを認めない場合を単一的(統一的)正犯概念という。

[橋本正博]

確定後救済手続　裁判が最終的に確定すると既判力が生じ，もはや上訴でその当否を争うことはできなくなるのが一般原則であるが，万一事実問題や法律問題に重大な誤りがあることが判明した場合には，それを是正して正義の回復を図り，司法に対する信頼を取り戻す必要がある。そこで，法は，法的安定性の要請と具体的な判決の適正の要請を調和させるため，裁判が終わった後でも，*再審'(刑訴435以下)と*非常上告'(454以下)という特別の是正・救済方法を用意している。従来，非常救済手続と呼ばれてきたが，より平明で端的に手続内容を示すものとして，これを確定後救済手続と呼ぶ方が適当であろう。このように，再審と非常上告は，確定判決を対象とする点で上訴とは異なるが，再審が事実認定の誤りの是正・救済を目的とするのに対し，非常上告は法令違反を是正し法令解釈の統一を目的とする点で違いがある。

[加藤克佳]

確定判決　通常の不服申立方法が許されなくなった*判決'が，確定判決である。裁判所の公権的判断たる意思表示を裁判といい，この裁判には判決，決定，命令の3種類がある。このうち判決は，裁判主体および成立手続において最も厳格な裁判形式である。すなわち，判決は，裁判所によって，口頭弁論に基づいて行われる(刑訴43Ⅰ)。判決に対する上訴方法は，控訴・上告であり，また判決には必ず理由を付さなければいけない(44Ⅰ)。判決が成立するプロセスであるが，評議の多数決などによってまず内部的な成立があり，次に，法廷において宣告があり(刑訴規35Ⅰ)，これで外部的成立をみるという過程を経る。

終局裁判のうち，有罪・無罪の実体裁判，形式裁判のうち管轄違い(刑訴329)，免訴(337)，

刑事訴訟法338条の公訴棄却は、判決によらなければならないことになっている。以上の判決が、判決としての効力、たとえば執行力をもつためには、「確定」する必要がある(471)。確定とは、通常の不服申立方法で争うことができない状態をいい、一般には控訴期間、上告期間が過ぎることで確定する(373・414・418)。確定した判決を確定判決という。ただし、確定しなければ本来の効力を有しないという原則には例外があり、禁錮以上の刑に処する判決があったときは、確定しなくても、保釈または勾留の執行停止はその効力を失うとされている(343)。

ところで、刑事訴訟法337条1号は、「確定判決」を免訴事由にあげている。これは、判決という厳格な手続を経た裁判が確定した以上、再度の訴えを認める必要性に乏しいところから、起訴があっても免訴という形式裁判で打ち切ることとしている。これを被告人の側からみれば、1度確定判決にいたる手続的負担を受けた以上、2度とむしかえされないことが保障されているともいえる(二重の危険)(憲39)。通説は、ここにいう確定判決として、有罪、無罪の実体判決のほか、免訴も含まれると解している。→確定力、裁判の成立、形式的確定力　　[白取祐司]

確定力　裁判が確定することによって生じる効力を、確定力という。確定力にはいくつかの種類があるが、最も重要なのは、裁判が確定することによって、その判断内容に生じる拘束力で、確定後は、後の裁判所はこれと矛盾した裁判ができなくなる。これを*内容的確定力*という。この内容的確定力を確認効と呼んで拘束力と区別する学説もあるが、議論が複雑になるだけであまり実益のある区別のようにも思われない。狭義の既判力は、この内容的確定力を指す。内容的確定力が生じるためには、裁判が形式的に確定する必要がある。すなわち、控訴、上告など通常の不服申立方法では争えない状態になる必要がある。こうなった状態を、*形式的確定力*という。実体判決の内容的確定力のことを、とくに実体的確定力、論者によっては実質的確定力という。一部上訴があった場合、たとえば併合罪について可分の有罪部分についてのみ上訴があったとき、上訴のない無罪部分については実体的確定力が生じ、上訴審の破棄を免れる(一部確定力)と解すべきである。ただし、判例には反対の趣旨のものがある(最判昭48・3・22刑集27・2・167)。

確定力が発生する根拠について、かつての通説は、確定判決によって当該事件についての具体的規範が形成される、と考え、このような具体的規範を形成する力が内容的確定力だとした(具体的規範説)。発生した具体的「規範」から、執行力、*一事不再理*、後訴に対する拘束力が導かれるというのである。具体的規範説は、整合的な論理を提供してくれる反面、説明があまりに形而上学的で、実質的論拠を示していない。この説の発想自体、職権主義的なものであるだけでなく、実体法的考察方法にたっており、訴訟法理論として支持しえないとの批判が生じた。そこで登場するのが、訴訟法説である。訴訟法説によれば、確定力(*既判力*)は、前訴の後訴に対する効力だととらえれば十分であり、それ以上の訴訟の「本質論」は不要だと考える。裁判は、当事者の権利・義務に密接な関係をもつからいつまでも浮動的では法的安定性を欠くし、訴訟制度としての機能を発揮できない。このような、訴訟制度内部の要求から、確定力は認められる。この訴訟法説は、今日の通説である。

なお、実体判決に関しては、一事不再理(二重の危険)の効力が生じるから、判断内容の後訴への効力たる内容的確定力は、おもに形式裁判について問題になる。→確定判決、裁判の成立
　　[白取祐司]

科刑上一罪　数個の犯罪が成立しているが、統一的に1個の刑が科される場合である。処断上一罪とも呼ばれる。現行刑法の定める科刑上一罪として、1個の行為が2個以上の罪名に触れた場合の*観念的競合*、および犯罪の手段もしくは結果である行為が他の罪名に触れた場合の*牽連犯*がある。これらの場合には、成立した数罪の刑のうち「最も重い刑により処断する」(刑54Ⅰ)。ただし、これは、*罪数*の判断基準に関する法益説・構成要件説による理解であり、意思説・行為説は観念的競合を*本来的一罪*とし、意思説は牽連犯をも本来的一罪とする。したがって、意思説にとっては科刑上一罪という観念は必要ないことになり、行為説にとっては牽連犯だけが科刑上一罪だということに

なる．判例は，牽連犯を科刑上一罪としているが(最判昭23・5・29刑集2・5・521)，観念的競合についても同様であるとみてよい．

観念的競合および牽連犯の処断が数罪中の最も重い刑によるとされていることについて，判例は，数個の罪のうち最も重い刑を定めている法条によって処断するという趣旨とともに，他の法条中の最も重い下限の刑よりも軽く処断することはできないという趣旨を含むとしている．したがって，公務執行妨害罪(75)と傷害罪(204)とが観念的競合の場合，最も重い刑を定めた傷害罪の刑によって処断すべきであるが，そこに選択刑として定められている罰金刑に処することはできない(最判昭28・4・14刑集7・4・850)．公務執行妨害罪の刑が懲役または禁錮であるから，罰金刑に処すると，これよりも軽く処断することになるからである．このように他の罪の刑を考慮することは，科刑上一罪が本来的には数罪であることによるものである．しかし，学説の多くは，その数罪性を徹底し，単に法条に定められている刑すなわち法定刑を比較するのではなく，各罪の法定刑に加重・減軽を施したうえで刑の比較を行うべきだとする．この比較を刑種の選択の後に行うか否かについては，さらに争いがある．

科刑上一罪は，社会的事実として一体的なものであり，1個の刑罰請求権に基づいて処断されるものであるから，これを構成するある罪について確定裁判があった場合には，その既判力は他の罪にも及び，一事不再理の原則の適用を受ける．→かすがい現象，連続犯　[山火正則]

加減的身分　犯罪の主体が一定の身分を有する場合に限定される犯罪を身分犯というが，当該身分があることによって，本来可罰的な行為の法定刑が加重または減軽される場合を加減的身分犯といい，その場合の身分を加減的身分という．不真正身分とも呼ばれる．たとえば，常習賭博罪(刑186Ⅰ)における常習者たる身分が加重身分の例であり，自己堕胎罪(212)における妊婦という身分が減軽身分の例である．これに対して，身分がはじめて行為の可罰性を基礎づける場合を構成的身分犯という．身分犯における'共犯'の成立の問題については刑法65条が規定している．→構成的身分，共犯と

身分　[西田典之]

加減例　刑法は第1編総則の第13章で，刑罰を減軽する程度・方法および加重減軽の順序を定めている．これを加減例という．

(1)　法律上刑を減軽すべき(*法定減軽')事由もしくは裁判上の減軽(*酌量減軽')事由が1個または2個以上あるときの減軽の程度は，つぎのようになる．

(a)　死刑を減軽するときは，無期懲役もしくは禁錮または10年以上の懲役もしくは禁錮とする(68①)．懲役とすべきか禁錮とすべきかは，犯罪の性質による．たとえば，内乱罪の法定刑は死刑と禁錮であるから禁錮となり，死刑と懲役が法定刑である殺人罪は懲役，死刑以外に選択刑のない外患誘致罪においては，外患罪の他の規定から懲役となる)．

(b)　無期の懲役または禁錮を減軽するときは，7年以上の有期の懲役もしくは禁錮とする(68②)．懲役と禁錮の間の刑種の変更は認められない)．

(c)　有期の懲役または禁錮を減軽するときは，その刑期の2分の1を減ずる(68③)．法定刑の長期と短期のそれぞれが半減され(最判昭25・11・9刑集4・11・2244)，1月未満に下げることができる．14)．

(d)　罰金を減軽するときは，その金額の2分の1を減ずる(68④)．その多額と寡額のそれぞれが半減され，1万円未満に下げることができる．15但)．

(e)　拘留・科料を減軽するときは，その長期・多額の2分の1を減ずる(68⑤・⑥)．

法定減軽の場合，複数の減軽事由が認められても，減軽は1回に限られ(最判昭24・3・29裁判集刑8・455)，各本条に2個以上の主刑が選択刑として規定されていれば，まず適用すべき刑を選択した後，その刑を減軽することになる(69)が，併科されている場合は，各主刑を減軽した上で併科することになる．自由刑(懲役・禁錮・拘留)を減軽した結果，1日に満たない端数が生じた時は，これを切り捨てる(70)．

(2)　同時に刑を加重・減軽する場合は，①再犯加重，②法律上の減軽，③併合罪の加重，④酌量減軽，の順序による(72)．→再犯

[西村秀二]

過失 (羅) culpa (独) Fahrlässigkeit (仏) faute (英) negligence **1 意義** 過失とは，一般には「あやまち」とか「しくじり」といった意味である．しかし，*刑法'で過失という場合には，209条や210条などの*過失犯'の規定がある場合に，それらに規定されている「人の死傷」などの結果を引き起こす原因となった不注意をいう．現行刑法は，「罪を犯す意思がない行為は，罰しない」として，犯罪行為は故意によるものが原則であることを明らかにし，ついで「ただし，法律に特別の規定がある場合は，この限りでない」と定め，故意のない行為の処罰は例外であることを明らかにしている（刑38 I）．さらに，*重過失'や*業務上過失'の場合には，法定刑が加重されることがある（117の2, 129 II, 211）．

2 刑事責任の根拠 伝統的な過失論（*旧過失論'）では，過失は*故意'と並ぶ責任条件であって，*過失犯'はただ*責任'の段階で故意ないし無過失と区別される．これに対し，*新過失論'によれば，過失はすでに構成要件ないし違法性の要素であり，過失犯は*構成要件'要素ないし違法要素としての故意・過失の有無により故意犯および無過失と区別される．

この場合にまず問題となるのは，なぜ過失にすぎなくても刑事責任の追及が可能なのかということである．過失の場合，行為の反対動機とすべき現実の「予見」のないことが問題なのである．たしかに，結果発生の可能性を一応考えたという意味での*認識ある過失'という観念は存在するが，そこにいう「認識」の内容は，いまだ当該結果について「故意の」責任を負わせるほどの具体的内容をもっておらず，したがって，反対動機とすべき「予見」をもちながら行為に出たことを責任の根拠とすることはできない．

これについては，一般に，つぎのように答えられる．すなわち，行為者は「注意をしていれば」犯罪結果を予見でき，それによって行為を思いとどまることができたであろう．なのに，行為者は「注意をせず」，そのためその行動を思いとどまるべき反対動機を得られずに，結果を発生させたのである．ゆえに，「注意をせずに」犯罪結果を発生させたことは非難に値する．つまり，過失責任は「注意をしていれば」という仮定的な判断を介した結果惹起に対する「間接的な責任」なのである．同時に，この意味での不注意は，犯罪結果がまだ回避できる時点で存在すること（*結果回避可能性'）が必要である．

3 過失の体系的地位 つぎに，過失の体系的地位については，前述のように旧過失論が過失を責任条件とするのに対して，新過失論は構成要件的過失を構成要件の要素とする．もっとも，新過失論が構成要件の要素とする過失は「行為者の立場に置かれた一般人」の注意能力を基準とする「客観的*注意義務'違反」であり，責任の段階で，違反された「客観的注意義務」が行為者本人に遵守可能であったことが要求されるので，この段階で，責任要素としての過失が否定される余地があることに注意しなければならない．

しかし，たとえば，強度の近視の者に対して眼鏡をかけて運転する義務を定立するには，行為者の視力を初めから考慮しないわけにはいかない．逆に，注意義務の履行可能性を検討する際にあくまで「行為者本人」の能力・資質を基準として，たとえばきれいな女性を見ると必ずわき見運転をしてしまう男性を，わき見運転中の事故について無罪とすることも不合理である．

そこで，能力一般についてこのような「一般人」「行為者」という二重の基準をとるのではなく，構成要件ないし違法性の段階では，その行為の有する当該結果発生の「実質的で許されない危険」を要求し，責任段階では過失を「生理的なもの」は主観的基準で，「規範心理的なもの」は客観的基準で判断すべきだとする「能力区別説」が近年有力となっている．これによれば，「実質的で許されない危険」行為という意味での「客観的注意義務違反」や結果回避可能性は故意結果犯と共通の要件であり，責任要素である行為者にとっての結果の*予見可能性'（主観的予見可能性）のみが，真に過失に固有の要件である．

4 管理者・監督者の過失 近年の刑事実務では，火災，ガス爆発，公害，食品・薬品公害などの領域において，現場の作業員，従業員ばかりでなく，監督者，管理責任者の過失責任を問う傾向が強まっている（最決平2・11・16刑集

44・8・744など).このような,管理者または監督者的立場にある者の過失結果犯に関する罪責を,*監督過失'または管理・監督過失と呼ぶ.もっとも,管理・監督過失といっても,適用されるのは刑法209条以下の通常の過失致死傷罪規定であって,これと異なる特別の過失規定があるわけではない.管理・監督過失の追及は,個人の行為責任を基礎とした刑法の建前では捉えきれない数々の問題を抱えており,事故原因を解明して同種事故の再発防止をはかるうえでも矛盾をはらんでいる.とくに,未知の災害において管理者側の刑事責任を追及すると,憲法は何人も自己に不利益な供述を強制されないことを保障しているので(憲38Ⅰ),事故原因の解明のために管理者側の協力を得ることが困難になる.そこで,無理な刑事責任の追及よりも,アメリカの国家運輸安全委員会(National Transportation Safety Board)のように,刑事責任を免責することによって事故関係者に真実を語らせるほうが望ましいという声もある.

5 過失犯の罪となるべき事実 過失行為者に複数の不適切行動があった場合,あるいは,一つの行動に複数の不適切な側面があった場合に,何を'訴因'(刑訴256Ⅲ)ないし*罪となるべき事実'(335)とすべきか,という問題が実務では重視されている.このような場合に,結果発生に直近する行為だけを「過失」とすべきか(*段階的過失論'または直近過失説),それとも不適切と見られる行為をすべて列挙すべきか(過失併存説)が争われるのである.→信頼の原則,責任条件　　　　　　　　　　　　[松宮孝明]

過失致死罪 (独)Fahrlässige Tötung 過失により人を死亡させる罪のことをいう.保護法益は,人の生命である.刑法典第28章「過失傷害の罪」の210条に規定されており,刑は,50万円以下の罰金と軽い.ところが,同じ過失致死罪でも,一定の法益侵害が発生する危険性を伴う業務に従事する者が,注意義務を怠り,その業務上の過失行為によって人を死亡させると,211条前段の業務上過失致死罪が成立し,より重く処罰される(5年以下の懲役もしくは禁錮または50万円以下の罰金).自動車事故をはじめ,実際上の適用は,この罪名の方が多い.過失犯では多数の死傷者が出ることが多いが,その場合には業務上過失致死傷罪としてまとめて同条前段を適用する.「業務」とは,その人の社会的地位に基づき継続反復して行う事務で,かつ他人の生命・身体に危害を加えるおそれのあるものとされており,直接的な業務内容にとどまらず,最近ではホテルやデパートの経営者等,管理・監督者にも適用される傾向にある.また,業務上の行為でなくとも,わずかの注意を払えば容易に結果発生を予見でき回避しえた場合は,重過失致死罪として同条後段により,業務上過失致死罪と同様に重く処罰される.なお,立法論としては,「業務上」という理由だけで重く処罰することは不合理だとして,業務上過失致死傷罪という規定を削除すべきだという見解もある.　　　　　　　　　　[甲斐克則]

過失致傷罪 (独)Fahrlässige Körperverletzung 過失により人を傷害する罪のことをいう.保護法益は,人の身体の完全性または生理的機能であるとするのが通説である.刑法典第28章「過失傷害の罪」の209条に規定されており,過失傷害罪ともいう.刑は,30万円以下の罰金または科料であり,親告罪とされている.ところが,同じ過失致傷(傷害)罪でも,一定の法益侵害が発生する危険性を伴う業務に従事する者が,注意義務を怠り,その業務上の過失行為によって傷害結果を発生させると,刑法211条前段の業務上過失致傷罪(業務上過失傷害罪ともいう)によって,より重く処罰される(5年以下の懲役もしくは禁錮または50万円以下の罰金).「業務」とは,その人の社会的地位に基づき継続反復して行う事務で,かつ他人の生命・身体に危害を加えるおそれのあるものとされている.したがって,職業や営業に限定されるわけではなく,社会生活において反復継続して行う意思があれば,1回きりの行為でも業務性が肯定される(たとえば無免許運転による事故).また,注意義務違反の程度が著しい場合,すなわち,わずかの注意を払えば容易に結果発生を予見でき回避しえた場合を重過失といい,業務上でなくとも,傷害結果を発生させれば,重過失致傷罪(重過失傷害罪)として同条後段により業務上過失致傷罪の場合と同様に重く処罰される.　　　　　　　　　　　　　　[甲斐克則]

過失の共同正犯　　1 過失の共同正犯否定

説 *過失の共犯*の中心ともいうべき過失の*共同正犯*については、そもそもこれを認めることができるかが、大いに争われている。刑法60条の「共同して犯罪を実行」という文言は、双方に故意のあった場合をすぐに思い浮かばせる反面、双方に過失しかなかった場合をも指す表現とは、一見、解しにくい感があるうえ、実質的にも、むしろ無意識的な部分が中心となる過失犯については共同実行ということは考え難いようにも思われる。こうして、従来は、学説上、とくに、共同正犯は数人が共同して「特定の犯罪」を実行することであるとする*犯罪共同説*からは、過失の共同正犯は認められないとの見方が一般的であり、各自につき過失の単独正犯の成否を考えれば足りる、とされてきた。現在も、否定説はなお有力である。判例上も、大審院時代は、過失の共同正犯が否定されていた。

2 過失の共同正犯肯定説 しかし、最高裁判所の判例は過失の共同正犯を認めており（最判昭28・1・23刑集7・1・30。なお、下級審のものとして、名古屋高判昭61・9・30高刑39・4・371、東京地判平4・1・23判時1419・133等）、犯罪共同説の論者からも、過失の共同正犯肯定説が有力に唱えられるに至っている。たとえば、共同行為者に共同の注意義務が課されているところで、共同行為者が共同してその注意義務に違反したとみられる共同過失の場合、過失の共同正犯を認めうるとか、不注意な行為も一定の過失犯という犯罪の実行でありうるわけであり、さらに、共同正犯を実質的に基礎づけるものが相互（実行）分担・相互影響にあるとするのであれば、こうした関係は過失犯の場合にも存しうるし、過失の共同正犯を認めれば、過失犯の単独正犯は認め難いところでも有罪となしうる場合があるから、実益もある、とか論ずるのである。また、共同正犯は数人が「行為」を共同して各人の犯罪を行うものであるとする*行為共同説*も支持を広げており、この立場からは、普通、過失の共同正犯が肯定されている。文明が発達するにつれ、共同作業の場における過失に基づく惨事に対し、刑法的規制を密にすべしとの考えが強まるのは自然であろう。

3 過失の共同正犯の要件 過失の共同正犯を認めるとしても、これを広く認めると、行為者も世人もその処罰に納得できないという事態が生じうる。そこで、過失の共同正犯の理論は、一方が他方の行為についてまで注意しなければならない場合だけを捉えるものであるとされたり、他の仲間の行為についても気を配る義務が強調され、あるいは、各人が相互に注意し合うことが要求される場合でなければならない、というような形で絞りがかけられている。結局、過失の共同正犯が認められるためには、直接に結果を発生させたのは相手方であれ、自らも、同一の注意義務に違反する不注意な行動に出ており、かつ、（作為・監督不行届により）相手方の不注意を誘発したとまではいえないにせよ（そういえれば、間接正犯形態の過失単独正犯に問いうる）、相手方の不注意を維持・助長しており、しかも、結果発生の危険ある行為の意識的な共同遂行者で、相手方の不注意な行動をチェックし安全を確保すべき義務もあった、とみられるような場合に限定すべきことが考えられよう。なお、最後の安全確保義務違反を問題とすることは、過失単独正犯（の同時犯）を認めれば足るとの有力説とも接点をもつが、その義務違反のみで十分とする（そうすると、過失共同正犯肯定説より過失犯の成立が容易に認められる）ことの当否は、問題であろう。　　　　［斎藤信治］

過失の共犯　過失の*共犯*として問題になるのは、*過失の共同正犯*、過失の教唆、過失の幇助の成否である。過失の共同正犯については、判例（最判昭28・1・23刑集7・1・30）のほか、*行為共同説*のほとんどと犯罪共同説の一部の論者がこれを肯定している。他方、過失の教唆・幇助としては、過失による教唆・幇助が意味されていることが多かろうが、別に、過失犯に対する教唆・幇助の場合も考えられうるので、それぞれについて検討する必要がある。

犯罪共同説の立場からは、過失による教唆・幇助を考えることは困難である、ともされる。それに対して、従来の行為共同説からは、過失による教唆・幇助もありうると解されてきた。たとえば、激情家に対し、特定人を「売国奴」とか「民衆の敵」と罵ることによって、思いがけず、殺意を抱かせ、事を決行するに至らせるようなことは、過失による教唆犯である、と論じられるのである。しかし、理論的には過失に

よる教唆・幇助がありうるとしても，現行法は，過失による教唆・幇助の処罰規定を置いていない(刑38Ⅰ参照)とみる論者も多く，そうだとすれば，結局は，過失による教唆・幇助は処罰されないことになる．最近は，行為共同説の立場からも現行法上は不可罰とするのが一般となっている．

つぎに，過失犯に対する教唆についても，教唆行為によって正犯者に特定の犯罪の故意が生じることが必要であると解するときには，これを否定し，むしろ，間接正犯として構成すべきである，ということになる(多数説)．これに対して，少数説は，行為共同説の見地から，過失犯に対する教唆・幇助を認めている．たとえば，医師が，情を知らない看護婦に命じ，その不注意な行為を利用して，患者を故意に毒殺した場合，医師に，前説では殺人罪の間接正犯を，後説では殺人罪の教唆犯(正犯は過失犯)を認める．過失犯に対する教唆を認めない多数説は，過失犯に対する幇助も認めないのが一般的であるが，一部の学説は，過失犯に対する幇助は認められるとする． [斎藤信治]

過失犯 *過失’によって犯される犯罪類型ないしそれに該当する犯罪をいう．*刑法’は「罪を犯す意思」(*故意’)がない行為は罰しないことを原則としつつ，法律に特別の規定がある場合は，その例外を認めている(刑38Ⅰ)．刑法は，*失火’(116・117の2)，*過失激発物破裂’(117Ⅱ・117の2)，*過失建造物浸害’(122)，*過失往来危険’(129)，*過失致死傷’(209・210・211)といったように，*公共危険犯’や生命・身体に対する罪についてのみ過失犯類型を定めているが，*道路交通法’のような*行政刑法’には，多くの過失犯処罰規定があるうえ，必ずしも明文がなくても，立法趣旨や取締りの必要から，過失行為を処罰するものと解釈されるものもある．過失犯の未遂は存在しないが，結果発生前の危険状態を処罰する*危険犯’がその代替物となっている．

現代では，交通事故や経済活動に伴う各種の事故(労働災害，公害・環境破壊など)の増大から，とくに過失致死傷罪の認知件数は全刑法犯の約4分の1から半数を占めるに至っており，したがって，過失犯の成立範囲の問題は，刑事政策上も刑法理論上も，ひとつの重要問題となっている．→忘却犯 [松宮孝明]

瑕疵の治癒 (独) Heilung von Verfahrensmängeln 瑕疵の治癒とは，訴訟行為に瑕疵があって無効な場合であっても，後に有効とされる場合をいい，無効の治癒ともいう．まず，*補正’とは，訴訟行為の方式に不備があるときに，後にその不備を補充する場合である．つぎに，追完は，本来であれば先行行為を前提として後行行為がなされるべきところ，先行行為なくして後行行為が行われた場合に，後に先行行為を行って瑕疵を治癒する場合であり，単純な追完と補正的追完とに区別される．単純な追完とは，遅れてなされたがなお有効な場合であり(たとえば，上訴権の回復)，補正的追完とは，訴訟行為によって補正がなされる場合である(たとえば，告訴の追完)．また，責問権の放棄とは，当事者が異議の申立て(刑訴309)をしないことによって，訴訟行為の瑕疵が治癒されることをいう． [田口守一]

加重収賄罪 刑法197条の3第1項および2項．もともとは，単純収賄罪(刑197Ⅰ前)を受け，さらに不正な職務行為が行われた場合を重く罰する類型であったが(刑旧197Ⅰ後)，1941年の改正で*収賄罪’が大幅に拡充されたのに伴い，多様な類型が含まれることになった．各種の収賄罪のなかでは最も重く1年以上の有期懲役が科せられる．

1項には，賄賂の収受等が職務行為に先行する形態がまとめられている．すなわち，単純収賄罪(刑197Ⅰ前)，受託収賄罪(197Ⅰ後)，第三者供賄罪(197の2)，事前収賄罪(197Ⅱ)を犯した公務員または仲裁人が「よって不正な行為をし，又は相当の行為をしなかったとき」，加重して1年以上の有期懲役が科せられる．2項は職務行為が先行する形態を捉えており，「公務員又は仲裁人が，その職務上不正な行為をしたこと又は相当の行為をしなかったことに関し」，賄賂を収受・要求・約束する行為，および，第三者に賄賂を供与させ，または供与を要求・約束する行為が同様に1年以上の有期懲役に処せられる．

このように，加重収賄罪は作為・不作為を問わず不正な職務行為の存在を要件とし，ここか

ら「法を枉(ま)げる」という意味で枉法収賄罪とも呼ばれる。ただし、職務行為の不正を要求する収賄罪は他にも存在する点には留意を要する（197の3Ⅲ・197の4）。いずれにせよ、この枉法的性格に重罰の根拠が求められる。賄賂罪の保護法益を巡っては見解が対立するものの、実際に不正な職務が行われた場合に違法性が最も高くなると考える点には一致があるからである。

ある行為が不正かどうかは、入札の実施を担当する公務員が業者に予定価格を漏らすとか、警察官が犯罪の捜査を行わないとかいったように、法令の定める禁止・命令に反する場合は判断しやすいのに対して、行政指導のように広汎な裁量権が公務員に認められる場合は微妙となる。そこでは、裁量権の枠内にとどまる限り不正とはいえず、その行使として不当と考えられる程度に達していることが要求される。

[塩見 淳]

過剰避難 *緊急避難'の程度を超えた行為をいい、刑の任意的減免事由である（刑37Ⅰ但）。減免根拠については、過剰防衛と同様の議論があり、緊急状況にある行為者の異常な心理状態が*期待可能性'を減少させるという責任減少説がかつては有力であったが、行為が法益の保全に向けられていることにも着目した違法責任減少説が現在では通説と見てよかろう。典型的なのは、保全利益が侵害利益を下回る、害の均衡を破った場合である。さらに、危難回避のための軽微な方法が他にあった、避難行為の補充性を欠く場合も含めるのが学説の大勢であるが、判例は異なる（大判昭9・9・27刑集12・1654）。なお、過剰事実の認識の有無により、故意の過剰避難と過失の過剰避難に分かれる。さらに、現在の危難が存在しないのにすると誤信し、誤想された危難に対するものとしては過剰な避難行為を行った、過剰避難と*誤想避難'の競合する場合を、誤想過剰避難という。そこでの故意犯の成否、刑の減免の可否は、誤想過剰避難の場合に準ずる。 [橋田 久]

過剰防衛 過剰防衛とは、正当防衛行為がその程度を超えた場合である。刑法36条2項は、「防衛の程度を超えた行為は、情状により、その刑を減軽し、又は免除することができる」と規定している。「防衛の程度を超えた」とは、防衛行為が「相当性」の範囲を超えた場合である。過剰防衛は*正当防衛'と異なり、違法性が阻却されず犯罪の成立が認められるが、刑の減軽、免除という特典が与えられる可能性がある。

通説・判例は、この特典の根拠を急迫不正の侵害という緊急状況下において、恐怖、驚愕、狼狽という精神の動揺のため、行為者が防衛の程度を超える行為を行ったとしても、彼を強く非難することはできない、という責任の減少に求めている（責任減少説）。しかし、この見解には、次のような問題点が指摘されている。①特典を受ける行為を「錯乱、恐怖又は驚愕」に基づくそれに限定しているドイツ刑法の過剰防衛の規定（33）とは異なり、単に「防衛の程度を超えた」ことを要件としているにすぎないわが国の過剰防衛規定については、違法性阻却という正当防衛の原理とは異なる責任の減少に刑の減免の可能性の根拠を求める文言上の根拠がない。②責任減少説によると、急迫不正の侵害が存在しないのに存在すると誤信し、しかも過剰な行為に及んだという*誤想過剰防衛'の場合にも、行為者は精神的な動揺から過剰な行為に及んでいるのであるから、責任の減少が認められ、刑の減免の可能性を認めるということになるが、そうすると、急迫不正の侵害が存在しないのに存在すると誤信し、相当な防衛行為を行った、単なる誤想防衛との間に不均衡が生じることになる。

このような点から、学説においては、近時、過剰防衛行為は、防衛の程度を超えてはいるものの、急迫不正の侵害から正当な利益を守ったという点で、通常の違法な法益侵害行為よりも違法性の減少が認められるということに刑の減免の可能性の根拠を求める見解が有力に主張されている（違法減少説）。

このような見解の対立は、過剰防衛の成立が認められる範囲に影響する。責任減少説の立場では、たとえば、Aが素手で殴りかかってきたので、BがAを鉄棒で殴って死亡させたという質的過剰（内的過剰ともいう）の場合ばかりでなく、Aがすでに攻撃を止めているのにBが恐怖のあまり、Aを殴り続けたという量的過剰（外

的過剰ともいう)についても，行為者が精神的な動揺から過剰な行為を行っていることは同じであるから，過剰防衛の成立が認められることになる．これに対し，違法減少説では，前者の場合には急迫不正の侵害から正当な利益を守ったという違法性の減少の前提が存在するため，過剰防衛の成立が認められるが，後者の場合にはその前提が存在しないため，過剰防衛の成立は認められないことになる．→盗犯等ノ防止及処分ニ関スル法律　　　　　　　　　[山本輝之]

かすがい現象　(独) Klammerwirkung
かすがい現象は，本来*併合罪'の関係にあるA・B・C罪がそれぞれ第3の罪Zと*科刑上一罪'の関係にある場合に，Z罪をかすがいとして，A・B・C・Z罪が全体として科料上一罪になるという現象である．Z罪がA・B・C罪を結びつけるかすがいの役割を果たしていることから，かすがい効果とかクリップ効果と呼ばれることもある．

たとえば，判例は，住居に侵入して，次々と3名を殺した場合，3個の殺人罪(刑199)がそれぞれ1個の住居侵入罪(130)と*牽連犯'の関係にたつことから，一罪として最も重い罪の刑によって処断すべきだとしている(最決昭29・5・27刑集8・5・741)．また，婦女を売淫婦の業に就かせる目的で，業として数人の婦女をそれぞれ数回にわたって売淫業者に接客婦として就業を斡旋し，雇主から紹介手数料として金銭を受領して利益を得た場合，数個の有害目的職業紹介罪(職安63Ⅱ)がそれぞれ営業犯である1個の中間搾取罪(労基118Ⅰ・6)と*観念的競合'の関係にあるため，中間搾取の罪を媒介として一罪の関係に立つとした(最判昭33・5・6刑集12・7・1297)．いずれも，住居侵入罪，中間搾取罪にかすがい効果を認めたものである．

しかし，かすがい現象を肯定することには重大な疑問があるとされている．問題は，かすがいの役割を果たすZ罪の刑がA・B・C罪の刑より軽い場合に生ずる．たとえば，屋外で3名を殺すと3個の殺人罪の併合罪となるのに，住居侵入して殺すと科刑上一罪になるというのは，妥当な処断とはいえないからである．このような不合理性を解消しようとして，学説によるいろいろな試みがなされてきた．①罪数としてはかすがい作用による科刑上一罪としたうえで，刑はA・B・C罪の併合刑とZ罪の刑を比較して重い方で処断するというもの，②Z罪の刑が軽い場合にはかすがい外しをし，Z罪とA罪の牽連犯，これとB・C罪の併合罪とするもの，③Z罪とそれぞれA・B・C罪の間に牽連犯関係を認め，この3個の牽連犯の併合罪とするもの，④A・B・C罪の併合罪とZ罪の牽連犯とするものなどがある．しかし，いずれにも難点があるとし，かすがい現象を認めたうえで，この事実上の併合関係を量刑において考慮しようとするものもある．判例の立場を前提にするときには，このような配慮が必要となろう．
[山火正則]

ガス等漏出罪　ガス，電気または蒸気を漏出させ，流出させ，またはこれを遮断し，よって人の生命，身体または財産に危険を生じさせる罪である(刑118Ⅰ)．本罪は，公共の危険を惹起する点で放火に準ずるものとされ，人の生命・身体・財産に対する危険の発生を必要とする具体的危険犯である．もっとも，このような行為は，同時に不特定多数の人の生命・身体・財産に危険を生じさせるので，本罪は抽象的公共危険罪の一種と解されている．危険の程度は，人の死亡の切迫した危険ではなく，通常生命を侵害するおそれのある状態になれば足りる(東京高判昭51・1・23判時818・107)．その結果，人を死傷させた場合は，ガス等漏出致死傷罪により傷害の罪と比較して重い刑により処断される(118Ⅱ)．1項の罪の結果的加重犯である．ガス等漏出罪の客体は，ガス・電気・蒸気に限られる．本罪の行為である「漏出させ，流出させ」とは，管理されているものを外部に放出し，管理のない状態に置くことをいい，「遮断」とは，供給を断つことをいう．本罪の故意は，危険の発生についての認識があることを要する(通説)．→放火罪　　　　　　　　　　[奥村正雄]

過失破産罪　破産法375条の過失破産罪は，374条の*詐欺破産罪'と並んで，破産財団に属すべき財産を減少等する行為により総債権者の利益を害する危険性のある行為を罰する規定であり，故意犯である．同罪には，他の債権者の利益を保護する性格の行為も含まれている(破375③)．

過失破産罪は、浪費、賭博等の射倖(しゃこう)行為により著しく財産を減少し、過大な債務を負担する行為(①)、破産宣告遅延の目的で、著しく不利益な条件で、債務を負担し、買い入れ商品を処分する行為(②)、破産原因の事実があることを知りながら、特定の債権者に対して担保を供与したり債務を消滅させる行為(③)、商業帳簿の不作成、不正な記載、毀棄隠匿(④)、閉鎖された帳簿に対する変更、毀棄隠匿(⑤)などの行為をなした債務者を、破産宣告の確定をまって処罰している。債務者の法定代理人等の準債務者についても、破産宣告の確定をまって同様に処罰されている(376)。

総債権者の利益の保護が目的であるため、破産宣告の前後を問わないが、事実上、2・4号は破産宣告前の行為に限られるし、5号は破産宣告後に限られる。破産宣告の確定は客観的処罰条件であり、この点についての認識を要しない。　　　　　　　　　　　　　　　　[京藤哲久]

加担犯　加担犯とは、*教唆犯'および*従犯'(狭義の共犯)のことをいう。人を教唆して犯罪を実行させた教唆犯(刑61)も、*正犯'を*幇助'した従犯(62)も、*実行行為'以外の方法で正犯者の実行行為に加担(加功)し、正犯に従属して犯罪となる関与形態であるために、このようにも呼ばれる。加担犯の成立には、通説・判例の共犯従属性説に従えば、一般に、被教唆者・被幇助者が実行に出たことを要するが(教唆を独立に処罰する規定(たとえば、破防38〜41)があるような場合は、別論である)、これを不要とする共犯独立性説もある。加担犯は、拘留または科料しか科しえない軽微な罪については、特別の規定(たとえば、軽犯3)がなければ成立しない(たとえば、刑231)ことになっている(64)。加担犯のうち、教唆犯は、正犯の場合と同じ刑の枠内(たとえば、殺人教唆なら、一般に、無期もしくは3年以上の懲役(199))で処罰されるが(61)、従犯は減軽された刑で罰せられる(63)。加担犯(および共同正犯)は、単独正犯の成立に必要な身分がない者にも成立しうる(65)。　　　　　　　　　　　　　　　　[斎藤信治]

課徴金　広義には、財政法3条の定めるところにより、国が行政権・司法権に基づいて国民から賦課徴収する金銭給付のうちで、租税を除くものをいい、手数料・使用料等や、*罰金'・*科料'・*裁判費用'・過料等が含まれるが、狭義には、一般に、私的独占の禁止及び公正取引の確保に関する法律7条の2の定めるところにより、公正取引委員会が、不正な取引制限によって得られた不当な利得と見なして、これを剥奪する目的で、当該事業者に納付を命じるものをいう。その額は、政令で定める方法により算定した、不当な取引制限の実行期間の当該商品・役務の売上額に、100分の6(小売業では100分の2、卸売業では100分の1。ただし、一定規模以下の企業では、100分の6は100分の3に、100分の2は100分の1とされる)を掛けた金額である。この他に、国民生活安定緊急措置法11条の定める、特定販売価格を超えた販売価格から得られた差額の徴収も、課徴金という個別名称で規定されている例である。→不当な取引制限の罪　　　　　　　　[田中利幸]

学校病理　校内暴力、いじめ、体罰、怠学、登校拒否・不登校、学級崩壊などを学校病理として捉えることができる。その克服は教育問題であるが、自殺や死傷結果につながる深刻なものもあり、行為態様によっては*少年非行'としての対応もある。学校教育の機能不全や集団的画一化体制などは、また、重要な*非行要因'としても論じられる。

校内暴力は、1982年度以降文部省の公立中高校調査で、①対教師暴力、②生徒間暴力、③器物損壊に分けられていたが、97年度調査からは小学校も対象に、校外での見知らぬ同士の喧嘩や通行人への暴行等の④対人暴力を加え、暴力行為と名称変更された。70年代に顕在化した生徒間暴力は、80年代以降の表面的収束が、潜行し犯罪性も不明確ないじめの急増につながる側面も指摘されつつ推移してきた。いじめにおいては、とりまきや傍観者等も含めた集団全体を視野においた分析、対応の必要性や、他国の経験に学ぶべきこともいわれる。対教師暴力は、70年代後半頃からの荒れる中学として社会問題化したが、教育の場で生徒・教師双方のおかれたストレスの高さを窺わせ、教師側の*体罰'ともあわせて考察されるべき側面をもつ。近時では、これら状況的・環境的要因とともに、行為者本人の資質的問題性を視野におきながら、

学習障害や多動，暴力，攻撃行動を分析していくべきとも主張される．これは被害者の救済もかねつつ，問題行動者を学校教育場面から排除することや，非行対策としての矯正教育に問題解決を委ねることを示唆するものであるが，同時に，教育現場や家庭・地域社会における精神保健福祉体制を充実させることで個人救済的対応策を拡げていく必要性の指摘にもつながる．

*非行要因'としての学校病理は，加害一被害経験の持つ有害効果とともに，伝統的には怠学や学習遅滞が，学校生活からの脱落・逸脱として非行行動につながる点が問題とされてきた．知能遅滞や情緒障害等に対しては，特別の体制を用意することから，ノーマライゼイションを掲げた通常的な欲求・要求の実現体制に向けての進展が言われ，「登校拒否の克服」といった視点は，不登校という選択を理解し支援して学校とは別の場面で教育機会を提供していくことにかわっていく．これら個別場面での援助対策・支援体制の展開とともに，知育一辺倒・集団的価値の押しつけといった学校教育の構造的圧力にも配慮した地道な対応が犯罪・非行問題克服の一翼を担うものとなる．　　　　　　［吉岡一男］

勝本勘三郎（かつもとかんざぶろう 1866-1922）

1 人・活動・業績　勝本勘三郎は，わが国の*新派刑法学'の黎明期から確立期にかけて活躍した刑法学者である．古賀廉造，*富井政章'，*穂積陳重'の黎明期の厳罰主義的な社会防衛論を克服し，ヨーロッパにおける「学派の争い」と，新派の主張を正しくわが国に紹介し，しかもその後活躍する*牧野英一'らの典型的な新派とも一線を画し，その刑法解釈論においては，客観主義的色彩が見られる点に特徴がある．

勝本は，1866(慶応2)年12月12日に三重県の津で生まれた．1884(明17)年，司法省法学校に第4期生として入学，大学予備門，第1高等中学を経て，1893(明26)年，東京帝国大学法科大学参考科第2部（フランス法）を卒業．司法官試補を経て，1897(明30)年より，東京地方裁判所検事，東京控訴院検事等を歴任した後，1899(明32)年8月に東京帝国大学法科大学講師となり，翌年には，新設の京都帝国大学法科大学助教授に任ぜられた．赴任後，直ちにドイツ，フランス，イタリアに留学．刑法の研究に従事した．1902(明35)年秋，帰国し，同大学教授に任ぜられ，1914(大3)年に退職するまで，刑法，フランス法を講じた．*瀧川幸辰'は，勝本「最後の学生」である．退職後，大阪弁護士会に入会．1917(大6)年には大阪弁護士会常議員となり，1921(大10)年には会長に当選した．1923(大12)年12月17日，死去．享年57歳．勝本の著作として，『刑法析義』二巻(1899-90)，『刑法講義各論』，『最近刑法論』（プリンス原著・共訳，1903)，『刑法講話』(1912)，『刑法要論』(1913)，『刑法の理論及び政策』(1925)がある．

2 刑法思想　勝本の功績は，わが国において「学派の争い」についてはじめて本格的に研究し，学問的に新派刑法学を根拠づけた点にある．黎明期の新派刑法学は，威嚇ないし苦痛の付加によって犯罪の防止を図るのが新派であると解していた．これに対して，勝本は厳罰主義を採らず，むしろ，社会政策の一種である犯罪政策の重要性を説き，共同体的な家族国家観に根ざした治安対策の観点から刑法の機能を構想した．刑罰論としては保護刑主義を唱えた．勝本の新派理論には，旧派理論を採り入れている点が少なからず見られる．それは，相対的意思自由論を採用し，責任主義を認めた点，また，解釈論においては，客観主義理論をも採用し，自らの「思想」や「理論」を超えた「法の意思」を発見するという厳格な態度を採った点等に現れている．　　　　　　　　　　　　　　［山中敬一］

家庭裁判所

家庭に関する事件の審判および調停（家審9）とともに，少年の保護事件の審判(少3)と，少年の福祉を害する罪(少37Ⅰ)に係る刑事訴訟の第1審について権限をもつ下級*裁判所'(裁2・31の3)．旧少年法においては行政機関たる少年審判所が担当していた*少年保護手続'を裁判所が扱うことにしたのは，第2次世界大戦後の司法改革の一環である．家事審判もあわせて，少年事件を扱う家庭裁判所は，司法機関であるとともに行政的，社会的性格をも持っている．行動科学を専攻し，実務家として専門的な研修を積んだ家庭裁判所調査官がおかれている．

家庭裁判所調査官は，裁判官の命令により，家事審判と調停および少年審判に必要な調査そ

の他の事務をつかさどる．主席調査官がおかれ，調査事務の監督や関係機関との連絡調整等を行う（裁61の2）．調査官の事務を補助するものとして家庭裁判所調査官補がおかれる（61の3）．家庭裁判所にはまた，科学的調査に有能な調査官で構成され，必要に応じて性格検査や心理テストなどを担当する科学調査室や，鑑別結果と調査官の社会調査結果との総合判断について裁判官を補佐するなどの役割をもつ医務室がおかれることもある．

家庭裁判所の保護事件手続では，*非行少年'を発見した者による通告，犯罪捜査の結果被疑者が少年であった場合等の警察・検察からの（*全件）送致'，家庭裁判所調査官の報告，児童福祉機関からの送致などを受け，審判に付すべき（非行）少年があると考えるときは調査をしなければならない（少8）．実質的な観点から対象少年それぞれにふさわしい事件処理にふるい分けていくインテークが重要な課題とされている．家庭裁判所の審判と裁判は，合議体による旨の決定を合議体でした事件と他の法律で合議体によるべきと定められた事件を除いて，1人の裁判官によって行われる（裁31の4）．少年保護事件では合議体によりうる旨の定めはなかったが，複雑な否認事件などで事実認定に問題があるとして，裁定合議制度の導入等が*少年法'改正とともに実現した（平成12年少年法等一部改正法の成立．平成13年4月1日施行）．

家庭裁判所が，先にふれた少年の福祉を害する成人の刑事事件をも管轄するのは，被害者としての少年の保護をはかるのに一般の刑事裁判所よりも適しているとされるからである．罪を犯した非行少年自身の刑事処分は，家庭裁判所による検察官への*逆送'決定を経て，通常の刑事裁判所で扱われる．　　　　　［吉岡一男］

家庭内暴力　家庭内の暴力行為には，わが国で1960年代から社会問題化した子が親等に行う家庭内暴力のほか，親による児童虐待（child abuse）や，夫・恋人によるもの（battered womenないしドメスティック・バイオレンス domestic violence）などもある．伝統的には「法は家庭に入らず」とされるが，財産犯における親族相盗例等とは異なり，これら暴力事犯の免責や減刑が法理論上認められるわけではない．

事実上表面化し難く，刑事事件とされ難いのは，可視性に乏しいことや家族問題としての理解が犯罪・非行事件としての把握を拒否することによる．しかし，生活の本拠における日常的暴力は被害者に大きなダメージを与える．被虐待児童における精神障害としての多重人格の発症や，体罰ないし虐待の経験・暴力的雰囲気の家庭環境等が*非行要因'となりうることも指摘される．

子供による親への暴行等は，古くは家庭内癇癖と呼ばれた．幼児期の養育態度の欠陥に帰せられる手のつけられないわがまま乱暴であって，多くは保育園や学校で集団生活を経験することにより克服されるが，青年期以後に至っても自己中心的で依存性が強く自己抑制に欠けることで社会適応困難とされるものもあるとされる．いわゆる家庭内暴力の典型は，学校などでの不適応や挫折経験から，家に閉じこもり，母親などに暴行・傷害を加える．思いあまった親側からの反撃で，殺人等の事態に至ることもある．家庭の養育問題に*学校病理'が絡むといった状況下で，刑事事件としての警察等の介入も解決プロセスの中に取り込んだ取組みが検討対象になる．

夫や恋人による暴力（DV）も，酒乱など古典的なものや抑制欠如の未熟さによるものなど種々見受けられ，男女間の権力構造による現象理解等も試みられる．夫婦間強姦が立件されるなど，刑事制度上の資源をも動員した事案処理とともに，相談所や避難所（シェルター）の開設・運営などによる被害者支援も大きな課題となり，*配偶者からの暴力の防止および被害者の保護に関する法律'（平成13年）が制定された．

保護者がその監護する児童（18歳未満）に対し，身体に外傷が生じるような暴行を加えること，わいせつな行為をしたり，させたりすること，心身の正常な発達を妨げるような著しい減食や長時間の放置などのほか，著しい心理的外傷を与える言動を含めて「児童虐待」は禁止され，学校の教職員，児童福祉施設職員，医師，保健婦，弁護士などに早期発見の努力義務と，発見した者には速やかな通告（児福25）義務が課されている（*児童虐待の防止等に関する法律'（平成12年）2条以下）．　　　［吉岡一男］

可罰的違法性　**1 意義**　処罰に値する量

ないし質を有する*違法'性をいう．構成要件に該当し*違法阻却事由'も存在しない場合であっても，可罰的違法性を欠くとして犯罪の成立を否定することを認める可罰的違法性論が，戦前に*宮本英脩'により創唱された．もともとは，*一厘事件'のようなごく軽微な犯罪行為を不処罰とするためのもので，刑罰の適用は必要最小限に限るべきであるという*謙抑主義'のひとつの現れとされている．日本独自の考え方だとされる一方で，「*判官は些事を取り上げず」といったローマ法の法諺との関連も指摘されている．その後，佐伯千仭，*藤木英雄'等が可罰的違法性論を発展させ，昭和30年代後半から40年代には同理論を採用した無罪判決が下級審においてかなり見られた．

2 違法の相対性　戦後の可罰的違法性の概念は，①刑法上独自の違法性(可罰的違法性)を認めるか否かという「違法の相対性」の問題と，②刑法の領域内において違法性が軽微な場合に不可罰とするのか否かという「狭義の可罰的違法性」の問題に大別される．まず，前者の違法の相対性につき，法秩序は単一であるとする違法一元論によれば，他の法領域で違法とされた行為が刑法上正当化されることはあり得ないが，刑法上の違法性は他の違法性と異なり得るとする違法相対性論からは，労働法上違法な行為も，刑法上は正当化の余地があり得ることになる．昭和30年代から40年代にかけての労働事件判例の最大の争点が，公務員等の「禁止された争議行為」ないしそれに随伴する行為につき，労働組合法1条2項を用いて正当化し得るかという点であった．たとえば，旧国鉄職員等に代表される現業公務員は公共企業体等労働関係法17条1項(現・国営企業労働関係法)で争議自体を禁止されていたが，それらの者の争議行為につき，その正当化の可否が激しく争われた．それまで最高裁は，労組法を適用して「正当性の限界如何を論ずる余地はない」としていたが，全逓*東京中郵事件'判決は，「公労法上違法でも刑法上は正当化され得る」とし刑法独自の違法性を「可罰的違法性」と呼んだ．

なお，厳格な違法一元論は支持者を失ったものの，学説上，違法性を全法秩序において統一的に理解する見解は根強く，「公労法上違法である以上刑法上も正当化されることはあり得ないが，処罰に値する程度(可罰的程度)の違法性が欠ける」と説明する学説もある(やわらかな違法一元論)．しかし，各法領域でその目的は異なりその法的効果も多様で，その効果を導く要件としての違法性に差があるのは当然であろう．処罰に値するか否かを論ずる刑法の解釈論において，違法性とは原則として可罰的違法性をいうと解すれば足りる．

3 狭義の可罰的違法性　狭義の可罰的違法性の理論は，2つに分類される．構成要件のレベルで，結果ないし行為態様の軽微性のみを理由に可罰性(構成要件該当性)を否定し得る絶対的軽微(構成要件該当性阻却)と，軽微性のみでは可罰性を否定し得る程ではないが，目的・手段等を勘案すれば処罰に値しない程度に違法性が減少する相対的軽微(違法性阻却)の2類型である．判例は，*都教組事件'判決で認めた可罰的違法性論を*全農林警職法事件'判決で否定しており，狭義の可罰的違法性論については消極的である．もっとも，判例は「構成要件に該当するが可罰的違法性はない」という表現自体は用いないものの，法益侵害の軽微性を根拠に，実質的に構成要件該当性を否定するものは多い．判例の構成要件該当判断には，実質的にみて可罰的違法性判断が含まれているといえよう．また，判例の違法阻却判断の中にも，「完全に正当化はしないが，処罰に値しない」という判断が含まれている．→名古屋中郵事件，社会的相当性，仙台全司法事件，労働刑法　　　[木村光江]

可罰的責任　通説的な*規範的責任論'では，適法行為の期待可能性に基づく「非難可能性」が責任概念の中核となる．これが刑罰を基礎づけかつ限定する機能を営むとされるが，非難自体が処罰を根拠づけるとすると「非難できるなら処罰すべきだ」といういわゆる積極的責任主義と結びつく傾向が生じるとされる．そこで，本来，責任が刑罰限定機能を発揮すべきものであること，刑罰は法益保護のための社会システムとして犯罪予防と結びつけて理解する必要があることを強調し，「予防」という観点からみた刑罰の必要性の有無ないし程度を責任概念の中に取り入れ，これによって限定された責任を可罰的責任ないし実質的責任と把握する理論

が日本でも有力化している．これが可罰的責任の理論である（もっとも，この理論は，理論的には，責任限定的にも拡大的にも働きうるという理解もある）．この見解は，責任の概念に一般予防，特別予防の要素を取り込もうとするのであるから，責任は，従来の道義的責任論が前提としていた過去の行為に対する回顧的判断に止まらない展望的な性格を帯びることになるため，社会的責任論とも共通の基盤を有しうることになり（むしろ，社会的責任論をベースとしているとする理解も有力である），また，量刑論においても積極的な意味を持つことになる．こうして，可罰的責任の考え方は，刑法理論と刑事政策との架橋を展望したものとされ，きわめて有力化している．

この概念に関しては，責任概念の中において，規範的非難の要素と可罰性の要素をどう関係づけるか，つまり，この両要素を二元的に把握するのか一元的に把握するのかが問題となる．たとえば，規範的に非難可能な行為を処罰することによってのみ行為者，一般人の納得が得られ，犯罪抑止効果が得られるという意味で，可罰的責任の問題を規範的非難可能性概念に収束させようとする見解（この立場では，予防目的の責任非難からの解放は許されないことになるから，いわゆる「幅の理論」に親和性を有することになろう），非難が予防目的達成のための手段であることを強調する見解などは，両者を一元的に理解するものといえよう．しかし，一般に可罰的責任という場合は，非難可能性があっても予防目的上刑罰を科す必要がなければ責任が否定される考え方であるとされ，非難可能性と予防目的とが二元的に構成される場合が多いように思われる．これは，規範的非難可能性のない行為の不処罰という近代法的自由原理が，予防という政策目的に影響されることをあくまでも避けようとするものであるが，異質の要素を「責任」という同一概念に統合しうるかという疑問も提起されている．また，他方では，責任から非難可能性の概念を排除して，責任自体を予防の必要性によって構成し，これを規制するのは法益侵害との比例原則であるとする，より徹底した見解も可罰的責任論の名を冠しえようが，これはすでに責任思想の放棄であるともされる．

なお，可罰的責任概念は，通常，内部的要素か外部的要素かに関わりなく論じられるが，この概念をもっぱら外部的要素（付随事情の異常性）と結びつけ，期待可能性の問題をこの可罰的責任の概念に位置づける見解もある．最後に，この概念は，予防目的との関係を必ずしも明確にせず，違法性論における可罰的違法性論とパラレルに，非難可能性の強度ないし性質が刑罰という強力な手段を必要としない場合という漠然とした意味で用いられることもあり，また，責任の阻却ないし減少を理由とする不処罰，刑の減免等が条文上明定されている場合をさすこともあるなど，その概念内容はかなり多義的であるといえよう．→謙抑主義　　　［酒井安行］

貨幣損傷等取締法　貨幣を損傷し，鋳潰する行為（1Ⅰ），損傷し，鋳潰す目的で集める行為（1Ⅱ）を処罰する法律（昭22法148）．

刑法上の*通貨偽造罪'（刑148）は，通用する貨幣，紙幣，または銀行券を*偽造'・*変造'する行為を処罰しているが，偽造・変造にいたらない行為は「模造」であり，*通貨及証券模造取締法'の対象となる．しかし，強制通用力を失わせない程度の通貨への加工は，模造ともならず，本法の対象となる．

通貨偽造の準備となり得る行為や，自動販売機への偽貨の不正使用などにつながる行為を，早い段階で処罰する法律といえよう．

［島岡まな］

火薬類取締法　火薬類のもつ危険性に鑑み，その製造，貯蔵，運搬，販売等の行為を規制することによって，災害を防止し，公共の安全を確保しようとの行政上の目的に基づく法律（昭25法149）．旧銃砲火薬類取締法（明43法53）が全面改正されて，使用の面に危険性のある銃砲とは異なり，製造から消費に至るまで危険性を有する火薬類について，銃砲の取締りとは分離して現行法が制定されるに至った．規定は，「火薬類」の定義に始まり，製造の許可制，販売の許可制および行商等の禁止，製造施設および製造方法の基準，貯蔵の場所および基準，譲渡・譲受の許可制，運搬の届出制および基準・方法，所持・取扱の制限，輸入の許可制，消費の許可制および基準，廃棄の許可制および基準，保安上の措置等について定め，違反に対して罰則を

設けている． ［松生光正］

仮刑律 明治元(1868)年10月に刑法官における執務準則として，養老律を骨子として明・清律や*公事方御定書（くじかたおさだめがき）などを参酌して制定されたもので，名例（めい），賊盗（ぞくとう），闘殴（とうおう），人命，訴訟，捕亡（ほぼう），犯姦，受贓（じゅぞう），詐偽，断獄，婚姻，雑犯の12律からなる（法務総合研究所編『刑事関係旧法令集（刑法編）』〈1969・法曹会〉1頁以下）．明治政府が維新後制定した最初の刑律である．明治政府は，維新後中央集権国家を成立させるために，刑法典の整備と強行により国家刑罰権の中央集権化を確立することを必要としたこと，および刑法は君の仁徳を施して民を教化する用具であるという東洋的な考え方が天皇親政の復活と結び付いたこと等により，他の法分野に先立って法典の整備を急いだ．しかし，維新直後のやむを得ない暫定的措置として，公事方御定書を中心として徳川の刑法を踏襲することにしたが，その内容は維新後の社会状況に必ずしも適合するものではなかったので，仮刑律に基づいて用刑の心得方を示した．それは同年11月13日の太政官布達により具体的な犯罪処刑方針を全国に指示し，または各府藩県よりの擬律（ぎり）の伺出（うかがいで）に対する回答（仮刑律的例）という形式で行われた．→改定律例，新律綱領，不応為律
［野村 稔］

仮拘禁 （英）provisional arrest （独）vorläufige Auslieferungshaft （仏）arrestation provisoire 逃亡犯罪人につき，在留国に対する相手国の犯人引渡し請求があった場合，被請求国が本人の身柄を拘束することがある．このうち，請求国が発した正式の引渡し請求（およびその証拠書類）が受理されるまでの間，緊急の場合に行われるものを仮拘禁という．当該請求が受理された後に行われる*拘禁'とは区別される（逃亡犯罪人引渡法23以下，日米犯罪人引渡条約9）．なお，請求国は，*国際刑事警察機構'（インターポール Interpol）に対して，逃亡犯罪人の仮拘禁（または拘禁）を要請することもある．その場合，被請求国の多くは，インターポールが発行する国際逮捕手配書（いわゆる赤手配書）に基づいてこれを行っている．
［宇藤 崇］

仮釈放 **1 意義と沿革** 仮釈放とは，行政官庁の決定によって収容期間の満了前に被収容者を一定の条件つきで仮に釈放することをいう．現行刑法は*仮出獄'(刑28)と*仮出場'(30)を認めている．広義には，*仮退院'（少院12，売春25）も仮釈放に含まれる（予防更生28〜32）．

仮釈放の淵源は，オーストラリアで18世紀末にフィリップ Arther Philip（英・1738-1814），さらに19世紀中葉にマコノキー Alexander Maconochie（英・1787-1860）によって始められた仮釈放制度にさかのぼることができる．こうした制度は，イギリスの流刑地であったオーストラリアにおいて過剰拘禁の緩和や受刑者のコントロール等の実際的な必要性から生まれたものであった．その後19世紀半ばアイルランド制がイギリス全土で採用されたことで，仮釈放は犯罪者処遇の一環として位置づけられるようになり，20世紀初頭には欧米各地に広まった．

わが国では，仮釈放の萌芽は1790（寛政2）年の人足寄場制度に胚胎したといわれるが，近代的な刑法典に仮釈放の規定が最初に採用されたのは1880（明13）年の旧刑法であった．その後，仮釈放制度は1907（明40）年の現行刑法において従来の形式的要件を緩和する形で引き継がれた．しかし，戦前の仮釈放は「恩典」として捉えられ，ごく一部の者にしか適用されなかった．こうした仮釈放の構造に変革がもたらされたのは1949（昭24）年の犯罪者予防更生法の制定である．そこでは仮釈放を*保護観察'をともなうアメリカ型の*パロール'につくりかえることが目指された．

2 英米の仮釈放 わが国が模範としたアメリカの仮釈放制度は，ニューヨーク州のエルマイラ矯正院がアイルランド制を導入したのを皮切りに全米に普及し，1944年には不定期刑制度とともにパロールがすべての州で採用されるに至った．そこでは不定期刑受刑者の量刑を裁判所が行う代わりに，パロール・ボード（仮釈放委員会）と呼ばれる行政機関が，科学的診断に基づき，仮釈放許可を与える権限を有していた．イギリスでは，パロールの導入は比較的新しく，1967年であった．その時の理論的基礎は，ピーク理論であった．この理論は，「刑務所内での処

遇による受刑者の改善状況を科学的に診断しながら,最善の時点で仮釈放を認めるべきである」として,釈放時期を個々の受刑者の処遇効果に応じて決定することが妥当であると説いた.パロール・ボードに広範な裁量を付与した仮釈放制度は広く支持を受けていたが,1960年代後半から70年代にかけて高まったパロール廃止論によって,さまざまな改正を余儀なくされた.たとえばカリフォルニア州では,被拘禁者が少年の場合のユース・オウソリティ Youth Authority や受刑者が成人の場合のアダルト・オウソリティ Adult Authority などの行政機関が,①対象者の資質を精査し,②処遇内容を監督し,③釈放時期を決定し,④保護観察の内容を決定していた.しかし,こうした大きな裁量権限が明確な基準もなしに用いられることに対して,「法の下の平等」や「適正手続の保障」など憲法上の要請に反するとの批判が高まった.そこでカリフォルニア州は,1977年に不定期刑を定期刑に改めるとともに,パロール・ボードを廃止し,新たにコミュニティー釈放委員会を設置した.コミュニティー釈放委員会は,第三者機関が作成した一定の基準に従い,適格者について*善時制'による刑期の短縮を裁判所に勧告することができる.このほかの州でも,パロール・ボードの権限を縮小したり,パロール・ガイドラインを作成するなどの改革が実施された.

3 運用機関と手続 わが国の現行の制度において,仮釈放を審理・決定する機関は*地方更生保護委員会'である(予防更生12).仮釈放の審理は,原則として矯正施設の長の申請に基づいて行われる.矯正施設の長は,応当日(仮釈放の要件期間の満了の日)が経過したとき,これを地方更生保護委員会に知らせる.申請があった場合,仮釈放を許すかどうかを決定するため,委員会は委員を指名して審理を行わなければならない.また審理は地方更生保護委員会の職権で開始することもできる(予防更生29 II).

4 仮釈放の課題 現行の仮釈放制度の課題として,以下の点があげられる.①仮釈放が社会復帰にとって必要な制度であれば,更生が困難な満期釈放者も含めてすべての受刑者に一定期間の仮釈放(必要的仮釈放)を実施すべきである.②受刑者の改善更生の意欲を促すため,善時制を併用すべきである.③運用面での積極化を進めるべきである.④不服申立て等,仮釈放手続の適正化を図るべきである.→環境調整,行刑累進処遇令　　　　　　　　　　[瀬川 晃]

仮 出 獄　仮出獄とは,*懲役'または*禁錮'に処せられた者に改悛の状がある場合に,一定の期間を経過した後,行政官庁の処分によって仮に出獄を許すことをいう(刑28).

仮出獄が認められるための要件(仮出獄適格)には,形式的要件と実質的要件がある.形式的要件は,有期刑についてはその刑期の3分の1,無期刑については10年を経過したことである.これに対して,実質的要件は,刑法上,「改悛の状」があることであり,詳細については,「仮釈放および保護観察等に関する規則」(昭49法務)32条が定めている.すなわち,仮出獄は,次に掲げる事由を総合的に判断し,保護観察に付することが本人の改善更生のために相当であると認められるときに許される.①悔悟の情が認められること.②更生の意欲が認められること.③再犯のおそれがないと認められること.④社会の感情が仮出獄を是認すると認められること.

仮出獄を許された者は保護観察に付される(予防更生33 I ③).仮出獄の期間(保護観察の期間)について明文規定はないが,残刑期間(刑期の残りの期間)と解されている.

地方更生保護委員会は,仮出獄者につき,刑法29条1項所定の事由にあたるとき仮出獄の処分を取り消すことができる.仮出獄取消しの要件は以下の4点である.①仮出獄中に罪を犯し,罰金以上の刑に処せられたとき.②仮出獄前に犯した他の罪につき罰金以上の刑に処せられたとき.③仮出獄前に他の罪につき,罰金以上の刑に処せられ,その刑の執行をなすとき.④仮出獄中遵守すべき事項を遵守しないとき.仮出獄の処分を取り消したときは仮出獄中の日数は刑期に算入せず(29 II),残刑期間全部について刑の執行が行われる.→仮釈放　[瀬川 晃]

仮 出 場　仮出場とは,*仮釈放'の一類型で,情状により*拘留'に処せられた者や*労役場留置'された者に対して,期間満了前に,地方更生保護委員会の処分によって仮の出場を許す

ことをいう(刑30)．仮出場審理の開始時期の要件には，仮出獄と異なり，留置・拘留の期間に関する定めがない．また監獄の長によって仮出場中遵守すべき事項を指示されることはなく(予防更生32)，保護観察に付されることもない(33)．このため仮出場は取り消されることがなく，一種の終局処分と捉えることもできる．運用状況をみると，1950年代前半には毎年200件を超える申請が行われていたが，次第に減少し，近年では仮出場についての申請はほとんどなされていない． ［瀬川 晃］

仮退院 仮退院とは，広義の*仮釈放'の一類型で，情状により*少年院'または*婦人補導院'の在院者に対して，期間満了前に地方更生保護委員会の処分によって仮の退院を許すことをいう．

少年院在院者についての地方更生保護委員会の審査は，少年院の長が，①在院者に対して矯正の目的を達成したと認めるとき，②在院者が処遇の最高段階に向上し，仮に退院を許すのが相当であると認めるとき，仮退院の申請をすることによって開始される(少院12)．①の場合，在院者が処遇の最高段階に達していることは要しない．

婦人補導院在院者についての地方更生保護委員会の審査は，婦人補導院の長の申請によって開始される(売春25)．婦人補導院からの仮退院は，補導の成績が良好な者について，保護観察に付することが本人の改善更生のために相当であると認められるときに許すものとされる(仮釈放及び保護観察等に関する規則34)．この基準は，少年院仮退院許可に準じたものである．

また地方更生保護委員会は，相当と認めるときは，職権によって審査を開始することができる(予防更生59Ⅱ)．仮退院者は，期間中，保護観察に付される(予防更生33Ⅰ②，売春26Ⅱ)．

23歳に満たない少年院から仮退院中の者が，遵守すべき事項を遵守しなかったとき，または遵守しないおそれがあるとき，地方更生保護委員会は，保護観察所の長の申出により，その者を送致した裁判所に対し，本人が23歳に達するまで，一定の期間，少年院に戻して収容(戻し収容)すべき旨の決定の申請をすることができる．23歳以上の少年院からの仮退院中の者が，精神に著しい故障があり，公共の福祉のため少年院から退院させるに不適当であると認めるとき，地方更生保護委員会は，保護観察所の長の申出により，その者を送致した裁判所に対し，本人が26歳に達するまで，精神に著しい故障のある間，これを医療少年院に戻して収容すべき旨の決定の申請をすることができる(予防更生43，少院11)．

少年院からの仮退院許可人員は，1975(昭50)年以降増加し，1985(昭60)年には5,645人を数えたが，その後，仮退院申請受理人員の減少にともない徐々に減少している．ただし，その間，仮退院率は90％以上で推移しており，人員の変化は少年院への入院者数そのものの変化を意味している．なお近年，婦人補導院からの仮退院申請はほとんどみられない． ［瀬川 晃］

仮納付 裁判所は，*罰金'，*科料'または*追徴'を言い渡す場合に，判決の確定後ではそれらの裁判の執行ができず，またはその著しい困難が生じるおそれがあると認めるときは，検察官の請求によりまたは職権で，判決の確定を待たずに仮に罰金などに相当する金額を納付すべきことを，罰金などの言渡しと同時に判決で命ずることができる(刑訴348Ⅰ・Ⅱ)．

仮納付の裁判は，罰金，科料または追徴を言い渡す判決の確定を待たずにただちにこれを執行することにより，罰金などの執行の確実性を期するものであるが，仮納付に応じないからといって労役場留置などが生ずるものでない．

仮納付の裁判は，罰金などの裁判に付随する裁判であるから，罰金などを言い渡した裁判が確定したときは，それに応じて調整が行われる．罰金などを言い渡す裁判が確定したときは，仮納付されていた金額については刑の執行があったものとみなされ，罰金などを言い渡した裁判を破棄する裁判が確定したときは，既に仮納付された金額は還付される(494)．仮納付された金額が多いときも同様である． ［久岡康成］

科料 財産刑のひとつで，最も軽い*主刑'である．1991(平3)年の刑法・*罰金'等臨時措置法改正以降，その額は，1000円以上1万円未満とされている(刑17，罰金臨措2Ⅲ)．ただし，条例に定められた罪は，罰金等臨時措置法

の対象外であるため、整理漏れとなって、それ以下に規定されている可能性がある.

科料の執行は、相続財産に対する執行は認められていないものの、他は、*仮納付'の制度など、罰金の執行と同様である. 科料を言い渡された被告人(個人)に資産がなく、科料を完納することができない場合は、1日以上30日以下の期間*労役場留置'とされる(刑18Ⅱ).

同じ発音の、刑罰ではない*過料'と区別するために、「とがりょう」と呼ばれることがある. →財産刑　　　　　　　　　　　　［田中利幸］

過　料　刑罰以外の金銭罰のひとつで、執行罰としての過料(砂防36・38)、懲戒罰としての過料(裁判官分限2・13、公証80・81・84など)、秩序罰としての過料に分類され、秩序罰としての過料は、通常の行政上の秩序罰(収用146、住民台帳44など)、地方行政上の秩序罰(自治15・228など)、民事上の秩序罰(民84、商18Ⅱなど)、訴訟上の秩序罰(民訴192、刑訴150・160など)に分類される.

発音の同じ刑罰としての*科料'と区別するために、「あやまちりょう」と呼ばれることがある. 科料や*罰金'と異なり刑罰ではないから、刑法総則の規定は、8条但書も含めて、適用されず、一般の刑事訴訟法の規定も適用されない. 科罰手続は、それぞれ独自に定められているほか、一般法としての非訟事件手続法に定められている. →行政罰　　　　　　　　　　　　［田中利幸］

カルテル　(英)(仏) cartel (独) Kartell　同一業種の事業者が、相互に、競争を制限する目的で協定を結ぶ行為で、それにより商品等の価格の維持や引き上げをはかったり(価格協定)、生産を制限したり、市場を分割して価格の下落を防止している(生産制限協定、市場分割協定). カルテルの競争制限的効果は市場構造に左右されるが、一般に、寡占(かせん)市場ではカルテルの競争制限効果は顕著である. 相互に意思を通じていない場合である意識的併行行為と境を接する. 横のカルテル、縦のカルテルという表現もあるが、同一業種事業者間の協定を意味する横のカルテルを指すことが多く、競争制限的効果がもっとも明確にあらわれる価格協定がカルテルの典型である. *私的独占の禁止及び公正取引の確保に関する法律'は、「不当な取引制限」として、これを、民事的、行政的、刑事的に規制している. 同法は、また、不況カルテル、合理化カルテルなど、適法な適用除外カルテルについても規定している. →不当な取引制限の罪　　　　　　　　　　　　［京藤哲久］

カレン・クィンラン事件　植物状態で回復の見込みがないまま生命維持装置によって延命が図られている23歳の女性患者について、そのような治療を拒絶する権利があるかどうかが争われた事件. 1976年3月31日、ニュージャージー州最高裁判所は、①治療拒否権は個人のプライヴァシー権として憲法で保障されている、②回復の見込みがほとんどなく、生命維持措置に伴う肉体的侵襲が大きい本件では治療中止による患者の利益は対抗関係にある州の利益(生命保護、医師の職業倫理)を凌駕するとの理由で彼女の治療拒否権を肯定し、後見人と家族に本人意思の推定と権利の代行を認めた. そして後見人(父親)が選択した主治医が治療中止を決定し病院の倫理委員会が承認したならば、生命維持装置を取り外しても法的責任は一切生じないと判示した. 判決の手続に従って人工呼吸器が外されたが、予想に反して自発呼吸が続き、患者は9年後に意識不明のまま肺炎で死亡した. 結果的に見れば争点であった治療の中止が患者の生死に直結するものではなかったものの、この判決を契機として*尊厳死'に関する議論が活発になり、アメリカの多くの州では尊厳死を認める判例や立法が相次いだ. →安楽死
　　　　　　　　　　　　［清水一成］

ガロファロ　Raffaele Garofalo (伊・1851-1934)　ナポリ大学刑法学教授. *ロンブローゾ'と*フェリー'とともに、犯罪の原因を実証的に研究しようとする*イタリア学派'を形成した. ロンブローゾが人類学的研究によって生来性犯罪人説を唱えたのに対して、ガロファロは、心理学的研究によって、犯罪の本質について考察し、犯罪への対策を論じた. 彼は、著書『犯罪学 Criminologia』(1885)でおよそ次のように主張した. 犯罪(自然犯)は、憐れみの情 pietà や誠実 probità という愛他的情操の欠如を本質的要素とする行為である. 愛他的情操の欠如は、人類学的・精神病の原因によって生じるが、社会を防衛するためには、その欠如の程

度に応じて犯罪者を社会から排除するなどの措置を講じる必要がある．そのためには，道義的責任論に替えて，犯罪者の危険性ないし悪性 temibilità と社会的適応性を基準とする責任論を用意しなければならない．このようなガロファロの主張には，ロンブローゾの影響もみられるが，愛他的情操の欠如という心理的要素を重視した点に特色がある．しかし，社会防衛のために犯罪者を社会から排除すべきだとする犯罪対策論には批判が寄せられている．［大沼邦弘］

カロリナ刑事法典 （独）Peinliche Gerichtsordnung Karls V. （羅）Constitutio Criminalis Carolina; CCC 1532年，神聖ローマ皇帝カルル5世 Karl V.(1500-58)治下の帝国議会で成立した帝国の統一刑事法典，カルル5世の刑事裁判令．これは，1507年に制定されたバンベルク刑事裁判令（バンベルゲンシス）Bambergische Halsgerichtsordnung, Constitutio Criminalis Bambergensis を母体として生まれたものであり，その CCB の編纂者シュヴァルツェンベルク Johann Freiherr von Schwarzenberg und Hohenlandsberg（独・1463—1528）の個人的資質に負うところが大きい．当時のローマ法継受（Rezeption）の大きな動きの中で，ローマ法の思想を受け入れつつ固有法との融合が図られている．全編219条から成り，その約3分の2に手続法，3分の1に実体法の規定があてられている．

中世に入って各領邦（ラント）で平和思想が高まっていく中，犯罪を現実に処罰するという要請が強くなり，贖罪金に代わって実刑が科せられるようになるとともに，訴追の手続は次第に職権的な色合いを強め，中世末には糺問訴訟へと移行していた．しかし，犯罪追及の姿は「法と良き理に反して審理が行われ，……責なき人びとが苦しめられ，……しからずば責ある者どもが……放免せられいる」（カロリナ序言）状況であった．カロリナは，中世から近世への移行期に，「正義の愛好と公共の利益」（104）という理念のもと，その改革を目指したのである．実体法の分野で公刑法の思想を定着させ，責任・未遂などの観念を明らかにするとともに，手続法的には糺問訴訟を確立した．その後，18世紀に入るまでドイツ全土に通じる刑事普通法として生き続けたが，実務の運用においてはその精神からの離反が大きくなり，刑事司法は疲弊し，混迷の度を深めていった．元来は消極的意味——自白（または2名による証言）がない限り有罪の認定は許されない——において打ち立てられたはずの*法定証拠主義が，積極的な理論——自白が得られれば必ず有罪の認定をしなければならない——へと転化していったということは，*拷問'の濫用と相俟って当時の刑事司法の荒廃を端的に物語っている．啓蒙期に至り，ようやく，再び改革への道すじが見えてくるのであった． ［米山耕二］

簡易却下 裁判官に不公平な裁判をするおそれのある事情があるときに，当事者の申立てによって当該裁判官を職務の執行から排除する制度がある．それを*忌避（刑訴21）というが，その濫用を防止するため，訴訟を遅延させる目的のみでなされたことが明らかな申立てについては決定で却下しなければならないとされ（刑訴24），これが簡易却下と呼ばれている．時機に遅れ（刑訴22），あるいは手続違反（刑訴規9）の場合も同様である．忌避の理由の有無そのものを判断するのではないので，忌避された当人が関与して簡便に処理することが認められる．手続内における審理の方法や態度（忌避理由にはあたらないとされている）にかかわる申立てに対して，この却下のなされることが多い．
［米山耕二］

簡易公判手続 **1 意義** 簡易公判手続は，当事者に争いのない比較的軽微な事件について，通常の*公判手続'を簡略化し，刑事司法の能率的運営をはかる制度である．1953(昭28)年に新設された．*証拠調べ'が簡略化され，冒頭陳述，証拠調べの範囲の決定，自白調書取調べの請求時期，証拠調べの方式などに関する規定も適用されず，証拠調べを「適当と認める方法」で行うことができる（刑訴307の2）．証拠能力の点では，当事者が証拠とすることに異議をのべた伝聞証拠を除き，伝聞法則の適用がないが（320 II），自白法則の適用は緩和されない．自白補強法則も適用を除外されない．被告人が有罪を答弁した場合に証拠による有罪認定を省略する英米法の*アレインメント'制度が，憲法38条3項との関係で疑義があるとして採用されなかった

ので(319 III)、有罪の答弁があった場合の事実認定手続を簡略化しようとする趣旨であるが、実際に利用されることは多くない。憲法37条2項、14条1項に違反しないというのが判例である（最判昭37・2・22刑集16・2・203）。

2 決定 '罪状認否'に際し（刑訴291 II)、起訴状記載の訴因について'有罪である旨の陳述'をしたときは、裁判所は当事者の意見を聴き、簡易公判手続によって審理する旨の決定をすることができる（291の2）。法定刑が死刑または無期もしくは短期1年以上の懲役もしくは禁錮にあたる事件の場合を除く。簡易公判手続の要件があっても、「簡易公判手続によることが相当でないと認める」ときは、裁判所は簡易公判手続によらないことができる（刑訴規197の2参照）。当事者が簡易公判手続に反対意見をのべている場合、事案が複雑である場合などがこれにあたる。共犯者たる共同被告人の一部が有罪の陳述をした場合も、手続を分離しなければ簡易公判手続は相当でないことが多い。複数の訴因の一部につき有罪の陳述があった場合は、その訴因についてのみ簡易公判手続によることができる。通常は、冒頭手続の段階で被告人が有罪の陳述をしたときに簡易公判手続で審理する旨の決定がなされるが、争いのない事件を簡略な手続で処理するというこの手続の趣旨からみれば、通常の手続に従って証拠調べを開始した後に被告人が有罪の陳述をするに至ったような場合、簡易公判手続の決定ができないとする理由はない。

3 取消し 簡易公判手続によることが不適法であるか、または相当でない場合は、簡易公判手続の決定を取り消さなければならない（刑訴291の3）。刑事訴訟法291条の2に規定する要件がないにもかかわらず誤って決定がなされた場合、および、訴因変更後の新訴因が同291条の2但書に定める事件であるか、または新訴因について被告人が有罪の陳述をしない場合は、簡易公判手続の決定を当然に取り消さなければならない。簡易公判手続による審理が開始された後で被告人が有罪の陳述を撤回した場合については、取消しを必要的とする説と、簡易公判手続によることが相当でないかどうかの問題にすぎないとする説が対立する。被告人が訴因を争わないから簡易な手続を適用するのが簡易公判手続の趣旨であるから、被告人が有罪の陳述を撤回し否認に転じている場合、原則として取消しは必要的となろう。簡易公判手続が相当でないかどうかは、裁判所の裁量的判断である。被告人の有罪の陳述が真意によるものであったかどうか、あるいは、証拠調べの結果として有罪の陳述が真実に合致するかどうかに疑いが生じた場合などがこれにあたる。取消し決定があったときは、当事者の異議がない場合を除いて、公判手続を更新しなければならない（315の2）。
〔上口 裕〕

簡易裁判所 簡易裁判所は、審級上、裁判所法の定める最下級の下級裁判所であり、比較的軽微な事件について'裁判権'を有する（裁33）。平成12年現在で全国に438ヵ所設置されている。簡易裁判所の裁判は単独審理である（35）。裁判所法33条は次の事項について簡易裁判所の第1審裁判権を定める。①訴額が90万円を超えない請求（行政事件訴訟に係る請求を除く）、②罰金以下の刑に当たる罪、選択刑として罰金が定められている罪、刑法186条の罪、同法235条の罪もしくはその未遂罪または同法252条もしくは256条の罪に係る訴訟（31条の3 I ③の訴訟を除く）。罰金刑のみが定められている犯罪は簡易裁判所の専属管轄である。だが、簡易裁判所の科刑の範囲は次第に拡張され、刑法130条の罪もしくはその未遂罪、同法186条の罪、同法235条の罪もしくはその未遂罪、同法252条, 254条もしくは256条の罪, 古物営業法31条から33条までの罪もしくは質屋営業法30条から32条までの罪に係る事件またはこれらの罪と他の罪とにつき刑法54条1項の規定によりこれらの罪の刑をもって処断すべき事件については、3年以下の懲役を科することができる、と定められ（33 II）、科刑権の制限を受けるが審理することができる。簡易裁判所は、以上の制限を超える刑を科するのを相当と認めるときは、訴訟法の定めるところにより事件を地方裁判所に移さなければならない（33 III）。

なお、裁判所法36条は、簡易裁判所において裁判事務の取扱上さし迫った必要があるときの、他の簡易裁判所の裁判官または地方裁判所の判

事による職務の代行の制度を定め，また，同法38条は，簡易裁判所において特別の事情によりその事務を取り扱うことができないとき，その管轄区域内の他の簡易裁判所に当該簡易裁判所の事務の全部または一部を取り扱わせることができる旨定めている．→裁判所　　［中野目善則］

簡易送致　*少年の刑事事件'における*全件送致主義'の事実上の例外として，罰金以下の刑にあたる犯罪の被疑事件は家庭裁判所に，罰金より重い刑にあたる犯罪の被疑事件は検察官に，それぞれ1月ごとに一括して簡略な書式によって警察から*送致'することをいう．現行の手続は1969(昭44)年の最高裁判所事務総局，最高検察庁，および警察庁の協議に基づいて運用されている．簡易送致の対象事件は，被害の軽微な財産犯，暴行・傷害，脅迫，少額の賭博，その他長期3年以下の懲役までの刑にあたる犯罪であり，その原因・動機，少年の性格，行状，家庭の状況および環境等から見て再犯のおそれがなく，刑事処分または保護処分を必要としないと明らかに認められる場合であって，凶器を使用しておらず，偶発的な犯行であり，被疑事実を否認していないような場合に，簡易送致を行うことができる．その場合，再犯防止のために，成人事件の*微罪処分'に準じた措置をとり，必要に応じ婦人補導員，少年補導員，少年補導センターなどを活用することとされている．被疑事件の軽微性と要保護性とは別個に判断されるべきとする立場から，簡易送致に対して批判的な見方もある．　　［村山眞維］

管　轄　*裁判権'を行使するについては，各裁判所に分担がある．すなわち，具体的な事件に関し，日本国の裁判権が及ぶことを前提として，いずれかの裁判所がその審判を担当する．その配分をするのが管轄であり，その定めによって管轄権の帰属が決まる(ただ，裁判所法はこの管轄権の意味で裁判権ということばを用いている．裁7・16・24・34)．管轄権のない裁判所に公訴が提起されれば，*管轄違い'の判決が言い渡され(刑訴329)，手続は打ち切られる(裁判権がない場合には*公訴棄却'の判決がなされる，刑訴338①)．

管轄は，基本的に関係者の便宜を考慮して定められている．裁判所その他関係機関の手続処理という技術的側面とともに，被告人の出頭および防御という人権保障的要請が，そこに働く．しかも，恣意が介入することのないよう，あらかじめ一定の基準が示されており，それに従って，事件が発生するといわば自動的に管轄は決まる．とはいえ，その定めを徹底しすぎるとかえって不都合の生じることがあるので，そこに一定の修正も施されている(*管轄の修正')．

管轄は，通常の被疑事件に関する通常管轄と，付審判請求(刑262)や再審(438)などの付随手続にかかわる特別管轄とに区分できる．なお，とくに審判の公正を図るという見地から，特定の裁判所にのみ裁判権を行使させる場合がある(専属管轄)．独占禁止法85条3号による東京高等裁判所の管轄はその代表的なものであるが，ほかに，内乱罪について高等裁判所が第1審として管轄し(裁16④)，また少年の福祉を害する成人による一定の犯罪について家庭裁判所が管轄権を与えられている(裁31の3Ⅰ③)などの例がある．

通常管轄としては，*事物管轄'，*土地管轄'および*審級管轄'がある．第1審の管轄について，事件の軽重や性質に基づいて分配したのが事物管轄，事件の場所的関係によって分配したのが土地管轄である．そして，上訴に関して審級管轄の定めがなされている．

特別管轄の定めにあっては，それぞれ特定の裁判所が決まっている．たとえば，再審の請求を管轄するのは原判決をした裁判所である(刑訴438)．

以上のような固有の管轄に対し，それを修正する規定が用意されている．そのひとつは，関連事件の管轄であって，相関連する複数の事件については，ひとつの裁判所が他の事件についても併合して管轄権をもつ(刑訴3以下)．2つめは，管轄の指定・移転である．管轄区域が明らかでないなどの場合に上級の裁判所によって管轄の指定がなされ，また一定の場合には管轄が移転されることもある(刑訴15以下)．最後に，裁判所は，適当と認める——被告人の出頭の便宜に対する配慮など——ときには，現に係属している事件を事物管轄を同じくする他の管轄裁判所に移送することができる(刑訴19)とする規定もおかれている．　　［米山耕二］

管轄違い 起訴された事件がその裁判所の*管轄に属しない場合には、原則として管轄違いの判決が言い渡される(刑訴329)。この判決は、*免訴'および*公訴棄却'の判決・決定と並んで、形式(手続)的理由により、事件の内容に立ち入ることなく、いわば門前払いの形で手続を打ち切るものである(*形式裁判'、*一事不再理'の効力は生じないので、管轄裁判所にあらためて起訴することができる)。なお、不法に管轄を認めたときには、絶対的控訴理由となる(刑訴378①)。

管轄違いの言渡しには、いくつかの例外がある。(1)*土地管轄'については、被告人の申立てがなければ管轄違いの言渡しをすることができない(刑訴331Ⅰ)。土地管轄は主として被告人の利益のためといえるので、当人に異議がなければそのまま手続を進めて差し支えないからである。また、証拠調べを開始した後には、被告人がみずから利益を放棄したと考えてよいので、もはやその申立てをすることができない、とされている(刑訴331Ⅱ)。(2)付審判決定によって審判に付された場合には、管轄違いの言渡しをすることができない(刑訴329但)。管轄権が創設された、とみるのである。(3)高等裁判所による下級裁判所への移送(刑訴330)。

なお、管轄違いであっても、訴訟手続は効力を失わない(刑訴13)。たとえば、地方裁判所で傷害致死事件を審理していたが、過失致死にあたるとして管轄違いの判決がなされ、その後簡易裁判所に起訴されたような場合に、さきの地裁における証人尋問や検証などの効力を維持し、その調書が簡裁で利用されるのである(刑訴321Ⅱ参照)。また、管轄違いの場合でも、裁判所は、急速を要するときには、事実発見のために必要な処分(*要急処分')をすることができる(刑訴14)。　　　　　　　　　　[米山耕二]

管轄の修正 裁判所の*管轄'は、公平を旨としてあらかじめ法定されている。しかし、それをあまりに固くするとかえって不正義ともなりかねないので、そこに修正が加えられる。

修正の第1は、関連事件の管轄であって、相互に関連する複数の事件については、それぞれ別々にではなく、併せて審判を進める方が望ましいということがあるので、ひとつの裁判所が他の事件についても併合して管轄をもつ、とされている(併合管轄)。すなわち、①1人が数罪を犯したとき、②数人がともに同一または別個の罪を犯したとき、③数人が通謀して各別に罪を犯したとき、それら数個の事件は関連事件とされ(刑訴9)、次のように取り扱われる。(a)*事物管轄'を異にするときは上級の裁判所に管轄があり(刑訴3、下級の裁判所の管轄が失われるわけではない)、(b)*土地管轄'を異にするときにはそれぞれの裁判所が併合管轄をもつ(ただし、専属管轄となる事件は除外される、刑訴6)。なお、関連事件が別個の裁判所に起訴された場合、それらの事件をひとつの裁判所に併合できる(刑訴5・8)。逆に、同一裁判所に起訴されていても、併せて審理する必要がなくなれば、他の管轄裁判所に移送することができる(刑訴4・7)。

2つめの修正は、管轄の指定・移転である。まず、管轄区域が明らかでないとか法律による管轄裁判所がないなどの場合、関係のある第1審裁判所に共通する直近上級の裁判所や最高裁判所が管轄の指定をする(刑訴15・16)。次に、法律上の理由または特別の事情(裁判官全員の除斥・忌避、天災など)によって裁判権を行使できない場合、あるいは公平な裁判の維持や公安の保持の観点から必要な場合には、管轄の移転が行われることもある(刑訴17・18)。

最後に、裁判所は、適当と認めるときには、現に係属している事件を事物管轄を同じくする他の管轄裁判所に移送することができる(刑訴19)。犯罪地の裁判所に起訴された後、被告人の出頭の負担に配慮して住所地の裁判所に移送する、などの取扱いである。　　[米山耕二]

環境刑法 (独) Umweltstrafrecht
1 意義 自然環境を保護するためにその侵害・危殆である環境犯罪を処罰する法律の総称で、環境法の一分野をいう。1980年、(西)ドイツは環境媒体を汚染する行為等を一括して「環境に対する罪」として刑法典の中に規定し、1994年にはさらにこれを強化した。しかし、このような立法例はドイツ以外にはほとんど見られないし、単行法として包括的な環境刑法を持っている国もほとんどない。日本においても、環境刑法は各種の特別法の中に散在しているに

とどまる.

1970年の*人の健康に係る公害犯罪の処罰に関する法律'に見られるように, 環境の保護は, まず人々の生命・健康の保護の観点から公害犯罪を処罰する公害刑法によって行われた. しかし, 環境政策は単なる公害防止にとどまるものではなく, 人々に豊かな自然環境の恵沢を可能とするものでもなければならないとされるようになる. 環境基本法(平5法91)は, 政府は環境基本計画を定め, 環境の保全と国民の健康で文化的な生活の確保に寄与しなければならないとする. このようにして, 公害刑法も環境刑法へと展開することになる.

2 環境刑法の保護法益 生物・無生物を含めて自然環境, 生態系はそれ自身固有の権利を有するから, 環境はそれ自身のために守られなければならないという一部の環境倫理学の主張に従うなら, 環境刑法の保護法益は環境自体であるという「純粋生態的法益概念」がとられることになる. しかし, 刑法は人の生活利益を保護するために存在するのであり, 人間との終局的関連を有しない法益を認めることはできない. 他方,「純粋人間的法益概念」は, 環境は人の生命・健康の保護に必要な限りで法益たりうるとするが, 法益はこのような人間の利益に限られるべきものではない. このようにして, 現在においては豊かな自然, 均衡した生態系という良き環境は, 人間の重要な生活利益として保護されるという「生態・人間中心的法益概念」が一般的に支持されている.

3 環境保護における刑法の役割 以上のような意味で環境が保護法益たりうるとしても, 刑法が環境保護に常に有効・適切であるわけではない. 環境刑法のような命令・規制方式よりは, 人々に経済的インセンティヴを提供することにより環境保護の目的を到達しようとする経済誘導方式の方が, より小さい国民の権利の制限によってより有効に目的を到達しうることが多い. 環境基本法も, 経済的措置を講ずる国の義務を規定する. 刑法における*謙抑主義'は環境刑法においても妥当する.

他方, 関係者の利害を調整し, 事前に適切な環境保護のための措置をとることは行政の基本的な役割である. 環境汚染行為を直接処罰する環境刑法も存在するが, むしろその多くは行政の環境保護作用を刑罰によって担保することによってこれを支援するというものであり, 必然的に行政従属性が環境刑法のひとつの特色となる.
[町野 朔]

環境調整 一般に, 保護観察所において, 施設内処遇を経験した犯罪者・非行少年の円滑な社会復帰を実現するために, 収容直後から, 本人が希望する引受人および帰住予定地等などの環境の問題点を調整する措置をいう. つまり, 刑務所等の在監者, 少年院等の在院者の*社会的予後'として, 保護観察官や保護司があらかじめ環境について調査する. 犯罪者予防更生法52条は,「保護観察所の長は, 監獄又は少年院に収容されている者の社会復帰を円滑にするため, 必要があると認めるときは, 保護観察官又は保護司に, その者の家族その他の関係者を訪問させ, その者の境遇その他環境の状態の調整について, 相談させることができる」と規定する. 最も一般的には, 家族等に本人を受け入れる意思の有無や態勢が整っているかどうかを検討する. そして, 保護観察官はその経過および結果を記載した報告書を作成するが, この報告書は地方更生保護委員会および本人を収容する矯正施設において, 矯正処遇, *仮釈放'審査や保護観察のための重要な資料となり, その結果を考慮してこれらの決定が下される. このほか, 保護観察付執行猶予の判決確定前に本人からの申出に基づいて実施する環境調整, 保護観察の補導援護の過程で行われる環境調整などがある. →少年保護手続
[守山 正]

環境と犯罪 **1 ヨーロッパにおける展開** 犯罪原因論は, 決定論の立場に立って, 伝統的に犯罪者の素質と環境をめぐる*犯罪要因'に関する多くの論争を生み出した. 環境との関係では, はやく19世紀前半, 製図派(地理学派)とよばれたゲリー Andre-Michel Guerri(仏・1802-66)やケトレ Adolphe Quetelet(ベルギー・1796-1874)が当時整備されつつあった犯罪統計を駆使して季節・気候・年齢・性別・職業・教育・風土・人種・貧困・飲酒との関係などひろく社会的環境, 人口統計学的要因を分析した. この研究は必ずしも犯罪学者による完成された研究ではなかったが, のちにアメリカの生態学

理論に大きな影響を与えた.さらに19世紀後半,フランスの環境学派(リヨン学派)は当時優勢であった*イタリア学派'に対抗して,社会的因子の犯罪に与える影響を重視した.すなわち,ラッカサーニュ Jean-Alexander-Eugène Lacassagne(仏・1843-1924)はとくに貧困の影響を強調し,タルド Jean Gabriel Tarde(仏・1843-1904)は『模倣の法則』を著して,社会心理学的な立場から犯罪を含む社会生活の重要な行動・現象は生活様式の模倣であるとし,デュルケム Émile Durkheim(仏・1858-1917)は『自殺論』でアノミー論を展開し,さらに『社会的基準の方法』では犯罪は過渡的な社会に生じる健全な社会現象であるとした.他方,ドイツでは,アシャッフェンブルグ Gustav Aschaffenburg(独・1866-1944),エクスナー Eranz Exner(独・1881-1947),レスナー Ernst Roesner(独)らが激情犯罪が夏期に集中する現象を気候との関係で説明している.なお,イタリア学派も,当初遺伝などの素質説に依拠していたが,のちに犯罪発生への環境の影響を一部承認した.

2 アメリカにおける展開 環境説は,その後,20世紀社会学の発達したアメリカでいっそう歓迎され,とくにその一派であるシカゴ学派によって強化された.そのうちショー Clifford R. Shaw(米・1896-1957)とマッケイ Henry D. McKay(米・1899-)は1930年代のシカゴ市の社会的状況から,特定地区の少年に非行の発生率が高いことに着目し,犯罪発生に与える生育環境の重要さを指摘した.その後陸続と生み出されたアメリカ犯罪原因論は基本的に環境説にたち,マートン Robert K. Merton(米・1910-)は,アメリカ人共通の「富の獲得」という文化目標に対して下層階級の少年には合法的な手段が与えられておらず,そのため非合法的な手段を用いざるを得ない社会構造があると指摘する緊張理論,コーエン Albert K. Cohen(米・1918-)は下層階級の少年たちにはそのような文化的目標はなく,むしろ中流的価値に対する反発として特有の副次文化が存在するとする非行副次文化理論,*サザランド'は学習理論を応用し,下層階級の少年は幼いころから地域ギャングに接触することにより犯罪を学習するという分化的接触理論を展開するなど主張は種々に修正されながらも,基本的には地域,副次文化の影響といった外部環境にその犯罪原因を求めた.外部環境という意味では,レマート Edwin Lemert(米・1912-96)が理論化したラベリング論も環境説のひとつといえる.

3 *環境犯罪学'の台頭 上記の議論とは異なって,犯罪原因としての環境というより,*犯罪行為環境'に焦点を当てる学派が近年登場した.環境犯罪学派とよばれる.基本的には,犯罪は行為環境,つまり時間的場所的な機会によって生じるとして,その改善による予防を主張する(*状況的犯罪予防論').この考えは,従来の犯罪学が犯罪行為者を中心にその原因を検討してきたことに反省を求め,人間は誰でも基本的に機会があれば犯罪を犯す存在とみなし,個々の犯罪者には関心を寄せない.→季節・気候と犯罪,犯罪行為環境 [守山 正]

緩刑化 *法定刑',宣告刑,執行刑のいずれかのレベルにおいて,*刑罰'の適用がそれ以前より軽くなることを緩刑化,寛刑化,あるいは刑罰緩和という.これには,死刑の廃止ないしは縮減化,自由刑の刑期の短期化,施設収容以外の代替刑の利用(非施設化)などの形態がある.また,広い意味での非犯罪化によって刑罰以外の制裁でこれを代替することも(非刑罰化),広い意味での緩刑化に属するといえよう.

世界的に,1960年代後半から70年代のリベラルな社会的風潮の中で,死刑の廃止や縮減化が進み,さまざまな社会内処遇が開発されて緩刑化が進んだ.ところが,80年代に入ると,その反動もあって,新たな犯罪類型の創出による犯罪化,法定刑や*量刑'を重刑化,いかなる犯罪も処罰する必罰化が進み,厳罰主義的傾向が強まっている. [石塚伸一]

監 獄 *自由刑'の執行として受刑者を*拘置'し(刑12・13・16),死刑の言渡しを受けた者を執行まで拘置し(11. 死刑執行も監獄内で行う),被告人・被疑者を勾留(刑訴64・207)する*刑事施設'.

1 歴史 犯罪者を拘禁する牢獄は,裁判待ちの未決拘禁や死刑等の執行待ちの身柄拘禁を行う所であったが,やがて,聖職者特権による修道

院拘禁刑の拡大，浮浪者・軽罪者を働かせたイギリスのブライドウェル(1555)やアムステルダム懲治場(1595)の隆盛，さらには死刑を免じての漕奴刑や流刑のための廃船収容から国内施設への収容などを下敷きに，施設拘禁による自由刑が死刑や流刑等にかわって刑罰の中心となっていった．ジョン・ハワード John Howard (英・1726-90)の有名な『監獄事情』(1777)は，監獄改革運動として，労働による受刑者改善をめざした拘禁刑を主張した．刑罰としての施設拘禁の拡大とともに，*監獄建築'や監獄運営方式をめぐる論争も生じる．アメリカでは，昼夜独居によるペンシルヴェニアないしフィラデルフィア制に対し，昼間は工場作業を行うオーバン制が勝利し，近代刑法の自由刑を執行する監獄体制として欧諸国にも影響を与えた．

2 わが国での展開 明治新政府は，牢，人足寄場，徒場といった旧幕制下の施設を引き継ぎつつ，既決たる徒場と未決たる囚獄を分化させ，未決囚一時的拘禁のための監倉を各裁判所において検事の所管としていたが，欧諸国の近代法制を導入すべく，監獄という当時は進歩的な用語のもと，香港等のイギリス法制を参考に監獄則并図式(明5)を公布し，監獄を既決監，未決監，懲治場に区分した．この近代的監獄法制の施行は財政的理由等で中止されたが(明6)，翌年には徒場を懲役場に変えるなど，律令制下の五刑からの脱皮とともに，わが国初の洋式木造監獄として未決囚独居を実現した鍛冶橋監獄(明7)，さらには全国的政情不安を背景に内務省直轄の集治監が小菅と宮城に建てられた(明12)．刑法と治罪法の施行に伴う監獄則(明14)では，留置場，監倉，懲治場，拘留場，懲役場，集治監が監獄とされた．これが，内務大臣の管理する集治監と仮留監，知事等の管理する地方監獄，拘置監，留置場，懲治場に整理され(明22)，ドイツ監獄学(Gefängniskunde)を導入しつつ，監獄事務の司法省移管と監獄費用の全額国庫負担(明33)，全監獄の司法省直轄と集治監の廃止(明36)とつづく．こうして内務行政による拘禁統制体制から脱した*監獄法'(明41)は，司法行政としての施設管理をめざすが，*戒護'と*賞罰'による保安・規律秩序維持のほか，*教誨'や教育の規定ももち，衛生・医療への配慮は*矯正医学'にもつながる．しかし，犯罪者の改善については*監獄破産論'といった消極評価も見られる．

3 種類・名称 ①懲役に処せられた者を拘禁する懲役監以下，②禁錮監，③拘留場と，④刑事被告人や拘禁許可状等で監獄に拘禁した者と引致状によって監獄に留置した者及び死刑の言渡を受けた者を拘禁する*拘置'監の4種が監獄である(監1)．警察の留置場は，監獄ではなくなったが，懲役・禁錮は一月未満との限定の下に，監獄に代用できる(*代用監獄')(1Ⅲ)．罰金・科料の未完納者を留置する労役場(刑18)や監置場(法廷秩序2)も監獄に附設されるが(監8)監獄ではない．このように明治期以来使われてきた，監獄，懲役場などの名称も，大正期にいたって行政府内での呼称としては，*刑務所'，懲役場，禁錮場，拘置場などに変えられ(大11，13)，当時から検討が開始された*監獄法'の改正は，*刑事施設法案'として国会に上程された(昭57，62，平3)． ［吉岡一男］

監獄建築 裁判待ちの未決囚，債務不払者，刑執行待ちを収容し，懲治場とも融合していた牢獄の不衛生・雑居・混禁の弊害を克服し，監獄改良，夜間独居房を主張したジョン・ハワード『監獄事情』(1777)の前後から，ガン監獄など分房制で放射翼型の舎房配置をもつ近代監獄が登場し，自由刑を執行する*刑事施設'としての監獄を，どのような構想の下に建築するかが重要な論争課題となった．ベンサム Jeremy Bentham(英・1748-1832)の提案したパノプチコン(panopticon)一望監視施設は，看守によって多数の受刑者を監視できるように，円形に配置された舎房の中心に看守塔を置いたものである．これら建築様式は，近代刑法における自由刑をどのように具体化するかをめぐる監獄運営についての論争とも結びつく．ここでは，昼夜*独居拘禁'による真の改善・魂の救済をめざしたペンシルヴェニア制の独居舎房のみからなるものと，世俗的改善をめざすオーバン制における刑務所内工場と出役の便宜も考えた放射線状や電柱型の建物群配置との対立がある．後者が優勢となり，今日多く見られる工場と舎房を通路でつないだ平行配置が受け入れられていく．わが国では，合衆国等で見られるような警

備度による刑務所の種別とそれを具現するガンタワーつきの二重三重の塀といったものはないが，逃走を防ぐ高い塀をもつ施設が通常である．塀をもたずフェンスで囲っただけの交通刑務所や囲いのない開放施設なども造られるようになってきた．また，数千人を収容する大規模施設への反省から，処遇環境を重視したせいぜい数百人の小規模施設が理想とされることもある．さらに，市街地などで敷地が十分でなかったり，伝統的な刑務所スタイルに地元の反対があるなどの場合は，高層のビルディングなども，都市型の刑事施設として出現している．

監獄建築は，閉鎖的環境で時には数年にわたって全生活が営まれるなどから，被収容者の健康維持の観点からも問題となる．種々の監獄建築基準として舎房の大きさ・床面積や気積の規格が定められる．また，採光・通風といったことは衛生基準としても問題となる．国連の被収容者処遇最低基準規則(1955)では，居住設備(accommodation)として夜間独居の原則と共同寝室の場合の配慮(9)，設備の保健性として気積，床面積，照明，暖房等(10)，起居・作業場での通風，採光，照明(11)，衛生(12)入浴設備(13)等が規定されている．　　　　[吉岡一男]

監獄破産論　(独) Bankrott der Gefängnisse　*監獄'は，受刑者を改善教化する目的をもつにもかかわらず，監獄の構造そのものがその目的を阻害する矛盾を抱えており，機能的に破産せざるを得ないという説．1920年代のドイツでは，独居制の批判を経て累進制が導入され，受刑者の自発的意欲の涵養が目ざされたが，他方で，監獄の抱える現実的な矛盾も指摘された．人格発展の前提には細かな限りない刺激が必要であるが，監獄は，高い壁，鉄格子，厳格な統制などによって，このような刺激を遮るのみならず，逆に，監獄の構造や厳しい抑禁条件そのものが威嚇効果をもつものとして監獄の価値を高めるという矛盾を内包すると主張された．→刑務所文化，拘禁心理学，施設内処遇，社会内処遇　　　　　　　　　　　　　　　[土井政和]

監獄法　*監獄'・*刑事施設'の管理と既決・未決拘禁処遇の基本法であり，現行刑法(明40)の施行に伴い，それまでの監獄則にかえて制定施行された(明41法28)．

1 沿革　明治新政府による欧米法制導入の一環として，香港等でのイギリス植民地行刑の視察は，監獄則并図式(明5)に結実した．これは罪人の禁鎖と懲戒を獄の所以としつつ，残虐と痛苦ではなく仁愛を言う緒言をもち，幕末期以降の西洋にならった獄政改革論の実現ともされるものであったが，翌年に財政事情等で施行停止となった．刑法と治罪法(明13)にあわせフランス行刑にならった監獄則(明14)も空文化したとされ，ドイツ法系に転換し監獄則(明22)にいたって，監獄則施行細則，監獄執務要領で補われながら監獄運営の実質的改革が進められることになる．その基本的内容は規律秩序の重視であり，国立監獄官練習所教授としてK.v.ゼーバッハの招聘が行われるなどドイツ監獄学に範をとった．領事裁判権の撤廃を受けて第3回改正の監獄則(明32)のもと外国人処遇標準も策定され，監獄費の全額国庫負担，全監獄の司法省直轄を経て，監獄法(明41)が制定・施行され，細部は監獄法施行規則に補われつつ法律による監獄運営が実現する．

2 基本的内容・性格　監獄の種類(1)から警察留置場をはずし(*代用監獄'とする)，刑名による監獄の別異と相互の峻別(3)など，司法行政による刑事施設管理法としての性格は，第1章総則以下，収監，拘禁，*戒護'とつづき，*賞罰'などをもつ章別編成にも表れている．また，第4章作業では，衛生，経済および在監者の刑期，健康，技能，職業，将来の生計，18歳未満者には特に教養に関する事項をも斟酌すると定める(24)など，監獄則以来の伝統でもあった犯罪者，受刑者，さらには広く在監者の実質的処遇を視野におくものでもあった．しかし，特別権力関係といった考え方に示されるように，在監者や*受刑者の権利'への配慮は十分ではなく，基本的には無権利状態のうえに，監獄当局の裁量で諸々の措置もできるといったスタイルがとられている．権利侵害に対する救済についても，*情願'という苦情処理規定のみをもつにすぎなかったが，昭和30年代からは，裁判所による司法的救済が図られ，監獄法施行規則の改正(昭41，平3など)がもたらされている．

3 監獄法改正　大正期に監獄の語は行政部内では刑務所に変えられ，監獄局は行刑局となっ

たが(大11)，同年に監獄法改正の検討が司法省内の行刑制度調査委員会によって開始され，未決勾留執行原則5項目，自由刑執行原則も総則以下の8項目と階級制，仮釈放制度などについて検討結果が答申された(大12)．昭和2年の監獄法改正ノ綱領〔刑務法案調査委員会決議〕22項目提案を経て，*行刑累進処遇令(昭8)が制定され，監獄法改正を先取りするものとして，明治監獄学・施設管理法からの脱却が言われた．第2次世界大戦後は最高裁判所以下司法部門の独立と司法省の廃止，法務庁から法務省への組織替え，刑事訴訟法，少年法の全面改正が行われ，監獄法についても，刑務協会による建議要項(昭21)，司法省の調査委員会による改正要綱の公表(昭22)などの動きが見られた．しかし，占領軍の意向もあって戦争直後の監獄法改正は見送られた．以後は，法務省内部での検討が続けられ，刑事施設法案第3次案(昭47)を経て，法制審議会への諮問となる(昭51)．これは*刑事施設法案'に結実し，警察庁の留置施設法案などもあわせ拘禁四法として国会に提案された(昭57，62，平3)．→行刑　　　[吉岡一男]

観護措置　*少年法'において*非行少年'の身柄保全をはかるために認められている措置．*少年保護手続'において，*家庭裁判所'は，審判を行うため必要があるときは少年に観護措置を決定し，家庭裁判所調査官の観護に付すか，*少年鑑別所'に送致することができる(少17)．前者は，施設に収容せず，調査官の人格的な力によって身柄確保を図るものであるが，あまり使われておらず，実務上，観護措置といえば少年鑑別所に収容して身柄を拘束する後者を指すのが通例とされる．*少年の刑事事件'においては，*未決'拘禁としての*勾留'は制約を受けており(43Ⅲ，48)，検察官は，裁判官に対して，勾留の請求に代えて観護措置を請求することができる(43Ⅰ)．保護事件では，調査または審判の必要にそなえて，少年と保護者に対する呼出状，同行状の制度がある(11，12)．同行された少年や，検察官または司法警察員から勾留または逮捕された少年の(身柄つき)送致を受けたときは，観護措置は，遅くとも少年の到着のときから24時間以内に行わなければならない(17Ⅱ)．少年鑑別所への収容期間は2週間を超えることはできないが，とくに継続の必要があるときは，決定で更新できる(Ⅲ)．更新は1回だけであるが，死刑，懲役または禁錮に当たる犯罪少年の事実認定に関し証人尋問等を行うので，少年を収容しなければ審判に著しい支障が生じるおそれが認められる場合は，さらに2回更新できる(Ⅳ)．検察官からの再送致事件で先に鑑別所収容ないし勾留状が発せられていれば更新できない(Ⅴ)．勾留の請求に代わる観護措置がとられていた事件が家裁に送致された場合は，17条による措置とみなされ(Ⅵ)，送致を受けた日から，上述の期間が起算される(Ⅶ)．収容期間は通じて8週間を超えることはできない(Ⅷ)．かつては4週間を限度としていたが，複雑事案等の審判に備えこの期間を延ばすことが実現した(平12年少年法等一部改正法)．このように，観護措置は，少年の事件について，刑事手続の未決拘禁と同様の機能をもち，適正な審判を行うために，少年の身柄を保全して調査，鑑別，行動観察をするなど，審判過程の手続的必要に応える制度であるが，それとともに，対象少年の矯正保護をはかるものともされて司法機能と保護機能の二重性といわれる．明文にある「審判を行うため」に(審判に先立つ)調査のための必要性もいり，心身鑑別を十分に行ったり，調査・審判を進めるために心身の安定を得させるなどは，ほぼ異論なく肯定されよう．しかし，再非行防止のためや短期の教育ないし治療の場としての利用が許されるかなどには手続的人権保障の点から議論がある．[吉岡一男]

鑑識　捜査の過程における証拠の収集・分析にあたり，科学的な鑑定手段により識別する活動のこと．法律上の用語ではない．捜査資料の収集・分析に際しては，法医学，化学，物理学，機械工学，心理学等の科学的な手段が用いられており，鑑識は，捜査の科学性を高める手段として極めて重視されている．鑑識の法的性質は，証拠の収集についてみれば，任意捜査の一環としてなされる場合のほか，捜索・差押えや検証(刑訴218・220)による場合があるし，証拠の分析については，特に鑑定嘱託(223Ⅰ・224・225)に付される場合がある．

鑑識の実施にあたり中心的な役割を果たしているのは，各都道府県警察の鑑識課および科学

捜査研究所であり，犯罪現場等における証拠資料の採取，分析，検査等の業務を遂行している．さらに，鑑識技術の高度化を図るためには，全国的に高度な専門技術者を養成する必要があるので，警察庁に置かれた*科学警察研究所'のもとで研修がなされている．すなわち，同研究所に設置されている法科学研修所において，各都道府県の鑑識技術者に対して，専門分野ごとに技術指導がなされている．さらに，科学警察研究所は，鑑識技術の確立や鑑識機材の開発のために，計画的な研究・開発を推進するほか，各都道府県警察から個別に鑑定嘱託を受けた捜査資料について鑑定・検査を行っている．鑑定の業務を実施しているのは，法科学第1部，法科学第2部，付属鑑定所である．捜査資料のうち，とくに，各都道府県警察が捜査の過程で押収した偽造通貨および銃器・弾丸等は，すべて科学警察研究所に送付し，鑑定嘱託を受ける措置がとられている．　　　　　　　　　　［長沼範良］

関税定率法　本法(明43法54)は，「関税の税率，関税を課する場合における課税標準及び関税の減免その他関税制度について定める」(関税定率法1)法律である．21条1項では，輸入*禁制品'として，麻薬・向精神薬・大麻・覚せい剤などの薬物(①)，けん銃などの銃砲(②)，貨幣などの模造品など(③)，知的所有権を侵害する物品(⑤)が掲げられており(覚せい剤は平1法13，けん銃などの銃砲は平6法118によって追加)，これらの物品について，税関長は，没収して廃棄し，または積戻しを命ずることができる(21Ⅱ)．さらに，21条1項4号では，「公安又は風俗を害すべき書籍，図画，彫刻物その他の物品」が掲げられているが，この物品は21条2項の対象ではなく，その処分は輸入者の意思に委ねられている．前者の公安を害すべき物品は，実務上の通説によれば，内乱(刑77)・外患誘致(81)・外患援助(82)の罪を実行させる目的で，その実行の正当性または必要性を主張した文書等(破防4Ⅰ①二)に限られ，後者の風俗を害すべき物品は，最高裁判例によれば，わいせつな書籍等に限られる(最判昭59・12・12民集38・12・1308)．こうした輸入禁制品を輸入すれば，*関税法'109条の禁制品輸入罪が成立する．　　　　　　　　　　　　　　［安田拓人］

関税法　本法(昭29法61)は，「関税の確定，納付，徴収及び還付並びに貨物の輸出及び輸入についての税関手続の適正な処理を図るため必要な事項を定め」(関税1)るものであり，税法的性格と通関法的性格を併せもった法律である．

1 罰則　罰則(第10章)のうち，*実質犯'としては，*関税定率法'21条1項に掲げる輸入*禁制品'を輸入した者を処罰する禁制品輸入罪(関税109Ⅰ・5年以下の懲役もしくは50万円以下の罰金またはこれの併科)，「偽りその他不正の行為により関税を免れ，又は関税の払いもどしを受けた者」「関税を納付すべき貨物について偽りその他不正の行為により関税を納付しないで輸入した者」を処罰する関税逋脱罪(110Ⅰ Ⅱ・5年以下の懲役もしくは50万円〔情状により逋脱税額などの10倍以下〕の罰金またはこれの併科)，許可を受けないで貨物を輸出し，または輸入した者を処罰する無許可輸出入罪(111Ⅰ・3年以下の懲役もしくは30万円以下の罰金)，禁制品輸入罪・関税逋脱罪・無許可輸入罪に係る貨物について，運搬・保管・有償もしくは無償での取得・処分の媒介もしくは斡旋を行った者を，本犯の法定刑の軽重に応じた刑で処罰する関税贓物罪(112)があり，これら4つの罪については，没収・追徴の規定が置かれている(118)．このうち，禁制品輸入罪・関税逋脱罪・無許可輸出入罪は，予備・未遂が既遂と同じ刑で処罰される(109Ⅱ・110Ⅲ・111Ⅰ)．また，形式犯としては，112条の2以下に*行政刑法'的罰則が規定されており，なかでも重要なのは，輸出入の許可の申請または検査に際し，偽った申告・証明をし，または偽った書類を提出した者を処罰する虚偽申告罪(113の2・1年以下の懲役もしくは10万円以下の罰金またはこれの併科)である．以上の罪についてはすべて*両罰規定'が置かれている(117Ⅰ)．

2 事件の処理　関税法違反事件に対しては，原則としては，通告処分という簡易な方法による処分がなされ，それに応じた者は刑事制裁から解放される．通告に応じない者については，税関長には告発の義務があり(139)，通告処分ができない場合，通告処分をしても履行される可能性がない場合，犯則が悪質で刑事制裁の必要

間接教唆　(独) mittelbare Anstiftung　*正犯'を*教唆'する者をさらに教唆する場合をいう．刑法61条2項は「教唆者を教唆した者についても，前項と同様とする」と規定する．間接教唆には，AがBに対して「Cを教唆して犯罪を実行させよ」と教唆する場合と，AがBを教唆して犯罪の実行を決意させたが，被教唆者Bがみずから実行せず，さらにCを教唆して犯罪を実行させる場合がある．いずれもAの教唆行為が間接教唆にあたる．これに対して間接教唆を*間接正犯'と対比させ，たとえば，犯罪を教唆する手紙を情を知らない者に託して被教唆者に届ける場合に限定し（この場合間接教唆は当然教唆となる），いわゆる本来の間接教唆の場合を「教唆の教唆」あるいは順次教唆と表現する用語法もある．判例は間接教唆に2つの形態があることを認めている（大判大3・11・7刑録20・2046，最判昭28・6・12刑集7・6・1278）．問題は，刑法61条2項の適用範囲が間接教唆の場合のほか，さらに再間接教唆やそれ以上の連鎖的教唆にも及ぶかにある．肯定説は，間接教唆が可罰的である以上，それに限定する必要はなく，再間接教唆も連鎖的教唆も可罰的であり，刑法61条2項は立法の経緯からして確認的に間接教唆の場合を明示したに過ぎないとする．これに対して，否定説は，正犯の背後関係を無限に追及するのは法的安定性・確実性を害することを理由として，刑法61条2項の教唆者とは刑法61条1項の教唆者，すなわち正犯者を直接教唆した者を指すとする．判例は再間接教唆も結果への原因であるとして可罰性を認めているとされるが，大判大11・3・1刑集1・99は，被教唆者・再被教唆者もみずから実行行為を行った事案であり，こうした事例について再間接教唆を認めたものである点に留意すべきである．なお，刑法62条2項は「従犯を教唆した者には，従犯の刑を科する」と規定し，従犯（幇助）の教唆を処罰している．これに対して，教唆の幇助あるいは幇助の幇助（*間接幇助'）については，刑法は処罰規定をもたない．学説は対立しているが，判例は間接幇助について従犯として可罰性を認めている（最決昭44・7・17刑集23・8・1061）．なお，間接教唆の幇助について判例は従犯としての可罰性を認めているので（大判昭12・3・10刑集16・299），教唆の幇助の可罰性も認めることとなろう．　　　［植田　博］

間接事実　(英) indication　(独) Indiz, indirekte Tatsache　(仏) indice　*要証事実'ないし*主要事実'を間接的に推認させる事実．中間要証事実とか徴憑（ちょうひょう）といわれることもある．たとえば，殺人事件において，被告人が被害者を殺害する強い動機を有していたという事実，被告人が犯行前日に凶器のナイフを買い求めたという事実，犯行の翌日被告人が血のついた上衣をクリーニングに出したという事実，アリバイの偽装工作をしたという事実などは，すべて間接事実である．裁判では，これらの間接事実を総合して要証事実の認定に近づくことになるが，刑事訴訟においては，要証事実（主要事実）だけでなく，間接事実も厳格な証明の対象になる．そして，間接事実を証明する証拠を*間接証拠'ないし*情況証拠'と呼ぶ．もっとも，英米では，間接事実自体を情況証拠と呼び，わが国でもそのような使い方がなされることがある．　　　［多田辰也］

間接証拠　(英) indirect evidence　(独) mittelbarer Beweis　(仏) preuve indirecte　*要証事実'を間接的に推認させる事実（*間接事実'）を証明するために用いられる証拠．*直接証拠'に対する．間接証拠は*情況証拠'とも呼ばれる．たとえば，殺人事件の公判において，被告人の拳銃所持という間接事実を証明するために提出される，被告人に拳銃を売った旨の証人の証言や，犯行現場に遺留された拳銃から被告人の指紋が検出された旨の鑑識結果などが，間接証拠になる．間接証拠による証明は，間接証拠から間接事実を認定する過程と，間接事実から要証事実を推認する過程とに分かれるが，この推認の過程にその特徴がある．近代以前にはもっぱら直接証拠（主に自白）が重視されていたが，*自由心証主義'の確立後は，両者に証拠法上の優劣は認められていない（刑訴318参照）．したがって，間接証拠のみで有罪を認定しても何の問題もない．もっとも，その場合は，

間接証拠がしっかりしていること，間接事実も重要で要証事実への推認力が強いことが絶対的な条件となる．ちなみに，近時の*採証学'の発展が，間接証拠の重要性を増大させている．
[多田辰也]

間接正犯（独）mittelbare Täterschaft　**1 意義**　自ら直接構成要件該当事実を実現する行為を行わず，他人を利用して犯罪を実現する場合，またはその場合の利用者を間接正犯という．これに対して，自ら直接に構成要件該当事実を実現する場合が直接正犯であり，それは単独正犯・共同正犯に分類される．単独正犯では行為者が自ら構成要件該当事実をすべて実現しなければならない．共同正犯の場合には分担して犯罪を実現するが，あくまで自らの直接的寄与によって実現する場合である．間接正犯の正犯性については，いわゆる*道具理論'による根拠づけが一般的である．すなわち，間接正犯は犯罪事実実現に際して他人を介するが，その他人は背後の者が利用する道具にすぎず，背後の者が正犯であると説明する．最近では，単なる道具理論にとどまらず，背後者が最終的に実現される犯罪事実を自ら手中に収めてその実現を統制することができることを正犯一般の根拠であるとする「*行為支配'説」が主張されている．

2 問題点　間接正犯概念は元来正犯と共犯との境界にある処罰の間隙を解消する方策のひとつとして提案された意味合いがある．すなわち，正犯理論において*制限的正犯概念'（形式的客観説）を採用し，共犯従属性につき極端従属形式の立場に立つと，責任なく行為する他人をそそのかして犯罪を行わせる場合，そそのかした者は正犯・共犯のいずれにも包摂されない．自ら実行行為を行わないので正犯ではなく，また正犯が有責に行為しないので共犯にもならないからである．その他，処罰の間隙を解消するものとして*拡張的正犯概念'があるが，日本の刑法体系になじむものであるかについては問題が残る．ただし，今日では，共犯従属性について制限従属形式を採る立場が有力となり，制限的正犯概念においても正犯性の要件として自然的形式的に把握された実行行為の遂行を必要としない考え方（実質的客観説）が一般化したことによって，処罰の間隙の問題自体は以前のような重要性をもたない．むしろ，間接正犯が本来的に正犯であることを正犯概念そのものの問題として基礎づけるべきである．

次に，間接正犯においてはその性質上*離隔犯'となることが少なくないため，実行の着手時期が重要な問題になる．道具理論の思考からは，利用者の寄与をもって実行と解するから，利用者の行為を標準とする．これに対して，離隔犯においては結果発生の危険性の観点から実行の着手を判断すべきであると考えれば，被利用者の行為を標準とすべきことになる．判例は後者に傾斜していると評されている．

3 類型　間接正犯は，①有責性を欠く者を利用する場合と，②構成要件要素（ないし違法性）を欠く者を利用する場合に分類される．①には，責任無能力者を利用する場合，絶対的強制の下にある者を利用する場合などが含まれ，②には，故意を欠く者を利用する場合（故意も責任要素と考える立場からは①に分類される），適法行為（正当防衛・緊急避難など）を利用する場合，「目的のない故意ある道具」を利用する場合，「身分のない故意ある道具」を利用する場合などが含まれる．後二者が「*故意ある道具'」であるが，これらの道具は，構成要件該当事実についての認識を有する以上，規範的障害という観点から他の場合と同様の道具性が認められるかは議論の余地がある．さらに，正犯概念を主観説的に構成することと関連して，幇助的意思のみで関与する「故意ある幇助的道具」を利用する場合が間接正犯に当たるかも問題である．*自手犯'については，犯罪の属性・立法者意思等を理由として，間接正犯はありえない場合であると考えられる．なお，判例に現れた間接正犯は，大半が有責性を欠く者，故意を欠く者を利用する場合である．
[橋本正博]

感染症の予防及び感染症の患者に対する医療に関する法律　1998(平10)年に成立，公布され，翌年から施行された（平10法114）．感染症予防法と略称される．従来の伝染病・感染症予防に関する個別立法は，患者の隔離等により伝染病から社会を防衛することに重点が置かれて患者の人権尊重という視点を欠き，感染力が弱く，あるいは治療法や予防法がすで

に確立している伝染病についても一律に強制措置を義務付けていたり，法の定めていない新型の感染症には対応できない等の問題点があった．本法は，ハンセン病(らい病)やエイズをはじめとする感染症患者等に対する差別や偏見が行われた事実を重く受け止め(前文)，過去における社会防衛中心の各種感染症個別政策から感染症予防と患者等の人権尊重との両立を基盤とする新たな感染症総合政策への転換を図り，各種感染症の予防と患者に対する医療のために必要な措置を定めている．本法の制定に伴い，伝染病予防法，性病予防法，後天性免疫不全症候群の予防に関する法律は廃止されて本法に一本化されたが，結核予防法は統合されなかった．また，感染症の予防接種については，別途予防接種法が規定する．なお，らい予防法は1996(平8)年に廃止された．

本法では，感染症を感染力の強さや症状の重さ等に応じて4分類し，感染力が強く死亡の危険性の高いエボラ出血熱やペスト等1，2類の11疾病患者に限って，都道府県知事が入院を勧告し，従わない場合は強制入院させることができる旨定め，さらに入院が30日以上になった場合には患者が不服審査の申立てができるようにする等，患者の人権に配慮した規定が盛り込まれている．O157等3類感染症には就業制限があるが，エイズは法的な行動制限のない4類感染症とされており，国および地方自治体は，患者の人権保護に配慮しつつ，感染症に対する正しい知識の普及に努め，必要な情報提供を行う．また，医師ら関係者に対する守秘義務を強化し，秘密漏えいにつき刑法(134 I)よりも罰則を重くし，看護婦等にも刑罰を科す等して，プライバシーの保護を図っている．

[北川佳世子]

監 置 法廷秩序を乱した者に対して科される秩序罰の一種(法廷秩序2)．裁判所の*決定'により科され，20日以内の監置場への*留置'をもって執行される(法廷秩序2 I・II，3 I)．その執行は裁判官の命令によるとされ，必要があるときには，裁判官は勾留状と同一の効力を有する収容状を発することができる(7 I -III)．監置場は*監獄'に附設されるが，最寄りの地に監置場がない場合，または監置場があっ

てもその収容能力が十分でない場合には，拘留場のとくに区別した場所を監置場に充てることが許されている(監8 I・II)．

地方裁判所，家庭裁判所，簡易裁判所またはその裁判官のした監置の決定に対しては，本人は決定が告知された日から5日以内に，法令違反を理由として，高等裁判所に抗告をすることができる(法廷秩序5)．高等裁判所またはその裁判官のした監置の決定に対しては，本人は高等裁判所に異議申立てをすることができる(同)．抗告または異議申立てについて高等裁判所のした裁判に対しては，本人は，憲法違反または判例抵触を理由とする場合に限って，最高裁判所に*特別抗告'をすることができる(法廷秩序6)．

[宇藤 崇]

勘違い騎士道事件 勘違い騎士道事件の概要はつぎのとおりである．来日8年目の英国人で空手3段の腕前だった被告人は，酩酊したA女が介抱中のBと揉み合って転倒した上，「ヘルプミー」と叫んだため，BがA女に暴行を加えているものと誤認して，攻撃を制止するためBに近づいたところ，Bがファイティングポーズのような姿勢をとった．被告人は，自分にも殴りかかってくるものと誤信し，自己およびA女の身体を防衛するために，とっさにBの顔面に回し蹴りを加えて転倒させ頭蓋骨骨折でBを死亡させた．1審は無過失の誤想防衛で無罪としたが，原判決は，*誤想過剰防衛'に当たるとして傷害致死罪の成立を認め，36条2項に準拠して刑を減軽した．最高裁は，「本件回し蹴り行為は，被告人が誤信したBによる急迫不正の侵害に対する防衛手段として相当性を逸脱している」と評価した点も含めて，傷害致死罪の成立を認め「いわゆる誤想過剰防衛に当たるとして刑法36条2項により刑を減軽した原判断は，正当である」としている(最決昭62・3・26刑集41・2・182)．防衛状況を誤想し，誤想した侵害との対比において過剰な行為をした場合が誤想過剰防衛である．本件では急迫不正の侵害について誤想があることは明白であるが，それに基づく防衛行為としての「回し蹴り」の過剰性について，本決定は原判決の判断を是認しており，これは，空手3段の被告人が行う「回し蹴り」はきわめて危険であるから過剰であるとしたも

のと解されている．36条2項の適用については，最高裁の判例は，その準用を認めており(最判昭41・7・7刑集20・6・554)，本決定もこれに従っている．
　　　　　　　　　　　　　　　　[川端　博]

姦通罪　(英) adultery　(独) Ehebruch　(仏) adultère　姦通とは，配偶者のいる者が配偶者以外の異性と性交することをいう．刑法旧183条は，配偶者のいる女性が配偶者以外の男性と性交した場合に，配偶者の告訴を待って，その女性および相姦者を処罰していた．しかし，配偶者のいる男性は，配偶者以外の女性と性交しても，相姦者でなければ処罰されることはなかった．刑法旧183条は，法の下の平等(憲14)，男女平等(24)に反するとして，1947(昭22)年に削除された．男性の姦通をも処罰することにより平等を実現することも考えられたが，事実上経済的平等が実現されていない以上，女性の不利益となり，実質的平等は達成されないとの理由から，採用されなかった．
　　　　　　　　　　　　　　　　[松原久利]

鑑定　刑事訴訟においては，特別の知識・経験に属する法則，またはその法則を具体的な事実に適用して得た判断を裁判所に報告することを，鑑定という(刑訴165, 最判昭28・2・19刑集7・2・305参照)．このような報告をさせる証拠調べの手続全体をさす場合(1編12章の表題)，鑑定すべき事項について判断を形成するための*鑑定人'の活動をさす場合(170, 刑訴規130等)もある．鑑定人は，特別の知識・経験に基づいて，裁判官の判断を補充する者であって，実際に体験した事実を供述すべき証人とは異なる(なお，「特別の知識によって知り得た過去の事実」について尋問する場合は，証人として取り扱うものとされている(刑訴174．いわゆる「*鑑定証人」))．鑑定は，裁判所が命じるものであるが，捜査段階において捜査機関が鑑定の嘱託をすることもある(223Ⅰ．嘱託された者を「鑑定受託者」という)．

鑑定事項は，人の心身の状態等についての法医学的ないし犯罪精神医学的なもの，物の物理的・化学的性質に関するもの，経済取引の実態や言語の特色といった社会・人文科学的なもの等，多岐にわたる．特に，人の死亡原因・機序等に関する法医学鑑定や，被告人の精神状態に関する精神鑑定等の事例が多い．裁判所が鑑定を命じるべきか否かは，経験則に反しない限り，裁判所の裁量によるものと解されている．また，鑑定人の具体的な選定も，裁判所の判断に委ねられている．法人その他の団体に鑑定を命じることはできない．鑑定人は，出頭，宣誓，鑑定の義務を負う(刑訴166・171．これらに違反した場合には制裁が科されるほか，虚偽鑑定につき罰則がある．171・150・151・160・161, 刑171)．ただし，鑑定人を勾引することは，裁判所の判断を補うものとして一定の権限を有する鑑定人としての地位にそぐわないから，許されない(刑訴171)．鑑定人は，鑑定について必要があるときは，裁判所の許可を受けて，住居等への立入り，身体検査，死体の解剖，墳墓の発掘，物の破壊をすることができる(168)．これを「鑑定処分」といい，裁判所が発付する「鑑定処分許可状」により行うものとされている．捜査段階で強制的に血液，尿等の*体液の採取'をするときは，鑑定処分許可状のほか身体検査令状(218)を併用するのが，かつての通例であったが，最高裁は，捜査段階での強制採尿については，医師による等の条件を付した捜索差押許可状によるべきものとした(最決昭55・10・23刑集34・5・300)．被告人の心身または身体に関する鑑定のため必要であるときは，裁判所は，相当な場所に被告人を留置することができる(167)．これを「鑑定留置」といい，「鑑定留置状」を発付して行うものとされる．鑑定人は，これらの強制処分を利用したり，必要に応じて補助者を用いたりして，鑑定事項について判断を形成するための活動を遂行する．当事者は，そのような活動に立ち会うことができる(170)．

鑑定人は，鑑定事項について判断を形成するに至ったときは，公判廷にこれを報告しなければならない．報告の方法は，証人と同じく口頭による場合もありうるが(304)，鑑定の内容が専門的かつ複雑であることから，鑑定の経過および結果につき書面を作成して提出するのが通例である．これを「鑑定書」という．

鑑定書は，公判期日の供述に代えて書面を証拠とすべきものであるから，伝聞法則の適用による証拠能力の制限を受けるが(320Ⅰ)，一般の供述代用書面とは性質が異なるから，公判廷

で鑑定人が尋問を受け，その真正に作成されたものであることを供述したときは，証拠として許容される(321 IV)．鑑定人の尋問では，単に正確な記載をした旨の形式的な供述だけでなく，鑑定の方法・経過・結果・評価等の実質的内容にわたる尋問の機会が保障されなければならない．なお，判例によれば，鑑定受託者が作成した鑑定書についても，刑事訴訟法321条4項が準用される(最判昭28・10・15刑集7・10・1934)．鑑定もひとつの証拠であるから，その証明力の評価は，裁判所の判断に委ねられている．ときには，鑑定書の評価をめぐって公判廷で激しい応酬が繰り広げられることもありうるし，鑑定に疑問があるとして再度の鑑定が命じられることもありうる．→虚偽鑑定罪，犯罪精神医学
　　　　　　　　　　　　　　　　　　[長沼範良]

鑑定証人　特別の知識によって知り得た過去の事実について供述する*証人'のこと(刑訴174)．たとえば，被害者の創傷を診断した医師に対して，その症状・程度，傷害の原因等について尋問する場合，この医師は鑑定証人である．鑑定証人の尋問については，*鑑定'の規定ではなく，証人尋問の規定によることになっている(174)．一般に，証人尋問とは，被告事件と関連性を有する一定の過去の事実を実際に体験した者から，これについての供述を求めるものであるのに対して，鑑定とは，一般的な学識経験に基づいて法則ないしその適用結果を報告して，裁判所の補助をするものであるが，鑑定証人は，その両者の性質を併せ持つものといえる．このような者について，証人としての性格を優先させることとしたのは，過去に生起した一回的な事実について供述を求める点において，証人としての個別性が重視されたためである．鑑定であれば，同じく一般的な学識経験を有する他の鑑定人と代替することも可能であるが，鑑定証人については，そのような代替性は認められないのである．

鑑定証人の尋問については，証人尋問の規定によることになるから，鑑定の場合とは異なり，その者の勾引も不可能ではない(171参照)．なお，一般の証人の場合も，実際に経験した事実により推測した事項を供述させることができ，その供述が鑑定に属するものであったとしても，証言としての効力を妨げられない(156)．たとえば，距離，時間，人物の同一性等について，証人が推測した事項を証言することがありうる．ただし，単なる意見や議論，証人が経験しなかった事実は，証人尋問の対象にならない(刑訴規199の13 II③・④)．→鑑定人　　[長沼範良]

鑑定人　刑事訴訟では，裁判所または裁判官から，*鑑定'を命じられた者をいう(刑訴165．受命裁判官または受託裁判官が命じる場合につき，171・163・169．証拠保全の場合につき，179)．鑑定人は，特別の知識・経験に属する法則，またはこれを具体的事実に適用して得た判断を報告して，裁判所を補助する義務を負う．鑑定人の有すべき知識・経験には，法医学，精神医学，生物学，化学，物理学，工学(自動車工学，電子工学，建築学等)，心理学，社会学その他多種多彩な分野が含まれる．

鑑定人の人選は，鑑定事項に応じて，裁判所が適任者を選定する．当事者が鑑定の請求をする場合，鑑定人の候補者を示すことが多く，裁判所としては，これに拘束されることはないものの，人選の際の参考にしてよい．鑑定人の適格性については，当事者がこれを争うことができる．とりわけ，鑑定の過程で物が破壊されたりして鑑定資料が失われるような場合には，事前に，適格性について意見を陳述する機会を与えるべきであろう．ただし，鑑定人に対する忌避は，制度としては認められていない(民訴214参照)．鑑定事項によっては，複数の鑑定人を選定すべき必要が認められることもある(そのことを予定した規定もある．刑訴規129 II)．もっとも，そのような場合でも，法人その他の団体に対して鑑定を依頼することはできない(民訴218参照)．

鑑定人は，まず宣誓をした上で(刑訴166)，鑑定事項について判断を形成するための具体的な活動を遂行する．その過程では，裁判所の許可を受けて，住居等への立入り等の処分をすることができる(168)．鑑定人は，鑑定の経過および結果について，鑑定人尋問を通じて裁判所に報告する(304)．さらに，通常はこれらを記載した鑑定書が作成されるので，証拠書類として所定の方式で取り調べることになる(321 IV)．なお，捜査機関から鑑定を嘱託された者(鑑定受託

者)については，宣誓の定めはないが，裁判官の許可により，住居等への立入り等の処分をすることができ(225)，さらに，判例によれば，鑑定受託者の作成した鑑定書についても刑事訴訟法321条4項が準用される(最判昭28・10・15刑集7・10・1943)．→鑑定証人，証人　　　［長沼範良］

鑑定留置　被告人または被疑者の心神または身体に関する*鑑定'をさせる場合に，必要により病院等にこれを*留置'すること(刑訴167・224)．鑑定留置は，期間を定めて，病院その他の相当な場所に留置するものであり，鑑定留置状を発してこれを行う．被告人について鑑定するときは，裁判所が，また被疑者について鑑定嘱託をするときは，検察官等からの請求により，裁判官が，それぞれ所定の処分を行う(以下，被告人の場合について述べる)．鑑定留置は，身柄の拘束を伴う点で，勾留と類似するので，勾留に関する規定が準用される(167Ⅴ)．したがって，鑑定留置をするには，鑑定留置質問をしたうえで(60)，所定の事項を記載した鑑定留置状を発付することになる(64)．鑑定留置の期間は，鑑定のために必要と認められる期間を裁判所が定める．裁判所は，必要があるときは，鑑定留置の期間を延長し，または短縮することができる(167Ⅳ)．鑑定留置された被告人に対して，鑑定人は，合理的な範囲で，生活環境の設定，行動の観察，医学的な検査等を行うことができる．

なお，既に勾留されている被告人に対して鑑定留置状が執行されたときは，鑑定留置の間は勾留の執行が停止されたものとして扱われ，留置期間の満了により収監の手続を取ることとされている(167の2)．→拘禁　　　［長沼範良］

カント　Immanuel Kant（独・1724-1804）　カントは，啓蒙期のドイツの哲学者で，理性の能力を吟味せず純概念的推論によって形而上学を構築しようとする独断論と，理性の能力を信じないで感性にのみ基づいて主張された懐疑論とをともに退け，人間の理性能力の厳密な吟味に基づく批判主義の哲学を創設した．

人間は理性的存在であるとの前提から出発して，理性を理論理性と実践理性とに区別した．理論理性は，アプリオリな，感性における空間と時間の形式と，悟性のカテゴリーとによって現実の認識を成立させる．しかし，この認識は，現象界の把握を超えた実在(物自体)には達しない．それ故に，理性は超感性的実在を認識しようとして，そこに二律背反が生まれる．この理論理性の自己矛盾を解決するのが実践理性で，自由，魂，神を超経験的な理念として含み，人を最高善へと導く．たとえば，人間が実践的かつ道徳的であろうとすれば，自然の因果的必然から解放されるために，否，それをもむしろ決定しうるために，超感性的世界にあって，その法則に従って意思を自己決定できなければならない．その意味で，自由が実践理性の要請でなければならない．この実践理性の要請に導かれて人間理性にとって本質的である理論理性との統一がなされる．

このような前提から，法と道徳あるいは倫理との峻別の思想が導かれる．実践理性の要請である自由から，「あなたの意志の格率が，何時でもしかも等しく，普遍的立法の原理として妥当しうるように行動せよ」との定言命題が導かれる．しかし，これは，意志に向けられた，超感性的世界の純粋の道徳法則である．感性的世界にあっては，人間の行為は現象からの刺激によって左右され恣意になる可能性がある．恣意は衝突を生み，自由の秩序が乱される．それを防ぐために，「ある人の恣意が他の人の恣意と自由の普遍的法則に従ってまさに一致しうるような条件の総体としての法」が作られる．すなわち，現象としての秩序が目指されるのである．それゆえに，実践理性の要請としての定言命題は，主観的，内面的で，自律的であるのに対して，理論理性の下にある現象としての法は，客観的，外面的で，他律的で，それゆえに，強制の契機を認め得るものである．

同害報復の思想も，また，定言命題から導かれる．この命令は，意志の普遍妥当的法則である．人は，道徳律の立法者として，自律の原理に支配された存在である．したがって，この命題から，さらに，「あなたは，人間を，あなた自身の人格であろうと他人の人格であろうと，何時でもしかも等しく目的として用いるよう行為すべきであって，単なる手段として利用するように行為してはならない」との命題が導かれる．これは，理論理性によって支配される感性界の

法についてもいえる．法は，そこに含まれる刑罰も，当然に人を自己目的として取り扱うべきである．刑罰は，罪を犯したという理由で，それに等しく科せられなければならない．ここに，同害報復の思想的基礎がある．また，教育目的等を排除した*応報刑'へと通じる路が準備されている．→フォイエルバッハ，ヘーゲル

[吉田宣之]

監督過失 **1 監督過失論の展開** 監督過失とは，直接結果を惹起した行為者に対して監督的立場にある者の過失責任をいう．森永ドライミルク事件(徳島地判昭48・11・28刑月5・11・1473)や北大電気メス事件(札幌高判昭51・3・18高刑29・1・78)などを契機に発展してきたものであるが，近年は，主として火災・爆発事故を中心に議論されている．特に，大規模火災事故に関し，判例は，少なくとも昭和40年代までは直接の失火者の責任を問うだけであったが，昭和50年代に入ってからは，監督者の刑事責任を問う新しい動きが始まり，磐梯熱海観光ホテル火災事件1審判決(福島地郡山支判昭50・3・29刑月7・3・425)が監督者に業務上過失致死傷罪を認めたのを契機として，次々に監督過失を肯定する下級審判例が相次いだ．そしてさらに，平成に入ってから出された4つの最高裁判例(最決平2・11・16刑集44・8・744，最決平2・11・29刑集44・8・871，最判平3・11・14刑集45・8・221，最決平5・11・25刑集47・9・242)によって，業務上過失致死傷罪による防火管理責任の追及という方向性が確立されたといってよい．最近では，薬害エイズ事件における公務担当者の過失も問題となっている．

2 監督過失の意義 監督的立場にある者の過失責任が問題となる事案を類型化することにより，監督過失は監督過失(狭義)と管理過失に分かれる．前者は，作業員を監督して作業にミスのないように指導しなかったために結果が発生したときのように，人に対する指揮監督等の不適切さが過失に結びつく場合であり，後者は，防火設備を整備していなかったために結果が発生したときのように，従業員等の行為といった中間項を介さずに，管理者による物的設備・人的体制の不備それ自体が結果発生との関係で刑事過失に結びつく場合をいう．ただ，両者の区別は相対的であり，理論的にみて特別の意味があるわけではない．いずれも，事案の特殊性はあるが，決して特殊な過失概念が問題とされているのではなく，通常の過失犯の成否が問われているにすぎない．

3 監督過失の問題点 監督過失の領域では，監督者の不適切な指導・命令という「作為」による結果発生が問題とされる場合もあるが，消防法上の防火管理責任に関する義務のように，行政取締規則上の義務(安全体制確立義務)が問題となることが多い．しかし，この種の義務違反により死傷の結果が発生したからといって，直ちに「不作為」による業務上過失致死傷罪が成立するわけではない．不真正不作為犯を基礎づける刑法上の作為義務は，作為の場合と同程度の強度の義務でなければならないので，支配領域性や事実上の引受けなどの観点から実質的に検討されなければならない．また，不作為犯として構成された場合には，想定された作為と結果との因果関係の存否が問題となる．監督過失における最大の問題は，結果発生の*予見可能性'の有無である．通説的見解によれば，予見可能性の対象は結果惹起にあるが，それが具体的に予見可能であるといえるためには因果経過の基本的部分の予見可能性が必要である．したがって，火災による死傷事故の場合には，出火の予見可能性が存在しなければならないはずであるが，判例は，ホテル等においては火災発生の危険を常にはらんでいることを根拠にそこで発生する火災は常に予見可能であるとしており，これに賛成する学説も多い．しかし，このような見解は予見可能性の程度を希薄化するものであり責任原理に抵触するとの批判も有力である．なお，被監督者の適切な行動を信頼した監督者に信頼の原則が適用されるか否かについて争いがあるが，判例・通説はその適用の余地を認めている．→過失，注意義務 [大塚裕史]

観念的競合 (独) Idealkonkurrenz (仏) concours idéal (伊) concorso ideale **1 意義** 1個の行為が同時に2個以上の罪名(構成要件)に触れる場合をいい，そのなかで最も重い刑によって処断される(刑54Ⅰ前)．想像的競合または一所為数法ともよばれ，確定判決を経ない*併合罪'(実在的競合)(45)に対する．

たとえば、拳銃の弾丸を発射させ、窓ガラスを損壊し室内にいる人を殺害するならば、器物損壊と殺人との観念的競合となり、殺人罪の刑によって処断されることになる。観念的競合については、本来は数罪であるが*科刑上一罪'として取り扱われるとするのが通説である。これに対し、本来的一罪であるとする説や、いずれかに振り分けることは困難であるとする考えもある。観念的競合か併合罪であるかは、実体法上は処断刑に影響する。観念的競合であれば、吸収主義により最も重い刑の限度で処断されるのに対して、併合罪であれば、有期の自由刑につき加重主義により処断される(47. 有期の自由刑以外については「併合罪」の項目参照)。併合罪に比して観念的競合が軽く処断される根拠は、観念的競合においては、併合罪の事例に比して違法や責任が減少しているとか、1個の行為によることを理由とした「処罰の一回性」にこれを求める見解がある。また、両者の区別は、手続法では、公訴事実の同一性や判決の既判力(一事不再理効)の範囲を画するにあたって重要である。観念的競合の場合には、併合罪の場合と異なり、その範囲が観念的競合の関係にある事実全体に及ぶとされている。

2 要件 「1個の行為」の判断基準については、自然的観察・社会的見解によるとする説と、これを前提としつつもさらに法的・規範的な制約を加えるとする立場がある。判例(最判大昭49・5・29刑集28・4・114)は前者の立場に立つが、それでは基準として不明確であるとして、学説では、観念的競合における「1個の行為」を論じるにあたって、構成要件的に該当する行為の「重なり合い」を手がかりとする見解が一般的である。

「2個以上の罪名に触れ」るとは、1個の行為が実質的に数個の構成要件に該当することであり、この点で外見上のみ数個の構成要件に該当する法条競合と異なる。観念的競合には、1回の発砲で2人を殺害する行為のように、1個の行為が同一構成要件に数回該当する場合と、1回の発砲で人を殺害し物を損壊する行為のように、異なる構成要件に該当する場合とがあり、前者を同種類の観念的競合、後者を異種類の観念的競合という。

3 処分 観念的競合は、科刑上一罪として扱われるものであり、成立した罪名のなかで最も重い刑によって処断する。「最も重い刑」とは、上限および下限とも最も重い刑をいうと解されている(最判昭28・4・14刑集7・4・850)。

4 問題となる場合 判例では、銃砲刀剣類の不法所持とこれを用いて行った強盗(最判昭24・12・8刑集3・12・1915)、酒酔い運転と業務上過失致死傷罪(上掲最判大昭49・5・29)は併合罪とされ、無免許運転と酒酔い運転(最判大昭49・5・29刑集28・4・151)および無免許運転と車検切れ車両運転(最判大昭49・5・29刑集28・4・168)は観念的競合の関係にあるとされた。無免許運転や酒酔い運転などの継続犯といういわば「線」と業務上過失致死傷罪などの即成犯といういわば「点」との重なり合いは併合罪とされ、継続犯、即成犯がそれぞれ「線」と「線」、「点」と「点」として重なるときには、観念的競合であるとされたとみることができる。なお、不作為犯の罪数に関して、道路交通法の救護義務違反罪と報告義務違反罪は観念的競合であるとされている(最判大昭51・9・22刑集20・8・1640)。　　　　　　　　〔只木　誠〕

還付 *押収'された物で留置の必要がない物は、被告事件の終結をまたないで、検察官および被告人または弁護人の意見を聞き、押収の処分を受けた者に還付され(刑訴123 I)、また押収された贓物については被害者に還付される(124)。還付は押収を解くことであり、還付を受けた者はその物を自由に処分できる。押収物の所有者、保管者、差出人は、還付がなされないときは、仮還付の決定を請求できる(123 II)。仮還付の場合は、仮還付を受けた者はその物を使用することはできるが、押収の効力は存続しているので処分することはできず、求められればその物を提出しなければならない。還付および仮還付は、裁判所・裁判官の押収物については裁判所・裁判官の決定により、捜査機関の押収物については検察官、検察事務官、司法警察職員の処分として行われる(222 I)。いずれも抗告もしくは準抗告の対象である(420 II・429 I ②・430 I)。

なお、刑事訴訟法は、罰金などの仮納付の後に、罰金などを言渡した裁判が取り消されて確

定した場合などの、既に仮納付されたものの返還も、還付といっている(494 II)。　[久岡康成]

管理可能性説（独）Lehre von der Beherrschbarkeit　管理可能性説とは、刑法上の*財物'の意義について、有体物に限らず管理可能性があれば無体物でも財物であるとする学説である。この学説は、電気を財物とみなす現行刑法245条のなかった旧刑法時代に、電気を電力会社に無断で費消したという*電気窃盗'事件について、大審院が、電気を財物概念に包摂するために、それまでの有体物説に代えて採用したものである(大判明36・5・21刑録9・874)。しかし、この説によれば、電気や熱等のエネルギーを財物とみなすことができるだけではなく、人の労力や牛馬の牽引力までも、さらには、無断観劇、債権侵害、情報の不正入手等をもこの概念に包摂できることになり、財物概念が不当に拡大する。それに止まらず、本来窃盗罪には含まれていない利益窃盗をも処罰することにもなりかねない。そこで、管理可能性説を主張する論者は、これを事務的管理可能性と物理的管理可能性とに分け、後者のみによって財物概念を説明しようとしている。したがって、この説によれば、刑法245条は、注意規定と考えられることになる。　[吉田宣之]

関連性（英）relevancy　アメリカの連邦証拠規則401条によれば、ある証拠につきそれを除いた場合と比較するならば、それを加えた方が裁判上重要な事実が存在する蓋然性はより増加または減少する場合、その証拠は関連性を有すると定義される。そして同規則402条によれば、関連性を有する*証拠'は特別の定めがない限りすべて許容され、逆に関連性を有さない証拠は許容されない。また同規則403条は、たとえ関連性を有する証拠であっても、不公正な偏見、争点の混乱もしくは誤解を与える危険や、不当な遅延、時間の浪費もしくは重複証拠の不要な提出のおそれが*証明力'を著しく上回るであろう場合は許容されないとする。一般に、この連邦証拠規則403条の意味での証拠の許容性は法律的関連性と呼ばれる。これに対し、同規則401条が定義する関連性を特に自然的関連性(または論理的関連性)という。

日本法では、一般に最小限度の証明力を欠く証拠は自然的関連性を有さないと説明されるが、関連性の意義・基準につき厳密な定義はなされていない。また、関連性を欠く証拠は許容されない、すなわち*証拠能力'を有さないのか、あるいは証明力を有さないから取り調べる必要がないにすぎないのかについても対立があった(近年は前説が有力)。いずれにせよ、自然的関連性のない証拠を誤って取り調べても裁判に影響を与えないから、排除決定(刑訴規205の6 II・207)を行う必要はないという見解が有力である。法律的関連性についても、上記の連邦証拠規則403条と全く同義に理解されているわけではなく、重複証拠の取調べは法律的関連性というよりも証拠調べの必要性の問題とされてきた。

自然的関連性は、①証拠により証明しようとする事実が重要でない場合、または、②証拠方法が主張事実を証明するために不適切である場合に否定される。①は立証事項が法律上の要件でない場合に否定される。また、間接事実と主要事実との結び付きが極めて弱くなれば、間接事実の重要性は否定される。②は物証の同一性、*書証'の作成の真正(刑訴321 III・IV参照)、*証人'の*証言能力'、*鑑定人'の適格性、*科学的証拠'の信頼性等との関係で問題になる。なお、自然的関連性の有無が、ある事実の証明の成否に依存する場合は、条件的関連性と呼ばれることがある。

法律的関連性に関し、類型的に証明力の評価が難しく事実認定者の判断を誤らせるおそれが高い証拠は、明文で証拠能力が否定されている。任意にされたものでない疑いのある自白(319 I)や伝聞証拠(320 I)がこれにあたる。さらに明文規定はないが、*同種前科の立証'や悪性格の立証の場合にも法律的関連性が問題になる。

[田淵浩二]

き

キール学派 (独) Kieler Schule　1930年代後半から40年代初頭にかけて，ナチス政権下ドイツのキール大学において，超個人主義的ドイツ民族国家への忠誠服従義務等を説く権威刑法を主張し，いわゆる心情刑法学を主張する学者達と並んで，ナチスの刑法の理論学的支柱を提供した一群の学者達の通称．既にナチス政権獲得の頃，『自由刑法か権威刑法か？Liberales oder autoritäres Strafrecht』(1933)という小冊子を共著で公刊し，自由主義的な刑法を擁護する*ラートブルフ'や*シュミット'等との間で激しい論争を巻き起こしたダーム Georg Dahm(独・1904-63)が1934年から39年まで，シャフスタイン Friedrich Schaffstein (独・1905-)が35年から41年まで同大学に少壮教授として就任し，彼らの影響を受けた門下とともに論陣を張っていたことに由来する．戦後，ダーム，シャフスタインは教職追放となるが，50年代後半に復帰し，前者は国際法，後者は少年(刑)法の分野で業績を残した．

[伊東研祐]

期　間 (独) Frist　ある時点から別の時点までの時の経過．*公訴時効'や*刑の時効'など，期間の満了によって法的効果が生じる例は多い．

期間の計算は，期間の単位によって異なる．時間を単位とするものは即時に起算し，実際に経過した時間で計算する(刑訴55Ⅰ)．

期間が日・週・月・年を単位とするときは，暦の上での年月の経過に従って計算する(刑訴55Ⅱ)．たとえば，同じ1月でも，2月1日から2月28日までと，3月1日から3月31日までとでは，3日違う．また，同じ1年でも平年と閏年とでは違う．だが，月の大小，平年・閏年の違いを考慮せず，暦の上での1月，1年で計算するのである．

原則として初日は算入しない(刑訴55Ⅰ)．期間の末日午後12時の経過により，期間が満了する(民141)．期間の末日は，応当日(起算日と同じ日)の前日である．起算日が3月13日で，2ヵ月後なら，応当日は5月13日だから，末日はその前日5月12日である．

なお，起算日が1月31日で期間が1ヵ月だとすると，応答日(2月31日)がないので，2月末日(28日)が満了日となる．

[寺崎嘉博]

毀棄罪　財産に対する罪はその行為態様によって大きく領得罪と毀棄罪とに分けられる．窃盗罪や横領罪のような領得罪は，故意に他人の財産に損害を与えるばかりでなく，それによって自己(または第三者)を財産的に利するために行われる犯罪である．これに対して器物損壊罪のような毀棄罪は，故意に他人の物や不動産を害することのみによって成立し，自己が利益を得ようとすることは要件でない．両者の違いは，通説によれば，不法領得の意思を要件とするか否かにある．

刑法の第40章「毀棄及び隠匿の罪」では毀棄罪の主な類型として，*文書毀棄罪'(刑258・259)，*建造物等損壊罪'(260)*器物損壊罪'(261)，*境界損壊罪'(262の2)，*信書隠匿罪'(263)が規定されているが，このほかにも証拠隠滅罪(104)や消火妨害罪(114)，電子計算機損壊等業務妨害罪(234の2)のように，毀棄を手段とする犯罪は数多くある．

毀棄罪における毀棄とは，財物の効用を滅失・減少させることであるとされる．これには，財物に対して物理的に攻撃を加える損壊ばかりでなく，財物の利用を不可能にする隠匿などの行為も含まれる点に注意する必要がある．

[髙山佳奈子]

棄　却　棄却は，裁判に対する申立てを退ける裁判形式の一種である．このほかに，*却下'という形式があるが，申立てが理由なしか不適法かで棄却と却下を区別する民事訴訟法と異なり，刑事訴訟では，事件についての申立てを排斥するすべての場合について，却下ではなく棄却の形式をとる．したがって，公訴棄却(刑訴338・339)，あるいは付審判請求棄却(226)のほか，控訴棄却(375・385・386・395・396)，上告棄却(408・414)，再審請求棄却(446・447・449)なども，すべて棄却であり，却下は手続上の申立

てを排斥する場合などに限られている．ただし，公判における異議申立てに関しては，不適法であれば却下されるが，理由のないときは棄却されるという例外的処理がなされる（刑訴規205の4）． 　　　　　　　　　　[白取祐司]

帰休制　最近における世界の刑事政策の趨勢は，施設内処遇から社会内処遇へとその重点を移しているが，その両者を結合した処遇形態として中間処遇制度がある．そのひとつが帰休制である．これは，一定の理由に基づき，短期間行先を限って*外出・外泊を認めるもので，刑ում休暇とか，外出・外泊制とも呼ばれる．

その趣旨は，消極的には，受刑者の刑務所ぼけを阻止すること，積極的には，釈放後の帰住・就職等の準備を円滑にし，社会的連帯の維持と再社会化を促進し，特定作業への就業者および模範的な規律遵守者に対してひとつの賞賛であり，夫婦間の面会などの家族関係を維持し，近親者の重病等の場合に往訪の機会を与え，その他一身上の緊急の要を達するところにある．

この帰休制は，刑事施設法案において，1日のうちの定められた時間内において，受刑者が刑事施設の職員の同行なしに刑事施設の外に出ることを認める外出制（刑事施設法案85）と，7日間を限度として，ある一定の期間，受刑者が刑事施設の職員の同行なしに刑事施設外に外泊することを認める外泊制（刑事施設法案86）を採用している．外出については，①仮釈放を許すために必要な期間を経過したこと，②開放的施設処遇を受けていること，③釈放前の指導などを受けていること，④その他の法務省令で定める事由に該当することの4要件が要求され（刑事施設法案85），外泊については，外出に関する③の要件が削除される一方，6ヵ月以上刑の執行を受けたことが要件として付加されている．→開放処遇　　　　　　　　　　[吉田敏雄]

企業犯罪　（英）corporate crime

1 企業犯罪の定義　企業犯罪とは，合法的に制度化された企業において，その従業員が企業目標の達成のために行う違法な作為あるいは不作為であって，従業員，消費者，あるいは一般大衆に深刻な身体的あるいは経済的影響をもたらすものを意味する．これは，まず，合法的な企業組織において，そのフォーマルな組織目標に従ってなされるということから，*組織の犯罪'の典型例であるとされ，組織の成員が職業上の地位を利用して自己の利益のために行うような職務犯罪とは区別される．その点を強調して，企業組織体犯罪といわれることもある．また，積極的な作為のみでなく不作為，とくに予見義務・注意義務違反としての過失が含まれるのであるが，これは，意図的な行為よりも不注意などで重大な結果を招くことの多い企業活動の実態を反映している．また，経済的被害に注目する*ホワイトカラー犯罪'とは異なって身体的被害も含まれ，その被害と被害者は多様である．

2 企業犯罪の類型と特徴　企業犯罪の類型は多岐にわたるが，代表的なものとしては以下のものがある．カルテル・談合等の独占禁止法違反やその他各種業法などの経済関係法規違反，特許権，商標権，著作権などの無体財産権の侵害，不正表示・虚偽表示などの不正競争防止法違反，二重帳簿による脱税などの税法違反，職場環境を通じて従業員に被害を及ぼす労働基準法違反や労働安全衛生法違反，企業の生産工程や監視体制における手抜き・ミス等によって消費者に被害をもたらす薬害や欠陥商品による事故，企業活動に伴って生じる環境汚染．

このような企業犯罪は，個人犯罪に比べて，その被害が大きく，被害者の範囲も不特定または広範囲に及ぶ可能性を有するところに特徴がある．また，企業犯罪は，それに関与する個人が，企業目的達成のために企業内で定められた役割・地位に応じた形で行うものであるため，違法性の意識は希薄なものとなりがちである．しかも，企業組織内の複雑な構造のなかで行われるため，その責任の所在を明らかにすることには困難が伴う．

3 企業犯罪の対策　法人処罰規定の多くは行政取締法規であり，その中には両罰規定が数多く見受けられる．しかし，これらの規定に基づいて，行為者とともに彼らを雇用している企業が刑罰を科せられることは，必ずしも多くはない．また，企業に刑罰が科せられたとしても，企業犯罪による莫大な利益を考慮するなら，十分な抑止効果を期待できるとはいえないであろう．そこで，罰金額を引き上げる等の改正が試みられているが，その他にも，当該行為に対す

る違法性の意識を高め，あるいは企業がもっとも影響を受けるであろう企業イメージの低下への恐れによる抑止効果をねらった違法事実の公表，被害を及ぼした地域や社会への賠償や社会的責任の自覚を促すような地域への奉仕活動命令，罰金よりもより直接的な手段である解散命令や事業活動の停止命令，企業犯罪が発生しやすい組織環境自体の改編等の手段が議論されている．企業犯罪対策にあたっては，従来の主として罰金のみによる刑事制裁から，実効的な抑止力を視野に入れた様々な手段を活用する刑事制裁の多様化が今後の課題とされている．→会社犯罪，法人　　　　　　　　　　　[宮澤節生]

危　険　(独) Gefahr　**1 危険概念の客観性**　犯罪の成立要件としての違法性の内容を法益の侵害ないし危険であるとする一般的見解によれば，危険とは法益侵害の可能性ないし蓋然性を意味する．*危険犯*は犯罪の成立に法益侵害の危険の発生をその成立要件としている．主観説によれば，存在するのは侵害か不侵害かのいずれかであり，危険は観念的・主観的なものであると主張した．主観説によると，危険の発生を要件としている構成要件を客観的に根拠づけることができない．危険も客観的可能性として把握されねばならない．危険概念は，客観的に存在する状況の将来的展開の予測を本質とする．その客観性は危険判断の客観性に求められる．すなわち，専門的な知識および認識能力を有する者による判断が一般人に承認されるものである点に求められる．したがって，危険判断に際しては一般人の不安感をその基礎とすることはできない．

2 結果としての危険　危険犯は法益侵害に至らない危険を処罰の対象とする．自己所有の非現住建造物放火罪(刑109Ⅱ)，建造物等以外放火罪(110)などは，法文上，危険の発生が必要とされる*具体的危険犯*である．現住建造物放火罪(108)などは法文上は危険の発生が要求されていないが，抽象的危険を処罰根拠とする*抽象的危険犯*である．これらの危険犯における危険は*結果*であるとの見解が有力である．ここでいう結果とは法益侵害の危険状態の発生を意味し，結果犯にいう客体の変化である外部的な結果の発生とは区別される．危険を結果とすることの意義は，行為の危険と結果としての危険との判断を区別して行う点にある．行為が行われたとしても，危険という結果が発生していないときは危険犯は成立していないことになる．抽象的危険犯である現住建造物等放火罪において，付近に樹木のない荒野の一軒家で，たまたま居住者全員が不在の家屋に対する放火は，およそ人の生命・身体に対する危険は生じず，家屋の所有者ないしは居住者の財産のみが侵害をうけたとして，108条の成立を否定することになる．具体的危険犯の成立には高度の危険の発生を必要とするとの見解もある．往来危険罪においては，交通の妨害を生ぜしめた程度では足りず，汽車・電車の転覆・衝突等の事故発生の可能性のある状態を作出することを要するが，その可能性が高度の危険の結果の発生を意味するかについては，検討されねばならない．具体的危険犯であるとされる自己所有の非現住建造物等放火罪は，「公共の危険を生じなかったときは，罰しない」と規定する．具体的危険すなわち高度の危険の結果の発生がなければ，公共の危険は生じなかったことになるのであろうか．焼損は少しも公共に危険を及ぼしたものではないとする判例もある(広島高岡山支判昭30・11・15高刑特2・22・1173)．少し公共に危険を及ぼせば，「公共の危険を生じなかった」との要件は充足されないことになるであろう．

3 危険犯の未遂処罰と危険　法益侵害の一般的危険性のある行為である形式的な犯罪の実行に着手し，さらに，それが法益侵害の具体的危険の発生という結果を備えることが未遂犯の成立要件であるとの見解が有力である．法益侵害の具体的危険という結果の発生により成立するとされる具体的危険犯との関係が問題となる．危険犯は法益侵害の危険という結果の発生を，未遂犯は法益侵害の具体的危険の発生をその成立要件としているとすると，両者の構造は類似しているといえる．しかし，往来危険罪の未遂も処罰され(128)，文書の公共の信用という法益の侵害の危険により成立する偽造公文書行使罪(158Ⅰ)の未遂も処罰される(158Ⅱ)．未遂犯における危険を法益侵害との関係でとらえる限り，危険犯の未遂処罰には，法益侵害の具体的危険の発生は要件とされていないことになる．

危険性 (独) Gefährlichkeit

1 行為の危険性 刑法において、一定の行為に法益侵害が発生する高度な可能性がある状態を指す。行為時に一般的に認識可能な、あるいは行為者のみが知り得た諸条件の下において、結果発生の高度な可能性があると判断される場合である。刑法は、法益侵害があった場合のみならず、侵害の危険(脅威)も違法とする。たとえば、未遂や危険犯は現実の法益侵害の結果が生じなくとも処罰される。なぜなら、未遂も危険犯も法益侵害の高度な蓋然性をもった危険性を生ぜしめ、社会に一定の脅威を与えるからである。刑法は一定の未遂犯について処罰する。また危険犯は、さらに一般的に法益の侵害される危険性があれば足りるとする抽象的危険犯と現実の危険発生をその成立要件とする具体的危険犯に分かれる。

2 行為者の危険性 広義には、反社会的行為(犯罪)を反復するおそれのある著しい性格の危険性をいい、行為者の悪性を意味する。行為者の心理的傾向・性格または人格が、生来的または後天的な事情によって犯罪的誘惑に対する抵抗力の弱い、または遵法意識が薄弱・欠如した状態をいう。狭義には、すでに犯罪を犯した者が再び犯罪を犯す可能性、つまり犯罪危険性と、まだ犯罪を犯してはいない者が将来犯罪を犯す可能性、つまり社会的危険性を含む。社会的危険性の概念は、イタリア学派が最初に用い、その後新派を中心とする国際刑事学協会において、盛んに論じられた。すなわち、危険性は*主観主義'刑法学の中心概念であり、社会的危険性は刑事責任の実質であり(社会的責任論)、刑の量定の標準となる。したがって、*犯罪者'とはこのような危険性を有する者であり、このような者に対しては、その危険性の原因の類別とそれに応じた手段を講じることが必要となる。つまり、無害化を図りその危険性を除去するか、その者を隔離して社会を防衛することが刑法の任務であるとする。1921年のフェリー草案は、危険性を基礎とする刑法典の最初の試みであったが、政治的理由から挫折した。ただし、近年においては、罪刑法定主義との関係、危険性予測の困難さ、人権保障の観点から、社会的危険性を主張する者は少数にとどまっている。　[守山 正]

危険犯 (独) Gefährdungsdelikt

1 危険犯の機能 危険犯(危殆犯)とは、構成要件的行為によって一定の法益が侵害されることを要せず、単にその侵害の危険性が生ずれば完成する犯罪をいう。たとえば、往来危険罪(刑125Ⅰ)は「鉄道若しくはその標識を損壊し、又はその他の方法により、汽車又は電車の往来の危険を生じさせた」行為を処罰の対象とする。これは、大量・高速輸送手段である汽車または電車の通行について、それらの転覆・破壊等の実害の発生以前の段階で刑法が介入することにより公共交通の安全という法益を保護し、同時に公衆の生命・身体などに不測の侵害を及ぼすことを未然に防ごうとする規定である。

2 危険犯を分類する基準 危険犯は*具体的危険犯'と*抽象的危険犯'とに分類される。*危険'の発生が構成要件の要素として規定されているのが具体的危険犯であり、そうでない場合が抽象的危険犯であると解されている。往来危険罪は具体的危険犯である。危険の発生が法文において要求されていない抽象的危険犯の場合、どの犯罪類型が抽象的危険犯であるかは構成要件の解釈により導かれる。たとえば、偽証罪(169)は、虚偽供述により司法作用という法益侵害の抽象的危険の結果の発生があれば足り、法益侵害の結果の発生はその成立要件ではないと解されている。危険犯における危険を法益侵害の可能性と解する限り、抽象的危険犯においても、構成要件的行為が法益侵害の可能性という結果を生じさせることが犯罪成立の要件となろう。この見地から具体的危険犯と抽象的危険犯との区別を検討すると、危険の発生が構成要件の要素となっているかどうかという違いの他に、抽象的危険犯においては具体的危険犯よりも程度の低い段階の危険の発生を処罰の対象としているものと考えられる。このように危険の発生という結果を考慮するときには危険は程度概念となる。規定の形式上は具体的危険犯と抽象的危険犯との区別は一応は明確である。しかし、具体的危険犯である往来危険罪の成立に要する危険とは「汽車・電車の転覆・衝突等の事故発生の可能性ある状態の作出」であるとしても、その「可能性」にはやはり幅がある。抽象的危険

[福山道義]

犯においては，法文に規定された行為がなされれば危険は発生したと解してよいであろうが，例外的な特段の事情が存するときは当該抽象的危険犯の成立を否定しうる余地は残されていると解されよう．→結果犯，侵害犯　[福山道義]

企行　(独) Unternehmen　違法な事態の実現あるいは法益侵害に向けられた一切の行為をいう．「企図」・「企て」も同義である．犯罪の既遂・未遂ばかりではなく，予備・陰謀なども包含する概念である．「企て」を処罰する法規には，国家公務員法110条1項17号・111条，地方公務員法61条4号・62条がある．国家公務員法110条1項17号は，（争議行為あるいは怠業的行為の禁止に反する）違法な行為の遂行を*共謀'し，そそのかし，もしくはあおり，またはこれらの行為を企てた者を処罰する．「企て」の対象は，共謀・そそのかし（*教唆'）・あおり（*煽動'）の各行為である．1947(昭22)年改正前の刑法73条は，天皇に対して危害を加え，または加えようとした者を死刑に処するものとしていた．また，ナチスの意思刑法は，すべての犯罪を企行の形態にしようとした．現行ドイツ刑法典は内乱罪などの犯罪につき企行を処罰する．犯罪行為の未遂と既遂の両者が併せて企行と呼ばれ(11条1項6号)，企行犯には未遂犯の減軽措置がなく，中止未遂の特典も与えられない．以上の真正企行犯のほか，一定の傾向をもった行為があれば直ちに処罰される不真正企行犯がある（犯人庇護罪における「援助」）．[植田博]

旗国主義　(英) floating territorial principle　(独) Flaggenprinzip, Flaggenrechtsprinzip　(仏) principe à la loi du pavillon, principe du droit du pavillon, système de la compétence de la loi du pavillon　船舶や航空機の内部で犯された犯罪については，その船舶等の国籍所属国(登録国)に刑事管轄権が属するとする処罰原理．

もともと船舶は，基本的に，国籍を有する国に登録され，その国籍を有するとともに，外洋を航行する場合は，その登録国の国旗を掲げるものとされたことから，国籍所属国は旗国(flag state; Flaggenstaat; pays de pavillon)と呼ばれ，このような船舶は，公海上では，旗国の排他的管轄権に服することが原則とされたことによる．公海に関する条約6条1項や海洋法に関する国際連合条約92条1項でも，この原則は確認されている．船舶のほか，航空機の発達に伴い，航空機にも類似の原則が応用された．刑法1条2項が，国外にある日本国籍の船舶・航空機内における犯罪について刑罰権を及ぼしているのは，この原則を採用したものである．なお，こうした旗国ないし登録国が管轄する建前は，さらに人工衛星などの宇宙物体にも応用されつつある（宇宙条約8）．

旗国主義は，かつては*国内犯'を罰する*属地主義'の延長において理解する立場が優勢であった．船舶等を「浮かぶ領土(floating territory; schwimmendes Territorium; territoire flottant)」と擬制し，旗国の支配関係は領域支配になぞらえて考えられる傾向があった．刑法1条2項が国内犯処罰に準じて扱うことを規定しており，こうした立場を反映している．しかし，近時は，普遍人類的な国際協力の考え方が浸透しつつあることを反映して，旗国が，航行する船舶等内の秩序維持を国際社会から委託されていることを，旗国主義の根拠とする考え方も有力である．船舶等が航行により所在地を変えても，内部の法的規律は固定的・一元的であるのが望ましく，旗国法が最もそれに適応しているとされるのである．ただ，いずれにせよ，外国の領域内では，その領域主権ないし属地主義的管轄権も及ぶから，それとの調整が必要となる．また近年は，便宜置籍船の問題，傭船関係や運行支配関係の複雑化，さらには異なる国が各部を提供する複合的構造の宇宙基地の問題など，船舶等をめぐる関係国の錯綜が著しくなり，旗国主義の有効性に疑問が提起されている．

ある犯罪が船舶等内の犯罪といえるかという*犯罪地'の問題については，属地主義に準じて扱われるのが通例である．ともに，秩序を維持する区域という場所的関連が，刑事管轄権の根拠だからである．もっとも，船舶等については，漁船の操業のような船舶等による対外的行為の場合，船舶等内の犯罪なのか，それとも操業海域こそが犯罪地かという特殊な問題がある．
[愛知正博]

期日外尋問　*公判期日'と別の日時に行う*証人尋問'．裁判所内で受訴裁判所が行う場

合(刑訴281)と*裁判所外尋問'がある(158). 後者は, 受命裁判官または受託裁判官が行える(163). 憲法82条1項の「対審」ではないと解釈されており, 公開の原則は働かないが, 裁判所の裁量で傍聴を許可できる.

裁判所は, 被告人・弁護人, 検察官の意見を聴き, 証人の重要性, 年齢, 職業, 健康状態その他の事情と事案の軽重を考慮して決定する. 直接主義, 公開主義の原則, 公判中心主義ならびに被告人の証人喚問権に鑑み, やむをえない事情のあるときに限られる. 被告人・弁護人, 検察官は立会の権利はあるが, 必要的ではない. 尋問事項は, 事前に被告人・弁護人, 検察官に告知しなければならない. 両当事者は尋問事項の付加を請求できる. 当事者が立会しない場合, 裁判所は後に供述内容を告知しなければならない. 裁判所は, 証人に対する被告人の圧迫を避けるため, 弁護人が立会する場合に限り, 被告人を退廷させてよい. ただし, 後に証言内容を告知し尋問の機会を与えなければならない(刑訴281の2). 身柄拘束中の被告人の場合, 弁護人の立会があれば被告人に立会させなくても憲法37条2項に違反しないとする判例があるが(最判昭25・3・15刑集4・3・371), 弁護人申請の証人であって尋問事項などについて十分打ち合わせる機会があった等特別の事情があれば格別, 一般には被告人に日時・場所, 尋問事項を通知して立会の意思を確認すべきである(刑訴157・158). その場合, 立会を求める被告人について, 裁判所は, 勾留の執行に責任を負う検察官に押送・護送指揮を依頼することになろう. 被告人または弁護人が立会しない場合に, 被告人に予期せぬ著しい不利益な証言がなされたとき, 再尋問を請求できる(159). 裁判所は, 証人尋問調書を公判廷で取り調べなければならない(303). →臨床尋問   [渡辺 修]

汽車転覆等の罪　現に人がいる汽車, 電車または艦船を転覆させ, または沈没させ, もしくは破壊する罪(刑126). 人が現在すべき時期について, 判例は実行の着手時を基準とし(大判大12・3・15刑集2・210), 学説は, 転覆・破壊の結果発生時に現在を要求するものと, 実行開始から結果発生までのいずれかの時点で人が存在すれば足りるとするものに分かれる. 「転覆」とは脱線では足りず, 「沈没」も座礁しただけでは足りない. 「破壊」は客体の「実質を害して, その交通機関としての機能の全部または一部を失わせる程度の損壊」をいうと解されている(最判昭46・4・22刑集25・3・530). *往来危険罪'(128)を犯した上で汽車の転覆等の結果を生じた場合も同様に扱われる(127). 本罪を犯し, よって人を死亡させた場合は, *法定刑'が, *死刑'または無期懲役と極めて重い. この場合, 車船の転覆・破壊のための行為から直接死亡させた場合をも含むか否か, 死亡した者が現に車船内にいた人であることを要するか否か, および殺意があった場合の擬律(殺人と致死罪の観念的競合か, 汽車転覆等と致死罪の観念的競合か, 本罪のみか)について, 判例・学説上, 見解が分かれている.   [葛原力三]

偽証罪　**1 総説**　刑法169条は「法律により宣誓した証人が虚偽の陳述をしたときは, 3月以上10年以下の懲役に処する」と規定する. 保護法益は国家の審判作用の安全であり, 虚偽陳述さえ行われれば法益侵害の危険の発生すら要求されない*抽象的危険犯'である(もっとも, 抽象的危険すら生じない場合には本罪不成立とする近時の有力説あり). 偽証罪はかつてヨーロッパにおいて偽造罪の一種と捉えられていた経緯から, わが国の刑法典でも各種偽造罪の後に位置しており, あたかも社会的法益に対する罪であるかのような印象を与えている. この刑法典上の偽証罪以外にも, 議院証言法6条や地方自治法100条7項, 公職選挙法253条1項, *私的独占の禁止及び公正取引の確保に関する法律'92条の2第1項等において, 宣誓した証人等による虚偽陳述を罰する規定が多数存在する(なお, 民訴209). 法律による宣誓をした証人のみを処罰の対象としている(*身分犯')のは, 宣誓に基づく良心の緊張状態下でさらに刑罰威嚇を受けつつ正しい証言を求める趣旨であり, 併せてこれにより偽証行為処罰の限界を画そうとしたものである. *メツガー'は*主観的違法要素'のひとつとして*表現犯'の観念を認め, 偽証罪をその例としたが, 陳述の虚偽性は行為者の内心状態とは無関係に客観的真実を基準として決定されるべきとの反対説が近時のわが国では有力である. なお, 刑法170条に偽証後証言し

た事件についての裁判の確定前または懲戒処分が行われる前に自白した場合における刑の裁量的減免が規定されている.

2 成立要件 法律による宣誓には民事・刑事の訴訟事件のほか,非訟事件や懲戒事件の場合なども含まれる.宣誓は有効なものでなければならないが,虚偽供述の前後を問わないのが通説である.*証言拒絶権'が認められる場合においても(刑訴146〜149,民訴196〜197等),進んで行った虚偽供述は正当化されない.本罪の既遂時期については,個々の虚偽陳述の終了時点か,あるいは1回の尋問手続における陳述全体の終了時点か争いがある.本罪は間接正犯による実行が考えられない*自手犯'とされている.刑事被告人が自己の刑事被告事件について他人を教唆して虚偽陳述をさせた場合に偽証教唆罪が成立するのか否かについて見解の対立がある.自己の刑事事件に関する偽証(憲38Ⅰ参照)や証拠隠滅(刑103)は処罰されないのと本質に変わりないとして(期待不可能),教唆罪の成立を否定する説も有力に主張されているが,他人を罪に陥れる場合にまで*期待可能性'が欠けているとはいえないとの肯定説が判例・通説である. →虚偽鑑定罪　　　　　　　　　　　[岩間康夫]

既　遂(独)Vollendung　犯罪の要件がすべて具備され(とくに構成要件要素がすべて充足され)犯罪の完成に至ったとき,これを既遂という.既遂の処罰が現行刑法の原則であり,*未遂'が可罰的とされるのは例外である(刑43・44参照).既遂と区別して終了(Beendigung)の概念を用いることもある.既遂かどうかは構成要件が充足されたかどうかにより決められるが,犯罪が終了したかどうかは法益への影響を考慮して実質的に判断される.たとえば,*監禁罪'のような*継続犯'においては,既遂に達しても法益侵害が継続するかぎり犯罪は終了せず,終了するまでの段階で関与すれば共犯が成立する.　　　　　　　　　　[井田　良]

擬制同意　*被告人'が出頭しないでも*証拠調べ'をすることができる場合に,被告人が出頭しないときは,同意があったものとみなされる(刑訴326Ⅱ).これを擬制同意という.ただし,代理人または弁護人が出頭したときは,同意は擬制されない.これらの者に同意するか否かを確かめることができるからである.同意とは,学説によれば,当事者による*反対尋問'権の放棄であり,したがって,*同意書面'には証拠能力が認められる(刑訴326Ⅰ参照).

通常,公判期日には被告人は出頭しているが(刑訴286),例外的に出頭義務が免除される場合がある.それは,被告人が法人である場合(刑訴283),軽微な罰金・科料事件の場合(刑訴284),拘留事件で判決宣告以外の公判期日,その他裁判所が不出頭許可した場合(刑訴285Ⅰ),長期3年以下の懲役・禁錮または50万円を超える罰金にあたる事件で,冒頭手続および判決宣告以外の公判期日,その他裁判所が不出頭許可した場合(刑訴285Ⅱ)である.

これらの場合以外に,被告人の出頭拒否(刑訴286の2)や,被告人の無断退廷や退廷命令による退廷(刑訴341)の場合にも,同意が擬制されるかにつき学説上争いがある.対立点は,刑事訴訟法326条2項を,同意の意思が合理的に推測可能な場合に関する規定ととらえるのか(擬制消極説),それとも,そのような場合以外にも同意を擬制する趣旨の規定であるととらえるか(擬制積極説)にある.判例は,退廷命令による退廷の場合(刑訴341後)について,刑事訴訟法326条2項は,被告人の同意の意思が推定されることを根拠にするものではなく,被告人等が不出頭の場合には,裁判所は同意の有無について確認する手段がなく,訴訟の進行が阻害されるので,これを防止するため,被告人の真意のいかんにかかわらず,特にその同意があったものとみなす趣旨の規定であるとして,被告人の退廷命令による退廷の場合にも,同意が擬制されるとした(最決昭53・6・28刑集32・4・724).判例のこの解釈は,被告人の出頭拒否の場合や無断退廷の場合にもあてはまるであろう.
　　　　　　　　　　　　　　　　[山田道郎]

帰　責(独)Zurechnung　帰責(imputatio)とは,もともと人(の意思)と行為とを結びつける根拠を表す概念である.帰責の概念は,すでにプーフェンドルフ Samuel Pufendorf(独・1632-1694)の時代から刑法の中心概念とされた.帰責の概念は,その後,物理的帰責(imputatio physica)と道徳的帰責(imputatio moralis)や,事実的帰責

(imputatio facti)と法的帰責(imputatio juris)などに分析された．前者は，主体がある事実の原因であることを表し，後者は，主体の自由に対する帰責を表す．*フォイエルバッハ'によれば，主体がたんに行為の自由な「原因」であるということを表すのが事実的帰責，その主体の自由のゆえに可罰的であるとする判断が法的帰責ないし「実際的帰責」あるいは「効果による帰責」(imputatio ad effectum)である．すなわち，前者が今日の*因果関係'論(*客観的帰属')に分化するのに対して，後者は，今日の*責任'論(主観的帰属)に分化する．そして，その未分化の状態として，この2つの帰責概念は，「行為」概念の中で論じられた．すなわち，結果の行為への帰責および行為の人格への帰責がそれである．結果の行為への帰属の側面は，事実的帰責論の発展したものである．帰属論はヘーゲルによって詳論されたが，これに注目して客観的帰属論を展開したのがラーレンツであり，その帰属論は，規範の保護範囲の理論，危険創出・危険実現の思想などと融合されて，現代の客観的帰属論につながっている． [山中敬一]

季節・気候と犯罪 季節・気候は犯罪に関係する自然環境の中で最も重視されてきたものであり，アシャッフェンブルク Gustav Aschaffenburg(独・1866-1944)，エクスナー Franz Exner(独・1881-1947)，ゼーリッヒ Ernst Sellig(オーストリア・1895-1955)などの古典的な研究においては，財産犯罪は冬に多く夏は少ないとされ，逆に人身犯罪や性犯罪は夏に多く冬には少ない，とされてきた．わが国でも*小野清一郎'が類似の研究を行っている．だが今日の日本では，財産犯罪も冬には少なくなっており，放火等の少数の犯罪を除き，全ての犯罪が春から秋の時期に相対的に多くなっている．

季節により，日照時間や気温が変化し，人々の屋外での生活時間や服装の変化が生じる．また，農漁業の周期などにも規定されて，教育や財政の分野で典型的なように，社会生活上の周期が移り(入学・入社，夏期休暇，年末・年始，その他)，人々の行動にも変化が生じる．これらにより，人々の移動や交際，屋外での活動が活発となり，開放的な気分と露出的な服装が伴う夏期に，傷害等の人身犯罪や強姦等の*性犯罪'が多いことが説明される．かつてのヨーロッパ諸国では秋から冬にかけての季節に財産犯罪の多さが顕著であったが，それらについては衣類や暖房に充てる出費の増大による窮迫，あるいは越年資金の必要性などにより説明されることが普通であった．一方日本では，以前から財産犯罪と冬季との間に明瞭な関係が見られないとの指摘があったが，これについては，日本では冬の厳しさがヨーロッパ諸国ほどではないこと，また近年は人々の経済状態の変化にともなう財産犯罪の内容の変化—財産犯罪の大部分は非侵入盗であり，また少年によるものが多い—によるものと考えられている．

また，季節変化にともなう人間の生理的周期(バイオリズム)の変動が犯罪に影響しているとの指摘もある．たとえば，強姦等の性犯罪が真夏に最多となることに加えて，5月ごろにもひとつのピークを示すことは，人間の性的活動の周期(月別に比較した受胎指数によりその一端を知りうる)を考慮にいれて初めて説明できる，とされる．

そのほか，暑さ(30℃ぐらいまで暴行など暴力事犯のみ増加)，寒さ，降雨，風，湿度といった個別の天候と犯罪についての研究も行われている．→犯罪要因，環境と犯罪，犯罪行為環境 [上田 寛]

キセル乗車 鉄道をA駅からD駅まで利用するにあたって，A駅で乗車する際，途中のB駅までの乗車券を示して入場し，D駅で下車する際には区間の連続しないC駅からの乗車券を示して出場することにより，B駅からC駅までの運賃の支払いを免れることをいう．キセル乗車については，乗車時において，不正乗車の目的を秘匿して，無効なものとして回収されるべき途中駅までの乗車券を提示して運送の役務の提供を受けたことをもって*詐欺罪'(刑246 II)の成立を認める見解，下車駅において，精算すべき差額があるにもかかわらず，途中駅からの乗車券を提示することにより精算を免れたことをもって詐欺罪の成立を認める見解，詐欺罪の成立を否定して鉄道営業法29条の無賃乗車の罪のみを認める見解とが対立している．

[伊藤 渉]

偽造 **1 概念の多様性** 偽造とは，作成形式または内容に偽りを含んだ一定の媒体（文書等）を作出する行為である．刑法典は，*通貨偽造罪'，*文書偽造罪'，*有価証券偽造罪'，*印章偽造罪'を規定し，「偽造」行為として*有形偽造'と*無形偽造'を予定している．文書等の作成の真正性を偽る行為が有形偽造であり，文書等の内容の真実性を偽る行為が無形偽造である．有形偽造，無形偽造は，さらに，それぞれ，偽造と変造に区別される．この結果，有形偽造，有形変造，無形偽造，無形変造の各行為を考えることができる．条文の文言に従えば「偽造」（たとえば，刑155Ⅰ・159Ⅰ）が有形偽造を，「変造」（たとえば，155Ⅱ・159Ⅱ）が有形変造を，「虚偽の文書」の作成（156・さらに160）が無形偽造を，「虚偽の文書」の変造（156）が無形変造を意味する．しかし，無形偽造，無形変造の処罰は，限定的である．文書偽造罪を例に取ると，公文書に関しては無形偽造も一般に処罰されるが（156・さらに157），文書の基本である私文書では，有形偽造の処罰が原則である（159・160）．また無形変造は，公文書との関係でも，156条でしか処罰されない．

2 形式主義と実質主義 このように文書偽造罪の領域では，有形偽造の処罰が原則とされている．この立場を形式主義という．これに対して，無形偽造の処罰を基本に据える実質主義も，かつては学説上，有力に主張された．しかし，実質主義は，前述した現行法の体系に合致しないため，今日では支持されていない．形式主義の根拠については，名義人に文書作成責任を追及できるか否かの点から説明する学説が有力である．すなわち，文書は，さまざまな法的取引の手段として利用されるが，文書の作成名義が偽られ，当該文書の作成責任を誰にも追及できなくなれば，当該文書を取引の手段として信用し利用することができなくなる（文書内容の真偽についての問い合わせもできない）．これに対して作成名義が真正であれば，虚偽文書を内容真実だと誤認した文書の受取人も，その被った損害等を名義人に追及することができ，当該文書を用いて形成されてきた法的取引につき，一応の法的解決が可能となる．そこで，文書を用いた法的取引の安全を保護するには，作成名義を偽る行為を基本的に処罰すべきであり，この点に形式主義の趣旨がある，と理解するのである．

3 形式主義の妥当範囲 無形偽造文書では，その名義人に対して，刑罰以外の様々な法的責任を追及しうる．そこで刑法の謙抑性の見地から，無形偽造を不可罰とすることができる．しかし，文書内容の真実性が強く期待され，無形偽造をも処罰しなければ文書を用いた法的取引の安全が十分に保護されない場合には，例外的に実質主義の観点が妥当することになる．刑法典が公文書に関して無形偽造・変造を処罰するのは，歴史的な事情もある（公文書の究極的な責任主体である国家権力の威信保護）．しかし，公文書が用いられる生活領域（典型的には行政手続）においては，取引（文書を用いた各種の事務）を迅速に処理する必要上，無形偽造をも禁圧しなければならず，その結果として実質主義が採用されていると説明することができよう．

［今井猛嘉］

偽装心中 心中の意思がないにもかかわらず，追死するように装って，相手だけを自殺させる行為をいう．判例に現れた事案として，夫の愛人に不倫関係を絶つよう要請したが，拒絶されたため，詐言をもって自殺を慫慂（しょうよう）し，毒物を口中に差し入れて嚥下させ，死に至らしめた例（仙台高判昭27・9・15刑集5・11・1820），愛人に別れ話を持ちかけたところ，これを拒絶されたばかりか，かえって心中を申し出られたため，追死するように装い，相手をそのように誤信させて致死量の毒物を与えて死に至らしめた例（最判昭33・11・21刑集12・1・3519），三角関係の清算と金員奪取の目的をもって，自殺する旨の虚言を弄し，被害者に同死を決意，殺害の嘱託をさせ，これを絞殺した例（名古屋高判昭34・3・24下刑1・3・529）がある．判例はいずれの事案についても，被害者の自殺意思は真意性の疑われる瑕疵のある意思であることを理由に同意殺人罪刑（202）を適用せず，殺人罪（199）の成立を認めた．判例はこの一方で，威迫により自殺させた事案については，自殺教唆罪の成立を認めている（広島高判昭29・6・30高刑7・6・944）．→殺人罪，承諾殺人罪 ［秋葉悦子］

偽造通貨収得後知情行使罪 偽造通

貨収得後知情行使罪とは、偽貨をそれと知らずに取得した者が、その後偽貨と知りながら、これを行使し、または行使の目的をもって人に交付する犯罪である（刑152）。法定刑は、偽貨の額面価格の3倍以下の罰金または科料である（ただし2,000円以下にはできない）。本罪は、偽造通貨行使罪・交付罪（148 II）の特別罪であるが、本罪の法定刑が軽いのは、偽貨を取得した者がその被った損害を他人に転嫁する行為について、そこに同情すべき点が認められるという意味において、定型的に*期待可能性'が乏しいと考えられるからである。収得そのものが適法か違法かは問われない。知情は未必的なものでも足りるが、収得時に偽貨であることを知らなかったことを要する。偽貨であることを知って収得し、これを行使・交付すれば、偽造通貨収得罪（150）および偽造通貨行使罪・交付罪（148 II・149 II）が成立する。→通貨偽造罪　　　　　　［園田　寿］

偽造文書行使罪　私文書偽造罪（刑159）および虚偽診断書等作成罪（160）に記載された文書・図画の行使およびその未遂は、偽造私文書等行使罪・同未遂罪（161 I・II）として、また、刑法154条から157条に記載された偽造公文書・虚偽公文書の行使およびその未遂、ならびに157条1項に記載された電磁的記録を公正証書の原本としての用に供することおよびその未遂は、偽造公文書行使罪・同未遂罪（158 I・II）として処罰される。158条の法定刑は、161条のそれよりも重いが、それは158条の法益である公文書の信用度が私文書のそれよりも高いことに基づくものであって、その文書作成名義者の身分による差別ではない（最決昭34・9・22刑集13・11・2985）。→文書偽造罪　　［園田　寿］

偽造有価証券等行使罪　*偽造'・*変造'の*有価証券'または虚偽の記入がある有価証券を*行使'し（偽造有価証券等行使罪）、行使の目的で人に交付・輸入する罪（*偽造有価証券等交付罪'）（刑163 I）。*未遂'も処罰される（163 II）。

本罪の客体である有価証券は、行為者自身が偽造・変造・虚偽記入したものである必要はなく、行使目的で偽造・変造・虚偽記入されたものであるかどうかも問われない。

「行使」とは、偽造・変造の有価証券を真正・真実な有価証券として使用することをいい、通貨の場合と異なり、流通におくことを要しない。自己の資産状態を誤信させるため、あるいは財産浪費を隠すため、「見せ手形」として示すことも行使に当たる。「交付」とは、偽造・変造・虚偽記入された有価証券であることを明らかにして、またはそれを知っている他人に手渡すことをいう。テレホンカードの磁気部分の通話可能度数情報を改ざんし、変造テレホンカードである旨を告げて他人に売却した事件につき、最高裁は、変造有価証券交付罪（163 I）を適用した（最決平3・4・5刑集45・4・171）。「輸入」とは、船による輸入は陸揚げ、航空機によるそれは着陸後荷降ろしできる状態に達することを要するというのが判例・多数説である。→有価証券偽造罪　　　　　　　　　　　　　　　［島岡まな］

羈束力（きそく／りょく）　裁判は、公判廷において裁判長が宣告することによって外部的に成立し（刑訴規34参照）、これによって裁判所は、みずから宣告した内容に拘束され、以後その変更ないし訂正ができなくなる。これを、羈束力ないし拘束力という。司法機関の公権的判断として裁判を言い渡した以上、その司法機関が勝手に内容を変更できるのでは法的安定性を害し、裁判に対する信用を失わせてしまうので、みだりに変更することを禁止する必要がある。これが、羈束力を認める根拠である。

この羈束力は、裁判の宣告と同時に発生するのでは言渡しに過誤があったときに訂正できなくて不便なので、裁判宣告手続の終了までは発生しないとされている。→既判力，拘束力
　　　　　　　　　　　　　　　　　　　　［白取祐司］

起訴裁量主義（独）Opportunitätsprinzip　**1 意義**　訴追の必要性を判断して起訴しないことができる*訴追裁量権'を認める法制を、起訴裁量主義という。この主義によると、犯罪の嫌疑があり*訴訟条件'に欠けるところはない場合でも、諸般の事情を考慮して、訴追の必要性がないと判断したときは、*公訴の提起'を見合わせ被疑者を*起訴猶予'にすることができる。従来は起訴便宜主義と呼ばれていた。「便宜」の御都合主義的な響きを避けるためには、起訴「裁量」主義の呼称が妥当といえる。これに対して、訴追裁量権を認めないのが

*起訴法定主義'である．現行刑事訴訟法248条は，「犯人の性格，年齢及び境遇，犯罪の軽重及び情状並びに犯罪後の情況により訴追を必要としないときは，公訴を提起しないことができる」と規定して，起訴裁量主義を採用して起訴猶予の*不起訴処分'を肯定している．この主義を採用すれば，*公訴取消し'を許容する起訴変更主義を採用することにもなる(刑訴257)．

2 歴史 わが国の最初の近代法典である*治罪法'(1880[明13]年)および*旧刑事訴訟法'(1890[明23]年)には関連規定がなく，当初は法定主義を採用したものと解されていた．しかし，検察実務では裁量主義的運用が徐々に生成され，国家財政上の理由もあって微罪処分的な起訴猶予が実務上定着するに至った．その後，早期に刑事政策的な処遇を加え特別予防をはかることに重点が移り，軽微でない事件にも拡大していった．捜査機関の権限拡大・強化をともなった裁量主義のこの実務上の定着・拡大は，1914(大3)年の*大浦事件'を経て，1922(大11)年の*旧刑事訴訟法'279条において，一般的に，「犯人ノ性格，年齢及境遇並犯罪ノ情状犯罪後ノ情況ニ因リ訴追ヲ必要トセサルトキハ公訴ヲ提起セサルコトヲ得」との明文化にまで至った．現行法は裁量主義を維持したが，「犯罪の軽重」という一般予防的要素の語句を新たに挿入した．

3 起訴裁量主義を支える原理 起訴法定主義との対比でみると，まず，刑法の画一的実現をねらいとする起訴法定主義に対して，具体的正義の実現をめざすのが起訴裁量主義といわれたりする．しかし，法定主義の下でも'宣告猶予'制度，刑の裁量免除等の採用により画一主義の是正が可能となる．刑法の学派の争いと関連づけて，法定主義は一般予防を強調して旧派に，裁量主義は特別予防に力点を置き新派に，それぞれ親近性がある，ともいわれる．しかし，裁量主義でも一般予防的要素を必ずしも排除するわけではないし，旧派と新派との融合・止揚が試みられている現在の刑法学の傾向からしても，決定的な差異ではない．結局，刑事政策的判断を裁判官ではなく検察官に委ねてよいか否か，という問題に帰着する．

4 問題点 裁量主義は，法定主義と比較して，短期自由刑の弊害回避，起訴に伴う社会的スティグマの回避，訴訟経済上の軽減等の利点があり，現在の起訴猶予率は交通事件関係を除くと通常事件では3割以上であり，依然として，その重要性は維持されている．しかし，刑事訴訟法上，次のような問題点が指摘される．

特別予防的考慮の強調は情状調査の徹底を招き捜査の糾問化・長期化の危険が生じる，緻密な捜査に基づく起訴・不起訴の処分が「裁判」類似のものとなり公判中心主義と矛盾する，また，検察官の「司法官」的性格の強調によって刑事司法の当事者主義的構造と調和しなくなる，そして，起訴猶予の具体的基準が公表されていない現状では検察官の裁量の公平性・客観性の保障がない等がそれである．　　[吉村 弘]

起訴状　(英) bill of indictment　(独) Anklageschrift　(仏) acte d'accusation

1 概要 検察官が*公訴'を提起する意思を表示した文書．*公訴の提起'は刑事事件につき訴訟の係属を発生させる重大な訴訟行為であるため，書面による要式行為とされており，口頭によることはできず，必ず起訴状を提出することが求められる(刑訴256Ⅰ)．

検察官は，公訴提起と同時に被告人の数に応じた起訴状謄本を裁判所に提出しなければならず(刑訴規165Ⅰ)，その謄本が被告人に送達される(刑訴271Ⅰ)．公訴の提起があった日から2ヵ月以内に送達されない場合には，公訴の提起はさかのぼってその効力を失うこととされている(271Ⅱ)．

2 記載内容 起訴状には，①被告人の氏名その他被告人を特定するに足りる事項，②*公訴事実'，③*罪名'を記載することが求められている(刑訴256Ⅱ)．

①被告人の特定のために用いられるのは，氏名，年齢，職業，住所および本籍である(刑訴規164Ⅰ)．それらが不明でも差し支えはなく，氏名不詳として留置番号などで特定する(刑訴64Ⅱ)．

②公訴事実は，*訴因'を明示して記載することとされている．訴因を明示するとは，「できる限り日時，場所及び方法を以て罪となるべき事実を特定して」行うことを意味する(256Ⅲ)．その一方で，法は裁判官に事件について予断を生ぜしめないように，起訴状以外いっさいの書

類の添付や内容の引用を禁じている(*起訴状一本主義')(256Ⅵ)．添付引用ではないが，それに準ずるような記載(余事記載)として問題となるのは，被告人の前科・経歴・性格などである．同種前科は公訴事実上の構成要件になっている場合などは必要だが，そのほかの場合においては予断を招くことになるとされている(最判昭27・3・5刑集6・3・351)．被告人の性格などの記述は，公訴事実と不可分の場合に許容される(最判昭31・3・13刑集10・3・345)．

③罪名については，適用すべき*罰条'を示して記載することとなっている．

複数の訴因及び罰条を記載することも認められている(256Ⅴ)．これは*公訴事実の同一性'の範囲内において認められるが，複数の訴因および罰条を記載することにより，どちらか一方での処罰でよいことを示す検察側の意思表示である．同一の公訴事実であっても法的に数個の構成が考えられる場合がある．たとえば，殺意なくAがBを死亡させた公訴事実につき，故意・過失に関して傷害致死罪と過失致死罪のふたつの訴因が構成できる．訴因および罰条に順位を設ける場合には予備的記載であり，設けなければ択一的記載となる．上の場合，過失致死罪を予備的訴因にすることは，傷害致死罪の訴因が認められなければ過失致死罪の訴因を主張するという表示となる．予備的記載の場合には裁判所は上位のものから審理を始めるが(これを本位的訴因とか第一次的訴因という)，択一的記載の場合にはどちらから審理してもかまわず，いずれかについて有罪となった場合には他は排斥され，無罪の理由を表示することは求められていない(最決昭29・3・23刑集8・3・305なお択一的訴因につき最判昭25・10・3刑集4・10・1861)．

3 日本語を理解できない者への送達 外国人犯罪につき，被告人が理解できない日本語での起訴状謄本送達が，憲法31条の内容と考えられる告知と聴聞の権利保障に反するか，また自己の理解できる言語で罪の性質や理由を告げられることを保障する「市民的及び政治的権利に関する国際規約」14条3項(a)に反するかどうかが問題となったことがある．判例はこれを消極に解し，訳文添付が望ましいとするに止まっている(東京高判平2・11・29高刑43・3・202)．

[指宿 信]

起訴状一本主義 現行法では，起訴に際して*起訴状'だけを裁判所に提出することとされている．裁判官に事件につき予断を与えるような情報を提供しないという*予断防止の原則'に基づいている．法は，起訴状に「予断を生ぜしめる虞のある書類その他の物を添付し，又はその内容を引用」することを禁じている(刑訴256Ⅵ)．これに違反した*公訴の提起'は無効であり(338④)，たとえ治癒されたとしても，無効となる(最判昭27・3・5刑集6・3・351)．例外は，略式手続，公判手続の更新，破棄差戻後の第1審手続などである．

旧刑事訴訟法においては，*一件記録'が起訴状とともに裁判所に送られていたが，現行刑事訴訟法においてこの慣行が禁じられることになった．旧刑事訴訟法は*職権主義'を採っていたため，裁判官があらかじめ事件の全貌を知り，いきなり追及的な「被告人訊問」を行うことが可能であった．また，裁判官が事件について自分なりに捉えて公判に臨むため迅速な手続をリードすることも可能であった．反面，第1回公判の前に捜査資料に目を通すことによって，有罪の心証に傾きやすく，裁判官を検察官と等質的な地位に置きかねなかった．現行刑事訴訟法は*当事者主義'を採用したため，訴訟の遂行は当事者の責任に委ねられ，裁判官は法廷に提出された証拠にのみ基づいて心証を形成することとなった．憲法37条1項が「公平な裁判所」の保障を認めているので，従前とは異なりいわば「白紙」の状態で公判に臨むことが裁判官に期待されるようになり，さらに訴訟の運営者として中立的立場を堅持することが求められている．このように，起訴状一本主義の採用は，旧刑事訴訟法から現行刑事訴訟法への転換にあたって採り入れられた，当事者主義や*公判中心主義'を実現するにあたって当然の前提であった．

[指宿 信]

起訴独占主義 (独) Anklagemonopol 刑事事件につき，訴訟係属を生じさせる法律行為(起訴)を行う権限を，特定の機関または人物に独占させるべきだとする考えを起訴独占主義という．そして，訴訟係属を生じさせる法律行

為を行う権限を検察官に独占させる制度と裁判官に独占させる制度が考えられる．前者の制度においては，検察官の*公訴の提起'があれば，直ちに，訴訟係属が生じるのに対して，後者においては，訴追が行われても直ちに訴訟係属を生じるのではなく，英米法における治安判事による付審判手続や大陸法の予審手続，裁判所（裁判官）による司法審査を経た後に初めて訴訟係属が生じる点に違いがある．後者は，起訴権限を裁判官に委ねることから裁判官処分権主義と呼ばれる．

わが国の現行刑事訴訟法は，原則として，検察官に起訴独占を認めている．起訴独占主義を認める利点は，訴追政策の統一性を保持することによって公平かつ適法な起訴が行われることにあるとされる．しかし，それは，訴追権を行使する機関や者が，起訴するに十分な証拠の存在や訴訟条件の具備等の一定の要件が備わった場合には必ず起訴すべきであるとする（起訴法定主義）場合にのみ妥当するのであって，わが国のように，検察官の起訴独占を認めながら，起訴するに十分な証拠が存在する場合でも，犯罪の軽重，当該犯罪の社会的影響，被害者の処罰感情，さらには被告人の状況等を考慮して不起訴処分（起訴猶予処分）とすることができる（起訴裁量主義）場合には，刑事訴追権の恣意的な行使が行われる可能性がある．そこで，検察官による起訴独占を認める法制度の下では，一方では，検察官の客観義務や準司法官的地位等が議論されることとなり，他方においては，不当な不起訴処分や不当な起訴処分に対して，それを是正するための制度の必要性が指摘されることになる．しかし，検察官の客観義務や準司法官的地位の強調は，当事者主義の理念とは矛盾する契機を含んでいる．

わが国の制度においては，不当な不起訴処分に対しては，それを是正する制度として，*付審判制度'（刑訴262以下）と*検察審査会'制度（検察審査会法）が設けられている．前者については，対象となる犯罪の種類が公務員の職権濫用罪に限定されていること等の問題が，後者については，検察審査会の議決に法的拘束力がない等の問題点が指摘されている．また，不当な起訴処分に対する救済のための具体的法制度が存在しないため，公訴権濫用論が主張されている．
　　　　　　　　　　　　　　　　［鯰越溢弘］

起訴法定主義　（独）Legalitätsprinzip

犯罪の嫌疑があり訴訟条件を具備すれば必ず起訴をしなければならないとする法制を，起訴法定主義という．*訴追裁量'を認めず，起訴が強制される制度であり，公訴提起後はその取消しはできないとする起訴不変更主義をとることにもなる．訴追裁量を認める*起訴裁量（便宜）主義'と対置する．

起訴法定主義の利点としては，法の平等な適用を旨とし法的安定性の要求に合致する，検察官の恣意を排し社会的政治的影響を受けず官房司法の弊害から刑事司法を守る，法の権威および司法の権威が保持できる，法的正義の実現が期待できる，一般人を犯罪から遠ざける一般予防的効果を伴う等が挙げられる．

しかし，その反面として，訴追権の硬直的な運用という短所が指摘される．具体的正義の観点から，*訴追'（処罰）の必要性のない場合にも犯罪の軽重・情状を問わず起訴し手続上の不当な負担を負わせることになる点が問題とされる．また，犯罪の増加に伴う起訴の増大は刑事司法の機能不全を生起させる危険性がある等の批判がなされる．刑事政策的にも，短期自由刑の弊害あるいは本人の改善・更生といった観点から不得策であるとの批判もある．

現在，先進諸国の中では，従来から，ドイツが起訴法定主義を原則とし，「法律に別段の定めがある場合を除き」検察官の裁量権を排してきた．しかし，検察官は「十分な（犯罪）事実の根拠が存する限り」*公訴の提起'を義務づけられるとしても，「十分な（犯罪）事実の根拠」の存否の判断権を検察官に委ねるとすれば，起訴法定主義の下でも起訴裁量主義的運用の道は開かれているし，また，漸次，起訴法定主義の例外の範囲を拡張する種々の規定が設けられ，起訴法定主義の修正が行われている．たとえば，1974年には，軽罪については，裁判所・被疑者の同意を得て，起訴を留保し，被害回復等の一定の賦課事項または順守事項のいずれかを課すことができるとの規定が新設され，さらに，この規定が近時，例外の対象となる犯罪を拡張する方向で改正されている．また，関係者間の非公

式協議による事件処理を可能とする新たな刑罰回避の慣行が実務上生成している現状がある．この意味で，ドイツでは，法定主義は社会の激しい変化に対応を迫られているともいえる．

[吉村 弘]

起訴猶予 犯罪の嫌疑があり'訴訟条件'を具備したとしても訴追の必要性がない場合に'起訴'を見合わせる処分が，起訴猶予である．'訴追裁量'権を認める'起訴裁量(便宜)主義'の下で行われる'不起訴処分'の一種である．'起訴裁量主義'は検察実務上での運用で生成し始め，1914(大3)年の'大浦事件'を経て旧刑事訴訟法で明文化され，現行法は「犯罪の軽重」の語句を挿入して引き継いだ．起訴猶予制度は，警察段階での'微罪処分'(刑訴264)を含めて，早期に被疑者を刑事手続から解放する制度である．この意味で，一般的には，犯罪に対して通常の司法手続を回避して他の非刑罰的処理方法をとる'ディバージョン'の中に位置づけられている．ディバージョンの典型としては道路交通法違反についての反則事件や間接国税に関する犯則事件の通告制度などが挙げられる．

起訴猶予の基準要因として，刑事訴訟法248条は，「犯人」自身に関する要因，犯罪事実に関する要因，犯罪後の情況に関する要因を挙げているが，その範囲は広く抽象的である．それ故に，起訴猶予処分の型分析を行いその枠付けが必要となる．型分析としては，軽微な罪で処罰の必要性の低い場合の'微罪処分'型，訴追を留保したままその期間内に被害弁償等の事後措置の状況を観察し事件再起の可能性を残しておく起訴留保型，猶予期間に積極的に保護措置の手を差し伸べ更生や再犯防止のための特別予防的効果を狙う保護観察付起訴猶予型，事件を'不起訴処分'に付すと特別の事情のない限り再起訴しない起訴放棄型，の4型が挙げられる．捜査構造を変革し，公判中心主義の理念を掲げ，検察官の性格・機能の変化等を伴った現行法の立場に立脚し，現行の起訴猶予処分の性格を微罪処分型ないし一般予防を重視した起訴放棄型と位置づける見解が有力である．

起訴猶予処分は刑事手続からの解放の意義を持ち被疑者に有利に働く．しかし，反面，犯罪の嫌疑を前提とした処分なので，検察官による「有罪」認定と変わりはなく，かつ，その処分には一事不再理効が発生するわけではないので，起訴猶予処分を受ける被疑者にとっては，不利益な面がある．この意味で，起訴猶予に付する場合には，被疑者の同意を必要とする見解が主張されている．

また，憲法32条を根拠に，無罪を主張する被疑者に裁判所の審理を受けさせる権利を保障する道を探る見解もある．→交通犯罪 [吉村 弘]

期待可能性 (独) Zumutbarkeit 通説的な'規範的責任論'によれば，責任能力者が，事実的な故意・過失に基づき，かつ違法性の意識(可能性)を有して行為に出た場合でも，付随事情が異常であるため，行為者に適法行為に出ることを期待しえない場合には，上記各要素の存在という形式的要件のみで責任を問いえない場合があることが認められている．このような考え方を期待可能性の理論という．これは，古くドイツにおける暴れ馬事件(1897年，辻馬車の御者である被告人が，尻尾を手綱に絡めて制御を困難にするという癖を有する馬を使わないよう雇主に頼んだが，雇主は事情を知りつつ御者に使用を命じ，逆らえば解雇の危険があったため，やむなくその馬を使っていたところ，案の定，その癖が原因で通行人を負傷させたという事件につき，ライヒ裁判所は，他人の身体傷害の可能性への考慮より，失職しないために雇主の命令に従うことを優先させないことを期待しえないとして，過失傷害罪で起訴された御者を無罪とした．RGSt 30, 25)等を契機に，'フランク'，ゴルトシュミット James Paul Goldschmidt(独・1874-1940)，フロイデンタール Berthold Freudenthal(独・1872-1929)，E・'シュミット'等によって展開され，「付随事情の正常性」に基づく期待可能性を非難としての責任の中核と位置づける規範的責任論が確立していった．

しかし，期待可能性については，今日でも，その射程，体系的地位，判断基準等をめぐって争いがある．まず，期待可能性は規範的責任論の責任の構造を示す以上のものではないとして，特に故意犯においては，期待可能性の不存在が超法規的な'責任阻却事由'として働くことを否定ないし制限する見解も唱えられる．この見解

では、期待可能性は、自己隠匿や盗犯等防止法における恐怖等による現場における殺傷の不可罰、過剰防衛・避難、親族による犯人隠匿・親族相盗等における刑の減免等、法規上の根拠がある場合（あるいはせいぜい違法拘束命令等、一定の類型化された事由のある場合）における責任阻却・減少の理論的根拠としてのみ機能することになる。しかし、通説は、期待可能性の不存在を*超法規的責任阻却事由'とし、期待可能性が存在しない場合は、明文規定がなくても責任が阻却される（いわゆる故意説を前提に、期待可能性を故意・過失に内在する要素として、故意・過失を否定する見解もある）とする。そして、このような超法規的な責任阻却事由となる場合のみを（狭義の）期待可能性と呼ぶ場合もある。

次に、期待可能性の判断基準については、行為者標準説、一般人（平均人）標準説、国家標準説等がある。一般人標準説は、一般に期待できることを期待できない行為者の危険性を問題とすることにより性格責任論とも結びつきやすいが、通説的な道義的責任の観点からは行為者標準説が有力である（もっとも、行為者に一般人より高度の期待可能性が認められる場合は、一般人を限度とするという修正的見解が有力）。行為者標準説に対しては、これを徹底すれば常に期待可能性がなくなってしまうと批判され、「行為者の属する類型人」を標準とする修正が探られるが、その概念の「行為者」、「一般人」との限界は必ずしも明確ではない。他方、一般人標準説に対しては、規範違反説の見地から、一般人に期待できないことは法秩序はもともと要求しないという意味でむしろ違法性の問題となるとも指摘される。また、判断基準を一般人に求めつつ、判断対象を行為者（の認識）とするという形で行為者標準説との架橋を図る見解もある。他方、国家標準説は、従来、「期待される側」に関する基準を期待する側の観点で解決するのは筋違いであると批判されてきた。しかし、期待「可能性」の有無は、事実的概念ではなく、「適法行為に出よ」という要求の強さとの均衡点で決まる規範的性質を有し、その判断は、結局、行為者を標準とすれば期待しえない場合に、それでも処罰するか否かという罰する側の態度決定の問題であるとすれば、いわゆる可罰的責任の思想との親和性を指摘しうることになろう。

判例は、*第五柏島丸事件'のように、期待可能性の理論に一定の好意を示したとされ、戦後の混乱期には、下級審において、経済統制法規違反事例について期待不可能を理由に無罪判決をした例もみられる（東京高判昭23・10・16高刑1追録18等）、最高裁も、一般論として超法規的責任阻却事由としての期待可能性論を認めるかに思われた（最判昭31・12・11刑集10・12・1605．三友炭坑事件）が、結局、「責任能力及び故意、過失があって、法の認める責任阻却事由がない限りは、その罪責を否定するには首肯するに足りる論拠を示さなければならない」として（最判昭33・11・4刑集12・15・3439）、この理論に距離を置くようになったとされる。これは社会の安定化によるところが大きいとされ、その後、下級審においても、期待可能性の欠如を理由として無罪とするものは姿を消していった。→期待可能性の錯誤　　　　　　　　　　［酒井安行］

期待可能性の錯誤　規範的責任論に立ち、付随事情の異常性により適法行為の期待可能性がない場合は責任が阻却されるとする期待可能性論を前提として、そのような*期待可能性'を失わせるような事情が存在しないにもかかわらず、行為者が存在すると誤認した場合（積極的錯誤）およびその逆の場合（消極的錯誤）の処理が問題とされる。まず、積極的錯誤に関する議論であるが、責任が非難可能性の問題である以上、問題となるのは付随事情の正常性という客観的要素ではなく、それが行為者の主観に反映した場合の精神状態であるとの理解を出発点に、期待可能性の錯誤は期待可能性の不存在に帰着するとして、錯誤の回避可能性の有無にかかわらず、期待可能性がないものとして処理する帰結もありうる。また、基本的にこのような立場を出発点としつつも、そのような錯誤に陥る前の段階をも問題とし、錯誤が期待可能性を基礎づける事実に関して存する場合と、可能性の判断自体に錯誤がある場合とに分け、前者の場合は故意犯の成立を否定しつつ錯誤が避け得た場合に過失犯の成立のみを認め（*フランク'はこの結論を承認する）、後者の場合に限って、基本的に故意犯の成立を認める見解も有力

である．これに対して，通説は，期待可能性を基礎づける事情を客観的責任要素とするため，その錯誤については，それを誤認したことについてやむを得ない事情がある場合に限り，結局期待可能性そのものが欠けることになるとしている．この見解によれば，錯誤が避けえた場合には，故意犯が成立することになると思われる．

反対に，期待可能性を失わせる事情が存在するにもかかわらず，錯誤によりこれを認識しない場合，すなわち消極的錯誤の場合もありうる．上記のように，期待可能性を基礎づける事情は客観的責任要素であるとするのが通説であると思われるが，消極的錯誤の場合を直ちに期待可能性不存在=責任阻却とする結論は一般には採られず，ここではむしろ期待可能性が行為者の意思決定過程の異常性に関する問題であることを認め，故意犯の成立を認めるのが一般的であるように思われる．しかし，少なくとも一部の事情については，それが客観的に存在する以上，行為者がそれを認識しているか否かにかかわらず，あるいは，行為者はその事情を認識しそれによって心理的影響を受けていると反証を許さない形で推定されるため，責任が阻却されるとする見解もある．たとえば，親族相盗（責任減少事由と解することが前提となる）において，客観的にそのような関係があったにもかかわらず行為者がそれを認識していない場合や，親族間の犯人蔵匿，証拠隠滅等の場合が例としてあげられる．　　　　　　　　　　　　　［酒井安行］

規範的構成要件要素　（独）normatives Tatbestandsmerkmal　「多衆」（刑106），「秘密」（134），「虚偽」（156・169等），「わいせつな」（174〜178），「不敬」（188），「他人の」（235〜236等）など，価値的概念であるためにその意義を確定するために，裁判官（解釈者）による評価活動を必要とする構成要件要素のこと．これに対して，「人」（199等），「死体」（190・191），「財物」（235・236等），「物」（252〜254等）など没価値的概念の構成要件要素は*記述的構成要件要素'といわれる．だが，脳死は死か，いかなる財産的価値があれば財物といえるかなどの議論からも分かるように，記述的構成要件要素も，その意味内容の確定のためには価値判断を要する面があるのであり，両者の相違は量的なものにすぎない．すべての構成要件要素は規範的構成要件要素であるということもできよう．*構成要件'は明確でなければならないから構成要件要素は可能な限り記述的であることが望ましいとされているが，規範的構成要件要素を完全になくしてしまうことは立法技術的には不可能である．

*規範的構成要件要素の錯誤'も故意を阻却する．故意に必要な規範的構成要件要素の認識は*意味の認識'である．*厳格故意説'によらない以上違法性の*錯誤'は直ちに故意を阻却しないから，*たぬき・むじな事件'，*もま・むささび事件'に見られるように，意味の認識と違法性の認識との区別は重要で困難な問題である．
　　　　　　　　　　　　　　　　［町野 朔］

規範的構成要件要素の錯誤　（独）Irrtum der normativen Tatbestandsmerkmale　*規範的構成要件要素'とは，裁判官によって価値的意味が理解・補充される必要のある構成要件要素をいい，記述的構成要件要素に対するものである．たとえば，刑法175条における「わいせつ」性が規範的構成要件要素とされる．この場合，裁判官の知覚的認識の対象は文書などの物体そのものであるが，ここで重要なのはその文書の意味内容が「わいせつ」か否かであり，それは裁判官の規範的評価的作用を通してはじめて確定されるのである．それは外部的客観的構成要件要素であるから，その*意味の認識'は故意の内容に属し，これに関する錯誤は故意を阻却することになる．すなわち，違法行為を定型化した構成要件の一要素をなす故意は，客観的構成要件要素を認識・認容することを意味し，単に外形的・物理的事象の「知覚」にとどまるのではなく，ある事象・出来事の「意味」を認識するものでなければならない．規範的構成要件要素の認識の場合，知覚（現象）的側面と意味の認識的側面の2つが要求されるが，そこにおける意味の認識はいわゆる「行為者の属する社会における並行的評価」で足りる．というのは，このような意味の認識の欠ける行為については，もはや意図的に構成要件的結果を実現したものとはいえないからである．したがって，「わいせつ」性（175）に関し，上記の程度の意味の認識さえなかった場合

には構成要件的故意の成立にとって必要な事実の認識を欠いているから、故意阻却を認めるべきことになる。これに対して、このような認識があったにもかかわらず、たとえば、法的には「わいせつ」に当たらないと誤解したり、別の理由に基づいてそのような文書を頒布・販売しても許されると誤解した場合には、構成要件的故意の阻却はありえず、違法性の*錯誤'があるにとどまる。最高裁の判例は、チャタレイ事件判決において、175条の故意について、「問題となる記載の存在の認識とこれを頒布することの認識」があれば足りるとした(最判大昭32・3・13刑集11・3・997)が、通説によれば、これは意味の認識を不要と解するものであり、妥当でない。

つぎに、公務執行妨害罪における職務行為の適法性も規範的構成要件要素とされており、判例は適法性の錯誤も違法性の錯誤であると解している。しかし、通説によれば、職務行為の適法性は規範的構成要件要素であるから、その錯誤は構成要件的事実の錯誤となって構成要件的故意を阻却すると解すべきことになる。この場合、公務員である者を私人と錯誤するといったような一般的・前提的事実の認識については、並行的な評価を持ち出すまでもなく、故意阻却を認めてよいことが多い。抽象的職務権限については、一般人を基準にして考えると、ほとんどの場合、それの認識があるとされることになろう。そこで、職務行為の適法性の錯誤は、具体的職務権限および重要な方式の履践に関して問題にされることになる。　　　　　［川端　博］

規範的責任論　(独) Normative Schuldlehre　責任の本質を、一定の事実に対して、規範の立場から加えられる非難可能性であると把握する見解をいう。いわゆる社会的責任論に対する意味における道義的責任論を前提としつつ、心理的責任論は、行為に対する行為者の心理的状態そのものに責任の契機を見いだそうとした。しかし、故意における犯罪事実の認識という事実、過失における犯罪事実の不認識という事実に注目する限り、これに共通する上位概念としての責任概念を見いだすことは困難であったし、そもそも、そのような心理的「事実」のみでは、非難可能性という規範的、否定的判断の契機となりえない、責任の量を決定する契機がない等の問題が内包されており、ここから、責任概念の規範化が模索されることとなった。20世紀の初頭、*フランク'は、日常用語例から出発して「付随事情の正常性」を第3の責任要素として提唱し、そのような事情のもとにおける適法行為の期待可能性を軸とする責任概念の展開に大きく寄与した。その後、ゴルトシュミット James Paul Goldschmidt(独・1874-1940)が内心に向けられた義務規範違反としての責任概念を強調し、フロイデンタール Berthold Freudenthal(独・1872-1929)が故意犯へのこの理論の適用可能性を強調し、これを受けてE・*シュミット'が故意、過失を統一する規範的要素として期待可能性の観念を位置づけたが、これらの理論的緻密化を経て、規範的関係概念としての責任概念が確立していったとされる。こうして、規範的責任論は、一定の心理的事実と規範との具体的結合関係、緊張関係のなかで責任を把握し、非難としての責任概念の規範構造を明確にした。そこでは、適法行為を行うことの*期待可能性'という概念が、責任の中核要素として確固とした地位を占めるに至った。また、規範的責任論は、さらに、期待可能性が存在するにもかかわらず違法行為の意思決定をするのは行為者の性格の危険性を示すものであるという形で、社会的責任論、性格責任論とも結合しえたため、いわゆる学派の対立を超えて急速に支持を拡げていった。そして、いわば定説化した規範的責任論が、このように近代学派の責任論とも調和しうるものであったことは、その後、責任論において、「非難」という国家と個人との間の関係の実質が分析され、それが単なる回顧的判断にとどまらず、犯罪防止という展望的な目的と結合し、その手段として機能しうる概念であるという認識が強調されて、責任と予防目的との結合を図る実質的責任論、*可罰的責任'論が展開されるようになる契機を内包していたといいえよう。

他方、規範的責任論を押し進めていった場合は、責任から事実的・心理的要素を排除してしまういわゆる責任の空虚化(「裁判官の頭の中にあるものとしての責任」概念)が進行する傾向を生ずる。故意・過失における事実的要素を責任から放逐し、もっぱら構成要件・違法要素とす

るいわゆる責任説の台頭がこの現れであるが、このような傾向に対しては、責任の規範的側面を強調するあまりその事実的基礎を無視するものであって、客観的認定可能性という点において難点があるとの批判も有力である。このような傾向の回避を強く志向する見解においては、責任の事実的基礎に着目する*心理的責任論'の法治国家的意義を高く評価し、規範的責任論は、心理的責任論を否定したものでは決してなく、あくまでも一定の心理的事実を前提とした上でそれが非難可能となる条件を正面から追求したものであるという理解が強調される。そこでは、規範的責任論は、心理的責任論を克服した責任論というよりも、むしろこれを補充し、発展させた理論であるとして、両者の連続性が前面に出されることになる。

なお、規範的責任論は、通常、心理的責任論との対比において理解されるが、論者によっては、これを、道義的責任論、社会的責任論と並列的に位置づける理解も見られる。　[酒井安行]

既 判 力　既判力の意義を文字通りに解すれば、既に裁判された事項に関する効力である。論者によっては、*一事不再理'の効力を既判力と呼ぶ例もあるが、一般には、裁判の判断内容の効力をいう。この効力は、裁判をした当該裁判所ではなく、別の裁判所を拘束する点で、*覊束力'と区別される。既判力が生じるためには、裁判が形式的に確定する必要があり(形式的確定力)、形式的確定をまって既判力が発生する。そこで、既判力は*確定力'とも呼ばれ、さらに判断内容の効力である点に着目して*内容的確定力'ともいう。しかし、呼び名が異なるだけで、意味は同じである。既判力が認められるのは、これが認められないと裁判の法的安定性を害し、裁判に対する信頼が失われるからである。
[白取祐司]

忌　避　憲法37条1項の*公平な裁判所'の理念を実現するために、*除斥'・*回避'(刑訴20、刑訴規13)とともに用意されている訴訟手続上の制度である。

忌避とは、特定の裁判官について、具体的事件に関して不公平な裁判をするおそれがあると認められる事情があるときに、その裁判官を、当事者、すなわち被告人・弁護人または検察官の申立てによって(除斥事由があるときにもこの申立てをすることができる)職務の執行から排除する制度である(刑訴21)。除斥の事由が類型的に示されているのに対し、忌避理由はその類型性の限界を補い、その意味において、この忌避は除斥のあり方をゆるめた形で当事者の申立てにかからしめたもの、と位置づけられる。

忌避の申立てについては、除斥事由として類型化された人的結びつきや事前関与の趣旨を踏まえ、個別具体的にその理由の有無が判断される。その際には、裁判官が被告人あるいは被害者ととくに親しい関係にあるなど、当該事件の手続外の要因、すなわち手続の審理経過とは離れた事情が問題とされるのであって、審理の方法や態度は理由になりえない、と解されている(最決昭48・10・8刑集27・9・1415)。また、すでに共犯事件あるいは社会的に密接な関連のある民事事件に関与していても、忌避は認められない(最決昭36・6・14刑集15・6・974、最決昭31・9・25刑集10・9・1382)。このような実務の運用、とりわけ後者の取扱いに対しては、制度の存在意義を没却しかねないとして、異論が強い。

忌避の申立てには時期的な制限があり、事件について請求または陳述をしたときは、もはや不公平な裁判をするおそれを理由とする申立てはできない(刑訴22本)。この裁判官のもとで裁判を受けるとの意思が示されている、とみてよいからである。したがって、公判期日変更の請求(276)や管轄違いの申立て(331)など、純手続的な事項に関するものはこれに当たらない。むろん、当の事由をその時には知らなかったり、そもそも後から発生したりしたときには別である(22但)。

なお、裁判所書記官にも上記の規定が準用される(刑訴26)。→簡易却下　　[米山耕二]

器物損壊罪　(独) Sachbeschädigung
器物損壊罪(刑261)は*毀棄罪'の一種である。他人の物を損壊した場合や他人の動物を傷害ないし殺害した場合に成立し、法定刑は3年以下の懲役または30万円以下の罰金もしくは科料である。文書および建造物に対する毀棄罪は別に規定されている(258〜260)ので、本罪はこれ以外の場合を処罰する補充的な規定である。

人に対する傷害は傷害罪(204)となるが、本罪にいう「他人の物」の中には動物も含まれる(動物傷害罪ということもある)．自己の物であっても、賃貸中、差押え中の物などを損壊した場合には器物損壊罪となる(262)．債権など、財物ではない財産的利益に対する器物損壊罪は成立しない．また過失による器物損壊も処罰されず、民法上の損害賠償のみが問題となる．

判例の考え方によれば、器物損壊罪の実質は他人の財産を使用できなくする点にあるので、ここにいう「損壊」には物の物理的な破壊のみならず、物の本来の効用を失わせる行為が広く含まれる(最判昭25・4・21刑集4・4・655)．たとえば飲食店の食器への放尿(大判明42・4・16刑録15・452)、鯉を養魚池から逃がす行為(大判明44・2・27刑録17・197)などである．

[髙山佳奈子]

義務の衝突　(独) Pflichtenkollision

同一人に対して複数の法律上の義務が存在し、その内のある義務を履行するためには他の義務を怠らざるを得ず、その不履行が処罰され得る場合をいう．典型的なのは*作為義務'同士の衝突で、自分の2人の子供が溺れているときに、その状況下では1人しか救えない親の例がある．同等以上の義務を履行すれば他方の義務違反は不可罰であり、同価値の義務の衝突する上の例では、いずれか一方を救えば処罰を免れる．の法的性質につき、通説は*違法阻却事由'と解するが、法は不可能を要求しないとの前提から、懈怠された同等以下の義務はそもそも存在しないと考える構成要件不該当説もある．これに対して、義務に大小のある場合、小なる義務のみを履行すれば、大なる義務の懈怠が違法であることに争いはない．

他方、溺れている我が子を救うために第三者の舟を勝手に使わざるを得ないような、作為義務と不作為義務の衝突も同様に扱うべきかには議論がある．まず、不作為義務に違反した*作為犯'の場合、無関係の第三者の財を作為によって侵害することは、同等以上の利益の保全の場合に限って許容さるべきことから(利益衡量原理)、作為義務の存在には意味を認めず、*緊急避難'として取り扱う見解が有力である(義務緊急避難と呼ばれる)．これに関連して、軍隊で上官の違法命令(違法拘束命令)を受けた部下においては、命令服従義務(作為義務)と不法をなすべからずとの一般的な法的義務(不作為義務)が衝突しているが、そこでは命令の履行を違法と解するのが通説である．逆に、作為義務に違反した*不作為犯'の場合には、緊急避難と見る説と、危険の転嫁がないことからこれを否定し、義務の衝突として義務の衝量によって解決する説がある．

裁判例には、弁護人が真犯人の自首を阻止し、担当の被告人が身代り犯人であることを申述しなかった事案につき、真犯人の告知という、業務上知り得た秘密の保持義務に違反する秘密漏示行為の違法性は、被告人の利益を防御すべき義務によって阻却されるとの前提から、後者の義務違反たる犯人隠避罪の成立を認めたもの(大判昭5・2・7刑集9・2・51)、逮捕状の内容を新聞に掲載した記者が取材源について証言を求められたところ、憲法上の表現の自由に基づく取材源秘匿義務を理由にこれを拒否したため、*証言拒否罪'(刑訴161・143・226)で処断されたもの(最大判昭27・8・6刑集6・8・974)等がある．

[橋田 久]

木村亀二 (きむらかめじ) 1897-1972

兵庫県に生まれる．1921年東京帝国大学法学部卒業、同年法学部助手．1923年から2年間ヨーロッパに留学し法理学を学ぶ．1926年九州帝国大学教授となり法理学講座を担当したが、翌年教授会内部の対立から九大を辞職し、東大教授の*牧野英一'のもとで刑法・刑事政策の研究を始める．1931年法政大学教授となり、刑法、刑事政策、法理学を担当．1936年より東北帝国大学教授として刑法講座を担当し、1962年に定年退官．同年明治大学教授、1968年駒沢大学教授．1950年法学博士．著書は『刑法解釈の諸問題』『刑法総論』など多数に上る．

木村は学生時代から哲学に関心をもち、九大辞職までは法哲学を専門とした．刑法の研究を始めてからもその法哲学的関心は持続する．刑法学者としての木村は師である牧野の新派理論の強い影響を受けており、同門の*正木亮'とともに牧野の教育刑論を推進した．特に木村は理論面から、当時まだ未確立の分野であった刑事政策学の体系と方法とを発展させることに努め

た．また牧野と同様，外国の刑法理論を積極的に紹介していく姿勢を貫いた．

木村の刑法理論は数次にわたり転換する．戦前の木村は牧野と同じく主観主義を出発点とし，政策的考慮を重視して裁判官に類推解釈を許容し，また社会的責任論・教育刑論の立場から死刑廃止論を展開した．違法性の錯誤における自然犯・法定犯区別説，未遂犯における主観説といった帰結も牧野説と共通する．しかし全体主義の時代になると，団体主義の立場から，戦時特別立法やナチス刑法をも是認する態度をとり，死刑を容認した．

戦後木村は立場を改め，日本国憲法の保障する人権を刑事法の領域においても重視すべきことを強調し，再び死刑廃止論を精力的に展開した．ここに至り団体主義や類推解釈は放棄されている．戦前は主観主義に立っていた犯罪論の体系は，彼が日本における目的的行為論の主唱者の一人となったことにより大幅に変容した．目的的行為論は元来ドイツにおいて客観主義の犯罪論から生まれた学説であり，木村においても，違法性の意識を責任段階に位置づける責任説や，期待可能性の理論を含む規範的責任論の帰結が採用され，未遂においても主観説から主観・客観説への改説が見られる．その一方で共犯独立性説など，主観主義の個別の結論が維持された面もあった．　　　　　　　　［髙山佳奈子］

逆　送　少年法の下で，*少年の刑事事件'については*家庭裁判所'が*保護処分'を行うのを原則とする．しかしながら，16歳以上の故意犯致死事件，その被疑事件が死刑，懲役，または禁錮にあたる事件であって，調査の結果，その罪質および情状に照らして*刑事制裁'を加える刑事処分が相当であると認めるときは，家庭裁判所は事件を検察官に送致しなければならない（少20）．これを逆送と呼ぶ．また，家庭裁判所における調査あるいは審判の結果，本人が年齢を超過し20歳以上であることが判明した場合にも検察官に事件を送致しなければならないとされており（少19 II・23 III），これも広い意味で逆送と呼ばれる．→全件送致主義［村山眞維］

客体の錯誤　（羅）error in objecto
*事実の錯誤'のうち，行為者が侵害する客体を取り違える形態の錯誤，つまり客体の性質に関する点に錯誤がある場合のことをいい，目的の錯誤とも称する．いかなる事実の錯誤が故意を阻却するかについては学説上争いがあるが，客体の錯誤のうち，人違いにより甲だと思って乙を殺害するような*具体的事実の錯誤'の場合には，行為者の主観的表象と客観的事実とが具体的に一致していなければ故意の成立を認めない*具体的符合説'であっても，（甲だと思った）乙を狙って乙に当たっている以上殺人既遂の成立を認める．他方，*抽象的事実の錯誤'の場合には，具体的符合説および*法定的符合説'であれば，構成要件間に実質的な重なり合いが認められる場合以外は，故意犯の成立が否定される．
→方法の錯誤　　　　　　　　　［北川佳世子］

逆探知　身の代金を取る目的で人が誘拐されたような事件（刑225の2）で，捜査機関が，犯人からの電話連絡を受けた被害者の家族などの依頼に基づき，NTT職員など通信事業の従業員に要請し，その発信場所を探知すること．脅迫事件のような場合には，被害者本人の依頼により行われる場合もある．

*通信の傍受'に似ているが，これは電話や通信の両当事者の同意に基づかない行為であるのに対して，逆探知は当事者の一方の同意に基づく行為である点でそれとは異なる．もっとも，傍受した電話や通信の発信源を突き止めることも，この行為だけを取り出せば事実上は逆探知であるが，法的には全体としてみて傍受の一部と考えれば足りる．犯罪捜査のための通信傍受に関する法律16条は，傍受対象の通信について，当該通信の相手方の電話番号等の探知を認め，この場合には別に令状を取得する必要はないとしているが，これは前述の理由に基づくのであろう．

逆探知については，通信場所の秘密も憲法21条2項にいう*通信の秘密'に含まれるから，この違反が問題となる．しかし，それも絶対的なものではなく（刑訴222 I・100参照），しかも逆探知は当事者の一方の同意に基づくため，捜査機関による犯人側のプライヴァシーへの干渉のみが問題になるにすぎない．電話連絡および発信場所を秘密にしておいて欲しいという犯人側のプライヴァシーへの期待は合理的なものといえず，また捜査手段としては，一方当事者たる

被害者側の同意に基づき，かかる行為にでる必要性，緊急性は極めて高いから，逆探知は*任意捜査'として適法である．　　　　　［島 伸一］

却　下　却下は，手続上の申立てを退ける裁判形式の一種である．類似のものとして，*棄却'があるが，棄却が事件に関する申立てを退ける場合に広く用いられる裁判形式であるのに対して，却下は，手続的事項により関連する申立てがあった場合に行われる．具体的には，忌避申立て(刑訴24・25)，保釈請求(刑訴92)，令状請求(刑訴規140)などの請求を退ける場合に，却下形式がとられることになっている．なお，公判における異議申立てに関しては，不適法であれば却下されるが，理由のないときは棄却されるという例外的処理がなされる(刑訴規205の4)．　　　　　　　　　［白取祐司］

客観主義　1 客観主義の意義　客観主義は，*旧派刑法学'の犯罪論の特徴を表し，旧派刑法学が犯罪の客観面を犯罪の本質的な部分とすることを表したものである．これに対して，新派刑法学の犯罪論は，主観主義である．近時，行為無価値と結果無価値が対立させられることがあり，また，構成要件論や違法論において犯罪の構成要素としての「主観」を，そもそも考慮するか，またはどこまで考慮するかについて客観説的見解と主観説的見解とが対比させられることが多い．しかし，これは，客観主義の内部における対立である．

ここでいう客観主義とは，罰せられるべきは，行為者ではなく行為であるとすることから出発し，犯罪者の意思や性格ではなく，客観的・外部的な犯罪構成要素から犯罪を構成し，違法性の判断も客観的に行う学派であって，旧派刑法学の犯罪観を表すものを指す．

2 犯罪論における客観主義　客観主義によれば，構成要件は，犯罪「行為」を記述するものであるから，その行為が，刑罰法規に予め厳密に記述されていることは重要であり，したがって，罪刑法定主義は，客観主義の重要な原理である．わが国の旧派・新派の対立においては，違法論におけるその理論的対立はほとんど見られない．責任論は，旧派の個別行為責任論・道義的責任論と新派の性格責任論・社会的責任論とに対立するが，これも客観主義と主観主義の対立のひとつとみることができる．未遂犯論における客観主義は，未遂の処罰根拠を行為者の「主観」ないし「意思」にではなく，外部的な行為の構成要件上の意味ないし行為の危険性に求める．まず，実行の着手の時期については，形式的客観説は，それを「構成要件に該当する行為」と定義し，実質的客観説は，たとえば，結果発生の「現実的危険性」ないし「結果としての危険」が認められるときとする．不能犯においては，具体的危険説や客観的危険説が採られる．共犯論においては，共犯の従属性が肯定される．しかし，共犯の従属性・独立性の対立と，客観主義・*主観主義'の対立とは，後者が，処罰範囲の拡大を図るという特徴をもつことから生じる対立以外に，理論的な必然性はない．

現在では，純粋な新派の衰退とともにここで客観主義に対立させられる主観主義も姿を消したといってよい．理論的対立は，むしろ，客観主義内部での「主観」的要素の意義をめぐるものに移行している．　　　　　　［山中敬一］

客観的違法論　(独) objektive Unrechtslehre　*主観的違法論'に対立する概念で，客観的に法に違背する状態を惹起すれば，行為者が規範を理解する能力に欠けていても，*違法'であるとする考え方．現在，違法性は客観的なものであり，責任は主観的なものとされ，客観的違法論が通説とされる．しかしその内部で，違法判断を加える対象の客観性を要するか，違法判断の基準が客観的(一般人)でありさえすればよいかで，学説の対立がある．

*法益侵害説'を採用すると，外的な法益(利益)侵害によって違法性が判断され，客観的違法論にいたる．すなわち，違法性判断の客観性と判断対象の客観性が要求される．一方，法規範違反説は，法規範という命令に着目することになり，主観的違法論に結びつきやすい．ただ，現在の法規範違反説においては，客観的違法論が主流を占める．規範を「評価規範」と「決定規範」に分析し，決定(命令)をする場合には必ず「悪い行為である」という評価が先行しているはずであり，決定規範にはその決定が向けられる名宛人が必要だが，評価規範は「名宛人なき規範」で，万人に共通で客観的な存在であるとし，違法性は評価規範によって決定され責任

は決定規範によって決定されるとし，評価規範違反としての違法性は客観的なものだとしたのである．だが，規範を評価規範と決定規範に分析できるとしても，違法性が評価規範で決定され，決定規範と無関係だという論理的な必然性はない．現在，評価規範と決定規範の双方が違法性を決定とする有力説が存することに注意しなければならない．客観的違法論が前提としていた，刑法の目的を客観的に存する生活利益の保護に求め，倫理的なものにまで刑法は入り込むべきではないという価値判断自体が支持を失い，刑法の目的に「生活利益の保護以外のもの」，たとえば「倫理秩序の維持」を持ち込むべきだと解すれば，「違法性判断においては主観的事情も大切だから決定規範も併せて考えるべき」ということになる．→メツガー

[前田雅英]

客観的危険説 (独) objektive Gefährlichkeitstheorie *不能犯'の成否の判断基準に関する学説のひとつであって，構成要件実現ないし結果発生の客観的危険が発生したときに*未遂犯'の成立を肯定する見解である．客観的未遂論の中でも最も客観的な基準により不能犯の成否を判断しようとするものである．かつては，結果が発生しなかった場合について，そもそも結果発生がおよそ不可能であった絶対不能と，たまたま結果が発生しなかったにすぎない相対不能とを区別し，前者は不可罰の不能犯であり，後者は可罰的な未遂犯であるとする説明が比較的多くなされてきた．殺人未遂の成立を否定し，不能犯を認めたことで知られる*硫黄殺人事件'判決においても，硫黄粉末を摂取させることによっては殺害の目的を達することが絶対不能であるとされ，こうした基準が採用されている．その後の判決においても，そうした趣旨の説明を行うものが多い．わが国の学説の多数説は，事前の一般人の危険感を実質的基準とする*具体的危険説'を支持する立場から，こうした見解に対して，絶対不能と相対不能との区別が不明確ないし恣意的であると批判している．これに対し，具体的危険説を，一般人の危険感に依拠したのでは，科学的判断を要するような事例においては十分な判断ができない等と批判しつつ，客観的危険説を擁護しようとする立場から，そこで用いられるべき危険概念の明確化，その再構成の作業が進められている．→抽象的危険説

[山口 厚]

客観的帰属 (独) objektive Zurechnung
1 客観的帰属の意義 客観的帰属とは，帰責(imputatio，Zurechnung)の概念から分化したものであって，主観的帰属に対立する概念である．帰責(Zurechnung)の概念には，今日でも，責任能力(Zurechnungsfähigkeit)というように，責任(Schuld)に関係する意味と，行為と意思ないし人格の関係に関する意味，そして，外部的結果と行為との関係に関する意味との3つの意味が混在している．客観的帰属は，そのうち，外部的結果と行為との間の関係に関する帰責(帰属)を意味する．あるいは，それは，偶然の事象と自己の事象とを区別する基準を表す．19世紀末以来，このような意味における帰属は，*因果関係'の概念によって表されてきたが，最近，客観的帰属は，*相当因果関係'に代わる概念として，新たに客観的帰属として有力に唱えられるに至っている．

客観的帰属論とは，結果をある主体の行為の「しわざ」であるとして構成要件に該当する行為と結果とをつなげ，それによって既遂か未遂かを判断するための概念である．今日，それは，「行為者によって惹起された結果は，行為者の行為が行為客体に対して許された危険を超える危険を創出し，この危険が具体的な結果の中に実現したときにのみ，客観的構成要件に当てはまる」とし，危険の概念と規範の保護目的を考慮して結果の帰属を判断する理論の総称である．作為犯については，自然的因果関係（条件関係）の存在を前提として，上のような判断がなされるが，不作為犯については，条件関係は存在しないから，それを前提とするものではない．

2 客観的帰属論の展開 現代の客観的帰属論は，ヘーゲルの帰属論，規範の保護範囲の理論，M.L. ミュラー，カール・エンギッシュ Karl Engisch (1899-1990)の「行為の危険」と「危険の実現」の理論が融合して発展した理論であるといってよい．1927年に，民法学者カール・ラーレンツ Karl Larenz (独・1903-1993)は，クリース Johannes von Kries (1853-1928)によって基礎づけられた*相当因果関係説'を，客

観的帰属論の枠組内に転換し、自然主義的な因果概念ではなく、法の目的論的性格から「偶然の事象」から「自己の事象」を区別する理論を展開しようとした。今日の客観的帰属論の名称は、このラーレンツに由来するといってよい。しかし、内容的には、むしろ、英米法、オーストリア法、北欧法学に起源をもつ民法における「規範の保護範囲の理論」の「危険思考」や「規範的思考」に多大の影響を受けている。現代の客観的帰属論の枠組をなす「危険創出」と「危険実現」の判断は、ミュラーに発し、エンギッシュが相当因果関係説の中で展開したものである。現代客観的帰属論は、1960年代末からドイツ刑法学において展開され、今日、ドイツの通説となっている。

3 わが国における客観的帰属論 わが国において客観的帰属論は、すでに1970年代から紹介され、部分的に採用されていたが、わが国の最高裁の判例が、相当因果関係を採用するのではなく、「危険」概念を用いつつ、新たな展開を見せたことが明らかになった1990年代に入って、注目され始めた。学説において相当因果関係説の「危機」が叫ばれ、さらに、学説の中には、判例のこのような動向を、それが客観的帰属論に近似する思考法を採っていると説明するものも現れたのである。

客観的帰属論は、帰属判断を「危険創出連関」と「危険実現連関」に分け、前者においては、許された危険を超えた危険が創出されたかどうかが事前判断として判断され、後者においては、その危険が結果に実現したといえるかどうかが事後の観点から判断される。両者が肯定された場合に、結果の行為への帰属が肯定される。とくに重要なのは、危険実現連関の判断であるが、これは、介入行為が第三者の故意か過失か、第三者の自己答責的な行為であるかどうか、創出された危険が、直接的危険であったか、間接的危険に転化していたか、それとも状況的危険にすぎないかなどによって、事実的・規範的に類型化され、類型に応じた帰属基準が展開されるという方法論によって判断される。客観的帰属論は、いまだ生成途上の理論である。

[山中敬一]

客観的処罰条件（独）objektive Strafbarkeitsbedingungen　**1 意義と実定法上の例**　犯罪が成立すれば、原則として刑罰権も発生する。しかし、通説・判例によれば、犯罪が成立してもなお例外的に刑罰権が条件づけられることがあるとされる。このように*構成要件*該当性、違法性、責任といった犯罪成立要件の外部にありながら、実体法上の刑罰権を条件づけている客観的事情を客観的処罰条件という。単に処罰条件といわれることもある。とくに行為後に発生し、行為と因果関係を有しない外部的な介入事情を念頭に置いていることが多い。実定法上の例としては、*事前収賄罪*（刑197 II）における「公務員・仲裁人への就任」や詐欺破産罪（破374〜376・378）における「破産宣告の確定」、詐欺更生罪（会社更生290・291）における「更生手続開始決定の確定」があげられる。たとえば、詐欺破産罪においては、債務者が財産を隠匿するといった詐害行為をするだけで「犯罪」としては完全に成立しており、「破産宣告の確定」までは刑罰権の発動を政策的に差し控えているにすぎないとされる。もっとも、詐欺破産罪は破産宣告の確定後に実行行為がなされる場合も含むが、この場合には行為後の外部的事情により処罰を条件づけるという関係にはなっていない。そのほか、一部の学説によると、公務執行妨害罪（刑95）における「職務の適法性」、具体的危険犯としての放火罪（109 II・110）における「公共の危険」、酒気帯び運転の罪（道交119 I⑦の2）における「身体に政令で定める程度以上にアルコールを保有する状態」なども客観的処罰条件の例とされるが、これらは行為の結果または行為の状況であって行為後の外部的介入事情ではない。

2 法的性格と効果　客観的処罰条件は、犯行に対する規範的評価とは無関係な政策的理由により付加された要件であり、犯罪構成要件には属さず、行為の違法性とも行為者の責任とも関係がない。したがって、客観的処罰条件は、文字通りその「客観的」存在のみが重要であって、その認識ないし予見を欠いても故意は阻却されない。また、犯罪の時・場所の決定においても客観的処罰条件は意味を有しない。一方、訴訟条件とは異なり客観的処罰条件は実体法上の要件であるから、これが欠ける場合には免訴や控

訴棄却ではなく無罪判決が言い渡される．

3 客観的処罰条件概念に対する批判と還元論　客観的処罰条件という概念に対しては，犯罪概念の外部で刑罰権を決定づける事情を認めるのは，犯罪と刑罰の要件-効果という関係を断ち切るものであって体系的矛盾であるとの批判や，問題となっている事情を故意・過失連関の対象から除外することに伴う責任主義違背を隠蔽するものだとの批判がある．そこで，客観的処罰条件にあたる事情を，行為の法益侵害性を高め可罰的違法性を付与する介在事情と解することにより，可罰的違法類型としての構成要件の要素として犯罪概念の内部に還元しようとする見解も唱えられている．このような構成要件への還元論は，①客観的処罰条件を責任主義の限界問題と捉えることにより，なお故意・過失連関を不要とする見解（この見解からは——冒頭の定義とは異なり——故意・過失連関の不要な違法要素をもって客観的処罰条件と称する用語法が採用される）と，②責任主義の貫徹という観点から現実の故意・過失連関を要求すべきとする見解（この見解からは客観的処罰条件という概念そのものが不要となる）とに細分化される．このほか，いわゆる客観的処罰条件を実質的責任の要素や，（犯罪の第4の成立要件としての）可罰性の要素に還元する見解も提唱されている．

［松原芳博］

旧過失論　**1 新・旧過失論**　古典的な過失論は，*過失'を*故意'と並ぶ*責任条件'と解し，たとえば*殺人罪'と*過失致死罪'のように同じく人の生命を侵害する犯罪では，*故意犯'と*過失犯'との間に*構成要件'や*違法性'の段階での相違はなく，*責任'の段階で初めて両者は区別されるものと考えた．この場合，過失の内容は犯罪結果の*予見可能性'とそれを前提とした*予見義務'の違反を中核とすることになる．これを旧過失論という．

もっとも，古典的な刑法学は，過失の有責性を，故意と同じく，*意思責任'の枠内でとらえようとした．すなわち，故意犯が犯罪事実の認識およびその違法性の意識をもった行動，つまり「違法を意思するもの」であるのに対し，過失犯は，「注意」すればそれらの認識が可能であったという意味で，「間接的に違法を意思するもの」

であるというのである．しかし，認識されていないものを意思するということは不可能である．そこで学説の一部には，過失の有責性を否定し，これを故意の*具体的危険犯'に解消しようとする主張もあった．

しかし，実務では，産業の発展と人身事故の増大にともなって，一方では，事故防止のための様々な行政規制が整備され，その違反によって死傷の結果を生じた場合に広く過失犯の成立が認められるとともに，他方では，死傷の結果が一定の割合で統計的に予見される場合でも，これらの法規定が守られていれば，その産業活動は適法と解されるようになった．これが*許された危険'と呼ばれるものである．そこでは，一方で，産業政策的な考慮をともなった利益衡量によって，結果を生じた一定の危険行為が積極的に適法とされるとともに，他方で，行政規制上の義務に違反した行為が広く過失とされることになった．

心理的な過失の定義とは異なる外部的な結果防止措置の遵守の有無を基準とする過失犯の画定は，心理的な過失論に代わる過失論を必要とした．これが*社会的相当性'ないし*客観的注意義務'を中核要素とする*新過失論'である．この考え方は，わが国でも戦後きわめて有力となった．

2 新過失論の問題点　しかし，新過失論には，次のような疑問が提起されている．第1に，この理論では，各種の行政規定に定められている措置が，実際上，客観的注意義務と同視されやすい．この種の規制の中には，*不作為犯'の作為義務と目すべきものや，きわめて抽象的な危険を早期に規制する，*形式犯'とみられるようなものも含まれている．これには，過失犯全体を不作為犯化するものであるという批判や，結果発生を処罰条件として過失結果犯に行政規制違反処罰の代替的機能を営ませるものだという批判がある．

第2に，客観的注意義務違反が違法ないし構成要件の要素とされたため，行為から結果が生じても客観的注意義務を守っていれば行為が適法とされることが批判される．なぜなら，自動車の運転が社会的に有用なものだからといって，「少しくらい人をひき殺してもかまわない」とは

3「新」旧過失論　このような批判を受けて，近年わが国では，結果発生の実質的危険性とその具体的予見可能性を中心とする旧過失論が見直されつつある．もっとも，それは，単純に古典的な構成に帰するのではなく，許された危険や信頼の原則などによって提起された諸問題を，行為の実質的危険とその具体的予見可能性の中に取り込んでいこうとするものである．そこで，一部では，このような見解は「新」旧過失論と呼ばれている．　　　　　　　　　　[松宮孝明]

旧々刑事訴訟法　1890(明23)年に*治罪法'を全面改正して制定された刑事訴訟法典(明23法96，明治23年11月1日施行)．明治刑事訴訟法とも称される．制定の直接の理由は，1889(明22)年の大日本帝国憲法の制定とこれに伴う裁判所制度の再編成であった．新たに制定された「裁判所構成法」(明23法6)が，ドイツ帝国裁判所構成法に倣う司法・検察制度を設定したため，フランス型の刑事司法機構を前提としていた治罪法の関連部分を改める必要が生じたのである．裁判所構成法により，民・刑事の裁判所は，区裁判所・地方裁判所・控訴院・大審院とされたので，治罪法の刑事裁判所の構成に関する規定を除去し，公判部分に若干の補正を行い，上訴について，原則として控訴・上告を認めるほか，決定に対する抗告を定めた．これ以外は，治罪法の規定と構成がほぼそのまま引き継がれている．このため他の法領域がドイツ法の強い影響を受けるなかで，刑事手続は1922(大11)年制定の'旧刑事訴訟法'に代わられるまでフランス法系を維持することになった．　　　　　　　　　　　　　　　　[酒巻匡]

求　刑　求刑は，*論告'(刑訴293Ⅰ)に際して*検察官'が事件に対して科すべきと思料する具体的な*刑罰'に関する意見をいう．

*公判手続'は抽象的に規定された刑事関係法令を具体的に実現する手続であるから，検察官，論告に際して，立証されたと思料する*公訴事実'にふさわしい具体的な刑罰の種類および量に関する意見を求刑として陳述しなければならない．

求刑は，*主刑'，*付加刑'および*追徴'等について行う．主刑は刑名，刑期，金額を明示し，付加刑である没収については，対象物を特定し，また追徴については，価額を明示して，これを行う．また，求刑は，*裁判所'を拘束するものではないので，裁判所が，求刑より重い刑を言い渡しても，憲法36・37条に違反しない．しかし，検察官の求刑は，裁判所の量刑判断に際しての実質的な指針となっている．

求刑に際して基準となるのは，犯人の年齢，性格，経歴および境遇，犯罪の動機，方法，結果および社会的影響，犯罪後における犯人の態度その他の事情などいわゆる*情状'に関する諸事情であり，これらを考慮し，犯罪の抑制および犯人の改善更生から効果的と思料される刑罰を求刑意見とすべきである．　　　[安冨潔]

旧刑事訴訟法　1922(大11)年に*旧々刑事訴訟法'を全面改正して制定された刑事訴訟法典(大11法75，大正13年1月1日施行)．大正刑事訴訟法とも称される．改正作業は，わが国の法制と法律学がドイツ法の強い影響を受けるようになった状況の下で進行し，1877年制定のドイツ帝国刑事訴訟法典および1908年と1920年のドイツ法典改正草案が参照されている．なお，1913(大2)年にはドイツの科刑命令に倣った「刑事略式手続法」(大2法20)が制定されていたが，そこで初めて採用された「略式手続」はこの法典に編入されることになった．当時の学説は，この法典の特色として，ドイツ法学の影響による規定の論理的整序の進展，および被告人の権利保障の側面での自由主義的傾向の強化を指摘していた．

旧々刑事訴訟法が，現行犯・付帯犯等について認めていた*不告不理の原則'に対する例外を除去したこと，被告人は公訴提起後何時でも弁護人を選任することができるとして，予審においても弁護人を用いるのを可能としたこと，勾留・捜索等強制処分に対する規制を強化し処分対象者の利益に一層の配慮を加えたこと，捜査段階で作成された供述録取書面の使用を一定の範囲に制限したこと，捜査上の強制処分権限は予審判事にあることを原則としつつ，要急事件について捜査機関による強制処分を認め，また検事から裁判官への強制処分請求を認めたこと等が重要な改正点である．

法典の編成はドイツ刑事訴訟法典に酷似し，

旧刑法　手続の基本構造たる職権審理主義と実体的真実主義を重視する点においてもドイツ法の影響は顕著であるが，特筆すべき例外として起訴便宜主義の制度化が挙げられる．既に旧々刑事訴訟法下の検察実務において確立しつつあった起訴猶予処分は，この法典において初めて明文化され，若干の補正を経て現行刑事訴訟法まで引き継がれている．

　この法典の下での刑事手続運用の最大の問題点は，事実上捜査活動の主力であった警察捜査において，行政執行法による検束や違警罪即決例による処分の濫用が行われ，刑事訴訟法に拠らない不当な身柄拘束がなされた点にあった（いわゆる人権蹂躙問題）．これに対しては，むしろ捜査機関に正面から強制処分権限を付与してこれを法的に統制するのが妥当であるという立法論も有力に主張されており（*小野清一郎*），現行刑事訴訟法における予審廃止と捜査機関への強制処分権限の付与の一底流をなすことになる．→治罪法　　　　　　　　　　　　［酒巻匡］

旧刑法　「刑法」と題する法典（明治13〈1880〉年7月17日太政官布告第36号・同15年1月1日施行）で，全4編（第1編 総則，第2編 公益ニ関スル重罪軽罪，第3編 身体財産ニ対スル重罪軽罪，第4編 違警罪）430ヵ条からなり，平成7（1995）年法91号による表記平易化前の刑法（明治40〈1907〉年4月24日法律45号）が施行された日（明治41年10月1日）より廃止された．

1 編纂　司法省では明治維新の近代化という側面に対応すべく改定律例の制定と相前後しつつフランス刑法（1810年）を模範とする編纂作業を進めていたが，江藤新平司法卿の失脚と立法権の左院への移管に伴い中断したが，その後左院廃止後，大木喬任司法卿は明治8年9月15日に刑法草案取調掛を設けて本格的編纂作業を開始した．その結果不十分ながらも近代的性格を有する『日本帝国刑法初案』が日本人のみにより編纂された．司法省はその後刑法編纂委員会を設け，明治9年5月より編纂作業を開始した．その際に『日本帝国刑法初案』は*ボアソナード*の起草にかかる『日本帝国刑法草案』ともども その編纂の一助とされた．明治10年11月28日に『日本刑法草案』（4冊・4編478ヵ条）が太政官に上程された．同年12月25日に太政官内に設置された刑法草案審査局（明治11年1月14日に元老院に開設された）で審査が行われ，『刑法審査修正案』（3冊・4編430ヵ条）が上進された．その後これが『治罪法修正案』ともども元老院の議に付され，旧刑法となったものである．

2 近代日本の刑事実体法の成立　このように旧刑法は，明治維新以後編纂された初めての近代的・西欧的性格を有する刑事実体法である．刑事手続法である「治罪法」と並んで，明治政府が近代的法典の編纂に取り組んで来た刑事法の分野における成果である．したがって，これまでの中国法系の律的な法典である明治3年の新律綱領および明治6年の改定律例と性格を異にする．それは初めて国民に対して公布されたこと以外にその内容にも現れている．

3 内容　まず第1に，第2条において，「法律ニ正条ナキ者ハ何等ノ所為ト雖モ之ヲ罰スル癋（ひ）ヲ得ス」と，フランス革命人権宣言（8条・1789年）およびそれを継承した1810年のナポレオン刑法（4）の罪刑法定主義を明確に規定し（さらに，旧刑法3条1項の刑罰法規不遡及の原則），不応為および比附援引の制度を廃止した．さらに犯罪に関する規定を整備し，責任主義の原則を確立し，閏刑（じゅん）や贖罪（しょく）などの刑罰の身分的差別や体刑を廃止し，近代国家に相応しい内容のものとした．第2に，犯罪を重罪・軽罪・違警罪とに区別し（1），刑罰は主刑と附加刑とを区別し，重罪の主刑を死刑，無期・有期徒刑，無期・有期流刑，重・軽懲役，重・軽禁獄，軽罪の主刑を重・軽禁錮，罰金，違警罪の主刑を拘留，科料とし，附加刑を剝奪公権，停止公権，禁治産，監視，罰金，没収とした．第3に犯罪類型を細分化し（重罪および軽罪で309条を当てる），法定刑の種類とその幅を狭くした．第4に仮出獄の制度（53〜57）を新設した．

4 その特色と改正の運命　旧刑法は，ボアソナードの啓蒙主義的・折衷主義的刑法理論を基礎にして制定されたもので，道徳的悪であると同時に社会的悪である行為を犯罪とする近代的・自由主義的刑法であった．しかし，この近代的・自由主義的性格は，当時の社会の近代化・自由

主義化の程度とは必ずしも一致していなかったこと，藩閥政府の封建的・非民主主義的性格と矛盾したこと，藩閥政府の富国強兵政策による資本主義の発達・旧社会の解体およびそれに続く社会の混乱に伴う犯罪の激増にとって有効でなかったこと等により，明治15年の施行直後より改正の運命にさらされたのである．

[野村稔]

救護義務　*道路交通法'は,「車両等の交通による人の死傷又は物の損壊があったときは，当該車両の運転者その他の乗務員は，直ちに車両等の運転を停止して，負傷者を救護し，道路の交通における危険を防止する等必要な措置を講じなければならない」とし(道交72Ⅰ前)，その違反を処罰する(117・117の3①)．道路交通法上のこの義務を救護義務という．なお，このような場合には，当該車両等の運転者等は，警察官に対して，交通事故が発生した日時・場所等について報告しなければならないとされ(72Ⅰ後)，この報告義務違反も処罰される(119Ⅰ⑩)．

この救護義務が刑法上問題となるのは，*ひき逃げ'の場合である．ひき逃げについて，判例には，道路交通法上の救護義務を根拠にして，保護責任を認め*保護責任者遺棄罪'の成立を肯定したものがある(最判昭34・7・24刑集13・8・1163．なお不作為による殺人罪の成立を肯定した東京地判昭40・9・30下刑7・9・1828は作為義務の根拠については明示していない)．しかし，学説では，通行人を負傷させた運転者が被害者を自車で病院に搬送しようとしたが途中で放置した場合のように，保護の引受け，排他的支配が認められる場合に保護責任ないし作為義務が生じるとする見解が有力である．

[大沼邦弘]

吸収関係　(独) Konsumtion　*法条競合'の現象形態の一種である．ある刑罰法規が当然に他の刑罰法規の定める行為を含んでいるという関係があるときは，前者を適用すれば，後者を適用する必要はない．前者を吸収法，後者を被吸収法と呼ぶこともある．たとえば，殺人罪(刑199)と傷害罪(204)の関係がこれである．

従来，吸収関係の代表的な例として，発砲による殺人の際に弾丸が被害者の着衣を貫いて毀損した場合には，殺人罪と器物損壊罪(261)が吸収関係にあると一般的に説明されてきた．しかし，最近は，他人の財産を侵害した事実が明らかであることに着目して，器物損壊罪が別に成立するとし，吸収関係は認められないとする見解が有力になりつつある．その場合には，*包括一罪'の一種としての吸収一罪または*観念的競合'とされることになる．

学説のなかには，吸収関係という概念の必要性を認めないものもある．しかし，殺人罪と傷害罪の場合のように，他の法条競合の現象形態には当らないが，それでもなお1個の刑罰法規を適用すれば足りるというときに，その意義を見出すことができる．

[山火正則]

旧派刑法学　(独) klassische Schule

1 旧派刑法学の意義　刑法の基本的な考え方について，19世紀末から20世紀の前半にかけて，大きく2つの学派に対立した．それが，旧派(古典学派)と新派(近代学派)である．当時，この対立する2つの学派は，「学派の争い」を繰り広げ，それは，刑事立法論，刑事政策論，犯罪論，*刑罰論'に原理的な対立をもたらした．旧派刑法学は，刑罰論においては，応報刑主義をとり，犯罪論においては客観主義を標榜し，責任論の前提として意思の自由を肯定し，責任論において*道義的責任論'を採用する学派である．それは，罰せられるべきは，行為者ではなく行為であるとする行為原理を認めるものである．

2 旧派刑法学の歴史的展開　旧派刑法学は，わが国では，その国家観および刑罰観に応じて，前期旧派と後期旧派に分類される．歴史的に先行し，自由主義的・社会契約論的国家観にもとづき，功利主義的な一般予防を重視する19世紀前半に唱えられた旧派を「前期旧派」といい，19世紀後半から20世紀初頭に唱えられ，国家主義的・道義主義的な贖罪応報刑を説く旧派を「後期旧派」と呼ぶ．前者は，相対的応報刑主義というよりも，むしろ，予防刑主義であり，市民社会において功利的・合理的に行動する人間像がモデルである．*フォイエルバッハ'の心理強制説にもとづく刑法観に代表される．後者は，その国家観，人間像も道徳主義的・観念的であり，刑罰は，道義を体現するものでなければな

いたとみる．それは，絶対的応報刑主義を説いた*ビンディング'，学派の争いにおいて新派の*リスト'に対抗して旧派の論陣を張った*ビルクマイヤー'の刑法観に代表される．2つの旧派の刑罰論における理念型としては，前者は，一般予防を認める相対的応報刑論をとり，後者は，絶対的応報刑論をとるものといえる．絶対的応報刑は，刑罰の本質を応報に求め，刑罰は，犯罪や不法のアンチテーゼとして存在し，犯罪予防等の何らの目的をも追求するものではないとする．これに対して，相対的応報刑とは，応報を基本としつつ，その内部で，一般予防・特別予防の機能をも肯定する応報刑論である．わが国においては，*瀧川幸辰'の刑法理論は，前記旧派であり，*小野清一郎'の刑法理論は，後期旧派であるとされている．

3 旧派刑法学の変容 学派の争いが終焉を迎え，両派が歩み寄りを見せ，むしろ，折衷説ないし総合主義に収斂するに至って，とくに刑罰論における熾烈な対立は不毛なものと気づかれはじめた．刑事政策的には，絶対的応報刑は生産的でない．応報刑の重要性は，それが，刑罰の限界を画する点にある．その限界の中で，とくに特別予防に大きな意味をもたせることによって，犯罪を抑止するという刑法の機能が全うできるのである．このようにして，旧派刑法学は，刑法の保障機能を十分に発揮させるためにのみ重要であるとされ，刑事政策的には予防刑論に目を塞ぐことはできないと認識されはじめたのである．

現在では，応報か改善ないし教育かという新派・旧派の図式そのものが，学説の分類の有効な道具であるかどうかも疑わしいともいえる．
→新派刑法学　　　　　　　　　　［山中敬一］

糺問主義 （独）Inquisitionsprinzip （英）inquisitorial system （仏）principe inquisitoire　糺問主義とは，裁判官が職権をもって事実を調査し，これを裁判の基礎とする原則をいう．これに対して，訴えの提起によって訴訟が開始され，裁判官は訴えの範囲内でのみ審判することができるという原則を*弾劾主義'という．糺問主義による刑事手続すなわち糺問訴訟(Inquisitionsprozeß)は，それまで行われていた被害者による訴追ではなく，裁判官によって行われる訴訟であり，裁判官は当事者の申立てや立証には拘束されず，自己の責任で事実を解明する義務を負う手続である．このような訴訟形態の模範となったのは，ローマ=カノン法における糺問訴訟であり，ドイツに継受されて，1532年には糺問主義の時代における記念塔ともいわれる*カロリナ刑事法典'(Constitutio Criminalis Carolina)が制定された．

糺問主義は，国家絶対主義と合理主義の産物であった．そこでは刑法の公法的性格が確認され，民刑責任の分化も明らかとなり，また神判のような非合理的制度が消滅させられた．そこに糺問主義の時代的意義がある．このようにして，糺問主義は，*証拠裁判主義'をもたらし，証拠によって犯罪の証明があれば有罪，犯罪の証明がなければ無罪そしていずれか不明の場合は不明判決(non liquet)として合理的なものであった．しかし，その証明方法として*法定証拠主義'がとられ，有罪を言い渡すためには2名以上の目撃証人か，被告人の自白の存在が必要とされた．そこで，一定の犯罪の嫌疑はあるが2名以上の目撃証人がいない場合には，被告人の自白を得るための*拷問'が許容され，これは陰惨な刑事司法をもたらすこととなった．こうした傾向は，ことにカルプツォー Benedict Carpzov(独・1595-1666)の学説的影響のもとにいっそう激しくなり，拷問はますます拡張され，ことにいわゆる魔女裁判はきわめて残虐なものであった．さらに，*嫌疑刑'(Verdachtsstrafe)や仮放免(審級放免 absolutio ab instantia; Instanzentbindung)の制度がとり入れられ，被告人の地位はますます不安定なものとなった．このような糺問主義は，フランスにおける1539年の条例(ordonnance)さらに1670年のいわゆるルイ法典(Code Louis)でも採用され，その他イタリア・スペイン・オランダ・ベルギーなど，イギリスを除くほとんどのヨーロッパ諸国において採用された．→不告不理の原則，職権主義　　　　　　　　　　［田口守一］

糺問的捜査観　*捜査の構造論'において，糺問的捜査観は*弾劾的捜査観'と根本的に対立する．この2つの捜査観の対照的提示は平野龍一の問題提起に由来する．

糺問的捜査観によれば，捜査とは本来的に捜

査機関が被疑者を取り調べるための手続であって，強制処分が認められるのもそのためであり，ただ，その濫用を防ぐために裁判所または裁判官による抑制が行われるものとされる．したがって，捜査の手続的形態は，取調べの主体である捜査機関と，取調べの客体である被疑者との二面的関係ということになるが，そこには，捜査を公判の単なる準備活動としてではなく真実を究明するための自己完結的手続として捉えようとする発想がある．「糺問的」と命名された理由は，ここにある．

糺問的捜査観は，解釈論的には，以下の帰結を導く．第1に，逮捕・勾留は被疑者の取調べを目的とするから，逮捕・勾留中の取調べについて被疑者は取調べ受忍義務（取調室への出頭・滞留義務）を負う．取調べ受忍義務を課しても供述義務を課すわけではないので，黙秘権を侵害するものではない．第2に，強制処分権限は本来的に捜査機関に帰属する．したがって，裁判所または裁判官が発付する令状は，逮捕状にせよ捜査差押令状にせよ，許可状であって，令状発付に際しては，裁判官は，強制処分の濫用を防止するために嫌疑の有無・程度を審査するにとどまり，強制処分の必要性の有無といった合目的的要素の存否は捜査機関の判断に委ねられる．第3に，捜査権限は被疑者の防御権に優越する．刑事訴訟法39条3項の接見指定理由としての捜査の必要について，罪証隠滅のおそれを含む捜査全般の必要性を意味すると解する（捜査全般説）のは，そのためである．

捜査実務は今日まで糺問的捜査観を墨守している．本質的に，密行性，合目的性，迅速性，機動性といった要請が強く働くために，捜査は，公判におけるような当事者主義的構造になじまないというのが，その理由である．そのために，逮捕・勾留は取調べのために活用されている状況があり，逮捕・勾留中の被疑者の取調べは受忍義務を当然の前提として行われている．しかし，逮捕については必要性の存在が令状発付の要件とされており（刑訴199Ⅱ），捜索・差押えについては必要性の存否は裁判官が判断するとするのが判例（最判昭44・3・18刑集23・3・153）である．接見指定の理由についても，捜査全般説は判例上否定されている（最判大平11・3・24民集53・3・514). 　　　　　[川崎英明]

教育刑（独）Erziehungsstrafe　その内容を犯罪者の教育とする刑罰．そのような主張を教育刑論という．つまり，*特別予防'の観点から，犯罪者の教育によって将来の犯罪を予防しようとする．教育刑の教育とは，単に犯罪者に知識を与える知的教育にとどまらず，知・情・意を兼備した社会人として犯罪者を社会復帰させることを意味する．この教育目的を達成するために，刑罰の個別化が要請される．すなわち，リストによると，改善可能でかつ改善を必要とする犯罪者については改善，改善不要な犯罪者（機会犯人）については威嚇，改善不能の犯罪者については社会からの隔離（無害化，排害）をそれぞれ刑において図るべきとされる．同じ改善，再社会化を目指す点では改善刑と同様であるが，改善刑の功利性に対して，教育刑は人道主義を加味して純化したものとされる．このように，教育刑論はもともと近代学派の主唱者リストの目的刑論，特別予防論から出発するが，それに対して改善不能の犯罪者が存在するのか疑問であり，威嚇はむしろ刑の付随効果にすぎないなどの批判があり，これらの批判を加味してリープマン Moritz Liepman（独・1869-1928) は，さらに積極的に，刑罰は犯罪者を再び社会的な人間に復帰させる教育にほかならないとして概念化を図った．わが国では，*牧野英一，木村亀二がこの立場に属する．上記のように内容的には改善刑とほとんど変わらず，今日では，両者は必ずしも区別されていない．
　　　　　　　　　　　　　　　　[守山　正]

教　誨　刑事施設の被収容者に対して行われる精神的，倫理的，宗教的活動をいう．*監獄法'は受刑者には教誨を施すべきこと，また，その他刑事施設の被収容者にはその請求により教誨を施すことができることを規定している（監29)．教誨には宗教教誨と一般教誨の2種類があるが，さらに広く個別面接指導や集団談話をも含むと解されている．宗教教誨は，信教による教誨であり，一般教誨は，有識者による説話など宗教以外の方法で行う教誨である．歴史的には，アメリカのペンシルヴェニア制に見られるように，受刑者を昼夜間独居拘禁し，教誨師を通じて聖書やその他の宗教的書物を与え，

善行教育と精神的活動を啓発する宗教教誨が受刑者処遇の中心であった時代もあったが，厳正独居がかえって精神的有害性をもたらし，成功を収めることはできなかった．

日本でも，戦前，宗教教誨を行う教誨師が監獄職員として，宗教教誨のみならず，一般教育，保護，成績の審査，懲罰の意見具申，人格考査等，受刑者に対する処遇の主要部分を担っていた．しかし，戦後，憲法の定める信教の自由との関係から，宗教教誨は強制できないことになり，職員としての教誨師制度も廃止された．しかし，被収容者の中には，信仰をもつ者やもとうとしている者も少なくなく，彼らに対しては基本的人権である信教の自由を実質的に保障することが必要である．そのため，刑事施設では，被収容者の希望に基づいて，宗教による説話，宗教行事，読経等を行うことを民間の篤志の宗教家(現在も「教誨師」と呼んでいる)に依頼して実施しているが，今日ではこの活動も民間によって組織化(財団法人全国教誨師連盟)され，相当活発に行われている．

国際的にも，国連の被拘禁者処遇最低基準規則や各国の立法例にみられるように，宗教が被収容者の心情の安定あるいは規範意識の覚醒に大きな役割を果たしうることを考慮して明文の規定を置くところが多い．そこで，日本でも，日本国憲法の制定により刑事施設の宗教活動について明確な法的根拠を欠くことになった現状をあらため，正式に法律上の根拠を定め，被収容者に対して信教の自由の保障をはかるべきだとして，刑事施設法案は宗教に関する規定を置いた(30・31)．しかし，政教分離原則に立って，被収容者の自由意思を尊重し，宗教的行事への不参加を理由とする実質的な不利益が科されないよう配慮することが重要である．→矯正教育，監獄，宗教と犯罪　　　　［土井政和］

境界損壊罪　境界損壊罪(刑262の2)は*毀棄罪'の一種である．境界標を損壊したり移動したりなどして土地の境界を認識できなくした場合に成立し，法定刑は5年以下の懲役または50万円以下の罰金である．故意犯のみが処罰される．

本条は，戦後，土地の不法占拠が後を絶たなかったために1960年に立法された．同時に導入された*不動産侵奪罪'(235の2)が，いわば不動産の窃盗罪として不法領得の意思による占有侵奪を要件とする(法定刑は10年以下の懲役)のに対し，境界損壊罪は毀棄罪の一類型であって，境界の効用を失わせる行為のみで成立する．しかし，たとえば，境界標が無主物である場合にはもはやその損壊を境界標自体に対する財産犯と呼ぶことはできないし，境界標の移動などはその実体において文書の偽変造に近いものがある．このように，本罪は毀棄罪であるのみならず，境界のもつ証明作用を害するという意味で文書犯罪的な性質をも有する．さらにまた，その結果として利用の害される土地は一般に価値が高いことからも，本罪の法定刑は器物損壊罪(261)より重くなっている．［高山佳奈子］

恐喝罪　(英) extortion　(独) Erpressung　(仏) chantage　恐喝を手段として相手方に恐怖心を生じさせ，自己または第三者に財物・利益を交付させる罪である．*詐欺罪'と同じく，相手方の瑕疵ある意思に基づいて財物・利益を移転させる動機づけ犯罪であり，交付罪に属する．「人を恐喝して財物を交付させ」る財物恐喝罪(刑249Ⅰ)と，同様の手段により「財産上不法の利益を得，又は他人にこれを得させ」る利益恐喝罪(249Ⅱ)があり，ともに10年以下の懲役に処される．恐喝罪の手段である恐喝の意義について，判例および伝統的見解は，恐喝の手段を脅迫に限定し，暴行は，もし要求に応じなければさらに暴行を受けるかもしれないとの恐怖心を抱かせるという意味において脅迫に当たるとする傾向にある(最判昭33・3・6刑集12・3・452参照)が，最近では，暴行が手段たりうることを正面から認める見解も多い．これに従えば，恐喝とは，相手方に財産的処分行為をさせることに向けられた暴行・脅迫であって，相手方の反抗を抑圧するに至らない程度のものである．この程度を超えれば強盗罪の手段となる．脅迫は，相手方に恐怖心を抱かせるに足りる害悪の告知である．大審院判例には，およそ人を困惑させる手段で足りるとしたものもあるが(大判大8・10・16刑集12・1807)，学説上は，それでは足りないとするのが通説である．脅迫罪などにいう脅迫とは異なり，相手方またはその親族に対する加害の告知には限らない(大判

大11・11・22刑集1・681）．また，財産的利益追求の手段とすることが違法であればよいから，告知される害悪がそれ自体としては適法なものでもよいとされている（最判昭29・4・6刑集8・4・407）．恐喝罪が成立するには，恐喝の手段によって恐怖心を抱いた相手方による財産的処分行為が必要であるが，詐欺罪におけるのとは異なり，相手方の意思の抑圧を介する本罪においては，相手方が恐怖のために積極的な作為をなしえないことから，不作為による処分行為が問題になりやすい．最高裁判例は，相手方が黙認しているのに乗じて行為者が財物を奪取する場合にも恐喝罪が成立するとし（最判昭24・1・11刑集3・1・1），飲食代金の請求を受けた者が，脅迫により恐怖心を抱かせてその請求を一時断念させた場合にも，黙示的な少なくとも支払い猶予の処分行為の存在を認めている（最決昭43・12・11刑集22・13・1469）．学説上も，これらの判例の結論について異論はみられない．
→権利実行と恐喝罪　　　　　　　　〔安田拓人〕

凶　器　（英）arm　（独）Waffe　（仏）arme　人の殺傷に用いられる物をいい，銃砲刀剣等，本来人の殺傷を用途とする「性質上の凶器」だけでなく，本来他の用途に作られているが人の殺傷にも使用できる「用法上の凶器」も含まれる．凶器はいくつかの犯罪で構成要件要素となっているが（暴力1，盗犯1・2等），とくに*凶器準備集合罪'（刑208の2）において，用法上の凶器の範囲が問題となる．箸，紐の類も含めほとんどの物は使い方しだいで人の殺傷に用いることができるから，物自体の客観的殺傷能力を基準とするなら限定は不可能に近い．行為者の主観的意図を基準としても同様である．判例は，その物が共同加害目的をもつ集団に準備されたとき人を殺傷する道具として利用される外観を呈し人に危険感を抱かせるか否かを基準として，長さ1メートル前後の角棒を凶器と認め（最決昭45・12・3刑集24・13・1707），他方，相手方が現れれば衝突させ殺傷する目的で乗車してエンジンをかけ待機していたダンプカーについては否定している（最判昭47・3・14刑集26・2・187）．なお，準備の時点では凶器といえない物も，加害に用いる意図が外部に明らかになれば人に危険感を抱かせるので，加害に着手

してからは凶器となるとする段階的判断をする立場もあるが，これによればやはりあらゆる物が後には凶器となりかねない．凶器性の有無は準備の時点で判断すべきである．→暴力行為等処罰ニ関スル法律，軽犯罪法　　　　〔臼木　豊〕

凶器準備集合罪　凶器準備集合罪（刑208の2）は，多発する暴力団抗争に対処するため，集団による*凶器'を用いた殺傷等を早い段階で未然に防止すべく，1958（昭33）年に設けられた（同時に証人威迫罪〔105の2〕も設けられた）．ただし現在では他の集団活動にも広く適用されている．集合する行為を捉える集合罪（Ⅰ）と，集合させる行為を捉える結集罪（Ⅱ）がある．

1　罪質・法益　本罪の性質は，規定の位置や文言からは共同加害行為の予備罪として個人的法益に対する罪，立法経緯からは公共危険罪として社会的法益に対する罪，の二面が考えられる（なお後者は一般に，人々の安心感の意味の「社会生活の平穏」への影響が問題にされるが，共同加害行為の巻き添えにされ不特定多数人の生命・身体・財産が害される危険を問題とする立場もある）．学説では前者を重視する見解（予備罪説）が有力であるが，判例は後者を重視する立場（公共危険罪説）といえる．

2　集合罪　(1) 集合の意味　「集合する」とは複数人が時と場所を同じくして存在することをいう．したがって，共同加害目的をもって凶器を準備しまたはその準備があることを知ったうえ集まる場合だけでなく，すでに集まっている集団に途中から共同加害目的等所定の要件が備わった場合もその時点で集合罪が成立し，集団から離脱しない者は可罰的となる．

(2) 終了時期・罪数関係　本罪は集合状態が続くかぎり終了しない継続犯である．だが，目的たる共同加害行為の実行に着手した場合，予備罪説では，それ以降本罪は成立せず，本罪は共同加害行為につき成立する犯罪に吸収され，あるいはこれと牽連犯とされる．また，共同加害行為着手後に集団に加わった者には本罪成立の余地はない．これに対し，公共危険罪説では，共同加害行為着手以後も本罪はなお継続しており，それ以降の集団参加者にも本罪は成立する（最決昭45・12・3刑集24・13・1707）．また，本罪

と共同加害行為につき成立する犯罪とは併合罪となる（最決昭48・2・8刑集27・1・1）．

(3) 共同加害の目的 ① 予備罪説では，「他人の生命，身体又は財産に対し共同して害を加える目的」とはこれらを法益とする個人的法益に対する罪を犯す目的に限られ，社会的法益・国家的法益に対する罪を犯す目的の場合は含まれない（ただし放火罪のように実質上不特定多数の人々の生命・身体・財産を法益とするものは含むとされる）．これに対し，公共危険罪説では，事実上他人の生命・身体・財産を加害対象とする目的であれば足り，公務執行妨害罪を犯す目的の場合等も含まれることになる．② もし相手方が襲撃してきた場合には迎え撃つという迎撃目的の場合も，共同加害目的は認められる（ただしその迎撃が正当防衛に当たる場合は適法行為目的であるから本罪は成立しない）．なお，これと関連して，相手方からの襲撃の客観的可能性（すなわちこれに対する迎撃として加害がなされる危険性）の要否・程度という問題がある．公共危険罪説からは，持凶器集団が成立すれば足り，本罪は抽象的危険犯であって相手方からの襲撃の蓋然性ないし切迫性が客観的に存在する必要はないとされる（最判昭58・6・23刑集37・5・555）．他方，予備罪説に立つとしても，予備は未遂以前の危険が根拠であるから，相手方からの襲撃の高度の蓋然性や切迫性は不要であろう．その意味で本罪は抽象の危険犯であるが，それは存在しない危険を擬制するものではないから，相手方からの襲撃のある程度の可能性はなければならない．③ 集合者に共同加害目的があることは本罪成立の主観的要件であって単なる構成要件的状況ではないから，他の集合者に共同加害目的があることを認識しているだけでは足りず，自らこの目的をもたなければならない．ただしそれは必ずしも自ら加害行為を実行する意思には限られず，単なる付和随行の意思では足りないが，現場で加害行為に際し気勢をそえる意思等も，共同加害目的となりうる（ただしこの問題に関する判例の態度は明確ではない．最判昭52・5・6刑集31・3・544）．

3 凶器準備結集罪 結集罪（II）は，1項の場合すなわち「二人以上の者が共同加害目的で集合した場合」において，凶器を準備しまたはその準備があることを知って人を集合させた者を処罰する．集合者の側に凶器の準備またはその認識の要件も具備され集合罪が成立している必要はない．結集罪の法定刑が集合罪のそれより重いことを考慮すれば，「集合させる」とは，集合状態の形成につき主導的・積極的役割を果たすことと解すべきであり，集合者の全員ではなく一部に集団参加を働きかける場合や，すでに存在する集団に働きかけて共同加害目的を生ぜしめないし強化する場合は含まれない．

4 共犯 本罪にも，共謀共同正犯を含む共犯の成立がある．ただし，集合罪において集合者には共同正犯規定を適用する必要はなく，また，結集行為が集合罪教唆にも当たる場合は結集罪のみ成立する．→集団犯罪　　　　［臼木 豊］

行　刑（英）execution of punishment（独）Strafvollzug（仏）exécution des peines　**1 行刑の意義とその発展**　行刑とは，元来，自由刑の執行をいい，そのための施設が行刑施設である．行刑施設には，成人行刑を実施する刑務所と少年行刑を実施する少年刑務所がある．現在，刑務所59，刑務支所8，少年刑務所8を数える．なお，広義では，未決拘禁施設である拘置所も行刑施設と呼ばれる．

わが国において，近代的な監獄制度を最初に規定した法律としては，1872(明治5)年の監獄則（1872年）を挙げることができる．当時のイギリスの植民地であった香港とシンガポールにおける監獄制度を学び，ヨーロッパの近代監獄制度をわが国に導入しようとしたものである．監獄則によると，「獄舎に入るものが非常で倒れる．すなわち，思いがけない災難で死ぬことがないように，あるいは，所内に在る者が逃走をなす等の思いを断ち，不善を改めて，天性に復帰させようとするものであった」

1890(明23)年に内務省直轄の監獄の訓練所が，中央におけるわが国最初の監獄官を養成教育する機関として東京の集治監の中に開設され，その開設にあたって，当時ドイツからゼーバッハ Hans Karl Werner Otto Kurt von Seebach（独・1859-1891）が迎えられ，ドイツ監獄法制の講義を行った．

現行の監獄法（1908年）は，制定時にあって，

その単行「法律」形式においてばかりでなく、内容的にも先駆的なものであった．19世紀末から20世紀初頭における刑事政策思潮、特にプロイセン内務省所轄監獄則、ドイツ監獄学に立脚した「監獄法」は、懲役監、禁錮監等の区別、男監と女監の分隔、少年監獄の特設、作業・教誨、教育による改善、給養、衛生、医療等の人道的配慮に関する規定を置いたという点で、画期的意義をもつものであった．しかし社会復帰理念の規定、受刑者の権利・権利保護規定に欠けており、「管理法」的色彩の強いものであった．そこには、受刑者の権利は、形式的法律がなくとも、行刑の目的に必要な限り制限できるという前世紀の立憲君主制下の憲法理論、すなわち特別権力関係理論が根底にあったといえよう．

その後、世界の刑事政策思潮の展開に対応して、監獄法を実質的に修正・補充した*行刑累進処遇令'(1933年)が制定され、戦後は、新しい刑事政策思潮、隣接諸科学の影響の下に、受刑者分類調査要綱(1948年)、受刑者分類規程(1972年)が制定された．

2 戦後の行刑立法動向 戦後のヨーロッパの行刑関連立法の動向に大きな影響を及ぼしたのは、1950年11月4日にローマで調印されたヨーロッパ「人権および基本的自由保護の条約」であり、1955年8月30日にジュネーブで開かれた犯罪防止および犯罪者処遇に関する第1回国連会議において決議され、ついで1957年7月31日に国連経済社会理事会において承認採決された「被拘禁者処遇最低基準規則」であった．その後、国連は、1966年12月16日に、「市民的および政治的権利に関する国際規約」を採択する一方、ヨーロッパ理事会は、1973年1月19日に、「国連基準」の一部改正というかたちで、ヨーロッパ「被拘禁者処遇最低基準規則」を採択したのである．これは1986年に改正された．「国連基準」がいわば「処遇」基準的色彩が濃かったのに対し、「ヨーロッパ基準」は「処遇」基準であるとともに、受刑者の「権利」基準たる性質をあわせもつものであった．このような状況を背景に、その後、ヨーロッパ各国の行刑関連立法作業が進むのである．

3 監獄法改正に向けて このような状況のなかで、1980年11月に法制審議会から法務大臣に答申された「監獄法改正の骨子となる要綱」に基づき作成された「刑事施設法案」が1982年に国会に提出されたが、衆議院解散のため廃案となった．その後、旧法案に手を加えた新法案が2度国会に提出されたが、いずれも廃案となって今日に至っている．

監獄法改正の必要性について疑いを差し挟む者は誰もいないと考えられるが、問題はいかなる観点に立脚して改正を図るかである．従来、わが国の行刑には、行刑密行主義が指摘されてきた．刑事施設と外部社会との接触を遮断することによって、刑事施設内の規律・秩序を維持し、あるいは被拘禁者の名誉を保護しようとするものである．これが受刑者の人権が放置されてきたひとつの要因でもあった．そこで、刑務所の非社会性を打破して、行刑の社会化が実現されるべきことが指摘された．

監獄法改正当局は、正当にも、近代化、国際化、法律化を基本方針とした．ただ注意しなければならないのは、受刑者の社会復帰処遇の問題と受刑者の法的地位(権利・義務の確定、権利保護,刑事施設の権限の確定)の問題がまったく異なる領域に属するものではないということである．受刑者の法的地位を明確にすることは、特別権力関係理論,「ほって置いてくれ」原則(アメリカ)を否定した現代の法思想に照らし当然というべきであるが、社会復帰処遇の重要な前提要件でもある．なぜなら権利・義務が法律に明記され、権利保護が保障されてこそ、受刑者の法秩序への積極的姿勢が期待できるからである．→刑の執行、自由刑、矯正、施設内処遇、ジャスティス・モデル、分類処遇　[吉田敏雄]

行刑累進処遇令　現行監獄法は、*分類処遇'につき大綱しか定めていないので(監1～3・16)、これを補充するものとして行刑累進処遇令(1932年)が制定された．その第1条は「本令ハ受刑者ノ改悛ヲ促シ其ノ発奮努力ノ程度ニ従ヒテ処遇ヲ緩和シ受刑者ヲシテ漸次社会生活ニ適応セシムルヲ以テ其ノ目的トス」と定めている．本処遇令は、*累進処遇'の成果を期するため、分類がこれと密接な関係をもつものとして、その必要性を認めた(第2章「受刑者ノ分類」)．すなわち本処遇令は、受刑者処遇の2本

柱として分類制度と累進制度を採用したのだった．しかしその運用の実態は，「分類あって処遇なし」と批判され，「処遇」の側面よりも受刑者の「管理」の側面に重点がおかれていた．

第2次大戦後，新しい刑事政策思潮とそれを支える行動科学の発展を背景に，1948(昭23)年に受刑者分類調査要綱(翌年1月1日施行)が示され，「矯正施設の機能を最も有効に発揮して，受刑者の将来と社会福祉の増進をはかることを目的とし，個々の受刑者について最も適切な取扱及び訓練の方針を確立するため，科学的分類調査を行う」ことが宣言され，さらに，その実施の成果にかんがみ，新しい処遇方針を推進するため，1972(昭47)年に，受刑者分類規程が定められた．ここに，累進処遇から分類処遇への重点の変遷がみられるのである．→仮釈放，監獄法，行刑　　　　　　　　　　［吉田敏雄］

教　唆　(英) instigation　(独) Anstiftung　(仏) instigation　他人に犯罪実行の決意を生ぜしめることをいい，既にある犯罪の決意を強化し，犯罪実行を容易にする*無形的幇助'(精神的幇助・従犯)と区別される(大判大6・5・25刑録23・519)．「そそのかし」は教唆と同義である(国公110 I ⑰，地公61 ④)．「*煽動'(せん動)」(破防38〜40，爆発4)「あおり」(国公110 I ⑰，地公61 ④)は，教唆のほか無形的幇助にあたる場合を含む概念である．専ら相手の理性に訴えるのが教唆で，主として感情に訴えるのが煽動であるとの見解もあるが，かならずしも決定的なものではない．教唆には，教唆行為と教唆の故意が必要である．教唆行為については，その手段・方法に限定はない(最判昭26・12・6刑集5・13・2485)．利益の提供，説得，威圧，指示，命令，嘱託，哀願，欺罔，慫慂(しょうよう)など，いずれでもよく，その態様は，明示的・黙示的・暗示的なものでも，また直接的あるいは間接的なものでもよい．教唆は特定の犯罪を実行する決意を生じさせる必要があるので，漫然と「何らかの犯罪を実行せよ」と命じるのは教唆行為とはいえないが，日時・場所・犯行方法などの細部の指定は不要である(大判大5・9・13刑録22・1335)．過失犯に対する教唆を認める見解もあるが，通説は一般に間接正犯とする．また，過失による教唆犯を認める見解もあるが，通説はこれを否定し，過失の単独正犯として扱う余地を認める．通説は，故意犯に対する故意による教唆行為のみを認める．教唆の故意については，被教唆者に犯罪実行の決意を生ぜしめる意思であることを要し，それで十分であるとの見解と，教唆の故意はさらに正犯の構成要件的結果の発生についての認識をも要するという見解の対立がある．なお，教唆者を教唆した者も教唆犯となる(刑61 II)．これを*間接教唆'という．従犯を教唆した者も処罰される(62 II)．→教唆犯　　　　　　　　　　［植田　博］

教唆の未遂　*教唆'の未遂において，教唆者が教唆すれば，正犯者が実行に着手しなくとも，教唆者は可罰的になるか，ということが問題となる．かつて，*共犯従属性説'と*共犯独立性説'との間で激しく争われた．共犯従属性説の論者は，刑法43条の「実行の着手」とは正犯のそれを意味するので，同条は教唆犯には適用がなく，教唆の未遂は不可罰であると唱えた．これに対して，共犯独立性説の論者は，教唆行為も実行行為であり，教唆の着手は同条の「実行の着手」であるので，教唆の未遂は可罰的であると説いた．同条の実行には拡張された構成要件(共犯の構成要件)の実行も含むと解することもできるので，問題の核心は，同条の形式的な解釈ではなく，実質的な側面にある．共犯の処罰根拠に関して，責任共犯論をとれば，教唆の未遂は可罰的になる．教唆を正犯者に対する侵害行為と解する以上，教唆者が被教唆者に意思決定させるように働きかけることで，すでに教唆行為は完了するからである．他方，*惹起説'をとると，未遂の処罰根拠を何に求めるかによって，結論が変わる．それを「意思の危険」にみた場合には，教唆の未遂は可罰的になるが，「法益侵害の具体的危険の惹起」にみた場合には，不可罰的になるからである．→共犯の従属性　　　　　　　　　　　　　　　　　［大越義久］

教 唆 犯　(独) Anstiftung　**1 意義**　教唆犯とは，「人を教唆して犯罪を実行させた者」をいい，*正犯'の刑が科され，正犯の法定刑の範囲内で正犯と独立して量刑される(刑61 I)．教唆犯は，*従犯'とともに，狭義の*共犯'または*加担犯'といい，これに*共同正犯'を併せて広義の共犯という．*教唆'とは被教唆者に

犯罪の決意を生じさせることをいい，既にある犯罪の決意を強化し，犯罪実行を容易にする*無形的幇助'(精神的幇助・従犯)と区別される．また，みずから実行行為を分担しない点において共同正犯と区別される．しかし，実行行為を分担しない共同正犯を認める*共謀共同正犯'論の立場に立てば，教唆犯と共同正犯との区別は不明確となる．

2 教唆犯の客観的要件 教唆犯の成立には，人を教唆する行為により相手方に犯罪の決意を生ぜしめ，犯罪を実行させることが必要である．

(1) 教唆行為にはその手段・方法の点で限定はなく(最判昭26・12・6刑集5・13・2485)，明示的・黙示的・暗示的なものでも，また直接的あるいは間接的なものでもよい．ただ，教唆の対象となる犯罪は特定されている必要があり，漫然と「何らかの犯罪をせよ」と命ずるだけでは教唆とはならない．問題となるのは，教唆行為は故意犯に対してのみならず，過失犯に対しても認められるかという点である．教唆の概念を「他人に違法行為を行う動機を喚起すること」にまで緩和し，過失犯に対する教唆を肯定する見解もあるが，通説は被教唆者に犯罪の決意を生ぜしめることを教唆の要素とし，過失犯に対する教唆を*間接正犯'として扱う．また，過失による教唆が認められるかも問題となる．*行為共同説'の立場からは肯定され，*犯罪共同説'からは否定される．通説は，教唆行為を故意による場合に限定し，過失による教唆の場合を過失犯の*単独正犯'として扱う余地を認める．これに対しては，故意犯では*限縮的正犯概念'を，過失犯では*拡張的正犯概念'を認める「二元的正犯概念」の立場を採ることになるとの批判がある．さらに，責任無能力者に対する教唆行為が認められるかという問題がある．かつては，この場合は間接正犯の典型例とされてきたが，*制限従属形式'への移行に伴い，教唆犯とされる傾向にある．しかし，是非の弁別能力を全く欠くときは，間接正犯を認める見解も有力である．

(2) 被教唆者が犯罪を決意して実行したことが必要である．教唆行為があっても，被教唆者が決意をしなかった場合や決意はしたが実行行為をしなかった場合，また実行行為は行われたが教唆行為との間に*因果関係'がなかった場合には，教唆犯は成立せず，*教唆の未遂'となり不可罰である．その根拠は，形式的には刑法43条と61条の実行概念をともに基本構成要件の実行行為と解する点にある．実質的には教唆行為だけでは，未遂犯として処罰するに足りる結果発生の具体的危険を認めることができない点にある．なお，破防法などの特別法には教唆を独立に処罰する規定(*独立教唆罪')がある．

3 教唆犯の主観的要件 教唆の故意については，被教唆者に犯罪実行の決意を生ぜしめる意思であることを要し，それで十分であるとの見解と，教唆の故意はさらに正犯の構成要件的結果の発生についての認識をも要するという見解の対立がある．この対立は，今日では*責任共犯論'と*因果的共犯論'の対立の帰結とされている．その帰結として，*未遂の教唆'の可罰性を，前者は肯定し，後者は否定することになる．ただし，後者の立場でも，未遂を危険犯と考え，結果発生の危険も「結果」であるとして，危険の認識があれば故意があり，未遂の教唆は可罰的であるとする見解もある．　　　　［植田 博］

供述拒否権

供述拒否権は，*証人'および*被疑者'・*被告人'が質問に対し，供述することを拒むことができる権利をいう．憲法38条1項の*自己負罪拒否特権'を具体化するものである．供述拒否権は，*黙秘権'と実質的に差異はないが，黙秘権が被疑者・被告人自らの意思として供述を拒むことを前提とする概念であるのに対し，供述拒否権は，具体的な供述を求められた場合に，これを拒否するという意味で用いられる概念であるという点で相違がある．

供述拒否権は，自己が刑事上の責任を問われるおそれのある事項について認められる．

被疑者は，自己の意思に反して供述する必要はないし(刑訴198 II)，被告人も，終始沈黙し，または個々の質問に対して供述を拒むことができる(刑訴311 I)．捜査機関は，取調べに先立ち，被疑者に対して，供述拒否権を告知しなければならない(刑訴198 II)．被疑者に対する供述拒否権の告知は，憲法38条1項の直接要求するところではない．したがって，その告知を怠った場合，ただちに任意性を失うことにはならないが(最判昭25・11・21刑集4・11・2359)，その手続違背が自白の*証拠能力'に影響

を及ぼす場合もあろう．また，被告人に対しては，起訴状朗読後の権利告知として，*裁判長*は，供述拒否権を告知しなければならない（刑訴291 II，刑訴規197 I）．もし，供述拒否権の告知がなされなければ，供述の任意性を疑わせる一事情となろう．なお，被告人が任意に供述する場合には，裁判長は，被告人質問として，いつでも必要とする事項について被告人の供述を求めることができ，陪席裁判官，*検察官*，*弁護人*，*共同被告人*またはその弁護人は，裁判長に告げて，同様に，被告人の供述を求めることができる（刑訴311 II・III）．

証人は，証言義務を負うが，自己が刑事訴追を受け，または有罪判決を受けるおそれのある事項のほか，近親者が刑事訴追を受けるおそれがある場合や，一定の業務上の秘密に係る事項については，証言を拒むことができる（刑訴146〜149）．

供述拒否権は，*国税犯則取締法*上の犯則嫌疑者に対する質問調査手続にも及ぶ（最判昭59・3・27刑集38・5・2037）．

供述を拒む場合には，その理由を明らかにする必要はない．供述を拒んだからという理由で，事実認定において，これを不利益に考慮することはできない．→証言拒絶権　　　　　　［安冨潔］

供述書　供述者自らがその供述内容を記載した書面をいう．私人が作成するものとしては，始末書・上申書・答申書・被害届・てん末書・告訴状・告発状・任意提出書・帳簿・メモ・日記・手紙・領収書等がある．捜査機関が作成するものとしては，現行犯逮捕手続書・捜査手続書・実況見分調書等がある．供述書の場合，供述者自身が記載するために，通常供述内容と記載内容との間に相違がないものと推定されるので，*供述録取書*と異なり，署名押印がなくとも，証拠とすることができる（刑訴321 I ③・322 I）．また，供述者自身が作成したものであれば自筆に限らず，ワープロ・パソコン等によるものでもよい．→裁判官面前調書，検察官面前調書，三号書面　　　　　　［津村政孝］

供述証拠　言葉によって表現された供述につきその意味内容を*証拠*資料として用いる場合を供述証拠という．口頭であると文章であるとを問わない．また，行為であってもよい．たとえば，犯人はだれですかと問われて，被告人を指すことも供述である（非言語的な供述証拠という）．なお，供述証拠・非供述証拠の区別は，人的証拠と物的証拠の区別とは必ずしも一致しない．

供述証拠・*非供述証拠*の区別は，伝聞法則の適用の関係でとくに重要である．供述は，出来事を知覚・記憶し，記憶を再現して叙述するというプロセス（供述過程という）を経て，なされるものである．そのため，知覚，記憶，叙述の各段階で，それぞれ誤謬の危険性がある．伝聞法則は，判決裁判所の面前で反対当事者の反対尋問に供述をさらすことで，この誤謬の危険性を裁判所に適切に評価させようとするものである．したがって，供述証拠のみに伝聞法則が適用される．この観点から，写真や*録音テープ*等の法的性質が論じられてきた．犯行の状況等を録音，撮影したいわゆる現場写真，現場録音の法的性質にしては非供述証拠説が通説であり，判例も非供述証拠であるとした（最決昭59・12・21刑集38・12・3071）．録音テープの性質を非供述証拠と考えても，*供述録音*の場合には供述証拠である．

供述証拠の性質を有する証拠であっても供述内容の真実性を証明するための証拠として用いられないときには，供述証拠としての問題を生じないため，供述証拠の非供述的用法とよばれる．この場合には，その公判外供述を直接聞いた者が公判に出廷して証言するかぎり，その証言は*伝聞証拠*でない．供述の存在自体が要証事実の場合やAとBが親密な内容の会話をしていたことから両者が以前から知り合いであることを推認する場合などがこれに当たる．なお，供述証拠をどのように定義するかによって，供述証拠でないとされたり，供述証拠ではあるが伝聞でないとされたりする違いが生じうる．たとえば，*精神状態の供述*は，供述過程における知覚，記憶の段階を欠いていることから，供述証拠でないとする見解もある．→非伝聞

　　　　　　　　　　　　　　　　［津村政孝］

供述心理学　*被疑者*・*被告人*や目撃者など参考人の供述を調査研究の対象とする，心理学の一分野．わが国では被告人に証人適格が無く，また，捜査過程で作成された供述録取書

が公判廷で多用されているので、証言心理学という名称では、調査研究の対象が証人の法廷証言に限定されてしまい不適当である。供述心理学の黎明期には、多数の学生の目の前で「犯罪」を実行させ、目撃内容を記述させて、目撃供述の誤りやすさを確認する実験などが行われていた。近年は、身に覚えのない被疑者が犯行筋書きの舞台へ上がって行く心理過程を解明した、浜田寿美男『自白の研究』(1992)や、より総合的なグッドジョンソン(Gisli H. Gudjonsson)(庭山英雄ら訳)『取調べ・自白・証言の心理学』(1994)などの調査研究成果がある。無罪が確定した事案の中には、公判廷で否認している被告人が、捜査段階では自白しており、しかも、強制・*拷問などがあったと主張しない事案が少なくない。それ故、自白の任意性の判断を、強制・拷問などの有無のみによることは適切でない。すなわち、冤罪・誤判の発生を減少させるには、捜査や公判の過程において供述心理学の調査研究成果を踏まえることも大切なのである。
［荒木伸怡］

供述不能 (英) unavailability 公判外供述の許容性が問題となる場合に、原供述者が公判準備または公判期日において供述することができないことをいう。現行法が、「供述者が死亡、精神若しくは身体の故障、所在不明若しくは国外にいるため公判準備若しくは公判期日において供述することができ」ないときと規定するのがこれに当たる(刑訴321Ⅰ①前・②前・③)。通説・判例(最大判昭27・4・9刑集6・4・584)はこれを例示と解釈し、証人の証言拒絶(前掲最大判昭27・4・9)、記憶喪失を理由とする証言拒否(最決昭29・7・29刑集8・7・1217)もこれに該当するとする。

*伝聞法則'の例外の要件であるから厳格な解釈が望まれるところであり、心身の故障、所在不明、国外滞在はいずれも一時的なものでは足りない。また、手続的正義の観点から公正さを欠くために、供述不能を認定して*伝聞証拠'を許容することが許されない場合もありうる(最判平7・6・20刑集49・6・741参照)。なお、伝聞証拠が高度の信用性を備えているため、供述不能を許容要件としない伝聞例外も存在する(323)。また、ビデオリンク方式による証人尋問を記録した記録媒体についても、供述不能は許容要件とならない(321の2Ⅰ)。　［津村政孝］

供述録音 録音内容が人の供述であり、その供述の意味内容が問題となる場合、すなわち録音テープが*供述証拠'として用いられる場合をいう。

供述証拠としての使用であるから供述録音には伝聞法則が適用され、テープによって再生される公判外供述は法廷における反対尋問にさらされていないので、伝聞証拠となる。したがって、個別の伝聞例外に該当しなければ、*録音テープ'は証拠とすることができない。学説・判例ともに、供述書、供述録取書等に準じて刑事訴訟法321条以下の伝聞例外の規定を類推適用することを承認する。被疑者、参考人の捜査官に対する供述が録音されたテープは通常、署名押印を欠いているが、供述者本人の供述に間違いないことが確認されれば署名押印は不要とする説と、署名押印は供述者が自己の供述であることを確認する意味が重要ゆえそれに代わる代替策を要するとする説とがある。裁判例では署名押印を要求されていないようであるが、実務の取扱いとしては後説の代替策についての諸工夫が試みられていく傾向にあるという。
［津村政孝］

供述録取書 供述録取書とは、*被告人'または被告人以外の者の供述を録取した書面のことをいい、通常は、供述調書をさす(供述調書以外の供述録取書の例としては、弁護人が関係者と面接をしてその供述を録取した書面があげられる)。刑事訴訟法は、被告人以外の者の*裁判官面前調書'、*検察官面前調書'、員面調書を典型とする*三号書面'(刑訴321Ⅰ①②③)、および被告人の供述録取書(刑訴322Ⅰ)の証拠能力に関する規定をおいている。

供述録取書は、原供述者の供述を聞き取った者がそれを書面にするという作成過程をとるから、二重の伝聞である。刑事訴訟法は、その証拠能力が認められるための要件として、原供述者の署名もしくは押印を要求しているが、それは署名もしくは押印によってそこに書かれた内容の正確性を原供述者が確認したものということができ、伝聞の二重性は解消されて、*供述書'と同列におかれるからである。

供述録取書の証拠能力については，それぞれの書面によって具体的要件が異なるが，供述の信用性の情況的保障および供述の必要性の2つにまとめることができる．裁判官面前調書の証拠能力の要件は，第1の場合が，供述者の死亡，精神もしくは身体の故障，所在不明または国外滞在による供述不能（供述の必要性）であり，第2の場合が，自己矛盾の供述あるいは以前の不一致供述がなされたこと（供述の必要性）である．両者につき，*信用性の情況的保障'は，供述が裁判官の面前で行われたことによって認められる．検察官面前調書の証拠能力の要件は，第1の場合は，裁判官面前調書と同じ要件であり，第2の場合は，自己矛盾の供述（供述の必要性）および特信情況である．三号書面の証拠能力については，前2者と同じ供述不能，供述の不可欠性および特信情況が要件とされている．また，被告人の供述録取書の証拠能力の要件は，第1の場合が，供述が被告人に不利益な事実の承認を内容とするものであることであり，第2の場合が，第1の場合以外の場合で，要件は特信情況である（刑訴322Ⅰ）．いずれの場合もさらに任意性を要件とする（刑訴322Ⅱ）．　［山田道郎］

矯　正　(英) correction　矯正という語は，戦後，アメリカ矯正の影響を受けて，日本でも採用されるようになったものである．1947(昭22)年の法務庁設置法によって法務行政長官の下に，「矯正総局」，「成人矯正局」および「少年矯正局」が設置され，また，「*矯正職員'」という用語も用いられ，「矯正」という概念が実定法上明記された．しかし，所掌事務として「矯正」が独立の観念として明記されたのは，法務府（1949年法務庁から改称）を法務省と改称した1952(昭27)年の「法務府設置法等の一部を改正する法律」においてである．これにより，「矯正局」と「保護局」に二分され，今日の構成をとるに至った（法務省設置法2②）．矯正とは，狭義では，犯罪を犯した者および非行を犯した少年の改善および社会復帰のための処遇をさすが，広義では，これらの処遇を中心とした固有の行政の一分野を構成する矯正行政をさすものとして用いられる．これは，犯罪や非行を犯した者を強制的に施設内に収容して処遇する（*施設内処遇'）任務を負う点で，彼らを社会内において社会生活を営ませながら処遇する（社会内処遇）任務をもつ更生保護行政と区別される．矯正の機構としては，法務省内部部局で*矯正施設'を管理する矯正局，管区内の各施設の適正な管理運営をはかるため指導監督調整等に当たる地方支分部局である矯正管区（全国に8管区），成人矯正のための施設である刑務所（少年については少年刑務所がある），少年矯正のための施設である少年院，さらに，矯正職員に対し，職務上必要な訓練を行う研修施設である矯正研修所（全国に8つの支所）などがある．なお，矯正に関する官庁統計として，矯正統計年報がある．→矯正医学，矯正教育，行刑，囚人自治制，分類処遇　　　　　［土井政和］

矯正医学　(英) correctional medicine　*矯正'施設被収容者の心身の疾病または障害を除去し，健康な社会人として社会復帰させることを目的とし，矯正施設における一般医療および矯正医療を主たる対象とする医学の一分野をいう．被収容者は，施設に強制的に収容され，行動の自由を奪われているのであるから，とりわけその生命および健康を維持する一般医療は施設の重要な責務であって，施設は，被収容者が負傷しあるいは疾病にかかったとき，またはその疑いがあるときは，速やかに適切な診療を行わねばならない．そのため，日本でも，既に明治5年監獄則によって監獄衛生および疾病治療のために監獄内に医師を配置する監獄医制度が設けられた．その後，1922(大11)年*監獄'が刑務所と改称されたことに伴い，「刑務所医師」の語が用いられ，さらに現在では，矯正施設に勤務する医師に「矯正医官」の語が用いられている．受刑者の診療は，原則として施設の医師によって行われるが，必要な場合は，入院を含めて外部の専門医の診療を受けさせることもできる．施設には，その規模や業務内容に応じて医務部または医務課等の組織が設けられ，医師その他の医療関係専門職員が配置されているが，医師のほとんどは非常勤であり，常勤の医師は少なくまた得ることも難しい．そのため，1966(昭41)年八王子医療刑務所に準看護士養成所が設けられ，ここに矯正施設に勤務する職員の中から選考された者を2年間入所させ，必要な教育訓練を行って免許を取得させたうえで

施設に保健助手として配置し、医療体制の不足を補っている。また、被収容者の中から看病夫を選び、病室での看護の作業にあたらせている。看病夫は保健助手の指示を受けて看護に従事しており、休養患者8名に1名の割合で置かれることになっている。しかし、近年、被収容者の中に成人病、ウイルス性肝炎等の伝染病などに罹患した者が増加し、さらにエイズと刑事施設に関する問題も浮上している。このような施設における疾病構造の変化に対応するため、八王子医療刑務所および大阪医療刑務支所を総合病院的機能を有する施設とし、また、他の医療刑務所および大規模8施設を病院として運営できるように、「行刑施設における医療体制充実計画」(1991年)が策定された。今後、医療技術の高度化や医師の専門分化に対応して、さらなる人的物的設備の拡充が必要であろう。矯正医療としては、矯正施設という特殊環境下での生活に伴う拘禁性精神障害、覚醒剤に起因する精神病、その他精神障害犯罪者に対する医療措置や劣等感の除去のために必要な不具奇形の整形あるいは入れ墨等の消去などが行われている。→刑事施設　　　　　　　　　　　［土井政和］

矯正教育　*少年院'において家庭裁判所から保護処分として送致された者を収容して行う教育を矯正教育という。広義では、刑務所、少年刑務所、少年院、少年鑑別所、婦人補導院等の矯正施設に収容されている者に対する教育活動をさす。「矯正教育」の語は、少年法1条に規定されている。矯正教育の目的は、一般教育のそれと同じものと考えられる。少年法1条は、「少年の健全育成を期し」保護処分を行うことを規定し、また、教育基本法第1条は、「心身とも健康な国民の育成を期して」教育を行うことを規定しており、2つの目的の間に基本的な差異はない。すなわち、人格形成の発達途上にある少年の発達可能性に着目し、非行を犯した少年といえどもその教育可能性に差異はないと考えられているのである。この教育目的を基礎にして、次の段階として、非行少年という客体の特殊性から矯正教育に固有の教育目標が認められるかどうかについては争いがある。すなわち、「犯罪性の除去」は目標たりうるのか、という問題である。一方では、犯罪性という概念は、科学的な概念ではなく価値的な概念であって、人間の行動が成立するまでのメカニズムにおいて犯罪行動と非犯罪行動とを区別する科学的な尺度はないのであるから、「犯罪性の除去」ということ自体、理解不能である。それゆえ、Aという行動をBという行動に変えること、つまり、健全と考えられる方向への全人格的教育という目的以外には考えられない、とするのである。他方では、矯正教育の客体は非行のある少年であり、その教育は司法的判断に基づく非行、犯罪の社会的危険性へ対処するところに特殊性があり、その点で限定的な教育目標をもつ、との主張もある。矯正教育の実践の中では、教育目的と教育目標の区別は明確ではない。少年院法によれば、矯正教育は、教科、職業補導、適当な訓練、医療の4つに区分されている。それゆえ、教育内容の中心は、教科指導、職業実習、生活指導といった一般教育上の必要性に対応するものであり、教育目標の特殊性に対応する内容は必ずしも具体化されてはこなかった。しかし、1977(昭52)年以降、教育の必要性に対応する処遇類型を設け、各処遇類型別の教育内容および方法の整備をはかるとともに、対象少年の特質や問題に対応した効果的な各種の処遇技法や指導方法の標準化がはかられつつある。GGI(指導による集団相互作用)、現実療法、カウンセリングなどの心理技法、行動変容法などの試みも少年院教官によって行われている。→施設内処遇、教誨、矯正、少年院処遇　［土井政和］

行政刑法　広義には、広義の*行政罰'の対象である広義の行政犯を定める法の総体をいい、狭義には、行政刑罰の対象である狭義の行政犯を定める法の総体をいう。狭義の行政刑法では、行政目的を達成する担保として刑罰が用いられるため、規定のあり方は一般的に、まず、行政目的を達成するために私人に一定の作為義務・不作為義務を課す規定(命令・禁止規範)を置き、その違反に対して行政上の措置を定める規定を置き、更に違反に対して刑罰規定を定めるという特徴を有している。

行政刑法は行政法と刑法とが交錯する分野であるため、双方から議論がなされたが、行政法学説は、広義の行政刑法を出発点にして狭義の行政刑法に議論を進め、刑法学説は、狭義の行

政刑法を論じることにほぼ終始した．

論点のひとつである，行政犯と刑事犯の区別について，行政法学説は，立法時に，行政上の命令禁止を待つまでもなく道徳的義務として社会生活上存在あるいは認識されているかどうかによって区別し，認識されていれば刑事犯として刑罰を科し，そうでなければ行政犯として秩序罰を科すものとして，両者の区別の流動性を否定した．刑法学説は，行為時・解釈時に，（法規が仮にないとしても）行為の反倫理性・反社会性が国民一般に意識されているかどうかによって区別し，意識されているのが刑事犯であり，そうでないものが行政犯であるとして，両者の区別は立法後の社会通念の変化によって流動的であるとした．

行政法学説は，立法論として，狭義の行政犯にも刑罰ではなく行政上の秩序罰である過料が用いられるべきであり，刑事犯に適用される刑法総則の規定とは別の統一的総則規定が設けられなければならないと主張し，したがって解釈論としても，狭義の行政犯には，刑法8条但書の規定によって，刑法総則の規定の適用を一般的に排除すべきであると主張した．これに対し刑法学説は，狭義の行政犯も刑事犯も刑罰を用いる限り基本的には同じ性格のものとして，刑法総則の適用を一般的に排除することは否定し，実務上も，現在ほぼその方向で終息している．しかし，業務主体処罰規定の性質を過失責任と理解した行政法学説の成果は，刑法学説・判例上も定着している．また，判例が明文のない場合にも個別に刑法8条但書の適用を認めるにあたって，取り締まりの必要性を根拠にするという形で影響を与えている．→特別刑法，経済刑法　　　　　　　　　　　　　　　　[田中речい幸]

強制採尿　捜査機関が，覚せい剤自己使用罪(覚せい剤41の3①・19)などの証拠とするために，尿の任意提出を拒んでいる被疑者から捜索差押令状により強制的に尿を採取すること．採取の具体的方法は，医師またはこの指示の下に看護婦がカテーテルという細いゴム管を尿道から膀胱へ挿入して尿を直接採取するものである．そのような薬物事犯では，尿を分析して薬物が体内にあることを立証する必要があるために行われる．

捜査機関は，まず被疑者に対して尿の任意提出を求めることになるが，これに応じない場合に①前記の手段により強制的に被疑者の尿を採取できるか，②これができるとした場合にいかなる令状によるべきかが問題となるのである．

①の点については違法説と適法説が厳しく対立している．違法説によれば，強制的に体内にカテーテルを挿入することは身体への危険を伴い，また尿は遅かれ早かれ体外に排出されるのだからそれに代わるより穏当な採取方法はあるはずである．そもそもそのように強制的に陰部を露出させ，ここからカテーテルを挿入して排尿をコントロールするというような過激な方法は，個人の尊厳を著しく侵害するものであり許されないとされる．適法説によれば，カテーテルによる採尿は，医療行為として普通に行われており，医師などのしかるべき人により行われる場合には危険はほとんどなく，またそれより適当な代替手段もみあたらない．さらに，それは尿を任意提出すれば避けられるし，裸にして陰部を露出させることも*身体検査"では許されるのであるから，個人の尊厳を侵害し，違法であるとまではいえないとされる．

②の点については，身体検査令状説，鑑定処分許可状説，これらの併用説および捜索差押令状説がある．現行法では，強制採尿についての特別な規定はないので，もしカテーテルによる強制的採尿を認めようとすると，それを許すための令状の種類が問題となる．まず，強制的に人を裸にして陰部を露出させるという点では*検証"としての身体検査に近い(刑訴218Ⅰ・222Ⅰ・139)．しかし，身体検査は検証としての性質から原則として外部からの観察・検査にとどまるべきものであり，また通常その概念には身体への侵襲は含まれない．次に，捜査機関が専門家である医師などに*鑑定"を嘱託し，この必要な処分として採尿を行うとすれば，その行為は捜査機関の嘱託に基づく鑑定処分ということになる(223・225・168Ⅰ)．しかし，この場合にはそれを拒否したときに直接強制を認める規定がないので，尿の採取はできないことになる．そこで，身体検査令状説と鑑定処分許可状説のそれぞれの欠陥を，両者を併用することにより補おうとしたのが併用説である．しかし，身体

検査令状と鑑定処分許可状という性質の異なる2つのものを安易に併用するのは問題であり,また両者を併用してもカテーテルによる強制採尿という新たな目的にふさわしい令状が創出されるわけでもない.最後に,捜索差押令状説は,尿はたとえ体内にあったとしても近い将来排出される廃棄物にすぎないので,それを採取するのは基本的に証拠物を捜索し,差し押さえることと同様である.ただし,通常の物に対する捜索・差押えに比較すると人権侵害のおそれが高いので,身体検査に関する刑事訴訟法218条5項を準用し,その令状には医師が医学的に相当と認められる方法により行うこととの条件を付さなければならないとするのである.しかし,体内のものを体外の「物」と同視するのは危険であるとする有力な反対がある.

最高裁判所は,強制採尿は許され,そのとき取得すべき令状は前記の捜索差押令状によるべき旨を判示し(最決昭55・10・23刑集34・5・300),さらにたとえ被疑者が錯乱状態であったとしてもそれは許されるとした(最決平3・7・16刑集45・6・201).なお,これが強制採血の場合にも適用になるかは明らかではない.尿を含めて体内にある*体液の採取一般についてそれは妥当すると解すれば,アルコール検査のために行う軽微な採血についても,捜索差押令状によるべきことになる.しかし,実務は依然として鑑定処分許可状と身体検査令状を併用している. [島 伸一]

矯正施設 *刑務所',少年刑務所,拘置所,*少年院',少年鑑別所,*婦人補導院'を総称する語である.刑務所および少年刑務所は,有罪判決を受けた者の刑の執行の場であって同時に社会復帰のための援助を行う*刑事施設'である.刑務所,少年刑務所および拘置所を総称する「刑務所」等は,監獄の種別の総称(法務省設置法4・I)であり,少年刑務所は,女子刑務所や医療刑務所とは異なり,「特に設けた監獄」にあたる(少6 I).拘置所は,刑事被告人および死刑の言渡しを受けた者を拘禁する施設である.未決拘禁のためには,拘置所のほかに「代用監獄」として警察の留置場が多く使われており,この点については批判も強い.少年院は,「家庭裁判所から保護処分として送致された者を収容し,これに矯正教育を授ける施設である」(少院1).少年鑑別所は,観護措置決定を受けた少年を収容するとともに,少年の資質の鑑別を行う施設である(少院16).婦人補導院は,「補導処分に付された者を収容して,これを更生させるために必要な補導を行う施設」(売春17)である.施設数は,刑務所59(ほか刑務支所7),少年刑務所8,拘置所7(ほか拘置支所110),少年院54,少年鑑別所52(ほか支所1),婦人補導院1となっている(1998年3月31日現在).→法務省,矯正 [土井政和]

行政執行法 行政強制の根拠を定めた明治憲法下における一般法(明33法84)のことをいう.*警察'に関する総則規定にあたり,警察上の即時強制や実力行使,強制執行の法源をなした.

行政執行法は7ヵ条からなり,救護を要する者に対する保護拘束,公安を害するおそれのある者に対する予防検束,危険のおそれある物件に対する仮領置,強制的な邸宅立入権,密売淫常習者等の強制診断,強制入院,伝染病患者の居住制限等の強制的措置を定める(行政執行法1〜3)とともに,危害予防,衛生のための土地,物件の使用,処分および使用の制限を定め(4),さらに行政上の強制執行の方法として,代執行,執行罰,直接強制を定め(5),また,この法律上の費用,過料の徴収は国税滞納処分の例によるものとした(行政執行法6・7).

これらの規定は,各種の行政強制につき,いずれも不明確な要件をあげて,警察の強力な権限行使を許容するもので,検束が事実上の強制的捜査に利用されるなど濫用にわたることも少なくなかったので,日本国憲法制定後に廃止された(昭23法43). [山本正樹]

強制執行妨害罪 **1 罪質** 強制執行を免れる目的で,財産を隠匿・損壊・仮装譲渡しまたは仮装の債務を負担すると,2年以下の懲役または50万円以下の罰金で処罰される(刑96の2).1941(昭16)年の改正で追加された.強制執行免脱罪とも呼ばれる.いわゆる破産犯罪は本罪の特別罪にあたる.債権保護の面と公務保護の面があり,規定の位置は後者が主目的であることを示唆するが,「究極するところ債権者の債権保護を主眼とする」とした判例がある

(最判昭35・6・24刑集14・8・1103).いずれにせよ,妨害の前提として「現実に強制執行を受けるおそれのある客観的な状態」を要するが,その判断は具体的事案に依存する.この判例は,債権保護を重視して,刑事訴訟の場で「基本たる債権の存在が肯定されなければならない」としたが,「執行名義も存在せず単に債権者がその債権の履行請求の訴訟を提起した」段階の事案であった.「強制執行」が仮差押え・仮処分の執行も含む(大判昭18・5・8刑集22・130)とすれば,その場合に「基本たる債権の存在」を要求するのは疑問である.

2 強制執行の意義 「民事訴訟法による強制執行又は民事訴訟法を準用する強制執行」とした判例(最決昭29・4・28刑集8・4・596)があるが,その後,民事執行法・民事保全法が制定されており,参考となるにすぎない.民事執行法の「強制執行」規定(なお,「競売」には*競売入札妨害罪'がある)を準用する手続(たとえば,刑訴490Ⅱ)を含む点には異論がないとしても,民事保全法の規定する仮差押え・仮処分を同視しうるかは問題になりうる.公務保護を強調するか否かが「強制執行」の解釈に影響するであろう.

3 処罰の限界 財産価値を減少させる損壊はそれ自体で処罰に値する.しかし,譲渡や債務負担はそれが真実なら本罪に当たらない.また,仮装譲渡後の残余財産で執行債権額を担保しうる場合でも本罪の成立が認められている.これらは債権保護を強調する立場なら疑問がないわけではない.隠匿は財産の所有関係を不明にすることにより,執行による債権実現を危殆化(きたい)する.譲渡や債務負担も仮装という隠匿に見合う不当性を伴う場合には処罰される.債務者の経済活動を過度に制約しないように,債権実現の危殆化を不当な手段の場合に限って処罰しているといえるであろう.　　　　　　［小田直樹］

矯 正 職 員　矯正職員とは,法務省矯正局および矯正管区ならびに刑務所等,*少年院',少年鑑別所および婦人補導院に勤務する職員である.刑務所等に勤務する職員は,法務事務官で監獄法上の戒護権を有する刑務官のほか,法務技官,法務教官等である.刑務官は監獄法20条および23条等にいう「監獄官吏」に当たる.これには,階級制が採用されており,矯正監,矯正長,矯正副長,看守長,副看守長,看守部長および看守の7階級からなる(刑務所,少年刑務所及び拘置所組織規程25).この階級は,警察官と異なり,法律上の名称ではない.少年院および少年鑑別所の職員は,法務教官,法務技官,法務事務官等である.また,婦人補導院には,法務教官が勤務している.矯正職員は被収容者の社会復帰を目指した処遇の担い手として,その職責はきわめて重要である.それゆえ,職員の研修制度が設けられ,また,試行的に保護職員等との相互交流も行われている.職員に対し,職務上必要な各種教育訓練を実施する研修機関として,矯正研修所のほか,各矯正管区の所在地8ヵ所に矯正研修所支所が設置されている.日本における刑務官の研修制度は明治時代の官営監獄官練習所に始まる.1909(明42)年にこれが廃止されると,その後を継いで,自ら協会運営の練習所で刑務官の幹部養成を行ったのが,大日本監獄協会(1888[明21]年3月設立,後に日本監獄協会と改称)およびこれを改称した刑務協会(1922[大11]年11月)である.この研修制度は,1947(昭22)年に中央矯正研修所が設立されるまで続いた.他方,刑務協会は,戦後,財団法人矯正協会として再編され,「社会の福祉を増進するため,犯罪者および非行少年の*矯正'に関する事業に協力して,その進歩改良を図るとともに,広く社会に矯正の思想を普及させ,もって犯罪防止に寄与する」ことを目的として活動している.現在,もはや職員研修を行うことはないが,職員の福利厚生を増進する役割を果たしている.

日本の矯正職員の状況を外国と比較したとき,保安と処遇の任務を分割していないこと,被収容者に長時間直接関わる「担当」職員に過重な負担を課していること,被収容者の社会復帰処遇に重要な役割をもつ心理学や社会学等の専門職やソーシャルワーカー等の数が極めて少ないこと,職員の組合結成が認められていないことなどの特徴が指摘されている.→刑事施設
　　　　　　　　　　　　　　　　　［土井政和］

強 制 捜 査　**1 定義の意味**　*任意捜査'に相対して,強制処分を用いて行う捜査が強制捜査である.したがって,強制捜査の定義は強制処分の定義の如何に帰する.

強制処分は法律に特別の定めがある場合に限って許され(強制処分法定主義, 刑訴197), さらに強制処分のうち, 逮捕や勾留, 捜索・差押えや検証には令状主義が妥当する(憲33・35). したがって, 一定の捜査方法が強制処分に当たるのかどうかという問題は, その捜査方法の適法性と合憲性を左右する問題である.

2 強制処分の伝統的定義と刑事訴訟法上の強制処分 強制処分は, 伝統的には, 物理的強制力の行使(直接強制)を伴う処分と, 制裁を予告して法的義務を課する(間接強制)処分の両者を含むものと定義されてきた. 後者の中には, 公務所等照会(刑訴197Ⅱ)のように制裁を伴わず観念的義務を負わせるにとどまる場合も含むとされてきた.

刑事訴訟法が規定する強制処分はこの伝統的定義で説明できる. すなわち, 刑事訴訟法の強制処分は, その対象や客体の性質によって対人的強制処分と対物的強制処分とに区別されるが, *捜査'の目的との関係をも考慮に入れて分類すると, 逮捕や勾留は被疑者の身体の確保を目的とする対人的強制処分であり, 証拠の収集保全を目的とする強制処分に属するのが, 対物的強制処分としての押収(差押えおよび領置), 捜索および検証と, 対人的強制処分としての証人尋問, 身体検査および鑑定留置である. そのうち, 証人尋問は捜査機関の請求により裁判官が行い, 領置を除くその他の強制処分には令状主義の規制がかぶさる.

3 強制処分の新しい定義 しかし, 科学技術の発展に伴って, 刑事訴訟法が予定していない新しい捜査方法が登場することとなった. たとえば, 相手方の同意を得ないで行う写真撮影や, 通信ないし会話の両当事者の同意を得ないで行う盗聴(傍受)などがそれである. こうした新しい捜査方法は, 直接強制も間接強制も用いないので伝統的な定義では強制処分に当たらないが, しかし, そうした捜査方法がもつプライヴァシーや通信の秘密などの権利侵害処分としての性質からすれば, これを強制処分に取り込んで強制処分法定主義や令状主義の規制を及ぼす必要がある.

意に反する権利・法益の侵害の有無を強制処分のメルクマールとする権利(法益)侵害説が登場したのは, そのためである. ただ, 権利や法益の侵害を伴えばすべて強制処分だとすると, 強制処分の範囲が拡散するので, 侵害の程度を考慮に入れて, 重要な権利・利益の侵害を伴う処分を強制処分とする見解, あるいは相手方の権利・利益を実質的に侵害・危殆化する処分を強制処分とする見解が登場することになる. しかし, そうなると, 何が重要な権利・法益なのか, どういう場合に実質的な侵害・危殆化となるのかという問題が生じ, この価値的実質的な判断の如何によっては強制処分の範囲が狭まる可能性がある. それは強制処分法定主義や令状主義の射程を狭める結果をもたらす可能性がある.

最決昭51・3・16(刑集30・2・187)は, 強制処分を, 「個人の意思を制圧し, 身体, 住居, 財産等に制約を加えて強制的に捜査目的を実現する行為など, 特別の根拠規定がなければ許容することが相当でない手段」と定義し, 有形力の行使があってもそれだけでは強制処分にならない場合があるとしている. この判例が採用する強制処分の定義には必ずしも明確でないものがあるが, 権利(法益)侵害説的な見解に立ちつつ, 権利(法益)侵害の程度に絞りをかけて, 刑事訴訟法が定める伝統的な強制処分と同程度の侵害を伴う捜査方法に強制処分を限定しようとするものと理解される. 　　　　　　　[川崎英明]

行 政 罰 広義には, 行政目的を達成するために私人に課される, 一定の作為義務・不作為義務の履行を確保する目的で, その義務違反に対して科される制裁をいい, それには*刑罰'と過料とが用いられているが, 狭義には, このように行政罰として科される*過料'をいい, それは, 懲戒罰, 執行罰としての過料や民事上・訴訟上の秩序罰と区別するため, 行政上の秩序罰とも呼ばれている. また, このように行政罰として科される刑罰は, 行政刑罰と呼ばれている. →行政刑法 　　　　　　　[田中利幸]

行 政 犯 広義には, 行政上の秩序罰と行政刑罰とを含めた行政罰の科される, 行政上の義務違反をいうが, 狭義には, 行政刑罰の科される義務違反をいう. その対比で, 行政上の秩序罰の科される義務違反は, 形式上の行政犯あるいは秩序違反と呼ばれる.

行政犯に対立する概念は,刑事犯であるが,行政法学説では,まず広義の行政犯と刑事犯とが対比して論じられたが,刑法学説では,狭義の行政犯と刑事犯とが対比して論じられた.そのため,法定犯と自然犯との対比とほぼ重なり,行政法学説との対立を意識しない場合には,そちらで議論されることが多い.

行政犯は,狭義の行政犯であっても,行政上の命令・禁止に違反したことを根拠に処罰される*形式犯'と理解されることが少なくないが,行政目的は公共の利益を保護するものであることも多く,また法律の規定する作為義務・不作為義務の違反があった際,その是正等を内容とする具体的な行政命令の違反を待たずに直ちに処罰の対象とする直罰規定が今日ではむしろ一般化しており,その違反は抽象的な公共の危険を発生させる実質を有することが少なくないため,行政犯は形式犯,刑事犯は*実質犯'と分類できるわけではない.→行政刑法　　[田中利幸]

矯正保護　**1 矯正保護の意義**　矯正保護とは犯罪者の処遇をいう.矯正とは施設内の処遇であり,保護とは施設外,つまり*社会内処遇'である.したがって矯正保護に関連する法規を総称して矯正保護法と呼ぶ.矯正の中心的法律は監獄法であり,保護のそれは犯罪者予防更生法である.法務省設置法により,法務省に矯正局と保護局とが置かれている.

2 施設内処遇から施設外処遇へ　現代刑事政策の重点は,*施設内処遇'から社会内処遇へ移行する傾向にある.わが国では,大正期に,わが国最初の保護観察の導入がなされた.旧少年法(1923年施行)が保護処分のひとつとして「少年保護司ノ監察ニ付ス」制度(旧少年法6)を設けた.その後,1936(昭11)年には,治安維持法違反者を対象とした思想犯保護観察法が施行された.

第2次大戦後は,1949(昭24)年に,新少年法によって少年に対する保護観察が実施され,次いで,犯罪者予防更生法(昭24法141)の施行によって本格的な保護観察制度の基礎が築かれ,さらに翌1950(昭25)年の更生緊急保護法は,更生緊急保護の内容を規定するとともに,更生保護会に関する規定を定めた.また,同年,保護司法は,それまでの司法保護委員を保護司と改称し,保護司に関する基本事項を定めた.そして,1953(昭28)年,1954(昭29)年の刑法の一部改正および執行猶予者保護観察法(昭29法58)によって,成人の執行猶予者に対する保護観察制度が確立した.

3 組織　矯正に関する行政事務を管掌する中央機関は法務省矯正局である.刑事施設とその現場における運営管理は,所長を頂点として,総務部と管理部および所長直属の教育課,分類課,医務課が当たり,法務大臣の指揮監督のもとに,所長が施設の管理運営を指揮監督する.なお,所長の諮問機関として刑務官会議があり,施設の管理および被収容者の処遇について諮問がなされる.

社会内処遇に関する行政事務を所掌する機関が法務省保護局である.法務省の附属機関として中央更生保護審査会があり,委員長1名と委員4名によって構成されている.その権限は,①法務大臣に対し,特赦,特定の者に対する減刑,刑の執行の免除または特定の者に対する復権の実施について申出をすること,②地方更生保護委員会の決定につき,犯罪者予防更生法および行政不服審査法の定めるところにより審査を行い,裁決をすることなどである.さらに,全国の高等裁判所所在地(8ヵ所)に,地方更生保護委員会があり,その職務内容は,①仮釈放の審理,決定および取消し,②保護観察所の事務の監督,③更生保護会の許可・認可がある.全国の地方裁判所所在地(50ヵ所)に保護観察所があり,その所掌事務は,①保護観察の実施,②犯罪予防を目的とした世論の啓発指導,社会環境の改善および地方住民の活動助長,③在監(院)者等の帰住地の環境調整,④更生緊急保護の実施,⑤保護司の教養訓練,⑥更生保護会の指導・監督,⑦恩赦の実施である.

法務省の附属機関としては,さらに,矯正保護審査会がある.これは委員40名以内で組織され,矯正部会,更生保護部会および矯正保護科学部会がある.その所掌事務は,矯正および更生保護の制度の運営に関する重要事項について調査審議することである.→犯罪者処遇,社会復帰,中間施設　　[吉田敏雄]

強制わいせつ罪　13歳以上の男女に対し,暴行・脅迫を用いてわいせつな行為を強制

する罪(刑176)．13歳未満の男女に対してわいせつ行為をする場合は，暴行・脅迫や同意の有無を問わず本罪が成立する．人の心神喪失・抗拒不能状態を利用したり，暴行・脅迫以外の手段によりそのような状態に陥れてわいせつな行為をする場合も，準強制わいせつ罪として，同様に処罰される(178)．これらの罪(未遂の場合を含む)を犯し，よって人を死傷させた場合は強制わいせつ致死傷罪(181)が成立し，刑が加重される．死傷の結果は，わいせつ行為自体から発生したものに限らないとするのが判例・通説である．一般に，本罪は，わいせつ行為をすることの認識に加え，わいせつの目的を必要とする*傾向犯'であると解されているが，本罪は個人の性的自由を保護するためにあるので，被害者に性的羞恥心を抱かせるに足りる行為であることを認識しながら行為すれば足りるとする反対説も有力であり，*わいせつ'の意義も公然わいせつ罪(174)のそれとはニュアンスが異なり，本罪のわいせつ行為は被害者の性的羞恥心を害する行為を意味すると解されている．→セクシュアル・ハラスメント　　　　［北川佳世子］

共同意思主体説　共犯を特殊な社会心理的現象である共同意思主体説の活動と理解する*共犯理論'のひとつである．すなわち，2人以上の者が共同して犯罪を遂行したというためには，一定の犯罪を実現しようとする共同目的が存在し，その目的の下に2人以上が同心一体となり(共同意思主体の形成)，少なくともその中の1人が犯罪の実行に着手したことを要する(共同意思主体の活動)という学説である．なお，共同意思主体は犯罪を目的とする違法的一時的存在であるから，責任の帰属は共同意思主体を構成する個人について論じられる．また，共同正犯と狭義の共犯の区別は，共同意思主体の内部における役割によって行われ，重要な役割を果たした者が共同正犯とされる．

共同意思主体説は，*草野豹一郎'の創唱になり，*齊藤金作'によって展開された学説である．その後，若干のニュアンスの相違はあるものの，下村康正，西原春夫らによって継承されている．

共同意思主体説は，判例の初期の*共謀共同正犯'理論を根拠づける説としての役割を果たしたが，その後，判例が共謀共同正犯を間接正犯類似の考え方や「自己の犯罪」か否かという考え方によって根拠づける，という傾向が強まるに至り，重要性を失ってきた．また，共同意思主体説の主張は，*犯罪共同説'と実質的にはほぼ同じであり，犯罪共同説を比喩的に説明したにすぎない説であるという理解もある．

他方，共同意思主体説の意義は，*共同正犯'の法効果である一部行為全部責任の根拠をうまく説明する点にもある．すなわち，共同意思主体説は，一部行為全部責任の根拠を「意思疎通を媒介とした共同犯行の一体性」に求めている．また，共同正犯が成立するためには共同正犯者の少なくとも1人が実行に着手する必要があるという「共同正犯の従属性」という概念も創設した．

共同意思主体説に対しては，それは団体責任・連帯責任を認めるものであるという批判が学説上なされている．しかし，共同意思主体説は，犯罪に対する共働者の寄与を実質的に判断するものであるがゆえに，個人責任をなお維持するものであり，「重要な役割」論それ自体は学説上有力となっている．　　　　　　　［高橋則夫］

共同正犯　(独) Mittäterschaft

1 意義　2人以上共同して犯罪を実行することである(刑60)．すなわち，2人以上の者が共同実行の意思(主観的要件)の下で，共同実行行為を遂行する(客観的要件)ことである．共同正犯者はすべて*正犯'とされる．したがって，たとえば，甲と乙がXを殺害しようと共同してそれぞれ発砲した場合において，甲の弾丸はXの心臓に命中し，Xは死亡したが，乙の弾丸はXにまったく当たらなかったとしても，甲と乙は殺人既遂罪の共同正犯となる．

2 一部行為全部責任の原則　共同正犯の法効果は一部行為全部責任であり，その根拠が共同正犯の実質的な処罰根拠といえる．たとえば，2人が強盗を計画し，一方が暴行，他方が財物奪取を行った場合，各人の単独犯的特徴としては暴行罪と窃盗罪である．しかし，各人は相互に他方の行為と結果についても責任を負い，2人は強盗罪の共同正犯となる．この一部行為全部責任の根拠を説明する学説として，*共同意思主体説'(*共犯'を特殊な社会的心理現象である共同意思主体の活動であるとし，異心別体の2

人以上の者が一定の犯罪実現を共同目的として一体化したときに共同意思主体が形成され，その中の1人以上の者が共同目的の下で犯罪実行した場合には共同意思主体の活動として全員が責任を負うことになるとする見解，*因果的共犯論'（共犯者は正犯者の実現した結果をともに惹起したが故に処罰されるとし，共同正犯を一部実行，一部教唆・幇助と解する見解），（機能的）*行為支配'説（正犯概念を行為支配によって把握し，共同正犯は，各人が全事象を他者と共同分担して支配し，各人が犯罪計画全体に対して機能的な行為支配を有すると解する見解）などがある．第1と第2の見解は，共同正犯の共犯性を強調する考え方であるのに対して，第3の見解は，共同正犯の正犯性を強調する考え方といえよう．

3 **成立要件** 共同正犯が成立するためには，2人以上の行為者に，主観的に共同実行の意思（意思の連絡）が存すること，客観的に共同実行の事実が存することが必要である．

共同実行の意思とは，行為者が相互に他人の行為を利用し補充し合って構成要件を実現する意思をいい，意思連絡，意思疎通，*共謀'という言葉が用いられている．この共同実行の意思に関していくつかの問題がある．第1に，共同実行の意思は行為者双方に存することを要するか，あるいは一方の者のみに存する場合でも十分なのか，という*片面的共同正犯'の成否の問題がある．第2に，ある行為者（先行者）が実行行為の一部を行った後に他の者（後行者）が共同実行の意思をもってその実行に加わった場合，後行者はいかなる範囲で先行者の行為・結果を承継するか，という*承継的共同正犯'の成否の問題がある．第3に，過失犯においても共同実行の意思が認められるのかという*過失の共同正犯'の問題，さらに，*結果的加重犯'の重い結果についても共同実行の意思が認められるのかという結果的加重犯の共同正犯の問題がある．

共同実行の事実とは，2人以上の行為者が共同してある犯罪を実行することをいう．この要件について，各人がそれぞれ基本的構成要件に該当する行為を実現しなければならないのか，あるいは，2人以上の者が一定の犯罪について共謀したうえ，その中のある者が実行に出た場合に，直接には実行行為を行わなかった共謀者も共同正犯となるかが問題となる．これが*共謀共同正犯'の問題である．

4 **違法の連帯性との関係** 共同正犯が成立する場合における*過剰防衛'の成否は，共同正犯者の各人につき個別的に判断されるべきであるとした判例がある（最決平4・6・5刑集46・4・245）．正当防衛における急迫性について，判例は積極的加害意思が存する場合には急迫性を否定するので，積極的加害意思の有無により，急迫性の判断は共同者ごとに相対化することになり，上記最高裁決定もこの点を根拠としている．したがって，判例によれば，共同正犯者の一方が正当防衛の場合にも同様の結論となろう．この問題について，共同正犯を*共犯'と理解すれば，違法の連帯性の理解によって処理される．しかし，共同正犯において一方が正当防衛で他方が違法行為の場合，どちらに連帯するかという問題が生じる．共同正犯を正犯と理解し，構成要件段階の連帯性・違法の相対性を認める見解もあるが，前者の連帯の実質的根拠は違法の連帯性に求めざるをえない．共同正犯は正犯性と共犯性の両面を有すると理解すれば，共同正犯固有の依存性が認められ，一方が適法行為ならば，共同正犯は成立せず，それぞれ相手方への教唆犯・幇助犯のみが成立すると解するべきであろう．→単独正犯　　　　　　［髙橋則夫］

共同被告人 同一の訴訟手続で審理されることになる複数の被告人を指し（刑訴148・311Ⅲ・401・475Ⅱ），実務上は相被告人ともいう．必ずしも*共犯'であることを要しない．数人の被告人が一個の起訴状で起訴されて共同被告人になる場合と，複数の審理を併合する手続（313Ⅰ）によって共同被告人になる場合とがある．数人の「関連事件」（9）が別個の裁判所に起訴され，のちに一つの裁判所に併合された場合（5・8）にも，その数人は共同被告人となる．併合審理は，訴訟経済に資し，とくに共犯者その他犯罪事実が重なり合う被告人については，立証の共通，事実認定・量刑の統一などに適するが，被告人の防御が相反する場合など被告人の権利保護の必要があれば，審理を分離しなければならない（313Ⅱ，刑訴規210）．共同被告人の1人に関して生じた事由は，原則として

共同被告人の自白が被告人の犯罪事実に関する場合には、証拠能力および証明力の点で困難な問題が生ずる。証拠能力の問題に関して、一方では、被告人の証人審問権が保障されなければならないし（憲37Ⅱ）、他方では、共同被告人の黙秘権が保障されなければならない（憲38Ⅰ）。この両者の調整をいかにはかるかが重要となる。憲法および刑事訴訟法により黙秘権が付与されている被告人には、証言義務を負う証人適格を否定すべきものとされている。共同被告人の証人適格についても同様であるが、共同被告人の弁論を分離し、当該訴訟手続における被告人の地位を離脱させれば、分離前の共同被告人の事件につき証人として尋問することができるとされている（最決昭31・12・13刑集10・12・1629）。具体的に、まず甲と乙が共同被告人である場合、甲は、乙を共同被告人としたままで、被告人質問（刑訴311Ⅲ）を通して反対質問することができる。乙の供述は、自身にとっては被告人の供述であるが、甲との関係では第三者の供述である。この方法では、乙の黙秘権は保護されるが、甲の乙に対する反対尋問権の保障は不十分である。そこで、甲が被告人質問により、反対尋問類似の効果をあげたときにだけ乙の供述の（甲に対する）証拠能力が認められるとする見解が有力である。また、甲と乙の審理を分離して乙を証人として尋問する方法がある。この場合には、甲の反対尋問権は保障されるが、乙の黙秘権の保障が十分であるかが問題となる。判例・通説は、乙は証人として喚問されても、自己に不利益な事項については証言を拒絶することができるから（刑訴146）、黙秘権の侵害にはならないとするが、自己の起訴事実ないし関連事実につきその意思に反して証人喚問できないものとすべきとの主張もある。さらに判例は、弁論分離後に証人として行った供述は、共犯者との関係でも、自分自身に対する関係でも、証拠能力があるとするが（最判昭35・9・9刑集14・11・1477）、学説はこれに批判的である。いずれにせよ、共同被告人の証言を求めるときのみ審理を分離し、それが終わればまた併合するというような、便宜的手段として審理の併合・分離が行われるべきではない。共同被告人乙の公判廷外供述、主として供述調書を被告人甲に対する証拠とする場合、甲の同意（刑訴326）がない限り原則として証拠能力はない。判例・通説によれば、共犯者であると否とを問わず証拠能力の判断は刑事訴訟法321条1項によるものされるが（最判昭28・7・7刑集7・7・1441、最判昭28・6・19刑集7・6・1324）、共犯者の場合には322条を競合適用すべきとの主張もある。証明力の問題に関して、共同被告人が共犯者である場合、共犯者の自白が唯一の不利益証拠であるときに「本人の自白」（憲38Ⅲ）と同様に補強証拠が必要かについて争いがある。判例は、補強証拠不要説に立つが（最判大昭33・5・28刑集12・8・1718）、これに批判的な学説も有力である。　　　　　　　　　　　　　　　［山名京子］

脅迫罪　（独）Bedrohung　（英）threat　本人または親族の生命、身体、自由、名誉または財産に対して害を加える旨を告知して人を脅迫した者は、2年以下の懲役または30万円以下の罰金に処せられる（刑222Ⅰ・Ⅱ）。脅迫の罪には、本罪と*強要罪'（223）とがある。強要罪は意思決定の自由を侵害する侵害罪であるのに対して、本罪は意思決定の自由に対する危険犯であると解されているが、本罪については、生命等の安全感に対する罪とする見解もある。

脅迫とは、人を畏怖させるに足る害悪を告知することをいい、相手方が現実に畏怖したことは必要とされない。単なるいやがらせとは、告知の内容、具体的状況、相手方との人的関係などによって区別される（最判昭35・3・18刑集14・4・416は、反対派の者に対して出火の事実がないのに「出火御見舞申上げます。火の元に御用心」と書いた葉書を送付した行為について本罪の成立を認めている）。

加害の対象は、相手方の生命等に限定されているが、貞操は自由に含まれる。村八分（共同絶交）の通告は、自由と名誉に対する害悪の告知として本罪に当たるとするのが通説・判例である（大判明44・9・5刑録17・1520）。脅迫の客体である「人」は自然人に限られると解するのが通説・判例であるが、機関の意思を法人の意思とみて、法人も含まれてよいとする見解もある。「加える旨」告知される害は、将来の害悪であっ

て、告知者がその発生を左右できるものでなければならない。したがってすでに加えた害を告知しても、天変地異や吉凶禍福を予告しても脅迫にあたらない。また第三者によって害を加えられるであろうと告知しても脅迫に当たらない（広島高松江支判昭25・7・3高刑3・2・247は、「人民裁判によって断頭台に送られる」というだけでは警告にすぎないとする）。ただし、第三者に影響を与えうるものとして告知される場合には脅迫に当たることになる（最判昭27・7・25刑集6・7・941）。

告知される害は、それ自体犯罪となるものでなければならないとする見解もあるが、たとえば相手の不正に対して告訴、告発すると告知することも、もっぱら相手を畏怖させるためであって権利の濫用にわたる場合には、脅迫に当たると解するのが通説・判例である。

脅迫の方法は、文書、口頭、態度等相手に伝わるものであればよい。第三者を介する間接的な方法でもよい。　　　　　　　　　［大沼邦弘］

共　犯　（独）Teilnahme（英）accomplice（仏）complicité　*共犯'とは、2人以上の者が共働して犯罪を行うことをいう。共犯に関する立法形式は、2つに大別される。1つは、犯罪に関与した者すべてを*正犯'として処罰する形式（イタリア刑法等）であり、他は、処罰の対象を犯罪への特定の関与形態に限定し、しかも関与の仕方に応じて処罰に軽重を設ける形式（ドイツ刑法等）である。わが国の刑法は後者に属し、*共同正犯'（60）、*教唆犯'（61）、*従犯'（*幇助犯'ともいう。62）の規定をもつ。通説によれば、刑法各則の構成要件は正犯のみを予定する（構成要件の基本形式）という前提から、総則の共犯規定は処罰を共犯にまで拡大するものと捉え、共犯を*構成要件の修正形式'であるとする。広義の共犯は、共同正犯、教唆犯、従犯のすべてを含むが、狭義の共犯は、正犯に対向する意味に用いられ、教唆犯と従犯だけをさす。

共同正犯、教唆犯、従犯は、任意的共犯とも呼ばれるが、これに対して、*必要的共犯'と呼ばれるものがある。これは、犯罪の性質上、当然に複数の行為者の関与を予想しているもので、騒乱罪等の集合犯（集団犯）と贈収賄罪等の対向犯がある。通説によれば、集合犯には教唆等の共犯規定の適用はなく、また、贈収賄罪のような両方に処罰規定のある対向犯には共同正犯の規定の適用はない。そして、わいせつ文書販売罪（175）のように一方にしか処罰規定のない対向犯の場合には、必要限度内の関与にとどまる限り、必要的共犯者（わいせつ文書の買い手）は共犯としても処罰されないとする（反対説もある）。

また、わが国の刑法によれば、一定の身分をもつ者にのみ成立する犯罪の場合、共犯はその身分のない者にも成立する（65 I）。たとえば、非公務員が公務員を教唆して収賄させたときは、非公務員は収賄罪の教唆犯となる。また、*身分'により刑の軽重があるときは、その身分のない者には通常の刑が科せられる（65 II）。たとえば、第三者が看守を教唆して被拘禁者に暴行を加えさせたときは、看守には特別公務員暴行罪（195 II）の刑（7年以下の懲役または禁錮）が科せられ、教唆者である第三者には暴行罪（208）の刑（2年以下の懲役もしくは30万円以下の罰金または拘留もしくは科料）が科せられる。

共同正犯の成立には、共同実行と意思疎通（意思の連絡）が必要であると解されている。もっとも、各自がはじめから実行行為の一部を行う必要はなく、ある者が他の者の実行行為に途中から加わってもよい（承継的共同正犯）。ただし、判例は共同実行の要件をゆるめ、犯行を共謀しただけで、実行行為に加担しなかった者までも共同正犯になるとしている（共謀共同正犯。これには強い批判がある）。共同実行の要件とは対照的に、判例・通説は、意思疎通を共同正犯の成立に不可欠の要件とする。意思疎通のない場合は同時犯であって、共同正犯とは区別されている。

判例は、過失の共同正犯の成立を肯定するが、過失の教唆犯・幇助犯の成立は否定する。結果までの意思疎通を要求する立場や、過失を無意識的な行為と捉える立場からは、過失の場合、共同正犯の成立に必要な意思疎通や共同実行を認めにくくなるので、過失の共同正犯の成立は困難になる。これに対して、行為についての意思疎通で足りるとする立場や、過失を外部的行為と捉える立場からは、過失の共同正犯の成立

を肯定することが容易になる．もっとも，肯定説が過失の共同正犯の成立を認める範囲は狭い．過失の同時犯との区別を意識してか，相互に注意し合う義務である共同義務の共同違反が認められる場合に限って，過失の共同正犯の成立を認めるにすぎないからである．過失の教唆犯・幇助犯の成否は，もっぱら共犯規定に38条1項の適用があるか否かにかかっている．→過失の共犯，共犯と身分，同時犯，共同被告人，予備の共犯　　　　　　　　　　　　［大越義久］

共犯からの離脱　共犯者の一部が犯罪完成以前に犯意を放棄し，その後の犯罪行為に関与しないことを共犯からの離脱という．離脱した者は他の共犯者によるそれ以後の行為・結果について帰責されず，離脱前の罪責のみ負えばよいが，その理由は，離脱によってそれまで存在していた共犯関係が解消され，以後の犯罪についてはその者を共犯として処罰すべき根拠が失われることに求められている．したがって，どのような要件で離脱が認められるかは*共犯の処罰根拠*から導かれるが，結果に対する因果的影響力にこれを求める因果的共犯論（惹起説）が通説である今日では，心理的・物理的因果性の切断（すなわち法益侵害に向けて自己がもたらした影響力の消滅）の有無が決定的基準となる（心理的因果性のみを切断すればよいとする学説もある）．

離脱の要件は，離脱の時期が実行の着手以前か以後かで若干異なる．*共同正犯*の場合，着手前においては「共謀関係からの離脱」が問題となるが，その段階では共謀の存在のみが共同関係を基礎づけているにすぎないから，主に心理的因果性の切断だけで足りることが多く，比較的離脱が認められやすい．判例によれば，離脱の意思が表明され（黙示的でもよい）他の者がこれを了承すれば足りるとされている（東京高判昭25・9・14高刑3・3・407，松江地判昭51・11・2刑月8・11＝12・495は首謀者の立場にある者は共謀関係がなかった状態に復元させなければならないとする）．これに対して着手後の離脱では，離脱意思の表明と了承だけでは不十分で，さらに離脱時までに自己が関与した結果発生への因果的影響力を消滅させたことが要求される．この点に関し，判例は残余の共犯者がなお法益侵害を続けるおそれがあったのに防止措置をとらなかった場合には離脱は認められないとしており（最判平1・6・26刑集43・6・567），これを支持する者も多いが，このような厳格な要求は共犯関係解消の要件と，この場合に認められる可能性のある中止犯の成立要件とを混同したものであり，離脱の要件としては自己の行為の有する法益侵害の危険を除去すれば足りるという批判もある．なお，以上の考え方は従属的共犯（教唆犯，幇助犯）が離脱する場合についても原則として当てはまる．→共犯の中止　　　［清水一成］

共犯者と刑事手続　まず，捜査段階における共犯者の取調べにつき，共犯者も刑事訴訟法223条1項にいう「被疑者以外の者」にあたるかが問題となる．本条項における「被疑者」は特定の被疑者を指すから，共犯者は「被疑者以外の者」にあたるとされるが（必要的共犯関係にある共同被疑者につき最判昭36・2・23刑集15・2・396），共犯者という立場の性質上取調べが専らその者以外の者との関係でだけ行われることは考え難く，実質的にみて取調べがその者との関係で問題となりうる場合は，刑事訴訟法198条1項の被疑者と捉えて黙秘権の告知を要すると解する見解が有力である．刑事訴訟法226条・227条による第1回公判期日前の証人尋問について，共犯者も「被疑者以外の者」として証人適格が認められるが（刑訴226につき大阪高判昭26・12・24高刑集4・12・1674，刑訴227につき最判昭36・2・23刑集15・2・396），共犯者という立場を考慮して，その者の意思に反する証人喚問はできないとする見解もある．これらの証人尋問における「被告人，被疑者又は弁護人」の立会い（刑訴228Ⅱ）は裁判官の裁量によるものとされるが（最決昭28・4・25刑集7・4・876），「捜査に支障を生ずる虞がないと認め」られる限り証人審問権の保障（憲37Ⅱ）の趣旨を及ぼすべきとの主張もある．とくに共犯者の証人尋問については，他人の巻き込みの危険を顧慮すると，立会いが不可欠であるといえよう．

取調べにおいて「共犯者は自白している」と虚偽の事実を告げ，錯誤させて自白を得ようとする尋問方法（切違え尋問）は違法であり，それによって得られた自白（偽計による自白）は任

意性に疑いのあるものとしてその証拠能力が否定される(最判大昭45・11・25刑集24・12・1670)。

共犯者は，一通の起訴状で起訴されたことにより，あるいは弁論の併合の手続を通じて(刑訴313 I)，併合審理され「共同被告人」になる場合と，別個の訴訟手続で事件を審理されていたり起訴されていないことから，あるいは防御が互いに相反するなどの理由で被告人の権利を擁護するために弁論を分離しなければならないことから(刑訴313 II,刑訴規210)，「共同被告人」にならない場合とがある。審理の併合は，訴訟経済に資し，複数の事件が同一の裁判所に起訴された場合だけでなく，別個の裁判所に起訴された場合にもできる。とくに共犯者については，立証の共通，事実認定・量刑の統一などに適する。

被告人と共同して犯罪行為に及んだというような，被告人と一体化した犯罪事実を認める共犯者の供述(*共犯者の自白)は，他人を巻き込み，責任を転嫁するというおそれを有する。そのため，証拠能力および証明力につき慎重な手立を講じておくべきことが求められている。証拠能力を認めるためには憲法37条2項による証人審問権の保障の観点から十分な反対尋問が尽くされていなければならないが，共犯者である共同被告人の証言を求めるときのみ審理を分離し，それが終わればまた併合するというような，便宜的な手段として審理の併合・分離が行われてはならない。たとえば，共犯者の有罪確定後に証人喚問し，反対尋問を尽くさせるなどの無辜を巻き込むおそれに対する手立をしておくことによってのみ証拠能力を認めるとする見解などが主張されている。共犯者の供述書・供述調書の証拠能力については，被告人側の同意(刑訴326)がある場合のほか，刑事訴訟法321条1項の要件を充足することによって認められる。共犯者が共同被告人である場合は，刑事訴訟法321条1項説(判例・通説)のほか，321条と322条の競合適用説も主張されている。証明力につき，「本人の自白」(憲38 III)と同様に，「共犯者の自白」にも補強証拠を要求すべきかが争われている。判例は補強証拠を要しないとするが(最判昭33・5・28刑集12・8・1718)，

自白強要の防止ならびに誤判防止の観点からこれに批判的な見解も有力である。共犯者の供述には通常の第三者の供述とは異なる危険性があることに十分配慮し，そのための手段を講じておくことが不可欠であろう。

また，刑事免責の制度，すなわち，共犯者のうち一部に刑事免責を付与することにより，*自己負罪拒否特権'を放棄させて供述を強制し，その供述を他の者に対する有罪立証の証拠にしようとする制度の導入も議論されている。この制度は組織的犯罪における真実解明の点では有益とされる一方，取引的であるとして公正な手続の観点からその導入に批判的な立場もある。判例は，制度の導入は憲法上否定されないとするが，導入には明文の法規定が必要であるとする(最判大平7・2・22刑集49・2・1)。

なお，わが国の裁判実務において，刑法犯通常第1審事件の有罪総人員に占める*共犯'の比率は約2割であるが，そのうちの9割以上が共同正犯である。*共同正犯'のうち実行共同正犯と*共謀共同正犯'の割合は統計上明らかでないが，共謀共同正犯が多く含まれると考えられ，裁判実務の上では，共謀共同正犯の「共謀」の認定が重大な問題となっている。「共謀」は共謀共同正犯における「罪となるべき事実」(刑訴335 I)であり，その認定は厳格な証明によるべきものとされる(最判大昭33・5・28刑集12・8・1718)。判例で認められてきた共謀共同正犯論そのものに対する批判的見解もあるが，実務上重要性をもつ「共謀」の認定につき，とくに共犯者の自白の証拠能力と証明力との両面における慎重な判断が求められる。→審判の分離，統一公判，分離公判　　　　　　　［山名京子］

共犯者の自白　1 自白か供述か　共犯者Aによる自白は，自分の犯行であると認めて犯行態様を述べる部分と，他の共犯者B・Cなどの犯行態様を述べる部分を含む。Aの自白は他の共犯者にとり，参考人や証人による供述と同様な，「共犯者の供述」であるにすぎない。ただし，Aが他の共犯者と共同被告人である場合には，反対尋問の可否につき特別な考慮が必要である。「共犯者の供述」を「共犯者の自白」と呼ぶ学説の意図は，他の共犯者本人による自白と扱うことにより，憲法38条3項が規定する補強

法則を適用することである.

2　引っぱり込みの危険　共犯者の供述は, 自分の刑事責任を軽減することを目的に, 無関係な第三者を共犯者に仕立て, 自分は補助的な役割を果たしたにすぎず, その共犯者が主導的役割を果たしたと述べることが少なくなく, これを引っぱり込みの危険という. 共犯者の自白ないし共犯者の供述と呼ばれる問題の中心は, 引っぱり込みの危険にどのように対処すべきかである. 八海事件において阿藤周平を引き込み主犯に仕立て上げた吉岡自白が, その典型例である. それに加えて, 共犯者中の弱者に狙いをつけて自白させ, 否認している共犯者を有罪と認定する証拠とした, 松川事件における赤間自白のような事態にどのように対処すべきかも問題である. とりわけ後者の事態は, 共犯者多数の少年事件において, 実質的な不処分に近い児童福祉司指導や名目のみの補導委託と引き換えに, 一部の少年に自白させそれを維持させて利用し, 他の少年たちに非行事実ありと認定する方式がとられている. しかも, この方式により非行事実ありと認定された少年たちの保護者に対して, 被害者(の保護者)から損害賠償請求訴訟が起こされることが少なくない. それゆえ, 典型例に限定しない総合的な対処方法の工夫が必要である.

3　自白説・供述説の帰結　自白説によれば, Aが自白しBが否認している場合, 補強証拠がないのでABともに無罪. ABともに自白している場合, 本人の自白に関する補強法則利用には限界があり, 相互に補強証拠となるのでABともに有罪. したがって, 共犯者が3名以上の場合, 2名の自白があれば否認している者を含む全員が有罪となる. 自白説は結局, 引っぱり込みを意図したのが共犯者中1名の場合にのみ対処しているにすぎない. しかも, 自白説は補強範囲に被告人と犯人との同一性を含めていないので, 引っぱり込みの危険に実は対処できていない. 供述説によれば, Aが自白しBが否認している場合, 自白したAは補強証拠がなく無罪, 否認したBはAの供述により有罪. ABともに自白している場合, Aの供述によりBが, Bの供述によりAが有罪. つまり, 否認している共犯者が何人いても, 1名の自白があれば全員有罪となる. ただし, 反対尋問の保障ないしそれに代替しうる保障がない限り, 自白供述には証拠能力がない. 引っぱり込みを意図した供述は, 8割の真実に2割の虚偽を織り込み, その虚偽部分により引っぱり込んでいる. 他方, 引っぱり込まれた側は真実と虚偽を見分けられない. もしも真実部分を攻撃すると, 供述全体の証明力を高めてしまう. すなわち, たとえ反対尋問権を保障されてもそれが成功する確率はきわめて低く, 供述説も引っぱり込みの危険に対処できていない. 引っぱり込みの危険は犯人でない者が主犯格の犯人と認定される危険なのであるから, 被告人と犯人との同一性について共犯者の供述でない補強証拠による証明を求めた上で, 共犯者の供述の証拠調べを行うことにより正面から対処するのが筋であり, 憲法38条3項の趣旨や八海事件第3次上告審判決の趣旨にも合致する.
[荒木伸怡]

共犯従属性説　共犯従属性説とは, 共犯は正犯に従属して成立するという見解である. これに対立する見解は, *共犯独立性説'である. 共犯従属性説と共犯独立性説との争いは, 具体的には, 共犯は正犯者が実行に着手しなくとも可罰的になるか, という問題をめぐって生じた. 共犯独立性説(たとえば, *牧野英一)は, この問題に肯定的であったのに対して, 共犯従属性説(たとえば, *小野清一郎)は, 否定的に応えた. その際に共犯従属性説の論拠のひとつとなったのが, 共犯は構成要件の修正形式であるとの主張である. 刑法各則の構成要件は正犯のみを予定し(構成要件の基本形式), 総則の共犯規定は処罰を共犯にまで拡大するものであるのだから, 「教唆・幇助行為を実行行為と同一視するのは, 罪刑法定主義に反する」と批判したのである. だが, 共犯独立性説の主張にも条文上の根拠はある. 共犯従属性説の主張が実質的に基礎づけられるかについては, 「教唆の未遂」参照. →共犯の従属性
[大越義久]

共犯独立性説　共犯独立性説とは, 共犯は正犯から独立して成立するという見解であって, *共犯従属性説'に対立する. 共犯独立性説の主張を解釈論・立法論の両面にわたって強力に唱えたのは, *牧野英一であり, その主張を基礎づけていたのは, 新派主観主義刑法学の「犯罪

は犯人の悪性の徴表である」との認識であり、個人責任の原理を背景にした「共犯論は因果関係の一適用なり」との理解である。牧野説は、戦前の刑法改正作業にも大きな影響を与え、1926(大15)年の刑法改正ノ綱領26項、1927(昭2)年の予備草案総則27条、1940(昭15)年の改正仮案340条に、*教唆の未遂'を処罰する規定が設けられた。これに対して、客観主義刑法学は、教唆の未遂は現行法の解釈問題であり、しかも現行法は教唆の未遂を不可罰としていると唱えた。そして、客観主義刑法学の主張はその後次第に賛同者を得て通説となり、共犯独立性説と共犯従属性説との間の論争は、現在では一応の決着をみている。→共犯の従属性

[大越義久]

共犯と身分 1 意義 犯罪は、その主体に限定がないのが一般的であるが、なかには一定の身分や属性を有する者のみに主体が限定されている場合がある。これを*身分犯'という。身分犯は、その身分があることによってはじめて行為の可罰性が基礎づけられる場合と、本来可罰的な行為の法定刑が加重または減軽される場合とに区別される。前者を構成的身分犯または真正身分犯といい、その場合の身分を*構成的身分'または真正身分という。たとえば、公務員を主体とする職権濫用罪(刑193)、収賄罪(197)、医師等を主体とする秘密漏示罪(134)がその例である。後者を加減的身分犯または不真正身分犯という。たとえば、常習者について刑を加重する常習賭博罪(186Ⅰ)、妊婦について刑を軽減する自己堕胎罪(212)がその例である。この身分犯に身分のない者が関与した場合の処理につき刑法65条は、「犯人の身分によって構成すべき犯罪行為に加功したときは、身分のない者であっても、*共犯'とする」(1項)、「身分によって特に刑の軽重があるときは、身分のない者には通常の刑を科する」(2項)と規定している。

2 身分の意義 65条にいう身分の意義について、判例は「男女の性別、内外国人の別、親族の関係、公務員たる資格のような関係のみに限らず、総て一定の犯罪行為に関する犯人の人的関係である特殊の地位又は状態を指称する」という広汎な定義のもとに、収賄罪における公務員、横領罪(刑252)における他人の物の占有者(最判昭27・9・19刑集6・8・1083)、常習賭博罪における常習者(大判大3・5・18刑録20・932)、強姦罪における男性(最決昭40・3・30刑集19・2・125)なども身分にあたると解しており、学説もこれに同調してきた。問題となるのは、営利の目的のような主観的要素である。学説では、身分という文言の一般的な語義からある程度の継続性が必要であるとして、営利の目的等は65条の身分にあたらないとする見解が有力であるが、判例は、麻薬取締法64条2項における刑を加重する要素である「営利の目的」も刑法65条2項の身分にあたるとしている(最判昭42・3・7刑集21・2・417)。なお、身分のなかには、身分のないことが犯罪の成立要件となっている場合がある。たとえば、道路交通法64条・118条の無免許運転罪については、免許者という身分のないことが成立要件であり、刑法104条の証拠隠滅罪については犯人でないことが成立要件となっている。このような場合を*消極的身分'・消極的身分犯と呼ぶ。しかし、消極的身分犯における共犯関係については65条によってではなく、当該消極的身分の実質的な性質から共犯の成否を論じるのが一般的である。

3 65条の法意 65条の法意について、通説・判例は、同条1項は、構成的身分犯・真正身分犯に関与した身分なき者(非身分者)も、その*共同正犯'、*教唆犯'、*幇助犯'となりうることを規定したものと解している。したがって、たとえば、公務員による収賄罪に関与した私人は、その関与の形態に応じて、共同正犯、教唆犯、幇助犯として処罰されうることになるのである。もっとも、私人には、収賄罪の実行行為はなしえないとの理由から、共同正犯の成立については否定する見解も有力である。つぎに、2項は、加減的身分犯・不真正身分犯に身分者と非身分者とが関与した場合、身分者はその身分に応じて減軽または加重して処罰されることを規定したものと解している。したがって、たとえば、非常習者が常習者に賭博を教唆した場合、非常習者は単純賭博罪の教唆犯にしかならないが、反対に、常習者が非常習者に賭博を教唆した場合、常習者は単純賭博罪ではなく常習賭博罪の教唆犯として処罰されることになる

のである．このような解釈は，65条の文理に忠実なものではあるが，同じ身分が，なにゆえに1項では連帯的に作用し，2項では個別的に作用するのかを合理的に説明できないという問題点をかかえている．このため，立法論としては，1項の場合の身分なき関与者については刑の任意的減軽を認めるべきであるとする見解が有力である（なお，改正刑法草案31条1項但し書参照）．

これに対して，現行法の解釈において，この矛盾を解消する主張もある．その第1は，65条1項は，真正身分犯と不真正身分犯の両方について関与した非身分者に身分犯の共犯が成立することを規定したものであり，これに対して，2項は，不真正身分犯に関与した非身分者について科刑の点でのみ通常の刑によるべきことを規定したものとする見解である．この見解によれば，非常習者が常習者に賭博を教唆した場合，非常習者は罪名としては常習賭博罪の教唆犯になるが，科刑は単純賭博罪の限度にとどまることになる．反対に，常習者が非常習者に賭博を教唆した場合には，正犯の犯罪は単純賭博罪であって身分犯ではないから，65条1項は適用されず，したがって2項の適用もなく常習者は単純賭博罪の教唆犯として処罰されるにとどまることになるのである．この見解は，1項の規定する身分の連帯性を原則とし共犯の罪名従属性を可能な限り維持しようとするものといえよう．しかし，科刑のみといえども2項によって身分が個別的に作用することを認めざるをえない点でなお十分とはいえないと批判されている．第2は，違法は連帯的に責任は個別的に作用するという制限従属性説の考え方を65条に適用し，1項は，身分が犯罪の違法性と関係する場合について，加減的身分と構成的身分の両方について連帯的作用を規定したものであり，2項は，身分が犯罪の有責性と関係する場合について，加減的身分と構成的身分の両方について個別的作用を規定したものと解する見解である．この見解によれば，特別公務員職権濫用罪（刑194）における公務員たる身分は形式的には逮捕・監禁罪（220）の刑を加重するものであるが，実質的には公務執行の公正に対する国民の信頼の侵害という付加的法益侵害を基礎づけ違法性を加重するものであるから，私人が警察官に違法な逮捕行為を教唆した場合，この私人は65条1項により特別公務員職権濫用罪の教唆犯として重く処罰されることになる．この見解は，65条1項と2項において身分の作用が異なることを矛盾なく基礎づけうる点ではすぐれているが，加減的違法身分について1項の適用を，構成的責任身分について2項の適用を認める点で65条の文理に反すると批判されている．

［西田典之］

共犯の因果性 ＊'惹起説'（因果的共犯論）は，＊'共犯'の処罰根拠を，共犯者が正犯者と共に犯罪結果を惹起した点に求める．したがって，惹起説によれば，可罰的な共犯の既遂が成立するためには，共犯行為と犯罪結果との間に因果関係のあることが必要になる．縦の＊'因果関係'が問題になる教唆行為の場合と異なり，横の因果関係も問題になる幇助行為の場合には，因果関係の確認が難しい事例もある．たとえば，侵入窃盗の際に見張りを行ったが，何の障害もなかったので，見張りがなくとも侵入窃盗はやはり成功したであろうといえる場合などである．学説は，この幇助の因果性をめぐって，種々の解決策を模索する．まず，幇助行為と犯罪結果との間に因果関係は不要であるとし，幇助犯を危険犯として構成する見解がある．しかし，これには疑問がある．＊'正犯'と同様に，幇助犯にも犯罪結果の発生に刑罰を基礎づける作用を認める以上，幇助犯を危険犯と捉えるべきではないからである．つぎに，犯罪結果をどこまでも具体化することによって，因果関係を事実関係とほぼ同視する見解がある．しかし，この見解も疑問である．この見解からは，因果関係論は帰責限定機能をもち得ないものとなってしまうからである．因果関係論に帰責限定機能をもたせる以上，幇助の因果性は，幇助行為のないときには犯罪結果が発生しなかったか，あるいは当該強度においては発生しなかった場合にのみ肯定されるべきであろう．

［大越義久］

共犯の過剰 ＊'共犯の錯誤'の一種で，正犯者・他の共同正犯者が共犯者の認識を超えた事実まで実現した場合を指す．たとえば，共同正犯において，A・BがCを死なせ，Aは殺人の意思でその実行に出ているが，Bはそうとは

知らず，単に傷害の意思しかなかったという場合には，Aは殺人罪の刑で，Bは傷害致死罪の刑で処罰されるべきであるが，Bに関し，成立する罪名は何かが争われる．刑法38条2項は犯罪の成否に関するものではないとする立場，ないし，完全犯罪共同説からは，殺人罪の共同正犯が成立するが科刑は制限される，と構成することになる．これに対して，通説は，刑法38条2項により罪名も限定を受けると解し，これによれば，罪名と科刑の一致が維持されるが，その構成については，部分的犯罪共同説によって，構成要件的に重なり合う限度で(結果の加重犯の共同正犯を認めて)傷害致死罪の限度で共同正犯が成立する，とするか，行為共同説によって，Aについての殺人罪とBについての傷害致死罪とが共同正犯の関係に立つ，とすることになろう．判例(最決昭54・4・13刑集33・3・179)も，傷害致死罪の限度で共同正犯が成立するとするが，本判例の立場が部分的犯罪共同説か行為共同説か，見方は分かれている．

[斎藤信治]

共犯の錯誤 *共犯'における*事実の錯誤'の問題も，基本的には，単独犯における事実の錯誤と同様の考え方で処理すべきであり，共犯と*具体的事実の錯誤'，共犯と*抽象的事実の錯誤'，共犯形式間における錯誤，および，共犯・間接正犯間の錯誤について検討する必要がある．

1 共犯と具体的事実の錯誤 *法定的符合説'と*具体的符合説'との対立が共犯の場面で現れることになるが，両説の間でとくに厄介な問題を生じ得るのが，被教唆者に*客体の錯誤'があった場合である(たとえば，甲が乙に丙を殺すよう教唆したところ，乙は丁を丙と見間違えて射殺したという場合)．法定的符合説によるならば，これを教唆者にとって*方法の錯誤'と解しようと，客体の錯誤と解しようと，結論は同じであるが(上の例では殺人既遂の教唆)，具体的符合説によれば，どちらの錯誤と解するかによって大きく結論は異なることになる．教唆者にとっても客体の錯誤であるとする見解が有力に主張されているが，教唆者にとっては方法の錯誤であるとみて，上の例では，不可罰な殺人教唆の未遂，あるいは，殺人予備罪の教唆犯(と過失致死罪)でしかないとする説も少なくない．

被教唆者に方法の錯誤があった場合(上の例を少し変え，乙が丙を狙った弾丸が大きくそれ，偶然そこを通りかかった丁が被弾して死亡したという場合)については，法定的符合説によれば，甲には殺人既遂の教唆，具体的符合説によれば，殺人未遂罪の教唆(と過失致死罪)が認められる．

2 共犯と抽象的事実の錯誤 抽象的事実の錯誤の場合，法定的符合説によれば，原則として生じた結果についての故意は認められず，例外的に構成要件が重なる範囲で故意が認められ，その限度で共犯としての責任を負うことになり，抽象的符合説によれば，軽い犯罪についての故意(あるいは故意犯としての処罰)が認められ，それによって共犯としての責任を負うことになろう．

さらに，共犯と抽象的事実の錯誤の場合には，結果的加重犯の共犯が認められるかということも重要な問題となる．たとえば，数人で暴行・傷害を加えることを共謀し，こもごも殴る蹴るなどしていたところ，そのうちの1人が未必の殺意をもって被害者を刺殺した，という場合(*共犯の過剰')，暴行・傷害の故意しかなかった者は，傷害致死罪の共同正犯になるとされるのが一般である．また，暴行を教唆したところ，被教唆者が被害者に傷害を与え，さらにその結果死亡させたという狭義の共犯の場合についても，通説は，傷害致死罪の教唆犯を認めている．判例も，結果的加重犯の共同正犯(最決昭54・4・13刑集33・3・179)，教唆(大判大13・4・29刑集3・387)，幇助(最判昭25・10・10刑集4・10・1965)を認めている．

3 共犯形式間における錯誤 たとえば，人を殺すよう教唆したつもりであったが，相手はその前からその人を殺す決意をしており，その決意を強固にさせ，その意味で殺害を容易にしただけであった，という場合には，(殺人罪の)従犯とされる．逆に，幇助の意思で教唆の事実をひき起こした場合も(刑38Ⅱ)，同じく従犯となる．

4 共犯・*間接正犯'間における錯誤 たとえば，教唆の認識で間接正犯の客観的事実を生じさせた場合には，教唆犯を認めるのが通説であ

り，その逆の場合については，間接正犯の既遂とする説もあるが，通説は教唆の罪責を認めている．　　　　　　　　　　　[斎藤信治]

共犯の従属形式　*共犯の従属性'に初めて分析的視点を持ち込んだのは，M・E・*マイヤー' である．彼は，共犯が正犯行為の存在に依存することは問題がないとしながらも，従属性(要素従属性)は，さらに次の4段階に区分しうると唱えた．①最小従属形式：共犯者が処罰されるためには，正犯者が客観的な法定構成要件を実現すれば足りる．②制限従属形式：共犯者が処罰されるためには，正犯者が外的な法定構成要件を違法に実現せねばならない．③極端従属形式：共犯者が処罰されるためには，正犯者が法定構成要件を違法かつ有責に実現することを必要とする．④誇張従属形式：正犯者が法定構成要件を違法かつ有責に実現したことだけでなく，さらに正犯者の刑を加重または*減軽'する人的特性までもが共犯者に帰責される．機能的にみると，共犯が最も広く成立する従属形式は，最小従属形式であり，以下順に制限従属形式，極端従属形式と進むに従い，共犯の成立範囲は狭くなる．

現行法の共犯規定がどの従属形式に立脚するのかを明らかにしていないため，これまでは，間接正犯の成立範囲との関連において，妥当な従属形式が考えられてきた．換言すれば，「共犯の限界から間接正犯がはじまる」との理解の下に，処罰の間隙を生じさせない従属形式が好ましいとされてきたのである．極端従属形式が個人責任の原理に反するとの理解と並んで，通説が極端従属形式から制限従属形式へと動いた理由も，ここにある．しかし，このような思考には疑問がある．間接「正犯」の共犯に対する優位性を軽視するだけでなく，*間接正犯'の犯罪としての性格を共犯のそれと同質・同量のものと捉えているからである．むしろ，共犯の従属形式の問題は，間接正犯の成立範囲とは別の問題であり，「共犯とは何か」という共犯の本質から探究されるべき性質の問題である．したがって，妥当な従属形式は何かという問題の答えは，結局，共犯の処罰根拠論の如何に依存することになる．→独立教唆罪　　　　　　　[大越義久]

共犯の従属性　(独) Akzessorietät der Teilnahme　*教唆'や*幇助'はそれ自体では存在せずに，たとえば殺人の教唆や殺人の幇助というように，常に具体的な犯罪行為と結びついて存在する．だが，共犯の従属性を唱える者は，この論理的従属性を超えて，実行従属性，要素従属性，罪名従属性という実質的な内容を共犯の従属性に盛り込んでいる．

実行従属性とは，*共犯の未遂'の開始時期は正犯のそれと同一なのかそれとも異なるのか，という問題である．この論点は，教唆の未遂は可罰的か否か，すなわち，教唆者が教唆すれば，正犯者が実行に着手しなくとも，教唆者は可罰的になるかどうかをめぐって，*共犯従属性説'と*共犯独立性説'との間で激しく争われた．これについては，*教唆の未遂'を参照．

要素従属性とは，共犯の概念上前提となる正犯の行為にはいかなる要件が必要であるのか，という問題である．この問題の実践的な意味は，どの範囲のものを共犯として処罰するのが妥当か，という点にある．要素従属性に関しては，4つの見解がある(最小従属性説，制限従属性説，極端従属性説，誇張従属性説である．*共犯の従属形式'を参照)．

罪名従属性とは，共犯の罪名は正犯のそれに従属するのか，という問題である．この問題は，これまでは，*犯罪共同説'と*行為共同説'との対立の下に捉えられてきた．犯罪共同説の論者は，共犯を正犯と「特定の犯罪」を共同にする場合であるとし，罪名従属性説を唱えた．他方，行為共同説の論者は，共犯を各人が「行為」を共同にして各人の犯罪を実行する場合であるとし，罪名独立性説を主張した．だが，犯罪共同説と行為共同説の対立は現在ではその様相を変えている．犯罪共同説は，異なった構成要件間においても共犯の成立を認める部分的犯罪共同説へと変貌をとげ，結論的には行為共同説と異ならない見解となっているからである．
　　　　　　　　　　　　　　[大越義久]

共犯の処罰根拠　共犯の処罰根拠とは，共犯はなぜ処罰されるのか，という問題である．共犯の処罰根拠を議論する意味は，共犯論の諸問題を相互に有機的に関連づけ，共犯論を体系化する点にある．共犯論の諸問題は，共犯者をいつ，どの範囲で，どのように処罰すべきか，

をめぐるものであるが，いずれも「共犯はなぜ処罰されるのか」という共犯の処罰根拠論に規定され，集約される性質の問題であるからである．ところが，かつてのわが国においては，この論点のもつ重要性は十分に認識されていたわけではなかった．共犯の処罰根拠論はわずかに「必要的共犯」の問題解決に登場していたにすぎなかったのである．これに対して，ドイツでは，古くから共犯の処罰根拠に関して活発な議論が展開されてきた．

その中には，共犯の処罰根拠否定論もあった．共犯は独自の犯罪性を有さず，正犯の可罰性を借用してはじめて可罰的になるという可罰性借用説がそれである．しかし，可罰性を借用するとの思考は個人責任の原理と衝突するので，現在この説を正面から唱える者はいない．

共犯に独自の処罰根拠を認める見解としては，*責任共犯論'，*惹起説'（因果的共犯論），*違法共犯論' がある．

責任共犯論は，共犯の処罰根拠を共犯者が正犯者を罪責と刑罰に陥れる点にみるので，次のような解釈論的帰結をもたらす．①必要的共犯者は可罰的になる．責任共犯論は，正犯と共犯では犯罪の性格自体が質的に相違すると捉えるので，正犯行為に出た場合に不可罰とされていることが，共犯行為に出た場合の不可罰性を基礎づけることができず，しかも相手方を実際に罪責と刑罰に陥れているからである．②教唆の未遂は可罰的になる（*教唆の未遂'を参照）．③未遂の教唆は可罰的になる（*未遂の教唆'を参照）．④要素従属性に関しては，*極端従属性説' と結びつく．罪責と刑罰に陥れられるのは，構成要件に該当する違法でかつ有責な正犯者に限られるからである．⑤共犯者は正犯者の身分に従属する．*構成的身分' であろうと加減的身分であろうと，正犯者の身分は正犯者の罪責と刑罰を基礎づける要素だからである．

惹起説は，共犯の処罰根拠を共犯者が正犯者の実現した結果を共に惹起した点にみるので，つぎのような解釈論的帰結をもたらす．①必要的共犯者は不可罰になる．正犯と共犯の犯罪性格は量的な相違に留まることになるので，正犯行為に出た場合に不可罰とされる以上，より弱い犯罪形式としての共犯行為に出たとしても不

可罰的であるといえるからである．②教唆の未遂は，未遂の処罰根拠を「意思の危険」に求めた場合には可罰的になる反面，「法益侵害の危険」にみた場合には不可罰になる．③未遂の教唆は不可罰になる（未遂の教唆を参照）．④違法の相対性（違法の個別性）を肯定した場合には，共犯独立性説か最小従属性説と結びつくが，違法の相対性を否定した場合には，制限従属性説と結びつく．⑤違法の相対性を肯定した場合には，身分は，それが法益侵害の事実的依存性と関連する場合を除いて，個別的に作用する．他方，違法の相対性を否定した場合には，制限従属性説と結びつく結果，違法身分であれば連帯的に，責任身分であれば個別的に作用する．→教唆の未遂　　　　　　　　　　　［大越義久］

共犯の中止　**1 意義**　*中止犯'の規定（刑43但）が共犯関係にも適用（準用）されることについては，現在ではほぼ異論なく認められている．すなわち，任意性および中止行為の有無が問題とされ，これが認められた共犯者は刑の必要的減免にあずかることができる．もっとも同規定は単独正犯を念頭において作られているため，共犯の場合には，その成立をめぐって特に考慮しなければならない事情が存在する．

2 要件　中止犯は未遂犯の存在を前提とするから，共同正犯の1人が実行に着手してはじめてその成否が問題となりうる．他方，既遂犯への適用はありえないから，共犯者によって結果が惹起された後での「中止」（たとえば複数人で順次強姦するとき，2番手の者が自分の順番が来て思い止どまった）は問題とならない．そこで実行の着手後，結果発生以前の中止が問題となるが，このうち実行行為が終了した後の段階（実行未遂）では任意に積極的な結果回避行為を行ったことが要件であり，この点では単独犯の場合と何ら変わりはない．これに対して実行行為が終了する以前の段階（着手未遂）では，共犯特有の問題が生じる．単独犯なら，結果発生を阻止するためには任意に以後の行為を行わなければ足りるのであるが，複数人が関与する*共同正犯'の場合には，一部の者が分担行為を自発的に放棄したとしても他の共犯者がその後も分担行為を行えば依然として結果は発生し，中止犯の可能性がなくなってしまうからである．そこで

従来の学説や判例は，この段階での中止犯の要件として，自己の分担行為の自発的な放棄に加えて他の共犯者の実行を阻止し，全体としての犯罪を未完成に止めたことまで要求してきた（最判昭24・12・17刑集3・12・2028）．しかし最近では，共犯者も自己の行為と因果関係のない結果には責任は負わないとする立場から，その者が共犯関係から離脱する意思を他の共犯者に表明し，かつ自己が与えた因果的影響力を消滅させれば*共犯からの離脱'（共犯関係の解消）が認められ，その後に他の共犯者が結果を惹起したとしても離脱者には未遂犯が成立するという見解が支配的になってきている．このような考え方によれば，離脱者がさらに任意中止の要件を満たしたときはその者には中止犯も成立することになる．

3 効果 中止の効果は，任意の中止行為を行った者にしか及ばない．共同正犯の場合，共同者全員が任意に中止行為を行ったならば全員に及ぶが，一部の者だけが任意に中止行為を行い，そのために結果の発生が阻止された場合には，その一部の者だけが中止犯であり，他の共犯者は*障害未遂'の罪責を負う（大判大2・12・18刑録19・1212）．もっとも，中止の意図をもつAが他の共同者を説得し，他の共同者がそれを了解して結果の阻止をAの中止行為に委ねた場合には，それらの共同者にも中止の効果が及ぶと考えるべきであろう．

4 狭義の共犯 共同正犯の場合と同様に，狭義の共犯（*教唆犯・従犯）についても中止犯の成立は認められる．すなわち，教唆・幇助行為が可罰的となる正犯の実行着手後において（共犯従属性説），教唆者・幇助者が自己の意思により正犯の犯罪実現を阻止しえた場合には中止犯となる．教唆者・幇助者の中止行為が結果を防止した場合には教唆者・幇助者のみが中止犯で，正犯は障害未遂であるが，説得された正犯が実行行為を放棄した場合にはその者もまた中止犯となりうる．これに対して正犯が任意に中止した場合には，中止行為を行わなかった教唆者・幇助者は障害未遂の教唆犯・従犯の罪責にとどまる．　　　　　　　　　　［清水一成］

共 犯 理 論

共犯に関するさまざまな理論的対立のうち，何をもって基本的なものとみ，それらの理論をとくに「共犯理論」と呼ぶかは，必ずしも自明なことではない．

(1) かつて，*牧野英一'らは，教唆犯・従犯の成立に，被教唆者・被幇助者が実行に出たことを要すると説く共犯従属性説と，それを不要と主張する自らの共犯独立性説とを，とくに「共犯理論」（の対立）としていた．しかし，この争いは，共犯従属性説が通説・判例の地位を確保し不動のものとしたことから，今日それほど強い関心を集めてはいない．ただし，共犯の従属形式（*極端従属形式'，*制限従属形式'，最小従属形式など）の問題への関心は依然強い．

(2) 今日，相対的にみて，「共犯理論」とされることが多いのは，広義の*共犯'，あるいは（その中の）*共同正犯'について，何が共同の対象かをめぐって対立している理論（*行為共同説'，*犯罪共同説'，さらには，*共同意思主体説'）である．共犯学説ともいわれる．行為共同説（事実共同説）は，共犯を，2人以上の者が共同の行為（事実または*因果関係'）により，各自の犯罪を実現するものと解する．*片面的共犯'や*過失の共犯'も認められる，と説かれることが多い（もっとも，片面的共同正犯や過失による共犯については，否定説も少なくない）．かつては犯罪をもって行為者の悪性（反社会性）の表現と解する主観主義刑法学の立場から主張されたが，次第に，客観主義の立場からも，個人責任の見地より支持されてきている．犯罪共同説は，2人以上の者が共同して特定の犯罪を行うことが共犯であると解する．原則的に，同一の故意のあることを要するが，構成要件が同質的に重なり合う限度で（たとえば，一方が殺人の故意，他方が傷害の故意で被害者に傷害を負わせた場合には傷害の限度で），共同正犯を認めるのが一般である（部分的犯罪共同説）．現在では，犯罪共同説でも，過失の共同正犯を認める見解も有力である．

共犯を特殊の社会的心理的現象である共同意思主体の活動と解する共同意思主体説については，これを行為共同説，犯罪共同説と並ぶ共犯理論として捉えるべきか，犯罪共同説の1態様として捉えるべきか，見解が分かれている．

　　　　　　　　　　［斎藤信治］

共　謀

共謀とは，犯罪を共同で遂行し

ようという意思を合致させる共同謀議，または謀議の結果として成立した合意，あるいは共同犯行の意識の形成をいう．英米法には，このような共謀それ自体を処罰する共謀罪(*コンスピラシー')が存在する(たとえば，アメリカ模範刑法典5.03)．ドイツ刑法においても，共謀は関与の未遂罪として可罰的とされている(ドイツ刑法典30Ⅱ)．わが国では，共謀それ自体は，たとえば刑法典上，内乱罪(刑78)，外患罪(88)，私戦罪(93)などにおける*陰謀'罪として，また，国家公務員法(110Ⅰ⑰)や地方公務員法(61④)などにおいて，違法争議行為の遂行の共謀罪として処罰されている．また，共謀罪は，とりわけ組織犯罪に対する対応としての意味を有しており，たとえば欧米では犯罪組織を形成すること自体が処罰されている(たとえば，「犯罪団体結社罪」(ドイツ刑法典129)など)．なお，EUの財政的利益を刑法上保護するための統一刑法草案(コルプス・ユリス)8条において，共同体予算に損害を与える犯罪組織の結成が処罰されている．

わが国の判例は，共謀を*共同正犯'における主観的な成立要件として把握し，共謀による共同正犯すなわち*共謀共同正犯'を肯定している．その際，共謀の内容をどのように考えているかは必ずしも明らかではないが，これを意思連絡，謀議，あるいは共同犯行の意識と把握する判例がある．いずれにせよ，共謀は，罪となるべき事実に属し，訴訟においては厳格な証明の対象となる．2人以上の者がこのような共謀に基づいて犯罪を実行したとき，自らは実行しなかった他の共謀者も全員共同正犯となる．→企行

[髙橋則夫]

共謀共同正犯 **1 意義** 2人以上の者が，一定の犯罪について*共謀'をしたうえ，その中のある者が共謀に基づいて実行にでた場合に，直接には実行行為を行わなかった共謀者も*共同正犯'とするものである．直接に実行を行った者を実行共同正犯といい，共謀に関与しただけの者を共謀共同正犯という．共謀共同正犯が，刑法60条の解釈として，共同正犯に包含されるか否かが問題となる．

2 判例の展開 判例は，大審院以来，共謀共同正犯を肯定している．まず，知能犯に対して適用されたが，その後，非知能犯にも拡大され，全犯罪に対して適用されることとなった．共謀共同正犯の理論構成として，当初は，共同意思主体の形成とその活動という*共同意思主体説'的な考え方がとられていた(大連判昭11・5・28刑集15・715)．最高裁判所も大審院時代の判例を踏襲したが，練馬事件において(最判大昭33・5・28刑集12・8・1718)，直接実行行為に関与しない者でも，他人の行為を自己の手段として犯罪を行った点を根拠とする，いわゆる「間接正犯類似説」的な考え方を採用し，共謀を限定すると共に，共謀の事実は「罪となるべき事実」であるとして厳格な証明の対象とすることによって，共謀共同正犯の拡大に歯止めをかけた．もっとも，共同意思主体説的な側面を強調する判例も依然として存在し，さらに，近時の判例は，「自己の犯罪」か「他人の犯罪」かという視点から共謀者の正犯性を根拠づける傾向にあるといえよう．すなわち，共謀の認定においては，主観的側面では被告人の意思内容，客観的側面では犯罪実現における被告人の役割等を判断資料として，当該犯罪が被告人の「自己の犯罪」として評価できるか否かが基準とされている(最決昭57・7・16刑集36・6・695)．

結局，判例は，共謀者と実行行為者との関係(上下，主従，対等)，共謀者の犯行の動機，共謀者と実行行為者間の意思疎通行為，共謀者の具体的加担行為および役割，犯罪の性質(財産犯の場合には，利得の分配)などを総合的に判断していると思われる．

3 学説の展開 共謀共同正犯肯定説として，前述の共同意思主体説が代表的なものであるが，その団体責任的な考え方に対して，多くの批判が集中した．そこで，ドイツで通説となっている*行為支配'説(構成要件的行為の全体に対する目的的支配，実行者に対する優越的支配を有すれば共同正犯を肯定する見解)，あるいは，前述の間接正犯類似説などが主張された．これらの肯定説は，共同正犯における実行行為を実質的に理解する点では共通している．これに対して，共謀共同正犯否定説は，共同正犯における「犯罪の実行」(実行行為)を，単独犯を予定した未遂犯規定(43)における「犯罪の実行」(実行行為)と同様の意味で厳格に理解している．共同

正犯の法効果である「一部行為全部責任」の根拠が，実行行為を分担した点にあるのではなく，共謀した点にあるとするならば，否定説のように，実行行為に固執する理由はないことになろう．

4 共謀の概念 共謀の意義について，判例上，意思連絡とするもの，謀議とするもの，共同犯行の意識とするものに分かれている．いずれにせよ，犯罪実現に向けられた相互利用・相互補充の意思が必要である．また，同一の犯罪について，甲と乙が共謀し，次いで乙と丙が共謀するというような場合でも，甲・乙・丙の間に共謀が認められる(順次共謀)．→見張り

[高橋則夫]

業務 業務という語は刑法の異なった箇所で用いられ，その意味もコンテクストによって異なって理解されている．①偽計業務妨害罪(刑233)，威力業務妨害罪(234)，*電子計算機損壊等による業務妨害罪'(234の2)においては，業務は保護法益である．②「正当な業務による行為は，罰しない」(35)という*正当業務行為'は違法阻却事由のひとつである．③業務上過失致死罪(211前)，業務上過失致傷罪(211前)，業務上過失往来危険罪(129Ⅱ)，業務上失火罪(117の2)においては過失の加重形態としての*業務上過失'が規定されている．④業務上横領罪(253)，業務上堕胎罪(214)においては業務者の行為が加重処罰されている．さらに，⑤特別法には，従業員等の違反行為が行われたときに，両罰規定によって自然人・法人の業務主体を処罰する*業務主体処罰規定'が多い．→業務上過失，業務妨害罪 [町野朔]

業務主体処罰規定 従業者が業務に関して違反行為を行った場合に業務主を処罰する規定で，業務主体だけを処罰する代罰(転嫁罰)規定と，従業者と業務主体との両方を処罰する*両罰規定'とがある．代罰規定の名称は，業務主体が違反行為を行った従業者に代わって処罰されるとの理解に由来し，転嫁罰規定の名称は，従業者の責任が業務主体に転嫁されるとの理解に基づく．業務主体処罰規定は古く1890(明20)年代から存在したが，当初は代罰(転嫁罰)規定が一般的であった．しかし，1932(昭7)年の資本逃避防止法以後は両罰規定が次第に一般的となり，現在では両罰規定に統一され，ほとんどの特別刑法に規定されている．

業務主体には，自然人(個人)業務主と法人業務主とがあり，両罰規定以前には両者は別々に規定されていた．立法例では自然人業務主体処罰規定の方がわずかに早く登場しているが，法人業務主体処罰規定も1900(明33)年に「法人ニ於テ租税及葉煙草専売ニ関シ事犯アリタル場合ニ関スル法律」で成立している．*法人'の業務の中で違反行為が行われた場合に，業務主体の法人ではなく法人の代表者を処罰する立法例も大正年間を中心に一時存在したが，現在では両罰規定によって法人業務主と違反行為者とが処罰されるよう規定されている．

業務主体の刑事責任の性質に関して，学説は，まず自然人業務主について，他人の行為に基づく無過失責任と理解し，それを背景に判例も同様に理解したが，両罰規定以降，その性質を，従業者に違反行為をなからしめる選任・監督を怠った過失責任と構成し，その過失が推定されているとする，有力な行政法学説が示されてからは，責任主義に適うものとして，学説はこれに従い，判例も，そのような理解に変更された(最判大昭32・11・27刑集11・12・3113)．法人業務主についても，判例は，行為者が代表者でない従業者の場合にもその法意は推及されるという結論を採った(最判昭40・3・26刑集19・2・83)．この過失推定説では，反証による免責を認めるが，その裁判例も存在する．法人にあっては，違反行為を防止するための制度・組織を作る義務と，その制度・組織が有効に機能するよう監督する義務を尽くすことと，学説上理解されている． [田中利幸]

業務上過失 業務者の*過失'として通常より重く処罰される形態の過失であり，現在の刑法では，業務上過失致死罪(刑211前)，業務上過失致傷罪(211前)，業務上過失往来危険罪(129Ⅱ)，業務上失火罪(117の2)が存在する．判例によると，業務上過失致死傷罪における*業務'は「本来人が社会生活上の地位に基づき反復継続して行う行為であって，かつその行為は他人の生命身体等に危害を加える虞あるもの」(最判昭33・4・18刑集12・6・1090)であるのに対して，業務上失火罪における業務は「職務とし

て火気の安全に配慮すべき社会生活上の地位」（最決昭60・10・32刑集39・6・362）であり，ふたつの業務概念は若干異なっている．たとえば，前者においてはレジャーのための自動車運転も業務であるが，後者においてはガス・ボンベを用いたアウトドア・クッキングは業務ではないことになる．

一定の危険な業務に従事する者には通常人よりも重い注意義務が課されているから刑が加重されているのだ，というのが有力な学説および判例（業務上過失往来危険罪に関する最判昭26・6・7刑集5・7・1236）であるが，それでは，具体的に結果の予見可能性がなかった業務者にも結果予見義務が負わせられ，業務上過失が肯定されてしまうことになり，責任主義に反する結果となる．やはり，危険な行為を反復・継続して行う業務者は結果の予見能力が高いから加重処罰されるのであり，業務上過失は*重過失'の一類型であると解すべきであろう．もっともこのように考えたとしても，業務者は常にこのように予見能力が高いわけではないから，業務上過失の刑の加重には擬制の要素が存在することは否定できない．　　　　　　　　　　　　　[町野 朔]

業務妨害罪　1 意義および罪質　「*虚偽の風説'の流布」「偽計」または「威力」を用いて人の業務を妨害する罪である．

刑法233条は，「虚偽の風説の流布」による場合，「偽計」による場合（偽計業務妨害罪）を信用毀損罪とともに規定し，234条は，「威力」による場合（威力業務妨害罪）を規定し，3年以下の懲役または50万円以下の罰金に処される．また，電子計算機を用いた人の業務の妨害には重大な結果が生じることが多いことから，業務妨害罪の加重類型として，1987（昭62）年の改正で，同234条の2として，*電子計算機損壊等による業務妨害罪'が新設され，5年以下の懲役または100万円以下の罰金に処される．

業務妨害罪は，個人的法益に対する罪に位置づけられるが，その法益の性格については議論がある．かつては，財産に対する罪に位置づける見解もあったが，今日では，業務活動の自由，社会的行動の自由を法益とする見解が多い．財産に対する罪としての性格と人格に対する罪としての性格を併せもつという見解もある．威力業務妨害は労働争議の中でも発生しやすく，同罪は*労働刑法'としての側面もある．

2 業務の意義　業務とは，職業その他社会生活上の地位に基づき継続して行う事務または事業を意味する．一回的なものはこれに含まれないが，他方，経済的活動以外の事務または事業もこれに含まれる．

業務を妨害するに足る行為の存在があれば，妨害の結果の発生を証明しなくとも，業務を妨害したものとして本罪の成立を認めるのが判例である．また，電子計算機損壊等による業務妨害罪では，電子計算機をして使用目的に沿わないか使用目的に反する動作をさせるという結果を発生させたうえで人の業務を妨害したことが必要とされている．

3 業務の妨害手段　妨害手段の基本態様は，「虚偽の風説の流布」「偽計」「威力」の3つである．電子計算機損壊等による業務妨害罪については，刑法234条の2が別にこれを定めている．すなわち，電子計算機損壊等による業務妨害罪については，電子計算機もしくはその用に供する電磁的記録の損壊，虚偽の情報もしくは不正の指令を与える，その他の方法のうちのいずれかの方法を用いて，電子計算機をして使用目的に沿わないか使用目的に反する動作をさせるという結果を発生させることが必要である．

「虚偽の風説の流布」とは，客観的真実でない情報や噂を不特定または多数の人に伝播させることを意味する．「偽計」は，陰険な手段を用いることを意味するという見解もあるが，人を騙したり，人の不知や錯誤を利用することを意味するとして，狭く理解する見解もある．障害物を沈めて漁網を破損させる行為，電話機に電気的に課金装置を誤動作させる装置をとりつける行為などがこれに当たる．「威力」とは，デパートの食堂配膳部に蛇をまく，猫の死骸を引き出しに入れて被害者に発見させるなど，人の自由意思を制圧するに足る勢力の使用を意味する．

非権力的，現業的性格の公務を威力を用いて妨害する場合，非権力的性格の公務を暴行を用いて妨害する場合における，「威力」による「業務」妨害罪と「暴行」による「公務」執行妨害罪との成否については，学説上さまざまな見解が唱えられているが，判例は，前者について業

務妨害罪の成立を認め(最判大昭41・11・30刑集20・9・1076，摩周丸事件)，後者について*公務執行妨害罪'の成立を認めている(最決昭59・5・8刑集38・7・2621)．　　　　[京藤哲久]

強要罪　(独) Nötigung　本人または親族の生命，身体，自由，名誉もしくは財産に対し害を加える旨を告知して脅迫し，または暴行を用いて，人に義務のないことを行わせ，または権利の行使を妨害した者は，3年以下の懲役に処せられる(刑223Ⅰ・Ⅱ)．以上の未遂も処罰される(Ⅲ)．

本罪は，*脅迫罪'(222)とは異なり，意思決定の自由を侵害する侵害犯である．手段たる脅迫は，人を畏怖させるに足る害悪を告知することである．暴行は，強要の手段となるものであればよいから，物や第三者に加えられたものでもよいとするのが通説である．しかし，2項では親族に対する暴行が脅迫に当たる場合もあるが，親族でない第三者に暴行を加えるのは本罪に当たらないとする見解もある．本罪の客体は自然人に限られるとするのが通説であるが，法人も含まれてよいとする見解もある．脅迫・暴行の結果，義務のないことを行わせ，または権利の行使を妨害したときに成立する．判例は，13歳の子守を叱責して水入りバケツを数時間頭上にあげさせた行為等に本罪の成立を認めている(大判大8・6・30刑録25・820)．→人質による強要行為等の処罰に関する法律　[大沼邦弘]

虚偽鑑定罪　刑法171条は「法律により宣誓した鑑定人，通訳人又は翻訳人が虚偽の鑑定，通訳又は翻訳をしたときは，前2条の例による」として，虚偽鑑定罪，虚偽通訳罪，虚偽翻訳罪の3つを処罰している(広義の*偽証罪')．保護法益は偽証罪と同様，国家の審判作用の安全である．「法律により宣誓した」の意味，「虚偽」の意味についても，偽証罪の項を参照．*鑑定'とは，特別の知識経験によって知りえた法則およびその法則を適用して得た意見判断の報告のこと(刑訴165参照)．*通訳'*翻訳'とは，日本語のわからない外国人や視聴覚等が不自由な者に陳述させる場合の補助作業であり，通訳は口頭による伝達，翻訳は書面による伝達を手段とする(175参照)．これら3つのいずれも裁判所による判断を補助するものである．「前2条の例による」とあるので，法定刑は偽証罪と同じで，刑法170条の自白による刑の裁量的減免の規定も適用される．　　　　[岩間康夫]

虚偽公文書作成罪　**1　公文書無形偽造**　虚偽公文書作成罪は，内容虚偽の公文書を作成する行為を処罰するものである(そこで公文書虚偽作成罪とも呼ばれる)．無形偽造を処罰するのは，公文書では，内容の真実性に対する信用も大きいからだと説明されている．具体的には，刑法156条が，公文書無形偽造の直接正犯(主体は公文書の名義人である公務員)を処罰し，157条が，その間接正犯的類型の一部(虚偽の申立てにより，公正証書原本等に不実の記載をなさしめる行為)を処罰している．こうした規定の仕方に加え，次の2つの理由もあって，156条の間接正犯(公文書の間接無形偽造)が可能かが問題となる．それは第1に，156条は主体が限定された身分犯であり，非身分者は正犯となりえないのではないか，第2に，157条の法定刑が156条のそれに比べて相当に低いことから，157条とは別に156条の間接正犯を認めてよいのか，ということである．

2　判例・学説の状況　判例は，①非公務員が公務員に働きかけて虚偽公文書を作成させた場合は156条の間接正犯を否定し，157条の成立可能性のみを認めている(最判昭27・12・25刑集6・12・1387)．これに対して②公文書の作成に関与している下級公務員が，その名義人たる公務員(上司)に虚偽内容の文面を提出し，署名・捺印をさせた場合には，156条の間接正犯を肯定している(大判昭11・2・14刑集15・113，大判昭15・4・2刑集19・181，最判昭32・10・4刑集11・10・246)．②の類型では，156条の非身分者(補助公務員)が身分者(公文書の名義人である公務員)を介して間接正犯となることが肯定されているのであり，学説の多くも，判例の立場をおおむね是認している．非身分者も身分者を媒介として，身分犯の法益侵害に関与できる以上，間接正犯たりうるとするのである．すなわち，②の類型では，補助公務員に，実質的な作成権限が肯定されているのである．この点につき，補助公務員に作成権限を肯定すれば，補助公務員が名義人(156条の直接正犯)となるのではないか，との批判も見られる．しかし，補

助公務員に上司「名義」で文書を作成する権限を肯定することは可能であろう．作成者の概念をめぐる精神性説が，私文書のみならず公文書にも妥当することは，一般に承認されているところである．→文書偽造罪　　　　［今井猛嘉］

虚偽告訴罪　**1 総説**　刑法172条は「人に刑事又は懲戒の処分を受けさせる目的で，虚偽の告訴，告発その他の申告をした者は，3月以上10年以下の懲役に処する」と規定する．この虚偽告訴罪は，1995(平7)年の改正前は誣告罪と呼ばれていた．本罪の保護法益については，国家の審判作用の安全ないしは捜査権・懲戒権の発動の適正という国家的法益を強調する見解やいわれのない告訴をされる個人の名誉信用や私生活の平穏といった個人的法益を強調する見解も主張されるが，判例・通説は上記国家的法益を主たる保護法益とし，副次的に個人的法益も保護されているとしている（中には，いずれの法益も同等に保護されると解する学説も見られる）．本罪は*抽象的危険犯'である．なお，173条に当該事件に関する裁判確定あるいは懲戒処分前の自白に対する刑の任意的減免が規定されている．

2 成立要件　「人に刑事又は懲戒の処分を受けさせる目的」が必要である（目的犯）．ただし，判例（大判大6・2・8刑録23・41）・通説は未必的な認識で足りるとしている．「人」とは行為者以外の者のことであり（法人を含む），したがっていわゆる自己誣告は本罪を構成しないというのが通説である．また，死者や虚無人に関する虚偽告訴についても通説は本罪不成立とする．それに対して，虚偽告訴の対象となる者がそれに同意している場合にも犯罪の成立は否定されるのか（同意誣告）につき，判例および多数説は国家的法益の部分がなお侵害されているとして本罪の成立を認めるが，上記自己誣告および実在しない者への虚偽告訴のケースにおける取扱いとの矛盾（いずれの場合でも国家や地方公共団体の司法・懲戒作用は妨害されている）を批判する反対説も有力に主張される．次に，申告の「虚偽」性については客観的真実に反することと解するのが判例・通説である．なお，この虚偽性に関する故意は未必的なもので足りるか，あるいは確定的でなければならないかに関して争いがある．前者の見解は告訴・告発の濫用を憂慮するのに対し，後者の見解は*告訴'・*告発'権の制限を懸念する．最判昭28・1・23刑集7・1・46は未必的認識で足りるとしている．「告訴，告発」は例示であり，刑事訴訟法230条〜244条の方式によらない申告一般も本罪に該当する．本罪は虚偽の申告が当該官署に到達し，認識可能となった時点で既遂に達する（未遂の処罰規定なし）．本罪の罪数については，保護法益に関する見解の対立にもかかわらず，虚偽告訴の対象となった人の数が一般に基準とされている．　　　　　　　　　　　　　［岩間康夫］

虚偽診断書作成罪　医師が*公務所'に提出すべき診断書，検案書または死亡証書に虚偽の記載をする行為であり，刑法160条で処罰される．刑法典が私文書の無形偽造を処罰する，唯一の類型である．本罪が形式主義の例外として存在する根拠については，疾病に関しては医師の診断書でなければ証明力がなく，この意味で医師の診断書においては内容の真実性が強く信用されるのだ，と説明されることが多い．しかし内容の真実性について，医師の診断書と同様の信用を得ている私文書は，ほかにも多々あり得るであろう．この点を含め，本罪の趣旨は，立法過程でも十分には審議されていなかったのである．しかし本罪の沿革（旧刑法，ボアソナード草案，1810年のフランス刑法典）を踏まえれば，医師の虚偽診断書を用いて公務や徴兵を回避する行為を禁圧する点が，本来の趣旨であった可能性がある．→文書偽造罪　　　　［今井猛嘉］

虚偽の風説　刑法233条の*信用毀損罪'，*業務妨害罪'における信用毀損行為，業務妨害行為の一態様として，「虚偽の風説」の「流布」が規定されている．

「虚偽の風説」とは客観的真実に反する噂を意味する．そのような噂であることを認識しつつ，これを不特定または多数の者に伝播させることが，「虚偽の風説の流布」に当たる．その風説は，犯人が創作したものであると否とを問わない．

刑法233条は故意犯であるから，同罪の成立には風説が虚偽であることとの認識が必要である．判例には，社会通念に照らして客観的には確実な資料，根拠とはいえないものによらずに述べ

た場合に，虚偽性の認識があるとしたものがある（東京地判昭49・4・25判時744・37）．

類似の用例として，証券取引法158条は，相場変動目的の不正行為のひとつとして「風説を流布」する行為を禁じ，その違反を罰している（197Ⅰ）．また，不正競争防止法2条1項13号は，競争関係にある他人の営業上の信用を害する「虚偽の事実」の「告知」「流布」を「不正競争」とし，これを差し止めや損害賠償の対象としているが，刑罰は科されていない．

［京藤哲久］

極端従属形式（独）extreme Akzessorietät　共犯（教唆犯・従犯）が成立するために，正犯（被教唆者・被幇助者）の行為が構成要件に該当する違法で有責な（故意）行為（故意犯）であることを要する，という立場をいう．*共犯の従属形式'（従属性の程度，要素従属性）のひとつ．極端従属形態ともいう．条文上の根拠として，刑法61条が，教唆犯を，人を教唆して「犯罪」を実行させた者としていることなどを挙げる．かつて通説であったが，実行者の責任の有無によって他の関与者の責任が左右されるというのは個人責任の理念に反する，とか，刑事責任年齢に達しない少年でも，相当な程度に規範意識を備えた者もありうるのであり，そのような者を利用する行為は*間接正犯'とはいいがたく，教唆犯と解するのが適当であるとか，*自手犯'・*身分犯'において責任無能力者を利用する場合，不可罰とするのでなければ間接正犯とするほかないが，それは不自然である，等の批判をうけ，現在では*制限従属形式'が通説となっている．もっとも，共犯しか成立しえない場合を示すもの（間接正犯限定の公式）として，極端従属形式を捉え直せば，再評価できる，との指摘もある．→共犯の従属性

［斎藤信治］

挙証責任（英）burden of proof　（独）Beweislast　**1　実質的挙証責任**　挙証責任をめぐっては，様々な概念が交錯している．当事者双方の立証が尽くされた審理の後に，裁判所が確信を抱くに至らず，なおいずれとも決しがたい真偽不明（non liquet）の場合，不利益に判断される当事者の法的地位を実質的挙証責任（客観的挙証責任）という．民事訴訟における立証（証明）責任の概念，英米法での*説得責任'のそれと同義である．この責任が当事者に分配される民事訴訟とは異なり，刑事訴訟においては，*無罪の推定'から派生した，憲法31条の*適正手続'の保障内容である*疑わしきは被告人の利益に'の原則が妥当し，実質的挙証責任を原則として*検察官'のみが，刑罰権の存否および範囲を画するすべての要素にわたって，負うことになる．しかもその証明の程度として，*証拠の優越'では足らず，*合理的な疑いを超える証明'が求められる．

2　形式的挙証責任　実質的挙証責任は審理終結時の基準であるのに対し，形式的挙証責任（主観的挙証責任）とは訴訟の進行過程において不利益な判断を受けるおそれのある当事者がこれを避けるために行うべき立証の負担をいう．たとえば検察官がひとまず*被告人'の有罪事実を証明した場合，被告人は有罪を回避するためにこれを弾劾し，少なくとも真偽不明の状態に持ち込むため証拠を提出する必要に迫られる．もっとも，この形式的挙証責任は実質的挙証責任の手続上の反映で事実上の負担であり，独立した意義はないとの考えもある．これが証拠提出の事実上の必要である点を捉えて，事実的挙証責任あるいは立証（挙証）の負担，立証の必要と呼ぶべきとの主張もあり，この概念は裁判所がいずれの当事者に立証を促すかなどの*訴訟指揮'に有用と指摘されている．また，形式的挙証責任とは，当事者が訴訟追行すなわち証拠提出の義務をどの程度負うかの問題であるとの説もある．これは，当事者主義化した現行刑事訴訟法において，原則として当事者に証拠提出義務（形式的挙証責任）があるが，例外的に裁判所にも職権で証拠調べをする義務（刑訴298Ⅱ），すなわち形式的挙証責任が一定程度あることを意味し，これを怠ると訴訟手続の*法令違反'・*審理不尽'となる．この説に対しても，結局は*職権証拠調べ'義務の範囲の問題にほかならず，この概念にあまり効用はないとの批判がある．以上，現在では形式的挙証責任概念の無用論が有力である．

3　挙証責任の転換　刑事訴訟の*当事者主義'化にともない，被告人にも例外的に実質的挙証責任を負担させるべきとの挙証責任の転換（分

配)の主張があった．そこでは，*正当防衛'といった*違法阻却事由'・犯行時*心神喪失'状態であったといった*責任阻却事由'やその他一切の犯罪成立阻却事由の存在，故意・過失の不存在や*主観的違法要素'の不存在について，被告人に挙証責任があるとされた．しかしこの見解は，阻却事由の不存在・主観的要素の存在も犯罪成立の要件で検察官がこれを立証すべきであり，これを被告人に負わせることは，犯罪の成否が不明な場合に処罰したり，立証・防御方法が適切でなかったことを理由として処罰することとなり，「疑わしきは被告人の利益に」の原則に反するとし，今日ではしりぞけられている．この点判例も同様とみてよい(たとえば，正当防衛について東京地八王子支判平1・6・30判タ725・237，*責任能力'について東京地判昭62・3・17判タ637・227参照)．

もっとも，犯罪阻却事由さらには刑の減免事由や特別法での「除外事由」の不存在などにつき，検察官が当初から積極的にそれを証明する必要はない．その必要がいつ生じるかについて，種々の見解が主張されている．主要な説として，現行当事者主義構造から被告人が阻却事由の存在を疑わせるに足りる一応の証拠を提出した時とする，*証拠提出責任'説がある．また，必ずしも証拠の提出による必要はなく，被告人側の意見陳述や検察官の*冒頭陳述'などでこの種の争点が形成されればよいとする争点形成責任説も主張されている．さらに争点形成というより阻却事由の存在を被告人側が端的に主張するだけで足りるとする*主張責任'説も唱えられている．

例外的ではあるが挙証責任を被告人に転換しているとされる規定として，刑法207条(*同時傷害')，刑法203条の2(名誉毀損の*真実性の証明')，*爆発物取締罰則'6条，児童福祉法60条3項，各種*両罰規定'などがある．立証の失敗，疑わしい場合にも処罰されることとなる例外が合理的に許容されるには，①検察官が証明する部分から被告人が挙証責任を負担する部分への推認がある程度合理性のあること，②被告人が負担する部分を除いても，可罰性が是認されることなどがあげられ，上記諸立法の合憲性，解釈をめぐって議論は展開している．なお，被告人に転換された証明の程度は証拠の優越で足

りるとするのが原則である．もっとも下級審判例には「合理的な疑いをいれない」程度の証明を要求するものもある(東京高判昭59・7・18高刑37・2・360)．　　　　　　　　[平田 元]

緊急救助　(独) Nothilfe　第三者の法益を守るための*正当防衛'．自らのためにする正当防衛と異なり，被攻撃者が防衛を望まなくとも救助ができるかという問題がある．正当防衛の正当化根拠として個人の法益保全を重視すれば，否定的に解されるべきことになろう．さらに，国家，社会的法益のための緊急救助の可否にも争いがあり，法確証を強調すれば可能とされようが，政治的濫用の危険を懸念する否定説も有力である．なお，国家的法益のための緊急救助を特に国家緊急救助または*国家正当防衛'と呼ぶ．その一例である最判昭24・8・18刑集3・9・1465は，官公庁職員の労働組合による総罷業(いわゆる2・1ゼネスト)が計画されていた際，それに伴う交通，通信，生産の阻害による社会的混乱を阻止すべく，その指導的立場にある者を傷害した事案につき，一般論としては国家緊急救助の可能性を肯定したが，当該事案では，国家機関の介入を期待し得ない極めて緊迫した状況には到っておらず，やむを得ずにした行為ともいえないとの理由から，正当化を認めなかった．　→緊急避難，義務の衝突
　　　　　　　　　　　　　　　　　　　[橋田 久]

緊急執行　*逮捕状'により*被疑者'を*逮捕'する場合，および勾引状・勾留状により*被告人'の身柄を拘束する場合には，逮捕状，勾引状・勾留状を被疑者，被告人に呈示しなければならない(刑訴73Ⅰ・Ⅱ・201Ⅰ)．これは，その身柄拘束が被疑事実を明示した*令状'に基づくものであることを対象者に対して告知することを目的としたものであり，令状主義の直接の要請とはいえないまでも，その趣旨に沿うものである．

しかし，場合によっては，令状の執行にあたるべき者が対象者を見つけたときに令状を所持しておらず，その入手を待っていたのでは，被疑者・被告人が所在不明となり，令状の執行が著しく困難となる場合もありうる．そのため，そのように急速を要するときは，対象者に対して被疑事実ないしは*公訴事実'の要旨および令

状が発せられている旨を告げて，令状の執行をすることができる（73Ⅲ・201Ⅱ）．これを緊急執行と呼ぶ．

被疑事実ないしは公訴事実の要旨の告知については，令状記載の要旨をそのまま告知する必要はないが，罪名の告知だけでは足りず，対象者がいかなる嫌疑を受けているかを理解できる程度のものである必要があるとされている（東京高判昭28・12・14判時39・221）．

緊急執行を行った場合には，執行後，できるかぎり速やかに令状を示さなければならず，この呈示によって，緊急執行の手続が完了することになる．

なお，事前の令状の呈示は，*捜索・*差押え等の対物処分についても必要とされているが（110・222Ⅰ），それらについては緊急執行を認めた規定は存在していない．しかし，たとえば，*強制採尿のための捜索・差押許可状のように，それが対人的な性格を持つものである場合には，身柄拘束処分の場合と同様な問題が生じうるのであり，そのための法整備が必要とする見解もある．→緊急逮捕

［川出敏裕］

緊急逮捕 **1 意義** 憲法33条は，「現行犯として逮捕される場合を除いて」逮捕には*令状が必要としているが，刑事訴訟法上は，これ以外にも，一定の場合に無令状での*逮捕が認められている．それが緊急逮捕である（刑訴210）．その要件は，①死刑，無期もしくは長期3年以上の懲役・禁錮にあたる罪であること，②その罪を犯したことを疑うに足りる「充分な理由」があること，③急速を要し，裁判官の*逮捕状を求めることができないこと，そして，④逮捕後，「直ちに」裁判官の逮捕状を求める手続を行うことである．通常逮捕の場合よりも対象となる犯罪を限定するとともに，そのための嫌疑も「相当な理由」ではなく「充分な理由」として高度なものを要求し，そのうえでさらに，事後的にではあるが，逮捕と接着した時期に司法審査を経ることを必要としているのである．

2 合憲性 憲法33条の文言上は，無令状での逮捕が認められるのは*現行犯逮捕の場合に限られているように読めるため，緊急逮捕の合憲性は，刑事訴訟法の制定当初から争われてきた．これに対し，判例は，すでに早い時期に，上述のような要件を課すかぎりは，それが憲法33条の規定の趣旨に反することはないとして，その合憲性を認めている（最判大昭30・12・14刑集9・13・2760）．学説上は，違憲説もあるが，大多数の見解は，事後的にではあれ，逮捕に接着した時点で令状を得ている以上は，全体として令状に基づく逮捕としてよい，あるいは，憲法33条の趣旨は不合理な逮捕の禁止にあり，現行法のような要件を課せば，それは不合理な逮捕とはいえない，といった理由から合憲性を肯定している．

3 逮捕後の措置 緊急逮捕後は，「直ちに」裁判官の逮捕状を請求する手続をしなければならない．もっとも，「直ちに」といっても，逮捕後，逮捕状の請求までに，被疑事実の要旨や弁護人選任権の告知をしたり，あるいは逮捕状請求のための書類を作成したりすることは当然に許される．しかし，それ以上に，取調べ等の積極的な証拠収集活動を行うために請求を遅らせることはできない（大阪高判昭50・11・19判時813・102）．

逮捕状の請求を受けた裁判官は，緊急逮捕自体が適法になされたか否かとともに，令状発付時において通常逮捕の要件が具わっているかを判断し，いずれもが肯定されれば逮捕状を発付する．逮捕状が発付されない場合には，被疑者は釈放されることになる．→緊急執行

［川出敏裕］

緊急避難 （独）Notstand （仏）état de nécessité （伊）stato di necessità （英）necessity **1 総説** *法益に対する現在の危難を避けるために，第三者の法益を侵害する行為．*正当防衛と同じく緊急行為のひとつであるが，被侵害者が元来は危難と無関係なるが故に危険の転嫁が行われる点において構造を異にする．刑法37条1項本文に規定があり，同価値以上の財を守るための緊急避難行為は不可罰とされている（民720Ⅱにも緊急避難規定があるが，概念が異なる）．その法的性質につき，多数説は，緊急状態下で2つの財のいずれかが失われざるを得ないとき，社会全体の利益の総和の減少を最小限度に止めるためには，より価値の大きくない方の財を犠牲にすべきである，との社会的な観点から*違法阻却事由と解するが，

少数説は，自らに切迫した侵害は自ら処理せねばならず，無関係の他人に転嫁することは許されない，との徹底した個人主義の立場から，違法阻却を否定し，行為者の*期待可能性'の不存在に基づく責任阻却を認めるに止める．両者の中間的な見解としては，保全される財が優越していれば違法阻却，同価値ならば責任阻却とする二分説が有力なほか，可罰的違法阻却説も見られる．

2 成立要件 前提となる緊急状態は，法益に対する現在の危難である．個人的法益については，条文に列挙された生命，身体，自由，財産以外でも緊急避難が可能と考えられているが，超個人的法益への拡張には争いがある（抽象論ながらこれを肯定した判例として，最判昭24・8・18刑集3・9・1465）．現在性は，正当防衛における侵害の急迫性と同様に，切迫性で足りる．危険源には正当防衛と異なって限定がなく，自然現象，動物の行動の他，適法行為でも良いとされる．なお，緊急状態が存在しないのにあると誤信して避難行為を行った場合を*誤想避難'という．

次に，避難行為の要件に移ると，第1に害の均衡が要求される．従来の学説は法益の権衡，すなわち対立法益間の抽象的な価値の大小を問うていたが，より具体的な財の保護相当性の大小に着目する利益衡量説が最近では有力である．第2に，「やむを得ずにした行為」の文言は，当該避難行為が危難を避けるための最も軽微な手段であることを意味し，行為者に退避義務を課すものである．これは補充性の要件と呼ばれる．以上の2つの要件は，それぞれ正当防衛における防衛行為の相当性，必要性に対応するが，より要件が厳格になっている．それは，正当防衛とは異なり，緊急避難の相手方が不正の侵害者ではないことに起因する（正対正の関係）．なお，これらの要件の満されない場合は，ともに37条1項但書の*過剰避難'とされるのが一般である．この他，主観的正当化要素として避難の意思を要求すべきか否かは争われている．

3 効果 不可罰である．但し，違法阻却説に立ったとしても，正当防衛の場合とは異なって，相手方に対する損害賠償義務が発生し得る（大判大3・10・2刑録20・1764）ほか，相手方に死亡，重障害の結果が生じれば，犯罪被害者等給付金が支払われる（犯罪被害給付2Ⅰ）．

4 業務上特別義務者の特則 37条2項では，業務の性質上一定の危難に身をさらすべき者への1項の適用が排除されている．たとえば，警察官が犯人を逮捕する際，逆に襲いかかられても，他人を突き飛ばして逃げることは許されない．しかし，他人を救助する場合や，保全法益が侵害法益に著しく優越する場合の緊急避難は認められており，本特則の適用範囲はさほど広いものではない．→緊急救助，義務の衝突，自招危難　　　　　　　　　　　　　［橋田 久］

禁 錮 刑法が規定する*主刑'のひとつで（刑9），*懲役'・*拘留'とともに*自由刑'に属する．*監獄'に*拘置'して執行する（13Ⅱ）点で懲役と共通するが，所定の作業（*刑務作業'）が科されない点で懲役と異なる．ただ，請願により作業に従事することが許されており（監26），禁錮受刑者の多くが*請願作業'に従事しているのが現状である．禁錮は無期禁錮と有期禁錮に分かれ，有期は1ヵ月以上15年以下であるが，加重する場合には20年まで上げることができ，減軽する場合には1ヵ月未満に下げることができる（刑13Ⅰ・14）．無期・有期の禁錮受刑者に改悛の状が認められるときは，有期については刑期の3分の1が経過した後，刑期の定めのない無期については服役後10年を経過した後に，*犯罪者予防更生法'に定める手続を経て（予防更生28〜32），*地方更生保護委員会'の決定によって刑期満了前の*仮出獄'が許される（刑28，予防更生12Ⅰ①）．

懲役の多くが破廉恥な動機にもとづく犯罪（破廉恥罪）に規定されるのに対して，*法定刑'として禁錮が規定されている犯罪は，*内乱罪'（刑77〜79），*私戦予備罪'（93），*中立命令違反罪'（94）に典型的に見られるように，一定の政治的確信または破廉恥でない動機によって行われるもの（非破廉恥罪）が多い．また，故意犯に比べて犯罪性の低い過失犯においても，*交通犯罪'の激増に対処するために*業務上過失致死傷罪'（211）に懲役が*選択刑'として取り入れられたこと（昭和43年部分改正）を別として，自由刑としては禁錮のみが規定されている．こうしたことから，刑務作業を科されない禁錮は，刑

務作業を科される懲役に比べて名誉拘禁的性格を有するものと考えられてきたし, 現行法上も刑期が同一の場合には懲役よりも軽いものとして扱われている(10). しかし, 破廉恥罪か非破廉恥罪かによって懲役と禁錮を区別し, その違いを刑務作業が科されるか否かに求めることは労働蔑視の思想にほかならないこと, 禁錮受刑者の多くが請願作業に従事している現状では懲役と禁錮の区別が形骸化し, 事実上その意義が失われていることなどを理由として, 自由刑を一本にまとめるべきだとする*自由刑単一化論'(現行の自由刑の統合ないしは新しい自由刑の創設)が主張されている. →刑罰 〔丸山雅夫〕

禁止の錯誤 (独) Verbotsirrtum 禁止の錯誤とは, 自己の行為が法律上許されない(禁止されている)のに許されたものと誤解することをいう. 通常は, *法律の錯誤'(違法性の錯誤)と同義に解されている.

目的的行為論および人的不法論を採用し, 故意を違法要素, そして違法行為の類型としての構成要件要素として位置づけ, その内容を構成要件該当事実の認識(事実的故意ないし構成要件的故意)に限定する厳格責任説の体系では, 構成要件該当事実の錯誤を評価の「対象」の誤認, すなわち故意を阻却する*構成要件的錯誤'とし, それ以外の錯誤を対象の「評価」の誤認, すなわち故意を阻却しない禁止の錯誤として区別している. そこで, たとえば誤想防衛や誤想避難などの違法阻却事由の事実的前提(正当化事情)の錯誤は, 禁止の錯誤であると解される. これに対して, 通説は, 違法阻却事由の事実的前提の錯誤を違法性を基礎づける「事実」についての錯誤として故意阻却を認めることから, 構成要件的錯誤と禁止の錯誤の区別を採らず, *事実の錯誤'と法律の錯誤(違法性の錯誤)の区別を採用している. →錯誤 〔長井長信〕

禁酒法 (米) Prohibition Act アメリカ合衆国において1920年から1933年まで適用された, 酒類の醸造・販売・運搬・輸出入を禁止する法律. ピューリタニズムの伝統が強い合衆国では, 19世紀から禁酒運動が活発で, 一部の州では飲酒場所の制限や時間的制約を設ける法律が制定されていたが, 全面的な禁酒を全国一律に達成しようと試みたのがこの法律である. 1917年に連邦議会は禁酒を定める合衆国憲法第18修正を定め, 1919年に Volstead Act と称される禁酒法が制定され, 翌年1月から施行された. しかし, 飲酒の根絶はもとより不可能であり, 需要の存在は闇市場の形成につながり, 著名なアル・カポネ Alphonso Capone (米・1899-1947)など組織的犯罪集団が酒類の密造・密売で巨額の利益を得て強力化する等の弊害が大きかった. 刑事司法運用の局面では, 一般市民を犯罪者にし, 警察と一般市民との関係を著しく悪化させ, 刑事法執行に対する市民の人権意識を先鋭化させることになった. また, 組織的犯罪者の検挙のためおとり捜査がこの時期から行われるようになった. 禁酒政策に対する批判はしだいに高まり, 1928年の大統領選挙では重要な争点ともなった. 大恐慌期に至り, 財政的観点からもその廃止が望ましいとされ, 1933年に第18修正を無効とする憲法修正が行われ(第21修正), 禁酒法時代は終わった. なお, 州または州の授権により地方公共団体が禁酒法を定めることは妨げられないので, 合衆国の中には禁酒州や地域が存続している. 〔酒巻 匡〕

近親相姦 (英) incest (独) Inzest (仏) inceste 近親相姦とは, 一般に密接な血縁関係にある異性間の性的関係をいう. 民法においては, 優生学的・倫理的理由から, 直系血族間, 3親等内の傍系血族間, 直系姻族間の婚姻は禁止されている(民734・735). しかし, 刑法においては近親相姦は犯罪とはされていない. ただし, 近親相姦は, 家庭内暴力の一種である子供に対する性的虐待として, 重大な社会問題となっている. 〔松原久利〕

禁制品 (独) verbotene Ware 禁制品とは, 私人による占有・所有が法令上禁止されている物で法禁物ともいわれる. たとえば, 麻薬・覚せい剤, 銃砲刀剣類, わいせつ物がこれに当たる. ただし, この概念は, 現在の法令によっては用いられておらず, わずかに*関税定率法'21条1項が「輸入禁制品」という類似の概念を用い, *関税法'109条がその輸入を処罰しているにすぎない. この禁制品については, 財産罪の客体である*財物'たりうるのかの点について議論がある. すなわち, 財物概念は, 財産権, 特に所有権の目的たりうることをその本

質的要件としているのであるから，法令上私人の所有を禁じられた物は財物とはいえないとも考えられるからである．学説には，単にその占有が禁止されている物とそれに所有権が存立しえない物とを区別し，後者についてのみ財物性を否定する立場もあるが，現在では，違法な所持であっても刑法上の没収手続あるいは第三者没収手続等の法的手続によらなければならないのであるから，財物性が認められるとされている．判例は，物の所持という事実上の状態自体が保護される必要があるとして，禁制品の財物性を肯定している（最判昭26・8・9裁判集刑51・363）．　［吉田宣之］

金　銭　通常は，通貨，すなわち，強制通用力を有する貨幣という意味で，鋳造貨幣・紙幣・銀行券等を総称する．広義には，預金通貨を含めて用いる場合がある．現行刑法典は，金銭を特別の範疇として別段の取扱いを受けるものとはしなかったため，一般の物あるいは*財物'の一種として扱うことになるが，それが，金銭というものの性質もあって，実際には相当特殊な取扱いをすることになっている．

まず第1に，民法上の支配的見解に拠れば，金銭の所有と占有とは一致するとされるが，これを直接的に刑法においても認めると，金銭が封金のような形態で特定物として委託された場合は別として，自己の占有する金銭の他人の物性ということは考え得なくなり，金銭に関しては横領罪は成立しないこととなってしまう．そこで，取引の安全・動的安全保護を目的とする民法とは異なり，刑法は静的な権利関係保護を目的とするということから，刑法においては委託された金銭も他の動産と同じく委託者の所有に属する，と解するのが通説・判例である．しかし，これが金銭を特定物として常に扱うということであれば，現に同額の金銭を持っている場合の委託された金銭の費消も横領となって不合理であろう．そこから，刑法上は不特定物としての金額所有権を認めるべきであるとする見解もある．

第2に，刑法上の占有は，奪取罪の場合を念頭において，事実的支配であることが基本的に要求されているが，横領罪については，事実的処分権限ないし可能性の保有という観点から，法律的支配を含む，とすることに異論は見られない．そこから，判例・通説は，銀行預金等の保有を法律的支配による金銭の占有と解することになる．しかし，法律的支配の他の例として挙げられる不動産登記名義の保有や倉荷証券・船荷証券等の物権的有価証券の所持が単に占有という概念を拡張するに止まるのに対し，それが財物の概念をも実質的に変更していることは否定できないであろう．金銭を預金口座で管理し，全く現金化しないということが極めて一般的になった現在，預金による金銭の占有ということを認めないと確かに具体的妥当性に欠けることになることは否定できない．第1，第2の問題はいずれも根本的なものであり，刑法における金銭という問題の困難さを象徴するものといいえよう．　［伊東研祐］

金融犯罪　金融犯罪とは，金融機関または金融取引に関連する犯罪をいう．金融犯罪には，詐欺罪，横領罪，背任罪などの刑法上の犯罪を構成する場合のほか，金融業取締りを目的として制定された各種の特別法に違反する場合がある．

金融犯罪の第1は，金融機関が資金を融資する場面で問題となる犯罪で，その典型は，貸付け担当役職員等による不正融資である．不正融資には，*不良貸付'（無担保や担保の不十分な貸付け）と不当貸付（法令，定款，内規等に違反する貸付け）がある．前者は，通常，任務違背行為として背任罪（刑247）に該当し，さらにその主体が取締役等の場合には特別背任罪（商486）に該当するが，後者は，債権を回収することのできる確実な方策を講じている限りは任務違背とはならず背任罪は成立しない．不正融資以外の代表的な犯罪としては，*浮貸し'等の罪（*出資の受入れ，預り金及び金利等の取締りに関する法律'3・8 I）や貸金業者が業として金銭の貸付けを行う場合に年40.004％を超える割合による利息の契約または受領を禁止する高金利罪（出資取締5）などがある．

第2は，金融機関が預貯金として金銭を受け入れる場面で問題となる犯罪で，代表的なものとしては，*預合い罪'（商491）および導入預金の罪（*預金等に係る不当契約の取締に関する法律'2・4）がある．導入預金とは，預金者・金

融機関・融資を受ける特定者が直接あるいは金融ブローカーを介して協議し，金融機関がこの特定者に融資すること，および預金者に裏利を与えることを条件に，預金者が金融機関に預金することをいう．導入預金による金融機関の融資は，その性質上回収不能となる危険が大きく，その健全な経営を損ない一般の預金者の利益を危険にするので，このような不当契約に関与した預金者，媒介者，金融機関が処罰される．また，正規の金融機関以外の者が業として不特定かつ多数の者から預金と同様の経済的性質をもった金銭を受入れることは，当該預かり機関がその返還義務を履行できないときには不測の財産的損害が生ずるので，このような行為から大衆投資家を保護するため，出資法は「預り金」を禁止しその違反を処罰している（2Ⅰ・8Ⅰ①）．

第3は，金融業自体を様々な角度から規制する行政法規違反の罪で，たとえば，銀行業の無免許営業罪（銀行2Ⅰ・61），業務停止命令違反罪（26・62）などがある．→経済刑法

［大塚裕史］

く

偶然防衛 偶然防衛とは，急迫不正の侵害が実際に存在するのに，行為者がそれを知らずに法益侵害行為を行ったが，結果的に'正当防衛'になったという場合である．たとえば，Aが恋敵のBを森の中で見つけ射殺したところ，実は，BもそのときまさにAを射殺しようとしているところであった，という場合である．このとき，Aの罪責をめぐって，正当防衛の成立に防衛の意思を必要とする見解（必要説）とそれを不要とする見解（不要説）との間に対立がある．必要説は，Aは防衛の意思を有していないため，正当防衛の成立は認められず，彼には殺人既遂罪の成立が認められるとしている．これに対し，不要説は，Aの行為は客観的に正当防衛結果を生じさせたのであるから，正当防衛の成立が認められ，不可罰であるとしている．もっとも，不要説に立つ学説の中には，たしかに，惹起した結果は正当防衛結果として適法であるが，Aが行為を行った時点ではその行為は殺人行為として違法であるから，Aには殺人未遂罪の成立が認められるとする有力な見解がある．しかし，これは，殺人既遂罪の違法性を阻却するためには防衛意思は不要であるが，殺人未遂罪の違法性を阻却するためにはそれが必要であるとするものであり，不要説の立場として一貫性を欠いているという疑問がある．→誤想防衛，主観的違法要素

［山本輝之］

草野豹一郎（くさののひょういちろう 1886-1951）
1912(明45)年東京帝国大学法科卒業後，司法官として控訴院長を歴任，大審院部長で退官した．その間，早稲田大学，中央大学で刑法講座を担当し，*齊藤金作'，下村康正などが師事した．実務家としてのみならず，刑法理論家としても名高く，いくつかの重要な解釈論を展開した．

とくに重要なのは，*共同意思主体説'を創唱したことである．共犯を共同意思主体の活動と把握して「共犯の連帯性」を貫徹させ，「一部行為全部責任の法理」を根拠づけた．この見解によれば，単独犯の場合における身分による責任阻却事由は共犯においては脱落するとされ，団体責任的な性格が強い考え方であった．また，共同意思主体説は，判例の採用する*共謀共同正犯'の理論的根拠としての地位を占め，その後の判例においては若干の理論的変容があるものの，基本的な点で判例によって踏襲されてきたといってよいだろう．次に，*事実の錯誤'論における*抽象的符合説'である．すなわち，軽い甲罪の故意で重い乙罪の事実を実現した場合，軽い甲罪の未遂と重い乙罪の過失との*観念的競合'とし，もし重い乙罪について過失処罰の規定がない場合には，軽い甲罪について未遂処罰の規定がなくともつねに甲罪の未遂の成立を認め，他方，重い甲罪の故意で軽い乙罪の事実を実現した場合には，重い甲罪の未遂と軽い乙罪の過失との観念的競合とし，もし軽い乙罪に過失処罰の規定がない場合には，つねに甲罪の未遂の成立を認めるが，甲罪につき未遂処罰の規定の存しないときは，その責任を，乙事実に対する故意犯の限度に止めるべきであるとする．しかし，

未遂犯処罰規定がないにもかかわらず未遂を認めることは，明らかに*罪刑法定主義'違反といわねばならない．その他にも，たとえば，*違法性の錯誤'における法律過失準故意説などがある．草野刑法は，基本的に*客観主義'に依拠しているが，行為者の主観を大幅に考慮する学説であると評することができよう．

主著として，『刑法總則講義第1分冊』(昭10)，『刑法改正上の重要問題』(昭25)，『刑事法学の諸問題ⅠⅡ』(昭26, 27)，『刑事判例研究全5巻』(昭9～15)，『刑法要論』(昭31)などがある．　　　　　　　　　　　　　　[髙橋則夫]

公事方御定書　8代将軍吉宗が制定した徳川幕府にとって初めての法典である．これは「奉行中之外不可有他見」(巻末)とされたように，一般に公開されたものではなかった．上下2巻からなり，上巻は81ヵ条で主として司法関係の触書(単行の法令)等を収録したものである．下巻は103ヵ条(実際には500項目余)で，判例や慣習に基づいて裁判の基準となるべき条例を収録し，その多くの部分は刑法に関するもので，寛保以後幕府刑法の主要な法源となり，御定書百箇条・御仕置百箇条とも呼ばれている．元文2(1737)年に編纂に着手され，寛保2(1742)年に一応完成した．その後も追加規定が加えられたが，延享2(1745)年以後は追加することをやめ，別冊として『御定書ニ添錄例書』に収録されることになった．御定書百箇条においては，悪事・邪曲・非道・不実などの犯罪を示す用語に見られるように刑事責任と道徳的責任とは必ずしも明確に区別されず，封建社会の基本的秩序の基礎である主従と親子の関係を重んじる道徳が，それを破る犯罪を重く処罰することにより保護されていた(主殺(しゅうごろし)・親殺(おやごろし)は磔(はりつけ)〈71条〉や死屍刑(しがいけい)〈87条〉に処せられた)．→武家法，武家諸法度
　　　　　　　　　　　　　　[野村 稔]

具体的危険説　*不能犯'の成否の判断基準に関する学説のひとつである．構成要件実現の客観的な具体的危険が発生したときに*未遂犯'の成立を肯定する見解であり，行為者の主観的意思の危険性が認められる場合に未遂犯の成立を肯定する主観説ないし*抽象的危険説'を批判しつつ主張されている．もっとも，客観的な危険の発生を要件とするといっても，事前の一般人の立場から見た危険性をいい，危険の判断は*客観的危険説'よりも緩やかである．具体的には，行為時において一般人に認識可能な事情(さらに，行為者に認識されていた事情を加える見解も有力である)を基礎に，構成要件実現の具体的危険が認められる場合に，未遂犯の成立を肯定するものである．わが国の判例は，*硫黄殺人事件'に関する判決をはじめ，客観的危険説的理由付けを用いることが多いが，死体に対する殺人未遂罪の成立を肯定した広島高判昭36・7・10高刑14・5・310など，具体的危険説的な基準を用いた判決も見られる．　　[山口 厚]

具体的危険犯　(独) konkretes Gefährdungsdelikt　**1 具体的危険犯における危険の発生**　構成要件的行為により法益侵害の危険性が生ずれば完成する*危険犯'は，具体的危険犯と*抽象的危険犯'とに分類される．具体的危険犯は構成要件の内容として特に危険の発生を明示している．自己所有の非現住建造物放火罪(刑109Ⅱ)，非建造物放火罪(110)，往来危険罪(125)等や，特別法では，みだりに信号機を操作するなどし「道路における交通の危険を生じさせた」行為を処罰する罪(道交115)等が具体的危険犯の例である．往来危険罪は「汽車又は電車の往来の危険を生じさせた」ことがその成立要件となっている．列車の軌道上に置かれた石塊が列車往来の危険を生じさせる程度のものであるということだけではなく，さらに軌道上を走行予定の列車に事故が発生する可能性が生じたことが必要であろう．ただ，この場合に，列車が石塊に衝突して止まったという程の危険性は要求されないであろう．火炎びん使用等の処罰に関する法律2条のように生命・身体・財産に対する場合は，当該客体への侵害の危険はより切迫したものであることを要しよう．

2 行為の危険性と危険の発生　道路交通法68条は「2人以上の自動車又は原動機付自転車の運転者は，道路において2台以上の自動車又は原動機付自転車を連ねて通行させ，又は並進させる場合において，共同して，著しく道路における交通の危険を生じさせ，又は著しく他人に迷惑を及ぼす行為をしてはならない」と規定している．「著しく道路における交通の危険を生じ

させ」るとの文言は「行為」を修飾している．このような規定と，「……を為し……の危険を生ぜしめた」との規定の形式をとる真正の具体的危険犯とは区別されるべきであろう．道路交通法68条は「著しく」道路における交通の危険を生じさせる行為を処罰の対象とし，行為の危険性は高度のものでなければならないが，行為外の具体的事情を抽象化して危険性を判断する点で具体的危険犯とは区別される．これに対して，道路交通法115条の場合，「みだりに信号機を操作する」こと自体が「道路交通の安全」を危険にする可能性のある行為であるが，道路交通事情等を考慮して「道路交通の安全」（この法益の内容は曖昧であるが）に対する危険が「発生」したことにより成立する犯罪であり，具体的危険犯であると解される．→形式犯，実質犯

[福山道義]

具体的指揮権 *検察官'がみずから犯罪を*捜査'する場合に，捜査を補助させるために*司法警察職員'を指揮する権限をいう（刑訴193Ⅲ）．検察官が行う捜査についての司法警察職員の協力（192）を検察官の側から確保するために認められる権限である*一般的指揮権'（193Ⅱ）とはその内容を異にする．具体的な事件についてみずから捜査する検察官の指揮下でその捜査の補助をするというかたちになる関係上，この場合の司法警察職員は，独立の*捜査機関'たる地位を一時的に失うこととなる．

この権限は，他の一般的指揮権などとは異なり，「その管轄区域により」（刑訴193Ⅰ・Ⅱ）という制限がない．これは，検察官が管轄区域外において職務を行う場合に（195），その管轄区域外にある司法警察職員を指揮して捜査の補助をさせることが予定されているためである．捜査の補助には限定はなく，検察官は，司法警察職員に逮捕・捜索・差押・検証などの強制処分に限らず，被疑者や参考人の取調べなどの任意捜査の補助をさせることができる．

[山本正樹]

具体的事実の錯誤 1 意義 行為者の予見した事実と現実に発生した事実とがくい違う場合を*事実の錯誤'という．この事実の錯誤には，具体的事実の錯誤と*抽象的事実の錯誤'とがある．具体的事実の錯誤は，予見事実と実現事実とが同一構成要件の範囲内のものである場合（同一構成要件内の錯誤）をいい，これに対して，抽象的事実の錯誤の場合には，予見事実と実現事実とが異なった構成要件にまたがっている場合（異なった構成要件間の錯誤）をいう．

具体的事実の錯誤の場合には，予見事実と実現事実とが同一構成要件内のものであることから，通説・判例は，実現事実について故意（構成要件的故意）を認めてきた．これに対して，学説の中には，具体的事実の錯誤の場合であっても，行為者が具体的に認識したこととは違う結果が生じていることを重視し，故意阻却を認めるべきであるとの主張も有力である．この立場では，客体の錯誤の場合と方法の錯誤の場合とを区別し，後者の場合には故意阻却の論証が試みられている．具体的事実の錯誤の処理に際しては，いわば故意概念の定義をどのように規定しているのかが問われることになる．「錯誤論は故意論の裏返し」といわれる所以でもある．

2 錯誤の処理をめぐる学説 具体的事実の錯誤の処理をめぐっては，従来，*具体的符合説'と*法定的符合説'とが対立してきた．最近では，さらに具体的法定符合説も主張されるようになってきている．

具体的符合説は，行為者の認識した具体的な事実と発生した事実とが一致しなければ故意を認めることはできないとする見解であり，具体的事実の錯誤の場合，予見事実については未遂犯が，実現事実については過失犯が成立し，両罪を観念的競合として処理するというのが基本的な考え方である．この考え方は，方法の錯誤の場合だけでなく客体の錯誤の場合にも当てはまるはずであるが，客体の錯誤の場合には修正を加えるのが一般的である．すなわち，客体の錯誤の場合，行為者が認識した客体と侵害された客体が刑法上同価値である場合には，実現事実について故意を認めるとするのである．

これに対して，法定的符合説は，予見事実と実現事実とが構成要件的に符合している限り故意を認めうるとして，客体の錯誤はもとより方法の錯誤であっても，実現事実について故意を認めうるとする．ここでは，たとえば行為者が認識した攻撃の客体がAかBかという人物の違いは捨象され，構成要件上の客体である「人」

という範疇が意味を持つのである。いわば具体的符合説が故意の抽象化を排斥するのに対して、法定的符合説は、構成要件の枠組みの中において故意の抽象化を是認している。この考えは、故意を構成要件該当事情の認識・認容として捉え、構成要件の故意規制機能を重視することと結び付き、通説・判例となったのである。

法定的符合説は、方法の錯誤において故意の個数が問題となる場合においては、その解決方法が多様であり、しかも理論的な工夫を要する。この場合には、予見事実には未遂、実現事実には過失を考える具体的符合説の結論は簡明である。最近では、具体的符合説の考え方を見直し、方法の錯誤においては具体的な法定符合を問題にすべきとする具体的法定符合説も主張されている(この説は、法定的符合説を抽象的法定符合説と呼んでいる)。これは、錯誤論においても正面の故意論を展開しようとするものである。
　　　　　　　　　　　　　　　　　[日髙義博]

具体的符合説　具体的符合説は、事実の錯誤において、予見事実と実現事実とが具体的に一致しない限り、故意を認めることができないとする見解である。この説では、故意は、行為者の予見した具体的な客体との関係において把握されるため、事実の錯誤は故意を阻却する、との結論を理論的には導き出しうる。すなわち、事実の錯誤の場合、予見事実については未遂犯の成立を、実現事実にあっては過失犯の成立を認めて、両罪を観念的競合として処理するというのが理論的な帰結である。この結論は、*具体的事実の錯誤'の場合だけでなく、*抽象的事実の錯誤'の場合においても同様であり、さらに客体の錯誤の場合と*方法の錯誤'の場合とを区別して解決する必要もないということになるはずであるが、具体的符合説にあっても、そこまで理論的に徹底する見解はまれである。一般には、方法の錯誤の場合と客体の錯誤の場合とを区別し、方法の錯誤の場合には理論的帰結として故意の阻却を認めるが、客体の錯誤の場合にあっては、客体が刑法上同価値である場合には故意の阻却を認めず、実現事実について故意犯の成立を肯定する。たとえば、Aを殺害する意思で発砲し弾が外れて近くにいたBに命中した場合(方法の錯誤)には、Aに対する殺人未遂罪とBに対する過失致死罪とを認め、両罪を観念的競合として処理するが、Aと思われる人影に向けて発砲し命中したが実はBであったという場合(客体の錯誤)には、Bの死亡について殺人罪の成立を認めるのである。

具体的符合説は、事実の錯誤の処理に際して故意の抽象化を排斥することから、錯誤論においてもいわゆる正面の故意論を展開することが可能となる。しかしながら、方法の錯誤の場合において、未遂も過失も処罰する規定がない場合(Aの器物を狙ってBの器物を損壊した場合)には、不処罰となってしまい不都合である、との批判が*法定的符合説'の立場からなされている。→具体的法定符合説, 抽象的法定符合説
　　　　　　　　　　　　　　　　　[日髙義博]

具体的法定符合説　この説は、客体の錯誤の場合には実現事実について故意を認めるが、*方法の錯誤'の場合には実現事実について故意を認めることができないとする従来の具体的符合説とほぼ結論を同じくする。しかし、具体的法定符合説では、方法の錯誤の場合にあっても、予見した侵害が同一客体の他の部位に発生したような場合(たとえば、右足を傷害する意図で発砲したところ、左足に命中し左足を傷つけた場合)には、その齟齬は、構成要件的評価の上では重要ではないとして、実現事実について故意を認める。したがって、構成要件的符合の考え方を一部取り込んでいる。しかし、異なった客体についても構成要件的符合を認める従来の*法定的符合説'に対しては、抽象的な法定符合を問題にすることになるとして批判的な立場を採っている(平野龍一)。→抽象的法定符合説
　　　　　　　　　　　　　　　　　[日髙義博]

国　親　(羅) parens patriae　年少者など自律的な自己決定能力・精神能力に問題のある者に対して、国が親として(パレンス・パトリエ)保護的・後見者の役割を行うこと。歴史的には対象者の財産管理から始まった後見的介入が、その者の養育・教育や日常生活など身柄の扱いも含むようになった。犯罪や非行を行う少年の場合にも国親思想に基づいて、刑罰的介入ではなく保護と矯正教育をかねながら、感化院、矯正院、少年院といった施設に収容する扱いが、少年法制・少年司法として実現する。それは、

一方で刑事制裁の縮限・後退や刑罰緩和として評価されるが，他方では，刑罰に当たらないような周辺行為ないし問題状況にも国の統制権限を及ぼすための正当化根拠として使われるなど，国親思想による統制の拡大には批判もある．少年司法 juvenile justice としての制度改革において，対象少年の自由権的人権保障が重視され，デュープロセスが言われると，成人では問題にならない虞犯など（status offense）も対象にしながら非形式的手続で少年の施設収容まで可能にするような体制を国親思想が支えるのではないか，国親による保護・教育という名目で若年犯罪者予備群への統制的介入が行われているのではないかが問題とされる．→少年法，少年保護手続　　　　　　　　　　　　［吉岡一男］

虞犯少年　所定の（虞犯）事由のいずれかがあり，性格または環境に照して，将来，罪を犯し，または刑罰法令に触れる行為をするおそれのある少年．家庭裁判所の審判対象たる*非行少年'の一種である（少３Ⅰ③）．虞犯事由は，保護者の正当な監督に服しない性癖のあること，正当な理由なく家庭に寄りつかないこと，犯罪性のある人もしくは不道徳な人と交際し，またはいかがわしい場所に出入することをする性癖のあることである．このような行動が成人の場合に刑事制裁の対象となることはないので，虞犯を非行の一種として家庭裁判所で扱わせ，少年院収容のような保護処分の対象にすることは問題となりうる．虞犯事由としての家出や怠学そのものが少年裁判所等による措置の対象となるアメリカ諸州では，これらは，少年であるという地位にあることのゆえに罰せられるステイタス・オフェンス status offense（地位犯罪としての違反行為）とされる．一定の状態にあることが犯罪となる status crime（状態犯罪）と関連させて論じられることもあるが，合衆国における改革論議では，広い意味でのデュープロセスを少年司法にも及ぼすことの一環として，少年だけに家出や怠学，親の監督に服さないこと等を制裁的措置の対象にしているステイタス・オフェンスには批判の目が向けられ，廃止がいわれることもある．このような批判的視点は，わが国の虞犯にも当てはまる．虞犯事件の内容としては，シンナー・ボンドなど有機溶剤使用が多数を占めた時期もあったが，*毒物及び劇物取締法'の改正（1972年）により，これらは特別法違反の犯罪ないし触法として扱われることとなった．虞犯による家裁終局処分数は71年頃までの5，6千人から74年2千人にまで減少し，その後83年3千人程度まで漸増したが，以降は96年には千人を切るなど減少した．虞犯態様は，家出が4割，不良交友が2割，性非行として論じられる不純異性交遊は1割ほどで，怠学6％，夜遊び4％がつづく（99年872人）．1977年以降は6割が女子少年であり，犯罪行為で全件送致される非行少年に比して要保護性が高いためか，不開始・不処分は合わせて2，3割と少なく，保護観察や少年院送致といった保護処分を受ける者の割合が高い（99年64％）．*不良行為'として年間数十万から百万人が警察による少年補導の対象になっており，外形的には虞犯事由に当たる場合の虞犯性の判定に注意する必要がある．→少年法　　　　　　　　［吉岡一男］

熊本水俣病事件　新日本窒素肥料株式会社が有毒な塩化メチル水銀を含む工場廃水を水俣川河口海域に排出し，これによって汚染された魚介類を摂食した被害者，および，母親が上記の魚介類を摂食したために胎内において塩化メチル水銀の影響を受けて出生した被害者が死傷を負った事件．最決昭63・2・29（刑集42・2・314）で，業務上過失致死傷罪の成立が認められた．本件は，多岐にわたる刑事法上の問題点を含んだ事件である．以下では，そのうちの2点をとりあげる．

1　迅速な裁判の保障との関係　本件の公訴提起がなされたのは，被告人らの過失行為や当初の被害発生から16年以上もたってからであり，最終の被害発生から数えても3年の公訴時効期間が満了する直前であった．この点をとらえて，上告趣意では，本件の起訴は憲法37条1項にいう迅速な裁判の保障に違反していると主張された．このような主張に対して，最高裁はつぎのように答えた．「本件公訴提起が事件発生から相当の長年月を経過した後になされていることは所論指摘のとおりであるが，本件が複雑な過程を経て発生した未曾有の公害事犯であって，事案の解明に格別の困難があったこと等の特殊

事情に照らすと、いまだ公訴提起の遅延が著しいとまでは認められない.」

2 胎児性致死について 本件被害者のうち、病変の発生した時期が出生前の胎児段階であった者について、上告趣意では、出生して人になった後に業務上過失致死傷罪が成立することはない、と主張された. このような主張に対して、最高裁はつぎのように答えた.「現行刑法上、胎児は、堕胎の罪において独立の行為客体として特別に規定されている場合を除き、母体の一部を構成するものとして取り扱われていると解されるから、業務上過失致死罪の成否を論ずるに当たっては、胎児に病変を発生させることは、人である母体の一部に対するものとして、人に病変を発生させることにほかならない. そして、胎児が出生し人となった後、右病変に起因して死亡するに至った場合は、結局、人に病変を発生させて人に死の結果をもたらしたことに帰するから、病変の発生時において客体が人であることを要するとの立場を採ると否とにかかわらず、同罪が成立するものと解するのが相当である」. →堕胎罪, 胎児傷害　　　　　[鈴木左斗志]

クレジット・カード（英）credit card（独）Kreditkarte（仏）carte de crédit　クレジットカードとは、商品の購入またはサービスの提供を受けるための、現金支払いに代わる決済手段として用いられるカードをさす. 通常、カード発行者（クレジット会社）とカード保有者の間の契約（カード会員規約という約款）により無料または有料でカードが交付される. カード保有者は、クレジット加盟店から商品の購入またはサービスの提供を受ける際、現金支払いに代えてカードを提示し、領収証に署名する（外国では暗証番号によってカードの真正な保有者であることを証明する場合もある）. カード発行者は利用代金を加盟店に支払い、その後通常1月分の利用代金をまとめてカード保有者に請求する. 弁済は、一括弁済や分割弁済で、銀行口座から自動引落しされるのが通例である. 国内だけでなく海外で利用できるカードや、現金の借り入れができるカードなどもある.

クレジットカードの不正使用には、①不正に入手した他人名義のクレジットカードを使用してクレジット加盟店で商品を購入したり、サービスの提供を受ける行為、②自己名義のクレジットカードを使用して自己の口座残高（支払能力）以上の商品を購入したり、サービスの提供を受ける行為、③クレジットカードの*偽造などがある. ①他人名義カードの不正使用および②自己名義カードの不正使用については、*詐欺罪'（刑246）が成立するか否か、被欺罔者、処分行為者、被害者は誰かなどが問題となる. 被告人の欺く行為と加盟店の錯誤に基づく*処分行為'の不存在を理由とする詐欺罪不成立説もあるが、判例（福岡高判昭56・9・21刑月13・8・9・35, 東京高判平3・12・26判タ787・272）および多数説は、加盟店に対する1項詐欺罪または被欺罔者と処分行為者を加盟店、被害者をクレジット会社とする（三角詐欺）2項詐欺罪の成立を認める. ③クレジットカードの偽造については、当初昭和62年の刑法一部改正により新設された*電磁的記録不正作出罪'（161の2）が適用されるとされたが、平成13年に*支払用カード電磁的記録に関する罪'（163の2〜163の5）が新設されたため、今後は*支払用カード電磁的記録不正作出罪'（163の2Ⅰ）が適用される. →カード犯罪　　　　　[島岡まな]

グロールマン Karl Ludwig Wilhelm von Grolman（独・1775-1829）　行為者の犯罪的心情の再発現を刑罰執行ないし処遇を通じた道徳的予防により阻止する、というシュテューベル Christoph Carl Stübel（独・1764-1827）の特別予防論の先駆的主張を、事前の刑罰威嚇・心理強制による一般予防論を主張する友人*フォイエルバッハ'との論争の過程において擁護し、さらに展開せしめることによって、ドイツ語圏刑法学における今日の*特別予防'論の基礎を確立したことで知られるドイツの学者.『刑法学原理 Grundsätzen der Criminalrechtswissenschaft nebst einer systematischen Darstellung des Geistes der deutschen Criminalgesetze』(1798),『刑法及び刑事立法の根拠付けと法的非難の尺度に関する理論の展開について Über die Begründung des Strafrechts und der Strafgesetzgebung nebst einer Entwicklung der Lehre von dem Maßstabe der juristischen Imputation』(1799),「予防のための強制法は実際に存すべ

きではないのか？Sollte es denn wirklich kein Zwangsrecht zur Prävention geben?」(1800)等の著作がある．フォイエルバッハとともに，1798年から1804年まで，『刑法学叢書 die Bibliothek für peinliche Rechtswissenschaft』を編集し，ドイツ近代刑法学の発展を軌道に乗せた功績もある． 　　　　[伊東研祐]

軍刑法　軍隊の組織や秩序に対する侵害行為に対して刑罰を規定した法律をいう．軍隊の規律や秩序を維持するため，軍構成員の規律・秩序違反行為や犯罪行為については，通常の司法制度とは別の軍事司法制度が創出されるのが一般であったが，そこでの法源のひとつが軍刑法である．軍事司法制度・軍刑法は，軍隊および戦争の出現とともに古代ローマ時代から存在し，アメリカの統一軍事裁判法，イギリスの軍法，ドイツの軍刑法等現在もなお存在する．わが国では，1869年の軍律がその最初のものである．その後，1872年の陸・海軍省の設置とともに，陸海軍刑律が公布されたが，1881年に陸軍刑法(明14法69)と海軍刑法(明14法70)とに分離され，さらに1908年に全面改正・整備されて，第2次大戦後の1947年5月17日に廃止されるまで続いた．

陸軍刑法(明41法46)は11章104条，海軍刑法(明41法47)は11章105条からなり，陸海軍の勤務や戦闘の相違によって若干の差異はあるものの，ほぼ同一の内容を有していた．両刑法は，反乱罪をはじめとして，擅権，辱職，抗命，暴行脅迫，侮辱，逃亡，軍用物損壊，掠奪，俘虜に対する罪，違令の11種類の罪を規定していた．また，軍人が，政治に関して上書，建白，請願などを行うことや，演説や文書で意見を公表することも禁止していた．軍刑法は，原則として，現役軍人，召集中の予・後備役，軍属および軍学校の学生生徒に適用されたが，哨兵への暴行等一定の犯罪に関しては非軍人にも適用された．

軍刑法犯罪を裁くための特別な裁判所として，軍法会議があった．これは，1869年に兵部省内に設置された糺問司にはじまり，1872年に軍裁判所，1882年に軍法会議となった．その後，1921年の陸・海各軍法会議法によって整備され，1946年5月に廃止されるまで続いた．
　　　　　　　　　　　　　　　[中空壽雅]

群集犯罪　多数人が集合して一定の犯罪を犯すものとしては，何らかの目的のために組織された集団が実行する*組織犯罪'ないし*組織の犯罪'や，必ずしも事前に形成された集団を必要とはしないが，相応の組織性を必要とする*集団犯罪'と並んで，群集犯罪と呼ばれる類型が存在する．これは，何らかの理由である場所に居合わせた多数の人間が，そこに生じた一定の犯罪促進的な条件に反応して，集団に組織されないまま相互に心理的な連絡・共感をもって犯罪を犯すものである．*騒乱罪'(刑106)における付和随行者が典型的な例であるが，他にも，祭礼や盛り場の雑踏での喧嘩争闘，災害時の略奪行為などの例を考えることができよう．

「群集」は，人々が偶然にひとつの場所にさしかかっただけで，相互に結び付けられる一体感のない「雑踏」とも，共通の社会規範を基礎に緩やかに組織されている「公衆」とも，異なる概念である．そして群集犯罪の特徴は，その心理的な側面にある．群集中の各個人は，通常は健全な判断能力を有する者であるが，群集中にあることによって生じる気分の高揚，自制心の喪失，無意識的な一体感の成立，責任感の希薄化等々の，いわゆる群集心理に支配されて思いがけない行動に出て，また他人のそのような行動を是認支援するのである．しかし，そこに成立する心理的な関係は意識的・目的志向的なものでなく，長期にわたり安定した性格のものでもなく，多くの場合明確なリーダーも存在しない以上，群集を組織された犯罪主体と捉えることは困難である．したがって，群集犯罪の刑事責任を負うべきはそれに参加した各個人であることになる．

わが国の刑法は，騒乱罪における付和随行者の刑の軽さに象徴されるように，群集心理に基づき行動した者の刑事責任を軽減する方向にある．おそらくは，それを人間の弱さの表れと捉え，強くは非難できないとするためであろうと考えられるが，他方では，無統制な人間集団の暴走がもつ重大な社会的危険性のゆえに，群集犯罪は厳重に処罰されるべきだとの主張もある．
　　　　　　　　　　　　　　　[上田 寛]

け

経験則 (独) Erfahrungssatz　日常生活における法則など、個別の経験から帰納的に得られた事物の性状や因果関係に関する知識や法則．実験則ともいう．刑事訴訟法317条は、「事実の認定は、証拠による」と規定し*証拠裁判主義'を定めるとともに、318条は、「証拠の証明力は、裁判官の自由な判断に委ねる」と規定し、*自由心証主義'を宣言している．証拠の*証明力'は、*要証事実'とは一応無関係に、証拠がそもそも信用に値するか否かを問題にする証拠の一般的信用性(信用力)と、要証事実との関係においてこれをどこまで証明することができるかを問題にする具体的な推認力(証拠価値)とからなるが、自由心証主義のもとでは、そのどちらも裁判官の自由な判断に委ねられる．したがって、証拠の取捨選択は裁判官の自由であり、矛盾する複数の証拠のどれを採用してもよいし、当該証拠をどの程度信用するかも任されることになる．しかし、もとより自由心証主義は裁判官の恣意的判断を許すものではなく、あくまでも経験則や論理則にそった合理的なものでなければならない．同様のことは、*間接事実'から要証事実を推認する場合にもあてはまる．つまり、経験則は、裁判の基礎となる事実の認定や、そのために用いられる証拠の価値を判断する場合に、重要な機能を果たすのである．なお、経験則には日常生活の常識的なものから、医学や自然科学上の法則のようにきわめて専門的なものまであるが、高度の専門的知識に属し、通常裁判官が知らないものについては、鑑定などによってそれを確かめる必要がある．また、経験則といえども、それが要証事実の認定に利用されるものであれば、*厳格な証明'の対象になる．経験則違反の事実認定が控訴理由になると解する点では一致しているが、不文の経験法則あるいは刑事訴訟法318条に内在する規範に違反するとして法令違反(379)になるという考えと、事実誤認(382)に含めてよいという考えとが対立している． [多田辰也]

傾向犯 (独) Tendenzdelikt　実行行為が、行為者の一定の主観的傾向の表出であることを要件とする犯罪をいう．その典型は(準)*強制わいせつ罪'であるとされる．客観的に被害者の性的自由ないし感情を害する行為が行われても、その行為が、行為者の性欲を満足させる意思ないし内心的傾向の下に行われた場合にのみ同罪が成立するとされ、生殖器等に対する診察行為が犯罪にならないのは、この主観的傾向が欠如しているためであると説明されることがある．判例にも、女性を脅して裸にして写真を撮影したという事例において、強制わいせつ罪は、「その行為が犯人の性欲を刺激興奮させまたは満足させるという性的意図のもとに行われることを要し」という見地から、当該の行為が、もっぱら報復ないし侮辱・虐待のためになされたことを理由に、本罪の成立を否定したものがある(最判昭45・1・29刑集24・1・1)．このような理解は、客観的には同様の法益侵害性を有する行為であっても、行為者の主観的傾向によって違法性が異なるとするものであり、強制わいせつ罪の本質を、不法な手段・態様での性欲満足に求める人的不法論、行為無価値論の色彩が濃厚である．もっとも、東京高判昭62・9・16判時1294・143は、弱みを握って下着モデルをさせるために暴行を加えて全裸写真を撮影しようとした例について、本件行為の性的意味すなわちわいせつ性を認識していた被告人は、「自らを男性として性的に刺激、興奮させる性的意味を有した行為であることを認識」していたことを理由に、強制わいせつ致傷罪の成立を認めた．これがわいせつの意味の認識があれば足りるという趣旨であるとすれば、前記最高裁判例との関係が問題となるであろう．学説上も、最高裁判例を支持するものもあるが、外部的客観的行為が同一である限り性欲の満足を得るという内心的傾向の有無が法益侵害性に影響することはないこと、「傾向」といったとりわけ曖昧な主観的要素を犯罪成立要件とすることへの疑問等から、これに反対するものが多いように思われる．この見解では診療行為の適法性は、患者の承諾等による構成要件ないし違法阻却に求

められることになる．もっとも，強制わいせつ罪においては，客観的行為が性的傾向の表出としてなされることによって法益侵害性を基礎づけられないし高められうるとして，結論的に最高裁判例を支持する見解もある．これは，性的自由ないし感情，特に感情という保護法益の特殊性に着目し，いわば性的欲望をぎらつかせた行為だけがこれを侵害すると解するものであろう．→主観的違法要素，主観的構成要件要素，心情要素，表現犯　　　　　　　　　［酒井安行］

軽　罪　(仏) délit (独) Vergehen (英) misdemeanor　旧刑法(明13告36)における軽重による犯罪3分類のひとつ．*重罪'に次ぐ重さをもつ犯罪を指し，*違警罪'よりも重いとされた．軽罪刑によって罰せられる(旧刑1)．軽罪刑とは，重禁錮，軽禁錮，罰金である(旧刑8)．軽罪の未遂は各則に定める場合に限られ，重罪の未遂とは別の取扱いがされていた(旧刑113)．

もともとはフランス刑法における犯罪分類にならったのだが，フランスでは裁判管轄や刑事手続にもこの3分類が貫徹された．日本では治罪法(明13告37)でこれにならったが，やがてさらに簡素なものにするため，明治期の刑事訴訟法(明23法96)で手続規定が改められ，現行刑法(明40法45)は軽罪・重罪の区別を廃止し，各則の規定も簡素化した．旧刑法の重罪とみなされる罪の該当しないもので，懲役もしくは禁錮または罰金にあたる犯罪は旧刑法の軽罪とみなされる(刑施30，明41法29)．

コモンローでは，軽罪(misdemeanor)は自由刑または罰金で罰せられる犯罪を指す．また，アメリカの連邦法では，6月以下の刑務所収容刑および500ドル以下の罰金またはそのいずれかにあたる犯罪は軽微犯罪(petty offense)という．　　　　　　　　　　　　　　［新倉 修］

経済関係罰則ノ整備ニ関スル法律
第2次大戦中に統制経済の領域が拡大したことに伴い，各種統制法規に設けられていた会社役員による贈収賄などの規定を，1944(昭19)年の法律4号で統合・整備したものである．その後，1947(昭22)年の大改正を経て(法242)，現在では，特別の法令によって設立された鉄道事業，電気事業，ガス事業その他の独占的事業や，経済統制にかかわる会社・組合またはこれに準じる組織体で，付属の別表に掲げられた団体の役職員による収賄およびこれに対する贈賄を処罰する規定がある(1～4)．具体的には，日本銀行のほか，一部の金庫・営団等の役職員を公務員とみなして，公務員犯罪の主体とするほか，独占的公益事業を営む私企業の役職員などが行った収賄行為を，法令により公務に従事する公務員と同様に取り締まっている．また，公務員および上記の団体の役職員もしくはその地位にあった者が，職務上知りえた経済統制に関する行政庁または当該経済団体の重要な秘密を漏示・窃用したとき，これを処罰する規定も含まれている(5)．　　　　　　　　　　　　　　［佐久間修］

経　済　刑　法　(英) laws against economic-crimes　(独) Wirtschaftsstrafrecht　経済取引および事業活動に関連する犯罪行為を処罰して，国民の生活を保護または市場の秩序を維持するために設けられた法律を総称する概念である．広義においては，財産的な利害にかかわる違法行為を規律する法領域をいい，刑法典の財産犯諸規定も含みうるであろう．他方，狭義においては，各種の統制経済法規中の罰則に象徴される行政取締法規の違反をもって経済犯罪とみてきた．その後，自由主義経済の発達に伴って発生した矛盾を解決するべく，企業間の適正な競争関係を確保したり，独占的企業から消費者の権利を保護するための法律が制定されるようになった．このような目的で設けられた法律として，*私的独占の禁止及び公正取引の確保に関する法律'や，不正競争防止法などが挙げられる．これらは，おおむね，私企業または官公庁に勤務する職員による犯罪行為を予定しており，その意味では，犯罪を遂行する側の特徴を捉えた，*ホワイトカラー犯罪'と重なり合う部分が少なくない．しかし，日常の取引にかかわる犯罪現象を規制する経済刑法の領域は，多様な経済活動が市民生活に浸透することによって，次第に違法行為それ自体の属性として理解されるようになった．たとえば，現代の取引社会では，*悪徳商法'や*カード犯罪'が多発しているが，これらの事件では，顧客または消費者である国民一般を直接の被害者にしたものであっても，従来の伝統的な詐欺罪や背任罪の規

定で対処できない場合が少なくない．そこで，商品預託取引業法や投資顧問業法，無限連鎖講防止法などの特別法が制定される一方，いわゆる'知的財産権の侵害'や，'証券取引法'上の犯罪，さらには，'関税法'違反などの租税犯罪も取り込んだ経済刑法の領域が形成されつつある．その意味で，広義における経済刑法の概念は，'租税刑法'と重なる部分もある．他方，特筆すべきは，最近の日常生活では，コンピュータが経済取引に活用されるに伴って，一般市民を対象とする経済犯罪の多くが，'コンピュータ犯罪'の様相を呈するに至っている点である．また，一連の金融不祥事を契機として，'金融犯罪'と呼ばれる分野も形成されており，たとえば，証券取引法上の犯罪であるインサイダー取引や損失補塡行為だけでなく，1997(平9)年の商法改正では，総会屋に対する利益供与罪・受供与罪の法定刑が加重される一方，利益供与要求罪や威迫による受供与罪が新設された(商497)．さらに，会社荒らし等に対する贈収賄罪(494)および特別背任罪(486)も，刑法典の規定と比べて，重く処罰されている．しかし，自らの経営責任を隠蔽する目的で総会屋と連携する場合は格別，恐喝的手段による財産的被害を受けた私的企業が，自らを防衛する有効な手段をもたないとすれば，企業犯罪に対する現行法上の制裁を厳しくするだけでは，同種の違法行為を根絶できないであろう．むしろ，企業経営を健全化するためには，企業情報のディスクロジャーや経営体質の改善が望ましいという意見もある．　　　　　　　　　　　　　　　［佐久間修］

経済と犯罪　(英) economy and crime　経済的要因と犯罪との関連性は従来様々な観点から問題とされてきた．最初の体系的理論は20世紀初頭にマルクス主義的観点から社会階級と犯罪との相関を論じたボンガー Willem A. Bonger(1876-1940)によって提示された．彼は，受刑者の教育的，職業的バックグラウンドが一般人のそれに比べ劣っていること等を例証として，社会階級上の地位が犯罪と相関していることを指摘し，それは資本主義社会の法制度が資本家階級には合法的な欲求充足の機会を与えながら，労働者階級の欲求充足を犯罪化しているからであると主張した．マルクス主義的研究に限らず，経済的環境，特に貧困が犯罪と関連しているという考え方は，古くから広く見られる．

1 貧困と犯罪　しかしながら，貧困自体が犯罪の直接的原因といえるかどうかについては異論が多い．すでに19世紀前半に，ゲリ André M. Guerry(1802-1866)はフランスの司法統計に基づき，豊かな地方では財産犯罪が多く，それは犯罪の機会があることによるとしている．また，ケトレ Adolphe Quetelet(1796-1874)は同様の統計に基づき，一般に貧しい地域では犯罪が少ないことを見出しており，豊かな地方では犯罪の機会があるだけでなく，貧富の差も犯罪の誘因になっているとした．20世紀前半にショー Clifford R. Shaw(1896-1957)とマッケイ Henry D. McKay によって行われたシカゴの研究は，犯罪・非行の多発地帯が貧困家庭の最も多い地域でもあることを見出したが，経済状態は犯罪・非行の直接の原因ではなく，他の要因との重畳作用による社会解体がその原因であるとした．しかし，これらの地域間比較研究は「生態学的ファラシー」を伴うため，近年では個人についてのデータによる貧困と犯罪との相関の検討が行われている．アメリカの'犯罪統計'に基づく研究の多くは，非行少年・犯罪者が下層階層に多く見られることを示しているが，'自己報告調査'の多くは非行や犯罪が社会階層とは相関していないとしている．最近の研究によれば，貧困や経済的格差そのものは犯罪の原因とは言えず，むしろ経済的不平等に起因する相対的剥奪が犯罪の原因となるのではないかと見られている．

2 失業と犯罪　アメリカにおける研究によれば，警察統計に基づく犯罪率と失業率との間には相関があることが知られている．失業と犯罪との相関は年齢層によって異なるのではないかと見られているが，これまでに一貫した研究結果は出ていない．また，アメリカにおける受刑者を対象とした調査によれば，典型的な重罪犯罪者はほとんど失業状態にあるか極めて低賃金の仕事についており，しかも転職することが多い．しかし，出所後の生活扶助金の支給や扶助を伴う雇用は再犯率を低下させるとの調査結果があり，犯罪歴が失業の原因となり，それが再

犯と相関していると見られているが，なお，失業は犯罪の有意な原因ではないとする研究も少なくない．

3 景気変動と犯罪 失業や貧困が犯罪の原因であるとの考え方に立てば，景気の悪化とともに犯罪は増加すると予測される．しかし，犯罪は機会の存否に左右されるという考え方に立てば，逆に景気の上昇は犯罪を増加させると予測されることになろう．多くの研究結果は後者の仮説を支持するが，犯罪に及ぼす経済状態の影響には時間的遅れがあるとすれば前者の仮説は排除されないことになり，なお議論は続いている． 〔村山眞維〕

警　察（英）police（独）Polizei（仏）police　**1 近代的警察制度**　1872(明5)年に司法省に設置され，全国の警察事務を統括する警保寮(太政官布告17)により生じた．1874(明7)年内務省に移管され，フランスの制度を範とし，行政警察と*司法警察'とに区別された．1875(明8)年行政警察規則(太政官達29)における行政警察概念の明確化により，行政権に属する国家作用としての警察と中央集権的組織としての警察制度が成立した．明治憲法(1889(明22))後の警察は，公共の安寧秩序保持と臣民の幸福増進のために必要な警察命令(明治憲9)や警察のための各種の法律(高等警察関係：治安維持法・出版法など，普通警察関係：銃砲火薬類取締法・質屋取締法など，衛生警察関係：精神病者監護法・伝染病予防法など)，警察に関する総則ともいうべき行政執行法(明33法84)により，強い権限をもつに至った．さらに，*違警罪即決例'(1885(明18)太政官布告31)やこれに代わる警察犯処罰令(1908(明41)内務省令16)により，警察が裁判権を行使し，一定限度の処罰権限をも有した．

2 現行警察制度　旧警察法(昭22法196)は連合国総司令部(GHQ)の指令によるが，その主な内容は，第1に，警察権の集中排除に関し，警察命令制定権と違警罪即決処分制度を廃止し，警察の責務(警2)とは異なる消防・衛生その他行政職務を他の適切な諸機関に移管した．第2に，地方分権化に関し，自治体警察と国家警察(国家地方警察)を併存させた．第3に，民主的統制に関し，国家公安委員会，都道府県公安委員会，市町村公安委員会が設置された．第4に，政治的中立化に関し，公安委員会は中央政府および地方政府の首長から独立し，その構成において一政党の所属者が多数を占めてはならないものとされた．自治体警察と国家警察の併存は，警察行政の政治的中立と民主的管理の確保を目的としたが，非能率・不経済・国情に不適合との批判を受け，全面改正された．

現行警察法(昭29法162)は，国家公安委員会の管理下に，国家機関である*警察庁'と都道府県警察を設置した．この関係は有機的なものであり，旧法下の国家警察と自治体警察との併存とは異なるが，国家公安委員会が警察庁長官，警視総監，道府県警察本部長，警視以上の警察官の任免権を有しており，中央集権化が顕著である．

3 現行法上の意義　行政権の主体である国・地方自治体が，国民生活の安全および社会秩序の維持を確保するために，これらに対する障害・危険を除去することを目的とする行政作用，またはこれを担当する行政機関のことをいう．警察法の「警察は，個人の生命，身体及び財産の保護に任じ，犯罪の予防，鎮圧及び捜査，被疑者の逮捕，交通の取締その他公共の安全と秩序の維持に当ることをもつてその責務とする」(警2Ⅰ)旨の規定は，行政作用としての警察を意味し，「都道府県警察は，当該都道府県の区域につき，第2条の責務に任ずる」(警36)旨の規定は，警察作用を担当する行政機関としての警察を意味する．

警察は，その作用により，行政警察と司法警察とに分かれる．司法警察は，刑事訴訟法に基づいて犯罪の捜査を行う．行政警察は，狭義の行政警察と保安警察に分かれる．これらの警察の責務を行うのに必要最小限度の権限を規定するのが，警察官職務執行法(昭27法136)である．

消極的な社会目的や命令・強制による市民の自由権制限をする一般統治権の作用としての警察権の行使には，警察消極目的の原則(秩序維持・災害防止等の消極的目的に限定)，警察責任の原則(警察権行使を公共の安全・秩序に対して客観的に責任ある者に行う)，警察公共の原則(私生活・私住所の不可侵，民事上の法律問題不

介入），警察比例の原則(事態の重大性の程度との均衡を保った警察権の発動)による限界がある．→警備活動　　　　　　　　　［山本正樹］

警察官　(英) police officer　(独) Polizist　(仏) policier　警察法2条が規定する警察の責務（「個人の生命，身体及び財産の保護に任じ，犯罪の予防，鎮圧及び捜査，被疑者の逮捕，交通の取締その他公共の安全と秩序の維持に当ること」）を遂行するために，上官の指揮命令を受け，警察の事務を執行する職員(警63)．*警察庁'および都道府県警察に置かれる警察職員の種類のひとつであるが，皇宮護衛官・事務官・技官などの警察職員とは区別される(34Ⅰ・55Ⅰ)．警察庁長官を除く警察官の階級には，警視総監・警視監・警視長・警視正・警視・警部・警部補・巡査部長および巡査があり(62)，このうち警視総監は階級であると同時に警視庁の長としての職でもある(48)．都道府県警察に属する警察官であっても警視正以上の階級にあるものはすべて一般職の国家公務員とされ，特に地方警務官とよばれる(56Ⅰ)．警察官は，その職務の遂行のため小型武器を所持することができる(67)．警察官はまた，他の法律または国家公安委員会もしくは都道府県公安委員会の定めるところにより，*司法警察職員'としての職務を行うが，この場合，巡査部長以上は司法警察員，巡査は司法巡査とする(刑訴39Ⅲ・189Ⅰ)．都道府県警察の警察官は，原則として当該都道府県の管轄区域内においてのみ職権を行いうるが(警64)，援助の要求による派遣(60Ⅲ)，管轄区域の境界周辺における事案の処理(60の2)，広域組織犯罪等の処理(60の3)，公安維持に関連して必要ある限度内での権限行使(61)，現行犯逮捕(65)，交通機関における移動警察(66)，緊急事態の布告が発せられたときの派遣(73Ⅱ・Ⅲ)については例外が認められている．警察官の職務執行に関する法律として，別に*警察官職務執行法'がある．　［城下裕二］

警察官職務執行法　*警察官'が警察法に規定する個人の生命・身体・財産の保護，犯罪の予防，公安の維持ならびに他の法令の執行などの職権職務を忠実に遂行するための必要な手段を定める法律(昭23法136)．*警職法'と略称される．この法律によって警察官に認められている職務執行の手段は，質問(*職務質問')・(精神錯乱者・でい酔者・迷い子・病人・負傷者等の警察署・病院・精神病者収容施設・救護施設等における)保護・(天災・事変・工作物の損壊・交通事故・危険物の爆発等の危険な事態がある場合の)避難等の措置・犯罪の予防および制止・(危険な事態が発生した場合における他人の土地・建物・船車への)立入り・武器の使用等があるが(警職2～7)，これらの手段は，必要な最小の限度において用いるべきものであって，いやしくもその濫用にわたるようなことがあってはならないとされている(1Ⅱ)．
　　　　　　　　　　　　　　　　［城下裕二］

警察庁　(英) National Police Agency　警察法に基づいて設置された国の中央警察機関(警15)．警察庁は，①国家公安委員会の管理の下に，警察に関する諸制度の企画・調査，警察に関する国の予算，国の公安に係る警察運営，大規模災害・騒乱その他の緊急事態に対処するための計画・実施，交通規制，国際捜査共助，国際緊急援助活動，皇宮警察，警察教養，警察通信，犯罪鑑識，犯罪統計，警察装備，警察員の任用・勤務・活動の基準およびその他警察行政に関する調整・監察などの事務を行うとともに，②国家公安委員会の権限に属する事務についてこれを補佐する(5ⅢⅢ・17)．

警察の責務である個人の生命，身体および財産の保護に任じ，犯罪の予防，鎮圧および捜査，被疑者の逮捕，交通の取締その他公共の安全と秩序の維持に当たるのは，自治体警察である都道府県警察である(36)．都道府県警察は，都道府県公安委員会が管理し(38)，都警察の本部として警視庁を，道府県警察の本部として道府県警察本部が置かれる(47Ⅰ．その長をそれぞれ警視総監，道府県警察本部長という．48Ⅰ)．

警察庁の長は警察庁長官といい，国家公安委員会が内閣総理大臣の承認を得て任免する(16Ⅰ)．長官は，国家公安委員会の管理に服し，警察庁の庁務を統括し，所部の職員を任免し，その職務を統督するとともに，警察庁の所掌事務について，都道府県警察を指揮監督する(16Ⅱ)．

警察庁には，組織上，内部部局(長官官房および生活安全局・刑事局・交通局・警備局・情報

通信局の5局)のほか(19～26),附属機関(警察大学校,科学警察研究所,皇宮警察本部)(27～29)および地方機関(管区警察局,東京都警察通信部・北海道警察通信部)(30～33)が置かれている.　　　　　　　　　　　[三井 誠]

警察白書　(英) Police White Paper　＊警察庁'の編集による白書であり,その年々における警察活動と組織等の全領域にわたる概観的説明,主な警察関係法令の制定・改廃,主な警察事象,警察統計の主要な部分が収録されている.また,毎年特定のテーマを取り上げた特集が組まれている.警察は刑事司法機関のなかでも刑事手続の最初の段階に位置する機関であるため,警察統計は各種の公式＊犯罪統計'のなかでも社会における犯罪現象の発生状況を最も近似的に示すものと考えられており,警察白書からその概要を知ることができる.警察白書の基礎になる犯罪統計書として,警察庁によるものと都道府県警察によるものとが別個に作成されている.

犯罪統計と刑事統計を含む白書として,ほかに＊犯罪白書'があるが,＊地域警察活動'や防犯活動など犯罪の＊検挙'や事件処理に直接関わらない警察活動,およびそれに関連する事柄は警察白書において取り上げられている.
　　　　　　　　　　　　　　[村山眞維]

警察犯処罰令　戦前,拘留または科料にのみ当たる軽微な犯罪を処罰していた省令(明41内16).旧刑法(明13太告36)では,重罪・軽罪・違警罪の区別を刑法典中に規定していたが,現行刑法の制定にあたり,違警罪に相当する罪は刑法典から除いて内務省令をもって別個に規定することとされた.ここでは,軽微な犯罪が3群に分けられ,①30日未満の拘留,②30日未満の拘留または20円未満の科料,③20円未満の科料を科していた.この省令は,即決処分を定める違警罪即決例と相まって,往々にして,本来の目的を超えて犯罪捜査のために利用され,国民の権利を不当に侵害するような状態があったので,戦後,現行の＊軽犯罪法'(昭23法39)に取って代わられた.　　　　　　　　[松生光正]

刑事学　(英) criminology　狭義では,社会的事実としての犯罪の現象を認識し,その原因を探求する実証科学を指す.諸種の犯罪の性質ならびにその原因を科学的に研究する,いわゆる犯罪原因論をいう.犯罪原因論には,伝統的に,犯罪者の遺伝や人格を中心に研究する犯罪生物学,犯罪心理学,犯罪者と環境,地域社会との関係を中心に研究する犯罪社会学の領域がある.この限りでは,犯罪学とほぼ同義である.広義では,犯罪原因の探求に加え,犯罪に対する社会の反応,刑事司法機関の機能,刑罰の選択および執行ほかひろく犯罪対策を含む学問分野をいう.この意味では,＊刑事政策'にきわめて近い.刑事学の用語は,もともとイタリアの＊ガロファロ'が自著"Criminologia"においてこの概念を用いたのが最初とされ,ドイツの＊リスト'はこれを含む全刑法学(die gesamte Strafrechtswissenschaft)を提唱し,フランスではこの訳として sciences pénales が定着した.わが国では,このフランス語が＊牧野英一'などによって翻訳されて,刑事学となった.しかし,現在では全刑法学の趣旨では用いられておらず,＊犯罪学'との概念的差異も見いだしにくい.英米では,criminology の語が使用され,犯罪原因論と刑罰・行刑論,さらに近年では広く刑事政策的事項も扱うようになって,刑事学,犯罪学,刑事政策の概念が接近しつつある.　　　　　　　　　　　　[守山 正]

刑事確定訴訟記録法　刑事訴訟法53条の規定を受けて設けられた法律である(昭62法64).同法53条4項には別途法律を定めることが明記されていたが,確定訴訟記録の保管・保存を裁判所側が行うのか,それとも法務省(検察庁)側が行うのか決着がつかなかったために,刑訴法施行後の立法化の動きは長い間停滞した.そのような中で立法を促したのは,誤判・再審問題を契機にして,あるいは貴重な文化遺産としての側面に着目して,廃棄を目前に控えた訴訟記録を保存しようとする市民や在野法曹の関心の高まりであった.

刑事確定訴訟記録法は,刑事被告事件に係る訴訟の記録の訴訟終結後における保管,保存および閲覧に関し必要な事項を定める(刑訴記録1).第1審の裁判をした裁判所に対応する検察官が,原則として法定の保管期間の間,確定訴訟記録を保管する(刑訴記録2).何人でも確定訴訟記録の閲覧をすることができるのが原則で

あるが、種々の閲覧制限事由があるため(刑訴記録4)、閲覧が制限されることが多い．記録を閲覧した者は、それによって得た情報の利用について義務を負う(刑訴記録6)．このほか、再審保存記録や刑事参考記録の保存・閲覧についても定めがある(刑訴記録3・5・9)．閲覧等に関する不服申立は、準抗告の手続が準用される(刑訴記録8)．

本法は、刑事の確定訴訟記録という限られた領域ではあるが、知る権利や情報公開に資する法律としての意義を有する．しかし、最高裁は、憲法21条・82条の各規定が、刑事確定訴訟記録の閲覧を権利として要求できることまでを認めたものではないことは明らかとする(最決平2・2・16裁判集刑254・113)．ただ、刑事訴訟法53条の立法過程においては、刑事確定訴訟記録の閲覧は国民の権利と考えられていたと思われる．

本法の最大の問題点は、確定した刑事訴訟記録の保管・保存主体を検察官としたことである．行政機関たる検察官が裁判所の訴訟記録を保管・保存することは、権力分立原則に抵触する可能性があるし、刑事訴訟の一方当事者である検察官が記録閲覧の第1次的判断権者になってしまうことから、訴訟記録の利用が不公正・不平等になる危険を生ぜしめる． [福島 至]

形式裁判 裁判のうち、実体審理に入らず、訴訟条件を欠くことを理由に手続を打ち切る裁判を、形式裁判という．実体に立ち入って、すなわち審判対象たる事実があったか否か(有罪か無罪か)まで裁判するためには、法の定める手続上の条件(訴訟条件)をみたさなければならない．その条件がひとつでも欠けると実体に入ることは許されず、公訴自体無効と評価され、手続を打ち切らなければいけない．これが形式裁判であり、形式裁判には、検察官の訴訟追行の不適法に対する否定的評価の側面があることを強調する見解も有力である．ただ、たとえば公判が異常に長引いたため「迅速な裁判」違反を理由に形式裁判で手続が打ち切られるような場合(最判大昭47・12・20刑集26・10・631[高田事件]など)、必ずしも公訴に対する否定的判断というわけではない．起訴後の被告人の死亡も公訴棄却事由になっているが(刑訴339 I ④)、これも検察官の責任とはいえない．訴訟条件は、むしろ、被告人に応訴を強制することが適正を欠く場合を類型化したものであり、その訴訟条件を欠く場合にされるのが形式裁判ととらえるべきであろう．

現行法の定める形式裁判には、「*管轄違い」(329)、「*公訴棄却」(338・339)、「*免訴」(337)がある．いずれも実体判断にまで踏み込まない点で共通する．名称の違いは沿革に基づくものであり、今日ではあまり区別の意味は少ない．ただ、刑事訴訟法は、免訴判決に、無罪判決に準じた扱いをしているところから(183・435⑥)、学説は免訴について、他の形式裁判とは違った意味づけを与えようといろいろと理論構成に苦慮してきたが、必ずしも成功しているとは言い難い．沿革的にも、免訴事由と他の訴訟障害事由の違いは相対的なものにすぎず、形式裁判としての法的性格については、相違はないと解する見解も有力である．

形式裁判の効力に関しては、実体審理に立ち入っていないところから、いわゆる一事不再理の効力(2重の危険)は発生しない．しかし、裁判内容の効力である既判力ないし拘束力は、形式裁判にも生じる．したがって、事情の変更がない限り、形式裁判で示された判断内容は、後の裁判所も尊重しなければいけない．→実体裁判, 本案裁判 [白取祐司]

形式的確定力 (独) formelle Rechtskraft 裁判が外部的に成立すると(*裁判の成立)、言渡しを受けた原告(検察官)、被告(被告人)は、法の定める一定の期間内に控訴、上告などの不服申立てをすることができる(刑訴372・414)．しかし、所定の期間が経過したり、その期間内に控訴権等を放棄すれば、もはや通常の不服申立方法をとることはできなくなる．これを、裁判の形式的確定といい、このとき当該裁判に形式的確定力が生じる．形式的確定力が生じた判決を、*確定判決と呼ぶ．形式的確定力自体を論じる実益はあまりないが、裁判の他の裁判機関に対する効力である*内容的確定力が発生するには、その裁判に形式的確定力があることが必要となる．その意味で、形式的確定力は、裁判内容の本来の効力である内容的確定ないし既判力の前提であり、また、実体判決

については，内容的確定力のあることが二重の危険が発生するための要件にもなっている（337Ⅰ）．→確定力　　　　　　　[白取祐司]

形式犯　(独) Formaldelikt

形式犯とは，構成要件的行為の形式または外形が充足されれば足り，その成立に法益侵害の抽象的・一般的危険すら必要としない犯罪であると解されてきた．「禁止されている行為をした」という単なる形式的義務違反行為だけでその成立が肯定されるとする．形式犯は，行政取締り目的実現のために特定の者に協力義務を負わせ，その履行を担保するための間接強制の手段として刑罰を利用したものであるとも考えられる．しかし，刑法は法益の保護を目的としている．また，すべての刑罰法規はそれぞれ保護法益を有している．したがって，構成要件に該当する行為は，法益を侵害または危殆化するものでなければならない．そこで，形式犯も，法益侵害の危険性をもつ犯罪であるとことになる．そうすると形式犯は，*抽象的危険犯'と区別されなくなり，形式犯の概念は否定される．一方では，形式犯は構成要件上，法益侵害の抽象的危険の発生を必要とせず，きわめて軽度の間接的な危険で足りる犯罪である，との見解が有力である．無免許運転罪（道交118Ⅰ①）や免許証不携帯・提示義務違反罪（121Ⅰ⑩・Ⅱ，120Ⅰ⑨）などが形式犯の例として挙げられる．所定の免許証を所持して車を運転することは，交通の安全にとって欠くことのできない条件であり，免許証を携帯しない運転行為は，交通の安全という法益を侵害する危険性を有するとする．このような見解は，交通の安全という法益がかなり不特定であることにより成り立っていると考えられる．きわめて例外的であれ，法益侵害の間接的危険が認められない事例は存しないことになり，形式犯と抽象的危険犯とは区別されることになる．交通の安全というかなり不特定の法益との間接的な関係により形式犯を根拠づける見解と，政策的理由により形式犯を認める見解との実質的な相違が検討されねばならない．また，危険が全くないときは，形式犯であっても，その成立を否定すべきであるとの見解の，解釈論上の意義も検討されねばならないであろう．→行政犯，実質犯，具体的危険犯　　　　　[福山道義]

刑事施設

1 広狭の意義　*刑事施設法案'（平2）では，懲役・禁錮・拘留の執行のために拘置される者，刑事訴訟法の規定により勾留される者および死刑の言渡しを受けて拘置される者を収容し，これらの者に必要な処遇を行う施設（2）とされる．これは，監獄法における*監獄'をそのまま名称変更しつつ，処遇を行う点を明記したもので，狭義の刑事施設といえる．これに対して講学上は，刑事に関連して身柄を収容し，あるいは処遇を行う施設としてとらえられる．身柄拘束の点では，勾留のみならず，被逮捕者についても，最大限3日といった時間制限と仮の身柄拘束の性格を尊重しつつも，夜を過ごすなど多少とも身柄収容という実質のある限り，それを行う施設は刑事施設として扱われる．警察留置場の代用を存続させること（166）には疑問があるが，被逮捕者にとっての便宜から留置場が使われるにしても，刑事施設法が適用・準用され，あるいは組織的にも刑事施設支所として把え直されるべきとされる．また，刑事に関連して処遇を行う施設は，犯罪者の改善矯正をめざすことで*矯正施設'とも呼ばれ，*刑務所'のほか，少年矯正に携わる少年院等や売春防止法の婦人補導院も含められるが，さらには更生保護施設といったものもあわせて，援助のための便宜供与を行う処遇施設とすることができる．広義の刑事施設として，先の監獄に代わるものとこれらを統一的に把握することが全体的な理解に資するのである．

2 施設管理　監獄運営を今日にひきずるものとしては，拘禁形式について伝統的な*独居拘禁'を重視するか，経済性もある雑居房を多くするか，さらには，交通刑務所など保安・規律上の問題が少ないところではドーミトリー方式などともいわれる．これらに係わる*監獄建築'としても，わが国では，警備度による重警備刑務所といった種分けは見られないが，犯罪性と処遇の難易度によるA級施設か，B級施設かの種別が，施設管理上も大きな意味を持つ．刑事施設管理においては，*戒護'など明治期以来の用語は廃れつつあるが，実質的に保安と規律秩序維持の重要性は堅持されている．犯罪者の改善をめざし*施設内処遇'を担うという位置づけからは，看守から*矯正職員'，さらには上級の矯正

処遇官へという処遇重視の名称変更も見られるが，多くの受刑者をカバーする基本的な処遇策としての生活指導は，刑務所内での工場作業の実施から工場ごとの雑居房指定・舎房管理まで，*担当制'と呼ばれる伝統的な管理・処遇体制下で行われてきた．日常的生活体制の重視ということでは，*矯正医学'も，伝統的な犯罪者人格の研究・改善とともに，刑事施設における健康の維持・管理を重要な内容としている．

3 刑事施設の課題 自由刑執行としての受刑者の収容と安全で平穏な集団生活の管理という基本的任務も，米英などでは，1970，80年代から顕著になってきた過剰拘禁という現実の前に，無力化しつつある．受刑者自身の住居を用いた*自宅拘禁'ないし自宅服役や，それを担保し所在確認を行うための*電子監視'が実施されている．欧米では，施設運営の効率化を図るために刑事施設・刑務所の民営化も試みられる．わが国では，このような状況はいまだ見られないのであって，施設拘禁をあくまでも最後の手段として自由刑実刑・収容対象者を限定していくという従来からの謙抑的な姿勢の維持が望まれる．施設生活の特殊性をなくし，刑事施設を社会化することが目指されるべきであり，夜間独居の拡大，*分類処遇'を緩和して異質な者による集団生活を可能にする男女拘禁施設や，外界からの不必要な隔離を緩和した開放処遇の推進といったことが課題となる． ［吉岡一男］

刑事施設法案 *監獄法'（明41）を改正する法案．昭和57年，62年，平成3年と国会提案されたものは廃案となっている．

1 作成の経緯 大正年間から始められた監獄法改正作業において，第2次世界大戦後の法務省内の検討では刑務所法案（仮称）などの用語もあったが，矯正局監獄法改正準備会「刑事施設法案構想－素案」（昭和45年）のころから，この名称が使われている．昭和51年に，監獄法改正の必要を言い，改正の骨子となる要綱を求める諮問が法制審議会になされ，法務省事務当局によって「監獄法改正の構想」が示された．法制監獄法部会での審議は，監獄法改正の骨子となる要綱案（昭54）109項目および部外者からなる刑事施設運営協議会（*刑務委員会'）の設置など4点の附帯要望事項として結実し，これが，附帯要望事項を110その他として取り込むなどの修正を経て法制審議会答申・監獄法改正の骨子要綱（昭55）となった．答申を受けた法務省内で条文化が行われ，昭和57年4月に刑事施設法案として，刑事施設法施行法案，警察庁の留置施設法案，海上保安庁の留置施設に関する法案とともに国会に提案された．これには，要綱の条文化としても，個別処遇計画が処遇要領になるなど内容的な後退が見られるとの批判があり，また，代用監獄の恒久化を図るものとして，拘禁2法ないし拘禁4法反対運動が活発化し，実質審議に入ることなく翌年に廃案となった．若干の手直しを経て提案された昭62年案は何回かの審議の後（平2），同じ内容の平3年案も数度の継続審査の後（平5），廃案となっている．

2 基本的内容 刑事施設の適正な管理運営を図り，被収容者の人権を尊重しつつ，収容の性質に応じた適切な処遇を行うとする目的規定(1)に始まる通則，収容の開始，物品の貸与等および自弁，保健衛生および医療，宗教，書籍等の閲覧，かつての*戒護'に代わる規律および秩序の維持まで47ヵ条からなる第1編総則につづき，受刑者の処遇，被勾留者の処遇，死刑確定者等の処遇，最後に，領置，*賞罰'，審査の申請および苦情の申出，釈放，死亡，労役場および監置場，留置施設への代替収容，罰則（169条まで）からなる雑則までの5編からなる．受刑者と未決拘禁の法的性格の違いから別の法律にすべきとの主張もあることに配慮して，共通の規定である総則はなるべく簡単にし，受刑者，被勾留者，死刑確定者，各種被収容者ごとの規定を多くしたとされる．内容的には，監獄法では施行規則に譲られていた諸規定を法案に取り込んで体系化は図られているものの，その法律化は形式的なものにとどまっているのではないか，同様に，外部通勤（67）や外出および外泊（85以下）といった改正法の目玉とされるものも，単に現状に法的基盤を与えること以上に，どこまで前進が見込まれるかなどが問われる．

3 関連法案など 刑事施設法案の附則では，施行期日や施行に伴い必要な経過措置等は別に法律で定めるとされ，それが刑事施設法施行法案となっている．批判の強い留置施設への代替収

容(166)が援用する留置施設法は，被留置者の人権を尊重しつつ，被留置者について適切な処遇を行うとともに，留置施設の適正な管理運営を図ることを目的とする(法案1)とされ，海上保安庁の留置施設に関する法案も同様の趣旨のものである．しかし，被勾留者(2)を警察留置施設に拘禁することは，明治期にようやく達成された内務・警察行政から司法行政への動きに逆行するものであり，刑事訴訟法上は仮の身柄拘束にすぎない被逮捕者の留置を施設収容として実質化することも問題だと批判される．受刑者処遇もあわせて，日弁連はじめ種々の代案が存在する． ［吉岡一男］

刑事司法制度 （英）criminal justice system

1 概念 刑事司法制度とは，形式的には，国家の刑罰権行使にかかわる司法制度と定義することができる．刑罰権行使にかかわる一群の法規範を刑事法と呼ぶ．刑事法は，刑罰権行使の実体的要件である犯罪の定義と対応する刑罰を規定する刑事実体法，犯罪の捜査，訴追，認定および刑罰の選択過程を規定する刑事手続法，および選択された刑罰の執行過程を規定する行刑法，等に分類することができる．刑事法は，国家の刑罰権行使に法的根拠を与えるものであると同時に，刑罰権行使の実体的・手続要件を定めるものとして，刑罰権行使を規律するものでもある．刑事法の，この二重の性格は，*社会統制'における1次統制機能と2次統制機能の違いに対応する．

刑事司法制度という概念は，最も狭義には，犯罪の訴追，認定，および刑罰の選択という機能を担う刑事裁判制度を意味するものとして使われる．しかし，より一般的な用法は，犯罪の捜査から刑罰の施設内・社会内の執行に至る，刑事裁判の前後に位置する諸制度はもちろん，被害者・市民の通報に影響を与える諸制度や，犯罪の非刑罰的処理の機構から，成人犯罪とは異なる取り扱いを受ける少年非行にかかわる諸制度の全体をも含めるものである．このような包摂的な観点は，これらの諸制度の機能が相互に他の制度の作動に影響を受け，また影響を与えることを考えれば，当然のことである．そして，このような包括的観点からは，もはや狭義の司法に限定しないという意味で，刑事制度という概念を用いることが可能であるし，制度の全体を構成する諸要素の相互依存・相互影響関係を重視すれば，刑事システムという概念を用いることもできる．

刑事司法制度を構成する諸機関は，自己の活動に関する統計を産出する．その集積が*刑事統計'として，刑事司法制度の実態に関する社会的ディスコースの基本的素材となる．しかし，その第1次的な目的は，諸機関自身が自己の状況を認識することにある．第2次的な目的は，自己の存在を社会に対して正当化し，権限，資金，人員等の新たな資源の必要性を論証することにある．したがって，*犯罪白書'のような一見単純と思われる統計ですら，何らかの政策的意図を反映していると考えるべきである．

2 刑事司法制度への基本的視点 刑事司法制度は国家の刑罰権を正当化し，また統制しようとするものであるから，それをいかなる視点から構築するかは，少なくとも絶対王政が弱体化して国家機構の批判が可能となった18世紀以来，自覚的検討の対象とされてきた．*フォイエルバッハ'，*ベッカリーア'，*ベンサム'等によって代表される古典派刑法学は，合理的人間観に基づいて刑罰の威嚇による一般予防に刑事司法制度の存在意義を見出すと同時に，罪刑法定主義，罪刑均衡，刑罰の人道化，刑事手続の適正化等，刑罰権の発動を統制しようとする視点も導入した．これに対して，決定論的な人間観が大きな影響力を持った19世紀後半には，*ロンブローゾ'を出発点として実証主義犯罪学が現れ，刑事司法制度への基本的視点としては，*リスト'を中心として，特別予防に力点を置く近代派刑法学が展開されることになった．

ナチスの悲惨な経験を経た第2次大戦後は，社会防衛をもっぱら強調する立場は反省され，刑罰権の実体法的・手続法的規制の必要性がとくに強く認識された．さらに，刑罰の功利主義的効果に関する実証的根拠に疑問が提起されると同時に，とくにラベリング論によって，刑事司法制度の作動の社会経済的不平等性や刑罰の犯罪増幅の効果が主張されるようになると，*非犯罪化'や非刑罰化が大きな潮流となった．現在では，法と経済学から合理的選択理論に至る理論的・実証的分析を踏まえて，刑事司法制度の

存在意義に関する功利主義的視点がやや復活しつつあるように思われる.

以上は, 刑事司法制度全体の存在意義を問題とするもので, マクロなモデル論と言うべきものであるが, より狭く, 刑事裁判制度の目的をめぐるモデル論もまた展開されてきた. たとえば, 1960年代から70年代にかけて, パッカー Herbert L. Packer (米) は犯罪統制モデルとデュープロセス・モデルを対比させて論じ, グリフィス John Griffith は両者のいずれとも異なるものとして, 犯罪者の社会復帰を重視する家族モデルを提唱した. 日本では, パッカーの類型に類似するものとして, 糾問的捜査観を採る者と弾劾的捜査観を採る者の間の論争が, 今日に至るまで続いている. さらに, 日本の刑事司法に関しては, アメリカの日本法学者フット Daniel H. Foote が, 刑事司法関係機関が行使する裁量権の大きさと, 犯罪者取り扱いの寛容さとに注目して, グリフィスを参照しながら恩恵的パターナリズム benevolent paternalism という性格付けを行っている.

最近有力となりつつあるモデル論としては, 刑事司法制度における被害者の地位の強化を求める運動と, 被害者と犯罪者の関係修復を求める修復的正義 restorative justice の視点をあげる必要がある. ブレイスウェイト John Braithwaite (豪・1951-) を主唱者とする後者は, グリフィスの家族モデルとも共通性を有するもので, とくに, 前者がはらむ被疑者・被告人の権利の縮減という危険を回避しうるモデルとして急速に注目を集めている. しかし, はたしてあらゆる犯罪類型に適用可能であるか, その意味で刑事司法制度全体の再構成を指導するモデル論でありうるかどうか, 冷静な吟味が必要であるように思われる. [宮澤節生]

刑事制裁

(英) criminal sanction (仏) sanction criminelle (独) kriminelle Sanktion **1 刑事制裁の意義と特質** 社会ないしは集団がその構成員に対して科する賞罰を制裁という. そのうち, 国家により刑事司法過程を通じて科される制裁を刑事制裁という. 刑事司法過程を運営する際しては, 効率的に法を執行し, いかにして犯罪を統制するかを中心テーマとする犯罪統制モデルと, 法を平等かつ適正に運用し, いかにして公権力の濫用を防ぐかを中心テーマとするデュープロセス・モデルとが対立する. 刑事制裁の限界について, 前者は犯罪統制の効果の有無をその基準とするのに対し, 後者は, *適正手続'と人権の保障を重視する (Herbert L. Packer, The Limits of the Criminal Sanction, Stanford University Press, 1968).

2 新旧両派の対立 啓蒙の洗礼を受けた*旧派刑法学'は, 実際に権利や法益の侵害がある場合であり (侵害原則), かつ, 行為者に責任非難ができる場合に限って (責任原則), *刑罰'を科すことができると考えてきた. しかし, 19世紀後半, 犯罪のプロレタリアート化の進行によって, 犯罪や非行が激増した. 犯罪の予防のためには, 現実に侵害結果が発生していない段階でも (たとえば, 未遂罪・予備罪, 危険犯の処罰など), また, 行為者に責任を問うことができなくても, あるいは, それを越えて (たとえば, 責任無能力者に対する治療処分, 常習犯に対する*保安処分'など), 刑事制裁を科すことを積極的に認める*新派刑法学'が台頭してきた.

*社会防衛'のために, 刑罰に代えて保安処分を科すべきとする徹底した処分一元論の立場も主張されたが, 行為者の責任に対する刑罰とならんで, 行為者の危険性に対する保安処分があるとする二元主義が有力となっていった. ただし, 保安処分は, 違法な行為を行うこと, および, 刑事裁判所がその適否を判断することを前提とする点で, 伝染病患者の隔離や精神障害者に対する強制入院などの行政的・予防的措置とは異なる.

3 刑事制裁の種類 刑事制裁の典型は, 死刑・自由刑・財産刑・没収・資格制限などの刑罰, および自由の剝奪または制限を伴う保安処分のような終局的かつ否定的な制裁である. しかし, 逮捕, 勾留, 捜索, 押収, 起訴などの手続的・中間的な措置も, 事実上, 刑事制裁としての機能をもつ. また, 不起訴, 執行猶予, 仮釈放, 恩赦などは, 不利益な制裁を科せられなかったという意味で, 肯定的制裁といえる.

4 制裁の基本原理 刑事制裁は, 個人または集団の利益を侵害したことを根拠として科されることを原則とする (侵害原理あるいはJ.S.ミル

の原理という)．しかし，本人の利益のために科されることもある(*パターナリズム')．少年の健全育成のために課される保護観察・少年院送致などの保護処分は後者の例であり，少年に成人同様の刑罰を科すことを求める*逆送'は，前者の例である．しかし，少年に対する保護処分も，少年の健全育成という肯定的側面と自由の制限・剥奪という否定的側面とがあり，制裁本来のもつ両面性を有するともいえよう．→少年の刑事事件，社会奉仕命令　　　　［石塚伸一］

刑事政策　(独) Kriminalpolitik

1 沿革と意義　近代国家として後発のドイツで発達し国などの主導により問題解決を図る「政策」領域のひとつ．犯罪を扱う．1800年頃から，刑事立法政策や刑罰と犯罪に関する立法の原則をさす言葉として使われ始めた．政策や立法原則の基礎として*犯罪学'的研究も含まれるようになり，「犯罪原因を探る研究と刑罰効果についての考察を基礎にした一切の犯罪闘争対策」とされつつ，犯罪者人格における個別化的方法によるものを特に刑事政策と呼んだり，刑法・刑罰を中心に犯罪闘争上の有効性を考えるか，逆に刑罰以外の処分を強調するかが論じられ，刑事政策の広狭として整理される．また，実際に犯罪対応・対策を行う活動としての刑事政策と，学問的研究としての刑事政策(学)とを分けることもある．前者での活動主体としては，伝統的な国や公共団体といった公的なものに限定することから，私的活動でも集団的なものは含めたり，さらには個人的な犯罪対応活動全てにまで拡げることもある．後者の刑事政策学は，全刑法学の一部とされ，規範学としての刑事法学，事実学としての犯罪・刑事学にならぶ政策的評価・提案・実践の学とされる．

2 刑事政策の広狭　わが国では，中国にならい罪と刑を厳密には区別しない伝統の上に，Kriminalpolitik の訳語としての刑事政策が明治期以来定着しているが，その内容には若干の変異がある．刑事政策と同様の領域を扱うものとして，*刑事学'(広義)が，先の全刑法学に相当するフランスの sciences pénales の訳語とされ，大学の講義科目としては，先行する刑法・刑事訴訟法を除き，犯罪原因と犯罪対策，ないし犯罪・刑罰の事実学と政策学を内容としている．他方，国家試験科目としての刑事政策が，政策の前提としての犯罪学を含んで採用されるとともに，むしろ刑事政策(広義)の名称が定着し，刑事学は，法学部における犯罪学の異称として刑事政策の一部とされた．以上の刑事政策が，いずれにせよその目的としては，もっぱら犯罪予防としての犯罪対策を想定していたのに対し，第2次大戦後は，犯罪発生による社会的不安の除去や法の威信の回復，犯人と認定された犯罪者の処遇，さらには犯罪発生に由来する社会的葛藤，なかんずく，犯罪被害者の救済・原状回復等をも刑事政策の目的に含めるべく拡大の動きが見られる．刑事政策学の方法としても，かつてのように，規範学や事実学と政策学とを峻別するよりは，事実認識，価値評価，実践ないし実践的提案の分析的統合化も言われる．

3 犯罪対策としての刑事政策　こうして，伝統的な犯罪防止，つまりは将来の犯罪の予防と，現在行われている犯罪の鎮圧・阻止による被害発生・拡大の防止に加えて，過去に実際に生じてしまった犯罪の事後処理を含めて，*犯罪対応'・対策として整理し，その全体を刑事政策として論じることができる．犯罪予防は，犯罪原因・要因の解明とその克服・軽減によって図られる．最良の刑事政策とは最良の社会政策であるとの言辞もある．犯罪を行った者を捕まえてきて刑務所で改善するというかつての刑事政策の中心的戦略は徐々に後退し，状況依存的に行われる犯罪遂行プロセスのそれぞれの段階に適宜介入して，犯行親和的要因を軽減・除去すること，あるいは，伝統的な犯人処罰・犯罪者処遇による再犯予防は第3次予防線として背後に退き，直接の犯行誘因環境に働きかける第2次予防線(環境犯罪学)，犯罪学が本来めざしてきたものであるが，個人や環境の中にある犯罪要因・負因の発見と地道な克服・軽減努力による第1次予防線が重視される．犯罪発生後に捜査し，犯人を発見，認定し，ときに処罰するといった刑罰・刑事制度の基本的評価は，犯罪の予防というよりは，犯罪の事後処理を合理的なひとつの社会的機能として明確にすることによって行われる．

4 刑罰・刑事制度論としての刑事政策　前項3

のように犯罪学研究から出発して犯罪対策として問題を考察することとともに，刑事政策としては，その名称に使われている刑，刑罰，刑事制度のあるべき姿を論じるという側面もある．先に刑事政策の意義や広狭としてみたところでも分かるように，犯罪対策を考えるときにも，対応手段としての刑罰や，そのひとつとしての自由刑，あるいは，刑罰を補う特別予防手段としての（保安ないし改善や治療）処分には，それが対象者に対して強制的に介入し，自由やわが国の現状ではなお生命まで強制的に剥奪するという面のあることは否定できない．ここに，単に合目的的に犯罪対策として問題解決を図るのではすまされない，対象者の人権保護という政策課題が存在し，刑罰を犯罪対応策のうちにどのように位置づけ，具体化していくかという，刑法理論や刑罰論につながる価値的評価を刑事政策にも入れてくる必要性が生じるのである．
[吉岡一男]

刑事訴訟規則　最高裁判所が規則制定権（憲77）に基づいて制定した刑事手続に関する規則．現行*刑事訴訟法'の成立に合わせて1948（昭23）年に制定された（昭23最高裁規32，昭和24年1月1日施行）．刑事訴訟法が明文で規則によることを委任した事項（たとえば，忌避申立手続に関する刑訴24Ⅰ，裁判長の権利告知に関する291Ⅱなど）と手続の細部に関する事項を含む．構成は刑事訴訟法典とほぼ一致し，内容は新刑事訴訟法の下で新たに立案された部分（たとえば，被疑者の弁護人選任方式に関する刑訴規17など）と，旧刑事訴訟法の規定を引き継いだもの（たとえば，公判調書の記載事項に関する44など）とがある．

制定後多数回の改正を経ているが，重要な改正としては，昭和25年規則28号による勾留理由開示の方式，第1回公判期日前の訴訟関係人の準備，準備手続，証拠書類の取調べ方式等に関する改正，昭和26年規則15号による弁護人選任の効力，公判調書の合理化等に関する改正，昭和28年規則21号による逮捕状請求権者の指定，逮捕の必要性の判断基準，上訴等に関する改正，昭和32年規則1号による証人尋問の方式等に関する改正，昭和36年規則6号による事前準備と集中審理方式に関する改正等が挙げられる．また，実質的意味の刑事訴訟規則として重要なものとして，「犯罪捜査のための通信傍受に関する法律」（平11法137）の制定に伴う「犯罪捜査のための通信傍受に関する規則」（平12最高裁規6）がある．
[酒巻匡]

刑事訴訟法　1948（昭23）年に*旧刑事訴訟法'を全面改正して制定された刑事訴訟法典（昭23法131，昭和24年1月1日施行）．制定過程は3期に分かれ，第1期には，旧刑事訴訟法下での改革論——脱法捜査・人権蹂躙問題を防ぐための捜査権限の強化・予審廃止——の実現や付審判請求制度の導入が検討され，日本国憲法の内容が明らかとなった第2期には，その直接的な要請を受容し，憲法との調整を図った*刑事応急措置法'の制定を経て，第3期には，日米法律家の協議会において，当事者主義的訴訟構造を決定づけた起訴状一本主義・訴因制度や，伝聞法則等が盛り込まれた．制定過程第2期・第3期を通じてアメリカ刑事手続法の理念が直接・間接に影響を及ぼしたことは明瞭である．

新法典は，当初，7編406ヵ条から成り，その構成は，予審や私訴等が廃止された点を除き，外見上，旧刑事訴訟法典に酷似する．旧法から引き継がれた条文も少なくない．しかし，手続の様々な局面において重大な変更が行われた．強制処分に関する令状主義，捜査段階の身柄拘束期間の厳重な制限，黙秘権の明確化に伴う被告人訊問の廃止と被疑者取調べの規制，自白および伝聞証拠の証拠能力制限，弁護人依頼権の被疑者一般への拡張，公訴の提起に関する起訴状一本主義と訴因制度の導入，控訴審の事後審査審化，上告理由の憲法違反・判例違反への限定等がそれである．公判手続の進行は，旧法下の職権審理主義から当事者たる検察官と被告人側が主導する当事者追行主義を基本構造とするものになり，審判対象（訴因）と証拠調べに関する裁判所の職権発動は，補充的・例外的なものと理解され，そのような運用が定着した．被疑者・被告人の手続上の権利保障が旧法より進展したことをも合わせて，刑事訴訟法の全面改正は「当事者主義化」と呼ばれた．

制定後の一部改正のうち，昭和28年法律172号による改正では，簡易公判手続の新設のほか，

逮捕手続，権利保釈の除外事由，控訴審等に実質的な修正が加えられた．その後の重要な実質的改正として，昭和33年法律108号による証人保護の強化，平成11年法律138号による通信傍受処分の創設と証人保護規定の付加，平成12年法律74号による犯罪被害者保護関連規定の整備(性犯罪の告訴期間撤廃，被害者を含む証人保護措置，被害者による意見陳述制度の導入など)が挙げられる．

現行刑事訴訟法の施行期間は従前の刑事訴訟法典のいずれよりも長く，すでに50年を超える．その間に確立されたこの法律の運用は，理念として継受されたアメリカ刑事手続法の現実の姿とは大きく異なった独自の「日本的特色」を示す．手続の中核部分に一般国民の司法参加の制度を有せず，旧法から引き継がれた検察官の起訴便宜主義と高度の起訴の基準を中軸とし，被疑者取調べを中心にした綿密な捜査と捜査過程で作成された書面が証拠の中心となり断続的に進行する公判審理，判決における詳細な事実認定と高度の有罪率等がそれである．これは「精密司法」と呼ばれる(松尾浩也)．比較法的には，捜査手続に重点が傾斜し，大多数の自白事件においては公判手続の比重が軽い．他方，少数ではあるが複雑な否認事件で，審理期間が著しく長期化する例もある．将来の改革課題としては，審理手続への一般国民の参加，被疑者取調べ過程の可視化，公的被疑者弁護制度の確立，新たな証拠収集手法の検討，自白事件のより簡易な処理と，複雑な事件の公判前の争点整理と証拠開示，犯罪被害者の手続関与・被害回復措置等が指摘されている． [酒巻 匡]

警視庁 都警察の本部(警47)．都公安委員会の下に，都警察の事務をつかさどる．都警察にはその長として警視総監が置かれる(48 I．警察庁長官を除く警察官中，最上位の階級である．62)．警視総監は，都公安委員会の管理に服し，警視庁の事務を統括するとともに，都警察所属の警察職員を指揮監督する(48 II)．警視総監は，国家公安委員会が都公安委員会の同意を得たうえ内閣総理大臣の承認を得て，これを任免する(49 I)．

なお，1874(明7)年以降，第2次世界大戦後の，1947(昭22)年に旧警察法が施行されるまで，わが国の警察はすべて国家警察であり，自治体警察は存在しなかった． [三井 誠]

刑事統計 (英) criminal justice statistics 刑事法制度諸機関の活動状況を示す統計をいう．わが国における公式刑事統計として警察統計，検察統計，司法統計，矯正統計，および保護統計があり，いずれも年報としてまとめられている．'犯罪統計'としては警察統計が用いられるのが普通である．検察統計年報は，被疑事件の受理および処理状況，検察官による上訴，確定判決，および刑の執行等についての統計を収録する．司法統計年報・刑事編は，第1審事件の審理状況，勾留・保釈，および終局区分と科刑等についての統計を収録し，上訴事件についても特に控訴事件について比較的詳細な統計を収録している．また，司法統計年報・少年編は，少年保護事件の処理状況，および少年の福祉を害する成人の刑事事件の終局状況等についての統計を収録する．矯正統計年報は，刑務所・拘置所における被収容者，新受刑者，再入受刑者，出所受刑者の状況について，および，少年鑑別所の新収容者の状況，少年院における新収容者および出院者の状況についての統計を収録している．保護統計年報は，地方更生保護委員会による仮釈放事件の処理状況，保護観察所による保護観察等の状況，および恩赦についての統計を収録する．

わが国の刑事統計は警察，検察，裁判，矯正，保護という刑事法過程の全体にわたる諸機関の活動を比較的詳細に収録し，良く整備されたものであり，刑事法諸機関の活動状況を知るために不可欠の資料となっている．また，刑事統計は被疑者，被告人，受刑者等の罪名・'包括罪種'だけでなく，性別，年齢，前科の有無等についての情報も含んでいるため，それぞれの手続段階で処理される人々の特性もある程度知ることができる．しかし，刑事統計はそれぞれの機関の必要性に応じて作成されているため，刑事手続の各段階の処理状況が必ずしも連続性を持った統計によって示されるわけではなく，刑事統計を用いて刑事過程における事件処理を連続したものとして正確には再現できないという制約がある．→刑事司法制度 [村山眞維]

刑事法社会学 (英) sociology of criminal law　刑事に関わる法現象を対象として，他の社会現象との関連を明らかにし，そこに法則性を見出そうとする*社会学'をいう．犯罪の原因や犯罪者の特徴の解明等を研究する*犯罪社会学'と隣接するが，刑事法規範やその制定，執行に関わる諸制度を研究の主な対象とする点において，犯罪社会学と区別される．刑事法社会学の発展に大きな影響を与えた古典理論家として，マルクス Karl Marx(独・1818-1883)，デュルケム Émile Durkheim(仏・1858-1917)，およびヴェーバー Max Weber(独・1864-1920)がいる．マルクスの経済決定論に基づきルーシェ George Rusche とキルヒハイマー Otto Kirchheimer(1905-1965)は刑罰制度とその運営の変化を経済的要因によって説明しようとした．その『刑罰と社会構造』は刑事立法史の分野における最初の社会学的研究としてよく知られている．また，法機構を階級支配の装置と見る考え方は*コンフリクト理論'に深い影響を及ぼしている．刑罰の象徴的機能と集合意識との密接な関連を指摘し，犯罪の社会的機能を論じたデュルケムの理論は，社会構造の変容による*社会統制'の変質を論じたカイ・エリクソン Kai Erikson の研究等の基礎となり，犯罪の社会的定義過程を問題とする社会的相互作用論にも影響を及ぼしている．また，ヴェーバーの合理化の理論は刑事手続の歴史的発展の研究に影響を与えているほか，その理解社会学の方法と行為論は今日の経験的研究にも広い影響を及ぼしている．これら古典的理論家の提示した具体的仮説は今日では必ずしも支持されていないが，その理論的影響はなお大きい．

刑事法社会学における経験科学的研究は，主に刑法の適用をめぐる社会的，制度的諸要因の影響について行われている．刑訴法規は文字通り自動的に発動されるものではなく，刑法の適用においては裁量的要素が不可避的に伴うことが1960年代以降注目されるようになった．この結果，警察による犯罪取締活動についての研究がアメリカを中心に多数行われている．また，有罪の答弁をめぐる弁護人の活動についての批判的研究や，制度的要因に着目した刑事裁判の研究なども行われている．この他，欧米では社会史の領域において刑事法制度の歴史的研究が盛んに行われるようになっている．わが国では，警察活動，刑事弁護活動，量刑，および*刑事立法'過程等についての研究が行われている．

[村山眞維]

刑事補償（英）criminal compensation （独）Entschädigung für Strafverfolgungsmaßnahmen　憲法40条は，何人も，抑留または拘禁された後，*無罪'の裁判を受けたときは，法律の定めるところにより，国にその補償を求めることができると定める．これが刑事補償であり，無罪の者の人身の自由を侵害したことに対する国家補償制度である．いわば，権力行使に伴う被害に対する*被害者補償'ともいえる．また，日本も批准している人権B規約(市民的及び政治的権利に関する国際規約)においては，9条5項が違法に身体拘束された者の賠償請求権を定め，14条6項が*誤判'被害者の補償請求権を定めている．

これらを受けて，刑事補償法(昭25法1)が具体的内容を定めている．主たる補償は，無罪の場合について，未決拘禁を理由とする補償や刑の執行を理由とする補償である(刑補1)．補償内容は，法定の補償金を支給して補償する(刑補4)．同様の補償は，免訴や公訴棄却の形式裁判を受けたが，もしこれら形式裁判を受けた事由がなかったならば，無罪の裁判を受けるべきだと認められる十分な理由がある者にも認められる(刑補25Ⅰ)．補償の請求は，無罪・免訴等の裁判が確定した日から3年以内に，その裁判をした裁判所に請求しなければならない(刑補6・7)．本人のほか相続人も請求をすることができる(刑補2)．

逮捕・勾留された被疑者が不起訴処分になったとき，当該被疑者が罪を犯さなかったと認めるに足りる十分な理由がある場合には，被疑者補償規程(昭32法務省訓令1)による補償が用意されている．しかし，これは検察官の裁定による補償で，実際にはほとんど行われていない．他方，身体の拘束がなされていた少年事件で，審判事由の不存在を理由に審判不開始や不処分がなされた場合には，少年の保護事件に係る補償に関する法律(平4法84)によって補償が認められうる．

再審によって無罪になった人など，えん罪に

苦しめられた人には，刑事補償だけでは不十分である．この場合には，別途*国家賠償請求訴訟を提起しなければならない．しかし国家賠償請求の場合は，公務員の職務の違法性やその故意過失を原告側で立証しなければならないので，請求が認められるのは非常に困難になっている．

このほか，無罪となった者の負担した訴訟費用については，*費用補償'の制度がある．

[福島 至]

刑事未成年 14歳に満たない者の行為は，罰せられない(刑41)．したがって，14歳を刑事責任年齢，14歳未満の者を刑事未成年という．刑事未成年者はおよそ*責任能力'がないとみなされるのである．

1 現行法の成立過程 旧刑法は12歳未満の者を不論罪とし，12歳以上16歳未満の者については，弁別能力のない場合は不論罪とし，弁別能力のある者には刑を減軽することとし，16歳以上20歳未満の者については刑の減軽を規定していた(旧刑法79以下)．その後の改正案も，年齢に若干の差はあるが同様の方式を採用していた．しかし，明治34年刑法改正案は，現行法と同様の規定を置き，また，14歳以上20歳未満の者の行為については刑の減軽が可能としていた(同改正案54・55)．刑事責任年齢が12歳から14歳に引き上げられたのは，幼年者を処罰しても利益がなくかえって累犯者になることや，幼年者の知能が速やかに発達するものではないことが生理学の発展で分かったことなどによる．医者の見解では，普通の人間と見られるのは14歳である，との説明にも影響されたようである．また，中間的年齢について弁別能力で分ける方法も，その判断の困難さから結局全部処罰することになっていたとして，廃止された．その後，若干の変遷を経て現行法が成立したのである．

2 少年法の規定 旧刑法にも懲治処分があったが，現行刑法への改正の過程で次第に特別法に移されるようになった．とくに，戦後，少年法が保護理念の下に，20歳未満の*少年'を包括的に扱う法として登場した．平成12(2000)年の改正前の少年法は，審判時に16歳未満である場合には刑事処分に付することはできないとしていた．これに対して，改正法(法142)は，刑事処分に付することのできる年齢を刑法に合わせて14歳以上とし，殺人や傷害致死事件等，16歳以上の少年が故意による犯罪の結果，人を死に至らせた場合は，原則として，刑事裁判に付すこととしている(少年20)．刑事裁判に付さない場合は，家庭裁判所が，審判の結果によって，保護処分(保護観察，児童自立支援施設または児童養護施設への送致,少年院送致)をすることになる(少年24)．ここでは，責任があっても，刑罰以外の方法による対処が適切である場合には刑罰は科さないとする考え方がなお働いているといえよう．さらに，刑事処分に付する場合も，行為時に18歳未満であれば，死刑は無期刑(懲役・禁錮)に減軽され，無期刑も有期刑に減軽しうる(同51)．

[林美月子]

刑事免責〔英〕immunity 刑事免責(イミュニティ)とは，*自己負罪拒否特権'に基づく*証言拒絶権'の行使により，犯罪事実の立証に必要な供述を獲得することができないという事態に対処するため，*共犯'等の関係にある者のうちの一部の者に対して，刑事免責を付与することによって，自己負罪拒否特権を失わせて供述を強制し，その供述を他の者の有罪を立証する*証拠'としようとすることをいう(最判平7・2・22刑集49・2・465．いわゆる*ロッキード事件'丸紅ルート判決)．とくに英米法制下では*組織犯罪'や贈収賄事件解決のための有効な手段として確立したものとなっている．

免責の内容として，証言に表れた*証人'の犯罪行為に対し*訴追'できなくする「行為免責」と，証言およびそれを手がかりに得られた証拠を証人に対し利用することを禁止する「使用および派生的禁止」の2つの形態がある．前者によれば訴追免除の対象範囲は広がり，後者によれば当該証言とはまったく無関係の，独立した証拠に基づけば関連犯罪の訴追が可能となる．アメリカでは，連邦法または州法により刑事免責を保証して証言を強制できるが，その法律による免責は，1972年以降，連邦最高裁によって後者の形態によると解釈されてきた．

自己負罪拒否特権を定めた日本国憲法38条1項が，合衆国憲法修正5条に由来するにもかかわらず，わが国では刑事免責について消極的評価が支配的だったのは，①必要性に乏しい，

②国民感情にそぐわないという点に求められる．具体的には，①はとりわけ共犯者の証言を引き出す場合に問題となるが，事の是非はともかく*捜査'段階での*取調べ'が機能している現況では，自己負罪拒否特権を放棄させてまで供述を得なければならない状況にない．②は実体的真実の解明を犠牲にし，*司法取引'的要素の強い方法で証言を得るのは不公平感，不公正感を拭えないということである．上記最高裁判決も刑事免責制度の採否を検討する際のひとつの要素として，「国民の法感情」を挙げた．こうした事情から新刑訴法施行後，わが国では長く刑事免責制度採用の素地は乏しかったというが，1976(昭51)年に発覚したいわゆるロッキード事件を皮切りにして，また近時の組織犯罪対策の一環として，にわかにその採否が議論されるに至った．上記最高裁判決は，一連のロッキード事件に関する下級審判決とは異なり，現行法にそれを許容する規定がないことから，刑事免責を与えて獲得された*嘱託尋問調書'の*証拠能力'を否定した．→起訴猶予，自己負罪拒否特権，黙秘権　　　　　　　［上田信太郎］

刑事立法　(英) penal legislation (独) Strafgesetzgebung (仏) législation pénal　刑罰をもって一定の行為を禁止する法律の制定をいう．立法機関の刑事立法権限は無制限のものではなく，憲法上の制約に服するものとされる．また，社会の複雑化に伴い新たに一定の行為を犯罪として処罰する犯罪化の動きがある反面で，人々の価値観の変化に従い従来の刑罰規定を廃止すべきだとする*非犯罪化'の動きもあり，いかなる刑事立法原理に基づいて立法が行われるべきかが論じられている．イギリスでは同性愛行為を犯罪とすることの合理性が問われ，道徳を守るために一定の行為を犯罪とすることは合理的であるとするモラリズム(moralism)の立場と，他者に害を生ぜしめない行為は犯罪とすべきではないとする侵害原理に基づく立場とが対立した．アメリカでは，ポルノグラフィー(pornography)の所持や初期堕胎を犯罪とすることは個人のプライヴァシー(privacy)や自律権に基づき違憲であるとされている．しかし，侵害原理における害とは何か，*パターナリズム'に基づく犯罪化がどこまで許されるか等について議論は続いている．また，刑罰規定の実際の有効性，執行に伴う種々の副次的結果やコスト等を考慮し，効果と費用の比較考量によって犯罪化・非犯罪化の是非を判断すべきだとする考え方も提唱されている．→刑事法社会学，コンフリクト理論　　［村山眞維］

継続審理　審理に2日以上を要する事件については，できるかぎり連日開廷し，継続して審理を行うことをいう(刑訴規179の2 Ⅰ)．これを実現するため，公判期日に出頭しない者に対する措置(被告人の勾引，保釈の取消し，証人に対する制裁など)の活用(179の3)，公判期日の変更等についての厳格な要件(179の4～186)が定められている．しかし，実際には継続審理は実現されておらず，数週間の間隔で公判期日が開かれているのが現状である．→集中審理，迅速な裁判　　　　　［上口 裕］

継続犯　(英) continuing offense (独) Dauerdelikt (仏) délit continu　*構成要件'的結果の発生と*法益'侵害および犯罪成立時期との関係から，*即成犯'，*状態犯'，継続犯の3者を区別することができる．

継続犯とは，構成要件的結果すなわち一定の法益侵害の発生とともに犯罪は既遂に達するが，その後も法益侵害の状態が継続する間，犯罪が継続するものである．たとえば，*逮捕監禁罪'(刑220)，*不保護罪'(218)，*住居侵入罪'(130)，*賭博場開張図利罪'(186Ⅱ)などがその例である．

犯罪の継続中は，これに対する*共犯'(*共同正犯'，*従犯')(60・62)が成立する(東京高判昭34・12・7高刑12・10・980)．また，継続中の犯罪に対しては，*正当防衛'(35)も可能である．継続犯においては，*公訴時効'(刑訴250)は進行せず(最判昭28・5・14刑集7・5・1026)，その間に*刑の変更'(刑6)があったときは，新法を適用しうる(最判昭27・9・25刑集6・8・1093)．併合罪(45)に関し，継続犯の継続の途中で他の犯罪に対する禁固以上の刑に処する裁判が確定した場合，その継続犯を当該裁判確定前に犯した罪とする立場(大阪高判昭32・1・30高刑10・1・17)と，これにあたらないとする立場(最判昭35・2・9刑集14・1・82)とが対立しているが，後者が有力である．

継続犯と状態犯との区別は，土地管轄の基準としての犯罪地(刑訴2Ⅰ)，公訴時効の起算点(253)などとの関係で，刑事訴訟法上も意味がある． [島岡まな]

刑の加重 刑の加重とは，法律上，一定の事由がある場合に法定刑より重い処断刑を導く場合をいう．刑の加重事由には，併合罪加重(刑47)と'再犯加重'('56〜59)があるが，いずれも必要的加重事由である．なお，複数の加重事由または減軽事由の存するときは，①再犯加重，②法律上の減軽，③併合罪加重，④酌量減軽の順で行う(72)．

併合罪とは，同一人が同時審判の可能性のある数罪を犯した場合である(45)．刑法は，これについて処罰に関する種々の特則を定めているが，特に有期の懲役・禁錮については加重単一刑主義を採用する(47)．すなわち，併合罪中2個以上の有期の懲役・禁錮に処すべき罪があるときは，その最も重い罪につき定めた刑の長期にその2分の1を加えたものをもって長期とする．ただし，各罪につき定めた刑の長期を合算したものを超えることはできない．これに対して，刑法は，罰金・拘留・科料については原則として併科主義を採り(48Ⅰ・53)，死刑・無期の懲役または禁錮については吸収主義を採っている(46)．

再犯とは，懲役に処せられた者がその執行を終わった日またはその執行の免除を得た日から5年以内に再び罪を犯した場合において，その者を有期懲役に処するときをいう(56Ⅰ)．再犯の刑は，その罪について定められた懲役の長期の2倍以下とする(57)．3犯以上の者についても，再犯の例と同じである(59)．なお，再犯と3犯以上をあわせて累犯と呼び，その加重を累犯加重と呼ぶ．再犯加重ないし累犯加重に対しては，行為責任を超えた責任を問うものであって責任主義に抵触するとの批判もある．

なお，傷害罪(204)に対する傷害致死罪(205)，過失致死罪(210)および過失致傷罪(209)に対する業務上過失致死傷罪(211前)および重過失致死傷罪(211後)，窃盗罪(235)に対する常習累犯窃盗の罪(盗犯3)といったような各則上の加重類型は，冒頭に定義した「刑の加重」には含まれないが，実質的には「人の死」や「常習累犯性」といった加重的構成要件要素が刑の加重事由として機能しており，これらも広義においては「刑の加重」に含めることがある．→刑の減軽，減刑 [松原芳博]

刑の減軽 一定の事由に基づいて*法定刑'を減軽することを，刑の減軽という．これには，法律上の減軽(*法定減軽')と裁判上の減軽(*酌量減軽')とがある．

(1) 法律上の減軽には，法定の事由があれば必ず減軽しなければならない必要的減軽事由と，法定事由があっても減軽するか否かを裁判官の裁量に委ねている任意的減軽事由とがある．

必要的減軽事由としては，心神耗弱(刑39Ⅱ)，従犯(63)，身代金誘拐罪における被拐取者の解放(228の2)等があり，刑の軽減または免除との選択を許すものとして，中止未遂(43但)，身代金誘拐予備罪における自首(228の3但)等がある．

任意的減軽事由としては，法律の不知(38Ⅲ但)，自首・首服(42)，障害未遂(43)等があり，刑の免除との選択を許すものとして，過剰防衛(36Ⅱ)，過剰避難(37Ⅰ但)，偽証罪・虚偽告訴罪における自白(170・173)等がある．

(2) 一般的な裁判上の減軽としては，犯罪の情状に酌量すべきものがある場合に，裁判官の裁量によってなしうる酌量減軽である(66)．現住建造物等放火予備罪(113但)と殺人予備罪(201但)では，酌量免除も認められている．*改正刑法仮案'70条では減軽とともに，一般的な酌量免除も認められていた．

(3) *改正刑法草案'52条3項は，減軽の程度と各本条に2個以上の刑名があるときの刑の選択に関して，法律上の減軽と裁判上の減軽との間で異なるところがない旨を明記しているが，現行法でも同様に解すべきであろう．→量刑
 [西村秀二]

刑の時効 刑事法における時効には，*公訴時効'と刑の時効とがある．刑の時効とは，刑を言い渡す*判決'が確定したのち，刑が執行されないまま一定*期間'が経過したときに，刑の執行を免除する制度である(刑31・32)．外国で刑の執行を受けた場合(5)や，恩赦による場合(恩赦8)にも，刑の執行が免除されるが，刑の時効では，時の経過によって当然に，刑の

執行権が消滅する点が異なる.

また, 刑の時効(＝刑の執行権を消滅させる)は, *刑の消滅'(＝刑の言渡しの効力を失わせる)とも異なる. 刑の言渡しの効力(刑罰に処せられた事実＝いわゆる*前科)は, 刑の執行終了や免除ののちも(たとえば, 刑の時効が完成しても)残っている. 前科があると, 一定の資格を取得したり公務についたりすることができない(資格制限). だが無期限に資格制限をすると, 受刑者の更生を妨げる. そこで刑法は, 刑の執行を終え, または執行を免除された者が, 一定期間, 罰金以上の刑に処せられなければ, 刑が消滅すると定めたのである(刑34の2).

刑の時効という制度の存在意義については諸説あるが, 通説・判例(大阪高決昭45・1・19高刑23・1・1, 東京地決昭60・5・30判時1152・28)は, 規範感情緩和説(年月の経過により犯罪に対する社会の規範意識や被害感情は緩和するから, その間に犯人が築いた社会生活を是認することが社会的安定につながるという考え)をとる.

実際には, いわゆる遁刑者について刑の時効が問題になる. つまり, 勾留されず在宅で起訴され, もしくは保釈中に有罪判決が確定した者, または刑の執行停止を受けた者などが逃走した場合である.

死刑の時効については議論がある. 死刑判決が確定した者は, その執行まで監獄に拘置される(11Ⅱ). 拘置は, 死刑の執行(＝絞首. 11Ⅰ)の前置手続であって, 刑の執行ではない. だから, 死刑を執行せずに30年以上拘置したままだと, 刑の時効が完成するのではないか, という疑問が生じる. *帝銀事件'の平沢死刑囚の釈放が請求された事件で, 東京地裁は, 拘置は刑罰ではないが死刑執行手続の一環だから, 拘置がなされている限り, 「執行を受けない」という時効の成立要件に当たらず, 時効は進行しない, と述べて人身保護請求を棄却した. 最高裁もこの結論を支持した(前掲東京地決昭60・5・30, 最決昭60・7・19判時1158・28).

[寺崎嘉博]

刑の執行 刑の執行とは, 有罪判決において*宣告刑'として言い渡された刑罰を実現することをいう. 刑の言渡しの判決の確定後に, 刑事訴訟法の定め(刑訴471以下)に従って検察官の指揮により行われる(472). 死刑の執行は, 法務大臣の命令に基づき(475Ⅰ)監獄内で絞首により行われる(刑11Ⅰ). 自由刑については, 懲役では監獄に拘置されるとともに所定の作業を課せられ(12Ⅱ), 禁錮では監獄に拘置され(13Ⅱ), 拘留は拘留場に拘置されるが(16), これらの自由刑の執行は, これを受刑者の改善・更生という側面から捉えたときは*行刑'といい, 主として*監獄法'によって規律される. 財産刑は, 検察官の命令によって執行されるが, この検察官の命令は執行力ある債務名義と同一の効力を有する(刑訴490Ⅰ). →刑の執行の免除

[松原芳博]

刑の執行の免除 *恩赦'の一種. 個別恩赦として, 刑の言渡しを受けた特定の者に対して行われ, その執行が免除される. ただし, 執行猶予の言渡しを受けて, まだ猶予期間を経過しない者は対象とならない(恩8). あくまでも刑の執行を免除するものであるという形式面とともに, 猶予期間の経過によって刑の言渡自体が効力を失うことになる執行猶予制度(刑27)の刑事政策的意義を重視し, 例外的・恩恵的な恩赦制度に優先させるという考慮が窺われる.

特別基準恩赦としては, 昭和27年の平和条約発効の政令恩赦に際して閣議決定されたもの(免除人員128人), 同じく国際連合加盟(昭31)に際してのもの以降, 平成5年までの政令恩赦すべてに際して認められてきている(免除人員はそれぞれ, 224, 931, 119, 40, 56, 10, 10人である).

常時恩赦としては, 仮出獄中の無期刑受刑者を対象にして, 保護観察所長から, 多くは職権による上申がなされるものがほとんどであり, 毎年, 数人から20人程度まで行われている(平成元年以降は, 20(うち職権18), 8(7), 2(1), 20(19), 9(9), 10(10), 11(11), 5(4), 11(4), 14(9), 14(6)人である).

[吉岡一男]

刑の消滅 刑の消滅とは, 一定の期間の経過によって刑の言渡しの効果を失わせることをいう. 「法律上の復権」あるいは「前科の抹消」ともいわれる. 刑の言渡しを受けた者は, それに伴って*資格制限'(国公38, 裁46など)等の種々の不利益を受けることになる. だが,

それが長期に亘ると、*刑罰'に必然的に伴う不利益を超えた不当な権利侵害となるとともに、本人の社会復帰を阻害するおそれもある。そこで、刑法は、1947(昭22)年の改正で刑の消滅の規定を新設した(34の2)。これによれば、禁錮以上の刑の執行を終わり、またはその執行の免除を得た者が罰金以上の刑に処せられないで10年を経過したときは、刑の言渡しは効力を失う。罰金以下の刑の執行を終わり、またはその執行の免除を得た者が罰金以上の刑に処せられないで5年を経過したときも同様である。なお、この期間を経過する以前であっても、恩赦法の*大赦'・*特赦'および*復権'によって、刑の言渡しの失効または資格の回復を認められることがある(恩赦3①・4・5・10)。→恩赦、刑の時効 　　　　　　　　　　　　　　　　　　　[松原芳博]

刑 の 廃 止　行為時に処罰されていた行為が、行為後の法令の改廃により不可罰となった場合を、刑の廃止という。

(1) この場合、裁判所は*免訴'を言い渡す(刑訴337②)。無罪ではなく免訴とされているのは、行為の可罰性には変りはないが、国家による処罰権の事後的な放棄が訴訟障害となり、訴追をすることが許されなくなったに過ぎないという立場に法が立っているからであると解される。

(2) 刑の廃止は、行為時、裁判時、それらの中間時で刑罰法規が異なる場合、そのいずれを裁判所が適用すべきかという時際刑法の問題のひとつである。これにつき、憲法39条は、「何人も、実行の時に適法であつた行為……については、刑事上の責任を問はれない」と規定し、行為時に処罰されていなかった行為を、行為後の刑法を適用して処罰する*遡及処罰'を禁止し、行為時法主義を採っている。他方、刑法6条は、行為後の法律により刑の変更があったときは、そのうちの軽い刑を適用するとして遡及効を認め、裁判時法主義も採られている。したがって、わが国の時際刑法は、行為時法主義、裁判時法主義のいずれかによっているのではなく、その規定する刑の存否、軽重によって、行為者の利益となるように適用される刑罰法規を決定しているのである。

1995(平7)年の刑法の一部改正によって削除された尊属加重規定(刑200・205Ⅱ・218Ⅱ・220Ⅱ)については、刑の変更であり、軽い新法の規定が適用される(名古屋高判平8・1・31判タ908・262, 浦和地判平7・6・5判時1546・145)。

(3) 刑罰法規が改廃されても、法律が旧法の追求効を認めている場合がある。明文の規定がないときにも、一定の時期についてのみ発せられたと見られる*限時法'のときには、その追求効を一般的に肯定する見解(限時法、現論)もあるが不当である。しかし、*白地刑罰法規'の内容をなす*委任命令'の改廃などに関しては問題が残っている。 　　　　　　　　　　　　[西村秀二]

刑 の 併 科　複数の刑を同時に適用することを刑の併科という。刑の併科には2つの種類がある。第1は、ひとつの犯罪事実について複数の主刑をあわせて言い渡すものである。たとえば、盗品の運搬等につき「10年以下の懲役及び50万円以下の罰金に処する」(刑256Ⅱ)との規定に基づいて、1回の盗品運搬の事実について懲役刑と罰金刑とを併科する場合がこれである。第2は、同一人の犯した数個の犯罪事実に対する刑をあわせて科するものである。同一人が同時審判の可能性のある数個の罪を犯した場合には*併合罪'として取り扱われるが(45)、その際、罰金・拘留・科料と他の刑は原則として併科される(48Ⅰ・53Ⅰ)。2個以上の拘留・科料についても同様である(53Ⅱ)。これに対して、2個以上の有期の懲役または禁錮については刑法は加重主義を採り、最も重い罪について定めた刑の長期にその2分の1を加えたものを長期とする(47)。　　　　　　　　　　[松原芳博]

刑 の 免 除　法律に規定された一定の事由がある場合、判決において刑を免除することがある。この場合には、当初から刑の言渡しを伴わないのであって、いったん刑の言渡しを受けた者がその執行のみを免れる*刑の執行の免除'とは異なる。したがって、刑の言渡しに伴う不利益は一切受けない。刑の免除は、刑事訴訟法上有罪判決の一種として構成されている(刑訴334)。もっとも、この点については、犯罪と刑罰の要件-効果という結びつきの観点から、少なくとも行為に付随する免除事由の存するときは実質的には無罪と異ならないとする見解もあ

る．刑の免除事由には，必要的免除事由として，内乱罪における自首(刑80)，私戦予備・陰謀罪における自首(93)，*親族相盗例'(244Ⅰ)，盗品等に関する罪における親族間の特例(257)などがあり，任意的免除事由として，犯人蔵匿罪・証拠隠滅罪における親族間の特例(105)，放火予備(113)，殺人予備(201)などがあり，さらに必要的減免(減軽または免除)事由として，中止犯(43但)，身の代金目的略取等予備罪における自首(228の3)，任意的減免事由として，過剰防衛(36Ⅱ)，過剰避難(37Ⅰ但)，偽証罪・虚偽告訴罪における自白(170・173)などがある．

[松原芳博]

競売入札妨害罪 **1 沿革** 偽計または威力を用いて公の競売・入札の公正を害すべき行為は，2年以下の懲役または250万円以下の罰金で処罰される(刑96の3Ⅰ)．旧刑法268条は「商業及ヒ農工ノ業ヲ妨害スル罪」のひとつとして入札妨害罪を規定していた．現行法は，当初，包括的に規定した*業務妨害罪'がこの種の行為にも及ぶとみて，独自の処罰規定を設けていなかった．しかし，「公の」競売入札の妨害を公務妨害と捉える必要があるとして，1941(昭16)年の改正で*強制執行妨害罪'や*談合罪'とともに追加された．仮案では談合も偽計・威力にならぶ手段のひとつとされていたが，「公正な価格」を害さない場合を除外する趣旨で，談合罪は区別された．

2 競売入札 法益は国またはこれに準ずる団体の実施する競売入札の適正な執行だから，「権限のある機関によって，入札に付すべき旨の決定がなされたこと」を前提とし，当該決定が「適法なものであること」を要する(最判昭41・9・16刑集20・7・790)．競売は，口頭での買受申出を促し最高額の申出人に売却する売買である．民事執行法が定める競売のみならず，国税徴収法による公売などを含む．入札とは，2人以上の者に契約内容を競争させ，文書による申出を受けた上で，入札施行者に最も有利な申出をした者を相手方とする契約方法である．競争範囲の限定があってもよく，指名競争入札も含む．

3 妨害 裁判所の売却許可決定を受けて買受人になり，代金納付で所有権を取得するまでが一連の手続だとすれば，本罪は開札終了後の行為(最決平10・11・4刑集52・8・542)についても成立しうる．偽計・威力は業務妨害罪のそれと同様であり，入札予定額を特定の者に内報する行為(最決昭37・2・9刑集16・2・54)や虚偽の賃貸借契約書写しを提出して取調べを上申する行為(最決平10・7・14刑集52・5・343)は偽計にあたり，身体等に危害を加えかねない気勢を示すこと(最決昭58・5・9刑集37・4・401)や暴力団の関与を暗示すること(高松高判平4・4・30判タ789・272)は威力に当たる．本罪の「公正」は競争関係を確保する手続のそれであり，また，「害すべき行為」で足りるから，買い手の出にくい状況を偽装すること(前掲最決平10・7・14)や談合に応じるよう脅迫すること(前掲最決昭58・5・9)も本罪にあたる．具体的危険犯と捉える見解が有力である．

[小田直樹]

刑 罰 (英) punishment (独) Strafe (仏) peine 刑罰とは犯罪を行った行為者に対する法律上の効果として科される制裁であり，*法益'の剥奪を内容とする処分をいう．ほとんどの法制度のもとでは犯罪者を処罰する権利(刑罰権)は国家が独占し，私的制裁(リンチ)は禁じられている．わが国では「刑罰」という用語を用いずに「刑」と呼ぶ．刑法理論における*旧派刑法学'と*新派刑法学'の対立以来，刑罰の本質をめぐる*刑罰論'において*応報刑'論と*目的刑'論を軸とした争いが見られるが，二者択一的な観点からの対立はすでに克服されている．刑罰は国家の法秩序を維持するために認められる国家権力の行使であり，それにより国民全体の客観的規範意識とともに犯罪者の規範意識を目覚めさせるものであると言ってよい．時代とともに，犯された犯罪の程度に比べて言い渡される刑罰の程度は次第に緩やかになるという*緩刑化'の傾向が一般に見られ，わが国ではそれが特に顕著である．

　刑罰は剥奪の対象とされる法益の種類に応じて，一般に，人の生命を奪う生命刑，人の身体に侵害を加える*身体刑'(体刑)，身体の自由を奪う*自由刑'，人の名誉を剥奪する名誉刑，財産を奪う*財産刑'に分類される．行為者に対する非難を含む刑罰は，倫理的な色彩を有するだけでなく苦痛なものでもあるから，法律による厳格な手続によらなければ科すことができないし

(憲31)，*残虐な刑罰'(反人道的刑罰)を科すことも許されない(憲36)．わが国が認める刑罰は，生命刑としての*死刑'，自由刑としての*懲役'・*禁錮'・*拘留'，財産刑としての*罰金'・*科料'・*没収'であり(刑9)，身体刑(身体の切断やいれずみ)と名誉刑(公権の剝奪等)は現在行われていない．没収以外のものを*主刑'といい，それ自体を独立して言い渡すことができる．没収は*付加刑'であり，主刑が言い渡された場合に限って付加的にのみ言い渡すことができる．罰金・科料および没収を執行できない場合，それらに代わる処分(換刑処分)として*労役場留置'と*追徴'が認められている(18・19の2)．なお，刑罰の言渡しに付随して行われる種々の*資格制限'や行政法上の義務違反行為に対して科せられる*行政罰'は，いずれも行政上の処分であって，*刑事制裁'としての刑罰とは異なる．→刑の執行，刑の消滅，刑の免除　[丸山雅夫]

刑罰阻却事由　(独) Strafausschließungsgrund　刑罰阻却事由とは，犯罪成立要件の外部にあって実体的刑罰権の発生を阻止する事情をいう．刑罰阻却事由は，行為ないし行為者に対する規範的評価とは無関係な政策的理由に基づくものであって，行為の犯罪性に消長をきたさない点で違法阻却事由や責任阻却事由とは異なる．一方，刑罰阻却事由は，初めから刑罰権の成立を妨げるものであって，いったん成立した刑罰権を事後的な事情によって消滅させる刑罰消滅事由からも区別される．また，刑罰阻却事由は，あくまで実体法上の刑罰権にかかわるものであって，単に訴訟の遂行を阻止する訴訟障害事由とも異なるものである．

刑罰阻却事由は，その事由の備わっている者自身に対してのみ効果を有する*一身的刑罰阻却事由'と，すべての関与者に効果の及ぶ物的刑罰阻却事由とからなる．前者の例としては，*親族相盗例'(刑244Ⅰ)，盗品等に関する罪における親族間の特例(257)などがあり，後者の例としては，一部の学説により名誉毀損罪における摘示事実の真実性(の証明)(230の2)があげられている．刑罰阻却事由の特徴は，しばしば刑の免除という法効果に求められるが，名誉毀損罪における真実性の証明は無罪判決を導くものであるし，他方で過剰防衛(36Ⅱ)など，その効果に刑の免除を含むものであっても，刑罰阻却事由に分類されていない事情もある．

刑罰阻却事由概念を認める通説に対して，犯罪とは刑罰を科すべき行為であると定義しながら犯罪と無関係に刑罰を左右する事由を認めるのは矛盾であるとして，これらの事情を違法阻却事由または責任阻却事由と解することにより犯罪概念へと還元しようとする見解も唱えられている．たとえば，親族相盗例については，親族間に存する共同体観念ないし共同所有・共同占有関係に基づく法益侵害性の減少を根拠とする違法阻却・減少説(可罰的違法類型排除説)や，親族間における領得の容易性・通常性と反対動機の微弱性に基づく期待可能性の減少を理由とする責任阻却・減少説(可罰的責任阻却説)が唱えられている．盗品等に関する罪における親族間の特例については，親族間の情に基づく期待可能性の低下を理由とする責任阻却・減少説が唱えられているが，この事情を形式的には刑罰阻却事由と解する通説も，その実質的根拠が期待可能性の低下にあることは認めている．
　　　　　　　　　　　　　　　　[松原芳博]

刑罰能力　刑罰を科せられるのに適した行為者の能力，すなわち刑罰の意味を理解しうる能力であり，受刑能力ないし刑罰適応性ともいう．刑罰能力を有しない者に刑罰を科すことは，無意味であるばかりでなく，不合理かつ不正義でもある．刑罰能力は，刑罰の言渡しの時点および執行の時点で必要とされる点で，犯罪行為(実行行為)の時点で必要とされる行為能力や責任能力(*有責行為能力')，公判段階で必要とされる訴訟能力とは異なる．もっとも，新派の*社会的責任論'の立場からは，刑罰と保安処分との二元主義の下で，*責任能力'は，保安処分ではなく刑罰を科すのに適した行為者の特性を意味し，その意味で，責任能力は刑罰適応性(刑罰能力)であると主張された．

現行法上，死刑の執行は，死刑確定者が心神喪失の状態にあるとき，または女子が懐胎しているときは停止され，自由刑の執行は，有罪確定者が心神喪失の状態にあるときは停止される(刑訴479以下，さらに同482条は自由刑の任意的停止を規定している)．懐胎の場合に死刑が停止されるのは，死刑が一身的なものであって，

刑罰論　**1 意義**　*刑罰'の存在理由・正当化根拠など，刑罰の本質に関する理論をいう．

広く見れば，刑罰論は，刑罰の発生に始まる．古代には，刑罰は，除厄の祭祀や復讐と観念された．「目には目を，歯には歯を」の同害報復(タリオ Talio)の観念は，無制限の刑罰を限定した．近代前の欧州では，キリスト教の影響で，応報・贖罪と威嚇による犯罪抑止の観念が支配した．江戸期の日本では，刑罰は「見懲らし」と観念された．しかし，近代的な刑罰論は，理性による刑罰の合理化を目指した啓蒙刑法思想に始まる．

2 刑罰論の系譜　啓蒙刑法思想家*ベッカリーア'は，刑罰は一般人の犯罪と犯罪者の再犯を防止するためのものとして，*目的刑'を主張し，罪刑の均衡を説いて刑罰の人道化をはかった．フォイエルバッハも，刑罰は犯罪による利得を少し上回る刑罰を示して一般人の犯罪を抑止するためのものとして，目的刑を主張し，罪刑法定主義を説いた．これに対して，カントは，人間を他の目的の手段にするのは人格の絶対性に反し，刑罰は犯罪のみを理由に科されねばならないとして，同害報復の*応報刑'を主張した．ヘーゲルも，刑罰は法の否定である犯罪の否定すなわち法の確証であるとして，応報刑を主張した．

*刑法学派の争い'の中心も，刑罰論にあった．*ビルクマイヤー'，*小野清一郎'らの*旧派刑法学'は，刑罰は自由意思で行った道義的責任のある行為に対する非難として科される応報であるとして，応報刑の立場をとった．これに対して，*リスト'，*牧野英一'らの*新派刑法学'は，刑罰は犯罪者の再犯を防止して社会を防衛するためにあるとして，目的刑を主張した．後に，両者は，次第に接近していった．

3 刑罰論の現状　現在も，刑罰論には，応報刑論と目的刑論の対立がある．応報刑論は，刑罰を犯罪に対する応報とする．これには，カント，ヘーゲルのような，刑罰の存在理由は応報自体にあるとする絶対的応報刑論と，刑罰の本質を応報としつつ予防目的も認める相対的応報刑論がある．現在は，相対的応報刑論が大多数で，刑罰論はこれを中心に展開している．なお，これにも，小野のように応報を道義的非難とつなげて倫理的にとらえる見解と，瀧川のように応報を犯罪への反作用として事実的にとらえる見解がある．最近は，後者が有力化している．目的刑論は，刑罰の存在理由を犯罪の予防におくもので，予防刑論とも言う．これには，一般国民の犯罪の防止を目的とする*一般予防'論と，犯罪者の再犯の防止を目的とする*特別予防'論がある．一般予防論は，刑罰の威嚇による予防を説く威嚇刑論(抑止刑論・消極的一般予防論)が伝統的なものであるが，最近は，刑罰による国民の規範意識の強化を通した予防を説く積極的一般予防論も主張されている．特別予防論は，社会からの隔離による予防を説くものもあるが，処遇による犯罪者の改善による再犯防止を説く改善刑論が通常である．牧野のように，刑罰を教育と見る*教育刑'論もある．改善刑論には，犯罪者の道徳的改善を目的とする見解と，再社会化による社会適応性の回復を目的とする再社会化刑論があるが，最近は，後者が有力である．

英米では，刑罰については伝統的に「応報モデル」と「改善モデル」が対立し，戦後は後者から出発して犯罪者を病人，刑罰を治療と見る「治療モデル」も有力化した．しかし，近年は，犯罪の増加に伴い，「犯罪行為に見合った刑罰」による正義・公正の実現を説く「*ジャスティス・モデル'」が優勢になっている．→客観主義，主観主義　　　　　　　　　　[平川宗信]

軽犯罪法　日常生活において身近な比較的軽微な犯罪行為を拘留または科料によって処罰する法律(昭23法39)．従前の*警察犯処罰令'が省令により罰則を定めていたことが現行憲法の精神と一致しないため，同令の規定する58個の犯罪類型を34個に整理統合して，法律の形式で制定されたのが軽犯罪法である．旧警察犯処罰令は，即決処分を定める違警罪即決例とあいまって正当な労働運動・農民運動の不当な弾圧の手段とされていたことに鑑み，軽犯罪法の「適用にあたっては，国民の権利を不当に侵害しないように留意し，その本来の目的を逸脱して他の目的のためにこれを濫用するようなことがあってはならない」(軽犯4)とされている．

法の趣旨は，特殊な行政目的遂行のための取

締規定ではなく,「国民の社会生活を文化的に向上せしめる為最低限度に要請せられる道徳律を実体刑法化したもの」(東京高判昭24・7・29高刑2・1・53)とされており, 自然犯的なものであるが, 刑法典上の罪に対し, 予備的, 未遂的行為にあたるものが多く, したがって, 未遂犯処罰規定は存しない. 1条各号により保護される法益は多様なものを含む. 1つの構成要件で複数の法益侵害を伴うものもあるが, おおむね, 虚偽申告, 氏名等不実申告, 変死現場等変更の各類型は, 国家的法益に対する罪, 粗野・乱暴, 消燈, 水路交通妨害, 変事非協力, 火気乱用, 爆発物等の使用, 行列割込等, 静穏妨害, 称号詐称・標章等窃用, 水路流通妨害, 虚偽広告の各類型は公共の安全に対する罪, 死体等不申告, 排泄, 汚廃物放棄, の各類型は公衆の衛生に対する罪, 浮浪, 身体露出, こじき, 窃視, 儀式妨害の各類型は風俗に対する罪, 凶器携帯, 危険物投注, 要扶助者不申告, 暴行等共謀, 動物使そう・驚奔の各類型は生命・身体に対する罪, 潜伏, 侵入具携帯, 追随, 業務妨害の各類型は, 自由・業務等に対する罪, 田畑侵入, はり札・標示物除去・工作物汚損の各類型は財産に対する罪に分類できる.

軽犯罪法は, 実体刑法であるから刑法典総則の適用を受けるが, 2条で情状により刑を免除し, または拘留と科料を併科できるとして量刑の範囲を拡大するとともに, 3条で教唆・幇助は正犯に準ずるという特別な規定をおいている.
　　　　　　　　　　　　　　　　　　[松生光正]

警 備 活 動　警備活動とは, 公共の安全と秩序を害する犯罪, 災害, または雑踏事故が発生したりそのおそれがある場合, *警察'が警備部隊を動員して, 個人の生命, 身体, および財産を保護し, 公共の安全と秩序を維持することを意味する. 警察の警備活動は「警備実施要則」(昭38・11・14国家公安委員会規則3号)に基づいて行われる. また, 警備部隊の運用を行うための前提として, 公共の安全と秩序を害するような情勢があるかどうかを判断するための情報収集活動も行われており, これも警察による警備活動の一部となっている. 情報収集活動も含め, 警備活動は思想の自由, 集会・結社・表現の自由, 通信の秘密等の基本的人権を侵害する危険性があり, その限界が問題となる. また, 道路交通法や軽犯罪法等の市民生活を規律するための法律が, 公安を維持するための事実上の*治安刑法'として転用される危険性も指摘されている. 地域社会に密着して活動すべきとされる地域警察とは対照的に, 警備警察の運営においては, 対象とする警察事象の性格から, *警察庁'や都道府県警察本部の果たす役割が大きい.

1960年代から設立されるようになった警備会社は, 多数の人々の集まるイベントにおける雑踏整理等を行う点で, その活動は警察の警備活動と共通性を持つ. しかし, 警備会社は, 主に商業施設や工場などの防犯警備, 工事現場での交通誘導, 現金輸送車の警備などを行うことを業としており, その活動の内容はむしろ地域警察や防犯警察の活動と密接に関連している. 警備業の組織と活動は「警備業法」に基づき, 都道府県公安委員会を通して警察の監督に服している. 1999(平11)年に警備業者は全国で9千700以上, 警備員は約40万6千人おり, なお増加傾向にあると見られている. 警備業の急速な発展に伴い, 警備会社による警備活動は民間の防犯活動において重要な位置を占めるに至っているだけでなく, 法執行においても一定の役割を果たすようになってきている. それとともに, 民間人である警備員の活動の法的限界が問題となろう.
　　　　　　　　　　　　　　　　　　[村山眞維]

刑　法　(英) criminal law　(独) Strafrecht　(仏) droit pénal　**1　意義と分野**

刑法とは, 広義には, どのような行為が罪となり, どのような種類と程度の刑罰を科せられるかを定めた法の総体をいう. この広義の刑法は, 実質的意味の刑法とも呼ばれる. これに対して, 狭義には, 1908(明41)年施行の明治40年法律45号刑法をいい, この狭義の刑法は, 形式的意味の刑法とも呼ばれる.

実質的意味での刑法には, 形式的意味での刑法のほか, 知的財産権各法, 商法, 独占禁止法・労働関係各法などの行政規制各法や, 法律の委任を受けた行政府立法である政省令, 自治立法である条例などの, 広範な法分野に規定されている刑罰規定のすべてが含まれる. このうち, 狭義の刑法を除いたものの総体は, 広い意味で

*特別刑法'と呼ばれるが，その多くは，行政規制の担保として刑罰が用いられているため，*行政刑法'と称され，その規制領域が経済活動であるときは特に*経済刑法'と称される．

狭義の刑法は，どのような不利益処分が刑罰であるかを定め，刑罰の対象とされる最も基本的な罪を定め，それらの罪についての，罪の不成立事由・処罰される関与者の範囲・刑罰の適用などに関する共通の基本原則と，その基本原則が広い意味での特別刑法に含まれるすべての罪にも適用されるという原則およびその例外のあり方を定めている．このため，刑法典とも呼ばれる．

2 刑法改正　刑法の中で最も重要な狭義の刑法は，制定後1世紀近い歴史を経ているため，その間，全面的改正の試みもなされてきたが，第2次大戦前の*改正刑法仮案'，戦後の*改正刑法準備草案'を経て立案され，1974(昭49)年に法制審議会決定された*改正刑法草案'も，刑法の保護すべき利益と果たすべき役割およびその副作用に対する国民各層の意見の一致が難しいこともあって，国会の審議の対象となるには至っていない．しかし，条文が制定時の時代事情を反映して，カタカナ書き，旧仮名使い，難読漢字，難解用語で表現されていたため，現在の国民には解りにくく罪刑法定主義の精神に沿わなくなっていた点は強く意識されて，1995(平7)年に，ひらがな書き，現代仮名遣い，当用漢字，平易用語の使用に改めることを中心内容とする，*刑法の平易化'と呼ばれる改正が行われた．

この改正では同時に，尊属を被害者とする加重規定やいん唖者の責任減免規定の削除も行われたが，それ以前にも，1987(昭62)年のコンピュータ関連犯罪規定と条約上義務づけられた国外犯処罰規定の追加，1964(昭39)年の身代金目的略取誘拐罪・同予備罪の追加，1960(昭35)年の不動産侵奪関連規定の追加，1958(昭33)年の凶器準備集合罪・証人等威迫罪の追加，日本国憲法制定に伴う1947(昭22)年の戦争関連犯罪規定と皇室に対する罪の削除，姦通罪削除など両性の平等に基づく関連規定の改正，真実の証明による名誉毀損罪不成立規定の追加，公務員職権濫用規定の改正，第2次大戦時1941(昭16)年の不動産取引に関係する行政・司法作用を害する罪の追加など，緊急で最小限の部分的改正が適宜行われ，特別刑法の制定，および解釈の余地の広い規定ぶりを生かした解釈と相まって，社会の変化に対応してきている．平成13年には*支払用カード電磁的記録に関する罪'(18章の2)が追加された．また1991(平3)年には，罰金刑の金額を経済事情にあわせて全面的に見直す改正もなされている．→改正刑法準備草案
〔田中利幸〕

刑法学派の争い　(独) Schulenstreit
1 論争の経過　1890年代から1910年代のドイツや1910年代から1930年代の日本で展開された，*旧派刑法学'と*新派刑法学'の間の論争をいう．この論争で，旧派は，意思自由論に立ち，自由意思による行為が犯罪で，罰せられるべきは行為であるとして，行為を重視した客観主義犯罪論をとった．また，刑罰は自由意思による道義的責任のある行為に対する応報であるとして，応報刑論・道義的責任論の立場をとった．これに対して，新派は，意思決定論に立ち，犯罪は行為者の素質と環境から生じる必然的現象であり，罰せられるべきは行為者であるとして，行為者の要素を重視した主観主義犯罪論をとった．また，刑罰は行為者を改善して再犯から社会を防衛するためのもので，行為者はそれを甘受する責任があるとして，社会防衛論・目的刑論・社会的責任論の立場をとった．

両学派は，犯罪観・刑罰観を異にし，解釈論・立法論・刑事政策論の主張も異なった．そのため論争は熾烈だったが，やがて両者の総合・調和を求めて収束していった．それは，立法や実務の場で両者の妥協・折衷が進んだこと，どちらを徹底しても非実際的と感じられたことによる．現在もその延長線上にあるが，両者の対立は，人間観・国家観の違いに根ざすもので，容易には止揚できない．問題は，完全に解決されたわけではない．

2 ドイツにおける学派の争い　ドイツでは，ビンディングらが権威主義的な旧派刑法学(後期旧派)を主張していたのに対して，*リスト'らが新派刑法学を主張し，学派の争いが展開された．論争の中心となったのは，旧派の*ビルクマイヤー'と新派のリストであった．しかし，ドイツの

新派の主張は比較的穏健だったため，旧派も次第に穏健化し，1919年・20年に中心の2人が世を去ると，論争は下火になった．そして，学説は，両者の統合・調和へと向かった．たとえば，M.E.*マイヤー'は，刑法の定立・裁判・刑の執行の3段階の指導理念にそれぞれ応報・法の確認・目的刑を割り当てる「分配説」を提唱した．

ドイツの学派の争いは，一面では旧派の哲学的人間観と新派の科学的人間観の対立であったが，他面では旧派の19世紀個人主義的国家観と新派の社会的国家観の対立でもあった．しかし，両者は自由主義・法治主義を維持する点で共通し，これが対立を穏健なものにした．ただし，旧派は権威主義的であったし，新派も国家の役割・権威の強化へと向かう要素を含んでいた．ナチス刑法学は，この方向で両者が結び付いたものと見られる．

3 日本における学派の争い 日本では，西欧の学派論争の影響下に，先に新派刑法学が有力化し，その影響の強い現行刑法が制定され，*牧野英一'が新派理論を強力に展開した後，旧派刑法学が展開されて論争になるという，ドイツとは逆の経過をたどった．論争の中心は，新派の牧野と旧派の*小野清一郎'・*瀧川幸辰'であり，後に新派に*宮本英脩'・*木村亀二'が加わった．論争は，牧野と小野が師弟であったこともあって，激烈であった．ただし，司法実務における解釈論には，実務家の泉二新熊の折衷的学説が影響力をもった．

日本では，新派は牧野，旧派は小野の国家主義的・権威主義的理論が主流で，瀧川の自由主義刑法理論や刑罰の謙抑を説く宮本の理論は傍流であった．そして，全体主義の進行下で，瀧川は弾圧され，論争は弱まり，新派も旧派も戦時体制を支える理論と化した．戦後は，新派は急速に衰え，団藤重光の「人格形成責任論」や平野龍一の「やわらかな決定論」のように，両派を統合しようとする傾向も強まった．

[平川宗信]

刑法の平易化 現行*刑法'の表記は，漢文調・カタカナ交じりの古色蒼然とした難解なものであったが，1995年の刑法改正によって，平易化された．民主社会・自由社会では，刑法は市民に理解可能でなければならない．刑法が平易化された意義は大きい．

現行刑法は，1907年の法律で，当時の法文の例として，句読点がなく，難しい漢語や表現を用いていため，現代の市民には理解しがたいものになっていた．また，制定後1世紀近くが経過し，内容的にも，社会や刑法理論の現状とのずれが大きくなっていた．そのため，刑法を全面改正し，口語化・現代用語化する必要が指摘されていた．

戦後の刑法全面改正作業は，小野清一郎を中心に進められ，1974年に現代語の*改正刑法草案'が作られた．しかし，この草案は，現行憲法にそぐわない権威主義的・国家主義的な刑法であるとの批判に出会い，法律となるには至らなかった．そこで，当面全面改正は先送りし，刑法の実質的な内容を変えずに表現のみを現代語に改める，「平易化」案が浮上した．これが実現して，刑法は，1995年に現在の表現に改正された．

平易化に際しては，①表現の平易化のみ行う，②表現の平易化のほか大方の合意が得られる実質的改正を行う，③より広い範囲で実質的改正を図る，の3つの考え方があった．95年改正では，①が原則とされ，実質的改正としては，瘖啞者の責任能力に関する規定(刑40)の削除のほか，1973年に最高裁で違憲とされていた尊属殺人罪の規定(200)に加え，その他の尊属加重規定(205 II・218 II・220 II)が削除されるにとどまった．日弁連は，罪刑法定主義規定の新設，堕胎罪の廃止，死刑の削減など，より多くの実質的改正を含む日弁連案を提案したが，容れられなかった．法文の平易化は，①漢文調の表記を現代文にする，②カタカナをひらがなにして句読点等を付ける，③送り仮名を付ける，④原則的として常用漢字を用いる，⑤難解な言葉は平易な言葉に変える，⑥条文に見出しを付ける，の6点を基本に行われた．しかし，適切な現代語がない場合には従来の用語が維持されており(場合によりひらがな化)，④⑤が貫徹されているわけではない．また，表現の変化が解釈に影響する可能性もあるし，平易化が実質的な改正になっている規定(77等)もある．「内容を変えない平易化」の困難と限界を示すも

のといえよう． ［平川宗信］

刑務委員会 行刑陪審とも言われ，刑務所運営等を外部から規制・監視する組織の総称．犯罪者の処遇は，その権利の保護と社会の理解をぬきにしてはありえない．ヨーロッパでは一般に，行刑判事の制度を設け，刑罰および保安処分の執行を監督している．この制度の基礎には，裁判の確定前後によって，司法の管轄と行政の管轄に分けることへの疑問・そして受刑者の権利の保障のためには，刑の執行の司法的抑制が必要であるとの考えがある．わが国では，自由刑の執行は，行政官庁の管轄に属するものとされている．仮釈放は「行政官庁の処分」をもって行われ（刑28・30），裁判官が決定するのではない．

第三者委員会については，ヨーロッパ「被拘禁者処遇最低基準規則」（1973年）が，被拘禁者と面会できる権限をもつ，外部の第三者機関に対する受刑者の不服申立制度を置いた（56 II）．わが国では，「監獄法改正の骨子となる要綱」（1980年．法務大臣への法制審議会答申）が，附帯事項として，諮問機関的性格のものであるが，刑事施設ごとに刑事施設運営協議会を設置することを提唱している．日弁連も準司法機関的性格の第三者機関たる刑務審査会の設置を提言している（「刑事拘禁法要綱」1980年）．しかし「*刑事施設法案」はこのような機関を法定化しなかった．

現行法では，行刑への市民参加として，教誨師制度とともに，篤志面接委員の制度がある．これは，200年の伝統をもつイギリスの篤志面接委員（prison visitor）の制度に示唆され，1953年の法務事務官通達によって発足した制度で，個々の受刑者や少年在院者の精神的悩み，家庭，職業，将来の生活設計などについて，それらの者の求めに応じ指導，助言をするなどして，矯正処遇に多大な貢献をしている．篤志面接委員には，学識経験者，宗教家および更生保護関係職員等のなかから刑事施設の長が推薦し，矯正管区長が委嘱するもので，任期は2年であり，再委嘱は妨げない．

監獄の参観（監5）も，行刑に真に関心を寄せる者に，監獄の内部を見せる機会を与えることによって，行刑の密行性を打破するとともに，社会一般の理解と協力を得る点で，積極的意義がある． ［吉田敏雄］

刑務作業 （英）prison work（独）Gefängnisarbeit **1 刑務作業の意義と歴史**

刑事施設における労働を刑務作業という．囚人労働，監獄作業などともいわれる．古代国家の形成期から，国家が犯罪者に労働を強制し，その労働力を国家的・社会的な目的のために利用してきた．古代ローマの公共労働刑，中世のガレー船漕奴，江戸時代の佐渡金山の水替人足，明治時代の北海道の開拓や太平洋戦争中の造船報国隊の編成など，国家が囚人労働を利用した例は，枚挙にいとまがない．

16世紀後半，重商主義下のオランダのアムステルダムやイギリスのブライドウェルで始まった初期懲治場においては，犯罪者を監獄に収容し，労働を強制することで，彼らを社会から隔離すると同時に勤勉な労働者を創り出すという新たな試みが始まった．これが，ヨーロッパ全土に広がっていき，現在の刑務所システムが確立した．産業革命以降，労働力の過剰供給状態の中で，監獄における労働は，労働市場と切断され，一時期，純粋に刑罰的苦痛の賦課だけを目的とする空役などが行われた．社会主義国では，犯罪者の労働による改善が労働改造の目的であるといわれた．

2 刑務作業の目的 刑務作業の目的は，①受刑者労働の利用，②刑罰的害悪の補完，③施設内の規律秩序の維持，④犯罪者の改善・矯正または社会復帰，⑤勤労の権利・義務の行使などにあるといわれる．しかし，自由刑の刑罰内容を身体の自由の拘束に限定すべきであると主張する「自由刑の純化」論の立場からは，刑務所における労働を一般の労働と区別する理由はないことになる．

3 日本の刑務作業 現行法上，刑務作業は，受刑者の改善更生および社会復帰を図るための処遇の一形態と位置づけられ，懲役受刑者の「所定の作業」（刑12 II），禁錮刑・拘留刑の受刑者および未決勾留者・死刑確定者の*請願作業'（監26・9），余暇時間に行う自己労作（行刑累進処遇令）ならびに罰金刑の代替自由刑である労役場留置者の労役（刑18・監8）をいう．

作業の形態には，生産作業，職業訓練および

自営作業がある．自営作業には，炊事・洗濯・清掃などの施設の自営に必要な経理作業と施設の新営・改善などの直営工事のために行われる営繕作業とがある．作業は，施設から外部の工場などに出向いて行われることもある．これを*外部通勤'という．

作業時間は，1日8時間，1週40時間であり，収入はすべて国庫に帰属し，労働に対する賃金は支払われない．ただし，作業従事者には，恩恵的・奨励的な作業賞与金が支給される(監27)．賞与金の月平均額は，4千円弱である．1983年，行政改革の一環として，財団法人矯正協会刑務作業事業が，第3セクターとして設立され，キャピック(CAPIC)というブランド名で商品を展示・販売している．　　　　[石塚伸一]

刑務所　明治期以来の*監獄'に代えて大正期に採用された*刑事施設'の名称．法務省関係の組織法であり施設等機関についても定める法務省設置法(昭22法193)における用語としては，少年刑務所，拘置所と並ぶ刑事施設の一種(8・13の3)である．この意味での刑務所(狭義)は，懲役，禁錮，拘留といった自由刑を執行するための行刑・*矯正施設'として，刑事裁判手続を行うための身柄の拘置(未決拘禁)やそれ自体としては刑罰の執行ではない死刑言渡を受けた者を拘置する拘置所とは区別され，成人を対象とする点で*少年刑務所'とも組織法上区別される．年少者(18歳未満．20歳までなど継続拘禁可能)を特設監獄等に拘禁すべきことは，監獄法の要求でもある(2)．同じく男女の分隔・分界(3)を行うために女子刑務所が全国に6ヵ所ある(栃木，和歌山，笠松，岩国，麓，札幌女区)．少年受刑者の減少と覚醒剤犯など女子受刑者の増加で，少年刑務所から女子刑務所への転換(岩国)も見られる．刑務所の種類としては，そのほか，受刑者の収容分類を具体化しつつ，A級施設，B級施設の基本的区分や，医療刑務所(八王子，岡崎，城野，菊池)，交通刑務所など，いくつかのものがある．→分類処遇
　　　　　　　　　　　　　　　　　[吉岡一男]

刑務所文化　(英) prison subculture
刑務所などの刑事施設において収容者間，場合によっては職員を含めた施設関係者内で形成される習俗，慣習，行動様式，掟，価値観などの副次文化をいう．1930年代アメリカにおいて，クレマー Donald Clemmer(米)が刑務所研究を行い，著書"The Prison Community"『刑務所社会』(1940)のなかで，施設内に形成された階級文化，非公的集団による収容者間の副次文化の存在を示し，とりわけ*隠語'の役割を強調した．第2次大戦後，サイキス Gresham M. Sykes(米・1922-)は収容者文化の研究を行って，刑務所内において職員が収容者の軽微な違反を見逃すかわりに一般的な遵守に服従させるなどして収容者を統制するための相互依存の原理を用いる状況を明らかにした．そのほか，伝統的にこの文化に属するものとして，収容者間の掟，ボス支配，同性愛などが指摘されている．わが国の施設でも，隠語，ボス支配(刑務所太郎)，同性愛，食事・たばこの取引，玉入れなどこの種の文化がみられる．刑務所文化は，ある意味で，収容者あるいは職員の刑事施設という一般社会とは異なった環境への適応の結果ということもでき，この施設適応の現象はとくに刑務所化(プリゾニゼーション)ともよばれる．当然ながら，このような適応は収容者の社会復帰の弊害となり，そこでこの弊害を回避するために，行刑の社会化が要請されている．→監獄破産論，拘禁心理学　　　　　　[守山 正]

激発物破裂罪　火薬，ボイラーその他の激発物を破裂させ，現住建造物等放火罪(刑108)に規定する物，または他人所有の非現住建造物等放火罪(109Ⅰ)に規定する物を損壊する罪(117Ⅰ前)と，自己所有の非現住建造物等放火罪(109Ⅱ)に規定する物または建造物等以外放火罪(110)に規定する物を損壊し，よって公共の危険を生じさせる罪(117Ⅰ後)からなり，目的物の相違に応じて*放火罪'のそれぞれの法定刑が適用される(117Ⅰ)．前段の罪は激発物の破裂により建造物等を損壊する結果の発生が必要となるが，後段の罪は公共の危険を生じさせたことを要する具体的危険犯である．本罪は故意犯であるが，過失による場合は過失激発物破裂罪が成立する(117Ⅱ)．激発物とは，急激に破裂し，生命・身体・財産に危害を加える程度の破壊力をもつ物質をいい，高圧ガスや液化ガス等も含まれる．激発物を破裂させるとは，その破壊力を解放する一切の行為をいう．爆発物

取締罰則にいう「爆発物」も本罪の激発物に含まれるが，同罰則は本条の特別法と解されるので，爆発物使用罪が成立するときは同罪のみが成立する（判例は観念的競合と解する．大判大11・3・31刑集1・186）． ［奥村正雄］

結　果（独）Erfolg　犯罪論において「結果」は，(1)実行行為による構成要件の予定する外部的結果，すなわち外界における一定の変動であり，(2)保護法益に対する侵害（実害または危険）である．(1)との関係では，行為のほかに結果の発生を構成要件に規定しているか，直接に規定していなくても当然のこととして結果が規定から想定されるものとしての*結果犯'（殺人罪，窃盗罪等）と，単に行為だけを構成要件要素とする*行為犯'（住居侵入罪，偽証罪等）とに犯罪は分類される．ここにいう結果犯と行為犯との区別は，行為の客体における結果発生の有無を基準としている．(2)との関係では，犯罪は*実質犯'と*形式犯'とに分類される．実質犯は法益の侵害・危険の発生を成立要件とする犯罪であり，形式犯はその成立に法益の侵害・*危険'の発生を要しない犯罪であると解されてきた．しかし，刑罰法規は国家の命令・禁止に対する不服従を根拠に正当化されるものではなく，構成要件的行為が法益を侵害・危殆化するがゆえにその存在根拠を有すると解すれば，すべての犯罪は実質犯となり，形式犯は否定されることになる．

侵害犯は，法益侵害の結果の発生をその成立要件としており，法益侵害の危険があれば成立するとする危険犯と区別される．危険犯のなかでも，法益侵害の危険の発生が構成要件の要素となっているものを*具体的危険犯'，危険犯ではあるが危険の発生が構成要件の要素とされていない*抽象的危険犯'とに分けられる．殺人罪は侵害犯であり，自己所有の非現住建造物放火罪は具体的危険犯であり，偽証罪は抽象的危険犯である．

殺人罪は侵害犯であり結果犯でもある．住居侵入罪は侵害犯ではあるが結果犯ではない．危険犯も外部的な結果の発生をその成立要件としておらず，結果犯ではないと解されてきた．侵害犯，危険犯も法益の侵害・危殆化という「結果」の発生をその成立要件としていることから，これらも結果犯であるとの見解もある．しかし，結果犯・行為犯の区別は行為客体における外部的結果の発生の有無を基準としており，法益との関係における犯罪の分類とは区別して考えるべきであろう． ［福山道義］

結果回避可能性　**1 意義**　*過失犯'が成立するためには，犯罪結果がまだ回避可能な時点で，行為と結果との間の*因果関係'ならびに*過失'が認められなければならない．つまり結果回避可能性がなければ，過失犯は成立しないのである．たとえば，自動車運転中の前方注視義務は運転中常に存在するが，それが衝突事故の際の予見義務となるのは，事故の回避がまだ可能だった時点に限られる（大判昭4・4・11新聞3006・15）．

もっとも，この意味での結果回避可能性は，故意結果犯にも共通の要件である．なぜなら，結果が行為者の意のままになったことを理由として結果に対する刑事責任を認める近代行為主義の建前からは，行為者がもはや犯罪結果の回避が不可能な時点で初めて結果発生を認識し認容したとしても，それを理由に行為者に故意責任を問うことはできないからである．

結果回避可能性は，*結果回避義務'の前提でもある．行為者におよそ結果を回避する義務がなければ，これまた故意犯も過失犯も成立しない．たとえば，隣家の赤ん坊が親から放置されて衰弱していることに気づいたとしても，赤ん坊の死亡を回避する義務がなければ，隣人には*不作為'による*殺人罪'も*過失致死罪'も成立しない．

2 結果回避可能性の判断　*注意義務'の判断基準と同様に，結果回避可能性の判断基準についても，「行為者と同じ具体的事情に置かれた一般人」を基準とするか，行為者本人を基準とするかについて争いがある．多数説は，*客観的注意義務'に属する結果回避義務の前提となる結果回避可能性の判断では一般人を基準とし，主観的注意義務に属する結果回避義務の前提となる結果回避可能性の判断では行為者本人を基準とする．しかし，不作為犯の*作為義務'や作為可能性の判断の際には多数説も行為者本人の生理的能力を基準とするのであるから，結果回避義務の内容が作為義務である場合には，同じく行

為者本人の生理的能力を基準とせざるをえないという批判がある．→新過失論，予見可能性，条件関係　　　　　　　　　　　　　　　[松宮孝明]

結果回避義務　**1 意義**　*過失犯'が成立するためには，*注意義務'の違反が認められなければならない．この注意義務は，さらに犯罪結果の*予見義務'と結果回避義務に分かれる．結果回避義務は，本来は，端的に犯罪結果を発生させない義務であるが，結果発生の認識・認容のない過失の場合には，結果を発生させないために一定の措置をとる(あるいはとらない)義務として論じられることが多い．それは，*新過失論'では過失の中核的な義務である．もちろん，結果回避義務が認められるためには，まず*結果回避可能性'がなければならない．何人にも，不可能なことを行う義務はないからである．

2 その種類と故意犯との関係　結果回避義務は，エンギッシュ Karl Engisch (独・1899-1990) にならって，①許されない危険を生み出すような行為を避ける義務，②危険状態において慎重に行動する義務，③犯罪結果を発生させないように情報を収集する義務，に分けられることが多い．もっとも，厳密にいえば，①②はたしかに結果発生の危険を低減する義務であるが，③は直接に危険を低減する義務ではなく，その前提となる結果発生の予見義務に属する．しかも，エンギッシュ自身も認めているように，①②は本来過失犯に固有の義務ではなく，故意結果犯にも共通する義務である．しかも，その履行が刑事責任を否定するという意味での真の義務は結果回避義務だけであり，予見義務の履行は，それによって結果が回避されないなら，*過失'を*故意'に変えるだけである．したがって，近年ドイツで有力となっている*客観的帰属'の理論によれば，結果回避義務の違反はすべての結果犯に共通する帰属要件であり，ただ故意犯の場合には，これに「結果の故意への帰属」という要件が付け加わるだけであると解されている．

3 結果回避義務の判断基準　注意義務一般の場合と同じように，結果回避義務の判断基準についても，一般人を基準とすべきか行為者本人を基準とすべきかについて争いがある．多数説は，構成要件に属する客観的注意義務としての結果回避義務の場合には一般人を，責任に属する主観的注意義務としての結果回避義務の場合には行為者本人を基準とすべきだとするが，不作為犯の*作為義務'の判断の際には多数説も行為者本人の生理的能力を基準とするのであるから，結果回避義務の場合にも，同じく行為者本人の生理的能力を基準とせざるをえないという批判がある．　　　　　　　　　　　　[松宮孝明]

結果責任　(独) Erfolgshaftung　自己の*行為'から*法益侵害'が生じたことを理由として，*故意'・*過失'の有無にかかわりなく*刑罰'が科せられることをいう．*責任主義'に立脚する近代*刑法'は，刑罰によって適法行為へと自己を動機づける行為者の心理状態を前提として，行為者を規範的に非難できる場合でなければ犯罪は成立しないとする見地から，法益侵害に対する単なる反動にすぎない結果責任を正当な根拠のない刑罰権の発動として排斥する．ただ，*結果的加重犯'の扱いについては今日でも争いがあり，判例(最判昭 32・2・26 刑集 11・2・906 等)および一部の学説は，結果責任を規定した犯罪類型と解し，加重結果に対する行為者の主観的連関は一切不要であるとの立場をとる．他方，多数説は，加重結果に対する過失を要求することで責任主義との調和を図っている(なおドイツ刑法 18)．また，*両罰規定'に基づく業務主体の責任についても，かつては絶対的責任ないし結果責任として説明する見解があったが，現在では，*違法'行為をした従業者に対する選任監督上の過失責任とする判例(最判大昭 32・11・27 刑集 11・12・3113)により責任主義との調和が図られている．　　　　　　　　　[丸山雅夫]

結果的加重犯　(独) erfolgsqualifiziertes Delikt　**1 意義と類型**　一定の基本的な犯罪(基本犯)から行為者の予期していなかった重い結果(加重結果)が発生した場合に，基本犯の*法定刑'よりも重い*刑罰'をもって処断される犯罪類型をいう．傷害致死罪(刑 205)が典型とされる．*遺棄致死傷罪'(219)のように，*故意'の基本犯の既遂によって死傷が発生した場合を結果的加重犯として構成するのが一般的な立法形式ではあるが，いくつかの例外もある．強制わいせつ致死傷罪(181)は基本犯の*未遂'から発生した死傷も含めて結果的加重犯として

構成しているし，公害罪法（3Ⅱ）は*過失犯'を基本犯とする類型をも認めている．延焼罪（111）は，死傷以外の加重結果を規定する点で特殊な類型である．また，*強盗致死傷罪'（240）では「よって」という結果的加重犯に特有の連結句が用いられていないため，この点が同条の解釈論に影響を与え，*故意犯'としての強盗殺人・傷害罪と結果的加重犯としての強盗致死・致傷罪の4類型を規定したものと理解されている．

2 *責任主義'との関係 結果的加重犯の成立について，判例は一般に，基本犯と加重結果との間に*条件関係'が存在すれば足り，*予見可能性'や*過失'といった主観的要件までは必要ないとする立場（過失不要説）を採る（大判昭3・4・6刑集7・291，最判昭32・2・26刑集11・2・906等）．その背後には，基本犯に故意が認められることで責任主義が満たされており，あとは*因果関係'の問題にすぎないという認識があるのであろう．一部の学説も，*条件説'による処罰範囲の拡大を*相当因果関係説'で限定すれば十分であり，主観的要件を考慮するまでの必要はないとする．加重「結果を予見することが不能であったときは，加重犯として処断することはできない」とする*改正刑法草案'22条も，客観的予見可能性（相当因果関係説）によって成立範囲を限定しようとするものである．

しかし，結果的加重犯は基本犯と加重結果との結合から構成される特殊な犯罪類型であり，基本犯における責任主義の充足は，結果的加重犯全体における責任主義の充足をもたらすわけではない．その意味で，過失不要説は*結果責任'を認めるものである．また，具体的な事案との関係においても，責任主義との調和が結果的加重犯の成立範囲を狭めすぎるということもない．学説の多くは，加重結果に行為者の主観的予見可能性（過失）を要求することによって責任主義との調和を積極的にめざしているのである（過失説）．過失説の立法例として，ドイツ刑法は，1953年の改正において「少なくとも過失」を成立要件として明示する旧56条を新設し，現行18条に引き継いでいる．

3 加重根拠 結果的加重犯の基本犯は，それ自体が加重結果を発生させる危険性のあるものに限定されている．結果的加重犯は，基本犯と加重結果とを単に結合したものではなく，このような両者の密接なつながりに着目して構成された特殊な犯罪類型とみるべきものである（危険性説）．ここから，基本犯の法定刑と*過失致死・致傷罪の法定刑との総計をはるかに超える加重処罰が正当化される．また，このような立場からは，結果的加重犯の成立は基本犯に内在する危険性の実現として加重結果が発生した場合に限定される，という解釈論がもたらされる．ドイツにおいて基本犯と加重結果との間に「直接性（直接的連関）」を要求する立場がそれであり，わが国の一部学説も，同様の観点から結果的加重犯の成立範囲を明確化しようとしている．

［丸山雅夫］

結果犯 （独）Erfolgsdelikt 結果犯とは，外界における変化，すなわち結果の発生を成立要件とするものである．外界における変化とは，構成要件要素である「行為の客体」の変化である．殺人罪（刑199）における行為の客体は「人」であり，その変化とは人の「死」という結果の発生である．多くの犯罪類型が行為の客体を構成要件の要素として規定している．たとえば，窃盗罪（235）では「他人の財物」，住居侵入罪（130前）では「人の住居若しくは人の看守する邸宅，建造物若しくは艦船」，信書開封罪（133）では「封をしてある信書」，現住建造物放火罪（108）では「現に人が住居に使用し又は現に人がいる建造物，汽車，電車，艦船又は鉱坑」が行為の客体である．しかし，当該犯罪類型が行為の客体を規定していれば，その犯罪類型は必ず結果犯であるというわけではない．窃盗罪では，窃取行為による「財物」の占有移転という結果の発生が，また，現住建造物放火罪では「人の住居」等の焼損という結果の発生が犯罪成立の要件となっており，これらの犯罪は結果犯である．一方，住居侵入罪や信書開封罪は行為の客体を規定しているが，これらは外部的結果の発生をその成立要件としておらず結果犯ではない．名誉棄損罪（230）では「人の名誉」を毀損することを成立要件とするが，「人の名誉」は行為の客体ではなく保護の客体と解されており，結果犯ではない．偽証罪（169）では裁判所，虚偽告訴等の罪（172）では捜査機関や懲戒

権者などが行為の相手方とされているが、行為の客体は規定されておらず結果犯ではない．故意犯ばかりでなく過失犯，とくに刑法典における過失犯である失火罪(116)，業務上失火等の罪(117の2)，過失傷害罪(209)，過失致死罪(210)，業務上過失致死傷等の罪(211)などは結果犯である．また，傷害致死罪(205)等の結果的加重犯も結果犯に含まれる．危険運転致死傷罪(208 II)は，四輪以上の自動車の悪質・危険な運転行為のうち，重大な死傷の結果を生じさせる可能性のあるものを類型化し，この基本行為から行為者の予期しなかった重い死傷の結果が生じたことにより成立する犯罪である．基本行為である故意の危険運転行為は刑法においては処罰されないが，危険運転致死傷罪は結果的加重犯の一種と解されている．

結果犯においては行為と結果との関係，すなわち*因果関係'が重要な論点となる．業務上必要な注意を怠る行為と死の結果との間に因果関係がなければ，業務上過失致死罪の成立は否定される．人を殺す行為と死の結果との間に因果関係がなければ，殺人罪(199)ではなく殺人未遂罪(203)が成立する．未遂犯は結果犯との関係においてのみ問題となるのではない．現行法は*危険犯'の未遂の処罰規定を置いている(128等)．→行為犯，実質犯，形式犯，法益，危険
　　　　　　　　　　　　　　　　　　[福山道義]

結果無価値　(独) Erfolgsunwert　*法益'の侵害またはその危険をいう．ドイツ刑法学で使用され，わが国にも導入された概念であり，結果反価値とも訳されることがある．こうした結果無価値の惹起を*違法'の実質と見る見解を，結果無価値論ないし結果反価値論という．ドイツの刑法学者である*メツガー'はこうした違法性論を基礎づけたことで知られる．これに対し，目的的行為論の提唱者であった*ヴェルツェル'は，こうした結果無価値に違法の実質を見出す見解を批判しつつ*行為無価値'の意義を強調する*人的不法'論を主張した．　　　[山口　厚]

月刊ペン事件　多数の信者を有し社会的に強い影響力を持つ宗教団体Xの会長Aについて，その女性関係が華やかで，芸者の姿を持っているほか，団体の婦人幹部BおよびCを「お手付き婦人として」国会に送り込んでいる旨の記事を『月刊ペン』誌に掲載したことがA，B，C及びXに対する*名誉毀損罪'に当たるとされた事件．1審・2審が，摘示事実は刑法230条の2の「公共の利害に関する事実」に当たらないとしたのに対し，最高裁は，「私人の私生活上の行状であっても，そのたずさわる社会的活動の性質及びこれを通じて社会に及ぼす影響力の程度などのいかんによっては，その社会的活動に対する批判ないし評価の一資料として」公共の利害に関する事実に当たる場合があること，および，公共の利害に関する事実かどうかは「事実自体の内容・性質に照らして客観的に判断されるべきもの」であることを判示し，原判決を破棄して事件を差戻した(最決昭56・4・16刑集35・3・84)．差戻審は，*真実性の証明'がないとして有罪判決を言渡し，その後，被告人死亡のため，*公訴棄却'で事件は終了した．
　　　　　　　　　　　　　　　　　　[佐伯仁志]

結合犯　本来はそれぞれが独立した犯罪として評価される複数の行為を結合して，新たな不法内容をもつ1個の犯罪として構成する場合をいう．たとえば，暴行・脅迫(刑208・222)とそれらによる財物の占有の不法取得(235)とを結合して*強盗罪'(236)が構成される場合，拘禁場・拘束用器具の損壊(260・261)または暴行・脅迫とそれらを手段とする逃走(97)とを結合して加重逃走罪(98)が構成される場合が典型である．*強盗殺人罪'(240後段)や*強盗強姦罪'(241)も結合犯である．*結果的加重犯'の加重結果に*過失'の存在を要求する立場によれば，結果的加重犯も，それぞれの基本犯と過失致死傷(209・210)とから構成される結合犯ということになろう．

結合犯は，複数の行為の結合によって新たな犯罪が構成される場合であるから，その全体が*単純一罪'として評価され，個々の行為の間に手段・結果の関係が認められる場合にも*牽連犯'(54 I)とされることはないし，個々の行為に分割して評価されることもない．また，新たな不法内容の犯罪として構成されることから，その法定刑が結合される個々の行為に対する法定刑の総計より重いことも当然に正当化される．

複数の行為が結合されている結合犯においては，どの時点で結合犯としての*実行の着手'を

認めるかという問題があり，主観説と客観説とで対立が見られる．一般には客観説の立場から，第1の行為の着手をもって結合犯の着手があるとされる．財物強取に向けられた暴行・脅迫に着手した時点で強盗罪としての着手が認められ，逃走のための損壊・暴行・脅迫に着手した時点で加重逃走罪としての着手が認められ，それぞれの*未遂犯'が成立するのである．他方，強盗犯人が被害者を強姦する事例が多いという刑事学的理由から強盗と強姦(177)とを結合して構成される*強盗強姦罪'においては，強盗の既遂・未遂に関係なく，強姦が未遂に終わった場合に限って本罪の未遂が認められる．このように，同じく結合犯とよばれる類型においても，実行の着手時期および未遂犯の成否については，それぞれの立法趣旨に照らした解釈が必要とされる場面がある． ［丸山雅夫］

結 審 *検察官'の論告に続き，*被告人'または*弁護人'の最終の意見陳述が終了すると，*弁論'が終結する．この弁論が終結したことを結審という．結審によって，審理としては，判決の宣告手続だけが残ることになる．

なお，裁判所は，弁論を終結した後に，適当と認めるときは，検察官，被告人もしくは弁護人の請求によりまたは職権で，*決定'をもって，終結した弁論を再開することができる(刑訴313Ⅰ)．弁論の再開をすることができるのは，たとえば，弁論終結後に，①あらたな証拠を発見したとき，②訴因の追加または変更をする必要が生じたとき，③裁判官が死亡したとき，④審理不尽に気づいたとき，などである．

弁論の再開は*裁判所'の裁量であるが，弁論再開後は，弁論終結前の状態にもどり，*証拠調べ'をした場合には，再度*最終弁論'を行ったうえで判決することになる． ［安冨 潔］

欠席裁判 *被告人'が*公判廷'に出頭しないまま行う審理，またはそのような審理に基づく判決をいう．原則として，*公判期日'における手続きには被告人の出頭が必要であり欠席裁判は許されない(刑訴286)．ただし以下の例外がある．

被告人が*法人'である事件(283)や50万円以下の*罰金'・*科料'に当たる事件(284)では，被告人本人(法人代表者を含む)の出頭はそもそ
も義務づけられていない．また，*拘留'に当たる事件や長期3年以下の*懲役'・*禁錮'，50万円超の罰金に当たる事件では，*裁判所'は一定の手続きを除き出頭義務を免除しうる(285)．さらに，*勾留'中の被告人が正当な理由なく出頭を拒否し*引致'を著しく困難にした場合(286の2)，被告人が*裁判長'の許可を得ずに退廷したり，秩序維持のため裁判長が被告人に退廷を命じた場合(341)，*弁護人'が在廷している公判廷で*証人尋問'を行うに当たり，十分な証言を確保するために被告人を退廷させた場合(304の2)にも，裁判所は被告人の在廷なしに手続きを進めることができる．なお，*判決の宣告'に限り被告人欠席のままで許される例として被告人が*心神喪失'で*無罪'等の*裁判'をすべきことが明らかな場合がある(314Ⅰ但)．→欠席判決，口頭弁論 ［三島 聡］

欠席判決 被告人の出頭のないまま*判決'が言い渡される場合があり，これを欠席判決という．一般に被告人が出頭しないときは公判を開廷できず(刑訴286)，したがって欠席判決も一般に許されない．ただし，50万円以下の罰金または科料にあたる事件については被告人は出頭を要せず(284)，被告人欠席のまま審判できる．これより重大な事件についても，被告人欠席のまま公判期日を開ける場合があるが(拘留にあたる事件および長期3年以下の懲役もしくは禁錮または50万円を超える罰金に当たる事件)，その場合でも判決の宣告をするには被告人の出席が義務づけられており(285)，したがって欠席判決はできない．なお，現行法には，被告人が出頭しなければ開廷できない場合に，被告人が正当な理由なく出頭を拒んだときは，裁判所は公判手続を行うことができるという規定がある(286の2)．被告人の裁判を受ける権利を奪うことにもなりかねないだけに，この規定の運用には慎重であるべきである．→欠席裁判 ［白取祐司］

決 定 裁判は，裁判主体，成立手続および不服申立方法の違いにより，*判決'，決定，*命令'の3種類に分類される．このうち，決定は，裁判所による裁判である点，および不服申立方法が準抗告ではなく*抗告'である点で，命令と区別される．なお憲法問題については，特

別抗告が認められる(刑訴433).また,判決との違いは,判決が原則として必ず口頭弁論に基づいて行われ(43 I),理由も付さなければならないのに対し(44 I参照),決定は,口頭弁論に基づいてすることを要せず(43 II),上訴を許さない決定については理由も不要である(44 II).だが,決定についても,必要があれば事実の取調べをすることも可能である(43 III).

なお,略式命令(461以下)は,「命令」という言葉が使われているが,主体が裁判所であるから,命令ではなく,決定である. [白取祐司]

決定論 (英) determinism 意思の自由は実証的に証明できない形而上学的幻想にすぎない,としてこれを否定し(自由意思否定論),人間の意思決定や行為も他の事象と同様に必然的な法則に支配されているとする立場である.決定論は,意思の自由を認める*非決定論'に対立し,犯罪を行為者の素質と環境の因果的所産と解する.したがって,決定論に依拠する*社会的責任論'によれば,*責任'は,素質と環境によって必然的に決定された反社会的性格に基づく社会的危険性をもっている者が,社会を防衛する手段として科されるべき刑罰を甘受しなければならない法律上の地位を意味することになる.

しかし,そこにいう「責任」には,意思決定の自由を前提とする「非難」の要素は含まれておらず,責任の大小は,もっぱら犯人の将来における犯罪反復の危険性の大小によって決定されることになる.決定論を徹底するとき,責任を前提とする刑罰と,責任を前提としない処分(保安処分)との区別はなくなり,刑法は(保安)処分法に解消されることになる.

もっとも,今日では,およそ責任に自由の契機を認めない宿命論的意味での「かたい決定論」に代わって,法則的な行為にも責任非難がありうるとする'*やわらかな決定論'が有力に主張されており,非決定論への歩み寄りがみられる.→意思自由論 [曽根威彦]

決闘罪 (英) duel (独) Zweikampf (仏) duel 決闘,すなわち「当事者間の合意により相互に身体又は生命を害すべき暴行をもって争闘する行為」(最判昭26・3・16刑集5・5・755)に関連して成立する犯罪.「決闘罪ニ関スル件」(明22法34)により犯罪類型が規定されている.同法は旧刑法時代,西洋の決闘の風習がわが国にも広まるおそれがあったため,その弊害を除去し社会秩序を維持するために制定されたものといわれている.その意味で社会的法益に対する罪と解すべきであろう.しかし,その後わが国では決闘の風習が一般化することもなかったため,同法の適用例は必ずしも多くはない.

「決闘」というためには,当事者間に暴行による争闘の合意があればたりると解されており,傷害,殺人の故意や名誉回復など特定の目的の存在は要求されていない.また証人または介添人の立会など,一定の慣習や規約に依拠する必要もない.人数についても限定はなく,2人で行う場合に限られていない.凶器の使用も特に要求されていないと解すべきである.

決闘罪の類型としては,決闘を行う罪(決闘2)のほか,その予備的形態として決闘を挑発する罪,決闘の挑発に応じる罪(1),また決闘の幇助的犯罪として,決闘立会罪(4 I),決闘場所提供罪(4 II)がある.さらに同法は決闘の挑戦に応じないことをもって誹毀する罪(決闘誹毀罪,5)を規定しているが,これは名誉毀損罪,侮辱罪に関する注意規定にすぎないと理解されている.

決闘の結果,相手方が死傷した場合,判例によれば,決闘を行う罪が成立するほか,殺傷結果については刑法各本条の*殺人罪',傷害罪等が成立する(3).殺人未遂罪の成立についても同様に解すべきであろう.なお,成立する罪名については,決闘罪と刑法犯とを比較して,重い罪のほうが成立することになる(6).

なお死傷結果が発生した場合,決闘についての合意があったとしても,被害者が死傷結果についてまで明確な承諾を与えていたわけではないから,*被害者の承諾'によって違法阻却される可能性は事実上ほとんど認められないであろう.もっとも,被害者による危険の引受けとの関連で,犯罪の成立範囲についてはなお検討の余地があろう. [橋爪 隆]

原因説 結果発生に関与した複数の条件から,一定の基準にしたがってひとつの条件を「原因」として取り出し,その原因を与えた

者を正犯、その他の条件を与えたものを共犯とする学説。正犯と共犯の区別を*因果関係'によって判断しようとする理論である。基準としては、最終条件説(オルトマン Rudolf Ortmann (独))、最有効条件説(*ビルクマイヤー')、優越的条件説(*ビンディング'——結果惹起の条件と結果妨害の条件との均衡を破り、結果発生に決定的方向を与えるものを原因とする)、反常規的条件説(バール Karl Ludwig von Bar(独・1836-1913))など多数の学説が唱えられた。原因であるかを、基本的に事例ごとに、他の条件との関係から判断するところから個別化説(individualisierende Theorie)ともいわれ、結果発生に対する条件の一般的適当性を判断基準とする*相当因果関係説'(一般化説ともいわれる)と対立する。

原因説に対抗して、全条件の等価性を主張したのが、ブーリ Maximilian von Buri(独・1825-1902)の*条件説'である。また、バールの反常規的条件説は、その後の相当因果関係説の発展への基礎となった。このように、原因説はそれ自体として主張されることはなくなったが、その後の因果関係理論(とくに、その帰責限定理論としての部分)に大きな影響を残している。

[林 陽一]

原因において違法な行為 (羅) actio illicita in causa *自招侵害'に対する*正当防衛'の成否という問題について、防衛行為者の可罰性を認める理論のひとつである。すなわち、攻撃者の急迫不正の侵害を惹起したことについて、防衛行為者(有責者)にも責任があるという場合にも、攻撃者の侵害は違法であり、したがって、それに対する有責者の防衛行為自体は正当防衛として完全に適法であるが、そのことによって、防衛行為に先行して行われた、その侵害の原因となった彼の行為まで正当化されるものではなく、違法であるとして、これに有責者の可罰性の根拠を求めるものである。バウマン Jürgen Baumann(独・1922-)、らによって主張され、わが国の学説においても有力な支持者が存在する。

しかし、この理論に対しては、形式的にも実質的にも正当化されるとする正当防衛状況を招致する行為が、なぜ違法と評価されることになるのかその理由が明らかではない。有責者による終局的な法益侵害結果が正当防衛として完全に正当化されるとしつつ、その同じ結果が有責者に帰責され、その処罰の根拠となるとすることはできないのではないか、など根本的な疑問が指摘されている。→喧嘩両成敗 [山本輝之]

原因において自由な行為 (羅) actio libera in causa **1 問題の所在** アルコールその他の麻酔剤の飲用等によって自己を一時的に責任無能力状態に陥れ、その状態で犯罪を遂行した場合に、犯行時には責任能力が存在しないにもかかわらず、責任無能力の原因となった飲酒等の行為時点に責任能力が存在したことを理由に刑事責任を基礎づけようとする理論をいう。アクティオ・リベラ・イン・カウザともいわれる。*責任主義'により、責任能力が*実行行為'時に存在することが要請され(行為と責任の同時存在の原則)、実行行為の時点に責任能力が存在しなければ、その原因を問わず犯罪不成立となる。この原則を厳格に維持すれば、原因において自由な行為は否定されることになる(不処罰説)。しかし、自己の責任無能力状態を利用して犯罪を実現した場合を不処罰とすることは、法益保護および法感情からして妥当でない。そこで「行為と責任の同時存在の原則」に抵触することなく、その処罰を根拠づける工夫がなされているが、いずれの説もなお問題点を残している。

2 学説の状況 学説は、実行行為を、飲酒等責任無能力を惹起する行為である原因行為に求める「原因行為説」と実際の法益侵害行為である結果行為に求める「結果行為説」に大別される。「原因行為説」として、まず「間接正犯類似説」がある。この説は、原因において自由な行為を自己の責任無能力状態を道具として利用する点で間接正犯と同じ構造を持つとし、間接正犯の利用行為と同様に原因行為を実行行為と評価することで処罰を根拠づける。この説に対しては、間接正犯との類似性を強調すると、実務上重要性を持つ限定責任能力状態利用の原因において自由な行為の処罰が根拠づけられないという批判、飲酒行為は殺人行為でなく原因行為を実行行為とすることはできないという批判がある。その2は、従来の実行行為概念を二元的に理解

し，未遂の開始と問責の対象としての行為（正犯行為）を分離し，正犯行為である原因行為が結果行為・結果と相当因果関係を有すれば処罰できるとする説である．結果無価値論ないし因果的共犯論を基礎にするが，実行行為の二元的理解に対する批判，原因行為と結果行為・結果との因果関係の証明が困難ではないかという批判が加えられている．

「結果行為説」として，①原因行為時の意思決定が実現されたことに処罰根拠を求める説がある．この説は，責任能力は行為に対する最終的な意思決定時に存在すればよく，原因行為と結果行為がひとつの意思によって貫かれていれば原因行為時の意思決定が最終的意思決定であるとするが，責任能力の同時的コントロールを無視するものであるという批判や結局予備の責任によって実行行為の責任が基礎づけられるのではないかという批判がある．②権利の濫用ないし社会的公平という点から，故意に責任無能力状態を惹起した場合には39条の適用を否定する説，さらに，③違法性の意識の問題と同様に，責任無能力状態が回避可能であれば責任が問えるとする説がある．②に対しては，その濫用論の根拠が不明であること，③に対しては，違法性の意識の問題は責任能力の存在を前提としており，両者を同じレベルで扱うことはできないことが批判されている．

3 立法的対応 各国とも酩酊中の犯罪に関して，立法的な解決を図るべく努力をしている．たとえば，ドイツ刑法323条aの完全酩酊構成要件やスイス刑法12条の原因において自由な行為に関する規定がこれに当たる．わが国でも，改正刑法草案17条は，故意または過失により，自ら精神の障害を招いて罪となるべき事実を生ぜしめた者には，責任無能力・限定責任能力規定を適用しない旨を定めて，立法的解決を図ろうとしている． ［中空壽雅］

厳格故意説 （独）strenge Vorsatztheorie　厳格故意説とは，故意に違法性の意識を必要とする学説をいう．違法性の意識（ないしその可能性）を故意の要素と解する*故意説'のうち，最も徹底した見解である．

この説によれば，刑法38条3項にいう「法律」とは文字通り「法規」を意味し，「法律の不知」（*あてはめの錯誤'）は故意を阻却しないことを規定したものと解される．故意責任非難の実質的根拠は，行為者が「悪いと知りつつ敢えてこれを行った」ところにあり，違法性の意識は「故意と過失を分かつ分水嶺」である，とされる．本説に対しては，①38条3項の解釈として無理があるとの形式的批判に加え，②規範意識の鈍磨した常習犯や激情にかられて瞬間的に行為を行う激情犯，あるいは自らの義務意識に従って行動する*確信犯'などには現実的な違法性の意識が欠けており，これらの犯罪の処罰や加重処罰を根拠づけることができない，また，③行為者が過失により違法性を意識しなかった場合，過失犯処罰規定がない限り不可罰とせざるをえないことになるが，これは刑事政策上耐えがたい帰結である，との批判が向けられてきた．→制限故意説，責任説，制限責任説，厳格責任説 ［長井長信］

厳格責任説 （独）strenge Schuldtheorie　厳格責任説とは，違法性の認識（ないしその可能性）は故意の要素ではなくて独立の責任要素であると解し，正当化事情の錯誤（違法阻却事由の事実的前提に関する錯誤）は違法性の錯誤であるとする立場をいう．厳格責任説によれば，違法性の錯誤がある場合，その錯誤を避けることができたときには違法性の認識の可能性があり故意犯の成立が肯定され，それを避けることができなかったときには責任が阻却されて故意犯は成立せず，過失犯の成否を問題にする必要はないとされる．本説は，違法性の認識を責任の要素と解する点で，これを故意の要素とする*故意説'と対立し，正当化事情の錯誤を違法性の錯誤とする点で，これを事実の錯誤と解する*制限責任説'と対立する．

本説の内部において，刑法38条の解釈について見解が分かれている．すなわち，第1説は，刑法38条3項本文は，構成要件的故意と責任要素としての違法性の認識がないこと，換言すると，*法律の錯誤'（禁止の錯誤）と故意との関係を規定し，法律の錯誤が故意の存在と関係のない旨を明らかにしたものであり，同項但書は，たとえば，構成要件的故意が存在しても，法律の錯誤があり違法性の認識がないときは，違法性の認識があるときよりも責任が軽いからその

刑を減軽しうる旨を明らかにしたものであって，刑法38条3項但書の規定をもって責任要素としての違法性の認識の可能性に関するものであると解すべきであるとする．これに対して，第2説は，刑法38条3項本文は，いわゆる「あてはめの錯誤」を規定したもので，この「あてはめの錯誤」は，事実的故意の成否に無関係である旨を明らかにしたものであり，同項但書は，あてはめの錯誤の結果，違法性の認識を欠いた場合には，違法性の認識のある場合よりも非難可能性が少ないから，その刑を減軽しうる旨を明らかにした規定であると解している．→厳格故意説，制限故意説　　　　　　　［川端　博］

厳格な証明　(独) Strengbeweis　刑事訴訟法は297条以下において*証拠調べ'の範囲，順序，方式について定め，また319条以下において*証拠能力'に関する一連の規定を設けている．さらに，刑事訴訟規則には証拠調べに関する詳細な規定がある．これらの証拠法規定に従って行われる証明を厳格な証明という．厳格な証明によらない*証明'を*自由な証明'という．なお，刑事訴訟法は*簡易公判手続'のための特別な証拠調べ手続(307の2)および*伝聞法則'の緩和(320Ⅱ)を定めているが，これを「適正な証明」とよび，厳格な証明および自由な証明と区別する見解がある．

刑事訴訟法317条は，「事実の認定は，証拠による」と定めることで*証拠裁判主義'を宣言している．しかし，裁判の基礎として認定されるべき事実は多様であり，事実の認定のために常に法定手続による証明を求めれば，手続を麻痺させ，またはいたずらに遅延させることになりかねない．そこで，ドイツの学説を参考に*小野清一郎'が独自の見解を加味し日本で提唱したのが厳格な証明と自由な証明論である．

小野は，刑事訴訟法317条にいう「事実」は「*罪となるべき事実」(335Ⅰ)のことであり，「証拠」によるとは「厳格な証明」による意味であると解釈した．小野が厳格な証明の対象を罪となるべき事実に限定したのは，小野の構成要件論を手続法の側面から正当化しようと試みたからである．後の学説は，厳格な証明と自由な証明との区別を維持しながらも，前者の対象範囲を*違法阻却事由'，*責任阻却事由'，*客観的処罰条件'および刑の加重減免事由(ただし刑66の*酌量減軽'は例外)まで広げる見解が支配的となった．これに対し，*情状'は適正な証明によるべきであるとする説，刑罰権の有無および範囲を決定する事実はすべて厳格な証明によるべきであるとする説，判決の基礎となる事実は*訴訟法上の事実'も含め厳格な証明によるべきという説，さらに原則として終局裁判の基礎となる事実や証拠能力は厳格な証明によるべきという説などが主張されている．　　［田淵浩二］

幻覚犯　(独) Wahndelikt　行為者が犯罪にならない行為を行ったが，事実は正しく認識しつつもその行為を刑法上違法と誤信していた場合のことをいう．錯覚犯とも呼ぶ．姦通が犯罪を構成すると信じつつこれを行った場合がその典型例とされる．行為を処罰する法規が存在しないのであるから，当然に不可罰である．刑法上違法な行為に出たときに，その行為は違法でないと信じていた場合が*違法性の錯誤'であるが，ちょうどその逆の場合が幻覚犯である．これに対し，事実認識のレベルで裏返しの錯誤があった場合，すなわち，違法な事実が存在しないのに存在すると思って行為に出た場合のなかには，*未遂犯'として可罰的なときと，*不能犯'として不可罰なときの両方がある．

［井田　良］

喧嘩両成敗　喧嘩両成敗とは，喧嘩の当事者は理非を論じないで両者とも処罰されるという法思想である．これは武家時代に，喧嘩そのものを絶対的に否定し，手を下した先後を問わず，両者を処罰することにより治安を維持しようとする目的から生まれ，発展した法(*武家法')であり，戦国時代には普通法とされた．

大審院時代の判例は，このようなわが国古来の法理を用いて，喧嘩闘争の場合には一律に*正当防衛'の成立を否定するという態度をとっていた．その事案は，被告人が以前口論したことがあるAと偶然出会い，喧嘩を挑まれたので憤激し，携帯していた匕首でAを刺し，死亡させた，というものである．大判昭7・1・25刑集11・1は「所謂喧嘩ヲナス闘争行為ハ互ニ相手方ニ対シ同時ニ攻撃及防禦ヲナス性質ヲ有スルモノニシテ一方ノ行為ノミヲ不正侵害ナリトナシ他ノ一方ノ行為ノミヲ防禦ノ為ニスルモノト解

スヘキモノニ非ス従テ喧嘩ノ際ニ於ケル闘争者双方ノ行為ニ付テハ刑法36条ノ正当防衛ノ観念ヲ容ルルノ余地ナキモノトス我国ニ於テ古来『喧嘩両成敗』ノ格言ノ存シ喧嘩ノ闘争者双方ノ行為ハ互ニ違法性ヲ阻却スヘキ性質ヲ有スルモノニ非ストシテ共ニ之ヲ処罰スヘキモノトシタル理由モ亦茲ニ存スト謂フヘシ」と判示した.

しかし,このような判例の態度に対し,学説は批判的であった.たとえば,*小野清一郎'(日・1891-1986)は,喧嘩両成敗というわが国古来の法理を援用することに対し,「其はもと治安的・一般豫防的な動機に出てゐるだけに,各當事者の具體的な情状を糾明することなく一様に成敗を加へるという素朴・武断の弊に陥り易い」としていた.また,喧嘩闘争の場合には一律に正当防衛の成立を否定することに対して,*草野豹一郎'(日・1886-1951)は,「一口に喧嘩闘争といっても,事情如何によっては,正当防衛と解すべき場合があり得るのではあるまいかと,疑ふのである」としていた.

そこで,最高裁判所は,このような学説の批判を受け入れ,「喧嘩両成敗」という考え方を放棄し,喧嘩闘争の場合にも正当防衛の観念が容れられる余地があることを認めた.最判大昭23・7・7刑集2・8・793は,Aと口論の末互いに殴り合いとなり,彼から散々殴られた被告人が憤激のあまり小刀でAに斬りつけ,死亡させたという事案について,「互いに暴行し合ういわゆる喧嘩は,闘争者双方が攻撃及び防禦を繰り返す一段の連続的闘争行為であるから,闘争の或る瞬間においては,闘争者の一方がもっぱら防禦に終始し,正当防衛を行う観を呈することがあっても,闘争の全般からみては,刑法第36条の正当防衛の観念を容れる余地がない場合がある」と判示した.→権利濫用説,原因において違法な行為,自招侵害　　　　[山本輝之]

嫌疑刑　(独) Verdachtsstrafe　嫌疑刑とは糾問主義の刑事手続で用いられた刑罰であり,犯罪の確実な証拠がない場合であっても,犯罪の嫌疑があることによって科せられた刑罰である.もともと糾問主義の刑事手続では,犯罪の証明につき*法定証拠主義'がとられ,有罪を言い渡すためには2名以上の目撃証人が被告人の自白の存在が必要とされた.そこで,一定の犯罪の嫌疑はあるが,この条件が満たされない場合には有罪を言い渡すことはできなかった.そこで,自白を得るための拷問が許容された.その後,カルプツォー Benedict Carpzov (独・1595-1666)の学説的影響のもとに採用されたのが嫌疑刑である.その他,仮放免の制度もとり入れられ,被告人の地位はいっそう不安定なものとなった.→無罪の推定,疑わしきは被告人の利益に　　　　　　　　　　[田口守一]

検　挙　法律のなかでは用いられていない警察用語であり,「犯罪について被疑者を特定し,送致・送付又は微罪処分に必要な捜査を遂げることをいう」(犯罪統計細則[昭46・10・6警察庁訓令16号]2⑤).したがって,*逮捕'の有無をとわず必要な*捜査'が行われれば検挙が行われたことになる.ただし,逮捕令状が出され被疑者逃走中の場合には,被疑者が特定されても必要な捜査が終結していないので未だ検挙は行われていない.犯罪の発生を警察が公的に確認する認知(同細則・同条④)の件数を分母とし,検挙件数を分子とする値は検挙率と呼ばれ,一般に,警察の犯罪捜査能力を示す指標として用いられている.しかし,*犯罪統計'における暗数の問題に示されているように,認知件数は社会における犯罪の発生件数を直接に反映するものではなく,検挙件数の変化も警察組織内外の諸要因によって影響を受けるため,検挙率やその変化が何を意味するかは必ずしも自明ではないことに注意する必要がある.　　　　[村山眞維]

減　刑　憲法73条7号に規定されている内閣の一般行政事務のひとつである*恩赦'の一種であり,刑の言渡しを受けた者に対して,その刑を減刑し,または刑の執行を減刑すること,ならびに刑の執行猶予中の者に対して,刑の減刑と合わせて猶予の期間を短縮することをいう(恩赦7).

これには,その実施方法上,政令により,罪・刑の種類・基準日・減刑の方法・減刑率等の要件を定めて,その要件に該当する者に対して一律に行われる政令減刑(一般減刑)と,検察官,行刑施設の長,保護観察所の長のそれぞれの職権または本人の出願に基づいて,特定の者について個々の事案を中央厚生保護審査会が調査・審理して行われる個別減刑(特別減刑)とがあ

特に政令減刑は、一定の事由に基づいて法定刑を減軽する刑法上の*刑の減軽*と関係なく、その要件を行政府たる内閣が独自に決定しうるものである以上、慎重公正に行われる必要がある。　　　　　　　　　　　　　　[西村秀二]

権限濫用説　*背任罪*の本質を、法律上の処分権限のある者による権限の濫用によってなされる財産的加害と解する説。しかし、特に、背任罪を代理権の濫用と解することについては、当罰的な事例は、代理権を有しない者の行為や、事実的な行為にも存在しうるのであり、主体、行為の両方で適用範囲を狭くしすぎるとして批判された。もっとも、現在では、権限の濫用に背任罪の本質を求めつつも、その権限は代理権ないしは法律上の処分権限に限らないとする見解(背信的権限濫用説等といわれる)が有力に主張されている。→背信説　　　　　[上嶌一高]

現行犯　(独) frischer Tat　(仏) flagrant délit　(羅) flagrans crimen　憲法33条は、何人も「現行犯として逮捕される場合を除いては」令状によらなければ逮捕されないとして、現行犯について特別な扱いをしている。これを受けた刑事訴訟法では、「現に罪を行い、又は現に罪を行い終つた者」を現行犯人とするとともに(刑訴212Ⅰ)、さらに、これに該当しない場合についても、一定の要件を満たした者を*準現行犯*として現行犯人とみなす旨の規定を置いたうえで(212Ⅱ)、それらについて、無令状での逮捕を認めている(213)。

このように、現行刑事訴訟法における現行犯の概念は、犯行との時間的接着性を前提とした時間的概念であり、そこから導かれる逮捕者にとっての犯罪と犯人の明白性を根拠に、現行犯の場合には、事前の司法審査を経ない無令状での逮捕を認めるという構造になっている。このような時間的概念に基づく現行犯の理解は、英米法に由来するものである。

これに対し、旧刑事訴訟法では、「現ニ罪ヲ行ヒ又ハ現ニ罪ヲ行ヒ終リタル際ニ発覚シタルモノ」をひろく現行犯としていた(旧刑訴130Ⅰ)。これは、大陸法に由来する身分的概念であって、そこでは、いったん現行犯となれば、時間の経過に関わりなくそれが継続した。そして、現行犯の場合には、捜査機関が、*逮捕*に限らず、*捜索*・*押収*等の、本来は予審判事のみが有することとされていた様々な捜査上の強制権限を行使することができたのである。その意味で、現行犯か非現行犯かの区別は、捜査手続そのものを区分する意味を有していた。しかし、現行法は、現行犯について、このような大陸法的概念を採用しなかったため、現行犯か否かの意味は、無令状での逮捕が可能かどうかという点に限定されることになった。→現行犯逮捕
　　　　　　　　　　　　　　　　[川出敏裕]

現行犯逮捕　**1 意義**　現に罪を行い、または現に罪を行い終わった者を現行犯人といい(刑訴212Ⅰ)、それについては、捜査機関に限らず、何人でも*逮捕状*なしに*逮捕*することができる(213)。これを現行犯逮捕と呼ぶ。*現行犯*の場合に無令状で逮捕ができることは、令状主義の例外として、すでに憲法において認められている(憲33)。また、刑事訴訟法には、本来の現行犯人以外に、一定の要件を満たした場合には、それを現行犯人とみなして、同様に無令状での逮捕を認める規定が置かれている(212Ⅱ)。

このように、現行犯逮捕を無令状で行うことができる根拠は、第1に、犯罪が現に行われているか、あるいは行われた直後であるため、犯罪があったこと、および犯人が誰であるかが逮捕者に明白で、事前の司法審査を経なくとも誤認逮捕のおそれが少ないこと、そして第2に、*令状*を求めていたのでは犯人が逃亡してしまうおそれがあるため、その場で逮捕する緊急の必要性が高いことに求められる。

2 現行犯の意味　現行犯逮捕を無令状で行いうる実質的根拠として挙げた第1の点から、現行犯といいうるためには、逮捕者にとって、(a) 犯罪が行われていること、あるいは行われたことの明白性と、(b) 被逮捕者が犯人であることの明白性、のいずれもが具わっていなければならない。逮捕者自身が犯行を直接目撃している場合には、それは問題なく肯定できるが、そうでない場合、たとえば、犯行現場を目撃した者から事情を聞いた警察官による逮捕のような場合には、犯罪現場の状況、被害の状況、犯人の挙動や所持品等の客観的要因を総合的に考慮して、

その適法性が判断されることになる．この場合，目撃者の供述は，あくまで客観的状況に意味づけを与える間接的な役割を担うにすぎず，目撃者が被逮捕者を犯人であると指摘したからといって，それだけで逮捕者にとっての明白性が肯定されるわけではない．

さらに，すでに犯行が終了している場合には，現行犯の定義自体が，明文で，「現に」罪を行い終わった場合とされていることから，この意味での犯行の終了と逮捕との時間的接着性が必要とされる．これは，時間が経つほど明白性は減少するため，それを客観的に担保する機能を有している．

3 現行犯逮捕と逮捕の必要性 現行犯逮捕については，通常逮捕と異なり，条文上は，逮捕の必要性が要求されていない．もっとも，実際問題としては，現行犯人については逮捕の必要性が肯定される場合がほとんどであろうが，しかし，事案によっては，軽微な交通違反等の事件で，逃亡のおそれも罪証隠滅のおそれも認められないという場合もありうる．そのため，現行犯逮捕についても逮捕の必要性が要件とされるのかが争われている．

裁判例の中には，現行犯逮捕については逮捕の必要性を問題にする余地はないとしたものもあるが(東京高判昭41・1・27下刑8・1・11)，最近では，逮捕の必要性が欠けていたことを理由に，現行犯逮捕を違法とするものも見られる(大阪高判昭60・12・18判時1201・93)．→緊急逮捕
[川出敏裕]

検察官 (英) crown prosecutor (米) prosecutor, prosecuting attorney, public prosecutor (独) Staatsanwalt (仏) ministère public **1 概要** わが国における近代的な検察制度は，明治初期にフランスの影響を受けて*公訴'を主たる任務とする原告官(司法機関の一部)として成立した．その後ドイツ法の影響を受けて，裁判所構成法(明33法6)により*裁判所'と*検察庁'は分離されたが，ともに司法大臣の監督下におかれた．検察官は司法官と理解されてきたが，戦後アメリカ法的な考え方が取り入れられ，司法部から切り離されて行政部に属することになり，今日においては行政官であることに争いはない．

2 種類と組織 検察官とは，検事総長，次長検事，検事長，*検事'および副検事の総括的名称であり(検察3．それぞれの定員については，表参照)，上級者から権限の委任を受けることなく，それぞれが独自に検察権を行使する官庁(独任制官庁)である．上記の5種類のものが官名である——一般の国家公務員とは異なり，任官行為と補職行為とが区別される(ただし検事総長と次長検事は一官一職であるから補職は不要)——が，判例は検察官が官名だとしている(たとえば，広島高判昭27・5・26判特20・72)．検事総長は最高検察庁の長として庁務を掌理するとともに，すべての検察庁の職員を指揮監督し，次長検事は検事総長を補佐する(7)．検事長は高等検察庁の長として庁務を掌理するとともに，その庁および管内の地方・区検察庁の職員を指揮監督する(8)．検事正(職名)は地方検察庁の庁務を掌理し，その管内の区検察庁の職員を指揮監督する(9)．以上の検察官は(検事も含めて)，原則として司法修習を終えた者であることが資格要件とされているが(18 I)，副検事は資格要件が緩和されており，副検事選考委員会の選考を経て任命されることも可能で，区検察庁の検察官にのみ補職される(18 II・16 II)．

3 権限 ①刑事について，公訴を行い，裁判所に法の正当な適用を請求し，*裁判'の執行を監督し，②裁判所の権限に属するその他の事項について通知を求め意見を述べ，③他の法令がその権限に属させた事務を行い，④犯罪について*捜査'を行うことがその権限である(検4・6)．このうち①と，(争いはあるが)④の権限が検察権であり，それに関する職務を検察事務という(②と③をも含めた広義のものを検察事務と呼ぶこともあり，それ以外の通常の行政機関と同じ性質の事務を検察行政事務という)．この検察権は，捜査から刑の執行まで刑事手続全体に及んでおり，きわめて広範かつ重要なものとなっている．

4 身分保障 検察官は行政機関ではあるが，その権限は刑事司法に大きな影響を及ぼす．刑事司法全体の公正さを維持するためには，検察官が他からの圧力を受けずに行動できることが重要となる．そのために，前述の独任制官庁方式や法務大臣の指揮監督権の制限のほか，*裁判

官'に準じた身分保障——ただし憲法上の保障ではなく,転所に対する保障はない(憲78,裁判48参照)——が設けられている.すなわち,①定年(検事総長の65歳を除いて63歳),②検察官適格審査会の議決(検事長以上はさらに法務大臣の勧告),③剰員による減給,④懲戒処分,の場合を除いては身分上の不利益を受けることがない(検察22～25).さらに,検察権の公正さの担保と関連して,検察官は——行政機関であることを前提にした上で——その権限を公正に行使すべき客観義務を負うとする客観義務論ないしデュープロセスを擁護すべき司法官的性格を有するとする準司法官論という学説も有力である.しかし,ドイツにおいてこの理論は検察官の当事者性の否定と裁判官との等質性を導いているのであって,現行法の前提とする*当事者主義'と整合性をもつのか等は争われている.→指揮権発動,検察官同一体の原則

表 検察官の数(平成14年度定員)

	最高検	高検	地検	区検	計
検事総長	1				1
次長検事	1				1
検事長		8			8
検 事			1404		1404
副検事				899	899
計			1404	899	2313

(法務大臣官房秘書課広報室による)
[小山雅亀]

検察官上訴 検察官が申し立てる*上訴'.刑事訴訟法は,控訴・上告・抗告のいずれについても,検察官に上訴の申立権を与えている(刑訴351Ⅰ).したがって,無罪判決に対して事実誤認を理由に控訴することも,また有罪判決に対して量刑不当を理由に控訴することもできる.このような検察官の上訴権を認めることは,憲法39条が禁じる*二重の危険'に当たると指摘する学説もある.しかし判例は,第1審から上訴審までを継続したひとつの危険として,検察官上訴は,無罪判決に対するものも含めて,憲法に反しないとしている(最判大昭25・9・27刑集4・9・1805.直接には量刑不当を理由とする控訴の事案).

検察官の上訴の方法,主張できる上訴理由,申立期間などは,被告人上訴と原則的に同様である.検察官は,被告人の有利になる理由で上訴をすることもできると考えられている.

なお,少年法は少年の側にだけ保護処分の決定に対する抗告権を認め,検察官の上訴権は認めていなかった.しかし,2000年の改正により,検察官を審判に出席させる決定があった事件では,非行事実の認定に関して決定に影響を及ぼす法令違反または重大な事実の誤認があることを理由に,検察官が高等裁判所に抗告審としての事件受理を申し立てる権限が認められた(少32の4).
[後藤 昭]

検察官処分権主義 ①訴えの提起,②審判対象の設定および範囲の確定,③訴訟の終了を当事者の意思に委ねる考え方を処分権主義という.私的自治の原則の訴訟法への反映として,民事訴訟法において採用されている考え方である.

これを刑事訴訟法との対比でみると,①*起訴独占主義'によって,起訴権(*公訴権')を掌握している*検察官'の公訴提起がなければ,訴訟は開始しないこと(「訴えなければ手続なし」,不告不理の原則),②訴因制度の導入によって,審判対象の設定および範囲の確定は検察官が行うこと,③*起訴裁量主義'(刑訴248)の帰結として,第1審の判決までは検察官が相当と認めるときは,*公訴の取消し'ができること(257)が挙げられる.換言すれば,刑事訴訟は,検察官が立証のテーマ,すなわち*訴因'を設定,範囲を確定し,これを提示することで開始し,またいったん提起した訴えも検察官の裁量で取り消すことが可能である.これを検察官処分権主義という.もっとも,私的紛争の解決を目的とする民事訴訟法とは異なり,刑事訴訟法は国家の関心領域に属する犯罪事象を対象とするから,国家機関である検察官に処分権を与えたにとどまり,私人たる被告人に訴追に関する認諾権はなく,その意味では片面的なものである.

たとえば,英米法とは異なり,わが国では,①*アレインメント'の制度が採用されていないこと,②*刑事免責'制度が採用されていないことは,そのひとつの証左である.したがって,

*冒頭手続'の段階で被告人が有罪を認める旨の陳述をしても，直ちに量刑手続，判決へと移行するわけではなく，事後の手続の簡易化をもたらすだけで，事実審理は行われる．また，自己負罪拒否特権を放棄させるため，不訴追を内容とする刑事免責を与えることは現行法上，許されていない．これらはいずれも*司法取引'の要素が強く，実体的真実解明を目的とする刑事訴訟法の本質にそぐわないからである．

もっとも，近時，高まりを見せている犯罪被害者の法的地位，権利の拡充論を前提とすれば，犯罪事象はもっぱら国家の関心事だという理由から，国家対個人の図式で捉えられていた刑事訴訟のあり方も見直される可能性はある．上述した当事者間での司法取引や，加害者・被害者間の和解成立を条件とした不訴追，公訴取消しの積極的活用，あるいは刑の宣告猶予制度の導入などが考慮されよう． ［上田信太郎］

検察官同一体の原則 （独）Einheit und Unteilbarkeit der Staatsanwaltschaft（仏）l'unité et la subordination hiérarchiques du ministère public *検察官'は，*刑事司法制度'全体と密接に関係する独任制官庁であるが，その本質は行政機関であるために，その統一性をはかる必要がある．そのために検察官は，法務大臣・検事総長を頂点とする全国的に統一的階層的な組織として，上命下服の関係において（検察7～10），一体として検察事務・検察行政事務を行うこととされる（ただし法務大臣との関係は微妙である）．これを検察官同一体の原則という（検察官一体の原則ともいう）．この原則と独任制官庁とは矛盾する要素を含んでいる．たとえば，検察権の行使について上司と意見が一致しない場合（一定の処分に決裁が必要とされるところから実際にも生じ得る）に，担当検察官は自己の良心に従った行動ができないことになる．このような矛盾を回避するために，検事総長・検事長・検事正は，その指揮監督する者の事務を，①自ら取り扱い，②指揮監督する他の検察官に取り扱わせることができる（検察12）．①を事務承継の権，②を*事務移転の権'という．これらの権限は，個々の検察官の良心と指揮監督権の衝突を回避するほか，検察事務に実際の必要に応じて機動性と弾力性を与えるためにも利用されている（最判昭24・4・7刑集3・4・474は，②を通して副検事が*地方裁判所'に公訴を提起しうるとする）．

この原則が採用された結果として，裁判官とは異なり，検察官には*除斥・忌避'の制度が設けられておらず，公判の途中で検察官が交代しても訴訟手続を更新する必要がないとされている． ［小山雅亀］

検察官面前調書 1 伝聞証拠としての性格 検察官面前調書とは，検察官による参考人取調べ（刑訴223）の際に作成された*供述録取書'をいう．検面調書，二号書面，検事調書ともいう．これは，事実認定裁判所の前で宣誓がなされず，相手方当事者の反対尋問にもさらされていないという点で，伝聞証拠である．しかし，供述者の署名もしくは押印のある検察官面前調書については，一定の要件のもとに伝聞法則の例外として証拠能力が認められている（321 I ②）．署名もしくは押印が必要とされるのは，検察官面前調書は，供述を検察官が聴取してそれを書面にするという意味で，いわば二重の伝文であるが，供述者が署名もしくは押印をすることによって，その内容が供述者本人によって確認されたことになり，供述者の*供述書'と同視することができる単純な伝聞になるからである．

検察官面前調書が，伝聞法則の例外として証拠能力が認められる場合には，次の2つがある．その1が，供述者の利用不能ないし供述不能の場合であり（刑訴321 I ②前），その2が，自己矛盾の供述ないし不一致供述の場合である（321 I ②後）．

2 伝聞法則の例外（その1） まず，例外のその1として，刑事訴訟法321条1項2号前段は，証拠能力の要件に，供述者の死亡，精神もしくは身体の故障，所在不明もしくは国外滞在による供述不能のみをあげている．これは，*裁判官面前調書'の証拠能力の要件と同じである（刑訴321 I ①前）．しかし，*信用性の情況的保障'に関して，両者には大きな違いがある．すなわち，後者の場合には，裁判官という公平な第三者の前で，被疑者・被告人・弁護人の立会いが認められて（228 II），宣誓のうえで供述がなされて，それが録取されたものであるが，前者の場合に

は，検察官という一方当事者が取調室という密室での供述を録取したものである．したがって，そのような検察官面前調書には，信用性の情況的保障は認められず，違憲（憲37Ⅱ違反）であるという見解も主張されている．これに対して，判例は，端的に合憲性を肯定している（最判昭36・3・9刑集15・3・500）．そのほかに，前段の要件に信用性の情況的保障の要件を補えば，合憲性は肯定されるとする限定説も有力に主張されている．

次に，供述不能事由は例示的か，制限的かについては，通説・判例は前者であるとしている．たとえば，証人が証言拒否権を行使した場合などがそれにあたる．

なお，国外滞在要件に関して，判例は，退去強制された外国人の検察官面前調書を証拠請求することが手続的正義の観点から公正さを欠くと認められるときは，証拠能力は認められないとした（最判平7・6・20刑集49・6・741）．

3 伝聞法則の例外（その2） 証拠能力が認められる例外のその2は，検察官面前調書に録取された供述が，後の公判準備・公判期日における供述と相反するか，実質的に異なる場合で，後者よりも前者を信用すべき特別の情況（特信情況）が存するときである（刑訴321Ⅰ②後）．この前者を自己矛盾の供述という．相反性とは，異なった結論を導く趣旨の供述をいう．また，刑事訴訟法は，検察官面前調書に録取された供述のほうが「前」になされたことを要求しているから，公判期日に証人として証言した者を後に検察官が取り調べて作成した供述調書は本号に該当しない．しかし，このような供述調書作成後に証人として再度喚問されて異なった証言をした場合には，本号の適用があるとするのが判例である（最決昭58・6・30刑集37・5・592）．

次に，特信情況の判断について，外部的付随事情のみによるべきか，そのほかに供述の内容自体も考慮してよいかの争いがあるが，学説の多数説および判例（最判昭30・1・11刑集9・1・14）は，後者によっている．　　［山田道郎］

検察事務官　検察事務官は，上官の命令を受けて*検察庁'の事務（検察事務と検察行政事務）をつかさどるとともに，*検察官'を補佐しまたはその指揮を受けて*捜査'を行う（検察27Ⅲ）．その意味で，検察官の指揮命令に服する直属の*司法警察職員'としての性格を有している（刑訴191Ⅱ）．なお，法務大臣は，当分の間検察官の不足に対応するために，区検察庁の検察事務官にその庁の検察事務を取り扱わせることができるとされており（36），実際に多数の検察官事務取扱検察事務官が活動している．

［小山雅亀］

検察審査会　*公訴権'の行使に民意を反映することを目的とし（検審1Ⅰ），*告訴'・*告発'・*請求'人または*被害者'からの申立てもしくは職権によって*検察官'の不起訴処分（理由は問わない）の当否を審査するとともに，検察事務の改善に関する建議・勧告を行うための制度である（2Ⅰ）．*起訴独占主義'の例外ではないが，訴追決定への市民関与という点で*私人訴追主義'的な面をもち．起訴独占主義，*起訴裁量主義'を控制する役割を担っている．

1 沿革　糾問主義的検察官司法と特徴づけられた戦前の日本の刑事手続は，*検察官'が刑事手続全体を法律上も事実上も支配する構造を有し，検察ファッショと呼ばれるような人権蹂躙をもしばしば引き起こしてきた．そこで戦後改革では，糾問主義的検察官司法の解体と検察の民主化の一環として*大陪審'の導入が主張された．だが，欧米での大陪審の現状，戦前の公判陪審の不振といった国情への考慮や糾問主義的検察官司法を再編・温存しようとする司法省（当時）側からのまきかえしもあって大陪審の導入は挫折した．それに代わるものないし換骨奪胎したものとして，*不起訴処分'の当否の審査と検察活動への建議・勧告に職責を限って1948年に生まれ翌年から活動を開始したのが検察審査会である（検察審査会法〔昭23法147〕）．

2 組織・職務　検察審査会は，衆議院議員の選挙権を有する者からくじで選ばれた11名の検察審査員から構成され，地方裁判所およびその支部の所在地に最低1つ以上，かつ200以上設置される（現在は201）（1Ⅰ・4．検察審査員の欠格・除斥・辞退事由につき5以下）．検察審査員の任期は6月（14）で，3ヵ月ごとに5ないし6名が改選されるが，正規の審査員のほか，同数の補充員も選定される（13参照）．各検察審査会に事務局が置かれ，審査会の事務にあたる

(19).

検察審査会議は、審査員の互選で選ばれた審査会長が議長となり(15Ⅰ)、全員出席の上(25参照)、非公開で行われる(26．なお44)．会議の際には、検察官から資料の提供や意見の開陳を受け、公私の団体に照会し、審査申立人・証人を尋問し、専門的助言を徴することができる(35以下)．不起訴相当、不起訴不当および建議・勧告の議決については過半数の賛成で足りるが、起訴相当の議決には8名以上の賛成を要する(27)．議決は、審査申立人に要旨を通知し、事務局の掲示場に7日間掲示する(40)とともに、不起訴処分を行った検察官を指揮監督する検事正と検察官適格審査会に議決書謄本を送付する．検事正は議決を参考に、起訴すべきと思料するときには公訴を提起しなければならない(41)．

3 現状と課題 検察審査会は、検察の民主化という優れた理念の下に発足したが、十分に機能が発揮できているかには問題もある．

最大の問題は議決に拘束力がないとされている点で、起訴相当・不起訴不当の議決に対する起訴率は平均で20％程度である．そこで、起訴相当の議決があった場合など、一定の場合に拘束力を付与すべきだとの意見が強い．議決に基づき起訴された事件について無罪率の高さ(5～10％)も指摘されるが、議決がむしろ*公判中心主義'の実現に寄与した結果とみることもできる．審査対象を、起訴処分の当否にも拡大すべきだとの意見も有力である．

また、建議・勧告の制度が活用されておらず、長期的にみると事件受理数が漸減傾向にある一方、大都市部では受理事件の増加・複雑化で慎重な審査ができないとの指摘もあり、広報の普及、審査手続の改善や事務局体制の充実なども重要な課題といえよう． 　　　　［新屋達之］

検 察 庁 　検察庁は*法務省'におかれた特別の機関である(行組8の3)が、一般の行政機関——ひとつの官庁を頂点にして、それを分掌・補助する多数の職員がピラミッド型に集合する——とは異なり、多数の官庁(*検察官')がひとつの組織に存在するという特殊な性格をもっている．そのため、検察庁は検察官が行う事務を統括するところとされ(検察1Ⅰ)、それ自体は訴訟法上何らの権限も有しないので、官庁ではなく官署である．最高検察庁(東京)、高等検察庁(東京、大阪など8庁)、地方検察庁(50庁)、区検察庁(438庁)の4種類のものがあり(1Ⅱ)、それぞれ*最高裁判所'、*高等裁判所'、*地方裁判所'(および*家庭裁判所')、*簡易裁判所'に対応している．また、高等検察庁支部(6庁)、地方検察庁支部(203庁)も設けられている(2)．検察庁には、検察官の他、*検察事務官'、検察技官その他の職員がおかれている(26〜28)． 　　　　［小山雅亀］

検 視 　変死者または変死の疑いがある死体があるときに、犯罪の嫌疑の有無を確認するために死体の状況を見分する処分のこと(刑訴229)．不自然な原因・態様による死体であっても、犯罪によらないことが明らかな場合には(たとえば、明らかな自殺、行旅病死等)、刑事訴訟法の定める検視ではなく、死因の確認や身元照会等の行政目的で検視がなされる(戸92等)．これらを区別するために、司法検視、行政検視という用語も用いられる．また、逆に犯罪による死体であることが明らかであれば、直ちに捜査が開始されるはずである．したがって、捜査の端緒を得るために検視が実施されるのは、犯罪に起因する死者であるかどうかが必ずしも明白でない場合である．

検視をするのは、検察官の権限である．もっとも、検察官は、検察事務官または司法警察員に検視を行わせることができる(刑訴229Ⅱ)．これを、代行検視という．実際には、司法警察員による検視が大半を占めている．国家公安委員会は、「検視規則」(昭33国公委規3)を制定して、警察から検察官への通知や報告、検視の実施方法、医師の立会等について定めている．検視をするときは、死体のほか、周囲の状況を必要に応じて見分することができる．死体のある住居等への立入りについては、要急処分であるため、令状がなくても可能であると解されているが、異論も強い．なお、臓器移植との関係では、医師が死体から臓器を摘出しようとする場合において、当該死体について検視の手続が行われるときは、その終了後でなければ臓器の摘出ができないとの規定(臓器移植7)により調整が図られている．また、検視を経ないで変

死者を葬った者は，*変死者密葬罪'により処罰される（刑192）．　　　　　　　　［長沼範良］

検　事　*検察官'の一種である（日常用語としては検察官の意味で用いられることもある）．通常の場合，司法修習を終えた者が2級の検事に任命され，8年以上の勤務を経て1級の検事に任命される（検察18・19）．検事正は1級の者がこれに充てられる（9）．この1級・2級の区別は，かつての叙級制度の名残りであり，現在においては検事正になるための一定の経験年数を要求するという点でのみ意味を有している．なお，3年以上副検事の職にあって特別考試に合格した者も2級の検事に任命されることが可能であり（18Ⅲ），特任検事と呼ばれている．　　　　　　　　　　　　　　　　［小山雅亀］

限時法（独）Zeitgesetz　限時法の理解には，狭義のものと広義のものとがある．前者は，法律の失効の期日が明文で規定されている場合と解し形式的限時法ともいう．後者は，その法律の性質上，一定の臨時的事情に対処するために制定された場合と解し実質的限時法ともいう．

(1) 追及効を認めなければ，訴訟を遅延させて刑罰をまぬがれようとする者や，処罰の可能性がないことを予想して法律の有効期限の終り頃に，法律を無視する者が続出する危険が生ずる．このような危険を回避するには，その法律の付則に，「なお従前の例による」「旧法の規定は，なお効力を有する」との経過規定を設ければ足りるのであるが，このような経過規定がなくても，なお追及効を認めうる場合があるとするのが限時法理論である．

これには，「一定期間においてのみ効力を有する法律は，その有効期間中に行われた行為に，その失効後といえども適用する．法律が別異に定めている場合はこの限りでない」というドイツ刑法2条4項のような一般的な追及効規定を置く方法と，当罰性に関する立法者の見解の変化によるものであるときは追及効を認めるべきではないが，法の規制を必要とする事実状態の消失によるときは追及効を認めるべきだとする動機説（限時法に関する）のように，解釈による方法とがある．

だが，この限時法理論は一般的に否定されている．それは罪刑法定主義に実質的に違反しており，また立法者は，違反行為に関する当罰性の認識を変えることなく，処罰権の放棄・制限を行うこともありうるからである．

(2) もっとも，以上のような結論を支持しつつも，構成要件の具体的内容の全部または一部を下位規範に委ねている*白地刑罰法規'の場合には，個々に経過規定を置くことの困難性から，解釈による追及効を認めることになる．だがここでも動機説によるべきではなく，国家処罰権の放棄・制限の意思が認められるか否かを基準として，当該補充法令の変更が，刑罰法規の内容の変更か，単なる物理的事実の変更かを決めることになろう．→刑の廃止，委任命令
　　　　　　　　　　　　　　　　［西村秀二］

現住建造物等放火罪　放火して，現に人が住居に使用し，または現に人がいる建造物，汽車，電車，艦船もしくは鉱坑を焼損する罪である（刑108）．本罪は，抽象的公共危険犯であるが，現在する犯人以外の人（犯人の家族も含む．最判昭32・6・21刑集11・6・1700）の生命・身体を火力から保護する趣旨から，建造物内に存在可能な人の生命・身体も保護対象とする抽象的危険犯であり，二重の意味で抽象的危険犯の性格を有する．それゆえ，人の現住性が限定機能をもつので，「現に人が住居に使用し」の意義は慎重に解釈される必要がある．その意義は，人が日常生活として起臥寝食（休息・寝食）の場所として使用していることをいい，昼夜の間断なく人の現在することを要しないとされているので（大判大2・12・24刑録19・1517），放火時点で人が現在することを必要としない（通説・判例）．問題は，放火時点で当該建造物が現実に継続的な起臥寝食の場所として使用されていない場合に現住性を認めるべきかであり，たとえば，一定期間のみ使用する別荘や，長期海外出張により閉ざされている家屋等について現住性を否定する見解と肯定する見解が対立している．判例は，競売手続の妨害目的で自己所有の家屋の居住者全員が旅行中に放火した事例につき現住性を認めている（最決平9・10・21刑集51・9・755）．

官公署，会社，学校等の複合建造物の一部に起臥寝食の場所があれば，その全体が現住建造

物となるかが問題となる．全体として1個の建造物といえるかどうかの判断は，建造物の外観・構造・物理的接続性，延焼の可能性などの諸事情を総合的に考慮して社会通念上1個の建造物と認められるかどうかの見地から判断されるべきであるとする見解（最決平1・7・14刑集43・7・641）と，現住部分への類型的な延焼可能性の有無を主な基準とする見解の対立がある．不燃性建造物の集合住宅の専用部分で住居でない部屋に放火した場合に現住建造物放火罪が成立するかの問題も同様であるが，本罪の性格上，延焼可能性のみではなく，総合的な判断が求められることになる．

本罪の行為は，「放火する」ことであり，原則として目的物に点火することをいい，*焼損'にいたって既遂となる．本罪の故意は，他人が現に住居として使用し，または他人が現在する建造物，汽車，電車，艦船，鉱坑であることの認識および放火によってこれらを焼損する認識であるが，未必的なもので足りる．→放火罪

[奥村正雄]

検　証　**1　概念と法的根拠**　検証とは，場所，物または人について，強制的にその形状・性質を五官の作用で感知する処分をいう．たとえば，強制処分として殺害現場である他人の家の庭で，被害者の倒れていた様子や凶器の発見された状況などを捜査官が発見者の指示の下に認識することがそれにあたる．この結果を記載した書面が検証調書である．しかし，上のような行為は，関係者の同意を得て任意処分として行われることもある．この場合には，それは実況見分と呼ばれ，このとき作成される書面は実況見分調書となる．

検証は，実務的には捜査機関が起訴前に証拠保全のために行うことが多いが（刑訴218Ⅰ），裁判所が行うこともある（128）．後者の検証については裁判官自身が直接行うので，令状主義についての憲法35条は適用がない．それに対して，捜査機関が行うときには，検証も捜索・差押えと同様に人権侵害的効果が大きいので，原則的に裁判官の発付する令状が必要とされる（218Ⅰ）．例外としては，被疑者を逮捕する場合にその現場で行う検証などがある（220Ⅰ②・218Ⅱ）．もっとも，令状が憲法35条（令状主義）の要請であるのかは，同条の規定の形式が「侵入，捜索及び押収」となっているので，説が分かれるところである．一般的には，その精神が準用されるのみである解されているが，最近は憲法35条が適用されるとする説が有力である．

2　検証調書の証拠能力　裁判所が公判延外で実施した検証の結果を記録した検証調書は，刑事訴訟法303条に基づいて公判期日に証拠として取り調べることにより事実認定に供される．それに対して，捜査機関が実施した検証の結果を記載した検証調書は321条3項に基づいて証拠として採用されることになる．このことは実況見分調書の場合も同様である（最判昭35・9・8刑集14・11・1437）．

検証（実況見分についても同様）の際，被疑者，被害者その他現場の状況に詳しい者を立ち会わせて，その者に指示，説明を求めながら検証を進めることがある．こうした立会人の指示・説明は検証調書に記載することが許されるであろうか．一般的には，それが検証対象の確定に必要であり，その内容も明らかに現場の指示と状況の客観的説明にとどまっている場合（「現場指示」といわれている）には検証結果の一部と認められるから，321条3項により許される．しかし，その程度を超えるときは（「現場供述」といわれている），「供述」を録取したものとなるから同条項に該当するいわゆる*「三項書面」'のカテゴリーを超え，その記載は上記条項の下では許されない．しかし，具体的にその境界を画するのはなかなかむずかしい．最高裁はその点について，必要があると認めるときは，立会人に実況見分の目的物その他必要な状態を任意に指示・説明させることができ，これらの記載は結局実況見分の結果を記載したことにほかならないから許されると判示した（最判昭36・5・26刑集15・5・893）．さらに，いわゆる「酒酔い鑑識カード」について，「化学判定」欄および被疑者の言語，動作，酒臭等外部的状況に関する観察結果の記載欄の記載は三項書面にあたる．しかし，警察官と被疑者との問答を記載した欄および「事故事件の場合」の題下の「飲酒日時」と「飲酒動機」欄の記載はいずれも警察官が作成した捜査報告書の性質のものであるから，321条1項3号書面にあたるとしている

(最決昭47・6・2刑集26・5・317)．

3 最近の諸問題 *科学的捜査'の進歩とともに，立法時には予想できなかったような検証に関する問題が生じている．以下，判例に現れたものを3つあげる．

(1) 検証の対象が人の身体であるときは*身体検査'と呼ばれ，特別な手続が要求される．身体検査令状という特別な令状が必要となり(刑訴218Ⅰ)，令状請求の際にも，これを必要とする理由やこれを受ける者の性別，健康状態等を示さなければならない(218Ⅳ)．それに対して令状を発付する裁判官は，適当と認める条件を付することができる(218Ⅴ)．さらにそれを拒む者については強制的に身体検査を実施できる(139)．そこで，カテーテルによる強制採尿が身体検査令状により実施できるかが問題になった．最高裁は，身体検査令状ではなく，捜索差押令状によるべき旨を判示したが，その際，身体検査令状に関する218条5項を準用し，「医師をして医学的に相当と認められる方法により行わせなければならない旨の条件の記載が不可欠である」とした(最決昭55・10・23刑集34・5・300)．しかし，この判例は尿以外のどのような*体液の採取'(たとえば強制採血など)まで及ぶのか，という点については明らかでない．

(2) 捜索・差押えに際して，捜査機関が令状記載の「差し押さえるべき物」に該当しない物を写真撮影する行為は，検証としての性質を有すると解されるから430条2項の準抗告の対象にはならず(最決平2・6・27刑集44・4・385)，

(3) 覚せい剤密売事件の捜査の一環として，捜査機関が売人と客との間の電話を傍受することも検証にあたるので，そのための令状は検証許可状とされている(東京高判平4・10・15高刑45・3・85)． 　　　　　　　　　　［島 伸一］

建造物等以外放火罪 　放火して，現住建造物等放火罪(刑108)および非現住建造物等放火罪(109)に規定されている物以外の物を焼損し，それによって公共の危険を生じさせる罪である(110)．本条2項は，客体が自己所有物である場合に財産権侵害が欠けることを理由に法定刑を減軽している．建造物等以外の物が自己所有に係る場合でも，差押えを受け，物権を負担し，賃貸し，または保険に付したものを焼損したときは，本条1項により処断される(115)．建造物等以外の物とは，自動車，航空機，門，橋，建具，畳，廃物など，火を放つことにより公共の危険を生じさせることができる物であり，本罪は，108条および109条1項に規定する物への延焼の危険を生じさせたことを必要とする具体的公共危険罪である．本罪の故意として，目的物の焼損の事実以外に，公共の危険の発生についての認識が必要かが争われており，109条2項と同様に本罪は具体的危険犯であるから公共の危険発生についての予見が必要であると解する必要説が通説であるが，危険の発生についての過失があれば足りると解する不要説も有力である．　→放火罪　　　　　　　　［奥村正雄］

建造物等損壊罪 　建造物等損壊罪(刑260)は*毀棄罪'の一種である．他人の建造物または艦船を損壊した場合に成立し，法定刑は一般の器物損壊罪(261)より重い5年以下の懲役である．これによる致死傷についても規定があり，人を負傷させた場合は最高10年の懲役，死亡させた場合には2年以上の有期懲役(通常15年以下)が科されうる．

本罪においては，建造物を完全に取り壊してしまう場合のみでなく，一部を毀棄する場合も想定されている．しかし，障子など，取り外し可能な物だけを毀棄したにすぎない場合は器物損壊罪にとどまる(大判明43・12・16刑録16・2188)．

判例によれば，毀棄罪には物を物理的に破壊する場合のみならず，財産としての効用を失わせる場合も含まれることから，本罪においては特に，労働争議等に伴う大量のビラ貼りが問題となる．通説は，建物の外観や採光などの効用を害する場合にも本罪の成立を認め，判例も一度に数百ないし数千枚のビラを貼付するなど程度のはなはだしい場合には本罪の成立を認めている(最決昭41・6・10刑集20・5・374，最決昭43・1・18刑集22・1・32，否定例として最判昭39・11・24刑集18・9・610)．　　［髙山佳奈子］

検　束 　警察権により人の身体の自由を拘束して，警察署等の一定の場所に引致し，短期間留置することをいう．行政上の即時強制の一種である．旧行政執行法は，その第1条において，行政官庁による行政検束として，泥酔者

や自殺を企てる者等の救護を要する者に対する保護検束と，暴行，闘争その他公安を害するおそれのある者に対する予防検束を規定し，身柄を拘束した日の翌日の日没までの留置を認めていた．

しかし，この制度は，政治，労働，思想運動の弾圧のために著しく濫用されたほか，旧刑事訴訟法のもとで，例外的にしか強制捜査権限を認められていなかった警察により，犯罪捜査のために'被疑者'の身柄を拘束して*取調べ'を行うための脱法手段としてもしばしば利用された．こうした経緯に鑑み，戦後，行政執行法における検束は廃止された．

それに代わるものとして，*警察官職務執行法'では，精神錯乱または泥酔のため，自己または他人の生命または財産に危害を及ぼすおそれのある者等に対する保護の制度が設けられているが(警職3)，そこでは，要件を厳格にするとともに，24時間を超えて保護を継続する場合には，*簡易裁判所'の許可状を得ることを必要とする等の手続的な保障が図られている．

［川出敏裕］

限定責任能力 行為時の*責任能力'が限定されている場合を言う．現行刑法上は，*心神耗弱'者の行為はその刑が減軽される，との規定(39 II)が存在するのみである．平成7(1995)年の改正前の刑法40条は，いん啞者の行為についても責任無能力とされる場合と限定責任能力とされる場合を規定していたが，いん啞者教育の普及やこのような規定はいん啞者に対する差別につながる恐れがあることなどから，いん啞者に関する規定は削除された．

心神耗弱の意味について，判例・通説は，精神の障害によって行為の理非善悪を弁識する能力(弁識能力)または弁識に従って行動する能力(制御能力)が著しく減少した場合をいう，としている．刑法および刑罰が前提とする規範に従って動機づける能力が著しく減少し，責任非難が軽くなることから刑が必要的に減軽される．

しかし，このような限定責任能力制度については，疑問も出されている．責任無能力とされる心神喪失は，精神の障害によって弁識能力または制御能力が欠如している場合であるとされているが，そのような能力を全く欠如するということはまれであるから，欠如するに近い場合も責任無能力とすべきことになる．しかし，そうすると，そこから更に，心神耗弱とされる，そのような能力の著しい減少という状態を区別できるのか，区別できるとしても果たしてそのような状態で犯行を行った場合に刑罰を科することが妥当かということが問題になる．英米法では一般的な限定責任能力の制度はない．ただ，死刑を避けるための刑の減軽の制度や，謀殺等の心理的要素についての能力はないとするような制度があるのみである．

また，ドイツには限定責任能力の制度があるが,刑の任意的減軽がなされるにすぎない(ドイツ刑法21)．したがって，刑が減軽されない場合もあり，一般的な量刑の要素と変わりがなくなっているともいえる．これに対して，わが国の限定責任能力の刑の必要的減軽は，責任非難が軽くなるので当然に刑罰は減軽されるという理論面からみると妥当なものである．しかし，ドイツなどと異なり，責任無能力で無罪とされた者に対する特別の収容制度のないわが国では，責任無能力の判断を避けて刑罰を科すことができ，かつ必要的減軽という被告人に有利に見える限定責任能力制度に頼る傾向が否定できないように思われる．

［林美月子］

現場助勢罪 刑法典第27章「傷害の罪」に規定された犯罪で，*傷害罪'(刑204)および傷害致死罪(205)が行われるにあたり，現場において勢いを助けた者は，自ら人を傷害しなくても，助勢を受けた者が上記結果を発生させれば，この犯罪で処罰される(206)．刑は，1年以下の懲役または10万円以下の罰金もしくは科料が予定されている．罪質については，幇助行為の特別罪とする見解と独自の扇動的行為を処罰するものだとする見解に分かれている．現場において勢いを助ける行為とは，犯罪意思を強化させる「野次馬的声援」，具体的には，「やれ，やれ，もっとやれ」といったようなやじを飛ばしたり，はやしたてるような行為をいい，さらには拍手をしたり足を踏みならしたりするような，言葉以外の行為も含む．ただし，特定の行為者を援助する幇助行為とは異なる．もちろん，助勢行為を超えて自ら傷害行為を行えば，傷害罪の正犯になる．しかし，実際上，単なる野次

馬を処罰するのが忍びないためか，本罪の適用はほとんどない．理論的にみても，相当強度の助勢行為しか処罰すべきではあるまい．

[甲斐克則]

憲法違反　原判決に，憲法の違反がありまたは憲法の解釈に誤りがあるときには，判例違反とともに*上告理由'のひとつとされる．このうち，憲法の違反とは，原判決の内容または原審の訴訟手続が憲法に違反していることをいい，これに対して，憲法解釈の誤りとは，原判決の理由中に憲法の解釈が示され，その憲法解釈に誤りがある場合をいう．これを総称して憲法違反という．上告を申し立てるには，上告申立書を原裁判所に差し出すとともに，上告趣意書を上告裁判所に差し出さなければならないが，その上告趣意書には上告申立ての理由を明示しなければならない(刑訴407)．その際に，主張する憲法違反の内容を具体的に示す必要がある(刑訴規253)．

もっとも，判決中に憲法判断が含まれていても，判決に影響を及ぼす可能性がない場合，たとえば，ある事実の存在や法令解釈を前提にした意見の主張について，事実が認められずあるいは法令解釈が認められない場合には前提事実を欠くことになるし，また原判決の余論や傍論に示された判断は，適法な上告理由にはならない．合憲・違憲の審査は，事件とかかわりなく抽象的に判断することはできず，必ず具体的な争訟を通じてしなければならないのである．黙示の憲法判断が含まれている場合を含むかについては争いがある．自白の任意性の判断のように，刑事訴訟法の判断に加えて憲法判断が重なるような場合には憲法判断が含まれているとする見解が有力である．

憲法31条については，手続違背がすべて含まれるようにも見えるため，しばしば，濫用的に主張される．しかし，多くは，実質は単なる法令違反の主張であるとして処理されるのが実情である．刑事手続のうちでも特に重要な基本手続に反した場合に限定されなければならない．実務的にも，第三者没収(最判大昭37・11・28刑集16・11・1593)や余罪処罰(最判大昭42・7・5刑集21・6・748)について，憲法31条違反が取り上げられたにすぎない．　　　　[平良木登規男]

謙抑主義　刑法は，その効果としての刑罰が生命・自由を奪う最も峻厳な制裁を科すことから，あらゆる違法行為を対象とすべきではなく，特に処罰の必要が認められる範囲に限定して適用すべきであるとする原則．刑法の「謙抑性」あるいは「自己抑制」と呼ぶこともある．ローマ法の法諺「*判官は些事を取り上げず'」に由来するとされるが，これを1930年代に*宮本英脩'が「謙抑主義」と訳して，刑法における根本原理のひとつとすべきであると主張し，現在では広く認められる原則となった．宮本英脩は，刑罰は害悪であるから，これを過信して犯罪予防の必要性を強調することは不遜な態度であるとし，刑罰権は，犯罪予防手段としての有効性と，刑罰に伴う有害な副作用とを吟味して制限的に行使されるべきだとする．そして，刑罰を科すことの可否は，他の法規範から独立して刑法独自の観点から決定されるべきであるとし，法益侵害が軽微で不問に付すべきものや，社会生活において一般に許容される行為は刑を科すべきではないと主張する．この謙抑主義の原理から，刑法独自の処罰に値する違法性，有責性が吟味されるべきであるとして，それぞれ*可罰的違法性'，*可罰的責任'として位置づけた．

さらに，ほぼ同時期に*小野清一郎'も，刑罰は強制であり害悪であるから，個人に政治的・道徳的自由の余地を残すためには，できる限り制限的に科すべきであると主張した．

謙抑主義から無罪が認められた判例には，*一厘事件'のような法益侵害性が絶対的に軽微である類型と，スト破りをしようとした従業員に対する妨害行為を，いまだ違法に刑法234条にいう「威力を用いて人の業務を妨害した」とはいえないとした三友炭坑事件(最判昭31・12・11刑集10・12・1605)のような侵害行為自体としては軽微ではないが，諸般の事情を勘案して処罰に値しないとする類型とがある．もっとも，謙抑主義はあくまで根本原理であり，具体的には構成要件該当性判断，実質的違法阻却判断の中で，その精神が活かされることになる．また，謙抑主義から，社会政策や刑法以外の他の法規範により十分な保護を期待できない場合に，はじめて刑罰を科すことが許される．これを刑法

の補充性，あるいは第2次性という．→微罪処分　　　　　　　　　　　　　［木村光江］

権利行使と恐喝罪　自己の正当な権利を実現するために恐喝手段を用いた場合に'*恐喝罪'が成立するかという問題である．これには2つの類型があり，そのひとつは，他人が不法に占有している自己の所有物を取り戻す場合であるが，これは，奪取罪の保護*法益，251条・242条の解釈の問題に帰着する．もうひとつは，正当な債権を有する者が恐喝手段を用いて弁済を受ける場合に恐喝罪が成立するかという問題であり，これが「権利行使と恐喝罪」として通常議論されているものである．欺く行為によるときには権利行使と詐欺罪の問題が生じる．*大審院'判例は，①権利の範囲内で財物・利益を取得した場合には恐喝罪は成立しない．②権利の範囲を超えて財物・利益を取得した場合には，それが可分であれば超過部分についてのみ，不可分であれば全部について，恐喝罪が成立する，③権利実行の意思がなく，これに仮託するにすぎない場合には，全部について恐喝罪が成立するとし（大判大2・12・23刑録19・1502），④恐喝罪が成立しない場合でも，手段が正当な範囲を超えれば*脅迫罪'を構成するとしていた（大判大13・11・29新聞2337・22）が，最高裁は，権利の行使が権利の範囲内であり，かつ，その方法が社会通念上一般に認容すべきものと認められる程度を超えない限り違法ではないが，その範囲・程度を逸脱すれば違法となり，恐喝罪が成立しうるとしている（最判昭30・10・14刑集9・11・2173）．この最高裁判例により大審院判例の原則はすべて否定されたとみる見解もあるが，債権の額を超えない取り立てについて恐喝罪の成立が認められたのは，ごく例外的な場合だけであることから，①の原則は否定されていないとみる見解もある．学説では，事実上の占有が奪取罪の保護法益だとする理解に立ち，個別の財物・利益が侵害されたことをもってただちに財産上の損害を認めることにより，恐喝罪の*構成要件該当性'を肯定し，権利行使の点については*自救行為'としての違法性阻却が問題となるにすぎないとする見解が多数であるが，これに対しては，刑法上保護に値する占有だけが奪取罪の保護法益だとする理解に立ち，正当な権利の行使によって実現されたのは法的にみて正当な財産状態であり，刑法上の保護を必要とする財産的損害が発生していないから，恐喝罪は成立せず，その手段が脅迫罪（あるいは*暴行罪'）を構成するにすぎないとする見解も相当に有力である．　　　　　　　　　［安田拓人］

権利章典　（英）Bill of Rights

広義では基本的人権の公式宣明を意味する．イギリスにおいて「権利章典」とは，「名誉革命」の際に議会がオレンジ公ウイリアム William III（英・1650-1702）と妃メアリ Mary（英・1662-94）の国王即位の条件として提示した「権利宣言」を後に法律として制定したものをいう（1689年）．議会による国王大権を制約する憲法習律がこれにより確立した．成文による基本権保障のモデルとして多くの憲法に影響を及ぼした．アメリカにおいて「権利章典」とは，アメリカ合衆国憲法の最初の10ヵ条の修正条項（Amendments）（1791年），または諸州の憲法の基本的人権条項の総称である．合衆国憲法第1修正は，信教・言論・出版・集会の自由保障，第4修正は，不合理な捜索・逮捕・押収の禁止，第5修正は，*自己負罪拒否特権'，"二重の危険'の禁止，法の適正な手続，財産権の保障，第6修正は，刑事事件における陪審裁判の保障，被告人の*証人審問権'・弁護人依頼権等刑事被告人の権利，第8修正は，過大な保釈金と残酷で異常な刑罰の禁止を定めている．これらの相当部分が，*日本国憲法'の刑事手続に関する基本権規定の母法とされた．なお，合衆国憲法の修正条項は連邦議会の法律に対してのみ適用される趣旨で作られ，各州の憲法・法律を直接規制するものではなかった．しかし，現在ではその内容の大部分は，1868年に付加された第14修正の適正手続（due process）条項を介して，州にも適用されると解されている．ウォーレン Earl Warren（米・1891-1974）長官時代の合衆国最高裁判例による「刑事法の革命（Criminal Law Revolution）」は，これら刑事手続に関する合衆国憲法修正条項の拡張的解釈とその第14修正への編入理論により全国的に実現されることになったのである．　　　　　　［酒巻匡］

権利濫用説　*自招侵害'に対する*正当防衛'の成否という問題について，防衛行為者

(有責者)の可罰性を肯定する理論のひとつである. すなわち, 攻撃者の急迫不正の侵害を惹起したことについて, 防衛行為者にも責任があるという場合, 有責者の防衛行為は形式的には正当防衛の要件を充足するが, 攻撃を惹起した彼の行為の主観的態様と客観的態様に応じて彼に許容される防衛行為の範囲を限定し, それを超えた行為は正当防衛権の濫用として違法であるとするものである. これは, *原因において違法な行為'の理論に対して, ロクシン Claus Roxin (独・1931-)によって主張され, わが国の学説においても有力な支持者が存在する. もっとも, どのような場合に, 正当防衛権の濫用を認めるかについて, 少なくとも意図的でかつ違法な挑発を行った場合には, それを認めるという点では一致しているが, それ以外については, 結論が異なっている. そのため, この理論に対しては, 権利濫用という概念は, その内容, 要件, 適用範囲が不明確であるため, その適用が直感的, 恣意的になる危険性がある, また, 刑法に根拠を有しない権利濫用という概念によって正当防衛の成立を否定することは罪刑法定主義に反する, という批判がある. →喧嘩両成敗

[山本輝之]

牽 連 犯　犯罪の手段または結果である行為が他の罪名に触れる場合をいう. そのなかで最も重い刑によって処断される(刑54 I 後). たとえば, 住居に侵入して窃盗を行う場合, 両者は犯罪の目的と手段の関係にあり, 住居侵入と窃盗の牽連犯となる. 文書偽造罪と同行使罪とは, 犯罪の原因と結果の関係にあり, 両罪は牽連犯となる. 牽連犯については, 本来は数罪であるが観念的競合と同じく*科刑上一罪'として取り扱われ, 併合罪と実体法上も手続法上も取扱いを異にする. すなわち, 牽連犯においては, 併合罪と異なり, 吸収主義により最も重い刑の限度で処断され, また, 牽連犯の一部についての既判力は他の部分にも及ぶことになる. ここに「最も重い刑」とは, 観念的競合と同様, 上限および下限とも最も重い刑をいうと解されている.

どのような場合に数個の行為間に手段・結果の関係を肯定するかについて, 判例(最判昭24・7・12刑集3・8・1237)は, 犯罪の手段とは, ある犯罪の性質上その手段として普通に用いられる行為をいい, 犯罪の結果とは, ある犯罪から生ずる当然の結果を指すとし, したがって, 犯人が現実に犯した2罪がたまたま手段結果の関係にあるだけでは足りず, また, 犯人に初めから手段とする意思があったかどうかを問わないとしている. 学説では, 判例の採る客観説が通説である. これに対して, 行為者の意思を重視する近代学派からは, 行為者の主観をもとに判断し, 行為者が主観的に手段とし, または結果と解して複数の行為を互いに牽連させる限り牽連犯と解する主観説が主張される. これによれば, 窃盗教唆と盗品等を有償で譲り受ける行為は牽連犯, また, 文書偽造の後に行使の意思を生じて偽造文書を行使したようなときには, 牽連犯でなくなることになる.

判例に現れた牽連犯の事例として, 住居侵入と窃盗・殺人・放火・強姦・強盗, また, 不法監禁と恐喝等があり, これに対して, 放火罪と保険金の詐欺罪, 監禁罪と傷害・強姦致死傷罪等では, 牽連関係が否定されている. なお, 改正刑法草案は, 牽連犯の規定を削除したが, これによれば, 牽連犯は一般の競合犯(併合罪)として扱われることになる(改正刑法草案60以下).

[只木 誠]

こ

故　意　(羅) dolus (独) Vorsatz (仏) dol (伊) dolo (英) intention　罪を犯す意識(刑38Ⅰ)をいう．実務上は犯意ということが多い．

日本の実定法上，具体的にその内容を規定するものはないが，故意とは，構成要件(該当)事実の認識である(ド刑16Ⅰ)と考えられている．「認識」の意義に関しては，*表象説'(認識説)と*意思説'の対立がある．この対立は，*不確定的故意'，特に未必の故意の理解について実質的な意味をもつ．

*責任'を行為者の心理状態として理解する*心理的責任論'において，故意・過失は違法要素とは独立した地位を与えられることになるが，非難可能性ないし反対動機形成可能性を責任の実質的内容と考える規範的責任論においても，当初は責任要素と考えられてきた．しかし，目的的行為論に端を発して，不法要素に行為者の心情価値を含めるか否かという，いわゆる行為無価値論・結果無価値論の対立を反映して，故意を違法要素ないし構成要件要素(構成要件的故意)と考えるか，責任要素と考えるかが争われてきた．ドイツでは，故意を違法要素ないし構成要件要素と考えるのが通説といってよいが，日本では，両説半ばする．さらに日本では，故意を構成要件要素と責任要素の二重の要素であるという折衷的見解すら主張される．この要件の二重化において，犯罪類型の個別化の観点のみから構成要件的故意を考えるのであれば，実質的には，客観的発生事実が同一でも，故意犯罪と過失犯罪が犯罪類型としては異なるのだという点が主たる内容になるのであって，責任要素としての故意に重点が置かれることになるものと思われる．逆に，違法判断の実質として構成要件的故意を認めるものであるならば，責任要件としての故意は，責任要件判断を構成要件・違法判断に後行させる以上，実質的な内容を失うことになろう．したがって，故意要件の二重化は，結論的には違法・責任のいずれかに収斂されるべきものと思われる．故意を責任要素から排除した場合の空虚化した責任要件を埋めるものとして目的的行為論から提唱されたのが，故意とは独立した，故意犯・過失犯に共通する責任要素としての*違法性の意識'であった．

故意が過失と対置され，しかしそれよりも重い非難が与えられる(結果無価値論においては重い責任形式，行為無価値論においては重い不法形式)のは，故意は，構成要件事実を現実に認識しており，それが反対動機の直接的な形成可能性をもたらしうるからである．しかし，故意と過失の区別は，故意を構成要件事実の認識ないし意欲，過失をその認識ないし意欲の可能性と考えるときには，認識態様として連続的であり，その区別は相対的なものである．

認識の対象も認識の態様も確定的なものが確定的故意である．これに対して，そのいずれか，ないしはその両方が不確定であるものが不確定的故意である．認識の対象が不確定であるのが，概括的故意(広義)であり，それには，狭義の*概括的故意'，*ウェーバーの概括的故意'，*択一的故意'などが含まれる．認識の態様に不確定の要素があるのが，未必の故意と*条件付き故意'である．

認識の対象が，客観的に生じた事実との齟齬を生じているのが錯誤である．*錯誤'は故意概念の裏返しであるとされるが，もし仮にそれが正しいのであれば，固有の錯誤論が成立する余地はなく，錯誤はすべて故意を阻却するはずである．しかし通説は錯誤に特別の意味を見出し，錯誤のある形態について故意ないし故意責任を肯定してきた．つまり，現在の学説の多数は，故意論のものとは別の，錯誤論の名の下に，修正ないし拡張された故意の別の形式を認めているのである．錯誤には事実の錯誤と違法性の錯誤に分かれる．

事実の錯誤では，客体の錯誤，方法の錯誤，因果関係の錯誤が区別される．客体の錯誤は，人違いの錯誤ともいわれ，Aを殺害するつもりがBをAと人違いして殺害してしまったような場合である．方法の錯誤は打撃の錯誤ともいわれ，Aを狙ってピストルを撃ったがBに当たっ

てしまったような場合をいう.具体的符合説(ないしは具体的法定的符合説)では,客体の錯誤は故意を阻却しないが,方法の錯誤は故意を阻却するとし,法定的符合説(ないしは抽象的法定的符合説)では,客体の錯誤・方法の錯誤ともに故意を阻却しないとする.ただし,客体の錯誤と方法の錯誤を概念的に区別することができるかは問題であり,たとえば,電話でAに対して脅迫したと思っていたところ実はBだったというような場合など,客体の錯誤か方法の錯誤かは判然としない.

以上の事実の錯誤はいずれも,同一の構成要件に属する事実に関する錯誤であり,これを具体的事実の錯誤という.これに対して,異なる構成要件にまたがる事実の錯誤を抽象的事実の錯誤という.抽象的符合説は,この抽象的錯誤についても故意の符合を認め,たとえば,犬だと思って人を殺害した場合も,人だと思って犬を殺害した場合も,いずれも客観的に発生した事実についての故意をみとめ,ただし,38条2項但書によって,処罰は刑が軽い限度に制約されるとする.

抽象的符合説に対して,具体的符合説(具体的法定的符合説)も,法定的符合説(抽象的法定的符合説)も,抽象的事実の錯誤は故意を阻却するというのが本来の帰結であるが,最近では,構成要件が実質的に重なり合う限度で抽象的事実の錯誤についても,故意の符合を認めようとする見解が有力である.たとえば,麻薬と覚せい剤の輸入罪について,麻薬であると思って覚せい剤を輸入した場合も,その逆に覚せい剤と思って麻薬を輸入した場合も,ともに,麻薬と覚せい剤とは,薬理作用と取締りの目的等を共通にし,したがって,故意が符合するというのである.ただし,麻薬ないし覚せい剤取締法上の輸入罪のように法定刑が同一の場合には,客観的に成立した方の故意犯が成立するが,関税法上の無許可輸入罪のように刑に軽重がある場合には,38条2項に従って軽い方の故意犯が成立するというのが判例の立場である.

故意に違法性の意識を含むか,が争われる.心理的責任論からは,故意とは,構成要件事実の認識表象であるという事実的故意にとどまるが,規範的責任論の進展により,故意の内容に,反対動機を形成する違法性の意識をも含めるべきではないかという見解が主張されることになる(故意説).このような理論の進展をふまえつつも,故意を,行為不法を基礎づける心情要素と考え,違法要素ないし構成要件要素とする場合には,故意からは価値的表象は排除され,したがって,違法性の意識は故意とは独立した,過失犯と共通する責任要素ということになる(責任説).ドイツでは,BGH連合部の判決が責任説を採用し,それが新総則17条に採用され,通説化している.違法性の意識が欠け(消極的錯誤)あるいは,あやまった違法性評価に基づいて行為する場合(積極的錯誤)が,違法性の錯誤である.

違法性の意識を故意の要素と考えた場合には,それを厳密に適用した場合(厳格故意説),違法でないと軽率に信じた者が故意責任を免れることになる,という批判に対して,拡張された違法性の意識で足りるとするのが,制限故意説であり,そのなかには,違法性の意識の可能性を故意の要件であるとするような見解も主張される.責任説では違法性の意識の可能性が故意犯・過失犯に共通の責任要素であり,軽率に違法性がないと信じただけでは,違法性の意識の可能性が欠けたことにならない.もっとも責任説が通説化しているドイツの判例でも,可能性の有無の判断の前に,違法性の意識が欠けている場合=違法性の錯誤の事例であるかどうかが吟味され,ほとんどの場合に,違法性の意識があるという判断がされていることに注意する必要がある.これに対して日本の学説の責任説は,安易に可能性概念に依存する傾向がある.責任説はさらに,違法性阻却事由の錯誤を違法性の錯誤と考える厳格責任説と,事実の錯誤と考える制限責任説とに区別される.

違法性の錯誤と事実の錯誤との区別について,故意とは構成要件「事実」の認識であり,違法性の意識は,行為の「評価」の問題であって,事実的認識と評価的認識は区別できるというのが,違法性の意識を独立した責任要素とする責任説の前提である.しかし,わいせつ物について,「この程度なら問題がない」と思っていた場合のように,事実の認識にも,意味の認識が含まれる以上,事実の認識と,違法の評価の区別

は困難である場合が少なくない．そうだとすると，故意の内容ならば，可能性を問うことなくその認識の欠如が故意を阻却するのに，違法性の意識の場合であれば可能性の不存在をまって初めて故意責任の阻却を認めるという，責任説の二重の基準の矛盾は，この両者の限界領域において顕在化することになろう． ［齋野彥弥］

故意ある道具 （独）doloses Werkzeug *間接正犯において，背後の正犯によって利用される者が故意をもって行為する場合，この被利用者を故意ある道具という．いわゆる*道具理論'の立場からは，被利用者は機械・器具のような道具に比される存在でなければならず，規範的障害をもつことなく犯罪実現に向かう者である必要があるから，故意をもって行為する者はそれ自身が正犯とされるはずである．しかし，身分犯において身分がない場合，目的犯において目的を欠く場合などは，直接行為者はそれらの構成要件要素を欠き，正犯性を備えることはありえないため，背後の利用者がその欠落している構成要件を充足するときは，利用者を正犯（間接正犯）と評価することができないかが問題となる．なぜなら，直接行為者が正犯でない以上，いわゆる共犯従属性の前提の下では正犯のない共犯はありえず，背後の利用者は正犯としてのみならず共犯としても処罰されないことになる可能性があるからである．

故意ある道具は事実を認識している以上，規範的障害の有無・程度の観点から単純な道具と考えることができるかどうかは問題であるが，犯罪を実現した者としての評価を実質的に考えれば，身分や目的を有している背後の利用者が正犯とされるべきであることが多い．そこで，通説は，身分なき故意ある道具，目的なき故意ある道具を利用した場合にも間接正犯の成立を認める．その限りで，純粋の道具でない者を利用する場合の背後の者の正犯性は，単純な道具理論を超える説明を要するといえよう．

さらに，故意ある道具が単に背後の者の犯罪実現意思に「幇助的に」かかわる意思で行為したにとどまる場合，すなわち「故意ある幇助道具」を利用する間接正犯を肯定するかどうかについては説が分かれている．判例の態度は明確ではないが，共同正犯において共謀に関わった者のうち幇助的意思の者を共犯とする思考の反面として，このような間接正犯を肯定する傾向にあるといえる．この場合には背後者に正犯的意思があったか幇助的意思があったかで正犯と共犯とを区別することになる．しかし，学説にはこのような主観的な区別に反対するものが少なくない．行為者の意図にかかわらずに道具性を認める立場からは，背後の利用者の間接正犯性および被利用者の正犯性をともに承認することになり，ドイツ刑法学で主張されるいわゆる「正犯の背後の正犯」を肯定する考え方に至るが，少数にとどまっている． ［橋本正博］

故意説 （独）Vorsatztheorie

1 意義 故意説とは，*違法性の意識'（ないしその可能性）は故意の要素であるとする学説をいう．目的的行為論の主唱者*ヴェルツェル'が，故意を構成要件該当事実の認識（事実的故意ないし構成要件的故意）に限定し，違法性の意識の可能性は故意・過失に共通の，独立の責任要素であるとする*責任説'を主張し，これに，故意に違法性の意識を要するとする従来の学説を「故意説」と呼んで対置したことに始まる．

故意説の中には，①故意には現実的な違法性の意識を要するとする*厳格故意説'，②これを修正して，「違法性の過失」（または「法律の過失」）は本質上過失であるが，政策的理由から故意と同様に扱うとする違法性の過失準故意説，③違法性の意識は自然犯には不要であるが法定犯に必要であるとする自然犯法定犯区別説，さらに，④故意には違法性の意識の「可能性」が必要であるとする*制限故意説'などがある（なお，ドイツでは，行為者に法の無視あるいは無関心といった「法敵対性」ないし「法盲目性」が認められる場合には，現実的な違法性の意識がなくとも故意を認めうるとする見解を制限故意説と呼んでいる）．

2 故意説への批判 厳格故意説は，主として道義的責任論の立場から主張されたものであり，刑法38条3項を「法律の不知」（*あてはめの錯誤'）は故意を阻却しない旨を規定したものと解するが，本説に対しては，現実的な違法性の意識を要求すれば，常習犯・激情犯・確信犯などは違法性の意識がないため処罰できなくなり，また，多くの法定犯・行政犯についても過失犯

処罰規定がない限り不処罰とせざるをえず，取締目的が達成できないとの批判が向けられた．準故意説はこのような刑事政策的欠陥を克服するために主張されたが，これに対しても，過失を故意に算入するのは論理矛盾で，違法性の過失を故意と同等に扱う理論的根拠が示されていないとの批判がなされた．自然犯法定犯区別説は新派の社会的責任論の立場から主張され，自然犯では違法性の意識がなくとも反社会的性格が現れるが，法定犯では違法性の意識がないとそれが認められないとするが，これに対しては，自然犯と法定犯の区別は曖昧で流動的であるとの批判がなされた．制限故意説は，とくに人格責任論の立場から，たとえば規範意識の鈍磨した常習犯はその人格形成過程に責任が認められるのであり，犯罪事実を認識して行為をした以上，行為者は規範の問題に直面しており，そこに直接的な反規範的人格態度が認められるとする．本説に対しては，故意に過失を混入するものであり，また，違法性の意識が欠ける場合にだけ人格形成責任を考慮し，事実の認識が欠ける場合に何ゆえこれを考慮しないのかが不明である，との批判が寄せられている．

ドイツでは，1952年3月21日の連邦通常裁判所連合部決定が責任説を採用し，また，1975年の刑法改正によって17条において責任説に従う立法がなされたこともあり，責任説が支配的であり，故意説は少数説にとどまる．これに対して，わが国では，制限故意説ないし責任説が通説とされるが，厳格故意説も依然として有力に主張されている．　　　　　　　［長井長信］

5・15事件　1932(昭7)年5月15日に，海軍青年将校の指導の下，陸軍士官候補生，民間人の同志が加わって企図，実行されたクーデター計画．政党，財閥を打倒して，皇国日本を建設すべく，一党は犬養首相を射殺した他，内大臣官邸，政友会本部，警視庁等の施設を爆破し，一部を破壊した．軍人の被告人は，陸海軍軍法会議において陸海軍刑法の反乱罪で，民間人の被告人は，大審院においてその従犯として処断された．しかし大審院は，刑法77条の*内乱罪'に関して，旧規定の朝憲紊乱(現行規定では，憲法の定める統治の基本秩序の壊乱)を国家の政治的基本組織の不法な破壊と，政府顚覆(同じく，国の統治機構の破壊)を行政組織の中枢たる内閣制度の不法な破壊と定義した上で，本件行為は朝憲紊乱を直接企図したものではなく，首相の殺害は内閣閣員の更迭を来すに止まるので政府顚覆の目的も存せずと判示し，その成立を否定した(大判昭10・10・24刑集14・1267)．　　　　　　　　　　　　［橋田 久］

故意犯　(独) Vorsatzdelikt　*故意'の成立が必要な犯罪をいう．これに対して，故意が必要でない犯罪には，*過失犯'や，無過失犯などがある．特別な類型として，結果的加重犯は，現行法上は，基本犯については*故意犯'であり，加重結果については，因果関係のみで足りるとするのが判例の立場である．これに対して学説の多くは，加重結果について少なくとも過失は必要であると考えており，この場合には，故意犯と過失犯の結合形態であるということになる．刑法38条1項は，故意犯処罰を原則とし，但書で，それ以外の犯罪では，特別の規定が必要であると規定し，それは他の法律などによる犯罪にも適用される(刑8)から，特段の規定がない限り，犯罪は故意犯である．

　　　　　　　　　　　　　　　　［齋野彦弥］

公安条例　公安条例とは，地方公共団体がその地域の公安，すなわち「公共の秩序と安全」の維持を名目として制定する条例の総称であり，*治安刑法'の一環をなす．最初の公安条例は福井震災(1948年)の直後に制定された「災害時公安維持に関する条例」であったが，平時のものとしては，1949(昭24)年10月に制定され，施行された大阪市の「行進および集団示威運動に関する条例」が最初であった．占領軍は，公安条例のモデル案をつくって公安条例の制定を強く働きかけ，各自治体で制定が相次いだ．

公安条例では，集会，街頭宣伝，デモ行進などに関する多くの取締規定が設けられている．規制の態様は，公安委員会の事前許可制と事前届出制とに分かれ，無許可または許可条件違反の行為の指揮に関し罰則がある．公安条例では憲法21条(表現，集会の自由)との関係が問題となる．最高裁は，新潟県公安条例につき，単なる届出制は許されるとしつつ，「行列行進又は公衆の集団示威運動は，公共の福祉に反するような不当な目的又は方法によらない限り，本

来国民の自由とする」とし、一般的な許可制を定めてこれを事前に抑制することは、違憲であると示唆した（最判大昭29・11・24刑集8・11・1866）。その後、下級審で違憲判決が相次いだため、1960（昭35）年に最高裁は、群集心理の危険性を強調し（暴動観）、許可制を合憲とした（最判大昭35・7・20刑集14・9・1243）。

しかし、その後も公安条例の違憲判決や無罪判決が相次いだ。そこで、最高裁は1975（昭50）年の一連の判例で、下級審の無罪判決を破棄、有罪とした。そのうち徳島市公安条例事件で最高裁は「『交通秩序を維持すること』という文言は、いかなる作為、不作為を命じているのかその義務内容が具体的に明らかにされていない」とし、立法措置として妥当ではないとしつつ、ある刑罰法規が不明確のゆえに憲法31条に違反するかどうかは、「通常の判断能力を有する一般人の理解において、具体的な場合に当該行為がその適用をうけるものかどうかの判断を可能ならしめるような基準が読みとれるか」により決定すべきとし、「交通秩序を維持すること」という文言は、秩序正しく平穏に行われる集団行進に随伴する交通秩序阻害の程度を越えた、殊更な交通秩序の阻害をもたらす行為を避けることを命じている」とし、限定解釈によってその合憲性を肯定した（最判大昭50・9・10刑集29・8・489）。　　　　　　　　　　［斉藤豊治］

行　為（独）Handlung　**1 処罰の対象としての行為**　犯罪とは何よりもまず行為でなくてはならず、行為でないものを処罰の対象とすることはできない。行為者の性格そのものを理由に罰しようとする行為者刑法の考え方を徹底するならば、処罰の対象が行為に限られる必然性はないが、現在ではそのような立場は否定され、行為刑法の原則がとられている。処罰の対象が行為に限られるということは、外部に現われない思想、内心的意思、悪い心情そのものを問題としてはならないということと、たとえ何らかの外部的実害を生じさせたとしても、それがおよそ人の意思による制御の不可能な身体の動静（たとえば、睡眠中の動作、反射的運動ないし生理的反作用、絶対的強制を受けて行われた身体活動）にもとづく場合には、これを処罰の対象となし得ないことを意味する。

2 行為概念の機能と行為論の論争　犯罪論において、行為の概念は、刑法的評価の対象（すなわち違法評価の対象）を統一的に明らかにする機能（いわゆる「基本要素」としての機能）とともに、およそ刑事責任追及の対象となり得ないものを排除する機能（「限界要素」としての機能）を果たすことができなくてはならない。行為論の論争は、このような機能を適切に営む概念とはどのようなものかをめぐって展開され、'*因果的行為論'、'*目的的行為論'、'*社会的行為論'、'*人格的行為論' などの学説が主張されてきた。現在では、この種の論争の理論的・実践的意義を疑い、これを不毛な議論とみる見解も有力である。たしかに、ひとつの上位概念で処罰対象を包括できるかどうかの議論（たとえば '*忘却犯' を行為概念に含めることができるかどうかの議論）には理論的・実践的価値は少ないであろう。しかし、評価の対象としての行為をめぐる論争は、同時に、その評価の内容をめぐる違法実質論の論争にほかならなかった。いいかえれば、違法実質論という犯罪の本質をめぐる議論が行為概念をめぐる論争として展開されてきたというのが学説史的事実なのである。→実行行為　　　　　　　　　　　　　　　［井田　良］

行為共同説　共犯あるいは（その中の）共同正犯について、何が共同の対象かをめぐって、'*犯罪共同説' と行為共同説とが対立している（この両説、あるいはそのほか '*共同意思主体説' を、とくに '*共犯理論' と呼ぶこともある）。行為共同説は、おおむね、共犯全部を対象として論議し、共犯者は、各自が、自己自身の故意・過失を実現するのに、相手方たる共犯者の行為をいわば自己の行為の延長ないし自己の行為の中に組み込まれたものとして利用するものであるとみ、両者の行為の全体によって惹き起こされた全事実につき、共犯者は、それぞれ自己自身の故意・過失の存し及ぶ限りで、故意犯・過失犯・結果の加重犯の罪責を負うものだとする。犯罪共同説が「数人一罪」の考え方であるといわれるのに対して、行為共同説は「数人数罪」の考え方であるといわれる。行為共同説にあっては、共同されるのは行為、それもその客観面の事実（因果力・因果関係）に限られ、共犯者相互の罪名の同一性や共通の犯罪的意思の存在は

共犯成立の要件ではない，ということになる．したがって，概して，*片面的共犯'，*過失の共同正犯'を肯定する傾向にある．

従来，行為共同説は，主観主義犯罪論をとる論者によって主張されていた．犯罪を行為者の悪性(反社会性)の表現であると解するときは，数人が一個の犯罪を共同するということは意味をなさず，主観主義的に犯罪を理解しようとすれば，共犯は数人が共同の行為によって各自その犯罪を遂行するもの(その悪性を表現するもの)と解するのが論理的であり，行為の共同があるというのは法律上の構成を離れた事実の共同，因果関係の共同があれば足りる(このことから「事実共同説」とも呼ばれる)，とされたのである．しかし，現在では，行為共同説は客観主義犯罪論をとる論者からも有力に主張されている．共犯を犯罪遂行の「方法的類型」であると考える以上は，共犯となる各人の行為はそれぞれがひとつの犯罪であって，各自が事実上の共同によって自分自身の犯罪を行うものだ，とするのである．

いずれにせよ，行為共同説は，明快な考え方であり，共犯者の罪責を判断する上で難問にぶつからなくてすむ立場であるが，反面，「共同して」(刑60)という文言にはやや馴染みにくく，共犯の罪責がやや広がる傾向も伴う．いよいよ有力になりつつある少数説である．[斎藤信治]

行為支配 (独) Tatherrschaft *正犯'概念を画する際のメルクマールとして用いられる概念．一般的には次のような内容を有する．すなわち，構成要件該当の犯罪事実を実現するに際して中心的役割を演じた者は，当該事実の実現を自分の手中に収め，その実現・阻止，経過如何を統制することが可能な立場にあったということができる．このような事実に対する支配があった事情が行為支配である．行為支配論は，そのような行為支配を有する者を正犯とする考え方である．元来は，ドイツ刑法学において創唱された*目的的行為論'を基礎として，構成要件的結果の目的設定と，そのための事象制御を念頭に置いた「目的的行為支配」の形で主張されたが，現在ではより一般的に，犯罪実現の中核部分の事象経過について，その成否・態様如何に対する統制可能状態を行為支配とよぶ．論者間に相違がないとはいえないが，ドイツ刑法学において少なくとも基本的理論枠組としては，行為支配論が圧倒的な通説となっている．

有力説によれば，*間接正犯'における行為支配は，強制や錯誤によって被利用者が行う行為を通じて間接的に事実を支配することであり，この場合には意思の領域において背後の利用者の側に優越的な支配(意思支配)が存在する．*共同正犯'においては，犯罪事実実現にとって不可欠の機能を果たすという形で事実を支配すること(機能的行為支配)がその内容とされる(ロクシン Claus Roxin 独・1931-)．このように，「行為」支配と訳されてはいるが，支配の対象は事実である点に特徴がある．間接正犯の場合においても利用者によって実現される犯罪事実そのものに対する支配が第一義的問題であり，被利用者の意思を統制すること自体が問題とされているのではない．共犯にも行為支配は存在するが，周辺的な事実に対する支配にとどまり，犯罪事実実現の中心人物とは評価されない．

行為支配は間接正犯の正犯性を基礎づけるものとして注目される一方，近時，わが国判例の採用する共謀共同正犯概念の根拠としても有力視されているが，いまだその内実に不明確な点を残していることは否めない．なお，行為支配を正犯概念の基礎におく場合でも，それを必要十分条件として位置づけるか必要条件ではあるが十分条件ではないと考えるか，あるいは，正犯一般の条件ではなく，過失犯や不作為犯，身分犯や目的犯など犯罪類型や正犯形式の如何によっては別の正犯原理が妥当するとみるかなどをめぐって，種々の立場がある．[橋本正博]

合意書面 (英) written stipulation
合意書面とは，当事者間での合意にもとづいて作成された書面をいう(刑訴327)．一般に，訴訟上の合意とは，訴訟手続ないし公判手続に属する事項を整理するために，特に書面によって，両当事者間でなされる合意をいう．合意は，争点の範囲を縮小したり，証明の必要をなくしたりするために，任意になされる．刑事訴訟法327条は，検察官および被告人・弁護人の両当事者が合意のうえで，文書の内容または公判期日に供述することが予想される供述の内容を書面に

記載して提出したときは，その文書または供述者の取調べがなされなくても，それらに証拠能力を認めている．このような合意書面は，当事者が作成名義人になるという意味では，本来の供述*証拠'ではないが，一種の当事者処分主義に由来するものとされている．実務上は，活用されることが少ない．同意(刑訴326)が，広く用いられているからである．なお，合意をした当事者も，合意書面の証明力を争うことは許される(刑訴327後)．　　　　　　　　［山田道郎］

行 為 責 任　(独) Einzeltatschuld
1 意義　責任非難の対象は行為者の行った個別の行為(広義の行為を意味し結果を含む)であって，行為者の思想や性格・人格には及ばないという意味であり，個別行為責任ともいう．近代刑法においては，それまでの旧体制(アンシャン・レジーム)の下における法と宗教・道徳の未分化，身分刑法，団体責任を否定して，法と宗教・道徳を峻別し，外部に現われた社会侵害的行為を理由に，平等に，かつ，当該行為者のみに責任を問うものとされた．また，合理的・理性的な人間像(市民)を前提に，犯罪に当たる行為を行った者も，刑罰を受けることによってその責任を清算すれば，もとどおりの市民として社会に復帰するものと考えられた．
2 新旧両派の責任論と行為責任　刑法上の責任は個別行為責任に止まるべきであるという考えを(個別)行為責任論といい，近代刑法以降の客観主義刑法学(旧派刑法学)では当然の前提とされてきた．そこでは，責任は個人責任であり，主観的な*意思責任'であって，責任の対象は行為者が現に行った行為であるとされた．責任能力は責任の前提，故意・過失は責任の種類であり(心理的責任論)，故意は犯罪事実の認識，過失はその認識の可能性があったにもかかわらず認識しなかった不注意として，あくまで個別行為に関係づけられていた．また，旧派の*道義的責任論'は，道義的非難の対象は個別行為であるとし，意思自由論に基づき，その個別行為について，行為時に他行為可能性があったことを理由に，行為者を非難するのが責任であると考えた．その後の規範的責任論においても，責任の対象は，基本的には構成要件に該当する違法な行為(個別行為)であるとされてきた．

これに対して，新派刑法学は，個別行為ではなく行為者の性格の危険性にこそ目を向けるべきであるとして*性格責任論'を展開した．同一の行為を行った者であっても，性格の危険性はさまざまであり，再犯を防止して社会を防衛するためには，その危険性に見合った一定の措置(社会防衛処分)が必要である，と主張したのである．そこでは，素質と環境に決定され，必然的に犯罪を犯さざるをえない社会的病者としての犯罪者像が示され，その淘汰およびその再社会化のための教育・改善が唱道された．また，*人格責任論'は，旧派刑法学の立場から，責任は他行為可能性を理由とする非難であるとしつつ，個別行為に加えて人格形成過程における他行為可能性を考慮することにより，新派刑法学への接近を図った．個別行為責任に人格形成責任を加えることにより，危険な常習犯罪者の重罰等を根拠づけることができるとしたのである．
3 行為責任の徹底　個別行為責任は，近代刑法の基本原則である行為主義および責任主義の所産であって，軽々に否定されるべきものではない．刑罰は，行為責任の程度を超えてはならないものと解すべきであり，その内部において，行為者の再社会化という特別予防的考慮が刑罰限定的にのみ顧慮されるものと解すべきであろう(可罰的責任論)．このような立場からすると，現行法の常習犯規定(刑186，暴力1の3，盗犯2)は，立法論として疑問が生ずるが，解釈論としては，行為者の人格や性格を理由に刑を加重するものではなく，行為自体の性質(その反復継続性)を理由に刑を加重するものと解すべきであるということになり，また，改正刑法草案48条1項は「刑は，犯人の責任に応じて量定しなければならない」と規定しているが，むしろ「刑は，犯人の責任の程度を超えてはならない」という趣旨の規定にすべきであり，その「責任」は行為責任を意味するものと解すべきであるということになる．　　　　　　　　［浅田和茂］

行 為 犯　(独) Tätigkeitsdelikt (単純)行為犯とは，構成要件的行為としての行為者の外部的態度があれば成立する犯罪をいう．挙動犯とも呼ぶ．行為客体の変化としての結果の発生は，行為犯の成立要件ではない．この点において，行為犯と*結果犯'とは区別されている．住

居侵入罪や偽証罪など多くの犯罪が行為犯に含まれるが、とくに行政刑罰法規違反にその例が多い。住居侵入罪では「人の住居」を行為の客体とする。人の住居等の行為の客体への侵入行為により、住居の平穏ないし自由が害されるので、法益侵害の結果は生じている。しかし、外部的な結果の発生は住居侵入罪の成立要件ではない。住居侵入罪は行為犯に含まれる。住居侵入罪は、行為犯であり*侵害犯'である。偽証罪は行為の客体を規定していない。「虚偽供述」が行われれば、ほとんどの場合において、偽証罪の成立を認めえようが、例外的に、虚偽供述が司法作用という法益を害する抽象的危険性も有しないときは、偽証罪は成立しないと解されている。その意味で偽証罪は行為犯であり抽象的危険犯である。このように、行為犯においても法益の侵害または危殆化は犯罪成立の要件となっている。しかし、行為犯のなかには、その成立に法益侵害の抽象的危険の発生すら要しないもの、すなわち*形式犯'も多く存するのではないかということも問題とされる。すべての犯罪は法益の侵害・危殆化を内容とする実質犯であるべきだとして、*形式犯'の概念を否定する見解も有力であり、これによれば行為犯は*実質犯'である。

侵害犯・危険犯も、法益の侵害・危殆化という結果をもたらすものであり、これらも結果犯と称されることがある。この見解によれば、行為犯もすべて結果犯に含めて解しうることになり、犯罪の分類機能としての行為犯という概念の存在意義が問われることになる。しかし、既述のように、行為犯・*結果犯'の区別は、行為客体における結果発生の有無を基準にするものであり、法益との関係における分類とは別の観点からのものである。→具体的危険犯

[福山道義]

行為無価値 （独）Handlungsunwert
*結果無価値'に還元しえない行為の無価値性をいう。多くの場合、行為に対する社会倫理的評価がその内実をなす。ドイツ刑法学で使用され、わが国にも導入された概念であり、行為反価値とも訳されることがある。こうした行為無価値を*違法'の実質とみる見解を、行為無価値論ないし行為反価値論という。ドイツの刑法学者である*ヴェルツェル'は、*結果無価値'の惹起を*違法'の実質とみる見解を批判し、行為無価値こそが違法の本質的要素であると、その意義を強調する*人的不法'論を展開した。

[山口 厚]

勾 引 特定の者を一定の場所に*引致'し、抑留する強制処分をいう。被告人の勾引は、(1) 被告人が定まった住居を有しないとき（刑訴58）、(2) 被告人が、正当な理由なく、裁判所の*召喚'に応じないとき、または応じないおそれがあるとき（同）、(3) 被告人が、正当な理由なく、裁判所の*出頭'命令または同行命令に応じないとき（68）に、勾引状を発して行われる（62）。勾引の効力の持続期間は、裁判所を含む指定の場所に引致したときから24時間以内であり（刑訴59）、この期間内は、必要があれば*監獄'に*留置'することができる（75）。勾引による身柄拘束の場合にも、弁護人等との接見交通は許される（39）。この期間内に勾留状が発せられない場合、期間経過後は被告人を釈放しなければならない（59）。なお、被疑者の勾引は、付審判請求手続に限って認められる（265・220 IV）。

証人・身体検査を受ける者の勾引には、被告人の勾引に関する規定がほぼ準用されるが（136・153）、召喚に応じなかったことを前提とする点で異なる（135・152）。また、その効力の持続期間についても定めがない。もっとも、証人等の勾引は尋問あるいは身体検査を目的とするのであるから、そのために相応の時間に限ってしか留置効力は認められないであろう。勾引状の執行を受けた証人を護送する場合または引致した場合にも、必要があるときには一時最寄りの警察署等に留置することができる（153の2）。

勾引にあたっては、令状主義の要請に基づき、令状の一種である勾引状が必要とされる。被告人に対する勾引状には、被告人の氏名および住居、罪名、公訴事実の要旨、引致すべき場所等が記載される（64）。その執行は、急速を要する場合を除き、検察官の指揮により検察事務官・司法警察職員が行う（70 I）。また、勾引状の執行の嘱託も認められる（71・72）。勾引状の執行にあたっては、原則としてこれを

被告人に示さなければならない．ただし，これを所持しない場合で急速を要するときには，例外的に公訴事実の要旨および令状が発せられている旨を告げて，その執行をすることができる(73)．証人・身体検査を受ける者に対する勾引状についても，原則として被告人の場合に準ずる(136・153)． ［宇藤 崇］

公開主義 **1 意義** 裁判を，一般国民が自由に傍聴できる状態において行う原則．傍聴を許さない密室裁判・秘密裁判においては，恣意的で政治的な裁判が行われがちであることは，歴史の教訓である．裁判の公開(公開裁判)は，裁判が公正に行われ，訴訟当事者，ことに刑事被告人の人権が十分に尊重されることを担保することを目的とする(司法に対する国民の信頼を保持するためにも重要である)．

2 公開の原則と例外 憲法は，「裁判の対審及び判決は，公開法廷でこれを行ふ」と定めて，公開の原則を確認する(憲82Ⅰ)とともに，とくに刑事被告人に「公開裁判を受ける権利」を保障している(憲37Ⅰ)．裁判の公開にも例外はあるが，憲法は，例外の場合を厳しく限定している．すなわち，「裁判所が……公の秩序又は善良の風俗を害する虞があると決した場合には，対審は，公開しないでこれを行ふことができる」としながらも，それには「裁判官の全員一致」を必要とし，さらに，「政治犯罪，出版に関する犯罪又はこの憲法第三章で保障する国民の権利が問題となつてゐる事件の対審は，常にこれを公開しなければならない」と定めている(憲82Ⅱ．なお，裁70参照)．このような限定は，公開裁判を一応保障していた大日本帝国憲法(明憲59)のもとで，1911(明44)年の大逆事件の裁判をはじめ，政治犯的色彩の濃厚な重大刑事事件について公開の停止が相次いだことの反省に基づくものであったといえる．

3 傍聴の自由 公開とは，「傍聴の自由」を意味する．そこで，各裁判所の法廷には必ず傍聴席が設けられており，いつでも自由に裁判を傍聴できるたてまえになっている．もっとも，傍聴席は数が限られているので，傍聴券の発行という方法がとられる場合もある(裁判傍聴規1①)．また，傍聴人の被服や所持品を検査して危険物の持込みを禁止し，この処置に従わない者の入廷を認めないことができる(裁判傍聴規1②・③)．刑事事件については，刑事訴訟規則が，被告人，証人等の供述を阻害するおそれのある「特定の傍聴人」について，裁判長が退廷の処分をすることを認めている(刑訴規202)．傍聴人がメモをとることは，原則として許される(最判大平1・3・8民集43・2・89)．写真撮影や録音は，刑事訴訟規則上は裁判所の許可にかからしめているが(刑訴規215．民訴規77も同旨)，実際には認められていない(もっとも，報道機関については，開廷前の短時間に限り撮影を許す扱いになっている)．

4 公開される裁判 憲法で公開が保障される「裁判」とは，本来の意味の民事および刑事の訴訟手続をいう(非訟13，家審7，家審規6参照)．民事訴訟では，受訴裁判所の面前における口頭弁論，判決の言渡しについては公開が必要とされ(民訴規66Ⅰ⑥参照)，その違反は絶対的上告理由となる(民訴312Ⅱ⑤)．刑事訴訟では，公判期日に行うすべての審理手続(対審)(刑訴282Ⅰ)・判決の宣告(刑訴342)，勾留理由開示(憲34，刑訴83Ⅰ)，および執行猶予の裁量的取消についての口頭弁論(刑訴349の2Ⅱ，刑訴規222の9⑤)の手続で，公開が必要とされ，公判期日の手続が公開の原則に違反した場合は，絶対的控訴理由となる(刑訴377③)．公判の準備手続や勾留質問のような付随的な手続は公開されない．付審判請求手続の審判や再審請求に対する裁判についても，公開の保障はない．なお，少年法は，未成年者の保護等を考慮して，保護事件としての審判は非公開としている(少22Ⅱ．なお，少61，少審規7参照)．→法廷メモ ［田中 開］

強姦罪 **1 強姦罪** 暴行または脅迫を用いて13歳以上の女子を姦淫する罪である(刑177前)．13歳未満の女子に対する姦淫は暴行または脅迫を用いなくても強姦罪となる(同後)．法定刑は2年以上の有期懲役である．

刑法典の起草者は強姦罪を社会に対する罪と捉えていたことが条文の配列から窺われる

が，現在では強姦罪は個々人の性的自由に対する犯罪と考えられている．

手段とされる暴行または脅迫は被害者の抵抗を著しく困難にするものであることが必要とされている．姦淫とは男性性器の女性性器への挿入を言う．

夫婦間でも強姦罪が成立するかは最近の論点である．わが国では，夫の虐待から逃れるために実家に帰っていた妻を夫が強引に連れて帰る途中に，友人とともに暴行して姦淫した夫に強姦罪が認められた（広島高松江支判昭62・6・18判時1234・154）．しかし，この場合は婚姻関係が破綻して夫婦の実質を失っていると認定された場合である．英米法では17世紀の法律家ヘイル（1609-76）に従って，妻は婚姻によって夫に自らを委ねたのであり，夫は性交渉についての妻の暗黙の合意によって免責されるという考え方が支配的であった．離婚の申立など暗黙の合意が撤回されたと見られる場合に例外的に夫にも強姦罪が成立するとされてきたのである．しかし，このような夫の免責条項は平等原則に反するとの考え方も有力となっている．

2 準強姦罪 人の心神喪失もしくは抗拒不能に乗じ，または心神を喪失させ，抗拒不能にさせて姦淫する罪であり，強姦罪と同じ刑で処罰される（178）．薬物を飲ませて心神喪失状態にした上で姦淫するような場合である．とくに問題となるのは，虚言を用いる場合である．たとえば，患者の信頼を利用して，治療に見せかけて姦淫するような場合であるが，被害者が性交であることを認識している場合には，とくにその治療に応じなければならないような特殊な事情のない限り，被害者は真意に基づいて行為者の行為に同意を与えており，準強姦罪は成立しないと解すべきであろう．これに対して，被害者が性行為の意味を理解していないような場合には準強姦罪が成立するといえる．

3 未遂罪 強姦罪も準強姦罪も未遂が処罰される（179）．判例は，強姦目的で犯人が被害者をダンプカーの運転席に引きずり込んだ時点で強姦未遂が成立するとしている（最決昭45・7・28刑集24・7・585）．

4 親告罪 両罪とも親告罪であり，告訴がなければ公訴を提起できない（180Ⅰ）．ただし，両罪とも，2人以上の者が現場で共同して犯した場合には親告罪ではなくなる（180Ⅱ）．

5 強姦致死傷罪 強姦罪または準強姦罪を犯し，よって人を死傷させた場合は強姦致死傷罪となる．刑は無期または3年以上の懲役である（181）．死傷は強姦の手段である暴行または脅迫から生じる場合はもちろん，強姦されそうになった被害者が逃走して転んで傷を負った場合等も本罪に当たる．

6 *強盗強姦罪' 強盗の後に現場で強姦を犯すことは，刑事学的にみて類型的であり，刑法典もこれをひとつの犯罪類型として無期または7年以上の懲役という厳しい刑罰を規定している（241）．被害者を死亡させた場合には死刑または無期懲役とされる（同）．→セクシュアル・ハラスメント　　　　　　［林美月子］

合　議 具体的に裁判を行う訴訟法上の意味の裁判所は，国法上の意味での裁判所に属する裁判官の中から一定人数で構成される．この構成のうち，1人の裁判官で構成される裁判所を単独制といい，複数の裁判官で構成される裁判所を合議制という．

最高裁判所は，15人の裁判官から構成される大法廷という合議体と，5人から構成される小法廷という合議体がある（裁9Ⅱ）．高等裁判所は，原則として3人の合議制を採用しているが，内乱罪の一審裁判所としては5人の合議制を採用する（18）．地方裁判所には単独制と合議制があり，合議体で裁判を下すことを求められる事件には，法律によりそれが求められる*法定合議'事件と地裁の合議体が合議体によると決定した*裁定合議'事件がある．法定合議事件には，①死刑・無期また短期1年以上の懲役または禁錮に当たる罪，②簡易裁判所の判決に対する控訴事件，簡易裁判所の決定，命令に対する抗告事件，③その他法律で合議事件と定められた事件がある（26Ⅱ）．家庭裁判所は，原則として単独制だが，裁判所法以外の法律により合議体によるものと定められている法定合議事件は3人で構成される合議体により裁判される（31の4）．簡易裁判所は，常に単独制であって，合

なお、裁判官の行った勾留、保釈、押収等の裁判に対する準抗告がなされた場合に、請求を受けた地裁ないし家裁は、合議体により決定をしなければならない(刑訴429)．

合議体では、複数の裁判官のうちの1人が裁判長となる(裁施9Ⅲ・18Ⅱ・26Ⅲ・31の4Ⅱ)．構成員たる裁判官のうちの1名が一定の行為を行うよう命ぜられたとき、その裁判官を*受命裁判官'と呼ぶ(刑訴43Ⅳ・63・64Ⅰ・69・70)．

合議体により審理、裁判される事件では、裁判は合議体の評議により形成される．評議の終了により裁判は内部的に成立し、それを告知することによって外部的に成立し、効力を生ずる．評議を結論についてだけすべきか、理由ごとにすべきか争いがあるが、判断すべき事項ごとに、裁判の性質に応じて、評議対象は明らかになるといえよう．評議は多数決によるものとされ、評議の際、ある段階での少数意見のものも、次の段階ではそれまでの*評決'を前提にしてさらに意見を述べなければならない．→補充裁判官　　　　　　　　［香川喜八朗］

公共危険罪　(独) gemeingefährliche Straftaten　不特定または多数人の生命・身体・財産を侵害する犯罪を意味し、具体的公共危険犯と抽象的公共危険犯とがある．具体的公共危険犯は、構成要件の内容として具体的な公共の危険の発生を必要とするものであり、たとえば、刑法109条2項の罪が典型例である．抽象的公共危険罪は、構成要件の内容として具体的な危険の発生を犯罪の成立要件とせず、構成要件に該当する事実があれば危険の発生が推定されるものであり、108条の罪が典型例である．刑法は、群集心理に基づく人による公共危険罪として*騒乱罪'を、火による公共危険罪として*放火罪'を、水による公共危険罪として*出水罪'を規定している．公衆の利用する交通機関への侵害である*往来妨害罪'、公衆の健康を害するあへん煙に関する罪、*飲料水に関する罪'も公共危険罪の一種である．公共の危険である、不特定または多数人の生命・身体・財産に対する侵害の可能性または蓋然性の判断は客観的に行われることが必要であるが、その可能性は純然たる科学法則に基づくものではなく、一般人の社会通念に基づいて判断される．　　［奥村正雄］

口供結案　当該犯罪を自分が犯したと認め、犯行情況を説明する供述、すなわち、犯罪事実の*自白'のこと．1873(明6)年*太政官布告'である*改定律例'は「凡罪ヲ断スルハ口供結案ニ依ル」と規定していたが、1876(明9)年に「凡罪ヲ断スルハ証ニ依ル」と改正された．客観的証拠から被疑者・被告人が犯人であることが自明であっても、口供結案がない限り有罪とできないのであるから、身に覚えがないと言い張る*被疑者'を*拷問'して自白させることとなる．逆に、口供結案があれば有罪とできるのであるから、苦労して客観的証拠を収集するよりも、被疑者を安易に拷問して自白させることとなる．この制度の下でも、自白さえしなければ冤罪者は有罪とされない．だが、拷問自体が野蛮であるとの列強からの批判を受けてか、3年後に「証ニ依ル」と改正された．すなわち、被告人の有罪認定を、自白でない証拠によって行ってもよいこととなった．*日本国憲法'は拷問を明確に禁止している．しかし、わが国の刑事裁判が自白を重視する慣行は、その後も現在まで続いており、捜査段階で自白させられた冤罪者が無罪判決を得ることは、決して容易でない．　　［荒木伸怡］

公共の平穏に対する罪　不特定多数人の身体・財産に攻撃を加えることにより、一定の地域における平穏・治安を害する犯罪類型をいい、多衆が集合して暴行・脅迫を加えることにより成立する*騒乱罪'(刑106)、および騒乱罪の前段階として、暴行・脅迫の目的をもって集合した多衆が、権限ある公務員から解散命令を3度受けたにもかかわらずなお解散しない場合に成立する*多衆不解散罪'(107)がこれに該当するとされる．もっともこれらの罪も、多数人の生命・身体・財産を危険にさらす*公共危険罪'として理解すべきとする見解も有力である．　　［伊藤渉］

拘禁　(英) detention　(独) Haft　(仏) détention　身体を拘束すること．憲法上、一時的な身体拘束を*抑留'というのに対して、比較的継続的な拘束を拘禁という(憲

34).後者には公開法廷における理由開示が要求される．刑事訴訟法は，*'勾留'および*'鑑定留置'等を拘禁と考え，勾留理由開示制度を定めている（憲34後，刑訴82〜86・167Ⅳ）．また，不当に長く拘禁された後の自白は証拠とすることができない（憲38Ⅱ，刑訴319Ⅰ）．もっとも，憲法上の拘禁には，勾留等にとどまらず，自由刑の執行，労役場留置，死刑執行のための*'拘置'も含まれるものと解される（憲40．なお，監1）．その他，逃亡犯罪人につき，在留国に対する相手国の引渡し請求に応じた身体拘束も拘禁とよばれ，緊急の場合に行われる*'仮拘禁'と区別されている（逃亡犯罪人引渡法23以下，日米犯罪人引渡条約9）．なお，拘禁については，「国連拘禁者保護原則（国連第43回[1988年]総会決議）等の種々の国際文書が作成され，*'施設内処遇'であると*'自宅拘禁'であるとを問わず，あらゆる被拘禁者の人権を保護しようとの動きが近年活発である．　　　　　　　　　　　　　［宇藤 崇］

拘禁心理学　(独) Haftpsychologie
1 意義　刑事施設に収容されていることによって生ずる特殊な心理現象を精神医学的・心理学的見地から分析・研究する科学を拘禁心理学という．刑事施設の特殊な環境に適応するために被収容者は独特の心理機制を形成する．これを集団的・社会的な行動のレベルで捉えると，刑務所化(prisonization)と呼ばれるような特殊な行動パターンを形成する．この種の行動パターンを社会学的観点から，*'刑務所文化'と呼ぶこともある．このような特殊な適応現象を個々人の心理のレベルで捉えると，被拘禁者に共通の特殊な心理現象を示す．これが拘禁心理である．
2 拘禁心理の特徴　被拘禁者に最も特徴的な心理現象は，拘禁にともなう特殊な心因性反応である拘禁反応である．拘禁という極度のストレスが病的な症状をもたらし，精神分裂病のような精神病に至ることもある．

拘禁が長期にわたる場合，これが被収容者の心理に及ぼす影響は甚大である．しかし，同じ長期の被拘禁者でも，死刑囚と無期囚ではその症状はまったく異なる．死刑囚の場合，その行動は活発で，動きが多い．心理的には，激昂したり，落ち込んだり，躁状態と鬱状態との間を激しく揺れ動く．これに対し，無期囚の場合，その行動は，緩慢で動きが少ない．心理的にも，変化に乏しく，ときに心因性の悩みの訴えや鬱性の神経症を示すことが多く，感覚は鈍磨になるといわれる．

3 拘禁の弊害　行刑の目的のひとつは，被収容者の社会復帰にあるといわれるが，拘禁それ自体が，被収容者の心理面に重大な悪影響を及ぼすのであれば，自由剥奪をともなう処遇は，根本的な矛盾をはらむといえる．

いつ死刑の執行が行われるかもしれないという恐怖感の中で，拘禁生活が続く死刑囚の場合は，その弊害は甚大である．日本の死刑確定者は，諸外国に比べても，外部とのコミュニケーションの制限が厳しい．このことが死刑囚に不必要な苦痛を与えているとの批判がある．国連の規約人権委員会も，日本の死刑確定者の拘禁状態に深刻な懸念をもち，その状況を改善するよう勧告している．死刑確定者の訪問や通信を過度に制限することは，国連の国際人権B規約（自由権規約）の「何人も，拷問又は残虐な，非人道的な若しくは品位を傷つける取扱い若しくは刑罰を受けない」とする残虐刑禁止(7)や「自由を奪われたすべての者は，人道的にかつ人間の固有の尊厳を尊重して，取り扱われる」とする人間の尊厳条項(10Ⅰ)に違反すると指摘されている．→監獄破産論　　　　　　　　　　　　［石塚伸一］

航空機の強取等の処罰に関する法律
直接にはいわゆる日航「よど」号事件をきっかけとし，ハイジャック防止措置のひとつとして1970年に制定された．同年中に採択された「航空機内で行なわれた犯罪その他ある種の行為に関する条約」（東京条約）および「航空機の不法な奪取の防止に関する条約」（ハーグ条約）等，ハイジャック対策法規の整備の国際的な動きもその背景にあった．立法過程においては，シージャックをもあわせて規制対象とすることが検討されたが，国際法上も特に航空機についての法整備が強く要請されていることなどの理由から見送られた．

全体でわずか4ヵ条の処罰規定と国外犯規定を置くにとどまるが，その内容はきわめて

厳しいものとなっている．まず，基本的な犯罪類型として「暴行若しくは脅迫を用い，又はその他の方法により人を抵抗不能の状態に陥れて，航行中の航空機を取取し，又はほしいままにその運航を支配」する罪（航空機の強取等の罪）(1) を規定し，これに対して，無期または7年以上の懲役を，その致死罪(2)には死刑または無期懲役を予定する．更に，その未遂罪(1 II)，予備罪(3)を処罰するほか，受け皿的犯罪類型として「偽計又は威力を用いて，航行中の航空機の針路を変更させ，その他その正常な運航を阻害」する罪を置き，これに1年以上10年以下の懲役を規定している(4)．また，以上の罪は，国外においてこれを犯したすべての者にも適用される(5，刑2)．なお，予備罪については実行の着手以前に自首した場合につき刑の必要的減免を規定する(3但)．

航空機の強取等致死罪(2)は，法定刑が強盗致死罪(刑240)と同一であることから，死の結果につき故意ある場合に，殺人罪(刑199)と強取罪の観念的競合とするべきか，本罪のみか，本罪と殺人罪の観念的競合かといった，強盗致死罪におけると同様の問題を生じる．のみならず，その基本犯（強取罪）が強盗罪(刑236)の特殊類型を含むから，強盗致死罪自体との罪数関係でも問題を生じる．→航空の危険を生じさせる行為等の処罰に関する法律 ［葛原力三］

航空の危険を生じさせる行為等の処罰に関する法律 1971年に採択された「民間航空の安全に対する不法な行為の防止に関する条約」（モントリオール条約）の批准に必要な国内法の整備として1973年に制定された．

本法制定以前の航空法から受け継がれた処罰規定として，飛行場の設備等を損壊しまたはその他の方法で航空の危険を生じさせる罪(1) (3年以上の懲役．1977年の改正により2年以上の懲役から引き上げ)，航行中の航空機を墜落させる等の罪，航空危険による航空機墜落等の罪，同致死罪(2 I 無期または3年以上の有期懲役，II 同左，III 死刑または無期もしくは7年以上の懲役)，過失により航空危険を生じさせまたは航空機を墜落等させる罪(6 I 10万円以下の罰金)および航空業務従事者による過失航空危険・墜落等の罪(6 II，3年以下の禁固または20万円以下の罰金)を置き，刑法上の*往来危険罪'(刑125)以下の陸上交通機関に対する罪とほぼ対応する行為態様を航空機についてカバーする．また，業務中の航空機の航行の機能を失わせまたは業務中の航空機を破壊する罪およびその致死罪(3)(1年以上10年以下の懲役)を特に置いて，「航行中」(2)でない航空機に対する「航空の危険を生じさせ」(1)ない態様での攻撃をも「破壊」に至らない程度のものも含めて処罰する．なお，この条項は「業務中の航空機」の定義においてモントリオール条約における定義の参照を指示して，同条約が犯罪とする「業務中の航空機の破壊」と「業務中の航空機に対してその飛行を不能にする損害を与える行為」をすべて処罰するための補完規定としての性格を明確にしている．更に，1977年には，いわゆるダッカ事件を契機として，業務中の航空機内に爆発物等を持ち込む罪(4)（爆発物につき，3年以上，銃砲，刀剣類その他について2年以上の有期懲役）が新設された．未遂罪は，航空危険罪，墜落等の罪，業務中の航空機の破壊等の罪の基本類型および爆発物等持ち込み罪(1 I・2 I・3 I・4)について処罰される(5)．また，過失航空危険罪(6 I・II)を除く各罪について，すべての者の国外犯を処罰する(7)．

*航空機の強取等の処罰に関する法律'が，暴行，脅迫，威力，偽計といった人に対する攻撃を手段として航空機の正常な「運行」を阻害する行為の処罰を主眼とするのに対して，本法では，航空機の機体に対する直接的攻撃が主に捕捉されており，両者は相互補完的な関係にあるとされる． ［葛原力三］

抗告（独）Beschwerde **1 意義** 刑事訴訟法上，裁判所のした決定に対する上訴をいう．ただし，*特別抗告'の場合は，決定のほか

に命令に対する抗告も許される(433). 決定・命令は, 終局判決に至る過程で生ずる事項に関する裁判であることが多いが, これらのすべてを常に終局判決とともに上訴裁判所の判断対象とすると, 手続が複雑となりその進行が遅れる. そこで, 事件の実体形成と切り離しても解決できる事項で, かつ迅速な解決が要請される事項について, 判決に対する不服申立てとは別に簡易迅速な手続により独立して上訴することを認めたものである. 抗告には特別抗告と一般抗告の2種がある. 特別抗告は, 一般抗告を許さない決定または命令に対して, 憲法違反または判例違反を理由として最高裁判所に不服申立てが許された場合である(433). 一般抗告は, さらに提起期間および執行停止の効力の有無によって*即時抗告'と*通常抗告'に分けられる. 即時抗告は, 刑事訴訟法上, これを認める明文の規定がある場合のみ許され, その提起期間は3日とされる(422). 即時抗告以外の一般抗告が通常抗告である. 高等裁判所の決定に対しては一般抗告は許されず, それに代えて*異議の申立て'が認められている(428). 抗告審の構造については, 事後審説, 基本的に事後審的性格をもつとする説, 続審説, 原裁判の性質によって個別的に考察する説など多くの見解が対立する.

2 手続と裁判 抗告をするには, 申立書(抗告申立書)を原裁判所に差し出す必要がある(423 I). 抗告申立書を受理した原裁判所は, みずから訂正する機会を確保して迅速な処理を図り上級裁判所の負担を軽減するために, 抗告の当否を審査し, 理由があると認めるときは原決定を更正する. これを*再度の考案'という. 抗告に理由がないと認めるときは, 申立てから3日以内に, 意見書を添えて抗告申立書を抗告裁判所に送付する(423 II). 即時抗告以外の抗告は, 原裁判の執行停止の効力をもたないが, 原裁判所または抗告裁判所は, 決定で執行を停止することができる(424・434). 抗告裁判所は, 抗告の手続がその規定に違反したときまたは抗告が理由がないときは決定で抗告を棄却し, 理由があるときは原決定を取り消し, 必要があればさらに裁判する(426). 抗告裁判所の決定に対しては, 一般抗告は許されず, いわゆる再抗告は禁止される(427). →準抗告　　　　　　　[関 正晴]

行　使　現行刑法典において行使という概念は, *偽造'罪においてもっとも多用されている. 一般的には「使用する」という意味であるが, 偽造罪における客体や保護法益との関係において微妙なニュアンスの違いが認められる.

①*通貨偽造罪'における「行使」(刑148・149・150・152)とは, 偽造変造の通貨を真正な通貨として流通におくことである. 物品の購入や両替, 自動販売機への投入などが典型である. しかし, 自己の経済的信用を証明するために, 債務者に偽貨を示すだけの行為は行使ではない. 情を知らない他人に買い物させるために偽貨を渡すことは行使であるが, 情を知った他人に渡す行為は交付である. ②*偽造文書行使罪'における「行使」(154・155・156・158・159・161)とは, 偽造文書を真正な文書または内容の正しい文書として他人に呈示し, 交付し, 閲覧に供し, 他人がその内容を認識しうる状態におくことをいう. ③*偽造有価証券等行使罪'における「行使」(162・163)とは, 偽造変造の有価証券を真正なもののように装って使用し, 呈示し, または虚偽記入された有価証券を内容真実なものとして使用し, 呈示することである. 有価証券に流通性は必ずしも要求されないので, 通貨偽造罪のように流通におくことは本罪の「行使」の要件ではない. ④印章偽造罪における「行使」(164・165・166・167)とは, 同罪における「使用」と同義であって, 印章等の偽造を文書等の偽造の手段とする場合は, 印顆の場合にはこれを押捺し, 印影または署名の場合はこれを文書の一部として利用することである.

なお, 条文上「行使の目的」を要求する犯罪は, *目的犯'と呼ばれる. この場合, 行使の目的は, 構成要件の内容である違法な客観的要素の認識である故意とは区別され, 構成要件の客観的要素の範囲(「偽造」)を主観において超えているから, 「超過的内心傾向」と呼ばれる. 偽造罪においては, 行使が「行使の目的」として行為者の主観に解消された結果, 行使が客観的に生じなくても, 行為者が主観的に行使の目的をもって偽造行為を完了すれば, その段階で偽造罪が既遂となる.

行使とは, 人に対する概念であるから, 電子計算機に使用される電磁的記録の場合には「供

用」(用に供する)という概念が用いられ(7の2・158・161の2),電磁的記録を人の事務処理において使用可能な状態におくことを意味する. →偽造通貨収得後知情行使罪　　　　[園田　寿]

皇室に対する罪　天皇・皇族についても憲法14条を適用するという理由で1947年の刑法改正(昭22法124)で全面削除されるまで,刑法第2編第1章(刑旧73〜76)に規定されていた皇室を犯罪の客体とする特別規定の総称.旧刑法116条から120条においてもほぼ同趣旨の皇室に対する罪が規定されていた.皇室に対する罪は,危害罪と不敬罪に大別され,危害罪では,天皇,太皇太后,皇太后,皇后,皇太子,皇太孫(73—死刑)やその他の皇族(75—無期懲役)に危害を加えた場合および危害を加えようとした場合が犯罪として処罰されていた.また,不敬罪では,天皇,太皇太后,皇太后,皇后,皇太子,皇太孫(74Ⅰ—3ヵ月以上5年以下),神宮,皇陵(74Ⅱ—3ヵ月以上5年以下)に対して,さらには皇族(76—2ヵ月以上4年以下)に対して不敬の行為した場合が処罰されていた.不敬の行為とは,皇室の尊厳を冒瀆する一切の行為を含むものとされ,たとえば日記帳に不敬の事実を記載するといった意思表示のみで成立するものとされた(大判明44・3・3刑録17・258).現在では,皇室に対する犯罪についても,名誉毀損罪,傷害罪その他の通常の刑罰規定が適用される.　　　　　　　　[中空壽雅]

公衆訴追主義　公衆訴追主義の定義に関しては,種々の見解がある.最も単純な見解は,国家機関が刑事訴追権を行使する*国家訴追主義',犯罪の被害者が訴追権を行使する被害者訴追主義に対して,一般市民たる公衆が刑事訴追権を行使するものを公衆訴追主義とする見解である.

また,*私人訴追主義'を被害者訴追主義と同義語であると理解する立場からは,公衆訴追主義は,私人訴追主義と国家訴追主義の中間に位置するものと解されるが,国家訴追主義と私人訴追主義を対抗概念として理解する立場からは,公衆訴追主義は,私人訴追主義に含まれると解されることになる.

しかし,いずれの見解も,訴追主体が誰であるかによって概念を区別している点では,同一

の発想に立つものである.公衆訴追『主義』というからには,それにふさわしい内実が必要であるが,目立った主張はない.国家訴追『主義』や私人訴追『主義』と区別して,あえて公衆訴追『主義』を観念するならば,私人訴追主義に言う『私人』を利己的な個人(individual)と理解し,公共の利益を体現した個人(public person)に刑事訴追権を帰属させるべきだとするか,または,個人ではなく,組織化された市民としての団体,たとえば大陪審等にのみ訴追権を帰属させるべきだとするほかにない.しかし,私人訴追「主義」の主張においても,「私人」を利己的な個人と主張しているわけではなく,「公人」として活動する個人を想定しており,被害者以外の一般市民をも含めた「私人」を想定した主張がなされており,大陪審による訴追も私人訴追主義の具現化として理解している見解に従うならば,私人訴追「主義」と区別した公衆訴追「主義」を主張する実質的な意味はないことになる.

他方,訴追理念として熟した理論とは言えないが,アメリカの地方検察官(district attorney)が,住民の選挙で選ばれているという検察官の地方性と公共性を根拠として,公衆訴追主義であるという主張も存在する.また,検察官を公衆の法的代理人としての公訴官であると捉え,検察官と私訴原告人に刑事訴追権が与えられているフランスの刑事訴訟法は,公衆訴追主義を採るとする主張も存在する.この主張は,フランス革命期に,イギリスの法制度に倣って,私人による訴追である「私訴」と私人訴追を行う能力のないものを援助するための公訴官による「公訴」を規定する法律が制定されたが,それを統合する概念が公衆訴追主義であるとする歴史認識にその根拠があるとする.[鯰越溢弘]

公職選挙法　**1 意義**　衆議院議員,参議院議員ならびに地方公共団体の議会の議員および長を公選する選挙に関する統一的法規(昭25法100).これらの「選挙が選挙人の自由に表明せる意思によつて公明且つ適正に行われることを確保し,もつて民主政治の健全な発達を期することを目的とする」(公選1) 1.選挙管理機構の組織と権限,選挙権および被選挙権,選挙区,選挙人名簿,選挙期日,投票,開票,公職の候

補者，当選人，選挙運動，選挙争訟等に関する規定をおく．第16章罰則において選挙の自由と公正を害する行為を犯罪と規定して刑罰を科している．同章の規定が適用ないし準用される犯罪を一般に選挙犯罪と呼んでいる．

2 選挙犯罪 選挙犯罪には，買収の罪，選挙の自由を妨害する罪や不正投票に関する罪のような実質犯と選挙運動に関する規制にみられるような形式犯がある．買収の罪は，選挙に関する一定の行為の対価として利益の授受が行われる犯罪であり，選挙の公正を侵害する．選挙の自由を妨害する罪は，投票の自由あるいは選挙運動の自由を直接または間接に妨害する行為である．不正投票に関する罪は，投票の手続や結果に関する不正行為であり，選挙の公正さを侵害するものである．選挙運動に関する規制は，多岐にわたり，時期に関する制限，特定の者に関する制限，方法に関する制限がある．これらの選挙運動の制限は憲法で保障されている言論の自由との関連が問題となりうるが，判例は，戸別訪問の禁止や文書図画の制限も公共の福祉のため，憲法上許された必要かつ合理的な制限であるとする（最判昭25・9・27刑集4・9・1799，最判昭30・3・30刑集9・3・635）．

選挙犯罪に対して科せられる制裁としては通常の刑罰以外に付随的なものとして，当選の無効があり，当選人の選挙犯罪による場合と当選人以外の者の行為による連座制の場合がある．また，選挙犯罪を犯した者に対する選挙権・被選挙権を一定の期間停止する公民権の停止も規定している． ［松生光正］

公職にある者等のあっせん行為による利得等の処罰に関する法律

平成12年法律130号．第1条は，国会議員等の公職にある者が，国，地方公共団体，またはそれらが資本金の2分の1以上を出資する法人の締結する契約，もしくは，特定の者に対して行政庁の行う処分に関し，請託を受け，その権限に基づく影響力を行使して公務員に職務行為の作為・不作為をあっせんすることまたはしたことの報酬として財産上の利益を収受する行為につき3年以下の懲役刑を規定し，第2条は，主体の範囲を国会議員の議員秘書（国会132）にまで拡大する（2年以下の懲役）．これらはあっせん利得罪とも呼ばれる．さらに第4条は利益供与者の処罰も定める．

刑法典上の*あっせん収賄罪'（刑197の4）とは，公務員の職務行為に不正性が要求されない点，実行行為が「収受」のみで「要求」「約束」の形態が挙げられていない点などで異なる．なお，同時に提出，否決された野党案では，請託の要件が外され，また，行為態様として第三者への賄賂供与，行為主体として公職にある者の私設秘書も含まれるなど，より広汎な処罰が意図されていた． ［塩見 淳］

更生緊急保護

更生緊急保護とは，保護観察の対象とならない一定の犯罪前歴者などに対して国の責任で実施する応急的な保護措置である．この措置は，対象者が刑事手続による身体の拘束を解かれた後6ヵ月以内に限り，本人の申出に基づき，保護観察所長がその必要性を認めた場合になされる．

このような保護措置が設けられているのは，満期釈放者等の犯罪前歴者の中に身体の拘束を解かれた後，親族，縁故者等からの援助や福祉的な保護を得られないために再犯の危険性をもつ者が多く，適切な更生の保護をすみやかに実施する必要があることによる．この措置は，本人の申出を条件として講じられる点で，法的強制力をもって実施される保護観察とは異なる．その根拠法は，従来，更生緊急保護法（昭25法203）であったが，更生保護事業法の施行及びこれに伴う関係法律の整備等に関する法律（平7法87）によって，*犯罪者予防更生法'（昭24法142）に移された．

更生緊急保護の対象は，①懲役，禁錮または拘留の刑の執行修了者，②懲役，禁錮または拘留の刑の執行免除者，③懲役または禁錮につき刑の執行猶予の言渡しを受け，裁判が確定するまでの者，④懲役または禁錮の刑の執行猶予者で，保護観察に付されなかった者，⑤起訴猶予者である（予防更生48の2Ⅰ）．更生緊急保護の内容には，①帰住先のあっせん，②金品の給貸与，③宿泊所の供与，④教養および訓練の援助，⑤医療および保養の援助，⑥就職の援助，⑦環境の改善および調整がある．このうち，①と②は，保護観察所長自らが実施することから自庁保護と呼ばれる．これに対して，③～⑦は，

更生保護施設に委託して実施されることから，委託保護と呼ばれる（予防更生48の2Ⅲ）．また保護の性質に着目し，前者を一時保護，後者を継続保護ともいう．→更生保護事業，更生保護

[瀬川 晃]

公正証書原本等不実記載罪 1 趣旨
公務員に対して虚偽の申立てをし，登記等の権利，義務に関する公正証書の原本に不実（虚偽）の記載をさせる行為であり，刑法157条で処罰される．公正証書の原本は公文書であるから，本罪は，虚偽公文書作成罪（156）の間接正犯の一部（虚偽の申立てという特定の態様により，公正証書の原本に虚偽の記入をさせる行為）を処罰していることになる．157条の法定刑（5年以下の懲役または50万円以下の罰金）が155条のそれ（1年以上10年以下の懲役）に比べて低いのは，担当公務員に対する申立てが日常的な行為であり，誘惑的な要素を含む点を考慮し，行為者の責任減少を認めたものと理解されている．なお，1987（昭62）年の刑法一部改正により，公正証書の原本として用いられる電磁的記録も，不実記載罪の対象に加えられた．これは行政事務のコンピュータ処理が進み，従来の公正証書が電子ファイル化されてきたことに伴う措置である（この改正以前に，最決昭58・11・24刑集37・9・1538は，自動車登録ファイルが公正証書の原本に当たることを認めていたが，その根拠，射程範囲をめぐっては理解が分かれていた）．

2 本罪に当たるとされた事例 住民基本台帳法に基づく住民票原本は，本罪の客体としての「公正証書の原本」に当たると解されている（最決昭48・3・15刑集27・2・115）．これは最高裁判所時代の先例に倣ったものであるが（最判昭36・6・20刑集15・6・984），住民基本台帳法との関係では問題が残されている．同法51条は，住民票に関して虚偽の届出をした者を，他の法令の規定により刑を科すべき場合を除き，5万円以下の過料に処している．そこで，前記判例によれば，刑法157条は「他の法令」に該当することになり，台帳法51条の適用される余地は無くなってしまうであろう．刑法157条1項の「申立て」には，官公署による登記の嘱託も含まれる（最決平1・2・17刑集43・2・81）．また申立てが虚偽か否かは，私法上の効力を踏まえて判断されることがある．すなわち，株金の払込みを仮装したうえ，商業登記簿の原本に増資の記載をさせた事例において，払込みが無効であるのに有効だと装って登記申請をした点が不実だとされ，本罪の成立が肯定された（最決平3・2・28刑集45・2・77）．商業登記簿との関係では，特に，申立てに係る行為の効力が重要になろう．→公文書偽造罪

[今井猛嘉]

構成的身分 犯罪の主体が一定の身分を有する場合に限定される犯罪を*身分犯*というが，当該身分があることによってはじめて行為の可罰性が基礎づけられる場合を構成的身分犯といい，その場合の身分を構成的身分という．真正身分とも呼ばれる．たとえば，職権濫用罪（刑193），収賄罪（197）における公務員たる身分，秘密漏示罪（134）における医師等の身分が，その例である．これに対して，身分が，単に法定刑を加重・減軽するにすぎない場合を加減的身分犯という．身分犯における*共犯*の成立の問題については刑法65条が規定している．→加減的身分，共犯と身分

[西田典之]

更生保護 1 意義 「更生保護」という用語は，1949（昭24）年に制定された*犯罪者予防更生法*において法律上初めて用いられ，今日では広狭さまざまな意味で用いられている．①最広義には，非行少年や犯罪者が社会の中で改善更生するように指導援助することにより，犯罪の危険から社会を保護し，同時に個人および公共の福祉を増進することを目的としたあらゆる措置・活動をいう．ここでは，行政による措置に加えて，個人や民間団体などが自発的に行う犯罪者などへの援助活動も含まれる．②広義には，犯罪者予防更生法その他関係法律で規定する更生保護機関が所掌する事務全体を指し，*保護観察*，*更生緊急保護*，仮釈放，恩赦，犯罪予防活動をその主たる内容としている．ただし，「更生保護と犯罪予防」というように，広義の更生保護の内容から「犯罪予防」をはずし，犯罪・非行前歴者に対する諸措置に限定して捉えたり，「恩赦および更生保護に関する事項」（法務省設置法2③）というように，恩赦を除外して把握されることもある．③狭義には，犯罪者予防更生法48条の2が規定する特定の者に対す

更生緊急保護を意味する．矯正と対置させて，単に「保護」と呼んだり，'*社会内処遇'と同義で用いることも多い．

2 沿革　「更生保護」は，戦前の司法保護事業法が施行されていた時代に使われていた「司法保護」という用語が，日本国憲法の施行による三権分立の明確化にともない，行政上の措置の呼称として適切でなくなったことから，作られたと言われる．ただし内容的には，かつての司法保護の概念には，少年審判や矯正院処遇が含まれる一方で，仮釈放は含まれていないなどの相違点があり，呼称のみの変更に留まっているわけではない．

3 機関・主体　わが国における更生保護に関する行政事務を所掌する責任機関は，法務省保護局である．このほか*中央更生保護審査会'，*地方更生保護委員会'，*保護観察所'が更生保護活動に従事している．

他方，更生保護の最前線で活動する主体としては，保護観察官，保護司および更生保護施設をあげることができる．このほか民間協力組織として，BBS，更生保護婦人会，協力雇用主の組織などがある．→BBS運動　　[瀬川 晃]

更生保護事業　更生保護事業とは，更生保護事業法(平7法86) 2条2項が掲げる者で，現に更生のため保護を必要としている者を一定の施設に収容して，その者に対し，宿泊を供し，教養，訓練，医療または就職を助け，生活指導を行い，環境の改善または調整を図るなど，その更生に必要な保護を行う事業をいう．こうした意味での更生保護事業は，かつて*免囚保護事業'や司法保護事業などと呼ばれたものと同種の事業である．従来，更生保護事業の根拠法は更生緊急保護法であったが，更生緊急保護法の廃止にともない更生保護事業法へと移行し，内容にも変更が加えられた．

なお，保護観察，矯正施設収容中の者の環境調整，仮釈放などの更生保護の措置および犯罪予防のための世論の啓発などの活動も含めて更生保護事業と呼ぶことも多く，全国更生保護大会の宣言ではしばしばその意味で用いられてきたが，法令上の用語ではない．

更生保護事業には，①*更生保護施設'など一定の施設に収容し，更生に必要な保護を行う継続保護事業，②施設へは入れず更生に必要な一次的な保護を行う一時保護事業，③連絡助成事業の3種類がある(更生2)．このうち，③には，更生緊急保護法では範囲外とされていた保護司会，更生保護婦人会，またはBBSなどの関係団体への助成や社会啓発活動も含まれる(2 IV)．

更生保護事業の対象は，①保護観察に付された者，②懲役，禁錮または拘留につき刑の執行を終わり，その執行の免除を得，またはその執行を停止されている者，③懲役または禁錮につき刑の執行猶予の言渡しを受け，刑事上の手続による身体の拘束を解かれた者，④罰金または科料の言渡しを受け，刑事上の手続による身体の拘束を解かれた者，⑤労役場から出場し，または仮出場を許された者，⑥訴追を必要としないため，公訴を提起しない処分を受け，刑事上の手続による身体の拘束を解かれた者，⑦少年院から退院し，または仮退院した者，⑧婦人補導院から退院し，または仮退院した者である(2 II①〜⑧)．このように，更生保護事業の範囲や対象者は，国側の措置としての*更生緊急保護'や保護観察とは離れて独立に広く規定されている．　　[瀬川 晃]

更生保護施設　更生保護施設とは，更生保護事業法の制定にともない新たに制度化された更生保護法人の呼称である(平8法務19)．かつて，更生緊急保護法のもとでは，*更生保護事業'を営む公益法人やこれに準ずる団体が更生保護会として認められていた．しかし，これらの更生保護会の多くが経営難に苦しんでいたことから，国の財政的支援の必要性が唱えられていた．そこで，1995(平7)年に更生保護事業法が制定され，更生保護会を新たに更生保護法人とすることによって，社会福祉法人と同様の優遇措置をとることが認められるとともに，これに対する地方公共団体の協力体制の充実が図られた．→保護観察　　[瀬川 晃]

構成要件　(独) Tatbestand　**1 意義の多様性**　構成要件とは，*刑法'における法律要件のうち直接犯罪行為に関する記述をいうが，条文そのものではなくこれに解釈を施して得られた，犯罪を輪郭づける観念像が構成要件である．そして，現実の犯罪行為が構成要件に当て

はまることを'構成要件該当性'といい，構成要件に該当した犯罪事実を構成要件該当事実という．構成要件（構成要件該当性）は，犯罪成立要件のひとつであって，もともとは，価値に関係しているとはいえ，実質的な価値判断を含む*違法'・*責任'とは異なり，それ自体は形式的，価値中立的な性質をもっていると解せられてきたが，今日では，実質的，価値的な構成要件概念も有力に主張されている（2，3参照）．

2 理論の変遷 構成要件理論は，構成要件の意義・内容，構成要件と違法・責任との関係などをめぐって，いくつかの見解に分かれている．

まず，(1)行為類型論は，構成要件該当性の判断に裁判官の恣意的評価が入ることを防止しようとして，構成要件を純客観的，記述的に捉えた*ベーリング'の流れを汲んで，構成要件を違法・責任から截然と分離し，構成要件のもつ形式的，価値中立的な性格を徹底させている．もっとも，今日の行為類型論は，客観的構成要件要素のほか*主観的構成要件要素'を認めるが，前者は違法評価の対象，後者は責任評価の対象であるにとどまり，それ自体が違法・責任の実質的価値判断を伴うものではないとしている．

次に，(2)違法類型論は，構成要件を(可罰的)違法行為の類型と解するものであるが，構成要件と違法性の関係に関する理解の違いを反映して，さらに次の2つの見解に分かれている．

第1は，構成要件を違法性の徴表とみて（煙と火の関係），構成要件に規範的要素も含まれていることを示唆する．これは，構成要件が違法性の認識根拠であるとした*マイヤー'の流れを汲むものであって，構成要件該当性と違法性を区別しつつも，両者を原則・例外の関係と捉えている．

第2は，マイヤーの見解をさらに進めて，*規範的構成要件要素'のほか主観的構成要件要素をも認め，また，構成要件を違法性の存在根拠と解する*メツガー'の流れを汲むものであって，構成要件該当性と違法性を一体のものとしてみる立場である．この立場を取ると，①構成要件該当性を違法性の中に埋没させ（新構成要件論），あるいは②構成要件該当性の中に違法性を取り込むことになる（*消極的構成要件要素'の理論）．

さらに，(3)違法有責類型論は，犯罪の本質を国家的道義違反とみる*道義的責任論'の立場から，構成要件は違法類型であると同時に責任類型でもあるとして独得の構成要件論を展開した*小野清一郎'の流れを汲むものである．この立場は，構成要件を違法行為の類型であるにとどまらず，有責行為の類型でもあると解しており，この意味での構成要件は，犯罪類型とも呼ばれる．

3 犯罪成立要件における機能 構成要件の果たすべき機能の第1は，*罪刑法定主義'的機能であって，構成要件は刑法の人権保障機能と結び付いて，処罰される行為と処罰されない行為を明確に限界づける機能を有している．

第2は犯罪個別化機能であって，構成要件は個々の犯罪を他の犯罪から区別して示す機能を果たしている．

第3は，違法性推定機能であって，構成要件に該当する行為が違法であることを推定させる機能である．通説は，構成要件は*可罰的違法類型'であるから，構成要件に該当した行為について違法であることが論理的に推定され，例外的に*違法阻却事由'があれば推定された違法性が阻却されると解するが，構成要件に該当する行為は違法評価の対象にすぎないと解する立場からは，論理的意味での違法性推定機能は認められないことになる．

第4は，故意規制機能であって，構成要件は，故意があるというために認識の対象として必要とする客観的事実を示す機能を果たしているが，故意の構成要件関連性を認めない見解も有力である．

4 構成要件要素の種類 構成要件要素は，第1に，主観的構成要件の存在を認める多数説の立場では，客観的要素と主観的要素とに分けられる．まず，客観的構成要件要素としては，*実行行為'，(構成要件的)*結果'，*因果関係'，*行為'の主体，行為の客体，行為の状況が含まれる．なお*客観的処罰条件'を犯罪概念に還元しようとする立場からは，これも行為の条件として構成要件に含まれることになる．

次に，主観的構成要件要素には，すべての犯罪に予定されている一般的要素と，特定の犯罪にのみ必要とされる特殊的要素とがある．一般

的主観的要素が，構成要件的*故意'および構成要件的*過失'であり，特殊的主観的要素としては，通常，*目的犯'における主観的目的，*傾向犯'における内心の傾向，*表現犯'における心理的過程が挙げられている．

第2に，構成要件要素には，単なる事実認識に基づいて確定しうる記述的要素と，その確定のために文化的価値判断を必要とする規範的要素とがある．価値的評価を必要とする*規範的構成要件要素'は，構成要件の明確性の観点からみて望ましくないものであり，その採用は必要最小限度にとどめられなければならない．→定型説
[曽根威彦]

構成要件該当性 （独）Tatbestandsmäßigkeit 具体的行為が，犯罪構成要件に当てはまること．*構成要件'は形式的，客観的で没価値的行為類型と解すれば，構成要件該当性があっても，行為の違法性は認められないし，違法性の存在が推定されることもない．しかし，構成要件が違法行為の類型だと考えると，構成要件該当性のある行為は違法だということになる．*社会的相当性'はもともと，ドイツにおいて医療行為やスポーツ行為，戦場での兵士の敵殺害行為等歴史的に形成された倫理秩序の枠内の行為が構成要件に該当しないことを説明するために主張された．しかし第2次大戦後の一時期，社会的相当性は構成要件とは無関係の正当化事由であるとされ，さらにその後再び構成要件の問題とされるにいたる．この複雑な議論を背景に，日本でも構成要件該当性と違法性の関係が華々しく議論された．
[前田雅英]

構成要件的錯誤 （独）Tatbestandsirrtum 構成要件的錯誤とは，構成要件該当事情の認識に関する錯誤をいう．この錯誤は，構成要件該当性の段階において問題とされ，構成要件的故意を阻却するかどうかが問題となる．構成要件的錯誤の概念は，当初，目的的行為論の立場から用いられたが，今日では広く認められるようになってきている．構成要件的錯誤は，従来の*事実の錯誤'と実体的には重なるが，その理論的前提である故意の犯罪論体系上の地位の捉え方が従来とは異なる．

従来，故意は責任の問題であり，その裏返しである事実の錯誤の問題は有責性の段階で処理されてきた．これに対して，目的的行為論を主張した*ヴェルツェル'は，人的不法論を基礎として，故意の犯罪論体系上の地位に変動をもたらした．従来，故意の内容をなすものとして，犯罪事実の認識・認容ならびに違法性の意識が考えられてきたが，ヴェルツェルは，前者を事実的故意として違法性の意識と分離し，違法性の段階（不法故意）さらには構成要件該当性の段階（構成要件的故意）で機能するものとし，違法性の意識は故意とは独立した責任要素であるとした．このような故意概念の純化は，錯誤論の位置づけにも変動をもたらした．すなわち，従来の事実の錯誤は，構成要件該当事情の誤認の問題（構成要件的錯誤）として構成要件該当性の段階で処理し，一方，違法性の錯誤は，これを禁止の錯誤と呼んで，責任を阻却するかどうかの問題（責任説）として有責性の段階で処理するという主張がなされたのである．このように，構成要件的故意ならびに構成要件的錯誤の概念は，目的的行為論の展開と深い関係を有しているが，目的的行為論と必然的関係があるわけではない．故意の犯罪論体系上の地位の変動は，他の立場にあっても是認されうるものであり，これらの概念自体は共有財となってきている．
[日髙義博]

構成要件的符合説 *法定的符合説'では，予見事実と実現事実とが構成要件の範囲内で符合している場合に限り故意を認めるが，*抽象的事実の錯誤'の場合には，予見事実と実現事実との間に構成要件的な重なりがあるかどうかが問題となる．通説である法定的符合説にあっても，何を基準にして判断するのかについては，見解が分かれる．構成要件的符合説は，法定の構成要件を基準にして構成要件的な重なり合いを判断し，その重なり合う限度において故意犯の成立を肯定しようとする．この説は，予見事実と実現事実との構成要件的な重なり合いを重視するが，その理由は，行為者が実際に認識した構成要件該当事実を超えて構成要件的故意を認めることは故意概念を放棄することになる，との考えによるものである．

構成要件的符合説に依拠して構成要件的な重なり合いを判断する場合，基本的構成要件と派生的構成要件とにまたがる錯誤の場合（たとえ

ば，嘱託殺人罪と普通殺人罪との場合)には，その構成要件的な重なり合いを判断するのは容易である．しかしながら，たとえば占有離脱物横領罪と窃盗罪，死体遺棄罪と保護責任者遺棄罪などの場合には，構成要件的な重なり合いを形式的に判断する限り(形式説)，その重なり合いを認めることは困難である．抽象的事実の錯誤については，予見事実について未遂の処罰規定がなく，さらに実現事実について過失の処罰規定もない場合には，無罪という結論になる．これに対しては，構成要件的符合説に依拠しながら，構成要件の実質的な重なり合いを問題にして処理すべきであるとする見解(実質説)も有力である(なお，覚せい剤を麻薬であるコカインと誤認して所持していた事案について，最決昭61・6・9刑集40・4・269は，この立場を採って麻薬所持罪の成立を認めた)．この実質説は，結論的には，罪質の符合を問題にする罪質符合説に接近したものとなろう．　　　　　[日髙義博]

構成要件の修正形式　刑罰法規に示された犯罪類型から直接導かれる構成要件を基本的構成要件と呼び，その基本的構成要件を総則の未遂，*共犯*規定によって修正することによって得られる構成要件のことを修正された構成要件と呼ぶ．殺人未遂の場合，人を殺してはいない以上199条の「人を殺した者」という構成要件には該当し得ない．殺人罪につき*未遂*を処罰する旨定めた203条が存在するので，未遂処罰の内容を定めた43条により199条が修正されて生ずる構成要件(修正された構成要件)を想定し，それに該当すると説明する．殺人教唆の場合も，殺人教唆行為は，殺人罪の基本的構成要件には該当しないが，教唆犯を処罰することを規定した61条によって199条が修正されて生ずる構成要件に該当するとする．
[前田雅英]

公設弁護人　(英) public defender
1 意義　アメリカ合衆国に特有の公的弁護制度のひとつで，連邦や郡，市などに公務員として雇用された弁護士が，貧困な被告人の刑事弁護を行う制度．合衆国には日本の国選弁護人と同様，民間弁護士が裁判所から個々の事件ごとに選任されて刑事弁護にあたる官選弁護人(assigned counsel)の制度もあるが，連邦では両者が併用されており，州レベルにおいては地域によってまちまちである．

公設弁護人制度では，裁判所によって選任されまたは選挙で選ばれた公設弁護人(public defender)が，与えられた予算の範囲内で公設弁護人事務所を設けて給与制の弁護士(公設弁護人補)や補助スタッフを雇い，貧困な被告人の弁護にあたる．具体的事件につき公設弁護人を付す必要があるか否かは担当裁判官の判断によるとされているが，実際には希望する被告人のほとんどに認められている．公設弁護人事務所は貧困者の刑事弁護のみならず，保護観察の取消申立，人身保護手続，少年事件，親権監護，メンタルヘルス等も取り扱う．公設弁護人および公設弁護人補は専業であり，他の私的な法律業務に就くことはできない．

2 制度の運用　個々の事件における弁護活動自体は，通常の刑事弁護人の場合と異なるところはない．死刑事件は2名，その他の事件は1人の弁護人が選任されるのが通例であるが，公設弁護人事務所の内部的取扱いとして，数人の弁護士や調査員等にチームを組ませて1つの事件を担当させることもある．このように，事務所内において補助サポート態勢を整えることができ，また個別事件につき経験の浅い弁護士が直面する困難な問題に対して集団的・集中的に援助，対処できることは，公設弁護人事務所の大きな利点である．もっとも，有罪答弁の是非等弁護方針の最終決定は担当の弁護士本人の判断による．

公設弁護人事務所の取扱い件数は，管轄人口，刑事事件数等によって大きく異なるが，大半の事務所が重罪しか取り扱っていない連邦レベルに比べ，州の公設弁護人事務所においては対処すべき事件が軽罪をも含むためにその数は桁違いに多い．その結果，弁護士1人あたりの事件負担量もかなり多くなり，ところによっては，事件負担増による弁護の質の低下を憂慮して，一定数以上の受任を拒否するといった事態も発生している．

3 日本の場合　日本においては，日本弁護士連合会が刑事事件につき，被疑者国選弁護制度とともに，公設弁護人制度の創設を検討したことがあるが，実現に至っていない．それとは別に，

同連合会は、1997年に、弁護士空白ないし過疎地域の克服の方策として「日本型公設弁護人事務所構想」を発表し、2000年には、日弁連公設事務所・法律相談センターが弁護士常駐の公設事務所の開設および資金援助等の支援活動を担当することとして、公設事務所の第1号として島根県浜田市に石見ひまわり基金法律事務所を開設した。ただ、将来的には公費によって運営されることが目指されているものの、現状においては日弁連・単位弁護士会等の責任で設置・運営されている点、その活動が一般の弁護士活動全般に及んでいる点等で合衆国の公設弁護人制度とは異なっている。　　　　　　［深尾正樹］

公然わいせつ罪　(英) public indecency (独) öffentliche Unzucht (仏) outrage public à pudeur　公然と*わいせつ'な行為をすることによって成立する犯罪であり、刑は6ヵ月以下の懲役もしくは30万円以下の罰金または拘留もしくは科料である(刑174)。本罪の保護法益は、現実に社会生活において形成されている公衆の性風俗である。「公然」とは、不特定または多数の人が認識しうる状態をいい、現実に認識したことは必要ではない。また、特定少数の者にみせる場合でも、それを反復すれば公然性の要件を満たす。「わいせつな行為」とは、行為者・その他の者の性欲を刺激・興奮または満足させる動作であって、普通人の正常な性的羞恥心を害し、または嫌悪感を抱かせ、公衆の健全な性的感情を害するものをいう(東京高判昭27・12・18高刑5・12・2314)。このような性質・程度の行為であれば足り、現実に性的羞恥心・嫌悪感を抱いたことは必要ではない。具体的には、性器の露出行為や性交行為が典型例である。いわゆるストリップショーの演者については、*わいせつ物陳列罪'(175)に当たるとする見解もあるが、本罪が成立するとするのが通説・判例である(最決昭32・5・22刑集11・5・1526)。人と物とを同視することは、類推解釈として許されないという理由からである。なお、わいせつな言語を用いる場合が「わいせつな行為」に含まれるかについては、これを否定する見解も有力であるが、公然性とわいせつ性を充足する限り、これを肯定すべきである。→風俗犯、わいせつの罪　　　　　　　　［松原久利］

公訴　(独) öffentliche Klage　特定の刑事事件につき、裁判所に対して実体裁判を請求する訴え。私人が行う私訴に対し、国家機関(検察官)が行うものを公訴という。現行法では、私訴は認められず、検察官だけが公訴をすることができる(刑訴247)。

検察官が*訴訟行為'として公訴をすることを、*公訴の提起'または起訴と呼ぶ。公訴の提起は、裁判所に*起訴状'を提出して行われる(256)。→公訴権、公訴不可分の原則

［寺崎嘉博］

控訴　(英) appeal (独) Berufung (仏) appel

1 控訴の意味　第1審の*判決'に対する*事実審'への*上訴'を控訴という。判決に対する上訴である点で、決定を対象とする抗告と異なる。また、事実認定や量刑の是正を求める目的で申し立てることが権利として認められる点で、*法律審'への上訴である上告と異なる。

現行刑訴法は、簡易裁判所、地方裁判所および家庭裁判所の第1審判決に対して、被告人側にも検察官側にも、控訴の申立権を認めている(刑訴351・372)。控訴裁判所となるのは、いずれの場合も高等裁判所である(裁16①)。高等裁判所が第1審裁判所となる特殊な事件では、控訴は認められず、上告しかできない(刑訴405)。

*直接主義'と*自由心証主義'に基づく刑事手続において、控訴すなわち事実問題を争うための上訴を設けるべきかどうかは、古くから争われてきた。控訴反対論は、控訴審で直接主義が貫かれないこと、事実認定をやり直してもより正しい結果が得られる保証がないことなどを根拠とする。それに対して控訴賛成論は、誤判の救済のために控訴は必要であり、1審判決を再度批判的に検討することによって、より良い結果が期待できるとする。

日本では、治罪法以来、広く控訴を認めてきた。現行刑事訴訟法の制定過程では、直接審理主義の強化に合わせて控訴審を旧刑訴法の上告審に近い*法律審'とする案も検討された。しかし最終的な立法では、事実問題をも広く控訴理由として認める事実審としての控訴が残された。このような制定過程の曲折は、現行法の規定に影響を残している。それが、いわゆる控訴審の

構造が盛んに論じられる一因となっている．

2 控訴の申立手続 控訴期間すなわち控訴の申立てが可能な期間は，判決の宣告から14日間である(刑訴358・373)．控訴の申立てをするには，この期間内に，高等裁判所宛ての控訴申立書を第1審の判決をした裁判所に提出しなければならない(374)．監獄にいる被告人は，控訴申立書を監獄の長に差し出せば足りる(刑訴規228)．被告人または検察官は，原判決後に，控訴権を放棄することができる(刑訴359)．ただし，死刑または無期の懲役もしくは禁錮に処する判決については，控訴の放棄はできない(360の2)．

控訴の申立てをした者は，控訴の理由を主張するために*控訴趣意書'を提出しなければならない(376)．主張できる*控訴理由'の種類は，法律に列挙されている(377~384)．それらの中で，量刑不当または事実誤認が主張される例が，実際には多い．これは，現在の控訴審に期待される役割が，法令解釈の統一よりも，具体的な救済にあることを示している．

3 審理手続 *控訴審'の審理手続は，第1審と同様のものを繰り返す覆審ではない．*起訴状一本主義'は適用されず，第1審の記録と証拠物は当然に控訴裁判所へ送られる(刑訴規235)．控訴審公判での弁論は，控訴趣意書に基づいて行われる(刑訴389)．被告人本人は，自ら弁論する資格を認められない(388)．裁判所は，控訴趣意書に書かれた控訴理由を中心に，原判決を破棄すべき理由があるかどうかを判断する(392)．このため，控訴審は*事後審'であるといわれる．証拠調べを含む事実の取調べも，破棄理由の有無の判断に必要な限りで行われる(393)．控訴の申立てが不適法または理由がないと判断されれば，*控訴棄却'の判決が下される(395・396)．控訴に理由があれば，原判決を*破棄'した上で，原裁判所に事件を差し戻す(あるいは管轄裁判所に移送する)か，被告事件について*自判'をする(397~400)． ［後藤 昭］

公 訴 棄 却 *公訴'を維持・追行するための有効要件(訴訟条件)を欠き公訴が無効となるため，手続を打ち切る必要があるときになされる*形式裁判'を公訴棄却という．公訴棄却は，管轄違い，免訴と並ぶ形式裁判の一種であり，公訴棄却される事由は，刑事訴訟法338条・339条に列挙されている．公訴棄却事由には，他の形式裁判の事由と比べ，公訴権そのものに由来する瑕疵に関するものが多いが，その差異は相対的である．また，公訴棄却の裁判には，判決による場合(刑訴338)と，決定による場合(339)があるが，これも，両者の事由に理論的に明確な違いがあるとは言い難い．あえていえば，後者の決定による公訴棄却の事由は，起訴状記載の事実が真実であっても何ら犯罪を構成しないとき(339 I ②)，被告人の死亡(339 I ④)など，形式的審査で訴訟条件のないことが明らかな場合が多いといえよう．これに対して，前者の判決による公訴棄却の事由は，公訴取消後，再起訴が許される場合でないのに(340 参照)公訴が提起された場合(338 ②)，公訴提起のあった事件に対して*二重起訴'がなされた場合(338 ③)などのように，公訴権行使に由来する瑕疵が多い．

法定の9個の公訴棄却事由のうち，刑事訴訟法338条4号の「公訴提起の手続がその規定に違反したため無効であるとき」は，直接的には，訴因が不特定である場合，親告罪に関する公訴提起の際に告訴を得ていなかった場合のように，公訴提起手続に瑕疵のある場合を念頭においている．しかし，他の公訴棄却事由と異なり，一般的かつ包括的な規定の仕方をしている．そこで，同条4号は，他の具体的訴訟障害事由にはあたらないが，公訴の提起ないし維持・追行に瑕疵があって手続を無効にすべき場合一般についての総括的規定として活用されるべき規定と解されている．たとえば，回復の見込みのない訴訟能力の欠如の場合(刑訴314参照)，法の直接の明文はないが，訴訟関係成立の基礎を欠くものとして，338条4号で手続を打ち切るべきであると解されている(通説)． ［白取祐司］

控 訴 棄 却 (英) dismissal 裁判所が裁判によって*控訴申立てを退けること．その結果，第1審判決は破棄されず維持されることになる．控訴棄却の裁判には，控訴の不適法を理由とするものと，控訴を理由なしとするものとがある．前者は，さらに決定による場合と判決による場合とに分けられる．

まず，控訴の申立てが明らかに控訴権の消滅

後にされたものであるときは、原裁判所が決定で控訴を棄却しなければならない（刑訴375）．原裁判所によって控訴棄却されなかった場合で、控訴の申立てが法令上の方式に違反していることまたは控訴権消滅後の申立てであることが明らかなときは、控訴裁判所が決定で控訴を棄却する（385Ⅰ）．さらに、適法な控訴趣意書の提出がない場合にも、控訴裁判所は決定で控訴を棄却する（386Ⅰ）．ただし、実務では、控訴趣意書の記載内容や添付書類に関する方式の要件は、必ずしも厳格に適用されない場合もある．控訴申立てが法令上の方式に違反していることまたは控訴権消滅後の申立てであることが、口頭弁論を経て初めて明らかになった場合には、控訴裁判所は判決で控訴を棄却する（395）．

控訴の申立てが適法である場合は、控訴に理由があるかどうかが審査される．そして控訴理由の存在が発見されない場合は、判決で控訴を棄却する（396）．ただし、法定の控訴申立理由の存在が認められないときでも、裁判所が職権で取り調べた原裁判後の情状を理由として、控訴を棄却せず原判決を破棄することが認められている（393Ⅱ・397Ⅱ）．判例は、被告人と検察官の双方から控訴の申立てがあり、一方の主張する控訴理由を認めて原判決を破棄するときにも、他方の控訴を棄却するべきではないとする（最決昭42・11・28刑集21・9・1299）．

控訴棄却は終局裁判の一種であり、控訴審を終了させる効果を持つ．そのため控訴棄却の決定に対して不服のある当事者は、*即時抗告*（375）または即時抗告に代わる異議の申立てができる（385Ⅱ・386Ⅱ）．控訴棄却の判決に対しては、上告の申立てができる（405）．

［後藤 昭］

拘 束 力 裁判内容が、裁判所を拘束する効力を、広義で拘束力という．当該裁判を言い渡した裁判所自ら、その裁判によって拘束される場合を、拘束力または*羈束力*という．この意味の拘束力が生じるには、とくに形式的確定力が発生していることは必要ではなく、裁判が成立すればよい．

次に、当該裁判が、他の裁判所を拘束する場合が問題になる．他の裁判所を拘束する効力が生じるためには、その裁判が通常の不服申立方法によって争えない状態になること、すなわち形式的確定力の生じることが必要になる．この場合の拘束力を、内容的拘束力といい、実体判決の内容的拘束力を、実体的拘束力ないし実質的拘束力という．既判力という言葉は、判断内容の効力という意味のフランス語（l'autorité de la chose jugée）に由来するものであり、ここでいう拘束力と同じ意味である．実体判決に関しては、拘束力とは別に一事不再理の効力（二重の危険）が生じるため（憲39，刑訴337①）、判決確定後に公訴提起しても二重の危険により再訴が遮断される．したがって、実体裁判で拘束力が問題になることは少なく、拘束力は、もっぱら形式裁判について論じられる．なお、歴史的には、一事不再理と拘束力（既判力）とは同じものと考えられてきたが、今日では後者がなお純粋に裁判内容の効力であるのに対して、前者は、むしろ再訴の負担を受けない被告人の人権であることが自覚され、本質が異なると解するのが通説である．

上訴との関係で拘束力が問題になることがある．すなわち、上級審が原判決を破棄して、事件を下級審に差し戻し、移送した場合（刑訴398～400・412・413）、上級審の判断はその事件について下級審を拘束する（裁4）．これを、破棄判決の拘束力という．このような拘束力が認められるのは、事件が上級審と下級審を往復し、決着がつかなくなる事態を避けるためである．

［白取祐司］

公 訴 権 （仏）action publique 検察官が公訴を提起し追行する権利．*治罪法*9条や*旧旧刑事訴訟法*6条で「公訴ヲ為ス〔ノ〕権」と規定されていた．旧刑事訴訟法にも現行刑事訴訟法にも「公訴権」の語はなく、わずかに遺失物法など（遺失11Ⅱ・Ⅲ，恩赦3②，検審1Ⅰ）で用いられている．

「公訴権」とは何か．まず刑罰請求権説（犯罪が犯されると国家に刑罰権が発生する．この刑罰権の存否を確認するため審判を請求できる権利だと解する説）が主張された．だが実体法の概念である刑罰権と、訴訟法の概念である公訴権とを混同していると批判される．

そこで、訴訟法的な観点から、いくつかの理解が出てくる．①抽象的公訴権説（公訴提起に

よって訴訟関係を成立させ，何らかの裁判を受ける権利だという説）は，検察官の一般的な権能を説明しているにすぎない．さらに，②具体的公訴権説（具体的な事件について有罪判決を求める権利だと解する説＝有罪判決請求権説）が主張される．だが，被告人に無罪が言い渡されたとき，②説では公訴権（＝有罪判決を求める権利）は初めから存在しなかったことになって，不都合である．有罪かどうかは，あらかじめ検察官が予定できるものではなく，審理の結果である点を見過ごしているからである．今日では，③実体判決請求権説（有罪・無罪の実体判決を請求できる権利だという説）が通説である．

ところで通説によれば，訴訟条件とは実体審判条件である．だから，訴訟条件が備わっていれば，裁判所は実体審理をし実体判決を言い渡すことができる．他方，実体判決請求権説では，公訴権が存在するとき，検察官は裁判所に実体判決を請求できる．つまり，訴訟条件の具備と公訴権の存在とは，同じことを違った側面から見たものなのである．そして，この関係を検察官についてだけ見たのが，公訴権だといえる．

考えてみると，公訴権は発展的要素に乏しいから，発展的要素に富む訴訟条件の方がよい．また公訴権は検察官についてだけの概念であって，裁判所と両当事者に共通の意味をもつ訴訟条件を論じるのが妥当である．そこで，公訴権論は*訴訟条件'論の一場面にほかならず，公訴権を独立して論じるのは無用だとする，公訴権論否認説が提唱された．その後，議論の焦点は公訴権論を離れ，訴訟条件論に移った．

もっとも昨今では，*公訴権濫用'論とのかねあいもあって，むしろ検察官の公訴権と被告人の妨訴抗弁権（不当な起訴に応じない権利）という対比で考える方がよいとする説もある．

〔寺崎嘉博〕

公訴権濫用　検察官の違法・不当な起訴に対し，これを無効として手続を打ち切ることをいう．

1 意義　*刑事訴訟法'は，不当な不起訴については*検察審査会'・*付審判制度'といった救済策を設けたが，*予審'を廃止したため不当な起訴の救済については*旧刑事訴訟法'よりかえって後退した．そこで，*公訴棄却'判決（刑訴338④．*免訴'説も一部にある）により不当な起訴を無効とし，*被告人'を救済しようとして考えられたものである．

2 公訴権濫用の類型　従来から，公訴権濫用として次の3つの類型が論じられてきた．

(1) 嫌疑なき起訴　有罪判決の得られる見込みを*公訴権'に盛り込んだり，起訴を許容するに足りる客観的嫌疑の存在を*訴訟条件'とみて，嫌疑のない起訴は無効だとする考えである．しかし，嫌疑の有無を実体判断に先立って審査することは*予断防止の原則'に触れる，糾問的捜査に連なる，*無罪'判決の方が利益である，*再起訴'を遮断できないなどの批判が強い．起訴無効よりも無罪判決で救済すべきだとの見解が，多数説である．

(2) 訴追裁量を逸脱・濫用した起訴，不平等起訴　*訴追裁量'を踰越・濫用した起訴，あるいは裁量基準自体に問題がある場合，起訴を無効として被告人の救済を図るものである．その根拠として，①*起訴猶予'すべき事実の不存在が訴訟条件であるとする説，②検察官の客観義務違反を根拠とする説もあるが，③検察官の訴追裁量は覊束裁量なので司法審査が及ぶとみるのが多数説であろう．④平等権（憲14）違反の訴追に対する妨訴だとする説もある．

東京高判昭52・6・14高刑30・3・341は，この法理により公訴棄却の判決を言い渡したが，上告審の最決昭55・12・17刑集34・7・672は，公訴棄却の結論は維持しつつ，訴追裁量の逸脱が公訴を無効とするのは「公訴の提起自体が職務犯罪を構成するような極限的な場合に限られる」とした．本決定が公訴権濫用を極限的な場合に限定した理論的・政策的根拠は定かでなく，批判が強い．

(3) 違法捜査に基づく起訴　捜査の違法が公訴に継承される場合，その公訴を無効として救済を図ろうとするものである．無効説の論拠としては，①検察官の客観義務ないしデュー・プロセス（*適正手続'）擁護義務違反，あるいは捜査の違法も起訴猶予すべき事情のひとつであるとする間接構成説，②捜査の重大な違法が直ちに訴訟障害事由となるとする直接構成説がある．後者は，違法捜査に基づく応訴強制に対し，被告人の妨訴権が自動的に機能して訴訟障害を構

成するというもので，権利論的に起訴無効を構成する見解である．

捜査の違法を理由に公訴を棄却した下級審判例もある(大森簡判昭40・4・5下刑7・4・596，久慈簡判昭48・5・23刑月23・12・1606など)が，最高裁は，捜査の違法は公訴提起の効力に影響しないとする(最決昭28・3・5刑集7・3・482，最判昭41・7・21刑集20・6・696，最判昭44・12・5刑集23・12・1583など)．捜査時の差別的扱いを理由とする公訴棄却判決(広島高裁松江支判昭55・2・4判時963・3)を破棄した最高裁判決(最判昭56・6・26刑集35・4・426)もある．

3 手続打切り論　公訴権濫用論は，次第に訴訟条件論と結びつき，違法・不当な訴追活動から被告人を解放する機能をもつ訴訟条件は，法定された類型的訴訟条件(刑訴329・337-339参照)に限られる必然性はなく，被告人の権利保障のため不可欠であるなら非類型的訴訟条件もありうるはずだ，という議論をうみだす契機となった．公訴権濫用論はこのような非類型的訴訟条件の妥当領域とされ，単なる権利濫用にとどまらず，不当な訴追一般に対する訴訟法的救済としての手続打切り論へと広がりつつあるのが現在の理論状況といえよう． 〔新屋達之〕

公訴時効　(独)Strafverfolgungsverjährung　**1 公訴時効の意味と本質**　刑事法における時効には，*刑の時効'と公訴時効とがある．公訴時効とは，一定の*期間'内に公訴を提起することが*訴訟条件'とされる制度である．現行法は，公訴時効の期間を罪の軽重に応じて定め，時効が完成した場合は免訴を言い渡すと規定する(刑訴250・337④)．

公訴時効の本質を，その現象面から説明する立場がある．これらは，①実体法説(時の経過により，犯罪に対する社会の応報・必罰感情が鎮静し，刑の威嚇力や*特別予防'力が微弱になるため，刑罰権が消滅する)，②訴訟法説(証人の記憶が曖昧になり，証拠も散逸するので，刑事訴追が困難になる)，③競合説(①説，②説のあげる根拠のどちらも併存する)，の3説に分かれる．しかし，①説は，刑罰権が消滅するのなら無罪を言い渡すべきだし，そもそも時の経過によって，社会の応報感情などが常に微弱化するわけではない，と批判される．また，②説では，法が罪の軽重に応じて時効期間を定めている点を説明できない．③説は①・②両説を論拠にするから，①・②説への批判がどちらも妥当する．

そこで，公訴時効制度の機能に着目した説があらわれる．ひとつは，犯人が一定期間訴追されていない状態が訴追の利益に優越すると考える説(新訴訟法説)である．犯人の社会的安定と捜査・裁判の負担軽減とが，犯人必罰の要請に優越するから，国家が訴追権を発動しないのだ，などと説明される．

これに対して，長期間訴追されない事実が処罰制限の根拠になるという説(新実体法説)がある．時の経過は*量刑'の一要素である，または期間経過後は処罰の相当性が漸減するので，訴追・処罰が禁止される，と説く．

2 公訴時効の起算点　時効の期間は，犯罪行為が終わったときから進行する(刑訴253Ⅰ)．挙動犯の場合は，実行行為の終了が「犯罪行為が終わったとき」である．しかし，*結果犯'については争いがある．実行行為終了時(から起算する)説，結果発生時(から起算する)説などがあるが，通説・判例は「犯罪行為が終わったとき」とは結果発生をも含める趣旨だと解し，結果発生時説に立つ．さらにまた，*結果的加重犯'では，基本犯から加重結果(たとえば，傷害から傷害致死，業務上過失傷害から業務上過失致死など)が生じた場合に，基本的結果の発生から起算するか，加重結果の発生から起算するのか，説が分かれる．最高裁は，被害者が受傷し長期間を経て死亡した事案につき，業務上過失致死の公訴時効は死亡の時点から進行を開始すると判示した(最決昭63・2・29刑集42・2・314)．

3 公訴時効の停止　その事件について公訴が提起されると，公訴時効は停止する(刑訴254Ⅰ)．共犯者の1人に対して公訴が提起されると，公訴時効の停止の効力は他の共犯者にも及ぶ(*公訴不可分の原則')．停止した時効は，管轄違いまたは公訴棄却の裁判が確定したときから進行を始める(254Ⅰ)．公訴時効の停止では，停止の事由が消滅したときから，残りの時効期間が進行する．これに対して公訴時効の中断の場合は，中断事由が消滅すると，時効期間が新たに進行する．現行刑事訴訟法は，時効中断の制度

を定めていない．もっとも特別法のなかには，公訴時効の「中断」を明文で規定しているものもある(税犯15, 関税138 III). このような規定が有効かという問題について，最高裁は，時効停止の制度と時効中断の制度のいずれを採用するかは，立法政策の問題だから，現行刑事訴訟法が一般的には時効中断の制度をとっていないとしても，特別法の規定(税犯15)は有効だと判示した(最判大昭 39・11・25 刑集 18・9・669).

[寺崎嘉博]

公 訴 事 実 (英) charged offense

1 公訴事実の意義 公訴事実は，検察官が捜査の結論として主張・立証するために公訴した犯罪事実である．*訴因'という形式で，日時，場所，方法などで特定・明示して起訴状に記載される(刑訴 256 II・III). 旧刑事訴訟法下では公訴事実は審判の対象とされ，公訴事実の同一の範囲で訴訟係属が生じ，判決の既判力が及ぶと解されていた．現行法は当事者主義を基調とし，訴因制度を採用したため，訴因が審判の対象であることは一般に認められているが，公訴事実の語を残したのでなお解釈が分かれる部分がある．それは，訴因変更の限界を示す*公訴事実の同一性'についての解釈をめぐってである．

2 公訴事実の同一性 これを大別すると，実在する自然的，社会的事実あるいは自然的事実そのものではないが，公訴事実の同一性を判断するのに欠かせない実体物としての社会的事実と捉える見解と，訴因変更の限界を画する機能的概念にすぎないとする見解があり，後者が通説である．まず，公訴事実の概念は刑事訴訟法 256 条で明確にされており，訴因の形式で具体的に明示されない公訴事実は法律上の概念としては予定されていない．公訴されていない歴史的＝社会的事実は公訴事実ではないのである．次に，公訴事実の同一性の有無の判断に際しては，当初の訴因と変更すべき訴因との文面の比較のみでできるものではなく，その背後にある社会的事実関係に照らして初めてできるとの見解があるが，当初の訴因について関連ある証拠に基づく立証がなされて，当初訴因とは別の事実が立証された場合に，その別の事実が当初訴因と比較して，被害物件が同一とか，犯罪の日時，場所が近接しているとか，方法が類似しているとかが立証されて，当初訴因から新たな訴因へ変更してよいかの判断(公訴事実の同一性の有無)がなされるのであるから，証拠による立証結果(変更すべき訴因)と離れた社会的事実を観念する必要はない．

検察官は公訴事実を記載しなければならないが，起訴状に記載されたとき，それは訴因として表現されているのである．したがって，公訴事実と訴因の中身は同じものである．ただ，現実の訴訟においては表現形式である訴因の概念が前面に出てくるのである．→罪となるべき事実

[椎橋隆幸]

公訴事実の同一性 **1 公訴事実の同一性** 訴因の拘束力が及ばない範囲，つまり訴因と立証結果の不一致が被告人の防御に影響を与える場合には，当初*訴因'に示されていない事実を改めて被告人に告知して防御の機会を与えるために*訴因変更'をしなければならないが，いかなる事実の範囲にまでも訴因変更ができるとするのは妥当ではない．当初の訴因から予想もできないような訴因，当初の訴因についての審理の経過と無関係な訴因へ変更を許した場合，新たな訴因を明示しても被告人が十分に防御できるとは考えられない．そこで法は*公訴事実'の同一性を害しない範囲で訴因変更が許されるとした(刑訴 312 I). 公訴事実の同一性につき，実在する自然的社会的事実とする見解と訴因変更の限界を画する機能的概念にすぎない(単なる観念形象)とする見解があり，後者が通説である．

2 単一性と同一性 かつて，公訴事実の同一性には単一性(手続上不可分なる一個の事件として取り扱われること)と狭義の同一性が含まれ，単一性または狭義の同一性が肯定されれば，公訴事実の同一性が認められるとされた．しかし，公訴事実の単一性の問題は結局は実体法上の罪数論によって解決されるので，現在は単一性の概念を用いる必要も実益もないといわれる．単純一罪，科刑上一罪など実体法上一罪と評価される場合には単一性が肯定され，併合罪の場合には単一性が否定される．

3 学説と判例 公訴事実の同一性の意義につき，学説は区々に分かれているが，通説的見解は当初訴因と変更すべき訴因とを比較し，重要

な部分が重複, 共通するかを考慮し, また, 両訴因の事実上の共通性を基礎に, 1回の訴訟で解決すべき範囲か否かを, 被告人の防御の可能性とその裏腹の関係にある*一事不再理'効の及ぶ範囲とを統一的に考慮しつつ, 公訴事実の同一性を決定する.

判例は当初訴因と変更すべき訴因との間に「基本的事実関係が同一である」場合に公訴事実の同一性を認めている(基本的事実同一説). 判例は両訴因の基本的事実関係が同一であるとだけいったり, さらに具体的な基準として, 基本的事実関係が同一でしかも両訴因が密接関係か択一関係にあるとき, と表現したりする. もっとも, 択一関係といっても, 論理的, 抽象的な非両立性ではなく, 事実上の非両立性, 別言すれば, 立証の結果から両訴因事実が両立しえない関係にある場合をいっている(たとえば, 1.8キロメートル離れた場所での1時間を隔てた覚せい剤の使用事案で, いずれかの場所での使用行為があったと判断し, 非両立の関係にあるので同一性を認めた. 最決昭63・10・25刑集42・8・1100). 判例・学説とも結論に差異はほとんどない. 　　　　　　　　　　　[椎橋隆幸]

控訴趣意書 *控訴'の申立てをした者が, 不服の理由を主張するために控訴裁判所へ提出する書面. 控訴申立人は, 控訴裁判所が指定する日までに, 控訴趣意書を提出しなければならない(刑訴376Ⅰ, 刑訴規236). ただし, 期間経過後に提出されたものでも, 許容される場合がある(刑訴規238). 被告人側の控訴であれば, 被告人本人はもちろん, *控訴'の弁護人も控訴趣意書を提出することができる. 判例は, 被告人のために控訴した原審弁護人にも, 控訴趣意書を提出する資格を認めている(最判昭29・12・24刑集8・13・2336). 控訴趣意書には, 法が定める控訴理由のいずれかが記載されなければならない(刑訴384・386Ⅰ③). 主張される*控訴理由'によっては, 一定の事実の援用, 疎明資料の添付などが必要とされる(376Ⅱ等). 適法な控訴趣意書が提出されない場合には, 控訴は決定で棄却される(386). 控訴公判での弁論は, 控訴趣意書に基づいて行われる(389). 控訴裁判所は, 原則として控訴趣意書に主張された控訴理由についてだけ, 判断する義務を負う. ただし, それ以外の控訴理由となりうる事項について, 職権で調査判断する権限も認められている(392). 　　　　　　　　　　　[後藤 昭]

控訴審 **1 始まりと終わり** 第1審判決に対する当事者の*控訴'の申立てによって始まる*審級'を控訴審と呼ぶ. 控訴審は, 終局裁判によって終わるのが原則である. その終局裁判の典型は, 原判決を維持する控訴棄却または原判決を否定する破棄判決である. ただし, 控訴の取下げ(刑訴359)によって, 自動的に控訴審が終了することもある.

2 控訴審の性質 通説は, 控訴審の理論上の形態として3つの型を想定し, これを控訴審の構造と呼ぶ. そのひとつは第1審と同様の審判手続を繰り返す, 覆審と呼ばれる形態であり, 旧刑訴法の控訴審は, これに当たると説明されている. 2つ目の形態は, 続審である. これは, 第1審の審理を引き継いで, さらに*証拠調べ'を追加した上で, 被告事件に対して判断する方式である. 民事訴訟法の控訴審は, この続審であるとされる. これに対して, 現行刑事訴訟法の控訴審は, 第1審判決に, 控訴申立人が主張するような破棄すべき理由があるかどうかを審査することを目的とする. したがって, 第1審のように, 検察官が主張する被告人の犯罪が証明されたか, また有罪ならどんな刑を科すべきかを当然に判断する審級ではない. 通説は, このような控訴審の形態を*事後審'と呼ぶ. 判例も, 控訴審は覆審ではなく(最判昭25・12・24刑集4・12・2621), 事後審であるとしている(最決昭34・7・3刑集13・7・1110, 最判昭42・5・25刑集21・4・705参照).

ただし, 事後審という性格付けをしても, それによって控訴審手続の構成がすべて判明するわけではない. たとえば, 事実誤認や量刑不当が主張された場合には, 審査とはいっても, その実質は判断のやり直しにほかならないとする少数説もある.

控訴理由として事実問題が主張された場合には, 控訴審は*事実審'となる. それに対して, 法令適用の誤りのような法律問題だけが主張された場合には, *法律審'の性質を持つ.

3 控訴審の手続 控訴審の公判審理は, 申立人の*控訴趣意書'に基づく弁論から始まる(刑訴

389).被告人自身は弁論する資格が認められず、弁護人が弁論する(388)。被告人は、出頭する権利はあるが(最決大昭44・10・1刑集23・10・1161)、裁判所から特に命じられない限りその義務はない(390)。裁判所は、控訴趣意書に主張された*控訴理由'の有無を義務的に調査するほか、現実に主張されなくても控訴理由となりうる事由については、*職権調査'を及ぼすことができる(392)。ただし、1罪として起訴された事実の一部について、理由中で無罪の判断を示した第1審判決に対して、被告人側だけが控訴をしたような場合に、原判決が無罪とした判断の当否を職権で判断することは、あまりに職権主義的である。そのため判例は、その部分は当事者間の攻防対象からはずれ、その無罪判断の誤りを職権調査によって原判決破棄の理由とすることはできないとした(最決大昭46・3・24刑集25・2・293)。

証拠調べまたは被告人質問のような法廷での事実調べは、*事実の取調べ'と呼ばれる。これは、すべての事件で当然に行われるのではなく、控訴理由の有無の調査に必要な限りで行われるのが原則である(393 I)。第1審判決後の情状は、控訴理由の根拠にはならないが、職権による取調べができる(393 II)。事実の取調べをした場合には、その結果について、当事者双方が弁論することができる(393 IV)。第1審で適法に調べられた証拠は、控訴審でも証拠能力を失わない(394)。

これらの特則のほかは、第1審についての規定が準用される(404)。たとえば判例では、被告人が心神喪失状態にある場合には公判手続の停止(314 I)が必要となる(最判昭53・2・28刑集32・1・83)。また、原判決を破棄して*自判'しても被告人の実質的利益を害しないときには、破棄後に備えて*訴因変更'(312 I)を許すことができるとされている(最判昭30・12・26刑集9・14・3011)。　　　　　　　　　　[後藤 昭]

公訴取消し　当初は起訴の必要性があったが、後に*起訴猶予'事由が発見されても訴訟が追行されるのでは*被告人'に酷である上、*起訴裁量主義'の具体的妥当性も活かせない。そこで、*検察官処分権主義'・起訴裁量主義の延長ないしコロラリーとして起訴変更主義を明らかにしたものが、公訴取消しである。一方、公訴取消しを認めない制度を起訴不変更主義と呼び、*起訴法定主義'に由来するとされている。日本では、起訴裁量主義を明文化した*旧刑事訴訟法'で初めて規定され(旧294)、現行法(刑訴257)に引き継がれている。

公訴取消しの理由は問わないとされるが、実務上はきわめて稀な上、大部分が被告人の所在不明によるもので、本来の趣旨が活かされているとはいえない。証拠の不十分ないし滅失を理由とする公訴取消しについては、新証拠を収集して*再起訴'するような場合(340)、被告人の地位を不安定にしたり無罪判決を得る利益を奪う点で、憲法39条違反の疑いが濃い。そこで、公訴取消しを原則として起訴後に新事実が発見されかつ不起訴を相当とする事情が明白な場合や、起訴猶予事由がある場合に限るべきだとの主張がある。

公訴取消しは、*検察官'の自由裁量と解されている。ただし最近は、*不起訴'相当事由が発見されたような場合に公訴取消しの義務が検察官に生じるとの見解、被告人にも公訴取消し請求権を与えるべきだとの主張、政策的非刑罰化・手続打切りの観点から公訴取消しを捉え直すべきだとの見解など、検察官の取消し裁量の抑制に向けた議論もある。

公訴取消しは、第1審判決までに限られる。*破棄'差戻し・*移送'後の第1審では、形成された*訴訟状態'を尊重する趣旨や、判決という司法的判断を行政官たる検察官が覆すことへの疑問から、許されない(多数説)。ただし、被告人の長期所在不明という特殊な事情がある場合に、差戻し・移送後の第1審で公訴取消しを認めた例がある(千葉地裁佐倉支決昭60・3・29判時1148・107など)。

公訴取消しは理由を付した書面を提出し(刑訴規168)、*公訴棄却'決定により手続が終了する(刑訴339 I ③)。*付審判決定(266)のあった事件では、検察官役弁護士は公訴取消しができないと解されている(268 I 参照)。[新屋達之]

公訴の提起　*公訴'という語は、本来は、刑事事件に関して、私人が行う私訴に対し、公訴官(または公的訴追機関)が行う訴追という意味であり、刑事訴追の下位概念であるが、わ

が国において，現在では，刑事訴追(起訴)の同義語として使用されている．

刑事訴追とは，特定の事件について，裁判所の審判を求める意思表示(*公判請求)を内容とする訴訟行為である．したがって，告訴・告発・請求や警察官の検察官送致も刑事訴追であると解することができるが，その行為によって直ちに訴訟係属が生じる訴訟行為と定義するならば，訴訟手続における最終的処分，たとえば，公訴官(検察官)による起訴や裁判所または大陪審の付審判決定が，刑事訴追にあたり，その中で，公訴官による刑事訴追を公訴と呼ぶ．ただし，イギリス法制史においては，私人による訴追を私訴(appeal)，大陪審による訴追を公訴(public prosecution)とする見解もある．

わが国の法制度においては，「公訴は，検察官がこれを行う」(刑訴247)と規定し，起訴権限を検察官に帰属させ，検察官による*起訴独占主義'を原則としている．また，現行法は，*起訴裁量主義'を採用し，起訴・不起訴の決定に際して，検察官は，犯人の性格，年齢，境遇，犯罪の軽重等を考慮して不起訴処分にすることができるものとしている．

公訴の提起は，公判請求の意思表示であるから，旧刑事訴訟法が規定していたように口頭や電報による起訴を認めることも考えられるが，手続の確実性を重視し，何よりも被告人の保護の必要性を理由として，現行刑事訴訟法においては，起訴状を提出することによって行わなければならない(256Ⅰ)こととしている．また，起訴状には，検察官の主張を「訴因」として明示することが求められており(256Ⅲ)，この訴因が審判の対象である．したがって，検察官は，犯罪の一部のみを訴因として起訴することもできる(*一部起訴)．逆に訴因のみが審判の対象となるのであり，訴因として掲げられていない事実について審理することは許されない(*不告不理の原則)．

糾問主義的刑事訴訟においては，公訴の提起は，訴追官が抱いた『嫌疑』を裁判官に引き継ぐ訴訟行為として理解されていたために，起訴に際して，起訴状とともに捜査段階で収集したすべての証拠を裁判所に提出していたが，弾劾主義的刑事訴訟においては，訴追官も訴訟当事者と解され，裁判官に公判開始前に予断を与えてはならないという理由で，起訴状のみを提出するものとされた(*起訴状一本主義)．

[鯰越溢弘]

公訴不可分の原則 (独) Prinzip der Unteilbarkeit des Prozeßgegenstandes

事件が単一であるかぎり，*公訴'提起の効力は事件の全部に及ぶ，という原則．かつては，事件を単一・同一にする限り公訴提起の効力が及ぶと説明され，①一個の事件の一部分のみを起訴できない，②事件の一部についてした判決は，事件の全体に及ぶ，と解された．だが，審判の対象は公訴事実でなく訴因だという理解を徹底すると，この原則の理解もニュアンスを異にすることになる．

たとえば公訴不可分の原則からすると，事件の一部だけを起訴できないはずである．だが実務上，検察官が事件の一部を「呑む」ことがある．たとえば，*牽連犯'である住居侵入・窃盗のうち，窃盗だけが起訴された(=検察官が住居侵入を「呑んだ」)とき，裁判所は住居侵入の事実について審判できない．このとき，住居侵入も観念的・潜在的には審判の対象だという説明もあるが，妥当でない．このような実務の取扱いは，公訴不可分の原則で説明するよりも，検察官が原則として審判対象の設定権をもつという当事者主義の原則と，訴因制度とで説明する方が適切だろう．

ところで公訴不可分の原則は，*一事不再理'の効力(=*既判力')が，訴因に掲げられていない事実にも及ぶことを説明するのに適しているといわれる．しかし最近では，*二重の危険'に由来する一事不再理の効力と既判力とを区別し，公訴事実を同一にする事実全体について再起訴が許されないのは，一事不再理の効力(=二重の危険)によるものだという説明が有力である．

また，一個の事件の一部について上訴しても，公訴不可分の原則によって，事件を単一にする事実について移審係属するというのが通説・判例である．もっとも判例は，包括一罪または観念的競合の関係にある事件の一部が無罪となり，有罪部分についてのみ上訴があったとき，移審係属の効果はすべての事実に及ぶが，上訴されていない部分は当事者の攻防対象からはずされ

たものだから，職権調査ができないという（最決大昭46・3・24刑集25・2・293）．

公訴不可分の原則は，訴因制度がなかった戦前の手続では，重要な原則だった．しかし，*当事者主義'を前提にし，*訴因'制度を採用する現行法では，その理解に大幅な修正が施され，さほど重要な原則とはいえなくなっている．
[寺崎嘉博]

控訴理由 **1 意義** 控訴申立人が，原判決を破棄すべき理由として主張することができる法定の事由．現行刑事訴訟法の控訴審は，原判決に重要な瑕疵があるかどうかを判断する*事後審'として構成されている．そのため，控訴申立人は，具体的な不服の理由を主張する*控訴趣意書'を提出しなければならない（刑訴376）．控訴理由は法律に列挙されていて，それ以外の事項を控訴の理由として主張することはできない（384）．とはいえ現行法は，事実問題についても広く控訴理由を認めており，あまり限定的ではない．

控訴理由は大きく分けると，手続法への違反を内容とするものと，判決の実質的内容の誤りを内容とするものとに分けられる．また，別の観点から，原審手続または原判決の*法令違反'を内容とするものと，事実問題についての判断の誤りを内容とするものがある．条文では，法律問題に関する控訴理由が先に，事実問題に関するものが後に挙げられている．これは，現行法の制定過程で，控訴審を旧刑事訴訟法の上告審に近い法律審として構成しようとした段階があったことの反映である．

控訴裁判所が原判決を破棄する理由とすることができる事項は，法が列挙する控訴理由とほぼ一致するが（397Ⅰ），例外もある．示談の成立のように，原判決後に生じた刑の量定に影響すべき情状は，申立人が控訴理由の根拠として援用することはできない（381・382の2Ⅱ参照）．しかし，これも控訴裁判所の職権による取調べの対象にはなり（393Ⅱ），原判決破棄の根拠ともなり得る（397Ⅱ）．

2 手続法に関する理由 訴訟手続の違反に関する控訴理由のなかで特に重大なものは，判決の結論への具体的な影響の有無を問わずに，その存在だけで原判決破棄の理由となる．これは，絶対的控訴理由と呼ばれる．裁判所の構成が法律に反したこと，除斥原因のある裁判官が判決に加わったこと，違法に審判を非公開としたこと，などがそれにあたる（刑訴377）．さらに，管轄に関する判断を誤ったこと，公訴棄却事由となる訴訟条件について判断を誤ったこと，審判の請求を受けない事件について判決をしたこと，審判の請求を受けた事件について判決をしなかったこと，および判決に必要な理由を付せず（すなわち*理由不備'）または理由にくいちがいがあることも，絶対的控訴理由である（378）．

これら以外の訴訟手続の法令違反は，それが判決に影響を及ぼすことが明らかな場合に限って，原判決破棄の理由となる（379）．これは相対的控訴理由と呼ばれる．

3 判決内容に関する理由 判決内容に関する控訴理由の主なものは，*事実誤認'（382），*法令適用'の誤り（380）および*量刑'不当（381）である．事実誤認とは，刑法適用の要件となる事実の存否について，判断を誤ることである．控訴理由となる事実誤認は，判決に実質的な影響を及ぼすことが明らかなものに限られる．犯罪事実の認定の誤りでも，些細なものはこれに当たらない．法令適用の誤りとは，原裁判所が認定した事実に，刑罰法令を正しく適用しないことである．これも，判決への影響が明らかなものだけが控訴理由となる．量刑不当とは，刑の量定が適切でないことをいう．すなわち原裁判所が言い渡した刑が，法律上可能な刑の範囲内ではあるが，具体的に重すぎるあるいは軽すぎる場合である．執行猶予の有無や，未決勾留日数の算入も，刑の量定の一部である．実際には，量刑不当または事実誤認が，主張される控訴理由の多くを占めている．

以上のほか，再審理由に当たる事由があること，あるいは原判決後に，刑の廃止もしくは変更または大赦があったことも，控訴理由となる（383）．
[後藤 昭]

強談威迫 刑法105条の2 *証人等威迫罪'や*暴力行為等処罰ニ関スル法律'2条（財産的利得目的での集団的・常習的強談威迫等）の実行行為のひとつ．「強談威迫の行為」とひとまとまりの言葉になっているが，強談行為もしくは威迫行為の意味であり（議院証人等に対す

る同種行為を禁ずる議院証言9では「面会を強要し，又は威迫する言動をした」という文言になっている），いわゆるお礼参り行為に当たる．「強談」とは，相手方に対して言語を用いて強いて自己の要求に応ずるように迫ること，「威迫」とは，他人に対して言語・動作で気勢を示し，不安・困惑の念を生じさせることである．*脅迫罪'にまでは至らないような手段でよい（脅迫・強要等の他罪にも該当する場合には，本罪との観念的競合）．ただし，直接相手方の面前で行わねばならないのか否か（書面，電話等によるものでもかまわないか）については，見解の対立がある．証人等威迫罪の場合，強談・威迫は，共に「自己若しくは他人の刑事事件の捜査若しくは審判に必要な知識を有すると認められる者又はその親族に対し，当該事件に関して，正当な理由がないのに」行われなければならない（刑105の2）．行われる時期は当該刑事事件の*裁判'が確定するまでに限られる． 　　[岩間康夫]

拘　置　刑事施設に身柄を拘束し置くこと．監獄拘置は懲役，禁錮の刑罰内容とされており（刑12・13），施設に入れて行動の自由を拘束し禁じることから拘禁ともいう．

近代的自由刑が，追放刑や流刑等を克服した，施設拘禁刑としてとらえられることから，*拘禁'が刑罰としての施設収容を意味する場合には，未決段階での，捜査中や裁判中の施設収容による身柄拘束を，拘禁と特に区別して拘置と呼ぶこともある．*監獄'の一種としての拘置監（監1Ⅰ④）ないし拘置場，あるいは刑務所と区別して拘置所という場合の拘置がこれにあたる．関連して，刑事訴訟法の規定する未決拘禁である被疑者・被告人の*勾留'を，漢字表記の制限から「拘置」と表現することも新聞用語などでは見られる． 　　[吉岡一男]

公知の事実　(独) offenkundige Tatsache　証明の対象である事実は原則として証拠が必要であるが（刑訴317，*証拠裁判主義'），例外的に*証明の必要'がない事実が認められてきた．公知の事実もそのひとつである．公知の事実は，本来「一般人に顕著な事実」を意味する．すなわち，常識と生活経験のある一般人が真実と確信している事実は当然の理として証拠により認定する必要はないとされる．この定義に従えば公知の事実は自ずと一般的抽象的な事実に限られる．

これに対し，アメリカの裁判所による認知（judicial notice）の手続にならい，公知の事実の第2類型として確実な*証拠'が容易に利用できる場合（確認容易な事実）を加え，これは*自由な証明'で足りるとする見解がある．もっとも，一般人に顕著な事実という場合も，現に一般の人々の記憶に残っている必要はなく，一般人が入手しうる信頼のおける資料（地図，カレンダー，時刻表，電話帳等）から，専門知識を要することなく確実に知りうるのであれば，一般人に顕著といってよい．事実の公知性は，訴訟関係人がそこに属する限り時間的地域的に限定されたものであってもよい．

公知の事実は常に真実とは限らない．そこで当事者には公知の事実を争う機会が保障される必要がある．当事者の主張する事実と反対の事実が公知であることを理由に証拠調べ請求を却下することは，公知の事実を争う機会を奪う結果になり許されないとする説もある．→裁判上顕著な事実 　　[田淵浩二]

交通切符　(英) traffic ticket　(独) Gebührenpflichtige Verwarnung, Strafzettel　(仏) contravention　略式手続や交通事件即決裁判手続で処理される*道路交通法'違反事件の書類作成の簡易効率化をはかるため，1963（昭38）年1月から導入された一連の切符（道路交通違反事件迅速処理のための共用方式）．いわゆる「赤切符」と称されるものである．最高裁判所・法務省・警察庁の事務当局の協議により成立したもので，刑事手続法制を変更することなく，必要書類を一組の書類にまとめ（交通切符），事件処理の迅速化をねらったものである．これは，刑事事件として取り扱われている事件のための書類であって，行政的な手続段階で用いられている*交通反則金'告知書（いわゆる青切符）とは区別しなければならない．
　　[福島　至]

交通事件即決裁判　*道路交通法'違反事件の簡易迅速な処理をはかるために，1954年に交通事件即決裁判手続法（昭29法113）によって導入された即決裁判である．

簡易裁判所は，検察官の請求により，公判前

に即決裁判で，50万円以下の罰金または科料を科すことができる(交通裁判3)．即決裁判においては，請求があったときに即日期日を開き(7)，公開の法廷で証拠調べその他の事実の取り調べを行い，裁判の宣告をする(8)．検察官は即決裁判の請求にあたり，被疑者に対しあらかじめ即決裁判手続を理解させるために必要な事項を説明した上，即決裁判によることについて異議がないかどうかを確かめなければならない(4 II)．即決裁判の宣告に対して，被告人・検察官は14日以内に*正式裁判の請求*をすることができる(13 I)．即決裁判が確定すると，確定判決と同一の効力を生ずる(14 II)．交通即決裁判は，公開・口頭の審理を加味した略式手続であるともいわれている．

1950年代前半，略式手続は即日処理方式をとっておらず，また仮納付も認められていなかったため，モータリゼーションに伴う交通事件の激増に対応することが困難になっていた．このため，略式手続よりもさらに迅速な手続をつくることが必要とされ，この制度が立法化された．交通事件即決裁判手続は，道路交通法違反の刑事事件だけを対象とし，公開・口頭の審理を行って適正手続の要請にこたえるとともに，手続の迅速化の見地から，即日審判や仮納付を原則とした．

即決裁判で処理される事件(即決事件)は1956(昭31)年には20万人に達し，1962(昭37)年には39万人を超えるまでになった．一方，略式手続においても，その後在庁略式方式が復活したのに加え，仮納付や交通切符制が導入され，さらに即日処理方式も実施されることになった．この結果，事件の迅速処理の点からは，交通即決裁判の長所とされた口頭・公開審理はかえって桎梏となり，年々即決事件に比べ略式事件の占めるウエイトが大きくなっていった．この結果，即決事件は1962(昭37)年をピークに減少に転じ，1979(昭54)年からは全く利用されなくなった．しかし，即決裁判が目指していた手続適正化の志向は，今後の軽微事件処理手続のあり方を模索する上で，尊重されるべきである．
[福島 至]

交通犯罪 (英) traffic crime (独) Verkehrskriminalität **1 交通犯罪の意義と割合** 交通機関の運行にともなって発生した刑罰法規に触れる行為を交通犯罪という．交通には，陸上，海上および航空の3つの態様があるが，一般に，モータリゼーションの進展によってもたらされた自動車に起因する大量の犯罪現象を交通犯罪と呼んでいる．具体的には，道路上の業務上過失致死傷(いわゆる「交通業過」)や*道路交通法*(道交法)または自動車の保管の場所等に関する法律(保管場所法)の違反などがこれに属する．

刑法犯認知件数中，交通業過は約3分の1を占める．また，特別刑法犯の検察庁新規受理人員中，道路交通法と保管場所法の違反で9割を超える．交通犯則通告制度によって告知された道路交通法の違反件数は，送致件数の7倍を超えている．

2 交通犯罪対策の現状 交通犯罪の急増にともない，1954年には，交通事件を警察・検察・裁判所のすべての手続を一日で処理する即決処理方式が導入された．しかし，事務負担の急増に対応できず，1963年に*交通切符*制度が導入され，違反者に赤切符が交付されることになった．さらに，1967年には，比較的軽微な道交法および保管場所法の違反行為については，交通取締りの現場で青切符を交付し，期限内に反則金を納付すれば，刑事訴追を免れることができる交通犯則通告制度が導入された．なお，非通告事件や反則金不納付者については，司法的に処理されるが，その大多数は*略式手続*によっている．

その後の改正によって，免許点数制度の導入，飲酒運転の処罰強化，暴走族の共同危険行為の処罰，暴走指揮者の運転免許剝奪など交通取締りの強化策が進められた．他方，反則通告制度の適用範囲の拡大，軽微な人身事故に対する行政処分の軽減，軽微な違反者に対する講習の簡略化などの非刑事罰化も進められている．

1968年に交通業過について，罰金刑の額と禁錮刑の法定刑を引き上げ，懲役刑を新設する刑法の一部改正が行われた．また，近時には，犯罪の軽重，民事賠償の有無，被害者の処罰感情，社会的影響などを考慮しつつ，起訴猶予を積極的に活用する起訴基準の見直しが実施されたため，起訴猶予率が約85％に跳ね上がった．

3 交通犯罪者の処遇 交通犯罪者に対しては、犯罪傾向の進んでいない禁錮受刑者が多かったため、交通禁錮受刑者だけを集めて集禁処遇が行われていた。その後、業務上過失致死傷罪にも懲役刑が法定されたことから、交通懲役受刑者の集禁処遇が開始された。これらの交通刑務所では、開放的な処遇が行われ、交通安全教育・生活指導・職業指導が行われている。

なお、沖縄は他の本土の施設と比べて、道路交通法違反の受刑者の割合が著しく高い。交通非行少年に対しては、交通短期保護観察や特修短期処遇が行われている。　　　　　　[石塚伸一]

交通反則金　1968(昭43)年から実施された交通犯則通告制度(道交9章)において、はじめて科されるようになった行政上の制裁金。1960年代に道交法事件が急増したことから、それに対処するため設けられた。従来 *略式手続' あるいは *交通事件即決裁判' により科せられていた罰金刑に代えて、行政上の手続で実質上罰金と同等の財産的不利益を科すものである。

*道路交通法'違反の罪のうち、駐車違反など比較的軽微な形式犯に対する制裁として、道府県警察本部長等が通告した反則金を違反者に納付させる。反則金を納付した者は、刑事訴追を免れる(道交128)。反則金を所定の期間内に納付しなかったときは、通常の刑事事件として処理される(道交130)。このため、事実関係に不満がある者は刑事制裁の威嚇の下で反則金納付を迫られる状況におかれるので、反則金納付の任意性に疑問が生じうる。交通取締りの現場で交付される反則金告知には、いわゆる「青切符」が用いられているが、すでに刑事事件となった段階で用いられる *交通切符'(いわゆる赤切符)とは区別されなければならない。　　[福島 至]

強盗強姦罪　強盗強姦罪(刑241前)は、強盗犯人が女子を強姦したときに成立し、法定刑は無期または7年以上の懲役である。これにより女子を死亡させたときは強盗強姦致死罪(241後)となり、死刑または無期懲役が科される。強盗強姦罪は、このような悪質な行為がしばしば見られることから、*強盗罪'(236)と*強姦罪'(177)との結合犯を加重処罰するものである。

本条の強盗犯人は準強盗罪(238・239)の犯人を含み、強盗未遂犯人をも含む。また判例・通説は、故意の殺害の場合を強盗強姦致死罪ではなく強盗殺人罪(240後)と強盗強姦罪との観念的競合とする(大判昭10・5・13刑集14・514)ので、本条の未遂罪(243)は強姦が未遂の場合にのみ成立し、殺人の未遂は強盗殺人未遂罪と強盗強姦罪との観念的競合となる。

女子に傷害を与えた場合については規定がないが、判例の主流は強盗強姦罪のみが成立するとしている。

強姦には準強姦罪(178)も含むので、女子の畏怖状態や気絶を利用する場合も本罪にあたる。ただ強姦の後で強盗の意思を生じた場合には、強盗罪と強姦罪との併合罪である(最判昭24・12・24刑集3・12・2114)。　　　　　[高山佳奈子]

強 盗 罪　(独) Raub　**1 意義**　強盗罪は、暴行または脅迫を手段として他人の財産を奪取する罪である。財産犯の一種であるが、手段の点で、身体や自由に対する侵害の側面をも有する。強盗罪の類型のうち最も基本となる刑法典の強盗罪は、暴行または脅迫を用いて他人の財物を強取した場合(236 I)や、同様の手段で財産上不法の利益を得た場合ないし第三者に得させた場合(236 II)に成立し、法定刑は5年以上(15年以下)の有期懲役である。

強盗罪は、まず窃盗罪や横領罪と同じく、他人の財産を取るという意味で領得罪の一種であり、*器物損壊罪'のように単に財産を害するだけの*毀棄罪'とは区別される。しかし横領罪とは異なり、他人の占有下にある財産を自己または第三者の手元に移すところから、奪取罪として位置づけられる。さらに窃盗罪や強盗罪は、財産の移動が曲がりなりにも被害者の意思に基づいている詐欺罪や恐喝罪とは異なり、有無をいわさず財産を取る犯罪であるので、盗取罪と呼ばれる。

強盗罪は、暴行・脅迫という手段の点で窃盗罪と異なるが、財物に対する場合(236 I)ばかりでなく、財産上不法の利益を得た場合(236 II)にも成立するので、客体の範囲の点でもこれと区別される。前者を財物強盗罪(一項強盗罪)、後者を利益強盗罪(二項強盗罪)ともいう。利益を客体とする場合を一般に二項犯罪とも呼ぶ(他に詐欺罪、恐喝罪)。なおこれに関連し

て，不動産に対する強盗が1項と2項とのいずれにあたるかが問題となる．不動産の窃盗は＊不動産侵奪罪'(235の2)となるので，有力説は，もし窃盗罪の「財物」に不動産を含めないとすると，強盗罪でも同じく不動産は「財物」ではなく，利益強盗罪の客体になるとする．ただ1項と2項の法定刑は同じなので，議論の実益は小さい．

2 要件 強盗罪の要件のうち，他人の財物，占有の侵害，不法領得の意思，は窃盗罪と同様に判断される．財物強盗罪と窃盗罪との違いは手段のみである．強盗の手段は客観的に人の反抗を抑圧するに足りる程度の強度の暴行または脅迫でなければならない(最判昭24・2・8刑集3・2・75)．なお，強盗罪の故意はすでに暴行・脅迫の時点で存在していたのでなければならない．

利益強盗罪では「財産上不法の利益を得る」とは何かが問題となる．民法上は犯人に対する債権が永続することになるので，利益強盗罪の成立を認めるには，タクシーの運転手を殴って逃げるなど，その後の債権行使を事実上できなくするような事情が必要である(最判昭32・9・13刑集11・9・2263参照)．

3 種類 刑法典には基本的な強盗罪のほか2つの＊準強盗罪がある．1つは＊事後強盗罪'(238)で，窃盗犯人が財物の取り返しや逮捕を免れるため，または罪跡を隠滅するために暴行・脅迫を用いた場合に成立する．もう1つは人を昏酔させて財物を取る＊昏酔強盗罪'(239)である．いわゆる居直り強盗は，まだ財物を取らないうちに発見されたため，暴行・脅迫を用いて財物を取るものなので，通常の強盗罪であって事後強盗ではない．また，もともと寝ている人から物を取るのは窃盗罪，暴行で気絶させて取るのは通常の強盗罪である．

強盗の際に人を負傷ないし死亡させた場合には＊強盗致死傷罪'(240)が成立する．強盗の類型では未遂罪(243)のほか，＊強盗予備罪'(237)も処罰される．なお他の犯罪と組み合わせた結合犯として，＊強盗強姦罪'および同致死罪が規定されている(241)．また＊盗犯等ノ防止ニ関スル法律'は2条・3条で，常習強盗，常習累犯強盗を規定している． ［髙山佳奈子］

高等裁判所 高等裁判所は，第1審としての管轄権を持つ場合もあるが，刑事事件では，主に，上訴——刑事事件の場合には控訴，抗告——を審理する裁判所である．高等裁判所は，高等裁判所長官および判事から構成され(裁15)，裁判官の合議体でその事件を取り扱うのが原則である(18)．合議体の員数は3名であり，そのうち1名が裁判長となる．高等裁判所は，本庁は，札幌，仙台，東京，大阪，名古屋，広島，高松，福岡の8ヵ所に設置されているが，さらに，秋田，金沢，岡山，松江，宮崎，那覇に高等裁判所支部が設けられている(22)．

高等裁判所は，①簡易裁判所の判決，家庭裁判所の判決および地方裁判所の第1審判決に対する控訴，②裁判所法7条2号の抗告を除く，地方裁判所や家庭裁判所の決定および命令並びに簡易裁判所の刑事に関する決定および命令に対する抗告，③刑事に関するものを除き，地方裁判所の第1審判決および簡易裁判所の判決に対する飛躍上告(民事の場合)，④その他，法律で特別に定められた事件の審判(公選法203条以下のリコール関係訴訟の第1審，人身保護請求(人身保護法4)等)，⑤刑法77条ないし79条の罪について第1審管轄権，等の裁判権を有する(16・17)．なお，この他，独禁法85,86条，特許法178条，実用新案法47条，海難審判法53条など，特別に法律で高等裁判所への出訴が義務づけられるものがあり，独禁法85条3号違反の罪については東京高等裁判所が第1審の裁判権を有する．

刑事における控訴審たる高等裁判所の役割は，公判の瑕疵の審査にある．控訴は，裁判権限がない場合や裁判の基本的公正さを害する場合が絶対的控訴理由(刑訴377〜378)とされ，この他の事実誤認を理由とする控訴は，その瑕疵が判決結果に影響を及ぼすときに控訴理由がある(相対的控訴理由；刑訴382)．公判で取り調べなかった証拠に基づく控訴は「やむを得ない事由」がある場合に限られ(刑訴382の2)，科刑上一罪の一部を理由とする控訴の場合，全体が移審するが，当事者が争わない部分は攻防の対象から外され，裁判所に審理権限がない(最決大昭46・3・24刑集25・2・293)．このように，覆審または続審という形で事実を公判と同様に審

理するのが控訴審たる高等裁判所の役割ではなく，原審の瑕疵を法律上の争点を中心に審査するのが本来の控訴審たる高等裁判所の役割だが，現行法では，事後審を基調に，争点を中心とした事実審理も行われる．なお，無罪判決に対する検察官上訴による控訴審での事実の審理が憲法39条の二重危険禁止条項に違反しないかについて，判例は「危険継続論」により合憲とする（最判大昭25・9・27刑集4・9・1805，最判大昭25・11・8刑集4・11・2215）が，政府の有罪立証の機会の一回性を重視する二重危険禁止条項の本来のねらいに合致するのかという問題がある．→裁判所，審級　　　　　　　　　[中野目善則]

口頭主義　(独) Mündlichkeitsprinzip (仏) principe de l'oralité　口頭主義とは，裁判所は口頭によって提供された訴訟資料に基づいて審判を行うべきであるとする原則をいい，口頭審理主義ともいう．*書面主義'に対する原則である．

書面主義に基づく刑事手続は，糺問訴訟がそうであったように，書面を密室で審理するなどの秘密主義に陥りやすい．そこで，弾劾主義の刑事手続においては，*公開主義'・*直接主義'のほか口頭主義も採用されたのである．裁判が公開され，一般国民が公判を傍聴することができるのであれば，口頭主義を採用しなければ意味はない．また，裁判所が直接取り調べた証拠だけを裁判の基礎とすることができるとする直接主義も採用されなければならない．このようにして，弾劾主義の刑事手続にとって公判手続，とりわけ公判期日における訴訟手続は，事実認定の場として刑事手続の中核をなすことになる．このような考え方を*公判中心主義'という．現行法も，公判期日における手続は口頭によって行われることを原則としており，たとえば，証拠書類の取調べは朗読により（刑訴305，なお刑訴規203の2）あるいは判決は*口頭弁論'に基づく（刑訴43Ⅰ）とされている．もっとも，公訴提起などの重要な訴訟行為については書面主義が採用され（256Ⅰ），また決定または命令の裁判は書面主義によってもなされるとされている（43Ⅱ）．

口頭主義が弁論主義と結びつくと口頭弁論主義となる．弁論主義とは，当事者の弁論に基づいて審判を行う主義である．判決は口頭弁論に基づくことを要するものとされ（43Ⅰ），当事者は審理の冒頭に被告事件について意見を陳述する機会が与えられ（291），さらに証拠調べが終わった後に事実および法律の適用について意見を陳述する権利を認められている（293）．

弁論主義は，もともと民事訴訟において採用されている原則であり，そこでは証拠の提出は当事者によってのみ行われ，また当事者には訴訟物の処分権が認められている．しかし，現行刑事訴訟法は弁論主義を基調とするものの，裁判所の職権証拠調べ（298Ⅱ）および訴因変更命令（312Ⅱ）も認めており，必ずしも徹底しているわけではない．なお，口頭主義を原則とする以上，他の裁判官が書面審理で代行することは不可能となり，裁判官が交替すれば手続の更新が必要となる（315）．　　　　　　　　[田口守一]

強盗致死傷罪　*強盗罪'（刑236）は，暴行または脅迫を用いて他人の財物を強取した場合や，同様の手段で財産上不法の利益を得た場合ないし第三者に得させた場合に成立し，法定刑は5年以上の有期懲役（通常は15年以下）である．強盗致死傷罪はこの加重類型であり，強盗犯人が人を負傷させた場合には無期または7年以上の懲役（240前），死亡させた場合には死刑または無期懲役（240後）が科せられる．本条の強盗犯人には準強盗罪（238・239）の犯人も含まれる（大判昭6・7・8刑集10・319）．

強盗罪の結果的加重犯として死傷の結果を生じた場合は本罪にあたるが，このほかに，故意をもって傷害や殺人が行われた場合はどうかが問題となる．本条の法定刑の下限が，強盗罪と比較して明らかに重くなっているためである．判例は，故意のある場合も本条に含め，本条のみを適用する（大判連大11・12・22刑集1・815）．故意のある場合を特に強盗傷人罪，強盗殺人罪と呼び，ない場合を強盗致傷罪，強盗致死罪という．

これに関連して，本条の未遂罪（243）とは何をいうかが問題になる．判例は，傷害や殺人の点が既遂ならば，財産の取得が未遂であっても本条の既遂になるとする（大判昭4・5・16刑集8・251）．過失犯に未遂がなく，傷害が未遂の場合には通常の強盗罪にとどまるのだとすれば，

この考え方では，未遂罪は殺人が未遂の場合にのみ成立することになり，また，本条にいう強盗犯人は強盗未遂犯人を一般に含むことになる．学説には，財産取得の有無を既遂成立の基準とする見解もある．

本条における死傷結果は，強盗の被害者に生じたものに限られず，強盗の機会に生じたものであれば足りる（大判昭6・10・29刑集10・511）．駆けつけた隣人を死傷させる場合などもこれにあたる．ただし，強盗と無関係に別の犯意に基づいて加えられた攻撃は別罪を構成する（最判昭23・3・9刑集2・3・140）．また本条の法定刑の重さに鑑み，ここでの傷害は傷害罪の傷害よりも重大でなければならないとする見解があるが，判例は両者を同一に解する（大判大4・5・24刑録21・661）．

殺害を手段として財産を取得する場合には端的に強盗殺人罪が成立する．債権者の殺害も場合により利益強盗殺人罪を構成する．殺人の後で初めて財物取得の意思を生じた場合は，判例によれば窃盗罪を構成する（大判昭16・11・11刑集20・598）． 〔髙山佳奈子〕

口頭弁論 *口頭主義'とは，裁判所は口頭によって提供された訴訟資料に基づいて審判を行うべきであるとする原則をいい，他方，弁論主義とは，当事者の弁論すなわち当事者の主張・立証・意見陳述などに基づいて審判を行うべきであるとする原則をいい，両者をあわせて口頭弁論主義という．現行法では，判決は口頭弁論に基づかなければならないとされ（刑訴43Ⅰ），当事者は審理の冒頭に被告事件について意見を陳述する機会が与えられ（291），さらに証拠調べが終わった後に事実および法律の適用について意見を陳述する権利が認められている（293）．したがって，現行法は弁論主義を基調とするといってよいが，同時に裁判所の*職権証拠調べ'（298Ⅱ）および訴因変更命令（312Ⅱ）も認めている．そこで，現行法ではどの程度の弁論主義が採用されているかが問題となる．

もともと民事訴訟法で採用されている弁論主義とは，訴訟資料の収集提出をもっぱら当事者の責任とする主義であり，訴訟資料の収集提出を裁判所の義務とする職権探知主義に対する概念である．また，そこでは，争いのある事実のみが証拠調べの対象となり，当事者には訴訟物の処分権が認められている．これに対して，現行刑事訴訟法の採用する弁論主義は，証拠資料の提出は原則として当事者による（298Ⅰ）としつつも，例外的に裁判所にも職権による証拠調べを認めている．また，証拠調べの必要は，当事者間に争いがある場合に限られず，被告人が有罪である旨を陳述し，簡易公判手続によって審判する場合でも（291の2），証拠調べは必要である．このような制度につき，実体的真実主義を重視する見解からは，現行法の弁論主義は実体的真実主義に規制された変則的なもので，処分権とは関係がないということになる．これに対して，当事者主義を強調する見解からは，職権証拠調べや訴因変更命令の制度はあくまで例外的なものと位置づけられ，弁論主義は当事者主義の重要な内容をなすことになる．この立場からすれば，訴訟対象につき当事者の主張の範囲でのみ裁判をするという限度で処分権も採用されていることとなる． 〔田口守一〕

強盗予備罪 強盗予備罪（刑237）は，強盗の罪を犯す目的でその予備をした場合に成立し，法定刑は2年以下の懲役である．刑法上，重要な犯罪については既遂ばかりでなく未遂罪も処罰されているが，中でもいくつかの犯罪についてはそれよりさらに遡って予備罪の処罰が認められている．*強盗罪'（236）の予備罪もそのひとつであり，殺人予備罪（201），放火予備罪（113），通貨偽造等準備罪（153）などと並んで予備罪の中心的なものである．

予備罪の成立には予備の目的と予備の行為が必要である．本罪では，武器を携えて強盗の機会をうかがう場合などがこれにあたる．単に強盗の計画について話し合っているだけでは成立しない．

本条よりも後に条文のある*事後強盗罪'（238）について，予備罪が成立するかどうかが問題となる．事後強盗の予備罪は窃盗犯人たる身分をもつ者にしか行いえないとする説もあるが，判例は，ここにいう「強盗の目的」には事後強盗の目的も含まれるとして肯定する（最決昭54・11・19刑集33・7・710）．事後強盗罪が強盗罪と同様に扱われる以上，窃盗直後に人が出てきたら暴行を加えて逃げようという目的も強

盗予備の目的だといえる． [髙山佳奈子]

公判期日 裁判官，当事者その他の訴訟関係人が一定の場所に集まり，審理および判決宣告という訴訟行為をするために定められる時．その場所は公判廷と定められているが（刑訴282Ⅰ），裁判所内の法廷でなくてもかまわないとされる（最判大昭23・7・29刑集2・9・1076）．'公判期日の指定'は裁判長が行い（273Ⅰ），日・時で開始時刻を特定する．

犯罪事実の存否の確認は公判期日に行う．これは公判中心主義からの要請である．証拠を揃えておくというような準備活動は公判準備で行う．広義では公判期日および公判準備を併せて公判手続というが，狭義では公判期日のみを指す． [佐藤美樹]

公判期日の指定 裁判官，当事者その他の訴訟関係人が会合して訴訟行為をするために定められる時を'公判期日'といい，日および時をもって指定される．公判期日の指定は裁判長が行う（刑訴273Ⅰ）．訴訟の迅速化の要請から公判期日の指定は裁判長の権限と理解され，法律上は当事者の意見を聴く必要はない．しかし，実際の運用では検察官や弁護人の都合を聴いて決めるのが通例である．第1回公判期日の指定にあたっては，当事者の防御の準備の関係から被告人が召喚状を受けとってから公判期日までの間に一定の猶予期間をおくという規定が設けられているが，これ以外には，公判期日の指定に関する規定は設けられていない（275，刑訴規178の4・179Ⅰ・Ⅱ）．

公判期日の指定は裁判長の権限であるのに対し，公判期日の変更は裁判所の権限とされている（刑訴276Ⅰ）．また，期日の変更は訴訟関係人の意見を聴いた上で裁判所が決定でなすべきものとし，変更を容易に行うことはできない．現行法が公判期日の変更手続に厳格な様式を求めたのは審理の促進と継続を図ろうとするためである． [佐藤美樹]

公判準備 '公判手続'の迅速・円滑な進行のために，受訴裁判所（または裁判長，受命裁判官，受託裁判官）および訴訟関係人によって行われる準備行為をいう．公判準備の内容はおおよそ三分される．

① 裁判所または裁判長が，起訴状の送達（刑訴271Ⅰ），弁護人選任権および国選弁護請求権の告知（272），公判期日の指定（273Ⅰ），被告人の召喚（273Ⅱ）など，公判を開くための前提となる手続を行うこと．公訴提起後第1回公判期日前の刑事訴訟法280条による被告人の勾留，同じく179条による証拠保全は，受訴裁判所と無関係の裁判官によって行われ，公判準備にはあたらない．

② 裁判所が公判期日において取り調べることができない証拠を取り調べ（281・158Ⅰ），あるいは，公判期日において取り調べられるべき証拠をあらかじめ収集すること．公判準備の結果を記載した書面および押収物を，裁判所は公判期日において証拠書類または証拠物として取り調べなければならないと定める刑事訴訟法303条は，これを前提にした規定である．公判期日外の証人尋問がその主な場合である．受訴裁判所の構外で行われる場合（158Ⅰ）と，受訴裁判所の構内で行われる場合（281）がある．前者は，証人が病気，遠距離などのために公判に出頭できない場合に，後者は，証人が予定の公判期日前に出国するなどの場合に行われる．ただし，第1回公判期日前は，'予断排除'との関係で，裁判所は事件の実体，とくに証拠にかかわる準備をすることができない（刑訴規178の10Ⅰ但参照）．

③ 公判期日における審理を迅速・円滑に行うために争点および証拠を整理すること．これには，訴訟関係人が行う'事前準備'と裁判所が行う'準備手続'とがある．予断排除の制約をうけない訴訟関係人の場合は，第1回公判期日前においても，「できる限り証拠の収集及び整理をし，審理が迅速に行われるように準備しなければならない」（178の2）． [上口 裕]

公判請求 起訴状が受理され，事件が裁判所に係属してから，その訴訟手続が終結するまでの手続，すなわち，公開の法定において訴訟当事者が証拠を提出し，弁論を行う手続を公判手続と言う．通常は，'公訴の提起'は，同時に公判手続の開催を要求する意思表示，すなわち，公判請求の意思表示を意味する．しかしながら，軽微な事件に関しては，訴訟当事者の合意があれば，公判を開くまでもなく，簡略な手続によって事件を終結させるほうが，当事者の

負担の軽減にも役立ち，裁判所の負担を軽減できるという利点がある．

現行刑事訴訟法が定める簡略な裁判手続としては，簡易公判手続（刑訴291の2），*略式手続'（461以下），交通事件即決手続（交通事件即決裁判手続法）があるが，簡易公判手続は，証拠調べの手続を簡略化した手続であって，通常の起訴に基づいて行われる．これに対して，略式手続は，検察官が公訴の提起と同時に略式命令請求を簡易裁判所に行うことに基づいて行われる手続であり，公判は開くことなく，罰金または科料を科す手続である．交通事件即決手続も，検察官の公訴の提起と同時に即決裁判請求をすることによって行われる手続であるが，即日結審する点に特徴がある（もっとも，最近はほとんど活用されていない）．いずれも，書面審理が主たる手続であり，被告人の聴聞の機会を奪うという批判がある． ［鯰越溢弘］

公判専従論 *検察官'は，*旧刑事訴訟法'においては*捜査'の主体であったが，現行法では第二次的捜査機関に退いた（刑訴189参照）．しかし，自ら捜査を行う権限を有し（検察6，刑訴191），実際にも警察から*送致'を受けたほぼすべての事件について*取調べ'を行っている．1960年代のはじめには，*当事者主義'・*公判中心主義'の下で「検察官は本来の公訴官としての働きに専念し公判活動に重点をおくとともに，捜査活動から手を引くべきだ」とする公判専従論が学界のみならず実務家からも唱えられた．これに対し，*公訴権'の適正な行使のための補充的・補正的な，あるいは警察活動の行きすぎを是正するための検察官による捜査は，また，政治家や高官の関与した犯罪や高度の法律的・専門的知識を必要とする犯罪（汚職・経済事犯）に対する捜査は望ましいと同時に必要不可欠であるとする捜査護持論による反論がなされた．検察官が完全に捜査から手を引くことは困難であろうが，警察送致事件についてあらためて被疑者および主要な参考人を取り調べる「上塗り捜査」で作成される*検察官面前調書'がわが国の刑事裁判を*調書裁判'化させている原因だとの強い批判がある． ［小山雅亀］

公判中心主義 **1 意義** 公判中心主義とは，犯罪事実の存否の確認は公判において行われるべきであるとする近代刑事訴訟における原則をいう．公判とは，広義では事件が公判裁判所に係属してからその訴訟手続が終了するまでの手続段階をいうが，狭義では，公判期日において行われる訴訟手続をいい，*公判手続'の中核は，この公判期日における手続にある．この公判において犯罪事実の確認を行うべきであるというのは，それが公平な裁判所の面前で，公開の法廷で，証拠を直接吟味し，さらに当事者が口頭で弁論を展開することが予定された手続だからである．しかし，刑事事件については公判の準備活動が必要なため，ともすれば準備活動で犯罪事実の実質的な確認がなされ，公判手続が形骸化する危険性がある．旧刑事訴訟法の時代には予審制度があったため，予審が充実すれば公判は形骸化するという危険があった．現行法では予審は廃止されたが，捜査手続における事案の解明に手続の比重が置かれ過ぎると，同じように公判手続は形骸化する危険がある．そのため，現行法においても公判中心主義を強調することには大きな意味があるとされている．

2 公判中心主義を支える諸原則 公判において公正な審判がなされるための原則として，まず，*公開主義'，*口頭主義'，*直接主義'がある．公開主義は憲法の要請であり（憲82・37Ⅰ），一般国民の自由な傍聴を認めることで審判の公正さを保障しようとするものである．口頭主義は，口頭によって提供された訴訟資料に基づいて審判を行うべきであるとする原則であって，現行法は，証拠書類の取調べは朗読によるとし（刑訴305），あるいは判決は口頭弁論に基づくとして（43Ⅰ），この原則を採用している．直接主義は，裁判所が直接取り調べた証拠だけを裁判の基礎とするとする原則である．この点，現行法は，英米法に由来するいわゆる伝聞法則を採用し，当事者の反対尋問を経ない伝聞証拠を原則として禁止した（320Ⅰ）．直接主義が現行法でも採用されているかについては議論のあるところであるが，いずれも公判中心主義の理念を背景とするものであることには変わりがない．さらに，現行法は，いわゆる*起訴状一本主義'を採用したが（256Ⅵ），これによって裁判官は事前に証拠に接する機会がないこととなり，証拠調べの主導権を当事者に委ねざるをえない

公判調書

こととなった．すなわち証拠調べの請求は原則的に当事者によって行われ（298Ⅰ），証人尋問についても交互尋問（刑訴規199の2以下）が原則となった．このような*当事者主義'に基づく公判手続は，公判中心主義の実現にとって重要な前提であるといわなければならない．

3 公判手続と捜査手続 公判での証拠調べ手続において，公判でなされた供述よりも捜査段階で作成された供述調書が重視されるようになると，事件の決着は実質上捜査段階でつけられることとなり，公判手続は形骸化し，いわゆる*調書裁判'との批判を受けることになる．そこで公判中心主義の観点からは，とりわけ否認事件について，捜査機関によって作成された被疑者あるいは参考人の供述調書が公判で安易に採用されることのないように注意する必要がある．また，捜査段階においても捜査機関による取調べが適正に行われることが要請される．なお，起訴後においても捜査は可能であるが，公判中心主義の要請から，証拠の取調べは原則として公判においてなされるべきであるとされている．　　　　　　　　　　［田口守一］

公判調書　公判期日の訴訟手続で審判に関する重要な事項を記載した調書を公判調書という（刑訴48ⅠⅡ）．裁判所書記官が作成・署名押印し，裁判長が認印する（刑訴規37・46）．その記載事項は刑事訴訟規則に明示され，さらに裁判長が訴訟関係人の請求によりまたは職権で記載を命じた事項も記載しなければならない（刑訴規44）．なお，書面・写真などを調書の一部とすることもできる（刑訴規49）．

公判調書は，各公判期日の後，速やかに，遅くとも判決を宣告するまでには整理しなければならない（判決宣告期日のものは，その当日または7日以内，刑訴48Ⅲ，刑訴規52）．とはいえ，当事者（被告人・弁護人および検察官）の訴訟活動の便宜のためには次回期日までに整理されるのが望ましいのであって，間に合わなかったときには，請求があれば書記官は前回期日における証人の供述の要旨を告げなければならない，などの定めがある（刑訴50）．

当事者は調書を閲覧・謄写する権利をもち（刑訴40・49・270），さらにその記載の正確性について*異議の申立て'をすることができる（刑訴51）．このようにして調書の正確性が担保され，そのうえで，公判期日における訴訟手続で公判調書に記載されたものは公判調書によってのみ証明することができる，とされている（排他的証明力，刑訴52）．上訴審で原審の訴訟手続について争いが生じたときに──当該事件の手続内で──無用の争いを避けるためである．
　　　　　　　　　　　　　　　　［米山耕二］

公　判　廷　*公判手続'とは，広義では，捜査との対比から，検察官の起訴状提出により公判裁判所（審理を行い判決をする裁判所）に事件が係属してからその事件についての結論を見るまでの間の手続を指し，狭義では，審理または判決を行う日として裁判長が日時をもって指定する公判期日に行われる具体的な審理または判決の手続をいう．刑事訴訟法上狭義の意味での公判手続を行う場所を公判廷といい，通常は裁判所または裁判所支部に設置されている法廷をいう．法廷は，裁判所として構築された建造物にあっては，訴訟関係人が出席でき，訴訟活動を行うのに相応しく，傍聴人が傍聴できる施設の整った部屋が当てられる．例外的に，最高裁判所が必要と認めるとき（例として被告人の病気等）は，他の場所で法廷を開き，またはその指定する場所で下級審裁判所に法廷を開かせることができる（裁69）．公判廷は原則として公開されていなければならない（憲37Ⅰ・82）．公判廷で公判期日に狭義の意味での公判手続が行われる．裁判官および裁判所書記官が列席し，かつ検察官が出席して開かれることになる（刑訴282Ⅱ）．被告人も公判期日には出頭しなければならないが，軽微事件等一定の場合には，出頭が免除される場合がある（284・285）．
　　　　　　　　　　　　　　　　［香川喜八朗］

公判廷の自白　被告人が公判廷において行った*自白'．*捜査機関'による取調べを受けて供述し，捜査機関により*供述録取書'として記録された公判廷外の自白よりも，証明力が大きいと扱われがちであり，また，両者を制度上別扱いすべきだという見解がある．*公判廷'では捜査機関による強制はなく任意に供述しうること，事実認定者である裁判官の面前における自白なので内容の真偽を容易に見抜きうることが，その理由とされている．1946（昭21）年に

制定された日本国憲法38条3項は,「何人も,自己に不利益な唯一の証拠が本人の自白である場合には,有罪とされ,又は刑罰を科せられない」と規定している.大日本帝国憲法下での刑事裁判への反省を踏まえたこの規定の趣旨は,事実認定者である裁判官がたとえ自白の証明力を大きいと評価しても,補強証拠がない限り有罪と認定してはならないことである.

ところが,この憲法規定について最高裁判所は1948(昭23)年に,「公判廷の自白」は含まれないという判決を下した.しかし,憲法が自白に補強証拠を要求している理由は,自白を重視しがちな裁判官による恣意的な判断の余地を,制度的に制約することであった.そこで,1948(昭23)年に制定された刑事訴訟法319条2項は,「被告人は,公判廷における自白であると否とを問わず,その自白が自己に不利益な唯一の証拠である場合には,有罪とされない」と規定して,最高裁判所判例を抑制した.その結果,*補強証拠'なしに公判廷の自白のみに依拠して有罪と認定されたことは,刑事訴訟法違反ではあるものの憲法違反ではなく,上告理由とはならない.もしも裁判官がすべてを見抜きうる全能者であり,その眼前で行われた自白内容の真偽を正確に見抜きうるのであれば,公判廷外で行われた自白の真偽も当然に見抜きうるはずであり,日本国憲法38条3項および刑事訴訟法319条2項は,その存在根拠を欠くこととなる.逆に,これらの規定を設けた理由に根拠があるのであれば,「公判廷の自白」という特別な概念ないしカテゴリーを用いて別扱いする必要はないし,別扱いしてはならない.したがって,裁判官の事実認定能力を過信し,公判廷における自白を公判廷外における自白と区別して,証明力について両者を別扱いしようとする見解に,賛同することはできない.→アレインメント

[荒木伸怡]

公 判 手 続 (英) procedure in a public trial (独) Hauptverhandlung (仏) procédure du jugement

1 公判手続の意義と原則 刑事訴訟における公判期日の審理手続を公判手続という.

公判手続は,*冒頭手続',*証拠調べ',*弁論',*判決'からなる.

公判手続は,*公判廷'で行われ,*裁判官'および裁判所書記官が列席し,*検察官'が出席して開かれる(刑訴282).*被告人'も原則として出席しなければならないが(刑訴273Ⅱ),軽微事件の場合は出頭を免除されることがあり,また法人の場合には,代理人を出頭させることができる(刑訴283〜285).被告人が出頭を拒んだ場合や退廷命令が発せられた場合,*裁判所'は,被告人が出頭しなくても,その期日の公判手続を行うことができる(刑訴286の2・341).弁護人は,*必要的弁護'事件のほかは出席を要しない(刑訴289).

公判審理は,公開の法廷において(*公開主義',憲法37Ⅰ),原則として,口頭によって(*口頭主義'),当事者である検察官と被告人とがそれぞれ主張・立証(攻撃),反論・反証(防御)することを通して展開される(*当事者主義'・弁論主義).

2 公判手続の更新 公判手続は,①開廷後裁判官がかわったとき(ただし,判決の宣告を除く)(刑訴315),②開廷後被告人の*心神喪失'により,公判手続を停止したとき(刑訴規213Ⅰ),③*簡易公判手続'によって審判する旨の決定が取り消されたとき(ただし,検察官および被告人または弁護人に異議がないときは除く)(刑訴315の2)には,更新しなければならない.また,開廷後長期間にわたり開廷しなかった場合において必要があると認めるときは,公判手続を更新できる(刑訴規213Ⅱ).なお,長期にわたる審理が予想される場合,裁判官の交替による公判手続の更新による繁雑さを避けるために*補充裁判官'制度がある(裁78).

裁判官交替による公判手続の更新は,口頭主義・*直接主義'の要請に基づくもので,公判手続中に口頭主義・直接主義を損なうものとして効力を失った部分を補充するために,審理をやり直すものである.公判手続の更新は,実体形成に関する部分についてなされる.したがって,判決の宣告をするにすぎない場合には,更新手続は必要としない(刑訴315Ⅱ).被告人の*心神喪失'による公判手続の更新は,被告人が停止前の手続について記憶を保持していないとの理由に基づくものである.簡易公判手続に関する更新は,簡略な手続での審理が取り消されたこ

とによって後発的に不適法ないし不相当になるために審理のやり直しをするもので，口頭主義・直接主義の要請に基づくものではない．そして，開廷後長期間審理を行わなかったために更新する場合も，迅速な裁判実現の要請に反し，裁判官の心証が希薄になっているおそれがあるという理由によるもので，口頭主義・直接主義とは直接に結びつくものではない．

公判手続の更新は，①検察官の公訴事実の要旨の陳述，②被告人・弁護人の意見陳述，③更新前の証拠調べの結果の取調べ，④証拠についての訴訟関係人の意見聴取，という方式で行われるが(刑訴規213の2)，実際上は，関係人の同意の下に簡略化されることが多い．

3 公判手続の停止 公判手続は，被告人が心神喪失の状態にあるときや，病気のため出頭できないときなどに，検察官および弁護人の意見を聴き，また，医師の意見を聴いたうえで，裁判所の*決定'によって，その状態の続いている間停止される(刑訴314)．公判手続の停止は，被告人の防御権保障のためにあるので，たとえば，重度の聴覚障害等で*訴訟能力'がないと認められるときは，公判手続が停止される(最決平7・2・28刑集49・2・481)が，重度の聴覚障害があっても，手話通訳を介することにより自己の防御権行使が可能と認められる事情があるときは，公判手続を停止する必要はない(最判平10・3・12刑集52・2・17参照)．なお，被告人が心神喪失状態にあり，*無罪'，*免訴'，*刑の免除'または*公訴棄却'の裁判をすべきことが明らかな場合には，被告人の出頭を待たないで，直ちにその裁判をすることができる(刑訴314Ⅰ但)．また，病気により出頭できない場合に，代理人を出頭させた場合は(刑訴284・285)は，公判手続の停止をする必要はない．公判手続の停止決定があっても，勾留・保釈等に関する裁判はできる．

その他，訴因・罰条の追加変更により，被告人の防御に実質的な不利益を生じるおそれがあると認められるときも，被告人または弁護人の請求により，裁判所の決定によって，被告人に十分な防御の準備をさせるため，必要な期間公判手続は停止される(刑訴312Ⅳ)．→公判準備，公判中心主義　　　　　　　　[安冨 潔]

公文書偽造罪 **1 規定の概観** 公文書とは「公務所若しくは公務員の作成すべき文書若しくは図画」であり(刑155参照)，これに対する偽造罪(有形偽造，無形偽造)が公文書偽造罪である．刑法典は，まず公文書に対する有形偽造，次いで無形偽造を規定している．有形偽造処罰の基本となるのは155条であり，1項が有印公文書(公務所もしくは公務員の印章もしくは署名が付された公文書)に対する有形偽造，2項が有印公文書に対する有形変造，3項が無印公文書に対する有形偽造，変造を処罰している．154条は，特殊な公文書である詔書(天皇名義の公文書)に対する有形偽造，変造を規定するが，適用された事案はない．無形偽造処罰の基本となるのは156条であり，公務員が，その職務に関し，行使の目的で虚偽の文書，図画を作成(偽造)または変造する行為を処罰している．無形変造を処罰するのは，刑法典では，この条文だけである．157条は，156条の間接正犯の一部を念頭に置き，公務員に対して虚偽の申立てを行い，公正証書の原本に不実(虚偽)の記載をさせる行為を処罰している．さらに158条は，以上の偽造，虚偽公文書の行使を処罰している．このように公文書偽造罪では，私文書偽造罪の規定とは異なり，無形偽造も一般的に処罰される点に特徴がある(実質主義)．その理由は，公文書の内容の真実性に対する信用が，私文書のそれより類型的に高いからだと説明されることが多い．しかし，私文書にも公文書と同等の信用を享受しているものが存在し，説得力に欠ける，との批判も加えられている．

2 規定の解釈 「署名」については，公務所が自ら署名をすることはあり得ないので，自署のほか，記名も「署名」に含まれると解されている(大判大4・10・20新聞1052・27)．公「文書」の概念は，特にコピーとの関係で問題になる．公文書の「偽造」とは，作成権限のない者が，行使の目的をもって公務所・公務員の作成名義で文書を作成することであり，公務員であっても，公務所・公務員の印章・署名を冒用し作成権限のない文書を作成したときは，偽造となる(最判昭25・2・28刑集4・2・268)．実在しない公務所名義の証明書を作成した場合でも，文書の形式・外観から，一般人に，そのような公務

所が実在し、職務権限内で作成された公文書であると誤信させるに足りるならば、偽造にあたる（最判昭36・3・30刑集15・3・667）。→虚偽公文書作成罪、公正証書原本等不実記載罪、文書、文書偽造罪　　　　　　　　　　[今井猛嘉]

公平な裁判所　憲法37条1項は、「すべて刑事事件においては、被告人は、公平な裁判所の迅速な公開裁判を受ける権利を有する」と規定し、具体的に裁判を行う訴訟法上の意味での裁判所は、被告人側、検察官側いずれに対しても、不当に不利な、または不当に利益な裁判手続を行うことのないよう、当事者に対して中立的な立場で訴訟の進行を行うよう求めている。これはアメリカ合衆国憲法第6修正に由来する規定である。こうした、一方当事者に片寄ることのない裁判所を公平な裁判所という。

裁判の公平さを担保するために、まず、'除斥'（刑訴20）、'忌避'（21）、'回避'（刑訴規13）の制度が用意されている。いずれも裁判官が一定の事由により、裁判官としての良心に従った適正な判断をなし得ないと考えられる場合に、国民が裁判所の判断に不審を抱くことのないようにとの配慮から、当該裁判官が事件を担当することのないようにとするものである。次いで、いわゆる起訴状一本主義（刑訴256 VI）がある。これは、起訴状には、公訴事実を証明する書類その他のものを添付したり、その内容を引用することを禁ずるというものである。検察官が、訴因の形で公訴事実を固定し、そのうちのある争点事実を立証すれば、被告人側は直ちにこれに反論することにして、各争点事実ごとに、裁判所の心証形成に参加し、裁判所の事実認定をコントロールできるようにするには、裁判所を構成する裁判官が、証明対象たる公訴事実について、予め心証を抱いていてはならないからである。捜査と公判を分離させ、主張先行・挙証後行を図るのである。さらに、地方の民心、訴訟の状況その他の事情により裁判の公平を維持できないおそれがあるときは、検察官は管轄移転の請求をしなければならない（17 I ②）し、被告人もこの場合管轄移転請求をなしうる（同II）。
　　　　　　　　　　　　　　[香川喜八朗]

公務員　（英）public servant　（独）Beamte　（仏）fonctionnair public　公務員とは、国または地方公共団体の職員その他法令により公務に従事する議員、委員その他の職員である（刑7 I）。1995（平7）年法律91号による改正によって、旧刑法7条に規定されていた官吏、公吏という概念は削除された。ちなみに「官吏」とは、旧憲法下にあって国家に対して公法上の身分的隷属関係に立つ者であり、「公吏」とは、地方公共団体に対して公法上の勤務関係に立つ者の内、官吏に対応する者である。しかし、これらの概念は、現行憲法下にあっては、国家公務員法が国家公務員という概念を、地方公務員法が地方公務員という概念を用いているのであるから、その一般的意味を既に失っている。

刑法7条1項に規定されている「国又は地方公共団体の職員」、「議員」、「委員」は、いずれも例示であるから、公務員とは、「法令により公務に従事する職員」であることになる。なお、「議員」とは、衆参両院の議員や地方公共団体の議会の議員等を意味し、「委員」とは、各種審議会の委員等法令により一定の公務を委任された非常勤の職員をいう。

「法令」とは、判例によれば、法律、命令に加えて、抽象的通則を定めた行政庁内部の通達、訓令を含むとされる（大判大4・5・14刑録21・625）が、学説は、一般国民に適用されない訓令、内規等はこれに含まれないとしている。「により」とは、判例によれば、法令によって公務に従事する資格が根拠づけられていることとされている（大判連大11・7・22刑集1・397）が、学説は、法令に根拠を有することで足りるとしている。「公務」とは、国または地方公共団体の事務であるが、公法人の事務が公務であるかの点については、これを判例は一般的に肯定するが（大判明11・1・30刑集15・34）、学説は、公法人と私法人との区別の不明確性を指摘し、みなし規定等の特別規定のない限り公務性を否定すべきであるとする。最後に、「職員」とは、国家または地方公共団体の機関として公務に従事し、ある程度の精神的・知能的仕事にたずさわる者である。これに関連して、最高裁判所は、郵便集配人を職員といえるとしている（最判昭35・3・1刑集14・3・209）。これに対しては、機械的・肉体的労働に従事する者でも、権

力的事務あるいは国または地方公共団体の機関としての事務を担当している場合には，公務員といえるとする有力な学説もある．→汚職罪，公務員職権濫用罪，公務所，賄賂罪［吉田宣之］

公務員職権濫用罪 公務員職権濫用罪とは，'公務員'がその職権を濫用して，人に義務のないことを行わせ，または権利の行使を妨害する犯罪（刑193）である．これは，公務執行の適正とこれに対する国民の信頼を国家の作用を担う公務員自身がその内部から侵害するもので，刑法典上では，第25章に汚職の罪（刑193以下）として規定されている．この'汚職の罪'は，さらに，国民の自由あるいは権利をも侵害するか否かによって，それの認められる公務員による職権濫用罪（193～196）と，それの認められない贈収賄罪（197～198）とに区別される．この公務員職権濫用罪は，前者に分類されるものであるが，そこには，その他，'特別公務員職権濫用罪'（194），'特別公務員暴行陵虐罪'（195），および，これら2罪の結果的加重犯である特別公務員職権濫用等致死傷罪（刑196）が含まれている．なお，これらの罪の法定刑は，1947（昭22）年の改正で大幅に引き上げられたが，それは，憲法15条が，公務員を国民全体に対する奉仕者と位置づけたこと，憲法36条が，公務員による拷問を絶対的に禁止したことによるものである．

「主体」は，公務員で，身分犯である．本罪は，結果の部分，すなわち，「人に義務のないことを行わせ，又は権利の行使を妨害した」の文言を，強要罪（刑223）と共通にするが，本罪の方が法定刑が軽いのであるから，同罪と特別関係にあるわけでも補充関係にあるわけでもなく，刑法65条2項の適用はない．

「行為」は，職権を濫用することである．まず，その「職権」とは，当該公務員の有する一般的職務権限を意味し，外形的にだけではなく客観的に存在することが必要で，その存否は，判例によれば，明文の根拠規定によってではなく，法制度を総合的，実質的に観察して判断される（最決昭57・1・28刑集36・1・1）とされている．しかし，その職権の性質について，判例は，必ずしも強制力を伴うものであることを要せず，それが濫用された場合，職権行使の相手方をして事実上義務なきことを行わせまたは行うべき権利を妨害するに足りる権限であれば，これに含まれる（前掲最決昭57・1・28）とする．これに対し，本条の文言が強要罪と共通であることを根拠に，意思の制圧の要素を含む強制的権限に限るべきであるとする強制権限説，また，国民に事実上の負担ないし不利益について事実上服従あるいは忍受を求める職務権限に限るべきであるとする特別権限説も有力に主張されている．しかし，前者に対しては，強要罪が暴行・脅迫を手段とする点で本罪と異なるし，職権行使の外観や相手方の認識がない場合でも公務執行の適正に対する国民の信頼は害され得る等との，後者に対しては，申請に対する許認可権限を排除してしまうおそれがあるとの指摘がなされている．

また，その「濫用」とは，「公務員が，その一般的職務権限に属する事項につき，職権の行使に仮託して実質的，具体的に違法，不当な行為をすること」とされている（前掲最決昭57・1・28）．たとえば，裁判官が，事件の相談を口実に，被告の女性を私的に交際する意図で，夜間，喫茶店に呼び出す行為（最判昭60・7・16刑集39・5・245）．近時，このような職権の行使に仮託する職権仮託類型に加えて，たとえば，警察官による情報収集行為としての盗聴のような，職権の行使の過程において実質的，具体的に違法，不当な行為をするという職権遂行類型をも含むべきであるとの主張がなされている．

「結果」とは，義務のないことを行わせること，および，権利の行使を妨害することである．本罪は，未遂を処罰していないので，濫用行為の因果関係上にこのような結果が発生しなければ，処罰されない． ［吉田宣之］

公務執行妨害罪 **1 罪質・職務・概念** '国家の作用に対する罪'の典型であり，広義では公務の執行を妨害する罪（刑法第2編第5章）を意味するが，狭義のそれは，公務員が職務を執行するにあたり，これに対して暴行・脅迫を加える行為である．3年以下の懲役・禁錮で処罰される（刑95Ⅰ）．法益は公務の適正・円滑であり，妨害に値する暴行・脅迫があれば足りる'抽象的危険犯'である（最判昭33・9・30刑集12・13・3151）．公務員（7Ⅰを参照）には法令上

それとみなされる者(たとえば、刑訴268Ⅲ)も含まれ、公務は立法・行政・司法のすべての活動を含みうるが、本罪の「職務」が無限定でよいかには争いがある。一方では、旧刑法139条の官吏抗拒罪と異なり、国家権力に対する反抗の罪ではなく、強制的なものに限られない(大判明42・11・19刑録15・1641)にせよ、*業務妨害罪'の保護を受ける非権力的公務も含むかが問題である。二重の保護を与えることには異論もあるが、判例は積極に解しており(最判昭41・11・30刑集20・9・1076参照)、むしろ、「強制力を行使する権力的公務」についてのみ業務妨害罪による保護が不要になるだけだと捉えている(最決昭62・3・12刑集41・2・140)。他方では、保護に値するのは*公務の適法性'が認められる場合に限られるが、その意味・判断基準が問題であるとともに、本罪の故意としてどのような認識を要するかが問題になる。

2「執行するにあたり」 公務員を特別に保護する趣旨ではなく(最判昭28・10・2刑集7・10・1883)、具体的・個別的な職務の遂行を保護するので、職務の執行中か執行直前であったことを前提とする。将来の職務との関わりは*職務強要罪'の問題になる。もっとも、職務の性質でその判断は多様であり、管理的職務について一体的把握をした判例もある(最判昭53・6・29刑集32・4・816)。長時間の休憩中は別としても、その限界は微妙であり、特に次の職務に赴く移動時の妨害が問題になる(否定例として最判昭45・12・22刑集24・13・1812、肯定例として最決昭54・1・10刑集33・1・1がある)。なお、職務の直後でも、それが行為者に対応するための中断の段階なら、なお執行中といえるであろう(最判平1・3・10刑集43・3・188)。

3 実行行為 公務を妨害するに足りる程度の暴行・脅迫である(最判昭25・10・20刑集4・10・2115)。暴行は広義のそれであり、公務員の身体に直接に向けられたものでなくてよい(間接暴行)。法益は公務だから、補助者に向けられていた場合(最判昭41・3・24刑集20・3・129)や障害となる施設破壊がなされた場合(東京高判昭37・11・9下刑4・11 = 12・980)でよいとも考えられる。また、判例は差押物件を投棄・破壊する行為にも暴行を認める傾向にある(最判昭26・3・20刑集5・5・794)。しかし、期待可能性の疑わしい証拠隠滅行為を処罰するに等しい点で問題があるし、条文の「これに対して」は公務員に対しての意味で捉えられるから、学説では、少なくとも現にいる公務員に物理的影響を与えうる場合に限るとする見解が有力である。この点、*封印破棄罪'は、差押え終了後の公務員の現在性を要しない対物作用だから区別されているといえる。とはいえ、対物暴行でも、現にいる公務員に対する示威行動が伴えば、全体として脅迫と捉えられる場合も多いであろう。なお、暴行罪は本罪に吸収されるが、公務員の殺傷を生じた場合には本罪との観念的競合になる。

[小田直樹]

公 務 所 公務所とは、官公庁その他*公務員'が職務を行う所である(刑7Ⅱ)。その「公務員」には、みなし公務員も含まれる。その「所」とは、有形の場所または建物ではなく、制度としての官公署その他の組織体を意味する。したがって、とくに法令または命令に基づいて設けられたものはもちろん、そうでなくても、いやしくも公務分担の機関として公務員の職務を行う所は公務所である(大判大3・11・10刑録20・2079)とされる。ただし、公法人については、その事務の公務性は、学説によれば、事務の内容やその職員についてのみなし規定の存否等の事情を総合的に考慮して決定されなければならないとされており、一概に公務所とされるべきではないとされ、判例も県農業会について公務所に当たらないとしている(最判昭26・4・27刑集5・5・947)。

[吉田宣之]

公務所等照会 公務所等照会は、捜査機関が捜査目的で行う場合(刑訴197Ⅱ)と、裁判所が公判準備活動として当事者の請求または職権によって行う場合(279)とがある。いずれも、「公務所又は公私の団体」に対して「必要な事項の報告を求める」形で行われるが、照会を受けた公務所等は報告義務を負う(義務違反に対する制裁はない)。したがって、捜査としての公務所等照会は強制捜査に属する。「公務所」とは裁判所をも含む国家機関および地方公共団体の機関であり、「公私の団体」とは実質的にみて社会的機能として団体の性格をもつものをいい、法人格の有無を問わない。

なお，弁護士は，弁護士法23条の2に基づき，公私の団体に対して照会を行うことができる．
[川崎英明]

公務の適法性　**1 必要性・要件**　*公務執行妨害罪'の法益は，適正な公務の遂行だから，書かれざる規範的構成要件要素として，公務の適法性を要する(最判昭44・12・24刑集23・12・1625参照)．適法性が欠けると，法益保護の必要がなく，正当防衛を論じるまでもなく，公務妨害でない．適法性は抽象的権限・具体的権限・重要な方式の遵守という3要件で決まる．公務の本質は公務員が特定事務を法規の授権に基づき適正な裁量行使で処理する点にあるが，問われるのは，事務処理たる特定の行為が職務執行として刑法的保護に値するかであり，職務の適法性を特殊刑法的に判断するに等しい(最判昭42・5・24刑集21・4・505)．3要件の意味は次の点にある．まず，行為が職務執行であるには抽象的権限が不可欠である(大判昭7・3・24刑集11・296)．次に，行為の選択は比例原則に服し，侵害行政がそうであるように，裁量に法の覊束(きそく)があれば，その当否は法定条件の有無で決まるから，この点が具体的権限で問題になる．加えて，方式規定の遵守が要請されるが，訓示規定違反や円滑のための方式の瑕疵は影響が軽微だとされる(最判昭27・3・28刑集6・3・546)ので，重要な方式のみが適法性を左右するのである．そこで，常に3要件すべてが問われるわけではなく，たとえば，デスクワーク中の公務員に対する攻撃的妨害では抽象的権限の逸脱がない限り適法でありうるのに対し，強制活動に対する抵抗事例ではすべての要件が重要になる(大阪高判昭32・7・22高刑10・6・521)という相違が生じうる．

2 判断基準・錯誤　適法性の判断基準には主観説・折衷説・客観説があり，客観説内部で行為時基準説と純客観説が対立している．法規との適合性を重視すれば，公務員の認識や一般人の見方を重視する主観説・折衷説は疑わしいが，客観説に依拠しても，嫌疑や必要性のように，法定条件に判断の幅がある時は，それに見合う状況が行為当時にあったかが重要なので，行為時基準の判断が要請される(最決昭41・4・14判時449・64)．しかし，それが法定条件の解釈の問題だとすれば，あくまで裁判時までに判明した資料に基づく行為状況の法的判断であり，社会通念に委ねるわけではない．むしろ，「一般人」が顧慮されるのは，妨害者における適法性の錯誤を評価する場合においてである．それを*法律の錯誤'とみる判例(前掲大判昭7・3・24)もあるが，違法な公務に抵抗する意識ならば，法益侵害の認識はないから，故意を否定すべきであろう．それでも，*規範的構成要件要素の錯誤'だから，素人領域の平行評価(一般人基準の意味認識)があれば，故意を認める余地がある．
[小田直樹]

拷　問　(英) torture　(独) Folter　(仏) tortur　ヨーロッパでは，拷問は古くローマの刑事手続に発し，近世絶対主義政治体制下の糾問訴訟の時代には，自白を証拠の王とする法定証拠主義の下で，一定の要件の下に拷問が認知され，広く活用された．しかし，合理主義と人道主義に立脚する啓蒙主義の厳しい批判を浴びる中で，拷問は廃止された．プロイセン(ドイツ)では，啓蒙専制君主フリードリッヒ大王(1712-86)の一連の勅令によって18世紀半ばに廃止された．わが国では，拷問は江戸時代に制度として認知され，明治初期にも継承されていたが，1879(明12)年の*太政官布告'によって制度上，廃止されることとなった．これは，法定証拠主義に立って「凡罪ヲ断スルハ口供結案ニ依ル」と規定した1873(明6)年の改定律令318条が，1876(明9)年の太政官布告によって「凡罪断スルハ証ニ依ル」という規定へと改正されたことと軌を一にしている．現行憲法36条は，英米憲法にならって，公務員による拷問を絶対に禁じている．ちなみに，拷問は，世界人権宣言5条，国際人権規約B規約7条，ヨーロッパ人権条約3条などの国際条約によっても禁止されている．
[川崎英明]

合理的な疑いを超える証明　(英) proof beyond a reasonable doubt　有罪の証明水準について，ドイツ法では「確実性に接着した蓋然性」といい，英米法では「合理的な疑いを超える証明」という．合理的な疑いを超える証明の意味は，「通常の経験知識をもつ人が，抱くのももっともだと思われる疑問を克服した証明」であると説明されたり，「「絶対的な真

実」までは要求されないが，通常人である限り疑問を投じようとしないだけの高度の蓋然性が要求される」趣旨だとされた．

ちなみに，アメリカ法において陪審に対し合理的な疑いの意味を説明した「古典的」な裁判官説示はつぎのようなものであった．

「陪審員として，すべての証拠を全体として比較し考量します．その後で，起訴事実が真実であるという揺るぎない確信を，自らの心に恥じないで確実だというほどに感じたかどうか．そう感じたとはいえないぞというふうに陪審の心に残った，事件についての捉え方が，合理的疑いなのです．」

「自らの心に恥じないで確実(moral certainty)」という邦訳については，不適当だという批判がある．その邦訳では，合理的疑いを超える証明の有無が，たんなる「主観的確信」「良心」の問題であるかのような誤解を生むためだという．この批判に従えば，陪審員は，「偏見なく判断する者なら，誰でもそれが真実だと同意するような確実性」が有罪証明にあるか否かを判断する，ということになろう．そのうえで，「合理的疑い」とは，証拠の存在または不存在に基づく具体的な疑いを意味するとされた．

有罪の証明水準について，わが国の最高裁は，「刑事裁判において『犯罪の証明がある』ということは『高度の蓋然性』が認められる場合をいう」とした(最判昭48・12・13判時725・104)．最高裁はとくに，「高度の蓋然性」を認める場合，「反対事実の存在の可能性を許さないほどの確実性を志向したうえでの『犯罪の証明は十分』であるという確信的な判断に基づくものでなければならない」とも述べる．この最高裁判例の趣旨からは，事実認定に携わる裁判官が積極・消極証拠の証明力を判断する場合，つねに「検察官の主張とは異なる事実，つまり無罪方向の反対事実を推認させる可能性がないか」という考察・検討を加えることが必要とされた．最高裁は，そのような考察・検討が怠られる場合，裁判官の心証形成の過程自体が「合理性を欠く」ものになる，ともした．合理的疑いを超える証明の問題については，たんに心証形成の結果の問題だというのではなく，心証形成の合理的なプロセスを経たか否かという問題でもあるとしたのである．→証拠の優越，挙証責任

[髙田昭正]

勾 留 (英) detention on remand (独) Untersuchungshaft (仏) détention provisoire **1 意義および目的** 勾留とは被疑者・被告人の身柄を*拘禁*する強制処分である．刑の一種である拘留と区別して，未決勾留とも呼ばれる．まず，被告人の勾留については，相当の嫌疑(勾留の理由)のほか，住居不定，*罪証隠滅*または逃亡のおそれのうち何れかひとつが認められること(勾留の必要)が，実体的要件とされる(刑訴60Ⅰ)．そのことから，その勾留の目的は，公判廷への出頭の確保と被告人側からの罪証隠滅の防止にあると一般に解される．被疑者の勾留についても，被告人勾留と実体的要件を同じくすることから(207Ⅰ)，同様の目的を有するとされる．被疑者勾留につき，捜査機関による取調べを目的と解する見解も見受けられるが，多数説によれば，取調べを含めた勾留中の身柄利用が現行法上禁止されていないだけであり，それ自体が勾留の目的であるとは解されていない．

2 現行制度の概要 被告人の勾留は，前述の実体的要件がある場合に(刑訴60Ⅰ)，裁判所が職権をもって令状(*勾留状*)を発してこれを行う(刑訴62，憲33条)．勾留期間は2ヵ月である．その継続の必要がある場合には，理由を付した決定で，1ヵ月ごとにこれを更新することができるが，原則として更新は1回に限られる(刑訴60Ⅱ)．勾留状の発付に先立って，裁判所は被告人に対し被告事件を告げこれに関する陳述を聴かなければならない(*勾留質問*)(61)．勾留場所は，勾留状に指定される*監獄*(*代用監獄*を含む)である(64Ⅰ，監1)．勾留状の執行は，通常，検察官の指揮によって，検察事務官または司法警察職員がこれを行う(刑訴70)．被告人を勾留したときは，裁判所は，弁護人等に直ちにその旨を通知しなければならない(79)．勾留中の被告人には，*保釈*制度があるほか(88以下)，勾留の理由もしくは必要がなくなった場合，またはその拘禁が不当に長くなった場合には，裁判所が決定で勾留を取り消さなければならない(87, 91)．さらに，適当と認めるときは，住居制限を付する等して，勾留執行を

停止することができる(95). なお, 勾留に関する裁判に不服がある場合には, 抗告が許される(420Ⅱ).

被疑者の勾留には, 被告人勾留に関する規定がほぼ準用されるが(207Ⅰ), 若干の相違がある. (1)勾留に先立ち逮捕により身柄拘束されている(逮捕前置主義). (2)勾留状の発付は, 検察官の請求にもとづき, 裁判官がこれを行う. (3)保釈制度がない(207Ⅰ但). (4)勾留期間は10日であり, 延長は原則として10日を超えることができない(208). (5)弁護人等との接見交通に制限がある(39Ⅲ). (6)不服申立ては, 準抗告による.

3 勾留と事件単位 勾留は勾留状に記載された被疑事件を単位として行われる(*事件単位の原則'). すでに勾留中の者についても, 別の事件に基づき重ねて勾留状を発付することが許される. この点につき, 勾留は人に対してなされるべきものであり, 同一被告人に対して重ねて勾留を行うのは訴訟行為の1回性の原則に反するから, 被疑者・被告人を単位として行われるべきであるとの見解(人単位説)が, かつて有力であった. しかし, 通説は, 現行刑事訴訟法上, 勾留に関する各規定の趣旨が事件単位に基づいていること, 人単位説では事件ごとの司法審査という令状主義の理念の軽視につながるおそれがあることなどを根拠に, 事件単位説を採用し, 事件単位の原則を確認しているのである. さらに, 勾留については一罪一勾留の原則が妥当するが, その勾留の1回性の基準は勾留状記載の事件であり, その限りで事件単位の原則と実質的な結びつきを有する. →移監, 勾留理由開示, 裁定通算, 法定通算　　　　　　[宇藤 崇]

拘 留 刑法が規定する*主刑'のひとつで(刑9), 懲役・禁錮とともに*自由刑'の一種であるが, 財産刑である罰金よりも軽いものとされる(9・10). 拘留場に*拘置'して執行し(実際には*代用監獄'としての警察留置場が利用されることが多い), 刑期は1日以上30日未満である(16). 禁錮と同じく, 所定の作業(*刑務作業')を科されることはなく, 請願により作業に従事することが許される(監26). 拘留受刑者は情状により, いつでも, 行政官庁(*地方更生保護委員会')の処分によって*仮出場'が許される(刑30, 予防更生31Ⅱ). 仮出場の処分に当たっては条件を付けることができず, 取り消すこともできないとするのが取扱上の例である. なお, 拘留受刑者は*行刑累進処遇令'の適用を受けることがなく(2Ⅰ), *累進処遇'の対象外とされている. *被疑者'・*被告人'に対する強制処分としての*勾留'(未決勾留)と混同しないように注意しなければならない.

拘留は*科料'とともに, 元来, *違警罪'ないしは警察犯のような軽微な犯罪に対する刑罰とされてきた(旧刑9・425以下). こうした態度は今日でも維持されており, *軽犯罪法'における科料の選択刑, 刑法典上も*公然わいせつ罪'(刑174)・*暴行罪'(208)・*侮辱罪'(231)の選択刑としてのみ規定されているにすぎない. 軽微な犯罪に対する刑罰であることによる特則が設けられており, 拘留・科料のみに処すべき罪の教唆犯・従犯は特別の規定がなければ罰せられないし(64), 拘留・科料のみに当たる罪については特別の規定がなければ原則として没収を科すことができないとされる(20).

拘留については, 従来からその実効性が疑問視されていた. 言渡し数それ自体が少ないばかりでなく, 言い渡された場合にも未決勾留日数の本刑通算(21)によって実際に執行されるケースが少ないからである. また, 拘留に対しては, 刑期の短い懲役・禁錮の場合と同じように, いわゆる*短期自由刑'の弊害がしばしば指摘されてきた. 拘留は犯罪者を改善・社会復帰させるには短かすぎ, 悪化させるには十分だと批判されたのである. こうしたことから, わが国の刑法改正作業を通じて, 現在よりも長期の上限を有する新しい拘留制度の採用が提言されている(刑法準備草案39, 刑法草案39). [丸山雅夫]

勾留質問 被告人の*勾留'に際して, 裁判所は事前に被告人を面接して被告事実を告知し, これに関する意見・弁解を聴かなければならない(刑訴61). 被疑者の勾留に際しては, 裁判官が被疑者を面接して被疑事実を告知したうえで同様の手続をとる(207Ⅰ). この手続を勾留質問という. 勾留質問は憲法34条前段にもとづく手続であり, 英米法における司法官への予備出頭(preliminary appearance, first appearance)に対比される. その目的も, 勾留

という重大な処分に対する司法上の告知と聴聞を保障し，その裁判を慎重にすることにある（なお，人権B規約9Ⅲ・Ⅳ）．とりわけ被疑者勾留に際しての勾留質問は，捜査機関による不当な身体拘束を事前にチェックするという司法的抑制機能を有する．

勾留質問は裁判所庁舎内の勾留質問室で行われるのが通例である．勾留質問に際しての告知は，被告事実・被疑事実についてしか明文上定められていないが，学説上，裁判の前提として面接が行われること等から，黙秘権の告知も要すると理解されている．実務上もこれを告知する取扱いが多い．アメリカでは，*デュー・プロセス'がこれを要求するとされている．

勾留質問には，調書の作成を要するため，裁判所書記官が立ち会う（刑訴規69・39）．もっとも，これ以外の者の立会いに関する規定はない．従来，*護送'の警察官が戒護の義務を負うことから，その立会いを認める運用があったが，勾留質問の趣旨に反する疑いがあるため，現在ではそのような運用は見られなくなったと指摘される．近時議論の対象とされているのは，弁護人の立会いの可否である．従来，被告人の勾留質問については裁量によりこれが認められる余地がある一方，被疑者の勾留質問への立会いは，手続の迅速性や密行性の観点から相当性を欠く場合が多く，認められるべきでないとの見解が多数説であったが，最近では，実質的な防禦権の確保という観点から，運用上可能な限りこれを認めるべきであるとの見解も学説上有力である．

なお，被告人が逃亡した場合には，勾留後に公訴事実の要旨を告知すればよい（刑訴61但・77Ⅱ）．通説によれば，この規定は被疑者が逮捕後逃亡した場合にも準用されると解される．さらに，冒頭陳述後の勾留の場合，判例上，すでに事件に関する被告人の陳述があることから，勾留質問は必要でないと解されている（最決昭41・10・19刑集20・8・864）． ［宇藤 崇］

勾留状 *勾留'の裁判を記載した裁判書．令状の一種．その記載事項には，被告人の氏名および住居，罪名，公訴事実の要旨，勾留する監獄，有効期間等が含まれる（刑訴64，刑訴規70）．勾留状の執行は，検察官の指揮によって，検察事務官または司法警察職員がこれを行う．但し，急速を要する場合には，裁判長，受命裁判官等がその指揮をとる．監獄にいる被告人については，検察官の指揮によって監獄官吏がこれを執行する（刑訴70）．執行にあたっては，被告人に勾留状を示さなければならないが，勾留状を所持しないためこれを示すことができない場合において，急を要するときは，令状の発付のある旨を告げて執行し，後に令状呈示を行うことも許される（73）．その執行後，執行を受けた被告人は勾留状の謄本の交付を請求することができる（刑訴規74）．また，勾留状を執行したときは，これに執行の場所および年月日時等を記載し，執行に関する書類は指揮した検察官または裁判官を経由して，それを発した裁判所または裁判官に差し出さなければならない（75）．また，被疑者の勾留についても，以上のことが準用される（刑訴207Ⅰ，刑訴規302Ⅰ）． ［宇藤 崇］

勾留理由開示 公開の法廷で*勾留'の理由を開示する制度（刑訴82〜86・207Ⅰ）．憲法34条後段に基づく．もっとも，その趣旨については，英米法上の*ヘイビアス・コーパス'（羅 habeas corpus）または*予備審問'を念頭におくものであることが窺われるが，必ずしも明確ではなく，また現行法上の勾留理由開示手続は何れとも異なるわが国独特の制度となっている．そのため，制度の目的につき，不明確なところを残すが，条文上，勾留取消制度が引き続き規定されていること（刑訴87）などから，一般に，不当拘禁の防止が目的であると理解されている．請求権者は，被疑者・被告人のほか，その弁護人・配偶者その他の利害関係人である（82Ⅰ・Ⅱ・207Ⅰ）．請求は，同一の勾留につき1回しかできず（86），保釈・勾留執行停止・勾留取消し等があったとき，または勾留状の効力が消滅したときは，その効力を失う（82Ⅲ）．法廷では，裁判長あるいは裁判官は勾留の理由を告げなければならない．その際，検察官，被疑者・被告人，弁護人およびその他の請求者は，意見を述べることができる（84．なお刑訴規85の3）． ［宇藤 崇］

国外犯 （英）offence committed abroad （独）Auslandstat （仏）infraction commise hors du territoire　国外犯とは，国外（自国の領域外）で犯された犯罪であり，外国の領域内で犯される犯罪と無主地（公海上や南極など）で犯される犯罪とがあるが，前者がその中心である．もっとも，自国領域外で犯された犯罪とは，通例，「自国領域内で犯されたものではない犯罪」という意味に解されており，たとえば外国で毒をもられた者が日本に到着後に死亡した場合は，国外で行為がなされていても，結果が国内で発生していることを理由に，日本では国外犯ではなく，*国内犯'として扱われることになる．その意味で，国外犯は国内犯と境を接しており，両者の区別には，*犯罪地'の概念が重要な役割を果たす．

　刑法は，通例，国内犯を罰するのを出発点としており，国内犯として*属地主義'に基づく処罰の対象とならない犯罪が国外犯である．だが，国外犯についても，自国と一定の関連を有する範囲内で，補完的に国内刑罰権を及ぼすのが通例である．そうした国外犯の処罰原理としては，①自国船舶・航空機内の犯罪を罰する*旗国主義'，②自国民による犯罪を罰する*属人主義'，③自国の存立を害するような犯罪を罰する（国家）保護主義（protective principle; Staatsschutzprinzip, Realprinzip; principe protecteur étatique, compétence réelle），④国際的法益ないし諸国共通の法益を害する犯罪を罰する*世界主義'などがある．従来は，属地主義に基づく処罰のほか，旗国主義や保護主義による処罰が，自国固有の第1次的刑罰権の行使だと解されることが多く，これに対して，属人主義や世界主義に基づく処罰は，普遍人類的な思想が伸展するにつれて，補充的な副次的管轄権が行使されるにすぎないという考え方が強くなってきている．補充的管轄権については，犯罪地の外国法を考慮した処罰（双方可罰の原則）や，すでに外国で裁判がなされていたときは，その効力を認めて重ねて処罰しないこと（国際的一事不再理）などが問題とされる．

　わが国の刑法は，属地主義のほか，その延長において旗国主義を採用し，さらに日本の重要な国家的・社会的法益を害する犯罪を，保護主義の見地から処罰するものとする．また，日本人の国外犯を処罰する犯罪を列挙して属人主義を採用し，さらに条約国外犯などについて，世界主義による処罰を規定している（刑1～4の2）．しかし，全体としては，普遍人類的な発想の乏しい規定のしかたをしており，外国法や外国裁判に対する配慮にも，消極的な姿勢が根強い（5参照）．→国際刑法，国際犯罪　［愛知正博］

国際刑事学協会　（独）Internationale Kriminalistische Vereinigung (IKV) 1889年近代学派の*リスト'，プリンス Adolphe Prins（ベルギー・1845-1919），ハメル Gerard Anton van Hamel（蘭・1842-1917）によって設けられた国際研究組織．この組織の運営方針は，旧来の形而上学的な自由意思論にかわって，犯罪原因に関する社会学的研究の必要性を強調し，また刑法のマグナカルタ的機能だけでなくその社会的機能も重視することであった．同年に第1回会議をブリュッセルで開催したのを皮切りに1913年の12回会議まで続いたが第1次世界大戦によって中断した．その後，*新派刑法学'の色彩が濃厚になるにつれて，旧派に属する研究者が脱退する動きがあり，同組織は実質的にはドイツ部会となって会議は継続されたが，1937年ナチ政権によって解散させられた．膨大な報告書・研究書を刊行し，のちの刑事思潮に大きな影響を与えた．なお，フランス・ベルギー系の研究者は1924年創設の*国際刑法学会'に吸収された．　　　　　　　　　［守山　正］

国際刑事警察機構　（英）International Criminal Police Organization (ICPO) 刑事警察に関する国際的な相互協力を確保・推進することを目的とする国際的な警察組織であり，フランス・リヨンに本部が置かれている．インターポールの略称でも呼ばれる．各国の警察機関が構成員となっており，1999年末現在で，177ヵ国が加盟している．

　ICPO の主たる機能は，国際捜査のための情報提供および情報交換の窓口となることであるが，そのほか，国際手配書の発行等により，逃亡犯罪人の身柄確保を支援するといった活動も行っている．わが国が実施している*国際捜査共助'についていえば，外交ルートによる正式な捜査共助要請によるものよりも，ICPOからの協力要請に基づくものが圧倒的に多い．

　このルートでの共助は，正規の捜査共助と比

較すると，迅速であるうえに，双罰性等の要件が必要とされないため，柔軟な対応が可能であるという利点を有する反面，協力の方法として任意処分しか認められず，また，それによって得られる情報を公判で証拠として利用することが予定されていないという限界がある．

[川出敏裕]

国際刑事裁判所 (英) international criminal court, international criminal tribunal (独) internationales Strafgericht (仏) cour pénale internationale 　国際法上の犯罪(実質的な意味の*国際犯罪')について，個人の刑事責任を国際法に基づいて裁く裁判所．戦前より模索されたが，実現したのは，第2次世界大戦におけるドイツや日本の*戦争犯罪'(広義．具体的には，通例の戦争犯罪，*人道に対する罪'，*平和に対する罪')を裁くために，連合国が設置したアドホックな国際軍事法廷(ニュールンベルクの国際軍事裁判所と東京の極東国際軍事裁判所)が最初である．この戦犯裁判に対しては，①事後法による処罰ではないか，②戦勝国だけによる不公平な裁判ではないか，などの批判があったが，国連総会は，その裁判所条例と裁判を確認した．また，国連総会の要請で，国際法委員会によりいわゆるニュールンベルク諸原則が定式化された(1950年)．

その後は，常設の国際刑事裁判所の設立が目指され，「集団殺害罪の防止及び処罰に関する条約」(1948年) 6条や，「アパルトヘイト(apartheid)犯罪の抑圧及び処罰に関する国際条約」(1973年) 5条においても，国内裁判所とならんで国際刑事裁判所の管轄が規定されたが，厳しい東西対立など，戦後の国際政治状況の下で，現実にはほとんど進展をみなかった．旧ソ連によるハンガリーへの軍事介入，アメリカ軍によるベトナム戦争時の虐殺（ソンミ Son My (Lai)事件など)，カンボジアのクメール・ルージュ(Khmer Rouge)による虐殺事件などの際にも，これを裁く国際刑事法廷の設置すら検討されなかった．

再び国際刑事裁判所が注目されるようになるのは，ソ連の崩壊に象徴される東西対立の終焉と，旧ユーゴの民族紛争などの状況が契機であった．国連安全保障理事会の決議により，旧ユーゴとルワンダの紛争における行為を裁くためのアドホックな国際刑事法廷が設置されるに及んで(旧ユーゴ国際裁判所につき1993年安保理決議827号(平5外務省告示485)，ルワンダ国際裁判所につき1994年安保理決議955号(平7外務省告示514))，国際刑事裁判所設立の気運が盛り上がり，ついに1998年7月，ローマ国連外交会議で，国際刑事裁判所設立条約(国際刑事裁判所規程)が採択された(発効には60ヵ国の批准又は加入が必要で，2002年7月1日に発効した．現在署名国数139ヵ国，当事国数72ヵ国)．集団殺害罪，人道に対する罪，通例の戦争犯罪のほか，侵略の罪について管轄する(規程5．ただし，当面は侵略の罪は訴追されない)．刑法総則，刑事手続，*司法共助'などに関する規定も，かなり整備されている．ただ，アメリカと中国が条約に賛同しておらず，発足しても実効的に活用できるか懸念がもたれている．

[愛知正博]

国際刑法 (英) international penal law (独) internationales Strafrecht (仏) droit pénal international　**1 概念**　犯罪行為とその統制は，さまざまな観点から国際性・渉外性を持ちうる．そのため，国際刑法の語は，*国際犯罪' の語と同様に，多義的に使われている．広義では，国際刑法とは，この全体を扱う法分野を指す．この場合は，国際刑事法(international criminal law)と呼ぶことも多い．

犯罪行為自体に渉外性がある場合としては，犯罪が国外で犯される場合(*国外犯')，外国人が犯す場合(*外国人犯罪')，外国法益や，国際的法益ないし諸国共通の法益を害する場合(たとえば，*外国公務員に対する贈賄'，*人道に対する罪'，*戦争犯罪'，*平和に対する罪'，海賊行為，航空機の強取，外交官・国連要員等に対する犯罪)などがある．こうした渉外性を有する犯罪に対して，国内刑罰権(管轄権)をどの範囲で及ぼすか(国内刑法の場所的適用範囲)を規定する国内法規を，刑法適用法(Strafanwendungsrecht)という．古典的には，国際刑法とは，これを指す．

これに対して，犯罪統制の面で渉外性がある場合としては，①*国際司法共助' の手続や外国人事件などの国内司法手続のように，刑事手続

自体に渉外性がある場合と，②犯罪の成否ないし刑事手続について，国際法による規制が存在する場合という，次元の異なる2つの場面がある．後者の場面の国際法は，刑事国際法（Völkerstrafrecht, droit international pénal）といい，この分野は実質的な意味の国際刑法ないし国際刑事法とも呼ばれる．

2 理念 国際刑法のあり方に関する基本思想には，関心の重点は，①自国利益の保護か，普遍的な国際協力か，②国家の利害か，個人の人権か，という2つの対抗軸がある．

①の面では，かつては国家刑罰権の思想が強く，自国の利害を中心とした国家主義的発想が基調であった．しかし，現在では，犯罪現象が国境を越えて広域化したため，あるいは国際交流の基盤としての安全を確保するため，犯罪統制にも国際的視野と協力の必要なことが認識されて，国際協力思想が浸透している．

これに対して，②の側面では，国内的には人権尊重主義が確立されたあとも，国際面では国家の利害に比重を置く傾向があった．国際協力も，相互主義的に各国のまたは諸国共通の刑罰関心・訴追利益を守り合うことを基調とした主権国家の連帯にすぎなかった．伝統的な国際社会が主権国家間の利害調整・協調を基本としていたことの反映である．しかし，現在では，この面でも，普遍人類的な思想の進展と基本的人権の普遍性などを背景に，人権尊重思想の伸長がみられる．

3 制度 刑法適用法の分野では，①自国内で犯される犯罪（*国内犯'）は，外国人によるものでも罰する*属地主義'のほか，国外犯について，②自国民による犯罪を罰する*属人主義'，③自国の存立を害するような犯罪を罰する（国家）保護主義，④国際的法益ないし諸国共通の法益を害する犯罪を罰する*世界主義'などの処罰原理がある．普遍人類的な管轄権の国際的分配の思想とも関連し，行使されるのは，固有の第1次的管轄権か補充的な副次的管轄権かという性質が問題とされるほか，外国法の考慮，外国裁判の効力（刑5参照）なども問題とされる．

外国や国際機関との司法共助は，捜査から犯罪者の社会復帰まで，さまざまな手続段階で問題となる．従来とくに重要と考えられたのは，*犯罪人引渡し'や*国際捜査共助'などである．司法共助で入手した外国証拠は，外国人事件でなくても，国内手続において取扱いが問題となる．

実質的な意味の国際刑法は，とくに国際的法益ないし諸国共通の法益を害する犯罪に関して発達している．国際慣習法や条約による犯罪化だけでなく，*国際刑事裁判所'による処罰もありうる．なお，国際人権規約をはじめとした国際人権法も，刑事規制に関わる． ［愛知正博］

国際刑法学会 （英）International Association of Penal Law （仏）Association Internationale de Droit Pénal 1888年に*リスト'，プリンス Adolphe Prins（オランダ・1845-1919），ハメル Gerard Anton van Hamel（ベルギー・1842-1917）などによって*国際刑事学協会'（Union Internationale de Droit Pénal, Internationale Kriminalistische Vereinigung = IKV）が創設され，数ヵ国で支部がつくられたが，第1次大戦によって，機能停止となった．その活動を継承するかたちで，国際刑法学会が1924年にパリで創設された．同学会の主催で第2次大戦前に4回の国際刑法会議が開かれた．戦後初の国際刑法会議は1947年にジュネーブで開催されている．

国際刑法学会は，刑法および犯罪学に関する主要な国際機構のひとつであり，その目的とするところは，刑法上の諸問題ならびに犯罪学の研究である．国際刑法学会は国連などとの緊密な連携のもとに，刑法・刑事訴訟法・刑事政策に関する調査・研究を推進し，多くの政策提言を行ってきている．国際刑法学会は NGO（非政府組織）であり，国連の経済社会理事会の諮問機関としての地位を有する．定期刊行物として，Revue internationale de droit pénal があり，パリで出版されている．

ジュネーブの戦後第1回会議の後，ローマ（1953），アテネ（1957），リスボン（1961），ハーグ（1964），ローマ（1969），ブタペスト（1974），ハンブルグ（1979），カイロ（1984），ウィーン（1989），リオデジャネイロ（1994），ブタペスト（1998）で開催されている．1961年の第6回会議以降，国際刑法会議，*国際連合・犯罪防止及び犯罪者処遇会議'，*国際社会防衛会議'，

*国際犯罪学会議’，国際刑法および刑務財団の5つが5年のサイクルで順繰りに開催されることになり，国際刑法会議も5年に1回，開催されている．

国際刑法会議では，全体会議で決議を採択するが，そのために事前に数回の準備会が開催され，ナショナル・レポートが提出され，政策提言を含む決議案が準備される．国際刑法学会は多くの国々で国別の支部をもつ．日本の刑事法学者も国際刑法学会に多数参加しており，日本刑法学会から国際刑法会議に代表派遣が行われており，準備会にも参加することが多い．

［斉藤豊治］

国際司法共助 （独）internationale Rechtshilfe **1 意義** 捜査，裁判といった刑事手続の実施は，主権の行使の一内容とされるため，たとえば，わが国の捜査機関が，外国の領域内で被疑者を取り調べたり，住居の捜索を行ったりすることは，その国の承認がないかぎりはできない．しかし，犯罪が国外で行われたような場合には，その証拠が当該外国内に存在する事態が当然に予想されるし，また，犯罪自体は国内で行われたとしても，犯人が国外へ逃亡してしまうといったこともありうる．こうした事態に対処するために，刑事手続に関し，各国の司法機関や捜査機関の間での国際協力が行われている．これを，一般に，国際司法共助と呼ぶ．伝統的にこの内容とされてきたものは，*犯罪人引渡し，捜査・公判段階での証拠の提供，文書の送達であるが，近年においては，それ以外に，外国の刑事裁判の執行や，刑事訴追の移管等の新たな形態の司法共助も現れてきている．

2 証拠の提供 これを主体の面から見ると，捜査機関が主体となるもの(*国際捜査共助')と，裁判所が主体となるもの(狭義の国際司法共助)とに区分できる．これらの共助手続を通じて提供された証拠がわが国の刑事手続において証拠能力を有するか否かは，あくまで，わが国の憲法および刑事訴訟法に基づいて決定される．

狭義の司法共助については，現在のところ，アメリカおよびイギリスとの間で条約が結ばれているほか，いくつかの国との間で，そのための取決めが存在している．それ以外の国との間では，個別の外交折衝に基づき，外交ルートを通じて共助が行われることになる．

狭義の司法共助のうち，外国の裁判所の要請に応じてわが国の裁判所が共助を行うための要件や手続を定めた法律が，外国裁判所ノ嘱託ニ因ル共助法である．これに対して，刑事事件につき，わが国の裁判所が外国の裁判所に対して嘱託を行う場合の手続等について定めた特別の法律は存在しておらず，また，刑事訴訟法の中にも，それに対応する規定はない．しかし，それは，嘱託を禁じる趣旨ではなく，受訴裁判所は，その訴訟指揮権に基づき，外国の裁判所に対しても証拠調べの嘱託を行う権限を有すると解されている(東京高判昭59・4・27高刑37・2・153)．→国際犯罪 ［川出敏裕］

国際社会学会・逸脱と統制部会 （英）Research Committee on Deviance and Social Control, International Sociological Association 国際社会学会International Sociological Associationを構成する研究部会 research committee のひとつで，逸脱と社会統制をテーマとする．カナダの犯罪学者ハックラー James Hackler(加・1930-)らによって創設された．4年ごとに開催される世界社会学大会において部会を設置するほか，ニュースレターの発行等によって，メンバー間の交流を図っている．日本からは横山実が副会長を務めたことがある． ［宮澤節生］

国際社会防衛会議 （仏）Centre international pour les études de défense sociale

イタリアの弁護士フィリッポ・グラマティカ (Filippo Gramatica, 1901-79)によって創設された国際社会防衛学会(Société internationale de défense sociale: SIDS)の主催する国際会議で，1947年イタリアのサン・レモで第1回の会議が開催されて以来，5年ごとに，ほぼ定期的に開催されている．*社会防衛に関するイタリアの急進派とフランスの穏健派との対立の激化によって開催が危ぶまれたこともあったが，1954年の第3回のアントワープ会議において両派の最小限綱領が採択された．1984年には，この綱領の追加議定書が採択されている．*アンセル' Marc Ancel(仏・1902-90)の『新社会防衛論 La Défense Sociale Nouvelle』(初

版1954年,2版1966年)の出版以来,刑法の存在を維持しつつ,人道的な再社会化によって社会防衛の実を上げようとする穏健派の*新社会防衛論'の影響が強くなっていった.最近の会議のテーマは,「社会的周辺性と司法」(第9回カラカス),「都市と犯罪」(第10回テサロニキ),「犯罪の国際化と犯罪対策の国際化」(第11回ブエノスアイレス),「環境保全と基本的人権」(第12回パリ),「汚職と行政・司法の独立」(第13回レッチェ)である. [石塚伸一]

国際捜査共助 **1 意義** 犯罪捜査は国家主権の行使の一内容とされるため,外国の領域内においては,その国による承認を得られなければ捜査活動を行うことはできない.そこで,必要な場合には,外国の捜査機関に対して,捜査を依頼し,証拠の提供を求め,また,外国の捜査機関から依頼を受けた場合には,そのための措置をとることになる.これが,国際捜査共助である.現在のところ,わが国は,そのための特別な条約をどこの国とも結んでいないため,捜査共助は,個別の折衝に基づき,外交ルートを通じて行われることになる.

2 要件と手続 国際捜査共助のうち,外国からの要請があった場合の共助の要件や手続を定めた法律が国際捜査共助法であり,そこでは,相互主義の保証を前提に,共助要請に応じることとされている(2③).その場合は,関係人の取調べや鑑定の嘱託のほか,裁判官の令状を得たうえでの,捜索・差押え,検証といった強制処分も認められる(8).ただし,共助を行うためには,共助犯罪が政治犯罪でないこと(2①),共助犯罪が日本で行われたとした場合において,日本の法令によっても罪に当たること(2②,抽象的双罰性)が必要である.

他方,わが国の捜査機関による外国に対する捜査共助の要請は,刑事訴訟法197条1項に基づいてなされる.その後の手続は,相手国の法令に従って進行することになる.

3 国際捜査共助の問題点 犯罪の国際化が進展し,国際捜査共助の重要性が高まる一方で,現在の共助手続には,第1に,それが正式な外交ルートを通じて行われるものであるため,迅速性に欠けること,第2に,そのための要件として双罰性が要求されているため,一方の国で新たな犯罪類型に対する処罰規定の整備が遅れていると,共助ができないという事態が起きかねないという問題点がある.そのため,その実効性を高め,国際犯罪に有効に対処するために,国際的なレベルで,共助手続の改善や,その要件の見直しの議論が行われている.

また,実務では,正式な共助ルートとは異なる*国際刑事警察機構'などを通じた法執行機関同士の情報提供が広く実施されており,実際の捜査共助の件数においては,むしろ,そちらの占める割合のほうが高い.→国際司法共助,犯罪人引渡し [川出敏裕]

国際的な協力の下に規制薬物に係る不正行為を助長する行為等の防止を図るための麻薬及び向精神薬取締法等の特例等に関する法律 「麻薬及び向精神薬取締法等の一部を改正する法律」と並び,いわゆる麻薬新条約等に対応して立法された,いわゆる麻薬二法のひとつ.しばしば,「麻薬特例法」と略称される(平3法94,平3・10・5公布,平4・7・1施行).

1 国際条約等 1909年に上海で開催された国際あへん会議以来,薬物規制に関する多くの国際条約・国際協定が締結されてきたが,1961年,これらは,「麻薬に関する単一条約」(Single Convention on Narcotic Drugs)に一本化された.その後,1971年に,単一条約の規制対象から外れていた幻覚剤等の薬物を規制する「向精神薬に関する条約」(Convention on Psychotropic Substances)が締結され,乱用薬物全般をカヴァーする国際的な規制体制が一応整ったが,これにもかかわらず,薬物乱用問題はむしろ深刻の度を深めた.このような状況の中で,巨大な利益を生む薬物の不正取引をより強力に規制することの必要性は,国際社会の共通認識となり,1984年,国連総会において,新しい局面に対応する新条約の必要性を確認する決議がなされ,これが,1988年,「麻薬及び向精神薬の不正取引の防止に関する国際連合条約」(United Nations Convention against Illicit Traffic in Narcotic Drugs and Psychotropic Substances),いわゆる麻薬新条約として結実した(1990年11月発効.わが国は,1992年6月に批准書寄託).また,1989年のアルシュ・サミ

ット (Arch Summit) の経済宣言を受けて招集され，わが国を含む15ヵ国とEC (2000年1月現在は26ヵ国および欧州委員会，湾岸協力会議)が参加した「金融活動作業グループ」(Financial Action Task Force on Money Laundering [FATF])は，翌1990年7月のヒューストン・サミット (Houston Summit) に，*マネーロンダリング'対策に関する勧告 (Forty Recommendations)を含む報告書を提出した．

2 麻薬新条約等と国内法の整備 上記麻薬新条約は，締約国が，薬物の不正取引に由来する財産の隠匿・偽装行為 (いわゆるマネーロンダリング)等の処罰(3)，不法収益の没収(5)等，薬物の不正取引を経済的な側面から抑止するための措置を取ることや，薬物の不正取引等の国外犯を処罰すること(4)，監視付移転 (*コントロールド・デリバリー')の手続を設けること(11)，薬物原料に規制を加えること(12)等をその内容としている．また，FATF報告書は，金融機関に対し，疑わしい取引を当局に任意にまたは義務的に届出させること(勧告16)等を勧告している(1996年改定で義務の報告に変更[勧告15])．わが国は，これらの動きを受けて，国内法の整備を行い，薬物原料等の規制や国外犯処罰については，上記「麻薬及び向精神薬取締法等の一部を改正する法律」による，いわゆる麻薬四法 (*あへん法'，*覚せい剤締法'，*大麻取締法'，*麻薬及び向精神薬取締法') の改正で対応し，マネーロンダリングの処罰や不法収益の没収，金融機関の報告義務等については，本法によって対応した．

3 本法の構成 本法は7章72条から成る．3条および4条は，それぞれ，上陸の手続の特例，税関手続の特例を設けて，コントロールド・デリバリー実施のために禁制薬物を通関させることを可能としている．5条から7条までは，それぞれ，金融機関等による疑わしい取引の届出，郵政大臣による疑わしい取引の記録，金融機関から届け出られた文書等の捜査機関による閲覧等について定め，金融機関に対し，その守秘義務にかかわらず，疑わしい取引を届け出る義務を負わせている．8条から19条までの罰則は，業として行う不法輸入等，不法収益等隠匿，不法収益等収受等の処罰，没収・追徴等について

規定し，20条から23条までは，没収に関する手続の特例を，24条から55条までは，没収，追徴されるべき財産の凍結に関する，没収保全，追徴保全の手続を定めている．→薬物犯罪

[近藤和哉]

国 際 犯 罪 （英）international crime 国際法違反を理由として，国家ではなく個人が刑事責任を問われる行為．国外で自国の刑罰法令に違反した自国民を当該国が処罰する*国外犯'とは異なる．国際犯罪を規定する国際法を刑事国際法 criminal international law と呼ぶ．これに対して，*国際刑法'international criminal law という概念は，国外犯規定の意味で使われる場合と刑事国際法の意味で使われる場合とがある．

国際犯罪は，いくつかの類型に分けることができる．第1に，国際慣習法によって認められてきた古典的形態がある．その代表例は海賊行為で，古くから，発見国にそれを処罰する普遍的管轄権があると考えられてきた．そのほか，奴隷貿易や戦時国際法違反も，すでに18世紀から19世紀にかけて国際犯罪と認められていたと言われる．

第2類型は，最近になって現れたもので，ハイジャック，人身売買，麻薬取引，国際的環境汚染等，複数の国々が協力して対処する必要があると考えられるようになった犯罪行為である．この場合も刑罰権を発動するのは個々の国家であるため，犯罪定義と処罰内容を共通化するために個別に国際条約が締結される．

第3類型は，第2次大戦の悲惨な経験を踏まえて発展してきた類型で，国家行為の一環としてなされた行為に対しても個人の刑事責任を問うものである．その契機となったニュールンベルク裁判(国際軍事裁判所)と東京裁判(極東国際軍事裁判所)では，戦時国際法違反行為だけではなく，侵略戦争開始の行為(平和に対する罪)や人道に反する行為(人道に反する罪)に対する責任も追及された．そして，1948年に国連総会において全会一致で採択されたジェノサイド条約(集団殺害罪の防止及び処罰に関する条約)では，国民的，人種的・民族的，あるいは宗教的な集団の一部または全部を破壊する意図をもって行われた一定の行為を国際犯罪と定義し，

国内裁判所と国際刑事裁判所International Criminal Court(ICC)の双方において個人の刑事責任を問いうることとした．

しかし，ICCの設立は，1998年7月にローマにおいて国際刑事裁判所規程が採択されるまで待たなければならなかった．同規程は，ジェノサイド(集団殺害)罪，人道に対する罪，戦争犯罪，および侵略の罪という4つの犯罪を国際社会全体の関心事たる最も重大な犯罪と定義して，無期または30年以下の拘禁刑，罰金，犯罪から生じた財産の没収等を規定しており，ICCはオランダのハーグに設置された．戦争犯罪に関するICCの管轄権を一定期間拒否しうるという規定や，侵略の定義とICCの管轄権行使の条件について合意が成立しなかったためにICCは合意成立まで管轄権を行使しないという規定はあるものの，国際犯罪の概念と処理手続を確立することに寄与するものとして，大きな成果であると言えよう．→世界主義，国際司法共助

[宮澤節生]

国際犯罪学会議　(英) International Congress of Criminology　(仏) Congrès international de criminologie　現在世界の犯罪学研究者を組織する母体として最も有力なもののひとつである国際犯罪学会(仏)Société internationale de Criminologie(本部はパリ)が開催する国際会議である．国際犯罪学会は，*ロンブローゾ'，*フェリー'，*ガロファロ'など*イタリア学派'により組織された国際犯罪人類学会を継承するものとして，犯罪人類学，*犯罪生物学'，*犯罪心理学'，*犯罪精神医学'等の研究成果を基礎に，犯罪の予防と犯人の改善を推進することを目的として，1937年に設立され，翌1938年にローマで第1回会議を開催し，少年犯罪問題，犯罪者の人格調査，刑事裁判官に対する犯罪学的予備教育などに関連する犯罪学上の重要問題を討議した．その後，第2次世界大戦で中断の後，1950年にパリで第2回会議を開催し，その間に若干の曲折はあったが，今日では5年ごとに会議を開催している．1993年のブダペスト(第9回会議)に引き続き，1998年にはソウルで，アジアで初めての会議が開催された．→犯罪学

[上田寛]

国際被害者学シンポジウム　1979年に設立された世界被害者学会(World Society of Victimology)が主催する国際シンポジウムである．シンポジウムは学会に先立ち，1973年にイスラエルで開催されたものが最初で，近年は3年に1度ずつ開催されている．被害者の権利，*被害者学'は国際的に見ても現代の重要なテーマであり，国連会議にもNGOとして参加し，犯罪被害者に関する政策の立案に活発にかかわっている．

[上田寛]

国際連合・アジア極東犯罪防止研修所　(英) United Nations Asia and Far East Institute for the Prevention of Crime and the Treatment of Offenders(略称UNAFEI)

国際連合と日本国政府との間の協定に基づき設立された研究・研修施設であるが，日本国内の法制上は法務省に属する*法務総合研究所'の一部である．*刑事政策'の領域においてアジア極東地域各国の要員のための研修，調査研究および情報収集を行うことを目的として運営されている．教官・研究員の多くは検事であるが，外国からも多数の研究者を招聘して，日本およびアジア各国からの研修生に対して刑事政策に関する研修を実施している．

[上田寛]

国際連合・犯罪と司法に関する研究所　(英) United Nations Interregional Crime and Justice Research Institute(略称UNICRI)　国際連合経済社会理事会の決定により1968年ローマに設置された「国際連合社会防衛研究所United Nations Social Defense Research Institute(略称UNSDRI)」を拡充・改組して，1989年に設立された研究所である．犯罪を予防・統制するために社会経済的な変化と発展に向けた政策を統合し，また人権を擁護することをめざす研究を行い，この方向での国際機関，各国政府および非政府組織の活動を援助することを目的として掲げている．研究所は社会経済理事会の「犯罪予防および刑事司法委員会」の一般的な援助のもとに活動している．研究所は，イタリア政府との協定に基づき，近年中にトリノ市へと移転する予定である．

[上田寛]

国際連合・犯罪防止及び犯罪者処遇会議

1 経緯　国際連合・犯罪防止及び犯罪者処遇会議は，1950年12月の国連総会において5年ご

とに開催することが決議された犯罪および犯罪者に関する国際会議である。19世紀以降，犯罪防止や犯罪者処遇に関する多くの国際会議が開催されてきた。中でも，刑務所制度の改善を目的として，E.C.ワインスによって設立された国際刑務会議は，1872年にロンドンで第1回会議を開催して以降，各国で開かれてきた。日本も，1878年ストックホルムで開催された第2回会議には大久保利通等の名で報告書を提出し，1890年のペテルスブルク会議より代表を派遣している。国際刑務会議は，1930年のプラハ会議から国際刑法及び刑務会議と改称された。1929年から1933年にかけて「被拘禁者処遇最低基準規則」を起草し，これは，1934年，若干の修正を経て国際連盟により採択されている。この会議は，1950年の第12回会議まで続けられたが，これを継承して犯罪防止及び犯罪者処遇国連会議(国連犯罪防止会議)が誕生してからは，国際刑法および刑務財団(IPPF：International Penal and Penitentiary Foundation)として活動している。

2 活動 国連犯罪防止会議は，1955年にジュネーブで第1回会議を開催して以降，5年ごとに開催され，1970年には，京都でも第4回会議が開催されている。1995年のカイロ会議を含めてこれまで9回の会議が開かれている。第1回会議では，「国連*被拘禁者処遇最低基準規則」が採択され，1957年国連経済社会理事会で承認された。これは，世界各国における被拘禁者処遇の指針となるもので，国連は，加盟国に対しこの規則の充足を求め，5年ごとにその実情報告を提出させている。とりわけヨーロッパは先進国のみの地域集団であることから，この国連規則をさらに人権保障の面で促進した独自の規則を設けている。

ヨーロッパ理事会は，1955年の国連規則を1973年に部分改正したのに続き，1987年にはこれを再改訂し「ヨーロッパ刑事施設規則」を作成した。これは，国連規則が被拘禁者の処遇に最も重い比重を置いていたのに対し，人間の尊厳の確保を基本原則の第1に掲げ，それを全規定の根底にすえることを明らかにしている。その後，国連犯罪防止会議が採択した最低基準規則としては，1985年ミラノで開催された第7回会議で採択された「少年司法運営に関する国連最低基準規則」(北京ルールズ)，そして，1990年ハバナで開催された第8回会議で採択された「非拘禁措置に関する国連最低基準規則」(東京ルールズ)がある。　　　　　　　　　［土井政和］

国税犯則取締法 国税(関税およびとん税を除く)に関する犯則調査および処理について定めた法律である(明33法67)。個々の租税法に定める犯罪が行われた具体的な疑いがある場合に，これを犯則事件といい，それを明らかにするためになされる調査を犯則調査とよぶ。本法では，収税官吏による犯則調査手続や間接国税の犯則事件に対する通告処分，その他検査妨害等の罪について規定している。

犯則事件の調査は，事件の特質にかんがみて，収税官吏とよばれる租税行政職員によって行われる。収税官吏は，任意調査として，質問や物件の検査・領置ができる(税犯1)。これは任意調査ではあるが，一定の場合には罰則もある(19の2)。他方，強制調査として，臨検や捜索・差押えをすることもできる(2)。強制調査には，原則として裁判官の発する許可状が必要とされるが，要急事件については，許可状を要しない(3)。

この国税犯則取締法3条の規定の合憲性について，最高裁判所は「少なくとも現行犯の場合に関する限り，法律が司法官憲によらずまた司法官憲の発した令状によらずその犯行の現場において捜索，押収等をなし得べきことを規定したからとて，立法政策上の当否の問題にすぎないのであり，憲法35条違反の問題を生ずる余地は存しない」としている(最判大昭30・4・27刑集9・5・924)。しかし現行犯逮捕がなされない場合の強制調査について，まったく立法政策上の当否の問題にすぎないといいうるのか，問題がある。またこの論点との関係で，17条の告発前の犯則調査手続が，行政手続であるのかそれとも刑事手続であるのか争われているが，告発や通告処分の前提手続であることから，実質的には刑事的な手続である。

犯則調査の結果，収税官吏が直接国税に関して犯則事件があったと思料したときは，直ちに告発の手続をとらなければならない(12の2)。間接国税の場合には，国税局庁または税務署長

が懲役刑に当たる情状であると考えるか，または犯則者に通告処分の内容を履行する資力がないと考える場合以外は，通告処分をしなければならない(14)．通告処分をしない場合には，直ちに告発しなければならない．

この法律は，地方税の犯則事件にも準用されている．　　　　　　　　　　　　　[福島 至]

国選弁護 **1 意義** 被告人のために国が*弁護人'を選任することを国選弁護という．日本国憲法37条3項は，被告人が自ら弁護人を依頼することができない場合に，国が弁護人を選任することにしている．これを受けた刑事訴訟法は，裁判所または裁判長が必要的に弁護人を選任する場合と裁量的に選任する場合を規定している．

必要的に弁護人を選任するのは次の2つの場合である．①被告人の請求による場合．被告人が貧困等により弁護人を選任できない場合には，裁判所は，被告人の請求により国選弁護人を選任しなければならない(刑訴36)．②いわゆる必要的弁護事件の場合．死刑または無期もしくは長期3年を超える懲役もしくは禁錮にあたる事件を審理する場合には，弁護人がなければ開廷することができない(289Ⅰ)．このような事件で，弁護人が選任されていないか選任されていても出頭しない場合には，裁判長が職権で弁護人を選任しなければならない(同Ⅱ)．

裁量的に弁護人を選任することができるのは，次の2つの場合である．①とくに保護を要する被告人である場合．被告人が未成年であるとき，年齢70歳以上の者であるとき等に弁護人がいない場合には，裁判所は弁護人を選任することができる(37)．②①の場合で，弁護人が選任されているにもかかわらず，出頭しない場合には，裁判所が弁護人を選任することができる(290)．

2 辞任等 国選弁護人の役割と刑事訴訟法上の権限は，被告人等が自ら選任した*私選弁護'人と全く変わるところがない．しかし，国選弁護人が辞任できるかは争いがある．通説・判例(最判昭54・7・2刑集33・5・416)は，裁判所の国選弁護人の選任行為が「裁判」であるという立場をとっており(裁判説)，裁判所が正当な理由があると認めて解任しない限り，弁護人はその地位にとどまらなければならないとしている．

これに対して，弁護士の承諾によって選任の効力が発生するとする考え方も有力であり(公法上の契約説)，この説によれば弁護人の辞任の申し出によって直ちに辞任できることになる．いずれにせよ，弁護人の意思を尊重せずして十分な弁護を期待することが困難であることを銘記する必要がある．

また，*必要的弁護'事件であるにもかかわらず弁護人がいない場合に，国選弁護人を選任しないまま開廷することができるかについても見解が分かれる．学説の多くは，消極説に立つが，判例は，選任の困難性が被告人による妨害などに起因する場合には，例外を認める内部的制約説をとっている(最決平7・3・27刑集49・3・525)．しかし，国選弁護の放棄は認めないというのが判例の立場でもある(最判昭23・10・30刑集2・11・1435)．

弁護人の日当，報酬等は国が負担するが，被告人に支払能力があれば，有罪になった場合に訴訟費用として出費を求められることがある(181Ⅰ)．

3 捜査段階 現行法では，被疑者のための国選弁護は認められていない．しかし，捜査段階にも国選弁護が必要であるという認識は広がっている．逮捕された被疑者のために，弁護士が無料で面会に赴く*当番弁護士'制度や被疑者が弁護人を依頼するための費用を法律扶助協会が援助する被疑者弁護人援助制度が行われており，被告人の場合と同様の国選という方式をとるかどうかはともかくとして，公費による被疑者弁護制度の法制化は現実的な課題になっている．
→公設弁護人　　　　　　　　　　[大出良知]

告　訴 (独) Strafantrag **1 意義** 告訴権者(被害者その他一定の者．刑訴230～234)が*捜査機関'に犯罪事実を申告し，その訴追を求める意思表示．

*被害届'は，犯罪事実の申告にとどまり，訴追を求める意思表示が含まれていないから，告訴とはいえない．また*告発'は，告訴権者および犯人以外の「何人でも」(239Ⅰ)行うことができる点で，告訴と異なる．

*請求'は，基本的に告訴と同じだが，申告の主体が異なる．そのため，告訴の厳格な方式などを遵守させるのが適当でなく，告訴の期間や方

告訴権者は、まず被害者である(230). 被害者が未成年者や禁治産者の場合は、親権者や後見人が法定代理人として独立して告訴できる. 被害者が死亡したときは、被害者の配偶者なども、被害者の明示の意思に反しない限り、告訴できる(231). また、死者の名誉を毀損した罪については、死者の親族または子孫が、告訴できる(233 I).

2 告訴の手続 告訴は、*検察官*または*司法警察員*に、書面または口頭でしなければならない. 告訴が口頭でなされたとき、検察官または司法警察員が調書を作る(241). 司法警察員が告訴を受けたときは、これに関する書類および証拠物を検察官に送付しなければならない(242). 告訴があった事件について、検察官はその処分(公訴を提起し、もしくは公訴を提起しなかった、または公訴を取り消し、もしくは事件を他の検察庁の検察官に送致したという処分)について、速やかに告訴人に通知しなければならない. また、公訴を提起しなかった場合には、告訴人から請求があれば、速やかに、不起訴の理由を告げなければならない(260・261).

親告罪(性犯罪を除く)の告訴は、犯人を知った日から6ヵ月以内にしなければならない(235). 告訴人が数人あるとき、告訴期間の計算はそれぞれに応じてなされる. 1人が告訴期間内に告訴しなくても、他の告訴人の告訴に影響を与えない(236).

3 告訴の効力 告訴は、非親告罪では*捜査の端緒*となるにすぎない. だが、親告罪については、告訴は*訴訟条件*だから、親告罪について告訴がなければ、検察官は公訴を提起することができず、告訴なしで公訴提起がなされても、その公訴は棄却される.

親告罪では、告訴は訴訟条件である. このことは、*公訴権*行使が私人である告訴権者の意思によって左右されることを意味する. 告訴権者が告訴権を身勝手に使うことになれば、公訴権の適正な行使が損なわれかねない. そこで、法は告訴手続を厳格にし、告訴期間を設けた. さらに、以下のような制約を課している. 告訴は、公訴の提起があるまでは、これを取り消すことができる. だが、告訴を取り消した者は、さらに告訴をすることができない(刑訴237).

告訴や告訴の取消の効力は、それが犯罪事実の一部または共犯者の1人に対してなされたものであっても、犯罪の全部または共犯者全員に及ぶ. これを*告訴不可分の原則*という(238). この原則もまた、公訴権の適正な行使と告訴権者の意思との権衡の視点から、説明しようとする説がある.

職権濫用の罪につき告訴をした者は、検察官の公訴を提起しない処分に対して不服があるときは、その検察官が所属する検察庁の所在地を*管轄*する裁判所に、付審判の請求をすることができる(262, *付審判制度*).　　[寺崎嘉博]

告訴不可分の原則　(独) Prinzip der Unteilbarkeit des Strafantrags　犯罪事実の一部に対して、*告訴*または告訴の取消がなされたとき、その効力は犯罪事実の全部に及ぶ(告訴の客観的不可分). また、共犯者がいるとき、共犯者の1人または数人に対してなされた告訴または告訴の取消の効力は、他の共犯者に対しても及ぶ(刑訴238. 告訴の主観的不可分). 告訴の客観的不可分と主観的不可分とを併せて、告訴不可分の原則という.

客観的不可分の根拠につき、1個の犯罪は刑罰権が不可分だから、告訴の対象も不可分として扱うべきだと解するのが通説である. これに対して、公訴権の適正な行使と告訴人の意思との権衡という観点から、客観的不可分の根拠を考える有力説もある.

告訴の客観的不可分には例外がある. *科刑上一罪*に当たる数罪について、被害者が異なる場合に、被害者の1人がした告訴は、他の被害者の関係では効力を生じない. たとえば、同一文書でA、B両名の名誉が毀損された事案で、Aの告訴があっても、告訴をしなかったBの名誉毀損について、裁判所は審判できない(名古屋高判昭30・6・21高刑特2・13・657). また、1人の被害者に対する数罪(科刑上一罪)が、非親告罪と*親告罪*、たとえば住居侵入と強姦である場合、住居侵入に限定した告訴の効力は、強姦に及ばない. もっとも、この例で住居侵入は非親告罪だから、住居侵入についての告訴は親告罪の告訴といえず、客観的不可分の例外と見るのは不正確だという見解もある.

告訴の主観的不可分の根拠は，以下のように説明される．告訴は犯罪事実に対する訴追の意思表示であって，犯人に対するものではないから，特定の人を犯人だと指し示すのが告訴の要素ではない．実際，告訴をするとき，常に被疑者が特定できるわけではない．だから被疑者を特定する必要はなく，他方で，共犯者の1人に限定して告訴をしても，その効力は全員に及ぶ，と．ただ，これにも例外がある．たとえば，Aが共犯者BとともにAの叔父Cから金を騙し取ったが，CがBだけを告訴したような場合，この告訴はAに影響を及ぼさない．つまり*親族相盗例'(刑244)で，非身分者だけに対してなされた告訴の効力は，身分関係のある共犯者に及ばないのである．もっとも，非身分者だけを指示した告訴は，そもそも親告罪の告訴とはいえず，主観的不可分の問題とは無関係だという見解もある． [寺崎嘉博]

国内犯 （独）Inlandstat （仏）infraction sur le territoire　国内(自国領域内)で犯される犯罪．この処罰は，国内の秩序・安全の維持の見地から，刑法の本源的な役割とされる．国内犯は，たとえ外国人により犯されるものでも，自国の刑罰権を及ぼす処罰原理は，*属地主義'と呼ばれている，従来，もっとも基本的なものと考えられている(刑1Ⅰ参照)．

こうした刑事法の観点からの「自国領域」も，基本的には，国際法的に領域主権が及ぶ地域(領土，領海，領空)と一致する．しかし，ことがらの性質上，自国の領域支配・統治権が，常態として，実質的に及んでいない地域(復帰前の沖縄や，現在も実質的にロシアの統治下にある北方領土など)は除かれる．むろん，外国大使館内などのように，ただ裁判権の行使が制約を受けるにすぎない場所は，領域に含まれる．出国手続を終えたあとの空港の出発ロビーや，自国の領海・領空を航行中の外国船舶・航空機内も，「国内」である．ただ，船舶については，無害通行権があり，海上犯罪に対する刑事裁判権の行使については特別な制約を受ける．なお，排他的経済水域や大陸棚に設置された沿岸国の人工島，施設および構築物は，沿岸国の領域に準じて扱われる(海洋法約60・80)．

他方，自国の船舶・航空機は「自国領域」(「浮かぶ領土」)ではない．その中で行われた犯罪は，国内犯に準じて扱われることも多いが，本質的には別個の犯罪で，異なる配慮を要することも多い．こうして，自国の船舶・航空機内の犯罪を罰する処罰原理は，厳密には属地主義と区別して，*旗国主義'と呼ばれている．

犯罪が領域「内で犯される」とは，*犯罪地'が国内ということである．したがって，犯罪地の概念をどのように理解するかで，国内犯とされる犯罪の範囲は異なる．かりに，何か被害が生じた所が犯罪地だとすると，犯罪のわずかな影響が国内に及ぶだけでも，国内犯である．現在，構成要件に該当する事実の一部でも発生した地は犯罪地だというように，その概念をある程度広くとらえ，国内犯として処罰する範囲を広くとる立場が優勢である．しかし，その結果，いろいろな要因から国内犯とされるものが，そこには含まれることになる．自国の利害から国内犯の範囲を不均衡に拡張するのは，むろん妥当でないが，さらに普遍人類的な見地から，国内犯とされる要因の違いを考慮した処罰のしかたを考えることも，検討に値するだろう．→国外犯 [愛知正博]

告　発　犯人・*捜査機関'・告訴権者以外の者が，捜査機関に対し犯罪事実を申告し，その訴追を求める意思表示．*自首'は犯人が自ら犯罪事実を申告するものであり，*告訴'は告訴権者にしかできないが，告発は誰でもできる．

告発は一般の私人にとっては権利にすぎないが，国家公務員または地方公務員には義務となることがある(刑訴239)．また一般的には，告発は*捜査の端緒'にすぎない．だが，明文規定によって(独禁96Ⅰ，公選253Ⅱ，関税140Ⅰ)，もしくは条文解釈によって(税犯13Ⅰ但・Ⅱ但・14Ⅱ但・17〔最判昭32・12・24刑集11・14・3371，最判昭47・10・24刑集26・8・455〕，議員証言8〔最大判昭24・6・1刑集3・7・901〕)，告発が*訴訟条件'と解される場合がある．

なお，*請求'と同じく，告発またはその取消しについても*告訴不可分の原則'が妥当する(刑訴238Ⅱ)． [寺崎嘉博]

国民の司法参加　欧米の刑事司法では，一般に，*陪審'制または*参審'制が採用され，裁判への国民の直接参加が認められている．日本

でも戦前の一時期，陪審裁判が実施されたことがあった．しかし，戦後の憲法制定過程，刑事訴訟法・裁判所法制定過程では，陪審制の復活は見送られた（裁3Ⅲ参照）．その後も，たとえば1950年代には松川事件を契機とする裁判批判のなかで，また1962(昭37)年に設置された臨時司法制度調査会において，70年代からは再審無罪判決を契機とした誤判防止の観点から，さらには刑事公判の形骸化・書面主義化に対する抜本的処方箋として，陪審制・参審制の復活・採用が論議されてきた．1999年に設置された司法制度改革審議会の検討課題でもある．

その際，陪審制・参審制の長所として挙げられる点は，①集中審理が促進され裁判が迅速化する，②公判における直接主義・口頭主義が徹底する，③職業裁判官よりも素人のほうが有罪判決を下すことに慎重なため，誤判の防止に役立つ，④職業裁判官は官僚組織のなかでえてして庶民感情に疎遠になりやすいが，裁判に素人が関与することにより，判決が一般市民にもわかりやすく，社会常識を反映した，画一的でないものになる，⑤国民が裁判に直接参加することにより，国民の司法制度に対する理解・関心，国民の遵法精神，社会に対する責任感が高まる，⑥裁判官が公務員であることから生じる国民の不信感を取り除き，また判決に対する批判の鉾先を職業裁判官からそらすことができ，ひいては司法への信頼が向上する，⑦参審制の場合，評議で職業裁判官が参審員を説得しなければならないため，評議の徹底，職業裁判官の意識の変化をもたらし，マンネリズムの防止に役立つ，等である．

他方，短所・問題点として，①裁判官によって構成される裁判所による裁判を予定する憲法（憲76Ⅰ・80）に反し，裁判官の独立（憲76Ⅲ）にも反する，②判決が一時の社会情勢やマスコミに左右されやすくなる，③英米の例に見る限り，陪審制を採るとむしろ誤判が増大する，④素人は個人的感情・情緒的判断に流されやすく，法的安定性・判決の予測可能性が害される，⑤財政的に膨大な費用がかかる，⑥参審制の場合，参審員は評議で職業裁判官に説得されてしまうことが多く，判決に対する素人の影響力は微弱である，⑦素人が参審員の職務を一定期間務めるうちに職業裁判官化してしまう，等が指摘されている． ［安村 勉］

児島惟謙（こじまこれかた 1837(天保8)-1908(明41)) 1871(明4)年司法省七等出仕を拝命して以来司法官の道を歩み，東京，大阪，福島，名古屋の各裁判所判事，長崎控訴裁判所長，大阪控訴裁判所長，大阪控訴院長を経て，1891(明24)年大審院長，1892(明25)年いわゆる司法官弄花事件の責任をとり退任，1894(明27)年貴族院議員，1898(明31)年衆議院議員に当選，1902(明35)年まで同議員，1905(明38)年再度貴族院議員となる．大審院長となって1週間目に発生した*大津事件'で，本来わが国の皇室に対する犯罪である皇室罪(刑116)を適用して犯人を死刑に処すべきだとする政府側からの圧力に抵抗し，それをロシア皇太子に適用することを拒否し，政府の司法に対する干渉を排したことで，司法権の独立を確保した功績は大きい． ［香川喜八朗］

御成敗式目 北条泰時が，貞永元(1232)年に制定したもので，成敗(裁断)をなす際に偏頗なく裁定するための準則として道理の推すところを法文化したもので，当時の通用文体で書かれ，鎌倉幕府の役人はもとより守護地頭その他の御家人にも頒布されたものである．貞永式目(じょうえいしきもく)ともいい全部で51箇条からなるこの式目は，*武家法'(幕府法)の基本法典であり，国衙領(こくがりょう)・荘園に関する訴訟を管轄外としていた(6条)．7条の不易の法と8条の知行年紀法は，いずれも御家人の現実の知行権を保護するものであり，前者は右大将頼朝から北条政子の執政時代に安堵された所領は旧知行者の訴訟によっても変更されないとするもので，後者は所領の知行(占有)が20年継続した事実があれば理非を論ずることなく知行者の所領を認めるものである．「悔返(くいかえし)は安堵を破る」と言われるように，遺産の処分につき被相続人の親の意思を絶対的に尊重する悔返の権利を認め(26条．なお18・20条)，御家人の家内部の問題に幕府法が介入する余地はなかった．犯罪については，謀叛(9条)，殺害・刃傷(10条)，強盗・窃盗・放火(33条)，密懐(通)・強姦(34条)など断片的に規定していたにとどまる．→武家諸法度，公事方御定書 ［野村 稔］

護　送　身体の拘束を受けている者を拘束のまま*引致'すること。警察官が，逮捕された被疑者を護送するにあたっては，その戒護上の義務を負い，被疑者が逃亡し，罪証を隠滅し，自殺し，またはこれを奪取されることのないように注意しなければならない(捜査規範128Ⅰ)。代用監獄の官吏として警察官が護送にあたる場合にも，勾留中の被疑者・被告人について同様の戒護上の義務を負う。また，被告人を含む在監者の護送にあたっては，監獄の医師の診断により，健康に害があると認めるときには，これが停止される(監則54)。なお，勾引状・勾留状の執行を受けた被疑者・被告人の護送は，できる限り速やかに所定の場所・監獄に引致しなければならないが(刑訴73)，遠隔地で令状を執行した場合には，就寝させるなどの措置が必要であり，直接に所定の場所・監獄に引致しがたいことがある。その場合には，仮に最寄の監獄にこれを留置することができる(74・207Ⅰ)。

法令により拘禁された者を護送する者が，その拘禁された者を逃走させた場合，通常の逃走援助罪よりも重い法定刑を定めた看守等逃走援助罪により処罰される(刑101。なお，被疑者留規23，監22)。　　　　　　　　　　[伊藤　崇]

誤想過剰防衛　(独) Putativnotwehrexzeß　誤想過剰防衛とは，*誤想防衛'と*過剰防衛'とが競合する場合をいう。すなわち，急迫不正の侵害がないのに，あると誤信して防衛行為に出たところ，それが行為者の誤想した侵害に対する防衛行為としては過剰であった場合をいう。判例は，Aの長男Bが，まだ何ら侵害行為に出ていないCに対してチェーンで殴りかかり，さらに攻撃を辞さない意思で，包丁を擬したCと対峙していた際，Bの叫び声を聞いて駆けつけたAが，Bが一方的にCから攻撃をうけているものと誤信し，その侵害を排除するため，猟銃を発射してCに重傷を負わせたという事案について，「原判決が被告人の本件所為につき，誤想防衛であるがその防衛の程度を超えたものであるとし，刑法36条2項により処断したのは相当である」と判示している(最決昭41・7・7刑集20・6・554)。

誤想過剰防衛には，行為者が誤想した侵害に対する防衛行為としては過剰なものであること(過剰性)の認識を有する場合とその認識の欠ける場合(過失による過剰防衛)とがある。前者が本来の誤想過剰防衛である。両者の取扱いについては，①発生した事実につき故意犯が成立し，錯誤が避けえない場合は故意責任を阻却すると解する故意犯説，②発生した事実につき過失がある場合は過失犯が成立すると解する過失犯説，③過剰事実について認識のない場合には故意を阻却し，過剰事実について認識のある場合には故意を阻却しないとする二分説(通説)が主張されている。*厳格責任説'の見地からは，過失犯説は誤想過剰防衛が誤想防衛の一種として故意を阻却するという前提に立つもので妥当でなく，また，二分説は故意を阻却する場合と阻却しない場合とがあるとするものであり，これも誤想防衛は故意を阻却するという前提に立つものであるから妥当でないとされる。さらに，誤想過剰防衛については，36条2項の類推適用ないし準用の可否が争われる。二元的厳格責任説によれば，正当化事情の錯誤が行為時において一般人を基準にして回避不可能であった場合には*正当防衛'となるから，過剰性の誤認があれば過剰防衛そのものとして36条2項が適用される。過剰性の認識があると，防衛意思が欠如することとなって正当防衛は認められず，36条2項の適用も否定される。正当化事情の錯誤が回避可能であった場合には，禁止の錯誤の問題となり，厳格責任説と同じように扱われるべきことになる。→勘違い騎士道事件，正当防衛
　　　　　　　　　　[川端　博]

誤想避難　(独) Putativnotstand
誤想避難とは，現在の危難が存在しないのに，行為者が，これがあると誤認して避難行為を行った場合をいう。*緊急避難'を違法阻却事由・正当化事由と解する通説によれば，これは，正当化事情の錯誤(違法阻却事由の事実的前提に関する錯誤)の一種である。誤想避難と過剰避難とが競合する場合を*誤想過剰避難'といい，*誤想過剰防衛'に準じて取り扱われる。刑法37条1項本文は，「自己又は他人の生命，身体，自由又は財産に対する現在の危難を避けるため，やむを得ずした行為は，これによって生じた害が避けようとした害の程度を超えなかった場合に限り，罰しない」と規定している。これが*緊急避

難'(Notstand)である．緊急避難の本質に関して，学説は，責任阻却事由説，違法阻却事由説および二分説に大別される．責任阻却事由説は，緊急状態の行為は，利益の侵害という観点からみれば違法行為であるが，行為者が他の方法をとることを期待できないので，その責任が阻却されると解し，違法阻却事由説は，緊急避難が他人の法益に対しても認められること，および法益の権衡を必要とすること等を理由に行為の違法が阻却されると解する．二分説（区分説）は，緊急避難には，責任阻却事由と違法阻却事由との双方が認められると解するが，そのいずれを基本とするかに関してさらに見解が分かれている．
［川端 博］

誤想防衛 （独）Putativnotwehr

誤想防衛の範囲については，見解は一致していないが，急迫不正の侵害がないのにあると誤認した場合が誤想防衛に含まれる点については異論はない．すなわち，侵害の急迫性・侵害の不正性の誤認が典型的な誤想防衛であるとされ，その法的な取扱いに関する議論として誤想防衛論が展開されてきたのである．*正当防衛'の成立要件の他の要素に関する錯誤と区別するために，従来，これを「違法阻却事由の事実的前提に関する錯誤」ないし「正当化事情の錯誤」と称してきたのである．

誤想防衛の取扱いに関して，従来，事実の錯誤説と違法性の錯誤説とが対立するとされてきた．事実の錯誤説によれば，正当化事情の錯誤に陥っている者は，「事実」の認識の面において欠けているところがあるので，過失としての罪責を負うのはともかくとして，決して故意犯の罪責を追及されるはずはないと解される．これは，事実の認識が故意であり，事実の不認識が過失であるとするものであり，心理的責任論の見地においては，有効な考え方であるが，規範的責任論をとり構成要件的故意を認める見地においては維持され難いものである．しかし，故意阻却を認めないと，実質的に不当であるから，故意阻却を根拠づける方法をめぐって立場が分かれる．消極的構成要件要素の理論は，事実的前提の錯誤を構成要件的事実の錯誤であると解して，ストレートに故意の阻却を認める．しかし，この説は，まったく性質の異なる構成要件該当性と違法性とを統合してしまう結果，定型的な構成要件該当性判断がもっている独自の意味を失わせてしまい，構成要件該当性・違法性・責任（有責性）という犯罪論の三元的構成を破壊する点において，正当でない．そこで通説は，正当化事情の錯誤を「事実の錯誤」と解して故意の阻却を認める．この実質的根拠はつぎの点にある．すなわち，「評価の基礎となる事実」に錯誤がある場合には，その事実を認識してこれを実現したとはいえないので，無条件に構成要件的故意（事実的故意）が阻却されるが，「事実の評価」を誤った場合には，事実の認識に欠けるところはないので構成要件的故意は阻却されない．規範の問題を投げかけられたのに，適切に対応しなかった点で，行為者は責任非難を加えられることになる．この説は，正当化事情の錯誤を「評価の基礎となる事実」の錯誤と解し，構成要件的故意の阻却を認め，過失犯を処罰する規定がある場合には，あらためて過失犯の成否を問題にする．しかし，構成要件該当性の段階で存在するとされた構成要件的故意が，事実的前提の錯誤によって「事後的に」否定されたのち，あらためて過失犯の成否を問題にするのは，構成要件的故意を認めるかぎり，妥当でないと批判されている．

独自の錯誤説は，正当化事情の錯誤の場合，構成要件的故意を阻却する構成要件的錯誤（事実の錯誤）は存在しないが，構造上，これと類似しているので，事実の錯誤の法理を類推適用して「責任要素としての故意」の阻却を認めるべきであるとする．しかし，責任要素としての故意が阻却されたあと，あらためて過失犯の成立を考慮するのは妥当でないと批判されている．構成要件的過失以外の過失を認めないかぎり，過失犯の成立は不可能であると解すべきである．

違法性の錯誤説は，構成要件該当事実の表象・認容があれば故意の成立を認めてもよく，それ以外の事実の錯誤は違法性の認識に影響を及ぼす場合にのみ考慮すれば足りるとする．すなわち，この説は，故意を事実的故意として把握し，責任要素としての故意を認めないとする傾向にあり，この点が批判されている．故意の対象を構成要件該当事実に限定する点にこの説の特徴がある．この立場はさらに2つに分かれ

る.①*厳格責任説'は, 正当化事情の錯誤をつねに違法性の錯誤・禁止の錯誤と解し, その錯誤が避けられなかった場合には違法性の認識の可能性がないので「責任」を阻却して犯罪の成立を否定し, 避けえた場合には故意犯の成立を肯定する.②法的効果制限説は, 正当化事情の錯誤は本来, 違法性の錯誤であるが, その錯誤に過失がある場合には故意犯としての効果は否定され, 過失犯として処罰されるべきであるとする(ドイツにおける通説).

上記の諸説は, 構成要件論または責任論の次元で正当化事情の錯誤を扱うが, 人的不法論の見地から, これを違法性の次元で扱って, 故意不法の阻却を認める立場もある. これはさらに2つに分かれる. ①事実の錯誤を基本とする説は, 正当化事情の錯誤は事実の錯誤であるが, 行為者の故意不法を阻却し, 錯誤に陥るにつき過失があれば過失犯が成立するとする. すなわち, 平均的な思慮分別をそなえた一般市民を標準にして, 正当化事情の錯誤が避けられえなかった場合は, 正当防衛と同様に扱われるべきであり, 錯誤が避けえた場合(いいかえると過失がある場合)には, 過失犯処罰規定があれば過失犯が成立するとされる. ②違法性の錯誤を基本とする説(二元的厳格責任説)は, 正当化事情の錯誤は, 正当化事由の客観的要件の存否に関わるもので, いわゆる「事前判断」の見地から, その錯誤が一般人にとって回避不可能である場合には, 行為の違法性阻却を認め, 回避可能である場合には, 違法性の認識を失わせる違法性の錯誤(禁止の錯誤)として扱われるべきであるとする.

判例の主流は, 誤想防衛は故意を阻却すると解する立場に立っているとされる. すなわち, 大判昭和8年6月29日(刑集12・1001)は, 「其の行為が或は法令に因り或は其の他法律上犯罪の成立を阻却すべき客観的原因に基く場合なりとせば違法ならざるが故に罪とならざるは勿論にして, 又斯かる客観的事実の現在すること無しとするも行為者が其の存在することを誤信したる場合に於ては犯意ありと為すを得ず」と判示し, さらに, 広島高判昭和35年6月9日(高刑13・5・399)は, 「本件行為は, 錯誤により犯罪の消極的構成要件事実即ち正当防衛を認識したもので故意の内容たる犯罪事実の認識を欠くことになり従って犯意の成立が阻却される」と判示している.

*盗犯等ノ防止及処分ニ関スル法律'(昭5法9)1条は, 刑法における正当防衛の要件に対する重大な特例を設けている. すなわち, 同法1条1項は, ①「盗犯を防止し又は盗贓を取還せんとするとき」, ②「兇器を携帯して, 又は門戸牆壁を踰越損壞し若は鎖鑰を開きて, 人の住居又は人の看守する邸宅, 建造物若は船舶に侵入する者を防止せんとするとき」, ③「故なく人の住居又は人の看守する邸宅, 建造物若は船舶に侵入したる者又は要求を受けて此等の場所より退去せざる者を排斥せんとするとき」の3種の場合に, 「自己又は他人の生命, 身体又は貞操に対する現在の危険を排除する為犯人を殺傷したるときは, 刑法36条1項の防衛行為ありたるものとする」とし, *正当防衛'として違法性を阻却するものとしているのである. また, 同条2項は, 現在の危険がない場合においても, 「恐怖, 驚愕, 興奮又は狼狽に因り現場に於て犯人を殺傷するに至りたるときは」これを罰しない規定としているが, これは, 期待可能性がないことを理由に責任が阻却されることを認めたものと解すべきである(最決昭42・5・26刑集21・4・710など). →責任説, 故意説, 誤想過剰防衛, 消極的構成要件要素　　　　　［川端 博］

国家正当防衛　(独) Staatsnotwehr　国家法益を保護するために行われた私人による防衛行為に*正当防衛'の成立が認められるか. これが国家正当防衛の問題である. 刑法36条1項は, 正当防衛によって守られる対象を, 「自己又は他人の権利」と規定している. 「権利」と書いてあるが, 厳密な意味でのそれに限らず, 広く法益を意味すると解されている. したがって, 自己の法益を守るためだけではなく, 他人のそれを守るための正当防衛(*緊急救助)も認められる. 問題は, この「他人の権利」の中に国家的法益も含まれるかということである(国家緊急救助).

財産権のような個人的法益は, それが国家に属するものであっても, この「他人の権利」に含まれ, それを守るための私人による正当防衛(たとえば, 大蔵省所有の自動車を窃取しようと

している者に対し，私人がそれを実力で阻止する行為)が許されることについては異論がない(国庫正当防衛)．問題は，国家の権力機構，作用，秩序そのものを守るための正当防衛が許されるかである．学説においては，国家公共機関による救助を期待できないきわめて緊迫した場合に限ってこれを認めてよいとする肯定説も有力であるが，否定説が通説である．その理由は，正当防衛はもともと個人の法益を保護するために認められてきたものであること，正当防衛の対象をそこまで拡大すると，たとえば，国家の利益を守るという名目で政治的敵対者を殺すというように，正当防衛行為が政治的に濫用される危険があること，国家の権力機構，作用，秩序を守るのは個人の任務ではなく，国家機関の任務であるということにある．

これに対し，判例は肯定説と同じ立場をとっている．いわゆる「神兵隊事件」において，大審院は，被告人らの行為は皇国が非常の危局に瀕した際における国体を防護するための正当防衛行為であるという弁護人の主張に対し，そのような国家的法益を守るための正当防衛が認められるかについて，正面から判断を示さなかった(大判昭16・3・15刑集20・263)．しかしその後，最高裁判所は，被告人らは，全官公労が計画しているゼネストが国民生活を犠牲にし，産業復興を破壊する暴挙であると考え，これを止めさせるため，その代表である産別会議議長Ａに中止を勧告したが聞き入れられなかったため，あらかじめ携えていた包丁でＡに傷害を負わせた，という「ゼネスト事件」において，傍論ではあるが，「国家公共機関の有効な公的活動を期待しえないきわめて緊迫した場合においてのみ例外的に許容される」と限定を付したうえで，「国家的，国民的，公共的法益についても正当防衛が許されるべき場合が存することを認めるべきである」と判示した(最判昭24・8・18刑集3・9・1465)． 　　　　　　　［山本輝之］

国家訴追主義　(独) Staatsklageprinzip
国家訴追主義は，*私人訴追主義'に対立する概念であるが，その定義に関しては，理解の違いが存在する．

最も単純な理解は，公訴の提起・追行を国家機関たる検察官が行うのが，国家訴追主義であるとする見解である．この見解は，私人による起訴を認めず，国家機関がこれを行うという点に，国家訴追主義の意義を求めている．

しかし，国家機関たる検察官が，公訴の提起・追行を行うのが，国家訴追主義であるという見解は，あまりに単純であり，国家訴追主義と呼ぶには，ふさわしくない．国家訴追『主義』というからには，『主義』と呼ぶに相応しい原理ないしは理念として理解しようとする見解もある．この見解に従えば，国家訴追主義と，対立概念としての私人訴追主義を区別するメルクマールは，刑事訴追権を究極的に国家に帰属させるべきか，それとも国民たる私人に帰属させるべきかという点にある．国家訴追主義を支えるテーゼは，「犯罪と刑罰は，個人と個人の関係ではなく，国家の関心事である」とし，刑事訴追権を被害者や公衆の訴追意思から超越した国家に帰属させるべきだとする主張である．そして，国家訴追主義の正当化根拠としては，被害者の報復感情等に左右されることなく，犯罪の社会的影響，被害者の処罰感情，犯人の事情等を総合的に考慮し，公正な立場から，刑事訴追権を行使できる点にあるとする．

この主張を論理的に突き詰めていくと，刑事訴追権を行使する国家機関としての検察官は，単なる訴訟当事者ではなく，裁判官をも監督する国家正義の体現者，法の番人でなければならないということになる．刑事訴追権を行使するに際しては，国家法益の保護を最優先にすべきであり，個人法益の保護に関しては，それが国家法益と衝突する場合には，国家法益に途を譲るべきであり，国家秩序の維持に必要な範囲で行えば足りるとする考えと親和性を持つ．したがって，訴追理念としての国家訴追主義は，君主(天皇)が主権者であり，臣民としての市民の君臨していた絶対主義国家にふさわしい訴追理念であるということになり，訴追権を君主(天皇)の支配体制を守るために他の掣肘を受けずに行使するということになれば，訴追権を国家が独占するのが適当であり，*起訴独占主義'と結び付きやすい．→公衆訴追主義　　［鯰越溢弘］

国家的法益に対する罪　国家的法益に対する罪とは，国家自体の法益，すなわち，国の存立に関する利益，国家の作用に関する利

益および国交に関する利益に向けられた侵害行為である．したがってこの罪は，その法益の種類によって，*国家の存立に対する罪'，*国家の作用に対する罪' および *国交に関する罪' に区別される．国家の存立に対する罪は，さらに，内乱に関する罪と外患に対する罪とに細分化され，刑法77条から89条に規定されている．国交に関する罪は，90条から94条に規定されている．また，国家の作用に対する罪は，95条から198条までの随所に規定されている．

このような理解は，刑法各則を個人的法益に対する罪，社会的法益に対する罪および国家的法益に対する罪に分類する三分説によるもので，これが，現在の通説である．しかし，これに対しては，法益を公益と私益に分類する二分説も主張されている．これら法益基準説の他に，義務違反の観点から，あるいは，刑事学的観点から分類する試みもあるが，いずれも法益基準説の補充基準として考慮されるべきであると理解されている．　　　　　　　　　　　［吉田宣之］

国家の作用に対する罪　国家の作用に対する罪とは，*国家的法益に対する罪' のうち，立法，司法，行政という国家の統治作用を侵害あるいは危殆化する行為である．この罪は，まず，国家の作用を外部から侵害する罪と内部から侵害する罪とに大別できる．前者について，刑法典は，公務の執行を妨害する罪(刑95～96の3)と，主として司法作用に対する罪である逃走の罪(97～102)，犯人蔵匿および証拠隠滅の罪(103～105の2)，偽証の罪(169～171)および虚偽告訴の罪(172・173)を規定している．

これに対して，後者，すなわち，国家の作用を内部から侵害する犯罪には，第25章の汚職の罪(193～198)がある．これを詳述すれば，公務の執行を妨害する罪には，公務執行妨害罪・職務強要罪(95)，封印等破棄罪(96)，強制執行妨害罪(96の2)，競売等妨害罪(96の3)が，汚職の罪には，公務員による職権濫用の罪(193～196)と収賄罪(197以下)・贈賄罪(198)が含まれている．なお，これらの犯罪の一部のもの，たとえば，公務執行妨害罪・職務強要罪，汚職の罪等は，国家の作用のみではなく，地方公共団体の作用を侵害する行為をも処罰している．　　　　　　　　　　　［吉田宣之］

国家の存立に対する罪　*国家的法益に対する罪' の一分類．国家は，自己防衛のため，自らの存立に向けられた攻撃に対処せねばならない．そこで，刑法典の各則の冒頭には，国家を内部から攻撃する内乱に関する罪(第2編第2章)と，外部から攻撃する外患に関する罪(第3章)が規定され，死刑を含む重い法定刑が科られている．この他に，かつては皇室に対する罪の諸規定も置かれていたが(第1章)，日本国憲法の法の下の平等の原則に鑑み，1947(昭22)年に削除された．なお，これらの罪の罪質については，国家に対する誠実義務違反に求める説と，国家の存立に対する抽象的危険犯と見る説とが対立している．　　　　　［橋田 久］

国家賠償　(英) state compensation (独) Staatshaftung　国家賠償は，国家賠償法に基づき，国または公共団体の公権力の行使にあたる公務員が，その職務を行うについて，故意または過失によって違法に他人に損害を加えたときに(国賠1)，国または公共団体によって行われる賠償をいい，刑事手続が違法であった場合にも適用される．判例は，司法警察員による被疑者の留置について，捜査により収集した証拠資料を総合勘案して留置の必要性を判断する際に，合理的根拠が客観的に欠如していることが明らかであるにもかかわらず，あえて留置したと認め得るような事情がある場合に限り違法の評価を受けるものとし(最判平8・3・8民集50・3・408)，また，逮捕・勾留はその時点において犯罪の嫌疑について相当な理由があり，かつ，必要性が認められる限りは適法であり，公訴の提起は，検察官が裁判所に対して犯罪の成否，刑罰権の存否につき審判を求める意思表示にほかならないのであるから，起訴時あるいは公訴追行時における検察官の心証は，その性質上，判決時における裁判官の心証と異なり，起訴時あるいは公訴追行時における各種の証拠資料を総合勘案して合理的な判断過程により有罪と認められる嫌疑があれば足りるとする(最判昭53・10・20民集32・7・1367，同旨最判平1・6・29民集43・6・664，最判平2・7・20民集44・5・938)．このような犯罪の嫌疑が認められないような逮捕・勾留あるいは公訴の提起は違法となる．なお，逮捕状が発付されたが，ま

だその執行がない段階で, 逮捕状の請求, 発付における捜査機関または令状発付裁判官の被疑者が罪を犯したことを疑うに足りる相当な理由があったとする判断の違法性を主張して国家賠償を請求することは, 密行性が要求される捜査の遂行に重大な支障を来すので許されないとしている (最判平 5・1・25 民集 47・1・310).

なお, 国家賠償とは別に, 無罪判決を受けると, 補償がなされる. 費用補償 (刑訴 188 の 2 〜188 の 7) は裁判に要した費用に対する国の補償制度であり, *刑事補償' (刑補 1 Ⅰ・25 Ⅰ) は抑留・拘禁に対する国の補償制度である. この場合, さらに国家賠償も請求することができる (5 Ⅰ). なお, 被疑者として抑留・拘禁を受けた者が, 不起訴となり, その者が罪を犯さなかったと認めるに足りる十分な理由があるときは, 検察官は抑留・拘禁に対する補償をなす (被疑者 2).　　　　　　　　　　　[田口守一]

国家秘密　国家秘密とは, 国家機関が有する軍事, 外交, 行政等に関する秘密をいい, そのなかでも重要な秘密を国家機密という. 戦前には刑法に間諜罪 (85) があり, 死刑を最高刑とする重罰を規定し, それを基礎に機密保護法制が形成された. 明治期の国家秘密法制の中心を占めたのは, 1899 (明 32) 年に成立した軍機保護法である. 昭和に入って中国侵略がエスカレートすると, 戦時機密保護法制が確立した. 1937 (昭 12) 年に軍機保護法が全面改正され, 軍事機密の拡大と重罰化が行われ, 1941 (昭 16) 年には国防保安法が成立した. この法律は,「国防上外国に対して秘匿することを要する外交, 財政, 経済その他に関する事項」に秘密保護の網を拡大し, その漏泄・公表, 探知・収集には死刑を含む重罰を規定するとともに, 迅速な処罰を行うための特別な刑事手続を定めており, 報道の自由は, 完全に否定された.

敗戦後の民主化によって, 戦時機密保護法制は全面的に解体されたが, 1952 (昭 27) 年にサンフランシスコ講和条約, 安保条約が発効し, 再軍備が進められるにともない, 国家秘密法制が新たに形成された. 安保条約に基づく刑事特別法では, 合衆国軍隊に関する機密侵害罪 (探知・収集, 漏泄等の処罰) をおいている. また, 1954 (昭 29) 年の *日米相互防衛援助協定等に伴う秘密保護法' は, 米国政府から供与された装備品等に関する「防衛秘密」の保護を目的としている. 行為類型は刑事特別法のそれに類似しており, さらに業務者の過失漏泄罪をも規定している. そのほか, 自衛隊法の自衛隊員の守秘義務違反罪, 国家公務員法・地方公務員法の公務員の守秘義務違反罪がある. 1972 (昭 47) 年の *外務省秘密漏洩事件' では, 国家公務員法の守秘義務違反罪およびその「そそのかし」罪が適用された.

1980 年代に入ると, 数次にわたって国家秘密法案が自民党によって作成され, 1985 (昭 60) 年には議員立法として国会に上程された. この案は, 軍事秘密だけではなく, 外交上の秘密も含めて保護するものであり, 日米共同作戦に関する秘密や自衛隊の装備等に関する事項が「国家秘密」とされ, 死刑を含む重罰を規定していた. それは, 戦時中の軍機保護法と国防保安法を結合した内容の法案であり, 平和主義や国民主権, 基本的人権の尊重という憲法の原則と対立するため, 広範な批判を受け, 廃案となった. 1999 (平 11) 年には周辺事態法が成立したが, これに対応する国家秘密法案は具体化していない.　　　　　　　　　　　[斉藤豊治]

国交に関する罪　*国家的法益に対する罪' の一分類として, 刑法典第 2 編第 4 章に規定が置かれている. *外国国章損壊罪' (刑 92), *私戦予備罪', 同陰謀罪 (93), *中立命令違反罪' (94) から成る. この他, *外国元首等に対する暴行・脅迫・侮辱罪' がかつては規定されていたが (旧刑 90・91), 戦後に皇室に対する罪 (旧刑第 2 編第 1 章) が削除されたのと命運を共にした. 立法例としては, 外国が同種の犯罪を処罰している場合に限って自国法を適用する相互主義もあるが, わが国はそのような条件を課さない単独主義を採用している. 保護法益については争いがある. 外国の利益と解する立場は, 国際法上その保護が義務付けられていることや, 92 条の処罰が外国政府の請求を訴訟条件としていることを根拠とするが, わが刑法がもっぱら外国の利益を守るのは, 特に単独主義の下では奇妙であることから, わが国の外交作用の安全と考える見解が有力化している.　　　　　　　[橋田 久]

誤　判　(英) miscarriage of justice

1 誤判の意義 誤判は法令用語ではなく、多義的に使われる。おおむね誤判とは、裁判に至る過程や裁判の内容に誤りがあることを意味する。しかし、裁判に至る過程や裁判の内容に誤りがあるために、訴訟当事者の権利が侵害された場合が「誤判」だと捉えておくべきであろう。誤った裁判によって侵害された当事者の権利については、これを救済する具体的な手続が用意されなければならない。言い換えれば、具体的な法的救済の対象となるものが誤判なのだといえる。

裁判の過ちを正す刑事訴訟法上の法的救済制度として、その裁判が確定するまでは、控訴や上告、抗告など通常救済の手続が用意される。この法的救済の手続は当事者の申立がなければ、開始されない。その意味で、誤判からの救済は当事者の判断に委ねられた。このうち控訴申立の理由は、事実誤認（刑訴382）、量刑不当（381）、法令違反（訴訟手続の法令違反について377・378・379、刑罰法規適用の誤りについて380）に大別される（このほか、*再審*事由も控訴理由となる。383）。これに対し、再審や非常上告は、確定した判決の誤りを正す非常救済の手続である。そのうち再審については、たとえば、確定判決が基礎とした旧証拠と総合評価したならば「合理的疑い」を生じさせるような新証拠を新たに発見したことなどが、その請求理由となる（435⑥）。このような控訴理由、再審事由などがある裁判が誤判と認められることになる。

2 検察官にとっての誤判 このように誤判の概念は、法的救済制度との関係でその意義が決まる相対的なものであった。そして、刑事司法における法的救済制度は、それ自体が被告人の権利として保障されなければならないものでもあった。これらに鑑みれば、刑事訴訟のもう一方の（政策的に認められた）当事者である検察官にとって「誤判」は何を意味するのか、つまり、検察官にとって法的救済を求める対象がどうあるべきなのかは、特別な考慮を必要とする。たとえば、刑事訴訟法に法定された上訴理由などを形式的に主張できるのであれば、それだけで検察官は（客観的な上訴の利益をつねに認められて）適法に上訴をすることができる、と考えるべきではない。検察官が上訴を申し立てる場合には、被告人の法的利益、すなわち自己に有利な判決を早期に確定させる「法的安全性の権利」を上回るだけの「上訴の利益」がなければならないであろう。検察官が正すべき誤判は、判決を確定させる被告人の権利との関係で、その意義が決まる相対的なものだというのである。たとえば、第2次第1審の無罪判決に対する検察官上訴などは、それ自体が被告人の権利を侵害するものともなるために、適法であるためには*上訴*をする特段の利益を必要とするであろう。そのような特段の利益がない検察官上訴について上訴裁判所は、比例原則に違反して不相当であるとして、これを棄却することができると解すべきである。

3 誤った有罪判決とその原因 誤判のうち、もっとも深刻なものが、誤った有罪判決である。誤った有罪判決は、それ自体が市民の基本的権利を侵害する国家の重大な違法行為であるといえ、これを絶対に許さないという考え方に刑事訴訟法は立つ。この考え方は、*冤罪*者の救済を目的とし、有罪方向の誤判だけを片面的に正すという戦後の再審制度に具体化された。

なお、有罪判決を誤らせる原因については、効率を追求した自白中心の捜査や事実認定のあり方にあることが指摘されている。とくに、被疑者を逮捕・勾留し、身体拘束下で取調べを受忍させて、自白を獲得しようとするわが国の典型的な捜査方法は、それ自体として、誤判を導く原因を内在させるものになっている。

捜査段階で録取された自白調書は、起訴後の公判期日で被告人が黙秘したり否認しても、法定の要件（刑訴319・322）が存する限り、検察官は、法廷にこれを証拠として提出することができる（319・321以下）。そのために自白調書が、「被告人本人から独立した客観的な存在」として、「それ自体のうちに有罪を生み出す力、真実であるゆえの力をもつもの」にみえる。しかし、被疑者取調べは、捜査機関が身体拘束下の密室で、積極的な尋問によって誘導した供述を、一定の意図の下に整理して調書に録取するというプロセスである。そのように録取された供述は多かれ少なかれ捜査機関の加工を受けるために、本来信用できないものといわなければならない。そのため、刑事訴訟法も原則として証拠として

の資格(証拠能力)を否定する(319・320).しかし、捜査段階で警察官が作成した自白調書に依存して、検察官は公訴を提起し、裁判所は有罪判決を言い渡すという現状が牢固として存在している。そこでは、「捜査機関が録取した供述調書は、本来、信用できないものとして取り扱われなければならない」という刑事訴訟法の基本的な要求が見失われてしまわれがちである。このことが、わが国における基本的な誤判原因なのだといわなければならない。それゆえ、「自白を必要としない事実認定モデル」を確立することは、いまもなお喫緊の課題である。→刑事補償　　　　　　　　　　　　　　　　[高田昭正]

古物営業法　古物営業には犯罪によって占有を奪われた物品が紛れ込みやすいので、盗品等の売買の防止、速やかな発見等を図るため、古物営業に係る業務について必要な規制等を行い、もって窃盗その他の犯罪の防止を図り、およびその被害の迅速な回復に資することを目的として制定されたのが本法である(昭24法108)。古物商または古物市場主を公安委員会の許可制とし、無許可で営業することおよび営業名義を貸与することを禁じ(3・9)、営業に際し相手方の身元確認や不正品の申告義務(15)、帳簿の備え付け(16・17・18)、品触れに応ずる義務(19)、盗品・遺失物の回復および処分の差止め(20・21)などについて規定している。*盗品等に関する罪'と本法違反の罪との関係につき、判例は、古物商が情を知って盗品等を買い取りこれを帳簿に記載しなかった場合を盗品有償譲受け罪(刑256 II)と帳簿不記載罪(16・33②)の併合罪に、古物商が相手方を確認しないで盗品等を有償で譲り受け帳簿に記載しなかった場合を盗品有償譲受け罪、相手方不確認罪(15 I・33①)、帳簿不記載罪の併合罪に、無免許で古物商を営む者が盗品を有償で譲り受けた場合を盗品有償譲受け罪と無免許営業罪(3・31①)の観念的競合になるとしている。　　[大塚裕史]

コミュニティ・オーガニゼーション
(英) community organization　犯罪や非行の発生が社会組織の崩壊に起因しているとの認識に基づき、地域社会における正常な社会関係や社会組織を強化・再構築しようとすることをいう。1934年から始められたシカゴ地域計画(Chicago Area Project)が、コミュニティ・オーガニゼーションのためのアメリカにおける最初の代表的なプログラムとしてよく知られている。同種のプログラムはその後全米各地に広がった。シカゴ型のコミュニティ・プログラムは、近隣地区を単位として住民による協議会を組織し、非行少年や青年犯罪者に対する援助活動を行ったほか、リクリエーションやスポーツのプログラムを実施したり、近隣地区の居住環境等の改善運動などを行った。

1970年代からは、住民等が犯罪予防のためのパトロール等を行う動きも出てきた。近隣区域を単位とするシカゴ型の地域活動は、犯罪や非行の根本原因と見られる社会的、経済的、政治的条件を変えるには限界があるとの認識から、こうした問題と取り組む広域的な運動も生じた。

1980年代に入ると、警察の保護をより強く求めるマイノリティ住民からの要求を背景に、都市における地域社会の組織化を警察が援助することにより防犯の効果を上げようとする考え方が広まるようになった。それによれば、建物の窓ガラスが壊れたままに放置してあることに象徴されるような物的環境の悪化が、住民の公共心の崩壊を導き、地域社会関係の解体をもたらす。住民相互の社会環境に対する無関心は、薬物の売人等が入り込むことを可能にし、薬物取引や使用の蔓延から強盗・殺人などの犯罪が多発するようになる。それゆえ、警察はこうした悪循環を断ち切るような活動をすべきだとされた。都市の犯罪現象に対するこのような理解に基づき、警察は都市の物的環境の悪化を防ぐために関連行政機関に働きかけたり、かつては軽視されていた軽微な犯罪であっても社会環境の保全のために積極的に法執行を行うようになったと言われる。今日では、警察はそれぞれの地域社会の実情に応じて、社会環境の保全・改善のために積極的な活動を行い、それによって地域社会組織化に貢献すべきであるとの考え方が強くなっている。→地域警察活動　[村山眞維]

コラテラル・エストッペル　(英) collateral estoppel　以前に同一の当事者間の別個の訴訟において、裁判官あるいは陪審が、ある事実を認定してそれに基づいて判決または評決を下した場合には、以後の訴訟においてそ

の事実問題を争うことはできないとする法理．刑事においては，「二重の危険（double jeopardy）」とならんで，検察官の訴追の範囲に対する制限として機能する．「二重の危険」は同一犯罪について重ねて訴追することを禁じる内容をもつのに対し，コラテラル・エストッペルは，別個の犯罪について，その基礎にある同一の事実問題を争うことを禁じるものである．アメリカ合衆国においては1970年の合衆国最高裁判所判決（*Ashe v. Swenson*, 397 U.S. 436）によって，コラテラル・エストッペルは合衆国憲法修正5条に基づく法理であるとされた．刑事事件においてこの法理を被告人に不利に用いることはできないとするのが通説とされる．ただ，証明の程度について「合理的疑いを超えた証明」ではなく「証拠の優越」が要求されるにすぎない民事手続においては，刑事事件で無罪となった場合であってもコラテラル・エストッペルを抗弁として主張することはできないとされている．→一事不再理，既判力，拘束力，覊束力

[宮城啓子]

昏酔強盗罪

昏酔強盗罪（刑239）は，事後強盗罪（238）と並んで'準強盗罪'のひとつである．刑法典の'強盗罪'（236）は，暴行または脅迫を用いて他人の財物を強取した場合や，同様の手段で財産上不法の利益を得た場合ないし第三者に得させた場合に成立し，法定刑は5年以上（15年以下）の有期懲役であるが，昏酔強盗罪は，人を昏酔させて財物を盗取した場合に成立し，強盗罪と同様に扱われる．本罪には強盗罪と同じく，致死傷罪（240），未遂罪（243），予備罪（237），強盗強姦（致死）罪（241）の規定の適用がある．

本罪は強盗罪と異なり，財物を客体とする場合にしか成立しない．タクシーの運転手を薬物で昏酔させて逃げても，薬物の影響による傷害罪の成立が問題になるにすぎない．また本罪は暴行・脅迫を要件としないが，一般の強盗罪と同じく，被害者の反抗を抑圧することによる財物の取得が必要である．したがって，もともと寝ている人から物を取るのは昏酔強盗罪ではなく窃盗罪にあたる．昏酔させた後で初めて領得の意思を生じた場合も同様である．他方，昏酔させた原因が暴行であるときは通常の強盗罪である．

[髙山佳奈子]

コンスピラシー （英）conspiracy

2人以上による不法行為の合意，または，合法的な行為を違法な方法で行うことの合意であり，英米法上，共謀罪を構成する．'共謀'それ自体が処罰される犯罪であり，軽罪とされる．もっとも，アメリカ模範刑法典においては，共謀のみでは処罰されず，顕示行為（overt act）が要件とされている．わが国では，共謀それ自体は，たとえば，刑法典上，内乱罪（78），外患罪（88），私戦罪（93）などにおける'陰謀'罪として，また，国家公務員法（110 I ⑰）や地方公務員法（61 ④）などにおいて，違法争議行為の遂行の共謀罪として処罰されている．

[高橋則夫]

コントロールド・デリバリー （英）controlled delivery

捜査機関が，禁制品（規制薬物や銃器など）を発見しても，その場で直ちに摘発することなく，十分な監視の下にその搬送を許容し，関連被疑者に到達させて犯罪に関与する人物を特定・検挙する捜査手段をいう．「監視付移転」「泳がせ捜査」ともいわれる．

禁制品の密輸・密売事犯の捜査にあたり，その真の受取人や輸入元に接近するうえで有効な手段とされ，禁制品をそのまま搬送させるライブ・コントロールド・デリバリーと，禁制品を抜き取り，代替物を入れて搬送させるクリーン・コントロールド・デリバリーという2つの手法がある．

現行法上，コントロールド・デリバリーに関する規定は，まず，1991（平3）年に，'薬物犯罪'を対象として，麻薬特例法に設けられ，次いで，この手段を銃器犯罪の捜査で活用するため，1995（平7）年に，'銃砲刀剣類所持等取締法'にも加えられた．

これらの規定では，国際的なライブ・コントロールド・デリバリーの実施を可能とするため，規制薬物の輸出入規制およびその所持者の入国規制に関する特例を設けて，行政法上の障害を解消する一方（麻薬特3・4），クリーン・コントロールド・デリバリーを実施する過程で，薬物・銃器犯罪を犯す意思で，代替物を所持し，あるいは譲り渡す行為を独立の犯罪として，禁制品の抜き取り後に関与した者の処罰を確実にし，この手法の実効性を担保した（11，銃刀所持31

の17)．

　コントロールド・デリバリーは，禁制品の発見・抜き取り，代替物の挿入，禁制品等の搬送および捜査機関による監視，最終受取人の検挙など，刑事訴訟法上の複数の処分から構成される捜査手段であるため，その適法性は，それぞれの処分について，個別に判断されることとなる．とくに，この手段には，捜査機関が禁制品等の存在を知りながら，その所持・搬送を許容する点で，おとり捜査と類似する側面が認められるが，密輸入等の犯罪自体はすでに行われており，従来，おとり捜査に関して問題視されてきた，何ら「犯意」のない者に，捜査機関が積極的に働きかけて，犯罪を実行させる類型には該当しないことから，十分な監視体制が確保される限り，捜査機関の活動が，直ちに違法となるわけではないと理解されている．[佐藤隆之]

コンピュータウイルス　第三者のコンピュータシステムの中に潜伏，あるいは増殖して，プログラムやデータに何らかの障害を発生させる目的で作られた不正なコンピュータプログラムの総称．インターネットの普及や企業，大学内でのLANの利用の増加により，ネットワークを通じてウイルスに侵入されたコンピュータシステムの被害例が急増している(電子メールによる感染例が多い)．現行法上，コンピュータウイルスを作成したり，ウイルスを他人のコンピュータに投与するだけでは不可罰であるが，ウイルスを投与して，データ等ファイルの破壊・消去を行えば，場合に応じて各種毀棄罪が成立する(刑258)．さらに，データやプログラムに変更を加えて，設計者の意図しない動作をさせ動作障害を生ぜしめて他人の業務の遂行を妨害した場合は，*電子計算機損壊等による業務妨害罪'(234の2)が成立する．　[北川佳世子]

コンピュータ犯罪　1　**コンピュータ犯罪の諸形態**　コンピュータ犯罪とは，電子計算機または電磁的記録(刑7の2参照)を対象にした犯罪のことをいい，従来は，*電磁的記録不正作出罪'(161の2)，*電子計算機損壊等による業務妨害罪'(234の2)，*電子計算機使用詐欺罪'(246の2)等の1987(昭62)年の刑法の一部改正により新設された，電算システムの機能を阻害しもしくはこれを不正に使用して行われる犯罪のことを指称した．ところが，1990年以降，社会におけるコンピュータのネットワーク化が急速に進展し，この情報通信ネットワークをうまく利用すれば既存の犯罪の実行も容易であることから，例えば，インターネット上のホームページにわいせつな画像データを掲載してわいせつ物公然陳列罪(175)に問われる事件や，パソコン通信を利用した詐欺的商法，オンライン上での名誉毀損事件，さらに，政府機関のコンピュータシステムに部外者がネットワークを通じて不正に侵入し，データを破壊，改ざんする等して国家の重要システムを機能不全に陥れるサイバーテロも発生している．こうしたネットワークを利用して行われるコンピュータ関連犯罪のことをネットワーク犯罪といい，最近では，コンピュータ技術および電気通信技術を悪用した犯罪を総称して，ハイテク犯罪と呼んでいる．

　2　**ハイテク犯罪の問題点**　ネットワーク社会の発展に伴って急増したハイテク犯罪の特徴としては，ネット上では，匿名性が高いこと，犯罪のこん跡が残りにくいこと，地理的制約がないこと(ボーダレス)等により，犯行が容易であるのと同時に捜査が困難な点が指摘されている．ハイテク犯罪の国際化が進む中，国際会議でも世界各国が協力し合って取り組むべき重要課題として関心を集めている．

　3　**無権限アクセスに対する刑事規制**　わが国では，1987年の刑法一部改正時以前から，コンピュータに関する不正な行為として，①データやプログラムの不正操作，②データの不正入手・漏示，③コンピュータの無権限使用，④コンピュータの破壊といった4類型の不正行為につき，新たな刑事規制の必要性が検討されてきた．しかし，②や③にあたる，ネットワークを介して行われる他人の電算システムからの情報の不正入手や，他人のコンピュータシステムへの無断侵入(ハッキング)，無権限アクセスを処罰する立法的措置は見送られた．情報窃盗や秘密探知が一般に不可罰であったためである．しかし，社会のネットワークへの依存度が高まるにつれ，ネット上の社会経済活動の安全性・信頼性が脅かされている現状はもはや無視できない段階に至った．今後も電子商取引の発展に伴

い，事態の一層の深刻化も懸念され，また諸外国でも法整備が進むなか，わが国においても，1999年に③の行為類型を処罰する*不正アクセス行為の禁止等に関する法律'(不正アクセス禁止法)が成立した．同法により，③の類型にあたる行為のうち，他人のID・パスワード等の識別符号を盗用するかコンピュータのセキュリティホールを攻撃することによって，アクセス制御機能をもった他人のコンピュータにネットワークを通じて侵入し利用し得る状態にする行為(不正アクセス行為)とこれを助長する行為(他人の識別符号の無断提供)が新たに処罰の対象になったが，他方において，情報通信分野の法制度上，ハイテク犯罪に対する捜査手法と個人の通信の秘密・プライヴァシーの保護をどう調整してゆくべきかという問題が生じている．
[北川佳世子]

コンフリクト理論 (英) conflict theory
諸文化間あるいは諸集団・階級間の葛藤を含む社会の種々の葛藤(コンフリクト)を犯罪原因と考える*犯罪学'の理論．

1 **文化葛藤** セリン Thorsten Sellin(米・1896-)は"Culture Conflict and Crime"『文化葛藤と犯罪』(1938)を著し，刑法は支配的文化の規範の表現であり，それゆえ刑法の内容は伝統的中産階級と社会から疎外された民族的少数派集団との衝突を生み出すとした．これらの少数派集団はそれ自身の行動規範を維持している．したがって，個々の文化はそれ固有の行為規範を有しており，文化葛藤は行為規範間の葛藤の必然的な結果であるとし，犯罪は規範間の葛藤として分析しなければならないとした．

2 **闘争理論** 社会は価値観や利益の点で対立するグループから成り立っており，*刑事立法'は社会全体の価値観や利益を代表して行われておらず，社会を支配する権力を持つグループの価値観と利益を反映するものであり，したがって犯罪は権力を持つグループの価値観や利益を脅かす行為であるとする立場に立つ．この源流は基本的にはボンガーやマルキシズムの観点に由来する．ボールド George Vold(米)は"Theoretical Criminology"『理論犯罪学』(1958)において，葛藤を同一社会内の利益集団間に存在するものと位置づけた．その後，クリティカル・クリミノロジーなどと結合し，クイニー Richard Quinney(米・1934-)の"The Reality of Crime"『犯罪の社会的実体論』，タークA.T.Turk の犯罪化理論，ダーレンドルフ Dahrendorf(独・1929-)の階層葛藤理論などの諸理論を生み出している．コンフリクト理論は，一般にコンセンサス・モデル(合意論)と対比され，このモデルを採用する構造機能主義派の犯罪学者は，既存の社会体制や法を所与のものとしてあつかい，また法は社会の成員間の価値観に関する合意に基礎をおくものとみなして，人々はなぜ法に違反する行為をするのかを追求しようとするが，コンフリクト理論は，人々のグループ間の力関係と価値観や利害関係の葛藤とから犯罪が「創りだされる」過程を説明しようとする．
[守山 正]

さ

サーシオレイライ (英)(羅) writ of certiorari　上級裁判所からの下級裁判所に対する事件移送命令と訳されるが，現在では，アメリカ合衆国最高裁判所への「裁量上告」の意に用いられることが最も多い．

元来サーシオレイライは，イギリスにおいて，ヘビアス・コーパス，マンデイムス，プロヒビションとともに，国王の裁判所が下級裁判所を監督することを目的として用いられた大権令状 (prerogative writ) のひとつであった．ヘビアス・コーパスが国王の裁判所へ身柄を移送することを命ずるものであるのに対し，サーシオレイライは事件の記録その他の移送を命ずるために発せられた．サーシオレイライは後に，誤審令状 (writ of error) と同様の上訴手続類似の機能をももつようになり，17世紀ころからは，誤審令状で救済されない事件を救済する上訴手段として用いられた．20世紀に入ってからはサーシオレイライの発付は例外的なものとなった．1938年の制定法により令状から命令 (order) へと名称が変更されたが，内容的には，管轄権の瑕疵等著しい手続違反を救済するための極めて例外的な救済手段という機能を保持している．

アメリカ合衆国においては，イギリスからコモン・ロー上のサーシオレイライ令状が継受されたが，それとは別個に，1891年に「制定法上のサーシオレイライ (statutory writ of certiorari)」が裁量上告手続として設けられた．これは，従来からあった権利上訴 (appeal) に加えて，上告を受理するか否かを合衆国最高裁判所が自由な裁量によって決定するという上告手続を導入したものである．当初は権利上訴を補う形の例外的な救済手段であったが，その後の立法により権利上訴の申立要件が縮減されたため，1925年法以降は合衆国最高裁判所への原則的な上告手続となっている．権利上訴と異なり，上告の申立要件は定められていない．最高裁規則は「特別かつ重大な理由があるとき」にのみサーシオレイライが許可される旨を定め，また，連邦控訴裁判所間で判例内容に不一致があること，または重要な連邦法上の問題が提起されていることを，合衆国最高裁判所がサーシオレイライ許否を検討する際の一応の考慮要件として挙げている．サーシオレイライの申請は，合衆国最高裁判所の裁判官全員による会議において審査され，9人の裁判官のうち4人の賛成があれば許可される (rule of four)．なお，令状という名はついているが，実際には令状の発付は行われていない．

わが国の刑事訴訟法406条に定める事件受理，および民事訴訟法318条に定める上告受理の手続は，この制度を範としたものである．→事件受理
　　　　　　　　　　　　　　　　　［宮城啓子］

再起訴　*公訴取消し'(刑訴257)による公訴棄却の決定(339Ⅰ③)が確定した後に，同一の事件について，改めて起訴することが再起訴である．

*旧刑事訴訟法'においては，公訴取消しによる公訴棄却の決定があった場合には，再起訴は一切許されないものとしていた(旧刑訴315③・364③)が，現行法においては，公訴の取消し後に犯罪事実につき新たに重要な証拠が発見された場合に限り，同一事件について再起訴を認めることとしている(刑訴340)．現行法において，再起訴を許すこととしたのは，現行法が起訴前の被疑者の身柄拘束に関して時間制限を認めたり，黙秘権を認めたために，完全に捜査を終了した上で起訴することが困難になり，そのため無罪判決を甘受しなければならないというような不都合が生じることを防止するためであったとされている．起訴取消しによる公訴棄却決定があった後に，少なくともいったん訴訟係属が生じ裁判所の判断を経た事件について，再度起訴することを認めることは，被告人の法的安定性を著しく侵害し，憲法が定める二重の危険(憲39)に当たるという疑念が生じる．立法論として，再考すべきであるとする主張が多い．
　　　　　　　　　　　　　　　　　［鯰越溢弘］

罪刑法定主義　**1 意義**　罪刑法定主義とは，ある行為を犯罪として処罰するためには，その行為の実行以前に，法律で，その行為が犯

罪刑法定主義

罪と定められかつ科されうる刑罰の種類と量が定められていなければならないとする原則を意味する．端的に「法律なければ犯罪なし，*法律なければ刑罰なし」の標語的表現で示される．これと対立するのは，アンシャン・レジームに象徴される絶対主義国家に見られた罪刑専断主義である．罪刑専断主義は，何を犯罪とし，いかなる刑罰をどれだけ科するかを国王または裁判官の自由に委ねるため，国家の時々の意向による恣意的な処罰を招いた．*ベッカリーア'らがこれの克服を目指した．市民革命による近代市民社会の成立とともに，罪刑法定主義も確立された．罪刑法定主義は近代法治国家における刑法基本原則のひとつである．

2 歴史的経緯 罪刑法定主義の淵源は，1215年イギリスのマグナ・カルタ（Magna Charta）39条にさかのぼる．これが，一方でアメリカに渡り，独立宣言や諸州の権利章典を経て，アメリカ合衆国憲法の適正手続条項（修正5・14）および事後法禁止条項（1 IX ③）に結実した．他方，ヨーロッパ大陸では，フランス人権宣言8条（1789年）からナポレオン法典（1810年）を経て諸国に広まった．20世紀初頭，全体主義国家隆盛期にはロシア共和国刑法（1926年）やナチス・ドイツの刑法改正（1935年）で罪刑法定主義が否定されたが，第2次世界大戦後，世界人権宣言11条（1948年）や国際人権規約B規約15条（1976年）などにより，罪刑法定主義が万国共通の刑法原則となっている．

3 わが国の状況 わが国では，ナポレオン刑法典に倣った*旧刑法'2条（1880〔明13〕年）および明治憲法23条（1889〔明22〕年）が罪刑法定主義を明文で定めた．しかし，現行刑法（1907〔明40〕年）は，罰刑法定主義が解釈上明白な原則であり明治憲法に明文規定があるとして，これを明文化しなかった．第2次世界大戦期には治安維持法や国家総動員法などにより，罪刑法定主義は形骸化した．戦後，*日本国憲法'（1946〔昭21〕年）も明文規定をおいていないが，73条6号，39条や36条などの諸規定から，立憲主義憲法および近代刑法の根本原則である罪刑法定主義を当然の前提とすると解されている．条文上の根拠は31条とされている．

4 理論的根拠 罪刑法定主義は，当初，モンテスキュー Montesquieu（仏・1689-1755）の三権分立論や*フォイエルバッハ'の心理強制説から導かれたが，現在は，国家権力による刑罰権の濫用や恣意的執行を防止し，個人の人権を保障することを根拠とする．犯罪と刑罰は国民の権利・自由に直接かかわるから，国民がその代表機関である国会でそれを法律で定め（民主主義的要請），それにより犯罪と刑罰が事前に国民に知らされるので，国民は行為の処罰可能性を予測でき行動の（選択の）自由が保障される（自由主義的要請）．よって，法律主義および*遡及処罰'の禁止が罪刑法定主義の具体的内容となる．さらに，近時，罪刑法定主義は，国家刑罰権を抑制して個人の権利・自由を擁護する「実質的人権保障原理」として，法律による犯罪と刑罰の告知という形式的要請だけではなく，犯罪と刑罰の明確性およびその内容の適正性をも要請する（*実体的デュープロセス'）と理解されている．

5 具体的内容 第1に，犯罪と刑罰を定める狭義の法律がある場合にかぎって国家刑罰権の発動が認められ，執行機関も裁判機関もこの法律に拘束される（法律主義・成文法主義）．法律以外の法規，慣習法や判例は直接の処罰根拠となりえない（ただし，構成要件の解釈などで慣習法を用いることは許される）．例外的に，法律による特定委任があれば命令で罰則を定めることができ（憲73⑥），また条例も，住民の代表機関である地方議会が制定し法律に準ずるから2年以下の懲役若しくは禁錮，100万円以下の罰金・拘留・科料・没収の罰則を設けうる（自治14③）．

第2に，*類推解釈'は禁止される．刑罰法規の適用上，法律で規定された犯罪行為と直接規定されていない事実との間に何らかの共通性・類似性を見い出し，これを基礎にその事実を当該法律に包含させるよう解釈することは，実際上明文規定がなくても処罰できることとなり，法律主義に抵触する．

第3に，絶対的不定刑（刑種と刑量をともに法定しない場合），および絶対的不定期刑（刑種だけを定め刑量を定めない場合）は，刑罰を法定するとはいえず，法律主義に反する．相対的不定期刑（少52はその例である）は長期と短期の差が著しくなければ許容される．

第4に，行為時に適法であった行為を行為後に施行された刑罰法規によってさかのぼって処罰すること(*遡及処罰')は許されない．憲法39条もこの趣旨である．これを許せば，国民は行為の処罰可能性について予測できず行動の自由が不当に制約されるとともに，国家権力による狙い撃ちの危険にさらされることとなる．

最後に，刑罰法規の内容の適正を意味する*実体的デュープロセス'が新たに加えられている．この法理は，刑罰法規の実体的内容が適正であること，または規定が*漠然不明確'でないことを要求する．→委任命令，拡張解釈，定型説，不応為律，実体的デュープロセス　[門田成人]

採血　刑事手続において採血が必要となるのは，血中アルコール濃度の測定，薬物その他の血中成分の同定，血液型の判定，DNA*鑑定'その他の手段により，事件に関連する証拠の収集・保全がなされるべきときである．採血は，医学的な知識・経験に基づいて，一定の手続・方法を履践する必要があるから，鑑定人または鑑定受託者(刑訴165・223Ⅰ)が，鑑定処分許可状の発付を得て(168・225)，これを実施することになる．もっとも，対象者が任意に協力しない場合には，鑑定処分許可状では直接強制が不可能であるから(168Ⅵ・139・172参照)，捜査段階では，*検証'としての身体検査令状(218)の発付も得て，両者を併用する方式が考案された．なお，*体液の採取'という点で共通の性質を持つ強制採尿について，判例は，医師による等の条件を付した捜索差押許可状(218)によるべきものとしたが(最決昭55・10・23刑集34・5・300)，実務では従来どおり，人体の一部を構成する血液については，鑑定処分許可状と身体検査令状の併用により処理する例になっている．→身体検査　[長沼範良]

最高裁判所　(英) Supreme Court
最高裁判所は，簡易裁判所，家庭裁判所，地方裁判所，高等裁判所を含めた，全裁判所の頂点に立つ*裁判所'であり，日本国憲法により設置された裁判所である(憲76以下)．形式的には明治憲法下の*大審院'に相当するが，違憲審査権(憲81)が与えられるなど，他の2権の活動をチェックする役割が想定されており，「天皇の名において」司法権を行うこととされていた大審院を頂点とする明治憲法下での裁判所(明治憲法57)とは，その役割は大きく異なっている．最高裁判所は東京都に置かれる(裁6)．

最高裁判所裁判官は，最高裁判所長官と14名の最高裁判所判事からなる(裁5)．長官は内閣の指名に基づいて天皇が任命し，各裁判官は内閣が任命する(憲6Ⅱ・79Ⅰ，裁39Ⅰ～Ⅲ)．任命につき専断を防止するため，任命後初めて行われる総選挙の際に，国民審査に付される(憲79Ⅱ～Ⅳ，裁39Ⅳ，最高裁判所裁判官国民審査法)．

最高裁判所裁判官は，識見の高い，法律の素養のある年齢40年以上の者の中から任命され，そのうち少なくとも10人は，10年以上高等裁判所長官および判事の職の1もしくは2に在った者，または，①高等裁判所長官，②判事，③簡易裁判所判事，④検察官，⑤弁護士，⑥別に法律で定める大学の法律学の教授または助教授の職の1もしくは2以上に在って，その年数を通算して20年以上になる者でなければならない(裁41.)．

最高裁判所の審理は大法廷と小法廷に別れる．大法廷は，全員の裁判官の合議体であり，初めて合憲違憲の判断をするとき，判例違反の争点を判断するとき(裁10)に開かれる．小法廷は3名以上の最高裁判所の定める員数の最高裁判所裁判官からなる合議体である．最高裁判所の裁判には，下級審の裁判と異なり，各裁判官の意見が表示される(11)．法廷意見に対し，補足意見，反対意見が付されることも多い．異なる意見であれ，開陳することによって，将来の法形成に資するためである．なお，*最高裁判所調査官'が，最高裁判所裁判官を補佐する役割を果たして，最高裁判所裁判官の職務を助ける(57)．

最高裁判所は唯一の終審裁判所として，上告および特別抗告に関する裁判権を持つ他，司法権の最高機関として，訴訟に関する手続，弁護士，裁判所の内部規律および司法事務処理に関する事項について規則制定権を有し(憲77)，下級裁判所の裁判官の指名権(憲80Ⅰ)，司法行政監督権を持つ．

裁判における最高裁判所の役割は，十分な理由づけを伴う周到な憲法判断を下し，法解釈を統一し，著しい不正義の救済をはかることにあ

る. 刑事訴訟法405条の定める上告理由は, 憲法違反と判例違反であり, それ以外の, 著しい不正義の是正や法令違背の主張は職権破棄の対象であるにとどまる(刑訴411). 最高裁判所は, 著しい不正義を是正する観点から事実の問題を法的基準との関係で扱う場合もあるが, 事実の審理は主に公判・事実審裁判所の役割であり, 最高裁判所は, 具体的事実を前提にしつつ, その枠組みの中での具体的争点について, 先例を基礎としつつ, 将来における法運用も展望して判断を下す法律審であり, 憲法問題・法律問題に関する周到な判断を下すことがその主たる役割である. →審級 [中野目善則]

最高裁判所調査官 裁判所法57条は, *最高裁判所'に裁判所調査官を置く, とし, 裁判所調査官は, 裁判官の命を受けて, 事件の審理および裁判に関して必要な調査を掌るものと定める. すべての事件を裁判官が自ら下調べで含めて処理するには事件量が多すぎる. 最高裁判所は, 具体的事件の妥当な解決のみならず, 将来の法運用も視野に入れて, 周到な判断を下すことを求められている. そこで, 最高裁判所裁判官が十分にその役割を果たすことができるように, 事件の争点を整理し, その争点に関する先例, 学説等を検討し, 妥当な解決の素案を示す等して, 裁判官の職務を補佐するのが最高裁判所調査官である. 最高裁判所調査官は, 現職の裁判官から抜擢された裁判官により構成される. この制度の原型と思われる米国のロー・クラークの制度では, ロー・スクールの優秀な卒業生が裁判官の職務を補佐し, ロー・スクールでの教育・研究が実務に反映しやすい面をもつ. わが国は, 裁判官に最高裁判官の職務を補佐させ, 充実した手堅い裁判を行うことを企図している点に特色がある. 最高裁判官は, 具体的事件での争点についてさまざまな視点があることを踏まえて, 十分なリーズニングによって支えられた周到な判断を下すことを求められており, そのためには, このような補佐の役割を果たす者が不可欠となるとの認識に基づく制度であるとみることができる. [中野目善則]

財産刑 (独) Vermögensstrafe 財産の剝奪をその内容とする*刑罰'. 現行法上, *主刑'としては*罰金'と*科料'がある. 罰金は刑を減軽しない限り, 1万円以上であり(刑15), 科料は1,000円以上1万円未満である(17). さらに*付加刑'であるが, *没収'も財産刑のひとつと評価されることが多い. なお*交通反則金'は, その納付によって刑事訴追を免れるものであるから, そもそも刑罰ではない.

罰金刑が交通業過事件や道路交通法違反事件に多用されているため, 財産刑の適用は, 実数においてはわが国の刑罰制度の9割以上を占めている. また, 通常手続で財産刑が科されるのはごくわずかであり, そのほとんどは*略式手続'によるものである. なお, 法人に対しては死刑や*自由刑'が観念できない以上, 現行法上は財産刑が唯一の刑罰制度である.

財産刑の裁判は, 検察官の命令により執行され, その命令は執行力のある債務名義と同一の効力を有する(刑訴490 I). また罰金, 科料を完納できない場合には, その者を一定の期間, 労役場に留置する(刑18). これは, 財産のかわりに自由を剝奪する換刑処分として一般に理解されている. →労役場留置 [橋爪 隆]

財産上の利益 *財産犯'は, *財物'を客体とするものと財産上の利益を客体とするものに分けられる. 後者の類型には, 財産上の利益を不正に取得する利益強盗罪(刑236 II), 利益詐欺罪(246 II), 利益恐喝罪(249 II)および, 他人の事務を処理する者が本人に財産上の損害を与える背任罪(247)が含まれる. 財産上の利益を不正に窃取するいわゆる利益窃盗は処罰されていない.

財産上の利益としては, 債権の移転, 債務の免除を得ること, 保証の利益を得ること, 債務を負担させること, 宿泊・輸送等の役務を受けること等が含まれる. 一時的に支払請求を免れる場合も含まれるが, この場合は, 直ちに支払わなければ債権者において履行を強制する何らかの措置がとられたであろうという状況があることなど, 利益移転の明確性を要求する見解も有力である. なお, 人を欺いて財物を交付させる約束を取り付けた場合については, 当該約束をもって財産上の利益を得たとする判例もあるが(最決昭43・10・24刑集22・10・946), これに対しては, 財物詐欺(246 I)の未遂とすべきとの有力な批判がある. これに対して, 被相続人

を殺害して相続財産を事実上承継する場合については，そのような地位の取得は財産上の利益に当たらないとして強盗殺人(240)の成立を否定した裁判例がある(東京高判平1・2・27高刑42・1・87)．→二項犯罪　　　　　[伊藤 渉]

財産犯　**1 財産犯の意義**　他人の財産を侵害する犯罪類型の総称．*窃盗罪'(刑235)・*強盗罪'(236)・*詐欺罪'(246)・*恐喝罪'(249)・*横領罪'(252以下)・*背任罪'(247)・*毀棄罪'(258以下)などをいう．

2 財産犯の分類　財産犯は，以下のような観点に従って分類することが可能である．

(1) 財物に対する罪と利益に対する罪　財産犯は主として他人の財物を侵害の客体とするが(財物に対する罪)，強盗罪・詐欺罪・恐喝罪については，財物の他*財産上の利益'も客体とされており(*利得罪')，また，背任罪については，財産上の損害を加えることが犯罪の成立要件とされている．これらの罪は，財産上の利得ないし加害により成立するもので，利益に対する罪であるといえる．

(2) 個別財産に対する罪と全体財産に対する罪　通説によれば，財物に対する罪，および利益に対する罪のうち財物以外の客体の移転により成立する強盗罪・詐欺罪・恐喝罪については，当該客体の侵害そのものが被害であるとされる．これに対して，背任罪は，被害者の有する財産が，全体的に見て減少していることが必要である．前者を個別財産に対する罪といい，後者を全体財産に対する罪という．

(3) 侵害の態様による分類　財物に対する罪のうち，毀棄罪は被害者がその財物を害されるだけで行為者ないし第三者が財物を取得することがないのに対し，その他の財物罪においては，財物の取得が要件とされる(領得罪)．なお，利益に対する罪については，強盗罪，詐欺罪，恐喝罪においては利得が要件とされるのに対して，背任罪においては利得を目的とする場合とそれを目的としない場合(後者の場合は毀棄罪に近い)とがある．

領得罪のうち，*盗品等に関する罪'においては，すでに被害者から取得された財物をさらに不正手段により取得するものであることから，間接領得罪といわれるのに対し，その他の領得罪は，被害者から財物を直接不正に取得することから，直接領得罪といわれる．

直接領得罪のうち，横領罪は，行為者自らが委託信任関係に基づき占有し，または何人の占有にも属さない物を領得する行為であって，占有の移転を伴わない．これに対して，窃盗罪・強盗罪・詐欺罪・恐喝罪は被害者側から行為者側に財物の占有が移転する(占有移転罪)．

占有移転罪のうち，詐欺罪・恐喝罪は被害者側が財物を瑕疵ある意思にもとづいて交付することにより成立する(交付罪)が，窃盗罪・強盗罪は相手の占有する財物を意思に反して奪取することにより成立する(奪取罪)．

3 刑法上の財産の意義　財産犯における財産の意義をめぐっては，法律的財産概念，経済的財産概念，法律・経済的財産概念が対立している．法律的財産概念は，民法その他の法律上の財産権をもって財産犯における財産とするもので，個別の財産権が侵害されればその経済的価値や反対給付を問題とすることなく財産犯の成立を肯定する反面，財産権とされていない経済的価値の侵害については財産犯の成立を否定する．経済的財産概念は，事実上の経済的価値をもって財産とするもので，権利の侵害の有無を問わず，経済的価値の侵害が認められれば財産犯の成立を認める．法律・経済的財産概念は，経済的価値のうち法律上保護に値するもののみを財産とするもので，経済的財産概念とは，違法な経済的利益の侵害につき財産犯の成立を否定する点で異なる．→経済刑法，二項犯罪

[伊藤 渉]

最終陳述　*証拠調べ'が終わった後，*被告人'が最終的に意見を陳述することを最終陳述という(刑訴293Ⅱ，刑訴規211)．

実務的には，*弁護人'の*最終弁論'に続いて被告人の最終陳述が行われる．

最終陳述の目的は，*検察官'の*論告'に対して，被告人に自ら陳述する機会を与えることによって，公平な*裁判'と被告人の権利の保護を図ることにある．したがって，被告人の最終陳述の後に，検察官が補充論告をした場合には，被告人側に再度意見陳述の機会を与えなければならない．

被告人の最終陳述の要旨は，*公判調書'の必

要的記載事項である(刑訴規44 I ㉙).

被告人の最終陳述と弁護人の最終弁論とはいずれかの機会が被告人側に与えられれば足りるとするのが判例であるが(最判昭23・3・27刑集2・3・268)、*当事者主義'訴訟において最終の意見陳述の機会が付与されている趣旨に照らせば、双方にその機会を与えるべきであり、実務上はそうした運用が図られている.

最終陳述の機会を与えなかった場合は、刑事訴訟法341条の場合は別として、判決に影響を及ぼすことの明らかな訴訟手続の法令違反となる.

なお、*裁判長'は、必要と認めるときは、被告人の本質的な権利を害しない限り、最終陳述をする時間を制限することができる(刑訴規212).
[安冨 潔]

最終弁論 (英) closing statement
*証拠調べ'が終わった後、*弁護人'が最終的に意見を陳述することを最終弁論という(刑訴293 II、刑訴規211). 実務的には、*検察官'の*論告'に続いて、弁護人の最終弁論が行われる.

最終弁論の目的は、検察官の論告に対して、被告人側に公判での防御の結果を陳述する機会を与えることによって、公平な裁判と被告人の権利の擁護を図ることにある. 最終弁論の内容は、*公訴事実'に関する主張、*情状'、法律の適用に関する主張などに及ぶが、事件に関係のない陳述や証拠に基づかない陳述などは許されない.

弁護人は、*被告人'とは独立して、最終弁論の権利を有し、被告人の意見に拘束されない. 最終弁論は、主任弁護人以外の弁護人も主任弁護人の同意を得ないですることができる(刑訴規25 II). 弁護人に最終弁論の機会が与えられたのに、弁護人が訴訟指揮を不満としてその権利を放棄したときは、弁護人の意見を聴かずに*判決'することができる.(東京高判昭54・5・30刑月11・5・410).

なお、*裁判長'は、必要と認めるときは、弁護人の本質的な権利を害しない限り、最終弁論を陳述する時間を制限することができる(刑訴規212). →最終陳述
[安冨 潔]

罪証隠滅 (独) Verdunkelungsgefahr
1 意義 犯罪事実に関する証拠物の損壊・隠匿・偽造、共犯者との通謀、*証人'に対する威迫等、*証拠'に不当な影響を及ぼすいっさいの行為をいう. 刑事訴訟法では、逃亡のおそれと並んで、罪証隠滅のおそれがある場合にも*逮捕'・*勾留'が認められるとともに(刑訴60 I ②・199 II但、刑訴規143の3)、その存在は、接見禁止の理由(刑訴81)、権利保釈の除外事由(89④)、*保釈'の取消事由(96 I ③)とされる等、身柄拘束に関わる種々の効果と結びついている.

2 罪証隠滅の対象事実 *構成要件'該当事実、犯罪成立阻却事由および刑の減免事由に関する事実がこれに該当することに争いはない. これに対し、たとえば犯行の態様等の、被疑事実の成立とは直接に関係せず、量刑に関連するにすぎない事実については、それが、当該事件において、どの程度被疑者・被告人の罪責ないし刑責に影響を及ぼすおそれがあるかを個別的に考えたうえで、罪証隠滅の対象事実となるか否かを決定するという見解が、実務上は有力である.

3 罪証隠滅のおそれの程度 勾留理由としての罪証隠滅のおそれは、その抽象的な可能性があるというだけでは足りず、それが、具体的な事実によって蓋然的に推測しうる場合でなければならない(大阪地決昭38・4・27下刑5・3=4・444). 権利保釈の除外事由としての罪証隠滅のおそれについても、これと同様である. これに対し、接見禁止の理由としてのそれは、被告人が勾留されていることを前提としたものであるから、身柄を拘束しただけでは防止できないような強度の罪証隠滅のおそれを意味する. また、*保釈'の取消事由としての罪証隠滅のおそれについては、それが保釈中に新たに生じた場合を除けば、保釈前よりもそのおそれが著しく強くなった場合を想定したものと解されるので、その度合いは、勾留理由としての罪証隠滅のおそれよりも程度が高いものであることになる.

4 罪証隠滅の意図 罪証隠滅は、被疑者・被告人が自らまたは第三者に依頼する等の方法により、意図的に行う必要がある. 実務上は、その意図の判断にあたり、被疑者・被告人が自白しているか、それとも黙秘ないしは否認しているかという供述態度を考慮できるとする見解が有

力であるが，黙秘の事実をこのようなかたちで考慮するのは*黙秘権'の保障に反するという意見もある．→接見交通　　　　　　［川出敏裕］

採証学　有罪判決を誤らせる原因は，効率を追求した自白中心の捜査や事実認定のあり方にあると指摘される．この誤認原因を除去するには，刑事手続における証拠の重点を「自白」でなく，「間接事実(情況証拠)」におくという変革が求められる．間接事実(情況証拠)を証拠化するうえで，科学的な知識や技術が必要となる場合は少なくない．そのため，採証の科学化，とくに捜査の科学化が求められることになる．捜査における採証学または採証科学の展開が期待されるのである．

採証の科学化の具体的内容としては，法医学的検査(変死体の解剖による個人識別，死因・死後経過時間・凶器の判定，精神状態の判定など)，理化学鑑識(血液，毛髪，毒物，銃器などを検査対象とした医学・薬学・工学などによる鑑識)，刑事鑑識(指紋の識別，タイヤ痕の照会，犯罪手口などの検査など)などが挙げられる．なお，採証の科学化に伴って，行きすぎたかたちで個人のプライバシーに属する情報が収集される結果になることも多い．そのため，科学的採証の可否，採証の手続，採証結果の利用のあり方などについて，厳格な法的検討と規制が行われなければならない．→科学的証拠，下山事件　　　　　　　　　　　　［高田昭正］

罪状認否　公判期日の最初に行われる*冒頭手続'において，起訴状朗読後，裁判長が被告人に対し黙秘権の告知を行った上で，起訴状記載の事実について被告人・弁護人に陳述する機会を与えるための手続(刑訴291Ⅱ)．通常，公訴事実に対する返答(認否)が中心となるため罪状認否と呼ばれることが多い．被告人に陳述の機会を与えるのは検察官の起訴状朗読に対応する意味で当事者主義・口頭弁論主義の要請と理解されている．したがって，被告人・弁護人の陳述は被告事件に関係のある事項に限りすべて許される．公訴事実そのものの認否，正当防衛や心神喪失その他法律上の犯罪阻却事由や刑の減免事由等の公訴事実の実体に関する主張や弁解をする機会，また起訴状についての裁判長へ求釈明の機会でもある．さらに訴訟条件に関する主張，たとえば土地管轄についての管轄違の申立て(331)や被告人等の便宜のために同一事物管轄をもつ裁判所への移送請求(19)は，この機会に行われる必要がある．訴訟条件の存否に関する申立て，すなわち公訴棄却ないし免訴の事由もこの機会に行うことができるとされる．通常，公訴権濫用の主張もこの機会になされる．審判の併合・分離の請求(4・5・7・8・313)，裁判官・裁判所書記官への忌避の申立て(21・26)などもこの機会に行うことができる．

罪状認否手続は被告人の陳述の権利を保障する機会であるため，被告人に裁判所がこの機会を与えなかったときは判決に影響を与える訴訟手続違反(379)となる．他方で，裁判所にとっても訴訟の争点を明確にし，公判運営の方針に資する目的ももつ(東京高判昭25・7・20判特12・34)．また，被告人が陳述した場合，これに関連した質問をして被告人に供述を求めることができる(311Ⅱ)．しかし，学説では裁判長が実質的な証拠調べにあたるような供述，たとえば前科や犯行の動機等を被告人に求めるような態度をとってはならないとするのが通説である．

わが国の罪状認否は英米のアレインメントとは異なる．被告人が起訴事実を認めてもそれだけでは有罪認定を行うことはできず(319Ⅲ)，軽罪事件についてのみ，一定の要件で*簡易公判手続'に移行できるにすぎない(291の2)．
　　　　　　　　　　　　　　　　［佐藤美樹］

再審　1　意義および基本理念・目的　確定した終局判決に対して，事実認定の誤り(事実誤認．*誤判'[裁判の誤り]はこれを指すことが多い)を理由に行われる*確定後救済手続'．裁判が最終的に確定すると既判力が生じ，もはやこれを争うことはできなくなるのが一般原則であるが，確定判決にも重大な誤りのあるおそれは否定できない．とくに，誤って有罪判決を受けた者が処罰されること(無実の罪を*冤罪'という)は，耐え難い人権侵害であるとともに裁判の権威を失墜させる．そこで，法は，裁判終了後でも例外的に事実誤認を是正・救済する方法として再審を用意している．再審は，事実誤認を理由とする点で，法令違反を理由とする非常上告と区別される．伝統的に，再審は，法的安定性(確定力)と正義(実体的真実)との矛盾を調

和させるための制度と理解されてきたが，国家的利益の観点から前者を優先する立場が支配的であったのできわめて厳格に運用され，「開かずの門」とさえ呼ばれてきた．しかし，現行法は，被告人に不利益な再審も認めていた旧憲法下の刑事訴訟法（ドイツ主義）と異なり，一事不再理・二重危険禁止の原則（憲39）の趣旨に基づき被告人に利益な再審だけを認めている（フランス主義）．そこで，法的安定性といっても被告人の地位の安全は問題とならず，一方，真実の発見も被告人の具体的救済にこそ狙いがあることになる．したがって，今日では，有罪判決の維持という国家的利益と無罪を主張する被告人の権利との相克に再審の本質があり，その中心的な任務は「冤罪者（無辜）の救済」にあるとする見解が有力となっている．なお，英米には，わが国やフランス，ドイツにみられるような厳密な意味の再審制度はなく，恩赦という行政府による名誉回復措置の活用によって正義回復を図る仕組みがとられている．new trial は新しい陪審に評決をやり直させることを意味する．

2 再審の理由 有罪の確定判決に対する再審理由は刑事訴訟法435条に列挙されている（控訴棄却・上告棄却の確定判決に対する再審理由については，436）．このうち，同条6号以外は，原判決の証拠が偽りであった場合（①〜⑤）や関与裁判官等に職務犯罪があった場合（⑦）に再審を限定し，しかもそのことが原則として確定判決で証明されなければならない（437参照）．これは，「ファルサ（偽証拠）型」再審理由と呼ばれ，いわば絶対的事由なので判定に困難はなく，実際の例も少ない．これに対し，6号は，包括的に，無罪，免訴，刑の免除または法定刑の軽い別犯罪を認めるべき「明らかな」証拠を「あらたに」発見したときを要件とする「ノヴァ（新証拠）型」再審理由を規定している（これを6号事由とも呼ぶ）．前者を*証拠の明白性'，後者を*証拠の新規性'という．これは，いわば相対的事由なので実務上・理論上問題が多く，実際にも圧倒的多数の事件が6号によっている．

証拠の新規性は，確定判決の基礎になったのと同一資料に基づきこれと異なる判断をすることは確定の観念と矛盾し三審制の運用を歪めるとして，設けられた要件である．つまり，確定判決に至る審理において裁判所の実質的な証拠価値の判断を経ていない証拠の提出が要求される．これに関しては，とくに，新規性は誰に対して要求されるかが，身代り犯人からの再審請求の可否という形で重要な争点とされている．判例は，それを請求人と解しているようであるが（最決昭29・10・19刑集8・10・1610），学説では，裁判所にとって新規であれば足りるとする見解が有力である．

証拠の明白性とは，新証拠が確定判決の基礎となった事実認定に影響を及ぼすことが明らかである状態をいう．この点につき，判例は，従来，法的安定性（確定力）を重視し，あたかも新証拠だけで無実の証明を必要とするかのような厳格な解釈・運用を行ってきた．しかし，変革の動きは次第に大きくなり，1975(昭50)年5月20日，最高裁第1小法廷は*白鳥事件'についての決定で（いわゆる白鳥決定．刑集29・5・177），請求人は，新旧両証拠を総合評価して，無実の立証ではなく確定判決の事実認定に合理的な疑いをいだかせれば足り，その意味で「疑わしきは被告人の利益に」という刑事裁判の鉄則が適用されると判示した．これは明白性の要件を緩和したもので，その後の再審実務の運用に大きな影響を与えた．具体的には，1983(昭58)年に，*免田事件'でわが国の裁判史上初めて死刑囚に再審無罪が言い渡されたほか，今日までに死刑事件4件（免田のほか，*財田川事件'〔1984年〕，*松山事件'〔1984年〕，*島田事件'〔1989年〕）を含む著名な再審請求事件（死後再審として*徳島事件'〔1985年〕がある）で再審無罪判決が下されている．もっとも，白鳥決定の意味については今なお理解の相違があるし，重大事件では旧来の厳格な解釈・運用によるともみられる請求棄却決定が少なくなく，再審の門は依然狭いというのが実情である．

3 再審の手続 わが国の再審は2段階構造をとっている．まず，再審請求手続で再審理由の有無が審理される．再審請求は，原判決をした裁判所が管轄する（刑訴438）．請求権者は，有罪の言渡しを受けた者などであるが，検察官も，公益の代表者として請求することができる（439）．請求の時期に制限はないが（441），請求

には刑の執行停止の効力はない(442).再審請求を受けた裁判所は、審理のため必要があるときは、事実の取調べをすることができる(445).再審請求が不適法なときや請求が理由のないときは、決定で請求は棄却されるが(446・447)、理由のあるときは再審開始決定が下される(448).裁判所は、いずれの場合にも、請求者とその相手方の意見を聴く義務を負う(刑訴規286).これらの決定に不服があるときは、即時抗告で争うことができる(刑訴450).開始決定が確定すると、審級に従い、事件自体についての審理である再審公判手続が行われる(451).再審開始決定の効力や公判手続の進め方については、未解決の問題が少なくない.再審においても不利益変更禁止の原則が妥当する(452).統計的には、再審開始決定があれば最終的にほぼ無罪判決が言い渡されている.この場合は公示が要求され(453)、刑事補償の対象となるほか(刑補1①)、国家賠償法による救済が得られる場合もある.なお、再審請求手続については規定が少なく、請求人の手続的権利保障のための法整備を求める意見が強い. [加藤克佳]

罪　数 **1 意義** 犯罪の個数のことである.1人の人間が刑事事件を実際にひきおこした場合、ひとつの罪名だけが問題になることはむしろまれであり、通常は複数の罪名が問題となる.このような場合に、1個の犯罪が成立するのか数個の犯罪が成立するのかという罪数問題が生じる.

1個の犯罪が成立する場合は、*本来的一罪'であり、科刑上も訴訟法上も当然一罪として扱われる.ここには、単純一罪、*法条競合'および*包括一罪'の場合があるとされている.しかし、最近は、包括一罪が*科刑上一罪'に近似した性質をもつものであるとする見解も有力に展開されている.これは、罪数決定の基準に関する見解の相違によるものである.

数個の犯罪が成立する場合は、*犯罪の競合'が生じ、科刑上・訴訟法上の扱いが問題となる.数罪であっても、科刑上一罪の場合には、そのうちの重い刑だけで1回的に処断され、訴訟法上も一罪として扱われる.*観念的競合'(刑54Ⅰ前)を科刑上一罪とするのが判例・通説であるが、本来的一罪とする理解もある.これも、罪数決定の基準に関する見解の相違によるものである.これに対して、*併合罪'(45)は、本来的に数罪であり、数回的に処断され(46以下)、訴訟法上も当然数罪として扱われる.

2 罪数論 1個の犯罪が成立するのか、数個の犯罪が成立するのかという罪数を決定する基準を論じるのが罪数論である.これは、犯罪の成否にかかわる問題であり、犯罪論に属する.これによって数罪とされる場合に、数罪の意味を問い、これを科刑上どのように扱うかを論じるのが犯罪競合論であり、刑罰論に属する.

罪数論は、犯罪の本質に深くかかわる問題であるため、学説が多岐に分かれている.意思説は、犯罪を行為者の犯罪的意思の実現であるとすることから、そのような意思の単複を罪数決定の基準とし、観念的競合を本来的一罪としている.行為説は、犯罪は行為であるという命題を前提として、行為の単複をその基準とする.行為説には、観念的競合を本来的一罪とするものと数罪とするものがある.法益説は、犯罪の本質は法益侵害であるとし、被害法益の単複をその基準とする.構成要件説は、構成要件充足の単複ないし構成要件的評価の回数を罪数決定の基準とする.意思説、行為説、法益説がそれぞれ犯罪の1要素を基準として犯罪の個数を数えるのに対して、構成要件説は、構成要件という定型的に犯意、行為、結果を総合した全体的犯罪概念をその基準とするものとして、日本における通説的地位を占めている.法益説および構成要件説は、いずれも観念的競合を本来的一罪とする.

判例は、この基準について統一的なものを示してはいない.意思の単一を強調するもの(大判明41・6・22刑録14・688等)、法益侵害の単複によるもの(大判明41・5・8刑録14・490等)、行為の単複を重視するもの(大判明44・11・16刑録17・1994等)などがある.

3 罪数論の課題 意思説、行為説または法益説は、それぞれ犯罪のひとつの要素を犯罪の個数を数える基準としようとするため、一面的にすぎるという方法論上の問題を内在させるものであった.したがって、意思説については、犯罪意思が1個である限り、複数の結果が発生しても常に一罪とすることは妥当でない、行為説に

ついては、そもそも自然的行為の数をそのまま法的評価のなされる犯罪の数としてよいのか、法益説については、抽象的に被害法益を数えるものであって犯罪定型を無視するものであるなどとする批判がなされている。もちろん、行為説のなかにも結果を考慮して観念的競合を数罪とするものがあり、法益説のなかにも構成要件の充足ごとに法益侵害があるとするものもあるが、これは犯罪のひとつの要素を犯罪の個数を数える基準とすることが困難であることを示すのである。ここに構成要件説が通説的地位を得る理由があった。

しかし、構成要件説も問題性が内在するものではあった。そもそも構成要件を1回充足した行為が違法性・有責性を備えていれば、一罪であることは当然であって、問題は、構成要件充足の回数をどのように数えるかということである。この点について、構成要件説には明確でないものがあり、また、その数え方に疑義があるものもあった。たとえば、それが本来的一罪とする*不可罰的事後行為'の場合の構成要件充足ないし構成要件的評価の1回性についてである。構成要件説は、構成要件充足の回数の基準を求めて、新たな理論構成を試みる必要性に迫られている。しかし、その場合にも、構成要件が犯罪成立要件のひとつにすぎないものであるという問題は残されることになる。→訴因と罪数

[山火正則]

罪　体　(羅) corpus delicti　犯罪の対象たるもの(死体など)を指す言葉として用いられることもあるが、一般的には、犯罪の客観的側面全体を表す。ローマ法のコーパス・デリクティは、the body of the crime の意味であり、*構成要件'の概念はここに由来する。ただし、刑事訴訟法上、*自白'に*補強証拠'を必要とする範囲を示す概念として用いられる。罪体の内容については、①客観的な被害の発生(たとえば、死体の存在)、②何人(なんびと)かの犯罪行為による被害の発生(たとえば、他殺死体の存在)、③被告人の行為に由来する被害の発生、という3つの理解がある。②が通説とされてきたが、近時、誤判を防止するには、被告人と犯人の同一性についても補強証拠が必要だとして、③も有力に主張されている。このように、補強の範囲について罪体を問題にするのは形式説と呼ばれるが、判例は、自白の真実性を担保する証拠があればよいとして実質説の立場をとっている(最判大昭25・11・29刑集4・11・2402)。

[多田辰也]

再逮捕　刑事訴訟法は、*逮捕'後の*留置'時間を最大限72時間に限定している(刑訴203・205)。同じ被疑事実について何度も逮捕することを認めれば、この時間の限定は無意味になるから、再逮捕が原則として認められないことは明らかである。しかし、たとえば、嫌疑不十分で釈放した後、新たな*証拠'が発見されたとか、被疑者に逃亡のおそれがもはやないという理由で釈放したら、そのおそれが再度生じたというような場合にまで、再逮捕がいっさい認められないというのは、実際上不当な結果を招く。それゆえ、著しい事情変更があり、再逮捕を認めても、それが逮捕の不当な蒸し返しとはいえないという場合であれば、例外的にそれを認めてよいと考えられる(東京高判昭48・10・16刑月5・10・1378)。刑事訴訟法にも、*検察官'または*司法警察員'が逮捕状を請求する際に、同一の犯罪事実について以前に逮捕状の発付があったときは、その旨を裁判所に通知しなければならない旨の規定がおかれており(199Ⅲ、さらに刑訴規142Ⅰ⑧)、これは再逮捕が許される場合があることを前提としたものといえる。→一罪一勾留の原則　[川出敏裕]

財田川事件　1950(昭25)年2月28日未明、香川県・財田村で1人暮らしの老人が刃物で惨殺された事件。別居中の妻の話などから所持していた金員が強奪されたとして、強盗殺人事件と断定された。警察は、別件逮捕・代用監獄等を利用して谷口繁義から自白を獲得、同年8月、谷口は強盗殺人罪で起訴され、1957(昭32)年2月、1審の死刑判決が控訴・上告を経て確定した。谷口の*再審'請求は第1次、第2次とも棄却されたが、1976(昭51)年10月12日、最高裁第1小法廷は、第2次請求棄却決定に対する即時抗告棄却決定後の特別抗告を認めて原審、原原審の各決定を取り消し、事件を差し戻した(いわゆる財田川決定。刑集30・9・1673)。これは、再審理由としての証拠の明白性(刑訴435⑥)の意義・程度、判断方法に関するいわゆる白

鳥決定(*白鳥事件'についての決定.最決昭50・5・20刑集29・5・177)を踏襲・敷衍し,具体的事件にこれを適用して再審開始決定(高松地決昭54・6・7刑月11・6・700)・再審無罪判決(高松地判昭59・3・12判時1127・79)を導き出した点に大きな意義がある.この財田川決定を嚆矢として,以後,いくつかの著名な再審請求事件で再審開始決定や再審無罪判決が下されるようになった.なお,本件では,第2次再審請求審を担当した矢野裁判官が,退官後弁護人として誤判救済に尽力した点も特徴的である.→島田事件,徳島事件,松山事件,免田事件

[加藤克佳]

裁定合議 地方裁判所では,単独制と*合議'制の両者が併用されている(裁26 I・II).死刑または無期もしくは短期1年以上の懲役もしくは禁錮に当たる罪と,簡易裁判所の判決に対する控訴事件,簡易裁判所の決定および命令に対する抗告事件等の審判のための合議は,*法定合議'事件と呼ばれる.これに対し,事件の複雑さ,困難さ等から合議体で審理した方が望ましい場合に,合議体で審理および裁判する旨の決定を合議体が行い,合議体で審判するものとされた事件を裁定合議事件といい,そうした事件を合議体で判断することを裁定合議という.

[香川喜八朗]

在廷証人 *証人'となる予定者があらかじめ裁判所構内(多くは傍聴席または法廷前廊下)にいる場合(在廷),裁判所は召喚手続を行わず証人尋問を実施できる(刑訴規113 II).裁判所が召喚手続をとる場合,相手の準備などを考慮し,原則として,召喚状の送達から出頭まで24時間の猶予をおかなければならないが(111),在廷証人の場合,これを省略できる.現行法は当事者主義の原則に従い,かつ審理の迅速かつ集中的な実施のため,証人尋問請求者に証人を法廷に出頭させる責務も原則として負わせている(191の2).在廷証人が証人確保の原則である.

[渡辺 修]

裁定通算 裁判所の裁量によって行われる*未決通算'のことで,任意的通算ともいう.裁判所は,未決勾留日数の全部または一部を本刑に算入することができる(刑21).法律上当然に通算される*法定通算'とは異なり,裁定通算の場合,未決勾留日数を算入するか否か,どの範囲の日数を算入するのかはすべて裁判所の裁量に委ねられ,判決主文において刑とともに言い渡される.起訴前の勾留日数の算入も可能である.未決勾留日数の通算は,刑の量定とは区別され,犯情ではなく事件の審理経過に応じて決せられなければならないが,他方,広い意味での量刑問題とされる(最決昭29・6・2刑集8・6・794参照).それゆえ,裁定通算は,裁判所の裁量に委ねられるとはいえ完全な自由ではなく,一定の基準に違反した場合には上訴理由となりうる.この基準について,全部算入を原則として被告人の責に帰すべき事情により生じた勾留日数を除外する説と被告人の責に帰すべき事情によって生じた勾留日数などを考慮し通常の審理に要すると考えられる日数を除いた残りを算入する説(東京高決昭48・1・31判時723・100参照)とが対立し,後者が多数説だといわれている.→勾留

[吉弘光男]

在廷命令 *裁判長'が*被告人'その他の在廷者に対して発する退廷を禁止する旨の*命令'をいう.被告人の出頭は権利であると同時に義務であり,原則として被告人の在廷なしに審理することは許されない(刑訴286).そこで刑事訴訟法は被告人に在廷義務を課するとともに(288 I),在廷命令など,在廷確保のために相当な処分をすることができる旨定めた(288 II前).この処分の性質については争いがあるが,*法廷警察'権の一種と解するのが多数説である.在廷命令に従わない場合については,「暴力を振い又は逃亡を企てた」(287 I但)ときのみ裁判所は被告人の身体を拘束しうるとするのが一般的である.

*検察官'・*弁護人'にも刑事訴訟法288条の適用が認められるかどうかについては争いがあるが,否定説も職務上当然の義務として在廷義務を認めており,肯定説と結論においてほとんど差異がない.被告人と異なり,在廷させるための直接強制は許されないと解されている.→退廷命令,法廷秩序

[三島 聡]

差異的接触理論 (英) differential association theory アメリカの犯罪社会学者*サザランド'が,その教科書Principles of Criminology『犯罪学の原理』第3版(1939)(平

野龍一・所一彦訳,第6版,1964;高沢幸子・所一彦訳,第9版,1964)において提唱した理論.「分化的接触理論」とも翻訳される.

1 理論命題 理論は9つの命題から構成される.①犯罪行動は学習される.②犯罪行動は,コミュニケーション過程における他の人々との相互作用の中で学習される.③犯罪行動学習の主要部分は,親密な私的集団の中で行われる.④犯罪行動学習の内容は,(a)犯罪遂行技術と,(b)動機,衝動,合理化,態度等の特定の方向とである.⑤動機・衝動に関する方向付けは,法規範の肯定的または否定的意義付けから学習される.⑥人は,法違反の否定的意義付けが肯定的意義付けを上回ったときに犯罪者となる.⑦差異的接触は,頻度,期間,順位,強度においてさまざまある.⑧犯罪的行動類型および非犯罪的行動類型との接触による*犯罪行動習得'過程は,他のあらゆる学習に含まれるすべての要素を含む.⑨犯罪行動も非犯罪行動も一般的欲求や価値の表現であるから,それらの一般的欲求・価値によって犯罪行動を説明することはできない.

非行を非行多発地域における非合法的文化の学習の結果として説明するアプローチは,すでに20年代に,シカゴの*非行地域'を研究したショウ Clifford R. Shaw(米・1896-1957)とマッケイ Henry D. McKay(米・1899-)によって提示されていた.彼らの議論は,社会変動による社会統制の弱体化が非行を促進すると主張する点で社会解体 social learning 論の系譜に属するが,社会統制の弱体化によって生ずる合法的文化と非合法的文化の葛藤状況において社会的に不利な状況に置かれた者のほうに非合法的文化を獲得する可能性が高いとする議論は,明らかに他者との密接な接触による学習過程を想定するものであった.サザランドの貢献は,その発想を理論的に体系化してみせた点にある.

差異的接触理論は,学習の内容と過程の双方を特定している.内容について重要なのは第6命題であって,これが差異的接触の原理 the principle of differential association とされる.すなわち,学習内容の核心は行為の意味付けである.このことは,第5命題の後半部分からも明らかである.これに対して,学習過程は第2命題・第3命題によって特定されている.このように,行為の意味付けを重視し,それが人々との社会的相互過程で学習されるという視点は,当時シカゴ大学で教えていたミード George H. Mead(米・1863-1931)の象徴的相互作用論 symbolic interactionism に影響を受けたものと考えられている.

2 サザランド以後の展開 サザランドは,人格,特性,貧困,ストレス,生物学的・心理学的異常性等,当時の犯罪学理論で支配的であった何らかの異常性に注目するアプローチを排除し,文化が分裂した社会において,非合法的行動を肯定的に評価する文化がそれ自体は正常な学習過程によって獲得されるというメカニズムによって説明しようとしたのである.このような文化的伝達 cultural transmission 論の視点は,サザランドの下から,のちに彼の教科書を継承したクレッシー Donald R. Cressey(米・1919-),非行副次文化 delinquent subculture 論で知られるコーエン Albert K.Cohen(米・1918-),差異的機会構造 differential opportunity structure 論を展開したオーリン Lloyd E. Ohlin(米・1918-)等の有力な犯罪社会学者が輩出したこともあって,さまざまな変容を受けつつも,60年代までのアメリカ*犯罪社会学'において最も有力な*犯罪行動理論仮説'となった.

より最近の研究者でサザランドの議論を発展させようとする者は,スキナー Burrhus F. Skinner(米・1904-)のオペラント条件付け(operant conditioning)の概念を用いて犯罪行動への差異的強化(differential reinforcement)の条件を分析するとともに,一部の研究者は,模倣に注目する現代の社会的学習理論(social learning theory)の応用をもめざしている.ジェフェリー Clarence Ray Jeffery(米・1921-),バージェス Robert L. Burgess(米・1931-),エイカーズ Ronald Akers(米)などの研究者である. 〔宮澤節生〕

再伝聞 伝聞供述を内容とする公判外供述で,伝聞供述の内容が真実であることの証明に用いる場合が再伝聞である.Aの検察官に対する供述調書中の供述にBの供述が含まれており,Bの供述内容が真実であることの証明と

してこの調書を取り調べたという場合がこれにあたる．この場合にはいわば二重の伝聞のプロセスが存在する．現行刑事訴訟法は321条以下に伝聞例外を規定しこれに該当しないかぎり'伝聞証拠'は許容されないと解されているが，再伝聞に関する規定は存在しない．

通説・判例(最判昭32・1・22刑集11・1・103)は，各伝聞のプロセスが伝聞例外に該当するかぎり(前出の例でいえば，まずAの検察官調書が321Ⅰ②に該当し，Bの供述の部分が324Ⅱで準用される321Ⅰ③を充たす)，再伝聞であっても証拠として用いることができるとする．つまり，刑事訴訟法320条が「公判期日における供述に代えて」と規定しているため，伝聞例外に該当する伝聞証拠は公判廷における供述と同視することができ，さらに伝聞例外を適用することができるというのである．この論理に従えば，再々伝聞以下のものも許容されることになる．異なる伝聞例外が適用される場合に限って許容する学説もある．

しかし，現行法が本来再伝聞である供述録取書について原供述者の署名押印を要求しているのは再伝聞の利用を制限する趣旨であり，伝聞供述の正確性に対する原供述者自身による積極的確認がなければ，再伝聞は許容されないとする説も有力である． 　　　　　　　　　[津村政孝]

齊藤金作(さいとうきんさく 1903-1969)　1928(昭3)年早稲田大学法学部卒業後，同学部助手，専任講師，助教授を経て，1942(昭17)年教授に嘱任され，66歳で亡くなるまで早稲田大学法学部で教鞭をとった．'草野豹一郎'に師事し，草野説を祖述，展開した．たとえば，抽象的符合説，法律過失များ故意説，抽象的危険説，条件説，共同意思主体説などがこれである．もっとも，'共同意思主体説'について個人責任の観点から「共犯成立上の一体性」「処罰上の個別性」という修正を行ったこと，刑法の処罰限度を「全即個，個即全」という弁証法的な国家観に依拠させたこと，刑罰の機能を「犯行時」「裁判時」「行刑時」で異なって理解する動的な刑罰論を展開したことなどの点で独自性を打ちだした．また，ドイツ刑法学との積極的交流を行い，日本刑法典などのドイツ語訳や多数のドイツ刑法改正資料の翻訳を公刊し，学界に貢献した．

主著として，『刑法総論』(改訂版・昭30)，『共犯理論の研究』(昭29)，『共犯判例と共犯立法』(昭34)などがある．　　　　　　　[高橋則夫]

再度の考案　刑事裁判における上訴一般は，原裁判に対する不服の申立てとして，もちろん上訴審の管轄に属する．ところが，迅速な判断を要請される決定は，公判手続と異なり，原則的に職権主義構造を採り，書面審査をするのみで，必ずしも反対当事者の意見を聴したりせずに審理・裁判されることが多い．そこで，これに対する不服申立ては，判決に対する上訴と同様に，決定をした原裁判所にしなければならないとし(刑訴423Ⅰ)，その際に，原裁判所が，まず，'抗告'に理由があるか否かを判断することにしたが，これを再度の考案という．原裁判所が審査した結果，申立てに理由があると認めるときは，自ら決定を更正し(同条2項前段)，申立てに理由がないと判断したときには，その旨の意見書を添えて抗告裁判所に送付することにしたのである(同項後段)．原裁判所は，申立書に記載された事項について審査しなければならないが，実務では，多くの場合，申立書に申立ての理由を記載させることとし(もっとも理由の記載が必要であるか否かについては，明文の規定がないため，争いがある)，それに基づいて審査する．　　　　　[平良木登規男]

採尿令状　覚せい剤自己使用罪(覚せい剤41の3Ⅰ①・19)などの証拠とするため，捜査機関が被疑者から強制的に尿を採取するときに取得する令状のこと．被疑者が任意に尿を提出すれば問題はないが，もしこれを拒んだときには強制的に尿を取得する必要性がある．現行法では，強制処分法定主義(刑訴197Ⅰ但)を採用しているので，その際に裁判官の発付する令状がなければならない．人の身体を検査するための令状としては，①捜索差押令状(218Ⅰ・222Ⅰ・102)，②身体検査令状(218Ⅰ・222Ⅰ・129)および③鑑定処分許可状(225Ⅰ・168Ⅰ)の3種類がある．しかし，特に強制採尿のための令状というものはない．そこで学説には，それは許されないという有力な見解もあるが，最高裁は，前記①の捜索差押令状に「医師をして医学的に相当と認められる方法により行わせなければならない旨の条件」を付した令状(216Ⅴ

準用)があれば，*強制採尿'も許されるとした(最決昭55・10・23刑集34・5・300)．さらに，この令状により採尿に適する最寄りの場所まで強制的に連行することも許されるとされている(最決平6・9・16刑集48・6・420)．しかし，このような解釈については，形式的には捜索差押令状の形をとっているものの，実質的には判例により「採尿令状」という特別の令状が創出されたものであり，強制処分法定主義(197Ⅰ但)に照らして許されない，という反対説も有力に主張されている． [島 伸一]

再 犯 再犯とは，字義どおりに解せば一度犯罪を行った者が再び犯罪を行うことであり，*再犯予測'という場合の再犯はこのような広い意味である．他方，刑法典は，このうち一定の場合について特に再犯の規定を設け，刑を加重する効果を与えている．その要件は，懲役刑に処せられ，その刑の執行が終了するかまたは免除されてから5年以内に再び犯罪を行って有期懲役に処すべき場合にあたることである(刑56Ⅰ)．前犯において死刑が免除または減軽された場合(56Ⅱ)や，前犯が軽い懲役刑の罪と重い禁錮刑の罪との併合罪(45)だったために禁錮刑で処罰された場合(56Ⅲ)も同様に扱われる．

再犯の効果は刑の上限が2倍になることである(57)．ただし最大20年までである(14)．裁判官はこの範囲で刑を量定しなければならないが，加重前の上限より重い刑を宣告する必要はない．再犯，3犯，4犯，……をまとめて一般に*累犯'というが，3犯以上の場合も効果は再犯と同じである(59)．

*再犯加重'の規定は，刑を加重・減軽するための原則である*加減例'のひとつである．このような事情が複数あるときにも，再犯加重は第1に行われる(72①)． [髙山佳奈子]

裁 判 **1意義** 広義で「裁判」というときは，広く刑事訴訟全体を指すが，狭義の「裁判」は，裁判所または裁判官が，具体的争訟を解決するために行う公権の判断たる意思表示を内容とする訴訟行為のことをいう．裁判とは裁判所の判断作用であるから，検察官の接見指定処分(刑訴39Ⅲ)などは裁判ではなく，また，最高裁が一般的な規則制定権に基づいて規則を定めても，具体的争訟を解決するための訴訟行為とはいえないから，これも裁判ではない．裁判には様々なものがあり，多様な観点から区別される．たとえば，訴訟の進行中に争点を整理するためなどになされる中間裁判と，当該審級を離脱させる効果をもつ終局裁判の区別，形式の面から，*判決'，*決定'，*命令'の区別，性質の面からする*実体裁判'と'形式裁判'の区別などがあるが，後二者がとくに重要である．

2種類 まず裁判の主体および手続の違いから，裁判は，判決，決定，命令の3種類に区別される．このうち，判決が最も重要な裁判形式であり，裁判所によって，原則として口頭弁論に基づいて行われる(43Ⅰ)．判決に対する上訴方法は，控訴，上告である．これに対して，決定，命令は，口頭弁論によることを要しないが(43Ⅱ)，必要があれば事実の取調べをすることができる(43Ⅲ)．決定と命令の違いは，主体および不服申立方法にあらわれる．決定は，裁判所による裁判であり，これに対しては抗告が許されるのに対して，命令は，裁判官による裁判で，不服申立てとしては，準抗告が認められている．

次に，裁判の性質による区別として，実体裁判，形式裁判の区別がある．事件の内容(実体)に立ち入った判断を内容とする裁判が実体裁判であり，形式的要件(訴訟条件)を欠くために内容に立ち入らず手続を打ち切る裁判が形式裁判である．実体裁判である終局裁判としては，有罪，無罪の裁判があり，形式裁判である終局裁判には，公訴棄却，免訴，管轄違いがある．

3成立・効力 裁判は，意思表示を内容とする訴訟行為だが，その意思表示が成立することを内部的成立という．この内部的に成立した内容に基づいてそれが外部に表示されることを，裁判の外部的成立という．内部的成立があれば，その後裁判官が交替しても公判手続の更新をする必要はない(315但)．裁判が内部的に成立するとき，通常は*裁判書'が作成される．ただし，民事裁判と異なり，刑事では裁判の告知(宣告)によって外部的に成立するから[刑訴規34参照]，裁判書は*裁判の成立'要件ではない．外部的成立があると，覊束力が生じ，形式的確定後は，既判力，一事不再理(二重の危険)の効力が

発生する．なお，裁判の成立自体が認められないような重大な瑕疵がある場合，裁判は*当然無効*となり，裁判が本来有するこれらの効力は発生しない．　　　　　　　　　　　［白取祐司］

再犯加重　再犯加重は併合罪加重（刑47）とともに，*刑の加重*の場合のひとつである．刑法典にいう*再犯*とは，懲役刑に処せられ，その刑の執行が終了するかまたは免除されてから5年以内に再び犯罪を行って有期懲役に処すべき場合にあたることである（56Ⅰ）．効果として，20年を超えない限度で刑の上限が2倍になる（14・57）．3犯以上の場合も含めて*累犯*というが，効果は再犯の場合と同じである（59）．なお，窃盗罪等の常習累犯については特別規定がある（盗犯3）．

再犯加重の根拠については見解が分かれる．これを常習犯規定と同じく行為者の危険性に求める説もあるが，要件が形式的に定められ，罪質のいかんを問わないことから，法秩序に対する重ねての違反が行為の非難可能性を増大させるとする説もある．また，単に以前の処罰が不十分であったからとする説もある．いずれにしても再犯加重は，前犯を再度処罰する趣旨ではないから憲法39条にいう二重処罰の禁止には反せず（最判大昭24・12・21刑集3・12・2062），また合理性のあるものであって憲法14条の平等原則にも反しないとされる（最判大昭23・10・6刑集2・11・1275）．　　　［髙山佳奈子］

裁判官　裁判官の名称を持つ公務員で，裁判権および司法行政権の行使を担当して裁判事務を行い，最高裁判所および下級裁判所に所属する．裁判官には，最高裁判所長官，最高裁判所判事，高等裁判所長官，*判事*，判事補，簡易裁判所判事の6種類がある（裁5Ⅰ～Ⅱ）．国家公務員法上は「特別職」である（国公2Ⅲ⑬）．最高裁長官は内閣の指名に基づき天皇が任命し（憲6Ⅱ，裁39Ⅰ），最高裁判所判事は内閣が任命して天皇が認証し（憲79Ⅰ，裁39Ⅱ・Ⅲ），その他の裁判官は，最高裁判所の指名した者の名簿により内閣が任命する（憲80Ⅰ，裁40Ⅰ）．ただし，高等裁判所長官の任免には天皇の認証を要する（裁40Ⅱ）．

わが国は，最初から裁判官に任官した者を裁判官として養成するキャリア・システムを基調とする．社会で問題となる事項について通暁した周到な判断を下すには，実際界についての知識が不可欠であり，論理性のみを重視すると，関連する利益を程々のところで調整し妥当な判断を下す裁判の使命を果たせないことが懸念される．この点で，実際界での法曹実務経験を重視する*法曹一元*の意義がある．現在は，法曹を構成する，裁判官・弁護士・検事が司法研修制度での一定年限の教育をともに受け最低限の共通経験を得ることで法曹一元の要請を実現しようとしている．わが国における，弁護士，学者等からの裁判官への登用は例外的であり，その数は限られている．

裁判官は，刑事の場合，捜査では令状発付，準抗告での審査等を通して，法執行活動が憲法上，法律上の基準を充たすか否かを審査し，法執行の可視性を高め，公判では訴訟法上の裁判所の構成員となり，検察官の主張・立証が，被告人側からの反論を受けてもなお合理的な疑いを容れない程度に立証されているか否かを公正に判断する役割を担う．職権主義におけるように自ら真実を探求するべく，捜査や裁判で主導権をとることが現行法の裁判官の役割ではない．現行法は予審を廃止し，弾劾主義（憲38）と当事者主義・論争主義による裁判のあり方を定めている（憲37，刑訴256）．

原理に従った公正な判断を下し，捜査機関を含む行政機関の行き過ぎから救済し，違憲審査等を通して他の2権の活動を審査する役割を十分に果たすことができるように，裁判官には強い独立性が認められる．憲法78条は，「裁判官は，裁判により，心身の故障のために職務を執ることができないと決定された場合を除いては，公の弾劾によらなければ罷免されない．裁判官の懲戒処分は，行政機関がこれを行ふことはできない．」と定め（裁48・49，裁判官分限法1，裁判官弾劾法も参照），また，憲法80条2項は報酬の減額を禁止して，裁判官に強い独立性を保障している．司法権の独立といわれるが，最も重要なのは「裁判官の独立」である．個別具体的な事件での，両当事者の主張・立証活動を基礎に公正な判断を下すには，判断者たる裁判官の独立が保障されなければならない．行政権や立法権が結論先取りで裁判官に不当な圧力をか

け公正な判断を阻止することは許されず，さらには，上級審裁判所が結論先取りで，具体的に事件を担当する裁判官に結論を指示・命令することも許されない．また，裁判官が過度に政治にコミットし，結論をあらかじめ形成して裁判に臨むことも，両当事者の言い分を聴いたうえで公正に判断する裁判官の職責と相容れない．

なお，憲法76条3項は，裁判官に，良心に従い独立して職務を行うことを求める．憲法のいう「裁判官の良心」とは，憲法のとる原理を前提として判断する態度を指し，裁判官の個人の，憲法のとる立場から離れた個人的見解を保障したものではない． [中野目善則]

裁判官面前調書 裁判官面前調書とは，裁判官の面前における*供述録取書'であり，一号書面(刑訴321Ⅰ①)，裁面調書ともよばれる．具体的には，捜査段階における検察官の請求による証人尋問調書(刑訴226〜228)，証拠保全手続における証人尋問調書(刑訴179)，受命・受託裁判官による裁判所外での証人尋問調書(刑訴163)，および以上の調書について，他事件において作成されたもの(最決昭29・11・11刑集8・11・1834)などである．

裁判官面前調書には，一定の要件のもとに伝聞法則の例外の1つの場合として，証拠能力が認められる．刑事訴訟法321条1項1号は，裁判官面前調書に証拠能力が認められる2つの場合を規定している．第1に，原供述者の死亡，精神もしくは身体の故障，所在不明もしくは国外滞在といった証人としての利用不能，喚問不能ないし供述不能の場合である(刑訴321Ⅰ①前)．これらの要件は，伝聞法則の一般的例外要件である「証拠の必要性」に当たる．なお，これらの要件が，制限的列挙であるか例示的列挙であるかについては，後者であるとされている．たとえば，証人が証言拒否権を行使した場合もこの要件にあたる(最判大昭27・4・9刑集6・4・584)．もう1つの一般的例外要件である「*信用性の情況的保障'」については，供述が公平な裁判官の面前でされたこと，原則として宣誓が行われること，裁判官による尋問が期待されることなどによって認められる．第2に，供述者が公判準備もしくは公判期日において前の供述と異なった供述をした場合である(刑訴321Ⅰ①後)．この場合，このような自己矛盾の供述を内容とする裁判官面前調書に証拠能力が認められる．一般的例外要件との関係では，信用性の情況的保障については，前段の場合と同じことがあてはまる．自己矛盾の供述の証拠としての必要性については，公判期日の供述と矛盾するわけであるから，どちらかが真実である可能性が高いので，両者に証拠能力を認めておく必要があるということである．→供述書，検察官面前調書 [山田道郎]

裁判権 (英) jurisdiction (独) Gerichtsbarkeit (仏) juridiction 具体的な紛争事件について法を適用し，紛争を解決する国家の作用を司法権というが，この司法権は裁判所に属し，裁判所は，裁判，すなわち一定の事実認定のうえでの公権の判断または意思表示を行って紛争を解決することになる．裁判権とは，具体的に裁判を行う裁判機関である訴訟法上の意味の裁判所が，裁判を行うことのできる権利・権限をいう．一国のすべての裁判所を一体としてみて，外国の裁判所との関係で，権利・権限を有するとする点で，抽象的管轄権とされ，国内各裁判所の分掌の定めである裁判管轄(単に管轄ともいう)とは異なる．この裁判権は，国家の領土高権の作用のひとつであり，わが国に所在する内外国人すべてに及び，国外に所在する者には及ばない．ただし例外として，第1に，外国の君主，使節，随員は日本国内に居てもわが国の裁判権は及ばない．第2に日米安全保障条約第3条に基づく行政協定によりわが国内に駐留する合衆国軍隊の軍人・軍属の犯した一定の犯罪については，合衆国が第一次の裁判権をもち，これが放棄されたときに，わが国が裁判権を行使する(行政協定17条3号)．第3に，天皇および摂政には裁判権は及ばない(典21条)．裁判権の欠如は訴訟障害として公訴棄却される．

なお，国外犯につきわが国が裁判権を有すると表現されることがあるが，この場合は刑法の場所的効力が及ぶことを意味するものである．→管轄 [香川喜八朗]

裁判所 (英) court (独) Gericht (仏) cour 司法権を行使する国家機関である．私的紛争および犯罪などの公共の事項に関し，公正な判断を下すことをその使命とする(憲

裁判所は，個別具体的事件について，裁判権を行使する合議制または単独制の*裁判官'を指すのに用いられる場合(訴訟法上の裁判所)と，裁判所書記，裁判所事務官，執行官などの職員を含む意味で用いられる場合とがある．

裁判所には，*最高裁判所'を頂点にして，*高等裁判所'，*地方裁判所'，*家庭裁判所'，*簡易裁判所'等の下級裁判所がある．各裁判所は，事件の難易度等により，事実審理を行う裁判所間の権限の分掌(*審級)がある．刑事事件の場合には，事実の審理を行うのは，主に家庭裁判所，簡易裁判所，地方裁判所であり，この裁判所の裁判に対する控訴は高等裁判所に対してなされる．上告は最高裁判所に行われる．高等裁判所が事実審として第1審の役割を果たす例外は，内乱・外患の場合，独禁法85条3号違反等の場合(東京高等裁判所に第1審管轄権がある)等である．簡易裁判所・家庭裁判所の判断に対する控訴は地方裁判所に，上告は高等裁判所になすものとされる民事の場合と，刑事裁判の審級は異なる．

司法権を行使できるのは裁判所のみであり，行政機関は終審として裁判を行うことはできない(憲76Ⅱ)．自らが執行機関であり当事者である行政機関もできるだけ公正な判断を求められるが，不利益な判断をした当事者が不利益を受けた当事者の主張を判断する点で公正さの保障には欠けるため，執行者の立場には立たない公正・公平な判断を下す役割を有する裁判所が判断する必要がある．刑事事件の裁判において，裁判所は，職権主義におけるように，自ら真実を探求するのではなく，検察官の主張・立証が，被告人からの挑戦的防御を受けてもなお，「合理的な疑いを容れない程度」にまで果たされているか否かを，公正に判断する，審判の役割を果たすものとされる．刑事事件の裁判では，弾劾主義(憲38)と論争主義(37)の裁判構造が採用されており，その基本的構造に従った裁判を行うことが裁判所の役割である．

立法府の役割は，当事者の請求・主張の審理にはなく，解決されるべき当面の事態や予想される事態を想定して法律を制定して一般的な基準を定めることにあるが，裁判所は当事者の請求や検察官による訴追を前提に「具体的事件」について審理することにある．具体的紛争がないのに抽象的に判断を示すことは裁判所の役割ではない．また，議会が制定した法律の意味と合憲性は，後に具体的事件を通して，両当事者の主張等を踏まえて，裁判所により判断されることになる．この裁判所の十分な理由づけを伴う判断を通して法は一般国民に受容されるものとなる．

明治憲法下での裁判所と異なり，現行憲法においては，憲法81条の違憲審査権に典型的に示されるように，立法，行政という他の2権の活動を，具体的事件を通して審査することができる制度が採用され，裁判所の役割は大きく変化している．裁判所は，単に立法府が定めた法律を機械的に適用するのにとどまる役割を果たすのではなく，具体的事件との関連で憲法と法律の意味内容を明らかにし，法の明文規定を欠く争点についても，憲法および他の法律で取られている考え方を踏まえて，「原理」に基づく判断を下すことを求められている．多数の意思を基礎とする政治過程と密接に関連する立法府や行政府の活動と異なり，憲法，法律に示された「原理」を発見し，「原理」を基礎とする判断を下す点に裁判所の判断の特徴があり，その役割がある．結論のみを示してその結論に従うことを求める上意下達型の判断を示すことが裁判所の役割ではなく，判断内容が具体的事件の当事者にはもちろん，一般国民にも受容されうるリーズニングを示して判断することが裁判所の役割である． [中野目善則]

裁判書 *裁判'という重要な訴訟行為については，原則として裁判書を作成しなくてはいけない(刑訴規53)．ただし，決定，命令を宣告するときはこれを調書に記載して済ませることができ(同但)，判決についても，調書判決が許される場合がある(219Ⅰ)．裁判書を作成するには，裁判官の署名押印，裁判を受ける者の氏名，年齢，職業および住居を記載しなければならない(55・56)．裁判書のうち，とくに重要な判決書については，法に規定があり，有罪判決の判決書には，「罪となるべき事実」，「証拠の標目」，「法令の適用」を示さなければならないことになっている(335Ⅰ)． [白取祐司]

裁判上顕著な事実 （独）gerichtskundige Tatsache　民事訴訟法 179 条は裁判所において顕著な事実は*証明の必要'がないことを明文で定めており、この「顕著な事実」には*公知の事実'と裁判所が職務上知りえた事実（職務上顕著な事実）が含まれると解されている。後者は刑事訴訟においては「裁判上顕著な事実」とか「裁判所にとって顕著な事実」と呼ばれる。裁判上顕著な事実は証明の必要がないというのが判例（最判昭 30・9・13 刑集 9・10・2059）の立場と解されている。他方、学説は、刑事訴訟においては裁判の正確さだけではなく、これに対する当事者および国民一般の信用が重要であるという理由から証明の必要を認める見解が多数説である。また、裁判上顕著な事実については*厳格な証明'までは必要ないとする説もある。裁判上顕著な事実を、当該事件の手続上顕著な事実と、多くの事件に共通するため裁判所にとって職務上顕著になった事実とに区別し、前者については当事者に争いがない限り証明の必要はないとする見解も有力である。　［田淵浩二］

裁判所外尋問　公判期日とは別の適当な日時に裁判所以外の場所で実施する*証人尋問'、*期日外尋問'の一方法（刑訴 281）。裁判所は、被告人・弁護人、検察官の意見を聴き、証人の重要性、年齢、職業、健康状態その他の事情と事案の軽重を考慮して決定する。直接主義、公開主義の原則、公判中心主義ならびに被告人の証人喚問権にかんがみ、やむをえない事情のあるときに限られる。被告人・弁護人、検察官は立会の権利はあるが、必要的ではない。立会しない場合、裁判所は後に供述内容を告知しなければならない。裁判所は、被告人の圧迫を避けるため弁護人が立会する場合に限り、被告人を退廷させてよい。ただし、後に証言内容を告知し尋問の機会を与えなければならない（281 の 2 準用）。尋問事項を事前に被告人・弁護人、検察官に告知しなければならない。両当事者は尋問事項の付加を請求できる（158）。被告人または弁護人が立会しなかった場合で、被告人に予期せぬ著しい不利益な証言がなされた場合、さらに再尋問を請求できる（159）。裁判所は、証人尋問調書を公判廷で取り調べなければならない（303）。　［渡辺修］

裁判長　合議制の裁判所を代表する裁判官である。最高裁判所大法廷の場合には最高裁判所長官が、小法廷の場合には、各小法廷で定める裁判官が裁判長となる（裁 9 Ⅲ、最事規 3・6）。下級裁判所では、支部または部を総括する裁判官などが裁判長となる（下事規 5 Ⅱ）。判事補は裁判長となることができない（裁 27 Ⅱ）。合議制にあっては陪席裁判官も審理に関与し（刑訴 304 Ⅰ）、裁判長と同等の評決権をもつが、裁判長が法廷を代表して権限を行使する場合が多い。訴訟指揮権は裁判長にあり（刑訴 294）、裁判長は、評議の整理、判決の言渡しなどを行う（刑訴規 35）。明文規定を欠く場合でも、具体的必要性が示されているとき、訴訟指揮権により証拠開示を命ずることができる。審理の公正さを確保し、審理の円滑な進行を確保するために*訴訟指揮'権が必須となる。また、裁判長は*法廷警察'権を行使し（裁 71～72、刑訴 288 Ⅱ）、法廷にふさわしい状態を維持し、審理への妨害を規制または排除する。急速を要する場合には独立して行動する権限もある（刑訴 69）。単独制の裁判官は裁判長の権限をあわせ行使する。　［中野目善則］

裁判の告知　紛争解決のための国権作用である裁判は、単独制の場合は裁判官の脳裏で形成され、裁判書の作成により、裁判所以外の者が裁判が成立しその判断を変更できなくなったものと看取できるようになった時点で内部的に成立し、合議制にあっては、評議で形成され、評議の終了により内部的に成立する。こうして成立した裁判が、外部に告知されて初めて裁判所以外の者に効力を有することになる。裁判の告知とは内部的に成立した裁判所の判断を裁判所外部に告げることをいう。裁判の告知は、公判廷では宣告によってなされ、その他の場合には裁判書の謄本の送達により行われる（刑訴規 34）。判決は常に公判廷で宣告により告知されねばならない（刑訴 342）。判決の宣告は、主文と理由の朗読、または主文の朗読と理由の要旨の告知により行われる（刑訴規 35）。朗読とは、判決の口頭での告知をいい、判決書がそれまでに作成されていなければならないわけではない。判決は朗読により対外的に成立するものであるから、朗読の内容と判決書の内容とに齟齬がある

場合には朗読内容が裁判となる．→裁判の成立
[香川喜八朗]

裁判の成立　裁判がその本来の効力(*形式的確定力，内容的確定力等)を生じるためには，内部的，かつ外部的に成立していなければいけない．*裁判'の内部的成立とは，裁判という意思表示的訴訟行為の意思表示の決定が行われることをいう．内部的に成立すると，その後裁判官が交替しても公判手続を更新(刑訴315但)する必要がない．内部的成立の時期について，合議体と単独の場合とで異なる．

合議体の場合，3人の合意を得るため必ず事前の評議(裁75)を行い，評決することになっている(77)．合議体の評決は，過半数の意見によることになっているが，何について評決するかで結論が異なる．有罪，無罪の結論のみで評決すべきだとする結論説と，個々の理由ごとに評決すべきだとする理由説の対立がある．「疑わしきは被告人の利益に」の原則から考えると，有罪の心証をもっている裁判官が1人だけなのに有罪とされることは不合理であり，結論説が妥当であろう．

評決によって結論が得られたら，実務上，評決に基づいて陪席の裁判官のうち1名が判決の草稿を起草し，回覧のうえで一応の成立をみる．評議を経て評決が成立することによって，原則として内部的に成立するとみる見解，裁判書作成によって内部的に成立するとみる見解があるが，草稿作成段階で内容の修正を施すことも可能なのであるから，裁判書の成立の時点をもって，内部的成立があったとみるべきであろう．

単独裁判官のときは，裁判書の成立時をもって内部的に成立する．裁判書を作成しないときは，告知によって内部的にも外部的にも(同時に)成立すると解されている．

裁判所が，内部において決定したところを外部に表示することを，裁判の外部的成立という．外部的成立によって，その時点から裁判として有すべき効力が発生する．裁判のうち最も重要な判決について，判決は公判廷において「宣告」によりこれを告知すると規定した(刑訴規34参照)．裁判は，公判廷において裁判長が(35Ⅰ)宣告することによって外部的成立に必要な告知が行われたことになり，完成する．これによって，裁判所は自ら宣告した内容に拘束され，以後変更ないし訂正できない効力(拘束力ないし羈束力)が生じる．この拘束力は，裁判宣告手続の終了までは発生しないと解されている．→裁判の告知，確定判決，確定力　　[白取祐司]

再犯予測　(英) prediction of recidivism　広義の再犯予測とは，犯罪あるいは非行を行ったと考えられる者が，再び犯罪や非行を繰り返す可能性があるかどうかを予測することをいう．狭い意味では，裁判によって懲役に処せられた者がその執行の終わった日または執行の免除を得た日から5年以内に罪を犯し，再び懲役の刑に処せられる場合を*再犯'と呼び，この意味における再犯の可能性を予測することをいう．

1　決定要素としての再犯予測　広義の再犯予測は，刑事司法手続と少年保護手続の双方において，犯罪や非行の重大性等と並んで決定に影響する重要な要素となっている．処罰にあたり特別予防を考慮すべきかどうかは理論上争いのあるところであるが，再犯の可能性についての予測は執行猶予等の量刑の判断に影響していると見られるだけでなく，検察官による起訴猶予についての判断にも影響していると考えられる．また，警察の微罪処分や少年の簡易送致の決定にあたっては再犯の可能性のあるものは通常の手続によるべきものとされている．少年に対する保護処分においても再非行の可能性が要保護性の要素とされており，非行予測が少年審判に影響を与える要因となっている．

2　再犯予測の方法　これら広義の再犯予測は，刑事および少年手続の実務家がその経験に基づき行っているものである．一般に，再犯予測には，再犯と相関すると予想される変数，すなわち犯罪行為の種類，最初の逮捕時の年齢，薬物使用歴，等々の変数を用いて予測を行い，その後の実際の再犯データと比較することによって，どのような変数が再犯予測の精度を高めるかを見る統計的手法に基づくものと，個別事例についての心理学的，精神医学的診断に基づくものとがある．アメリカでは危険な暴力犯罪の再犯予測がこれら2つの方法によって試みられており，前者の例としては1970年代にカリフォルニア州とミシガン州でいずれも仮釈放の決定に

ついて行われた研究があり，後者の例としては1960年代にマサチューセッツ州で行われた研究がよく知られている．アメリカでは，こうした再犯予測に基づき危険な犯罪の再犯可能性が高いと診断された受刑者を病院に拘禁する試み等が行われたが，予測診断の精度は必ずしも高いものではなく，刑事法学者によって批判が加えられている．

3 わが国における再犯予測 わが国では，狭義の再犯の予測が仮出獄決定と処遇の改善のために試みられている．これまでの研究によれば，年齢，有罪判決数，初発非行年齢等が予測変数として挙げられている．受刑者の出所後の'社会的予後'に影響する変数を知ることができれば，より正確な仮釈放決定が可能になるだけでなく，社会的予後を改善するための処遇を実施することも可能になると考えられる．受刑者についてのこのような再犯予測は，実際には，実務家の経験に負うところが大きいと言われている．再犯予測がより精度の高い仮出獄の決定基準や処遇の改善を追求するだけのものでなく，最終的に再犯の可能性を低めることを目的とするものであるとすれば，出所後のさまざまな保護的施策の有効性をも視野に入れた考察が望まれよう． [村山眞維]

財物 (英) thing (独) Sache (仏) chose 財物は，財産罪，すなわち，窃盗罪，強盗罪，横領罪，詐欺罪等の客体であって，財物以外の財産的利益を意味する*財産上の利益'と区別される．また，横領罪および器物損壊罪では，物という表現が用いられているが，通説によれば，財物と同義と考えられている．

財物の範囲について，通説・判例によれば，財物とは管理可能な物であれば足りるとされる．この*管理可能性説'といわれる立場からは，電気や熱等のエネルギーも当然に財物とされる．これに対して，民法85条に依拠しつつ，財物とは有体物に限られるべきであるとする有体物説も，有力に主張されている．したがって，この立場からは，電気や熱等のエネルギーは，財物とはみなされない．

この両説の対立は，旧刑法下での*電気窃盗'事件で大審院が有体物説から管理可能性説へと立場を変更し，電気の財物性を認め，電気について窃盗罪を肯定したことに始まる(大判明36・5・21刑録9・874)．その後，現行刑法には，これを受けて，刑法245条で，電気は財物とみなすとの規定が置かれたが，問題の解決には至らなかった．

それは，この規定の性質を，管理可能性説は単なる注意規定であるとし，有体物説は例外規定と理解しているからである．

財物と財産的価値の関係については，客観的な経済価値を有することを原則としつつも，主観的価値および消極的価値等，刑法の保護に値する価値を有すれば足りるとされる．判例は，価格2銭位の石塊(大判大1・11・25刑録18・1421)，消印済の収入印紙(最決昭30・8・9刑集9・9・2008)も財物としている．

財物は，所有権の対象たりうることを本質的要件としているが，それに関連して，私人の所有および占有を禁じている*禁制品'，すなわち，阿片煙，麻薬，銃砲刀剣類等の財物性が問題になるが，禁制品も一定の許可の下に所有および占有が許されており，その没収にも法的手続が必要とされているのであるから，財物といえるとされている．

その他，人の身体，葬祭対象物も一般に所有権の対象に馴染まないものであるが，身体から切り離されて売買の対象となったり，あるいは，刑法190条の棺内蔵置物としての性質を失った時には，財物性を持ちうるとされている．

また，財物は，可動物件に限らず，不可動物件，すなわち，不動産をも含む．ただし，窃盗罪に関しては，1960(昭35)年の刑法の一部改正によって，刑法235条の2に*不動産侵奪罪'が規定されたために，動産のみが財物とされている．→金銭 [吉田宣之]

罪名 犯罪につけられている呼称のこと．刑法典については原文に明記されている(殺人など)．特別法の場合にはそうした呼称がつけられていないことが多く，一般には単に便宜的に呼ばれているにすぎず，法的根拠があるわけではない(たとえば覚せい剤所持など)．*起訴状'には罪名を*罰条'表示によって記載することとなっているが(刑訴256Ⅳ)，実際の起訴状には，「罪名及び罰条」という形で双方が記載される．他方，逮捕状請求などにあたっては罰条

記載が要求されておらず(刑訴63・64・107・200, 刑訴規155),罪名の記載だけが要求されている.実務では,条文中に呼称のない特別法の場合には法令名を頭に置き,○○法違反などと記載されることになっている. [指宿 信]

最良証拠の原則 (英) best evidence rule 書面や写真など,特定の記録媒体の内容を証明するためには,謄本や複写物などでなく,その原本(オリジナル)が証拠とされなければならない.英米法において,原本によらない証明が許されるためには,法律上の例外規定を必要とする.その意味で,原則として原本を要求することが証拠法上の準則とされる.この証拠法則を最良証拠の原則という.原本使用の原則(Original Writing Rule)とも呼ばれる.なお,具体的事案で収集が可能とされる証拠のうち,証拠価値が高い最良の証拠を法廷に提出すべきだという意味で,「最良証拠の原則」ということばが使われる場合も少なくない.しかし,誤用といわねばならない.

前者の(本来の)意味における「最良証拠の原則」は,①謄本や複写物などを作成する過程で誤りが生ずる可能性があること,②原本からは筆致・筆圧や紙質などが明らかになり,証明力を争う手掛りになる場合も少なくないこと,などを根拠とする.

ただし,原本について,その内容の真実性を立証するのではなく,原本の存在そのものが要証事実とされるという場合は,最良証拠の原則が適用されないこともある.この場合は,原本の存在を知覚した伝聞証人の供述であっても,許容される.このほか,原本の真正さ・同一性について争いがないことを条件に,原本が(謄本などを提出しようとする当事者の悪意によらないで)失われたり損壊した場合や,原本が訴訟手続において保全できない場合,原本を反対当事者が占有しており,公判に提出しない場合などに,例外的に,謄本や複写物などが許容されてよいとされる(アメリカ合衆国連邦証拠規則1004条など参照).→証拠物 [高田昭正]

詐欺罪 (英) fraud (独) Betrug (仏) escroquerie 1 人を欺くこと(欺罔)により,相手方を錯誤に陥れて,その錯誤に基づく財産的処分行為(交付行為)をさせ,財物・利益を自己または第三者に移転させる罪である.*恐喝罪'と同じく,相手方の瑕疵ある意思に基づく財産移転を行わせる動機づけ犯罪であり,交付罪に属する.「人を欺いて財物を交付させ」る財物詐欺罪(刑246Ⅰ)と,同様の手段により「財産上不法の利益を得,又は他人にこれを得させ」る利益詐欺罪(246Ⅱ)があり,ともに10年以下の懲役に処される.前者は1項詐欺罪,後者は2項詐欺罪と呼ばれることも多い.

2 欺く行為は,人を錯誤に陥らせる行為一般をさすが,相手方に財産的処分行為をさせることに向けられたものでなければならない.不作為の欺く行為もありうるが,真実を告げないことのすべてを不作為とみるべきではなく,*無銭飲食'や*取込詐欺'などの場合には,欺く行為は挙動によるものと考えられている(推断的欺罔,無銭飲食につき,大判大9・5・8刑録26・348,最決昭30・7・7刑集9・9・1856,取込詐欺につき,最決昭43・6・6刑集22・6・434).

3 詐欺罪の成立には,欺く行為によって錯誤に陥った相手方が,それに基づく財産的処分行為をし,行為者または第三者に財物・利益を移転させるという因果経過が必要である.最高裁判例は,利益詐欺罪に関し,傍論ながら,「詐欺罪で得た財産上不法の利益が,債務の支払を免れたことであるとするには,相手方たる債権者を欺罔して債務免除の意思表示をなさしめることを要する」(最決昭30・7・7刑集9・9・1856)とし,処分行為および処分意思の要件を厳格に捉えているが,学説の多数は,交付させる客体を認識させないという典型的な類型を詐欺罪から除外すべきではないことなどから,処分行為を要求するものの,処分行為者が交付・移転する財物・利益の内容を具体的に認識していたこと(具体的処分意思)までは必要ではないとしている.この具体的処分意思の要否は,具体的には,無銭飲食や*キセル乗車'の事案において問題となる.キセル乗車(A駅からD駅まで乗車する際に,あらかじめ用意しておいたA・B間の乗車券で乗車駅Aの改札を,また,C・D間の乗車券で下車駅Dの改札をそれぞれ通過B・C間の運賃の支払いを免れる行為)につき下車駅を基準として利益詐欺罪の成立を認めるためには,具体的処分意思不要説をとる必要が

ある(具体的処分意思必要説の立場から下車駅における詐欺罪の成立を否定した例として，東京高判昭35・2・22東高刑時報11・2・43，高速道路のキセル利用について詐欺罪の成立を肯定した例として，福井地判昭56・8・31刑月13・8=9・547)．また，債権者を欺いて履行請求をさせないというような場合には，処分行為の有無は可罰性の限界を画する意義をもつが，最高裁判例は，認識なき不作為による処分行為を認めるに際し，「債権者がもし欺罔されなかったとすれば，その督促，要求により，債務の全部または一部の履行，あるいは，これに代りまたはこれを担保すべき何らかの具体的措置が，ぜひとも行われざるをえなかったであろうといえるような，特段の状況」の存在を要求している(最判昭30・4・8刑集9・4・827)．欺かれた者・処分行為者が財産の主体・財産上の被害者でない場合には，*三角詐欺*が問題となる．その典型としては訴訟詐欺があり，また，有力な学説によれば，クレジットカードの不正使用も三角詐欺の問題となる．なお，詐欺罪に準じるものとして，準詐欺罪(248)および1987年のコンピュータ犯罪対策のための刑法一部改正(昭62法52)により新設された*電子計算機使用詐欺罪*(246の2)がある．→カード犯罪，つり銭詐欺，権利行使と恐喝罪　　　　　　　　　[安田拓人]

詐欺破産罪　(独) betrüglicher Bankrott
詐欺破産罪は，総債権者の利益を害する危険性のある行為を処罰しており，破産法中，もっとも重要な犯罪である．

破産法374条は，債務者が，破産宣告の前後を問わず，自己もしくは他人の利益を図り，または債権者を害する目的で，破産財団に属する財産を隠匿，毀棄または債権者の不利益に処分した場合(破374①)，破産財団の負担を虚偽に増加した場合(②)，法律の規定により作るべき商業帳簿を作らず，または不実の記載をするなどし，またはこれを隠匿，毀棄した場合(③)，閉鎖された帳簿に変更を加え，またはこれを隠匿，毀棄した場合に(④)，これを処罰するもので，破産宣告の確定を処罰条件として，10年以下の懲役に処している．376・378条に同罪の補充的な規定がある．

破産宣告の確定は客観的処罰条件であるが，債務者の行為と破産宣告の確定との間に事実上の牽連関係が必要とされている(最決昭44・10・31刑集24・10・1465)．また，破産宣告確定後の行為に詐欺破産罪の成立が認められるかについては議論があり，破産原因ét理解し犯罪の成立を否定した裁判例もある(大阪高判昭52・5・30高刑30・2・242)．

他に同趣旨の罪として，民事再生法246条の詐欺再生罪，会社更生法290条の詐欺更生罪がある．　　　　　　　　　　　　　　　　[京藤哲久]

先物取引　**1 先物取引の意義および仕組み**　取引所において集団的になされる，将来の一定時期(限月)における客体を目的とする売買取引であって，その限月の到来以前に当該客体の転売ないし買戻しを行うことにより，取引所との間で差金により決済しうるものをいう．穀物・繊維等の商品を取引客体とする商品先物取引がその代表である．

商品先物取引は，商品取引所の会員のみが行うことができるが，それ以外の者であっても，会員である業者(商品取引員)に委託することにより，取引に参加しうる．その場合，顧客は業者に委託証拠金を交付し，業者は証拠金を取引所に預託し，顧客の注文を取引所に取り次ぐ(証拠金の10倍を限度として取引が可能である)．顧客が取引を終了するときは，証拠金から取引の回数に応じた手数料を控除し，利益または損失を清算して返還する．

2 先物取引の特色　先物取引は，当該商品を実際に取り扱う業者にとっては，現物の値動きによる損失を回避する(リスクヘッジ)機能があり，また，多くの投資家が参加することにより，当該商品の公正な価格形成に資するものであるが，反面，1割の値動きで証拠金が2倍になる可能性がある一方，証拠金の全額を失う危険もある．それにもかかわらず，実際には多くの大衆投資家が業者に委託することにより，先物取引に参加している．

3 先物取引をめぐる被害　ここに，悪質な業者が付け込んで，不正手段により顧客から証拠金の交付を受け，その返還を免れるという被害が多発している．先物取引の受託をめぐる不正手段としては，第1に，業者が顧客の注文を取り次ぐことなく，業者自らが取引の相手方となる

場合がある(呑行為)．この場合，判例・通説は呑行為の意図を秘匿して証拠金の交付を受けたとして詐欺罪(刑246Ⅰ)の成立を肯定する．第2に，業者が顧客に対して自らの意のままの取引を行わせると同時に，業者自らの計算で顧客とは全く逆の取引を行う(向い玉)ことにより，証拠金を取引所に預託することなく業者の手許に止め(どのような値動きがあっても，業者と取引所の間では清算義務は生じない)，顧客に利益が出たときは，利益を証拠金に振り替えて取引を拡大する(利乗せ満玉)ように指示し，必要以上に頻繁に取引を行って手数料を増加させ，何度か取引を反復することにより，一時的には顧客に利益が上がっても，最終的には損失に転じさせ，もって業者において委託証拠金の返還を免れる場合がある(客殺し商法)．この場合，証拠金を返還しない意図を秘匿して顧客から金員を受け取り，その後客殺し商法により顧客に損失を与え，事件の発覚を防ぐ場合には，金員の交付を受けた時点で詐欺罪が成立する(たとえば最決平4・2・18刑集46・2・1)．なお，詐欺罪の成立が認められない場合であっても，客殺し商法により顧客に損害を与える行為自体をとらえて，背任罪(247)の成立を認めることができる．

4 先物取引被害に対する業法上の規制 以上のような不正行為により被害が拡大するのを防止するために，国内市場における先物取引については商品取引所法が，海外市場での先物取引については「海外商品市場における先物取引の受託等に関する法律」が，それぞれ業者に対して，顧客に対する書面交付義務，不当な手段による勧誘の禁止，呑行為の禁止，不当な債務の不履行または履行の遅延の禁止等の規律を行っている．→悪徳商法　　　　　　　　　　[伊藤 渉]

作為義務

1 意義 結果の発生を回避・阻止すべき義務をいう．'*不真正不作為犯'は不作為と結果の間に因果関係があるだけでは成立しない．不作為者に作為義務がなければならない．たとえば，赤ん坊が餓死した場合，母親は民法上扶養義務(民877)を負うので，不作為による殺人罪が成立するが，事情を知っていた隣人にはこのような義務がないので犯罪は成立しない．学説のなかには，作為義務を有する者を保障(保証)人と呼ぶ見解もある('*保障人説')．

2 作為義務の要件 (a)作為義務発生事由　作為義務は法的義務であり，倫理上の義務ではない．作為義務は，法令，契約，先行行為に基づいて生ずる(形式的三分説，法源説)．また，作為義務を保護機能の観点から分析し，法益保護義務(親族関係，契約，事実上の引受けなど)と危険源管理義務(先行行為，危険源管理義務，危険行為監督義務など)に分類する見解(機能説)もある．

(イ) 法令　法令において結果の発生を防止・回避すべき義務が規定されている場合もある．たとえば，民法における親権者の子に対する監護義務(820)，直系血族間の扶養義務(877)などである．

(ロ) 契約，事実上の引受け　扶養，養育を内容とする保護契約を締結した場合には，これを根拠に作為義務が生ずる．しかし，必ずしも契約という形式によらなくとも，事実上保護を引き受けたときにも結果回避の義務は生ずる．

(ハ) 先行行為　自己の行為より結果発生の危険を生じさせた者は，結果の発生を防止する義務を負う．たとえば，部屋に人がいることを確認せずに施錠し，過失により他人を監禁した者は，直ちに解錠して，解放すべき義務を負う．このような先行行為は適法であるか，違法であるか，また故意に基づくか，過失に基づくかを問わない．

(b) 同視性・同価値性　通説は，作為義務が生ずるには，たんに作為義務発生事由のいずれかに該当するだけでは不十分であり，その不作為が違法性や責任において作為と同視すべき，あるいは同価値の内容を含むものでなければならないと解する．

(c) 作為の可能性・容易性　作為義務は作為の可能性を前提とする．結果回避・防止行為を行うことが不可能な者は義務に反したとはいえない．さらに，作為は容易でなければならない．作為が可能であっても，それを行うことが生命，身体に対する重大な危険を伴うときまで，法は義務を課すことはない．

3 作為義務の実質的根拠 '*不作為犯'の処罰範囲を明確にするために，作為義務を基礎づけ

る実体を明らかにすることにより作為義務論にアプローチする見解もある。そのなかには，先行行為に求める見解，事実上の引受けを重視する見解（具体的依存性説），および支配領域性を強調する見解がある。第1説は，故意・過失に基づく行為により法益侵害に向かって因果の流れを設定した場合には，その不作為は作為と構成要件的に等価値であると解する。第2説は，作為義務を不作為者と結果との関係，すなわち危険にさらされている法益と不作為者の密着性よりアプローチする。換言すれば，法益の維持・存続を図る行為の開始，行為の反復・継続性，排他性の確保という要件の下に，当該法益の保護が具体的に不作為者に依存するという関係が成立したときに作為義務が認められると解する。第3の見解は，意思に基づいて，あるいは無意識的に排他的支配を有した場合に，作為と同視することができると解する。→義務の衝突

[堀内捷三]

作為犯　作為（積極的動作）により犯罪を実現することをいう。たとえば，ナイフで胸を刺し，殺すような場合である。刑法各本条は，通常作為により法益を侵害することを禁止し，処罰している。この点で，作為犯とは禁止規範の侵害をいう。これに対して，命令規範を侵害し，一定の行為をしないという不作為を処罰する犯罪類型を*不作為犯'という。

作為か不作為かは動作の有無といった行為の態様を基準にして判断されるわけではない。作為であれ，不作為であれ，それが実行行為といえるときに当該犯罪が成立する。たとえば，生命維持装置のスイッチを切り，生存に必要な措置をしない場合には，生命の維持に必要な措置の不作為が問題になるわけではなく，スイッチを切ったという作為が問題である（作為による殺人）。同じように，要求を受けて退去しようとする仲間を押しとどめて退去させない行為も不作為である（*不退去罪'）。学説のなかには，作為による不作為犯という概念を持ち出して説明する見解もある。

[堀内捷三]

錯誤（独）Irrtum　錯誤とは，行為者が認識した事実と現実に発生した事実との間に不一致・食い違いが存する場合をいう。刑法上，すべての錯誤が重要性を有するわけではない。

刑法上，最も重要な錯誤として，*事実の錯誤'と*法律の錯誤'（違法性の錯誤）があるとされる。ある錯誤が，事実の錯誤なのか法律の錯誤なのか，が争われている。いずれの錯誤とされるかによって，法的効果に違いが出てくるので，その区別は実践的に重要な意味を有する。すなわち，事実の錯誤の場合には，故意が阻却されて，行為者は*故意'の既遂の罪責を問われることはなく，あとは過失犯の成否が問題となるにとどまる。これに対して法律の錯誤の場合には，学説のいかんによって行為者の罪責に大きな差が出てくる。違法性の認識ないしその可能性を犯罪論上，いかに取り扱うか，という根本的対立に由来する問題となる。

たとえば，違法性の認識は犯罪の成否にまったく影響を及ぼさないと解する旧来の判例（違法性の認識不要説）によれば，法律の錯誤がある場合には，ただちに故意責任が認められる。これに対して，違法性の認識は故意の要素であるとする厳格故意説によれば，法律の錯誤がある場合には，つねに責任要素としての故意が阻却されて故意責任は否定されて，あとは過失犯の成否が問題されることになる。また，違法性の認識の可能性を独立の責任要素と解する責任説や違法性の認識の可能性を故意の要素と解する制限故意説にあっては，法律の錯誤がある場合には，違法性の認識の可能性があれば，故意責任が肯定され，その可能性がないときには故意責任が否定される。なお，事実の錯誤と法律の錯誤という分類にかえて，構成要件の錯誤と禁止の錯誤という分類が責任説の論者によって主張され，次第に一般化しつつある。この説によれば，構成要件の錯誤とは構成要件の客観的要素に関する錯誤であり，禁止の錯誤とは行為の違法性についての錯誤である。

事実の錯誤なのか法律の錯誤なのか，という争いが生ずる原因は，「事実」と「法律」という用語の多義性ないし不明瞭性に求められる。すなわち，事実といっても，記述的要素だけでなく，「規範」的要素も含まれるので，事実と法律の区別があいまいにならざるをえないのである。つまり，規範的要素は，直接的には法的な当為要求そのものを意味しないが，しかし，これと密接に関連するので，規範的「事実」と法律と

はきわめて接近することになる．逆に「法律」といっても，直接，刑罰法規だけでなく，民事法規なども含まれるので，たとえば，窃盗罪における財物の「他人性」は民法によって決せられるが，この場合，民法法規の誤認は法律の錯誤ともいえるし，犯罪事実に関する錯誤ともいえることとなって，両者の区別は不明瞭とならざるをえない．すなわち，民法の法文を誤解して自己に所有権があると誤信した場合は，そのこと自体は「法律」の錯誤があるといえるが，しかし，その結果として，「他人の」財物を窃取する意思が欠けたと解される場合には，まさしく犯罪「事実」そのものについての錯誤があることになる．→因果関係の錯誤　　　［川端　博］

桜木町事件　1951(昭26)年4月24日，横浜市の旧国鉄桜木町駅付近において，電力工手が過失により吊架線を溶断し危険箇所が生じた後，そこに電車が進入しないよう防止措置を講じなかった電力工手長や前方の架線が垂下しているのを認めたのに漫然と電車を進行させた電車運転士らの過失がさらに重なり（過失の競合），しかも高速度遮断機の不備や車体の欠陥等多くの悪条件が介在した結果，危険箇所に突入した電車に火災が発生し，乗客190名に死傷者が出た事件．電力工手他4名が業務上過失致死傷罪（刑211前）に問われた．電力工手ら各人に過失があっても，他の被告人らがその後に注意を尽くしていれば，死傷事故は防げたはずであることから，各自の過失と結果との間の因果関係の有無が争われたが，最判昭35・4・15刑集14・5・591は，たとえ他の過失が同時に多数競合し，あるいは時の前後に従って累加的に重なり，または何らかの条件が介在し，しかもその条件が結果発生に対して直接かつ優勢なものであり，問題とされる過失が間接かつ劣勢なものであったとしても，これによって因果関係は中断されず，*過失'と結果との間にはなお法律上の因果関係はあるとした．→因果関係の中断，過失の共犯，相当因果関係，相当因果関係説
　　　　　　　　　　　　　　　　　［北川佳世子］

酒に酔つて公衆に迷惑をかける行為の防止等に関する法律　過度の飲酒が個人的および社会的に及ぼす害悪を防止するために1961(昭36)年に制定，施行された法律（昭36法103）．酒酔い迷惑防止法，酔っぱらい規制法等と略称される．飲酒について節度を保つべきこと等の訓示規定(2)を置いているが，酩酊そのものを取締る目的の法律ではなく，また酩酊中の犯罪行為に対処するための特別法でもなく，酩酊者に対する刑法39条の適用除外の問題には全く触れていない．両者の中間に位置し，酩酊して公衆に迷惑をかけるような著しく粗野または乱暴な言動をすること等を処罰するものであり(4・5)，軽犯罪法等他の法令によって取締り可能な行為も，酩酊者に関する事項として本法に取り込まれている．また，酩酊者の保護に関する事項やアルコールの慢性中毒者またはその疑いのある酩酊者の診察等に関する事項についても規定されている．　　　［北川佳世子］

酒酔い鑑識カード　道路交通法違反の酒酔い運転を証明するために，司法警察職員によって現場で作成されるカードを酒酔い鑑識カードという．このカードには，「化学判定欄」(被疑者の呼気中のアルコール濃度の検査結果を記入する欄)，「被疑者の外部的状態に関する記載欄」(被疑者の言動，動作，酒臭，外貌，態度等の観察結果を記入する欄)，「被疑者との問答の記載欄」，および「飲酒日時」・「飲酒動機」記載欄がある．

この酒酔い鑑識カードの証拠能力について，判例(最判昭47・6・2刑集26・5・317)は，化学判定欄および被疑者の外部的状態に関する記載欄に記載された部分については，刑事訴訟法321条3項の「検証の結果を記載した書面」に当たるとしたが，被疑者との問答の記載欄および飲酒日時・飲酒動機記載欄に記載された部分については，司法警察職員作成の捜査報告書の性質を有するものとして，刑事訴訟法321条1項3号の書面に当たるとした．　　　［山田道郎］

サザランド　Edwin H. Sutherland（米・1883-1950）　1930年代から40年代にかけて活躍したアメリカの犯罪社会学者．シカゴ大学で博士号を取得し，イリノイ，ミネソタ，シカゴの諸大学で教えた後，インディアナ大学で社会学科の学科長を務めた．またアメリカ社会学会会長にも選出された．一般に，アメリカ*犯罪社会学において最も大きな影響力を持った研究者であると考えられている．

1 差異的接触理論 サザランドの最大の功績は、*非行地域'に関するショウ Clifford R. Shaw（米・1896-1957）とマッケイ Henry D. McKay（米・1899-）の分析を発展させ、ミード George H. Mead（米・1863-1931）の象徴的相互作用論 symbolic interactionism を参照することによって、*差異的接触理論'differential association theory を提唱したことにある。その門下から、のちに彼の教科書を継承したクレッシー Donald R. Cressey（米・1919-）、非行副次文化 delinquent subculture 論で知られるコーエン Albert K. Cohen（米・1918-）、差異的機会構造 differential opportunity structure 論を展開したオーリン Lloyd E. Ohlin（米・1918-）等の犯罪学者が巣立ち、サザランドの議論の応用、修正、発展等に努めたこともあって、差異的接触理論を中心とする文化伝達 cultural transmission 論の系譜は、1960年代までのアメリカ犯罪学において最も有力な理論的潮流となった。

2 ホワイトカラー犯罪 サザランドは、差異的接触理論の提唱において、彼以前の犯罪学理論の多くが何らかの異常性を説明原理としていたことを批判し、それ自体は正常な過程である学習によって非合法的行動が選択されることを主張したのであるが、このような立場は、さらに、当時の犯罪学研究が下流階層やブルーカラーによる犯罪行動にのみ集中していたことをも批判することになった。その結果が、モノグラフ White Collar Crime『ホワイトカラーの犯罪』(1949)（平野龍一・井口浩二訳、1955）である。この研究においてサザランドは、ビジネスマンや企業の犯罪を取り上げ、それらの行動に対する説明としても差異的接触理論が有効であるとして、差異的接触理論が犯罪の一般理論であり得ることを主張した。*ホワイトカラー犯罪'・*企業犯罪'の研究は、現在の犯罪社会学における主要テーマのひとつであって、サザランド自身の研究も、その完全版が最近出版されるなど、古典としての地位を確立している。　[宮澤節生]

差押え　差押えは、強制処分たる*押収'の一種であるが、物理的強制力を用いて占有が取得される点で、領置と異なる。

差押えは、令状主義を定める憲法にいう押収として、正当な理由に基づいて裁判官が発した、差し押さえる物を明示する令状によって行わなければならない（憲 35）。ただし、逮捕の現場では令状なしに差押えをすることが許される（刑訴 220）。また令状に記載されていない物の差押えを、アメリカ法にいう*プレイン・ビューの理論'で肯定する考え方もあるが、疑問も強い。

捜査段階での差押えは(218)、*捜索'と連結して捜索差押許可状の執行の形で行われ、その対象は証拠物または没収すべき物である。覚せい剤自己使用の事件などでは、採尿も差押えとして行われている。令状の夜間執行のためには、令状にそれを許す記載が必要である(116)。なお、被疑者などからの証拠保全請求により、裁判官により行われる差押えもある(179)。公判段階での差押え(99 I)は、領置、*提出命令'とともに裁判所によって行われる押収のひとつである。しかし、当事者主義的な訴訟構造の中で、その数は多くない。

差押えを受ける者は、押収の処分を受ける者として、令状を示され、差押えを受ける責任者として執行に立会い、また抗告・準抗告をすることができる。　[久岡康成]

差戻し　上訴の結果、不服申立ての対象となった裁判を*破棄'または取り消した裁判所が、再度の審判のために事件を原裁判所（すなわち元の裁判所）に送り返すこと。そのような上訴審の判決を差戻判決という。

控訴裁判所が原判決を破棄する場合には、事件を原裁判所に差し戻すのが、原則とされている（刑訴 400）。とくに原裁判所が不法に管轄違いを言い渡したか、不法に公訴を棄却したという理由で破棄するときには、必ず差戻しをしなければならない(398)。これは、*審級の利益'を保障するためである。他の理由で破棄する場合、事件を原裁判所に差し戻すか、または他の管轄裁判所へ*移送'する。ただし、訴訟記録とすでに取り調べられた証拠によって、直ちに事件について判決をすることができると判断したときには、破棄と同時に原裁判所に代わって判決をする*自判'が許されている（400 但）。

上告裁判所が原判決を破棄する場合も、事件を差し戻すのが原則とされるが、自判も認められている(413)。

抗告審については、差戻しに関する明文規定がない。しかし原決定を取り消した場合、必要があれば差戻しも可能であると考えられている（426 II参照）。

差戻しを受けた裁判所は、改めて事件について審判する。しかし、破棄以前の審理手続がすべて無効になるわけではない。第1審に差し戻された場合にも、*起訴状一本主義'は適用されない。差戻しを受けた裁判所は、公判手続の更新（刑訴規213の2）に準じる方法で、それまでの手続で得られた資料を用いることができると解されている。ただし、差戻審の裁判所は、破棄をした上級裁判所の判断に拘束される（裁4）。したがって、破棄判決が違法とした公判手続によって得られた資料は、判断の基礎とはならない。さらに、被告人上訴の場合の*不利益変更禁止の原則'は、差戻審の判決権限をも制約すると考えられている（最判大昭27・12・24刑集6・11・1363［旧法事件］、東京高判昭50・12・19高刑28・4・525）。　　　　　　　　　　［後藤　昭］

雑居拘禁　雑居拘禁とは、複数の収容者を同一居房内に生活させる拘禁形態をいい、これには昼夜雑居、昼間雑居・夜間独居などがある。昼夜雑居は、受刑者を昼夜とも雑居させ、受刑者は昼間は工場にて就業するなどして生活し、夜間は舎房に雑居して生活する拘禁形態である。昼間雑居・夜間独居は、昼間は雑居させ、夜間は独房に拘禁する拘禁形態である。一般に雑居拘禁という場合は昼夜雑居を指す。

監獄法15条は、「心身ノ状況ニ因リ不適当ト認ムルモノヲ除ク外之ヲ独居拘禁ニ付スルコトヲ得」と規定しているので、わが国の拘禁形態は、舎房割当にあたって、独居拘禁を原則としている印象を与えるが、実際上は雑居拘禁が原則である。行刑累進処遇令によると、第2級以上の受刑者は昼間雑居・夜間独居に付されることになっているが、一般には昼夜雑居制が採用されている。

雑居制、とりわけ夜間雑居には、①悪風感染の弊害があり、国が犯罪者を作り出すこと、②プライバシーの保護がなく、内省の機会が得られないこと、③被収容者の対人関係のもつれや葛藤が生じ、改善更生の意欲を削ぐなどの欠点が指摘されている。この弊を防止するため、被収容者を適当なグループに分類して拘禁するなどの方法がとられているが、今後は、昼間雑居・夜間独居制度の実現を図るべきであろう。→独居拘禁　　　　　　　　　　　　　　［吉田敏雄］

殺人罪　わが国の刑法は、故意に他人を殺害する行為に対し、殺人罪（刑199）と*承諾殺人罪'（202）を置いている。未遂（203）だけでなく、前者は予備行為（201）も処罰される。諸外国の立法には、故殺、謀殺、毒殺、*嬰児殺'などの加重、減軽類型を設けるものも多い。尊属殺を加重処罰する200条は、1995（平7）年の改正で削除された。

殺人罪の客体である「人」の意義については、その始期と終期をめぐって見解の対立が見られる。まず、*人の始期'に関しては、胎児が母体から一部露出した時点で直接的に加害可能な状態になることを理由に要保護性の見地から、胎児が母体から一部露出した時点をもって人とする一部露出説が通説・判例（大判大8・12・13刑録25・1367）により採用されてきた。これに対しては、人か否かは直接的な加害可能性という行為の態様によるべきではなく、客体の価値により決定すべきであるとして、全部露出説を主張する見解も有力である。このほか、母体外において生命を保続することが可能な胎児は人であるとする独立生存可能性説、また、出産中ないし出産直後の嬰児の殺害を処罰する特別規定を持っていたドイツ刑法の下で採用されていた出産開始説の支持者もある。ドイツでかつて唱えられ、わが国にも一時輸入された独立呼吸説は今日では支持されていない。

他方、*人の終期'に関しては、古くからの医療慣行に基づいて心臓の死をもって人の死とする心臓死説（三徴候説）が採用されてきたが、科学医療技術の発達により、医学上、脳死を人の死とする脳死説が唱えられるようになり、*臓器移植'（特に心臓移植）との関係で、法律上も脳死説を採用すべきかが問題とされた。学説は、脳死説を支持する立場と心臓死説を支持する立場との間で激しい意見の対立がある。1997（平9）年に成立した*臓器の移植に関する法律'は、臓器移植の場合に限って脳死を人の死とする解決を図ったため、同法の解釈をめぐってさらなる論争が生じた。→偽装心中　　　　　　［秋葉悦子］

狭山事件 1963(昭38)年5月1日,埼玉県狭山市で発生した女子高校生殺害事件.被害者が下校途中に行方不明になった後に被害者方に脅迫状が届けられ,身代金の受け渡し場所に多数の警官が張り込んだが,犯人は逃走,その後死体が発見された.警察は死体発見場所に近い被差別部落の居住者を中心に捜査を進め,当時24歳の石川一雄さんを別件の窃盗等で逮捕し,約1ヵ月後に自白を得た.1審判決(浦和地判昭39・3・11下刑6・3=4・206)は,自白と自白後に被告人方から発見されたとされる被害者の所持品などを根拠に有罪(死刑)判決を下したが,控訴審になって被告人が否認に転じ,2審判決では量刑が無期懲役に変更された(東京高判昭49・10・31高刑27・5・474).最高裁で上告が棄却され(最決昭52・8・9刑集31・4・821),控訴審の無期判決が確定したが,その後も石川氏は無実を訴え,再審請求を行っている(現在第2次請求異議審係属中).本件では,別件逮捕・勾留中の取調べの適法性と自白の任意性・信用性が争われたが,第1次逮捕の被疑事実中の恐喝未遂(別件)と強盗殺人等(本件)の関連性や取調べの態様(拷問等はなかったとする)から,いずれも1,2審,上告審によって肯定された. →余罪　　　　　　　　　　[水谷規男]

サリン等による人身被害の防止に関する法律 1995年3月のいわゆる「地下鉄サリン事件」を契機として,異例のスピードで同年4月に制定された.同時期に制定された*化学兵器の禁止及び特定物質の規制等に関する法律*もサリンを規制対象のひとつとするが,これは,あくまでも砲弾,地雷等の形で化学「兵器」として製造・使用された場合を主として処罰の対象とし,単純に毒性物質を発散させるといった地下鉄サリン事件におけるような行為態様には対処できない.そこで,本法では,サリンおよび類似の物質(具体的な種類は毒性の強さ等を要件にして政令に委任2)について,その発散罪(5.未遂・予備罪5Ⅱ・Ⅲ),製造,輸入,所持,譲渡,譲受罪(3・6.未遂・予備も処罰6Ⅲ.発散の用に供する目的の場合は加重処罰6Ⅱ)および,これらの罪の独立幇助罪として,発散,製造,輸入のための資金,原材料等の提供罪(7)が置かれた.また,発散罪および発散目的での製造等については発散の実行の着手以前の自首に減免を認める(5Ⅳ・6Ⅱ)ほか,被害発生時等の措置として警察官等の義務および権限等を規定する. →オウム事件　[葛原力三]

三角詐欺（独）Dreiecksbetrug　欺かれた者(被欺罔者)・処分行為者と財産の主体・財産上の被害者が異なる場合に成立する詐欺をいう.三角詐欺は,欺かれた者の行為を被害者のそれと同様に扱ってよい事情がある場合にのみ成立するが,欺かれた者に被害者の財産を処分する法的権限がなければならない(授権説)のか,当該財物・利益の処理について被害者の側に立つとみられる事情があれば足りる(陣営説)のかについては,学説上,争いがある.欺かれた者に,こうした権限・事情がなければ,その者を道具とした*窃盗罪*になる.三角詐欺として問題になる典型は,虚偽の申立てにより勝訴判決を得,その効力によって財物・利益を取得する,訴訟詐欺の場合である.最高裁判例は,訴訟詐欺の成立を比較的厳格に考えており,実体的な権利関係が判断されたのでない場合には,裁判所に処分権がないことから,*詐欺罪*の成立を認めていない(最決昭42・12・21刑集21・10・1453,最判昭45・3・26刑集24・3・55).学説上は,訴訟制度に拘束される裁判所に錯誤を認めることができないこと,やむを得ず裁判に従う敗訴者に任意の処分行為がないことから,詐欺罪の成立に消極的な見解もあるが,*自由心証主義*を前提とすれば裁判所を欺くことは可能であること,錯誤に基づく処分行為は詐欺罪の本質的要素であるため,欺かれた者と処分行為者は一致する必要があるので,処分行為者は裁判所であり敗訴者は被害者にすぎないと考えるべきことから,三角詐欺の成立を認めるべきだとするのが多数の見解である.もうひとつの類型は,支払いの意思も能力もないのに自己名義のカードを用いて加盟店で商品を購入するという,*クレジット・カード*の不正利用の場合である.この類型について,高裁判例は,欺かれた者・処分行為者および財産上の被害者をすべてカード加盟店とする財物詐欺罪の成立を認めている(福岡高判昭56・9・21刑月13・8=9・527,東京高判昭59・11・19判タ544・251).学説は多岐に分かれており,判例に従う見解も有力

であるが、この場合、加盟店はカード会社による立替払いにより損失を被らないことから、最近では、クレジットカード・システムに最も適合した構成として、欺かれた者・処分行為者をカード加盟店、財産上の被害者をクレジット会社とする、三角詐欺の成立を認めるべきだとする見解が有力になっている。他人名義のカードを不正利用した場合も、理論的に同様の処理となる。　　　　　　　　　　　　　　［安田拓人］

残虐な刑罰　**1 *死刑'は残虐な刑罰か**　憲法36条が、「公務員による拷問及び残虐な刑罰は、絶対にこれを禁ずる」と規定しているように、現行憲法上、「残虐な刑罰」は認められない。アメリカ合衆国憲法第8修正に由来する。しかし、何が「残虐な刑罰」に当たるかは難しい問題である。特に問題となるのは、死刑についてである。最高裁によれば、残虐な刑罰とは、「不必要な精神的,肉体的苦痛を内容とする人道上残酷と認められる刑罰を意味し」（最判大昭23・6・30刑集2・7・777），「火あぶり、はりつけ、さらし首、釜ゆでの刑のように残虐な執行方法を定めれば死刑は残虐な刑罰といえるが、刑罰としての死刑そのものを直ちに残虐な刑罰ということはできない」（最判大昭23・3・12刑集2・3・191）とされ、「現在わが国の採用している絞首刑は、他の方法に比して特に人道上残虐であるとは認められない」という（最判大昭30・4・6刑集9・4・663）。しかし、このような理解に対しては、死刑の執行方法だけで残虐性を決めるのであれば、その判断が相対的になり、ガスを用いたり銃を用いたりする場合とどう違うのか、その限界線引きは困難だとの批判も多い。今や、いかなる方法であれ、死刑それ自体が残虐な刑罰ではないか、ということが言われているのである。

2 刑罰の適正さ　また、死刑以外の問題でも、たとえば死刑の代替措置としてよく提案される終身の絶対無期懲役についても、残虐な刑罰ではないか、との指摘がある。自己の行為を悔い改めても仮釈放の余地もまったくないまま終身拘禁生活を続けさせることは、責任主義の観点からして大きな疑問もある。さらに、刑罰の執行としての処遇内容があまりに非人道的である場合も、残虐な刑罰ということになる。あるいは、たとえばパン1個を盗む行為を無期懲役として処罰する規定があるとすれば、犯罪と刑罰があまりに不均衡であり、このような罪刑の不均衡も、憲法違反の残虐な刑罰となりうる（最判大昭49・11・9刑集28・9・393）。その限界線引きは難しいが、国民の日常感覚からしてあまりに重い刑となる場合は、*実体的デュープロセス'の観点からも、その疑いがある。その場合には法律の錯誤が生じる可能性も高い。なお、いわゆる*関根橋事件'第1次控訴審判決では、腐朽した橋の架け替えを村に要請したが受け入れられなかったので自ら爆破した行為が、被告人自身重罪ではなく罰金刑程度と思っていた点を考慮して刑を減軽したが、上告審判決（最判昭32・10・18刑集11・10・2663）では、「法定刑の寛厳を知らなかったとしても、その行為の違法であることを意識している場合は」故意があり、刑も減軽されない、と判示した。　［甲斐克則］

産業スパイ　（英）industrial spy　（独）Industriespionage　（仏）espionnage industriel　企業の技術的ノウハウや営業上の情報であって、一般に公開されていないものを不正に探知・流用する行為をいう。当初は、住居侵入や盗聴などの手段を用いたが、その後は次第に、外部から部内者に働きかけて勤務先の*営業秘密'を漏洩させる態様が多くなった。しかし、最近では、コンピュータの通信回線を通じて、外部から直接にアクセスして秘密情報を取得するような、コンピュータ・スパイまたは電子盗聴にあたる方法も少なくない。こうした行為は、企業間の開発競争が激化するに伴って頻発したにもかかわらず、現行刑法典には、この種の無形的情報を保護する規定がなく、もっぱら、有体物である書面や電磁的記録を対象とした場合にのみ、犯罪として処罰されることになる。したがって、情報の漏洩やデータそのものの盗取は、原則として処罰されないため、実際に発生した企業秘密の侵害事例を契機として、改正刑法草案に企業秘密漏示罪（318）の規定が盛り込まれたこともあった。しかし、こうした処罰規定が労働者の転職の自由を制約する一方、違法な事業活動に対する内部告発を困難にする結果、かえって社会公共の利益に反するなどの問題点が指摘された。また、企業間で競業者の

情報を収集することが日常茶飯事となった現在,およそ秘密の探知行為を取り締まる法制度は,かえって経済活動を萎縮させる側面もないではない.そのため,被用者の秘密漏洩を処罰する形式の立法提案は少なくなったが,新しい技術の開発や顧客の獲得競争は一層激しくなっており,経済活動に伴う営業秘密の重要性は高まる一方である.例えば,アメリカ合衆国では,情報資産をめぐる国際競争の激化を契機として,1996年には,顧客リストの奪取行為などを想定した「経済スパイ法(Economic Espionage Act : EEA)」を設けるに至った.また,最近は,コンピュータ・データの形で蓄積された企業情報の保護が論じられることが多くなり,諸国間における法制度の違いが,国際摩擦の原因となりつつある.そこで,わが国でも,不正競争防止法を改正して,営業秘密の侵害に対する差止請求および損害賠償請求の規定を盛り込むに至った.もっとも,刑法上の取扱いとしては,依然として明文の処罰規定を欠くため,最近では,財産的情報それ自体を独立した財貨とみる立場から,刑法的保護を主張する見解がある.また,1999(平11)年には,いわゆる不正アクセス禁止法が制定された結果,少なくとも,電子データの盗取・窃用については,その準備的行為の段階から犯罪として処罰することになった.
[佐久間修]

三項書面 **1 伝聞としての性格** 検察官,検察事務官または司法警察職員が捜査の過程で*検証*を行った場合に(刑訴218・220 Ⅰ②),その結果は,調書に記載される.このような捜査機関によって作成された検証調書を三項書面という.それは伝聞証拠であって,原則として証拠能力が否定されるが,作成者が公判期日において証人として尋問を受け,検証調書が真正に作成されたものであることを供述したときには,伝聞法則の例外として,証拠能力が認められる(刑訴321 Ⅲ).

2 書面の意義 捜査機関が任意処分として行った*実況見分*の結果を記載した書面である実況見分調書もここに含まれるとするのが,通説・判例である(最判昭35・9・8刑集14・11・1437,最判昭36・5・26刑集15・5・893).その理由として,*検証*と実況見分は,強制処分か任意処分かの違いしかなく,両者は実質的には同じ処分であり,書面の性質にも違いはないからであるとされている.これに対して,検証は裁判官の令状により行うものであって,処分の正確性が保証されるが,実況見分にはこの保証がないこと,実況見分調書も含めると,弁護人や私人の作成した書面も同様に取り扱う必要があるが,それでは限界が不明確になること,実況見分の場合には,本項によらなくても他に方法があること(刑訴規199の11)などの理由から,消極説も主張されている.

3 作成の真正 検証調書の作成の真正とは,作成名義の真正のみならず,記載内容の正確性,さらには,検証内容の正確性も含むと解されている.したがって,作成者がこれらの点について証言することが必要であるし,被告人側としては,そのすべてについて反対尋問を行うことができる.

4 立会人の指示説明等 捜査機関は検証に際して立会人に指示説明を求めて,検証調書に記載することができる.この提示説明については,検証の動機ないし手段を示す非供述証拠として,あるいは検証調書と一体をなすものとして,証拠能力が認められている(最判昭36・5・26刑集15・5・893).これに対して,立会人の供述を供述内容の真実性の証明に用いる場合には,それは伝聞であり,供述者が被疑者・被告人であるか,それ以外の者であるかにより,刑訴322条1項あるいは刑訴321条1項2・3号が適用される.また,検証調書に添付された図面・写真等も,検証結果の理解を容易にさせるものとして検証調書と一体をなしている限り,検証調書全体として証拠能力が認められる.

5 関連問題 三項書面に関連して,酒酔い鑑識カード,速度測定カード,録音テープ,ビデオテープ(現場撮影ビデオおよび犯行再現ビデオ),写真などの証拠能力が問題となる.ここでは,写真の証拠能力について述べる.まず,写真が検証調書・実況見分調書に添付されている場合には,それらの調書と一体をなす限り,三項書面として証拠能力が認められる.これに対して,現場写真のように,写真を独立して使用する場合には,その証拠能力に関して,供述証拠説と非供述証拠説の対立がある.前者は,写

真の報告性の側面を強調し，刑訴321条3項の準用を主張するのに対し，後者は，その機械的記録性の側面を強調して，関連性のみを要件とする．両者の結論の相違は，撮影者不明の場合である．前者では，証拠能力は否定され，後者では，撮影者の供述以外の方法で関連性が示されれば，肯定される．通説・判例は，非供述証拠説を採用する（最決昭59・12・21刑集38・12・3071）．→三号書面　　　　　　　　［山田道郎］

三号書面　三号書面とは，刑事訴訟法321条1項3号によって，証拠能力を認められる書面をいう．この書面の典型は，*司法警察員'による取調べの結果を記載した員面調書であるが，日記，被害届やメモなどもここに含まれる．三号書面は*伝聞証拠'であり，原則として，証拠能力は否定されるが，一定の*供述書'および*供述録取書'については，「*信用性の情況的保障'」および「証拠の必要性」がある場合には，例外が認められる．321条1項3号はそのような例外の典型を規定するもので，それによれば，被告人以外の者が作成した供述書またはその者の供述を録取した書面で供述者の署名もしくは押印のあるもののうち，*裁判官面前調書'および*検察官面前調書'以外の書面は，①供述者の死亡，精神もしくは身体の故障，所在不明または国外滞在といった事由による供述不能，②その供述が犯罪事実の存否の証明に欠くことができないという供述の不可欠性（証拠の必要性），および③供述が特に信用すべき情況の下にされたこと（特信情況＝*信用性の情況的保障'）を要件として，証拠能力が認められる．→三項書面，メモの理論　　　　　　　　　［山田道郎］

参考人　捜査段階における犯罪の被害者や目撃者など，「*被疑者'以外の者」を実務用語では参考人と呼ぶ（捜査規範177参照）．捜査機関は捜査上必要があるときは，この者の出頭を求めて取り調べることができる（刑訴223Ⅰ）．公判段階の証人とは異なり，出頭や供述を強制されることはない．*取調べ'については被疑者の取調べに関する規定が準用されるが，黙秘権告知に関する規定は準用されないし（223Ⅱ），検察官は一定の要件の下で第1回公判期日前の参考人の証人尋問請求ができる（226・227）．また，弁護人選任権（30Ⅰ），証拠保全請求権（179・180）といった，被疑者には防御のために認められていて参考人には認められていない法律上の権利があり，「被疑者」と「被疑者以外の者」（＝*参考人'）の区別が重要になる．この点で，実務用語である「重要参考人」は，困難な問題を提示している．この概念は，「犯罪事実の存否の証明に欠くことのできない」（321Ⅰ③，捜査規範175）供述をする者を指す場合のほか，犯罪の嫌疑を受けたがそれが捜査機関の主観にとどまっている段階の者を指す場合にも使用される．後者の場合，被疑者との相違が必ずしも明確ではない．嫌疑があり捜査機関が捜査の対象としている者を，被疑者としてではなく捜査機関の恣意に基づいて重要参考人として長時間にわたって取り調べる捜査実務がしばしば問題とされる．犯罪捜査規範では，「被疑者又は重要な参考人の任意出頭については，警察本部長又は警察署長に報告して，その指揮を受けなければならない」（捜査規範102Ⅰ）とされているが，重要参考人の任意出頭および取調べについては，むしろ被疑者になる段階を明確にし，その段階で，被疑者に認められる防御権を付与すべきであるし，取調べにあたっては黙秘権を告知すべきである．

なお，少年法上，参考人とは，家庭裁判所または調査官の求めに応じて任意に出頭し供述する関係人であって，少年および保護者以外の者をいう（少8Ⅱ）．証人尋問と異なり，参考人の取調べの場合，少年・附添人に立会権・尋問権は保障されていない．→容疑者　　［山名京子］

参審（独）Schöffengericht　（英）mixed panel　素人が職業*裁判官'と合議体を構成して，罪責問題および量刑問題について評議・評決する制度を参審制という．今日，ヨーロッパ諸国で広く採用されている参審制は，フランス革命を契機にイギリスからヨーロッパ諸国へと伝播された*陪審'制が，19世紀から20世紀前半にかけて徐々に衰退していくなか，それに代わる刑事裁判制度として台頭し定着したものである．ただし，スウェーデンの参審制のように中世からの伝統を引き継ぐものもある．

たとえば，フランスは，フランス革命後に陪審制を採用する．治罪法典（1808年公布）によれば，重罪法院（cour d'assises）では，陪審が罪責

問題のみに関する事実認定を裁判官から独立して行うこととされた．しかし，1832年に減軽事情の認定権限が陪審に与えられ，1908年には陪審の求めに応じて裁判長が検察官および弁護人とともに評議室へ立ち入ることが正式に認められ，1932年には陪審は刑の量定を裁判官と共同で行うことに改められた．そしてついに1941年，罪責問題についても陪審は裁判官と共同して評議・評決することとされて，jury(陪審)という呼び名に変わりはないものの，実質的に参審制化された．現在でもテロリスト犯罪等を除く通常の重罪の1審裁判所は，職業裁判官3名と素人9名で構成される重罪法院である．

また，ドイツは，ドイツ帝国の統一後，重い犯罪は陪審制の裁判所，中程度の犯罪は職業裁判官のみからなる合議制の裁判所，軽い犯罪は参審制の裁判所(構成は，職業裁判官1名，素人2名)がそれぞれ1審管轄を有する，という裁判制度を採用した．しかし，1924年に陪審裁判所は，参審制の裁判所(職業裁判官3名・素人6名)へと改組され，控訴審にも参審制が導入された．第2次大戦中および戦後の一時期参審制が廃止されるなどしたが，ドイツ連邦共和国樹立後の50年には再び参審制主体の刑事裁判所制度へと復帰し，今日に至っている．現在，職業裁判官の単独制で裁判される軽罪，および上級の裁判所が管轄するテロリズム犯罪等特別な犯罪を除き，その他のすべての犯罪の第1審は，職業裁判官1名(または2名)・素人2名で構成される裁判所，または職業裁判官3名(または2名)・素人2名で構成される裁判所であり，控訴審も参審制の裁判所(職業裁判官1名[または2名]・素人2名)である．→国民の司法参加

[安村 勉]

三審制度 同一の事件について，*審級'の異なる3つの裁判所の審理や裁判を受けることを認める制度．刑事訴訟の場合，1審を，事物管轄により，簡易裁判所，地方裁判所，家庭裁判所が担当し，控訴審たる2審はすべて高等裁判所，上告審たる3審は最高裁判所が受け持つ．第1審では事実認定を行ったうえで，一定の判断を示し，控訴審では，第1審公判での事実認定が当事者主義のルールにのっとって行われたか否かを審査する事後審の役割を果たすものとされ，1審の審理に2審の事件についての審理を重ねる続審でもなく，1審の心証を御破算にして1審の一件記録と2審での審理結果に基づいて心証形成を行う覆審でもないとされているが，実際の運用は続審ないし覆審に近いといわれる．上告審は，憲法違反と判例違反が上告理由なので，この点についての判断を行うのが原則であるが，最終審として当事者の救済を図る必要もあることから，事実誤認についての判断を示すこともある． [香川喜八朗]

三徴候説 死の判定方法として呼吸停止，心拍停止および瞳孔の散大・対光反射喪失の三徴候が，臨床医学で用いられてきた．これをもって*人の終期'と解する三徴候(総合判定)説が，わが国の通説であった．脳死臨調最終報告(1992年)では，三徴候を絶対視する少数意見は*脳死'を人の死と認めることに反対したが，多数意見は三徴候の意義を再考すべき必要性を指摘していたのである．

三徴候判定の根底には，脳・心・肺の相互作用で維持される生命統合の輪が時間的に前後連関して生じる各機能停止で不可逆的に欠ける時に，個体死が生じるとの考えがある．しかし，人工呼吸器等の蘇生医療により，心肺停止は，脳幹死に至らない限り，回復可能であり決定的でなくなった．他方，心肺機能を人為的に維持しても，脳死後は必然的に呼吸循環停止に至るため，三徴候の中心に蘇生不能な脳死が位置づけられた．すなわち，三徴候判定も，脳死後の心肺停止または両者の競合を要するものではない．しかし，その判定方法は，脳機能喪失にも関わるとはいえ，厚生省(竹内)基準と異なり，全脳死つまり蘇生不能の限界点を精密に判定しうるか疑問になるであろう．→心臓死，臓器移植 [長井 圓]

三罰規定 法人の業務に関して違反行為が行われた場合，*両罰規定'のように，法人と違反行為者とを処罰するだけでなく，法人の代表者をも加えて三者を処罰することで，違反防止の実効性を高めるとともに，違反の実態に適合した処罰を確保しようとする規定．違反の計画を知りその防止に必要な措置を講じなかったこと，または違反行為を知りその是正に必要な措置を講じなかったこと(労基121 II)，あるい

は，普通の注意を払えば違反を知ることができるのにそれを怠ったこと(職安67，船職69)を根拠とする．　　　　　　　　　　　　　　[田中利幸]

し

シージャック（英）seajack（独）Schiffsentführung　法律上に定義があるわけではないが，一般に，暴行・脅迫等，暴力的手段によって船舶を奪取し，あるいはその運航を恣(ほしいまま)にコントロールする行為を指す．ハイジャック行為の防止，処罰を目的とする法律には，*航空機の強取等の処罰に関する法律'があるが，シージャックについては，特にこれを規制するために作られた法律はない．しかし，航空機とは異なり，船舶は，*汽車転覆等の罪'(刑126)を中心とする刑法124条以下の「往来を妨害する罪」のすべての類型について保護客体となっている．また，*人質による強要行為等の処罰に関する法律'が，人質による強要(人質1)等をすべての者の国外犯についても(人質5)処罰している．また，1987年に新設された刑法4条の2(条約による国外犯)によって，刑法典中の犯罪のうち国際条約がその処罰を要請する行為についてはすべての者の国外犯が処罰されることになる．したがって，1988年に採択されたいわゆる「シージャック防止条約」(海上航行の安全に対する不法な行為の防止に関する条約)が，「犯罪」としている行為類型の多くがこれらの法規によってカバーされていることになる．
　　　　　　　　　　　　　　　　[葛原力三]

資格制限　有罪判決や所定の刑罰を受けたこと(*前科')によって種々の人の資格を制限したり剝奪すること．資格制限事由を明確にするための前科登録制度として*犯罪人名簿'がある．

1　**沿革**　犯罪者ないし裁判等で有罪とされ処罰された者が社会生活から排除されることは古くから見られ，死刑や追放刑，名誉刑などでは，刑罰内容そのもののうちに排除・抹殺の要素が含まれている．近代刑法の中心的刑罰たる施設拘禁・自由刑にあっても，その初期においては，たとえば，いわゆる民事死(civil death)とし

て、死刑のように生命は取らないものの、社会生活上は死んだものとされ相続も行われるなどの扱いも見られた．やがて，受刑者・被拘禁者の法的地位を権利義務といった法律関係として明確化する要請とともに，刑罰に付随し，時には科刑終了後も科される権利制限，資格制限のようなものも明確に法律で規定されるべきことが要請される．かくして，わが国の旧刑法(明13)は，6種の附加刑の最初に剝奪公権と停止公権をあげ(旧刑10)，剝奪公権の対象は，国民の特権，官吏となる権以下，学校長及び教師学監となる権まで9種が明示された(31)．現行刑法(明40)は附加刑としての規定はおいていないが，資格制限規定は個別の法令中に散在して現在に至っている．

2 現状 資格制限規定は400ほどの法令にあり，数え方にもよるが1000ほどの資格が対象となっている．その制限の仕方は，国等の行う資格試験を受験できないとするもの，たとえ合格しても資格を取得できないもの，営業等のために免許・許可・認可・登録・指定等を申請しても受けられないもの，法令で認められた権利を享受できなくなるものなどに整理される．これら資格制限にかかるのは，有罪判決を受けた者，罰金以上の刑に処せられた者，禁錮以上の刑に処せられた者などに分かれ，当該法律など一定の法令違反による有罪・処罰に限定するものもある．また，制限するかどうかが裁量に任されているか否かで，相対的欠格事由と絶対的欠格事由に分かれる．制限の期間は，刑の執行を終わるか，執行を受けることがなくなるまで(執行猶予中を含めるもの，含めないもの)，裁判確定の日から所定期間，執行を終わったあと所定の期間，期間限定なし(裁判官，検察官，弁護士など)がある．最後のものを救済するには，*刑の消滅'の制度がある．また，執行猶予期間を無事終了すれば刑の言渡し自体が効力を失い資格制限もなくなる．資格回復としては，*復権'など恩赦によるものもある．

3 具体例 議員等の選挙権・被選挙権を制限する公民権剝奪は，禁錮以上の刑に処せられ，その執行を終わるまで(受刑のための施設収容中や仮出獄中)か，(刑の時効や恩赦によって)執行を受けることがなくなるまでの者(但し，執行猶予中の者は除く)，公職にある間に犯した賄賂罪(刑197・197の2・同3・同4)により刑に処せられた者については，さらに，執行を終わった日あるいは執行の免除を得た日から5年を経過しない者及び執行猶予中の者，法律による選挙・投票・国民審査に関する犯罪で禁錮以上の刑に処せられ執行猶予中の者が対象になる(公選11Ⅰ)．公職選挙法違反では，所定の軽いものを除き，罰金に処せられても，裁判確定の日から5年間(刑の執行猶予の言渡を受けた者については裁判確定の日から刑の執行を受けることがなくなるまでの間)，同じく禁錮以上の刑の場合は，執行を終わったあと5年間，また，所定の重大違反を重ねた者は10年間，公職選挙法に規定する公民権は停止されるのが原則(252)とされている(11Ⅱ)． ［吉岡一男］

指揮権発動 *検察官'は上官の指揮・命令に従って一体として行動する(*検察官同一体の原則')．この指揮・命令の頂点は，*検察庁'が*法務省'におかれた「特別の機関」たる行政機関である以上，法務大臣である．しかし検察行政事務はともかく，検察事務に政治的な影響が及ぼされることは危険である．この問題を解決するために，法務大臣は，検察事務に関しては検察官を一般に指揮・監督することはできるが，個々の事件の*取調べ'または処分については，検事総長のみを指揮することができるとされた(検察14)．個々の事件について法務大臣が(担当検察官ではなく)検事総長だけを指揮し得るとすることによって，行政責任を確保しつつ，検事総長を緩衝帯として検察の一定の独立にも配慮しようとしている．この制度を利用して法務大臣が検事総長を指揮することを指揮権発動といい，実際に*造船疑獄事件'において発動されたが，結局法務大臣は辞任に追い込まれた．この事件で見られたように，実際上検事総長は服従せざるを得ないであろうが，問題点が国民一般の批判にさらされることによって適切な検察権行使の確保がなされることが期待されている． ［小山雅亀］

自救行為 法の定める手続に拠らず，私人が自力で自己の権利や利益を保全・回復・救済・実現する行為をいう．民法上は自力救済という概念を用いるが，ほぼ同趣旨といい得る．

現行刑法典には，自救行為の可否・要件について規定する条項は存しない．1940年の改正刑法仮案が規定を試みたことがある．法治主義を採り，種々の公的な救済手段の整備も進んだ現代国家においては，法の定める手続に拠らないということ自体が好ましいものではないし，構成員の利益関係の複雑化した現代社会では予想外の不当な損害を惹起する可能性があるという点でも，自救行為を認め得る範囲は基本的に狭いと考えられている．

判例は，大審院以来，盗犯の被害者が盗犯から現場で盗品を取り返す行為について自救行為を許容する以外に，極めて消極的な態度を採る．終戦直後の食料欠乏期に生活擁護同盟の委員である被告人が，隠匿物資と推断した大豆等を右同盟の手で分配するため，2,000人の群衆を集め，その管理責任者を畏怖させて譲渡させた事案(最判大昭24・5・18裁判集刑10・231)，倒産の危機を打開するために自己の借地内にある自己所有の店舗を増築する必要に迫られ，その借地内に突出している隣家の軒先の一部を承諾なく切除した事案(最判昭30・11・11刑集9・12・2438)等は，いずれも自救行為に当たらないとする．犯罪論的には，自救行為を違法阻却事由のひとつとして考えている(最決昭46・7・30刑集25・5・756参照)．

学説は，判例よりは積極的態度を採り，たとえば*正当防衛'や*緊急避難'と並ぶ緊急行為の一種として，独立の違法阻却事由として認めるのが一般である．

要件としては，行為しなかった場合の被害回復の困難性・公的救済を求めることの困難性等を含む，当該行為の緊急性の程度，採られた方法の相当性，法益の均衡等々が挙げられるが，事案が少ないこともあり，十分な理論展開がなされているとは必ずしも言い難い．[伊東研祐]

死　刑　(英) death penalty　(独) Todesstrafe　(仏) peine de mort　**1 死刑の意義**　死刑とは，受刑者の生命を奪う刑罰のことをいう．刑罰の種類は一般に，生命刑(死刑)，身体刑(杖刑等)，自由刑(拘禁等)，財産刑(*罰金'，*科料'，*没収')，名誉刑(公権剥奪)に分類できるが，生命刑である死刑は，古来から様々な方法で執行されてきたし，また過酷な刑罰だけに，時の権力者によって濫用されたことも多い．したがって，その弊害を除去すべく，死刑廃止論も多くの人々によって様々に長い間根強く主張されてきて，死刑を廃止した国も多いが，現在日本では，殺人罪等，18種の犯罪(特別法の5つを含む)について死刑が予定されている．

2 死刑の執行　死刑の執行方法は，国により異なり，絞首，電気殺，銃殺，ガス殺，注射殺等が用いられているが，日本では，「死刑は，監獄内において，絞首して執行する」，と規定されており(刑11Ⅰ)，絞首刑という形で死刑が執行されている．具体的には足下から下に落ちる地下絞架式(掘割式)が採用されている．死刑は，法務大臣の命令によって執行されるが(刑訴475Ⅰ)，その命令は，判決確定の日から6ヵ月以内になされなければならず(475Ⅱ)，その命令があると5日以内に死刑を執行しなければならない(476)．しかし，日本では1990年から1992年まで死刑が執行されなかったことがある．時の法務大臣が良心的に執行命令を下さなかったのである．しかし，それは一時的なものにとどまり，その後は毎年死刑執行が続いている．

3 死刑存廃論　死刑存廃論の歴史は長い．その中心は，むしろ死刑廃止論からの問題提起であり続けた．とりわけフランスの啓蒙主義思想家ヴォルテール(仏・François Marie Arouet Voltaire, 1694-1778)が，処刑された後に罪のないことが判明したジャン・カラ事件を告発して以来，死刑廃止論は多くの人々の共感を呼び，またイタリアの思想家*ベッカリーア'(伊・1738-1794)が1764年に『犯罪と刑罰』において展開した死刑廃止論は，その理論的基盤を提供し，世界の刑法学者に大きな影響を与えた．

これまでの死刑存廃論を整理すると，大きく6点にまとめることができる．第1は，国家に犯罪者の生命を奪う権限はあるか，という法哲学的問題である．確かに，犯罪者が被害者の生命を奪ったのは重大な人権侵害であり，非難されるべきである．しかし，「生命は尊貴である．一人の生命は，地球よりも重い」(最判大昭23・3・12刑集2・3・191)というのであれば，これは犯罪者に対しても妥当しなければならない．

同意殺人でさえ処罰するほどに「生命尊重」を説く同じ法秩序が，他人の生命を奪った者は別だ，というのは，論理一貫しないとの指摘もある．ちなみに少年法52条1項は，罪を犯すとき18歳に満たない者に対しては死刑に代えて無期刑を科す旨を規定している．第2は，死刑に応報感情充足機能があるか，という点である．これは，社会心理学的観点の問題でもある．確かに，肉親の生命を奪った犯罪者に対する応報感情は計り知れないものがあろう．しかし，その感情が犯罪者の生命を新たに奪うことによって真に充足されるか，疑問も投ぜられている．第3に，死刑に一般予防効果(犯罪抑止効果)があるか，という刑事政策の観点の問題がある．死刑が廃止されれば凶悪犯罪が増えるのではないか，との危惧の念も強く出されている．アメリカではセリーン Thorsten Sellin, (米)の研究(1959)が死刑の抑止効果に否定的なデータを提供している反面，エーアリック Isaak Ehrlich, (米)の研究(1975)は抑止効果を肯定するデータを提供している．しかし，いずれも十分に根拠あるデータといえるか疑問視されていて，実証的に死刑に抑止効果があるかは必ずしも明らかではない．むしろすでに死刑を廃止している国で凶悪犯が激増しているか，という調査が参考になる．ちなみにイギリス，フランス，ドイツなどで死刑制度復活の声が高まらないのに注目する必要がある．また，死刑制度がある日本やアメリカの諸州で一定程度の凶悪犯罪があることも考慮しておく必要がある．第4に，死刑は憲法36条にいう「残虐な刑罰」に当たるか，という問題がある．最高裁によれば，残虐な刑罰とは，「不必要な精神的，肉体的苦痛を内容とする人道上残酷と認められる刑罰を意味し」(最判大昭23・6・30刑集2・7・777)，「火あぶり，はりつけ，さらし首，釜ゆでの刑のように残虐な執行方法を定めれば死刑は残虐な刑罰といえるが，刑罰としての死刑そのものを直ちに残虐な刑罰ということはできない」(最判大昭23・3・12刑集2・3・191)とされ，「絞首刑は，他の方法と比して特に人道上残虐であるとは認められない」という(最判大昭30・4・6刑集9・4・663)．しかし，殺害方法に残虐なものとそうでないものの区別があるのか，疑問も多

く出されている．第5に，罪の重さを悔いて責任非難を真摯に受け止めている者に対して生命を剥奪することは，責任主義に反するのではないか，という疑問も出されている．第6に，古くから指摘されている誤判の可能性が挙げられる．取り返しのつかない死刑宣告・執行は，適正手続に反しないか，という問題がある．死刑制度の有無にかかわらず誤判はありうるので，慎重に手続を行えばよい，という意見もあるが，免田事件や財田川事件等の死刑事件の誤判が示すように，死刑制度が存続する以上，この誤りを根絶することは困難であろう．

4 死刑制度の行方 死刑制度を今後も維持すべきか，議論は広がっている．最高裁は，連続ピストル殺人事件(いわゆる永山事件)において，「犯行の罪質，動機，態様ことに殺害の手段方法の執拗性・残虐性，結果の重大性ことに殺害された被害者の数，遺族の被害感情，社会的影響，犯人の年齢，前科，犯行後の情状等各般の情状を併せ考察したとき，その罪責が誠に重大であって，罪刑の見地からも一般予防の見地からも極刑がやむをえないと認められる場合には，死刑の選択も許される」，と述べ，死刑適用基準の厳格化の方向を示した(最判昭58・7・8刑集37・6・609)．世論も，死刑存置支持の方がかなり多い．しかし，世界的傾向としては，*死刑の廃止を目指す市民的及び政治的権利に関する国際規約の第2選択議定書'(死刑廃止条約)が1989年に採択され，1991年から発効するなど，死刑制度廃止の流れに向かっている．日本でも，これを批准こそしていないが，将来的には廃止すべきだとの意見も増えており，死刑の代替刑を模索するなどの動きもある．しかし，廃止については時期尚早論が支配しているのが現状である．→少年の刑事事件　　　［甲斐克則］

死刑の廃止を目指す市民的及び政治的権利に関する国際規約の第2選択議定書 (英) Second Protcol to the International Covenant on Civil and Political Rights　　**1 意義**　この議定書は，世界人権宣言(1948年12月10日採択)3条および*市民的及び政治的権利に関する国際規約'(国連人権B規約，1966年12月16日採択)6条を想起し，とりわけ後者の文言が示唆深く死刑廃

止に言及していることに留意して，1989年12月15日に第44会期国連総会で採択されたものであり，「死刑廃止条約」ともいわれ，1991年7月11日に発効している．世界人権宣言の3条は，「すべて人は，生命，自由及び身体の安全に対する権利を有する」，と規定し，国連人権B規約の6条1項は，「すべての人間は，生命に対する固有の権利を有する．この権利は，法律によって保護される．何人も，恣意的にその生命を奪われない」，と規定する．同条2項以下も死刑の抑制ないし廃止へ向けた趣旨の規定を置いている．これらを受けて，この議定書は，その基本理念を明確に，「死刑の廃止が人間の尊厳および人権の斬新的発展に寄与する」というところに置く．しかし，死刑廃止の世界的潮流の中で，いわゆる先進国のうち，日本とアメリカ合衆国は，これをまだ批准していない．

2 内容 この議定書は，前文と本文11ヵ条からなるが，その骨子として何よりも重要なのは，1条であり，その1項は，「この選択議定書の締約国の管轄内にある何人も，死刑を執行されない」，と規定し，2項は，「各締約国は，その管轄内において死刑を廃止するために必要なあらゆる措置をとる」，と規定する．そして，戦時中の重大犯罪の場合を除き，「この議定書に対するいかなる留保も，認められない」（2Ⅰ）．死刑廃止国が増加する中，日本がこの条約を近い将来批准するか，その動向が注目されている．→死刑，残虐な刑罰　　　　　　　　　［甲斐克則］

試験観察　*少年保護手続'において，*保護処分'を決定するために必要があると認められるときに，*家庭裁判所'の決定で，相当の期間，付される家庭裁判所調査官の観察（少25）．家庭裁判所は，この観察とあわせて，①遵守事項を定めてその履行を命じる，②条件を付けて保護者に引き渡す，③適当な施設，団体または個人に'補導委託'する，といった措置をとることができる（25Ⅱ）．米英で発展した*プロベーション'が刑事手続において宣告猶予と保護観察を内容とするのとはやや異なるが，試験的に保護的措置・処分を行ってみて，対象少年の抱えている問題性やその克服のすじみちを観察し，利用できる諸々の社会的資源の発掘などを行うことで，本格的な処遇を目指す保護処分の内容や要否を決定するための資料を得るとともに，これによって要保護性の解消など問題の解決が見られれば，不処分決定で保護事件手続を終えるといったことから，プロベーションの実質をもつものとして試験観察と呼ばれる．家裁調査官によって行われる調査の側面をもち，調査結果は意見をつけて家庭裁判所に報告するなどの規定（少審規13）が準用される（40Ⅴ）．保護的措置が実質的内容をもつことから，試験観察は，原則的には審判開始決定後になされるべきとされる．例外的に審判開始決定前にも行いうるかには異論が多い．試験観察の決定は，担当の家裁調査官を特定してなされ，観察期間を定めることも（40Ⅰ），また，いつでも取り消しまたは変更もできる（40Ⅵ）．その試験的暫定的性格ないし終局決定に仕える中間措置であること，本来の処遇は保護処分として決定され行われるべきことなどから，数ヵ月から半年程度が適切とされる．過度の濫用にわたらないよう配慮しつつも，現状では，なおいっそうの積極的活用が言われることも多い．

試験観察の具体的方法は，保護処分決定が留保されていることの心理的圧力のもとに生活を整えさせ，定期的に家裁に出頭させたり家裁調査官が少年を居宅や勤務先等に訪問するなどして面接，カウンセリング，各種指導を行うなどである．保護的措置として上記①では，遵守事項を具体的かつ明確に指示し，自発的に遵守しようとする心構えを少年に持たせるよう努め，②の場合は，保護者に対し，少年の保護監督について必要な条件を具体的に指示，③では，委託を受ける者に対し，少年の補導上参考となる事項を指示しなければならない（40Ⅱ～Ⅳ）．
　　　　　　　　　　　　　　　　［吉岡一男］

事件受理　*公訴の提起'は，当該*検察官'の所属する*検察庁'に対応する*裁判所'に*起訴状'を提出することによって行われる（刑訴256Ⅰ）．ところで，起訴状は，官署としての裁判所（国法上の意味の裁判所）の受付窓口で受理され，これと同時に当該事件は裁判所に係属することになる．これを事件受理という．受理された事件は，毎年度初めの裁判官会議であらかじめ決められた事務分配規定によって，裁判所の内部的構成である「部」ないし「係」を

単位として自動的に配点される．事件の配点を受けた部の裁判官によって訴訟上の意味の裁判所(公判裁判所)が構成され，受理された事件はそこで審理される．形式裁判であれ実体裁判であれ，*確定力'が生じたことによって事件は裁判所の手を離れることになる．

事件受理に関して問題となるのは上告受理である．*上告'とは，判決に対する*最高裁判所'への上訴をいうが，最高裁の負担軽減と濫上訴の防止を考慮して*上告理由'には制限がある．すなわち，第1に*憲法違反'(405①)，第2に*判例違反'(405②③)に限られる．これらは，最高裁が違憲立法審査権を有すること，および最高裁が唯一の終審裁判所であり*法令解釈の統一'を図る使命を有していることからの帰結である．もっとも，憲法違反および判例違反だけでは漏れが生じるおそれなしとしないので，最高裁は，刑事訴訟法405条の上告理由がなくても，法令解釈の統一を図る趣旨から，法令の解釈に関する重要な事項を含むと認められる事件をみずから上告審として事件を受理することができる(406)．

同法405条1号2号がいずれも権利上告であるのに対し，406条の上告受理は最高裁の裁量による．これは，アメリカの*サーシオレイライ'(裁量的上訴)を参考に設けられたものだといわれる．ただ，第1に権利上告と比べて，事件受理申立理由書の提出期間が短いこと(刑訴規258の3)，第2に事実上，同法411条1号の適用によって法令解釈の統一の機能が果たされていることから，本条による上告受理の運用は活発とはいえない．　　　　　　[上田信太郎]

事件処理　*捜査'を終えた事件は，原則としてすべて*検察官'の手もとに集められる．これには，*司法警察員'からの*送致'・送付のほか，他の*検察庁'からの送致(刑訴258)，*少年法'による*家庭裁判所'からの送致(少19Ⅱ・20・23Ⅰ・Ⅲ)，検察官に対する*告訴'・*告発'・*請求'・*自首'(刑訴241・245，刑42)，検察官自身による犯罪の認知(刑訴191Ⅰ)，*不起訴処分'あるいは*中止処分'に付した事件の再起などの理由がある．

集められた事件につき検察官は，訴追官としてその取扱いを決めなければならない．これを検察官の事件処理という．事件処理には*終局処分'と*中間処分'の2つがある．前者は，起訴処分と不起訴処分からなり，後者は，中止処分と*移送'からなる．特に*公訴の提起'につき現行法は，*国家訴追主義'・*起訴独占主義'(247)および起訴裁量主義(248)を採用したため，*公判請求'される事件は，検察官によって取捨選択されていることになる．事件処理のうち，公訴の提起がもっとも重要な処分であるといわれるゆえんである．　　　　　　　　[上田信太郎]

事件単位の原則　**1 意義**　*逮捕'・*勾留'は被疑事実ごとに行われるという原則．元来は，①二重逮捕・二重勾留が認められるか，②勾留延長や*保釈'の決定にあたって，勾留状に記載されていない*余罪'を考慮できるか，という2つの問題に関する事件単位説からの帰結を，そのように言い表したものであった．しかし，現在では，それを逮捕・勾留に関わるあらゆる問題を規律する一般原則であるかのようにとらえる見解も少なくなく，その内容については必ずしも考え方が一致していない．

2 二重逮捕・二重勾留の可否　同一の*被疑者'・*被告人'に複数の犯罪事実についての嫌疑が存在する場合に，同時に複数の逮捕・勾留を行うことができるのかという問題である．これについて，事件単位説は，逮捕・勾留は被疑事実ごとに行われるのであるから，複数の犯罪事実について嫌疑が認められるのであれば，二重逮捕・二重勾留も可能であるとするのに対し，人単位説は，逮捕・勾留は人を単位とするものであり，その効力は*令状'に記載された被疑事実以外の，いわば潜在的な被疑事実にも及ぶとして，二重逮捕・二重勾留は認められないとする．実務は，事件単位説に立って運用されている．

3 身柄拘束の際の余罪の考慮　事件単位説によれば，逮捕・勾留を基礎付けているのは，手続上の理由とされた被疑事実のみであるから，身柄拘束に関して，被疑者・被告人に不利益な方向で身柄拘束の基礎とされていない余罪を考慮することは認められない．それゆえ，余罪を考慮して勾留延長を認めたり，逆に，それを理由に保釈を認めないことのほか，接見禁止や接見指定の際に余罪を考慮することも許されない

ことになる．これに対して，人単位説は，手続の表面に現れていない被疑事実も，いわば潜在的に逮捕・勾留の基礎とされていることを認める考え方であるから，それを考慮することもできるという結論に至りやすい．しかし，それは，身柄拘束の際の事前の司法審査や被疑者・被告人に対する告知・弁解の機会の付与を欠いた被疑事実を理由にして，被疑者・被告人に不利益な扱いをすることを認めることになるという問題を生じさせる．そのため，そのような考え方は，人単位説をとる見解においても，必ずしも支持されていない．

4 事後的な修正 逮捕・勾留が被疑事実ごとに行われることを前提としても，現実には，Aという被疑事実で逮捕・勾留しているが，実質上，Bという被疑事実についても，それを理由に逮捕・勾留したのと同様な効果が得られる場合がある．このようなときに，事件単位の原則を形式的に貫くと，実際上，不当な結果が生じる場合があるため，それを実質的な見地から事後的に修正する必要性が指摘されている．判例も，*未決通算'につき，公判でA事実とB事実が併合審理されていたが，勾留はA事実についてのみなされており，審理の結果，A事実は無罪，B事実は有罪となったという事案について，実質的にみると，B事実についてもA事実による勾留の効力が及んでいたという理由から，B事実についての刑にA事実による勾留日数を算入することを認めた（最判昭30・12・26刑集9・14・2996）．刑事補償の範囲についても，同様の考え方に基づく判断を示した判例がある（最決大昭31・12・24刑集10・12・1692）．　[川出敏裕]

事後強盗罪　事後強盗罪（刑238）は，*昏酔強盗罪'(239)と並んで'準強盗罪'のひとつである．刑法典の*強盗罪'(236)は，暴行または脅迫を用いて他人の財物を強取した場合や，同様の手段で財産上不法の利益を得た場合ないし第三者に得させた場合に成立し，法定刑は5年以上（15年以下）の有期懲役であるが，事後強盗罪は，窃盗犯人が財物を得てその取り返しや逮捕を免れるため，または罪跡を隠滅するために暴行・脅迫を用いた場合に成立し，強盗罪と同様に扱われる．

本罪の主体は窃盗犯人なので，本罪は強盗罪と異なり，財物を客体とする場合にしか成立しない．また本罪は財物取得の手段として暴行・脅迫を用いるものではないが，強盗罪と同様に扱われる以上，暴行・脅迫は被害者（財物の持ち主に限られない）の反抗を抑圧する程度であることを要し（大判昭19・2・8刑集23・1），さらに窃盗に接着してなされたのでなければならない．なお，いわゆる居直り強盗は，まだ財物を取らないうちに発見されたために，暴行・脅迫を用いて財物を取るものなので，通常の強盗罪であって事後強盗罪ではない．

本罪には強盗罪と同じく，致死傷罪(240)，未遂罪(243)，予備罪(237)，強盗強姦（致死）罪(241)の規定の適用がある．本罪の既遂には犯人が所定の目的をもって暴行または脅迫を行ったことをもって足り，実際に目的を遂げたことを要しないので，未遂が成立するのは窃盗未遂犯人が暴行・脅迫を加えた場合であることになる．また，本罪は*強盗予備罪'よりも後に規定されているが，事後強盗についても予備罪の成立が認められている（最決昭54・11・19刑集33・7・710）．

本罪においては特に，後からやって来て窃盗犯人を助けた者の共犯関係が争われている．第1に，本罪を窃盗犯人を主体とする*身分犯'と解する場合，これを真正身分犯（65 I）と考えるならば，後から来た者についても事後強盗罪が成立することになるが，不真正身分犯（65 II）と考えるならば窃盗犯人たる身分のない後行者には暴行罪または脅迫罪が成立するにすぎない．第2に，本罪を*身分犯'ではないと解する場合，*承継的共犯'の成立を肯定する見解によれば事後強盗罪が成立するが，否定説によれば暴行罪または脅迫罪のみが問題になる．この点に関する最高裁判例はない．　　[髙山佳奈子]

事後従犯　（英）accessory after the fact　（独）nachfolgende Teilnahme　事後従犯とは，*正犯'の*実行行為'の終了後にその犯人の利益のためにする幇助的・庇護的行為をいう．事後「従犯」といわれるが，*共犯'の一種としての*従犯'ではない．共犯の幇助行為は，時間的に，正犯の実行行為に先行する（たとえば，あらかじめ犯行用凶器を提供する場合．予備的従犯）か，これと同時に行われる（たとえ

ば、見張り行為、随伴的従犯)かを問わないが、正犯の実行行為の終了後には、それを「幇助」することはありえないか、既遂前はなお認める余地もあるとしても、認めないのが妥当視されるからである。犯人蔵匿罪(刑103)、証拠隠滅罪(104)、*盗品等に関する罪'(256)等は、それぞれ独立罪として規定されている。もちろん、たとえば、窃盗の実行を決意した者の依頼に応じて、事前に盗品売却のあっせんを約束するような行為は、心理的に窃盗罪の実行を容易にするものであるから、窃盗罪の従犯となる。

[斎藤信治]

事後収賄罪 刑法197条の3第3項。*収賄罪'の一類型で1941年の改正により新設された。「公務員又は仲裁人であった者が、その在職中に請託を受けて職務上不正な行為をしたこと又は相当の行為をしなかったことに関し」、賄賂を収受・要求・約束した場合に成立する。特別法にも規定がある(経情2Ⅱ等)。在職中に賄賂を約束していれば、退職後に収受しても加重収賄罪が適用される。本罪は、賄賂の収受等を退職後に行う形態に対処する規定である。

もっとも、この通説的理解に対しては、退職のみならず、職務権限を異にする地位への転職の場合も本罪の対象とする見解も有力である。転職した公務員は「その職務に関し」て賄賂を収受しておらず、従って、単純収賄罪などの通常の収賄罪が成立しない。そこで、処罰の間隙を埋めるために事後収賄罪が適用されるべきだと主張される。他方、通説は、賄賂自体は職務と関連しなければならないが、その収受等の時期は問わないとして、転職後でも通常の収賄罪の適用を肯定する。判例は通説の立場に立っている(最判昭28・4・25刑集7・4・881)。[塩見 淳]

事 後 審 事件の実体についての判断のやり直しではなく、原判決の当否を審査する上訴審を学説上、事後審と呼ぶ。これに対して、原判決にかかわらず、審理をやり直して直接に事件の実体を判断するような形態を覆審と呼ぶ。また、原審の審理を引き継いだ上に証拠調べと弁論を追加して、事件の実体を判断する形態を続審と呼ぶ。このような上訴審の型は、しばしば上訴審の構造と呼ばれる。

通説はこれを前提として、旧刑事訴訟法の控訴審は覆審、現在の民事訴訟の控訴審は続審であり、現行刑事訴訟法の*控訴審'および上告審は事後審であるという。たしかに現行刑事訴訟法における控訴、上告に際しては、申立人は原判決の瑕疵を主張しなければならない(刑訴376・407)。上訴審の審理は、この主張された上訴理由の有無を中心に行われ(392・414)、上訴審の判決は上訴棄却か原判決破棄という形式をとる(396・397・410・414)。このような手続の構成をとらえて事後審と呼ぶことは可能である。判例も、控訴審は事後審であると認めている(最判昭25・12・24刑集4・12・2621、最決大昭46・3・24刑集25・2・293)。

しかし、事後審の概念自体、必ずしも明確ではない部分がある。多くの学説は、事後審における原判決の審査は、原判決と同じ資料に基づき、また原判決の時を基準とするべきであるとする。このような考え方によれば、事後審では原審に現れなかった新しい証拠を提出することはできず、原判決後の事情は考慮されないことになる。これに対して、事後審の概念自体からは、このような制限は必然的ではないという説もある。また、事実問題についての控訴審での事後審査とは、判断のやり直しにほかならないのではないか、という疑問も一部で唱えられている。

結局、現行法の上訴審がどのような手続を想定しているかは、実定法の定めを具体的に検討しなければ論定できない。控訴審について現行法は、事実誤認または量刑不当を主張する控訴趣意書には、訴訟記録または原審の証拠に現れた事実を援用することを求めているので(381・382)、新証拠だけに基づいてこれらの控訴理由を主張することはできないことになる。しかし、やむをえない事由によって原審で取調べの請求ができなかった証拠によって示される事実は、控訴趣意書に援用することが許される(382の2)。また、控訴裁判所が新証拠を取り調べることを禁じる条項はない。判例も、控訴裁判所が裁量によって新証拠を取り調べることを認めている(最決昭59・9・20刑集38・9・2810)。判断の基準時については、原判決後の情状が特に職権による取調べの対象とされていること(393Ⅱ)などから、原則的には、原判決時を基準とする

ことがうかがわれる．判例も，たとえば少年法の適用の有無につき，原判決の破棄理由の有無を審査する限りでは，原判決時を基準とすべきであるとしている（最決昭 34・7・3 刑集 13・7・1110）．ただし，原判決後の刑の廃止，変更または大赦は，独立した控訴理由とされている（383 ②）．　　　　　　　　　　　　　　［後藤 昭］

自己の物に対する犯罪 ＊窃盗罪'のような財物奪取罪は，他人が占有し，または公務所の命令で他人が看守している場合（刑 242・251）に，＊横領罪'は，公務所から保管を命ぜられた場合（252 II）に，＊毀棄罪'は，差押えを受け，物権を負担し，または賃貸している場合（262）に，自己の物に対しても成立する（関連規定として 115・120 II も参照）．共犯者の共有は別として，共有物は他人の財物となるから，これらに当たらない．奪取罪の法益論に関わって，刑法 242 条の＊占有'を事実上の所持と見る（所持説）か，正当な権原に基づくものに限る（本権説）かには争いがある．とくに問題となるのは，民事紛争絡みで，所有者が賃貸物・担保物を奪還する行為である．判例は，占有者が占有権を「対抗し得る場合に限り」保護するという立場（大判大 7・9・25 刑録 24・1219）から，「所持という事実上の状態それ自体」を保護する立場に転じ（最判昭 34・8・28 刑集 13・10・2906，最判昭 35・4・26 刑集 14・6・748），奪還行為も「受忍を求める限度を超えた」なら違法だという（最決平 1・7・7 刑集 43・7・607）．この指摘を重視して，相当な権利行使なら違法性が阻却されるという見解もあるが，所持説の前提たる自力救済の禁止（自救行為の例外性）との関係が曖昧であり，むしろ「一応理由のある占有」や「平穏な占有」の限度で保護を認める中間説が有力である．「看守」は，たとえば，収税官吏が滞納処分で差し押えた物を第三者に保管させた場合（税徴 60 I）に生じる．いずれにせよ，奪取罪の本質たる占有侵害の前提として他人の支配は不可欠である．その際，看守者を占有者と見るか，収税官吏の占有の補助者と見るかは実益がないが，同様の問題は刑法 252 条 2 項では重要になる．収税官吏が滞納者自身に「保管」させた場合に，彼が占有補助者にすぎないのなら，その行為は窃盗になりうるからである．少なくとも，本人の使用収益を許すような場合（税徴 61）には，横領で足りるであろう．直接的には公務所の命令の効力が，間接的には他者の利益が保護される．安易に支配の保護とみるべきでない．これらに対し，刑法 262 条では，他者の経済的利益の保護が考慮されるから，一方では，支配の有無は重要でなく，その「差押え」も占有移転は不要であって，仮差押えも含むとされる（東京高判昭 59・5・9 高刑 37・2・298）．他方では，保護に値する正当な利益であるために，「物権」や「賃貸借」が行為者（所有者）に対抗しうる場合に限られるかが問題になる．いずれにせよ，それらが対抗しえない場合であれば，行為者において「他人」を害する意思の欠けることが多いであろう．　　　　　　　　　　　　　　［小田直樹］

自己負罪拒否特権 （英）privilege against self-incrimination　刑事手続さらには議会の国政調査権の行使等により，証人として出廷あるいは出頭した場合に，自ら刑事責任を負うことになるような供述を強要されない権利．わが国では自己負罪拒否特権が＊黙秘権'と同義で扱われることが多いが，この権利は，17 世紀にイギリスにおいて，宣誓供述を強要する過酷な宗教裁判に対する抵抗の結果として，獲得された．この権利の成立は，さらに公判手続および予備審問における被告人，被疑者尋問そのものの廃止にも結びついた．その後アメリカ合衆国に継受され，合衆国憲法修正 5 条に "No person shall be compelled in any criminal case to be a witness against himself."（何人も，いかなる刑事事件においても，自己に不利益な供述を強要されない）と規定された．

アメリカにおいては，刑事公判における自己負罪拒否特権として，被告人の権利と証人の権利が保障された．刑事事件において被告人は，証人になることならびに証言することを拒否できる．被告人が証言を拒否することによって，原則として不利益に扱われてはならない．もし，被告人が自己を防禦するために証人になった場合，被告人は証言を強要されない権利を放棄することになる．その場合，被告人は訴追内容について，関連性のあるすべての質問に答えなければならないことになる．これに対して，被告人でないすべての証人は，自己負罪の可能性の

ある証言を拒否する権利がある．ただし，証人の権利は，訴追を回避するものであって，もし証人が訴追されないことが保証されれば，証言を拒否できないことになる（刑事免責法，18 U.S.C.A.§§6001-6005）．この権利は，次第に拡張され，捜査段階において供述を強要されないことも含むと解されるようになり，弁護人が立ち会う等により被疑者取調べを厳格に規制するための主要な法的根拠のひとつとなった．

わが国においても，日本国憲法38条1項が「何人も自己に不利益な供述を強要されない」と規定し，合衆国憲法修正5条を継受したと解されている．刑事訴訟法は，被告人に対して「終始沈黙し，又は個々の質問に対し，供述を拒むことができる」（311Ⅰ）として，包括的に黙秘する権利を保障している．また，被疑者に対しても権利の告知という形式をとって「自己の意思に反して供述をする必要がない」（198Ⅱ）として被告人と同様の権利を保障したと解されている．被疑者・被告人にとっては，全ての供述が「不利益な供述」である可能性があるからである．→黙秘権，刑事免責 　　　　[大出良知]

自己報告犯罪研究　(英) self-report crime studies　犯罪行為の測定において，公式の*犯罪統計'が抱える暗数の問題に対処するため，回答者に対して調査票を配布し，一定期間内の自己の犯罪行為の有無・回数等を報告させる方法．1940年代のアメリカにおいて考案されて以来，国際的に普及し，今日では最も一般的犯罪測定方法として定着している．日本でも，とくに科学警察研究所によって，非行研究において用いられている．この方法は，犯罪件数自体のより正確な把握を可能にするとともに，とくにアメリカでは，公式記録を用いた犯罪研究から得られた人種，社会階層等の独立変数の有意性に疑問を提起し，犯罪の通報，認知，捜査等の公式記録産出過程に含まれるバイアスを明らかにするという成果をも生みだしたとされる．しかし，自己報告自体の妥当性に疑問を提起することはできるし，比較的軽微な個人の行為に限定されるという限界も抱えている．したがって，比較的回答の妥当性が高いと思われる軽微な非行の測定においても，公式記録と併用するのが一般的である．　　　　[宮澤節生]

自己矛盾の供述　自己矛盾の供述の供述とは，公判期日あるいは公判準備における供述と異なる，同一人の公判期日外供述をいう．不一致供述ともいう．自己矛盾の供述には，一定の要件のもとに，犯罪事実の証明のために使用される実質的証拠として，あるいは供述の証明力を減殺するために使用される*弾劾証拠'として証拠能力が認められる．

自己矛盾の供述を内容とする*裁判官面前調書'あるいは*検察官面前調書'には実質的証拠として証拠能力が認められる（刑訴321Ⅰ①②後）．これは，伝聞法則の例外であり，自己矛盾の供述は，2つの一般的例外要件である「*信用性の情況的保障」および「証拠の必要性」のうちの後者にあたる．

また，自己矛盾の供述は，伝聞法則の例外にあたらない場合（たとえば，刑訴321Ⅰ③の要件を備えない司法警察員面前調書）であっても，公判期日等における供述の証明力を減殺するための弾劾証拠として，証拠能力が認められる（刑訴328）．　　　　[山田道郎]

自殺関与罪　1 処罰根拠　刑法202条は，自殺教唆，自殺幇助，承諾殺人，嘱託殺人の4類型の犯罪行為を処断する．このうち前段の2つの類型を自殺関与罪と総称する．自殺関与罪の処罰根拠をめぐっては，現行刑法上，*自殺'それ自体を処罰する規定は存在しないにもかかわらず，なぜ関与行為のみが処罰されるかについて，学説の見解は分かれている．自殺の本来的な違法性を否定せず，可罰性の根拠を単に責任阻却，可罰的違法阻却の点にのみ認める立場からは，制限従属性の見地から，関与行為の違法性は容易に肯定される．一方，自殺の違法性を否定する立場，あるいは法的放任行為と解する立場からは，制限従属性説をそのまま適用すれば，自殺関与行為の違法性も否定せざるをえないことになる．自殺関与の処罰と制限従属性説との矛盾を解消するために，自殺関与は総則の共犯とは異なる独立の行為形態であるとする見解も主張されているが，一般には，違法の相対化（個別化）を認め，生命は本人のみが左右しうるのであり，他人の死に関与することは違法であると説明されている．制限従属性説を支持する立場と，独立の犯罪類型と解する立場とで

は, 実行の着手時期をめぐっても結論に相違を生ずる. 前者の立場からは被害者が自殺に着手したとき, 後者の立場からは行為者が自殺を教唆, 幇助したときに未遂の成立が認められる. 欧米の立法例を見ると, かつて違法行為として処罰されていた自殺行為の非犯罪化に伴い, 自殺関与罪も非犯罪化された例が少なくない(もっとも最近になって再び自殺関与罪のみを復活させたフランス刑法のような例もある).

イギリス刑法は, 日本の刑法202条に類似した規定を持っているが, 自殺関与罪は, ほとんどの場合, 不起訴とされると言われている.

2 自殺意思 本罪の成立に必要な自殺意思は任意なものであることを要する. 通説・判例はさらに自殺意思の真意性を要求して, 脅迫, 威迫等によって自殺を決意させた場合, 自殺の決意が自殺者の自由意思によるときは本罪を, 自殺者の意思決定の自由を阻却する程度の威迫を加えて自殺させたときは, 殺人罪の成立を認めるべきであるとしている. 自殺意思はもともと人間の自然本性的な意思の傾向に反するという理解から, 本罪は最初から不自由な自殺意思を想定したものであるとする見解も主張されている. →承諾殺人罪, 偽装心中　　　　[秋葉悦子]

事実誤認　証拠の証明力すなわち証拠がもつ実質的価値について, その評価を誤って, 推認の基礎から排除したために, あるいは, 推認の過程が不相当なものとなったために, 推認すべきでない事実を認定した場合に事実誤認があるという. 判決の事実誤認は, 上訴審における不服申立理由または破棄事由になる(控訴審について382. 上告審では「重大な事実の誤認」だけが職権破棄事由になりうる. 411).

*控訴理由となる事実誤認について, 誤認が問われる「事実」とは, 有罪判決に記載された*罪となるべき事実'(335)など, 厳格な証明の対象となる事実であって, 刑罰権の存否および範囲を基礎づける事実をいう. 訴訟法上の事実(訴訟条件に関する事実, 証拠能力を基礎づける事実など)や, 刑の量定に関する情状事実は含まれない(訴訟法的事実や情状事実の誤認は「訴訟手続の法令違反」の控訴理由になりうる).

「誤認」とは, 判決の*事実認定'が不当であることをいう. 刑事訴訟法は,「事実誤認の疑い」ではなく,「事実誤認」そのものを控訴理由とした. しかし, 控訴申立人が援用した原審の訴訟記録や旧証拠に現れた事実のみに基づいて, 控訴裁判所がこの「事実誤認」の控訴理由を肯定できるのは, 原判決の事実認定に経験則・論理則違反が認められる場合に限られるであろう. 控訴審であらためて事実の取調べ(393 I)が行われたとしても, 被告人には控訴審の公判期日に出頭する義務がなく(390. 出頭する権利はある. 最決大昭44・10・1刑集23・10・1161), 弁論する資格もない(388)ため, 無罪判決を破棄する方向で「事実誤認」を肯認するのであれば, やはり経験則・論理則違反がある場合に限定されなければならない. そうでなければ, 事件の実体について争う被告人の防禦権を制限・侵害したまま, 実体的事実が存するという方向の心証形成が控訴裁判所によって行われてしまうからである. これに対し, 有罪判決を破棄する場合には, そのような限定がなくてよい. なぜなら, 有罪判決の事実認定に, 合理的な疑いが生ずればそれだけで事実誤認を肯認して, 破棄できるためである. すなわち, 控訴審で事実の取調べを行ったうえで, 第1審の有罪認定の当否を対象として, 証拠の証明力について相当でない判断があったために合理的な疑いを看過ないし否定したのではないか, という点に踏み込んだ審査が行われてよい.

ただし, 実務上は, 無罪判決を破棄する方向でも, 有罪判決を破棄する方向でも, 控訴裁判所が自ら実体について形成した心証を原判決の事実認定と比較することが行われている, と指摘される. この実務については, 控訴審の事後審的構造にそぐわないものとして, 批判も強い.
[高田昭正]

事実上の推定　ある事実(前提事実)の存在から他の事実(推定事実)の存在を推認することを*推定'という. 事実上の推定と*法律上の推定'に区別される.

事実上の推定とは, 前提事実が存在すれば, 合理的に判断して, 推定事実の存在も蓋然的だといえる場合に, 前提事実から推定事実を推認することをいう. たとえば, 構成要件該当の事実が証明された場合, 検察官が違法性阻却事由・責任阻却事由にあたる事実の不存在までと

くに証明する必要はないという．それは，違法性および責任の存在について事実上の推定が働くからだとされている．しかし，このような事実上の推定については，経験則・論理則を用いて間接事実から要証事実を推認しようとするものであり，合理的な心証形成の一場合にすぎない．そのため，自由心証の一場面にほかならないともされる．あえて事実上の推定というのは，とくに意識的な推論操作を要しないで推定事実の存在が認められる場合であるからだという．

[高田昭正]

事実審 被告事件の実体的事実について，証拠に基づいて判断する審級をいう．法律問題だけを審査する*法律審'に対比される．第1審はもちろん事実審である．現行法は事実誤認(刑訴382)と量刑不当(381)を控訴理由として認めている．これらの控訴理由の有無を判断する場合に，控訴審も事実審となることは疑われていない．ただし，通説的な*事後審'説は，控訴審における事実認定のやり直しを否定するので，その事実審としての性格を薄める意味を持つ．さらに上告審においても，職権破棄理由としてのはなはだしい量刑不当(411②)または重大な事実の誤認(411③)の有無を判断する場合に限っては，事実審としての性格を持つとされる．

[後藤 昭]

事実認定 **1 刑事訴訟における事実認定** 要件事実の存否を確定することを事実認定という．刑事訴訟法317条の事実の認定とは，起訴状において検察官が主張する実体的事実(犯罪構成要件に該当する具体的事実)ないしそれに準ずる事実(犯行の動機など)を厳格な証明によって認定する，という特別な意味をもつ．

2 自白に依存しない事実認定モデル 刑事訴訟における実体的事実の認定について，被告人の自白に依存するようなことがあってはならない．たしかに，自白は，自己に不利益な事実を承認する供述として，信用性を肯定しやすい証拠であるうえ，推理・推論に頼らないで犯罪事実の全部または主要部分を認定できる直接証拠として，高度な証拠価値(狭義の証明力)をもつ．さらに，事実認定を効率化・簡素化できる証拠でもあるため，自白にはつねに，その証明力を過大に評価される危険がつきまとう．他方，戦後改正された憲法と刑事訴訟法によって，被告人は，弁護人の援助を得て，防禦活動を尽くすべき権利主体・訴訟主体としての法的地位を保障された(憲34・37Ⅱ，刑訴30)．防禦のため供述するかどうか，つまり自白か否認か，または黙秘するかは，もっぱら被告人の主体的な選択に委ねられた(憲36・38，刑訴198Ⅱ・311Ⅰ)．それゆえ，被告人の自白なしには遂行も運営も困難になるような刑事手続のあり方というのは，憲法・刑事訴訟法の趣旨に反するといわなければならない．憲法・刑事訴訟法は，自白を必要としない刑事手続のあり方をこそ肯定しているのであり，それは*事実認定'についても同じである．すなわち，自白を必要としない事実認定モデルが構築されなければならない．

このモデルをたてるうえで，キーとなるのは，自白とならぶ直接証拠である「目撃者の供述」の評価であり，もうひとつは，「*間接事実'(情況証拠)による認定」である．

3 目撃者の供述の適正な証拠化 目撃者の供述については，目撃した犯行の態様や犯人の特徴などについて捜査機関に供述する場面と，犯人識別手続において被告人と犯人の同一性を確認する場面で，それぞれ問題点が異なる．前者について，目撃者の供述が適正な事実認定の基礎となるためには，捜査機関の影響がない目撃時直近の供述について，その内容を必ず証拠化(テープ録音が望ましい)することや，証拠化した書面・テープを起訴前であっても弁護人に開示することなどが求められる．目撃者の供述は，捜査の過程で捜査機関に提供された情報や，誘導などによって「変容する」危険が大きいためである．目撃者の供述について，心理学実験や供述分析などによる鑑定を(無条件な依存ではなく)活用することも，今後の重要な課題となる．後者については，捜査機関の影響がない目撃時直近の供述を識別手続前に証拠化しておくことや，捜査機関が被疑者を特定したケースでは原則としていわゆる「識別パレード」を実施し，弁護人の立会いを権利として保障することなどが求められる．

4 間接事実による認定とそのルール 間接事実による認定については，適正な事実認定のためのルールづくりが今後の重要な課題となる．

たとえば，間接事実による証明は，推理・推論を必要とする．この推理・推論自体は，証拠による証明の対象でもなく，またその証明の結果でもない．間接証拠による間接事実の証明を基礎に行われる，別個の独立した心証形成作業である．そのため，証拠的基礎から逸脱した推理・推論となる危険，また，そもそも対応する証拠的基礎がない推理・推論となる危険がある．

このような危険性に鑑み，たとえば，犯罪事実(主要事実)を推認させる第1次的間接事実については，それ自体が「合理的疑いを超える証明」の対象とされなければならない．そうでないと，間接事実による証明のケースでは*合理的疑いを超える証明'の水準に達する事実は何もないことになってしまい，証拠に基づかない推理・推論が有罪心証を決定してしまう危険を払拭することができないからである．

もうひとつのルールは，犯行の方法や結果など，証明されなければならない犯罪事実(主要事実)の少なくとも基本部分について，対応する積極的間接事実が存在しなければならないということである．そのような間接事実の不存在，いわば有罪認定における「ミッシング・リング」をたんなる推理・推論で補い，埋め合わせることは許されない．

もうひとつ，同種のルールとして，無罪方向の消極的間接事実の証明力を否定しようとする場合，証拠的基礎のない推理・推論によってこれを否定してはならない．消極的間接事実という根拠をもつ疑いについて，その消極的間接事実は有罪仮説に矛盾しないという説明や解釈が可能だというだけで，これを払拭できるとするのは，推理・推論だけが実質的な有罪の根拠になってしまい，不当である．

以上は，間接事実による認定について，そのルールとなりうるものの一部を挙げたにすぎない．この分野でも，今後の検討が待たれる．

[髙田昭正]

事実の欠缺(けんけつ)　法律上要求されている主体，客体，方法，場所・時間その他の関係が欠けるときには，*構成要件'の実現が不可能であるとして，*未遂犯'の成立を否定する学説である．構成要件の欠缺ともいう．*不能犯'とは異なる方法により，未遂犯の可罰性の限界を画そうとする見解である．これは，構成要件要素のうちで，未遂犯の要件としても必要な本質的要素とそうでない非本質的要素とを区別することをその理論的前提とするものであるが，区別の基準の明確性，そもそもこうした区別をなしうるかには疑問が出されており，現在では，ごく限られた論者により主張されているにすぎない．

[山口　厚]

事実の錯誤　(独) Tatirrtum, Tatsachenirrtum　行為者が認識した事実と現実に発生した結果との間に不一致がある場合を事実の*錯誤'という．事実の錯誤がある場合には，錯誤者の行為に基づいて発生した結果がはたして「故意」に実現されたものといえるかどうか，が問題となる．これが故意によるものといえない場合には，あらためて過失犯の成否が議論される．つまり，故意(事実的故意)は，事実的基礎を包含しており，行為によって惹き起こされた結果が「意図的に」実現されたものであるかどうか，を問題にする．その結果が非意図的に発生したのであれば，もはやそれは「故意に」実現されたものとはいえず，「故意が阻却される」ことになる．事実の錯誤があるにもかかわらず故意の存在を認定することができる場合を肯定するのが「錯誤論」である．認識と結果との間に存する何らかの一致・符合を基礎として故意の存在を「認定」しようとするのが錯誤論にほかならない．錯誤論が「裏返しの故意」論・「故意の消極面」と称されるのは，故意の内容を裏から問題にしているからである．

故意には事実的側面と評価的側面があり，前者は，刑法の価値判断が関係する精神的事態をいい，現実社会に事実として存在する認識作用の現象的側面を意味する．これに対して，後者は，刑法的評価を示すための「故意」という操作概念を意味し，故意責任・過失責任といった程度をともなった評価に関わる．構成要件的事実の錯誤は，事実的側面についての錯誤である．故意の評価的側面に関する錯誤は，違法性の認識(ないしその可能性)を故意に包含させるか否かという問題を包含しており，それは違法性の錯誤の次元で議論される．

構成要件的事実の錯誤の問題の要点は，故意阻却の肯否という法的効果とその根拠にあり，

それは錯誤の種類によって異なる．構成要件的事実の錯誤は，2つの観点からつぎのように分類される．まず，同一構成要件の範囲内にあるか否かという観点から，「具体的事実の錯誤」と「抽象的事実の錯誤」とに分けられる．①*具体的事実の錯誤'とは，行為者の認識と結果とが同一の構成要件の枠内にある場合をいい，②*抽象的事実の錯誤'とは，異なる2つの構成要件にまたがる場合をいう．①は，たとえば，AがBを射殺しようとしてピストルを撃ったところ，弾がそれて傍らにいたCに当たってCが死亡したような場合をいう．その錯誤は殺人罪の構成要件の範囲内にあるから，具体的事実の錯誤なのである．これに対して，②は，たとえば，AがBを殺そうとして投石しBの物を壊した場合をいい，その錯誤は殺人罪と器物損壊罪の構成要件に関わるから，抽象的事実の錯誤なのである．つぎに，錯誤の対象は何かという観点から，㋑*方法の錯誤'，㋺*客体の錯誤'，㋩*因果関係の錯誤'に分けられる．㋑は攻撃手段にくい違いが生じて別の客体に結果が発生する場合で，上記の①・⑩の例がこれに当たる．㋺は，行為者が認識した客体と現実の客体との同一性にくい違いがある場合で，AがBだと思ってCを殺害したような人違いなどがこれに当たる．㋩は，認識事実と発生事実は一致するが予想外の因果的経路をたどって結果が発生する場合で，たとえば，AがBを溺殺する目的で川へ落下させたところ，Bは橋げたに頭を強くぶつけて死亡したケースがこれに当たる．このように，具体的事実の錯誤・抽象的事実の錯誤と，方法の錯誤・客体の錯誤・因果関係の錯誤とは，異なった観点からの区別であるから，交錯する関係にある．したがって，具体的事実の錯誤と抽象的事実の錯誤において，方法・客体・因果関係の錯誤がそれぞれ生じることになる．しかし，抽象的事実の錯誤の場合には，構成要件上異なる2個の客体が存在するので，因果関係の錯誤が問題となることはあまりない．なお，正当化事情の錯誤（違法阻却事由の事実的前提に関する錯誤）が事実の錯誤なのか否かについては，争いがある．

構成要件的事実の錯誤があった場合の故意阻却に関する学説として，従来，具体的符合説，法定的符合説（構成要件的符合説），抽象的符合説が主張されてきた．最近，抽象的事実の錯誤に関して不法・責任符合説も主張されるに至っている．具体的符合説は，行為者の認識と現実に発生した結果とが，具体的に符合していない場合に故意阻却を認め，法定的符合説は，構成要件の範囲内で認識と結果との符合がない場合に故意阻却を認め，抽象的符合説は，構成要件の枠にとらわれず，抽象的な符合がない場合に故意の阻却を認める．同一構成要件内の錯誤に関して問題となるのは，具体的符合説と法定的符合説とであり，異なった構成要件間の錯誤について問題とされるのは，法定的符合説，抽象的符合説および不法・責任符合説であるとされている．具体的符合説は，軽微な錯誤までをいちいち取り上げるために，構成要件的故意を認める範囲が狭過ぎて実際に適合しない面があり，また，抽象的符合説は，犯罪の成立に関して構成要件のもつ定型的意味を無視した恣意的な判断に陥る嫌いがあるとして，通説・判例は，構成要件理論を基盤とする法定的符合説が妥当であるとしている．→法律の錯誤，構成要件的錯誤，たぬき・むじな事件　　　　［川端　博］

事実の取調べ　裁判官・裁判所は，決定・命令で終局させる申立てまたは請求について，事実関係などの調査のため「事実の取調べ」を行うことができる（刑訴43, 刑訴規33）．証拠調べと異なり，厳格な証明は求められていない．資料の取り寄せ，関係者からの事情聴取など適宜の方法で行う．ただし，違法収集証拠や不任意自白を資料にすることはできない．強制処分については，刑訴規則に定められている証人尋問・鑑定（33）に限るのが通説である．

決定・命令の性質に応じて，特別の事実取調べの手続が定められていることがある．逮捕状請求を受けた裁判官は，請求者の出頭を求めて陳述を聴き，書類その他の物の提示を求めることができる（143の2）．勾留請求については，勾留質問手続を要する（刑訴61）．保釈の決定にあたり，請求者など関係者と面接したり，また検察官から捜査資料の取寄せを行うことがあるが，これらも事実の取調べの一種である．抗告審・準抗告審・特別抗告審は（419・429・430・433），原裁判・原処分の当否を審査するのに必要であれ

ば，訴訟記録・証拠物の送付を求めることができる（刑訴規 271・273・276）．

*控訴審'および上告審は，上訴理由の有無に関する調査のために「事実の取調べ」を行うことができる（刑訴 392・393・414）．裁判記録を点検する職権調査と区別される．控訴審の事実の取調べの範囲について，判例は必要があれば新証拠を自由に取り調べることができるとする．これに対して，法定の例外を除き，原審取調べ済み証拠に限る説や被告人請求の場合に限り新証拠の取調べを認める説などが主張されている．

控訴審・上告審での事実の取調べについても，証拠調べと異なり，厳格な証明の手続は要求されていない．しかし，控訴審では自判の可能性があるので，1審で厳格な証明を要する事項については通常控訴審でも同様の手続で取調べを行っている．上告審での事実の取調べの方式として「書面の公判顕出」などの方法が採られることがある（最判大昭 34・8・10 刑集 13・9・1419）．被告人に有利な判決を破棄する場合や死刑宣告事件では，慣例上口頭弁論が行われることが多い．

再審請求審は，再審請求理由の有無に関して事実の取調べを行うことができる（445）．

［渡辺 修］

死者の名誉毀損罪　虚偽の事実を公然と摘示することによって死者の名誉を毀損した者は，3年以下の懲役若しくは禁錮又は 50 万円以下の罰金で処断される（刑 230 条）．摘示事実が虚偽でなければならない点で，通常の*名誉毀損罪'と異なっている．虚偽の事実の摘示は，刑法が平易化される前は，「誣罔(ぶもう)」と表現されていた．通説は，事実が虚偽であることの確定的認識を行為者が有していることを要すると解している．本罪の保護法益については，これを死者の名誉と解する見解と，遺族の死者に対する敬愛の感情と解する見解とが対立している．

［佐伯仁志］

自　首　罪を犯した者が，捜査機関に対して，自発的に自己の犯罪事実を申告して，訴追を含む処分を求めることを，自首という．

1　刑事訴訟法上は，*捜査の端緒'にすぎない（刑訴 245）が，刑法総則上は，法定減軽の任意的減軽事由として規定し（刑 42Ⅰ），*刑の減軽'が認められている．その根拠については，改悛による責任の減少と犯罪捜査を容易ならしめるという政策的理由とにあるとするのが一般的であるが，現行法では特に主観的な悔悟が要求されていないことなどから，おもに政策的理由にあるとされている．

したがって，政策的にさらに重要な犯罪の未然の防止が期待される内乱罪と私戦の予備・陰謀等の場合には，必要的免除事由とされている（80・93 但）．各則上，捜査の容易性よりも政策的に重要な司法の正当性が期待される偽証罪と虚偽告訴罪の場合に任意的免除事由ともされている*自白'（170・173）も，自首と同種のものと解すべきであろう．

2　このような理解に従えば，「捜査機関に発覚する前」とは，犯罪事実が被害者や目撃者に発覚しているが捜査機関に発覚していない場合，犯罪事実が発覚していても犯人が誰か発覚していない場合はもちろんとして，犯罪事実および犯人が発覚していても犯人の所在が不明な場合も含まれることになる（もっとも最判昭 24・5・14 刑集 3・6・721 はこれを否定）．

「捜査機関」は，刑事訴訟法上は，検察官または司法警察員に限定されており（刑訴 241Ⅰ），検察事務官や司法巡査は除かれている．しかし，司法巡査は自首する者があったときは直ちにこれを司法警察員たる警察官に移すものとされており（捜査規範 63Ⅰ），検察事務官も同様に検察官に移すべきものと解されているのであり，このような手続が規定されている以上，犯罪捜査への速やかな移行が担保されており，検察事務官や司法巡査を除外する必要はないことになる（大判大 13・10・14 刑集 3・694）．

さらに，自首は書面または口頭によることを原則としているが（刑訴 245・241Ⅰ），内容的に自首の要件が充たされ，犯人等を特定できるときは，これ以外の電話・電報等によっても可能ということになる．

3　1995（平 7）年の刑法の一部改正前は，親告罪の犯人が，自発的に自己の犯罪事実を告訴権者に申告して，その告訴に委ねることを，「首服」として規定し，自首と用語上区別されていたが，改正により「自首等」とされ，首服の語は法文上は廃止された（42Ⅱ）．

首服が任意的な法定減刑事由とされる根拠は、自首と同様に解されている。従って、法文上自首と異なり「捜査機関に発覚する前」とは規定されていないが、自首と同様この要件を必要とするが、告訴権者に発覚する前である必要はないことになる（もっとも、大判明 38・6・13 新聞 286・11 はこれを否定）。　　　　　　［西村秀二］

自手犯　　（独）eigenhändiges Delikt
＊正犯＇者自ら直接に構成要件を実現することを要件とする犯罪。したがって、このような犯罪を＊間接正犯＇の形式で遂行することはできない。もっとも自手犯の観念を否定する見解もある。その一は、利用行為と構成要件的結果との間の因果関係が存在すれば正犯性を認める立場から主張され、他の一は、因果的原因を与えた者はすべて正犯であるとする拡張的正犯概念の立場から主張される。しかし、通説は、それらの主張の前提となる単なる因果的考察方法や拡張的正犯概念の立場を採用しないため、自手犯の存在を認めている。ただし、自手犯の範囲については今なお十分明確になっていない。

自手犯は、犯罪の性質上、他人を媒介とする実行が不可能である真正自手犯と、身分・目的等を有する者がそれを有しない者を利用する間接正犯は可能であるが、逆の形態の間接正犯は不可能である不真正自手犯とに分けられる。前者には阿片煙吸食罪（刑 139）、運転免許証不携帯罪（道交 95 Ⅰ・121 Ⅰ⑩）や＊偽証罪＇（刑 169）などが含まれ、後者には一般に目的犯や身分犯が含まれる。また、犯罪の属性からして本来的な実質的自手犯と、法規上間接正犯が除外されている形式的自手犯とに分けることもある。偽証罪などの挙動犯、無免許運転などの形式犯が前者、虚偽公文書作成罪（156）などが後者に属するといわれる（虚偽公文書作成罪は、公正証書原本不実記載罪（157）が同罪の間接正犯的行為を別の構成要件として規定しているので、同罪自体を一般的に間接正犯の方法で遂行することはできないと解するのが通説である）。

これらのうち偽証罪の自手犯性には有力な反対があり、身分者を道具として利用することによって法益侵害が可能である以上間接正犯が認められるという。また、挙動犯でも住居侵入罪（130）は間接正犯が可能であると考えられる。身分犯は自手犯に属することが多いが、収賄罪（197 等）は間接正犯が不可能な犯罪であるかどうか疑問視する見解も有力であり、強姦罪（177）は男子を利用することによって女子も間接正犯の形で犯すことができると解するのが一般である。
　　　　　　　　　　　　　　　　　　［橋本正博］

自招危難　　行為者が自ら法益に招いた危難。これを免れるための＊緊急避難＇の可否については学説が分かれる。かつては、自招性を全く考慮せずに通常の緊急避難として扱う全面的肯定説、逆に一律に緊急避難を否定する全面的否定説が主張されていたが、今日では折衷説が通説である。その中では、危難の招致が故意的か過失的かで形式的に二分する見解よりも、個々の事案に即した処理を目指す見解が有力と言えよう。代表的な判例である大判大 13・12・12 刑集 3・867 は、自動車の運転中、不注意のため歩行者を轢きそうになり、その危難を避けるために進路を変更したところ別の歩行者に衝突して死亡させた事案について、一般論としては緊急避難の成立する余地を認めつつも結論としては否定しており、これもそのような立場にあると解されている。

折衷説が自招危難の一定の場合に緊急避難を否定する理由として、刑法 37 条 1 項の「現在の危難」に当たらないというものも少数ながら見受けられるが、多くの論者は、緊急状況を利用する意図で招致した場合等には行為が社会的相当性を欠くと説明していた。先の大審院判決も社会通念を基準としていた。しかし、より実質的な説明も試みられている。危難を自ら招いたことによって保全財の保護相当性が減少すると考え、利益衡量の要件を満たすためには保全法益が侵害法益を著しく上回ることを要求する説や、避難行為は緊急避難として違法性が阻却されるが、被害者に生じた法益侵害の結果と因果、責任連関のある自招行為については刑事責任を問い得るとの＊原因において違法な行為＇の理論がそれである。

なお、緊急避難が否定されて犯罪が成立する場合、＊故意犯＇と＊過失犯＇のいずれの可能性もある。他人の家の中を覗く意図で犬を怒らせ、自分を追わせてその家に逃げ込むのが故意の自招危難の例であるが、裁判上争われたのは、先

[橋田 久]

自招侵害 **1 問題の所在** 自招侵害とは、攻撃者の急迫不正の侵害の惹起について、防衛行為者に責任があるという場合である。たとえば、Aが最初から*正当防衛*状況を利用して、Bを殺傷することを目的として彼を挑発し、急迫不正の侵害を惹起したという場合である。このような場合に、A（有責者）が自己の生命、身体を守るためにBを殺傷する行為も、刑法36条1項の正当防衛として不可罰とすべきなのか、もしそうでないとしたら、いつ、どのような要件のもとで彼の行為に正当防衛の成立を否定すべきなのかが問題となる。

2 急迫性と防衛意思 この問題は古くから「喧嘩と正当防衛」の問題として取り扱われ、大審院時代の判例は、*喧嘩両成敗*の法理によって、喧嘩闘争者の行為にはいっさい正当防衛の成立は認められないとしていた（大判昭7・1・25刑集11・1）。しかし、これに対し、当時の学説は、喧嘩の場合にも事情によっては正当防衛の成立を認めるべきであるとして批判的であった。そこで、最高裁判所は、喧嘩の場合にも正当防衛の観念が容れられる余地があることを認めたうえで、個々の正当防衛の要件が欠けるという理由によって喧嘩闘争者の正当防衛を否定するという態度をとるようになった。そのひとつの理論が、「憤激または逆上して反撃を加えたからといって、ただちに防衛の意思を欠くものと解すべきではない」、また「防衛の意思と攻撃の意思が併存している場合の行為は、防衛の意思を欠くものではない」が、防衛者が「憎悪の念をもち攻撃を受けたのに乗じて積極的な加害行為に出た」場合、「防衛に名を借りて侵害者に対し積極的に攻撃を加える行為」の場合には、防衛の意思が否定されるというものである（最判昭46・11・16刑集25・8・996、最判昭50・11・28刑集29・10・983）。その後、*内ゲバ事件*に関する最決昭52・7・21刑集31・4・747は、「単に予期された侵害を避けなかったというにとどまらず、その機会を利用し積極的に相手に対して加害行為をする意思で侵害に臨んだときは」、侵害の「急迫性」の要件が欠けるとした。

このような判例の変化は、防衛意思に関する前述の2つの最高裁判例によって、その内容が正当防衛状況の認識に近いものになったため、防衛意思が否定されるのはいわゆる「偶然防衛」の場合だけになったという事情による。このような判例の態度を支持する有力な学説も存在する。しかし、正当防衛の成立に以上の意味での防衛意思を必要とすべきかには疑問がある。また、通常の用語法からするなら物理的、客観的性質を持つ侵害の「急迫性」の概念を、このように主観化することも妥当ではないように思われる。このような観点から、学説には、攻撃行為と防衛行為とが同時になされたと評価しうる場合には、客観的に「防衛するための行為」とはいえないという理由により、有責者の正当防衛を否定する有力な見解もある。

3 権利濫用説と原因において違法な行為の理論 ドイツでは、わが国の判例の態度とは異なり、有責者の防衛行為も正当防衛の要件を充足することを認めたうえで、他の法理によって彼の可罰性を認めようとする見解が有力である。それには、*権利濫用説*と*原因において違法な行為*の理論とがある。しかし、前者には、内容、要件、適用範囲が不明確で、しかも刑法に根拠を有しない権利濫用という概念によって正当防衛の成立を否定することは、罪刑法定主義に反するという問題がある。また、後者にも、防衛行為による法益侵害結果を適法と認めながら、それを創出した原因行為がなぜ違法となるのか、という根本的な疑問がある。

4 相当性の要件による解決 この問題は、攻撃者と被攻撃者の事情を具体的に考察して、どちらの利益にどの程度の保護を与えることが刑法的観点から見て妥当であるかを決めるという、防衛行為の「相当性」の要件の問題として解決すべきである。すなわち、被攻撃者が急迫不正の侵害を有責に惹起した場合には、被攻撃者の利益の優越性が低減することによりその利益状況は緊急避難の場合に接近し、その結果、防衛行為の「相当性」の範囲に制限が課されることになり、その範囲を逸脱した行為は過剰防衛になるものと考えられる。そして、以上のことが具体的に妥当するのは、被攻撃者が攻撃者の侵害に自ら身を置き、逃げようと思えば逃げられたにもかかわらず逃げないでその場に踏みとど

まり、その侵害を自ら引き受けたと認められるような場合に限られるように思われる．前述の内ゲバ事件の事案はこのようなものであったとも考えられる．そうだとすると、侵害の急迫性の要件が欠けるという理由により、過剰防衛の成立の可能性まで否定した最高裁の見解は不当であったように思われる． ［山本輝之］

私人訴追主義 （独）Privatklageprinzip 私人訴追主義は、*国家訴追主義'に対立する概念であるが、その定義に関しては、見解の相違がある．

最も簡明な理解は、国家機関である検察官が訴追権を行使するのが、国家訴追主義であり、国家機関以外の私人が訴追権を行使するのが、私人訴追主義であるとする見解である．この見解に従えば、犯罪の被害者が訴追権を行使する被害者訴追(主義)や一般公衆が訴追権を行使する*公衆訴追主義'も国家機関たる検察官が訴追権を行使しないので、私人訴追主義に含まれる．

しかし、訴追形式に着目して私人訴追主義を理解するこの見解は、私人訴追主義というには、単純すぎて適切ではなく、その背後に存在する理念として理解すべきであるという主張が現れた．この主張に従えば、私人訴追主義とは、刑事訴追権は、究極的には、国民たる私人に帰属すべきであるという訴追理念を意味するということになる．この主張を支えるテーゼは、犯罪と刑罰は国家のみの関心事ではなく、市民の関心事でもあるという理解である．この主張は、多くの犯罪が、特定または不特定の市民の生命・身体・財産・人格(個人法益・社会法益)に対する侵害行為である点を直視し、「国家法益」も市民の権利や利益の保護に奉仕する限りにおいて意味を持つとする犯罪観に基礎を置いており、したがって、一般市民が行う告訴・告発や公務員が行う請求、警察官の行う事件送致において示される市民の訴追意思を尊重することが最優先されるべきとする．つまり、告訴(被害者訴追)、告発(公衆訴追)は、私人訴追主義を具体化した訴追形式であると主張するのである．

私人訴追主義に対する批判は、私人訴追主義は、理論的に突き詰めると、訴追権の行使を私人の判断に委ねることになり(訴追処分主義)、犯罪者が訴追を免れたり、濫訴の危険が生じるので適切ではないという点にある．しかし、私人訴追「主義」の主張は、私訴が提起された場合に直ちに訴訟係属が生じるという意味での私訴の復活を主張するものではない．事件を訴訟に付すに十分な証拠が存在するか否か、存在する場合にも裁判という公的制度を使用するに相応しい利益が存在するか否かが審査されることになる．英米の*大陪審'や治安判事裁判所は、そのような審査機関のひとつである．また、私人訴追主義の主張は、国家機関または公的機関としての公訴官(検察官)の存在を否定するものでもない．国家訴追主義の下に置かれた公訴官が「正義の体現者」「法の番人」であり、国民の訴追意思と無関係に刑事訴追権を行使すべきであるのに対して、公訴官は、国民の訴追意思を実現するために「公僕」として訴訟の追行に当たる訴追側の法的代理人であるべきだと言うのである．→付帯私訴 ［鯰越溢弘］

雫石(しずくいし)事件 1971(昭46)年7月30日、岩手県雫石町上空で民間旅客機と編隊飛行訓練中の自衛隊の訓練機が空中衝突し、民間旅客機の乗員、乗客162名全員が死亡した航空機事故．衝突した訓練機を操縦しており、衝突直後落下傘で降下して生き残った訓練生と教官機を操縦しながら訓練の指導をしていた教官の2名が、それぞれ業務上過失致死罪(刑211前)および航空法違反に問われた．訓練生については2審で無罪が確定したが、教官の方は見張りを尽くしていれば衝突の*予見可能性'があったので訓練生に指示を与えて衝突を回避させるべきであったとして実刑判決を受け、上告した．最判昭58・9・22判時1089・17は、本件事故につき民間機操縦者側の見張り義務違反の有無にかかわらず、教官の見張り義務違反を理由とする*過失'責任を認める一方で、そもそも民間機の常用飛行経路付近の空域では編隊飛行訓練を実施すること自体を回避すべきであるのに飛行訓練を実施した責任は、むしろ航空自衛隊当局や幹部らにあり、被告人1人を責めるわけにはゆかないとして、原審を量刑不当を理由に破棄自判し、教官を禁錮3年執行猶予3年に処した．

［北川佳世子］

施設内処遇 犯罪行為者や非行少年等を

刑, 保護処分, 補導処分等の執行として, *刑事施設, 少年院, 婦人補導院等に収容して社会復帰のための処遇を行うこと. この語は, 犯罪行為者らに社会内で生活を営ませながら, 保護観察などによってその社会復帰をはかる*社会内処遇'と対比されて用いられる. 施設内処遇とはいえ, 身柄の厳格な*拘禁'を前提とするわけではなく, 外部通勤, 帰休制, 外出・外泊制など拘禁の態様は多様である. →監獄破産論, 矯正, 行刑, 犯罪者処遇, 矯正教育, 矯正保護, 囚人自治制, 担当制　　　　　　　　　[土井政和]

事前収賄罪　刑法197条2項. *収賄罪'の一類型で1941年の改正により新設された.「公務員又は仲裁人になろうとする者が, その担当すべき職務に関し, 請託を受けて」, 賄賂を収受・要求・約束した場合で, この者が現実に公務員または仲裁人になったときに成立する. 特別法にも規定がある(経罰2Ⅰ等). 公選の候補者が, 当選後の職務について金銭提供の約束のもとに請託を受けるなどがその例である. なお, 当選後, 金銭を収受した場合は重い受託収賄罪が適用される.

本罪は, 収賄者の公務員または仲裁人への就任により既遂となる.「就任」要件の法的性格を巡っては, かつては条文の文言に忠実に処罰条件と解する説が多数を占めたが, 近時では構成要件要素と捉える見解が通説化している. 将来の職務行為の対価として賄賂を収受することは, 収賄罪の基本構造を充たすとはいえ, 結局, 公務員・仲裁人になれなかった者まで罰する必要があるかは疑わしい.「就任」により可罰的違法性の程度に達するという意味で, この要件は単なる処罰条件ではなく, 構成要件要素たる実質を有する, というのが通説の考え方である. 　　　　　　　　　　　　　　　　[塩見　淳]

事前準備　審理が迅速に行われるよう, 訴訟関係人が第1回公判期日前に行う準備をいう. 訴訟関係人はできるかぎり証拠の収集・整理を行い(刑訴規178の2), それに基づき, 検察官および弁護人は, 尋問を請求する証人などの氏名・住所を知る機会, および取調べを請求する証拠書類・証拠物を閲覧する機会を相手方に与え, 閲覧した証拠書類・証拠物について同意・不同意または異議の有無を相手方に通知し(178の7・178の6Ⅰ・Ⅱ), 訴因・罰条を明確にし, または争点を明らかにするため打合せを行う(178の6Ⅲ①), 弁護人は, 被告人その他の関係者に面接するなど適当な方法によって, 事実関係を確認する(178の6Ⅱ①)などがその内容である.

訴訟関係人の事前準備を促すために, 裁判所は所定の処置を行うほか(178の3・178の5・178の9), 必要と認めるときは, 検察官および弁護人を出頭させ, 公判期日の指定その他訴訟の進行に関し必要な事項について打合せをすることができる(178の10Ⅰ). →集中審理 　　　　　　　　　　　　　　　　[上口　裕]

事前の故意　(羅) dolus antecedens *故意'は, 犯罪構成要素であり, 実行行為の段階で存在していなければならない. これに対して, 実行行為の前に存在した「故意」によって, 実行行為の故意があったとしてよいかどうかが, 事前の故意の問題である. たとえば, 猟場で猟銃の暴発に見せかけて妻を殺害しようとした男が, その前日に銃を手入れしている最中に誤って銃を発射してしまい, 妻を殺害するに至ったような場合である. なお同様に, 実行行為後の故意について, それを実行行為時の故意に代替できるかが, 事後の故意(dolus subsequens)の問題である.

故意を, 反対動機の直接的な形成可能性を根拠とする非難形式と理解する限りにおいては, その他行為可能性がある段階, すなわち, 実行行為の段階において故意が存在することが必要であり, 原則として事前の故意も事後の故意も認めるべきではないことになる.

ただし, 一般的な見解は, 事前の故意を*ウェーバーの概括的故意'と同視しており, さらにウェーバーの概括的故意を因果関係の錯誤の問題と考えて, この場合の因果関係の錯誤は故意を阻却しないという一連の判断経過をたどると, 結果として事前故意を認める結論に至ることになろう.

また, 事後の故意とは, たとえば, 過失で妻に重い傷害を与えたが, その後に殺意を抱いてあえて医者を呼ばなかったような場合であるとされる. しかし, この場合には, 医者を呼ばないことについての不作為犯とそれに対応する故

意を問題とするべきで，あえて事後の故意を論ずる必要はないというのが，一般的な見解である．
[齋野彥弥]

自然犯 (仏) délit naturel　自然犯とは，倫理・道徳に反し，法律の規定を待つまでもなく反社会的・犯罪的とされる犯罪をいう．刑事犯ともいう．これに対して，倫理的・道徳的には無色であるが，行政目的を実現するために法律の規定により処罰の対象とされている犯罪を，法定犯または行政犯という．'ガロファロ'の自然犯(誠実・憐憫の情操の欠如に基づく犯罪)・法定犯(立法に基づく犯罪)の概念に由来するとされるが，英米法の「それ自体の悪」(mala in se)と「禁じられたゆえの悪」(mala prohibita)というローマ法起源の観念もこれに近い．刑法典に規定された犯罪が自然犯の典型であるが，暴力行為等処罰法・航空機強取等処罰法・公害罪法等の特別刑法の罪も自然犯にあたる．これに対して，行政目的のために行政法の罰則で処罰の対象とされているものが法定犯であり，この処罰規定を行政刑法という．ただし，刑法典の中にも法定犯とみられる規定(刑192)があり，行政法の罰則にも自然犯とみるべきものがあるなど，この対応は厳密なものではない．

自然犯・法定犯の区別は，解釈論や立法論に持ち込まれることもある．たとえば，違法性の意識について自然犯では必要ないが法定犯では必要とする見解，法人処罰について法定犯では認められるが自然犯では認められないとする見解，刑法の諸原則は自然犯を前提にしたもので法定犯については修正すべきだとする見解などがある．ただし，現在では，このような自然犯・法定犯の区別を重視する考え方は少数である．

自然犯・法定犯の区別は必ずしも明確なものではなく(区別を否定する見解もある)，両者は相対的・流動的である．倫理・道徳は，社会によって異なり，時代により変化する．法律が倫理・道徳に影響する場合もある．当初は行政犯であったものも，社会がそれを反倫理的とみなすようになれば，自然犯化する(法定犯の自然犯化)．飲酒運転やインサイダー取引などは，このようにみることもできよう．逆に，自然犯も，反倫理的とみなされなくなれば，法定犯化する(自然犯の法定犯化)．闇米の売買等は，かつては自然犯であったが，やがて法定犯化し，最後は非犯罪化されたとみることもできよう．このように，自然犯の法定犯化は，非犯罪化の問題にもつながる．ヨーロッパにおけるポルノ犯罪や賭博罪等の非犯罪化は，このような視点からみることもできよう．
[平川宗信]

私選弁護　被告人または被疑者などが自ら弁護人を選任すること．選任された弁護人を私選弁護人という(刑訴30)．被告人のため国が弁護人を選任する場合である国選弁護(憲37Ⅲ，刑訴36・37・289Ⅱ)に対する．

「資格を有する弁護人」依頼権を保障する憲法37条3項の規定の趣旨に基づき，私選弁護人は，特別弁護人の場合(刑訴31Ⅱ)を除き，弁護士の中から選任しなければならない(31Ⅰ)．私選弁護人の選任権者は，被告人・被疑者本人のほか，その法定代理人・保佐人・配偶者・直系の親族・兄弟姉妹など，被疑者・被告人と一定の身分関係のある者である(限定列挙である．30Ⅱ)．これらの者は独立して，すなわち被告人・被疑者の意思に関係なく弁護人を選任することができる．選任は事件単位で行われるのが原則であるが，追起訴がありそれが併合された場合はその事件にも及ぶ(刑訴規18の2)．私選弁護人選任の様式は，起訴前段階については法律上定めはなく，したがって口頭により選任してもよい．ただ，被疑者などが弁護人と連署した弁護人選任届を検察官または司法警察員に提出した場合に限って，弁護人選任の効力は第1審にも及ぶ(刑訴32Ⅰ，刑訴規17)．起訴後段階については弁護人選任届の提出が私選弁護人選任の要件となっている(刑訴規18)．弁護人選任の効力は起訴後はその審級に限られる(刑訴32Ⅱ)．これを審級代理の原則という．
[深尾正樹]

私戦予備罪　'国交に関する罪'のひとつ．外国に対して私的に戦闘行為をする目的でその予備をなした者は，3月以上5年以下の禁錮に処せられる(刑93本前)．陰謀行為も，私戦陰謀罪として同様に処断される(93本後)．外国は国家権力の担い手であることを要し，外国の一地方や特定の外国人集団では足りない．私的な戦闘とは，わが国の国家意思によらない，組織的

な武力行使を言う。私戦の予備とは，兵器の調達，兵士の訓練等の私戦の準備行為，陰謀とは，私戦の実行を目指して2人以上の者が謀議することを言う。他方，未遂，既遂は処罰されていないため（なお，刑法草案126参照），私戦の実行には殺人罪，放火罪等の規定が適用されることになる。その際の本罪との関係が併合罪か牽連犯かには争いがある。なお，自首した者は，刑が免除される（刑93但）。　　　　　［橋田 久］

自損行為　個人的法益は，原則として本人の自由な処分に任されており，他の法益を侵害しない限り法益主体による自損行為が処罰されることは通常ない。自己の所有物の損壊はもちろん，自殺や自傷行為も，違法な行為ではないと一般に考えられている。しかし，法益自体の保護と法益の処分権を切り離して，生命のように重大な法益の場合には，法益主体による処分も違法と考える見解もある。このような見解からは，自殺が処罰されていないのは，行為者に責任がないか，*可罰的違法性'がないためと説明されることになる。*自殺関与罪'（刑202）は，このような見解からは，違法な自殺の共犯を独立の犯罪として規定したものと理解されることになる。これに対して，自殺の違法性を否定する見解からは，同罪は，*パターナリズム'の観点から他人の生命の処分に関与することを特に禁止・処罰したものとして理解されることになる。

自損行為も他の法益を侵害する場合には処罰されることがある。また，パターナリズムの観点から法益主体を自分の行為から保護するために処罰することも例外的にはありうる。これらの犯罪は，*被害者なき犯罪'と呼ばれることがあるが，自損行為が国家的法益や社会的法益を侵害することを理由に処罰されている場合には，被害者は国家や社会であって被害者がいないわけではない。過去に自損行為が処罰された例として，たとえば，自殺を宗教上の罪とするキリスト教の影響が強かったイギリス法においては，自殺も長い間犯罪とされていたし，わが国でも，戦前は，兵役を免れるための自傷行為が処罰されていた（旧兵役法74）。現在のわが国で自損行為を処罰する例としては，たとえば，*動物の愛護及び管理に関する法律'の*動物虐待罪'を挙げることができる（13）。同罪は，自己の所有財産である動物の虐待についても成立するからである。同罪の保護法益は，一般に社会の動物愛護の良俗と理解されているが，立法論的には動物自体を法益主体として刑法で保護することも全く考えられないわけではない。また，各種薬物犯罪が規制薬物の自己使用も処罰していることは，一種の自損行為を処罰するものといえる。その合理性について批判がないわけではないが，判例は，覚せい剤や大麻の自己使用や自己使用目的所持を処罰することも憲法13条・31条に違反しないとしている。　　　　　［佐伯仁志］

死体損壊等の罪　本罪は，死者を尊ぶ人々の感情を保護法益とする罪であり，死体，遺骨，遺髪または棺内蔵置物を，損壊，遺棄，または領得することによって成立し，法定刑は3年以下の懲役である（刑190）。

死体の一部分である脳髄も（大判大14・10・16刑集4・613），人の形を備えた死胎も，本罪の「死体」であるとされ（大判昭6・11・13刑集10・597），これを損壊，遺棄すれば，死体損壊罪，死体遺棄罪が成立する。埋葬権者が骨揚げのあとに放棄して残した遺骨は，本罪の「遺骨」ではないとされ（大判明43・10・4刑録16・1608），古墳に安置された古代人の遺体や副葬品のように，文化遺産としての色彩が強く，それを損壊等しても本罪が保護する人々の感情が害されないような物も本罪の客体から除かれている（大判昭8・3・9刑集12・232，大判昭9・6・13刑集13・747参照）。損壊は，物理的な破壊であることを要し，死体を単に凌辱する屍姦等の行為はこれに含まれない（最判昭23・11・16刑集2・12・1535）。死体の遺棄は，殺人罪との関係でしばしば問題になる。殺人犯人が単に死体を放置するのは，犯人に埋葬義務が認められない限り，本罪の遺棄に当たらないが，共同墓地に埋め，あるいは合掌するなどした場合であっても，犯跡を隠匿するための行為であり埋葬行為と認められない以上，本罪の遺棄に当たる（大判昭20・5・1刑集24・1，最判昭24・11・26刑集3・11・1850）。

死体や棺内蔵置物を領得した場合に，本罪のほかに窃盗罪等の財産犯が成立するかに関しては，意見の対立がある。本罪との罪質の違いを

根拠として，財産的価値が肯定される以上，財産犯の成立を認めるべきであるとする見解もあるが，これを認めた場合には刑法が死体等の領得を本罪で軽く処罰している意味が失われるとして，これに反対する見解も存在する．判例は，盗み出された肝臓，脾臓の譲り受けに盗品譲り受け罪を否定して死体領得罪を肯定し（大判大4・6・24刑録21・886），また，棺内蔵置物である以上，財産犯の客体とならないとして（大判大8・3・6新聞1547・19），死体，棺内蔵置物のいずれについても，財産犯の成立を否定している．なお，刑法189条に違反して墳墓を発掘して死体等を損壊等した場合には，墳墓発掘死体損壊罪等の罪として処罰される．→風俗犯，変死者密葬罪　　　　　　　　　　　　　　［近藤和哉］

自宅拘禁（英）house arrest（独）Hausarrest　自宅拘禁とは，この制度がなければ刑事施設に収容すべき犯罪者，あるいはたんなるプロベーション（probation）やパロール（parole）に付することが危険であると考えられる犯罪者を，在宅のまま，事前に許可された特定の行動を除き，外出することを一切禁止することをいう．施設拘禁にかかる烙印効果の弊害を避けるとともに，過剰拘禁の緩和を目的とする．自宅拘禁は，必ずしも「自宅」ではなく，賃貸アパートやホテルの一室のこともあるので，在宅拘禁（ハウス・アレスト）とも呼ばれる．

自宅拘禁は，1960年代にアメリカで少年犯罪者の処遇に実施され，その後，1980年代に本格的に実施されている．自宅拘禁の長所としては，①刑務所収容の費用が節約できること，②刑事司法の各段階で，また各制裁と併存した弾力的運用ができること，③妊娠中の女子受刑者やエイズ患者等の受刑者に有益であること，④職業生活の継続，夫婦関係の維持が可能であること，⑤自宅拘禁にあわせて命令される損害弁償，社会奉仕を通して，被害者や地域社会との和解が可能となり，社会復帰が容易になる等が指摘される．他方，自宅拘禁の問題点として次の諸点が指摘されている．①自宅監禁に付された者およびその家族の者のプライバシーを侵害することになる，②刑期の長期化につながる（刑務所収容1日分が自宅拘禁3日に換算されているところもある），③統制網が拡大することになる，④監視料金を徴収する場合には，支払い能力の点で平等原則に反することになる．→電子監視，拘禁　　　　　　　　　　　　　　　［吉田敏雄］

失火罪（英）fire caused by negligence（独）fahrlässige Brandstiftung（仏）incendie involontaire　失火罪には，抽象的危険犯である現住または他人所有建造物等失火罪（刑116Ⅰ）と，具体的危険犯である自己所有非現住建造物等または建造物等以外失火罪（116Ⅱ）がある．前者は，失火により，*現住建造物等放火罪'に規定する物または他人の所有に係る*非現住建造物等放火罪'（109）に規定する物を焼損する罪であり，公共の危険の発生を問わない．後者は，失火により，109条に規定する物で自己所有に係る物または建造物等以外放火罪（110）に規定する物を焼損し，よって公共の危険を生じさせる罪である．「失火により」とは，過失により出火させることをいう．本罪の成立には客体を焼損することの予見可能性および結果回避可能性があるのに，不注意によって発火させ，目的物を焼損することを要する．自己所有非現住建造物等失火罪における公共の危険発生については，これが予見可能であり，かつ回避可能であるのに，不注意のために予見しないで公共の危険を生じさせたことが必要である．建造物等以外の物については，目的物が他人の所有物であっても公共の危険が発生しない限りは本罪を構成しないと解される．それゆえ，故意に焼損して公共の危険発生につき過失がない場合は*器物損壊罪'のみが成立することになる．

失火罪には，さらに，1941（昭16）年に新設された業務上失火罪と重失火罪（117の2）がある．業務上失火罪は，業務上必要な注意を怠って116条の罪を犯した場合に，失火罪よりも刑を加重する罪である．火気の取扱いは日常生活上，主婦や喫煙家など多くの者が反復継続して行うから，「人が社会生活上の地位に基づいて反復・継続して行う事務」という一般的な「業務」の定義では本罪の特別の注意義務を課する意義が明確にならないため，本罪の「業務」は，特に職務として火気の安全に配慮すべき社会生活上の地位に基づく事務をいうものと解されている（最決昭60・10・21刑集39・6・362）．本罪の業

務は、①火気を直接取り扱う職務(調理師、ボイラーマン、溶接作業員など)、②火災発生の蓋然性が高い物質・器具を取り扱う職務(プロパンガス・ガソリン取扱業者など)、③火災の発見・防止を任務とする職務(警備員、火気防止責任者など)の3類型に分かれる。喫煙や調理等の家庭内の行為は職務行為ではないから本罪にいう業務に含まれない。重失火罪は、不注意の程度が著しい場合をいい、盛夏の炎天下に給油所のガソリン近くでライターを使用して火災を引き起こしたような場合である(最判昭23・6・8裁判集刑2・329)。→放火罪

[奥村正雄]

実況見分 実況見分とは、捜査機関が場所、物または人について、*任意捜査'としてその形状を五官の作用で感知することをいう。したがって、その法的性質は任意処分であり、それが強制捜査として行われるときには、強制処分である*検証'となる(刑訴218Ⅰ・220Ⅰ②)。「実況見分」は、刑事訴訟法および刑事訴訟規則上の用語ではなく警察実務上のものであり、犯罪捜査規範ではその言葉を用いて実施の要件・方法・調書作成上の注意等をこまかく規定している(捜査規範104・105)。

実況見分を実施した捜査官はその結果を書面に記載することになる。この書面は実況見分調書と呼ばれ、判例によれば、検証調書と同様に刑事訴訟法321条3項により証拠能力が付与される、いわゆる*三項書面'として扱われる(最判昭35・9・8刑集14・11・1437)。

したがって、実況見分についても検証調書の場合と同様の問題がある。たとえば、実況見分調書上の立会人の指示・説明の記載が321条3項の下でどこまで許されるかという問題がある。当該指示・説明が実況見分の対象の確定に必要であり、その内容も明らかに現場の指示と状況の客観的説明(これは「現場指示」といわれている)にとどまっているものであれば、その記載は実況見分調書の一部として同条項により証拠能力が認められる。しかし、その限度を超えるときは、それは「供述」(これは「現場供述」といわれている)の録取・記載にあたり、同条項ではなく321条1項2号ないし3号など、伝聞証拠を許容するその他の規定の所定の要件を充足しなければならない(最判昭36・5・26刑集15・5・893参照)。

なお、実況見分調書(検証調書も同様)は、実況見分者が公判期日に証人として出廷し、その作成につき検察官の主尋問ならびに被告人側の反対尋問を受け、それが真正に作成されたと認められたときにはじめて321条3項により*証拠能力'が付与されることは、同項の規定から明らかである。

[島 伸一]

失業と犯罪 経済的困窮が犯罪の重大な要因であることについては、古くから多く論じられてきたが、失業はまさに経済的な困窮をもたらすものとして犯罪──とりわけ困窮窃盗──の要因であるとされてきた。たしかに、穀物価格と財産犯罪の発生率とが緊密な並行関係にあったような時代には、失業と犯罪との相関関係に大きな注目が払われた。しかし今日では、社会保険制度の充実や労働組合活動の発展もあって、経済的な事実としての失業が財産犯罪等の増大に直結するような事態は観察されていない。

だが、健康で有能な成人の一定数が職を失い、有益な社会活動も組織されない場合には、社会体制に対する信頼感や一般的な連帯感を失わせ、自棄的な風潮を生み、社会規律の違反や犯罪を生じさせる環境を作り出すこととなる。→犯罪要因

[上田 寛]

実 刑 有罪判決に基づいて刑が宣告される際に、*執行猶予'(刑25)が付されず、実際に執行される懲役・禁錮刑を、実刑という。

1968(昭43)年以降の30年間における執行猶予率は、懲役については50〜60％程度、禁錮については、懲役よりもかなり高く、1981(昭56)年以降は90％台で推移している。犯罪別に見ると、公職選挙法違反が98〜99％台で推移し、交通関係業務上過失犯が80％台後半と、著しく高くなっている。公職選挙法違反者で3年以下の懲役または禁錮を宣告された者は、ほとんど実刑に服していないということになる。

[西村秀二]

実 行 行 為 各構成要件が予定する*行為'を実行行為という。たとえば殺人罪の実行行為は、「人を殺す行為」である。結果犯の場合には、各犯罪類型ごとに定められた、結果を発生させる危険性を持った行為のことである。「殺す」行為とは、たまたま死の結果を生ぜしめた

行為のすべてを含むのではなく，類型的に人の死を導くような行為でなければならない．このような実行行為が，その構成要件を特色づける最も主要な構成要件要素である．刑法は断片的性格を持っており，あらゆる利益を保護するわけではなく，またたとえば，財産のような場合には，すべての態様の侵害行為から保護するわけではない．処罰の範囲を明確化する要請や，実際にしばしば起こることが予想されるため禁圧する必要の強い類型に限定するという観点から，窃取(窃盗罪)，詐取(詐欺罪)，喝取(恐喝罪)等の特定の侵害態様に限って処罰する．

そして，実行行為の開始である*実行の着手'(43)が認められれば，未遂犯としての処罰が可能となる．ただ，実行の着手は，必ずしも「自然に観察して実行行為の始まる時点」を意味しない．着手は，未遂犯として処罰するか否かを決定する中心的要素である以上，「未遂として処罰に値する時点」でなければならない．そこで，近時は，「当該犯罪類型の未遂犯として処罰に値するだけの法益侵害の危険性が高まった時点」を実行の着手時期と呼ぶことが多い．さらに，行為者に結果を帰属させるか否かの判断である*因果関係'は，実行行為と結果との間において問題となる．また，*正犯'とは「実行行為を行う者」とされ，実行行為を行わない共犯者と区別される．もっとも，実行行為は必ずしも行為者自身が自らの手で行う必要はない．あたかも，ピストルを道具として人を殺すように，事情を全く認識していないウェートレスに毒入りのコーヒーを運ばせて目的の人物を毒殺する行為も，殺人罪の実行行為であることには変わりない．このような，人を「道具」として犯罪を実行する場合を，*間接正犯'と呼ぶ．このように，実行行為概念には，さまざまな役割があり，犯罪論上の最も枢要な概念とされてきた．ただ，実行行為概念は，それぞれの解決すべき問題により，機能・意義が微妙に異なることに注意しなければならない．→原因において自由な行為

[前田雅英]

実行中止 (独) Rücktritt vom beendigten Versuch　未遂犯のうち実行行為は終了したが結果が発生しなかったものを実行未遂(終了未遂)といい，この段階で成立する*中止犯'(刑43但)を実行中止という．この場合の中止行為(「中止した」)の内容としては，結果発生を防止するための積極的な行為が必要だと解されている．この行為は中止者自らが独力で行うことまでは要求されず，医師の手当てで死を免れさせた場合のように，他人の助力を得て行うものであってもよい．もっとも判例は，このような場合には「中止者自身が結果発生防止に当たったと同視するに足りる程度の努力」ないしは「真摯な努力」がなされたことが必要であるとしており，瀕死の被害者を懸命に介抱するとともに救急車を呼び警察や救急隊員の活動に積極的に協力したとき(福岡高判昭61・3・6判時1193・152)にはこれがあるが，医師を呼ぶよう他人に依頼しただけ(東京高判昭25・11・9判特15・23)，病院に連れて行き医師に引き渡しただけ(大阪高判昭44・10・17判タ244・290)では不十分であるとしている．学説の多くも真摯性を要求するが，近年ではその行為によって結果発生の危険性を消滅させたと評価できれば足りるとする説も有力になっている．→着手中止

[清水一成]

実行の着手 (独) Anfang der Ausführung　(仏) commencement d'exécution

1 学説　実行の着手は，*実行行為'の開始であり犯罪実現の過程において予備と未遂を分つものである．予備を処罰する犯罪(8ヵ条)については処罰の程度に，それ以外の犯罪については処罰の有無にかかわる．実行の着手については学説上主観説，客観説，折衷説の3説がある．主観説は，*未遂犯'の処罰根拠を行為者の犯罪的意思の危険性に求め，犯意を徴表する外形的行為が行われたときに実行の着手を認める見解であるが，主観主義刑法理論が克服された今日では支持基盤を失い，現在では客観説と折衷説が重要である．

まず客観説には，構成要件該当行為(実行行為)の開始という形式的・類型的標準によって定める形式的客観説と実質的に判断する実質的客観説，さらに明白に未遂犯を具体的危険犯であるとして，結果発生の具体的危険が切迫したことをもって実行の着手を肯定する見解とが存在する．また折衷説(個別的客観説)は，行為者の計画全体によれば法益侵害の危険性が切迫す

る行為という標準により，実行の着手を定める．これらの所説の相違は，違法論における行為無価値論と結果無価値論の対立を反映して，未遂の処罰根拠を行為の属性としての危険と考えるかそれとも行為の結果としての危険と考えるかに基づくと言える．結合犯においてはその手段とされた行為を開始したとき（たとえば，強盗罪における暴行の開始），過失犯または不作為犯においてはそれぞれ注意義務または作為義務に違反する行為の開始に実行の着手が肯定されるが，*離隔犯・間接正犯の場合に見解の相違がある．

2 判例　他方で，大審院の判例は概ね形式的客観説によりつつこれを拡張・修正したものとされている．たとえば，住居侵入窃盗の事案（大判昭9・10・19刑集13・1473）において，金品物色のため簞笥に近寄った行為は，「他人ノ財物ニ対スル事実上ノ支配ヲ犯スニ付密接ナル行為」であることを理由として実行の着手を肯定する．そして，最高裁の時代に至ってもこのような見解が継承されたのであるが，やがて密接行為の判断においても結局は法益侵害の危険性の観点を考慮せざるを得ないことが自覚され，さらには行為者の主観的事情も考慮した上で危険性を判断し，実行の着手を判断するようになって来た．たとえば，スリの場合に実行の着手を肯定し，外形的には同じく他人のポケットに手を触れる行為でありながらいわゆる当たり行為にはこれを否定する（広島高判昭28・10・5高刑6・9・1261，最決昭29・5・6刑集8・5・634．なお，窃盗罪の実行の着手につき最決昭40・3・9刑集19・2・69，強姦罪の実行の着手につき最決昭45・7・28刑集24・7・585）．また間接正犯の一類型である離隔犯の実行の着手について，判例は，たとえば，殺人の目的で毒物入り砂糖を小包郵便で送付した事案（大判大7・11・16刑録24・1352）で，配達されて相手方が受領したときに実行の着手を肯定する（到達主義）．

この判例の態度に対して，学説は主観説のみならず，客観説に立つ論者も託送行為・利用行為の中に実行の着手を認めるべきであるとして判例の態度に批判的である．しかし，間接正犯は作為と不作為とからなる複合的な構造のものとする立場，または実行の着手概念は結果発生の具体的危険を生じたときに処罰するという段階を画する概念であるとする立場，未遂の可罰的違法性の問題として託送行為のほかに結果発生の危険の具体化が必要であるとする立場より，それぞれ判例の見解が肯定されている．

[野村 稔]

執行猶予　有罪判決に基づいて宣告された刑の執行を，一定期間猶予し，猶予期間の満了をもって，刑罰権を消滅させる制度を，執行猶予という．

(1) この制度は，主として*短期自由刑*の執行に伴う弊害をさけるために導入されたものであったが，現在では*宣告猶予*や*起訴猶予*などの*猶予制度*のひとつとして，施設への収容を回避して，社会内処遇を行うことにより犯罪者の更生を図ることを目的とするようになっている．これは，刑の宣告猶予と*保護観察*とがむすびついて発達した*プロベーション*にならうものであり，日本の刑法も1953(昭28)年の改正により執行猶予者に保護観察を付すこととなった（刑25の2）．

(2) 執行猶予の要件は，初度と再度とにより異なっている．初度の要件(25 I)は，①宣告刑が3年以下の懲役・禁錮または50万円以下の罰金であること，②情状によって（犯罪自体の情状のみならず，犯罪後の情状もあわせて考慮される），③執行猶予の判決言渡し前に，禁錮以上の刑に処せられたことがないか(25 I ①．既に刑に処せられた罪が現に審判すべき犯罪の前後いずれに犯されたかは問わない．最判昭31・4・13刑集10・4・567)，処せられたことがあっても，その執行を終わりまたは執行の免除を受けた日から5年以内に禁錮以上の刑に処せられたことがないこと(25 I ②)，である．

再度の要件(25 II)は，①宣告刑が1年以下の懲役・禁錮であること．保護観察中の者は除かれる），②情状に特に酌量すべきものがあること，③執行猶予の判決言渡し前に，禁錮以上の刑に処せられ，その執行の猶予期間中であること(25 II)，である．

(3) 執行猶予期間は，初度と再度とで異なるところはなく，いずれも裁判確定の日から1年以上5年以下であり(25 I・II)，具体的な期間は，その範囲内で裁判官の裁量によって決めら

れる．初度の執行猶予については任意的に，再度のそれについては必要的に保護観察が付される(25の2Ⅰ)．

(4) 執行猶予の取消しには，必要的取消しと裁量的取消しとがある．必要的取消しは，①猶予の期間内にさらに罪を犯して禁錮以上の刑に処せられ，その刑について執行猶予の言渡しがないこと，②猶予の言渡し前に犯した他の罪について禁錮以上の刑に処せられ，その刑について執行猶予の言渡しがないこと，③猶予の言渡し前に他の罪について禁錮以上の刑に処せられたことが発覚したこと，のいずれかの場合に行われる(26)．

裁量的取消しは，①猶予の期間内にさらに罪を犯し，罰金に処せられたこと，②刑法25条の2第1項の規定によって保護観察に付された者が，遵守すべき事項(保護観察5)を遵守せず，その情状が重いこと，③猶予の言渡し前に他の罪について禁錮以上の刑に処せられ，その執行を猶予されたことが発覚したこと，のいずれかの場合に行われる(26の2)．

(5) 執行猶予は，刑の執行が猶予されるにすぎず，国家による刑罰権は生じたのであるから，「刑に処せられた」ことになり，刑の言渡しに伴う種々の資格制限も加えられる(国公38，裁46)．もっとも少年のときに犯した罪について刑の執行猶予の言渡しを受けた者には，資格制限は認められない(少60Ⅱ)．→実刑 [西村秀二]

執行猶予者保護観察法 1954(昭29)年法律58号．刑の執行を猶予され，刑法25条の2第1項の規定により*保護観察'に付された者に対する保護観察(4号観察)について規定したものである．本法は，保護観察期間中遵守しなければならない事項を定めるとともに，保護観察の方法・運用の基準等について定めている．

4号以外の保護観察は，犯罪者予防更生法に規定されている．4号観察が他と別個に規定された理由は，少年や仮出獄者を中心に規定する犯罪者予防更生法を，そのまま執行猶予者にも適用することは望ましくないとの判断に求められている．その結果，①特別遵守事項を付さない，②一般遵守事項として，正業に従事すること，犯罪性のある者や素行不良者と交際しないことがあげられていないなど，仮釈放者に対する保護観察に比べて，遵守事項が緩和されている(保護観察5)． [瀬川 晃]

実質犯（独）Materialdelikt 実質犯とは，構成要件的行為が*法益'の侵害または危険の発生を内容とする犯罪である．実質犯は，*侵害犯'と*危険犯'とに分けられる．侵害犯は構成要件的行為が法益を現実に侵害することを必要とする犯罪であり，危険犯は侵害の危険の発生により成立する犯罪である．法益は刑法が保護しようとする利益であり，観念的存在である．たとえば，殺人罪の保護法益は人の生命である．構成要件的行為である「人を殺す」行為により，「人の生命」の侵害の結果を生じさせたとの観点からすれば，殺人罪は侵害犯である．構成要件的行為が，行為客体である「人」に及ぼす有形の事実的作用としての「死の結果」を生じさせたとの観点からすれば，殺人罪は結果犯である．「人を殺す」行為により，人の生命の侵害の具体的危険が生じた段階で殺人未遂罪(刑203)が成立する．住居侵入罪のような行為の場合には，外部的な結果の発生が構成要件の要素とされておらず，侵入行為が法益の侵害の結果を生じさせれば，侵害犯としての住居侵入罪(130前)は成立し，法益侵害の具体的危険の発生により住居侵入罪の未遂罪(132)が成立する．

法益が現実に侵害されるに至らなくても，その危険が招来された以上，その行為を処罰する必要があるとの要請に基づくものが危険犯である．危険犯は，*具体的危険犯'と*抽象的危険犯'とに分類される．危険の発生が構成要件の要素とされているのが，具体的危険犯である．自己所有の非現住建造物放火罪(109Ⅱ)などがその例である．抽象的危険犯は危険の発生を構成要件の要素としていない．構成要件の解釈により，偽証罪(169)，保護責任者遺棄罪(218)などが抽象的危険犯であるとされている．具体的危険よりも程度の低い危険の発生を防止するために，抽象的危険犯の罰則が設けられていると解されている．法益の侵害または危険を伴う実質犯と，禁止されている行為をしたという形式的な義務違反行為があればその成立を認める形式犯とが区別されることがある．しかし，*形式犯'という名のもとに，法益の侵害・危険という実質を有しない行為までも処罰の対象とすることは避け

なければならない．→行政犯　　［福山道義］

実体形成行為　訴訟過程を実体面と手続面との2面に分析する学説からする*訴訟行為'の種類である．この学説によれば，実体面と手続面との区別に応じて，訴訟行為においてもまた，直接に実体形成に奉仕するもの(たとえば証拠調べ・証人の供述・当事者の弁論等)と手続形成の効力を生じるもの(たとえば公訴の提起・証拠調べの請求等)とが区別される．前者を実体形成行為，後者を*手続形成行為'といい，わが国における従来の伝統的学説であった．実体形成行為の中で最も重要なのは裁判官の心証を形成する行為であって，これを心証形成行為といい，証拠調べ，証拠調べを準備する訴訟行為，証拠の評価を含む．この学説については，当事者の訴訟追行活動よりも裁判所の心証形成活動を重視した理論であって，公判手続における当事者主義の原理を反映した構造分析であったか疑問であるとする批判がある．→訴訟追行行為
［田口守一］

実体裁判　*裁判'の中で，有罪裁判，無罪裁判は，当該事件の内容(実体)に立ち入って審判対象たる事実の有無について判断する裁判であるところから，実体裁判と呼ばれる．実体裁判は，刑事裁判本来の目的に応じる裁判であり，*本案裁判'とも呼ばれる．実体に立ち入らず，手続的瑕疵などがあって訴訟条件，すなわち実体審理の要件を欠く場合に言い渡される*形式裁判'と対比される．実体裁判は，証拠を評価し，*有罪'，*無罪'という被告人の死命を決する重要な裁判であるから，必ず判決によらなければならない．この判決は，これによって審級を離脱させる性質のものであり，終局判決である．有罪判決，無罪判決ともに，その形式について法定されている(刑訴335・336)．

実体裁判があると，訴訟は一定の解決をみたのであるから，控訴，上告という通常の不服申立方法が尽きた時点で確定し，その判断内容に確定力(拘束力)が付与されるだけでなく，一事不再理(二重の危険)の効力も生じる(337 Ⅰ)．
［白取祐司］

実体的真実主義　(独) materielles Wahrheitsprinzip　**1 意義と背景**　訴訟における事実認定について，客観的真実を追求し，その発見を重視する原則．

刑事訴訟法1条は，その主要な目的として，個人の基本的人権の保障を全うしつつ，「事案の真相を明らか」にすることを掲げているが，この事案の真相究明とは実体的真実主義を指すものである．

ヨーロッパ大陸法系の刑事手続において生成した原則であるが，とくにドイツにおいては，職権主義に基づく審理方式(職権審理主義 Instruktionsmaxime, Inquisitionsmaxime, Untersuchungsmaxime)と一体となって，当事者の主張・立証に縛られずに，裁判官の職権によって真相を解明することが重視された．わが国には，1890(明23)年の旧旧(明治)刑訴法の時代に，この観念が移入され，以降，1922(大正11)年の旧刑訴法の時代にわたっては，職権主義を基調とした刑事手続の下でこのことは当然の基本原則とされた．

2 民訴法との関係　実体的真実主義は，形式的真実主義に対する概念である．刑事訴訟とは異なり，民事訴訟では，形式的真実主義が基本とされる．民事訴訟の客体(訴訟物)は，所有権・債権など，本来的に当事者の自由な処分が可能であるので，当事者間で争いのない場合など，一定の要件が整えば，かりに客観的真実と齟齬があっても，主張・立証された範囲内で顕出された事実を真実とみなしてもよいとされる．これを形式的真実主義という．

これに対し，刑事手続では，その客体が*国家刑罰権'の有無にあるという性質上，当事者の主張とはかかわりなく，客観的・実体的な真実の究明がより重視される．

3 積極面と消極面　*実体的真実主義'には2つの側面があるとされる．すなわち，すべての事実を究明し有罪者を決して逃さず処罰するという積極的側面(積極的実体的真実主義)と誤った事実認定によって罪のない者を決して処罰しないという消極的側面(消極的実体的真実主義)である．

後者は，無罪方向への真実追求という意味ではなく，有罪の立証が成功しなければ無罪となる，すなわち*疑わしいときは被告人の利益に'と同趣旨であって，それ自体には特別の意味はない．むしろ，比較法的・歴史的には，前者こ

そが実体的真実主義のもつ真の特徴であるとされる（前者は「必罰主義」と呼ばれることもある）．

4 適正手続主義との関係　前述のように，現行刑事訴訟法1条は，個人の基本的人権の保障とともに，実体的真実の発見を刑訴法の目的として掲げている．すなわち，人権を保障しつつ真実を発見することを主目的としたのである．ここでの人権の保障は，適正手続の保障と呼び替えられることもある．

それでは，実体的真実の発見は適正手続の保障とどのような関係に立つか．これは現行刑訴法の性格をどのように捉えるかとも関係するが，現行刑訴法制定当初，学説の中には，旧法からの手続構造の変化を抜本的なものとは理解せず，現行法の下でも実体的真実の発見が優越するとの主張も見られた．刑訴法自体も，たとえば319条3項において，公判で被告人が有罪を自認しても，それだけで有罪判決を言い渡すことはできないとして，いわゆる有罪答弁の制度（アレインメント制度）の採用には消極の姿勢を示してもいた．

しかし，学説上，適正手続主義を定めた憲法31条を軸とする憲法の理念および当事者主義構造への刑訴法の変革は，少なくとも積極的実体的真実主義とは適合しないことが，次第に自覚されるに至った．真実の発見は，刑事手続にとって重要な原理であるが，それは適正手続の保障を前提として，はじめて許容されるのである．たとえば，公判における訴因制度の導入（刑訴256 II・III・312）は，審判対象の設定を一方当事者である検察官に委ね，裁判所の職権による真相解明を原則として否定する．真実解明の方法についても，被告人・被疑者に対する黙秘権の保障（憲38 I，刑訴198 II・311 I），伝聞法則（憲37 II，刑訴320）などによる制限がある．運用上も，違法な手続で収集された証拠の排除法則も判例の認めるところとなっている（最判昭53・9・7刑集32・6・1672）．

もっとも，わが国においては，裁判官のみならず，捜査機関である司法警察職員や捜査・訴追機関である検察官には，実体的真実追求の意識はいぜん根強いものがある．日本の刑事手続の特色が「精密司法」にあるとされるのはその一つのあらわれである．適正手続の保障との関係において，その実態を解明し，これを踏まえた評価を行うことは，なお残された課題である．
　　　　　　　　　　　　［三井 誠＝深尾正樹］

実体的デュープロセス　（米）substantive due process　**1 意義**　実体的デュープロセスとは，憲法31条が，適正な刑事手続の法定のみならず，刑罰法規の実体的内容の適正さをも要求するとし，その内容に適正さを欠く刑罰法規を違憲無効とする理論をいい，適正処罰の原則とも呼ばれる．憲法31条がアメリカ合衆国憲法の流れをくむ*適正手続'条項と解されること，および違憲立法審査権の導入（憲81）を根拠に，アメリカ合衆国最高裁判所の判例理論を継受したとされる．

2 アメリカ合衆国の議論　アメリカ合衆国憲法修正5条は，「何人も法の適正な過程によらずに，生命，自由または財産を奪われることはない」と規定し，同修正14条は，州について同じことを定めている．連邦については，言論の自由，刑事被告人の権利などを定めた規定を並べて修正5条が置かれているのに対し，州については修正14条だけしかないことから，このデュープロセス条項は，言論の自由，刑事被告人の権利などを「生命，自由，財産」という言葉で包括的に表わし，それを奪うときには「法の適正な過程」が必要となると解釈されてきた．その結果，プライヴァシー権のように明文根拠を欠くが基本的である権利を憲法上保護すると理解されている．刑罰法規一般の適正性を要求するものではない．したがって，わが国の「実体的デュープロセス」は，アメリカ合衆国の理論をはるかに超える射程をもった独自の刑法原則である．

3 具体的内容　実体的デュープロセスは，一般に，刑罰法規適正性の原則および刑罰法規明確性の原則をその内容とする．

適正性の原則は処罰の必要性・合理性および罪刑の均衡を要請し，これに反する刑罰法規は違憲無効とされる．違憲とされるべき場合として，憲法の個々の人権保障規定に違反する刑罰法規，過度に広範で憲法上明らかに保障された自由（とりわけ表現の自由）をも規制対象とする刑罰法規（「過度の広範性の理論」），あるいは

処罰の必要性や合理的根拠を欠く(法益侵害・危殆化の不存在など)刑罰法規が挙げられる。たとえば、職業選択の自由の刑事規制を正当化する根拠を「人の健康に害を及ぼす虞」の存在に求め、問題となった医業類似行為が人の健康に害を及ぼすおそれがあるか否かを検討すべきとした最高裁判例(最判大昭35・1・27刑集14・1・33)が、無害行為の処罰を不適正とする考え方を根底におくと指摘される(ただし、当該刑罰法規を違憲無効としない限定解釈事例である)。

また、罪刑の均衡は、犯罪と刑罰とが人権保障原理に照らし均衡していることを要請する。最高裁は、傍論ながら「刑罰規定が罪刑の均衡その他種々の観点からして著しく不合理なものであって、とうてい許容し難いものであるときは、違憲の判断を受けなければならない」(最判大昭49・11・6刑集28・9・393)としたが、基本的には立法政策の問題とする(なお、憲14との関係で最判大昭48・4・4刑集27・3・265)。また犯罪に比し著しく不均衡に重い刑罰は*残虐な刑罰'ともいうが、最高裁は憲法36条が刑罰内容の残虐性を問うものと解する(最判大昭23・6・23刑集2・7・777)。

明確性の原則とは、犯罪と刑罰が一義的に明確に規定されることを要求する。*漠然不明確'な刑罰法規は、国民に公正な告知を付与できず、法執行官による恣意的な解釈・適用を容易にし、さらには裁判官に事実上立法権限を委ねることにもなるから、憲法31条に違反する。

4 今後の課題 処罰の適正さは刑事司法の基本的要請であり、従来から刑罰法規の解釈において考慮されてきた。実体的デュープロセスは刑罰法規の違憲無効という新たな手法を取り入れた点では十分評価されるが、刑罰法規を違憲無効とするか、あるいは解釈により救済するかというふるい分けの問題、また適正性の審査基準の具体化・緻密化、さらに*罪刑法定主義'との理論的関係など、検討課題は多々残されている。→福岡県青少年保護育成条例事件　[門田成人]

私的独占の禁止及び公正取引の確保に関する法律　第2次大戦後、経済民主化の一環として、1947(昭22)年に制定された法律であり(法54)、独占禁止法と略称される。*経済刑法'の一種であり、立法の目的は、資本主義社会における公正で自由な競争を確保することである。その意味で、*不正競争防止法'を制定した趣旨と似ているが、独占禁止法が、市場の支配による新規参入者の排除や、寡占状態における価格競争の制限を通じて、一部の企業が不当な利益を獲得することを防止するために設けられたのに対し、不正競争防止法は、不当表示や信用毀損など、個々の取引行為に随伴する違法な手段を取り締まる点で異なる。すなわち、独占禁止法は、カルテル、トラストなどを排除することで、いわゆる市場競争を促進して、国民経済の健全な発達を図るものである。当初は、アメリカの反トラスト法をモデルとしたが、その後、独占禁止法による規制は、次第に形骸化されてきた。なるほど、1977(昭52)年の法改正を契機とした規制強化の時期もあったとはいえ、刑事罰の対象となる行為は、①私的独占の禁止に対する違反、②*不当な取引制限の罪'、③競争の実質的制限などに限られている(89以下)。しかも、①は、従来株式保有や合併の制限があったものの、近年、国際競争力を強化するために持ち株会社が解禁される一方、②についても、カルテルの適用除外規定がある上、事業者団体による競争制限的行為が後を絶たず、むしろ、③にあたる不当廉売や高額の景品による競争制限が行われてきた。しかし、規制緩和の流れが強まる中で、自由かつ秩序ある競争を実現するためには、独占禁止法上の罰則を積極的に活用するべきだという意見も有力である。なるほど、わが国では、過去、独占禁止法上の排除命令や課徴金制度が多用されてきたため、同法の罰則を適用する機会は少なかったものの、日米構造協議にあっては、不透明な取引慣行が外国企業に対する参入障壁になったとして、従来以上に独占禁止法を積極的かつ弾力的に運用することが求められた。そうした状況の中で、わが国の規制当局も、食品ラップの闇カルテル事件などのように、刑事罰を活用する傾向がみられる。しかし、独占禁止法は、公正取引委員会による専属告発制度を採っており(73Ⅰ・96)、行政機関の裁量的判断によって、裁判所による司法審査の機会が奪われることも少なくない。たとえ告発がなされても、規制当局による出頭命令および審訊・鑑定や帳簿書類の提出命令などの強

制調査権限は(40・46Ⅰ①～④)，もっぱら行政法上の調査にとどまるため，犯罪捜査の目的で行使できないという問題がある(46Ⅳ)．そのほか，不当な独占的利益を確保するための市場支配や競争制限の行為については，最近の法改正により，証券取引法上の犯罪と同様，罰金刑の連動性が排除されたが，学説の一部には，いたずらに刑事制裁に頼るべきでなく，独占禁止法上の排除命令や課徴金(懲罰的損害賠償)を活用して取り締まる方法が有効とする見解も根強い．その意味で，刑罰が有する社会的機能を踏まえつつ，独占禁止法の予定する行政処分や民事賠償との補完関係を視野に入れて，没収・追徴制度および犯罪に伴う収益の剥奪を有機的に組み合わせるべきであろう．　　　　［佐久間修］

児童買春(かいしゅん)，児童ポルノに係る行為等の処罰及び児童の保護等に関する法律　**1 意義**　1999年に成立したもので(平11法52)，児童の性的保護という観点から児童による売春等の相手方となる行為を児童買春として処罰するとともに，児童ポルノに係る行為を処罰するものである．東南アジア地域において，日本人男性が，低年齢の子どもの性を買うという現象(いわゆる海外買春ツアー)が顕著であるという実態にかんがみ，国民の国外犯処罰規定を盛り込んで児童買春・児童ポルノを規制している点に特徴がある．しかし，本法は女子中・高校生を中心とする青少年が自らの性を売り，成人男性がそれを買うという，いわゆる「援助交際」の刑事法的規制として，国内的にも重要な機能を果たすものである．なお，本法の規制と重複するかぎりにおいて，従来児童の性的保護の役割を果たしてきた*青少年保護条例*の淫行処罰規定は効力を失うこととなった(附則2条).

2 内容　(1) 本法は，18歳未満の者を児童とし(2Ⅰ)，「児童に対する性的搾取及び性的虐待が児童の権利を著しく侵害することの重大性にかんがみ，……児童の権利の擁護に資することを目的とする」(1)．この目的を達成するために，児童買春・児童ポルノに係る行為等を処罰する一方で，これらの行為により心身に有害な影響を受けた児童の保護のための措置を講じている．具体的には，捜査・公判における被害者である児童への配慮(12)，被害者である児童に関する報道の禁止(13)，心身に有害な影響を受けた児童の保護のための措置や体制の整備(15・16)などがそれである．本法は，性的搾取・性的虐待から児童を保護するという目的のために児童買春等に係る行為を禁止する．その中心は，児童買春罪(4)であり，その法定刑は，3年以下の懲役または100万円以下の罰金である．このほか，児童買春周旋罪(5)，児童買春勧誘罪(6)，児童買春等目的人身売買罪(8Ⅰ)，児童買春等目的国外移送罪(8Ⅱ)が処罰されている．

(2) 本法2条2項の定義によれば，「児童買春」とは，①児童，②児童に対する性交等の周旋をした者，③児童の保護者または児童をその支配下に置いている者に対し，「対償を供与し，又はその供与の約束をして，当該児童に対し，性交等をすること」をいい，「性交等」とは，「性交若しくは性交類似行為をし，又は自己の性的好奇心を満たす目的で，児童の性器等(性器，肛門又は乳首をいう．以下同じ．)を触り，若しくは児童に自己の性器等を触らせること」をいうとされている．

(3) 本法は，さらに児童ポルノの頒布，販売等を処罰する(7)．その法定刑は3年以下の懲役または300万円以下の罰金である．2条3項の定義によれば，児童ポルノとは，写真，ビデオテープその他の物であって，①児童を相手方とするまたは児童による性交または性交類似行為に係る児童の姿態を視覚により認識することができる方法により描写したもの，②他人が児童の性器等を触る行為または児童が他人の性器等を触る行為に係る児童の姿態であって性欲を興奮させまたは刺激するものを視覚により認識することができる方法により描写したもの，③衣服の全部または一部を着けない児童の姿態であって性欲を興奮させまたは刺激するものを視覚により認識することができる方法により描写したもののいずれかに該当するものである．「視覚により認識することができる方法により描写したもの」という文言は，電磁的記録物も含む趣旨である．以上のような児童ポルノの定義を前提に，本法7条は，児童ポルノの頒布，販売，業としての貸与，公然陳列(Ⅰ)，第1項目的で

の児童ポルノの製造，所持，運搬，本邦への輸入，本邦からの輸出(Ⅱ)，さらに，第1項目的で日本国民が児童ポルノを外国に輸入し，外国から輸出する行為(Ⅲ)を処罰する．ただし，児童ポルノの単純所持までは処罰されていない．

[西田典之]

自動車検問 **1 定義および諸形態**
犯罪の予防・検挙のため，警察官が走行中の車両を停止させ，自動車を見分し，当該車両の運転者等に対し必要な事項を質問すること．一般に，目的の違いによって，①交通検問(交通違反の予防・検挙を目的とする)，②警戒検問(不特定の一般犯罪の予防・検挙を目的とする)，③緊急配備検問(特定の犯罪発生後の検挙と情報収集を目的とする)の諸形態に区別される．これらについては，走行中の自動車を停止させることの法的根拠が問題になる．運転者および同乗者，自動車自体に外観上不審な点が認められる場合には，いずれの形態についても警察官職務執行法上の*職務質問'(2Ⅰ)として停止させることができ，また①②に関しては道路交通法上の危険防止措置・車両検査としての停止(道交61・63・67)が可能である．さらに③については，刑事訴訟法上の任意捜査(刑訴197Ⅰ)としても行われうる．そこで問題となるのは，①②において，外観上不審な点が存在しないにもかかわらず，走行中の自動車を無差別・一斉に停止させて質問を行うことは適法か，また適法とした場合の法的根拠は何かである．

2 無差別・一斉検問の法的根拠 学説は，(1)適法説と(2)違法説に大別され，(1)はさらに，根拠規定を何に求めるかによって，(a)警察官職務執行法2条1項説，(b)警察法2条1項説，(c)憲法31条説(または33条・35条説)に分かれる．(a)は職務質問のための停止として許容されると理解し，(b)は「警察の責務」としての「交通の取締」から導かれるとする．(c)は，適正手続の保障の下で，具体的必要性と相当性の視点から警察力の行使を基礎づけようとするものである．もっとも(a)に対しては，外観上不審な点が存在しないのであるから警察官職務執行法2条1項の解釈論を超えているとの批判，(b)に対しては，警察法は組織法であって作用法ではないから具体的な権限の根拠とするのは妥当ではないとの批判が提起されている．また(c)に対しても，下位規範を離れて憲法に実質的内容を盛り込み，裁判所に合理的な線引きを期待することは法的安定性を欠くとの指摘がある．他方，(2)は現行法に根拠を求めることには無理があり，立法的措置に委ねるべきことを主張する．

判例は，一斉警戒検問について，警察官職務執行法2条1項に法的根拠を求め，同条は職務質問の要件の存否を確認するため自動車の停止を求める権限をも合わせて与えたものであるとしていた(大阪高判昭38・9・6高刑16・7・526)．その後最高裁は，一斉交通検問について「警察法2条1項が『交通の取締』を警察の責務として定めていることに照らすと，交通の安全及び交通秩序の維持などに必要な警察の諸活動は，強制力を伴わない任意手段による限り，一般的に許容されるべきものであ」り，「自動車の運転者は，公道において自動車を利用することを許されていることに伴う当然の負担として，合理的に必要な限度で行われる交通の取締に協力すべきものである」から，(一斉交通検問は)「相手方の任意の協力を求める形で行われ，自動車の利用者の自由を不当に制約することにならない方法，態様で行われる限り，適法なものと解すべきである」としている(最決昭55・9・22刑集34・5・272)．

[城下裕二]

児童自立支援施設 *児童福祉法'の施設であり，*不良行為'をなし，またはなすおそれのある児童および家庭環境その他の環境上の理由で生活指導等を要する児童を入所させ，または保護者の下から通わせて，個々の児童の状況に応じて必要な指導を行い，その自立を支援する(児福44)．1997(平9)年の改正(翌年施行)により，不良行為児童の入院教護を目的とした教護院が，対象を広げ，通所も扱う自立支援施設となった．沿革的には，旧刑法下の懲治場制度に対抗して保護・教育理念から始った感化院が，1900(明33)年の感化法により，8歳以上16歳未満の不良・虞犯少年，懲治場留置の言渡しを受けた幼者，裁判所の許可により懲治場に収容すべき者を収容し，感化，教護を行う施設として定められ，都道府県への設置の義務づけ(明41)，大正少年法による矯正院との併存，国立感化院たる武蔵野学院の設立と内務省による管轄，

少年教護法による少年教護院への名称変更(昭9)を経て，児童福祉法(昭22)の教護院となった．国立2，公立54，私立2を数えた教護院は，教護とその妻である教母が少人数の児童とともに一般家庭と同様の日常生活を共にしながら，適切な観護を加え，不良性を指導，改善し，将来，社会の健全な一員として自立できるように教育する夫婦小舎制を基本とした．児童相談所における社会調査や心理的・医学的検査の結果による分類収容のもと，生活，学科，職業の指導が児童の不良性を除くことを目的に行われたが(児童福祉施設最低基準)，職員による院内教育として行われる義務教育課程の学科指導が内容的に不十分とされながら，中学卒業以後の指導が困難であることから中学卒業時点で退所させ家庭復帰をはからざるを得ない状況があった．

児童自立支援施設への入所は，児童相談所長からの報告(児福26)，家庭裁判所からの送致(少18)のあった児童に対する都道府県の措置のひとつとして行われる．親権者または後見人の意に反して入所措置をとることはできず(児福27)，原則として児童には行動の自由が認められ，施設は開放的である．国立のもの等で行動を制限するなど強制的措置をとるには家庭裁判所の判断が必要である(27の2，少6Ⅲ・18Ⅱ)．少年法における*保護処分'としての児童自立支援施設または*児童養護施設'への送致決定を受けた児童については，都道府県は決定に従って入所させなければならず，児童福祉法の適用については上記の入所措置とみなされる(児福27の2)． [吉岡一男]

児童相談所 *児童福祉法'における中心的な児童福祉機関であり，都道府県には，設置が義務づけられている(児福15)．その業務は，主として①各般の児童問題につき家庭等からの相談に応じる，②児童とその家庭について，必要な調査と，医学的，心理学的，教育学的，社会学的および精神保健上の判定を行う，③この調査または判定に基づいて児童と保護者に対して必要な指導を行う，④児童の一時保護を行うことである(15の2)．児童相談所長は，(家庭裁判所に通告すべき犯罪少年は除き)保護者のない児童または保護者に監護させることが不適当であると認める児童を発見した者からの通告(25)，福祉事務所長からの送致(25の2)，家裁からの送致(少18Ⅰ)を受けた児童および相談に応じた児童とその保護者または妊産婦について，①都道府県による措置(児福27)を要する者の知事への報告，②児童または保護者を児童福祉司(11)，児童委員(12)に指導させ，または(都道府県設置以外の)児童家庭支援センター(44の2)に指導の委託，③福祉事務所(18の2)の知的障害者福祉司または社会福祉主事による指導(25の2②)が適当と認める者は福祉事務所に送致，④助産施設(36)母子生活支援施設(38)への入所措置(22・23)を要する者を各自治体の長に報告・通知，⑤保育所での保育(24Ⅰ)が適当と認める児童を市町村長に通知，のいずれかの措置をとらなければならない(26Ⅰ)．①の報告書には，児童の住所，氏名，年齢，履歴，性向，健康状態，家庭環境，措置についての児童と保護者の意向，その他児童の福祉増進に関し参考となる事項を記載しなければならない(26Ⅱ)．この報告を受けた児童と，強制的措置を要するとして家裁に送致していた児童(少6Ⅲ)について家裁からの送致があったもの(少18Ⅱ)について，都道府県は，①児童または保護者に訓戒を加え，または誓約書を提出させること，②児童または保護者を児童福祉司，知的障害者福祉司，社会福祉主事，児童委員，児童家庭支援センターの職員に指導させるか，指導を委託すること，③児童を里親もしくは保護受託者に委託し，または乳児院，*児童養護施設，知的障害児施設，同通園施設，盲ろうあ児施設，肢体不自由児施設，重症心身障害児施設，情緒障害児短期治療施設，*児童自立支援施設'に入所させること，④家裁の審判に付することが適当であると認める児童の家裁送致，のいずれかの措置をとらなければならない(27)．→少年保護手続 [吉岡一男]

自動速度監視装置 車両の走行速度を測定して速度違反を取り締まるために設置された監視装置のこと．道路の一定箇所に固定設置された機械により，走行する車両の速度を測定するとともに，違反車両の運転者，ナンバープレート等を写真撮影する方式が用いられている．このような捜査方法については，写真撮影の合

憲性・適法性，速度測定の正確性をめぐって議論があった．運転者らの肖像権，プライバシーの利益を軸として違憲の主張もなされたが，判例は，自動速度監視装置による写真撮影が，現に犯罪が行われている場合になされ，犯罪の性質，態様から緊急に証拠保全する必要があり，方法も一般的に許容される限度内の相当なものであるときは，憲法13条に違反せず，その際，同乗者らの容貌を撮影することになっても，憲法13条・21条に違反しないとしている（最判昭61・2・14刑集40・1・48）．→科学的証拠

[長沼範良]

児童福祉法　児童が心身ともに健やかに生まれ育成されるよう努めることを国民の義務とし，すべての児童が生活を保障され愛護されることを理念として（児福1），第2次世界大戦後制定された（昭22法164）．国および地方公共団体に，児童の保護者とともに，児童を心身ともに健やかに育成する責任を負わせる（2）．18歳未満者を児童とし，1歳と小学校就学を境に，乳児，幼児，*少年'に三分する（4）．妊娠中と出産後1年以内を妊産婦（5）とし，親権者，後見人その他で児童を現に監護する者を保護者（6）として，児童とともに福祉・保護の対象としている．

児童福祉機関として，児童，妊産婦および知的障害者の福祉に関する事項を調査審議する児童福祉審議会（8以下，中央は委員55人以内，都道府県は20人以内，市町村の設置は任意），児童福祉司と児童委員（11以下），*児童相談所'と，福祉事務所及び保健所の児童福祉に関連する業務の定め（15以下）がある．

福祉の措置および保障としては，身体障害児の療育指導（19）以下の規定があるが，少年の犯罪・非行と関連するものとしては，児童相談所長や都道府県のとるべき措置（26・27）が重要である．児童または保護者に訓戒を加え，または誓約書を提出させること（27Ⅰ①）や，*児童自立支援施設'（かつての教護院，感化院）に入所させること（同③）などは，ある種の制裁賦課による統制手段ともいえる．ただ，このような施設入所も，保護者の意に反しては行えず（27Ⅳ），児童の行動の自由を制限したり奪ったりする強制措置を必要とするとき（27の3）や，家庭裁判所の審判が適当と認める児童（27Ⅰ④）は，家庭裁判所に送致し，*少年保護手続'に委ねることになる．その他，保護者の児童虐待の場合の措置（28以下）や（→*児童虐待防止法'），禁止行為（34）の規定がある．後者では，児童に*淫行'をさせる行為（34Ⅰ⑥）が10年以下の懲役または50万円以下の罰金，身体に障害等がある児童を公衆の観覧に供する行為など（同①〜⑤，⑦〜⑨）と児童養護施設や児童自立支援施設における入所児童の酷使（34Ⅱ）は1年以下の懲役または30万円以下の罰金といった罰則規定がおかれている（60）．

事業および施設としては児童居宅生活支援事業（34の3）以下の規定があり，教護院を児童自立支援施設に変えたこと（平成9年改正）などには，自立の支援をめざした福祉におけるノーマライゼーション的発想も窺える．なお，平成13年に保育士等の規定（第1章6節），秘密保持義務（34の3の2）など大幅改正が行われた．

[吉岡一男]

児童養護施設　*児童福祉法'による施設であり，乳児を除いて，保護者のない児童，虐待されている児童その他環境上養護を要する児童を入所させて，これを養護し，あわせてその自立を支援することを目的とする（児福41）．乳児を対象とする児童福祉施設（7）としては乳児院がある（37）．平成9年の改正により，養護施設から名称変更され，自立の支援が目的に付加された．沿革的には，明治，大正から昭和戦前までの孤児院が，被虐待児童や極貧養育不能家庭の児童をも収容し，間接的な非行対策を担っていたのが，児童福祉法（昭22）の養護施設として引きつがれた．寝食を共にして指導する夫婦小舎制の基本は，近時，通勤制，交代制に変わりつつある．

*児童自立支援施設'（教護院）に比して不良性・非行性は微弱なものが対象となるが，都道府県による入所の措置が親権者等の意に反しえないこと（27），少年法における*保護処分'として児童養護施設送致決定があり（少24Ⅰ②），強制的入所となること，また，児童福祉施設退所児童指導実施要項（昭42）により，退所後1年ほど指導員の訪問と適切な助言・指導といったアフターケアが行われることなどは児童自立支援施設と共通する．

[吉岡一男]

自白 **1 自白と*拷問*** 訴追されている犯罪が自分の犯行であると認める供述。自白はかつて証拠の女王と扱われていた。近世ドイツのカロリナ刑事法典は、犯人の自白または2人以上の証人の証言を、刑を言い渡すための要件としていた。江戸時代の幕府法では、有罪判決には原則として、被疑者による犯罪事実の供述と刑事責任の承認を録取した書面である「吟味詰り之口書」が必要であった。1873(明6)年の*改定律例'318条は「凡罪ヲ断スルハ*口供結案'ニ依ル」と規定して、自白重視の制度を採用していた。自白があれば有罪とでき、自白ないし確実な証拠がなければ有罪とできない裁判制度の下で捜査機関は、たとえ過酷な拷問をしてでも自白を獲得しようとする。1876(明9)年の同条改正により*自由心証主義'を採用し、1879(明12)年に拷問を明確に禁止して以降も、拷問は太平洋戦争の敗戦まで続いた。これは、容疑者に自白を迫る捜査方法が、犯罪事実の解明・共犯や余罪の発見のために、簡便・有効だからでもあった。*日本国憲法36条'が「公務員による拷問及び残虐な刑罰は、絶対にこれを禁ずる」と拷問禁止を明記したのは、過去の事態を繰り返させないためである。

2 自白の利用制限 犯罪事実の認定に自白を用いることに対して、現在ではさまざまな利用制限が科されており、また、限界が認識されている。拷問などによる自白に限らず、利益の約束をして得た自白、誘導・欺罔などを用いて得た自白等々、被疑者の意思決定の自由、記憶力、判断力などを侵害する恐れのある自白の*証拠能力'が制限されている。すなわち、日本国憲法38条1項は「何人も、自己に不利益な供述を強要されない」と、2項は「強制、拷問若しくは脅迫による自白又は不当に長く抑留若しくは*拘禁'された後の自白は、これを証拠とすることができない」と規定している。また、自白を重視しすぎると拷問などを生じるおそれがあること、および、*事実認定'を自白のみに依存すると誤判を生じる恐れがあることを理由に、日本国憲法38条3項が自白に*補強証拠'を要求することにより自白の証明力に制限を加えるとともに、事実認定上の注意則が過去の誤判事例などから抽出され整理されてきている。とりわけ近年は、*供述心理学'による研究成果の蓄積が著しい。したがって、警察や検察官とりわけ裁判官がこれらの制限や注意則を遵守すれば、誤判の発生を減少させうる。しかし、これらは、犯罪事実の認定への自白の利用を禁止するものではない。いわゆる客観的証拠のみでは、犯罪事実の細部や犯行の動機などまでは解明できず、被疑者の取調べを行うことは必要不可欠である。ただし、録音やビデオ利用など、取調べ過程を現在よりも格段に可視化すべきである。

3 自白と有罪の答弁(plea of guilty) アメリカの刑事裁判で公判(trial)が行われるのは、被告人が犯罪事実を争う事案のみである。すなわち、被告人の有罪の答弁が受理されると公判は省略されて量刑手続に移行する(これは*アレインメント'(arraignment)制度と呼ばれる)。当事者主義を徹底すれば、公判廷の自白と公判廷外の自白とを別扱いするアレインメント制度に至ることになる。日本国憲法38条3項と刑事訴訟法319条が、公判廷の内外を問わず自白のみによる有罪認定を禁止し補強証拠を要求していることを理由に、日本ではアレインメント制度の採用が禁止されていると解されている。しかし、有罪の答弁は自白内容の真実性を確認して受理されるのであり、アレインメント制度の採用はこれらの規定と矛盾しない。むしろ、犯罪事実に争いのない事案にも公判を行うことが事実認定における自白の重視を生じ、犯罪事実を争う事案に誤判を生みがちなことこそ問題である。→公判廷の自白、共犯者の自白、秘密の暴露、有罪である旨の陳述、不利益な事実の承認、マクナブ・ルール、犯人識別供述

[荒木伸怡]

自白法則 **1 人権擁護説と違法排除説** 自白を事実認定の証拠として用いるための要件、すなわち、*証拠能力'に関する要件。刑事訴訟法319条1項が日本国憲法38条2項を受けて、「強制、*拷問'又は脅迫による*自白'、不当に長く抑留又は拘禁された後の自白その他任意にされたものでない疑のある自白は、これを証拠とすることができない」と規定しているため、自白法則は自白の任意性とも呼ばれる。自白の任意性を否定する理由について、*黙秘権'の侵害があったことを挙げる人権擁護説、当該自白の

採取過程が違法であったことを挙げる違法排除説、このような方法で採取された自白が虚偽である恐れが大きいことを挙げる虚偽排除説があり、任意性を否定して排除する自白の範囲に差異がある。日本国憲法38条1項によれば、「何人も、自己に不利益な供述を強要されない」。また、刑事訴訟法291条2項により、刑事裁判の冒頭手続において裁判長は「被告人に対し、終始沈黙し、又は個々の質問に対し陳述を拒むことができる旨」を告げなければならない。黙秘権を告知すべきことは、被疑者の取調べについても同様である。それゆえ、黙秘権を告知せずに自白を得ることは、黙秘権侵害であり違法であることが明白である。しかし、黙秘権保障の中心である「自白を強要されないこと」については、行われた取調べがそれに該当するか否かの基準が明白ではありえない。人権擁護説が意思決定の自由すなわち内心に着目するのに対し、違法排除説は自白の採取過程など外面に着目する。外面は内心と比較すれば基準明白化しやすい。しかし、明文のある強制・拷問・脅迫などでも強度のものから低度のものまで幅があり、どこに線を引くべきかに価値観の差が反映してしまう。まして、抑留または拘禁が「不当に長い」か否かや、「その他」が任意か否かには、価値観の差が当然に反映してしまう。それゆえ、基準の明白化が違法排除説の課題である。

2 虚偽排除説と裁判実務 強制・'拷問'・脅迫や不当に長い抑留・拘禁などは、類型的に虚偽自白を生み出しやすい自白採取方法であると説明されている。この点について、これらの方法で採取された自白は類型的には虚偽でないという実証研究成果もないわけではない。しかし、自白に依存している可能性がある判決の事実認定との対比により自白が虚偽であるか否かの判定を行うことはできず、実証研究には実施上の困難がある。個別の自白が虚偽であるか否かは、証拠能力のレベルではなく'証明力'レベルの判断である。また、厳格な意味での'秘密の暴露'があれば、自白内容が虚偽でないことが担保される。それゆえ、自白採取方法が違法であれば、たとえ自白内容が虚偽でないと判明しても証拠能力を否定する違法排除説と比較して、虚偽排除説では自ずと、自白の証拠能力を否定する範囲が狭くなり、証明力判断に委ねる範囲が広くなる。陪審制の下では、証拠能力の判断を裁判官が、証明力の判断を陪審員が行うので、両者の判断が交錯することはない。これに対し、職業裁判官制であるわが国では、いずれの判断も裁判官に委ねられている。また、わが国では'供述録取書'が多用されており、期日間隔も長いので、法廷ではなく裁判官室でじっくりと訴訟記録を読みつつ事実認定が行われることとなる。その結果、わが国の裁判実務では、原則として虚偽排除説をとりつつ、証明力がないから証拠能力がないという判断や、証明力があるから証拠能力もあるという判断が行われがちである。ただし、切り違い尋問が行われたことを理由に自白の証拠能力を否定した判例があり、わが国の裁判実務は違法排除説の採用を拒絶している訳ではない。　　　　　　　　　　［荒木伸怡］

支払用カード電磁的記録に関する罪

1 意義 平成13年第151回国会において成立した刑法の一部改正（法97号）により新設されたクレジットカードなどの電磁的記録部分の偽造に関する罪をいう。

2 背景 クレジットカードなどの電磁的記録を構成部分とする支払用カードは広く普及して対面的取引における支払い決済手段として使用されているが、近時、カードの磁気情報などを機械的手段によりひそかに取得するスキミングといわれる行為が横行し、その情報を用いてカードを偽造し、この偽造カードを使用して商品を購入・換金する等の行為が頻発していた。クレジットカードの偽造自体は、刑法161条の2'電磁的記録不正作出罪'によっても対処可能であるが、①法定刑が'有価証券偽造罪'に較べ低いこと、②輸入や交付罪がないこと、③カード情報の不正取得自体も処罰の必要があること、④比較法的に見れば偽造カードの所持自体も処罰する必要があること、などの理由からあらたな立法が必要であった。

3 内容 刑法典第18章'有価証券偽造の罪'のつぎに「第18章の2 支払用カード電磁的記録に関する罪」が置かれ、刑法163条の2から163条の5までが新設された。規定の内容はつぎのとおりである。人の財産上の事務処理を誤らせる目的で、その事務処理の用に供する電磁

的記録であって、クレジットカードその他の代金または料金の支払用のカードを構成するものを不正に作った者は、10年以下の懲役又は100万円以下の罰金に処する。預貯金の引出用のカードを構成する電磁的記録を不正に作った者も、同様とする(163の2 I)。偽造カードの供用行為(II)、偽造カードの譲り渡し、貸し渡し、輸入行為(III)も同様に処罰される。本条1項前段の電磁的記録を構成部分とする支払用カードには、*クレジットカード'のほか*デビットカード'、*プリペイドカード'などの支払い決済を目的とするカードが含まれる。将来は、ICカードや電子マネーなども含まれることになろう。他方、キャッシュカードは、一般的には預貯金の引出に使用されるものであるが、ATM機により代金や債務の振り替え送金にも利用されており、これらも広い意味では支払いといえること、デビットカードとキャッシュカードとは機能の点で異なるのみであり、外観上は同じであることからキャッシュカードも対象に含めなければ、実際の取締りにおいては不都合であることなどの理由から、1項後段において別途保護の対象とされている。このような書き分けにより、支払い決済の機能をもつ磁気情報カードであっても、原則としては対面的支払い決済に使用されるカードが保護の対象であり、キャッシュカードに限って例外とされることが明確となった。それゆえ、貸金業者が発行するローンカードなどは含まれないことになる。

他方、判例によれば、これまで*テレホンカード'の偽造は、刑法162条の有価証券偽造にあたるとされてきたが、今後は、ホワイトカードに磁気情報部分のみを貼付した場合も含めて、プリペイドカードの偽造には本条が適用されることになろう。162条の法定刑が3月以上10年以下の懲役であることを考慮すれば、今回の立法は、その限りにおいて判例を変更したものといえよう。

以上の行為のほか、偽造カードの所持自体も5年以下の懲役または50万円以下の罰金で処罰される(163の3)。また、カード偽造の目的で電磁的記録の情報を不正に取得する行為(いわゆるスキミング)、情を知って、その情報を提供する行為も同様の法定刑で処罰される(163条の4 I)。不正に取得された電磁的記録の情報を保管する行為(II)、カード偽造の目的で器械・原料を準備する行為(III)も同様である。163条の2および163条の4第1項の未遂を罰する。なお、本改正にともない、関税定率法21条1項の禁制品のなかに偽造カードを加える等関連する法律についても所要の改正が加えられている。
　　　　　　　　　　　　　　　　　［西田典之］

自　判　上訴裁判所が原裁判を*破棄'あるいは取り消す際に、同時に原裁判所に代わって事件についての最終的な裁判をすることをいう。自判は、控訴(刑訴400但)、上告(413但)、抗告(426 II)のいずれにおいても認められている。控訴審についての条文の形式上は、破棄の場合、事件を原裁判所に*差戻し'または他の裁判所に*移送'するのが原則であり、自判は例外のように定められている(400)。しかし、実際には、控訴審で原判決が破棄された場合、自判される例の方が多い。自判は、差戻審における審判を省略する効果を持つから、裁判の迅速化に役立つ。その反面で、当事者の持つ*審級の利益'を制限するという問題を生じさせる。そのため刑事訴訟法は、第1審判決の誤りが、不法に公訴を不適法とした点にある場合(398)および不法に管轄を肯定した点にある場合(399)には、自判を許していない。また、自判が*事後審'としての上訴裁判所の役割を超えるのではないかが、問題とされることもある。それはたとえば、書面中心の審理によって、事実問題について自判してもよいかという問題として現れる。判例は、犯罪事実の存在を確定しないで無罪とした原判決を控訴裁判所が破棄して有罪の自判をするためには、*事実の取調べ'を経ていなければならないとしている(最判大昭31・7・18刑集10・7・1147、最判昭34・5・22刑集13・5・773)。被告人側だけが上訴した事件では、自判の内容は、*不利益変更禁止の原則'によって制約される。
　　　　　　　　　　　　　　　　　［後藤　昭］

事物管轄　第1審裁判所の*管轄'には、事件の場所的関係による*土地管轄'とともに、事件の軽重や性質に基づくものがあり、それを事物管轄と呼んでいる。この2つの定めにより、当の事件は、〈どこの〉〈どの〉裁判所がその審判を担当するのか、という分配が決まる(ほかに、

上訴の関係で'審級管轄'が規定されている）．

第1審裁判所としては，一般的な犯罪について簡易裁判所と地方裁判所があり，さらに特定の犯罪に対して家庭裁判所と高等裁判所がおかれている（地裁と家裁の間に上下の関係はない）．

簡易裁判所は，罰金以外の刑に当たる罪，選択刑として罰金が定められている罪および常習賭博罪，賭博場開張図利罪（刑186），窃盗罪，同未遂罪（刑235・243），横領罪（刑252），盗品譲受罪（刑256）にかかる事件について管轄権をもつ（裁33Ⅰ②）．ただ，一部の罪（窃盗など）について3年以下の懲役を科すことができるほかは，禁錮以上の刑を科すことができない——科刑権の制限（裁33Ⅱ）．この制限を超える刑を科すのが相当である場合には，事件を地方裁判所に移送することになる（刑訴332，裁33Ⅲ）．

地方裁判所は，罰金以下の刑に当たる罪にかかる事件および高等裁判所の特別権限事件を除き，すべての事件について管轄権をもつ（裁24②）．いわば第1審の原則的な管轄裁判所であり，したがって多くの場合に簡裁と管轄が競合する（ただ，いわゆる公害犯罪については地裁が専属的な管轄権をもっている，公害犯罪7）．

家庭裁判所は，少年法によって，少年の福祉を害する成人による一定の罪について管轄権を与えられている（裁31の3Ⅰ③）．これらの事件については，地裁と管轄が競合することになるが，必ず家裁に公訴を提起しなければならないのである（少37Ⅰ）．

高等裁判所は，内乱罪についてとくに管轄権をもつ（裁16④）ほか，独占禁止法85条3号により，東京高等裁判所が管轄権をもつ事件がある． ［米山耕二］

私文書偽造罪 **1 私文書の意義** 私文書偽造罪とは，行使の目的で，他人名義を冒用して私文書を作成する行為（権限なくして他人名義の私文書を作成する行為）である．私文書とは「権利，義務若しくは事実証明に関する文書」である（159）．「権利，義務に関する文書」とは，たとえば，受信人に対して一定の金額を送付するよう要求する内容の文書である（大判大11・9・29刑集1・505）．他方「事実証明に関する文書」とは，実社会生活に交渉を有する事項を証明するに足りる文書であればよい，と解されている（大判大9・12・24刑録26・938）．その例としては，書画の箱書（大判昭14・8・21刑集18・457．書画が真筆によるという事実を証明するに足る文書だとする），自動車登録事項等証明書交付請求書（東京高判平2・2・20高刑43・1・11．請求者が証明書の入手を請求する意思を表示したことを証明するものとして，実社会生活に交渉を有する事項を証明するに足りる文書だとする），私立大学の入試答案（最決平6・11・29刑集48・7・453．採点，合否判定を経るとはいえ，答案は志願者の学力の証明に関するものであり，社会生活に交渉を有する事項を証明する文書に当たるとする）等がある．このように，判例によれば，私文書の範囲を「事実証明に関する」という要件で限定することは困難になっているといえよう．

2 偽造の意義 1で述べた偽造概念によれば，名義人の承諾に基づく文書作成は，偽造罪（有形偽造）を構成しない．しかし判例は，交通取締りの現場で，承諾を得た他人の名前で交通事件原票を作成した行為（最決昭56・4・8刑集35・3・57），私立大学の入試会場で，承諾を得た他人の名前で答案を作成する行為（東京高判平5・4・5高刑46・2・35．ただし傍論）につき，偽造罪の成立を肯定した．他方で，有形偽造とは，（私）文書の作成名義人と作成者の人格の同一性を欺罔する行為とも定義される．そこでたとえば，作成者の人格を特定するに足る仮名で文書を作成する行為は，名義人と作成者の人格の同一性を欺罔するものではなく，偽造とはならない．しかし判例は，他人の名前で外国人登録証明書を取得し，その名前を自己の氏名として長期間，公然と使用していた密入国者が，当該名前で再入国許可申請書を作成した行為につき，偽造罪の成立を肯定した（最判昭59・2・17刑集38・3・336）．そこで，これら判例との関係で，従来の偽造（有形偽造）概念が再検討されている．→偽造文書行使罪，文書偽造罪

［今井猛嘉］

紙幣類似証券取締法 取引に基づかずに金額を定めて多数に発行し，紙幣に類似する作用をもつと認められる証券，価格を表示して物品の給付を約束する証券の発行または流通を

禁止し（１Ⅰ・Ⅱ），主務大臣の禁止の公告後，発行または流通の目的を持って授受した証券を無効とし(2)，その違反を処罰するとともに，証券を没収する法律（明39法51）．

*通貨偽造'・*有価証券偽造'等各種偽造罪にいう*偽造'・*変造'に至らない行為は*通貨及証券模造取締法'の対象となるが，模造ともいえない行為はそれ自体処罰の対象とせず，その発行・流通を禁止し，その禁止違反のみを処罰する法律である．→通貨偽造罪　　　　［島岡まな］

司法官憲（英）judicial officer　憲法が規定する*逮捕'・*捜索'・*押収'に関する令状発行の権限を有する機関であり（憲33・35），judicial officerの訳語である．憲法は，*令状主義'による司法的抑制を通して，捜査手続における人権保障をまっとうしようとしたものであり，このことから，司法官憲とは，通常裁判官またはこれに準ずる司法部の職員を意味すると解されている．これは，たとえば，米法におけるコミッショナー（commissioner）のような令状発付の権限を有する司法部の公務員を設ける可能性をもつが，刑事訴訟法が令状発行権限者を裁判官に限定したことから（刑訴199・207・218など），司法官憲とは裁判官を指す．
［山本正樹］

司法共助（独）Rechtshilfe　裁判所が，裁判事務について，互いに必要な補助をすることをいう（裁79）．事件の処理全体を他の裁判所に委ねるのではない点で，移送とは異なる．刑事訴訟法上は，受訴裁判所が，他の地方裁判所，家庭裁判所，簡易裁判所の裁判官に，被告人の勾引，押収・捜索，検証，証人尋問および鑑定を嘱託することができるとする規定が置かれている（刑訴66・125・142・163・171）．嘱託を受けた裁判官は，*受託裁判官'として証拠調べ等を行うことになる．その際には，嘱託を行った裁判所と同等の権限を有するのが原則である．

この嘱託が外国の司法機関に対して行われる場合が，*国際司法共助'である．民事訴訟法（民訴184）と異なり，刑事訴訟法には，その手続等を定めた明文規定はないが，受訴裁判所は，その訴訟指揮権に基づき，証拠調べの嘱託を行う権限を有すると解されている（東京高判昭59・4・27高刑37・2・153）．　　　［川出敏裕］

司法警察（独）Judizielle Polizei（仏）police judiciaire　*警察'は，その作用により，各種行政法規に基づき，公共の安全と秩序を維持する行政警察（Administrative Polizei）と刑事訴訟法に規律されて犯罪の捜査等の司法作用をつかさどる司法警察とに区分される．

旧刑事訴訟法において，司法警察は，捜査を主宰する検事（検察官）の指揮・命令を受けて，司法警察官・司法警察吏として検事を輔佐し捜査の補助をするものとされていた．

現行制度においては，司法警察は，独立の捜査機関として，原則として検察官と対等・協力の関係にあるが（刑訴192），他方で，捜査に関し検察官に一般的指示権・一般的指揮権・捜査の補助のための具体的指揮権があるほか（193），勾留請求（刑訴207）・証人尋問請求（226）ができないなど，その権限において検察官との差異がある．さらに，司法警察が行った犯罪の捜査結果は，原則として検察官に送致しなければならず，自ら捜査を終結させることはできない（246）．現行法は，この司法警察活動を行う警察官を*司法警察職員'とし（189Ⅰ），これには司法警察員と司法巡査とがあり，権限を異にしている．また，警察官である一般司法警察職員（189）と，そうでない特別司法警察職員（190）とがある．

行政警察は，さらに，狭義の行政警察（Verwaltungspolizei）と保安警察（Sicherheitspolizei）とに分かれる．前者は，他の行政作用に関連して生ずる社会の障害を除去するために，他の行政作用に随伴して行われる警察作用をいい，衛生・交通・産業・建築等の行政各部門に関連して行われる活動をその責務とする．後者は，社会の安寧秩序を保持するために，他の行政作用に随伴することなく，それ自体独立して行われる警察作用をいい，集会・結社・多衆運動等に関する警察，選挙等に関する警察，外国人に関する警察，風俗に関する警察，災害に関する警察などに分類される．　　　［山本正樹］

司法警察職員　刑事訴訟法において捜査の権能を与えられている機関である．これには，司法警察員と司法巡査があるが（刑訴39

Ⅲ），これらは，官名でも職名でもなく，刑事訴訟法上の資格を示すにすぎない．この区分は国家公安委員会規則によって定められている．一般には，*警察官'の階級（警62）で巡査部長以上（警部補，警部，警視，警視正，警視長，警視監，警視総監）が司法警察員，巡査が司法巡査である（刑訴に基づく司法警察職員規則1）．司法警察職員は*検察官'の一般的指示・一般的指揮・具体的指揮を受けることがあり（刑訴193），その捜査結果は，特別の規定のある場合を除いては，司法警察員より検察官に送致しなければならない（刑訴246）．

司法警察職員は，一般と特別に分かれる．一般司法警察職員とは警察官であり（刑訴189Ⅰ），「犯罪ありと思料するとき」捜査を行う．特別司法警察職員とは，「森林，鉄道その他特別の事項について司法警察職員として職務を行うべき者」であり，この者とその職務範囲については，別に法律に定める（刑訴190）．これには，司法警察職員等指定応急措置法（昭23法234），およびその引用する司法警察官吏及司法警察官吏ノ職務ヲ行フヘキ者ノ指定等ニ関スル件（大12勅528）による場合と単行法による場合がある．

前者には，監獄等における犯罪について監獄の長その他の監獄職員，国有・公有林野とその林野の産物に関する罪や林野・国営猟区における狩猟に関する犯罪について営林局・営林署に勤務し，とくに指名された農林事務官・農林技官，当該船舶内の犯罪について船長等などがある．後者には，労働基準監督官（労基102），船員労務官（船員108），海上保安官・海上保安官補（海保31），麻薬取締官・麻薬取締員（麻薬54），郵政監察官（郵政事業庁設置法14），鉱務監督官（鉱業37），漁業監督官・漁業監督吏員（漁業74⑤），自衛隊の警務官（自衛96）がある．

なお，司法警察職員ではないが，刑事訴訟法上の捜査権限をもつ機関として，国税庁監察官（財務省設置法26）がある．また，同様の機関として鉄道公安職員（鉄道公安官）があったが，国鉄解体後は都道府県警察の鉄道警察隊がその任にあたる． ［山本正樹］

司法権の独立 司法権の独立とは，まず第1に，三権分立により，立法，行政，司法と分かたれた国家の作用のうちのひとつである司法が，立法，行政から侵害，干渉，影響を受けないことを意味するものである．第2に，裁判官が具体的な訴訟に際し，裁判官としての良心にのみ従い，法律上も事実上も他から干渉を受けることなく，その職権を行使できることをいう．後者は前者を前提とするものであり，その前者の意味での司法権の独立は*大津事件'で確立したとされる．

立法府や行政府は国民全体の利益を配慮し，最大多数の最大幸福を目指して活動するのに対し，司法は個人の具体的な事情を考慮したうえで，紛争の合理的解決を図るものである．そこで裁判は，個人にとっては主張すべきことを主張しうる，紛争解決の最後の拠りどころであり，そうだからこそ裁判は公平，公正なものでなければならない．裁判所も，第三者からの影響や圧力を受けてはならず，当事者の一方に偏ることなく，中立性を維持しなければならない．公平性，公正さ，中立性を失えば国民の司法に対する信頼を失うことになるからである．そのため司法は立法，行政から干渉を受けてはならず，裁判所も他からの働きかけを受けることがあってはならないのである．

憲法は，「すべて裁判官は，その良心に従ひ独立してその職権を行ひ，この憲法及び法律にのみ拘束される」（憲76Ⅲ）と規定し，この独立性を保証するため，身分保障を定めている（78）．憲法，法律に従うのは当然としても，ここにいう「良心」とは，裁判が個人の生の生活に接して紛争の合理的解決に当たるものであり，この活動をより良くなし得るようにとの配慮から独立性が保障されていることに鑑みると，証拠に照らして具体的な紛争を合理的に解決する心構えをいうものと解される．裁判官は，公の弾劾，回復困難な心身の故障のため職務をとりえないと決定された場合，国民審査により罷免される場合，定年に達した場合を除いて，免官，転官，転所，職務の執行停止，報酬の減額を受けることがない「身分保障」を受ける（裁48）．

こうした保障がなされていても，裁判批判，国政調査権との限界（浦和充子事件），裁判所の監督権の行使（吹田黙禱事件，平賀書簡事件）といった裁判官の職権行使の独立性を侵し得る事

実上または制度上の問題がある．[香川喜八朗]

司法前処理 (英) prejudicial disposition 刑事事件は公判と裁判という司法過程を経て最終的に処理されるが，そうした司法的過程における処理以前の段階で事件を処理することを司法前処理という．検察官の起訴猶予処分(刑訴248)や検察官指定事件についての警察段階での微罪処分(246但)がこれにあたるが，いずれも刑事手続内での処理であることに変わりはない．この点で，道路交通法上の反則事件や間接国税に関する反則事件における通告制度(道交125以下，税犯13以下)のように，刑事手続を回避して事件を非刑罰的方法で処理しようとする*ディヴァージョン'(diversion)とは異なる側面がある． [川崎英明]

島田事件 1954(昭29)年3月10日，静岡県島田市内の幼稚園から幼児が連れ去られ，3日後，死体で発見された事件．相当数の目撃者によって犯人が被害者を連れて歩いているところが目撃されていたが，犯人の特定には至らず，2ヵ月以上後になって，島田出身で放浪生活を送っていた赤堀政夫氏が別件の賽銭の窃盗で逮捕され，殺人を自白，起訴された．起訴後，赤掘氏は否認に転じたが，1958(昭33)年5月23日，静岡地裁で死刑判決が出され(静岡地判昭33・5・23判タ81・94)，控訴，上告も棄却されて死刑が確定した(いずれも未登載)．その後も赤堀氏は*再審'請求を続け，第4次請求の差戻し請求審で再審開始決定が出された(静岡地決昭61・5・30判時1193・31)．再審開始の決め手となったのは，被害者の胸の傷が自白通り死体発見現場で発見された石で成傷されたとする鑑定が新証拠によって覆され，そのこととあいまって自白の信用性が否定されたことであった．1989(平1)年1月31日，静岡地裁で無罪判決が出され(静岡地判平1・1・31判時1316・21)，これが確定，*免田事件'，*財田川事件'，*松山事件'に次ぐ4例目の死刑再審無罪事件となった．→徳島事件，白鳥事件 [水谷規男]

市民的及び政治的権利に関する国際規約 (英) International Covenant on Civil and Political Rights **1 成立と発効** 1966年12月16日，第21回国際連合総会で採択された条約．国際連合は人権および基本的自由の尊重の達成を目的のひとつとしたが(国連憲章1 II)，この目的のために，世界人権宣言に一定の拘束力を持たせることを目的とした条約として国際人権規約が起草された．国際人権規約は，経済的，社会的及び文化的権利に関する国際規約と市民的及び政治的権利に関する国際規約の2つの条約から成り(前者を社会権規約またはA規約といい，後者を自由権規約またはB規約という)，同時に，市民的及び政治的権利に関する国際規約の選択議定書も採択された．2つの規約はそれぞれ1976年に発効し，B規約の選択議定書もB規約と同日に発効した．2000年末現在，2つの規約とも約140カ国が加入している．日本も1979年，2つの規約を批准した．しかし，選択議定書は批准していない．1989年，国連総会は，B規約6条を基礎にする*死刑の廃止を目指す市民的及び政治的権利に関する国際規約の第2選択議定書'を採択したが，日本は未批准である．

2 権利規定 B規約は6部で構成されている．1部はすべての人民に対し自決の権利を与えている．2部は一般規定として人権実現の義務(2)，男女同等の権利(3)，権利制限事由と制限の限界(4・5)を規定している．3部はこの規約によって保障される具体的権利を定めている．4部が人権委員会 Human Rights Committee の設置などの実施措置，また5・6部が改正手続を規定する．刑事人権について，6条は生命に対する権利を保障し，死刑の制限，特別の手続保障，特赦・減刑を求める権利等を規定する．7条は拷問および残虐な，非人道的なまたは品位を傷つける取扱い・刑罰を禁止し，8条は「強制労働をともなう拘禁刑」について規定する．9条は身体の自由，法定手続，逮捕・抑留に関する手続保障等について，10条は自由を奪われた者の人道的で人間の固有の尊厳を尊重した取扱い，矯正・社会復帰を基本的目的とする行刑制度，少年犯罪者の特別な取扱い等について規定する．14条は権限のある独立の公平な裁判所による公正な公開審判，無罪推定，刑事手続における告知，防御準備のための十分な時間・便益，弁護人との連絡，遅延なき裁判，防御権，公費による弁護権，証人審問権，反対尋問権，無料の通訳，供述・自白の強要禁止，

少年の場合の特別手続, 上訴の権利, 刑事補償, 一事不再理の保障を定める. 15条は遡及処罰を禁止する. これらの保障は, 拷問及び他の残虐な, 非人道的な又は品位を傷つける取扱い又は刑罰に関する条約, *被拘禁者処遇最低基準規則', *少年司法運営最低基準規則', *少年司法運営最低基準規則'等の国際文書により詳細に具体化されている.

3 実施措置　締約国はB規約の規定する権利を即時に実施する義務を負い, そのために必要な立法その他の措置をとらなければならず, 権利侵害の適切な救済措置を保障しなければならない(2). また, 締約国の義務履行を確保するために人権委員会が設置されている(28). 締約国は権利の実施に関する報告を定期的に行わなければならず, 人権委員会は締約国の報告を検討し, 委員会の報告および一般的な性格を有する意見を提示する(40). この報告審査にはさまざまな形で非政府機関も関与する. 日本の報告は過去4回審査され, 死刑, 代用監獄等について意見が提示された. この他, 締結国の通報制度(41・42), 被害者である個人の通報制度(選択議定書)も認められている. 外国人被告人に通訳費用を負担させてはならないとした東京高判平5・2・3東高刑時報44・1〜12・11, 受刑者と弁護士との接見拒否をめぐる国家賠償訴訟の高松高判平9・11・25判時1653・117のように, B規約の規定を直接適用した下級審判例もある.

[葛野尋之]

事務移転の権　検察官は, 全国的に統一のとれた階層的な組織のもと, 全員一体となって検察事務を行う(*検察官同一体の原則). 法務大臣を頂点として, 検事総長以下, 上命下服の関係において指揮監督権(検察7以下)がおかれ, その仕組みの中でこの原則は実効性をもつのである. その具体的な形として, とりわけ重要なものが事務の引取・移転の定めであり, 検事総長・検事長または検事正は, その指揮監督する検察官の事務を, みずから取扱い(事務引取の権), または他の検察官に取り扱わせる(移転させる)ことができる, とされている(検察12).

[米山耕二]

指　名　手　配　*逮捕状'の発せられている*被疑者'の*逮捕'を全国または他の地区の*捜査機関'に依頼し, 逮捕後に身柄の引渡しを要求する手配. 指名手配書によって行われる(捜査規範〔昭32国公委規2〕31 I・II). 急速を要し逮捕状の発付を受ける余裕のないときは, 指名手配書による手配を行った後, 速やかに逮捕状の発付を得て, その有効期間を通報しなければならない(31 III). 指名手配を行うにあたっては, 被疑者を逮捕した場合における身柄の処置につき, 身柄の護送を求める第一種手配, または身柄を引取りに行く第二種手配のいずれであるかを明らかにしなければならないが, 原則として前者によるものとされる(32 I・II). 指名手配中における逮捕の際, 逮捕状が遠隔地にあるときには, 逮捕状が発せられていることおよび犯罪事実の要旨を告げて逮捕し, 逮捕状は逮捕後に示すことが許される(刑訴73 III・201 II). →緊急執行

[城下裕二]

地　面　師　他人の土地につき, 何らかの不正の手段により自己所有名義に登記したり, 土地の処分を委任された代理人であるかのように装ったり, あるいは価値の低い土地の所有者が別の高価な物件の所有者であるかのように装って, 第三者から売買ないし担保提供を名目として, 金品の交付を受ける行為をいい, いずれも金品を騙し取ったものとして*詐欺罪'(刑246)が成立する. 登記名義を不正に変更する手段としては, 登記簿の書替え・差替え, 偽造の売渡証や虚偽の和解調書の登記官への提出(通説によれば, これ自体は詐欺罪ではない)などがある.

[伊藤　渉]

下　山　事　件　1949(昭24)年7月5日, 初代国鉄総裁であった下山定則氏の轢断死体が常磐線綾瀬駅付近の線路上で発見された事件. 当時国鉄においては, 大規模な人員整理が断行された直後であったため, 組合関係者等によって殺害されたとする他殺説と, 下山氏が事件現場付近で1人で歩いているところを目撃されていたことから, 人員整理問題に悩んだ末の自殺とする自殺説が捜査陣の間でも分かれた. 死因等を解明するための法医学鑑定(東大法医学教室)の結果, 轢断は死後とされ, 現場から発見された血痕や衣類の付着物についても様々な鑑定が行われた(血痕発見のためのルミノール検査やABO式以外の詳細な血液型鑑定が行われ

た)結果，他殺説が一時は有力となったが，警視庁の捜査本部は自殺説をとる報告書をまとめて，1949(昭24)年12月に解散され，結局刑事事件として立件されることなく捜査が終結した．→採証学
[水谷規男]

指　紋　指の先端部の内側表皮にある細い隆線による紋様のこと．指紋は，万人不同(万指不同)，終生不変という性質を持つため，個人識別のための極めて強力な手段となる．現在の運用は，1969(昭44)年に改正された「指紋等取扱規則」(昭44国公委規6)，および「指紋等取扱細則」(昭44警察庁訓令8号)に基づいてなされており，十指の指紋を基礎資料として利用する方式ばかりでなく，一指ごとの分類を基礎資料として犯人を割り出す方式が整備された．さらに，コンピュータによる指紋の登録・照合を自動的に行う指紋自動識別システムが導入されている．指紋資料の作成は，逮捕された被疑者および承諾のあった被疑者について行われ，指紋原紙，指紋票，一指指紋票等が作成・分類される．これらの者については，現場指紋との比較照合が可能となるのである．→科学的捜査，科学的証拠
[長沼範良]

社 会 治 療　(独) Sozialtherapie
1960年代の西ドイツの刑法改正の「中核部分」として注目された若年の累犯者を対象とする*保安処分'に社会治療処分があった．デンマークやオランダで行われていた精神障害や*精神病質'をもつ累犯者に対する精神医学的治療をモデルにドイツ各州でモデル施設が開設され，実験的な処遇が試みられた．1969年の刑法改正法で導入が決定されたが，財政的理由から実施が延期され，1984年の行刑法一部改正によって，処分として実施は正式に断念された．しかし，処遇の一形態としての社会治療の処遇は，行刑法の下で存続することになった．1992年の調査では，全ドイツで14施設，約800人の収容者がこの処遇を受けている．処遇の特徴は，対象者の自己決定を重視し，少人数のグループで心理療法士やソーシャルワーカーの集中的援助を受ける点にある．対象者は，40歳までの累犯者がほとんどで，性犯罪者や少年を対象とする施設もある．収容期間は，18〜24ヵ月．段階的処遇を徹底し，拘禁緩和や釈放前の開放処遇がプログラム化されている．職員組織は，チーム制や共同決定方式を採用しているところが多く，民主的運営が特徴のひとつになっている．

1998年1月の「性犯罪その他の危険な犯罪行為に対する対策法(いわゆる『性犯罪対策法』)」によって，性犯罪者を優先的に社会治療施設に収容する趣旨の改正が行われた(実施は2003年)．
[石塚伸一]

社会的行為論　(独) soziale Handlungslehre　*行為'を「意思によって支配可能な，社会的に意味のある態度」として把握する見解．*因果的行為論'にとり困難であった不作為の行為性の説明も，不作為のもつ(法的存在以前の)社会的実在性に注目することにより可能になるとされる．すなわち，社会生活上「期待」された一定の作為をしないことは，「社会的意味のある人の態度」という点で作為と異ならないとされるのである．また，社会的行為論は，有意性までは行為の概念要素とせず，「意思による支配可能性」というところまで要件を緩和するので，*忘却犯'の行為性も説明できるといわれる(なお，社会的行為論を主張する論者のなかでは，意思的要素をいっさい排除し，およそ社会的に意味のある態度であれば行為概念に含まれるとする見解も有力である)．この学説は，行為概念に要請される諸機能を適切に果たし得るものとして現在多くの支持者を得ており，ドイツでは通説的地位を占めている．*結果無価値'論の立場からも，また*行為無価値'論の立場からも，同じように採用することが可能であり，一定の基本的立場を先取りしなくてすむという特色をもつところにも魅力があるといえよう．ただし，その問題点は，概念の内容が包括的で漠然としていることであり，いかなる場合に「社会的有意味性」を肯定できるかが明確にされているとはいえない．→人格的行為論，目的的行為論
[井田　良]

社会的制裁　非犯罪化・非刑罰化という刑事政策の潮流のなかで，必ずしも犯罪者に刑罰を科さなくとも，刑事司法が関与することなく，他の社会的制裁という社会的反作用でも足りるのではないかということが議論されるようになった．軽い犯罪を犯した者に，刑事司法機関が逸脱者としてのレッテルを貼付することで，

逆に，刑事司法機関が犯罪者を生み出すことになる（第2次逸脱）とのラベリング理論がその背景にあるといえよう．

刑事司法外処理のひとつに企業内司法と呼ばれるものがある．これは，企業の制定した規則に対する違反行為，企業内で犯された犯罪行為に関して，「企業内裁判所」が刑罰を科するというものである．しかしこの構想には次のような批判がある．企業内裁判所が企業内犯罪の廉で犯罪者を処罰するのは，国の刑事司法機関による処罰と競合することになり，憲法上の二重処罰の禁止との関係ばかりでなく，裁判官の司法権行使，罪刑法定主義との関係で問題が生ずる．企業内刑罰が私法上の違約罰と似た性質をもっていることによって，この疑念が払拭されるものではない．違約罰は刑事刑罰とまったく別の目的を追求するものだからである．さらに，国の刑法では廃止された差別的名誉剝奪刑が復活しかねないとの批判がなされる．→村八分

[吉田敏雄]

社会的責任論　**1 意義**　*新派刑法学'の責任論で，意思*決定論'に基づき，人間の意思は素質と環境によって決定されており，したがって犯罪を犯したことについて行為者を非難することはできないが，性格の危険性を有する者に対しては，社会防衛の見地からそれに対処する一定の措置（社会防衛処分）を加える必要があり，責任とはそのような負担を負うべき行為者の地位を意味するとする立場である（責任の向けられる対象を性格の危険性におくことから*性格責任論'とも呼ばれる）．「社会」的責任論といっても，社会が犯罪について責任を負うという意味ではなく，行為者が社会防衛のための措置を受けるべき地位にあるという意味であり，「責任」といっても過去の犯罪に対するものではなく，将来の再犯の危険性に対するものであることに注意を要する．新旧両派の学派の争いにおいて，意思自由論に立つ旧派刑法学の*道義的責任論'と激しく対立した．行為者の危険性に応じた刑の個別化という観点から目的刑論（特別予防論）を展開し，さらに進んで刑事制裁は刑罰ではなく保安処分の一元論によるべきであると主張した．

2 社会的責任論の展開　たとえば，*リスト'は，罰せられるべきは行為ではなく行為者であるとし，改善不能な生来性犯罪人に対しては淘汰刑（死刑・終身刑）を，改善可能な犯人に対しては教育・改善刑（自由刑）を，改善不要の機会犯罪人に対しては威嚇刑（罰金・執行猶予）を科すべきであると主張した．また，*フェリー'は，人類学的原因・物理的原因・社会的原因という犯罪の3原因を挙げ，社会的責任論の立場から，責任と刑罰という観念を否定し，刑事制裁一元論に立った「イタリア刑法予備草案」（1921）を起草した．

わが国では，*牧野英一'が，戦前に，徹底した新派刑法学・社会的責任論の立場から，犯罪論体系の全般にわたり行為者の性格の危険性（悪性）に焦点を当てた主観主義刑法学を展開した．牧野は，文化国家という指導理念の下に，自由法論に基づいて類推を許容し，責任論においては，責任能力は刑罰適応性（*刑罰能力'）であるとし，事実の錯誤について抽象的符合説，法律の錯誤について自然犯・法定犯区別説，過失の標準について客観説を採用し，さらに実行の着手について純粋主観説，不能犯について主観的危険説，共犯論において共犯独立性説を展開し，それぞれ社会的責任論の立場から根拠づけた．

3 その後の展開　新派刑法学・社会的責任論は，刑事政策の分野で，とりわけその教育刑論の主張において，立法および実務に多大の影響を及ぼしたが，刑法解釈論の分野では，戦後，急速にその支持者を減じた．それは，国家刑罰権の理論的制約こそが刑法学の重要な任務であるということが再確認されるとともに，責任論の分野でも，過去の犯罪行為に対する非難が刑罰の必要条件であるとする立場が有力になったことによる．もっとも，戦後は，基本的に社会的責任論の立場に立ちつつ，期待不可能性（平均人標準説）を責任阻却事由とする社会的道義責任論が主張され，また，人道的刑事政策を提唱した新社会防衛論や，やわらか（ソフト）な決定論（社会的非難による決定という意味で社会規範的責任論とも呼ばれる）に基づく抑止刑論の主張など，決定論の立場に立ちつつ責任に「非難」の契機を認めようとする立場も有力である．他方，相対的意思自由論に基づく規範的責任論が通説的地位を保ちつつ，それを前提とした人

格責任論が主張され，さらに刑事政策的な考慮を刑罰限定的にのみ用いようとする可罰的責任論も主張されている．最近は，積極的一般予防論(統合的予防論)の主張を契機として，改めて「予防と責任」についての議論が盛んになされ，活発な論争が展開されている． [浅田和茂]

社会的相当性 (独) Sozialadäquanz
*ヴェルツェル'によって1930年代末に提唱され，その後わが国にも導入された考え方で，当初は，歴史的に規定された秩序に従って営まれている行為の構成要件該当性は否定されるべきだとする主張であった．ヴェルツェルは，当時の客観主義的違法論を「結果無価値論」と呼び，日常の生活においてすべての法益侵害結果の発生(*結果無価値')を違法として禁止すれば社会は停止してしまうという，法益侵害の中でも社会的相当行為(それゆえ*行為無価値'を欠くもの)は処罰すべきではないとした．具体的には，*治療行為'やスポーツ行為，戦場での兵士の敵殺害行為等は*構成要件該当性'を欠くと説明した．ただ，第2次大戦後，ヴェルツェルは説明を変更し，一時期，構成要件をベーリングの考え方に類似した形式的なものと解し，その結果社会的相当性を構成要件とは無関係の正当化事由であるとした．そして，さらにその後再び改説し，構成要件の問題とするにいたる．この複雑な改説が日本では詳しく紹介され，それに伴って構成要件・違法性の関係についての議論が華々しく展開された．日本で最も早く，社会的相当性という概念を意識的に用いた団藤重光は，社会的相当性を違法性の実質に関するM・E・*マイヤー'の文化規範違反と類似のものと捉え，さらにこれを，労働争議行為，*被害者の承諾'，*許された危険'の上位概念としても用いた．日本では，社会的相当性を，実質的違法性の説明原理や*違法阻却事由'の一種と説明する学説が多いといえよう．

これに対し，*藤木英雄'は，社会的に相当な行為，特に争議関連行為は*可罰的違法性'を欠くのであって，そもそも構成要件に該当しないという独自の可罰的違法性論を展開し，判例に多大の影響を与えた．また，福田平は，社会的相当性の構成要件解釈原理としての側面を重視した．→労働刑法 [木村光江]

社会的統制理論 (英) social control theory *犯罪社会学'における実証的犯罪原因論の基本的アプローチは，合法的行動を通常の事態と仮定して犯罪動機の発生を説明課題として設定するものと，潜在的犯罪動機の存在を通常の事態と仮定して犯罪行為が実際に生起しないことを説明課題として設定するものとに，大別することができる．1950年代までの理論は圧倒的に前者のアプローチを取るものであったが，50年代以降，犯罪動機を抑制するメカニズムに注目する理論が現れるようになった．その中でもさらに，抑制のメカニズムを内面に求めるものと社会側に求めるものを区別することができるが，70年代以降支配的となるのは後者のアプローチである．その方向を決定づけたのが，ハーシ Travis Hirschi(米)の Causes of Delinquency『非行の原因』(1969)(森田洋司・清水新二監訳，1995)である．

ハーシによれば，非行が顕在化するのは，少年を合法的世界につなぎ止めている4つの社会的絆 bond が弱体化したときである．それらは，①両親・教師等の合法的他者に対する愛着があること attachment，②進学・就職等の合法的目標における成功を意欲していること commitment，③勉強・クラブ活動等の合法的活動を実際に行っていること involvement，および，④支配的規範の正統性を信じていること belief である．このようなハーシの理論は，社会的統制理論，抑制理論，社会的絆理論，コントロール理論等，さまざまな名称で呼ばれている．

この理論から導かれる政策論的含意は，家族，学校等によるインフォーマルな社会統制メカニズムの強化である．その意味で*社会統制'の犯罪抑止力を主張するものであり，社会統制が犯罪を増幅すると考える*ラベリング論'labeling theory の対極にある．このように社会統制の犯罪抑止力を認める立場は，とくにアメリカにおいて，政治全体の保守化に相応するように急速に有力となった．しかしハーシ自身は，ゴットフレッドソン Michael Gottfredson(米)との最近の共著 A General Theory of Crime『犯罪の一般理論』(1990)(松本忠久訳，1997)においては，長期的利害の判断に基づいて行動を選択しうる自己統制力の強弱を，犯罪の真の一般

的原因として主張している．→犯罪行動理論仮説　　　　　　　　　　　　　　　［宮澤節生］

社会的法益に対する罪　社会的法益とは，国民個々人の具体的な利益を保護するために必要となる利益をいい，公共的法益の一種である．公共的法益とは，具体的な個人の利益とは区別される国民一般の幸福追求にとって必要な利益をいうが，そのうち国家の存立およびその作用の安全という国家的法益を除いた法益が社会的法益である．それゆえ，社会的法益は，個人法益を抽象化・一般化して，国民一般の利益の観点から保護される．国家的法益も国民の福祉を増進し社会一般の利益を保護する点で社会的法益の一種とはいえるが，個々人の幸福の追求が可能になるように国家の権力機構を円滑に運用することを目的として保護されるのであるから，社会的法益とは区別される．こうして，個人法益を基礎にして，公共的法益を国家的法益と社会的法益に二分して認識する，いわゆる法益三分説が一般的に受け入れられている．社会的法益に対する罪としては，公衆の平穏・安全に対する罪，公衆の健康に対する罪，公衆の信用に対する罪，風俗に対する罪があげられる．
［奥村正雄］

社会的予後　受刑者が刑務所出所後，*社会復帰'の過程でたどる成り行きを社会的予後という．*再犯予測'は，受刑者が出所後再び犯罪を行う可能性があるかどうかという面から社会的予後を予測するものである．社会的予後を改善するために，長期受刑者の拘禁反応を緩和する施策が講じられているほか，仮出獄者に対しては保護観察官や保護司による*環境調整'が行われている．また，満期出獄者や仮出獄期間満了者に対しては，更生保護施設が衣食住の提供などの保護を実施している．社会的予後の改善のためには出獄直後の時期における保護的施策の実施が重要であると見られているが，更生保護施設の財源および人員は限られており，その改善が望まれている．　　　　　［村山眞維］

社 会 統 制　(英) social control
1 社会統合の2つのメカニズム　社会集団が支配的規範からの逸脱 deviance を防止し，社会統合 social integration を維持するメカニズムとして，通常，社会化 socialization と社会統制を区別する．社会化は，支配的規範が学習 learning によって習得される過程であって，社会化が効果的になされた場合には，個人は，支配的規範が期待する基本的価値観と具体的状況において取るべき役割行動に関する期待とを内面化しているために，逸脱行動に出ることはないと期待される．その意味で，社会化が社会統合の第一次的なメカニズムである．しかし，社会分化が進行し，内部に価値観の分裂を含んだ社会では，*サザランド'が*差異的接触理論'differential association theory において主張したように，社会化が効果的になされたとしても，それが非支配的価値観の学習である場合には，支配的価値観から見て逸脱と定義される行為が選択されることがありうる．したがって，支配的価値観から期待される社会化が有効になされなかった場合に備えて，第2次的に逸脱を防止するメカニズムが必要となる．それが，制裁 sanction の行使，あるいはその可能性によって逸脱行動を防止しようとする社会統制である．研究者によっては，社会化を社会統制に含めて論ずることがあるが，両者を区別する用語法のほうが一般的である．

社会統制は，少なくとも2つの次元で類型化することができる．第1に，制裁を与える者が社会統制のために組織された公式機関であるか，家族，友人，近隣，職場等，公式機関以外の者であるかという観点から，類型化が可能である．ハーシ Travis Hirschi(米)の*社会的統制理論'social control theory やブレイスウェイト John Braithwaite(豪・1951-)の再統合的恥 reintegrative shaming の理論がそうであるように，社会統制の中では公式的社会統制よりも非公式的社会統制のほうが第一次的重要性を持つとする主張が，有力に展開されてきた．このことは，公式的社会統制の典型である刑事法的社会統制の機能を考えるうえで重要である．なぜならば，社会分化を遂げて，内部に価値観の分裂を抱える社会では，一部の構成員が非正統的価値観に従って社会化されるだけではなく，行為者にとって第1次的に重要な社会統制も非正統的価値観に従ってなされる可能性が高いからである．第2に，制裁が利益の剥奪(不利益の賦課)であるか，報酬の付与であるかという観点

からも，類型化が可能である．学習においては，一般的に報酬を与える場合のほうがより効果的であることが知られているが，同じことは，社会統制についても一般的には妥当する．

2 社会統制としての刑事司法制度 *刑事司法制度'は，公式的社会統制の典型であると同時に，利益の剥奪という否定的制裁を用いる社会統制の典型でもある．したがって，刑事司法制度の社会統制としての有効性を安易に仮定することはできない．とくに非正統的価値観を有する下位集団での社会化と社会統制が強力である場合には，よほど確実かつ強力に制裁が行使されることが予期できなければ，逸脱行動を事前に抑止することはできないであろう．このことは，威嚇理論 deterrence theory の妥当性に対する基本的疑問を提起する．刑事司法制度が社会統制として有効に機能するためには，アンデナエス Johannes Andenaes（ノルウェー・1912-）が主張したように，刑事法によって犯罪と定義されているという事実が当該行為に対する価値判断を変化させるというプロセスが前提として必要であるように思われる．

しかし，刑事司法制度では国家が自ら制裁を行使するために，対象者の権利を侵害する可能性は非公式的社会統制に比べてはるかに高い．そこで，刑事司法制度においては，社会統制を担う刑事司法機関の行動をも統制しなければならない．このように，社会統制の担当者自身の行動が統制されることを，二次統制と呼ぶ．これに対して，社会統制の担当者が対象者に対して行う統制を一次統制と呼ぶ．二次統制の規範自体が制度化されていることが，社会統制としての刑事司法制度の大きな特徴であって，パッカー Herbert L. Packer（米）が主張したデュー・プロセス・モデルのように，捜査・訴追機関の統制を刑事司法制度の主目的とする立場が有力に主張されてきた．

3 犯罪社会学における刑事司法制度 *犯罪社会学'において社会統制が変数として導入される場合の多くは，上記のとおり非公式的社会統制である．これに対して，刑事司法制度自体を変数として導入した代表的な理論としては，威嚇効果論と*ラベリング論'labeling theory をあげることができる．両者の主張は正反対であって，前者は犯罪抑止効果を主張するのに対して，後者は犯罪増幅効果を主張した．二次的逸脱 secondary deviance の概念である．ラベリング論の主張によれば，下流階層に犯罪が多発しているように見えるのは，下流階層の人々の行動を犯罪として定義し，また，下流階層の人々に対して犯罪定義を差別的に適用する，刑事司法制度が存在するからである．したがって，ラベリング論の観点からすれば，犯罪定義の制度化と動員の過程こそが，犯罪現象の根本的研究課題とされた．その後，差別的法執行や二次的逸脱の主張に対して経験的研究に基づく批判が相次いだために，ラベリング論の当初の主張は後退し，マルクス主義や構築主義 constructionism へ移行して行った．しかし，犯罪社会学と*刑事法社会学'を結合し，刑事司法制度と犯罪現象を包含する総合的視点をもたらしたラベリング論の貢献は大きい． ［宮澤節生］

社会内処遇 **1 意義** 社会内処遇は，施設内処遇に対応する概念で，犯罪者に社会内で自立的な生活を営ませながら，その改善更生を助ける制度である．具体的には，仮釈放，*保護観察'，更生緊急保護，更生保護事業などを指す．したがって，最広義の*更生保護'とほぼ同義であるが，さらに広義に解し，罰金刑や保護観察のつかない執行猶予なども社会内処遇に含める見解もある．

2 発展の背景 近代啓蒙思想を背景に，死刑が中心であった時代から自由刑中心の時代へ移ったとき，自由刑は刑事政策の中核的位置を占めるものとして大きな期待が寄せられた．そこでは，自由刑は何よりも受刑者の改善・矯正に役立ち，社会復帰に大きな寄与を果たすものと考えられた．しかし，いまや自由刑は強い批判にさらされている．古くは，「監獄破産論」が主張されたが，最近ではアメリカ合衆国の行刑における反社会復帰思想ないしは矯正ペシミズムの影響を受けて，わが国でも自由刑に対する懐疑論が唱えられている．

こうした自由刑の危機ともいうべき状況の中で，とくに社会内処遇への期待が高まったのである．すなわち，今日，自由刑を中心とした施設内処遇をできるだけ回避・縮小し，非拘禁的制裁としての社会内処遇を拡大・多様化するこ

とが目指されているのである．それゆえ，現代の*犯罪者処遇'の重点は，*施設内処遇'から社会内処遇へ移行する傾向にあるといってよい．むろん，だからといって社会内処遇が施設内処遇にとって代わるという事態は当面考えられないが，社会内処遇が刑事政策の上で，比重を増しつつあることは疑いない．

3 法制の発展 戦前にも，官民両面から，犯罪者を社会内で改善更生させようとする試みは見られた．たとえば，わが国最初の民営の保護施設である静岡県出獄人保護会社などによる免囚保護・刑余者保護の推進，旧少年法の「少年保護司の観察に付す」制度（旧少6），治安維持法違反者を対象とした思想犯保護観察などである．しかし，わが国の社会内処遇の基点は，第2次大戦後にある．新憲法のもとで社会内処遇制度は，近代的に組織化される必要が生じたのである．まず1949(昭24)年には，新少年法によって，少年に対する保護観察が実施され，犯罪者予防更生法の施行によって本格的な保護観察制度の基礎が築かれた．1950(昭25)年の更生緊急保護法は，更生緊急保護の内容を規定するとともに，更生保護会に関する規定を定めた．また同年施行の保護司法は，それまでの司法保護委員を保護司と改称し，保護司に関する基本事項を定めた．1953・54(昭28・29)年の刑法の一部改正および1954(昭29)年の執行猶予者保護観察法によって，成人の執行猶予者に対する保護観察制度が確立した．

さらに，1995(平7)年には更生保護事業法およびこれに伴う関係法律の整備に関する法律が成立した．これは，同年に廃止された更生緊急保護法に代わって，更生保護事業の制度的枠組みを整備しようとするものであった．また，1998(平10)年には，保護司法が改正され，保護司会等の保護司組織の法定化と地方公共団体の保護司および保護司組織への協力規定が新設された．

4 施設内処遇との連携 社会内処遇は，施設内処遇に対応する概念ではあるが，両者の間に厳格な区別を設け，両者を異なる道を歩ませるべきではない．施設内処遇と社会内処遇は，発展形態のみならず行政上の組織においても，異なったものであるが，犯罪者処遇の両翼を担いながら，犯罪者の改善更生という共通の目的に向かって各々の機能を果たすべきものである．したがって，両者の連携の必要性はきわめて高い．

さらに，近時アメリカでは，①集中的保護観察，②在宅拘禁，③ショック・プロベーション，④分割刑，⑤居住施設利用の社会内矯正，⑥ショック拘禁など，施設内処遇と社会内処遇のいずれにも属さない独立のカテゴリーとして，中間的制裁(intermediate sanction)が実施され，注目されている．今後は，こうした中間的制裁や中間処遇等を含めて，三位一体となって犯罪者の社会復帰が企図されることになろう．
→矯正保護　　　　　　　　　　　[瀬川　晃]

社会復帰 刑事司法手続または少年司法手続によって社会から一時的に隔離され，施設等に収容されて処遇を受けた犯罪行為者や非行少年等が再び社会へ戻り生活を再建することをいう．受刑者についてみると，国連の被拘禁者処遇最低基準規則(1955)では，刑事施設における受刑者の処遇は，受刑者の態度や行動に直接影響を与えること，すなわち，人格障害や社会的ハンディのために人格的社会的発達を阻害されてきた受刑者の人格的変容を目ざす「社会化」あるいは「再社会化」が目的とされていた．しかし，今日では，ヨーロッパ刑事施設規則(1987)にみられるように，処遇の目的や内容は，釈放後社会に出て直面するさまざまな困難を克服する力をつけるために，教科教育や職業訓練に力点を置く方向へと比重が移ってきている．いわば，受刑者の「社会治療」から「社会復帰」へと処遇理念が転換しつつあるといってよい．その背景には，一方において，1970年代半ば以降の処遇批判論と刑罰論における新古典主義への転換があるが，他方では，受刑者の人権保障に対する再認識がある．すなわち，刑事施設への身柄の拘禁のほかに受刑者人格変容のため処遇を強制することは，自由刑の刑罰内容に含まれていない新たな負担を受刑者に課すに等しいとの見解が支持を得てきたのである．ここでは，受刑者に対する処遇は，そもそも強制されるべきものではない，もしくは，施設側の助言・説得に対し，受刑者側の同意・納得を前提とすべきだということになる．こうして，受刑者の主体性を尊重した社会復帰あるいは社会

生活の再建を援助していくことが処遇の中心に置かれるのである．この観点にたてば，矯正と保護，すなわち，施設内処遇と社会内処遇の有機的連携も促進される．施設では，既に釈放前から受刑者の社会生活の再建に向けた準備を始め，それが保護機関によっても継続されていく「一貫した社会的援助」の体制が構築されるべきであろう．そのためには，受刑者の釈放前処遇として施設からの*外出'を認め，あるいは，社会内処遇との連携を円滑にし釈放後の生活再建を援助するため，施設内にソーシャルワーカーらの職員を配置することも必要であろう．さらに，職業安定所，社会福祉機関，教育機関などとの連携をさらに緊密なものにすることも求められている．→矯正保護，社会的予後　［土井政和］

社会防衛　（仏）la défense sociale

*新派刑法学'理論の主張．刑罰をもって人間存在の根本的要件である社会，またはその法秩序を防衛すること．これによると，社会防衛の対象は犯罪・行為ではなく犯罪者・行為者であり，その反社会性・危険性の大小によって処分が決定される．そこで，刑罰の本質・目的は主として犯罪によって実現された犯罪者の性格における将来の危険性に対する処罰，つまり特別予防であり，刑罰は特別予防作用によって犯罪から社会を防衛する．旧派刑法学が刑罰の本質を犯罪への応報とする主張と対立する．社会防衛思想はリストの目的刑論と軌を一にするが，主としてラテン系の学者の間で普及し，*フェリー'のそれは1921年のイタリア刑法草案，プリンスのそれは1930年のベルギー社会防衛法として結実した．なお，この社会防衛概念を再構成した*新社会防衛論'が，グラマティカ Filippo Gramatica（伊・1901-79），*アンセル'を主唱者として第2次世界大戦後出現した．→国際社会防衛会議　　　　　　　　　　　［守山　正］

社会奉仕命令　（英）community service order

1 意義　社会奉仕命令とは，本人の同意を要件として，犯罪者に対して一定の時間，無報酬の奉仕作業を命ずる制度である．この制度は，過剰拘禁に悩むイギリスで，これを回避するための新しい社会内処遇として1972年に最初に導入されて以来，欧米各国で急速に普及した．ただし，わが国において，community service の訳語として，「社会奉仕」をあてるのは，制度の性質を適切に反映していないとして，「コミュニティ・サーヴィス・オーダー」と呼ばれることもある．

具体的な作業の内容としては，公園や道路の清掃，高齢者や障害者たちの介護，考古学の発掘作業の補助，少年へのスポーツの指導，障害者のスポーツ・クラブの補助などが実施されている．

2 種類　今日，各国で導入されている社会奉仕命令にはさまざまな形態のものがある．たとえばイギリスでは，主刑のひとつとして用いられているのに対して，アメリカの連邦レヴェルでは，プロベーションの遵守事項として用いられている．

わが国では，これまで社会奉仕活動が少年院での処遇活動の一環として採用される例や刑務所の釈放前指導カリキュラムの一部に組み込まれる例が報告されていた．また近年，全国の家庭裁判所に，試験観察中の少年を社会奉仕活動に参加させる措置が広がりつつあるほか，保護観察においても，短期保護観察における課題指導の一例として社会参加活動が実施されている．

3 長所　社会奉仕命令の長所としては，次の4点が上げられる．①自由刑によるスティグマを回避し，社会の中で奉仕作業を通じて犯罪者の社会復帰を図ることができる．②社会への奉仕作業によって，社会の側からの応報感情を弱め，犯罪者自身の贖罪意識と社会的責任感を強めることができる．③犯罪者と社会との結びつきを強め，犯罪者の再社会化が促進される．④施設内処遇はもちろん，他の社会内処遇よりも経済的である．

4 展望　社会奉仕命令を導入したイギリスでは，処遇効果が十分に実証されておらず，適切な対象者も不明確であるなど問題点が指摘されている．こうした点は，わが国でも考慮すべきであるが，社会内処遇の充実・多様化という観点からは完全に否定すべきではなかろう．しかも，前述したように，社会奉仕命令は，実質的にはすでにわが国でも導入されている．ただし，今後,処遇の中に，こうした社会奉仕(社会参加)活動を積極的に取り入れ，一層の発展を目指すには，権利義務関係を明確化するために，運用

面での対応にとどまらず，法的整備をすすめていくことが望まれる．→刑事制裁　　　［瀬川 晃］

釈放前処遇　(英) prerelease treatment (独) Entlassungsvorbereitung　新たに入所した者には，おおむね約1週間ないし2週間にわたって，入所時教育が行われる．矯正および保護の目的と機構，生活心得や遵守事項等の所内規則，処遇の概要，保護関係の調整，釈放後の生活設計等の教示および指導等が行われる．その際，受刑者が自ら犯罪の原因について考え，改善更生への動機付けを与えられるように工夫される．受刑者分類規程20条は，分類センターでは，特に，自発的に更生する意欲をもたせるために必要なオリエンテーションを行うことを規定している．

これに対して釈放前処遇ないし釈放時教育は釈放間近の受刑者に行う教育である．刑期終了による釈放者については，釈放前3日以内独居拘禁に付し，釈放後の心得についての教育がなされる(監則167)．釈放時の心得，就職に関する事項，更生保護のあらましとその用立て手続等についての指示がなされる．

仮釈放者についても，矯正処遇の総仕上げを行い，保護的処遇への移行を円滑にさせるという観点から，釈放時教育が行われる．釈放後の留意事項のほか，仮釈放に伴う遵守事項についての理解も必要となる．

今後は，釈放前処遇の一貫として，外部通勤，外出・外泊*中間施設'等の制度の新設・活用が期待される．　　　　　　　　　　　　［吉田敏雄］

釈明　(英) explanation (独) Aufklärung　釈明とは，事件の内容を明確にするため，事実上および法律上の事項に関し，当事者に対して問いを発し，または立証を促すことをいう(民訴149Ⅰ参照)．すなわち，当事者による訴訟活動が必ずしも十分でない場合に，訴訟関係人の主張について，不明瞭，不十分，矛盾などを指摘して，これを補充し，訂正する機会を与え，また争点についての立証が不十分であると考えられる場合には，さらに立証を促すなどの行為をさす．

釈明を求める権限を，一般に，釈明権という．また，釈明を求めることを求釈明と呼んでいる．

現行*刑事訴訟法'は，*当事者主義'を原則とするので，釈明権の行使は，必ずしも常に*裁判所'の義務となるわけではないが，実質的に十分な攻撃・防御の機会を保障するために釈明権の行使が義務となることもある．

*裁判長'は，必要と認めるときは，訴訟関係人に対し，釈明を求め，または立証を促すことができる(刑訴規208Ⅰ)．陪席の*裁判官'も，*裁判長'に告げて，釈明権の行使をすることができる(刑訴規208Ⅱ)．訴訟関係人は，直接に相手方当事者に対して釈明を求めることはできないが，攻撃・防御のため，裁判長に対し，釈明のための発問を求めることができる(刑訴規208Ⅲ)．

求釈明の対象となる事項は，訴訟関係人の事実上・法律上の主張および立証全般に及ぶが，当事者が意見陳述や立証をするのに必要かつ重要な事項に限られるべきである．すなわち，*起訴状の記載，*冒頭陳述'の内容，*訴因変更'・*罪数'，*証拠'の関連性・必要性，立証趣旨，刑事訴訟法335条2項の主張の有無などである．

起訴状の記載について，検察官が釈明した場合，原則としてその釈明内容も訴因の内容をなすと解される．したがって，これと異なる認定をするときは，訴因変更手続が必要である．なお，訴因が不特定の場合，裁判長は釈明を求め，審理すべきで，釈明しないで直ちに*公訴棄却'することは*審理不尽'の違法がある(最判昭33・1・23刑集12・1・34)．また，訴因の明示に必要でない事項について裁判所に釈明義務はないが，不意打ち防止の観点から釈明が必要となる場合もあろう(最判昭58・12・13刑集37・10・1581参照)．

訴因変更においても，裁判所の訴因変更命令が認められているとはいえ(刑訴312Ⅱ)，当事者主義の下では，求釈明を促した上で訴因変更を命ずるのが妥当である(最決昭43・11・26刑集22・12・1352参照)．

釈明や立証を促すことが裁判所の義務となるとされる場合には，これを懈怠すれば，審理不尽に該当する(東京高判昭42・3・6高刑20・2・85など)．　　　　　　　　　　　　　［安冨 潔］

酌量減軽　法定刑あるいは法律上の加減を施した処断刑の最下限をもってしても，犯罪の具体的な事情からみてなお重すぎる場合に，

裁判官の裁量によってなしうる任意的減軽を，酌量減軽という．

(1) 法律に減軽事由が規定されている*法定減軽'を施したとしても，それによる刑罰が具体的な事案に対し常に妥当性を有しているとは限らない．このために認められているのが酌量減軽であり，「犯罪の情状に酌量すべきものがある」（刑 66）場合に行うことができる．犯罪の*情状'とは，犯罪の動機・社会的影響のほか犯人の性格・年齢，犯罪後の状況その他諸般の事情をいい（大判昭 8・11・6 刑集 12・1471，最判昭 23・2・6 刑集 2・2・23），同じく裁判官の裁量に委ねられているとはいえ，減軽の要否を，当該減軽事由が減軽に値する程度にあるか否かに求める任意的法定減軽事由とは，その性質を異にしている．したがって，任意的法定減軽を行いうる場合に，これを行わず酌量減軽のみを行うことも許されよう（もっとも，広島高岡山支判昭 47・5・12 判タ 280・348，東京高判昭 62・5・25 判タ 646・216 はこれを否定する）．

だが，この酌量減軽の認められている趣旨が，刑の量定を当該犯罪の具体的事情に適合させることにある以上，法定刑の範囲内で同じ刑を言い渡し得る場合には酌量減軽をすべきでなく，また法定刑に選択刑があり，軽い刑を選択すれば足りるのに，重い刑を選択して酌量減軽を行うことも許されない（最判昭 40・11・2 刑集 19・8・797）．もっとも，その刑の性質が異なる懲役刑と罰金刑との選択刑のような場合には，重い刑を選択して酌量減軽することも許されている．

(2) 法律上の加重あるいは減軽をした場合で，なお刑が重すぎるときは，さらに酌量減軽を行うことができるので（67），法定減軽事由がある場合には，あわせて 2 回減軽できることになる．なお，酌量減軽の程度および方法は，*加減例'に拠る．　　　　　　　　　　　　［西村秀二］

写 真　光学技術の応用により，物体などの対象をフィルムや紙などの上に記録すること，またはその記録されたもの．刑事手続において写真が問題となるのは，捜査手段としての写真撮影と*証拠能力'である．前者に関しては，刑事訴訟法 218 条 2 項が身柄拘束された被疑者の写真撮影について規定しているにすぎないため，証拠保全目的で犯行状況を撮影することの許否，要件が，肖像権等との関係で論じられてきた．判例は，写真撮影の法的性質を論じることなく，①現行犯的状況の存在，②証拠保全の必要性・緊急性，③撮影方法の相当性の要件を充たす場合には，相手方の承諾や令状がなくても写真撮影が許されるとする（最大判昭 44・12・24 刑集 23・12・1625）．しかし，近時は，①の要件を緩和する裁判例もみられる（東京高判昭 63・4・1 判時 1278・152 等）．

これに対し，写真の証拠能力が問題となるのは，①目撃者の供述を補う等の理由で検証調書等に写真が添付される場合，②現物の写しあるいは謄本として利用するために証拠書類等の写真が提出される場合，③犯行状況を撮影した写真が独立証拠として提出される場合の 3 つである．もっとも，①は検証調書等の一部としての利用であるから，その証拠能力も検証調書等と一括して考えればよい．②は現物に証拠能力が備わっていることなどが立証できればよい．最も問題になるのが，③の現場写真の証拠能力である．この点については，*供述証拠'説と*非供述証拠'説とが対立している．前者は，写真それ自体が検証の対象となるべき事象を内容とするものであり，撮影者が機械的装置を用いてその状況を報告するのと本質的に異ならないから，供述証拠としての性格を有し，刑事訴訟法 321 条 3 項の検証調書に準じて，撮影者が公判期日において作成の真正を供述した場合に限り証拠能力が認められるとする．これに対し後者は，写真を純然たる証拠物であるととらえるか，あるいは写真は知覚，記憶，叙述という人の心理過程を介さず，機械的方法により一定の事実の痕跡が記録されたもので，その性質は非供述証拠であるなどの理由から，*伝聞法則'の適用はなく，*関連性'が認められる限り証拠能力が肯定されるとする．判例は，非供述証拠説に立つ（最決昭 59・12・21 刑集 38・12・3071）．したがって，撮影者不明の場合や死亡の場合でも，何らかの方法で関連性が立証されれば，証拠能力が認められることになる．　　　　　　［多田辰也］

ジャスティス・モデル　(米) justice model　1 2 つの処遇モデル　1970 年代，アメリカでは，刑事政策をめぐって激しい論争が展開された．刑事司法過程における正義や公正

を重視するジャスティス・モデル(正義モデル, 公正モデルともいう)の論者が, 行為者の治療や社会復帰に重点を置く伝統的な刑事政策構想をメディカル・モデル medical model(医学モデル, 治療モデルともいう)と呼び, 厳しく批判した. 論争は, ヨーロッパや日本にも影響を与え, 福祉国家的政策に支えられていた社会復帰論の後退と新古典主義的な応報刑論の台頭をもたらした.

2 伝統的行刑思想 19世紀前半のユートピア的社会改良思想を背景に形成されたアメリカの*行刑'思想は, 応報, 抑止, 隔離などとならんで, 社会復帰を刑罰目的のひとつに掲げ, ①少年裁判所の創設, ②*プロベーション'の確立, ③判決前調査と不定期刑の導入, ④*分類処遇'と*パロール'の確立によって, 犯罪者の社会復帰を実現しようとした. 社会復帰という言葉が示すように, そのモデルは医療である. いかなる処遇をすべきかは, 施設側の裁量に委ねられ, 対象者の口出しすべきことではないことになる.

50年代から60年代は, このような医療をモデルとする行刑構想の最盛期であった. 折りからの科学万能主義にも影響されて, 性犯罪者の去勢手術や危険な犯罪者の前頭葉の一部切除なども行われた.

3 ジャスティス・モデルの台頭 1960年代後半から70年代にかけて, 公民権運動やヴェトナム反戦運動が高揚し, ウォーターゲート事件が露見して, 国家の正統性が疑われるようになると, 伝統的行刑構想にも批判が向けられた. 批判者たちは, みずからの提案をジャスティス・モデルと称して, これと従来の社会復帰行刑とを対比して, その正当性と効果を徹底的に疑った.

ジャスティス・モデルは, 刑事政策の重点を社会復帰から公平の確保に移すことを提唱し, *量刑'改革(不定期刑の廃止と定期刑化, 量刑の適正化, パロールの廃止など)と被収容者の権利保障(権利制約の明確化, *適正手続'の保証, 第三者機関の設置など)を提案した. 処遇効果についても, 実証研究の結果, 社会復帰行刑には「何の効果もない(nothing works)」と批判した.

4 ジャスティス・モデルの展開 80年代になると, 素朴な処罰感情を背景に「法と秩序」の再生が声高に叫ばれ, 高コストの社会復帰を刑罰目標から追い出すためにジャスティス・モデルが政治的に利用された. 行為への応報や犯罪の抑止を刑罰目標の中心に据えようとする論者も登場し, レーガン政権の厳罰主義的な刑事政策の展開に寄与した. →刑罰論　　[石塚伸一]

惹起説 (独) Verursachungstheorie

惹起説とは, *共犯の処罰根拠'論のひとつであり, 共犯者は正犯者の実現した結果をともに惹起したので処罰される, という見解である(因果的共犯論とも呼ばれている). その起源は, 中世イタリア法学の法諺「他人によって犯した者は, みずから犯した者と認められる」(Quad quis per alium facit, per se ipsum facere videtur)にあるといわれている. 惹起説は, 共犯の処罰根拠を, 犯罪結果との関連で捉えようとする見解である. したがって, 惹起説の根底には, いわば結果中心の刑法観が存在している. その意味において, 惹起説の理論的根拠は法益侵害説に求められることになる.

もっとも, 惹起説は, その背後に控える刑法思想の如何によって, その有する意義を変える. 惹起説の理論的根拠である法益侵害説を, 社会防衛を強調する立場の下で捉えることも可能だからである. しかし, 法益侵害説は, 現在では, 個人主義的な観点の下で捉えられ, その意義は刑法の謙抑性を強調する点に求められている. したがって, 惹起説の有する現代的意義は, 惹起説が刑法の任務を法益の保護に求める立場からの共犯論における帰結である点に存する. 惹起説は, 違法の相対性(違法の個別性)を認めるか否かによって, 3つに分かれている. 正犯と共犯の間で, 違法の相対性を全面的に肯定する純粋惹起説, 全面的に否定する修正惹起説, 一部肯定する混合惹起説(第3の惹起説とも呼ばれる)である.

なお, 共犯を法益侵害との関連の下で考察した場合には, 法益侵害の内実に質的な相違を認めない以上, 正犯と共犯を質的に区別することはできない. したがって, 惹起説は, たとえば法益侵害の危険性の程度という量的な観点, あるいは構成要件という形式的な観点から, 正犯と共犯を区別することになる. →違法共犯論, 責任共犯論　　[大越義久]

重加算税 国税の過少申告・無申告・不納付があった場合，過少申告加算税・無申告加算税・不納付加算税が課される（それぞれ基礎となる税額の10％，15％，10％）が，その過少申告・無申告または不納付が，課税標準や税額の計算の基礎となる事実の全部または一部を隠ぺいまたは仮装したことに基づいているときに，過少申告加算税・無申告加算税・不納付加算税に代えて課される重い加算税で，税額は，過少申告・不納付申告の場合，基礎となる税額の35％，無申告の場合，40％である（税通68）．この国税には関税・とん税は含まれず（関税には別に定めがある），消費税・酒税・たばこ税など適用が除外されている場合がある．地方税には，重加算金がある．→租税犯罪　　　　［田中利幸］

重過失 重大な*過失'の意味であり，重く処罰される．刑法は重過失致死罪・重過失致傷罪（刑211後），重失火罪（117の2）を規定している，これに対して通常の過失を軽過失ということもある．自転車運転など，業務上過失致死傷罪において拡大された業務概念にもかかわらず同罪の成立を認めることができない場合には，重過失致死傷罪が肯定されることが多く，実務で通常の*過失致傷罪'（209）・*過失致死罪'（210）が認められることはまれである．

重過失は過失の程度の重大なものであるから，結果が重大であること，あるいは，*認識ある過失'が常に重過失であるわけではない．外部的な行為態様の不当性に過失の実質を求める*新過失論'においては，常軌を逸した行動によって結果を発生させる行為が重過失ということになる．内面的な予見義務違反が過失であるとする*旧過失論'においては，結果発生の予見可能性が高度であった場合のほか，飲酒などの事情により予見義務懈怠に関する非難可能性の程度が高い場合であるとされる．もっとも，後者は前者の一場合にすぎない．→業務上過失　　［町野 朔］

収監状 法令により*監獄'に収容することを収監という．収監は，被疑者・被告人につき*勾留'として行われる場合と，死刑また自由刑の言渡しを受けた者につき行われる場合とがある．後者のうち，身柄を拘束されていない者については，まず検察官が執行のために対象者を呼び出さなければならない．収監状は，この呼出に応じない場合に検察官が発する書面である（刑訴484）．ただし，逃亡の事実またはそのおそれがある場合，例外的に呼出を行うことなく直ちにこれが発せられる（485）．収監状は，刑事手続終了後に刑の執行のため身柄を拘束するものであるから，令状主義は妥当しないが，その効力は勾引状と同一であり（488），その執行にあたっても勾引状に関する規定が準用される（489）．記載事項には，刑の言渡しを受けた者の氏名，住居，年齢，刑名，刑期その他収監に必要な事項が含まれる（487）．また，その執行は刑の執行そのものではないから，検察官は，その者が収監状により引致された後，執行指揮書を発して刑の執行を指揮しなければならない（473，執行官規21Ⅴ）．ただし，刑期は，収監状を執行した日から起算される．　　［宇藤 崇］

臭気選別 犬の嗅覚を利用して，犯行現場に遺留された物件や足跡等と被疑者または被告人の体臭とが一致するかにつき実験し，それに基づいて遺留物件等の主体と被疑者らとの同一性を識別しようとする捜査方法のこと．選別に用いられる警察犬には，民間での飼育・訓練による嘱託警察犬と，各都道府県警察が独自に飼育・訓練する直轄警察犬とがある．臭気選別の方法は，警察犬の指導・訓練につき専門的知識・経験をもつ指導手によって，複数の物品中から特定の臭気と同じ臭気のあるものを警察犬に選び出させるというものである．現場に遺留された物品およびその臭いを，原臭物件，原臭といい，被疑者の体臭が付着した物品およびその臭いを，対照物件，対照臭という．また，第三者の体臭が付着した物品およびその臭いを，誘惑物件，誘惑臭という．具体的な方法は，警察犬に原臭を嗅がせて記憶させ，距離を置いた選別台上に並べられた対照物件およびいくつかの誘惑物件（あるいは，対照臭や誘惑臭を移行させたガーゼ）の中から，特定のものを選別させ，くわえて来させるのである．

このような臭気選別の結果については，識別結果の正確性が複数の要因（原臭の採取・保管の方法，警察犬の能力や体調，選別検査の実施条件等）に左右されやすいため，その証拠能力ないし証明力がしばしば争われる．

判例は，専門的な知識・経験を有する指導手

によって，選別能力に優れ，かつ選別時の体調も良好な警察犬を使用して，実施された臭気選別であって，臭気の採取，保管の過程や臭気選別の方法に不適切な点がないものについては，その結果を有罪認定の用に供してよいとしている（最決昭62・3・3刑集41・2・60）．→科学的捜査　　　　　　　　　　　　　[長沼範良]

宗教と犯罪　1　宗教の犯罪抑止力
宗教の犯罪抑止力については，必ずしも十分に分析されてはいないが，1870年ロンドンで開催された国際刑法会議では，宗教が人間の精神構造に対し最も強力な影響力を持つことを承認した．一般に，宗教はその道徳性ゆえに，とくに青少年の非行行動に影響を与えると考えられ，教会に通う子どもたちの低犯罪率が指摘されている．ボンガー Willem Bonger（蘭・1876-1940）は，かつて各宗教ごとの罪種別犯罪率を調査しているが，宗教の影響力は個人の信仰度によっても異なり，単純な比較は難しい．わが国でも，*小野清一郎'による同様の調査があるが，わが国では宗教心がそれほど強くなく，また，宗教的に多神教であるがゆえに，調査結果には限界がある．いずれにせよ，犯罪行動には種々様々な要因を含むがゆえに，宗教のみの犯罪への影響を実証的に証明するのは困難である．
2　宗教犯罪　'犯罪要因'としての宗教，あるいは宗教活動の犯罪性を意味する．宗教犯罪は，*組織の犯罪'として信者が組織だって行うのが一般である．この意味では，組織犯罪の一種である．特定宗教の信仰が犯罪の遂行を積極的に肯定したり強要したり，あるいはそれを否定しない教義を採用する場合，宗教活動自体が犯罪促進要因となる．つまり，宗教活動の過程・目的として犯罪が遂行される場合が存する．歴史的には，中世ヨーロッパ社会において，宗教裁判ないしは異端審問，魔女狩りなどの社会現象がみられ，異端者のみならず，異教徒への迫害，虐殺などが続き，中世の歴史に暗い陰を残した．宗教犯罪の原因は必ずしも明らかではないが，信仰の強さ，マインド・コントロールなどの作用の相乗などが考えられる．近年，わが国で発生した*オウム事件'は，オウム真理教とよばれる新興宗教が，教祖を中心として殺人自体を容認する教義の下に，松本サリン事件，地下鉄サリン事件などを引き起こしたとされる事件で，多くの死傷者をもたらした．
3　贖罪としての宗教　歴史的にみて，宗教は犯罪者の懺悔や贖罪，あるいは社会復帰・改善の手段として用いられてきた．今日でも，専門の教誨師による宗教教誨は世界的に広くみられ，戦後憲法改正によりその位置づけは変わったものの，わが国でも篤志面接委員などの活動として各刑事施設で実施されている．制度的には，18世紀クェーカー教徒がアメリカ・ペンシルヴェニア州で採用した厳正独居拘禁制が宗教を用いた最初の試みであり，昼夜独居房に拘禁して沈思黙考させ精神的な改善を図ろうとした．ペンシルヴェニア制，あるいは昼夜独居制ともいわれる．しかし，収容者の間に精神障害者を多数生み出しかえって弊害が生じたため，この制度は後に廃止された．
4　'迷信犯罪'　迷信に関する犯罪は，迷信に基づく場合と他人の迷信を利用する場合とがある．迷信犯罪は一般に文化程度の低い国々にみられる現象とされるが，わが国でも，第2次大戦後一時期，迷信にかかわる傷害，暴行，殺人などの事件が発生し，女子の犯行比率が高い状況がみられた．ただし，今日の状況は，警察統計に計上されていないため，定かではない．→教誨
[守山　正]

終局裁判　*裁判'は，裁判所または裁判官の公権的判断たる意思表示的訴訟行為であるが，このうち，その裁判によって事件を当該審級から離脱させる裁判を終局裁判という．これに対して，訴訟指揮に関する裁判，当事者の証拠調べ請求に対する裁判所の証拠決定（刑訴規190）のように，訴訟の進行中に，審理を整序するために行われる裁判を，中間裁判という．実体裁判である終局裁判には，有罪，無罪があり，形式裁判である終局裁判には，管轄違い，免訴，公訴棄却がある．　　[白取祐司]

終局処分　終局処分は，*検察官'の行う*事件処理'のひとつで，*公訴'を提起する処分（起訴処分）と公訴を提起しない処分（*不起訴処分'）の2つからなる．当該被疑事件についての最終的処分である．起訴処分は，*裁判所'に対し審判を求める意思表示となり，*起訴状'を提出して行われる（刑訴256Ⅰ）．これにより，

事件は裁判所に係属し(*訴訟係属'),裁判所は受理した事件について審判する義務と権限を持つ.不起訴処分は,起訴条件が欠けている場合など一定の事由がある場合に行われる.ただ,検察官による終局処分であるから裁判所による*判決'とは異なり,*確定力'はなく,事後に新たな*証拠'が発見されたなど特別な事情が生じれば,不起訴処分を取り消して,いつでも*捜査'を再開することが可能である.

なお,不起訴処分にした場合,*被疑者'の*請求'があれば,速やかにその旨を告げなければならない(259).被疑者の不安を取り除く趣旨である.この点で中止処分とは異なる.→不起訴処分,中間処分　　　　　　　　　　　[上田信太郎]

住居侵入罪　**1 意義と要件**　正当な理由なく人の住居や人の看守する邸宅・建造物・艦船に侵入する罪(刑130前)をいう.家宅侵入罪あるいは建造物侵入罪ともいわれる.また,広義では,要求を受けて人の住居や人の看守する邸宅・建造物・艦船から退去しない罪,すなわち不退去罪(130後)をも含む.人の住居とは,人の起臥寝食に使用されている場所をいうが,その使用は一時的なものでもよく,またアパート,下宿等々のように区画された部屋もそれぞれ住居となる.邸宅とは,たとえば空家やシーズン・オフの別荘のように住居用に造られたが現在は使用されていないものをいい,建造物とは官公署・学校等々の住居用以外の建物をいう.また,建物の周囲の垣根や塀等に囲まれた場所(囲繞地)も住居・邸宅・建造物に含まれる.侵入とは,身体の全部が住居等客体に入ることをいう.本罪の実行の着手は,住居等への侵入の開始をいい,住居等への立ち入り後一定時間の滞留があった後に既遂となる.

2 保護法益　条文の位置から社会的法益に対する罪(住居ならびに近隣の平穏)と理解するのが立法者意図であったと思われるが,一般には個人的法益に対する罪と理解され,その保護法益を,住居権に求める住居権説,住居の平穏に求める住居平穏説,誰に住居への立ち入りおよび滞留を認めるかに関しての決定の自由に求める新住居権説の対立がある.この保護法益に関する見解の差異は,ステレオタイプとしては,侵入行為の理解の差異につながり,住居権説・新住居権説からは居住権者の意思に反する立ち入りを侵入とする意思侵害説が,住居平穏説からは平穏を害する態様での立ち入りを侵入とする平穏侵害説が採用されることになる.戦前の判例は,家父権に基づく住居権説を採用し,姦通目的での妻の同意に基づく住居への立ち入りを夫の住居権侵害として住居侵入罪を認め(大判大7・12・6刑録24・1506,大判昭13・2・28刑集17・125),学説もこれに好意的であった.しかし,戦後,住居権を,家父権との結びつきが現行憲法と一致しない,住居権という概念が不明確であると批判する住居平穏説が有力となり,判例もこれを採用した(最決昭49・5・31裁判集刑192・571,最判昭51・3・4刑集30・2・79).これに対し,新住居権説は,平穏の概念も不明確であること,住居平穏説による侵入概念は侵入の目的や態様を重視し行為無価値論的であることを批判し,プライヴァシーおよび自己決定権の保護の観点から住居権説を再構成する.なお,最判昭58・4・8刑集37・3・215は,新住居権説に立つ.

3 承諾と侵入　意思侵害説からは居住者の承諾が存在すれば侵入にはあたらないが,平穏侵害説も承諾がある場合には平穏な態様の立ち入りであるとし侵入を否定するので,両説の差異は,居住者の意思に反するが平穏な態様の立ち入りを侵入とするか否かの点のみに現れることになろう.その一例として,万引き目的でのデパートへの立ち入りがあげられるが,意思侵害説も,実際には,立ち入りの許可された時間内であれば,管理者の事前の包括的な承諾があるとして侵入を否定している.また,欺罔による承諾は無効であるとして,強盗目的を秘して客を装って被害者宅に立ち入る行為を判例・通説は住居侵入罪とするが,住居の立ち入り自体については錯誤がない以上承諾は有効であるとする説も有力である.　　　　　　　　　　　[中空壽雅]

集金横領　集金を業とする者が,当初から着服する意図で集金すること.集金人が集金先から集めた金銭の占有は,雇用等により集金依頼人と集金人との間に生じた委託信任関係に基づくものと解し得るから,その委託の趣旨に反した当該金銭の着服は(業務上)*横領罪'に当たる.同時に,集金依頼人と集金人との間の

委託信任関係を視野の外に置けば，あるいは，そのような意図を有する集金人と集金依頼人との間には実質上は委託信任関係は生じないとするならば，集金先を被害者とする詐欺罪が成立すると解することも可能である．しかし，両者が二律背反し，いずれか一方を採らねばならないことも明らかである．横領罪の成立を認めることは，弁済を有効として集金先を保護することになるが，この点は詐欺罪の成立を認めても民法解釈上同様となり，結局は，いずれの罪を論ずることがより実態に即するかという問題に帰着する．そのような集金人を雇用したという関係があり，集金依頼人の責めに帰すべきところがないわけではないことを示すうえでは，横領罪を論じるべきことになろう．　［伊東研祐］

自由刑　(独) Freiheitsstrafe　*受刑者'を*拘禁'してその自由を剥奪することを内容とする刑罰(自由剥奪刑)をいう．広義には，*監獄'に拘禁する自由剥奪刑ばかりでなく，居住制限(改正刑法仮案30⑥・41)のような自由の制限を内容とするもの(自由制限刑)をも含む．旧刑法は*重罪'・*軽罪'・*違警罪'という犯罪の種類に応じて，徒刑・流刑・重懲役・軽懲役・重禁獄・軽禁獄，重禁錮・軽禁錮，拘留という多彩な自由剥奪刑と自由制限刑を規定していたが(7〜9)，現行刑法では，*懲役'・*禁錮'・*拘留'という3種類の自由剥奪刑に整理されている(刑9)．

懲役と禁錮には，刑期を定めずに言い渡す無期懲役・無期禁錮と1ヵ月以上15年以下の範囲内で刑期を定めて言い渡す有期懲役・有期禁錮があり(刑12Ⅰ・13Ⅰ)，拘留は1日以上30日未満の範囲内で言い渡される(16)．懲役・禁錮はいずれも監獄に拘置し，拘留は拘留場に拘置して執行するが(12Ⅱ・13Ⅱ・16)，懲役には所定の作業(*刑務作業')が義務的に科され(12Ⅱ)，他は請願により作業に従事しうる(監26)点で異なる．懲役・禁錮・拘留のいずれにおいても，所定の手続に基づいて刑期満了前の*仮出獄'・*仮出場'が認められる(刑28・30，予防更生12Ⅰ①・28〜32)．自由刑の執行を*行刑'という．

生命刑としての死刑が時代とともに刑罰の主流の座を明け渡していったのに伴い，自由刑は財産刑とならんで，現在の刑罰制度の中心をなすに至っている．それは，自由の剥奪を内容とする刑罰は人道的に許容されるばかりでなく，受刑者の改善にも十分に役立つと考えられたためである．他方，刑期の短い懲役・禁錮および拘留に対しては，犯罪者を改善・社会復帰させる方向に機能する以上に悪化(犯罪性を深化)させる方向に機能することが多いとして，*短期自由刑'の弊害が指摘されている．また，自由刑を懲役・禁錮・拘留の3種類とし，所定の作業を科すか否かで区別することについては，合理的な根拠を欠くものとして批判されている．こうしたことから，自由刑の統合をめざす*自由刑単一化論'が主張されている．それには，すべての自由刑の種類を撤廃して単一化すべきだとする立場と，懲役と禁錮だけを単一化して拘留を残すべきだとする立場がある．　［丸山雅夫］

自由刑単一化論　1　意義および経緯
現行刑法は，自由刑として，*懲役'，*禁錮'，拘留の3種類を規定しているが，この種別を廃止して，たとえば，単なる自由刑または拘禁刑として1種類の刑に統一することを自由刑の単一化といい，これに関する議論を自由刑単一化論という．わが国では，懲役を破廉恥犯，禁錮を非破廉恥犯に結びつける考え方が強かった．*新律綱領'(1870)において懲役を破廉恥犯に結びつける思想的萌芽が現れ，*改定律例'(1873)によって，身分による差別を残しながらも，破廉恥犯と懲役，非破廉恥犯と禁錮との結合が強化された．旧刑法(1880)は，徒刑・重懲役・軽懲役・重禁錮の定役刑と流刑・禁獄・軽禁錮・拘留の無定役刑を対立させ，定役と破廉恥を対応させた．現行刑法の原型である明治40年刑法は，懲役，禁錮，拘留の3種類の自由刑のみを残したが，破廉恥犯は定役刑，非破廉恥犯は無定役刑という建前を維持した．しかし，破廉恥という観念自体が明確ではなかったことに加え，政治権力の相対性に基づき国事犯は非破廉恥犯とする考え方は「皇室ニ対スル罪」には適用されず，しかも，併行刑の採用により懲役・禁錮の選択を裁判官に委ねたために科刑基準はいっそう混乱することになった．社会主義運動を取り締まる大正14年治安維持法は，懲役と禁錮を選択的に規定し，混乱に拍車をかけた．

2 単一刑論の論拠 自由刑の種別を維持すべきか否かは、戦後の刑法改正作業の中でも重要な争点となった。単一刑論の論拠とされたのは、①国家が破廉恥的・非破廉恥的といった道徳的評価を刑法に持ち込むことは過度のモラリズムである、②破廉恥な犯罪か否かで懲役と禁錮を区別し、作業の強制を伴うか否かでその内容に差を設けるのは労働蔑視の思想の現れである、③今後の行刑においては、受刑者の個性に応じた科学的分類によって様々な処遇を発展させ実施することが必要であるが、自由刑に種別を維持することは、この分類処遇の発展を阻害し、また、懲役受刑者に対する処遇を従来通り作業中心のままにとどめるおそれがある、④自由刑受刑者のうち99％が懲役刑受刑者であり、禁錮受刑者の大部分も請願作業に従事している現状からみて、労働強制の有無で懲役と禁錮を区別する現実的な意義は失われている、などである。これに対し、種別維持論の論拠としては、①刑法および刑事司法が行為責任を原則とし、それぞれの犯罪に対する道徳的評価を明らかにすることによって一般国民の正義感を維持するものである以上、刑の種類においても犯罪に対する基本的評価の差を明らかにする必要がある、②政治犯に対して特別の考慮を払うという制度は、民主主義の基礎をなす政治上の相対主義と密接な関係がある、③懲役と禁錮とを区別するとしても、それぞれの刑の内容は行刑の目的に照らして合理的に定めることができるから、分類その他の処遇の発展が阻害されるわけではない、等が主張された。結局、改正刑法草案(1974)は、単一刑論を否定したが、これに対し、刑法学会会員有志からなる「刑法研究会」案は、単一刑として「拘禁」を採用するとともに、受刑者に対して社会復帰に必要な処遇を行うことを明記した。

3 今日の争点 今日では、単一刑論が有力であるが、現在争点となっているのは、懲役へと単一化すべきか、禁錮へと単一化すべきかである。懲役への単一化では、作業あるいは社会復帰のための処遇も「所定の作業」として自由刑の内容となりうる。しかし、「自由刑の純化」の思想により、自由刑の概念要素としては自由の剥奪以外のものを含まない自由刑を創設すべきだとの見解も有力である。→単一刑論　［土井政和］

集合犯（独）Sammelstraftat, Kollektivdelikt（仏）délit collectif　構成要件の性質上、複数の同種の行為が反復されることを予定している犯罪をいう。集合犯の場合、複数の行為が反復して行われても、それらの行為は包括され、全体として1個の犯罪となる。この意味で、集合犯については*包括一罪'とするのが多数説であるが、*単純一罪'と解する見解もある。集合犯には、反復して一定の犯罪を累行する習癖に基づいて行われる*常習犯'(刑186Ⅰ、盗犯2～4、暴力1の3等)、営利目的で一定の行為を反復・継続する*営業犯'(医師17、弁護72等)、営利目的なく一定の行為を反復・継続する職業犯(刑175)といわれるものが属する。たとえば、賭博常習者が数回にわたって賭博行為をしても、常習犯として1個の常習賭博罪(刑186Ⅰ)が、医師の資格のない者が営利目的で多数の者に医療行為を行っても、営業犯として1個の無免許医業の罪(医師17)が、あるいは、わいせつな図画を数回にわたって頒布・販売しても、職業犯として1個のわいせつ図画頒布・販売罪(刑175)がそれぞれ包括して成立するにすぎない。一方、右の要件を充たすかぎり、1回の行為でも常習犯、営業犯として処罰されることになる。集合犯は、確定判決によって分離され、別罪として扱われないかぎり、実体法的にも手続法的にも一罪として取り扱われる。すなわち実体法においては、集合犯とされるかぎり、いかに長きにわたりその行為が反復されてもひとつの罰条で処罰されることになる。また、手続法的には、集合犯を構成する数個の行為の一部について確定判決があれば、その既判力は他の部分にも及び、再起訴ができないことになる。そこで、既判力の範囲が広がることの不都合を回避するために、ドイツでは一罪としての集合犯概念は否定されるに至っている。なお、集合犯は、集団犯、集団犯罪の意味で用いられることもある。→結合犯　［只木 誠］

重婚罪（英）bigamy（独）Doppelehe（仏）bigamie　重婚罪とは、配偶者のある者が婚姻を解消(離婚)しないで重ねて婚姻することにより成立する犯罪であり、刑は2年以下の懲役である(刑184)。相手方が配偶者のある

者であることを知って，これと婚姻した者にも本罪が成立する(184後)．本罪の保護法益は一夫一婦制という婚姻制度ないし秩序の維持であり，*風俗犯'の一種である．保護すべき婚姻とは法律上の婚姻とするのが通説である．したがって，「配偶者のある者」とは法律上の婚姻関係のある者をいい，「重ねて婚姻する」とは，新たな婚姻届をすることをいう．しかし，婚姻は戸籍法による届出がなければ成立しないから，実際上，本罪は，戸籍係員が収賄・錯誤により第2の婚姻届を受理したり，虚偽の離婚届が受理された後に婚姻届が出されるといった例外的な場合にのみ問題となる．　　　　　　［松原久利］

重罪　(英) felony　(独) Verbrechen　(仏) crime　旧刑法(明13太36)における軽重による犯罪3分類のうち，最も重い犯罪を指す(旧刑1)．重罪の刑は死刑，無期徒役，有期徒役，無期流刑，有期流刑，重懲役，軽懲役，重禁獄，軽禁獄の9種類(7)．また，*軽罪'では各則に定めがある場合に限って未遂が処罰されたのに対して，重罪の未遂は必要的処罰であった(113)．

フランスでは刑罰の軽重のみならず裁判管轄や刑事手続にもこの3分類が貫徹され，重罪は陪審裁判である重罪院の管轄とされた．日本では治罪法(明13太37)でも陪審裁判は採用されず，職業裁判官で構成する重罪院の管轄とされたが，やがてさらに簡素なものにするため，明治期の刑事訴訟法(明23法96)で手続規定が改められ，ついには現行刑法(明40法45)で軽罪・重罪の区別が廃止され，各則の規定も簡素化した．ちなみに，刑法施行法は，死刑・無期または短期1年以上の懲役もしくは禁錮にあたる罪は旧刑法の重罪とみなす旨定めている(29)．現行刑法では，未遂は必要的減軽とされ，各則で定めることになったが，*法定刑'が重い犯罪について必ずしも未遂を処罰しない場合(激発物破裂・現住建造物浸害など)があるのに対して，法定刑が軽い場合でも未遂を処罰する場合(住居侵入・あへん煙関係・私文書文書偽造の行使など)があり，法益の性質に応じて柔軟に処罰する方式をとっていると思われる．

このほか，一定の重い犯罪が法定合議事件(裁判所26 II ②)とされ，*刑の時効'(刑31)や*公訴時効'(刑訴250)も法定刑の軽重に応じて期間を異にしており，また*緊急逮捕'(同210)や被告人の出頭義務(同285)，必要的弁護事件(同289)も刑の軽重に応じた規定になっている．さらに明文の規定はないが，死刑事件の上告に対して最高裁判所で弁論手続が行われる慣行がある(同408参照)．

1962年のアメリカの模範刑法典(Model Penal Code)では，重罪(Felony)，軽罪(Misdemeanor)，略式犯罪，反法行為などに分類されている．連邦法や多くの州法では，死刑には1年を超える刑務所収容刑(imprisonment)にあたる犯罪を指す．またコモンローでは，重罪の機会に被害者が死亡したときには，それが故意によらない場合でも謀殺として重い刑を科していた(フェロニー・マーダー・ルールfelony-murder-rule)．→違警罪　　［新倉 修］

囚人自治制　(英) inmate self-government system　他律的，強制的な集団生活になりがちな刑事施設において，被収容者・囚人の自治による生活場面を積極的に利用・活用し，被収容者自身が施設の運営，規律秩序維持に関与しうるように訓練することにより，その社会的適応性を高め，受刑者の改善*矯正'を図るための*施設内処遇'技法のひとつとして推奨された．受刑者自治制とも呼ばれる．20世紀の初頭，アメリカの監獄改良家オスボーン T.M.Osborn(米・1859-1926)によって，ニューヨークのオーバン刑務所などで実施され，有名になった．厳正独居によるフィラデルフィア制と対抗するオーバン制において，放置すれば悪風感染ともなる施設内集団を逆に利用し，相互福祉連盟 The Mutual Welfare League (1914)によって，集団的名誉や責任の観念を喚起することで社会復帰に役立てるべく自治制が取られた．受刑者によって選挙された50名の代表者の協議によって規律維持が行われ，規律違反の処置も代表者から選ばれた5名の裁判者委員会によったとされる．わが国では，累進上級者に認められた*戒護'体制の緩和を自治戒護としてとらえ，検身・捜検の免除(累進34)以下，休憩時間中の自由遊歩(36)や接見立会の除外(65)などを受刑者自治制の一態様とする理解もある．累進一級者には候補者の互選に係る

代表者制もあり(37)、受刑者集団の自律・自戒による規律秩序維持として積極的に評価される。しかし、受刑者を戒護その他の刑務官の補助にあたらせること(49の2)は、受刑者による受刑者の支配体制として弊害が意識され、昭和19年新設のこの特警員制度も戦後は運用を停止された。国連の*被拘禁者処遇最低基準規則'でも、被収容者を施設の規律維持業務に関与させてはならないとしている(28(1))。明治3年に廃止された牢名主制度等、囚人の一部を下請けに使った規律維持の効率化につながるものとして、囚人自治制には否定的評価も見られる。少年施設や刑事施設でも行われている自治委員会や委員会活動といったものも、とりわけ成人の場合、自治制のもとで責任感や役割活動を学習せしめるための改善矯正策というよりは、不必要な他律的、強制的側面を減少させ、施設内の集団生活をスムーズに行うための利害調整、集団生活上のルールの確立、実施を図るためのものとして捉えることができる。刑事施設内での集団生活であっても個々人の自律的な活動が基本であることの象徴として機能するものとなる。

[吉岡一男]

自由心証主義　　**1　自由心証主義の意義**
裁判官の事実認定について、刑事訴訟法318条は「証拠の証明力は、裁判官の自由な心証に委ねる」と規定する。証拠の証明力(刑訴328・308、刑訴規204など)とは、証拠がもつ実質的価値のことだとされ、*要証事実'をどの程度推認させるかという「狭義の証明力」と、(要証事実を一応離れて)その証拠をそれ自体としてどの程度信頼できるかという「信用力(または信憑性)」の2つの意味をもつ。刑事訴訟法318条により裁判官は、証拠がどの程度「信用力」「狭義の証明力」をもつのか、自由に判断できる。これを自由心証主義という。

「狭義の証明力」に関していえば、1つ1つの証拠について個別的な評価を積み重ねていくだけでなく、複数の証拠を総合して(たとえば、1つ1つでは要証事実の推認力が小さい積極的間接事実を全体として)評価し、要証事実を推認できるかどうか判断することもあってよい。要証事実を推認するために推理・推論を必要とする「間接事実」と必要としない「直接証拠」、要証事実の存在の蓋然性を高める積極証拠と低める消極証拠、たがいに矛盾する複数の証拠などについて、それらの取捨・選択も裁判官の自由に委ねられる。ただし、証拠ではない「口頭弁論の全趣旨」(民訴247)に基礎をおいて、判断することは許されない。

2「自由」の2つの意味　　自由心証主義の「自由」とは、歴史的には、証拠の証明力判断について、刑事訴訟法上の制約を受けず「自由」であることを意味した。かつて、証拠の*証明力'があらかじめ法律に規定され、一定の証拠の存在が有罪認定の法律上の要件とされた。これを*法定証拠主義'という(一定の証拠がそろえば裁判官の証明力判断の結果に反しても有罪認定を要求する「積極的法定証拠主義」と、一定の証拠がそろっても裁判官の証明力判断を許し、不当な有罪認定を回避させる「消極的法定証拠主義」に分かれる)。わが国においても、1873(明6)年の*改定律例'318条は、罪証が明白でありながら自白しない者に対し拷問を許した*断獄則例'を受けて、「凡(およそ)罪ヲ断スルハ口供結案〔自白調書〕ニ依ル」と定めた。被告人の自白を有罪認定の要件として、法定証拠主義を採ったわけである。しかし、拷問制度に対する強い批判があって、1876(明9)年に改定律例318条は「凡罪ヲ断スルハ証ニ依ル」と改められた。自由心証主義をはじめて採用したのである。

自由心証主義の「自由」がもつ第2の意味は、裁判官の非合理的な証拠評価からも「自由」であることであった。自由心証主義が、法定証拠主義の不合理を克服する証拠評価のルールとして成立した経緯に鑑み、それは自由心証主義に内在する要請だといわねばならない。自由心証主義のこの第2の意味から、いくつかの帰結が導かれる。

第1に、裁判官の証明力判断は、経験上および論理上の一般法則(「*経験則'」「論理則」という)に従って、行われねばならない(東京高判昭37・1・23下刑4・1=2・16)。第2に、具体的な証拠が要証事実を現実にどの程度証明するのか、いわば証拠の射程距離というものを客観的に確定しておかねばならない。証拠の射程距離が及ばないところについて、裁判官が(客観的・事実的な基礎をもたない)「推理・推論」だけで埋め

合わせることは，不合理な証明力判断として排斥されねばならない．第3に，裁判官の証明力判断は，印象・直観(他人には説明の仕様がない，その意味で非合理な要素をもつもの)に依存するものであってはならず，反省的・理性的に行われねばならない．すなわち，証明力判断の結果は，第三者によって「跡づけ可能」なものでなければならない(ただし，第2・第3については議論がある)．

3 自由心証主義に対する手続的規制 裁判官の証明力判断の合理性を担保する刑事訴訟法上の制度(手続的規制)がいくつかある．第1に，刑事訴訟法318条が定める「証拠」とは，「証拠能力」をもつ証拠に限定される．裁判官は，証拠能力を欠く証拠まで事実認定の基礎にしてはならない．証拠調べの後に，証拠能力を欠くことが判明した場合，裁判所は職権で証拠排除決定を行う(刑訴規207)．第2に，有罪判決を下す場合，「証拠の標目」を提示しなければならない(刑訴335 I)．なお，判決書に「証拠を取捨した理由までをも明示する必要はない」(最判昭34・11・24刑集13・12・3089)というのが判例の立場である．しかし，「事件の本質部分が実質的に争われた事件については，裁判所は可能な限り証拠の取捨・十分度を含めて有罪の理由を説明すべきである」という主張も有力である．第3に，裁判官の事実認定も上級審の事後審査に服する(刑訴382・411Ⅲ)．「事実の誤認があること」が控訴理由とされ，また，「重大な事実の誤認があること」が上告審の職権破棄理由とされており，自由心証主義の合理性を事後的・間接的に担保するものといえる．

4 自由心証主義と補強法則の関係 なお，自白の補強法則は，刑事訴訟法が明文で定めた「自由心証主義の例外」だとされる．被告人自身の自白が被告人不利益な唯一の証拠である場合，有罪を言渡すには，他に独立した証拠(*補強証拠')を必要とする(憲38Ⅲ，刑訴319Ⅱ)．自白だけで「犯罪事実全部を肯認することができる場合であっても，それだけで有罪とされ又は刑罰を科せられない」ために，「自由心証主義に対する例外」とされる(最判大昭33・5・28刑集12・8・1718)．しかし，補強法則については，「裁判官の自由心証による事実認定の合理性を担保し，誤判への顚落を防ぐために設けられた経験則の承認であり，自由心証主義そのものに由来する自己抑制の例示」と捉える考え方も有力である． 　　　　　　　　　　　　　　［髙田昭正］

集団処遇 集団指導および集団心理療法を中心とする処遇方法の総称．集団指導には，グループワークと集団づくりの2系統の理論がある．前者は，集団面接，集団討議など親和的・治療的な雰囲気の中で社会適応力を養うことに力点を置き，後者は，集団主義教育によって厳しさのある雰囲気の中で規律ある人間形成を目的とする．集団心理療法は，対象者を少人数のグループにして，カウンセリングや心理劇などを通じて集団構成員らの相互作用による治療効果を期待するものである．集団処遇としては，1951年から始められた*ハイフィールズ'少年施設におけるGGI(指導による集団相互作用)が有名である．*保護観察'の遵守事項もしくは条件として4ヵ月以内ハイフィールズでの宿泊生活を義務づけられた少年らは，昼間は一般事業所で働き，夜間は集団討議方法による集団心理処遇を受けた．これは，再非行の防止に大きな成果をあげ，矯正施設の*犯罪者処遇'方法として注目された． 　　　　　　　　　　［土井政和］

集団犯 (独) Konvergenzdelikt *対向犯'とならんで*必要的共犯'の一形式であり，内乱罪(刑77)・騒乱罪(106)のように多数者が集団として同一の目標に向かって共働の行為をすることにより成立する犯罪をいう．集合的犯罪，多衆犯，あるいは衆合犯(集合犯)ともいう．集団犯の規定は，その集団的ないし群集心理的性質を考慮して，主動的，指導的役割を行った者と受動的・被暗示的に関与した者の差異に応じて，たとえば，内乱罪では，首謀者，謀議参与者，群衆指揮者，付和随行者等に分けて刑の軽重を定めている．したがって，集団犯内部の相互者間において刑法総則の共犯規定の適用はないが，問題となるのは，内乱幇助罪(79)は別にして，その他集団の外からの関与について共犯規定の適用がありうるかである．集団犯の性質上，その規定に掲げられていない態様の関与は不処罰であるとする否定説と，破壊活動防止法が内乱の独立教唆を処罰し，その実行があったときは総則の教唆犯の適用を排除し

ていないこと(破防38・41)、また凶器準備集合罪の教唆・幇助を不可罰とする合理性はないこと等を理由に適用を認める肯定説に分れている。なお、談合罪や凶器準備集合罪は必ずしも集団的性格を要しないこと、また、共働の行為が対向的でないことから、集団犯や対向犯から区別して会合犯と呼ぶ場合がある。　　　[植田 博]

集団犯罪　複数の者が同一方向の行為に関与することによって犯される罪をいう。集団犯罪には*内乱罪'(刑77)・*騒乱罪'(106)のように関与形態ごとに法定刑が異なるものと、*凶器準備集合罪'(208の2)や*暴力行為等処罰ニ関スル法律'の集団的暴行等(暴力1)・集団的面会強請(2)のように全員同じ法定刑で処罰されるものがある。集団犯罪の構成要件に規定された関与者には、刑法総則の共犯規定(刑60～62)の適用はないが、それ以外の関与者(たとえば騒乱罪において、謀議に関与した者)については適用の有無をめぐって争いがある。集団犯罪は、多数の者の生命・身体・財産に危害を及ぼしたり、社会的不安をもたらすことから、早い段階での処罰が規定されていることも多い。たとえば、刑法上の内乱予備・陰謀(78)、多衆不解散(107)、*破壊活動防止法'上の内乱・騒乱・一定の集団的公務執行妨害の独立教唆・せん動等(破防38・40)、暴力行為等処罰法上の集団的殺人等の請託(暴力3)などがこれに当たる。集団犯罪の取締りにあたっては、憲法上保障された集会・結社の自由(憲21Ⅰ)との関係が問題となることも多い。→集団犯、群集犯罪
　　　　　　　　　　　　　　　　　　[伊藤 渉]

集中審理　**1 意義**　口頭弁論主義に基づく裁判所の鮮明な心証形成をはかり、かつ*迅速な裁判'の要請をみたすために、集中的で充実した公判審理を行うことをいう。職権主義的な訴訟構造を当事者主義的に変革した現行刑事訴訟法が1949(昭24)年に施行されたにもかかわらず、昭和20年代には、検察官の冒頭陳述がほとんど行われず、証拠書類等が朗読も要旨の告知もなされず裁判所に引き継がれ、弁護人の書証等に対する同意・不同意は第2回公判期日以後に行われるなど、旧刑事訴訟法的な運用が行われた。集中審理は、旧法的な運用に対する反省を踏まえて、昭和30年代はじめに東京地裁の一部裁判官によって提唱され、その後各地で実施された審理方式である。

集中審理は、「形式的には、できるだけ連続した公判開廷」を、「実質的には、各開廷における審理ができるだけ充実した内容のものとなること」を要求するものとされたが(『集中審理』1964年)、*継続審理'が実現されていないため、集中審理は継続審理を意味しない。第1審の審理が不十分であれば、当事者の納得が得られず上訴が増えるだけでなく、不十分な審理に基づく判決の是正に時間を要するから、上訴手続を含む刑事手続全体が迅速かつ適正に行われるには、第1審における公判審理が集中的でかつ充実したものであることがとくに重要となる(一審集中)。

2 方式の概要　起訴状一本主義をとり、審判対象の設定および立証について当事者主義をとる現行法において(刑訴256Ⅵ・256Ⅲ・298Ⅰ)、集中審理の実現には、当事者による準備が不可欠であるとして、当事者の準備義務が強調される。まず検察官が証拠を整理検討し、冒頭陳述をはじめとする立証計画をたて、速やかに弁護人に証拠の閲覧の機会を与え、弁護人は被告人その他の関係人と面接するなど適当な方法によって事実を確かめるほか、証拠に対する同意・不同意を検察官に通知するなどの*事前準備'を行うべきものとされる。裁判所側も、当事者の事前準備の状況に配慮し、第1回公判期日から実質審理が可能となるように期日を指定するほか、継続審理、公判期日変更の抑制に努めるものとされる。証拠調べについては、争点整理に基づいた無駄のない立証、人証の重視、書証の朗読または要旨の告知の励行が要求される。このような集中審理の実践と並行して、1957(昭32)年には交互尋問方式の詳細を定める刑事訴訟規則の改正、1961(昭36)年には、すでに1950(昭25)年に定められた訴訟関係人の事前準備義務の内容を具体化する刑事訴訟規則の改正が行われ、集中審理方式が法的にも整備された。

3 集中審理の成果　実務は基本的には集中審理方式で運用されており、かつてのような訴訟遅延は減少傾向にある。しかし、積み残された問題も少なくない。弁護士業務の形態が多数事

件の同時受任であるため集中的な弁護活動ができない，起訴前国選弁護制度がない，防御準備に必要な証拠開示が不徹底であるなど，当事者間の能力格差が解消されないまま，当事者の訴訟準備の義務が強調され，被告人の防御権との緊張関係を生み出している．また，口頭弁論に基づく心証形成が目標とされたものの，書証が多用される事態が改善されず，人証中心の証拠調べが実現していない．このため，集中審理方式は被告人の防御や納得を重視しない訴訟促進策であるという批判がある． [上口 裕]

自由な証明 (独) Freibeweis ＊厳格な証明'以外の証明方式．「自由」な証明といっても何ら法的拘束を受けないわけではなく，各証拠法規定の目的や事実の性質に応じて合理的範囲で証拠法規定の適用が緩和されるにすぎない．たとえば，＊証拠能力'に関し，＊証拠排除'の法則や＊自白法則'はその趣旨からあらゆる事実の証明に適用される．また，証拠調べ方式についても最低限，＊証拠'を法廷へ顕出する等の手段により当事者に証拠を争う機会を保障すべきと解されている．さらに，自由な証明のための証拠調べ請求権(刑訴298 I)は厳格な証明の場合と同様，保障されるべきとする説もある．法が明示的に自由な証明を認めている例として，＊簡易公判手続'(291の2)における証拠調べ方式および伝聞法則の緩和(307の2・320 II参照)，控訴・上告審における証拠調べの省略(394・414参照)がある．さらに，書面審理だけで裁判が可能な種々の＊決定'・＊命令'手続における証明も自由な証明の一種ということができる．

判例によれば＊情状'(最判昭24・2・22刑集3・2・221)や＊訴訟法上の事実'(最決昭58・12・19刑集37・10・1753)は自由な証明の対象とされる．もっとも，日本の刑事訴訟法は有罪・無罪の宣告手続と量刑手続を分けていないため，情状のうち犯行の動機や態様等，犯罪事実に関係する事実が厳格な証明の対象である点に争いはない．問題は被告人の生活環境，生活態度，被害弁償の有無等の犯罪事実とは関係ない「単なる情状」である．学説は，量刑手続が公判手続から分離されていないこと，ほとんどの事件において被告人の関心は有罪か無罪かではなく量刑に向けられていること，重要性の点においても刑の加重減免事由と異ならないことなどから厳格な証明の対象とする説と，情状に影響する事実は非類型的であり，厳格な証明の対象にすれば資料が制約され適切な量刑の障害になること，被告人にとっても有利な情状の立証手段が制限される点で不利益なことなどを理由に自由な証明で足りるとする説が対立する．訴訟法上の事実については自由な証明説が有力であるが，＊訴訟条件'は重要性の点において処罰条件と異ならないから，決定により公訴棄却をする場合を除き厳格な証明が必要とする説や，証拠能力についても不任意自白の排除等，憲法上の要請であるものについては厳格な証明が必要とする説がある．さらに，被告人側の＊反証'には＊伝聞法則'を適用すべきでないとする説も唱えられている．→証拠裁判主義 [田淵浩二]

従犯 (英) accessory (独) Beihilfe 従犯とは，正犯(犯罪実行者)を＊幇助'した者をいう(刑62 I)．幇助犯ともいう．＊教唆犯'と並ぶ狭義の共犯(＊加担犯')である．従犯の刑は正犯の刑を減軽する(63)．したがって，(教唆犯以外で)重要な役割を果たした者は，従犯ではなく，共同正犯とする説が有力である．他方，果たした役割が軽微に過ぎれば，従犯とすらなし難い．拘留または科料のみに処すべき罪(たとえば，231)の従犯・教唆犯は，特別の規定(たとえば，軽犯3)がなければ罰しない(刑64)．従犯の成立には，正犯を幇助する意思で幇助があったことのほか，被幇助者が犯罪の実行に出たことが必要である(＊共犯の従属性')．

1 従犯の故意 従犯の故意が認められるためには，有力説は，正犯の実行行為を認識し，かつ，幇助者自身の行為がその実行行為を容易にするものであることを認識・認容することで足りると解するが，それに加えて，正犯の実行行為による構成要件実現も認識することを要するとする見解が最近は多い．幇助者が正犯の犯行が未遂に終わることを予期しつつ幇助行為を行った場合(未遂の幇助)に結論が異なる(前者では可罰的，後者では不可罰)．過失による幇助について，通説はこれを否定する．なお，＊過失犯'に対する(故意の)従犯が認められるかどうかは争いがある．認める説では，行為共同説等の見地から故意犯の(故意による)従犯とする立

場が多いが，過失犯の(故意による)従犯として(過失犯の刑を減軽したもので)罰せられるとする犯罪共同説の論者もないではない(後説は形式的には理解しやすいが，実質上むしろ間接正犯に近い行為であるから，疑問であろう)．外形的には幇助のようでも，強力な関与であれば，むしろ過失犯を利用した(故意犯としての)間接正犯を認める説もある．幇助者と被幇助者の間に意思連絡が必要であるかどうかについて，通説・判例は不要と解し，*片面的従犯*を認める．

2 幇助行為 幇助行為は，実行行為以外の方法で，正犯の実行行為を容易にすることである．有形的幇助(たとえば，犯行用凶器の貸与，犯行現場での*見張り*)でも，*無形的幇助*(たとえば，正犯への激励・助言)でもよい．正犯の実行行為に先行するか，これと同時に行われるかを問わないが，正犯の実行行為の終了後に犯人のために行為する場合は従犯ではない(いわゆる*事後従犯*)．正犯による実行行為の一部終了後にその犯罪に加功し，幇助する場合を*承継的従犯*といい，その罪責については議論が多い．古い判例は，強盗殺人後に初めて関与し，財物を盗取するのを助けただけの場合に，強盗殺人罪の従犯を認めているが(大判昭13・11・18刑集17・839)，関与前の殺人の点についてまで(従犯としてであれ)責任を問うのは不当とする学説が多い．幇助行為は作為のほか，不作為でもよいが，作為の実行行為に不作為で加功した場合，多数説は，一般に従犯であるとする．

3 被幇助者(正犯者)の実行 従犯が成立するためには，被幇助者が犯罪の実行に出たことが必要である．被幇助者の実行行為(さらに結果)と幇助行為の間に*因果関係*が必要かどうか見解が分かれる．緩やかに解する見解もあるが，通説は，幇助行為と正犯行為との間に，物理的または心理的に実行行為を容易にしたという意味での因果関係を必要とする．既遂犯の従犯が成立するためには，幇助行為と正犯行為の結果との間に因果関係のあることを要するとの見解も有力である．被幇助者が実行に着手しなかったものの，可罰的な予備行為に出ている場合，この*予備罪*に対する従犯が成立しうるというのが多数説である． ［斎藤信治］

銃砲刀剣類所持等取締法 **1 沿革** 銃砲，刀剣類等の所持，使用等に関する危害予防上必要な規制について定めた法律(昭33法6)．戦前は，銃砲の製造・販売や火薬類についても規制していた「銃砲火薬類取締法」(明43法52)が銃砲の譲渡・輸出入，けん銃等の授受・運搬・携帯等の制限を行っていたが，戦後は連合軍の銃砲刀剣類等の回収命令を実施するための「銃砲等所持禁止令」(昭21勅300)を経て，銃砲刀剣類の所持を原則的に禁止する「銃砲刀剣類等所持取締令」(昭25政334)が制定された．これが1955(昭30)年に大改正された後，基本的構成を受け継いで1958(昭33)年に「銃砲刀剣類所持等取締法」が成立した．

2 類型 この法律により，銃砲(金属性弾丸を発射する機能を有する装薬銃砲および空気銃)または刀剣類(刃渡15センチメートル以上の刀，剣，やり，なぎなた，あいくち，飛出しナイフ)は，法令に基づき職務で所持する場合や許可を受けた場合等一定の場合を除いて原則的に所持が禁止される．模造けん銃の所持や販売目的での模擬銃器の所持も禁止され，刃体の長さが6センチメートルをこえる刃物や模造刀剣類は携帯が禁止されている．もっとも具体的な規制は，銃砲刀剣の危険性と社会的有用性を考慮して種類に応じて異なる．猟銃・空気銃，産業用銃砲，国際的な運動競技会での射撃競技用のけん銃等は都道府県公安委員会の許可を得て，また美術品として価値ある古式銃砲や刀剣類は都道府県の教育委員会の登録により所持が可能である．これに対しけん銃等はけん銃部品・けん銃実包とともに所持だけではなく，輸入・譲渡も禁止され，けん銃等の発射自体も禁止の対象である．これらの規制の違反行為は罰金から無期懲役にわたる刑によって処罰されうる．なおけん銃等・けん銃実包を提出して自首した場合および輸入の予備罪・輸入資金等提供罪について自首した場合の減免規定が設けられている．

3 捜査の容易化 その後の改正(1995年)によって銃器捜査を効果的なものとするための規定が新設された．27条の3は，警察官等が都道府県公安委員会の許可を得て何人からもけん銃等を譲り受けることができるとして，おとり捜査の過程において密売人等から適法にけん銃等を

譲り受けることを可能とする．31条の17は，けん銃等，けん銃部品およびけん銃実包であると認識してけん銃等，けん銃部品およびけん銃実包以外の物品を輸入・譲渡・譲り受け・所持等をした者を処罰することができるとすることにより，通関等の際にけん銃等を抜き取りあるいは別の物品と差し替えて運搬を続行させ，取引関与者を探知する捜査方法(*コントロールド・デリバリー')を実効あらしめようとしている．

[松生光正]

週末拘禁 *短期自由刑'の執行方法として，週末の土曜日と日曜日だけ1回または数回にわたり施設に拘禁する制度である．その起源は，1943年のドイツ少年裁判所法において設けられた少年拘禁にあるとされる．ドイツ少年裁判所法によれば，少年拘禁には，休日拘禁，短期拘禁，断続拘禁がある(16)が，このうち休日拘禁がここにいう週末拘禁にあたる．週末拘禁の長所として，休日における怠惰を防ぎ，施設内において規律ある生活とカウンセリングなどの処遇により犯行に対する反省を促すことができること，刑の執行に伴う失業・困窮等の弊害を回避することができ，被害者への賠償も促進できることなどがあげられている．しかし，受刑者の居所や職場から離れていない施設を確保することが難しく，また，成人に対しては処遇効果が期待しにくいなどの短所も指摘されている．→外部通勤

[土井政和]

収賄罪 (英) bribery (独) passive Bestechung (仏) corruption passive

1 意義・類型 *賄賂罪'の一形態で贈賄罪に対応する．刑法典では197条から197条の4までがこれに当たる．基本類型は197条1項前段で単純収賄罪と呼ばれ，「公務員又は仲裁人が，その職務に関し」，賄賂を収受・要求・約束した場合に成立する．特別法にも収賄罪の規定がある(商493Ⅰ，破380Ⅰ，経罰1・2，証取203Ⅰ等)．

現行法は，制定時には，単純収賄罪(刑旧197Ⅰ前)と*加重収賄罪'(刑旧197Ⅰ後)を有するのみであった．しかし，1941年，*受託収賄罪'(刑197Ⅰ後)，*事前収賄罪'(197Ⅱ)・*事後収賄罪'(197の3Ⅲ)，*第三者供賄罪'(197の2)が新設，これに伴って加重収賄罪の成立範囲も拡張され(197の3Ⅰ・Ⅱ)，さらに，1958年には*あっせん収賄罪'(197の4)が追加されて，現在では多数の類型を擁している．なお，1980年，*ロッキード事件'を契機に加重収賄罪を除く罪につき刑の引き上げも行われた．

なお，保護法益については賄賂罪の項を参照．

2 職務行為 収賄罪は，公務員または仲裁人による給与以外の報酬の受領一般ではなく，その職務行為に対する利益の収受等を禁止する(ただし，あっせん収賄罪では，他の公務員へのあっせん行為に対する報酬の収受等が処罰される)．条文では，「職務に関し」・「職務上」という文言がこれを示す．職務行為性は，当該行為について公務員・仲裁人が職務権限を有するか否かにより決まる．

職務権限の存否は，本来，法令等の形式的基準に従って判断されるものである．しかし，これを厳格に考えると，当罰的な行為が収賄罪の適用範囲から漏れてしまうとの問題もあり，判例・通説は「一般的」職務権限があれば足りるとして実質化を承認している．具体的には，職制のうえで上下関係がある場合，法令による直接の決裁権がなくても，権限者を補佐あるいは監督する立場の者にも職務権限は肯定されうる．また，職場の同僚などの水平的関係においても，事情によっては行為者自ら権限を行使する可能性があるといった場合であれば，同様に考えられる．さらに，本来の職務行使に先行する準備段階における行為も職務行為に包摂されうる．

職務権限の実質化を巡っては，職務と密接に関連のある行為(準職務行為・事実上所管する行為)という基準も判例(最判昭25・2・28刑集4・2・268)・通説により採用されている．先の一般的職務権限による拡張と結論的に重なる部分があるほか，職務遂行の機会を利用し，あるいは，職務上得た知識を応用する行為についても，この基準を用いて収賄罪の成立が肯定されることがある．ただし，密接関連性の判断基準は不明確であり，当罰性の単なる言い換えではないのか，そもそも，密接にせよ関連しているだけで，どうして「職務」行為といえるのかといった批判も有力である．

なお，公務員または仲裁人が他の職務へと転職した後に賄賂の収受等を行ったケースについ

ては、事後収賄罪の項を参照．

3 実行行為 各種の収賄罪に共通する基本的な実行行為は、賄賂の収受・要求・約束である．収受は、賄賂を受け取ること、賄賂が無形の利益である場合はこれを享受すること、要求・約束はその前段階で、賄賂の提供を求めること、および合意することをいう．このうち、要求罪は相手方の意思と関わりなく一方的に成立する．要求・約束の際に金額や履行期などが具体化している必要はない． [塩見 淳]

主観主義 **1 意義** 主観主義は、*新派刑法学'の犯罪論の特徴を表し、新派刑法学が、行為者の性格の発露である「主観」を犯罪の本質的な部分とすることを表したものである．これに対して、旧派刑法学の犯罪論は、*客観主義'である．近時、行為無価値と結果無価値が対立させられることがあり、また、構成要件論や違法論において犯罪の構成要素としての「主観」を、そもそも考慮するか、またはどこまで考慮するかについて客観説的見解と主観説的見解とが対比させられることが多い．しかし、これは、客観主義の内部において主観をどの程度考慮するかという対立であって、ここでいう主観主義とは区別される．

主観主義は、罰せられるべきは、行為ではなく行為者であるとすることから出発し、犯罪にとって本質的なのは、外部に現れた行為ではなく、行為者の性格に由来する「意思」であるとする．その意味で、行為は、行為者の性格の「徴表」にすぎない（*犯罪徴表説'）．犯罪論における主観主義は、法益侵害やそれに対する客観的危険ではなく、行為者の意思の*危険性'によって犯罪の成立要件が画されるため、構成要件該当判断、違法判断において不明確となり、意思が処罰の対象とされ、処罰範囲の拡大をももたらす（意思刑法）．

2 犯罪論における主観主義 主観主義によれば、構成要件における行為記述は、たんに犯罪者の性格の徴表にすぎないから、構成要件の罪刑法定主義的機能は、さほど意味はない．違法論においては、*宮本英脩'は、主観的違法論を採用したが、*牧野英一'は、客観的違法論を採っている．主観主義の責任論は、性格責任論・社会的責任論である．未遂犯論においては、まず、その処罰根拠は、「犯意」の表出に求められる．次に、実行の着手の時期については、主観主義によれば、「犯意の成立が其の遂行的行為に因りて確定的に認めらるる」（牧野）とき、「犯意の飛躍的表動」（宮本）がみられるとき、あるいは、「外部的行為によって行為者の犯罪的意思が確実に識別せられ得た状態に達した」ときに認められる．不能犯論においては、犯意があれば行為者の性格の危険性は認められるのであるから、迷信犯を除いては、犯意が認められるならば、不能犯が成立するということはないものとされる．共犯論においては、共犯独立性説が採用され、正犯の実行行為なくしても、共犯者の行為は処罰される．したがって、*教唆の未遂'も可罰的である． [山中敬一]

主観的違法要素 (独) subjektives Unrechtselement 「*違法'は客観的に責任は主観的に」というのが客観的違法論の基本テーゼであり、違法要素は客観的要素であって、主観的要素は責任段階で判断されるというのが原則であるとされたが、違法の客観性とは、違法評価の客観性、すなわち、違法判断の基準がいかなる行為者にも一律に適用されることであり、必ずしも評価の対象がすべて客観的（外部的）であることを意味しないとして、主観的要素も違法評価の対象たりうるとする見解が有力化した．これが主観的違法要素である．これは、一方で、いわゆる規範違反説ないし人的不法論に支えられる．これによれば、主観的要素が規範違反性ないしは人的不法性に影響しうるのはむしろ当然のことであり、いわゆる狭義の主観的違法要素のほか、故意・過失一般、そして犯罪の動機等も主観的違法要素であると認めることになりやすい．しかし他方、いわゆる法益侵害説ないし物的不法論の見地からも、主観的要素であっても、法益侵害性ないし危険性に影響を及ぼしうる限りにおいては違法要素たりうるとして、例外的・限定的に主観的違法要素を肯定する見解が有力である．これによれば、たとえば*目的犯'における目的のうち、行為後における自分自身の第2の行為によって生じる結果を目的とする場合（「不完全な2行為犯」、「後の行為を目的とする犯罪」などという）、すなわち各種の偽造罪における行使の目的のようなタイプ

の主観的要素は，偽造という客観的構成要件を超過し，かつそれが存在することで偽造行為の法益侵害性（偽造物が不特定多数人の手に渡り，通貨，文書等に対する社会的信用を害する）を基礎づけないし高める要素として，主観的違法要素であることがおおむね認められている．さらに，爆発物取締罰則における爆発物犯罪の認識も，通常，主観的違法要素であるとされる．他方，未遂犯における故意も，未遂犯の客観的構成要件を超過し，その存在が法益侵害の危険を高めるものとして，やはり主観的違法要素であることが肯定されることが多い．他方，このような，法益侵害性との関係において主観的違法要素を基礎づける見解からは，偽証罪における記憶（との不一致），強制わいせつ罪における性欲を満足させる内心の傾向等は，法益侵害性に影響するものではないから，主観的違法要素ではないとされる．これらを主観的違法要素とするのは，これらの犯罪を，宣誓への違背とか，性欲の不法満足といった行為無価値において把握することを前提とするものであるとするのである．また，同じく「目的」であっても，虚偽告訴罪における処分目的のような，自己の第2の行為の介在なしに生じる結果を目的とする場合（「切断された結果犯」，「結果を目的とする犯罪」などという）は，目的の存在は，虚偽告訴行為の法益侵害性に影響するものではないとして，主観的違法要素であることを否定し，故意に還元できるとされることが多い．

さらに，法益侵害性への影響という観点からは，主観的内面要素に止まる限りそれが客観的な法益侵害性に影響することなどあり得ないとして，主観的違法要素を基本的に全て否定しようとする見解もある．これによれば，たとえば，目的犯においても，法益侵害性に影響するのは，行使目的という主観的要素自体ではなく，行使の可能な状況という客観的要素であるとして，目的が主観的違法要素であることを否定し，これを責任要素とすることになる．

なお，*違法性阻却事由'における主観的要素（主観的正当化要素）も主観的違法要素の一種といいうる．正当防衛における防衛意思，被害者の承諾の認識などが，正当化のために必要かどうかが問題となるが，そこでは構成要件的な法益侵害は一応存在することが前提となり，その正当化が問題となるので，犯罪の成否，すなわち既遂犯か犯罪不成立かのみならず，未遂犯説も含め，激しい見解の対立がある．→偶然防衛，傾向犯，心情要素，主観的構成要件要素，メツガー
［酒井安行］

主観的違法論（独）subjektive Unrechtslehre *客観的違法論'に対立する考え方で，法規範を理解しこれに従って行動できる者の行為だけが*違法'であるとする考え方．規範は国民への命令であり，それを理解し得ない者の行為を違法とすることはできないとする．この考え方を敷衍すると，*責任能力'を欠いていたり*故意'・*過失'のない行為は違法でないとすることになり，違法性と責任の区別が消滅する．本来，犯罪行為は主観・客観の渾然とした存在で，違法性と責任も連続的である．この，違法性と責任をどのように分けて論じるかについての，最も基本的で「伝統的」な対立が主観的違法論と客観的違法論の対立であった．主観的違法論とは，行為の違法性を，義務違反的な意思活動に求め，行為者が一定の主観的能力・意思を有する場合にのみ違法性を認める立場であり，理論的には，命令説が重要な役割を果たした．法規範という国家の「命令」に反することが違法であり，命令の名宛人がそれを理解し得ない場合には違法性は問題とし得ないと説明したのである．これに対し，客観的違法論とは，行為の違法評価に際し，行為者の主観的能力を問題にせず，客観的に法に反する行為を違法と認める立場で，責任無能力者にも違法行為は存するとし，そのような者に対する正当防衛を認めるべきだとする．そして，この立場を徹底すれば，動物や自然力による侵害も違法たり得ることになる．20世紀初頭に，主観的違法論はその支持を失う．ただ，客観的違法論を採用しつつ，違法性は命令・決定規範により決定されるのであり，故意の有無で行為の違法性に差が生じるとする見解が存在することに注意しなければならない．その場合，違法性の客観性は，対象となる行為の客観性ではなく，判断基準の客観性，すなわち一般人を基準とすることを意味する．
［前田雅英］

主観的構成要件要素　（独）subjektives

Tatbestandsmerkmal　行為者の内心的要素であって，構成要件の要素となるものを主観的構成要件要素という．かつて*ベーリング'は，構成要件要素は客観的・記述的なものに限られるとしたが，その後，規範的構成要件要素，主観的構成要件要素を肯定する見解が有力化するに至った．とくに*主観的違法要素'論を展開した*メツガー'は，その違法類型としての構成要件論から，類型化された主観的違法要素としての主観的構成要件要素を肯定し，これに含まれるものを，表現犯における行為者の記憶，傾向犯における主観的傾向，目的犯における目的に類型化した．これがいわゆる特殊的主観的構成要件要素であり，窃盗罪等の財産犯における不法領得の意思もこれに含まれるとされることが多い．しかし，目的的行為論者は，主観的違法要素，主観的構成要件要素をさらに拡大一般化した．彼らは，行為の存在論的構造は目的活動の遂行という客観・主観の有機的統一体であり，目的的意思が行為の要素であることを指摘した．そして，違法とは，このような構造をもつ行為に対する無価値判断(行為無価値)であるから，目的的意思＝故意は一般的な主観的違法要素であり，また，構成要件的な結果の実現に向けられた主観的要素としての故意主観的構成要件要素であるとし，これらのことは過失についても同様であるとした．

これに対して，主観的要素が違法要素たりうるのはそれが法益侵害性に影響する限りにおいてであるとし，故意(特に既遂犯における故意)・過失一般が違法要素であることを否定し，責任要素であるとする立場も有力であるが，この立場からも，構成要件を違法・有責類型とする場合には，それらは責任類型としての主観的構成要件要素たりうることになるし，また，構成要件を違法・有責から独立した単なる行為類型とする立場からも，構成要件の犯罪個別化機能を強調して，故意・過失が構成要件要素であることを認める見解が主張されている．こうして，故意・過失が主観的構成要件要素であることを肯定する見解は，今日ほぼ通説化しているといえよう．これが構成要件的故意・過失である．これを認めることによって，故意犯と過失犯とは構成要件段階において区別することが可能になり，構成要件の犯罪個別化機能が発揮され，さらに故意も過失もない不可抗力による致死傷の構成要件該当性が否定されることになる．→心情要素　　　　　　　　　　　[酒井安行]

縮小解釈（独）einge schränkende Auslegung　縮小解釈とは，法規の目的や趣旨に照らして文言の日常的意味より狭く解釈する方法をいい，目的論的解釈のひとつである．限定解釈も縮小解釈の一亜種であるが，限定解釈は，法規の意味内容の限定性を意図し，文言以外の要素を導入してその意味を制約する解釈方法を指すことが多い．とりわけ，ある法規につき複数の合理的解釈が可能である場合に，憲法に違反する疑いのある解釈を避けて憲法に適合するように限定的に解釈する方法を，合憲的限定解釈という．

刑罰法規における縮小解釈の例として，浄水毒物等混入罪(刑144)における「人の飲料に供する浄水」をその保護法益や罪質に照らし「不特定または多数の人の飲用する浄水」と解した事例(大判昭8・6・5刑集12・736)，あるいは*爆発物取締罰則'における「爆発物」を「その爆発作用そのものによって公共の安全をみだし又は人の身体財産を害するに足る破壊力を有するもの」と解して火炎瓶を含まないとした事例(最判大昭31・6・27刑集10・6・921)が挙げられる．

合憲的限定解釈の近時の例としては，*福岡県青少年保護育成条例事件'判決(最判大昭60・10・23刑集39・6・413)がある．最高裁は，本条例の*淫行'という文言が漠然不明確あるいは過度に広範のゆえに違憲となるのを回避するため，「青少年を誘惑し，威迫し，欺罔し又は困惑させる等その心身の未成熟に乗じた不当な手段により行う」あるいは「青少年を単に自己の性的欲望を満足させるための対象として扱っているとしか認められないような」性交または性交類似行為をいうと解した．このような限定解釈は，「淫行」の語義を超え通常人が理解しえないとし，解釈の域をこえ立法作業の範疇に属するとの批判がある．限定(縮小)解釈といえども，言語的な限界があり，法律の書き直しと評される解釈は許されない．

わが国でも「刑法の解釈は厳格でなければな

しゅくしょ

らない」と言われるが，それは言葉の日常的な意味を超える*拡張解釈*に慎重さを求めるにすぎない．アメリカ合衆国では，厳格解釈は，刑罰法規の文言が日常的用法において多義的でそのため法規の意味内容があいまいである場合に，被告人に有利な解釈（通常，縮小解釈）を選択しなければならないとする原則を意味する．この相違は，*罪刑法定主義*の諸要請に対する姿勢の違いを反映しているのではなかろうか．→類推解釈　　　　　　　　　　　　［門田成人］

縮 小 認 定　1 縮小認定とその根拠

訴因と立証結果との間に不一致はあるが，その不一致がわずかなため，訴因を変更しないまま立証結果を認定してよい典型的な場合をいう．いわゆる大は小を兼ねる場合である．訴因は裁判所に審判の対象を告知し，被告人に告知・防御の機会を与える制度であるが，縮小認定の場合，立証された事実は当初の訴因事実の中に完全に含まれている関係にあるため，訴因の告知・防御の保障機能は全く害されていないので，訴因を変更しないまま，「含まれている事実」を認定してよいのである．また，厳密には縮小認定の場合ではなく，認定すべき事実が当初の訴因よりも若干はみ出している場合がある．しかし，このはみ出している事実がさほど重大ではなく，しかも，認定すべき事実について現実に防御の対象とされ，被告人に不当な不意打ちや防御上の不利益を与える虞がなかった場合には，*訴因変更*をするまでもなく，立証された事実を認定することが許される．

2 判例の動向

強盗の訴因のまま恐喝を認定したり（最判昭26・6・15刑集5・7・1277），殺人の訴因のまま同意殺人を認定したり（最決昭28・9・30刑集7・9・1866），殺人未遂の訴因のまま傷害を認定する（最決昭28・11・20刑集7・11・2275）等が縮小認定の典型例として認められており，また，強盗幇助の訴因のまま恐喝を認定したり（最決昭29・10・19刑集8・10・1600），業務上過失致死の訴因のまま重過失致死を認定したり（最決昭40・4・21刑集19・3・166），酒酔い運転の訴因のまま酒気帯び運転を認定する（最決昭55・3・4刑集34・3・89）判例も同じように理解してよかろう．また，当初訴因の範囲をわずかに超えるが，事実上被告人に不意打ちを与えたり防御に不利益を与える虞がないため，訴因変更をする必要がないとした判例として，詐欺の単独犯の訴因で詐欺の共同正犯を認定したり（最判昭28・11・10刑集7・11・2089），覚せい剤の単純所持の訴因で共謀者との共同所持を認定した判例（最決昭34・7・24刑集13・8・1150）などがある．　［椎橋隆幸］

主　刑　（独）Hauptstrafe

独立してそれだけを科することのできる刑罰を指す．*付加刑*をそれに付加して科することができる．わが国の現行法においては，*死刑*・*懲役*・*禁錮*・*罰金*・*拘留*・*科料*が主刑に当たる（刑9）．これらの主刑の中における刑の軽重は前掲の順序によるが，無期禁錮と有期懲役とでは無期禁錮のほうが重い刑であり，有期禁錮の刑の長期が有期懲役の長期の2倍を超えるときも，有期禁錮のほうが重い刑である（10Ⅰ）．また同種の刑においては，長期が長いものまたは多額の多いものが重い刑であり，長期・多額が同じである場合は，その短期の長いものまたは寡額の多いものが重い刑である（10Ⅱ）．これらの刑の軽重の比較はその*法定刑*を基準にして行われる．さらに死刑相互，または法定刑が共通である刑相互を比較する場合には，犯情によってその軽重を決する（10Ⅲ）．　［橋爪 隆］

受 刑 者　（英）prisoner　（独）Gefangene　（仏）détenu

受刑者とは，自由刑の執行のために刑事施設において身体を拘束されている者をいう．現行法は，懲役刑（刑12），禁錮刑（13）および拘留刑（16）の3種類の*自由刑*を規定している．監獄法は，懲役監，禁錮監，拘留場および拘置監の4つを監獄とし，それぞれの施設の在監者を懲役囚，禁錮囚，拘留囚ならびに未決囚および死刑囚などと称していた．通俗的には，いまでも監獄や囚人という言葉が使われることもある．受刑者の身上関係等については，身分帳と呼ばれる文書に記録されている．

刑事施設法案は，刑事施設に収容されている者を被収容者（inmate）と呼んで，被勾留者，死刑確定者，その他の法令の規定に基づいて刑事施設に収容されている各種被収容者および受刑者を総称する概念として用いている．死刑の刑罰内容には，身体の拘束は含まれていないので，死刑確定者は受刑者ではない．*労役場留置者*

は，刑事施設に付設された特別の施設に収容される者で被収容者ではない．これに対して，*代用監獄'の被収容者は，被収容者とみなされている（監1Ⅲ）．→受刑者の権利，犯罪者

[石塚伸一]

受刑者の権利　（英）prisoner's right
1 古代・中世の犯罪者の地位　生命刑・身体刑が刑罰の中心的地位を占めていた古代・中世の時代においては，犯罪者に人としての権利があるとは考えられていなかった．啓蒙思想の洗礼を受けた近代においても，*刑罰'に服する者は，市民としてのすべての権利を奪われて国家の奴隷になると考えられた（民事死 civil death）．近代以降の人道主義的な刑罰改革によって，監獄の悲惨な状況は徐々に改善されていったが，受刑者と国家の関係を法的な関係として捉えるという発想はなかなか生まれなかった．

2 ドイツにおける特別権力関係　ドイツにおいては，20世紀の初頭になって，ようやく，ベルンハルド・フロイデンタール Bernhold Freudenthal（独・1872-1929）が，国家と受刑者との関係も公法上の権力関係であり，自由刑の純化と行刑の法律化によって，受刑者の法的地位を確立すべきであると主張した．

一般に，国家と国民との権力関係においては，①権利を制限するためには，形式的意味での法律上の根拠がなければならない（法律の留保），②保障される権利の内容は，実質的かつ正確に法律で規定されなければならない（人権の実質的保障），③司法の救済手段を確保する（司法審査の保証），という3つの原則が妥当する．ところが，統一行刑法典が存在しないドイツでは，その法的不備を補う便法として，君主の官吏に対する自由な権力行使を正当化するために考案された特別権力関係の理論を行刑関係にも適用し，刑務所という公の営造物の利用関係においては，①法律によらない人権の制約，②国家による基本権侵害の無拘束，③司法審査の否定という特殊な関係も認められるとされた．

第2次大戦後の西ドイツにおいても，統一行刑法典の不存在という状況は変わらなかった．しかし，1960年代になると，受刑者訴訟が提起されるようになり，連邦憲法裁判所は，1972年，特別権力関係論による行刑の規律が憲法に違反するものであることを宣言し，この違憲状態を解消するために早急に統一行刑法典を制定するよう勧告した．ようやく1976年に西ドイツ統一行刑法典が制定された．

3 アメリカにおけるハンズオフ・ドクトリン
アメリカにおいても，長い間，受刑者は市民としてのすべての権利を失うという考え方が支配的であった．また，行刑は行政に固有の問題であり，司法審査権は及ばないとするハンズオフ・ドクトリン（司法不介入の原則）によって，受刑者は裁判を受ける権利を否定されていた．

しかし，1940年代になると，受刑者も，法律によって奪われた権利以外は，通常の市民と同様の権利を有するとの裁判所の判断が示され，次第に，受刑者の訴訟が増加していった．1970年代になると，公民権運動の影響を受けて，受刑者組合が結成されたり，施設の内外から支援を受けた受刑者の訴訟が急増したことなどによって，受刑者の権利が確立していった．

4 日本における受刑者の法的地位　日本では，1908（明41）年に*監獄法'が制定されていたことや特別権力関係論が紹介されていたこともあって，受刑者自身の権利の主張が認められるという発想は，なかなか生まれてこなかった．また，受刑者みずからが訴訟を起こすケースもほとんどなかった．ところが，ある死刑確定者の提起した民事訴訟において，裁判所は，国家と受刑者との関係が特別権力関係であることを是認しながらも，基本的人権の制約は法律に基づかなければならないと判示した（大阪地判昭33・8・20判時159・6）．これ以降，受刑者訴訟が急増し，違憲または違法と判断されるケースも出てきた．

現行監獄法は，施設管理法的色彩が強いため，受刑者の権利を明確に保障しているとはいいがたい．1966年国連総会で採択された国際人権規約B規約（日本は1979年に批准）は，残虐刑禁止などの行刑制度に関する規定も含んでいる．1998年に国連の第4回規約人権委員会の審査において，日本政府は，死刑確定者や受刑者の処遇について，改善を進めるよう勧告を受けた．最近では，日本の受刑者の権利保障に関して，国際人権規約の適用を認める下級審裁判例も出てきている（高松高判平9・11・25，徳島地判平

8・3・15).→情願, 刑務作業　　［石塚伸一］

主尋問　*証人尋問'に際して, 交互尋問を行う場合, 証人請求をした当事者が最初に行う尋問をいう（刑訴規199の2). また, 相手方の*反対尋問'の後に再度請求者が行う尋問を再主尋問という. 刑事訴訟法は, 裁判長または陪席の裁判官がまず尋問をする職権尋問を優先すると定めている（刑訴304). しかし, 現行刑事訴訟法は, 起訴状一本主義を採用しており, 裁判官が適切な尋問をすべき材料が手元にない上, 当事者主義の原理に従えば, 検察官, 被告人・弁護人の両当事者の尋問で証人から証言を引き出し, 裁判官はその信用性を吟味する審判者の役割に徹することが期待されている. このため, 当事者の交互尋問を先行させる運用が定着している（304 II, 刑訴規199の2). ただ, 現在は当事者の尋問の後に, 裁判所が補充尋問で証人から事件に関連する証言を積極的に得ようとする職権探知の傾向がみられる. 当事者追行主義にかんがみ, 必ずしも望ましい運用ではない.

証人採用の際, 立証趣旨が決定されるが, 主尋問は右の範囲とこれに関連する事項に限られる. 通常, 証人は請求者に有利な供述をすることが予想されるので, 証言の客観性を確保するため, *誘導尋問'は原則として禁止される. ただし, 証人が請求者に不利な供述を行った場合には, 証言の証明力を争うのに必要な事項についても尋問できる（199の3). ［渡辺 修］

受託裁判官　受託裁判官とは, 裁判所間の共助（裁79）として, 訴訟の継続している裁判所から嘱託を受けた他の裁判所において, 被告人の勾引（刑訴66), 捜索押収（125), 検証（128・142・125), 証人尋問（163), 鑑定嘱託の場合の鑑定留置（224), 鑑定受託者からの必要な処分に関する許可（225）を処理する場合を指す. 嘱託を受けた事項について, 法において裁判所もしくは裁判長と同一の権限を有するものとされ, 裁判所がする処分に関する規定の準用があるものとされ, または裁判所もしくは裁判長に属する処分をすることができる（刑訴規302）が, 以下に示すように限定がある.

裁判所が当事者のコントロールの下に事実を認定するのが原則であるので, 受託裁判官によることができる場合は, その旨が定められている場合に限定される. 被告人の勾引, 捜索押収, 裁判所外での証人尋問を, 地方裁判所, 家庭裁判所もしくは簡易裁判所の裁判官に嘱託することができる. 受託裁判官は, 裁判所または裁判長に属する処分をすることができるが, 刑事訴訟法100条3項〔押収郵便物の発受信人に対する通知〕の通知は裁判所がすることを要し（刑訴125Ⅳ), 158条2項および3項〔尋問事項の通知, 附加事項の尋問請求〕ならびに159条〔供述内容の通知〕に規定する手続（なお, 刑訴規127参照）は, 裁判所がすることを要する（刑訴163Ⅴ). なお, 受託裁判官は刑事訴訟法20条7号で除斥の対象となっていない. 事件への実質的関与がないからである. →司法共助

［中野目善則］

受託収賄罪　刑法197条1項後段. 1941年の改正により新設された.「公務員又は仲裁人が, その職務に関し」, 賄賂を収受・要求・約束した場合で,「請託を受けたとき」に単純収賄罪（刑197Ⅰ前）より加重して処罰する類型である. 特別法にも規定がある（商493Ⅰ（ただし,「不正ノ」請託を要件とする）等).

「請託」とは, 特定された職務行為を依頼することをいう.「職務上, 何かと世話になったことへの感謝」の趣旨では足りない. 請託は職務行為を特定する機能を有し, かつ, それに限られるから, 職務行為に先行して行われなければならない反面, 請託の際に賄賂が供与されたり, 申し込まれたりする必要はない. 賄賂が請託によって特定された職務と結びつくことで違法性の程度が高まる点に加重処罰の根拠が求められる.

請託を「受け」るとは, 依頼に対する承諾を指す. 収賄者に職務を遂行する意思が必要かについては争いがある. 必要説は, この意思を伴わなければ, 職務行為の対価として賄賂を収受するという*収賄罪'に固有の関係が欠けてしまう点を理由としている. ［塩見 淳］

主張責任　（英）burden of pleading（独）Behauptungslast　主張責任の概念は弁論主義を採用する民事訴訟で展開したものである. すなわち, *裁判所'は当事者が*口頭弁論'で主張しない事実を判決の基礎に援用することができない. したがって, 当事者は主張により

事実を訴訟に持ち込む必要がある．この事実を主張しない限り，たとえ証明されたとしても，それは存在しないものとされ，当事者は不利益を被ることになる．これを主張しないことにより不利益に判断される当事者の法的地位を主張責任という．

この主張責任の概念は当事者主義化された刑事訴訟においても主張されている．*挙証責任'の転換との関わりで，*違法阻却事由'・*責任阻却事由'，その他犯罪成立阻却事由の存在については被告人に実質的挙証責任を負わせるべきとの主張が出現した．しかしこれは*疑わしきは被告人の利益に'の原則・憲法31条に反するとされた．この被告人への挙証責任の転換にかわる，被告人に負わすべき責任をめぐる一つの主張として，*証拠提出責任'，争点形成責任と並んで主張責任が提起されている．この責任を被告人が果たした後にはじめて，検察官は阻却事由の不存在などを立証することになる．

この点をめぐっては，これらの事由の存在を疑わせる一応の証拠を提出すべきとの証拠提出責任説が支配説である．ここには，単なる主張(責任)では責任を被告人に何ら負わせないことと同然であるとの考えがあり，*当事者主義'構造となった刑事訴訟には証拠提出責任がよりふさわしいとするものである．しかし，証拠提出責任説に対して，阻却事由の不存在も犯罪成立要件であり，それは*検察官'の挙証事項であるとするなら，なぜ被告人の主張を裏打ちする証拠の提出が必要であるかは疑問であるとし，実務での*冒頭手続'(「被告人事件に関する陳述」)における*正当防衛'の主張のように，阻却事由の存在を示す上で証拠を伴わなくてもある程度実質的で具体性を帯びた主張で十分であるとの，主張責任説が唱えられている．

そのほかにも，*法律上の推定'に対する*反証'内容として，さらに証拠の*証拠能力'や*訴訟条件'について，たとえば自白の任意性の欠如に関して被告人の主張責任が主張されている．→説得責任　　　　　　　　［平田 元］

出資の受入れ，預り金及び金利等の取締りに関する法律　　戦後，正規の金融機関の融資から締め出された中小企業の資金需要が，保全経済会などのヤミ金融機関の発生をもたらし，一時は全国的に一般大衆から零細な資金を集めたが，倒産が相次ぎ大衆に莫大な損害を与えた．そこで，これらの事態に対処するために成立したのが本法である(昭29法195)．本法は，金融機関が金銭を受け入れる場合の一般法の性格を有しており，出資法と略称されている．本法の立法趣旨は，一般大衆が出資したり，金銭を預けることに伴って被る被害を未然に防止し，借り手の弱い立場に乗じて暴利を貪る高利貸しや金銭貸借の媒介による高額の媒介手数料の取得を禁止することによって大衆を保護し，金融機関の役員等による浮貸し等を禁止することによって金融機関の財産基盤ないし預金者を保護することにある．その目的を達成するため，本法は，第1に，出資金の受入れの制限(1)および預り金の禁止(2)，第2に，金融機関の役職員による*浮貸し'等の禁止(3)，第3に，高金利の処罰(5)および金銭貸借の媒介手数料の制限(4)などの禁止および制限に対する違反を内容とする犯罪類型を規定している．→金融犯罪　　　　　　　　　　　　［大塚裕史］

出　水　罪　(独) Überschwemmung

出水に関する罪は，水力の不法な使用により公衆の安全を害する罪であり，放火罪と同様に*公共危険罪'である．水害は，火災と同様に公衆の生命・身体・財産に対する危険性が大きいため，*放火罪'と同様に重く処罰される．なお，水利妨害罪は，水利権が保護法益である点で出水罪と罪質が異なり公共危険犯ではないが，水利妨害は通常出水の危険が伴い公衆の生命等に危険を及ぼすおそれがあるので，出水に関する罪と同じ章下に規定されている．

出水に関する罪は以下の5種類に分かれる．①現住建造物等浸害罪は，出水させて，現に人が住居に使用し，または現に人がいる建造物，汽車，電車または鉱坑を浸害する罪であり(刑119)，現住建造物等放火罪に相当する抽象的公共危険犯である．本罪の性質上，客体から艦船が除外されている．「出水させる」とは制圧されていた水力を解放し氾濫させることをいい，「浸害」とは水力によって本罪の客体を流失・損壊あるいは効用の喪失・減損をもたらすことをいう．浸害により既遂に達する．効用の喪失は一時的なものでよいが，極めて軽微な場合は出水

危険罪が成立する．②非現住建物等浸害罪は，出水させて，現住建造物等浸害罪に規定する物以外の物を浸害し，よって公共の危険を生じさせたことを要する罪であり(120)，具体的公共危険犯である．本罪は，非現住建造物等放火罪(109)，建造物等以外放火罪(110)に相当する．ただし，本罪は，放火罪のように非現住建造物等とそれ以外の物とを区別せず，包括的にこれらを客体としており，田畑，牧場，森林などが客体となる．浸害した物が自己所有物の場合については，差押えを受け，物権を負担し，または賃貸し，もしくは保険に付してあるときに限り本罪の客体となる(120 II)．本罪の故意として，出水させて浸害するという事実認識の他に公共の危険発生の認識を必要と解するのが通説である．③水防妨害罪は，水害の際に，水防用の物を隠匿し，もしくは損壊し，またはその他の方法により，水防を妨害する罪であり(121)，現実の水防活動の妨害を必要としない点で抽象的危険犯である．④過失浸害罪は，過失により出水させて，119条に規定する物を浸害する罪と，120条に規定する物を浸害し，よって公共の危険を生じさせる罪とから成る(122)．前段は抽象的危険犯であり，後段は具体的危険犯である．⑤出水危険罪は，堤防の決壊，水門の破壊，その他出水させるべき行為を行う罪であり(123前)，出水の危険を生じさせる一切の行為を罰する点で抽象的危険犯である．一方，水利に関する罪は水利妨害罪のみで，堤防の決壊，水門の破壊，その他の水利妨害を罰する罪であり(123後)，水利権の現実の妨害を必要としない点で具体的危険犯と解される．水利権とは，河川の流水を工業用水，灌漑用水，水道用水等として利用する権利を意味する．

[奥村正雄]

出　頭　刑事手続において，被告人が特定の場所に出向くこと．裁判所は，必要があるときは，指定の場所に被告人の出頭を命ずることができる(刑訴68)．これを出頭命令といい，差押状・捜索状の執行(113 III)，検証(142)の手続に立ち会わせる方法などとして用いられる．裁判所に出頭させる場合は，強制処分としての*召喚(57)の手続によらなければならず，令状(召喚状)を発する(62)とともに猶予期間をおく(275)必要がある．被告人が正当な理由なく出頭命令に応じないとき，すなわち不出頭の場合には，その場所に*勾引することができるが(68)，召喚の場合と異なり，被告人が住居不定または「応じないおそれ」がある(58①・②参照)というだけでは勾引できない．

[城下裕二]

出入国管理及び難民認定法　本法(入管法・昭26政319)は，「本邦に入国し，又は本邦から出国するすべての人の出入国の公正な管理を図るとともに，難民の認定手続を整備することを目的とする」(入管法1)法律である．罰則(第9章)としては，*行政刑法'的罰則(そのうち70条1項の罪は9号を除き退去強制事由と同一の構成要件である)のほか，不法就労外国人対策のため1989年改正(平1法79)によって新設された，不法就労外国人を来日させる推進力・吸引力となっている雇用・斡旋などの行為を処罰する不法就労助長罪(73の2)，蛇頭などの密航ブローカー対策のため1997年改正(平9法42)によって新設された，集団密航者が出国して本邦内に入り込むまでの間にブローカー等が関与する行為を段階的に犯罪類型として捉える集団密航関与罪(74～74の5)，ならびに，密航援助・助長罪として，類型的に違法性の大きい営利目的事犯および偽造旅券等の提供事犯を処罰する74条の6，退去強制を免れさせる目的での不法入国者等の蔵匿・隠避行為を処罰する74条の8などがある．これらの罪については，*両罰規定'が設けられている(76の2)．また，*没収'の規定がおかれている(78)．

[安田拓人]

主　文　裁判の対象となっている事項について，端的に結論内容を表示する部分を，主文という．裁判は，この主文と理由から成り立っている．裁判に理由を付すべきことについては，とくに法の明文があるが(刑訴44 I)，裁判の最終的結論，すなわち主文が必要なのは当然である(刑訴規35 II参照)．主文は，形式裁判であれば，「被告人を免訴する」，「本件公訴を棄却する」，実体裁判であれば，「被告人は無罪」というように，結論内容を端的に示す書き方がされる．

[白取祐司]

シュミット　Eberhard Schmidt（独・1891-1977）　ドイツの刑事法学者．*リスト'

門下の1人であって，リストの死後，その教科書はリスト=シュミットの名で改訂・出版された（最終は26版1932年）．刑法の研究領域は理論刑法，医事刑法，経済刑法と多岐にわたるが，他にも『刑事司法入門』（初版1947年），刑事訴訟法のコンメンタール全3巻（1952-70年）がある．

理論刑法の分野でまず特筆されるのは，責任論において*期待可能性'の思想を導入し，道義的責任と性格の危険性との調和を図ったことである．シュミットは，責任とは，違法行為を惹起する心理過程に欠陥のあることに基づく違法行為の非難可能性であって，心理的事実と価値判断との関係としての規範的関係概念であるとしつつ，責任判断は，法規範の命令に従って意思決定をなしうる者が期待に反して違法行為の決意をした場合に問題となる，と説いた．シュミットの見解の特色は，責任概念の実質的な核心が行為者の反社会的心情にあるとして，*規範的責任論'と*社会的責任論'との結合を企てた点に認められる．

犯罪論の領域では，ほかに，自然主義的行為論と*目的的行為論'とのいわばジンテーゼとして「*社会的行為論'」を提示し，また，違法と責任の関係に関し，「評価は決定に先行する」という論理的立場から，法規範には，行為の適法・違法を判断する評価規範としての作用と，行為者に適法な態度をとるように意思決定をなすべきことを命ずる決定規範としての作用がある，とする*客観的違法論'を展開した．さらに，共犯論では*拡張的正犯概念'論を展開して，*間接正犯'概念を無用化することを主張した．

[曽根威彦]

受命裁判官 刑事訴訟法上，合議体の決定に基づき，その構成員である裁判官に，捜索・押収・検証（刑訴125・142）の裁判，証人尋問（163），鑑定に必要な処分（169），準備手続（刑訴規194の4）等を行わせる場合である．命ぜられた事項につき，法において裁判所もしくは裁判長と同一の権限を有するものとされ，裁判所がする処分に関する規定の準用があるものとされ，または裁判所もしくは裁判長に属する処分をすることができる（刑訴規302）が，以下のような限定がある．受命裁判官には，押収または捜索については，裁判所がする押収または捜索に関する規定が準用されるが，100Ⅲ〔押収郵便物の発受信人に対する通知〕の通知は，裁判所がすることを要する（刑訴125Ⅳ），証人尋問については，裁判所または裁判長に属する処分をすることができるが，158条2項および3項〔尋問事項の通知，附加事項の尋問請求〕並びに159条〔供述内容の通知〕に規定する手続（なお，刑訴規127参照）は，裁判所がすることを要する（刑訴163Ⅳ）．なお，受訴裁判所内で受命裁判官が証人尋問を行うのは違法だが，その証人尋問につき予め検察官・弁護人等の同意があり，かつ，被告人・弁護人が尋問立会時および尋問調書の証拠調時に異議を述べていない場合には，その瑕疵は治癒される（最決昭29・9・24刑集8・9・1519）．鑑定の場合，鑑定留置（167Ⅰ）は受命裁判官が行うことはできない（169但書）．受命裁判官は準備手続を行うことができるが，証拠調をする決定または証拠調べの請求を却下する決定，および証拠調べの請求に関する異議の申立てに対する決定は行うことができない（刑訴規194の4）．→合議　　　　[中野目善則]

主要事実 （独）Haupttatsache　法律効果の発生に直接必要とされる事実．刑事訴訟においては，起訴された犯罪について刑罰権の存否および範囲を定める事実を意味し，*要証事実'あるいは要件事実などとも呼ばれる．具体的には，①構成要件該当の事実，②違法・有責な事実，③処罰条件たる事実（たとえば，破374以下が規定する破産犯罪における破産宣告の確定），④法律上の刑の加重減免事由たる事実（刑57・59参照），⑤併合罪の要件事実（45），⑥付加刑たる没収・追徴の要件などである．主要事実を直接に証明する証拠を*直接証拠'，主要事実を間接的に推認させる一定の事実（*間接事実'）を証明する証拠を*間接証拠'という．また，主要事実の存否の証明に向けられる証拠を実質証拠と呼び，この実質証拠の証明力に影響を及ぼす事実（*補助事実'）を証明するための補助証拠と区別する．主要事実については，*厳格な証明'，すなわち，証拠能力があり適法な証拠調べを経た証拠による立証が必要である．間接事実の立証を通じて主要事実を証明する場合も同様である．なお，主要事実については，こ

れを最も狭くとらえ，犯罪構成要件に該当する事実のみを意味するという考え方や，逆に最も広くとらえ，刑の量定に関する事実まで含むとする考え方もある．また，一般に主要事実と同義で用いられる要証事実の語は，単に証拠による証明を必要とする事実という広い意味で使われることもある． ［多田辰也］

準現行犯 刑事訴訟法は，厳密な意味での現行犯人のほかに，一定の要件を満たした者について，それを現行犯人とみなし，それに対する無令状での*逮捕'を認めている．これを準現行犯あるいはみなし現行犯と呼ぶ．その要件は，その者が，①犯人として追呼されているとき，②贓物または明らかに犯罪の用に供したと思われる凶器その他の物を所持しているとき，③身体または被服に犯罪の顕著な証跡があるとき，④誰何されて逃走しようとするとき，のいずれかに当たり，かつ罪を行い終わってから間がないと明らかに認められることである（刑訴212Ⅱ）．

本来の*現行犯'の場合は，「現に罪を行い，又は現に罪を行い終つた」ことが要件とされており，それと比較すると，時間的近接性が緩くなっているが，それを，上の4つの特別な事由のいずれかの存在により補うかたちになっている．さらに，*現行犯逮捕'を基礎付ける要素である，逮捕者にとっての犯罪と犯人の明白性の観点からは，時間的近接性とともに，場所的近接性も必要だと解されている．これらによって，現行犯逮捕に要求される明白性が充足されることになり，それゆえ，準現行犯人を現行犯人とみなしても憲法33条に反することはないとされるのである．

もっとも，各号の事由は，明白性を推認させる度合いがそれぞれに異なるから，そのひとつに該当するからといって直ちに準現行犯人と認められるわけではなく，それは，時間的近接性・場所的近接性との総合判断によって決定されることになる．判例には，内ゲバ事件が発生した旨の連絡を受けて警戒中の警察官が，犯行終了後約1時間ないし1時間40分を経過したころに，犯行現場から約4キロ離れた場所で被告人らを発見したが，その際，同人らが，*職務質問'を振り切って逃走しようとしたうえに，腕に籠手を装着し，あるいは顔面に新しい傷痕が見られるといった事情があったため準現行犯人として逮捕したという事案について，本件逮捕は，刑事訴訟法212条2項2号ないし4号に当たる者が，「罪を行い終つてから間がないと明らかに認められる」ときにされたものということができ，適法であるとしたものがある（最決平8・1・29刑集50・1・1）． ［川出敏裕］

準抗告 裁判官の裁判（命令）または捜査機関の一定の処分の取消・変更を求める不服申立てをいう．裁判官の裁判（*命令'）に対するものと捜査機関の処分に対するものの2種がある．

1 裁判官の裁判（命令）に対する準抗告（刑訴429） 同一審級内で救済を求める点で，厳密な意味では上訴と性質を異にするが，簡易な不服申立て手段として*抗告'に準じる性質をもち上訴と同じ実質的機能を果たすものである．

準抗告審は，法律問題に限らず事実問題をも審理する事実審である．その構造の理解が，原裁判後の新資料（原裁判当時客観的に存在した事情に関する資料で原裁判の取調べの対象とならなかったもの），または新事情（原裁判後に生じた事情）を参酌しうるかとの関連で問題となり，事後審説，基本的に事後審的なものとする説，続審説，原裁判の性質によって個別的に考察する説等の多くの見解が対立する．

対象となる裁判は，刑事訴訟法429条1項各号に列挙された，忌避の申立てを却下する裁判（①），勾留・保釈・押収などに関する裁判（②），鑑定留置を命ずる裁判（③），証人，鑑定人等に対して過料または費用の賠償を命ずる裁判（④），身体検査を受ける者に対して過料または費用の賠償を命ずる裁判（⑤）に限定される．実務上，2号の被疑者の勾留に関する裁判に対する準抗告の申立てが多い．しばしば，勾留場所を拘置所・代用監獄のいずれとするかが準抗告で争われる．また，勾留に関する裁判として，被疑者・被告人の移監に関する同意・不同意の裁判（刑訴規80）は準抗告の対象となる（最決昭46・11・12裁判集刑182・27）が，移監命令発付の職権発動を促す申立てに対する裁判官の判断は準抗告の対象とならない（最決平7・4・12刑集49・4・609）とされる．1号ないし3号の裁判

については，準抗告の申立ては，原裁判を取り消す実益がある限りいつでもできる．しかし，原裁判官または準抗告裁判所が執行停止の裁判をしないかぎり，その執行は停止されない（432・424）．4号および5号の裁判については，即時抗告に準じて，提起期間が3日とされ，その期間内および準抗告の申立てがあったときは，裁判の執行は停止される（429Ⅳ・Ⅴ）．準抗告の管轄は，簡易裁判所の裁判官がした裁判については管轄地方裁判所の，その他の裁判官がした裁判についてはその裁判官所属の裁判所に属し（429Ⅰ），合議体で決定する必要がある（429Ⅲ）．*抗告'と異なり，その申立ては，請求書を準抗告裁判所に直接提出して行い（431），原裁判官による再度の考案の制度はない．準抗告裁判所の決定に対する再抗告は禁止される（432・427）．

2 捜査機関の処分に対する準抗告（刑訴430）

*検察官'，*検察事務官'または*司法警察職員'のした接見指定，*押収'または押収物の還付の処分に対し，裁判所にその取消しまたは変更を求める不服申立てである．その処分の本質は行政処分であるが，捜査に関する処分であるので，刑事手続の中で解決するものとして特別の手続を定めたものである．これらの処分については，行政事件訴訟に関する法令は適用されない（430Ⅲ）．管轄裁判所は，検察官または検察事務官のした処分については，その所属する検察庁の対応する裁判所（430Ⅰ），司法警察職員のした処分については，その職務執行地を管轄する裁判所（430Ⅱ）であり，必ずしも合議体で決定することを要しない．この申立ては，請求書を準抗告裁判所に直接提出して行うので（431），原裁判官による再度の考案の制度はない．一般抗告に関する規定が準用され（432），その申立てに執行停止の効力は認められず（432・424Ⅰ），また再抗告は禁止される（432・427）．

[関　正晴]

準 強 盗 罪　刑法典の強盗罪（刑236）は，暴行または脅迫を用いて他人の財物を強取した場合や，同様の手段で財産上不法の利益を得た場合ないし第三者に得させた場合に成立し，法定刑は5年以上（15年以下）の有期懲役である．刑法典はさらに*事後強盗罪'（238）と*昏酔強盗罪'（239）という2つの準強盗罪の規定を置き，これらを強盗罪と同様に扱うこととした．前者は窃盗犯人が財物を得てその取り返しや逮捕を免れるため，または罪跡を隠滅するために暴行・脅迫を用いた場合に成立し，後者は人を昏酔させて財物を取る場合に成立する．

準強盗罪は一般の強盗罪と異なり，財物を客体とする場合にしか成立しない．タクシーの運転手を薬物で昏酔させて逃げても，薬物の影響による傷害罪の成立が問題になるにすぎない．また，一般の強盗罪は暴行・脅迫を手段として財産を侵害する過程をとるが，準強盗罪ではそうではない．すなわち，事後強盗罪ではまず犯人が財物を取得した後で暴行・脅迫を加えるので順序が逆であるし，昏酔強盗罪は暴行・脅迫を要件としない．しかしこの両者はその凶悪性，被害者の反抗を抑圧する点の共通性に鑑み，一般の強盗罪と同様に扱われるのである．

[髙山佳奈子]

順点の原則　事件が起訴されると，裁判所としては，その事件の審理を担当する裁判機関を定める手続が必要となる．事件を配付するこの手続は，事件を受理した順序に従って，あらかじめ順序を定められた配付先の部または係に機械的に行うのが，原則である．これを順点の原則という．配付先の決定に作為が入らないようにするとともに，負担の公平を図るためである．

[三井　誠]

準 備 手 続　複雑な事件について，*公判手続'での審理を迅速かつ継続的に行うことを目的に，事件の争点および証拠を整理するための手続をいう（刑訴規194Ⅱ）．裁判所は，必要と認めるときは，第1回公判期日前を除き，公判期日前，いつでも準備手続を行うことができる（194Ⅰ）．第1回公判期日前が除かれるのは，予断排除のためである．

検察官，被告人および弁護人を出頭させて行うのが原則であるが，出頭に代えもしくはこれを補うため書面を差し出させることができる（194の2）．内容は，訴因または罰条を明確にすること，事件の争点を整理すること，証拠調べの請求をさせること，伝聞証拠に対する同意をするかどうかを確かめること，証拠調べをする決定または証拠調べの請求を却下する決定をす

ること，証拠調べの請求に関する異議の申立てに対して決定をすることなどである（194の3）．受命裁判官に行わせる場合は，証拠に関する決定をすることができない（194の4）．

準備手続の結果は，公判期日において調書の朗読または要旨の告知によって明らかにしなければならない（194の7）． ［上口 裕］

傷害罪（独）Körperverletzung
1 意義 刑法典第28章「傷害の罪」の204条に規定された犯罪で，人の身体を傷害する罪のことをいう．傷害結果を必要とする結果犯である．諸外国では，軽傷害と重傷害に分けて規定しているところも多い．たとえば，イギリスの人の身体に対する傷害に関する法律（Offences against the Person Act）第18条は，重傷害に対しては終身刑を科すものと規定している．日本ではとくにその区別をしていないので，幅広い傷害がこの規定に盛り込まれていることになる．本罪の保護法益は，人の身体の安全であるが，その内容をどのように理解するかによって傷害の概念も少し異なる．傷害概念の理解については，①人の生理的機能を害することとする説，②人の身体の完全性を害することとする説，③人の生理的機能を害するかまたは身体の外形に重大な変更を加えることとする説，という具合に争いがあり，③説が通説である．判例は①説の立場である．この理解の差は，通常は大差ないが，たとえば女性の頭髪を意思に反して全部切り落として丸坊主にする場合，①説によれば傷害にならないが，②説および③説によれば傷害になる．*治療行為'についても，傷害罪に該当するとする説と該当しないとする説の争いがある．

2 方法・形態 傷害の方法は，通常は暴行による有形的方法で行われることが多いが，有形的方法たると無形的方法（たとえば詐称誘導により落とし穴に陥れて負傷させたり嫌がらせ電話により心身を疲労させるなど）たるとを問わない．また，傷害罪の未遂規定はないが，暴行行為があれば傷害結果が発生しなくても*暴行罪'となることがある．ただ，傷害罪の故意については争いがあり，①本罪を結果的加重犯として捉え，暴行につき認識があれば足りるとする説（判例），②責任主義を徹底して，傷害結果発生の認識がある場合のみ傷害罪が成立し，暴行の認識しかなく傷害結果が発生した場合には暴行罪と過失傷害罪の観念的競合とする説，③有形的方法による傷害の場合と無形的方法の場合とを分けて，前者の場合には暴行の故意で足りるが，後者の場合には傷害の故意を必要とする説（通説），に見解が分かれている．なお，傷害の結果人を死亡させると，傷害致死罪となる（刑205）．現場で傷害の勢いを助けると，*現場助勢罪'となる（206）．また，傷害行為を共同して実行しなくても，2人以上の者が場所的・時間的に近接した状態で傷害行為を行えば，共同正犯として扱われる（207，*同時傷害'の特例）．その他，胎児に対する加害行為が胎児傷害として傷害罪に該当するかという点も争われている．
 ［甲斐克則］

消火妨害罪 火災の際に，消火用の物を隠匿し，もしくは損壊し，またはその他の方法により，消火を妨害する罪であるが（刑114），現実の消火活動が妨害されたことを必要としないので抽象的公共危険犯である．「火災の際」とは，火災の原因を問わず（自己の責めに帰すべき場合も含む），火災が発生している場合および発生しようとしている場合をいい，本罪の構成要件要素となっている．火災の程度は，社会通念上火災と認められ延焼の危険性があることを要すると解されている．消火活動の妨害は，手段・方法に制限なく，およそ消火活動を妨害する一切の行為をいい，消防車，消防ホース，消火器等の隠匿・損壊の他，消防車の出動を妨害する行為や消防士の活動を妨害する行為などがある．妨害行為は作為だけではなく，居住者，警備員，事務管理者など法律上の作為義務のある者による不作為でも実行可能である．放火後に行為者自ら消火を妨害したときは，それによって生じる公共の危険の発生はすでに*放火罪'により評価されているので，本罪は放火罪に吸収されると解されている．なお，火災の際に公務員から援助を求められたのに，単にこれに応じなかったにすぎないときは，軽犯罪法1条8号の罪が成立するにすぎない． ［奥村正雄］

召喚（英）summon（独）Ladung（仏）mandat de comparution 特定の者を，一定の日時に裁判所または裁判所によって指定

された場所へ出頭すべきことを命ずる強制処分．被告人に対する召喚は，裁判所が一定の猶予期間をおいて行う（刑訴57・275，刑訴規67・179）．その権限は原則として裁判所にあるが，急速を要する場合には，裁判長または裁判官が行うことができる（刑訴69）．召喚を受けた被告人は，その効力として，指定場所に*出頭'する義務を負う．正当な理由がなく，召喚に応じない場合またはそのおそれがある場合には被告人を*勾引'することができる（58）．被告人に対する召喚は，公判期日に出頭させるのほか（273Ⅱ），*身体検査'の目的等にも用いられる（刑訴規102）．*保釈'中の被告人が召喚を受け，正当な理由なく出頭しないときは，保釈取消事由となる（刑訴96Ⅰ①）．また，被告人が出頭しなければ開廷することができない場合において，勾留中の被告人が，正当な理由なく出頭を拒否し，監獄官吏による引致を著しく困難にしたときは，被告人の出頭を待たず，裁判所はその期日の公判手続を行うことができる（286の2）．なお，被告人に対しては，出頭命令，同行命令を発することができるが（68），令状によらない点および猶予期間を要しない点で，召喚と異なる．

召喚は，被告人のほか，証人（刑訴152・153），鑑定人（171），通訳人，翻訳人（178），身体検査を受ける者（132）に対しても行うことができ，ほぼ被告人に対する召喚の規定が準用される．これらの者が正当な理由なく出頭しない場合には，過料，刑罰等の制裁を科することができる（133・134・150・151・171・178）．ただし，召喚に応じない者の勾引は，証人の場合（152）と身体検査を受ける者の場合（135）に限り行うことができる．

召喚は強制処分の一種であることから，召喚状を発してこれをしなければならない（62）．被告人に対する召喚状には，被告人の氏名および住居，罪名，出頭すべき年月日時および場所等が記載される（63）．その執行に当たっては，原則として，これを送達しなければならない（65Ⅰ．例外，65Ⅱ・Ⅲ・274）．

なお，控訴審においては被告人は，公判期日に出頭することを要しないが，出頭する権利を有することから（刑訴390），公判期日には被告人を召喚しなければならない（404・273Ⅱ）．この場合の召喚は，出頭の機会を与える意味を有するにすぎない．ただし，裁判所は，一定の事件につき，被告人の出頭がその権利の保護のために重要であると認めるときは，その出頭を命ずることができる（390但）． 　　［宇藤 崇］

情　願　1 情願の意義と趣旨　*監獄法'は，被収容者が，刑事施設の処置に対して不服のある場合には，法務大臣または巡閲官吏に情願をすることができると規定している（監7）．同施行規則は，法務大臣に対する情願（大臣情願）は書面によって行われると規定する（監則4）．法務大臣の指名する上級幹部が，2年に1回，施設の実地監査を実施する際に行うことのできる情願（巡閲官情願）は，職員の立会いなしに直接口頭または書面によって申し立てることができる（5・6）．

情願制度の趣旨については，立法当時は，被収容者の権利救済を図るとともに，行刑の適正な運営を確保するための一種の行政不服申立制度であると解されていた．しかし，情願においては，判断者の審理・決裁が法的に義務づけられていないことや処分の違法・不当を争う被収容者と施設長との当事者としての対等性が認められていないことから，請願の一種であるとの見解が通説的になった（憲16，請願法参照）．なお，監獄法施行規則9条は，被収容者は，刑事施設の処置または一身上の事情について，施設長に面会を求めることができるとしている（所長面会）．

2 被収容者の権利救済　行政に対する一般的な不服審査申請としては，行政不服審査法（昭37法160）や行政手続法（平5法88）による救済がある．しかし，いずれの法律も，刑事施設，少年院，少年鑑別所，婦人補導院などにおいて，収容の目的を達成するために被収容者に対して行われる処分については，その適用を除外している（行審4Ⅰ⑨，行手3Ⅰ⑧）．

被収容者の権利救済の手段としては，情願や所長面接のほかにも，民事・行政訴訟，刑事事件としての告訴・告発，検察審査会への審査請求，付審判請求，法務局への人権侵犯の通報などの法的手段がある．最近では，弁護士会への人権救済の申立てやヒューマン・ライツ・ウォ

ッチなどの国際人権機関，国内の監獄人権センター(CPR)などNGOへの通報なども不服申立てとしての機能をもつようになってきている．
3 刑事施設法案の権利救済 刑事施設法案は，第5編第3章を「審査の申請および苦情の申出」に当て，法務大臣に対する審査の申請，審査の期間，執行の停止等，裁決，不利益取扱いの禁止(143〜147)，施設長に対する苦情の申出(149)，施設の実地監査を行う監査官への苦情の申出(150)，法務大臣に対する苦情の申出(151)について規定している．

1998年に国連の規約人権委員会は，日本政府に対して，人権侵害の申立てを調査するための独立の中立的人権擁護機関の設置を強く勧告した．→受刑者の権利　　　　　　　　　[石塚伸一]

情況証拠 (英)circumstantial evidence　**1 意義**　*要証事実'を間接的に推認させる事実(*間接事実')を証明するために用いられる*証拠'．*間接証拠'とも呼ばれる．たとえば，殺人罪の公判において，犯行の動機を立証するために提出された，被告人は被害者をひどく恨んでいたという内容の知人の証言などがこれにあたる．もっとも，間接事実(厳密には，それが*非供述証拠'の性質を持つ場合)自体を情況証拠と呼ぶこともある．先の例でいえば，被告人が被害者を殺害する動機を有していたという事実が情況証拠になるわけである．間接事実は，要証事実の推認の基礎となるものであるから，証拠と同様の機能を有していることは否定できないが，あくまで事実である以上，有罪言渡しに際して，証拠の標目に掲記することはできない．

2 重要性　刑事裁判においては，信頼できる証言や争いのない自白によって，要証事実が直接的に証明されるにこしたことはない．しかし，地域社会の崩壊により，目撃者などの証言を得ることが困難になってきた．また，現行刑事訴訟法の制定に伴い，自白の証拠能力や証明力が制約されることになった．そのため，以前から，情況証拠による事実認定の必要性・重要性が指摘されていた．ただ，わが国においては，多くの被告人が自白するため，情況証拠のみによって有罪を認定した事例は，従来必ずしも多くなかった．しかし，最近では，捜査段階での弁護活動の活性化等に伴って，自白獲得が困難になってきたためもあってか，情況証拠に依拠して有罪を認定する裁判例が散見されるようになった(東京地判平6・9・22判時1532・28)．また，たとえ自白が存在する場合でも，その信用性が争われる事案では，まず自白を除外し，それ以外の情況証拠によってどこまで事実認定が可能かを検討したうえで，それとの対比において自白の信用性を判断するという手法をとる裁判例が増えてきている．つまり，被疑者・被告人の*黙秘権'保障の観点からだけでなく，事実認定の客観化の観点からも，情況証拠による事実認定の必要性・重要性が増大してきたといえよう．もちろん，現行刑事訴訟法上，*直接証拠'と情況証拠との間に，証拠法上の優劣は存在しない．

3 事実認定の合理性　情況証拠による事実認定は，①情況証拠によって間接事実を認定する段階と，②一連の間接事実から要証事実を推認する段階の2つに分かれる．第1段階は，直接証拠で要証事実を認定する過程と基本的に同じである．これに対し，第2段階の推認過程こそが，情況証拠による事実認定に特徴的な点である．間接事実から要証事実を推認する場合，要証事実を基準にして，間接事実が過去の事実である場合を予見的(展望的)事実，同時的な場合を同時的(並存的)事実，将来の事実である場合を回顧的(遡及的)事実という．被告人の性格，犯行の動機，犯行計画などは予見事実に，犯行の機会や現場遺留指紋などは同時的事実に，犯行後における盗品の所持や不審な言動などは回顧的事実に，それぞれ属する．なお，その他にも，要証事実を推認させる直接性の程度により，近接的事実と遠隔的事実に，推認の方向によって，積極的(帰責的)事実と消極的(免責的)事実に，それぞれ分類される．したがって，間接事実による要証事実の認定が合理的であるためには，①推認の過程が論理則・*経験則'に反していないだけでなく，②多方面から要証事実の存在を直接推認させる多くの積極的事実が存在すること，および③間接事実自体の証明力(要証事実への推認力)が強いこと，の3点が必要になる．→類似事実の立証　　　　　　　[多田辰也]

消極的構成要件要素　(独)negatives Tatbestandsmerkmal　消極的構成要件要

素(消極的行為事情)とは、*構成要件'を違法性の存在根拠であると解する立場を前提にして、違法性判断の対象となる諸事情が積極的構成要件要素であるのと同様に、違法性阻却の判断の基準となる諸事情も消極的要素として構成要件に属するとされたものである。これは、正当化事情の錯誤(*違法阻却事由'の事実的前提の錯誤)を事実の錯誤として処理するために考え出された観念であり、この観念を認める立場を消極的構成要件要素の理論という。この理論は、制限責任説の見地から、正当化事情の錯誤における「故意阻却」をストレートに肯定するために主張されたものである。しかし、通説の立場からは、構成要件該当性と違法性とはその性質が異なるので、合一してこれを判断するのは妥当でなく、別個独立の次元でそれぞれ判断されるべきであるから、消極的構成要件要素ないし消極的行為事情の観念を認めるのは妥当でないとされている。なお、消極的構成要件要素と消極的構成要件とは異なる観念であるから、両者を明確にする必要がある。構成要件は、違法行為の類型であるので、これに該当することは、その違法性の存在を推定させることになる。したがって、構成要件は、一般的に、犯罪成立の要件を積極的に示している。これを積極的構成要件という。ところが、例外的に、犯罪性を否定する要件を定めている構成要件も存在する。たとえば、刑法109条2項但書・230条2項・230条の2などの規定がこれに当たる。このように、犯罪性を否定する要件を規定している構成要件を消極的構成要件というのである。→違法阻却事由の錯誤　　　　　　　　　　　［川端　博］

消極的身分　行為者の*身分'のうち、その存在によって犯罪の成立または刑罰が阻却されるものをいう。そのなかには、①無免許運転罪(道交118Ⅰ①)における運転免許者、無免許医業罪(医師31Ⅰ①)における医師のように、身分の存在によって行為の違法性が阻却されるもの(違法阻却的身分)、②責任無能力者(刑39Ⅰ・41)、証拠隠滅罪(104)における刑事被告人のように、その存在によって行為者の責任が阻却されるもの(責任阻却的身分)、③親族相盗例(244Ⅰ)における親族のように、身分の存在によって処罰が阻却されるもの(刑罰阻却的身分)があるとされている。

消極的身分についても刑法65条の適用があるのか、については争いがある。通説的見解は、65条の身分とはそれを具備するのが特殊な場合であるような地位・状態を指すという観点から、消極的身分は同条にいう身分には該当しないと解している。したがって、共犯成立の限界については一般の犯罪理論によって解釈されることになり、たとえば無免許運転罪についてみると、免許者が運転する場合にはその行為が構成要件に該当しない以上、それに加功する無免許者も共犯たりえない反面、無免許者の運転行為に加功する免許者は間接的に法益を侵害しているから、無免許運転罪の共犯として処罰されることになる。もっとも、このような結論は65条1項を適用することによっても導くことができるとして、消極的身分もそれ以外の身分と同様に取り扱ってもかまわないと主張する見解も存在する。この見解によれば、違法阻却的身分は65条1項の身分であり、責任阻却的身分、刑罰阻却的身分は同条2項の身分であるということになろう。

なお、*不真正身分犯'において身分者が非身分者の犯罪行為に加功するとき、身分者に65条2項を適用して重い刑を科することができるかに関して、このような結論を認めると「身分を有しない者」一般(たとえば賭博の常習者ではない者、業務者ではない者)を一種の身分とみなくてはならないという指摘がなされていた。この場合は、これも一種の消極的身分ということができよう。もっともこの問題は、「身分のない者」(65Ⅱ)には正犯者も含まれるのか、という観点から解決することも可能である。→共犯と身分、身分犯　　　　　　　　　　　［橋爪　隆］

承継的共同正犯　(独) sukzessive Mittäterschaft　**1 意義**　承継的共同正犯とは、*承継的共犯'の一形態で、先行者がある犯罪の実行行為を一部終了した後、まだ既遂に達する前の段階で、後行者が途中からそれまでの事情を知りつつ、先行者と意思の連絡のもとに実行行為に関与する場合をいう。問題は、後行者についてどの範囲で共同正犯が成立するか、換言すると、後行者はどの範囲で先行者の行為およびその結果を承継するかにある。実務では

*結合犯'や*結果的加重犯'の場合(たとえば,先行者が強盗事件で暴行・脅迫から被害者に死傷の結果を出した後,後行者が財物奪取に関与した場合),後行者に関与前の行為およびその結果を含めて共同正犯が成立するかどうか,つまり後行者は強盗致死傷罪,強盗罪あるいは窃盗罪のいずれの共同正犯になるか,が争われている.承継的共同正犯の成否が実務上とくに重要となるのは,結果の発生が先行者の行為によるのか,あるいは後行者の行為によるのか不明である場合である.学説は肯定説,否定説,限定肯定説に分かれ,立脚する共犯学説とその帰結は必ずしも一致していない.

2 理論の状況 (1) **肯定説の根拠** 後行者は先行者の行った行為を了解し,かつその成立させた事情を利用するのであるから,両者には行為の全体について共同意思が存在し,両者ともに行為の全体について共同正犯が成立するとの見解,また,後行者は,先行者がすでに行った実行行為を認識・認容しつつ,先行者と意思を連絡して,自ら実行行為を承継し,その一部分に参加したものであるから,当該犯罪全体について共同正犯を認める見解がある.

(2) **否定説の根拠** *行為共同説'の立場から,一定の行為について共同する行為者は各自に対して犯罪の成立を論ずべきであるから,たとい後行者が先行者の行為を認識していても,後行者がそれに加功していない以上,遡ってその点にまで共犯関係を認めることはできないとする見解,*行為支配'説の立場から,後行者はその介入前の先行者の行為に対して行為支配を有しないから,共同正犯は認められないとの見解,さらに,*犯罪共同説'の立場から共同正犯自体の性質に基づいて,後行者は,みずから共同実行の意思をもって介入した時以降の共同実行についてのみ共同正犯の責任を負うとする見解がある.近時,*因果的共犯論'の立場から,関与前の行為については,後行者の行為が因果性をもつことはないから,後行者はみずから関与した行為および結果についてのみ責任を負うとの主張がある.

(3) **限定肯定説の根拠** 犯罪共同説から,共同実行の意思と共同実行の事実の同時存在を要求しながら,結合犯については一罪性を理由に肯定すべきであるとの見解,また因果的共犯論から,関与以前の行為に対して,後行者の行為が因果性をもつことはないが,先行者の行為が関与後にもなお効果を持ち続けている場合には,後行者にも全体について共同正犯を認め,ただ,すでに発生し終わった結果については別の問題であるとする見解が主張されている.さらに,承継の根拠を,先行者によって生じた状態を,先行者と一体となることによって,いわば自己の惹起した結果と同様に積極的に利用することに求める見解もある(大阪高判昭62・7・10高刑40・3・720参照).

3 実務の状況 下級審では肯定・否定の各裁判例が対立している.とくに,結果的加重犯である強姦致傷事件で,致傷の結果が先行者の行為によるのか,後行者の行為によるのか不明である事案において,後行者に強姦致傷罪の共同正犯を否定した広島高判昭34・2・27高刑12・1・36(強姦罪の共同正犯)と,肯定した東京高判昭34・12・2東高刑時報10・12・435の対立が注目される.　　　　　　　　　　　　　　[植田 博]

承継的共犯 (独)sukzessive Teilnahme
先行者がある犯罪の実行行為を一部終了した後,まだ既遂に達する前の段階で,後行者が途中からそれまでの事情を知りつつ,先行者と意思の連絡のもとに当該犯罪に関与する形態である.*承継的共同正犯'と*承継的従犯'の2つの場合があり,*結合犯'や*結果的加重犯'でその成立が争われる.問題は,後行者はどの範囲で先行者の行為およびその結果を承継するかにある.①後行者は因果性をもたない関与前の行為については責任を負わないという見解と,②関与以前の行為に対して,後行者の行為が因果性をもつことはないが,先行者の行為が関与後にもなお効果をもち続けている場合や先行者によって生じた状態を先行者と一体となることによって,いわば自己の惹起した結果と同様に積極的に利用する場合には,後行者は関与前の行為について責任を負うとする見解との間で,対立が認められる.強盗罪のように先行者の暴行・脅迫の効果が継続している場合に,後行者が財物奪取行為に関与するときは強盗罪の承継的共犯を認め,強盗致傷罪のような結果的加重犯で先行者の行為によりすでに致傷の結果が発生して

いる場合には，後行者は関与前の行為について責任を負わないとする見解が有力である．
［植田 博］

承継的従犯 （独）sukzessive Beihilfe
*承継的共犯'の一形態で承継的幇助ともいい，先行者がある犯罪の実行行為を一部終了した後，まだ既遂に達する前の段階で，後行者が途中からそれまでの事情を知りつつ，先行者と意思の連絡のもとに当該犯罪に関与する場合をいう．*承継的共同正犯'では，後行者の関与形態は実行行為の分担であるが，承継的従犯では実行行為を幇助する形態をとる．問題は，後行者についてどの範囲で従犯が成立するかにある．承継的従犯を認めた著名な大審院の判例がある（大判昭13・11・18刑集17・839）．事案は，夫Aが強盗の目的で被害者を殺害した後，あとを追って現場に来た妻BがAよりそれまでの経緯を聞き，協力を求められたので，ロウソクを手にしてAの金品奪取を容易ならしめたというものである．Bは窃盗の幇助であるにすぎないとの上告に対して，大審院はBに強盗殺人罪の従犯を認めたが，その理由は，人を殺害した事実を知悉し，企図する犯行を容易ならしむる意思で強取行為に加担したことに求められた．近時，恐喝罪について，暴行・脅迫に加わらずに，被害者を畏怖させる行為の大部分が終了した時点で，情を知って財物の交付を受けた場合に，恐喝罪の従犯を認めた下級審の判決（横浜地判昭56・7・17判時1011・142）が注目される．
［植田 博］

条件関係 （独）Bedingungszusammenhang　**1 意義**　刑法上の*因果関係'の判断において，事実的なつながりの有無の判断と，法の評価を加えた判断とに分けた場合に，前者を意味するものとして用いられる概念．もともと，行為がなければ結果もなかったであろうという関係，すなわち「あれなければこれなし condicio sine qua non」という必要条件性を意味する「条件Bedingung」ということばに基づいている．

2 判断方法　条件関係の判断方法として，次の2つの公式が主張されている．

(1) 仮定的取去り公式　「あれなければこれなし」をそのまま適用して，「仮に当該行為が行われなければ結果が発生しなかったであろう」ときに条件関係を認める（通説）．なお，この公式をそのまま適用すると不作為の因果関係を考えることが困難であるが，不作為については仮定的付加え公式，すなわち「仮に当該作為が行われていたならば結果が発生しなかったであろう」ときに条件関係を認めるという公式を採用するのが通説である．(2) 合法則的条件公式「結果が外界変化の連鎖を通して行為と法則的に結合している」ときに条件関係を認める（エンギッシュ Karl Engisch（独・1899-1990））．

3 公式の問題点と修正　仮定的取去り公式は，常識的には因果関係が肯定されるべき次の2つの場合に，これを否定せざるをえないという問題がある．

(1) 仮定的因果関係　仮にXがAを射殺しなかったとしても，Yが手榴弾でAを狙っていたので，いずれにせよAは同時刻に死亡していたであろう場合のように，行為がなくとも仮定的な代替事情により同一結果が生じていたであろう場合．「仮定的取去り公式を適用する際に，現実化していない仮定的な事情を付加えてはならない」という付加え禁止の修正（シュペンデル Günter Spendel（独・1922-）の修正）によって条件関係を肯定する方法が支持されている．

(2) 択一的競合　XとYがそれぞれ独立してAに致死量の毒を飲ませた場合のように，一方だけでも同一結果を発生させる能力ある方法が共働した場合．「両方同時に取り去ると結果が生じなくなる複数の条件は，同時に取り去る」という修正（トレーガー Ludwig Traeger（独・1858-97）ないし*ヴェルツェル'の修正）によって双方に条件関係を肯定する方法が支持されている．

他方，合法則的条件公式には，すべての事象は何らかの意味で互いに法則的に結合しているから，同公式には条件を限定する能力がない，また，法則的に結合していることから，帰責すべきであるという判断が生ずるわけではない，という批判がなされている．→因果関係の断絶，因果関係の中断，条件説，相当因果関係，疫学的因果関係
［林 陽一］

証言拒絶権　証人が正当な理由によって証言を拒む権利．判例は権利主体を限定列挙と解釈しており，新聞記者などにはこの権利は及

ばないとしている（最判昭 28・8・6 刑集 6・8・974）. 次の場合に証言拒絶が認められる.

第 1, 証人自身が刑事訴追または有罪判決をうけるおそれのある場合. 憲法 38 条 1 項に照らして法的に証言を義務づけることはできない（刑訴 146）. なお, 被告人が分離されて審理されている共犯者の事件で証人として召喚された場合, 包括的な黙秘権は保障されず, 個々の尋問に対する証言拒否権しか保障されない.

第 2, 自己の配偶者, 3 親等内の血族その他の近親者が刑事訴追を受け, あるいは有罪判決を受けるおそれのある場合, 法政策として, 家族関係の保護を刑事裁判における真相解明の利益より重んじて, 証言拒絶を認める（147）. したがって, これらの関係にない他の共犯者・共同被告人との関係では証言を拒めない（148）.

第 3, 医師, 歯科医師, 助産婦, 看護婦, 弁護士（外国法事務弁護士）, 弁理士, 公証人, 宗教の職にある者またはあった者が業務上委託を受けたため知り得た他人の秘密に関わる事実について証言を求められた場合も証言拒絶が認められる（149）. ただし, 秘密を明かした本人が承諾している場合は証言しなければならない. 被告人の利益のために権利を濫用していると認められる場合も証言拒絶は許されない. いずれも秘密に関わる職業の社会的信頼の確保が, 刑事裁判における真実発見の利益より上回るからである.

第 4, 秘密を明かした者が被告人であるときには, 上記の業務者は常に証言拒絶ができる（149）. これは, 業務上の守秘性に対する国民の信頼優先とともに, 被告人の自己負罪拒否権および防御の権利を法政策上尊重する趣旨が含まれている.

証人尋問に先立ち, 裁判所が権利の告知を行う（刑訴規 121）. 証言拒否は, 被告人の黙秘権と異なり, 終始沈黙することは認められず, 個々の質問ごとに理由を説明して証言を拒否しなければならない. 理由を明示しないとき, 裁判所は過料その他の制裁を受けることがある旨を告げて証言を命じなければならない（122）. →供述拒否権, 黙秘権, 証言拒否罪　　　　［渡辺　修］

証言拒否罪　刑事訴訟法 161 条 1 項は「正当な理由がなく宣誓又は証言を拒んだ者は, 10 万円以下の罰金又は拘留に処する」と規定する. これは証言拒否に対する過料・費用賠償を定めた同法 160 条と合わせて, 証人の証言の強制を図ろうとするものである（民訴 192・193・200 にも同種の規定あり）.「正当な理由」が存する場合には宣誓・証言の拒否ができる. たとえば, 刑事訴訟法 146 条〜149 条や民事訴訟法 196 条〜197 条等, 法律に規定されている*証言拒絶権'の存する場合がそれに当たる（それ以外に超法規的な正当事由が認められるか否かについては, 見解の対立あり）. なお, 証言拒否の際に「正当な理由」を述べなければそれだけで本罪が成立するのかに関しても, 争いがある（最決昭 46・3・23 刑集 25・2・177 は, 証言拒絶の理由を示さないことが直ちに本条の正当な理由がないことにはならないとしている. ちなみに, 民事訴訟法 198 条は証言拒絶を理由がないとする裁判以前の証言拒絶については, 理由の疎明を要求しているのに対し, 200 条は上記裁判後の罪となるべき証言拒絶につきその点には言及していない）. また, 判例によれば, 本罪成立に証言命令が事前に発せられている必要はない（前掲最決）. 本罪による *罰金'・*拘留'と刑事訴訟法 160 条による*過料'は併科できる.

［岩間康夫］

条件説　（独）Bedingungstheorie
*因果関係'の有無を*条件関係'の有無のみによって判断し, それ以上に限定を加えないとする学説. 結果発生に関与した複数の条件の中に原因と条件の差を認める*原因説'（個別化説）に対して, 全条件は「その条件がなければ結果もなかった」という論理的関係にあること（すなわち, 条件関係）において等価であることを主張して, ブーリ Maximilian von Buri（独・1825-1902）によって唱えられた. 等価説（Äquivalenztheorie）ともいわれる. 因果関係の判断において, 条件関係に限定を加えようとする*相当因果関係説', 重要説（Relevanztheorie）（*メツガー'）と対立する. 他方, *客観的帰属'理論は, 因果関係要件外の限定を主張するものであるから, 条件説と調和しうる.

条件説は, 条件関係に対する限定を行わないため, 原因の原因もまた原因である, という形で無限遡及（regressus ad infinitum）する可能

性をもっている。たしかに責任要件による限定は予定されており，予見可能性を要求する過失犯では犯罪成立の著しい拡大を帰結することはない。しかし，わが国の判例において結果の予見可能性が要求されていない結果的加重犯では，犯罪成立の範囲が広がり過ぎるという問題が生ずる。

そこで主張されているのが，*因果関係の中断'と遡及禁止の理論である。たとえば後者は，行為者の行為後に第三者の故意・有責な行為が介在したときは，その行為から前に遡って結果を帰責することは許されない，とする。しかしそのようにいう根拠は明確でなく，理論として成功しているとはいい難い。→原因説

[林 陽一]

条件付き故意 （独）bedingter Vorsatz
抵抗されたら殺害しようと事前に考えていた場合のように，*故意'を一定の条件にかからせていた場合を条件付き故意という。

事実の認識としての故意において，認識の態様が不確定的であるのが，条件付き故意であり，その意味では，*未必の故意'と共通する。なお，未必の故意が実行行為時の問題であるのに対して，条件付き故意は実行行為前の問題だとして両者を区別する見解がある。しかし，事前の故意を認める立場ならともかく，通常の見解では故意は実行行為時に問題とするのが原則であるから，事前の動機はともかく，改めて実行行為時の条件とそれに対応する認識が問題とされることになろう。そして，この場合の条件とは，行為者自身がその帰趨を左右できない外在的条件を意味しているから，結論的には，発射した弾の当たる確率と同じく，結果発生の蓋然性の問題に帰着し，その意味で未必の故意の問題となりうるのである。ドイツでは，条件付き故意と未必の故意を区別しない。日本の判例も，条件付き故意であっても，それが確定的であった場合には，未必の故意の問題となりうるとして，かかる蓋然性がある程度のものであれば故意の成立を認める立場に立っている。→不確定的故意

[齋野彦弥]

証券取引等監視委員会 1991(平3)年に明るみに出た，特定の大口顧客に対する証券会社による損失補てんその他のいわゆる証券不祥事を機に，翌年，「証券取引等の公正を確保するための証券取引法等の一部を改正する法律」(平4法73)により設置された合議制の機関。国家行政組織法8条の機関として大蔵省の付属機関とされたが，1998(平10)年6月，金融の検査・監督機能が大蔵省から分離されたことにより新たに設置された金融監督庁(2000(平12)7月から金融庁)の外局となった。さらに，1999(平11)年の中央省庁等改革関係法の施行により，現在では金融庁の下に置かれている。委員会は，委員長および委員2名で組織され，職権行使の独立性および身分保障が法定されている。

委員会の最も重要な職務は，*証券取引法'・金融先物取引法等に定められた罪のうち，有価証券取引等の公正を害するものとして政令で定められた犯則事件(証取210, 金融先物106)についての調査・告発である。委員会は，犯則嫌疑者等に出頭を求め，質問等をなすことができ，裁判官の許可状により臨検・捜索・差押えをすることができる(証取210・211)。調査により犯則の心証を得たときは，告発しなければならない(226)。委員会は，証券会社等の営業・財産に関し，参考となるべき報告等の提出を命じまたは検査をする権限を有している(59・65の2Ⅹ・194の6ⅠⅡ)。また，証券取引等の公正を確保するため，内閣総理大臣・金融庁長官または財務大臣に対して，行政処分等につき勧告し，必要な施策について建議する権限も有している(金融庁20・21)。

[中森喜彦]

証券取引法 1 概要 第2次大戦後，証券市場の再建のため，連合軍司令部の指示により，アメリカ合衆国の法令を模範として立法された(昭23法25)。有価証券の発行・売買その他の取引を公正にし，かつ，有価証券の流通を円滑にして，国民経済の適切な運営および投資者の保護に資することを目的とする(証取1)。証券取引法の規制の対象は，市場・業者・取引のすべてに及んでいる。有価証券の発行・流通市場に関しては，届出書・目論見書・報告書などによる情報開示制度が中心的な規制手段である(第2章)。公開買付け，株券等の大量保有についても，情報開示制度が定められている(第2章の2・3)。市場の担い手である証券会社につい

ては，免許制から登録制に変わったが，業務方法に関して多くの規制を定めている(第3章)．さらに，業界団体である証券業協会にも，有価証券取引を公正・円滑なものにし，投資者の保護に資する役割が認められるとともに，店頭市場の開設者の役割が強調されており(第4章)，主たる市場の開設者としての証券取引所に関しても多くの規定がおかれている(第5章)．その他，投資者保護基金(第4章の2)，証券金融会社(第5章の2)についても規定している．

2 禁止行為とその処罰 証券取引法は，証券会社に対して不当な勧誘・契約締結行為，*損失補塡*などを禁止するとともに(42・42の2)，第6章・有価証券の取引等に関する規制において，多数の禁止行為を定めている．その主なものを挙げると，不正取引行為一般(157)，相場変動目的での風説の流布等(158)，*相場操縦'(159)，空売り等(162)，内部者取引(*インサイダー取引')(163～167)，有価証券市場類似市場の開設(167の2)などである．

第8章・罰則は，有価証券の取引が公正・円滑に行われることを担保するため，証券取引法の規制に反する行為に対して，多数の処罰規定をおいている．その内容は，証券・金融不祥事の顕在化・続発とともに，1980年代末以降，強化されてきた．1988(昭63)年には内部者取引(インサイダー取引)，1991(平3)年には損失補塡の処罰規定が新設されている．また，1997(平9)年末には刑罰が全般的に引き上げられた(罰則の整備のための金融関係法律の一部を改正する法律，平9法117)．もっとも重い罪は，有価証券の発行あるいは公開買付けにおいて重要事項に虚偽記載のある書類を提出しあるいは虚偽表示のある公表等をする行為，および，不正取引行為・風説の流布・相場操縦などであって，法定刑は5年以下の懲役または500万円以下の罰金である(197)．証券取引法の罰則では，一般に，懲役と罰金を併科することが可能とされている．また，従業者の違反行為によって法人が処罰される場合の罰金額は，1991(平3)年に従業者個人に対する罰金額との連動を切り離され，現在，最高額は5億円である(207)．その他，不正取引行為・風説の流布・相場操縦・内部者取引(インサイダー取引)を犯して得た財産の没収・追徴(198の2)，損失補塡を要求して補塡を受け罰則を適用される顧客に対する財産上の利益の没収・追徴(200の2)も定められている．

また，証券取引法は，罰則に定められた罪のうち，有価証券取引等の公正を害するものとして政令で定められたものを犯則事件とし，1992(平4)年に設置された*証券取引等監視委員会'に強制調査権を認め，犯則の心証を得たときの告発義務を課している(210以下)．→経済刑法　　　　　　　　　　　　　　　　[中森喜彦]

証言能力 証人が，立証趣旨に関連する体験事実を認識し，記憶し，表現する精神的・知的諸能力をいう．法廷で証人となったときには真実を述べなければならないことを理解する宣誓能力とは異なる．宣誓能力はなくても証言能力が認められることはある．法的に証人として証言を求めてよい資格を*証人適格'というが，これがあっても証言能力が具体的に欠けるときには，証言は法律的関連性を失い証拠能力はない．証言能力が認められる場合でも，証言の証明力はさらに別途検討されることになる．
　　　　　　　　　　　　　　　　　　[渡辺 修]

証　拠 (英) evidence (独) Beweis (仏) preuve **1 意義** 裁判上，事実認定の基礎とすることのできる資料のこと．刑事訴訟法317条は，「事実の認定は，証拠による」と規定し，*証拠裁判主義'を宣言している．証拠の典型は，犯行を目撃した証人の証言，犯行に使用された凶器の形状，供述調書に記載された供述内容などであるが，このような資料を法廷に持ち込む媒体，すなわち証人，証拠物，証拠書類などを証拠と呼ぶこともある．そこで，前者を証拠資料，後者を証拠方法といって区別する．なお，事実認定の根拠となった資料を証拠原因と呼ぶが，刑事訴訟では区別の実益はない．

2 種類 証拠には種々のものがあり，さまざまな観点からの分類が可能である．

(1) 証拠資料の分類

① 直接証拠と間接証拠　*要証事実'を直接証明する証拠を*直接証拠'といい，要証事実を間接的に推認させる事実(*間接事実')を証明するのに用いられる証拠を*間接証拠'という．間接証拠は*情況証拠'とも呼ばれる．

② 実質証拠と補助証拠　要証事実の存否の証明に向けられた証拠を実質証拠といい，実質証拠の証明力に影響を及ぼす事実(補助事実)を証明するための証拠を補助証拠という．補助証拠には，弾劾証拠，増強証拠，回復証拠の3種類がある．

③ 本証と反証　挙証責任を負う者が要証事実を証明するために提出する証拠を*本証'，その相手方が提出する証拠を*反証'という．刑事訴訟では原則として検察官が挙証責任を負うので，通常は，検察官の提出する証拠が本証，被告人側が提出する証拠が反証となる．

④ 供述証拠と非供述証拠　証人の証言や参考人の供述などのように，人間の言葉によって表現された内容を証拠資料として用いる場合の証拠を*供述証拠'といい，それ以外の証拠はすべて*非供述証拠'である．両者を区別する実益は，供述証拠には*伝聞法則'が適用される点にある(刑訴 320 I)．

(2) 証拠方法の分類

① 人的証拠と物的証拠　証拠方法が人間である場合を人的証拠，それ以外の場合を物的証拠という．主として強制処分の方法の差をもたらす．前者については召喚，勾引という方法が，後者については押収という方法がとられる．

② 人証・証拠物・証拠書類　証拠調べの方法による分類であるが，証拠方法の形態による分類である人証・物証・*書証'とほぼ同義で用いられることもある．人証とは，証人や被告人のように，口頭で証拠を提出する証拠の媒体で，証拠調べの方法は尋問(304)または質問(311)による．証拠物とは，凶器や被害物品のように，その物の存在および状態が証拠に用いられるもので，証拠調べの方法は展示(306)である．証拠書類とは，その記載内容が証拠となる書面のことで，証拠調べの方法は朗読である(305)．

3 法的規制　旧法下と異なり，現行法のもとでは，証拠の許容性に関する法制が非常に重要な地位を占めるようになった．まず，要証事実を推認させるに必要な最小限度の証明力もない証拠は，自然的関連性を欠くとして，また，自然的関連性があっても，裁判官に不当な偏見を与えたり，判断を誤らせる危険のある証拠は，法律的関連性がないとして，証拠能力が否定される．現行法は，任意性のない自白(憲 38 II，刑訴 319 I)や*伝聞証拠'(憲 37 II，刑訴 320 I)の証拠能力を否定している．その他，違法収集証拠の排除法則のような，証拠禁止という問題もある．ところで，自白に補強証拠が要求されること(憲 38 II，刑訴 319 II)を除けば，証拠の証明力(信用力と証拠価値)の判断は裁判官の自由心証に任されている(刑訴 318)．しかし，その判断は合理的なものでなければならない．近時，その合理性のチェックに関して，再審請求をめぐって学説上展開されてきた，証拠構造に関する議論の有効性が指摘されることもある．→違法収集証拠の排除法則　　　　　　[多田辰也]

証拠隠滅罪　**1 総説**　刑法 104 条は「他人の刑事事件に関する証拠を隠滅し，偽造し，若しくは変造し，又は偽造若しくは変造の証拠を使用した者は，2 年以下の懲役又は 20 万円以下の罰金に処する」と規定する．本罪は 1995(平7)年の改正前は証憑湮滅罪と呼ばれていた．保護法益は国家の刑事司法作用である．

2 成立要件・関連問題　被疑者・被告人が自己の刑事事件に関して本罪規定の行為をしても処罰されないが，その根拠は期待不可能性に求められることが多い(他に，政策的規定と見る説もある)．その際，共犯者の刑事事件も「他人の刑事事件」なのか否かについて，見解が対立している．他人の刑事事件と見て本罪の成立を肯定する説，逆に自己の刑事事件であるとして本罪の成立を否定する説，さらには当該共犯者のためにした場合にのみ本罪の成立を認める主観的折衷説が主張されている．「刑事事件」には，まだ被疑事件に至っていないものも含まれる．*証拠'は物的証拠・人的証拠の一切をいい，*証拠能力'・*証明力'の有無を問わない．実行行為のうち，「隠滅」とは物理的破壊に限らず，証拠としての価値を害する一切の行為を含む(たとえば証拠隠し，証人の蔵匿)．証人に偽証させることはここにいう「隠滅」ではないとするのが判例・通説である．次に*偽造'とは不真正な証拠を作成することである．ここで，参考人として*捜査機関'に対し虚偽の供述をするのも証拠「偽造」の一種であるとする見解も学説では有力であるが，判例は証拠偽造罪の成立を否定している．そのようにして作成された*供述録取書'等はし

かるべき供述がなされたという事実に関しては真正な証拠であり、供述内容が真実に合致しないにすぎないと考えているのであろう。*変造'とは真正な証拠に加工して証拠としての効果を変更することである。ここでの「偽造」「変造」は作成権限の存否や内容の真正とは関係ない。*被疑者'・*被告人'が自己の刑事事件に関する証拠の偽造・変造・使用を他人に依頼した場合に本罪の*教唆犯'が成立するのか否かについては、肯定説と否定説が、*犯人蔵匿罪'の場合と同様に対立している。肯定説は他人を巻き込んだ場合まで*期待可能性'が欠けるとは言い難いこと、あるいは防御権の濫用を根拠とし、否定説は正犯としてすら不可罰な行為が共犯として処罰されるのは不当だと主張する。→親族相隠
[岩間康夫]

証拠開示 (英) discovery **1 問題の所在** 証拠開示とは、訴訟の一方当事者が相手方当事者に対して自らの手持ち*証拠'(厳密には未だ資料)の内容を知らせることをいう。刑事手続では検察官と被告人側との力の格差を反映して、実際上常に、被告人側に対する検察官手持ち証拠の開示という一方向形態をとる。

現行法は、取調べ請求を予定している*証拠書類'・*証拠物'について、相手方に対して事前開示するよう義務づけるのみである(刑訴299Ⅰ)。したがってこれ以外のものについて、検察官の攻撃証拠(*証人'の証言など)の信用性を弾劾するために(受動的防御)、あるいはおよそ被告人に有利な資料の探索・発見のために(能動的防御)、被告人側が開示を求めた場合に、その可否が問題となる。とくに労働公安事件や否認事件において争われる。

2 理論的背景 開示積極説は、①一方当事者にすぎない検察官の開示相当性判断のみでは恣意的になる、②両当事者間の力の格差を是正する必要がある(とくに検察官手持ち証拠は「国家機関」の収集したものである)、③事前に相手方の手札を知り争点を整理すれば訴訟が効率的に進む、等の根拠を挙げる。

これに対して開示消極説は、①開示相当性判断は公正な検察官によるのみで十分である、②当事者の手持ち証拠はその獲得に努力した当事者のものであるから相手方に開示することはない、③開示すれば証拠隠滅・証人威迫・機密漏洩といった弊害を生じる、等の根拠を挙げる。

議論が*当事者主義'の理解いかんを主軸に展開されてきた背景には、証拠開示問題が、当事者主義をとる現行刑事訴訟法の採用に伴って生じたとの認識がある。かつて*職権主義'構造の下では、公訴提起と同時に検察官が一括して裁判所に提出した書類・証拠物を、弁護人は、旧刑事訴訟法44条の規定にもとづいて、裁判所において閲覧・謄写することができた。しかし、現行法の下では、裁判所には起訴状しか提出されなくなったため、同旨の規定(刑訴40)は証拠開示機能を果たさなくなり、問題状況が生じた。もっとも、職権主義構造においても、被告人に有利な一部資料について検察官が手許に留保するという運用によって、証拠開示問題の素地はないわけではなかったとの見方も、近時現われている。

3 解決策 現在、判例は、証拠調べの段階に入った後、弁護人から具体的必要性を示して一定の証拠閲覧の申し出があれば、裁判所が諸般の事情を考量のうえで、適宜その*訴訟指揮'権に基づいて個別に開示命令を発するという手法により、解決を図っている(最決昭44・4・25刑集23・4・248)。これについては、明文規定を欠く領域でも一定の開示義務を認めたものとして評価される反面、裁判所の裁量に大きく依存するため運用による解決には限界が避けられない点、被告人側に開示請求権はなく、開示命令不発動に対する異議申立てが認められない点などをめぐって、なお強い批判がある。このため学説は、判例の手法を基盤としながら開示命令の範囲の拡張を図る論、*提出命令'(刑訴99Ⅱ)や*証拠保全'(179)など現行法上存在する他手段を活用する論、少なくとも証拠の標目については全面開示を要求する論など様々あり、併せて立法論も模索されている。
[松尾剛枝]

証拠禁止 (独) Beweisverbot 事実認定を行うための証拠につき、その証明力の有無・大小とは関係なく、一定の政策上の理由により法律上の資格を否定すること。裁判所に提出された証拠が、*違法な捜査手続'によって収集された証拠であるため、手続の公正・適正さに反するとしてその証拠の使用を禁ずる場合が

その典型である．

ある証拠について，証拠能力があると言えるためには，証拠と証明しようとする事実との間に，自然的関連性および法律的関連性があることとともに，証拠自体が証拠禁止に当たらないことが要求される．実体的真実の発見という刑事訴訟の目的を犠牲にしてもやむを得ないと判断されたものである．

証拠の収集過程に違法がある場合(違法収集証拠の排除)や，*押収拒絶権'[刑訴103～105]，*証言拒絶権'(146・147・149)が認められる場合(公務上の秘密を理由とする証人資格の否定〔144・145〕の場合も同様)がこれに当たる．

[三井 誠]

上 告 わが国の刑事裁判制度は，伝統的に3審制を採用する．第1審，第2審(控訴審)および第3審(上告審)である．控訴審は，その構造をめぐり争いがあるが，上告審については，法律審であり事後審であることについて争いはない．もっとも，陪審制や参審制をとっている国においては，事実審(場合によっては法律審)である控訴審をなくし，法律審である上告審のみを残した2審制を採用するところも多い．

上告の対象は，控訴審である高等裁判所がした第2審の判決であるが，例外的に高等裁判所のした第1審の判決(裁16④による内乱罪および独禁法違反等のいわゆる特別権限事件)あるいは地方裁判所の第1審の判決に対しても上告(飛躍上告)が認められる(刑訴規254)．民事裁判と異なり，刑事裁判の上告はすべて最高裁判所が管轄する(裁7①，刑訴405以下)．

上告審である最高裁判所には，大法廷と小法廷があり，大法廷の裁判体は，最高裁判所の裁判官全員(15名)で構成され，小法廷は，先の最高裁判所裁判官が3つに分かれて，それぞれ裁判体(各5名)を構成する．

最高裁判所の主たる任務は，三権の一翼(司法)を担い，違憲審査権を行使する終審裁判所(憲79Ⅰ参照)であるから，刑事事件の上告審として憲法問題についての申立ては必ず取り上げなければならない．加えて，最終審裁判所として，法令の解釈を統一するという役割がある(刑訴405参照)．これをさらに補完するものとして，上告受理の制度を設けて法令の解釈に関する重要事項について事件を受理し，審査できることとした(406)．ところが，職権破棄事由として，「著しく正義に反する」場合に限定されるが，法令違反，事実誤認あるいは量刑不当等(411)を定め，当事者の具体的な救済を目的とする上訴を許した．そのため，憲法違反に名を借りた職権破棄事由を理由とする上告が大半を占め，最高裁判所の負担増が問題とされるようになった．すなわち，最高裁判所の役割としては，第一義的には，憲法判断と法令解釈の統一であり，副次的に当事者の具体的な救済ということにあったが，その主たる役割と副次的な役割とが逆転したような様相を呈するようになり，それに伴って，種々の改革論が出されるに至った．そのひとつは，最高裁判所の裁判官の増員であり(法制審議会の議決した案によれば，大法廷判事として長官を含めて9名，小法廷判事は30名からなる，というものであった)，他のひとつは*上告理由'の制限である．しかし，他方では，重大事件における冤罪が続いたことから，具体的正義の実現のためにも上告理由を拡張すべきであるとの見解が主張された時期もあった．

上告があると，まず小法廷に事件が配点される(最事規9条Ⅰ)．そして，憲法違反および判例違反等の判断を迫られるときには，大法廷の裁判長(最高裁判所長官)に通知をして，大法廷でさらに審理および裁判をすることになる．上告の裁判には，弁論を経ない*上告棄却'の判決(刑訴408)，破棄の判決(410・411)，破棄移送・差戻しの判決(412・413本文)，破棄自判の判決(413但)のほか訂正の判決(415)等がある．

なお，上告審には控訴審の規定が準用される(414)ので，この他にも，弁論を経た上告棄却の判決や上告棄却の決定がある．→跳躍上告，訂正の判決

[平良木登規男]

上告棄却 上告棄却には，弁論を経て判決で*上告'を棄却する場合(刑訴414・396参照)，弁論を経ないで判決で上告を棄却する場合(408)および決定によって上告を棄却する場合(414・385・386等参照)がある．一般に，判決によるか決定によるかは，弁論(口頭弁論)を経るか否かによって決せられるが(43Ⅰ)，ここでは，弁論を経ないにもかかわらず，判決で棄却することを認める．事実審における弁論の要求

は，どちらかというと裁判の公開（秘密裁判の禁止）を担保するためにあると考えることも可能であり，最高裁判所の負担軽減の観点からは，これを必ずしも絶対的な要請であるとみる必要はない．審理を開始した結果，上告理由がないと分かれば判決で棄却すればよいし，上告申立ての理由のないことが弁論を経るまでもなく明らかであるときには，弁論を開かないまま判決で上告を棄却することができる．なお，法廷意見からすると上告の申立てに理由がないことは明らかであるが，少数（反対）意見があるときに，弁論を経ることなく判決で上告を棄却することができるかあるいは弁論を経るべきかについては争いがある．「上告の申立ての理由のないことが明らかである」ということを，法廷意見の立場に立って客観的にみるか，あるいは評議の過程（あるいは判決書）において，少数（反対）意見が表明されたか否かないしはその多寡によるとみるべきかの争いであるといいかえることができる．解釈論としては弁論を経る必要はないが，運用の問題としては原則として弁論を経るべきであろうか．

また，上告の申立てが法令上の方式に違反し，または上告権の消滅後にされたものであることが明らかであるときは，上告の申立てを決定によって棄却することができるが，弁論を開かないまま判決によって上告の申立てを棄却する場合とは，紙一重の場合もある．基本的には，上告の申立てが適法な上告理由にはあたるが理由がない場合とそもそも適法な上告理由に当たらない，すなわち不適法な上告の申立ての場合とは論理的には区別することができ，これを前提にした裁判上の区別であると解すべきであろう．
　　　　　　　　　　　　　　　　［平良木登規男］

上告理由　上告理由として，原判決に，①「憲法の違反があること又は憲法の解釈に誤りがあること」（刑訴405①），②「最高裁判所の判例と相反する判断」をし（同条②），または最高裁判所の判例がない場合に「大審院……又は……高等裁判所の判断と相反する判断」をした（同条③）場合がある．何が判例であるかについて争いはあるが，当然上告理由としての制約があることはいうまでもない．

上告するためには上告申立書を原審である控訴審に提出しなければならないが，控訴審から送付を受けた上告裁判所（刑訴規266・235）は上告趣意書の提出を求め（407），これに基づいて審理・裁判することになる．その事由が憲法判断を求め，あるいは判例違反を内容とするものであるときは，その理由があるか否かについて判断する．もっとも，*憲法違反'にしても*判例違反'にしても，具体的な事件の裁判にかかわるものでなければならないから，判決に影響を及ぼす可能性がない場合には，適法な上告理由とすることはできない．

当事者が権利として有する上告の申立ては以上の2点に限られるが，このほかに職権破棄事由を設けた．上告裁判所は，①判決に影響を及ぼすべき法令違反，②甚だしい量刑不当，③判決に影響を及ぼすべき重大な事実誤認，④再審事由，⑤刑の廃止・変更，大赦のいずれかの事由があって，著しく正義に反すると判断したときには，これを破棄することができる（刑訴411）として，当事者の具体的な救済の余地を残した．したがって，当事者は，上告理由がないときでも，裁判所の職権の発動を期待して上告の申立てをすることが多くみられる．過去の統計によれば，憲法違反および判例違反の主張は18パーセントにすぎず，残りは刑事訴訟法411条の主張であり，その中でも，量刑不当，事実誤認，法令違反の順になっており，上告審が第2の控訴審と化し，最高裁判所の負担増の要因となったため，上告審の本来のあるべき姿を模索して上告制限を指向する見解や，あるいは最高裁判所の裁判官の増員によって解決しようとの方向を打ち出すなど，上告審の在り方をめぐって，しばしば立法論争が繰り返された．

このほかに，*サーシオレイライ'の制度に示唆を受けたとされる上告審としての事件受理の制度を設けたが（刑訴406，刑訴規257以下等），あまり利用されていない．　　［平良木登規男］

証拠決定　裁判所が，証拠を採用し，または証拠調べ請求を却下する裁判（刑訴規190Ⅰ）．現行法は，当事者主義を基本とするので，事実の解明に必要な証拠の取調べについて，当事者請求を原則とし，職権による証拠採用を補充的とする（刑訴298）．証拠採否の基準は，裁判所の自由裁量に委ねる扱いであり，被告人が証

人尋問を請求した場合も，事件の性質に照らして証人尋問の必要性・適切性があるか諸般の事情を総合衡量して決める（最判昭23・7・29刑集2・9・1045）．これに対して，憲法が証人喚問権を保障する趣旨に照らして（憲37Ⅱ），証人尋問については被告人の請求権を保障するものとする説がある．

証拠決定に先立ち，当事者の請求による場合には原則として相手方の，職権による場合には両当事者の意見を聴取しなければならない（刑訴規199Ⅱ・Ⅲ，刑訴299Ⅰ）．また，裁判所は証拠能力の有無を判断する必要上，当該資料の提示を命令することができる（刑訴規192）．証拠決定に対して，検察官，被告人・弁護人は法令違反を理由として異議を申し立てることができる（刑訴309，刑訴規205）．　　　［渡辺 修］

証拠裁判主義　**1 証拠裁判主義の意義**　刑事訴訟法317条は，「事実の認定は，証拠による」と規定する．これを証拠裁判主義という．証拠裁判の原則ともいい，訴訟において問題となる事実は証拠に基づいて認定されねばならないという，近代刑事裁判における当然の原則を意味する．

証拠とは，過去の事実が残したとされる痕跡であり，この痕跡を根拠に過去の事実を推認する．裁判所が事実を推認する根拠となる資料が証拠だ，といってもよい．たとえば，物（犯行現場に遺留された凶器など）の存在・形状，人（犯行の目撃者，被害者など）の供述，書類（被告人自身の供述書など）の記載内容などが，証拠（証拠資料）の典型例になる（なお，物，人，書類などは「証拠方法」と呼んで区別する）．

当然の原則を定めた刑事訴訟法317条について，いくつかの実質的な意義をもつとも解される．たとえば，民事訴訟のような「口頭弁論の全趣旨」（民訴247）から推論・推認することを，刑事訴訟法317条は許さない．「口頭弁論の全趣旨」は「証拠」ではないからである．ただし，民事訴訟法247条は，民事訴訟で自由心証主義を定めた規定であり，刑事訴訟法もその318条で自由心証主義を定める（「証拠の証明力は裁判官の自由な判断に委ねる」）．この刑事訴訟法318条からも，事実の存否について裁判所が心証を形成する場合，証拠だけが根拠にされねばならないことが導かれる．すなわち，刑事訴訟法318条も，口頭弁論の全趣旨から推論・推認することを禁止する．刑事訴訟法317条の独自な意義は乏しい．

2 刑事訴訟法317条の「実定法上の意味」　しかし，刑事訴訟法317条は，積極的な「実定法上の意味」をもつと解される．すなわち，刑事訴訟法は，証拠について，裁判所の事実認定の用に供するための法的資格，すなわち「証拠能力」を定める（刑訴319～328）．証拠調べについても，一定の方式を定める（297～311．とくに，304～307の2）．それゆえ，刑事訴訟法317条がもつ実定法上の意味のひとつは，「証拠能力があり，かつ適式な証拠調べを経た証拠」による証明を求めるということだと解された．そのような証明を*厳格な証明'という．

この厳格な証明を必要とする事実について，訴訟上問題となるすべての事実がそうだ，というのは広範にすぎて妥当でなく（被告人に有利な情状事実は，証拠能力のない証拠で認定されるべきである），手続上も煩瑣にすぎる．厳格な証明を必要とする事実，すなわち刑事訴訟法317条の「事実」は，限定されねばならない．これが，刑事訴訟法317条がもつ第2の実定法上の意味である．その「事実」とは，刑罰権の存否および範囲を基礎づける事実と解される．具体的には，有罪判決に記載すべき「罪となるべき事実」（335）であり，そのほか，処罰条件たる事実（たとえば，刑192Ⅱの事前収賄罪における「公務員又は仲裁人」となった事実），法律上の刑の加重事由（刑56等により累犯加重の事由となる前科），法律上の刑の減軽・免除事由（心身耗弱〔刑39Ⅱ〕，中止未遂〔43但〕，過剰防衛〔36Ⅱ〕，障害未遂〔43〕など）が挙げられる．

刑事訴訟法317条の「事実」の射程については，訴訟法上の事実のうち「訴訟条件に関する事実」「証拠能力を基礎づける事実」が含まれるという主張や，違法阻却・*責任阻却事由'や被告人に不利な情状事実なども含まれ，いずれも厳格な証明を必要とするという議論がある．→事実認定　　　　　　　　　　　　　　［高田昭正］

証　拠　書　類　通説・判例（最判昭27・5・6刑集6・5・736）によれば，*書証'のうちで記載

内容のみが証拠となるものを証拠書類という．証拠調べの方法は朗読だけで足りる（刑訴305）．記載内容ばかりでなく書面そのものの存在または状態等も証拠になる場合には，*証拠物'たる書面に該当し，証拠調べの方法としては朗読のほかに展示が必要となる（307）．たとえ，同一の書面であっても，立証趣旨との関係で，証拠書類に該当するとされることもあれば，証拠物たる書面に該当するとされるということもある．　　　　　　　　　　　　　　［津村政孝］

証　拠　調　べ　　1審において，有罪・無罪に関する事実を推認する根拠となる証拠資料を裁判所が把握するための手続．公判期日における証拠調べは，検察官の*冒頭陳述'ではじまる（刑訴296）．調べるべき証拠は，検察官，被告人・弁護人の請求に基づくのが原則である（298）．証拠調べ請求は第1回公判期日前を除き，公判期日外でもできる（刑訴規188・194の3）．立証は検察官が先に行う．自白を除き，他の証拠を一括請求するのが原則である（193，刑訴301）．自白調書も冒頭陳述後一括請求されることが多いが（最判昭26・6・1刑集5・7・1232），事実を争う事件では，証拠決定または証拠調べを留保する等自白による予断を生じない運用がはかられることがある．刑事訴訟法321条1項2号後段で証拠とすることのできる検察官面前調書については，検察官に証拠調べ請求義務がある（300）．被告人に有利な検察官面前調書を顕出することをひとつのねらいとするものである．

証拠調べ請求に先立ち，相手方に対して，証人などについてはその氏名・住居を知らせ，証拠書類・証拠物については閲覧の機会をあらかじめ与えなければならない（299）．ただし，証人保護の必要上相手方は証人などの住所などが被告人などに知られないようにするなど証人の安全への配慮を求めることができる（299の2）．

証拠調べ請求にあたり，証拠と証明すべき事実の関係を具体的に明示しなければならない（立証趣旨．刑訴規189）．証拠の性情や内容を説明して立証趣旨に代えることがあるが，要証事実との関連を明示すべきであろう．立証趣旨によっては伝聞法則に触れ証拠能力が認められないことがある．この限度で，立証趣旨には拘束力が働く．しかし，裁判所は当事者が求める通りの事実を認定すべき義務はなく，自由心証に従って証明力を判断してよい．

証拠調べの範囲，順序，方法は，裁判所が検察官，被告人・弁護人の意見を聴取して決定するのが原則である（刑訴297）．検察官，被告人・弁護人は，証拠調べに関する決定については法令違反を理由に，*異議の申立て'ができる（309，刑訴規205）．

証拠調べを行う方法は，その証拠から証拠資料を引き出すのに適したやり方によらなければならない．人的証拠（証人，鑑定人，通訳人，翻訳人）については「尋問」によって証拠資料たる「供述」を得る（刑訴304）．証拠書類は「朗読」による（305）．ただし，「要旨の告知」（刑訴規203の2）で代えることができ，実際にもこの方法が多用されている．証拠物は公判廷で「展示」を要する（刑訴306）．書面としての意義とその形状が証拠になる場合（たとえば，脅迫状，手紙，メモなど），朗読の他展示も必要である（307）．録音テープ，ビデオ，映画フィルムなどは，適宜再生・映写によって公判廷に顕出させてよい．検証調書，実況見分調書などに添付されている写真も，被告人に示すのが通常である．

その他の証拠調べの方法として，特別の学識・経験に基づく法則・知見・実験・認識が立証に必要な場合，鑑定を行うことができる（165）．裁判所みずからの五感を利用して事物の性状を把握する必要があるとき，検証を行う（128）．被告人質問も，証拠調べの一方法である（311）．法文上からはいつでも行えるが，通常は証拠調べの最後に行われる．被告人は黙秘権を保障されている．起訴状朗読後，裁判長は，質問に対して終始沈黙しまたは個々の質問に対して陳述を拒むことができること，さらに陳述した場合には被告人に有利にも不利にも証拠なる旨，被告人に告知しなければならない（291 II，刑訴規197）．公判期日外の証拠調べとして，証人尋問のほか（刑訴158・281），現場検証などがある．→証拠決定，証拠保全，冒頭陳述，証人の保護　　　　　　　　　　　　　［渡辺　修］

証拠提出責任　（英）burden of producing evidence　　証拠提出責任とは*陪審'制度を採用する英米法の概念である．最終的に*説得責任'を負う当事者（*検察官'）には，事件

を陪審の審理に付するために，まず*裁判官'に対して「一応の証拠(prima facie evidence)」を提出する責任がある．これを証拠提出責任という．もしこの責任が果たされなければ被告人は無罪の指示評決(directed verdict)の申し出をすることが可能で，事件は陪審に付されることなく終結する．一応の証拠が提出されれば事件は陪審に付され，そこで検察官は最終的に有罪*評決'を得るための説得責任を果たすために，立証を行うことになる．この意味で説得責任はわが国での*実質的挙証責任'と同じであるが，証拠提出責任は形式的挙証責任に対応するものではなく，本来陪審制度に由来した英米法に固有な概念である．

さらに，英米法では，強迫，精神異常，*正当防衛'など積極的抗弁事由の存在については，*被告人'に少なくとも証拠提出責任が課され，この概念が利用されている．そこでわが国においても，*当事者主義'化した訴訟構造において，被告人に何らかの立証の負担を課す場合(犯罪成立阻却事由存在の主張，*法律上の推定'に対する反証)に，この証拠提出責任を用いることが主張され，支配的となっている．

たとえば，正当防衛，*心神喪失'といった犯罪成立を阻却する事由の存在を疑わせる一応の証拠が被告人によって提出され争点が形成された後に，検察官には阻却事由不存在を積極的に立証する必要が生じることになる．この被告人の責任が，証拠提出責任あるいは争点形成責任と呼ばれるものである．もっとも，争点形成責任では，被告人側の意見陳述や場合によっては検察官の*冒頭陳述'などにおいて争点が形成されれば足りるとし，必ずしも証拠の提出を要件とはしておらず，ここに両者の違いがある．この点からは，むしろ，争点形成責任は阻却事由などの主張を冒頭手続などで端的に行えばよいとする*主張責任'に接近することとなる．

[平田 元]

証拠能力 (英) admissibility of evidence **1 意義** 刑事手続において，裁判所が事実の存否を判断する資料として用いることのできる証拠の訴訟法上の資格．すなわち証拠を*厳格な証明'の資料として用いることのできる法律上の資格．

証拠能力のない証拠は，証拠の標目(刑訴335)に挙げることができないばかりか，公判廷における証拠調べの対象とすることが禁じられる．証拠能力のない証拠につき証拠調べの請求があればこの請求は却下される．その意味で証拠能力は，証拠の許容性とも呼ばれる．これに対し，証拠の証明力とは，証拠調べの対象となる証拠の，事実の存否を判断する上での実質的価値をいい(民事訴訟法上は，証力と呼ばれる)，原則として裁判官の自由な判断に委ねられている．

2 内容 伝統的に大陸法系の法制では，証拠について証拠能力の制限をおかないのが通常とされるが，英米法系の国の多くは，証拠能力を規制する諸種の法則を有している．証拠能力が認められるには，一般に，その証拠と証明しようとする事実との間に，①関連性があり，かつ②証拠面の制約が存しないことが要求される．わが国の場合，旧刑訴法は，大陸法系の法典であったから，直接審理主義を理由として，検事の聴取書などにつき例外的にその証拠能力を否定したにとどまったが，現行刑事訴訟法は，アメリカ法に示唆を受け，憲法37条・38条などの条項を踏まえて，明文上，不任意の疑いのある自白および一定の例外規定に当たらない伝聞証拠について，証拠能力を否定する明文上の規定を設けた(319Ⅰ・320Ⅰ)．

これら自白法則および伝聞法則が刑事証拠法に及ぼした影響は大きい．

(1) 関連性とは，要証事実の存否の立証に役立つ蓋然性をいう．その判断は，論理則・経験則に基づいておこなわれ，噂や風評など，最小限度の証明力も認められない場合，その証拠の使用は許容されない(自然的関連性)．次いで，信用性につき，裁判所に対して，類型的に偏見を与えたり誤った判断をもたらす危険のない証拠であることを要する(法律的関連性)．上記の伝聞証拠や不任意自白がその典型例であるが，解釈上は，これらに限定されずに，明文規定はないものの，犯罪事実の立証のため，被告人の悪性格を立証することも禁じられる．不当な偏見・不意打ちないし争点混乱のおそれを伴うからである．

(2) 関連性が認められても，手続面の事情で

証拠能力が否定される場合がある．証拠調べ請求の対象とされた証拠が違法捜査の結果，収集されたものであるため，その証拠の利用が手続の公正さ・適正さを損なうときである（証拠禁止）．これらの証拠を事実認定に供するのを禁じる原則を違法収集証拠の排除法則と呼ぶ．

[三井 誠]

証拠の新規性 ノヴァ型（新証拠）型*再審'理由の一要件．確定判決の基礎になったのと同一資料に基づいて再審を認め，これと異なる判断をするのを許すことは，確定の観念と矛盾し三審制の運用を歪めるおそれがある．そこで，刑事訴訟法435条6号は，有罪の言渡しを受けた者の無罪等を言い渡すべき明らかな証拠を「あらたに」発見したときを再審理由として規定し，確定判決に至る審理において裁判所の実質的な証拠価値の判断を経ていない証拠の提出を要求している．証拠には証拠方法だけでなく証拠資料も含む．鑑定は代替性があるので，別鑑定というだけでなく意義・内容に差異があることを要する．新規とは発見の新たなことをいい，証拠が原判決前から存在していてもよい．この点に関しては，新規性は誰に対して要求されるかが，身代り犯人からの再審請求の可否という形で重要な争点とされている．判例は，それを請求人と解しているようであるが（最決昭29・10・19刑集8・10・1610は，身代り犯人からの請求を否定した．ただし，最判昭45・6・19刑集24・6・299は，刑訴411④により職権で再審事由を認めて原判決を破棄している），学説では，再審の目的が誤判救済であることから裁判所にとって新規であれば足りるとする見解が有力である（ただし，身代り事件のように被告人が故意に証拠を秘匿した場合には，エストッペル〔禁反言〕の考慮を入れ，検察官の請求を要するとする説もある）．

[加藤克佳]

証拠の明白性 ノヴァ型（新証拠）型*再審'理由の一要件．新証拠が確定判決の基礎となった事実認定に影響を及ぼすことが明らかである状態をいう．刑事訴訟法435条6号は，有罪の言渡しを受けた者の無罪等を言い渡すべき「明らかな」証拠をあらたに発見したときを再審理由として規定している．これに関しては意義・程度，判断方法が問題となるが，判例は，従来，法的安定性（確定力）重視の傾向が強く，あたかも新証拠だけで無実の証明を必要とするかのような厳格な解釈・運用を行ってきたため，真犯人が現れた場合以外に再審により冤罪者を救済することはきわめて困難であった．しかし，これに対しては，再審理念の転換を踏まえた柔軟な解釈を求める見解が有力に主張され，最高裁判所も，1975(昭50)年5月20日の白鳥決定（刑集29・5・177）で，①明白な証拠といえるには，確定判決の事実認定に「合理的な疑いをいだかせ，その認定を覆すに足りる蓋然性」があれば足り，②その有無は「当の新証拠と他の全証拠とを総合的に評価して判断すべき」であり，③その判断の際にも，再審開始のためには確定判決の事実認定に合理的疑いを生ぜしめれば足りるという意味で「疑わしきは被告人の利益に」という刑事裁判の鉄則が適用されると判示した．要するに，請求人は，新旧両証拠を総合評価して，無実の立証ではなく原判決の事実認定に合理的疑いをいだかせれば足りることとなったのであり，これが再審実務に新しい流れを生み出した．具体的には，1983(昭57)年に，*免田事件'でわが国の裁判史上初めて死刑囚に再審無罪が言い渡されたほか，今日までに死刑事件4件（免田のほか，*財田川事件'〔1984年〕，*松山事件'〔1984年〕，*島田事件'〔1989年〕の各事件）を含む著名な再審請求事件で再審無罪判決が下されている．もっとも，白鳥決定の意味については今なお理解の相違がある．また，統計上も，再審請求の認容される場合のほとんどが簡裁の略式命令（罪種としては，とくに道交法違反，業務上過失傷害）に対して身代り等を理由に検察官から請求された事件であって，同決定以後も，重大事件では旧来の厳格な解釈・運用によっていると批判される請求棄却決定が少なくなく（最近の争いある判例として，名張毒ぶどう酒事件に関する最決平9・1・28刑集51・1・1参照），再審の門は依然狭いというのが実情である．

[加藤克佳]

証拠の優越 （英）preponderance of evidence 民事訴訟において，証明責任は原告側が負担する．原告側は，自己の主張が真実であることについて，明らかに優越する証拠を提出して，これを証明しなければならない．「優越

する」というのは，原告側の主張する事実が真実であるという蓋然性のほうが——その主張する事実は虚偽であるという蓋然性よりも——大きいことを意味する．原告側が召喚した証人の数のほうが多いとか，立証時間が長いということを意味しない．「証拠の優越」という概念は，証拠の「量」でなく「質」に関係する．事実認定者の心証に与える「重み」が明らかに大きいことを意味する．

原告側が自己の主張する事実について蓋然性を証明できなかった場合や，原告側と被告側の提出した証拠（その証明力）が拮抗するという場合は，被告側に有利に判断がなされなければならない．

刑事訴訟においても，訴訟法上の事実については，「証拠の優越」の証明水準で足りるという．たとえば，被告人以外の者の検察官面前調書を許容するための要件となる「所在不明」や「特信性」（刑訴321Ⅰ②）に係る事実については，「証拠の優越」でかまわないとされる．自白の任意性についても，「証拠の優越」の証明水準で足りるという考え方がある．しかし，任意性に「疑い」のある自白についてさえ排除を要求した刑事訴訟法（刑訴319Ⅰ）の趣旨や，実質証拠として自白がもつ重要性に鑑み（任意性を肯定された自白は，強い証明力をもつことになり，推理・推認なしに犯罪事実の全部または主要部分を認定できる直接証拠として，有罪認定の帰趨を実質的に決めてしまう），*合理的疑いを超える証明'が必要であるといわなければならない．このほか，捜査上の強制処分に関係して，刑事訴訟法が「相当な理由」を要求しているケースについて——たとえば，身体拘束の理由である「罪を犯したと疑うに足りる相当な理由」について——，証明の水準でいえば「証拠の優越」に相当するとされる．　　　　　　［髙田昭正］

証　拠　物　公判廷に提出される物的証拠のうち，*証拠書類'を除いたもの．たとえば，犯行に用いられた凶器，財産犯における被害物品，陳列されたわいせつ写真，所持していた覚せい剤などがこれにあたる．これらは，その物の存在・形状・状態が証拠資料となるのであるから，証拠調べの方式は展示である（刑訴306）．証拠物のなかでも，たとえば名誉毀損の文書や犯行計画を記載した被告人の日記などのように，書面の記載内容だけでなくその存在自体が証拠となるものは証拠物たる書面と呼ばれ，展示のほか朗読も要求される（307）．ただ，録音テープ，ビデオテープ，映画フィルム，フロッピーディスクなどについては，その性質上，展示だけでは不十分であるし，朗読は不可能であるから，再生，映写など，その性質にみあった取調べ方法をとらなければならない．これに対し，傷害事件の被害者の身体につけられた傷痕なども証拠物のひとつであるが，このように人体の性状を証拠とする場合は，検証による（128）．なお，証拠物は物証といわれることもある．本来，物証とは，証拠方法の形態に基づいて，*書証'などど対比されるのに対し，証拠物は，証拠調べの方式によって，人証および証拠書類と対比されるのであるが，物証，書証はほぼ証拠物，証拠書類に対応するためである．ちなみに，現行刑事訴訟法においては，*自白'の証拠能力および証明力が厳しく制約されたこと，および，地域社会の崩壊により目撃者等からの情報を得にくくなったことなどにより，証拠物の重要性が高まってきたといわれている．→最良証拠の原則　　　　　　　　　　　　　　　　［多田辰也］

証　拠　保　全　*当事者主義'の刑事訴訟にあっては，*証拠調べ'は当事者の請求に基づいて行うのが原則であり（刑訴298Ⅰ），裁判所の職権による証拠調べは被告人に対する後見的見地から例外的に行われる（298Ⅱ）．こうした公判段階での証拠調べに備えて，被疑者の側も捜査段階から証拠の収集・保全に努めることが必要となる．

もっとも，捜査段階では，捜査機関は被疑者側には与えられていない強制捜査権限をもち，しかもその人的物的装備は強力であるから，有利不利を問わず，ほとんどの証拠は捜査機関に収集・保全される実状にある．しかし，捜査機関は，その活動に公正さが求められているとはいえ，本質的に訴追のために活動するものであるから，被疑者側に有利な証拠の収集・保全が怠られる危険がある．そこで，刑事訴訟法は，「あらかじめ証拠を保全しておかなければその証拠を使用することが困難な事情がある」場合に，「第一回の公判期日前に限り」，「被告人，被

疑者又は弁護人」が，「裁判官」に，「押収，捜索，検証，証人の尋問又は鑑定の処分」を「請求することができる」ものとした（179 I）。こうして，裁判官に強制処分を請求することを通して証拠を収集・保全するのが，証拠保全の制度である．証拠物に滅失・散逸のおそれがある場合や，証人が死亡や病気のために公判で証言不能となることが予測されるような場合に，この制度が用いられることになる．保全された証拠物や書類については，弁護人と検察官は裁判所において閲覧し謄写することができるが，弁護人が謄写する場合には裁判官の許可が必要である（180 I）．被告人や被疑者も証拠物や書類を閲覧することができるが，その場合，裁判官の許可が必要であり，かつ謄写はできない（180 II）．ここでも，当事者対等主義は徹底していない．

もっとも，証拠保全は実際にはあまり活用されていない．そこには，被疑者側に有利な証拠も含めて，ほとんどの証拠が捜査機関によって収集・保全されている実状が反映しているが，それとともに，捜査段階から弁護人依頼権は保障されているものの，実際には大多数の被疑者に弁護人がついていないという弁護人依頼権の空洞化現象が反映している．起訴後第1回公判前の検察官手持ち証拠の全面開示が被告人の側から強く要求される背景には，こうした事情がある． 〔川崎英明〕

常習犯 繰り返して犯罪を犯す習癖に基づいて犯罪を行うことをいう．現行法では，常習賭博罪（刑186 I），常習窃盗・強盗罪（盗犯3），常習傷害・暴行・脅迫・毀棄（暴力1の3）等が規定されており，いずれも通常の場合に比して刑が加重されている．これらの犯罪では，行為者に常習性があり，その発現として犯罪を犯すことが問題となっているのであって，常習犯人という行為者の類型が問題となっているのではない．常習性の発現である限り，複数の行為も*集合犯として包括して一罪を構成する．しかし，常習犯であっても，常習性の発現ではない行為は包括されない．

改正刑法草案は，個々の特定の犯罪の常習犯も常習者による犯罪類型として行為者類型性を強調するほか，一般的な常習累犯の規定を設けた．すなわち，一定の期間内に一定の犯罪を犯した者は累犯とされ刑が加重されるが，3犯以上の累犯で犯人が常習者であるときを常習累犯とし，加重された処断刑の範囲で長期と短期を定めて，不定期刑を言い渡すことができるとしている（刑法草案56・58・59）．旧西ドイツ刑法20条にも「危険な常習犯罪者」の規定があり，ドイツ刑法旧65条にも「性癖犯罪者」の規定があった．これらの規定は，わが国の現行法とは異なり，常習犯罪者という行為者類型を正面から認めるものである．

常習犯の刑の加重の根拠については争いがある．行為者の危険性に着目し，行為者はその危険性の除去のための処遇を受ける地位に置かれるとする社会的責任論（性格責任論）からは，行為者の危険性が大きければそれだけ刑罰も重くなる．また，危険性の除去の具合に応じた不定期刑も根拠づけが可能となる．これに対して，従来の，行為自体に注目する行為責任論からも，現に行われた犯罪行為の他に，危険な性格を作り上げた点で人格形成責任がプラスされるので刑が加重されるという考え方があらわれた．これを*人格責任論，人格形成責任論または行状責任論と呼んでいる．しかし，人格形成の過程は複雑であり，どこに責任があり，どの部分は責任がないのか判然としない．また，人格の形成にまで立ち入って責任を負わせること自体に問題がある．この理論で不定期刑を根拠づけることはできない．行為にあらわれた限度で行為者の人格や環境を考慮して責任の軽重を考えるという実質的行為責任も，結局は行為と離れた要素によって刑を加重するのではないかという批判にさらされている． 〔林美月子〕

情状 検察官の訴追裁量や裁判所による量刑において考慮される諸事情のこと．情状は，直接または間接に犯罪事実の内容に属するいわゆる犯情と，それ以外の狭義の情状とを含む．犯情としては，犯行の動機・目的，手段・方法・態様，被害の程度，共犯関係などが挙げられる．狭義の情状には，被告人の年齢，性格，前科・前歴，生活環境など，被告人に関わる事情と，被害回復・被害弁償・示談の成立，被害者側の事情，社会情勢の推移，関連法規の変動などの社会的要因も含まれる．刑法には量刑基

準を包括的な形で示した規定は存在せず(刑法草案48参照)、訴追裁量の基準を示した刑事訴訟法248条が量刑の際にも参酌されているが、一定の宣告刑については、情状により、刑の執行猶予を(刑25)、また情状に酌量すべきものがあるときには*酌量減軽'を認めている(66)。

なお、情状のうち、いわゆる犯情については*厳格な証明'が要求されるが、狭義の情状については*自由な証明'で足りると解されている(最判昭24・2・22刑集3・2・221)。狭義の情状はいわゆる犯情に比べてその重要度において質的違いがあること、狭義の情状に関する事実は非類型的であること、情状立証段階の重点は個々の事実の認定ではなく情状の全体像の把握にあること、資料を制限すると表面的な事情だけで量刑することになり妥当でなく、特に実際上は被告人側の資料が制限されることになり量刑上不利益をもたらすことなどが理由として挙げられる。

しかし、これに対しては、わが国では犯罪事実を認定する段階と量刑の段階とが区別されていないため、情状事実について自由な証明で足りるとすると、犯罪事実の認定に悪影響を及ぼしかねないことなどを理由に、反対する見解もある。なお、基本的に自由な証明説に立ちながら、争いがある場合には公判廷で反駁の機会を与える必要があるとする、適正な証明説も主張されている。もっとも、最近の裁判実務においては、被告人の家族が情状証人となる場合にも正規の証人尋問の手続がとられ、嘆願書や上申書、あるいは示談書などが情状証拠として提出された場合も、通常の供述証拠と同様、相手方の同意を得て証拠調べが行われており、狭義の情状についても厳格な証明の手続がとられているといえよう。　　　　　　　　　　[多田辰也]

上申書　捜査機関に対し被疑者や被害者などの被疑者以外の者が事件に関し任意に作成して提出する書面に上申書と題するものがある。他に始末書と題するものや、捜査機関からの「お尋ね」に答えるというかたちで答申書、てん末書等と題されるものがある。いずれも*供述書'であり、「被告人が作成した供述書」(刑訴322I)あるいは「被告人以外の者が作成した供述書」(321I)に該当する。したがって、供述調書と異なり、供述者の署名押印がなくとも証拠となしうる。　　　　　　　　　　　[津村政孝]

使用窃盗　(独) Gebrauchsdiebstahl
一時借用の意思、すなわち使用後に返還する意思で他人の財物を無断で自己の支配下に移す行為であり、窃盗罪の成否に争いがある。判例・通説は、一般論では、「権利者排除」の意思が欠ければ、*不法領得の意思'がないから窃盗ではないとするが、むしろ借用に伴う被害の程度が問題であり、*可罰的違法性'の存否で決めるべきだとの主張も有力である。実際、判例も、「権利者排除」の疑わしい夜間の借用にも窃盗を肯定している(最決昭55・10・30刑集34・5・357)し、現に返還意思があっても長時間に及ぶ借用なら処罰を認めている(東京高判昭33・3・4高刑11・2・67)。情報窃盗事例での媒体の一時借用では、「権利者の独占的・排他的利用」を阻害することに「権利者排除」の意思を認めることで、窃盗罪が肯定されている(東京地判昭59・6・28刑月16・5＝6・476)。それでも、借用は財物利用という利益を得ることだから、安易にこれを窃取と同視すると、利益窃盗を処罰していない現行法との整合性に問題がある。やはり一時的な支配侵害だけでは窃盗に値しないであろう。　　　　　　　　　　　　　　　　[小田直樹]

上　訴　(独) Rechtsmittel　(英) appeal
1 意義　通説によれば、上訴とは、未確定の裁判に対して上級の裁判所へ不服を申し立てる手段を意味する。現行法では、判決に対する上訴として、*控訴'と*上告'があり、決定に対する上訴として*抗告'がある。再審請求、非常上告のような確定後救済手続は、判決の是正を求める手段ではあっても、確定判決を対象とする点で、上訴とは異なるとされる。また、裁判官の裁判に対する準抗告(刑訴429)、高等裁判所の決定に対する抗告に代わる異議の申立て(428 II)などは、上級の裁判所への申立てではないので、上訴ではないとされる。もっとも通説は、裁判の「確定」の意味を上訴の申立てができなくなった状態と定義する。そのため、定義の循環が生じる。そこで、上訴の実質的な意味は、申立ての期間と回数が限定された不服の申立てであるとする説明も提案されている。

上訴の中には、当事者が権利として事実問題

に対する判断の見直しを求めることができるものと，法律問題についての審査を中心とするものとがある．控訴や抗告は前者にあたり，上告が後者にあたる．

上訴の申立てが可能な期間内および上訴の申立てがあって上訴審の裁判が確定するまでは，原裁判は上訴によって変更される可能性があり，執行力を生じないのが原則である（471）．これを停止の効力と呼ぶ．ただし，即時抗告以外の抗告には停止の効力はない（424Ⅰ）．また，上訴の申立てによって事件は新たな*審級に移る．これを*移審'の効力と呼ぶ．原裁判の一部に対する上訴すなわち*一部上訴'の場合は，移審の効果は，不服申立ての対象となった部分に限られる．

2 目的 上訴制度の目的として，伝統的には，当事者の救済と*法令解釈の統一'という2つのものが挙げられてきた．現行法は，事実誤認と量刑不当を控訴理由として認めている．また，上告審でも重大な事実の誤認やはなはだしい量刑不当が職権破棄事由とされている．これは，上訴制度の主な目的が，不当な裁判からの当事者の救済にあることを示している．現行法は*検察官上訴'を一般に認めているので，この当事者のなかには検察官も含まれる．

3 手続 上訴権を持つのは，判決に対しては基本的に検察官と被告人（刑訴351）である．決定に対しては，検察官・被告人以外にその決定を受けた者も上訴権を持つ（352）．被告人の法定代理人・保佐人，原審での弁護人・代理人は，被告人の明示した意思に反しない限り，被告人のために上訴ができる（353・355・356）．勾留理由開示があったときには，その開示の請求をした者は，被告人のために勾留に対して上訴をすることができる（354）．

上訴の申立ては，書面を原裁判所に提出して行う（374・414・423Ⅰ）．上訴申立てが許される期間すなわち上訴期間は，原判決の告知の時から始まる（358）．控訴と上告では14日（373・414），即時抗告では3日（422），特別抗告では5日（433Ⅱ）である．自己または代人の責めに帰することができない事由によって，上訴期間内に申立てができなかった者には，上訴権回復請求の手段が認められている（362）．通常抗告には，上訴期間が法定されていないので，申立ての利益がある限り可能であると考えられている．

原裁判の後，上訴権者は上訴の放棄，すなわち上訴権の放棄をすることができる（359・360）．ただし，死刑または無期の懲役もしくは禁錮に処する判決については，上訴の放棄はできない（360の2）．すべての上訴権者が上訴を放棄すれば，そこで裁判は確定する．いったん上訴をした者も，上訴の取下げをすることができる（359・360）．上訴の放棄または取下げをした者は，同じ原判決に対して，再び上訴をすることはできない（361）． ［後藤 昭］

焼損 1 焼損の意義 1995年の改正前の旧規定における「焼燬（しょうき）」概念は，漢字制限のため「焼損」と改められることになった．放火行為は，焼損により既遂となるが，焼損の意義をめぐり①独立燃焼説，②効用喪失説，③燃え上がり説，④毀棄説，の対立がある．①説は，本罪が公共危険罪であることを強調し，火が放火の媒介物を離れ目的物に燃え移り，独立して燃焼する状態に達したときと解する．②説は，火力が目的物の重要な部分を失い，その本来の効用を喪失したときと解する．③説は，目的物が「燃え上がったこと」，すなわち，目的物の主要な部分が燃焼を開始したときと解する．④説は，火力によって目的物が毀棄罪にいう損壊の程度に達したときと解する．判例は，*放火罪'が公共危険罪であることを根拠に，一貫して①説の立場をとり（大判大7・3・15刑録24・219），天井板約一尺（約30cm）四方を焼いたとき（最判昭23・11・2刑集2・12・1443），押入床板および上段各三尺（約90cm）四方を焼いたとき（最判昭25・5・25刑集4・5・854）に焼損としている．

①説がもっとも早い時点で既遂を認める考え方であり，公共の危険を重視し財産犯的な侵害が拡大する前に既遂を認め，焼損概念を緩やかに解することによって，未遂処罰規定のない失火罪等の処罰にも対応しようとする見解である．①説に対しては，依然として木造住宅が大部分を占めているわが国の住宅事情を考えると，あまりに早い時点で放火罪の既遂を認め，中止未遂を認める余地がほとんどなくなるという批判が強い．一方，最も既遂時期の遅いのが②説で

あり，目的物の財産的価値を重視した見解である．②説に対しては，財産的侵害を重視しすぎる見解であり，目的物の本来の効用を喪失するまで既遂に達しないとすると，放火罪の公共危険罪としての性格が軽視されるという批判が強い．最近の建造物の多くはその重要部分がコンクリートや鉄筋であり，その部分本来の効用喪失の前に，建造物の一部燃焼で有毒ガス等が発生し人命を奪うことも珍しくないので，放火罪が生命・身体に対する罪としての性格を併せ持っていることを考慮すると，②説は問題が多い．

そこで，中間的な見解として，③説と④説がある．③説は，①説を基本として既遂時期を遅らせる見解であるが，目的物の主要部分の「燃え上がり」をもって焼損と解するにせよ，燃焼を開始する主要な部分の範囲が明確ではなく，また難燃性の建造物等のように炎を上げない燃焼もあるので，適用困難であるという批判が当たる．④説は，②説を基本として既遂時期を早める見解であり，「焼損」概念が元来火力によって物を損壊するという意味であることから，焼損に達したかどうかを判断するのに目的物の毀棄または損壊の意義を離れることは許されないことを根拠としている．④説に対しては，公共の危険の発生の程度を財産犯の基準を借用して判断している，建造物が独立して燃焼する状態になれば同時に損壊したといえるから①説を制約しうるか疑わしい，という批判がある．

2 不燃性建造物の焼損　不燃性ないし耐火性建築物の火力による損壊が焼損に当たるかについて，否定説と肯定説が対立する．否定説は，焼損は何らかの燃焼を要することを根拠とする（東京地判昭 59・6・22 刑月 16・5 = 6・467，東京高判昭 52・5・4 判時 861・122）．これに対し肯定説は，建造物本体が独立に燃焼することがなかったとしても媒介物の火力によって建造物が効用を失うに至った場合は既遂を認めるべきであると主張し，不燃性の建築物のように火力による目的物の損壊により有毒ガスの発生など燃焼と同様の公共の危険を生じさせる可能性があることから，最近，有力説となっている．肯定説に対しては，放火罪の予定する「建造物を焼損する」ことによる公共の危険発生という構成要件を充たさないという批判がある．それゆえ，「焼損」概念のポイントは，焼損といえるためには少なくとも「炎が立つ」ことを要求するかであるが，不燃性の目的物が火力で損壊し，有毒ガスなどで公共の危険が生じたり，高温のため延焼する可能性がある場合は炎が出た場合と同様に解すべきだとすると，実際に「炎が立つ」ことまでは要求されないであろう．

〔奥村正雄〕

状態犯　(独) Zustandsdelikt　(仏) délit permanent　状態犯の意義は2つある．第1は，*継続犯'に対するもので，*構成要件'的結果すなわち一定の*法益'侵害が発生することによって犯罪は終了し既遂となる点では'即成犯'と同様であるが，その後，法益侵害の状態が継続しても，もはや犯罪事実と認められないものをいう．*窃盗罪'(刑 235)，*詐欺罪'(246)，*横領罪'(252)などがその例である．

状態犯においては，犯罪完成後の法益侵害状態のもとで行われた行為者の行為は，当該構成要件によって評価され尽くしている限り，別罪を構成しない．たとえば，窃盗犯人が窃取した財物を消費，破壊したとしても，横領罪，*器物損壊罪'(261)とはならず，盗品を譲り受けた者がそれを運搬しても，*盗品等無償譲受け罪'(256 I)のほかに*盗品等運搬罪'(256 II)が成立するわけではない（贓物故買罪につき，最判昭 24・10・1 刑集 3・10・1629）．これを*不可罰的事後行為'(*共罰的事後行為')という．

しかし，その構成要件が予定する範囲を超えた新たな違法行為がなされた場合は，その行為について別罪が成立する．たとえば，窃盗犯人が窃取した預金通帳を使用して預金を引き出す行為は，別に詐欺罪を構成する（最判昭 25・2・24 刑集 4・2・255）．

第2は，機会犯または偶発犯に対するもので，危険な*常習犯'などをさす．この意味の状態犯の状態という語は，フランス語の危険性(état danger，直訳は危険な状態)という語に由来する．

〔島岡まな〕

承諾殺人罪　**1 自殺関与罪との異同**　刑法 202 条は自殺教唆，自殺幇助，嘱託殺人，承諾殺人（同意殺人）の 4 類型の行為を同一の法定刑をもって処罰している．このうち前段に規定されている 2 者を*自殺関与罪'，後段に規定

されている2者を承諾殺人罪と総称する．自殺関与罪と承諾殺人罪とは類型的に異なり，当罰性にも差異があるとも考えられる．欧米の立法例を見ると，ドイツのように，前者については処罰規定を置かず，後者についてのみ処罰規定を置く例が少なくない．このため，わが国でも，両者を統一的に扱う現行法のあり方に疑問を提示して，立法論的には両者を区別すべきであるとする見解も主張されている．しかし，両者の実質的な区別は必ずしも明確ではない．

2 有効な承諾の要件 202条の承諾または自殺意思は，死の意味を理解した上でなされたものであることを要する．判例には，死の意味を理解しない幼児（大判昭9・8・27刑集13・1086）や，精神障害者を欺罔して自殺させた事案（最決昭27・2・21刑集6・2・275）につき，被害者に死の認識自体が欠如しているとして，承諾の有効性を否定したものがある．*被害者の承諾'が*錯誤'に基づく場合のように，その真意性が疑われる*偽装心中'のような事案については，本罪の減軽処罰の根拠を責任減少の点に認めて殺人罪の成立を肯定する立場と，違法減少の点に認めて本罪の成立を肯定する立場とが対立している．
→被害者の錯誤　　　　　　　　　［秋葉悦子］

承諾捜索　捜索を受ける場所の所有者などの同意により，裁判官の令状なしに捜索をすること．人の承諾留置が許されないのとは異なり，一般論としては，*任意捜査'の一種として承諾捜索が許され，その結果として発見された物の任意提出を受け，これを領置することは可能のように見える．

しかし，犯罪捜査規範は，任意の家宅捜索の禁止として，人の住居または人の看取する邸宅，建造物もしくは船舶につき，住居者・看守者の承諾が得られると認められる場合においても，捜索許可状の発付を受けて捜索をしなければならないものとしている（捜査規範108）．個人または私的な活動領域における，プライバシーへの期待の尊重ということができよう．したがって，承諾捜索は，この人の住居に該当しない場合にのみ可能となる．

ただし，犯行が行われた場所については，実際には実況見分という，承諾による検証に相当する任意捜査が行われ，その場合に，広く遺留品の発見，任意提出，領置などが行われている．　　　　　　　　　　　　　　　［久岡康成］

証　人　証言を提供する証拠方法．自然人である．裁判所は自然人であれば原則として誰でも証人として尋問できる（刑訴143）．たまたま特別の知識を有する者が体験事実から通常人よりも多くのことを知り得た場合にも証人として供述させてよい（*鑑定証人'，174）．自己の体験によって認識した事項を供述するのが原則だが，自己の体験事実を基にした推測事項までは証言を求めてよい（156）．この範囲を超えて，体験事実に根拠を持たない意見・推理・思想などは証言と扱われない．

証人となる資格，証言できる範囲について一定の制限がある．公務上の秘密に関する事項について，公務員または公務員であった者は監督官庁の承諾がなければ証言できない（144）．国会議員，総理大臣，国務大臣またはその職にあった者が，公務上の秘密に関するものであることを申し立てた場合にも，それぞれ衆議院もしくは参議院，または内閣の承諾がなければ，証言できない（145）．この限度で証人になる法的な要件たる証人適格が欠けることになる．

被告人は，黙秘権が保障されていること（憲38Ⅰ），証人尋問と別に被告人質問が予定されていること（刑訴311）などに照らして，宣誓義務・証言義務を課す証人適格はないと解されている．

受訴裁判所を構成する裁判官は証人になった場合除斥される（20④）．裁判官のままでは証人適格がない．検察官や弁護人の場合，証人として証言することがある．明文はないが，その後元の地位につくことは不適切である．

証人は，出頭または同行の義務を負う．召喚に応じない場合，過料・費用賠償による間接強制を受けるほか（150），不出頭罪で処罰されることがある（151）．召喚に応じない場合，勾引できる（152）．証人は，宣誓の上証言をする義務がある．正当な理由なく宣誓，証言を拒んだ場合にも，過料・費用賠償の間接強制と宣誓・証言拒否罪での処罰が予定されている（160・161）．ただし，自己または自己の配偶者や3親等内の血族などが刑事訴追を受けたり有罪判決を受けるおそれがある事項については*証言拒絶権'が

ある(146・147). 医師・歯科医師・助産婦・看護婦・弁護士(外国法事務弁護士)も業務上知り得た他人の秘密について原則として証言を拒める(149). 証人は, 旅費・日当・宿泊料の請求ができる(164). →在廷証人, 鑑定人　　[渡辺 修]

証人尋問　証人に供述を求める手続. 捜査段階でも, 起訴後証拠調べ手続としても行われる.

捜査機関は, 第1回公判期日前に捜査のための証人尋問を裁判官に請求して行わせることができる. 犯罪捜査に不可欠の知識を有すると明白に認められる者が参考人取調べに出頭せずまたは供述を拒否した場合(刑訴226), および, 参考人取調べに際しては任意に供述したが公判期日では圧迫を受けてこれと異なる供述をするおそれがあり, かつその者の供述が犯罪の証明に不可欠の場合(227), 検察官の請求で証人尋問が行われる. この場合には, 裁判官が捜査の支障のおそれがない場合に限り, 被疑者・被告人, 弁護人の立会いを認めれば足りる(228).

被疑者・被告人, 弁護人は防御の必要上第1回公判期日前に証人尋問を請求できる(証拠保全としての証人尋問, 179). この場合, 検察官は立会の権限を有する(179Ⅱ・157). 捜査のための証人尋問の調書などは直ちに検察官に送付され(刑訴規163), 被疑者・被告人・弁護人には閲覧・謄写の機会が保障されないが, 防御のための証人尋問の場合, 検察官は自由に証人尋問調書を閲覧できる(刑訴180). 証拠開示に関して両当事者にアンバランスが生じている.

起訴後は, 公判期日に行われるのが通常であるが, 他に*裁判所外尋問'(158), *期日外尋問'(281)がある. 証人尋問では, 証人の同一性を確認する人定尋問, 宣誓手続の後, 尋問を行なう. 公判廷における証人尋問について, 刑事訴訟法上, 裁判長または陪席裁判官がまず尋問することになっている(304). しかし, 実務上検察官または弁護人・被告人の尋問を先行させ, 裁判官が*補充尋問'を行う形が定着している. 起訴状一本主義の制度をとるため裁判所が最初に尋問するのが無理なことが多い上, 当事者主義の原理上当事者尋問が原則でなければならないからである. 裁判長はいつでも尋問を中止させてみずからその事項を尋問できるが(介入権；刑訴規201), 職権追行の強化にならない運用が求められている.

当事者の尋問は, 交互尋問による. *証人'を請求した側が最初に尋問する*主尋問', 相手方が尋問する*反対尋問', そしてさらに請求者が行う再主尋問が行われる(199の2Ⅰ). 以上は当事者の権利として保障されている. 再反対尋問は裁判所の許可を要する(199の2Ⅱ). 主尋問は, 立証趣旨に関連する事項について行う. 証人が請求者に不利な供述をした場合, 証人の供述の証明力を争う事項についても尋問できる.

主尋問では, 原則として誘導尋問が禁止される. ただし, 身上関係, 当事者間に争いのない事項の他, 記憶喚起に必要な場合, 主尋問者に敵意・反感を示す場合, 証言を回避する場合, 前の供述と相反し矛盾する供述をした場合, その他特別の事情のあるときは誘導尋問も許される. 反対尋問は, 主尋問に表れた事項の他, 証人の供述の証明力を争うのに必要な事項について行う(199の4). 証人の観察, 記憶, 表現の正確性, 利害関係・偏見・予断などについて尋問してよい(199の6). 違法・不当・不相当な尋問には, 異議を申し立て, 裁判所の判断を仰ぐことができる(刑訴309, 刑訴規205). 裁判所は異議の理由があれば尋問の中止・撤回・取消し・変更等を命ずる. 異議申立てが不適法なときには, 却下し, 理由がないときには棄却を言い渡す(205の4~6). なお, 1999(平11)年に*組織的犯罪対策法'のひとつとして成立した「刑事訴訟法の一部を改正する法律」によって, 裁判長は, 証人とその関係者の身体などの安全確保のため, その住居, 勤務先などの事項に関する尋問を制限できる(刑訴295Ⅱ).

2000(平12)年に成立した犯罪被害者の保護のための2法によって刑事訴訟法が改正され, 証人保護のための新たな証人尋問の方式が導入された. ①証人の付添い人(157の2)；性犯罪の被害者などが, 証人として証言するときは, 不安や緊張を和らげるため, 証人の証言中, 親や心理カウンセラーなどを証人のそばに付き添わせることができる. ②「遮へい措置」を伴う証人尋問(157の3)；証人が, 証言する際, 被告人から見られていることで圧迫を受け精神の平穏を害するおそれがある場合, 証人と被告人の

間に「ついたて」などを置いて遮へいすることができる。傍聴人との間にも相当な場合にはついたてなどを置いてよい。③「ビデオリンク方式」の証人尋問(157の4)；性的な諸犯罪の被害者の証人尋問であって裁判所が相当と認める場合，または証人が法廷で証言することで圧迫をうけ精神の平穏を害する場合，証人を同じ構内の別室に在席させ，法廷と別室との間で，同時中継のテレビモニターを通じて尋問を行うことができる。なお，「遮へい措置」との併用もできる(157の3Ⅰ)。

　各手続にはそれぞれ問題が伴う。①については，証人に対する不当な影響のおそれがある。②については，証人が動作などを交えて被告人の犯行状況を再現する場合などでは，被告人が証言態度を確認できないために反対尋問が不十分になるおそれがある。また，新法施行直前の運用として，刑事訴訟法297条の証拠調べの方法に関する裁判所の一般的訴訟指揮権の行使により「ついたて」による遮へいをした証人尋問を実施した例がある(被告人側が同意した場合も反対した場合もある)。これに新法上の権限が加わると，被告人の反対尋問権を規制する裁判所の職権が著しく強化される。③については，対面による証人尋問に比べて証言が不十分になるおそれがある。したがって，321条1項2号により検察官面前調書が採用される機会が拡大する。さらに，新法下では，裁判所も被害者保護を重視し証人に対面での尋問を受けるように強く説得することなく，「ビデオリンク方式」や「ついたて」による遮へい措置を採用し直接主義の運用を自制しかねない。以上の結果，被告人の反対尋問権の保障が損なわれる一方，事実認定における検察官面前調書の比重が拡大して「調書裁判」の傾向を助長し，結果的に刑事裁判における真実発見機能が弱まるおそれがある。→証人の保護　　　　　　　　　　［渡辺 修］

証人審問権　被告人が，「すべての証人に対して審問する機会を充分に与へられ」る権利(憲37Ⅱ前)。証人喚問権，つまり「公費で自己のために強制的手続により証人を求める権利」(37Ⅱ後)とともに被告人の防御の柱となっている。「証人」の意味について，判例は，公判での証拠調べ決定があった証人に限るが(最判大昭23・7・19刑集2・8・952，最判大昭24・5・18刑集3・6・789)，捜査段階の参考人をはじめ，鑑定人，共同被告人も含め証拠価値のある供述を行う者をひろく意味するとし，検察官面前調書など伝聞証拠排除の根拠と理解する説が有力である。

　「審問」を'反対尋問'の権利に限る説が有力だが，判例は特に限定していない(最判大昭23・6・23刑集2・7・734)。審問の「充分」さと公平な裁判所の保障(37Ⅰ)に照らし当事者の交互尋問優先も保障されていると解する余地があるが，判例は消極である(最判昭25・3・6刑集4・3・308)。判例は，公判前の証人尋問(刑訴226・227)，証人尋問における被告人の退廷(281の2・304の2)など被告人の立会いを排除する措置も合憲としている(最判大昭25・3・15刑集4・3・355，最判昭25・10・4刑集4・10・1866，最判昭35・6・10刑集14・7・973)。［渡辺 修］

証人等威迫罪　**1 総説**　刑法105条の2は「自己若しくは他人の刑事事件の捜査若しくは審判に必要な知識を有すると認められる者又はその親族に対し，当該事件に関して，正当な理由がないのに面会を強請し，又は*強談威迫'の行為をした者は，1年以下の懲役又は20万円以下の罰金に処する」と規定する。暴力事犯の*被疑者'・*被告人'等が被害者や目撃者等に対し，自己にとって不利な証言や供述をしたことに対するお礼参りや有利な証言をするよう圧力を加える事件が多数発生し，暴行・脅迫がない場合には捜査機関が介入できなかったため，事件関係者が捜査や審判への協力を回避する傾向が見られたことに鑑み，1958(昭33)年に新設された犯罪である。本罪の保護法益としては，規定の位置から見て，国家の刑事司法作用の適正という国家的法益を挙げることができるが，副次的に威迫を受ける証人等の個人の自由(精神的平穏,法的安全感等)も保護されていると見ることができよう(もっとも，後者は反射的利益にすぎないとする説も有力)。なお，衆参両院により証人とされた者に対する本罪と同種の行為を処罰する規定として，議院における証人の宣誓及び証言等に関する法律9条がある。また，*証人'に対するものではないが，面会強請・強談威迫の行為については，暴力行為等処罰ニ関

スル法律2条も参照.

2 成立要件 *証拠隠滅罪'とは異なり,自己の刑事事件に関して行った*被疑者'・*被告人'についても本罪は成立する.1995(平7)年の改正前の規定には,「刑事被告事件」とあったことから,被疑事件も含まれるのか否かの対立も見られたが,現行法では「刑事事件」となり,「捜査若しくは審判」の文言もあるので,これを含める解釈が正当である.もっとも,まだ捜査が開始されていない事件まで含めるべきかについては,依然として見解の相違がある.また,将来刑事事件となりうる国税犯則・関税犯則事件や逆送の可能性のある少年事件もここに含めるべきとの主張がある.さらには付審判請求事件や再審請求事件,準抗告事件,*勾留'・*保釈'の裁判についても,本条にいう「刑事事件」かが問題となっている.「必要な知識を有すると認められる者」には証人,参考人の他,鑑定人も含まれる.証言終了後の証人等も判決が確定するまでは本罪の客体とされる.「認められる」か否かは客観的に判断される.「親族」の意義は民法725条に従う.行為は*面会強請'または強談威迫であり,これらの行為がなされれば既遂に達する(*抽象的危険犯').→犯人蔵匿罪,面会強請
［岩間康夫］

証人の保護 証人が十分に証言できるための措置.証言確保の方法として,証人が被告人の面前では圧迫を受けて十分な供述ができないとき,弁護人の出頭を条件として被告人を退廷させることができる.ただし,証言後被告人を入廷させて証言の要旨を告知し,尋問の機会を与えなければならない(刑訴304の2).期日外尋問(281・281の2)を利用することもある.

また,捜査または審判に必要な知識を有する者またはその親族に,当該事件に関して正当な理由なく面会を強請し強談威迫をすることは証人威迫罪として処罰される(刑105の2).

1999(平11)年に*組織的犯罪対策法'のひとつとして成立した「刑事訴訟法の一部を改正する法律」で,証人とその関係者の身体などの安全確保の方法が規定された.①証人などの安全配慮に関する相手方への依頼;検察官または弁護人は,証拠調べ請求予定の証人の氏名及び住居を知る機会,または証拠書類・証拠物を閲覧する機会を相手方に与えなければならないが(刑訴299),その際,証人,証拠書類・証拠物に氏名が記載されている者,その親族の身体・財産に害を加え,これらの者を畏怖させもしくは困惑させる行為がなされるおそれがあると認めるとき,相手方にその旨を告げて,これらの者の住居,勤務先,通常所在する場所を被告人など関係者に知らせない等これらの者の安全が脅かされないように配慮することを求めることができる(299の2).②住居などの尋問制限;証人とその親族の住居,勤務先,通常所在する場所が明らかにされると身体・財産に害を加え,または,畏怖もしくは困惑させる行為がなされるおそれがあるため,証人が十分な供述をすることができないとき,検察官の犯罪の証明に重大な支障を生じたり,被告人の防御に実質的な不利益を生ずるおそれがあるときを除いて裁判長はこれらの事項について尋問を制限する(295Ⅱ).

2000(平12)年に犯罪被害者の保護のための2法によって刑事訴訟法が改正され,証人の保護のため,付添人の同行(157の2),証人を被告人または傍聴人から遮へいするついたてなどで囲む措置(157の3),ビデオリンク方式の証人尋問(157の4)などが定められている.→証人尋問
［渡辺 修］

少　年 乳幼児期を脱し,児童と重なりながら,青年,成人になる前の年少者を指す.*少年法'では,20歳に満たない者を少年とし(2),その犯罪をも非行として捉えて保護手続を原則とするとともに,*少年の刑事事件'についても刑罰・刑事手続を緩和するなど,少年の健全育成を期す(1).旧少年法(大11)における18歳未満を引き上げたことで,満20歳以上を成年とする民法上の未成年者(民3)と同じになった.*不良行為'も扱う*児童福祉法'は,18歳未満者を「児童」とし,満1歳未満の「乳児」,1歳から小学校就学の始期に達するまでの「幼児」,小学校就学始期から18歳に達するまでの「少年」に三分する.刑法は14歳未満の不処罰を定め(41),*刑事未成年'として,その行為が法に触れる場合も*責任能力'要件を欠くことで犯罪とはならない(*触法少年').*少年非行'の分析においては,14〜15歳を年少少年,16〜17

歳を中間少年，18〜19歳を年長少年と呼ぶことが多い．少年法改正では18〜23歳を青年層としたり，年長少年を青年とする構想もあり（昭45法務省），実質的な旧法への回帰ではないかと議論を呼んだ．近時では特異事件等を契機に少年年齢等の引き下げが正面から主張されることもある． ［吉岡一男］

少 年 院 *少年法'による保護手続において家庭裁判所から*保護処分'として送致された非行少年および16歳未満の少年院収容受刑者（少56Ⅲ）を収容し，*矯正教育'を授ける国立の施設（少院1・3）．旧少年法（大11）の矯正院を前身とする．少年院法（昭23，翌年施行）が基本を定める．心身に著しい故障のない14歳以上おおむね16歳未満の者を収容する初等少年院，同じくおおむね16歳以上20歳未満を収容する中等少年院，心身に著しい故障はないが犯罪的傾向の進んだおおむね16歳以上（少年院収容受刑者は16歳未満でも可）23歳未満を収容する特別少年院，心身に著しい故障のある14歳以上26歳未満を収容する医療少年院の4種がある(2)．保護処分決定を行った家庭裁判所が，送致すべき少年院の種類を指定する（少審規37）が，少年院側で，矯正教育の便宜その他の理由で移送できる（少院10）．少年院収容受刑者は16歳に達すれば監獄に移送する（10の2）．少年院長は，在院者に対して矯正の目的を達したと認めるときは地方更生保護委員会に退院の申請をし，在院者が処遇の最高段階に向上し仮に退院を許すのが相当と認めるときは*仮退院'の申請をしなければならない(12)．20歳に達した在院者は退院させねばならないが，送致後1年は収容を継続できる．また，心身に著しい故障があるか，犯罪的傾向がまだ矯正されていないため退院を不適当と認めるときは，少年院長から送致裁判所に収容継続決定の申請をし，裁判所で，医学，心理学，教育学，社会学その他の専門的知識を有する者と，*矯正職員'である収容中の少年院の職員の意見をきいて審理を行い，23歳を超えない期間を定めて決定する．さらに，23歳に達するとき，精神に著しい故障があり公共の福祉のため退院させるに不適当と認めるときは，26歳を超えない期間を定めて医療少年院に収容継続の決定をする(11)．

少年院は法務省所轄の*矯正施設'の一種であり，刑務所と同様，累進（段階）処遇(6)，賞与(7)，懲戒(8)，死傷手当金（8の2），領置(9)，帰住旅費・衣類の給与（17の3），死亡者，逃走者の遺留金品（17の4，5）の定めがある．在院者が逃走したときは少年院の職員ないし（少年院長から援助を求められた）警察官は連れ戻すことができるが，48時間経過後は（少年院収容受刑者を除き），家裁裁判官の発する連戻状を要する(14)．所定の場合には手錠の使用も許される（14の2）．*少年院処遇'の中心は，イギリスの*ボースタル制'等にも見られるような社会生活への適応を目指した矯正教育(4)にあり，卒業証書の効力を持つ修了証明書の発行など教科教育への配慮も行われる(5)． ［吉岡一男］

少年院処遇 （英）Juvenile Training School Treatment **1 法的性質** *少年院'送致は，犯罪少年および虞犯少年を法務省の管轄する少年院に強制的に収容し，保護的処遇を行う，原則として非開放的な施設収容処分である．したがって原則として，外出禁止の施設で生活を営ませるとともに，在院者を社会生活に適応させるために必要な生活訓練をし，社会復帰を図らねばならない．在院者が規律秩序に違反したときは，懲戒の対象となり（少院8），逃走すれば強制的に連れ戻される(14)．

2 少年院運営の方針 少年院の運営に関しては，1977（昭52）年に，少年院運営を改善し，処遇を充実させることを狙いとして，新しい少年院運営の方針が定められた．それによると，運営にあたっての基本的事項は，①施設内処遇と施設外処遇との有機的一体化を図ること，仮退院後の保護観察との連携を図ること，②処遇の画一化と処遇期間の硬直化を避けること，③処遇内容，方法の多様化を図ること，④少年事件関係諸機関相互の連絡協調，地域社会との緊密な連絡協調を図ることである．そして少年院の処遇は短期処遇と長期処遇に分けられた．家庭裁判所が，処遇勧告書により，短期処遇を相当とする旨の勧告をすると，執行機関はそれに従う．

少年院では，在院者の社会不適応の原因を除去し，心身の健全な少年の育成を期して，生活指導，職業訓練，教科教育，保健，体育などの

さまざまな保護処遇が試みられる．また，篤志面接委員による面接，教誨師による教誨が広く行われている．

3 短期処遇 短期処遇は一般短期処遇(上限6ヵ月)と特修短期処遇(上限4ヵ月)に分けられる．短期処遇は，非行が常習化しておらず，児童自立支援施設，少年院(特修短期を除く)の収容歴がない者を対象とし，短期間に継続的・集中的な指導訓練により，矯正・社会復帰を図ろうとするものである．一般短期処遇には，3つの処遇過程(教科教育，職業教育，進路指導)があり，少年の進路に応じた指導が行われる．収容期間の延長は6ヵ月である．

特修短期処遇は，1991(平3)年9月に新発足したものである．その対象者は，①非行が常習化していないこと，②児童自立支援施設，少年院の施設収容歴がないこと，③反社会的集団への加入歴がなく，かつ深い関わりを有しないこと，④著しい性格の隔たりおよび心身の障害がないこと，⑤開放処遇に適していること，⑥保護環境に関する大きな問題がないこと，⑦その他特修短期処遇になじまない要因がないことの条件を充足する者である．

特修短期処遇の特色は，院外委嘱教育・職業補導の積極的実施にある．これは少年院から委嘱先に通勤・通学させ，対象少年の社会化を図る処遇方法である．対象者の身分等は，委嘱先でも特定の者しか知られないように，プライヴァシーの保護には十分な配慮がなされている．通勤・通学方法は，少年院からであっても，職員の戒護はなく，また公共交通機関が利用されている．衣服，携帯品等も一般社会と差がないように配慮されている．委嘱職業補導の場合，委嘱先からの給与は支給されないが，賞与金が支払われ，これは全額本人の収入となる．

4 長期処遇 従来，在院期間は運用上2年以内とされていたが，最近の少年非行の質的変化(いわゆる凶悪化，複雑・多様化)に対応する必要性から，1997年(平成9)年から，これを超えて処遇する必要がある場合は，収容期間の延長を可能とし，さらに，収容期間を原則として2年を超える期間とする処遇課程が新設された．長期処遇は5つの課程(生活指導，職業訓練，教科教育，特殊教育，医療措置)に分けて分類処遇するものである．→累進処遇，矯正教育，開放処遇

[吉田敏雄]

少年鑑別所 少年法の定める*監護措置*決定(少17Ⅰ②)によって送致された者を収容するとともに，家庭裁判所の行う少年に対する調査および審判，ならびに保護処分および16歳未満者の懲役・禁錮刑の執行に資するため，医学，心理学，教育学，社会学その他の専門的知識に基づいて，少年の資質の鑑別を行う国立の施設(少院16・17)．各都道府県にひとつ，北海道に複数ある．

1 収容鑑別 監護措置として行われる収容期間は，2週間を超えられないが，特に継続の必要があるときは更新の決定ができ，最長は8週間である(少17Ⅲ～Ⅸ)．審判が行われる間の身柄確保をはかるという観点から，この期間の延長が少年法の改正として(かつての4週間が)実現した(平成12年少年法等一部改正法)のであるが，鑑別本来のあり方からする要請であるかには疑問がある．

収容中の，いわゆる監護処遇については，少年鑑別所処遇規則(昭24)があり，少年を明るく静かな環境において，安んじて審判を受けられるようにし，そのありのままの姿をとらえて資質鑑別を行うよう努めること，少年には暖かい愛情と冷静な科学的態度で接すべきことなどを定める．問題のある環境から離れ，厳格な保安的配慮のもとに落ち着いた生活を過ごすことで，心情の安定を取り戻させ，資質鑑別機能を有効に発揮させるとともに，社会適応的な生活習慣の回復と健全育成に向けての第一歩たるべく，時には，短期ショック療法としての機能があるともいわれる．少年側の受け止め方も，鑑別所と少年院の区別は必ずしも判然としていない向きのあることが指摘される．鑑別所収容を矯正策として捉え，調査・審判段階での積極的介入を肯定するような理解には，非行故に施設拘禁することの実質的制裁性の点から，適正手続上の疑問がありうる．

2 鑑別判定 鑑別では，少年の素質，経歴，環境および人格，ならびに，これら相互の関係を明らかにし，少年の矯正に関して最良の方針を立てるべく，上記の専門家による各種の検査やテスト，面接，行動観察が行われる．行動観察

には，課題を与えてその取り組み方を見るなど，矯正処遇を行った場合の成果の見通しをつけるためのやや立ち入ったものもある．鑑別調査の結果は，鑑別所長が主催し，鑑別，調査，処遇に携わった職員が参加する判定会議で検討され，少年院送致など具体的な保護処分等の結論も示した鑑別判定がなされる．これが鑑別結果通知書として家庭裁判所に提出されるとともに，少年簿に記載される．家庭裁判所による少年事件の調査は，とくに少年鑑別所の鑑別結果を活用して行うように努めなければならない（少9）とされている．審判結果と鑑別判定結果の一致率は，保護観察処分で8割，児童自立支援・養護施設送致，少年院送致，検察官送致でも5割を超えている（1999年）．鑑別結果はまた，これら保護処分を執行する際の参考資料ともされる．

3 在宅鑑別など 在宅者についても家庭裁判所からの依頼で鑑別を行うものがあり（同年千弱），少年院など矯正関係からの依頼（2千程）や，保護関係からの依頼（1万強）で行うのもある．さらに，これら以外から少年の資質鑑別を求められたときは，本来の業務に支障のない範囲で，実費を徴収して行うことができる（少院16の2）．この一般鑑別は，少年鑑別所による鑑別受付人員の半数近くを占め（2万6千，43%），収容鑑別（2万程）をあわせて年間6万人が，少年鑑別所で各種の検査・テストなどによる資質鑑別を受けている．収容鑑別が，対象者を縮小・限定し，減少していけば，このような本来の鑑別業務が中心になっていこう．

[吉岡一男]

少年警察活動　（英）juvenile police activities　少年の非行を防止し，健全育成に資するとともに，少年の福祉を図ることを目的として警察によって行われている活動をいう．現在，少年警察活動は「少年警察活動要綱」に基づき行われている．少年警察活動の対象は，非行少年，不良行為少年，要保護少年，および被害少年であり，非行少年に対する少年法に基づく活動のほか，不良行為少年，要保護少年，被害少年に対する補導や保護を行っている．

犯罪少年，触法少年，および虞犯少年の関わる少年事件の処理にあたっては，事案の性質と少年の性格・環境などを調査したうえ，再非行の危険性なども考慮し，送致か通告か，通常送致か簡易送致かの判断を的確に行うべきとされており，この判断のために少年事件選別主任者が警察署に置かれている．

非行少年に対する処置と並んで，非行の防止・少年の健全育成は少年警察活動のもうひとつの柱である．このために，警察は少年補導・保護のほか，電話や面接による少年相談を行っており，さらに様々な民間団体やボランティアと協同して非行防止活動を行っている．学校警察連絡協議会（通称，学警連）は児童生徒の非行や事故の防止等を目的として組織され，警察と学校が相互に連絡を取り，非行対策等を協議している．職場警察連絡協議会（通称，職警連）は勤労少年の非行防止を目的とする同種の組織である．警察は民間ボランティアとの協同による非行防止活動に力を入れており，児童委員や保護司に加え，1967年からは少年補導員，1985年からは少年指導委員の制度を導入した．後者は特に都市部において風俗営業等に関わる有害な環境から少年を保護するための活動を行うものとされている→少年補導　　　　　[村山眞維]

少年刑務所　年少の受刑者を収容するための*刑務所'．成人犯罪者から年少者を区分すべきとの伝統による．監獄法（明41）は，2月以上の懲役に処せられた18歳未満者を特設監獄または特に分界を設けた場所に拘禁することとし，20歳に至るまで，20歳後も3月以内に刑期終了するときはさらに継続でき，また，心身発育状況により必要あるときは年齢に拘わらない（2）とする．少年法（昭24）は，懲役または禁錮の言渡を受けた少年（20歳未満）は特設監獄等で執行し，26歳までは継続できる（56）とする．受刑者*分類処遇'において，20歳未満・少年はJ級として，組織法上も刑務所とは区別された全国8ヵ所の少年刑務所（平成12年度．川越，水戸，松本，姫路，奈良，佐賀，盛岡，函館）に収容される．少年受刑者入所数は第2次世界大戦後の年間4,000人から数十人にまで著減し（平成11年39人．年末在所は31人），少年刑務所における受刑者のほとんどはY級（26歳未満の成人）となっている．沿革的に少年矯正はイギリスの*ボースタル制'など改善更生の先導的役割を担い，わが国少年刑務所の半数も総合職業訓

練施設として全国から適格者を集めているが,均質者のみを集める収容分類には批判もある.
　　　　　　　　　　　　　　　　[吉岡一男]

少年司法運営最低基準規則　(英)
Standard Minimum Rules for the Administration of Juvenile Justice　国際連合の総会で1985年に議決・採択された,少年司法の運営に関して最低限守られるべき基準を定める国際文書.総会に先立ち,同年の第7回*国際連合犯罪防止及び犯罪者処遇会議(北京開催)において議決されたことから,北京ルールズ Beijing Rules とも称される.

1 北京ルールズの具体的内容　第1部「総則」は,少年と家族の福祉の増進によって犯罪・非行に陥らずにすむようにする国の努力と,法に触れた少年を有効,公正かつ人間的に扱うためのコミュニティ資源の活用,少年司法によって少年にとっての社会正義を実現することで青少年の保護と社会の平和的秩序の維持に貢献することなどの基本的視点(1)以下,少年の福祉に重点を置き,犯罪者および犯罪状況の双方に比例した反作用賦科といった少年司法の目的(5),無罪の推定等の基本的な手続保障を受ける権利(7),プライヴァシーの保護(8)などを定める.第2部「捜査と訴追」では,ディヴァージョン diversion(11),専門部門としての少年警察(12),未決拘禁の回避努力(13),第3部「審決と処分」では,公正で正義にかなった審判と少年の最善の利益に資する手続(14),社会調査ないし判決前調査(16),多様な処遇方法の選択可能性(18),施設収容の最小限の使用(19)など,第4部「非施設処遇」では,必要な援助の提供(24),ボランティアとコミュニティサーヴィスの活用(25),第5部「施設処遇」では,処遇目的と援助体制および収容の諸原則等(26),国連の被拘禁者処遇最低基準規則の適用(27),条件付き釈放の広範かつ早期の許可(28),中間施設 half-way houses など半拘禁的措置の利用(29),第6部「調査・計画・政策立案・評価」では計画,立案,評価の基礎としてのリサーチ(30)が定められている.

2 少年司法についての国際準則　犯罪少年について*少年法'などで特別規定をおきつつ,家庭裁判所や少年裁判所で保護手続ないし緩和された特別の刑事手続を進めることを少年司法 juvenile justice と呼ぶが,成人と区別された手続を設けるべきことの要請から,その具体的あり方も含めて,国際的なルールを作っていく動きは第2次大戦前から見られ,子どもの権利宣言1924などの重要な内容でもあった.わが国で国内法的効力をもつ児童の権利条約 Convention on the Rights of the Child(1994年批准.子どもの権利条約ともいう)は,児童(18歳未満)に対する拷問や死刑等の禁止,逮捕等の最後手段性,自由を奪う際の人道的取扱いや諸権利等(37),刑事法上の取扱い(40)を定めるとともに,その前文で,北京ルールズを想起すべきとしている.北京ルールズを補うものとして,同じく国連の「少年非行の防止に関するガイドライン Guidelines for the Prevention of Juvenile Delinquency」(リヤド・ガイドライン Riyadh Guidelines)と「自由を奪われた少年の保護に関する規則 Rules for the Protection of Juveniles Deprived of their Liberty」が,1990年第8回国連犯罪防止会議で議決され,国連総会で採択されている.これらをあわせて,少年の犯罪・非行に対処する国際的なルールが構成される.

　国際ルールの基本的内容としては,少年司法においても手続的人権保障と少年の防御権への配慮がなされるべきこと,非行少年の処遇においては*ディヴァージョン'diversion を重視して,身柄拘禁の回避をはかりつつ,少年にとっての最善の利益の実現が目指されるべきことなどが指摘される.
　　　　　　　　　　　　　　　　[吉岡一男]

少年の刑事事件　1 手続上の原則
14歳以上,20歳未満の少年が刑罰法規に違反する行為を行った場合,*少年法'の下で少年の刑事事件として扱われる.14歳未満の少年は刑事責任無能力とみなされ,その刑罰法規違反行為は触法少年の行為として別個に扱われている.少年はまだその性格の可塑性が高いと見られることから,犯罪少年に対して*刑事制裁'を加えることは適当ではなく,健全育成のために*家庭裁判所'による*保護処分'を行うことが原則である.このため,警察が捜査を終えた少年犯罪事件は,直接あるいは検察官を経由してすべて家庭裁判所に送致される*全件送致主義'が

取られている．ただし，この事実上の例外として，成人の刑事事件における微罪処分に対応する*簡易送致'の手続がある．

2 少年に対する刑事手続 家庭裁判所が調査の結果，*死刑'，懲役または禁錮にあたる罪の事件について，その罪質および情状に照らし保護処分ではなく刑事処分が相当であると認めたときは，16歳以上の故意犯致死事件は原則として，事件を検察官に*逆送'しなければならない．この逆送によって手続は通常の刑事手続に移行するが，少年の身柄拘束は保護的配慮に基づき慎重に行うべきものとされている．事件を送致された検察官は，公訴を提起するに足りる犯罪の嫌疑のない場合，情状に関わる新たな事情を発見し訴追が相当でないと思料する場合，事件受理後の情況により訴追を相当でないと思料する場合を除き，公訴を提起しなければならない．

3 少年に対する刑罰 少年法は少年の特性に鑑み，刑罰を科す場合においても刑罰緩和を行い*不定期刑'を導入する特例を定めている．すなわち，少年が犯罪行為時において18歳未満であったときには，死刑をもって処断すべき場合であっても*無期刑'を科すものとされ，無期刑をもって処断すべき場合には10年以上15年以下の刑を科すことができるとされている．また，すべての少年について，長期3年以上の懲役または禁錮を科すべき場合には，その刑の範囲内で長期と短期を定めた不定期刑を言い渡すものとされており，この場合，法定刑にかかわらず短期は5年を，長期は10年を超えることができない．→少年非行　　　　　　［村山眞維］

少年非行　**1 少年非行とその研究**
犯罪の周辺行為である非行のうち，年少者によるものを少年非行と呼ぶ．行為者が少年であれば犯罪をも非行に含めることが多く，少年法の対象たる*非行少年'にも犯罪少年が含まれる．この非行の中心部分は少年犯罪であって，より一般的な問題行動である*不良行為'とは一線が画される．少年非行は，成人の犯罪にもつながるものとされ，原因論的関心から種々の*非行要因'の解明がめざされる．行為主体としての少年の持つ特徴として，家庭の問題や*学校病理'といった環境要因の優位性がいわれる．他方では，しかし，幼少時からの特異な問題行動では素質的負因の存在が重要視されることもある．少年非行は，また，マクロな社会状況をより強く反映するものとして，その動向や特徴が指摘されてきた．

2 少年非行の動向 第2次世界大戦後の少年刑法犯検挙人員の増減から，少年非行の3つの波がいわれる．第1の波は，1951(昭26)年26万6千人強をピークとするもので，敗戦後の社会的混乱，経済的困窮や家族生活の崩壊等が，少年に大きな負担を課した結果の，食わんがため，生活のための非行とされる．第2の波は昭和30年から上昇し，1964(昭39)年23万9千人弱をピークとする．経済の高度成長過程における工業化，都市化といった急激な社会変動に伴う社会的葛藤を背景にする．戦後のベビーブーム世代の少年人口の増大もいわれるが実数だけでなく人口比も同様に1964年まで上昇している．第3の波は，1977(昭52)年から始まり1983年31万7千人強をピークとする．経済的豊かさの達成にともなう犯罪機会の増大と，他方で価値観の多様化，家庭や地域の保護的，教育的機能の低下がいわれる．1995(平7)年19万人強まで減少した少年刑法犯検挙人員が，その後平成8，9年とやや増加したことから，第4の波の始まりとされることもあるが，なお慎重な検討を要する．

3 少年非行の特徴 上記第3の波に関連しては，少年非行の低年齢化，取り立てて問題のない家庭の少年による軽微な犯行の増加などから，遊び型非行がいわれた．これは，初発型非行に呼称を変更され，また，さしたる処分歴のない少年によるいきなり型も言われるが，第1，第2の波の頃とは異なる特徴が窺われる．第2の波の時は，年長少年の犯罪・非行が大人並みであるとして取りざたされ，少年法改正による青年層の設置が議論された．それ以降，年長少年は成人同様漸減したのに対し，14，15歳の年少少年は，1969年人口比(1,000人あたり)10の年長少年と同水準から，1983年同29.5にまで達した．これにより少年非行の年齢構成は，14歳未満の触法が25％，年少少年が42％，中間23％，年長10％となった．これを非行少年の低年齢化というが，このような統計数値には，成人重大犯の減少に伴う警察力の振り向けといっ

た統制側の要因も絡む．同様のことは，成人犯罪に比べての少年犯罪の特徴が罪種構成の点からいわれる場合にも当てはまる．ここでは財産犯，なかでも万引などの窃盗や占有離脱物横領など軽微なものが多くを占めることが特徴とされる．これは検挙人員にしめる少年比の大きさとしても指摘できる．少年比が50％をこえるのは，窃盗，恐喝，盗品等といったところであり，平成9年に強盗も53.1％1675人となって，少年非行の凶悪化がいわれた．しかし，1800人台まで減ってきた1966年の数値に近づいただけで敗戦後の水準に達しているわけでもなく，他の凶悪犯罪種である殺人，強姦，放火が増えているわけでもない．特異な殺人事件等に目を奪われて少年非行全体のイメージを見誤ることには注意を要する． 　　　　　　　［吉岡一男］

少年法　*少年'の健全育成を期し，非行のある少年に性格矯正と環境調整に関する保護処分を行うとともに，*少年の刑事事件'および少年の福祉を害する成人の刑事事件について特別の措置を講じるための法律(昭23法168)．犯罪とその周辺部分を含む*非行少年'には刑罰よりも*保護処分'を原則とし，特別の裁判所や行政機関で保護手続によって対応することは，*国親'思想等に支えられ，今世紀に入って広く各国で見られる．わが国でも旧少年法(大11法42.大正少年法)が18歳未満を少年とし(1)，刑事の特別法として(2)，刑罰法令に触れる行為を為したか，為すおそれのある少年に9種の保護処分(4)，死刑緩和など刑事処分の特例(7以下)，保護処分の決定等を行う(行政機関たる)少年審判所(15以下)，所定の重大犯や16歳以上の犯罪少年を審判するには裁判所か検察官からの送致が必要(27)，検察官は保護処分が相当と考えるときに刑事事件を少年審判所に送致(62)等の体制をとった．第2次大戦後，少年年齢の20歳への引き上げ，*家庭裁判所'による*少年保護手続'の優先と，検察官先議を否定する*全件送致主義'，*観護措置'による身柄の確保と心身の鑑別，*補導委託'等を伴う*試験観察'による保護的措置の柔軟化と保護処分は3種に整理などを内容とする現行法となった．これに対する検察実務の不満や合衆国におけるゴールト判決などデュープロセスの配慮への動き

を背景に，昭和45年，18歳以上を青年とし刑事手続を原則化，少年・青年の刑事事件は家裁が扱い，保護処分も可能にする，全件送致主義の撤廃，保護事件についての適正手続保障・国選附添人制度の採用，保護処分の多様化等を内容とする少年法改正要綱が法制審議会に諮問されたが，意見の対立が厳しく，昭和52年に，少年の権利保障の強化と一定限度の検察官関与，18歳以上の年長少年のある程度の特別扱い，全件送致の緩和，保護処分の多様化・弾力化などをいう中間報告が答申された．これに基づく法改正は行われなかったが，山形マット死事件(平5)等を契機に，平成10年には少年審判の事実認定手続の適正化を図るための諮問がなされ，裁定合議制，検察官と弁護士たる付添人の関与した審理の導入，観護措置期間の延長，検察官の抗告権，保護処分終了後の救済手続に加えて，調布駅前事件(最判平9・9・18刑集51・8・571)で問題となった一事不再理効や，被害者等への審判結果等の通知をも内容とする改正法の国会上程(平11)を経て，平成12年には，これらに加えて，被害者等への配慮(記録閲覧等や意見聴取，少年および法定代理人の氏名・住居ならびに決定内容の通知など)，検察官送致決定(逆送)における16歳未満者の特別扱い(20条但書)の削除と行為時16歳以上の故意犯による被害者死亡事件の原則的逆送などを内容とする少年法等の一部を改正する法律案による改正が実現した(平成13年4月1日施行．5年後に必要があれば見直しをする)．→少年司法運営最低基準規則　　　　　　　　　　　　［吉岡一男］

少年保護手続　*少年法'により*非行少年'に対して*家庭裁判所'による保護事件として行われる手続．年少者に対して，犯罪―刑罰に代えて非行―保護手続で対応することは，*国親'思想に基づく対象者への配慮による．非行事実とともに少年の*要保護性'が問われ，保護処分だけでなく，児童福祉や逆に刑事処分への選択もある．

　家庭裁判所は，非行少年発見者からの通告や児童福祉機関からの送致(少6)，家裁調査官による報告(7)，検察官，司法警察員からの送致を受けて，審判に付すべき少年があると考えるときは事件を調査しなければならない(8)．犯

罪の認知・捜査で開始される刑事手続は，検挙された犯人が少年である場合には，家裁への*全件送致'により保護手続に受けつがれる．14歳未満の非行少年は，児童福祉機関である都道府県知事または*児童相談所'長から送致を受けたときに限り家裁の審判に付することができる(3 II)．家裁の調査は，なるべく，少年，保護者または関係人の行状，経歴，素質，環境等について，医学，心理学，教育学，社会学その他の専門的知識，特に*少年鑑別所'の鑑別の結果を活用して行うように努めなければならない(9)．被害者等から意見陳述の申出があるときは，原則として聴取する(9の2)．審判を行うため必要があれば，少年鑑別所送致など*観護措置'を決定することができる(17)．少年および保護者は*付添人'を選任できる(10)．

調査の結果，*児童福祉法'の措置が相当であれば児童福祉機関への送致(18)，非行事実がないなど審判に付することができずまたは相当でないときは審判不開始決定(19 I)，20歳以上であることが判明したときと(19 II)，禁錮以上の刑にあたる事件で刑事処分相当のものおよび行為時16歳以上の故意犯による被害者死亡事件は原則として(20)検察官送致(*逆送)，審判を開始するのが相当と認めるときは審判開始が決定される(21)．20条の決定以外は判事補が1人で裁判できる(4)が，裁定で合議事件とすることもできる．

少年審判は，懇切を旨として，和やかに行うとともに，自己の非行について少年に内省を促すものとしなければならず，非公開であって，審判の指揮は裁判長が行う(22)．保護処分決定に必要であれば*試験観察'に付し，あわせて保護的措置をとることができる(25)．審判の結果，上述の児童福祉，検察官送致のほか，保護的措置等による要保護性の解消なども含めた不処分決定があり(23)，それ以外の場合は，*保護処分'決定がなされ，関連して*環境調整'の措置もとられる(24)．保護処分の決定に対する抗告(32)と，抗告棄却決定に対して憲法違反等を理由とする最高裁への再抗告が認められている(35)．平12年少年法等一部改正法の成立で検察官の関与等(22の2・3)，保護者に対する措置(25の2)，被害者等への決定内容の通知(31の2)などが実現した． ［吉岡一男］

少年補導 少年の健全育成の精神にのっとり，非行性を早期に発見し，矯正および保護のために必要かつ適切な処遇を行うことを意味し，*少年警察活動'の一環として「少年警察活動要綱」に基づき行われている．具体的には，児童相談所などに通告するに至らない触法少年や14歳未満の虞犯少年，および*不良行為'少年を対象として，警察署少年係の警察職員を中心に，必要に応じて学校教員，保護司，少年補導員他の民間ボランティアと協同して行われる街頭補導と，少年補導センター（東京では少年センター）の職員などの協力を得て行われる継続補導とがある．街頭補導においては，注意や助言等をするほか，必要に応じて保護者等に連絡が取られる．また，継続補導は保護者の同意を得た上で行うものとされている．全国各地に設置されている少年補導センターは少年補導活動の拠点として大きな役割を果たしている．少年補導は，家庭裁判所への送致や児童相談所への通告に至らない非行少年や*不良行為'少年を，警察が民間の協力などを得つつ処遇しようとするものであるが，虞犯よりもさらに広い*不良行為'をも対象とする活動であるため，その限界が問題となる．

1 少年補導員 少年非行防止のための民間協力者を交番および駐在所単位で確保し，少年補導のために実効性のある民間協力体制を確立することを目的として，1967(昭42)年に「少年補導員制度運営要領」に基づき設けられた．少年補導に熱意と適格性を有し，人格・行動について社会的信望のある人々を，警察署長の推薦により都道府県警察本部長が委嘱する．任期は1年であるが再委嘱することができる．少年補導員の任務は，①少年保護および少年相談，②非行少年・不良行為少年・要保護少年・被害少年の早期発見，補導，および必要な継続補導，③有害環境の浄化，④非行防止のための地域社会に対する啓蒙などである．警察署を単位として少年補導員連絡会が組織されており，2000(平12)年には全国で約5万1千人の補導員が委嘱されている．

2 少年指導委員 1985(昭60)年に施行された「風俗営業等の規制及び業務の適正化等に関す

る法律」に基づき設けられた．人格・行動について社会的信望があり，職務の遂行に必要な熱意と時間的余裕を持ち，生活が安定していて，健康で活動力を有する人々のなかから，都道府県公安委員会が委嘱する(38 I)．守秘義務を負う名誉職である．少年指導委員が行う活動は，風俗営業および性風俗特殊営業等に関し，少年を補導し，少年の健全な育成に障害を及ぼす行為を防止し，その他健全育成に資する活動で国家公安委員会規則の定めるものとされている(同条Ⅱ)．少年指導委員規則(昭60・1・11国家公安委員会規則2号)は，少年指導委員が行う活動として，不良行為少年に対する補導，風俗営業者等への協力要請，少年や保護者を対象とする相談・援助，有害環境浄化活動への協力・援助を定めている．少年指導委員の任期は2年であり，再任を妨げない．2000(平12)年には全国で約6千人の少年指導委員が委嘱されている．

[村山眞維]

賞　罰　*監獄'・*刑事施設'において，受刑者の改悛を促したり，監獄規律を強制・維持する間接的な方法として賞遇ないし褒賞と懲罰がある．直接的な実力行使による監獄の保安・規律秩序維持作用は*戒護'である．

*監獄法'(明41)において賞遇は受刑者に改悛の状があるときに行うことができ(58)，賞表の付与(監則152・153)と接見・信書発送数の増加や特別の糧食・飲料の給与など(154)のほか，人命救護，逃走防止，天災事変等での功労に対する賞金(156)もある．賞金以外の賞遇内容は行刑累進処遇令(昭8)の実施と全般的処遇内容の向上によって意味を失ったともされる．*刑事施設法案'(平3)は，人命救助，災害時の功労のほか，賞揚に値する行為をしたとき，賞金又は賞品の授与その他の方法により褒賞を行うことができる(134)とする．

懲罰について，監獄法は，在監者が規律に違反したとき懲罰に処す(59)とし，①叱責，②賞遇の3月以内の停止，③賞遇の廃止，④文書，図画閲読の3月以内の禁止，⑤請願作業の10日以内の停止，⑥自弁衣類等着用の15日以内の停止，⑦糧食自弁の15日以内の停止，⑧運動の5日以内の停止，⑨作業賞与金の減削，⑩7日以内の減食，⑪2月以内の軽屏禁，⑫7日以内の重屏禁といった懲罰種などを定める(60以下)．実際には，収容者に暴行，争論，抗命，物品不正授受，同所持，怠役，通謀などの規律違反態様が懲罰対象となっている(各，1年間で千から数千)．懲罰種としては，昼夜暗室拘禁による重屏禁などは，憲法の禁止する残虐刑にもあたるとして適用されておらず，図書閲読の禁止を伴う軽屏禁(年間2万ほど)，叱責(数千)，作業賞与金の減削(千ほど)が主なところである．刑事施設法案は，懲罰にあたる行為を，①逃走，暴行，他人物損壊ほか刑罰法令に触れる行為，②施設職員の職務執行妨害，③自己危害，④受刑者が正当な理由なく作業をせず，または教科指導等を受けないこと，⑤遵守事項違反，⑥規律秩序維持のための指示(38 Ⅱ)に従わないこと，⑦それら各行為の準備，共謀，あおり，唆し，援助行為(135)として列挙し，懲罰種を①戒告，②希望申出作業(64)10日以内の停止，③自弁(14)15日以内の停止，④書籍等閲覧30日以内停止，⑤報奨金3分の1以内削減，⑥閉居30日(成人で特に情状が重い場合60日)以内に整理するとともに，適用の一般基準や手続等の規定もおいている(136以下)．

[吉岡一男]

証　明　(英)proof　(独)Beweis
*証拠'により*要証事実'の存否を認定できる状態をいう．証明は狭義の証明と*疎明'に区別される．さらに狭義の証明は，証明方法に応じて*厳格な証明'と*自由な証明'に区別される．これに対し，証明をまず厳格な証明と自由な証明に分け，疎明を自由な証明に含める説もある．

過去の事実を扱う裁判においては，数学のように100％真であることの証明を要求できない．裁判においてどのような場合に証明ありとすべきかは歴史上のテーマである．近代以前のヨーロッパ大陸諸国では，犯罪証明の有無を法が定める証拠の存否で決めた(*法定証拠主義)．近代以降は事実認定者の確信の有無が証明の基準とされた(*自由心証主義)．これに対し，英米法では「*合理的な疑いを超える証明'」や「*証拠の優越'」といった基準が用いられている．今日，刑事訴訟においては，原則として確信すなわち「合理的な疑いを超える証明」が基準とされる．民事訴訟においても確信の有無が証明基

準とされるが、ここでは「合理的な疑いを超える証明」よりも若干程度の低い、「高度な蓋然性」に対応するものと解されている。なお、ドイツの刑事訴訟では確信に対応する客観的基準として、「確実性に接する蓋然性」という表現が用いられる。

確信または「合理的な疑いを超える証明」の基準よりも低い証明基準として、「蓋然性の証明」や「証拠の優越」がある。事実の存否の蓋然性は低いものから高いものへと連続的に変化しており、明確に段階付けることは難しいが、一般に蓋然性の証明で足りるという場合、「単なる可能性」と「高度な蓋然性」の中間的な基準が念頭におかれている。「証拠の優越」は英米の民事訴訟における証明基準とされる。蓋然性の程度で言えば、50％を超える蓋然性ということができる。刑事訴訟においても例外的に挙証責任の緩和が認められるべき場合、「証拠の優越」の基準が主張されることがある。疎明は蓋然性証明の一種であり、主張事実が一応蓋然的という心証が得られれば足りる。

証明が成功しなければ*挙証責任'者の不利益に判断される。刑事訴訟においては犯罪の証明がなければ無罪とされる(刑訴336)。残った嫌疑の程度に応じて被告人に不利益処分を行うことは許されない。　　　　　　　　［田淵浩二］

証明の必要　*証明'の対象である事実は原則として証明が必要であるが、例外的に証明が不要な事実がある。① *公知の事実'、*裁判上顕著な事実'、② *法律上の推定'を受ける事実がそれである。なお、民事訴訟の場合、当事者に争いのない事実は証明の必要はないが(民訴179参照)、刑事訴訟では当事者間に争いのない事実も証拠により認定される必要がある。

以上の2つの類型に加え、挙証責任者が最初から証明の必要を負うわけではない場合がある。たとえば、検察官は犯罪立証のために構成要件該当事実だけでなく、*違法阻却事由'や*責任阻却事由'の不存在を証明する責任を負っている。しかし、これらの犯罪阻却事由の不存在は、まず被告人がその存在を争うのでない限り証明の必要はない。その理由として、法律上の推定に対比させ、構成要件該当事実の証明により犯罪阻却事由の不存在は*事実上の推定'を受けるからという説明や、常に推定できるとは限らないが、これらの事実が存在するのは例外的であるため、被告人側にその存在につき一定の主張・立証上の負担をさせる方が合理的とする説明がある。その他の事実として、刑の減免事由、*訴訟条件'、検察官申請証拠の*証拠能力'がある。さらに、覚せい剤取締法等の特別法における法定除外事由も含める説もある。被告人に課される負担の程度については、*証拠提出責任'とする説、具体的な争点を明確にする責任(争点形成責任)とする説、単に存否を主張すれば足りる(*主張責任')とする説が対立している。

［田淵浩二］

証明力　(英) probative value　(独) Beweiskraft　(仏) force probante　刑事訴訟において事実の認定は、証拠に基づかなければならない。*証拠'とは、物や人の身体・記憶などに残された過去の事実の痕跡であるといえる。そのような「痕跡」を根拠に、刑事訴訟における要証事実(たとえば、犯罪構成要件に該当する具体的事実。これをとくに主要事実または主要要証事実という)が推認されることになる。

証拠の証明力とは、要証事実を実際にどの程度推認させるかという狭義の証明力と、要証事実から一応離れて、その証拠がそれ自体としてどの程度信頼できるかという信用性の2つの意味をもつ。そのような意味で、証明力とは証拠の実質的価値とも表現される。

たとえば、犯罪事実を目撃した者がする供述は、被告人を犯人と識別し、また犯行の具体的態様や結果などを認定させる直接証拠として、高度な狭義の証明力をもつことになる。しかし、目撃時の精神的・身体的な認識能力がどうであったか、目撃した犯罪事実に注意・注目していたか、目撃した事実について記憶は明瞭か、記憶した目撃事実を真摯にかつ誤解なく表現できるか、供述の真実性を疑わせるような事情はないのか、など目撃者の供述の信用力をチェックした結果、場合によっては信用性が低いために、総合的な証明力は低いといわなければならない場合もある。

証拠の証明力、すなわち狭義の証明力と信用性については、裁判官の自由な判断に委ねられる(刑訴318)。

証拠のうち*非供述証拠'，たとえば証拠物の証明力については，その証拠物の関連性(証拠能力の要件．訴訟上重要な事実の存否について，その蓋然性の程度に影響を与えることを意味する)を失わせるような証拠が提出されることによって，その狭義の証明力も否定されることになる．証拠物が当事者の主張するとおりの物か，立証趣旨と無関係の物が混入していないか，交換や改ざんされた可能性がないか，保管中に変質していないか，などが問題とされる．これに対し，供述証拠については，その立証趣旨と反対の趣旨の証拠や，その証明力を争うための弾劾証拠が提出されたり，当事者の反対尋問にさらされる(反対尋問では，経験した事実を正確に知覚，記憶したか，その記憶どおり表現したか，一義的なことばで叙述したか，がチェックされる)ことによって，信用性や狭義の証明力が減殺されることになる．

なお，被告人の供述，とくに自白は，犯罪事実の全部または主要部分を承認する供述として，高度の狭義の証明力をもつ*直接証拠'である．そのため，信用性が肯定される場合は，自白の(総合的な)証明力は極めて高い．しかし，被告人は包括的な黙秘権をもつために，自白の信用性をチェックする反対尋問ができない(質問に対し事実上答える，という場合はある)．そのため，被告人の供述，とくに自白の証明力については，証拠物など客観的証拠から認定できる事実や，その客観的証拠から指摘できる検察官の主張の問題点などに鑑みて，これを判断することになる．たとえば，自白の内容が客観的証拠と矛盾しないか，自白によれば当然あるべき客観的証拠が欠けていないか，客観的状況に照らし不可能もしくは著しく困難な犯行態様になっていないか，いわゆる秘密の暴露を欠いていないか，など分析的・客観的で批判的な検討を加えていかなければならない．すなわち，自白が客観的証拠・物的証拠の示唆する疑問を排除するだけの，高度の信用性を備えているのかどうか，厳格に検討することが要請される．→関連性，自由心証主義　　　　　　　　[髙田昭正]

昭和電工事件　復興金融金庫から昭和電工株式会社に対して行われた復金融資を巡る贈収賄事件．1948年5月の物価統制令違反容疑に基づく昭和電工本社の捜索に際して押収された書類から，復金融資の審査窓口となる商工省への贈賄工作が判明．収賄側を含む複数の関与者とともに，同年6月昭和電工社長日野原節三が贈賄容疑で逮捕された．

その後，日野原の取調べが進むにつれて，事件は商工省にとどまらず，政官財の各界へと波及した．同年9月に元農林事務次官，大蔵省主計局長，元自由党幹事長，興業銀行副総裁，経済安定本部長官，10月には前副総理らが収賄等の容疑で逮捕され，直後に芦田内閣は総辞職するに至った．その芦田自身も12月に衆議院の逮捕許諾の議決を経て逮捕されるなど，逮捕者64名，起訴者は37名に上った．全員の裁判の終結は1962年11月であったが，有罪が確定したのは社長の日野原，元農林事務次官，経済安定本部長官ら20名余り，実刑判決を受けた者は1人もいなかった．無罪の理由としては，政治献金の趣旨で受領される等，賄賂性の認識を欠いていた，職務権限がなくあっせん行為にすぎない，などが挙げられている．→賄賂罪
[塩見　淳]

書記官　裁判所書記官のこと．各裁判所に裁判所書記官をおくとされる(裁60 I)．裁判事務手続の中には，裁判官に委ねるまでもないものもあり，それらに専任する機関を設置し，手続事務を行わせることにしたもの．裁判所書記官の職務権限としては，第1に，裁判所の事件に関する書類の作成および保管，その他他の法律に定める事務がある(60 II)．裁判所書記官の固有権限に属する固有事務であり，公判調書の作成が代表的かつ重要なものである．第2に，訴訟進行管理事務がある．裁判官の行う訴訟進行管理(訴訟を円滑，迅速，適法に行うため，訴訟手続を管理すること)を補助するもので，公判準備や記録がある．第3に，裁判官の命を受けて，裁判官の行う法令および判例の調査その他必要な事項の調査の補助をすることである．法令，判例，学説等についての裁判官の判断材料を提供することを固有事務としたものである(60 III)．

裁判所事務官に採用された者から，裁判所書記官任用試験規程にいう試験に合格した事務官，裁判所書記官研修所養成部を終了した裁判所事

務官等から任用し，例外的に最高裁の指定する研修の全課程を修了した裁判所事務官から任用することになっている．　　　　　　[香川喜八朗]

嘱託尋問調書　裁判所外で証人を尋問すべきときには，証人の現在地の地方裁判所，家庭裁判所もしくは簡易裁判所の裁判官に*証人尋問'を嘱託することができる(刑訴163)．このような嘱託を受けた裁判官(受託裁判官)が作成した調書を嘱託尋問調書という．それは，*事実認定'を行う裁判官の前で宣誓がなされ，相手方当事者による反対尋問を経た証拠ではないという意味では*伝聞証拠'であり，原則として証拠能力は認められないが，刑事訴訟法321条1項1号において一定の要件のもとに例外が認められている．

なお，同項同号に規定する裁判官には，外国の裁判官は含まれない．したがって，刑事訴訟法226条により証人尋問の請求を受けたわが国の裁判官の嘱託に基づいて，外国の裁判官が外国の*証人'を尋問して作成した尋問調書の証拠能力は，同項1号によってではなく，同項3号によって決定される(ロッキード事件下級審判例)．

なお，*ロッキード事件'においては，*国際司法共助'に基づいて得られた嘱託尋問調書の証拠能力の問題に関して，わが国の法制にはない*刑事免責'による証言強制の適法性も問題にされた．すなわち，アメリカ人である証人が，*自己負罪拒否特権'にもとづき証言拒絶を行ったので，その特権を消滅させるために，日本の検事総長は不起訴宣明書を発し，最高裁がこれを確約した．アメリカの裁判所はこれを刑事免責ととらえて，証人尋問を行い，調書を作成して，これを日本の裁判所に引き渡した．事件を担当した下級審の多くは，刑事訴訟法248条を根拠にして，検事総長の不起訴宣明を将来における不起訴の事前確約ととらえて，嘱託尋問調書に証拠能力を認めた．これに対して，最高裁は，その嘱託尋問調書は刑事免責に基づいて得られたものであると判断し，続いて刑事免責制度は，憲法によって否定されているとは解されないとしつつも，現行刑事訴訟法がこの制度を採用していない以上，供述を事実認定の証拠とすることはできないとして，嘱託尋問調書の証拠能力を否定した(最判大平7・2・22刑集49・2・1)．
　　　　　　[山田道郎]

職務強要罪　公務員に，処分をさせ，もしくはさせないため，またはその職を辞させるために，暴行または脅迫を加えると，3年以下の懲役・禁錮で処罰される(刑95Ⅱ)．適正・円滑な職務執行を保護する狭義の*公務執行妨害罪'を補充して，将来の職務との関りで，公務員の職務上の地位の安全を保護する趣旨である(最判昭28・1・22刑集7・1・8)．所定の目的を要する対公務員の行為として*強要罪'(223)の特別罪だが，目的実現は不要であり(大判昭4・2・9刑集8・59)，強要未遂にも及ぶ抽象的危険犯である．判例は，処分は法効果を伴うものに限られず，公務員の職務に関するのなら権限外の処分でもよいとする(前掲最判昭28・1・22)が，それで国家法益の侵害といえるかが問題である(大判昭2・7・21刑集6・357も参照)．公務員保護に伴う処罰の拡張は，正当な処分の実行や不当な処分の阻止を強要する場合でも，本罪になる点に認められる(最判昭25・3・28刑集4・3・425)．法定の異議申立手段があれば，それで対処すべきであり，強要は不当な自力救済になるからである．法定の異議申立手段がなかった場合には，違法阻却を検討すべきであろう．暴行・脅迫の概念は1項と同じと言われているが，間接暴行の形態で実行しうるかには疑問もある．　　　　　　[小田直樹]

職務質問　1 意義　*警察官'が，挙動不審等の理由で，何らかの犯罪を犯し，もしくは犯そうとしていると疑うに足りる相当な理由のある者，またはすでに行われた犯罪もしくは犯罪が行われようとしていることについて知っていると認められる者を発見した際に，これを停止させて質問すること(警職2Ⅰ)．その場で質問することが本人に不利であり，または交通の妨害になると認められる場合は，付近の警察署，派出所，または駐在所に同行を求めることができ(2Ⅱ)，これを*任意同行'という．職務質問は，旧憲法時代の行政警察規則(1875)に定められた不審訊問に由来するが，そこでは不審者の強制的な「連行」をも認めていた．現行法は，旧制度を全面的に修正し，新たに「同行」の語を用いるとともに，刑事訴訟に関する法律の規

定によらないかぎり，身柄を拘束され，または その意に反して「連行」されることはないとし て（2Ⅲ），任意処分としての性質を強調するこ ととなった．本来，職務質問は犯罪の予防等を 目的とする行政警察活動に属するが，実際には *捜査の端緒*となることも多く，*任意捜査*と の限界は微妙である．

2 有形力行使の可否と限界 職務質問の対象 者が停止，応答ないしは同行を拒否した場合に， たとえば停止させるために肩や腕に手をかける 等，警察官が対象者に有形力を行使することは 許されるかが問題となる．最高裁の判例は，職 務質問中に，駐在所から突然逃げ出した者を 130メートル追跡し，背後から腕に手をかけて 引き止めた行為を適法とし（最決昭29・7・15 刑集8・7・1137），酒気帯び運転の疑いのある 者が車両に乗り込んで発進しようとした際，窓 から手を入れてエンジン・キーを回転してスイ ッチを切った行為を，停止させる方法として「必 要かつ相当」であるとした（最決昭53・9・22刑 集32・6・1774）．また，覚せい剤使用の嫌疑で職 務質問中に，対象者が車両を発進させるおそれ があったので窓から手を入れてエンジン・キー を取り上げた行為は適法であるが，その後対象 者を両脇から抱えて運転を阻止し，約6時間以 上も現場に留め置いた措置は，任意同行を求め るための説得行為としてはその限度を超え違法 になるとした（最決平6・9・16刑集48・6・ 420．ただしその違法の程度は重大なものでは ないとして，その後に採取された尿の鑑定書に つき証拠能力を肯定した）．学説では，法の趣旨 は原則として有形力行使を許さないところにあ るが，一切の有形力行使を許さないとすること は「停止」を規定した職務質問の実効性を軽視 するとの立場が有力であり，①犯罪の重大性・ 嫌疑の濃厚性（緊急逮捕も不可能ではないが，な お慎重を要するというような場合）を要件とし て例外的に認めるべきであるとする見解，②質 問に応じず立ち去る者に対して，説得のための 有形力を行使するのであれば，強制に至らない 任意処分として許されるとする見解等が主張さ れている．

なお，職務質問に伴って行われる*所持品検 査*の適法性も，判例および学説において問題と なっている．→警察官職務執行法　［城下裕二］

所持品検査 一般的には，捜査機関が，相 手方の所持品の内容を点検したり，相手方の着 衣を外側から触ったり中に手を入れて所持品を 取り出して点検することをいう．司法警察活動 としての所持品検査は，任意捜査のひとつとし て同意を得て身体を捜索する形で行われたり （刑訴197Ⅰ），強制処分である捜索という形で なされる（218・220Ⅰ）．これに対して，判例・学 説において主に議論の対象とされてきたのは， 行政警察活動としての所持品検査，すなわち警 察官が，*職務質問*に伴って対象者の所持品の 内容を確認する場合である．①所持品を外部か ら観察し，その内容について質問したり，②任 意の提示を求めることは*警察官職務執行法*の 規定する職務質問（警職2Ⅰ）の範囲内に含ま れるため適法と解されているが，さらに進んで， ③承諾なしに相手方の着衣の外側に触れて所持 品を検査したり，④承諾のないまま実力を行使 して所持品を取り出して内容を検査することの 許容性が問題となる．学説では，③も職務質問 に付随する処分として認められ，④は重大犯罪 に関しかつ容疑が濃厚な場合は例外的に許容さ れるとする見解が主張される一方で，準現行犯 を含めた逮捕に伴う無令状捜索（刑訴220Ⅰ） または被逮捕者の身体についての凶器の検査 （警職2Ⅳ），あるいは銃砲刀剣類に関する提示 の請求（銃刀所持24の2Ⅰ・Ⅱ）に該当する場 合以外は③④とも違法であるとする見解も有力 である．わが国の判例には，「所持人の承諾のな い限り所持品検査は一切許容されないと解する のは相当でなく，捜索に至らない程度の行為は， 強制にわたらない限り，……許容される場合が あ」り，その適法性は「所持品検査の必要性， 緊急性，これによって害される個人の法益と保 護されるべき公共の利益との権衡」によって判 断すべきであるとして，銀行強盗事件の被疑者 に職務質問中，承諾なしにバッグのチャックを 開き内部を一瞥して札束を発見した行為を適法 としたもの（最判昭53・6・20刑集32・4・ 670［米子銀行強盗事件］），覚せい剤取締法違反 の被疑者に職務質問中，承諾なしに上着の内ポ ケットに手を入れて所持品を取り出した行為を 違法としたもの（最判昭53・9・7刑集32・6・

1672. ただし，その違法は必ずしも重大ではないとして証拠能力を肯定した)などがある．→ストップ・アンド・フリスク　　　　［城下裕二］

書　証　(独) Urkundenbeweis　(仏) preuve littérale　一般に，その記載内容が証拠となる書面をいうと定義されるが，刑事訴訟法では条文には用いられていない．*証拠書類*と同義で使われることもあるが，証拠書類と証拠物たる書面の両者を合わせたものとして使われるのが一般的である．刑事訴訟法は，前者については公判廷における朗読(刑訴305)，後者については展示と朗読(307)を要求している．

証拠物たる書面とは，*証拠物*のうち書面の意義が証拠となるものをいうが，これと証拠書類との区別が，旧法以来論じられてきた．ひとつの考え方は，裁判所または裁判官の面前で法令により作成された書面だけを証拠書類とし，その他の書面は，たとえば当該事件で捜査機関によって作成された調書も含めて，すべて証拠物たる書面と解する．現行刑事訴訟法が*起訴状一本主義*を採用したことによって，捜査と公判とが断絶されたのであり，そうであれば，捜査段階で作成された書面については成立の真正をも問題にすべきだというのが，その理由である．これに対し，もうひとつの考え方は，書面の内容のみが証拠となる場合は証拠書類であり，記載内容のほか書面の存在や状態が証拠となる場合は証拠物たる書面であると解するものであり，通説とされている．最高裁判所は，「証拠となった書面が，証拠書類であるか又は証拠物たる書面であるかの区別は，その書面の内容のみが証拠となるか，又は書面そのものの存在又は状態等が証拠になるかによるのであって，その書面の作成された人，場所又は手続等によるのではない」と判示し，通説と同じく，いわゆる実質的基準説をとっている(最判昭27・5・6刑集6・5・736)．その結果，捜査機関の作成した供述録取書などは証拠書類として朗読だけですむのに対して，たとえば脅迫事件で用いられた脅迫状のように，書面の内容だけでなくその存在そのものが問題となるようなものは，証拠物たる書面として，展示と朗読が必要になる．

［多田辰也］

女性犯罪　(英) criminality of woman

1　女性犯罪の特徴　女性犯罪は男性犯罪と比べ，犯罪の僅少性やその性質に特色があることから，犯罪学上の独立のテーマとされる．つまり，犯罪者は一般に圧倒的に男性が多いため，第1に，女性はなぜ犯罪を犯さないのかが問題とされ，第2に，男性犯罪に対する女性犯罪に際だった特徴はないかが研究されてきた．女性犯罪が実態として本当に少ないのかという問題に対しては，非公的に寛大に処理されて暗数が多く，実態としては必ずしも女性犯罪は少なくないという見解もある．ポラック Otto Pollack (米)は，"The Criminality of Women"『女性犯罪』(1950)のなかで，女性犯罪は刑事司法当局によって寛大に扱われているために，隠蔽されており，必ずしも少なくないと主張する．また，女性の個別犯罪の特徴として，たとえば，女性犯罪は非暴力的犯罪が多い，嬰児殺・堕胎・遺棄等，自らの子どもに関係した犯罪が多い，また思想的犯罪が少ない，短絡的犯罪が多いなどの特色があるとされる．もっとも，ロンブローゾのように，かつて女性犯罪者の精神的肉体的な劣等性を強調し，とくに月経，妊娠，更年期など女性特有の生理が犯罪と重大な関係にあるとしたり，知能指数の低さを強調する見解がみられたが，今日ではむしろ，女性の社会進出に伴う，職場や学校における複雑な人間関係からもたらされるストレスなどがより有力な原因と目されている．いずれにせよ，世界的な傾向として女性犯罪は増加しており，暴力犯，薬物犯が目立って増えているが，これらの現象の原因をたんに女性の社会進出だけで説明することはできない．統計的には，1999(平11)年では交通関係業過を除く刑法犯検挙人員に占める女子比は20.6％であり，このうち少年が48.8％と過半数に近い．罪名別では窃盗が約8割，その大半が万引きである．これに横領，傷害，詐欺が続く．嬰児殺の実数は少ないが，女子比が高い(100％)．特別法犯の送致人員では薬物犯罪が目立ち，覚せい剤取締法違反が3分の1以上を占め，その他女子比が高いのは売春防止法違反(44.2％)，風営適正化法違反(29.5％)である．

2　女性犯罪者の処遇　刑事司法機関に送られた女性犯罪者の処遇面では，一般に寛容な扱い

がみられ，しばしばこれらの機関の職員に男性が多いことから「騎士道精神」の発揮ともいわれるが，このような寛容さは，犯罪自体がそもそも同情の余地のある場合が多く，女性の抱える家庭問題に配慮した結果とも考えられる．実際，起訴猶予率，執行猶予率，仮釈放率，少年の場合でも審判不開始率はいずれも男性より高い(1999年で男子の起訴猶予率27.0％に対して女性は46.9％)．しかし，他方で刑務所に収容される女性の数は近年増えており，なかでも薬物犯罪者が施設人口の過半数を占めるなど，その処遇をめぐる問題は少なくない．施設数が全国で6ヵ所と少なく，これによって分類処遇，家族との面会，予後の環境調整などを困難にしており，これらの改善が求められている．1999(平11)年で女子の新受刑者は1,207人であり，うち覚せい剤取締法違反47.4％，窃盗20.5％となっている．

3 *フェミニスト犯罪学'　従来の男性優位の犯罪学に対するフェミニスト側からの批判を基盤とする犯罪学ないしその主張が女性研究者を中心に行われている．立場は区々に分かれるが，従来の犯罪学研究に対する一般的な批判として，女性が無視されてきたこと，上記のような女性犯罪の原因論は女性差別ないし偏見にとらわれていること，刑事司法制度において女性は不当に扱われていることなどから，活動・研究対象の男女差別撤廃を主張する．→犯罪生物学，犯罪要因　　　　　　　　　　　　　　[守山 正]

除　斥　憲法37条1項にうたわれている*公平な裁判所'とは，偏った裁判をするおそれのない組織と構成をもった裁判所を意味している(最判大昭23・5・5刑集2・5・447)．その理念を実現するために，*司法権の独立'(憲76)や裁判官の身分保障(憲78)と並び，訴訟手続の面でもうけられている仕組みが，裁判官の除斥・*忌避'・*回避'の制度である(刑訴20・21，刑訴規13)．

除斥とは，特定の裁判官について，具体的事件に関して不公平な裁判をするおそれがあると認められる一定の事由があるときに，その裁判官を職務の執行から当然に排除するものである(刑訴20)．すなわち，裁判官が①被害者本人あるいは親族である，②被告人の親族である，なのほか，当の事件において③証人・鑑定人となり，④以前(人事移動の前に)検察官または警察官として職務を行い，あるいは⑤裁判官としての立場ですでに実質的な関与をしているという場合，その裁判官は審判に携わることができない，とされている．

このような裁判官が判決に関与し，あるいは訴訟手続にかかわったとすれば，むろん控訴理由となる(刑訴377②・379)．

なお，裁判所書記官にも裁判官の除斥に関する規定が準用される(刑訴26)．　[米山耕二]

処断刑　処断刑とは，各刑罰規定に定められた*法定刑'をもとに，刑の加重・減軽事由があるときはそれによる修正を加えて導かれた，*量刑'の前提となる刑罰の枠をいう．裁判官は，この処断刑の枠内で諸々の量刑事情を考慮して被告人に言い渡すべき具体的な*宣告刑'を決定する．刑の加重事由には，併合罪(刑47)と累犯(57・59)がある．刑の減軽事由は，法律上のものと裁判上のものとに分かれる．法律上の減軽事由には，必要的なものとして，心神耗弱(39Ⅱ)，中止犯(43但)，従犯(63)があり，任意的なものとして，過剰防衛(36Ⅱ)，過剰避難(37Ⅰ但)，法律の不知(38Ⅲ)，未遂犯(43本)，自首・首服(42)，偽証罪・虚偽告訴罪における自白(170・173)などがある．一方，裁判上の減軽は，犯罪の情状に酌量すべきものがあるときに裁判官の裁量により認められる(66)．複数の加重事由または減軽事由の存するときは，①再犯加重，②法律上の減軽，③併合罪加重，④酌量減軽の順で行う(72)．　　　　　[松原芳博]

職権主義　(独) Offizialmaxime, Offizialprinzip　**1 意義**　刑事手続において裁判所が訴訟追行の主導権を持つ，すなわち審理に関する主要な権限を裁判所に集中させる原則．裁判所が主宰者として，自ら証拠を収集し，証人を尋問して事実を糾明する訴訟の方式．当事者主義の対概念．

このような手続の方式は，職権審理主義(Instruktionsmaxime, Inquisitionsmaxime, Untersuchungsmaxime)と呼ばれている．

2 旧法と現行法　わが国でも，旧刑事訴訟法においては，検察官は公訴提起時に，裁判所に対

して起訴状に付して捜査記録や証拠物を提出し、それを引き継いだ裁判所は、これらの記録等に事前に目を通した上で、公判審理に臨んだ。ここでは裁判官の予断を防止する必要性は意識されておらず、また公判においては職権証拠調べが原則であった。なお、第2次大戦前には予審制度があり、事件を公判に付すか否かを決める上で予審判事による慎重な取調べが期待されていたが、実際にはこれは捜査の「上塗り」的働きを営むに過ぎなかったと評価されている。

現行刑訴法は、新憲法の要請を受けるとともに、アメリカ刑事訴訟法に多大の示唆を得て、大幅に当事者主義に立脚する手続を導入した。起訴状一本主義の採用を通して、捜査と公判との連続性を断つとともに、訴追活動および公判の立証活動を当事者に委ねたのである(当事者追行主義)。

もっとも、裁判所の職権による活動も、実体的真実の解明のために、現行法上補充的に認められている。たとえば、審理の経過にかんがみ適当と認めるときは、裁判所は訴因変更命令を発することができ(刑訴法312Ⅱ)、また、必要と認めるときは、裁判所自らの職権により証拠調べをすることができる(298Ⅱ)。ただし、前者については、原則として訴因変更命令を出すことが義務づけられることはなく(最判昭和33・5・20刑集12・7・1416)、命令が発せられた場合でも命令には形成力はないとされている(最判大昭和40・4・28刑集19・3・270)。また、後者についても、職権証拠調べを行う義務は原則としてないと理解されており(最判昭33・2・13刑集12・2・218)、かりに職権証拠調べを行う場合でも、その際に訴訟関係人の意見を聴くことが要求されている(刑訴規190Ⅱ)。

現行刑訴法施行の初期には、いぜんとして職権主義が刑事裁判の本質であり、当事者主義は被告人を保護するための技術的なものに過ぎないとの認識も有力であった。しかし、現行刑訴法の運用が定着するにつれて、当事者主義化は、刑訴法の構造的変革であり、それは訴訟における当事者追行を徹底させるとともに、被告人・被疑者の権利保障を伴わせたものであるとの理解がしだいに一般的となった。

[三井 誠＝深尾正樹]

職権証拠調べ 裁判所は「必要と認めるとき」当事者の請求がなくとも自ら証拠の採用を決定してこれを取り調べることができる(刑訴298Ⅱ)。また、裁判所は、公判準備手続として行われた証人尋問、検証、押収、捜索の結果を記載した書面、押収物については、公判廷で証拠書類または証拠物として取調べが義務づけられている(303)。公判手続を更新した場合にも、更新前の公判期日における被告人、証人などの供述調書、検証関係の書面、取調済書面または物について、いずれも職権で証拠書類または証拠物として取調べをしなければならない(刑訴規213の2③)。破棄差戻後の1審で従前の公判調書、証拠物などについても職権で取調べがなされる。

一般に、当事者主義のもとでは、職権証拠調べは例外的でなければならない。また、職権証拠調べ義務は原則としてない(最判昭33・2・13刑集12・2・218)。立証の不備がうかがわれる当事者に立証を促すなどの訴訟指揮を行う限度にとどめなければならない(208)。判例上証拠調べをすれば有罪認定が可能な証拠の所在を裁判所が知り、しかもその範囲が限定されたものである場合、証拠調べの義務を認めるものがある(東京高判昭27・9・30判特37・28)。被告人側の立証を補充するためには場合により義務が生じることを認めるものもある(仙台高秋田支判昭26・4・11判特22・227)。学説上、検察側の立証を補充する職権証拠調べ義務については、公平な裁判所の理念、有罪立証の責務は検察官にあるとする基本原理、起訴状一本主義に照らしてこれを否定し、無罪の立証のためには、無罪推定原則などに照らしてこれを肯定する説が有力である。もっとも、当事者主義の徹底の観点からみて、検察官に対してはもとより、被告人・弁護人に対しても、立証を促す釈明の責務(208)は生じても、みずから証拠を取捨選択した上で無罪または有罪のための立証趣旨を当事者に提示し、場合によりその反対を押し切っても証拠調べをすべき義務はないとする考え方もある。→職権主義　　　　　　　[渡辺 修]

職権調査 裁判所は、係属事件に関する裁判権が具体的に成立しているか否か自ら調査する責務を負う。訴訟条件に関する職権調査

である．事物管轄または土地管轄がない場合，原則として管轄違の判決をする（刑訴329，例外は，331参照）．起訴状謄本が2ヵ月以内に被告人に送達されているか否か，起訴状記載事実が罪となるべき事実を包含しているか否か，公訴取消しがなされていないか否か，公訴取消後の再起訴の場合に重要な新証拠の発見があったか否か，二重起訴でないか（以上338），確定判決を経ていないか，犯罪後の法令による刑の廃止，大赦，公訴時効完成の有無（以上，339）も調査する．また，控訴審・上告審は，上訴の趣意書に包含された事項の職権調査を義務づけられている（392Ⅰ・414）．これに包含されていなくても，上訴理由にあたる事項について調査ができる（392Ⅱ・414）．控訴審の職権調査は，被告人の不利益にも及ぼせるのが現在の運用であり，不利益変更禁止の原則（402）に反しない範囲で，法令適用の変更，事実の不利益変更などが行われる．職権調査の結果，当事者の申立てのない理由で原判決を破棄することもある．これに対して，権力抑制を控訴審の役割とみて被告人に不利益な職権調査を禁ずる説，事実の不利益変更を認めない説など調査の範囲を限定する諸説がある．上告審では，判決に影響を及ぼす法令違反，重大な事実誤認，顕著な量刑不当，再審事由，判決後の刑の廃止・変更・特赦などの事由があり原判決を破棄しなければ著しく正義に反する事由の有無についても職権で調査できる（411・414・392）． 〔渡辺 修〕

職権破棄 *上告'裁判所が，法定の上告申立理由以外の理由によって原判決を裁量的に*破棄'することをいう．刑事訴訟法が認める上告申立理由は，原判決の憲法違反または判例違反に限られている（刑訴405）．したがって，上告裁判所である最高裁判所は，上告申立人が主張したこれらの理由についてだけ，審査の義務を負う．しかし，これらの上告理由がないときでも，原判決について一定の事由があり，かつ原判決を破棄しなければ著しく正義に反するという，いわゆる*著反正義'の要件があるときには，上告裁判所は原判決を破棄することができる．そのような事由として法が列挙しているのは，①判決に影響を及ぼすべき*法令違反'，②刑の量定のはなはだしい不当，③判決に影響を及ぼすべき重大な事実の誤認，④再審事由の存在，および⑤原判決後の刑の廃止もしくは変更または大赦である（411）．判例は，重大な事実の誤認があると疑うに足りる顕著な事由も，事実誤認に含まれるとしている（最判昭28・11・27刑集7・11・2303）．

このような職権破棄の権限が認められている目的は，誤判からの救済など，具体的な事件の適切な解決の可能性を上告審でも残すためである．松川事件など過去の著名な冤罪事件のいくつかは，この職権破棄の結果，無罪となっている．同時に，原判決の法令違反を理由とする職権破棄は，最高裁判所が憲法以外の法令の解釈について判例を示す機会ともなる．

職権破棄は，上告裁判所の裁量によって行われるのであり，当事者は，職権破棄事由の有無の審査を権利として求めることはできない．逆に申立人が主張していない理由によっても，職権破棄は可能である．しかし，申立人は，上告趣意書に職権破棄事由の存在を指摘して，調査と職権破棄を促すことができる．そのため実際には，職権破棄を期待する上告の申立てが多く見られる．上告裁判所による破棄の実例の中でも，上告申立理由の存在を認めた結果としての破棄よりも，職権破棄の方がずっと多い．また，最高裁判所は，上告を棄却する場合でも，法令解釈または事実認定について，判断を示すことが少なくない．

判例は，特別抗告においても，職権破棄に準じる職権取消しが可能であるとしている（最決昭36・5・9刑集15・5・771）．控訴審での，原判決後の情状を理由とする破棄も（397Ⅱ），上訴申立理由以外の理由による裁量的破棄という意味で，職権破棄の一種といえる． 〔後藤 昭〕

書面主義 (独) Schriftlichkeitsprinzip 書面主義とは，書面により提供された訴訟資料に基づいて裁判を行うとする原則である．糺問主義の刑事手続ではこの原則が採用され，刑事手続は秘密主義となった．この考え方からは，書面の上に存在しないものは，世の中に存在しないとされた．書面主義に対するのは*口頭主義'である．口頭主義は，口頭によって提供された訴訟資料に基づいて裁判は行われるべきであるとする原則であり，現行法は口頭主義を原

則としている(たとえば,刑訴305・43Ⅰ).しかし,公訴提起などの重要な訴訟行為については書面主義が採用され(256Ⅰ),また,決定や命令の裁判も口頭弁論に基づくことを要しないとされている(43Ⅱ).　　　　　　　[田口守一]

所有権留保　所有権留保とは,たとえば,AがBに自動車を売り,BはAに代金を12ヵ月の月賦で支払うにあたって,代金の割賦払いが完了するまで所有権はAに残る(Aが所有権を留保する)という契約であり,売買契約における売主の代金債権の担保のために行われるものである.問題は,代金完済前に買い主Bが,この自動車を他に売却する等した場合の刑事責任である.この場合も,形式的には自己の占有する「他人の物」であるから,刑法252条の横領罪が成立しうる.判例も,BがAから所有権留保の約定のもとに貨物自動車3台(約900万円相当)を購入したが,Bは3回分払った時点で資金不足のため自動車を金融業者に担保として提供したという事案に関し*横領罪*の成立を認めている(最決昭55・7・15判時972・129).これに対して,学説は,横領罪説(通説),早い時期の無断処分については横領とする説,*背任罪*説に分かれている.横領罪説をとる場合でも,割賦金の完済まぢかのときは,可罰的違法性が欠如すると解すべきであろう.　　[西田典之]

白地刑罰法規　(独) Blankettstrafgesetz　**1 意義**　白地刑罰法規とは,刑罰法規において法定刑だけは明確に定められているが,犯罪行為の内容の全部または一部が,他の法令,特に政令以下の命令に委任されている場合を指し,空白刑罰法規ともいわれる.*委任命令*の一種である.白地刑罰法規における構成要件の空白部分を補充する他の法令の規範を補充規範というが,補充規範が法律である場合を広義の白地刑罰法規といい,法律以外の命令または行政処分である場合を狭義の白地刑罰法規という.

白地刑罰法規は特別刑法(特に行政取締法規)にきわめて多い.刑法典における白地刑罰法規の例として,局外中立命令違反罪(刑94)は局外中立命令に違反したことが構成要件であるが,どのような行為が中立命令違反となるのかは,当局が発する命令の内容に委ねられている.

2 白地刑罰法規の限界　*罪刑法定主義*は,国民の代表機関である国会の制定する法律で犯罪と刑罰を規定することを要請する法律主義をその一内容とする.憲法31条の「手続」は実体法の適用でもあるので,犯罪と刑罰の法定性が当然の前提とされている.また憲法上も,国会は唯一の立法機関であること(憲41)から国会中心立法の原則が導かれ,犯罪と刑罰は国民の権利・自由にかかわる事項としてこの原則が妥当する.白地刑罰法規をはじめとする委任命令はまさに罪刑法定主義および国会中心立法の原則の例外となる.とりわけ,狭義の白地刑罰法規では,実質上,政令以下の命令等の違反が処罰されるともいいうるので,その限界が問題となる.憲法73条6号但書の趣旨に照らせば,特定委任のある場合にのみ罰則の制定が許される.狭義の白地刑罰法規は,委任について合理的理由があることと,その委任も特定の事項について具体的・個別的になされることを要する.しかし,最高裁は,猿払事件判決(最判大昭49・11・6刑集28・9・393)においては,かなり抽象的・包括的な委任をも許容している.

3 補充規範の改廃と刑の廃止　白地刑罰法規は,一定の有効期間を定めて制定された法律(狭義の*限時法*)ではないが,現代社会の急速な変化に適切かつ迅速に対応するための立法技術であり,補充規範の改廃も一時的な事情の変化に応ずるものであるから,限時法と類似した性格をもつ.そこで,白地刑罰法規について,補充規範の改廃後でも限時法理論を用いて,改廃前の違反行為に追及効を認める見解もある.ところで,刑法6条は「犯罪後の法律によって刑の変更があったときは,その軽いものによる」とし,刑事訴訟法337条2号は,「犯罪後の法令により刑が廃止されたとき」は免訴を言い渡さなければならないとしている.これらは,罪刑法定主義の遡及処罰の禁止および適正処罰の要請を具体化したものと解される.したがって,限時法理論はまさにこれらの規定の例外となり,被告人に不利益を招くから,少なくとも廃止後有効期間中の違反行為を処罰する旨の明文規定がなければ追及効を認めるべきではない.また,補充規範の改廃が刑の廃止と言えるかについては見解が分かれるが,刑の変更が構成要件と密接不可分であることを前提に,限時法理論を完

全否定しようとするならば，改廃の理由を問わずに刑の廃止とすることになる．

この点，判例は，白地刑罰法規が一時的事情に対応するものであるから限時法とし追及効を認める．他方，補充規範の改廃と刑の廃止との関係は判例の紆余曲折があるが，一般に両者は直結するものではなく，例外的な特殊事情のある場合に刑の廃止を認める傾向にある（肯定する判例として，最判昭32・10・9刑集11・10・2497，否定する判例として，最判昭37・4・4刑集16・4・345）．　　　　　　　　　　　［門田成人］

白鳥事件　1952(昭27)年1月21日夜，札幌市警察本部警備課長・白鳥一雄警部が自転車で帰宅中，後方から自転車で追ってきた男に拳銃で射殺された事件．警察は，当時の世相から，日本共産党関係者の犯行と断定して捜査を進め，同党札幌地区委員会委員長の村上国治らを逮捕，事件発生から3年半後の1955(昭30)年8月，村上は首謀者として他の2人とともに起訴された．村上は冤罪を主張し続け救援活動も活発に行われたが，1957(昭32)年5月，札幌地裁は無期懲役を言い渡した（他の2人は懲役3年．うち1人は確定）．札幌高裁での控訴審で懲役20年に減軽されたものの，1963(昭38)年10月17日，最高裁判所は上告を棄却（刑集17・10・1795）し，他の1人とともに刑が確定した．これに対し，村上は，2年後の1965(昭40)年4月に，物証とされた弾丸に関する疑問等を指摘して無罪を主張し，札幌高裁に*再審請求を申し立てたが，同請求は1969(昭44)年4月に棄却され，これに対する異議申立ても1971年7月に棄却されたので，最高裁に特別抗告が行われた．1975(昭50)年5月20日最高裁第1小法廷はこれを棄却したが（いわゆる白鳥決定.刑集29・5・177），決定理由の中で，刑事訴訟法435条6号の解釈につき，請求人は，新旧両証拠を総合評価して，確定判決の事実認定に合理的な疑いをいだかせれば足りるという意味で「疑わしきは被告人の利益に」という刑事裁判の鉄則が適用されると説いたため，その後の再審請求事件の帰趨に大きな影響を及ぼした．具体的には，翌年のいわゆる財田川決定（最высい昭51・10・12刑集30・9・1673）において，この決定が踏襲・敷衍されて再審開始・無罪をもたらしたほか，今日までに死刑事件4件を含む著名な再審請求事件で再審開始決定・再審無罪判決が下されている．もっとも，白鳥決定の意味については今なお理解の相違があり，そのことは，同決定以後も重大事件で再審規定の厳格な解釈・運用によると思われる請求棄却決定が少なくないこととも関係するが，白鳥決定の与えた影響力の大きさを否定することはできない．→財田川事件，島田事件，徳島事件，松山事件，免田事件　　　　　　　　　　　　　　　　［加藤克佳］

侵害犯　(独) Verletzungsdelikt　侵害犯と*危険犯*とが*実質犯*である．侵害犯とは，構成要件の内容が法益の侵害を必要とする犯罪である．法益とは，法によって保護される利益または価値をいう．法により保護されているので，法益は「保護の客体」ともいわれる．たとえば，殺人罪では「人の生命」，窃盗罪では「財産」，名誉毀損罪では「人の名誉」が保護の客体である．法益は明文で規定されている場合もある．秘密漏示罪（刑134）の「人の秘密」，信用毀損罪(233)の「人の信用」，名誉毀損罪(230)の「人の名誉」などがその例である．法益は，人の生命・財産・信用・秘密等のように観念的なものである．その点で，行為の客体と区別される．犯罪はすべて，保護の客体を予定している．殺人罪は人の生命の侵害により，窃盗罪は他人の財物に対する所有権・占有権の侵害により成立する侵害犯である．名誉毀損罪や信用毀損罪は，侵害犯なのか危険犯なのかについて争いがある．名誉毀損罪の場合，摘示された事実が不特定または多数人に到達することにより，人の外部的な社会的評価としての名誉を毀損したと評価しうるとの見解は，同罪を侵害犯であるという．これに対して，通説・判例は，公然事実を摘示する行為が，人の社会的評価を低下させる危険を発生させた段階で成立する危険犯であると解している．信用毀損罪も，支払能力などに関する一般の信頼を毀損することにより成立する．この「毀損」について，判例は，必ずしも現実に信用を低下させることを要しないとし，信用毀損罪は危険犯であるとする．これに対して，虚偽の風説が不特定または多数人に到達し了知されたときに成立する侵害犯であるとの説が対立する．名誉毀損罪・信用毀損罪を侵害犯であ

るとする説によれば，侵害発生の危険のみが存し，侵害結果の発生に至っていないときは，両罪とも未遂処罰規定がないので，無罪となる．侵害犯においては法益侵害の発生により，危険犯においては法益侵害の危険の発生により，それぞれ既遂犯となる．侵害の発生，危険の発生する以前の段階の行為は，未遂犯処罰規定を前提として，未遂犯の成立の可能性がある．

[福山道義]

人格責任論 **1 概念** 伝統的に責任非難の対象を行為に求める見解を*行為責任論'といい，社会的に危険な行為者の性格に求める見解を社会的責任論(性格責任論)という．これに対し，人格責任論とは，責任非難の対象を行為者により主体的に形成された人格に求める見解をいう．このなかには，責任を行為者の行為に至るまでの行状に求める行状責任論，生活態度を犯罪へと方向づける意思(生活態度の決定)を考慮する生活決定責任論，さらに，人格形成の過程に責任非難の契機を求める人格(形成)責任論などがある．

内容 人格責任論によれば，人格は素質と環境に制約されながらも，その制約の範囲内において主体的に形成される．犯罪行為はこのような潜在的な人格体系に基づくものであるが，行為者の意思によって行われる点では主体的な人格の現実化である．したがって，行為者に対する責任非難も，このような行為者により主体的に形成された人格に向けられるとともに，その背後にある潜在的な人格にも向けられるべきことになる．

2 実際的意義 このような人格責任論は，第一次的には行為責任を基礎にしながらも，二次的に行為の背後にある人格を考慮する．行為責任と人格責任は概念的には区別されるが，行為時の人格態度は過去の人格的態度を考慮することによりはじめて可能になるので，この両者は一緒に判断されなければならない．この点で，人格(形成)責任論は行為責任論と社会的責任論の統合を試みるのである．

さらに，この見解は，常習犯人に対する刑の加重根拠にあらたな基礎を与えた．*行為責任'論によれば，*常習犯'人においては規範意識が弱く，刑を軽くせざるをえない．これに対して，人格責任論によれば，常習性をもつように人格を形成した点に責任を求めるので，それだけ責任が重いことになる．このことは刑の量定においても，行為者の人格形成過程を考慮すべきことを意味する．そして，行為者の素質，環境に酌量すべき事情は刑を減軽する方向に作用する．

また，犯罪論においても人格態度が考慮される．たとえば，*制限故意説'の根拠について，事実の認識がある以上は，行為者は規範の問題に直面しているのであり，たとえ*違法性の意識'がなくとも，その可能性があったときには，直接的な反規範的人格態度を認めることができると説明する．また，過失責任についても，不注意を無意識的な人格態度の表れと解する．

人格責任論への批判 この見解に対しては，人格形成過程は複雑であり，有責なものとそうでないものとを区別することは困難であること，たとえその区別が可能であるとしても，人格の形成過程そのものを責任非難の対象とすることは妥当でないこと，人格態度がそのまま意思あるいは行為に表現されるわけではないので，責任の有無を行為の背後にある人格に求めることは妥当でないなどの批判が加えられている．

[堀内捷三]

人格的行為論 (独) personale Handlungslehre わが国の人格的行為論は，*人格(形成)責任論'と結びついて主張されており，責任の本質は行為者による主体的な人格形成に対する道義的非難であるから，そのような責任判断の対象たる*行為'は「行為者人格の主体的現実化としての身体の動静」でなければならないとする．主体的な人格態度は，作為の形であらわれるとは限らず，不作為の形であらわれることもあり，故意によるものに限らず，規範を軽視する主体的人格態度として，過失によるものも行為であるとされ，*忘却犯'も，本人の主体的人格態度と結びつけられた不作為であるからやはり行為であるといわれる．「人格の主体的現実化」という基準は不明確だとする批判もあるが，実際的には，*社会的行為論'のいう「意思による支配可能性」という基準を適用した場合と同一の結論となろう．人格的行為論は，刑事責任の本質に関する人格責任論を採用するときにのみ，首尾一貫した形で主張し得る学説である．人格

的責任論は，人格形成の過程における責任の有無・程度を明らかにするのは困難であるとか，責任非難の対象を無数の(構成要件に記述されていない)人格形成行為にまで拡大することは罪刑法定主義の原則に抵触するとかの批判を受けており，少数説にとどまっている．したがってまた，人格的行為論も幅広い支持を得るには至っていない．→因果的行為論，目的的行為論

[井田 良]

新過失論 **1 特色** 新過失論とは，過失犯を不注意という行為者の主観面ではなく，一定の基準行為からの逸脱(*結果回避義務'違反)を中心に理解し，たとえ法益侵害が発生しても社会生活上要求される客観的注意義務を果たしている限りその行為は違法ではないとする見解を総称する．戦後のモータリゼーションの進行とともに，結果の予見可能性のみを問題とする伝統的過失論を「*旧過失論」と批判して登場し有力となった．つまり，科学技術の発展によって，高速交通のようにそれ自体に法益侵害の危険性をはらむが社会的有用性のゆえに許容しなければならない行為(*許された危険')が増大したことに伴い，不注意と結果との間に因果関係が存在すれば過失犯の成立を認める旧過失論では，(とりわけ交通事故事件において)その処罰範囲を過度に拡張してしまうことを批判して，過失犯処罰の合理的な限定原理として提唱され，多くの支持を獲得することとなった．新過失論は，故意行為と過失行為を構造的に異なるものとし，構成要件・違法性・責任の各段階で両者を峻別するとともに，不可抗力による法益侵害を構成要件の段階で既に刑法的評価の対象から排除する．さらに，この立場は，行為の違法性判断において，法益侵害(結果無価値)だけではなく行為の社会的不相当性(行為無価値)をも考慮するいわゆる行為無価値論を基礎としている．

2 注意義務の内容 新過失論の内部において，客観的注意義務の内容およびその犯罪体系上の位置づけに関しては，いくつかのヴァリエーションがある．すなわち，①結果回避義務を違法性に，結果予見義務を責任に位置づけるもの，②一般人を基準とした客観的注意義務(結果予見義務，結果回避義務)を構成要件・違法性に，行為者を基準とした主観的注意義務(結果予見義務，結果回避義務)を責任に位置づけるもの，③結果回避義務を違法性に，主観的予見可能性・主観的結果回避可能性を責任に位置づけるもの，④結果回避義務を構成要件・違法性の問題とするもの，がこれである．いずれの立場においても，過失犯の成立にとり結果回避義務が決定的な意義をもっていることはいうまでもない．なお，結果回避義務の前提として結果の具体的予見可能性が要求されるが，それが，結果の主観的帰属の問題としてではなく，具体的な結果回避措置を確定するための概念道具となっていることに注意が必要である．したがって，必要となる結果回避措置が同一である限り，予見可能性の対象となる事実のそれ以上の具体化は不要とされることになり，さらにまた，この点が，結果回避義務を一般化・抽象化することによる*新新過失論'(危惧感説)の登場の端緒ともなった．

3 意義と問題点 新過失論の登場によって，従来はまったく等閑に付されていた過失犯の実行行為の分析の重要性が認識されることになり，旧過失論の立場からも，過失行為を実質的に許されない危険と理解する「修正旧過失論」が生まれることとなった．さらに，過失犯の共犯をめぐる議論にも影響を与えた．しかし，新過失論に対しては，結果回避義務違反を中心に過失行為を理解すると，過失犯はすべて不作為犯として理解される可能性があること，結果回避義務にいう基準行為が不明確であり，道路交通法等の行政取締法上の規則違反がそのまま結果回避義務違反とされ，過失犯が「行政法違反の結果的加重犯」とされることになるという問題点が指摘されている．

[中空壽雅]

新幹線鉄道における列車運行の安全を妨げる行為の処罰に関する特例法 新幹線鉄道の高速性にかんがみ，その運行の安全を確保するため，鉄道営業法，刑法の処罰規定を拡充することを目的として，1964年に制定された(1970年改正)．自動列車制御装置等の運行保安設備について，損壊その他機能を損なう行為(2 I)，みだりに操作する行為(2 II)，損傷その他機能を損なうおそれのある行為(2 III)を，また，線路上に物件を置く行為，線路内にみだ

りに立ち入る行為(3),走行中の列車に物件を投げまたは発射する行為(4)を処罰する規定を置き,それぞれに1年以下から5年以下の懲役,5万円以下の罰金を規定する.これらは,新幹線の高速性故に,一旦実害が発生すれば大規模なものとなる可能性が高いことから,具体的危険の発生を要件とする刑法上の*往来危険罪'(刑125Ⅰ)より早い段階で危険行為を抑止することをねらった規定だとされる.また,損壊行為(5年以下の懲役,5万円以下の罰金)については公共危険罪としての性格を理由として,器物損壊罪(刑261)の法定刑を引き上げたものということになる.さらに,鉄道営業法上の類似の処罰規定,信号機の改ざん等(鉄営36Ⅱ)の罪,瓦石等の投てき(鉄営40)の罪等との関係でも,法定刑の引き上げとなる.　　[葛原力三]

審　級　ひとつの事件が*上訴'を経て複数回にわたって審判される場合に,その*裁判所'間の順列関係をいう.近代的な司法制度にあっては,一般に上訴による救済の道——当事者,とりわけ被告人にとっては,そこに*審級の利益'があるとみることができる——が開かれているが,その仕組みは国によって異なり,二審制もあれば三審制もある.二審制の代表的なものは,法律上の誤りを理由として上訴を認めるという形であり,アメリカの多くの州がこれを採用している.*陪審制'のもとで,事実の認定は陪審の専権領域とする思想がその背景にある.また,ヨーロッパ大陸でも,ドイツやフランスでは重罪事件について二審制がとられている.一見奇異にも映るが,第1審の手続は慎重に入念に進められ,また口頭主義・直接主義の観点からして再度の審理はむしろ好ましくない,と考えられているのである.他方,三審制は,事実問題に関する上訴(*控訴')を許したうえで,さらに法律問題についての上訴(*上告')を認める.すなわち,*事実審'と*法律審'の2つが用意されているのである.ヨーロッパ大陸ではこの三審制が基本となっており,日本もその流れに沿った法制をとっている.

わが国の審級制は,簡易裁判所・地方裁判所および家庭裁判所(同列である)・高等裁判所・最高裁判所という4階級の裁判所による三審制となっている.第1審は簡裁または地裁・家裁であり,控訴審はすべて高裁となり,その上に上告審として最高裁がある(*審級管轄',裁7①・16①・24②・31の3Ⅰ③・33Ⅰ②).(民事では,簡裁が第1審となる場合,控訴審・上告審はそれぞれ地裁・高裁になる.裁16③・24③)例外として,第1審が高裁の場合(裁16④,独禁85③),必然的に二審制となる.

なお,控訴を省略し,第1審判決に対して直ちに上告の申立てをすることができる場合もある(刑訴406,刑訴規254).　　[米山耕二]

審級管轄　*管轄'とは,裁判権を行使するについて各裁判所の役割分担を定めたものである.第1審においては,事件の軽重や性質に基づく*事物管轄'と事件の場所的関係によって決まる*土地管轄'があるが,*上訴'の関係において職務の分配をするのが審級管轄である.

*控訴'および*抗告'は,第1審裁判所と管轄区域を同じくする高等裁判所に管轄がある(裁16①②).

*上告'・*特別抗告'は,最高裁判所が管轄している(裁7).→審級　　[米山耕二]

審級の利益　ひとつの事件について,第1審,控訴審,上告審というそれぞれの*審級'において判断を受けることができるという,当事者の期待を審級の利益という.三審制をとる以上,同一事件について控訴,上告による審査ができるのは当然のようにみえる.しかし,上訴裁判所が*自判'をする場合には,問題点によっては,上訴審で初めて判断されるものが生じる.たとえば,第1審裁判所が誤って公訴棄却あるいは管轄違いの判決をした場合には,事件の実体についての判断は,まだされていない.この場合に控訴裁判所が,自判すると実体判断について審級の利益が害されるので,法はこれを禁じている(刑訴398).このような明文規定のある場合以外に,審級の利益をどの程度保障すべきかが問題となる.たとえば,第1審の無罪判決を破棄して控訴裁判所が有罪の自判をすると,量刑判断についてさらに控訴審の審査を求める機会は失われる.また,控訴審で変更された訴因について有罪の自判をする場合には,その訴因について,第1審裁判所の判断は受けられないことになる.それでも通説は,これらの自判を適法としている.　　[後藤　昭]

人工妊娠中絶 (英) abortion (独) Abtreibung (仏) avortement　刑法は, 212条で堕胎を処罰しているが, *母体保護法'は人工妊娠中絶という別の語を用いて, 堕胎を処罰しない場合を定めている. 同法によると, 人工妊娠中絶は「胎児が, 母体外において, 生命を保続することのできない時期に, 人工的に, 胎児及びその附属物を母体外に排出すること」(母体保護2Ⅱ)と定義され, ①妊娠の継続または分娩が身体的または経済的理由により母体の健康を著しく害するおそれがある場合, および②暴行もしくは脅迫によって, または抵抗もしくは拒絶することのできない間に姦淫されて妊娠した場合は, 指定医師が「本人及び配偶者の同意を得て, 人工妊娠中絶を行うことができる」旨を定めている(14Ⅰ①②).「母体外において, 生命を保続することのできない時期」は, 受胎後, 満22週未満とされている(平成2年3月20日厚生事務次官通知).「経済的理由」により, 中絶を広範に認める立法例は世界に類がなく, 1号の拡大解釈により, 日本では中絶が事実上完全に適法化された状態にあり, 立法当初からこのような法律のあり方をめぐって問題が指摘されてきた. →堕胎罪, 不妊手術

[秋葉悦子]

親告罪 (独) Antragsdelikt　*告訴'や*請求', 一定の機関の*告発'を*訴訟条件'とする犯罪. 親告罪では, 公訴権の不行使を被害者などの意思に委ねることになる. だから, 告訴を訴訟条件とする親告罪の保護法益は, 個人の処分を認めうるものでなければならない. ①起訴されると, *被害者'の名誉・プライヴァシー侵害(=手続による第2次被害者化)のおそれがある(たとえば強制わいせつ・強姦罪など〔刑176〜179〕, 秘密漏示罪〔134〕, 名誉毀損・侮辱罪〔230・231〕など), ②被害が私的で軽い(たとえば過失傷害罪〔209〕, 私用文書等毀棄・器物損壊罪〔259・261〕など), または必ずしも軽くはないが, 個人的な事情がからむため, 被害者の意思・感情を無視してまで起訴しない(たとえば未成年者略取・誘拐罪〔224〕など), ③法政策上, 親族間の紛争に国家は干渉しない方がよい(親族間の犯罪に関する特例〔244Ⅱ〕)といった理由から, 告訴が訴訟条件とされる.

これに対し, 請求や告発が訴訟条件となる犯罪は, その犯罪を起訴するかどうかについて, 外交上の考慮(たとえば, 外国国章損壊罪〔92〕)や機関の専門的な判断などが必要なため, 親告罪とされている(→請求, 告発).

親告罪につき, 告訴, 請求, 告発なしに公訴が提起されたときは, 公訴棄却の判決が言渡される〔刑訴338④〕.　　　　　　[寺崎嘉博]

真実義務 (独) Wahrheitspflicht　民事訴訟においては, 当事者は, 真実であると自ら知りながら(主観的真実), 事実を主張したり, 相手方の主張事実を争ったり, 証拠を提出したりすることは許されないことを意味する. この真実義務は, 弁論主義と矛盾せず, その内在的制約としての法的な義務とされ, 民事訴訟法209条・230条などがその現われであるとする見解が有力である.

これに対し, ①刑事訴訟においては, たとえば被告人が犯行を自白し, または被告人が有罪であることを弁護人が確信しているにもかかわらず, 被告人本人が公判で無罪を主張して争おうとしたり, 弁護人に対し無罪の弁護を要求する場合に, とりわけ真実発見に協力する義務としての真実義務の存否が問題となる. 逆に, ②実際には犯行に関与していないにもかかわらず, 被告人が身代わり犯人として有罪の主張をする場合も同様である.

①については, 仮に被告人の有罪を確信していたとしても, 弁護人は, 被告人に不利な証拠を提出すべきでないばかりか, 検察官の有罪立証が十分でないときは証明不十分を理由に無罪の主張を行うことができ, また通常そうすることが義務づけられていると解されている. この場合, 弁護人は, よほどの個別的な特殊事情がない限り辞任すべきではない. また, 黙秘権は被告人の権利であることから, 弁護人が被告人に対して黙秘を勧めたり助言することは許される. 以上の意味において, 弁護人には真実義務はなく, 弁護人は, どのような方法が防禦上被告人の権利・利益を守ることになるかを第一義に弁護権を誠実に行使する義務を負うにとどまる(弁護1Ⅱ). しかし, 積極的な否認は被告人の権利ではないから, 虚偽の主張・弁解を勧めるのは許されない(弁護士倫理54). 虚偽の証拠を提出す

るなど審理の公正を積極的に妨害する行為も同様である．これらは証拠隠滅・偽造（刑104），犯人隠避（103），偽証教唆（169・61）などの犯罪を構成することにもなる．

他方，②の身代わりにおいては，弁護人は被告人の意思に反しても検察官の立証は不十分であるとして無罪の主張をすべきである．もっとも，これは真実義務があるからではなく，被告人の有罪を主張することは被告人の利益とはいえないからと解される．むしろ，有罪の主張ないし被告人の有罪供述の黙認が犯人隠避行為と捉えられることもある． ［深尾正樹］

真実性の証明　**1 真実性証明の規定**　刑法230条1項の*名誉毀損罪'は，「事実の有無にかかわらず」処罰すると規定しているが，すでに戦前から一定の場合に行為者が事実の真実性証明に成功すれば処罰されないことが認められており（旧新聞紙法45），戦後には，憲法の表現の自由の保障（21Ⅰ）を受けて，刑法230条の2に真実性証明に関する規定が新設された．すなわち，同条1項が，「行為が公共の利害に関する事実に係り，かつ，その目的が専ら公益を図ることにあったと認める場合には，事実の真否を判断し，真実であることの証明があったときは，これを罰しない」と規定するとともに，同条2項が，公訴提起前の犯罪行為に関する事実を公共の利害に関する事実とみなすことを規定し，同条3項が，公務員または公選による公務員の候補者に関する事実に関しては常に真実性の証明を許すことを規定している．公共の利害に関する事実の意義に関して，最高裁は，*月刊ペン事件'において，「私人の私生活上の行状であっても，そのたずさわる社会的活動の性質及びこれを通じて社会に及ぼす影響力の程度などのいかんによっては，その社会的活動に対する批判ないし評価の一資料として」公共の利害に関する事実にあたる場合があること，および，公共の利害に関する事実かどうかは「事実自体の内容・性質に照らして客観的に判断されるべきもの」であることを判示している（最判昭56・4・16刑集35・3・84）．なお，3項の公務員に関する事実の意義に関して，通説・判例は，身体の障害のように公務となんら関係のない事実はこれに含まれないと解しているが（最判昭28・12・15刑集7・12・2436），このような事実はそもそも人の名誉を毀損する事実ではないとする見解もある．

2 真実性証明の方法　風説として人の名誉を毀損する事実を摘示した場合における真実性証明の対象は，風説そのものの存在ではなく，風説の内容たる事実である（最決昭43・1・18刑集22・1・7）．真実性証明の挙証責任について，判例・通説は，*被告人'が負うものと解しているが，これを憲法違反として被告人は証拠提出責任を負うにすぎないと解する見解も主張されている．真実性証明の証拠方法および証明の程度については，「自由な証明」による「証拠の優越」で足りるとする見解が学説上有力であるが，下級審判例は，*厳格な証明'による*合理的な疑いを超える証明'でなければならないとしている（東京高判昭59・7・18高刑37・2・360）．

3 真実性の誤信　行為者の真実性の誤信が名誉毀損罪の成否に影響するかについて，最高裁は，当初これを消極に解していたが，判例を変更して，行為者が誤信したことについて確実な資料・根拠に照らし相当の理由があるときは，これを処罰しない旨を判示するに至った（最判昭44・6・25刑集23・7・975）．真実性の誤信は常に故意を阻却し無罪となるとする一部の学説を除いて，ほとんどの学説は，判例の結論を支持しているが，その理論的説明は様々であって，①証明可能な程度に真実であることが*違法阻却事由'であり，その誤信は故意を阻却すると解する説，②確実な資料・根拠に基づく言論は刑法35条の正当行為として違法性が阻却されるとする説，③真実性は違法減少に基づく*処罰阻却事由'であって事実が虚偽であったことについて過失が必要であると解する説，④230条の2を摘示事実が虚偽であることについて過失がある場合も処罰する趣旨の規定と解する説などが主張されている． ［佐伯仁志］

新社会防衛論　(仏) la défense social nouvelle　第2次世界大戦後旧来の社会防衛理論を再構成して登場した理論．旧来の*社会防衛'論が犯罪からの一般社会の防衛を主眼においていたのに対し，いわば犯罪者側にたって，法定主義による犯罪者の人権保障，人間諸科学の成果を活用した犯罪者の社会復帰の促進など

を主張した．グラマティカ Filippo Gramatica（伊・1901-79）は，1947年ジェノバに「社会防衛研究のための国際研究所」を創設し（のちに「国際社会防衛協会」と改称），同協会の会議である'国際社会防衛会議'の第1回会議が1947年に開催され，死刑廃止を打ち出すなどの活動を行ったが，理論的傾向，主張自体統一されたものではなかったため，同協会は1954年「最小限原則」を発表し，これ以外の見解は全て個人的見解であることを明言した．この原則の基盤は，フランスの判事*アンセル'の著『新社会防衛論』に沿った内容となっており，責任と刑罰を否定した急進的なグラマティカの主張は排除されている．すなわち，アンセルは罪刑法定主義を維持し，犯罪者の人権を尊重しながら犯罪との闘争を主張して，新社会防衛論の理論的基礎を与えた．しかし，アンセルの死後，新社会防衛論は低迷している．　　　　　　　［守山　正］

新宿駅騒乱事件　1968（昭43）年10月，ヴェトナム反戦運動の一環として，米軍ジェット燃料輸送阻止を主張する学生ら約3千人が，国鉄(当時)新宿駅の構内に乱入した上，警官らや列車電車に投石し，駅舎や警察車両に放火する等した事件．本件では21名が'騒乱罪'（刑106）・威力業務妨害罪等で起訴され，第1審では15名が有罪とされた．被告人らは控訴・上告して争ったが，最決昭59・12・21刑集38・12・3071は複数の集団による時間的・場所的に近接した暴行・脅迫を一体のものとしてとらえた上で一地方における平穏侵害が認められるとして上告を棄却し，被告人らの有罪が確定した．→大須事件，平事件，メーデー事件，吹田黙禱事件　　　　　　　　　　　　　　　　［伊藤　渉］

人種と犯罪　(英) race and crime
1 公式統計における人種と犯罪　多人種で構成され，しかも公式統計上の犯罪発生率が人種によって著しく異なる社会においては，人種が*犯罪要因'として重視されることは自然ななりゆきであろう．その典型はアメリカである．都市の暴力犯罪は黒人が集中するスラムに集中し，暴力犯罪であれ財産犯罪であれ被逮捕者に占める黒人の比率は人口全体に占める黒人の比率の数倍に達する．その結果，人種自体が犯罪要因であるとする理解が容易に流布することになる．

しかし，このようなパターンを示す公式統計は，刑事司法機関への通報や刑事司法機関による対応の結果として生み出されたものであって，それ自体を犯罪の客観的指標と見ることはできない．しかも，ホワイトカラー犯罪や企業犯罪など，社会全体に大きな被害をもたらす犯罪で，白人のほうがそれを犯す構造的機会をより多く持つと思われる犯罪類型は，発覚の確率も刑事司法の対象となる確率も通常犯罪よりは低いと思われる．したがって，公式統計のみによって人種と犯罪の関係について判断を下すべきではない．

しかし，被害体験調査によれば，スラムの黒人住民の多くが同じコミュニティに住む黒人によって他地域の住民以上の高率で犯罪被害に遭っているという事実は否定することはできない．したがって，公式統計上の人種と犯罪の関係がまったく現実を反映していないという結論を下すこともできない．実際，都市の通常犯罪に関する研究において人種を無視することは不可能である．そこで問題となるのは，人種と犯罪との見かけ上の強い関係は，その背後にどのような社会的，経済的，政治的な要因を伴うのかということである．すなわち，人種自体を犯罪要因として考えるのではなく，特定の人種的集団を犯罪促進的な状況に置いている，より根本的な要因を探ろうという研究関心である．その仮定は，人種と犯罪の見かけ上の関係は擬似相関に過ぎず，それらの根本的要因がコントロールされれば消滅するであろうということである．

2 人種と社会的，経済的，政治的要因　特定の人種的集団を犯罪促進的状況に追いやる根本的要因の解明という研究関心において，もっとも重要と見られてきたのは差別という要因である．通常犯罪は，黒人，メキシコ系アメリカ人，プエルトリコ系その他の少数民族の全体において非常に多いというよりも，これらの人種・民族集団のなかの貧困層の間できわめて多いことや，これらの集団がアメリカ社会のなかできわめて貧しい経済状況に置かれてきたという事実に注目するのである．すなわち，合法的生活機会を閉ざし，多くが最貧困層にとどまらざるをえない状況を作り出してきた差別が根本的要因であるという主張である．

重大とされる第2の要因は、コミュニティの特性である。これは、最貧困層にとどまらざるをえないことの結果として劣悪なコミュニティに居住することを余儀なくされていると考えれば、それ自体、上記の差別という要因の結果としてとらえうるものである。1920年代シカゴの*非行地域'を研究したショー Clifford R. Shaw(米・1896-1957)とマッケイ Henry McKay(米・1899-)以来、人種的・民族的異質性を抱え、頻繁に住民が移動し、全般的に経済的地位が低いコミュニティにおいては非公式社会統制自体が弱体化するという研究は繰り返し行われており、その主張の基本的妥当性を否定することはできないであろう。

しかし、これまた犯罪学上の古典的問題であるが、社会的条件が劣悪なコミュニティにおいても全員が犯罪を行うわけではない。おそらく、いかなるコミュニティといえども、犯罪に出る者の比率は相対的には少数であろう。もしそうであるとすれば、社会的条件を共有しながら犯罪に出る者と犯罪に出ない者に差異化 differentiate される条件を解明しなければならない。これは、言うまでもなく、*サザランド'の*差異的接触理論'differential association theory が問題提起したことであった。

なお、以上の概説では主として黒人に言及してきたが、かつてヨーロッパではユダヤ人の犯罪が問題とされたし、アメリカでもアイルランド系、イタリア系、その他の移民の犯罪が問題とされていたことを忘れるべきではない。人種と犯罪との関係は、その意味でも社会的条件の変動で変化しうるものなのである。

3 人種と知能 以上は犯罪社会学的視点からの概説であるが、人種と犯罪というテーマで無視し得ないのは、19世紀後半のロンブローゾ以来の犯罪人類学的アプローチである。このアプローチが重視するのは知能であって、たとえば今世紀初頭のアメリカでは、アイルランド系移民やイタリア系移民の高い犯罪率と彼らの知能の低さを結びつける主張が現れた。現在では、同様な主張は、黒人やスペイン語系移民に対して向けられている。このことは、知能指数の測定という作業が文化的バイアスを含んでおり、少数民族・人種集団が支配的文化に統合されるにつれて知能指数の格差が消滅することを意味する。現代の犯罪社会学者にも、ハーシ Travis Hirschi(米)とヒンデラング Michael J. Hindelang(米)のように、知能と犯罪との有意な関係を主張する者は存在するが、それは、同一民族・人種集団内でも知能指数の高低が有意な要因であることを主張するものであって、人種と知能の高低を直結するものではない。

[宮澤節生]

信書隠匿罪 信書隠匿罪(刑263)は*毀棄罪'の一種である。他人の信書を隠匿した場合に成立し、法定刑は6ヵ月以下の懲役もしくは禁錮、または10万円以下の罰金もしくは科料である。

本罪にいう信書とは、特定の人に宛てて意思を伝達する文書、すなわち広い意味での手紙であり、葉書も含む(大判明40・9・26刑録13・1002参照)。隠匿による被害は封書でも葉書でも同じであろう。この点、*信書開封罪'(133)が開封による秘密侵害の罪として封書を想定しているのとは異なる。

毀棄罪の類型では一般に、「毀棄」の中に損壊や隠匿などの行為を含むとするので、財産としての信書を毀損ないし隠匿した場合には器物損壊罪(261)や文書毀棄罪(258・259)が成立しそうである。ところが本罪の法定刑はこれらより軽いため、両者の関係が問題となる。かつては、本罪は紙である信書の財産的価値が低いことに着目した減軽類型であるとされてきた。しかし今日の有力説は、情報を担っている物の重要性を指摘し、本罪は名宛人への伝達を一時的に妨げるような軽微な行為についてのみ補充類型として成立するとする。

[高山佳奈子]

心情要素 (独) Gesinnungsmerkmal 行為者の倫理的に非難に値する内心の態度を記述する要素。行為に現れた心情反価値を直接かつもっぱら特徴づける責任要素であるなどとされ、例として、ドイツ刑法典に規定された、国家とその象徴に対する侮辱(90 a Ⅰ①)、民衆煽動(130 Ⅰ②)、保護を命じられた者の虐待(225 Ⅰ)における「悪意で(böswillig)」、謀殺(211 Ⅱ)における「下劣な動機から(aus niedrigen Beweggründen)」、道路交通の危殆化(315 c Ⅰ②)における「無謀に(rücksichtslos)」

などが挙げられる．こうした心情要素の利用は，構成要件の明確性原則や法適用の公平性に鑑み，法治国家としては疑問であると指摘される．これらは真正心情要素と呼ばれるが，それに対し，事情反価値およびそれに関連した行為反価値を特徴づける不法要素は不真正心情要素といわれ，謀殺における「背信的に(heimtückisch)」，「残酷に(grausam)」，保護を命じられた者の虐待における「粗暴に(roh)」などがその例とされる．これらは，不法にも責任にも属すると解する説もある．心情要素のこうした区別は，共犯理論にとってのみならず(ドイツ刑28参照)，錯誤理論にとっても重要である．わが国では，心情要素について必ずしも一般的な理解があるとはいえないが，既遂犯における故意，過失と異なり，対応する客観的要素の存在しない主観的要素のうち，法益侵害性と無関係な要素のことをいうなどとされる．→主観的違法要素，主観的構成要件要素，目的犯，傾向犯[上嶌一高]

信書開封罪 正当な理由がないのに，封をしてある信書を開けた者は，1年以下の懲役または20万円以下の罰金で処罰される(刑133)．「信書」とは，特定人から特定人に宛てた文書をいい，「封」とは，糊付けその他信書の内容が外から見られないようにするために施された装置をいう．憲法21条2項は通信の秘密を保護しており，本罪は通信の*秘密侵害'を処罰する規定のひとつである．その保護法益である秘密とは，信書という形式としての秘密であって，信書の内容それ自体が秘密である必要はないと解されている．開封した信書が，郵政大臣の取扱中に係る郵便物である場合には，郵便法77条で，3年以下の懲役または50万円以下の罰金で処罰される．信書開封罪は*親告罪'であり(刑135)，その告訴権者は，発信者・受信人の双方と解されている．→信書隠匿罪[佐伯仁志]

新新過失論 結果回避義務違反を中心に過失犯を理解する*新過失論'の一種ではあるが，結果回避義務を認めるにあたり，結果の具体的予見可能性を不要とし，一般人の立場からして何らかの結果防止措置を負担させるのが合理的と思われる程度の危惧感があれば足るとする説をいう．結果の具体的予見可能性を要求する他の新過失論と区別するために，新新過失論あるいは危惧感説と呼ばれる．昭和40年代に発生した*森永ドライミルク事件'，サリドマイド事件などの新しいタイプの過失事故を契機として，薬害，食品公害，企業災害など些細なミスが大規模な被害を招くいわゆる「現代型犯罪」に対処するために，*藤木英雄'が提唱した過失論である．この理論のねらいは，未知の危険に基づく事故に対する過失責任を基礎づけると同時に，さらには企業災害において，企業責任を適切に追及し，市民生活の安全を守るために企業組織体責任論とリンクして，末端の者だけでなく企業幹部の過失責任をも基礎づけようとする点にあった．新過失論においては，結果の予見可能性は具体的な結果回避措置を特定し義務づけるという機能を有するが，新新過失論は，結果の予見可能性を危惧感という形で抽象化することにより結果回避義務も危惧感を払拭するための措置という形で抽象化・一般化することになり，行政法上の規則違反その他の何らかの行動準則がそのまま刑法上の結果回避義務とされる危険性を一層内包することになった．

新新過失論に対しては，新過失論からも，過失認定の幅が過度に拡大し結果責任に近い結論が導かれ妥当でないと批判されている．森永ドライミルク事件の差戻審判決(徳島地判昭48・11・28刑月5・11・1473)は，「予見可能性は具体的な因果過程を見とおすことの可能性である必要はなく，何事かは特定できないが，ある種の危険が絶無であるとして無視するわけにはゆかないという程度の危惧感であれば足りる」としたが，判例は，北大電気メス事件控訴審判決(札幌高判昭51・3・18高刑29・1・78)，熊本水俣病事件控訴審判決(福岡高判昭57・9・6高刑35・2・85)等において，これを否定した．

なお，近時，交通事故の場合のように個人の行為者の責任が問題になる場合には結果の具体的予見可能性を要求するが，企業組織体の責任の追及が問題となる場面では危惧感でよいとして，生活関係別過失論を主張するものもある．→旧過失論[中空壽雅]

心神耗弱 心神耗弱者の行為はその刑を減軽される(刑39 II)．心神耗弱の意味は，判例・通説によれば，精神の障害によって事物の理非善悪を弁識する能力(弁識能力)または弁

識に従って行動する能力(制御能力)が著しく減少する場合である。*責任能力'が限定された*限定責任能力'である。犯行時に法に従って動機づける能力が低かったのであるから、責任非難が減少するので刑が減軽される。わが国の判例は*心神喪失'を認めることには慎重であり、心神耗弱とされる事例が非常に多い。

[林美月子]

心神喪失 **1 意義** 心神喪失者の行為は罰せられない(刑39Ⅰ)。心神喪失の意味については、判例・通説により、精神の障害によって事物の理非善悪を弁識する能力(弁識能力)または弁識に従って行動する能力(制御能力)が欠如する場合であるとされている。これらの能力が著しく減少している場合が*心神耗弱'であり、その刑は必要的に減軽される(39Ⅱ)。

刑法および刑罰は、犯罪行為に対する非難や処罰を通して、行為者が将来は法の要求に従って動機づけることができるように働きかけるものである。したがって、法に従った動機づけができない場合には責任非難をすることができず、また、刑罰を科すことは意味がなくなる。法に従った動機づけができない場合の中で、精神障害という生物学的な要素によって、動機づけの能力がなかった場合を責任無能力とするのが心神喪失の意義である。したがって、行為時の能力が問題となるのであって、受刑時に必要な受刑能力や、訴訟時に必要な*訴訟能力'とは異なる。

2 混合的方法 わが国では、*責任能力'を精神障害という生物学的要素と弁識能力および制御能力という心理学的要素によって判断しているが、このような方法を混合的方法という。諸外国の立法例には、心理学的要素のみによる心理学的方法や生物学的要素だけで判断する生物学的方法によるものもある。しかし、心理学的要素のみであると責任能力の判断は不安定になるし、生物学的要素のみであると精神医学者の見解に責任能力判断が依存することになる、と批判された。

英米法では、生物学的要素と心理学的要素のうちの弁識能力のみを組み合わせるものが、かつてマックノートン・ルール McNaghten rules として支配的であった。アメリカ合衆国では、レーガン大統領の暗殺未遂事件の被告が制御無能力で無罪とされたと考えられて以来、制御能力テストに対する批判が強く、マックノートン・ルールに多少の修正を加えた立法例が有力となっている。

3 生物学的要素 生物学的要素である精神障害には、精神分裂病・そううつ病・意識障害等様々なものが含まれる。このうち精神分裂病などの真の精神病については、原則として責任無能力とすべきだとする精神医学上の立場がある。しかし、わが国の判例には、幻聴が犯行を直接支配する場合や、病的体験によって動機が形成された場合以外は、犯行の動機の了解可能性等を重視して、責任無能力を認めない傾向がある。最高裁は、破瓜型の精神分裂病患者の殺人について、破瓜型は予後が悪く、軽快を示すも一過性であり、しだいに人格荒廃状態に陥ることを認めながら、限定責任能力とすべきだとした(最判昭53・3・24刑集32・2・408、第2次上告審は最決昭59・7・3刑集38・8・2783)。

意識障害は酩酊や情動において現れる。酩酊については、単純酩酊は完全責任能力、複雑酩酊は限定責任能力、病的酩酊は責任無能力とされることが多い。情動については、判例の多くは、過労・不眠・飢餓等の生理的布置因子を伴わない限り完全責任能力とする。

精神遅滞については、知能指数が目安になるが絶対的なものではなく、犯行の是非の表面的理解だけでなく、社会的意味も理解しているかについて判断すべきである。

精神病質については、精神病と質的に異なるのか、量的な程度の問題なのかで精神医学上も見解が分かれる。判例は他の酩酊などの要素を伴わない限り、完全責任能力とすることがほとんどであり、かえって、その犯行が残忍である場合に重く量刑されることも多い。

4 心神喪失の判断 心神喪失の判断には精神鑑定が用いられることが多いが、判例は鑑定は必ずしも必要的なものではなく、また、鑑定結果にも拘束されないとしている。判例は、心神喪失・心神耗弱の最終的な判断は法律判断であり、その前提となる生物学的要素・心理学的要素の判断も裁判所の評価に委ねられるべきであるとする(最決昭58・9・13判時1100・156)。

人身売買

人身売買を一般的に処罰する規定は存在しない。刑法典では、国外に移送する目的での人身売買のみが処罰され(国外移送目的人身売買罪)、付随して、売買された者を国外に移送した者も処罰されている(刑226II)。特別法では、児童福祉法で、①児童に対し刑罰法令に触れる行為をする虞のある者等に児童を引き渡す行為、②営利を目的として、児童の養育をあっせんする行為、③児童の心身に有害な影響を与える行為をさせる目的をもって、児童を自己の支配下におく行為を禁止し(児福34 I ⑦～⑨)、禁止違反に対する罰則として1年以下の懲役または30万円以下の罰金が科されることになっている(60 II)。また、職業安定法では、①暴行、脅迫、監禁その他精神または身体の自由を不当に拘束する手段によって、職業紹介、労働者の募集もしくは労働者の供給を行った者またはこれらに従事した者、②公衆衛生または公衆道徳上有害な業務につかせる目的で、職業紹介、労働者の募集もしくは労働者の供給を行った者またはこれらに従事した者に対して、1年以上10年以下の懲役または20万円以上300万円以下の罰金が科されることになっている(職安63)。→略取誘拐罪

[林美月子]

[鈴木左斗志]

人身保護法

1 法律の目的・対象 不当に人身の自由が奪われている場合に、司法裁判によって迅速かつ容易にその自由を回復させることを目的とする(昭和23・7・30法199、人保1)。英米法上のヘイビアス・コーパス(habeas corpus)の制度を背景としたものである。一般に人身保護法は憲法34条の趣旨を具体化したものとされているが、人身保護手続の対象が刑事手続上の身柄拘束に限定されないことなどから、むしろ本法は憲法18条に基づくものであるとする見解もある。

本法による保護の対象は、およそ法律上正当な手続によらないで身体の自由を拘束されている者すべてに及ぶ。したがって、刑事手続上の身柄拘束の場合のほか、精神病院への強制入院、外国人に対する強制退去のための収容、さらには離婚した夫婦の一方がその子供を拘束する場合など私人による拘束もその対象となる。

2 手続 人身保護法に基づく救済の請求は、被拘束者本人のほか、何人でも「被拘束者のために」行うことができる(2)。ただし、請求は「拘束又は拘束に関する裁判若しくは処分がその権限なしにされ又は法令の定める方式若しくは手続に著しく違反していることが顕著である場合」に限られる(人保規4)。

この請求は、特別の事情がある場合を除き、弁護士を代理人としてしなければならない(人保3)。請求は書面または口頭により、被拘束者・拘束者・請求者の所在地を管轄する高等裁判所・地方裁判所に対してすることができる(4)。

請求を受けた裁判所は、審問の日時・場所を指定して請求者等関係者を召喚する(人保12 I)。拘束者に対しては、被拘束者をその指定した日時・場所に出頭させることを命ずるとともに、拘束の日時・場所・事由について答弁書の提出を命ずる(12 II)。審問は公開の法廷で行い(14 I)、その結果、請求に理由のない場合は、判決で請求を棄却して被拘束者を拘束者に引き渡し(16 I)、請求に理由のある場合は、判決で被拘束者を直ちに釈放する(16 III)。他の法律に基づく裁判で、被拘束者に不利なものは、本法に基づく判決と抵触する範囲においてその効力を失う(24)。本法によって救済を受けた者は、判決によらなければ、同一の事由で重ねて拘束されることはない(25)。裁判所は、必要があると認めるときは、判決をする前に決定で、出頭を誓約させてまたは条件を付して、被拘束者を仮釈放することができる(10 I)。

刑事手続上の身柄拘束に関しては、人身保護規則4条但書が「他に救済の目的を達するのに適当な方法があるときは、その方法によって相当の期間内に救済の目的が達せられないことが明白でなければ、これをすることができない」と規定しているため、人身保護請求は準抗告など刑事手続上の方策をとることができない場合に限られる。実際上も、刑事手続法上の身柄拘束に対しては人身保護制度はほとんど利用されていない。

[深尾正樹]

真正不作為犯

(独) echtes Unterlassungsdelikt **1 意義** 法文上、構成要件的行為(実行行為)が不作為の形式で規定されて

いる犯罪をいう．*不作為犯'の一種である．かつては純正不作為犯ともいわれていたが，今日では真正不作為犯という名称が一般的である．作為犯の形式で規定されている構成要件を不作為により実現する*不真正不作為犯'とは異なる．真正不作為犯の成立要件は構成要件において明らかにされている．たとえば，*不退去罪'は，「要求を受けたにもかかわらず」住居などの場所から「退去しない」ときに成立するし(刑130後)，*不保護罪'は，「老年者，幼年者，身体障害者又は病者を保護する責任のある者」がこれらの者の「生存に必要な保護をしなかった」ときに成立する(218後)．

2 真正不作為犯と不真正不作為犯との相違
真正不作為犯においては構成要件に規定された一定の行為をしなかったすべての者が行為の主体となりうるが，不真正不作為犯においては作為義務を有する者，あるいは保障人にかぎられる．さらに，両者は義務の内容においても異なるともいえる．真正不作為犯は法律において要求された行為をなすべき義務に反したときに成立するが，不真正不作為犯は結果の発生を回避すべき義務に反する場合に成立する．たんに，法令上要求された行為を行わなかったとしても，不真正不作為犯が成立するわけではない．この点で，真正不作為犯における義務が不真正不作為犯の作為義務を基礎づけることはない．また，法律上の規定形式を基準にして両者を区別する見解もある．

3 真正不作為犯と*実行の着手'の時期 真正不作為犯において，義務の履行に必要な時間の経過中は既遂とはいえないので，未遂が問題になるという見解と，義務の履行に必要な時間経過後に必要な行為を行わなかったときにはじめてその不作為は既遂に達するので，未遂を考える余地はないとして，真正不作為犯の未遂を否定する見解がある．刑法上不退去罪(132・130時事後)において問題になるにすぎない．

[堀内捷三]

心臓死 (独) Herztod　心臓死は，心肺死とも同視され，長らく*人の終期'の基準とされてきたが，*脳死'の発見つまり人工呼吸器と心臓移植の登場により，動揺するに至った．今日，心臓死基準を維持しうるか，それが脳死基準と対立するかにつき，なお論争がある．

元来，心肺死と脳死とは一体不可分であった．「心」臓という語は，脳の機能が未だ知られていない時代に，人の個体活動が終止する時，心臓停止と共に，知覚反応等の心の作用も失われるという人々の経験に由来する．しかも，生命を支える心肺の呼吸血液循環は，停止しても脳死に至らない限りは，人工呼吸・心臓マッサージ等で蘇生可能である．脳死前は心臓が欠損しても移植で生命を保持しうるのも，心肺機能の不可逆的喪失が脳死に依存していることを示す．もはや単なる心肺停止を死の基準となしえない．それゆえ，脳死者の人為的に維持された心拍・呼吸循環の存在では死を否定しえず，この意味での心臓死説は疑問となる．脳死臨調報告(1992)の多数意見は，心臓死も心停止後の脳死で脳による個体の統一性が失われる点で脳死と同じ意味での死である，とする．しかし，心臓死と脳死の両基準を併存することの当否が更に問われる．→三徴候説，臓器移植　　[長井 圓]

親族相隠　刑法105条は「前2条の罪については，犯人又は逃走した者の親族がこれらの者の利益のために犯したときは，その刑を免除することができる」と規定している．「前2条」とは，*犯人蔵匿罪'および*証拠隠滅罪'のことであり，親族間の犯罪の場合，情誼のゆえ*期待可能性'(責任)が減少することを理由に，刑の任意的免除を規定したものと解されている．同時に他人たる共犯者や第三者のために行われた場合には，本条の適用はないとされている．なお，親族が第三者に依頼して犯人蔵匿・証拠隠滅の行為をさせた場合にも本条による刑の免除が可能か否かに関しては，教唆犯は成立するがこの場合にも親族に本条を適用しうるとする説と他人をそそのかしてまで刑の免除を認めるべきでない，あるいは庇護の濫用だとして本条の適用を否定する説が主張されている．また，犯人・逃走者が親族に蔵匿・隠滅を教唆した場合の罪責に関しては，親族には当然本条が適用されて犯罪成立の上，場合によって刑が免除され，犯人・逃走者側は教唆犯が成立することになるが(自身による逃走・隠滅行為と差異がないとして教唆犯を否定する説もある)，親族に対する刑の免除に対応して同様に取り扱われうる

と解するのが通説である．→盗品等に関する罪
[岩間康夫]

親族相盗例　1　総説　刑法244条は1項で配偶者，直系血族または同居の親族間で犯された窃盗罪および不動産侵奪罪(未遂罪も含む)について刑の必要的免除を規定し，2項では1項に規定された以外の親族間での上記犯罪について親告罪とする旨規定する(なお，3項により，被害者と親族関係のない共犯については適用がない)．この親族相盗例は刑法251条により詐欺，電子計算機使用詐欺，背任，準詐欺，恐喝およびそれらの未遂に対し，また刑法255条により*横領，*業務上横領，*占有離脱物横領'に対して準用されている(さらに，刑257は*盗品等に関する罪'について親族間の犯罪に関し独自の規定を置いている)．比較的近い親族間の窃盗等に刑の免除が与えられる根拠については，従来より*一身的刑罰阻却事由'説，責任減少事由説，および違法性減少事由説が主張されている(なお，刑の免除は有罪判決の一種と解されうるから[刑訴334参照]，どの説を採ろうと犯罪自体は成立していると見るべきだろう)．まず一身的刑罰阻却事由は*法は家庭に入らず'という思想を援用し，親族間の紛争は究極的には親族間での解決に委ねることが政策的に好ましいからと説明する．責任減少事由説は近しい親族の物を取ろうとすることには適法行為の期待可能性が著しく低いと見る(個人の財産意識の欠如，親族間の情誼)．違法性減少事由説は親族間の占有・利用関係の不明確さを理由とする．

2　適用の要件，関連問題　規定にいう「親族」の範囲は民法725条によって画される．「配偶者」とは法律婚によるそれに限られるのか否かにつき，見解の対立がある．逆に形式的に親族でも事実としてそれにふさわしくない疎遠な関係にある者に対する適用の可否も問題となりえよう．「同居の親族」も継続的に共同生活をしていることが要求される．親族相盗例が適用されるためには，行為者と物の占有者との間，および行為者所有者との間の双方に親族関係が存しなければならないとされている(最判平6・7・19刑集48・5・190)．なお，刑法244条は近しい親族間の場合には刑の必要的免除とし，これに対して他人に比較的近い間柄の親族について

は*親告罪'扱いにしているが，これにより疎遠な親族間の方が告訴のない限り事実上の無罪状態が得られるため，評価の矛盾になるとかつてより批判されている．そのため近しい親族間についても親告罪にせよとか，そこまで行かなくても*免訴'あるいは*公訴棄却'という形式裁判によって処理せよとの主張も有力になされている．→親族相隠　　　　　　　　　[岩間康夫]

迅速な裁判　1　意義　訴訟を迅速に行い早期に終結させることをいう．「裁判の遅延は裁判の拒否」といわれるように，紛争解決のために開始される訴訟は，本来迅速でなければならない．とくに刑事訴訟では，訴訟遅延によって，被告人がさまざまな法的・社会的不利益を受けるだけでなく，関係者の記憶減退，証拠散逸などによって防御権の行使にも障害が生じるから，迅速な裁判のもつ意義は大きい．このため，憲法は迅速な裁判を受ける被告人の権利を保障した(憲37Ⅰ)．刑事訴訟法もまた，刑罰法令の適正かつ迅速な適用実現を目的としてかかげる(刑訴Ⅰ)．

迅速な裁判は，被告人の権利であるだけでなく，国家の人的・物的資源を効果的に利用し，迅速に刑罰を実現するという公共的な要請でもある．このような要請から迅速な裁判を推進することを，とくに訴訟促進とよぶことが多い．訴訟促進は，かならずしも被告人の利益に照準をあてるものでないため，被告人の権利としての迅速な裁判の要請と合致しないことがある．被告人側の防御を尽くさせたうえでの訴訟促進でなければならない．

2　迅速な裁判の条件　迅速な裁判の実現のために，①公訴提起後2ヵ月以内に起訴状が送達されないときの公訴提起の失効(刑訴271Ⅱ)，②*事前準備'(刑訴規178の2以下)，③*準備手続'(194以下)，④*継続審理'(179の2)，⑤公判期日の遵守(刑訴277，刑訴規179の4)，⑥*簡易公判手続'(刑訴291の2)，⑦略式手続(461以下)などの制度・手続がある．しかし，刑事専門の弁護士が少なく民事事件を同時受任せざるをえない，起訴前国選弁護制度がない，裁判所の事務負担が重く同時担当事件が多いなど，訴訟処理体制に問題があるほか，被告人側の防御準備にとって必要で，かつ争点の整理・立証

の合理化に有効な証拠開示が不十分である，審理が書証中心でかならずしも継続審理を不可欠としないなど，手続上の問題があり，迅速な裁判は一般化していない．

3 違反の効果 現行法上，迅速な裁判を受ける権利が侵害された場合の救済規定が欠ける．このため，裁判が迅速を欠き憲法37条1項に違反しても，それが判決に影響を及ぼさないことが明らかであるから上告理由にならないとするのが判例であった(最判大昭23・12・22刑集2・14・1853)．その後，検察官側立証の段階で約15年間審理が中断した*高田事件'上告審判決は，迅速な裁判の保障条項の自力実効性を肯定し，同条項違反が生じた場合は，これに対処すべき具体的規定がなくても審理を打ち切るべきものとするに至った(最判大昭47・12・20刑集26・10・631)．高田事件上告審判決は，被告人が審理促進を求める積極的な態度を示さなかった場合は救済を認めないとする要求法理を採用しなかったと解されているが，その後の判例は，被告人の審理促進の要求がなかったことを考慮する．被告人の要求の有無にかかわらず，検察官および裁判所は迅速な裁判を実現することを要請されるから，被告人が意図的に訴訟遅延の原因を作ったような場合は格別，被告人が反証段階や被告人控訴にかかる控訴審段階で審理促進を求める積極的な態度を示さなかったとして，救済を認めないのは問題が多い．手続打切りの裁判形式として，*免訴'および*公訴棄却'が考えられるが，高田事件上告審判決は免訴とした．これは，公訴時効期間をこえる審理の中断があったことが理由のひとつだとされている．→アレインメント，集中審理，弁護人抜き裁判法案，百日裁判　　　　　　　　　　　　　　　[上口 裕]

身体刑 (独)Körperstrafe　身体に対して直接的な侵害を加えることをその内容とする*刑罰'．その起源は旧約聖書のタリオ(同害反復)の法にもとめられるといわれる．具体的な内容は時代や地域によって多様であるが，手・足・耳・鼻などを切断して身体の完全性を損なう肉刑，笞や棒などで身体を殴打して，肉体的苦痛を与える痛苦刑，顔や手足に入れ墨を施し，その名誉を侵害する黥刑(げいけい)などが一般的である．中世後期のヨーロッパにおいては，*死刑'とともに刑罰制度の主流をなしていたが，人道主義的な思想の普遍化，さらに労働力確保のために受刑者を利用する社会的要請を背景として，17世紀頃から拘禁刑が一般化するにしたがい，徐々にその適用が制限されるにいたった．現在では，ほとんどの先進諸国では廃止されており，イスラム諸国や東南アジア諸国のごく一部に残存するにすぎない．

わが国においても律令時代に採用されて以来，明治初期の*仮刑律'(明治元年)，*新律綱領'(明治3年)にいたるまで，笞刑や杖刑が多用されていたが，*改定律例'(明治6年)で原則的に懲役刑に換刑され，その後の旧刑法(明治13年)，現行刑法(明治40年)においては身体刑の制度は設けられていない．日本国憲法は「*残虐な刑罰'」を絶対的に禁止しているから(憲36)，身体刑もこれに該当し，現行憲法のもとでは許されていないと理解するべきであろう．

刑罰ではないものの，優生保護法は「顕著な犯罪傾向」をもつ「顕著な遺伝性精神病質」の者(優生別表3)などに対して，公益上必要と認められるときは，本人の同意がなくとも，*不妊手術'を実施しうることを定めていた(優生4以下)．しかしながら，同法を改称した*母体保護法'においては，これに関連する規定は削除されている．　　　　　　　　　　　　　　[橋爪 隆]

身体検査　人の身体の形状・性質を五官の作用で感知すること．「身体検査」は，広い意味では，①身体の捜索(刑訴102)，②検証としての身体検査(218Ⅰ)，③鑑定処分としての身体検査(168)の3種類を包括するものとして，また，狭い意味では，前記②のみを指すものとして用いられる．ここでは，以下，よく問題になる捜査機関による②の身体検査について説明する．

身体検査は対象が人の身体であることから特別の慎重さを要求されている(218・219)．その実施は身体検査令状という特別の令状によらなければならず(218Ⅰ)，また，この請求の際にそれを必要とする理由および身体検査を受ける者の性別，健康状態その他を格別に示す必要もある(218Ⅳ)．さらに令状の発付にあたって，裁判官は場所や医師の立会いなど適当と認める条件を付すこともできる(218Ⅴ)．そしてそれを実

施するときには，対象者の健康状態等諸事情を考慮し，実施方法に注意を払い，あわせてその名誉も害さないようにする必要がある．対象者が女子の場合は，医師または成年の女子を立ち会わせなければならない(222Ⅰ・131)．

身体検査は強制処分であり，正当な理由なくこれを拒否する者に対しては，過料，費用賠償，罰金・拘留の間接強制が加えられる(222Ⅰ・138)．これらによっても効果がないときは，直接強制を加えて(たとえば，対象者を無理やり押さえ付けるなど)もその目的を実現できる(222Ⅰ・139．なお140)．こうした直接強制は，*鑑定'としての身体検査には認められていないので(225Ⅰ・168Ⅰ・Ⅵ参照)，検証としての身体検査の大きな特徴となっている．

身体検査は，この通常の概念および*検証'としての性質から，元来，人の身体の外部的観察にとどまるべきものであり，それをできるだけ広く解しても耳孔のように外界に露出している体腔部をのぞくことぐらいまでであろう．しかし，近時の医療技術の進歩により，比較的容易でしかも害の少ない外部からの身体内部への検査方法が数多く開発されたので，身体検査の概念を広げて捜査のための身体検査にもそれを利用しようとする動きがでてきた．この例として，強制的にカテーテルという細いゴム管を被疑者の尿道口から挿入して尿を採取するという*強制採尿'がある．判例によれば，それは基本的には捜索差押令状によるべきであるとされているが(最決昭55・10・23刑集34・5・300)，身体検査令状と鑑定処分許可状との併用説などの有力な反対説もある．

こうした身体検査の範囲・方法などをめぐる問題は，尿の採取に限られるわけではなく，強制採血などさまざまな*体液の採取'についても起こっている．→採血　　　　　　　　[島 伸一]

人定質問　公判期日において，起訴状朗読に先立ち裁判長が被告人に対し人違いでないことを確かめる手続(刑訴規196)．通常，氏名，年齢，職業，住居，本籍等の質問により被告人として出廷している者と起訴状に表示された人物とが同一人であることを確認するが，必ずしも質問方式である必要はなく，写真等で確認することもできる．黙秘権との関係について，判例は被告人の氏名について原則として「不利益」(憲38Ⅰ)な事項に当たらないとして，黙秘権は及ばないとする立場を採っているが(最判大昭32・2・20刑集11・2・802)，通説は被告人には全面的黙秘権がある(刑訴311Ⅰ)ので氏名にも及ぶとする．また，人定質問の意義について，判例は，被告事件につき被告人に陳述する機会を与えるため，起訴状の朗読前に予め被告人の人違いでないことを確かめるための訓示規定と解しており(最決昭28・12・17刑集7・12・2558)，起訴状の朗読をしない控訴審の手続には人定質問は要しないとされる．[佐藤美樹]

人的不法　(独) personales Unrecht
ドイツの刑法学者である*ヴェルツェル'により主張された，*行為無価値'の意義を強調する違法論をいう．人的違法論ともいう．ヴェルツェルは，*違法'の実質を法益侵害の惹起といった*結果無価値'に求める見解を批判し，行為は，一定の行為者のしわざとしてのみ違法であり，行為者の目標設定，心構え，義務などすべてが，生じるかもしれない法益侵害とともに，行為の不法を決定するとして，不法は，行為者関係的な人的不法であるとした．行為無価値はあらゆる犯罪に共通する無価値であるが，結果無価値は非独立的要素であるにすぎないとする．
[山口 厚]

人道に対する罪　(英) crimes against humanity (独) Verbrechen gegen die Menschlichkeit　(仏) crimes contre l'humanité

人道に反する住民等の大量殺害・組織的強姦などを包摂する包括的な行為類型で，第2次大戦時におけるドイツのユダヤ人迫害・大量虐殺等を，戦後に国際軍事法廷で裁くために，新たに認められた国際法上の犯罪類型．その後，発達が著しく，個別的類型としては，そうした特定民族等を破壊する目的でなされる大量虐殺等(集団殺害罪(genocide)．1948年「集団殺害罪の防止及び処罰に関する条約」)のほか，人種差別として隔離などを行うアパルトヘイト(apartheid)(1973年「アパルトヘイト犯罪の抑圧及び処罰に関する国際条約」)などが広く承認されている．ただ，このように確立されたものは，独立の犯罪類型とされることもある．なお，*国際刑事裁判所'の裁判所規程(国際刑事裁

判所設立条約. 1998年)は、条約としてははじめて、包括的な行為類型として人道に対する罪を規定した(集団殺害罪は独立. 規程5条. なお、人道に対する罪の個別的類型につき同7条.).

包括性がある概念だけに、内容的にあいまいな部分を残す. 特に、もともと*戦争犯罪'と類型的に近縁の要素があることから、ことに非国際的武力紛争については、互いに他方の犯罪を構成しない行為を補完的に処罰対象とする余地がある.　　　　　　　　　　　　　　　　[愛知正博]

新派刑法学　(独) moderne Schule

1 意義　新派刑法学は、近代派(moderne Schule)とも呼ばれ、19世紀中葉以降、当時の犯罪の急増を背景に、犯罪原因を科学的に究明することにより、とくに特別予防による社会防衛を図ることを目的とする刑法思想である. 犯罪が、人間の自由意思に基づく合理的な判断の所産ではなく、生物学的・社会学的な原因をもった事象であるという認識を基礎とし、その原因を除去し、犯罪を予防するための刑事政策を実現するのが刑法であるというのが、新派刑法学の基本思想である. *刑罰論'としては、応報を否定して目的刑論を説き、とくに受刑者に対する改善刑ないし教育刑を唱える. 犯罪論としては、「罰せられるべきは行為ではなく、行為者である」という行為者主義に立ち、意思の自由を否定して決定論を採る. 行為者の意思は、性格の発露であるから、行為は性格の徴表にすぎず(*犯罪徴表説')、行為者の「性格」こそが犯罪の究極の原因である. したがって、責任とは、行為に対する非難可能性という意味での責任ではなく、社会に対する性格の危険性を意味する(性格責任・*社会的責任論').

新派刑法学も、社会防衛のためには犯罪防止の目的をもっとも効果的に追求できるような刑法であるべきだとする急進的な新派刑法学と、「刑法は刑事政策の越えることのできない障壁である」ことを認め、「刑法を犯罪者のマグナカルタである」として、人権保障を考慮する穏健な新派刑法学に分けることができる. 現在では、人権に配慮しない急進的な新派は支持を失っているが、刑法が刑事政策を目的とするものであるというその思想は、現在の刑法学の共通財産となっている.

2 歴史的展開　新派刑法学の端緒は、19世紀の後半のイタリアの*ロンブローゾ'による犯罪人類学に求められる. ロンブローゾは、その『犯罪人論』(1876)において一定の身体的・精神的特徴をもつ者は、「生来性犯罪人」であるというテーゼを立て、その原因を「隔世遺伝」に求め、それに対する対策として社会的隔離(排害)を唱えた. その思想は、*フェリー'や*ガロファロ'に受け継がれ、いわゆるイタリア学派ないし犯罪人類学派を形成する. 新派思想を刑罰論ないし刑法思想に結実させたのが、ドイツの*リスト'である. リストは、1882年「刑法における目的観念」という講演において新派刑法学の狼煙を上げたが、それ以降、*旧派刑法学'との熾烈な*刑法学派の争い'が繰り返される. リストの刑罰論は、犯罪者の反社会性の強弱により犯罪者を分類し、それに応じて、偶発犯人に対しては威嚇、改善可能な状態犯人に対しては改善、改善不能な状態犯人に対しては排害というように刑罰の個別化を図るものである. しかし、犯罪論では、むしろ、行為刑法を採るという二元主義がリストの刑法学の特徴である. その意味で、リストの刑法思想は、穏健な新派刑法学であるともいえよう. また、ベルギーのプリンス、オランダのハメルとともに*国際刑事学協会'(IKV)を設立し、新派刑法学の研究協力の国際的展開を図ったのも、リストである. 新派刑法学は、その後、リストの弟子であったテザールやコルマンの犯罪徴表説や、リープマンの教育刑論として展開され、さらに、戦後の*社会防衛'論につながる.

3 わが国の新派刑法学　わが国においては、まず、明治30年代の犯罪の激増を背景に、*富井政章'や古賀廉造の一般予防的で厳罰主義的な新派刑法学が唱えられ、次いで、*勝本勘三郎'が、ドイツ、イタリアの新派刑法学を導入し、*主観主義'・犯罪徴表説・教育刑論を唱え、刑法解釈論の隅々にまで新派思想を浸透させた*牧野英一'の刑法理論によって完成される. *宮本英脩'も、基本的には主観主義、特別予防論を採り、新派刑法学を唱えた. その他、牧野の弟子、木村亀二のほか、江家義男、正木亮、市川秀雄、八木胖等がこれに属する. しかし、現在では、牧野の唱えたような意味での新派は、わが国に

審判の分離 被告人が複数である場合と被告人が数罪を犯した場合，すなわち*共犯者の刑事手続'や余罪の起訴の場合など同一被告人の事件に関する刑事手続は併合審理される場合がある．この併合審理の決定を審判の併合という．それぞれ1通の起訴状で一括起訴する場合は当然，併合審理となるが，それ以外の場合は裁判所が適当と認めるとき行われる．そして，既に併合されている複数の事件を裁判所が適当と認めるときは，請求または職権により決定で審理を分離することができる(刑訴313Ⅰ)．これを審判の分離という．共同被告人と利害が相反するような場合など被告人の権利を保護するために必要があると認められるときは，裁判所は請求または職権により審判を分離しなければならない(313Ⅱ,刑訴規210)．被告人の権利保護という観点と職権のみならず当事者の請求権を認めたことは当事者主義を強化させた現行法の趣旨に照応するものと理解されている．現行法では弁論の併合・分離と規定されており(刑訴313)，「弁論」とは公判期日に行われる「審理」または「審判」と解されている．

審判の分離は，1個の国法上の裁判所に係属している数個の事件を別の手続で審理する決定をいい，数個の国法上の意味の裁判所に事件が係属する場合における関連事件の分離移送(4・7)も審判の分離と呼ばれるが，概念を異にする．また，事件が1個であるときもしくは1個と計算される観念的競合や牽連犯では弁論の分離ということはありえない．

共同被告人の利害が相反するような場合に，弁論の分離がされたにもかかわらず，*分離公判'は同一の裁判官により行われることがある．判例は，共犯者の公判審理によりあらかじめ知識を有していたからといって，「公平な裁判所の裁判」でないとはいえない(最判昭28・10・6刑集7・10・1888)としているが，学説には公判は別の裁判体に委ねるべきだとする批判もある．また，実務では共同被告人を他の被告人に対する証人として尋問するために，便宜的分離が行われているが，この点に対しても学説上異論が少なくない．

多数被告人の事件においては一通の起訴状で多数人を一括起訴する場合と，数回に分けて起訴する場合がある．前者を*統一公判'という．審判の併合・分離は裁判所の裁量により自由に決定されるべき(東京高判昭29・9・7高刑7・8・1286)としているが，設備が許す限り被告人の要求に応えるべきであると解される．

[佐藤美樹]

神兵隊事件 1932(昭7)年の血盟団事件，*5・15事件'に続いて右翼急進分子が1933(昭8)年に引き起こしたクーデター未遂事件．政党政治や財閥の腐敗に憤激した国家主義者が，時の斎藤実内閣を打倒して皇道日本を実現すべく，大日本神兵隊と称する行動隊を組織，東京の要所に火を放って蜂起し，閣僚等要人を暗殺する計画を立てた．しかし，決行当日の7月11日未明より数十名が検挙されたため，実行には至らなかった．

被告人等は内乱予備，陰謀罪に問擬された．弁護側は，国体防護のための*国家正当防衛'，国家緊急避難を主張したが，行為が必要やむを得ないものとは認められないとの理由で斥けられた．その一方で大審院は，*内乱罪'の行為の目的である，憲法の定める統治の基本秩序の壊乱(当時の旧規定では朝憲紊乱)とその一例としての国の統治機構の破壊(同じく政府顛覆)の意義につき，5・15事件の大審院判決(大判昭10・10・24刑集14・1267)を踏襲して，「直接ニ内閣制度其ノ他ノ朝憲ヲ不法ニ變革スルコト」と判示し，本件ではこれが欠けるとして，結局，内乱予備，陰謀罪の成立を否定したのである．なお，殺人予備罪，放火予備罪についても，刑の免除が相当とされている．(大判昭16・3・15刑集20・263)

[橋田 久]

人民電車事件 1949年6月，労働争議の戦術のひとつとして旧国鉄労組の組合員が，同労組のストライキにより運行を停止した列車の代替として，車体の側面に「人民電車」などと書いた電車を業務命令に違反しかつ当局の運行計画に従わずに独自に運行したことが業務妨害罪および*往来危険罪'(刑125)に問われた事件．特に往来危険罪について，刑法125条にいう「往来の危険」を生じたことになるのか否かが主な争点となった．1審の横浜地裁は，正規の資格を有する運転士・車掌が平常の規則等に従っ

て運転しており,当局側も他の電車の運転整理を行うなど対策をとっていたこと等から差戻審においても「往来の危険」の発生を否定したが,2審の東京高裁は,当初は「具体的現実的危険性の不存在を理由として」往来危険罪の成立を否定することは失当だとして,1審判決を破棄差戻し,差戻審が再度,往来危険罪の成立を否定すると,1審の事実認定を前提としても危険の発生は肯定できるとしてこれを破棄自判,有罪とした.最高裁は,特に理由を追加せずに2審判決を全面的に支持して被告人の上告を退けた(最判昭36・12・1刑集15・11・1807).

[葛原力三]

信用毀損罪 虚偽の風説を流布し,または偽計を用いて人の信用を毀損する罪のことをいう.刑法典第35章「信用及び業務に対する罪」の233条に業務妨害罪とともに規定されており,3年以下の懲役または50万円以下の罰金に処せられる.「信用」という概念は法律上広く用いられるが,本罪における信用とは,あくまで経済的信用のことをいい,具体的には支払い能力または支払い意思に対する社会的信頼をいう(大判大5・6・1刑録22・854).信用の主体は,自然人と法人の両方を含む.「虚偽の風説の流布」とは,たとえば根拠なく「あの店は近いうちに倒産するようだ」などと事実と異なる噂を不特定または多数人に伝えることであり,順次伝わってもそれにあたる.また,偽計とは,人を錯誤に陥れたり,誘惑したり,あるいは他人の錯誤や不知を利用する違法な手段一般のことをいう.罪質については争いがあり,他人の信用をある程度具体的に低下させるおそれ(具体的危険)のある状態におけば足りるとするのが通説・判例であるが,他方,現実に他人の信用を毀損することを要するとする侵害犯説も有力である.

[甲斐克則]

信用性の情況的保障 (英) circumstantial guarantee of trustworthiness 信用性の情況的保障とは,*伝聞証拠'のもとになった供述(原供述)がなされた情況が,その供述の信用性を保障するに足るものであったことをいう.これは,「証拠の必要性」とともに,伝聞法則の例外が認められるための一般的な要件とされている.すなわち,本来供述証拠には,知覚・記憶・表現・叙述の心理過程に供述証拠特有の誤りの可能性が内在しており,それを除去するために相手方当事者の反対尋問という制度が設けられているのであるが,一方で,証拠とする必要性があり,他方で,ある程度反対尋問に代わりうるような供述の信用性を保障する情況があるなら,反対尋問を経ていない伝聞証拠であっても,例外的に証拠として認めてもよいのである.これらの要件は,アメリカの証拠法の大家であるウィグモア John Henry Wigmore(米・1863-1943)が判例分析にもとづいてまとめたものである.日本の現行刑事訴訟法も,伝聞法則を採用し(刑訴320 I),その例外を認めている(321以下).そこに規定された例外の具体的要件についても,2つの一般的要件から説明することができる.

信用性の情況的保障という要件に関していえば,たとえば,伝聞法則のもっとも基本的な例外規定であるとされる刑事訴訟法321条1項3号およびその規定を準用する324条2項では,「(原)供述が特に信用すべき情況の下にされたものである」こと(特信情況)が要求されている.また,321条1項1号では,明文には現れていないが,供述が「裁判官の面前」でなされたことが要件となっており,これが,信用性の情況的保障となっている.同項321条1項2号は,後段については,特信情況が要求されているが,前段では,供述が「検察官の面前」でなされたことのみが要件になっており,信用性の情況的保障の観点から,一方当事者である検察官を公平な第三者である裁判官と同列に扱っている同規定の合憲性が疑問視されている.その他の規定についても,伝聞法則の例外とされるものは,同様に説明することができる.

[山田道郎]

信頼の原則 (独) Vertrauensgrundsatz 行為者がある行為をなすにあたって,被害者あるいは第三者が適切な行動をとることを信頼するのが相当な場合には,たといその被害者あるいは第三者の不適切な行動によって結果が発生したとしても,それに対しては責任を負わないとする原則をいう.*過失'の成立範囲を限定する法理である.信頼の原則は,1930年代のドイツの刑事交通事故判例で生成・確立された理

論であるが, わが国でも, 昭和41年の最高裁判決(最判昭41・12・20刑集20・10・1212)以来, 主として道路交通事故の分野で採用され, 学説の支持を受けて判例上発展・確立されてきたものである.

しかし, この原則は, 道路交通事故特有の法理ではなく, 被害者または第三者が結果惹起に関係するような態様における過失の認定一般に広く適用されうるものであり, チーム作業によって危険な業務を遂行する際に, その業務関与者が共同作業を分担し, 相互に各人の適正な結果防止措置を信頼することが相当である場合にも適用が可能であるとされており(チーム医療の分野での肯定例として, 札幌高判昭51・3・18高刑29・1・78), さらには, 管理・監督過失が問題となる場面でもその適用が議論されている(肯定例として, 最決昭63・10・27刑集42・8・1109).

信頼の原則が適用されるのは, 被害者または第三者が不適切な行動をとる蓋然性が低い具体的状況が存在するからである. したがって, これらの者が幼児, 老人, 身体障害者等であるため不適切な行動をとる蓋然性が高い場合にはこの原則は適用されない. 信頼の原則の体系的地位については, *注意義務', 特に, 結果回避義務の有無を認定する基準であるとする見解と, *予見可能性'の有無を認定する基準であるとする見解が対立している. そして, そのいずれの立場をとるかは, 行為者に法規違反があり, それと発生結果との間に条件関係がある場合に, 信頼の原則が適用になり得るかという問題の解決に影響を与えるとされている. 前説によれば, 自ら法規に違反しながら他人の適切な行動を信頼することを許すのは正義・公平に反するとしてこの原則の適用に批判的であるのに対し, 後説によれば, 自己の法規違反が相手方の行動に影響を与える性質のものでない限りそれは結果の予見可能性に直接影響するものではないので信頼の原則の適用もありうることになる. 判例は, 行為者に交通法規違反がある場合にも信頼の原則の適用を肯定している(最判昭42・10・13刑集21・8・1097). 　　　　　　[大塚裕史]

新律綱領　明治3(1870)年12月に, 仮刑律と異なり初めて明治政府により各府藩県あてに頒布され, 旧刑法の施行にいたるまで新律綱領を改正した*改定律例'(明治6年)と並んで施行された. もっとも上諭において「内外有司其之ヲ遵守セヨ」とされているように, 国民一般ではなく官吏に対する頒布という形式を採り, 官吏の執務規定と考えられていたが, 実際には明治4年に書肆(じょ)に売本を許し, 各外国公使にも1部ずつ頒つことにより, さらには明治5年に官版『新律綱領』の発売が認められ, 国民一般に周知されることになった. 明律・清律および公事方御定書・御刑法草書などを参照して制定されたもので, 首巻(8圖)の外5巻, 名例上・下, 職制, 戸婚, 賊盗, 人命上・下, 鬪殴, 罵詈, 訴訟, 受贓, 詐偽, 犯姦, 雑犯, 捕亡, 断獄の14律(通計192条)からなる(法務総合研究所編『刑事関係旧法令集(刑法編)』〈1969・法曹会〉40頁以下所収). *仮刑律'と同様に中国法系の律的色彩を持つもので, 比附援引(ひえんいん)(類推解釈)・不応為律(ふおうい)(情理に基づく処罰)や閏刑(じゅんけい)(士族と平民との身分による刑罰の差別)を認める等近代的性格の刑法とは言えないものであった. →不応為律
　　　　　　[野村　稔]

心理的責任論　犯罪の客観的要素は違法に, 主観的要素は責任に属するという犯罪論体系のもと, 19世紀から20世紀当初にドイツ刑法学界で通説的な地位を占めていたのは, 行為者の自己の行為・結果に対する心理的関係という主観的事実に責任の実体を見いだそうとする心理的責任論であった. これは, 19世紀における自然科学の急速な発達に伴う実証主義的傾向の刑事責任論上の現れとして, 責任において, 心理的事実のみを取り上げるというものであり, 社会的責任論に対する道義的責任論を基本とし, 道義的非難を問題としつつも, 非難を受ける対象たる事実としての心理的状態によってそれを見いだそうとする見解であった. この心理的状態は, 結果の認識・予見たる*故意'と, その不認識, 認識可能性である過失とに二分され, 責任能力者が故意または過失で行為した場合には, 直ちに責任があるものとされ(その意味でこれを形式的責任概念ともいう), 故意, 過失は, 責任の形式ないし種類であり, したがって, 責任は故意・過失の上位概念であるとされた. しか

し、この見解に対しては、故意は心理的事実であるとしても、過失、特に認識なき過失を故意と同次元の心理的状態で構成することはできず、そうである以上、故意・過失の上位概念としての責任の実質は明らかになりえない等の批判が提起された。この点について、たとえば*ラートブルフ'は、過失に含まれる規範的要素を違法の領域に所属させて責任論から放逐し、残った事実的心理的要素のみで過失を構成することによって故意と共通する心理的要素を抽出し、よって心理的責任論を純化・徹底することを試みた。しかし、そもそも、そのような心理的「事実」のみでは、非難可能性という規範的、否定的判断の契機となりえない等の批判が提起され、この試みは失敗したとされる。こうして、ラートブルフとはむしろ正反対に、故意にも規範的要素を発見することで両者の架橋を図る方向がめざされることとなった。すなわち、行為の際の事情の正常性を必要とするといういわゆる期待可能性概念を媒介に、現に犯罪事実を認識し(故意)または認識できた(過失)以上、それに基づいて反対動機を形成すべきであったにもかかわらずそうしなかったという、規範的観点からの心理的事実に対する無価値判断として故意・過失に共通な責任概念を構成しようとするいわゆる*規範的責任論'へと発展していった。もっとも、規範的責任論の過度の規範化、責任の空虚化を指摘し、責任の事実的基礎を追及した心理的責任論の法治国家的意義を高く評価して、心理的責任論は規範的責任論によって克服されたのではなく、補充、発展させられたのであるとして、両者の連続性を強調する見解もあることに注目すべきであろう。　　　　[酒井安行]

審理不尽　原裁判所が尽くすべき審理を尽くさなかったという、原判決破棄の理由をいう。審理不尽は、条文上定められた上訴理由ではなかったが、古くから、大審院で破棄理由として用いられてきた。当時の職権主義の下では、裁判所が積極的に事件の実体を解明する義務があると考えられていたので、その義務を尽くさないことを法令違反の1類型とすることも自然であった。現在でも、審理不尽という言葉が使われる例はある。しかし多くの学説は、当事者主義の構成をとる現行刑訴法の下では、裁判所には原則として職権で真実を解明すべき義務はないので、審理不尽という法の明文にもない一般的な破棄理由を用いることには批判的である。そして破棄理由となるのは、訴因変更についての釈明義務(刑訴312Ⅱ、刑訴規208Ⅰ)の懈怠、あるいは例外的に職権で行うべき証拠調べ(刑訴298Ⅱ)の懈怠などのように、具体的な手続法規への違反が、判決に影響を及ぼすべき訴訟手続の法令違反(379)となる場合に限るべきであるという。実際に控訴審の裁判例で、審理不尽が破棄理由として挙げられるときには、この条文(379)が根拠とされている。また、原審手続の違法とされる内容も、個別の手続条項に対する違反として説明ができるか、あるいは事実誤認などの破棄理由の原因として審理不尽が指摘されるのがほとんどのようである。したがって現在、控訴審に関しては、審理不尽が独立した超法規的な破棄理由として適用されているとは、考えにくい。上告審での*職権破棄'の判決の中では、原審の審理不尽が*法令違反'(411①)として指摘されている例が珍しくない。しかしそこでも、審理不尽だけが破棄の理由とされる例は少なく、多くは重大な事実誤認の疑い(411③)または法令解釈の誤り、理由不備などと選択的または並列的に指摘されている。

[後藤　昭]

森林窃盗罪　森林でその産物(加工物も含む)を窃取すると、3年以下の懲役または30万円以下の罰金で処罰される(森林197)。保安林の区域内で犯すと加重処罰される(198)。本罪の贓物を原料とする物品(木材、木炭など)は贓物とみなされ、その収受等も処罰される(199・201)。森林法のこれらの罪は、森林の保続培養と生産力増進を図るため、そこでの生産関係を保護している。森林での産物の*占有'は支配の程度が弱いため、通常の*窃盗罪'とは同視し難いから、補充的な類型を設けたものと捉えられる。そこで、刑法242条による処罰の拡張を本罪にも認めるのは疑わしい(最判昭52・3・25刑集31・2・96)が、刑法244条による処罰の限定は本罪でも同様に考慮されてよい(最判昭33・2・4刑集12・2・109)。　　[小田直樹]

す

吹田黙禱事件 1952(昭27)年6月25日、国鉄吹田操車場付近で朝鮮戦争のための軍需輸送反対を唱える学生、労働者らが警官隊と衝突し、*騒乱罪'として起訴された事件。いわゆる四大騒擾事件のひとつ。1審大阪地裁の審理中に裁判官が被告人に朝鮮戦争の犠牲者に対する黙禱を許したことが後に問題とされたため、「吹田黙禱事件」と呼ばれるようになった。黙禱については、最高裁から大阪地裁の担当裁判官宛に黙禱を許可したことを不当とする通達が出され、裁判官訴追委員会が調査を開始し、裁判長を証人喚問しようとしたが、最高裁から司法権の独立を侵すおそれがあるとして申入れがなされたため、訴追猶予ということで決着した。騒乱事件自体については、1審(大阪地判昭38・6・22判時357・13)、2審(大阪高判昭43・7・25判時525・3)ともに集団の共同意思に出た暴行脅迫は認められないとして、騒乱罪の成立が否定され、1審では暴行、傷害、器物損壊等について15人に有罪、2審では威力業務妨害罪の成立が肯定されて46人に有罪の判決が下された。→大須事件、平事件、メーデー事件、新宿駅騒擾事件、統一公判　　　　[水谷規男]

推　定　(英) presumption　ある事実(前提事実)の存在から他の事実(推定事実)の存在を推認することを、一般に推定という。

訴訟上の推定とは、証明されたある事実(前提事実)から、その事実と経験的に結びついている他の事実(推定事実)について——前提事実から切り離すならば、推定事実自体について証拠による証明はないにもかかわらず——その高度な蓋然性を肯定するという証明上のルールである。証明された前提事実から、その推定事実との関連、つながり、重なりなどを根拠に、推定事実の存在について、経験則・論理則によって通常引き出すことができる「帰結」が、推定の実質的な内容である。*事実上の推定'と*法律上の推定'があり、以下、おもに後者を念頭において説明する。

推定は、立証が容易な客観的情況(前提事実)から立証が困難な特定の事実(推定事実)を認定できるようにする「手続的装置」であるとともに、推定事実に対する反証の責任を対立当事者に負担させるための「手続的装置」でもある。このような推定は——「証拠」に代わる機能を果たす「事実認定のルール」ではあるが——、それ自体が一つの証拠だと捉えられてはならない。推定を破るに足りる反証が行われた場合、推定自体がなくなってしまう。このことからも、推定は「証拠」などではない。

訴訟上、推定という手続的装置が用いられる理由について、2点のみ挙げておく。

① **訴訟上の技術的理由**　対立当事者にとっては容易に獲得(アクセス)できる証拠を、——その当事者に不利益な推定を破る反証活動として——法廷に提出させるための訴訟上の技術が推定である。対立当事者だけがもっている証拠を法廷に提出させ、実体審理を前に進めようとするのが、推定の目的ないし機能である。

② **公共政策的理由**　一定の推定は、公共の政策目的に資する。夫婦同居生活の中で生まれた子どもは嫡出子(婚内子)であると認める推定がその例である(民772Ⅰ)。法律の不知を認めず、すべての者は法律を知っていると認めるのも、公共政策的理由にもとづく推定である。→無罪の推定、挙証責任　　　　[髙田昭正]

推定的承諾　(独) mutmaßliche Einwilligung　*被害者の承諾'が現実には存在しないが、被害者が事態を認識していたなら承諾を与えたであろうと推定される場合に認められる*違法阻却事由'をいう。この場合、当該侵害行為は被害者の意思方向に合致しており、被害者の現実の承諾があった場合と同じく、利益欠缺の原理から違法阻却事由のひとつと捉えることが可能である。このように推定的承諾は、被害者の承諾の法理を補充するものとして一般に理解されてきた。しかし、推定された意思が事後的に被害者の現実の意思に反していたことが明らかになった場合でも、なお違法性は阻却されると考えられており、この点に、現実の被害者の承諾とは異なる、推定的承諾に固有の性格

も認められている．

学説においては，このような推定的承諾の性格をめぐって議論がある．問題となる状況としては，推定的同意に基づいて法益主体の利益のためにその法益を侵害する場合と，行為者または第三者のために法益を侵害する場合とが区別されているが，学説の中には，推定的同意の法理を前者にのみ適用する見解，また，特にこのような場合を*緊急避難'の問題として捉え，これに準ずる要件を要求する見解もある．最近は，推定的承諾を独立の正当化原理として認めず，*許された危険'の法理で捉える見解も有力に主張されている．ここでは，行為者の行為が被害者の意思に合致する高度の蓋然性が事前に認められる場合は，その蓋然性を根拠として法益主体の意思に反するかもしれないという危険を冒すことが許されるから，たとえ事後に被害者がその行為を是認しないことが明らかになった場合でも違法性は阻却されるとされる．しかしこの見解は，違法阻却事由が存在するという蓋然性それ自体を違法阻却事由として認めるものであり，法益主体の承諾の不存在に違法阻却の本質的意義を認める立法趣旨を減却するとの批判がある．　　　　　　　　　　　　［秋葉悦子］

ストーカー行為等の規制に関する法律
「ストーカー規制法」と略称される．平成12年法律81号．施行は同年11月14日（附則1）．
「特定の者に対する恋愛感情その他の好意の感情又はそれが満たされなかったことに対する怨恨（えん）の感情を充足する目的で［したがって，単なるいやがらせの目的のときは含まれない］，当該特定の者又はその配偶者，直系若しくは同居の親族その他当該特定の者と社会生活において密接な関係を有する者［恋人，会社の同僚・上司も含まれるであろう］に対し」，面会の強要，無言電話等を行う「つきまとい等」（2 I）を行い，その者に「身体の安全，住居等の平穏若しくは名誉が害され，又は行動の自由が著しく害される不安」を生じさせることを禁止し（3），同一の者に対してつきまとい等を反復する「ストーカー行為」（2 II）を処罰する（同13）．つきまとい等の被害者の申し出を受けて警察本部長は行為者に対して警告を発し（4），効果がないときには，聴聞を経た上で公安委員会が「禁止命令等」を発する（5）．写真のネガを廃棄することなども命じうるであろう．緊急性があるときには，警察本部長等が「仮の命令」を発することもできる（6）．禁止命令等の違反は処罰される（14・15）．ストーカー行為，つきまとい等の被害者が申し出たときには，警察本部長等は必要な援助を行う（7）．これには，被害者がストーカーと対決するときの立会いなども含まれる．被害者はまず警察に相談に行き，ストーカーの告訴，警察による警告，援助を求めるなどすることになる．本法以前には，いくつかの地方公共団体において，もっぱら禁止・処罰を中心とし，かつその範囲もより広範なストーカー禁止条例が制定されていたが，これらは失効するものとされた（附則2）．

男女関係のもつれに起因することが少なくないストーカー問題に公権力が介入することには，慎重であるべきである．本法は以上のように，ストーカーに直ちに刑罰をもって臨むのではなく，まず警察による行政介入を優先させようとしたものであるが，それでも「この法律の適用に当たっては，国民の権利を不当に侵害しないように留意」することが求められている（16）．他方この法律は，やはり法の介入が必要ではあるがその処方に困難な問題のある領域，たとえば*家庭内暴力'などについても，参考となりうるものである．→脅迫罪，軽犯罪法
　　　　　　　　　　　　　　　［町野　朔］

ストップ・アンド・フリスク　（英）
stop and frisk　アメリカ刑事手続法上の概念で，警察官が挙動不審者を発見した際に，これを停止させて，着衣ないし携帯品の外表に軽く触れ，武器等の携帯の有無を確かめること．「停止・（身体）捜検」と訳される．20世紀初頭より，州および連邦裁判所の判例において捜査機関の権限として認められてきたほか，ニューヨーク州をはじめとするいくつかの州ではこれに関する法律が制定された．合衆国最高裁判所の判例（*Terry v. Ohio*, 392 U.S. 1 (1968)）によれば，ストップ・アンド・フリスクは，合衆国憲法第4修正における「捜索押収」（search and seizure）にあたるが，警察官は，挙動不審者が(1)何らかの犯罪を行おうとしており，かつ(2)武器を所持しており危険であるかもしれないという

合理的な疑い(reasonable suspicion)があるときは，(逮捕できるだけの「相当な理由」(probable cause)がなくても)その者を停止させ，着衣の上から武器の携帯の有無を調べることができる．→所持品検査　　　　　　　　　［城下裕二］

せ

性格責任論　(独) Charakterschuldlehre
1 意義　新派刑法学の主張した*社会的責任論'の別名であり，意思決定論に基づき，人間の意思は素質と環境によって決定されており，したがって犯罪を犯したことについて行為者を非難することはできないが，性格の危険性を有する者に対しては，社会防衛の見地からそれに対して一定の社会防衛処分を加える必要があり，責任とはそのような負担を負うべき地位を意味するという立場である．責任の対象は行為者の性格の危険性である(性格責任)とすることから，性格責任論と呼ばれ，旧派刑法学の道義的責任論が，意思自由論に基づき，責任とは個別行為の他行為可能性を理由とする道義的非難であるとして(個別)*行為責任'論を主張したのと対立した．行為責任・性格責任・人格責任は，責任をその対象から見た場合の区別の基準である．
2 メツガーの責任論　旧派刑法学でも，行為者の性格や人格を顧慮する動きはある．たとえば*メツガー'は，当初，行為の人格相当性および行為者人格の社会相当性という基準を立てて，行為が人格相当であるほど責任は重いとしたうえ，それにより決定された責任の内部で人格の社会相当性が責任の質を規定するとしていた(相当説ないし性格論的責任論)が，後に，行為の人格相当性(メツガーはこれを個別行為責任と呼んでいる)に，行為者が自分を堕落させたこと(行為者人格が社会不相当になったこと)に対する非難(行状責任)が刑罰加重的に加わるという行状責任論(*人格責任論')を主張した．これによって，ドイツの常習犯罪人法(1933年)における常習犯人に対する刑の加重および限定責任能力者に対する任意的減軽(限定責任能力にもかかわらず減軽しないことの是認)を根拠づけたのである．団藤重光の人格形成責任論は，このメツガー説に依拠したものであった．
3 やわらかな決定論　他方，意思決定論の立場から，新派刑法学の社会的責任論における素質と環境による決定という立場をかたい(ハードな)決定論と呼び，これに対して，人格には生理的な層と規範心理的な層があり，前者においてはかたい決定論が妥当するが，後者においては社会的非難という刺激に対する反応が見られる(意思が社会的非難により決定されうることが意思の自由を意味する)というやわらかな(ソフトな)決定論(社会規範的責任論とも呼ばれる)が主張された．
平野龍一は，このような立場から，非難を回顧的ではなく展望的に捉えるべきであるとしたうえ，行為に現われたかぎりで行為者の性格も問題にしうる(行為が人格相当であるほど責任も重い)とし，自己の立場を性格論的責任論，後に実質的行為責任論と称した(このかぎりではメツガーの相当説と一致している)．
4 個別行為責任の堅持　責任は個別行為責任を基本とすべきであり，非難は回顧的であってはじめて行為者自身にも納得のいくものとなる(非難に効果があるから非難するというのでは，行為者は馬鹿にされたと感じるであろう)．刑事政策的考慮は，そのような規範的責任を前提(上限)として刑罰を限定する方向でのみ顧慮されるべきであろう(可罰的責任論)．このような立場からすると，行状責任論(人格形成責任論)は，人格形成過程における具体的な他行為可能性の時点は不明なまま(一種のフィクション)であるから，結局，現在の危険な性格を非難することに帰するものであって最も苛酷な責任論であるといわざるをえず，性格論的責任論も，行為が人格相当であるほど責任も重いとする点で，現在の行為者人格(危険な性格)を理由に刑の加重を認めるものであるから，個別行為責任の枠を超えるものといわざるをえない．
［浅田和茂］

性格調査　人格のうち知的な諸要素を除き，情意に重点を置いてとらえたものを性格

と呼ぶことが多い．犯罪行動につき知能が重要な意味を持たないことが確認されるにしたがって，*犯罪要因'としての犯罪者の性格への関心が増大し，その研究が進められてきた．

それぞれの個人がさまざまな性格の持ち主であるが，その共通の特徴に注目して性格を類型化することが行われる．クレッチマー Ernst Kretchmer(独・1888-1964)の体型による類型(循環気質，分裂気質，粘着気質：気質とは，遺伝的に定められた精神的な特質・感情的個性であり，これを基礎として環境的諸要素との交互作用を通じて性格が形成される)やユング Carl Gustav Jung(スイス・1875-1961)による内向性・外向性という類型化が有名である．性格類型は犯罪行動の理解や処遇方針の決定にとって重要な資料となるが，そのために作られた異常性格類型は*精神病質'の概念と重なる．そのようなものとして著名なのはシュナイダー Kurt Schneider(独・1887-1967)の10分類である．

個人の性格を調査し，類型化の基礎となる諸特徴を明らかにするために，適応性，情緒性，社会性，動因，価値，態度等をテストする方法が多数開発されている．それらを大別すると，自己記述法(質問紙法，目録法)，投影法(ロールシャッハ・テスト，バウム・テスト，TAT：用意された絵画を刺激として用い，被験者に自由な空想的物語を作らせ，これを分析することで深層の性格特性を明らかにするテスト)，作業検査法(言語的報告を求めず，手先等の身体運動による反応を求める検査—たとえば迷路テストや人物画テストなど—であるが，集団を対象として何らかの問題ある者をチェックするスクリーニング検査として用いられることが多い)等がある． 〔上田 寛〕

請願作業 就業義務のない禁錮*受刑者'，拘留受刑者，未決拘禁者などが希望して行う*刑務作業'(監26)を請願作業という．各種被収容者や死刑確定者にも準用される(9)．禁錮受刑者の約90％，未決拘禁者の0.4％が請願作業を行っている．

現行法上，被収容者は，みずからの選んだ業種の作業を請願することができることになっているが，実際には，施設長がその許否を判断する就労許可制を採用している．この就労許可制が憲法27条1項に違反するのではないかが争われたが，最高裁は，違憲の主張を退けた(最判昭33・9・10刑集12・13・2897)．しかし，未決拘禁者について就労許可制をとることは，勤労者としての権利を奪うものであるとの見解も有力に主張されている(小野＝朝倉『ポケット註釈全書監獄法』221頁〔初版1965年，改訂1970年〕)．国連の被拘禁者最低基準規則も，「未決拘禁者は，常に就業の機会を与えられなければならない．ただし，就業を要求されてはならない」(98前)と規定している．請願作業は，自由意思に基づくものであるが，いったん就業を開始した以上は，施設の作業管理上の諸規則に従うことが義務づけられ，正当な理由がなければ，中止・廃止・変更することができない(監則64)．
〔石塚伸一〕

請 求 特定の犯罪につき，一定の機関が*捜査機関'に対して申告をし，訴追を求める意思表示．現行法上，外国国章損壊罪では外国政府の請求が(刑92)，公益事業の争議予告違反については労働委員会の請求が(労調37・39・42)，また，特定の政党を支持させるなど，教育を教唆・扇動する罪では，学長・教育委員会・都道府県知事の請求が(教育中立3・5Ⅰ)，*訴訟条件'になっている．

これらの請求は，親告罪における*告訴'と同様であるから，本質を同じくする限り，告訴に関する規定が準用される(刑訴237Ⅲ・238Ⅱ)．したがって，公訴が提起されるまでは，請求を取り消すことができる．請求の取消しをした者は，さらに請求をすることができない(237)．また*告訴不可分の原則'もあてはまる．請求の場合は，犯罪を申告する主体が告訴権者とは異なるので，告訴期間(235)や告訴の方式(241)の規定は準用されない．→告発 〔寺崎嘉博〕

制限故意説 (独) eingeschränkte Vorsatztheorie 制限故意説とは，故意には*違法性の意識'の「可能性」を必要とする学説をいう．*故意説'の一種．故意に現実的な違法性の意識を要求する*厳格故意説'の刑事政策的欠陥を克服するために，「違法性の過失」(法律の過失)がある場合にも故意責任を認めるべきである，として主張されたものである．

ドイツでは，*メツガー'が，行状責任論の立場

から，行為者に法敵対的態度あるいは法的無関心が認められる場合には故意と同様に取り扱うべきである，とした．わが国でも，*人格責任論'の立場から，故意責任の本質は人格態度の直接的な反規範性にあるとされ，事実の認識がある以上行為者は「規範の問題」に直面しており，違法性の認識とその可能性との間に質的差異はない，との理由づけがなされた．本説に対しては，①違法性の意識をその可能性にまで拡げた実質的理由が示されていない，②故意に可能性という過失的要素を混入するものである，③違法性の意識について人格形成責任を認めるのな，事実の認識についても同様の考察態度をとるべきである，との批判がある．→責任説
[長井長信]

制限従属形式 (独) limitierte Akzessorietät *共犯'(*教唆犯'・*従犯')が成立するためには，正犯(被教唆者・被幇助者)の行為が構成要件に該当する違法な行為であることを要する，とする立場をいう．*共犯の従属形式'(従属性の程度，要素従属性)のひとつで，現在の通説である(ただし，さらに若干の緩和の余地を認める学説や相当緩和する学説も有力)．制限従属形態ともいう．基本的に，「責任は個別的，違法性は連帯的」というテーゼから導かれる．ただ，違法性は一般的には連帯的であるものの，例外的に，たとえば，人を*正当防衛'の必要な状況に陥れその正当防衛行為を第三者を害するのに悪用する場合，相対的であるが，この場合には間接正犯が認められるとする．近時の判例も，自己の日頃の言動に畏怖し意思を抑圧されている養女を利用して窃盗を行ったと認められる場合ならば，たとえ同女が12歳で是非善悪の判断能力を有する場合でも，利用者に窃盗の*間接正犯'が成立する旨，この立場寄りの判断を示している(最決昭58・9・21刑集37・7・1070)．本形式で教唆犯を認めえない場合には原則的に間接正犯とする従来の通説に対しては，批判も強い．→共犯の従属性 [斎藤信治]

制限責任説 (独) eingeschränkte Schuldtheorie 制限責任説とは，違法性の認識(ないしその可能性)を原則として独立の責任要素であると解したうえで(責任説)，正当化事情の錯誤ないし違法阻却事由の事実的前提に関する錯誤は事実の錯誤(構成要件的事実の錯誤)であるとして，故意阻却を認める見解をいう．違法性の認識を独立の責任要素であるとする点では*厳格責任説'と同じであるが，ただ正当化事情の錯誤(違法阻却事由の事実的前提に関する錯誤)の取扱いに関して厳格責任説と異なるにすぎない．すなわち，厳格責任説はこれを違法性の錯誤と解するが，本説はこれを事実の錯誤と解しているのである．違法性の錯誤の取扱いについては，厳格責任説とまったく同じであるにもかかわらず，故意阻却を肯定するために消極的構成要件要素の理論に依拠せざるをえないことになる．なお，故意を責任要素としながら，違法性の認識の可能性は故意とは別個の責任要素であるとするいわゆる修正責任説は，故意を責任の要素とする点で純粋の*責任説'と異なるが，違法性の認識の可能性を故意ではなくて責任要素と解し，正当化事情の錯誤を違法性の錯誤ではないとする点で制限責任説の範疇に属するといえる．→故意説 [川端 博]

制限的正犯概念 (独) restriktiver Täterbegriff 自ら構成要件該当事実を実現する者を正犯とする正犯概念．限縮的正犯概念ともいう．構成要件実現に原因を与えた者をすべて正犯とする*拡張的正犯概念'に対し，正犯の範囲を制限的(限縮的)に画する考え方である．この概念を採用すると，教唆犯・幇助犯などの狭義の共犯は，本来的処罰範囲に含まれるものではなく，刑罰拡張原因と解されることになる．なお，構成要件該当事実の直接的実現を，構成要件該当行為すなわち実行行為の遂行の意味に解し，かつ実行行為を自然主義的に厳格に解する場合，*間接正犯'にあたる場合は，そのような実行行為を行う者ではないから正犯概念に包摂されず共犯となる．このように一般に正犯とされる形態を共犯概念に含む思考を拡張的共犯概念という．判例・通説は実行行為を規範主義的に規定することによって，間接正犯は実行行為を行う者であって正犯概念に包摂されると説く．制限的正犯概念そのものは，自己の手による実行行為遂行を要件とする考え方と論理的・必然的な結びつきはないと考えられるので，この立場からも法的評価の上で構成要件を実現したと認められる者であれば正犯とするこ

とができる. [橋本正博]

正式裁判の請求　手続の簡易迅速な処理のためなど一定の刑事政策目的のために(迅速な裁判の要請,あるいはディヴァージョンの一環として),審理形式を極限まで簡易化し,あるいは行政手続で一定の制裁(反則金)を受けることを条件に正式裁判を省略する手続が用意されている.前者が,*略式手続'であり(刑訴461以下),後者が,*交通事件即決裁判'手続である.しかし,裁判を受ける権利は憲法上の要請であり(憲32),これを奪うことはできないから,簡易迅速な処理(略式命令または反則金の納付)に納得がいかない者は,本来の裁判手続を請求する権利が保障されている.この権利を「正式裁判の請求」という. [白取祐司]

政治資金規正法　政治活動の公明と公正を確保し,民主政治の健全な発達に寄与することを目的として,政治資金に対する規制(規正)を行う法律であり,1948年に制定された.当初は,政治資金の収支の届出と公開に重点が置かれたが,その後も国会議員等による汚職事件が発生したため,1975年,94年に重要な改正が行われるなど,規制が強化されてきた.現在では,政治団体の届出の義務づけ,政治団体に係る政治資金の収支の公開,政治団体および政治家(公職にある者・公職の候補者・候補者となろうとする者.参照,政資3Ⅳ)に係る政治資金の授受の制限が主な内容となっている.

政治献金(政治活動に関する寄附)も規制の対象であり,会社・労働組合等の団体による寄附は政党・政治資金団体に対するものに限る(政資21Ⅰ),政治家個人は,その指定するひとつの資金管理団体を通してしか寄附を受けられない(21の2Ⅰ・19Ⅰ),寄附の総額などにつき上限を設ける(21の3・22Ⅰ)等の制限が規定されるとともに,政治団体に収支報告書の提出および公開(12・20・20の2)が義務づけられている.→汚職罪 [塩見 淳]

青少年保護条例　1 青少年保護条例　青少年保護条例とは,青少年の健全育成を図ることを目的として,既存の法律では規制できなかった有害環境や青少年の福祉を害するおそれのある行為を規制するために都道府県が制定した条例である.1947(昭22)年に岡山県で初めて制定され,1999(平11)年4月現在,長野県を除く全都道府県で制定されている.名称は,愛護条例,保護育成条例等,多様であり,規制内容についても各都道府県による違いが大きい.しかし,規制内容を大別すれば,有害環境の浄化(たとえばポルノコミックス等の有害図書類の青少年に対する販売の規制)と,青少年に対する有害行為の規制(たとえば青少年を相手とする淫らな性行為・わいせつ行為の規制;この淫行処罰規定は,東京以外のすべての条例に含まれている)とに分けられる.最近では,人気タレントがドラマで愛用していたことがきっかけとなって青少年の間にはやり始めたと言われるバタフライナイフの販売を本条例で規制することが,社会問題となった.

2 青少年保護条例をめぐる判例　70年代後半に入ると各都道府県において新たな青少年保護条例の制定や旧条例の改正が相次いだが,その過程で,*淫行'・わいせつ行為を禁止する規定が置かれた.青少年保護条例をめぐる諸判例は,この淫行処罰規定の合憲性をめぐるものである.このうち最も有名なものは,*福岡県青少年保護育成条例事件'である.福岡県青少年保護育成条例10条1項は「何人も,青少年に対し,淫行又はわいせつの行為をしてはならない」と規定している.当時26歳であった本件の被告人は,当時16歳のA子と性的関係を持ち,罰金5万円を科された.これに対して被告人は,本条例は処罰の範囲が不当に広汎で「淫行」の範囲が不明確であり,青少年に対する性行為一般を広く検挙・処罰する危険があるとして,憲法11条・13条・31条に違反することを理由に上告した.そこで,淫行処罰規定の合憲性が初めて最高裁大法廷で争われることになった.最高裁は,裁判官15名中12名の多数意見をもって,本条例10条1項で言う「淫行」とは青少年に対する性行為一般を言うのではなく,青少年を誘惑するなど,その心身の未成熟に乗じた不当な手段により行われた,あるいは青少年を単に自己の性的欲望を満足させるための対象として扱っているとしか認められない性交・性交類似行為であると解するのが相当で,このような解釈は通常の判断能力を有する一般人の理解にも適合するとして,上告を棄却した(最判大昭60・10・23刑

3 青少年保護条例の問題点 青少年保護条例に対しては、青少年の健全育成という名目の下に青少年の自由を制限しすぎているという批判がある。たとえば淫行処罰規定に関しては、誰といつどのような性的関係を結ぶかは本来個人の自由であり、その者の性的自己決定権に属するという視点である。心身ともに未成熟な青少年の福祉を害するおそれのある行為に対して公権力による一定の規制が必要であるとしても、少なくとも年長者に対してはある程度自由な性的自己決定権を認めるべきではないかと主張される。また本条例の取締対象である淫行についても、多数出ている判例によってもいまだ不明確であり、刑罰法規の明確性の観点から見て問題があるという批判がある。さらに、有害環境とされるものについても、非行との関係が十分実証的に解明されているとは言えず、青少年に対して何が有害環境となるかを大人の側が判断するという、子供に対する過剰なパターナリズムに陥る危険性が指摘されている。[宮澤節生]

精 神 医 学 精神医学とは、精神病理学、精神疾患学、精神治療学、精神分析学などの総称であり、医学の一分野を形成している。わが国の精神医学は、明治以来、ドイツの身体精神医学の影響の下に、精神病を外因性精神病と内因性精神病(精神分裂病・躁うつ病・真性てんかん)に分け、後者は、身体的原因(器質的異常)が不明であるがその存在が要請されるものであるとし、それらと性格の異常とを峻別する立場に立ってきた。しかし、それに対立する精神分析理論および深層心理学の潮流があり、さらに近年は、精神病の概念自体に疑問を呈する反精神医学の主張も見られる。最近の精神疾患の分類は、WHO第10回修正国際疾病分類基本分類表(ICD-10)やアメリカ精神医学会の精神障害の分類と診断の手引き(DSM-Ⅲ-R)に従って病因よりも症状に重点を置くようになってきているという。

精神医学は、行為時の責任能力、公判時の訴訟能力、刑の執行時の刑罰能力などを判定するための精神鑑定を提供する専門分野として、古くから刑事法と密接な関係を有してきた。とりわけ、*責任能力'の判定における精神鑑定の役割は決定的に重要であり、裁判官と鑑定人の関係(管轄領域)が問題とされてきた。責任無能力者とは、精神の障害により、行為の是非を弁別できない者またはその弁別に従って行動する能力のない者をいう。そのうち、精神障害を生物学的要件、弁別能力・行動能力を心理学的要件と呼ぶ。学説には、前者は精神医学者の管轄、後者は裁判官の管轄とする説もあるが、精神の症状として弁別能力・行動能力が失われる場合も多いのであるから、両者を分断すべきではない。

最高裁は、被告人の精神状態が刑法39条にいう心神喪失または心神耗弱に該当するかどうかは法律判断であって、専ら裁判所に委ねられる問題であり、その前提となる生物学的、心理学的要素も、この法律判断との関係で究極的には裁判所の評価に委ねられるべき問題であると述べた(最決昭58・9・13判時1100・156)。たしかに刑法39条を混合的方法の意味に解釈し、被告人の精神状態をその基準に当てはめて責任能力を判断するのは法律判断であるが、被告人の精神状態そのものは事実判断の対象であって、必要に応じて精神鑑定に基づいて判断すべきものである。鑑定人および鑑定の方法に問題がないかぎり、鑑定の結果には(被告人に有利な方向で)拘束力があると解すべきであろう。

[浅田和茂]

精 神 障 害 (英) mental disorder (独) Geistesgestörtheit **1 精神障害とは何か** 精神障害とは、精神病、精神薄弱、*精神病質'の3つをいうとされてきたが、精神保健福祉法(正式には、*精神保健及び精神障害者福祉に関する法律')5条ではより明確に、「精神分裂病、中毒性精神病、知的障害、精神病質その他の精神疾患を有する者」を精神障害者として定義している。

ここにおいて精神病とは、脳髄における変化が原因となって人格の統合性に破綻を来たしている症状を総称するものであり、精神薄弱とは、先天的な理由もしくは幼少時の疾患などのために生じた病的な知能障害、そして精神病質とは、異常性格ないし人格異常であって、その異常のために本人が悩むか社会が悩まされるものをいう、とされている。このうち、とくに精神病質

について，その定義は価値判断に依存するものであり医学的には成り立たないとして，これを精神障害の範囲に含めることに反対する見解も有力である．また，神経症（ノイローゼ）も広義においては精神障害の一種であるが，精神保健福祉法はこれを明示的には列挙していない．

2 精神障害の分類 精神障害の分類についてはその基準自体確定的なものがないが，有力なものとしては「国際疾病分類（ICD）」やこれを改良したアメリカ精神医学会の分類（DSM）が用いられることが多い．

- A 体因性の精神障害——病因としての身体的基礎がほぼ知られているもの
  進行麻痺（脳梅毒）
  老年性痴呆，脳外傷，薬物中毒（アルコール，麻薬も），代謝異常，てんかん（脳組織の一部の興奮連鎖）
- B 心因性の精神障害——精神的ストレスによると思われるもの
  心因反応：驚愕反応，拘禁反応，憑依反応
  神経症：不安神経症，ヒステリー，強迫神経症
- C 内因性の精神障害——遺伝的な負因に基づき内部から発病するが，決定的な身体的病理所見が発見されていないもの
  精神分裂病，躁欝病
- D 人格異常（精神病質）——心因性精神障害との区別は困難で，先天的な要因によると思われるときは人格異常，精神的・心理的要因によると思われるときは後者とする．
- E 精神薄弱

3 精神障害と犯罪 わが国で近年の刑法犯検挙人員中に占める精神障害者もしくはその疑いのある者の割合は，例年，0.6％前後である．これを一般人口中の精神障害者の割合——1.3％程度とされている——と比較すると，むしろ精神障害者の非犯罪性が裏付けられるようであるが，他方では，放火や殺人のように，検挙人員中に精神障害者の割合がきわめて高い犯種もある．また窃盗や放火・殺人などについて精神障害者は累犯化しやすいといわれている．精神障害の種類では，精神分裂病および中毒性精神病の影響が重視されている．→責任能力，措置入院，知能と犯罪，犯罪精神医学，犯罪要因

[上田　寛]

精神状態の供述 供述当時における供述者の精神状態を示す供述．精神状態には，精神異常などの精神状態のほかに，感情・意図・動機・計画などの内心の状態も含むため，心理状態の供述ということもできる．

要証事実が供述当時の供述者の精神状態であれば，供述内容の真実性の証明として当該供述は用いられており，*供述証拠'に該当する．したがって，当該供述が公判外のものならば，本来伝聞証拠になるはずである．ところが，この種の供述では，供述過程を構成する知覚・記憶・叙述の各段階中，前2者については，誤りが介入する可能性に乏しく，叙述の段階でとくに問題となる真摯性は関連性の判断の際に考慮しうるため，これを*非伝聞'とする考え方が有力である．*白鳥事件'で最高裁は，共謀過程における関与者の「Aはもう殺してもいいやつだな」という供述を，そうした内容の発言をしたこと自体を要証事実とするもので伝聞供述でないとしたが（最判昭38・10・17刑集17・10・1795），発言者のAに対する殺意という側面に注目すれば，精神状態の供述に当たる． [津村政孝]

精神病質（独）Psychopathie **1 精神病質の概念** *精神障害'の一種であるが，精神病とは異なり先天的にあるいは生育過程で決定付けられた人格ないし性格の異常である．その定義については精神医学者の間でも争いがあるが，わが国で多く採用されているシュナイダー Kurt Schneider（独・1887-1967）の定義によれば，「異常性格であって，その異常性のために自身が悩むかあるいは社会が悩まされるもの」である．すなわち，何らかの異常な性格であっても，本人，社会を悩まさぬものは除外される一方，ささいな異常であっても本人・社会の評価によっては精神病質とされる場合がありうる．このような価値関係的な概念が医学的に成り立つか否かについて，疑問と批判が寄せられており，一部には，精神病質の社会不適応性の側面

を重視して、これを「社会病質」と呼ぶこともある．

2 精神病質と犯罪　精神病質の概念を認める者は，これを惰性欠如型，発揚型，爆発型，顕揚型，狂信型，易変型，意思欠如型，自信喪失型，抑うつ型および無気力型といった類型に区分し，それぞれの特徴と犯罪との関連について論じ，これらのうち惰性欠如型(利己的で残忍，復讐欲が強く，陰険であり，暴力犯，早発性の累犯などと結びつきが強い)，爆発型(容易に自制心を失い，短絡行動に陥りやすいところから，傷害罪，損壊罪などを犯すことが多い)，意思欠如型(持久力，自発力に欠けており，ほとんどすべての犯罪者に共通するが，とくに窃盗の累犯に多い)などに危険な者が多いとしている．

実際に犯罪者中に精神病質者の占める割合については，諸家の研究結果として伝えられるところはさまざまであり，高いもので80％，低いものでは10％程度であるが，近年は急低下の傾向にある．*法務総合研究所'の調査では，精神障害のために不起訴あるいは第1審で無罪となった「犯罪者」の中に精神病質者は1％強しかいない．他方，一般人口中に精神病質者がどの程度いるかは，とりわけ調査困難であり，不明のままである．

3 性的倒錯，「多重人格」の問題　精神病質の特殊な類型として*性的倒錯'があり，また関連して近時社会的な関心を集めている「多重人格」の問題がある．

性衝動の向けられる対象(同性，幼児，死体，動物など)および性行動(性器の露出，嗜虐，被虐など)についての異常は，正常な人間あるいは精神病者についても見られることがあるが，それが人格異常と結びついていることも珍しくない．

一方，「多重人格」については，アメリカのビリー・ミリガン事件やわが国の「M君事件」などで社会的な関心を集めたが，その診断基準としては，「患者の内部に2つ以上の異なる人格または人格障害が存在すること」および「これらの人格または人格状態の少なくとも2つが反復的に，その人の行動を完全に制御していること」が求められる．その背景としては，たとえば，幼児期の性的虐待の被害体験などを重視し，外部からの攻撃をもっぱら引き受け，主たる人格にそれを伝えず，むしろ保護する別の人格ができるのだ，などと説明される．刑事裁判において被告人の*責任能力'にかかわってこの問題が論じられる時には，重大な困難をもたらすが，アメリカでも実際にこれを理由として無罪になった例はほとんどないとされる．→社会治療，犯罪要因，保安処分　　　　　　　［上田　寛］

精神保健及び精神障害者福祉に関する法律　精神障害者の医療および保護，社会復帰の促進，ならびに国民の精神的健康の保持および向上を図ることを目的とする法律．1995(平7)年，旧精神保健法を改正・改称して成立した．

わが国における精神障害者の医療等に関する法制は1900(明33)年の精神病者監護法が最初であるが，これと1919(大8)年の精神病院法とを統合して，精神障害者の医療・保護を行い，また*精神障害'発生の予防につとめることにより，国民全体の精神的健康の保持・向上を図るために，1950(昭25)年，精神衛生法が制定された．この法律は精神病院，精神衛生センター等の施設の設置，精神衛生審議会および精神衛生審査協議会，精神衛生鑑定医，保護義務者などに関する規定を内容としていたが，とりわけ*措置入院'制度につき定めたことが重要であった．

同法はその後，精神障害者の人権に配慮する内容の改正を重ね，1988(昭63)年には名称も精神保健法へと改称された．そして，1993(平5)年には心身障害者対策基本法の制定により精神障害者が身体障害者，精神薄弱者と並び「基本法」の対象に含められたことをうけて，精神障害者に対する社会福祉施策の充実と社会復帰の促進を目的として，1995(平7)年，精神保健及び精神障害者福祉に関する法律が成立した．

［上田　寛］

精神薬理　薬物が人の精神や行動に影響することの知識の上に立って，精神病その他の精神疾患に対し薬物を用いて対応しようとする試みは，さまざまに行われている．薬物を使って擬似精神病状態をつくり，精神障害の発現メカニズムを明らかにしようとすること，また精神活動を抑制する薬物を投与して精神病者に

平穏な日常生活を送らせようとする薬物療法などである．鎮静薬，睡眠薬，抗いけいれん薬，そして各種の抗精神病薬の開発へと進む中で，用いられる薬物は天然組成のものから製薬工業の化学的製品へと移行してきたが，その過程で薬物学，生化学，精神科臨床医の共同研究が進み，精神病ないし精神障害についての新しい展開が今日多方面で開始されている．

より一般的に，人間の精神活動が多くの側面において，脳，それをとりまく化学的環境により規定されていることは否定できない．向精神薬であるアルコール飲料や覚醒剤の作用を考えれば，このことは確認されよう．とすれば，人の行動の逸脱としての犯罪もまた，このような方向からの研究の対象たりうることとなる．このような生化学的な犯罪学的研究の最初の試みは，アメリカのポーリング Linus Carl Pauling（米・1901-94）によりなされた．彼は，脳の活動が通常脳内に存在する多くの物質の分子濃度により大きく影響されることを明らかにした「オルト分子理論」（orthomolecular theory）を提唱したのであるが，犯罪学者の間でも同様の主張をする一群の論者がいる．彼らが重視する生化学的物質は，ビタミンとミネラルが中心であるが，それらが人の精神活動に及ぼす影響には知覚障害と過活動反応があり，それぞれに人の犯罪行動に影響すること，また*犯罪者処遇'の過程でそれらに配慮することが犯罪者の改善更生に良好に作用することが主張される．→薬物犯罪　　　　　　　　　　　　　　　　［上田 寛］

性 的 倒 錯　（英）sexual perversion

性欲の対象および行動における異常の総称である．対象の異常としては，同性愛行為（ホモ，レズビアン），幼児姦，死体愛（屍姦），動物愛（獣姦），近親姦などがあり，行動の異常としては，窃視，性器の露出，フェティシズム（毛髪，下着，ハイヒールなどに愛着することで性欲を満足させる），服装倒錯（異性の服装を身につけることに性的な満足を見出す），サディズム（性的対象者に苦痛を与えることに性的満足を見出す），マゾヒズム（性的対象者から苦痛を与えられることで性的な満足を得る）などが知られている．

欧米諸国では伝統的に，同性愛，近親相姦，獣姦などの性倒錯を刑法上の犯罪として処罰する例が多いが，わが国で刑法上可罰的であるのは，幼児姦，性器の露出（公然わいせつ罪）および軽犯罪としての窃視ぐらいのものであり，他は，被害者の死傷や財産犯被害といった刑法上の結果を生じた場合を除き，処罰されない．したがって，性的倒錯の多くはそれ自体犯罪ではないが，それにもかかわらずそれらが重視されるのは，幼少年の誘拐や連続殺人といった重大な犯罪あるいは累犯窃盗などの背後にそれらが潜んでいる場合があるためである．

性的倒錯は，時に社会的な流行や暗示に唆された無思慮な青少年によって試みられることも，さまざまな事情から不本意に演じられることもあり，また本来の精神病の症状として現れることもある（たとえばてんかんの朦朧状態時に露出行為が見られたり，老人性痴呆や進行麻痺に幼児姦や獣姦が見られることがあると報告されている）．しかし，最も多く，また問題なのは人格障害（*精神病質'）の一種としての性的倒錯である．それは生来の素質に生育過程の後天的な影響が加わって形成されたものであり，治療あるいは矯正することは容易でない．かつては治療法として，去勢（生殖腺の切除）ないし断種（輸精管・輸卵管の結索），ホルモン療法，定位脳手術などが用いられたことがあるが，それらの多くは被術者の基本的人権を侵害する可能性があり，今日では一般的でない．わが国でも旧優生保護法が断種手術につき規定していたが，1996（平8）年の‘母体保護法'への全面改正の際に削除された．→性犯罪　　　　　　　　　［上田 寛］

正当業務行為　**1 意義**　刑法35条後段の定める*違法阻却事由'で，前段の*法令行為'とともに，正当行為とも呼ばれる．たとえばプロボクサーの拳闘や医師が行う手術は，暴行罪（刑208）や傷害罪（204）の構成要件に該当するが，正当業務行為として違法阻却される（学説には構成要件該当性阻却事由とする見解もある）．

2 違法阻却の根拠　法は「正当な業務による行為」を不可罰と定めるが，法令行為に個々の法令という形式的根拠と要件があるのに対し，正当業務行為がなぜ違法阻却され，いかなる行為がそれに当たるかは，必ずしも自明ではない．刑法上の*業務'概念は職業と同義ではないし，

ある行為がそれを業とする者にのみ特権的に許される理由もない(プロボクサーの拳闘が違法でないなら、アマチュアスポーツの場合も同じはずである).また、正当業務行為といえるためには、業務自体が正当なものであるだけでなく、その遂行としてなされた行為が業務の正当な範囲内に属することが必要といわれるが、そのような意味で行為が業務上は正当であっても、それゆえただちに刑法上も正当であるとはいえない.結局、正当業務行為の違法阻却根拠は、行為の「業務性」よりも刑法的意味の「正当性」に求められ、正当業務行為性の判断も、実質的違法判断によらざるをえなくなる(これに対し、行為が業務上の準則・慣行に合致することで足り、そのような類型的判断により適法化を認める点に35条後段の意義があるとする見解もある).

また、後段にこのような正当業務行為があることから、35条を実質的に正当な行為につき広く違法阻却を定めた一般規定として、*超法規的違法阻却事由'の一部ないし全部をこれに含める解釈論も生じる(なお刑法草案13参照).現在の多くの学説は、35条の下に法令行為・正当業務行為以外にも多様な正当行為を列挙している.

3 判断基準 正当業務行為に当たるか否かは、違法阻却の一般原理につきどのような立場をとるかによって、判断が分かれることになる.たとえば*外務省秘密漏洩事件'においては、政治スクープのため外務省女性事務官に接近し性的関係を結ぶ等して外交上の秘密資料を持ち出させた新聞記者につき、第1審が優越利益説の立場から具体的事案における秘密保持の利益と国民に知らされる利益の比較衡量により正当な取材活動と認め無罪としたのに対し、最高裁は目的説の立場から正当業務行為につき目的および手段・方法の相当性を要求し、本件の取材行為は手段・方法が不当なためこれに当たらないとして、国家公務員法111条の罪の成立を認めている(最決昭53・5・31刑集32・3・457).

*治療行為'もしばしば問題となる.医師に業務権として当然に患者の身体に侵襲を加える権利があるわけではない(非医師の治療行為も、無免許医業罪〔医師31〕は別として、傷害罪等については違法阻却されうる).治療行為の違法阻却根拠は従来、目的説からは主に行為者の治療目的および行為の医学的正当性に求められ(なお、医師が男娼に依頼され行った性転換手術につき、治療目的、手術の医学的必要性、方法の医学的正当性を否定し、正当な医療行為と認めなかった例として、東京高判昭45・11・11高刑23・4・759)、また優越利益説からは、身体侵襲を上回る健康増進の利益があることが重視されがちであった(結果的に失敗した場合でもなお行為を正当とするため、事前的利益衡量による許された危険とする見解もある).だが現在では、患者の自己決定権の思想から、違法阻却根拠を治療行為に対する患者の承諾に求める見解が有力化している.身体と健康のいずれの利益も患者自身のものである以上、どちらを優越利益とし何を望むかは本人の自己決定権に属する問題だからである.したがって、患者の承諾なしに行う専断的治療行為は、医学的に正当な方法で行われ客観的に治療であるとしても、違法であることになる.もっとも、治療行為は身体侵襲により健康増進効果が生じるものであるから、厳密なインフォームド・コンセントがなくとも推定的承諾を認めやすいし、それで足りるとすべき場合も多いであろう.　　　[臼木 豊]

正当防衛 **1 意義** 刑法36条1項は、正当防衛について、「急迫不正の侵害に対し自己又は他人の権利を防衛するため、やむを得ずにした行為は、罰しない」と規定している.たとえば、Aがナイフを持ってXに襲いかかって来たので、Xが自分の身を守るためにAを殴り倒した、という場合、Xの行為は正当防衛になる.ここで「罰しない」と定められているのは、正当防衛行為は違法性が阻却され犯罪が成立しないため、不可罰であるという意味である(*違法阻却事由').

正当防衛と緊急避難(刑37 I)は、緊急状況に置かれた者の法益を守るために行う行為であるという点では共通している.しかし、前者は「不正の侵害」に対する反撃行為であり、攻撃者と防衛行為者が「不正対正」の関係であるのに対し、後者は、危難を避けるために、不正ではない他人の法益を侵害する行為であり、避難者と被害者が「正対正」の関係である点で異なっ

ている。このような相違から、正当防衛の要件は、緊急避難のそれよりも緩やかで、後述するように「法益の権衡」も、「行為の補充性」も原則として要件とはされていない。

2 違法阻却根拠 通説は、正当防衛の違法阻却根拠も違法阻却の一般原理である優越的利益の原理に求められるという立場を前提にして、違法な攻撃に対して自己または他人の法益を保全する、という個人主義的な「自己保全の利益」と、「法は不法に譲歩する必要はない」という超個人的な「法確証の利益」とが防衛行為者の側に認められ、彼の利益の要保護性の方が、攻撃者の側のそれよりも優越性が認められる、と説明している。これに対し、近時、被攻撃者の法益保護の利益とは別個の法の確証という利益を認めることは妥当ではないとして、正当防衛においては緊急避難とは異なり、退避義務と害の衡量が要求されていないという意味で、被攻撃者の側に絶対的な優越性が認められている、ということに根拠を求める見解が有力に主張されている。

3 要件 ①急迫不正の侵害 「急迫」とは、法益の侵害が現に存在しているか、またはそれが間近に差し迫っていることをいう（最判昭46・11・16刑集25・8・996）。過去の侵害や、将来の侵害に対して正当防衛は認められない。前者に対しては、*自救行為*の成立が問題となる。もっとも、将来の侵害を予想して防衛設備を設けておいた場合であっても、侵害が差し迫ったときに功を奏した場合（たとえば、忍び返し）には、急迫の侵害に対する防衛行為といえる。

「不正」とは、違法という意味である。「侵害」とは、法益に対する実害またはその危険を生じさせることをいい、作為によると不作為によるとを問わない。人以外の動物などによる単なる侵害事実も、「不正な侵害」といえるか。これがいわゆる*対物防衛*の問題である。

②自己または他人の権利を防衛するため 「自己または他人の権利」とは、被救助法益のことをいう。自己の法益を守るためだけではなく、他人のそれを守るための正当防衛も認められている（*緊急救助*）。この「他人の法益」の中に、国家的法益、社会的法益も含まれるか。これが*国家正当防衛*の問題である。

「防衛するため」とは、まず行為が客観的に自己または他人の法益を守るのに役立つということである。また、通説・判例は、「防衛するための行為」といえるためには、行為者が主観的に「防衛の意思」をもって行うことが必要である、としている。もっとも、「防衛意思」の内容の理解について、判例には変遷がみられる。古い判例は、その内容を防衛の意図・動機に近いそれと理解していた（大判昭11・12・7刑集15・1561）。しかし、学説は批判的であった。その理由は、急迫不正の侵害に対して純粋に防衛の意図・動機に基づいて反撃することはきわめてまれであり、憤激、逆上、攻撃の目的などに基づいて反撃したら防衛意思が否定されるとすると、正当防衛・過剰防衛の成立が認められる場合がほとんどなくなってしまうからである。そこで、最高裁は、「憤激または逆上して反撃を加えたからといって、ただちに防衛の意思を欠くものではない」（最判昭46・11・16刑集25・8・996）、「防衛の意思と攻撃の意思とが併存している場合の行為は、防衛の意思を欠くものではない」（最判昭50・11・28刑集29・10・983）として、防衛意思の内容を緩やかに解するようになった。もっとも、これらの判例は、「憎悪の念をもち攻撃を受けたのに乗じ積極的な加害行為に出た場合」、「防衛に名を借りて侵害者に対し積極的に攻撃を加える行為」の場合には、防衛意思が否定されるともしていた。また、その後の判例には、「専ら攻撃の意思」で防衛行為を行った場合には、防衛意思が否定されるとしたものもある（最判昭60・9・12刑集39・6・275）。したがって、判例は、防衛意思の内容を「急迫不正の侵害の認識」で足りるとまでは理解しておらず、学説で主張されている「急迫不正の侵害に対応する意思」あるいはそれ以上のものを依然として要求している。しかし、必要説の立場に立つ学説においては、むしろ、急迫不正の侵害の認識で足りるとする見解が有力である。これに対し、違法性阻却事由である正当防衛の成否は、本来客観的事実のみに基づいて判断されるべきであり、防衛意思という行為者の主観的事情にかかわらせるべきではないとする防衛意思不要説も近時有力に主張されている。このような防衛の意思必要説と不要説の対立は、いわゆる*偶

然防衛'の場合に, 結論の相違となってあらわれる.

③やむを得ずにした行為　正当防衛と同じく緊急避難でも,「やむを得ずにした行為」という言葉が使われているが, 両者は同じ意味ではない. 後者のそれは, 本当にやむを得ない場合, すなわち法益を守るために他人の法益を侵害する以外に他の方法がないことを意味する(これを「補充の原則」という)のに対し, 前者のそれは, 必ずしも厳密に他に取りうる方法がない場合に限られず,「相当な」防衛行為であればよい, と解されている. 問題は, 防衛行為が「相当」であるか否かをどのように判断するかである. 通説・判例は, 防衛行為を判断対象とし, その態様が適切であったかどうか(攻撃に対する防衛行為が「武器対等」であったか否か)という観点から, 防衛行為の相当性を判断している(最判昭44・12・4刑集23・12・1573). これに対し, 学説には, 防衛行為によって生じた法益侵害結果が正当化されるか否かが問題なのであるから, 攻撃者に生じた「結果」が判断対象とされるべきであるとする有力な見解がある. これは, 違法に関して, 行為無価値論的思考をとるか結果無価値論的思考をとるかの対立である.「相当性」の範囲を逸脱した行為については, *過剰防衛'(36 Ⅱ)の成否が問題となる.

4 誤想防衛, 誤想過剰防衛　*誤想防衛'とは, 行為者が以上のような正当防衛の客観的要件にあたる事実が現実には存在しないのに, 存在すると誤信して防衛行為を行った場合をいう. 急迫不正の侵害事実が存在しないのに, 存在すると誤信して防衛行為を行ったというのが典型的な例である. 誤想防衛と過剰防衛が結合した場合を, *誤想過剰防衛'という. これには, ①急迫不正の侵害が存在しないのに存在すると誤信し, かりにそれが現実に存在したとしても, それに対する防衛行為が過剰であった場合と, ②急迫不正の侵害が現実に存在し, 行為者がそれに対して相当な防衛行為を行うつもりで実際にはそれを超える行為を行った場合とがある. →喧嘩両成敗, 盗犯等ノ防止及処分ニ関スル法律
　　　　　　　　　　　　　　　　[山本輝之]

正　犯　(独) Täterschaft　**1 正犯の種類**　正犯は, 狭義の*共犯'(*教唆犯', *従犯')に対する概念で, 直接正犯, *間接正犯'および*単独正犯', *共同正犯'に分けられる. 直接正犯とは, *実行行為'すなわち基本的構成要件に該当する行為を自らの手により(器具・機械・毒物・動物を用いる場合も含む)行う場合(または, その行為者)をいい, 間接正犯とは, 他人を(いわば)道具として犯罪を実行する場合をいい, 共同正犯とは, 2人以上の者が共同して犯罪を実行する場合(刑60)をいう. なお, いわゆる*共謀共同正犯'を認め, 実行行為を分担していなくても重要な役割を果たした者は共同正犯だとすると, 実行行為と正犯行為とが例外的に分離する1例になるとの見方もある. 正犯者の数の単複および意思連絡が無いか有るかによって, 単独正犯, *同時犯'および共同正犯に分けられる. 基本的構成要件を自ら単独で実現する者を, 単独正犯という. 相互に意思連絡なく, 同時にまたは同時に近い前後関係で, 同一の客体に対して犯罪を実行する同時犯も, 単独正犯(の併存)である.

2 正犯と共犯に関する立法例　犯罪の実現に対して何らかの条件を与えた者をすべて正犯とし, 加功の態様・程度などは単に刑の量定において考慮する体系(*統一的正犯概念', 包括的正犯概念)もあるが, わが国の刑法60条以下は, 正犯と共犯を区別する体系を採用している.

3 正犯と共犯の区別の基準　通説は, 実行行為を—単独に, または, 共同して—なす者が正犯, 実行行為以外の行為で犯罪に関与(加功・加担)する者が共犯であるとする(実行行為性説, 形式(的客観)説). もっとも, この説の支持者も, 一般に, 間接正犯も認め, 見張りを常に従犯とするわけではなく, あるいは共謀共同正犯を認める等, 実行行為を実質的に解し, 役割の重要性も考慮する. その背後には, 犯罪の実現に対して第1次的な責任者が正犯, 第2次的な責任者が共犯である, という考え方や, 従犯の刑の軽さへの留意があるものと思われる. この通説のほか, 重要な見解として主観説と行為支配説がある.

主観説はさまざまなニュアンスのある考え方であるが, 有力な立場では, 自己の犯罪を行う意思で(自己のために, 正犯者意思で)行為した場合を正犯, 他人の犯罪に加担する意思で(他人

のために，共犯者意思で)行為した場合を共犯とする．ドイツで主として判例中に勢力を持ち続けてきたものである．わが国では，他人の利益のためで足りるとする構成要件があり(たとえば，刑100・101・103・104・247)，現行法と矛盾する等の理由から学説上さほど支持されていないが，判例には主観説的な傾向もみられる(最判昭24・10・1刑集3・10・1629，とくに福岡地判昭59・8・30判時1152・182等)．

行為支配説は，*行為支配'を有するのが正犯で，それを有せずに加功するにとどまっている者が共犯であるとする．ドイツでの通説で，わが国でも一部に支持がある．目的的行為論を基礎として主張されたが(目的的行為支配説)，現在では，上記の実行行為性(形式)説の実質的な基準として主張される場合もある．

なお，間接正犯の正犯性を基礎づける一案として，構成要件の実現に対して条件を与えた者は本来すべて正犯で，法律がとくに共犯としていない限り，正犯だとする*拡張的正犯概念'もかつて主張されたが，批判が多く，支持を得ていない．他方，間接正犯の概念を否定し，あるいは，その成立範囲を局限する*制限(限縮)的正犯概念'(拡張的共犯論)は，少数説ながら，かなり有力である．→自手犯　　　　　[斎藤信治]

性犯罪 1 性犯罪の概念　性犯罪とは性に関係する犯罪の総体をさす概念であるが，その内容は一義的ではない．性的な領域における価値観は歴史の経過とともに大きく変化してきており，現代においても民族や地域の違いにより性犯罪とされるものの範囲は相当に異なっている．さらに，刑法上は性的な対象に向けられた犯罪，たとえば女性の性的自由を侵害する*強姦罪'のような犯罪を性犯罪とすることで足りようが，犯罪学はむしろ犯罪の動機ないし原因の性的な性格に注目する．したがって，*性的倒錯'の一種としてのフェティシズムに起因する下着泥棒や性的快感を求めての殺人も，刑法上は*窃盗罪'や*殺人罪'であっても，犯罪学的にはあくまでも性犯罪である．

2 刑法上の性犯罪　わが国の刑法が性的な犯罪として規定するのは，その第22章「わいせつ，姦淫及び重婚の罪」の諸犯罪から*重婚罪'を除いたもの，すなわち，*公然わいせつ罪'(174)，*わいせつ物頒布罪'(175)，*強制わいせつ罪'(176)，強姦罪(177)，準強制わいせつ・準強姦罪(178)の各犯罪である．これらの犯罪は，性的自由を侵害する犯罪と性的表現に関する犯罪とに二分される．前者が性的攻撃犯であって，直接に性的衝動の満足を目的とする犯罪であるのに対して，後者は個人の性衝動の不抑制(公然わいせつ)および芸術表現ないし人の好奇心に応える商品提供が社会の性的禁忌に触れる場合(わいせつ物頒布等)である．両者はその性格において共通するものは少なく，その侵害する法益による区分では，前者は個人的法益に対する罪とされるのに対して，後者は社会的法益に対する罪とされることが普通である．

特別法上の性犯罪としては，*売春防止法'違反および*軽犯罪法'上の露出の罪などがある．

3 犯罪学における性犯罪　実質的に見た場合の性犯罪とは，性的衝動が決定的な動機となって実行される犯罪すべてであり，上記の性的攻撃犯や公然わいせつ以外にも，サディズムの延長線上の殺人や女性の晴れ着を汚すような*器物損壊罪'にあたる行為も典型的な性犯罪である．

性犯罪を一般型と倒錯型とに分けることが行われる．一般型とは，本来は正常な性衝動が性的な抑制機能を圧倒して対象者に対する攻撃的な行為の形態をとったものであり，強姦や強制わいせつのような犯罪である．これに対し倒錯型とは，性的倒錯に基づく犯罪もしくは性的規範から外れた性行動を指すものである．この倒錯型はさらに，性交対象の倒錯(同性愛，近親姦，幼児姦，獣姦，屍姦，無意識状態にある者の姦淫など)，性交代償行為における倒錯(露出症，窃視症，サディズム，マゾヒズム，フェティシズム，異性装，淫楽殺人，尿愛症など)および性欲の過剰と性欲制止欠如(男性淫乱症と強姦常習，女性淫乱症と姦通など)に分類されることがある．

性犯罪は時に興味本位に扱われるが，それを犯した犯罪者への関心が*精神病質'ないし異常人格のイメージを過度に膨らませ，不正確な理解をもたらさないように留意する必要がある．→セクシュアル・ハラスメント　　[上田寛]

声紋　音声の周波数分布をサウンド・

スペクトログラフという装置で分析し，これを画像として表示したもの．個人により，音声の周波数成分（声道での共鳴によって生じたもので，フォルマントという）の位置・配列・強弱等に特徴があるため，これを画像として固定したものを対比することにより，個人識別に利用することが試みられている．声紋は，音声の内容による変動や周囲の雑音等による資料の制約を受けるため，つねに個人識別に利用できるとはいえないが，採取された資料が良質で，検査者の技能が優れていれば，人の同一性の判定に役立つことができる．裁判例にも，声紋鑑定の結果を有罪認定の用に供したものがある（東京高判昭55・2・1判時960・8など）．→科学的証拠，科学的捜査 ［長沼範良］

生来性犯罪人 （英）born criminal （伊）uomo delinquente nato　その生まれつきの特質から必然的に犯罪者となることが運命づけられている人で，頭蓋骨の形状，容貌その他身体的な特徴，精神的な徴表から識別可能である，とされる．かつて*ロンブローゾ'の提唱した概念であるが，当初生来の個人的な特質を唯一の*犯罪要因としていた彼も，タルド Jean-Gabriel de Tarde（仏・1843-1904）などとの論争過程でたびたびその説明を変え，後には他の要因の競合をも承認するに至った．彼の後継者である*フェリー'は，犯罪原因を3分（人類学的要素，地理的要素および社会的要素）し，生来犯罪人の意義を著しく低下させた．多くの研究者によって人の犯罪行動には生育環境や行為環境の及ぼした影響が大きいことが論証されるにしたがって，このような考え方は支持を失った．
［上田 寛］

世界主義 （英）universal principle, universality principle （独）Weltrechtsprinzip, Weltrechtspflegeprinzip, Universalitätsprinzip, Universalprinzip （仏）principe universel, principe de l'universalité, système de la compétence universelle　犯罪は，どこで誰が行ったものでも，自国で処罰するものとする処罰原理．通例は，国際法上も犯罪とされるような国際的法益ないし世界共同・諸国共通の法益を害する犯罪（広義の戦争犯罪や海賊・ハイジャック（hijacking）など）について採用される．国際協力により国際社会全体を保護する趣旨で，処罰国（犯人の身柄拘束国）は，国際社会を代表して刑事管轄権を行使することとされている．普遍主義とも呼ばれるが，この語は，どこで誰が行ったものでも普遍的に，自国で処罰の対象にするという意味で，自国の重大な国家的法益を害するような犯罪に対する処罰原理（国家保護主義）なども含むことがある．ただ，今日では，利害が国際的で，世界中のどの国でも処罰の対象になりうるという意味でも普遍的な場合のみを普遍主義と呼ぶ．世界主義と完全に同義であることが多い．なお，通例，上記のような犯罪についても，*国内犯'の処罰は*属地主義'によるものとされ，世界主義は*国外犯'についての処罰原理とされる．

なお，世界主義や普遍主義の語は，以上のような刑法適用法における一原則と異なり，*国際刑法'のあり方一般に対する基本的姿勢としての普遍人類的な立場を指すこともある．この意味では，上述のような世界主義的処罰だけでなく，国際協力的な視点に立つ刑事管轄権の国際的分配の考え方や代理処罰の思想，さらには外国刑事判決の尊重なども，世界主義的だということになる．

世界主義による処罰は，特定の犯罪について，各国が協力して処罰を確保するために，締約国に刑事管轄権の設定を義務づける多国間条約に基づき，その国内的履行として整備されることが多い．わが国が，ハイジャックや航空危険行為などについて，外国人の国外犯をも処罰するものとしているのは（航空強取5，航空危険7），その例である．刑法4条の2が，条約国外犯の処罰について定めているのは，こうした事情を端的に表すものである．

世界主義の本旨からすれば，具体的な事件の際には，その処罰に適する外国への*犯罪人引渡し'が，世界主義に基づく身柄拘束国の処罰より普通は優先されるはずである．また，他国ですでに処罰がなされたあとは，通例，もはや処罰する必要はないので，原則として国際的な一事不再理が承認されるはずである．ただ，世界的法益の侵害は，ひいては各国の利害に関わる．その処罰は，自国保護の見地からも肯定され，

世界主義の名のもとに, 実はそうした国際的配慮を欠く国家主義的立場が具体化される場合もありうる. →国際犯罪　　　　　　　　　[愛知正博]

世界人権宣言　(英) Universal Declaration of Human Rights　(独) Allgemeine Erklärung der Menschenrechte　(仏) Déclaration universelle des droits de l'homme　1948年12月10日, 第3回国際連合総会において,「すべての人民とすべての国が達成すべき共通の基準」(前文) として採択された宣言 (総会決議217(III)). 国際連合は人権および基本的自由の尊重について国際協力を達成することを目的のひとつとしたが (国際連合憲章1 III), 世界人権宣言の草案は, この目的のために1946年の経済社会理事会決議により設立された人権委員会が作成した. 前文に続いて, 1条で人間の自由と平等を, 2～21条で市民的・政治的権利を, 22～27条で経済的・社会的権利を規定し, 28～30条で諸権利の保障に関する一般規定をおいている. 刑事人権についてはとくに, 拷問および残虐な, 非人道的なまたは屈辱的な取扱いまたは刑罰の禁止 (5), ほしいままにする逮捕, 抑留および追放の禁止 (9), 独立の公平な裁判所による公正な公開審理を受ける権利 (10), 弁護に必要なすべての保障と無罪推定 (11 I), 遡及処罰の禁止 (11 II) を定める. 世界人権宣言は, 条約のような形式的拘束性を持たないものの, その後の国際人権法の基礎となり, その保障は, 経済的, 社会的及び文化的権利に関する国際規約と'市民的及び政治的権利に関する国際規約'という2つの人権条約として具体化された.　　　　　　　　[葛野尋之]

責任　**1 概念**　責任とは, 構成要件に該当する違法な行為を行為者に対して主観的に帰属 (帰責) することをいう. 行為者が構成要件に該当する違法な行為を行っただけでは, 犯罪は成立しない. 行為について行為者の責任を問うことが可能であるときに犯罪が成立し, 原則として刑罰権が生ずる.

① **倫理的責任と法的責任**　刑法における責任は法的責任である. 責任は, 行為者が倫理に反する行為を行ったことに対して加えられるものでもなく, 犯罪行為を行ったことに対して倫理的な非難を加えることにあるのでもない. 行為者が法益を侵害したことについて法的な制裁を問うことにある.

② **心理的責任論と規範的責任論**　かつて責任の本質をめぐり, 心理的責任論と規範的責任論の対立があった. 心理的責任論は責任の本質を故意, 過失という主観的要素に求めた. すなわち, *故意' は犯罪事実の認識・予見であり, *過失' は犯罪事実の認識・予見の可能性である. したがって, 心理的責任論によれば, 責任の本質は犯罪事実の認識・予見ないしその可能性という心理的な状態にある.

しかし, 心理的責任論においては故意と過失を責任という上位概念に包摂することはできない. それは, 第1に, 過失には故意にあるべきものがない. 故意は犯罪事実の認識として心理的な出来事といえるが, 過失は犯罪事実を認識していないという心理的事実であり, 両者は認識の実体を異にする. 第2に, 過失には故意にない要素がある. 過失には犯罪事実を認識していなかったが, 認識が可能であり, 認識すべきであったという義務違反の要素があるのに対して, 故意はたんなる犯罪事実の認識であり, 義務違反の要素はない.

そこで, 心理的責任論に代わって主張されたのが規範的責任論である. この見解は, 故意にも犯罪行為を回避し, 適法な行為を選択することが可能であったにもかかわらず, あえて犯罪行為を選択したという点に義務違反がみられるとして, 過失にみられる義務違反の要素を故意のなかにも求めたのである. すなわち, 行為者が犯罪行為以外に, 他の適法な行為を行うことができた場合 (他行為可能性) に, 行為者を非難し, 責任を問うことができるが, 他の適法な行為を行おうとしても不可能であるときには, 行為者を非難することはできない. このように, 規範的責任論は, 責任とは行為者に対する非難ないし非難可能性であると解するのである. そして, その後の責任論はこのような考えの下に展開されてきた. 今日の通説である.

2 実質的責任論　しかし, 最近, 規範的責任論に代わって, 実質的責任論も主張されている. これは, 規範的責任論における他行為可能性は行為者の具体的, 現実的他行為可能性から切り離された, たんなる一般的, 抽象的他行為可能

性にすぎず、この点で責任非難の内容は空疎であり、行為者個人の責任を基礎づけるには十分でないと批判し、責任の本質を非難に代わり、予防という目的により基礎づけるべきであると主張する。しかし、この見解は、社会的責任論のように予防の目的が刑罰を必要とするとき、つねに責任を肯定するわけではない。刑罰はあくまでも責任の範囲内で考慮されるにすぎないと解する。この点で、責任は刑罰の超えることのできない限界であるという前提に立っている。他方、この見解によれば、予防の観点より刑罰を必要としないときには、責任の阻却ないし減軽を肯定する。

3 責任の要件 責任が認められるための要件には、故意・過失といった主観的要件、*責任能力'、期待可能性がある。通常故意・過失があれば、自己の行為が違法であると認識することが可能であったといえるし、また責任能力や期待可能性もあったものと推定される。しかし、場合によっては、故意・過失があっても行為の違法性を認識する可能性がないとき、あるいは行為時に責任能力や期待可能性がなかったときは責任を問うことはできない。この点で、故意・過失は責任の一般的要件であり、違法性の意識の可能性、責任能力、期待可能性(の不存在)は責任阻却事由である。

4 責任の判断基準 責任の判断は行為者を基準にするか、一般人を基準にするかにより、主観説と客観説がある。主観説は行為者にとって適法行為を選択することが可能であったかを基準とする。客観説は行為者の置かれた具体的事情の下で一般人にとって適法行為を選択することが可能であるかを基準に責任の有無を判断する。通説は、責任は行為者に対する非難であり、本来主観的であるとして主観説をとる。→責任条件, 帰責　　　　　　　　　[堀内捷三]

責任共犯論 (独) Schuldteilnahmetheorie　責任共犯論は、*共犯の処罰根拠'論のひとつであり、共犯者は正犯者を堕落させ罪責と刑罰に陥れたので処罰される、という見解である。教唆犯を主眼にして構築された理論であり、古くはカノン法において、また新しくはナチス刑法の下において、強力に唱えられた理論である。

　責任共犯論は、共犯の処罰根拠を正犯者との関係の中に求めている。「正犯者は殺人を行い、教唆者は殺人者をつくる」と考えるわけである。このように、責任共犯論は、正犯と共犯では犯罪性格が質的に相違する、との理解によって支えられている。しかも、責任共犯論は、共犯の犯罪性格を共犯者の心情無価値に求めることにより、正犯との区別を実質的に基礎づけようとする。したがって、責任共犯論が、沿革的に法と倫理を一体視する立場から、強力に唱えられてきたことも、単なる偶然ではない。→違法共犯論, 惹起説　　　　　　　　[大越義久]

責任主義 (独) Schuldprinzip
1 意義 責任主義とは「責任なければ刑罰なし」という原則であり、責任原理ないし消極的責任主義ともいう。これに対して「責任あれば刑罰あり」という考えを積極的責任主義というが、罪刑法定主義とならぶ国家刑罰権約の原理としての責任主義は、もっぱら消極的責任主義の意味に理解されるべきである。

　この意味での責任主義には、*結果責任'および団体責任の排除という要請と、刑は責任の程度を超えてはならないという量刑上の要請とが含まれている。いずれも、歴史的に徐々に認識され、確立されてきたものであり、現在も発展途上にあるといえる。なお、現行法上、責任主義は、憲法の要請であり、憲法13条の個人の尊重を背景として、直接には憲法31条の内容である実体的デュー・プロセスが責任主義を包含していると解すべきであろう。

2 責任主義の確立 結果責任・団体責任の排除は、逆にいえば、主観的責任・個人責任の要請となる。主観的責任の考えは、ヨーロッパではカロリナ刑事法典(1532年)において確立したといわれるが、その前後を通じて、教会法ではヴェルサリ原則として知られる結果責任の考えが通用していた。また、刑法においても、間接故意の理論により、その行為から通常生ずべき結果には故意責任を認めるなど、責任主義という自覚はなかった。他方、ヨーロッパ中世の財産没収や、わが国の律令制の*連座制'(官吏の連帯責任)や縁座制(家族の連帯責任)は、団体責任を認めたものであった。

　このような結果責任・団体責任を克服して責

任主義が確立したのは，近代刑法においてであり，そこでは責任能力および故意・過失のない行為は罰しない（少なくとも過失のない行為は罰しないという意味で過失責任主義ともいう），責任の向けられる対象は個別の行為である（*行為責任'）とされることにより，国家刑罰権の制約による市民的自由の保障が図られた．このような意味での責任主義に最もよく適合したのが，当時の心理的責任論であった．その後，学派の争い，それに続く規範的責任論の展開は，量刑における責任主義の役割をクローズアップさせた．責任主義は，責任の存否の問題のみではなく責任の量の問題をも含むことが，明らかにされたのである．

3 問題点 第1に，*結果的加重犯'の基本犯と加重的結果との関係につき，従来の判例の主流は，条件関係があれば足りる（中断の余地はある）としてきたが，学説では，折衷的相当因果関係説によって苛酷な結論を避けようとする説，加重的結果につき過失を要求する説が主張され，後者が多数説となっている．因果関係のみで加重的結果につき責任を負わせるのは，結果責任の発想といわざるをえず，過失を要求する説は，責任主義との調和を図ったものである．

第2に，*両罰規定'における事業主の処罰根拠について，かつては行為者たる従業員の責任が転嫁されることによる無過失責任であると解されていたが，1939(昭14)年に美濃部達吉(1873-1948)が過失責任説を主張し，戦前・戦後を通じて有力になった．過失責任説は，過失擬制説，過失推定説（判例・通説），純過失説に分かれるが，責任主義の見地からは純過失説が適切であろう．

第3に，*原因において自由な行為'も，実行行為（罪刑法定主義の要請）および行為と責任の同時存在の原則（責任主義の要請）を厳格に要求する立場からすれば，処罰要求を優先した無理な理論構成であるように思われる．

第4に，量刑責任につき，改正刑法草案48条1項は「刑は，犯人の責任に応じて量定しなければならない」と規定しているが，むしろ責任主義の立場から「刑は，犯人の責任の程度を超えてはならない」という趣旨の規定にすべきであろう． ［浅田和茂］

責任条件 （独）Zurechenbarkeit der Tat 責任条件と訳されているドイツ語の本来の意味は「所為の帰責可能性」であって，ある所為を犯罪(Straftat)として行為者に帰責するための要件を意味し，それは，犯罪の成立要件（行為，構成要件，違法，責任）と同意義である．しかし，かつて心理的責任論の下で，責任能力は責任の前提とされ，その前提の下で責任を負わせるための主観的要件，すなわち*故意'・*過失'が責任条件ないし*責任'形式と呼ばれ，この用語法が一般化した．これによって，故意または過失によらない行為（無過失の行為）は処罰されないという責任主義の立場を明らかにしたのである．

その後の規範的責任論の下でも，故意・過失は責任条件であって，非難可能性を基礎づけるものと解されてきたが，目的的行為論は，故意・過失を責任論から放逐し（構成要件・違法の問題であるとする），責任は純粋に規範的な判断に尽きると主張した（厳格責任説）．しかし，規範的責任論は，心理的責任論を前提にし，行為者の主観的（心理的）な状態が非難可能なものであることを要求する立場と解されるべきであろう．責任の過度の規範化は，責任は裁判官の頭の中にあるとすることになる． ［浅田和茂］

責任説 （独）Schuldtheorie 責任説とは，違法性の認識（ないしその可能性）を故意とは別個独立の責任要素と解する説をいい，違法性の認識を故意の要素と解する故意説と対立する．責任説は，故意説を克服する見解として主張されてきているので，まず*故意説'から見ていくことにする．

故意説は，厳格故意説と制限故意説とに分かれる．厳格故意説とは，違法性の現実的認識を故意の要素であると解する説をいう．この説によれば，違法性の認識がある場合には，行為に際して行為者に行為動機を阻止する反対動機が存在するのであり，この反対動機を突破して行為の決意に出たことに重い責任非難の根拠があるとされ，違法性の錯誤がある場合には，故意犯の成立は認められず，過失犯を処罰する規定があるときは，過失犯の成否が問題になる．

*厳格故意説'に対してはつぎのような批判がある．この説によると，①激情犯および確信犯

の可罰性を説明できず、②常習犯人に対する刑の加重も合理的に説明できず、③行政取締法規違反行為については、違法性の現実の認識がないかぎり故意がないとされる以上、故意の成立はなかなか認められず、違法性の錯誤がある場合、過失犯を処罰する旨の規定がないかぎり、まったく不可罰とされ、刑事政策的見地から見て不当である。この批判を克服するために主張されたのが、制限故意説であり、制限故意説は、故意の要件として違法性の現実の認識は必要ではなく、違法性の認識の可能性があれば足りるとする。しかし、これは「可能性の認識」を限界とする故意の概念に「認識の可能性」という過失的要素を導入し、故意と過失という本質的に相排斥し合う矛盾概念を結合しようとするところに論理的矛盾があると批判されている。

このような難点は、違法性の認識ないしその可能性を「故意」の要素と解したことから生ずるのである。そこで、提唱されたのが責任説である。責任説は、厳格責任説と*制限責任説*とに分かれる。厳格責任説とは、違法性の認識ないしその可能性は故意の要素ではなくて独立の責任要素であると解し、正当化事情の錯誤(違法阻却事由の事実的前提に関する錯誤)は違法性の錯誤であるとする立場をいう。厳格責任説によれば、違法性の錯誤がある場合、その錯誤を避けることができたときには違法性の認識の可能性があり故意犯の成立が肯定され、それを避けることができなかったときには責任が阻却されて故意犯は成立せず、いずれにせよ過失犯の成否を問題にする必要はないとされる。制限責任説は、違法性の認識ないしその可能性を独立の責任要素であると解している点で厳格責任説と同じであるが、正当化事情の錯誤を事実の錯誤(構成要件的事実の錯誤)と捉えて故意阻却を認める点で異なる。違法性の錯誤の取扱いについては、本説は厳格責任説とまったく同一である。→違法性の意識、ヴェルツェル、誤想防衛

[川端 博]

責任阻却事由 (独) Schuldausschliessungsgründe 構成要件に該当する違法な行為につき、行為者の責任を阻却する事由。違法性阻却事由が認められると、行為が最初から適法であったとされるのと同様に、責任阻却事由が認められれば、行為は最初から責任なく行われたことになる。違法性阻却事由と責任阻却事由とを合わせて犯罪阻却事由という。責任を積極的に基礎づける事実は、それが欠ければ当然に責任を排除することにもなるが、責任阻却事由は、むしろもっぱら消極的に責任(非難可能性)を排除する事由を意味する。

*責任能力*は、積極的に責任を基礎づけるものである(責任前提説と責任要素説が対立している)。しかし、英米法の抗弁事由と同様に、責任無能力は責任阻却事由であるとする見解もある。一般人は責任能力があるものと推定されているが、行為者の責任能力に疑問が生ずれば、責任能力があったことの挙証責任は検察官にある。故意・過失については、責任要素説、構成要件要素説(責任類型説・違法類型説)、両者とする説が対立するが、責任要素・責任類型いずれにせよ、責任を基礎づけるものであって責任阻却事由ではない(事実の錯誤は端的に故意を否定するものである)。もっとも、違法性の意識ないしその可能性を故意の要素とする故意説ではなく、違法性の意識の可能性を故意犯・過失犯共通の独立の責任要素とする責任説では、*法律の錯誤*(禁止の錯誤)によって違法性の意識の可能性が排除される(回避不可能な禁止の錯誤の)場合は、責任自体が否定されるので、違法性の意識の不可能性が期待不可能性とならぶ責任阻却事由とされることになる。

一般に責任阻却事由と捉えられているのは、責任能力および故意・過失が認められる場合に、なお責任を排除する事由、すなわち期待(不)可能性である。*期待可能性*については、第3の責任要素とする説、故意・過失の要素とする説、超法規的責任阻却事由とする説があるが、*超法規的責任阻却事由*と解するのが多数である。これによれば、構成要件に該当する違法な行為につき、責任能力および故意・過失が認められた場合に、責任が推定され、その推定を破るのが責任阻却事由としての期待不可能性ということになる。なお、緊急避難につき、違法性阻却と並んで責任阻却を認める説(二分説)では、そのかぎりで超法規的ではなく法規的な責任阻却事由も存在していることになる。

[浅田和茂]

責任能力 1意義 責任能力は、刑事責

せきにんよ

任を負うための主観的適性であり，帰責能力ともいわれる．その本質については，かつては道義的責任論を前提とし，これを責任非難を受けうる能力（'*有責行為能力'）であるとする説と，社会的責任論を前提とし，刑罰を受けるべき適性（'*刑罰能力'ないし刑罰適応性）であるとする説の厳しい対立があったが，現在では，法的責任論あるいは可罰的責任論の立場から，両側面を持つことが一般に認められている．責任能力は犯罪の実行時に要求され，訴訟能力や受刑能力とは区別される．

2 規定と判定方法 現行刑法は，責任能力をその消極面から犯罪の成立が否定される責任無能力，刑が必要的に減軽される'*限定責任能力'とし，'*責任阻却事由'の一種として規定している．'*精神障害'による心神喪失者は責任無能力とされ，心神耗弱者は限定責任能力とされる（刑39）．判例によれば，'*心神喪失'とは，精神の障害により事物の是非善悪を弁識する能力またはその弁識に従って行動する能力のない状態をいい，'*心神耗弱'とは，精神の障害によりこの能力が著しく減少した状態をいうとされ（大判昭6・12・3刑集10・682），精神の障害という生物学的要素と弁識能力・制御能力という心理的要素からなる混合的方法をとるものと理解されている．責任能力の判定にあたっては，多くの場合，'*精神医学'者による精神鑑定が行われるが，責任能力は法律的概念であり，裁判官は精神鑑定を命じないで判断してもよく，さらに精神鑑定の結果に拘束されないとされる（最決昭59・7・3刑集38・8・2783）．しかし，法律判断の前提となる生物学的・心理学的事実の認定については合理的な根拠がない限り精神鑑定の結果に拘束されると考えるべきであろう．さらに，14歳未満の者は，その人格の可塑性に注目した刑事政策的な観点から，一律に責任無能力者であるとされる（'*刑事未成年'，41）．なお，いん啞者を責任無能力ないし限定責任能力とした刑法40条は，特殊教育の進歩等を考慮して1995（平7）年の刑法改正で削除された．

3 体系的地位 責任主義の立場からは，責任能力は犯罪の実行行為時に存在することが要求される（行為と責任の同時存在の原則）．ドイツ刑法20条は，「所為の遂行の際に」という文言で

責任要素

この趣旨を明示しているが，わが国の刑法39条の「心神喪失者の行為」という文言もこの趣旨を含むものと理解される．しかし，自ら故意または過失により責任無能力を惹起し，犯罪を遂行した場合には，たとえ犯罪の実行時に責任能力がなくとも処罰すべきであるとする'*原因において自由な行為'が一般に承認されている．

さらに，責任能力が個々の行為の属性としての「責任の要素」か，一般的人格的能力としての「責任の前提」かについても対立がある．責任前提説は生物学的要素を重視することになるのに対し，責任要素説は心理学的要素を重視することになる．また，責任要素説は，責任能力の行為ごとの判断を強調し，同一行為者について，ある犯罪については責任無能力を，他の犯罪については責任能力を認めるいわゆる「'*部分的責任能力'」を承認するが，責任前提説は人格の統一性を理由にこれを否定する．責任要素説を徹底すると，責任能力が，違法性の意識と期待可能性の問題に解消されることになる．

［中空壽雅］

責任要素 行為者の刑事責任を構成する要素をいう．責任要素には，行為者が一般に刑事責任を負担するに足りるだけの能力をもつことを意味する責任能力と，行為者が個々の具体的状況のもとで責任を負担するための条件を意味する責任条件とがある．

責任は，法規範の論理構造と機能に関連していえば，具体的な行為者に対する命令規範（決定規範）としての法規範に違反することであるが，まず，規範の名宛人がその命令・禁止の意味を理解して意思を決定する能力をもつことが必要であり，これが責任能力である．

次に，責任条件には，心理的責任要素である'*故意'・'*過失'と，規範的責任要素である違法性の意識の可能性および'*期待可能性'とが含まれている．これに対し，'*規範的責任論'を徹底する立場から，責任条件を規範的要素に限り，心理的要素である故意・過失を'*主観的違法要素'と解する見解も有力である． ［曽根威彦］

関根橋事件 被告人等が共謀して村有の橋を岩石破壊用ダイナマイト15本を使用爆発させて損壊し，その際被告人等は右所為が違法であることは意識しており，ただ'*爆発物取締罰

則'の罰条または法定刑の程度を知らなかったという事件．最高裁は，「刑法38条3項但書は，自己の行為が刑罰法令により処罰さるべきことを知らず，これがためその行為の違法であることを意識しなかったにかかわらず，それが故意犯として処罰される場合において，右違法の意識を欠くことにつき斟酌または宥恕すべき事由があるときは，刑の減軽をなし得べきことを認めたもの」と解して，自己の行為に適用される具体的な刑罰法令の規定ないし法定刑の寛厳の程度を知らなかったとしても，その行為の違法であることを意識している場合は，同項但書の適用はないとした(最判昭32・10・18刑集11・10・2663)．この判例により，最高裁は，違法性の意識が欠けても故意に影響はない，つまり「*法の不知は害する'」とする立場をとり，38条3項但書は違法性の意識を欠く場合に刑の減軽を認めた規定と解することを確認したものとされる．もっとも学説においては，同項本文の解釈に関し，違法性の意識ないしその可能性が故意の成否に影響するか否かについては争いがあり，同項但書については，違法性の意識はあるが条文へのあてはめを誤った場合を規定したものとする考え方と，違法性の意識を欠く場合に刑の減軽の余地を認めたものとする考え方がある．→法律の錯誤　　　　　　　　　［松生光正］

セクシュアル・ハラスメント　(英) sexual harassment　(独) sexuelle Nötigung　(仏) Harcèlement sexuel　アメリカ合衆国の市民権法(Civil Rights Act 1964)第7章において，雇用差別の1類型として規定された禁止行為であるが，一般用語としても用いられている．セクシュアル・ハラスメントの語は，通常，相手方の意に反する言動であって，本人が意図するとせざるとにかかわらず，相手方によって性的な言動であると受けとめられ，それによって相手方を不快にし，差別し，脅威や屈辱感あるいは利益，不利益を与え，また相手方がそこで学び，働く環境を悪化させること，として用いられている．より具体的には，性的ジョーク，容姿や私生活に対する性的発言，執拗な交際要求，身体への接触，性関係の強要などをさす．その中には，*強姦罪'，*強制わいせつ罪'や*名誉毀損罪'のような犯罪を直接に構成するものもあるが，そうでない場合も，男女の被害者に精神的苦痛を与えることが多い．→性犯罪　　　　　　　　　　［上田　寛］

説教強盗　説教強盗とは，昭和の初年から4年間にわたり，東京市内(当時)およびその周辺地域において，深夜金品を強奪した後，立ち去るまでの間，2～3時間にわたり，家人に防犯の心得について説教するのを常としたところから，当時のジャーナリズムが命名した強盗犯人のことである．被告人妻木松吉(当時29歳)は，昭和4年2月24日に逮捕され，強盗58件，強盗傷人2件，強盗強姦1件，窃盗29件の理由で起訴され，東京地方裁判所において無期懲役の判決を言い渡された後，秋田刑務所で服役，昭和23年に仮釈放された．

当時わが国では，第1次大戦後の世界的経済不況の影響を受け，産業不振および金融恐慌による多数の失業者が発生し，強窃盗事件が多発していた．とりわけ，この大胆不敵で凶悪な侵入強盗である「説教強盗」は，世間の人々に多大な不安と恐怖を与えたのである．これを直接の契機として，このような強・窃盗に対する犯罪対策として，*盗犯等ノ防止及処分ニ関スル法律'(盗犯等防止法)(昭5法9)が昭和5年5月22日に急遽制定され，同年6月11日から施行された．　　　　　　　　　　　　　　　　［山本輝之］

説教等妨害罪　説教，礼拝または葬式を妨害することによって成立する(刑188 II)．説教等の行為客体は限定列挙であり，たとえば宗教儀式として行われる婚礼を妨害しても，本罪は直ちには成立しない．法定刑は，1年以下の懲役もしくは禁錮または10万円以下の罰金である．説教とは，宗教上の教えを説くことであり，宗教に関する学術講演は含まれない．礼拝とは，宗教的な崇敬心を捧げる行為を言い，場所や方法のいかんは問わないとされる．葬式は，人の死体を対象として行われる儀式に限られ，ペット等，動物の死体を対象とする儀式はもちろん，人の死胎を葬る儀式も葬式ではないとされる(ただし，礼拝所不敬罪[188 I]の「墓所」には死胎を埋葬した墓が，死体損壊罪[190]の「死体」には人の形を備えた死胎が含まれるとされる)．妨害行為の態様に制限はなく，これにより，説教，礼拝，葬式の円滑な遂行が阻害され

れば本罪は成立する．妨害行為により説教等が阻止されることは本罪の成立要件ではない．儀式の妨害を処罰する軽犯罪法1条24号の罪は，本罪に吸収されると解されている．→礼拝所および墳墓に関する罪　　　　　　　　[近藤和哉]

接見交通　**1 接見交通と弁護権**　接見交通とは，身体拘束を受けている被疑者・被告人と面会し，書類や物の授受をすることである．被疑者・被告人は，その時期を問わずいつでも弁護人を選任することができる(刑訴30，憲34・37)．*弁護権*を行使するには，弁護人と自由に，かつ秘密に接見して法的な援助を受けられることが必要である．そこで刑事訴訟法39条1項は，身柄拘束中の接見交通権を保障している．内容から考えて自由交通権と呼ばれたり，立会人なしに接見できるという意味で秘密交通権と呼ばれることもある．判例は，「接見交通権は……刑事手続上最も重要な基本的権利に属する」(最判昭53・7・10民集32・5・820)と述べており，また，憲法34条の弁護人依頼権は，身体拘束を受けている被疑者が，自己の自由と権利を守るために弁護人から法的援助を受けられるようにすることを目的としており，被疑者が弁護人から直接間接に法的援助を受ける機会をもつことを実質的に保障しており，刑事訴訟法39条1項の接見交通権はこの憲法の保障に由来すると判示している(最判大平11・3・24民集53・3・514)．

しかし，刑事訴訟法39条3項は，捜査側は捜査のために必要があるときは，公訴の提起前に限って，つまり被疑者に限って，接見の日時，場所，時間を指定することができると定めている．これを接見指定と呼ぶ．これを受けて，従来，法務大臣の訓令「事件事務規程」により，検察官は，接見の日時，場所，時間を別に発する指定書の通りに指定するという，一般的指定をなしていた．そして，後日，弁護人は検察官と交渉して，日時，場所，時間の細目を記した具体的指定書を検察官に請求し，検察官が発した指定書を持参して接見していた(「面会切符制」とも呼ばれていた)．

2 現在の接見交通　しかし，このような一般的指定制では，実質上，接見が禁止されているのと変わりはない(鳥取地決昭42・3・7下刑9・3・375)．そこで，1988(昭63)年に事件事務規程が改廃され，一般的指定制は廃止され，「日時，場所，時間を指定することがあるので通知する」という通知書を検察官が発するとされている．この接見指定に不服があれば，被疑者・弁護人は裁判所に対して検察官のした指定の取消・変更を求めて，準抗告をすることができる(刑訴430)．また，検察官のした接見指定処分に対して損害賠償を求める国家賠償請求訴訟の形で争われることも多い．

3 弁護人以外の者との接見　勾留された被疑者・被告人は，弁護人以外の者と法令の範囲内で，接見する権利を有する(刑訴80・207Ⅰ)．この場合，裁判所(官)は，被疑者・被告人が逃亡しまたは*罪証隠滅*すると疑うに足りる相当な理由があるときは，検察官の請求により，または職権で，この接見を禁止することができる(81・207Ⅰ)．ただし，糧食の授受を禁止したり差し押さえることはできない(81但)．→インコミュニカード，外部交通　　　　　　[大久保哲]

接続犯　数個の同種の行為が，同一の法益侵害に向けられ，時間的・場所的に近接して行われるため，全体を包括的に観察して一罪(*包括一罪*)と認められるものをいう．同一人を引き続き数回殴打するとか，同一の家屋内で次々と財物を窃取するなどがその例である．接続犯は，1947(昭22)年に，同一の罪名に触れる連続した行為を科刑上一罪として処断するとしていた*連続犯*規定が，あまりにも成立範囲が広く認められることを理由に刑法典から削除された後に，解釈論によって認められてきたものである．判例では，約2時間の間に3回にわたって同一倉庫から米俵3俵ずつ合計9俵を窃取した事案につき，3回の窃取行為は短時間に同一機会を利用したもので，「いずれも米俵の窃取という全く同種の動作であるから単一の犯意の発現たる一連の動作であ」って併合罪ではなく一罪である，としたものなどがある(最判昭24・7・23刑集3・8・1373)．　　　　　　[只木　誠]

窃盗罪　(独) Diebstahl　(英) theft　(仏) vol　**1 罪質**　他人の財物を窃取すること．法定刑は10年以下の懲役であり(刑235)，未遂も処罰される(243)．常習犯は，*盗犯等ノ防止及処分ニ関スル法律*に加重類型がある．最

も発生率の高い*財産犯'で，奪取罪の典型である．客体は他人の*財物'であり，旧法下の電気窃盗事件では管理可能性が考慮された（大判明36・5・21刑録9・874）が，*電気窃盗'には特則が設けられた（245）ので，再び有体性説が有力になっている．その他人性は原則的に民法で決まる（最決昭61・7・18刑集40・5・438も参照）．共犯者間の共有は別として，共有物もこれに含まれる．例外として*自己の物に対する犯罪'の規定（242）があり，同条の「占有」との関わりで，窃盗罪の保護法益を事実上の所持とみる（所持説）か，占有を理由づける所有権その他の正当な権原とみる（本権説）かに争いがある．「権原」が疑われる場合，すなわち，禁制品や盗品の奪取をすべて無罪とすることはできず，純粋な本権説は維持し難い．判例も所持説に至った（最判昭35・4・26刑集14・6・748）．それでも，自救行為の余地を認めるだけでは，所有者の奪還もほとんどが窃盗になってしまう（最決平1・7・7刑集43・7・607も参照）から，保護に値する財産的利益の裏付けを要求すべきだとの主張も根強い．本権を顧慮するか否かは，本権侵害たる領得の考慮や親族相盗例（244）の適用関係にも影響しうる．

2 窃取 被害者の意思に反する*占有'の奪取である．その本質は財物の支配移転にある．事実的支配を認め難い権利や利益は，財物性も疑わしいし，窃取の対象にはなり難い．利益に対する罪も規定する詐欺・恐喝との対比で，権利窃盗や利益窃盗は処罰されていないと考えられる．情報窃盗も，情報それ自体の窃取ではなく，情報という財産的価値の付着した媒体の支配移転があってこそ処罰されうる（東京地判昭59・6・28刑月16・5＝6・476）．奪取は剝奪と取得で成り立つ．着手は支配剝奪の開始であり，支配侵害に密接な物色行為（最判昭23・4・17刑集2・4・399）を基準とする物色説が支配的である．ただし，倉庫のような支配装置たる施設に侵入する場合は，その時点で着手となる（名古屋高判昭25・11・14高刑3・4・748）．排他的な支配の取得で既遂となる．他人が発見しにくい場所への隠匿でもよい（最判昭24・12・22刑集3・12・2070）．万引きの場合に隠匿・レジ通過・店外退出等のどの時点を重視するかは具体的事案に依存するが，支配の排他性との関わりでレジの通過が重視される傾向にある．

3 他罪との関係 森林でその産物に対して行う場合には*森林窃盗'に止まる．不動産に対する窃盗罪の成否には争いがあったが，*不動産侵奪罪'（235の2）が規定された．奪取の有無で横領罪と区別され，それが被害者意思（処分行為）に基づくか否かで詐欺罪・恐喝罪と区別される．被害者意思の抑圧を伴う場合には強盗罪である．窃盗後に所定の目的で被害者等に暴行・脅迫を加えれば事後強盗罪であり，これと同視される（238）．支配侵害は毀棄罪にも認められるから，両者の区別が問題となり，特に，他の場所へ運び出して棄てる行為をどう評価するかが争われる．窃盗罪を単なる加害に止まらず，財産的利欲を図る領得罪と位置づけて，*不法領得の意思'の存否で分けるのが判例・通説である．このような把握から，財物奪取罪の処罰は「領得」も考慮に含めているといえるので，犯人が事後に横領行為を行っても別罪を構成しない（共罰的事後行為）．奪取で既遂となるにしても，その後も本権に伴う使用収益権能との関係で財産侵害状態は継続する（状態犯）とされている．だからこそ，実行の終了後に関与する事後従犯を処罰する特則として，盗品等に関する罪が別個に規定されている（256・257）． ［小田直樹］

窃盗罪の保護法益 **1 問題の所在**

*窃盗罪'の客体は「財物」であり，行為の態様は財物の「占有侵害」である．しかし，その保護法益については，本権説と占有説とが対立してきた．この論争は，形式的には刑法242条にいう「他人の占有」の解釈問題に帰着する．そして，同条は窃盗罪，不動産侵奪罪，強盗罪のほか251条により詐欺罪，恐喝罪に準用されているから，この問題は財物罪に共通する問題であり，その意味で財産犯の保護法益の問題だということになる．

本権説によれば，235条は「他人の」財物を客体とするから，その保護法益は所有権である．もっとも，そうするとAがBに賃貸中のAの物を勝手に取り戻した場合は，本来同条の構成要件に該当しないことになる．このため242条は自己物についても窃盗罪の構成要件を拡張しているが，そこにいう「自己の物であっても，他

人が占有」する場合とは，他人の占有が質権，賃借権，留置権等の私法上の適法な権限（これを本権という）に基づく場合にかぎられ，したがって，窃盗犯人から自己物を取り戻すような場合は，そもそも窃盗罪の構成要件に該当しないのである．このように，本権説によれば，窃盗罪の保護法益は所有権その他の本権であるとされるのである．これに対して，占有説（所持説）は，財物の占有または所持それ自体が窃盗罪の保護法益であって，少なくとも構成要件のレベルでは占有の法的正当性を問題にすべきではないとする．したがって，242条は単なる注意規定にすぎずすべての占有が保護の客体になる．その結果，窃盗犯人からの自己物の取り戻しも窃盗罪の構成要件に該当し，ただ*自救行為'として違法性阻却を認めうるにすぎないことになるのである．

2 判例の変遷 この問題に関する判例は大きく変遷している．すなわち，戦前の大審院の判例は明らかに本権説の立場をとっていた．たとえば，恩給法によって担保とすることを禁止された恩給年金証書を担保として債権者に交付した債務者が，この証書を詐取または窃取した事案に関し，242条は占有者が適法にその占有権をもって所有者に対抗できない場合の規定であるとしていた（大判大7・9・25刑録24・1219）．そこでは，242条にいう「占有」が私法上の適法な権限に基づく場合に限定されると同時に，この権限の有無について判断することが前提とされていたのである．これに対して，戦後の最高裁の判例は本権説から占有説へと移行した．すなわち，禁制品である隠匿物資を詐取した事案に関し，「刑法における財物取罪の規定は人の財物に対する事実上の所持を保護せんとするもの」であるとして詐欺罪の成立を肯定したのである（最判昭24・2・15刑集3・2・175）．さらには，担保に差し入れた国鉄年金証書を債務者が詐取した事案については，前記大正7年の判例を明示的に変更し，占有説の論理によって詐欺罪の成立を認めたのである．また，窃盗罪については，自動車金融を行っていた債権者が，債務者との間に買戻約款付きの自動車売買契約を締結し，債務者が買戻権を喪失した直後に，ひそかに作成しておいたスペア・キーを使用して債務者に無断で自動車を引き揚げたという事案について，占有説の論理で窃盗罪が認められている（最決平1・7・7刑集43・7・607）．最高裁は「被告人が自動車を引き揚げた時点においては，自動車は借主の事実上の支配内にあったことが明らかであるから，かりに被告人にその所有権があったとしても，被告人の引揚行為は，刑法242条にいう他人の占有に属する物を窃取したものとして窃盗罪を構成するというべきであり，かつ，その行為は，社会通念上借主に受忍を求める限度を超えた違法なものというほかはない」としたのである．

3 学説の状況 このような判例の変化に対応し学説も大きく変化した．それまでの純粋な本権説から，本権説と占有説の中間に線を引き，民事上の権限の裏付けをもたない占有であってもなお窃盗罪によって保護されるという中間説が有力となったのである．そのなかでも最も有力となったのは平穏占有説である．それは，占有の開始において平穏な占有を保護法益とするから，窃盗犯人からの自己物の取り戻しの場合のみを構成要件レベルで窃盗罪から排除するものであるが，その他の点では純粋占有説と同じものであるといえよう．これに対して，純粋占有説からは，①民法における自力救済の禁止から，構成要件レベルでは法的根拠を問題とせず全ての占有を保護の対象とすべきである，②窃盗犯人からの自己物の取り戻しも含めて，権利行使の場合は行為の必要性，緊急性，手段の相当性を総合的に考慮して違法阻却を認めればたりる，③禁制品の窃取，第三者による窃盗犯人からの盗品の窃取について窃盗罪の成立を認めることが統一的に説明できると主張されている．これに対して，中間説からは，占有説によれば，行為の必要性，緊急性，手段の相当性が要求される結果，たとえば，窃盗犯人の住居に侵入して取り戻すような行為は違法性が阻却されないことになるが，手段が不相当であるがゆえに，占有者に保護に値する利益がなくとも*財産犯'が成立するとすることは不当であり，占有の背後に保護に値する利益があるか否かは，やはり構成要件該当性のレベルで判断されるべきであり，手段の違法は別途考慮すべきであると批判されている．他方，民事上適法な権限に基づ

く占有のみを保護の対象とし、かつ、刑事裁判においても刑事責任の先決問題として、民事上の権利関係についての確定的判断を示すべきであるとする純粋本権説に対しても、前記国鉄年金証書事件にみられるように、担保とすることが私法上違法であっても、債務者がそのことを知りつつ担保に供した場合には、担保権者の占有が刑法的保護に値しないとまではいえない、さらに、被害者の側に清算の利益や同時履行の抗弁権のような保護に値する利益が存在する場合にその占有が保護されることは当然であるが、そのような利益の存在が確定的には確認できない場合でも、その占有に一応の合理的理由があると認められる場合には、やはり民事訴訟による解決を待つべきであり、その意味では刑法的な保護に値する利益の存在を肯定すべきであるという批判が提起されている。　　　[西田典之]

説得責任　(英) burden of persuasion　説得責任とは、対立する当事者の一方が、自己の主張を理由づける証拠を提出し、その主張を構成する要素すべてについて、その真実性を事実認定者に肯定させなければならない立証上の負担を意味する。説得責任は、証明責任とか立証責任と呼ばれることもある。刑事訴訟においては、検察官がその主張する具体的な犯罪事実を構成する要素すべてについて、合理的疑いを超えて証明できるだけの証拠を提出し、事実認定者を説得する責任を負担する。それゆえ、刑事訴訟における検察官の「説得責任」は、客観的*挙証責任'(実質的挙証責任)と同義である。

刑事訴訟において、正当防衛や心神喪失など違法性・責任阻却事由の不存在を被告人側が主張する場合、被告人側が「説得責任」を負うことになる。ただし、その立証上の負担の程度・内容について、議論がある。阻却事由の存在を疑わせる一応の証拠(たとえば、心神喪失を主張する場合、精神障害の存在を証明する証拠)を提出しなければならないのか、証拠を提出しないで意見陳述などにより争点を形成すれば足りるのか、議論が分かれる。被告人がその説得責任を果たしたとき、(犯罪を構成する要素でもある)阻却事由の不存在について検察官側は、合理的疑いを超えて証明しなければならない。被告人側が、アリバイなど犯罪事実の不存在を証明する間接事実を主張する場合についても、同様のことが当てはまる。この場合、被告人側の説得責任が果たされたといえるのは、実質的には、主張や立証の提出によって、犯罪事実の存在に対し合理的疑いを生じさせたときだといえる。
→証拠提出責任、主張責任　　　[高田昭正]

窃用　*秘密侵害'の一類型で、自己が知りえた秘密を秘密の持主の意思に反して利用する行為。窃用を処罰する法律として、たとえば、税理士法38条・60条、私的独占の禁止及び公正取引の確保に関する法律39条・93条、公認会計士法27条・52条、電波法109条などがある。その他、電気通信事業法等が処罰する*通信の秘密'の侵害には、窃用も含まれると解されている。また、所得税法243条、特許法200条は、秘密の「盗用」を処罰している。判例は、制限速度を超えて車を運転中に、警察無線を傍受して交通検問が開始された事実を知り、車の速度を制限速度に減速して検問箇所を通過して検挙を免れた被告人の行為について、「電波法109条1項にいう『窃用』とは、無線局の取扱中に係る無線通信の秘密を発信者又は受信者の意思に反して利用することをいうと解すべきであ(る)」として、通信の秘密窃用罪の成立を認めている(最決昭55・11・29刑集34・6・480)。
　　　[佐伯仁志]

善意の例外　(英) good faith exception　*違法収集証拠の排除原則'の例外のひとつ。

証拠の収集手続に違法があった場合、原則としてその証拠能力は否定され、事実認定の資料とすることは許されない。これを違法収集証拠の排除法則という。

アメリカでは、主に違法捜査の抑止手段として、違法収集証拠の排除法則自体はほぼ確立しているが、1970年代に、この排除法則はコスト面の弊害が大きく、抑止効も十分に機能していないとする批判・実証研究があらわれ、捜査機関が故意・過失なしに、自己の行為が善意で適法・合法であると信じて行動した場合、そこに偶発的で法無視の態度がうかがえないときは、違法捜査を抑止する効果は期待できないとして、排除法則の適用を除外する見解が有力となった。これを違法収集証拠の排除法則における「善意の例外」という。連邦最高裁は、1984年のレオ

ン事件判決(United States v. Leon, 104 S. Ct.3405)およびシェパード事件判決（Massachusetts v. Sheppard, 104 S. Ct. 3424)などを通して，この例外の採用を明言している．

主観面は判断が容易でない上，職務熱心の余り等の理由で，排除法則の活用を妨げるおそれがあるとか，善意であっても組織としての警察には抑止効があるといった反論も見られるが，わが国でも，捜査機関の主観面を証拠排除の有無を決定する考量要因のひとつとしている裁判例は少なくない． ［三井　誠］

前　科　前に有罪判決や刑罰とりわけ自由刑実刑による刑務所収容といった科刑を受けたこと．一般的な社会的差別としての前科者差別は，主に刑務所からの被釈放者等に対してみられるが，法的効果として，刑罰の加重や資格制限の対象になる前科は，より広い概念であり，それぞれの内容・用途に応じて前科登録の制度もある．

選挙資格をはじめ*資格制限'にかかる身分上の属性としての前科を登録するものとしては，個々人の戸籍を管掌する市区町村における*犯罪人名簿'があり，有罪判決・科刑等の記録・抹消が行われる．

刑罰に及ぼす効果としては，刑の*執行猶予'の対象から排除されること(刑25)や，*累犯'，*再犯加重'の対象になることがある(刑56以下)．この関係で検察が管理している前科登録が犯歴票である．これは，*治罪法'(明13)による既決犯罪表の作成(464)とその一通を司法省に送致すること(465)に始まる．有罪言渡地の地方検察庁と有罪者の本籍地方検察庁との2庁における犯罪人カードの保管方式(昭33)を経て，本籍地の地方検察庁による犯歴票の保管に整備され(昭40)，明治15年以来の前科者1人1人についての有罪・科刑の状況が逐一記録保管されている．そのうち，電算機・コンピュータ犯歴の導入(昭47)により，昭和23年以降に裁判が確定した日本国籍者全員が法務省の電子計算機に登録されている．これは，もっぱら刑事裁判および検察事務の適正な運営に資するために使われ，一般的な前科身分照会に応えるものではない．累犯現象の重要な研究データとして，犯罪白書で利用されることもある(昭53年版，63年版)．

また，本来の前科登録制度とは，若干異なるが，犯罪捜査のための前科・前歴者のデータとして，警察庁などで整備・保管される指紋原票や，犯罪手口票などがある．これは，個々人についての犯行関連情報として，逮捕・被疑者段階からのものを対象としている．最近では，DNAデータ等も含めて，犯罪捜査における犯人特定の便宜と，個人情報・プライヴァシーの保護との相克現象として議論が行われる．

日常経験的事実や感覚に由来する前科の重視・危険視等がどこまで経験科学的実質をもつかの検証とともに，そのような事実を刑事制度における具体的個人への対応に使ってよいのかを価値的に検討することも必要である．

［吉岡一男］

全件送致主義　*少年の刑事事件'については，少年の健全育成の観点から*家庭裁判所'が*保護処分'を行うことが原則とされており(少1)，このために全ての少年事件を*家庭裁判所'に*送致'する手続上の原則を全件送致主義という．具体的には，警察による捜査終結後，罰金以下の刑にあたる犯罪の嫌疑がある事件は直接家庭裁判所に送致され，罰金より重い刑にあたる犯罪の嫌疑がある事件は検察官に送致される(少41)．後者は，検察官の捜査終結後，犯罪の嫌疑がなくかつ家庭裁判所の審判に付すべき事由がないときを除き，すべての事件が検察官から家庭裁判所に送致される(42)．家庭裁判所が調査の結果刑事処分相当と判断するときには，事件は検察官に*逆送'される(20)．全件送致主義に違反するものではないが，事実上の例外にあたる手続として*簡易送致'がある．

［村山眞維］

宣 告 刑　宣告刑とは，具体的な犯罪事実について，各刑罰規定に定められた*法定刑'に必要に応じて刑の加重・減軽事由による修正を加えて導かれた*処断刑'の枠内で，諸々の*量刑'事情に基づき裁判官により量定され，被告人に対して現実に言い渡される刑をいう．自由刑については，刑の宣告の形式として，確定した刑期を言い渡す定期刑と，刑の言渡しに際しては刑期を確定せず刑の執行の段階にその確定を委ねる不定期刑とがあり，後者はさらに，

刑期をまったく特定しない絶対的不定期刑と，刑期の上限と下限のみを言い渡す相対的不定期刑とに分かれる．日本の刑法は，定期刑の方法を採用するが，少年法では相対的不定期刑を認めている(少52)ほか，立法論として常習累犯に対する相対的不定期刑が考慮されたことがある(改正刑法草案59)．なお，定期刑主義のもとでも，*仮釈放'制度(刑28・30)により刑期満了を待たずして釈放される可能性が認められている．
[松原芳博]

宣 告 猶 予 宣告猶予には，有罪判決の宣告猶予と刑の宣告猶予とがある．前者は，有罪であることの宣告を一定期間猶予し，その期間を無事に経過すれば，有罪判決を言渡さない制度であるが，これには有罪認定の手続自体を停止するとするものと，有罪の認定はもちろんとして刑の量定・判決書の作成まで行うとするものとがある．後者は，有罪認定は行うが刑の量定をしないで，刑の言渡しを一定期間猶予し，その期間を無事に経過すれば，刑の宣告を行わない制度である．

宣告猶予は，保護観察と結びついた*プロベーション'とともに発達したものであり，*執行猶予'や*起訴猶予'と同様，施設への収容を回避して，社会内処遇を行うことにより犯罪者の更生を図ることをその目的としている制度である．現行法上認められている起訴猶予には保護観察を結びつけることができず，執行猶予にも種々の資格制限等の不利益が伴うことから，従来より宣告猶予制度を導入することの必要性が認められていた．

だが，*改正刑法準備草案'，部会の改正刑法草案が採用しようとしたものが，有罪判決の宣告猶予であったためこれへの批判が強く，結局，*改正刑法草案'においても採用されなかった．
[西村秀二]

戦時刑事特別法 太平洋戦争下のわが国において，戦時体制を確立するためにさまざまな戦時立法がなされたが，戦時刑事特別法も，1942年に戦争遂行に必要な治安の維持と挙国一致体制の確立を目的として制定された臨時的治安立法である．戦時刑事特別法(昭17法64)は，1941年の「戦時犯罪処罰ノ特例ニ関スル法律」(昭16法98)を廃止して，その規定を拡充して制定された．2章全31条で，戦時下の特別刑法(戦特刑1〜18)と戦時下の特別刑事訴訟法(19〜31)からなる．

戦時特別刑法は，戦時体制確立に必要な，国政変乱の目的の殺人罪(7)，公共の防空・気象観測・公共の通信・ガス電気の利用に対する各妨害罪(10〜12)，生産事業の設備・用具の効用損壊及び事業遂行妨害の罪(13)を新設し，また「戦時ニ際シ」あるいは「戦時ニ際シ灯火管制中又ハ敵襲ノ危険其ノ他人心ノ動揺ヲ生ゼシムベキ状態ニアル場合ニ於イテ」行われることを理由として，放火(1〜3)，猥褻(4)，窃盗(5)，恐喝(6)，往来妨害(16)，住居侵入(17)，飲料水に関する罪(18)，買占及び売惜(15)に対する刑を，刑法および特別刑法よりも加重した．さらに戦時刑事法中改正法律(昭18法56)により，国政変乱目的での傷害，逮捕監禁，暴行，脅迫に対する刑を刑法よりも加重し，国政変乱目的での騒擾その他治安を害する罪の協議及び煽動を処罰する規定，国政変乱目的あるいは安寧秩序紊乱目的で著しく治安を害する事項を宣伝することを処罰する規定を新たに付加することで，戦時治安立法が完成した．

また，戦時特別刑事訴訟法は，裁判所構成法戦時特例と一体となって，弁護人選任の人数・時期の制限や書類の閲覧・謄写の許可制等の権限の制限，戦時盗取罪・盗犯防止法2・3条の窃盗罪についての必要的弁護の解除，証拠能力の制限の緩和，上告棄却手続の簡素化等を行い，被疑者・被告人の権利を制限する方向で，戦時下での裁判の迅速化を図った．
[中空壽雅]

善 時 制 (英) good time system　善時制とは，施設内で被収容者が善行を保持したときに，その報償として，その者の刑期を一定の割合で短縮する制度をいう．

善時制は，苛酷な定期刑の緩和策の一環として*ベンサム'によって考案され，1817年にアメリカのニューヨーク州で最初に制度化された．その後，アメリカの他の州やヨーロッパ各国でも導入された(たとえばイギリスのレミッション制度 remission)が，*パロール'の普及によって，徐々に衰退した．ただし，アメリカ合衆国では，その後も多くの州でパロールと善時制が併用されていた．さらにパロール廃止論の台頭

以後は，定期刑のもとでの画一的な処遇による弊害を緩和する手だてとして，再び関心を集めている．

善時制のわが国への導入については，賛否両論がある．賛成論の主な根拠は，①受刑者の励みになる，②施設内での規律が維持できる，③短期仮釈放を減少させることができるなどである．これに対して，反対論の主な根拠は，①機械的・形式的な運用に陥りやすい，②被収容者の偽善を助長し，要領のよい者が得をする結果を招きかねないなどがあげられる．

わが国では，この制度は実施されていないが，累進処遇制度の実施により，善時制の趣旨は，事実上，部分的に実現している．→仮釈放

[瀬川 晃]

宣 誓 証人尋問に先だって，「良心に従って真実を述べ何事も隠さず，また何事も付け加えないことを誓う」旨宣言する手続をいう（刑訴154，刑訴規118）．証人は原則として宣誓義務を負う．鑑定人（刑訴174），通訳人，翻訳人（178）もそれぞれ裁判所から命じられた業務を行うにあたり宣誓する．

証人の場合，正当な理由のない宣誓拒否に対しては過料・費用賠償による間接強制（160）と刑罰（161）が予定されている．宣誓の趣旨を理解できない場合，宣誓させずに尋問を行う（宣誓無能力，155）．宣誓能力は，「うそをいってはならない」という倫理規範を了解して法廷の場でこれを確認できる理解力であれば足りる．偽証罪処罰の意味を理解する力は不要である（刑訴規120は，宣誓後に偽証罪の警告をすることとしている）．年少者についても，一定の年齢で宣誓能力を一律に区切らず，個別的に宣誓能力を判別する扱いである．外交特権により刑事裁判権が及ばない外国の元首・使節その随員，外交官とその家族には宣誓義務を科せない．天皇・摂政には訴追権が及ばないので，宣誓拒否罪で処罰できないことから，宣誓義務もないと解するのが通説である．宣誓は起立して厳粛に行う（118Ⅳ）．証人のみ起立する方式と法廷にいる全員が起立する方式がある．→偽証罪

[渡辺 修]

宣誓供述書 （英）affidavit **1 意義** 法廷外において，かつ，法律上他人に*宣誓'（oath）・確約（affirmation）を行わせる権限をもつ者の面前で，事実に関し任意に供述した書面につき，宣誓または確約によって，その内容の真実性を確認したもの．英米法上，*証言録取書'（deposition）と異なって，*反対尋問'の機会がないまま作成されているため，原則として公判では，罪体を証明する証拠としての*証拠能力'は認められないとされる．

2 判例 わが国では，最決平成12年10月31日が，コカインの密輸入事件において，「日本国政府からアメリカ合衆国政府に対する捜査共助の要請に基づいて作成された」Aの*宣誓供述書'に関し，「アメリカ合衆国に在住するAが黙秘権の告知を受け，同国の捜査官及び日本の検察官の質問に対して任意に供述し，公証人の面前において，偽証罪の制裁の下で，記載された供述内容が真実であることを言明する旨記載して署名したものであ〔り〕」，このようにして作成された供述書が刑事訴訟法321条1項3号にいう「特に信用すべき情況の下にされた」供述に当たるとした原判断は正当である旨判示し，事実認定に関する証拠としてその証拠能力を認めた（刑集54・8・735）．

[三井 誠]

戦争と犯罪 犯罪現象に影響を与える重大な*犯罪要因'のひとつに戦争がある．一般に，戦争の初期段階においては，国家意識の高揚と好景気によって犯罪が減少するが，戦争が長期化すると今度は増加に転ずるといわれる．第1次，第2次の世界大戦のような総力戦の場合には，多くの若年成人が兵隊として戦地に動員されるため，国内の犯罪は減少する．しかし，残された家族が窮乏するため，女性の犯罪が増える．終戦後は，混乱のために財産犯や性犯罪が著しく増加する．とりわけ，敗戦国ではこの傾向が強く，青少年の保護が行き届かなくなるため少年非行も増加する．復員した兵士の中にも，戦地での闘いのトラウマから抜け出せず，暴力的犯罪や性犯罪を犯す者が出てくる．

戦時における犯罪の減少は，社会的統制の強化にその原因を求めることもできるが，一面の思想犯やスパイ取締りの強化が一般刑事犯に対する捜査能力を低下させるということも否定できない．その意味で，犯罪現象を認識する際の暗数問題や犯罪の定義という視点も必要であ

る．戦地における戦闘行為を殺人罪として定義するなら，戦争は凶悪犯罪を激増させている．また，集団的な略奪行為や婦女暴行，ホロコースト(民族虐殺)のような人道に対する犯罪は，戦争犯罪として特殊な位置づけがなされている．
［石塚伸一］

戦争犯罪　(英) war crimes　(独) Kriegsverbrechen　(仏) crimes de guerre
　戦争法規違反を，通例の戦争犯罪と呼び，第2次大戦前から国際法上の犯罪(実質的な意味の*国際犯罪')と意識される傾向があった．これにスパイ行為や戦時反逆などを加えたものを，狭義の戦争犯罪(戦時犯罪，戦時重罪)という．これもまた，しばしば通例の戦争犯罪と呼ばれる．戦前も，こうした行為について個人を交戦国が処罰することはあったが，それは戦争が継続している間のみで，戦争終了後はもはや処罰されなかった．ところが，第2次大戦後に連合国が設置した国際軍事法廷(ニュールンベルク国際軍事裁判所，極東国際軍事裁判所)では，通例の戦争犯罪のほか，新たに*人道に対する罪'や*平和に対する罪'も処罰の対象とされた．これらの類型を加えた全体が，広義で戦争犯罪と呼ばれる(その処罰が戦争終了後になされたことも注目すべき論点である)．これらの戦争犯罪は，国連国際法委員会によるニュールンベルク諸原則の定式化(1950)，人類の平和と安全に対する罪の法典化作業などを経て，*国際刑事裁判所'の設立を定めた国際刑事裁判所規程(1998年)にも，いくらか分類・類型を変えながら(集団殺害罪，人道に対する罪，戦争犯罪，侵略の罪．5～8)受け継がれている．→国際刑法
［愛知正博］

仙台全司法事件　全司法労働組合仙台支部による，安保条約反対などの目的で行われた争議行為につき，同組合に関係のない第三者らと同支部執行委員長が共謀して争議をあおったとして，国家公務員法上の*あおり'行為に該当するとされた事件．全司法仙台事件ともいう．国家公務員法98条2項は，国家公務員の同盟罷業，怠業その他の争議行為を禁止し，さらにまた，何人も，これらの違法な行為を企て，またはその遂行を共謀し，*そそのかし'，もしくはあおってはならないと規定し，同110条1項17号は，その禁止規定を担保するため，何人たるを問わずこれらの争議行為等の遂行を共謀し，そそのかし，もしくはあおり，またはこれらの行為を企てた者を処罰している(あおり罪処罰)．本件事案につき最判大昭44・4・2刑集23・5・685は，*都教組事件'判決と同様に，「あおり」「そそのかし」等の対象となる「争議行為」は違法性の程度の強いもので，「あおり行為」そのものも争議行為に通常随伴して行われるものは処罰対象に含まれないといういわゆる二重の絞り論という限定的解釈を施さない限り，国家公務員法上の争議行為禁止は合憲とならないことを認めた．ただ，全司法判決は，二重の絞り論に関しより具体的な判示を行っているものの，具体的な本件事案については，安保条約反対の如き政治的目的のために裁判事務の停廃をきたし，国民生活に重大な支障をもたらすおそれのあるものであるとして，強度の違法性を認定した．また「あおり」に関しても，裁判所職員の団体に関係のない第三者も共謀加入して行われた以上，争議行為に通常随伴するものではないとして，原審の有罪判決を維持した．→可罰的違法性，全農林警職法事件，東京中郵事件，名古屋中郵事件
［木村光江］

選択刑　法定刑として異なる刑種を選択的に掲げるものをいう．たとえば，刑法261条が器物損壊罪について「3年以下の懲役又は30万円以下の罰金若しくは科料に処する」と規定しているのがその例である．選択刑が規定されている場合には，刑の減軽等に先立って，まず刑種の選択を行わなければならない(刑69)．なお，選択刑を定めた犯罪について刑の変更(6)や併合罪加重(47)等との関係で10条の基準により刑の軽重を定める際には，どの刑について比較対照するかという問題が生ずる．この点については，各主刑全体を比較対照すべきとする全体対照主義と，重い刑のみを比較対照すべきとする重点対照主義との対立があるが，判例は後者の立場に立っている(大判明44・7・8刑録17・1390，最判昭23・4・8刑集2・4・307)．
［松原芳博］

選択的認定　(独) Wahlfeststellung
　通常，*択一的認定'と同義に用いられる．すなわち，証拠調べの結果，裁判所が，「AまたはB」

いずれかの事実が存在したことについては*合理的疑いを超える証明'があるとの心証を得たものの，そのいずれであるかを確定できない場合に，「AまたはB」という*事実認定'に基づいて*有罪'判決をすることである．

もっとも，いま少し広い意味で用いられることもある．大小関係にあるAとBの間で，Aにあたる事実は確実に証明されているが，それに付け加わってBを充足する事実が，存否いずれとも証明されない結果，「AまたはB」という心証が得られる場合がある．この場合には，一般に，「*疑わしきは被告人の利益に'」の原則に従って，証拠によって確実に証明がなされている範囲で，Aを認定すべきものとされ，これは，上述の意味の択一的認定とは区別される（予備的認定とも呼ばれる．B訴因に対し，その一部であるAを認定するという側面から見れば，*一部認定'あるいは*縮小認定'と呼ばれる）．しかし，両者の限界は，しばしば微妙である．選択的認定は，この両者を併せた呼称として用いられることもある．→概括的認定，不特定的認定

[大澤　裕]

選択的法執行　(英) selective sanction, selective law enforcement　刑事手続上，警察は犯罪を認知したとき捜査をすべきものとされている．しかしながら，警察の人的・物的資源には限界があるため，法律が想定している完全な法執行は現実に不可能に近い．このため，警察は選択的法執行を行うことが稀ではない．選択的法執行はふたつのレベルで起こり得る．第1に，犯罪活動の行われていることが分かっている複数の社会領域があるが，そのすべてに対して法執行を行うことができないため，法執行活動の対象を絞らなければならないことがある．第2に，具体的な犯罪事件を認知した段階で，何らかの理由により立件，*検挙'を行わないことがある．前者においては組織としての活動対象選択の合理性が，後者においては個別の事件処理における判断の合法性が問題となる．しかし，立件・検挙を行わない決定を審査する手続は刑事手続のなかには存在しない．アメリカでは20世紀前半から移民や社会的少数者に対する差別的法執行が問題視され，特に1960年代には社会的反作用による2次的逸脱を重視する*ラベリング論'によってセレクティブ・サンクションのもたらす影響が問題とされた．

[村山眞維]

煽動（せん動）　(独) Aufhetzung　煽動とは，特定の行為を実行させる目的をもって，文書もしくは図画または言動により，人に対し，その行為を実行する決意を生ぜしめまたは既に生じている決意を助長させるような勢のある刺激を与えることをいう（破防4 II参照）．この定義規定は，*破壊活動防止法'の制定時の国会審議で，大判昭5・11・4新聞3210・14のいうところの「治安維持法に所謂実行の煽動とは，他人に対して中立の判断を失して実行の決意を創造せしめ，又は現存の決意を助長せしむべき勢力を有する刺激を与うることを指称し，その煽動行為あるにより成立し，必ずしも相手方に其の結果を惹起するを要せざるものとす」との定義が思想・表現の自由と調和するように修正され，「特定の行為を実行させる目的をもって」という要件が追加されて成立したという経緯をもつ．国家公務員法110条1項17号や地方公務員法61条4号にいう「あおり」も同義である．

煽動罪を処罰する法規には，破防法38〜40条（内乱・外患誘致・外患援助のせん動），*爆発物取締罰則'4条（爆発物使用の煽動），*秘密保護法'5条3項（防衛秘密の探知・収集のせん動），*刑事特別法'7条（機密の探知・収集・漏泄のせん動），食糧緊急措置令11条（不供出の煽動），国税犯則取締法22条（国税徴収・納税の妨害の煽動），地方税法21条1項（不納せん動罪），公職選挙法234条（選挙犯罪の煽動罪），義務教育諸学校における教育の政治的中立に関する臨時措置法3・4条（特定政党を支持させる等の教育のせん動）がある．

煽動あるいは「あおり」の実質は刺激の付与であり，その刺激は客観的に被煽動者に犯罪の実行を決意せしめるに足るもの，あるいは既にある決意を助長せしめるに足るものであればよく，実際に被煽動者が決意をもつに至ったか，あるいは既にある決意を助長されたかは，煽動罪成立の要件ではないとされている（独立共犯）．したがって，煽動は*教唆'・幇助より一歩前の段階を処罰するものといえる．もっとも，煽動は，文書・図画・言動によって被煽動者を

介して当該犯罪の実現を図るものであるから，煽動の内容が被煽動者に到達することはもちろんのこと，当該犯罪の実現の危険性について，被煽動者が理解しうるものであるにとどまらず，現実に理解したことが必要であろう．ただし，判例はこれを不要とする（最判昭29・5・20刑集8・5・692）．煽動は通常，教唆と異なり不特定または多数人に対して行われることが多い．→企行
[植田 博]

全農林警職法事件 非現業国家公務員の組織である全農林労働組合の中央執行委員長ら組合幹部が，共謀の上，1958（昭33）年の警察官職務執行法改正案に対する反対闘争を指令等した行為が，国家公務員法違反の罪に当たるとして起訴された事件．国家公務員法98条2項は，国家公務員の同盟罷業，怠業その他の争議行為を禁止し，さらにまた，何人も，これらの違法な行為を企て，またはその遂行を共謀し，そそのかし，もしくはあおってはならないと規定し，同法110条1項17号は，その禁止規定を担保するために，何人たるを問わずこれらの争議行為等の遂行を共謀し，'そそのかし'，もしくは'あおり'，またはこれらの行為を企てた者を処罰している．そして地方公務員についても地方公務員法37条1項・61条4号により同様の定めがなされている．これらの「あおり罪処罰」については，昭和40年代に判例の見解が大きく揺れ動いた．最高裁は地方公務員法に関する'都教組事件'判決，国家公務員法に関する'仙台全司法事件'判決における二重の絞り論によってその処罰範囲を限定した．しかし，4年後に出された本件判決（最判大昭48・4・25刑集27・4・547）により，国家公務員の争議行為の一部に刑事罰を科すことを合憲とした（上告棄却，1審無罪，原審有罪）．全農林判決はその多数意見において，「争議行為」を違法性の程度の強いものに限定し，あおり行為も争議行為に通常随伴して行われるものは処罰対象に含まないという二重の絞り論に関し，まず争議行為の違法性の強弱を問題にすることは不明確な限定解釈であるとした．さらに「あおり行為」から「通常随伴行為」を除外することも，「一般に争議行為が争議指導者の指令により開始され，打ち切られる現実を無視する」とか，「第三者がしたあおり等の行為は，争議行為に通常随伴するものでないとしてその態様のいかんを問わずこれを処罰の対象とする」ことは衡平を失する等とし，違法の強弱論と同様に不明確な限定解釈であるとして，否定した．ただ，全農林判決も，現業公務員の争議行為のあおり等をすべて処罰する趣旨ではなく，実質的にみて単なる規律違反としての評価をうけるにすぎない態様の争議行為は除かれる．さらに「あおり」行為に関しても，違法行為発生の危険性が具体的に生じたと認め得る状態に達したものに限定するとしており，単なる機械的労務を提供したにすぎない者，またはこれに類する者は除外される．なお，全農林判決は，国家公務員法違反に関するものであり，地方公務員法違反に関する都教組事件判決は，形式上は岩手県教組事件判決（最判大昭51・5・21刑集30・5・1178）によって変更されることになる．ただ，岩手県教組判決も，二重の絞り論を変更，批判しつつ，他方で，あおり等の行為は，将来における抽象的，不確定的な争議行為についてのあおりではなく，具体的，現実的な争議行為に直接結びつき，このような争議行為の具体的危険性を生ぜしめるものを指すという制限的解釈を行っている．→可罰的違法性，東京中郵事件
[木村光江]

占 有 1 意義 財産犯の前提となる客体の支配．'窃盗罪'をはじめとする奪取罪は他者の財物の占有を前提とするのに対し，'横領罪'は「自己の占有する他人の物」について，'遺失物横領罪'は「占有を離れた他人の物」について問題となる．刑法上は奪取罪とこれら両罪の区別が重要だから，民法の占有（民180以下）より事実的に把握され，代理人の所持なら代理人自身に占有が認められやすいし，相続での移転は当然とはされない．客観的な支配事実たる所持と主観的な支配意思で成り立つが，後者は限界基準として補充的に考慮されるに止まる．もっとも，現実の握持が必要なのではなく，自宅内・鞄の中など自己の支配領域内にあれば，本人が忘れていても占有は否定されない．そこで，ある者が支配を失っても，場所の管理者に占有が認められる場合もある．客の忘れ物に対する旅館の占有（大判大8・4・4刑録25・382）やロストボールに対するゴルフ場の占有（最決

昭62・4・10刑集41・3・221)が例である．それゆえ，限界問題は公共の場での放置にあるが，放し飼いの動物は飼い主の下へ帰る習性があればよく(大判大5・5・1刑録22・672)，公道上でも，握持を離れて間がなく，支配の放棄がないと認められる状況なら，占有を失わないとされている(最判昭32・11・8刑集11・12・3061参照).

2 窃盗罪の前提たる占有　自己の物に対する犯罪規定(刑242)の「占有」では，窃盗罪の保護法益における本権説と所持説(占有説)の対立が投影する．争点はそれを理由づける正当な権原を要するか否かである．占有者が死亡すれば例外なく占有離脱物になるという見解もあるが，判例によれば，少なくとも死をもたらした者との関係では，時間的・場所的に近接する範囲内で，生前の占有が継続して保護されて，窃盗罪が成立しうる(最判昭41・4・8刑集20・4・207)．使用者と従業員のような上下関係がある場合は，代理人のような独立性がある場合は別として，下位者は共同占有者(最判昭25・6・6刑集4・6・928)や上位者の占有補助者に止まるから，その侵害行為には窃盗が認められる．同様にして，落し主の依頼で探索・発見した財物の占有は落し主に認められる(最決昭32・1・24刑集11・1・270)．領域内での限られた使用を許すに過ぎない以上，宿泊客が旅館の貸与した物を奪えばやはり窃盗である(最決昭31・1・19刑集10・1・67)．封緘(ふうかん)物を委託された者が封を開けて中身を奪取する行為をどのように評価するかに争いがある．封緘物の全体としては受託者に占有が移るとしても，封緘中身に対する委託者の支配と捉えれば，開封行為は占有侵害であり，窃盗に値すると考えられる．判例はこのような見方に立つといえる(最決昭32・4・25刑集11・4・1427)が，全体について横領なのに中身について窃盗になるのは不均衡だとの批判もある．

3 横領罪の前提たる占有　横領罪は他人物を所有者のように利用処分する点に本質があるから，ここでの占有は委託関係に基づく濫用の虞を伴う支配であり，法律的支配も含むとされている．不動産の登記名義人(最判昭30・12・26刑集9・14・3053)が占有者とされるのはこの意味である．民法上は金銭では占有と所有が分離しないとする見方が一般であり，これによると金銭の占有があれば「他人の物」ではない以上，横領罪は成立し得ないことになる．しかし，委託趣旨に背いて金銭を消費した者が横領罪を免れるのは妥当でないから，使途を定めて委託された金銭の所有権は委託者に残るとされている(最判昭26・5・25刑集5・6・1186)．なお，自己の口座に誤って振り込まれた金銭の場合には委託が欠けるから，この論理では対処できない．預金の占有をどのように解するかに問題が残っている．　　　　　　　　　　　　　　　　　[小田直樹]

占領目的阻害行為処罰令　占領期には憲法以下の通常の法体系とは別に連合国最高司令官(SCAP)の指令——勅令(ポツダム勅令といわれた)——政令という占領法体系が存在した．占領目的阻害行為処罰令(政325)は，その前身である勅令311号(1946年)を全面改正して1950(昭25)年に制定され，占領が終結した1952(昭27)年に廃止された．勅令311号と政令325号は合計約1,800人に対し適用された．政令325号は，「占領目的に有害な行為」に対し最高10年の懲役を規定した．「占領目的に有害な行為」をSCAPの日本政府に対する指令の趣旨に反する行為，その指令を施行するために占領軍の各司令官の発する命令およびその指令を履行するための日本政府の発する法令に違反する行為と規定しており，その内容は個別的には規定されず，包括的な構成要件であり，SCAPの指令等に委任された*白地刑罰法規'であった．違反事件は，通常の刑事手続だけではなく，連合国軍事占領裁判所の管轄も認められ，その場合には公訴が取り消された．最高裁は占領法規を超憲法的に有効としたが，日本国憲法に反する占領法規は占領終結とともに失効すると判断し，政令325号違反の被告人を免訴とした(最判大昭28・7・2刑集7・7・1562)．[斉藤豊治]

訴因 (英) cause of action, count

1 訴因制度 訴因とは生起した事件につき，審判の対象として設定した検察官の主張である．旧法時代は審判の対象は公訴事実であったが，現行法が訴因制度を導入して(刑訴256 II・III)，審理は訴因の有無をめぐる攻防となった．被告人にとって訴因は防御の対象である．そこで，訴因を逸脱した裁判所の認定は「審判の請求を受けない事件につき判決した」ことに当たり，絶対的控訴理由となる(378③)．弁護権の保障(憲37III など)，起訴状一本主義の採用(刑訴256 VI)等と並んで訴因制度の採用は現行法が当事者主義の刑事訴訟であるための必須の要素である．審理が効率的に行われるため，また，被告人の防御権が十分に行使されるために訴因は特定・明示されなければならない(256 III)．不特定の訴因は無効となるが(338④)，無効な訴因を有効な訴因に正すことを訴因の補正という．これに対し，有効な訴因を一定の範囲で変えることを訴因の訂正・変更という．前者は誤記の類の単純な誤りを正し，後者は立証結果が当初訴因と異なる場合で被告人の防御権に大きな関わりがある場合になされる．ちなみに，英語で訴因という場合，起訴状に記載される犯罪事実または公判の冒頭に主張される犯罪事実を指すときは count を使う．

2 訴因の予備的・択一的記載 数個の訴因および罰条は，予備的または択一的に記載することができる(256 V)．'公訴事実'の同一の範囲内で数個の訴因の構成が可能な場合に，順位をつけて，主たる訴因(本位的訴因という)をまず審理し，これが認定されない場合に認定の対象とされる第2次的訴因を予備的訴因という．これに対し，複数の訴因に順位をつけず，A訴因またはB訴因の認定を求めるというように並列的に記載する場合を択一的訴因という．審理の結果，裁判所は心証の得られた訴因を認定すればよく，他方の訴因を排斥した理由を示す必要はない．予備的訴因につき有罪認定をする場合は本位的訴因を排斥した理由を示すべきとの説もある．刑事訴訟法が予備的・択一的記載を認めたのは，検察官の立場を配慮してのことであるが，検察官は周到な捜査をした上で起訴するため，実務上はほとんど用いられていない．むしろ，審理の過程で当初訴因とは違う事実が立証されたため，予備的訴因の追加請求という形式で訴因変更がなされることがある．

訴因の予備的・択一的記載を刑事訴訟法が認めていることは，訴追の仕方について検察官に幅広い権限を与えていることになるので，検察官は起訴の際，可能なすべての事情を考慮した上でいかなる訴因で起訴すべきかを慎重に決定することが要請されていると解される．そこで，当初訴因から予想しえないような*訴因変更'が制限される場合が考えられるし，また，訴因と公訴事実の同一の範囲内で二重の危険禁止の効力が働き，再訴が禁止されるとの効力が導き出される有力な根拠となるのである．→一罪一訴因の原則，公訴事実の同一性　　　[椎橋隆幸]

訴因と罪数 **1** *一罪一訴因の原則'

一罪を一訴因として構成するのが原則である．複数の事実を一通の起訴状で起訴することは許されるが，それは複数の訴因として起訴するのである．一罪一訴因の原則を厳格に貫く立場によると，検察官と裁判官の間で*罪数'の評価が違った場合にも裁判官の認定にあわせて訴因を補正しなければならない．罪数の変化が量刑に相当の影響を及ぼす場合は補正すべきは当然といえようが，防御や量刑に影響がない場合にまで補正や訴因変更が必要かは疑問とする説もある．

2 判例の立場 判例は，検察官の示した訴因で告知された範囲内で審理がなされ，したがって被告人の防御に実質的不利益を生じる虞がない場合で単に罪数の評価の点で裁判官が異なる判断をしたときには補正はおろか訴因変更の必要もないとしている．すなわち，①物品税逋脱罪の包括一罪が成立するとの訴因で6個の逋脱罪が成立すると判断した事例(最判昭29・3・2刑集8・3・217)，②被告人の一連のほぼ同一機会の綿の窃取を一罪の窃盗に当たるとした訴因に

対して、共謀者と機会を二分する2個の窃盗と認定した事例(最判昭32・10・8刑集11・10・2487)、③凶器準備集合罪と同結集罪を併合罪として起訴したが審理の結果、前者は後者に吸収され単純一罪と認定した事例(最決昭35・11・15刑集14・13・1677)において、最高裁は訴因変更の必要がないと判示している。さて、一罪を一訴因として構成して起訴することを原則とするのは正しい。しかし、訴因は事実を明示し被告人に防御の機会を十分に保障することに目的があるから、重要な事実がすべて訴因に示されており、単に罪数の評価のみが検察官と裁判官との間で異なるにすぎない場合には訴因の告知機能は果たされているので、当初の起訴を無効であった(補正は無効なものを有効とする行為)とする理由は説得力が乏しいのではないか。その意味で判例と一部の学説は理解できる。けん銃と実包の所持の複数の事実を包括一罪で起訴したが、けん銃等を一時返却していたことが判明したのに、訴因変更手続を経ることなく鉄砲等の不法所持罪の併合罪として有罪認定した判例を、場合により罪数補正を伴う訴因変更を促す義務があるとして破棄差戻した高裁判例(東京高判昭52・12・20高刑30・4・423)があるが、その理由は法的評価の範囲を超えて訴因事実そのものに変更が生じたことが理由となっていることを注意すべきである。　　　　　[椎槿隆幸]

訴因と訴訟条件　**1　訴訟条件存否の判断基準**　*訴訟条件*の存否の判断にあたり、*訴因*を基準にするのか、裁判所の審理の結果(心証)を基準にするのかが問題である。起訴状記載の訴因を基準にすれば訴訟条件を備えているが、立証後の裁判所の認定結果を基準にすれば訴訟条件を欠く場合に、直ちに形式裁判をすべきか、それとも訴因を変更した後に形式裁判をすべきかという形でも問われ、これに対しては、従来、審判対象を公訴事実と解するか(公訴事実説)、訴因と解するか(訴因説)で結論を異にし、公訴事実説によれば裁判所は心証を基準にして訴訟条件の有無を判断して、直ちに形式裁判をすればよく、これに対して、訴因説によれば、訴訟条件の有無の判断も訴因を基準として判断すべきで、検察官により訴因が変更されれば、変更された訴因を基準に形式裁判をし、

訴因変更がされなければ、当初訴因につき無罪の判決を下すべきとされる。訴因説が通説といえようが、上記の説明はやや図式的にすぎ、また、判例も単純な図式では理解し難い。

2　判例の立場　名誉毀損罪で起訴されたが、審理の結果侮辱罪だと判明したとき、訴因の名誉毀損罪を基準とすれば公訴時効は完成していないが、認定結果の侮辱罪を基準とすれば時効が完成している場合に訴因変更手続を経ることなく、認定結果を基準に免訴の言渡しをした(最判昭31・4・12刑集10・4・540)。また、制限速度40キロ超過の非反則行為として起訴されたが、審理の結果、20キロの反則行為と立証されたときは、認定結果を基準に、訴因変更手続を経ることなく、通告手続を経ていないことを理由に刑事訴訟法338条4号で公訴棄却すべきとした(最判昭48・3・15刑集27・2・128)。これらの判例は、訴因ではなく認定結果を基準に訴訟条件の存否を判断しているが、訴因制度の趣旨に反しているものではない。いわゆる縮小認定の事例であるが、訴因によって告知を受け、十分に防御の機会を与えられた攻防の後に認定された結果を基準に訴訟条件がないとの判断をすることは当事者主義にも訴因制度の趣旨にも反しない。なお、詐欺罪で起訴された後、横領罪に訴因変更された時点で、横領罪での時効は完成している場合、訴訟条件存否の判断基準を起訴時とみるか訴因変更時とみるかによって結論に違いが生じるが、判例は起訴時を基準とすべきと判示している(最決昭29・7・14刑集8・7・1100)。　　　　　[椎橋隆幸]

訴因の特定　**1　訴因の特定の意義**　*訴因*は、裁判所に審判の範囲を明らかにし、被告人に防御の範囲を示すものであるから、その範囲が明確になるように特定されていなければならない。法は検察官に訴因の明示を求め、訴因明示の方法として、できる限り日時、場所および方法を以て罪となるべき事実を特定することを求めている(刑訴256Ⅲ)。犯罪の日時、場所、方法は一般的に訴因を特定する重要な要素であるが、罪となるべき事実そのものではない(判例)ので、事案によっては一方で、それら以外の要素を記載しなければ訴因の特定があったとはいえない場合もあるし、他方で、日時、場

所，方法につき例外的に幅のある記載をすることが許される場合もある．訴因は被告人に審判対象を告知し防御の機会を十分に与える制度であるから，訴因の記載も被告人に防御の手がかりを与え，防御に実質的な障害を与えない程度に特定されることが必要とされる．訴因の特定を欠く起訴状は無効であり，公訴は棄却される（338④）．

2 判例 最高裁は*白山丸事件'において，当時外交関係のなかった中国への密出国事件では出国の具体的顚末を確認することが困難という特殊事情があり，起訴状および冒頭陳述によって防御範囲は限定されているとして，「昭和27年4月頃より同33年6月下旬までの間，……本邦より本邦外の地域たる中国に出国したものである」との日時・場所に大きな幅があり，方法の記載のない訴因の記載を特定ありと判示した（最判昭37・11・28刑集16・11・1633）．また，吉田町覚せい剤使用事件では，「被告人は，法定の除外事由がないのに昭和54年9月26日ころから同年10月3日までの間，広島県高田郡吉田町内及びその周辺において，覚せい剤若干量を自己の身体に注射又は服用して施用し」たとの，日時につき8日間，場所につき町の単位，使用方法は択一的，量は若干量という幅のある記載をした訴因を特定に欠けるところはないと判示した（最決昭56・4・25刑集35・3・116）．

起訴状の記載により訴因の特定の有無を判断するが，それが困難な事情がある場合は，釈明，冒頭陳述などを含めて判断してよい．また，特定をあまりに厳格に求めると覚せい剤自己使用などの密室での犯罪は，尿の鑑定結果などの有力証拠があっても被疑者が供述しない限り犯行の態様が判明せず，したがって特定なしとなる不都合が生じる．被告人への防御の機会を保障したか否かで実質的に判断すべきというのが判例の立場であろう．　　　　　　　　［椎橋隆幸］

訴 因 変 更 **1 訴因変更の要否** *訴因'と立証結果の間に不一致があってもそれがわずかな場合は訴因変更の必要はない．訴因の拘束力の及ぶ範囲ともいう．しかし，その不一致が被告人の防御に影響を与える（不利益を及ぼす可能性がある）場合には訴因を変更して被告人に新たな訴因につき防御の機会を与える必要がある．訴因と立証結果との不一致が構成要件の変化をもたらすような場合（強制わいせつ→公然わいせつ，収賄→贈賄など），同一の構成要件の中でも過失の態様が大きく異なっている場合（たとえば，足を滑らせてクラッチ・ペダルから左足を踏みはずした過失→ブレーキをかけるのが遅れた過失）には訴因の変更が必要である．

2 訴因変更の限界—*公訴事実の同一性'
訴因と立証結果との間に基本的なまたは重要な事実の変化があったとき訴因の変更が必要であるが，訴因変更にも限界がある．まず，罪数論による規整があるが（併合罪の場合は訴因変更ではなく，別々の訴因で起訴をする），刑事訴訟法は公訴事実の同一性を害しない限度で訴因の変更を認めている（刑訴312Ⅰ）．訴因変更の限界を画する概念である公訴事実の同一性について，学説は，訴因と変更すべき訴因（立証結果）とを比較して両訴因の基本的部分（行為または結果）が共通であれば両訴因の間に公訴事実の同一性が認められるとする訴因共通説を始めとしてさまざまな説があるが，概して，公訴事実の同一性の範囲を比較的緩やかに解してきた．当事者主義訴訟においては検察官に訴因の設定および変更の権限があるし，また，公訴事実の同一性の範囲は訴訟係属や一事不再理効の及ぶ範囲と統一的に理解され，後者は被告人に利益に働くので，同一性の範囲を広く解したのであった．判例は訴因と変更すべき訴因との間に基本的事実関係が同一で，しかも両訴因の間に密接関係か択一関係があるときに同一性を認める．判例は，犯罪の日時，場所，手段，方法，被害客体など両訴因を構成する事実が相互に重複，近接，類似している等の事情を考慮して，詐欺→盗品等の収受，窃盗→盗品等の運搬，窃盗→盗品等の買入れ，時間と場所の違う覚せい剤の使用行為等において公訴事実の同一性を認め，訴因変更を許している．

3 訴因変更の時期的限界 たとえば，盆法要の名目で多数の者から金品を騙取したとして被告人は詐欺罪で起訴されて，9年2ヵ月余，53回の公判審理を経た後，54回の公判期日において，検察官からなされた市条例違反（無許可寄附募集と無届寄附募集）への予備的訴因の追加請求を最高裁は認めたが（最決昭47・7・25刑集

26・6・366)，少数意見があり，学説の批判も強い．ところが，詐欺と市条例違反は従来の基準に従えば，公訴事実の同一性が認められる場合である．そこで，公訴事実の同一性の範囲内でも一定の，たとえば結審の段階に至れば訴因の変更は許されないとの時期的限界論が主張された．一定の場合に訴因変更が妥当でない場合のあることは正しいが，その時期は事案によって異なり，基準とはなり難いとの批判もある．いずれにせよ，訴因と変更すべき訴因との関係(訴因から変更すべき訴因が当然知りえたか，予想できる範囲か否か)，検察官の訴追意思(変更すべき訴因での訴追をしないことを明らかにしていた等)，検察官の公訴維持のあり方(容易に変更できる機会がありながら変更しなかった等)，訴因の審理に費した期間と新訴因に変更した場合に予想される期間等を総合的に判断して，訴因の変更が被告人の防御に挽回できないような多大の不利益を与える場合には，訴因の本来の目的である告知・防御機能が基本的に害されているので訴因変更は許されないとすべきである．　　　　　　　　　　　[椎橋隆幸]

騒音規制法　工場・事業場における事業活動や建設工事にともなって発生する騒音を規制するために制定された法律(昭43法98)．昭和45年法律135号による改正で，自動車騒音も対象に加えられた．

都道府県知事は，住民の生活環境を保全する必要がある地域を指定する(3)．指定地域において，騒音を発生させる一定の施設を設置しようとする者は，知事に届出なければならず(6)，その騒音が規制基準に適合しないことにより周辺の生活環境がそこなわれる場合，計画の変更や施設の改善を勧告し得る(9・12Ⅰ)．設置者が勧告に従わない場合には，必要な限度で施設の改善を命ずることができる(12Ⅱ)．また，指定地域における一定の建設工事については，施工者には届出が義務付けられ(14)，基準違反に対しては改善勧告ないし改善命令を発することができる(15Ⅰ・Ⅱ)．以上の届出義務ないし改善命令に違反した場合には刑罰の対象となる(29〜31)．

なお，自動車騒音については，騒音基準をこえている場合において，市町村長から都道府県公安委員会に対し，道路交通法4条による交通規制を行うよう要請することができることとされている(17Ⅰ)．→騒音防止条例　[伊藤　渉]

騒音防止条例　地域の実情に応じて，生活環境に影響を及ぼす騒音を防止するために，地方公共団体において制定される条例．1968(昭43)年に*騒音規制法'が制定され，事業騒音・建設騒音・自動車騒音については全国的に規制されることとなったが，同法とは別の見地からの規制や，あるいは同法が規制の対象としていない事業施設・建設工事についての規制は，条例によることを妨げられない(騒音規制27)．なお，深夜騒音・拡声器騒音についても，必要に応じて，条例による規制を行うべきこととされている(28)．　　　　　　　　　　[伊藤　渉]

臓　器　移　植　(英) organ transplantation　(独) Organtransplantation　**1 意義**　臓器移植では，提供者と受容者との利害が相反し，生死・同意・医療行為の限界をめぐって，殺傷罪・強要罪・死体損壊罪等の成否が問題になる．人の生体または死体からの臓器移植は，将来には人遺伝子を組み込んだ動物臓器ないし人工臓器の開発により不要になるとしても，今日，他の手段では治療が困難で長期生存の不可能な患者(受容者)にとっては，不可欠な治療行為であり，その同意に基づいて適法性が広く承認されている．*脳死'が人の死として定着した国々では，心臓・肝臓・膵臓等の移植も多数実施され，免疫拒絶抑制等の技術的向上と共に，術後の生存期間も一層長期化している．しかし，移植は，救命治療のための医的侵襲であるがゆえに，①本人・家族等の同意確認，②医師による死の判定・医術，③臓器の配分・取引等について，過誤・濫用・不公正が生じやすい．これを組織的に防止するのが*臓器の移植に関する法律'(以下，臓器移植法)である．

2 生体からの臓器摘出　臓器移植は，他人(受容者)の救命治療に必要なものであっても，提供者にとっては，その生命・身体・自由に危害が生じるばかりであって，決して治療行為ではない．その同意のみでは，同意殺人・同未遂罪・傷害罪の違法性を阻却しえない．それゆえ，たとえば，ドイツの移植法8条では，生体移植は，①死体移植が利用不能な場合に，②成人で同意

能力のある提供者が説明を受けて同意し，③医学的適応性を有し，摘出術による危害を超える生命・身体への危険がなく，④再生不能な臓器摘出では配偶者・2親等内の親族等に限るなどの要件の下で許容されている．これに対して，わが国の臓器移植法は，死体移植のみを世界一厳格な要件で規制しながらも，生きている提供者の法的保護につき沈黙している．

さらに，脳死者を生きているとしながらも，その同意による臓器移植は緊急避難等として違法性ないし可罰性が欠ける，との見解すら主張されている．しかし，可罰性のみを欠く行為には，正当防衛が可能であり，民事賠償責任も生じる．しかも，他人の救命のための生命の犠牲(殺人)を認めることは，各人の生命の価値に差異を肯定することになり，個人の尊厳と平等(憲13・14)にも医の倫理にも反する．それは，安楽死でも尊厳死でもありえず，脳死者を生きていると主張しつつ現実には死者として処理している．その矛盾を回避するには，脳死説しかない．

3 死体からの臓器摘出 1967年のバーナード博士による心臓移植の成功により，国外では広く脳死が人の死として受容され，脳死体からの臓器移植が救命医療として普及していった．しかし，わが国では，1968年の*和田心臓移植事件'の発生以後，国民の移植医療への不信が高まり，脳死患者からの移植が1984年の*筑波大膵腎同時移植事件'でも殺人罪等で告発された．また，1991年の生命倫理研究会の「臓器の摘出に関する法律(試案)」は，生者・死者のいずれでもない「脳死状態の人からの摘出」を認め，脳死の明確化を避けた．さらに，1992年の脳死臨調最終報告少数意見も，脳死説に反対しつつ，前記試案や可罰性阻却説に依拠して脳死移植を肯定した．このように脳死の基準・判定方法について疑問を示しつつ妥協的解決を図る態度は，1997年の臓器移植法にも尾を引いている．

死体移植では，死体損壊罪の違法性を阻却する根拠が問題になる．刑法が死体を身体とも財物とも区別し，臓器取引も禁止される理由は，死体の人格的法益との関連が社会でも承認されてきたからである．死体に対する本人の生前の意思は，死後も「人格権」として尊重されるが，ここでも共存利益の制約を受けることになる．

[長井 圓]

臓器の移植に関する法律 本法は，1958年の角膜移植に関する法律，1979年の角膜及び腎臓の移植に関する法律に代えて，1997年に脳死移植への道を拓くために制定されたが，生体移植の要件については定めていない．その立法過程での脳死反対論との妥協の結果，その実質は脳死移植禁止法に近い．その移植例は本法施行後3年現在で全8件にすぎない．本法附則2条にいう施行後3年の見直しも実現していない．

「脳死した者の身体」は，本法にいう死体に含まれ，「脳幹を含む全脳の機能が不可逆的に停止するに至ったと判定」されたものである(6Ⅰ・Ⅱ)．これは，臓器摘出要件を定めたものであり，*脳死'を広く人の死として明示してはいない．しかし，移植のみに妥当する死の基準はありえないので，本法は脳死を人の死として前提にしていることになる．「脳死した者」という文言は，死者への礼意(8)の表現であり，脳死者を「生きている」とか「生死のいずれでもない第三の状態」として認めたものではない．本法では全脳死判定と別に心臓死判定(附4)という2つの「判定方法」が予定されるが，それは2つの「死の基準」を認めたものではない．何人も等しく脳死の事実を許否しえないから，提供者と家族に認められた「脳死判定」の同意・拒否権も，脳死自体ではなく「判定手続」に対するものでしかない．しかも，救命治療として脳死回避のための判定は不可欠であり，いわゆる臨床的脳死判定は本法でも禁止されていない．

臓器提供については，その書面表示が要件とされ，これも遺族は拒否しうる(6Ⅰ)．それゆえ，死者の提供意思の尊重(2Ⅰ)が達成しうるか疑問である．本法では，書面化されずに終わる多数人の提供意思が，全て無効になり，遺族等の代弁等で生かされる余地もないため，特にその表示能力を欠くとされている15歳未満の者の臓器提供・児童への心臓移植の途が閉ざされている．ドイツでは，移植に適する脳死者の僅少しか書面登録をしてなく，大多数の提供が遺族の代弁・同意により実施されている．この事実は重要である．

移植での過誤・濫用の防止は，提供者側の意

思ではなく何人にも等しく，医療関係者の権力分立化と手続の透明化で保障されるべきである．この点で，2人以上の医師の判定（6Ⅳ），記録の作成・保存・閲覧(10)，臓器売買の禁止(11)，臓器のあっせん(12)等の規定が重要である．しかし，それで十分であるか，なお検討が必要であろう．→臓器移植　　　　　　[長井　圓]

増強証拠　増強証拠とは，他の証拠の証明力を増強するために使用される証拠をいう．たとえば，証人が公訴事実につき微温的な証言をしたので，その点をより明確に供述している調書を使用するような場合である．証明力を回復的に増強するという意味では，*回復証拠'も増強証拠の一種といえるが，回復証拠の場合には，*弾劾証拠'による証明力の減殺が前提となっている点で異なる．増強証拠に刑事訴訟法328条によって*証拠能力'が認められるかについて，最高裁判例はないが，高裁判例は分かれている．学説では，増強は，実質的証拠として使用されるのと同じ結果になるとか，増強立証によって証拠能力のない証拠による心証形成を許すことになるとか，あるいは，「証明力を争う」と規定する刑事訴訟法328条の法意に反するといった理由から，消極的に解する見解が今日の通説である．　　　　　　　　　[山田道郎]

送　検　*司法警察職員'が第1次捜査機関であり*検察官'が*公訴'を担当する以上，司法警察職員が*捜査'をしたときは，*司法警察員'は原則として速やかに書類・*証拠物'とともに事件を検察官に*送致'しなければならない（刑訴246）．司法警察職員の活動に対する検察官の事後審査によって，手続の公正さを担保することがめざされている．この検察官への送致を送検といい，とくに*被疑者'の身柄を伴わないものを書類送検ということがある．この速やかな送検の例外に当たるものとして，*被疑者'を*逮捕'した場合（身柄付送検）の時間的制限（刑訴203・211・216），*告訴'・*告発'がなされた場合の書類・証拠物の送付(242)，少年被疑事件の*家庭裁判所'への送致（少年41）があるほか，検察官が指定した事件（刑訴246但）についての*微罪処分'が重要である（捜査規範198～200）．　　　　　　　　　　[小山雅亀]

捜　査　1 捜査の概念　捜査とは，犯罪の嫌疑があるときに，捜査機関が行う公訴の提起・追行の準備活動であり，被疑者・被告人の発見とその身体の確保および証拠の収集・保全を内容とする．

捜査は犯罪の発生を前提としており，未だ発生していない将来の犯罪については刑事訴訟法は捜査を予定していない．189条2項は「犯罪があると思料する」ときに捜査を開始するものと規定するが，「犯罪がある」とは犯罪が現存することを意味している．刑事訴訟法199条や刑事訴訟規則156条1項の文言も，捜査は過去の犯罪について行われることを明らかにしている．こうした過去の犯罪についての警察の捜査活動を司法警察作用といい，犯罪発生前の犯罪予防のための警察活動は行政警察作用に属する．警察官職務執行法上の職務質問は行政警察作用であるが，同時に，刑事訴訟法上は，捜査機関が「犯罪があると思料する」に至る契機としての意味をもち，*捜査の端緒'となる．ときに*検挙'という語が用いられる場合があるが，これは刑事訴訟法上の用語ではなく，捜査機関が犯罪発生を認知し被疑者を発見しその身柄を確保した場合をいう．なお，国税犯則事件における収税官吏の調査などは捜査ではない．

捜査は，公訴の提起の準備活動にとどまらず公訴追行の準備活動でもあるから，起訴後にも捜査はありうる．しかし，当事者主義および公判中心主義の理念に照らせば，第1回公判以後の捜査には限界があり，基本的に任意捜査に限られる．なお，任意捜査であっても，公判における証言後の証人の取調べや被告人の取調べは許されるべきではない（もっとも，最決昭36・11・21刑集15・10・1764は，被告人の取調べは，なるべく避けるべきだとするものの，許容されるとする）．捜査の目的を起訴・不起訴の決定に求める訴訟的捜査観からすれば，起訴後の捜査は否定されることになる．

2 *捜査機関'　捜査を行う主体を捜査機関という．第1次的捜査機関は司法警察職員であり，検察官および検察事務官は「必要があるときに」捜査を行う第2次的捜査機関である（刑訴189Ⅰ・191）．両捜査機関の関係は協力関係である(192)が，捜査は公訴の提起・追行の準備活動であるので，検察官は司法警察職員に対して一般

的指示権、一般的指揮権および具体的指揮権をもつ(193Ⅰ・Ⅱ・Ⅲ)．司法警察署職員には，包括的に捜査権限をもつ警察官たる一般司法警察職員と，「特別の事項」についてのみ捜査権限をもつ特別司法警察職員とがある(189・190)．なお，私人も現行犯逮捕をすることができる(213)が，これは捜査への協力行為にとどまる．

3 捜査の方法と条件 捜査の方法には，強制処分を用いて行う*強制捜査*と，任意処分を用いて行う*任意捜査*とがある．捜査は任意捜査が原則であり，強制捜査は法律に特別の定めがある場合に限って行うことができ(強制処分法定主義)，かつ，原則として裁判官の発付する令状に基づいてのみ行うことができる(令状主義)．

捜査は公訴の提起・追行の準備活動であるので，公訴提起の可能性がない場合は捜査は許されないが，その可能性がある限り捜査は許される．ただし，被害者の名誉やプライヴァシー保護を趣旨とする親告罪について，告訴がない段階で強制捜査をできるかどうかについては，否定説と肯定説とに見解が分かれている．→捜査の構造，犯罪捜査学　　　　　　　　［川崎英明］

捜査機関　犯罪捜査活動を行う主体である．捜査機関には，一般司法警察職員と特別司法警察職員，*検察官*・*検察事務官*があり(刑訴189～191)，検察官と*警察*はそれぞれ独立の機関として，原則として対等・相互協力の関係にある(192)．

検察官と*司法警察職員*との関係については，法が，「司法警察職員は，犯罪があると思料するときは」*捜査*をするとし(189Ⅱ)，他方で，「検察官は，必要と認めるときは，自ら犯罪を捜査することができる」(191)と規定したことから，前者が第1次捜査機関，後者が第2次捜査機関と呼ばれることもある．しかし，汚職等の事件については，むしろ検察官に捜査が期待され，警察の捜査に対するチェック機能もあることなどから，検察官は，第2次的なものではなく，また，警察の捜査に自ら介入・統制すべきものと考えられている．

これに関連して，法は，検察官の司法警察職員に対する一般的指示権，一般的指揮権，具体的指揮権と，これに違反する場合について，検察側の司法警察職員に対する懲戒・罷免の訴追に関する規定をおいている(193・194)．
　　　　　　　　　　　　　　　　［山本正樹］

捜　索　捜索は，一定の場所に立ち入り，物または人を発見する活動を行う強制処分である．物の発見のための捜索における物とは，押収すべき物であり，人の発見のための捜索における人とは，勾引・勾留されるべき被告人，もしくは逮捕されるべき被疑者である．

捜索は強制処分のひとつであるから，強制処分法定主義の原則のもと，刑事訴訟法に特別の定めがなければならないとともに(刑訴197Ⅰ但)，その処分は，令状主義の要請により，正当な理由に基づいて裁判官が発した，捜索する場所を明示する令状によって行わなければならない(憲35)．捜索を受ける者は，押収を受ける者と同様に令状を示され，捜索を受ける責任者として執行に立ち会うことができるが(刑訴110・114・222Ⅰ)，捜索自体について抗告・準抗告することはできない．

物の発見のための捜索は，裁判所，裁判官が行う捜索と，検察官，検察事務官，司法警察職員という捜査機関によって行われる捜索がある．裁判所が行う捜索は(102)，押収すべき物を発見するために公判段階で行うものであるが，被告人に属する場所については必要のある時に，被告人以外に関わる場所については押収すべき物の存在を認めるに足りる状況のある場合に限り認められる．令状主義の理念より，公判廷外で行う場合は捜索状を発して行う(106)．裁判官による物の発見のための捜索は，被疑者などによる証拠保全請求を受けて行われる(179)．

捜査機関によって行われる，物の発見のための捜索は，捜査に必要があるときに，裁判官が発した捜索する場所を明示をする令状により行われる(218)．捜査の必要とは，証拠物もしくは没収すべき物の*差押え*のために必要があるという意味である．

捜索令状は差押令状と連結され，通常は捜索差押許可状の形で発付される．したがって捜索によって押収すべき物が発見されたときは，その令状によって差押えが行われ，所有者などに対し押収品目録が交付され(120・222Ⅰ)，押収すべき物が発見されなかったときは，請求があればその証明書が交付される(119・222Ⅰ)．捜

索実行中、たまたま他事件の証拠や他事件で没収されるべき物が発見された場合については、令状を別に得る方法、任意提出を求める方法、現行犯逮捕をして令状によらない押収をする方法、アメリカ法にいう゛プレイン・ビューの理論゛により令状なしで差し押さえる方法などが論議されている。なお、いわゆる所持品検査は、刑事訴訟法上の捜索の外の問題である。

捜索は、一定の場所の内部では自由な探索活動を許すものであり、いきおい個人のプライヴァシー保障への期待を犠牲にする危険性を内包する。したがって、捜査の必要とこれらの個人の利益との調整のための、捜索の要件と手続が工夫されている。女子の身体捜索には成年の女子を立ち会わせなければならず(115)、令状の夜間執行のためには、令状にその旨の記載があることを要する(116)。また、人の住居に対する家宅捜索は必ず令状によらなければならず、それに対する承諾による任意の捜索は許されない(捜査規範108)。

人の発見のための捜索は、検察官、検察事務官、司法警察職員が被疑者を逮捕する場合に、人の住居などに立ち入って被疑者を捜索する場合と(刑訴220 I①)、検察事務官、司法警察職員が被疑者に対する勾引状、勾留状を執行するために、人の住居などに立ち入って被疑者を捜索する場合である(220 IV・I①)。いずれも捜索状を要しないものとされており、令状主義の原則に対する例外である。　　　　　[久岡康成]

捜査の構造　゛捜査゛を全体として理論的かつ構造的にどう捉えるかという議論が、捜査構造論である。公判手続における当事者主義か職権主義かという議論が公判手続の構造論だとすれば、これを捜査段階に移し替えて形を変えて展開したのが捜査構造論である。

現行刑事訴訟法の制定当初、団藤重光は捜査手続には「当事者主義的訴訟構造の萌芽」がみられると指摘したが、捜査構造論を本格的に論じたのが、「捜査の構造については、全く対蹠的な考えがある。ひとつは、゛糺問的捜査観゛ともいうべきもので、他は、゛弾劾的捜査観゛というべきものである」という平野龍一の問題提起であった。これをきっかけとして、捜査構造論をめぐる議論が活発化した。弾劾的捜査観に立つか糺問的捜査観に立つかによって、解釈論的には、令状の性質と強制処分の必要性の判断権者、逮捕・勾留中の被疑者取調べの法的性質(取調べ受忍義務の存否)、そして被疑者の防御権保障の程度の問題をめぐって対立が生じ、さらには、捜査の改革課題の捉え方にもに対立が生ずる。

捜査構造論は弾劾的捜査観か糺問的捜査観かという問題設定で始まったが、議論の過程で、訴訟的捜査観が提起された。それは、従来の捜査構造論が捜査の目的を公訴の提起・追行の準備活動と捉えていたのに対して、捜査には嫌疑の有無と情状を明らかにして起訴か不起訴かの決定を行うという独自の目的があると捉え(捜査独自性説)、起訴・不起訴の決定権者たる検察官を頂点として司法警察職員と被疑者・弁護人とが対抗する三面的構造をとるものとして捜査の構造を理解する見解である。訴訟的捜査観は、その解釈論および立法論において弾劾的捜査観と同一の帰結を導くとともに、起訴後の捜査を否定し被疑者の取調べを弁解聴取の機会と捉える帰結を導いた。しかし、その反面、捜査を確実な嫌疑の確認をめざした真実究明の独自過程として捉える点、また検察官を客観義務に規定された司法官的地位にあるものと捉える点において、弾劾的捜査観と相容れないという批判が加えられた。もっとも、検察官の性格付けについては訴訟的捜査観に賛成し、検察官をデュー・プロセス擁護義務に規定される準司法官と捉える、修正された弾劾的捜査観も登場した。

こうした議論を通して、現在、改めて捜査構造論の意義と射程が論じられることとなったが、それが、手続の形態論にとどまらず刑事手続における捜査の地位ないし法的性格の問題をも包含する議論であるとともに、憲法理念に即して捜査のあり方を考える議論であることはたしかである。　　　　　　　　　　　[川崎英明]

捜査の端緒　゛捜査機関゛が、゛捜査゛の開始要件である「犯罪があると思料」(刑訴189 II)することのきっかけとなる事象、すなわち捜査機関が犯罪の嫌疑を抱く手がかりをいう。概括的には、①犯人や被害者の申告・告知による場合、②第三者の申告・告知による場合、③捜査機関の活動に基づく場合に大別される。

①には゛告訴゛(230以下)、゛被害届゛、゛自首゛

(245，刑42・80・93但・228の3但)などが，②には*告発'(刑訴239以下)，請求(237Ⅱ・238Ⅱ，刑92Ⅱ，労調42)，質屋・古物商による申告(質屋13・21，古物16・20)，第三者の届出，匿名の申告などが，③には*職務質問'(警職2)，*自動車検問'(道交61等)，他事件の捜査中の認知，聞込み，質屋・古物商への立入り・検査(質屋24，古物23)，風説・新聞その他出版物の記事(捜査規範59)，変死体の検視(刑訴229)などがある(なお，現行犯も一般に捜査の端緒に挙げられるが，直ちに*現行犯逮捕'〔212以下〕に結びつくため，端緒が同時に捜査そのものになる点で，他の事象とは異質であることに注意が必要である)．刑法犯(交通関係業過を除く)の80％以上は，被害者および被害関係者からの届出が捜査の端緒となっている．捜査の端緒に関して，刑事訴訟法は，告訴・告発等のその一部について規定したほかは，全般的な規定を置いていない．また*犯罪捜査規範'(昭32国公委規2)は，*警察官'は，広く社会の事象に注意するとともに，警ら，職務質問等の励行により，進んで捜査の端緒を得ることに努めるよう求めている(59)．捜査の端緒にはさまざまなものがありうるため，何を利用するのかについては制限がないと解するのが一般である．しかし，少なくとも適正手続の要請に反する方法が採られた場合には，その後の捜査が違法となるとする見解も有力である．　　　　　　　　　　[城下裕二]

捜査比例の原則　捜査は，その性質上必然的に，被疑者や被害者などの事件関係者，あるいは一般市民の権利・利益を侵害ないし制約し，これと抵触する．そうである以上，捜査はその正当性と必要性にみあった相当な手段をもって行われなければならない．これが捜査比例の原則である．捜査はできる限り強制捜査によらないで任意捜査で行うべきものとする任意捜査の原則(刑訴197)は，この捜査比例の原則のひとつの発現である．

むろん，任意捜査にあっても権利・利益の侵害ないし制約の危険性は存在するから，それ自体必要性にみあった相当な手段をもって行われなければならない．強制捜査についても，強制処分法定主義と令状主義の規制の下で，捜査比例の原則が適用される．軽微犯罪についての現行犯逮捕につき加重的要件を規定した刑事訴訟法217条は，その現れである(さらに，199Ⅰ但参照)．　　　　　　　　　　　[川崎英明]

造船疑獄事件　第2次大戦で壊滅的な打撃を受けた海運業の復興のために行われた計画造船および利子補給と損失補償による海運業の助成について政・官界に賄賂が流れたとされる疑獄事件．1953(昭28)年から1954(昭29)年にかけて東京地検特捜部によって捜査が行われたが，1954年4月21日，当時自由党幹事長であった佐藤栄作の逮捕許諾請求について，犬養健法務大臣が「別途指示あるまで逮捕を延期して，任意捜査すべし」という検察庁法14条に基づく*指揮権発動'を初めて行った．贈賄側，収賄側あわせて90名近い(4人の国会議員を含む)逮捕者を出した大疑獄事件であったが，指揮権発動によって捜査は尻すぼみになり，3人の国会議員らに執行猶予付きの有罪判決が出されて事件は収束した．指揮権を発動した犬養法務大臣は直後に辞任したが，政治的介入によって捜査権限の行使が左右されるという指揮権発動の問題点を浮き彫りにした事件である．

　　　　　　　　　　　　　　　　[水谷規男]

送　達　訴訟上の書類の内容を訴訟関係人に了知させる目的で，一定の方式に従って行う裁判所・裁判官の行為．通知の一種であるが，口頭その他便宜の方法によることは許されず，起訴状謄本(刑訴271)や召喚状(刑訴65)など，重要な書類についてこの送達が行われる(無方式の通知でよいとされるのは，刑訴65Ⅱ・Ⅲ・78Ⅱなど)．

規則に定めのある場合(刑訴規62以下)を除いて，民事訴訟に関する規定が準用されている(刑訴54，ただし，被告人の利益を害するおそれがあるので，公示送達は認められない)．送達に関する事務は裁判所書記官が取り扱うが(刑訴規298Ⅰ，民訴98Ⅱ)，送達を実施するのは郵便業務従事者──郵便送達──または執行官(代用として廷吏)である(民訴99，裁62Ⅲ・63Ⅲ)．

原則として当人の住所などで書類を交付する交付送達(民訴101以下，なお刑訴規65参照)の方式をとるが，ほかに出会送達(出会った場所で，民訴105)，補充送達(しかるべき代人に，106

Ⅰ・Ⅱ),差置送達(その場に差し置く,106Ⅲ)なども許される．なお，被告人・弁護人などは送達を受けるために住所または事務所などを裁判所に届け出なければならないが，これをしていないときには，裁判所書記官は郵便に付する送達を行ってもよい．この場合，さきの郵便による送達とは異なり，書留郵便に付したときに(到達の有無を問わない)送達がなされたものとされる(刑訴規63，ただ，起訴状および略式命令の謄本については許されない)．　[米山耕二]

送　致　一般的には，物・人・事件等を送り届けることを意味するが，刑事法の分野においては，事件を送致するという意味で用いられるのが通常である．事件を送致するとは，事件そのものを引き継ぐことを意味し，*検察官'への送致(*送検')が重要である(刑訴246)．このほかにも，*警察官'が送検後に余罪を発見した場合の検察官への追送致(捜査規範197)，検察官が事件を適切な他の*検察庁'の検察官に送致する*他管送致'(刑訴258)，知事または児童相談所長から*家庭裁判所'への送致(少3Ⅲ・6Ⅲ等)，家庭裁判所から検察官への*逆送'(20等)などがある．さらに少年事件については，*捜査機関'にすべての事件を家庭裁判所に送致することを義務づけるという*全件送致主義'が採られている(41〜42)．なお，すべての少年事件を厳格な方式で送致するのは保護の観点からも望ましくないので，きわめて軽微な事件については*簡易送致'という方式も認められている(捜査規範214)．→追送　[小山雅亀]

相当因果関係　(独) adäquater Kausalzusammenhang　(伊) causalità adeguata

行為と結果の間に，「そのような行為からそのような結果が生ずるのが相当である」という関係が存在することをいう．「相当であること」は，相当性(Adäquanz)ともいわれ，わが国では「経験的通常性」のことであると理解されている．*因果関係'要件の内容として，*条件関係'のほかに相当性を要求するのが，*相当因果関係説'である．

条件関係が存在したとしても結果を行為に*帰責'することが妥当でないと解される次のような事例において，相当因果関係概念は因果関係を否定する機能を果たすと考えられている．

①被害者の体質・病因により結果が発生した場合　*脳梅毒事件'のように，稀有または予見不能な病因が関与して死亡結果などが発生した場合，相当性が否定される．②異常な自然現象が介在した場合　被害者を外出させたところ急に荒天になり，落雷により死亡したような場合は，相当性が否定される．③人の行為が介在した場合　行為後に第三者が故意に被害者を殺害したような場合には，行為者の行為がなければ第三者の関与がありえなかったという意味で条件関係が認められる場合であっても，そのような故意行為の介在が稀であるという理由で相当性が否定されることがある．ただし，故意行為が当然に稀であるわけではないから，つねに相当性が否定されるわけではない．第三者の過失行為(行為者が負わせた傷に関する医療過誤など)，被害者の過失行為(追い掛ける行為者から逃げる途中で転倒した場合など)が介入したような場合には，そのような行為の介在は経験上通常であることから，相当性が肯定される場合が多い．④その他の稀な因果経過　銃撃の被害者が入院した病院が火災になり，被害者が焼死したという講壇設例(病院の火災事例)などで相当性が否定される．

エンギッシュ Karl Engisch(独・1899-1990)は，相当性には(1)行為の(結果惹起の)危険性という意味での相当性と(2)因果経過の相当性という意味での相当性があると解し，それぞれ(1)広義の相当性と(2)狭義の相当性と名づけた．わが国でもこの考え方が広く受け入れられている．①のように行為時に存在した事情については(1)により，②から④までのように行為後の事情については(2)によって判断すべきであると考えられている．エンギッシュ自身は(2)を，*客観的帰属'論における規範の保護目的論のようにかなり規範的に理解したのに対し，これを事実的な通常性として理解するのが，わが国の理論の特徴である．→米兵ひき逃げ事件　[林　陽一]

相当因果関係説　(独) Adäquanztheorie　*因果関係'の判断を，*条件関係'と*相当因果関係'(相当性)の2段階で行うべきであるとする学説．わが国の通説である．相当性による因果関係の限定を必要としないとする*条件説'と対立する．因果関係要件の外で規範

的な帰属限定の判断を行うべきであるとする*客観的帰属'理論の多くも，相当性に代えて規範的基準を導入すべきであるとすることから，実質的に本説と対立する．

因果関係に「通常性」概念を取り入れる考え方は，*原因説'の時代から存在したが，相当因果関係説としての主張は，オーストリアの生理学者クリース Johannes von Kries (墺・1853-1928)に始まる．その後，無際限に認められる*条件関係'を限定する必要を感じていた法律学説に採用された．

当初ドイツで主張された相当因果関係説は「発生した種類の結果の客観的可能性を一般的に高めた」ことを相当性の内容と理解していたが，わが国では行為から結果が生ずる「経験的通常性」をその内容とするのが一般である．通常性は，一定の事実を前提として，そこから当該結果が発生することが経験法則から予測可能であるかによって判断される．そこで前提とされる事実を判断基底，適用される経験法則を判断基準といい，それに関する次の3説，とくに(2)と(3)の争いが，1970年代までの因果関係理論の最大の争点であった．

(1)主観的相当因果関係説　行為者が行為時に認識・予見し，または認識・予見しえた事情に基づき，行為時に立って(すなわち，行為後に生じ，または判明した事情を前提とせずに)判断する．(2)客観的相当因果関係説　行為時に客観的に存在したすべての事情，および，経験法則上予見可能な行為後の事情に基づいて，裁判時に立って(すなわち，行為後に生じ，または判明した事情をも前提として)判断する．(3)折衷的相当因果関係説　行為当時に一般人が認識・予見しえた事情，および，行為者が現に認識・予見していた事情に基づき，行為時に立って判断する．

1970年代以降，とくに*米兵ひき逃げ事件'決定をきっかけとして，行為時に存在した事情よりも行為後の介在事情の扱いが重要な問題であることが認識されるようになる．行為-結果間の相当性のみでなく，因果経過の相当性を問題とすべきであるとし，後者を経過の「一こま一こま」の間の相当性という形で判断すべきであるとの見解も主張された．「一こま一こま」の理論自体は少数説にとどまったが，これにより，エンギッシュが唱えていた広義の相当性と狭義の相当性(危険の実現ともいわれる)の区別が，学説に浸透した．最近では，広義の相当性が行為の危険性，実行行為性などの問題であるのに対し，狭義の相当性こそが因果関係本来の問題であるとの理解に基づき，その判断方法を提案する種々の学説(行為と介在事情の寄与度の比較を取り入れる学説，規範的考慮を取り入れる学説など)が主張されている．　　　[林 陽一]

相場操縦の罪　1 概要　本来需給関係に基づいて形成されるべき有価証券の相場を人為的に操作する行為．証券市場における公正な価格形成を妨げ，投資家の投資判断を誤らせることになる点で，*証券取引法'の目的に正面から抵触する最も悪質な証券犯罪である．証券取引法 159条は，仮装売買・馴合売買といった偽装取引による相場操縦(159 I)，一連の売買による操作・相場変動に関する情報流布による操作・重要事項についての虚偽表示による操作(159 II)，および，政令に違反する安定操作(159 III)を禁止している．1項の仮装売買は，取引の状況に関し誤解を生じさせる目的で，単一の者が，有価証券に対する権利の移転を目的としない売買取引を行うこと，馴合売買は，同じ目的で，複数の者が通謀して同様の売買取引を行うことをいう．

2項の一連の売買による相場操縦は，現実の取引により行われるものであるため，正当な取引活動との区別が必要であり，その認定に困難がある．証券取引法は，有価証券の取引を誘引する目的をもって，相場を変動させるべき取引を行うことを要件としているが，このどちらを重視して犯罪の成否を判断するかについても見解の対立がある．かつては，誘引目的の限定解釈を強調する立場が一般的であったが，最近では，後者の要件を重視して，取引態様の異常性に着目する見解も有力である．なお，公正な価格形成を損なうおそれがあり，相場操縦と紛らわしい行為を防止するため，1992(平4)年の改正(法 73)により，証券会社による有価証券の大量推奨販売が禁止され，行政処分の対象とされた(証取 42 I ⑦，証券行為 4 ⑪)．

2 刑罰　相場操縦については，当該有価証券の

売買・委託により損害を受けた者に対する損害賠償責任(証取160)が定められているほか，証券取引法上最も重い刑罰が規定されている(5年以下の懲役もしくは500万円以下の罰金，またはその併科．197Ⅰ⑦)．利得目的で行われた場合の罰金額は3000万円以下に引き上げられ(197Ⅱ)，相場操縦により得た財産は原則として没収される(198の2)．また，法人を罰する場合の罰金額の上限は5億円である(207Ⅰ①)．
[中森喜彦]

騒 乱 罪 多衆で集合して暴行または脅迫を行うことにより成立する犯罪(刑106)．騒擾罪ともいう．本罪は，*公共の平穏に対する罪'であるとされるが，不特定多数人の生命・身体・財産を危険にさらす罪として理解する見解も有力である．

多衆とは，一地方における公共の平和・平穏を害するに足りる程度の暴行・脅迫をなしうるような人数をいう．集合とは，一定の場所に集まることをいい，内乱罪と異なり組織化されていることや，共通の目的を有することは必要ではない．暴行とは，人ないし物に対する不法な有形力の行使(最広義の暴行)をいい，暴行ないし脅迫の程度としては，一地方の平穏を害するに足りるものであることを要する．

騒乱罪においては，多衆の集合および暴行・脅迫の事実の認識に加えて，暴行または脅迫が，集合した多衆の共同意思に基づくものであることが必要だとされる．判例(*平事件'上告審判決．最判昭35・12・8刑集14・13・1818)によれば，集合した多衆が「多衆の合同力を恃んで自ら暴行又は脅迫をなす意思」を有する者と，「かかる暴行又は脅迫に同意を表し，その合同力に加わる意思」を有する者からなると認められる場合，この共同意思は存在するとされる．

騒乱罪は*集団犯罪'の代表的な例であって，関与形態ごとに法定刑が異なっている．首謀者(内乱罪と異なり，必ずしも存在することを要しない)は1年以上10年以下の懲役または禁錮，指揮ないし率先助勢した者は6ヵ月以上7年以下の懲役または禁錮，付和随行者は10万円以下の罰金に処せられる．なお，これ以外の関与形態(たとえば謀議に関与する行為)について，刑法総則の共犯規定(60〜62)の適用が認められ

るかという点に関して争いがある．→多衆不解散罪，大須事件，吹田黙禱事件，新宿駅騒乱事件，メーデー事件
[伊藤 渉]

贈 賄 罪 (英)bribery (独)aktive Bestechung (仏)corruption active 刑法198条．旧刑法には定めがなく，現行刑法の制定とともに導入された．当時は，公務員または仲裁人に賄賂を交付・提供・約束した場合を処罰するという簡明な規定であったが，その後，対応する収賄罪が拡充されたことに伴い，現在では「第197条から第197条の4までに規定する賄賂」を供与・申込み・約束する行為が対象とされる．特別法にも贈賄罪は置かれている(商493Ⅱ，破381Ⅰ，経罰4Ⅰ等．さらに，外国公務員に対する贈賄罪につき不正競争11・14を参照)．

本罪の刑法典への導入に際しては，同時に自首の任意的減免が定められた(刑旧198Ⅱ)．これは1941年の改正で削除されたものの，同様の取扱いが特別法上の贈賄罪の一部で認められている(破381Ⅱ，経罰4Ⅱ等)．さらに，1958年，あっせん収賄罪の新設に際し，対応する贈賄罪が刑法198条2項に減軽類型として規定された．しかし，同項も1980年の改正で削除，現在ではあっせん贈賄行為も他のものと同様に処理される．

立法上，贈賄罪は収賄罪と並べて規定されており，講学上も，両者を*賄賂罪'のもとで論じるのが一般的である．そこには，贈賄と収賄は対向的関係にあるだけで違法性の質を異にしないとの理解がある．もっとも，法定刑では，贈賄罪が3年以下の懲役または250万円以下の罰金であるのに対して，収賄罪のうちで最も軽い単純収賄罪(197Ⅰ前)でも5年以下の懲役という相違が存在する．この点については，贈賄者が収賄者に対して通常弱い立場にあり，類型的な責任減少を肯定できるとの指摘があるほか，贈賄が職務を遂行する公務員・仲裁人に働きかけるという間接的形態であるところから，収賄罪と違法性の量を異にするとの説明も可能と思われる．

本罪の実行行為は，基本的には賄賂の供与・申込み・約束である．供与は賄賂を収受させること，申込み・約束はその前段階で，賄賂の提

供を申し出ること（口頭でも可），および，合意することをいう．このうち，申込罪は相手方の意思とは関わりなく一方的に成立する．以上に加え，問題となる収賄罪に応じて態様が区別され，例えば，事前収賄罪（197 II）に対応する贈賄罪の適用には，収賄者の公務員・仲裁人への就任が要件となる． ［塩見 淳］

遡及処罰 **1 意義** 憲法39条が，「何人も，実行の時に適法であつた行為又は既に無罪とされた行為については，刑事上の責任は問はれない」，と規定しているが，この規定は英米法のex post fact lawに由来する．行為の時点で犯罪とされていなかった行為は，その行為の後にその類型の行為を処罰する法律ができても，それ以前の行為を遡って処罰すること（遡及処罰）ができない．これを遡及処罰の禁止（事後法の禁止）あるいは刑罰不遡及の原則という．刑法上は，歴史の中から生成してきた罪刑法定主義の自由主義的内容をなす重要原則であり，刑罰の濫用を防止し，国民の行動の自由を保障するのに不可欠のものである．

2 刑の変更 遡及処罰の禁止の原則が問われる場面は，いくつかある．まず，刑の変更の場合である．刑法6条は，「犯罪後の法律によって刑の変更があったときは，その軽いものによる」，と規定する．「犯罪後」とは，実行行為終了後と解されている．この規定は遡及処罰の原則から直接導けるものではないが，少なくとも実行行為終了後に刑が重くなった場合は，その趣旨からして裁判時法ではなく軽い方の行為時法を適用することになる．また，軽くなった場合は政策的に軽い方を適用することにしている．行為時法と裁判時法の間に中間時法がある場合も同様である．行為時法と裁判時法の法定刑が同じ場合は見解が分かれているが，通説・判例は，行為時法説である．

3 刑の廃止 つぎに，*刑の廃止'があった場合が問題となる．この場合も，基本的に同様に考えるべきであり，判例も関税法上の無許可輸入罪に関する奄美大島復帰事件において，審理中に同島が日本に復帰して刑が廃止されたとして免訴（刑訴337②）にしたことがある（最判大昭32・10・9刑集11・10・2497）．しかし，新潟県公安委員会取締規則違反事件では，行為当時は第2種原動機付自転車の2人乗りが禁止されていたものの，行為後に禁止されなくなった事案で，道路交通秩序保護の観点を強調し処罰を肯定した（最判大昭37・4・4刑集16・4・345）．この解釈に対しては，*罪刑法定主義'の精神に照らし，学説上批判も多い．そもそも，刑が廃止される程度の行為であれば，もともとその行為の可罰性がそれほど強いものではなかったというべきであり，この場合は速やかに免訴とすべきであろう．

4 限時法 この問題は，失効の期日の定めがある限時法の場合にも争われる．有効期間失効期日が近づくにつれて事実上処罰の可能性がなくなるのであれば罰則の意義がなくなるので，経過後であっても期間内の違反行為を処罰すべきである，とする説もあるが，処罰の根拠となるべき刑罰法規が失効している以上，免訴とすべきである，という見解が通説となっている．失効後も処罰の必要性があるのであれば，その旨を明文で規定すべきだというわけである．罪刑法定主義からすれば，この説が妥当である．なお，刑罰法規廃止の理由が法律的見解の変更による場合には追及効を認めず，単に事実の変化による場合には処罰を認めてよいとする説（動機説）も主張されているが，その区別も難しく，支持者は少ない．→白地刑罰法規 ［甲斐克則］

即時抗告 （独）sofortige Beschwerde 刑事訴訟法上，申立期間が短く限定された*抗告'をいい，特にこれを認める明文の規定がある場合（たとえば19 II・160 II・339 II）にのみ許される（419）．即時抗告は，判決前の決定で独立して不服申立てを認めるのが適当なもの，判決にまで至らない手続における決定，判決後の派生的事項に関する決定，第三者に対する決定など，裁判の性質上，不服申立てを認める実益があり迅速に確定する必要があるものについて認められる上訴方法である．即時抗告と，*通常抗告'は，提起期間と執行停止の効力の有無によって区別される．即時抗告の提起期間は3日である（422）．即時抗告の提起期間内およびその申立てがあったときは，裁判の執行は停止される（425）．例外として，訴訟の遅延目的のみの忌避申立てについての簡易却下決定に対する即時抗告は，執行停止の効力を有しないとされる（最判

昭31・3・30刑集10・3・422）．*高等裁判所'の*決定'に対しては，抗告が認められないが(428Ⅰ)，高等裁判所が，即時抗告をすることができる旨の規定がある決定をしたときには，即時抗告に代えて，その高等裁判所に*異議の申立て'ができる(428Ⅱ)．→特別抗告　　　　　　[関 正晴]

属人主義（英）personality principle（独）Personalprinzip, Personalitätsprinzip（仏）principe de la personnalité, système de la compétence personnelle　自国民が犯した犯罪に対して，犯人の本国であることを理由として刑事管轄権を及ぼす原理．特に大陸法系の諸国では広く採用されている(刑3参照)．犯人の国籍が，処罰国と犯罪を関連づける要素なので，国籍主義(nationality principle, Nationalitätsprinzip)または本国主義(Heimatprinzip)とも呼ばれる．極端な国家主義のもとでは，国家と国民との関係が誇張され，属人主義こそが根本的な処罰原理であると主張されることもある．しかし，通例は，*国内犯'を処罰する*属地主義'が根本とされており，属人主義は，*国外犯'の処罰について補完的に問題とされるにすぎない．

国外犯について，自国民が犯罪の被害者である場合に，被害者の本国であることから刑事管轄権を及ぼす建前は，消極的属人主義(受動的属人主義)(passive personality principle, principe de la personnalité passive)という(刑旧3Ⅱ，改刑案6Ⅱ参照)．国外にある自国民を保護する趣旨に出るものとして，国民保護主義(Individualschutzprinzip, principe protecteur personnel)とも呼ばれる．消極的属人主義との対比を意識するときは，上記の自国民による犯罪を処罰する建前は，積極的属人主義(能動的属人主義)(active personality principle, principe de la personnalité active)と呼ばれる．

属人主義は，かつては国家の対人主権と結びつけて，基本的に本国の国家的利害から理解された(忠誠関係説)．しかし，*犯罪人引渡し'の制度における自国民不引渡しの原則と関連させてとらえる立場も，古くからあった．本国へ逃げ帰った犯人は，もはや他国に処罰のために引き渡されないとすると，もし本国が処罰しなければ，どこの国でも処罰されないことになる．そうした不処罰を回避するためには，「引渡すか，処罰するか」(aut dedere aut punire)が必要で，属人主義は，自国民不引渡しの補完物だとみる立場である．また近時では，人的にみて，本国が社会復帰する生活本拠地などとして，国際協力のために処罰を引き受けるのに適していることも，注目されている(代理処罰説)．

自国民かどうかは，当該国の国籍法に照らして判断される．外国国籍を有する二重国籍者も，自国民である．ただ，①自国民かどうかの判断時期は，犯行時か裁判時か，②*犯罪地'における可罰性の有無は考慮されるかどうか，③犯罪地国ですでに処罰されていた場合に，なお本国は重ねて処罰すべきかどうか，などの点が，忠誠関係説と代理処罰説との対立とも関連させて議論されている．なお，生活の本拠という面を重視すれば，同じく属人的でも，国籍に代えて住所などを基準に刑事管轄権を及ぼす立場も考えられる．→国際刑法　　　　　　[愛知正博]

即成犯（仏）délit instantané　*構成要件'的結果の発生と*法益'侵害および犯罪成立時期との関係から，即成犯，*状態犯'，*継続犯'の3者を区別することができる．

即成犯とは，即時犯ともいい，構成要件的結果すなわち一定の法益侵害またはその危険が発生することによって，犯罪がただちに完成し，同時に終了する(既遂となる)ものである．その後，行為者が関与せずに法益侵害の状態が継続する．殺人罪(刑199)，放火罪(108)など，その例は非常に多い．犯罪の終了と同時に，*公訴時効'が進行を開始する．　　　　[島岡まな]

属地主義（英）territorial principle, principle of territoriality（独）Territorialitätsprinzip, Territorialprinzip（仏）principe de la territorialité, système de la compétence territoriale　自国領域内で行われた犯罪(*国内犯')に対して刑事管轄権を及ぼす処罰原理．広義では，自国船舶・航空機内で行われた犯罪も含めて，自国と関連する場所で行われた犯罪について，場所的関連を有することを理由に刑事管轄権を及ぼす建前を指すこともあるが(刑1参照)，後者については，厳密には*旗国主義'として区別して扱うのが普通で

ある．

国内犯の処罰は，自国領域内の秩序・安全の維持の観点からみて，刑法の本源的な役割といってよい．そこで，属地主義は，従来，もっとも基本的な処罰原理と考えられている．

属地主義の背後には，国家の領域主権がある．それもあって，属地主義は，かつては領域主権の発現形態としてとらえられ，領域支配という国家的利害を基本として構成された．しかし，近年では，普遍人類的な考え方を背景に，国際協力のために処罰を引き受けるのに適しているという点に処罰権の論拠が求められるようになった．領域と犯罪との密接な関連から，地域的な社会秩序の維持や，証拠の所在の関係で捜査や裁判に適しているというのである．

属地主義は，国内犯，つまり*犯罪地'が自国領域内にある犯罪に刑事管轄権を及ぼす立場であるから，それらの概念をどのように理解するかで，具体的な適用範囲は異なることになる．かりに，実行行為か結果が生じた地が犯罪地だとすると，いずれかが国内にあれば，属地主義に基づく処罰の対象になる．行為が国内でなされたことに着目して国内犯として処罰する立場は，主観的属地主義と呼ばれ，結果が生じたことを理由とする立場は，客観的属地主義と呼ばれる．現在，行為と結果発生がともに必要だとする厳格な属地主義の立場をとる国はなく，むしろ，そのいずれかがあれば足りるとされる．属地主義による処罰範囲を広くとらえる立場が世界的に優勢である．日本も，この立場に立つ．

ただ，犯罪の結果だけが国内で発生した場合も，厳格な属地主義に基づく場合と同様のしかたで処罰すべきかは疑問の余地もある．たとえば，外国で銃撃されて重傷を負った日本人が，現地ではなく，日本国内の病院に搬送された後に死亡した場合には，日本での処罰が偶然的で，犯人が予期しなかった処罰(不意打ち)となりうる．国家的利害を中心にすえて領域主権の発現形態と考えた場合はともかく，普遍人類的な見地から考えた場合は，実行行為が行われた地における可罰性の有無などを考慮して処罰することも考えられる．→国外犯，国際刑法，属人主義　　　　　　　　　　　　　　　[愛知正博]

速度測定カード　道路交通法上の速度違反を証明するために作成・利用されるカードをいう．次の3つの方式がある．第1に，追尾測定方式である．これは，白バイ・パトカー等が速度違反車両を追尾して走行速度を測定し，それを被疑者に確認させるものである．その際，速度測定状況，速度計の図示および数値が記入され，被疑者が押印した速度測定カードが作成される．これは，全体として*三項書面'に当たる．第2に，定置式測定方式である．これには，一定の測定区間の速度を計測する定域式と，電波を利用したレーダー式がある．いずれの場合にも，測定速度を表示した記録紙あるいは機械的に印字された速度記録紙を添付した速度測定カードが作成される．これらのカードは，いずれも全体として*実況見分'調書とされ，三項書面に当たる．第3に，固定式自動測定装置方式(オービスIII，RVSなど)である．これは，自動測定装置により，速度違反車両を撮影し，測定速度，日時を写し込む方式である．この写真を添付して作成された速度違反認知カードの証拠能力については，三項書面に当たるとする下級審判例があるが，反対説もある．　　[山田道郎]

組織的犯罪対策法　**1 成立**　1999(平11)年8月に成立した，「組織的な犯罪の処罰及び犯罪収益の規制等に関する法律」(法136)，「犯罪捜査のための通信傍受に関する法律」(法137)，「刑事訴訟法の一部を改正する法律」(法138)をまとめて，組織的犯罪対策3法と呼ぶ．近年，わが国では，暴力団による薬物・銃器等の取引や不正な権益の獲得・維持を目的とする犯罪の他，オウム真理教事件のような組織的な殺人等の凶悪犯罪，法人組織を利用した詐欺商法等の経済犯罪などよって，市民生活の安全や経済の発展が脅かされることが懸念されるようになった．また，組織的犯罪は，その国境を越えた活動により国際社会にとっても脅威をもたらすため，これに対する方策について国際的な協調が強く求められるようになっていた．このような背景のもとで，3法案が1998(平10)年の第142回国会に上程されたが，とくに，*通信の傍受'は，通信の秘密やプライバシーといった国民の基本的人権に直接関わるものであるため，国会でも激しい論議を呼び，第145回国会に至って成立を見たものである．

2 組織的な犯罪の処罰および犯罪収益の規制等に関する法律　この法律は，第1に，組織的に，または，不正権益の獲得・維持を目的として行われた殺人・詐欺等の刑の加重（組織犯罪3），組織的または不正権益目的の殺人予備の刑の加重および営利目的拐取予備罪の新設（6），組織的な犯罪に係る犯人隠匿等の刑の加重（7）を定め，この種の犯罪に対する処罰を強化している．第2に，犯罪収益等を用いて法人等の事業経営を支配する目的で当該法人等の役員を選任・解任するなどの行為の処罰を新たに定めた（9）．第3に，いわゆる*マネーローンダリング'に対処するため，犯罪収益等の隠匿・収受を処罰するとともに（10・11），その*没収'・*追徴'を定めている（13〜16）．これは，従来，薬物犯罪に限って認められていた取扱いを大幅に拡張したものである．また，銀行等の金融機関に対して，取引が犯罪収益等に係る疑わしいものである場合に，主務大臣への届出を義務づけており，その情報は，金融庁長官を経て捜査機関等に提供されることとしている（54〜58）．

3 犯罪捜査のための通信傍受に関する法律

4の刑事訴訟法の一部改正により認められることになった，犯罪捜査のための電気通信の傍受の要件・手続等を定める．従来，検証令状によって電話傍受が行われた例があったが，これを改め，その許容範囲等を明確化したもの．憲法による通信の秘密の保障との調和を図るため，対象犯罪を数人の共謀による薬物・銃器・集団密航に関する罪，および組織的殺人に，傍受令状の請求権者を検事または警視以上の警察官に，発布権者を地裁裁判官に，傍受期間を10日（最長30日）に限るなどの規定を設けている．傍受した通信はすべて記録され，封印の上，裁判官に提出される．当事者には事後的に傍受の事実が通知され，不服申立ての制度が設けられている．捜査官らが職務を行うにあたって電気通信の秘密を侵した場合には刑が加重され，付審判請求制度の適用がある．

4 刑事訴訟法の一部を改正する法律　通信傍受の根拠規定を設けるとともに（刑訴222の2），刑事手続の円滑・適正な実施のため，証人等に対する尋問事項に制限を加えるなどの改正を定めている（295Ⅱ・299の2）．→暴力団員による不当な行為の防止等に関する法律，国際的な協力の下に規制薬物に係る不正行為を助長する行為等の防止を図るための麻薬及び向精神薬取締法等の特例等に関する法律　　［中森喜彦］

組織の犯罪（英）organizational crime　組織体によって実行されたと観念されうる犯罪のうち，通常，企業，官庁，組合，宗教組織等，合法的な公式組織によるものを意味し，暴力団等，非合法活動を職業的に遂行する組織によって行われる*組織犯罪'organized crime とは区別される．また，組織目標の達成のためになされるという点で，組織の成員が職業上の地位を利用して自己の利益のために行うような職務犯罪 occupational crime とも区別される．その意味で，組織そのものが行為主体であるという点を強調するために，組織体犯罪という言葉が使われることが多い．

個人による通常犯罪と比較した場合，組織体犯罪には次のような特徴が指摘される．まず，組織体犯罪は，関与する個人の動機がどのようなものであるにせよ，それ自体は組織目標の達成のために行われる．したがって，それに関与する個人は，組織内の規範・役割といった組織内構造のもとで犯罪に加わるのであって，途中で犯罪に関与する人間が入れ替わることも多く，そうであっても犯罪は継続しうる．また，組織全体としての行為に関する情報と責任は，組織内の職務・役割体系の中で細分化され分散しているので，最終的には組織の犯罪となるとしても，それに関与する個人は細分化された職務を忠実に遂行しているだけであって，組織の規範に従っているという意識を有することが多く，罪の意識は低いとされる．したがって，犯罪発生のメカニズムも，関与する個人というよりも，組織に固有のものであり，組織的文脈において分析される必要がある．また，組織的な文脈において発生することから，その犯罪自体が見えにくいのであって，実行行為や責任の所在等を明確にすることが困難であることが多い．

このような組織の犯罪の典型例が，*企業犯罪'であり，具体的には，薬害，欠陥商品による事故，環境汚染，贈賄，談合，カルテル等がある．→宗教と犯罪，オウム事件，組織的犯罪対策法　　［宮澤節生］

組織犯罪 (英) organized crime (独) organisierte Kriminalität **1 組織犯罪の意義** マフィアやギャング，暴力団などのように，非合法な目的を遂行するために組織された団体による犯罪を組織犯罪 organized crime という．本来，合法的な目的を遂行するために組織された会社や団体のような組織体の活動が，本来の目的を逸脱して行った犯罪を'組織の犯罪'(organizational crime)と呼び，これと区別する．行為主体に着目して，名望ある社会的地位の高い人物が職務と関連して犯すホワイト・カラー犯罪(white-collar crime)や企業自体が犯す企業犯罪・法人犯罪(corporation crime)とは異なり，行為主体自体が違法行為を目的とする反社会的集団であることに組織犯罪の特徴がある．

2 組織犯罪対策 アメリカでは，伝統的にマフィアに対する犯罪闘争が刑事政策の重要な課題であったが，1980年代に入り，相次ぐ組織犯罪対策立法によって対策を強化してきた．ヨーロッパでも，冷戦の終結以降，イタリアや東欧のマフィアの薬物犯罪などが無視できない状況となり，立法的対策の強化が進められた．

いわゆる「麻薬新条約」(1988)やアルシュ・サミットの経済宣言(1989)などを契機に，国際的な組織犯罪対策の必要性が強調され，先進国の政府を中心に組織的犯罪の重罰化，マネー・ロンダリング(資金洗浄)の処罰，犯罪収益の没収の強化，盗聴による捜査の合法化などについて協調政策が進められている．

3 日本の組織犯罪 日本では，伝統的に博徒・テキ屋を起源とするヤクザ集団を必要悪として是認する傾向があり，一部事業者もこれを労務管理に利用してきた．戦後の混乱期には「愚連隊」という闘争的な犯罪集団が形成され，抗争を繰り返しながら，離合集散を繰り返し，1950年代には「暴力団」という呼称が用いられるようになった．その資金源は，繁華街でのみかじめ料，薬物の密売，売春の斡旋，芸能の興業，紛争の処理などさまざまであったが，1960年代には，労働運動の弾圧などにも関わり，アンダーグラウンドで企業との関係ももつようになっていった．1970年代には，暴力団の抗争が激化し，その結果として，組織の広域化・系列化・寡占化が進んだ．1980年代には，折からのバブル経済を利用して，暴力団や総会屋が経済犯罪に深く関与するようになった．

4 暴力団対策 組織犯罪に対しては，共謀共同正犯理論を駆使して背後の大物に迫ろうとしたり，薬物関連法規や銃砲刀剣類所持の取締りを強化して，対処してきたが，十分な成果をあげることはできなかった．そこで，1991(平3)年，'暴力団員による不当な行為の防止等に関する法律'(以下「暴力団対策法」)が制定された．同法は，暴力団を「その団体の構成員(その団体の構成団体の構成員を含む．)が集団的に又は常習的に暴力的不法行為等を行うことを助長するおそれがある団体」(2Ⅱ)と定義している．同時に，暴力団の民事介入暴力については，都道府県警察が中心になって，地域社会から暴力団を排除する運動を進めてきた．

1999(平11)年には，暴力団等による薬物・銃器等の取引や不正な権益の獲得・維持を目的とした犯罪，*オウム事件'のような大規模な組織的凶悪事犯，法人組織を利用した大型経済犯罪に対処するため，*組織的犯罪対策法'が制定された． 　　　　　　　　　　　　　［石塚伸一］

訴訟係属 (独) Rechtshängigkeit (仏) saisine　訴訟係属とは，検察官の公訴提起に与えられた法律効果であって，裁判所・検察官・被告人の間に生じた当該事件の審理に関する権利義務関係をいう．ただし，訴訟係属とは事実状態をさす観念であって，事件が裁判所で審理されている状態または審理されるべき状態についていわれる．訴訟係属の積極的な効果として，裁判所には当該事件に関する審判の権利義務が発生する．審判の権利義務の範囲は，いわゆる審判対象論として議論のあるところであるが，今日では審判の対象は訴因と考えられている．訴訟条件が欠けている場合には，いわゆる訴訟条件の理論によって，形式裁判が言い渡されることになる．また，その消極的な効果として，公訴事実の範囲で二重起訴が禁止される(刑訴338③・10・11)．さらに，訴訟係属の付随的な効果として，公訴事実の範囲で公訴時効の進行が停止する(254Ⅰ)．　　［田口守一］

訴訟行為 (英) step in the proceedings (独) Prozeßhandlung (仏) acte de

そしょうし

procédure　**1 意義**　訴訟行為とは，訴訟手続を構成する個々の行為で訴訟法上の効果を生ずるものをいう．したがって，司法行政事務（裁80）などは訴訟手続を構成する行為ではないから訴訟行為ではない．また，廷吏の開廷準備行為なども訴訟法上の効果を生ずるものではないから訴訟行為ではない．また，自首や自白は，訴訟法上の効力だけでなく実体法上の効力も持ち（刑42・80・170・173など），その限度では訴訟行為としての性質と実体法上の行為としての性質とをあわせ持つ．訴訟行為には各種のものがあるが，訴訟構造の分析と結びついて，その意義と効果がいわゆる訴訟行為論として論じられてきた．

2 種類　訴訟行為は，さまざまな観点から分類される．まず訴訟行為の主体による分類として，裁判所の訴訟行為は，審理と裁判であり，訴訟関係人（検察官，被告人，弁護人・補佐人）の訴訟行為として申立て，主張，質問・尋問，供述などがあり，第三者の訴訟行為としては告訴，告発，証言，鑑定などがある．つぎに，訴訟行為の効果による分類として，法律行為とは一定の訴訟法上の効果に向けられた意思表示を要素とする訴訟行為であり（告訴，起訴，判決など），事実行為とは行為者の意思とは無関係に一定の訴訟法上の効果が与えられる訴訟行為である（主張，質問，供述，証言，検証，立会い，尋問，各種令状の執行など）．また，訴訟構造との関係からする分類として，従来，*実体形成行為'と*手続形成行為'との分類が一般的であり，これは，訴訟手続を実体面と手続面とに分析するいわゆる二面説を前提とするものであった．その後，*訴訟追行行為'，裁判および手続行為の3つに分類する見解が有力となったが，これは訴訟過程を訴訟追行過程，実体過程および手続過程に分析するいわゆる三面説を前提とするものである．訴訟追行行為とは，裁判所に判断を求める訴訟行為であり，申立て，主張，立証からなる．申立てとは，裁判を請求する行為であり，主張とは，事実または法律に関する意見を陳述することであり，立証とは，証明に関する訴訟行為一般（証拠調べの請求，質問，尋問，供述など）をいう．

3 要件　訴訟行為の要件として，訴訟行為をなしうる資格を行為適格という．行為適格のない者の行為（たとえば，検察官以外の者による公訴の提起）は，訴訟行為として不成立である．訴訟能力とは，適法に訴訟行為をすることができる意思能力をいう．訴訟能力のない者のした訴訟行為は無効である．もっとも，被告人が法人である場合は訴訟能力がないので，代表者に訴訟行為を代表させることができ（刑訴27），また，訴訟能力のない場合でも，法定代理人に訴訟行為の代理をさせることのできる事件もある（28）．第三者の訴訟行為について，判例は，証人が11歳の小学児童であっても証言能力はあるとし（最判昭23・4・17刑集2・4・364），強姦の被害者が13歳11ヵ月であっても告訴能力があるとする（最決昭32・9・26刑集11・9・2376）．被告人が心神喪失の状態にあるときは訴訟能力がないので，原則として公判手続を停止しなければならない（314 I）．ここにいう心神喪失は訴訟法上の概念であって，刑法上の心神喪失（刑39 I）とは異なり，「一定の訴訟行為をなすにあたり，その行為の意義を理解し，自己の権利を守る能力」（最決昭29・7・30刑集8・7・1231）あるいは「被告人としての重要な利害を弁別し，それに従って相当な防御をすることのできる能力」（最決平7・2・28刑集49・2・481，最判平10・3・12刑集52・2・17）である訴訟能力の欠けている状態をいう．

［田口守一］

訴訟指揮　（独）Prozeßleitung　訴訟手続きを公平・迅速・適正に進行させるため，訴訟関係人の行動を規律し，訴訟の審理に秩序づけを与える*裁判所'の合目的的な活動をいう．訴訟指揮の権限は，*司法権'・*裁判権'に内在する包括的な権限であり，明文の規定の有無にかかわらず認められるもので，受訴裁判所に属する（最決昭44・4・25刑集23・4・248参照）．その権限は，事件の受理から終局に至る訴訟手続きの全過程に及ぶ．訴訟指揮の内容を，手続面に関わる指揮のみに限定するか，*証人尋問'等の実体面に関わる指揮をも含むのかについては論者によって異なる．また，手続面に関わる指揮権を訴訟運営権と呼ぶ者もある．

　*法廷警察'権との違いは，法廷警察権が事件の内容とは関わりなく訴訟手続きの外部的秩序

の維持を主目的とし、訴訟関係人以外にも対象が及ぶのに対して、訴訟指揮権は当該事件の内容に関して適用され、原則として訴訟関係人以外には対象が及ばない点にある。

*公判期日'における訴訟指揮については、時機を失することなく迅速・適確に行うため、その行使を包括的に*裁判長'に委ねている（刑訴294）。もっとも、*証拠調べ'の範囲・順序・方法の予定・変更（297）、*異議の申立て'に対する決定（309Ⅲ）、*訴因'・*罰条'の変更等の許可・*命令'（312ⅠⅡ）、*弁論の分離・併合'（313）などについては裁判所に権限が留保されている。さらに*証拠開示'命令については、上記最決が裁判所の訴訟指揮によるとの判断を示している。

被告人の*裁判'を受ける権利（憲32・37Ⅰ）の保障は手続全体に及ぼされるべきであるから、訴訟指揮もこの権利の保障に資するように行われなければならず、専断的・強権的になされるべきではない。

裁判所・裁判長の訴訟指揮に対しては異議申立ての制度が設けられている。証拠決定を除く証拠調べ段階での処分に対しては、*法令違反'に限らず不相当を理由とする場合でも異議申立てができる（刑訴309Ⅰ、刑訴規205Ⅰ）。裁判長の訴訟指揮に関しては、それ以外の処分に対しても異議を申し立てることができるが、法令違反を理由とするものでなければならない（刑訴309Ⅱ、刑訴規205Ⅱ）。　　　　［三島 聡］

訴訟条件　（独）Prozeßvoraussetzungen　**1 意味**　検察官が有効に公訴を提起し、裁判所が実体審理を行い、*実体裁判'（有罪・無罪）を言い渡すことができる条件。訴訟条件の欠缺（けんけつ＝欠けていること）が明らかになると、裁判所は管轄違い、免訴、公訴棄却のいずれかの形式裁判を言い渡す（刑訴329・337〜339）。

「訴訟条件」はもともと訴訟成立の要件として提唱された。しかし、その後、実体判決条件だと解されるようになり、わが国では、実体審判条件説（実体審理と実体判決の条件だと解する説）が通説になった。だが、たとえば、*公訴権濫用'、違法な*おとり捜査'、遅延裁判など、伝統的な訴訟条件論では説明しにくい問題（以下、「非類型的な問題」と呼ぶ）についての見解の違いから、訴訟条件の理解は分かれている。

たとえば公訴権濫用論などを通じて、被告人は不適法な公訴提起に応じる必要はないという理解が出てくる。このような理解を前提にして、最近では、公訴条件説（単に裁判所による審判の条件というだけでなく、検察官の公訴が適法である条件だということを自覚的に主張する説）が有力に主張されている。

しかし、訴訟条件＝公訴条件だとすれば、訴訟条件が備わっているかどうかは、起訴時に吟味され、形式的な審査しかできない。検察官が、形式的な審査で判明するような欠缺を見過ごしたまま起訴するとすれば、そのこと自体が問題である。また、公訴条件説によれば、実体審理の途中で訴訟条件の欠缺が判明した場合、公訴提起の条件が欠けていたことを意味する。つまり、それまでの実体審理は訴訟条件を欠いた不適法な手続だったことになり、その不適法な状態で判断された「訴訟条件が欠けている」という判断そのものが、適法な判断とはいえないことになる。公訴条件説には、このような批判が妥当する。

2 訴訟条件と起訴条件　起訴条件説（訴訟条件の代りに起訴条件を論じ、起訴後は、公訴棄却、免訴など個別的な処理を考える説）も有力である。公訴条件説と違い、起訴条件説には、上で述べた批判は当たらない。だが、起訴条件説は、非類型的な問題の処理について、強度の価値判断を伴い、訴訟条件論にはなじみにくい問題だと説明する。この点で、伝統的な訴訟条件論の延長線上で非類型的な問題を解決しようとする見解とは異なる。訴訟条件論の延長とみる立場は、非類型的な問題を、非類型的訴訟条件（刑訴329・337〜339などで規定された訴訟条件以外の、解釈で認められるべき訴訟条件）が欠ける場合だと考えている。

3 訴訟条件の具備・不具備　訴訟条件が備わっているかどうかは、裁判所が職権で、訴因を基準にして判断する。したがって検察官が訴訟条件を満たして起訴しても、審理の途中で訴訟条件が欠ける場合がありうる。たとえば強姦致傷罪（非親告罪）の訴因で、告訴なしに起訴しても、訴訟条件に欠けるところはない。しかし審理の途中で、致傷の事実を立証できない見通し

になり，(親告罪である)強姦の訴因に変更すると，告訴がないため訴訟条件が欠けることになる．旧刑事訴訟法では訴因制度がなかったので，事後的に訴訟条件が備われば，公訴提起が補正され有効になるのではないかという，訴訟条件の追完の問題が議論された．だが，現行法では訴因制度のもと，訴訟条件の具備・不具備は訴因を基準にして判断される．したがって，親告罪の訴因に変更する時点で告訴があればよい．他方で，親告罪であることが明らかなのに検察官が告訴なしに起訴することは通常考えられないから，この観点からも，訴訟条件の追完を論じる意味はなくなったと言える．→公訴権，訴因と訴訟条件　　　　　　　　　　　[寺崎嘉博]

訴訟追行行為　ザウアー Wilhelm Sauer (独・1879-1962)は，訴訟をたがいに重なり合う重畳的な3つの発展過程，すなわち実体形成過程(Sachgestaltungslinie)，訴追過程(Verfolgungslinie)および手続過程(Verfahrenslinie)に分析した．わが国の伝統的学説は，ザウアーに示唆をえながらも，実体面と手続面といういわゆる2面説を採用してきた．しかし，当事者主義の意義を重視する観点から，訴訟追行過程を復活させる学説が有力となった．これによれば，訴訟追行過程は訴因と証拠に関する過程であり，そのための*訴訟行為'が訴訟追行行為であって，これは裁判所に対して判断を求める行為として申立て，主張，立証に分けられる．他方，実体過程は訴因に証拠をあてはめて訴因たる事実の存否を判断する過程であって，その訴訟行為は裁判所の裁判であり，さらに手続過程は，訴訟追行のために行われる諸種の行為の過程であり，これが手続行為となる．→実体形成行為，手続形成行為　　　　　[田口守一]

訴訟能力　訴訟能力は，*被疑者'・*被告人'として有効に*訴訟行為'をなしうる能力をいう．すなわち，訴訟能力とは，被疑者・被告人としての重要な利害を弁別し，それに従って相当の防御をすることのできる能力である(最平7・2・28刑集49・2・481参照)．訴訟能力は，当事者能力や弁論能力とは異なる．

訴訟能力のない者の訴訟行為は無効である．このような訴訟能力のない者に対して，刑事手続を進めることは，手続の公正さを損なうからである．

被告人が*心神喪失'の状態にあるときは，訴訟能力がなく，被告人としての防御をすることができないから，原則として，公判手続を停止しなければならない(刑訴314Ⅰ)．ただし，*無罪'，*免訴'，*刑の免除'または*公訴棄却'の*裁判'をすべきことが明らかな場合には，被告人の出頭を待たないで，直ちにその裁判をすることができる(314Ⅰ但)．なお，聴覚障害等により訴訟能力に疑いがある場合には，医師や専門家の意見を聴くなどして審理を尽くし，訴訟能力がないと認めるときは，公判手続を停止すべきである．刑事訴訟法314条1項の規定は，控訴審の手続(最判昭53・2・28刑集32・1・83)，上告審の手続(最決平5・5・31刑集47・6・1)にそれぞれ準用される．

また，被疑者・被告人に訴訟能力がなくても，刑法39条または41条の規定を適用しない罪に当たる事件については，法定代理人に訴訟行為の代理をさせることができる(刑訴28)．被害者の親権者が2人いるときは，その各自が法定代理人として告訴をすることができる(最決昭34・2・6刑集13・1・49)．

法人が被疑者・被告人である場合，法人には訴訟能力がないので，その代表者に訴訟行為の代表をさせる(27Ⅰ)．数人が共同して法人を代表する場合には，訴訟行為については各自が代表する(27Ⅱ)．法人格のない社団・財団にも準用すべきであろう．株式会社の代表取締役は，その任期満了後においても，新たな取締役が就任するまでは，なおその会社を代表して告訴をすることができる(最決昭31・7・3刑集10・7・999)．

刑事訴訟法27条および28条の場合，法定代理人または代表者がいないときは，検察官の請求によりまたは職権で，特別代理人を選任しなければならない(29Ⅰ)．被疑者の場合には，検察官，司法警察員または利害関係人の請求があったときに選任される(29Ⅱ)．特別代理人は，被告人または被疑者を代表しまたは代理して訴訟行為をする者ができるまで，その任務を行う(29Ⅲ)．　　　　　　　　　　　　[安冨 潔]

訴訟費用　**1 訴訟費用の意義**　訴訟費用とは，訴訟手続で生じた費用のうち，「刑事訴

訴訟費用等に関する法律」が訴訟費用と定めている費用をいい，次のものがある．第1に，公判期日，公判準備に出頭させ，または公判期日，公判準備において取り調べた証人等(刑事手続での証人，鑑定人，通訳人，翻訳人のことをいう．刑訴費1)に支給する旅費，日当，宿泊料(2①・3)，第2に，公判期日，公判準備で鑑定，通訳または翻訳させた鑑定人，通訳人または翻訳人に支給すべき鑑定料，通訳料，翻訳料および支払い，または償還すべき費用(2②・3)第3に，刑事訴訟法38条2項により，国選弁護人に支払うべき旅費，日当，宿泊料，報酬(刑訴費2③・8)．なお，国選弁護人に支給すべき費用，報酬等は，刑の言い渡しを受けた被告人が貧困のため納付しえないときは被告人はその支払いを免除されることがある．また，アメリカではcostsという概念には弁護士費用，報酬等は原則として含まれない．

2 費用負担者 刑の言渡しをしたときは，被告人が貧困のため訴訟費用を納付することができない場合を除き，被告人に訴訟費用の全部または一部を負担させなければならない(刑訴181)．

共同審理を受けた場合の共犯の訴訟費用は共犯者間の連帯債務とされる(182)．この場合の共犯には必要的共犯を含む．ただし，共同審理の費用のうち，明らかに共犯の一人についてのみ生じた費用は連帯債務とはならない．

告訴，告発，請求により公訴提起された事件で，被告人が無罪または免訴になった場合には，告訴人・告発人・または請求人に故意または重大な過失があったときは，その者に訴訟費用を負担させることができる(183)．

検察官以外の者が上訴または再審もしくは正式裁判の請求を取り下げた場合には，その者に上訴，再審または正式裁判に関する費用を負担させることができる(184)．

3 訴訟費用の裁判 裁判により訴訟手続が終了する場合には，被告人に訴訟費用を負担させるときは職権でその裁判をしなければならず(刑訴185)，被告人以外の者に訴訟費用を負担させるときは，職権でその決定をしなければならない(186)．この決定には即時抗告をなしうる．裁判によらずに手続が終了する場合に訴訟費用を負担させるときは，事件が最後に係属した裁判所が独立の決定を職権で行う．この決定には即時抗告ができる(187)．

なお，訴訟費用の裁判では，負担すべき訴訟費用の額を具体的に示す必要はなく，示されていないときは，執行の指揮に当たる裁判官が法定の規準により算出する(472・188)．

4 費用の補償 無罪の裁判が確定したときは，その被告人であった者にその裁判に要した費用のうち，以下に示す一定の範囲で，その費用の補償をする(刑訴188の2)．ただし，被告人であった者の責めに帰すべき費用，その者が捜査または審判を誤らせる目的で虚偽の自白をし，または他の有罪の証拠を作った場合には費用の全部または一部の補償をしないことができる(188の2Ⅰ但・Ⅱ)．

補償の範囲は，被告人もしくは被告人であった者またはそれらの者の弁護人であった者が公判準備および公判期日に出頭するのに要した旅費，日当および宿泊料ならびに弁護人であった者への報酬である．その額については，刑事訴訟費用に関する法律3条と8条が準用される．弁護人が複数あったときは，事件の性質，審理の状況等を総合的に考慮して，弁護人の旅費，日当および宿泊料を主任弁護人その他一部の弁護人に係るものに限ることができる．

無罪判決が確定した場合の補償は，被告人であった者の請求により，無罪の判決をした裁判所が決定で行い，被告人の請求は無罪判決確定後6ヵ月以内に行わなければならない(刑訴188の3Ⅰ・Ⅱ)．

検察官上訴がなされたところ，上訴棄却または上訴取下げにより手続が終了し，原裁判が確定したときは，被告人または被告人であった者に対し上訴によりその審級で生じた費用を補償する．ただし，被告人または被告人であった者の責めに帰すべき事由により生じた費用は補償から除かれる(188の4)．補償の範囲は無罪判決が確定した場合と同様である．［香川喜八朗］

訴訟法上の事実 刑罰権の存否および範囲を基礎付ける事実を実体法上の事実という．実体法上の事実には，構成要件該当事実，違法阻却事由，責任阻却事由，客観的処罰条件，刑の加重減免事由，量刑事由(*情状)，その他*付加刑‘の要件事実がある．これに対し，訴訟法の

適用要件である事実を訴訟法上の事実という. *訴訟条件', *訴訟能力', *証拠能力', その他様々な手続要件がこれに属する. いずれの事実に属するかは事実の性質ではなく適用法令との関係で決まる. たとえば, 犯行の時期はアリバイの成否との関係では実体法上の事実であるが, 公訴時効の成否との関係では訴訟法上の事実である. また, 確定裁判の存否は*免訴'との関係では訴訟法上の事実であるが, 併合罪(刑45)や累犯(56)との関係では実体法上の事実である. 犯罪事実は判決理由との関係では実体法上の事実であるが, 犯罪事実の嫌疑は逮捕・勾留理由との関係では訴訟法上の事実である. 実体法上の事実か訴訟法上の事実かは, 証明方式(*厳格な証明'か*自由な証明'か)との関係で重要な意味を持つ. [田淵浩二]

訴訟法律関係 (独) Prozeßrechtsverhältnis 訴訟現象を実体的法律関係とは異なる訴訟法律関係として最初に把握したのはビューロー Oskar Bülow (独・1837-1907) であった. まず, 基本的な訴訟法律関係は, 裁判所と両当事者の3主体の間に存在し, 裁判所は裁判をする権利義務, 当事者は審判を求めまたは審判を受ける権利義務を持つ. この法律関係は固定的なものであって, 体系的には訴訟の組織に属する. この基本的な法律関係に基づいて, 個々の手続的な法律関係が発展することになる. この法律関係は, この3主体に限らず, 他の訴訟関係人や第三者(たとえば証人)についても発生する. この訴訟法律関係説によって, 個別的記述の集合にすぎなかったそれまでの訴訟法学が, 訴訟現象に関する規範的かつ統一的な認識を可能とする訴訟法学となった. しかし, この学説は, 後に, 訴訟を*訴訟法律状態'と捉える学説から, 訴訟の動的性格を明らかにしていないと批判されることになる. [田口守一]

訴訟法律状態 (独) Prozeßrechtslage 訴訟法律状態説は, 訴訟を*訴訟法律関係'として理解する訴訟法律関係説に対する批判として, ジェイムズ・ゴルトシュミット James Paul Goldschmidt (独・1874-1940) によって提唱された. これによれば, 訴訟法学は訴訟法的動的観察方法によるべきであり, 訴訟は法律関係ではなく, 既判力を終点とする当事者の「見込み(Aussicht)」と「負担(Last)」という浮動的な状態すなわち法律状態(Rechtslage)であり, 権利義務と考えられているものは実は訴訟法上のものではなく国法上のそれであると主張した. この見解に対しては, 訴訟法律関係説を全面的に排斥したのは妥当でなく, 訴訟手続には法律状態の部分と法律関係の部分とがあるなどの批判が加えられている. しかし, 訴訟現象を訴訟状態と把握することによって, 訴訟の動的性格を明らかにした点の功績は一般に認められているところであり, わが国の訴訟法学にも大きな影響を与えた. [田口守一]

租税犯罪 (英) tax crimes; tax offenses (独) Steuerdelikt (仏) infraction fiscale 個々の租税の賦課, 徴収および納付に直接関連する犯罪をいう. 租税請求権を直接侵害する行為である脱税犯と, 直接には租税収入の減少をもたらさないが租税請求権の正常な行使を阻害する危険のある行為としての租税危害犯に分けられる.

1 罰則 脱税犯に分類される, 逋脱犯(狭義の脱税犯, 所税238Ⅰ・239Ⅰ, 法税159Ⅰなど), 逋脱犯に関する*両罰規定'として所税244, 法税164など)は, 納付義務者が偽りその他不正の行為により税を免れるもの, 間接的(拡張的)脱税犯(酒税54の酒類密造罪, 関税111の無許可輸入罪など)は, 租税収入を確保するための特定の行為に関する一般的禁止に違反することにより, 租税の逋税の結果をもたらすもの, 不納付犯(源泉徴収の場合の所税240, 特別徴収の場合の有価証券取引税法23Ⅰ②など)は, 間接的徴収義務者が納税義務者から徴収し納付すべき租税を納付しないものであり, 租税危害犯に分類される, 単純無申告犯(所税241, 法税160など)は, 正当な理由がなく納税申告書を期限までに提出しないもの, 不徴収犯(所税242③)は, 徴収義務者が納税義務者から徴収すべき租税を徴収しないもの, 調査妨害犯(所税242⑧⑨, 法税162②③など)は, 税務職員の行う質問に対して答弁せず, 偽りの答弁をし, その検査を拒み, 妨げ, 忌避し, または, 検査に関し偽りの記載をした帳簿書類を提出するなど, 調査に協力しないものである.

2 逋脱犯の本質 とりわけ逋脱犯の本質につ

いて，戦前は，国家の課税権に対する侵害としての不法行為と捉え，その処罰は損害賠償の一種であるとする見解が有力であったが，戦後は，国民の納税倫理を失わせる自然犯だと捉える見解が有力である．

3 行政罰の併科と二重処罰 逋脱犯では，*行政罰'である重加算税を課された上で逋脱犯として処罰されるのが通例であり，学説上は，これらの併科が憲法39条の禁じる二重処罰に当たるとする見解もあるが，最高裁判例は，両者の趣旨・目的が異なることから，二重処罰には当たらないとしている（最判昭33・4・30民集12・6・936）．

4 事件の捜査 租税犯罪の捜査では，国税犯則取締法に基づいて，収税官吏が，犯則事件の調査（租税犯則調査）を行い，直接国税の場合には，犯則ありと思料する場合には告発の手続をとる（12の2）．間接国税の場合には，所轄の国税局長または税務署長に報告し（13），国税局長または税務署長が通告処分を行うが，犯則者はこれに従えば，同一事件について起訴されることはなくなる（16）．→経済犯罪　　［安田拓人］

措置入院　精神障害者のうち，その者を強制的に入院させなければ，その*精神障害'のため自身を傷つけまたは他人に害を及ぼすおそれがある者を，本人および関係者の同意がなくとも，精神科医の診察にもとづき都道府県知事が公立の精神病院または指定病院に入院させる手続のこと（*精神保健及び精神障害者福祉に関する法律'29）．一般人からの申請，警察等からの通報あるいは精神病院等からの届出によりこの手続は開始するが，重要なのは強制的な入院措置の必要性についての判定である．法はその判定を，2人以上の精神保健指定医（18）が診察の結果，その者が精神障害者であり，かつ，医療および保護のために入院させなければその精神障害のために自身を傷つけまたは他人に害を及ぼすおそれがあると，一致して認めることにゆだねている．近年では平均して5，6千件の申請・通報があり，2，3千人が措置入院となっているが，これらの数は減少傾向にある．

措置入院制度にはいくつかの問題があると指摘されている．そのひとつは措置入院手続が司法的判断を全く予定していないところから，人身の自由を侵害する可能性があるということである．とりわけ，*精神病質'の概念をはじめとして，精神科の医師の間には論争的な問題も多く，ときに医師の判断も不安定である．第2に，措置入院における治療と処遇の内容の問題がある．措置入院の対象者が多くの場合「犯罪」その他の社会的に危険な行為を行った者であることを考えると，彼らを拘禁することで社会的な安全を確保することをも目的とせざるをえないが，他方で対象者を治療する目的をいかに実現するかは難問である．とくに近年の精神科医療において重視されている開放治療と保安目的とは矛盾するのではないか，ということである．そして第3の問題点は，退院手続を病院任せにしていることである．最後の点は，措置入院制度を危険な精神障害「犯罪者」に対する事実上の*保安処分'として想定する時，きわめて重大なものとなる．すなわち，一方では，司法的コントロールの及ばない状態で拘束の期間は不安定・長期化するのではないかと危惧され，他方では，危険な患者が早期に退院させられ，再犯に至ることに不安が表明されているのである．

［上田　寛］

訴　追　訴追という概念は，多義的であり，狭義の意味においては，*公訴の提起'を意味する起訴と同義語であるが，起訴と区別して広義の意味に使う場合には，犯罪につき裁判を請求する意思表示を言い，その手続を訴追手続という．後者の意味に解する場合には，犯罪の被害者や公衆を含めて犯罪を認知した者が犯罪を警察等の捜査機関あるいは検察官等の訴追機関（英米法のように，私人訴追が認められている場合には，大陪審や治安判事裁判官等の司法機関）に告訴・告発等の方法で犯人を裁判に付することを表明する意思表示を含む．

このように理解するならば，訴追手続は，公判への訴訟係属を最終的に決定する処分（起訴や裁判所による付審判決定）のみを意味するものではなく，犯罪被害者等の公的機関に事件を報告するか否かの決定，警察の微罪処分等も，訴追手続に含まれるということになる．さらに，訴追を裁判を請求する意思表示と解するならば，公訴の提起後に，裁判所によって行われる訴追の妥当性に関する司法審査，たとえば，*旧刑事

訴訟法'の下で行われていた起訴後予審の審査や現行法の下での裁判所による免訴や公訴棄却に関する審査も，訴追手続に含まれることになる．　　　　　　　　　　　　　［鯰越溢弘］

訴追裁量　訴追裁量は，犯罪の嫌疑があり'訴訟条件'を具備していても，'訴追'の必要性を判断して，起訴を見合わせること（'起訴猶予'）ができることをいう．この訴追裁量の権限を認める法制が'起訴裁量主義'である．'刑事訴訟法248条'は検察官に訴追裁量の権限を付与した．検察官は訴追裁量を「犯人の性格，年齢及び境遇，犯罪の軽重及び情状並びに犯罪後の情況」等の諸般の事情を総合して行う．しかし，訴追裁量の具体的基準自体が公表されていない現状では裁量の公平性・客観性の保障はなく，裁量権の逸脱・濫用の問題も生じる．したがって，訴追裁量に対する控制が必要になる．

訴追裁量は不起訴の方向と起訴の方向があるが，'不起訴処分'に対する控制の法制度はある．第1に，告訴人等に対する不起訴処分の通知と請求に基づく理由の告知である（刑訴260・261）．検察官に対する心理的控制を狙っているが，以下の制度を利用する機会を与えるので，「実質的」理由の告知であるべきであろう．第2に，'検察審査会'制度がある（検察審査会法）．アメリカの大陪審制度を模して考案され，一般国民の検察審査員で構成される検察審査会が不起訴処分の当否を審査する．国民の刑事司法参加の一形態として注目すべき制度であるが，検察審査会の議決は検察官を拘束せず，検察官が再考した上での起訴は少ない．第3に，公務員の職権濫用罪に関する不起訴処分に対する準起訴手続（付審判請求）がある（262）．告訴人等の付審判請求に対し裁判所が付審判の決定をした場合には，当然に訴訟が開始される．しかし，付審判決定数は少なく，請求手続の審理方式についても問題が残る．

これに対して，起訴の方向での訴追裁量行使に関する控制のための法制度は考案されなかった．しかし，1955（昭30）年頃より，検察官の起訴処分の不当性を争点にし形式裁判により被告人の早期解放を意図する，いわゆる'公訴権濫用'論が登場した．嫌疑なき起訴，訴追裁量権の濫用・逸脱，違法捜査に基づく起訴，の3類型の公訴権濫用があり，その中心は，第2の類型の，起訴猶予処分が相当な事案を起訴した場合である．判例上，「検察官の裁量権の逸脱が公訴を無効ならしめる」ことが肯定された（最決昭55・12・17刑集34・7・672）．しかし，公訴無効を「極限的な場合」に限定し，公訴権濫用論の実践的進展を阻む傾向を示したのは問題といえる．
　　　　　　　　　　　　　　　　［吉村　弘］

速　記　公判調書の作成は裁判所書記官の職務（裁60，刑訴規37）であり，裁判所書記官は，公判手続では手控えのメモを作成し，これを基に公判調書を作成している．だが証人等の供述内容が複雑で，詳細な録取を必要とするなど，逐語録が必要とされる場合には，裁判所は裁判所速記官に速記させることができる（刑訴規47・40）．裁判所速記官に速記させた場合には，裁判所書記官は，裁判所の別段の指示がない限り，速記録を引用して公判調書を作成することとされている（52の7）．

裁判所速記官は，速記タイプライターを使用し，速記タイプライターから打ち出される速記符号を用いて速記原本を作成する．速記録は，通常公判廷に立ち会い，速記をした裁判所速記官が速記原本を反訳して作成する（52の3）が，作成された速記原本（分担して速記する場合を含む）を複数の裁判所速記官が分担して反訳して作成することもある（分担反訳という）．

今日では，逐語録が必要とされるときは，録音装置による録音が行われ，裁判所書記官がその反訳書を用いて公判調書を作成することも多い（52の14・52の17）．

一般社会での速記需要の減少等により，速記を志す人の数が減少し，有為な人材の確保がしだいに困難になっていることなどから，最高裁判所では裁判所速記官の養成を停止しており，将来は逐語録の作成は録音反訳方式に変わるものと考えられる．　　　　　　　　［香川喜八朗］

疎　明（独）Glaubhaftmachung　主張事実について，一応確からしいといえる程度の心証を裁判官に得させるために当事者が証拠を提出すること，または，これに基づき裁判官が一応の心証を得た状態．確信の程度の心証が要求される'証明'に対する．疎明は，訴訟上の申立て等について，主として迅速性の観点から認め

られるものである．

刑事訴訟法上疎明が要求される場合については，明文規定が置かれていることが多いが，性質上疎明で足りると解されている場合もある．事件移送決定または移送請求却下決定に対して即時抗告をするとき（刑訴 19 II），逮捕についての制限時間超過後に勾留を請求するとき（206 I），検察官が刑事訴訟法 227 条により証人尋問の請求をするとき，控訴趣意書を提出するとき（376 II・383），第 1 審の弁論終結前に取調べを請求できなかった証拠の取調べを控訴審で請求するとき（382 の 2 II）は前者であり，公判期日に召喚を受けた者が病気等の理由によって出頭できないときに診断書等を裁判所に提出する場合などが後者に当たる．なお，疎明のための証拠については，資料または疎明資料という言葉が用いられている（376 II，刑訴規 148 II）．
[多田辰也]

尊厳死（英）death with dignity（独）passive Sterbehilfe, Sterbehilfe durch Sterbenlassen　近年では人工呼吸器，点滴，栄養補給チューブなどを駆使した生命維持治療が発達したが，その反面で，もはや回復する見込みのない末期患者が植物状態のままいたずらに生かされているという場面が出現した．尊厳死（自然死）とは，一般に，このような状態にある患者に無益で過剰な延命措置を施すことを止め，人間としての尊厳を保たせつつ自然な死を迎えさせようとすることを指す，現代医療がもたらした新しい概念である．このような延命治療の中止（不開始）は，苦痛の緩和・除去を目的とした生命短縮行為ではない点で*安楽死*とは異なるとされ，一定の条件の下で許容すべきだとする立場が相当に有力である．アメリカでは 1976 年に*カレン・クィンラン事件*で尊厳死を肯定する画期的な判決が下された直後，カリフォルニア州で世界初の「自然死法」が制定された．同法は，自らが意識不明の末期状態になったときに備えて延命治療の拒否意思を表明しておく文書（リビング・ウィル living will）の作成権限を成人に認め，この文書の指示に従って行動した医師等の免責を保証したものであるが，その後これと同趣旨の立法が各州で相次いだ．中には，患者の意思が不明の場合に家族等に代諾を許したり，植物状態であれば死期が切迫していなくてもよいとするものもある．イギリスやドイツにおいても，治療の中止を合法とした判例が出されている．1981 年には世界医師会が尊厳死は患者の権利だとする「リスボン宣言」を採択し，わが国でも日本医師会生命倫理懇談会の報告書（1992）や日本学術会議の報告書（1994）が，尊厳死を肯定する立場を表明している．

わが国では延命治療の中止が殺人罪等で起訴された例はないが，*東海大学安楽死事件*判決（1995）は傍論で，患者の自己決定権の理論と医師の治療義務の限界を根拠として，①治癒不能で末期状態にあり，②治療継続が死期の切迫を考慮すると無意味であり，③患者の推定的意思が存在する場合に尊厳死は許されるという初の司法判断を示した．患者の自己決定権を根拠とするのは全世界的な傾向であるといえようが，本人の意思が明らかである場合はともかく，本人の意思が不明である現実の多くの場合についてもそれを重視することは「誤った推定的同意」による生命侵害を招く危険があり不当であるとの批判もある．
[清水一成]

損失補塡　有価証券取引において顧客に生じた損失を証券会社が補塡すること．このようなことが行われれば，投資者の投資判断が安易になって，証券市場の公正な価格形成の機能が害され，証券市場に対する信頼が損なわれる．勧誘に際しての損失保証は，*証券取引法*によって以前から禁止されており，行政処分の対象とされていたが，1991（平 3）年に大規模な損失補塡の実態が明るみに出て，同年の証券取引法改正（法 96）により，事前の損失保証・利回保証の申込み・約束，事後の損失補塡・利益追加の申込み・約束，損失補塡・利益追加のための財産的利益の提供の 3 類型が禁止行為とされ（証取 42 の 2 I），処罰の対象とされた．刑は，1997（平 9）年に引き上げられ（法 117），3 年以下の懲役もしくは 300 万円以下の罰金，またはその併科であり（証取 198 の 3），法人の罰金額の上限は 3 億円である（207 I ②）．顧客が，損失補塡を要求し，または要求して財産的利益を受領することも禁止され，処罰される（42 の 2 II・200⑬・207 I ④）．この場合，顧客または情

を知った第三者が得た財産上の利益は没収される(200の2)．　　　　　　　　［中森喜彦］

尊属に対する罪　1995(平7)年の刑法改正によって削除された刑法旧200条では，「自己又ハ配偶者ノ直系尊属ヲ殺シタル者ハ死刑又ハ無期懲役ニ処ス」と規定されていた．これは，尊属を殺害した場合について，通常の殺人罪(刑199．法定刑は，死刑または無期もしくは3年以上の懲役)にくらべて加重した処罰を規定したものであった．そして，同様の加重規定は，尊属傷害致死罪(205 II)・尊属保護責任者遺棄罪(218 II)・尊属逮捕監禁罪(220 II)にも規定されていた．

刑法旧200条に対して，最判昭48・4・4(刑集27・3・265)は，憲法14条違反を根拠に無効の判決を下した．もっとも，その理由については，多数意見の中でも見解が分かれており，①"尊属殺"に対して加重処罰を科すこと自体が，封建的忠孝の倫理にもとづくものであり，憲法14条に違反する，とするものと，②尊属殺に対して加重処罰を科すこと自体は合憲であるが，「死刑又ハ無期懲役」という法定刑が通常の殺人罪にくらべて著しく重く，均衡を失しており，そのために憲法14条に違反する，とするものがあった．その後，最判昭51・2・6(刑集30・1・1)は，尊属傷害致死罪(刑旧205 II)について合憲性を認めた．このような最高裁の態度に対する応答として，一方で，国会は刑法200条を削除する改正を行わなかったが，他方で，検察実務上は，尊属殺人罪による起訴が行われない状態がつづいていた．

以上のような経過を踏まえて，平成7年の刑法改正(法91)に際し，尊属関係の加重規定は全面的に削除された．その理由は，①尊属殺人罪については違憲状態の解消，②その他の規定については，尊属殺人罪を削除することとの均衡，ということがあげられている．　［鈴木左斗志］

た

体液の採取 犯罪捜査のため、尿や血液などの体液をとること。体液とは、医学上は普通、「生体内に存在する水とそれに溶解している溶質の総称」と解されており、体内にある水から構成されている液状の物質をすべて含む広範な概念である。たとえば、尿や血液の他に胃液、胆汁、汗、精液、唾液や涙などである。しかし、これら多くの体液のうち、犯罪捜査のために特にその採取が問題となっているのは、現在のところ尿、血液ぐらいである。尿については、捜査機関が覚せい剤などの薬物事犯や酒酔い運転罪などの交通事犯の捜査のために、被疑者の尿（鑑定資料）を採取し、これを科学的に分析する（*鑑定'）ことによって体内における当該薬物成分の有無やアルコール濃度を明らかにするのである。

この採取の方法には、任意処分と強制処分がある。任意処分の場合は、捜査官が被疑者の同意をえてそれを採取するもので、普通、被疑者に採尿容器を渡し、そこに排尿してもらってからその容器を受け取るという方法がとられる。しかし、その際、被疑者に採取の本当の目的を告げず、便所が修理中であるからバケツに排尿しろなどとウソをついて採取した場合については問題がある。学説では、一種の偽計を用いて被疑者に錯誤状態を作り出しバケツに排尿させる行為は、捜査方法として適正さを欠き違法であるとの有力な見解がある。判例の立場は必ずしも明らかではない。しかし、少なくとも捜査官に採取の真の目的を告げる義務はないとしていると解される（東京高判昭49・11・26高刑27・7・653、最決昭50・12・4裁判集刑198・723）。

強制処分の場合は、捜査機関が*採尿令状'に基づいて、カテーテルという細いゴム管（導尿管）を尿道口から膀胱へ挿入して尿を採取するという方法がとられている。最高裁はそれを肯定しているが（最決昭55・10・23刑集34・5・300）、このような方法は被疑者の個人の尊厳を侵害するおそれが高いことから学説には有力な反対説がある。

血液については、おもに酒酔い運転罪などの交通事犯の捜査のためにその採取が行われる。任意処分としての*採血'は、尿の場合と異なり原則として許されない。採取方法は通常注射によるが、これはわずかであっても身体の生理機能を害することになり、また血液は体内で重要な生理的機能を営んでいるものなので、被疑者の同意があっても原則的には許されない。しかし、緊急性と必要性があり、本人の真意に基づく同意があるときに、微量の血液を採取することは、これにより被疑者の諸権利が不当に侵害される危険性は少ないので例外的に認めてもよかろう。したがって、被疑者が意識不明の状態にあるとき、医師に依頼して注射により血液を採取することは違法である（仙台高判昭47・1・25刑月4・1・14）。これに対して、被疑者の身体から流出している血液をガーゼ等で採取することは、必要性と緊急性等の要件を満たせば許されるとされている（福岡高判昭50・3・11刑月7・3・143）。

強制処分として被疑者の血液を注射により少量採取することは、*強制採尿'の場合と同様に令状に基づけば許される。しかし、その際、取得すべき令状の種類については、まだ最高裁の判断が示されておらず、身体検査令状説、鑑定処分許可状説およびこの両者の併用説が対立している。そして、強制採尿に関する前掲最高裁判例後は、強制採血の令状についてもこれとパラレルに考え、捜索差押令状によるべきであるとする見解が有力となってきた。→身体検査、検証、鑑定　　　　　　　　　　　　　［島　伸一］

大逆罪 本来は、広く主君や親の殺害のような人倫に背く悪逆な犯罪を指称するが、通常は刑法73条「天皇、太皇太后、皇太后、皇后、皇太子又ハ皇太孫ニ対シ危害ヲ加ヘ又ハ加ヘントシタル者ハ死刑ニ処ス」に該当する犯罪をいう。この大逆罪は、裁判所構成法50条2号により、大審院1審のみで終審とされた。なお、刑法73条は、旧刑法116条「天皇三后皇太子ニ対シ危害ヲ加ヘ又ハ加ヘントシタル者ハ死刑ニ処ス」を継承する形で1907年の刑法改正の際

に第1章「皇室に対する罪」に規定されたが、1947年に刑法の皇室に対する罪が全面削除された（昭22法124）際に、不敬罪などとともに廃止された。

大逆罪が問題となった事件としては、*大逆事件*が有名であるが、さらには関東大震災後の朴烈(1902-74)事件、金子文子(1902-26)の天皇・皇太子暗殺計画事件、難波大助(1899-1924)の皇太子襲撃による虎ノ門事件、朝鮮独立運動中の李奉昌(1900-32)による天皇暗殺未遂の桜田門事件がある。　　　　　　　　[中空壽雅]

大逆事件　1910年に「明治天皇暗殺計画」の容疑で行われた社会主義者・無政府主義者の大規模な弾圧事件。天皇暗殺のための爆裂弾製造が発覚し、宮下太吉(1875-1911)ら数名が爆発物取締罰則違反容疑で検挙されたことを発端として、幸徳秋水(1871-1911)ら関係者だけでなく、反体制運動弾圧を目的として、全国各地で数百人の社会主義者・無政府主義者が一斉に逮捕された。そのうち幸徳ら26名が刑法73条の*大逆罪*に当たるものとして起訴されたが、大審院特別刑事部は1910年12月10日から29日の間に1人の証人尋問も許さず非公開で16回の公判を行い、1911年1月18日に、幸徳以下24名に大逆罪で死刑判決を下し、他の2名を爆発物取締罰則違反で有期懲役とした。そのうち、12名は天皇の特赦により無期懲役に減刑されたが、幸徳ら12名については同年1月24日・25日の両日に刑が執行された。実際に暗殺計画を進めていたのは宮下ら4名のみで、幸徳ら20名は無関係であり、近代日本の裁判史上最大の冤罪事件であるといわれる。別名幸徳事件ともいわれ、戦前の4つの大逆事件のうちの最初のものである。→皇室に対する罪
　　　　　　　　　　　　　　　　　　[中空壽雅]

対向犯　（独）Begegnungsdelikt
*集団犯*とならんで*必要的共犯*の一形式であり、2人以上の者の意思内容が対立する方向から合致することにより成立する犯罪をいう。対立的犯罪ともいう。処罰形式には、重婚罪（刑184）や決闘罪のように対向者双方に同一の法定刑が規定されている場合、収賄罪と贈賄罪（197〜197の2・198）のように異なる法定刑が規定されている場合のほかに、わいせつ物頒布等の罪(175)のように対向者の一方だけに処罰規定がある場合がある。前2者について、刑法総則の共犯規定の適用の余地はない。しかし、後者の場合、販売者のみを処罰し、購入者を処罰する規定がないので、購入者が販売者の共犯（教唆・幇助）として処罰されるかが問題となる。学説では、法が一方の行為だけを犯罪定型として規定しているとき、当然に定型的に予想される他の行為を不問に付したわけであるから、他の行為は罰しない趣旨であり、したがって、他の行為を教唆・幇助として処罰することは許されないとする形式説・立法者意思説が有力である。弁護士法72条違反に関する最判昭43・12・24刑集22・13・1625も同趣旨である。これに対して、不処罰の実質的根拠を「被害者」たる地位（違法性の欠如）などに求める実質説も主張されている。　　　　　　　　　　　　[植田博]

第五柏島丸事件　大判昭8・11・21刑集12・2072。日本におけるいわゆる*期待可能性*の理論に関する著名事件である。被告人は瀬戸内海で旅客を運搬する発動機船の船長で、定員の5倍余の乗客を乗せて出航したところ、乗客が片側の舷に偏ったため船が沈没し、多数の死傷者を出した。大審院は、原審の禁錮刑を破棄して罰金刑を言い渡した。多数の通勤客が制止を無視して殺到するなか、取締りの警察官も定員オーバーの点については黙認に近い状態にあったこと、定員の数倍の乗客を載せてようやく採算がとれるという実情から、船主は、被告人の再三の進言を無視してきたこと等の事情を指摘し、かつ、当時被告人が軽微な余罪で執行猶予中であったという事情（禁錮刑であれば執行猶予が取り消される）をも考慮して、被告人のみに厳罰を加えるのは考慮の余地があるとして、原審の禁錮刑をあえて罰金刑に減軽したものである。このことから、本判決は、大審院が期待可能性の理論を支持していることを示したものとされる。ただ、本判決は、上記のような事情をもって無罪を言い渡したわけではない。そして、実務上、上記のような事情は、当然量刑要素として考慮されるものとされ、その場合、これらの事情と違法、責任等の犯罪要素との関係には必ずしも明確でないものがある以上、この判決と期待可能性の理論との結びつきがどの程度の

ものであるかには不明確な点も残っているように思われる． 　　　　　　　　　[酒井安行]

第三者供賄罪　刑法197条の2．*収賄'の一類型で1941年の改正により新設された．「公務員又は仲裁人が，その職務に関し，請託を受けて」，第三者に賄賂を供与させ，または供与を要求・約束する場合に成立する．賄賂を自ら収受することを回避する脱法行為に対処するための規定である．ただし，賄賂を収受するのが共同正犯者の場合は，本罪ではなく，受託収賄罪(197 I 後)が適用される．

「第三者」には法人その他の団体も含まれる．公務員が自己の勤務する役所に無償で物品を納入させるなどがその例であるが，条文上は「第三者」とあるだけなので，収賄者の利害と関係のない慈善団体等に寄付させるケースも本罪に該当することになる．この趣旨と見られる判例も存在する(最判昭29・8・20刑集8・8・1256)．しかし，これに対しては，無関係の第三者に利益を供与させても，公務員の職務行為と実質的にみて対価関係にあるとはいえないとして，上記のようなケースを除外する見解も有力に唱えられている． 　　　　　　　　　[塩見 淳]

胎 児　(英) fetus　(独) Embryo　(仏) fœtus, embryon　人間の生命過程の中で，受精卵の着床後，出生前の段階を指す．出生後は「人」として手厚い保護を受けるのに対して，胎児は*堕胎罪'(刑212以下)の客体となるにとどまる．そのため，法定刑は，「人」に対する侵害にくらべてかなり低い．また，過失犯は処罰されないし，未遂罪も不同意堕胎罪(215)に限って処罰されるにとどまっている．このように，「人」に対する保護と胎児に対する保護には，刑法上，大きな違いがある．そのため*人の始期'(＝刑法上の出生時期)をどのように定めるかということは重要な問題となる．→胎児傷害
　　　　　　　　　[鈴木左斗志]

胎児傷害　胎児に対する侵害は，刑法上，*堕胎罪'(刑212以下)が成立する範囲でのみ処罰される．そのため，過失によって胎児を侵害したとしても，現行刑法上は処罰されない．しかし，過失によって侵害された胎児が傷害を負って出生し，あるいは，出生後に死亡したという場合，「人」に対する犯罪(過失傷害・致死罪〔209以下〕)が成立しないか，ということが問題になる．これは，「胎児性致死傷」として議論されている問題であり，サリドマイド事件や*熊本水俣病事件'で現実にも問題になった．

上記問題について，熊本水俣病事件の最高裁判決(最判昭63・2・29刑集42・2・314)は，つぎのように判示した．「現行刑法上，胎児は，堕胎の罪において独立の行為客体として特別に規定されている場合を除き，母体の一部を構成するものとして取り扱われていると解されるから，業務上過失致死罪の成否を論ずるに当たっては，胎児に病変を発生させることは，人である母体の一部に対するものとして，人に病変を発生させることにほかならない．そして，胎児が出生し人となった後，右病変に起因して死亡するに至った場合は，結局，人に病変を発生させて人に死の結果をもたらしたことに帰するから，病変の発生時において客体が人であることを要するとの立場を採ると否とにかかわらず，同罪が成立するものと解するのが相当である」．つまり，最高裁は，つぎのような論理によって胎児性致死罪の成立を認めたのである．①胎児に侵害をくわえた時点では，胎児は「人」である母体の一部なのであるから，「人」に侵害をくわえたといえる．②出生後に死亡した時点では，まさに「人」である．③よって，「人」に侵害をくわえて「人」を死亡させたのであるから，「人」に対する犯罪である業務上過失致死傷罪が成立する．

しかし，このような最高裁の論理に対しては批判がある．現行刑法上，妊婦自身による堕胎が処罰されている(212)ことは，胎児を母体の一部とは考えないことが前提になっているのではないか．その意味で，上記①は，現行刑法の考え方とは相容れないのではないか，という批判である．→堕胎罪 　　　　　[鈴木左斗志]

大 赦　*恩赦'の一種．政令により対象となる犯罪の種類を定めて行う(恩赦2)．その効力・効果内容は，当該政令で特別の定めがなければ，①有罪の言渡を受けた者については，有罪言渡の効力が失われ，②まだ有罪の言渡を受けていない者については，公訴権が消滅する(3)．そこで，当該政令において定められた犯罪種で有罪判決を受けて刑務所に収容され受刑中

の者は直ちに釈放され,有罪言渡に伴う前科も抹消されて資格が回復される.有罪言渡前の者では,それぞれの手続段階に応じて,捜査の打ち切り,未決勾留からの釈放,裁判中であれば免訴判決で終局となる.いずれも,以後は,当該犯罪による捜査・起訴の対象となることはない.

第2次大戦後の大赦令としては,大戦終局(昭20勅令579,該当人員264,403人),憲法公布(昭21勅令511,同44,623人),平和条約発効(昭27政令117,同444,208人),昭和天皇大喪(平1政令27,同28,600人)がある.きわめて大きな効果を持つものであり,これら以外の,皇室の慶賀によるものなども含めて,政令恩赦の過半では大赦令は出されていない.

[吉岡一男]

大審院 現行憲法前の通常の司法裁判所中の唯一の最上級裁判所であり,1875(明8)年に設置され(太告59号,太告91号,大審院諸裁判所職制章程),1890(明23)年の裁判所構成法でも最上級裁判所として認められ(43Ⅰ),1947(昭22)年の同法の廃止まで存続した.司法行政権は司法大臣が掌握していたため,大審院は司法行政上の最高機関ではなかった.下級裁判所に対しても,司法行政上の監督権を持たなかった.官庁としての大審院の長官は,大審院長と称され,天皇が自ら任命し,補任することになっていた(44・68).民事と刑事部が置かれ,各部は5人の裁判官からなる合議体が審判を行った.従前の大審院判決と異なる意見により裁判する場合には連合部による判決が行われた(49).

大審院は,控訴院の判決への上告,控訴院の決定および命令に対する法律に定める抗告について裁判権を有した.この他,大審院は,皇室に対する罪(現在は削除されている),および内乱の罪,および皇族の犯した犯罪で禁錮またはさらに重い刑に処すべきものの予審および裁判の第1審にして終審の裁判権を有した(50).

大陸法の影響を受けて,検察は司法部に属するものとされ,検事局および検事についての定めは裁判所構成法に置かれ,56条では,「大審院の検事局に検事総長を置く」と定められていた.

明治憲法においては,主権は天皇にあり,帝国議会は天皇の立法権を協賛する機関であり(5),行政は天皇に直属する機関とされ(55),大臣は天皇に対し責任を負い,裁判所は,天皇の名において司法権を行う機関として位置づけられた(57).大審院もこの枠組みの中で機能した.形式的には三権が分立する形を取りながら,究極的には天皇の権限に収斂する構造をもっていた明治憲法下で,司法権の独立は比較的よく保たれていたといわれる.ロシア皇太子の殺害未遂の犯人を死刑にするように求めた政府の要求を拒み,司法権の独立を維持した大審院院長の児島惟謙の行動(もっとも下級審の裁判官に指示を出した点では問題が指摘されている)や,東条英機首相からの国威発揚のための裁判の迅速化の要求に対して,裁判の迅速の問題は裁判の原理を踏まえて判断されるべきであることを主張して,法に従う立場を貫いた大審院の細野重臣院長の行動にも司法権の独立はよく示されている.

現在でも,大審院の判例の違反は,最高裁判例がない場合には上告理由とされており(刑訴405),法運用上も重要な位置を占めている.→最高裁判所

[中野目善則]

退廷命令 (独) Entfernungsbefehl
*裁判所'または*裁判長'が*被告人'その他の在廷者に対して発する*公判廷'から退去すべき旨の*決定'・*命令'をいう.これには,①*証人尋問'において*証人'が被告人の面前では圧迫を受け充分な供述ができない場合に裁判所が被告人に対して供述の間退廷を命ずるもの(刑訴304の2),②被告人や証人などが特定傍聴人の面前で充分な供述をできない場合に裁判長が当該傍聴人に対して供述の間退廷を命ずるもの(刑訴規202),③法廷の秩序維持の必要から裁判長が在廷者に対して退廷を命ずるもの(刑訴288Ⅱ後,裁71Ⅱ)の3種がある.①②の命令は*訴訟指揮'権に,③の命令は*法廷警察'権に基づく.対象者が退廷命令に従わない場合には,①②③のいずれにおいても,法廷警察権に基づき,強制力を行使して退廷させることができるとされている(裁71Ⅱ,刑訴288Ⅱ後).

被告人・*弁護人'に対する退廷命令は*証人審問権'(憲37Ⅱ)や*弁護人依頼権'(憲37Ⅲ)を,傍聴人に対する退廷命令は*裁判の公開'原則

(憲82Ⅰ)や国民の知る権利(憲21Ⅰ)をそれぞれ制約することになるため，安易に発せられてはならない．法廷警察権に基づく③の命令については特に慎重さが要求される．

*異議の申立て'は，①の命令に対してだけでなく(刑訴309Ⅰ)，被告人・弁護人・*検察官'に向けられた③の命令に対しても刑訴309Ⅱに基づき可能だとするのが通説である．→在廷命令，法廷秩序　　　　　　　　　　[三島 聡]

大陪審　(英) grand jury　起訴陪審とも呼ばれ，正式起訴(indictment)を行うか否かを判断するためのもので，一般民衆によって構成される．

12世紀後半のイギリスで，巡回裁判を行う際に当該地方で起きた犯罪とその犯人を告発するために制定されたが，17世紀には王権の濫用から市民の権利を守る役割を果たしたといわれる．このことからアメリカでは建国初期から大陪審による起訴が訴追の要件とされ，合衆国憲法修正5条は，死刑犯罪または破廉恥罪(infamous crime)については大陪審による起訴を経ることを規定した．

大陪審は革命直後の1791年，フランスでも導入されたが必ずしも有効に機能せず，1808年に廃止された．発祥地のイギリスでも1933年に廃止されたが，アメリカでは命脈を保ち，日本の*検察審査会'の成立にも影響を与えている．

現在，アメリカの大陪審は地域ごとに構成や機能を異にする．*重罪'事件(felony)に対する略式起訴(information)を許した州も多いが，連邦法では，すべての重罪事件で開かれる．連邦法では，16～23名で構成され12名以上の多数によって起訴が決定される．12～16名で構成される州が多いが，6～7名程度の州もある．構成員は無作為抽出されるのが一般的だが，検察官・被疑者双方からの忌避は可能である．

審理は，検察官による正式起訴状(bill of indictment)の提出によって始まり，捜査記録や証人の証言に基づいて起訴するに足る証拠があるか否かが判断される．*伝聞証拠'も利用されるが，利用を一部限定する動きもある．非公開で行われ，検察官は出席するが被疑者や弁護人に立会権や証拠提出権はない．もっとも，大陪審における証言を被疑者側に例外的に開示することもある．大陪審は検察官の起訴に対する市民によるスクリーニングの機能をもつが，検察官が主導権を握っており，検察官の申立てがそのまま認められるのが通例である．

大陪審はまた，証人を強制的に召喚し，*刑事免責'を与えて証言を強制するなどの捜査権限をも一定の範囲で有している．連邦では，特別大陪審が特殊な犯罪の捜査にあたることもある．→私人訴追主義　　　　　　　　　　　[新屋達之]

体罰　(独) körperliche Züchtigung　学校教育法11条により，学校の校長および教員には，学生・生徒・児童に対する*懲戒権'があるが，体罰を加えることは禁止されている．体罰とは，懲戒の内容が身体的性質のものである場合をいい，殴る・蹴るなど，身体に対する侵害を内容とする懲戒のみならず，端座・直立等の特定の姿勢を長時間保持させる等，被罰者に肉体的苦痛を与えるような懲戒も含むものとされている(昭23・12・22法務庁法務調査意見長官通達)．教師が生徒を殴打することが，禁止された体罰ではなく，正当な懲戒権行使と認められる場合があるか否かが問題となるが，判例には，有形力の行使は，生徒の年齢，性別，性格，成育過程，身体の状況，非行等の内容，懲戒の趣旨，有形力行使の態様・程度，教育的効果，身体的侵害の大小・結果等の諸事情に基づき社会通念に従い判断して懲戒権の行使として相当と認められる範囲内であれば許されるものであり，体罰とはこの範囲を超えて有形力を行使して生徒の身体を侵害しあるいは肉体的苦痛を与えることをいうとして，平手および軽く握った手拳で頭部を数回軽く叩いた場合につき，正当な懲戒権の行使であり*法令行為'として違法阻却を認め，暴行罪の成立を否定したものがある(東京高判昭56・4・1刑月13・4＝5・341)．→正当業務行為，学校病理　　　　　　[臼木 豊]

対物防衛　対物防衛とは，急迫不正の侵害が人間の行為ではなく，それ以外の単なる侵害の事実(とくに動物による侵害)による場合，これに対して防衛行為を行うことである．たとえば，犬がAに襲いかかってきたので，彼が自分の身を守るため，その犬を蹴り殺した，という場合，Aの行為に*正当防衛'の成立を認

めることができるかが問題となる．刑法36条1項は，正当防衛は急迫不正の侵害に対して行うことができると規定しているが，このような動物による侵害も「不正な侵害」といえるかということが，ここでの問題である．

以上の事例において，その犬が野犬のような無主物である場合には，これを殺害してもどの構成要件にも該当しない(刑261の器物損壊罪の客体となる動物は，飼い主のいるものに限られている)から，正当防衛の成否はそもそも問題とはならない．この犬が，たとえばBの飼い犬であった場合が問題となる．学説には，客観的違法論を徹底する立場から，法文は「侵害」と規定しているだけで「侵害行為」とは規定していない，民法720条2項は対物防衛について損害賠償を負わないと定めているということを根拠として，動物が襲いかかってきた場合も「不正の侵害」に当たるとして，Aの行為に正当防衛の成立を全面的に肯定する見解も有力に主張されている．また，人の侵害に対しては正当防衛が認められるのに対し，動物の侵害に対しては要件が厳格である*緊急避難'しか認められないとするのは不均衡であるという理由から，正当防衛の規定を準用して正当防衛の成立を認めるべきであるという見解もある．これに対し，通説的見解は，動物の侵害に対しては原則的には正当防衛は認められず，緊急避難だけが可能であるとしている．それは，法はそもそも人間にのみ向けられているものであるから，動物の挙動や自然現象は違法判断の対象外であり，「不正の侵害」とは認められない，「侵害」とは「侵害行為」を意味するのであり，動物の侵害はそれにあたらない，という理由による．もっとも，この見解もBが犬をけしかけてAを襲わせた場合，あるいは彼がきちんと犬をつなぐのを忘れていたため，犬がAに襲いかかったという場合のように，動物の侵害が所有者の故意・過失に基づく場合には，Bの不正の侵害行為が認められるから，犬の襲撃に対してAは正当防衛を行うことができるとしている．しかし，これに対しては，なぜ所有者に故意・過失があったときに，不正な侵害になるのかその理由が明らかではないという疑問がある．

判例には，Aの犬(価格600円)にBの犬(価格150円)が襲いかかり，道路上にかみ伏せたので，Aが自分の犬を守るためBの犬を猟銃で撃って傷つけたという事案について，Aの行為は緊急避難として違法性が阻却されるとしたものがある(大判昭12・11・6裁判例(11)刑86)．これは，この場合正当防衛(対物防衛)の成立は認められないとする考えを前提にしたものであると思われる．　　　　　　　　　　[山本輝之]

逮　捕　(英) arrest　(独) Festnahme (仏) arrestation　**1 意義**　*被疑者'の身体の自由を拘束し，引き続き，短時間拘束の状態を続けることをいう．刑事訴訟法では，通常逮捕，*現行犯逮捕'，*緊急逮捕'の3種類の逮捕が規定されている．このうち，通常逮捕は，裁判官によって事前に発せられた*逮捕状'に基づく逮捕であり，現行犯逮捕および緊急逮捕は，逮捕状によらない逮捕である．憲法33条により，逮捕は原則として裁判官による令状によらねばならないとされており，現行犯逮捕と緊急逮捕は，一定の要件のもとで，例外的にのみ認められる．

2 逮捕の法的性格　現行刑事訴訟法における起訴前の身柄拘束制度は，逮捕と*勾留'という2本立てのものとなっており，その関係で逮捕の法的性格が問題とされている．学説上は，逮捕を，勾留を行うか否かを決定するために被疑者を裁判官の許へ*引致'するための処分にすぎないとする見解もあるが，実務は，それを，勾留に先行する独立した短期間の身柄拘束処分とみる見解に立って運用されている．

3 実体的要件　逮捕が適法になされるためには，逮捕の理由と必要性が備わっていなければならない(刑訴199Ⅰ・Ⅱ)．このうち，逮捕の理由は，被疑者が罪を犯したことを疑うに足りる「相当な理由」の存在を，逮捕の必要性は，逃亡のおそれおよび罪証隠滅のおそれの存在を意味する．それゆえ，現行法の下では，*取調べ'の必要性は逮捕の必要性には含まれないから，取調べだけを目的として被疑者を逮捕することはできない．この点，刑事訴訟法199条1項但書は，一定の軽微な罪につき，被疑者が正当な理由なく捜査機関の出頭要求に応じない場合に逮捕できるとしているが，これも，逃亡または罪証隠滅のおそれが存在することを前提とした

うえでの付加的な要件と解されている.

さらに，この意味での逮捕の必要性が認められる場合であっても，事案の性質，逮捕が被疑者に及ぼす不利益の度合い等を考慮すると，逮捕が不相当と見られるときには，逮捕は認められない(刑訴規143の3).

なお，現行法制定当初は，逮捕状を発付する裁判官が，逮捕の理由のみならず，逮捕の必要性についても判断権を有するかには争いがあったが，1953(昭28)年の改正により，刑事訴訟法199条2項但書に，明らかに逮捕の必要性がないと認めるときは逮捕状請求を却下できる旨の規定が追加されて，立法上の解決が図られた.

4 逮捕後の手続 被疑者を逮捕した場合には，犯罪事実の要旨および*弁護人'を選任できる旨を告知したうえ，弁解の機会を与えなければならない(刑訴203・204). そのうえで，逮捕の要件が消滅すれば被疑者を釈放し，そうでなければ，さらに*留置'を継続することになる. 逮捕後の留置時間の限度は72時間であり，この制限時間後も公訴提起することなく身柄拘束を継続する必要があれば，勾留を請求することになる. したがって，現行法は，諸外国に見られるように，逮捕後直ちに*令状'を発した裁判官の許へ被逮捕者を引渡し，その後の身柄拘束を継続する要件があるか否かを判断するという構造にはなっていない.

5 不服申立て 刑事訴訟法は，逮捕に対する直接の不服申立手段を定めていない. 判例も，逮捕状発付の裁判に対する*準抗告'は認められないとする立場をとっている(最決昭57・8・27刑集36・6・726). ただし，勾留を認めるか否かの判断にあたっては，先行する逮捕が違法であったことが考慮されるから，この限度で逮捕の適法性に関する裁判官の審査がなされることになる. →検挙，事件単位の原則，逮捕監禁罪，逮捕先行主義，任意同行　　　　［川出敏裕］

大宝律令　律令時代の基本法典であり，律が6巻，令が11巻で，令が大宝元(701)年から，律が大宝2(702)年から養老律令が施行されるまで行われた. 氏族・氏姓制時代の末になると中国を統一した隋・唐に倣って中央集権国家を樹立するために律令の継受が要請された(このような中国の律令の継受は，7世紀の新羅，8世紀の渤海，10世紀の高麗など中国周辺諸民族でも行われ，この意味で中国律令はローマ法にも匹敵するものと言える). すでに推古8(600)年第1回目の遣隋使の派遣直後に律令の骨格をなす冠位十二階(推古11〈603〉年)，十七条の憲法(推古12〈604〉年)が制定されたが，本格的律令の継受・制定は大化改新になってからである. 天智天皇即位元(668)年に近江令が，その後天武天皇により天武10(681)年に始まった律令の制定作業は遅れたものの，持統天皇3(685)年6月に至り「浄御原令」が役人に班賜された. このときには律は編纂されなかったが，その後律をも含めて刑部親王や藤原不比等などにより編纂作業が行われ，令のみを部分的に施行後，大宝元年8月律令ともに完成し，大宝2年10月に写本の配布という形式で律令全部が諸国に頒布施行された.

このように律令の編纂は最初の近江令から始まって約40年後の大宝律令にいたり，一応完成するのであるが，その後律令編纂の議が起こり，養老2(718)年に藤原不比等らを中心として養老律令各10巻が制定された. 大宝律令は養老律令に替わられたのち平安時代中期には散逸してしまったが，『令集解』に含まれている大宝律令の注釈書である古記に引用されている逸文によって知ることができる. 養老律令も全部が残っているのではなく，写本として残っている以外は，『唐律疏議』や『令集解』によって復元されている(『律令』日本思想体系3〈1976年・岩波書店〉). 大宝律令と養老律令との間には若干の内容上の差異はあるほか字句の修正などがあるが，本質的差異はないとされている. 近江令から浄御原令を経て大宝律令の編纂は中央集権国家を樹立しようとする政治的意図がその原動力であったが，大宝律令の編纂により律令の継受が完成した上での法令の整備を主としたと思われる養老律令とは編纂の姿勢が異なる. 律令はその後公家法に大きな影響を与え，さらには明治初年の太政官制の復活や仮刑律・新律綱領の制定に大きな足跡を残した. ［野村 稔］

逮捕監禁罪　刑法220条に規定されている逮捕・監禁罪は，身体の場所的移動の自由に対する犯罪である. このうち，逮捕は，被害者の身体に対する直接的強制(たとえば，はがい

締めにしたり、縄で縛ったりするなど)によって場所的移動の自由を侵害するものである。これに対して、監禁は、一定の場所からの脱出を困難にする(たとえば、部屋に施錠して閉じこめる)ことで場所的移動の自由を侵害するものである。法定刑は、逮捕・監禁のいずれについても、3月以上5年以下の懲役である。また、監禁致死傷については、3月以上10年以下の懲役で処罰される(刑221)。

逮捕・監禁罪は身体の場所的移動の自由を侵害する犯罪であるから、その客体である「人」は場所的移動の能力を持っていなければならない。

逮捕・監禁罪の保護法益である場所的移動の自由の内容をどのように理解するべきかについては、見解の対立がある。第1の見解は、その内容を現実的自由、つまり、現実に移動しようと思ったときに移動できる自由であると理解する。これに対して、第2の見解は、可能的自由、つまり、もし移動しようと思えば移動できる自由と理解する。両説の違いは、具体的には、逮捕・監禁罪の成立要件として、被害者が拘束されているということを自ら意識していることを要求するか否か、という点にあらわれる。現実的自由説の立場からは、たとえば居室に施錠されたとしても、被害者自身が現実に外出しようとするまでは監禁罪は成立しないと考えられることになる。これに対して、可能的自由説の立場からは、たとえ被害者が現実に外出しようとする以前の段階であったとしても、施錠によって外出する可能性が閉ざされてしまっている以上は、監禁罪の成立を認めるべきであると考えられることになる。

なお、本罪の特別法である「*人質による強要行為等の処罰に関する法律」では、第三者に対する強要のための人質として逮捕・監禁がおこなわれた場合について、加重した処罰が規定され(6月以上10年以下の懲役〔同1〕)、さらに、その加重類型も規定されている(3・4)。

［鈴木左斗志］

逮 捕 状 (英) arrest warrant

1 意義と手続 捜査機関に対して*被疑者'を*逮捕'する権限を認める裁判を記載した裁判書をいう。憲法33条は、何人も、*現行犯'として逮捕される場合を除いて、司法官憲が発する*令状'によらなければ逮捕されないとしており、逮捕は逮捕状を得て行うのが原則である。*刑事訴訟法'では、その例外を、*現行犯逮捕'および*緊急逮捕'の場合に認めている。

逮捕状を請求できるのは、*検察官'および*司法警察員'である。安易な逮捕状請求を避ける趣旨から、後者については、それが警察官である場合には、公安委員会が指定する警部以上の者に限られている。

逮捕状を請求する際には、逮捕の理由および必要があることを認めるべき資料を提供しなければならない(刑訴規143)。それが不十分であれば請求は却下されることになるが、実務上は、直ちに請求を却下せず、それを撤回させたうえで、再度資料を整えて請求させる運用も行われている。

逮捕状には、被疑者の氏名および住居、罪名、被疑事実の要旨、引致すべき官公署その他の場所、有効期間およびその期間経過後は逮捕をすることができず令状はこれを返還しなければならない旨ならびに発付の年月日が記載される(刑訴200)。

逮捕状は、逮捕の際に被疑者に呈示するのが原則であるが(200Ⅰ)、それができない場合で、急速を要するときには、被疑者に被疑事実の要旨および令状が発せられている旨を告げて、それを執行することができる(200Ⅱ・73Ⅲ)。

2 逮捕状の法的性格 逮捕状の法的性格については、逮捕権限を誰が有するかという問題と関連して争いがある。実務は、逮捕権限を有するのは捜査機関であり、*裁判官'による審査は、その濫用を防止するという観点からなされるものだという考え方に基づいて運用されている。この考え方によれば、逮捕状は捜査機関に対する逮捕の許可状であることになる。これに対し、学説上は、逮捕は、被疑者の将来の公判への出頭を確保するために裁判官が行う処分であり、それゆえ、逮捕状は、必要がなくなれば逮捕なくてもよいという条件付きの、捜査機関に対する命令状であるとする見解も有力である。→緊急執行

［川出敏裕］

逮捕先行主義 1 意義 *被疑者'の*勾留'をするためには、*逮捕'が先行していなければ

ならないという原則．逮捕前置主義ともいう．条文上は，被疑者の勾留を定めた刑事訴訟法207条が，逮捕後の勾留請求がなされた場合のみを予定しているところから導かれる．その実質的な根拠は，いきなり長期の身柄拘束である勾留を認めるのではなく，まず短期の身柄拘束である逮捕を先行させ，それでもなお身柄拘束の継続が必要な場合に，もう一度司法審査を介在させて勾留を認めるのが，不必要な身柄拘束を防止するという観点から望ましいという点に求められる．

そうである以上，逮捕と勾留について，その基礎となっている被疑事実は同一のものでなければならない．したがって，ある被疑者をA事実で逮捕した後，それに引き続いて別のB事実で勾留することは，逮捕先行主義に反し許されない．これに対し，A事実による逮捕後，A事実にB事実を付け加えて勾留することができるか否かは争われている．逮捕先行主義を厳格に適用して，これを否定した裁判例もあるが(東京地決昭35・5・2判時222・6)，A事実による勾留がなされる以上，B事実について逮捕を先行させたとしても，結局その分だけ全体の身柄拘束期間が長くなるだけだという理由から，この場合には勾留を認める見解が多数であり，現在の実務は，この考え方に立って運用されている．

2 逮捕の違法と勾留 このように勾留が逮捕を前提とするものであるとすると，逮捕が違法であった場合，それが勾留請求を認めるか否かの判断にあたってどのように考慮されるのかという問題が生じる．これについては，第1に，逮捕が違法であった場合には，本来被疑者は直ちに釈放されなければならず勾留請求はできなかったはずであるから，そもそも逮捕がなかった場合と同視できる．第2に，逮捕自体に対する直接の不服申立手段が認められていない現行法の下では，勾留請求段階で逮捕の適法性をチェックする必要性が高い，という理由から，逮捕の違法が勾留に影響を及ぼすことを認めるのが通説であり，下級審裁判例の多くもそれを前提とした判断をしている．もっとも，逮捕に軽微な瑕疵があるにすぎないような場合にまで，その後の勾留がおよそ認められないとするのは妥当ではないから，勾留請求が却下されるのは，逮捕に，本来別個の処分である勾留をも認めるべきでないといえる程度の重大な違法があった場合に限られることになろう． [川出敏裕]

大麻取締法 *あへん法'，*覚せい剤取締法'，*麻薬及び向精神薬取締法'とならぶ，いわゆる薬物四法のひとつ．大麻に対する規制は，「印度大麻草」を対象として第2次大戦以前から行われていたが([旧]大麻取締規則[昭5]，[旧]薬事法[昭18])，戦後，いわゆるポツダム省令のひとつである「麻薬原料植物ノ栽培，麻薬ノ製造，輸入及輸出等禁止ニ関スル件」(昭20厚生省令46)は，大麻を麻薬原料植物と位置づけて，その栽培，輸出等を全面的に禁止した．その後，繊維原料・研究材料としての需要に応えるため，大麻取締規則が制定され(昭22)，翌年，同規則が廃止されて本法が制定された(昭23法124，昭23・7・10公布・施行)．

本法は，大麻取扱者(大麻栽培者および大麻研究者[大麻2])以外の者が大麻を所持し，栽培し，譲り受け，譲り渡し，または研究のために使用することを禁じ(3)，その輸出入等とともに処罰している(25以下)．本法24条の罪(大麻をみだりに栽培等する罪)等を犯して得た不法収益を隠匿等する行為，収受等する行為は，いわゆる麻薬特例法により，それぞれ，不法収益等隠匿罪(麻薬特9)，不法収益等収受罪(10)として処罰される．なお，本法違反の被告事件では，大麻の有害性が必ずしも顕著ではないことに起因して，しばしば憲法13条等違反の主張がなされるが，下級審判例は，従来から大麻の有害性を認めて本法の合憲性を肯定しており(東京高判昭54・7・19東高刑時報30・7・103等)，最高裁も，大麻の有害性を肯定して違憲の主張を退けた原判決を相当とする判断を示している(最決昭60・9・10判時1165・183)．→薬物犯罪 [近藤和哉]

代用監獄 **1 意義および運用** *監獄法'1条3項により，警察官署に附属する留置場が*監獄'に代用される場合がある．この場合の留置場を指して代用監獄という．その創設は，1908(明41)年に制定された現行監獄法の前身である1889年監獄則(明22勅93)の下，未決・既決の監獄業務が何れも内務省管轄とされていたため，内務省管轄の警察留置場も一種の監獄

とされてきたという歴史的経緯に遡ることができる．監獄法制定に先立ち監獄業務は司法省管轄となるが，とりわけ未決被拘禁者の収容を拘置監だけに依存するには，施設が不足するおそれがあったため，留置場が監獄として代用されることになったと言われる．現行法では，自由刑の1ヵ月未満の執行も予定されているが（監1Ⅲ但），実際に執行されることは今日絶無と言ってよく，未決勾留，とりわけ被疑者の勾留場所としての代用監獄の利用が今日の関心事項である．

勾留場所をめぐっては，本来の監獄である拘置監と代用監獄である留置場との何れが原則であるかにつき，裁判例には，捜査上の必要等を考慮して，裁判官の裁量により決定すべきだとするものと，特段の事情のない限り拘置監とすべきだとするものの双方が見受けられるが，実務上は，代用監獄での被疑者勾留，起訴後の拘置監(所)への移監という運用が原則化している．

2 代用監獄の問題性 被疑者の勾留場所として代用監獄を原則的に活用することの当否には，厳しい意見の対立がある．現状を是認する立場からは，代用監獄の利用は迅速かつ効率的な捜査活動を進めるために不可欠であると主張されるのに対して，これを批判する立場からは，被疑者の全生活を捜査機関の支配下に置くものであり，自白強要や防禦権侵害を招きやすいなどの種々の弊害が指摘されている．代用監獄の存廃は，とりわけ，法制審議会による「監獄法改正の骨子となる要綱」の答申(1980年11月)の前後から，監獄法改正上の重要論点となってゆく．答申では，その運用改善と漸次的な縮小を前提に，代用監獄の存続が認められている．また，その議論に合わせて，1980年4月からは，警察組織内においても，留置管理部門が刑事課から総務課に移管され，捜査担当部門との分離がはかられている．このような代用監獄存続を前提とした動きに対しては，留置管理部門の分離は被疑者の権利保護の面で一歩前進であるとの評価がある一方で，警察内部の業務分担の区別にすぎず，その中立性につき問題が残ること，自白強要のおそれが払拭されていないことなどを指摘する意見もある．なお，先の答申を受けて

法務省が立案した*刑事施設法案'，およびこれに対応して警察庁が立案した留置施設法案は，弁護士会を中心とした強い反対を受けて，1991(平3)年4月第120国会に提出されたものの審査未了・廃案となっている．

3 代用監獄と国際的人権保障 代用監獄については，国際的人権保障の観点からもその問題性が指摘されている．すでに1979年のハンブルクでの第12回国際刑法学会では，代用監獄に類する制度の廃止を含む国際準則が決議されている．わが国の代用監獄そのものについても，1980年代末以降，各種国際的NGOの調査団によってその問題性が指摘されている．また，国際人権規約に関する国連の規約人権委員会は，5年ごとに行われる各国政府の人権規約の実施状況の報告を受けて，所見を述べ，勧告することになっているが，警察官署に附設される代用監獄と，そこでの被疑者勾留のあり方について，国際人権B規約9条等との関連で疑問が示され，その改革が勧告されている(第3回最終所見(1993年)，第4回最終所見(1998年))．

[宇藤 崇]

平事件 1949(昭24)年6月30日，福島県平市(現いわき市)で，労働争議の支援のための掲示板の撤去問題に端を発して，市警の対応に抗議する群集が平市警察署を占拠し，紛争を起こした事件．159名が戦後初めて*騒乱罪'で起訴された．いわゆる四大騒乱事件のひとつ．1審判決(福島地平支判昭30・8・18判時62・1)では，警察署内での偶発的な暴行，脅迫は群集とは無関係に行われたものであり，騒乱罪の成立要件たる共同意思が欠けるとして騒乱罪の成立が否定され，職務強要罪，建造物侵入罪等で36人に有罪判決が出されるに留まったが，2審判決(仙台高判昭33・6・30，7・1判時166・5)では，散発的，偶発的な人に対する暴行，脅迫よりも，むしろ警察署の不法侵入，不法占拠が物に対する暴行として騒乱罪の要件にあたり，この意味での暴行について警察署周辺に集まった集団に未必の共同意思が認められるとして，騒乱罪の成立が肯定された．この2審判決の未必的共同意思論は，最高裁判決(最判昭35・12・8刑集14・13・1818)でも肯定され，本件における騒乱罪の成立と148人に対する有罪判決が

確定した．→大須事件，吹田黙祷事件，新宿駅騒乱事件，メーデー事件，統一公判 ［水谷規男］

代理権 （独）Vertretungsmacht （仏）pouvoir de représentation　　代理権とは，代理することのできる法律上の地位または資格をいう．*弁護人'は，被告人の訴訟行為を代理することができるが，包括的代理権に基づき，個別的授権は不要である（最決昭63・2・17刑集42・2・299）．代理権として，たとえば，勾留理由開示請求権（刑訴82Ⅱ）や証拠保全請求権（179）あるいは異議申立権（309Ⅰ・Ⅱ）などのように本人の明示の意思に反しても許される独立代理権と，たとえば，忌避申立権（21Ⅱ）や上訴申立権（355・356）などのように本人の明示の意思に反しえないが，本人の意思表示がないかぎり同意を求めないでなしうるものがある．弁護人以外の者による代理については，たとえば，告訴の申立て・取消しという訴訟行為は代理人によって行うことができる（240）など明文のある場合に限られる（その他，27・28・353など）．代理権のない者のした訴訟行為は無効である．

［田口守一］

代理処罰 （独）stellvertretendes Strafrecht, Prinzip der stellvertretenden Strafrechtspflege （仏）principe ou système de la compétence par représentation　　代理処罰の思想ないし代理処罰主義という語は，本来の処罰主体に代わって処罰する理念を指すが，多義的に使われる用語である．大別して，3つほどの意味で使用されている．①代理処罰説に立脚する*属人主義'の立場を指す場合，②外国人が国外で犯す普通犯罪（たとえば殺人）について，そうした犯罪の防止・処罰が，国際社会に共通の関心事だとして，不処罰を回避する見地から，犯人が処罰のために外国に引き渡されない場合には，代わって自国で処罰するものとする*国外犯'の処罰原理を指す場合，③一定の犯罪について，国際的な刑罰権が設定され，または肯定される場合に，これを扱う国際裁判所が存在しない状態で，代わりに各国が国際的な刑罰権を背景に処罰することとする処罰原理を指す場合，である．いずれも，普遍人類的な考え方を背景に，刑事事件における国際共助（international mutual assistance）・国際協力（international cooperation）の観点に立つものである．多くの場合，国外犯の処罰にあたり，*犯罪地'の法を考慮して罰すべきものとされ（双方可罰の原則），また他国で犯人がすでに処罰されていれば，もはや重ねて処罰する必要はないものとされる（国際的一事不再理）．→犯罪人引渡し，世界主義 ［愛知正博］

高田事件　　1952（昭27）年6月名古屋市内で発生した，高田巡査派出所襲撃事件を含む一連の集団暴行事件であり，総計31名の被告人が，暴力行為等処罰ニ関スル法律違反，爆発物取締罰則違反，放火，傷害等で起訴された．その後検察官の立証段階において審理が中断され，1969（昭44）年に審理が再開されるまで，約15年審理が行われなかったという事案である．最高裁は，被告人に*迅速な裁判'を保障した憲法37条1項は，被告人の権利を害する異常な訴訟遅延が生じている場合は，「その審理を打ち切るという非常救済手段がとられるべきことをも認めている趣旨の規定である」として，その自力実効性を肯定した．具体的事件における被告人の権利侵害の有無については，「遅延の期間のみによって一律に判断されるべきではなく，遅延の原因と理由などを勘案して，その遅延がやむをえないものと認められないかどうか，これにより右の保障条項がまもろうとしている諸利益がどの程度実際に害せられているかなど諸般の情況を総合的に判断して」決するものとした（最大判昭47・12・20刑集26・10・631）．

［上口 裕］

他管送致　　*検察官'は，手もとに集められた被疑事件につき，当該事件がその所属する検察庁に対応する裁判所の*管轄'に属しないものと思料するとき，書類・*証拠物'とともにその事件を管轄裁判所に対応する検察庁の検察官に*送致'しなければならない（刑訴258）．これを他管送致という．*中間処分'のひとつであるが，同じ*移送'処分でも，被疑者の利益などを考慮して行われる任意移送とは異なり，裁判所の*事物管轄'あるいは*土地管轄'がない場合になされる必要移送である．

実務上，他管送致前に検察官が必要な捜査を遂げた上で移送することが許され，また*不起訴処分'が相当の場合，他管送致しないで不起訴処

分にすることも認められている．他管送致の対象は，事件の全部であり，一部につき他管送致をし，他の部分につき捜査を続行することは許されない．検察官は他管送致をしたことについて，告訴権者などに通知しなければならない(260)．

なお，法令上は通常，同種機関間で事件等を送る場合を移送，異なる機関間で事件等を送ることを*送致'と呼んでいるが，刑事訴訟法258条の場合，他管「送致」の用語を使用している．

[上田信太郎]

瀧川幸辰 (たきがわ ゆきとき 1891-1962) 　1 略歴

瀧川幸辰は，岡山に生まれ，京都帝国大学法科大学を卒業後，裁判官を経て，1918年に母校の助教授に就任した．1922年から24年までは外国留学し，主にドイツでM.E.*マイヤー'らに学び，帰国後，教授に昇任した．瀧川は，客観主義・応報刑論の旧派刑法学の立場をとり，トルストイらの人道主義，*ベッカリーア'，*フォイエルバッハ'らの啓蒙思想・前期旧派刑法理論，マイヤーの刑法理論，マルクス主義等の影響を受けて，人権保障を重視した自由主義刑法理論を樹立した．瀧川は，1930年前後に多くの体系的概説書を著してその刑法理論の全体を示したが，1933年，いわゆる瀧川事件(京大事件)で京大を去った．瀧川は，その後しばらく研究・著述に専念した後，弁護士としても活動した．戦後は，京大教授に復帰し，法学部長を経て，1953年から57年まで京大総長の職に就き，1962年に71歳で急逝した．膨大な遺蔵書・遺稿等は，「瀧川文庫」として名古屋大学にある．

2 刑法理論

瀧川の刑法理論は，人権保障を重視した自由主義旧派刑法理論である．

瀧川は，マルクス主義の影響を受けて，日本を資本主義の階級社会とし，犯罪は資本主義社会の矛盾・階級対立から生じる必然的現象であり，社会の経済構造の変革なくして犯罪はなくせないとした．ここから，瀧川は，刑罰は万能ではなく，その使用は限定されるべきものとした．また，瀧川は，刑罰は犯罪に対する反動としての苦痛であり，応報が刑罰の本質であるとしたが，応報自体が刑罰の目的ではなく，刑罰の目的は社会秩序の維持にあるとして，相対的応報刑論の立場をとった．そして，特別予防論を肯定しつつも，*牧野英一'の教育刑論に対しては，人権を社会防衛の犠牲にし，罪刑法定主義の廃棄に至るものとして，厳しく批判した．他方，犯罪の実質は法益の侵害・脅威にあるとして法益侵害説の立場をとり，構成要件を中核とする客観主義的な犯罪論を構築した．この基礎には，階級社会では個人を階級的抑圧から守るために罪刑法定主義を「鉄則」として維持すべきだとする，刑法の「マグナカルタ機能」を重視する思想が存在した．

瀧川のこのような刑法理論は，旧派とくに前期旧派の自由主義的側面を受け継ぐものと見ることができる．この点で，同じ旧派でも，*小野清一郎'の権威主義的・国家主義的刑法理論とは大きく異なる．そのため，戦後は再評価され，とくに1960年代以降，その罪刑法定主義を重視した客観主義的・行為無価値論的な犯罪論の意義が再認識された．

3 瀧川事件

瀧川を社会的にも著名にしたのは，瀧川事件である．

瀧川は，1932年秋に行った講演が右翼から無政府主義思想として攻撃され，瀧川を「赤化教授」として排撃する動きが始まった．瀧川の刑法理論を簡明に説いた『刑法読本』(1932)も，マルクス主義的であるとされ，1933年4月，発売禁止となった．文部当局は，京大総長に瀧川を辞職か休職させるよう要求したが，応じなかったため，一方的に瀧川を休職処分にした．京大法学部は，全教官が辞表を提出してこれに抵抗したが，文部当局は，瀧川ら6教授の辞表のみを受理し，依願免官にした．しかし，他の帝国大学に支援の動きはなく，法学部教官の多くも文部当局の説得で辞表を撤回し，抵抗は止んだ．

瀧川の刑法理論は，マルクス主義の影響はあっても，マルクス主義刑法理論ではなく，自由主義刑法理論であった．瀧川事件は，全体主義が進む中で思想弾圧の対象がマルクス主義から自由主義に拡大された出発点に位置付けられている．

[平川宗信]

択一関係

*法条競合'の一種とされている．その意義については，①両立しえない要素を含む犯罪に関する数個の刑罰法規は相互に排斥し合う関係にあるとするものと，②同一の

行為が数個の刑罰法規に規定されている場合にはいずれか一方の法規を適用すれば足りるという関係にあるとするものがある.

日本においては,この概念を①の意味において用いるのが一般である.代表的な例として,窃盗罪(刑235)と横領罪(252・253),横領罪と背任罪(247)の関係が挙げられることが多い.しかし,両立しえない要素を含む犯罪に関する数個の刑罰法規間には,外観的にしろ競合関係が生じるということはありえない.そのいずれを適用すべきかに困難なものがあるにすぎない.したがって,この意味における択一関係を法条競合から除外すべきであるとするのが最近の学説の傾向である.

また,②について,同一の行為が数個の刑罰法規に規定されている場合には,それ自体立法者の誤りであり,他の法条競合の場合に当たらないときには,観念的競合とするほかないと考えられている. [山火正則]

択一的故意 (羅) dolus alternativus (独) Alternativvorsatz 事実の認識としての故意において,その認識の不確定な場合(*不確定的故意')のうち,認識対象が不確定な場合のひとつである.択一的故意は,複数の事実のいずれかひとつが発生することは明らかであるが,そのうちのいずれが発生するかが不確定である場合をいう.認識の対象としての不確定な故意という点では,広義の*概括的故意'のひとつといえるが,択一的故意は,複数の事実の内そのひとつだけが排他的に発生する場合に限定される意味で,狭義の概括的故意とは異なることになる.したがって,たとえば,AかB,ないしその両方が死亡することの認識の下に,機関銃を発射させたような場合には,狭義の概括的故意の問題であって,択一的故意ではない.

異なる複数の事実については,同一構成要件の場合(たとえば,AとBしか住んでいない部屋にガラスのシルエット越しにピストルの弾を一発だけ撃ち込む場合)と異なる構成要件の場合がある.同一構成要件の場合は,異なる客体を前提とするが,異なる構成要件の場合には,客体が同一の場合(たとえば,電車の網棚の上の荷物について,占有が続いていれば窃盗であり,占有が失われていれば遺失物横領),客体が異なる場合(たとえば,ショーウインドーを背にして人が立っている場合について,石を投げ,人に当たれば傷害,はずれれば器物損壊)がある.

この択一的故意の場合を,*未必の故意'の一類型とする見解もあるが,未必の故意は,認識の態様に確定的でない要素が残る場合であるから,区別すべきである.また,覚せい剤と思って輸入したところ麻薬であったような抽象的事実の錯誤の場合も,択一的故意の場合とは,全く別である.択一的故意では,覚せい剤と麻薬のいずれかは確定はしていないが,そのどちらか一方のみについての輸入を欲していたという場合でなければならないからである.抽象的事実の錯誤の場合は,主観的な認識としては,覚せい剤の輸入の認識それ自体は確定的なのであり,それと発生した事実との齟齬が問題となっているに過ぎない.なお,さらにこの場合,麻薬でも構わないという認識もあったとすれば,それは,麻薬輸入の未必の故意の問題であり,ふたたび択一的故意とは関係はない.

択一的故意については,故意に欠けることがないとするのが一般的見解である. [齋野彦弥]

択一的認定 (独) Wahlfeststellung, Alternativfeststellung **1 意義** *選択的認定'とも呼ばれる.証拠調べの結果,裁判所が,「AまたはB」いずれかの事実が存在したことについては*合理的疑いを超える証明'があるとの心証を得たものの,そのいずれであるかを確定できない場合に,「AまたはB」という*事実認定'に基づいて*有罪'の判決をすることをいう.この場合,被告事件について「犯罪の証明があった」(刑訴333Ⅰ)といえるのか,有罪判決の罪となるべき事実の判示(335Ⅰ)として欠けるところがないか,が問題となる.

2 同一構成要件内部における*概括的認定'と択一的認定 一般に,犯罪の日時,場所,方法等,犯罪事実の細目については,厳格な特定ができない場合,犯罪の構成要件的評価と事件の個別性に影響しない限り,幅を持たせた認定が許される(概括的認定と呼ばれる).同様に,A,Bが同一構成要件内部の事実である限り,「AまたはB」という事実認定に基づいて有罪とすることも許されてよい.もちろん,この場合にも,AとBの間に*公訴事実の同一性'が存在

し（札幌高判昭58・5・24高刑36・2・67），両事実が*訴因'として示された審判の対象に含まれていることが必要である．また，一般に，事実が具体的に明らかになるほど，その存在の蓋然性は高まるから，事実の具体化が不完全な程度にとどまる場合には，犯罪事実の存在自体に合理的な疑いが生じないかどうか，慎重な吟味が必要とされる．しかし，特定の構成要件に該当する事実が，合理的疑いを超える程度にまで証明されているといえる限り，有罪とすることを妨げる理由はない．

3 異なった構成要件間の択一的認定 択一的認定の可否が深刻に争われるのは，たとえば，窃盗と盗品の無償譲受けのように，A，Bが異なった構成要件に当てはまる場合である（狭義の択一的認定とも呼ばれる）．この場合には，特定の構成要件に該当する事実は，AもBも，それ自体としては証拠上証明されていない．「AまたはB」であることは確かであるとしても，それに基づいて有罪とすることは，合成された構成要件を作り出して処罰することにほかならず，*罪刑法定主義'に反しないかが問題とされる．裁判例の中にも，遺棄行為の時点における被害者の生死が不明であった事案において，保護責任者遺棄と死体遺棄の択一的認定は許されないとして，無罪の判決をした例が存在する（大阪地判昭46・9・9判時662・101）．

もっとも，近時はこの場合，「AまたはB」という事実認定に基づいて有罪とすること（「真正な択一的認定」とも呼ばれる）は許されないものの，被告人に利益な一方の事実を認定して有罪とすることはできるとし，これを「秘められた択一的認定」と呼ぶ見解も有力となっている．

4 *疑わしきは被告人の利益に'（利益原則）と択一的認定 訴因の場合（256Ⅴ）と異なり，有罪判決の罪となるべき事実については，択一的記載を許す明文の規定が存在しない．「秘められた択一的認定」が，「AまたはB」という事実の証明で，犯罪の証明としては十分としつつ，罪となるべき事実の記載方法としてのみ，択一的記載を避け，被告人に利益な一方の事実を認定しようとするのであれば，これは，実質において「真正な択一的認定」と変わるところがない．しかし，有力な見解は，証拠上確かなのは「AまたはB」という事実でしかない場合にも，利益原則を適用すれば，軽い罪に当たる事実について証明があったものとして扱うことができ，それゆえに，その事実を認定して有罪とすることが許されると説く．

一般に，業務上横領と単純横領のように，大小関係にあるAとBの間で，Aに当たる事実は確実に証明されているが，それに付け加わってBを充足する事実が，存否いずれとも証明されない結果，「AまたはB」という心証に至る場合には，証拠によって確実に証明がなされている範囲で，Aを認定すべきものとされ，それが利益原則からの帰結であるとされている（予備的認定とも呼ばれる．B訴因に対し，その一部であるAを認定するという側面から見れば，*一部認定'あるいは*縮小認定'と呼ばれる）．

これに対し，「秘められた択一的認定」を説く見解は，より広い範囲で，利益原則を適用すれば，軽い罪に当たる事実を認定して有罪とすることができると説く．証拠上「AまたはB」いずれかである場合，重い方の犯罪事実に利益原則を適用すれば，その「不存在」が認定され，結果として，残った軽い方の犯罪事実の「存在」が証明されることになるというのである．裁判例においても，前出の大阪地裁判決が無罪としたのとほぼ同様の事案において，「重い罪に当たる生存事実が確定できないのであるから，軽い罪である死体遺棄罪の成否を判断するに際し死亡事実が存在するものとみることも合理的な事実認定として許され」とし，死体遺棄罪の成立を認定した例が現れている（札幌高判昭61・3・24高刑39・1・8）．

利益原則による軽い犯罪事実の認定は，従来，択一的認定とは異なるものと理解されてきた．しかし，「秘められた択一的認定」が許されるとすれば，両者の区別にも，見直しが迫られる．ここでは，利益原則本来の役割が問われているともいえる．→不特定的認定　　　［大澤　裕］

多衆不解散罪 暴行または脅迫をするために多衆が集合した場合において，権限ある公務員から解散の命令を3回受けてもなお解散しない場合に成立する（刑107）．単に不解散罪ともいう．*騒乱罪'（106）の前段階につき，解散命令違反という形式的要件により，処罰を認め

るものである．権限ある公務員としては，警察官職務執行法5条所定の犯罪制止権限を有する警察官がこれに該当するとされる．刑は首謀者については3年以下の懲役または禁錮，その他の者については10万円以下の罰金である．

[伊藤 渉]

太政官布告　太政官が発した法令であって，全国一般に向けて公布されたものである．これに対して官庁に対する法令は布達(ふたつ)・達(たつ)と言われた(たとえば，明治6年司法省達第22号*断獄則例*(だんごくれい))が，この区別は必ずしも厳密ではなかったとされている．*拷問*を廃止したのは，明治9年太政官布告第86号である．太政官制度は，明治維新とともに復活し，慶応4(1868)年閏4月21日の政体書により整備されたが，明治18(1885)年12月に廃止され，内閣制度が創設された．これに伴いその後制定された公文式(明治19〈1886〉年2月24日)により太政官布告は消滅した．しかし，その後も大日本帝国憲法76条1項により「此憲法ニ矛盾セサル現行ノ法令ハ総テ遵由(じゅんゆう)ノ効力ヲ有ス」とされ，明治10年太政官布告第66号利息制限法は新たな利息制限法の施行(昭和29年6月15日)まで適用され(附則2条)，明治15年太政官布告第36号戒厳令は2・26事件の翌日の昭和11(1936)年2月27日に東京市に適用され(9・14条・緊急勅令〈昭和11年勅令第18，19号〉)，さらに明治17年太政官布告第32号*爆発物取締罰則*は今日でも効力を有している．

[野村 稔]

堕　胎　罪　**1 類型と保護法益**　刑法の堕胎の罪については，妊娠中の女子が堕胎する自己堕胎罪(刑212)，女子の同意を得て堕胎させる同意堕胎罪(213)，医師等の業務者が女子の同意を得て堕胎させる業務上堕胎罪(214)，女子の同意を得ず堕胎させる不同意堕胎罪(215)，女子の同意を得ず堕胎させて女子を死傷させる不同意堕胎致死傷罪(216)がある．過失による堕胎は処罰の対象とされていない．このような堕胎罪の保護法益は，第1次的には*胎児*の生命・身体であり，第2次的には妊娠中の女子の生命・身体であると解するのが多数である．

2 堕胎の概念　堕胎とは，判例は，自然の分娩期に先立って人為的に胎児を母体外に排出する

ことと定義する(大判明44・12・8刑録17・2183)．もっとも，自然の分娩期においても，胎児の身体の一部あるい全部が母体外に露出し，「人」としての保護を受けるに至るまでは，堕胎罪で保護されるべきであると解される．学説は，胎児を母体内で殺害することも堕胎となるとするが，母体内での殺害は判例の定義による堕胎の一態様であり，母体外に排出した時点で堕胎は既遂となるにすぎないのだとすれば，自然の分娩期における胎児への攻撃は堕胎ではないことになる．自然の分娩期における胎児の危険な人為的排出も堕胎となると解しても，人為的排出が存在しない場合には堕胎とはならない．また，自然の分娩期以前であると否とを問わず，胎児の母体内での殺害は堕胎となると解しても，母体外で死亡させたときは堕胎には含まれないことになる．医療の発達により，胎児を早期に母体外へ排出しても生存する可能性は大きくなっているため，現在では胎児の生命に対する抽象的危険犯まで処罰する必要はなく，胎児に攻撃を加え母体内または母体外で死亡させることが堕胎であると述べる説も主張されている．

3 母体保護法　1948(昭23)年に優生保護法が制定され，一定の適応事由が存在する場合には，*人工妊娠中絶*が許容されることになり，1996(平8)年にはその適応事由に修正が加えられ，また法律の名称も*母体保護法*に改められた．指定医師は，妊娠の継続または分娩が身体的または経済的理由により母体の健康を著しく害するおそれがある者等に対して，本人および配偶者の同意を得て，人工妊娠中絶(胎児が，母体外において，生命を保続することのできない時期に，人工的に，胎児およびその附属物を母体外に排出すること．母体保護2 II)を行うことができる(14 I)とされており，堕胎罪の適用はほとんどなされていない．

4 母体から生きて排出された子の取扱い　堕胎により排出された子に関して，判例は，排出した妊娠9ヵ月の子を，生命機能を有していたため窒息死させた場合は，堕胎罪と殺人罪の併合罪になるとし(大判大11・11・28刑集1・705)，医師が妊娠26週の胎児を排出した後，生育可能性があるのに放置して死亡させた場合に，業務上堕胎罪と保護責任者遺棄致死罪の併合罪

を認めた(最決昭63・1・19刑集42・1・1). もっとも, 母体保護法により許された人工妊娠中絶により排出された子は「人」ではなく, その子の死亡については, 認識があっても, 作為と不作為とを問わず殺人罪は成立しないという説もある. →熊本水俣病事件, 胎児傷害, 人の始期　　　　　　　　　　　　　　　[上嶌一高]

立会権　1 意義　刑事手続において, 一定の行為または処分が執行される際に, 執行者以外の者が, 現場においてその執行を見守る権利. 執行手続の適正さの担保および執行を受ける者の利益の保護がその目的とされる.

搜索・差押えについては, 検察官・被告人(ただし身柄拘束されている場合を除く)・弁護人, および公務所の長またはこれに代わるべき者, 住居主・看守者またはこれらの者に代わるべき者は立会権を有する(刑訴113・114, 税徴144, 税犯6 I, 関税129 I・II等).

また, 検証についても検察官・被告人・弁護人には立会権がある(刑訴142・113 I). しかし, 以上は起訴後における裁判所による場合についてであり, 起訴前段階では, 捜査機関が行う搜索・差押え・検証の執行に立ち会う権利は, 被疑者およびその弁護人に認められておらず(222 Iは, 113 Iを準用していない), 刑事訴訟法は, 捜査機関が必要と判断したときに被疑者を立ち会わせることができると規定するのみである(222 VI).

証人尋問については, 検察官・被告人・弁護人に立会権が保障されている(157 I). 被告人・弁護人の立会権は, *証人審問権'あるいは弁護人依頼権を定めた憲法上の要請を受けたものであるが(憲37 II・III), 検察官の立会権は, 現行刑事訴訟法の当事者主義構造から認められたものである. もっとも, 検察官の請求に基づく第1回公判期日前の証人尋問(刑訴226・227)については, 被告人・被疑者・弁護人の尋問への立会権は認められず, 裁判官の裁量で認められるにすぎないとされる(228 II).

2 取調べ立会い　捜査段階では, 捜査機関による被疑者取調べの場に弁護人が立ち会う権利(弁護人立会権)を認めるべきかにつき議論が分かれている. 学説上は, 黙秘権の実質的保障および自白法則の実効性担保, 実質的弁護を受ける権利の確保, 防禦権という包括的権利などを理由に, 肯定説も有力に展開されているが, 捜査実務では, 刑事訴訟上これを認める明文の規定がなく, また捜査機関にとって取調べの実効性・効率性が阻害されるとして, 運用上, 弁護人立会権は認められていない. 被疑者勾留質問手続も非公開とされ, 一般に弁護人の立会等は想定されていないとされている. 起訴前段階における立会いの問題は, 実質上刑事弁護にとって重要な意味をもつことでもあり, 今後, 立法論を含め議論を深める必要があると考えられる.

なお, 刑事手続上, このほかに一定の者の立会いが要求されている場合として, 女子の身体の搜索・身体検査における成年の女子等の立会い(刑訴115・131 II, 税犯6 III, 関税129 IV), 死刑執行における検察官等の立会い(刑訴477 I)などがある.　　　　　　　　　　[深尾正樹]

単一刑論　同種の刑罰カテゴリー内における区別を廃し, 刑種の統合をはかろうとする立論. かつては, 死刑にも, 火刑, 車裂, 斬首など数種類の種別が認められ, 罪種や行為者の身分等によって適用を異にしていたが, 現在はほぼ一本化されている(わが国は絞首刑). わが国の刑法は, 自由刑として懲役, 禁錮, 拘留の3種類を規定しているが, 「拘禁刑」あるいは「自由刑」として単一化する国が増えており, わが国でも*自由刑単一化論'が有力である. さらに, 現行刑法は, 財産刑として, 罰金, 科料の2種の主刑と, 付加刑として没収を規定している. 罰金と科料の種別化は, 旧刑法が犯罪を重罪・軽罪・違警罪に分け, 軽罪の主刑のひとつとして罰金を, 違警罪の主刑のひとつとして科料を規定していたことの名残である. しかし, 今日では, 両者を区別し, 法的効果において差異を設けることには疑問が出されており, 自由刑単一化論と同じく, 財産刑単一化論が主張されている. 刑罰の緩和とともにその簡明化・単一化は歴史の流れといえよう.　[土井政和]

弾劾主義　(独) Akkusationsprinzip (英) accusatorial system　弾劾主義とは, 弾劾すなわち訴えにより訴訟が開始され, 裁判官は訴えが提起された範囲についてのみ審判しうるとする原則をいう. ドイツでも中世以前は被害者が訴え, 訴訟手続に参加し, 同時に民事

の請求をすることが少なくなかった．弾劾主義による訴訟を弾劾訴訟（Akkusationsprozeß）という．ところが，その後，ローマ＝カノン法に由来する*糾問主義'の刑事手続が，イギリスを除くヨーロッパ諸国で一般的となった．しかし，その刑事手続は拷問を許容する過酷な裁判制度であったため，近代における啓蒙思想は人権の尊重を要求し，このような裁判制度の抜本的改革を求めた．このようにして，近代における弾劾主義の刑事手続は，糾問主義の刑事手続を克服して形成された．

新たに形成された弾劾主義の刑事手続では，イギリスの陪審制度が導入され，検察官が公訴を提起することで初めて刑事裁判が開始されることとなった（*不告不理の原則'）．このような制度の下では書面だけで審理を進めることは困難であり，ここに*口頭主義'が採用され，また，*公開主義'が原則とされた．証拠法として*法定証拠主義'は廃止され，有罪無罪は陪審員の自由な確信により言い渡すとする*自由心証主義'が採用された．これにより自白必要主義はなくなり，拷問も廃止されることになった．さらに，「*疑わしきは被告人の利益に'（in dubio pro reo）」の原則から，真偽不明の場合は無罪とされることとなった．さらに，いったん無罪となれば再度審理を再開することはないとの*一事不再理'（ne bis in idem）の原則も採用され，被告人の法的地位は飛躍的に強化された．このような訴訟形態は，1880年のフランス治罪法（Code d'instruction criminelle）で採用され，ドイツでは1848年のフランクフルト国民会議で基本原則が採用され，1877年のドイツ帝国刑事訴訟法（Reichsstrafprozeßordnung）で法典化された．ただし，そこでは，刑事手続は予審と本審に分かれ，予審ではなお糾問主義が採用された．このような手続形態を「改革された刑事訴訟（Reformierter Strafprozeß）」とよび，この訴訟形態が明治期および大正期の日本に導入された．なお，予審制度は，日本では現行法で廃止され，ドイツでは1974年に廃止された．
　　　　　　　　　　　　　　　　　　［田口守一］

弾劾証拠　　弾劾証拠とは，公判期日または公判準備における被告人，証人その他の者の供述の証明力を争うための証拠をいい，*伝聞証拠'であっても*証拠能力'が認められる（刑訴328）．これに関して，証拠能力が認められるのは，被告人，証人等が公判期日外にした*自己矛盾の供述'に限られるか，公判期日あるいは公判準備よりも以前の供述でなければならないかなどの点が争われている．

前者の問題については，最高裁判例はなく，高裁判例も見解が分かれているが，学説の多数説および実務は，自己矛盾の供述に限るとする限定説によっている．これに対して，刑事訴訟法328条の文言上，自己矛盾の供述に限定される必要はないとして，第三者の供述も弾劾のためには使用できるとする非限定説も主張されている．限定説によれば，自己矛盾の供述は，その内容の真実性の証明のために使用されるのではなく，同一人が別の機会に公判期日の供述とは矛盾する供述をしたこと自体を証明し，その者の信用性を弾劾することによって，公判期日の供述の証明力を減殺するために使用されるから，その使用は伝聞法則に抵触することはなく，したがって，328条は伝聞法則の例外規定ではなく，単なる注意規定にすぎない．

これに対して，非限定説によれば，同条は使用法を限定したうえでの例外規定ということになる．非限定説に対しては，第三者の矛盾供述を弾劾のために使用することは，その真実性の判断を前提にすることになるから，結局それを犯罪事実の証明のために使用したことになり，伝聞法則は骨抜きにされるとか，非限定説によると，多種多様の捜査資料が大量に提出できることになってしまうといった批判が加えられている．

その他，自己矛盾の供述のほかに，被告人，証人等の信用性一般を弾劾するためには第三者の矛盾供述を使用できるとする見解や，被告人が使用する場合には第三者の矛盾供述でもよいが，検察官が使用する場合には自己矛盾の供述に限るとする見解も主張されている．

次に，公判期日あるいは公判準備よりも以前の供述に限るか否かについては，判例は公判廷での供述・証言後の供述でもよいとしている（最判昭43・10・25刑集22・11・961―*八海事件'）．これに対しては，当事者主義や公判中心主義に反するという学説からの批判が強い．→回

復証拠，増強証拠　　　　　　［山田道郎］

段階的過失　段階的過失とは，1人の行為者の複数の不注意な行為が段階的に積み重なって結果の発生に至った場合をいう．たとえば，酒酔い運転をした自動車運転者が，注意力散漫のため前方注視を怠って事故を起こし人を死亡させた場合に，どの時点の行為を過失犯の実行行為と見るべきかが問題となる．この点は，訴因の特定（刑訴256 III）や罪となるべき事実の記載（335）に影響を与えるので，その訴訟面で果たす役割は重要である．従来，結果と条件関係が認められる限りすべての落度ある態度を過失行為と見る傾向があったが，これに対して重大な問題提起をしたのが直近過失一個論（過失段階説，段階的過失論）である．これは，発生した結果から近接した落度を順次時間的に遡り，結果発生に最も近接した時点における予見可能性および回避可能性の双方を備えたところの落度のみを過失とし（直近唯一の過失），他はその経緯ないし情状にすぎないとするものである．これによれば，前掲の事例では，前方不注視で運転を続ける行為のみが刑事過失の内容をなすことになる．この見解は，過失犯の実行行為の危険性を過度に緩やかに理解することに疑問を持ち，故意犯のそれとパラレルに限定的に理解しようという問題意識から提唱されたもので，1965（昭40）年の札幌高裁判決（札幌高判昭40・3・20高刑18・2・117）以来，実務家の間でかなりの支持を集めている．しかし，この見解に対しては，結果からその原因となった落度を因果の系列を遡って探究していくという過失認定の方法論自体は有用であるとしても，行為者に複数の落度が認められるすべての場合に何ゆえ直近唯一の過失のみが刑事過失を構成するのかについて根本的な疑問が提起されている．直近過失一個に限定すると，かえって事故の本質的原因や自動車運転の実態と遊離したところに過失を求める結果になりかねないからである．そこで，現在の裁判実務の主流および通説は，当該結果の発生と相当因果関係にあるすべての危険行為を実行行為と解する過失併存説を支持している．これによれば，たとえば，酒酔い運転と前方不注視運転とが密接不可分にからみあっているような場合には，その双方が過失行為の内容をなすことになる．このような過失併存説は，結果と相当因果関係に立つような落度が一個しか認められない場合には直近過失一個論と同一の結論になるが，それが複数認められる場合にはその併存を認めるところにこの見解の特徴がある．→過失　　　　　　　　　　　［大塚裕史］

段階的処遇　施設収容など自由を奪ったり制限したりする刑罰や保護処分において，自由剝奪・制限の程度を段階的に緩和したり，成績が悪ければ，剝奪度を増すことで，改善矯正・社会復帰に向けての対象者の発憤努力を促すことをめざした処遇方法．伝統的には*累進処遇'として発展してきたが，わが国で懲役受刑者を対象にする行刑累進処遇令（昭8）によるものが，累進級ごとの些末な恩典の操作による行動統制に化したと批判され，しかも恩典の多くが施設内生活水準の全般的向上により意味をなさなくなったこと，累進処遇そのものも，受刑者集団を一律に扱って，いわば日常経験的感覚から行動統制，改善矯正・社会復帰に向けての発憤努力を促すものにすぎず，受刑者1人1人の問題性を探って個別に対応すべく，いくつかの処遇分類級に分けて改善矯正を行う分類処遇の科学性には及ばないとされ，「累進から分類へ」が行刑・矯正思潮における進展傾向とされてきたことを背景に，しかし，他方で，所定の刑期や収容期間による時間的制約のなかで改善矯正・社会復帰を図るとすれば，大きな流れとして，まずは，拘禁度の高い施設内での他律的・強制的生活から始めて，徐々に自由領域，自律的部分を増しながら行動訓練を行い，たとえば閉鎖施設から半開放や開放施設に移し外部通勤なども認めること，あるいは中間施設での暮らしを経て，仮釈放による保護観察下での社会生活にも成功すれば受刑を終わるといった枠組みの有用性もいわれる．これが，かつての累進制とは区別されつつ段階的処遇としてとらえられる（刑事施設法案48）．少年院で行われている段階処遇は，在院者処遇に段階を設け，その改善，進歩等の程度に応じて，順次に向上した取扱いをするのが原則で，成績が特に不良であれば段階を低下することもできる（少院6）とするもので，入院時の2級下から，改善，進歩等に応じて，順次，2級上，1級下，1級上と進級す

る．成人行刑の累進処遇と基本的内容は同じである．段階的処遇ということでは，全員に仮釈放による保護観察つき生活を経験させる必要的仮釈放制度も主張されており，成績評価による進級とは異なる側面をもつ．また，いずれにせよ改善矯正のための特殊制度ということであれば，出発点としての大きく自由を奪われた状態そのものを刑罰や処分の本来的な内容であるとすることが実質的な自由刑純化の思想に抵触するのではないかという指摘もある．［吉岡一男］

弾劾的捜査観 ＊捜査の構造'論において，弾劾的捜査観は＊糾問的捜査観'と根本的に対立する．この2つの捜査観の対照的提示は平野龍一の問題提起に由来する．

弾劾的捜査観によれば，捜査は捜査機関が単独で行う一方的な準備活動にすぎず，これと独立して被疑者も準備活動を行い，強制処分は，将来行われる裁判のために裁判所または裁判官が行うだけであって，当事者はその強制処分の結果を利用できるにすぎないものとされる．したがって，捜査の手続的形態は捜査機関と被疑者とが独立の主体として対抗するものとなるが，そこには，捜査を真実発見の自己完結的手続としてではなく公判の準備活動として捉える公判中心主義の理念がある．「弾劾的」と命名された理由は，ここにある．

弾劾的捜査観からは，以下の帰結が導かれる．第1に，逮捕・勾留は将来の裁判への被疑者の出頭を確保するための強制処分であって，取調べを目的とするものではない．しかも被疑者には黙秘権が保障されているから，逮捕・勾留中の被疑者取調べは受忍義務（取調室への出頭・滞留義務）のない任意取調べである．第2に，強制処分権限は本来的に裁判所または裁判官に帰属する．したがって，裁判官が発付する令状は命令令状であり，令状発付に際しては，裁判官は必要性の有無といった合目的的要素の存否も当然に審査する．第3に，被疑者には防御権が十全に保障されなければならない．刑事訴訟法39条3項の接見指定理由としての捜査の必要について，弾劾的捜査観に立って物理的限定説や不能説あるいは接見交通権優位説などが主張されるのは，そのためである．こうした解釈論にとどまらず，被疑者段階での国公選弁護制度の創設などの立法論も展開されている．

捜査実務が今日まで糾問的捜査観を墨守しているのに対して，学説上は，弾劾的捜査観が通説の位置にある．そこでは，捜査段階から防御権と人身の自由を強く保障しようとした憲法31条以下の人権規定が考慮されている．刑事訴訟法上も，逮捕については必要性が令状発付の要件とされており（刑訴199 II），捜索・差押えについて必要性の存否は裁判官が審査するというのが判例（最決昭44・3・18刑集23・3・153）である．接見指定の理由についても，判例（最判大平11・3・24民集53・3・514）が少なくとも物理的限定説に立っていることは明らかである．
［川崎英明］

短期自由刑 （英）short-term imprisonment （独）kurzzeitige Freiheitsstrafe

1 短期＊自由刑'の意義と存置論・廃止論 短期自由刑にいう「短期」の概念は相対的であるが，わが国では，6ヵ月未満の自由刑を短期とするのが通説である．その理由は，少なくとも6ヵ月以上の期間がなければ矯正処遇の効果があがらないということ，また行刑＊累進処遇'令2条1号の適用から，6ヵ月未満の刑期の者は除外されていること，さらに第2回犯罪の防止および犯罪者処遇に関する国連会議でも6ヵ月が相当とされていること等にある．

現行法上，懲役・禁錮の下限は，ともに1ヵ月であり（刑12・13），これを減軽する場合には1ヵ月未満に下げることが可能である（刑14後）．拘留は1日以上30日未満の刑期である．

短期自由刑には，①受刑者を犯罪に汚染させるには長すぎるが，社会復帰処遇のためには短かすぎる，②短期の収容であっても，初犯者には精神的打撃が強く，自尊心の低下を招く，③受刑によって社会的地位や職業を失うために再犯に陥りやすくなる，④短期収容でも家族に対する影響が大きいなどの理由から，廃止論が唱えられる．

これに対して，短期自由刑存置論もあり，①短期自由刑に適する犯罪（者）類型を区別できること，②＊執行猶予'と＊罰金'刑では一般予防が確保できないこと，③罪刑均衡ないし応報的正義の見地から，軽い犯罪には軽い刑罰を科す必要があること，④財産刑では貧富の差による

刑罰効果の差異の生ずることが避けられないこと，⑤3S主義―短期間に厳しくショック short, sharp, shock を与える―は受刑者に刑罰の感銘効果を与える等が理由として挙げられる．

2 *拘留' わが国の法制度上特に問題となるのは拘留刑である．拘留の執行は，「定役」を科せられないという点で，禁錮刑と同じであるが，破廉恥犯罪に適用される（刑174・208・231，軽犯罪法，酒に酔って公衆に迷惑をかける行為の防止等に関する法律）という点で，非破廉恥犯罪に適用される禁錮刑と異なる．

拘留の執行場所は，通常，警察署附属の留置場（いわゆる代用監獄）が代用されるため，受刑者の社会復帰処遇は期待できない．拘留には資格制限が伴わず，また仮釈放が可能だが，刑の執行猶予制度の適用がない．これは，懲役・禁錮の短期自由刑には執行猶予が可能であるのと著しく対照的である．

*改正刑法草案'は，拘留の上限を3倍の90日に引き上げ（改正刑法草案39Ⅰ），その執行は，代用監獄ではなく，「刑事施設」で実施し（Ⅱ），「矯正に必要な処遇を行なう」（Ⅲ）としている．立案者によると，矯正処遇の具体的な内容としては，拘留の刑期が短いこと及び拘留受刑者の特性にかんがみ，厳格な訓練や適切な生活指導という面が中心になるものと期待されている．

しかし短期自由刑存置論者からも，拘留刑を長期90日にすることには批判がなされる．拘留は科料と並んで特に軽微な犯罪に適用される刑種であり，資格制限も伴わないことから，刑期は現行法どおり30日未満とし，ただ短期処遇の改善を図るべきだとする．

いずれにせよ，短期自由刑は刑罰体系全体との関係，とくに罰金刑との関連でも有機的に考えられなければならない．罰金刑への転換，その分納，延納，その他社会奉仕労働が考えられる．

拘留を含めた短期自由刑を存置した場合でも，短期自由刑受刑者に適した施設内処遇形態，*週末拘禁'，週末拘禁所出頭等の工夫が必要となる． ［吉田敏雄］

談 合 罪 公正な価格を害し，または，不正な利益を得る目的で談合する罪であり，刑法典上の犯罪とされている（刑96の3Ⅱ）．具体的には，競争入札や競売において，これに参加する競争者間であらかじめ通謀することにより，特定の者に落札または競落させる一方，落札者ないし買受人になった者が一定の金員（談合金）などを拠出することを約束して，競争者間で一定の価額以下または一定の価額以上に入札または買受けの申込みをしないことを取り決める罪である．1941（昭16）年の法律61号により新設された．

そもそも，競争入札や公の競売は，これらの業者間または参加者間の自由な競争を通じて，適正な価格による落札や，できるだけ高額の換価を図ることで，国家・地方公共団体または債権者の利益を確保しようとする制度である．しかし，実際に公正な価格を害したり，不正の利益を得たことは，本罪が成立するための必要条件でなく，前述した目的をもって談合すればただちに既遂となる．また，2人以上の者が談合に参加したことが前提となるため，必要的共犯の一種であるが，入札者または競買人の全員が談合に加わる必要はなく，実質的に価格を決定しうる有力な業者間で取り決めがなされたことで足りる．ただし，現行法上は，談合の参加者が，公正な価格を害し，または不正の利益を得る目的で行為しなければならず，判例によれば，公正な価格とは，公正な自由競争によって競落または落札されたであろう価格と定義されるため，過当競争やダンピングを避けるための談合では，公正な価格を害する目的があるかどうかをめぐって不当な弁解を許す余地がないではない．過去，共倒れの回避や業界の秩序維持を口実として，こうした慣行が維持されてきた．だが，本罪が設けられる以前は，談合行為を詐欺罪に問擬する見解もあったこと，公正な競争を装って入札・競売の実施目的を阻害する行為が，*競争入札妨害罪'と同様，本来公共の利益を損う点からすれば，むしろ，過当競争が進んだ結果として国民の利益が害されるような場合に限って，例外的に犯罪の成立を否定することで足りるであろう．

なお，独占禁止法上の*不当な取引制限の罪'は，刑法典上の談合罪と異なり，公の競売・入札の場合に限られないが，公正な競争の確保と

いう側面に着目すれば，両罪には重なり合う部分がないではない（法条競合説）．しかし，競売・入札の適正な執行という公的性格を重視して目的の要件を厳格に解する立場では，両罪の保護法益は異なるといわざるをえない（観念的競合説）．　　　　　　　　　　　　　　[佐久間修]

断獄則例（だんごくそくれい）　明治6（1873）年2月24日司法省達第22号により頒布された刑事裁判手続を定めた法である（法務総合研究所編『刑事関係旧法令集（刑事訴訟法・矯正保護法編）』〈1970・法曹会〉2頁以下）．従来，断獄庭（だんごくてい）（刑事裁判）の規則が一定でなかったことを考慮して各裁判所に宛てて頒布（はんぷ）されたものであり（前文），新律綱領・司法職務定制・監獄則・罪案書式等にすでに規定されている以外の事項を規定したもので（26則），全部で26則および斷獄庭署圖解（だんごくていしょずかい）・斷獄則例補遺（だんごくそくれいほい）からなる．明治15（1882）年1月1日に*治罪法'（ちざいほう）が施行されるまで明治初年のわが国刑事裁判の基準となった．まず「断獄ノコト慎重ニス可クシテ軽率ニス可カラス」（1則）と刑事裁判の基本方針を規定し，さらに法廷の構成は判事，検事および解部（ときべ）の1名からなるとし（2則前段），それぞれの職務を規定し（2則後段），新聞発行人および戸長（こちょう）等の傍聴を許し（5則），判事の回避を認め（11則），杖をもって犯人の臀腿（でんたい）を打撃しても（訊杖（じんじょう））真実を供述しない者（16則）または殺人・強盗などの重大犯罪を犯した者には真実を供述させるために算板惟（そろばんぜめ）（算盤責（そろばんぜめ））を用いることが許されていた（15則）．
　　　　　　　　　　　　　　　　[野村稔]

単純一罪　1個の構成要件に該当する1個の犯罪事実が認められる場合をいう．認識上の一罪ともいう．1個の行為で1個の結果を発生させ，1個の罰条が問題となるにすぎず，複数の構成要件による評価を必要としない，換言すれば，一罪であることが明瞭である場合である．*単純一罪'は，*包括一罪'とともに*本来的一罪'に属する．その典型は，1回の殴打を1人に対して加える，1個の投石で1枚の窓ガラスを損壊するように，1個の構成要件を単純に実現する場合であるが，そのほか，法条競合や*結合犯'もこれに含まれる．なお，*集合犯'や，吸収一罪，すなわち殺人と衣服の損壊では殺人罪に器物損壊罪が吸収されるなど，異なる構成要件に該当しつつも，法益に照らして包括して一罪とする場合もこれに数える学説もある．→罪数　　　　　　　　　　　　　　　[只木誠]

団体責任（仏）responsabilité collective　団体の一員の行為については，その責任は団体全体に帰属し，団体を構成する全員が責任を負うとするものをいい，個人責任に対する．近代刑法は，*責任主義'を掲げ，刑罰が科されるためには，行為者に責任が存在し，当該行為につき非難可能であることを要求している．そこでは，個人は自己の犯した犯罪についてのみ責任を負担し，他人の犯した犯罪については責任を負わない，という個人責任の原則が前提とされている．これに対して，近代以前には，一方では客観的な法益侵害を惹起した以上は処罰されるという結果責任が，他方では，血讐（部族による復讐闘争）などのように一定の団体に属することを理由としてその構成員を処罰する団体責任が認められていた．わが国でも古来，行為者のみならず，その同僚や上司など職制上の関係者も連帯して責任を負う*連座制'や，その親族まで罪に問われる縁座制において団体責任がとられていた．縁座については，初の刑法典というべき日本律以来，明治初頭の仮刑律に至るまで規定は存していた．いずれも威嚇・一般予防を考慮した制度であるが，縁座にあってはさらに個人を家族集団の1要素とする特殊な家族観に由来するといわれている．このような団体責任の観念は，近代法が私的自治の原則を宣言するのと連動して，個人を責任の主体とする近代刑法において否定されるに至ったが，現在でも幾つかの場面で問題となっている．第1に，公職選挙法における連座制に関しては，判例・学説上その合憲性が肯定されている．第2に，共犯処罰においては，共犯成立には共同加功の意思と事実が要件とされており，近代以前の団体責任を継承するものではない．もっとも，かつて共謀共同正犯論，とりわけ共同意思主体説に対しては，共同意思主体を犯罪の主体にするのは団体責任を認めるものであるとの批判がなされた．第3に，法人処罰が問題となる．現実の違反行為者たる従業員と同時に，その業務

主である法人・自然人をも併せて処罰する両罰規定が個人責任の原則に反しないか問われるのである．しかし，この点に関しては，法人の従業員に対する選任・監督責任を根拠に処罰するのであって右原則に違反するものではないといえよう．第4に，組織的犯罪対策法や破防法については，個人責任の原則に反することのないよう解釈および運用の過程で注意が払われるべきである． [只木 誠]

団体等規正令 団規令と略称．1949（昭24）年に占領軍の指令で制定された法規（占領法規・政64）である．団体等規正令は，'占領目的阻害行為処罰令'（政325）とともに占領期治安立法の中核となった．団体等規正令は，「秘密的，軍国主義的，極端な国家主義的，暴力主義的及び反民主主義的な団体の結成及び指導並びに団体及び個人のそのような行為を禁止すること」を目的とした．この時期は，国際的には第2次大戦後の中国革命の進展，東西冷戦の開始，国内的には1949（昭24）年の総選挙での日本共産党の進出と労働運動などの高揚に直面し，これへの対抗策として団体等規正令が制定された．民主化から反共防波堤への占領政策の転換を示すものであった．敗戦後，戦犯・軍国主義者対策のために法務府（現在の法務省）に特別審査局が設置されたが，団体等規正令の制定後，この機関は日本共産党やその他の運動団体の対策へとその役割を変化させた．団体等規正令により日本共産党の組織と党員は登録制とされるなど，結社の自由，思想信条の自由を侵害する違憲性の強い法規であった．サンフランシスコ講和条約後，団体等規正令を継承した'破壊活動防止法'が制定され，特別審査局は公安調査庁に引き継がれた． [斉藤豊治]

担当制 '刑事施設'内の大小さまざまな規模の工場に保安職員を担当として配属し，工場の警備・作業から受刑者の処遇について一切の責任をこの担当職員が負う制度を担当制という．工場担当制とも呼ばれ，多くの実務家は，日本の行刑を支える柱のひとつであると評価してきた．数十人を超える大規模工場では副担当がつくこともある．受刑者は，担当職員を「オヤジさん」「担当さん」などと呼び，担当職員は，受刑者の悩みごとの相談から，日常生活のトラブル，出所後の生活についてまで指導・監督する．100人を超える大規模工場を丸腰の担当職員1人で動かす処遇技法は，職人芸的処遇技術として評価されてきた．

しかし，最近では，職員の世代交代，週休2日制の導入，処遇専門官制度の新設，セキュリティー・システムの整備などによって，従来の濃密な人間関係を基盤とした'パターナリズム'的介入は限界にきているとの指摘もある．代替策としては，担当人員の少人数化，処遇チーム制の導入，保安部門の分離による工場担当の業務負担の軽減などが提案されている．→施設内処遇 [石塚伸一]

単独正犯 （独）Alleintäterschaft '正犯'は，正犯者の数の単複および正犯者間の意思連絡が無いか有るかにより，単独正犯，'同時犯'，'共同正犯'に分けられる．単独正犯とは，基本的構成要件を自ら単独に実現すること，あるいはその者をいう．基本的構成要件該当の態様の基本形である．たとえば，ひとりで人を殺す，自分だけで盗みをする等々の，普通の犯行態様である．素手で行うか，器具・機械・毒物・動物等の物を用いて行う場合（直接正犯）のほか，他人を（いわば）道具として犯罪を実行する場合（'間接正犯'）も含まれる．'教唆'された正犯者，'幇助'された正犯者も，その実行が単独になされる限り，それ自体は単独正犯である．相互に意思連絡を欠く同時犯も単独正犯（の併存）である．以上は一般的な用法であるが，単独犯の意味で単独正犯という表現を用いる場合もある．この場合，単独正犯は，最広義の共犯（たとえば，刑事訴訟法で「共犯者の自白」と用いる場合のように，犯罪に複数人が関与する場合）に対する概念として用いられ，被教唆者・被幇助者は単独正犯に含まれない． [斎藤信治]

ち

治安刑法 「治安」には市民生活の安全，政治的支配秩序という2つの意味があり，

治安刑法は実質的に政治的支配秩序の維持を直接の目的とする刑事法規をいう。治安刑法は、治安立法の要を占める。代表的な例は戦前の治安維持法であり、「国体の変革」（天皇主権から国民主権への変革）と「私有財産制度の否認」（社会主義の主張、運動）を目的とする結社や活動が厳罰に処せられた。戦後民主化により治安維持法などの天皇制治安刑法は一掃されたが、その後、治安刑法は復活・再編成された。

治安刑法は対象領域に応じて、①結社の禁止・規制、②労働運動の禁止・規制、③市民運動・大衆運動の規制、④選挙活動における表現の規制、⑤軍事的支配秩序の維持、⑥マスコミ規制に分かれる。現在の治安刑法で、①の中心は破壊活動防止法であるが、オウム真理教事件を契機に「無差別大量殺人行為を行った団体の規制に関する法律」（団体規制法 1999年）が制定された。②としては公務員の争議行為の禁止・処罰があり、③としては*公安条例'があり、さらに*軽犯罪法'、屋外広告物条例、*道路交通法'、*騒音防止条例'など一見したところ治安刑法とはいえないような法律（機能的治安立法）による規制が行われている。④としては公職選挙法におけるビラ配布・拡声器使用の制限や戸別訪問の禁止などがあげられる。⑤としては、在日米軍に関する*刑事特別法'、*日米相互防衛援助協定等に伴う秘密保護法'などがある。⑥の領域では 1980年代前半に国家秘密法案が提案されたが、成立をみなかった。

治安刑法は、①市民的政治的権利の侵害、②思想・信条による処罰や差別的な法運用、③政治的予防主義による前段階的行為類型の多用、④不明確または広範な構成要件などを特徴とし、市民的・政治的権利との抵触を生じやすい。

わが国の治安刑法の運用は、政府の保守的傾向を反映し、左翼対策の性格が強かった。1980年代以降、極右勢力の後退により公安事件は減少しており、盗聴を含む情報の収集と国民意識の操作など非刑罰的予防的な治安政策が重視されている。他方、最近では危機管理体制の確立の一環として*組織犯罪対策法'（1999年）が成立し、宗教カルトや暴力団など非政治的な組織的犯罪への対策が講じられているが、予防主義、前段階的行為類型、構成要件の不明確性など狭義の治安刑法と同様な特徴が指摘され、盗聴（*通信の傍受'）等の拡大を懸念する声がある。→警備活動　　　　　　　　　　　　　［斉藤豊治］

地域警察活動　（英）patrol police activities　地域社会の日常生活における平和的秩序と市民の安全を守ることを目的とする警察活動をいう。徒歩あるいはパトロールカーで勤務する制服警察官がその担い手である。わが国では、この警察部門は当初外勤警察と呼ばれたが、その後、都市部の警察を中心に警邏警察と呼ばれるようになり、現在では全国的に地域警察と呼ばれている。地域警察活動は、「地域警察運営規則」（昭44・6・19国家公安委員会規則5号）を全国的な基準として、都道府県警察がその実情に応じて定める「勤務準則」に基づいて行われている。

地域警察は警察のなかでも最も地域社会に密着した部門であるため、その具体的活動は警察署の地域課を中心に運営されている。地域警察官は、かつては派出所と呼ばれ都市部に置かれている交番、および駐在所を拠点とし、警邏、巡回連絡等の勤務を行うのが通常である。しかし地域警察は警察事象に対する初動的対応の担い手でもあるので、警察署に自動車警邏班が置かれ、本部直属の自動車警邏隊も広域警邏のために置かれている。地域警察の行う警邏活動は、地域を巡回することによって防犯を図るとともに、職務質問による被疑者検挙をも目的としている。住民世帯と事業所等を訪問する巡回連絡は地域社会の実態掌握を目的とする活動である。なお、交番で犯罪や事故防止のための住民相談を行い、必要に応じて協力援助活動を行うために、1993（平6）年から交番相談員が非常勤の職員として設けられ、退職した警察官がこの職務についている。

交番や駐在所に広く分散して勤務する制服警察官の活動形態は明治時代に始められたが、欧米諸国にはあまり見られないものであり、1970年代以降アメリカの研究者によってコミュニティ・ポリシングのモデルとして言及されるようになった。犯罪の増加、および犯罪に対する不安から生じる警察への緊急通報の増加等に悩むアメリカ等では、交番の実験的設置や徒歩警邏の復活などの試みが行われている。内外の研究

によれば，交番等の存在や制服警察官による徒歩警邏は犯罪に対する市民の間の不安感を減少することに役立つと見られている．→犯罪対応，警察白書，コミュニティ・オーガニゼーション
[村山眞維]

治罪法 わが国で初めて制定された近代的刑事訴訟法典．旧刑法と共に*ボアソナード'が草案を起草した．1880(明13)年に公布(明13太告37)，1882(明15)年1月1日から施行され，*旧々刑事訴訟法'(明23法96．いわゆる「明治刑事訴訟法」)に代わられるまで適用された．当時最も整備された法典であったフランス治罪法典(Code d'instruction criminelle, 1808年)をモデルとし，その強い影響を受けている．その制定・施行は，ヨーロッパ大陸法系の刑事手続法を包括的に継受することを意味すると共に，わが国の近代的法典編纂作業の最初の試みでもあった．

明治維新直後，1870(明3)年の*新律綱領'は明律の影響が強い中国法系の立法であり，これを補充した*改定律例'(明6太告206)は「凡罪ヲ断スルハ口供結案ニ依ル」と定めて自白を法定証拠とし，*断獄則例'(明6司法省達22)は拷問を認めていた．しかしその後，刑事手続の近代化は断片的に進められ，1876(明9)年に「凡罪ヲ断スルハ証ニ依ル」との証拠裁判主義を示す改正と「証拠ニ依リ罪ヲ断スルハ専ラ裁判官ノ信認スル所ニアリ」とする自由心証主義の採用が宣明され(明9司法省達64)，1879(明12)年には拷問を無用とする*太政官布告'が発せられた．司法機構の側面でも，主にフランスをモデルとした整備が進行し，1875(明8)年から76年にかけて大審院，上等裁判所，地方裁判所，区裁判所が設置され，また1872(明5)年には司法職務定制において検事の制度が発足している．もっとも，検事の訴追を待たず裁判官が職権で審判を開始することも行われた．「検事ノ公訴」を原則とする弾劾主義は1878(明11)年の司法省達に認められる．

このような状況の下で制定された治罪法は，6編480条から成る包括的な刑事手続法典であり，近代化されたヨーロッパ大陸型刑事手続の諸特徴を有する．公訴は検察官が行う*国家訴追主義'・*起訴独占主義'(ただし，*不告不理の原則'に一定の例外がある)，*予審'判事による公判前の予審手続，証拠に関する*自由心証主義'，公判における*公開主義'・*口頭主義'，被告人が弁護人を用いることを許す等がそれである．ただし，ボアソナード草案にあった陪審裁判は採用されず，国民の司法参加の要素は排除された．司法機構の側面では，旧刑法がフランス法に倣って犯罪を違警罪・軽罪・重罪に分類したことに対応し，第1審として違警罪裁判所・軽罪裁判所・重罪裁判所が置かれ，上訴審は控訴裁判所および大審院とされた．重罪については上告のみが認められた．公訴や犯罪捜査等の検察官の職務も定められたが，後に運用として登場する起訴便宜主義についての明文規定はなかった．これらの特色は，司法機構の編成部分と上訴を除き，旧々刑事訴訟法に引き継がれることになる．
[酒巻 匡]

知的財産権の侵害 (英) invasion of intellectual property, crime against intellectual property (独) Verletzung des Immaterialgüterrechts 知的財産権とは，従来の物品に対する財産権と異なり，特許権や著作権などのように，無形的な財貨に対する排他的権利を総称する概念であって，無体財産権とも呼ばれる．それらは，人の知的な生産活動の所産である創作物だけでなく，商標権や意匠権のような，営業上の信用も含めた非物質的な利益に対する支配権であるため，精神的所有権ということもできよう．しかし，こうした無形の財産にあっては，物に対する財産権が手厚い保護を受けてきたのと対照的に，むしろ，国際条約を契機とした特別立法により，次第に法制度が整備されてきたにすぎない．だが，他人の知的活動による所産を盗用・悪用したり，営業上の信用を害する行為は，健全な開発意欲や円滑な経済活動を妨げるだけでなく，国際競争にあって多大の経済的損失をもたらすため，各国とも，様々な罰則を設けて対処してきた．その際，知的財産権として保護される場合にも，特許権のような無体財産法によるべきか，それとも，トレード・シークレットとして内部で管理・秘匿する途を選択するかは，各企業の経営判断に委ねられている．現在，公開された無体財産権に対する法的保護が十分なものとはいえず，知

的財産権の国際的な管理が整っていない点も考慮するならば，依然として，営業秘密の形で防衛する方法が採用されることもやむを得ないであろう．最近でも，東アジア諸国と欧米先進諸国の間で，知的財産権の法的保護をめぐる対立があったことは周知のとおりである．しかし，すでにバイオ技術をめぐって種苗法が制定されたり，人ゲノム計画に象徴される遺伝子情報の管理・独占が，国家経済も左右し得る状況にあっては，日本企業が知的財産権をめぐる国際争訟の標的になって，莫大な和解金を支払うことになる事態も予想される．また，最近では，インターネットの普及に伴って，ネットワーク上の著作権侵害が問題となっており，今後は，わが国でも，知的所有権の保護に向けた罰則の整備・充実が必要であろう．→経済刑法

[佐久間修]

知能と犯罪 1 **知的障害** 先天的にまたは幼少時の脳の損傷により生じた，知能の発達が持続的に遅滞または停止した状態は，*精神障害'の一種として「精神薄弱」と呼ばれてきた．これは，一度は正常に発達した知能が，病疾，中毒，外傷等のために荒廃したものである「痴呆」とは区別される概念である．精神薄弱と痴呆をあわせて「知能障害」と呼ばれてきた．*精神保健及び精神障害者福祉に関する法律'の一部改正により，1998(平10)年以来，法律上は精神薄弱の語が「知的障害」に改められた．

知的障害の判定には各種の知能検査を用いる．それにより得られた知能指数(IQ：通常は次の公式により求められる．IQ＝精神年齢／生活年齢×100)により，知的障害は以下のように区分される．

```
IQ 25 以下        白痴
IQ 25～50(未満)   痴愚 ┐精神薄弱
IQ 50～75(未満)   魯鈍 ┘
IQ 75 以上        常知(70～80：限界域)
```

ただし，知能検査の信頼性はあまり高くなく，同一人を何回も，また違った環境下で検査すれば，その値は変化しうる．さらに，知能検査により測定可能な精神年齢は16歳程度までとされており，それ以上の年齢の者の IQ については，さまざまの補正操作もしくは特別の検査法が必要とされる．

2 **知能と犯罪** 犯罪学の領域に初めて知能検査を導入したゴダード Henry Herbert Goddard(米・1866-1950)の研究など，かつては知能障害が主要な犯罪原因だとするものが多く見られたが，その後，知能検査が広範に行われ，検査精度が向上するにしたがって，このような見解は信頼を失った．今日では，犯罪者や非行少年の知能は平均よりやや低い程度に過ぎないと考えることが一般である．近年のわが国での諸調査では，犯罪者・非行少年中の知的障害者の割合は10％前後とする報告が多いが，ばらつきが大きい．

ただ，場合によってそれが犯罪を促進する条件となりうることは容易に理解されるところである．犯罪結果の重大性を認識しないために気軽に違法な行為を行う，職業生活において成功することが困難であり，困窮化しやすいために*財産犯'へと誘引されやすい，などのために．犯罪の種類についても，知的障害との結びつきの強弱が指摘される．結びつきが強いものは，短絡的な犯罪であり，たとえば*放火罪'，*性犯罪'(とくに少女に対する強制わいせつ)，*窃盗罪'などであり，各種の偽造，*横領罪'，*殺人罪'などは結びつきが小さい．性差も報告されており，女性の犯罪者中に知的障害者が多いとされている．

3 **処遇の困難性** 知能と犯罪に関わる重要な問題の一つは，*犯罪者処遇'のあり方である．矯正施設に収容された知的障害のある受刑者については，施設内での集団生活に適応できず，またその特質に応じた矯正プログラムを組み実行することが困難であることが多い，とされる．主要には，*精神病'の場合とは異なり，知的障害者に対する効果的な治療法がないためであるが，にもかかわらず知的障害のある犯罪者は累犯傾向が強いとされ，問題を深刻なものにしている．→犯罪要因，犯罪心理学 　　[上田 寛]

地方更生保護委員会 地方更生保護委員会は，裁判所のみならず矯正施設および保護観察機関からも独立した行政官庁である．全国の高等裁判所所在地である8ヵ所にあり，各委員会は3人以上12人以下の委員で組織される(予防更生13)．委員の任期は3年であり(14)，各委員会ごとに委員長を法務大臣が任命する

(15).

委員の地位は，常勤の一般公務員である．地方更生保護委員会の主な職務内容は，①'仮釈放'の審理，決定および取消し，②保護観察所の事務の監督，③更生保護施設の許可・認可(ただし，設立の認可は含まない)である(12)．委員会の事務局には，保護観察官，法務事務官が配置されている．→更生保護，中央更生保護審査会
　　　　　　　　　　　　　　　　［瀬川　晃］

地方裁判所　地方裁判所は，原則として第1審管轄権を分掌する裁判所であり，高等裁判所の下位に置かれている．地方裁判所の役割は，主に，刑事事件に関しては，事実を審理することにある．地方裁判所による事実認定に対して不服がある場合には，高等裁判所への控訴が申し立てられ，高等裁判所での法律上の争点を中心とする審理が行われることになる．

地方裁判所は，全国に50ヵ所あり，各都道府県に1庁，北海道に4庁設置されている．地方裁判所には支部が設けられており，その総数は203(平成12年現在)である．各地方裁判所は，相応な員数の判事および判事補で構成され(裁23)，次の事項につき裁判権を有する(24)．①裁判所法33条1項1号の請求(簡易裁判所の専属管轄とされる訴額が90万円を超えない請求)以外の請求に係る訴訟および同号の請求に係る訴訟のうち不動産に関する訴訟の第1審，②裁判所法16条4号の罪(刑法77条ないし79条の罪)および罰金以下の刑に当たる罪(簡易裁判所の専属管轄)以外の罪に係る訴訟の第1審，③高等裁判所が裁判権を持つ，裁判所法16条1号の控訴を除いた，簡易裁判所の判決に対する控訴，④最高裁判所が裁判権を持つ裁判所法7条2号の抗告および高等裁判所が裁判権を持つ同法16条2号の抗告を除いた，簡易裁判所の決定および命令に対する抗告であり，この他，⑤この法律に定めるものの外，他の法律において特に定める権限および他の法律において'裁判所'の権限に属するものと定められた事項の中で地方裁判所以外の裁判所の権限に属させていない事項についての権限を有する．

地方裁判所は，単独審理が原則だが，次の場合には，合議制となる(裁26．ただし，法廷ですべき審理および裁判を除いて，その他の事項につき他の法律に特別の定めがあるときは，その定に従う)．①合議体で審理および裁判をする旨の決定を合議体でした事件，②死刑または無期もしくは短期1年以上の懲役もしくは禁錮にあたる罪(刑236・238または239の罪およびその未遂罪，暴力行為等処罰に関する法律(大15法60)1ノ2ⅠもしくはⅡまたは1ノ3の罪並びに盗犯等の防止および処分に関する法律(昭5法9号)2または3の罪を除く)に係る事件，③簡易裁判所の判決に対する控訴事件並びに簡易裁判所の決定および命令に対する抗告事件，④その他，他の法律において合議体で審理および裁判をすべきものと定められた事件(例えば，刑事訴訟法265条に定める裁判上の準起訴手続の審判)，が合議で扱われる事件である．この合議体の裁判官の員数は，3人とし，そのうち1人が裁判長となる．→審級　　［中野目善則］

着手中止　(独) Rücktritt vom unbeendigten Versuch　未遂犯のうち実行行為それ自体が終了しなかったものを着手未遂(未終了未遂)といい，この段階で成立する'中止犯'(刑43但)を着手中止という．'実行中止'が中止行為(「中止した」)の内容として結果発生防止のための作為を要求されるのに対して，着手中止は単にそれ以降の行為を続行しないという不作為で足りると解されている．そのため実行行為の終了時期の確定をめぐり，行為者の主観を基準とする主観説，客観的に見て既遂に達するべき動作が完了したかどうかを基準とする客観説，客観的に実行行為の継続性と必要性があり，行為者がそれを認識したかどうかを基準とする折衷説が対立してきた．最近では，因果関係を遮断しなければ結果が発生してしまう状態が惹起されたか否かを基準とすべきだとする説もある．もっともわが国の刑法はドイツ法のように，未遂を着手未遂と実行未遂に分け，それぞれに中止犯の要件を対応させるという手法をとっていない．そこで，実行行為が終了したか否かを前提とする従来の形式的思考を改め，結果の発生を阻止するためにどのような行為が必要だったか，という観点から実質的に中止行為の内容を決定すべきだという見解も有力である．
　　　　　　　　　　　　　　　　［清水一成］

チャタレイ事件　出版会社社長Xは，

D.H.ロレンス著『チャタレイ夫人の恋人』の翻訳出版を企図し，Yの翻訳を得て，その内容に性的描写・記述があることを知りながら，これを出版・販売した．この行為が*わいせつ物頒布販売罪'で起訴され，1審は相対的わいせつ概念を採用し，本件訳書自体は*わいせつ'ではないが，読者層，販売・広告方法によりわいせつ文書となるとして，Xだけを有罪とした．2審は，本件訳書はわいせつ文書に該当するとして，X・Yを共同正犯とした．最高裁は，わいせつ文書とは，その内容がいたずらに性欲を興奮または刺激せしめ，かつ，普通人の正常な性的羞恥心を害し，善良な性的道義観念に反する文書をいい，芸術的作品であってもわいせつ性を有する場合があるとし，本件訳書のわいせつ性を認めて，上告を棄却した(最判大昭32・3・13刑集11・3・997)．本判決は，作品中にわいせつ性が認められる部分がある以上はわいせつ物であるとする部分的(絶対的)わいせつ概念を採用したものである．→悪徳の栄え事件，四畳半襖の下張事件　　　　　　　　　　[松原久利]

注意義務　(独) Sorgfaltspflicht

1 意義　*過失'があるというためには，行為者が不注意で犯罪結果を引き起こしたことが必要である．ここにいう「不注意」は，注意をすべき義務があるのにそれを怠ったという意味である．したがって，不注意は注意義務を前提とする．

もっとも，「注意義務」という概念は多義的であって，①端的に結果を発生させない義務，②そのために一定の措置をとる(あるいはとらない)義務，③そのために結果を発生させる危険がないか意識を集中し，情報を収集する義務，④そのための「心構え」を養う義務などが考えられている．このうち，①②は*結果回避義務'と呼ばれ，③は結果の*予見義務'と呼ばれる．なお，①②④は故意結果犯にも共通する義務である．

2 新・旧過失論と注意義務　*旧過失論'は予見義務を注意義務の中核的要素と考えた．自己の行為から結果の起きることが予見されれば，行為を思いとどまるのは当然のことと考えられたからである．しかし，工場・鉱山の操業や自動車運転は，統計的に一定の死傷事故を伴うものである．そこで，このような統計的な死傷事故の危険が予見されていてもこれらの活動が現代の社会生活に不可欠なものとして許されている場合には，たとえ死傷事故が生じたとしても，このような*許された危険'が予見可能なだけでは，過失犯を認めることはできない．そこで，過失犯の注意義務の中心は①②の結果回避義務にあり，その違反が認められる場合に初めて結果の予見可能性が検討され，それが認められてようやく過失犯が成立するのであって，許された危険の場合には結果回避義務がないのだとする*新過失論'が，交通事故の増加とともに有力となってきた．この結果回避義務は，結果を避けるために必要な*作為'または*不作為'の義務として現れるため，内心ではなく外部世界での義務という意味で客観的注意義務と呼ばれ，過失犯の違法要素のひとつとされた．

しかし，このような構成に対しては，結果回避義務は結果の*予見可能性'と予見義務を前提とするという批判が加えられた．その結果，客観的注意義務には結果回避義務ばかりでなく結果予見義務も含まれており，それは行為者本人ではなく「行為者と同じ具体的事情に置かれた一般人(または平均人，通常人，標準人)」を基準にして認められる義務であるとする見解が有力となった．そして，このような一般人を基準とする客観的注意義務の違反は過失犯の構成要件の要素であり，これに，責任要素としての行為者本人を基準とする主観的注意義務違反が付け加わって，過失犯の成立要件が満たされるものとされたのである．

3 注意義務の標準　もっとも，このような二重の基準には，以下のような矛盾が指摘されている．たとえば，強度の近視の者が自動車を運転する場合に，平均的な視力の運転者を前提にした前方注視義務を定立しても，彼がそれによって被害者を適時に発見できないならば，この義務の違反を理由に過失を肯定することはできないし，かといって，眼鏡などをかけていれば適時に被害者を発見できたという場合には，彼を無罪とすることも不合理である．しかし，眼鏡をかけて運転する義務を定立するには，行為者の視力を初めから考慮しないわけにはいかない．逆に，注意義務の履行可能性を検討する際にあくまで「行為者本人」の能力・資質を基準とす

るなら，たとえばきれいな女性を見ると必ずわき見運転をしてしまうという男性は，わき見運転中の事故について責任がないとして無罪とされることになる．

そこで，構成要件ないし違法性の段階では，その行為の有する当該結果発生の「実質的で許されない危険」を要求し，責任段階では過失を「生理的なもの」は行為者本人を基準に，「規範心理的なもの」は一般人を基準に判断すべきだとする「能力区別説」が近年有力となっている．
→信頼の原則　　　　　　　　　　［松宮孝明］

中央更生保護審査会　中央更生保護審査会とは，法務省の付属機関であり，委員長1人と委員4人によって構成されている（予防更生4）．委員長および委員は，両議院の同意を得て，法務大臣が任命する（5）．任期は3年である（6）．

その権限は，①法務大臣に対し特赦，特定の者に対する減刑，刑の執行の免除または特定の者に対する復権の実施について申出をすること，②'地方更生保護委員会'の決定につき，犯罪者予防更生法および行政不服審査法の定めるところにより審査を行い，裁決をすることなどである（3）．→恩赦，更生保護　　　　［瀬川 晃］

中間施設　（英）halfway house　中間施設は，その起源をたどると多様であり，目的も広範に及ぶことから，明確に定義することが難しいが，一般的には，施設内処遇と社会内処遇の中間に位置する処遇形態である中間処遇において用いられる施設として理解されることが多い．

今日のアメリカの中間施設は，役割によって2種類に大別することができる．ひとつは，パロール対象者など施設内処遇を経た者が，行刑施設から社会へ復帰する中間段階の処遇として使用されるもので，この場合を「ハーフウェイ・アウト halfway-out」ハウスと呼ぶ．他は，プロベーション対象者やパロール対象者が遵守事項に違反し，プロベーションやパロールを取り消された場合に，刑務所に収容される前段階として，使用されるもので，この場合を「ハーフウェイ・イン halfway-in」ハウスと呼ぶ．

このほか，アメリカの中間施設は，①ジェイルの代替施設，②パロール対象者ではない釈放者を収容し，援助する施設，③拘置施設などとしても利用されている．

また，アメリカの多くの州では近年，中間施設を発展させた居住施設利用の社会内矯正 residential community corrections: RCC が，独立した刑罰のひとつとして導入されている．RCC は，対象者を社会内の一定の保安設備をもつ施設に居住させ，そこから通勤・通学させつつ，処遇プログラムを行おうとするものである．→矯正保護，釈放前処遇，累進処遇，ハイ・フィールズ　　　　　　　　　　　［瀬川 晃］

中間処分　検察官が行う'事件処理'は，'終局処分'と中間処分の2つに分けられる．このうち中間処分は，終局処分の前に行われる暫定的処分をいい，さらにこれは犯罪の嫌疑を決めかねるような場合に捜査を一時中止する'中止処分'と，捜査上の必要あるいは'被疑者'の利益などを考慮して他の'検察庁'の検察官に事件を送る'移送'処分の2つに分けることができる．なお，移送処分は，管轄権がないときには義務となる．これを'他管送致'という．
　　　　　　　　　　　　　　　［上田信太郎］

中止処分　中止処分とは，'検察官'が行う'事件処理'のうちの'中間処分'のひとつで，'被疑者'や重要参考人などが所在不明でそれ以上'捜査'を進めることができないなどの理由から，一時捜査を中止することをいう．犯罪の嫌疑の有無を決めかねるような場合に行われる暫定的処分である．検察官による事実上の処分であるから，その後事情が変わればいつでも捜査を再開することができる．これを再起という．中止処分は'終局処分'たる'不起訴処分'とは異なる．
　　　　　　　　　　　　　　　［上田信太郎］

中止犯　（独）Rücktritt vom Versuch　**1 意義・法的性格**　'未遂犯'のうち，行為者が自己の意思により犯罪を中止したために結果が発生しなかった場合を中止犯（中止未遂，任意未遂）という．中止犯は刑が必ず減軽または免除される点で，裁量的減軽事由にすぎない障害未遂よりも寛大な処遇が与えられている（刑43但）．このような特典の説明として，中止犯規定は犯罪の完成を未然に防止する目的で立法者が構築した「引き返すための金の橋」だとする刑事政策説もあるが，わが国では犯罪の成立要素レベ

ルで説明を試みる法律説(責任減少説や違法減少説。前者が多数説)が主流で、政策説は法律説を補う異質な理論だとされてきた。しかし、未遂犯としての犯罪性はすでに歴史的事実として存在するのであるから、それ自体が事後的に減少すると解することは不合理である。そこで、中止犯規定は事後の任意中止という事情を理由として未遂犯の科刑を緩和する政策的配慮であることを認めつつ、そのような政策の理論的裏付けとして法律説を捉えようとする理解(すなわち、未遂犯の処罰根拠を止揚するに足りる事後的事情の法的性質は何かを問題とし、その観点で責任減少・違法減少を考える)が近年広まりつつある。このような特典根拠論は中止犯の成立要件である「中止行為(中止した)」および「中止の任意性(自己の意思により)」の解釈に影響する。

2 **中止行為** 通説・判例は、中止行為は着手未遂の段階では以後の行為を行わないという不作為で足りる(*着手中止')が、実行未遂の段階では結果の発生を積極的に防止する作為でなければならない(*実行中止')としている。とくに後者の場合、結果無価値論的な違法減少説からは実行行為によってすでに生じている結果発生の危険を消滅しえたかどうかが決定的であるが、責任減少説の立場からはそのような作為に出た中止者の真摯性がむしろ問題となる。後者の立場からは真摯な努力の甲斐なく結果が発生した場合でも中止犯を認めるのが一貫しているが、中止犯を未遂犯の一種とする現行法と矛盾するため、そこまで主張する学説はまれである。他方、結果が発生しなかった場合でも、それと中止行為との間に因果関係がないときは中止犯は否定されるというのが判例である。しかし、最近の学説は真摯な努力があれば足りる(責任減少説)、「危険」消滅との間に因果関係があればよい(違法減少説)として、この場合でも中止犯を認める傾向にある。

3 **中止の任意性** 学説には、任意性が認められる場合を、①憐憫や悔悟の情など規範意識の覚醒が中止動機であったときに限る限定的主観説、②中止者本人を基準とし中止者が外部的事情を犯罪遂行にとっての障害だと認識しなかったときとする主観説、③一般人を基準とし外部的事情(ないしは中止者におけるその表象)が経験上一般に障害とはいえないときとする客観説があり、③が通説だとされている。中止犯の特典根拠を道義的責任減少あるいは行為無価値論的な違法減少と解すれば中止動機の内容を問う①説に、結果無価値論的な違法減少と解すれば中止意思の自発性を問う②説に、社会的責任減少と解すれば犯人の危険性の有無を問う③説に至るのが一応論理的といえようが、それほどの関連性はみられないのが実情である。大審院・最高裁は③説を採用し、「発覚のおそれ」や「恐怖・驚愕」が中止動機であった場合に任意性を否定してきた(肯定判例はない)。一方、下級審の肯定判例は従来「憐憫・悔悟」して中止したことを理由としてきたが、近年では③説的基準を採用しつつ、中止動機であった憐憫・悔悟の情は客観的に障害といえないとして任意性を肯定する手法をとるものが増加してきた。→予備の中止、共犯の中止　　　　　　　　[清水一成]

抽象的危険説　*不能犯'の成否の判断基準に関する学説のひとつである。行為者の主観を基準として判断する主観説の立場に属する見解であり、行為者の認識を基礎に、構成要件実現の危険性の有無を問題とする。行為者の犯罪的意思の存在のみを要件とする純粋主観説よりは、客観化された見解であり、主観的客観説ともいう。たとえば、砂糖を毒薬と思って飲食物に混入し、相手方に摂取させたときには、砂糖が本当に毒薬であれば、相手方を殺害する危険が存在するから、殺人未遂罪が成立することになる。これに対し、*迷信犯'のような事例では、行為者が認識した事情を基礎にしても、構成要件実現の危険が認められず、不能犯が認められることになる。わが国では、現在、ほとんど主張されていない。→客観的危険説、具体的危険説　　　　　　　　　　　　　　[山口　厚]

抽象的危険犯　(独) abstraktes Gefährdungsdelikt　1 **抽象的危険犯における危険**　抽象的危険犯とは、犯罪の成立に具体的な危険の発生を要せず、構成要件中に記述されている行為がなされることによって、保護法益に対する抽象的危険が発生したものと擬制される犯罪であると解されてきた。抽象的危険犯は、構成要件の実現のうえで法益侵害の抽象的危険すら

必要とされない*形式犯'とは区別されている。しかし,抽象的危険犯の成立に要する危険は「擬制された」危険であるとすると,抽象的危険犯は形式犯とその実質において近似するものとなる。しかし,抽象的危険犯は,擬制された危険により根拠づけられるのではなく,何らかの実質的な法益侵害の危険の発生をその成立要件とするという見解が現在では支配的である。抽象的危険犯においては,*具体的危険犯'と異なり,危険の発生が構成要件の要素として規定されていない。「危険」や「おそれ」という文言のある規定は,抽象的危険犯ではなく具体的危険犯と解すべきなのであろうか。たとえば,浄水毒物混入罪(刑144)は「人の飲料に供する浄水に毒物その他人の健康を害すべき物を混入」する行為を,また,道路における共同危険行為等の禁止に関する道路交通法68条・118条1項3号の2は「共同して,著しく道路における交通の危険を生じさせ,又は著しく他人に迷惑を及ぼす行為をしてはならない」と規定する。これらの犯罪においては,行為の性質が「危険」であるかどうかを判断するのであって,具体的危険犯のように行為が法益侵害の危険を現実に生じさせたことまでは要しておらず,抽象的危険犯と解されよう。

2 抽象的危険犯と法益 抽象的危険犯は,構成要件要素としての行為を法益侵害の危険と関連づけて限定的に解釈される余地がある。たとえば,公務執行妨害罪(刑95)における暴行・脅迫は,公務員の職務を妨げる程度のものであることを要するが,それによって現実に職務の執行が妨げられることが,犯罪成立の要件とはされていない。職務の執行を妨げる程度のものであるかどうかは,執行されるべき職務の性質,職務執行の態様などとの相対的関連において具体的に判断されねばならない。遺棄罪(217・218)において,乳児を病院の新生児室のベッドに捨てる行為は「遺棄」であろうが,被遺棄者の置かれた状況を考慮すると,その生命・身体に対する抽象的危険もないと解することができよう。偽証罪(169)に関しても,客観的事実に合致しない証人の供述は「虚偽」供述であろうが,虚偽供述が司法作用を害する抽象的危険性もない場合,たとえば,具体的事件の争点に関連性のない供述については偽証罪は成立しないであろう。人の現在しない建造物である小屋に火を放つ行為は「放火」であろうが,その小屋が,その周囲に引火すべき物が何もない野原に位置しておれば,放火して焼損したとしても,不特定または多数の生命・身体・財産に対する抽象的危険は発生したとはいえず,非現住建造物等放火罪(109Ⅰ)は成立せず,建造物等損壊罪(260)に問われることになる。

抽象的危険犯の成立には,法益侵害の抽象的危険で足り,危険判断は行為の危険性に重点が置かれることになる。乳児を病院の新生児のベッドに遺棄する行為は,ほぼ確実に乳児の生命・身体にたいする危険がないので,遺棄行為は抽象的危険性を有しないことになる。何らかの危険性があるならば遺棄罪は成立する。このような危険性も具体的行為事情の中で判断される。したがって,抽象的危険犯と具体的危険犯とは,その成立要件としての法益侵害の危険性の程度により区別されるともいえるが,やはり,質的にも区別されるべきであろう。なお,たとえば,遺棄行為が法益侵害の抽象的危険性を有していれば遺棄となるが,まったく危険でない場合は,もはや「遺棄」ともいえないとの見解も有力である。→危険犯 　　　　　［福山道義］

抽象的事実の錯誤 **1 意義** *事実の錯誤'の種類としては,*具体的事実の錯誤'と抽象的事実の*錯誤'とがある。抽象的事実の錯誤は,予見事実と実現事実とが異なった構成要件にまたがっている場合をいう。抽象的事実の錯誤を類別すると,軽い甲罪の故意でもって重い乙罪を実現した場合(第1類型),重い乙罪の故意でもって軽い甲罪を実現した場合(第2類型),予見事実の罪も実現事実の罪もともに法定刑が同一である場合(第3類型)の3つの類型がある。

抽象的事実の錯誤に関する刑法上の規定としては,淵源を古く唐律にもつ刑法38条2項があるが,この規定は第1類型の錯誤に関するものであり,しかも行為者が予見しなかった重い罪で処断することはできない旨を定めるにすぎない。ここでは,第1類型の錯誤についての処断上の制限を規定しているだけであり,他の類型の場合をどのように解決するのか,さらには

錯誤論の一般的法理を何に求めるのかといった点については、定かではない。刑法38条2項の規定内容は、抽象的事実の錯誤の処理の仕方を部分的に規定しているだけであり、理論的な解決は学説・判例に委ねられてきた。

2 錯誤の処理をめぐる学説 抽象的事実の錯誤の場合には、どこまで故意を抽象化しうるのかが中心的な問題である。抽象的事実の錯誤においては、*具体的符合説'に依拠すると著しい刑の不均衡が生じることからその主張は影をひそめ、ここでの論争は、主に*法定的符合説'と*抽象的符合説'との間でなされてきた。法定的符合説は、構成要件的な重なり合いを問題にすることによりある程度の故意の抽象化を認めるものの、故意概念との関係において一定の限定を加えようとしている。これに対して、抽象的符合説は、故意の抽象化を一層進めることにより、刑の不均衡を解消しようとしている。この両説では、錯誤論の機能の捉え方が異なっている。

法定的符合説は、構成要件的符合説、罪質符合説、*不法責任符合説'などに学説が細分化される。ここでの対立点は、構成要件的な重なり合いを形式的に捉えるのか、それとも実質的に把握するのか、さらには構成要件の故意規制機能をどの程度まで維持するのかといったことにある。構成要件的な重なり合いをより実質的に捉え、さらに構成要件の故意規制機能を緩和することで、故意の抽象化は容易になるが、それは抽象的符合説に接近することを意味する。錯誤論も故意論の延長線上にあると考えるこの立場にあっては、故意の抽象化にも限界があるといえよう。

抽象的符合説にあっても、故意の抽象化の方法および程度は、各説によって異なる。抽象的符合説の出発点は、軽い犯罪について常に故意犯の既遂を認めた*牧野英一'の見解であるが、その後、可罰的評価としての故意概念を認める*宮本英脩'により可罰的符合説が主張された。最近では、結果の抽象化を排除するとともに、故意の抽象化を一段と推し進めることにより刑の不均衡を解消しようとする合一的評価説(植松、日高)も主張されている。この説にあっては、錯誤論は、故意論の裏返しではなく、刑の不均衡を解消するという独立した機能を有する。ここでは、構成要件の故意規制機能は、錯誤論においては作用しないことになる。[日髙義博]

抽象的符合説 抽象的符合説は、予見事実と実現事実との間に構成要件的な符合がない場合であっても、およそ罪となるべき事実を認識して何らかの法益を侵害した以上、故意は阻却されず、刑法38条2項の限度で故意責任を問うべきであるとする。この説は、*抽象的事実の錯誤'の処理に際して、構成要件の枠組みを超えた故意の抽象化を認めることで刑の不均衡を解決しようとする。抽象的符合説は、当初、*牧野英一'や*宮本英脩'などにより主観主義刑法理論の立場から主張されたが、その後、客観主義刑法理論の陣営からも*草野豹一郎'や植松正などによって主張され、理論的な進展をみた。

まず第1に、牧野説は、軽い罪について常に故意の抽象化を認めて故意犯の既遂を肯定する点が特徴的である。たとえば、軽い甲罪の故意で重い乙罪を実現した場合には、予見事実の甲罪は本来未遂だが既遂を認め、実現事実の乙罪については過失犯を認めて、両者を観念的競合として処理する。第2に、宮本説(*可罰的符合説')は、第1命題として予見事実について未遂、第2命題として実現事実について過失犯をそれぞれ認め、さらに第3命題として可罰的評価としての故意概念を認めることから、実現事実について故意犯の成立を認めて全体を法条競合(択一関係)として処理する。第3に草野説は、基本的には*法定的符合説'に依拠しながら、刑の不均衡を解決するために未遂の処罰規定がなくとも未遂の処罰を認める。第4に、植松説(*合一的評価説')は、結果の抽象化を排除するとともに、故意の抽象化を推し進め、合一的評価により1個の重い罪だけで処理する。たとえば、予見事実の軽い甲罪は本来未遂だが既遂を想定し、実現事実の乙罪は本来過失だが「重い罪に当たる」べき場合として故意犯を想定し、両者を合一して評価し重い実現事実の故意犯を罪名とするが、その処断刑は、刑法38条2項に従って軽い甲罪の法定刑の範囲内とする。このように、各見解とも刑の不均衡を解消しようとしているが、故意の抽象化の程度や方法は多様である。

[日髙義博]

抽象的法定符合説　*具体的法定符合説'を採る立場から，従来の通説である*法定的符合説'の考え方を指して抽象的法定符合説という名称が用いられるようになった．*方法の錯誤'の場合，法定的符合説では，予見事実と実現事実とが構成要件の範囲内において符合している限り，異なった客体に結果が発生したとしても故意を認める．たとえば，Aを殺害する意図で発砲し，弾が外れてBに命中したという場合，法定的符合説では，A殺害の意思をB殺害の意思に用いて殺人の故意を認めることになる．この考え方は，主観面と客観面とが構成要件という抽象的な指導形相で一致するというだけで責任を認めるものに他ならないとの批判がなされ，「抽象的」法定符合説であると呼ばれる．→具体的符合説　　　　　　［日髙義博］

中立命令違反罪　*国交に関する罪'のひとつ．局外中立命令違反罪とも呼ばれる．2国以上の外国間で戦争が行われており，それについてわが国が中立の立場を宣言し，国民に交戦国のいずれにも加担してはならない旨の命令（局外中立命令）を発した場合，それに違反した者は，3年以下の禁錮または50万円以下の罰金に処せられる（刑94）．本罪の保護法益については，外国の利益か，わが国の外交上の地位かの争いがある．命令は，行政機関が発するもの（政令等）には限られないと考えられている．構成要件の具体的な内容は個々の命令によって定まるため，本条は白地刑罰法規である．局外中立命令が廃止された場合，その有効期間中の違反行為はなお処罰し得るという説と，刑の廃止と解して免訴を言い渡すべきであるとの説とが対立している．　　　　　　　　　　［橋田　久］

懲　役　刑法が規定する*主刑'のひとつで（刑9），*禁錮'および*拘留'とともに犯罪者の自由を剝奪する*自由刑'の一種である．単に身体を拘束するだけでなく，*監獄'に拘置したうえで所定の作業（*刑務作業'）に服させて執行する（12Ⅱ）．所定の作業に服させる点で，監獄に拘置するだけの禁錮（13Ⅱ）や拘留場に拘置するだけの拘留（16）と異なる．所定の作業による収入はすべて国庫に帰属し，懲役受刑者に対しては賃金ではなしに*作業賞与金'が支給される（監27）．懲役は，現行法上，主要な刑法犯罪に対する中心的な刑罰として広く規定されており，死刑に次いで重い刑罰とされている（刑9・10）．

懲役は無期懲役と有期懲役とに区別され，有期は1ヵ月以上15年以下であるが，加重する場合には20年まで上げることができるし，減軽する場合には1ヵ月未満に下げることができる（13Ⅰ・14）．無期・有期の懲役受刑者に改悛の状が認められるときは，有期については刑期の3分の1が経過した後，刑期の定めのない無期については服役後10年を経過した後に，*犯罪者予防更生法'に定める手続を経て（28〜32），*地方更生保護委員会'の決定によって刑期満了前の*仮出獄'が許される（刑28，予防更生12Ⅰ①）．

禁錮が政治的動機にもとづく犯罪等（政治犯，*確信犯'）の非破廉恥罪や過失犯といった犯罪性が比較的軽いものに対して用いられる一方で，懲役の大部分は破廉恥な動機に基づく犯罪（破廉恥罪）に対して用いられるのが一般的である．このため，禁錮が名誉拘禁的性格を有するものと考えられているのに対して，懲役は不名誉な側面を有するものと考えられ，現行法上も刑期が同一の場合には禁錮よりも重いものとされている（刑10）．懲役が破廉恥罪に対する不名誉な刑罰であり禁錮が非破廉恥罪に対する名誉拘禁刑的な刑罰であるとすれば，両者は所定の作業に服させられるか否かによってのみ区別されることになる．こうした考え方は，労働を一種の苦役と見る労働蔑視の思想に基づくものであって，今日の労働観とは調和しない．自由刑を一本化すべきだとする*自由刑単一化論'の主張には，こうした懲役と禁錮との間の質的な相違を解消しようとする意図がうかがわれる．

　　　　　　　　　　　　　　　　［丸山雅夫］

懲戒権　（独）Züchtigungsrecht　懲戒とは，一定の組織や関係における規律保持のため違反に対して加える制裁であって，たとえば，①校長および教員の学生・生徒・児童に対する懲戒行為（学教11），②親権者の子に対する懲戒行為（民822），③未成年者の後見人の被後見人に対する懲戒行為（857），④少年院長の在院者に対する懲戒行為（少院8），⑤婦人補導院長の在院者に対する懲戒行為（婦人補導

11)などがある．これらはそれぞれの法が認める懲戒権の範囲内で行われる限り，何らかの構成要件に該当しても*法令行為'(刑35前)として違法性が阻却される．だが，④⑤は各規定に懲戒の方法や限度が示されているので行為の許される範囲は比較的明確であるが，①‐③はそうではなく，当該懲戒行為の違法阻却の有無はしばしば実質的判断を要することになる．

校長および教員の学生・生徒・児童に対する懲戒行為につき，学校教育法11条は但書で*体罰'を禁止するにすぎず，また同法施行規則13条も懲戒に際して「児童等の心身の発達に応ずる等教育上必要な配慮」をすべきことを定めるにとどまる．正当な懲戒行為か禁止された体罰かがしばしば問題となるのは殴打行為であるが，判例には，たとえ教育上必要であっても殴打のような暴行行為は懲戒行為として違法阻却されないとするもの(大阪高判昭30・5・16高刑8・4・545．頭部を軽いノック程度以上の強さで殴打した場合)がある一方，生徒の年齢，非行の内容，有形力行使の態様等の諸事情に基づき社会通念により判断して，懲戒権の行使として相当な範囲内にある有形力行使は許され，体罰ではないとし，法令行為として違法阻却を認めたものもある(東京高判昭56・4・1刑月13・4＝5・341．平手および軽く握った手拳で頭部を数回軽く叩いた場合)．ただし暴行の結果死亡させた事案では無罪とされたものはない(福岡高判平8・6・25判時1580・150等)．なお判例には，学習塾の教師にも，父母等の親権者からの委託に基づく懲戒権を認めるものもある(福岡高判昭51・5・26高刑29・2・284)．

他方，親権者の懲戒行為については，民法822条には明文の体罰禁止がない(未成年者の後見人に関しても同様である．民857)ので，解釈としてはある程度の体罰も許されることになる．親権ないし監護権に基づく懲戒権が，教師のそれよりも広いことは認めざるをえないが，しかし体罰を無制限に許容する趣旨と解すべきではない．判例では，暴行の結果死亡させた場合(東京高判昭35・2・1東高刑時報11・2・9，京都地判昭47・1・26刑月4・1・189)，両手を針金で緊縛して長時間押入れに閉じこめた場合(東京高判昭35・2・13下刑2・2・113)に，懲戒が限度を超えたものとして違法阻却が否定されている．ここでも，具体的諸事情に基づき社会通念上相当な範囲内にあるか否かによるとされているが，その判断は困難を伴うといわざるをえない．→正当業務行為　　　　　　　［臼木　豊］

調書裁判　調書裁判とは，法令上の用語ではなく，公判廷における証人尋問等の証拠調べの結果よりも，捜査過程で作成される供述調書を偏重し，調書に基づいて心証をとる裁判実務の現状を指していう批判的概念である(刑訴規219が定める「調書判決」とは似て非なる概念である)．現行法は，起訴状一本主義を採用し(刑訴256Ⅵ)，さらに伝聞法則の採用によって(320)，捜査書類の公判廷への持ち込みを制限し，公判中心主義を実現しようとした．しかし，法律上伝聞の例外が多く，実務上もその例外が活用されていることもあって，法の理想とは異なり，公判審理が形骸化してしまった．裁判官は，公判廷ではなく，自宅で調書を精読することで心証をとることが常態化しており，これをどう本来の姿に戻すかが，刑事裁判の重要な課題のひとつになっている．　　［白取祐司］

調書判決　地方裁判所，家庭裁判所，簡易裁判所において，上訴の申立てがない場合に，判決書を作成する代わりに，裁判所書記官に主文ならびに罪となるべき事実の要旨および適用した罰条を*判決'の宣告をした公判期日の調書の末尾に記載させることができる．これを，調書判決という(刑訴219)．裁判をするときは，裁判書を作らなければならないことになっているが(53)，調書判決はその例外である．なお，公判中心主義の形骸化した現状を批判するときにいう「調書裁判」とは，似て非なる概念であり，もとより調書判決は刑訴規則上認められた適法な判決形式である．　　　　　［白取祐司］

超法規的違法阻却事由　法定の違法阻却事由には該当しないが，なお実質的に違法性が欠けるので正当化される場合．違法性を実質的に解して法定の違法阻却事由以外にも違法性を否定することを認める議論は，大正時代からリスト等のドイツの学説を踏まえて有力に主張されてきた．特に，*緊急避難'に関する規定が不備であったドイツで発展した超法規的緊急避難の理論が導入され，戦後日本でも超法規的違法

阻却事由の概念が発展していく．ただ，一般的な緊急避難規定(刑37)を有するわが国では，このような議論をそのまま導入する必要性はなかった．いずれにせよ，超法規的違法阻却事由は，緊急避難類似のものとして説明されることになり，法的根拠無しに正当化するには，実定の最も厳格な違法性阻却事由(緊急避難)の要件よりさらに厳しい要件を満たさなければならないとされ，他に手段が存在しなかったという'補充性'の要件が必要とされた．しかし，超法規的違法阻却事由とは，必ずしも緊急避難に類似したものに限定されるわけではなく，すべての超法規的違法阻却事由の要件が常に刑法37条のそれ以上に厳しくなければならないわけではない．たとえば，法益侵害が一定程度軽微な場合には，補充性の要件は不要であるとされるようになる．

日本の条文構造とわが国の刑法が解決しなければならない問題に対応した法規的違法阻却事由は，戦後初期に判例の手で形成された．その要件は，目的の正当性，手段の相当性，法益権衡，必要性の総合的考量にある．戦後の判例はこのような理論を用いて，公安労働事件を中心に無罪判断を積み重ねていくが，学説は，補充性を含む厳しい要件が必要なはずであるとして判例の結論を批判した．その結果，判例はほぼ同一の要件で「*可罰的違法性'」を欠くとするようになった．→正当業務行為，ポポロ事件，舞鶴事件，労働刑法，法益考量説，目的説
[前田雅英]

超法規的責任阻却事由 法定の責任阻却事由以外の責任阻却事由をいう．*期待可能性'の理論は，規範的責任論の中核概念であり，適法行為の期待可能性の不存在は責任否定の実質的内容であるが，それ以上に，狭義においては，責任能力，故意・過失等，法定の責任要件を充たし，かつ法定の責任阻却事由に当たらないにもかかわらず，なお当該具体的事由において行為者に適法行為を期待できないがゆえに責任(ないし責任故意)を肯定できない場合があることを認め，そのような場合を，超法規的責任阻却事由とするものである．このような超法規的な責任阻却事由を認めるかどうかには従来から争いがあるが，学説上は，変動する社会の中の生身の人間の弱さに鑑みた刑法理論の最後の安全弁としてこれを肯定するものが通説といえよう．しかし，法定の責任阻却事由に当てはまらない以上，なお責任の阻却を認めるのは刑法の規制機能の弱体化，刑法秩序の軟骨化を招くとし，特に社会生活上の基本的義務に反する故意犯の場合については，これを否定する立場も唱えられている．他方，判例は，下級審の中にはこれを肯定したものが少なくないが，最高裁判例は，期待可能性の不存在による刑事責任の否定が超法規的責任事由であることを一般論としては認めているものの，そのような結論を認めたことはなく，このような見解の採用には慎重な留保を示しているといえよう．→法律の錯誤
[酒井安行]

跳躍上告 地方裁判所，家庭裁判所および簡易裁判所のした第1審の判決に対して，通常は，不服申立ての方法として控訴が認められているが，しかし，その判決の中に，①法律，命令，規則もしくは処分が憲法に反するものとした判断が含まれ，または，②地方公共団体の条例もしくは規則が法律に違反するものとした判断が含まれているときに，これを不服として上訴を申し立てる場合には，控訴審の判断を省略して，いきなり最高裁判所へ上告の申立てをすることができる(刑訴406，刑訴規254Ⅰ)．また，検察官は，地方裁判所，家庭裁判所および簡易裁判所のした第1審の判決の中に，地方公共団体の条例もしくは規則が憲法または法律に適合するとの判断が含まれているときに，これを不当であることを理由に，いきなり上告することができる(刑訴規254Ⅱ)．これを跳躍上告あるいは飛躍上告という．旧刑事訴訟法においても認められていたが(416条)，事例はそれほど多くない．
[平良木登規男]

直接主義 (独) Unmittelbarkeitsgrundsatz **1 直接主義の意義** 直接主義には主観的あるいは形式的直接主義と客観的あるいは実質的直接主義の意味がある．前者は裁判所が自ら取り調べた証拠のみに基づいて裁判しなければならないという意味である(直接審理主義と呼ばれることもある)．後者は事実の証明において犯罪事実につき直接的な証拠によらなければならないという意味である．後者はさらに，直接証拠による証明を要求する直接証拠資

料主義と，間接証拠でもよいが最も直接的な証拠によらなければならないとする直接証拠方法主義に分かれる．主観的直接主義が証拠調べの手続に関する原則であるのに対し（刑訴315の裁判官の交替による公判手続の更新もこの要請による），客観的直接主義は証拠能力に関する原則である．主観的直接主義からは伝聞証人や供述者自身が作成した書面は証拠から排除されない．

2 ドイツにおける直接主義 ドイツ刑事訴訟法250条は「事実の証明が人の知覚した内容に基づくときは，その者を公判において尋問しなければならない．尋問は，予め行われた尋問について作成された調書または供述書の朗読によって代えることはできない」と規定する．通説・判例は主観的直接主義を採用したとするが，直接証拠方法主義を規定したのであり，伝聞証人は許容されないとする少数説も根強く主張されている．ただ，通説・判例においても原供述者が出廷可能であるのに伝聞証人で済ませることは裁判所の真実探究義務違反とされるので，多くの場合，原供述者が出廷することになる．

同条にも例外が認められ，証人等が死亡しているときや相当の期間内に法廷で尋問することができないときには，広く供述書面が許容される（裁判官の尋問調書はさらに広く許容される）．証人等に記憶欠如や自己矛盾供述がある場合の証人等の以前の尋問調書や，自白の証拠調べのためや公判の供述との矛盾があるときの裁判官調書中の被告人の供述は，証拠として許容されるとするのが通説・判例の理解である．このように，通説・判例の下では，証拠が失われることを避けるという理由から，とくに供述不能の場合には，広く書面を許容し，しかも供述録取者による区別を設け，さらに反対当事者の尋問の機会の有無をおよそ考慮しない．

3 直接主義の機能とわが国の刑事訴訟法 ドイツの直接主義の下では供述書面の使用が制限されるために，捜査過程で作成された供述書面を証拠として使用できない場合がある．それだけ公判手続は捜査手続から独立することになるので，直接主義は*公判中心主義' に役立つことになる．裁判所の真実探究義務によって伝聞証人の使用も制限されれば，一層公判中心主義が徹底されることになる．これは伝聞法則と共通する機能である．

わが国の刑事訴訟法は320条以下で伝聞法則およびその例外を規定していると解釈されているが，供述録取者による許容要件の区別，書面に関する例外規定を設け伝聞証人にはこれを準用する構成を採ること，被告人の自白に係わる規定があることなど，ドイツの直接主義の例外規定に近い構成をもっている．しかし，ドイツの例外規定は，職権主義を反映して裁判官調書以外の書面は当事者が同意しても許容しないこと（裁判官調書についても批判がある），証言拒絶の場合に公判外供述の朗読を許さないこと，被告人の供述の朗読につき裁判官調書中のもののみを規定すること等，わが国よりも許容される範囲を制限している場合もある．→口頭主義

[津村政孝]

直接証拠 （英）direct evidence （独）unmittelbarer Beweis （仏）preuve directe
*要証事実' ないし*主要事実' を，他の媒介を経ずに直接証明する証拠．たとえば，犯行内容に関する被告人の自白や，犯行現場に居合わせた目撃者あるいは被害者の犯行状況に関する証言などが直接証拠である．要証事実を間接的に推認させる事実（*間接事実'）を証明するために用いられる*間接証拠'（*情況証拠'）に対する．

近代以前の刑事訴訟においては，直接証拠が尊重され，間接証拠だけで有罪を認定することは許されなかっただけでなく，直接証拠である被告人の自白あるいは信頼できる2人以上の証人の証言がなければ有罪としてはならないとか，逆に，それらがあれば有罪としなければならないというように，裁判官による証拠評価の仕方をあらかじめ法定しておく*法定証拠主義' がとられていた．これには裁判官の恣意を排除して法的安定に資するという側面があったことは否定できないが，そこでの証拠の圧倒的多数は自白であったため，自白中心の裁判，さらには自白採取のための拷問の使用に結びついていたのである．「自白は証拠の女王」とまでいわれていた所以である．しかし，このような法定証拠主義は，証拠の評価を形式的な規制で縛らない*自由心証主義' の確立によって打破されることになる．現行刑事訴訟法も自由心証主義を採用し

（刑訴318），直接証拠と間接証拠とに証拠法上の優劣を認めていないため，間接証拠のみで有罪を認めても何ら問題はない．したがって，現在では，両者の差異をいたずらに強調する必要はない．とはいえ，直接証拠があれば，推認という過程を経ることなく，直接要証事実を認定できるだけに，信頼できる証言や争いのない自白の重要性を否定することもできない．ただ，社会が都市化し匿名性が強くなればなるほど，目撃者等の証言を得ることは困難になる．間接証拠の重要性が増大しつつあるといわれる一方で，現在でも実質的には「自白は証拠の女王」だといわれるのはそのためである．　［多田辰也］

著反正義　上告裁判所は，刑事訴訟法405条に定める上告理由がない場合であっても，刑事訴訟法411条の事由があるときには，これを放置することが「著しく正義に反する」ときに限って，原判決を破棄することができる．このように，著しく正義に反することを実務上「著反正義」といい，著しく正義に反しないことを「不著反正義」ということがある．原判決の誤りの重大性および正義の観念からくる高度の哲学的・政策的配慮から決定すべきものである．ちなみに，控訴理由の場合は，訴訟手続きの法令違反（刑訴379），法令適用の誤り（380），事実誤認（382）等は，判決に影響を及ぼすものでなければならないとされるが，上告裁判所の役割からして，各事由をさらに制約するとともに，原判決の存在自体または原判決の効果として生じた法的状態が，法の理念よりして耐え難い場合に限って，原判決を破棄することができるとしたのである．→職権破棄　　　　［平良木登規男］

治療行為　治療行為とは，その措置が医学的適応性（患者の生命・健康の維持・増進に必要であること）と医術的正当性（医学上一般に承認された方法であること）を有する，患者の身体に対する医的侵襲行為のことをいう．医療行為と同義に用いられる場合もあるが，病気発見のための検査・診断等を含まない点で，厳密にはそれよりも狭い概念である．医学的適応性や医術的正当性を欠いた行為は，場合により医療過誤として業務上過失致死傷罪（刑211前）で罰せられるが，必ずしも常に生命・身体に対する犯罪が成立するわけでもない．新薬開発のための人体実験やもっぱら外観の向上を目的とした美容整形手術は医学的適応性を欠くので治療行為とはいえないが，被験者・被術者の同意があるので直ちに犯罪とはならない．性転換手術について医学的適応性，医術的正当性にははなはだ疑問があるとした判例も，優生保護法（現在の母体保護法）違反で処罰したにとどまる（東京高判昭45・11・11高刑23・4・759）．なお，以上の条件に加えて主観的な治療目的を行為者に要求する見解もあるが，行為が客観的に治療傾向を有していることで足りるとする説も有力である．

治療行為は，患者の生命・身体に対する危険を伴っている．そのため，それが適法であるとされるためには有効な患者の承諾（意識喪失状態であるなどの場合には，推定的なものでも足りると解されている）が必要であるとする点で争いはない．もっともわが国では患者の承諾のない，またはその範囲を超えた専断的治療行為を行った医師に民事責任を認めた裁判例は多いが，刑事責任が争われた事件はない．わが国の刑事司法は医師の裁量に対する越権行為としてこの問題に介入することに極めて慎重である．学説においても，治療行為は*傷害罪'(204)の構成要件に該当しないとして，成功した専断的治療行為は不可罰であり，民事的な不法行為を構成するにとどまるとする見解もある（治療行為非傷害説）．しかし多数説は，むしろ傷害罪の構成要件には該当するが*正当業務行為'(35後)として違法性が阻却されるとし（治療行為傷害説），その実質的根拠を①当該行為が社会的相当性を有することや，②その侵襲結果が患者の意思に反しなかったことなどに求めている．この場合，①によれば専断的治療行為であっても医学上正当である限りやはり不可罰となるが，②によれば傷害罪が成立することになる点で，両者は異なる．　　　　　　　　［清水一成］

治療処分　（英）medical treatment（独）Heilungsanstalt　**1 意義**　違法な行為を行った精神障害者（触法精神障害者）に対し，治療または監護のための施設に収容して行う刑事処分を治療処分という．改善と保安を含めた広い意味での*保安処分'に属する．*刑法改正'論争においては，重大な違法行為を行った精神

障害者が、*責任無能力'として刑事制裁を科されぬまま、放置されていることは問題であり、刑事司法の枠組で保安処分を課すべきであるとする推進論と、保安処分の名を借りて、治安維持法下の*予防拘禁'のように思想弾圧に利用されることを危惧する反対論とが鋭く対立した。ドイツ刑法は、責任無能力者・限定責任能力者に対しては精神病院収容処分を（ド刑63）、アルコール・薬物中毒者に対しては禁絶施設（Entziehungsanstalt）収容処分を（ド刑64）を規定している。

2 触法精神障害者の現状 都道府県知事は、精神障害者に自傷他害のおそれがあると認める場合には、2人以上の指定医の診察により、精神病院に収容することができる。これを「措置入院」と呼ぶ（精神保健福祉法）。措置入院は、行政上の強制処分であり、司法上の保安処分ではない。心神喪失または心身耗弱のために広義の不起訴処分になる人は、年間600〜700人前後。裁判で責任無能力として無罪になる人は数人、限定責任能力として減軽される人は50〜100人の間である。

3 改正刑法草案の保安処分 改正刑法草案は、精神の障害により、責任無能力または限定責任であって、禁固以上の刑にあたる行為をした場合において、治療および看護を加えなければ、将来再び禁固以上の刑にあたる行為をするおそれがあり、かつ、保安上必要があると認められるときには、裁判所は、判決をもって、治療処分に付することができるとしている（刑法草案98）。処分は保安施設に収容して行われ（99）、収容期間は3年。裁判所は、2年ごとに更新することができるが、原則として更新は2回、例外的に死刑または無期もしくは短期2年以上の懲役に当たる行為を行うおそれが顕著な者については、さらなる更新を認めている（100）。

同草案は、精神障害の一類型であるアルコール・薬物中毒者については、禁絶処分という別個の保安処分を規定している。過度に飲酒し、または、麻薬、覚せい剤その他の薬物を使用する習癖のある者が、その習癖のために禁固以上の刑にあたる行為をした場合において、その習癖を除かなければ将来再び禁固以上の刑にあたる行為をするおそれがあり、保安上必要がある

と認められるときは、裁判所は、判決をもって、禁絶処分に付することができるとされ（101）、禁絶施設では、飲酒または薬物使用の習癖を除去するための処置が行われる（102）。収容期間は1年。ただし、裁判所は、2回に限り更新することができる（103）。　　　　［石塚伸一］

つ

追起訴 被告人が、複数の事件に関与している場合、捜査がすべての事件に関して同時に終了すれば、すべての事件について同時に起訴することが可能であるが、そうでない場合には、捜査が終了した事件から順次起訴されることとなる。同一被告人に対してすでに公訴の提起がなされている場合に、別の公訴事実に基づいて、同一裁判所に起訴することが、追起訴である。起訴状に記載された公訴事実が別のものであるという点で、すでに提起された起訴が取り消された後に、同一事件について改めて起訴する再起訴と区別される。追起訴の方式は、通常の起訴と同様である。

追起訴状が提出された場合に、先に提出された起訴状に漏れた公訴事実を追加補充する趣旨のものであれば二重起訴とはならないが、公訴事実が同一である場合には、二重起訴となり、受訴裁判所は、後に提起された公訴を棄却しなければならない（刑訴338③）。

また、追起訴がなされた場合に選任権者がひとつの事件について行った弁護士選任の効力は、当該事件が、前に起訴された事件と同一裁判所に起訴されかつそれと併合された場合には、被告人または弁護人が異なる申述をしない限り、併合された事件にも及ぶ（刑訴規18の2）。　　　　　　　　　　　　［鯰越溢弘］

追求権説 *盗品等に関する罪'の本質について、*違法状態維持説'を批判し、本犯の被害者の盗品等に対する追求を困難にする点に求める見解。追求権説は、本罪が成立するか否かの判断基準を被害者の返還請求権の有無に求め、

いわば被害者の側から捉えることによって本罪の財産犯としての性格を明らかにしようとするもので，判例(最決昭34・2・9刑集13・1・76)および通説の立場であるとされる．この見解によれば，本罪の客体としての盗品等の範囲は，第1に，財産犯によって取得された財物に限定されることになり，第2に，本犯の被害者が，法律上の返還請求権を持つ財物であることが必要である．したがって，被害物件が，民法上の善意取得の規定(民192・193)により第三者に所有権を取得されたときは盗品性を失うことになるし，不法原因給付物として最初から返還請求権がないとき(708)も同様となる．しかし，このような結論は不当であるとして，追求権を必ずしも民法上の物権的返還請求権に限定すべきではなく，被害者が法律上追求できる可能性であればよいとする見解も近時有力である．

[大塚裕史]

追　送　*司法警察員'は，事件を*送致'または送付した後には，その事件の*捜査'の中心から退くが，補助的・補充的な捜査を行うことはできる．これによって新たな*証拠物'その他の資料を入手した場合には，*検察官'に証拠物等を追送しなければならない(捜査規範196)．

[小山雅亀]

追　徴　(独) Verfall　没収対象物件を*没収'できない場合，没収に代わり，その物の価額を国庫に納付すべきことを命ずる処分．刑罰ではないが，犯罪による不法な収益を犯人から剥奪することを目的とした，一種の換刑処分としての性質を有する．

刑法総則の規定においては，犯罪生成物件，取得物件，報酬物件(刑19Ⅰ③)，対価物件(19Ⅰ④)について，これらの全部または一部を没収することができない場合に，その価額の追徴が認められている(19の2)．没収することができない場合には，犯人が費消，紛失したり，あるいは混同，加工によって物の同一性が失われた場合のような事実上の原因のほか，善意の第三者に譲渡された場合(19Ⅱ但参照)のように法律上の原因による場合がある．追徴価額の算定基準については，学説において，犯罪行為時説，没収不能時説，裁判時説の対立がみられるが，判例は犯罪行為時説を採用している(最判大昭43・9・25刑集22・9・871)．また，判決の確定まで待ってはその執行が著しく困難になるおそれがある場合には，裁判所は刑の言渡しと同時に，追徴価額に相当する金額の*仮納付'を命じることができる(刑訴348)．なお，刑法総則の追徴は任意的な処分であるが，特別法においては必要的な追徴を規定するものも多い(たとえば刑197の5，公選224，関税118Ⅱ)．

総則の追徴規定は，犯罪時においては没収可能であったことを前提としているから，有体物以外の物は原始的に没収不能である以上，そもそも追徴を認める余地がなく，不正利益の剥奪という観点からは必ずしも十分ではない．この点，*賄賂'とは一切の利益を含む概念であるから，賄賂の没収・追徴規定(197の5)によれば，財産上の利益のように非有体物であり，原始的に没収不能な賄賂についても，その追徴が認められると解されている．さらに*国際的な協力の下に規制薬物に係る不正行為を助長する行為等の防止を図るための麻薬及び向精神薬取締法等の特例等に関する法律'(平3法94)は，没収の対象を非有体物および派生財産に拡大するとともに，それらが没収不能な場合，さらに没収が不相当な場合にも，その価額の追徴を認め(麻薬特13)，また追徴が困難な場合に備えて，追徴保全手続を規定している(20)．また，近時成立した*組織的な犯罪の処罰及び犯罪収益の規制等に関する法律'(平11法136)においては，薬物犯罪以外の重大犯罪についても，麻薬特例法と同趣旨の追徴制度の拡充が規定されている(組織犯罪16)．

[橋爪　隆]

通貨及証券模造取締法　貨幣，政府発行の紙幣，銀行紙幣，兌換銀行券，国債証券および地方債証券に紛らわしい外観を有するものの製造，販売(1)を処罰する法律(明28法28)．

*通貨偽造'・*有価証券偽造'等各種偽造罪にいう*偽造'・*変造'には至らないが，真貨に紛らわしい外観を有するものを製造する行為は「模造」と呼ばれ，本法の規定によって処罰される．「紛らわしい外観を有する」とは，「色彩，形状などにおいてそのものを模擬するをもって足り，必ずしも普通の知識を有する者が，その鑑別を誤るようなものであることを要しない」(東京高判昭38・1・21高刑16・1・1)．

偽造罪成立に必要な「*行使'の目的」も要求されていないため，行使の目的を持たずに通貨を偽造した場合も，本法によって処罰される．→通貨偽造罪，有価証券偽造罪　　　［島岡まな］

通貨偽造罪〔独〕Geldfälschung　通貨偽造罪とは，行使の目的で，強制通用力が認められた貨幣・紙幣・銀行券を偽造し，または変造する罪であり，無期または3年以上の懲役に処せられる（刑148 I）．未遂も処罰される（151）．

本罪の保護法益は，通貨に対する社会的信用であり，ひいては通貨を手段として行われる取引の安全である．国家の通貨発行権（通貨高権）という国家的法益も通貨偽造罪の保護法益に含まれるかについて争いがあったが，現在の通説は，通貨の信用性を害さない行為について，通貨高権の侵害のみを理由として処罰することはできないとしている．

貨幣とは硬貨，紙幣とは紙を原料とする通貨のことである．一般に紙幣と呼ばれているものは，本条にいう銀行券であり，日本銀行法に基づいて日本銀行が発行する証券のことである．*偽造'とは，通貨の発行権者（政府・日本銀行）でない者が，通常人をして真正の通貨と誤信させるほど外観の類似したものを新たに作り出すことである．*変造'とは，真正の通貨に加工して，真貨の外観をもつものを作り出すことである．偽造の程度に至っていなくても，真貨に「紛ハシキ外観ヲ有スルモノ」を作り出すことは模造であり，*通貨及証券模造取締法'によって処罰される．

偽造といえるためには，その偽貨に相当する真貨の存在が必要であるかについては争いがある．架空の記念硬貨を作り出すような場合が問題となる．条文上，偽変造の客体が「通用の」貨幣類である以上，それに相当する真貨の存在が必要だとの学説もあるが，通説は，一般人にそのような真貨が存在すると誤信させるに足りるものを作り出す限り，相当する真貨の存在は不必要であるとする．

偽変造の通貨を真正な通貨として流通におけば，偽造通貨行使罪が成立し，情を知った他人に交付すれば偽造通貨交付罪が成立し，輸入も含めてそれらは通貨偽造罪と同様に処罰される（148 II）．未遂も処罰される（151）．行使の目的で，偽造通貨であることを知ってそれを受け取った場合には，偽造通貨収得罪（150）が成立する．未遂も処罰される（151）．収得とは，自己の所持に移す一切の行為をいう．→外国通貨偽造罪，偽造通貨収得後知情行使，紙幣類似証券取締法，通貨偽造準備罪，取引の安全に対する罪　　　　　　　　　　　　　　　　　［園田　寿］

通貨偽造準備罪　通貨偽造準備罪とは，貨幣・紙幣・銀行券の偽造または変造の用に供する目的で，器械または原料を準備する犯罪であり，法定刑は3ヵ月以上5年以下の懲役である（刑153）．本罪は，*通貨偽造罪'の予備段階における器械・原料の準備という特定の行為を取り上げて独立の罪としたものである．主体に制限はなく，自ら偽造変造を行おうとする者だけでなく，他人の実行を幇助するために準備する者も，本罪の主体となる．*予備罪'の幇助については議論があるが，他人のための準備行為も予備行為の類型性を備えたものとする立場からは，本罪はいわゆる他人予備行為を予備そのものとして処罰したものと解され，これに対して，予備罪には他人予備行為は含まれないとする立場やさらに予備の従犯を否定する立場からは，本罪は例外的に処罰の必要性から予備段階における特定の幇助行為を独立の可罰的行為としたものであると解されている．　　　　　　　［園田　寿］

通常抗告〔独〕einfache Beschwerde　刑事訴訟法上，*即時抗告'および*特別抗告'以外の*抗告'をいう．一般抗告できる決定のうち，特に即時抗告をすることができる旨の規定がある場合以外は，原則として通常抗告を申し立てることができるが，法律に特別の定めのある場合には許されない（419）．この例外は広く，抗告できない決定としては，勾留，保釈，押収または押収物の還付に関する決定および鑑定留置に関する決定を除く裁判所の管轄または訴訟手続に関し判決前にした決定（420 I・II），抗告裁判所の決定（427），*高等裁判所'の決定（428）があり，通常抗告が許される場合はごく限定されている．通常抗告は，その提起期間の定めがなく，原決定を取り消す実益がある限りいつでも申し立てることができる（421）．通常抗告は，原決定の執行停止の効力をもたないが（424 I），

原裁判所は決定で，抗告の裁判があるまで執行を停止することができ(424Ⅰ但)，また，抗告裁判所も決定で執行を停止することができる(424Ⅱ)．執行停止の決定が可能な時期は，原裁判所がするときは，抗告申立書が抗告裁判所に到達するまで，抗告裁判所がするときは，それ以後と解されている．　　　　　　　[関　正晴]

通信の秘密　**1　通信の秘密侵害罪**　憲法21条2項は通信の秘密を保護しており，その趣旨を受けて，通信の秘密の侵害を禁止・処罰する規定が，刑法の*信書開封罪'(133)の他に，通信関係の特別法に設けられている．信書開封罪の特別規定として「郵政事業庁の取扱中に係る郵便物を正当の事由なく開(く)」行為を処罰する郵便法77条があり，より一般的には，郵便法80条1項が「郵政事業庁の取扱中に係る信書の秘密を侵した者」を，電気通信事業法104条1項が「電気通信事業者の取扱中に係る通信の秘密を侵した者」を，有線電気通信法14条1項が「有線電気通信の秘密を侵した者」を処罰している(いずれも2項で業務従事者による通信の秘密侵害を加重処罰している)．以上の通信の*秘密侵害'行為には，発信者又は受信者の意思に反した秘密の探知・漏泄・*窃用'が含まれる．これに対して，電波法109条1項は，「無線局の取扱中に係る無線通信の秘密を漏らし，又は窃用した者」に限って処罰しており，通信の探知行為自体は処罰していない．通信の秘密には，通信の内容の他，発信者・受信者の番号・氏名・住所，発着信日時，特定の通信の存在の有無，特定人に関する通信回数・通信時間，以上の事項を実質的に推知せしめる情報も含まれる，と解されている(大阪高判昭41・2・26高刑19・1・58参照)．秘密の探知に関しては，通信の内容自体が秘密である必要はないと解されており，探知した通信の内容が公知の事実であったとしても通信の秘密侵害に該当する．

2　通信の秘密侵害の違法阻却　発信者の電話番号も通信の秘密に含まれると解されているので，その探知行為(いわゆる*逆探知')は，たとえ受信者の同意があっても，電気通信事業法の通信の秘密侵害罪の構成要件に該当するものと一般に解されている．探知行為が人命救助のための*緊急避難'や*正当防衛'に該当する場合には違法性が阻却される．犯罪捜査のための電話*通信の傍受'(*ワイヤ・タッピング')・録音に関して，判例は，刑事訴訟法の検証許可状に基づき一定の要件のもとで許されると解したが(最決平11・12・16刑集53・9・1327)，*犯罪捜査のための通信傍受に関する法律(平成11法137)'は新たに通信傍受に関する規定を設けた．なお，近年盛んになっているコンピュータ・ネットワークを通じて行われる不特定多数の者との間の通信については，これを「公然性を有する通信」として，通信の秘密の保護等に関連して，伝統的な通信とは別に考えようとする見解が有力になってきている．　　　　　　　　　　[佐伯仁志]

通信の傍受　**1　概念と法的根拠**　通信の傍受とは，電話その他の電気通信により現に行われている他人間の通信について，その内容を知るため，当該通信の当事者のいずれの同意も得ないでこれを受けること(犯罪捜査のための通信傍受に関する法律(以下通信傍受法)2Ⅰ・Ⅱ参照)．このような行為は，従来，当事者に知られず他人の会話をひそかに聞きとることから「盗聴」といわれてきたものである．いわゆる盗聴には，口頭の会話を傍受するため，小形のマイクロフォンなどの傍受装置を室内の隠れたところに設置して行うバッギング(bugging)と，通信を傍受するため電話回線などに傍受装置を設置して行う*ワイヤ・タッピング'(wiretapping)の2種類がある．通信傍受法は，これらのうち後者について，特定の要件と手続の下で合法化したものである．

日本国憲法21条2項は，*通信の秘密'を保障しているけれども，一般的にはその保障も絶対的なものではないと解されている．すなわち事件が重大なもので，犯罪捜査の必要性，緊急性もある場合のようにそれを制限して得られる利益(刑事訴追の遂行)が，そのために失われる不利益(プライヴァシーへの干渉)を上回るときには，通信の秘密の保障を最小限度の範囲で制限することも許される，とされている(刑訴222Ⅰ・100参照)．また，通信の傍受は，普通強制処分に当たると解されているので，それを実行するためには，適正な手続を定めた法律上の根拠が要求される(憲31および刑訴197Ⅰ但)．しかし，上記立法がなされるまではそのような法

規がなかったから，違法説と適法説ならびに後者による場合に取得すべき令状につき，議論が鋭く対立していた．そこで，前掲法律を制定するとともに，刑事訴訟法197条1項但書が強制処分は同法で定めることとしている関係から，そこに通信の傍受については別に立法で定める旨の規定を新設し（刑訴222の2），上記問題の解決をはかったわけである．

同法によれば，傍受対象の犯罪は，薬物，銃器，密入国，組織的殺人に関する犯罪に限られ，捜査機関は地方裁判所の発付する傍受令状により傍受を行うことになっている．そして，地方裁判所の裁判官は，「相当な理由」より厳しい，当該犯罪が犯されたと疑うに足りる「十分な理由」がある場合に傍受令状を発付し，この実行にあたっては第三者たる「立会人」をつける必要がある．傍受の期間は，10日以内であり，これは延長できるものの，通算で30日を超えることができない．期間は傍受令状上に記載され，その間に傍受した通信はすべて録音その他により記録に残される．

2 濫用の危険性 捜査機関に通信の傍受を認めた場合にもっとも危険なのは，捜査機関が傍受の対象となった犯罪に関連する電話や通信以外のそれと無関係なものも傍受するという点である．捜査機関はいつなんどきどのような電話や通信が傍受中に飛び込んでくるのかわからないから，一応聞いてから傍受対象たる電話・通信なのか，そうではないかを選別せざるをえない．そして，もし無関係なものであった場合には，令状主義の趣旨からすれば捜査機関はただちに傍受を一時中断しなければならない．しかし，通信傍受法14条は，令状による適法な傍受行為中にたまたま実行された別罪に関する傍受を比較的広く認めている．このことは，被疑事実ごとに令状を取得しなければならないという憲法35条の令状主義に反する疑いが残る．また，それは，傍受対象となる被疑事実をひとつ見つければ，これを口実にして傍受令状を取り，本来はその対象とはならず，傍受令状を請求する要件に欠ける他の犯罪に関する通信も傍受するという，傍受令状の目的外流用を容易にするおそれもある．これは，一種の職権濫用であるから，当該捜査官が*公務員職権濫用罪'（刑193)に問われる可能性がある．したがって，その運用については，上記のような濫用が行われないように十分配慮する必要がある．

3 電話検証 通信傍受法により立法的解決がはかられるまで，捜査機関は電話の傍受は検証にあたるとし，検証令状の発付を受けて実施していた．これを電話検証という．実際に電話検証が行われ，これが裁判所により適法と判断された例として，覚せい剤密売事犯に関する東京高判平4・10・15高刑45・3・85がある．電話の受付係が客から覚せい剤購入の注文を受けると，代金を特定の場所に置くように指示し，これを代金回収係が回収した後，客に覚せい剤の置いてある場所を教え，客はそこから覚せい剤を受け取るという，いわゆる非対面方法による密売に関する事案である．

今後，このような事案については，通信傍受法により傍受令状に基づいて傍受が実施されることになる．しかし，立法的解決がなされたのであるから，同法3条が傍受令状による傍受を認める薬物，銃器，密入国，組織的殺人に関する犯罪より他の犯罪捜査において，検証令状を利用し，それを実施することは許されない．

なお，同法によれば傍受した通信はすべて録音その他の記録媒体に記録されるが，これは広い意味でいわゆる秘密録音も所定の要件の下で適法化したものである．しかし，通常，狭い意味で秘密録音といわれている，相手方との会話を無断で隠しマイク等により秘密裏に録音する行為の適法性の問題は残されたままである．この点については，捜索・差押えの実行にあたり，捜査機関が立会人らとの会話をネクタイピン型の隠しマイクで録音した行為の適法性を認めた判例が参考になる（千葉地判平3・3・29判時1384・141)．→組織的犯罪対策法　　［島　伸一］

通　訳　（英）interpreter　（独）Dolmetscher　（仏）interprète　日本語を理解しない者または日本語により陳述することができない者の陳述または表現を日本語による陳述の形に転換すること，あるいは日本語の陳述を理解することのできない者に対して理解可能な言語または表現に転換することをいう．裁判所法74条は「裁判所では，日本語を用いる」と規定しており，刑事手続は日本語により進められてい

る．被疑者，被告人，被害者，目撃者等が日本語に通じない場合等に通訳および*翻訳'が必要とされる．刑事訴訟法175条は，国語に通じない者に陳述をさせる場合には通訳人に通訳をさせなければならないと定め，176条は，耳の聞こえない者または口のきけない者に陳述をさせる場合には通訳人に通訳をさせることができると定める．また，223条は，犯罪捜査のために必要があるときは，捜査機関は通訳を嘱託できると定める．治罪法以来旧刑事訴訟法まで，通訳人は通事と呼ばれた．通訳について，かつては，外国語による申立てや陳述がなされたとき，裁判所がその内容を理解することを補助するためのものと解されたが，現在では，専門的知識・経験に基づく具体的事実の判断の報告であって，言語に関する一種の鑑定と解されている．178条は鑑定に関する規定の準用を定める．刑法171条は，法律により宣誓した通訳人が虚偽の通訳をしたときは，*虚偽鑑定罪'となることを定める．*市民的及び政治的権利に関する国際規約'14条3項(f)は，裁判所において使用される言語を理解することまたは話すことができない場合に被告人に無料で通訳の援助を受ける権利を保障する．この規定の解釈について人権委員会が第13会期中の1984年4月12日に採択した一般的意見13の第13項は，無料の通訳は訴訟の結果とは無関係に保障されるとする．この無料の通訳は無条件かつ絶対的な保障であるから，刑事訴訟法181条1項により被告人に通訳費用を負担させることはできないとした東京高判平5・2・3外国人犯罪裁判例集55がある一方，有罪の場合には被告人に事後に負担させることができるとする東京高判平4・9・2訟月39・6・1053もある．実務上は，被告人に負担させることはほとんどないという．近時の*外国人犯罪'の増加にともない，通訳体制の整備が焦眉の課題とされている．正確な通訳は適正・公正な刑事手続の不可欠の条件である．そのために，有能・適格な通訳人の確保，通訳人選任手続の適正，法廷審理の録音(実務上ほとんどの場合に行われているという)，チェック通訳人の関与の保障等が課題とされる．→外国人事件と刑事手続　　　　　　　　　　　　　　　　　［葛野尋之］

付 添 人　*少年保護手続'において，少年の利益のために包括的代理権をもって少年を補佐する．少年および保護者が家庭裁判所の許可を受けて選任するが，弁護士を選任するには許可は要らない．保護者も，家裁の許可を受けて付添人になることができる(少10)．選任は，保護事件の家裁係属後，審級ごとに行われる(少審規14)．捜査段階からの，また国選付添人制度の必要性なども主張される．平成12年の少年法改正により，検察官が関与する場合などの国選付添人が新設された(少22の3・32の5)．保護手続から，検察官送致で刑事手続に移行するときには，付添人は*弁護人'となる．付添人は，審判開始決定後に(家裁の許可を要せず)少年調査記録など保護事件の記録または証拠物を閲覧できる(少審規7)．審判期日に呼出を受け(同25)，裁判官の許可を得て意見を述べる(同30)，証人尋問等(少14)検証等(同15)刑事訴訟法と刑事訴訟規則を準用する処分(少審規19)で弁護人に相当する権限を行使，少年鑑別所入所中の少年との立会なしの面会(少鑑処遇規則39Ⅱ)，保護処分の決定に対する抗告(少32)といった刑事訴訟手続における弁護人と同様の役割とともに，家裁のもつ教育的，ケースワーク的機能が十分に発揮できるように少年側に働きかけるといった保護的役割ももつべきとされる．→少年法　　　　　　　　　　　　［吉岡一男］

筑波大膵腎同時移植事件　1984年9月26日，筑波大学付属病院消化器外科教授Xらは，夫Aに連れられ脳出血の疑いで入院し，*脳死'と判定された当時43歳の女性Bから，わが国で初めて膵臓・腎臓を同時摘出し，糖尿病性腎症に罹患中の当時29歳の男性Cに移植したが，Cは約1年後に死亡した．この事件は，*和田心臓移植事件'と並んで，*臓器の移植に関する法律'の施行前に*人の終期'が問われた告発事件として著名である．本件は，Bへの殺人・死体損壊等，Cへの傷害致死として，東京大学医学部付属病院の医師ら「患者の権利検討委員会」PRCにより告発された．その告発に依拠して，以下では法的な問題点を解説する．

①脳死を人の死と判定すべきかにつき，当時，厚生省が研究班に答申を求めており，医師の間での合意さえ得られていない状況下では，伝統的な*三徴候説'が唯一の死の判定基準であ

るから，本件摘出行為は殺人になる，という．しかし，現行移植法により脳死が人の死として法的に「確認」されたにすぎないとすれば，本件当時でも脳死基準が妥当すべきことになる．死の基準は，人々の合意のみで変動しうるものではないからである．②脳死判定前も積極的な治療が行われず，薬剤投与まで中止されたのは，摘出する腎臓を傷めないためには死期が早まっても良いとしたもので，不作為の殺人罪が成立する，という．しかし，救命治療(蘇生)の不能な状態が既に生じていたならば，以後の医的侵襲は治療でありえず中止されるべきことになろう．この場合の人工呼吸器装着も，提供者の利益ではなく，受容者の治療に必要な正当行為であるかが問われる．③肝臓・脾臓の摘出には移植目的が欠け，移植を前提とする同意が遺族にも欠けるので，死体損壊罪が成立する，という．しかし，同罪の成否にとって遺族の同意が決定的であるとはいえない．現行移植法は，提供者の同意書面の他に，遺族が拒否しないことを要件とするが(6Ⅰ)，書面以外の本人の意思が尊重されず，同意能力を欠く人からの移植が全く排斥されてしまう，という問題点を残している．④遺族の依頼による死亡診断書の死亡時刻の書き換えが虚偽公文書作罪にあたる，という．それは，死期に依存するが，必ずしも脳death等の判定時に左右されるものではない．しかし，この関係でも，現行移植法が脳死判定への本人・家族への拒否権(6Ⅲ)を定めたことの当否が，問われよう．→臓器移植　　　　　　　　[長井 圓]

罪となるべき事実　罪となるべき事実は，*起訴状'においてその記載が求められ(刑訴256Ⅱ・Ⅲ)，有罪の言渡しにあたって示さなければならないとされている(刑訴335Ⅰ)．前者は，*検察官'が主張する犯罪事実をいい，後者は*裁判所'が*証拠'に基づいて認定した犯罪事実である．*故意'や*過失'を含んだ構成要件に該当する違法性と有責性をもつ行為を特定する具体的事実(最判昭24・2・10刑集3・2・155)のほか，処罰の条件となる事実や犯罪の日時・場所・方法など具体的な犯罪を特定するいっさいの事実を指す．起訴状に記載される場合には，*公訴事実の同一性'の範囲内で特定されればよいとされているが，有罪の判決の場合は，判決が*既判力'の範囲を明確にする使命を負っていることから，他の行為と区別しうる程度にまで特定して記載することが求められており(前掲最判昭24・2・10)，実際にも審理の結果判明した事実を踏まえて書かれるため，詳細に記載されるようになっている．→公訴事実　[指宿 信]

つり銭詐欺　相手方が誤って余分のつり銭を手渡すのを認識しながら，その事実を告知しないで交付を受けることをいう．この類型では，真実を装うという挙動による欺く行為が認められないので，*詐欺罪'の成否は，不作為の欺く行為をどの範囲で認めるかによる．判例は，不作為の欺く行為を認めるには，事実を告知すべき法律上の義務(大判大6・11・30刑録23・1449)，法令上慣習上または契約上その他法規上の一般条理として存在する告知義務(大判昭8・5・4刑集12・538)が必要だとし，これを広く認める傾向にあるが，つり銭詐欺の事案に関する裁判例は知られていない．学説上，通説は，この類型について，受取人には信義則上，相手方に対する告知義務があるとして，不作為の欺く行為を認め，詐欺罪の成立を肯定しているが，これに対しては，通常の取引関係の当事者に，相手方の財産を保護する義務を認めるのは不合理であるとして，*遺失物等横領罪'(占有離脱物横領罪・刑254)の成立のみを認める見解も有力である．なお，受け取ったあとで，つり銭が過分であることに気づいたが，そのまま領得する行為については，通説の立場からも，遺失物等横領罪が成立するにすぎない．　[安田拓人]

て

DNA鑑定　DNA(デオキシリボ核酸)配列が個人間で異なることを利用して個人識別や親子関係の判定を行う鑑定法．DNAは細胞核の中の染色体上や，細胞機関であるミトコンドリア内に存在している．DNAは梯子構造をしており，梯子の横木に当たる部分は，アデニン(A)，シトシン(C)，グアニン(G)，チミン(T)

と呼ばれる4種類の塩基のうちAとTの対およびCとGの対で構成されている。染色体に含まれる塩基対は約30億ある。塩基対の配列の違いによりDNAに特徴が生じる。DNAの塩基配列の中にはいくつかの型に分類でき，かつ，ある集団内において各タイプの出現が特定の型に偏っていない部分(高度な多型部分)があることが発見された。この高度な多型部分を利用して個人識別を行うのが「DNA型鑑定」と呼ばれるものである。型の数や型ごとの出現頻度は，DNAのどの箇所に存在する多型かによって異なる。各型の出現頻度は統計学的手法により算出される。そのためには，各種のDNA多型ごとに十分なデータを収集，分析する必要がある。

DNA多型には鎖長多型(反復多型)と配列多型とがある。鎖長多型は一定の長さを単位とするDNAの反復数の違いにより多型性が現われる場合をさす。配列多型とは塩基配列の特定部分が置換することにより型が生じる場合である。

DNA多型の検出方法は多型の種類に応じていくつかある。現在の捜査実務では主に，反復単位の長さに応じてミニサテライトやマイクロサテライトと呼ばれる鎖長多型をPCR(ポリメラーゼ連鎖反応)法により増幅し，電気泳動にかけて分離検出する方法と，配列多型をやはりPCR増幅しドット・ブロット方式により検出する方法が利用されている。その他に塩基配列を直接読み取る方法もある。

DNA鑑定は，①細胞が含まれるいずれの組織からも鑑定が可能であること，②ごく微量な資料や比較的古い資料からも鑑定できること，③一度の鑑定により比較的高度な個人識別が可能であることなどが長所としてあげられる。その反面，①鑑定のための機器や試薬が高価であるため鑑定実施機関が限られていること，②急速に研究が発展している分野であり，いまだ専門分野において信頼性につき評価がかたまっていない手法が用いられる危険があること，③裁判官や捜査機関にもDNA鑑定の証拠価値につき正しく評価するための知識や経験が十分備わっておらず，*証明力*が過信される危険があること，④弁護人にとってDNA鑑定を争うための手段が十分に保障されていないことなどが指摘されている。

なお，最決平12・7・17(刑集54・6・550)は，「その科学的原理が理論的正確性を有し，具体的な実施の方法も，その技術を修得した者により，科学的に信頼される方法で行われたと認められる」ことを理由に，最高裁として初めてDNA鑑定の証拠能力を肯定した。→科学的証拠，科学的捜査　　　　　　　　　　　　[田淵浩二]

ディヴァージョン　(英) diversion

1　ダイヴァージョンとも呼ばれる。アメリカの刑事手続において用いられている用語であり，広い意味では，警察から裁判，行刑に至る刑事過程のいずれかの段階で，事件を通常取られる手続から離脱させ，他の代替的な処置を取ることをいう。一般的には，被疑者・被告人が代替的処置を受け入れることを条件に，有罪・無罪の決定に至る前の段階で刑事手続を停止，あるいは猶予することを意味する。単なる手続打切りとは異なる。「法執行と司法運営に関する大統領委員会」によって1967年に提唱された。当時のアメリカでは逮捕された被疑者の約半数について，警察，検察官，あるいは裁判官によって初期の段階で刑事手続が打切られていたと言われる。このような被疑者の関わった事件の一部について，和解や賠償支払による紛争処理の試み，さらには家庭内暴力の非公式処理等がすでに各地で行われていた。「大統領委員会」の提言は，通常の刑事手続による処理を必要としないとみられる被疑者・被告人に対する代替的処置として，それまで非公式に行われていた処理を一定の規準に基づく手続として刑事手続のなかに導入しようとするものであった。成人については，責任能力のある精神障害者に対する治療処遇も提唱された。また，少年については，非行性の重くない少年を少年裁判所の手続から早期に離脱させ，青少年サーヴィス局が少年の必要に応じ教育や雇用等の機会提供のために援助を与えるべきであるとした。

2　**目的と手続**　ディヴァージョンの目的は，一方では，裁判所等の刑事法諸機関における事件負担を軽減し，かつ事件処理の選択肢を広げることにより事件に応じた柔軟な処理を可能にすると同時に，他方では，刑事手続に伴う社会的スティグマを被疑者・被告人に刻印することを

回避し，社会復帰に役立つ種々の援助を提供することであるとされた．1970年代以降発展したディヴァージョン・プログラムは，財産犯罪や比較的軽い暴行・傷害などの犯罪の処理において，教育や雇用のプログラム，カウンセリング，治療プログラムなどに一定期間参加することを条件に刑事手続を停止するものであり，期間が満了すれば刑事手続は打切られ，そうでない場合には刑事手続が再開されるというものである．代替処置は検察官によって選択され，被告人が同意することが条件とされたが，裁判官も関与することが普通であったと言われる．

3 問題点 ディヴァージョン・プログラムの手続と実効性については，これまでにいくつかの問題が指摘されている．

第1に，被疑者・被告人の同意に基づくとはいえ，ディヴァージョンは一定の義務・制約を科すものであり，無罪の推定の原則を侵し，事実上有罪確定前の科刑になるのではないかという批判がなされた．ディヴァージョン・プログラムに付するかどうかは，公判前手続において通常の刑事手続を進めるかディヴァージョン・プログラムを受け入れるかを被疑者・被告人に選択させることによって決定されたと言われる．それゆえ，ディヴァージョン決定手続には有罪の答弁と同様の問題が内在していると言えよう．

第2に，ディヴァージョン・プログラムは，被疑者・被告人に種々の援助を与えることによって再犯率を減少させることを狙ったが，それは成功しなかったと言われている．ディヴァージョン・プログラムが再犯率を下げることを目的としているのであれば，再犯の危険性のある被疑者・被告人を対象に援助活動が実施されなければならない．しかし，多くの場合，プログラムの失敗を恐れ，再犯の危険性の低い人々がディヴァージョン・プログラムのために選択されたという．このため，ディヴァージョン・プログラムは再犯率にほとんど影響を与えることができなかった．

第3に，ディヴァージョン・プログラムは裁判所の事件負担を軽減することにもほとんど役立たなかったと言われる．というのは，ディヴァージョン・プログラムのために選択された人々は，その数が少なかっただけでなく，その多くがディヴァージョンが行われなければそのまま手続を打切られたと思われる人々であったからである．

第4に，個々の事件に応じた処理の選択肢を増やすという意味では，ディヴァージョンは成功したと言われる．しかし，それは社会復帰のための選択肢を増やしたのではなく，検察官のもつ処分権限の拡大を導いたとの批判もなされている．

ディヴァージョンは，通常であれば刑事制裁を受けるであろう人々を刑事手続からはずすための制度であると理解されやすい．しかし，アメリカにおける運用の実態は必ずしもそうではなく，むしろ刑事司法制度による公式社会統制の網を拡大したとの批判が加えられている．しかし，他方では，法律違反者に対する早期処遇が矯正効果を持つという主張もなされている．
→司法前処理，猶予制度　　　　　［村山眞維］

帝銀事件 1948(昭23)年1月26日，東京都豊島区の帝国銀行椎名町支店内で，消毒薬と偽った毒物を行員らが飲まされ，12名が死亡し，支店内の現金などが奪われた事件．犯人が自らも薬を飲んで見せた上で毒殺が行われたことから，薬物の専門的知識を有する者の犯行とされ，旧陸軍の細菌部隊関係者が捜査の対象とされたが，犯人は特定されず，事件後7ヵ月経ってから画家の平沢貞通氏が詐欺事件で*別件逮捕*され，約1ヵ月後，自白し，殺人罪等で起訴された．被告人は公判では否認に転じたが，1審判決(東京地判昭25・7・24)で死刑を宣告され，控訴，上告も棄却されて*死刑*判決が確定した(刑集9・4・663，参照として1，2審判決も登載)．平沢はその後も獄中から*再審*を請求しつづけ，生前に再審請求は7次を数えたが，再審は開始されず，死刑確定後32年を経た1987(昭62)年5月，平沢は獄中で死亡した．死刑確定後の拘置が30年を超えた時点で刑の時効が完成したとして人身保護請求がなされたが，死刑確定者の拘置は死刑執行の一環であり，30年の拘置が残虐な刑罰にあたるともいえないとして，請求が棄却されている(東京地決昭60・5・30訟月32・1・109，判時1152・26，最決昭60・7・19訟月32・5・936，判時1158・28)．→人身保護法，恩赦　　　　　　［水谷規男］

定型説 定型説とは，刑事学的な犯罪(当罰行為)類型から立法者により取捨選択され規定された，違法・有責な行為の類型である法的な犯罪定型を*構成要件'とし，これを犯罪論体系の中核にすえた全犯罪論の統一的な構成を主張し，*罪刑法定主義'に基づく堅固な犯罪理論を構築する考え方で，*小野清一郎'から団藤重光へと継承され展開された理論である．定型説によれば，不作為や因果関係が構成要件の問題とされ，また未遂犯(実行の着手)，不能犯，間接正犯や狭義の共犯が実行行為性の概念で統一的に理解されるとともに，強盗殺人罪の擬律など各犯罪類型の解釈においても法的定型が基準とされる．

定型説は，文理的にある行為が構成要件に該当する場合でも，その予想する定型に当たらなければ構成要件該当性を欠くとするから，構成要件の定型性をいかに見いだすかが問題となる．それが明らかにされなければ「分析を回避して直観的な結論を正当化するためのレッテル」との批判を受けざるをえない．しかし，定型説は保護法益およびその侵害の態様が定型性判断のめやすであるとするにすぎない． ［門田成人］

提出命令 対象物の所有者等に対してその提出を義務づける裁判(刑訴99Ⅱ)．提出を拒否しても格別の制裁はないが，*差押え'を受けることがあるという意味での間接的な強制が加えられる(99Ⅰ)．差押えの他に提出命令という手法が設けられているのは，直ちに直接強制を加えることをできるかぎり控えて，同一の効果を期する方が望ましいからである．

提出命令に応じて所有者等が対象物を裁判所に提出すれば，直ちに*押収'の効果を生じ，裁判所は強制的に占有を継続することができる．押収に関する裁判であるから，抗告(準抗告)の対象ともなる(420Ⅱ・429．通説・判例)．

［松代剛枝］

訂正の判決 *最高裁判所'がした*上告'審判決につき誤りのある場合，それに対する上訴の道はないので，当事者の申立てによって訂正の機会を設け，上告審自身の手で修正をおこなうのが判決の訂正，すなわち訂正判決である(刑訴415Ⅰ)．申立ては判決に誤りがあるときに限られ，判決宣告のあった日から10日の間に行わなければならない(415Ⅱ)．申立て理由には判決のケアレス・ミスも含まれている．ただし，訂正判決は上告審での事件に関する審判の再開あるいは再審理を含むものではない．そこで，判決そのものにある内容上の瑕疵に申立て理由は限られると考えられており，再度の審理を求めるには，*再審'の要件が満たされた場合に限り(435)，その請求を行うことができる．訂正判決は弁論を経ずに行うことができるが(416)，弁論を妨げる規定ではないので弁論再開の余地は残されている．判決訂正の申立てに関する裁判は原判決をした裁判所によらなければならない(刑訴規270)． ［指宿 信］

適正手続主義 (英) the principle of due process of law　**1 意義と背景** 刑事手続において，犯罪に対して刑罰法令を現実に適用して刑罰を科すためにはその手続が適正・公平に進められなければならないとする原則．

犯罪とこれに対する刑罰の内容を定めるのは刑法であるが，犯罪が実行されたことを理由に刑罰を科すには，そのための「手続」が必要である．すなわち，「手続なければ刑罰なし」ということである．日本国憲法31条は「何人も，法律の定める手続によらなければ，その生命若しくは自由を奪われ，又はその他の刑罰を科せられない」と規定する．これは，刑法を現実化し，国家刑罰権を行使するには刑事手続によることが不可欠の要件であることを定めたものである．

適正手続の観念は，連邦政府に対するアメリカ合衆国憲法修正5条(「何人も……適正な法の手続によらずに，生命，自由又は財産を奪われることはない」)および州に対する同14条(「州は，何人からも，適正な法の手続によらずに，生命，自由又は財産を奪ってはならない．」)の規定に由来する．日本国憲法31条はこの趣旨を承継したとされる．当初，この適正手続条項は，上記のように，手続的保障・手続法定の原則としてのみ捉えられていたが，19世紀末頃から次第に，その内実も実質上適正であることを要するものと理解されるようになった．現在では，日本国憲法31条についても，同様の理解が一般化している(実体法の面でも，本条は，処罰条項の内容が実体的適正さを要請しているとの理解が通説化した．実体的デュー・プロセスの理論

2 実体的真実主義との関係 現行刑事訴訟法1条は、個人の基本的人権の保障とともに、事案の真相の解明、すなわち実体的真実の発見を刑訴法の目的として掲げている。人権を保障しつつ真実を発見することを主目的としたのである。ここでの人権の保障は適正手続の保障と言い換えられることもある。

それでは、適正手続の保障は、実体的真実の発見の要請とどのような関係に立つか。これは現行刑訴法の性格をどのように見るかとも関係があるが、当初、学説の中には、現行法における旧法からの手続構造の変化を抜本的なものとは捉えず、現行法下でも実体的真実の発見が優位に立つとの主張も見られた。

しかし、適正手続主義を定めた憲法31条を軸とする憲法の理念および刑事手続の当事者主義構造への変革は、しだいに学説上、適正手続の保障が少なくとも犯罪者は必ず処罰するという積極的実体的真実主義と鋭く対立することが自覚されるに至った。すなわち、刑事手続は実体的真実を発見するための単なる手段ではなく、それ自体に独自の価値・意義があるとすることが確認され始めたのである。これは、無実の者の処罰を防止するという実体的真実主義の消極面（消極的実体的真実主義）と表裏一体の関係にあり、「10人の有罪者を逸したとしても1人の無辜を処罰してはならない」との法格言によって表現される。

実質的には、適正手続主義の思想は、被告人・被疑者の刑事手続上の人権保障を目指すものとして、憲法および刑訴法の下でとくに重視される基本原則である。真実の発見は刑事手続にとって重要な原理であるが、それは適正手続の保障を前提として、はじめて許容されるのである。

もっとも、わが国における実体的真実発見の要請は、公判手続においてのみならず、捜査機関である司法警察職員、捜査および訴追の機関である検察官の意識においていぜんとして強固な面がある。わが国の刑事手続が「精密司法」であると指摘されるのはその一例であるが、その内実の解明は、なお残された課題である。

[三井 誠＝深尾正樹]

手続形成行為 全体としての訴訟を実体面と手続面の2面に分析する学説は、*訴訟行為'については*実体形成行為'と手続形成行為とを区別し、わが国では伝統的な学説となっている。これによれば、実体形成行為は直接に実体形成に奉仕するものをいい（たとえば証拠調べ・証人の供述・当事者の弁論等）、これに対して手続形成行為とは手続形成の効力を生じるものをいう（たとえば公訴の提起・証拠調べの請求等）。その法的性質については、実体形成行為が判決を目指して不確定的・浮動的に変遷する法律状態であるのに対して、手続形成行為では裁判所および当事者間の権利義務関係という法律関係が認められるとする。なお、訴訟行為を訴訟追行行為・手続行為・裁判に分類する学説では、ここにいう公訴の提起や証拠調べの請求などは訴訟追行行為に含まれることになる。→訴訟追行行為

[田口守一]

手続二分論（独）Zweiteilung der Hauptverhandlung　手続二分論あるいは公判二分論とは、犯罪事実の存否に関する手続と刑の量定のための手続とを分離すべきであるとする主張をいう。陪審裁判では、陪審員によって罪責問題がまず判定されるので当然に手続二分となる。したがって職業裁判官制度の下でも手続を二分すべきかどうかの問題であり、ドイツやフランスでもまたわが国でも有力に唱えられている。手続二分論の論拠としては、第1に、犯罪事実に関する立証手続と*量刑'に関する立証手続とを同一手続で行うことは、事実認定に関する厳格な証拠法則や予断排除の原則の趣旨に反するため、事実認定手続を純化するためには量刑手続を分離する必要がある。第2に、被告人の改善更生をも視野にいれて刑罰を個別化するためには、量刑資料が、事実認定手続固有の厳格な手続形式を離れて、量刑手続にふさわしい手続の下で取り調べられる必要がある。第3に、量刑手続においては、単に量刑資料を多く集めるだけでなく、被告人を保護する必要もある。すなわち、被告人の人格や生活環境等に関する事実が公開の場で明らかにされることは、被告人にとって苦痛であるのみならず、被告人の社会復帰にも悪影響を及ぼしかねない。そこで、被告人保護の観点から量刑手続にふさわしい手続形態を考える必要があり、ドイツで

は量刑手続の非公開も考えられている．さらに，第4として，たとえば，無罪主張をしつつ情状立証を行うと，無罪主張が根拠薄弱との印象を与えかねないといった弁護の自己矛盾を避ける必要もあるとされる．

もっとも，手続二分論にもいくつかの課題がある．まず，どの範囲の事件に二分制度を及ぼすかが問題となるが，さし当たり否認事件や重大事件などが考えられている．つぎに，手続二分の厳格性が問題となるが，罪責認定に独立の不服申立てを認める固い手続二分論もあるが，今日では，罪責認定に対する独立の不服申立てを認めず，またその拘束力も一定の要件の下で緩めるとする緩やかな手続二分論が有力である．さらに，責任能力などの認定をいずれの手続段階で行うかという点も問題となる．なお，手続二分論の趣旨は現行法の運用においても考慮されるべきであり，例えば前科や非行歴などの量刑資料については罪責問題が終了した後に言及されるべきであるとされている． 〔田口守一〕

転嫁罰規定 企業その他の事業体の活動に際して従業員が違反行為を犯した場合，当該従業員を処罰するのではなく，事業主ないし業務主を処罰する旨を規定した刑罰法規の講学上の呼称．いわゆる*業務主体処罰規定'の一種である．事業主が自ら違反行為を行ったのではないにもかかわらず処罰されることの根拠づけとして，かつては，転嫁責任，すなわち，違反行為者たる従業員の責任が事業主に無過失的に転嫁される，ということがいわれたが，転嫁罰規定はそれに由来する．従業員に代わって事業主を処罰する規定ということから，代罰規定ともいわれる．転嫁責任という構成は，責任主義原理との抵触から，学説上は早期に放棄され，従業員の選任監督上の注意義務違反に基づく事業主の過失責任であって，それが推定されるものと構成されるに至ったこともあり，また，違反行為を行った従業員を処罰しないことの合理性が乏しいこともあって，現在では転嫁罰規定はわずかに残るのみで，従業員をも処罰する*両罰規定'が一般化した．さらに直接の管理監督責任を負う管理職・役員等をも処罰する三罰規定も登場している．→法人 〔伊東研祐〕

電気窃盗 （独）Stromdiebstahl *旧刑法'下で，電力会社に無断で自宅に電線を引き込み，電気を費消したという事件が発生した．これを電気窃盗事件というが，これに対して，*大審院'は，「可動性及び管理可能性の有無を以て窃盗罪の目的たることを得べき物と否らざる物とを区別する唯一の標準となすべきものとす」と*管理可能性説'を採用して，電気を旧刑法366条の物と解して*窃盗罪'の成立を肯定したのである（大判明36・5・21刑録9・874）．この事案では，電気を*財物'とみなすという現行刑法245条のような規定が旧刑法には存在していなかったのであるから，それまでの民法85条に依拠した有体物説に従い，電気は有体物でないとして電気窃盗罪の成立が否定されるはずであった．この判例は，刑法の財物概念について，それ以後の有体物説と管理可能性説の対立を生むことになったし，また，現行刑法245条を例外規定とみなすか，あるいは，注意規定とみなすかの対立をも生むこととなった．しかも，有体物説から管理可能性説へと財物概念を*被告人'に不利益に拡張した点については，*罪刑法定主義'の派生原理のひとつである，*類推解釈'の禁止に違反するのではないかとの問題点も指摘されている．→窃盗罪 〔吉田宣之〕

電 子 監 視 （英）electronic monitoring（独）elektronische Überwachung 電子監視とは，対象者が予め指定された時間に，しかも予め指定された場所にいるか否かを確認するために，犯罪者の身体の一部に送信機を取り付け，その無線信号の受信を通じて監視する方法をいう．*自宅拘禁'と併用されることが多い．

1983年にアメリカはニュー・メキシコ州で，保護観察対象者の足首に「電子ブレスレット」をつけて監視することにより，過剰拘禁を回避しようとする試みが開始されてから，社会内処遇の一形態として注目されるにいたった．1990年10月には全50州で実施され，イギリス，フランス，カナダ等でも導入されている．

電子監視のもつ長所としては，①刑務所の過密状態の緩和と処遇の多様化，②施設内処遇よりも経費が節約できること，③施設内収容に伴う弊害の回避，④公衆の保護のために，社会内処遇にある保護観察者に対する監視を強化できる等が挙げられる．

しかし電子監視には、次のような問題点が指摘される。①人間としての尊厳を害し、プライバシーを侵害する。②電子監視を手数料の徴収と結びつけると、貧富の差によって拘禁判決に服する者とそうでない者がでてくるが、これは平等処遇原則に反する。

電子監視は、犯罪防止という側面から注目を惹いているところが多分にある一方、社会復帰処遇という角度からの検討が残されている。

[吉田敏雄]

電子計算機使用詐欺罪　経済取引上の事務処理の多くがコンピュータ(電子計算機)により自動化されたのに伴い、電算システムを悪用する財産犯に対処するため、1987(昭62)年の刑法の一部改正(昭62法52)により設けられた*コンピュータ犯罪'の一形態(刑246の2)。未遂も罰する(250)。オンライン化された銀行の預金元帳ファイルに架空の入金データを入力して不正に財産上の利益を得る等、人の判断作用を介さずに機械を欺くタイプの不法利得を処罰する*詐欺罪'(二項詐欺)の補充規定的性格をもつとともに、データ上の処理だけで現金化せずに行われる不正な取引決済上の利益窃盗を処罰するという性格も併せもつ。本罪は、電子計算機に事実に反するデータまたは不正なプログラムを入力することにより、財産権の得喪・変更に関する不実の電磁的記録を作成して自己または他人が違法に財産的利益を得る場合と、財産権の得喪・変更に関する不実の電磁的記録を人の事務処理の用に供して財産的利益を得る場合に成立するが、たとえば預金データを不正に改ざんして自己の口座の残高を増額したり、銀行のATM機に他人のCDカードを挿入し他人の預金を自己の口座に不正に付け替える操作を行い、その預金を自由に処分できる状態を作り出す場合が前者に当たり、テレホンカードを偽造・変造し、これを使って公衆電話をかける等、*プリペイドカードの改ざん'・使用により不法にサービスの提供を受ける行為が後者に当たる。なお、テレホンカードの磁気情報部分を改ざんして行使した場合には、さらに、本来的には電磁的記録不正作出・供用罪(161の2)が成立するはずであるところ、判例(最決平3・4・5刑集45・4・171)は有価証券変造罪(162)と同行使罪(163)の成立を認めるが、これらの罪と本罪は牽連犯となる。

[北川佳世子]

電子計算機損壊等による業務妨害罪　現代の社会生活において、コンピュータによる事務処理に対する依存度が高まるに伴い、電算システムの損壊や不正操作等によって行われる業務妨害の重大性を考慮して、1987(昭62)年の刑法改正の際に新設された*コンピュータ犯罪'(刑234の2)。コンピュータを介して行われる*業務妨害罪'で、①電子計算機・電磁的記録を損壊すること、②電子計算機に虚偽のデータや不正なプログラムを入力すること、または③その他の方法といった3種類の態様によって、他人の電子計算機に動作障害を起こさせ、業務を妨害した場合を処罰の対象とする。他人のコンピュータの無権限使用や情報の不正入手にとどまり、そもそも他人の業務に支障を生じさせない性格のものは本罪には当たらない。

[北川佳世子]

電磁的記録不正作出罪　**1 意義**　電磁的記録不正作出罪(刑161の2)は、従来刑法上保護される*文書'の要件とされてきた可視性・可読性はないが、現代社会において実質的に文書と同じ機能を果たしている電磁的記録(磁気ディスクやICメモリー等)に文書と同様の保護を与えるために、昭和62年の刑法一部改正により新たに追加された規定である。保護法益は、*文書偽造罪'におけるそれと同様、電磁的記録に対する公共の信用である。

本条は、私電磁的記録不正作出罪(161の2 I)、より刑罰の重い公電磁的記録不正作出罪(II)、*不正作出電磁的記録供用罪'(III)にわかれ、供用の*未遂'も処罰される(IV)。

2 客体　人の事務処理の用に供する権利、義務または事実証明に関する電磁的記録(161の2 I)および公務所または公務員により作られるべき電磁的記録(II)である。「人」とは、行為者以外の自然人または*法人'をいう。「事務処理」とは、財産上、身分上、そのほか人の社会生活に影響を与えるような一切の仕事をいう。コンピュータを作動させるためのプログラム等は含まれないが、刑法上*有価証券'とされる乗車券、馬券等の裏面の磁気部分は本罪の客体となるとされていた(馬券につき、甲府地判平1・3・

31判時1311・160)。しかし，平成13年の刑法一部改正により*支払用カード電磁的記録に関する罪'(163の2-163の5)が新設されたため，支払用カードを構成する電磁的記録部分は，今後本罪の客体から除外されることとなろう。

公電磁的記録には自動車登録ファイル，住民基本台帳ファイルのように公務所・公務員により作成される電磁的記録のほか，外部からの電子計算機への入力を受けて公務所において作出される電磁的記録も含まれる。公電磁的記録は，私電磁的記録よりも社会的信用性・証明力が高いことが，加重処罰の根拠とされる。

3 行為 電磁的記録を「不正に作る」こと，すなわち電磁的記録作出権限者の意図に反して違法に電磁的記録を作出させ，存在させることである(161の2Ⅰ・Ⅱ)。たとえば，記録の作出権限のない者が勝手に誤ったデータの入力を行ったり既存のプログラムに改変を加えることのほか，補助者として記録の作出に関与する者が権限を濫用して虚偽のデータを入力することなども含む。すなわち電磁的記録については，文書に関する*有形偽造'・*無形偽造'の区別が困難であるから，「不正作出」という言葉で包括的に表現したものとされる。銀行のオペレータ等による預金データの不正付け替えや支払用カード以外の各種カードの磁気情報部分の改ざんなどがこれにあたる。なお，電磁的記録作出権限のある自営業者が，脱税の目的で管理する電磁的記録(帳簿)に虚偽のデータを入力する行為は，本罪にはあたらない。しかし，作出権限のある公務員が職務に反し虚偽の記録を作り出すような行為は，公電磁的記録不正作出罪を構成する(虚偽公文書作成罪に対応する)。

「用に供する」とは，不正に作出された電磁的記録を人の事務処理のために使用可能な状態におくことをいう(Ⅲ)。たとえば，銀行のオペレータ等が顧客元帳ファイルの預金データに改ざんを加え，当該事務処理に用いることなどがこれにあたる。

不正作出も供用も，「人の事務処理を誤らせる目的」で行われることが必要である(目的犯)。これは，電磁的記録の証明作用に実害を生じさせる意図のある場合にのみ処罰範囲を限定する趣旨である。それゆえ，不正入手の目的で他人の電磁的記録(データ)を権限なくコピーする行為は，本罪にあたらない。→コンピュータ犯罪

[島岡まな]

伝聞証拠 (英) hearsay evidence
判決裁判所の面前における反対当事者の反対尋問の機会にさらされていない供述証拠。英米法では伝聞証拠を原則として証拠から排除する伝聞法則が採用されており，わが国の刑事訴訟法でも同様に解されている(刑訴320参照)。もっとも，多数の例外が認められており(321～328)，例外の基準は一般に必要性(犯罪事実の存否の証明に欠くことができないことと供述不能)と*信用性の情況的保障'の2つとされている。すなわち，刑事訴訟法321条1項3号(*三号書面')が伝聞例外の基本型となるが，供述録取者や書面の性質の違いなどを考慮して，許容要件を異にする様々な例外規定が設けられている(→*裁判官面前調書'，*検察官面前調書'，*三項書面'，*鑑定')。さらに信用性が極めて高く，供述不能を要件としない例外も存在する(323参照)。しかし，現実に公判に提出される圧倒的多数の伝聞書面は反対当事者が同意した*同意書面'であり(326)，実務上重要である。

なお，伝聞概念に一応含まれるが，反対尋問の機会を与えられないことが実質的に何らの影響をもたないために証拠能力が認められる場合があり，伝聞不適用と呼ばれる(321Ⅱ・322Ⅰ本・326・327)。

証明力を争う証拠に関しては(328)，証明力が争われている供述をした者以外の者の供述による弾劾を否定し，「証明力を争う」の意義を弾劾証拠および回復証拠に限定するのであれば，当該証拠は伝聞証拠でなく，したがって実質的に同条は伝聞例外ではなくなる(→*自己矛盾の供述'，*弾劾証拠'，*増強証拠'，*回復証拠')。

他人の供述を証言内容とする伝聞証人については，証言内容が被告人の供述である場合と被告人以外の者の供述である場合とを区別して，被告人の供述書等に関する例外と三号書面に関する例外の規定がそれぞれ準用される(324)。

伝聞証拠の中にさらに伝聞供述が含まれる*再伝聞'の許容性が論じられている。

なお，刑事訴訟法321～324条で許容される

伝聞証拠については，供述の任意性の調査が必要である（325）．調査は裁判所が適当と認める方法によって行うことができる（最判昭28・10・9刑集7・10・1904）．→メモの理論，非伝聞

[津村政孝]

伝聞法則 （英）rule against hearsay, hearsay rule **1 意義と機能** 伝聞法則は，'伝聞証拠'は原則として証拠としないとする原則であり，伝聞排除の法則ともいう．英米で発展し，わが国もこれを採用したとされている（刑訴320参照）．本原則の下では，原則として，判決裁判所の面前において，出来事を直接知覚した証人が，宣誓の上で，反対当事者による'反対尋問'に服するかたちで証言することが要求される．したがって，伝聞法則は，①宣誓，②判決裁判所による証人の供述態度の観察，③反対当事者の反対尋問の機会の保障という要素を有し，とくに反対尋問権の保障が重要である．しかも，付随的に，反対当事者は証人を出廷させることに伴う負担を負わないこと，証人を請求する当事者は主尋問のかたちで証人から証言を得なければならないこと，すなわち誘導尋問等の使用が制限されることなど，伝聞例外の一般的基準とされる信用性の情況的保障および必要性の要件では尽きない機能もある．

伝聞法則が適用されると，捜査段階で作成された書面の多くは伝聞証拠として排除される．これは公判手続の捜査からの独立を意味し，'公判中心主義'に役立つといえる．'直接主義'も同様の機能をもちうるが，伝聞法則が当事者主義の訴訟手続を前提にするのに対し，直接主義は職権主義の訴訟手続を前提にするため，両者は必ずしも一致するものではない．もっとも，現行法には直接主義の例外規定に近い構成をもつものもある．

2 根拠 供述は，出来事を知覚，記憶，再生して行われる．知覚，記憶の段階で間違うことがありうる．再生の段階では言い間違いの可能性やそもそも供述者が嘘を言おうとしていないかということが問題になる（まとめて叙述という）．そうすると，供述には，知覚，記憶，叙述の3段階（供述過程という）のそれぞれについて誤りが介入する可能性がある．そこで，伝聞法則は，判決裁判所の面前で宣誓してなされた証言を反対尋問にさらして供述過程に固有の危険を明らかにすることにより，適切な証拠評価を判決裁判所になさしめようとするのである．

さらに，憲法37条2項は刑事被告人に証人審問権を保障しており，通説によれば証人とは被告人に不利にその供述を用いられる者を指すから，少なくとも被告人に不利な供述に関しては，伝聞法則の採用は憲法上の要求と解釈されている（→証人審問権）．

3 伝聞法則の適用 伝聞法則が適用されるのは供述証拠に限られ，非供述証拠には適用されない．当該証拠に供述過程が包含されるか否かが基本的メルクマールになろう（→非供述証拠，供述証拠）．

公判外供述がなされたこと自体を証明するために，その供述を直接聞いた者が法廷に出廷して証言すれば，伝聞法則の目的は充たされている．これに対して，公判外供述の内容が真実であることの証拠として公判外供述が証拠として提出された場合には，公判外供述を行った者の供述過程は伝聞法則の要求を充たしていない．このように，伝聞であるか否かは何を要証事実とするかによって異なりうる（最判昭38・10・17刑集17・10・1795）．供述内容が真実であることの証拠として公判外供述を用いる場合が一般的には伝聞といえる（伝聞と非伝聞の区別の詳細→非伝聞，精神状態の供述）．

4 伝聞例外 英米法において伝聞法則には多数の例外が伝統的に認められてきた．わが国の刑事訴訟法でも同様である（321～328）．大別すると，①極めて信用性が高いために供述者本人の公判証言が得られない事情（供述不能という）の有無を問わず許容されるもの，②必要性（犯罪事実の存否の証明に欠くことができないことと供述不能）と信用性の情況的保障の2つが要件となるもの，③不完全ながら反対尋問の機会があるものとに分けられる．伝聞書面に関する例外をまず規定し，その例外規定を伝聞証人に準用する構成が採られている（324）．（供述不能の意義→供述不能，伝聞例外の詳細→伝聞証拠）．

なお，憲法の証人審問権も例外を許さないものとは考えられていない．同様の憲法上の定めを有するアメリカ合衆国の最高裁は，証人審問

権の例外の要件として供述不能と信用性の徴憑を挙げ，公判における反対尋問の効果が著しく乏しい場合には前者は要件とならないとしている．したがって，わが国の伝聞例外の多くは合衆国最高裁の挙げる要件を充たすといえよう．
　　　　　　　　　　　　　　　　［津村政孝］

と

同意書面　当事者が証拠とすることに同意した書面を同意書面という．この書面には，供述がされたときの情況を考慮して相当と認められる場合に限り，*証拠能力'が認められる（刑訴326Ⅰ）．そもそも書面は*伝聞証拠'であり，原則として証拠能力は認められない．そこで，なぜ同意があることによって証拠能力が認められるのかについて，学説の多数説は，同意は当事者による反対尋問権の放棄であるからだと解しているが，実務では，それは証拠能力を付与する訴訟行為であるためだとされている．いずれにしても同意は明確になされなければならない（最判昭27・11・21刑集6・10・1223参照）．このような同意は，実務上多用されており，重要な意義をもっている．

　同意の効果として，同意した当事者が供述の証明力を争うために，原供述者の尋問請求をすることができるかどうかについて意見が分かれている．学説上は，同意による反対尋問権放棄を厳格にとらえて，否定する見解が多数説であるが，実務上は，肯定説によって運用されている．

　なお，相当性の要件を欠くと判断される場合としては，供述に任意性を欠いたり，または供述の*証明力'が著しく低い場合が考えられる（最判昭29・7・14刑集8・7・1078参照）．
　　　　　　　　　　　　　　　　［山田道郎］

統一公判　統一公判とは多数被告人の事件において，一括起訴された併合審理のことである．数個の事件を同時に審判するとき，審判の併合が行われる（刑訴313）．審判の併合には同一被告人による余罪の起訴に関するものと，共犯事件のように複数の被告人の事件につき行われるものがある．後者のような多数被告人事件についての弁論の併合請求の取扱いが困難な問題を生じさせる．すなわち，被告人の数が多数に上るとき，審理が複雑になり訴訟遅延を引き起こしたり，また裁判所の認識能力や場所的限界などの問題から統一公判を行うことが物理的に不可能となることがある．判例は当該事件の性質態様，他の事件との関連性，被告人の性格，当該関係事件審理の進行状況，裁判所側の人的・物的設備の状況，併合または分離することにより被告人に与える影響その他諸般の事情を総合的に比較考量して併合の可否を決定すべきだとしている（東京高判昭29・9・7高刑7・8・1286）．しかし，統一公判を行うことのメリットは事実を合一的に認定でき，量刑の均衡，証拠調べの重複を避けられ，証人の負担を軽くするなどが挙げられる．また，審判の併合・分離制度は旧法において規定をもたず，裁判所の「機宜の処分」に委ねられていたことに対し現行法において法制化されたこと，職権によるほか当事者の請求権を認めたことなどを考慮すると，被告人側が統一公判を要求する場合には，設備の許す限りそれに従うべきであり，裁判所の裁量権を強調する必要はないとするのが通説的見解になっている．

　集団的な公安事件では，被告人らが統一公判を要求することが多い．78名の被告人の統一公判が行われ，審理に26年の長期を要した*大須事件'（最決昭53・9・4刑集32・6・1077）をはじめ，*吹田祈禱事件'（最決昭47・3・16判時661・6），*平事件'（最判昭35・12・8刑集14・13・1818），*メーデー事件'（東京高判昭47・11・21高刑25・5・479）で，膨大な被告人数の統一公判が行われた．しかし，いずれも審理の長期化を招いたため，1960年代半ば以降，数十名のグループ別併合審理方式が採用されるようになった．前述したように裁判所の裁量権の根拠が明確ではないことから，この方式の採用は慎重に行う必要があるとされる．→審判の分離，分離公判
　　　　　　　　　　　　　　　　［佐藤美樹］

統一的正犯概念（独）Einheitstäterbegriff　犯罪関与の形式いかんを問うことな

く、犯罪に関与した者をすべて*正犯'とする共犯立法形式の一種である。これに対して、関与形式を正犯と*共犯'に区別する共犯立法形式があり、わが国の刑法典が採用する形式である(共同正犯・教唆犯・従犯)。前者を統一的正犯体系、後者を共犯体系と称することができる。共犯体系は、正犯を基本とし、その正犯に対する教唆または幇助をもって共犯と解し、共犯の刑を正犯の刑に準じたり、または、正犯の刑に対して減軽する形式である。これに対して、統一的正犯体系の特徴は以下の点にある。すなわち、①犯罪成立に条件を与えた者はすべて正犯である、②行為の態様的区別を重要視しない、③犯罪の成立については、個々の正犯の行為について個別的に論じる、④個々の正犯には同一の法定刑が適用される、⑤刑の量定は加功の程度・性質に従って行われる、というのがそれである。

統一的正犯概念による立法は、近代派の刑事政策的要請として登場し、わが国においても、主観主義刑法学の立場から*共犯独立性説'の帰結とされた。しかし、このような立法は、意思刑法と具体的秩序思想に基づくナチス刑法理論と結びつき、戦後の(西)ドイツにおいては、厳しく批判されることとなった。批判の要点は、①さまざまな関与の程度の評価を裁判官に委ね、裁判官は刑の量定についてやはり関与の種類と重要性を考慮しなければならず、これは法治国原理と矛盾する、②*共犯の従属性'が放棄され、共犯の未遂も可罰的となる、③犯罪の本質は因果性・法益侵害の惹起に尽きるものではない、ということである。

もっとも、統一的正犯概念による立法は一枚岩ではなく、その中に、すべての犯行形式を文言上統一化し、その概念的・範疇的区別を構成要件該当性の段階で放棄する形式的統一的正犯体系(たとえば、イタリア刑法110、ドイツ秩序違反法14)、あるいは犯行形式の価値的な段階づけを放棄するが、その概念的・範疇的な区別を維持する機能的統一的正犯体系(たとえば、オーストリア刑法12)などが存在する。

統一的正犯体系は、構成要件の範囲の問題と適切な量刑の問題という共働問題を簡明に処理するものであり、*共謀共同正犯'が支配するわが国の刑法実務において、実質的には、統一的正犯体系が貫徹しているという見方もある。

[高橋則夫]

東海大学安楽死事件　1991(平3)年4月13日の夜、東海大学医学部付属病院の医師が、現代医学では不治の病気である多発性骨髄腫の末期で無意識状態に陥っていた患者(当時58歳)に対して、苦しげな呼吸を見かねた同人の長男から強く要請され、心停止作用のある塩酸ベラパミル製剤(商品名ワソラン)および塩化カリウム製剤(同KCL)を静脈注射して死亡させた。医師は殺人罪(刑199)で起訴されたが、弁護側は*安楽死'として無罪であると争った(長男は不起訴)。従来のわが国の判例は、名古屋高判昭37・12・22高刑15・9・674が示した「6要件」が満たされた場合には積極的安楽死が無罪とされる余地があることを認めつつ、具体的な事案の解決においては「原則として医師の手によらねばならないこと」「方法が倫理的であること」の要件を欠くことを理由に嘱託殺人罪(202)として処罰するのが通例であったため、医師の手で医学的な方法により行われた初のケースである本件は注目を集めた。

横浜地判平7・3・28判時1530・28は、医師が末期患者に積極的安楽死を施すことが許容されうるとしても、それは苦痛から免れるため他に代替手段がなく生命を犠牲にする選択も許されてよいという緊急避難の法理と、その選択を患者の自己決定に委ねるという自己決定権の理論を根拠とするものであるから、①患者が耐えがたい肉体的苦痛に苦しんでいること、②死が避けられず死期が切迫していること、③肉体的苦痛の除去・緩和の方法を尽くし他に代替手段がないこと、④生命の短縮を承諾する患者の明示の意思表示があることを満たす必要があるという新たな基準を示した上で、無意識状態にあった本件患者には肉体的苦痛はなく、明示の意思表示も存在しなかったとして、医師を懲役2年(執行猶予2年)に処した(確定)。③の要件を追加した点や明示の意思表示を不可欠だとした点が主要な変更点だといえよう。なお、本判決は末期患者に対する治療行為の中止について、不治の病で死が目前に迫っており中止を行う時点で患者の同意(推定的同意でも足りる)があれ

動機説 (独) Motiventheorie
①限時法の，有効期間中になされた行為について，失効後もそれに基づいて処罰できるかに関連して，刑の廃止が法的評価の変更を動機とする場合以外は，可罰的であるとする見解をいう．
②*故意'と過失の区別に関するひとつの見解．本来は，故意について，構成要件事実の表象が，反対動機を構成しえたのに，かえって行為の主動機となったような場合に故意があるとする見解(*マイヤー')をいう．認容説からは，結果の消極的認容であってもよいという立場からこの動機説が説かれるが，結果が発生すると認識しながら行為に出たときは，その行為を意思したものであると考えれば，*表象説'からも動機説が導かれることになる(平野)．すなわち，単純な表象説では，結果発生の蓋然性が低い場合でもその結果発生を認識していれば故意があり，逆に，結果を意欲していてもその蓋然性が低いことを認識していれば故意がないことになってしまうが，動機説では，蓋然性が高い場合には，その蓋然性を認識していれば，その結果の発生について積極的に肯定的な態度がなくても，確実に発生すると思いつつそのような行為を思いとどまる動機としなかったところに結果を意思したといえ，また，蓋然性が低い場合には，改めて積極的な意図が必要であり，その両者の場合のいずれでも，結果発生が行為の動機となっているといえる，ということになる．

しかし，99％失敗して死亡する可能性の高い手術を行った医者の執刀行為は，その失敗を動機としているとはいえないであろうし，それにもかかわらず患者の死亡結果について故意を認めるのは，正当行為による違法性阻却の判断が先行するとはいえ，問題が残ることになるであろう．→意思説，未必の故意　　　[齋野彦弥]

道義的責任論　**1 意義**　*旧派刑法学'(古典学派)の責任論で，*意思自由論'(*非決定論')を基本におき，人は犯罪を犯すか否かの意思決定が可能であり，したがって人には他行為可能性(犯罪を犯さない可能性)があるから，それにもかかわらず犯罪を犯したことについて道義的非難が可能であり，刑事責任はこの道義的非難を意味するという立場である．責任を，過去の個別行為(構成要件に該当する違法な行為)に対する回顧的な非難と捉え，刑罰はこの非難の現実化としての応報刑であるとする点に特徴がある．19世紀末から20世紀初頭にかけての新旧両派の学派の争いにおいて，意思決定論に立ち性格の危険性を責任の中核においた新派刑法学(近代学派)の*社会的責任論'と激しく対立した．

2 小野の道義的責任論　たとえば，*小野清一郎'は，刑法は倫理的な法であり，倫理は人間の意識的・主体的な，それゆえに自由意思的な，行為的実践によって自らを実現するものであるから，刑法は国民の道義意識に訴えて倫理的・法的な規範の権威を強調していかなければならないとし，責任は倫理的・道義的なものであって，この意味での責任がなければ刑罰もないという原則は，あらゆる学説的論争を超えて妥当する文化の条理であり，刑法における基本理念であると述べた．さらに小野は，自説である仏教学の業の観念とこれとを結びつけ，業とは行為であるとともに行為によって生ずる内外の結果であり(主体の性格は，過去の業によって決定された習性であり，環境も主体によって選択され形成される)，われわれは，内外の業によって決定されつつ自己の業を決定してゆくのであって，そこには決定されつつ決定する自由意思的なはたらきがあると説明している．

3 規範的責任論・人格責任論　このような倫理・道徳の強調や業による説明は，しかし，法と道徳・宗教の峻別という近代法の基本に抵触する嫌いがある．その後の規範的責任論の展開は，責任を非難可能性と捉えつつ(その意味で基本的には道義的責任論の枠組みを維持しつつ)，非難の倫理性や道義性を強調せず，法的(規範的)非難と考えれば足りるとする方向へと向かった．また，素質と環境による決定を説く社会的責任論との対決の過程で，たしかに人間の意思は大きく素質と環境によって決定されているが，犯行への最終的な決断はやはり自由な意思によってなされるのであり，その意味での責任が刑罰の上限を画するという，相対的意思自由

論と，それに基づき，特別予防(再社会化)の観点から執行猶予を含めて刑罰を軽減することを認め，さらに刑罰の執行においては特別予防を十分に顧慮すべきであるとする相対的応報刑論が主張され，これが，現在わが国の通説的立場となっている．

道義的責任論は，あくまで非難の対象を過去の個別行為に限定し(*行為責任')，責任主義(「責任なければ刑罰なし」という消極的責任主義)を基礎づけるとともに，犯罪と刑罰の均衡を要求するという点で，国家刑罰権の抑制という意味を有していた．これに対して，団藤重光等の人格責任論は，非難の対象を人格形成過程にまで及ぼし，その過程で他行為可能性があった部分に非難を向けることにより，常習犯罪者等に対する重い刑罰を根拠づけ，それによって新派の主張への一定の接近を示した．しかし，人格形成過程において他行為可能性があった部分というのは，実際にそれがあったというわけではなく，現在，性格の危険性を有する者にはそれがあったはずだというにすぎず，結局は，現在の性格の危険性を非難するということに帰着する． [浅田和茂]

東京中郵事件 1958(昭33)年3月20日，全逓労組の役員が東京中央郵便局において，勤務時間内の職場大会への出席と郵便物の不取扱いを教唆したとして起訴された事件．全逓中郵事件ともいう．昭和30年代から40年代にかけての労働事件判例の最大の争点のひとつが，公務員などの「禁止された争議行為」ないしそれに随伴する行為について，労働組合法1条2項(正当な争議行為につき刑法35条の適用を認める規定)を用いて正当化し得るかという点であった．この問題に関する下級審判例の激しい争いに決着をつけたのが檜山丸事件判決(最判昭38・3・15刑集17・2・23)であった．同判決は，争議行為が禁止されている以上，労働組合法1条2項を適用して「正当性の限界如何を論ずる余地」はないとして，現業公務員の行為を処罰した．ここでは徹底した「違法一元論」が展開されていた．

しかし，その3年後に最高裁は，全逓東京中郵事件に対する判決(最判大昭41・10・26刑集20・8・901)において，①公務員などの争議行為を禁止することは違憲ではないが，②労働基本権の制限は合理性の認められる必要最小限に限られるべきで，特に刑事制裁は必要やむを得ない場合に限られるべきであるとした上で，③公共企業体等労働関係法(現・国営企業労働関係法)上違法な争議行為であっても必ずしも刑罰法規の予定する違法な行為とは限らないとし，労働組合法1条2項の適用を認めた(破棄差戻．1審無罪，2審破棄差戻)．ここでは，公労法上違法でも，刑法上は正当化され得るという考え方が採用された．そして全逓東京中郵判決における松田裁判官の補足意見が「労働法規が争議行為を禁止してこれを違法として解雇などの不利益な効果を与えているからといって，そのことから直ちにその争議行為が刑罰法規における違法性，すなわちいわゆる*可罰的違法性'までをも帯びているということはできない」と述べたことから，最高裁は可罰的違法性論を認めたとされることになった．しかし，この考え方は全逓*名古屋中郵事件'判決により変更された．→都教組事件，仙台全司法事件 [木村光江]

道具理論 (独) Werkzeugtheorie
他人を利用することによって犯罪事実を実現する*間接正犯'において，その正犯性の根拠として非利用者を道具であるとみなす理論．正犯理論におけるいわゆる形式的客観説に基づく制限的正犯概念の立場から主張され，単独直接正犯の場合に行為者が道具を使用しても当該行為者自身が正犯であることは疑いないのと同様，間接正犯の場合には背後の利用者は現実の行為者を道具として利用しているにすぎないとして，背後者の正犯性を基礎づける．今日に至るまで，このような思考が間接正犯の正犯性に関する理論の土台を形作っている．

ただし，純粋な道具理論そのものは，手具や機械装置のような物質的道具と意思活動を行う人間たる非利用者とを直感的に類比させる域を出なかった点に問題があった．とくに，通説的見解によれば「目的なき故意ある道具」・「身分なき故意ある道具」を利用する間接正犯が肯定されるが，自らの実現する事実を認識している以上は何らかの規範的障害に直面するから，これらの*故意ある道具'が機械・器具に相応するような道具性を有し，単に因果的経過の媒介者

の立場にあると評価することはむずかしい．さらに，(それ自体に対する異論も強いが)幇助的意図で利用される故意ある幇助道具を介する場合にも間接正犯を認めるとすれば，道具理論はもはやそのままでは維持しがたい．そこで，間接正犯の正犯性を道具理論で説明することをあきらめ，いわゆる拡張的共犯論に赴き，背後者を間接正犯ではなく共犯として扱う途を選ぶものもあった．しかし，間接正犯はそれなりの根拠があって正犯と評価されるものであると考える立場からは，やはりその正犯性を実体的に説明する必要がある．

今日の間接正犯理論は，この道具理論を基礎にしつつも，正犯たる背後の利用者の寄与の実質が正犯としての評価に値するかどうかを問題にする．すなわち，利用者における犯罪実現に対する寄与を分析し，利用者が正犯と評価される根拠をより積極的な形で構成することを指向している．したがって，純粋な道具理論の枠組の内部で，どのような者が道具とみなされるかと問うのではなく，正犯の側から，すなわち背後者が現実の行為者を利用する事実を全体として犯罪事実実現に対する寄与として把握し，それを統一的な正犯概念の中に位置づけることが問題とされているといえよう．　　　［橋本正博］

当事者主義　(独) Parteiverfahren
1 意義　「当事者主義」の語には後述の通りいろいろな意味を含んでいるが，通常は，刑事手続において，弾劾主義の方式をとるだけでなく，当事者，すなわち検察官と被告人に訴訟進行の主導権を与える原則のことをいう．*職権主義'の対概念．当事者主義では，捜査(訴追側)と公判(判断者)とは機能的に分断され，当事者の主張・立証を裁判所が中立的な立場で審判する形態がとられることになる．この意味における当事者主義は，一般に，当事者追行主義(adversary system)と呼ばれる(対概念は，職権審理主義)．

たとえば，被告人が起訴状記載の訴因について否認する事例を前提にすると，まず，一方当事者である検察官は，自ら訴因を設定・提示し，これを裏付ける証拠を提出する．これに対し，対立当事者である被告人も，検察官の主張である訴因につき反論し，これを証明する反証を提出する．裁判所は，いずれかの主張・立証に加担して積極的にこれを補強する証拠を見つけるなどはせず，公平・中立な第三者として，双方の言い分・提出された証拠を検討し，最終的な判断を下すのである．

2 現行法の構造　大陸法系の訴訟構造を継受した旧刑訴法では，訴訟の進行はもとより，審判対象の範囲や証拠調べの範囲についても職権(審理)主義が強く支配した．これに対して，現行刑訴法は，新憲法の要請を踏まえて，英米法(とりわけアメリカ合衆国)の刑事訴訟法の影響を受けて，当事者主義に立脚する手続を大幅に導入した．

すなわち，①*起訴状一本主義'の採用によって裁判所が予断を抱くことを防止し(刑訴256 Ⅵ)，② 訴因制度の導入によって防禦・審判の対象を検察官による事実の主張である訴因に限定する(256 Ⅲ・312)と共に，③ 当事者による証拠調べ請求(298 Ⅰ)，④ 証人尋問における交互尋問方式(304 Ⅲ，刑訴規 199 の 2)，⑤ 当事者による証拠書類の朗読，証拠物の呈示(証拠調べの方式．305〜307)など，訴訟活動の主導権を広範に当事者に委ねたのである．一方，裁判所の職権による証拠調べは，補充的に認められるに過ぎず(298 Ⅱ)，しかもその決定をするには，訴訟関係人の意見を聴くことを要するところとなった(刑訴規 190 Ⅱ)．

3 概念の多義性　冒頭に述べたように，「当事者主義」の概念は一義的ではなく，当事者追行主義とは異なった以下のような意味に用いられることがある．

第1に，訴訟の対象につき当事者にその処分を任せるという(当事者)処分権主義の趣旨で使われることがある．民事訴訟では，訴えの取下げ(民訴 261 以下)，請求の放棄とか認諾(266)など，当事者自らが訴訟の解決を図り，訴訟を処分することが認められている．

刑事手続では，訴訟の対象である訴因の設定・提示は検察官が行う(同時に，起訴猶予処分(刑訴 248)，公訴の取消し(257)も認められているものの，当事者に訴訟対象の処分を委ねる，いわゆる有罪答弁の制度(*アレインメント制度)'は採用されていない(319 Ⅲ)．ただし，訴訟手続に関しては，簡易公判手続や略式手続の選

択（291の2・461の2），証拠としての同意（326Ⅰ），上訴の放棄・取下げ（359）などが認められており，これらを処分権主義の一種と見ることも可能である．

第2に，訴訟の進行を当事者の任意に委ねるという当事者進行主義の意味で用いられることもある．ただし，この点について，刑事訴訟法は，証拠調べや裁判長の処分に対する異議の申立権を当事者に認めているものの，公判期日の指定（273Ⅰ），証拠調べの範囲・順序・方法の決定（297）などは裁判所または裁判長の権限であり，したがってその意味では，基本的には職権進行主義が採用されている．

第3に，検察官も被告人も，ともに当事者として訴訟法上の地位は対等であり，攻撃・防禦の機会や手段を平等に与えるべきであるという当事者対等（平等）主義の意味で使用されることもある．武器対等の原則（Grundsatz der Waffengleichheit）ないし実質的当事者主義ともいう．

公判手続に関しては，上記の③～⑤のように当事者間の対等はほぼ実現している．公判準備の規定も同様である．しかし，起訴前段階をはじめ刑事手続の全体を見渡すと，いぜんとして両者に見られる法律上の権能・権限の違いは大きい．

むろん，刑事訴訟法においては，被告人・被疑者に黙秘権を認め（憲38Ⅰ，刑訴198Ⅱ・311Ⅰ），弁護権を拡充・実質化し，「疑わしきは被告人の利益に」ないし「無罪の推定」の原則に基づいて検察官に有罪の挙証責任を負わせるなど，すでに一定の措置が講じられている．不利益再審制度は廃止され（憲39，刑訴435以下），上訴における不利益変更禁止の原則も認められている（402）．不任意自白の排除（憲38Ⅰ，刑訴319Ⅰ）もこれと同列のものといってよい．しかし，これらの措置だけでは十全ではないとして，当事者の武器対等が主張されるのである．

これは，捜査の構造面における弾劾的捜査観の提唱，被疑者国公選弁護制度の新設，証拠開示の制度化，接見指定制度の撤廃など，制度論，立法論，解釈論等，多様な形で展開されている．

第4に，学説には，被告人・被疑者の主体性を認め，その権利・利益を十全に保障することそのものを当事者主義の内容であると捉える見解もある．形態としての当事者追行主義の実現には限界があるとの認識を踏まえた上で，政策的に主張されたものであるが，ここまでくると，当事者主義もその意味するところは適正手続の保障・尊重とほぼ同義であり，その概念の独自性は乏しくなる．

以上のように現在，学説上，「当事者主義」概念は多義的であり，これをどのように捉えるかは，論者によって一様ではない．いずれにせよ，現行法施行後50有余年を経過した現在，現行法下の運用を踏まえて，改めて当事者主義の意味を考え直すべき時期に達しているのかもしれない． ［三井 誠＝深尾正樹］

当事者適格 当事者適格は，特定の事件において，被告人となりうる資格をいう．

当事者適格を欠けば，*裁判所'は，*無罪'の*判決'を言い渡すべきである（最決昭26・7・20刑集5・1571参照）．その意味で，民事訴訟法において，訴訟物につき原告・被告として訴訟を追行し*判決'を受けるのに必要な適格としての当事者適格は，これを欠けば訴えは却下されるので，意義があるのに対し，*刑事訴訟法'においては，当事者適格は，実体法の問題といえるので，当事者適格を論じる実益はないといえよう．

当事者適格は，刑事訴訟法上，当事者となる能力としての当事者能力とは区別される．

当事者能力は，事件の性質に関係なく，一般的・抽象的に当事者になりうる能力をいう．自然人だけでなく，法人も当事者能力を有する．法人格のない社団・財団についても，当事者能力は個々の事件に関係するものではないから，*刑罰'を科される可能性があれば，当事者能力を認めうる．当事者能力は刑法の責任能力とは関係がない．当事者能力は訴訟条件と解されるので，これが欠けた場合には，*公訴棄却'の*決定'（刑訴339Ⅰ④）をすることになる．

［安冨 潔］

同時傷害 1 意義 相互に何の連絡もなく2人以上で暴行を加えて人を傷害した場合において，それぞれの暴行による傷害の軽重を知ることができず，またはその傷害を生じさせた者を知ることができないときは，共同して実行した者でなくても，共同正犯として処罰され

る．これを同時傷害の特例といい，刑法典第27章「傷害の罪」の207条に規定されている．この規定は，本来ならば*同時犯'として扱われるはずのところを，被告人自身が，自己の行為がもたらした傷害結果が軽いものであったか，あるいは傷害結果すらもたらしていないことを証明した場合にのみ，重い傷害結果について責任を負わないが，それができなければ重い傷害結果についても責任を負うというもので，本来検察官が行うべき因果関係の証明について被告人に挙証責任の転換を図った規定である．したがって理論的には，同時傷害の規定は，責任主義の観点から疑わしいものであるが，立証の困難さという理由だけで傷害結果ないしより重い傷害結果について責任を負わないのは不合理だとして政策的に設けられた規定だといえる．

2 適用要件 この規定の適用要件としては，第1に，暴行行為が同一機会に行われたものであることが必要である．したがって，複数の行為が場所的・時間的に近接していなければならない．厳密に距離・時間が決まっているわけではないが，限定的に解釈すべきであろう．第2に，行為者間に意思の連絡がないことが必要である．意思の連絡があれば，共同正犯になるからである．第3に，自己の暴行と傷害との間に因果関係がないことを被告人側で証明できないことが必要である．なお，被害者が死亡した場合にまでこの規定を適用できるかが問題となり，判例はこれを肯定する（最判昭26・9・20刑集5・10・1937）．学説もこれを支持する説があるが，これに対しては，法文が「傷害した場合」しか規定していない以上，立証の困難という点では同じだとして，それを拡大して死亡結果にまで適用するのは，罪刑法定主義に違反する，との有力な批判がある．この批判は妥当であり，責任主義の観点からも死亡結果にまでこの規定を適用するのは疑問である．あくまで特例は，特例としての節度を保持して適用すべきである．
→傷害罪　　　　　　　　　　　　　［甲斐克則］

同 時 犯 （独）Nebentäterschaft
2人以上の者が，相互に意思連絡なく，同時にまたは同時に近い前後関係で，同一の客体に対して犯罪を実行する場合をいう．同時犯の範囲は，*片面的共犯'とくに*片面的共同正犯'を認めるかどうかにより異なる．同時犯の場合，一般には，特別な法的効果はない（ただし，刑訴9Ⅰ②）．

ただ，いわゆる*同時傷害'に関して，2人以上で（解釈上，時間的・場所的に近接して）暴行を加え（同一の）人を傷害した場合に，それぞれの暴行による傷害の軽重を知ることができず，または，その傷害を生じさせた者を知ることができないときは，共同して実行した者でなくても，*共犯'（ここでは，具体的には共同正犯）の例による（刑207）との特例が設けられている．この規定については，違憲説もあるほか，適用範囲につき見解が対立しており，判例は傷害致死罪まで認めうるとするが，傷害罪までに適用を限定する学説が多い．なお，本規定により強姦致傷罪等まで認めることはできない．自己がその傷害ないし重い傷害を生じさせていないことを立証すれば，本規定の適用を免れうる，と解されているが，意思の連絡の不存在を立証すれば適用を免れうるかは，争われている．
　　　　　　　　　　　　　　　　［斎藤信治］

同種前科の立証　公訴事実を証明する手段として被告人の同種前科を立証するというのは，性格証拠による事実認定の一場面といえる．同種前科の立証によって，犯罪を犯しやすい被告人の悪性格が認定され，それが当該犯罪を犯したのは被告人であるという事実を推認するための証拠のひとつとして利用されるわけであるから，要証事実たる公訴事実との関係では，被告人の性格が間接事実，同種前科がそれを証明する間接証拠ということになる．しかし，同種前科の立証は，起訴された犯罪との因果的結びつきが微弱なうえに，裁判官に不当な予断・偏見を抱かせるおそれがあるため，原則として禁止されている．法律的関連性が否定されるのである．もっとも，構成要件要素としての常習性や刑の加重事由である累犯前科については，同種前科の立証が許されることはいうまでもない．また，犯罪の客観的側面が他の証拠によって立証されているときに，故意などの主観的要素を同種前科で立証することは許される（最決昭41・11・22刑集20・9・1035）．→関連性，余罪，類似事実の立証　　　　　　［多田辰也］

当 然 無 効 （独）absolute Nichtigkeit

訴訟行為の無効とは，訴訟行為として存在はするがその本来的効力を生じないことをいう．当然無効とは，訴訟行為に重大な瑕疵があるために当然に無効であって何らの*裁判*も要しない場合をいい，絶対無効ともいう．訴訟行為が始めから無効である原始的無効の場合にも，たとえば検察官が口頭で起訴した場合のように当然無効のため何らの裁判も要しない場合と，たとえば姦通罪の起訴に対して公訴棄却とする場合（刑訴339Ⅰ②）のように無効であるが裁判を要する場合とがある．また，有効に成立した訴訟行為が後になって無効となる後発的無効の場合でも，たとえば無罪等の宣告による勾留状の失効（345）のように当然無効になる場合と，たとえば起訴状謄本不送達による公訴提起の無効（271Ⅱ・339Ⅰ①），被告人の死亡（339Ⅰ④），大赦（337③）の場合のように裁判を要する場合とがある． 　　　　　　　　　　　　　　［田口守一］

逃　走　罪　**1 総説**　拘禁されている受刑者あるいは未決勾留者が逃走することにより，国の拘禁作用という国家的法益が侵害される．そのため各国の刑法は被拘禁者の逃走に関して処罰規定を置いている．わが国の刑法も各則に「第6章 逃走の罪」を置いている．被拘禁者自身の逃走行為は期待可能性の観点から処罰しない法制も見られるが，わが国の刑法はそれも処罰している（刑97．なお，加重類型として98）．なお，わが国の各種逃走罪は未遂をも処罰している（102）．

2 各類型　上述の通り，刑法97条は「裁判の執行により拘禁された既決又は未決の者が逃走したときは，1年以下の懲役に処する」とし（単純逃走罪），さらに98条で「前条に規定する者又は勾引状の執行を受けた者が拘禁場若しくは拘束のための器具を損壊し，暴行若しくは脅迫をし，又は2人以上通謀して，逃走したときは，3月以上5年以下の懲役に処する」と規定し，加重逃走罪をも用意している．被拘禁者等しか逃走は実行できないので，これらの罪は*自手犯*である．また，*真正身分犯*でもある．「裁判の執行により拘禁された既決……の者」とは，確定判決後*懲役*・*禁錮*・*拘留*刑の執行を受け，もしくは死刑の執行まで拘置されている者，あるいは*労役場留置*となっている者のことで，

「未決の者」とは*被疑者*・*被告人*として勾留等の裁判により現に拘禁されている者のことである．ただし，単純逃走罪では勾引状の執行を受けた者は除かれる．また，逮捕された者は含まないとするのが学説上の通説である．それに対し，加重逃走罪にいう「勾引状の執行を受けた者」に逮捕状の執行を受けた者を含むのか否かについては争いがある．「逃走」とは看守者による実力的支配を脱することで，単純逃走罪においては手段に制限はない．既遂時期は看守者の実力的支配を脱しきった時点である（外壁を越える等）．その他，被拘禁者奪取罪（99）や逃走援助罪（100Ⅰ；加重類型として100Ⅱ—手段が暴行・脅迫，101—看守者逃走援助罪）が逃走の罪として規定されている．99条にいう「法令により拘禁された者」には現行犯逮捕・緊急逮捕を受けた者や少年院等に収容された者を含む．「奪取」とは，被拘禁者を自己または第三者の実力的支配下に置くことまで必要である．また，逃走の幇助行為が独立規定により処罰されていることから（法定刑が単純逃走者よりも高い），逃走罪の共犯に対して総則の共犯規定の適用はないものと解する学説も有力である．→国家の作用に対する罪　　　　　　　　　　［岩間康夫］

盗犯等ノ防止及処分ニ関スル法律

1 制定理由　この法律は，昭和の初年から4年間にわたり，東京市内（当時）に出没したいわゆる*説教強盗*など，当時の経済的不況を背景として，首都において多発した強盗，窃盗に対する犯罪対策として，昭和5年5月22日に急遽立法され（昭5法9），同年6月11日から施行された．盗犯等防止法と略称され，①盗犯または一定の住居侵入を防止する際などの*正当防衛*に関する特則を定める規定（1）と，②常習強窃盗に対する刑罰を著しく加重する規定（2〜4）とを内容としている．

この法律に対しては，制定当初から学説の批判が強かった．それには，いたずらに正当防衛権を拡大して犯人を威圧することは犯人を自暴自棄ならしめかえって犯罪を凶悪化させることになるのではないかという主張ばかりでなく，労働運動の弾圧という役割をひそませ，支配階級の直接行動の合法化以外に能のないこのような法律は悪法といわねばならないという主張さ

え存在した．もっとも，その後，このような批判はほとんどなくなり，むしろ学説の関心は，同法①に関する規定の解釈問題に，移っていった．

2　1条1項　同条項は，「盗犯ヲ防止シ又ハ盗贓ヲ取還セントスルトキ」（①），「兇器ヲ携帯シテ又ハ門戸牆壁等ヲ踰越損壊シ若ハ鎖鑰ヲ開キテ人ノ住居又ハ人ノ看守スル邸宅，建造物若ハ船舶ニ侵入スル者ヲ防止セントスルトキ」（②），「故ナク人ノ住居又ハ人ノ看守スル邸宅，建造物若ハ船舶ニ侵入シタル者又ハ要求ヲ受ケテ此等ノ場所ヨリ退去セザル者ヲ排斥セントスルトキ」（③）に，「自己又ハ他人ノ生命，身体又ハ貞操ニ対スル現在ノ危険ヲ排除スル為犯人ヲ殺傷シタルトキハ刑法第36条第1項ノ防衛行為アリタルモノトス」と規定し，当然に正当防衛として違法性が阻却されるとしている．

これについて，立法当局者は，これは正当防衛を拡張するものではなく，ここに規定された行為が刑法36条1項の正当防衛に含まれることを注意的に規定したにすぎないと説明していた．しかし，学説は，刑法36条1項と異なり，「やむを得ずにした」という要件を規定していないため，正当防衛の要件を緩和し，その成立範囲を拡張したものであると解している．もっとも，学説においては，このような場合何を行っても許されるわけではなく，正当防衛に内在する制約として，刑法36条1項における「相当性」の要件よりも緩和された要件を充足する必要があるとする見解が有力であり，近時の判例にもそのことを明言したものがある．最決平6・6・30刑集48・4・21は，「当該行為が形式的に規定上の要件を満たすだけでなく，現在の危険を排除する手段として相当性を有するものであることが必要である」としたうえで，その相当性は「刑法36条1項における侵害に対する防衛手段としての相当性よりも緩やかなものを意味する」としている．

3　1条2項　同条項は，「［1項］各号ノ場合ニ於テ自己又ハ他人ノ生命，身体又ハ貞操ニ対スル現在ノ危険アルニ非ズト雖モ行為者恐怖，驚愕，興奮又ハ狼狽ニ因リ現場ニ於テ犯人ヲ殺傷スルニ至リタルトキハ之ヲ罰セズ」と規定している．これは，所定の状況下で，恐怖などの異常な心理状態のために適法行為の期待可能性がないことを理由として，責任が阻却され，犯罪が成立しないことを定めたものであると解されている．

もっとも，この規定の適用範囲については，見解の対立がある．立法当局者は，「現在ノ危険アルニ非ズト雖モ」というのは行為者が恐怖等により現在の危険がないのに，これをあると誤信した場合をいうとして，そのような*誤想防衛*の場合に限って本規定を適用するとしていた．また，最高裁の判例もこのような立場をとっている（最決昭42・5・26刑集21・4・710）．しかし，これには，現在の危険があると誤想すればそれだけで故意が阻却されるのであって，恐怖，驚愕等による場合に限定する理由はない，という批判がある．このような観点から，学説には，本規定は，窃盗犯人が侵入しただけで自己または他人の生命・身体・貞操に対する「現在ノ危険」が未だ存在せず，そのおそれがある程度にすぎず，かつ，行為者もそのことを認識していたにもかかわらず恐怖・驚愕・興奮・狼狽という異常な心理状態により現場で犯人を殺傷したという，時間的に早まった一種の過剰防衛の場合に限って適用されるべきだとする有力な見解がある．これに対し，現在の通説的見解は，恐怖・驚愕等の異常な心理状態のために適法行為の期待可能性がないという事態は，誤想防衛の場合だけではなく，急迫不正の危険が現実に存在する*過剰防衛*の場合にも認められるとして，本規定はその両者に適用されると解している．→窃盗罪，強盗罪，再犯加重

［山本輝之］

当番弁護士　逮捕・勾留された被疑者等から依頼があった場合に，弁護士会が，担当として登録されている弁護士を接見のために派遣する制度．被疑者に対する*国選弁護*制度が存在せず，弁護人選任申出の制度が機能していないことからその実効化を目指して弁護士会が発足させた．刑事訴訟法上，身体を拘束された被疑者は，裁判所または監獄の長等に弁護士または弁護士会を指定して弁護人の選任を申し出ることができ，申出を受けた裁判所等は，指定された弁護士等に通知しなければならないことになっている（刑訴78）．しかし，この制度の告知

は行われず，弁護士側にも受け入れ態勢がなかったことからほとんど利用されていなかった．身体を拘束された被疑者の弁護の重要性についての認識が広がるなか，弁護士会によっては，その受け皿である「刑事弁護人推薦制度」をスタートさせたところもあった．しかし，有料で，しかも速やかな接見・助言が前提とされていなかったこともあり，あまり利用されていなかった．

そこでイギリスの制度に倣って創設されたのが当番弁護士制度である．日本国憲法34条が保障する弁護人依頼権を，無料で速やかに実現しようという試みであった．派遣方法には2方式ある．前もって名簿に登録された弁護士を順番に派遣する「名簿制」と前もって担当日が割り当てられ待機している弁護士を派遣する「待機制」である．1990年9月に大分県弁護士会が「名簿制」を，同年12月に福岡県弁護士会が「待機制」をはじめ，1992年10月には全単位弁護士会が実施することになった．また，いずれの場合にも，被疑者等の依頼がなくても弁護士会が弁護を必要とすると判断した事件の被疑者に弁護士を派遣する制度を合わせて実施している弁護士会も35単位会にのぼっている（2000年10月1日現在）．初回接見は無料であり，その費用は弁護士会が負担している．この1回目の接見が狭い意味での当番弁護士の活動である．2回目以降は有料になるが，経済的に困難な場合には，*法律扶助'協会の実施している被疑者援助制度を利用することもできる．また，迅速性という点でも，1999年度実績では，受付件数の82％強において，24時間以内の接見が実現している．

通年で全単位会が実施することになった1993年1年の受付件数は，9,907件であったが，1999年には，30,271件にのぼり，その実績を前提に，司法制度改革審議会でも，「公的費用による被疑者弁護制度」導入の必要性が確認されることになった． ［大出良知］

盗品等運搬罪 *盗品等に関する罪'の一種で，委託を受けて盗品等を場所的に移転させる罪．1995年の刑法改正前は贓物（ぞう）運搬罪と呼ばれていた．運搬行為について有償であると無償であるとを問わない．法定刑は10年以下の懲役および50万円以下の罰金である（刑256Ⅱ）．判例によれば，移転の距離の遠近を問わないとされている（最判昭33・10・24刑集12・14・3368）．本犯と共同で盗品等を運搬した場合，本犯については本罪は成立しないが，運搬者については本罪は成立する．盗品等を有償で譲り受けた者がそれを他に運搬しても犯罪によって得た物の事後処分にすぎないから，別に運搬罪を構成しない．なお，判例は，本罪の事後従犯的性格を重視し，盗品等を被害者宅に運搬する行為でも，本犯がそれを被害者に売りつける行為を助けるものである場合には盗品等運搬罪が成立するとしているが（最決昭27・7・10刑集6・7・876），多数説は，被害者による追求がより困難な場所に移転するわけではないので本罪の成立を認めることには疑問があるとしている． ［大塚裕史］

盗品等に関する罪 1 **本質** 盗品等に関する罪（1995年の刑法改正前は贓物（ぞう）罪と呼ばれていた）は，奪取罪や横領罪のように被害者から直接財物を取得する罪ではなく，他人（本犯）が財産罪を犯して取得した財物（贓物）の事後的処分に関与する罪である．ヨーロッパでは中世以来，本罪者を犯行後に援助する*事後従犯'の一場合として把握されたが，19世紀になってから独立した財産犯としての理解が一般化した．現行刑法でも，本罪は，窃盗や詐欺などの直接領得罪と毀棄・隠匿罪との間に規定され（刑256），独立の財産罪として位置づけられている．本罪には，盗品等を間接的に領得し利益に関与する財産犯的な側面と本犯者が犯罪から得た財産的利益を確保・増大させる庇護罪的な側面がある．そこで，本罪の本質について，後者を重視し，本犯である財産犯に対する事後従犯的犯罪であるとする事後従犯説や本犯の惹起した違法状態を維持・促進する犯罪であるとする*違法状態維持説'も有力に主張されているが，前者を重視する*追求権説'が通説であり，近時は追求権説を基本としながらも複合的な要素を考慮する総合説も有力である．追求権説によると，物について被害者が法律上の追求権をもたない場合には本罪が成立しないのに対し，違法状態維持説によれば，その行為がおよそ違法な財産状態の維持にあずかる関係にあれば足り

るので本罪の成立範囲が広くなる．

2 客体 本罪の客体は，盗品その他財産に対する罪に当たる行為によって領得された物である．本犯である財産犯は，構成要件に該当し違法であればよく，それ以外の事由で犯罪が不成立になり，あるいは現に処罰されなくてもよい．通説である追求権説によれば，被害者が法律上追求することのできるものをいう．被害者に追求権がなく，または，これを喪失したときは盗品性は失われる．たとえば，第三者が盗品を善意取得(民192)した場合，それ以後は盗品性が失われる．ただし，盗難または遺失のときは2年間返還請求権が認められるので(193)，その間は盗品性も失われない．被害者に民法上の返還請求権のない不法原因給付物(708)の場合，盗品性を肯定すべきかをめぐり学説が分かれている．追求権は，当該盗品等に対するものであるから，盗品等がその同一性を失った場合には同時に追求権も失われる．盗品を売却して得た金銭や盗品等である金銭で購入した物などは本罪の客体ではない．もっとも，判例は，両替によって得られた通貨，小切手の支払によって得た現金についても盗品性を認めている．

3 行為 本罪の実行行為は，盗品等を無償で自己の物として領得すること(*盗品等無償譲受け罪')，委託を受けて盗品等の所在を移転すること(*盗品等運搬罪')，委託を受けて盗品等を保管すること(*盗品等保管罪')，盗品等を売買・交換・債務弁済などの名義で対価を払って取得すること(*盗品等有償譲受け罪')，盗品等の有償的な法律上の処分行為(売買・交換・質入等)を媒介または周旋すること(*盗品等有償処分あっせん罪')の5種である．いずれも原則として行為の時点で盗品等であるという事情を未必的にでも認識していることが必要である．

4 親族間の特例 本罪が親族間の犯罪として犯されたときは刑が免除される(刑257)．通説・判例によれば，この特例の根拠は，本罪の事後従犯的性格から一定の親族間で行われた場合に期待可能性が減少する点にある．したがって，親族関係は本犯者と本罪の行為者の間に存在することが必要であると解されている(最決昭38・11・8刑集17・11・2357)．また，本罪の犯人相互に親族関係があるにすぎないときは特例は適用されない． ［大塚裕史］

盗品等保管罪 ＊盗品等に関する罪'の一種で，委託を受けて盗品等を本犯のために保管する罪．1995年の刑法改正前には，保管は「寄蔵」と称されていたので，贓物寄蔵罪と呼ばれていた．保管行為について有償であると無償であるとを問わない．法定刑は10年以下の懲役および50万円以下の罰金である(刑256 II)．委託を受ける場合のほか，質物として受け取る場合，貸金の担保として受け取る場合も含む．本罪が成立するためには，単なる保管契約が結ばれただけでは足りず，現実に盗品等を受けとったことが必要である．委託者は必ずしも本犯でなくてもよい．なお，保管中に盗品等であることを知ってなお保管を続けた場合にも本罪が成立するかについては争いがある．判例は，本罪が継続犯であり，しかも保管行為の本犯助長的性格を考慮して本罪が成立するとしており(最決昭50・6・12刑集29・6・365)，これを支持する学説も多い．しかし，委託を受けて盗品等の占有が移転することこそが被害者の追求を困難にさせるのであり，したがって，盗品性の認識は占有が移転する段階で存在しなければならないとしてこれを疑問視する見解も有力である． ［大塚裕史］

盗品等無償譲受け罪 ＊盗品等に関する罪'の一種で，盗品等の所有権を無償で取得する罪．1995年の刑法改正前には，無償譲受けは「収受」と称されていたので，贓物収受罪と呼ばれていた．法定刑は3年以下の懲役である(刑256 I)．贈与を受ける場合のほか，利息なしに消費貸借として交付を受ける場合も含まれる．無償の点で*盗品等有償譲受け罪'と区別され，所有権に基づく事実上の処分権を取得する点で*盗品等保管罪'と区別される．本罪の成立には，単なる口約束とか契約の成立では足らず，盗品等の現実の引渡しを要する．目的物の引渡し時に盗品性の認識が必要であり，無償譲受け後に盗品等であることを知った場合には本罪は成立しない．また，無償での譲受けは，本犯者の意思に基づいて行われることが必要であるから，窃盗犯人から盗品を窃取したり，遺失物である盗品をそれと知りながら拾得しても本罪は成立しない．本罪の法定刑が他の盗品等に関す

る罪より軽いのは、本犯を助長する性格が少なく、単に本犯の得た利益にあずかるにすぎないためと解されている。　　　　　　　［大塚裕史］

盗品等有償処分あっせん罪
＊盗品等に関する罪'の一種で、盗品等の法律上の有償処分行為(売買、交換、質入れ等)を媒介・周旋する罪。1995年の刑法改正前には、有償の処分のあっせんは「牙保」と称されていたので、贓物牙保罪と呼ばれていた。法定刑は10年以下の懲役および50万円以下の罰金である(刑256 II)。処分自体は有償であることを要するが、あっせん行為は有償・無償を問わないし、行為者自身の名義で行うか本犯の名義で行うかも問わない。盗品等が既に存在することが必要であり、将来窃取する財物の売却を周旋しても本罪にはあたらない。判例は、本罪の本犯助長的性格を重視し、売買の周旋をした事実がある以上、その周旋にかかる売買が成立しなくても本罪が成立するとするが(最判昭23・11・9刑集2・12・1504)、学説では、被害者の追求・回復を困難にする本罪の本質から見て、少なくとも周旋にかかる契約が成立したことを要するとする見解が多数であり、さらに、盗品等有償譲受け罪との均衡上、盗品等の占有の移転を要するとする見解も有力である。　　　　　　　［大塚裕史］

盗品等有償譲受け罪
＊盗品等に関する罪'の一種で、盗品等の所有権を有償で取得する罪。1995年の刑法改正前には、有償の譲受けは「故買」と称されていたので、贓物故買罪と呼ばれていた。法定刑は10年以下の懲役および50万円以下の罰金である(刑256 II)。売買のほか、交換、債務の弁済、代物弁済、売渡担保などが有償譲受けに当たる。本罪の成立には、単なる契約の締結では足りず、盗品等の現実の引渡しのあることを要するとするのが判例・通説である。契約の成立だけでは、被害者の追求権の行使を困難にするとはいえないというのがその理由である。これに対し、盗品等が引き渡された以上は、代金が未払いでも、価格が未確定でも本罪は成立する。本犯者から直接に買い受ける場合のほか、他の有償譲受け者などから転売を受ける場合も有償の譲受けである。転売の場合、売主が盗品等であることを知らなくても、譲受ける者にその認識があれば本罪は成立する。なお、盗品等であることの認識は引渡しの時点で必要であるから、取得後に盗品等であることに気づいても本罪は成立しない。
　　　　　　　［大塚裕史］

動物の愛護及び管理に関する法律
動物の虐待の防止、動物の適正な取り扱いその他動物の愛護に関する事項を定めて動物愛護、生命尊重、友愛等の情操の涵養に資するとともに、動物の管理に関する事項を定めて動物による人の生命、身体、財産に関する侵害を防止することを目的として規定された、いわゆる＊動物愛護法'といわれる法律である。

動物の保護に関する国際的関心の高まりをも反映して、平成11年に前身である動物の保護及び管理に関する法律(昭48法105)の名称とともに内容を一部改正し、特に＊動物虐待罪'の処罰を強化している。

「何人も、動物をみだりに殺し、傷つけ、又は苦しめることのないようにするのみでなく、人と動物の共生に配慮しつつ、その習性を考慮して適正に取り扱うようにしなければならない」との基本原則を定め(2)、動物愛護週間(4)、所有者または占有者の適正な飼養および保管の義務(5)について定める。また、動物取扱業者に対する規制を導入し、届出(8・9)、基準遵守義務(11)、都道府県知事による勧告・命令・検査(12・13)等について規定するほか、周辺の生活環境の保全措置に関する規定(15)も新設された。地方公共団体は、条例により、動物の飼養および保管に関する指導、命令および必要な措置を講じ(16)、動物愛護担当職員を置き(17)、犬およびねこの引取りを行う(18)。また、負傷動物等の発見者の通報措置(19)、犬およびねこの繁殖制限(20)、動物愛護推進員(21)、協議会(22)、動物を殺す場合の方法(23)、科学上の利用に供する場合の方法および事後措置(24)、動物愛護審議会(26)について定める。最後に、愛護動物(牛、馬、豚、めん羊、やぎ、犬、ねこ、いえうさぎ、鶏、いえばと及びあひるそのほか人が占有する哺乳類、鳥類又は爬虫類に属する動物)の殺傷に対して1年以下の懲役または100万円以下の罰金を、虐待または遺棄に対して30万円以下の罰金を科している(27)。　　　　　　　［島岡まな］

答弁取引　(英) plea bargaining　刑事事件において，訴追側と被告人側とが交渉し，事件処理について一定の合意を行うこと．英米法系の刑事手続で用いられる．

アメリカでは，裁判所が被告人に起訴事実の認否を求める際，すなわちアレインメント(arraignment)手続において，被告人が有罪の答弁(plea of guilty)をすれば，事実認定の審理を省略して有罪とし，直ちに量刑の段階に入ることになる．答弁取引の典型例は，この有罪答弁において，被告人が起訴状に記載された訴因につき，その一部，またはその訴因よりも軽い罪の有罪を認めたことの引き換えに，検察官が訴因を縮小したり，一部を撤回する場合をいう．有罪の答弁に加えて，捜査への協力などを条件として合意が成立する場合もある．被告人の主体性を尊重する当事者処分権主義の表れともいえる一方，効率主義の行き過ぎ，「取引」に伴う弊害も指摘され，アメリカでは，現在もなおその当否につき議論が続いている．

わが国は，答弁取引はもとより，アレインメント制度自体，*実体的真実主義'に反し，刑事裁判の理念に沿わないとして，有罪を自認した場合もそれだけで有罪とすることを禁じる規定をおいた(刑訴 319 Ⅲ)．　　　　　　[三井　誠]

道路交通法　**1 意義**　道路における危険を防止し，その他交通の安全と円滑を図り，および道路の交通に起因する障害の防止に資することを目的とする法律(昭 35 法 105)．1947(昭 22)年に制定された旧道路交通取締法は全 31 条の短い法律であったが，自動車交通の急速な発達に伴う新たな情勢の変化に対処するため，単に取締法的なものではなく，歩行者も含めた道路交通全体の基本的ルールを定めたのが現行法である．

2 内容　規定内容は，道路・車両等に関する定義規定や公安委員会・警察の規制権限を定める総則，歩行者の通行方法，車両・路面電車の通行方法，運転者・使用者の義務，高速自動車国道等における自動車の交通方法等の特例，道路の使用，自動車および原動機付自転車の運転免許等に関するものである．これらの規制の違反に対してはほとんど罰則が付されているが，信号機・道路標識等の損壊行為(115)，過失建造物損壊(116)，不正に免許証等の交付を受ける行為(117の4⑦)のような独立した罰則もある．

3 手続　道路交通法違反事件の増大に対し，交通事件を刑罰に先行する行政的措置によって簡易迅速に処理するため導入された(1967年改正)のが*交通反則金'制度である(第9章)．これは道路交通法違反につき，比較的軽微で，違反事実も明白で定型的なものについては，行政上の制裁としての反則金の納付を通告し，法定期間内に納付されれば公訴を提起しないとするものである．納付されない場合は通常の刑事手続が進行する．なお，交通に関する刑事事件の迅速適正な処理を図るため，*交通事件即決裁判'手続法(昭 29 法 113)により交通事件即決裁判手続が設けられているが，最近の実務ではほとんど利用されていない．対象は道路交通法第 8 章の罪にあたる事件であり，被告人に異議がなければ，即決裁判の請求に基づき，簡易裁判所は，即日期日を開いて審判し，裁判は確定判決と同一の効力を有する．→交通切符，交通犯罪　　　　　　　　　　　　　　　　　　[松生光正]

都教組事件　1958(昭 33)年の勤務評定実施に対する反対闘争の中で，全 1 日の一斉休暇闘争を指令するなどした東京都教職員組合の執行委員長その他幹部である組合員の行為が，地方公務員法違反の罪にあたるとして起訴された事件．最判大昭 44・4・2 刑集 23・5・305 は，争議行為のあおり行為などを広く処罰することは違憲の疑いがあるとして，同法違反の罪の成立を否定した．地方公務員法 37 条 1 項は，地方公務員の同盟罷業，怠業その他の争議行為を禁止し，さらにまた，何人も，これらの違法な行為を企て，またはその遂行を共謀し，そそのかし，もしくはあおってはならないと規定し，同法 61 条 4 項は，その禁止規定を担保するために，何人たるを問わずこれらの争議行為等の遂行を共謀し，*そそのかし'，もしくは*あおり'，またはこれらの行為を企てた者を処罰している．この「あおり罪処罰」について，都教組事件判決は，まず第 1 に，「あおり」「そそのかし」等の対象となる「争議行為」とは，違法性の程度の強いものを指し，第 2 に，このような争議行為に対する「あおり行為」の中でも争議行為に通常随伴して行われるものは処罰対象に含まれな

いという合憲的制限解釈論を展開した(二重の絞り論).最高裁大法廷は,争議行為の違法性の程度の具体的内容として「きわめて短時間の同盟罷業または怠業のような単純な不作為のごときは,直ちに国民全体の利益を害し国民生活に重大な支障をもたらすおそれがあるとは必ずしもいえない」と述べた上で,具体的な本件の全1日一斉休暇闘争に関しては,当該争議行為には強度の違法性が存すると判示した.ただ,「被告人らは,いずれも都教組の執行委員長その他幹部たる組合員の地位において右指令の配布または趣旨伝達等の行為をしたというものであって,これらの行為は本件争議行為の一環として行なわれたものであるから,前示の組合員のする争議行為に通常随伴する行為と解すべ」きであるとして,その処罰を否定した(1審無罪,2審有罪).

しかし,4年後の*全農林警職法事件'判決(最判大昭48・4・25刑集27・4・547)により,国家公務員法のあおり罪処罰に関する限定解釈が覆され,さらに岩手県教組事件判決(最判大昭51・5・21刑集30・5・1178)により,全農林警職法判決の趣旨が地公法にまで拡げられた.そして,全逓*名古屋中郵事件'判決(最判大昭52・5・4刑集31・3・182)が,現業公務員に関する争議行為の刑事処罰につき,全逓*東京中郵事件'判決(最判大昭41・10・26刑集20・8・901)を覆すことにより,戦後揺れ動いた公務員の争議行為に関する判例の立場が安定することになった.→可罰的違法性,仙台全司法事件　　　[木村光江]

徳島事件　1953(昭28)年11月5日,徳島市内の電器店で店舗奥の住居内で店主が刺殺された事件.徳島ラジオ商(殺し)事件とも呼ばれる.現場情況から,当初は外部から侵入した犯人による犯行と見られていたが,翌年7月になって,徳島地検は,内部犯行説をとり,事件当時住込みで働いていた2人の店員を逮捕し,その供述をもとに店主の内妻,冨士茂子さんを殺人罪で逮捕,起訴した.冨士さんは一貫して無実を訴えていたが,1審の徳島地裁は1956(昭31)年4月18日(判例集未登載),懲役13年の判決を下した.冨士さんは控訴,上告して争ったが,「裁判所は真実をわかってくれない」として上告を取り下げたため,1審の懲役13年の刑が確定した.冨士さんの服役中から2人の元店員の証言が偽証であったことを理由に*再審'請求が行われていたが,再審請求は第1次から第4次まではいずれも棄却された.1978(昭53)年1月に申し立てられた第5次再審請求について,徳島地裁は再審開始決定を下した(徳島地決昭55・12・13刑月12・12・1285,この請求審審理中に冨士さんは死去).開始決定に対し,検察官が即時抗告し,抗告棄却決定に対し検察側が特別抗告を断念したため,再審開始が確定した.本件は,現行法の下で初の死後再審事件となったが,1985(昭60)年7月9日,徳島地裁で無罪判決が出され,これが確定した(判時1157・3).→財田川事件,島田事件,白鳥事件,松山事件,免田事件　　　[水谷規男]

特赦　*恩赦'の一種.個別恩赦として,有罪の言渡しを受けた特定の者に対して行われ(恩赦4),有罪の言渡しの効力を失わせる(5).受刑中であれば釈放され,前科は抹消されて資格が回復される.個別恩赦には,政令等で特別の基準を定めて一定期間内に行うものと,それ以外に常時行われるものとがある.

特別基準恩赦としては,第2次世界大戦後の政令恩赦(昭22の減刑令の修正政令を除く)すべてに際し,それぞれ閣議決定されている(特赦人員は,各,246,1500,1623,2063,337,1211,3250,2011,566,267,90人である).

常時恩赦としては,ほぼ毎年,本人による申出が,数人からときには数十人程度見られるが,1人も認められない年も多い(1989年以降,6,1,0,20,2,0,0,0,0,0,0人である).最近において特赦が認められているものは,いずれも検察官による上申のあったものである.

[吉岡一男]

毒樹の果実　(英) the fruit of the poisonous tree　違法に収集された証拠に基づいて,発見・取得された証拠.基になる第1次証拠を「毒樹」,それに基づいて得られた派生的・第2次証拠を「果実」という.*違法収集証拠の排除法則'が派生的証拠にも及ぶとする理論を「毒樹の果実」論という.証拠には,証拠物の場合と自白の場合がある.

排除すべき派生的証拠の範囲について,「毒樹」と「果実」との間に条件的因果関係があれ

ば足りるとする見解もあるが、多数説は、事案の重大性のほか、「毒樹」収集手続の違法の程度、「毒樹」と「果実」の関連性の度合い、証拠としての「果実」の重要性などを考量して判断すべきであるとする。両証拠の関連性は、違法に収集された、覚せい剤とその鑑定書、自白とそれによって発見された凶器などは大きいとされ、両証拠間に他の適法な証拠が介在したり(希釈化の法理という)、「果実」が別の捜査行為から得られたような場合(独立入手源の法理という)には、関連性は乏しいとされる。下級審裁判例には「毒樹の果実」論を適用したものも見られるが(大阪地判昭和51・4・17判時834号11頁ほか)、事例の集積は十分でなく、その要件等についてなお検討すべき点が少なくない。

[三井 誠]

特定商取引に関する法律 特定商取引に関する法律(特定商取引法)は、旧訪問販売等に関する法律を改正したもので、その適用対象が拡大された結果、法律名も特定商取引法へと改められた(2001年4月1日施行)。

本法は、特定商取引(訪問販売、通信販売および電話勧誘販売に係る取引、連鎖販売取引、特定継続的な役務提供に係る取引並びに業務提供誘因販売取引)を公正にし、購入者等の損害の防止を図ることによって、購入者等の利益の保護等を目的とした法律で、訪問販売、通信販売、電話勧誘販売、連鎖販売取引、特定継続的役務提供、業務提供誘因販売取引に対して規制を加えるとともに、訪問販売、電話勧誘販売、連鎖販売取引、特定継続的役務提供、業務提供誘因販売取引についてクーリングオフの制度を設ける等により、消費者被害の防止をはかっている。

業者が、契約の解除を妨げるため、購入者等に対して、不実のことを告げたり、威迫したりする行為、業務停止命令違反、書面の不交付、不備もしくは虚偽書面の交付などを処罰している(同法70)。

とくにマルチ商法とも呼ばれる連鎖販売取引は、無限連鎖講に類似した構造をもつ取引形態で、悪徳商法で利用されることの多い販売形態である。しかし、「無限連鎖講の防止に関する法律」により禁止される無限連鎖講とは異なり、連鎖販売取引自体は禁止されているわけではない。当初、連鎖販売取引の適用対象が物品販売事業に限定されていたことから役務等の提供、あっせんを対象とすることで同法の適用を免れようとする事例(マルチまがい商法)が多発し、昭和63年、その不備を補うべく、その対象が拡大された(旧法時)。

[京藤哲久]

毒物及び劇物取締法 本法は27条から成り、毒物および劇物について、保健衛生上の見地から必要な取締りを行うことを目的とする(毒物1)(昭25法303, 昭25・12・28公布・施行)。制定当時、本法にシンナー等の濫用を取り締まる規定は存在しなかったが、1972(昭47)年の改正により、興奮、幻覚または麻酔の作用を有する毒物または劇物(これらを含有する物を含む)であって政令で定める物(トルエン、ならびに酢酸エチル等を含有するシンナー等が指定されている)の、みだりな摂取・吸入、これらの目的での所持が禁止され(3の3)、前記摂取等の目的に供することの情を知って行った販売・授与、3条の3違反の行為が処罰されることとなった(それぞれ、24の2①・24の3)。3条の3違反の行為に対する法定刑は、当初は3万円以下の罰金であったが、1982(昭57)年の改正により、1年以下の懲役もしくは3万円以下の罰金またはその併科に引き上げられている。→あへん法、覚せい剤取締法、大麻取締法、麻薬及び向精神薬取締法、薬物犯罪

[近藤和哉]

特別刑法 広義には、刑法典以外の刑罰法規(広義の刑法のうち刑法典以外の法)の総体をいい、狭義には、刑法典以外で刑事犯(自然犯)を定める法の総体をいうが、今日では、広義で用いられることがむしろ多い。狭義の特別刑法の例としては、爆発物取締罰則、暴力行為等処罰ニ関スル法律、盗犯等防止法などの他、人の健康にかかる公害犯罪の処罰に関する法律や航空機の強取等の処罰に関する法律などが挙げられる。明確性の原則などの罪刑法定主義に関する問題、錯誤など故意に関する問題など、多くの*刑法'総論の主要な問題が、特別刑法に関して生じている。

特別刑法にあっても、刑法8条本文により、刑法総則の規定が基本的に適用されるが、同条但書により、その法律に特別の規定のある場合は、その適用が排除される。但書の「特別の規

定」は、明文の規定に限られず、解釈上その趣旨が読みとれればよいとするのが、通説・判例である.

明文で刑法総則の規定を排除している代表例は、主体に関する法人処罰規定であり、法人格のない団体に刑事責任を認める例(補助金32Ⅰなど)もある. 他に、共犯に関しては、*両罰規定'のほか、陰謀(刑特7Ⅰ)、共謀(国公110Ⅰなど)、独立教唆(教育中立4など)、そそのかし(外公27など)、煽動(税犯22Ⅰなど)、あおり(地公61④など)、容認(地公62など)に処罰を拡張する例や、逆に、刑法60条ないし62条を排除して共犯を不処罰とする例(船舶29)、また刑法63条と異なり従犯に刑の減軽を認めない例(アルコール38など)、幇助犯(国公111など)や教唆犯(労基121など)を正犯として取り扱う例がある. 科刑に関して、刑法25条2項但書を排除して執行猶予の要件を緩和する例(売春16)、刑法42条1項の任意的自首減軽を超えて必要的自首減免を定める例(刑特8)、刑法19条と異なり必要的没収を定める例(狩猟21Ⅱ)、刑法19条の2と異なり必要的追徴を定める例(郵便76Ⅱ)がある. 死刑・無期刑の緩和と不定期刑を定める例(少年51・52)もある. 刑法の適用に関しては、刑法1条の範囲を超えて場所的適用範囲を国外にまで及ぼす例(刑施26など)、刑法6条と異なり刑の変更・廃止があったとき旧法の追及効を認める例(食管昭27改正附則3など)がある.

解釈で8条但書を適用して刑法総則の規定を排除した例としては、明文のない過失犯の処罰(最決昭57・4・2刑集36・4・503など)、明文のない未遂犯の処罰(最決昭54・7・31刑集33・5・494、ただし禁止された行為について結果を含まない概念と構成する解釈技法をとっている)、明文のない国外犯の処罰(最判昭46・4・22刑集25・3・451)がある. →行政刑法、経済刑法　　　　　　　　　　　　　　　　[田中利幸]

特別抗告　裁判所の決定に対しては、*抗告'あるいは*即時抗告'の申立をすることができるほか(刑訴419)、裁判官の決定(正確には命令)に対しては、準抗告の申立てができる(刑訴329). そして、刑事訴訟法により不服を申し立てることのできない裁判については、憲法違反および判例違反があるときに限って、最高裁判所を管轄裁判所とする特別の抗告を認めた(刑訴433). したがって、裁判所法による裁定合議の取消決定(最決昭60・2・8刑集39・1・15)や逃亡犯罪人引渡法による引渡しの決定(最決平2・4・24刑集44・3・301)等については、特別抗告はできない. ところで、「裁判所の管轄又は訴訟手続に関し判決前にした決定」は、抗告できない決定(刑訴420参照)なので、形式的に見る限り、「この法律により不服を申し立てることができない決定」として特別抗告の対象に含まれそうであるが、最高裁判所は、終局判決に対する上訴で救済できるものについては、それに委ねるという趣旨から、形式説を斥けたのである. しかし、実質説の論理に従っても、「終局判決に対する上訴」では時期を失し、十分な救済となり得ない場合が考えられる. 現に例外的ではあるが若干の場合に、「判決前にした決定」に対する特別抗告が認容されていることに留意すべきであろう(付審判請求の審理方式に関する最決昭49・3・13刑集28・2・1、証拠開示命令に関する最決昭44・4・25刑集23・4・248等).

ところで、最高裁判所は、特別抗告について刑事訴訟法411条の準用を認めている(最決昭36・5・9刑集15・5・771、最決昭37・2・14刑集16・2・85等参照). そのため、著しく正義に反する法令違反や事実誤認等があると認めるときには原決定を破棄することができるようになった. →通常抗告　　　　　　　　[平良木登規男]

特別公務員職権濫用罪　特別公務員職権濫用罪とは、裁判、検察もしくは警察の職務を行う者またはこれ等の職務を補助する者がその職権を濫用して、人を逮捕し、または監禁する罪である(刑194). この規定は、これらの職にある公務員が、その職務の性質上、人権の侵害を引き起こしやすく、それによって刑執行の適正とそれに対する国民の信頼をも裏切る結果になることを防止しようとするものである.

主体は、裁判、検察もしくは警察の職務を行う者、すなわち、*裁判官'、*検察官'、*司法警察員'、もしくは、これらの職務を補助する、裁判所書記官、廷吏、検察事務官、司法巡査等である. 行為は、職権濫用による逮捕・監禁であ

る．すなわち，職権の濫用とは，「公務員が，その一般的職務権限に属する事項につき，職権の行使に仮託して実質的，具体的に違法，不当な行為をすること」（最決昭57・1・28刑集36・1・1）であり，逮捕・監禁とは，縄で縛りつける等，人の身体に直接的に支配を及ぼすか，あるいは，部屋に施錠するなど，一定の場所からの脱出を著しく困難にして身体活動の自由を奪うことである．それゆえ，本罪は，逮捕・監禁罪の身分による加重を認めた不真正身分犯である．→公務員職権濫用罪　　　　　　　[吉田宣之]

特別公務員暴行陵虐罪　特別公務員暴行陵虐罪とは，裁判，検察もしくは警察の職務を行う者またはこれ等の職務を補助する者が，その職務を行うにあたり，被告人，被疑者その他の者に対して暴行または陵辱もしくは加虐の行為をする罪（刑195Ⅰ），または，法令により拘禁された者を看守しまたは護送する者が，その拘禁された者に対して暴行または陵辱もしくは加虐の行為をすること（195Ⅱ）である．

本罪の保護法益は，公務執行の適正とこれに対する国民の信頼，および被害者となる国民の人権である．主体は，裁判，検察，警察の職務を行う者とそれ等の補助者（195Ⅰ），または，法令により拘禁された者の看守者とこれの護送者（刑195Ⅱ）である．客体は，被告人，被疑者およびその他の者（195Ⅰ），または，法令により拘禁された者（195Ⅱ）である．その他の者とは，たとえば，証人，参考人等である．

実行行為は，これらの者に対する直接的あるいは間接的暴行，または，精神的にあるいは肉体的に辱めや苦痛を加えることである．たとえば，侮辱的な言辞を用いたり，食事をさせなかったり，睡眠を妨害したりすることである．最後に，行為の情況であるが，職務を行う際とは，必ずしも職務行為自体として行われる必要はないという意味である．→公務員職権濫用罪
　　　　　　　　　　　　　　　　[吉田宣之]

特別背任罪　一般の*背任罪'（刑247）に対する特別の犯罪類型．刑法247条は，「他人のためにその事務を処理する者」を主体とし，刑を5年以下の懲役または50万円以下の罰金とするのに対し，商法486条は，会社の発起人，取締役，監査役等を主体とし，刑を10年以下の懲役もしくは1000万円以下の罰金とし，または，情状によりその併科（商492）と加重している．この特別背任罪の主体の要件をみたす者が，業務上自己の占有する他人の物を横領した場合，業務上横領罪（刑253）だけが成立すると解するこれまでの判例・通説の考え方が，被害者は実質的にひとつの法益しか侵害されておらず，業務上横領罪の方が刑が重いことに基づくものだとすれば，取締役等の特別背任罪の方が業務上横領罪より刑の上限が高くなった現在では，上記の場合この特別背任罪が成立しないとすることはできない．ただし，刑の下限は罰金刑を規定しない業務上横領罪の方が依然高いことから，法条競合とはいえ，両罪の成立を認め，観念的競合と同様の処理を肯定する，あるいは，排除された業務上横領罪の法定刑による特別背任罪の法定刑の修正を肯定するなどの理解が考えられうる．特別背任罪は商法（486・487）の他，有限会社法（77），保険業法（322・333），投資信託及び投資法人に関する法律（228・228の2）上にも規定されている．→違法配当罪，不良貸付，粉飾決算　　　　　　　　　　　　　　[上嶌一高]

特別弁護人　弁護士でない者で弁護人に選任された者．原則として*弁護人'は弁護士から選任しなければならないが，裁判所の許可を得たときは，弁護人でない者を弁護人に選任することができる（刑訴31）．これを特別弁護人制度という．この制度は，一定の場合には法律以外の特定の分野の特別の知識・経験等の活用が必要であり，またそのことが実質上防禦に有用な働きをすることがあるとして設けられたものである．

特別弁護人の選任が認められているのは，簡易裁判所・家庭裁判所・地方裁判所における場合に限られ（31Ⅱ），高等裁判所・最高裁判所については本制度の適用はない（387・414）．また，地方裁判所においては，他に弁護士である弁護人が選任されている場合に限られる（31Ⅱ但書）．特別弁護人の権限は，地方裁判所においては主任弁護人となることはできないこと（刑訴規19Ⅰ）以外は，弁護士である弁護人と同一である．

特別弁護人制度は，起訴前段階にも認められるか．学説には，不起訴処分を得るための証拠

収集の必要性などを理由にこれを積極に解する見解も見られるが，判例は，刑事訴訟法31条2項は一般規定である同条1項の例外にあたること，「簡易裁判所，家庭裁判所又は地方裁判所においては，裁判所の許可があるときは」という同条項の文言の趣旨，積極説に立てば同法31条2項但書と抵触する事態を招くことを理由に，起訴前段階には本制度の適用がないとしている（最決平5・10・19刑集47・8・67）．

近年，特別弁護人制度の活用状況は減少の一途をたどっており，特別弁護人の付いた被告人の数は，1960年代の10年間の年平均が267人だったのに対し，最近は各年1〜4人を数えるに過ぎない．その理由は，質量両面で弁護士である弁護人が充実したこと，特別の知識・経験等の活用は証人・鑑定人という形で対応できることなどにあると解されている． ［深尾正樹］

特別予防 （独）Spezialprävention
*刑罰'の正当化根拠あるいは刑罰目的は何であるかという*刑罰論'において，その答えを犯罪を犯した行為者の将来の犯罪予防に求める考え方．一般人の犯罪予防を目的とする*一般予防'と対比される．

19世紀末からの資本主義の発達は次第に貧富の差を生み，都市の犯罪は増加した．それまで有力であった応報刑論，つまり，個人の自由な意思によって犯罪は犯されるのであるから，その自由意志を非難し*応報刑'を加えれば良いとする考え方ではこのような犯罪増加に対処できないとされるようになった．ここでは，犯罪の原因を個人の自由な意思よりも，生物学的原因や社会学的原因に求めることは必然であった．*ロンブローゾ'は，受刑者の調査から犯罪者には生物学的な特徴があるとする生来性犯罪人説を唱えた．その一面性は批判され，修正を余儀なくされたが，犯罪人類学は発展した．また，社会構造と犯罪の関係の研究も盛んになった．*リスト'は「社会政策は最良の刑事政策である」とし，社会政策の重要性を説いた．社会政策が対処できない場合には固有の刑事政策が図られねばならない．リストは，刑罰は応報刑論者の言うように無目的に科されるものではなく，犯罪防止という目的を持つ*目的刑'でなければならないとした．刑罰は犯罪者から自由等を剥奪することによって，犯罪を防止するものであるとする．犯罪者には，その類型に応じて，機会犯人・偶発犯人には威嚇刑を，改善可能犯人には改善刑を，改善不能な犯人には無期刑を科すべきとした．これは犯罪者自体に焦点を当てて，その将来の犯罪を防止しようとする特別予防である．このように，特別予防は犯罪行為そのものよりも，行為者の将来の危険性の除去に傾いているために，ともすれば，国家の過干渉となりやすい．そこで，リストは犯罪論においては，客観主義，行為主義をとり，また，「刑法は刑事政策の超えることのできない柵である」として罪刑法定主義の重要性をといて，歯止めとしていた．

わが国では，*牧野英一'が，リストに学び，さらにこれを極端に推し進めた．すなわち，いかなる犯罪者も改善可能であるとして，彼らを積極的に教育することが刑罰の目的であるとする*教育刑'論をといた．しかも牧野はリストとは異なり，犯罪論でも行為自体よりも行為者の危険性に焦点をあてる行為者主義，主観主義をとり，解釈の無限性を主張した．現在ではこのような体系をとるものはほとんどいないが，特別予防や教育刑の理論は行刑の分野での累進処遇等に貴重な貢献をしている． ［林美月子］

独立教唆罪 教唆行為を行っただけで教唆者が処罰される犯罪である．独立教唆を処罰する法規には，*爆発物取締罰則'4条，*破壊活動防止法'38〜40条，*日米相互防衛援助協定等に伴う秘密保護法（秘密保護法）5条3項'，刑事特別法7条2項がある．「そそのかし」も同義である（国公110Ⅰ⑰，地公61④）．被教唆者が犯罪の実行に出なければ，教唆者は処罰されないとする*共犯の従属性'の立場からは，*教唆の未遂'を処罰するために特別規定が必要であり，その規定が存在することが，刑法が教唆犯を従属的に考えていることの論拠となるとする．独立教唆では，被教唆者が犯罪の実行に出ることを要しないが，被教唆者が犯罪実行の決意をすることの要否については説が分れている．不要説は，教唆は人に対してその行為を実行する決意を新たに生じさせるに足りる慫慂（しょうよう）行為をすることで足り，犯罪の成否を被教唆者の決意に係らしめるのは妥当でないとする．判例も

不要説に立つ(地公61④に関する最判昭29・4・27刑集8・4・555).必要説は,独立教唆は刑法の教唆犯の要件のうち被教唆者の犯罪実行という要件のみを欠くのであって,被教唆者の決意の存在は必要であり,通常の教唆犯との差異を過度に強調すべきではないとする.→外務省秘密漏洩事件　　　　　　　　　　　[植田 博]

都市化と犯罪　(英) urbanization and crime　**1 産業的都市化と犯罪**　18世紀後半のイギリスに始まった産業革命とそれに伴う社会の都市化は,それまでの前産業的都市化と異なり,都市と農村の社会構造を変化させただけでなく,特に都市において地縁・血縁に基づく伝統的社会関係を解体し,宗教に基づく社会統制の衰退を導いた.この産業的都市化による社会変動は,大量商品生産による動産窃盗の急激な増加をもたらすとともに,伝統的な刑事司法制度を機能不全に陥れ,警察制度の創設を含む近代的刑事司法制度を生み出すことになった.産業的都市化は伝統的紐帯に基礎を置く社会統制の衰退を意味するため,犯罪の増加をもたらすと一般に考えられている.デュルケムの*アノミー論はその1例である.しかし,歴史的統計研究によれば,産業的都市化の進展は必ずしも犯罪全般の増加をもたらすとは言えず,比較的軽微な財産犯罪の増加が見られるものの,暴力犯罪が増加したとは必ずしも言えないと見られている.

2 都市地域の衰退と犯罪　1920年代から30年代にかけて行われたショーClifford R. Shaw(1896-1957)とマッケイHenry D. McKay(米・1899-)によるシカゴの社会生態学的研究は,シカゴ中心部の工業地帯隣接地域において非行・犯罪が多いことを見出した.この地域は,その居住者の多くが外国からの移民やアフリカ系アメリカ人であり,シカゴの最も貧困な地域で,使用不能とされた建物の数が最も多かった.ショーとマッケイによれば,この地域には貧困な移民等が絶えず流入し,経済的に余裕のできた人々は他のより良い地域に転出していくため,社会組織が崩壊し,住民間の社会統制が著しく衰退しており,それが犯罪・非行を生む原因となっていたという.また,この地域では異なるエスニック集団がたえず流入,転出していたので,住民集団の間で葛藤が見られた.このシカゴにおける研究は,都市化そのものが深刻な犯罪増加をもたらすわけではなく,都市の成熟過程において社会的階層化や社会的差別が重畳的に作用する結果,地域社会の社会組織が解体し犯罪の増加をもたらす可能性があることを示している.

3 都市化社会と犯罪　機能的社会関係の優位する都市社会においては,社会関係が複雑化するだけでなく,社会的価値の多様化が生じ,犯罪・非行サブカルチャーが存続しやすく,価値の「中和化」も行いやすい社会環境が存在する.このような社会条件の下で異質の文化を持つ社会集団が流入し,階層化に伴う生活環境の悪化等が生じた場合には,シカゴの研究が示しているように,都市の内部で犯罪の増加が生じる可能性は大きいといえよう.しかし,経済的現象としての産業化やその進展,あるいは人口動態上の変化としての人口集中という現象そのものが,直ちに犯罪率の増加をもたらすかどうかについてはなお議論されている.多様な犯罪・非行原因論が示唆しているように,都市化と犯罪との関連は間接的なものであり,犯罪増加の具体的原因は都市においても異なると考えられる.→犯罪要因　　　　　　　　　　　　[村山眞維]

土地管轄　第1審裁判所の*管轄'については,事件の軽重や性質による*事物管轄'(たとえば,審判を担当するのは地方裁判所か簡易裁判所か)のほか,事件の場所的関係に基づくもの(どこの地裁・簡裁か)があり,それを土地管轄という.すなわち,裁判所は,それぞれに管轄区域が決まっており,その区域内に犯罪地または被告人の住所・居所・現在地がある事件について管轄権をもつのである(刑訴2Ⅰ).なお,上訴に関しては*審級管轄'の定めがなされている.

犯罪地とは,犯罪構成要件に該当する事実の発生した場所(行為から結果発生に至るまで,途中経過地をも含めて広範囲にわたることもある)であり,捜査・訴追の便宜と被害者などへの配慮から,これが基準とされる.他方,被告人の住所等にあっては,出頭と防御の便宜が考慮されている.

国外にある日本の船舶・航空機内で犯した罪

については、上記のほか、その船籍の所在地、または犯罪後にその船舶が寄泊し航空機が着陸した地による(刑訴2Ⅱ・Ⅲ)．　　　［米山耕二］

独居拘禁　(英) solitary confinement (独) Einzelhaft　受刑者の拘禁形態は，矯正および社会復帰思想の展開に伴い，拘禁自体を目的とする厳重な隔離拘禁から改善処遇へと移り，さらに開放処遇の方向へ推移しつつある．

アメリカでは，ペンシルヴェニア州のクェーカー教徒の宗教思想を背景に，1829年にフィラデルフィアに東悔罪監が開設された．それは厳正独居方式と呼ばれる独居制監獄であった．受刑者には，施設全体も外の受刑者も見えないように，最大の注意が払われた．受刑者を昼夜の別なく独居房に拘禁し，そこで手作業をさせ，聖書以外の読書を認めず，厳格な沈黙が要求されたが，それは受刑者に反省と悔悟を求めるものであった．この形態の監獄をペンシルヴェニアないしフィラデルフィア制という．しかし厳正独居方式そのものが人間の強さを超え，人間を破壊するものであることがトクヴィル Alexis de Tocqueville(仏・1805-59)によって指摘された．

ニューヨーク州でも，1817年に開設されたオーバン監獄は厳正独居方式を採用していたが，刑務所長のリンズ Elam Lynds(米・1784-1855)がこれを改良し，オーバン制と呼ばれる方式を採用した．これは，昼間は雑居の工場作業に就かせ，夜間は独居房に拘禁するというものである．受刑者相互の意思疎通は禁止され，沈黙が強制された．いずれの方式を採用する刑務所も，増大する受刑者に直面して，独居拘禁は維持できなくなり，したがってまた強制的沈黙も困難になった．

わが国の拘禁形態は，独居拘禁が原則とされているが(監15)，実際上は*雑居拘禁が原則となっている．行刑累進処遇令によると，第2級以上の受刑者は昼間雑居・夜間独居に付されることになっているが，一般には昼夜雑居制が採用されている．雑居拘禁では規律秩序維持の見地から，2人房は禁止され，また所長は，必要があると認めるときは，在監者の交談を禁止することができる．

独居拘禁は，「他ノ在監者ト交通ヲ遮断シ召喚，運動，入浴，接見，教誨，診療又ハ已ムコトヲ得サル場合ヲ除ク外常ニ一房ノ内ニ独居」(監則23)させることを内容とするもので，緩和独居制である．拘禁期間は6ヵ月を原則とし，3ヵ月ごとに更新される．なお，「*刑事施設法案」40条は濫用防止の規定を設けている．→監獄，監獄建築　　　［吉田敏雄］

賭博罪　(英) gambling (独) Glücksspiel (仏) jeux de hasard　*刑法'は，偶然の事情によって財物の得喪を争うことを賭博及び富くじに関する罪として処罰する(刑第23章)．このうち賭博罪は，偶然の事情にかかる勝敗によって財物の得喪を争う犯罪である．単純賭博罪の刑は，50万円以下の罰金または科料である(185)．本罪を財産に対する罪とする見解もあるが，賭博行為が国民の射幸心をあおり，勤労意欲を喪失させ，健全な経済的生活の風習を堕落させることを防ぎ，あわせて賭博行為に付随して生ずる強盗・窃盗等の犯罪を防止することが本罪の趣旨であり，*風俗犯'の一種とするのが通説である．偶然の事情とは，当事者において確実には予見できない事情をいい，当事者の主観において不確実であれば足り，客観的に不確実である必要はない．偶然の事情は両当事者に必要であり，いわゆる詐欺賭博の被害者について片面的賭博罪の成立は認められない．

なお，一時の娯楽に供する物を賭けた場合には本罪は成立しない(185但)．これは，経済的価値が僅少であるとの理由から可罰的違法性が欠けるとされたためである．ただし，金銭は金額の多少にかかわらず一時の娯楽に供する物とは認められない．また，競輪，競馬等，国・地方公共団体の財政・経済政策上，一定の範囲で賭博行為が公認されている．この場合には，法律によって賭博行為は正当行為とされ，刑法35条により違法性が阻却される．

常習として賭博をした者は，常習賭博罪として単純賭博罪より重く処罰され，その刑は3年以下の懲役である(186Ⅰ)．常習とは，賭博行為を反復累行して行う習癖であり，常習賭博罪は，刑法典中唯一の*常習犯'規定であり，行為者が常習性という身分を有することにより刑が加重される単純賭博罪の加重類型である．→賭博場開張図利罪，富くじ罪，博徒結合罪

[松原久利]

賭博場開張図利罪　賭博場開張図利罪とは，賭博場を開張し利益を図ることによって成立する犯罪である．刑は3ヵ月以上5年以下の懲役である(刑186Ⅱ前)．「賭博場の開張」とは，自ら主催者となって，その支配下において賭博をさせる場所を開設することをいい，単に賭博の場所を提供するだけでは足りないが，自ら賭博場に臨むことや，賭博に加わることは必要でない．賭博場とは，賭博のための場所的設備をいうが，常設である必要はなく，設備のいかんを問わず，開張者の支配下にある場所か否かも問わない．電話で申し込みを受けたときは，一定の場所に賭博者を集合させることがなくても開張に当たる．本罪の成立のためには，主観的要件として「利益を図」る意思，すなわち図利目的が必要である(*目的犯)．具体的には，賭博者から寺銭・手数料等の名目で開張の対価として財産的利益を得る目的である．目的があれば足り，現に利益を得たことは必要ではない．→賭博罪　　　　　　　　　　　[松原久利]

富井政章(とみいまさあきら 1858-1935)　京都生まれ．京都仏語学校，東京外国語大学を経て，1877(明10)年に渡仏，リヨン大学で法学博士の学位を取得して1883(明16)年に帰国．翌1884(明17)年から帝国大学法科大学で講師，教授として数年間刑法を講義した後，1918(大7)年まで民法講座を担当．帝国大学法科大学長，貴族院議員を経て1900(明33)年から1927(昭2)年まで京都法政学校(立命館大学)初代校長・学長，枢密顧問官．明治31年施行の現行民法典の起草にもあたった．その著書には，『刑法論綱』(1889)，『民法論綱』(1890)，『民法原論』(1903-29)等がある．

富井がフランス留学から帰国した当時は，旧刑法(明13太告36)の起草者*ボアソナードの教えをうけた明法寮の出身者，とくにフランス折衷主義刑法学者オルトラン Joseph-Louis-Elzéar Ortolan(仏・1802-73)の所説を祖述した宮城浩蔵(1850-93)等による折衷主義刑法理論が支配的であった．これに対し，ヨーロッパで勢力をましていた*新派刑法学を学び，イタリア学派の*ガロファロの影響をうけた富井は，犯罪の実証的研究と刑事政策の重要性を強調し，旧刑法の寛刑主義を批判し，社会防衛のための刑法の厳格化を唱えた．彼は，その著書『刑法論綱』や講演「刑法学理の一新」(法協9巻5号7頁)等でおよそ次のように主張している．

刑法は社会秩序の安寧を維持するための要具である．立法者はこの目的を達成するために必要かどうかという尺度で法律を制定すべきである．犯罪は自由意思の発動であるとする古い学説によっている折衷主義の学説は時代遅れの空理空論であって，社会防衛という刑法の任務を忘れている．旧刑法は，累犯者の処罰は刑の加重だけで足りるとし，数罪俱発は重い方の刑だけで処断し，未遂については欠効犯の刑を減じ，自首減軽と裁量減軽の適用を広くし，未決勾留を刑期に算入するなどしているが，これらは犯人の利益になるだけで，刑法の本旨に背き妥当でない．

このような富井の主張は，旧刑法の改正過程でも展開された．彼は，とくに執行猶予制度を新たに採用すべきこと，旧刑法の未遂犯必要的減軽規定を任意的減軽規定に改めるべきことを力説した．しかし，帝国議会における未遂犯規定の審議では，貴族院の富井らが主張する任意的減軽案と衆議院の花井卓蔵(1868-1931)等が主張する必要的減軽案が対立した．結局は，*大津事件'の処理も影響して，未遂犯任意的減軽規定は，執行猶予制度等とともに，1907(明40)年公布，翌年施行の現行刑法典に採用されることとなった．富井がわが国の刑事立法に果たした役割は大きかったといわなければならない．

[大沼邦弘]

富くじ罪　(英) lottery　(独) Lotterie　(仏) loterie　富くじを発売・取り次ぎ・授受することにより成立する犯罪である．刑は，発売が2年以下の懲役または150万円以下の罰金(187Ⅰ)，取り次ぎが1年以下の懲役または100万円以下の罰金(187Ⅱ)，授受が20万円以下の罰金または科料である(187Ⅲ)．「富くじ」とは，一定の番号札をあらかじめ発売しておき，抽選等の偶然性を有する方法により，番号札の購入者間に不平等な利益を配分することをいう．「発売」とは，自らの計算において富くじを発行・売却することをいい，「取り次ぎ」とは，発売者と購入者との中間にたって売却を周旋

ことをいい，「授受」とは，発売・取り次ぎ以外の所有権移転行為をいう．富くじは，発売者は財物を喪失する危険を負担せず，購入者だけが危険を負担する点で，当事者の全員がこの危険を負担する賭博から区別される．当選しなかった者が財物を喪失しない場合，たとえば福引きは本罪には当たらない．→賭博罪　[松原久利]

取込詐欺　先に商品の交付を受け，代金は後日支払われるべき取引において，代金を支払う意思・能力がないのに商品を注文する行為について，*詐欺罪'が成立するかという問題であり，欺く行為の態様が問題となる．大審院判例は，不作為の欺く行為を前提とし，信義誠実を旨とする取引の通念上，信用力に影響を及ぼすべき事情を相手方に告げないことが欺く行為に当たるとしていたが（大判大13・11・28新聞2382・16），最高裁判例は，商品買受の注文をする場合においては，反対の事情がある場合を除いて，その注文に代金を支払う旨の意思表示を包含していると解するのが通例だとし，注文行為自体が欺く行為であると捉えている（最決昭43・6・6刑集22・6・434）．学説上も，挙動による欺く行為を認めることで，見解は一致している（推断的欺罔）．この類型において，実務上，詐欺罪の成立範囲を画するのは，代金の支払い意思・能力の有無であろうが，とりわけ，当初は正当な取引を継続する意図で取引を開始したが，その後資金繰りに困って，結局代金の支払いの見込みがないまま商品を仕入れたような成立型の場合には，その認定には慎重さが要求されるべきである．　　　　[安田拓人]

取調べ　**1 取調べの意義**　取調べという語は種々の意味に用いられている．

捜査段階では，取調べの語は，捜査のために必要な処分一般を意味する場合（刑訴197Ⅰ）と，被疑者や参考人に供述を求める捜査行為を意味する場合（198・223）とに用いられている．

公判以降の段階では，取調べの語は，公判期日において必要とされる処分や手続一般を意味する場合（282），証拠調べそのものを意味する場合（296），そして証拠調べよりも広く事実関係の存否を確認するための裁判所の活動一般を意味する場合（393・445）に，用いられている．

2 被疑者の取調べ　被疑者の取調べについては刑事訴訟法198条が規定している．すなわち，被疑者の取調べに際しては，あらかじめ黙秘権を告知することが必要である（198Ⅱ）．取調べに際して行われた供述については調書に録取することができる（198Ⅲ）が，この調書については，被疑者に対して閲覧または読み聞かせての後に，誤りがないかどうかを問い，被疑者が増減変更の申立てをしたときはその供述を調書に記載しなければならない（198Ⅳ）．被疑者が調書に誤りがないことを申し立てたときには，調書への署名押印を求めることができるが，被疑者は署名押印を拒絶することができる（198Ⅴ）．こうした要件をクリアして作成された被疑者の供述調書には，刑事訴訟法322条（319）により証拠能力が認められる．

逮捕や勾留により身体を拘束されていない被疑者の取調べが任意の取調べであることは，刑事訴訟法198条本文の規定により明らかである．しかし，同条但書の文言との関係で，逮捕・勾留中の被疑者の取調べについては，取調べ受忍義務（取調べ室への出頭・滞留義務）の存否をめぐって見解の対立がある．糾問的捜査観はこれを肯定し，弾劾的捜査観はこれを否定するが，さらに逮捕・勾留中の被疑者については取調べ自体が否定されているとする見解もある．見解の分かれ目は，逮捕・勾留の目的，黙秘権保障の意義をどのように理解するのかという点にある．

3 参考人の取調べ　被疑者以外の者を*参考人'という．参考人の取調べについては刑事訴訟法223条が規定している．参考人の取調べは任意処分であり，黙秘権の告知規定を除いて，被疑者取調べに関する規定が準用される（223Ⅱ）．参考人の供述を録取した調書は刑事訴訟法321条1項各号の要件を満たせば，証拠能力が認められる．なお，それぞれ所定の要件の下においてであるが，参考人が取調べを拒否した場合には検察官は裁判官に証人尋問の請求をすることができ（226），また参考人が公判期日で供述を変更するおそれがある場合には検察官は裁判官に証人尋問の請求をすることができる（227）．

参考人の中には共犯者も含むとするのが判例である（最判昭36・2・23刑集15・2・396）が，共犯者の供述は実質的には被疑者供述としての

性格をももつから,共犯者を参考人として取り調べることには疑問がある. 　　　　[川崎英明]

取引の安全に対する罪　経済的取引などの社会構成員相互間の交渉の安全を確保することは,現代社会の安定のために不可欠の要請である.刑法は,取引に用いられる主要な手段の偽造を厳しく処罰し,これらに対する公共の信用を保護している.

すなわち,主要な支払手段および経済的取引手段である*通貨'(刑16章), *有価証券'(同18章)および支払用カード(同18章の2),事実の記録・証明の手段である*文書'および電磁的記録(同17章),ならびにそれらに使用される印章((同19章)の*偽造'・*変造'を処罰し,さらに現実の使用(*行使'および供用)を処罰している. →通貨偽造罪,文書偽造罪,有価証券偽造罪,支払用カード電磁的記録に関する罪,印章偽造罪　　　　　　　　　　　　　　[島岡まな]

な

内容的確定力　(独) materielle Rechtskraft　裁判が確定することによって生じる効力を*確定力'という.このうち,控訴,上告などの通常の不服申立方法では争えない状態を,形式的確定ないし*形式的確定力'が生じたと表現する.形式的確定力が生じた場合に生じる裁判の判断内容の効力を,形式的確定力との対比で,とくに内容的確定力という. *既判力'という概念も多義的に用いられるが,内容的確定力が言葉の本来の意味での既判力である.なお,実体裁判の内容的確定力を,実体的確定力と呼ぶ. →一事不再理　　　　　　　　　[白取祐司]

内　乱　罪　*国家の存立に対する罪'のひとつであり,国家の内部からその存立を脅かす犯罪.刑法典は,第2編第2章に内乱罪(刑77Ⅰ),同未遂罪(77Ⅱ),同予備,陰謀罪(78),これらについての幇助罪(79)を規定している(さらに,かつては特別法として,軍刑法に反乱罪の規定があった).国家秩序を破壊しようとする重大な犯罪であるため,死刑を含む重い法定刑が科されている反面,非破廉恥的な政治的確信犯でもあるので,自由刑としては禁錮刑のみが定められている.危険犯の規定形式なのは,内乱が成功して新たな国家秩序が確立されれば,その行為はもはや犯罪ではなくなるためである.

本罪は,「憲法の定める統治の基本秩序を壊乱すること」を目的とする(目的犯).「国の統治機構を破壊し」と,「その領土において国権を排除して権力を行使し」は,その例示である.前者は,国会,議院内閣制等の統治の基本秩序の破壊をいい,個々の内閣の打倒は含まれない(大判昭10・10・24刑集14・1267 *5・15事件'判決,大判昭16・3・15刑集20・263 *神兵隊事件'判決).後者は,わが国の領土主権を排除して支配することを言う.実行行為としての暴動は,多数人による集団的な暴行,脅迫である(*集団犯罪').一地方の平穏を害する程度のもので足

りか，国家の基本組織に動揺を与える程度であることを要するかは争われている．行為者は，首謀者(死刑または無期禁錮)，謀議参与者，群衆指揮者(無期または3年以上の禁錮)，その他諸般の職務従事者(1年以上10年以下の禁錮)，付和随行者，暴動参加者(3年以下の禁錮)の如く，役割に応じて処罰される．これらの幇助は刑法79条，教唆は破壊活動防止法38条に，独立罪として処罰規定が置かれている．[橋田 久]

名古屋中郵事件 1958(昭33)年3月20日，全逓労組の役員が名古屋中央郵便局において，郵便法と公共企業体等労働関係法17条(現・国営企業労働関係法)に違反して職場集会への参加と郵便物の不取扱いを教唆したとして，郵便法違反幇助，建造物侵入等の罪で起訴された事件．最高裁大法廷(最判大昭52・5・4刑集31・3・182)は，全逓*東京中郵事件'判決を覆し，原審において労働組合法1条2項の正当な争議行為とされた郵便局員の行為について，「たしかに，刑罰は国家が科する最も峻厳な制裁であるから，それにふさわしい違法性の存在が要求されることは当然であろう．しかし，……およそ争議行為として行われたときは公労法17条1項に違反する行為であっても刑事法上の違法性を帯びることはないと断定するのは，相当でない」と判示し，違法性を認めた．最高裁は，1973(昭和48)年の*全農林警職法事件'判決等により，公務員の労働基本権に関する評価を大きく修正し，官公労の争議に対する刑事罰を認める考え方を採用しており，その線に沿って非現業公務員の争議行為に関しても刑事罰の適用を認め，全逓東京中郵事件判決を変更した．ただ，名古屋中郵事件判決は，争議行為であれば他の法領域で違法であっても刑法上必ず正当化されるということを否定したに過ぎない．公労法上の違法性もひとつのファクターとして考慮しつつ，刑法上は正当化され得ることを認めており，全逓東京中郵事件判決以前の，国家・地方公務員法や公労法等で違法とされる行為は，およそ刑法上も正当化される余地はないという違法一元論を採用したわけではない．→可罰的違法性，仙台全司法事件，都教組事件

[木村光江]

二項犯罪 強盗罪，詐欺罪，恐喝罪においては，一項の財物が客体となっている場合とともに，利益が客体となっている場合が，二項において処罰されている．これらの犯罪を二項犯罪という．その典型は債権が客体となる場合である．窃盗罪や横領罪においては，財物だけがその客体とされている．しかし，債権など無形の利益も，それに劣らず重要な価値をもっているので，一定の罪にかぎり，その侵害が処罰の対象とされているのである．財物の場合，犯罪行為によってそれが文字どおり移転されるのに対して，無形の利益の場合，被害者はその利益を侵害され，行為者はそれに対応する利益を得るのではあるが，少なくとも多くの場合，侵害された利益と取得された利益とは完全に同一性をもっているわけではなく，しばしば必要だとされる「移転」は比喩にすぎないという特徴をもっている．のみならず，利益がそもそも侵害されたかも明白でない場合が少なくない．このことから，解釈論上も，一項犯罪にはみられないさまざまの問題が生じてくる．

判例は，債務の履行延期(大判明45・4・22刑録18・496)，債務の免除(大判明43・6・7刑録16・1210)，抵当権の抹消(大判明42・11・15刑録15・1622)，更改(大判大12・12・25刑集2・1017)，所有権移転の意思表示(大判明44・12・4刑録17・2095)，労務の提供(朝鮮高等法院判大11・9・21法律〔学説判例〕評論全集11・刑法300)などについて，二項犯罪の成立を認めている．そして，財物と財産上の利益を併せて領得したときには，刑法246条に該当する単一な詐欺罪で論ずべきであるとする(大判大4・4・26刑録21・422)．

債権は無形の利益の典型であるが，それがいつ侵害・「移転」されたとなしうるかは，大きな問題となっている．とくに，強盗罪と詐欺罪において問題とされている．たとえば，タクシー

にじゅうき

に乗った後に、両替してくると偽って代金を免れ逃走したような場合には、債権者である運転手にとって事実上債権の実現は困難となるから、二項詐欺罪の成立を認めてよいとされている。また、その代金を暴行によって免れれば二項強盗罪の成立を認めてよいとされている。→財産犯、財産上の利益　　　　　　　　　　[林 幹人]

二重起訴　'訴訟係属'している同一の事件を、同じ裁判所または別の裁判所に、さらに起訴すること。重複起訴ともいう。二重起訴がなされると、適法なひとつを残し、それ以外の公訴は棄却される。訴訟経済のためや、矛盾する複数の判決が出るのを未然に防ぐため、'二重の危険'の趣旨を未確定の事件にも推し拡げたものと解される。

同一事件が同一裁判所に二重起訴されたときは、後の起訴について'公訴棄却'の判決が言い渡される（刑訴 338 ③）。

別の裁判所に二重起訴されたときは、（各裁判所が事物管轄を異にするときは）上級の裁判所がこれを審判し（10）、（事物管轄が同じならば）最初に公訴を受けた裁判所がこれを審判する（11）。そこで、審判できない裁判所に係属する起訴は、決定で公訴棄却される（339 I ⑤）。

すでに公訴の提起があった「事件」かどうかは、'公訴事実の同一性'を基準にして判断される。→再起訴、訴因変更　　　　　　　[寺崎嘉博]

二重抵当　同一目的物について二重に抵当権の設定をすること。判例・多数説は、自己の不動産について抵当権を設定した者が、その登記がなされないうちに、さらに別の者に対して抵当権を設定し、後の方の登記を先にした場合、前の抵当権者に対する'背任罪'（刑247）が成立すると解する。しかし、背任罪における「他人の事務」であるためには、行為者と他人との間に対向的関係があるだけでは足りず、本来その他人がなしうる事務であり、それを行為者が代わって行うことが必要であるから、抵当権設定者の登記協力事務は他人の事務といえるか疑問である等の指摘がなされている。[上嶌一高]

二重の危険　（英）double jeopardy

アメリカ合衆国憲法修正5条は、「同一の犯罪について重ねて生命または身体の危険にさらされることはない」ことを保障する。この危険を、

二重起訴

「二重の危険」（double jeopardy）といい、二重の危険の禁止原則は、日本国憲法でも採用された（憲39）。ただ、日本では、同一事件について手続をむし返されない原則は、大陸法にならって'一事不再理'の原則として理解され、この一事不再理の効力は、既判力の一内容だというのが伝統的理解であった。もともと、二重の危険も一事不再理も、その淵源をローマ法にもつ共通の原則であったが、英米法の二重の危険は、被告人の手続負担に着目し、裁判の内容的効力とは別個の手続的効力と解する点に特徴があった。アメリカ法の影響を受けた憲法39条のもとで、今日の日本の通説・判例は、一事不再理を「二重の危険」の問題として理解している（最大判昭 25・9・27 刑集 4・9・1805）。

二重の危険説の理論的意義の第1は、一事不再理効を、裁判内容の効力（既判力）と切り離し、一事不再理＝二重の危険が、裁判をむし返されない自由権であり、その「危険」発生の根拠は、手続的負担であることを明らかにした点にある。裁判内容の反射的効力とするかつての学説では、一事不再理の人権としての側面が十分とらえきれない憾みがあった。二重の危険説の第2の意義は、「危険」の発生を、有罪、無罪の確定判決以外の裁判にまで及ぼす理論的可能性を開いたことである。とりわけ、少年法上の「審判不開始決定」（少19）、「不処分決定」（23 II）について、学説の多数は、これらの決定に二重の危険の効力を認めるべきだと主張している（最判大昭 40・4・28 刑集 19・3・204 は反対）。また、二重の危険説の第3の意義として、'検察官上訴'も二重の危険にふれて許されないと解する見解が学説上有力だが、判例はこれも否定している（最判大昭 63・1・12 刑集 42・2・299）。

アメリカ法の二重の危険は、その効力の及ぶ範囲が訴因（count）だけと大変狭く、それを補うために副次的禁反言（collateral estoppel）の原則が発達するなど、日本法との違いも小さくない。　　　　　　　　　　　　　　[白取祐司]

二重売買　Aが自己所有の動産または不動産をBに売却した後、自己になお占有または登記が存することを奇貨として、当該動産または不動産をさらに第三者Cに売却すること。判例・通説は、民法176条が宣言する意思主義

に拠れば、売買契約の成立と同時に所有権は売主から買主に移転するから、AのCへの売却は、Aが事実上または法律上占有する他人たるBの財物の不法な領得ないし占有の趣旨に反した処分であり、その時点で'*横領罪'が成立するとする。ただし、近時には、民事法学上の所有権移転時期に関する見解の変化を受け、A・B間での代金の決済もしくは大部分の授受の終了がなければ横領罪は成立しないとする見解も有力化している。この見解は、既遂時期についてもCが占有または登記を取得した時点とすることが多い。なお、AのCとの関係では、Cが善意の場合はCを被害者とするAの詐欺罪の成否が、悪意の場合はAとCの横領罪の共犯の成否が問題となる。いずれもやや詳細な場合分けを要するし、詐欺罪における財産的損害の理解や単純悪意の場合と背信的悪意の場合との取扱いの区別化等の問題を含む。　　　　　[伊東研祐]

日米相互防衛援助協定等に伴う秘密保護法　MSA秘密保護法ともいい、1954(昭29)年に成立した(法166). MSA協定は1954年に締結されたが、日米相互防衛援助(MDA)協定など4つの協定を一括した通称である。MDA協定は、アメリカ製兵器の日本への援助と引替えに、自衛隊の増強を義務づけ、日本再軍備の基盤をつくった。MSA秘密保護法は、MDA協定3条を基礎に制定され、アメリカから日本に供与された装備品の性能・製造技術・使用方法などの情報を「防衛秘密」として保護している。機密侵害罪では、探知・収集、漏泄、過失漏泄などのほか、陰謀、*独立教唆罪'、せん動も定めている。この法律は日本の再軍備や軍事産業の育成に関する情報の秘匿をはかるものであり、成立時から国民主権、平和主義、国民の知る権利との抵触が指摘されてきた。

この法律は、アメリカから日本に供与された装備品等に関する情報を保護するという一方通行を前提としている。日本の先端技術の急速な発展にともない、軍事技術や汎用技術のアメリカへの移転を促進する枠組みが整備されるとともに、日本が開発した技術を保護する動きが顕在化し、1980年代の国家秘密法案にも反映していた。しかし、この法案は反対を受けて、成立しなかった。→国家秘密、独立教唆罪

[斉藤豊治]

日数罰金　(独) Tagesbuße
1 意義　*罰金'制度の一種。この制度の下では、判決において単に罰金を金額のみで言渡すのではなく、日数と1日当たりの金額が示され、それらを乗じた額が罰金額となる。スウェーデンで考案された。日割罰金ともいわれる。この制度は、従来から指摘のあった罰金刑の問題点として、罰金額が責任にのみ依拠する場合、犯罪者の貧富の差によって苦痛度が異なり不平等であるという弊害を回避するものである。資力のない犯罪者が罰金刑の代替として拘禁刑を科されると、「金持ちはポケットマネーで支払い、貧乏人は体で払うことになる」という批判が存した。しかし、逆に、犯罪者の資産を考慮すると、同じ行為でありながら、資力のある者の罰金額が高額になって、これも不平等となる。そこで、判決において行為に対する責任非難の程度に応じた日数を言渡し、次に1日分の金額を犯罪者の資産状態に応じて定めるのが日数罰金制度である。たとえば、甲乙が共同して犯罪を実行し責任が同程度として罰金刑が言渡される場合、もし甲と乙の資産状態が異なるとき、同じ責任に依拠して同じ罰金額が言い渡されると甲乙に異なった苦痛度をもたらす。そこで、たとえば、「甲乙にそれぞれ20日分の罰金に処する。但し、甲には1日分として1万円、乙には1日分として1千円を納付せよ。」という判決を言い渡す。つまり、罰金の量定にあたって犯罪者の資産・収入・扶養義務その他の経済状態を考慮し、1日分の金額を変えることにより貧富の差を解消するものである。

2 問題点　フィンランド、スウェーデン、ノルウェー、デンマークなどの北欧諸国のほか、スイス、ドイツなどのヨーロッパ諸国、メキシコ、ブラジル、アルゼンチンなどの南北アメリカ諸国でも採用されている。なお、近年イギリスでも同趣旨の単位罰金制(unit fine)が採用されたが、かえって不平等が生じるとして廃止に至っている。わが国においては、改正刑法準備草案48条において犯人の資産その他の経済的状態を考慮に入れた日数罰金制度の導入が検討されたが見送られた。この制度には、もとより資産の実態把握が困難なこと、事務が繁雑なこと、

何を資産基準として設定するかが困難なこと，裕福な被告人側の不公平感が払拭できないことなどの問題があり，またわが国の事情として，現行制度とあまりにかけ離れていること，現実の量刑において犯罪者の収入が加味されていること，実務上，延納・分納制度が実施されていることから，導入論議は今日衰退している．→財産刑　　　　　　　　　　　　　　　[守山　正]

仁保事件　1954(昭29)年10月26日，山口県吉敷郡大内町仁保下郷(地名当時)で農家の一家6人が殺害され，現金が奪われた事件．執拗な殺害方法から当初は怨恨による殺人とみて捜査が進められたが，犯人は特定できず，約1年後に地元出身の行方不明者としてリストアップされていた岡部保氏が別件の窃盗未遂で大阪で逮捕された．本件の強盗殺人罪で岡部が起訴されたのは1955(昭30)年3月30日であったが，それまでの間，岡部は別件起訴後も警察の留置場に留め置かれ，本件について取調べを受けていた．本件については，自白を主たる証拠として1，2審で死刑判決が下されたが(山口地判昭37・6・15下刑4・5＝6・524，広島高判昭43・2・14判時528・3)，最高裁で複数人犯行を窺わせる現場状況などからみて，自白の信用性に疑問があるとして破棄差戻しされ(最判昭45・7・31刑集24・8・597)，差戻し後の控訴審で無罪判決が出され(広島高判昭46・12・14判時694・16)，これが確定した．本件自白の問題点に関する詳細な研究として，青木英五郎『自白過程の研究』(同著作集[1986年]第2巻所収)がある．　　　　　　　　　　　　[水谷規男]

日本国憲法　現在の日本の憲法は，1946年11月3日に公布され1947年5月3日に施行された日本国憲法である．この憲法は，形式的には大日本帝国憲法(明治憲法)の改正として成立した欽定憲法である．しかし，明治憲法の天皇主権主義と日本国憲法の国民主権主義とは，本質的に相容れない．それゆえ，日本国憲法は，実質的には，明治憲法の改正としてではなく，敗戦により成立した国民主権によって国民が制定した民定憲法と解されている．

明治憲法が保障した個人の権利・自由は，天皇が臣民に恩恵として与えた臣民権にすぎず，「法律の留保」を伴い，法律で制限することが可能であった．これに対して，日本国憲法は，多くの権利・自由を基本的人権として保障し，人権は人間であることに基づいて当然に有する永久・不可侵の権利であるとしている(憲11・97)．この点で，日本国憲法は，'権利章典'としての性質を持っている．

日本国憲法は，31条以下に刑事司法における人権保障のための詳細な規定を置いている．近代憲法はこの種の規定を置くのが通例であるが，外国の憲法でこれほど詳細な規定を置く例は少ない．これは，明治憲法下の刑事司法の中で多くの人権侵害が行われたことに鑑みて，そのようなことを徹底的に排除しようとしたためである．

基本となる規定は，第31条である．この規定は，文言上は，手続を法律で定めることのみを要求しているように見える．しかし，それにとどまらず，①法定の手続が適正であること(適正手続)，②実体法も法律で定めること('罪刑法定主義')，および③法律で定められた実体法の内容も適正であること(実体的適正・'実体的デュープロセス')をも要求していると解するのが一般的である．32条以下の規定は，これを重要な点について具体化したものであり，裁判を受ける権利(32)，逮捕に対する保障(33)，抑留・拘禁に対する保障(34)，住居侵入・捜索・押収に対する保障(35)，拷問および残虐な刑罰の禁止(36)，刑事被告人の諸権利(37)，不利益な供述強要の禁止と自白の証拠能力(38)，遡及処罰の禁止・一事不再理(39)，および刑事補償(40)に関する規定が置かれている．刑法・刑事訴訟法は，憲法の下位法として，これらの憲法の規定と理念に忠実な，憲法的刑法・憲法的刑事訴訟法でなければならない．　　　　　[平川宗信]

日本国憲法の施行に伴う刑事訴訟法の応急的措置に関する法律　現行憲法は，刑事手続に関する具体的な基本権規定を多数設けているため，これに伴い'旧刑事訴訟法'の全面的な改正が必要であることは明らかであったが，その立案作業を憲法施行に間に合わせることは時間的に不可能であった．このため旧刑事訴訟法に必要最小限度の修正を施すために立案されたのがこの法律である(昭22法76．同年5月3日施行)．刑訴応急措置法と略称される．「こ

の法律の規定の趣旨に反する他の法令の規定は，これを適用しない」(21)と定めて，憲法と刑事手続との整合を図ったのである．21ヵ条からなり，憲法に具体的に定められた手続や基本権保障を列挙しているほか，緊急逮捕の制度はこの法律から現れている．身体の拘束を受けた被疑者の弁護人選任権(3)，貧困その他の事由により弁護人を選任することができない被告人の弁護人選任請求権(4)，勾留理由開示手続(6Ⅱ)，押収・捜索・検証についての令状主義(7Ⅱ)，逮捕状による逮捕・緊急逮捕・被疑者勾留の要件・手続(8)，予審の不施行(9)，黙秘権および自白の証拠能力・証明力(10)，当事者の証人尋問権(11)，供述録取書面の証拠能力制限(12)，上告の管轄(13・14)，被告人に不利益な再審の廃止(20)等がその内容である．この法律は，現行刑事訴訟法が施行された1949(昭24)年1月1日に失効した．　　　　　　　　[酒巻 匡]

日本国とアメリカ合衆国との間の相互協力及び安全保障条約第6条に基づく施設及び区域並びに日本国における合衆国軍隊の地位に関する協定　(英) Agreement under Article VI of the Treaty of Mutual Cooperation and Security between Japan and the United States of America regarding Facilities and Areas and the Status of United States Armed Forces in Japan　　略称は，日米地位協定．前身は旧安保条約下の日米行政協定である．1960(昭35)年の新安保条約6条は，施設および区域の使用ならびに米軍の地位に関する協定を予定している．協定では，施設・区域の米軍への提供などのほか，刑事裁判権について，次のような規定をおいている．米軍当局は，米国の軍法に服する者に対して，米国の法令に基づいて刑事裁判権を日本国において行使する権利を有する．他方，日本国も，在日米軍の軍人等(軍人・軍属・その家族)が日本国の領域内で犯した犯罪で日本の法令で処罰できるものについて，裁判権を有する(安保協定17Ⅰ)．そのうえで，専属裁判権を次のように規定する．米軍当局が専属裁判権を有するのは，米国の軍法に服する者が米国の法令によっては処罰できるが，日本の法令では罰することができない犯罪である．他方，在日米軍の軍人等に対する日本の専属裁判権は，日本の法令によっては処罰できるが，米国の法令では罰することができない犯罪である(17Ⅱ)．裁判権が競合する場合，米軍当局が第1次裁判権を行使するのは，在日米軍の軍人・軍属が行った①もっぱら米国の財産・安全に対する罪，または他の米軍の軍人等の身体・財産に対する罪，②公務執行中に行われた罪である．その他の罪については，日本が第1次裁判権を有する(17Ⅲ)．

地位協定は，裁判権を行使すべき当局に対する被疑者の身柄の引渡しについて，日本国の当局と米軍当局の相互援助を規定する(17Ⅴ(a))．しかし，日本国が裁判権を行使すべき被疑者の身柄が合衆国の手中にあるときは，その拘禁は「日本国により公訴が提起されるまでの間，合衆国が引き続き行なう」と規定する(17Ⅴ(c))．1995(平7)年9月に沖縄で米兵3人が少女をレイプする事件が発生した．犯罪は公務外であり，日本側に第1次裁判権があったが，米軍が被疑者を逮捕したため，17条5項(c)によって，日本側が起訴するまで米軍当局が被疑者の身柄を拘束し，日本側による被疑者の取調べは著しく制約された．この事件を契機に日米地位協定の見直し，改定を求める動きが高まったが，日米間で1995年10月に重大事件では起訴前でも引渡しを行うことで合意が成立し，協定そのものの改定には至らなかった．→日本国とアメリカ合衆国との間の相互協力及び安全保障条約第6条に基づく施設及び区域並びに日本国における合衆国軍隊の地位に関する協定の実施に伴う刑事特別法　　　　　　　　[斉藤豊治]

日本国とアメリカ合衆国との間の相互協力及び安全保障条約第6条に基づく施設及び区域並びに日本国における合衆国軍隊の地位に関する協定の実施に伴う刑事特別法　(英) Special Criminal Act for the Enforcement of the Agreement under Article VI of the Treaty of Mutual Cooperation and Security between Japan and the United States of America regarding Facilities and Areas and the Status of the United States Armed Forces in Japan　　通称は刑事特別法．*日米地位協定'を実施するた

めに作られた法律のひとつである(昭27法138).同法は,旧安保条約の行政協定の実施に伴う刑事特別法として制定され,新安保条約のもとでも実質上そのまま存続している.

犯罪行為の類型としては,在日米軍の施設・区域を侵す罪(刑特2),合衆国軍事裁判所の裁判権が行使される刑事事件に関する*証拠隠滅罪'(3),合衆国軍事裁判所の裁判手続における*偽証罪'(4),軍用物損壊等の罪(5),合衆国軍隊の機密侵害罪(6),制服不当着用罪(9)などを定める.機密侵害罪では,合衆国軍隊の機密の意義につき「合衆国軍隊についての別表に掲げる事項およびこれらの事項に係る文書,図画もしくは物件で,公になっていないもの」と定義し,探知・収集,漏泄のほか,陰謀,*独立教唆罪',せん動をも規定している(7).全体として,在日米軍の利益それ自体を保護する法律である.

刑事特別法は,米軍の施設・区域内における逮捕,押収,捜索,逮捕者の引渡し等についても特別の手続を定めている.すなわち,米軍の施設,区域内での逮捕・勾留等は米軍側の同意を得るか,嘱託をして行うものとされている(10).捜索・差押についても同様である(13).また,日米地位協定17条は米軍の軍人や軍属が公務執行中に行った犯罪等について米軍が第1次裁判権を有すると規定するが,これらの犯罪で逮捕した被疑者を,検察官または司法警察員は直ちに米軍に引き渡さねばならない(11).これらの規定に対しては,米軍基地内での治外法権を認めるものとの批判がある.

刑事特別法は,米軍基地の拡張反対運動への適用を念頭において制定された.1957(昭27)年に生じた砂川事件では,基地拡張反対闘争での基地への立入りに対し,在日米軍の施設または区域を侵す罪が適用された.この事件では,刑事特別法における基地立入りの加重処罰の根拠に関連して,駐留軍,安保条約,行政協定,刑事特別法の違憲性が争われ,東京地裁の伊達判決は,これらを違憲とした(東京地判昭34・3・30下刑1・3・776)が,検察側の*跳躍上告'を受けて,最高裁大法廷は原判決を破棄し,合憲性を肯定した(最判大昭34・12・16刑集13・13・3225).差戻審の有罪判決は,刑罰を必要最小限度にとどめ,罰金刑とした(東京地判昭36・3・27判時255・7).　　　　　　　[斉藤豊治]

任意出頭　身体の拘束を受けていない*被疑者'およびその他の者が,捜査機関の要求に応じて,自発的に*出頭'すること.捜査機関は,犯罪の捜査をするについて必要があるときは,被疑者の出頭を求め,これを取り調べることができ(刑訴198Ⅰ本),あるいは被疑者以外の者の出頭を求め,これを取り調べ,または*鑑定',*通訳'もしくは*翻訳'を嘱託することができる(223Ⅰ).捜査機関から出頭の要求を受けた者は,出頭を拒み,または出頭後,いつでも退去することができる(198Ⅰ但・223Ⅱ).→任意捜査
　　　　　　　　　　　　　　　　　　　　[城下裕二]

任意捜査　**1 定義とその意味**　*強制捜査'に相対して,任意処分を用いて行う捜査が任意捜査である.したがって,任意捜査の定義は任意処分とは何かということに帰するが,通常,強制処分を定義してその残余が任意処分であるとされるので,任意捜査の定義は強制捜査の定義の如何に帰する.

任意捜査は,強制捜査とは違って,法律の特別の定めがなくとも許容され,令状主義の規制もない(刑訴197).しかし,任意捜査であっても,被疑者や一般市民の権利・利益の侵害ないし制約につながる場合があるので,*捜査'の目的に照らして必要性にみあった相当なものでなければならないという限界がある.むろん,被疑者や一般市民の名誉を侵害するものであってはならない(196).こうした前提の下で,捜査はできる限り権利・利益の侵害ないし制約を伴わない任意捜査によって行うべきことが要請される.それが任意捜査の原則である(197).したがって,任意捜査の原則とは人権の原則であり,その憲法的根拠は憲法31条の適正手続条項にある.

2 任意捜査の類型と限界　任意捜査は多様で非類型的であるが,公道上での*実況見分'のように特定人の権利・利益を侵害しない処分や,任意出頭のように相手方の承諾や同意のある処分が任意捜査に属する.しかし,相手方の承諾や同意に名を借りて強制処分が脱法的に行われる危険があるので,同意や承諾の存在は訴追側が挙証責任をおうとともに,承諾留置や*承諾捜

索'は，仮に承諾や同意があったとしても，それ自体が逮捕や捜索の脱法的行為であり本質的に任意捜査たりえない．なお，おとり捜査についても，任意捜査の限界の問題として，捜査の適正ないし公正の観点からその適法性が疑問視される．

刑事訴訟法は，任意捜査の若干の類型について，被疑者や関係者の権利保護の必要性を考慮して個別的な規定を置いている．

第1は，被疑者の任意取調べである(198)．この取調べのために捜査機関は被疑者に*任意出頭'を求めることができるが，捜査実務では，そのために*任意同行'が行われている．警職法2条2項が行政警察活動としての*職務質問'に際して*任意同行'を明文で許容していることとの対比で，刑事訴訟法が任意同行を許容する明文の規定を置かなかったのは，これを否定する趣旨であるとも考えられるが，通説は，同行の方法や時刻，同行後の取調べ時間や態様あるいは監視状況を総合的に判断して，任意に応じたものと判断できる場合には任意同行を許容している．

最決昭51・3・16刑集30・2・187は，任意同行に際して用いられた有形力行使について，強制捜査に至らない限度においては，必要性・緊急性・相当性の要件を満たす限り適法であるとしている．

なお，最判昭59・2・29刑集38・3・479は，被疑者を4夜にわたってホテル等に宿泊させて監視状態の中で取調べを継続した事例で，これを任意取調べとして適法とし，また，最決平1・7・4(刑集43・7・581)は，徹夜にわたる取調べを任意取調べとして適法とした．両判例ともにそうした取調べ方法の妥当性に疑いを向けているが，問題の本質は，そうした取調べの方法がそれ自体として任意といえるのかどうかにある．

第2は，被疑者以外の者(参考人)に対する任意出頭の求めと任意の取調べ，および鑑定・通訳・翻訳の嘱託である(223 I)．　　[川崎英明]

任意的共犯　(独) zufällige Teilnahme
*共犯'とは単独犯に対する概念であり，最広義では2人以上の者が共働して犯罪を行う場合をいう．この意味の共犯は，*必要的共犯'と任意的共犯に分かれ，後者は，法律が単独犯として行われることを予定している犯罪を2人以上の者が共働して行う類型をいう．通常，共犯といえば，任意的共犯のことを指す．刑法は，共犯の関与形式として，*共同正犯'(刑60)，*教唆犯'(61)，*従犯'(幇助犯)(62・63)を規定している．これらの中で教唆犯および従犯を狭義の共犯または*加担犯'といい，共同正犯と併せて広義の共犯という．共同正犯は，共同的犯行という共犯性によって，単独正犯の正犯性を修正したものであるが，*同時犯'とともに正犯の一種とされる．教唆犯には正犯の刑を科し，従犯の刑は正犯の刑を減軽する．
　　　　　　　　　　　　　　　　　　[植田 博]

任意同行　①犯罪捜査において，*逮捕'・*勾留'されていない*被疑者'を取り調べる必要がある場合には*任意出頭'を求めることができる(刑訴198 I)が，その方法のひとつとして，捜査官が当該被疑者の居宅等に赴き，被疑者の同意を得て警察署等まで同行させること(司法警察目的の任意同行)．②*警察官'が*職務質問'のために人を停止させた場合において，その場で質問することが本人に対して不利であり，または交通の妨害になると認められるときに，質問するためその者に同意を得て付近の警察署等まで同行させること(警職2 II)(行政警察目的の任意同行)．①および②はいずれも任意処分であり，本人の意思に反して連行することは，刑事訴訟法上の逮捕等の手続によらないかぎり違法となる(刑訴198 I但・警職2 III)．②については*警察官職務執行法'上に根拠規定があるが，①については刑事訴訟法上にも(任意出頭についての規定はあるものの)直接の明文規定がないため，捜査手段としてそもそも許されないという見解もかつては存在した．しかし現在では，被疑者の取調べを目的とした任意同行の場合には出頭確保のための一態様と理解して198条1項に根拠を求め，それ以外の捜査活動を目的とした任意同行の場合には197条1項に根拠を求める見解が有力に主張されている．もっとも，任意同行と実質的な逮捕とを明確に区別することが困難な場合も多く，同行を求めた場所・時間，同行の方法・態様，同行を求める必要性，同行後の取調べ時間・態様，逮捕状準備の有無等の諸事情を総合的に判断すべきものと解されている．当該同行が任意処分

としての許容限度を超えて違法であると判断された場合には，収集された証拠の*証拠能力'，同行後の逮捕・勾留手続の適法性，被疑者が同行を拒否して抵抗する行為と*公務執行妨害罪'の成否等が問題となりうる． [城下裕二]

認識ある過失 （独）bewußte Fahrlässigkeit　過失の中で，いったん結果の発生を予見しながらも，不注意により，後になってこれを打ち消した場合をいう．たとえば，通行人の傍らを全速力で通過することは危険ではあるが，自分は運転に自信があるので通行人をはねることはあるまいと考えて運転したがこれをはねて負傷させたような場合がこれにあたる．結果発生の可能性を一応認識した点で*認識なき過失'と区別されるが，危険の程度を軽視したり自己の能力を過大に評価したため，結果の発生それ自体を認識せず結果は発生しないであろうと判断している点では認識なき過失と異なるところはなく，法律上は同じ扱いを受ける．認識ある過失は*未必の故意'と境を接する概念であり，いかなる基準で故意と過失の限界を画するかが問題となる．通説は，結果発生を認識した場合において，それを認容したときが未必の故意，認容しないときが認識ある過失であるとしているが(認容説)，行為者が犯罪事実の実現される蓋然性の程度を相当高度のものとして表象しつつ行為した場合が未必の故意，それがきわめて低いと思って行為した場合が認識ある過失とする見解も主張されている(蓋然性説)．
 [大塚裕史]

認識なき過失 （独）unbewußte Fahrlässigkeit　（英）inadvertent negligence

過失の中で，不注意により最初からまったく結果発生の予見がない場合をいう．結果発生の可能性を一応認識しながら結局はこれを否定して結果は発生しないであろうと判断した*認識ある過失'と区別される．旧刑法では，過失致死罪の中に，疎虞によるもの，懈怠によるもの，および規則慣習を遵守しないことに基づくものの3種が認められていたが(旧刑317)，この中の懈怠が認識なき過失に相当する．過失犯の多くは認識なき過失であるが，これをそもそも処罰すべきか否かについては争いがある．犯罪事実を意思的に惹起したことが刑事責任を肯定する上で必要であり(意思責任の原則)，認識のある意思決定に対してのみ非難が可能であるという立場からは，認識なき過失を処罰することは責任主義に反すると主張される．しかし，通説は，危険を全く認識しない者の心構えは，単に自己の能力を過信した認識ある過失行為者の軽率さよりも強く非難されるべき場合もあり得るとし，認識なき過失の場合も，意思を緊張させれば結果の発生を予見し反対動機を形成することは可能であるから間接的な非難は可能であり，その点で，認識ある過失の場合と本質的な相違はないと解している． [大塚裕史]

認容説 （独）Billigungs- oder Einwilligungstheorie　故意の意思的要素を重視する*意思説'を厳密に適用した場合には，確定的な意思のみが問題となり，故意の成立範囲が狭すぎることになる．そのために，未必の故意と認識ある過失の区別に関して，意思説を前提としつつ主張されたのが，認容説である．認容説では，結果発生の確実な意思意欲までは必要ではないが，「結果が発生してもかまわない」という認容があればよい(ヒッペル)とするものである．認容には，そのような結果が発生してもよいという積極的認容から，結果について発生するか否かのどちらでもよいという消極的認容(放置説)のように，さまざまな類型がありうる．

認容説に対しては，たとえば，少女の手にしたガラス玉をうまく打ち落とせば賞金を与えるという賭けに応じて銃を発射した学生については，賞金を手にするために銃を発射したのであるから，少女の手の傷害については認容していないことになり，傷害について故意を認めることができないことになる，という反論がある(ラックマンの事例)．また，認容の内容自体は，行為者の内面心理にかかわることであるから，その認定が困難であり，結果として行為した以上，認容していないことはありえないとして，「認容」に限定的な意味を持たせることはできないとの批判もある．→未必の故意，蓋然性説
 [齋野彦弥]

の

脳　死　(英) brain death　(独) Gehirntod　脳死を'人の最終期'とする見解は，今日では広く世界で認められ，わが国の*臓器の移植に関する法律'も脳死体からの移植を認めた．それは，脳死者から新鮮な心臓等を摘出するために，意図的に死期を早める基準ではないかとの疑いをもたらした．人工的に呼吸と血液の循環が維持された脳死体では，母体内の胎児も生存しうるからである．しかし，脳死は，*臓器移植'ではなく救命治療のために人工呼吸器を装置しても心停止を回避しえない場合には，既に脳が溶解している事実から1959年に発見された．1967年の心臓移植の成功により，生命統合の中心は蘇生不能な脳にあることが確認された．心臓は，脳神経支配のない自動能のため，摘出後も正常に働く．従来より脳死は，心臓死・三徴候死でも間接的に判定され，その不可逆性を基礎づけていた．将来，脳死が更に防止・蘇生可能になるとしても，不可逆的な脳死は不動であろう．

いわゆる植物状態・失外套症は，回復不能とは断定しえず，大脳死であるとも限らない．大脳死説は，記憶・認識等の精神能力のみを人格として重視する点で，個人の尊厳(憲13)に反する．また，脳幹死説は，呼吸循環等の自律神経中枢の機能喪失に着目するものであるが，なお疑問が残る．いずれによ，決定的なのは，各器官ではなく生命の統合体としての死である．その自律統合を失わせるのが，不可分な全体としての脳死である．わが国の移植法も，全脳死基準を採用した．それは，脳の全機能の喪失を要せず，その一部たる脳幹死に起因するものでも脳全体として最終的な機能喪失に至ることで足りる．その壊死・器質死は要しないとされている．それは判定方法の問題であろう．

1981年の米国大統領委員会報告は，脳を頂点とする心肺との相互関係の崩壊を死とし，その判定基準として全脳死と共に心肺の永久的機能喪失も認めた．多くの州法は統一死期決定法(Uniform Determination of Death Act)に従っている．1992年の脳死臨調報告も，大部分の場合には，従来の心臓死(三徴候判定)を維持してよいとした．これに対して，ドイツの移植法は，心臓停止後にも全脳死不可逆性判定を予定する．呼吸・心拍が停止し瞳孔の散大した患者でも脳死に至らない限り蘇生医療が可能であるとされている．スウェーデン法等の脳死一元論においては，単なる心臓死・三徴候死での臓器摘出は殺傷になる．常に全脳死判定が必要になる．つまり，不完全な脳死としての心臓死は肯定しえない．脳死の前にも後にも死はありえない．→三徴候説　　　　　　　　　　　[長井　圓]

脳梅毒事件　脳梅毒に罹患している者の顔面を蹴って軽傷を与え死亡させた事案に傷害致死罪の成否が争われた事件．*最高裁判所'は，顔面を蹴ったことから生じた傷害自体は致命的なものでない(通常人であれば10日程度で完治しうる)ことを認めたうえで，「被告人の行為が被害者の脳梅毒による脳の高度の病的変化という特殊の事情さえなかったならば致死の結果を生じなかったであろうと認められる場合で被告人が行為当時その特殊事情のあることを知らずまた予測もできなかったとしてもその行為がその特殊事情と相まって致死の結果を生ぜしめたときはその行為と結果との間に因果関係を認めることができる」として傷害致死罪の成立を肯定した(最判昭25・3・31刑集4・3・469)．本判決は，被害者の特殊事情の介在によって結果が発生した事案に*因果関係'を認めた判例として引用されるが，*相当因果関係説'における客観説ないしは折衷説の立場から因果関係を肯定したものと言えよう．また，本判決は，*結果的加重犯'の成立には*相当因果関係'が認められれば足り，加重結果に対する行為者の主観的連関を不要とするものでもある．[丸山雅夫]

ノウハウ　(英) know-how　営業上のものと技術上のものがある．当初，製品の開発をめぐる新しい技術をノウハウと称していたが，近年では，販売方法上の秘訣や顧客リスト，経営管理上の情報のような*営業秘密'も含めた概念として理解されるようになった．元来，ノウハウは，熟練工が有する個人的な「こつ」また

は「スキル」や，販売者と顧客の「人的関係」であったため，有体物や書面による譲渡が困難とされてきた．したがって，法的な保護に適さない面があったものの，近時の傾向としては，知的所有権の一種として，独立した経済的財貨とみる見解が有力である．また，これらのノウハウが，たとえば，模型や青写真のような有体物に転化した場合のみならず，無形的な電子情報として保管されることで独立した財産的価値をもつ場合もあるため（顧客名簿など），これを盗用する行為に罰則を設けようとする向きがある．しかし，特許権や実用新案権のような工業所有権では，その内容を登録・公表することで独占的な支配を認められるのに対して，単なるアイデアとしてのノウハウには，こうした保護に適さないものがある．しかも，それらが事実上の利益にとどまっている限り，特許権などの工業所有権と同視することはできないであろう．したがって，ノウハウに対する排他的かつ独占的な支配が否定されるとすれば，第三者による不法な使用・譲渡・公表・盗用などを防ぐ手段としては，契約法ないし不法行為法上の保護に頼らざるをえない．→不正競争防止法

［佐久間修］

は

配給詐欺 受給資格を偽って配給物資を購入する場合に *詐欺罪' が成立するかという問題である．かつては，「国家的*法益'と詐欺罪の成否」の一下位事例として論じられていた．最高裁判例は，詐欺罪の被害法益は配給制度そのものではなく騙取された財物であるから，正当には受給しえない配給物資を騙取した以上は詐欺罪が成立するとしている（最判昭 23・11・4 刑集 2・12・1446，なお，最決昭 51・4・1 刑集 30・3・425 は，営農意思を偽って国有地を買い受けたという事案につき，国家的法益を侵害する場合でも同時に詐欺罪の保護法益である財産権侵害があることを理由に詐欺罪の成立を認めている）．学説上は，かつては，本来の国家的法益に向けられた詐欺的行為は，行政の規制に違反した点が問題であるにすぎず，個人的法益に対する罪としての詐欺罪の定型性が欠けるとして，詐欺罪の成立を否定する見解も有力であったが，国家・地方公共団体も財産権の主体たりうることから，詐欺罪の成立を認める見解が通説である．その際，多数の見解は，財物の交付自体が損害であるとしているが，これに対しては，限られた資源を国家政策により公平・効率的に配分するという利益が害されたとみる見解もある． ［安田拓人］

配偶者からの暴力の防止及び被害者の保護に関する法律 主として夫からの妻に対する家庭内暴力（ドメステック・バイオレンス，DV）を防止することを目的とする法律である．DV 防止法と略称されている．平成 13 年の第 151 回国会において議員立法により法律第 31 号として成立した．本法にいう「配偶者からの暴力」とは配偶者（内縁関係を含む）からの身体に対する不法な攻撃であって生命・身体に危害を及ぼすものをいう．また，「被害者」には，配偶者からの暴力を受けた後婚姻を解消した者であって，当該配偶者であった者から引き続き

生命または身体に危害を受けるおそれのあるものを含むとされている(1). 被害者は管轄の地方裁判所に対し書面により保護命令の申立てができる. この書面は, 配偶者暴力相談支援センターの職員または警察官に配偶者からの暴力について相談し, または, 援助・保護を求めた事実を記載したものか, または, 配偶者からの暴力の状況について記載した書面に付き公証人の認証を受けたものでなければならない(12). 保護命令の申立てを受けた地方裁判所は, 被害者が配偶者と同居している場合には2週間その住居から退去することを命令し, または, 6ヵ月間被害者に接近することを禁止することを命じることができる(10). この保護命令に違反した者は1年以下の懲役または100万円以下の罰金に処せられる(29). このほか本法は, 地方自治体に対し配偶者暴力相談支援センターの設置を義務付け, 配偶者からの暴力の防止・被害者の保護のための業務を行なわせるようにしている(3). また, *警察官'による被害の防止義務についても定めている(8). [西田典之]

売春防止法 **1 本法の目的** 売春を防止することによって, 女子の基本的人権と社会の性風俗環境を保護するために1956(昭31)年に成立, 公布され, 翌年4月から施行された法律(昭31法118). 1条において, 「売春が人としての尊厳を害し, 性道徳に反し, 社会の善良の風俗をみだすものであること」を掲げて売春の違法性を宣言するとともに, 本法が「売春を助長する行為等を処罰するとともに, 性行又は環境に照して売春を行うおそれのある女子に対する補導処分及び保護更生の措置を講ずることによつて, 売春の防止を図ることを目的とする」として, 売春を行った女子を犯罪者としてではなく, 保護が必要な被害者として捉え, 売春業者等売春を助長する者の行為を処罰することに本法の主眼があることを明らかにしている.

2 処罰の対象 本法にいう売春とは, 対償を受けまたは受ける約束で, 不特定の相手方と性交することをいい(売春2), 1回限りの行為でも売春たりうるが, 性交類似行為や特定の相手方との性交は売春に当たらない. また, 「何人も, 売春をし, 又はその相手方となってはならない」として, 売春をしたりその客になること自体(単純売買春)につき禁止してはいるものの(3), 罰則は設けていない. 自ら売春をする者を処罰する規定は5条の, 公衆の目に触れるような方法で売春の相手方となるように勧誘したり客待ちする等社会の風紀を乱し, 一般市民に迷惑をかける行為をした場合だけである. 同条の罪を犯して執行猶予の判決を受けた成年の女子に対しては, 裁判所の判断により*補導処分'に付すため*婦人補導院'への収容措置がとられることがある(17). 他方, 売春の周旋等をした者, 人を困惑させる等して売春をさせ, または売春をさせた上その売春の対償を要求・収受した者, 売春をさせる目的で前貸し等金品その他の財産上の利益を供与した者, 人に売春をさせることを業とする管理売春やその資金・場所等の提供を行った者等, 売春を助長しあるいは売春を契機に直接間接に利を図る行為をした者に対しては, 厳しい刑罰が科せられ(6〜13), 両罰規定も置かれている(14).

3 児童買春に対する規制 売買春自体を処罰すべきか否かについては, 本法の立法過程で最も議論された点であったが, 結局本法による処罰は見送られた. しかし, 満13歳に満たない者の相手方になった者は, 強姦罪(177後)の罪責を負う. また満18歳に満たない青少年や児童の*淫行'の相手方になる行為については, 従来, *青少年保護条例'における淫行処罰規定や, あるいは児童福祉法(児童に淫行させる行為)の処罰の対象とされてきたが, 新たに1999(平11)年5月に*児童買春, 児童ポルノに係る行為等の処罰及び児童の保護等に関する法律'(児童買春禁止法)が成立し, 対償を供与しまたはその約束をして, 満18歳未満の児童と性交等(性交もしくは性交類似行為をし, または自己の性的好奇心を満たす目的で, 性器, 肛門もしくは乳首に接触することをいう)をすることが買春として禁止・処罰されることになった. 児童買春に対する刑事規制は, 児童に対する性的搾取および性的虐待から児童を保護するための措置を講ずることによって, 児童の心身の健やかな成長を期し, あわせて児童の人権擁護に資することを目的としている. →淫行勧誘罪

[北川佳世子]

陪 審 (英) jury (仏) jury (独) Geschworenengericht, Schwurgericht

1 欧米の陪審制 素人の集団が*裁判官'から独立して被告人の有罪・無罪についての事実認定を行う裁判制度を陪審制という．歴史的には，神判が廃止された13世紀ころからイギリスで発展した．陪審制は，今日でも英米法諸国(イギリス，アメリカ，カナダ，オーストラリアなど)において，刑事裁判の基本的理念形態である．

陪審制の母国イギリスでは，治安判事(magistrate)のもとで処理される事件以外，つまり相対的に重大な犯罪は，陪審制の裁判所である刑事法院(Crown Court)で処理される．全世界の陪審裁判の約8割が行われているというアメリカでは，合衆国憲法で刑事被告人に陪審裁判を受ける権利が保障されており(修正6条)，この権利は，連邦最高裁判所判例によって，連邦だけでなく州にも及ぶことが認められている．また，大方の州の憲法も陪審裁判を受ける権利を規定している．ただし，イギリスでは治安判事裁判所の事物管轄の拡大等に伴い，刑事法院の事物管轄が縮小される傾向にある．アメリカでも，とりわけ有罪の答弁取引制度の発展に伴って，重罪事件で陪審裁判で処理される割合が5パーセント以下に低下した法域が増えている．

陪審には，以上の審理陪審のほかに，今日でもアメリカには*大陪審'(起訴陪審とよぶこともある)がある．コモン・ロー上，大陪審が12名以上23名以下から構成されるのに対し(アメリカには12名以下の州もある)，審理陪審は，構成員が12名であるところから，小陪審(petit jury, petty jury)ともよばれる(アメリカの州によっては6名陪審や8名陪審等が存在する)．

審理陪審は，公判に提出された証拠に基づいて起訴事実の存否を認定し，その認定事実に裁判官によって説示された法律をあてはめて，有罪・無罪の結論のみを示す一般評決を下す．民事陪審のような個々の事実問題についてのみ判断を示す特別評決制度は認められていない．そのため，陪審は，裁判官に説示された法律をその通りには適用せず，自己の価値観に従って評決を下すことも事実上可能である．これを陪審の法適用拒否(jury nullification)という．

コモン・ロー上，審理陪審の評決は全員一致によることとされていた．しかし，イギリスでは1967年に，一定時間評議しても全員一致の結論が出ない場合には多数決による(原則として10対2)評決が認められることとなり，アメリカでも州によっては10対2の多数決評決制度が採用されている．

なお，アメリカの州によっては，陪審が，とりわけ死刑事件について，量刑判断権も有している．

陪審制は，フランス革命後，民主主義的裁判形態として，ヨーロッパ諸国にも広まったが，徐々に衰退し，*参審'制へと移行していった．ただし，今日でもオーストリア，デンマーク，スウェーデンなどでは，参審制と並んで陪審制も維持されている．

2 日本の陪審法 日本でも1923(大12)年に陪審法が制定され，1928(昭3)年10月から施行された．だが，一定件数の陪審裁判が実施されたのは数年間にすぎず(同法に基づく有罪・無罪総件数459件中，その約4分の3は，施行後最初の5年間に下されたものである)，1938(昭13)年以降は年間5件に満たないという状況が続き，ついに1943(昭18)年，同法は戦争終了後再施行するものとして停止された．陪審裁判が広まらなかった原因として，日本人の国民性として御上の判断を尊重すること，陪審裁判による判決に対しては控訴が認められなかったこと，などが指摘されている．→国民の司法参加　　　　　　　　　　　　［安村　勉］

背信説 *背任罪'の本質を，他人との間の信任関係あるいは他人に対する誠実義務に違背することによってなされる財産的加害と解する説．通説となった．判例もその結論に従っている．しかし，どのような場合に信任関係違背が存在するかを明示しえず，背任罪の成立を無限定に認めるおそれがあるため，背任罪は委託物横領罪より高度の信任関係を前提とするという見解や，信任関係に違背して権限を濫用する点に背任罪の本質があるという見解(背信的権限濫用説等といわれる)が有力に主張されている．→権限濫用説　　　　　　［上嶌一高］

背任罪 (独) Untreue **1 意義** 他人のためにその事務を処理する者が，自己もしくは第三者の利益を図り，または，本人に損害を加える目的で，その任務に背いた行為をし，本

人に財産上の損害を加える罪(刑247). 刑法の「横領の罪」の章に規定されている委託物横領罪(252・253)は, 委託に基づいて占有している物を横領する罪であり, 広い意味では他人との信頼関係に背いて行われる財産的加害である点で, 背任罪と共通性を有するとされ, 背任罪は,「詐欺及び恐喝の罪」の章に規定されているにもかかわらず, 委託物横領罪とあわせて論じられることが多い(改正刑法草案第2編第39章参照). 背任罪の本質については, かつて主張された*権限濫用説'は, 背任罪の適用範囲を狭くしすぎるとして批判され, *背信説'が通説となったが, 現在では, 背任罪と委託物横領罪は, 単に一般法と特別法の関係に立つとする理解を否定し, 背任罪は横領罪より高度の信任関係を前提とするという見解や背信的権限濫用説といわれる見解等, 従来の背信説により背任罪の適用が不明確で無限定となることを回避することを試みる見解が有力に主張されている. もっとも, その一方で, 不動産の*二重売買'が横領罪を構成することから, *二重抵当'が背任罪を構成すべきことがしばしば根拠づけられる. なお, 商法等に特別背任罪が規定されている.

2 委託物横領罪との関係 背任罪の主体の要件をみたす者が, その占有する他人の物を不法に処分した場合, 委託物横領罪と背任罪のいずれが成立するかがよく議論されてきた. その場合, 委託物横領罪が成立すれば, その他人に対する関係においては, 背任罪は成立しないとするのが, 判例・通説の立場である. そこで, この区別如何の問題は, 横領罪の要件如何にかかることになるとされる. 現在は, 横領は委託物に関する権限の逸脱, 背任は権限の濫用という見解と, 横領は不法領得の意思の実現, 背任はそれ以外の任務違背行為という見解が学説上は有力である. 前者は, 横領罪における越権行為説とだけでなく, 領得行為説とも結びつくことがある.

判例では, 物の処分が, 自己の利益を図るために行われたときには横領罪が, 他方, 第三者の利益を図るために行われたときは, 自己の名義あるいは計算であれば横領罪が, 本人の名義あるいは計算であれば背任罪が成立する等との傾向が分析されている. しかし, 町の森林組合の組合長による, 政府からの貸付金の町への貸付について, 自己の計算でなされたものであり, 組合名義であったとしても横領罪が成立するとしたものがあり(最判昭34・2・13刑集13・2・101), 結局は, 行為者がその権限を逸脱したか, あるいは濫用したにとどまるかが問題とされているとも指摘される.

なお, 会社の取締役等の特別背任罪と委託物横領罪との関係については, *特別背任罪'を参照. →横領罪, 二項犯罪　　　　　[上嶌一高]

ハイフィールズ (英) highfields
ハイフィールズとは, アメリカ・ニュージャージー州において, 1950年に開始された処遇実験施設である. そこでは, *プロベーション'の遵守事項のひとつとして, 本人の同意のもとで, プロベーションに付された16～17歳の少年を最初の3～4ヵ月間, 約20名を収容する開放家屋に収容し, 昼間は, *外部通勤'させ作業に従事させる一方で, 夜間は, 集団心理療法的処遇が行われた. この処遇は指導者のもとで集団討議を行うもので,「GGI (Guided Group Interaction)」と呼ばれる.

ハイフィールズ計画は, ロサンジェルスのシルバーレイク計画とならんで, 心理学における学習理論の影響下で実施されたプログラムで, 非行が進んでいない少年への処遇として効果があるとの高い評価を受けた. その後, アメリカの多くの州で同種のプログラムが, 非行少年の処遇に採用された. →中間施設, 集団処遇
[瀬川 晃]

破壊活動防止法 暴力主義的破壊活動の取締りを目的として, 1952(昭27)年に制定された(240).「破防法」と略称. 占領法規の*団体等規正令'を受け継いでいるが, アメリカのマッカラン法 Internal Security Act, 1950をモデルとする. 立法過程では政治的自由, 思想・信条の自由を否定するものとして, 野党や労働組合, 言論界から強い批判を受け, 反対運動が繰り広げられた. その結果, 拡張解釈の禁止(破防2), 濫用防止(3), 公安調査官の職権濫用罪(45)が規定された.

破防法は, 暴力主義的破壊活動を行った団体の規制, 公安調査官による調査, および刑罰規定の3本立てとなっている. 公安調査庁は法務

省の外局であり，破壊活動の調査を行う公安調査官を有する．公安調査官は，警察との密接な連携を義務づけられている(29・30)が，強制処分権はない．公安調査庁は暴力主義的破壊活動を行う団体に関して調査を行い，公安調査庁長官が公安審査委員会に対し，処分を請求する(11)．公安審査委員会は，団体の活動の制限，解散の審査および処分を担当する(5以下)．団体の処分としては，集団行進・集会等の禁止，機関誌の印刷・頒布の禁止，団体のためにする行為の禁止(5)，団体の解散の指定(7)などがある．

刑罰規定としては，①内乱・外患誘致もしくは外患援助の独立教唆・せん動(38Ⅰ)，②内乱の予備・陰謀，内乱等の幇助または外患の予備・陰謀の教唆(38Ⅱ①)，③内乱・外患を実行させる目的をもって，その実行の正当性や必要性を主張した文書・図画を印刷，頒布または公然掲示し，または通信をする行為(38Ⅱ②・③)，④政治目的のための放火・騒乱の予備・陰謀(39・40)などがあり，重い刑を定めた．

破防法は現代の治安立法体系の中核である．同法には濫用防止規定等があるが，基本的人権を侵害するおそれがあるとの批判が強い．

破防法により，公安情報が収集され，罰則も適用されてきたが，団体規制である解散指定は適用されてこなかった．*オウム事件'を引き起こしたオウム真理教団に対し，1996(平8)年7月に解散指定の請求が行われたが，1997(平9)年1月，公安審査委員会は団体解散の要件である「明確な危険性」を欠くとして，請求を棄却した．そこで，1999(平11)年12月に「無差別大量殺人行為を行った団体の規制に関する法律」(団体規制法)が成立した．→集団犯罪

[斉藤豊治]

博多駅事件 1968(昭43)年1月16日に，学生など約300名が国鉄博多駅で急行「雲仙・西海」から下車した際，駅構内通路において，警備にあたっていた福岡県警機動隊員により，学生などに対しいわゆる圧縮規制と曳き出し・順送りが行われ，駅構外で警察官による学生などの所持品検査などが行われた事件．学生などは，米国原子力空母エンタープライズ佐世保寄港反対運動に参加しようとしたものであり，他方警備当局は当時の首相らの強い姿勢を示す発言などを受け，博多駅で強い規制を行ったものであるといわれている．

この事件については，警察の警備を過剰警備と見るか否か，機動隊の規制行為の適法性，所持品検査の適法性などが論議された．警備にあたった公務員を，特別公務員暴行陵虐罪・*公務員職権濫用罪'で審判することを求める*付審判制度'の適用を求める請求は認められなかったが，他方この事件で公務執行妨害で起訴された被告人については，機動隊員の実力行使による学生などの排除行為が適法でないとして，無罪の言渡しが確定している(福岡地判昭44・4・11刑月1・4・411，福岡高判昭45・10・30刑月2・10・1068)．なお，最高裁は，本件付審判請求事件の審理に関わって，取材フィルムの*提出命令'に対する特別抗告を棄却した(最決大昭44・11・26刑集23・11・1490)．　　　　　[久岡康成]

破　棄（独）Aufhebung（仏）cassation（英）reversal　**1 意義**　控訴裁判所または上告裁判所が，終局裁判によって，原判決を維持できないことを宣言することをいう．このような趣旨の判決を破棄判決と呼ぶ．その主文は「原判決を破棄する」となる．抗告審では，同じ意味で取消しという言葉が使われる．

2 破棄の理由　破棄が行われるのは，原判決に，法が定める瑕疵が発見された場合である．この破棄の理由は，原則として法が定める上訴理由と同じである．また，控訴審，上告審ともに上訴申立人が主張する上訴理由の有無を判断するのが原則である．したがって，破棄の典型的な事例は，申立人が主張する上訴理由の存在が認められた場合である．

ただし，上訴裁判所は，申立人が主張していない場合でも，上訴理由となりうる事項については，調査をすることができる(刑訴392Ⅱ・414)．これを職権調査という．この職権調査の結果，上訴理由に当たる瑕疵が発見されれば，原判決を破棄することになる．

さらに，上訴申立人が権利としては主張できない理由であっても，破棄の理由にはなりうる場合がある．上告審では，上訴申立理由が認められないときでも，法令違反，重大な事実誤認など一定の事由があって，原判決を維持するこ

とが著しく正義に反するときには，原判決を破棄する裁量的な権限が認められている（411）．これを*職権破棄'と呼ぶ．控訴審でも，原判決後の情状を理由とする量刑不当の主張は，控訴理由としては認められていない．しかし，控訴裁判所は，職権で判決後の情状について取調べをすることができ（393Ⅱ），その結果，原判決を維持することが明らかに正義に反する場合には，原判決を破棄する権限が認められている（397Ⅱ）．

上訴理由の存在が認められれば，原判決は破棄されるのが原則である．ただし，上告審では，その理由が判決に影響を及ぼさないことが明らかな場合は，破棄の必要はない（410Ⅰ）．また，原判決に判例違反という上告理由があっても，判例を変更して，原判決を維持することができる（410Ⅱ）．

3 破棄の効果　原判決が破棄されると，被告事件について，判決がない状態となる．そこで，新たな判決が必要となる．その場合，再度の審判のために事件を原裁判所へ送り返すのが'差戻し'であり，原裁判所と同等の他の裁判所または正しい管轄権のある裁判所へ送るのが移送である．差戻しも移送も，破棄と同時に言い渡されるので，破棄差戻しまたは破棄移送と呼ばれる．条文の上では，差戻しまたは移送が破棄に伴う原則的な扱いとされている（400・413）．とくに，原裁判所が不法に管轄違いを言い渡しまたは公訴を棄却したこと，あるいは不法に管轄を認めたことを理由に破棄する場合には，事件を差戻しか移送しなければならない（398・399・412）．

破棄差戻しまたは破棄移送を受けた裁判所は，その事件の審判においては，上級裁判所が示した判断に拘束される（裁4）．これを破棄判決の拘束力と呼ぶ．

ただし，上訴裁判所は，訴訟記録とそれまでに調べられた証拠によって，直ちに結論が出せると判断したときには，自ら原裁判所の役割を引き受けて，被告事件について最終的な判決をすることができる（400但・413但）．これを*自判'と呼ぶ．自判も破棄と同時に行われるので，破棄自判と呼ばれる．実際の運用では，破棄判決の大多数が自判をしている．　　［後藤　昭］

白山丸事件　　出入国管理令違反（密出国）で起訴された事件．捜査によって，被疑者（被告人）が昭和27年4月ころまで日本にいたこと，また同33年7月13日に「白山丸」で帰国したことは明らかとなったが，密出国した日時・場所・方法の詳細は不明だった．そこで検察官は，「被告人は，昭和27年4月頃より同33年6月下旬までの間に，……本邦より……中国に〔密〕出国した」として起訴した．*起訴状'のこのような記載は，6年のはばで犯罪の日時を表示し，犯罪の場所・方法も具体性を欠いているから，*訴因の特定'性に欠けるとして争われた（起訴状の記載は「できる限り日時，場所及び方法を以て罪となるべき事実を特定」しなければならない．刑訴256Ⅲ）．

最高裁は，当時国交のなかった中国に密出国した具体的顛末を確認するのは極めて困難であり，このように「犯罪の種類，性質等の如何により，これを詳らかにすることができない特殊事情がある場合には，……法の目的を害さないかぎりの幅のある表示をしても」そのことだけで訴因の特定性に欠けるとはいえないと判示した（最判大昭37・11・28刑集16・11・1633）．

［寺崎嘉博］

漠然不明確　（米）vagueness　　「漠然不明確」とは，言語哲学では，開かれた無限定な意味をもつ一般的な文言が論述に用いられるとその意図する範囲が漠然となる場合を指す．法規の意図する意味内容が法文上限定されていないならば，当該法規は漠然不明確である．

漠然不明確な刑罰法規は，いかなる行為が犯罪とされいかなる刑罰が科されるのかを国民に公正に告知できず，法執行者による恣意的適用を容易にし，事実上裁判官に立法権限を委譲するから，*罪刑法定主義'に反する．刑罰法規は犯罪と刑罰を具体的かつ明確に規定しなければならない．漠然不明確な刑罰法規を憲法31条違反とし文面上違憲無効とするのが明確性の原則であり，アメリカ合衆国最高裁の「漠然性のゆえに無効の理論」を継受したものである．わが国の最高裁は，徳島市公安条例事件判決（最判大50・9・10刑集29・8・489）において一般論として明確性の理論を認めたが，これまで漠然不明確を理由に刑罰法規を違憲無効と判断したことは

ない．

　言葉自体が不明確であることや，法文が抽象的な一般的定言であることから，漠然不明確のゆえに違憲とする判断基準と方法が問題となる．徳島市公安条例事件判決は，「通常の判断能力を有する一般人の理解において，具体的場合に当該行為がその適用を受けるものかどうかの判断を可能ならしめるような基準が読みとれるかどうか」を違憲判断基準とする．しかし，これは，個別具体的な行為の告知が当罰性の意識と代替され，合憲判決を導きやすい．また，最高裁は，違憲判断回避方法として限定解釈による法文の明確化を認める．それは，違憲と判断しがたい不明確な刑罰法規につき，解釈結果の明確性と一般国民による高度の認識可能性を条件に許されるであろう．

　明確性の理論はあくまでも法規の文言による処罰範囲の限定性・特定性，すなわち厳格な法定性を問うものである．したがって，*実体的デュープロセス'の一内容である「過度の広範性の理論」とは峻別される．この理論は，刑罰法規の処罰範囲が過度に広範で，明らかに憲法上保護された行為をも含む場合に，当該法規を違憲とする．漠然不明確な刑罰法規の処罰範囲も過度に広範となりうるが，明確であっても過度に広範な刑罰法規もあるから，概念的に異なる．また，過度の広範性の理論は，明文で処罰対象とされる憲法上の実体的権利に対する侵害（または萎縮的効果）を問題とするが，明確性の理論は告知の欠如と恣意的濫用の危険を問う点でも異なる．→縮小解釈，福岡県青少年保護育成条例事件　　　　　　　　　　　　［門田成人］

博徒結合罪　博徒を結合して利益を図ることによって成立する犯罪である．刑は3ヵ月以上5年以下の懲役である（刑186 II後）．「博徒」とは，常習的または職業的に賭博を行う者をいう．「結合して」とは，博徒の集団を組織し，その団結を利用して自己の支配下に賭博を行う便宜を提供することをいう．自ら中心となって博徒との間に親分・子分の関係を結び縄張りをかまえ，子分を結集してこれを庇護する反面，その代価を取り立てる場合が典型例である．本罪の成立のためには，主観的要件として図利目的が必要であるが（*目的犯'），現実に利益を得たことは必要ではない．→賭博罪

［松原久利］

爆発物取締罰則　**1 沿革**　爆発物の使用に関連する公共危険的行為を処罰する特別刑法（明17太告32）．明治17年当時，過激な自由民権運動において爆発物が製造・使用される事件が起き，爆発物の取締りの必要性が痛感され，旧刑法と並ぶ特別の規定として制定されたものである．その後，2回の改正を経て現在にいたっている．現行憲法下において，'*太政官布告'という形式により制定され，議会の関与により成立したものではない法規がなお法律的効力を有するかが問題となりうるが，本罰則は旧憲法の76条1項により「憲法ニ矛盾セザル現行ノ法令」であって「遵由ノ効力ヲ有ス」るものと認められ，旧憲法上の法律の形式をもって改正手続も行われ，その後現行憲法施行後の今日に至るまで，他の法令により廃止されもしくはその効力を否認するため何らかの立法措置の講ぜられた事実はないのであるから，なお法律として効力を保有しているとされている（最判昭34・7・3刑集13・7・1075）．

　2 類型　基本となる犯罪行為は，治安を妨げまたは人の身体財産を害する目的で爆発物を使用しあるいは他人に使用させる行為である（爆取1）．罪質は，公共危険罪の一種と理解されている．人の身体財産を害する目的でも成立する点で個人的法益をも保護の対象とするのではないかが問題となりうるが，判例は客体が財産の場合でも権利者の承諾は犯罪の成否に影響しないとする（最判昭39・1・23刑集18・1・1）．ここでいう爆発物とは「理化学上の爆発現象を惹起するような不安定な平衡状態において，薬品その他の資材が結合せる物体であって，その爆発作用そのものによって公共の安全をみだし又は人の身体財産を害するに足る破壊力を有するもの」をいうとし，火炎びんは爆発物ではないとした（最判昭31・6・27刑集10・6・921）．「使用」とは，一般的に治安を妨げ，または犯人以外の人の身体もしくは財産を害するおそれのある状況下において爆発物を爆発すべき状態に置けば足り（最判昭42・2・23刑集21・1・313），現実に爆発する必要はない．したがって，いわゆる実行未遂の形態を含む．

そのほかに、本罰則は、爆発物を使用しようとして発覚した場合(2)、爆発物等を製造・輸入・所持・注文する行為(3)、爆発物使用罪を犯そうとして脅迫・教唆・煽動・共謀する行為(4)、爆発物使用罪の犯人のために、爆発物等を製造・輸入・販売・譲与・寄蔵およびそれを約束する行為(5)を独立して処罰する。さらに爆発物を発見した場合の告知義務と違反した場合の処罰を規定し(7)、爆発物使用罪等を認知した者の告知義務と違反した場合の処罰(8)、爆発物使用罪等の犯人を蔵匿・隠避あるいはその罪証の隠滅の処罰(9)をも規定する。加えて、爆発物を製造・輸入・所持・注文した者が、爆発物使用罪の目的の不存在を証明できない場合に軽く処罰する規定(6)や爆発物使用罪の予備・陰謀を行った者等の自首による刑の免除を認める規定(11)を設けている。

3 刑 これらの犯罪行為に対し、本罰則は、罰金から死刑に至るまでの刑を科している。これらの刑が残虐な刑罰にあたらないかに関し、判例は、残虐な刑罰とはいえず、「爆発物の有する大きな破壊力に鑑みれば、同罰則の対象とする行為は、公共の安全と秩序を害し、人の生命、身体、財産に危害を及ぼす可能性が極めて広く、かつ大きいものであり」したがって、これらの刑を定めることは、立法政策の問題だとする（最判昭47・3・9刑集26・2・151）。→火炎びんの使用等の処罰に関する法律、関根橋事件

[松生光正]

パターナリズム （英）paternalism
情け深い父親がその子供を扱うように成人を扱う態度を指す語。今日ではさまざまな場面で用いられるが、倫理学上の一般的な定義では、「もっぱらその者を助ける目的によってのみ正当化される、他者によるオートノミー（自律、自己決定）の意図的な制限」を指す。刑法学の領域では、主に、「*被害者なき犯罪'」の非犯罪化の議論において言及される。1960年代にイギリスで生じたハート対デヴリン論争を契機とする刑法の非道徳化の動きは、アメリカでも、売春、公然酩酊、ポルノグラフィー、同性愛、麻薬、堕胎などの、いわゆる「被害者なき犯罪」(victim-less crime)の*非犯罪化'を推し進めた。日本でも平野龍一がハート Hart, H.L.A.(1907-92)の立場を支持し、刑法の脱倫理化を主張された。この動きに対しては、道徳の保護も刑法の任務であるとするリーガル・モラリズムも今日なお優勢であり、ドイツでは、ナチス時代に法律の形態をもって横行した種々の不法行為は、法と道徳を切り離した法実証主義によるとの反省から、戦後、法と道徳の結合が強く打ち出されるようになった。1960年代当時の非道徳化の波はドイツにも押し寄せたが、1995年には活発な議論の末、堕胎の原則的な違法性を維持した*人工妊娠中絶'法が成立している。日本では、リーガル・モラリズムに代わってリーガル・パターナリズムがその適用範囲を拡大してきたと言われている。現行法上、麻薬、覚せい剤、マリファナ等の薬物の自己施用が処罰されるのも、このようなパターナリスティックな配慮によるものと解されている。また、*承諾殺人罪'や*自殺関与罪'を処罰する刑法202条をこの趣旨のものとして性格づける学説もある。今日では自動車の運転時にシートベルトの着用を怠った場合にも行政罰が科されるが、パターナリズムを根拠とする処罰の行きすぎは、個人の自由を脅かすものとして警戒されなければならないであろう。→刑事立法

[秋葉悦子]

罰金 死刑、懲役、禁錮より軽く、拘留、*科料'より重い主刑で、1991(平3)年の刑法改正および罰金等臨時措置法改正以降は、金額は1万円以上であるが、軽減する場合には、1万円以下とすることができる(刑15)。ただし、条例の定める罰は*罰金等臨時措置法'の対象外とされているため、自治立法上は整理漏れのもののある可能性がある。比較的軽微な犯罪に対する制裁、弊害の多い短期自由刑に代わる制裁、また法人に対する制裁として、財産刑のうちで最も重要なものである。上限はなく、特別刑法には自然人（個人）に対しても1000万円を超す例（証取197 II）や、法人に対する法定刑には1億円単位の例もある（証取207、独禁95）。罰金が資格制限とされている例もある（古物4、警備3）。

罰金の執行は、執行力のある債務名義と同一の効力を有する検察官の命令によって執行される(刑訴490)。租税その他の公課または専売に関する規定により言い渡した罰金については、

相続財産に執行することができる(491)．法人が確定判決の後合併により消滅した場合には，合併後も存続する法人または合併により設立された法人に対して執行することができる(492)．また，確定判決を待っていてはその執行をすることができないか，著しい困難を生じる虞があると認められるときは，裁判所は，検察官の請求によりまたは職権で，仮に罰金に相当する金額を納付することを，刑の言渡しと同時に裁判で言い渡すことができ(348)，検察官の命令により直ちに執行することができる(490)．罰金を言い渡された被告人(個人)に資産がなく罰金を完納できないときは，少年の場合を除いて(少54)，1日以上2年以下の期間'労役場留置'とされる(刑18)．

日割罰金(*日数罰金')は，法人を含め，資産に応じた公平な制裁が期待できる面を有するが，わが国ではまだ採用されていない．→財産刑，仮納付，短期自由刑　　　　　　　　　[田中利幸]

罰金等臨時措置法　経済変動に伴う貨幣価値の下落に対応するとともに，刑法典をはじめとする各刑罰規定の罰金額・科料額を逐一改正しなくても済むように，*罰金'・*科料'の金額を読み替えるよう1948(昭23)年に制定された法律で，読み替えの程度は原則として，当初は50倍，刑法典上は20円以上とされていた罰金額を1000円以上，10銭以上20円以下とされていた科料額を5円以上1000円未満と読み替え，1972(昭47)年の改正によって200倍，罰金は4000円以上，科料は20円以上4000円未満と読み替えられていた．また手続法上の要件の中に罰金額の規定されている刑事訴訟法・交通事件即決手続法の罰金額については個別に読み替える規定が置かれていた．

しかし，1991(平3)年の刑法等改正法で，罰金は1万円以上，科料は1000円以上1万円未満と刑法典上規定され，刑法各則の罪の罰金額・科料額も逐一改正されるとともに，手続法上の規定も同時に改正されたのに伴い，現行法は，刑法，暴力行為等処罰に関する法律および経済関係罰則の整備に関する法律以外の罪(条例を除く)の，罰金・科料の多額・寡額についての読み替えと，命令に罰則をもうけることを委任している場合の罰金額の読み替えを引き続き規定するにとどまるものとなったばかりでなく，特別刑法の罪の罰金額はほとんどより高額に規定されているため，その機能は著しく減少している．

刑法等以外の罪(条例を除く)の罰金の多額が2万円に満たないように定められているときは，2万円と，寡額が1万円に満たないよう定められているときは，1万円と読み替えられ，また科料額に定めのあるときは定めがないもの(つまり刑法典の規定する原則どおり1000円以上1万円未満)と読み替えられる．ただし，罰金額・科料額が一定の金額に倍数を乗じて決められるときは，この限りでないが，罰金の寡額は1万円にされる．法律の委任に基づいて命令で定めることができるとされた罰金の最高額が2万円に満たないときは，2万円とされる．
[田中利幸]

罰条　犯罪行為に適用される処罰の根拠となる条文．*構成要件'を定めるものだけではなく，*未遂'や*共犯'を規定する条文も含む．*起訴状'には罰条を示して*罪名'を記載することとなっている(刑訴256Ⅳ)．これは，*訴因'をより一層特定して*被告人'の防御に遺漏がないようにするため法律上要請されているものである(最決昭53・2・16刑集32・1・47)．したがって，罰条記載につき誤りがあっても，被告人の防御にとって実質的な不利益がなければ公訴提起の効力に影響はないとされている(256Ⅳ)．罰条記載の誤りとは，訴因を基準としたときにそれに対応する法条が記載されていないことをいう．かりに誤りがあったとしても，*裁判所'は*検察官'に罰条の変更を命じれば足りる(312Ⅱ)．また，検察官の請求によって訴因の変更請求が行われ，裁判所が*公訴事実の同一性'を害しないと判断した場合には，罰条もそれに伴って変更されることになる．この場合でも訴因変更に伴って罰条が変更されなかったとしても，それ自体がただちに判決に影響ある手続の違法となるかどうかは問題が別である．罰条記載につき不備や漏れがあった場合についても，それだけでただちに公訴提起の効力に影響することはないと解されている(最判昭34・10・26刑集13・11・3046)．

罰条は有罪判決の際にも示されなければなら

ない(335Ⅰ). 認定された犯罪事実に対する実体法の適用を示すことは罪刑法定主義の原則からの要請である. したがって, 法令の適用につき単に法条を羅列するのみならず, 各犯罪事実に法条を擬律し, 加重軽減の事由があるときには法令の根拠を示し, *処断刑'についても法令の理由づけを必要とすると解されている(東京高判昭24・12・10高刑2・3・303). もっとも, 罰条が誤記された場合につき, 判決文から総合的にみていかなる法条を適用したかが判明する場合には, 判決を破棄しなければならないほどの重大な瑕疵とはいえないとされている(福岡高裁宮崎支判昭25・5・10判特9・120).

[指宿 信]

パロール (英) parole パロールは, わが国では,「仮釈放」と訳出されることが多いが, 正確には*仮釈放'と仮釈放者に対する保護観察を含んだ概念である.

パロールは, オーストラリアで誕生した仮釈放制度に, 釈放後の保護観察を加える形でアメリカで生み出された. 20世紀前半のアメリカでは, *不定期刑'の普及とともに各州で導入され, 急速に広まった. そこでは, 受刑者の中から, パロール・ボード(仮釈放委員会)によって選択された者が, 一定の遵守事項を守ることを誓約したうえで仮に釈放され, 仮釈放期間中は, 多くの場合, プロベーション・オフィサーの監督と援助を受け, 遵守事項に違反した場合は, 再び収監されることとされた.

パロールは, 1960年代まで, メディカル・モデル隆盛の中, アメリカの犯罪者処遇の中心的な役割を担っていた. しかし, 1960年代後半頃から, メディカル・モデルに対する批判が高まるにつれて, パロール廃止論が台頭した. その根拠は, ①不定期刑と結びついたパロールを支える社会復帰思想そのものが誤りであること, ②パロール・ボードによる大幅な裁量権の行使は, 運用の不統一と不均衡をもたらし, 公平・平等の原則に反すること, ③仮釈放決定にいたる過程が適正手続保障の観点からみて不十分であることなどであった. こうしたパロール廃止論の台頭によって, 1980年代半ばまでにカリフォルニア, イリノイ, メインなど11州がパロールを廃止し, 定期刑主義を採用し, 連邦レヴェルでは, 1984年包括的犯罪規制法がパロール廃止に踏み切った. またパロール廃止論にいたらなくても, パロール・ガイドラインを設定し, 公正かつ統一的な運用を目指している州も多くなっている. →善時制, エルマイラ制

[瀬川 晃]

判決 判決, *決定', *命令'の3種類の裁判のうち, 成立手続の最も厳格な裁判形式の裁判を判決という. すなわち, 判決は裁判主体が裁判官ではなく裁判所であり, また, 決定, 命令と異なり, 原則として口頭弁論を開く必要がある(刑訴43Ⅰ). 公judicialにおいて判決の言渡しがあると判決として成立する(刑訴規35Ⅰ). 裁判が成立すると, 当該裁判所自ら訂正することもできなくなるが(羈束力), その時期は判決宣告手続の終了までとされている. 判例では,「宣告のための判決期日が終了するまで」と, 訂正の余地を比較的広く認めている(最判昭51・11・4刑集30・10・1887).

判決が成立すると, これに対する不服申立方法として, *控訴', *上告'が認められている. 上訴審で原判決が破棄されると, 原判決は無効となり, 改めて判決をやりなおす必要がある(上訴審の自判または破棄差戻し). 通常の不服申立てができなくなると, 判決は形式的確定力をもち, 確定判決として既判力, 一事不再理の効力(刑訴337①参照)が生じる.

判決の種類としては, 実体判決である*有罪', *無罪'と, 形式判決である免訴, および刑事訴訟法337条の公訴棄却(刑訴338の公訴棄却は決定)がある. 裁判には主文のほか, 理由を付し(44Ⅰ), また裁判書を作成することになっている(刑訴規53本文), 判決に関しては, 必ず判決書を作成しなければならないなど, より厳格な形式が要求されている(53但・35Ⅱ参照). 判決書を作成する場合には, 裁判官の署名押印, 裁判を受ける者の氏名, 年齢, 職業および住居を記載しなければならない(55・56).

判決の中でも, 実体判決である有罪, 無罪判決は, 法定の記載形式が定められているが, 被告人に不利益な有罪判決については, 特に厳格である. まず, 有罪判決の主文には, 主刑(たとえば, 無期懲役)のほか, 未決勾留日数の算入(刑21), 労役場留置(18), 刑の執行猶予(25. な

お、25の2）、没収（19等）、追徴（19の2等）、被害者還付（刑訴347）、仮納付（348）、訴訟費用の負担、刑の免除などが付け加わることがある。次に、有罪判決に関する「理由」については、必要的記載事項として、「罪となるべき事実」、「証拠の標目」、「法令の適用」があり（335Ⅰ）、ほかに当事者から法律上犯罪の成立を妨げる理由（正当防衛など）または刑の加重減免の理由となる事実が主張されたときは、これに対する判断を示さなければならない（335Ⅱ）。このうち、「罪となるべき事実」は、起訴状記載の訴因に対応するものであり、また、刑事訴訟法317条で証明の対象とされた事実にも対応するもの、すなわち構成要件に該当する具体的事実である。「証拠の標目」とは、「罪となるべき事実」の認定に用いられた証拠を「標目」というかたちで示したものである。証拠の標目以外の、証拠の採否・取捨選択の判断または事実認定についての心証形成の理由の判示は必要ないというのが判例である（最判昭34・11・24刑集13・12・3089）。「法令の適用」では、「罪となるべき事実」に記載された（被告人の）行為に対する、実体刑罰法規の適用が示される。罪刑法定主義が遵守されているか否かは、「法令の適用」の存在によって担保される。法令の適用の示し方としては、文章式と羅列式があり、最近は後者の方式もかなり採用されるようになっている。適用の順序は、①構成要件および法定刑を示す規定の適用、②科刑上一罪の処理、③刑種の選択、④累犯加重、⑤法律上の減軽、⑥併合罪の加重、⑦酌量減軽、⑧宣告刑の決定の順である。

無罪判決は、被告事件が「罪とならないとき」または「犯罪の証明がないとき」に言い渡される（刑訴336）。無罪の理由は当然必要とされるが（44Ⅰ）、その形式について、とくに法の規定があるわけではない。→欠席判決、確定判決
〔白取祐司〕

判決前調査制度 （英）pre-sentence investigation 有罪と認められた被告人に関して、その*量刑'（情状）資料を得るための調査制度をいう。この制度は、おもにアメリカで発達したもので、科学的な量刑を実現するための重要な役割を果たしているといわれている。手続的には、刑事裁判で有罪が認定された後、専門の職員（保護観察官など）が量刑資料を調査し、これを裁判官に報告する。日本では、刑事手続が事実認定、量刑に2分されていないこと、とくに被告人に有利な量刑事情はもっぱら弁護人によって法廷に顕出されていること、量刑資料を的確に収集する専門の調査官を得ることが困難と解されることなどから、実現していない。しかし、実際の刑事裁判のほとんどは有罪に終わる現状からみても、適正な量刑の実現は、刑事司法の重要な課題である。欧米の刑事手続と比較して、被告人の社会調査、人格調査に関する制度・手当ては必ずしも十分とはいえず、判決前調査制度の導入は検討に値しよう。
〔白取祐司〕

犯行再現ビデオ 犯行再現ビデオには、被告人が捜査官の求めに応じて、犯行状況を動作によって再現した様子を撮影したビデオテープと、被害者等が犯行状況を再現した様子を撮影したビデオテープがあるが、特に前者が問題となる。

この点につき、被告人に動作によって犯行を再現させることは、人格の尊厳を損なうものであり、許されないとする見解もあるが、一般には、動作による犯行の再現は、言葉による犯行の再現（捜査官による取調べ）と基本的に差異はなく、必要性が認められ、被告人の真摯な同意があり、相当な方法であれば、許されるとされている。

そのようなビデオテープの*証拠能力'については、まず、犯行再現ビデオは、自白を記録したものとみることができるので、刑事訴訟法322条1項が適用され、さらに、それが犯行現場で行われる場合は、実況見分における指示説明の性格をもつので、刑事訴訟法321条3項が適用される。なお、被害者等による犯行再現ビデオの証拠能力は、刑事訴訟法321条1項各号による。
〔山田道郎〕

犯罪学 （英）criminology （独）Kriminologie （仏）criminologie 犯罪に関する総合的な学問。経験科学の諸方法を用いて、犯罪現象、犯罪原因（*犯罪要因'）、犯罪対策に関連する諸問題を解明し、科学的な*刑事政策'に資することを目指すものである。

犯罪を対象とする実証的な研究は19世紀後

半からヨーロッパ諸国で開始されたが，犯罪者個人の特質に注目する生物学的・人類学的研究および犯罪現象に関係する環境的諸条件を決定的であるとする社会科学的研究の両方向から，研究が進められた．その学問的な位置付けとしては，*リスト'による，「全刑法学(Gesamt-strafrechtwissenschaft)」の一部門としての犯罪学という整理が有名である．そこでは，広義のKriminologieは狭義のKriminologie，KriminalpolitikおよびKriminalistikとを含むものであり，したがって，単に犯罪学Kriminologieというときは狭義の犯罪原因論としての意味で用いられることになる．

これに対しアメリカでは，当初から，criminologyは犯罪の原因と対策に関わるきわめて広い範囲の研究を含む概念として用いられていたが，第2次大戦後は，そのような用語法が世界的にも有力となった．わが国では，*牧野英一'による「*刑事学'」という訳語が介在することによって多少の混乱を生じ，かつては「犯罪学」は犯罪原因に関する科学の意味で用いられることが多かったが，今日では，アメリカ犯罪学の影響もあって，犯罪に関する現象，原因および対策の全領域に及ぶ総合科学の名称として認められている．

その研究領域は，犯罪の前段階としての社会的葛藤状態，社会逸脱行動，*少年非行'の諸問題，個人的諸負因，環境的犯罪促進要因，犯罪としてのラベリング過程，インフォーマルな犯罪統制，刑事司法機関の活動，*刑事立法'の有効性，*刑事制裁'の種類と効果，犯罪者の矯正と再社会化，*犯罪予防'に向けた社会の組織化，特殊な類型の犯罪および犯罪者への対策，その他あらゆる領域への広がりを見せることとなる．ここに動員される科学的方法も，社会学，統計学，経済学，法律学，心理学，精神医学，生物学，情報科学等々へと拡大し，それらの間の共同化が推進されている．だが，そこから，この科学の対象と方法についてはなお流動状態にあり，科学としての独立性自体が論争課題であることも事実である．→国際犯罪学会議，コンフリクト理論，犯罪行動習得，犯罪社会学，犯罪心理学，犯罪精神医学，犯罪生物学　[上田 寛]

犯罪共同説　**1 意義**　共犯とは2人以上の者が特定の犯罪を共同して実現する場合であると解する*共犯理論'である．これに対して，共犯とは2人以上の者が単なる行為を共同して各自の犯罪を実現する場合であると解する*行為共同説'が対置される．かつては，犯罪共同説は古典派の*客観主義'からの帰結であり，行為共同説は近代派の*主観主義'からの帰結とされた．たとえば，甲が殺人の意思で，乙が放火の意思で，意思疎通の下で実行した場合，犯罪共同説によれば，甲・乙間に共犯(共同正犯)は成立しないが，行為共同説によれば，甲と乙は殺人および放火の共犯(共同正犯)となる．しかし，近代派の衰退以来，行為共同説は，犯罪行為の一部の共同でよいとする見解(構成要件的行為共同説あるいは実行行為共同説)へと修正され，他方，犯罪共同説も，特定の犯罪を同一罪名というように厳格に把握する見解(完全犯罪共同説あるいは*共同意思主体説')は衰退し，構成要件的に重なり合う限度での共同で十分とする見解(部分的犯罪共同説)へと修正され，犯罪共同説と行為共同説の論争は緩和された．

2 論争の射程距離　犯罪共同説と行為共同説の論争が，共犯全体に及ぶ問題なのか，あるいは，*共同正犯'に固有の問題なのかという点について争いがある．一般的に前者と理解されているが，実際には，共同正犯についてのみ問題とされ，狭義の共犯については，共犯従属性と共犯独立性の論争が行われている．また，犯罪共同説と行為共同説の論争を罪名従属性の問題と捉える見解もある．すなわち，罪名従属性の問題とは，共犯は正犯と同じ罪名でなければならないか否かの問題であり，犯罪共同説は罪名従属性説，行為共同説は罪名独立性説とされる．さらに，犯罪共同説は*極端従属形式'ないし誇張従属形式と結合し，行為共同説は*制限従属形式'ないし最小従属形式と結合すると解されている．このような理解によれば，犯罪共同説と行為共同説の論争は従属性の問題(要素従属性)に関連し，さらには還元しうることが示され，その結果，犯罪共同説と行為共同説の論争の意味は希薄になってこざるをえない．

3 実際的帰結　犯罪共同説と行為共同説の論争は，異なる構成要件間における共同正犯の成否の問題にとって意義がある．たとえば，暴行・

傷害を共謀した共犯者のうちの1人(A)が殺人罪を犯した場合における他の共犯者(B・C)の罪責について問題となる(最決昭54・4・13刑集33・3・179).行為共同説(構成要件的行為共同説・実行行為共同説)によれば,殺人罪(A)と傷害致死罪(B・C)の共同正犯となる.完全犯罪共同説・共同意思主体説によれば,A・B・Cは殺人罪の共同正犯となり,B・Cは38条2項により傷害致死罪の刑で処断される.部分的犯罪共同説によれば,結果的加重犯の共同正犯を否定した場合には,A・B・Cは傷害の限度で共同正犯が成立し,Aは単独犯としての殺人罪,B・Cは単独犯としての傷害致死罪となり,結果的加重犯の共同正犯を肯定,結果的加重犯と故意犯との共同正犯を否定した場合には,A・B・Cは傷害の限度で共同正犯が成立し,Aは単独犯として殺人罪,B・Cは傷害致死罪の共同正犯となる.前記最高裁決定は,行為共同説からも,部分的犯罪共同説からも根拠づけることができる. [高橋則夫]

犯罪行為環境 **1 伝統的な議論**
1930年代,アメリカのシカゴ学派は当時発展していた社会生態学の成果を採り入れて犯罪が行われる地域・環境に関する社会学的研究を行い,とくにショー Clifford Shaw(米・1896-1957)とマッケイ Henry McKay(米・1899-)は非行少年の居住地を調査した結果,一定地区に集中していることを発見し,その地区における人口動態,価値観,副次文化などを分析して,犯罪行為環境を明らかにした.このような非行地帯の研究はその後も続けられ,アメリカ犯罪学のひとつの特色となった.

2 近年の議論 近年,行為の発生状況に焦点を当てる研究がアメリカを中心に有力になりつつある.そのひとつが環境犯罪学である.すなわち,環境犯罪学は犯罪の発生を「時間と場所」つまり状況や機会に関係するものと考え,犯罪を事前に予防することを主眼におき,物理的な環境,あるいは人々の行動パターン,ライフ・スタイルの改善と,とくに再被害化の防止を提案する.この考え方の背後には,クラーク Ronald Clarke(米)の合理的選択理論,状況的犯罪予防論,フェルソン Marcus Felson(米・1947-)の日常活動理論などがあり,これらは共通して,機会が犯罪を生むという観点に立ち,その予防には機会をなくすことが肝要だとする.これが,いわゆる環境設計犯罪予防(CPTED)といわれる.たとえば,フェルソンは動機づけられた潜在的犯罪者,適当な対象物,監視者の不存在という3つの条件が重なると侵入盗の発生する可能性が高いと主張した.この環境犯罪学派とは別に,上記シカゴ学派の手法を継承しつつも,その欠点を補って社会環境的な犯罪発生状況を研究する新シカゴ学派もある.→環境と犯罪,犯罪の地理的分布,季節・気候と犯罪 [守山 正]

犯罪行動系 (英)criminal behavior system 犯罪行動の実証的説明におけるひとつの戦略は,無限の多様性を持つ犯罪行動を少数のカテゴリーに類型化し,各カテゴリーの行動を導く特有の要因群を発見しようと努めることである.そのために*犯罪行動類型'の識別が必要となる.アメリカの犯罪社会学者クリナード Marshall B. Clinard(米・1911-)とクイニー Richard Quinney(米)が提唱した犯罪行動系は,その代表的な試みである(Criminal Behavior Systems『犯罪行動系』〔1967〕).

しかし,クリナードとクイニーは,行動特徴のみによって類型化を試みたわけではない.彼らが試みたのは,犯罪者自身の特性から行動への社会的・法的反応の差異までも含めた,多次元的な類型論である.彼らが取り上げたのは,①選択された犯罪の法的側面,②犯罪者の有する犯罪歴,③犯罪行動の集団的支援,④犯罪行動と合法的行動との関係,⑤社会的反応と法的処遇という,5つの次元である.

この5つの理論的次元にそった検討に基づいて,9つの犯罪行動系が構成される.①暴力的な対人的犯罪行動,②機会的な対人的犯罪行動,③公共秩序違反の犯罪行動,④伝統的犯罪行動,⑤政治的犯罪行動,⑥職業的犯罪行動,⑦企業による犯罪行動,⑧組織的犯罪行動,⑨専門的犯罪者による犯罪行動である.これらの類型に含まれる具体的な犯罪としては,①殺人,暴行,強姦など,②偽造,万引き,バンダリズム(器物損壊),自動車窃盗など,③売春,同性愛,酩酊,薬物使用など,④窃盗,不法目的侵入,強盗など,⑤共同謀議などの国家体制

を脅かす行動、⑥職業活動の遂行上行われる、職業集団の利益を侵害する行動、⑦取引の制限、虚偽広告、意匠の不正使用、危険な食品や医薬品の生産など、⑧合法的営利活動における恐喝など、⑨信用詐欺、すり、万引き、偽造変造などが挙げられている.

このような犯罪行動類型論は、日常言語的カテゴリーを超えようとする点で理論的にはきわめて野心的であるが、実際の研究では結局、上記のとおり常識的なカテゴリーに帰着してしまうし、彼ら自身がその後、*企業犯罪'研究(クリナード)や闘争理論 conflict theory(クイニー)に移行したこともあって、犯罪原因論の進展に寄与したとは言い難い. 　　　　[宮澤節生]

犯罪行動習得　(英) learning of criminal behavior　*犯罪学'において、犯罪・非行を学習 learning の結果として説明する学習理論的アプローチの先駆者と考えられているのは、フランスのタルド Gabriel Tarde(仏・1843-1904)である. 19世紀後半に活躍したタルドは、犯罪原因を犯罪者の生物学的異常に求めた*ロンブローゾ'を批判して、犯罪行動を、犯罪的行動様式が優越的な環境における模倣の結果として説明しようとした. 人々の接触の親密性に応じて模倣の程度が異なるというのが、彼の第1法則である. 模倣(modeling)による学習は、現代の学習理論においてもバンデュラ Albert Bandura(米・1925-)等によって研究されているものであるが、タルドは、素朴な形でではあれ同一のアイデアを提示したことになる.

学習理論的犯罪原因論の次の提示は、1920年代のシカゴにおいて*非行地域'を研究したショー Clifford R. Shaw(米・1896-1957)とマッケイ Henry D. McKay(米・1899-)によってなされた. 彼らの業績は、社会変動による*社会統制'の弱体化が非行を促進すると論ずる点で社会解体 social disorganization 論に属するものであるが、社会統制の弱体化によって生ずる合法的文化と非合法的文化の葛藤状態において非合法的文化が獲得されるメカニズムに関する議論は、明らかに他者との親密な接触による学習を想定するものであって、文化伝達理論(cultural transmission theory)の系譜に属するものであった.

そして、学習理論的犯罪原因論の一層の体系化は、30年代末期に、ショーとマッケイの議論を発展させ、さらにミード George H. Mead(米・1863-1931)の象徴的相互作用論(symbolic interactionism)の発想を取り入れることによって*差異的接触理論'(differential association theory)を構築した*サザランド'によって行われることになった. サザランドの理論は9つの命題に定式化されているが、その中で差異的接触の原理(the principle of differential association)と呼ばれているのが、「人は、法違反の肯定的意義付けが否定的意義付けを上回ったときに犯罪者となる」という命題である. また、第5命題では、犯罪遂行技術のほかに、動機、衝動、合理化、態度の特定の方向付けをも学習すると述べている. すなわち、学習内容として何よりも重要なのは、支配的文化によれば犯罪と見なされる行為を選択することの正統性という観念である. さらに、第2命題と第3命題は、犯罪行動の学習は親密な私的集団の中でのコミュニケーション過程において学習されると述べる. このようにして、サザランドは、学習内容と学習過程の双方を含む理論を提示した. そして、サザランドの差異的接触理論と、その応用・修正の試みを通じて、文化伝達理論の系譜は、1960年代までのアメリカ社会学において最も有力な*犯罪行動理論仮説'を形成した.

サザランドの「差異的」という概念は、社会が単に解体しているのではなく、異なる文化を持つ複数の下位集団に分化しており、人々は、どの下位集団の文化に接触し、学習するかによって正統視する行動が異なっていくという視点を含むものであった. すなわち、支配的文化の観点から犯罪文化とされるものは、当該下位集団においては正統な文化にほかならない. そこで、学習の対象となる文化の内容と形成過程に対する関心が生まれることになった.

そのような問題関心に基づく議論のひとつが、50年代にコーエン Albert K. Cohen(米・1918-)によって提唱された*非行副次文化'(delinquent subculture)論である. コーエンによれば、下流階層の非行少年の行為は、非功利的で、否定主義的な特徴を持つが、この文化は、

中流階層の支配的価値を合法的手段によっては達成できない少年たちが，自己の地位と価値を高めることができるような独自文化を形成したことによるのである．また，コーエンとはやや異なる議論が，やはり50年代にミラー Walter B. Miller(米・1920-)によって提唱された．ミラーによれば，下流階層の少年たちの文化は，中流階層文化への反動として形成されたのではなく，中流文化とは別に存在し続けてきた独自の下流階層文化(lower class culture)に基づくというのである．

より最近の研究者で学習理論的アプローチを取る者は，スキナー Burrhus F. Skinner(米・1904-)のオペラント条件付け(operant conditioning)の概念を用いて犯罪行動への差異的強化(differential reinforcement)の条件を分析するとともに，一部の研究者は，模倣に注目する現代の社会的学習理論 social learning theory の応用をもめざしている．ジェフェリー Clarence Ray Jeffery(米・1921-)，バージェス Robert L. Burgess(米・1931-)，エイカーズ Ronald Akers(米)等の研究者である．

人間行動の多くが何らかの意味での学習に基づくことは否定し得ないであろう．その意味で，学習理論的アプローチは今後も追求されていくと思われる．しかし，そうなると，犯罪行動も合法的行動も正常な学習過程の結果ということになるのであるから，犯罪社会学的により重大な研究課題は，社会内のある集団の文化に従った行動が犯罪と定義される社会的・政治的過程自体にあるということにもなるであろう．

[宮澤節生]

犯罪行動理論仮説 (英) assumptions of criminal behavior theory 犯罪行動の発生過程を説明しようとする犯罪行動理論の多くは，人間行動に関する多かれ少なかれ決定論的な仮説に基づいている．支配的文化に承認された目標の合法的達成手段の利用可能性に注目する*アノミー論'，その核心において*犯罪行動習得'過程の理論である*差異的接触理論'，社会統制の犯罪抑止効果を仮定する*社会的統制理論'，その逆に社会統制の犯罪増幅効果を強調する*ラベリング論'などが，その代表的なものである．これらの理論は，何らかの条件が存在あるいは欠如することによって犯罪行動の可能性が増減するという論理構造を持つのであって，行為者自身による選択という要素は強調されない．これに対して，行為者自身による選択という要素を含むと思われる理論が存在する．中和の技術(techniques of neutralization)，ドリフト理論(drift theory)，日常活動理論(routine activity theory)，合理的選択理論(rational choice theory)，などである．

1 中和の技術とドリフト理論 これらの理論は，マッツァ David Matza(米・1930-)によって提唱された．差異的接触の理論によれば，犯罪は支配的価値と異なる文化を学習した結果として現れる行動である．したがって，そのような非支配的文化の内容と形成過程が研究対象となる．それに取り組んだ理論の代表例が，コーエン Albert K. Cohen(米・1918-)の*非行副次文化'(delinquent subculture)論である．非行副次文化論によれば，中流階級の価値を合法的手段で達成し得ない下流階層の少年たちは，中流階級の価値観を逆転させた独自文化を形成し，それに従う行動をとるようになる．マッツァは，このような理論は非合法的価値への完全な同調を仮定することになるが，それは犯罪や非行の現実をとらえていないと批判する．マッツァによれば，非行少年も完全に非合法的価値の世界に生きているのではないのであって，合法的価値を認識しながら非合法的価値の世界に一時的に出て行くととらえるほうが現実に合致している．合法的価値からの一時的離脱を可能にする方法についてマッツァは，サイクス Gresham M. Sykes(米)との1957年の共同執筆論文で，中和の技術という概念を提示した．自己の行為が違法であることを認識している少年たちは，責任の否定，損害の否定，被害者の否定，非難者に対する非難，より高度の忠誠心への訴え等によって自己の行為を正当化しているに過ぎないのであって，完全に非合法的世界に移行するわけではないというのである．このような，合法的世界と非合法的世界の間を揺れ動く存在としての非行少年という見方は，さらに，1967年の著書 Delinquency and Drift(非行理論研究会訳『漂流する少年』1986年)において発展させられた．少年たちは，中和の技術を用いて逸脱

行動と遵法行動との間を漂流している存在であり, 規制を中和して道徳的境界を越え, 逸脱行動へと漂流していったときに非行を行うというのである.

2 日常活動理論 これは, コーエン Lawrence E. Cohen(米)とフェルソン Marcus Felson (米・1947-)によって 1979 年の共同執筆論文 ("Social Change and Crime Rate Trends", American Sociological Review, Vol.44, 588-608)において提唱した理論である. コーエンとフェルソンによれば, ほとんどの犯罪行動は, 犯罪を行うであろう人物(犯罪の実行を動機付けられる人物), 適切な標的(価値があり, 可視的で入手可能で容易に移動可能なもの), 有能な監視人の不在という 3 者が空間的・時間的に合一する際に発生する. この 3 者は, 従来の犯罪学研究においてそれぞれ動機, 機会, 社会統制というテーマの下で研究されてきたものであるが, コーエンとフェルソンは, この 3 者が日常活動のパターンに応じて生み出されるものであって, 犯罪発生率は日常活動パターンの推移とともに変化することを, 1947 年から 1974 年までのアメリカについて明らかにしてみせた. とくに, 1960 年代以降の犯罪増加について見れば, 若年人口の増加, 持ち運び可能な電化製品の普及, 共働き家庭の増加と伝統的な社会的連帯の弱体化という 3 つの要因が寄与したという. この理論からは, 犯罪標的となりうる機会を減少させるようなライフスタイルの変化とともに, 潜在的標的自体の強化と監視の強化が刑事政策として導かれることになる. 後者の視点は, 環境犯罪学や状況的犯罪予防論に連なるものである.

3 合理的選択理論 犯罪を, 犯罪によるコストとベネフィットの計算に基づく合理的行動としてとらえる見方は, 18 世紀後半のベッカリーアやベンサムによる古典派犯罪学にさかのぼることができる. 現代におけるその再生は, 1960 年代後半から, ベッカー Gary Becker(米・1930-), アーリック Isaac Erlich(米・1938-)等, 威嚇効果 deterrent effect 研究を中心として犯罪研究に進出した経済学者たちによって行われた. 1970 年代に入ると, この視点は, ウィルソン James Q. Wilson(米・1931-)等の保守派犯罪学者たちによって広く受け入れられ, さらには共和党政権の下で, 逮捕確率を高めると同時に刑罰を重くするという刑事政策を生み出すことになった. そして, ごく最近でのこの視点の発展は, クラーク Ronald Clark 等の状況的犯罪予防 situational crime prevention 論に見ることができる. クラークによれば, 犯罪者は自らの犯罪行動によって利益を追求しているのであって, この過程には決定や選択という判断が含まれている. そして, それは, 時間, 能力, 適切な情報の入手可能性等といった制約によって制限されることがあるが, それでもなお一定の合理性を示していることなどが主張される. たとえば, 不法目的侵入を行おうとしている者は, 犯行地域を選択する際に, 接近しやすさ, 警察によるパトロールが少ないこと, 警備が手薄であること, 大きな庭があることなどといった要素を考慮しており, また, 犯行対象の住居を選択する際には, 住人の不在, 富裕度, 一戸建てか否か, 木立などの遮蔽物の存在などといった要素を検討するなどして, 一定の合理性をもって犯罪を行っている, とするのである. そしてクラークらは, 状況的犯罪予防のポイントとして, 犯罪の困難さを増大させる, 犯罪に伴う発覚の危険性を増大させる, 犯罪から得られる報酬を減少させるという 3 次元を挙げている.

[宮澤節生]

犯罪行動類型 (英) criminal behavior typology 実証的犯罪原因論におけるひとつの戦略は, 無限の多様性を持つ犯罪者や犯罪行動を少数のカテゴリーに類型化し, 各カテゴリーの犯罪者あるいは犯罪行動を導く特有の要因群を発見しようと努めることである. 人類学, 生物学, 医学等に基づくアプローチが支配的であった初期の実証主義犯罪学においては, 生来的犯罪者を正常人から識別しようとする*犯罪者類型'論が典型的に示すように, 犯罪者の類型化を試みる方向が支配的であった. それに対して, 社会学的アプローチが有力となってからは, 行動に着目して犯罪類型・非行類型の抽出を試みる犯罪・非行類型論が展開されてきた. ギボンズ Don C. Gibbons(米)(Crime and Criminal Career, 1977)のように犯罪者類型の構築を試みる場合にも, 犯罪行動類型との適合関係

において犯罪者類型を構築するようになってきた．

行動に着目する類型論において最もよく知られているのは，クリナード Marshall B. Clinard(米・1911-)とクイニー Richard Quinney(米)の*犯罪行動系'criminal behavior system論である．彼らは，①選択された犯罪の法的側面，②犯罪者の有する犯罪歴，③犯罪行動の集団的支援，④犯罪行動と合法的行動との関係，⑤社会的反応と法的処遇という5つの理論的次元にそった検討に基づいて，9つの犯罪行動系を構成した．①暴力的な対人的犯罪行動，②機会的な対人的犯罪行動，③公共秩序違反の犯罪行動，④伝統的犯罪行動，⑤政治的犯罪行動，⑥職業的犯罪行動，⑦企業による犯罪行動，⑧組織的犯罪行動，⑨専門的犯罪者による犯罪行動，である．これらの類型に含まれる具体的な犯罪としては，①殺人，暴行，強姦など，②偽造，万引き，バンダリズム(器物損壊)，自動車窃盗など，③売春，同性愛，酩酊，薬物使用など，④窃盗，不法目的侵入，強盗など，⑤共同謀議などの国家体制を脅かす行動，⑥職業活動の遂行上行われる，職業集団の利益を侵害する行動，⑦取引の制限，虚偽広告，意匠の不正使用，危険な食品や医薬品の生産など，⑧合法的営利活動における恐喝など，⑨信用詐欺，すり，万引き，偽造変造などが挙げられている．

クリナードとクイニーのほかにも，合意的犯罪，共謀的犯罪等のカテゴリーを提唱したセリン Thorsten Sellin(米・1896-)とウルフガング Marvin E. Wolfgang(米・1924-)の類型論，身分，悪質性，情緒性，指向性(退行的犯罪，暴力犯罪，財産犯罪)等の次元による類型化を試みたエンペイ LaMar T. Empey(米・1923-)とルーベック Steven G. Lubeckの類型論等，類似の試みが見られる．しかし，どのような類型論が有用であるかは研究目的によって異なることであって，法的定義による類型化で足りる場合もありうる．しかも，類型論を提唱した研究者自身も必ずしも自己の類型論を具体的研究において使用しているわけではない．さらに，犯罪社会学においても，*差異的接触理論'(differential association)や，*社会的統制理論'(social control theory)とその発展形態のように，犯罪行動の一般的説明原理であることを標榜するものもある．したがって，理論的に野心的な犯罪行動類型論であっても犯罪研究の具体的進展に寄与したといいうるかどうかには疑問がある． 　　　　　　　　　　　　　[宮澤節生]

犯罪者 近代刑法を前提にする限り，「犯罪」とは法律により*刑罰'の威嚇のもとに禁止されている行為であり，「犯罪者」とはそのような行為を実行した者である．しかし，法律によって刑罰を科される行為の中には，公務員のストライキ，*道路交通法'違反，動物の虐待等も含まれるし，逆に，刑罰を科されない非行として，借金の踏み倒しや売買春行為から，侵略戦争の遂行まで，多様なものがある．そこから，法律に依存しない犯罪の定義が求められることとなる．その内容において，法規範の指示を待つまでもなく，反社会的・反道徳的であることが明らかであり，歴史を超えて犯罪とされてきた行為類型，*自然犯'を想定し，これが犯罪学の対象であるとする立場がある．しかし道徳もまた時代・場所とともに変化することが知られており(性刑法の領域などでは短期的にも道徳の変化の例は多い)，さらにまた，犯罪は悪であるとの確信すらも普遍的なものではない(「犯罪は戦争と同じく，社会の連帯性を向上させる」とか，「犯罪は自由社会に必然であり，自由の代償である」と主張される)．しかし，これらの検討にもかかわらず，犯罪とは，その時代の支配的な倫理観に従えば，反社会的であり，刑罰その他の強制手段によってこれを阻止せねばならないとされる行為であり，その実行者が犯罪者である，とする以外の定義は成功していない．*犯罪学'研究の対象も，第一義的には，そのような犯罪および犯罪者である．

したがって，犯罪者であることはすでに社会的・法的な基準によって決定されていることであり，その者を対象として，その人格的特質を発見しようとするような精神医学的・心理学的研究には，方法論的な疑問がある(暗数を念頭におけば，発覚することなく"非"犯罪者として生活している多数の「犯罪者」がおり，施設に収容された者は，いわば，「失敗した犯罪者」にすぎない)．だが，その一方で精神医学的・心理

学的な立場からの犯罪者研究を全て排除できるとも思われない．環境は多少とも一般的要因であり，多くの人々に共通に作用する中で，なぜその者だけが犯罪行動に出たのか，は解明されるべき問題でありつづけるであろう．刑法学との関係でも，*限定責任能力'や情動行動(affect)の刑事責任などの研究は重要である．
→受刑者，危険性，犯罪者処遇，犯罪者類型
[上田 寛]

犯罪社会学　（英）sociological criminology　**1 定義**　犯罪社会学を最も単純に定義すれば，犯罪と犯罪に関連する社会的諸現象に関する社会学的研究ということになろう．公式にも非公式にも成人犯罪とは異なる取扱いを受けることが多い少年非行も，犯罪の一類型として研究対象になる．

この定義でただちに問題になるのは，犯罪の定義である．犯罪社会学の学問的アイデンティティを確立したいと考える立場からは，非法的な定義が試みられる．たとえば，デュルケム Émile Durkheim (仏・1858-1917)の著名な定義(社会の集合感情を侵害する行為)のように，社会構成員の大多数が否定的反作用を示す行為類型といったものである．しかし，有機体的社会観を適用しうる単純な社会ならばともかく，多かれ少なかれ社会分化が進行し，内部に価値観の対立を抱える現代社会においては，社会構成員のコンセンサスを仮定することは，事実上困難であるばかりではなく，特定集団の価値観をあたかも社会全体の価値観であるかのように語る危険を内包している．

そして実際にも，具体的研究の多くは，意識的にせよ無意識的にせよ，法的定義を採用している．このことは，犯罪社会学が法律学によって侵食されたものと考える必要はない．なぜならば，犯罪を法的構成物としてとらえるならば，多様な価値観の中で特定のものが国家の立法機構によって犯罪定義に採用され，国家の*刑事司法制度'によって強行されているという事態そのものが，犯罪に関連する最も重要な社会過程のひとつとして説明を要することになり，犯罪社会学の内容が，犯罪行為から社会過程へと拡大するからである．そのことの意義は，とくに近年，*ラディカル犯罪学'や*ラベリング論'によって強調されてきた．法的定義に反映された価値観は社会に存在する唯一の価値観ではなく，法的定義に反映されているという事実は当該価値観の優越的正統性を意味するものでもないということさえ理解されているならば，法的定義を採用することは，犯罪現象を政治過程に位置付けて研究することを可能にするものとして，むしろ肯定的に評価すべきものであろう．

しかし他方で，行為類型によっては法的定義を超えるべき場合があることも否定できない．現代では，ホワイトカラー犯罪，企業犯罪，政府機関の犯罪等がこれにあたる．これらは，その被害が甚大あるいは広範なものとなりうるにもかかわらず，既存の法令では犯罪とされていないことが多いのである．したがって，研究者は，自己の研究目的に従って対象を画さざるをえない．しかし，この犯罪類型でも，それらが法的に犯罪と定義されることを免れているのはなぜかという問を立てることはできるから，法的定義の形成と執行という研究関心は，やはり成り立つのである．

2 犯罪社会学の関連分野　犯罪社会学の関連分野としては，まず，社会病理学をあげることができる．社会病理学は，元来，社会を人体構造になぞらえて理解する社会有機体説に基づいて，19世紀末に現れたものである．障害や病気が人体の病理であるのと同様に，社会秩序を破壊すると考えられる事態を社会病理と考え，その原因と対策を論ずるのである．社会病理には犯罪と非行も含まれるが，社会病理の外延ははるかに広く，貧困，売春，自殺，精神病等はもとより，労働争議や反体制的社会運動から，戦争や革命に至るまで，レベルを異にする雑多な事象が議論の対象とされた．正常を定義するために一定量の異常が必要とされることを主張したデュルケムのように，社会構造に対する機能という観点から社会病理を価値中立的に分析しえた研究者も存在したが，その多くは既存秩序を支持する自己の価値観を投影する結果になったと批判された．

社会病理学に対するこのような批判から生まれたひとつの展開は，社会病理ではなく社会問題というタームで語ることである．この場合には，従来社会病理として語られていた諸現象は，

社会がその機能を十分に果たしていないことの結果として理解されることになり，対策は病理的状態にある個人への制裁ではなく，社会政策として議論されることになった．

さらに，何が社会問題として語られるかということ自体への関心が，社会問題に対する社会的反作用の形成と効果に関する研究関心をも生み出すことになった．たとえば，ラベリング論創始者の一人と見なされているレマート Edwin M. Lemert(米・1912-)の，逸脱に対する社会的反作用の結果としての二次的逸脱という概念は，1950年代から60年代にかけて，彼自身が社会病理のタームから社会問題のタームへと変化する過程で現れたものである．

かくして，社会病理学への批判から逸脱社会学が現れることになった．社会規範に対する逸脱が社会的逸脱であるが，逸脱社会学においては，既存秩序を支持する価値判断を内包する正常と異常という概念ではなく，支配的社会規範に対する同調と逸脱という価値中立的な概念で語るのである．逸脱社会学における最も野心的な試みは，同調と逸脱を同一の原理で説明することである．その最初期の，しかも今日に至るまで大きな影響を及ぼしている試みが，1938年に提示されたマートン Robert K. Merton(米・1910-)の*アノミー論*である．そこでは，支配的な文化的目標の受容・拒否と，目標達成のための合法的手段の利用可能性の有無という2つの要因の組み合わせによって，対応行動が同調になるか逸脱になるか(そしてどのような逸脱になるか)が説明される．

犯罪は，刑罰法令という特殊な社会規範に違反しているという意味で社会的逸脱の特殊類型であるから，犯罪社会学は，社会的逸脱を一般的に研究対象とする逸脱社会学と重複することになる．社会的逸脱は社会規範から逸脱する行為一般を包摂する概念であるから，犯罪社会学は逸脱社会学の一部を構成すると考えることができるのであって，たとえばアノミー論が今日の犯罪研究においても重要な位置を占めるのは，不思議なことではない．しかし，犯罪が国家権力の動員という他の社会的逸脱にはない社会過程をつねに伴うという認識が一般化するのは，1960年代以降のことである．その意味で，現代の犯罪社会学は逸脱社会学の下位分野に解消しえないものである．

3 犯罪社会学の研究課題とアプローチ　犯罪社会学の源流は，生物学的・人類学的犯罪学に対抗して1830年代に犯罪の地理的分布を分析したケトレー Adolphe Quetlet(ベルギー・1796-1874)にあると言われる．その後，19世紀末には，生物学的・人類学要因を犯罪原因の中核としながらも，社会環境の影響にも注目し，犯罪社会学と題する書物をはじめて著したといわれるフェリーが登場した．しかし，犯罪を社会構造レベルで説明しようと自覚的に努力したという意味で犯罪社会学の先駆者といいうるのは，やはり19世紀末に書かれたデュルケムの自殺論であろう．そこでは，異なる社会が示す自殺率の違いが社会的統合の態様の違いによって説明されていた．

このように，犯罪社会学の当初からの研究課題は，犯罪の発生過程，すなわち犯罪原因論である．しかし，社会学出身の犯罪研究者の中でも，心理過程を完全に排除して社会構造的要因のみによって犯罪の発生過程を説明しようとする者は，犯罪発生率の違いを法の動員の方向と量の違いに還元するブラック Donald J. Black(米・1941-)を除けば，現在ではほとんど見あたらない．実際，デュルケムの自殺論すら，社会的統合の違いが異なる自殺を生み出す心理過程について仮説的な議論を行っているのである．

犯罪行動を小集団内での親密な学習過程の結果として説明した*サザランド*の*差異的接触理論*と，それによって代表される文化伝達論の系譜が典型的に示すように，犯罪原因論における有力なアプローチは，すべて何らかの社会心理的過程を中心に置いている．文化伝達論以外にも，社会的反作用による犯罪者的自己概念の深化を主張するラベリング論，刑事司法制度の作動状況に関する情報が犯罪行為を抑止すると考える威嚇効果論，合法的他者に対する愛着が行為者を合法的行為につなぎとめると考える*社会的統制理論*，過不足のない社会的反作用が犯罪者の社会復帰を促すと考える再統合的恥(reintegrative shaming)の理論等，その例は多い．

それどころか、学問的背景が社会学でありながら、生物学的要因に注目する者も存在する。たとえば、社会的統制理論の主唱者であるハーシ Travis Hirschi(米)は、最近では知能の重要性を主張している。したがって、犯罪発生過程という研究課題に関しては、*犯罪学'全体における犯罪社会学の独自性は、多様な要因群の中で社会構造的要因のインパクトを比較的に大きく強調するという、相対的なものであるように思われる。

犯罪社会学の第2の研究課題は、犯罪カテゴリー自体の国家機構による制度化と執行の過程である。この研究課題は、上記のとおり、階級対立の中で支配階級の価値観が法規範として制度化され執行されると考える*ラディカル犯罪学'や、犯罪者カテゴリーの付与が自己概念の変容と合法的生活機会の縮小とによって犯罪の増幅を引き起こすと主張した*ラベリング論'によって、差別的な立法や法執行に焦点を合わせる形で犯罪社会学に導入された。現在では、国家と法が経済的下部構造から相対的に自立していることや、自己の正統性を維持するために国家が法によって自己を規律する場合があることが認められており、階級や人種による差別的法執行という仮説は必ずしも経験的研究によって支持されないことが明らかとなってきたために、ラディカル犯罪学やラベリング論の当初の仮説を支持する者は減少している。しかし、刑事立法過程と刑事司法過程を犯罪社会学の中核的研究課題として位置付け、その意味で犯罪社会学と*刑事法社会学'を結合した功績は、決して忘れるべきではない。さらに、国家による公式の定義形成・執行過程と並んで、非公式の社会的反応の過程と、それと公式の定義形成・執行過程の相互作用もまた、無視されてはならない。国家機構は真空中に存在するわけではないからである。

犯罪社会学の第3の研究課題は、犯罪予防政策である。その最も素直な形態は、犯罪原因論を政策論に直結するものである。たとえば、クラワード Richard A. Cloward(米・1926-)とオーリン Lloyd E. Ohlin(米・1918-)が提唱した分化的機会構造の理論は、1960年代のアメリカにおいて展開された「偉大な社会」計画の理論的支柱のひとつとなったし、ラベリング論は非犯罪化・非刑罰化への論拠として引用された。しかし、とくに社会経済的原因に対する働きかけが失敗したと考えられた場合には、再犯リスクがとくに高いと判定された者を刑事施設内に隔離する政策 incapacitation, 犯罪標的となりうる物に対する監視や物理的防衛を強化する環境犯罪学や状況的犯罪予防論、あるいは端的な重罰化等が現れることになった。他方で、究極的要因よりも状況的要因に注目する発想は犯罪原因論にも現れている。フェルソン Marcus Felson(米・1947-)とコーエン Lawrence Cohen が1980年に提唱した日常活動理論 routine activities theory は、その最もよく知られたものである。

犯罪社会学の第4の研究課題は、被害者学 victimology である。これは、犯罪被害者自身に関する研究と、犯罪被害者に対する政策に関する研究の双方を含む。1940年代に被害者学が登場した当時は、犯罪原因論の延長上で、犯罪誘発的な被害者類型の研究が中心であったが、次第に関心は被害者保護に転じ、被害者補償制度の要求を経て、現在では、刑事司法制度における被害者の法的地位の強化が中心的課題となっている。しかし他方で、導入された諸政策が真に被害者の利益となっているかどうかを検討し、被害者の運動が国家権力の増大と刑事手続上の人権保護の後退を導く危険を認識すべきであると警告する批判的被害者学 critical victimology も提唱されている。犯罪者と被害者の和解を求める修復的正義 restorative justice の主張も、同様な問題意識を含むと思われる。

最後に、認識論的・方法論的問題として、経験的研究における実証主義 positivism の後退に注意すべきである。犯罪原因論がその典型であるが、かつては、犯罪社会学の目的は社会現象としての犯罪に関する法則の発見が目的であると説明されるのが一般的であった。それは、犯罪に関する客観的知識の獲得可能性を前提とするはずであって、まさに実証主義に立脚する言明である。しかし、ポストモダニズムの全体的潮流の中で、解釈主義 interpretism や構築主義 constructionism の洗礼を受けた現在の犯罪社会学においては、人々が犯罪と呼ばれる社

会現象について語り，社会現象としての犯罪が構築される過程を分析することはできても，犯罪自体を研究しうるとは考えない研究者が増えつつある．経験的研究の目的を説明から解釈的理解に転換する視点は，1960年代のマッツァ David Matza（米・1930-）や1970年代のスペクター Malcolm Spector（米・1943-）とキツセ John I. Kitsuse（米）によって展開されていたが，現在ではそれが，はるかに大きな正統性を占めるに至っている．現在でも，実証主義に立脚すると思われる，とりわけ計量的な研究はアメリカにおいて量産されているが，それと同時に解釈主義的で定性的な経験的研究が増大しつつあるというのが，現在の状況であろう．もっとも，日本で時折見られるように，解釈主義的研究が経験的研究の必要性を否定するかのような議論は，誤りである．→社会統制　［宮澤節生］

犯罪者処遇　**1 意義**　処遇という言葉は，多義的で，最広義では，検察や裁判の段階での犯罪行為者の取扱いという意味（司法的処遇）で用いられることもある．しかし，通常は，犯罪者の改善ないし社会復帰を目指す措置の全体を表現する言葉として「処遇」が用いられる．また，処遇は，自由刑の執行の場所に着目して*施設内処遇'と*社会内処遇'という分類もなされる．施設内処遇は「矯正」，社会内処遇は「更生保護」，両者を合わせて「*矯正保護'」ともよばれる．ここでは，特に前者を中心に論じ，社会内処遇の詳細については当該項目に譲る．

2 施設内処遇　処遇概念は，欧米では，行動科学の専門家による受刑者人格変容のための精神医学的あるいは心理学的治療もしくは社会化のための措置と理解され，刑事施設には，精神科医，心理技官，ソーシャルワーカーなどが配置されてきた（これを医療モデルとよぶ）．これに対し，わが国では，処遇は，施設での生活規律，刑務作業，学科教育，レクリエーションなど受刑者に対して施設の側から働きかけられるすべての措置あるいは取扱いと理解され，保安課の職員が中心的に担ってきた．そのため，処遇概念は拡散し，現実には，社会復帰のための処遇も保安と結びつけられることによって，秩序維持あるいは管理運営の下に服従させられるか，それに対立するものともなりえた．処遇方法としては，*分類制'と*累進制'を機軸とし，生活指導，*刑務作業'（職業訓練），教科教育を通じて総合的補完的に実施されている．特に，戦後アメリカの影響を受けて導入された分類制は，個別的処遇のために科学的調査，それに基づく処遇計画，その計画実施のためのグループ編成と実際のグループワークあるいは個別的なカウンセリングなど様々な処遇技法を基本とするものであった．しかし，実務的には，保安優先主義の施設運営，従来の累進制との整合の困難さ，あるいは，科学的な処遇の担い手である専門職員の不足などのために，「分類あれど処遇なし」との批判も受けていた．このため，監獄法改正作業においては，「保安行刑から処遇行刑へ」をスローガンとし，世界的な水準に合致した科学的な処遇技法の導入が意図された．しかし，その際，「処遇」の内実が必ずしも明確にされないまま作業が進められたために，法文化の過程の中でスローガンの意義は形骸化していったとの評価もある．他方，アメリカを中心に，1970年代半ば以降，処遇効果に対する疑問あるいは処遇に名を借りた人権侵害だとの批判が展開され，処遇思想は後退し，代わって正義モデルに基づく新しい刑罰論が優勢になった．ヨーロッパでは，受刑者処遇に力点を置いていた1955年の国連被拘禁者処遇最低基準規則を発展させ，処遇目的を受刑者の社会復帰に置く立場を堅持しつつ，その前提として，受刑者の人間としての尊厳の確保を強調するようになった．特に，1987年ヨーロッパ刑事施設規則は，基本原則の第一に人間の尊厳の確保をあげている点で注目される．このような変遷の中で，処遇内容に関しても，人格へ直接働きかけ，その変容を目指す医療モデルから，受刑者の釈放後の生活再建を目指す社会復帰モデルへの転換がみられる．わが国の監獄法改正政府案である「刑事施設法案」は，国会に3度上程されたものの廃案となり，現在に至っている．人権思想の高揚と刑事政策の進展を考慮すれば，監獄法の改正が必要なことは言うまでもないが，上述の世界の動向をふまえ，法案の再検討が必要であろう．

3 社会内処遇との連携　現在，施設内処遇と社会内処遇との連携が強調されている．しかし，両者をいかなる観点から統一的にとらえ連携を

はかるか，については見解が分かれる．ひとつは，かつての治療モデルのように，処遇を受刑者の危険性を除去するための治療あるいは社会化としてとらえ，人格改善による再犯防止および社会防衛を強調する考え方である．もうひとつは，社会復帰モデルに見られるように，被釈放者の生活再建に向けた援助として処遇をとらえる考え方で，この立場によれば，犯罪防止は被釈放者の社会復帰を円滑に促進した結果あるいは反射的効果とされる．受刑者の出所後の不安に関する調査によれば，経済的不安，仕事上の不安，健康上の不安，前科のこと，住居のこと，家族との関係などが上位を占めている．受刑者のこれらの不安をできる限り取り除き，生活再建へ向けていかに援助していくかが現実的な課題として施設内処遇にも問われている．この観点に立ってはじめて，施設内処遇と社会内処遇との連携もまた有機的に追求できることになろう．いわば「一貫した社会的援助」として犯罪者処遇を再構成することが現在要請されている．→集団処遇，精神薬理，犯罪者

[土井政和]

犯罪者予防更生法 1949(昭24)年法律142号．*更生保護'の対象・要件，運用手続，機関などを規定する社会内処遇の根拠法のひとつ．本法の目的は，「犯罪をした者の改善及び更生を助け，恩赦の適正な運用を図り，仮釈放その他の関係事項の管理について公正妥当な制度を定め，犯罪予防の活動を助長し，もつて，社会を保護し，個人及び公共の福祉を増進すること」である(1)．

規定されている内容は，以下の点である．①更生保護機関としての中央更生保護審査会，地方更生保護委員会，*保護観察所'の権限および所掌事務，組織．②更生の措置としての仮釈放，保護観察，*更生緊急保護'などの運用手続，内容，方法．③審査請求の手続．④矯正施設に収容されている者の環境調整，刑執行停止中の者の保護，恩赦の申出などの雑則．→保護観察

[瀬川 晃]

犯罪者類型 1 犯罪者類型の意義 さまざまな特徴によって*犯罪者'を区分し，一定の基準にしたがって類型化することは，*犯罪学'にとってきわめて重要である．類型化は，犯罪に関する諸要因に占める人格的な要素の位置や作用，それと犯罪との具体的関係の理解にかかわる問題であり，またそれによって*犯罪者処遇'の個別化や効率化を検討し，さらには犯罪防止をはかることができるという点で，*刑事政策'的な要請でもある．

2 体型説的な類型化 犯罪者を身体的な諸徴表により示される生来的な因子にしたがって類型化することが，古くからさまざまに行われている．かの*ロンブローゾ'はその代表的な著作『犯罪者』(1876)で，犯罪者は生まれつき特異な類型であり，この類型は明確な身体的・精神的な特徴を持つとしていたが，後期の著作では，*フェリー'の犯罪人分類に示唆をうけ，犯罪者には3種がある——①*生来性犯罪者'，②精神異常の犯罪者，および③「クリミナロイド(criminaloids)」：精神障害は持たず，その精神的・情緒的な構造のために一定の環境の下では犯罪行動を行いやすい人——とし，そのうち最大のグループは③であるとするにいたった．

また，クレッチュマー Ernst Kretschmer (独・1888-1964)の体型による類型(肥満型，細長型，闘士型の体型が，それぞれ循環気質，分裂気質，粘着気質に対応しており，それぞれに特有の犯罪との関連を示す)はよく知られている．アメリカのシェルドン William Herbert Sheldon (米・1899-1977)の外胚葉型，内胚葉型および中胚葉型への分類やそれにもとづくグリュック夫妻 Sheldon & Eleanor Touroff Glueck (米・1896-1980, 1898-1972)の非行少年の研究も，この流れに属するものである．

3 精神医学的な立場からの類型化 精神医学的な犯罪研究として重要なのは，シュナイダー Kurt Schneider (独・1887-1967)による*精神病質'と犯罪との結びつきの研究である．彼は精神病質を，情性欠如型，発揚型，爆発型，顕揚型，狂信型，易変型，意思欠如型，自信喪失型，抑うつ型および無気力型に分類し，それぞれの特徴と犯罪との関連について論じたが，これらのうち情性欠如型(利己的で残忍，復讐欲が強く，陰険であり，暴力犯，早発性の*累犯'などと結びつきが強い)，爆発型(容易に自制心を失い，短絡行動に陥りやすいところから，傷害罪，損壊罪などを犯すことが多い)，意思欠如型(持

久力，自省力に欠けており，ほとんどすべての犯罪者に共通するが，とくに窃盗の累犯に多い）などに危険な者が多いとした．同様にグルーレ Hans Walter Gruhle(独・1880-1958)は，犯行の動機によって犯罪者を，①傾向からの犯罪者，②知的障害からの犯罪者，③熱情からの犯罪者，④名誉と確信による犯罪者，⑤困窮からの犯罪者，という5類型に分けている．

4 犯行様式による類型化 直接に犯行様式にしたがった類型化としては，精神医学者であるアシャッフェンブルク Gustav Aschaffenburg,(独・1866-1944)の犯罪者類型がよく知られている．ここでは犯罪者は，①*偶発犯'人，②*激情犯'人，③機会犯人，④熟慮犯人，⑤累犯者，⑥常習犯人，⑦*職業犯'人，の7類型に区分される．前三者の偶発的・一回的性格に対して，後四者は計画的あるいは常習的であり，繰り返し犯罪を実行する危険な犯罪者である．またゼーリッヒ Ernst Sellig(オーストリア・1895-1955)の，犯罪原因の特質と犯人の行動様式とを考慮した複合的な類型も著名である．

累犯研究に重点を置いた，吉益脩夫(1899-1974)の犯罪経過による類型は，実務上大きな意義を認められている．これは，①犯罪初発年齢(早発型と遅発型)，②受刑の反復と間隔(持続型，弛張型，間歇型および停止型)，③犯罪の方向(単一方向，同種方向，異種方向および多種方向)という3種の標識を組み合わせて得られる総合類型であり，時に「犯罪生活曲線」として表現される．たとえば，早発・持続型・単一方向の犯罪者としては知的障害の窃盗犯が考えられ，早発・持続型・多種方向の犯罪者には情性欠如・爆発型精神病質者の脅迫，賭博，殺人，放火，傷害犯の例が，遅発・持続型・異種方向の犯罪者には慢性アルコール中毒に陥り窃盗から殺人までを犯した犯罪者の例が挙げられる．
→犯罪行動類型，犯罪生物学，リスト

[上田 寛]

犯罪心理学 (英) criminal psychology (独) Kriminalpsychologie (仏) psychologie criminelle **1 犯罪心理学の意義** 犯罪および*犯罪者'の心理過程について研究する心理学の一分野である．犯罪者のパーソナリティ，犯罪の心理学的動機および原因，犯罪行動の心理，犯罪者による環境的諸要因の認識，*刑罰'の心理的効果，拘禁の心理などがここで扱われるが，出発点となる「犯罪」が法的概念であるため，これを心理学的な概念として再構成することが容易でなく，犯罪心理学独自の方法の確立にはまだ成功していないといわれる．したがって，実務においては，*殺人罪'や*窃盗罪'のように時代や地域を超えて比較的共通に犯罪として扱われているような行為を対象として，異常心理学や臨床心理学における用語や概念，方法が用いられることが多い．

2 代表的な犯罪心理学的研究 犯罪心理学的な研究の代表は，フロイト Sigmund Freud(オーストリア・1856-1939)により創始された精神分析理論である．人間の精神の内部に無意識層および力的構造を仮定し，乳幼児期からの性衝動の存在とそれが人格発達に及ぼす影響を重視し，成長過程で形成された「自我」や「超自我」が本能的な衝動(イド)を適切に統制しえなくなったときに犯罪が生じると説明する．もうひとつの有力な心理学的理論は，アイゼンク Hans Jurgen Eysenck(英・1916-97)に始まる学習理論である．この理論では，人間の理解において無意識や人格内部の力動過程などを要求せず，観察可能な行動レベルでの刺激と反応の関係が重視される．犯罪行動は，合義務的な社会的行動と同様，学習によって得られたものであり，その行動型の習得や維持，変容や消滅などの過程に働く基本原理はすべて同じだということになる．したがって，犯罪を抑制するためには，反社会的な行動に代わる，社会的に望ましい行動型を習得させることが重要だとされる．

3 社会心理学的な犯罪学研究 人間が社会的な存在であり，犯罪は社会的な行動であるところから，個人と社会との心理的関係を重視し，社会的諸要因の人格形成と犯罪行動とに及ぼした心理的影響を研究することの重要性は明らかである．この方向からの研究としては，①*サザランド'に代表される*差異的接触理論'，②社会化による犯罪・非行の動機のコントロールを重視する統制理論，③*ラベリング理論'，④「中和の技術」論でよく知られるサイクスとマッツァ Gresham M'cready Sykes & David Matza(米・1922- ，米・1930-)により定式

犯罪精神医学 (英) criminal psychiatry (独) Kriminalpsychiatrie (仏) psychatrie criminelle　**1 犯罪精神医学の意義**　犯罪を研究する*精神医学'の一般的名称であるが，ここには*犯罪要因'としての*精神障害'を対象とする研究も，犯罪者・非行少年の診断と*鑑定'，分類，処遇方針の検討に関わる臨床精神医学も，精神療法ないし心理療法その他の治療法や拘禁環境の精神病理といった矯正過程に関わる精神医学も含まれる．

2 精神医学的な犯罪・犯罪者研究　犯罪精神医学の立場から犯罪を研究する理論家は，犯罪を主に精神障害の所産であると見るところに特徴がある．そのような見解はロンブローゾ学派の延長上のものであるが，*ロンブローゾ'とは異なり身体的特徴を強調しないで，犯罪者の精神病ないし*精神病質'を重視する．精神病の中でも精神分裂病では，被害妄想や幻覚から*殺人罪'や*放火罪'が犯されることが多く，うつ病から自殺・殺人，放火が，てんかん性素質のある者が病的酩酊から凶悪な犯罪にうつることがある，などと報告された．精神病質と犯罪についてはとくに重視され，精神病質のうち情性欠如型(利己的で残忍，復讐欲が強く，陰険であり，暴力犯，早発性の累犯などと結びつきが強い)，爆発型(容易に自制心を失い，短絡行動に陥りやすいところから，*傷害罪'，*毀棄罪'などを犯すことが多い)，意思欠如型(持久力，自発力に欠けており，殆ど全ての犯罪者に共通するが，とくに窃盗の*累犯'に多い)などの危険性が主張された．さらに，精神薄弱についても，*非行少年'の中に精神薄弱者が多いとか，女子犯罪者，売春婦中の精神薄弱者の多さを指摘する研究もなされた．

また，犯罪行動一般の基礎についての精神医学的な研究としては，フロイト Sigmund Freud(オーストリア・1856-1939)以来の精神分析学派によるもの，アイゼンク Hans Jürgen Eysenck(英・1916-97)を中心とする「条件づけ」ないし学習理論などが有名である．

3 犯罪精神医学的研究の限界　上記のような精神医学的な立場からの研究は，必ずしも成功したものとはいえず，その与えた影響も限定されたものであった．もっとも根本的な問題は，生物学的な研究あるいは心理学的な研究と同様に，精神医学的な立場からの*犯罪学'研究ははたして必要あるいは正当か，ということである．犯罪はきわめて複雑な人間行為であって，単純な生物学的・医学的な法則化には馴染まないのではないかと思われるが，それ以前に，犯罪という概念自体の規範的性格をどう理解するかという難問がある．ある行為の精神医学的な基礎が解明された瞬間に，その行為は病状であって有責な「犯罪」ではなくなることが確認されなくてはならない．

ただし，個々の犯罪行動の精神医学的な理解のもつ意義は否定されないであろうし，犯罪被害の防止と犯罪者の矯正の多くの局面で精神医学的研究に残された課題も多い．→犯罪要因，保安処分　　　　　　　　　　　　[上田 寛]

犯罪生物学 (英) criminalbiology (独) Kriminalbiologie (仏) biologie criminelle　**1 犯罪生物学の意義**　犯罪に関する生物学的方向からの研究の総称．生物としての人間の諸側面に注目し，犯罪行動と犯罪者人格の理解ならびに効果的な処遇方法の確立を目的とする学問であり，生理学，精神医学，遺伝学，心理学，人類学等の方法も用いられ，厳密な意味での生物学ではない．

2 歴史的な犯罪生物学的研究　犯罪生物学はドイツ，オーストリアおよびアメリカを中心に発達したが，大きくは以下の2つの方向に展開された．

まず，犯罪生物学的研究の一典型は，肥満型と循環気質，細長型と分裂気質，闘士型と粘着気質という，体型と気質との結びつきを主張し，それを通じて体型と犯罪との相関を論じたクレッチュマー Ernst Kretschmer(独・1888-1964)の学説である．体型を外胚葉型，内胚葉型および中胚葉型に分けてそれぞれの気質上の特質を検討し，少年非行の研究に応用しようとしたシェルドン William Herbert Sheldon(米・1899-1977)の研究もこの流れに属する．

また，遺伝学的研究にも注目すべきものがある．犯罪的形質，精神障害，飲酒癖などが遺伝することを確認することによって犯罪原因の究

明を進めようとする試みは，ダグデール Richard Louis Dugdale (米・1841-1883) とエスタブルック Arthur Howard Estabrook (米・1885-) によるジューク家 (The Jukes) の研究やゴダード Henry Herbert Goddard (米・1866-1957) のカリカク家 (The Kallikaks) の研究などに代表される犯罪家系の研究が有名であり，方法的にすぐれたものとしてはランゲ Johannes Lange (独・1891-1938) の開発した双生児研究 (その有する遺伝子が同一であると考えられる一卵性双生児における犯罪性の一致率が二卵性双生児のそれに比して高いことから，犯罪に対する遺伝的素質の影響の大きさを説明しようとするもの) がある．

3 現代の犯罪生物学的研究 新たに登場した犯罪生物学的な研究として注目されるのは，性染色体の異常と犯罪行動との結びつきに関する研究である．

突然変異的に生じた性染色体の数および形状の異常は，常染色体の異常が多くの場合に身体的に高度の奇形をもたらし致命的であるのに対し，重大な身体的欠陥をもたらさないが，精神面や行動の上で異常が記録されることがしばしばあり，ここに犯罪学的な注目がなされたものである．とりわけ注目されているのが，X染色体が通常の人より1個多い男子（クラインフェルター症候群）およびY染色体が1個多いXYY症候群である．前者は知能障害を伴うことが多く，そこから，知能程度が低く累犯傾向を持つ犯罪者・非行少年中にこの症候群に属するものが多いのではないかといわれる．また後者は，背が高く，性格に偏りが見られ，攻撃的行動に陥りやすい傾向が見られるといわれ，現に重い犯罪を犯し拘禁されている犯罪者中にXYYの者が占める割合が一般人口中のそれに比べ数倍に達するとの報告も存在する．

しかし，犯罪が社会的な現象であることを考えれば，生物学的な研究によってその原因ないし要因を解明しようとすることには基本的な問題がある．もし何らかの生物学的要因が犯罪行動にとり決定的だと証明されるとすれば，その瞬間からそれは「犯罪」ではなく1個の「病状」になり，犯罪学研究の対象から脱落するはずである．また逆に，すでに刑法その他の社会的・文化的な基準によって「犯罪者」と規定された者を対象として，その生物学的特質をいくら集めても，そこから何らかの科学的な結論が導かれると期待することは困難である．→女性犯罪，犯罪学，犯罪要因，犯罪者類型　　　［上田 寛］

犯罪捜査学　（独）Kriminalistik　犯罪を解明し犯人の捜査をするための刑事技術に関する刑法の補助科学．グロス Hans Gross (墺・1847-1915) は，リストの提唱する全刑法学に犯罪捜査学を加えて刑事科学の体系を構築した．犯罪捜査学の中核は犯罪取調・*捜査'に関する一般的技法であり，具体的には，指紋検査法，DNA・筆跡・声紋などによる同一性鑑定，文書検査技術，さらにはプロファイリングにおける犯人像推定などがあるが，ひろく法医学，鑑識学，供述・尋問心理学などを含む総合科学として位置づける場合もある．その目的は，犯罪事実確定にあたって誤謬が紛れ込むのを最小限にとどめ，犯罪を科学的に解明することである．このような*科学的捜査'の実践・開発にあたる機関として，国立の*科学警察研究所'，都道府県立の科学捜査研究所などがある．　　［守山 正］

犯罪捜査規範　**1 意義**　現行警察法 (昭29法162) に対応する1957 (昭32) 年国家公安委員会規則2号のことである．この制定の権限は国家公安委員会にあり (警12)，都道府県警察内において犯罪捜査にあたる*警察官'の勤務・活動の基準を規律する．

2 構成・内容　(1) 第1章「総則」においては，この規範の目的を，警察官が犯罪の捜査を行うにあたって守るべき心構え，捜査の方法，手続その他捜査に関し必要な事項を定めることである (国家公安委員会規則2号1) と定めたうえで，事案の真相を明らかにして事件を解決するとの強固な信念と個人の基本的人権の尊重を捜査の基本において (2号2)，「捜査の組織」・「手配および共助」・「検察官との関係」・「特別司法警察職員等との関係」・「捜査書類」について規定する．

(2) 第2章「捜査の端緒」においては，警察官が新聞紙その他出版物の記事，匿名の申告，風説その他広く社会の事象に注意し，警ら，職務質問等の励行によって，捜査の端緒を把握する努力をすべきことを定めるほか，「被害届の受理」

や「告訴，告発および自首」について規定する．第3章「捜査の開始」においては，「捜査の着手」・「捜査資料」・「犯罪現場」・「緊急配備」・「捜査方針」について規定する．第4章「任意捜査」においては，刑事訴訟法197条を受けて「任意捜査の原則」について定め（2号99），「任意出頭」については「呼出状」によること，「呼出簿」への記載を義務づける（2号102）ほか，「実況見分」（2号104～106）・「女子の任意の身体検査の禁止」（2号107）・「任意の家宅捜索の禁止」などを定め，任意捜査の徹底をはかっている．

(3) 強制捜査については，第5章「逮捕」にはじまり，逮捕状請求の手続，手錠および捕じょうの使用等逮捕の際の注意のほか，弁護人の選任，逮捕手続書の作成等について規定する（2号118～136）．第6章「捜索，差押および検証」においては，各種令状請求，立会人，各種調書の作成について定め（2号137～162），第7章は「没収保全等の請求」について規定する（2号163～165）．

(4) 第8章「取調べ」においては，憲法・刑訴法が黙秘権保障，自白法則，補強法則などを規定していることを考慮し，取調べの心構え・態度，任意性の確保，供述拒否権の告知，供述調書の作成・記載事項，供述調書作成上の注意などについて相当数の規定をさいている（2号166～182）．第9章は「鑑識」（2号183～192），第10章は「送致及び送付」（2号193～201）についてそれぞれ定める．

(5) 第11章「少年事件に関する特則」においては，少年事件の捜査は，少年法の理念である健全育成を旨とし，少年の特性にかんがみ，他人の耳目に触れさせず，取調べの言動に注意する等温情と理解をもってあたるべきことなどについて多くの規定をおいている（2号202～217）．

(6) その他，第12章「交通法令違反事件に関する特則」（2号218～222），第13章「国際犯罪に関する特則」（2号223～238），第14章「群集犯罪に関する特則」（2号239～246），第15章「暴力犯罪に関する特則」（2号247～252），第16章「保釈者等の視察」（2号253～256），第17章「令状の執行」（2号257～269），第18章「雑則」（国家公安委員会規則2号270～275）がある．また，被害届，呼出状・呼出簿，廃棄処分書・換価処分書，証拠物件保存簿，弁護人選任通知簿，犯罪事件受理簿・処理簿，微罪事件報告書，少年事件簡易送致書，児童通知書，交通法令違反少年事件通知書，交通法令違反事件簿などが別記されている．　　　　　　［山本正樹］

犯罪捜査共助　**1 意義**　捜査機関が，犯罪捜査のために必要な措置を，他の捜査機関に依頼し，依頼を受けた捜査機関が，その措置をとることをいう．これには，それが国内の捜査機関の間で行われる場合と，外国の捜査機関に対して行われる場合とがある．また，警察については，現在のわが国の警察組織が都道府県を単位とする都道府県警察であることから，国内における捜査共助は，さらに，それが都道府県内で行われる場合と，都道府県の境界を越えて行われる場合とに区分される．国内における警察間の共助一般については，犯罪捜査規範に，他の警察への共助依頼に関する規定が置かれているが（28），このうち，都道府県の境界を越えるものについては，これに加えて，国家公安委員会によって制定された犯罪捜査共助規則の中に，その詳細が定められている．

2 犯罪捜査共助規則　都道府県を単位とする現在の警察組織のもとでは，その活動範囲たる管轄区域も，原則として，それぞれの都道府県内に限定される．しかし，交通手段の発達や広域的な犯罪組織の存在により，犯罪自体が複数の管轄区域にまたがって行われる場合も少なくないし，また，そうでなくとも，ある管轄区域で犯罪を行った犯人が，他の管轄区域に逃亡することも起こる．このような事態に対処するため，警察法では，一定の場合に，管轄区域外での捜査活動を認めるとともに（60の2・60の3・61），都道府県警察間の一般的な相互協力義務を規定し（59），必要な場合には，都道府県の公安委員会が，警察庁および他の都道府県警察に援助を要求することができるとしている（60Ⅰ）．

相互協力の具体的内容は，犯罪捜査共助規則の中に定められている．それによれば，都道府県警察は，他の都道府県警察に対して，被疑者の逮捕，呼出し，取調べ，盗品その他の証拠物の手配，押収，捜索もしくは検証，参考人の呼出しもしくは取調べ，職員の派遣等の措置を依

頼することができる（4）．具体的な方式としては，容疑者および捜査資料その他参考事項について通報を求める「事件手配」，被疑者の逮捕を依頼し，逮捕後の身柄の引渡しを要求する「指名手配」，被疑者の身柄の引渡しを求めず，事件の処理を委ねる「指名通報」などがある．

3 広域犯罪への対応 オウム真理教による一連の事件の影響を受けて，広域犯罪に迅速かつ的確に対応する必要性が指摘され，1996（平8）年の警察法改正により，そのための規定が置かれることになった．

そこでは，全国の広範な区域において個人の生命，身体および財産並びに公共の安全と秩序を害し，または害するおそれのある広域組織犯罪その他の事案の捜査のために，都道府県警察がその管轄区域外で活動することを認める明文規定を置いたほか（60の3），警察庁長官が，その捜査に関し，関係都道府県警察間の協力や任務分担について指示を行うことができるとされている（61の3）．

4 国際捜査共助 捜査共助が国をまたいで行われるのが，*国際捜査共助*である．国際捜査共助には，正式な外交ルートを通じて行うものと，捜査機関相互あるいは*国際刑事警察機構*を通じて行うものとがある．わが国が，これらのルートを通じて外国からの共助要請を受けた場合の要件・手続を定めた法律として，*国際捜査共助法*がある． ［川出敏裕］

犯罪対応 犯罪対策としてはまず犯罪予防がある．法律をもって犯罪構成要件を設け，社会に害悪を及ぼす行為を明らかにし，事前に犯罪の防止を期するのである．これにより潜在的被害者の減少が目指されるわけである．現実に犯罪が発生したときには，犯罪の事後的処理が必要となる．犯罪処理は刑事司法機関の連携により，場合によっては不起訴処分，場合によっては有罪判決，収監で終わる．

しかし現実に犯罪の被害を蒙った者は，従来，刑事司法の枠外にあった．犯罪被害者の損害は法益概念によって抽象化され，法益侵害は最終的には刑罰をもって清算されたのである．しかしこれでは現実の犯罪被害者には実質的にみて何の役にもたっていない．そこで，犯罪予防だけでなく，犯罪被害者の精神的，物質的損害の回復も刑事司法の重要な任務のひとつであることが次第に認められるようになってきた．犯罪は法秩序に対する違反行為としてばかりでなく，犯罪者と被害者，社会との間の紛争でもあると理解されるようになった．そうすると，まずは，犯罪者と被害者の間で具体的な犯罪処理の方法が話し合われるべきこととなる．国はその実現のためのいわば後見役となる．紛争処理モデルのひとつに，被害者―行為者―調停 Victim―Offender―Mediation とか行為者―被害者―和解 Täter―Opfer―Ausgleich と呼ばれるものがある．→刑事政策，地域警察活動

［吉田敏雄］

犯罪地 （羅）locus delicti, locus delicti commissi （英）place of commission （独）Tatort, Begehungsort （仏）lieu du délit　**1 意義**　犯罪地（行為地）とは，犯罪が行われた地のことである．国際社会のように，異なる国家・法秩序が，空間的に地域を分けて存在するような場合に，犯罪との場所的関連を基礎づける要素として重要である．犯罪が，特定の国家と関連を持つ場所で行われたことを根拠に，その国家が刑事管轄権を及ぼす処罰原理では，その及ぶ範囲を画する基準となる．犯罪地は，国内的にも，裁判管轄（土地管轄）の有無を確定したり，条例のように地域的に適用範囲が限られている法規の適用の有無を判断する場合に問題となるが，国際的な平面で問題とされることが多い．国家と関連を持つ場所が，その国家の領域である場合に，犯罪に刑事管轄権を及ぼす建前を*属地主義*といい，その国家に属する船舶・航空機である場合は*旗国主義*という．

2 基準　犯罪の諸要素がすべて一地域内で生じていれば，その地域が犯罪地であることに問題はない．しかし，たとえばA国で毒をもられた者がB国で死亡した場合のように，その諸要素が異なる地域にまたがって生じた場合は，犯罪地がどこであるかが問題となる．こうした場合に犯罪地を定める基準については，従来，①実行行為が行われた地（不作為犯については，作為義務を履行すべきであった地）とする行為（挙動）説（Handlungstheorie, Tätigkeitstheorie），②犯罪結果が発生した地（結果発生地）

とする結果説（Verfolgungstheorie, Erfolgstheorie）、③そのどちらもが犯罪地だとする遍在説（Ubiquitätstheorie）がある。ただ、犯罪との場所的関連としては、実行行為も犯罪結果もそれなりの意義があるうえ、国際的な場面では、たとえば上例でA国が結果説、B国が行為説をとる場合、いずれの国も犯罪地としては処罰しないことになり、処罰に間隙が生じるおそれもある。こうして、遍在説をとるのが世界的な趨勢である。わが国においても、犯罪構成要件の一部でも生じた地はすべて犯罪地だとする立場が通説である。

3 個別的問題 犯罪地となるかどうかが問題とされる事例がいくつかある。

第1は、中間影響が発生した地である。たとえば、上例で、B国に到着する前に立ち寄ったC国で、すでに毒物の薬効で苦痛が始まっていた場合、C国も犯罪地かという問題である。こうした中間影響も、犯罪結果の一部だと考えられるとすれば、肯定的に解される。

ただ、さらに広く、たとえば犯罪の実質的効果が及べば犯罪地だとすると、国家的法益を害する犯罪は、どこで実行されても常に当該国（法益主体の国家）が犯罪地であることになりかねない。だが、これでは、犯罪との場所的関連に着目する趣旨に反し、保護主義による処罰とも混同が生じることになろう。

第2は、未遂犯の場合の結果発生予定地である。上例で、B国で治療を受けた結果、一命を取り留めたような場合に、B国も殺人未遂の犯罪地であることは、中間影響地との比較からも肯定される。問題は、中継地のC国ですでに治療により快癒してしまった場合のB国である。従来は、公海上でA国船の乗員からB国船の乗員が銃撃されるような事例で、弾丸がそれて未遂になるような例も挙げられる。実際にも弾丸がかすめるなどの危険がB国側で生じれば格別、実行の際に結果発生の危険があったというだけで、実際には現実的な影響が出なかった場合にまで、結果の一部が発生したと考えるのは、観念的にすぎる嫌いがある。

第3は、共犯の犯罪地である。共同正犯の場合に、実行行為の一部がなされた地がいずれも全体に対して犯罪地であることは疑いないが、共謀共同正犯における共謀のなされた地については争いがある。実行の一部として、積極的に解するのが多数説である。教唆犯や幇助犯については、教唆や幇助を行った地のほか、正犯の犯罪地もその犯罪地となるが、教唆や幇助がなされた地は、正犯にとっては犯罪地でないというのが通説である。→国外犯、国際刑法、国際犯罪、国内犯、属人主義　　　　　[愛知正博]

犯罪徴表説（独）symptomatische Verbrechensauffassung　*リスト'の弟子であるテザール Ottokar Tesar（1881-1965）とコルマン Horst Kollmann は、行為とは、その外界における作用によって判断されるべきもの（現実主義）ではなく、行為者の内面の発露であるとして判断されるべきだとするテーゼを唱えた。行為とは、行為者の内面の「徴表」にすぎないと解するこの見解は、犯罪徴表説（徴表主義）と名づけられている。コルマンによれば、現実主義が、犯罪を構成要件該当の、違法かつ有責な行為と定義するのに対して、徴表主義は、責任を負う行為者こそが罰せられるべきだとし、その刑事責任を認識する手段が、犯罪であるとする。すなわち、犯罪行為とは、人の有責な意思の、その意思を担う者自身による実現以外の何ものでもない。犯罪とは、換言すれば、反社会的な意思の変質を認識する手段なのである。

しかし、テザールとコルマンも、刑罰論においては行為者刑法を目指し、犯罪論においては行為刑法を目指すというリストの二元論の枠内にとどまった。すなわち、犯罪論においては個別行為が必要であるとし、ただ刑罰論において刑事制裁の種類と形式を決定するに際しては犯罪徴表説が大きな意味をもつものとしたのである。

わが国においても、*牧野英一'が、この徴表説を採用した。しかし、牧野の徴表主義も、一定の制限に服するものであった。牧野によれば、*主観主義'の刑法理論を前提にするならば、行為者の反社会的性格を表明すべき徴表が存在する場合には、行為の現実的性格を問う必要はない。しかし、すでに戦前の教科書において、牧野は、現在の法制上、「社会防衛」のみではなく、「個人の自由の保障」をも必要とし、「悪性の徴表」が、「行為」に現れた場合にのみ犯罪と認

定するものとする．それにもかかわらず，牧野の主観主義は，ドイツにおける犯罪徴表説の二元主義の枠を越え，犯罪論においても悪性の徴表である「主観」に，より重要な意義を与えるものであったといえよう．

犯罪徴表説は，犯罪の本質を犯人の性格に求め，犯罪の予防は，徴表ないし現象形態にすぎない行為を手がかりにするのではなく，その根源である性格そのものに働きかけることによって効果的に行うことができるという*新派刑法学'の見解を徹底したときに到達する刑法思想である．しかし，外部的・客観的な行為こそが法益を侵害し，それがゆえに禁止されるべきであるというのが，行為主義，罪刑法定主義の基礎であり，刑法の保障機能を全うしうる理論である．わが国においては，今日では，徴表説の支持者はいないといってよい． ［山中敬一］

犯罪統計 （英）crime statistics 社会における犯罪現象の発生状況を示す統計を意味する．犯罪原因の理解や防止対策の計画にあたっては犯罪発生状況の正確な理解が求められるが，正確なデータを得ることは極めて難しい．わが国では，*犯罪白書'や*警察白書'に掲載されている警察統計が一般に犯罪統計として用いられている．しかし，警察統計に含まれている犯罪件数の統計は，警察が犯罪として認知した事件の数を示すものであり，犯罪発生件数ではなく犯罪認知件数と呼ばれるべきものである．なお，警察統計では*包括罪種'の統計が示されることもある．

刑事司法制度の原則によれば，裁判によって有罪とされた事件のみが犯罪として扱われる．しかしながら，刑事政策上の考慮，および裁判所の事件処理能力の限界などから，刑事司法手続の諸段階において犯罪事件はふるいにかけられ，裁判段階まで到達する事件は全体の一部にすぎない．このため，公式の*刑事統計'のなかでは警察統計が実際の犯罪数に最も近い数を示していると考えられている．

歴史的に見ると，犯罪現象についての最初の本格的統計はフランスで1825年から集計されるようになった．これは刑事訴追数と有罪数の全国司法統計であり，社会統計学の先駆者で「最初の犯罪社会学者」と呼ばれるケトレAdolphe Quetelet (1796-1874)は，この公式統計を用いて社会経済的要因と犯罪現象との関連を分析した．その後，1857年からイギリスで警察の犯罪統計が全国的に集計されるようになり，上に述べた理由から，公式の犯罪統計としては警察統計が用いられるようになっている．

暗数 法律上犯罪として扱われるはずの社会現象が警察に通報されないことは必ずしも稀ではない．また，通報されたとしても犯罪が行われたと警察が公式に認知するとは限らない．被害者が被害届に必要な診断書などを提出しない場合，加害者の処罰を望まない場合，当事者間で示談が成立する場合などでは，事件が犯罪として扱われないこともありうるからである．このため，犯罪として扱われるべき多数の社会現象が警察の犯罪認知統計には含まれていないと考えられている．このような社会現象の数を暗数と呼ぶ．暗数の大きさは犯罪の種類によって異なることが知られており，性犯罪のように被害者が特に通報をためらうような罪種においては暗数が大きいと見られている．このため，警察の犯罪認知件数は，社会において法律上犯罪として扱われるべき社会現象の増減によって変動するだけでなく，人々の意識の変化に伴う被害者などの通報行動の変化によっても変動する．

暗数がどのくらい存在するのかを明らかにし，ひいては社会における犯罪現象の実数に迫るために，*被害調査'と*自己報告犯罪研究'が行われている．しかし，被害調査においても被害者は何らかの理由で被害事実を回答しないことがあることが知られており，2重の暗数の存在が問題となっている．これらの調査により暗数が一定の法則に従うことが明らかになれば，警察の認知統計を社会における犯罪現象のおおよその指標として用いることができるのではないかとも主張されている．

なお，暗数という概念を否定し，公式刑事法機関によって公的に犯罪として扱われた事件のみが犯罪である，とする考え方もある．

［村山眞維］

犯罪人引渡し **1 意義** 捜査権の行使は国家主権の一内容とされているため，外国の領域内にいる被疑者の身柄を，その外国の承認な

しに拘束することはできない．そこで，その者を自国で処罰するためには，*国際司法共助'のひとつとして，その身柄の引渡しを求める必要が生じる．これが，犯罪人引渡しである．わが国は，現在，そのための条約をアメリカ合衆国との間でしか結んでいないが，他国からの請求があった場合には，その国との間に条約が結ばれていなくても，相互主義の保障を前提として，これに応じることとしている．そのための要件と手続を定めた法律が，逃亡犯罪人引渡法である．

2 要件と手続 同法による引渡しの要件は，①引渡犯罪が政治犯罪ではないこと(非政治犯罪性)，②引渡犯罪が請求国の法令により，死刑，無期または長期3年以上の拘禁刑にあたり，かつその行為が日本国内で行われたとした場合に，日本の法令により，死刑，無期または長期3年以上の懲役，禁錮に処すべき罪にあたること，③当該行為に対して，日本の法令により，刑罰を科し，これを執行することができること(具体的双罰性)，④引渡犯罪に係る行為を行ったことを疑うに足りる相当な理由があること，⑤引渡犯罪に係る事件が，日本の裁判所に係属しておらず，また，日本の裁判所による確定判決を経ていないこと，および⑥逃亡犯罪人が日本国民ではないこと(自国民不引渡の原則)である(2)．

逃亡犯罪人の引渡しは，それ自体としては行政的な性質の処分であるが，その効果の重大性に鑑み，東京高等検察庁の検察官からの請求に基づき，東京高等裁判所がそのための審理を行うという手続がとられる．ただし，裁判所が審査するのは，法定の引渡制限事由の存否のみであり，それがないとされた場合に，そのうえで引渡しを行うことが相当か否かの判断は法務大臣に委ねられている(14 Ⅰ)．

なお，日米犯罪人引渡し条約に基づく引渡請求も，逃亡犯罪人引渡法に基づく手続によって審理されるが，引渡しの要件については，たとえば，自国民でも裁量によって引渡しが可能である(5)などの差異がある．

以上とは逆に，わが国が逃亡犯罪人の引渡しを請求する場合，条約が結ばれているアメリカについては，それに従って手続が進行する．それ以外の国の場合は，外交ルートを通じて請求を行った後は，その国の国内法の定めるところによることになる．　　　　　　　　［川出敏裕］

犯罪人名簿　*資格制限'などに係わる*前科'関係を把握するため，対象者の戸籍を管掌する市区町村が行う，前科登録制度のひとつ．明治5年の太政官布告による戸籍表への犯罪事項の記載が起源とされる．近代法制にならった(旧)刑法と治罪法の施行(明15)にともない，戸長役場に対する裁判結果の通知が制度化され，そのための「既決犯罪表写し」を綴じたものが，犯罪人名簿として，徴兵調査や選挙資格さらには官公署や私人からの問い合わせに応える身分証明にも使われた．第2次世界大戦後は，人権保障との抵触から身元保証のための使用には強い制限が加えられた．明文規定のあるのは選挙資格に関するもの(公選11)だけであるが，地方公共団体の事務の一つとして住民等の身分証明があげられていること(自治2Ⅲ⑯)や，資格制限事由の有無について他には回答するところがないこともあって，官公庁や弁護士会など法律に基づいて資格を調査する義務・権限を有するものからの照会に応えることは行われている．しかし，前科等は人の名誉・信用に直接関わるものであり，裁判所に提出するためなどを理由とする弁護士会からの照会に漫然と応じて前科等の全てを報告することは違法とされる．

［吉岡一男］

犯罪の競合　同一人が数個の罪を犯した場合に生じる．犯罪の個数すなわち*罪数'の判断基準については，いろいろな見解が展開されている．

*法条競合'は，外観的な競合が認められるにすぎない場合であって，犯罪の競合はない．*本来的一罪'である．犯罪の競合がある場合には，その処断をどのようにするかという科刑上の問題が生じ，それが公訴不可分の原則や既判力の範囲という訴訟法上の問題に影響を与えることになる．判例・通説は，*観念的競合'および*牽連犯'(刑54Ⅰ)を数罪とするが，1個の刑罰請求権に基づいて処断される*科刑上一罪'とするため，これを構成するある罪について確定裁判があった場合には，その既判力は他の罪にも及び，*一事不再理の原則'の適用を受けること

になる．同じ数である*併合罪'(45)と異なる点である．併合罪は，科刑上も訴訟上も数罪である．そのうちのある罪について確定裁判があったとしても，その既判力は他の罪に及ぶことはない（その場合の併合罪の範囲および処断の方法について，50・51）． [山火正則]

犯罪の地理的分布 (英) geographical distribution of Crime 犯罪の地理的分布に対する学問的関心が最も早く現れたのは，ケトレー Adolphe Quetlet（ベルギー・1796-1874）やゲリー Andre M. Guerry（仏・1802-1866）に代表されるフランスの地図作成学派であるとされる．1830年代から80年代にかけてヨーロッパで影響力を持ったこの学派は，一定の地理的空間における犯罪の分布状態と当該地域の社会経済的諸条件とのマクロな関係を分析した．同様な問題関心は，初期のアメリカ犯罪社会学においては，1920年代から40年代にかけてシカゴの*非行地域'を分析したショー Clifford R. Shaw（米・1896-1957）とマッケイ Henry D. McKay（米・1899-）の研究に認めることができる．また，同時期のリンドスミス Alfred Lindesmith（米・1905-）とレヴィン Yale Levin も地図作成学派への関心を促している．犯罪社会学のその後の展開では，個人を分析単位とする研究が主流となったうえに，ラベリング論の影響で犯罪から刑事司法へと移行する者や，実証主義批判から解釈主義的研究に移行する者が現れたために，犯罪の地理的分布自体に対する関心が維持されていたとは言い難い．しかし最近では，個人の社会経済的地位や心理的特性に注目するよりも近隣の*犯罪行為環境'自体のインパクトに注目するアプローチが現れ，環境犯罪学が提唱されるとともに，マッピングのツール自体の開発が進んだことによって，新たに関心が高まりつつある．

[宮澤節生]

犯罪白書 犯罪認知から訴追・裁判を経て施設内処遇・社会内処遇に至る日本の公式*犯罪統計'は，警察庁刑事局編『警察庁の統計』，法務大臣官房司法法制調査部編『検察統計年報』，最高裁判所事務総局編『司法統計年報』，法務大臣官房司法法制調査部編『矯正統計年報』，同『保護統計年報』等に収録されている．しかし，最も一般的に利用されている公式統計は，これらの統計に基づいて*法務総合研究所'が毎年編集する『犯罪白書』であろう．1960年の創刊以来，『犯罪白書』の内容は，国内はもちろん国外においてもマスコミを通じて報道され，日本の犯罪，犯罪者，刑事司法に関する社会的認識が構築されるうえで，おそらく最大のインパクトを与えている．また，警察，検察，裁判，矯正(施設内処遇)，保護(社会内処遇)の関係職員以外には一次資料へのアクセスが限られている現状では，日本の犯罪，犯罪者，刑事司法に関する学問的検討もまた，『犯罪白書』に大きく依存しているのであって，とくに大学における刑事学，刑事政策等の教育は，『犯罪白書』なしでは行いえない状況にある．

『犯罪白書』は，しかし，公式統計の単なるダイジェストではない．『犯罪白書』は，毎号，その時点での法務省の関心を示す特集を組んでおり，それが副題に掲げられる．たとえば1999年版（平成10年版）の特集テーマは「少年非行の動向と非行少年の処遇」であって，本文の6割ほどがこのテーマに割かれている．このことは，少年法改正が重大な立法課題であったことと無関係ではないのであって，そのことは，外国の少年司法制度の紹介に相当のスペースが割かれていることからも推測しうる．そして，特集テーマに関連する法務総合研究所の研究成果も紹介される．同研究所のプロジェクトは法務省の政策課題を反映していると考えられるから，当然のことである．

他方，『犯罪白書』では，学問的検討の観点から重要なデータが欠けていることがある．たとえば，1999年版には，受刑者の収容分類級別人員は記載されているが，処遇分類級別人員は記載されていない．そのため，より個別処遇の性格が強い職業訓練（V級），教科教育（E級），開放的処遇（O級）の比重を『犯罪白書』から知ることはできない．

したがって，利用にあたっては，『犯罪白書』が一種の政策文書であることを十分自覚しなければならない．とくに，大学における教育が『犯罪白書』の解説に終わるようなことがあってはならない． [宮澤節生]

犯罪被害者等給付金支給法 この法

律は,1974年に発生した過激派集団による無差別爆破事件(三菱重工本社ビル爆破事件)を直接の契機として,このような爆弾事件や通り魔事件の被害者が実質的にほとんど救済されないという実情に対し,国による*被害者補償'を求める世論が高まったことを受けて,1980年に制定公布され,1981年1月から施行された.この法律は,人の生命または身体を害する故意の犯罪行為により,不慮の死を遂げた者の遺族または重障害を受けた者に対し,国が犯罪被害者給付金を支給することを規定している.給付金の性格は,警察行政に任された見舞金的なものとされ,死亡した者の遺族に支給される「遺族給付金」と重障害の被害者に支給される「障害給付金」の2種がある.遺族給付が受けられる範囲,順序は,①配偶者,②被害者に扶養されていた子,父母,孫,祖父母,兄弟姉妹,③被害者に扶養されていなかった子,父母,孫,祖父母,兄弟姉妹となっている.被害者と加害者との間に親族関係があるときや被害者が犯罪行為を誘発した場合などでは,給付金の全部または一部が給付されないことがある.また,犯罪被害を原因として,被害者または遺族が災害補償関係法令による給付を受け,または損害賠償を受けた場合には,その差額分についてのみ支給される.支給額は,政令の定めによって算定する給付基礎額に,遺族給付金の場合は遺族の生計維持の状況を勘案し,また,障害給付金の場合は障害の程度を基準として政令で定める倍数を乗じて得た額である.1999年3月末現在における被害者1人当たりの給付金限度額は,遺族給付金では1,079万円,障害給付金では1,273万円である.しかし,死亡事件においても,1981年から1996年の16年間に,年間約220人に対して1人当たり平均約230万円しか給付されていない.給付の申請は,遺族,被害者が都道府県公安委員会に対して行うが,申請期間は,申請者が当該犯罪被害の発生を知った日から2年または当該犯罪被害が発生した日から7年である.裁定は都道府県公安委員会で行うが,裁定に対して不服がある場合は,申請者はまず国家公安委員会に不服を申し立て,さらにその裁定に不服がある場合には,訴訟で争うこともできる. 　　　　　　　　　　　　　　　[土井政和]

犯罪被害者等の保護を図るための刑事手続に付随する措置に関する法律

1 制定の経緯 犯罪被害者に対する社会的な関心が急速に高まる中で,刑事手続における*被害者'の保護・救済についても検討の必要性が指摘され,これに応えるかたちで,法制審議会は,2000(平12)年の2月に,法務大臣に対して,「刑事手続における犯罪被害者保護のための法整備に関する要綱骨子」と題する8項目からなる答申を行った.項目の具体的内容は,①性犯罪の告訴期間の撤廃,②ビデオリンク方式による証人尋問,③証人尋問の際の証人の遮へい,④証人尋問の際の証人への付添い,⑤被害者等の傍聴に対する配慮,⑥被害者等による公判記録の閲覧および謄写,⑦公判手続における被害者等による心情その他の意見の陳述,⑧民事上の和解を記載した公判調書に対する執行力の付与であった.

答申を受けて,法務省内で立法作業が行われたが,立法技術上の理由から,①から④および⑦については,刑事訴訟法の改正のかたちでその中に盛り込み,それ以外の項目については,それを内容とする新たな法律を制定することになった.それが,「犯罪被害者等の保護を図るための刑事手続に付随する措置に関する法律」(平12法75)である.

2 法律の内容 答申の内容に対応して,同法律は,大きくは3つの項目からなる.

第1に,被害者やその遺族に対して,その事件の刑事裁判を優先的に傍聴する機会を与えることとした(2).従来も,実務では,被害者等に対して特別傍聴券を発行する等の配慮がなされてきたが,これにより,傍聴への配慮をすることが裁判所の法的義務となったのである.

第2に,被害者等から申出があった場合には,刑事裁判の終結前であっても,その公判で取調べを終えた証拠書類等の閲覧・謄写を認めることとした(3).これまでは,たとえ被害者であっても,刑事裁判の終結後に,確定記録の閲覧のかたちで,その訴訟記録を閲覧できるのみであったが,新法では,被害者等に関しては,損害賠償請求権の行使のために必要である等の正当な理由が認められる場合に,例外的に,閲覧・

第3に，被害者と被告人との間で，起訴された犯罪による被害についての争いを含む民事上の争いについて合意が成立した場合に，両者の共同の申立てがあれば，それを刑事事件の公判調書に記載し，その記載に裁判上の和解と同一の効力を付与することとした（4）．この制度は，これまで示談として行われてきた裁判外の和解に対して，公判調書への記載を通じて執行力を付与することにより，被害者が被った損害の回復をより確実にすることを意図したものである． 　　　　　　　　　　　　　　　　［川出敏裕］

犯罪報道　報道機関による犯罪報道は，たんに犯罪「問題」の社会問題提起といった視点からではなく，「娯楽」的記事・番組の提供といった視点からなされているといってもよい状態にある．深層心理的にみれば，市民は自己の犯罪衝動を抑えるために，犯罪者を攻撃しようとし，報道機関がそれに迎合しているといえよう．もとより販売部数の増大，視聴率の増大といった利潤追求的姿勢が報道機関の態度の背景にある．しかし，自由・社会・合理的刑事政策からは，こういった報道のあり方がまさに問題となる．

犯罪の捜査過程において，捜査機関が見込み捜査に走ることはありがちなことである．社会の注目を集める事件であればあるほど，そうなる傾向は避けがたい．結果として，それは誤認逮捕につながりかねない．報道機関は，捜査機関の発表をそのまま鵜呑みして，「真実」の報道が報道機関の使命であるとの大義名分のもとに，被疑者の実名，家族関係，交友関係を報道するのである．被疑者の人格，*プライヴァシーは，ときに誇張，歪曲を含む報道によって完全に踏みにじられる．その親族に与えられる精神的被害も計りしれない．ここに，「犯罪者」は「被害者」に転化し，報道機関は「犯罪者」に転化する．まさに，犯罪報道の犯罪，メディア犯罪と呼ばれるものである．

報道機関の誘拐報道についても，各報道機関の先陣争いから，早まった報道がなされ，かえって犯罪被害者の利益を損なうことすらありうるのである．

犯罪報道が有罪判決を受ける前の被疑者・被告人の実名入り報道をすることは，そのもたらす負の効果の多大性のゆえに，控えられるべきことである．犯罪報道が，犯罪「問題」の解決に寄与することがなく，逆に犯罪者の社会復帰の妨げとなってはならない．有罪判決の確定した者についても慎重な配慮が望まれる．少年事件については匿名報道の配慮がなされている（少61）．

犯罪の被害を被った者も，実名，顔写真，家族関係の報道がなされる．犯罪被害者は，犯罪自体からだけでなく，第三者からも二重，三重に精神的打撃を蒙る．犯罪被害者には人格もプライヴァシーもないに等しい．

ここに，権力者，公務員犯罪を除いて，犯罪報道の匿名主義が主張されるのである．→社会的制裁，名誉棄損罪 　　　　　　　［吉田敏雄］

犯罪要因　かつての犯罪学的研究は，いずれも単一あるいは一体系の犯罪の原因となる事実の解明を目的としていたのであるが，そのような研究方向は今日ではほとんど見られない．

特定の個人または人間集団の犯罪行動を解明しようとする場合と，社会関係の中で生じた犯罪現象に関わる諸特徴を研究する場合とを問わず，単一の犯罪原因が究明しようとされることはまれであり，むしろ，犯罪は多種類かつ多様な要因の所産であるという多元因子論的立場からの研究が主流となっている．犯罪原因論から犯罪要因論への移行が見られるのである．

犯罪を，ある素質を有する人格がある環境において行う反社会的な行為として捉える場合，ここにかかわる諸要因の関係を*メツガーは，公式 $KrT = aeP \cdot ptU$ により示されるとした．

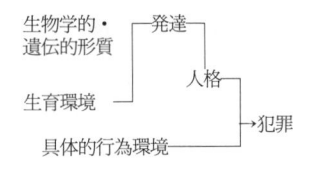

```
生物学的・　　─┐発達
遺伝的形質　　 ├─┐
　　　　　　　 │ │人格
生育環境　　 ─┘ ├──→犯罪
　　　　　　　   │
具体的行為環境──┘
```

犯罪行為（KrT）は人格（P）と環境（U）の所産であり，人格は素質（a）と発達（e）により決定され，

環境は人格形成的(p)にも行為形成的(t)にも働く，というのである．

素質とは生物学的・遺伝的に決定された発達の可能性であるとすると，これは上のように図式化することができる．だが，人格は固定的なものではなく，環境との相互作用関係にあり，さらにまた結果としての犯罪の予測によって心理的な作用を受けることも見落とされてはならない．そして，そもそもある行為を犯罪として成り立たせるのは国家・社会の側からのそのような評価である．

であれば，犯罪の要因は犯罪者個人と彼を過去現在未来において取り巻く社会的な条件のすべてであるということになる．そこから，犯罪者の身体的特徴，性格，*精神障害'，性染色体の異常，季節・気候，経済的諸条件，都市化，家庭環境，教育，マスメディア等，多種多様な犯罪要因の研究が進められることとなる．→季節・気候と犯罪，経済と犯罪，失業と犯罪，宗教と犯罪，女性犯罪，人種と犯罪，性格調査，精神病質，戦争と犯罪，知能と犯罪，都市化と犯罪，環境と犯罪，犯罪心理学，犯罪精神医学，犯罪生物学，被害者学，非行要因　　［上田 寛］

判事・判事補　*裁判官'の官名の1種（裁5）．判事は，10年以上，判事補，簡易裁判所判事，検察官，弁護士，裁判所調査官，司法研修所教官または裁判書記官研修所教官，裁判所法41条1項6号の，別に法律で定める大学の法律学の教授または助教授の地位にあった者から任命される．高等裁判所，地方裁判所，家庭裁判所に配属される（25・23・31の2）．内閣が任命し，任期は10年であり，再任されることができる（40）．本来の裁判事務の他，裁判官会議を組織し，司法行政事務を行う（20・29・31の5）．

判事補は，司法修習生の修習を終えた者の中から任命され（43），地方裁判所，家庭裁判所に配属される（23・31の2）．任期は10年であり，再任されることができる（40）．10年間判事補としての職にあった者から判事が任命されるのが通常である．判事補は，同時に2人以上合議体に加わり，または裁判長となることができない（27Ⅱ）．特別の定め（例えば刑訴45，少4）がある場合を除いては，1人で裁判をすることがで

きない（裁27Ⅰ）．判事補は裁判官会議の構成員となることができない．判事補の職権の特例等に関する法律により，判事補であっても，一定の場合に判事の権限を有するものとされ（1），また，高等裁判所の判事の職務を行うことができる場合がある（1の2）．［中野目善則］

反　証　（独）Gegenbeweis　挙証責任を負わない当事者が，要証事実を否定するために提出する*証拠'．*本証'に対する．刑事訴訟においては，無罪推定の原則との関係で，原則として検察官が挙証責任を負うので，一般的には被告人側の提出する証拠が反証となる．アリバイ証拠の提出などがその典型例であるが，反証の提出は，相手方が本証によって証明しようとしている要証事実について，裁判官の確信を揺るがせ，真偽不明の状態にすればその目的は達せられる．なお，反証は実質証拠であるから，補助証拠の一種である弾劾証拠とは異なる．ちなみに，本証と反証という分類はもともと民事訴訟におけるもので，刑事訴訟規則204条は，挙証責任の存否とは関係なく，相手方証拠の証明力を争うための証拠（rebutting evidence）を反証と呼んでいる．　　　　　　　［多田辰也］

反対解釈　（羅）argumentum e contrario　反対解釈とは，法律上一定の事項を明文で規定することが，それと異なる事項については異なる効果を生ぜしめる趣旨をも含むと解釈する方法である．したがって，明文規定のない事項の扱いをめぐって，反対解釈と*類推解釈'・*勿論解釈'とは相反する．反対解釈をとるか類推解釈をとるかの判断基準が問題となる．刑法解釈においては，ある行為が法律で犯罪であると事前に明確に規定されないかぎり処罰できないとする*罪刑法定主義'の趣旨に照らし，原則として反対解釈が選択されなければならない．ただし被告人に有利な場合には，規定がないから処罰に値しないのに処罰するというのは著しい不正義であるから，類推解釈も許される．

具体例として，特別法上の森林窃盗罪に刑法242条が適用されるか否かが争われた事件が挙げられる．最高裁は，「刑法242条は，同法36章の窃盗及び強盗の罪の処罰の範囲を拡張する例外規定であり，その適用範囲を『本章ノ罪ニ付テハ』と限定している」から，特別法上本条を

準用する旨の明文の規定がないにもかかわらずこれを適用することは罪刑法定主義の原則に照らし許されない，とした（最決昭52・3・25刑集31・2・96）．→拡張解釈　　　　　　　［門田成人］

反対尋問　（英）cross-examination

*証人尋問'にあたり，証人を請求した者が行う主尋問の後，反対側当事者が，主に供述内容の弾劾のために行う尋問（刑訴規199の2）．被告人には，憲法上の*証人審問権'として保障されているものである（憲37 II前）．

主尋問に現れた事項とこれに関連する事項，並びに証人の供述の証明力を争うための事項について行う（刑訴規199の4 I）．証人の弾劾には，証人の観察，記憶，表現の正確性など証言の信用性に関する事項，証人の利害関係，偏見，予断など証人の信用性に関する事項に及ぶことができる（199の6）．裁判長の許可を得て自己の主張を支持する新たな事項についても尋問できる（199の5）．裁判長が相当でないと認める場合を除き，誘導尋問が許される（199の4 II・III）．

*伝聞証拠'のように，反対尋問の機会を被告人に保障していない供述は原則として証拠能力が認められない（刑訴320）．伝聞証拠について，当事者が同意すると，原供述者を反対尋問することなく証拠に採用される（326）．同意の効果については，反対尋問権放棄により証拠能力の制限が消滅すると解する説と証拠能力を認める特別の訴訟行為と解する説がある．なお，*同意書面'の供述者をさらに証人として尋問し実質上反対尋問を行う実務もみられる．

被告人が出頭せずに証拠調べを行うことができる場合として，法人被告人の代理人出頭の場合（283），軽微事件の場合（284）がある．代理人・弁護人が出頭した場合を除き，同意が擬制されて証拠能力が認められる（*擬制同意'；326 II）．判例は退廷命令を受けた場合（341）も同意を適用するが（最決昭53・6・28刑集32・4・724），反対尋問権放棄の意思を擬制できないので不当とする有力説がある．　　　　　　　［渡辺　修］

犯人識別供述

犯人を目撃した者が，捜査過程や公判廷において，犯人が被疑者・被告人であると指摘する供述．犯人識別供述があるので*被疑者'・*被告人'が犯人であるという判断には，あまり根拠がない．なぜなら，普段から見知った者が犯人である，目撃状況がきわめて良好であるなど例外的な事案を除き，目撃者の記憶自体が不正確であることが少なくないからである．また，目撃者の記憶はその後に与えられた情報に影響されて変容しがちなので，目撃から時間が経過するにしたがい識別供述の内容が不正確となることも多い．なお，目撃者の記憶は，捜査機関が目撃者に行わせる犯人識別の方法によっても，大きく影響されて変容する．*冤罪'・*誤判'の発生原因のひとつは，犯人識別供述の有するこれらの限界ないし危険性が，未だに捜査機関や裁判官の基本的認識となっていないことである．犯罪事実に争いのない自白事件においては，犯人識別供述が*自白'に支えられてしまい，これらの限界ないし危険性が表立つことはほとんどない．しかし，犯人識別供述の証拠としての比重が大きいのは，被告人と犯人との同一性について客観的証拠が存在しない否認事件である．これらの事案では，犯人識別供述の証明力評価の誤りが，そのまま冤罪・誤判の発生に通じてしまう．目撃者に対しては早期に，犯人像とその特徴を可能な限り詳しく尋ね，それらを録取しておかなければならない．後に犯人識別供述をした時点で犯人像とその特徴が早期の供述内容とズレている場合には，その被疑者が犯人であって欲しいという捜査機関の意向に目撃者が無意識で迎合してしまい，記憶を変容させた恐れが大きい．被疑者を含む顔写真の中から犯人のものを選ばせて犯人識別をするなどの場合，容貌が類似の者の写真を複数含めるのでないと，捜査機関の意向が犯人識別供述にそのまま反映してしまう恐れが大きい．まして，被疑者のみの顔写真や逮捕した被疑者のみを目撃者に示す方式をとった場合には，その恐れが特に大きい．もしも初動捜査がきちんと行われていれば，捜査機関が被疑者を特定した後に，新たな目撃者が発見される事態はほぼありえない．それゆえ，そのような目撃者による犯人識別供述は，捜査機関の意向に迎合したものであることが多い．しかも，供述された目撃情況を現場検証などにより丁寧に再現して検討してみると，犯人識別が不可能な事案すらある．→供述心理学　　　　　　　［荒木伸怡］

犯人蔵匿罪　**1 総説**　刑法103条は「罰金以上の刑に当たる罪を犯した者又は拘禁中に逃走した者を蔵匿し、又は隠避させた者は、2年以下の懲役又は20万円以下の罰金に処する」と規定する。保護法益は国家の刑事司法作用の適正である。本罪や*証拠隠滅罪を共犯の一種として取り扱う法制もかつては多く見られたが、今日ではわが国の上記規定のように独立罪として扱う刑法が多い。

2 成立要件　客体部分のうち、「罰金以上の刑に当たる罪」とは、法定刑に罰金刑以上の刑が含まれている犯罪のことである。「罪を犯した」とは真犯人に限る趣旨なのか、あるいは捜査・訴追を受けている者であればよいのかに関しては、見解が対立している（判例は後者）。しかし、真犯人か否かの判定は究極的には事後においてしかなしえないため、前説を採ると本罪による摘発が困難になるであろう。また現に行われている刑事手続は明らかに違法の外観を呈するのでない限り、保護されるべきであろう。したがって、後説が妥当である。なお、捜査開始前から判決確定後まで、あらゆる段階の者が含まれるが、国家の刑罰権が究極的に消滅した者（無罪の確定判決を受けた者、免訴事由の存する者等）は除かれる。「拘禁中逃走した者」には奪取された者も含まれる。実行行為は「蔵匿」あるいは「隠避」である。蔵匿とは場所を提供してかくまうことで、隠避させるとは蔵匿以外の方法により、司法・行刑機関による発見を妨害する一切の行為を意味する。自らあるいは第三者を身代り犯人に仕立てて出頭する(させる)行為は「隠避」に当たると一般に解されている。もっとも、真犯人逮捕後の身代り出頭行為まで本罪により処罰されるべきかにつき、争いがある。真犯人による自首を断念させたり、告訴・告発の意思ある者にそれを断念させることも隠避に当たる。前段の罪の故意として、蔵匿したり隠避させる者が罰金以上の刑に当たる罪を犯したことの認識が必要ということになるが、当該犯罪の法定刑が罰金以上であることの認識まで要求するのは過剰であるとして、当該犯罪（殺人、窃盗等々）を犯したことの認識で足りると解する説の方が近時有力である。最後に、本罪は真犯人自身が姿をくらます行為を捕捉していないが（期待不可能性）、真犯人が他人に教唆して蔵匿・隠避行為をさせた場合も不処罰となるのか否かにつき、見解の対立がある。教唆罪を認める説は他人を罪に陥れた場合まで*期待可能性'が欠けるわけではないとか、防御の濫用（判例）だとする。否定説は正犯としてすら処罰されないことを根拠とする。→親族相隠

[岩間康夫]

判例違反　最高裁判所などが法解釈を示した裁判の先例があるときに、下級裁判所がそれと反する解釈に基づいて裁判することを判例違反という。裁判に判例違反があることは、それが高等裁判所の判決であれば*上告理由'となり（刑訴405②・③）、他の不服申立てのできない決定であれば特別抗告の理由となる（433 Ⅰ）。

判例の法源性を認める立場からは、上訴理由としての判例違反は、原裁判の違法性の徴表と考えられる。それに対して、判例の法源性を否定する立場からは、判例違反は最高裁判所が判断を示すべき問題の重要性の指標と考えられる。いずれにせよ、判例違反が上告などの理由として認められているのは、*法令解釈の統一'を図るためである。

判例違反の対象となる先例は、原則として最高裁判所の判例である。最高裁判所の判例がない問題については、旧制度における大審院もしくは上告裁判所としての高等裁判所の判例または現行法下の控訴裁判所としての高等裁判所の判例も、先例となる。ただし判例は、上告審で破棄された高裁判決は、破棄理由にかかわらず、先例にはならないとする（最決昭51・9・14刑集30・8・1611）。判例違反というためには、先例と反する法解釈がその裁判に示されていなければならない（最判昭38・9・12刑集17・7・661）。以前の裁判に示された判断でも、傍論は判例ではなく、裁判の結論を決定した理由すなわち主論だけが、先例性を持つといわれることもある。これは、英米法における*レイシオ・デシデンダイ'（ratio decidendi）の観念に従った考え方である。しかし、日本の最高裁判所の判例は、当の事案に限定せずに法解釈の一般論を判示することがあるので、主論と傍論の区別は、必ずしも明瞭ではない。

上告申立人が原判決の判例違反を主張するには，上告趣意書に，その判例を具体的に示さなければならない（刑訴規253）．判例違反の有無を判断する基準時をどこにおくべきかについて，明文規定はない．判例は，原判決宣告後にされた判決は，判例違反の対象にならないとしている（最判昭29・11・5刑集8・11・1728）．

原判決に判例違反がある場合でも，それが判決に影響を及ぼさないことが明らかなときは，上告は棄却される（刑訴410Ⅰ但）．また，最高裁判所は，原判決に判例違反を発見しても，'判例変更'によって，上告を棄却することができる（410Ⅱ）． 　　　　　　　　　　［後藤 昭］

判例変更　一般に，最高裁判所が従前の判例における法解釈を改めて，新たな解釈を採用することをいう．より狭い意味では，最高裁判所が刑事の上告理由としての'判例違反'の存在を認めながら，新しい法解釈を採用して原判決を維持することをいう（刑訴410Ⅱ）．後者には，最高裁判所が高等裁判所あるいは大審院の判例を変更する場合も含まれる．最高裁判所が，自らの判例を変更する場合には，大法廷で裁判しなければならない（裁10③）．判例変更は，新しい判例によって明示的に行われるのが原則であるが，明示されないまま事実上行われることもある．判例の変更が遡及的な効力を持つかどうかは，争われている．旧判例によって合憲とされていた刑罰法規が，新判例によって違憲無効とされた場合にも（たとえば尊属殺人に関する最判大昭48・4・4刑集27・3・265），すでに確定した判決を非常上告によって是正する手段は，実務では採られていない．逆に，行為当時の判例に従えば無罪となるべき行為を判例を変更して処罰することも，憲法39条が禁じる事後法による'遡及処罰'には当たらないというのが判例の考え方である（最判平8・11・18刑集50・10・745）． 　　　　　　　　　　［後藤 昭］

ひ

ピーナル・リフォーム・インターナショナル　（英）Penal Reform International 刑罰改革に取り組む国際的なNGO．1989年に世界各地から刑事司法で長年の経験を有する人々が集まり，刑罰改革の取組みを援助する新しい国際組織が必要であることで合意し，ピーナル・リフォーム・インターナショナル（PRI）が創設された．事務局はロンドンにある．PRIの目的は，①国際準則に従った犯罪者の人道的処遇の促進，②刑罰的措置における人種・階級・民族による差別の除去，③世界中で刑務所の使用を減少させ，被害者にとって有意義な建設的代替策に置き換えること，④死刑の廃止である．

PRIの委員会は，世界の全地域をカバーする17ヵ国のメンバーで構成される．執行委員会が定期的に会議を開き，委員会に報告する．最高決定機関は総会であり，ほぼ3年に1回開催される．PRIは，国連とヨーロッパ理事会の諮問機関，アフリカ人権委員会のオブザーバーである．PRIは地域性を重視しており，世界のどの地域にも完全な刑罰制度はないこと，まねるべき完全なモデルは存在しないとし，その地域で何が最良であるかを確認し，その地域で改革に取り組む他の諸国でそれを採用することを援助している．日本では監獄人権センターが協力関係にある． 　　　　　　　　　［斉藤豊治］

BBS運動　（英）Big Brothers and Sisters Movement　非行のある少年などに，兄さん姉さんとして基本的には1対1で友達づきあいをすることによって，その立ち直り・更生を助けたり，犯罪・非行におちいらないようにするためのボランティア運動．1904年に合衆国のニューヨークで始まったとされる．わが国では，第2次大戦後まもなく，京都少年審判所が少年保護事業に対する大学生の関心を深めるこ

とで，昭和22年2月に京都少年保護学生連盟として発足したものがBBS活動の始まりとされる．その後，各地でそれぞれの経緯をたどりながら発展し，現在は，地区BBS会を活動単位に，各都道府県BBS連盟がそれぞれの地の保護観察所に事務局を置いて存在し，東京には上位団体としての日本BBS連盟の事務局がある．地区BBS会は，消長を繰り返しつつ，全国に600ほど，会員数は6,000人ほどであるが，近年は減少傾向が指摘される（平成12年4月1日現在で582団体，6,047人）．

具体的な活動内容は，「ともだち活動」，非行防止活動，研さん活動にわけられる．ともだち活動は，保護観察所等からの依頼により1対1で対象者に接する．BBSの基本であるが，近時はそれほど多くない（平12年4月1日時点で272件）．ともだち活動を行っていない地区BBS会もあり，各種のグループ活動に重点を移してきている．非行防止活動は，法務省の「社会を明るくする運動」に参加するなどのかたちで行われる．また，研さん活動は，ボランティア活動に必要な各種の知識，技能等を身につけるためのものである．

BBSは，*更生保護'の分野における民間篤志家の活動として，保護司や更生保護婦人会，協力雇用主等に並べられ，これらと連携をとりながら活動を行っている．その活動の現況については，各年版の犯罪白書に載るほか，インターネット上に日本BBS連盟事務局のホームページがある．そこにリンクされているいくつかの県BBS連盟や，熱心な地区BBS会のHPが有用な資料源となり，関心をもった者に対する勧誘の場ともなっている．また，アメリカの状況については，1904年以来の伝統をひきつぐBig Brothers Big Sisters of Americaが，合衆国の50州すべてにおいて，500を超える機関（agencies）をもって活動している状況がホームページによって広報されている（http://www.bbbsa.org）． 　　　　［吉岡一男］

被害者 **1 被害者への関心** シェーファーによると，犯罪被害者の地位について3つの時期があるという．第1期は，「血讐」「贖罪金」「タリオの思想」が働いた被害者の「黄金期」であり，第2期は，近代法の整備に伴って生じた「衰退期」であり，第3期は，被害者の権利が注目されるようになった現代の「復興期」である（Schafer, Stephan, The Victim and His Criminal, 1968, pp. 7-38.）．しかし，被害者への関心の基本的方向については，第2次大戦後の*被害者学'に見られるように，犯罪の発生に寄与し一定の責任を負うものとして被害者を犯罪原因論の枠内でとらえる方向と，特に1960年代以降の，被害者に対する国家補償制度や被害者の権利運動に見られるような援助・救援の対象として被害者をとらえる方向がある．*被害調査'における被害者への関心はいわばその中間に位置する（吉岡＝澤登ほか『新・刑事政策』(1985), 105頁）．最近の被害者研究は，被害者援助・救援の方向へ，すなわち原因論から対策論へとスタンスを移しているといってよい．

2 被害者の定義 被害者の定義をめぐっては，第1に，被害を犯罪被害のみとするか，それ以外の被害をも含むのか，によって見解が分かれる．犯罪被害と考える場合でも，法律上の犯罪に限らず，社会的逸脱行為による被害をも含むと解されることが多い．そこからさらに広げて，今日の被害者学では，被害体験の共通性が指摘され，戦争，災害，事故など犯罪以外による被害をも含めることで合意を形成し，犯罪学からの独立性を確保しようとしている（諸沢英道『新版被害者学入門』(1998)参照）．しかし，その際には，「犯罪以外による被害」をどこまで広げるのか，その限界を画する基準が必要となろう．第2に，過去の犯罪被害者と将来の犯罪被害者との区別の必要性である．過去の犯罪被害者においては，経済的・精神的な物心両面にわたる支援が必要であることは今日広く認識されている．しかし，将来の被害者まで想定すると，犯罪被害に対する不安が中心となり，被害の予防のみが課題となる．過去と将来の犯罪被害者の区別があいまいにされることによって，被害者支援策が加害者に対する重罰化に転ずる可能性も予想される．第3に，犯罪と被害あるいは加害者と被害者が厳密な対応関係にない場合も少なくない．被害者のない犯罪あるいは被害者は特定されているが加害者は明らかでない場合，さらには不特定多数や社会・国家が被害者となる場合もあることに注意を要する．第4に，犯罪被

害者の家族あるいは被扶養者等の間接的な被害者も準被害者としてとらえ，支援の対象とされることである．

3 被害者の権利およびその支援策 被害者は，もともとの犯罪被害(第1次被害)のみならず，それに付随して，マスコミ報道や刑事手続の中でもたらされる追加的苦痛(第2次被害者化)を受けたり，犯罪被害がトラウマとなり社会復帰が進まず破滅へ向かう(第3次被害者化)場合があることが指摘されている．被害者の受けた経済的被害に対しては，国による*被害者補償'制度が作られ，また，精神的被害については，国および民間支援団体による精神的ケアのための各種プログラムが生まれつつある．他方，従来，刑事手続における被害者の地位が意識されなかったことに対して，近年，被害者の刑事手続参加の権利が主張されるようになってきている．さらに，加害者と被害者との和解(刑事和解)もはかられつつある．国際的には，1985年，国連で「犯罪およびパワー濫用の被害者に関する司法の基本原則宣言」(通称「国連被害者人権宣言」)が採択され，これを準則として欧米諸国では国の被害者対策の根幹となる被害者憲章(イギリス)などを制定し，これに基づき総合的な被害者対策を推進している．わが国では，憲法も犯罪被害者の権利に関する具体的な規定はおいておらず，犯罪被害者対策の基本的理念や指針は確立していないため，新たな立法が検討されている．→老人と犯罪，被害者と刑事手続

[土井政和]

被 害 者 学 (英)victimology (独)Viktimologie **1 被害者学の誕生** 伝統的な犯罪学においても，犯罪の理解と予防のためには，犯罪者のみならず*被害者'の検討が不可欠であるとして，被害者研究が行われるようになった．ヘンティッヒは，『犯罪者とその被害者』(1948)において，犯罪者と被害者の相互関係を「犯罪のデュエット構造」としてとらえ，エレンベルガーは，精神医学の観点から「潜在的被害者」概念を提唱した．また，メンデルソーンは，『被害者学－生物心理学の新分野』(1956)を著し，被害者問題を学際的に研究する科学として，被害者学(Victimology)という名称を初めて用いた．当時の被害者研究は，犯人の責任とともに被害者の責任も検討し，有責性5段階評価(メンデルソーン)や被害者特性の研究(ヘンティッヒによる一般的分類と心理学的分類，宮澤浩一による一般的被害者性と特殊的被害者性)などを行った．たとえば，メンデルソーンは，犯罪の成立に被害者も関与しているとして，被害者の有責性を次の5段階に分類した．①完全に責任のない被害者(理想的被害者，例：誘拐された幼児など)，②有責性の少ない被害者(無知による被害者，例：被害の危険を察知して容易に逃げ出すことができたにもかかわらず犯行地点に赴いた強姦の被害者)，③加害者と同程度に有責な被害者(自発的被害者，例：自殺未遂，心中，安楽死など)，④加害者よりも有責な被害者(誘発的被害者，例：加害者に凶器を示し傷害する意思を明らかにしたために先を制されて傷害を受けた被害者)，⑤最も有責な被害者(例：不法な攻撃をしかけたために相手方の正当防衛によって殺された被害者)．また，被害者特性としては，素質(性差，IQ，体質，性格，精神障害など)，現在の属性(体格，精神状態，価値観，職業，社会的地位，収入など)および生い立ち・生活歴(年齢，学歴，職歴，前科前歴，被害歴，病歴，薬物依存症，結婚歴など)が犯罪被害者になりやすい個人的要因として研究された．しかし，被害者側からの犯罪防止に対しては人権上の問題も指摘されており，また，被害者特性として「被害を受けやすいような人格特性や行動傾向ないし態度」が指摘されうるとしても，それは情報提供による本人の自発的利用に委ねられるべきものであるとされる．

2 被害者学の独立性 現在の「被害者学」は，犯罪学の対象の拡大や被害概念の拡大に伴い，被害調査，被害者の犯罪届出行動，国家補償制度，被害者運動などをも包摂した被害者研究の総称として用いられている．かつての被害者研究では，被害者は，犯罪への関与という限度で取り上げられ，責任や非難の対象あるいは犯罪予防の対象とされていたが，現在では，経済的・精神的援助の対象者あるいは刑事手続への関与者として注目を集めつつある．こうして，被害者学を，従来の犯罪学の一分野ではなく，犯罪学から独立した学問分野として位置づける見解が優勢となっている．たとえば，1973年に創設

された国際学会である国際被害者シンポジウムは，当初，犯罪の被害者を中心テーマとしていたが，最近では，国際紛争，権力濫用，災害や事故，経済活動，偏見や差別など犯罪以外の被害者をも対象とし，しかも原因論的テーマから被害者支援などの対策論的テーマへ移ってきている．こうして，1990年代以降は，かつての被害者学を「犯罪被害者学」と呼び，これに対置させて「(一般)被害者学」と呼ぶようになっている．→犯罪要因　　　　　　　　　[土井政和]

被害者と刑事手続　1 歴史的経緯　犯罪の捜査あるいは訴追が*被害者'自身によって行われていた時代もあったが，近世に至って国家組織が発達するとともに，それでは公平な法の実現が果たされないとされ，犯罪の捜査と訴追は国家の任務とされるようになった．そして検察制度が整備されてくると，犯罪の訴追は主に検察官が行うようになった．その結果，被害者はもはや刑事手続の主体ではなくなり，捜査における参考人取調べあるいは公判における証人尋問の対象として事案解明に必要な限度でのみ登場するにすぎないこととなり，被害者はいわば「忘れられた人(forgotten man)」となった．しかし，1970年代になって，被害者を無視しつづけることは刑事手続に対する国民の信頼を損ねるおそれがあることが自覚され，また，刑事手続が被害者に対して第2次被害を与えるおそれがあることも認識されるに及び，刑事手続における被害者の復活が時代の問題となった．このような外国法の動向は，1980年代以降，わが国にも大きな影響を与えた．

2 被害者の保護　まず，捜査機関による取調べ・捜索・押収などの対象となることで被害者の犯罪被害がさらに拡大する場合があり，このような捜査過程における第2次被害を防止する必要がある．捜査にあたっては，被害者の心情を理解し，その人格を尊重しなければならない(捜査規範10の2・11Ⅰ)．つぎに，証人として公開の法廷で尋問を受ける場合にも，とくに性犯罪の被害者，年少者あるいは暴力犯罪の被害者等については第2次被害を防止する必要がある．従来，被害者保護の機能を担ってきた制度としては，被告人が被害者に害を加えるおそれがある場合における保釈の制限(刑訴89⑤・96Ⅰ④)，証人が被告人・傍聴人から圧迫を受け充分な供述ができない場合における被告人・傍聴人の退廷(304の2，刑訴規202)，証人の住居等についての尋問の制限(刑訴295Ⅱ)などがあった(その他，281の2・299の2，刑105の2)．しかし，2000年の法改正により，以下の3点についてさらに証人保護が進められた．第1に，強姦罪の被害者や児童被害者等の証人尋問をする際に，証人を法廷以外の場所に在席させ，映像と音声の送受信によるビデオリンク方式の尋問ができることとされ，また，証人が繰り返し証言させられる負担を軽減するため，ビデオリンク方式による証人尋問の記録媒体に証拠能力が付与された(刑訴157の4・305Ⅲ・Ⅳ)．第2に，証人が被告人や傍聴人の面前で証言することの精神的負担を軽減するため，衝立を置くなどの遮へい措置をとることができることとなった(157の3)．第3に，証人尋問の際に，証人付添人をつけることができることとなった(157の2)．

3 被害者の手続関与　まず，被害者には自己の事件に関する刑事手続の情報を得る権利がある．現行法では，告訴をした被害者に対する起訴・不起訴等の通知(刑訴260)や不起訴理由の告知(261)の制度がある．捜査状況や裁判に関する情報を被害者に通知する制度としては，警察による被害者連絡制度(捜査規範10の3)や検察による被害者通知制度がある．つぎに，被害者には一定の場合に刑事手続に関与する権利がある．現行法では，告訴の申立権(刑訴230)，検察官の不起訴処分に対する*検察審査会'への申立権(検審30)あるいは付審判の請求権(刑訴262)がある．さらに，2000年の法改正により，被害者の手続関与は以下の4点について強化された．第1に，強姦罪等の性犯罪について，告訴を決断するまでにより長期間が必要であるとの観点から，告訴期間(6ヵ月)が撤廃された(235Ⅰ)．第2に，被害者等から傍聴の申し出があるときは，傍聴の配慮がなされることとなった(被害者保護2)．第3に，損害賠償請求等に必要といった正当な理由があって相当と認めるときは，公判係属中の刑事裁判の記録の閲覧または謄写をさせることができることとなった(3・9)．第4に，被害者から申し出があるとき

は，被害に関する心情その他の被告事件に関する意見を陳述させることとなった（刑訴292の2）．

4 被害者の救済 犯罪被害の救済については，事実上，示談が大きな役割を演じているが，示談自体には強制執行力は認められない．そこで，2000年の法改正により，被告人と被害者との間で民事上の争いについて合意が成立し，これが公判調書に記載されたときは，その記載は裁判上の和解と同一の効力を有するものとし，強制執行力が認められることとなった（犯罪被害保護4～9）．示談によらない損害賠償請求は民事訴訟による．この点，旧刑事訴訟法には，刑事手続において損害賠償請求の訴えを提起する手続である*付帯私訴の制度があったが，現行法で廃止された．外国法では，付帯私訴や弁償命令（restitution）の制度などがある．被害品の回復については，押収物の還付（刑訴124）がある．なお，刑事手続外における金銭的救済の制度として，「犯罪被害者等給付金の支給等に関する法律」および「証人等の被害についての給付に関する法律」がある． ［田口守一］

被害者なき犯罪 （英）victimless crime 明確な被害者がないにもかかわらず犯罪とされている行為．国家機構による刑事法的社会統制が市民生活に介入する正統性根拠について，他者に対する侵害行為の存在を要求し，それがないにもかかわらず国家が介入することを過剰なモラリズム moralism あるいは*パターナリズム'paternalism であるとして批判する立場がある．この立場からすれば，明確な被害者のない行為は*非犯罪化'されるべきものである．

被害者なき犯罪の概念は，シューア Edwin M. Schur（米）（Crimes Without Victims, 1965），パッカー Herbert L. Packer（米）(The Limits of the Criminal Sanction, 1968)，モリスとホーキンス Norval Morris（米・1923-）& Gordon Hawkins（豪・1919-），(The Honest Politician's Guide to Crime Control, 1970，長島敦他訳『犯罪と現代社会（上）（下）』）等によって，とくにアメリカの刑事立法・刑事政策に対する批判において用いられ，国際的にも普及した．実例として挙げられるのは，通常，公然酩酊，同意した成人が行う多様な性的行為（密通，姦通，重婚，近親相姦，男色，獣姦，同性愛，売春），わいせつ行為，ポルノグラフィー，薬物犯罪，堕胎，賭博，少年固有の犯罪（行為者が成人の場合には犯罪とならない行為）等である．また，アメリカでは，届け出る被害者がなく捜査・訴追が困難である，違法ではあっても社会的需要がある，刑事司法の限られた資源は被害者が明確な重大犯罪に使用すべきである等の，より現実的な考慮も，これらの犯罪を非犯罪化すべき根拠として援用されている．そして，同意した成人間の同性愛行為や一定段階までの堕胎の非犯罪化など，被害者なき犯罪の概念が社会運動上の有効であったと思われる事例も存在する．

しかし，はたして被害者なき犯罪と言えるかどうか不明確な場合がある．たとえば，被害者なき犯罪とされるいくつかの犯罪には，公然酩酊者から迷惑を受ける市民や，姦通者の配偶者など，直接的被害者と見なしうる者が存在する場合がある．また，被害者なき犯罪への参加者が，いずれは中毒者となるであろう散発的な薬物使用者や，売春婦になるかもしれないと思われる若い女性などのように，現在すでに何らかの意味で被害者であったり，将来的に被害者となりうる場合がある．他方，たとえば贈収賄罪のように，「直接的な被害者がいない」という定義に該当するにもかかわらず非犯罪化が求められるとは思われない犯罪類型が存在する．また，同じ行為がモラリズムやパターナリズムとは異なる価値観から刑事司法の介入が求められる場合もありうる．たとえば，フェミニズムの視点からは，むしろポルノグラフィの取締り強化が求められることがありえよう．したがって，最近では，アメリカにおいても，犯罪化・非犯罪化をめぐる政策決定は，結局，問題毎の総合的判断とならざるをえないという考え方が有力であるように思われる．

日本では，キリスト教文化圏では犯罪化されることが多い同性愛行為，獣姦，近親相姦等は，それ自体としては犯罪と定義されていないし，売春についても，行為自体は処罰せずに勧誘行為や助長行為のみを処罰している．また，猥褻物頒布等を処罰する規定の適用も，急速に緩和されてきた．他方，事実上ほとんど処罰されな

いにもかかわらず堕胎罪規定は維持されているし、公営賭博は許容されているのに私人の賭博は犯罪とされている。そして、麻薬その他の薬物使用に対する取締りはきわめて厳しい。欧米では、麻薬・薬物犯罪の取締りが刑務所の過剰拘禁を引き起こしているという事情もあって、非犯罪化の主張が有力に展開されているが、日本ではそのような事情はなく、しかも何らかの形で他者に危険を及ぼすという認識が有力であるため、非犯罪化の主張は力を得ていない。→自損行為　　　　　　　　　　　[宮澤節生]

被害者の錯誤　*被害者の承諾'は、一般に、利益欠缺の原理を根拠とする違法阻却事由と解されている。しかし、被害者の承諾が錯誤に基づく場合にも、なお承諾を有効として違法性の阻却を認めるべきか、あるいは、承諾を無効としてこれを否定すべきかについては、争いがある。最高裁は*偽装心中'の事案につき、「被害者は被告人の欺罔の結果被告人の追死を予期して死を決意したものであり、その決意は真意に添わない重大な瑕疵ある意思であることが明らかである」（最判昭33・11・21刑集12・15・3519）として、殺人罪（刑199）の適用を認め、錯誤による承諾を無効とする判断を示した。判例がこのように自殺意思の真意性を要求したのは、刑法202条の減軽処罰の根拠を責任減少的に捉えたためであると解されている。これに対しては、202条の減軽の根拠を被害者の承諾による法益性の減少と捉える立場から、被害者は死ぬこと自体は認識していたのであり、単に死ぬ決意をする動機に錯誤があったにすぎないとして承諾の有効性を認め、202条の成立を認める見解が有力に主張されている。また、最近は、後者の立場から、当該法益侵害についての正しい認識に基づいた自由な意思による同意がある場合にのみ、法益侵害は法益主体の意思に合致し刑法の要保護性が失われるとして、このような場合にのみ違法性の阻却を認める法益関係的錯誤説のほかに、欺罔によって自殺させた場合を個別に検討し、被害者を利用した殺人罪の間接正犯と構成しうるか否かによって決しようとする見解も主張されている。→自殺関与罪、承諾殺人罪　　　　　　　　　　[秋葉悦子]

被害者の承諾　（独）Einwilligung des Verletzten　**1 意義**　被害者の承諾（同意）は、利益欠缺の原理を根拠とする違法阻却事由として理解されてきた。「*欲する者に対しては侵害はない」という法諺のとおり、法益主体が法益侵害に対して同意を与え、これを自ら放棄している以上、当該法益の要保護性は失われると考えられるからである。刑法典に明文の規定はないので、超法規的*違法阻却事由'のひとつとして捉えられている。

2 要件　被害者の承諾に違法阻却効果が認められるのは、法益主体の承諾によって、当該法益の法益性が失われるためであるから、対象となる法益は、被害者が処分しうるものに限られる。したがって、同意は、法益侵害の意義を理解しうる能力を備えた法益主体の自由な意思決定に基づいたものでなければならない。

また、法益主体が放棄しうるのは、個人的法益のみであるから、個人法益に対する罪のみが問題となる。このうち、生命に関しては、*殺人罪'の減軽類型として、被害者の承諾がある場合を処罰する*承諾殺人罪'（刑202）が存在することから、被害者の承諾は違法減少効果を生ずるのみであり、違法阻却の余地はないと一般には考えられている。自由、財産に関しては、これらに関する罪はもともと*構成要件'自体が意思に反することを予定しているため、ここでは違法性ではなくむしろ構成要件該当性が阻却されると解する見解もあるが、実質的な差異は認められておらず、一般には違法性が阻却されると考えられている。被害者の承諾の問題で最も議論の多いのが、身体に関する罪、特に刑法204条の傷害罪の成否についてである。*行為無価値'論的な立場からは、同意傷害についても、公序良俗に反し、社会的相当性の限度を超える場合は可罰的であることが認められている。最高裁の判例にも、自動車の追突事故により傷害を負わせ、保険金を騙取する目的で共犯者の同意を得て傷害の結果を生じた事案につき、被害者の「承諾は、保険金を騙取するという違法な目的に利用するために得られた違法なものである」ことを理由に傷害罪の違法性の阻却を認めなかったものがある（最決昭55・11・13刑集34・6・396）。これに対して、結果無価値論的な立場からは、もっぱら被害者の法益処分の意思にポイ

ントが絞られることになる．ただ生命に関わるような重大な傷害については，202条の存在にかんがみて，違法性の阻却を否定する見解が有力であるが，最近は，このような場合にも違法性を阻却すべきであるとする見解も主張されている．→推定的承諾　　　　　　　　［秋葉悦子］

被害者補償 **1 被害者補償の必要性** *被害者'あるいはその遺族は，精神的，物質的に極めて悲惨な状態に置かれていることが多い．ところが，被害の賠償を求めようにも，加害者が貧困で支払い能力もないため，民事上の損害賠償請求は機能せず，受刑者が受ける作業賞与金による*被害弁償'も賞与金の額が低すぎて考慮に値しない．また，国家的な社会保障としては，労災補償，健康保険，生活保護などがあるが，犯罪被害者に対する特別な救済制度は存在しない．確かに，国家の刑事司法作用あるいは捜査活動に協力したことによって被害を受けた場合あるいは証人等として出廷したために報復を受けた場合には被害補償を受けられるようにはなっているが，これも一般的な被害者補償とはいえない．そこで，犯罪被害者国家補償制度が必要であるとの認識が広がっていくのである．被害者補償の制度は，*ベンサム'，*フェリー'，*ガロファロ'らによっても主張されていたが，実現にはいたらず，第2次大戦後，イギリスのM・フライ女史による「被害者のための正義」の提唱を契機として，1963年にニュージーランドにおいて実現されたのが始まりである．翌年以降，イギリス，アメリカのカリフォルニア州，カナダ，オーストラリアで設けられ，1970年代には北欧やドイツ，フランスなどヨーロッパ諸国でも実現された．

2 被害者補償の理論的根拠 これには，さまざまな考え方があるが，人身被害に限定する点でほぼ共通性がある．第1は，労災補償型で，被害者の性格・困窮度に関わりなく，補償の基準額を定め，一定の範囲で支給するが，他の制度により給付を受けた場合を除くものである（ニュージーランド）．第2は，損害賠償型で，民法上の損害賠償を基準とする算定方式を採り，他の補償制度との重複も認めるものである（イギリス）．なお，損害賠償型には，国に犯罪防止義務を認め，それを果たさなかったために生じた犯罪の被害者には損害賠償の責任を負う，とする考え方もあるが，このように直接，国の責任を肯定するものはなく，犯人が負うべき損害賠償義務を国が肩代わりするものとされる．第3は，生活保護型であり，被害者の生活の困窮状況を救済するため生活扶助を行うとするものである（カリフォルニア州）．第4は，見舞金型と呼ぶべきものである（日本の*犯罪被害者等給付金支給法'）．従来，補償の谷間に置かれていた被害者の窮状を一時的に救うものとされ，労災保険の給付や損害賠償を受けた場合には減額される．これに対しては，まず，被害者の損害を補償する目的で「被害者補償制度」を設け，それを補う形で労災保険その他の社会保障制度を設けるべきだ，との批判もある．

3 被害者補償と精神的ケア 犯罪の被害は経済的補償のみで回復されるものではなく，「心の傷」をいやす援助が求められる．被害者およびその家族，特に被害者が死亡した事件における遺族の精神的な傷は大きく，社会的に孤立していくことも多いだけに，その回復のために，国のみならず周囲の人々の理解と支援が必要である．そこで，精神的被害を被害者補償の対象として認める国も増加してきている．全米被害者援助機構（NOVA）は，精神的支援を最大の援助として掲げ，多数の支援プログラムを開発している．→刑事補償　　　　　　　　［土井政和］

被害調査 犯罪実態を把握するため，一般に*犯罪統計'が用いられることが多いが，公式の犯罪統計には暗数が存在することが広く認識されるようになり，その欠陥を補う目的で特に1970年代以降被害者調査が行われるようになってきた．その先駆けとなったのが，アメリカにおける大統領諮問委員会による犯罪被害の全国調査（1967年）である．この結果，*被害者'は警察に通報しない場合も多く，犯罪被害者数は予想以上に多いことが明らかになったため，1973年以降，全米犯罪被害者化調査（NCVS（National Crime Victimization Survey），1990年に全米犯罪調査NCSから改称）が毎年実施されている．同様の全国調査は，オランダ（1974年以降）やイギリス（1983年以降）でも実施されるようになり，現在では多数の国々に広がっている（わが国はまだ制度化されていな

い)．また，被害調査の目的も，当初の暗数調査から，被害と被害者自体の分析を意図するものへと重点が移っている．

被害調査は，公式の犯罪統計がもつ暗数を明らかにし，それに代わって正確な犯罪実態を表すものといわれるが，現実には，公式統計と同じく，その数値は実態を正確に反映したものとはいえない．被害調査の問題点として，具体的には次のような点があげられている．①個人的被害の明確な犯罪に限られること，②調査費用の点からサンプル数が限られざるを得ないが，発生件数の小さなものは適切に母数を推定し得ないこと，③過去の出来事についての記憶が必ずしも正確とは言い切れないこと，④警察に届けることがためらわれたようなものは被害調査においても正直に答えられるか疑問があること，⑤いやな出来事は一般に忘れ去られ，想起が妨げられやすいこと，等である(吉岡一男『刑事政策の基本問題』1990)．実際に被害調査で得られた数値は，被害者の回答行為ないし届出行動を反映したものである．それゆえ，被害体験と届出・回答行為との間には，その事態を被害者がどう受けとめたか，とりわけ，重要な犯罪事態と考えたか，届出をめぐる利害の錯綜，相談する相手や機会の存在，ひいては当該被害者の性格・人格，生活態度や人生観など，さまざまな要因が介在している．したがって，被害調査の回答は，被害者による犯罪対応活動の中に位置づけて分析検討すべきものとされる(吉岡・上掲)．

調査項目として，届け出行動の有無，届け出なかった場合の理由などを掲げ，その回答を分析検討することによって，被害者に配慮した刑事司法制度の改善につなげていくことができる．たとえば，被害者に対する警察の対応態度を改善すること，被害回復や弁償などにつなげる努力を活発化すること，その後の捜査状況などについて情報提供すること，等である．こうして，犯罪発生への被害者の寄与を分析する従来の被害者学的な方法とは異なった被害者研究の分野が開かれることになる． [土井政和]

被害届 被害届は，犯罪の被害者が犯罪による被害の事実を申告するものであるが，訴追を求める意思表示を伴わない点で，*告訴'と異なっている．その結果として刑事訴訟法上は，法律上の効果を伴わず，*捜査の端緒'として扱われるに止まっている．ただし，刑法上は虚偽告訴罪(刑172)の申告となりうる．

もっとも犯罪捜査規範では，警察官は，犯罪による被害の届けを受理しなければならず，その届けが口頭であるときは，所定の様式の被害届に記入を求めまたは警察官が代書するものとされている(捜査規範61)．

書面としての被害届は伝聞証拠の一種であり，その例外としては刑事訴訟法321条1項3号の書面に該当することになるが，実際は多くの裁判で証拠調べ請求され，弁護人の同意を得て証拠とされている(刑訴326Ⅰ)．また，*補強証拠'法則(319Ⅱ)における補強の範囲議論では，窃盗罪や贓物罪(盗品等に関する罪)などでは，被害届は犯罪による被害の発生を示すもので，補強証拠として足りるものと考えられている．
[久岡康成]

被害弁償 (英) restitution (独) Entschädigung 被害弁償は，加害者が被害回復のために必要な金銭を被害者へ支払う刑事法上の損害回復の一形態と位置づけることができる．*被害者補償'との違いは，被害弁償が加害者によって行われるのに対し，被害者補償は，国家の責任により国家の財源で行われる点にある．また，被害弁償が刑事法の一環として行われる点で，民事上の被害賠償とも区別される．損害回復は，さまざまな分類が可能であるが，たとえば，被害者に対する直接的・現実的損害回復(被害者への財政給付・労働給付，現状回復)と間接的・象徴的な損害回復(公共への財政給付・労働給付，被害者への謝罪，公益労働など)に分類できる．この分類では，被害弁償は，直接的・現実的な損害回復にあたる．また，損害回復は，加害者の任意性の有無によって，強制的形態と任意的形態とに分類できる．前者の例として，損害回復を独立の制裁と位置づけるアメリカ，イギリスなどにおける被害弁償命令(損害賠償命令)やドイツのようにそれを保護観察における遵守事項として法的に評価するものがある．後者の例としては，加害者・被害者和解(刑事和解)や修復的司法(restorative justice)があり，その中で被害弁償が行われることもある．ドイ

ツでは、検察官が和解プロジェクトに事件を移送し、そのプロジェクトに属するソーシャルワーカーが加害者である被疑者と被害者に接触する。両者の合意があれば、対面の機会を設け、被害者は犯罪被害について訴え、加害者は犯罪に至った事情などを説明し、損害回復の方法(謝罪や被害弁償など)を協議する。加害者が合意事項を履行すると、ソーシャルワーカーが検察官に連絡し、検察官は刑事手続の打ち切りを行うのである。このような刑事和解の主たる理論的要素としては次のものがあげられる。①犯罪は国家に対する違反ではなく、人々の間における紛争である、②犯罪への対応は、応報ではなく回復であり、被害者と行為者双方のニーズに向けられるべきである、③被害者と行為者は自ら紛争解決を行い、裁判手続に直接参加できる権限を付与されるべきである、④行為者から被害者への損害回復の合意・実現は、和解の重要なシンボルである、など(高橋則夫「刑事和解の理論と実践」加藤・瀬川編『刑事政策』所収)。わが国では、示談・被害弁償が、犯罪行為後の情状の一種であり、行為者の責任を軽減させるものとして理解されている。具体的には、量刑事由、微罪処分、起訴猶予、執行猶予などの判断に少なからざる影響を与えている。しかし、示談・被害弁償が事実上の措置であり、警察や検察の裁量に依存し、法的安定性に問題があることを理由に、法制度化を求める声もある。

[土井政和]

被疑者 犯罪の嫌疑を受け、捜査機関による捜査の対象とされているが、未だ公訴を提起されていない者。刑事手続における当事者としての主体的な地位にあり、防御のために黙秘権(憲 38 Ⅰ、刑訴 198 Ⅱ)、弁護人選任権(憲 34、刑訴 30 Ⅰ)など種々の権利が認められているが、現行刑事訴訟法上、捜査機関の取調べの対象となること(刑訴 198 Ⅰ)、保釈が認められないこと(207 Ⅰ・88 以下)、接見交通において捜査機関による接見指定がありうること(39 Ⅲ)、国選弁護人を請求できないこと(36)など、公訴を提起された*被告人'とは異なる取扱いもなされている。しかし、被告人と同様の地位を認めるべきであるとして、そのように上述の条文を解釈する立場や、そのような法改正を求める立場もある。

「被疑者」概念には法律上の定義はなく、「被疑者」と「被疑者以外の者」(*参考人')の区別、すなわち、いかなる段階で被疑者とされるのかは、必ずしも明確ではない。とくに、弁護人選任権(30 Ⅰ)、証拠保全請求権(179)、取調べにあたっての黙秘権の告知(198 Ⅱ)など、認められる権利および取扱いの点で両者には相違があるので、実際上もその区別は重要である。ドイツでは、「被疑者」の地位の開始を捜査機関の意思活動に基づいて判断する形式説ないし主観説、個別化された嫌疑という実体的基準に基づいて客観的に判断する実体説ないし客観説、嫌疑の個別化を前提にして一定の捜査活動を要求する混合説があり、混合説が有力である。→容疑者

[山名京子]

被疑者の権利 起訴前段階において犯罪の嫌疑を受けている者の権利。逮捕された*被疑者'は、被疑事実の要旨および弁護人選任権の告知を受けるとともに、弁解の機会が保障されている(憲 34、刑訴 203 Ⅰ)。旧刑事訴訟法では起訴後(予審段階を含む)における被告人弁護制度が定められているだけであったが(39 Ⅰ)、現行刑事訴訟法 30 条 1 項は「被疑者は、何時でも弁護人を選任することができる」と規定し、身柄が拘束されているか否かを問わず、被疑者に対し弁護人選任権を認めるところとなった。その弁護権を実質的に保障するため(憲 34)、刑事訴訟法は、身柄が拘束されている被疑者と弁護人との接見交通権を保障している(刑訴 39 Ⅰ)。また被疑者には、供述拒否権が認められ、取調べに際して、捜査機関に対しその告知を義務づけている(憲 38 Ⅰ、刑訴 198 Ⅱ)。

とくに被疑者を勾留する場合には勾留質問の制度があり(刑訴 80 Ⅰ・207 Ⅰ)、また勾留された被疑者については、親族や友人等弁護人以外の者との接見交通権(80 Ⅰ・207 Ⅰ)とともに、勾留理由開示、勾留取消請求の手続なども認められている(82～87・91・207 Ⅰ)。

もっとも、被告人の場合とは異なって、起訴前段階には国選弁護制度は存在せず(36 参照)、弁護人との接見交通に関しても、捜査機関は「その日時、場所及び時間を指定することができる」との規定がおかれている(39 Ⅲ。被告人接見に

ついてはこのような制限はない）．勾留された被疑者に対する保釈制度は設けられていない（207 Ｉ）．また，供述拒否権はあるものの，被疑者が逮捕・勾留されているときは，取調べにつき出頭を拒んだり，出頭後退去することができないと実務上解されている（198 Ｉ但書参照）．逮捕・留置された被疑者は，勾留段階とは違って，裁判官のもとに引致されることはなく，弁護人以外の者との接見は権利としては認められていない．

取調べが捜査の中心で，その過程で作成された調書が実質的な証拠となる日本の刑事司法では，起訴前段階は被疑者にとってことさら重要な意味をもつ．日本の刑事裁判では，捜査段階で有罪・無罪がほぼ決まってしまうといっても過言ではない．それだけに立法・運用の両面で，被疑者の権利を拡大強化し，その地位をできるだけ被告人に近づけるのは喫緊の課題である．少なくとも被疑者にも国選弁護制度を導入し，勾留された被疑者に対する保釈制度を設けることはその実現が待たれるところである．また，逮捕・勾留された被疑者取調べについても出頭拒否・退去の自由が保障されるよう運用が改善されることも望まれる（アメリカ法におけるいわゆる*ミランダ・ルール'では，弁護人が同席していない取調べで採取された供述調書の証拠価値を否定し，弁護人立会いのもとで取調べが実施されることを保障している）．

なお，被疑者は「あらかじめ証拠を保全しておかなければその証拠を使用することが困難な事情があるときは」証拠保全を請求することができ（刑訴179），抑留または拘禁を受けた場合に，その者が罪を犯さなかったと認めるに足りる十分な事由があるとして事件が起訴されなかったときは，*刑事補償'を受けることができる（被疑者補償規程（昭和32年法務省訓令1号））．→被告人の権利　　　　　　　　［大久保哲］

ひき逃げ　車両等の運転者が，走行中過失によって通行人を負傷させたのに，救護せず，現場に置き去りにすることを単純なひき逃げといい，被害者を他の場所に運んで放置することを移転を伴うひき逃げという．このようなひき逃げについては，業務上過失致傷罪と救護・報告義務違反罪（道交72）のほかに，*保護責任者遺棄罪'（刑218）ないし同致死罪（219）または不作為による殺人罪（199）も成立するかが問題となる．判例には，道路交通法上の*救護義務'を根拠にして，保護責任者遺棄罪の成立を認めるものもある（最判昭34・7・24刑集13・8・1163，なお東京地判昭40・9・30下刑7・9・1828は不作為による殺人罪の成立を認めているが，作為義務の根拠については明示しない）．学説には，先行行為に基づいて保護責任を認める見解もある．しかし，法令や先行行為だけを根拠にすれば，単純なひき逃げにも保護責任が認められることになる．最近の学説では，被害者を自車に乗せて病院に運ぶ途中で放置するといった移転を伴うひき逃げのように，保護の引受けと排他的支配が認められる場合（前掲判例事案）にはじめて保護責任ないし作為義務が生じるとする見解が有力である．なお，ひき逃げの結果被害者が死亡した場合には，保護責任者遺棄致死罪が成立するが，未必的にでも殺意があれば不作為による殺人罪が成立することになる．　　　　　　　　　　　　　　　［大沼邦弘］

非供述証拠　*供述証拠'以外の*証拠'をいい，証拠物が典型である．証拠物たる書面は，供述証拠としての性質と証拠物としての性質を併せもつ．

供述証拠，非供述証拠の区別は伝聞法則の適用との関係で重要である．非供述証拠であれば伝聞法則が適用される余地はなく，逆に供述証拠であれば伝聞法則が適用されるからである．そうした観点から，従来，写真，*録音テープ'，ビデオテープなどの法的性質が論じられてきた．通説は，写真は知覚・記憶・叙述という供述過程を介することなく，機械的方法で，一定の事実の痕跡がフィルムおよび印画紙に残されたものであるので，その性質は非供述証拠であるとし，判例も同様の立場に立つ（最決昭59・12・21刑集38・12・3071）．供述証拠説によれば，写真には撮影・現像・焼付けなどの人為的操作が加わるので，一種の供述証拠，すなわち撮影者により対象の状況が報告される報告文書であって，検証の結果を記載した書面に準じた取扱いをすべきであり，刑事訴訟法321条3項を類推適用すべきであるとする．

非供述証拠説によれば関連性が立証されれば

当該証拠を用いうるのに対し(前掲の判例は写真自体またはその他の証拠による事件との関連性を認めうるかぎり証拠能力を具備するとする),供述証拠説によれば撮影者等の証人尋問が証拠の許容要件となる(321 Ⅲ参照).もっとも,非供述証拠説に立つとしても,関連性立証の最良の方法は撮影者等の状況説明であるから,実際の運用においては両説の差はそれほど大きくないとされている.録音テープ,ビデオテープも同様に考えうる. [津村政孝]

非決定論 (英) indeterminism 人間の意思の自由を認める立場であって(自由意思肯定論),*決定論'に対立し,人間の意思決定や行動は,必ずしも必然的な法則に支配されて行われるわけではない,と主張する.非決定論に立脚する*道義的責任論'によれば,*責任'とは,行為者が主観的に道義的な規範意識に従って適法な行為を選択することができ,かつ,その選択に従って行動することが可能であったのに(他行為可能性),自由意思によって違法な行為を選択したことについて,行為者を道義的に非難できることを意味する.かつての道義的責任論は,犯罪を他の人間活動と同様,無原因の自由という意味での完全に自由な意思決定の所産と解する絶対的非決定論を採っていたが,意思決定が偶然的に無から生ずるということになると,責任を負う主体がなくなり責任を問うことができなくなる,という批判を受けることとなった.

その後,*規範的責任論'が台頭するに及んで,行為の付随事情によって意思支配の及びえない場合があることを認める相対的非決定論(相対的意思自由論)が有力化した.「決定されつつ決定する」という標語によって示される相対的非決定論は,また,自ら決定するという考え方を維持しつつ,*犯罪学'の知見を採り入れ,行為者に対する素質と環境による因果法則的な影響をも承認するに至っている.相対的非決定論に立脚する責任論には,素質・環境による制約を認めつつも,人格形成,犯罪行為の双方に行為者の主体的な人格態度が規制的に働くことを認める見解(*人格責任論')や,行為が因果的決定に服することを認めつつ,因果法則を意味と価値に従って統制しうる能力として意思の自由を認め,価値に従った意思決定をしなかったところに責任非難の根拠を求める見解等がある.
→意思自由論 [曽根威彦]

非現住建造物等放火罪 放火して,現に人が住居に使用せず,かつ,現に人がいない建造物,艦船,鉱坑を焼損する罪(刑 109)である.108条と比較して,第1に,1項の罪は抽象的危険犯であるが,建物内部の人の生命・身体への危険がないため法定刑がかなり低い,第2に,客体から汽車,電車が除外されており,これらの放火は110条の対象となる.客体が自己所有であっても差押えを受け,物権を負担し,賃貸し,または保険に付した物は,他人の財産侵害を含むため,本条1項の適用対象となる(115).建造物・艦船もしくは鉱坑が自己所有に係るときは公共の危険を生じさせない限り処罰されない(109 Ⅱ).本条2項の罪は,具体的公共危険犯であるが,未遂処罰はない.2項の罪に関し,公共の危険発生の認識につき,必要説は公共の危険発生が構成要件要素であるからその認識を必要とするが(通説),不要説は公共の危険の内容が他の物件への延焼の危険であれば,その認識を要求するのは108条・109条1項の故意を要求することにならざるをえないので過失で足りるとする.判例は不要説である(最判昭60・3・28刑集39・2・75).→放火罪

[奥村正雄]

被拘禁者処遇最低基準規則 (英) Standard Minimum Rules for the Treatment of the Prisoners **1 沿革** 本規則は,1955年,ジュネーブで開かれた第1回*国際連合・犯罪防止及び犯罪者処遇会議'で決議され,1957年の国連経済社会理事会で採択・承認された.第2次大戦前にも,国際刑法および刑務会議によって起草され,1934年に国際連盟によって採択された「被拘禁者処遇最低基準規則」が存在した.本規則は,これを発展させたものであるが,刑事施設の模範的制度を詳述したものではなく,被拘禁者の処遇および施設の管理に関する適切な原則および実践として一般的に認められているものを摘示したものである(1).本規則は,各国政府を法律的に拘束する条約ではないが,各国における立法および実務運営において考慮さるべき国際準則として,*市民的及

び政治的権利に関する国際規約'と並んで国際人権保障に重要な役割を果たしている．本規則の実施に関する調査は，国連事務局において5年ごとに行われており，国連犯罪防止及び犯罪者処遇会議に提出されている．

2 内容　規則は，1977年に追加された95条を含め，全95条からなり，序則（1～5），基本原則（6～55），特則（56～95）に分かれている．序則で規定されている対象者は，刑事・民事，未決・既決，あるいは保安処分を問わず，あらゆる種類の被拘禁者で，少年については原則として拘禁刑が適用されてはならないとしている．基本原則では，施設の一般的管理として，居住設備，衣類，寝具，食事，運動，医療等の生活条件の最低基準，および被拘禁者への情報提供，不服申立ての権利，家族等との通信・面会，図書サービス，信教の自由等とともに，施設職員についても詳細な規定を置いている．特則では，受刑者，未決被拘禁者，民事被拘禁者等について規定しているが，受刑者について特徴的なのは以下の点である．まず自由刑は，「自由剥奪によって自主決定の権利を奪う」点で苦痛を与えるものであるが，それ以上に「固有の苦痛を増大させてはならない」(57)として自由刑の純化を規定する．他方で，自由刑の目的に関し，「究極的には，犯罪から社会を防衛すること」(58前)と規定するが，これは，受刑者の社会復帰を目的とする処遇の実現によってのみ達成されるとしている．社会復帰処遇は，「釈放後，法を遵守する自立した生活を営む意思と能力を持たせることを目的とし」，「自尊心を高め，責任感を向上させるものでなければならない」(65)．さらに具体的処遇方法として，処遇の個別化とそのためのグループへの分類，行刑の社会化，社会的関係の維持・形成を重要な指導原則として掲げ，精神的・身体的負因の治療，受刑者のニーズに応じた信教，教育，職業補導・訓練，社会的個別指導，就職相談，身体強化，道徳深化などあらゆる手段の活用，作業，教育とレクリエーション等についても定めている．本規則が採択された時期は，世界的にも治療モデルを基礎にした処遇思想の絶頂期にあたり，これらの規定もその思想を反映したものといえよう．当時の劣悪，非人間的，懲罰的な環境の下で拘禁されている受刑者に対し，人道的な処遇を国家に義務づけることによって，権利保障と社会復帰処遇を実現しようとしている点で評価される．しかし，当時の処遇思想の限界も内包しており，受刑者はあくまで社会復帰処遇を強制される客体であって，主体としては位置づけられておらず，処遇も人格変容を前提としたものとなっている．処遇批判を経た今日，後述のヨーロッパのように，本規則をさらに改正した地域人権基準も制定されている．

3 発展　欧州理事会閣僚委員会は，1973年，本規則を部分改正し，ヨーロッパ被拘禁者処遇規則を採択したが，1987年にはさらにこれを全面改正し，ヨーロッパ刑事施設規則を制定した．これは，「人間の尊厳の確保」を全規定の基調にすえたもので，第1部基本原則に特徴が示されている．第1に人間の尊厳の確保，第2に規則の公正な適用，第3に施設内処遇の目的，第4に巡閲官による刑事施設の観察，第5に外部独立機関の調査による監視，第6に矯正職員と被拘禁者による本規則の入手が謳われている．

〔土井政和〕

非 行 少 年　**1 非行のある少年**　*少年法'は，非行のある少年に対して性格の矯正及び環境の調整に関する*保護処分'を行うなどによって，少年の健全な育成を期すことを目的とし(1)，*家庭裁判所'の審判に付する少年として，①罪を犯した少年，②14歳に満たないで刑罰法令に触れる行為をした少年，③所定の事由があって，その性格または環境に照して，将来，罪を犯し，または，刑罰法令に触れる行為をする虞のある少年をあげている(3)．それぞれを略称すると，非行少年は，犯罪少年，触法少年，虞犯少年からなる．これらが非行のある少年として少年法の対象になるのであって，非行とは，したがって，犯罪行為，行為者が14歳未満であって責任要件を欠くために犯罪とはならないが，構成要件（犯罪類型）該当性（および違法性）はある（法に触れる）行為，法定の虞犯事由のどれかがあって性格または環境に照らして将来犯罪行為か触法行為をする虞のあることのいずれかを意味するにすぎず，非行少年という特別な少年の実在が想定されているわけではない．この意味での非行（のある）少年が家庭裁判所によ

る保護手続で扱われるが，それぞれに応じた措置の違いもある．

2 犯罪少年に対する刑の緩和等 犯罪事件の捜査において被疑者が(14歳以上の)少年である場合は，勾留の制限(43・49)や観護措置の請求(17・43)など，より広くは*少年警察活動'としての配慮が必要とされ，微罪処分や起訴猶予の対象になることなく家庭裁判所に*全件送致'される．禁錮以上の刑にあたる罪を犯した者は，犯行時に16歳以上で故意犯による被害者死亡事件であれば原則として，検察官送致(逆送)により刑事処分を科すことができる(20)が，その際の刑罰の緩和として，犯行時18歳未満者が死刑で処断すべきときは無期刑にし，無期刑のときは10年以上15年以下の懲役または禁錮にすることもでき(51)，短期と長期を定めた不定期刑を言渡し(52)，労役場留置は言渡さない(54)，懲役・禁錮の執行(16歳未満は*少年院'での矯正教育も可能)は特に設けた監獄(*少年刑務所')等で行う(26歳まで可能)(56)，無期刑(死刑から緩和されたものは除く)については7年など仮出獄適格の短縮(58)，仮出獄期間の終了(59)と*資格制限'に関する法令の適用(60)における優遇措置などがある．また，家裁の審判に付された少年または少年のときの犯罪で起訴された者については，氏名，年齢，職業，住居，容ぼう等によりその者が当該事件の本人であることを推知することができるような記事又は写真を新聞紙その他の出版物に掲載してはならない(61)とされており，*犯罪報道'における匿名主義が実現されている．なお，被害者等への通知(31の2)，被害者等による記録の閲覧及び謄写(5の2・3)が新設された(平成12年少年法改正)．

3 児童福祉による対応 触法行為も虞犯も，本来は犯罪のように刑事的介入ないし制裁賦課の対象になるものではないが，対象少年の保護の観点もあってか，家裁の扱う非行少年に含められている．触法および14歳未満の虞犯少年は，都道府県知事または児童相談所長から送致を受けたときに限り審判に付することができる(3 II)とされ，児童福祉上の配慮が優先されている．警察で(交通業過を除く)刑法違触法少年として補導される者(平11年2万3千人)の8割ほど(同1万8千)は警察限りで，児童相談所等に通告されるのは2割ほど(5千)である．家庭裁判所の一般保護事件で新受人員(20万人)のうち知事・児相から(虞犯を含む)は数百(強制措置を求めての69を含めて247人)，終局人員(8万人)のうち14歳未満は数十人(81人)である．少年鑑別所収容率の高さ(平成10年まで6，7割)からは問題の深刻なものが非行少年として家裁で扱われている状況も窺われるのであるが，基本的には触法や*虞犯少年'(さらには非行少年全て)は児童福祉で扱うべき問題だとすることができよう．→少年非行，非行要因，不良行為　　　　　　　　　　　　　　[吉岡一男]

非行地域　(英) delinquency area

1 ショーとマッケイの研究　非行地域とは，アメリカの犯罪社会学者ショー Clifford R. Shaw(米・1896-1957)とマッケイ Henry D. McKay(米・1899-)が，その共著 Delinquency Areas『非行地域』(1929)において打ち出した概念である．彼らは，1900年から27年にかけてシカゴ市内の非行発生状況を調査し，シカゴ市を生態学的特性が相互に異なる5つの同心円的環状地帯に分けて考察した．非行発生率は，都市中心部の商業地域を取り囲む地帯 zone において最も高く，そこから外部へ移るにつれて体系的に減少しており，それは，貧困，住環境の悪化，疾病，経済的依存についても同様であった．このような生態学的現象は，都市成長の当然の所産であると考察されている．都市が成長するにつれて商業的・産業的中心部が拡大し，その周縁の居住地域に侵入していく．その結果，周縁地域が居住に適さなくなり，移動しうる人々は外部地域(とはいえ，さほど遠くない地域)へと移動する．そのように移動した人々は，彼らが再定住した地域に元来住んでいた人々を刺激し，元来の住民をより外部の地域へと移動させる．このようにして，人口の地理的再分布が継続的に繰り返された結果として，中心部周縁地域——推移地帯 zone in transition——における人口の混在が，犯罪と非行を促進する環境を生み出すというのである．

このように非行発生率がきわめて高い地域を，非行地域と呼ぶ．そして，非行多発地域と非行少年居住地域は重なりあっていた．彼らによれ

ば，非行発生率の低い地域では，伝統的で一貫した遵法的態度が保持されており，少年たちは非行に直接接触することがなく，非行を学習することがない．それに対して，非行多発地域では，遵法的な価値観と反社会的価値観が対立し，葛藤し合っている．そのような地域では，少年たちは双方の文化に接触する機会を持つわけであるが，社会的に不利な状況に置かれている少年ほど反社会的文化と接触しやすく，目的達成の手段として非行を選択する可能性が高い．

ショーとマッケイの研究は，社会変動が社会統制の弱体化をもたらし，それが非行を増大させると考える点で社会解体 social disorganization 論に属するものであるが，同時に，非行の発生を，少年が地域社会において遵法的・合法的な文化と接触するか，反社会的文化と接触するかによって説明する点において，文化伝達 cultural transmission 論の基礎を提供するものであった．文化伝達論は，とくに*サザランド'が構築した*差異的接触理論 differential association theory を経由して，60年代までのアメリカ犯罪社会学において，最も有力な理論的系譜を形成することになった．

2 日本の研究状況 日本では，50年代中期に柏熊岬二らによってショーとマッケイの追試研究が行われている(柏熊岬二・松浦孝作『東京都における非行少年の生態学的研究』〔1958〕)．それによれば，非行発生率は盛り場や歓楽街を抱える地域において高いが，非行少年居住地域は分散している．アメリカにおいては，コミュニティ概念を居住地を中心とする狭い地域で定義することが可能であるのに対して，日本では，交通機関によって移動可能な行動生活圏とでも呼ぶべき広がりをもって考察しなければならないということである．このことから彼らは，日本において非行地域を考察する際には，非行者居住地域と非行行動多発地域の2つの概念に分けて考察すべきことを提唱している．→犯罪の地理的分布　　　　　　　　　　　　［宮澤節生］

非行副次文化（英）delinquent subculture　社会の一部の人々の間で共有されている価値や行動様式であって，全体社会において支配的な価値や行動様式とは異なるものをサブカルチャーと言い，副次文化あるいは下位文化とも呼ばれる．たとえば，若者文化と呼ばれる青年世代に特有の価値や行動様式はその一例である．副次文化のなかで，全体社会において非行とされる行動を容認，あるいは積極的に是認する副次文化を非行副次文化あるいは非行下位文化という．犯罪・非行は学習による*犯罪行動習得'に起因するという分化的接触の理論を提唱した*サザランド' Edwin H. Sutherland (1883-1950)以後，非行副次文化を用いた非行行動の説明が試みられるようになった．非行副次文化による非行の説明は，非行副次文化の生成，少年による習得，具体的非行行動への発現という3つの面のすべて，あるいはその一部に関わるものである．

社会における非行副次文化の生成については，下流階層の文化のなかに非行文化が含まれているとする説，および中流階層を含む若者文化の一面であるとする説があるが，アルバート・コーエン Albert K. Cohen (1918-) は緊張理論を導入し，労働者階級の少年は社会で支配的な中流階層の文化の下で不利な競争にさらされ，地位上昇に挫折する結果自己評価が悪化し，その反動形成として中流階層文化に敵対的な独自の非行副次文化を形成するに至ると主張した．

非行副次文化の習得は，サザランド以来，社会集団，典型的には少年ギャングの中の親密な社会関係を通して行われると考えられてきたが，近年ではマス・メディアを通して非行副次文化が伝播し習得されるという見方もある．

非行副次文化と非行行動との関連については，クラワード Richard A. Cloward (1926-) とオーリン Lloyd E. Ohlin (1918-) が機会の存在の重要性を指摘し，コーエンと同様に緊張理論を導入しつつ，非合法の上昇機会が存在するときには犯罪をキャリアとして追求する非行集団が形成され，非合法の上昇機会すら存在しないときには，地位上昇を求める少年は挫折感から暴力的行動を行う闘争集団を形成し，上昇志向のない少年は薬物濫用を行う逃避集団を形成すると主張した．　　　　　　　　　　　［村山眞維］

非行要因　1 非行原因論　*少年非行'についても，犯罪と同様，関連要因を探って理論仮説を構築していく原因論が課題となる．犯罪行動については理論仮説の優位も言われ，

'犯罪要因'を列挙するだけの多元因子論は何ら理論的含意を含んでいないとして軽視されることもあるが、非行については、家庭裁判所における'非行少年'への対応等で'非行予測'が重要課題として論じられ、あるいは予防の観点からの養育・教育実践が重視されることから、ややもすればもっともらしい事後説明に終わりがちな理論仮説よりは、非行要因を解明しその存否・程度等を確認していくことこそが重要だとされる。その際は、素質と環境という伝統的な犯罪学における枠組みから出発しつつ、少年の個体的負因とそのおかれた環境的負因とに分けて整理すること、個別要因の非行関連性・負因性を統計的・静的に検討しつつ、それらの相互作用から生じるダイナミクスにも配慮することが目指される。非行要因においては、いわゆる'家庭内暴力'や'学校病理'といった少年非行に特有の現象にも留意する必要がある。

2 素質から個体的負因へ 個体を生物的に基礎づけるDNAによる遺伝情報が、親から受けついだ当該個体の素質における中核として想定できる。それは、しかし、受精前後も含めて母胎内における発生環境との相互作用によって個体として発現・展開していく一要素にすぎない。出生時において個体に備わった生物的基底を当該個人の素質と呼ぶことができる。非行につながりうる素質的負因としては、知的障害や性格の偏りなど外界とのとりわけ社会的・対人的な情報交換を支える脳・神経系の機能不全・不具合を導きうる代謝・酵素異常等がある。21番染色体のトリソミーによるダウン症候群など、明確なメカニズムは不明であっても養育時における適切な配慮で知的機能の進展を望みうるものもある。補完体制の不存在・不十分さや、現状では如何ともしがたい素質的負因の存在が、情緒的・性格的ゆがみや知的遅滞といった精神機能の不具合など当該個体の犯罪・非行行動につながる個体的負因に具体化する。個体の多様性という理解を基本にしつつも、他者侵害的な欲求充足や情動発現的な攻撃行動につながりやすい精神特性を非行要因として理解することは許されよう。もちろんそれらが、単独であるいは自動的に非行行動となるわけではなく、常に環境との相互作用下においてではあるが。

3 環境要因 非行要因とされ、あるいはそれをもたらすとされる環境的負因は、発生環境、生育環境、行為環境に分けて整理できる。発生環境は遺伝情報の発現に作用して出生時における個体を形づくる。母胎を通じての内分泌攪乱物質や重金属等の環境汚染物質、たばこやアルコールも含めての薬物、栄養不良などが、発生の特定時期に生殖器官や身体・脳神経系の不具合をもたらす。生育環境の負因性は、保育者・親との肉体的接触や情緒的精神的ふれあいの不十分さ、虐待、遺棄・放任・ネグレクト、親・保護者の不存在や実質的な機能不全も含めての欠損家庭など数多くのものが、成長・発達段階に応じて指摘される。非行になじんだ遊び仲間や、家出、怠学などは、問題のある態度や行動様式を育てるとともに、それら自体が問題のある行為選択という側面をもち、非行に至る一連の行動の進展として、あるいは、こういう状態にあることが行為環境としても理解される。行為環境は、具体的な非行をもたらす直接的なものから、物質的繁栄による価値観の多様化など生育環境でもある全体的な社会的・経済的状況まで、あるいは、天候や季節といった物理的環境を区別するなどして、種々に指摘される。直接的行為環境には、被害者のあり方や対応、防犯活動、第三者や法執行機関の監視の目など状況的なものもいわれ、環境犯罪学的関心につながっていく。

4 非行要因の意味 少年非行については、成人犯罪と比しての未熟性、可塑性がいわれる。素質的・個体的負因は固定的なものとして捉えられるのではなく、環境要因ともあわせて当該少年の要保護性の存否・程度として理解される。具体的な非行行為も、素質的・個体的要因と環境的要因の相互作用の展開として、また、行為者本人による意思的・選択的行動として、理解され、了解される。それ自体固定的ではない素質的・個体的要因の負因性もまた、特定の環境的要因・負因の存在のもとにおいてのみ肯定されるにすぎないといえる。そこで、技術的には可能になりつつある個体的負因の改善・除去活動もまた、一方的に社会の側に立った非行防止としてよりは、対象少年の保護・健全育成の試みとして行われるのであり、この点は、同様に

負因性が固定的ではない環境要因の克服作業が、社会政策として、また福祉の枠組みで、行われることとパラレルに考えられる。　[吉岡一男]

非行予測　(英) prediction of delinquency　ある者がその将来において非行を犯す可能性を科学的に分析し、予測しようとする作業。アメリカのバージェス Ernest W. Burgess(米・1886-1966)が、仮釈放審査の資料とするために、イリノイ州の元受刑者の公式記録を分析し、前科、年齢等の要因によって仮釈放者の予後を予測しようとしたのが最初の試みであると言われている(The Working of the Indeterminate Sentencing Law in the Parole System in Illinois『イリノイ州の仮釈放制度における不定期刑法の機能』〔1928〕)。その後行われてきた多様な非行予測研究は、非行発生の可能性自体を予測しようとする早期予測と、処遇決定や仮釈放審査において対象者の予後を予測しようとする再犯予測研究に大別することができる。

非行予測の歴史においてとくに古典的地位を占めるのが、アメリカのグリュック夫妻 Sheldon(米・1896-1980) and Eleanor Glueck(米・1898-1972)による早期予測研究である(Unraveling Juvenile Delinquency『非行の解明』〔1950〕〔法務省訳、1961〕)。夫妻は、年齢や人種などの背景要因の分布が同様な、矯正院収容者から選ばれた累非行性の高い少年500人の非行群と、公立学校生徒で遵法的な少年500人の無非行群をマッチングし、社会的背景に関する調査やロールシャッハ・テスト等、多様な方法によってデータを収集して、両群を比較した。その結果、両群の識別度が高く、しかも6歳ごろの幼児期に遡っても変化することが少ない要因として、①少年への父親のしつけや母親の監督等、社会的背景に関する5因子、②社会的主張や破壊性等、ロールシャッハ・テストによる性格特性5因子、③頑固性や情緒不安定性等、精神医学的面接により見出される人格特性の5因子、という3類型の*非行要因群を抽出し、非行発生を予測する非行予測表を提唱した。

日本でも、遠藤辰雄(1916-1996)らがグリュック非行予測表の適用可能性をいちはやく検討した(「Glueck 予測表の適用に関する研究」法務総合研究所研究部紀要 1960 第2分冊)ほか、館澤徳弘(1924-)、林知己夫(1918-)らも同時期に非行予測研究を行った。その後、今日に至るまで、早期予測と再犯予測の両面において、林の数量化理論、回帰分析、判別分析等を用いた研究が、法務総合研究所を中心として行われてきている。

予測研究が抱える根本的難点のひとつは、現在知りうる要因に基づく以上当然に、対象者が将来経験しうる社会的経験のインパクトを考慮することができないという点である。そのような経験が犯罪抑止的効果を持つものであれば、過去および現在の要因に基づく予測は犯罪の危険率を高く見積もりすぎて、対象者に対して厳しすぎる処遇決定を行うことになるし、将来の経験が犯罪促進的な効果を持つものであれば、過去および現在の要因に基づいて行われる処遇プログラムは、それがコントロールしえない将来の事態による再犯によっても、犯罪の危険率を低く見積もりすぎた失敗と批判されることになるからである。この点について注目すべき最近の研究は、グリュック夫妻のデータをライフ・コース論の視点から再分析したサンプソン Robert J. Sampson(米)とラウブ John H. Laub(米)の研究(Crime in the Making『犯罪の生成』1993)である。彼らによれば、少年期に家庭や学校においてトラブルを抱えた者は、たしかに成人後犯罪者となる可能性が高い。しかし、結婚や就職などに恵まれた者は常習犯罪者にならない可能性が高まる。したがって、過去および現在の要因のみに基づかざるをえない行動予測の可能性に、過大な役割を与えるべきではない。また、非行少年や犯罪者に対する刑事司法機関の対応は、将来の犯罪抑止的経験の可能性を阻害するものであってはならない。

[宮澤節生]

被告人　公訴を提起され、その裁判が確定していない者。裁判が確定するまでは無罪が推定される。公訴提起前に犯罪の嫌疑を受け、捜査機関の捜査対象とされた者は、刑事訴訟法上「*被疑者」と呼ばれ、これと区別される。ただし、歴史的・比較法の観点からは、このような名称の区別は必ずしも絶対的なものではなく、

たとえば憲法37条3項における「被告人」は刑事訴訟法上の「被疑者」を含む概念であると理解する立場もある。被告人は刑事手続における主体としての地位，訴追機関と対等の当事者としての立場にあり，防御のために黙秘権（憲38Ⅰ，刑訴311Ⅰ），弁護人選任権（憲34・37Ⅲ，刑訴30Ⅰ）など種々の権利が認められる。他方，被告人の供述は一定の制限の下で証拠となり（憲38Ⅱ，刑訴319Ⅰ），またその身体は検証の対象となりうる点で（刑訴128・129），証拠方法の一種でもある。

検察官が公訴提起の対象として意図した者，起訴状に被告人として記載された者あるいは公判に出頭して被告人として行動する者が異なる場合，たとえば，知人の氏名等を冒用したため起訴状には知人の氏名等が記載された場合や起訴状に記載された者の身代わりとして別人が出廷した場合などに，被告人の特定が問題になる。検察官が誰を起訴する意思であったかを基準とする意思説，起訴状の表示に従って客観的に特定されるとする表示説，被告人として行動しもしくは裁判所によって被告人として取り扱われた者を被告人とする挙動説がある。そこでは，実質的意味における被告人，すなわち，本来の被告人を特定する基準と，本来の被告人でないのに事実上その者に訴訟係属が生じたときにそれを打ち切るための形式裁判をする必要があるのはいかなる場合かとが問題になる。上の諸説に従い，冒頭手続の段階か証拠調べの段階かなどの手続の段階，ならびに，氏名冒用者が身柄拘束されているため検察官の訴追意思が明認されるなどの手続の経過を考慮して決せられることになる。さらに，公判手続と異なり書面審理でなされる略式命令の場合，氏名冒用者は法廷で行動することはないので挙動説は排除されるが，表示説と意思説とが対立する。判例は，三者即日処理方式につき略式命令の効力は被冒用者に生ずるものとする（最決昭50・5・30刑集29・5・360．なお，身柄拘束のまま略式命令を受ける逮捕中待命方式につき，その被告人への訴追意思が明認できるので氏名冒用者を実質的被告人とする大阪高決昭52・3・17判時850・13がある）。→被告人の権利　　　　［山名京子］

被告人質問　被告人の供述を求める手続を実務上，被告人質問という。通常，証拠調べ段階で，他の証拠調べが終わった後行われる手続を指すことが多いが，公判期日を通じて裁判長を始めその他の訴訟関係人からの質問に対する供述も被告人質問という。憲法は被告人に自己に不利益な供述を強要されない*黙秘権'を保障するが（憲38Ⅰ），同時に被告人は事件について弁解・意見を陳述する機会を与えられる必要がある。また，旧法の被告人訊問（旧刑訴133〜139）では，被告人は証拠調べの客体として裁判官・検察官から供述を強制される実務状況であった。現行法では，被告人に終始沈黙し，利益・不利益にかかわらず供述をするかどうかの自由を保障し（刑訴311Ⅰ），任意の供述であれば，裁判長はいつでも必要とする事項につき被告人の供述を求めることができ（311Ⅱ），陪席裁判官，検察官，弁護人，共同被告人またはその弁護人も裁判長に告げれば，被告人の供述を求めることができるという手続を採用した（311Ⅲ）。

被告人は証拠方法ではなく，被告人質問は狭義の意味での証拠調べには属さないと解され，証拠調べの請求（刑訴規189），証拠決定（190Ⅰ・Ⅱ）の手続はとられない（大阪高判昭25・10・21高刑特15・83）。ただし，証拠調べにおける被告人質問は否認事件の場合，検察官の立証に対する反論や弁解が中心になり，自白事件の場合は被告人に有利な情状を引き出すことが中心となり，質問方式も証人尋問と同様，通常，交互尋問方式で行われる。したがって，実質的に証拠調べであり，また，被告人の任意の供述は証拠とすることができる（197Ⅰ）。このような観点から証人尋問の規則を準用させる必要が問われ，少なくとも被告人質問には異議申立て（刑訴309Ⅰ）の規定が準用されるべきだとされる。

証拠調べにおける被告人質問以外に，裁判長その他の者の質問によって発言する場合も被告人質問に含まれる。その際，個々の質問に先立って被告人に任意に供述する旨を確認する必要性については争いがある。また，冒頭手続において被告人が陳述した場合，これに関連して質問することや説明を求めることもできると解されているが，冒頭手続の性質上，被告人の陳述を明確にし争点を明らかにする範囲内に限られ

被告人の権利 起訴後裁判を受けている者の権利．当事者主義の考え方からすれば，*被告人'は主体的当事者として検察官と対等の地位にある．しかし，事実上は，検察官と被告人ではその力・権限に圧倒的な差がある．この点を考慮して，刑事訴訟法は，被告人に対し黙秘権(刑訴311Ⅰ)，弁護人選任権(30)，国選弁護人請求権(36～38)，弁護人との接見交通権(39Ⅰ)などの基本権をはじめ，身柄に関する勾留理由開示請求権(82)，勾留取消請求権(87)，保釈請求権(88)，証拠に関する証人尋問権(157Ⅲ・304Ⅱ)，証拠調請求権(298Ⅰ)，証拠開示請求権(299Ⅰ)，証明力を争う権利(308)，証拠同意権(326Ⅰ)，公判手続における出頭権(286)，任意供述権(311Ⅱ)，異議申立権(309Ⅰ)などの権利を規定している．

これらのうち黙秘権(憲38Ⅰ)，弁護人依頼権(37Ⅲ・34)，国選弁護人請求権(37Ⅲ)，接見交通権(34)の基本権はもとより，勾留理由開示請求権(34)，証人審問権(37Ⅱ)などは憲法上保障されてもいる．さらに憲法37条1項は，被告人は「公平な裁判所の迅速な公開裁判を受ける権利」を有することも規定する．また，起訴前段階と対比すると，国選弁護人請求権および保釈請求権は，被疑者には認められておらず，弁護人との接見交通権も被告人の場合，指定等の制限を受けることはない(刑訴39Ⅲ)．

もっとも，無罪率が極めて低い日本の刑事裁判では，「無罪の推定」を機能させるのは実際には困難であり，それだけに*被告人の権利'を実質的に守ることは重要になる．その意味では，当事者平等の原則といっても，わが国の場合，被告人の権利保障に重点をおいた片面的当事者主義こそが真の当事者主義というべきであろう．

また，有罪率が優に99％を超える日本の刑事裁判の状況では，審理の争点は，事実認定ではなくむしろ刑の量定に集中する．それゆえ，被告人の権利を裁判の場で実質的に守るには，情状弁護の機会保障を厚くする必要がある．たとえ事実について争いがない場合でも，情状に関する証拠調べや情状証人の尋問を慎重かつ綿密に実施することが忘れられてはならない．→被疑者の権利　　　　　　　　　　[大久保哲]

微罪処分 刑事事件のほとんどは，まず警察により捜査がなされ，これに一応の見通しがついた場合には，書類や証拠物とともに事件が検察官に送致(送付)され，検察官が補充的・補正的に捜査するのを原則としている(刑訴246)．

しかし，検察官があらかじめ指定した軽微な事件については，例外的に検察官に送致しないで，その処分権を司法警察員に委任し，そこで事件を終了させることができる．この軽微な事件に関する不送致処分を微罪処分という(刑訴246但)．この制度は，1885(明18)年頃からの微罪不検挙・微罪不起訴により事実上運用された．

実務では，事件の指定は，検事総長の示した基準(昭25・7・20検事総長通牒「送致事件の特例に関する件」)に基づいて，毎年各地方検察庁の検事正が管轄区内の警察本部長に対して行い，本部長は，微罪処分の内容を検事正に月例報告する．一般に，その対象となる事件は，犯情の特に軽微な窃盗，詐欺，横領，盗品譲受，賭博等であり，反則金が納付された道路交通法違反事件も含まれる．ただし，被疑者が逮捕された事件，告訴・告発・自首のあった事件などは除かれる．微罪処分を行うにあたっては，警察は，被疑者に対する訓戒，親権者・雇主等に対する注意，被害者に対する被害の回復・謝罪の指示といった処置がとられる(捜査規範200)．

この処分は，検察官の行う*起訴猶予'とともに，いわゆる*ディヴァージョン'(diversion)の典型例であるが，これを再犯可能性などの行為者の事情を考慮し，刑事政策の一環として積極的に運用すべきであるとする考え方と，事件の軽微性を基準に運用すべきであるとする考え方がある．なお，微罪処分と類似のものに道路交通法違反事件の交通反則金通告制度(道交127)や少年事件に関する*簡易送致'(捜査規範214)がある．　　　　　　　　　　　　　[山本正樹]

非常上告 刑事訴訟の判決が確定した後に，その事件の審判が法令に違反したことを理由として行われる申立てのこと．沿革的には，フランス法における法律の利益のための破棄申立ての制度が日本法に採り入れられたものである．確定判決を対象とする点で，上訴の一種たる上告とは異なり，再審と並ぶ*確定後救済手

続'の一種であるが，再審と異なり，法令解釈の統一を目的とする．申立権者は検事総長だけであり，つねに最高裁判所に申し立てなければならない（刑訴454）．その際には，理由を記載した申立書を差し出す必要がある（455）．理由は原判決またはその手続に法令違反があったことに限られ，事実誤認は理由とならない．上訴棄却決定や略式命令も確定すれば判決と同一の効力を持つので，非常上告の対象となりうる．申立て後，公判が開かれ，検察官は申立書に基づいて陳述をしなければならない（456）．管轄裁判所たる最高裁は，申立書に包含された事項に限って調査する義務を負う．また，最高裁は，裁判所の管轄・公訴の受理および訴訟手続に関して事実の取調べをすることができ（460），原判決の認定に拘束されない．申立てに理由がないときは，判決でこれを棄却する（457）．これに対し，①原判決に法令違反があると認められれば判決でその違反した部分を破棄し，②訴訟手続に違法があればその手続を破棄する．これらの破棄は原則として単なる宣言的・理論的なもので，被告人に効力を及ぼさない．ただし，①の原判決の法令違反が被告人の不利益となっている場合（たとえば，法定刑より重い刑を言い渡したとき）には，原判決破棄のうえでさらに被告事件について判決するので，その限りで被告人にも効力が及ぶ（458・459）．①と②の区別については争いがあるが，①は判決の法令違反（内容と手続の両者を含む），②は判決以前の手続の法令違反をさすというのが多数説であり，判例もほぼこれと同じ立場とみてよいであろう．なお，非常上告が申し立てられるのは，年間わずか数件にとどまっている． ［加藤克佳］

筆跡 筆者が不明の筆跡（鑑定資料）と筆者がわかっている筆跡（対照資料）とを比較対照して，それらの筆者の異同を識別する捜査ないし立証の方法がある．対照資料は，既存の筆跡を収集し，あるいは新たに筆記させて，採集する．鑑定資料と対照資料との間で，字画構成・筆順・配字・筆勢・誤字等を比較して，その異同を識別するのである．その判定の確実性は，必ずしも高くはないが，筆者と推測される者の範囲が絞られているときなどは，相当程度の判定が可能であろう．なお，字画の構成等について，常同性，稀少性という指標を設定し，確率論的な判定を試みた鑑定事例もある．→科学的証拠，科学的捜査 ［長沼範良］

必要的共犯 （独）notwendige Teilnahme *共犯'とは単独犯に対する概念であり，広義では2人以上の者が共働して犯罪を行う場合をいう．この意味の共犯は*任意的共犯'と必要的共犯に分かれる．後者は，構成要件上2人以上の共働行為を必要とする犯罪類型をいい，さらに，内乱罪（刑77）・騒乱罪（106）のように多数者が集団として同一の目標に向かって共働の行為をすることを必要とする*集団犯'と，重婚罪（184），収賄罪（197〜197の2）・贈賄罪（198）やわいせつ物頒布等の罪（175）のように2人以上の者の意思内容が対立する方向から合致することにより成立する*対向犯'に分類される．

問題は，必要的共犯において刑法総則の共犯規定が適用されるかである．集団犯では内部の相互者間において共犯規定の適用がないことに見解の一致があるが，集団の外からの関与について共犯規定の適用があるか否かについては見解が分かれている．対向犯では，双方とも処罰される場合は別として，一方のみが処罰され，他方が処罰されない場合，たとえば，わいせつ物販売罪における購入者が販売罪の共犯（教唆・幇助）として処罰されるかどうかが問題となる．

学説は，法が一方の行為だけを犯罪定型として規定しているとき，当然に定型的に予想される他の行為を不問に付したわけであるから，他の行為は罰しない趣旨であり，したがって，他の行為を教唆・幇助として処罰することは許されないとする（形式説・立法者意思説）．弁護士でない者に弁護士法72条違反の弁護業務を依頼した者の教唆犯としての処罰に関する最判昭43・12・24刑集22・13・1625も同趣旨である．ただ，この判決は，「ある犯罪が成立するについて当然予想され，むしろそのために欠くことのできない関与行為について」という限定を付し，学説も定型的関与の場合にこれを不可罰とする．そうすると例外的にその限度を超えた場合に共犯たりうることになる．これにつき不処罰の根拠を「被害者」たる地位＝違法性の欠如（たとえば未成年者喫煙禁止法4の販売罪における販売

を依頼した未成年者）や，責任＝期待可能性の欠如（たとえば犯人蔵匿罪（103）や証拠隠滅罪（104）における犯人）に求め，例外なく不処罰とする見解（実質説）も有力である．この見解に対しては，わいせつ物の購入者は当該犯罪の保護法益との関連で被害者となり得ないのではないかなどの批判がある．　　　　　　［植田　博］

必要的弁護（独）notwendige Verteidigung　**1 意義**　刑事訴訟において，一定の事件につき弁護人が立ち会わなければ審理を行うことができないという制度（刑訴289）．強制弁護ともいう．この制度が適用される事件は必要的弁護事件と呼ばれる．

必要的弁護制度は，被告人の利益を擁護するためであると同時に，公判審理の適正を図り，ひいては国家刑罰権の公正な行使を確保するものであるとされる．必要的弁護制度を規定した刑事訴訟法289条と弁護人依頼権を保障した憲法37条3項との関係については議論がある．学説には，憲法37条3項の趣旨を被告人の明示の放棄がない限り国選弁護人を付すことであると捉え，必要的弁護こそ国選弁護の本質であるとして，両者の関係を肯定する見解が存在する．しかし，多数説は，憲法上弁護人依頼権が保障されていなかった旧刑事訴訟法下ですでにこの制度が規定されていたことや，大陸法に淵源をもつ制度であることなどを理由に，両者の間には関係がないとし，判例も，必要的弁護事件をどのように定めるかは刑事訴訟法の問題であり憲法37条3項の関知するところではない（最判大昭25・2・1刑集4・2・100，最判大昭28・4・1刑集7・4・713），あるいは刑事訴訟法289条が憲法37条3項の規定の具体的表現であるとの主張は採用できない（最判昭26・11・20刑集5・12・2408），として両者の関係を否定する．もっとも，最近では，憲法37条3項のみならず，公正な裁判を保障する同37条1項，適正手続を保障する同31条をも背景に，一定の重大事件については誤認等の発生を極力避け公正な裁判を維持する必要性が特段に高いことを理由に，弁護人の在廷を不可欠とする制度が設けられたと解する見解も有力である．

2 現行法制　現行刑事訴訟法上，必要的弁護が適用されるのは，「死刑又は無期若しくは長期3年を超える懲役若しくは禁錮」にあたる罪の事件である（刑訴289 I）．処断刑ではなく，各罪の法定刑が基準とされる．必要的弁護事件が起訴されると，裁判所は被告人に対して遅滞なく弁護人がなければ開廷することができない旨を知らせる（刑訴規177）とともに，弁護人を選任するかどうかを確認し（178 I），所定の期間内に回答がないもしくは私選弁護人の選任がないときは，裁判長は直ちに*国選弁護人'を選任しなければならない（178 II・III）．必要的弁護事件であるのに弁護人が出頭しないときは，裁判長の職権で国選弁護人が付される（刑訴289 II）．弁護人の立会いが開廷要件とされるのは証拠調べを軸とする実体審理の場合であり，例えば人定質問，弁論の分離・併合・再開の決定，判決の宣告等にとどまる期日においては，弁護人の立会いがなくても違法とはならない（最決昭30・3・17刑集9・3・500，最判昭30・1・11刑集9・1・8など）．また，裁判所が弁護人の出頭を確保するための方策を尽くしたにもかかわらず，被告人が弁護人の公判期日への出頭を妨げるなど，弁護人在廷の公判審理が不可能な事態を生じさせ，かつその事態を解消することが極めて困難な場合には，必要的弁護事件であっても例外的に弁護人の立会いなしに実質審理を進めることができるとするのが，判例の立場である（最決平成7・3・27刑集49・3・525）．

［深尾正樹］

非伝聞（英）nonhearsay　**1 意義**　伝聞法則が適用される供述証拠の中で伝聞にあたらないもの．伝聞か否かは何を要証事実とするかによって決まる（最判昭38・10・17刑集17・10・1795）．すなわち，公判外供述の存在そのものが要証事実である場合には当該供述を直接聞いた者が公判で証言し反対尋問を受けるかぎり伝聞法則の目的を充たしているので非伝聞であるが，供述内容の真実性を要証事実とする場合には原供述をなした者について伝聞法則の目的は充たしておらず*伝聞証拠'となる．したがって，同一の供述でも，何を要証事実とするかによって，伝聞となったり非伝聞となったりする．供述内容の真実性を証明するための証拠でないときは供述証拠としての問題を生じないため，供述証拠の非供述的用法と呼ばれる．

2 非伝聞の例 伝統的に非伝聞とされてきたカテゴリーには以下のものがある。第1は、名誉毀損罪における名誉を毀損する言動、脅迫罪における脅迫の言動のように、供述の存在自体が要証事実である場合である（verbal actと呼ばれる）。第2は、行為のみに注目しただけではあいまいなときに、行為と同時に発せられた言葉が行為の意味や性格を明らかにする場合である。第3は、供述を聞いた者や読んだ者の心理へ及ぼした影響が要証事実の場合である。第4は、供述者自身が供述内容を認識していたことを要証事実とする場合である。第5は、「私はナポレオンだ」という供述から供述者の精神異常を推認する場合など、供述内容から供述者の精神状態を推認する場合である。

また、証人の公判での証言と矛盾する供述（自己矛盾供述という）を証人の信用性を弾劾するために用いる場合も伝聞でない。＊精神状態の供述については、伝聞説と非伝聞説とあるが、後者が多数説とされる。判例上は、供述者本人または年齢の極めて近接した兄弟姉妹の生年月日について、その知識は直接体験による認識であって伝聞に当たらない（最決昭26・9・6刑集5・10・1895）。共謀過程でなされた供述についても判例は伝聞法則は適用されないとする（前掲最判昭38・10・17）。この判例につき、発言から発言者の内心の状態を推認するものと理解する立場と、発言自体が共謀を構成する事実として要証事実になっているものと理解する立場とあり、実務では後説による取扱いが多いのではないかとされる。

3 公判証人の公判外供述 かつてはこうした供述は伝聞とされていたが、1975年に制定されたアメリカの連邦証拠規則は、公判に出廷した証人の公判前の公判外供述の一部について、伝聞に当たらないとした。すなわち、公判外供述であっても、当該供述について、証人が公判廷において、宣誓し、反対当事者の反対尋問に服するかぎり、判決裁判所はそのときの証人の供述態度を観察できるので、伝聞法則が要求する、宣誓、反対尋問の機会、判決裁判所による証人の供述態度の観察の要件をすべて充たすため、伝聞に当たらないというのである（公判証言と一致する供述は証拠として用いる必要性が乏しい場合が多いため、許容される場合が限定されている）。

こうした考え方からすれば、わが国の、公判証言と異なる一号書面や、公判証言と公判外供述の相反・実質的不一致を要件とする二号書面の伝聞例外も非伝聞ということになる（刑訴321Ⅰ①後・②後）。しかし、宣誓は公判外供述そのものに対しては無意味であり、供述態度の観察も判断の間接的な手がかりを与えるにすぎず、反対尋問の実効性も必ずしも十分でないとの批判がある。　　　　　　　　　　　　　　［津村政孝］

人質による強要行為等の処罰に関する法律　本法は、1977（昭52）年9月に起きたダッカ事件（過激派グループのひとつである日本赤軍が、パキスタンのダッカ空港で日本航空機を乗っ取り、乗員・乗客を人質にして日本政府に対し500万ドルの身代金の提供と被拘禁者〔日本赤軍メンバーなど〕の釈放を要求した事件。日本政府は、超法規的措置として、この要求を受け入れた）を契機として、この種の事件に対応するために新設されたものである。刑法223条に規定されている＊強要罪は、その手段である脅迫の内容を、被強要者本人またはその親族に対する加害に限定している。そのため、これら以外の者への加害を内容とする脅迫によって強要が行われた場合（第三者強要）には、強要罪の成立は認められない。そこで、このような処罰の間隙を埋めるために立法されたものである。

本法は、1条で人質強要罪の基本類型を規定し、2条以下で加重類型を規定している。すなわち、本法1条によれば、人を逮捕・監禁し、これを人質にして、第三者に対し義務のない行為をすること、または、権利を行わないことを要求した者（Ⅰ）、あるいは、第三者に対し義務のない行為をすること、または、権利を行わないことを要求するための人質にする目的で、人を逮捕・監禁した者（Ⅱ）は、6月以上10年以下の懲役に処される。さらに、同条2項の罪については未遂を処罰する（Ⅲ）。これに対して、本法2条は、2人以上共同して、凶器を示して人を逮捕・監禁し、これを人質にして、第三者に対し義務のない行為をすること、または、権利を行わないことを要求した者について、無期

または5年以上の懲役を科す．また，本法3条は，*航空機の強取等の処罰に関する法律'1条1項の罪(航空機の強取等)を犯した者が，当該航空機内にある者を人質にして，第三者に対し義務のない行為をすること，または，権利を行わないことを要求したときは，無期または10年以上の懲役を科すことにしている．さらに，本法4条では，前記2・3条の罪を犯した者が人質を殺害したときは，死刑または無期懲役に処される（Ⅰ）．また，未遂も罰せられる（Ⅱ）．→身の代金目的拐取罪，略取誘拐罪，逮捕監禁罪

[鈴木左斗志]

ヒトに関するクローン技術等の規制に関する法律

「クローン技術規制法」が略称．平成12年法律146号．本法の基本的部分は平成13年6月6日施行（附則1）．個人の複製であるクローン（clone），人と動物の細胞・器官の混在するキメラ（chimera），人と動物の受精によるハイブリッド（hybrid）という個体の産生を防止するために，「人クローン胚，ヒト動物交雑胚，ヒト性融合胚又はヒト性集合胚を人又は動物の胎内に移植」する行為を禁止し（3），その違反を10年以下の懲役もしくは1千万円以下の罰金，または両者の併科という重い法定刑によって処罰する（16）．これらの個体産生は人の尊厳に反する行為であるばかりでなく，さまざまな弊害をもたらしうることがその処罰の根拠である．人・死体・胎児・死胎の体細胞からのクローン（体細胞クローン）は処罰の対象であるが（2④⑩参照），ヒトの初期胚の核移植あるいはヒトの受精卵を分割することによって作られる「受精卵クローン」は処罰の対象ではない（2⑧⑨参照）．その胎内への移植が禁止・処罰される人クローン胚等に加えて，その周辺的なヒト胚，ヒト・動物に由来する胚を「特定胚」と名付けて，その作成・譲受・輸入を文部科学省令によって届け出ることとし（6），その研究目的での使用に関して文部科学大臣は指針を定め，その遵守を要求している（4・5）．これらの胚を用いた研究は移植用の臓器・組織の開発などに貢献することも期待されるために，それを一律に禁止するのではなく，それを用いた研究を倫理的に許容しうる範囲内で認めようとするものである．

本法は，驚異的に進展する生命医療技術を前にして，生命倫理の問題に法，特に刑法がどの範囲で介入すべきか，その根拠いかんに関する深刻な議論の後に成立したものである．人の生命の萌芽であるヒト胚の保護一般との関係で規制を考えるべきであるとする見解，生殖補助医療技術規制との関係で考えるべきであるとする見解も有力であり，その趣旨の対案も国会には提出されていた．そのため3年後の検討が予定され（附則2），これらの点の検討を促す国会の附帯決議がなされている．→臓器移植，治療行為

[町野 朔]

人の健康に係る公害犯罪の処罰に関する法律

1970年のいわゆる「公害国会」で成立した（昭45法142）．公害罪法と略称され，人の生命・健康に被害をもたらす公害行為を処罰する公害刑法を構成する．

「工場又は事業場における事業活動に伴って人の健康を害する物質……を排出し，公衆の生命又は身体に危険を生じさせた」という故意の排出罪（2Ⅰ・Ⅱは結果的加重犯）と，「業務上必要な注意を怠り」同じ危険を生じさせた過失の排出罪（3Ⅰ・Ⅱは結果的加重犯）とを規定し，双方の犯罪に関する両罰規定も規定されている（4）．

これらの排出罪は公害犯罪とも呼ばれる．工場からの排出物質が悲惨な被害をもたらした四大公害事件（水俣病事件，新潟水俣病事件［阿賀野川水銀中毒事件］，富山イタイイタイ病事件［神通川カドミウム中毒事件］，四日市ぜんそく事件）などの構造型公害を念頭において作られた法律である．このこともあり，最高裁は，器具の操作を誤り有害物質を大気中に排出してしまったというような，「事業活動の一環として行われた」のでない事故型公害においては，過失排出罪は成立しないとしている（最判昭62・9・22刑集41・6・255，最判昭63・10・27刑集42・8・1109）．

有害物質が排出されたことの証明があり，現に被害が生じていることの証明があったとしても，それが排出物質に因るものであることの証明は困難なことがある．*疑わしきは被告人の利益に'の原則が妥当する刑事裁判では，「疑わしきは排除する」を原則とする*疫学的因果関係'

の考え方をとることはできない．

本法は，「工場又は事業場における事業活動に伴い，当該排出のみによつても公衆の生命又は身体に危険が生じうる程度に人の健康を害する物質を排出した者がある場合において，その排出によりそのような危険が生じうる地域内に同種の物質による公衆の生命又は身体の危険が生じているときは，その危険は，その者の排出した物質によつて生じたものと推定する」（5）という*推定'規定を設けた．しかし，*挙証責任'を被告人に転換する合理的な根拠はなく，立証の困難性だけを理由としてこのようなことをすることは許されないから，この規定には憲法31条違反の疑いがある．→環境刑法，胎児傷害
　　　　　　　　　　　　　　　　　［町野 朔］

人 の 始 期　「人」として，*殺人罪'等の人に対する罪の保護の対象となるに至る最初の時点のこと．その時点以降は，生命，身体に対する侵害行為，危険惹起行為がともに処罰の対象となり，また故意の侵害行為のみならず，過失による侵害行為も処罰の対象になる．これに対し，その時点以前は，胎児として，その身体は保護されず，過失行為も不可罰であり，不同意堕胎罪（刑215）以外については*未遂罪'も処罰されていないから，人の始期を挟んで，現行法上，著しい保護の格差が認められている．したがって，人の始期をどの時点に求めるかは，実際上も重要な意義を有し，いくつかの見解が主張されている．判例（大判大8・12・13刑録25・1367．ただし，傍論である）および通説的見解は，胎児が母体から一部露出した時点で人になるとする一部露出説を採用している．これは，胎児が母体から一部露出すれば，母体に関係なく外部より侵害を加えることができる等のことをその理由としている．これに対し，「人」として保護されるべきか否かは，独立侵害可能性という行為の態様により決すべきではなく，客体の価値を考慮して判断すべきであるとする批判がある．この批判的見解は，出産の過程の胎児は，*堕胎罪'の適用により保護すべきであるとして，出産が完了し，胎児が母体から全部露出した時点で人になるとする全部露出説を主張している．なお，「出産中ないし出産直後」の嬰児の殺害を，堕胎罪および殺人罪とは別の犯罪として規定していたドイツ刑法（現在ではこの規定は廃止されている）においては，出産の開始をもって胎児から人になったことを認める分娩開始説（陣痛開始説）が存在するが，こうした規定を持たないわが国においては，人の始期を早く認めすぎるものとして，ほとんど主張されていない．
　　　　　　　　　　　　　　　　　［山口 厚］

人 の 終 期　（英）human death　自然人は人の終期たる死をもって，生命・身体・自由等に対する罪ではなく死体損壊等の罪の客体に変わる．人の死期は，医師の死亡宣告時ではなく，また医師の判定の死亡証明書等の記載にも誤りがあるので，最終的には鑑定等に依拠して裁判所が認定する．生死・死期の不明な場合については，民法には失踪宣告・同時死亡の推定等の規定があるが，刑法では侵害時に生存が証明しえない限り生命を前提とする罪も成立しえない．この場合に成立しうる殺人未遂罪（広島高判昭36・7・10刑集14・5・310）は，当該客体ではなく生死の不明な状況での人一般の生命を保護する趣旨と解される．

死はいかなる状況でも万人に等しく定まる．人の死期は，絶対普遍的な基準で定まるべきものである．人種・国籍・老若等による差異，日本人特有の基準，本人と遺族で相対化される基準，個人の死生観・思想により選択・拒否しうる基準，人工呼吸器装着や臓器移植の時のみに妥当する基準など，相対的で複数の基準を死について法的に認めることはおよそ許されない．生死のいずれでもない中間期は，法的にもありえない．しかし，死の単一基準についての判定方法は，多様であり，複数を重ねる程に正確になる．*脳死'は，*心臓死'・三徴候の時間経過からも，竹内基準からも判定しうる．しかし，三徴候の判定方法から死の基準を脳死と心肺死との競合であると結論づけることはできない．基準の根拠が問われる．

生物学的には，人も誕生後から老化死滅への道を歩み，脳・心・肺等の各器官・細胞の死滅時期も異なるため*臓器移植'も可能になるが，最後は全細胞の壊死に至る．この連続する死滅過程において，全細胞死あるいは個別臓器自体の死を人の死とすべき根拠は乏しい．人の生物学的個体としての精神身体の全活動・自律的統

合が終極的に失われる最初の時点を死と定めるのが，長い歴史の社会的合意点であった．それは，医学的には，蘇生不能になる最初の時点でもあり，心肺による酸素等の循環機能の不可逆的終止で判定された．この死の基準は，古くは呼吸終止説・脈拍終止説，後には*三徴候説',綜合判定説とも呼ばれた．しかし，人工呼吸器・心臓移植の救命医術の発達により，心肺の機能も脳幹を含む全脳の機能に依存することが，判明した．従来は心臓死と競合し，その背後に潜んでいた蘇生不能な脳死が，人の個体の統合を失わせる死の基準として，世界的に承認されるに至った．→殺人罪　　　　　　　　　[長井　圓]

非犯罪化　(英) decriminalization

1 非犯罪化，非刑罰化，非施設化　非犯罪化とは，現に犯罪と定義されている行為を刑罰の対象から除外することを意味する．英語のままディクリミナリゼーションと表記されることも多い．最も明確な非犯罪化は*刑事立法'によるものであるが，刑罰法令が存在するにもかかわらず国民の法意識から乖離している等の理由によって捜査・訴追の対象とならないという「取締り上の非犯罪化」あるいは「事実上の非犯罪化」がなされる場合もありうるし，裁判所によって限定的な解釈・適用がなされる結果処罰されないという「裁判上の非犯罪化」がなされる場合もありうる．非犯罪化の進展は，取締り上の非犯罪化から裁判上の非犯罪化を経て立法上の非犯罪化に至るというのが，論理的には想定される経緯であるが，刑事司法担当者の価値観と社会の価値観が大きく異なった場合には，いきなり立法上の非犯罪化がなされることもありえよう．ただし，議院内閣制の下で法改正の発議が法務省その他の関係官庁によってコントロールされている日本では，そのようなラディカルな非犯罪化が立法府のイニシアティブでなされることは，きわめて稀であると思われる．

また，非犯罪化に関連する概念として，非刑罰化 depenalization の概念と，非施設化 deinstitutionalization の概念がある．

非刑罰化は，犯罪として刑罰の対象に残しながらも，適用される刑罰を軽減・緩和し，あるいは，行政法的・民事法的方法によってまず対応しようと試みることである．刑罰の軽減・緩和の例としては，自由刑を短期化することや開放処遇にすること，自由刑に代えて保護観察や罰金を科すること，犯罪の定義を刑事法体系の中で下位に属する法令に移して刑罰を罰金から小額の科料に変更すること等がありうる．刑事手続の早い段階で可能なかぎり刑事手続外の処理に移行させようとするダイヴァージョン diversion という発想も，非刑罰化の一環として位置付けることができる．日本の具体的制度では，微罪処分，起訴猶予，執行猶予，仮釈放等が，理論的にはダイヴァージョンに位置付けうるものである．また，行為者の特性に注目して通常の刑罰とは異なる処遇の体系を導入することも，非刑罰化の中に含めることができる．その典型は，犯罪を行った少年に対して成人に対する刑罰とは異なる保護処分を定める少年法の体系である．さらに，行政法的対応の具体例としては，道路交通法違反に対する交通反則金の制度をあげることができる．

非施設化は，やはり犯罪として刑罰の対象に残しながらも，刑罰の適用において施設内処遇を避けようとすることである．自由刑に代えて保護観察に付することや罰金を科すること，自由刑でも開放処遇を行うこと，あるいは刑期満了以前に自由刑から解放する仮釈放などが，その例である．したがって，非刑罰化と非施設化は重なり合う概念であって，前者は後者をほぼ包摂している．

このようにして，非犯罪化，非刑罰化，非施設化という3つの概念は，やや異なる焦点を持つものではあるが，刑事法的手段による国家の介入を抑制し，刑事法的制裁が用いられる場合にはより烙印性が低い態様に転換することを求める点において，基本的視点を共有している．

2 非犯罪化への基本的視点　非犯罪化への基本的視点については，刑事法的社会統制による市民生活への介入の根拠をめぐる論争がある．刑事法的社会統制の目的を社会道徳の維持（モラリズム）や悪徳からの行為者自身の保護（パターナリズム）まで含めて考える場合には，広い範囲の行為を犯罪と定義して国家による介入を求める方向，すなわち犯罪化の方向に傾くが，他者に対して被害を与える場合にのみ国家の介入が正当化されると考える場合には，非犯罪化

の方向に傾くのである．そして，後者の視点から，非犯罪化すべき犯罪類型を識別するために構成されたのが，*被害者なき犯罪'の概念である．この概念は，とくにアメリカにおいて，モラリズムやパターナリズムの傾向が強い刑事立法に対する批判の論拠として提起されており，同意した成人間の性行為や一定段階までの堕胎の非犯罪化など，ある程度の成果をあげたといいうる事例がある．これに対して日本では，刑法の謙抑性という概念の下で，事実上同様な視点が，むしろアメリカにおいてよりも有力に唱えられてきたと言うことができる．

しかし，一方では，被害者の定義次第では，はたして被害者がないといえるかどうか不明確な場合がありうるし，他方では，環境汚染，企業犯罪，ホワイトカラー犯罪，ドメスティック・バイオレンス domestic violence 等のように，従来刑事法的介入が積極的に行われてこなかった領域において，価値観の変容によって犯罪化や刑罰的対応の強化が求められることも稀ではない．また，非刑罰化を行った少年法が，他方では成人ならば国家による介入の対象とならない行為を保護処分の対象(英語では status offence，日本の制度では虞犯)とする場合のように，非犯罪化や非刑罰化が国家による介入の総量を減少させるわけでは必ずしもないことに，注意すべきである．

したがって，具体的な刑事政策は，個別問題ごとに犯罪化・刑罰化と非犯罪化・非刑罰化のメリットとデメリットを多次元的な価値尺度によって考察する，複雑なものとならざるをえない．しかし，国家が政策遂行上の便宜から安易に刑罰を利用したり，社会の多数派の価値観が立法化されることによって少数派の人権が抑圧される危険を考慮すれば，刑法と刑罰の謙抑的使用という視点は，つねに強調されるべきであろう． ［宮澤節生］

秘密侵害

1 侵害の態様 秘密侵害の侵害態様としては，秘密の探知・漏示・*窃用'(盗用)などがある．わが国の現行法には，職務上知りえた秘密を漏洩する行為を処罰する規定が，刑法の*秘密漏示罪'(134)の他特別法に数多く存在している．これに対して，秘密の探知行為を処罰する規定は少なく，*通信の秘密'に関して刑法の*信書開封罪'(133)および電気通信事業法等の秘密侵害罪が存在している他は，*日米相互防衛援助協定等に伴う秘密保護法'(日米秘密保護法)の防衛秘密探知罪(3 I)が存在するくらいである．秘密の窃用については，通信の秘密に関する特別法上の秘密侵害罪の秘密侵害に窃用も含まれると解されている他，いくつかの特別法に職務上知りえた秘密の*窃用'(盗用)を処罰する規定が存在している．

2 秘密の種類 秘密侵害の対象である秘密は，その性質によって，私的秘密，*通信の秘密'，*企業秘密'，*営業秘密'，国防秘密，*国家秘密'など，さまざまに分類されている．国防秘密の侵害は戦前は厳しく処罰されていたが，現行法上は，日米安保条約に基づいてわが国に提供された防衛秘密の侵害を処罰する日米秘密保護法の規定を除いて，特に国防秘密の侵害を処罰する規定は存在していない．また，企業秘密，営業秘密の侵害を特に処罰する規定も現行法上は存在していない．*不正競争防止法'は，営業秘密の不正取得・使用・開示を不正競争行為として挙げているが(2 I④)，罰則の対象とはしていない．改正刑法草案は，企業の役員又は従業員が，正当な理由がないのに，その企業の生産方法その他の技術に関する秘密を第三者に漏示することを処罰する企業秘密漏示罪を設けているが(318)，反対意見も強い．

3 秘密の概念 ある情報が秘密として刑法で保護されるためには，その事実が公知の事実でないこと及び情報の主体がこれを秘密にすることを望んでいることが不可欠であるが，情報主体が秘密にすることを望んでいるだけで足りるか(意思説)，客観的に保護に値する利益も必要か(客観説)については学説上議論がある．この問題は，国公法上の秘密概念に関しては，国家機関が秘密と指定すれば秘密にあたるとする形式秘説と，実質的に秘密として保護に値するものでなければならないとする実質秘説の対立として現れるが，外務省職員による外交秘密の漏示と新聞記者によるその唆しが問題となった*外務省秘密漏洩事件'において，最高裁は，実質秘説を採ることを明らかにした(最決昭52・12・19刑集31・7・1053)．国家秘密の概念に関しては，国に固有の*プライヴァシー'の利益は

存在しないので実質秘説が妥当であり，学説上も一般に支持されている．これに対して，私的秘密が問題となっている場合には意思説が基本的には妥当であるとする見解も有力である．なお，通信の秘密に関しては，通信形式の秘密性が保護されており，通信の内容それ自体が秘密である必要はないと解されている．したがって，信書を開封すれば，信書の内容が秘密でなくとも信書開封罪が成立するし，電気通信事業者が取扱中の通信を傍受すれば，その内容がたまたま公知の事実であったとしても，電気通信事業法の秘密侵害罪(104I)が成立する．［佐伯仁志］

秘密の暴露 真犯人でなければ知り得ない重要事実であり，かつ，*捜査機関'にとり未知であった事実を被疑者が任意に供述し，その事実の確実な裏付けがとれたこと．秘密の暴露は，被疑者が真犯人であることにつき，きわめて有力な*情況証拠'となる．それゆえ，被疑者の供述による凶器の投棄場所や遺体の埋設場所などについて，捜査機関が大規模な捜索を行うことがある．その反面，要件を充たさぬ供述を秘密の暴露と誤信すると，*誤判'を生じる恐れが大きい．捜査機関に未知の車上狙いを被疑者が行ったと判明しても，*被疑者'が殺人事件の犯人であることについては，決して有力な情況証拠ではない．公判廷で主張・立証されるのは捜査過程のごく一部なので，捜査機関にとり既知であった事実を未知であったかのごとく装い，被疑者に供述させていることがありうる．当該分野の専門家の間では自明であり容易に推測で述べうる事実を，秘密の暴露であると捜査機関が思い込むことがありうる．したがって，秘密の暴露であるとの主張について裁判所が判断するには，捜査復命書などを含む捜査過程の全証拠を提出させ，時系列により整理した上で，本当に秘密の暴露であるか否かを，徹底的に調べる必要がある．→自白　　　　　　　　［荒木伸怡］

秘密漏示罪 *秘密侵害'の一態様である秘密の漏示行為を処罰する罪．刑法の秘密漏示罪は，医師，薬剤師，医薬品販売業者，助産婦，*弁護士'，*弁護人'，公証人，宗教・祈禱・祭祀の職にある者又はこれらの職にあった者が，その業務上取り扱ったことについて知りえた人の秘密を漏らしたときは，6月以下の懲役又は10万円以下の罰金で処罰する，と規定している(134)．秘密漏示罪は，*プライヴァシー'保護の機能を有しているが，その客体となる秘密が個人のプライヴァシーに属するものに限定されるわけではない．特別法には，国家公務員法，地方公務員法，税理士法，公認会計士法，不動産鑑定士法，宅地建物取引法，性病予防法，*母体保護法'，*精神保健及び精神障害者福祉に関する法律'，電気通信事業法など数多くの法律に，職務上の守秘義務違反を処罰する規定が存在している．
［佐伯仁志］

百日裁判 当選人，総括責任者，出納責任者等の一定の選挙違反事件について，判決は事件を受理した日から100日以内にするように努めなければならない，と規定する*公職選挙法'上の要請をいう(公選253の2 I)．公判期日の指定について，審理に必要と見込まれる公判期日を第1回公判期日前に一括して定めること，第1回公判期日は事件受理した日から30日(控訴審では50日)以内に，第2回以降の公判期日は第1回公判期日後の7日ごとに1回以上指定すべきことが定められているほか(253の2 II)，裁判所は，特別の事情がある場合のほかは，他の事件の訴訟の順序にかかわらず速やかにその裁判をしなければならない，とされる(253の2 III)．これらの事件で有罪判決が確定すると，当選が無効になるなどの効果が生じるので(251・251の2等参照)，法律関係を速やかに確定させるという趣旨である．→迅速な裁判
［上口　裕］

評決 （英）verdict　合議体が裁判をする場合，その各構成員は，互いに意見を表明し，相談し，結論に達する．この意見交換過程を評議または*合議'といい，合議体としての意思決定を評決という．

評決は，「最高裁判所の裁判について最高裁判所が特定の定をした場合」(たとえば，小法廷で4人で裁判する場合に意見が2対2に分かれたときは大法廷で裁判する〔最裁規9 II〕，大法廷が違憲判決をするには定員(15人)の過半数である8人以上の意見の一致が必要とされる〔最事規12〕)を除き，合議体構成員の単純多数決による(裁77 I)．過半数を獲得する意見が存在しない場合，意見の違いが量刑判断や既遂・未

遂の判断等，いわゆる量的なものであれば，「過半数になるまで被告人に最も不利益な意見の数を順次利益な意見の数に加え，その中で最も利益な意見」が合議体の意見となる（裁77 Ⅱ②）．

意見の差が質的なものである場合は，評決の対象を裁判の結論と解するか，結論に至る理由と解するかによって，さらには後者と解したとしても，「法律上犯罪の成立を妨げる理由又は刑の加重減免の理由」（刑訴335 Ⅱ）の限度で評決するのか，裁判の理由（刑訴44）を形成するに当たって問題となるすべての論点について評決するのかなどによって，評決内容が異なることがある．例えば，裁判官の1人が*構成要件'事実の証明がないとして無罪，1人が*正当防衛'だとして無罪，1人が*心身喪失'として無罪と判断した場合などである．こうした場合，有罪・無罪の結論についてのみ評決を行えば被告人は無罪となるのに対して，理由ごとに評決を行えば有罪になる可能性が出てくる．ドイツでは，犯罪の成立要素ごと，理由ごとに評決することは犯罪行為の人為的で，事の本質に反した細分化である，多数が無罪と考えている者を有罪とすることになってしまう，などとして，今日では結論説が通説である．他方日本では，裁判の権威は論点の積重ねに基づく確実な理由にある，判決理由は裁判所として統一されたものであることが現行法上の要請である，裁判官の1人が証拠Aには*証拠能力'がなく，それ以外の証拠だけでは無罪，1人がAに証拠能力はないが，それ以外の証拠だけで有罪，1人がAには証拠能力があるが，それ以外の証拠だけならば無罪，と判断した場合などを考えると，必ずしも結果説の方が被告人に有利とは限らない，などとして，むしろ理由説が有力である．　［安村 勉］

表現犯　（独）Ausdrucksdelikt　表現犯とは，実行行為が，行為者の一定の心理的経過ないし状態の外部的表現として行われることを要する犯罪をさす．たとえば，偽証罪は，宣誓した証人が「虚偽の陳述」をする犯罪であるが，ここにおける「虚偽の陳述」とは，客観的事実に反する陳述のことではなく，証人の記憶に反する陳述のことであるとするのが通説・判例である．証人の記憶を手がかりに真実を発見しようとする証人尋問制度の趣旨に鑑み，記憶に反する供述はそれ自体すでに審判を誤らせる抽象的危険があることを強調するのである．この立場では，「記憶」という主観的状態と陳述という外部的行為との齟齬が「虚偽」の内容であるから，このような行為者の主観的状態が行為の構成要件該当性，違法性を決することになるという意味で，これは*主観的構成要件要素'であり，*主観的違法要素'であることになる（このような犯罪を，行為が内部的知見の歪曲された表現であるという意味で「積極的表現犯」ということがある）．もちろん，「虚偽の陳述」の意義についていわゆる客観説をとれば，偽証罪の構成要件該当性ないし違法性は，客観的事実および供述というどちらも客観的な要素間の齟齬に基づくことになり，その認識は故意にほかならないから，偽証罪は表現犯ではないことになる．しかし，偽証罪で客観説をとり，これは表現犯ではないとする見解も，爆発物取締罰則における不告知罪，軽犯罪法における不申告罪は，爆発物犯罪が行われることの認知や，自己の占有する場所内における要扶助者の存在の認識という主観的要素があって初めて告知・申告義務が課され，不申告という不作為が違法なものとなることから，この認識は主観的違法要素であり，またその作為義務は構成要件化されたものであるから主観的構成要件要素となるとし，これらの犯罪は表現犯の一種であるとすることが多い（これは，法律上の表現義務に違反して内部的知見を表現しない犯罪という意味で，「消極的表現犯」と称される）．もっとも，物的不法論，結果無価値論を徹底し，主観的違法要素を基本的に否定する見地から，これらの不申告・告知罪についても，作為義務は一定の客観的事情の存在自体によって発生するのであり，爆発物等の存在の認識は故意の一要素であるとして，これが表現犯であることを否定する見解もある．→傾向犯　［酒井安行］

表象説　（独）Vorstellungstheorie　*故意'が成立するには，構成要件事実の内容を表象すれば足りるとする説を表象説ないし認識説という．認識主義・観念主義も同義．構成要件事実（のうちとくにその結果）を意欲することが必要であるとする意思説に対立する．故意から情緒的要素を排除しようとしたところに表

象説の特徴があるが，意欲していないにかかわらず単なる表象があれば故意を認めてしまうところに表象説の問題性があると批判された．また，「一定の認識がありながら，行為に出たことが故意であり，認識によって行為を思いとどまった場合は故意がない」（フランク）と理解すれば，表象説と*意思説'との違いはほとんどないことになる．未必の故意と認識ある過失の限界において，表象説からは*蓋然性説'が導かれることになる．→動機説　　　　　　　　［齋野彦弥］

費用補償　（英）compensation for litigation expenses　刑事訴訟法1編16章に規定されている(刑訴188の2～7)．無罪の判決が確定した場合の費用補償(無罪費用補償)と，検察官のみがした上訴が棄却されまたは取り下げられて確定した場合の費用補償(上訴費用補償)とがある．無罪費用補償は，1976年の刑事訴訟法の一部を改正する法律(昭51法23)によって，新たに設けられた．このほか無罪の確定した人には，その身体拘束期間に応じた*刑事補償'がある．

補償費用の範囲は，被告人および弁護人が公判期日等の出頭に要した旅費・日当・宿泊料と弁護人に対する報酬である(刑訴188の6)．最高裁は，再審によって無罪となった場合，再審請求手続において要した費用は，補償の対象にはならないとしている(最決昭53・7・18刑集32・5・1055)．また費用額の算定基準については，それぞれの審級判決宣告の時点等を基準とすべきであるとして(最決昭54・12・14刑集33・7・917)，無罪判決の確定時を基準とすべきであるとする説を採用しなかった．いずれも費用補償制度の趣旨とされる衡平の精神から考えて，問題の残るところである．　　［福島 至］

ビルクマイヤー　Karl von Birkmeyer (独・1847-1920)　いわゆる*刑法学派の争い'において，*新派刑法学'の代表的論者である*リスト'との再三にわたる論争を通じ，古典派刑法学ないし*旧派刑法学'の陣営をリードした著名なドイツの学者．意思自由論を基底に据えた積極的責任主義，正義の実現という意味での徹底した応報主義の*刑罰論'を採り，行為者の社会的危険性を処罰根拠として保護刑・不定期刑・保安処分等を主張する新派刑法学を批判しつつ，伝統的刑法理論を展開した．*ビンディング'とならび，当時の正統派刑法学者の双璧と位置づけられている．

もっとも，ビルクマイヤーが刑事法を主たる研究分野とするのは比較的遅く，その就任講演が後に雑誌『法廷 Gerichtssaal』に「刑法における原因概念と因果関係について Über Ursachenbegriff und Kausalzusammenhang im Strafrecht」(1885)として公刊される1884年のロストック大学総長就任前後からであり，それ以前は，若干の官吏・法曹実務を経て，1874年にミュンヘン大学でローマ法の私講師資格取得，同年ロストック大学からの民事訴訟法および刑法の員外教授としての招聘受諾，1877年同大学正教授という経歴も示すように，民事法を中心としたものであった．ビルクマイヤーの刑法理論の特徴点には，*因果関係論'における*原因説'の中の有力条件説，すなわち，最有力条件説の主張と，それを基礎とした客観的共犯論の主張とがあるが，その出発点を示したのが上掲の講演である．

1886年にはミュンヘン大学に転じ，1912年の65歳の誕生日に*ベーリング'に後を譲って引退するまで，刑法・刑事訴訟法・法哲学講座を担当し，多くの著作，特に『ドイツ刑法講義綱要 Grundriss zur Vorlesung über das deutsche Strafrecht』(1890)，『ドイツ刑事訴訟法 Deutschen Strafprozessrecht』(1898)，『刑法 Das Strafrecht』(1901)等の優れた体系書を著している．その間，ミュンヘン大学総長に就任するが，その就任講演が『刑罰と保安処分 Strafe und Sichernde Massnahmen』(1906)であることは，学派の争いの状況に鑑みると，極めて象徴的である．また，1902年，帝国刑法改正作業を開始すべく司法大臣により招集された8名の刑法学者からなる委員会に古典派を代表して加わり，改正資料作りとして学界をあげて取り組むこととなった全16巻の『ドイツ並びに外国刑法の比較法的研究 Vergleichende Darstellung des Deutschen und Ausländischen Strafrechts』(1909)の編纂を主導したほか，1909年草案の作成にも深く関与する等，国内外の刑事立法作業に大きな貢献をなした．
　　　　　　　　　　　　　　　　［伊東研祐］

ビンディング Karl Binding（独・1841-1920）　**1 学説史上の位置づけ**　19世紀中葉の実証主義に立脚して，いわゆる規範論ないし規範説に基づく壮大かつ精緻な刑法理論学を構築したドイツ刑法学史上の巨峰。*フォイエルバッハ*が*カント*の刑法学上のコレラートとして位置づけられるのに対応して，しばしば，ヘーゲルの刑法学上のコレラートとして位置づけられる．しかし，現代から見れば権威主義的な傾向や，目的思考を否定する絶対的刑罰論，侵害された法の権威を回復するために処罰するという*応報刑*論の主張等，結論的には一致するところも多いものの，*ヘーゲル*学派ないしヘーゲリアナー達とは異なり，ビンディングはヘーゲル(法)哲学および弁証法や史観にコミットするものではない．その刑法理論学は，特定の哲学的に捉えられた刑罰観ないし刑法観に基づくものではなく，過失を初めとする刑法上の基本的諸概念の研究や実定法規の実際的解釈論から出発して構築されたものであり，方法論的にも，ライプツィヒ大学の先任教授であった穏健な実証主義傾向を代表するヴェヒター Karl Georg von Wächter（独・1797-1880）のそれに強い影響を受けたものである．医学や生物遺伝学等の自然科学の影響をも受けて*リスト*等の主導下に展開された*新派刑法学*に対しても当然ながら否定的な態度を採り，*刑法学派*の争いにおいては，*旧派刑法学*に与した．その観点からは，ビルクマイヤーと並ぶ当時の正統派刑法学者の双璧と位置づけられる．

2 業績　主著は，全4巻5冊の大著『規範とその違反 Die Normen und ihre Übertretung』(Ⅰ巻初版1872, 2版1890；Ⅱ巻初版1877, 2版1914, 1916；Ⅲ巻1918；Ⅳ巻1919/20)である．フランクフルトに生まれ，歴史家を志してゲッティンゲン大学に学びつつ，1863年に同大学で法学博士号を取得，翌1864年ハイデルベルク大学私講師，1866年バーゼル大学教授，1870年フライブルク大学，1872年シュトラスブルク大学を経て，1873年から1913年に同著の完成のために引退するまでライプツィヒ大学教授（1909年から総長）という経歴に鑑みると，正に学者としての生涯を通じて執筆された労作であるといい得る．同著を補完する『刑法提要第1巻 Handbuch des Strafrechts. Bd. Ⅰ』(1885)の他，『ドイツ刑法要綱・総論 Grundriß des gemeinen deutschen Strafrechts, Bd. Ⅰ : Einleitung und Allgemeiner Teil』(8版1913)，『ドイツ刑法教科書各論 Lehrbuch des gemeinen deutschen Strafrechts, Besonderer Teil, Bd., Ⅰ, Ⅱ¹ & Ⅱ²』(Ⅰ巻2版1902；Ⅱ¹巻2版1904；Ⅱ²巻1905)，『ドイツ刑事訴訟法要綱 Grundriß des deutschen Strafprozeßrechts』(5版1904)等も著している．

ビンディングの規範論は，市民に対する法の要求はいかに為されるのかという問題意識から刑罰法規(Strafgesetz)の分析を経て到達された．すなわち，ビンディングに拠れば，犯罪者は刑罰法規に違反するのではなく，前半の「○○した者は……」という限りでは刑罰法規に適合的に行動しているのであって，違反されているのは，公法の領域に属して，刑罰法規とは根本的に異なる独立した存在を有し，概念上また通常は時間的にも刑罰法規に先行する命令(Gebot)または禁止(Verbot)であるところの法命題(Rechtssatz)＝規範(Norm)である．刑罰法規は規範の認識手段に過ぎないし，規範の有責な違反たる犯行(Delikt)と実定的に可罰化された犯罪(Verbrechen)も区別されねばならない．この規範説は，直ちに厳しい批判に曝されたが，一方で，規範の実質の探究を促し，M.E.*マイヤー*の文化規範論や*メツガー*の評価規範と命令規範の区別等の多様な規範論理の展開を通じた違法論の進展へ連なり，他方で，規範と区別されたものとしての刑罰法規に関する研究は*ベーリング*等による構成要件論への展開へと連なったのであった．　　　[伊東研祐]

ふ

封印破棄罪 公務員が施した封印・差押えの表示を損壊その他の方法で無効にすると，2年以下の懲役または20万円以下の罰金で処罰される(刑96)．封印破棄だけを処罰した旧刑法174条に比べ，公務に基づく封印等の効力がより広く実質的に保護されている．封印等の適法性を要するとしても，権利関係や差押えの効力は法定手段で争うべきだから，適法性は特殊刑法的なそれで足りる．判例は，封印等の基礎となる公務が無効あるいは不存在でない限り保護に値するといい(最決昭42・12・19刑集21・10・1407)，錯誤による故意阻却にも消極的である(最判昭32・10・3刑集11・10・2413)．執行自体に関わる狭義の'公務執行妨害罪'と異なり，その帰結である封印等の，現状変更禁止の告知機能が保護の対象だからである．その状態が変化しすでに告知が曖昧になっていた場合に問題がある．判例は告知効を容易に回復しうる場合なら保護に値するという(最決昭62・9・30刑集41・6・297)．損壊は封印等の告知効を失わせる行為である．「その他の方法」はおおむね対象物件の側の現状を変更して告知を実質的に「無意味にする」行為である．物件の搬出(最決昭32・8・20刑集11・8・2090)や使用形態の変更(最判昭36・10・6刑集15・9・1567)がこれにあたる． 　　　　　　　　　　　　　　　[小田直樹]

風俗営業等の規制及び業務の適正化等に関する法律 1948(昭23)年に，風俗に関する営業に対して善良の風俗の保持という観点から規制を加えるものとして，風俗営業取締法が成立した(法122)．その後，社会風俗の変化に対応して数度の改正がなされ，1959(昭34)年には風俗営業等取締法と改められ(法2)，1984(昭59)年には風俗営業等の規制及び業務の適正化等に関する法律と改められた(法76)．さらに，1998(平10)年には，風俗環境の著しい変化に対応するために，その内容が大幅に改正された(法55)．本法は風営法と略称され，その目的は，善良の風俗と清浄な風俗環境を保持し，および少年の健全な育成に障害を及ぼす行為を防止するため，風俗営業および性風俗特殊営業等を規制するとともに，風俗営業の健全化に資するため，その業務の適正化を促進する等の措置を講ずることである(風俗1)．風俗営業とは，キャバレー，料理店，ナイトクラブ，ダンスホール，喫茶店，バー，まあじゃん屋，ぱちんこ屋，ゲームセンター等をいい(2 I ①～⑧)，これらを営業しようとする者は，都道府県公安委員会の許可を受けなければならず(3 I)，営業所の構造・設備，営業時間，騒音，広告，客引き等が制限される．性風俗特殊営業とは，個室付浴場，ストリップ劇場，ヌードスタジオ，モーテル，アダルトショップ等の店舗型性風俗特殊営業(2 VI)，派遣型ファッションヘルス，アダルトビデオの通信販売等の無店舗型性風俗特殊営業(2 VII)，インターネット等コンピュータネットワークを用いたアダルト映像提供業等の映像送信型性風俗特殊営業(2 VIII)をいう．後2者は，1998(平10)年の改正により，新たに規制対象に加えられたものである．これらを営業しようとする者は，公安委員会に届出書を提出しなければならず(27・31の2・31の7)，営業区域が制限される(28等)他，各種の規制が加えられている．本法に違反した場合には，最高で1年以下の懲役もしくは100万円以下の罰金に処せられる(49等)． 　　　[松原久利]

風俗犯 (英) offense against morals (独) Sittlichkeitsdelikt 　社会的風俗を保護法益とする犯罪をいう．'わいせつの罪'および'重婚罪'(刑174・175・184)，'賭博及び富くじに関する罪'(185～187)，'礼拝所及び墳墓に関する罪'(188～192)等がこれに当たり，風俗に対する罪ともいわれている．外国の立法例では，'近親相姦'や反自然的性行為等を処罰するものもあるが，日本の刑法においては風俗犯は少なく，その処罰は比較的に謙抑的といえる．わいせつおよび重婚の罪は，健全な性風俗の保護を通じて公衆の性的感情を保護する犯罪であり，礼拝所及び墳墓に関する罪は，宗教的風俗の保護を通じて公衆の宗教感情を保護する犯罪であり，賭博及び富くじに関する罪は，健全な経済・勤労

生活の習俗を保護する犯罪である。しかし、風俗犯については、風俗の内容である性生活、経済・勤労生活、宗教生活は、本来本人自身の自己決定ないし*プライヴァシー'の問題であって、この領域に刑法が介入するのは過剰であり、刑法による道徳の強制につながるとの批判がある。そして、風俗犯のうち、わいせつの罪は個人の性的自由に対する犯罪として、また、賭博及び富くじに関する罪は他人の財産に対して危険を与える犯罪として捉え直し、個人の利益と無関係な犯罪は、*被害者なき犯罪'として*非犯罪化'すべきであるとの見解が有力に主張されている。→死体損壊等の罪、賭博罪、包括罪種

[松原久利]

フェリー Enrico Ferri（伊・1856-1929） *ロンブローゾ'や*ガロファロ'とともに犯罪の原因を実証的に研究しようとする*イタリア学派'を形成した刑事法学者。ボロニア大学講師、ピザ大学教授、国会議員（社会党）、ローマ大学教授等を歴任した。著書は多いが、学位論文『刑事責任論と自由意思の否定 La teoria dell'imputabilità e la negazione del libero arbitrio』(1878)や、『犯罪社会学 La sociologia criminale』(1884)がよく知られている。ロンブローゾやガロファロとともに、1891年には、専門誌『実証学派 La Scuola Positiva』を創刊し、編集にあたった。1919年には刑法改正委員会の委員長に任ぜられ、1921年に『イタリア刑法予備草案』(一般にフェリー草案と呼ばれる)を発表した。この草案は、自由意思に基づく道義的責任論を排して、犯罪者の危険性 pericologistà から社会を防衛する社会的責任論を採り、刑罰に替えて制裁 sanctione を置いた点に特色があり、「責任と刑罰なき刑法」と呼ばれた。この草案はファシズムが台頭したために実施されるに至らなかったが、1926年のソ同盟刑法等に影響を与えたといわれている。

フェリーは、犯罪者の実証的研究が重要だとして、犯罪の原因について考察した。その師ロンブローゾが人類学的研究によって生来性犯罪人説を唱えたのに対し、彼は、ケトレー Adolphe Quételet（ベルギー・1796-1874）の影響を受けて統計学的方法もとり入れて研究し、人類学的原因に、社会的原因（人口密度、風俗、宗教、教育制度、経済的事情、行政等）と物理的原因（人種、風土・気候等）を加えた三元的な犯罪原因説を立てた。さらに、彼は、このような犯罪原因論から、「一定の個人的・物理的条件を伴った一定の社会では一定数の犯罪が行われ、ひとつの増減もない」とする「犯罪飽和の法則」loi de saturation criminelle を主張した。そして、一定の社会環境のもとでは一定数の犯罪が発生するなら、自由意思を前提とする刑罰は必ずしも有効ではなく、刑罰以外の、刑罰を補充する方策、すなわち刑罰代替物 sostitutivi penali が必要になるとした。彼は、この刑罰代替物として、自由取引や独占排除の実現、労働者のための住宅、病院、庶民貯蓄銀行の設置等の社会・経済政策が講じられるべきことを提言した。

以上のようなフェリーの刑事思想は、今日なお大きな影響力をもっているといってよい。

[大沼邦弘]

フォイエルバッハ Paul Johann Anselm von Feuerbach（独・1775-1833）

1 学説史上の位置づけ *カント'の実践倫理・哲学を根本思想に、啓蒙後期自然法思想・社会契約説から合理主義・自由主義の影響を受け、*法律なければ刑罰なし'という罪刑法定主義や法と道徳の区別を刑法理論体系の中で確立し、近代刑法学の樹立者として位置づけられるドイツの学者。

啓蒙的な合理的人間像を前提に、法律による刑罰という害悪の事前告知を通じた心理的威嚇によって犯罪を思い止まるよう強制し得るとする見解、換言すれば、刑罰威嚇による*一般予防'のために*罪刑法定主義'が必要であることになる心理強制説や、中世において恣意的に拡張されすぎた犯罪の範囲を理論的に限定すべく、犯罪の客体、裏面から見れば、刑法の保護の客体を権利(subjektives Recht)に限定する権利侵害説を主張したことで知られる。その革新的役割は、18世紀末から19世紀中葉にかけてのドイツでの歴史的・文化的変動を背景に理解するといっそう明らかとなる。すなわち、啓蒙主義時代に続くドイツ・ロマン主義時代に発展した歴史的研究は、法学領域において著名なサヴィ

ニー Friedrich Karl von Savigny (独・1779-1861) 等の歴史法学派を生むが, 法典化論争においても研究対象論争においても, 同時代人としてのフォイエルバッハの見解はこれと正面から対立するものであった. サヴィニーによるバイエルン刑法典批判も有名である. また, ドイツ哲学界では, カントの後, *ヘーゲル'が圧倒的影響を与えるが, ヘーゲル(法)哲学も同時代人としてのフォイエルバッハの思想と鋭く対立するものであった. 刑事法の領域でも, 特別予防論を説くシュテューベル Christoph Carl Stübel (独・1764-1827) や*グロールマン', 不定期刑論を説くクライン Ernst Ferdinand Klein (独・1744-1810), そしてクラインシュロート Gallus Aloys Casper Kleinschrod (独・1762-1824) 等の先駆者達と論争し, 後世に大きな学問的影響を与えた.

なお, ヘーゲル左派の唯物論者でマルクスやエンゲルスに影響を与えた五男のルードヴィッヒを初め, 文化史上重要な地位を占める多くの子孫を生み出してもいる.

2 経歴と主要業績 当初は哲学を専攻し, 1795年に19歳でイェナ大学から哲学博士号を受けるが, 家庭的事情から法学に転じ, 1799年に法学博士号を受け, 同時に私講師となる. 1801年に封土法(Lehnrecht)の員外教授となるが, 同年末にキール大学の招聘を受諾する. この間すでに, 『反ホッブス論 Anti-Hobbes oder über höchsten Gewalt und das Zwangsrecht der Bürger gegen den Oberherrn』 (1798), 『実定刑法の原則ならびに基本概念の省察 Revision der Grundsätze und Grundbegriffe des positiven peinlichen Rechts』 (1799/1800), 『刑法教科書 Lehrbuch des gemeinen in Deutschland gültigen peinlichen Rechts』 (1801) 等の画期的な著作を相次いで公刊する. キール大学時代には, 『クラインシュロート草案批判 Die Kritik des Kleinschrodschen Entwurfs zu einem Peinlichen Gesetzbuch für die Chur-Pfalz-Bayerischen Staaten』 (1804) を著し, 1804年にバイエルンのランズフート大学から招聘を受けるも, 翌年には, 人的・政治的・宗教的理由等での対立で短い大学教授生活に終止符を打つ. しかし, その後も, ミュンヘンのバイエルン司法・警察省に勤務して, ランズフート時代に委嘱された刑法草案の起草に従事し, 1813年の有名なバイエルン刑法典の成立に貢献した. 1814年にバンベルク高等法院副所長, 17年にアンスバッハの高等法院長に任ぜられるが, その間も学問的研究を継続し, 『裁判の公開性および口頭性に関する考察 Betrachtungen über die Öffentlichkeit und Mündlichkeit der Gerechtigkeitspflege』 (1821), 『著名犯罪の記録的説明 Aktenmässige Darstellung merkwürdiger Verbrechen』 (1928/29) を公刊した. →旧派刑法学

[伊東研祐]

不応為律(ふおういりつ) 中国の唐律を継受した日本の中古の大宝・養老律令の時代においては, 儒教思想の影響を受け, 社会の道義的秩序を維持する必要から明文に規定された犯罪以外にも道義的秩序に反する不条理な行為は処罰されていた. これが明治初年の刑法に復活したのである. 明文の規定に該当しない場合に類似の規定を類推適用する比附援引(ひふえんいん)と並んで*罪刑法定主義'の例外であり, 不応為律は条理を法源とするものと言える.

*仮刑律'(かりけいりつ)(明治元〈1868〉年)は, 雑犯において不応為律と題して,「凡法令正條無シト雖モ為スヘカラサル事ヲ為スモノハ笞[四]十, 事重キモノハ笞[八]十」と規定す. 新律綱領(明治3〈1870〉年)は, 一方で, 雑律律において不応為の標題のもと,「凡律令ニ正條ナシト雖モ. 情理ニ於テ. 為スヲ得応カラサルノ事ヲ為ス者ハ. 笞三十. 事理重キ者ハ. 杖七十.」と規定する. 他方で, 名例律下の断罪無正條の標題で,「凡律令ニ, 該載シ尽サハル事理. 若クハ罪ヲ断スルニ. 正條ナキ者ハ. 他律ヲ援引比附(えんいんひふ)シテ. 加フ可キハ加ヘ. 減ス可キハ減シ. 罪名ヲ定擬シテ. 上司ニ申シ. 議定ツテ奏聞ス. 若シ輙(たやす)ク罪ヲ断シ. 出入アル瘍(きず)ヲ致ス者ハ. 故失ヲ以テ論ス」と規定し, *改定律例'(明治6〈1873〉年)は, これを改正し, 名例律の断罪無正條條例の標題で,「凡律例ニ罪名ナク. 令ニ制禁アリ. 及ヒ制禁ナキ者. 各所犯ノ軽重ヲ量リ. 不応為・違令・違式ヲ以テ論シ. 情罪重キ者ハ. 違制ニ問擬ス.」と規定する(99条). 前者は律令に正條(罪名)がない場合他律

を援用しこれと引き合わせて刑を加減し、罪名を定擬して上司に稟議すべきものとされ(比附援引)、後者は、同じく律令に正條(罪名)がない場合に所犯の軽重を衡量して、律に罪名がない場合は不応為罪、令に制禁のある者は違令罪、令に制禁のない者は違式罪で問擬され、犯罪の情状が重い場合には令の制禁違反(違令罪)に問擬された。

しかし、旧刑法(明治13〈1880〉年)は、2条において、「法律ニ正條ナキ者ハ何等ノ所為ト雖モ之ヲ罰スル瘸(こと)ヲ得ス」と明確に罪刑法定主義を規定し(さらに旧刑法3条1項)、不応為(ふおう)および比附援引(ひふえんいん)の制度を廃止した。→新律綱領　　　　　　　　　　[野村 稔]

不確定的故意　(独) unbestimmter Vorsatz　犯罪事実の認識(表象・意欲〔認容〕)が*故意'であるが、故意には、犯罪事実(結果)の認識が確定的な場合と、不確定的な場合とがある。前者が確定的故意であり、後者が不確定的故意である。不確定的故意には、結果の実現は可能であるが、客体の択一的な*択一的故意'、結果の実現は確実であるが、客体の概括的な*概括的故意'、結果の発生そのものが不確定な*未必の故意'(未必的故意)がある。

なお、犯罪遂行の意思は確定的であるが、その遂行を一定の条件に係らせている場合を*条件付き故意'という。条件付き故意は、確定的故意の一種であって、不確定的故意ではない。
[曽根威彦]

付加刑　(独) Nebenstrafe　独立してそれだけを科すことができず、*主刑'に付加してのみ科することができる*刑罰'をいう。わが国の現行法においては*没収'がこれにあたるが(刑9)、主刑が*拘留'または*科料'のみにあたる犯罪(231、軽1)については、「犯罪行為を組成した物」(刑19Ⅰ①)でない限り、特別の規定がなければ没収刑を科することができない(20)。なお、刑法19条1項3号・4号所掲の物件については、その全部または一部を没収することができない場合には、その価額を*追徴'することができる(19の2)。　　　　　　　[橋爪 隆]

不可罰的事後行為　(独) Straflose Nachtat　その犯罪の終了後も違法状態の継続が予定されている*状態犯'の違法状態を単に利用したにすぎないため、独立に処罰する必要がないとされる事後的に行われた行為をいう。状態犯の刑は、その違法状態を単に利用するにすぎない行為の処罰も予定しているからである。たとえば、窃盗犯人が盗品を損壊した場合、器物損壊行為は窃盗罪の不可罰的事後行為である。従来はこれを*本来的一罪'とするのが一般的であったが、損壊行為が明確に存在することから数罪とし、*包括一罪'の一種としての吸収一罪または*科刑上一罪'に近い性質を有するものとするのが最近の傾向である。用語についても、共罰的事後行為とすることが多くなっている。これと同じ趣旨において、未遂犯が成立した場合の予備、既遂犯が成立した場合の未遂などを不可罰的事前行為とするのに対して、共罰的事前行為とする傾向が強くなってきている。なお、窃盗犯人が盗品を自己の物と偽り第三者を欺いて金員を交付させた場合は、詐欺行為は不可罰的事後行為ではない。事後行為が新たな法益侵害を発生させた場合であり、違法状態の単なる利用とはいえないからである。この場合は、窃盗罪と詐欺罪の*併合罪'となる。→罪数、吸収関係
[山火正則]

不起訴処分　*検察官'の行う*事件処理'は、*終局処分'と*中間処分'とに分けられる。不起訴処分は、起訴処分とならぶ検察官による当該事件に対する終局処分で「公訴を提起しない」処分をいう。不起訴処分となる類型には次のようなものがある。①起訴条件が欠けている場合、②法律上被疑事実が罪とならない場合、③犯罪の嫌疑がないかまたは不十分である場合、④刑の免除事由がある場合および⑤*起訴猶予'が相当である場合である。

①は*親告罪'における*告訴'の欠如など一定の手続打切り事由のあるとき、②は*被疑者'が*刑事未成年'であったとき、犯罪時*心神喪失'にあったとき、被疑事実がそもそも犯罪の*構成要件'にあたらないときなど、③は証拠上、被疑者が犯人であるか判明しないとき、被疑事実が犯罪にあたるか判明しないときなど、④は刑の必要的免除(刑80・93但・244Ⅰ)にあたるとき、⑤は「犯人の性格、年齢及び境遇、犯罪の軽重及び情状並びに犯罪後の情況により訴追を必要としないとき」(刑訴248)をいう。

不起訴処分には，裁判所の行う判決とは異なり*確定力'はない．したがって，事後に新たに*証拠'が発見されたなどの理由で事情が変われば，不起訴処分を取り消してその事件について，いつでも*捜査'を再開することが可能である．これを再起という．判例もいったん不起訴にした犯罪を後に起訴しても憲法39条に違反しないとしている（最判昭32・5・24刑集11・5・1540）．ただ，不起訴処分は検察官の最終的処分であるから，処分の結果を対外的に明白にすることが必要である．まず，親告罪であるか否かを問わず，告訴人に対し処分の結果（起訴・不起訴）を速やかに通知しなければならず（260），また不起訴処分にした場合，告訴人からの請求があれば，その理由を告知することが検察官に義務づけられている（261）．この通知は，特に告訴人が*検察審査会'に申立てをする場合にその権利を保全する意味を持ち，また，理由の告知は，検察審査会に対し判断資料を提供する意味を持つ．さらに，不起訴処分の通知・連絡については，犯罪被害者の立場を考慮して，警察が被害者連絡制度を設け，また法務省も1999（平11）年4月1日より，被害者等通知制度を設け，不起訴処分をはじめとする事件の処理結果を犯罪の被害者などに連絡・通知する制度を発足させた．

検察官は，被疑者に対しても，不起訴処分にした場合，被疑者の請求があったときは速やかにその旨を告げなければならない（259）．被疑者の不安を取り除く趣旨である．なお，不起訴処分に対する救済制度として，検察審査会および付審判請求手続がある．→訴追裁量，起訴裁量主義，中止処分　　　　　　　　[上田信太郎]

武器対等の原則　相対する両訴訟当事者は，互いに平等対等でなければならないという原則．ドイツ法上のWaffengleichheitに由来する語．わが国では*当事者主義'に含意される当事者対等主義とほぼ同義に使われる．とりわけ刑事訴訟の両当事者（すなわち検察官と被告人・弁護人）にはその攻撃・防御力において著しい格差があるので，当事者追行主義の意味での当事者主義を補正し，被告人の防御力を増強して初めて，真の対等が実現されることになる．この理念が現行法に具体化されている例として，弁護人依頼権（刑訴30・36・289，憲37Ⅲ）や*黙秘権'（刑訴291Ⅱ・311，憲38Ⅰ）が挙げられる．さらにこの理念を，挙証責任論における*無罪の推定'原則の実体化，被告人側に対する検察官手持ち証拠の開示などの局面にも適用して，被告人の訴訟法上の地位のかさあげ，権利の拡充を図ることが目指されている．
　　　　　　　　　　　　　　　　　[松代剛枝]

武器等製造法　武器の製造事業の事業活動を調整することによって，国民経済の健全な運行に寄与するとともに，武器および猟銃等の製造，販売その他の取扱いを規制することによって，公共の安全を確保するための法律（昭28法145）．戦前，武器等の製造は銃砲火薬類取締法（明43法53）によっていたが，戦後ポツダム勅令により「兵器，航空機等ノ生産制限ニ関スル件」（昭20商工，農林，文部，運輸省令1）が制定され，兵器等の生産は全面的に禁止されたが，その後の改正で許可を得て武器の生産が許されることとなった．この省令が1952（昭27）年に失効した後，法的空白状態が生じたので，1953（昭28）年に現行武器等製造法が制定された．法の目的は，公共の安全の確保のために武器の製造・販売を規制することと，武器製造事業が過大になることを防いで，武器生産態勢の秩序を確立することにある．武器とは銃砲，銃砲弾，爆発物等をいうとし，猟銃等をも規制対象に含めるとする定義規定の後に，武器製造事業の許可に関する事項，武器の製造設備・保管設備に関する事項，猟銃等の製造・販売の事業の許可に関する事項，監督官庁の規制に関する事項等について定め，違反に対し罰則を設けている．　　　　　　　　　　　　[松生光正]

福岡県青少年保護育成条例事件　本件は，福岡県青少年保護育成条例の淫行処罰規定（10Ⅰ・16Ⅰ）につき，処罰範囲の過度の広範性および*淫行'の*漠然不明確'性が争われた事案である（最判大昭60・10・23刑集39・6・413）．

最高裁は，「淫行」が青少年に対する性行為一般を指すと解するのは用語自体の意義に添わず，社会通念上処罰の対象と考えられないものも含まれ，広きに失し，また，単に反倫理的あるいは不純な性行為と解するのでは不明確であるとして，合憲的限定解釈を行い，この解釈が「通

常の判断能力を有する一般人の理解にも適」い，「処罰の範囲が不当に広すぎるとも不明確であるともいえないから」，憲法31条に違反しないとした（当該解釈は一般人の理解を超えるから，淫行処罰規定は違憲とせざるを得ないとの反対意見がある）．

本判決は，*実体的デュープロセス'を前提に刑罰法規の明確性と適正性を考慮し処罰範囲の妥当性を図ろうとした点，および限定解釈に一般人の予測可能性と結果の明確性を要求した点に意義がある．明確性を争った徳島市公安条例事件判決（最判大昭50·9·30刑集29·8·489）から理論的には一歩前進したと評しうるが，具体的結論には疑問がある．→罪刑法定主義，縮小解釈，漠然不明確　　　　　　　　　　[門田成人]

武家諸法度　徳川家康が，豊臣氏を滅亡させた直後，慶長20(1615)年卯年7月7日に将軍秀忠のいた伏見城において諸大名を前に以心崇伝(いしんすうでん)に朗読させて公布した（従聴(じゅちょう)）もので，領国支配者である諸大名を統制する中央政府の法であった．朝廷および寺家に対する禁中並公家諸法度(きんちゅうならびにくげしょはっと)・諸宗本山本寺諸法度と並んで，徳川幕府の基本法規のひとつである．全13箇条からなり，「文武弓馬の道専ら相嗜(あいたしな)むべき事」（1条）から始まり，品行を正すこと，法度(はっと)違反者を隠さないこと，叛逆殺害人を速やかに追い出すこと，他国者を抱えぬこと，居城の修補は申告して行い新たな搆営(こうえい)は堅く停止されるべきこと，隣国で徒党を組んで不穏な動向がある場合には申告すること，私婚を禁止・参勤交代作法・衣服と乗輿(じょうよ)に関して規定し，諸国諸侍に倹約を求め，凡そ国を治める道は人に在るから功過(こうか)を明察し，国主（大名）は政務にすぐれた者が選ばれるべきもの（「国主可撰政務之器用事」）と大名となるべき資質についても定める（13条）．綱吉の時代に大幅に改訂され（天和法度），旗本以下を対象とした諸士法度も統合された．これにより，武家諸法度は大名のみならず徳川家臣団に対するものとなった．→武家法，公事方御定書　　　　　　　　　　[野村稔]

武家法　中世・近世において武家社会で成立・発達した法であり，中世鎌倉・室町時代の武家法と近世徳川時代のそれに区別される．

中世は分権的社会であり，法も武家法，公家法（朝廷の制定した法）および本所法（荘園領主が制定した法）が鼎在し，法圏が分裂していた．武家法は，武家社会の権力構造が幕府の中央政権とそれを支持する武士団の権力との構造を反映し，幕府法と個々の武士の家法である在地領主法との二重構造になっている．「非理法権天(ひりほうけんてん)」（貞丈家訓）のように近世においては法は権力者が任意に定めることができるため道理は法に優越しないとされるのに対して，中世においては逆に御成敗式目が「たゞ道理のおすところを被記候也」（〈北条泰時消息〉）とされているように道理が法の基礎となっていた．右大将源頼朝以来，鎌倉幕府においては公家法によることなく，武士社会において慣習的に成立した武士生活における常識的道理によって裁判を行って来た．幕府法として初めての制定法は北条泰時が貞永元(1232)年に制定した御成敗式目(ごせいばいしきもく)で，公家法との密接な関係により成立したとされているが，成敗（裁断）をなす際に偏頗(へんぱ)なく裁定するための準則として，武士社会において生成して来た道理の推すところを法文化したものであり，頼朝以来の幕府の方針を踏襲している．室町幕府においても御成敗式目が基本法典とされたが，これはわずか51箇条であったため，鎌倉・室町時代を通じてこれを補足・修正するための「追加」（単行法令）が出された．鎌倉幕府は自立性の強い在地領主の支持・協力により成立したもの（推而為鎌倉主）であり，幕府法は御家人の家内部には介入できなかった（在地領主の家支配権の自立性）．しかし，上位権力者が次第に在地領主の自立性を剥奪し中央集権化を進めようとするには，上位権力者の意思を反映した法の論理，換言すれば「不論理非」の論理が必要とされた．その象徴は中世末に成立した*喧嘩両成敗(けんかりょうせいばい)の法である（これはその後実際の社会生活の場で強い規範性をもった「大法(たいほう)」とされた〈たとえば，「任御大法可為死刑(ごたいほうにまかせけいたるべし)」（酒井家教令）〉）．喧嘩で実力を行使した者はその理非を論じることなく喧嘩をした事実のみで同じ刑罰で処断したのである（口論の場合には「令和睦遺恨不残様に可取扱之(わぼくせしめいこんのこさざるようにこれとりあつかうべし)」（酒井家教令）とされた．

在地領主法は在地領主が制定の主体であり，形態も置文（おきぶみ），家訓・家法や在地領主間の契約としての一揆契状（いっきけいじょう）も作成されているが，その典型が分国法（ぶんこくほう）である（たとえば，今川仮名目録，塵芥集）．戦国大名により家臣団統制と領国支配の目的で制定されたもので，新しい法を取り入れながら公家法，本所法，武家法，民間慣習を統合集成したもので，中世法と近世法を媒介するものと位置づけられている．大名の領国では分国法が最高の法規範であった．

織豊政権の成立により全国支配のための単行法が出現したが，徳川幕府の成立によって，近世法は幕府法と各藩法に分かれた．幕府法には全国の大名を統制するための全国支配の法と徳川家の家法とも言えるべき法がある．全国支配の観点からは豊臣時代の法令を継承した．家康が慶長元(1615)年卯年7月7日に制定した*武家諸法度'（ぶけしょはっと）は，領国支配者である諸大名を統制する中央政府の法であり，朝廷および寺家に対する禁中並公家諸法度・諸宗本山本寺諸法度と並んで，徳川幕府の基本法規のひとつである．裁判は先例によって行われていたが，その後吉宗により寛保2(1742)年に編纂された公事方御定書（くじかたおさだめがき）は判例や慣習に基づいて裁判の基準となるべき条例を収録したもので，徳川幕府にとって初めての法典である．→公事方御定書　　　　　　　　　　　　　　　　　[野村　稔]

不告不理の原則　（羅）nemo judex sine actore　不告不理の原則とは，裁判は，原告の訴えによって開始できるのであって，訴えがない場合に裁判官が職権で裁判を開始してはならない，とする原則をいう．不告不理の原則は，それゆえ，裁判官自らが職権で裁判を開始することを認める糾問主義の訴訟とは無縁の原則であり，原告の訴えの真偽を当事者の立証に基づいて審判する弾劾主義（当事者主義）の訴訟において採用される原則である．

旧刑事訴訟法においても，検察官の起訴なしには，裁判官が職権で裁判を開始することはできないとする点では，形式的には，不告不理の原則が採用されていたと言えるが，職権主義に立脚していたために，起訴状とともに一件書類が受訴裁判所に引き継がれたことや事実認定の範囲が必ずしも起訴状記載の事実によって拘束されていなかった等，不完全にしか適用されていなかった．

現行刑事訴訟法においては，当事者主義に立脚して，*公訴の提起'に際しては，起訴状のみを提出し，一件記録の提出を禁じた，いわゆる起訴状一本主義の採用や訴因制度の採用によって，不告不理の原則の徹底が図られた．とくに，訴因制度の採用は，審判の対象を画する機能を果たすことを通じて，検察官の訴えの内包と外延を画することとなった．すなわち，不告不理の原則を徹底するためには，原告の訴えの内容が厳密に定められていることが必要となるが，『訴因』制度の採用によって，訴えられている事件の数および内容を明らかにしなければならないこととなったのである．つまり，刑事訴追（公訴）の効力は，公訴事実が同一であれば，その全部に及ぶが，それ以外には及ばない．このことは，ある被告人が複数の犯罪を犯しているとされる場合にも，審判の対象となるのは，起訴状に訴因として記載された犯罪事実のみであり，それ以外の犯罪（*余罪'）を審判の対象とすることは許されないということを意味する．余罪を審判の対象とするためには，検察官の追起訴を待たなければならない．

ある事件が，余罪であるのか，それとも最初の起訴状に記載されている訴因に含まれているのかは，公訴事実として記載されている事実を検討し，同一の公訴事実であるか否かによって判断される．　　　　　　　　　　　　　　[鯰越溢弘]

不作為犯　（独）Unterlassungsdelikt
1　意義　不作為（消極的動作）を処罰する犯罪類型をいう．一定の行為を禁止する禁止規範を侵害する作為犯と異なり，不作為犯は法の命令する一定の行為を行わないという命令規範の侵害を意味する．

2　不作為の行為性　*作為犯'が原則である刑法典において，不作為犯は過失犯と並んで可罰的行為の特殊な現象形態である．不作為が行為といえるかについては争いがある．目的的行為論のように不作為の行為性を否定する見解もあるが，通説は*行為'とは意思に基づく身体の動静であり，不作為は「なにもしないこと」ではなく，「期待されたことをしないこと」であるとして，行為性を肯定する．しかし，このような

見解に対しては，たとえば踏切番が居眠りをして遮断機を降ろし忘れたため，電車が踏切を通過するに際して通行人が電車に跳ねられ死傷した場合のように，認識なき過失による不作為犯(*忘却犯')が問題になるときには，不作為が意思に基づいているとはいえず，犯罪が成立しないのではないかという疑問も出されている．

3 不作為犯と*因果関係' 不作為犯においては，「無から有は生じない」として，因果関係を否定する見解もあったが，不作為犯における実行行為は「法により期待された行為をしないこと」であるので，この行為が行われていたならば，結果は発生しなかったであろうといえるときに因果関係は認められる．たとえば，子供が溺死した場合には，この溺死を回避するために法的に期待された救助行為があったならば，子供の溺死という結果は発生しなかったであろうといえるときに因果関係は肯定される．この場合，子供と一緒にいた父親や散歩中の人のなかで，誰が法的な救助義務を負うかは，*作為義務'の問題である．

4 2つの不作為犯 不作為が法律上明文で処罰されているかにより，不作為犯は*真正不作為犯'と*不真正不作為犯'に区別される．構成要件的行為が法文上不作為の形式で規定されている犯罪を真正不作為犯という．たとえば，多衆不解散罪(刑107)，不退去罪(130後)，不保護罪(218後)などである．どのような不作為が，どのような状況の下で成立するかは各本条の解釈により定まる．ここにおいては，「……せよ」という命令規範に反することで処罰される．

これに対して，作為犯の形式で規定されている構成要件を不作為により実現することにより成立する犯罪を不真正不作為犯という．たとえば，母親が殺人の故意で赤ん坊にミルクを与えず，餓死させたときは，不作為による殺人罪が成立する．不真正不作為犯は，「……するなかれ」という禁止規範を不作為により侵害することにより成立する．不真正不作為犯が成立するには，作為義務がなければならない．結果の発生を防止しなかったとしても，その者に作為義務がないときは犯罪は成立しない．

5 不作為と共犯 作為犯の場合と同様に，真正不作為犯，不真正不作為犯についても共同正犯，教唆犯，幇助犯は成立する．作為義務のない者も作為義務者と共同して犯罪を実行したときは不真正不作為犯の*共同正犯'となる．

不作為による共犯が成立するには，関与者に作為義務がなければならない．作為義務者が共謀の上一定の行為を行わなかったときには不作為の共同正犯が成立する．正犯の犯罪の実行を阻止すべき義務，あるいは結果の発生を阻止すべき義務を負う者がその義務を履行しなかったときには，不作為による幇助が成立する．不作為による教唆については，これを肯定する見解と否定する見解とがある．　　　　［堀内捷三］

藤木英雄（ふじきひでお 1932-77）　藤木英雄は，松本に生まれ，1953年に東京大学法学部を卒業して東大法学部助手となり，1956年に助教授，1966年に教授に昇任し，刑事学講座を担当した．藤木は，刑事学・刑法学の研究を精力的に進め，短期間に多数の著書・論文を発表した．藤木の学説は，伝統的刑法理論に立脚しつつも，高度経済成長期以後の日本社会の大きな変化を踏まえて，これを現代社会の実態に適合し，市民や実務の要請に応えたものに変容しようとした意欲的なもので，多くの新しい理論展開を含み，「藤木刑法学」と称された．藤木は，1972年に眼疾で視力をほとんど失った後も次々と著書・論文を発表し続けたが，重篤な病状が進行し，1977年に45歳の若さで世を去った．

藤木刑法学の特徴は，社会状況の変化を鋭敏にとらえ，新たな問題状況に対して社会常識と実務感覚に合致した解決を提示しようとしたところにある．その特徴がよく現れた領域の一つは，過失論である．藤木は，過失の実質を結果回避義務に置き，これを違法要素とする「新過失論」の立場に立ち，これによって交通業過失犯の処罰を限定・適正化しようとした．公害問題が深刻化すると，未知の公害から広く市民を守ることを意図して，「*新新過失論'」（危惧感説）を主張した．藤木は，可罰的違法性論でも，多発していた労働事件の処罰の限定・適正化を意図して，違法性が軽微で*可罰的違法性'のない行為は構成要件に該当しないとする独自の理論を展開し，実務にも大きな影響を与えた．また，藤木は，経済犯罪・公害犯罪等を「現代型犯罪」として研究を深め，従来の刑法理論の大

胆な修正をはかり，各論の重視を主張するなど，斬新な理論の展開をはかった．藤木は，晩年，これらを踏まえて，構成要件を可罰的違法行為類型とし，違法論では行為無価値論，責任論では道義的責任論・行為責任論をとる犯罪論体系を構築した．

藤木は，体系的整合性よりも問題の適正・妥当な解決を目指して，伝統的刑法理論に修正を加えた．それゆえ，藤木刑法学は，実務感覚には合うとされた反面，体系理論的には多くの問題を残している．また，その理論は，処罰の限界を不明確にし，処罰を拡大する側面があり，刑法の人権保障機能を弱体化させるおそれがある．藤木の早世により，これらの問題は，その後の学界の課題として残された． 〔平川宗信〕

侮辱罪 事実を摘示しなくても，公然と人を侮辱した者は，拘留又は科料で処罰される(刑231)．侮辱罪の保護法益である*名誉*の概念に関して，判例・通説は，*名誉毀損罪*と同様に人の社会的評価である外部的名誉と解している．判例・通説の立場からは，侮辱罪と名誉毀損罪は事実摘示の有無によって区別され，法人に対しても侮辱罪が成立しうる(最決昭58・11・1刑集37・9・1341)．これに対して，侮辱罪の保護法益を人の名誉感情である主観的名誉と解して，法人に対する侮辱罪の成立を否定する見解も有力である． 〔佐伯仁志〕

不真正不作為犯 (独) unechtes Unterlassungsdelikt 作為犯の形式で規定されている構成要件を不作為により実現することにより成立する犯罪をいう．不作為による作為犯ともいう．たとえば，母親が殺人の故意で赤ん坊にミルクを与えず，餓死させたときは，不作為による殺人罪が成立する．

1 不真正不作為犯と罪刑法定主義 不真正不作為犯は，*真正不作為犯*のような明文上の処罰規定をもたず，作為犯の規定に基づいて処罰される．そこで，作為犯と*不作為犯*の規範の性質の相違，あるいは文言上の理由により，作為犯の規定により不真正不作為犯を処罰することは*罪刑法定主義*に反するという主張もある．しかし，実行行為の形式が作為であれ，不作為であれ，法益を侵害する行為，あるいはその危険をひき起こす行為が処罰されるのであり，不作為による作為犯を処罰することに罪刑法定主義上の問題はない．

2 不作為犯と因果関係 かつて不作為犯においては因果関係を否定する見解もあったが，不作為犯においては，実行行為は「なにもしないこと」ではなく，「法により期待された行為をしないこと」である．作為犯の場合と同様に，不作為と結果との間には因果関係がなければ，犯罪は成立しない．

3 不真正不作為犯の成立要件 不真正不作為犯が成立するためには，第1に，結果の発生を回避・阻止すべき義務(作為義務)がなければならない．作為義務を有する者を保障人と呼ぶ見解もある(*保障人説*)．作為義務は，(イ)法令，(ロ)契約，引受け，(ハ)先行行為などを根拠にして生ずる(作為義務の発生事由)．

第2に，作為義務発生事由のいずれかに該当するだけでは不十分であり，その不作為が違法性や責任において作為と同視すべき，あるいは同価値の内容を含むものでなければならない．

第3に，作為により結果の発生を回避・阻止することが可能であり，容易でなければならない．それが，不可能であるとき，あるいは可能であっても，容易に行うことができないときは不真正不作為犯は成立しない．

4 不真正不作為犯と主観的要素 判例は，不真正不作為犯が成立するには，「ことさらに」といった主観的な要件が必要であると解している．たとえば，不作為による放火罪が問題になった事例において，「既発の火力を利用する意思」でもって消火行為しなかったこと(大判大7・12・18刑録24・1558, 大判昭13・3・11刑集17・237),「その既発の火力により……建物がせらるべきことを認容する意思をもってあえて」消火措置を講じなかったこと(最判昭33・9・9刑集12・13・2882)を犯罪が成立する理由のひとつとして指摘している．学説のなかにも，これを支持する見解もあるが，通説は処罰範囲を不明確にするとして批判的である．

5 不真正不作為犯と実行の着手時期 不真正不作為犯における実行の着手時期は，作為犯と同様に，法益に対する具体的な危険が生じた時点である．結果回避のために可能な，最初の不作為の時点でなければ，逆に回避のために最後

の可能な行為を行わないことでもないし、また、事象を因果の流れにおいた時点でもない.

[堀内捷三]

付審判制度 不起訴処分のなされた職権濫用罪に対し、告訴・告発人の請求にもとづいて裁判所が起訴すべきか否かを判断し、請求に理由がある場合に公訴の提起を擬制する制度である.

1 意義 捜査当局による人権侵害など*職権濫用罪'(刑193〜196, 破防45, 通信傍受30Ⅰ)の*起訴'率は極端に低く、*検察官'の*公訴権'行使に疑念がもたれやすい. そこで職権濫用罪に特別起訴手続を導入せよとの論議が1910年代から起こったが、人権尊重・拷問禁止など(憲13・36など)の憲法理念を実質化するため現行刑事訴訟法で制定されたのが付審判制度で、準起訴手続とも呼ばれる. ドイツの起訴強制手続(Klageerzwingungsverfahren)に範をとったが、ドイツ法は罪種を限定しない点、申立権を*被害者'に限る点、検察官への起訴命令である点で、付審判手続とは異なる.

*国家訴追主義'の例外ではない(多数説)が、人権侵害への市民的監視という理念を考慮し、公判開始の請求を*告訴'・*告発'人に委ねたり*弁護士'が*訴訟追行'する点で、最近では一種の*私人訴追'と解する説もある.

2 請求手続 職権濫用罪の*不起訴処分'に不服のある告訴・告発人が、犯罪事実および証拠を記載した書面(刑訴規169)を7日以内に不起訴処分をした検察官に差し出して請求する. 検察官は、請求に理由があると認めれば公訴を提起し(刑訴264), 理由がないと認めるときは、その所属検察庁の所在地を*管轄'する地方裁判所に、意見書を添えて書類・証拠物と請求書を送付する(262Ⅰ, 刑訴規171). 弁護士会も、職権濫用罪に関する告発をした場合は請求権をもつ(最決昭36・12・26刑集15・12・2956). 付審判に関する決定(刑訴266)があるまでは、請求の取下げができる.

請求審の性格は、審理方式との関係で争いがある. ①*捜査'ないし準捜査手続説、②起訴前の特別な職権手続説、③抗告訴訟類似手続説、④刑事訴訟類似の公判前手続説、⑤*予備審問'類似手続説、⑥独自の中間手続説がある. 判例は①説に接近した②説に立ち、被疑者その他捜査協力者の名誉・プライヴァシー侵害や真実歪曲の危険性を根拠に請求審への当事者関与に否定的である(最決昭47・11・16刑集26・9・515, 最決昭49・3・13刑集28・2・1)が、学説の大勢は、真実発見のためにはむしろ当事者関与が不可欠だとする.

*被疑者'の*取調べ'は裁判所書記官の立会いの下でなされ(刑訴規173参照), *捜索'・*押収'・*証人尋問'などの*強制処分'もできる. *除斥'・*忌避'・*回避'の申立ても許される(最決昭44・9・11刑集23・9・1100).

不適法ないし理由のない請求は棄却され、請求に理由がある場合は付審判決定により*公訴の提起'が擬制される(刑訴266・267). 付審判決定時に*公訴時効'が停止するというのが判例(最決昭30・5・27刑集12・8・1655)であるが、批判もある. *管轄'権のない裁判所に*訴訟係属'しても、当該裁判所に管轄が設定される(刑訴329). 請求棄却決定に対する*通常抗告'は許されるが(最大決昭28・12・12刑集7・13・2595), 付審判決定に対する*抗告'は許されない(最決昭和52・8・25刑集31・4・803). 請求の棄却または取下げがあった場合、請求手続の費用を請求人に負担させることができる(269).

3 公判手続 裁判所の指定した検察官役弁護士が、裁判の確定に至るまで検察官の職務を行う(268Ⅰ). 検察官が不熱心で事件を無にしないためだが、市民による権力監視という点で人権擁護を職責とする弁護士に訴追させるのが望ましいからでもある.

検察官役弁護士はみなし公務員であるが(268Ⅲ), 検察官への指揮権はなく、*検察事務官'・*司法警察職員'への捜査指揮は検察官に嘱託する(268Ⅱ). 訴訟法上は検察官として扱われ、*公訴取消し'(257)を除き、検察官が訴訟法上有する一切の権限を行使できる. 職権濫用相互であれば*訴因変更', 職権濫用以外の訴因の予備的・択一的追加もできるが、*本位的訴因'を職権濫用以外に変更することは許されない(認める説もある).

判例は、職権濫用以外の罪を認定することを認めるが(最決昭49・4・1刑集28・3・17), 否定説も有力である. →起訴独占主義 [新屋達之]

婦人補導院　*売春防止法'によって*補導処分'に付された者を収容して補導する法務省所管の*矯正施設'．すなわち，売春を行う目的で勧誘等の罪（売春5）を犯した満20歳以上の女子で，性行または環境に照らして売春を行うおそれのある者に対して，同法17条によりこれを収容し，これを更生させるために必要な補導を行う国立の施設．1958(昭33)年設置．売春常習者に対して退院後の社会生活に適応させるために必要な生活指導，職業の補導，心身の障害に対する医療を行う．ここでの生活指導は婦人として必要な特性を育てることを目指し，面接相談，集団討議などを実施している．職業補導は，対象者の知能や年齢などの特性を考慮して家事サービス，和洋裁，手芸，タイプなどを指導する．医療は，性病の治療を重点的に行う．分類処遇を重視して，疾病で療養を要する者，精神薄弱者，性格異常者，心身ともにおおむね正常な者などに分類し個別に処遇計画を立てる（婦人補導院法1〜3）．収容期間は6ヵ月とされ，更新できない．これは売春防止法5条の刑事処分が6ヵ月以下の懲役となったため，同条の執行を猶予され補導処分となった者がこれ以上の長期にわたらないように考慮したものといわれる．成績良好な者には*仮退院'が許可されるが，適用者はほとんどいない．かつて大阪，福岡にも所在したが，近年収容者の激減から収容業務を停止し，現在東京のみ1ヵ所にすぎない．

［守山　正］

不正アクセス行為の禁止等に関する法律　**1 意義**　コンピュータへの不正アクセスを禁止し，違反者を処罰するため，1999年に制定された法律（平11法128）．高度情報通信社会の健全な発展に寄与することを目的とする（1）．1987年の刑法の一部改正により，*電磁的記録不正作出罪'(161の2)，*電子計算機損壊等による業務妨害罪'(234の2)が新設されたことにより，他人のコンピュータシステムに不正に進入してデータを改ざんしたり，消去したりする行為（いわゆるクラッキング）は可罰的とされたが，単に不正にアクセスして情報を見る行為は不可罰であった．また，コンピュータウイルスを埋め込む行為も，それが発症してデータなどが損壊されれば電子計算機損壊等による業務妨害罪が成立するが，それ以前の行為は不可罰であった．本法は，コンピュータ・ネットワークによる情報処理システムの安全性を確保するという観点から，これらの不正アクセス行為（いわゆるハッキング）を処罰するものである．

2 内容　本法3条は，不正アクセス行為を禁止する．違反行為の法定刑は，1年以下の懲役または50万円以下の罰金である（8）．さらに，4条は識別符号（IDやパスワード）の提供などの不正アクセス行為を助長する行為を禁止する．違反行為の法定刑は，30万円以下の罰金である（9）．

本法3条2項によれば，不正アクセス行為とは，アクセス制御機能を有する特定電子計算機に不正に進入して特定利用をし得る状態にさせる行為をいう．その行為態様としては，①他人の識別符号を入力することにより他人になりすます方法，②アクセス制御機能による特定利用の制限を免れることができる情報または指令を入力する方法，③当該特定電子計算機と通信回線で接続している他の電子計算機に②の方法で進入する方法の3類型が規定されている．

［西田典之］

不正競争防止法　（独）Gesetz gegen unlauteren Wettbewerb　不正な手段で同業者の利益を侵害する行為を禁圧するべく，1934(昭9)年の法律14号によって設けられた．たとえば，他人の商品表示（氏名，商号，商標，包装など）や営業の表示（氏名，商号，標章など）と同一または類似のものを使用したり，原産地を詐称するほか，品質・内容・製造方法や，用途・数量の誤認を生じさせる行為だけでなく，虚偽事実の陳述・流布による信用毀損などの行為に対し，民事法上の差止請求（3）や損害賠償請求（4）のほか，処罰規定も設けている（14）．これらの行為の多くは，具体的な取引の場面では，個々の顧客に対する詐欺にあたる一方，氏名・商号などを不正に使用された業者にとっては，偽計による業務妨害罪に該当する場合も少なくない．かようにして，営業の自由を原則とする自由主義経済のもとでも，不当な方法による競争行為は，顧客である消費者に多大の被害を及ぼすだけでなく，国家の経済政策にも悪影響を

与えるため，特に違法性の高いものを特別法上の犯罪として規定したわけである．本法では，通常，先行する事業者の築いた信用を悪用したり，これを低下させる後発業者のゲリラ的行為が規制の対象となるのに対して，*私的独占の禁止及び公正取引の確保に関する法律'では，大企業の独占的支配または寡占状況を助長したり，市場競争を制限するような行為を禁止している点で，むしろ，先行した中小事業者の利益を守るという側面もある．なお，1990（平2）年の法改正では，営業秘密の侵害に対する差止請求権と損害賠償請求権が規定されるに至ったが，なお十分な保護を期待できないとして，一部の企業では，ノウハウなどに刑法的保護を与えるよう要望するものがみられる．　　　　　［佐久間修］

付帯私訴　（独）Nebenklage　犯罪行為の行為者は，刑事責任を負うとともに，被害者に対する不法行為を犯したとして民事責任をも負うことになる．刑事責任を追及するためには，刑事訴追が行われ，刑事裁判が開かれることになり，民事責任を追及するためには，民事訴追が行われ，民事裁判が行われることになる．刑事責任と民事責任を峻別し，それぞれ独立した訴訟手続で処理するのが普通であるが，責任追及の対象とされている事実は，同一の事実であり，証拠も重複していることが多い．そこで，訴訟経済の観点から刑事訴追が提起された場合に，それに付随して損害賠償請求を内容とする民事訴追を行うというのが，付帯私訴である．したがって，付帯私訴を刑事訴追権を究極的に私人に委ねるべきだとする*私人訴追主義'の中に含めることは誤りである．

わが国の法制においては，付帯私訴は，治罪法において初めて採用され，*旧刑事訴訟法'まで存続していたが，戦前においても余り使用されなかったこと等を理由として，現行刑事訴訟法では廃止された．

イギリス等の法制では，付帯私訴は存在しないが，刑事裁判において，被害者への損害賠償を行うために，罰金刑を科すべき犯罪につき有罪判決を受けた被告人に，損害賠償命令（compensation order）を言渡すことができることとしている．　　　　　　　　　　　［鯰越溢弘］

附帯上訴　上訴申立期間内に上訴を申し立てなかった当事者も，相手方が上訴申立てをしていれば，後から上訴申立てを許される制度．旧刑事訴訟法は，検察官に附帯控訴（旧刑訴399）の権限を認め，検察官および被告人に附帯上告（旧刑訴424）の権利を認めていた．現在でも民事訴訟法は，附帯上訴を認めている（民訴293・313）．この制度の利点は，当事者が相手方の上訴申立てないし上訴審における主張・立証をみてから，上訴の申立てをすることができるところにある．とくに刑事訴訟においては，検察官の附帯上訴は，*不利益変更禁止の原則'の適用を排除するという強い効果を持つ．それだけに現行刑訴法の立法過程では，検察官の附帯上訴権の存在は被告人の上訴を困難にするという配慮から，附帯上訴は廃止されるに至った．
　　　　　　　　　　　　　　　　　［後藤　昭］

不逮捕特権　「両議院の議員は，法律の定める場合を除いては，国会の会期中逮捕されず，会期前に逮捕された議員は，その議院の要求があれば，会期中これを釈放しなければならない」（憲50）．これを国会議員の不逮捕特権という．行政権・司法権が逮捕権限を濫用して議員の身柄を拘束し，その職務を妨げるのを防ぐ趣旨の制度である．「逮捕」には勾留・勾引等の身柄拘束処分も含まれる．例外とされる「法律の定める場合」とは，院外における現行犯逮捕と所属する議院の許諾がある場合である（国会33）．逮捕許諾請求は，逮捕状請求を受けた裁判所が，内閣に要求書を提出し，内閣は受理後速やかに要求書の写しを添えて，議員の所属する議院に対して行う．不当拘束の抑止という制度の趣旨から，議院は，身柄拘束の理由・必要性が認められ，権限の濫用でない場合には，許諾を与えなければならない．また，逮捕許諾に際し条件・期限を付すことは議院の権能を超える．
　　　　　　　　　　　　　　　　　［酒巻　匡］

復　権　*恩赦'の一種である．有罪判決等による*資格制限'として失われた資格等の権利回復一般をさすこともある．恩赦としての復権は，有罪の言渡を受けたため法令の定めるところにより資格を喪失または停止された者に対して政令（復権令）で要件を定めて一律に行う一般恩赦として，また，特定の者に対する個別恩赦としても行われる．ただし，刑の執行を終わ

らない者，または執行の免除を得ない者に対しては行わない(恩赦9)．復権の効力は，資格を回復する(10)ことである．

一般恩赦としての復権令を含まない第2次世界大戦後の政令恩赦はむしろ例外であり(昭和22年の減刑令，昭27立太子礼，昭31国連加盟，平5皇太子結婚)，公民権回復をねらった選挙違反者の救済ではないかとの批判を受けつつ，大戦終局(昭20勅令581，該当人員109,374人)，憲法公布(昭21勅令513，同38,855人)，平和条約発効(昭27政令119，同282,470人)，皇太子結婚(昭34政令113，同45,797人)，明治百年(昭43政令315，同148,732人)，沖縄復帰(昭47政令196，同32,329人)，昭和天皇大喪(平元政令28，同1,014万人)，天皇即位(平2政令328，同250万人)とそれぞれ多人数を対象とする復権令が出されている．同時に，昭27立太子礼以下復権令のなかった3例も含めて，政令恩赦に際しては，閣議決定で，特別(基準)復権も指令されている(復権人員は，それぞれ，381，40，29，24，1510，513，458，51，25，44，931人である)．

常時恩赦としての復権は，常時恩赦のほとんどを占めるが，年間数十人とその数は多くない(1989年以降，52(うち職権による上申51)，62(同57)，28(同24)，53(同48)，45(同44)，55(同41)，70(同35)，82(同18)，81(同18)，88(同17)，84(同9)人である)．その多くが保護観察中の者について保護観察所長からの上申により行われるが，検察官によるものもある(1999年では7人)．

資格の回復としての一般的な(恩赦によらない)復権には，*執行猶予'期間の満了によるものや，*刑の消滅'制度によるものがある．これらでは，資格・権利の制限効果をもたらしていた有罪判決や刑の言渡の効力が失われることによって自動的に資格が回復する． 　　[吉岡一男]

不定期刑 (英) indeterminate sentence　**1 不定期刑の意義**　広義においては，刑期の確定している自由刑のことを定期刑といい，確定していない自由刑のことを不定期刑という．後者の中でも，刑期をまったく定めない不定期刑を絶対的不定期刑と呼ぶが，*罪刑法定主義'はこのような刑罰の規定の仕方を禁止している．刑期に一定の幅を設けて，その枠内で刑期を定めるものを相対的不定期刑と呼ぶ．日本の現行刑法の*法定刑'の規定の仕方は，ほとんどがこれである．

狭義においては，*宣告刑'の段階で，刑期の確定していない自由刑を不定期刑という．現行法上は，*少年の刑事事件'について不定期刑が認められるだけで(少52・51後)，成人には不定期刑は認められていない．改正刑法草案59条は，常習累犯に対して不定期刑を認めている．

しかし，現実には，*仮釈放'の制度が利用されることによって，事実上，定期刑が不定期刑化しており，とりわけ，刑法の仮出獄は，有期刑については宣告刑の3分の1，無期刑については10年を経過すれば，地方更生保護委員会の決定によって仮出獄を許可することができるとしており(刑28)，現実にも，50%以上の受刑者が仮出獄の適用を受けている．

2 不定期刑の定期刑化　歴史的には，不定期刑の支持者は，責任に対する*刑罰'という枠組みを維持しつつも，*保安処分'の発想を部分的に取り入れ，処遇の個別化を徹底して，処遇の効果も勘案しながら，刑の執行の一定の段階で，最も適切な時期に刑の終了の時期を決定することが，犯罪者の社会復帰にとって有効である，と主張してきた．

このような主張を取り入れて，伝統的に社会復帰思想の強いアメリカでは，不定期刑が普及した．しかし，1970年代の*ジャスティス・モデル'の台頭にともない，*量刑'の不均衡や*パロール'における仮釈放委員会の広範な裁量に批判が集中し，量刑のガイドライン化やパロール基準の明確化が進んだ．また，行為への応報を重視する刑罰理論が優勢になったことで，行為者に着目する不定期刑構想は後退した．最近の行為と結果を重視する厳罰化の傾向は，定期刑化の発想とある種の親和性をもっている．→エルマイラ制　　[石塚伸一]

不動産侵奪罪　他人の不動産を侵奪した者は，10年以下の懲役に処せられる(刑235の2)．

本罪は，太平洋戦争後の混乱期に頻発した土地・家屋の不法占拠に対応するために，*境界損壊罪'(262の2)とともに1960(昭35)年に新設

されている。それまでは、不動産も*窃盗罪'(235)にいう*財物に含まれると解して不動産窃盗を認める見解もあったが、通説・判例はこれを否定していたために、本罪が新たに規定されたのである。本罪の新設によって、窃盗罪の財物に不動産が含まれないことが明確になったといってよい。

本罪の客体は、他人の占有する他人の不動産である。ただし、本罪にも刑法242条が適用されて、自己の不動産であっても、他人が占有し、または公務所の命によって他人が看守するものであるときは、他人の不動産とみなされると解されている。不動産とは、土地およびその定着物をいう(民86Ⅰ)。土地には、その上の空間および地下も含まれる。土地の定着物には建物の他に、民法上は立木なども含まれるが、建物を解体したり移動したり、立木を伐採して領得するときは、窃盗罪が成立する。本罪の行為は侵奪である。侵奪とは、他人の占有を排除して自己または第三者の占有を設定することをいう。たとえば、他人の土地を不法占拠して建造物を建てたり、他人の家屋に勝手に入居する行為のほかに、他人の土地を無断で掘削して廃棄物を投棄する行為等も侵奪にあたるとされている(大阪高判昭58・8・26判時1102・155)。これに対して、空家で一夜過ごしたり、空地に排水口を設置する行為のように、占有の侵害が一時的であり原状回復が容易な場合には、侵奪にあたらないとされている(大阪高判昭40・12・17高刑18・7・877は不法領得の意思も欠けるとする)。また、侵奪は事実的な占有の侵害に限られるから、不動産の登記を自己名義に改ざんして法的占有を取得しても侵奪にはあたらないことになる。

本罪は、不動産に対する占有を奪取したときに既遂として成立する。借家に賃貸借契約終了後も居座る行為は、新たな占有を設定するものでないから本罪にあたらない。ただし、占有の態様に質的な変化が生じ新たな占有侵害と認められるときには侵奪を認めてよいとするのが通説・判例である(最決昭42・11・2刑集21・9・1179)。

なお、暴行・脅迫による不動産の侵奪は利益*強盗罪'(刑236Ⅱ)に問われることになる。

［大沼邦弘］

不当な取引制限の罪 　1　**意義**　不当な取引制限の罪は、私的独占の罪と並んで、「*私的独占の禁止及び公正取引の確保に関する法律」(独占禁止法)において、もっとも重大な犯罪として位置づけられている。不当な取引制限とは、価格協定、生産制限協定、市場分割協定など、いわゆる*カルテル'と呼ばれるものとほぼ重なる。アメリカのシャーマン法1条を母法とする。

「不当な取引制限」とは、「事業者が、契約、協定その他何らの名義を以てするかを問わず、他の事業者と共同して対価を決定し、維持し、若しくは引き上げ、又は数量、技術、製品、設備若しくは取引の相手方を制限する等相互にその事業活動を拘束し、又は遂行することにより、公共の利益に反して、一定の取引分野における競争を実質的に制限すること」と定義されている(2Ⅵ)。そして、3条は、事業者による「不当な取引制限」を禁止し、89条1項で、これに違反した者を3年以下の懲役または500万円以下の罰金(併科も可(92))に処し、2項で、その未遂罪も罰している。

また、95条の両罰規定により、実行行為者たる自然人と法人等の事業者との間の罰金刑の連動が切り離され、事業者である法人または人、法人以外の団体に対して、1億円以下の罰金が科されている(1992(平4)年改正)。さらに、95条の2により、法人の代表者が、違反の計画を知りその防止に必要な措置を講じなかった場合、および違反行為を知りその是正に必要な措置を講じなかった場合には、その代表者も処罰される。

2　**要件**　第1に、事業者が、明示的にせよ黙示的にせよ、意思を通じることで共同して行うことが必要である。判例は、合意のあることをもって、その実施をまつまでもなく、既遂になるとしている(最判昭59・2・24刑集38・4・1287, 石油価格協定刑事事件)。また、入札談合のための基本的合意がかなり以前になされていると時効が完成していることが多いと考えられることから、これを不当な取引制限の罪に当たるとする場合、本罪が*状態犯'か*継続犯'かについて議論がある。

第2に、一方的ではなく相互に、事業活動を拘束しまたは遂行することが必要であるが、しかし、その実効性を担保するために制裁が予定されていることまでは必要とされていない。

第3に、こうした事業活動の相互拘束の結果として、公共の利益に反して、一定の取引分野における競争を実質的に制限することが必要である。学説の多くは、公共の利益に反することと一定の取引分野における競争の実質的制限とをほぼ同視するが、他方、石油価格協定刑事事件最高裁判決は、公共の利益の要件を、自由競争秩序に反することとその行為によって守られる利益とを比較考量し、独禁法の究極の目的に反しない例外的な場合を不当な取引制限行為から除外する趣旨に理解している。

3 効果等　不当な取引制限は、刑罰による規制が加えられているだけでなく、排除措置の対象であるし、対価に影響がある場合には*課徴金'の納付が命じられ、また、無過失損害賠償の対象となっている。課徴金は、不当な経済的利得を剥奪するという性格のものであるが、これと刑罰とが併せて科されても、二重処罰の禁止には触れないと理解されている（東京高判平5・5・21高刑46・2・108）。

なお、刑法96条の3第2項の*談合罪'は、公の競売、入札に関して適用されるものである点、事業者でなく自然人行為者に対して適用されるものである点で、不当な取引制限の罪と成立範囲を異にする。　　　　　　　　　[京藤哲久]

不特定的認定　*有罪'判決は、被告事件について犯罪の証明があったとき（刑訴333Ⅰ）、すなわち、訴因について*合理的疑いを超える証明'があったときに言い渡され、判決には、証明された事実が、*罪となるべき事実'として判示される（335Ⅰ）。もっとも、証拠調べの結果、犯罪事実が認められる場合にも、その細部に至るまで完全な解明が果たされるとは限らない。このような場合に、罪となるべき事実として、幅をもった事実を認定することを、*概括的認定'と呼び、「AまたはB」のように複数の事実のいずれかと認定することを、*択一的認定'と呼ぶ。不特定的認定は、両者を包括した呼称として用いられるのが一般であるが、両者のうち、概括的認定のみを指して用いられることもある。

いずれの用法によるにせよ、不特定的認定は、罪となるべき事実の認定として、許される場合と許されない場合がある。これに対し、*訴因'については、特定していれば適法、不特定であれば違法である。密接な関係にある両者において、「不特定」という言葉の用法が異なる点は、注意を要する。→事実認定、選択的認定、訴因の特定　　　　　　　　　　　　　　　　[大澤　裕]

不妊手術　旧優生保護法は、「優生上の見地から不良な子孫の出生を防止する」目的で、生殖を不能にする手術を実施することについて定めていた。そこでは、医師が、遺伝性の疾患を持つ者に対し、その遺伝を阻止するため優生手術を行うことが公益上必要であると認めるとき、都道府県の優生保護審査会にその手術の適否の審査を申請するものとされていた（旧優生保護法4）。遺伝性の疾患として別表に掲げられているものは多岐にわたるが、①遺伝性精神病：精神分裂病、そううつ病、てんかん、②遺伝性精神薄弱、③顕著な遺伝性精神病質：顕著な性欲異常、顕著な犯罪傾向、④顕著な遺伝性身体疾患：白児、全色盲、血友病、など、⑤強度な遺伝性奇型、などに及んでいた。審査会の決定に対する再審査申請、取消しの訴えという手続は一応保障されていたが、審査会の決定あるいは判決の確定により断種手術が実施されることとなっていた。上記のような列挙の非科学性、また精神障害者に対する差別を助長するとの批判から、優生保護法は1996（平8）年6月に*母体保護法'へと改正され、「優生手術」としての不妊手術も廃止された。→傷害罪、人工妊娠中絶　　　　　　　　　　　　　　　[上田　寛]

不能犯　(独) untauglicher Versuch　**1 意義**　不能犯とは、構成要件の実現に向けた行為への着手が見られるにもかかわらず、構成要件の実現が不可能であるために、*未遂犯'としても処罰の対象とならない行為をいう。不能未遂ともいう。不能「犯」、不能「未遂」といっても不可罰の場合を指すことに注意を要する。また、客観的に犯罪を構成しない事実を、犯罪と誤解して行う場合である*幻覚犯'とは、行為者が認識した事実が客観的に犯罪を構成するものであるか否かの点で異なる。幻覚犯は、そもそも*故意'が認められないから、未遂犯として

も処罰されることはない．これに対し，不能犯の場合には故意は存在し，未遂犯が成立するかは，別の実質的な基準によって決められる必要がある．この点において，不能犯の理論は，*構成要件'要素のうち，未遂犯の成立にとっても必要な本質的要素とそうでない非本質的要素とを区別し，前者が欠ける場合には未遂犯は成立しないが，後者が欠けるにすぎない場合には未遂犯は成立しうるとする，*事実の欠缺'という理論と異なる．わが国の刑法は，未遂犯の成立時期を定めるのみで，いかなる場合に不能犯として未遂犯が成立しないかを明文で定めておらず，その解決はもっぱら解釈に委ねられている．

2 学説の諸相　不能犯の成否の判断基準に関する学説としては，それぞれの犯罪論の基本的理解の差異を反映して，多様なものが存在する．大きく分けると，行為者の主観的意思を基準として判断する主観説の流れと，未遂犯の成立に構成要件実現の客観的危険の存在を要求する客観説の流れがある．まず，主観説の陣営では，行為者の犯罪的意思の実現に向けた行為の存在により未遂の成立を肯定する純粋主観説，行為者の認識を基礎として構成要件の実現可能性を問う主観的危険説ないし*抽象的危険説'が存在する．抽象的危険説においては，「丑の刻参り」のような*迷信犯'は，不能犯として可罰性が否定されることになる．こうした主観説的見解は，現在のわが国の学説においては，未遂犯においても，法益侵害の危険という*結果無価値'の存在が要求されるべきであるとする見地から批判され，ほとんど主張されていない．次に，客観説の陣営では，*具体的危険説'と*客観的危険説'が対立しつつ主張されている．双方，未遂犯の成立要件として，構成要件実現の客観的な危険の存在を要求するものであるが，そこで要件とされる危険の内容，判断方法が異なるのである．前者は，わが国の多数説であるが，危険を一般人の事前の危険感を基準に判断しようとするものであり，後者は，その見解を，一般人の事前の危険感では科学的判断を要する場合に困難に遭遇する等と批判しつつ，未遂犯成立の要件となる危険をより客観的に判断しようとするものであり，近時，危険の内容の明確化，再構成の試みが行われている．なお，現在のわが国においては，法律的不能と事実的不能を区別して，前者について未遂犯の成立を否定する法律的不能説は，主張されていない．

3 判例　わが国の判例は，*硫黄殺人事件'判決において，殺人未遂事例について不能犯の成立を肯定したことにもあらわれているように，不能犯の判断においては客観説的立場に立っており，客観的危険説的論理を採用することがまま見られるところである．もっとも，学説において具体的危険説が多数を占めていることの影響もあり，具体的危険説的論理により結論を示す判決も散見される．しかしながら，総じて，判例においては，構成要件実現の可能性についての科学的根拠を問題としつつ，具体的危険説よりも客観的な判断がなされているといえる．

［山口　厚］

部分的責任能力　*責任能力'の判断は，犯罪行為時に精神障害に基づいて弁識能力および制御能力にどのような影響があったかを問題とするものである．したがって，個々の犯罪ごとに判断される．そこで，たとえば好訴妄想のあるパラノイア患者は虚偽告訴罪等については責任無能力であっても，他の犯罪については*責任能力'が認められ，また，*文書偽造'が許されないことは認識できなくても殺人や窃盗についてはその許されないことを認識できるので責任能力が認められるのではないかが問題とされる．このような部分的・相対的な責任能力を部分的責任能力あるいは相対的責任能力という．責任能力を他の責任要素と並ぶ個別的な責任要素であるとする責任要素説に立ち，責任能力は精神障害によるものであるとしても，なお決定的なのは当の犯行についての弁識能力・制御能力であるとする立場からは，部分的責任能力は肯定される．これに対して，責任能力判断において精神障害という要素を重視し，さらに人格は統一的なものであると考える場合には，部分的責任能力は否定される．責任能力を個々の責任要素の前提とする責任前提説に立つ場合にはもちろんのこと，責任能力は個別の行為について判断されることを否定しない立場からも否定説が主張されている．

［林美月子］

不法原因給付　民法708条本文は，「不法ノ原因ノ為メ給付ヲ為シタル者ハ其給付シタ

ルモノノ返還ヲ請求スルコトヲ得ス」と規定している。そこで，刑法上，人を欺いて返還請求権のない物を不法に給付させた場合には*詐欺罪*が成立しないのか，また，不法原因に基づいて委託給付された物をほしいままに処分する行為は*横領罪*を構成しないのか，ということが所有権侵害の有無に関連して問題となる。なお，最判大昭 45・10・21 民集 24・11・560 は，妾関係維持のために建物を贈与した場合について，目的物の所有権は受贈者に帰属する，との判断を示している。

まず，不法原因給付と詐欺罪の成否について，判例は，大審院以来一貫して，社会秩序の擁護という観点から，これを積極的に解してきている(例えば，最判昭 25・7・4 刑集 4・7・1168)。学説も，一部に消極的な見解があるものの，一般には，不法原因給付物について被害者に返還請求権が認められないとしても，欺かれなければ交付しなかったであろう*財物*を欺かれた結果交付した点に詐欺が認められる，として積極的に解している。もっとも，女性に売淫行為をさせた後，これを欺いてその対価を免れた場合については，事後の支払いの免脱が問題となることから，利益自体が売淫行為によって得られた不法なものである以上，無効な債権については財産上の損害がない，と解すべきであろう。

次に，不法原因給付と横領罪の成否について，判例は，横領罪の目的物は必ずしも物の給付者において民法上その返還を請求しうべきものであることを要件としていないことなどを理由に，ここでも積極的立場をとっている(たとえば，最判昭 23・6・5 刑集 2・7・641)。

一方，学説は，従来，民法上の効果と刑法上の効果との差異を強調する積極説と，全体としての法秩序の統一性を指向する消極説とが対立してきたが，近年に至り，客体を不法原因給付物と不法原因寄託物とに区別したうえで，前者については消極に解し，後者についてのみ積極に解する立場も有力になりつつある(保護すべき委託信任関係が存在しないことを理由に，遺失物等横領罪の成立を認める見解もある)。なお，*盗品等に関する罪*については，盗品等の寄託者である窃盗犯人等には所有権がなく，他方，所有者である被害者との間には委託信任関係が存在しないことから，保管を依頼された盗品等の領得行為に関し横領罪の成立は否定される(これに対し，横領罪の成立を認めたものとして，最判昭 36・10・10 刑集 15・9・1580)。

[曽根威彦]

不法収益等隠匿罪 *薬物犯罪*，組織犯罪の深刻化に対処するために設けられた，いわゆる*マネーロンダリング*罪。わが国では，いわゆる麻薬新条約等の流れを受けて 1992 年 7 月 1 日から施行されている麻薬特例法上の不法収益等隠匿罪(麻薬特 9)と，ハリファクス・サミット(Halifax Summit)の議長声明等の流れを受けて 2000 年 2 月 1 日から施行されている組織的な犯罪の処罰及び犯罪収益の規制等に関する法律(組織犯罪処罰法)上の犯罪収益等隠匿罪(組織犯罪 10)とが存在する。

上記両罪は，その客体が，薬物犯罪にかかる「不法収益等」(麻薬特 2 Ⅱ～Ⅴが定義する)であるか，「犯罪収益等」(組織犯罪 2 Ⅱ～Ⅳが定義する)であるかという点を除き，同じ文言で規定されている。すなわち，(薬物)犯罪収益等の取得もしくは処分について事実を仮装し，または(薬物)犯罪収益等を隠匿することによって成立し，法定刑は，5 年以下の懲役もしくは 300 万円以下の罰金，またはその併科である。(薬物)犯罪収益の発生の原因について事実を仮装した者も，同様に処罰される(麻薬特 9 Ⅰ，組織犯罪 10 Ⅰ)。1 項の罪の未遂も処罰され(Ⅱ)，1 項の罪の予備は，2 年以下の懲役または 50 万円以下の罰金に処せられる(Ⅲ)。

(薬物)犯罪収益等の「取得」についての事実の仮装としては，たとえば，薬物を不正に売却して得た代金や犯罪を請け負って得た報酬につき，正当な商品売買契約書を架空に作成してその取得原因を隠蔽する行為，あるいは，第三者名義の銀行口座に預金して自己がその利益を取得していないかのように装う行為等が考えられる。また，「処分」についての事実の仮装としては，第三者名義での金融商品等の購入が考えられ，「隠匿」行為としては，物理的な隠匿はもちろん，これ以外に，銀行秘密が極めて固い銀行への預金等もこれに当たるとされている(正当な預金との限界付けの困難性を指摘する見解も存在する)。(薬物)犯罪収益の「発生の原因」に

ついての事実の仮装としては，たとえば，違法薬物の買い手が，売り手の仮装行為とは無関係に，薬物代金の支払を正当な商品代金の支払いであるかのように仮装することなどが考えられる．（薬物）犯罪収益等の「取得」についての事実の仮装という観念では捕捉できないこのような行為が，「発生の原因」についての事実の仮装として処罰されることになる．→不法収益等収受罪　　　　　　　　　　　　[近藤和哉]

不法収益等収受罪　*薬物犯罪'，組織犯罪の深刻化に対処するために設けられた，*マネーロンダリング'関連犯罪．わが国では，いわゆる麻薬新条約等の流れを受けて1992年7月1日から施行されている麻薬特例法上の不法収益等収受罪（麻薬特10）と，ハリファクス・サミット（Halifax Summit）の議長声明等の流れを受けて2000年2月1日から施行されている組織的な犯罪の処罰及び犯罪収益の規制等に関する法律（組織犯罪処罰法）上の犯罪収益等隠匿罪（組織犯罪11）とが存在する．不法収益等の収受は，不法収益等の隠匿と比較すると，薬物犯罪，組織犯罪を間接的に助長するにすぎない行為であるが，収受を処罰して不法収益等の使途を断つことは，不法収益等の運用・再投資の抑圧に資すると考えられることから，これらの罪が設けられた．

上記両罪は，客体が，薬物犯罪にかかる「不法収益等」（麻薬特2Ⅱ〜Ⅴ）であるか，「犯罪収益等」（組織犯罪2Ⅱ〜Ⅴ）であるかの相違を除き，同じ文言で規定されている．すなわち，情を知って（薬物）犯罪収益等を収受することによって成立し，法定刑は，3年以下の懲役もしくは100万円以下の罰金，またはその併科である．なお，両罪いずれの但書も，法令上の義務（たとえば，公租公課の支払いや扶養義務）の履行として提供されたものを収受した者，または，契約時に，その契約に係る債務の履行が（薬物）犯罪収益等によって行われることを知らず，債務の履行として提供されたものを収受した者を処罰対象から除いている．これは，これらの者の収受行為が薬物犯罪等を助長するものではないこと，あるいは収受を処罰することが過酷であるという理由に基づく．→不法収益等隠匿罪　　　　　　　　　　　　[近藤和哉]

不法責任符合説　予見事実と実現事実との間に構成要件的な重なり合いを要求する*法定的符合説'では，*抽象的事実の錯誤'の場合，一般にはその重なり合いが認められず，故意を認めることは困難である．構成要件的な重なり合いが要求される理由は，構成要件の故意規制機能を認めることと関係している．これに対して，不法責任符合説は，構成要件の故意規制機能を肯定しなければならない条文上の根拠はないとして，行為を犯罪たらしめている不法・責任事実を認識していれば故意を認めることができるとし，抽象的事実の錯誤の場合にあっても，各構成要件の不法・責任内容が符合している範囲においては，故意を認めてよいとする（町野）．この説は，構成要件該当事情の認識を要求する従来の故意概念を変えることにより，錯誤の問題を解決しようとするものである．

[日髙義博]

不法領得の意思　（独）Absicht rechtswidriger Zueignung　**1 要否・意義**　領得罪と特徴づけられる*財産犯'の主観的要素である．その要否に既に争いがあるが，判例・通説はこれを要求する．*窃盗罪'をはじめとする奪取罪は支配奪取（占有侵害）を本質とするが，被害の点で同等でありうる毀棄罪に比べて法定刑が重く，その理由は利欲動機に基づく領得罪の一般予防の必要性が高い点に求められる．そこで，支配奪取が利欲動機を伴っていたこと，つまり，故意と区別された，書かれざる超過的内心要素として，不法領得の意思を要することになる．横領を領得行為と捉えるのなら，この論理は横領罪にも及ぶ．かつては，本権説を前提に本権侵害意思として領得意思を要求する見解が有力だったが，今日ではこのような理由で，所持説からも必要説に至りうるとされている．判例によれば，その意義は「権利者を排除して他人の物を自己の所有物としてその経済的用法に従い利用処分する意思」と定義される（大判大4・5・21刑録21・663）．もっとも，「権利者排除」の点は*使用窃盗'との区別で意味をもつ（最決昭55・10・30刑集34・5・357）ので，上述の背景とは趣旨を異にする．それが支配侵害の程度問題にすぎないのなら，問われるべきは*可罰的違法性'の有無だともいえる．また，「利用処分」の

点も，被害の同等性を重視し，毀棄罪を現場の毀損行為だけに限定して，棄てる意思で持ち出す行為を奪取罪とする見解もある．これらの把握に依拠すれば，奪取罪の限界を不法領得の意思で画するのは妥当でなく，不要説に至るということになる．

2 *横領罪'の場合 判例によれば，横領罪における不法領得の意思は「権限がないのに所有者でなければできないような処分をする意思」とされ(最判昭24・3・8刑集3・3・276)，第三者の利益を図る場合でもよく，毀棄・隠匿にも及びうる(大判大2・12・16刑録19・1440)．横領を越権行為と捉えるのならそれにも理由があるが，領得行為と捉えるのなら疑わしい．学説では，毀棄罪との区別を貫徹するために，「利用処分」の意思を要求する立場が有力である．もっとも，それが奪取罪と同様な超過的内心要素なのかは不明確で，客観的な横領行為に対応する故意の問題にすぎないとの見方もある．「権利者排除」の点は，占有侵害の程度としてではなく，不法性を認め難い本人のための処分(最判昭28・12・25刑集7・13・2721)や一時流用との関係で問題になるが，これらも横領行為の存否の投影だとすれば，故意の成否が問われるに止まる．しかし，横領行為を認めるに当たり「利用処分」の終了までが必要なわけではないし，外部に現れる行為態様だけでは許容されうる処分との区別を確定し難いとすれば，問われるべき意思内容はやはり客観的要素を超過しているといえるであろう．

3 関連問題 必要説は，毀棄目的で奪取した後で領得意思を生じた場合に，委託関係がないから横領罪にはならず，占有離脱物横領罪しか成立し得ないという難点がある．しかし，不法領得の意思を考慮するからこそ，奪取罪の処罰は領得にも及び，奪取後にも侵害状態が続く(状態犯)とか，犯人の領得行為は別罪にならない(共罰的事後行為)と把握されている．また，それこそが事後従たる盗品罪の規定がある背景でもある．とすれば，不要説は，このような現行法の構造との整合性に問題がある．奪取罪の犯人における利用処分に横領罪を認めるのか，その共犯と盗品罪を区別できるか，等が問われるであろう．なお，領得が財物の事後の利用処分の問題ならば，利益に対する財産犯で同様な議論は不要であろう．そこでは，利欲動機は故意自体の問題でありうる． ［小田直樹］

プライヴァシー （英）privacy

1 プライヴァシーの概念 プライヴァシーという言葉は，現在ではわが国でも日常語化しており，私事，私生活といった意味を持っている．法的概念としてのプライヴァシーは，多義的で必ずしも明確な輪郭を持っているとは言い難い．アメリカ合衆国で最初に提唱されその後一般化したプライヴァシーの権利は，私的領域に対する侵入や私的領域に属する事実の公表から自由である権利を意味していた．その後，アメリカでは，プライヴァシーの権利を，避妊，堕胎，延命治療などの極めて個人的な事柄に関する自己決定権の意味でも使用されるようになり，わが国でも同様の用法がしばしば見られる．さらに，情報化社会の進展に伴って，プライヴァシーの権利を個人の自己情報コントロール権として積極的に定義する見解も世界的に有力になっている．

2 プライヴァシーの刑法的保護 自己決定権としてのプライヴァシーの権利は，*堕胎罪'，同意殺人罪等の刑罰法規からの自由の問題として現れることが多く，その刑法的保護は問題とならない．刑法的保護の対象として主に問題となるのは，私的領域の保護としてのプライヴァシー保護であるが，プライヴァシー侵害罪のような包括的規定は，わが国はもちろん諸外国にも存在していない．このことは，伝統的プライヴァシー概念でさえ外延が明確でないことの反映でもあるが，刑法の謙抑性・断片性の一つの現れでもある．なお，自己情報コントロール権という意味でのプライヴァシー権は，伝統的プライヴァシー権以上に包括的であって，そのままの形では刑法的保護に適しないが，西欧諸国ではデータ保護法を制定して個人情報保護のための諸規制を行い，違反に対して刑罰を科している．わが国でも行政庁が所持する個人情報や金融機関等が所持する個人信用情報の刑法的保護の必要性が提言されている．

3 現行法による保護 私的領域への物理的侵入を処罰する規定としては，住居侵入罪(刑130)があるが，電子機器が発達した現在では，

私的領域への侵入は，盗聴器による会話の盗聴や赤外線カメラによる盗撮などの形でも可能になっている．電話の盗聴は，電気通信事業法の*通信の秘密'侵害罪(104Ⅰ)で処罰されうるが，室内の会話の盗聴を処罰する規定はわが国には存在しておらず，盗撮を処罰する規定も，軽犯罪法1条23号が，「正当な理由がないのに人の住居，浴場，更衣場，便所その他人が通常衣服をつけないでいるような場所をひそかにのぞき見た者」を処罰している他は存在していない．ビデオカメラを用いた便所内の女性の盗み撮りは，犯人がその撮影内容を見ていない場合でも，プライヴァシー侵害が発生している以上，軽犯罪法1条23号の既遂罪が成立すると解されている(気仙沼簡判平3・11・5判夕773・271)．私的領域に属する事実の漏示・公表を処罰する規定としては，刑法の*秘密漏示罪'がある．また，*名誉毀損罪'も，公共の利害に関わる事実でなければ，事実の真否を判断することなく処罰している点で，プライヴァシー保護の機能を有している．もちろん，これらの罪の保護対象がプライヴァシーと完全に重なり合うわけではなく，名誉毀損罪で保護されるためには，プライヴァシーに属する事実が人の社会的評価を低下させるようなものである必要があるし，秘密漏示罪の対象は，秘密すなわち非公知の事実でなければならない．また，一般的にはプライヴァシーに属する事実であっても，場合によっては公共の利害に関する事実とされ，*真実性の証明'の対象となる場合もある(*月刊ペン事件'参照)．
→逆探知，名誉　　　　　　　[佐伯仁志]

プラカード事件　1946(昭和21)年5月19日の，いわゆる「食糧メーデー」におけるプラカードに，刑法旧74条1項(1947年削除)の不敬罪に該当すると解される文言(「詔書　国体はゴジ[護持]されたぞ．朕はタラフク食ってるぞ……」)が記載されており，作成者が不敬罪で起訴された．これがプラカード事件であり，不敬罪は失効したとして名誉毀損で被告人に懲役8月を言い渡した．一審判決後大赦令が発せられ，控訴審はこれを理由に*免訴'を言い渡したが，被告人は無罪を主張して上告した．最高裁(大法廷)は，大赦によって公訴権が消滅し，実体審理は不可能になったので免訴判決によるべきだとして控訴審判決を是認した(最判大昭23・5・26刑集2・6・529)．この大法廷判決(プラカード判決)は，その後，免訴が形式裁判であることを最高裁が認めた判例として引用されることが多いが，この事件は旧刑事訴訟法下の事件であり，そのような理解には異論もある．
　　　　　　　　　　　　　　　[白取祐司]

フランク　Reinhard Frank(独・1860-1934)　ドイツの刑法学者．彼は，1907年の「責任概念の構造について」という論文で，日常用語例の検討から出発して，たとえば同じ横領罪を犯し，責任能力，故意の点で区別できなくても，行為者のおかれていた経済状態等の事情によって，責任の軽重が影響を受けることは当然であり，また，同じく転轍を怠ったとしても，十分休息した後なのか，11時間の勤務後なのかによって影響を受けるとした．そしてこのことは判例上も認められてきたことであるとし，責任の本質が非難可能性であること，そうであれば，このような「付随事情の正常性」が第3の責任要素となることなどを主張した．付随事情の正常性はすなわち適法行為の期待可能性であるから，この論文がいわゆる「期待可能性」理論を初めて学説上問題にしたものであるとされ，この概念の提唱により，彼は，今日圧倒的な通説となった*規範的責任論'の開拓者としての評価を与えられている．もっとも，故意犯については，当時の立法や学説の状況に照らして，この理論を一般化することは困難であるとし，その適用領域を過失犯に限定し，また，その後，客観的事情が責任に影響するのはそれが主観に反映する限りにおいてであるとの批判を受けて，付随事情の正常性自体ではなく，それによる正常な動機づけないし自由または行為支配が第3の責任要素となるとした．

　フランクは，期待可能性の理論以外にも，未必の故意と認識ある過失の区別について，可能なものとして表示された結果が確実に発生すると仮定した場合，それでもやはり本人がそうしたであろういういう場合が未必の故意，それならばやめたであろうと思われる場合が認識ある過失であるとする公式(認容説の具体的基準を示したものであるとされる)や，また，中止の任意性の基準として「たとい目標を達成できた

としても成し遂げることを欲しない」場合は中止未遂,「たとい目標達成を欲したとしても成し遂げることができない」場合は障害未遂であるとする公式(フランクの公式)等でもよく知られている.

なお,1930年に発行された彼の古稀祝賀論文集は,従来の,客観的なものは違法に,主観的なものは責任にという体系構成が,主観的違法要素,客観的責任要素(期待可能性)の発見による新体系への移行を志向する時期における,ドイツ刑法学界の理論的模索の集大成であるとされ,その古典的価値の高さで知られている.
[酒井安行]

不利益な事実の承認 *被告人'の*供述書'や*供述録取書'が*証拠能力'ありと扱われる要件のひとつ.さらに,任意性があること,および,署名もしくは押印があることも要件とされており,刑事訴訟法222条1項に規定されている.被告人にとり不利益な要証事実を承認する内容であれば足り,*自白'供述のみに限定されない.この規定は,自己に不利益な事実を任意に供述したらその供述内容は真実であるという,「経験則」を踏まえていると言われている.しかし,このような経験則が無条件に存在しうるのは,供述に任意性ありとの判断がきわめて厳格に行われており,かつ,*弁護人'らとの接見に制約がないので無実の被告人が犯行筋書きの舞台に上がって自白することはありえない事案のみである.したがって,*誤判'を生じる恐れを小さくするには,不利益な事実を承認する供述なので証拠能力ありと安易に扱うべきではないし,たとえ証拠能力ありと扱う場合にも,その*証明力'評価について物証その他客観的な証拠を補充する地位のみを与えるべきであり,供述内容をそれらに優先させてはならない.→有罪である旨の陳述
[荒木伸怡]

不利益変更禁止の原則 (独) Ver-schlechterungsverbot **1 意義** 被告人の上訴に基づいて,原判決より被告人に不利益な判決をすることを禁じる原則をいう.現行刑事訴訟法は,被告人が控訴ないし上告をしまたは被告人のために控訴ないし上告をした事件では,上訴裁判所は原判決より重い刑を言い渡すことができないという表現で,この原則を定めている(刑訴402・414).

この原則は,大陸法に起源を持つ.もともとそこでは,上訴裁判所の権限は,申立人の不服に理由があるかどうかを判断することに限られるという論理によって,この原則が説明されていた.しかし現在のドイツ法学では,この原則は,被告人がより悪い結果となることを恐れて上訴をためらうことがないようにする政策に基づくと説くのが,通説となっている.わが国の学説も,同様である.ただし,このような理解は,上訴裁判所は当然に原判決のすべてを見直す権限を持つという職権主義的な上訴観の表われであるとして,批判する見解もある.

2 適用場面 控訴と上告のほか,再審の判決にも明文で適用される(452).抗告については,規定がない.判例は,略式命令に対する正式裁判請求後の判決については,この原則は準用されないとしている(最決昭31・7・5刑集10・7・1020).2000年の改正前の少年法上の保護処分決定に対する抗告については,原決定の取消し差戻し後に刑事処分を相当として検察官送致の決定をすることは,少年の側にだけ抗告権を認めた趣旨に反し許されないとした判例がある(最判平9・9・18刑集51・8・571).

検察官が上訴したときには,この原則は生じず,原判決をどちらの方向に変更することも可能である.「被告人のため」上訴した事件とは,弁護人などが,被告人の上訴権を代理行使した場合を指すと解釈されている.そのため判例は,検察官が被告人の利益になるような上訴理由を主張し,それが認められた場合でも,原判決より重い刑を言い渡すことができるという(最判昭53・7・7刑集32・5・1011).また通説は,被告人と検察官の双方が上訴し,検察官の主張する上訴理由が認められなかった場合も,この原則は適用されないとする.

旧刑事訴訟法では,当初上訴をしなかった検察官も,*附帯上訴'によって,不利益変更禁止の原則を解除させることができた.現行法には,この制度はない.

刑事訴訟法の明文は,上訴審での不利益変更だけを禁じている.しかし通説・判例は,*自判'の場合に限らず,*破棄'差戻し後の審級でも,この原則が適用されるとする(最判大昭27・12・24

刑集 6・11・1363［旧法事件］，東京高判昭 50・12・19 高刑 28・4・525）．

3 適用の効果 刑事訴訟法の明文は，原判決より「重い刑」の言渡しを禁じている．そこで通説は，被告人上訴の場合でも，単に判決理由中で原判決より重い犯罪事実または罪名を認定することは，可能であると解している．この「刑」の中には，主刑，付加刑自体のほか，労役場留置，未決勾留日数の算入，公民権の停止など，犯罪を理由とする制裁の内容が含まれる．それに対して，訴訟費用の負担は含まれないというのが判例である（最決昭 26・3・8 刑集 5・4・495）．

刑の軽重の判断は，刑法総則の基準（刑 10）だけで決まるのではなく，主文を総合して，実質的に不利益か否かによる（最決昭 39・5・7 刑集 18・4・136）．たとえば，禁錮 10 ヵ月を懲役 8 ヵ月に変えることは，不利益変更ではないとされる（最決昭 43・11・14 刑集 22・12・1343）．刑期を長くして，新たに執行猶予を付する場合も同様である（最決昭 55・12・4 刑集 34・7・499）．　　　　［後藤　昭］

プリペイド・カードの改ざん　プリペイドカードとは，現金と引換えに購入し，一定の金額が磁気情報として印磁され，その金額の限度で現金に代わる支払手段として，磁気情報読み取り機に使用して商品の購入やサービスの提供を受けることができるカードをいう．電話機に使用するテレホンカード，鉄道乗車券の購入や自動改札機に使用するオレンジカード，イオカード，パスネット，バスに乗車するためのバスカードなど，多数普及している．

このようなプリペイドカードの磁気情報部分を改ざんした場合，可視性・可読性のない電磁的記録に*文書'と同様の保護を与えるために昭和 62 年の刑法一部改正で新設された*電磁的記録不正作出罪'（刑 161 の 2 I）が成立することとなった．さらに，改ざんされたカードをカード読み取り装置内蔵の電話機や自動改札機に使用して不正な利益を得ると，同様に昭和 62 年に新設された*不正作出電磁的記録供用罪'（161 の 2 III）および*電子計算機使用詐欺罪'（246 の 2 後）が成立するとされていた（馬券につき，甲府地判平 1・3・31 判時 1311・160）．

しかし，電磁的記録不正作出・供用罪は交付行為を処罰していないため，テレホンカードの磁気部分の通話可能度数情報を改ざんし，改ざんした旨を告げて他人に売却した事件において，判例は，テレホンカードの有価証券性および変造有価証券交付罪（163 I）の成立を認めた（最決平 3・4・5 刑集 45・4・171）．しかし，この場合に変造有価証券交付罪の成立を認めるならば，テレホンカードの改ざん行為自体をも有価証券変造罪（162）で処罰することになるはずであるが，テレホンカードと馬券等他のプリペイドカードを区別する理論的根拠はないとか，昭和 62 年の刑法一部改正で 161 条の 2 の規定を追加した立法者の意図を無視し，より法定刑の重い 162 条を適用することになる等の批判が強く，立法的解決がまたれていた．

そこで，平成 13 年の刑法一部改正により，クレジットカードその他の支払用カードの偽造（163 の 2 I），供用（II），偽造支払用カードの交付・輸入（III）・所持（163 の 3），偽造目的での支払用カードを構成する電磁的記録情報の取得（163 の 4 I）・保管（II）等を処罰する支払用カード電磁的記録に関する罪が新設された．→カード犯罪，支払用カード電磁的記録に関する罪，有価証券偽造罪　　　　［島岡まな］

不良貸付　回収に困難が予想され，あるいは，困難を来すこととなった資金の貸付，および損害の発生が予想され，あるいは，損害が発生することとなった支払承諾の総称．金融機関の役職員は，貸付を受ける者の財務状況，経営手腕，返済についての意思，貸付金の使途等を調査し，安全性等を確認して，原則として確実な担保を徴して貸付を行うべき任務を有し，これに背いて金融機関の計算において貸付を行った場合には，*背任罪'（刑 247）ないしは*特別背任罪'の成否が問題となる．→金融犯罪

［上嶌一高］

不良行為　*少年非行'の周辺的行為．教育場面での「問題行動」という表現が，行為者の発達上の不具合，本人にとっての問題性を表す面から使われ，社会の側から有害・迷惑行為として問題視する側面は背後に退くことがあるのに比すると，「不良行為」は，行為のもつ反秩序的，反倫理的現象面に，より目した用語となる．

警察の*少年補導において,「不良行為少年の態様別補導状況」として毎年数十万から百万人が,喫煙(4〜5割),深夜はいかい(3割ほど),暴走行為,飲酒,不良交友,その他(それぞれ1割未満)に分類されている.虞犯等による*非行少年'として家庭裁判所に送致される者と行為面で共通するものもあるが,虞犯性,要保護性に欠ける.

児童福祉法においては,「不良行為をなし,又はなすおそれのある児童」は,環境上の理由で生活指導等を要する児童とともに,*児童自立支援施設'の対象者とされる(44).これは,「保護者のない児童又は保護者に監護させることが不適当と認められる児童」として通告され(25),あるいは少年法により*非行少年'として送致されて(25の2以下),児童福祉法上の措置の対象となるので,後者では犯罪・触法行為をも含むことになる. 　　　　　　　　　　　[吉岡一男]

プレイン・ヴューの理論　(英) plain-view doctrine　アメリカ連邦最高裁判所が認めた令状主義の例外のひとつで,①特定の物の見える場所への捜査官の立入りまたは滞留が正当な権限に基づくものであり,②その物が差押え対象物件であることが直ちに明白となり(immediately apparent),かつ③捜査官がその物に接近する権限を有する場合には,その物に対する令状によらない*差押え'が許されるとする法理.当初,対象物件発見の「偶然性」が要件のひとつに挙げられていたが(Coolidge v. New Hampshire, 403 U.S. 443 (1971)),現在では,それは不要とされるとともに,当該物件への「接近権」が要件に加えられ(Horton v. California, 496 U.S. 128 (1990)),また,②の「直ちに明白」は「相当な理由」(probable cause)の意であるとされている(Arizona v. Hicks, 480 U.S. 321 (1987)).適法に立ち入った場所から明認しうる状態にある(in plain-view)物件を見ることは,連邦憲法修正4条の保護する「プライヴァシーの正当な期待」を侵害しないので,同条の禁止する不合理な「*捜索'」に当たらず,また,この場合に差押えのための令状を請求することは,実際上困難である場合が多いだけでなく,それによって同条の保護しようとする所持の利益などが増進されることはないとされる. 　　　　　　[洲見光男]

プレイン・フィールの理論　(英) plain-feel doctrine　*プレイン・ヴューの理論'を類推適用して,外部からは明認しえないが触ることによって証拠物であることが直ちに明白となった物件に対する無令状の*差押え'を認める法理.プレイン・タッチ(plain-touch)の理論ともいわれる.武器の捜検中に触知により証拠物であることが判明した所持品の無令状押収の適否に関するディッカーソン判決(Minnesota v. Dickerson, 508 U.S. 366 (1993))において,アメリカ連邦最高裁判所が認めた令状主義の例外のひとつ.武器の捜検がテリー判決(Terry v. Ohio, 392 U.S. 1 (1968))により適法とされるものである限り,着衣の上から触ることによるプライヴァシーの侵害は,武器の捜検としてすでに正当化されており,これと別個のプライヴァシーの侵害はないからだとされた.したがって,特定の所持品につき証拠物であるかどうかの判断が困難であっても,捜検として認められる範囲・程度を超えて,差押えのための「相当な理由」を得られるまで,その物に触り続けることは許されない. 　　[洲見光男]

プロベーション　(英) probation　プロベーションとは,有罪判決を受けた者について,拘禁刑などの宣告・執行を条件つきで猶予し,一定の期間,プロベーション・オフィサーの監督・援助のもとで,社会内での改善更生を図る社会内処遇制度である.パロールは,いったん施設に収容された者を仮に釈放する行政上の処分であるのに対して,プロベーションは,裁判所によって拘禁刑に代わる刑罰として言い渡される点で,両者は異なる.

プロベーションの萌芽とされるのは,1840年代にアメリカのマサチューセッツ州ボストンの靴屋のオーガスタス John Augustus(米・1785-1859),イギリス・バーミンガムの素人裁判官のヒル Mathew Davenport Hill(英)が,刑の執行を猶予された犯罪者(非行少年)を社会内で監督・援護した試みである.1878年には,マサチューセッツ州で世界最初の立法化がなされ,その後,ヨーロッパ各国にも普及した.

裁判所は,判決前調査を参考にして,適当と判断した場合,有罪確定者に対して拘禁刑を言

い渡す代わりに，一定の期間，プロベーション・オフィサーの監視下でのプロベーションに付すことを命じる．プロベーションに付された者は，プロベーションに際して遵守すべき事項を裁判官から言い渡される．この遵守事項が破られた場合には，プロベーションは取り消され，再度，期間を延長してプロベーションに科されたり，新たに拘禁刑が言い渡されたりする．

わが国では，旧少年法の「少年保護司の観察」が，プロベーション型の社会内処遇の最初の例であるとされ，戦後の犯罪者予防更生法の施行によって，執行猶予者に対する*保護観察*が，プロベーションに該当する制度として導入された．また少年に対する保護処分としての保護観察は，プロベーションに近いが，終局処分型の保護観察である．→宣告猶予，執行猶予，試験観察，ハイフィールズ　　　　　　　　　　［瀬川 晃］

文　書
1　刑法典における文書犯罪　刑法典は，文書犯罪として，*文書偽造罪*(第2編第17章)と*文書毀棄罪*(第2編第40章)を規定するが，保護法益がそれぞれ異なるため，文書概念も異なって理解されている．文書偽造罪では，文書を用いた取引の安全保護が目的であり，そのため，文書の名義人に作成者としての責任を追及できるかが問題となる．そこで，作成名義が誰のものかが，文書性に影響を及ぼす（詳細は，2以下を参照）．これに対して文書毀棄罪では，文書を一定の利用目的のために保管する点に重点があり，作成名義ではなく，その保管態様が文書性を左右する．そこでたとえば，刑法258条の「公務所の用に供する文書」とは，公務所が使用に供する目的で保管する文書をいい，その作成者が公務員か私人かを問わない，と解されている(大判明44・8・15刑録17・1488)．

2　文書偽造罪における文書の概念　文書偽造罪の対象は公文書(「公務所若しくは公務員の作成すべき文書」．刑155)と私文書(「権利，義務若しくは事実証明に関する文書」．159)であるが，文書と共に一定の図画も，偽造の対象とされている．公文書，私文書は，さらに，名義人の印章，署名の有無により，有印文書と無印文書に区別される(155・159等を参照)．有印文書の偽造には無印文書のそれより高い法定刑が予定されている．これは，社会において，有印文書の方が高い信用力を享受していると考えられるからである．判例は，文書を「文字又はこれに代わるべき符号を用い永続すべき状態においてある物体の上に記載した意思表示」と理解している(大判明43・9・30刑録16・1572)．学説もこれを支持し，文書の要件を，意思表示の永続性，可視性・可読性，ならびに名義人の認識可能性に求めている．書面が，一定の取引を行う人に対して，特定の情報を提供し，「文書」として機能するためには，書面中に含まれた意思表示の永続性，可視性・可読性が必要である．また書面から，その名義人(文書作成に関する責任の追及先として信用される者)が認識できなければ，当該書面を取引の手段として信頼し，利用することはできないから，名義人の認識可能性も要請される．この点で，コンピュータ内部で処理される電磁的記録は，文書と同等の情報伝達機能を有するものの，記録の可視性・可読性，場合によっては，作出主体の認識可能性を欠いている．そこで，電磁的記録を，文書としてでなく，文書に準ずる媒体として偽造から保護する法改正がなされた(7の2・161の2)．

3　写し，コピーの文書性　名義人を認識できない書面は，その作成責任者が不明であって，信用できない以上，偽造行為から保護する必要はない．そこで文書(原本)の手書きの写しは，原本と相違ない旨の認証文言が無い限り「文書」ではないと解されてきた．ところが複写技術の発達とともに，原本と寸分違わない写真コピーが容易に作出可能となり，その利用も広まったことから，コピーを原本と同等に保護すべきかが問題となった．判例は，原本の写しが原本と同一の意識内容を保有し，証明文書として原本と同様の社会的機能と信用性を有する限り，偽造から保護すべきだとし，公文書の写真コピーを作出した行為を処罰した(最判昭51・4・30刑集30・3・453)．同様の理解に基づき，近時は，ファクシミリで送信し作出させた公文書の写しも，偽造罪の客体たりうると解されている(広島高岡山支判平8・5・22判時1572・150)．しかし学説では，写真コピーやファクシミリ書面から，通常，名義人が認識できない以上，その文書性を肯定することは罪刑法定主義に反す

る，との批判も根強い． [今井猛嘉]

文書毀棄罪 文書毀棄罪は*毀棄罪'の一種である．公用文書毀棄罪(刑258)は公務所の用に供する文書または電磁的記録を毀棄した場合に成立し，法定刑は3ヵ月以上7年以下の懲役である．私用文書毀棄罪(259)は権利・義務に関する他人の文書または電磁的記録を毀棄した場合に成立し，法定刑は5年以下の懲役である．

客体は*文書'と電磁的記録である．文書とは文書偽造罪(154以下)と同じく，特定の名義人による意思表示が，文字や符号によって物体の上に記載されたものをいう．電磁的記録とはコンピュータの本体やフロッピーディスクに保存されたデータのことである．目では読めない点，原本とコピーとの区別がない点，意思の主体たる名義人が必ずしも明らかでない点などにおいて紙の文書とは異なるが，その果たす役割の重要性に鑑み，1987(昭62)年に客体の中に加えられた(7の2参照)．

文書毀棄罪における公用，私用の区別は，その使用・保管の形態による(最判昭38・12・24刑集17・12・2485)．これは，証明作用を害する罪である文書偽造罪が，作成名義人の違いにより公文書・私文書を区別しているのとは異なる(ただ私用文書毀棄罪の客体は私文書偽造罪と同じく，権利・義務の証明に役立つ文書に限られる)．たとえば警察署において作成される交通事件原票の供述書は，供述者を名義人とする「私文書」であるが，刑事司法手続で用いられる「公用文書」でもある．さらに，まだ供述者や警察官の署名がなく，したがって完成に至っていない供述書も，公用文書として保護される(最決昭32・1・29刑集11・1・325)．

文書偽造罪が新たな証明力の作出を処罰するのに対し，文書毀棄罪は毀棄のみで成立する．毀棄罪には一般に物理的損壊のみならず隠匿などの行為も該当するが，文書毀棄罪では破棄や隠匿に加え，余白を全部切り取る，しわくちゃにして床に投げる(前記最決昭32・1・29)，データを削除するなどして形式的または実質的に客体の利用を侵害する行為も考えられる．

これらの点に照らすと文書毀棄罪は，財産たる文書への加害という意味では器物損壊罪(261)と同じく毀棄罪の性質を有するが，私用文書の証明作用を害する場合には文書犯罪，さらに公用文書の利用を妨げる場合には業務(公務)妨害罪の側面も有する．法定刑の高さもこうした複合的な性質から理解される．

[髙山佳奈子]

文書偽造罪 **1 概観** 文書偽造罪は，*文書'を用いた*取引の安全に対する罪'である．すなわち，文書は，記載内容を証明する簡易な手段として有用であり，様々な法的取引の手段として信用，利用されている．そこで文書が*偽造'されれば，取引の安全が危殆化される．これを防ぐのが，文書偽造罪の趣旨である．文書に対する公共の信用が保護法益だと説明されることも多いが，公共の信用を問題にする実質的根拠は取引の安全の確保にある以上，後者を保護法益と捉えるべきだとの理解が有力化している．刑法典は，文書の種類に応じて，*公文書偽造罪'(刑154〜158)と*私文書偽造罪'(159〜161)を予定している．公文書とは「公務所若しくは公務員の作成すべき文書」であり(155)，私文書とは「権利，義務若しくは事実証明に関する文書」である(159)．公文書，私文書を通じて処罰される基本類型は有形偽造，すなわち「文書の名義人と作成者の人格の同一性を欺罔する行為」である．これは「権限なくして他人名義の文書を作成する行為」と定義することもできる．有形偽造の場合，名義人と作成者が異なるため，当該文書の作成責任を名義人に追及しても，真の責任主体(作成者)を把握することができない．こうした，責任の所在を偽る文書は，取引の安全を危殆化するから，処罰されるのである．

2 名義人および作成者の概念 こうして文書偽造罪の成否にとっては，文書作成に関する責任の所在が偽られたか否かが重要であり，責任主体としての「作成者」，文書から作成者として認識し，信用される「名義人」が誰であるかが，検討の対象となる．そこで，偽造概念は，名義人と作成者の齟齬として把握されることになるが，これと同様に，文書の概念も，名義人の認識可能性という点から判断されることになる．文書の要件としては，特定の書面に含まれた意思表示の永続性，可視性・可読性も必要であるが，これらの前提として，名義人の認識可能性が必要である．名義人が認識できず，出所

不明の書面は，取引の手段として信用し利用されることはなく，文書として保護するに値しないからである．そこで文書(原本)の写しは，原本と相違ない旨の認証文言がない限り，名義人が存在しないのであって，文書とは言えない．原本の写真コピーも，名義人を認識させない以上，文書ではないが，判例は，原本と同様の機能を有するコピーにつき，文書性を肯定している．→文書　　　　　　　　　　　[今井猛嘉]

粉飾決算　会社の決算において，会計処理に人為的な操作を加えて虚偽の決算利益を表示すること．利益を過大に表示する場合と，逆に過小に表示する場合が考えられるが，通常は前者のものを指し，後者のものは逆粉飾決算と呼ばれている．その手法は，架空売上の計上，資産の過大評価などさまざまである．欠損を出した会社が，その対外的信用を維持しようとして実行することが多い．

会社の取締役等が粉飾決算を実行し，貸借対照表，損益計算書，利益処分案，決算報告書，会計帳簿等に記載すべき事項を記載せず，または不実の記載をなしたときは行政罰が科せられる(商498Ⅰ⑲)．また，会社が証券取引所に上場している有価証券を発行している場合には，会社の経理状況を記載した有価証券報告書を大蔵大臣に提出する義務があるから(証取24Ⅰ)，その際に虚偽有価証券報告書提出罪(197Ⅰ①)が成立しうる．さらに，現実には配当可能利益が存在しないにもかかわらず，粉飾決算によって架空の利益を計上して，株主に利益配当をする場合には，*違法配当罪'(商489③)，さらに場合によっては*特別背任罪'(486)が成立する．→会社財産を危うくする罪　　　　　[橋爪 隆]

墳墓発掘罪　墳墓を発掘することによって成立し，法定刑は2年以下の懲役である(刑189)．墳墓とは，死者の遺骸や遺骨がそこに埋葬されていて，祭祀や礼拝の対象となっている場所をいい，いまだ遺骸等が納められていない墓，すでに礼拝の対象となっていない古墳(大判昭9・6・13刑集13・747)等は，本罪の客体ではない．本罪の発掘といえるには，死体等を露出させなければならないとする見解もあるが，このように考えたときには，本罪の未遂が処罰されていないことから処罰の間隙が生じる．そこで，判例(最決昭39・3・11刑集18・3・99)および通説は，覆土の除去や墓石の破壊等，墳墓を損壊する行為も本罪の発掘に当たるとしている．本罪を犯して死体等を損壊し，遺棄し，または領得した場合には，墳墓発掘死体等損壊罪として，3ヵ月以上5年以下の懲役に処せられる(刑191)．→礼拝所及び墳墓に関する罪

[近藤和哉]

分離公判　同一被告人の併合罪についてや共犯事件など複数の被告人の事件等で数個の事件を同時に審判するときの裁判所の決定が審判の併合(弁論の併合)であり，審判の併合された数個の事件を分割して別の手続で審理することを*審判の分離'(弁論の分離)という．併合審理を'統一公判'と呼ぶのに対し，分割されたものを分離公判という．たとえば，共同被告人の間で弁護方針が異なるなど利害が相反するような場合，もしくは実務上，共犯者である共同被告人を他の被告人に対する証人として尋問するような場合には審判の分離を決定しなくてはならないとされる．このような手続を分離公判という．　　　　　　　　　　　　[佐藤美樹]

分類処遇　(英) classified treatment (独) klassifizierte Behandlung　**1 分類処遇の意義と経緯**　分類処遇とは，受刑者の改善更生および環境的・社会的問題に応じた処遇を行うために，受刑者を分類して処遇することをいう．すなわち，「受刑者の改善更生など社会復帰を図るためには，個々の受刑者のもつ人格特性及び環境的・社会的問題に対応した処遇を行う必要がある．個々の受刑者のもつ問題点を明らかにするための科学的調査を分類調査といい，その結果に基づいて処遇計画を立て，その計画を効果的に実施するための集団を編成して，各集団に応じた有効な処遇を行うことが分類処遇である．」(平成10年版『犯罪白書』)．

わが国において受刑者の分類制度を創設したのは*行刑累進処遇令'であるが，個別処遇との関連で分類処遇が制度化されたのは，アメリカの影響の下に「受刑者分類調査要綱」(昭和24年)が制定されてからのことであり，さらに「受刑者分類規程」(昭和47年)が制定され，分類調査と分類処遇の一貫性が目指された．

2 分類調査　分類調査は，各行刑施設において

実施され，①医学，心理学，教育学，社会学等の専門的知識および技術に基づき，②入所時調査(刑確定による入所後，おおむね2ヵ月以内に20日間行われる調査)および再調査(入所時調査の後，執行刑期が8ヵ月未満の者については，おおむね2ヵ月ごと，その他の者については，おおむね6ヵ月ごとに定期的に行う調査，または必要の都度臨時に行う調査)として行われ，③必要と認めるときは，心情相談，心理療法，その他の適切な措置も合わせ行われている．

入所時調査については，その結果に基づいて，収容分類級(収容する施設または施設内の区画を区別する基準となる分類級)および処遇分類級(処遇の重点方針を区別する基準となる分類級)が判定され，収容する施設が決定される．

3 分類センター 分類調査および分類処遇体制を充実する一環として，全国矯正管区ごとに分類センターとしての機能を営む施設(札幌，宮城，名古屋，広島，福岡，高松の各刑務所，川越*少年刑務所'および大阪拘置所)が指定されている．この分類センターは，①新たに刑が確定した受刑者のうち，一定基準(執行刑期が1年以上で，かつ，施設において刑の執行を受けたことのない28歳未満の男子)に該当する者を集めて，精密な入所時調査を行い，入所時調査終了者を該当分類級の処遇施設へ移送する，②他の処遇施設で処遇中であるが，精神・行動状況に異常性の認められる受刑者を収容し，精密な再調査および治療的処遇を実施する，③他の施設に対して，受刑者の分類に関する助言，指導，研修および研究の援助，協力する等を行う．

4 収容分類級と処遇分類級 収容分類級は現在10種で，A級(犯罪傾向の進んでいない者)，B級(犯罪傾向の進んでいる者)，W級(女子)，F級(日本人と異なる処遇を必要とする外国人)，I級(禁錮に処せられた者)，J級(少年)，L級(執行刑期8年以上の者)，Y級(26歳未満の成人)，M級(精神障害者)，P級(身体上の疾患または障害のある者)に分類される．処遇分類級は7種で，V級(職業教育を必要とする者)，E級(教科教育を必要とする者)，G級(生活指導を必要とする者)，T級(専門的治療処遇を必要とする者)，S級(特別な養護的処遇を必要とする者)，O級(*開放処遇'が適当と認められる者)，N級(経理作業適格者と認められる者)に分類される．→矯正，刑事施設，行刑，累進処遇　　　　　　　　　　　　　　　　［吉田敏雄］

へ

併 合 罪　1 意義 併合罪とは，同一人の犯した「確定裁判を経ていない2個以上の罪」(刑45前)，すなわち同時審判の可能性がある数罪のことである．ただし，「ある罪について禁錮以上の刑に処する確定裁判があったときは，その罪とその裁判が確定する前に犯した罪」だけが併合罪とされる(45後)．たとえば，A・B罪を犯し，B罪について禁錮以上の刑に処する裁判がなされ，その確定後に更にC罪を犯した場合，A・C罪が確定裁判を経ていない数罪ではあるが，B罪についての確定裁判がその併合罪関係を遮断し，もともと同時審判の可能性のあったA・B罪だけが併合罪となる．A・C罪は，それぞれ単純数罪である．

併合罪は，*観念的競合'と区別して実在的競合と呼ばれることがあるが，刑法第1編第9章の表題としての併合罪のように，観念的競合を含む*犯罪の競合'の意味で用いられることもある．なお，改正刑法草案第1編第8章においては，競合犯という用語が用いられている．また，旧刑法は，併合罪に当たるものを数罪倶発と称していた．

2 処断 併合罪の処断については，3つの方法がある．①各罪についてそれぞれ刑を定め，これらを併科する併科主義，②併合罪のうち最も重い罪について規定した刑によって処断する吸収主義，③併合罪のうち最も重い罪について規定した刑に一定の加重をして処断する加重主義(加重単一刑主義ともいう)である．

現行刑法は，刑の性質に応じて各主義を並列的に採用している．①併合罪中の一罪について死刑，無期の懲役または禁錮に処すべきときには，他の刑の執行が事実上不可能または無意味であるから，原則として他の刑を科さないとし

て(46Ⅰ・Ⅱ)，吸収主義を採り，②併合罪中の2個以上の罪について有期の懲役または禁錮に処するときには，その最も重い罪について定めた刑の長期にその半数を加えたものを長期とするとして(47本．なお，47但・14)，加重主義を採用している．2個以上の罪について罰金に処するときに，各罪について定めた罰金の合算額以下で処断するとしているのも，一種の加重主義である(48Ⅱ)．③このほか，併科主義も採用し，罰金と他の刑，拘留または科料と他の刑との原則的併科(48Ⅰ・53Ⅰ)，2個以上の拘留または科料の併科を定めている(53Ⅱ)．また，併合罪中の重い罪に没収がなくても，他の罪に没収があるときは，これを付加することができるとし，2個以上の没収は併科するとしているのも，併科主義によるものである(49Ⅰ・Ⅱ)．

3 余罪の処理等 併合罪のうちに既に確定裁判のあった罪とまだ確定裁判を経ていない罪があるときは，確定裁判のあった罪については*一事不再理の原則'の効力が生じるから，確定裁判を経ていない罪についてのみ処断することになる(50)．この確定裁判を経ていない罪を余罪という．ところで，余罪の処断をするということは，併合罪について2個以上の裁判があることを意味するものである．その場合には，その刑を併せて執行することになる(51Ⅰ本)．しかし，確定裁判のあった罪と余罪が併合罪として同時に裁判されていた場合との権衡をはかるために，種々の制限が加えられている(51Ⅰ但・Ⅱ)．

併合罪について処断された者がその一部の罪について大赦を受けたときは，大赦を受けていない他の罪について改めて刑を定めることになっている(52)．これは，刑の分離決定といわれており，その手続は，刑事訴訟法350条に定めるところによる．→罪数 　　　　[山火正則]

ヘイビアス・コーパス　(羅) habeas corpus　英米法上の制度で，元来のラテン語の意味は，ある人間の身柄を提出させよ(you have the body)ということである．その令状には数種類あるが，そのうち，現在最も重要とされているのは，habeas corpus ad subjiciendumであり，今日単にヘイビアス・コーパスという場合，通常はこれを指す．これは，違法な身柄拘束をしている者に対し発せられる命令であり，裁判所がその拘束の権原の有無を審査し，違法拘束であると判断した場合，被拘束者の身柄を直ちに釈放することを目的としたものである．この手続のために発せられる令状を，正式には*人身保護令状'(writ of habeas corpus)という．この令状の請求は，被拘束者はもちろん，それ以外の何人でも行うことができる．

その起源は明らかでないが，14世紀半ばには，イングランドで使われていた．もっとも，このヘイビアス・コーパスが，マグナ・カルタ(1215年)を保障し，人民の自由を保護する手続として性格付けられるようになるのは，スチュアート期である．すなわち，国王自身による投獄の有効性を争うための手段として用いられるようになってからである．1641年，星室裁判所廃止法が成立し，コモン・ロー裁判所以外の機関により身柄拘束された者は，すべて王座裁判所または民事裁判所に申し立て，人身保護令状の発付を求めることができるようになった．その後，1679年の人身保護法により，このことを確認し，「人身保護」の意味合いが強化された．1816年には，犯罪の嫌疑にもとづく場合はもちろん，あらゆる違法な身柄拘束につき，人身保護令状を発付できるとする法律が制定された．

アメリカでも，ヘイビアス・コーパスは，コモン・ローの一部として発展し，連邦および各州に成文の規定でそれが権利として規定されている．合衆国憲法もその権利を停止することを禁じている(1Ⅸ第2文)．もっとも，イングランドとは異なる独自の制度的展開が見られる．とりわけ1867年の人身保護法によって，連邦裁判所の発付する人身保護令状によって，州裁判所において有罪判決が確定した収監者を救済するためにも利用できるようになった．その後，修正を受けながらも，これが基本的に維持されている(28 U.S.C.A. §§2241-2255)．その結果，違憲立法審査制のもと，連邦裁判所によるヘイビアス・コーパスは，州の刑事手続の有罪判決確定につき，その合憲性を連邦裁判所が審査する非常救済的な制度としての機能を営むに至っている．それは，わが国における再審と対比することができる．→*人身保護法'
　　　　　　　　　　　　　　　　　[宇藤 崇]

米兵ひき逃げ事件　*相当因果関係説'の立場から因果関係を否定したと解されている唯一の最高裁決定事件(最決昭 42・10・24 刑集 21・8・1116). 米兵である被告人が, 運転する自動車を過失により被害者に衝突させ, これを自車の屋根に跳ね上げたところ, 同乗者が被害者の存在に気づいて引きずり降ろしたため, 被害者が転落, 死亡したという業務上過失致死事件につき, 最高裁判所は, 被害者の死亡結果が自動車との衝突によって生じたのか, 路面との衝突によって生じたのか確定し難いとしたうえで, 衝突行為から被害者の死亡結果の発生することが「われわれの経験則上当然予想しえられるところであるとは到底いえない」として, 因果関係を肯定した原審判断を否定した.

他の関与者の過失等が直接・優越的であっても行為者の過失の因果関係が認められるとした*桜木町事件'決定とは異なる判断であるとともに, 事案の処理自体としては, 最初の過失衝突行為のみを問題にしたことが妥当であったか, 疑問も提起されている.

この決定以後も, 判例は, 被害者の隠れた病因が関与した事件(最決昭 46・6・17 刑集 25・4・567), 行為者の追跡から逃れる過程で被害者が転倒・負傷した事件(最決昭 59・7・6 刑集 38・8・2793)などで, 因果関係を肯定している. とくに最近では,「経験則上通常予想できる」という*相当因果関係'の考え方とは全く異なる論理によって因果関係を肯定する最高裁判例が, 次のように続出している.

まず, 被害者らの過失行為が介在した事件としては, 行為者の行った風邪治療の誤った指示に被害者らが従い, 医師の診察も受けなかったため死亡した事案について「被告人の行為は, それ自体が……死亡の結果をも引き起こしかねない危険性を有していた」ことを理由とする柔道整復師事件決定(最決昭 63・5・11 刑集 42・5・807), 同じく行為の危険性とともに,「〔被害者らの適切を欠く行動〕は被告人の右行為から誘発されたものであっ〔た〕」ことを理由に掲げるスキューバダイビング講習事件決定(最決平 4・12・17 刑集 46・9・683)がある.

また, 本事件と同様に第三者の故意行為が介在した事件としては, 大阪南港事件決定(最決平 2・11・20 刑集 44・8・37)が,「犯人の暴行により被害者の死因となった傷害が形成された場合には, 仮にその後第三者により加えられた暴行によって死期が早められたとしても, 犯人の暴行と被害者の死亡との間の因果関係を肯定することができ〔る〕」としている.　　[林 陽一]

平和に対する罪　ニュールンベルクおよび東京の国際軍事裁判において初めて処罰された*戦争犯罪'. 国際軍事裁判所条例によると,「侵略戦争または国際条約・協定・誓約に違反する戦争の計画・準備・開始及び遂行, またはこれらの行為を達成するための共同の計画や謀議への参画」と定義されている. 極東国際軍事裁判所条例もほぼ同様の規定をおく. ニュールンベルク裁判判決は侵略戦争は*国際犯罪'であるとしたが, 根拠として挙げられたのは国際会議の決議などにすぎず, 実定国際法といえるものではなかった. この罪については戦争を指導した個人が責任を問われたが, これは事後立法による処罰であり, 国内法上の罪刑法定主義と矛盾するのではないかが問題となりうる. これについて同判決は, 罪刑法定主義は主権の制限ではなく, 正義の原則であり, 条約や誓約を無視して警告なしに隣国を攻撃した者は, 彼が不法なことを行っていることを知っていたに違いないのであるから, 彼の不法が処罰されないままにされることこそ不当であるとした. その後この罪の法典化の努力が行われ, 1998 年に採択された*国際刑事裁判所'規程で侵略の罪も対象犯罪とされたが定義は見送られた. →国際刑法
[松生光正]

ヘーゲル　Georg Wilhelm Friedrich Hegel (独・1770-1831)　旧派刑法学は, *応報刑'の理論を根底に置くが, ヘーゲルは, *カント'とならんで, その思想的基礎を提供したドイツ観念論哲学者である. ただ, カントとは異なり, 法と道徳を峻別せず, 同害報復的な応報刑論も基本としなかった. ヘーゲルは, 弁証法的思考を基盤に, 理性を主観的精神から対立的な客観的精神への転化, さらにその矛盾を克服する絶対的精神への止揚という自己発展においてとらえる世界観に立つ. そして, 客観的精神自体もまた, 抽象的法から道徳, そして人倫へと弁証法的の発展を示し, その人倫がまた, 家族か

ら市民社会，そして国家へと弁証法的発展を示すものとする．こうして，国家や法は理性的なものとして位置づけられ，現実的な存在として積極的な根拠と権威をもたされる．

犯罪は，こうした弁証法的哲学を背景に，法（法としての法）に対立するその侵害・否定としてとらえられ，刑罰は，その無価値な法の侵害をさらに否定して，犯罪を止揚し法を回復するものだと位置づけられる．つまり，刑罰を法の否定の否定として積極的に理解し，それに理性的・現実的な意義を認めるわけで，刑罰は，価値的な相等性を基盤に，絶対主義的応報主義において理解されることになる．また犯罪は，犯人の特殊的意志として，犯人自身の法を対立させるものであるが，論理必然的に止揚されるものとして，その中に刑罰が含まれているとされ，刑罰が犯罪に媒介される犯人自身の法でもある点において，犯人も理性的なものとして位置づけられる．こうした視点から，*フォイエルバッハ'の心理強制説に対して，人を犬のように遇するものだと批判したことは，有名である．

こうしたヘーゲルの法哲学は，さまざまな法分野にヘーゲリアーナー Hegelianer(ヘーゲル派学者)を生み，刑法学にもアベック Julius Friedrich Heinrich Abegg(独・1796-1868)，ケストリン Christian Reinhold Köstlin(独・1813-56)，ヘルシュナー Hugo Hälschner(独・1817-89)，ベルナー Albert Friedrich Berner(独・1818-1907)，コーラー Josef Kohler(独・1849-1919)などがいる．ただ多くは，法の否定の否定としての応報刑論を受け継いだが(ヘーゲル学派)，コーラーは，犯罪を単に論理的否定ではなく秩序の現実的侵害だとし，刑罰も現実的回復のための贖罪(贖罪刑)と解した(新ヘーゲル学派)．なお，ヘーゲル哲学は，対極的なマルクス Karl Marx(独・1818-83)の唯物論的弁証法への展開により，マルクス主義刑法学にも微妙に影響した．　　　　　［愛知正博］

ベーリング　Ernst Beling (独・1866-1932)　ドイツの刑法学者．*ビンディング'の影響で刑法学研究を志し，ブレスラウ，ギーセン，テュービンゲン，ミュンヘンの各大学の教授を歴任．刑法学の分野での主著として，『刑法綱要 Grundzüge des Strafrechts』(11版・1930)，

『犯罪の理論 Die Lehre vom Verbrechen』(1906)，『構成要件の理論 Die Lehre vom Tatbestand』(1930)がある．ベーリングは，*罪刑法定主義'のもとでは，犯罪が成立するためには何よりもまず各則に規定された各犯罪の類型的特徴を示す行為が存在しなければならないと主張し，はじめて刑法総論に*構成要件'の概念を導入するとともに，*客観的違法論'を基礎として，行為の客観面の評価として違法性を，主観面の評価として有責性を配する明快な体系を構築した．構成要件該当性・違法性・有責性という3段階の評価からなる犯罪論体系の骨格はベーリングによりつくられたのである．ただし，ベーリングが構成要件と実質的な違法評価とを完全に切り離した点については強い批判が向けられ，晩年には彼自身も再考を迫られるに至った．また，因果関係論，未遂論，共犯論，罪数論・犯罪競合論などの諸問題につき，構成要件という形式的概念を用いて解決を与えようとした点で，ベーリング理論においては犯罪の実質面に対する考慮が十分とはいえないうらみがあった．　　　　　　　　　　［井田　良］

ベッカリーア　Cesare Beccaria (伊・1738-94)　**1　人**　18世紀後半に活躍したイタリアの啓蒙思想家．ミラノ大学法学および経済学教授，ロンバルディの民法・刑法改正委員等を歴任．*モンテスキュー'Charles de Secondat, Baron de Montesquieu(仏・1689-1755)や*ルソー'Jean-Jocques Rousseau(仏・1712-78)の啓蒙哲学の影響を受けて，Dei delitti e delle pene『犯罪と刑罰』(1764)を著し，非人道的なアンシャンレジームの刑罰制度を痛烈に批判した．

2　思想　ベッカリーアの犯罪と刑罰論はルソーの社会契約説から出発する．すなわち，人が社会契約を結んで社会をつくるときには，各人が自分の自由の一部を供託しあうが，その総和が国家主権となり，刑罰権を基礎づける．したがって，各人の自由を保護するのに必要な限度を超える刑罰権の行使は，濫用であり不正であって，各人はこれに服する必要はない．彼は，このような刑罰権の原理に立って，次のような主張を展開する．法律がなければ刑罰を科することはできない．したがって，法律の内容も明

確でなければならない．法律をつくる権限は社会を代表する主権者にあるが，法律に違反しているかどうかを判断する権限は裁判官にある．しかし，裁判官は法律を勝手に解釈してはならず，被告人の行為を法律にあてはめて有罪か無罪かを決定すればよい．法律によって科せられる刑罰は誰に対しても平等でなければならず，身分によって刑が違ったり，司法権外の他の権力によって科刑が妨げられてはならない．犯罪かどうかは，「社会に与える損害」の有無という尺度で決定されるべきであって，行為者の意思の善悪によって決定されてはならない．犯罪の軽重も被害者の身分を尺度にして決定されてはならない．犯罪と刑罰は均衡がとれていなければならない．刑罰は見せしめを目的とするものであるから，他人の身体に苦痛の少ないもので足りる．したがって，残虐な刑罰は不必要だし，社会契約の本質に反するから不正であり，許されない．まして，*死刑'は，有害無益であり，廃止すべきである．人は生命の自由まで供託することはないから，誰にも人の生命を奪う権利はないし，見せしめとしての効果も，刑罰の強度よりもその継続性によって得られるから，死刑に替えて終身刑をおいた方がよい．そもそも，犯罪を防止するためには，見せしめとしての刑罰を科すよりも，社会制度を改良すべきである．以上が，ベッカリーアの犯罪と刑罰論の概要であるが，彼は，同書で，さらに未決勾留の短縮，証拠裁判主義の徹底，自白を証拠としないこと，拷問の禁止，裁判の公開と迅速化等を主張した．

このようなベッカリーアの主張でとくに注目すべきは，「法律なければ刑罰なし」とする*罪刑法定主義'，犯罪を「社会に与える損害」とする客観主義，拷問の禁止と死刑の廃止を唱え，さらに犯罪抑止策として，見せしめによる*一般予防'よりも社会改良を訴えた点である．ベッカリーアの『犯罪と刑罰』はヨーロッパ社会に大きな反響を呼び，1789年のフランス革命によるアンシャンレジーム刑事司法の改廃にもつながった．ベッカリーアは近代刑法の基礎を築いた人といってよい．　　　　　　　　[大沼邦弘]

別件捜索　ある事件(本件)の証拠を発見収集をする目的で，捜索の理由・必要性の欠けたないしは乏しい事件(別件)で行われる捜索のことである．同様の事情のある差押えが，別件差押えである．実際には同一の捜索差押許可状であらわれ，一緒に論じられる．

捜索・差押えは強制処分であるから，令状主義により，正当な理由に基づいて裁判官が発した，捜索する場所と押収する物を明示する令状によって行われる(憲35)．正当な理由があるためには被疑事実が存在することが必要で，捜索差押許可状の上では，この被疑事実は罪名の記載としてあらわれ(刑訴219)，したがって捜索差押えはこの被疑事実について行われることになる．

しかし実際には，捜索・差押えで得られた証拠が，同時に他事件の証拠でもある場合もあるし，捜索・差押えの際に発見された他事件の証拠の任意提出を求めたりして，ある事件の捜索差押えを通して，他事件の証拠が発見・収集されることがある．特に，このような形で，同一被疑者に対する*余罪'の証拠の発見・収集が行われることは少なくない．時には，捜索・差押えが立会人に対する職務質問の機会に利用され，それにより他事件が発見され，それで現行犯逮捕が行われるような場合もある．

このような場合のうち，ある事件(本件)の証拠の発見収集する目的で，理由や必要性の欠けたないしは乏しい事件(別件)でことさらに捜索・差押えがなされているような場合は，ことさらに別件で逮捕する別件逮捕・勾留が違法になるのと同様に，違法と考えられている．裁判例にも一般論としてではあるが，別件について捜索・差押えの理由も必要性も認められる場合でも，捜査機関が専ら別罪の証拠に利用する目的で差押許可状に明示された証拠を差し押さえることは禁止されるものと述べた例がある．

したがって，別件捜索として違法な，この現実に行われた本件の捜索・差押えの際に任意提出を受けた別件の証拠については，違法収集証拠の問題，*毒樹の果実'の問題として，証拠能力が論じられることになり，許されないものとなろう．なおこの場合を，アメリカ法におけるプレイン・ビューの法理により令状なしで差し押さえることができるかとして論じても，もともと他事件(本件)の証拠を発見収集する目的が

ある以上、その発見は予期せぬ偶然のものとはならず、認められないであろう。　[久岡康成]

別件逮捕　**1 意義**　別件逮捕・別件勾留は、法令上の用語ではないため、その一致した定義があるわけではない。しかし、一般には、捜査機関が、ある事件(本件)について*被疑者'の身柄を拘束して取り調べたいが、そのための要件が具わっていない場合に、要件が具わった別の事件(別件)によって被疑者を*逮捕'・*勾留'し、それを、もっぱら、狙いとした事件についての*取調べ'に利用する捜査手法をさす。通常、本件が殺人のような重大事件であり、別件が窃盗のような軽い事件であることが多い。

2 学説の状況　別件逮捕が行われる場合、別件は軽微な事件であることがほとんどであり、そのため、そもそも別件自体について、逮捕・勾留の要件、特にその必要性が欠けていることも少なくない。このような場合に当該逮捕・勾留が違法であることは当然であり、別件逮捕に特有の問題点は、別件自体を見れば、逮捕・勾留の要件が具わっている場合にある。つまり、捜査機関の真の目的が本件に関する取調べにあり、実際にも、逮捕・勾留期間がもっぱら本件の取調べに利用されているような場合には、それは、別件による逮捕・勾留という形式をとってはいるが、実質的に見れば本件による逮捕・勾留であるといえるのではないか、そうだとすると、本件については逮捕・勾留の要件が具わっておらず、司法審査も経ていない以上、それは*令状主義'を潜脱するものであって違法ではないかが問題とされるのである。

学説上は、この形式と実質という2つの側面をどのように考えるかによって、見解が分かれる。別件基準説と呼ばれる見解は、形式面を重視し、逮捕・勾留が適法か否かは、あくまで、別件についてその要件が具わっているか否かによって判断されるとする。これに対し、本件基準説と称される見解は、実質面を重視し、捜査機関の意図、取調べ時間の比較、別件と本件との関連性の有無等の様々な要素を考慮したうえで、逮捕・勾留が実質的に本件によるものであると評価されるところにまで至れば、別件についてその要件が具わっている場合であっても、それが違法となるとするのである。

3 判例の動向　判例上、別件逮捕の適法性に関する明確な判断基準は、いまだ確立していない。そのため、裁判例が示す判断基準も様々であるが、それらは、大きくは3つのタイプに分類できる。第1は、基本的な考え方において本件基準説に近いものであり、代表的な裁判例としては、いわゆる蛸島事件に関する金沢地裁七尾支部の判決がある(金沢地裁七尾支判昭44・6・3刑月1・6・657)。第2のタイプは、逮捕・勾留の適法性に関しては別件基準説に立ったうえで、別件逮捕のもう1つの側面である、*余罪'(本件)の取調べの限界という観点から問題にアプローチするものである(東京地判昭49・12・9刑月6・12・1270、神戸地決昭56・3・10判時1016・138等)。第3は、逮捕・勾留の適法性には言及することなく、もっぱら余罪の取調べの限界の観点から事案を処理するものである。このタイプの裁判例の中にも、余罪の取調べについては被疑者に取調べ受忍義務がないことを前提に、それを事実上課した取調べが行われたか否かを問題とするものと(東京地判昭51・2・20判時817・126)、実質的に令状主義を潜脱する程度の取調べが行われたか否かを問題とするもの(大阪高判昭59・4・19高刑37・1・98、福岡高判昭61・4・28刑月18・4・294)とがある。後者は、本件基準説において逮捕・勾留が違法となる場合を、余罪の取調べの違法に移しかえたものといえる。　[川出敏裕]

弁護権　**1 意義**　被疑者・被告人が弁護人の援助を受ける権利という意味で、(広義の)弁護人依頼権のことを指す場合もあるが、通常は弁護人の有する権限の意味で弁護権の語が用いられる。

この意味における弁護権は多様であるが、それは通常、代理権と固有権に大別される。まず、弁護人はいわば被告人の保護者としての地位から、「被告人のなし得る訴訟行為について、その性質上許されないものを除いては、個別的な特別の授権がなくても、被告人の意思に反しない限り、これを代理して行うことができ」(最決大昭63・2・17 刑集42・2・299)、これを包括的代理権という。管轄違いの申立て(刑訴326)や証拠とすることの同意(326)などがその例である。他方、代理といっても被告人の権利・利益を擁

護するうえで，被告人の意思とは離れて独立して訴訟行為を行わなければならない場合もあり，この権限を独立代理権という．これには，被告人の明示の意思に反しても行使できるもの（保釈請求［88 I］や証拠調べ請求［298 I］など）と明示の意思に反して行使できないことが法に規定されているもの（忌避の申立て［21 II］，原審弁護人の上訴権［355・356］など）がある．

以上とは異なり，その性質上代理になじまない弁護人固有の権限がある．これを固有権といい，例えば，*接見交通権'（39 I），書類等の閲覧・謄写（40・180 I），控訴審・上告審の弁論（388・414）などがこれにあたる．また，証人尋問の立会い（157 I）などのように，被告人と重複して権限を有するものもある．

2 弁護権の行使 弁護人の役割は被告人の権利・利益の保護にあるから，以上の権限を行使するにあたっては，弁護人は権利・利益の擁護に向かって被告人のため誠実に職務を遂行する義務がある（弁護1 II）．したがって，たとえば冤罪を主張する被告人の意思を無視して法廷で有罪の主張を繰り返すなど義務を尽くさない場合には，この義務違反が損害賠償請求の対象となりうる．

他方，弁護人はどのような方法が防禦上被告人の権利・利益を守ることになるかを第一義に前述の弁護権を誠実に行使する義務を負うにとどまり，真実発見に協力する義務（*真実義務'）はないとされる．したがって，弁護人が有罪を確信していたとしても検察官の有罪立証が不十分な場合には証明不十分を理由に無罪の主張を行うことができる（ケースによっては，そのように主張することが義務づけられる場合もある）．また，*黙秘権'は被告人の権利であるから，弁護人は被告人に対して黙秘を勧めたり助言することは認められる．ただし，虚偽の主張・弁解を勧めたり，虚偽の証拠を提出するなど審判の公正を積極的に妨害することは許されない．それらが証拠隠滅・偽造，犯人隠避，偽証教唆などの犯罪を構成することもある． ［深尾正樹］

弁 護 士 （英）solicitor, barrister （米）defense attorney （独）Anwalt （仏）avocat　裁判官，検察官と並ぶ法律実務家．裁判官，検察官は公務員であるが，弁護士は民間人であり，在野法曹とも呼ばれる．「基本的人権を擁護し，社会正義を実現することを使命とする」（弁護1）．原則として，司法修習生の修習を終え（4），日本弁護士連合会に備えた弁護士名簿に登録することを要する（8）．懲戒権も弁護士会が有しており（56 II），わが国の弁護士は，国家機関の監督権を一切認めない完全な自治権を保有している．日本国憲法37条3項は，「刑事被告人は，いかなる場合にも，資格を有する弁護人を依頼することができる」と規定し，刑事訴訟法31条1項が，「弁護人は，弁護士の中からこれを選任しなければならない」としている．すなわち，警察・検察と対立する当事者の立場に立ち，裁判官を批判する立場に立つこともある刑事弁護人としての「資格を有する」のは，弁護士だけである．「弁護士倫理」（平成2年3月2日，日本弁護士連合会臨時総会決議）の遵守が求められるほか，刑事弁護にあたっては，「刑事法廷における弁護活動に関する倫理規定」（昭54・5・26）がある． ［大出良知］

弁 護 人 （英）defense counsel （独）Verteidiger　**1 意義**　刑事手続において，被疑者・被告人の権利・利益を擁護する，すなわち防禦権に実効性を持たせる役割を有する者．

当事者主義のもとでは，被疑者・被告人は，捜査・訴追機関に対して当事者性を有するが，両当事者の力の差は大きい．その意味で，弁護人には手続の代理人兼被疑者・被告人の保護者としてその機能が期待されている．とくに起訴前においては，捜査密行の原則から可視性が乏しく，取調べをはじめ人権侵害を伴いがちな活動が多いという事情があるため，権利侵害を防ぎ積極的な防禦活動を展開する上で，被疑者の弁護は重要な意義をもつ．また，起訴後においてはその手続の性質上より一層法律的知識・経験を踏まえた訴訟における法的側面の援助が望まれている．

2 選任手続　弁護人は，原則として弁護士の中から選任される（刑訴31 I）．ただし，簡易裁判所・家庭裁判所・地方裁判所においては，裁判所の許可を得て弁護士でない者を選任することができる（31 II）．この制度を特別弁護人制度という．

被疑者・被告人のほか，その法定代理人，保

佐人，配偶者，直系の親族，兄弟姉妹も，独立して弁護人を選任することができる(30)．一方，被告人が貧困その他の理由により弁護人を選任することができないときは，裁判所は被告人の請求により被告人のために弁護人を選任しなければならない(憲37Ⅲ，刑訴36)．また，被告人に弁護人がない場合において一定の事由があるときは，裁判所は職権で弁護人を付することができ(37)，さらに*必要的弁護事件'において弁護人が出頭しないときまたは弁護人がないときは，裁判長は職権で弁護人を付しなければならない(289Ⅱ)．このように，裁判所・裁判長が選任した弁護人のことを国選弁護人といい，被疑者・被告人等が選任する場合(私選弁護人)と区別される．

起訴前にした弁護人の選任は第1審においても効力を有するが，起訴後における選任は審級ごとにしなければならない(32)．

裁判所は，裁判所規則の定めるところによって，弁護人の数を制限することができる(35，刑訴規26・27)．弁護人が複数あるときは，主任弁護人を定めなければならない(刑訴33，刑訴規19〜22)．　　　　　　　　　　[深尾正樹]

弁護人抜き裁判法案　1978(昭53)年に国会に上程された，「刑事事件の公判の開廷についての暫定的特例を定める法律案」をいう．一部の過激派事件において，被告人と意思を通じた弁護人の不出頭，無断退廷，辞任等によって公判審理が行えず，訴訟遅延が生じているとして，迅速な裁判を確保するため，必要的弁護事件の開廷要件(刑訴289Ⅰ)について暫定的な特例を設けようとしたものである．裁判所は，審理の状況その他の事情を考慮して相当と認めるときは，①被告人が訴訟を遅延させる目的で私選弁護人を解任しまたは辞任させた場合，②被告人の了解のもとに私選弁護人が訴訟を遅延させる目的で辞任した場合は，あらたに弁護人が選任されるまでの間，③被告人の了解のもとに，私選弁護人が正当な理由がないのに出廷しないか，または裁判長の許可を受けないで退廷した場合，④被告人の了解のもとに私選弁護人が法廷の秩序を乱し退廷を命じられた場合は，当該公判期日にかぎり，弁護人がなくても開廷することができるという内容であった．しかし，通常の推薦手続によることのできない特別案件については，弁護士会が責任をもってすみやかに国選弁護人を推薦する旨の法曹三者の協議などを経て，1979(昭54)年廃案となった．→迅速な裁判　　　　　　　　　　　　[上口 裕]

ベンサム　Jeremy Bentham　(英・1748-1832)　功利主義哲学による立法学を主張した．モンテスキュー Montesquieu(仏・1689-1755)，*ベッカリーア'，エルヴェシウス Claude Adrien Helvétius(仏・1715-71)らの影響を受けて，人間の行動は快不快の原理に支配されるとし，社会の究極目的を「最大多数の最大幸福」の実現に求めた．道徳と立法は人間性の客観的法則に立つべきだという立場から，快苦は数学的に計算可能であって，個人の感受能力は等しいので，社会の善の計算にあっても各人を等しく扱うべきだとした．早熟だったベンサムは若くしてオクスフォードでウィリアム・ブラックストン William Blackstone(英・1723-80)の英法講義を聞いたが，これに反対する立場をとり，自然法やコモン・ローを否定し，合理的な人間像をもとに，欲求を統制する手段を定める立法・法典化を推進した．

人間の意思行為のみが秩序をつくると考えたが，自由意思の考え方には否定的であり，社会に対する害悪である犯罪はより大きな害悪である刑罰によって抑制しうるとして，一般予防ないし抑止刑論の立場をとった．同時に，証拠法でも合理的な推論を重視し，法律の解釈を制限するなど，裁判官の裁量を制限する考え方は，罪刑法定原則の尊重にも結びつき，主著『刑事立法の原理』は母国イギリスよりもフランスに多大な影響を与えた．当時のフランスは，市民革命が急進化し，イギリスに対抗して刑事立法を推進しており，1810年の刑法典はベンサムの功利主義とナポレオン Napoléon Bonaparte(仏・1769-1821)の権威主義とがあいまって，一般予防を重視した重罰規定を設けた．近代的な刑務所システムの考案者としても有名であり，その創見にかかるパノプチコン Panopticon は，不要な苦痛を最小限に経済性を最大限にするものと構想されたが，近代社会の刑罰システムを「規律と監視」と特徴づけたミッシェル・フーコー Michel Foucauld(仏・1926-84)によ

って，近代社会全体を象徴するものとされた．死刑には反対であった． [新倉 修]

変死者密葬罪 *検視'を経ずに変死者を葬ることによって成立し，法定刑は，10万円以下の罰金または科料である(刑192)．「変死者」の意義については諸説があるが，犯罪捜査上，密葬行為を禁じる必要性のある死体は，変死者に含ませるべきであろう(長崎控判明42・12・13新聞614・10．これに反して，大判大9・12・24刑録26・1437)．この立場からは，確実な内因性疾患による死亡であると医師が診断した死体以外は，本罪の変死体に当たると解すべきことになる．

警察実務においては，死体に関して警察官が調査を行い，その結果，事件性が肯定された場合には，その調査は，検視(検視実務の大部分を占めるいわゆる代行検視[刑訴229Ⅱ])であったとされて，検視調書の作成，検察官への報告がなされ，他方，事件性が否定された場合には，警察固有の権限に基づく死体検案であったとされて，死体検案調書が作成され，検察官への報告は行われないという取扱いが広くなされている．要するに，実務上，死体に関する事件性の有無の調査は，その結論が出てから事後的に，検視，あるいは死体検案という名称を獲得するのである．したがって，本罪が保護しようとする「検視」には，検察官による検視(229Ⅰ)，警察官による検視(229Ⅱ，検視規則)だけでなく，警察官による死体検案(死体取扱規則)も含まれることになる． [近藤和哉]

変造 変造には，有形変造と無形変造があるが，無形変造は公文書において処罰されるにすぎない(刑156)．有形変造とは，真正に成立した文書に権限なくして変更を加える行為であり，有形偽造(権限なくして他人名義の文書を作成する行為)と区別される．ただし，文書の本質的部分に変更を加え，新たな証明力を有する文書に改変する行為は，変造ではなく*偽造'を構成すると解されている(大判大3・11・7刑録20・2054)．たとえば，各種の証明書において，証明書被交付者の写真を別人の写真で貼り代える行為は，偽造に当たる(再渡来証明書に関する大判昭11・5・2刑集15・551，外国人登録証明書に関する最決昭31・3・6刑集10・3・282，自動車運転免許証に関する最決昭35・1・12刑集14・1・9)．しかし有形偽造と有形変造は，同一の条文(155・159)に規定され，法定刑も同じだから，偽造とすべきものを変造と判断しても，上級審による破棄理由とはならない(最判昭36・9・26刑集15・8・1525)．なお，通貨を改ざんしたが，偽造・変造の程度に至らない場合は，*模造'として処罰される．→通貨及証券模造取締法，通貨偽造罪，文書偽造罪，有価証券偽造罪 [今井猛嘉]

片面的共同正犯 片面的共同正犯とは，*片面的共犯'の一種で，一般の*共同正犯'の場合と異なり，共同実行の意思が一方にだけ存在し，他方には存在しない場合をいう．このような場合にも，共同実行の意思のある者については，片面的に共同正犯の成立を認めうるか，が争われている．

従来，片面的共同正犯については，*犯罪共同説'からは否定され，*行為共同説'からは肯定される，というように整理されてきた．つまり，共同正犯はある特定の犯罪を共同にするものである，とする犯罪共同説によれば，共同正犯を認めるためには，ある特定の犯罪を共同にする意思が必要であり，したがって，片面的共同正犯を肯定することはできないが，他方，共犯者は，各自が，自己自身の故意・過失を実現するのに，相手方たる共犯者の行為をいわば自己の行為の延長として利用するものであるとみ，両者の行為の全体によって惹き起こされた全事実につき，共犯者は，それぞれ自己自身の故意・過失の存し及ぶ限りで，故意犯・過失犯・結果的加重犯の罪責を負うものだ，とする行為共同説によれば，共犯者が同一の故意・過失を有する必要はなく，他方は共同など夢想もしていないという場合であっても，片面的に共同正犯を肯定することができる，というのである．

しかし，共同正犯は何を共同にするのかということと，「一部実行の全部責任」が認められるには意思の連絡がなければならないということとは，別の問題である，として，行為共同説にたちながら，片面的共同正犯を否定する論者も少なくない．通説は，①「一部実行の全部責任」が認められるのは，共同者各自が相互に他人の行為を利用・補充し合うからであり，共同実行

の意思は各自に認められなければならない，② 双方に共同実行の意思がある場合は，一方にしかない場合に比し，定型的にみて，より危険である，③ 共同正犯が否定された場合でも，少なくとも未遂罪(ないし，実質上その性格をもつ軽い罪)には問いうることが多く，従犯の罪責を認める余地もある，④「共同して」や「すべて」(刑 60)の文理にも調和しやすい，といったことを理由に，片面的共同正犯否定説を採っている．判例も，片面的従犯は認めるが，片面的共同正犯は認めない(大判大 11・2・25 刑集 1・79)．

[斎藤信治]

片面的共犯 一方の加功を他方が認識していなくても，その加功者の方については片面的に共犯の成立を認めうるかも争われている．通説同様，判例は，*片面的共同正犯'を否定し(大判大 11・2・25 刑集 1・79)，*片面的従犯'は認めている(大判大 14・1・22 刑集 3・921)．確かに，共同正犯については，「共同して」という文言が用いられ，「すべて正犯と」される(刑 60)ことから，否定説を採り(*同時犯'あるいは片面的従犯の扱いを受けよう)，従犯の方は，刑が必要的に減軽されるし，文理上の問題もないことから，肯定説を採るのも自然といえよう．かなり問題となるのは片面的教唆犯で，教唆の事実を認識させないでする教唆も，ありうることであり，刑法 61 条もそれを否定しておらず，処罰の必要性もある，等として，肯定説が主張されているが，そういった場合は比較的少なく，かつ，その危険性は一般の教唆よりも相当低く，また，付随的には，片面的教唆犯を認めると，言論等が暴力行為等の教唆犯として処罰されるおそれも絶無ではない，等として，否定説も主張される(従犯としての処罰まで否定するものではない)．なお，*共同意思主体説'からは，片面的共犯のすべてが否定されている．

[斎藤信治]

片面的従犯 片面的*従犯'とは，*幇助'の故意に基づき幇助行為が行われたが，被幇助者は幇助行為があることを知らなかった場合をいう．共犯における心理的因果性を重視し，幇助者と被幇助者との間にも相互的な意思の連絡が必要であると解する立場，あるいは，とくに，共犯というのは 2 人以上の者が一定の犯罪を実現しようという共同目的の下に一体となったものの活動だとする*共同意思主体説'の立場からは，片面的従犯を含め*片面的共犯'は否定されるが，通説・判例(大判大 14・1・22 刑集 3・921，東京地判昭 63・7・27 判時 1300・153 等)は，片面的従犯を肯定する．「共同して」という文言が使用され，「すべて正犯と」される共同正犯の場合(刑 60)と違って，従犯の場合，刑が必要的に減軽されるものであるし，正犯の実行行為を容易にすることは，被幇助者が幇助行為のあることを認識していなくても可能であり，刑法 62 条の法文も，幇助者と被幇助者との間に意思の連絡があることを要求していないから，片面的従犯は認められよう．精神的幇助の場合に限っての片面的従犯否定説もあるが，犯罪の遂行を鼓舞する音楽を単なる偶然を装って流す等の場合も考えられる．

[斎藤信治]

弁論 (英) argument 弁論は，広義では，審理手続をいい，狭義では，当事者の意見の陳述をいう．

広義の弁論は，当事者双方の主張・立証を意味する弁論主義とは異なり，また*証拠調べ'後の弁護人の意見陳述を意味する*最終弁論'とも異なる．

広義の弁論については，*裁判所'は，適当と認めるときは，*検察官'，*被告人'もしくは*弁護人'の請求によりまたは職権で，*決定'をもって，*弁論'を分離しもしくは併合することができる(刑訴 313 I)．また，裁判所は，被告人の権利を保護するため必要があるときは，裁判所の規則の定めるところにより，決定をもって弁論を分離しなければならない(刑訴 313 II，刑訴規 210．なお，少 49 II)．

1 個の事件についての弁論は，1 個であるから，数個の事件を同時に審理するためには，弁論の併合が必要である．また，数個の事件が併合されている場合に，数個の事件を各別に審理するためには，弁論の分離が必要である．したがって，追起訴された場合や 1 通の起訴状で数個の事件が起訴されている場合には，弁論の併合が必要である．

弁論の分離・併合は，原則として*裁判所'の裁量であるが，実体的真実の発見，適切な刑の量定，審理の円滑な進行，被告人の権利保護など

の観点から判断されなければならない．

なお，弁論の分離・併合の効果として，*共同被告人'の弁論を分離して証人として尋問した後，さらに併合し，その*証人尋問'調書を同人の犯罪を認定する証拠としても，憲法38条1項に違反しない(最判昭35・9・9刑集14・11・1477)．→審判の分離　　　　　　[安冨潔]

ほ

ボアソナード Gustave Boissonade (仏・1825-1910)　**1 履歴と法思想**　ボアソナードは，パリ近郊に生まれ，パリ大学法学部を卒業後，法学博士号を取得し，1867年にパリ大学の準教授に就任した．1873年，日本政府の招聘で「お雇い外国人」として来日し，政府の法律顧問として活動し，日本法の近代化に大きな足跡を残した．

彼は，予定調和と進歩を信奉する古典的自由主義者であり，その法思想は，実定法は理性の命じる自然法に立脚すべきもので，フランス法は自然法を法典化したものとする自然法論に立っていた．刑法思想は，師のオルトラン J.L. Elzéar Ortolan(仏・1802-73)を継承して当時の主流の新古典主義に立ち，応報刑論と目的刑論を折衷して刑法の基礎を正義と社会的利益に置き，道徳に反し社会的に処罰が有益な行為が犯罪であり，刑罰は応報による正義の実現と威嚇・改善による一般予防・特別予防のためにあるとしていた．

2 法曹養成と法制の近代化への貢献　彼の来日前は，太政官や司法省でフランス法とくにナポレオン法典が翻訳・学習され，それに基づいて法制整備が進められていた．しかし，西欧法の基本的な知識が欠如していたため，作業は進まなかった．来日したボアソナードは，司法省法学校における講義等を通して日本に正確な西欧近代法の知識を伝え，宮城浩蔵(1850-94)・古賀廉造(1858-1942)・*勝本勘三郎'などの優秀な法律家を養成した．

彼の指導下で，法制の近代化は大きく前進した．検事の訴追官としての地位が徐々に認識され，不告不理の原則が徹底することで，刑事手続が糾問主義から弾劾主義へと転換した．大審院の設置により，司法部の独立が実現した．また，彼は，1875年，拷問の現場を目撃し，情熱的な建白書を司法卿に提出して，拷問廃止を求めた．その結果，翌年，改定律例の規定が改正され，自白がなくても他の証拠があれば有罪とできるものとされた．これは，*法定証拠主義'を*自由心証主義'に改めたもので，拷問を廃止したものではないが，拷問の必要性をなくしたものである．拷問が制度的に廃止されるのは，1879年である．彼は，死刑の全廃を説いた意見書も提出したが，容れられなかった．

3 法典編纂への貢献　日本政府がボアソナードを招聘した最大の目的は，法典の編纂であった．最初に着手されたのは刑法と*治罪法'であり，彼が起草した草案を日本側が修正したものが1880年に公布され，1882年に施行された．

刑法(*旧刑法')は，ナポレオン刑法を模範にしたもので，*罪刑法定主義'を規定し，客観的な行為と罪刑の均衡を重視し，構成要件を細分化し，整備された犯罪阻却事由規定を置くなど，ナポレオン法典以上に整備された，比較的自由主義的な内容のものであった．

治罪法も，ナポレオン治罪法とほぼ同内容の，比較的自由主義的な法典である．予審・公判における被告人の権利の承認，公判における弁護権の保障，裁判の公開などは，ここで初めて実現した．これにより，日本の刑事法制は，改定律例の律令型制度から西欧型の法制へと全面的に転換することとなった．ただし，彼の提案のうち，政治犯への死刑廃止や陪審制の採用は，受け入れられなかった．

4 後半生　しかし，その後，日本の近代化のモデルがドイツへ移行するのに伴い，彼の立案した法典には急進的・伝統無視との批判が加えられた．民法は，「民法出でて忠孝滅ぶ」と言われ，「法典論争」の結果，1891年に施行が延期された．治罪法は1990年にドイツ的な刑事訴訟法に代えられ，刑法も1907年にドイツ的な現行刑法に全面改正された．彼は，1895年に日本を離れて南仏のアンチーブに移り，その地で満85

歳で世を去った． [平川宗信]

保安処分 (英) measures of security (独) Sicherungsmaßnahme (仏) mesure de secret (伊) misure di sicurezza **1 保安処分の意義** 広義においては，犯罪の防遏(ぼうあつ)のために用いられる刑罰以外の刑事処分を保安処分という．刑事裁判所で適用の可否が決定される点で，*措置入院'などの行政処分と異なる．刑罰が過去の違法な行為に対する責任非難・代償として，個人の法益を剥奪することをその中心的役割とするのに対して，保安処分は，行為・行為者・物などの規制対象の危険性の除去ないしは予防にその中心的役割がある．

広義の保安処分には，物の利用制限，財産的利益の没収，営業所の閉鎖などの対物処分も含まれるが，狭義においては，対人処分を保安処分と呼んでいる．対人処分には，運転免許の停止・取消し，居住の制限，保護観察，優生手術などのような自由制限を伴う処分と施設に収容する自由剥奪を伴う処分とがあり，後者を最狭義における保安処分という．最狭義の保安処分にも，対象者の改善を目標とする処分と隔離を目標とする処分とがあり，前者を改善処分(Besserungsmaßnahme)，後者を保安処分と(Sicherungsmaßnahme)と呼んで区別することもある．

2 保安処分の歴史 歴史的には，19世紀ヨーロッパの社会変動がもたらした犯罪のプロレタリアート化現象(犯罪者の窮乏化と常習累犯者層の出現)に対応するための施策として，近代学派がその必要性を提唱した．法案のレベルでは，1893年のスイス刑法予備草案(いわゆるシュトース草案)が，最初に保安処分構想を具体化したといわれている．社会防衛の観点を徹底して，刑罰も保安処分の一形態にすぎないと考える保安処分一元論も主張されたが，具体的な法案のレベルでは，刑罰を存置しつつ，これを補充ないしは代替するものとして保安処分を位置付ける二元論が有力であった．

3 ドイツの保安処分 ドイツでは，1933年11月24日，ヒトラーの政権掌握直後に「危険な常習犯人対策ならびに保安および改善の処分に関する法律」によって，はじめて自由剥奪をともなう保安処分が導入された．同法は，①精神障害者に対する治療・看護施設(Heil- und Pflegeranstalt)(*治療処分')，②アルコール・麻酔薬物中毒者に対する飲酒者療養・禁絶施設(Trinkerheil - oder Entziehungsanstalt)(禁絶処分)，③売春婦・浮浪者・労働嫌忌者に対する労働所(Arbeitshaus)(*労作処分')，④危険な常習累犯者に対する保安監置(Sicherungsverwahrung)(保安拘束)の4つの施設収容処分を規定していた．1969年の刑法改正では，労作処分が廃止され，精神病院収容処分，禁絶処分および保安監置の3つの処分のほかに，新たに*社会治療'施設収容処分の導入が計画されたが，財政上の理由から実施が見送られた．

4 日本の保安処分 日本では，諸外国の保安処分の動向を参考にしながら，戦前の刑法改正作業の中で保安処分の導入が検討されたが(改正刑法準備草案109以下)，刑法典のレベルでは実現にいたらなかった．しかし，1941(昭16)年の治安維持法「改正」によって，思想犯に対する*予防拘禁'が導入され，思想弾圧の道具として利用された．

1974年の改正刑法草案においては，精神障害者に対する治療処分，アルコール・薬物中毒者に対する禁絶処分などが提案されたが(97以下)，人権侵害の危険性が指摘され，厳しい批判を受けた．

現行法上，*売春防止法'の違反者に対する*婦人補導院'収容処分と*少年法'による*児童自立支援施設'(旧教護院)と*少年院'への送致が，裁判所の決定に基づく自由剥奪をともなう保安処分である．なお，触法精神障害者に対しては，*精神保健福祉法'の措置入院が適用されているが，これは本来的に行政処分であり，入院の命令は都道府県知事の決定によるものとされている．→刑事制裁，犯罪精神医学

[石塚伸一]

法医学 法医学とは，法律上の問題解決に資する医学ないし自然科学を研究し，かつ，これを応用する学問であると定義されている．その守備範囲は，死体解剖(死因・死亡推定時刻・凶器の性状などの検査)をはじめとして，生体検査(個人識別，損傷の検査，疾病診断，親子鑑定など)，物体検査(骨片や歯牙その他の臓器・血液・毛髪・精液・毒物などの検査，指紋・

掌紋・足跡などの検査）など広範に及び，捜査段階・公判段階を通じて刑事事件における鑑定の主流をなしてきた．

法医学の健全な発展は，自白中心の捜査から物証中心の捜査への転換，そして裁判官の証拠評価における自由心証主義の合理的コントロールのために，最重要の課題である．もっとも，法医学鑑定が，刑事裁判にとって両刃の剣であることは，その誤りが誤判・冤罪の主要な原因をなしてきたと同時に，その誤りを正す上訴・再審の手続において新たな法医学鑑定が強力な武器となってきたことからも明らかである．

たとえば，古く*八海事件'(1951(昭26)年発生の強盗殺人事件)では，被害者（A男）の創傷について，長斧によるものか包丁によるものか（それに関連して単独犯か5人共犯か），被害者（B女）の首吊り工作は単独で可能か，被告人の1人の着衣に血痕は認められるかなどについて，多くの法医学鑑定がなされ，7審に及ぶ審理の末，4人の被告人の無罪が確定した(最判昭43・10・25 刑集 22・11・961)．とりわけ直接死体に接した最初の鑑定が重要であるが，その鑑定書は簡略なものであり，しかも，創傷を示すのに成傷器用器を暗示するような語(割創・切断など)が用いられている点などが，後に批判された．

近年では，死刑再審無罪事件として著名な4事件(*免田事件'，*松山事件'，*財田川事件'，*島田事件')においても，法医学鑑定が主要な争点となった．免田事件では，被告人の着衣の血痕付着の有無をめぐる鑑定，成傷の順序をめぐる鑑定，松山事件では，被告人着用のジャンパー・ズボンの血痕および布団の襟当ての血痕の鑑定，財田川事件では，被告人着用のズボンの血痕の鑑定，被害者の刺創傷における2度突きの鑑定，島田事件では，被害者の胸部損傷が石による殴打で可能か否かおよび犯行の順序に関する鑑定などが，それぞれ問題になった．

[浅田和茂]

法　益　(独) Rechtsgut　**1 法益概念の由来と意義**　犯罪とは何かという問いかけは，刑法学の発生以来のものであるが，その解答のための分析視座として古くから成立していたものに，犯罪とは何かを侵害するものであるという観念を前提に，その何かとは如何なるものかを問う犯罪の客体 Objekt des Verbrechens 論ないし侵害の客体 Objekt der Verletzung 論がある．近代刑法学の祖*フォイエルバッハ'が，啓蒙思想の影響を受け，中世において恣意的に拡張されすぎた犯罪の範囲を理論的に限定すべく，犯罪の客体を権利 (subjektives Recht) に限る権利侵害説を1800年前後から主張したことは周知の通りであるが，同説は，当時の刑法の定める社会的にも重大な意味のあった宗教や人倫風俗に対する罪を説明し得ず，観念的な権利は侵害という観念にもなじまない等々とビルンバウム Birnbaum(独*1792-1877)等により1830年代に批判され，法により総ての者に価値あるものとして平等に保障されるべきものを総称する法的財 Rechts-Gut 概念を用いた財侵害説によって置換されることになる．その過程において，犯罪の客体論は法の保護客体 Schutzobjekt des Rechts 論への変化を開始し，法的財概念は，20世紀初頭までに，*ビンディング'および*リスト'という2人の巨頭により，法の保護客体を示す一般法論上の法益(Rechtsgut)概念として確立されたのであった．

2 法益概念の機能と内実規定の多様性　このように講学上形成され，内実規定は学説に委ねられた，法の保護客体としての法益という観念は，今も中核的なものとして維持されている．その帰属主体が個人か，社会・国家であるか等により，また，犯罪類型ごとの個別具体的な内実規定や新たな事象をも包摂するための再定義の実施により，刑法各論の体系化・処罰範囲の明確化も行われ続けている．しかし，それは，各論の議論において同じ犯罪の法益が論者により異なって定義され得ることを意味する．また，総論の議論における一般的な概念規定も，行為の直接的対象たる行為客体 (Handlungsobjekt) と保護客体たる法益の関係の理解を含め，その視座自体が変動し続けている．学説史的に見れば，雑多なものが含まれ得たビンディングの法益概念規定からは，規範的保護という統一的特徴が抽象され，規範複合体を指す「制度としての法益」説や，規範の妥当している事態ないし規範の保護する実在を指す「状態説」等が登場してきたし，人の生活利益を法益と定

義したリストの「利益説」からは，利益とは対象に対する個々人の評価的感覚であるとする「心理的利益説」，対象に関して一般的に想定される客観的利益を考える「平均的利益説」，さらに，利益法学や新カント派価値哲学方法論の影響下，立法者意思や立法目的を法益と解する「方法論的・目的論的法益概念」が登場したのであった．そして，現時点においても，これらいずれの説の影響もなお根強く見出され，法益を実在的・因果的に捉えるべきなのか価値的に捉えるべきなのかについてさえ，見解の一致は見られないのである．

3 法益侵害説をめぐる政治的論争とその影響

法益概念の内実規定の多様性は，ビンディング・リスト以降，不法実体論として通説化した法益侵害説が多様な内容・政治的傾向を有し得ることを意味する．ところが，民族共同体への忠誠心・心情等を法の保護育成対象とするナチス刑法学，ことに*キール学派'が，法益侵害説一般を財や利益等の保護を説いて外部的結果を重視する功利主義的分裂思考と非難し，廃棄しようとしたこともあって，戦後には，内実規定の再検討を経ぬまま，法益概念を刑法の自由主義化・被害者なき犯罪の非犯罪化のための政策論的道具概念として用いる一大傾向が生じることとなる．しかし，心情や行為態様，さらには倫理秩序自体をも法益と呼ぶことが可能なことは，学説史に照らしても既に明らかであろう．この「総てを呑み込む概念の闇」は人的不法論を主張する*ヴェルツェル'により既に1930年代に批判され，法益は規範により積極的に評価された因果的に変更可能な実在と定義されたのであるが，彼はそのように規定した法益の侵害を民事不法と共通な*結果無価値'と呼び，刑事不法の特質を結果無価値の惹起を禁止する規範に目的的に反する行為無価値に見出したため，評価されぬままに留まってきている．

4 現状の問題性 法益という概念は，刑法学にとって正に不可欠のものであった．近時には故意内実論・錯誤論・違法性の意識論等の理論構成でも用いられるようになり，その重要度は増すばかりである．それにもかかわらず，多くの論者は，総論的な概念規定としては，上述の古い学説の範囲内に意識的・無意識的に留まっている．さらに，それはもたらすものがほとんどなく無意味・有害であるとして，これを棚上げする傾向さえ登場している．ポスト・モダン社会，危険社会における法益概念の再構成が急がれる．→結果犯，実質犯　　　　　[伊東研祐]

法益考量(衡量)説　(独) Güterabwägungstheorie　違法阻却(正当化)の一般原理に関する学説のひとつであって，違法性の本質に関する法益侵害説をその基礎においている．法益考量(衡量)説は，ある法益の侵害が他のより高い価値の法益を保全することになる場合，この法益侵害行為は法の任務・目的に合致するものとしてなお適法である，と解する．この見解の特色は，複数の法益が衝突する場合，価値の低い法益はより価値の高い法益に譲歩しなければならず，したがって違法阻却判断においては，法益の価値考量が決定的な役割を果たす，と考えるところにある(価値考量説)．

法益考量説に対しては，法益の一般的価値順位だけで行為の違法阻却が決定されるわけではない，という批判が向けられた．そこで，同じく法益侵害説に立脚しつつ，法益考量のほかに個別具体的場合の全事情を考慮して包括的に利益の比較考量を行う利益考量(衡量)説(優越的利益説)が主張されることになった．利益考量説(法益考量説)によれば，*違法阻却事由'は，*正当防衛'や*緊急避難'のように優越利益の原理によって説明されるものと，*被害者の承諾'のように，利益欠缺の原理によって説明されるものとに大別されることになる．→超法規的違法阻却事由，目的説　　　　　[曽根威彦]

放火罪　(英) arson　(独) Brandstiftung　(仏) incendie volontaire　放火罪と，*失火罪'は，火力の不正な使用によって建造物その他の物件を焼損し，公衆の生命・身体・財産に対して危険を生じさせる公共危険犯である．その保護法益は，不特定・多数人の生命・身体・財産の安全である．放火罪は，第1に，抽象的公共危険犯と具体的公共危険犯とに区別される．*現住建造物等放火罪'(刑108)，他人所有*非現住建造物等放火罪'(109 I)は抽象的公共危険犯であり，所定の行為が行われれば常に「公共の危険」が発生したと擬制されると解するのが通説・判例の立場である(大判明44・4・24

刑録17・655).一方,自己所有非現住建造物等放火罪(109Ⅱ),*建造物等以外放火罪'(110)は具体的公共危険犯であり,構成要件の文理上「公共の危険」の発生が要件となる.第2に,放火・失火によって建造物等の財産が侵害されるほか,目的物が他人所有か自己所有かによって法が法定刑に差を設けているのは本罪が毀棄罪の性格を併せ持つためであり,財産犯的性格を有する.第3に,建造物放火につき法が人の現在性の有無によって法定刑に差を設けているのは,本罪が生命・身体に対する罪の性質を併有しているためである.もっとも,第1次的な保護法益は公共の安全であり,生命・身体・財産の保護は2次的なものにとどまる.過失犯である失火罪については,失火罪(116),業務上失火罪・重失火罪(117の2)があり,抽象的公共危険犯と具体的公共危険犯に区別される.その他刑法典は,109条2項と110条2項の結果的加重犯である延焼罪(111),*消火妨害罪'(114),さらに放火罪・失火罪に準じて,激発物破裂罪(117)とガス等漏出罪(118)を設けている.

放火罪・失火罪は,故意または過失により不正に火力を使用し物件を焼損する行為である.「放火する」とは,目的物の焼損を惹起せしめる行為をいい,作為による場合が普通であるが,不作為による事例も少なくない(大判大7・12・18刑録24・1558,大判昭13・3・11刑集17・237,最判昭33・9・9刑集12・13・2882).放火罪の実行の着手時期は,作為・不作為によって焼損が発生する現実の危険を生じさせたときである.放火行為は焼損によって既遂に達するが,どの時点で焼損に達したといえるか,という*焼損'の意義をめぐる学説の対立が激しい.

〔奥村正雄〕

包括一罪 外見上は複数の構成要件に,あるいは1個の構成要件に数回該当する行為であっても,その違法内容,責任内容の単一性を理由として,1個の罰条によって包括的に評価できる場合をいう.*単純一罪'と,観念的競合や牽連犯などの科刑上一罪の中間に位置し,*本来的一罪'の一形態である.包括一罪の概念は多義的で,どのような内容を包括一罪とするかについて,学説は種々に分かれているが,一般には,次のような形態があげられている.すなわち(1)無免許医業の罪(医師17)などの*営業犯'や,その他,*集合犯'に属する各犯罪.(2)狭義の包括一罪.すなわち,相互に手段・目的,ないし原因・結果の関係にある数種の行為態様が並列して規定されている構成要件を数個の行為で実現する場合には包括一罪が肯定される.たとえば,同一人に対し賄賂を要求し,約束し,さらに収受するとき,また,同一人を逮捕後引き続き監禁するときには,包括して1個の収賄罪(刑197),1個の逮捕監禁罪(220)が成立する.(3)同一の法益に対して,複数の同種行為が時間的・場所的に近接してなされる*接続犯',などの類型である.このほか,1発の弾丸で人を殺害しその衣服をも損傷した場合,器物損壊罪を吸収した殺人罪のみが成立するが,このような吸収一罪(*吸収関係')をも包括一罪に加える見解もある.さらに,1個の管理下にある所有者を異にする数個の物の窃取は1個の窃盗罪に包括され,1個の殺人が既遂に至るまでの数回の未遂行為は1個の殺人既遂罪に包括される.このほか,不可罰的事前行為・*不可罰的事後行為'も包括一罪に数えられることがある.科刑上一罪と包括一罪とでは,法的効果において相違があり,包括一罪にあっては,適用されるひとつの罪の事実認定を行い,これにのみ罰条を適用すればよく,また,訴因の特定や罪となるべき事実の摘示においても異なっている.なお,窃盗罪または詐欺罪と二項強盗による強盗殺人未遂罪との包括一罪を認めた判例(最決昭61・11・18刑集40・7・523)を契機として,異なる構成要件・法益にまたがる混合的包括一罪が認められるかについては議論がなされている.下級審判例ではかつてより強盗罪と傷害罪との間の混合的包括一罪が肯定されてきており,先の最高裁判例の後にもこれを認めている.学説は,この法概念を肯定し,その法的性格を本来的一罪ではなく,一種の科刑上一罪と理解している.→罪数,連続犯

〔只木 誠〕

包括罪種 *犯罪統計'書とくに警察統計において,類似の性格をもつ異種の犯罪を同じ罪種として扱うもの.わが国では,警察庁が編集する「犯罪統計書」(昭和39年以降は「平成(昭和)○年の犯罪」),「警察白書」などの犯罪統計書で用いられる罪種区分がこれにあたる.

刑法犯のうち，被害法益，犯罪態様等の観点から類似性の強い罪種を包括した分類名称をいう．警察関係の統計では，刑法典上の各犯罪を凶悪犯(殺人・強盗・放火・強姦)，粗暴犯(暴行・傷害・脅迫・恐喝・凶器準備集合)，窃盗犯(窃盗)，知能犯(詐欺・横領・偽造・汚職・背任)，*風俗犯'(賭博・わいせつ)，その他(公務執行妨害，住居侵入，逮捕監禁，器物損壊等)の6種に分類されている．凶悪犯，粗暴犯，窃盗犯，知能犯，風俗犯はとくに主要刑法犯とよばれる．これらの分類は，一般的に罪質よりも警察活動における治安の観点が重視され行動の性質が看過されており，犯罪学上の実態分析にそぐわない問題もある．なお，法定刑などを勘案して犯罪の重大性で分類する法務省の基準(｢犯罪白書｣など)では，たとえば凶悪犯には放火や強姦は含まれておらず，警察の分類とは異なる．→刑事統計　　　　　　　　　　　　［守山 正］

判官は些事(さじ)を取り上げず　（羅）Minima non curat praetor./De minimis non curat praetor.　ローマの法諺に由来し，あまりに軽微な違法行為については法は不問に付すという原則．De minimis non curat lex ともいう．元来は民事裁判において用いられたとされるが，わが国では，*宮本英脩'(みやもとひでなか)がこれを｢*謙抑主義'｣と意訳したから，専ら刑事法の原則として扱われるようになった．宮本英脩は，この原則から，*一厘事件'のような法益侵害の軽微な行為，あるいは日常的な(社会的に相当な)行為は不可罰にすべきであると主張し，これがわが国の*可罰的違法性'論の基礎となった．
→微罪処分　　　　　　　　　　　　［木村光江］

忘却犯　たとえば，電車が近づいているのに踏切番が居眠りをしていて遮断機を下ろすのを忘れていたため事故が発生した場合や，届け出るべき法的義務があるのにうっかりとしてそのことを忘れていて届け出なかった場合のように，無意識の状態で過失により作為義務を忘却した不作為による*過失犯'のことをいう．忘却犯が問題となるのは，主として，それが刑法上の*行為'といえるか，という点である．身体の有意的動静を重視する*因果的行為論'によれば，この場合は厳密には自発的意思に基づく身体の動静といえないので，刑法上の行為性を認めるのは困難であるが，この立場でも，潜在的可能性という観点から緩やかに捉えて行為性を肯定する傾向にある．また，人間の行為構造の本質を目的性ないし目的的操縦に求める*目的的行為論'によれば，この場合は意思の目的的支配がないので，やはり行為性を認めるのは困難であるが，この立場でも，潜在的目的性という観点から行為性を肯定する傾向にある．他方，行為を社会的観点から把握する*社会的行為論'からすれば，忘却犯も社会的に意味のある身体の動静と捉えられ，行為性が原則的に肯定される．いずれにしても今日，忘却犯の行為性は一般に認められており，またそれを前提として，予見可能性判断をすることにもなるが，居眠りする前に自己の行為の属性としての危険性を認識している場合がほとんどであり，予見可能性(したがって過失)も肯定されることになろう．
→不作為犯　　　　　　　　　　　　［甲斐克則］

暴行罪　（英）assault　（独）Gewalt　（仏）violeneces　刑法典第27章｢傷害の罪｣の208条に規定された犯罪で，他人に対して暴行を加えた者が傷害するに至らなかったときに暴行罪として処罰される．法定刑は，2年以下の懲役もしくは30万円以下の罰金または拘留もしくは科料である．保護法益は，人の身体の安全である．暴行の故意があれば，かりに｢傷害まで加えるつもりはなかった｣という場合でも，*傷害罪'が認定される．また，暴行とは，不法な有形力の行使のことであるが，刑法上様々な場面で用いられるため，最広義の暴行(人または物に対する不法な有形力の行使)，広義の暴行(人に対する直接・間接の有形力の行使)，狭義の暴行(人の身体に対する直接・間接の有形力の行使)，最狭義の暴行(人の反抗を抑圧するに足りる程度の人に対する有形力の行使)に分類され，暴行罪における暴行は，狭義の暴行を意味する．人の身体に対する不法な直接的物理力の行使(殴る・蹴る)が典型的であるが，そのほかに，光，熱，音波，臭気，さらには病原菌の利用も，傷害の未遂といえる範囲で本罪の暴行に当たると解されている(騒音につき，最判昭29・8・20刑集8・8・1277)．なお，身体への接触がない場合(たとえば石を投げて当たらなか

った場合)も，争いがあるものの，暴行が肯定されている(4畳半の部屋で日本刀を振り回す行為につき，最決昭39・1・28刑集18・1・31). → 過剰防衛，誤想防衛　　　　　　　[甲斐克則]

幇　助　**1 幇助行為**　幇助とは，*実行行為'以外の行為で*正犯'の実行行為を(広い意味で)手助けし，その実現を容易にすることをいう．正犯の実行にとって不可欠なものであることを要しない．また，正犯の実行行為に先行するか，これと同時に行われるかを問わない．正犯を幇助した者は，*従犯'(幇助犯)として，減軽された刑で処罰される(刑62Ⅰ・63)．幇助行為は，有形的幇助(物理的幇助)と無形的幇助(精神的幇助，心理的幇助)に分けられるのが一般である．有形的幇助には，資金の提供，凶器・合鍵などの犯行の道具の供与，犯行の場所の提供，犯行の際の手助けなどがある．無形的幇助は，正犯を激励・助言・督促などをし，正犯の心理的障害を除去し，犯意を強化する場合である．凶器などの使い方の教示には，文字通り手を取って教える有形的幇助も，単なる情報提供のような無形的幇助もあるが，いずれにしても幇助となる．なお，有形的幇助は同時に無形的幇助も含みうる．幇助行為は作為でも，不作為でもよいが，正犯を幇助する意思でなされることを要する．

2 幇助の諸類型　従犯を幇助する場合を間接幇助(従犯)という．*「間接」正犯に対応していないことから，幇助の幇助という表現が用いられることも多い．間接幇助を認めない見解は，幇助行為は実行行為ではなく，また「正犯」を幇助するのが従犯である(刑62)，間接教唆(61Ⅱ)の場合とは異なって，間接幇助の処罰規定が設けられていない，等を理由とする．ただ，概して，最終的な実行行為を幇助したことにもなる限りで(は)従犯の成立を認めてもよいとする．肯定説は，間接にであれ正犯の実行行為を容易にしている限り正犯を幇助したといえるとか，幇助行為も修正された構成要件との関係で実行行為とみることができるとか論ずる．教唆行為を幇助してその遂行を容易にする場合を教唆の従犯といい，間接幇助と同様の対立がある．最終的な実行行為を(間接的にもせよ)容易にしている場合だけ，「正犯の幇助」として可罰的とすれば足り，それに至らないものは「幇助の幇助」「教唆の幇助」として罰する必要はなかろう．

2人以上の者が共同して幇助行為を行う意思で他人の犯罪の実行を容易にする場合を共同従犯(共同幇助)という．2人以上の者が幇助行為を共謀し，その一部の者が幇助行為を行う場合を共謀共同従犯といい，判例はこれを認める．
[斎藤信治]

法条競合　(独) Gesetzeskonkurrenz
1 意義　法条競合は，ある行為が数個の刑罰法規に触れるようにみえるが，刑罰法規相互間に特殊な関係があることを根拠として，そのうちのひとつの刑罰法規だけが適用され，1個の犯罪が成立する場合である．*犯罪の競合'が現実にあるわけではなく，あるような外観を呈しているにすぎないものであり，*本来的一罪'である．

法条競合の処断については，①適用される刑罰法規の定める刑のみを考慮すべしとするものと，②適用を除外される刑罰法規の刑をも考慮すべきこともあるとするものとがある．②説が法条競合と*科刑上一罪'の区別を曖昧なものにする内容をもつものであるのに対して，①説は法条競合の本来的一罪性を強く意識するものである．

2 種類　その現象形態は多様であるが，刑罰法規間にどのような関係があるかという観点から，これを4種類に分類するのが一般的である．

その第1は，特別関係である．刑罰法規が一般法と特別法の関係にあるときは，特別法が優先的に適用され，一般法の適用は排除される．特別法は，一般法のすべての要素を含んだうえに，さらに1ないし数個の特別の要素をもっている場合に認められる．特別の要素は，刑の加重事由の場合も減軽事由の場合もある．たとえば単純賭博罪(刑185)に対する常習賭博罪(186Ⅰ)は前者であり，殺人罪(199)に対する同意殺人罪(202)は後者である．いずれにしても，常習賭博罪または同意殺人罪が成立するときには，それぞれ単純賭博罪，殺人罪の規定は適用されない．

第2は，補充関係である．刑罰法規が基本法と補充法の関係にあるときは，基本法が優先的

に適用される．補充法は，基本法だけでは法益保護に十分でない場合に，これを補うために立法されるものであり，基本法が適用されない場合に，補充的に適用される．たとえば，暴行により傷害の結果を生じさせた場合，傷害罪の規定(204)だけが適用され，暴行罪の規定(208)は適用されない．暴行罪の規定は，傷害の結果が生じない場合に補充的に適用されるにすぎない．

第3は，'吸収関係'である．ある刑罰法規が当然に他の刑罰法規の定める行為を含んでいるという関係があるときは，前者を適用すれば，後者を適用する必要はない．前者を吸収法，後者を被吸収法と呼ぶこともある．たとえば，殺人罪(199)と傷害罪(204)の関係がこれである．従来は，発砲による殺人の際に弾丸が被害者の着衣を貫いて損壊した場合を例示して，殺人罪(199)と器物損壊罪(261)が吸収関係にあるとすることが一般的に行われていたが，これを消極的に解し，*包括一罪'の一種としての吸収一罪または*観念的競合'とするのが最近の傾向である．

第4は，*択一関係'である．両立しえない要素を含む犯罪に関する数個の刑罰法規は，相互に排斥し合うとされ，窃盗罪(235)と横領罪(252)，横領罪と背任罪(247)の例が挙げられることが多い．また，同一の行為が数個の刑罰法規に規定されているときには，一方の刑罰法規だけを適用すれば足りるとする関係にあるという意味において，この概念が用いられることもある．いずれも，数個の刑罰法規のうちの一方が適用されるため，法条競合の一種とされるのである．しかし，最近は，択一関係を法条競合の一種として認めるべきではないとする見解が有力になっている． 〔山火正則〕

法 人 (英) corporate person (仏) personne morale (独) juristische Person
1 法人処罰と犯罪能力　刑法典は，刑法犯について，法人を犯罪主体として規定してはいないが，特別刑法上，立法は，*業務主体処罰規定'を規定するという形で，すでに1世紀にわたって法人処罰を認めてきた．

その理解について，学説はながく法人の犯罪能力(行為能力と責任能力)を否定するのが通説であった．それはおおむね，自然人を対象として構築された教義，すなわち，刑罰の本質を違法な行為に対する倫理的な非難とし，その対象を倫理的な意思主体の意思に基づく身体の動静にもとめる論理を前提にして，法によってはじめて人格を認められた観念的な存在で身体も精神もない法人には，行為も故意も，非難を感じうる主体としての性格も認められないとするものであった．法人業務主体処罰規定も，特別刑法の主要な領域である行政刑法の特殊性から，犯罪主体でない者に対して倫理的非難としての色彩の薄い刑罰が科されているにすぎない，それが法人の刑事責任の内容だと理解されていた．

これに対して最近は，法人の犯罪能力を肯定するのが，むしろ多数説であり，受刑主体，責任主体，行為主体の一致の原則から，法人業務主体処罰規定も法人の犯罪能力を認めた規定と理解されている．その構成は一様ではないが，方向としては，刑罰という法的非難の対象は，刑法が規制の対象とする社会において，その組織の行為と理解され，非難に値するその組織の意思形成と理解されるものがあればよく，刑罰を科すことによって防止が図られれば法的な非難が感じられたものと認められるというもの，あるいは，組織の構成員を通じて行為し，倫理的非難を感じることができるというものである．

判例も，当初は，法人の犯罪能力を否定し，法人業務主体処罰規定も他人の行為に基づく無過失責任規定と判示していた．しかし，1965(昭40)年以降は，法人業務主体処罰規定は過失責任を定めたものとしており，その後の*両罰規定'に関する判断の集積から，判例は法人の犯罪能力肯定説に変わったと，次第に理解されてきている．

2 法人の行為と故意・過失　どのような事象を捉えて，法人の行為，故意・過失とし，犯罪能力を肯定するかについての考え方は，4つある．第1は，代表者・機関の行為，故意・過失を法人のそれと理解するもので，最も伝統的な考えで，多数説である．第2は，末端の従業員を含めて全ての構成員の行為，故意・過失を法人のそれと理解する考え方である．第3は，この2つの中間に位置するもので，代表者に加えて管理的な地位にある職員の行為，故意・過失を法人のものと構成する立場である．第4は，これ

ら3つが特定の構成員の行為，故意・過失を法人の行為，故意・過失とするのに対して，特定の構成員の行為，故意・過失を超えた法人独自のそれを考えようとするものである．

法人とは，自然人以外のもので法律上の権利義務の主体とされているものをいうため，種々の社団や財団もそれにあたるが，犯罪の主体として，個人とは別に，刑法の規制が必要でありまた現実に規制の対象とされているものは，企業として組織的に活動しているものである．法人の犯罪もそれを念頭に考えられており，その意味で企業犯罪の実態に即した非難と規制とその理論のあり方が考えられている．→企業犯罪
[田中利幸]

法曹一元 法曹一元とは，かつては法曹三者（裁判官，検察官，弁護士）の育成を一元的に行うことを意味した．今日では*裁判官'（最高裁および簡裁判事を除く）の任用方法として，法曹資格を有する法律家のうち，裁判官以外の者，とりわけ*弁護士'から裁判官を採用しようとするもの．現行の裁判官任用制度は，法文上は，*検察官'，弁護士，大学の法律学教授等に10年以上在職しているものの中から裁判官を任用することができるとされている（裁41・42・44）．だが，実際には司法修習を終えた者の中から裁判官として採用した者に，教育，訓練を施し，その成績，実績により役職を上げていき，キャリアを積ませる，いわゆるキャリアシステムによって裁判官の採用，育成がなされており，この現行制度を打破しようとする立場ないし見解を法曹一元論という．

社会的経験を積んだ法曹資格者の中から裁判官を採用しようとの議論は，第1に，そうした場合の主たる人材供給源たる弁護士は，日頃から多様な人々に触れ，実社会の実態を知り，豊富な社会体験をしてきているので，経験豊富な弁護士が裁判官になれば，社会の実情を踏まえ，広い視野からの判断を行えるのではないかとの期待があること，第2に，裁判の独立の保障があるものの，実際には，昇格，昇給，転任，補職等により官僚的人事管理が行われていることにより司法そのものも官僚的統制が行われているのではないかとの不信感があること，第3に英米でそうした裁判官採用制度を採ってきていることに由来する．

しかし，検察官も，弁護士も，組織的にはキャリアシステムのなかで昇任して行く中で，誰が裁判官になるのか，年収の多い有能な弁護士が年収の減る職に就くのか，定年後の職業・収入を考えると，一旦確立した事務所経営基盤を捨て去ることは困難で，自己の法律事務所を他の名義にして裁判官となり，定年後は自己の事務所に戻るという，一種の腰掛け的意識で裁判官を務める危険性はないのか，人生経験や実務経験の豊富な弁護士は，背後に多くの人間関係を抱えているが，その人間関係が裁判に影響を与える惧れはないのか，法曹一元を実現する過程でキャリア裁判官と一元裁判官との役職上の調整をどうするか，弁護士研修の現状に鑑みると，事実認定等裁判官に求められる能力の開発，維持は十分なのかといった多くの問題が残されている．
[香川喜八朗]

法廷技術 法廷における当事者の訴訟活動は，事実の提示とその立証および相手方の立証に対する反証からなるが，そのそれぞれについて効果的に活動するための仕方をいう．法廷技術を広く理解して，当事者や裁判官が訴訟追行上，具体的訴訟手続を効果的に実践する仕方をいうものとする見解もあるが，この見解からは裁判官の訴訟運営の仕方も法廷技術の一態様となる．しかし，現行法は起訴状一本主義を採用し，裁判官は白紙の状態で訴訟に臨み，法廷における当事者の攻撃と防御から心証を形成するという建前すなわち当事者主義を採用したことから，英米法における法廷技術が注目されることとなったという経緯からも，法廷技術として検討されるべきは当事者の訴訟活動についてである．また，検察官の訴訟活動についても，適正かつ効果的な訴追活動は問題となりうるが，検察官は，公益の代表者（検察4）としての性格をもつから，被告人に利益な事実をも明らかにする義務を負っている．このようにして，法廷技術が主に検討されるべきであるのは弁護人の訴訟活動についてである．

弁護人は，検察官の訴追活動に対して，これと対等に活動しうるために，法律で許容されたあらゆる訴訟技術を駆使しなければならない．弁護人の活動は，公判前においても，起訴状の

検討，公訴事実の存否についての真相の把握，捜査の経過に関する調査，被告事件についての陳述の準備，証拠の収集などがあり，これらの活動が充実して初めて効果的な法廷技術が可能となる．公判においては，冒頭手続における起訴状に対する釈明の要求(刑訴規208Ⅱ)，被告事件についての陳述(刑訴291Ⅱ)，証拠調べ手続における弁護人の冒頭陳述(刑訴規198Ⅰ)，証拠調べに関する異議の申立て(刑訴309Ⅰ)，証拠調べの請求(298Ⅰ)など多岐にわたるが，それぞれについて的確な法廷技術が採用されなければならない．とりわけ，法廷技術の中心は証人尋問の技術にあり，的確な主尋問の仕方と効果的な反対尋問の仕方が重要である．ただし，このような法廷技術が訴訟の帰趨に影響を与えうるためには，いわゆる公判中心主義が前提となる．法廷外の供述が証拠として採用される場合には，法廷技術の比重は軽いものとなろう．
[田口守一]

法定刑 法定刑とは，各刑罰規定において当該犯罪類型に対応するものとして抽象的に定められた刑をいう．たとえば殺人罪(刑199)では，「死刑又は無期若しくは3年以上の懲役」というのが法定刑である．犯罪類型に対応する刑罰を法定することは，当該犯罪に対する立法者の抽象的な無価値評価を示し，一般予防の目的に資すると同時に，罪刑法定主義の要請に応えるものでもある．刑の法定の仕方については，刑の種類・分量について一定の幅をもって規定する相対的法定刑と，裁量の余地なく確定的な刑の種類・分量を規定する絶対的法定刑とがある．上述の殺人罪の例のように，わが国の刑法は，相対的法定刑を原則とするとともに，法定刑の幅がきわめて広く*量刑'における裁判官の裁量の大きいことを特徴としている．この法定刑をもとに，必要に応じて*刑の加重'・減軽事由による修正を加えて導かれた*処断刑'の範囲内において，裁判官は被告人に言い渡すべき具体的な*宣告刑'を決定する．→不定期刑，緩刑化，刑の減軽
[松原芳博]

法廷警察 (独)Sitzungspolizei 法廷の秩序を維持し，審判の妨害を阻止する*裁判所'の作用をいう．法廷警察権が*裁判権'に内在する権限なのか，それとも裁判権に付随する司法行政権なのかについて争いがあるが，この権限が事件の内容には直接関係ない場合でも発動されることなどから，後者と解するのが通説である．

法廷警察に関する規定は刑事訴訟法288条2項後段，裁判所法71・71の2・72条，法廷等の秩序維持に関する法律に置かれている．法廷警察権は本来裁判所の権限だが，臨機応変に対応するため，原則として*裁判長'に委ねられている(刑訴288Ⅱ後，裁71)．この権限は*訴訟指揮権'と異なり，傍聴人などすべての在廷者に及ぶ．予防作用(傍聴券発行による傍聴人数の制限，*所持品検査'など)，排除作用(*在廷命令'，*退廷命令'，発言禁止，無許可の写真撮影の中止など)，制裁作用(20日以下の*監置'，3万円以下の*過料')の3つに分類される．

法廷警察権は，開廷に接着する前後の時間や，法廷の内外を問わず裁判官が妨害行為を直接目撃または聞知しうる場所まで及ぶとするのが判例(最判昭31・7・17刑集10・7・1127)であるが，傍聴券交付の権限を法廷警察権と別個のものと捉えつつ，法廷警察権の範囲を開廷中の法廷に限るとする見解も有力に唱えられている．

法廷警察権の行使にあたっては，比例原則に基づき，公平・円滑な訴訟の進行のために必要最小限度のものでなければならない．法廷内でのはちまき，ゼッケン，腕章などの着用は「不当な行状」(裁71Ⅱ)として法廷警察権行使の対象となるとするのが実務の扱いのようであるが，このような解釈が果して比例原則を満すのかどうかについては検討の余地があろう．なお，最判大平元・3・8民集43・2・89は，裁判長には法廷警察権の一環として*法廷メモ'を制限する権限があるとしつつ，メモが公平・円滑な訴訟運営を妨げることは通常ありえないことを理由に原則としてメモは傍聴人の自由に任せるべきだと判示している．

退廷命令などの排除作用に対しては，司法行政上の監督権行使の申立て(裁82)のほか，刑事訴訟法309条2項に基づく*異議の申立て'ができるとするのが通説である．ただし異議の申立ては*被告人'・*弁護人'・*検察官'に対する処分に限られ，*法令違反'を理由とするものでなければならない(刑訴規205Ⅱ)．他方，法廷等の

秩序維持に関する法律に基づく制裁作用に対しては，*抗告・異議の申立て，*特別抗告'の途が用意されているが，法令違反を理由とする場合に限られる（法廷秩序5・6）→法廷秩序

[三島　聡]

法定減軽　法律に規定されている事由に基づいて法定刑を減軽することをいう．

(1) 裁判官の裁量によって任意的にのみなしうる*酌量減軽'とは異なり，法定減軽には，法定の事由があれば必ず減軽しなければならない必要的減軽と，法定事由があっても減軽するか否かを裁判官の裁量に委ねている任意的減軽とがある．

前者には，心神耗弱による減軽（刑39Ⅱ），従犯減軽（63），身代金誘拐罪における被取者の解放による減軽（228の2）等があり，刑の免除との選択を許すものとして，中止未遂（43但），身代金誘拐予備罪における自首（228の3）等がある．

後者には，法律の不知（38Ⅲ），自首・首服（42），障害未遂（43）等があり，刑の免除との選択を許すものとして，過剰防衛（36Ⅱ），緊急避難（37Ⅰ但），偽証罪・虚偽告訴罪誣告罪における自首（170・173）等がある．

これらの事由は，犯罪に内在するものと犯罪の外にあるものとに分類できるともされているが，違法減少事由と責任減少事由とに二分することができよう．

(2) 法定減軽の程度および方法は，酌量減軽と同様，*加減例'に拠る．

なお，複数の法定減軽事由がある場合にも1回のみの減軽しか許されない（68）ことの実質的根拠は，現行法における法定刑の幅の広さにあるとされるが，法定刑の幅が限定されているような場合に具体的妥当性を欠くことになる．

[西村秀二]

法定合議　訴訟法の意味の裁判所が具体的な裁判を行う際，法律により*合議'体で裁判することが求められている事件を法定合議事件という．最高裁判所には，15人の裁判官で構成される大法廷と5人の裁判官からなる小法廷があり，それぞれ定足数を9人，3人としている（裁9）．高等裁判所は，原則として3人の裁判官の合議体によるが，内乱罪の1審裁判所としては5人の裁判官の合議体を構成する（18Ⅱ・16Ⅳ）．地方裁判所には，単独制と合議制があるが，合議体によることが法律により求められている法定合議事件には，死刑・無期または短期1年以上の懲役または禁錮に当たる罪（ただし，強盗，準強盗およびそれらの未遂，暴力1の2Ⅰ・Ⅱの加重傷害，その未遂，1の3の常習傷害等の罪，盗犯2・3所定の常習窃盗等を除く），簡易裁判所の判決に対する控訴事件ならびに簡易裁判所の決定および命令に対する抗告事件，その他法律で合議事件と定められた事件がある．合議体は3人の裁判官で構成される（裁26）．家庭裁判所は，裁判所法以外の法律により，合議体によるものと定められている場合には，合議体によるものとし，3人で構成される合議体により裁判を行う（31の4）．→裁定合議

[香川喜八朗]

法定証拠主義（独）Gesetzliche Beweisregeln　かつて，証拠の証明力があらかじめ法律に規定され，一定の証拠の存在が有罪認定の法律上の要件とされた．これを法定証拠主義という．一定の証拠がそろえば裁判官の証明力判断の結果に反しても有罪認定を要求する積極的法定証拠主義と，一定の証拠がそろっても裁判官の証明力判断を許し，不当な有罪認定を回避させる消極的法定証拠主義に分かれる．わが国においても，1873（明治6）年の改定律例318条は，罪証が明白でありながら自白しない者に対し拷問を許した断獄則例を受けて，「凡（およそ）罪ヲ断スルハ口供結案〔自白調書〕ニ依ル」と定めた．被告人の自白を有罪認定の要件として，法定証拠主義を採ったわけである．この点に関係して，被告人には供述義務があるとされ，他の証拠で罪証が明白な被告人に対し自白を強制するため，拷問も肯定された．しかし，拷問制度に対する強い批判もあって，1876（明治9）年に改定律例318条は「凡罪ヲ断スルハ証ニ依ル」と改められた．*自由心証主義'をはじめて採用したのである．ただし，拷問制度自体は1879（明治12）年に廃止された．

法定証拠主義が事実上前提とした（たとえば，ヨーロッパ普通法期の）非公開主義・書面審理主義の訴訟手続の下では，証明力判断の具体的妥当性を追求することにどうしても制約があっ

た．そのために，証拠評価の形式性・抽象性それ自体に，法秩序を具現するものという積極的意味が与えられ，法定証拠主義が肯定されたのだといえる．しかし，証拠の証明力を形式的・抽象的に法定した場合，事件をその個性に従って具体的に判断するということを断念するほかない．それは不当だ，という認識ないし批判が生まれる．また，拷問制度を廃止するため自白を「有罪認定の法定要件」にはしないという場合，間接事実（推理・推論により犯罪事実を間接的に推認させる証拠）が自白に代わるべきものとなる．しかし，間接事実の証明力を基準化・法則化して法定することは不可能に近いともされた．このような批判や限界があったため，法定証拠主義は否定され，自由心証主義に移行していったのだといえる． ［高田昭正］

法廷秩序 *裁判所'は，公平で円滑な訴訟を実現するため，法廷の秩序を維持すべき責務を負っている．この責務を果たすために裁判所には*法廷警察'権が与えられている．この権限に基づいて，*裁判長'は在廷者に対して*退廷命令'などの措置をとることができる（刑訴 288 Ⅱ後，裁 71）．

対象者が裁判長の命令に従わない場合の制裁として次の２つがある．ひとつは審判妨害罪としての処罰（裁 73）である．刑事訴訟法の厳格な手続に則って審理される．

もうひとつは法廷等の秩序維持に関する法律に基づく*監置'・*過料'である．この法律は，*法廷闘争'の頻発を直接の契機として 1952（昭和 27）年に制定された．裁判所・裁判官が直接知ることができる場所で行われた侮辱行為について，裁判所自らその場で立件し，非公開で，しかも，*証拠調べ'をせずに即決で*拘禁'（20日以下）や制裁金（３万円）を課すことができる．*弁護人'の補佐の機会も場合により与えなくてもよい，*上訴'は*法令違反'を理由とする場合に限る，という仕組みになっている．

この制度は英米法系の*法廷侮辱'制度をもとにしたものだが，制裁が「監置」「過料」と称せられ，*刑罰'でないとされる点に違いがみられる．刑罰を科すことにしなかったのは，憲法 31条以下の*適正手続'の保障との抵触を回避するためである．

だが，このような配慮によって違憲の問題を回避しえたかどうかについては疑問が提示されている．最高裁は，制裁が*現行犯'的な行為に対するものであることを理由に本法の手続を合憲としたが（最決大昭 33・10・15 刑集 12・14・3291，最決昭 35・9・21 刑集 14・11・1498，最決昭 60・11・12 判時 1202・142），学説上は，英米法系の国々とは異なりこのような制度を支える歴史的・社会的基盤がそもそも日本にはない，監置は人身の自由を奪うもので実質的には刑罰と異ならず，憲法 31条以下の適用を排除しえない，現行犯的行為であることは審理の段階における憲法上の保障を排除する理由にはならない，被害者たる裁判官が訴追者と判断者を兼ねることになり*公平な裁判所'という理念に反するなどとして，本法を違憲だとするのが多数説である．実際の適用において，裁判長が事実を誤認し別人を監置したうえ，その抗告審が抗告人たる被処分者や*補佐人'に全く知らせずに証人調べを行ったという事件も報告されており（「人違い監置事件」東京地判昭 57・11・17 法と民主主義 179・37 参照），合憲説に重大な疑問が投げかけられている． ［三島 聡］

法定通算 法律上当然に行われる*未決通算'のことで，必要的通算ともいう．法定通算は，刑の執行を指揮する検察官が法律に規定された基準に従って当然に通算するもので，裁判所がその裁量によって判決において言渡すべきものではない（最決昭 26・3・29 刑集 5・4・722）．法定通算は被告人の責に帰すべきではなく，かつ裁判所の裁量に委ねる余地のない場合である．また，法定通算が認められる日数について*裁定通算'を行うことは許されない．現行法は，上訴にかかわる勾留日数について法定通算を認めている（刑訴 495）．まず，上訴申立て後の日数を除いた上訴提起期間中の勾留日数の全部が本刑に通算される（495 Ⅰ）．上訴提起期間は上訴するか否かを被告人が十分に考慮できるようにするためのものであり，上訴申立てまでの期間を被告人に不利に扱うことは許されないという理由に基づいている．さらに検察官上訴申立て後の勾留日数の全部（495 Ⅱ①），そして，検察官以外の者（被告人側）が上訴を申立てて上訴審において原判決が破棄された場合の上

訴申立て後の勾留日数の全部（495 II②）についても法定通算が認められている。　[吉弘光男]

法定的符合説　**1 意義**　法定的符合説は、*事実の錯誤'の処理に際して、予見事実と実現事実とが構成要件の範囲内で符合している限り、故意を認めることができるとするものである。この説では、たとえばAを殺害しようとしてBを殺害してしまったという場合、行為者が具体的に認識した客体がAかBかという点は重要ではなく、AもBも殺人罪の客体である「人」であることから、人を殺害する意思で人を殺害したものとして殺人罪の故意が認められるのである。これに対しては、*具体的符合説'の立場から、Bに対する殺人罪の故意を認める上で、いわばA殺害の故意を転用するものであるとの批判もなされるが、「人」という構成要件の枠組みの中での処理であり、別異な構成要件の故意を認めるものではないと解されている。この説では、*具体的事実の錯誤'の場合にあっては、客体の錯誤であろうと*方法の錯誤'であろうと故意を阻却せず、実現事実の故意犯の成立を肯定することになる。わが国の通説・判例は、この法定的符合説を採っている。なお、この法定的符合説の考え方を*抽象的法定符合説'と呼び、方法の錯誤の場合においては具体的な符合を問題にすべきであるとする*具体的法定符合説'も主張されている。

2 方法の錯誤と故意の個数　法定的符合説では、方法の錯誤によって結果が複数生じた場合、それをどのように処理するのかについては、見解が分かれる。たとえば、甲がAを殺害する意図で発砲したところ、Aの腕を貫通して傷害を負わせ、かつ近くにいたBに当たってBが死亡したというような場合が問題である。第1説は、実現事実については構成要件の重なり合いがあることから故意を認め、殺人罪の既遂が成立するとし、さらに予見事実についても故意があることから、殺人未遂罪の成立を肯定し両罪を観念的競合で処理する（数故意犯説）。第1説は、判例の立場でもある。この説に対しては、行為者は1人しか殺害する意思がないのに2個の殺人の故意が認められることになり、故意の個数を無視したものであるとの批判がなされる。第2説は、1個の故意に対しては1個の故意犯しか成立しないとして故意の個数を問題にすべきであるとし（一故意犯説）、まず実現事実に対しては、構成要件的な重なり合いがあることから故意を認めてBに対する殺人罪の既遂が成立するとし、次に予見事実については、その故意をB殺害の故意として評価しているのでもはやAに対する殺人未遂罪は認めることができず、過失致傷罪として処理すべきであるとする。この説に対しては、行為者の意図しなかった客体との関係で故意を認め、狙った客体との関係では過失を認めるというのは、あまりにも技巧的な結論であるとの批判がなされる。これに対して、第3説は、実現事実に対して殺人既遂の1罪のみを認めることで足り、予見事実についての未遂はそれに吸収評価されるとする。

3 抽象的事実の錯誤の処理　法定的符合説では、*抽象的事実の錯誤'の場合、はたして構成要件的な重なり合いが認められるのか問題となるが、その判断基準については見解が分かれる。まず*構成要件的符合説'は、法定の構成要件を基準にして構成要件的な重なり合いを判断し、その重なり合う限度において故意が認められるとするが、構成要件的な重なり合いを形式的に判断する立場とそれを実質的に判断する立場とでは故意犯の成立範囲が異なることになる。次に、罪質符合説は、罪質の符合があればその重なり合う限度で故意が認められるとし、さらに、*不法責任符合説'は、不法・責任内容が符合していればその範囲において故意が認められるとする。　[日高義博]

法廷闘争　主に公安事件の被告人が、国家権力の発動としての刑事裁判を拒否し、あるいは、自らの政治思想を主張する場として法廷を利用するなど、裁判手続に対して闘争的な態度をとることをいう。公判審理を犯罪事実の有無に限定し、訴訟を促進しようとする裁判所と、事件の社会的・思想的背景を明らかにするなど、法廷を「思想を裁く」場にしようとする被告人との間に、手続進行をめぐって緊張関係が生じる。裁判所の訴訟指揮に従わない被告人等に、裁判所の職務の執行を妨げ、また不当な行状をしたとして、*法廷警察'権に基づいて退廷命令が出されるなど、*法廷秩序'の維持に困難をきたすいわゆる「荒れる法廷」を現出する

ことが多い．とくに多数の被告人が起訴された東大裁判では，審理方式をめぐって統一公判か分離公判かが争われ，統一公判を主張して出廷を拒否する被告人が欠席したまま審理および判決が行われた．→法廷侮辱　　　　　　［上口　裕］

法廷侮辱　（英）contempt of court　英米法系の概念で，裁判所侮辱ともいい，司法の運行を妨げる行為または*裁判所'の威信を害する行為を指す．法廷侮辱に当たる行為は，法廷内での暴言や暴行などの公判審理を物理的に妨げる行為から，証言拒絶，訴訟外での証人威迫，裁判の公正を害するおそれのある報道，差止命令違反などに及ぶ．裁判所の面前ないしその付近でなされる行為か否かによって直接侮辱と間接侮辱に，また，制裁の性質によって刑事侮辱と民事侮辱に区分される．刑事侮辱・民事侮辱いずれの制裁も*拘禁'や制裁金(*罰金')だが，差止命令違反を典型例とする民事侮辱の場合には，対象者が要求される行為を実行すれば将来に向かって制裁を免れる点で，法廷内での暴言・暴行や法廷外での証人威迫などの刑事侮辱とは異なる．

英米法系の国々では，伝統的に，裁判所が法廷侮辱に対して制裁を課すには簡略な手続をもって足りるとされてきた．殊に直接侮辱に刑事罰を科す場合には，不告不理原則や予断排除原則の適用も，*陪審'裁判を受ける権利や*弁護人依頼権'の保障措置もなくして，行為を目撃した裁判所がその場で立件し，即決で*判決の言渡し'ができるとされてきた．

このような法廷侮辱制度が英米法系の国々で許容されてきた背景には，司法の適切な運用にとって本制度が不可欠だとの信念のほか，裁判所のもつ高い権威と国民のこれに対する深い信頼，本制度がすでに慣習化していることなどの歴史的・社会的事情があるといわれる．

もっとも，近時，手続的適正重視の傾向に伴い，刑事侮辱の手続を刑事手続に接近させる方向に動いている．イギリスでは直接侮辱に関し，裁判所は直ちに判決言渡しをせず，熟慮のための時間をとるべきであり，また他の者の助言を受ける機会を対象者に与えた方がよいかどうかを考慮すべきだとする判決(Moran (1985) 81 Cr App R 51)が出されており，アメリカでも，通常の犯罪の場合と同様，重い刑罰の言渡しが予想される場合には陪審裁判を受ける権利を保障しなければならない(*Bloom v. Illinois*, 391 U.S. 194 (1968))，公判審理の過程でなされた裁判官に対する個人的な中傷が公判最終日になって法廷侮辱罪に問われる場合には，対象者は別の裁判官による公判審理を求める権利を有する(*Mayberry v. Pennsylvania*, 400 U.S. 455 (1971))，*合理的な疑いを超える証明'などの刑事手続に関する憲法上の要請は刑事侮辱にも当てはまる(*Hicks v. Feiock*, 485 U.S. 624 (1988))などの判決が出されている．

日本でも，英米法系の法廷侮辱制度を参考にして，1952年法廷等の秩序維持に関する法律が制定されている．なお，司法制度改革審議会(1999-2001)において，*裁判所'の*訴訟指揮'権の実効性を確保する方策として法廷侮辱罪を創設すべきかどうかが若干議論されたが，消極論が大勢を占め，2000年11月の中間報告では積極的な提言はなされなかった．→法廷秩序

［三島　聡］

法廷メモ　日本国憲法は，裁判の公開を原則としている(*公開主義')．公開とは，傍聴の自由を意味するが，傍聴人の行動の自由との関係で，法廷，とりわけ刑事公判廷，においてメモをとること，いわゆる法廷メモの当否が議論されてきた．

傍聴人がメモをとることの許否については，現行法上これに直接言及した規定は存しない．刑事訴訟規則215条も，「写真の撮影，録音又は放送」を「裁判所の許可」にかからしめているにとどまる(なお，民訴規77条は，「速記」，「録画」も許可の対象とする)．しかし，実務上は，一般に，傍聴人のメモを禁止するか否かは，裁判長の訴訟指揮権，狭い意味での*法廷警察'権に属し，もっぱらその裁量にかかると解されている．そして，その運用状況をみると，報道機関によるメモは，報道の自由あるいは報道の公共性という観点から包括的に許されているが，他方，一般の傍聴人によるメモについては，多くの法廷の入口等に「裁判長の許可」を要する旨を掲示するなどの措置がとられており，しかも，そのような許可は実際にはほとんど与えられていないのが従前の実情であった．

このような状況のもとで，最高裁判所は，1989(平1)年，一般の傍聴人によるメモの原則的自由を承認した(最判大平1・3・8民集43・2・89)．これがいわゆる「レペタ訴訟」大法廷判決である．事案は，来日し，日本の経済法の研究に従事していた，アメリカ合衆国ワシントン州弁護士資格を有するレペタ氏が，研究の一環として東京地方裁判所における所得税法違反被告事件の公判を傍聴した際，7回にわたり，傍聴席でメモを取ることの許可申請をしたところ，裁判長がこれをいずれも拒否したので，同氏は，この措置を違憲・違法と主張して，国家賠償請求訴訟を提起したというものである．

　最高裁判所は，傍聴人が法廷においてメモをとることは，憲法82条1項で保障された権利ではないが，その見聞する裁判を認識・記憶するためになされるものである限り，憲法21条1項の規定の精神に照らして尊重に値し，メモをとる行為が公正・円滑な訴訟の運営を妨げるような特段の事情のない限り，傍聴人の自由に任せるべきであるとの判断を示した．同判決以後，各裁判所においてメモは原則として許されるようになっている．　　　　　　　　　　［田中　開］

　法的に空虚な領域　（独）rechtsfreier Raum　法的に空虚な空間，法的に自由な領域／空間，法的評価空白領域ともいう．法が何らかの理由から干渉せず，あるいは干渉できず，ある行為の実行・不実行やある事態の発生・不発生があった場合でも，それに対する*違法'とか適法とかいう評価も法的効果の付与も行われないような特別な領域を指称する概念．あまりに日常的・自然的で法の関心の範囲に元来属さないという領域も理論的には含まれ得るが，現実的には，法的な意味づけが不可能・不適切か極めて困難なため，それを回避ないし断念して，関係人の意思決定を許容する論理の中で用いられる．具体的な適用範囲は論者によりさまざまである．範疇としての放任行為の概念と同旨に用いられることが多い．わが国の現在の刑法的思考では，ある行為・事態は法的には常に違法か適法の評価を受ける，と考えるのが通常であり，かつてのように自己正当防衛や法益同価値の場合の緊急避難を放任行為とするような見解は再登場することもないであろうが，とくに生殖医療や末期医療の限界に関わるような場面では，この概念が評価される可能性があるようにも思われる．　　　　　　　　　　　［伊東研祐］

　冒頭陳述　検察官が，*証拠調べ'のはじめに証拠によって証明すべき事実を明示するために行う陳述(刑訴296)．書面で提出され，法廷で朗読される．通常は，被告人の身上・経歴，犯行に至る経緯，犯行状況，犯行後の状況について詳細に事実を摘示している．情状関係は項目として掲げるが，詳細は省略されることが多い．起訴状記載の公訴事実と証拠を結ぶ検察官の主張である．ただし，物語形式の記述が通常であり，証拠調べ請求をする証拠との対応関係は具体的に摘示されていないことが多い．なお，証拠にできない資料や証拠調べ請求の意思のない資料に基づいて，裁判所に偏見・予断を生ぜしめるおそれのある事項を述べることは禁じられる(296但)．検察官の冒頭陳述は必ず行わなければならない．被告人または弁護人は，検察官の冒頭陳述の後，裁判所の許可を得て冒頭陳述を行うことができる(刑訴規198)．

　　　　　　　　　　　　　　　　　　［渡辺　修］

　冒頭手続　証拠調べに入る前の*公判手続'であり，公判期日の最初に行われる．冒頭手続では，人定質問(刑訴規196)，検察官の起訴状朗読(刑訴291Ⅰ)，起訴状の求釈明(刑訴規208)，黙秘権等の告知(刑訴291Ⅱ，刑訴規197)，被告人・弁護人の被告事件についての陳述(刑訴291Ⅱ)の順で手続が進行する．また，被告人が有罪を認めたときは，裁判所は，一定の要件のもとで簡易公判手続の決定をすることができる(291の2)．被告人・弁護人の被告事件について陳述するための手続は*罪状認否'手続ともいわれる．この手続の中心は公訴事実を認めるか否かであるが，他に公訴棄却・免訴・管轄違いの主張，審判の併合や分離の請求等も行うことができる．冒頭手続は証拠調べ手続と異なり，審判の争点を明確にし当事者の主張を確認する手続であるため，被告人の行った陳述は証拠となりうるかという問題が生じる．判例によれば，公訴事実を認める旨の被告人の陳述は公判廷の自白にあたるとされ(最判昭26・7・26刑集5・8・1652)，また共同被告人の陳述は公判期日の供述に当たるとされる(最決昭35・7・

26刑集 14・10・1307).　　　　　[佐藤美樹]

法の不知は害する　（羅）Ignorantia juris nocet

「法の不知は害する」あるいは「法の不知は恕せず」とは，ローマ法の法諺で，一般に，*法律の錯誤'(違法性の錯誤)は*故意'を阻却しないという意味で理解されてきた．国民はすべて法律を知っているとの擬制に基づき，あるいは法律を知るべきであるとの権威主義的な理解から，故意には*違法性の意識'を要しないとする違法性の意識不要説を支える論拠として，しばしばこの法諺が引用されてきた．英米法では，この法諺は Ignorantia juris neminem excusat と表現されることが多い．

もっとも，この法諺については，ローマ法の dolus(故意)は概念的には違法性の意識を含むがその立証が困難なことから，ローマ法源は民法上の原則を刑法にも及ぼし，取引社会に生きる成人男子にはすべての犯罪について一種の擬制された故意が認められたとする理解と，この法諺はローマ私法の限られた部分でのみ適用されていたものが，ドイツ普通法の学説・立法によって刑法に移され，法律の錯誤は故意を阻却しないとする原則として一般化していったとする理解がある．　　　　　　　　[長井長信]

法は家庭に入らず

法は家庭に「いらず」と読む．家庭内の紛争は家族間での解決に委ね，司法は介入しない方が妥当という趣旨の格言．*親族相盗例'(刑 244)で親族の所有・占有する財物の盗取が*刑の免除'(あるいは*親告罪')となる理由に関する見解のひとつとして従来より有力に主張されてきた刑事政策説(人的処罰阻却事由説)が特にこの観点を強調するが，違法性減少説および責任減少説の論者においてこれを援用しながら自説を展開する場合も見られる．しかしながら，この格率の援用に対しては，「家庭内で行われる違法行為には様々なものがあるから，なぜ財産侵害の場合にだけ特殊な処理がなされるのかは，この見解からは説明できない」との批判が加えられている．たしかに，殺人などの重大犯罪の場合に「法は家庭に入ら」ないわけにはいかないであろう．また，窃盗罪等でこの規定が存する意義として，濃密な人間関係内での私的な紛争は私的に解決させた方が紛争の性質からより妥当な解決が得られ，なおかつプライバシーの保護にも資するとの発想が存することは疑いない．その意味では，親告罪の根拠と共通の考え方によってこの原則の適用場面を親族関係という形式面からばかりでなく，実質的にも限定する必要があろう．

[岩間康夫]

方法の錯誤　（羅）aberratio ictus

1 意義　*事実の錯誤'のうち，行為者が狙った客体以外の別の客体に侵害結果が生じる形態の錯誤をいい，打撃の錯誤とも称する．方法の錯誤の場合，*客体の錯誤'の場合とは異なり，この錯誤によって故意が否定されるか否かにつき学説の対立がある．

2 学説の展開　たとえば，Aを殺す意図でAを狙って発砲したが，傍にいたBに当たってしまったというような場合，行為者の認識内容と客観的事実との間に具体的な一致がなければ故意を認めない*具体的符合説'(*具体的法定的符合説'ともいう)によれば，Aに対してのみ殺人(未遂)を認めて，Bに対しては過失(致死)の成立しか認めないのに対して，構成要件が重なり合う限度で故意犯の成立を認める*法定的符合説'(*抽象的法定的符合説'ともいう)は，Bに対する関係でも殺人(既遂)の成立を認める．具体的符合説が「その人」を殺す認識がないのに故意の成立を認めるのは責任主義に反するというのに対して，法定的符合説は，「およそ人」を殺す認識がある以上人を殺すなという規範の問題に直面しているのだから，誰に結果が生じても故意非難はなしうると主張する．法定的符合説は，具体的符合説に対して，同説によると，故意をもって結果を発生させながら故意既遂罪は成立しない点，器物損壊罪のように未遂も過失も処罰されない場合に方法の錯誤が不可罰となる点，離隔犯や共犯の錯誤の場合には客体の錯誤と方法の錯誤を区別するのが困難であることを批判している．

3 故意の個数　しかし，法定的符合説にも問題がある．意図した結果とともに予定外の結果を併発させた場合の処理が同説では困難な点である．この場合，具体的符合説によれば，意図した客体に対する故意犯と併発客体に対する過失犯の成立を認めて両者を観念的競合とするのに対して，法定的符合説の内部では見解が分かれ，

生じた結果の数だけ故意犯の成立を認める数故意犯説と，責任主義の見地から故意の個数を考慮して，重い結果が発生した客体か，または発生した結果が同等である場合にはそのうちの1客体についてのみ故意犯の成立を認める一故意犯説がある．判例は数故意犯説に立ち，強盗犯人が殺意をもって警察官に向かって銃を発射したところ，同人に傷害を負わせただけでなく，偶然通りかかった通行人にも傷害を負わせた事例につき，2個の強盗殺人未遂の成立を認め，観念的競合で処理している(最判昭53・7・28刑集32・5・1068)．数故意犯説に対しては，たとえ数処理の結果一罪で処断するにせよ，1人の人を殺害する意図しかない者に複数の殺人罪の成立を認めるのは責任主義に反するとの批判がある．他方，一故意犯説に対しては，本来意図した客体に軽い結果が発生し，予想外の客体に意図した結果が発生した場合には，本来意図した客体に対する行為を過失犯と評価する点，さらにその後に本来意図した客体も死亡すれば，事後に，故意犯が成立する客体が変更になる点，本来意図した客体には何ら結果は発生せず，予想外の複数人を死亡させた場合は，結局，いずれの被害客体につき殺人罪を認めるのかといった基準を示すことができない点に批判がある．
[北川佳世子]

法務省 (英) Ministry of Justice　行政組織のため置かれる国の行政機関であり(行組3Ⅱ・Ⅳ)，基本法制の維持および整備，法秩序の維持，国民の権利擁護，国の利害に関係のある争訟の統一的かつ適正な処理ならびに出入国の公正な管理を図ることを任務とする(法務省設置法3)．この任務を達成するため，法務省は，民事・刑事法制，司法制度に関する企画・立案，司法試験，内外の法令・法務に関する資料の整備・編纂，法務に関する調査・研究，検察，司法警察職員の教養訓練，犯罪人引渡し・国際捜査共助その他の国際間の共助，犯罪の予防，刑および勾留・少年院送致の保護処分等その他の矯正，恩赦，仮出獄・仮出場等，保護観察等，保護司，更生保護事業の助長・監督，人権擁護委員，人権相談，法律扶助，国の利害に関係のある争訟，日本人の出国等の管理，外国人の在留，難民の認定，外国人の登録，国際連合に協力して行う研修・研究・調査などの事務をつかさどる(4)．

法務大臣がその長である(行組5Ⅰ，法務省設置法2)．本省に置かれる機関には，審議会等として検察官適格審査会，中央更生保護審査会(法務省設置法5)，施設等機関として刑務所，少年刑務所および拘置所，少年院，少年鑑別所，婦人補導院，入国者収容所(8)，特別の機関として検察庁(14)，地方支分部局として矯正管区，地方更生保護委員会，法務局および地方法務局，地方入国管理局，保護観察所(15)があり，外局には，司法試験管理委員会，公安審査委員会，公安調査庁(26)がある．
[三井　誠]

法務総合研究所　*法務省'の施設等機関のひとつ．刑事政策に関する総合的な調査研究，法務大臣所部の職員に行わせる法務に関する専門的研究，同(矯正，公安調査庁を除く)職員に対する職務上必要な訓練を行う．総務企画部，研究部，研修第1部，同第2，第3部，国際連合研修協力部，国際協力部からなる．最近の組織改革としては1995年に総務企画部が設置され，2001年に国際協力部が新設された．総務企画部は，法総研の企画立案・調整・援助並びに庶務を担当する．研究部は，1959年の法総研発足以来，刑事政策の総合的研究を任務に，*犯罪白書'(昭和35年度版から)，研究部紀要(1996年39まで)，同報告(1997年から)，同資料等を刊行している．研修部は，戦前からの司法研修所の一部(他は最高裁判所の所管)が，司法省研修所，法務府研修所と名称を変え，検察研究所(昭23)を統合した法務研修所(昭28)を引きつぐもので，第1部は，法務研究や検事研究・研修を，第2部は，副検事，検察事務官，保護観察官等の中央研修と地方研修を，第3部は，法務局，入国管理局等関係の研修を行う．国連関係では，*国際連合アジア極東犯罪防止研修所'がおかれ，各種の研修，研究，調査を行っている．国際協力部では，アジア・太平洋地域の諸国の基本法整備を支援する研修等を行っている．
[吉岡一男]

法律上の推定　ある事実(前提事実)の存在から他の事実(推定事実)の存在を推認することを*推定'という．*事実上の推定'と法律上の推定に区別される．

法律上の推定とは，前提事実から推定事実を推認すべきことが法律上裁判所に義務づけられる場合をいう，とするのが伝統的な考え方である．「甲事実が存在するときは，乙事実が存在するものと推定する」というように規定される．

この法律上の推定で，反対の証明（推定事実の推定を破るに足りるだけの証明，または推定事実不存在の証明）を許さないものは，いわゆる「みなす」規定であって（たとえば，民訴159Ⅰは，「当事者が口頭弁論において相手方の主張した事実を争うことを明らかにしない場合には，その事実を自白したものとみなす．」と定める），擬制になる．反証を許さない法律上の推定は，実質的には実体法的要件の変更にほかならず，刑事訴訟の分野で立法例はない．

これに対し，反証を許す法律上の推定は，結局，推定事実（要証事実）不存在を証明すべき責任を被告人側に負わせるものとなる（*挙証責任'の転換）．被告人側が推定事実の不存在を確信させない限り，裁判所は，法律上の推定の効果として，推定事実を認定しなければならないからである（義務的推定）．しかし，反証を許す法律上の推定について，挙証責任を転換させるとか義務的な推定だと考えることに対し，強い疑問が出された．挙証責任の転換は無罪推定の法理に衝突し（推定事実にあたる犯罪事実について，検察官が合理的疑いを超えて証明していなくとも，被告人側が推定事実不存在の証明に失敗したというだけで有罪を認定できることになるため），義務的な推定は自由心証主義と衝突する（前提事実から推定事実を推認できないという心証を抱いたとしても，被告人側の反証が奏功しない限り，裁判所は自らの心証に背いて推定事実を認定しなければならないことになるため）からである．

そのため，最近では，反証を許す法律上の推定の実質的な意義・効果について，第1に，被告人側には推定事実の存在を疑わせる程度の証拠を提出する責任（証拠提出責任）が負わされるだけだと考え，第2に，前提事実の証明があった場合，推定事実不存在の証拠を被告人側が提出しないこと自体もひとつの間接事実として，裁判所は推定事実を認定してもよいというにとどまる，という考え方も有力である．この考え方によれば，法律上の推定とは，結局，事実を認定する証拠として，明文規定（法律上の推定規定）があれば例外的に，当事者の証拠不提出という訴訟上の態度自体を利用してもよいというものになる．

刑事訴訟の分野における法律上の推定規定としては，健康を害する物質の排出（前提事実）から公衆の生命・身体に対する危険の発生（推定事実）を推定させる公害犯罪処罰法5条や，規制薬物の輸入などに係る不法収益（推定事実）の認定について推定を定めた麻薬特例法18条などを挙げることができる．このほか，両罰規定（売春防止法14条など）における業務主の処罰規定も，判例上，使用人等の違法行為（前提事実）から違法行為を防止するため必要な注意を尽くさなかったという業務主の過失（推定事実）を推定する「法律上の推定規定」と解すべきものとされた（最判大昭32・11・27刑集11・12・3113）． 　　　　　　　　　　　　　［髙田昭正］

法律審　法律問題だけを審査する上訴審をいう．事実問題を扱う*事実審'に対比される．控訴審において，絶対的控訴理由（刑訴377・378），訴訟手続の法令違反（379）あるいは法令適用の誤り（380）の有無のように，法律問題だけが判断される場合には，法律審となる．上告申立ての理由は，憲法違反または判例違反に限られるので（405），上告審は原則として法律審である．ただし，上告審においても重大な事実の誤認（411③）のような事実に関する職権破棄事由について判断する場合には，事実審となる．特別抗告審についても，上告審と同様である（433Ⅰ）．

法律審では，事実問題を正面から取り上げることはない．しかし，訴訟手続の法令違反あるいは理由不備ないし理由齟齬という上訴理由の審査を通じて，間接的に事実認定を審査する余地はある．たとえば，原判決の認定が経験則に違反するときには，訴訟手続の法令違反ともいえると考えられている．

旧刑事訴訟法においては，控訴審は事実審であり，上告審は法律審であるのが原則であった．しかし，刑の量定のはなはだしい不当，再審事由の存在，さらに重大な事実誤認を疑うに足りる顕著な事由の存在も上告申立ての理由として

認められていた．これらの理由について判断する限りでは，旧法の上告審も事実審の要素を持っていた． [後藤 昭]

法律なければ刑罰なし （羅）Nulla poena sine lege, nullum crimen sine lege 「法律なければ刑罰なし，法律なければ犯罪なし」という命題は*罪刑法定主義'の標語的表現である．これはラテン語で標記されるが，ローマ法に由来するものではない．この命題が初めて掲げられたのは1801年の*フォイエルバッハ'の教科書である．フォイエルバッハは，「法律なければ刑罰なし」の命題を心理強制説の帰結として導いた．つまり，啓蒙の理性人を前提に犯罪の心理的発生原因を分析し，刑罰が予告されると必然的に反対動機が生じ犯罪を回避すると主張し，犯罪防止に重要なのは法規による刑罰の予告であるとした．心理強制理論は19世紀後半の犯罪および犯罪人に関する実証的研究により説得力を失ったが，その前提命題である「法律なければ刑罰なし」は法律主義の原則を意味し，近代刑法の基本原則である罪刑法定主義を表現するものとなった．フォイエルバッハは，罪刑法定主義を刑法学上最初に宣言したがゆえに，近代刑法学の父と讃えられている．

罪刑法定主義は，何が犯罪とされどのような刑罰が科されるかを成文の法律であらかじめ規定しなければならないという原則である．これは，アンシャン・レジーム期刑法における罪刑専断主義に対抗し，国家による刑罰権の恣意的濫用から一般国民の権利と自由を守る原則である．近代法治主義の一環として法律主義の原則に基づくものである．法律主義は，事前の犯罪と刑罰の法定により，一般国民に自己の行為の法的結果を予測可能にし，行動の選択の自由を保障する（結果に対する法的責任の賦課の正当化根拠となりうる）とともに，法執行機関を法律で拘束することで刑罰権の恣意的な濫用を防止する．これにより，一般国民の生命，自由および財産への直接・間接の不当な侵害が予防される．法律主義の要請は，公正な告知と刑罰権の濫用防止の観点から厳守されなければならない．

罪刑法定主義は，単に法律で犯罪と刑罰を事前に規定するという形式原理に尽きるものではない．処罰に値しない行為を犯罪としたり罪刑が著しく不均衡であるなど，刑罰法規の内容が不当であれば，それを誠実に執行すれば人権侵害の源となる．そこで，罪刑法定主義の実質的人権保障原理性に照らし，刑罰法規の内容の適正性（*実体的デュープロセス'）がその実質原理として新たに要請されている．→罪刑法定主義，実体的デュープロセス [門田成人]

法律の錯誤 1 意義 法律の錯誤とは，自己の行為が法律上許されないことを知らないこと（法の不知），または許されていると誤信することをいう．法規の存在を知らず，あるいは法規の解釈を誤った（*あてはめの錯誤'）ために行為の規範的評価を誤り，*違法性の意識'を欠いた場合である．これは刑法上問題となる*錯誤'の一種であり，*事実の錯誤'に対置される．違法性の錯誤ないし*禁止の錯誤'と同義に解されている．違法性の過失または法律の過失ということもある．

2 法律の錯誤をめぐる判例・学説 法律の錯誤で問題になるのは，それが*故意'を阻却するか否かという点である．古来，「*法の不知は害する'」というローマ法の法諺に示されるように，一般に法律の錯誤は故意を阻却しないとされてきた．このような立場では，故意に違法性の意識は必要なく，刑法38条3項はこのことを明示し，ただ情状により刑が減軽されうることを規定したものと解する（違法性の意識不要説）．同説によれば，法律の錯誤につき過失がない場合，換言すれば，違法性の錯誤に相当の理由がある場合にも常に故意を阻却しないこととなり，行為者に過酷な結果となることから，違法性の意識の可能性が欠け不可罰とすべき場合には，例外的に*超法規的責任阻却事由'と解すべきことになる．判例は，大審院以来一貫して不要説を維持しているが，一部には，違法性の錯誤について相当の理由が認められる場合には故意責任を阻却するとしたものがある．

学説は判例の不要説に批判的で，故意には違法性の意識を要し，法律の錯誤は故意を阻却するとする*厳格故意説'，違法性の過失（法律の過失）を故意と同様に扱う違法性の過失準故意説，自然犯では故意を阻却しないが法定犯では阻却するとする自然犯法定犯区別説，故意には違法性の意識の可能性で足りるとする*制限故意説'，

違法性の意識の可能性は故意・過失に共通の独立した責任要素とする'*責任説'などが主張されている。現在では，制限故意説ないし責任説が多数を占めるが，厳格故意説も依然有力である。制限故意説ないし責任説によれば，法律の錯誤について相当の理由が認められる場合には，故意ないし責任そのものが阻却されることになる。改正刑法準備草案20条，改正刑法草案21条もこのような立場から，相当の理由のある法律の錯誤を処罰しないものとしている。

3 事実の錯誤と法律の錯誤との限界 事実の錯誤と法律の錯誤との限界・区別については見解が分かれる。とくに，誤想防衛に代表される'*違法阻却事由'の事実的前提(正当化事情)の錯誤をそのいずれに属させるかについては，事実の錯誤説と法律の錯誤(違法性の錯誤)説との間で厳しい見解の対立がある。

また，事実の錯誤と法律の錯誤の区別は概念的には明確であるが，実際には，構成要件要素の中には価値評価を伴う規範的構成要件要素や民法・行政法などに規定された法的事実を含む場合もあり，また行政刑罰法規などに関しては禁止されていることすら知らない場合もあり，これらが事実の錯誤か法律の錯誤かは必ずしもはっきりしない。たとえば，同じく捕獲を禁止された動物をそれと知らずに捕獲した事案であっても，'*むささび・もま事件'では故意を阻却しない法律の錯誤とされ，'*たぬき・むじな事件'では事実の錯誤とされており，両者の区別は必ずしも容易でない。判例の中には，刑罰法規の錯誤は故意を阻却しないが，非刑罰法規の錯誤は故意を阻却するとしたものもある。→関根橋事件　　　　　　　　　　　　　　　[長井長信]

法律扶助 (英) legal aid　民事・刑事を問わず，裁判上，裁判外の法的問題について，弁護士等の法律専門家の援助を受けるための資力に乏しい人などに対してその援助を可能にする制度。刑事事件においては弁護人に対する援助がこれに当たる。

刑事事件に関する現行法上の法律扶助制度としては，'*国選弁護制度'(刑訴36条)があるが，国選弁護制度は起訴後に限定されており，被疑者に対してはこの制度の適用は認められない。このような状況下で，民事法律扶助事業の運営主体として1952年に日弁連が主体となって設立された財団法人法律扶助協会は，1990年に当番弁護士制度が発足したことに伴い，同年度より日本弁護士連合会(日弁連)の要請を受けて，資力の乏しい被疑者に対する刑事被疑者弁護援助を開始した。すなわち，当番弁護士制度では，依頼があれば当番弁護士が身柄を拘束された被疑者に初回無料で面会し助言を与えるが，その後被疑者の弁護人として受任した場合に，その費用を援助するというものである。

当番弁護士制度の利用件数は逐年増加し，うち被疑者の弁護人として受任した率は25％程度に及ぶが，刑事被疑者弁護援助制度により扶助を受けたのは，受任件数の約半分を占める。もっとも，民事法律扶助が国庫からの補助を受けて行われているのに対し，刑事被疑者弁護援助については国庫からの補助がなく，法律扶助協会の自主事業として行われ，年々増加するその財源の多くを日弁連が負担しているのが現状である。また，民事法律扶助事業の整備・発展を図るために法律扶助法が2000年4月28日に制定された(法55，同年10月1日施行)が，刑事事件に関してはこの法律の対象外であり，被疑者段階を含めた公的刑事弁護制度の導入問題が今後の課題として残されている。

[深尾正樹]

暴力行為等処罰ニ関スル法律　集団による暴行等の'*集団犯罪'や常習的な傷害・暴行等の常習犯に対処するため，通常の暴行罪や脅迫罪よりも重い刑罰が設けられた法律で，1926(大15)年に法律60号として成立し施行された。暴力行為等処罰法とも略称される。処罰の対象となる具体的行為内容は，以下のとおりである。集団で威力を示したり凶器を示して暴行・脅迫・器物損壊すると，3年以下の懲役または30万円以下の罰金であり(1)，銃砲・刀剣を用いて人の身体を傷害すると，1年以上10年以下の懲役であり(1ノ2)，常習的に傷害・暴行・脅迫・器物損壊を行って人を傷害すると，やはり1年以上10年以下の懲役であり，その他の場合は3ヵ月以上5年以下の懲役である(1ノ3)。また，財産上不法の利益を得たり得せしめる目的で集団的または常習的に面会を強請したり強談威迫をすると，1年以下の懲役ま

たは30万円以下の罰金であり(2)、集団的方法による殺人・傷害・暴行・脅迫・強要・威力業務妨害・建造物損壊・器物損壊・公務執行妨害といった犯罪を犯させる目的で金品その他の財産上の利益もしくは職務を供与したり、その申込・約束をしたり、事情を知って供与を受けたり要求・約束をすると、6ヵ月以下の懲役または10万円以下の罰金に処せられる(3Ⅰ)。1987(昭62)年の刑法の一部改正により、国外でも銃砲・刀剣類を用いた傷害行為が条約に基づいて処罰されるようになった(刑4の2)。

[甲斐克則]

暴力団員による不当な行為の防止等に関する法律(暴対法)　**1 暴対法の目的**
1991(平3)年5月15日法律77号として制定された「暴力団員による不当な行為の防止等に関する法律」は、「暴力団員による不当な行為の防止等に関する法律施行令」(平3・10・25政335)によって、翌1992(平4)年3月1日から施行された。その後、数次の改正を経て、現在に至っている。

同法1条は、①暴力団員の行う暴力的要求行為等について必要な規制を行うこと、②暴力団の対立抗争等による市民生活に対する危険を防止するために必要な措置を講ずること、③暴力団員の活動による被害の予防に資するための民間の公益的団体の活動を促進する措置等を講ずることにより、市民生活の安全と平穏を確保し、国民の自由と権利を保護することを目的とする旨規定している。また、同法は、目的と定義、暴力団の指定とその手続、暴力的要求行為等の禁止、被害者に対する援助、暴力団事務所等の使用制限・禁止行為等、暴力団の加入強制からの少年の保護、暴力団追放推進センターの設置などを規定している。

2 暴対法の特徴　同法は、暴力団の寡占化による威力の増大、民事介入暴力の多発、暴力団同士の対立抗争事件の頻発、暴力団の活動の公然化・国際化などを背景とし、暴力団と呼ばれる集団を反社会的集団して宣言し、その集団の構成員による暴力的要求行為等を公安委員会の行政命令によって規制している。従来、刑罰法規によって規制することのできなかった暴力団の不当な要求行為を規制するため、行為を特定して行為者の責任を追及するという従来の刑事法的な手法とは異なり、まず暴力団という組織を反社会的団体として法的に位置づけ、その構成員の行為を行政的に規制するという手法を用いた。

3 問題点　制定過程の審議のあり方の不透明性、団体規制拡大の可能性、暴力団の活動の潜在化などが懸念されていた。また、暴力団構成員に特殊なレッテルを貼ることで、組織からの離脱の障害となるのではないかと危惧された。他方で、指定暴力団の構成員ではない準構成員や暴力団フロント企業、似非(えせ)右翼団体、総会屋などについては規制の対象外とされていることや不法収益の没収規定がないことなどから、*組織犯罪'に対する対策として不十分であるとの指摘もあった。その後、1997年の改正により、規制対象を準暴力的要求行為にまで拡大し、同一指定暴力団の傘下暴力団員の内部抗争の規制も可能にするなど規制が強化されている。また、組織的犯罪対策法で、不法収益の没収なども可能となった。しかし、依然として、暴力団構成員は約8万人。ほぼ横ばい状態で、系列化・寡占化が進んでいるといわれる。

[石塚伸一]

法令違反　上訴審が、原判決を破棄する理由のなかで、原審の審判に法令に対する違反があることを内容とするものを広く法令違反という。事実誤認や量刑不当のような事実問題に関する瑕疵ではなく、法律問題に関する瑕疵である。旧刑事訴訟法は、広く法令違反を上告理由として認めていた(旧刑訴409)。

現行法は、*控訴理由'について、法令違反を手続の違反と、判決における実体法適用の誤りとに分けている。前者はさらに絶対的控訴理由(刑訴377・378)と、相対的控訴理由としての訴訟手続の法令違反(379)とに分けられる。絶対的控訴理由は、判決裁判所の構成の違法、公開原則違反、管轄の誤り、判決の理由不備など一定の事由を当然に原判決を破棄すべき理由としたものである。相対的控訴理由は、訴訟手続の違法が判決に影響を及ぼすことが明らかであることを条件として、破棄の理由となる。実務上みられる*審理不尽'という表現は、厳密にはこの訴訟手続の法令違反の一種である。実体法適用の

誤りは，条文上，*法令適用'の誤りと表現され，やはり判決に影響を及ぼすことが明らかであれば控訴理由となる(380)．

上告審では，法令違反一般は，上訴申立理由にはならない．上告申立理由は，原判決の憲法違反または判例違反に限られる(405)．ただし，最高裁判所は，法令解釈に関する重要な事項を含む事件について，上告を受理する裁量的な権限を与えられている(406)．また，上告申立理由が存在しないときでも，判決に影響を及ぼすべき法令の違反があって，原判決を破棄しなければ著しく正義に反するときは，これを破棄することができる(411①)．この法令の違反のなかには，手続の違法と実体法適用の誤りの両方が含まれる． ［後藤 昭］

法令解釈の統一 裁判所の管轄について，事物管轄，審級管轄，土地管轄が定められているほか，それぞれの国法上の意味の裁判所には，複数の訴訟法上の意味の裁判体があることも少なくない．このように複数の裁判所がある以上，それぞれの事件について，まちまちの判断が下されることもないことではない．このような場合に，終審裁判所としての最高裁判所は，法令の憲法適合性についてはもちろん，法令の解釈についても，判断を統一しなければならない．もちろん，最高裁判所は，抽象的な判断権をもっているわけではないから，具体的な事件(争訟)を通じて判断することになる．

刑事裁判手続における最高裁判所の役割は，憲法判断と法令解釈の統一である．この中でも，後者については，*判例違反'のみを上告理由とした．判例の変更，違反は，法解釈のみならず，場合によっては法改正そのものに匹敵することが多いからである．→事件受理［平良木登規男］

法令行為 刑法35条前段の定める*違法阻却事由'で，後段の*正当業務行為'とともに，正当行為とも呼ばれる(なお学説の多くは35条を広く正当行為に関する違法阻却を定めた規定と解し，*超法規的違法阻却事由'の一部ないし全部の根拠規定ともしている)．法令行為とは，成文の法令の規定に基づき権利または義務として行われる行為をいう．たとえば死刑や自由刑の執行(刑11以下)，被疑者・被告人の逮捕・勾引・勾留(刑訴58・60・199等)は，殺人罪(刑199)，逮捕監禁罪(220)の構成要件に該当するが，違法性が阻却される(学説には構成要件該当性阻却事由とする見解もある)．

法令行為は，①上の例のように，法令により一定の公務員の職権(職務)とされている「職権(職務)行為」，②私人による現行犯逮捕(刑訴213)や親権者の懲戒行為(民822)のように，法令によりある者の権利・義務とされている「権利・義務行為」，③勝馬投票券の発売(競馬5)のように，本来違法であるべきものが「政策的理由から違法性が阻却される行為」，④*人工妊娠中絶'(母体保護14)や*労働争議行為'(労組1②)のように，本来実質的に違法阻却が認められるべきものが「法令により注意的に適法性を明示された行為」，に分類できる．なお，①の職権(職務)行為は，公務員が直接法令に基づき行う場合のほか，上司の命令に基づき行う場合もあるが，上司の命令が違法なものであるときは違法阻却されず，責任阻却が問題となるにすぎない．また，④の注意的に適法性を明示された行為は，本来適法たるべきものであるから，当該法令は違法阻却を制限するものではなく，その技術的・形式的要件を満たさない場合でも，なお違法阻却が可能である．

法令行為は，法令という形式的根拠に基づく違法阻却事由であり，方式や要件を定めてあるものも多いが，具体的行為が法令行為に該当するか否かは，なお実質的判断を要する場合がある(たとえば逮捕の際の実力行使の程度，懲戒の限度等)．

また，法令行為の違法阻却根拠は，「法秩序の一部である当該法令が許容するゆえ当然」とされがちであるが，刑法上の違法性の有無の問題である以上，他の法令の存在という形式的根拠のみでは不十分である．たとえば捜査機関による逮捕は，被疑者が犯罪を行ったと疑うに足りる相当な理由があれば許され(刑訴199)，それは後に真犯人でなかったことが判明した場合でもなお適法であるが，その実質的根拠は，逮捕活動一般の円滑な遂行を保障する刑事司法上の利益が，被疑者たる個人の自由よりも優越するためであり(*優越利益原理')，またこの意味で，事後に判明した真犯人性の有無に左右されない*許された危険'だからである．→懲戒権

[臼木 豊]

法令適用 裁判において認定された事実の実体法規への当てはめをいう．有罪判決には，理由の一部として法令の適用を示さなければならない(刑訴335Ⅰ)．判決に法令適用の誤りがあることは，擬律の錯誤とも呼ばれ，それが判決に影響のあることを条件として，*控訴理由'のひとつとされている(380)．上告審でも，それは*法令違反'の一種として，職権破棄の理由となりうる(411①)．法令適用の誤りの中には，法の抽象的な解釈を誤った場合と具体的なあてはめを誤った場合の両方が含まれる．また，適用すべき条項を適用しなかった場合も，適用すべきでない条項を適用した場合も，含まれる．ある種の法令違反は，法令適用の誤りであるのか，訴訟手続の法令違反であるのかが，問題とされる．判例は，刑の廃止があったと誤解して免訴した誤りは，法令適用の誤りに当たると解しているようである(最判大昭40・7・14刑集19・5・525)． [後藤 昭]

傍論 (羅)(英)obiter dictum 英米などの判例法国では，ある判決の先例としての意義を確定するために，当該判決の結論を導いた真の理由と，結論に不可欠とはいえない付随的な理由を区別する必要がある．このうち，前者を，*レイシオ・デシデンダイ'(ratio decidendi)といい，後者を，傍論，オビタ・ディクタム(obiter dictum)または単にディクタムという．傍論は，レイシオ・デシデンダイと異なり，先例として拘束力をもたないが，後の事件で弁護士などによって引用され，判例の発展に影響を及ぼすこともないわけではない．このように，当該判決理由が傍論か否かは，判例に拘束力があることが前提となっており，日本のように判例に事実上の拘束力しか認められない法制の下では(憲76Ⅲ参照)，英米法におけるほどには問題にならない．ただし，最高裁判例は，事実上とはいえ実務および理論において重要な意義を有しており，判例に示された個々の理由が，結論を導く不可欠の理由か，傍論として述べられたにすぎないかを分析する作業は，判例理解のために有用であろう． [白取祐司]

ボースタル制 (英)borstal system ボースタル制は，1895年のグラッドストーン委員会報告にまで遡ることができる．これを受けて，20世紀の初頭に，イギリスのベッドフォードとボースタルの刑務所で，若年受刑者に対する特別な改善処遇が試みられ，これが1908年の犯罪予防法によって，ボースタル拘禁(borstal detention)として正式に導入された．その目的は，青少年拘禁刑に代わるものとして，16歳以上21歳までの者に矯正，教育，慎重に選びぬかれた職員による個別的訓練をすることにある．その後，1948年の刑事司法法の改正により，ボースタル訓練 borstal training と改称され，あらゆる種類の犯罪少年がボースタル訓練施設に収容され，さらに，1961年刑事司法法によって，青少年犯罪者に対する拘禁刑がほぼ全面的に排除された．

裁判所が被告人の性格，従前の行状および犯罪の具体的状況を考慮して，その者の改善および犯罪の予防に適当であると思料するとき，裁判所はボースタル訓練を命令する．犯罪青少年はボースタル分類センターに送られ，開放または閉鎖のボースタル少年施設へ分류移送される．収容期間は裁判所ではなく，行政機関によって決定される．収容期間は6ヵ月から2年であるが，通常は1年以内とされている．釈放後2年の保護観察に服する義務がある．→少年院，少年刑務所 [吉田敏雄]

補強証拠 (英)corroborating evidence **1 補強法則** わが国の刑事裁判は*自由心証主義'を採用しており，*事実認定'の役割を担う裁判官の自由な判断に証拠の証明力評価を委ねている．その唯一の例外が*自白'であり，自白のみで有罪と認定してはならず，他の証拠が必要である．これを補強法則と呼び，他の証拠を補強証拠と呼ぶ．補強法則は，日本国憲法38条3項に「何人も，自己に不利益な唯一の証拠が本人の自白である場合には，有罪とされ，又は刑罰を科せられない」と規定され，また刑事訴訟法319条2項に「被告人は，公判廷における自白であると否とを問わず，その自白が自己に不利益な唯一の証拠である場合には，有罪とされない」と規定されている．判例は，補強法則が定められている理由を，自白に依存することによる誤判発生の防止と説明している．しかし，判例による補強範囲・補強方法・補強程

度は，この説明と必ずしも合致していない．

2 罪体説と実質説 自白でない証拠による補強範囲について，罪体説（形式説）と実質説とが対立しており，判例は実質説をとっている．殺人罪を例に説明すれば，罪体とは，死体の存在，死因が犯罪であること，および，犯人が被告人であることであり，罪体説は，罪体のすべてを補強範囲としている．罪体説の意図は，わが国における誤判例の大部分が被告人と犯人との同一性につき事実認定を誤った事案であることに照らし，この点をも含む罪体のすべてに補強証拠を要求することである．実質説は，罪体説では補強証拠不足で有罪認定できない事態が起こるので，犯罪事実の重要部分に補強証拠があればよいとする．罪体のすべてに補強証拠を要求するのでは，補強の程度にもよるものの，自白が不要ともなりかねないので，この点では実質説に分がある．しかし，実質説は，犯罪事実の重要部分に被告人と犯人との同一性を含ませておらず，誤判発生の防止にほとんど役立たない．たとえば，*被害届'に合わせて自白させて余罪と扱う，自白に合わせて余罪の被害届を出させるなどがある．被害届を補強証拠として，*窃盗罪'で有罪と認定することを許すのが判例である．被告人と犯人との同一性を犯罪事実の重要部分に含ませた実質説が望ましいであろう．

3 補強方法と補強程度 補強方法と補強程度について，判例は，自白と補強証拠とが相まって合理的疑いを超える心証を形成できれば有罪と認定してよいとする．しかしこれでは，自白から99%分の心証を形成し，補強証拠から1%分の心証を形成することも許されてしまい，自白依存による*誤判'発生を防止できない．刑事訴訟法301条は，「証拠とすることができる被告人の供述が自白である場合には，犯罪事実に関する他の証拠が取り調べられた後でなければ，その取調を請求することはできない」と規定しており，実務上は他の証拠を甲号証，自白を乙号証と呼んで，この規定通りの扱いをしている．補強法則の解釈・運用についても，この規定をも利用することが望ましい．すなわち，検察官に自白でない証拠により犯罪事実の重要部分を立証させた上で，自白である証拠を用いての残余部分の立証を許すべきである．補強証拠による立証の程度は，生じた結果が犯罪によるものであることについては，民事訴訟と同様に証拠の優越程度を要求すべきであろう．しかし，誤判発生の防止に役立つ被告人と犯人との同一性については，証拠提出責任を果たさせる程度で満足することが現実的である．この程度の要求であれば，*捜査機関'が犯人像を被害者に絞り込んだ過程を立証させることで済む．もしもこの程度の立証すら自白抜きでは不可能な事案であれば，捜査機関が文字どおりの見込み捜査を行い被疑者に自白させたにすぎず，冤罪事件であるおそれが大きいのである．　　［荒木伸怡］

保護観察 **1 意義と沿革** 保護観察は，犯罪者や非行少年を施設に収容せず，社会の中で指導監督あるいは補導援護を行って，その改善を図ろうとするもので，わが国の*社会内処遇'の中心をなしている．わが国でいう保護観察は，英米で発達した*プロベーション'と*パロール'を総称したものである．

旧刑法は仮出獄制度を採用し，仮出獄中の者に対して警察官署による監視（警察監視）を行った．この制度は現行刑法に継承されたが，その要件は緩和され，警察官署による監督（警察監督）と名称を改めた．大正期には，旧少年法が保護処分のひとつとして，「少年保護司の観察に付す」制度（旧少6）を設けたが，これは，わが国最初の保護観察の導入を意味した．その後，1936(昭11)年には，治安維持法違反者を対象とした思想犯保護観察法が施行された．

第2次大戦後，新憲法のもとで社会内処遇制度は，近代的に組織化される必要が生じた．まず1949(昭24)年には，新少年法によって，少年に対する保護観察が実施され，*犯罪者予防更生法'の施行によって本格的な保護観察制度の基礎が築かれた．

2 種類 わが国の保護観察は，現行法上，次の5つの類型に分けられる．①1号観察＝少年に対する*保護処分'としての保護観察（少24Ⅰ①，予防更生33Ⅰ①）．②2号観察＝少年院仮退院者に対する保護観察（予防更生33Ⅰ②）．③3号観察＝仮出獄者に対する保護観察（予防更生33Ⅰ③）．④4号観察＝執行猶予者に対する保護観察（刑25の2Ⅰ，執行猶予者保護観察法）．⑤5号観察＝婦人補導院仮退院者に対する保

観察(売春26Ⅰ).このうち,②③⑤は英米のパロール,④はプロベーションに該当すると理解されている.①はプロベーションに近いが,終局処分型の保護観察である.

3 主体 保護観察は,保護観察に付されている者の居住地を管轄する保護観察所がつかさどり(予防更生37),保護観察における指導監督および補導援護は保護観察官・保護司が行う(39).ただし,保護観察官の数的な限界のため,保護観察対象者に対して直接処遇にあたっているのは,保護司であるというのが実情である.

4 処遇内容 保護観察の処遇は,指導監督と補導援護を中心としている.このうち指導監督は,保護観察対象者が遵守事項を守るように生活態度をコントロールすることであり,次の方法による.①対象者と適当に接触を保ち,つねにその行状を見守ること.②保護観察対象者に遵守事項を守らせるため,必要かつ適当と認められる指示を与えること.③そのほか本人が社会の順良な一員となるように必要な措置をとること(予防更生34・35).

これに対して,補導援護は,対象者に「本来自助の責任があることを認めて」ケアを行うものであり,次の方法による.①教養訓練の手段を助けること.②医療および保養を得ることを助けること.③宿所を得ることを助けること.④職業を補導し,就職を助けること.⑤環境を改善し,調整すること(本措置は,本人の家族に対しては,その承諾がなければ行ってはならない).⑥更生を遂げるため適切と思われる所への帰住を助けること.⑦そのほか本人の更生を完成させるために必要な措置をとること(34・36).

なお,保護観察対象者は,保護観察の期間中,遵守事項を守る義務を負う.遵守事項は,保護観察における指導監督の指針ともいうべきものであり,対象者を更生させるために生活を規制する基準である.遵守事項には,法律が一律に定める一般遵守事項と対象者ごとに定める特別遵守事項がある.

5 新しい試み 保護観察の現状を改善すべく,次のような新しい試みが実施されている.①分類処遇=対象者をA(処遇困難)とB(その他)に分け,Aについて保護観察官が計画的・積極的に処遇を行う制度.本制度は,1960年頃からの「重点処遇」,1967(昭42)年からの「処遇分類制」から発展したもので,1986(昭61)年に分類基準の改正が行われた.②保護観察類型別処遇=対象者をシンナー等乱用対象者,覚せい剤事犯対象者,暴力組織関係対象者,性犯罪対象者,中学在学対象者,無職等少年対象者,家庭内暴力対象者,校内暴力対象者,暴走族対象者,精神障害等対象者,無期刑対象者に類型化し,特性に応じた処遇を行う制度.③交通短期保護観察=非行性の進んでいない交通事犯少年に短期間,保護観察官による*集団処遇'を行う制度.
→執行猶予者保護観察法,仮釈放,執行猶予,更生保護　　　　　　　　　　　　［瀬川　晃］

保護観察官　保護観察官は,地方更生保護委員会の事務局と保護観察所に配置されている一般職国家公務員で,医学,心理学,教育学,社会学その他の更生保護に関する専門的知識に基づき,保護観察,人格考査その他犯罪者の更生保護および犯罪の予防に関する事務に従事する(予防更生19Ⅱ).1999(平11)年4月現在の保護観察官の数は961人である.

保護観察官は,保護観察開始当初において,対象者との面接や関係記録などに基づき,保護観察実施上の問題点や方針などを明らかにし,処遇計画を立てる.また毎月,保護司から報告される処遇の経過を受けて,保護司との連携を保ちながら,必要に応じて対象者や関係者と面接をするなどの措置を講じ,状況の変化に対処している.こうした役割を円滑に実施し,保護観察の機動性を高めるため,保護観察官は,保護観察所のほか,保護観察所の支部,さらに保護観察所所在地以外の主要都市に設けられた駐在官事務所に勤務している.

保護観察官は,地方更生保護委員会による仮釈放審査に先だって,審査の資料を提供するため,被収容者の心身の状況,犯罪または非行の動機・原因,施設内での行状および成績,帰住予定地の環境,釈放後の生活計画などについて調査を行う.この仮釈放準備調査は,すべての少年院および行刑施設新居において実施されている.さらに,この調査の充実のため,地方更生保護委員会事務所所属の保護観察官が行刑施設に常駐する施設駐在官制度が実施されている.

このように保護観察官は，法規上では，犯罪者処遇の専門家として位置づけられているが，実際上は絶対数の不足のため犯罪者を直接に処遇することは困難な情勢にある．しかし，最近ではこうした現状を打破すべく，保護観察官が，担当する保護区の一定の場所に定められた日時に出向いて駐在し，対象者との面接，保護司との連絡協議などを行う定期駐在制度が実施されている．→犯罪者予防更生法　　　　　　　［瀬川　晃］

保護観察所　保護観察所は，法務大臣の管理下で，*更生保護'の中心的な役割を担っている機関である．保護観察所は，1998(平10)年4月1日現在，全国の地方裁判所の所在地50ヵ所にあるが，このほか3ヵ所に支部，27ヵ所に駐在官事務所が設置されている．保護観察所には，保護観察官と法務事務官が配置されている．

保護観察所の所掌事務としては，以下のものがある．①保護観察の実施．②犯罪予防を目的とした世論の啓発指導・社会環境の改善および地方住民の活動助長．③在監(在院)者などの帰住地の環境調整．④更生緊急保護の実施．⑤保護司の教養訓練．⑥更生保護施設の指導・監督．⑦恩赦の上申(予防更生18)．→犯罪者予防更生法　　　　　　　　　　　　［瀬川　晃］

保護司　保護司は，民間性・地域性といったボランティアとしての特性を生かし，保護観察官と協力し，保護観察，環境調整などにあたっている民間篤志家である．保護司の使命は，社会奉仕の精神をもって，犯罪をした者の改善および更生を助けるとともに，犯罪の予防のため世論の啓発に努め，もって地域社会の浄化を図り，個人および公共の福祉に寄与することである(保護司1)．

保護司制度は古く，戦前の旧少年法の嘱託少年保護と司法保護事業法の司法保護委員の制度を受け継いでいる．1950(昭25)年の保護司法の施行によって，今日の制度が確立した．

保護司は，法務大臣から委嘱を受け，特定の保護区に配置される．保護司には，給与は支給されないが，保護司活動の実費弁償については，その全部または一部が行われる．また保護司は非常勤の国家公務員としての取扱いを受け，国家公務員災害補償法の適用が認められている．

他方，保護司は，保護司法に基づき，保護観察を行ううえで必要な知識や技術の研究，犯罪予防活動の実施，保護司相互の連絡協調などを主目的として，地域ごとに保護司会を結成している．

保護司の定員は5万2,500人であるが，実数は4万8,000人程度である．保護観察処遇は，保護観察官と保護司の協働態勢のもとで実施されていると理解されているが，実際には，もっぱら保護司が処遇業務を担っているのが現状である．

従来，現行保護司制度に対して，①老齢化が著しい，②専門的知識・技術に乏しい，③資質・能力が各人各様である，④選出層が限定されており閉鎖的であるとの批判があった．さらに，問題なのは，保護司と保護観察官の絶対数の不足という状況の中で保護観察官が果たすべき役割を代替し，保護観察所の組織の中に組み込まれざるを得ないため，ボランティアとしての長所を活かしきれないことである．→犯罪者予防更生法　　　　　　　　　　　　［瀬川　晃］

保護処分　*少年法'により，*非行少年'に対して科される，広い意味での保安処分の一種．保安処分が主としては社会の安全を保つべく，社会の保護・防衛に仕えるのとは異なり，対象者である少年自身の保護をはかるものであるとして，保安処分の一種とはせず，刑罰，保安処分，保護処分を並べる考え方もある．いずれにせよ，しかし，非行少年のほとんどの部分は犯罪少年であり(家裁で扱われる年間数十万のうち，虞犯は数千から数百に減少，触法は数十から百程度)，保護処分が制裁的ないし社会の保護をもはかる側面をもつことは否定できないので，対象者への現実的不利益性をも考慮して，科刑の際と同様ないし類似の適正手続(due process)の実現も重要な課題となる．

1 保護処分の種類と多様化　現行少年法には，*保護観察'，*児童自立支援施設'または*児童養護施設'への送致，*少年院'送致の3種がある(少24)．旧少年法(大11)が，刑事処分の例外として少年(18歳未満者)に課される保護処分(旧少4)を，1号，訓戒を加えること以下，9号，病院に送致または委託すること，9種定めていたのを大幅に整理し，4号，条件を付して

保護者に引き渡す，5号，寺院，教会，保護団体または適当な者に委託するといったものは，保護処分決定に先立つ*試験観察*にあわせて行う保護的措置とし，6号，保護観察，7号，感化院，8号，矯正院送致のみ引きついだのである．保護処分の多様化は，少年法改正要綱(昭45)の第7項目とされたが，少年年齢引き下げや検察官関与等とは異なり，法制審議会でも異論のないものとされた．中間報告の答申(昭52)第4項目「保護処分の多様化及び弾力化」として，短期保護観察，関連して定期出頭命令や居住指定，短期少年院送致，短期開放施設送致，改善更生が不首尾の場合の新たな保護事件としての家裁への通告などが規定された．答申による少年法の改正は行われなかったが，少年院収容人員の著減(昭40年代に8千人から2千人へ)等を背景に，短期処遇の導入などが，少年院の新運営(昭52)や，保護観察においても，交通短期(昭52)，一般短期(平6)として実現している．

2 処分の決定と適正手続 保護処分は，家庭裁判所による*少年保護手続*として，審判で決定される．審判の結果としては，児童福祉法の措置(少18)，検察官送致(20・19Ⅱ*逆送*)のほか，非行事実や*要保護性*がないなど，保護処分に付することができないか，保護処分にする必要がないときは，不処分決定がなされる(23)．それ以外の場合は保護処分決定をしなければならない(24)とされているが，調査過程における保護的措置などで実質的に問題の解決を見るケースも多く(平11年では審判不開始と不処分で6割)，保護観察(5万人18％)，児童自立支援・養護施設(3百人0.1％)，少年院送致(6千人2％)をあわせて，家裁終局決定少年(約30万人)の2割ほどとなっている．保護処分は少年保護手続におけるひとつの選択肢であり，調査・鑑別の結果，当該少年に最もふさわしいものとして決定される．しかし，処分を受ける少年側から見れば，とりわけ少年院送致などは，自由剥奪という不利益性や刑事制裁的要素をも有することは否定できない．現行法も少年側からの*抗告*(少32以下)などを定めるが，合衆国におけるケント事件判決(1966)で少年手続にも適正手続保障の及ぶことが示され，ゴールト事件判決(1967)で，被疑事実の告知，弁護人の援助を受ける権利，黙秘権，反対尋問権等が認められたなどの動きがあり，わが国の少年法改正でも，重大な否認事件等における事実認定上の諸問題への対応や被害者等への配慮と刑事責任の強化(平12少年法等一部改正法)とともに，少年事件捜査に始まる刑事手続の適正化が重要な課題とされる． 　　　　　　　　[吉岡一男]

保護責任者遺棄罪 老年者，幼年者，身体障害者または病者を保護する責任のある者が，これらの者を遺棄し，またはその生存に必要な保護をしなかったときは，3月以上5年以下の懲役に処せられる(刑219)．本罪は，主体が保護責任者に限定されている身分犯である．この保護責任は，法令，契約，事務管理，慣習，条理(先行行為)から生じるというのが通説・判例である．しかし，保護責任が認められるには，法令等に基づく法的義務があるというだけでは足らず，排他的な保護の引受け・支配，社会生活上の継続的な保護関係の存在が必要だとする見解も有力に主張されている．この見解によれば，たとえば，自動車の運転者が過失によって通行人をひいて負傷させたのに被害者を放置して逃走するような「単純な*ひき逃げ*」の場合にも，道交法上の救護義務(道交72)や，先行行為を根拠にして保護責任を認めるのは妥当でないとして，被害者を病院に搬送しようとし自車に乗せたのに他の場所に放置する「移転を伴うひき逃げ」の場合のように，排他的引受け・支配がある場合にはじめて保護責任が認められるべきだということになる(最判昭34・7・24刑集13・8・1163は，移転を伴うひき逃げの場合について，道交法上の救護義務を根拠にして保護責任を認める)．また，業務上堕胎を行った医師が排出した嬰児を生育可能なのに放置して死亡させたという事例でも，保護責任を認める根拠は，判例のように先行行為にではなく(最決昭63・1・19刑集42・1・1)，嬰児の生命に対する排他的支配に求められるべきだということになる．これに対し，たとえば，同行中の同僚が他人と喧嘩して重傷を負ったのに放置して立ち去ったという事例について，判例が条理を根拠にして保護責任を認めているが(岡山地判昭43・10・8判タ232・230)，排他的引受け・支配も社会生活上の継続的な保護関係もないから保護責任

は認めるべきではないということになる．

本罪の客体は，単純*遺棄罪'(刑217)のように「扶助を必要とする者」に限定されていないが，主体が「保護する責任のある者」とされているから，老年者等で保護を必要とする者に限られる．本罪の行為は遺棄と不保護である．

本罪を犯し，よって人を死傷させた者は，保護責任者遺棄致死傷罪として，傷害の罪と比較して，重い刑によって処断される(219)．

[大沼邦弘]

保佐人 精神上の障害により事理を弁識する能力が著しく不十分な者について，家庭裁判所は，本人，配偶者，4親等内の親族，後見人，検察官等の請求によって保佐開始の審判をすることができ，この審判を受けた者(被保佐人)に付される保護者のことを*保佐人'という(民11・11の2)．家庭裁判所は，保佐開始の審判をするときは，職権で保佐人を選任する(876の2Ⅰ)．保佐人は，保佐の事務を行うに当たっては，被保佐人の意思を尊重し，かつその心身の状態および生活の状況に配慮しなければならない(876の5Ⅰ)．

被告人の保佐人は，法定代理人等と同じく，刑訴法上，何時でも補佐人となって被告人を補助することができるが(刑訴42Ⅰ・Ⅱ)，*補佐人'とならなくても，独立して*弁護人'を選任したり(30Ⅱ，被疑者の保佐人も同様)，被告人のため上訴をする(353)など，一定の権限が認められている場合がある(79,82Ⅱ,87Ⅰ,88Ⅰ,91Ⅰ,439Ⅰ③,467,502)． [三井 誠]

補佐人 被告人との一定の身分関係に基づいて，主に情義の面から被告人を補助する者．被疑者にはこの制度は認められていない．被告人の*法定代理人'，*保佐人'，配偶者，直系の親族および兄弟姉妹は，何時でも審級ごとにその旨を届け出て*補佐人'となり，被告人を補助することができる(刑訴42Ⅰ・Ⅱ)．法定代理人等の概念は，民法の定めるところによる．補佐人は，被告人の明示した意思に反しない限り，被告人がすることのできる訴訟行為をすることができる．ただし，刑事訴訟法に特別の規定がある場合は，この限りでない(同Ⅲ)．上訴の放棄または取下げをするには「書面による被告人の同意を得て」行うことを要すると定める360条などは，その一例である．実際には，この補佐人の制度はほとんど活用されていない．

[三井 誠]

保 釈 **1 保釈の意義** 保釈保証金の納付を条件に勾留中の被告人の身柄を自由にすること．保証金の納付という金銭的負担を課し，召喚を受けて出頭しない場合にこれを没取するという威嚇によって*被告人'の公判への出頭を確保する制度である．*勾留'の執行を停止するものであるが，保証金の納付が必要である点で，狭義の勾留の執行停止(刑訴95)と区別される．

勾留は理由と必要がある場合に行われる．しかし，無罪推定原則のもとでは，犯人と確定されていない被告人はできる限り一般市民と同様に扱われなければならず，身柄拘束は可能な限り避けられるべきである．また，自由の拘束は重大な害悪であり，被告人の防禦権を制限する．当事者主義を前提とする以上，被告人の防禦権保障は不可欠である．それゆえ，勾留が原則とされてはならず(人権B規約9Ⅲ参照)，他の方法によって目的が達成されるのであれば，勾留は避けられるべきである．勾留された後でも，身柄拘束以外に出頭確保の方法があるならば，その方法が用いられるべきで，身柄は釈放されなければならない．これが保釈である．

なお，現行法が保釈を認めるのは被告人に対してだけで，起訴前保釈は認められていない．この点，検討を求める声が強くなっている．

2 保釈の種類 保釈には，権利保釈，*裁量保釈'および*義務的保釈'がある．また，請求保釈と職権保釈という分類も可能である．

保釈の請求があった場合には，裁判所は，原則として保釈を許さなければならない(刑訴89)．権利保釈または必要的保釈と呼ばれる．旧刑事訴訟法は権利保釈を認めていなかったが，現行法はアメリカ法にならって保釈を被告人の権利として認めている．なお，保釈が取り消された後の再保釈についても権利保釈が認められると解するのが通説である．保釈請求権者は，勾留されている被告人またはその弁護人，法定代理人，保佐人，配偶者，直系の親族もしくは兄弟姉妹である(刑訴88)．

ただし，以下の除外事由がある場合には権利保釈は認められない．すなわち，①重罪事件の

場合，②重罪犯罪の前科がある場合，③常習犯罪の場合，④罪証隠滅のおそれがある場合，⑤被害者などの身体・財産に害を加えまたは畏怖させる行為をするおそれがある場合，⑥氏名または住居が不明の場合(89①〜⑥)，⑦禁錮以上の刑に処する判決の宣告があったとき(344)である．'罪証隠滅'のおそれが除外事由となっているが，これが権利保釈の機能を制約しているとの指摘もある．

権利保釈が認められない場合でも，裁判所は適当と認めるときは職権で保釈を許すことができる(90)．保釈を許すか否かは裁判所の裁量によるもので，裁量保釈または任意的保釈といわれる．また，勾留による拘禁が不当に長くなったときは，保釈請求権者の請求により，または職権で，保釈を許さなければならない(91)．これが義務的保釈である．

3 保釈の手続 *裁判所'は，保釈許可または請求却下の決定を行うには，*検察官'の意見を聴かなければならない(92)．保釈を許す場合には保証金額を定めなければならない．それは，犯罪の性質および情状，証拠の証明力ならびに被告人の性格および資産を考慮した，被告人の出頭を保証するに足りる相当な金額でなければならない(93Ⅰ・Ⅱ)．保証金の納付があってはじめて，保釈を許す決定を執行することができる(94Ⅰ)．保証金額についていえば，アメリカ合衆国憲法修正8条が明文で「過大な保証金額」を禁止していることが参考となる．また，保釈を許す場合には，被告人の住居制限その他適当な条件を付することができる(93Ⅲ)．

[吉弘光男]

補充裁判官 合議体の審理が長時日にわたることの予見される場合においては，補充の裁判官として審理に立ち会い，その審理中に合議体の裁判官が審理に関与することができなくなった場合において，あらかじめ定める順序に従い，これに代わって，その合議体に加わり審理および裁判をすることができる裁判官である．ただし，補充の裁判官の員数は，合議体の裁判官の員数を越えることができない(裁78)．この場合には，直接主義の要請も，当事者に刑事裁判に参加し自己の言い分を述べる機会を保障し，事実認定者の事実認定(心証形成)を反対尋問等を通してコントロールするという地位を当事者に保障する論争主義(憲37およびそれを受けた刑事訴訟法の諸規定，例えば反対尋問に関する304)の要請も充足されているので，民事裁判での弁論の更新(民訴249)や刑事裁判での裁判手続の更新(刑訴315)は不要である．→公判手続，合議 [中野目善則]

補充尋問 次の*証人尋問'の形態を意味する．①当事者が請求した証人の尋問にあたり，裁判長または陪席裁判官が先に尋問した場合，その後に当事者が行う尋問(刑訴304，刑訴規199の8)．請求者が主尋問，相手方が反対尋問として行う．②裁判所が職権で採用した証人について裁判所の尋問の後に当事者が行う尋問(199の9)．両当事者の尋問ともに反対尋問として行う．

③通常，証人尋問は当事者の交互尋問が先行してなされるが，その後に陪席裁判官，裁判長の順に行う尋問も補充尋問という．最近は，裁判官の補充尋問が積極的になされる傾向があり，職権追行主義が伺われるが，当事者主義の原則に照らして，釈明などの適宜の訴訟指揮により当事者に尋問を促すべきで，補充尋問は控え目にするのが望ましい． [渡辺 修]

保障人説 (独) Lehre von der Garantenstellung **1 意義** *作為義務'の体系的地位を構成要件に求める見解を保障人説，あるいは保証人説という．この見解は，結果の発生を阻止・忌避すべき一定の地位，立場にある者を保障人と呼ぶ．そして，このような保障人としての地位を保障人的地位という．従来，通説は作為義務を違法性の問題と解してきた．しかし，保障人説は，作為義務のない者についても構成要件該当性を認めることは妥当でないとして，保障人的地位にある者の不作為についてのみ構成要件該当性を肯定しようとした．

2 保障人的地位の類型 保障人説は，保障人的地位を法令，契約，先行行為のほかに，事実上の引受け，排他的な社会的支配，密接な生活関係に求めてきた．そして，今日では，保障機能の観点から，一定の法益に対する保護機能と危険源に対する管理・監視機能に分類されている(機能説)．前者には，親子間，夫婦間の監護義務，緊密な社会的関係より生ずる保護義務，引

受け行為などに基づく保護義務が属する．後者には，先行行為による保障義務，危険源の監視義務，第三者による危険な行為に対する監督義務などが属する．

3 保障人的地位と保障義務　保障人説は，保障人的地位と保障人的義務とを区別する．前者は構成要件要素であるが，後者は違法要素である．この見解によれば，保障人の不作為(結果発生を回避，防止しないこと)が具体的に違法であるときに，不作為による作為犯が成立する．これに対して，両者をとくに区別せずに保障人的地位の問題としてのみ理解する見解もある．保障義務に関する錯誤は，前者の見解によれば違法性の錯誤であるが，後者の見解によれば事実の錯誤と解される．→不真正不作為犯　　［堀内捷三］

補助事実　(独) Hilfstatsache　*主要事実'ないしは*要証事実'の存否の証明に用いられる実質証拠の証明力に影響を及ぼす事実．たとえば，証人には虚言癖があるなど，供述の信用性に関する事実がこれにあたる．補助事実を証明するための証拠を補助証拠と呼ぶ．補助証拠は，実質証拠の証明力を減殺する弾劾証拠，これを強める増強証拠，いったん弱められた証明力を回復する回復証拠に分けられる．弾劾証拠は反証に似ているようにもみえるが，反証が実質証拠であるのに対し，弾劾証拠は補助証拠にすぎない．補助証拠は，要証事実の証明に用いることができないなど，証拠提出の効果が限定されているかわりに，証拠能力の制限が緩和されている(刑訴 328)．なお，たとえば，証拠収集手続の違法など，実質証拠の証拠能力に影響を及ぼす事実を補助事実に含めることもある．
　　　　　　　　　　　　　　　　　　　　［多田辰也］

補　正　先行する*訴訟行為'の方式に不備がある場合に，後にこれを補充し有効なものとするべく行われる治癒的行為をいう．訴訟行為をどの程度まで補正させてよいかはひとつの大きな問題である．手続上の形式的確実性を要求する見地と，*被告人'の正当な利益の侵害可能性という見地から判断される．

たとえば，起訴状において*訴因の特定'がなされていないと考えられる場合，かかる公訴提起を無効だとしてただちに*公訴棄却'(刑訴 338④)することは可能だが，それは再度の訴訟に繋がるだけで実質的な利益に乏しい．そこで，起訴状を見ただけでいきなり公訴棄却とはせず，*検察官'に釈明を求めて不特定な訴因を特定させることができれば，これを有効な公訴提起として取り扱う．これを訴因の補正という．補正がなされなければ公訴棄却とされる(最判昭 33・1・23 刑集 12・1・34)．

なお，たとえば起訴状の明白な記載上の誤り(誤字・脱字など)を正すことを訂正といい(刑訴規 44 I ㉗・213 の 2①)，無効とまではいえない誤りを正す点で補正とは異なる．→瑕疵の治癒
　　　　　　　　　　　　　　　　　　　　［指宿　信］

母体保護法　旧優生保護法を改正して成立した法律である．旧優生保護法は，一方において「優生上の見地から不良な子孫の出生を防止する」目的を掲げ，他方で「母性の生命健康を保護すること」をうたい，前者との関係で優生手術(*不妊手術')，後者との関係では*人工妊娠中絶'に関する規定を持っていた．しかし，とくに前者に顕著な優生学的な立場は，人間の諸形質を優れたものと劣ったものとに区分し，劣った形質の遺伝を阻止することによって国民ないし民族の健全さを確保しようとするところから，精神障害者や少数民族に属する人々の基本的人権の侵害ならびに差別を招くおそれがあった．日本障害者協議会などの法改正の要求，欧米諸国での動向を踏まえて，1996(平 8)年 6 月，全面的な法改正が行われ，名称も母体保護法に改称された．

母体保護法は，妊娠または分娩が母体の健康を傷つける場合に，本人およびその配偶者の同意を得て医師が不妊手術を行うことを認め，また，一定の要件のもとに指定医師による*人工妊娠中絶'の措置を認めている．ここにおいて指定医師とは，都道府県の医師会がその資格ありとして指定した医師を指す(14 I)．これら不妊手術と人工妊娠中絶とは，それぞれ刑法上の*傷害罪'および*堕胎罪'との関係で重要な論点を提供するが，ともに法律上の要件をそなえた行為である限り，犯罪を構成しないとされている．
　　　　　　　　　　　　　　　　　　　　［上田　寛］

没　取　有体物または金銭の所有権を国家が剥奪し，それを国庫に帰属させる処分．*没収'との混同を避けるため「ぼっとり」と読む

こともある．没収が刑罰であるのに対して，これは行政処分のひとつである．現行法には次のようなものがある．

少年法上，「刑罰法令に触れる行為」を行った少年について終局決定を下す場合に，その付随処分として触法事実と一定の関係にある物を没取することができる（少24の2）．社会的に危険な物や非行による不当な利益の保有を禁止するための*保安処分'的な性格をもつ．対象物に関する要件は刑法の没収とほぼ同じであるが，刑罰ではないことから*追徴'の適用がない．

刑事手続において，裁判所が*保釈'を取り消すときは，決定で保釈保証金の全部または一部を没取することができる（刑訴96Ⅱ）．また保釈された者が判決が確定した後，呼出を受けても出頭しないときや逃亡したときは，決定で保釈保証金の全部または一部を没取しなくてはならない（96Ⅲ）．

独占禁止法上，違法行為の差止めなどについての公正取引委員会の審決が確定したときは，その執行を免れるために被審人が供託していた保証金または有価証券の全部または一部を没取することができる（独禁63Ⅰ）． ［橋爪 隆］

没 収（英）forfeiture （独）Einziehung 犯罪に関連する物について，その所有権を剝奪して国庫に帰属させる処分．*付加刑'であり，*主刑'に付随してのみ言い渡すことができる．*刑罰'のひとつであるが，対象物それ自体の社会的危険性に着目する点で，*保安処分'的性質も併有している．

1 刑法典における没収 総則における没収の対象物は19条に規定されている．同条の没収は任意的処分であり，対象は有体物に限定される．まず，構成要件を充足するうえで必要不可欠な物件（組成物件，19Ⅰ①），犯罪行為に供した物または供しようとした物（供用物件，19Ⅰ②）の没収は，対象物の社会的危険性に着目し，再度犯罪に利用されることの防止を目的とする処分とされている．一方，同項3号は犯罪行為によって存在するに至った物（生成物件），犯罪行為当時既に存在しており，犯罪行為により犯人が取得した物（取得物件），犯罪行為をしたことの対価報酬として取得した金品（報酬物件），さらに4号はこれらの対価として得た物（対価物件）の没収を規定するが，これらは犯罪に基づく不当な利益を犯人から剝奪することを目的とするものであり，これらについては対象物を没収できない場合にも，価額の*追徴'（19の2）によってその趣旨が徹底されている．軽微な犯罪については，組成物件以外の没収はできない（20）．

没収対象物件について犯人以外の第三者が所有権などの本権を有する場合は，原則として没収できないが，犯罪後に事情を知って取得した転得者からは没収可能である（19Ⅱ）．もっとも第三者没収の場合には，*刑事事件における第三者所有物の没収手続に関する応急措置法'（昭38法138）に定める適正な手続を経る必要がある．

なお，収賄罪においては収受された賄賂の必要的没収が規定されており（197の5），その点で総則の規定が拡充されている．

2 特別刑法における没収 特別法においては，必要的没収を規定するものが多い（たとえば公選224，関税118Ⅰ）．また，刑法19条1項規定物件のいずれにも当てはまらない物であっても，広く没収を認めている特別法も存在する（たとえば銃刀法所持36，農薬20Ⅰ）．さらに犯人が占有しているにすぎない物などについて，第三者没収を広く認める規定（たとえば船舶22Ⅰ，酒税54Ⅳ）が存在するが，刑法19条2項の趣旨にてらすと，善意の第三者からの没収は認めるべきではない（旧関税法83Ⅰについて，最判大昭32・11・27刑集11・12・3132）．

3 新しい没収制度 *国際的な協力の下に規制薬物に係る不正行為を助長する行為等の防止を図るための麻薬及び向精神薬取締法等の特例等に関する法律'（平3法94）においては，薬物犯罪により得た財産またはその報酬等を薬物犯罪収益と定め，その没収を規定している（麻薬特11Ⅰ①）．さらに薬物犯罪収益の果実，対価などの派生財産（薬物犯罪収益に由来する財産）も没収の対象である（11Ⅰ②）．これによって有体物以外の利益，さらに派生財産も没収の対象となり，不正利益の剝奪という趣旨が一層徹底されている．また薬物犯罪収益等収受罪，隠匿罪については，薬物犯罪収益と混和した財産も没収対象となっている（11Ⅰ③，ただし一部没収

も可能である).なお,薬物犯罪収益の認定については,訴訟法上の推定規定が設けられている(14).

さらに近時成立した*組織的な犯罪の処罰及び犯罪収益の規制等に関する法律'(平11法138)においては,麻薬特例法の趣旨がそれ以外の重大犯罪にも拡大されている.同法は特定の犯罪に関連する財産的利益を「犯罪収益」と定め,犯罪収益およびその派生財産が物または金銭債権であるときは,その没収を規定している(組織犯罪13 I).また,犯罪組織に属する財産であっても,それが組織構成員によって組織的な犯罪に供用され,かつその財産を当該構成員が管理していた場合は,その没収が可能とされている(8).　　　　　　　　　[橋爪 隆]

欲する者に対しては侵害はない　(羅)Volenti non fit injuria.　古くからこの法諺をもって,被害者が侵害行為を加えられることを自ら承諾した場合には要保護性が失われ,違法行為は成立しえないと考えられてきた.今日,*被害者の承諾'が*違法阻却事由'のひとつとして一般に理解されているのも,この法諺に淵源を持つ.ドイツ刑法には,被害者の承諾を得て傷害を加えた場合につき,行為が善良の風俗に反しない限り,違法性を否定する規定がある.わが国の刑法にはこの種の規定はなく,被害者の承諾は超法規的な違法阻却事由として捉えられているにすぎない.

被害者の承諾が違法性を阻却するのは,法益主体が自己に所属する処分可能な法益を放棄している以上,当該法益の要保護性が失われる,あるいは法益性が欠如すると考えられるからである.法益主体が処分しうる法益は,おのずから個人的法益の一部に限定されるが,そのすべてを合法に放棄しうるわけではない.刑法202条は*承諾殺人罪'を規定することにより,生命の放棄を認めておらず,身体に対する侵害についても,判例・学説は,あるいは後見的な配慮から,あるいは公序良俗に反するとの理由から,これを制限している.1970年代以降,医療の場面における患者の自己決定権が認められるようになり,今日では,不均衡な延命治療は合法に拒否しうると考えられているが,最近試みられている様々な先進科学医療技術については,特に西欧諸国で,実験的治療の被験者となる意思を大幅に制限する立法の整備が進められている.
　　　　　　　　　　　　　　[秋葉悦子]

補導委託　*少年法'の定める保護手続において,家庭裁判所が*試験観察'とあわせてとることのできる措置のひとつであり,適当な施設,団体または個人に補導を委託すること(少25 II③).少年の居住環境は変えないまま,たとえば通学先の学校長や勤務先の雇い主などに委託する,補導のみ委託(1万ほど)と,委託先に身柄を移し生活を共にした補導が行われる身柄付補導委託(数百)とがある.後者においても,しかし,強制力を用いた施設収容が予定されているわけではなく,委託先までの同行のための強制力の使用も疑問視される.補導委託先には,更生保護施設のような公的なものもあるが,多くは私的なもので,民間の社会資源を活用して更生を支援する処遇を行い,少年の対応や行動の観察を行って審判のための資料とするとともに,少年の保護育成をはかるものである.家庭裁判所は,委託を受ける者に対して,少年の補導上参考となる事項を指示しなければならない(少審規40 IV).

補導委託の法的性格については,公法上の委任契約,民法上の準委任契約といった説もあるが,実務上は取り立てて契約が行われることもなく,家裁の決定によって対象少年も委託先も義務づけられる特別の公法関係とされる.ここから,少年が委託先に損害を被らせたような場合の補償については,新たな立法措置が必要だとされている.委託によって生じた費用の全部または一部は,家庭裁判所が支給することができる(少29).この補導委託費は,食費や医療費など少年の生活費を含む事業費と,備品や人件費などの事務費に分けられる.

補導委託の運営については,受託者の要件や設備,環境等についての適格性の基準と,基準を満たす委託先の登録,主席家裁調査官が委託先に対して一般的指導を行い,担当調査官等と緊密な連絡をとることや少年に作業をさせる場合の注意等を与えること,家裁職員が少年の加害行為や受託者の不適切行為を知った場合の速やかな報告の義務,共同利用の委託先については中心となる庁を定め,主席家裁調査官が連絡

調整にあたるべきことなどの定めがある(昭55家庭局長依命通達).　　　　　　　[吉岡一男]

補導処分　売春婦女子を対象とする施設収容の処分.＊売春防止法'5条に定める売春勧誘罪等を犯した満20歳以上の女子に対して,懲役または禁錮の刑の執行猶予にあたり,それに代えて言い渡される.執行猶予つきの有罪判決を前提としている点では保護観察と同じであるが,実質的には保安処分である.期間の上限は6ヵ月とされる.補導処分が確定した場合,収容のため必要があるときは,検察官が収容状を発することができる.この収容状は検察官の執行指揮により検察事務官,警察官または＊婦人補導院'もしくは監獄の職員が執行する(売春22).この制度は成年者に対するわが国最初の保安処分として注目されたが,法制定当初からすでに,6ヵ月の補導期間では所期の目的が達成できない,刑に代えて処分を言い渡す方式が望ましいなどの意見がみられた.また,補導を目的とした処分にかかわらず,行為者の性格自体に重点がおかれず,対象も売春婦女子全体でなく,またそのとらえ方も一種の風俗犯の態様でしかとらえられていない点が問題とされている.もとより,売春防止法が単純売春に対して罰則規定を設けず,売春婦女子はむしろ人身売買,強制売春の被害者として位置づけられて,補導による救済に重点が置かれたため,その運用をあいまいにしている点は否めず,また今日の一般社会における性風俗の変化から,現在ほとんど適用もされず,売春防止法の改正を含め抜本的な改革が求められている.　　　　　[守山　正]

ポポロ事件　1952(昭27)年2月20日東京大学構内で行われた学生団体「ポポロ劇団」の演劇発表会に警察官4名が入場券を購入して入場したところ,学生が発見し,警察手帳を引っ張ってその紐を引きちぎるなどの暴行を加えて3名を逮捕・監禁した行為が,暴力行為等処罰に関する法律1条1項違反として起訴された事件.第1審の東京地判昭29・5・11判時26・3は,大学の自治を守るための正当な行為の範囲内であるとし,控訴審の東京高判昭31・5・8高刑9・5・425も,違法に大学の教室内に立ち入った警察官に対し,同大学の学生が,大学の自治を保全する意図の下に,その氏名,担当職務,潜入目的等を知る目的で,単独行為として,その片腕をおさえて退去を止め,警察手帳の呈示を促すためにその着用せるオーバーコートの襟を手で引っ張った場合には,それによってもたらされる大学自治保全の法的価値は,それによって害せられる警察官の個人的法益の法的価値に比して著しく優越しているから,該行為を法律上容認しても公共の秩序は乱されないので,それが外観上犯罪類型に該当しても,該行為は刑法上違法性を阻却せられ,犯罪を構成しないとした.これに対し,最判大昭38・5・22刑集17・4・370は,学生の集会が大学の許可したものであっても,真に学問的な研究またはその結果の発表のためのものでなく,実社会の政治的社会的活動に当たる行為をする場合には,大学の有する特別の学問の自由と自治は享有しないとして,差し戻した.最高裁大法廷により,被告人側の目的の正当性の基礎が否定されたこともあり,その後の差戻審では,被告人らの行為の違法性が認められた(東京地判昭40・6・26下刑7・6・1275).→超法規的違法阻却事由
　　　　　　　　　　　　　　　　[前田雅英]

ポリグラフ　(英) polygraph　人の情動の変化が生理的な反応として発現することを利用して,被検査者の応答の真偽ないしは被疑事実に関する認識の有無を判定するための装置のこと.現在使用されている装置では,被検査者の呼吸運動,心脈波,皮膚電気反射等を測定して,検査紙に波状の曲線として連続的に記録する.複数の生理的反応を同時に記録するので,ポリグラフと呼ばれるが,俗に「うそ発見器」などと称されることもある.

ポリグラフによる検査方法には,最高緊張点質問法(peak of tension test)と対照質問法(control question test)とがある.前者は,情動の変化から,検査事件を構成する個別の事実につき被検査者が認識をもっているかを判定するもので,被害者らを除けば犯人しか知らない事実に関する質問(裁決質問という),および裁決質問の内容と関連する架空の内容の質問(非裁決質問という)を組み合わせて行い,裁決質問に対する反応の特異性を調べるものである.後者は,情動の変化から,被検査者に有罪意識があるか否か,またその程度はどうかを判定する

もので、検査事件に直接関係する質問(関係質問という)、検査事件と同性質の内容で被検査者が「いいえ」と返答することが予想される質問ないし検査事件に類似する架空の内容の質問(対照質問という)、および被検査者の氏名等、検査事件と直接の関係がない質問(無関係質問という)を組み合わせて行い、関係質問と対照質問に対する反応の差異を調べるものである。

現在の実務では、必要な検査技術を習得した各都道府県警察の科学捜査部門の検査者が、主として最高緊張点法を用いて、検査を行っている。ポリグラフ検査の法的性質については、被検査者の供述を求めるものであるから*黙秘権'の保障が及ぶとの見解もあるが、生理的変化を証拠にするものであって非供述証拠であるとの見解もみられる。非供述証拠と捕らえる見解によっても、被検査者の人格権、あるいは検査結果の信頼性確保等の観点から、被検査者の承諾を必要とするのが一般である。ポリグラフ検査を実施すると、検査者がその経過および結果を記載した書面を作成する(ポリグラフ検査結果回答書という)。この書面の証拠能力について、判例は、検査者が自ら実施した検査の経過および結果を忠実に記載したものであって、検査者が技術・経験を有する適格者であったこと、検査器具の性能および操作技術からみて検査結果は信頼性のあることがうかがわれる場合には、証拠としてよいと判断している(最決昭43・2・8刑集22・2・55)。もっとも、検査結果回答書の証明力ないし信用性については、慎重な態度を示した裁判例も多い。→科学的証拠、科学的捜査　　　　　　　　　　　　　　　[長沼範良]

ホワイトカラー犯罪　(英) white-collar crime　一般にこの概念の創始者であると見なされているアメリカの犯罪社会学者*サザランド'によれば、ホワイトカラー犯罪は、社会的経済的上流階層に属する者による法律違反であり、「名望ある社会的地位の高い人物がその職業上犯す犯罪」であると定義される(White Collar Crime『ホワイトカラーの犯罪』(1949)(平野龍一・井口浩二訳、1955))。したがって、上流階層に属する者による犯罪であっても、職業遂行と直接関係のない犯罪(たとえば、殺人等の通常犯罪)や、経済的に豊かであっても社会的名望のないもの(たとえば、マフィアや組織暴力団等)による犯罪は含まれないとされる。ホワイトカラー犯罪の典型例とされるのは、取引制限、虚偽表示、特許権や商標権の侵害、不当労働行為、リベート、金融詐欺や信託違反などである。

これらの犯罪は、個人による通常犯罪に比べてはるかに大きな被害をもたらすにもかかわらず、その行為が犯罪として訴追され有罪となる場合は非常に少ない。その理由としては、被害の拡散、行為の不可視性、合法・違法の境界線の不明確性、行為者の社会的影響力等が指摘されている。

サザランドは、ホワイトカラー犯罪の概念を示すことによって、犯罪は下流階層に集中するという従来の通念を否定するとともに、サザランド以前に支配的であった下流階層に特徴的な貧困や社会解体に焦点を当てた理論や、性格異常といった個人的負因によってはこの種の犯罪を説明することはできないとして、下層上層を問わない犯罪行動の一般理論の必要性を指摘し、自己の差異的接触理論はそのような一般理論でありうると主張した。

ホワイトカラー犯罪の概念は、サザランドの定義では、会社組織を通じて持続的、計画的、組織的に行われる犯罪を念頭に置いていたが、現在では、より広義に使用されることも多く、一般に背任、横領、詐欺といった、社会的経済的に上流階層に属さない中級事務職員がその職務の遂行過程において行う犯罪や、自己の職業的地位を利用して自己の利益のために行う犯罪も含めて分析し、個人特性に注目する理論によってホワイトカラー犯罪を説明しうるとする主張も現れている。しかし、このような動向に対しては、サザランドのオリジナルな問題意識を否定するものであるとする批判が提起されている。いずれにしても、ホワイトカラー犯罪は、現代の犯罪社会学における主要テーマとしての地位を確立している。→会社犯罪、企業犯罪、経済刑法　　　　　　　　　　　　[宮澤節生]

本案裁判　裁判のうち、事件の内容に立ち入って、つまり刑罰権の存否について直接答える裁判を本案裁判という。事件の実体に関して、審判対象たる事実の有無について判断す

るところから、'実体裁判'とも呼ばれる。現行法上、有罪判決、無罪判決のみが本案裁判である。実体に立ち入らずに、手続的瑕疵を理由に形式的に手続を打ち切る裁判を、本案裁判との対比で手続裁判（'形式裁判'）という。このように、本案裁判・手続裁判、実体裁判・形式裁判は同じものであるが、今日ではむしろ後者の呼び名の方がより一般的である。学説の中には、両者を意識的に区別し、免訴は形式裁判だが（形式的）本案裁判だとする論者もあるが、免訴の本質論として、免訴が刑罰権の存否を判断する裁判だと構成する点には疑問が残る。現行法上、「本案の裁判」について上訴があったときは訴訟費用の裁判について不服を申し立てることができるとされているが（刑訴185）、ここでいう「本案の裁判」は、形式裁判を含む終局裁判一般を指すことに注意しなければいけない。

本案裁判は、本案（実体）に関する終局裁判であるから、これに対しては控訴、上告という通常の不服申立てが許されるほか、これらの申立てができなくなり形式的確定力が生じると、既判力、一事不再理の効力などが生じる（337Ⅰ）。
　　　　　　　　　　　　　　　［白取祐司］

本　証　(独) Hauptbeweis　*要証事実'につき挙証責任を負う当事者が、その主張事実の存在を証明するために提出する*証拠'。その相手方が提出するのが*反証'である。刑事訴訟においては、無罪推定の原則との関係で、原則として検察官が挙証責任を負うので、一般的には検察官の提出する証拠が本証となる。ただし、法律上の推定規定が置かれている場合や挙証責任が転換される場合は、被告人側の提出する証拠が本証となる。もっとも、その場合でも、被告人側の提出する証拠は、結局のところ犯罪事実の証明を否定するためのものであるから、広義では反証といってよいといわれることもある。なお、本証の提出は、犯罪事実について裁判官に確信を抱かせることができるものでなければならず、そうでない場合には、挙証責任の効果として、提出者が不利益を受けることになる。
　　　　　　　　　　　　　　　［多田辰也］

翻　訳　(英) translation　(独) Übersetzung　(仏) traduction　日本語以外の文字または符号により表現された文書の内容を日本語による表現に転換することをいう。裁判所法74条は裁判所では日本語を用いると定めるから、刑事手続において日本語以外の文字・符号による文書が用いられた場合には翻訳の必要が生じる。これは、口頭の陳述について*通訳'が必要になるのと同様である。刑事訴訟法177条は、国語でない文字または符号を翻訳させることができると定める。もっとも、外国語等による文書は翻訳文を添付して証拠申請されることが通常である。翻訳には鑑定に関する規定が準用される（刑訴178）。宣誓した翻訳人が虚偽の翻訳をしたときには*虚偽鑑定罪'となる（刑171）。近時の*外国人犯罪'の増加にともない、翻訳が必要な場合も増加している。日本語に通じない外国人の被告人に対して起訴状謄本を送達する場合、被告人が理解できる言語の翻訳文を添付しなければならないかが問題となった。刑事訴訟法に明文規定がなく、実際上の困難があることから、これを否定した下級審判例がある（東京高判平2・11・29高刑43・3・202、東京高判平3・9・18高刑44・3・187等）。実務では現在までに、被告人が起訴されたこと、弁護人選任手続、後半手続の概略等を被告人に理解できる言語により説明した文書を添付し、起訴状の概要の翻訳文も追って送付している。→外国人事件と刑事手続　　　　　［葛野尋之］

本来的一罪　1個の犯罪が成立する場合である。この点において、数個の犯罪が成立する*科刑上一罪'と異なる。本位的一罪ともいう。*単純一罪'は、ある行為が1個の刑罰法規に1回的に触れた場合であって、最も明白な本来的一罪である。また、*法条競合'も、本来的一罪である。外観的には数個の刑罰法規に触れるようにみえるが、刑罰法規相互間に特殊な関係があることから、そのうちの1個の刑罰法規だけが適用される場合である。法条競合の処断について、適用される刑罰法規の定める刑のみを考慮する立場からは、これと単純一罪をあえて区別する必要はないが、適用されない刑罰法規の刑をも考慮すべしとする立場にとっては、その区別に重大な意味があることになる。

従来は、*包括一罪'も本来的一罪とするのが一般的であったが、最近は、これを科刑上一罪に近似した性質をもつものだとする傾向が強い。

数個の犯罪が成立するが，これを包括して一罪として処断すれば足りる場合であるとするのである．しかし，そのような意味における包括一罪の内容・範囲については，接続犯をここに含むか否かなど必ずしも統一性があるわけではない．→罪数　　　　　　　　　　　［山火正則］

ま

舞鶴事件　1953(昭28)年5月17日，中国からの引揚者の大会が開かれていた舞鶴引揚援護局内において，援護局女子職員に対し，帰国者の思想・動静を探っていたのではないかと午後9時過頃から翌日午前2時頃まで監禁した行為が刑法220条の監禁罪に該当するとして起訴された事件．第1審の東京地判昭31・5・14判時76・2は，「違法性はこれを実質的に理解し，社会共同生活の秩序と社会正義の理念に照し，その行為が法律秩序の精神に違反するかどうかの見地から評価決定すべきものであつて若し右行為が健全な社会の理念に照し，その動機目的において正当であり，そのための手段方法として相当とされ，又その内容においても行為により保護しようとする法益と行為の結果侵害さるべき法益とを対比して均衡を失わない等相当と認められ，行為全体として社会共同生活の秩序と社会正義の理念に適応し法律秩序の精神に照して是認できる限りは，仮令正当防衛，緊急避難，ないし自救行為の要件を充さない場合であつても，なお超法規的に行為の形式的違法の推定を打破し犯罪の成立を阻却する」として，*超法規的違法阻却事由'を認めた．しかし，控訴審の東京高判昭35・12・27(下刑2・11＝12・1375)は，実質的違法阻却事由における法益の権衡を欠くとし，上告審の最決昭39・12・3刑集18・10・698も，社会通念上許容される限度を超えるものであって，刑法35条の正当行為として違法性が阻却される場合に当たらないとした．→ポポロ事件　　　　　　　　［前田雅英］

マイヤー　Max Ernst Mayer (独・1875-1923)　ドイツの刑法学者．1919年からフランクフルト大学法学部教授．主著として，『法規範と文化規範 Rechtsnormen und Kulturnormen』(1903)，『ドイツ刑法総則・教科書 Der Allgemeine Teil des deutschen Strafrechts』(1915, 2版・1923)がある．新カント派哲学を方

法論的基礎として，構成要件該当性・違法性・有責性という3段階の評価からなる犯罪論体系を発展させた．マイヤーは，*ベーリング'が提唱した*構成要件'理論を支持して構成要件該当性と違法性とを区別しながらも，一歩進めて，構成要件は法がいかなる文化規範を国家的に承認して保護しようとしているかを示すひとつの表現であるから，構成要件該当性は違法性(文化規範違反)の認識根拠であり(「煙と火の関係」)，違法性推定機能を有するとして，構成要件と違法性の関係を理論的に説明した．また，マイヤーは，従来は明確な体系的地位を与えられてこなかった未遂犯と共犯とを刑罰拡張事由として位置づけ，総則の規定により各則の個々の犯罪概念が拡張されることによって構成要件該当性が肯定される場合だとし，さらに，共犯に関して4つの*共犯の従属形式'の分類を導入した．刑罰理論においては，学説において主張されているさまざまな刑罰の根拠・目的は場面ごとに応じて「分配」されなければならないとする分配説を提唱し，*学派の争い'を止揚しようと試みたことでも有名である．→ビンディング

[井田 良]

牧野英一(まきのえいいち 1878-1970)

1 経歴と業績 岐阜県出身．1903年に東京帝国大学を卒業して司法官補となり，東大のフランス法講師を兼ねる．その後岡田朝太郎に代わり刑法を担当，1907年助教授．1910年から3年間ヨーロッパで新派理論を学び，帰国後教授に昇進して，1938年の定年退官まで刑法，刑事訴訟法，刑事学，法理学を講義した．1946年から貴族院議員，1950年に文化勲章受章．『日本刑法』『刑法総論』『刑法各論上・下』『刑法研究』を始めとする膨大な数の著作を残し，日本の刑法学史上最も重要な人物に数えられる．

2 理論の特徴 日本の*新派刑法学'の代表者である牧野は，進化論に立ち，刑法も時代とともに進化して科学主義の時代にあるとする．そして犯罪の実情と原因とを解明する*刑事学'の知見をもとに，科学的な犯罪防止策の構築を目指した．ヨーロッパの(後期)旧派刑法学が「犯罪行為が行われたから処罰する」という応報刑主義に立脚し，実現した犯罪行為に着目する客観主義・行為主義を主張したのに対抗し，牧野は「犯罪行為を防止するために処罰する」という目的刑主義に基づき，そのためには実現した事実よりも行為者の内面を重視すべきだとして*主観主義'・行為者主義を唱えた．これは刑罰の威嚇によって潜在的犯罪を思いとどまらせる一般予防論(前期旧派)とは異なり，特別予防を重視するものである．

牧野によれば，刑罰制度は犯罪から社会を守る社会防衛の手段であり，刑罰は犯人を矯正し社会復帰させる*教育刑'でなければならない．それは害悪の賦課という倫理的色彩を否定されて保安処分に接近し，むしろ犯人を保護するものとして観念される．ここから刑罰積極主義が導かれ，牧野は，裁判官の権限を強化して事案と行為者に応じた法発見を認めるべきだとする自由法論を唱えて罪刑法定主義の解消をも訴えた．彼の「社会的責任論」によれば，刑事責任は単に刑罰という社会的措置を受けるべき地位であって非難可能性ではなく，責任能力も，刑罰が効果を上げうる「刑罰適応性」をいう．

牧野の新派理論によれば，犯罪行為は行為者の犯罪的傾向全体から見て「氷山の一角」である．これは犯罪を悪性の徴表として理解するもので，*犯罪徴表説'という．この見解では，未遂犯における実行の着手は，行為者の犯意が何らかの外部的行為に表れたときに肯定される．また結果発生の客観的な危険性がなくとも，行為者の認識自体を基準として危険性が認められれば不能犯ではないとする「主観的危険説」が導かれる．共犯論においては，教唆犯・幇助犯が正犯の行為をまたずに教唆行為や幇助行為のみをもって成立するとする「共犯独立性説」がとられた．

3 影響 ナポレオン刑法典の影響を受けた旧刑法に比べ，1907年制定の現行刑法は常習犯の刑の加重や法定刑の幅の拡大など刑事政策的考慮を多く含む．牧野の法理論はこれらに適合し，学界の支配的見解となった．日本における「学派の争い」は，まず新派刑法学が定着し，その後に旧派が台頭する形をとる．

昭和になり，牧野の学説に対しては，応報主義理論・客観主義の立場から批判が加えられ，特に京都帝国大学教授の*瀧川幸辰'や，自らの弟子にあたる東大の*小野清一郎'との間に盛ん

な論争が繰り広げられた．新派理論は牧野の門下生である*木村亀二'，*正木亮'らによって受け継がれ，特に正木は，牧野の教育刑論を行刑実務に適用し，刑罰の人道化に取り組んだ．

[髙山佳奈子]

マクナブ・ルール　(英) The McNabb rule　逮捕した者を連邦法に違反して直ちに裁判官のもとに引致せず，違法な身柄拘束を行っている間に得た*自白'は証拠から排除されるという準則．アメリカ連邦最高裁判所が，マクナブ判決（McNabb v. United States, 318 U.S. 332 (1943)）で定立した自白法則．その後，マロリー判決（Mallory v. United States, 354 U.S. 449 (1957)）で，逮捕した者を「不必要に遅滞することなく」裁判官のもとに引致すべきことを定める連邦刑事訴訟規則 5 条(a)に違反して取調べを続けて得られた自白は排除されるとする準則が示された．両者を合わせ，マクナブ=マロリー・ルールという．同ルールは，不任意自白を排除するという伝統的な自白法則に加えて，引致義務を怠っている間に得られた自白を，任意性の有無を問わず，一律に排除するものであった．それは，憲法の要請する準則ではなく，連邦最高裁による連邦裁判所に対する「司法上の監督権」(judicial supervision)の行使に基づくものであったため，州の事件に適用されることがなかったほか，この準則を廃棄することを狙って，合衆国法典 18 編 3501 条(c)(1968年)が制定された．

[洲見光男]

正木　亮（まさき あきら 1892-1971）　東京帝国大学の*牧野英一'の門下から司法省に入り，同門の*木村亀二'は理論的な傾向が強いのに対して，牧野の*教育刑'論を実務においていっそう推進した．志願囚として市ヶ谷監獄，小菅監獄に収容された体験をもっている．戦前には刑法並監獄法改正委員会の幹事を振り出しにして刑法や監獄法の改正作業に関与し，科学的分類法を提唱して，仮釈放審査規程（昭 6）や*行刑累進処遇令'（昭 8）の起草にあたった．戦時中，行刑局長・刑政局長として戦時行刑の第一線を担ったことから，戦後，名古屋控訴院検事長を最後に公職追放された．しかし，人間監獄学をめざし，刑事施設の改善，体罰的な懲罰（減食や重屛禁）の廃止，刑務所労働への賃金制や休暇制度などの導入を提案し，受刑者処遇の改善に努めた．とりわけ，自らの広島での被爆体験と重ね合わせて，死刑廃止運動を推進し，「刑罰と社会改良の会」を組織した．主著に『行刑上の諸問題』（昭和 4 年），『新監獄学』（昭和 16 年），『死刑——消えゆく最後の野蛮』（昭和 39 年）．

[新倉　修]

麻酔分析　アミタール等の薬物を注射して対象者の心的緊張や不安感を除去し，半睡半覚で意思抑制が弛緩している状態を利用して，内心にあるものを引き出す手法のこと．精神医学では，患者の内的体験や心的外傷を明らかにし，あるいは情動葛藤を放出させるために，診断・治療の手技として用いられている．被疑者らの内心にあるものを供述として採取するために，捜査の手段として麻酔分析を用いることは，かつて議論の対象になったが，人の精神の内奥を探ることは人格の尊厳を害すること，あるいは，内心の抑制力を奪うのは*黙秘権'侵害であり，薬物の影響下では意思の自由がないから事前の黙秘権放棄を認めるべきでないこと等を根拠にして，ほぼ否定されている．ただし，精神鑑定のために麻酔分析が用いられ，被検査者の供述の内容が鑑定書に記載されることがある．それらは，犯罪事実を認定するための証拠として用いることはできないと解されている．→科学的証拠，科学的捜査

[長沼範良]

松川事件　1949(昭 24)年 8 月 17 日未明，福島県下の東北線金谷川駅・松川駅間で旅客列車が脱線，転覆し，2 名が死亡した事件．労働組合員による列車転覆事件とされ，東芝松川工場と国鉄の組合員各 10 名が汽車転覆致死罪の*共謀共同正犯'者として逮捕，起訴された．検察官は，東芝側，国鉄側各 1 名の自白（公判では両名とも否認）を元に，被告人らによる共同謀議，転覆工作が行われたと主張した．1 審判決（福島地判昭 25・12・6 未登載）は，検察官の主張をほぼそのまま認め，5 名に死刑，5 名に無期懲役，その他 10 名に有期懲役刑を言い渡した．2 審判決（仙台高判昭 28・12・22 判時 16・1）では，謀議の一部が否定され，3 名に無罪が言い渡された（確定）が，残り 17 名については，死刑 4 名，無期 2 名，有期懲役 11 名の有罪判決が下された．最高裁大法廷は 1959(昭 34)年 8

月10日,自白の不合理な変遷と,最高裁の提出命令によって検察官から提出された被告人のアリバイを示す「諏訪メモ」(東芝松川工場の使用者側職員が記録した団体交渉の記録で,日時が本件共同謀議と重なっていた)の存在を理由に破棄差戻しの判決を下した(最判大昭34・8・10刑集13・9・1419).差戻しを受けた仙台高裁は,1961(昭36)年8月8日,被告人全員に無罪の判決を言渡し(判時275・6),検察官の上告も1963(昭38)年9月12日,棄却された(判時346・6)ため,被告人全員の無罪が確定した.本件は,無罪の決め手のひとつとなった「諏訪メモ」が検察官の手元に長期にわたって隠されていたことから,検察官手持ち証拠の証拠開示の必要性を強く認識させる事件となった.また,労働運動の高揚を刑事弾圧によって抑制する,という性格を持った事件であったために,広範な社会的関心を呼び,学者・文化人による裁判批判が行われ(とくに作家廣津和郎の『松川裁判』(1958年)が著名),広範な被告人らに対する救援活動が展開されたことでも特筆に値する事件である. →事実の取調べ　　　　　　　　　[水谷規男]

マップ事件　(英) *Mapp v. Ohio*　不合理な捜索・押収を禁止するアメリカ連邦憲法修正4条に違反して収集された証拠は排除されるとする法則が,同修正14条の適正手続条項を通じて州の事件にも適用されるかどうかが,アメリカ連邦最高裁判所で争われた事件(367 U.S. 643 (1961)).ウィークス判決(*Weeks v. United States*, 232 U.S. 383 (1914))で初めて採用された*証拠排除*法則は,当初は連邦の事件だけに適用され,州の事件への適用は否定されていた(*Wolf v. Colorado*, 338 U.S. 25 (1949)).州の事件については,個々の事件ごとにその全体的な事情を総合して,修正14条の保障する*適正手続*違反の有無を判断するという考え方がとられており,違法収集証拠の排除は原則として適正手続の要請ではないと解されていた.マップ判決により,このような考え方は放棄され,州の事件にも排除法則の適用が及ぼされることとなった.同判決が排除法則の根拠として挙げたのは,司法の廉潔性(integrity)の保持,違法捜査の被害者の救済(remedy)および違法捜査の抑止(deterrence)であった.

[洲見光男]

松山事件　1955(昭30)年10月18日未明,宮城県志田郡松山町の農家が全焼し,焼け跡から一家4人の焼死体が発見された事件.死体の頭部に損傷があったところから,殺人事件として捜査が進められたが,犯人の特定は難航し,事件後1ヵ月半経った11月2日,隣町に住む斎藤幸夫氏が傷害の別件で東京板橋で逮捕された.斎藤は,一旦自白したが,すぐにこれを撤回し,その後一貫して無実を主張した.1957(昭32)年10月29日,仙台地裁古川支部は,捜査段階の自白とそれを裏付ける物証として自宅から押収された掛け布団の襟当ての血痕に関する鑑定をもとに,有罪(死刑)判決を下し,控訴,上告も棄却されて1960(昭35)年11月,1審の死刑判決が確定した(いずれも判例集未登載).2度目の*再審請求につき,差戻請求審で開始決定が出され(仙台地決昭54・12・6刑月11・12・1632),検察官の即時抗告が棄却されて再審開始が確定し,再審公判でも無罪判決が出され(仙台地判昭59・7・11判時1127・79),これが確定した.再審請求段階の証拠開示等によって,襟当て血痕が捏造されたものである疑いが明らかになり,鑑定の過信と,*別件逮捕'と代用監獄を利用した自白採取とが誤判の原因となることをあらためて明らかにした事件である. →財田川事件,島田事件,白鳥事件,徳島事件,免田事件　　　　　　　　　　　[水谷規男]

マネーロンダリング　(英) money laundering　(独) Geldwäsche　(仏) blanchiment　架空名義での預金,正当な商品売買の偽装,金融商品の購入等の手段を通じて,犯罪によって得られた不法収益の由来や取得を隠蔽し,あるいは正当なものであるかのように偽装すること.

1988年の「麻薬及び向精神薬の不正取引の防止に関する国際連合条約」(United Nations Convention against Illicit Traffic in Narcotic Drugs and Psychotropic Substances),いわゆる麻薬新条約は,締約国に,薬物の不正取引で得られた不法収益に関するマネーロンダリングを処罰する義務を負わせ(3),翌1989年のアルシュ・サミット(Arch Summit)の経済宣言を受けて召集された「金融活動作業グル

ープ」(Financial Action Task Force on Money Laundering [FATF])の1990年報告書(Forty Recommendations)も，各国がマネーロンダリングを犯罪として処罰することを勧告した(勧告4)．わが国におけるマネーロンダリング対策は，これらの動きを受けて，*薬物犯罪'対策の一環として開始された．すなわち，1990年10月から，金融機関における口座開設時等の本人確認が実施され，1992年7月には，金融機関等による疑わしい取引の届出義務，薬物犯罪で得た不法収益に関するマネーロンダリングの処罰等を規定する，いわゆる麻薬特例法が施行されたのである．

しかし，マネーロンダリングを処罰する目的が，犯罪収益が将来の犯罪活動の資金源となる悪循環を断つことにあるならば，その前提犯罪が薬物犯罪に限られる必然性はない．1995年のハリファクス・サミット(Halifax Summit)の議長声明は，"Promoting New Approaches"と題する一節の中で，国際的犯罪組織を諸国家に対する脅威と位置づけ，薬物取引だけでなく，他の重大犯罪から生じた利益について行われるマネーロンダリングに対しても，有効な防止策を講じる必要があるとした．翌1996年，これを受けたFATFは，1990年の勧告を一部改正して，マネーロンダリングの前提犯罪を，薬物犯罪から，各国がその判断によって定める重大犯罪へと拡大する必要があるとした(勧告4)．これらの動きを受けて，わが国においてもマネーロンダリング処罰の拡大が図られ，2000年2月1日からは，多くの犯罪をマネーロンダリング罪の前提犯罪に取り込んだ組織犯罪処罰法が施行されており，同日付けで金融監督庁に設置された特定金融情報室(Japan Financial Intelligence Office [JAFIO])が，金融機関等から届け出られた疑わしい取引等に関する情報の一元的な収集・分析や捜査当局への情報提供等を行っている． ［近藤和哉］

麻薬及び向精神薬取締法　*あへん法'，*覚せい剤取締法'，*大麻取締法'，とならぶ，いわゆる薬物四法のひとつ．麻薬および向精神薬の輸出入，製造，譲渡等について必要な取締りを行うとともに，麻薬中毒者に必要な医療を行う等の措置を講ずることにより，濫用による保健衛生上の危害の防止，公共の福祉の増進を図ることを目的とする(麻薬1)(昭28法14，昭28・3・17公布，同年4・1施行)．

従来，本法は麻薬のみを対象とする麻薬取締法であったが，向精神薬の濫用が世界的な問題となってきたことを受けて，本法の一部を改正する法律(平2法33，平2・6・19公布，同年8・25施行)による改正を受け，向精神薬をも規制対象とする「麻薬及び向精神薬取締法」となった．その後，*薬物犯罪'に対する世界的な取り組みの中で締結された，いわゆる麻薬新条約の義務履行のための措置として，麻薬及び向精神薬取締法等の一部を改正する法律(平3法93，平2・10・5公布，平3・7・1施行)による改正がなされ，麻薬および向精神薬の原料物質に対する規制の整備，国外犯処罰規定の新設などが行われた．

本法は7章76条から成り，その構成は，総則(1章)，麻薬に関する取締り(2章)，向精神薬に関する取締り(3章)，麻薬向精神薬原料に関する届出等(3章の2)，監督(4章)，麻薬中毒者に対する措置等(5章)，雑則(6章)，罰則(7章)である．本法64条の罪(ジアセチルモルヒネ等をみだりに輸出入等する罪)等の罪を犯して得た不法収益を隠匿等する行為，収受等する行為は，いわゆる麻薬特例法により，それぞれ，不法収益等隠匿罪(麻薬特9)，不法収益等収受罪(10)として処罰される． ［近藤和哉］

み

三河島二重衝突事件　1962(昭37)年5月3日，旧国鉄常磐線三河島駅付近で発生した列車の二重衝突事件．下り貨物列車が信号誤認により脱線したところに下り電車が接触，脱線し，負傷者25名が出た第1事故に続いて，脱線した下り電車に上り電車が衝突，大破し，多数の死傷者(計518名)を出す第2事故へと発展した．本件両事故は複数人の過失の競合により惹き起こされたものであるとして，国鉄職員

9名が業務上過失往来危険罪(刑129Ⅱ)および業務上過失致死傷罪(211前)で起訴され、そのうち1審で禁錮の実刑を言い渡され、2審でもそれが維持された下り貨物列車の機関士と機関助士、下り電車の運転士と車掌の4名が上告した。1人の者に多数の*義務の衝突ないし競合が認められる場合にいずれの義務を選択すべきか、事故発生防止のための措置をとるべき者が複数存在する場合に注意義務者相互間の関係をどう考えるべきか等過失犯の注意義務の認定をめぐる法律問題や刑の不均衡等多くの問題を抱えた事件であったが、最判昭48・4・17判時701・115の多数意見は具体的に判示することなく、上告を棄却した。田中二郎裁判官の反対意見がある。→過失、過失致死罪、予見可能性

[北川佳世子]

未　決　刑事手続において、被疑者・被告人が裁判確定前の状態にあることをいう。裁判確定後の状態を既決というに対して用いられる。未決の状態にあって、被疑者・被告人は、一定の要件のもと*勾留'の手続に基づいてその身柄を拘禁される。主として、未決の語は、この拘禁につき、自由刑のための拘禁か否かを区別するために用いられる。既決後の自由刑である拘留に対して、拘禁それ自体を未決勾留というのはその一例である(たとえば、刑21、刑訴495)。また、そのような状態下に措かれる被疑者・被告人のことを、自由刑に服する既決囚に対して未決囚と称することもある(なお、刑97(逃走罪)は、平成7年の改正前は、「既決又ハ未決ノ囚人」という語を用いていたが、今日では「既決又は未決の者」という語が用いられている)。さらに、未決勾留を執行するために用いられる監獄を意味するものとして、未決監の語が一般的に用いられることがある。もっとも、未決勾留といえども、一定の刑事施設に拘禁して身体の自由を剥奪するという点で、その執行は自由刑と異なるところはなく、一定の場合には法律上当然に(495)、その他の場合には裁判所の裁量によって(21)、本刑に通算される(*未決通算')。

[宇藤　崇]

未決通算　有罪の場合に、宣告された本刑から一定の条件のもとで未決勾留の日数を差し引き、実際には残りの刑を執行すること(未決勾留の本刑通算)。未決通算は宣告刑の執行方法にかかわり、その内容を変えるものではない。また、財産刑にも通算が認められる。*勾留'は*未決'の拘禁であり刑罰ではないが、自由を剥奪する点で自由刑に近似する。また、すべての被疑者・被告人が勾留されるわけではなく、勾留日数も様々な事情により異なる。それゆえ、犯人と確定していない被告人に身柄拘束の負担を負わせた以上、それに対する補償が必要となる。無罪の場合、未決勾留に対する刑事補償が認められており(刑補1Ⅰ)、有罪の場合にも、被告人の責に帰すべきではない未決勾留日数はすでに本刑が執行された部分だとみなすことが衡平の観点からの帰結となる。これが未決通算の存在理由である。未決勾留は勾留状による実際の拘禁でなければならないが、ただし、鑑定留置(刑訴167Ⅳ)および少年鑑別所への収容(少53)も未決勾留とみなされる。未決通算には、裁判所の裁量による*裁定通算'(刑21)と法律により当然に通算される*法定通算'(刑訴495)がある。

[吉弘光男]

未　遂　(英)attempt　(独)Versuch　(仏)tentative　犯罪の実行に着手したが、これを遂げなかった場合のことをいう(刑43)。すでに*実行の着手'に至っている点で*予備'と区別され、犯罪の完成に至っていない点で*既遂'と異なる。未遂が処罰される場合は、特に各本条に規定される(44)。未遂が処罰されるとき、これを*未遂犯'という。未遂の概念は、広義では中止未遂(*中止犯')を含むが、狭義では障害未遂のみを指す。前者は、行為者が自己の意思により犯罪を中止した場合のことであり(43但)、後者は、中止犯にあたらない通常の未遂のことである。未遂の態様として、着手未遂(未終了未遂)と実行未遂(終了未遂、欠効犯)とが区別される。前者は実行行為が終了しなかった場合(たとえば拳銃を発砲するまでに至らなかったとき)であり、後者は実行行為は終了したが結果が発生しなかった場合(たとえば発砲はしたが弾丸が外れたとき)である。着手未遂と実行未遂の区別は、中止犯における中止行為の要件を考えるうえで実益を有する。すなわち、着手未遂については、実行行為の継続をただ中止するという不作為があれば中止行為と認められ得る

が、実行未遂については、生じようとしている結果の発生を防止するための積極的作為を必要とする（なお、改正刑法草案24Ⅰを参照）．

[井田 良]

未遂の教唆 未遂の教唆とは、教唆者がはじめから被教唆者の行為が*未遂に終わることを認識して教唆した場合をいう．とくに「刑事がはじめから逮捕の目的で人に犯罪を教唆し実行を始めたところをただちに逮捕するような場合」を、*アジャン・プロヴォカトゥール'と言っている．教唆の故意の内容として、被教唆者に犯罪実行の決意を起こさせる意思で足りるのか、それともさらに犯罪結果の意欲までも必要なのか、が問題になる．*責任共犯論'からは、教唆は正犯者に対する侵害と捉えられるので、教唆犯の故意としては、被教唆者に犯罪実行の決意を喚起させる意思で足りることになる．これに対して、*惹起説'からは、教唆犯を犯罪結果との関連の下で捉える以上、結果発生の意欲は正犯者の故意に不可欠なように、教唆犯の故意にとっても不可欠なものであるから、未遂の教唆は不可罰になる．→おとり捜査 [大越義久]

未遂犯 （独）strafbarer Versuch

1 意義と要件 *未遂は原則として不可罰であるが、各本条に特別の定めがあるとき処罰される（刑43・44条文）．各則の刑罰法規から導かれる構成要件は、原則的に*既遂'の場合を予定している．未遂犯は、このような基本的構成要件を修正した未遂犯の構成要件に該当する行為である（*構成要件の修正形式'）．未遂犯が成立するためには、*実行の着手'と犯罪の不完成（とくに結果の不発生）とが必要である．前者において*予備罪'と区別され、後者において既遂犯と区別される．主観的要件として、犯罪を完成させようとする故意（とくに結果発生についての故意）が必要であり、行為者に最初から未遂に終わらせようとする意思しかなかったときには未遂犯は成立しない．ただし、*未遂の教唆'の可罰性をめぐっては学説の対立がある．

2 処罰の根拠 犯罪の本質に関する立場の相違は、未遂犯の処罰根拠をめぐる見解の相違となって現われる．*主観主義'の犯罪理論にもとづいて主観的未遂論が主張されるが、それによれば、行為者の危険な性格を徴表するものとしての犯罪的意思が外部に現われ出ればただちに処罰されるべきことになる．現在支配的な*客観主義'の立場からは客観的未遂論がとられるが、その陣営の内部において、法益に対する危険結果惹起の側面（*結果無価値'）を重視する見解と、行為の規範違反性の側面（*行為無価値'）を強調する見解とが対立している．前者の見解によれば、未遂犯の処罰根拠は、法益侵害（または犯罪事実の実現）の現実的・客観的な危険が惹起されたところに求められる．これに対し、後者の立場からは、一般人の目からみて危険とされる規範違反行為が行われたことが処罰の理由として重視される．このような基本的見解の相違が結論の違いとなって現れるのは、実行の着手時期をどう判断するかの問題と、可罰的な未遂犯と不可罰的な*不能犯'とをどう区別するかの問題においてである．→中止犯

[井田 良]

未成年者飲酒禁止法（大正11年法律第20号） 未成年者の飲酒の禁止を目的とする法律．①未成年者の所有・所持する酒類・器具の行政処分による没収・廃棄等の処置、②親権者・酒類販売営業者等の処罰等が規定されている．平成12年の一部改正により、処罰が強化された（法134）．→未成年者喫煙禁止法

[鈴木左斗志]

未成年者拐取罪 未成年者を略取・誘拐することを処罰する罪．「未成年者」については、刑法に定義がないため、民法3条によって20歳未満の者ということになる．本罪は、未成年者を厚く保護するために、その他の*略取誘拐罪'の場合とは異なって、その目的を問わずに一般的に処罰することにしている．保護監督者が存在する場合の本罪の保護法益について、判例は、被拐取者の自由と保護監督者の監督権の両方であると理解している（大判明43・9・30刑録16・1569）．このような保護法益についての理解は、①被拐取者の同意の効力、②保護監督者は本罪の主体となりうるか、という問題に影響をおよぼす．上記の判例の立場からは、前記①については、たとえ被拐取者が同意していたとしても、保護監督者の監督権が侵害されている以上は、本罪の成立が認められることになるであろう（福岡高判昭31・4・14高刑特3・8・409）．

また，前記②の問題については，保護監督者であっても本人の利益を侵害している以上，本罪の主体になりうるということになるであろう．なお，民法上は婚姻すれば成年に達したとみなされるが（民753），本罪の関係では未成年者であると解されている． ［鈴木左斗志］

未成年者喫煙禁止法（明治33年法律第33号）　未成年者の喫煙の禁止を目的とする法律．違反に対しては，①喫煙のために所持する煙草・器具の行政処分としての没収，②親権者，煙草・器具の販売者等の処罰等が規定されている．平成12年の一部改正により，処罰が強化されるとともに，両罰規定が新設された（134）→未成年者飲酒禁止法　　［鈴木左斗志］

三鷹事件　1949年7月，旧国鉄中央線三鷹電車区構内の無人電車が暴走し，三鷹駅構内で脱線破壊して，その際付近にいた6名が死亡した事件．当時の国鉄労働組合の人員整理反対闘争の手段としての犯行だとして，国労三鷹電車区分会委員長ほか10名が電車転覆致死罪（刑126 III）の容疑で起訴された．第1審で，被告人のうちの1名の単独犯行と認定されたが，検察官控訴による2審では，その1名の刑が1審の無期懲役から死刑に変更されたため，最高裁において，*事実の取調べ*を経ずに*量刑*を不利益変更することが許されるか否かが争われることになった．また実体法上も，致死罪規定を持たない往来危険による電車転覆罪（127）が，「前条の例による」と規定していることから，往来危険によらない電車転覆罪（126 I）の致死罪規定（126 III）を適用することができるのか否か，また，*往来危険罪*を犯していない場合は電車に人が現在していたことが要件となっている（126 I）にもかかわらず，無人電車を転覆させた本件にその致死罪規定を適用できるのか否か，さらに致死結果が電車内に現在した人に生じた必要はないのかが争われた．最高裁はいずれの論点も積極に解した（最判昭30・6・22刑集9・8・1189）． ［葛原力三］

身の代金目的拐取罪　刑法225条の2に規定されている身の代金目的拐取罪は，1964（昭39）年に新設された犯罪類型である．昭和30年代に身代金を目的とした略取・誘拐が頻発した際，当時は営利誘拐罪（225．法定刑は，1年以上10年以下の懲役）などで処罰することができるにすぎなかった．しかし，他の拐取罪とは異なって，被拐取者の生存が犯人にとって必ずしも利益ではなく，経験上も生命に対する危険が大きい．そのため，とくに刑を加重する目的で新設されたものである（法定刑は，無期または3年以上の懲役）．また，未遂犯（228の2）のみならず，それ以前の予備段階の行為も処罰されることになっている（228の3）．さらに，被拐取者の生命保護のため，実行着手前の自首に対する刑の必要的減免（228の3但），公訴提起前に被拐取者を安全な場所に解放した場合の刑の必要的減軽（228の2）の制度が設けられている．本罪は身の代金目的拐取罪と呼ばれるが，被拐取者を解放する代償としての身代金の取得を目的とする場合に限らず，被拐取者の「安否を憂慮する者」の憂慮に乗じて財物を取得する目的があれば足りる．「安否を憂慮する者」について，条文では「近親者」を例示している．しかし，最高裁は，「被拐取者の安否を親身になって憂慮するのが社会通念上当然とみられる特別な関係にある者」を含むとして，経営者誘拐の事例について本罪の成立を認めている（最決昭62・3・24刑集41・2・173）．→略取誘拐罪，人質による強制行為等の処罰に関する法律
　　　　　　　　　　　　　　［鈴木左斗志］

見張り　犯罪の実行それ自体を遂行せず，その遂行の際に，妨害の排除や発覚の防止のために行う監視行為をいう．共同正犯を形式的な実行行為の共同と理解するならば，見張りは，*共同正犯*ではなく，つねに*従犯*ということになる．これに対して，*共謀共同正犯*を肯定する判例・学説によれば，見張りも共同正犯となる可能性がある．判例は，一般に，殺人，窃盗，強盗罪等の見張り行為は，共同正犯としているが，賭博罪の見張りについては従犯としている．判例による正犯と共犯の区別基準とされている，「自己の犯罪」か「他人の犯罪」かによれば，行為者の主観的傾向や利益帰属等の要素によって見張りも共同正犯となりうることになろう．また，共同正犯を実質的な実行行為の共同と理解する学説によっても，同様の結論となろう．さらに，*共同意思主体説*によっても，「重要な役割」基準を適用する結果，見張りは共同

正犯となる場合もあれば，従犯となる場合もあり，一律に共同正犯とするわけではない．

[高橋則夫]

未必の故意 (羅) dolus eventualis
*不確定的故意'のうち，認識の態様において不確定であるのが未必の故意である．なお，殺害しようかどうか迷っているような場合を未確定の故意と呼ぶ場合があるが，これは故意とは別の動機の問題であり，不確定的故意とは異なる．未必の故意は，認識の態様において不確定である点で，*概括的故意'，*択一的故意'が同じく不確定的故意でありながら，認識の対象が不確定であるのとは，区別される．

故意を構成要件事実発生の意思ととらえる意思説からは，確定的な結果発生の意欲がある場合だけでなく，結果が発生してもやむを得ないという認容であってもよいという*認容説'が主張される．認容説もさらに，構成要件事実が発生することがよいと思うという積極的認容が必要であるとする説(本来の認容説，ヒッペル)や，むしろ発生してもしなくてもどちらでもよい，あるいは仕方がないという消極的認容説(放置説(Gleichgültigkeitstheorie)，エンギッシュ，感情説(Gefühlstheorie)など)がある．しかし，これらの認容説については，かかる心理状態を立証するのは困難に近く，さらに，結果の発生を認識しながら，行為した場合に結果を認容しない場合はあり得ないから，認容それ自体に特別の意味があるとはいえないなどの批判がある．また，結果の発生を認識しながら認容しなかった場合には，故意ではなく，まさに*認識ある過失'ということになるが，そのような認識ある過失が通常の過失と同一の概念の下に包摂しうるような内容のものであるかも問題となろう．

故意を構成要件該当事実の表象と考える表象説(認識説)では，結果発生の蓋然性の認識が故意であるとされる(*蓋然性説'，H・マイヤー)．しかし，過失を結果発生の予見＝可能性の認識ととらえると，蓋然性と可能性とでは，概念的な違いはないから，そこには程度の差が存在するにすぎないことになる．そうだとすると，認識ある過失と故意との区別は概念的には困難であることになる．

これに対してむしろ，いかに高い蓋然性の認識であろうが，そこには過失における結果発生の予見とは異なるものが必要だとする見解が主張される．そのような立場から，*動機説'は，故意を2種類に区別し，第1に，結果を積極的に意図した場合には，その結果発生の可能性が低くとも，故意がある(下手なピストル撃ちが人を狙って発砲した場合)が，第2に，結果の発生の可能性が高い場合には，そのような結果を望んでいなくとも，それを動機として行為した以上故意があるとするのである．ただし，そうだとすると成功率が極めて低い手術を行った医師は，患者の死亡という結果の蓋然性が高い場合であるから，意図を問わずに殺人の故意があることになり，不合理であることになろう．この場合，故意はあるが，正当行為であるから違法性が欠け処罰されないのであるから問題とはならないとする，反論もありうる．しかしながら，動機説は，あくまでも，結果発生を動機としていたかが故意の内容として決定的なのであり，この場合の医者が患者の死亡を動機として手術を行ったとはいえないであろう．つまり，結果発生の蓋然性が極めて高くとも，そのような結果を動機として行為しない場合というのを動機説では考慮に入れていない．また，動機説では，結果の発生が可能であると一応考えたが結局はその発生を否定して行為したという場合が，認識ある過失であり，そのような否定的な判断が，不注意としての通常の過失とも共通する要素であるということになるが，そのような心理状態を問題にすることは，認容説の批判から出発したはずの動機説の前提に矛盾することになろう．
→条件付き故意　　　　　　　　　[齋野彦弥]

身分 (独) Besondere persönliche Merkmale　特定の犯罪(*身分犯')の成立のために要求されている，一定の犯罪行為に関する人的関係である特殊の地位または状態のすべてを指す．判例によれば，公務員などの資格，親族の関係，内外国人の区別などにとどまらず，男女の性別(最決昭40・3・30刑集19・2・125)，物の占有者(最判昭27・9・19刑集6・8・1083)などが含まれる．さらに，目的犯における目的も身分に含まれうるとする見解も有力である(最判昭42・3・7刑集21・2・417)．

身分概念は形式的観点においては、収賄罪(刑197以下)における公務員、仲裁人のようにその存在を前提としてはじめて犯罪が成立する*構成的身分'と、業務上横領罪における業務者の地位のようにその存在が刑の加重・減軽の要素となっている*加減的身分'とに区別される。また、実質的観点からは、身分の存在が行為の違法性を根拠づける違法身分と、身分の存否が行為者の責任に影響を及ぼす責任身分とに分類されている。さらに身分の存在によって犯罪または刑罰が阻却される*消極的身分'という概念も存在する。解釈論上、身分犯における身分者の犯罪行為に非身分者が加功した場合、非身分者をいかに取り扱うべきかが刑法65条の解釈に関連して問題となる。→共犯と身分　　　［橋爪 隆］

身分犯（独）Sonderdelikt　行為者が特定の*身分'を有することが*構成要件'の要素となっている犯罪をいう。*真正身分犯'と*不真正身分犯'とに分類される。前者は、秘密漏示罪(刑134)、収賄罪(197)などのように、行為者が一定の身分を有することによってはじめて可罰性が認められる犯罪であり、構成的身分犯ともいう。後者は、保護責任者遺棄罪(218前)、業務上横領罪(253)のように、行為者に身分がなくとも通常の犯罪を構成するが、一定の身分の存在によって刑が加重ないし減軽されている犯罪であり、加減的身分犯ともいわれる。さらに、いわゆる*消極的身分'の存在によって犯罪または刑罰が阻却される犯罪類型も、身分犯のひとつとして理解する立場もある。

身分犯の法的性格についてかつては、身分者に特別な義務が課せられていることを前提として、いわば義務違反犯罪としての性格を強調する見解が有力であった。しかし今日では、身分犯という概念は、非身分者によっては事実上、単独では法益侵害行為を遂行しえない犯罪類型か、身分の存否によって行為の法益侵害性または行為者の非難可能性の程度が異なってくる犯罪類型に還元できるという理解が一般的になっている。

身分犯における身分者の犯罪行為に非身分者が加功した場合、あるいは逆に非身分者の行為に身分者が加功した場合の法的処理が、いわゆる*共犯と身分'の問題として議論されている。通説的見解は、65条1項の「犯人の身分によって構成すべき犯罪行為」とは前述の真正身分犯を指し、同2項の「身分によって特に刑の軽重があるとき」とは不真正身分犯を指すと解している。これに対しては、より実質的な観点から、1項は身分が行為の違法性を根拠づける場合(違法身分)の連帯的作用を、2項は身分が行為者の責任に影響を及ぼす場合(責任身分)の個別的作用を規定している、と解する有力な反対説がある。

なお最近の議論においては、*事後強盗罪'(238)は窃盗犯人を身分とする身分犯なのかが争われており、下級審裁判例においても結論が分かれている。これは窃盗犯人ではない者がその後の暴行・脅迫行為のみに加功した場合、65条を適用するのか、それとも*承継的共同正犯'として処理するのかという問題である。特定の構成要件要素が犯罪実行行為の一部を構成するのか、それとも身分を基礎づけるのかという限界設定の問題といえよう。　　　［橋爪 隆］

宮本英脩（みやもとひでなが 1882-1944）　第2次世界大戦前に活躍した、わが国の新派刑法学を代表する刑事法学者で、主観主義刑法学を徹底した。検事、判事を歴任した後、1916年に京都大学法学部助教授に就任した。刑罰の本質論に関しては、応報刑主義を刑罰を闘争の手段とするものであるとして批判し、刑罰は特別予防としての改善を目的とした、社会調和の手段と解すべきであるとして「愛の刑罰観」を主張し、客観主義刑法論の代表的論者である*小野清一郎'と論争を展開した。犯罪は犯罪者の危険な性格を徴表するものであるとする犯罪徴表説を主張するが、社会防衛論は闘争のための刑罰論であるとして採用せず、また刑罰と保安処分とを同視しない点で、*牧野英一'の主観主義とも異なる。

犯罪論においても、主観主義を徹底し、規範の評価規範性を軽視し行為規範である点を強調して、*主観的違法論'に至る。代表的体系書とされる『刑法大綱』(1935年)では、行為性、行為および意思の違法性(規範的評価)、可罰性(可罰的評価)の3要素から犯罪を説明し、違法性と有責性(規範的責任)は実質的に区別されていない。規範的評価と可罰的評価とを区別するこ

とから、違法行為のすべてではなく、特に当罰性の認められる行為に限定して処罰すべきであるとして*謙抑主義'を主張し、*可罰的違法性'論の基礎を築いた.　　　　　　　［木村光江］

ミランダ・ルール　（英）Miranda rule　捜査官が身柄拘束中の被疑者を尋問する場合に関して、アメリカ連邦最高裁がミランダ判決（*Miranda v. Arizona*, 384 U.S. 436 (1966)）で定立した法則. 第1に、尋問に先立って、①*黙秘権'があること、②供述すれば不利益な証拠となりうること、③弁護人の立会いを求める権利があること、④弁護人を依頼する資力がなければ（公費で）弁護人を付してもらうことができること、を被疑者に告知しなければならない（「ミランダ警告」(Miranda warnings)）. 第2に、取調べ中の被疑者がこれらの権利を行使する意思を表明したときは、直ちに尋問を中止しなければならない. 第3に、これらの手続に反する取調べによって得られた自白その他の供述は、証拠として使用することができない、というもの.

ミランダ・ルールは、アメリカ連邦憲法修正5条の保障する黙秘権の侵害に対して救済を与えるものではなく、外部から隔離して(incommunicado)行われ、強制的雰囲気を伴う身柄拘束中の尋問においては黙秘権の侵害される危険が大きいことに照らし、その保障を確実にするための手続上の保護措置(procedural safeguards)と性格づけられた（連邦最高裁はその後、*Michigan v. Tucker*, 417 U.S. 433 (1974)において、ミランダ・ルールを「予防準則」(prophylactic standards)とよんだが、*Dickerson v. United States*, 120 S. Ct. 2326 (2000)では、ミランダ・ルールは「憲法上の」ルールであるとして、連邦議会がこれを廃棄する立法（合衆国法典18編3501条）をすることは許されないという判断を示した）.

ミランダ・ルールに違反して得られた供述は、被告人の有罪を立証するための実質証拠として使用するのは許されないが、弾劾証拠として用いることはできるとされており（*Harris v. New York*, 401 U.S. 222 (1971)など）、この点で、任意性の認められない自白と大きく異なる.

また、公共の安全に対する脅威があり、緊急を要する場合には、ミランダ警告を与えないで尋問することもできるとされている（*New York v. Quarles*, 467 U.S. 649 (1984)）.

ミランダ判決以前においても、弁護人がいないところで起訴後保釈中の被告人に供述を求めるのは弁護権の侵害になるとの判断が示されていたが（*Massiah v. United States*, 377 U.S. 201 (1964)）、これはその後の判決で確認されている（*Brewer v. Williams*, 430 U.S. 387 (1977)など）. 弁護権侵害による自白排除は、対審的司法手続開始後の尋問にのみ適用されるが、逮捕された被疑者が裁判官のもとに引致されて勾留に付する決定がなされれば、その手続は開始されたと解されている. そこで、弁護人の関与を排除してなされた身柄拘束中の取調べに対しては、弁護権侵害による自白排除法則とミランダ・ルール違反によるそれとが同時に適用される場合が生じることとなった. →立会権、被疑者の権利　　　　　　　　　　　　［洲見光男］

む

無　期　刑　期間を定めずに受刑者を*刑事施設'に*拘禁'することを内容とする*自由刑'で、有期刑に対する用語. わが国の刑法は、無期懲役と無期禁錮の2種類を規定している（刑12 I・13 I）. 本来は終身拘禁を内容としているが、実際には生涯にわたって拘禁し続けることはなく、無期受刑者にも社会復帰の途が開かれている. 無期懲役・無期禁錮のいずれの受刑者についても、改悛の状が認められる場合には、服役後10年を経過した後に、*犯罪者予防更生法'に定める手続を経て（28～32）、*地方更生保護委員会'の決定によって*仮出獄'が許されるのである（刑28, 予防更生12 I①）. 現実に無期受刑者の多くが仮出獄しており、「無期」刑としての意味合いは希薄になっていると言えよう. なお、*少年の刑事事件'については、16歳以上の者は少年法上の検察官への送致（*逆送）手続

(少20)を経たうえで刑事裁判に付すことが可能であるが、なお18歳未満の者については*保護処分'優先主義の考え方から刑罰緩和措置が採られ、*死刑'をもって処断すべきときは無期懲役(禁錮)に、無期懲役(禁錮)をもって処断すべきときは10年以上15年以下の範囲内の懲役または禁錮で処断される(51).

本来的には終身拘禁を内容とする無期刑については、生命剝奪刑としての死刑と同じように、憲法との抵触が争われてきた。無期懲役については、*残虐な刑罰'の禁止(憲36)、個人の尊重(13)、*適正手続'の保障(31)との関係で違憲性が主張されたが、死刑を合憲とする大法廷判決(最判大昭23・3・12刑集2・3・191)の存在を根拠として合憲判断がなされている(最判大昭24・12・21刑集3・12・2048、最決昭31・12・25刑集10・12・1711)。また、*刑務作業'を科さずに拘禁だけを続ける禁錮については受刑者の精神的苦痛との関係で疑問が提起されているが、無期禁錮が勤労の権利を規定した憲法27条1項に抵触するのではないかが争われた。これに対し、最高裁は、「禁錮刑は受刑者を*監獄'に拘禁してその自由を制限し、*監獄法'その他の法規に定める厳格な規律の下に生活させ、本人が希望すれば作業にも就かせるのであって、決して無為徒食させる制度ではない」として違憲の主張をしりぞけている(最判大昭33・9・10刑集12・13・2897)。　　　　　　　　　　[丸山雅夫]

無形偽造　(仏) faux moral (ou intellectuel)　無形偽造とは、文書偽造罪の一態様であり、*有形偽造'に対応する概念である。有形偽造と無形偽造の違いは、文書の作成名義を偽るか否かの点にある。すなわち、文書の作成名義を偽り不真正な文書を作出する行為が有形偽造であり、文書の作成名義は偽らず内容虚偽の文書を作出する行為が無形偽造である。無形偽造は、公文書においては一般的に処罰されるが(刑156。無形変造も処罰される)、私文書では、医師が公務所に提出すべき診断書等に限って処罰されるにすぎない(160)。後者の、無形偽造を原則として処罰しない立法様式を、形式主義という。私文書に関して形式主義が採られているのは、文書の作成名義に偽りがない限り、名義人として作成者を把握し、当該文書の作成責任を追及することにより、当該文書を用いて形成されてきた法的取引につき、一応の問題解決が可能となる(この意味で取引の安全に対する危険が小さい)からである。ただし、取引の安全を保護するため、虚偽文書の出現を防止する必要が高い場合には、私文書においても無形偽造の処罰が肯定される。行政機関に提出する類型の私文書につき、無形偽造を処罰する特別法が多数存在するのは、このためである。→偽造
　　　　　　　　　　　　　　　　[今井猛嘉]

無形的幇助　(独) psychische oder intellektuelle Beihilfe　*従犯'とは、*正犯'を*幇助'した者をいうが(刑62Ⅰ)、その幇助の方法は、正犯の実行行為を容易ならしめるものであれば、凶器の貸与、正犯者の運搬、犯罪の場所提供など有形的・物質的方法によるか、あるいは助言、激励、情報提供などの無形的・精神的方法によるかを問わない。前者を有形的幇助といい、後者を無形的幇助という。精神的幇助や無形的従犯も同義である。無形的幇助は、助言や激励などの心理を媒介とする点で、その形態において*教唆犯'と類似している。両者の区別は、無形的幇助がすでに犯罪の決意をなした者に対して、激励によりその決意を強化したり、助言により正犯の実行行為を容易にしたりするのに対して、教唆はいまだ犯罪を決意していない者に、その決意を生じさせる点にある(大判大6・5・25刑録23・519)。正犯者が決意をためらっている段階、浮動状態にある場合に、助言などが具体的な状況の中で「犯罪の決意」を喚起したのか強化したにすぎないのか、区別の困難な場合もある。なお、破壊活動防止法4条2項にいう*せん動'は教唆と無形的幇助を含む概念であるが、現実に被せん動者に決意を生じさせ、または既存の決意を助長させたことは必要ではないとされる(独立共犯)。　　　　[植田 博]

無限連鎖講の防止に関する法律

1 意義と立法の背景　ねずみ講とも呼ばれる無限連鎖講は、会員がネズミ算式に無限に増殖するという絶対にありえないことを大前提としてのみ成り立ちうる利殖システムであることから、早晩、必ず崩壊して、大部分の後順位者は損害を被るという性格の組織で、*悪徳商法'の典型例のひとつである。

「無限連鎖講の防止に関する法律」(無限連鎖講防止法)は、ねずみ講組織である「天下一家の会・第一相互経済研究所」の事件を契機に類似の組織が全国に蔓延し、多くの者が損害を被り深刻な社会問題となったが、詐欺罪で規制するには限界があることが明らかになったことから、「無限連鎖講が、終局において破たんすべき性質のものであるのにかかわらずいたずらに関係者の射幸心をあおり、加入者の相当部分の者に経済的な損失を与えるに至るものである」ことから、その「社会的な害悪を防止することを目的と」(1)して、1978(昭53)年に立法された。

2 要件・効果 同法によると、無限連鎖講とは、「金品を出えんする加入者が無限に増加するものであるとして、先に加入した者が先順位者、以下これに連鎖して段階的に2以上の倍率をもつて増加する後続の加入者がそれぞれの段階に応じた後順位者となり、順次先順位者が後順位者の出えんする金品から自己の出えんした金品の価額又は数量を上回る価額又は数量の金品を受領することを内容とする金品の配当組織」(2)である。そして、同法は、無限連鎖講の開設、運営、加入、加入の勧誘、これらの行為の助長を禁止するとともに(3)、そのうち、無限連鎖講を開設する行為、運営する行為を3年以下の懲役または300万円以下の罰金(併科可)に(5)、これに業として加入を勧誘する行為を、1年以下の懲役または30万円以下の罰金に(6)、加入を勧誘する行為を、20万円以下の罰金に(7)、処している。

なお、無限連鎖講防止法の適用を免れるため、物品等の商品を販売するマルチ商法の形態で(これは、形式的には、*特定商取引に関する法律*による規制対象となっているが、禁止されてはいない連鎖販売取引に該当する)、実質的には、無限連鎖講を行う事案が発生し、無限連鎖講に当たるか否かが問題となった。判例には、これらについて、無限連鎖講に当たるとして無限連鎖講防止法違反で処罰したものがある(最決昭60・12・12刑集39・8・547)。　[京藤哲久]

無　罪　公訴提起によって検察官は、特定の犯罪事実について被告人が犯人だと主張する(刑訴256)。第1審裁判所は、検察官・被告人側から法廷に提出された積極・消極証拠について、証明力を総合的に判断し(318)、被告人が本当に検察官の主張するような犯罪者かどうかを決める。検察官が主張するような、刑罰権行使の根拠はないと認める場合に、裁判所の下す実体裁判が無罪である(336)。合議体裁判所は過半数の意見で、無罪の*判決*を下すことができる(裁77Ⅰ)。

無罪判決が確定した場合、被告人の身体拘束に対し*刑事補償*が行われる(刑補1)。裁判の費用も補償される(刑訴188の2Ⅰ)。公訴提起の違法を理由に、元被告人は国家賠償を求めることもできる(国賠1)。有罪判決が確定したときは宣告された刑罰が執行される(刑訴471以下)ことと対比しても、*有罪*か無罪かは刑事手続上の最も重要な転轍点のひとつであった。

無罪判決の理由は2つに区別される。ひとつは、「被告事件が罪とならないとき」(刑訴336)。検察官が主張する具体的な犯罪事実は法廷で立証されたが、そもそもどの刑罰法規の構成要件にも該当しないとか、正当防衛であるとか(刑35ないし37)責任能力がない(39Ⅰ)などの理由から犯罪にはならないという場合である。もうひとつは、「犯罪の証明がないとき」(刑訴336)。検察官の立証が有罪の証明水準(*合理的疑いを超える証明*)に達しないという場合である。ちなみに、平成10年に通常第1審で「罪とならない」ため無罪とされた被告人は1人である。これに対し、「証明がない」ため無罪とされた被告人は58人にのぼり、無罪判決総数の約95％になる。実務上は、第2の無罪理由のほうが重要といえた。

無罪判決にも「理由を附しなければならない」(刑訴44Ⅰ)。被告人が犯人だとする検察官の主張について、公開の裁判(342Ⅰ、裁69・70)における理由説示や証拠説明でこれを具体的に排斥し、被告人の法的地位と尊厳を回復させるという意味をもつ。

ただし、刑事訴訟法の条文上、無罪判決において示すべき事項はとくに法定されていない。最高裁は、「犯罪の証明なしとの理由によって無罪の言渡しをする場合に、判決において個々の証拠につき採るをえない理由を逐一説明する必要はない」とした(最判昭35・12・16刑集14・14・1947)。刑事訴訟法の趣旨は、「謙抑的にすぎ

る証拠評価の結果だとしても，裁判官は誤りをおそれず大胆に無罪判決を言い渡してかまわない」というものであろう．

しかし，実務においては，無罪判決ほど詳細な証拠説明が付されるのが通常である．通常第1審でも無罪判決が，有罪・無罪の全実体判決のうちでわずかに0.09％にすぎず，きわめて稀なことであること，他方，検察がこの無罪判決に対して控訴を申し立てる割合は高いといわれることが，現場の裁判官にときに詳細にすぎる無罪判決の「理由」を書かせる原因のひとつであろう．しかし，刑事訴訟法は，「もっと多くの，大胆な無罪判決」を許しているといえる．
→実体裁判　　　　　　　　　　　　［髙田昭正］

無罪の推定　(英) presumption of innocence　(独) Unschuldsvermutung　(仏) présomption d'innocence　検察官が主張する犯罪事実について，その存在が合理的疑いを超えて証明されない限り，被告人は無罪とされなければならない．これを「無罪の推定」という．1948年の世界人権宣言11条は，「自己の弁護に必要なすべての保障を与えられた公開の裁判において法律に従って有罪の立証があるまでは，無罪と*推定*される権利」を，起訴されたすべての被告人に保障する，と明記する．

被告人は「無罪と推定される権利」をもつために，たとえば，検察官による本証の結果，合理的疑いを超える有罪の証明がない場合には，それだけで——被告人側が何の反証をしなくとも——被告人に対し無罪判決が言い渡されなければならない．すなわち，「無罪の推定」を受けるために，無罪判決を得る条件として何らかの反証活動を義務づけられることはない．わが国の刑事訴訟法も，「被告事件について犯罪の証明がないときは，判決で無罪の言渡をしなければならない」（刑訴336）と定めた．無罪の言渡しが義務づけられるのは，「無罪の推定」に基づく．この「無罪の推定」は，証明のルールとしていえば，犯罪事実（犯罪成立要件たる事実）について客観的挙証責任または実質的挙証責任（要証事実の存否が不明である場合，不利益な判断を受ける当事者の法的地位のこと）を検察官側が負担すべきことを意味する．

しかし，無罪の推定は，挙証責任や証明水準を示すことに尽きない意義内容をもつ．犯罪の疑いをかけられた被疑者・被告人も，不可侵の尊厳を担うべき個人として市民社会の構成員であるという，深いところからくる信頼と尊重が，刑事訴訟における「無罪の推定」を要求する．そのような「無罪の推定」は，たんなる証明のルールにとどまらない．無罪の推定は，刑事手続のすべての場面において——刑事罰や刑事制裁を先取りするような，あるいは，応訴を強制された市民が甘受すべき必要最小限の負担を超えた——不合理な権利侵害や利益剥奪を許さない法原則ないし政策原理としても機能する．たとえば，国連被拘禁者処遇最低基準規則84条2項は，「有罪が確定されていない被拘禁者は，無罪と推定され，かつ，それにふさわしく処遇されなければならない」と定める．→嫌疑刑，疑わしきは被告人の利益に　　　　［髙田昭正］

むささび・もま事件　大審院の判例は，「むささび・もま事件」において，被告人は，「むささび」の狩猟禁止期間中に，被告人の地方で「もま」と俗称されている獣が，禁猟獣である「むささび」であることを知らずに，これを3匹捕獲したのであるが，この場合，禁猟獣である「むささび」すなわち「もま」を「もま」と知りながら捕獲したものであるから，犯罪構成に必要な事実の認識には何ら欠けるところなく，ただ，その行為が違法であることを知らなかったにすぎない，として*法律の錯誤*があるとした（大判大13・4・25刑集3・364）．

一方，*たぬき・むじな事件*において，大審院の判例は，捕獲禁止獣である「たぬき」に属するが，俗に「むじな」と称されている動物を「たぬき」とは別個の動物と誤認して捕獲した行為者につき故意阻却を認めた（大判大14・6・9刑集4・378）．すなわち，本件において，被告人は，捕獲することを禁止されている「たぬき（狸）」2頭を捕獲したが，その捕獲は狩猟禁止期間中になされたとはいえないけれども，かりに禁止期間中になされたものであったとした場合でも，自分が捕獲した動物は被告人の地方で「十文字むじな（狢）」と俗称されている獣であって，「たぬき」と「むじな」とは全く別個のものであると誤信し，「むじな」は禁猟獣である「たぬき」でないと考えていた．大審院は，このよ

うな場合には故意を阻却するとし，その理由を次の点に求めている．すなわち，学問的見地からすれば，「むじな」は「たぬき」と同じものであるが，これは動物学上の知識をもっている者にしてはじめて知りうることである．「たぬき」および「むじな」の名称は古来より併存し，わが国の習俗もまたこの両者を区別してまったく怪しまなかったのであるから，狩猟法において「たぬき」という名称の中には「むじな」をも包含する旨を明記して国民の注意を喚起すべきであったにもかかわらず，単に「たぬき」という名称をかかげて，その中に当然「むじな」を包含させ，わが国の古来の習俗上の観念に従って「むじな」を「たぬき」と別個と考えてこれを捕獲した者に対して，刑罰の制裁をもって臨むのは失当である．したがって，法律上捕獲を禁止された「たぬき」であることの認識を欠いている被告人に対しては，故意を阻却するものとしてその行為を不問に付するのは当然であるとされたのである．

この2つの事件はいずれも行為者が，狩猟法上，捕獲を禁止されている動物を別の動物と誤解して捕獲したものであるが，一方は有罪となり，他方は無罪となったので，学説上，両者は矛盾するのかどうか，矛盾するとした場合，いずれの考え方が妥当なのか，が争われている．
→事実の錯誤　　　　　　　　　　　[川端　博]

無銭飲食　これには2つの類型があり，そのひとつは，最初から支払いの意思・能力がないのに食堂で注文して飲食する，犯意先行型であり，欺く行為の態様が問題になるが，最高裁判例(最判昭30・7・7刑集9・9・1856)・通説は，不作為の欺く行為ではなく，注文の際に当然備わっているべき支払い意思・能力があるかのように装って注文するという挙動による欺く行為(推断的欺罔)を認めている．もうひとつは，当初支払いの意思があった飲食先行型であるが，このうち，店員の隙をみて逃走する単純逃走型は，利益窃盗として不可罰になる．これに対して，何らかの偽計手段を講じて支払いを免れる偽計逃走型では，処分行為の有無が問題になる．最高裁判例は，傍論ながら，債務免除の意思表示をさせたことが必要であるとして，*詐欺罪'の成立を否定している(前掲最判昭30・7・7)．学説では，具体的処分意思必要説からは，利益の移転の認識が欠けるため処分行為は認められないとして，判例を支持することになろうが，必ずしもそうした対応関係にはない．これに対して，具体的処分意思不要説からは，財産上の利益が欺かれた者の意思に基づいて行為者に移転したとして，処分行為を認めることができる．
　　　　　　　　　　　　　　　　　[安田拓人]

村八分　共同体のルール違反に対する*社会的制裁'として，共同体の申合せによりなされる違反者に対する共同絶交．判例は，村八分の通告が，他人と交際する自由と名誉に対する加害の告知として，正当な理由がない限り，*脅迫罪'にあたるとしている(大判明44・9・5刑録17・1520，大阪高判昭32・9・13高刑10・7・602)．交際が個人の自由であることを理由に判例に反対する見解も有力であるが，通説は判例を支持している．判例・通説の立場からは，村八分の事実を公然摘示すると*名誉毀損罪'が成立することになろう．　　　　[佐伯仁志]

め

迷信犯　(独) abergläubischer Versuch　人の殺害を図って「丑の刻参り」をする場合のように，迷信に基づいた方法により犯罪事実を実現しようとする行為をいう．*不能犯'の成否に関して主張されている，故意の実現に向けた行為を行えば*未遂犯'が成立するとする主観説の立場からも，真の犯罪的意思が欠如する，処罰を必要とする性格の危険性が認められない等の理由によって，不能犯とされることが多い．客観説の立場からは，結果発生の危険性が認められないから，不能犯とされる．
　　　　　　　　　　　　　　　　　[山口　厚]

名誉　(英) hono(u)r　(独) Ehre　(仏) honneur　**1 名誉の概念**　名誉の概念は，人の人格的価値を意味する内部的名誉，人の社会的評価を意味する外部的名誉，人の名誉感情を意味する主観的名誉に分けることができ

る．このうち内部的名誉それ自体は，外部から侵害することはできないので，法的保護になじまないものと一般に解されている．刑法の名誉侵害罪の保護法益に関しては，通説・判例が，*名誉毀損罪'(刑230Ⅰ)・*侮辱罪'(刑231)ともに外部的名誉が保護法益であり，両罪は事実摘示の有無によって区別されると解しているのに対して，少数説は，名誉毀損罪の保護法益は外部的名誉であるが，侮辱罪の保護法益は主観的名誉であると解している．両説の違いは，名誉感情を有しない幼児・精神障害者・法人等に対して侮辱罪が成立するかどうかという点にあるものとされ，通説・判例は，外部的名誉説の立場から法人に対する侮辱罪の成立を認めている(最決昭58・11・1刑集37・9・1341)．しかし，名誉は人の社会的評価一般ではなく，人の人格的価値に対する社会的評価を意味していると解して，外部的名誉説の立場から法人に対する侮辱罪・名誉毀損罪双方の成立を否定する見解もありうる．なお，民法の不法行為においては，外部的名誉の他に，名誉感情も保護されるものと考えられており，公然性を有しない侮辱行為についても不法行為の成立が認められている．

2 事実の真実性との関係 名誉侵害罪の立法形式には，真実の摘示による名誉侵害を認めるものと認めないものがあり，前者の名誉概念を事実的名誉概念，後者の名誉概念を規範的名誉概念と呼ぶ．わが国の名誉毀損罪は，公共の利害に関しない事実については，事実の真否を問わず名誉侵害を処罰しているので，事実的名誉概念をとっているものと一般に理解されているが，刑法230条の2によって名誉毀損罪の構成要件が修正され，その限度で規範的名誉概念が採られたものと理解する見解もある．わが国の名誉毀損罪は，公共の利害に関しない事実について事実の真否を問わず名誉侵害を処罰することで，一定の限度で，*プライヴァシー'保護の機能を果たしているものといえる．なお，*死者の名誉毀損罪'(刑230Ⅱ)は，虚偽の事実を摘示した場合に限って処罰しているが，同罪が死者の名誉を保護した規定かどうかについては学説上争いがある． ［佐伯仁志］

名誉毀損罪 （英）defamation （独）Ehrverletzung （仏）diffamation **1 名誉侵害** 公然と事実を摘示して人の名誉を毀損する罪(刑230Ⅰ)．*名誉'とは，人の社会的評価である外部的名誉を意味する．判例・通説は，法人も社会的評価を有しているので，名誉毀損罪の保護を受けると解しているが，法人は人格的評価を有していないので名誉毀損罪の保護を受けないとする見解もある．いずれにしても，被害者は個人として特定されることを要するので，「○○人」「○○民族」といった個人が特定されない集団の名誉は保護されていない．公然とは，摘示された事実が不特定または多数の者が認識しうる状態を意味する．判例は，摘示の相手方が特定少数であっても伝播可能性がある場合には公然性を認めており(最判昭34・5・7刑集13・5・641)，これを支持する学説も有力であるが反対説も強い．本罪は抽象的危険犯であって，現実に人の社会的評価が低下したことを証明する必要はないと解されている．なお，*死者の名誉毀損罪'は，摘示した事実が虚偽の場合に限って処罰されることになっているが(刑230Ⅱ)，同罪の保護法益が死者の名誉であるかどうかについては学説上争いがあり，これを死者に対する遺族の敬愛の感情と解する見解も有力である．

2 真実性の証明 摘示事実が公共の利害に関する事実で，行為の目的の公益性が認められる場合には，事実の*真実性の証明'があれば，処罰されない(刑230の2Ⅰ)．*プライヴァシー'に属する事実は，原則として公共の利害に関する事実には当たらないと解すべきであるので，その限りで，わが国の名誉毀損罪は，プライヴァシー保護の機能も有している．しかし，私人のプライヴァシーに属する事実であっても，そのたずさわる社会的活動の性質及びこれを通じて社会に及ぼす影響力の程度などのいかんによっては，例外的に公共の利害に関する事実にあたる場合がありうる(*月刊ペン事件'判決参照)．*犯罪報道'による名誉毀損が問題となることがしばしばあるが，公訴提起前の犯罪行為に関する事実は公共の利害に関する事実とみなされている(刑230の2Ⅱ)．真実性の証明に失敗した場合であっても，行為者が真実性を誤信したことについて確実な資料・根拠に照らし相当の理由があるときは，処罰されないが(最判昭44・

6・25刑集23・7・975)，その理論的説明については見解が分かれている(*'真実性の証明'参照).

3 *'侮辱罪'との関係　判例・通説は，侮辱罪の保護法益も外部的名誉であると解したうえで，名誉毀損罪と侮辱罪を事実摘示の有無によって区別し，真実性の証明に成功した場合には名誉毀損罪だけでなく侮辱罪でも処罰されることはないと解している．しかし，摘示事実が真実であっても，その摘示の仕方が侮辱的な場合には，表現方法による侮辱罪が成立しうると解する見解も主張されている． 　　　　　　　　［佐伯仁志］

命　令　命令とは，裁判を，裁判主体，成立手続，および不服申立方法の違いにより区別した場合の裁判の一類型である．命令は，裁判主体が裁判官である点で，裁判所による*'判決'，*'決定'と区別され，また不服申立方法が抗告ではなく，*'準抗告'である点で決定と区別される(刑訴429)．ただし，憲法問題については，特別抗告が認められる(433)．判決と比べ手続はより簡便であり，判決が原則として必ず口頭弁論に基づいて行われ(43 I)，理由を付さなければならないのに対し(44 I参照)，命令は，決定と同様口頭弁論に基づいてすることを要せず(43 II)，上訴を許さない決定については理由も不要である(44 II)．だが，命令(決定)についても，必要があれば事実の取調べをすることができる(43 III)．

なお，略式命令(461以下)は，「命令」という言葉が使われているが，主体が裁判所であるから，命令ではなく，決定である． ［白取祐司］

迷惑防止条例　東京都の公衆に著しく迷惑をかける暴力的不良行為等の防止に関する条例のように，多くの地方自治体では，刑法等他の刑罰法令には違反しないが，公衆に著しく迷惑をかける暴力的な不良行為を取り締まるために条例を制定している．この種の条例を迷惑防止条例と呼ぶ．迷惑防止条例の内容は各自治体によって多少異なるが，一般に，公共の場所や乗物において婦女を羞恥させる卑わいな言動，通行人や乗客等に対していいがかりや，すごむ等の不安を覚えさせる粗暴な言動(ぐれん隊行為)，乗車券等を不特定の者に転売するダフ屋行為，不当な客引き行為，押売行為等を規制対象とした条例が多く，女性の裸体や下着姿をひそかに盗撮する行為が同条例違反にあたる場合もある. 　　　　　　　　　　　　　［北川佳世子］

メーデー事件　1952(昭27)年5月，神宮外苑でのメーデー中央大会終了後のデモ行進中，①参加者中約3千人が皇居前広場に乱入し，規制に乗り出した警官隊と衝突し，②その後桜田濠沿い道路および二重橋前十字路でも参加者と警官隊が接触・乱闘した他，③その近辺においても同様の接触・乱闘等を行った事態につき，216名が*'騒乱罪'(刑106)，公務執行妨害，建造物以外放火等で起訴された事件．第1審(東京地判昭45・1・28高刑25・5・698参照)は，騒乱罪の成立を①については否定し，②③については肯定したが，控訴審(東京高判昭47・11・21高刑25・5・479)は，構成員による暴行・脅迫が未だ一般住民の生命・身体・財産に危害を及ぼす程度のものではなく，一地方の静謐を害するとまではいえないとして，①②③すべての事実について騒乱罪の成立を否定した．→大須事件，吹田黙禱事件，新宿駅騒乱事件，平事件，統一公判 　　　　　　　　　　［伊藤 渉］

メツガー　Edmund Mezger(独・1884-1962)　ドイツの刑法学者．1932年からミュンヘン大学教授．主著として，『刑法教科書 Strafrecht: Ein Lehrbuch』(3版・1949)が名高い．方法論的には新カント学派哲学を基礎として，規範主義的色彩の強い犯罪理論を構成し，1930年代以降の数十年間，通説の体系を代表する理論家であった．*'構成要件'論においては，*'マイヤー'の理論をおし進めて，構成要件と違法性の関係をより密接なものとして捉え，構成要件該当性の判断は違法判断の構成部分にすぎないとする不法類型説を主張した．*'違法'論においては，法規範の2つの機能として，評価規範の面と意思決定規範の面とを区別し，違法性の本質を評価規範違反として特徴づけ，無過失の人間行為に基づく法益の侵害・危殆化はもちろん，自然現象や動物によるそれでも，違法たり得るとした．このように考えることにより，メツガーは，*'客観的違法論'に確固たる理論的基礎づけを与えるとともに，法益侵害性の判断に影響するかぎりで*'主観的違法要素'が認められる可能性を開いた．そこにおいては，*'結果無価値'論の理論的に完成された姿が提示された

ということができる．さらに，メツガーは，責任の本質につき，行状責任論や性格論的責任論といった考え方を示し，わが国の議論にも大きな影響を与えた． [井田 良]

メモの理論 証人が記憶を蘇らせることができないとき，事件に接着した時期に，事件に関して事実を正確に記載したメモについて，その旨を証人が尋問で供述して反対尋問を経た場合，これを伝聞例外として証拠に採用する考え方．「過去の記憶の記録」の法理．英米法に由来する．

日記，手帳，備忘録などの*伝聞証拠'について，上記の要件があれば，刑事訴訟法323条3号で証拠能力を認める扱いもあるが（貸借関係を記載した手帳について仙台高判昭27・4・5高刑5・4・549，カレンダー裏に記載した馬券申込みのメモについて東京高判昭54・8・23判時958・131），同条は書面作成が公務または通常の業務の過程で機械的・記述的に作成されるか，作成のプロセス上記載内容の信用性の情況的保障があるものに限る趣旨であり，一般的に「メモの理論」を採用したものではない．これらは，321条1項3号該当書面として扱うべきである（最判昭31・3・27刑集10・3・387）．

「メモの理論」によって，捜査機関作成の検証調書（実況見分調書を含む）や鑑定書の証拠能力を認める規定（刑訴321 III・IV）を正当化する説もあったが，現在は，これらの処分の客観性・科学性と，処分の性質上口頭報告よりも正確性を確保できることが伝聞例外の正当性の根拠とされている．

証人の記憶喚起のため，供述録取書以外の書面を示すことが許されている（刑訴規199の11）．この場合，喚起されて述べた供述が証拠になるのであって，参照した書面が証拠になるのではない．もっとも，書面の誘導性はかなり高い．そこで，当該証人が作成した証拠能力のある書面に限る説，刑事訴訟法323条で証拠能力が認められる書面に限る説など一定の適正な制約を加える提案が有力である．証人尋問に先立ち証人テストとして，捜査段階の供述調書をあらかじめ読ませることがあるが，伝聞法則を潜脱するものであり好ましくないとする判例がある（神戸地判昭50・4・11判時793・109）．→三号書面 [渡辺 修]

面会強請 *証人等威迫罪'（刑105の2）*暴力行為等処罰ニ関スル法律'（暴力処罰法）2条（財産的利得目的での集団的・常習的面会強請等）の実行行為のひとつ．さらには，議院証言法9条においても，議院による証人およびその親族に対する「面会を強要」する行為が処罰されている．「面会を強請し」とは，面会の意図のないことの明らかな相手方に対して面会を強要することをいう．刑法105条の2では「自己若しくは他人の刑事事件の捜査若しくは審判に必要な知識を有すると認められる者又はその親族に対し，当該事件に関して」，暴力処罰法2条では「財産上不正ノ利益ヲ得又ハ得シムル目的ヲ以テ」，議院証言法9条では「証人又はその親族に対し，当該証人の出頭，証言又は書類の提出に関し」，いずれも正当な理由なしに行われなければならない．刑法105条の2および議院証言法9条はいわゆるお礼参りを防止しようとしている．「当該事件に関して」（刑105の2）は当該刑事事件の終局裁判の確定前であることをも意味し，議院証言法9条も議院による証人喚問が終了し，再喚問の可能性が消滅する時点までに限る趣旨と解せよう（以後は強要罪の成立可能性のみ）．強請は書面や電話による間接的方法は含まれないとの学説および下級審判例もある．暴行・脅迫を手段とする場合は強要未遂罪（刑223）との観念的競合である． [岩間康夫]

免囚保護事業 *更生保護事業'や*更生緊急保護'の前身として，監獄・刑事施設から釈放された受刑者等被拘禁者（免囚）の保護・援助を行う活動．ボランティアとして行われる出獄者保護事業一般としてとらえることもできる．免囚や出獄者といった用語は，明治以来の古めかしいものとして使われなくなってきているが，その事業・活動内容自体は，今日でも極めて重要なものである．

金原明善らの設立した静岡勧善会（明13）が，僧侶による獄中説教事業の傍ら，放免された模範囚に功労金授与，職業幹旋を行ったのを嚆矢とする．明治21年には，金原らによって静岡県出獄人保護会社が，県知事の許可のもと設立され，わが国における更生保護施設の第1号とされる．欧米諸国の免囚保護会社が犯罪者の減少

に好結果をもたらしていること、静岡監獄の受刑者中再犯者が急速に増加しており、免囚者が世人の排斥を受けて再犯に陥ることも少なくないこと、出獄者を保護して社会の門戸に入り正当な職業に就かせたいとされた。これらは、旧刑法(明13)下で仮出獄者が警察所の特別監視に付され、主刑の終わった者が附加刑として一定期間同様の監視に付された体制に比して、被釈放者の社会復帰に対する援助をめざしたといえようが、同(明21)年設立の大日本監獄協会が出獄人保護も同会の事業のひとつにし、釈放者保護が司法省監獄局の所管とされ(明33)、免囚保護事業奨励費の予算化(明40)など監獄運営の一環として位置づけられた。刑法(明40)、監獄法(明41)の新体制下で、仮出獄者の特別監視は、現在の保護観察下の遵守事項に近い警察官署の監督(監67)に改められ、監獄協会による中央保護会の設立、同会による免囚保護事業協議会並びに講習会の開催(大2)が行われた。このころに司法保護委員制度も福井県に発足している。また、警察官の出獄者行動視察については、就職先訪問等で、失職・再犯といったことのないように間接の方法による内偵が通達され(大6)、「出獄人保護」から「釈放者保護」への名称変更と監獄局あらため行刑局の所管から大臣官房保護課への変更、仮出獄少年について、警察官署の監督から、新たに少年法によっておかれた少年保護司の観察にかえられた(大11)。ここに、慈善的免囚保護は、司法保護のひとつとして位置づけられ、第2次世界大戦後の更生保護、更生緊急保護につながっていく。

[吉岡一男]

免訴 免訴は、管轄違い、公訴棄却とならんで、公訴を維持・追行するための要件(訴訟条件)を欠くためになされる*形式裁判'の一種である。免訴判決をすべき事由は法律に列挙されている(刑訴337)。これらをみると、免訴事由は、刑の廃止、公訴時効の完成や公訴権の発動を許さない事由が列挙されており、公訴棄却事由とはニュアンスを異にするようにもみえる。また、現行法には、免訴判決を、他の形式裁判とは異なり無罪に準じる扱いをしている規定もある(183・435⑥)。このような点から、免訴を他の形式裁判から区別された実体裁判(旧法時代の学説)、あるいは実体関係的形式裁判、実体的本案裁判であると説明する学説が登場する。これらの学説のねらいは、免訴判決にも一事不再理効が生じると解するところにある。換言すれば、刑事訴訟法337条1号の「確定判決」には、有罪無罪の実体判決のほかに、免訴判決も含まれると解するのである。しかし、免訴事由と公訴棄却事由の違いは相対的なものであり、予審免訴がなくなった現行法の下では、形式裁判としての法的性格について、本質的違いはないというべきである(今日の通説)。ただし、有罪・無罪の実体判決に向けられた手続が行われ、結審間際に免訴事由が判明して免訴判決が言い渡されたような場合には、実体審理の危険ないし負担を受けたことを根拠に一事不再理効(二重の危険)を認めることは不可能ではない。しかしこれは免訴判決だからではなく、実体審理・実体判決の「危険」が生じれば、他の形式裁判でも同様に解すべきであり、この点でも免訴を特別に扱うべきではない。判例は、形式裁判説にたって、大赦によって言い渡された免訴判決に対する上訴を認めなかった(*プラカード事件')(最判大昭47・12・20刑集26・10・631)。

なお、免訴事由は、刑事訴訟法337条所定の事由に限られるものではない。公訴権を維持・追行することが、適正・迅速な裁判の実現という理想からみて許されなくなったときは、超法規的な免訴事由を認めて手続を打ち切ることが許される(最判大昭47・12・20刑集26・10・631、高田事件)。　　　　　　　　　　[白取祐司]

免田事件　1948(昭23)年12月29日、熊本県人吉市で祈禱師一家が殺傷された事件。犯人とされた免田栄氏の名をとって後に免田事件と呼ばれるようになった。免田は、手配犯人に似ているなどの理由で任意同行を受け、別件の窃盗事件で緊急逮捕、引き続いて本件強盗殺人等で逮捕、勾留され、その間に本件犯行を自白したが、1審途中からアリバイを主張して否認に転じた。1審判決(熊本地八代支判昭25・3・23未登載)はアリバイの点に触れずに死刑判決を言渡し、控訴、上告も棄却されて死刑判決が確定した。第3次の*再審請求でいったん再審開始決定が出されたが(熊本地八代支決昭31・8・10(未登載)、後に「幻の西辻決定」と

呼ばれる），抗告審で取り消され，第6次請求の抗告審でようやく開始決定が再度出され（福岡高決昭54・9・27高刑32・2・186，これに対する検察側の特別抗告は棄却），これによって再審が開始された．再審の判決では1審以来のアリバイ主張が認められて無罪判決が出され，これが確定，免田は死刑台から生還した第1号の人となった（熊本地八代支判昭58・7・15判時1090・21）．なお，再審公判段階で身柄問題が争われたが，裁判所は釈放を認めず（昭55・6・5，同支部見解刑月13・6＝7・482），この取扱いが他事件でも通例となった）．→財田川事件，島田事件，白鳥事件，徳島事件，松山事件

[水谷規男]

も

申立適格（英）standing　申立適格は，*違法収集証拠'の*証拠能力'について，誰がどの範囲で主張することができるかという問題として論じられている．

違法収集証拠の証拠能力は，条件的・相対的であると解されているので（最判昭53・9・7刑集32・6・1672），証拠排除の理由を，適正手続の保障に求めると，利益主体との関係で違法は相対化され，利益を侵害された者にのみ申立適格が認められることになるし，違法捜査の抑止という観点からは，その利益関心は利益を直接侵害された者に限定されないので，すべての人が申し立てられるということになり，格別，適格を問題とする意味はない．

実際上は，*被告人'が証拠収集手続におけるその権利・利益の侵害に直接関係しないか，関係が薄い場合にも申立適格を認めるべきか，が問題となる．

たとえば，*捜査機関'が放送されたテレビニュースを録画して，そのビデオテープを証拠とすることについて，被告人から「報道の自由」の侵害を理由に排除を求めた事案で，取材源秘匿権の主体は報道機関にあり，被告人には申立適格はないとした裁判例がある（東京地判昭55・3・26判時968・27）．

なお，被告人からの申立適格の主張・立証は*自己負罪拒否特権'（憲38 I）を放棄したものとすることはできない．　　　[安冨 潔]

毛髪　人の毛髪は，犯罪現場その他にしばしば遺留されているので，それらの遺留毛髪を採取して，被疑者等から得た毛髪（対照毛髪）と比較検討することにより，それらの由来の同一性を判定する試みがなされている．毛髪の異同識別は，主として警察捜査において実施されており，科学警察研究所の開発した手法によれば，形態学的検査（肉眼による全体の形状・長さ・色調等の検査，顕微鏡による太さ・両先端の形状・髄質の出現形態・色素顆粒等の検査など），血清学的検査（ABO式血液型の検査など），分析化学的検査（毛髪の表面に含まれる塩素・カリウム・カルシウムについてのX線マイクロアナライザーによる分析など）が実施される．もっとも，毛髪の特性につては，個人内でも変動が大きく，逆に他人間でも近似することがありうるため，個人識別として用いるためには限界があるとの意見もある．→科学的証拠，科学的捜査　　　　　　　　　[長沼範良]

目的刑（独）Zweckstrafe　*応報刑論'は，刑罰は行為者が犯罪を犯したがゆえに科されるとした．これに対して，目的刑論は，*刑罰'は苦痛であり，害悪であるから，単に犯罪への応報は正義であるといった観念論では正当化できず，犯罪予防という合理的な目的をもつ場合に始めて正当化されるとする．犯罪予防目的はさらに*特別予防'と*一般予防'に分かれる．犯罪を犯した当の行為者が将来は犯罪を行わないように刑罰を科すとするのが特別予防である．法律に犯罪とそれに対する刑罰を規定することによって，あるいは，現実の刑罰の執行によって，一般人が犯罪を行わないように予防するのが一般予防である．これらの目的刑を刑罰の正当化根拠とするのが目的刑論である．なお，刑罰の応報的側面を認めながらも，刑罰は犯罪防止に効果がある限りで正当化されるとする抑止刑論も広い意味では目的刑論のひとつと言えよう．

目的刑をとくに主張したのは*リスト'である．

彼はイェーリング Rudolf von Jhering（独・1818-92）の目的的合理主義に基づき，刑罰も応報論者のいうような無目的なものであってはならず，犯罪者の法益を侵害することによって，一般人の法益を保護する目的を持つものでなければならないとした．刑罰の執行もこの目的を遂げるためになされる．それには応報論の言うような犯罪行為に対する抽象的な報復としての刑罰ではなく，犯罪行為者に焦点を当てた刑罰が重要になる．ここから，リストは当の犯罪者が将来は犯罪行為に走らないようにするための行為者類型による刑罰を考えた．機会犯人や偶発犯人には威嚇刑を科し，改善可能な状態犯人は改善し，改善不能な状態犯人は離隔すべきであるとした．目的刑という用語は，とくに，このような行為者の再社会化による犯罪防止を図る特別予防をさして用いられることも多い．

[林美月子]

目的説（独）Zwecktheorie　*違法阻却事由'すべてに通ずる違法阻却（正当化）の一般原理に関する学説のひとつであって，違法性の本質に関する規範違反説を基礎とするものである．目的説は，法益の侵害が「国家によって承認された共同生活の目的達成のための相当な手段」である場合には違法とならない，とする見解であって，「正当な目的のための相当な手段」は適法である，と解している．目的説に対しては，その表現形式があまりにも不明確であって漠然としており，実務上の問題解決の基準としては役立ちにくい，という批判が向けられている．

目的を強調する目的説は一面的にすぎる，としてこれを非難し，同じく規範違反説に立脚しつつ，行為が社会的に相当であること，すなわち行為が歴史的に形成された社会生活の秩序の枠内にあり，そうした秩序によって許容されていることが違法阻却の一般原理である，とする見解が社会的相当性説である．この見解に対しては，社会的相当性の概念があまりに包括的，抽象的，多義的であって，その内容が明確でない，という批判が加えられている．→超法規的違法阻却事由，法益考量（衡量）説　[曽根威彦]

目的的行為論（独）finale Handlungslehre　*行為'の本質的要素を，意思による因果的過程の支配・統制に求め，人がみずから設定した目的の実現に向けて因果的過程を制御する目的追求活動として行為を把握する見解．1930年代の初頭からとくに*ヴェルツェル'により主張され，盛んな論争が展開された．*因果的行為論'においては，意思を起点とする因果的過程という点で，故意行為も過失行為も同じであるが，目的的行為論によれば，一定の犯罪的結果の実現を目的とする故意行為は，そうでない過失行為とその構造において相違し，違法評価の対象として根本的に異なるとされる．現在，目的的行為論は少数説にとどまっている．批判としては，過失犯における目的は法的に重要でなく，因果的に惹起された結果が重要であるから，過失行為を目的的行為として説明することは不適切であるという点が強く指摘されている．不作為については，目的的行為論の主張者みずから，作為と存在構造をまったく異にするから，作為と不作為とを同一の概念のもとにおくことはできないとし，行為と不作為を統一する上位概念としては，「目的活動的な意思によって支配・統制し得る範囲内にある人間の態度」という包括的な概念を提案している．ただし注意すべきことは，目的的行為論の主張の眼目が，行為論と違法論との間の密接な関係を指摘するところにあったことである．この学説は，因果的行為論が*結果無価値'論の理論的基礎となっていることを明らかにし，これに対し，行為の存在構造から出発して，行為規範違反が違法性の本質的要素であること，規範違反性に影響する行為態様や主観的要素もまた違法評価に影響し得ることを主張したのである（いわゆる*行為無価値'論）．→社会的行為論，人格的行為論

[井田　良]

目的犯（独）Absichtsdelikt　犯罪構成要件の主観的な要素として，故意のほかに，一定の目的の存在が必要とされる犯罪をさす．営利等拐取罪，麻薬向精神薬取締法違反罪（「営利」の目的），背任罪（「利得・加害」の目的），通貨偽造罪，文書偽造罪等（「行使」の目的），虚偽告訴罪（「処分を受けさせる」目的），内乱罪（国家基本秩序を壊乱する目的）等がこれにあたる．これらの目的は，通常は，各犯罪の構成要件要素となっているので主観的構成要件要素であり，

また，客観的構成要件の認識＝故意を超えた主観的要素であることから，しばしば超過内心傾向と呼ばれる．

目的犯における目的にはいくつかの類型がある．まず，構成要件該当行為の後に，自ら第2の行為を行うことによって生じる結果を目的とする「不完全な2行為犯」（「短縮された2行為犯」「間接目的犯」とも呼ばれる）と，そのような第2の行為の介在なしに生じる結果を目的とする「切断された結果犯」（「直接目的犯」）である．前者の例は，偽造罪における「行使の目的」であり，後者の例は，背任罪における「利得・加害の目的」，虚偽告訴罪における被告訴者の処罰等である．この区別は，その目的が主観的違法要素となりうるか否か，また，目的が未必的なもので足りるか否か等の議論において影響するとされる．他方，目的の存在が犯罪成立の要件となる真正目的犯（偽造罪等）と，それが刑の加重要件となるに過ぎない不真正目的犯（麻薬向精神薬取締法の営利目的）との分類も行われ，後者に分類されるものには，構成要件要素ではなく，単なる刑の加重減軽事由にすぎないと解されているものもある．

目的犯における目的は*主観的違法要素'であるとされることが多いが，主観的要素の法益侵害への影響を原則的に否定する見地から，「切断された結果犯」における目的について，またはすべての目的について，これを責任要素であるとする見解も有力である．

なお，犯人が一定の目的を有することが刑法65条の「身分」に当たるかどうかには議論があるが，判例は，旧麻薬取締法における「営利目的」について，これが65条2項の身分（加減的身分）にあたるとしている．この点，65条が，構成的身分犯について非身分者との連帯・従属を規定する1項と，加減的身分について独立・個別化する2項とに分裂していることから，「目的」の本質が違法要素であるのか責任要素であるのかという性格付けとも関わり，困難な問題を提供している．→心情要素　　　　［酒井安行］

黙秘権　**1 意義**　日本国憲法38条1項は，アメリカ合衆国憲法修正5条の*自己負罪拒否特権'に倣い，黙秘権を「何人も，自己に不利益な供述を強要されない」と規定している．歴史的にイギリスで成立したこの権利は，国家が個人の内心を侵すことを禁止し，人間の尊厳を擁護するために保障されてきた．憲法を受けた刑事訴訟法は，被告人には「終始沈黙し，又は個々の質問に対し，供述を拒むことができる」（311Ⅰ）として，包括的に黙秘する権利を保障し，被疑者に対しても権利の告知という形式をとって「自己の意思に反して供述をする必要がない」（198Ⅱ）として被告人と同様の権利を保障したと解されている．被疑者・被告人にとっては，全ての供述が「不利益な供述」である可能性があり，憲法と刑事訴訟法は同じ内容の黙秘権を保障していると解されるようになっている．

しかし，証人について刑事訴訟法は，「何人も，自己が刑事訴追を受け，又は有罪判決を受ける虞のある証言を拒むことができる」（146）と規定し，不利益な事項についてのみ*証言拒絶権'を認めている．被告人に保障された包括的黙秘権と異なっており，わが国で多くの学説が被告人の証人適格を否定する根拠にもなっている．当事者としての地位を強化するために包括的黙秘権を保障したことと矛盾するからであるが，証人になることを拒否した場合に，事実上の不利益推認の危険性もあるからである．

2 告知・内容・範囲　刑事訴訟法は，黙秘権の実効性を確保するための方法として，被疑者・被告人に黙秘権を告知することを義務づけている（198Ⅱ，291Ⅱ）．この告知が，憲法上も要求されているか否かについては見解が分かれている．判例は，憲法上の要求ではないとする（最判昭25・11・21刑集4・11・235）．しかし，学説は疑問視している．憲法上の権利の実効性を確保することが憲法上の要求でないとは考えがたいからである．

被疑者・被告人には，前述のように憲法上も刑事訴訟法上も包括的黙秘権があり，黙秘できる事項に制約はないと解される．ところが，憲法の「不利益な供述」という文言から，氏名に黙秘権がないとして氏名を黙秘したままの弁護人選任届を無効とした地方裁判所の判断を容認した判例がある（最判大昭32・2・20刑集11・2・802）．黙秘権の内容という点でも疑問だが，弁護人選任届などは，被疑者・被告人としての同

一性が確認できれば足りるはずであり、この点からも疑問である。

黙秘権によって禁止されるのは、「供述」の強要であり、指紋・足型の採取、身長・体重の測定、写真撮影や身体検査などに黙秘権が及ばないことに異論はない。問題になるのは、*ポリグラフ'検査や*麻酔分析'である。前者については、あくまでも証拠となるのは「非供述証拠」である血圧・発汗などの生理的変化であり黙秘権の問題ではないとする見解と生理的変化は独立に証拠となるのではなく、質問への応答が意味を持っており、それは内心を表出する供述であるとして黙秘権が及ぶとする見解が対立している。いずれの見解にあっても被検者の同意を要求する見解もあるが、内心の表出が強制される以上、積極的で真摯な同意はあり得ないという主張もある。後者は、薬物により供述するか否かの自由を奪い内心を表出させるものであり、黙秘権の侵害になるということに学説上異論はない。

3 効果 黙秘権の効果としては3点があげられる。まず、供述の強要禁止がある。刑罰その他の制裁で、供述を強要することが禁止される。被疑者に取調受忍義務を課して取り調べることが許されるかが問題になってきたが、実務は、刑事訴訟法198条1項但書が逮捕または勾留されている場合に取調受忍義務を認めているとして肯定し、学説は取調受忍義務を認めることが事実上黙秘権侵害になるとして強く批判してきた。2つ目は、証拠排除の効果である。黙秘権を侵害して得られた供述の利用が禁止されるが、この効果が自白法則による自白の排除を支える根拠となり、補完関係が成立することになっている。3つ目が、不利益推認の禁止である。黙秘したことから有罪を推認することが禁止されるが、量刑上自白・反省していることを有利に扱う反面として不利益に扱うことは禁止できないとする学説が多い。

判例は、黙秘権の保障が、刑事手続以外の手続でも、実質上、刑事責任追及のための資料の取得収集に直接結びつく作用を一般的に有する手続にも及ぶとしている(最判大昭47・11・22刑集26・9・554)。道路交通法上の事故を起こした者の報告義務や麻薬及び向精神薬取締法上の免許を受けた麻薬取扱者の帳簿記載義務などが問題になるが、いずれについても判例は、黙秘権と抵触しないとする(最判大昭37・5・2刑集16・5・495、最判大昭31・7・18刑集10・7・1173)。しかし、前者については、疑問視する学説も多い。→供述拒否権、ミランダ・ルール、刑事免責　　　　　　　　　　　　　　　　　[大出良知]

模　造　模造とは、作成された偽貨が通常人をして真正な通貨と誤認させる程度、すなわち*偽造'の程度に至らず、それが真正な通貨に「紛ハシキ外観ヲ有スルモノ」(通貨模造1)にすぎない場合である。この模造罪の法益も通貨偽造罪のそれと基本的に同一であって、通貨の真正に対する社会の信頼、ひいてはそれから生じる取引の安全である。したがって、玩具のようにおよそ何人も真正な通貨と誤認するおそれがない場合には、模造にも当たらないが、通常の取引過程で通常人をして真正な通貨と誤認させる程度には至らなくても、その用法のいかんによっては、なお真正の通貨と誤認させるおそれがあり、欺罔手段として利用される危険性があれば、模造罪に該当する(最判昭45・4・24刑集24・4・153)。

なお、通貨を偽造するつもりで作り出したが、元々その技術が拙劣であったため、作り出された物が結果的に偽造の程度に達しなかった場合は、通説は通貨偽造未遂罪とするが、模造罪とする説も有力である。→変造　　　　　　[園田　寿]

勿論解釈　(羅) argumentum a fortiori　勿論解釈とは、法律上明文規定のない事項につき、その立法目的や趣旨などから当該法律を「より強い理由で」適用する解釈方法である。いわば*類推解釈'をとることが条理上当然明らかである場合に用いられる。

勿論解釈により処罰範囲を拡大した判例として、違法な時間外労働等に対する割増賃金の不払いにつき、割増賃金不払罪の成否が争われた事件がある。労働基準法37条1項は明文上適法な時間外労働についてのみ割増賃金支払義務を課する。控訴審は、割増賃金不払罪の適用が被告人に不利益な類推解釈で*罪刑法定主義'に反するとした。しかし、最高裁は、「適法な時間外労働等について割増賃金支払義務があるならば、違法な時間外労働等の場合には一層強い理由で

その支払義務があるものと解すべき」で，「法119条1号の罰則は時間外労働等が適法であると違法であるとを問わず，適用あるものと解すべきは条理上当然である」とした（最判昭35・7・14刑集14・9・1139）．

勿論解釈は強力なレトリックであるが，罪刑法定主義に照らせば，明文を重視し，*反対解釈'を旨とすべきである．ただし，被告人に有利な勿論解釈は許容される．→拡張解釈，縮小解釈
[門田成人]

泉 二 新 熊（もとじしんぐま 1876-1947） 1人・活動・業績　泉二新熊は，検事総長，大審院長，枢密顧問官を歴任した実務家であり，司法省行刑局長・刑事局長時代には，「予備草案」(1927，昭2），「改正刑法仮案」(1940，昭15）の起草に関わったほか，刑法学者としては，折衷主義の刑法理論を唱え，実務的・現実主義的観点から目的刑論の主張を「漸進的なもの」に和らげた．泉二は，「実務家的感覚からする折衷主義者」と評されている．

泉二は，1876（明9）年1月27日，奄美大島で出生．1898（明31）年9月，東京帝国大学法科大学独法科に進学，1902（明35）年に卒業．*穂積陳重'の推挽によって京都帝国大学法科大学講師に招聘されたが，辞任後，母校の大学院に入学．司法官試補に採用され，1902（明35）年10月，東京地方裁判所等において事務修習．1905（明38）年4月，東京区裁判所検事兼東京地方裁判所検事に任ぜられた．1912（明45，大正元）年，法律取調べのため欧米に出張，主として少年裁判，陪審制を研究した．1913（大2）年，東京控訴院検事，1915（大4）年，大審院判事，1924（大13）年，司法省行刑局長に就任．1925（大14）年，再度欧米出張．1931年大審院部長に，1936（昭11）年，検事総長に，1939年には，大審院長に親任された．1941（昭16）年，65歳の時に停年退官．1942（昭17）年には枢密顧問官に親任された．戦後，公職追放を受け，枢密顧問官を辞し，弁護士登録．1947（昭22）年10月25日，脳溢血により死亡（享年71歳）．東京帝国大学法学部講師，東北大学法文学部講師をも勤めた．

著書には，『改正日本刑法論』(1908，明41）がある．その後，『日本刑法論』（上巻），『日本刑法論』（下巻）に分冊され，上巻は，増訂43版(1933，昭8），下巻は，42版(1931，昭6）を数えた．1911（明44）年，講義用に『刑法大要』を出版した．論文集として『刑事学研究』(1920，大9），論文・所感集として『法窓餘滴』(1942，昭17）がある．

2 刑法思想　泉二の刑法思想は，実務的感覚からする折衷主義の思想であると特徴づけられる．刑罰論においても，刑罰を「犯罪予防を目的とする応報」であるとし，折衷主義が採られる．自由意思論については，絶対の意思自由論も，絶対の意思必至論も失当であるとし，「意思の相対的自由」を刑法の根本観念の基礎とする．罪刑法定主義についても，文言に拘泥しない，法文の基本精神に従って解釈されるべきであると，柔軟な態度を採った．犯罪論においては，相当因果関係説を採用し，客観的違法論，道義的責任論をとり，故意の成立に違法性の意識を必要としないという立場をとる．共犯については従属性説がとられる．
[山中敬一]

森永ドライミルク事件　1955（昭30）年の夏，岡山県を中心に西日本一帯で人工栄養乳児に下痢，嘔吐等の症状を伴う奇病が集団的に発生し，多数の死傷者が出た．その原因が森永乳業徳島工場で製造された乳児用調整粉乳に多量の砒素が含まれていたことによる砒素中毒であり，同工場が粉乳の安定剤として原料の牛乳に添加したはずの第二リン酸ソーダが，実は多量の砒素を含む工業用第二リン酸ソーダと間違えて納入されていたことが判明したことから，当時の徳島工場長と同工場製造課長が業務上過失致死傷罪で起訴された．この事件のことを森永ドライミルク(中毒)事件といい，理論的にもその過失責任の成否をめぐって議論が分かれ，大きな関心を呼んだ重要事件である．とくに差戻後の第1審判決（徳島地判昭48・11・28判時721・7）は，工場長こそ無罪にしたものの，製造課長については，「この場合の*予見可能性'は具体的な因果関係を見とおすことの可能性である必要はなく，何事かは特定できないがある種の危険が絶無であるとして無視するわけにはいかないという程度の危惧感であれば足りる」とする論理で有罪とした．この考えを危惧感説ないし不安感説（あるいは*新新過失論'）という．この判決を契機として，この程度の予見可能性で

よいのか，もう少し具体的な予見可能性が必要ではないか等，予見可能性あるいは注意義務の概念を中心に過失犯の構造をめぐる大論争が起きた．→過失　　　　　　　　　　　[甲斐克則]

や

八海事件　1951(昭26)年1月25日，山口県熊毛郡麻郷村八海(地名当時)で夫婦の死体が発見された事件．捜査当局は，夫婦喧嘩に見せかけた強盗殺人事件として捜査を開始し，被疑者を特定して逮捕，単独犯行との自白を得たが，共犯者がいるはずだとして追求を続け，共犯者として4人を特定，逮捕，起訴した．共犯者とされた4人は，捜査段階では自白したが後にこれを撤回し，裁判では無実を主張した．1審判決(山口地岩国支判昭27・6・2判時127・53)では，5人全員が有罪となったが(主犯とされた阿藤周平氏に死刑，他4名は無期懲役)，被告，検察双方が控訴，控訴審判決では阿藤氏に死刑，最初に単独犯を自白した1人に無期懲役(後に上告取下げで確定)，他の3名に有期懲役の判決が下された(広島高判昭28・9・18)．その後最高裁で破棄差戻し(最判昭32・10・15刑集11・11・2731)，差戻し審の広島高裁で4人全員に無罪(広島高判昭34・9・23判時201・10)，検察官上告に対し，最高裁で再度差戻し(最判昭37・5・19刑集16・6・609)，第2次差戻し控訴審で再度有罪判決(広島高判昭40・8・30判時432・10)，3度目の上告審判決(最判昭43・10・25刑集22・11・961，破棄自判)で阿藤氏らの無罪がようやく確定した．「真昼の暗黒」(1956年)として映画化されたことでも関心を呼んだ．→弾劾証拠　　　　　　　　　　[水谷規男]

薬物犯罪　国内法的には，いわゆる麻薬四法(*あへん法'，*覚せい剤取締法'，*大麻取締法'，*麻薬及び向精神薬取締法')上の犯罪の総称(*毒物及び劇物取締法'上の犯罪を含ませる場合もある)．広く，諸国の薬物取締法上の犯罪を指す場合もある．

わが国の薬物犯罪の中では，覚せい剤事犯が，検挙件数，検挙人員，押収量で他の薬物事犯を大きく引き離しており，1998(平10)年中で，検挙件数26,834件，検挙人員16,888人，押収量

549.0キログラムであり(『警察白書』平成11年版による)，以下，大麻事犯(2,021件，1,236人)，麻薬・向精神薬事犯(522件，243人)，あへん事犯(180件，132人)と続く．わが国で押収される薬物のほとんどは，海外から密輸されたものであるが，この事実が端的に物語っているように，薬物犯罪を一国の努力だけで解決するには限界があり，これに対抗するには，国際的な協力が不可欠である．1988年に採択され，1990年に発効したいわゆる麻薬新条約(わが国は1992・6批准書寄託)は，このような認識に立って，締約国に対し，いわゆる*マネーロンダリング'の処罰(3)や，*コントロールド・デリバリー'を実施するための手続の整備(11)等を義務づけた．これらの義務を履行するため，わが国では，上記麻薬四法の改正や，麻薬特例法の立法等の措置がとられている．→営利の目的，精神薬理　　　　　　　　　　　　　　　[近藤和哉]

やわらかな決定論　(英) soft determinism　*決定論'に立脚しつつ，*責任'には自由の契機が不可欠であるということから，法則的な行為にも責任非難がありうるとする見解である．やわらかな決定論(ソフト・ディターミニズム)によれば，人間が自由であるか否かは，決定されているか否かの点に求められるのではなく，何によって決定されているかの問題であり，自己自身の「意味の層あるいは規範心理の層」によって決定されているとき人間は「自由」である，とする．そして，刑法では，この人格の層に作用する刑罰によって決定されうることが自由なのである，と主張する．この見解は，かたい決定論に立脚する*社会的責任論'と区別して「社会規範的責任論」とも呼ばれる．

もっとも，ここでいう「自由」は，意思が強制を受けないという意味での自由(外部からの自由)であって，*非決定論'の基礎にある行為の選択可能性(他行為可能性)を意味する自由(内部からの自由)を認めていない点では，かたい決定論との間に違いはない．やわらかな決定論の立場で，刑罰は，人間の意思のもつ法則性を利用して，将来，再び犯罪が行われないように「条件付け」を行おうとするものに他ならないから，犯罪的動機をもつ可能性の強い性格であれば，それだけ重い刑罰が妥当だということになり，ここに責任と予防目的とが論理的に結合されることになる．

かたい決定論(社会的責任論)が責任の対象として，犯人の危険な性格に社会からの防衛処分を講ぜられるべき基礎を見出そうとする性格責任論を採るのに対し，やわらかな決定論は，犯人の性格を問題とするとしても，あくまでも行為に現れた限度で行為者の人格(性格)ないし環境を考慮して責任の軽重を考える実質的行為責任論の見地から，行為の人格相当性を基礎とした性格論的責任論を採用する．この見解は，*行為責任'の考え方を維持しつつも，責任の実体を，規範に反する行為をするような人格の持ち主であるという点に求めようとするものであって，行為が人格相当なものであればあるほど責任が重い，と解している．

性格論的責任論に対しては，現在ある人格に対する非難が可能であるかという疑問や，刑罰の効果があるから責任があるとするのはあまりに権威主義的な発想ではないか，という批判が提起されている．→意思自由論　　　　　[曽根威彦]

ゆ

有価証券偽造罪　**1 保護法益・客体**　有価証券偽造罪(刑162)の保護法益は，*有価証券'に対する公共の信用という社会的法益である．有価証券は権利・義務に関する*文書'の一種であるが，現代社会においては経済的取引手段として通貨に近い重要な機能を果たしている．そこで刑法は，*文書偽造罪'(17章)と区別して有価証券偽造の罪(18章)を規定し，私文書偽造以上に重い刑を定め，*通貨偽造罪'と同様，*偽造'・*変造'有価証券の交付・輸入行為をも処罰している．

有価証券偽造罪の客体は，「公債証書，官庁の証券，会社の株券その他の有価証券」である．公債証書は国または地方公共団体の債務(国債，地方債)を証明する証券，官庁の証券は大蔵省証券，郵便為替証書など，株券とは株式会社の発

行する株主たる地位を表彰する証券である．その他の有価証券とは，財産上の権利が証券に表示され，その表示された財産上の権利の行使または移転につき証券の占有を必要とするものをいい（最判昭32・7・25刑集11・7・2037），取引上の流通性を有するかどうかを問わない．手形，小切手，船荷証券など商法上の有価証券のほか，乗車券，馬券（勝馬投票券），宝くじ，商品券なども含まれる．

2 テレホンカードの有価証券性 従来，有価証券は文書の一種と解されてきたが，昭和62年の刑法一部改正で新設された*電磁的記録不正作出罪'（刑161）が交付行為を処罰していないため，改ざんされたテレホンカードの交付を受けて変造テレホンカードであることを知る者に売却したような場合に変造有価証券交付罪を適用するため，テレホンカードが有価証券であるかどうかが問題となった．積極説の根拠には，① テレホンカードは券面上に利用可能度数等財産権が表示された（文書たる）有価証券であるとするもの，② テレホンカードの磁気記録部分を機械（電話機）で読み取ることによって財産権の内容が明らかになるから文書性・有価証券性が肯定できるとするもの（いわゆる一体説），③ 有価証券は文書である必要はなく，可視性・可読性の要件は不要であるとするもの（いわゆる無限定説）がある．最高裁は，② のいわゆる一体説をとってこれを肯定した（最決平3・4・5刑集45・4・171）が，消極説も有力である．積極説によれば，カードの度数情報の改ざん自体，電磁的記録不正作出罪（161）ではなくより法定刑の重い有価証券偽造罪（162 I）で処罰されることとなってしまい問題があるとの批判があり，肯定説からも立法的解決の必要性が主張されていた．その後，平成13年の刑法一部改正により*支払用カード電磁的記録不正作出罪'（163の2 I）が新設され，テレホンカードの偽造には同罪が適用されることとなったため，本判例も立法によって変更されたものといえよう．

3 行為 *行使'目的での偽造・変造を処罰する有価証券偽造罪（刑162 I）と，有価証券虚偽記入罪（162 II）とがある．「偽造」とは，作成権限のない者が他人の名義を冒用して有価証券を作成すること，「変造」とは，権限のない者が，真正に成立した他人名義の有価証券に不正に変更を加えることである．本質的部分に変更を加える行為は，変造ではなく偽造である．偽造・変造された有価証券は，一般人が真正な有価証券であると誤信する程度の外観・体裁のものであれば足り，完全な様式を備えている必要はなく，架空人名義でもよい．行使の目的とは，抽象的に真正なものとして使用する目的をいい，他人に行使させる目的を含む．「虚偽記入」とは，① 有価証券に不実の記載をすることをいい，権限のある者の虚偽記入行為のほか，裏書・引き受け・保証等の「付随的証券行為」について他人名義を冒用する場合も含むとする説（最決昭32・1・17刑集11・1・23，一部学説）と，② 文書偽造罪における「虚偽文書の作成」同様，基本的証券行為および付随的証券行為について，作成権限ある者が真実に反する記載をする場合のみをさすとする説（多数説）とがある．

偽造又は変造の有価証券を行使した場合は，*偽造有価証券行使罪'（163 I）で処罰される．→郵便切手類模造等取締法　　　　　[島岡まな]

有形偽造　(仏) faux matériel

1 有形偽造と無形偽造 有形偽造とは，文書偽造罪の一態様であり，*無形偽造'に対応する概念である．有形偽造と無形偽造の違いは，文書の作成名義を偽るか否かの点にある．すなわち，文書の作成名義を偽り不真正な文書を作出する行為が有形偽造であり，文書の作成名義は偽らず内容虚偽の文書を作出する行為が無形偽造である．公文書では有形偽造（刑155），無形偽造（156・157）の双方が処罰されるが，私文書では原則として有形偽造だけが処罰され（159），無形偽造は160条において処罰されるにすぎない（形式主義）．有形偽造文書では，名義人と作成者が異なるので，当該文書の作成責任を名義人に追及しても，真の責任主体（作成者）を把握することができない．こうした責任の所在を偽る文書は，取引の安全を危殆化するから，公，私文書を通じて処罰されるのである．

2 作成者の概念 文書偽造罪の保護法益は，文書を用いた取引の安全であり，これは，文書作成者に，その文書を作成した責任を追及できる場合に確保されることになる．そこで作成者（文書作成に関する責任主体）が，文書から作成者と

して認識される主体(名義人)と同一かが問題となる．両者が食い違えば，文書の受取人は，名義人として作成者に到達し責任を追及できないから，有形偽造が成立する．このように，作成者概念は有形偽造の成否にとって重要であり，学説の対立も生じた．物体化説(事実説,行為説)は，物理的に文書を作出した者を作成者と解する．この考えによれば，作成者の判断が明確となるものの，たとえば，社長の依頼を受け社長名義で文書を作成した秘書にも，有形偽造の構成要件該当性を認めざるを得ず,不当である(ただし同説も，この事例では違法性ないし責任の要件を否定し，結局は有形偽造による処罰を否定する)．そこで，文書の作成を精神的に基礎付けている人格(先の例では社長)を作成者と解する精神性説(意思説，観念説)が通説化した．同説によれば，上記事例では，社長が名義人かつ作成者であるから，有形偽造の構成要件該当性自体が否定される．もっとも精神性説の妥当範囲には議論がある．特殊な文書(交通事件原票や入試答案のように自筆性が要請されるともいいうる文書)にも精神性説が妥当するのか，精神性説は作成者，ひいては名義人概念を基礎づけるが，名義人の認定は文書の特徴を考慮して行うべきではないかという問題がある．→偽造

[今井猛嘉]

有　罪　(英) conviction　(独) Verurteilung　(仏) condammation

1 わが国の有罪判決の現状　検察官による犯罪事実(犯罪構成要件に該当する具体的事実)の主張について，理由があると認め，被告人を刑に処する裁判が有罪の判決である．検察官が主張する犯罪事実は，適式な証拠調べを経た*証拠能力*のある証拠により，合理的疑いを超えて証明されなければならない．

わが国の有罪率は，きわめて高い．1998(平成10)年の有罪率(有罪人員／有罪人員と無罪人員の合計)は地裁で99.93％，簡裁で99.78％であり，比較法的にみれば「異常に高い」というべきであろう．刑事訴訟法上，事件を処理すべき本来の手続は起訴後の裁判所の手続である．しかし，現実には，訴追裁量権をもつ検察官の事件処理(起訴・不起訴決定)が大きな意義・機能を有しており，その反射として，起訴後の裁判手続では効率的に被告人を有罪にするシステムがつくられたともいえる．職業裁判官の有罪の推定意識さえ指摘されており，起訴後の裁判所の手続が本来担うべき(有罪を阻止する方向の)人権保障機能が十分に働いていない，という懸念が拭えない．

2 有罪判決の内容　被告人に対し有罪を言い渡す場合，判決書には，罪となるべき事実(犯罪構成要件に該当する具体的事実)，証拠の標目(裁判所が有罪認定の基礎とした証拠の標題・種目)，法令の適用(判決主文で言い渡す刑の根拠とした具体的な刑罰法令)を示さなければならない(335Ⅰ)．

罪となるべき事実について，検察官はこれを複数の訴因として起訴状に予備的または択一的に記載することができる(256Ⅴ)．これに対し，裁判所が有罪判決を言い渡す場合には，起訴状記載の複数の訴因から一個の訴因を選んで，*判決*の対象にしなければならない．罪となるべき事実は，具体的な刑罰法令を適用する根拠として確認できる程度に具体的に表示されなければならない．なお判例は，犯行の日時・場所・方法について，本来は罪となるべき事実そのものではないため，〔判決書に〕具体的に記載できず，幅がある表示になってもやむをえない場合があるとした(最判昭37・11・28刑集16・11・1633)．しかし，共謀共同正犯の共謀について，共謀の日時や場所，その内容の詳細まで具体的に判示する必要がないとした判例(最判大昭33・5・28刑集12・8・1718)などは，罪となるべき事実の具体性，現実性を失わせるものとしても批判されなければならない．

刑事訴訟法は，罪となるべき事実を認定する基礎となった証拠について，「標目」のみ掲げれば足りるとした．そのために，どの証拠をどのように評価してどの事実を認定したのか，判決書を読んでも分からない．当事者追行主義の訴訟構造の下では，当事者の訴訟追行行為に裁判官の心証形成が実質的に規定ないし制約されて，その透明性を高め，当事者は裁判官の証拠評価の過程・内容を推察できるために，有罪の判決書には証拠の標目を掲げれば足りるとされたのだ，ともいう．そうであれば，少なくとも，間接事実によって事実認定をする場合は，どうし

ても心証形成過程が当事者に窺いしれない不透明なものになるため，裁判官は積み上げた推理・推論の過程・内容をきめ細かく判示しなければならない．

被告人側から法律上犯罪の成立を妨げる理由（名誉毀損罪における事実の証明に関する主張などの構成要件該当性阻却事由，正当業務行為，正当防衛，緊急避難などの違法性阻却事由，心神喪失，刑事未成年などの責任阻却事由），または，刑の加重減免の理由となる事実（累犯，中止未遂，心神耗弱，親族相盗など）が主張された場合，有罪の判決書において，その主張の当否に対する判断も示さなければならない（335 II）．当事者主義構造をとる以上，必要な判断だといえる．

3 量刑理由の記載・説明 刑を量定した具体的理由について，これを有罪判決書に記載することまでは，刑事訴訟法上，要求されていない．しかし，死刑や無期刑など重罰を科す場合や，殺人罪などの重大犯罪について刑の執行猶予を言渡す場合などには，判決書に「量刑の理由」「被告人の情状」などの項を設け，判示するケースが実務上は少なくない．また，判決書に刑の量定理由を記載しない場合であっても，判決宣告後の訓戒（刑訴規 221）のさいに口頭で刑の量定理由を説明するケースも少なくないという．
→実体裁判，無罪，概括的認定，択一的認定，一部認定　　　　　　　　　　　［髙田昭正］

有罪である旨の陳述 起訴状に記載された訴因事実のすべてを認め，かつ，犯罪成立阻却事由の不存在を認めることをいう．違法阻却事由や責任阻却事由の主張があるときは有罪である旨の陳述にあたらないが，心神耗弱，自首等の刑の減免事由が主張されたにすぎない場合はこれにあたる．比較的軽微な事件につき被告人が有罪である旨の陳述をすると，裁判所は簡易公判手続により，証拠による有罪認定の原則は維持しつつも，証拠能力の制限の緩和，証拠調手続の簡略化等の方法により効率的な事件処理が認められた（刑訴 291 の 2）．自白は犯罪事実の全部または主要部分を認める供述をいい，犯罪事実の一部分を認めるにすぎない供述は*不利益な事実の承認'といわれる．両者には任意性が要求される（319 I・322 I）．また，有罪の自認は英米の有罪の答弁にあたるが，現行法上は*自白'の一種であり，補強証拠も要求されている（319 III）．そして，有罪である旨の陳述は有罪の自認の一種であるといわれる．有罪である旨の陳述をした場合でも裁判所は相当であると考えたときは*簡易公判手続'による．陳述の任意性・真実性に疑いがある場合，上記手続によることに当事者が反対意見を述べている場合等は相当な場合とはいえない．→アレインメント
　　　　　　　　　　　　　　　　　［椎橋隆幸］

有罪の答弁 英米では，罪状認否手続（*アレインメント'）の段階において，裁判官が被告人に訴因事実につき有罪か無罪かを尋ね，被告人が有罪との答弁をすれば訴因事実についての有罪は確定し，公判での証拠調べは省略され，事件は量刑手続へ移行する．事件の 70～90％が有罪答弁により処理されている．簡易・迅速な事件処理は訴訟経済に合致し，また，通常の公判を経て言い渡される有罪判決よりも軽い量刑が下されるのが通例のため，多くの訴訟関係者の利益となる反面，有罪答弁を得るために検察官・弁護人間で取引が行われ，被告人にも有罪答弁をするよう圧力がかかることが多く，取引司法との批判があった．現在では，上記の批判に応えて，有罪答弁の際に弁護人が立会い，答弁内容を裁判官が確認し，有罪答弁の正確性，任意性，知悉性が要件とされている．わが国では，アレインメント制度を憲法上導入できるか議論が分かれているが，有罪の答弁は裁判上の自白に当り，任意性が要求されると同時に，補強証拠も求められる（刑訴 319）．　［椎橋隆幸］

有責行為能力 責任を非難可能性と捉える道義的責任論ないし規範的責任論の立場からの責任能力の定義であり，非難可能性の前提として，行為の是非を弁別しその弁別に従って行動することができる能力を意味する．そのような能力があってはじめて，自由な意思決定が可能であり，意思決定規範（命令・禁止規範）の名宛人となりうる．その意味で，責任能力は，責任前提であり，故意・過失の能力と解すべきであるが，故意・過失および期待可能性とならぶ責任要素であるという主張や，故意・過失は構成要件要素であって，責任能力とは無関係であるという主張もある．有責行為能力説は，社

会的責任論の立場から責任能力を二元主義の下における*刑罰能力'(刑罰適応性)であるとする主張と対立した．

責任前提説・責任要素説いずれの立場からも，責任能力は行為(実行行為)の時点で存在することが必要である．行為時に，精神の障害により，弁別能力(弁識能力)または行動能力(制御能力)が欠ける場合は責任無能力(心神喪失)で無罪とされ，その能力が著しく低い場合は限定責任能力(心神耗弱)で必要的に刑を減軽される(刑39)．→原因において自由な行為

[浅田和茂]

郵便切手類模造等取締法 郵政大臣または外国政府の発行する郵便切手その他郵便に関する料金を表わす証票に紛らわしい外観を有するものを製造，輸入，販売，頒布または使用する罪(1Ⅰ)を処罰する法律(昭47法50)．

郵便切手とは，郵便に関する料金を表わす証票で，郵政大臣が発行し，郵政省および販売を委託された販売者が販売する(郵便33)．印紙同様，*有価証券'の機能を有するが，私法上の財産権を化体するものではないから刑法上の有価証券にあたらず，その*偽造'・*変造'は，郵便法の規定(84・85)によって処罰される．しかし，偽造・変造に至らない行為，すなわち普通の人が真正な郵便切手であると誤信する程度の外観・体裁をもたない郵便切手を造る行為は「模造」にあたり，本法の規定によって処罰される．→有価証券偽造罪

[島岡まな]

猶予制度 (英) suspension 刑事手続の各決定段階において，事件を次の手続段階に進める要件が満たされているにもかかわらず，手続を進めない決定を許す制度をいう．わが国における猶予制度として，起訴便宜主義に基づき検察官に起訴を猶予する権限を与えた*起訴猶予'の制度，および刑事裁判において有罪とされた被告人に対して，言い渡した刑の執行を猶予する権限を裁判官に与えた*執行猶予'の制度がある．この他，有罪の宣告あるいは刑の言渡しを猶予する*宣告猶予'の制度があるが，わが国では採用されていない．1960年代にアメリカで始まった*ディヴァージョン'は，刑事司法手続の早い段階で，公判手続を停止し，代替的処分を行うものであり，猶予制度のひとつという

ことができる．

猶予制度は，特別予防の観点から，刑事手続に伴う被疑者・被告人の負担や社会的刻印を回避し，早期の社会復帰を促進することを目的とすると同時に，猶予の許される手続段階以降の手続に関与する諸機関の負担の軽減をも狙いとしている．前者の理由から，猶予の決定にあたっては，一定の条件が付されるか，一定の条件の満たされることが前提とされるのが普通であり，条件が満たされない場合，猶予の決定が見直されることになる．

わが国で行われている警察による*微罪処分，および少年事件における*簡易送致'も，被害の回復・弁償，および謝罪等を条件として手続を事実上警察限りで打切るものであり，広い意味での猶予制度のひとつと見ることができる．

猶予制度は，個々の事件処理について見る限り刑事手続を先に進めない制度であるため，刑事制裁の発動を抑制する制度と見ることができるが，その反面，ディヴァージョンについて指摘されたように，刑事法諸機関による社会統制を拡大する作用をも持ちうるものである．また，猶予制度は必然的に裁量権限の付与を意味するため，法の支配の原則と緊張関係に立つ可能性をはらんでいる．

[村山眞維]

許された危険 (独) erlaubtes Risiko 社会生活上不可避的に法益侵害の危険を伴う行為について，その社会的有用性を理由として，法益侵害結果が発生した場合にも一定の条件の下で許容することをいう．現代の日常生活には，科学技術の発達や産業活動の高度化に伴い，自動車・飛行機等の高速交通機関を初めとして，ガス・電気・原子力などのエネルギー使用，鉱工業等の企業活動，医療行為，スポーツ活動等々のような，生命・身体・財産を害する危険性を内包する行為があふれているが，その危険性を理由にそれらを禁止すると，現代の社会生活は完全に麻痺してしまい妥当でないという考え方に基づく．わが国では違法性阻却の問題ないし過失犯に固有の違法阻却事由と位置づけられるのが一般であるが，ドイツでは構成要件該当性阻却の問題とする立場も有力である．許された危険による違法性阻却の根拠および限界に関しては，①行為が*社会的相当性'を有する範囲で

許されるとする説と，②行為時の行為の有用性・必要性と法益侵害の危険性とを比較衡量し，前者が優越する場合に許されるとする説とがある．①説は，行為無価値論によるものであり，許された危険を社会的相当性の問題の一場面とし，その行為の行為価値ゆえに正当化されるとする．もっとも，学説史的には，むしろ，許された危険の問題こそが，逆に行為無価値論の主張を根拠づけ，さらには，許された危険を「社会生活上必要な注意義務を充足した行為」と理解することで*新過失論'をも生み出した．②説は，違法阻却の基準を法益(利益)衡量におく結果無価値論によるものである．この立場においては，具体的な犯罪行為に関して，行為の具体的な有用性・必要性および危険性が比較衡量されるため，許された危険の法理の適用範囲はきわめて限定的なものとなる．なお，近時は，有用性による行為の許容は直ちにその行為による法益侵害を正当化しないとして，許された危険の法理それ自体に懐疑的な立場も有力となっている． [中空壽雅]

よ

容疑者 「容疑者」という用語は，さまざまな意味に用いられている．通常は，*被疑者'，すなわち犯罪の嫌疑を受け，捜査機関による捜査の対象とされている者の一般的な呼称として用いられる．「被疑者」と異なり刑事訴訟法上の概念ではない．犯罪捜査規範においては，「被疑者」が使用されているが，30条1項でのみ「容疑者」が使用されている．犯罪捜査規範31条は，逮捕状の発せられた被疑者または氏名等の明らかな被疑者の逮捕を他の警察に依頼し，身柄引渡を要求する指名手配について規定しているのに対し，30条は，容疑者および捜査資料その他参考事項について通報を求める事件手配について規定している．ここでは，被疑者が特定されていない場合を指して「容疑者」としている．

犯罪報道において，メディアは，被疑者(とくに身柄拘束を受けている被疑者)の氏名を呼び捨てにしていたが，報道による人権侵害が問題とされ，次第に，氏名に「容疑者」をつけたり，「会社員」などの肩書きをつける報道もなされるようになり，多くのメディアが1989年までにこれに足並みを揃えた．さらに，*無罪推定の原則'や過度の社会的制裁の排除などの観点から，実名(顕名)主義に代えて匿名主義にすべきであるとの主張もある．

なお，*出入国管理及び難民認定法'において，「容疑者」とは，行政処分である国外退去強制の対象となる24条各号の一に該当すると入国警備官が思料する外国人を指す(入管法27)．入国警備官は，容疑者の出頭を求め，この者を取り調べることができる(29)など，違反調査の目的のため必要な処分をすることができる(28)．退去強制処分に至る手続については，「容疑者」の強制収容に裁判官の令状が不要とされていること(39)，口頭審理においても(48)代理人選任権や通訳者をつける権利がないことなど，行政処分における適正手続の保障の観点から問題点が指摘されている．→参考人 [山名京子]

要急事件 起訴前の段階で，強制処分をとくに急速に行うことを必要とする一定の事件．現行刑事訴訟法には，要急事件，およびその場合の要急処分としての強制処分の規定は置かれておらず，現行犯についてのみ令状主義の例外を認めるという厳格な令状主義が採用されている．旧法では，現行犯の場合のほか，要急事件についても，捜査機関が強制処分(要急処分)を行うことができた．旧刑訴法の規定によれば，次の事情の何れかが認められれば，要急事件にあたるとされていた．①被疑者に定まった住居がないこと，②現行犯人が犯行現場にいないこと，③現行犯の取調べによりその事件の共犯を発見したこと，④既決の囚人または旧刑事訴訟法により拘禁された者が逃亡したこと，⑤死体の検証により犯人を発見したこと，⑥被疑者が常習として強盗または窃盗の罪を犯したこと(旧刑訴123). [宇藤 崇]

要急処分 急速を要する場合に，本来の予定とは異なる者が権限を行使して行われる強制処分をいう．通常は，急速を要する事件(要

急事件)につき,捜査機関が例外的に命じて行うことが許される起訴前段階での強制処分を指す.旧刑事訴訟法において,起訴前手続での強制処分権限は,原則として予審制度下での予審判事,区裁判所判事にしか認められていなかったが(旧刑訴255),例外として,現行犯のほか,要急事件につき,捜査機関が強制処分を行うことができると定められていた(旧刑訴123・170・180・214).これに対して,現行法では,予審制度が廃止され,司法警察職員が一次的捜査権限を有するとされるとともに,検察官を含む捜査機関に強制処分に関する大幅な権限が与えられた.その一方で強制処分は厳格な令状主義の原則に基づく司法審査に服することとなり,捜査機関が要急処分として強制処分を行うことは許されなくなった.

なお,現行法では,起訴前段階ではないが,急速を要する場合には,裁判所は管轄違いにもかかわらず,事実発見のため必要な処分をすることができると定められている(刑訴14Ⅰ)
[宇藤 崇]

要証事実 刑事訴訟において,その存否が証明の主題となる事実を一般に要証事実という.証明の対象となる事実ともいえる.

刑事訴訟において最も重要かつ基本的な要証事実は,検察官が主張する具体的な犯罪事実(起訴状記載の「公訴事実」.256Ⅱ)である.そのため,これを主要要証事実と呼ぶ.たんに*主要事実'とも呼ぶこともある.犯罪を構成するすべての要素について,その存否が証明の主題とされなければならない.

ちなみに,この主要事実を間接的に推認させる事実を間接事実と呼ぶ.間接事実も,それ自体として証明の主題となる事実であり,間接事実を証明する証拠を間接証拠という.

刑事訴訟における要証事実には,この主要要証事実,間接事実のほか,違法性や責任を基礎づける事実,処罰条件たる事実,訴訟条件たる事実,さらに,量刑資料の基礎となる事実すなわち情状なども含まれる.要証事実の存在を主張する当事者は,証明責任を負担しなければならない.→直接証拠 [髙田昭正]

要保護性 *少年法'に基づき,家庭裁判所が非行少年に対し,その健全育成のために性格の矯正および環境調整に関わる*保護処分'を行うための,非行事実と並ぶ根拠のひとつである.保護処分は,少年を好ましくない社会環境から守り必要な援助を与えるという福祉的な面と,少年非行から社会を保護するという社会防衛的な面とを同時に含んでおり,少年に対する強制の要素を持つため,非行の事実だけでなく,非行を繰り返す可能性のある累非行性の存在が保護処分の要件とされる.また,保護処分による矯正教育や保護環境の整備になじまない精神障害者や犯罪性の進んだ少年に対しては,精神保健福祉法の措置や刑事処分が選択されるべきであるとされる.さらに,社会の法感情に照らし,矯正教化の手段としても,福祉的措置や刑事処分よりも保護処分が望ましいと認められることが保護処分の要件とされる.

このように,*少年保護手続'においては,非行事実と要保護性が審判の対象であり,保護処分が言い渡されるための要件としての要保護性には,累非行性,矯正可能性,保護相当性が含まれるとするのが通説であるが,いずれについても争いがある. [村山眞維]

預金等に係る不当契約の取締に関する法律 1 導入預金の意義,立法趣旨
*金融犯罪'のひとつである導入預金を禁止する法律である.

導入預金は,法律用語ではないが,一般に,金融機関による第三者に対する融資や債務保証を条件に,当該金融機関に預け入れられたひも付き預金を指す.当該預金は融資等の担保とはなっておらず,融資等を受けた者や銀行等により預金者や融資等を媒介したブローカーらに裏利息が支払われる.金融機関は預金を獲得でき,預金者は裏利息を受け取ることでリスクを引き受けない有利な資金運用ができ,また,融資先は融資を受けることが可能になる等の事情があって,導入預金が行われる.しかし,担保をとらずにリスクのある融資先に貸し出すことは,金融機関の「経営の健全化」「一般預金者の保護」「正常かつ健全な金融秩序の維持」等の公共的利益を損なうことから,政策的な観点から,同法により禁止されている(最判昭50・4・3刑集29・4・63,最判昭49・3・1民集28・2・135).

2 要件および効果 同法は,預金者が,当該預

金に関し，特別の金銭上の利益を得る目的で，特定の第三者と通じ，金融機関と契約して，預金を担保とすることなく，この特定の第三者に対する資金の融通や債務保証をさせること（2 I），預金を媒介する者が，当該預金に関し，預金者に特別の金銭上の利益を得させる目的で，特定の第三者と通じてまたは自己のために，金融機関と契約して，預金を担保とすることなく，特定の第三者または自己に対する資金の融通や債務保証をさせること（2 II）を禁じている。2条1項違反の罪は利欲犯的性格の犯罪であり，2条2項違反の罪は，それに限られない。預金者，媒介および金融機関の役職員には，3年以下の懲役もしくは30万円以下の罰金，またはこれが併科され（4・5 I），脱法行為も同様である（4②・5 I②）。また，両罰規定がおかれている（6）。

預金者は，2条1項違反で処罰され，また，媒介者（ブローカー）は，その共犯として，一般に，2条1項が適用される。媒介者について2条2項が適用されるのは，2条1項が適用されない場合である。また，融資先である特定の第三者は，*必要的共犯'の論理により，自らが媒介者として2条2項違反で処罰される場合を除いては，処罰されていない。

なお，導入預金が同法に違反しても，預金契約の私法上の効力は否定されていない。

[京藤哲久]

抑　留　憲法34条前段は，何人も，理由を直ちに告げられ，かつ，直ちに弁護人に依頼する権利を与えられなければ，抑留または*拘禁'されないとしている。拘禁については，同条後段で，重ねて正当な理由を要求するとともに，要求に基づき，その理由が本人およびその*弁護人'の出席する公開の法廷で示されなければならないとされていることから，拘禁が継続的な身体の拘束を意味するのに対して，抑留は一時的な身体の拘束を意味すると解されている。それゆえ，*刑事訴訟法'上は，*勾引'が拘禁に，逮捕後および勾引後の留置が抑留に該当することになる。

これに対応して，刑事訴訟法では，*被疑者'・*被告人'一般について弁護人選任権を保障したうえで（刑訴30），逮捕後は，*司法警察職員'および*検察官'が，被逮捕者に対して，直ちに犯罪事実の要旨および弁護人を選任できる旨を告げなければならないとし（刑訴203・204・211・216），*勾引'についても，これと同様の規定をおいている（76・77）。

[川出敏裕]

予見可能性　**1 意義**　予見可能性とは，注意をしていたら自己の行為から犯罪結果が発生することを，その結果がまだ回避可能な時点で予見できていたことを意味する（最判平4・7・10判時1430・145）。それは，結果が回避可能な時点でその発生を現実に予見している*故意'と区別された意味で，*過失'の固有の構成要素である。

2 予見の対象　予見可能性における予見の「対象」は，故意の場合と同じく，犯罪結果の発生（＝犯罪事実）である。しかし，予見は現実の結果発生前に存在することが必要なため，常に，結果は可能性ないし確率の形で予見されざるをえない。この場合に「結果が発生するかもしれない」という程度で足りるとすれば，文明社会の活動は停止してしまうであろう。したがって予見の対象は，当該罰条によって刑事責任を問うに値する程に具体的で高い可能性，すなわち具体的予見可能性でなければならないとされている。

加えて，生じた結果に対する過失を認めるためには，行為者に認識可能な結果と現実の結果との一致（＝符合）がなければならない。これは，客体についても因果経過についても必要である。たとえば，知らないうちに荷台に乗っていた同乗者が交通事故の際に死亡した場合，運転者にその存在の認識が不可能であったならば，過失致死罪は成立しない（福岡高宮崎支判昭33・9・9高刑特5・9・393。認識可能な場合に関しては，最決平1・3・14刑集43・3・26）。

さらに，現実の因果経過の基本的部分の予見が可能でなければならない（札幌高判昭51・3・18高刑29・1・78）。たとえば，被害者が拳銃の暴発で死亡することは予見可能であっても，発射音でショック死することは予見できなかったという場合には，現に生じたショック死について過失を認めることは妥当でない。これは，故意における*因果関係の錯誤'に相当する。しかし，故意について因果関係の錯誤を無視する立

場であっても，予見可能性の場合は，*因果関係'の「相当性」の範囲を決定するものでもあるので，具体的な経過についての検討が必要である．

3 予見の可能性 予見の「可能性」は，行為者に一定程度の「慎重さ」ないし「結果回避への関心」があったならば，場合によっては適切な情報収集措置を介して，当該結果に符合する犯罪事実が予見できていたか，という形で問われる．その際，多くの人が本気で受けとめないような「異常に高い慎重さ」は，要求されてはならない．なぜなら，そのような高度の要求を伴う責任非難では行為者に「運が悪かった」と思わせるだけで，規範意識の強化による犯罪予防に役立たないからである．

「過失の標準」（ないし「*注意義務'の標準」）については，一般人（通常人，平均人）の能力を基準とする「客観説」，行為者の能力を基準とする「主観説」，行為者の能力を基準としつつそれが一般人の能力を上回る場合は一般人の能力を上限とする「折衷説」が対立するとされ，構成要件段階で「客観的注意義務違反」を判断する際には一般人基準，責任段階で「主観的注意義務違反」を判断する際には行為者基準をとる「折衷説」が多数説とされてきた．しかし，このような折衷は矛盾を免れないし，現代の「客観説」は，視力や運転技能などの物理的・生理的能力のレベルまで一般人基準を貫くものではなく，逆に，「主観説」も，法に対する誠実さ，慎重さについてまで，行為者基準を貫くものではない．ゆえに，近年では，生理的なものは主観的標準により，規範心理的なものは客観的基準によるべきだというような形で，問題となる能力を区別して標準を論ずる「能力区別説」が有力である．→予見義務，旧過失論，結果的加重犯，信頼の原則，結果回避可能性　　　　［松宮孝明］

予見義務　1 意義 *過失犯'における*注意義務'は，結果予見義務と*結果回避義務'に分かれる．予見義務は，自己の行為が犯罪結果を発生させる危険がないか意識を集中する義務，および，場合によってはそのために情報を収集する義務を意味し，「*旧過失論'によれば*過失'の中核的要素である．それは犯罪結果の*予見可能性'を前提とするが，通説によれば，注意義務が「行為者と同じ具体的状況に置かれた一般人」を基準とする客観的注意義務と行為者本人を基準とする主観的注意義務に分かれるように，予見義務も一般人を基準とする客観的予見義務と，行為者本人を基準とする主観的予見義務に分かれる．もっとも，近年有力な「能力区別説」によれば，このような二重の基準は矛盾を免れないとされる．→過失

なお，厳密にいえば，その履行が刑事責任を否定するという意味での真の義務は，結果回避義務だけである．予見義務の履行は，その履行によって予見された結果を行為者が回避しないなら，過失を*故意'に変えるだけである．

2 予見が義務となる場合 もっとも，「注意をしていれば」犯罪結果が予見できていたという場合に常に予見義務があるというわけではない（24時間の意思緊張は，人間には不可能である）．そこで，どのような場合に予見が義務となるかが問われることになる．

まずそれは，行為者による犯罪結果の回避がまだ可能な時点で存在しなければならない．たとえば，自動車運転中の前方注視義務は運転中常に存在するが，それが衝突事故の際の予見義務となるのは，*結果回避可能性'がまだある時点に限られる．同時に，予見義務は結果の予見可能性を前提とするから，前方を注視していても結果が予見できない場合は，前方注視という形での予見義務はない（大判昭4・4・11新聞3006・15）．

つぎに，行為者に意思緊張を要求すべき契機が存在しなければならない．それは，一般人（厳密には，法の期待する程度に慎重な人）なら自己の行為から犯罪結果を起こさないように意思を緊張させ情報を集める契機となるような危惧感・不安感である．同時に，この一般人は，その知的・生理的能力においては，行為者と同じ人でなければならない．知的・生理的に他人と異なることは非難の対象とはなりえないからである．

最後に，他人が規則どおりに行動することを信頼してよい場合には，他人の動静に注意を向けて結果発生の有無を検討する義務はない．→信頼の原則　　　　　　　　　　［松宮孝明］

余罪 逮捕や勾留の理由となっている犯罪事実以外の犯罪事実，あるいは，起訴され

た犯罪事実以外の犯罪事実を，一般に余罪という．

逮捕・勾留の効力は令状記載の犯罪事実を基準とする(*事件単位説)．したがって，令状記載の犯罪事実とは異なる犯罪事実たる余罪について罪証隠滅や逃亡のおそれがあることを理由として勾留ないし勾留延長をすることは許されないし，同様に余罪を理由として保釈請求を却下することも許されない．

*別件逮捕・勾留は，本命事件(本件)の取調べのために令状記載の犯罪事実(別件)に名を借りて行う逮捕・勾留であるから，余罪取調べの問題として捉えることも不可能ではないが，問題の本質は令状主義の潜脱にあるから，その適否は余罪取調べの問題とは別個に検討されなければならない．別件逮捕・勾留にあたらない場合であれば，たとえば令状記載の犯罪事実と密接に関連する軽微な余罪について取調べを行うことは，適法な余罪取調べとして認められる．もっとも，逮捕・勾留中の取調べは受忍義務のない任意取調べと考えると，余罪であろうとなかろうと取調べは自由だという見解も成り立ちうる．

勾留中の被告人が，別に余罪で逮捕・勾留された場合，刑事訴訟法39条3項の接見指定が可能かという問題がある．この場合，「被告事件について防御権の不当な制限にわたらない」ことを要件として接見指定を認めるのが判例である(最決昭41・7・26刑集20・6・728)が，起訴後の余罪捜査自体に限定をかけることが必要である．

余罪を被告人の悪性格の立証に用いることは法律的*関連性'を欠き許されないが，余罪が，類似事実として，起訴された訴因の立証のために用いられる場合がある．すなわち，客観的犯罪事実の存在と被告人との結びつきが立証されている場合に，犯罪の主観的要素としての故意については同種前科などの類似事実で立証することを許容するのが判例(最判昭41・11・22刑集20・9・1035)であり，犯罪の手口など犯罪態様に特徴がある場合にも類似事実による立証を許容する見解がある．

さらに，起訴されていない余罪を量刑上の資料として考慮することが許されるのかどうかが問題となる．判例(最判大昭42・7・5刑集21・6・748)は，余罪を実質上処罰する趣旨でこれを考慮することは許されないが，単に被告人の性格・経歴や犯罪の動機・目的・方法等の情状を推知するための資料とするのであれば許されるとする．しかし，そうした区別は実際には困難であり，余罪処罰のために脱法的に活用される危険があり，*不告不理の原則'に反するという批判は強い．→同種前科の立証，事件単位の原則　　　　　　　　　　　　　　　　［川崎英明］

四畳半襖(ふすま)の下張事件　雑誌の発行人および編集長であった被告人らは，永井荷風の作とされる「四畳半襖の下張」を掲載した雑誌を販売した．この行為がわいせつ文書頒布販売罪で起訴された．1審は同罪の成立を認め，2審も被告人の控訴を棄却した．最高裁は上告を棄却したが，*わいせつ'性の判断にあたっては，当該文書の性的描写叙述の程度とその手法，性的描写叙述の文書全体に占める比重，文書に表現された思想等と性的描写叙述との関連性，文書の構成・展開，芸術性，思想性等による性的刺激の緩和の程度，これらの観点から当該文書を全体としてみたときに，主として読者の好色的興味に訴えるものと認められるか否かなどの諸点を検討することが必要であり，これらの事情を総合して行うべきであるとした(最判昭55・11・28刑集34・6・433)．本決定は，*悪徳の栄え事件'で示された全体的考察方法をより精密にしたものということができる．→わいせつ物頒布販売罪，チャタレイ事件　　［松原久利］

予　審　(仏) instruction　旧刑事訴訟法まで採用されていた制度で，検察官の公訴提起を受けて被告事件を公判に付するかどうかを裁判官(＝予審判事)が決定する手続である．予審判事は強制処分権を持ち，旧刑事訴訟法では公判での取調べが困難と思われる証拠の収集保全もその任とされていた(旧刑訴295)．

歴史的には，アンシャン・レジームの糺問手続(職業裁判官，非対審構造，秘密主義，書面主義)を根本的に改革し近代的弾劾手続(陪審制度，対審構造，公開主義，口頭主義)を創始したフランス革命期の刑事手続において，当初採用された起訴陪審が革命後の混乱の中で機能不全に陥ったため，ナポレオン刑事訴訟法(1808年)

でそれに代えて予審が制度化された．治安維持の観点から公判前段階に限って一部糺問手続の手法を取り入れたものといえる．そのため当初の予審は糺問的性格が強く非公開で弁護人の立会いも認められなかった．ナポレオン刑事訴訟法の普及とともに大陸法系諸国に拡がり，日本でも*ボアソナード'を招いて作られた明治治罪法(1880)で採用されたが，母法同様糺問的な性格のものであった．

フランスでは，1897年の改正で予審の大幅な弾劾化(弁護人選任権，取調べへの弁護人立会権，弁護人の記録閲覧権等の保障)が行われ，戦後も予審制度を維持して現在に至っている．日本では，基本的には糺問的な性格の予審が旧刑事訴訟法まで存続した(もっとも，旧刑事訴訟法では予審段階での弁護人の関与を一部認めていた)が，戦後の刑事訴訟法改革の過程で廃止されるに至った．ちなみにドイツでも1975年に予審は廃止されている．

日本で戦後予審が廃止された理由については，その糺問的な性格(被告人の取調べが中心)と，公判では予審調書が無条件で証拠能力を認められたため事実上公判前に裁判の結果が決まってしまうことなどから，現行刑事訴訟法の当事者主義・公判中心主義の理念と相容れず予断排除の原則にも反すると考えられたことによる，とされている．もっとも，戦前からの予審廃止論の主流は予審判事の持っていた強制処分権限を捜査・検察機関に与えることを主張しており，それに対しては，被疑者・被告人の権利保障という観点からの批判があったという点は注意を要する．現行刑事訴訟法は実質的には強制処分権を捜査機関に委ねつつ令状主義の枠をはめるという形で司法的抑制を果たそうとしており，その点で裁判官の令状審査の厳格性が求められる．→予断防止の原則　　　　　　　　　［梅田　豊］

予断防止の原則　**1 概要**　憲法37条1項が公平な裁判を受ける権利を保障したのを受けて，公判を担当する*裁判官'に事件に関する予断を抱かせないよう手続上の配慮を求める原則．公訴提起にかかわり，裁判官に予断を与えるおそれのある資料を起訴状に添付したり引用することを禁じる*起訴状一本主義'(刑訴256 VI)が代表的だが，その他にも同じ配慮から現行法は多くの規定をおいている．起訴状謄本不送達に関する証明資料の提出に関する制限(刑訴規166)，公訴提起後の*被告人'勾留に関する裁判からの公判担当裁判官の除外(187 I但)，第1回公判前の準備手続の禁止(194 I)，第1回公判前の証拠調べ請求の禁止(188)，準備手続における制限(178の10 I但)，検察側冒頭陳述の内容の制限(刑訴296)，弁護側冒頭陳述の内容の制限(刑訴規198 II)，自白の証拠調べの制限(刑訴301)などがこの原則に基づくものである．予断排除の原則とも呼ばれる．なお，事件が*移送'された場合(332)や破棄差戻後の第1審手続には起訴状一本主義の適用はないと解されている(事件移送につき広島高判昭25・10・28判特14・151，破棄差戻しにつき名古屋高判昭25・7・29判特11・97)．

2 歴史的経緯　18世紀のフランス刑事訴訟法において設けられ，その後旧刑事訴訟法においてわが国にも採り入れられた*予審'制度は，非公開の審理で公判を開始するかどうかの取調べを予審判事が行うものであった．その予審判事がそのまま公判での審判を担当していたので，公判開始前にすでに裁判官には事件についての一定の判断が形成されていたといえる．現行法はこのような*糺問主義'的な手続から，当事者の訴訟活動に訴訟の形成を委ねる*弾劾主義'的な手続へと移行した．その大きな特色のひとつが予審制度の廃止であり，そのことが公判を担当する裁判官において事件に対する予断を防止するという政策を確立することとなった．

3 冒頭陳述と予断防止　*検察官'の*冒頭陳述'においては，「*証拠'とすることができない資料」や「取調請求の意思のない資料」に基づいて裁判官に予断を生ぜしめる陳述を行うことが禁じられている(刑訴296)．旧刑事訴訟法にはかかる規定はなく，起訴状一本主義の採用に伴い現行法におかれた．問題となるのは犯罪事実と関連しない被告人の前科や悪性格などである．情状立証のために必要とされるが，情状は犯罪事実認定には無関係であり，事実認定にあたって裁判官に予断を与えるおそれがある．わが国の刑事訴訟が事実認定手続と量刑手続に二分されていないために生じる固有の問題点である(*手続二分論'参照)．

4 自白と予断防止 刑事訴訟法301条は被告人の自白調書の取調べ請求につき，犯罪事実に関するその他の証拠に対する取調べの後にこれを行うよう要請している．これは，被告人の自白内容を書面にしたものが証拠調べの当初において裁判官の目に触れてしまうと裁判所に事件に対する予断を抱かせるおそれがあることから，そうした事態を防止するためにおかれた規定と解されている（最判昭26・6・1刑集5・7・1232）．そこで実務では，犯罪事実に関する証拠申請を「証拠申請書(甲)」（甲号証と呼ばれる），自白調書や前科・前歴に関する証拠申請を「証拠申請書(乙)」（乙号証と呼ばれる）として2つに区別し，甲号証の取調べが終了した後に乙号証の証拠申請を行うこととしている．

[指宿 信]

予　備　　（独）Vorbereitung　**1 意義**
'*実行の着手'('*未遂')以前の行為であって，犯罪実現を目的とした，'*陰謀'(謀議)以外の方法による準備行為を予備という．犯罪は一般に，まず犯罪を決意し，何らかの準備をし，そして実行に出て，結果を生じさせ既遂となる．刑法では既遂犯処罰が原則で，各則等の構成要件は本来，実行行為とそれによる結果発生を類型化したものである（基本的構成要件）．実行に着手したが結果が発生しない未遂や，実行の着手以前の準備行為である予備・陰謀を処罰する場合は，別に規定を設け，基本的構成要件の行為ないし結果を修正した新たな構成要件が作られる（修正・拡張された構成要件）．未遂は多くの犯罪で処罰規定があるが，予備・陰謀はいまだ法益侵害に遠く危険が小さいため，処罰は特定の重大犯罪に限られている．予備罪は，刑法典に8種があるほか（刑78・88・93・113・153・201・228の3・237．なお，私戦予備罪〔刑93〕だけは基本的構成要件が存在しない），特別刑法に若干の例があるにすぎない（破防39・40等）．予備と未遂は実行の着手の有無により区別されるので，多くの犯罪では，実行の着手の判断が処罰の有無を分けることになる．

2 予備の類型　(1) 有形予備・無形予備　予備は謀議以外の方法による犯罪準備行為を広く含む概念であり，凶器の入手のような物理的準備行為（有形予備）に限られず，被害者宅の偵察のような場合（無形予備）も含まれる（また，このように予備罪構成要件に該当する行為は広汎であるから，全ての準備行為を終えなくとも，何らかの準備行為があればすでに予備罪は成立し，予備罪には未遂の事態はないことになる．ただし通貨偽造準備罪〔刑153〕の器械・原料の準備行為のような場合は，その着手と終了を考えることは可能である）．ただし，予備とは犯罪実行に役立つ準備行為でなければならないから，実行後の逃走手段やアリバイ等を準備する行為は含まれない．

(2) 自己予備・他人予備　予備罪は犯罪実現目的でなされる目的犯である．予備行為のうち，自ら犯罪を実行する目的で準備行為をする場合を自己予備（真正予備），他人に犯罪を実行させる目的で準備行為をする場合を他人予備（不真正予備）という．一般に，殺人予備罪（刑201）のように「何々条の罪を犯す目的で」という規定形式の場合は自己予備に限るが，通貨偽造準備罪(153)のように「用に供する目的で」という規定形式の場合は他人予備も含むと解されている（なお，他の規定形式もあるが，少なくとも内乱予備罪〔78〕は，別に内乱予備幇助罪〔79〕があるため，自己予備に限ることになろう）．これに対し，殺人予備罪でも他人予備を含むとする見解や，逆に通貨偽造準備罪の場合も自己予備に限るとする見解もある．他人予備行為は，それのみ存在する場合（たとえば他人に殺人を依頼するためまず凶器を調達したにすぎない場合）はいまだ自己予備と同等の危険があるとはいえないが，自ら犯罪を実行する意思のある者がおり，この者のために，あるいはこの者の自己予備行為とともになされる場合には，可罰的な危険が認められる．このような場合に他人予備行為をどのように扱うべきかは，'*予備の共犯'の問題にも関わる．

(3) 独立予備・従属予備　準備行為が独立の犯罪類型として規定されている場合を独立予備罪，基本的構成要件を修正・拡張したものである場合を従属予備罪と区別することもある．ただし何が独立予備罪かについては，私戦予備罪（刑93）のように基本的構成要件が存在せず予備のみ処罰される場合とする見解，通貨偽造準備罪(153)のように行為類型が限定されている場合

とする見解に分かれる．また，予備の共犯，'予備の中止'等の問題において，独立予備罪か従属予備罪かにより扱いを分ける立場もある．
　　　　　　　　　　　　　　　　　［臼木　豊］

予備罪（独）Vorbereitung　犯罪実現を目的とした，陰謀以外の方法による準備行為を予備という．実行行為により結果を発生させれば既遂，実行に着手したが結果が発生しない場合が未遂であり，予備は未遂以前の段階の犯罪準備行為である．刑法は既遂処罰が原則で，各則等の構成要件は本来これを想定して作られているから，未遂や予備を処罰するためには別に規定が必要となり，その場合，'未遂犯'や予備罪の構成要件は，既遂犯の基本的構成要件の行為ないし結果を修正拡張したものということになる（ただし私戦予備罪［刑93］には対応する基本的構成要件がない）．未遂は比較的多くの犯罪で処罰されているが，予備は法益に対する危険性がいまだ小さいので，刑法はこれを原則的に不可罰とし，予備の処罰は特定の重大犯罪に限定されている．

　予備罪の例として，刑法典には内乱予備罪（刑78），外患予備罪（88），私戦予備罪（93），放火予備罪（113），通貨偽造準備罪（153），殺人予備罪（201），身代金目的略取等予備罪（228の3），強盗予備罪（237）の8種があり，特別刑法には，政治目的のための放火等の予備罪（破防39・40）等がある．
　　　　　　　　　　　　　　　　　［臼木　豊］

予備審問（英）preliminary examination　起訴前に，逮捕された被疑者について公判に付するに足りる犯罪の嫌疑（相当な理由）があるか否かを治安判事（magistrate）などが審査する英米法上の手続．予備審問で訴追側は犯罪が犯されたことおよび被疑者がその犯人であることを信じる相当な理由の存在を示す十分な証拠を提出しなければならない．相当な理由がないと判断された場合には，被疑者は直ちに釈放される．また相当な理由の存在が証明され手続が進められる場合でも保釈が認められることが多い．特に重罪事件に関しては予備審問を受けることは被疑者の権利である（任意に放棄もできる）．

　予備審問は，16世紀半ばにイギリスで創始されたが，当初は被疑者の尋問や証拠の収集・保全を目的とする訴追側のための手続であった．そのため，非公開で行われ，弁護人は認められず，訴追側証人の尋問に被疑者は立ち会えず，被疑者側の証拠提出も認められなかった．しかし，イギリスでは，19世紀に警察機構が整備・確立したのに対応して，不当な訴追をふるい分け当事者の証拠を開示させる司法手続へと変化していった．他方，アメリカでも，独立後，当時の被疑者尋問を中心とする糾問的な予備審問が憲法上の自己負罪拒否特権と矛盾することなどが問題とされ，その後憲法上の弁護人の援助を受ける権利等の（公判段階の）被告人の権利が拡張適用されていくことによって，予備審問は公開・対審の手続へと変化していった（もっとも伝聞法則など証拠法の厳格な適用はない）．

　その歴史的発展の経緯の違いに応じて，たとえば，イギリスでは不相当な訴追のふるい分け機能（公判での有罪が見込まれるか否か）が重視され訴追側の証拠はすべて開示されるのに対して，アメリカでは不当な身体拘束の継続を防ぐ（相当な理由の有無の審査）ということに主眼があり，訴追側のすべての証拠が開示されるわけではない，などの相違もある．いずれにしても，イギリスでもアメリカでも，予備審問は，不相当な訴追および身体拘束から早期に被疑者を解放し，また訴追側証拠を被疑者側に開示する機会を提供するなど，刑事手続上重要な機能を担っている．
　　　　　　　　　　　　　　　　　［梅田　豊］

予備の共犯　1 意義　実行の着手以前の準備行為を処罰する予備罪において，共犯がありうるかが争われている．たとえば殺人を教唆・幇助しようとしたが正犯者が予備にとどまった場合，'共犯独立性説'では教唆未遂・幇助未遂として可罰的とされるが，現在の通説である'共犯従属性説'は狭義の共犯の成立に正犯者の実行の着手を要求するので（実行従属性），正犯者が殺人予備にとどまるとき，関与者をただちにその教唆犯・幇助犯とすることは難しい．また共同正犯についても，実行行為の共同が必要だとすれば，たとえば2人以上の者が殺人を共謀し凶器を用意した段階では，これらの者を殺人予備の共同正犯とすることはできず，個別に殺人予備罪の成否を論じざるをえなくなる．

　学説では，①予備が基本的構成要件の実行行

為ではないことを理由に，予備罪につき共犯の成立を一切否定する見解がある一方，②実行概念は相対的なものであり，共犯規定の場合は未遂犯規定とは異なり修正された構成要件の実行も含めてよいとして，予備罪の共犯を広く肯定する見解もある．また，③独立予備罪についてはその実行行為を観念できるとして共犯を肯定し，そうでない従属予備罪については否定する見解や，④内乱予備幇助罪(刑79)が特に軽い法定刑をもって規定されていることの反対解釈として一般的に狭義の共犯は否定するが，共同正犯は肯定する見解もある．さらに，⑤予備罪につき共犯規定の適用を否定しつつ，予備の教唆・幇助等はそれ自体予備罪に当たるとする見解もある．

2 他人予備と共犯 また，予備の共犯の問題には，他人予備行為をどう擬律するかという問題も関連する．犯罪を自ら実行する意思のある者に対して，あるいはこの者と共に，その意思のない者が準備行為を行った場合，それは予備罪の(共同)正犯か幇助かという問題である．判例で予備の共犯が問題となったのはこの場合であるが，結論は分かれており，自ら実行する意思のない他人予備行為は予備罪の正犯たりえず幇助犯にすぎないとするもの(名古屋地判昭36・4・28下刑3・3＝4・378，大阪高判昭38・1・22高刑16・2・177)と，明文規定(刑79等)がある場合以外は予備の幇助は不可罰であるが他人予備行為は予備罪の共同正犯に当たるとするもの(前記名古屋地判昭36・4・28の控訴審である名古屋高判昭36・11・27高刑14・9・635．その上告審の最決昭37・11・8刑集16・11・1522もこれを是認する．他に東京地判平8・3・22判タ923・98＝判時1568・35)がある．

学説では，前記⑤の立場からは他人予備行為も端的に予備罪を成立させることになるが，一般には予備罪は自己予備が原則とされており，共犯規定の適用を認める立場においても，他人予備行為は幇助犯とするものが多い．しかし近時は，予備罪は単独犯の場合は自己予備に限られるとしても，共犯の場合は，自ら実行する意思を65条1項にいう身分と解し，この意思のない者も自己予備者に加担することで共同正犯になりうるとする見解も有力化している．もっとも，他人予備行為に予備罪の共同正犯を認めることに対しては，自己予備者がさらに実行段階に進めば他人予備者は未遂犯・既遂犯の幇助犯にすぎなくなる点で不合理とする批判もある．また，他人予備行為が予備罪の幇助犯のみならず共同正犯にもなりうるとすると，両者の区別基準という問題が出てくる． ［臼木 豊］

予備の中止 ＊中止犯'は「犯罪の実行に着手してこれを遂げなかった」未遂犯の存在を前提として成立する(刑43)．したがって犯罪の準備行為(＊予備')を開始した者が自己の意思で実行行為に出ることを止めた場合には，実行の着手がないので中止犯規定を適用することはできない．しかしそうだとすると，このような者には必ず予備罪の刑が科されることとなり，実行の着手後にようやく中止した者が刑の必要的減免という特典を受けられることと比べて均衡を失するのではないかという疑問が生じる．そこで，予備の中止について，刑法43条但書の中止犯規定を準用(正確には類推適用)できないかどうかが問題となっている．

判例は，当initial殺人予備罪につき同罪が刑の免除をなしうるものであることを理由のひとつとして準用否定説をとった(大判大5・5・4刑録22・685)が，後に，そもそも未遂以前の段階である予備罪には中止未遂(中止犯)の観念を容れる余地はないとして，刑の免除の可能性がない強盗予備罪についても否定する立場を一貫させた(最判大昭25・1・20刑集8・1・41)．これに対して，学説の多くは準用を肯定している．その理由は，上述の刑の不均衡という不都合(とりわけ強盗予備罪について)のほか，否定説だと未遂という予備より重大な犯罪をかえって奨励することになり不正義である一方，肯定説は犯罪結果を未然に防止しようとする中止犯規定の政策的意図に合致すること，予備は基本的構成要件実現に向けた犯罪の発展段階のひとつであるから実行行為の開始を自ら放棄し結果発生を防止した行為は実質的に「中止した」と評価しうること，中止犯の特典効果の理論的根拠である違法減少ないし責任減少は予備の中止の場合にも妥当すること等に求められている．

なお肯定説に立つ場合，既遂の刑と予備の刑のいずれを基準に準用すべきか，免除だけでな

く減軽も認めるかが問題となる．争いはあるが，学説は一般に，予備罪は構成要件の修正形式であるから基準とすべきは既遂刑であり，予備罪の法定刑はすでに既遂刑が法定減軽されたものであるから，準用により重ねて減軽することは刑法68条(法律上の減軽の方法)に反すると解している． [清水一成]

予防拘禁 (英) preventive detention (独) vorbeugende Verwahrung **1 意義と特徴** 予防拘禁とは，行為者の社会的危険性に着目して，将来犯罪を犯す危険性がある者を保安施設に隔離して，社会を防衛する*保安処分'である．刑罰が，過去の犯罪行為の責任に対する制裁として科されるのに対して，保安処分は，将来の犯罪の危険性を除去するために課されるところにその特徴がある．将来の危険性が，精神障害や薬物依存のような疾病に由来する場合には，その者の疾病を治療することが危険性の除去につながる．*治療処分'は，この種の改善処分の典型である．これに対して，将来の危険性が，犯罪の累行性や犯罪者の常習性に由来する場合には，行為者を隔離して犯罪を予防するという手段が用いられる．ドイツ刑法の保安監置(Sicherungsverwahrung)やイギリス旧刑事裁判法の予防拘禁(1965年に廃止)が，この種の保安処分の例である．将来の危険性予測は，判断者の裁量に依存するところが大きいため，その運用が恣意的になりがちである．

2 治安維持法と予防拘禁 狭義では，政治的，宗教的あるいは思想的信条の危険性や性向に着目して，将来の犯罪を予防するために思想犯を隔離する処分を予防拘禁ということがある．

1925(大14)年，昂揚する社会主義運動を弾圧するために制定された治安維持法は，1928(昭3)年，1941(昭16)年の2回の「改正」を経て，その適用範囲を宗教団体や学術研究グループにまで拡げ，天皇制ファシズムの下における思想統制の手段となっていった．1941(昭16)年の「改正」では，同法違反によって処罰を受けながらも，転向することなく出獄した者の再犯を防ぐための保安処分として，予防拘禁が導入された．同法によれば，予防拘禁は，検察官の請求に基づき(治維40)，裁判所が決定するものとされ(44)，予防拘禁所に収容された者に対しては，転向を強要する処置が実施された(53)．期間は2年とされたが，何度でも更新することができたので(53)，転向しない被収容者は際限なく収容が継続された．1945(昭20)年，連合国最高司令部(GHQ)の発令した「政治的，市民的及び宗教的自由に対する制限の撤廃に関する覚書」によって，治安維持法，予防拘禁手続令，同処遇令などが廃止された．同法による検挙者は6万7,000人以上，被告人は6,000人以上にのぼったと推計される． [石塚伸一]

ら

ラートブルフ Gustav Radbruch（独・1878-1949） ドイツ新カント主義の法哲学者であり、また*リスト'学派の有力な刑法学者、刑事政策家の1人である。ラートブルフは政治にも活躍の場を求め、ワイマール期には社会民主党政府の司法大臣ともなった。ナチス期には、ナチス刑法を批判したこともあって公職追放処分を受けたが、大戦後ハイデルベルク大学に復帰した。

ラートブルフは、法哲学者としては、新カント主義哲学（西南ドイツ学派）を基礎として、個人主義・団体主義・文化主義という3つの世界観のいずれが正しいかを証明することは不可能である、とする相対主義の立場から民主主義に理論的根拠を与えようと試み、また、政治思想として温和な社会主義（社会民主主義）を主張した。第2次大戦後は、全体主義の権力悪に対する批判から自然法思想に接近し、民主的法治国家思想を説いた。代表的著作に、『法学入門』(1910)、『法哲学』(1932)等がある。

一方、刑法学者としてのラートブルフは、リスト門下の一員として*目的刑'論を唱え、相対主義の立場から、*確信犯'に対する特別処遇の必要性を主張した。彼は、刑法の体系書を公刊するには至らなかったが、哲学的洞察を背景とする専門論文として代表的なものに、学位論文である「相当因果関係論」(1902)と教授資格論文である「刑法体系に対する行為概念の意味」(1903)がある。いずれも当時の時代思潮の制約を受けて、徹底した自然主義的*因果的行為論'を展開しており、そのアンチテーゼとして*目的的行為論'の台頭を促す契機ともなったが、彼の刑法理論史上の功績は、むしろ珠玉の『フォイエルバッハ伝』を始めとする刑法史や刑事政策にあるといえる。

1922年のラートブルフ草案は、彼がヴィルト内閣の司法大臣であった時代に、ほとんど彼1人の手によって完成された刑法改正私案であり、*死刑'の廃止、重懲役刑およびこれと結びついた一切の名誉刑の廃止、確信犯に対する特別処遇など、幾多の新しい規定を含んでいる。

［曽根威彦］

ラディカル犯罪学 （英）radical criminology **1 意義と背景** アメリカの伝統的犯罪学の保守性を批判し、犯罪学に相互作用主義的視点を導入した*ラベリング論'の社会批判的側面をより徹底し、犯罪を産み出す社会構造を根底から批判しようとした犯罪学の動向をラディカル犯罪学（急進的犯罪学）と呼ぶ。批判的犯罪学、クリティカル・クリミノロジー、ニュー・クリミノロジーなどとも呼ばれるが、これらの境界は曖昧である。

20世紀の前半にその基礎が形成されたアメリカの犯罪学は、学習、統制、緊張の3つをキー・コンセプトとして下層階級に属する人たちの犯す犯罪を社会学的観点から説明し、その成果を刑事政策や福祉政策に反映することを目標としていた。ところが、1960年代後半になると、公民権運動やヴェトナム反戦運動、学生運動などの興隆に触発されて、既存の政治体制や社会構造に不信を抱くようになった若い世代の研究者が、これらの運動と連携しながら、伝統的犯罪学を根底から批判した。

2 理論的特徴 ラベリング論は、刑事司法機関の差別的な法執行や逸脱行為者への烙印付与が新たな犯罪を産み出すプロセスを解明し、既存の刑事法システムを批判することに成功した。しかし、そのような差別的法執行を産み出す社会構造自体にまで批判を徹底することはできなかった。このことに不満をもった若い世代の犯罪学者が集まり、1960年代後半から70年代前半にかけて新たな研究サークルを形成し、アカデミズムの存在意義をも含め、伝統的犯罪学の存在基盤そのものを疑った。

3 新しい犯罪学の系譜 イギリスでは、イアン・タイラー Ian Taylor、ポール・ウォルトン Paul Walton、ジャック・ヤング Jack Young の編著になる『ニュー・クリミノロジー The New Criminology』(1973)が公刊され、若い世代の犯罪学者の支持を集めた。彼らをニュー・クリミノロジスト（新しい犯罪学者）と呼ぶ。し

かし、イギリス国内ではアカデミズムの主流に無視されつづけ、サッチャー政権以降の大学予算の削減の中で、彼らニュー・クリミノロジストは冷遇され、その影響は弱まっていった.

アメリカでは、カリフォルニア大学バークレー校犯罪学部にトニー・プラット Tony Platt, ポール・タカギ Paul Takagi, シュヴェンジンガー夫妻 Herman & Julia Schwendinger などの急進的若手研究者が集まってラディカル・クリミノロジスト組合（the Union of Radical Criminologists）を結成し、機関誌『犯罪と社会正義 Crime and Social Justice』（その後、『社会正義 Social Justice』と改称）を発行して批判的犯罪学の中心となった。彼らの活動は、国家権力の暴力や差別を直接体験した学生達からも支持され、公民権運動や受刑者組合の運動、さらには第三世界の人びととの連帯へと向かった。カリフォルニア州政府は、大学の人事や財政に介入し、1976年に犯罪学部を廃止させた。これらバークレー学派の理論系列とは別に、方法論としてマルクス主義的社会分析の手法を用いながらも、実践的にはマルクス主義と一線を画すリチャード・クイニー Richard Quinney（米・1934-）やウイリアム・チャンブリス William Chambliss（米・1933-）の葛藤理論 Conflict theory もラディカル・クリミノロジーの一派に数えることができる。

ドイツでも、イギリスやアメリカの影響を受け、クラウス・リューダーセン Klaus Lüderssen（独・1932-）＝フリッツ・ザック Fritz Sack（独・1931-）編『ゼミナール・逸脱行動 Abweichendes Verhalten』（1974）シリーズが出版された。ドイツ・アカデミズムの伝統的特性もあって、新しい犯罪学は、社会批判の理論として受容され、実践性よりも理論性を重視し、法律学者よりは社会学者に影響を与えた。刑事学の専門雑誌『犯罪学ジャーナル Kriminologisches Journal』『新しい刑事政策 Neue Kriminalpolitik』には、批判的犯罪学の影響が見られる。

4 ラディカル犯罪学の評価 これら「新しい犯罪学」が、政治性を強めていったことによって、理論がイデオロギー化し、実証性・実用性を失って、自己崩壊の道を歩んだとの批判もある。しかし、新しい犯罪学が、新マルクス主義的犯罪学、ポスト・モダニズムの犯罪学、アボリショニズムなど、新しい社会の構築を志向する犯罪学のパースペクティヴに影響を与えたことも否定できない。

日本でも、ラベリング論の紹介とともに、ラディカル・クリミノロジーも紹介されたが、紹介の域をでることはなかった。社会的・理論的背景の違いを無視したような理論の紹介に終始し、実践が伴わなかったことや既存の法理論との接合が十分でなかったことなどの問題点が指摘されよう。　　　　　　　　　　［石塚伸一］

ラベリング論　（英）labeling theory

1 犯罪学的意義　犯罪原因論のひとつ。レイブリング理論ともいう。ラベリングとは、ある者に対して犯罪者、刑余者などの負のレッテル貼り、つまり社会的に疎外する過程をいい、ラベリング論はこれを犯罪原因のひとつとする理論。社会的反作用論ともいわれる。伝統的な犯罪原因論が犯罪者個人の生物学的・心理学的・社会学的な要因を犯罪原因と考えたのに対し、ラベリング論はある行為に対する一般社会や*社会統制'の機関、刑事司法機関の反応・扱い方が犯罪原因であるとする。

これによって、ラベルを貼る者と貼られる者との間の相互作用、ラベルを貼る過程などの研究を可能とした。理論的には、はやくタンネンバウム Frank Tannenbaum（米・1893-1971）が"Crime and the Community"『犯罪とコミュニティ』（1938）で烙印付けの問題性を指摘した。

2 レマートの理論　戦後レマート Edwin Lemert（米・1912-96）が"Social Pathology"『社会病理学』（1951）において理論化を試みた。彼によると、ある者の一次的逸脱に対して社会からの反作用として犯罪者・非行少年であるとのラベルが貼られ、これによって自らも犯罪者・非行少年という自己意識を形成し、その自己意識によって次の二次的逸脱を行うと主張し、この考えは逸脱行為の定義に関するベッカー Howard Becker（米・1928-）の"Outsiders"『アウトサイダーズ』（1963）を生み出した。これによって、ラベリング論はクリティカル・クリミノロジー、ラディカル・クリミノロジーの初

期の理論の一部を共有し，政治色を帯びるようになった．ラベリング理論は1970年代の犯罪学理論と犯罪対策論に様々な影響を与えたが，一次的逸脱を説明しえない点，予防面に言及しなかった点で，理論というよりは*犯罪行動理論仮説'，パースペクティブに過ぎないという見方もある．

3 ディヴァージョンとの関係 このラベリングを回避するためには，なるべく早期に犯罪者を刑事司法手続から離脱させるディヴァージョンが必要だとされる．ラベリング論に対しては，かつて予防論が欠落しているという批判が加えられていたが，これに応えたのがディヴァージョンである．わが国でディヴァージョンとしては，警察段階での微罪処分，検察段階での起訴猶予，裁判段階での執行猶予，刑務所段階での仮釈放等が考えられる．→犯罪社会学，社会的統制理論，選択的法執行　　　　　　［守山 正］

り

利益供与罪　会社の役職員等が株主の権利行使に関し，会社の計算において財産上の利益を供与する犯罪．3年以下の懲役または300万円以下の罰金が科される（商497Ⅰ）．情を知って利益の供与を受けるか，第三者に供与させた者も同様に処罰される（497Ⅱ）．本罪は，総会屋が株主権の行使に藉口して不当な利益を獲得することを防止するための規定である．総会屋対策のためには，*会社荒らし等に関する贈収賄罪'（494）だけでは不十分であるという認識のもと，1981（昭56）年に新設された．さらに1997（平9）年の商法改正において，*利益要求罪'（497Ⅲ）が新設されるとともに，その法定刑が大幅に引き上げられ，受供与側については懲役と罰金の併科も可能となった（497Ⅴ）．また，受供与罪，要求罪については，その実行に際して威迫行為があった場合に刑が加重されている（5年以下の懲役または500万円以下の罰金．497Ⅳ）．その保護法益については，会社資産の費消を防止して会社運営の健全性を保護するという見解と，株主の権利行使の公正を保護するという見解との対立がある．

1 株主ノ権利行使ニ関シ　株主の権利行使に関連して利益が供与されなくてはならない．株主総会における発言権，質問権，議決権などが事実上問題となる．積極的な権利行使のみならず，権利行使を差し控えたことについての謝礼であってもよい．株式を取得することを差し控える旨の依頼も，将来取得しうる株主権の行使をしない旨の依頼と評価できるので，これに当たると一般に理解されている．

2 会社又ハ其ノ子会社ノ計算ニ於テ　会社の計算において利益供与がなされる必要がある．対価の支払いが会社の負担となり，損益が会社に帰属していればたり，誰の名義で利益が供与されたかは関係ない．役職員がポケットマネーで利益を供与した場合はこの要件をみたさないが，会社が後から資金を補塡する約束があればこれに該当する．子会社が親会社のために利益を供与した場合も，補塡の約束があれば親会社の計算と評価しうるが，それ以外の場合にはなお問題が残っていたが，平成12年の商法改正により，それまでの「会社ノ計算ニ於テ」が「会社又ハ其ノ子会社ノ計算ニ於テ」と改正され問題は立法的に解決された．総会屋に転換社債や新株を優先的に割り当てる場合など，会社に損失が発生しない場合も会社の計算においてといいうるかについては，保護法益論と関連して争いがある．

3 財産上ノ利益　*財産上の利益'は，「経済上の価額を有する利益」と解されており，貨幣価値に換算できない地位の供与，情欲の満足などは除外される．契約の対価として利益供与がなされた場合，その対価が通常に比して異常に高い場合はこれに当たると評価できるが，相当な対価である場合については争いのあるところである．　　　　　　　　　　　　　［橋爪 隆］

離隔犯　（独）Distanzdelikt　行為と結果とが時間的または空間的に隔たる場合を離隔犯という．*間接正犯'の場合にしばしば生じる．たとえば，知人を毒殺する目的で毒入りまんじゅうをその知人宅に送付する場合，遠隔地に送付する以上行為開始と結果発生との間に時間

的・場所的懸隔を生じる．ただし，離隔犯概念そのものを間接正犯概念に包摂することは妥当でない．両者は観点を異にする概念である．なお，共犯関係において，正犯の行為と共犯の行為とが時間的・場所的に隔たるような場合にも離隔犯の問題が生じる．この場合を離隔共犯という．

離隔犯をめぐっては，まず，未遂犯処罰の可能になる時期すなわち*実行の着手'時期をどこに求めるかが大きな問題となる(刑 43)．道具理論を基礎とする通説的立場からは間接正犯の場合，利用行為自体を正犯行為と考えるので，実行の着手時期は利用者を標準に定めるのが自然であるが，判例は間接正犯の形の離隔犯につき，被利用者の行為時を標準にしている(大判大 7・11・16 刑録 24・1351 等)．近時，既遂と未遂とを分ける実行の着手概念は，実行行為ないし正犯行為の開始時点と一致するものではなく，結果発生の実質的危険の程度によって画されるべきであるとする考え方から，被利用者標準説(到達主義)が学説においても有力化している．ただし，被利用者標準説ないし到達・結果発生時標準説は，行為者の手を離れた後，他人の動作に依存して，または因果的事象経過の途中で実行の着手を認めることになる点が不都合であるとする批判がある．

次に，刑法の場所的適用範囲の問題がある．刑法 1 条は日本国内における犯罪(国内犯)を処罰する「属地主義」の原則を明示している．国内犯を定める基準は*犯罪地'であるが，構成要件該当事実の存在する場所を犯罪地とする通説によれば，離隔犯においては行為地・中間事実の発生地・結果発生地のいずれもが犯罪地となる．共同正犯者のいずれかの関与者の犯罪地は，他の関与者にとっても犯罪地とされる．共謀共同正犯の場合，共謀の事実も犯罪事実の一部にほかならないと解されているので，謀議を遂げた場所が国内であれば犯罪実行の地が国外であっても国内犯となる．狭義の共犯については，正犯の犯罪地が共犯にとっても犯罪地となるが，正犯にとっては自己の犯罪地のみが犯罪地であるとするのが通説である．　［橋本正博］

リスト　Franz von Liszt（独・1851-1919）*新派刑法学'を代表するドイツの刑法学者で，理論・実践(行刑制度の改革，刑事立法)の両面で，ドイツおよび世界各国に多大な影響を及ぼした．

オーストリアのウィーンに生まれたリストは，ウィーン大学に学んでイェーリング Rudolf von Jhering(1818-92)の「法における目的」論に感化を受けたが，それを刑法の上に展開したのがマールブルク大学における教授就任演説「刑法における目的思想」(マールブルク綱領〔1882 年〕)である．その中で主張された*目的刑論に対しては，その後，*旧派刑法学'に属する*ビンディング'，*ビルクマイヤー'らが*応報刑論の立場から批判を加え，「*刑法学派の争い'」が展開されることになる．リストは，刑法学は刑事政策学を含めた全刑法学でなければならない，とする立場から 1881 年に『全刑法学雑誌』を公刊し，また 1889 年には，ベルギーのプリンス Adolphe Prins(1845-1919)，オランダのハーメル Gerard Anton van Hamel(1842-1917)とともに「*国際刑事学協会'」を設立し，新派理論の国際的な普及に貢献した．

リストは，自己の刑法理論を，刑罰目的を法益保護・犯罪予防に求める目的刑論においていたが，目的思想の重視と結びつく犯罪学・刑事政策学の領域では，①各種の犯罪原因を究明し，②刑罰の犯罪原因除去に対する効力の有無を実証することの必要性を説いた．犯罪原因に関しては，個人的原因と社会的原因との二元論を採用したが，失業・貧困・売春・アルコールなどの社会的原因の除去に関しては，「最良の社会政策こそが最良の*刑事政策'である」として，社会環境の改善の重要性を強調した．一方，犯罪の個人的原因の除去については，「罰すべきは行為ではなく行為者である」とする立場(行為者刑法)から，刑事政策の重点を行為者の反社会的性格と危険性におき，機会犯人・改善可能な状態犯人・改善不能な状態犯人という*犯罪者類型'を設けて，それぞれについて威嚇(罰金，執行猶予)・改善(不定期刑)・無害化(隔離)という分類処遇を提案した．

一方，理論刑法学の分野では，刑法の自由保障機能，罪刑法定主義的機能を視野に入れて，「刑法典は犯罪者のマグナ・カルタであり」，「刑法は刑事政策が超えることのできない柵であ

る」と主張し，刑事政策の限界を刑法に求めたのであった．その結果，彼の犯罪理論は，*構成要件'論を取り入れ，*違法'と*責任'を峻別したうえで，違法の実質を法益の侵害・危険に求める客観主義的性格を帯びるものとなった．その意味で，彼の刑法理論は，個人的な法治国家思想と全体的な社会国家思想の統合の下におかれていたとみることができる． ［曽根威彦］

立 証 趣 旨 1 立証趣旨の意義・機能 当事者の証拠調べ請求は，証明すべき事実（起訴状記載の公訴事実）と証拠の関係，すなわち「立証趣旨」を，具体的に明示して行わねばならない（刑訴規189Ⅰ）．実務では，その証拠から当事者が証明しようとする主要な事実，たとえば「盗難被害事実」「被害現場およびその付近の状況」「本件犯行前後の被告人の行動等」などを簡潔に表示するかたちで，立証趣旨を明示する．検察官の証拠等関係カードには「立証趣旨（公訴事実の別）」の記載欄がある．

立証趣旨は，裁判所が証拠の採否を決定する資料となる．相手方当事者に対し，攻撃防禦の具体的な焦点・範囲を示し，とくに証人尋問について，主尋問・反対尋問の範囲を明らかにする．

2 立証趣旨の拘束力 当事者が法廷に提出した証拠について，当事者が求めなかったかたちで事実認定の用に供することができるのか，それとも裁判所は当事者の立証趣旨に拘束されるのか，問題となる．たとえば，特定の訴因に関係して取り調べられた証拠を，別の（公訴事実の同一性を欠く）訴因の認定資料として使用することや，証明力を争うために取り調べられた証拠（弾劾証拠）を犯罪事実を認定する証拠（実質証拠）として使用することができるのか，問題とされた．立証趣旨に拘束力を認め，「できない」とした判例がある（福岡高判昭25・7・11判特11・143など）．

これに対し，検察官が訴因事実の一部を立証趣旨とした証拠について，「証拠共通の原則」を挙げて，裁判所はすべての訴因事実を認定するために使用できるとした判例（名古屋高判昭25・5・27判特11・48）や，立証趣旨について，証拠調べ請求を認容するか否か決定するために裁判所が参考にする以上の強い効力（拘束力）を付与することは，*職権主義'を排斥はしない刑事訴訟法の精神に反する，とした判例（東京高判昭27・11・15高刑5・12・2201）もある．実務上，証拠等関係カードなどで明示される「立証趣旨」は，証明しようとする事実のうち主要なものを簡潔に示したにすぎず，その程度のものに裁判所の*事実認定'を拘束する法的効果を認めるというのは困難だ，という指摘もある．

3 立証趣旨の拘束力を否定 学説では，「立証趣旨の拘束力」が問題とされる状況というのは，「証拠能力」や「厳格な証明」の内容をどう捉えるのか，ということにより解決されるため，ことさら「立証趣旨の拘束力」という概念・理論をたてる必要はない，という考え方が大勢であろう．

たとえば，ある訴因（公訴事実第1）に限って許容された証拠を，他の訴因（公訴事実第2）に関する認定の用に供してはならない，というのは（「立証趣旨が拘束する」ためではなく），他の事実については関連性が肯定されておらず，証拠能力が否定されるためである．同様に，ある訴因ないし要証事実の範囲で同意した*伝聞証拠'を，他の訴因・事実を認定する用に供してはならない，というのは，刑事訴訟法326条の同意の効果（反対尋問権の放棄）が他の訴因・事実には及ばないためである（参照，名古屋高金沢支判昭25・2・24判特7・36）．*弾劾証拠'を実質証拠として使用してはならない，というのも（「弾劾目的という立証趣旨が拘束する」ためではなく），弾劾証拠はもともと実質証拠としての証拠能力をもちえないためである（参照，最判昭28・2・17刑集7・2・237）．また，訴訟条件たる事実や証拠能力の基礎事実など，訴訟法上の事実を証明するため適式な証拠調べを経ないで取調べた証拠を，犯罪事実を認定するために使用してはならないというのも（「訴訟法上の事実を立証趣旨としたことに拘束される」のではなく），*厳格な証明'の保障を貫徹するために必要なことだからである．

ただし，当事者主義構造の刑事訴訟においては，当事者の訴訟追行の範囲を超えて裁判所が実体形成をすることは，不合理・不当なこととして，許されるべきではない．この不合理・不当を排斥する補充的な方法として，当事者の立

証趣旨に拘束力を認めることがあってよいともいえる． [高田昭正]

利得罪 *財産犯'のうち財産上の利益を客体とする罪．利益罪ともいわれる．これに対し，(財)物を客体とする罪を財物罪という．窃盗罪，不動産侵奪罪，横領罪，盗品等に関する罪，毀棄・隠匿罪は財物罪であり，強盗罪，詐欺罪，恐喝罪は財物罪であると共に利得罪でもある．この3つの罪においては，財産上の利益が客体となる場合が各条文の2項に定められているため，*二項犯罪'とも呼ばれる．また，電子計算機使用詐欺罪は利得罪である．財物罪と利得罪との区別は，個別財産に対する罪におけるものであるとし，全体財産に対する罪である背任罪は利得罪には含まれないとされることもある． [上嶌一高]

略式手続 (英) summary proceeding (独) Strafbefehlsverfahren 略式手続は，書面・非公開の審理に基づく略式命令によって，刑罰を科すことを認める手続である．この手続は，ドイツのStrafbefehlsverfahrenをモデルとして，1913(大2)年の刑事略式手続法によって，はじめて制度化された．その後，科刑範囲や命令発付の前後の手続に変遷はあったものの，基本構造は変わらずに現在まで続いている．

略式手続は，刑事訴訟法6編に規定されている．それによれば，簡易裁判所は，検察官の請求により，その管轄に属する事件について，公判前，略式命令で，50万円以下の罰金または科料を科すことができる(刑訴461)．略式命令の請求は，公訴の提起と同時にしなければならないので(462Ⅱ)，これを略式起訴ともいう．検察官は略式命令の請求にあたり，被疑者に対しあらかじめ略式手続を理解させるために必要な事項を説明した上，被疑者から略式手続によることについて異議がない旨の書面を得なければならない(461の2・462Ⅱ)．略式命令には，罪となるべき事実，適用した法令，科すべき刑などを示さなければならない(464)．略式命令に対して，被告人・検察官は14日以内に*正式裁判の請求'をすることができる(465Ⅰ)．略式命令が確定すると，確定判決と同一の効力を生ずる(470)．

略式手続は，口頭・公開の通常手続に対して，例外的な特別手続であるが，量的にはその関係が逆転する．1997(平9)年の検察統計年報によると，起訴された人員のうち，略式請求された人員は105万人余りであるのに対し，*公判請求'された人員は10万人余りにすぎない．起訴されたうちの9割以上が略式請求によって占められているのであり，この割合は最近ほとんど変動がない．

この手続が書面審理による科刑手続である点で，主に憲法37条や82条に違反しないかが問題とされる．これについては，最大決昭23・7・29刑集2・9・1115などにおいて合憲性が肯定されたため，判例上は一応の決着がついている．しかし他方において，およそ被疑者・被告人に対する裁判官の直接の告知と聴聞なしに科刑することが認められるかとして，違憲論も展開されている．憲法論は別としても，事前の被疑者の異議がない旨の確認が，一方当事者である検察官に対して行われている点は，問題がある．これは被疑者・被告人の権利放棄意思の確認を意味するものであるから，それにふさわしい適正な手続にする必要がある． [福島 至]

略取誘拐罪 略取誘拐罪は，人をそれまでの生活環境・状態から引き離し，自己または第三者の実力的支配下に移す犯罪である．このうち，暴行・脅迫を手段とする場合が略取，欺罔・誘惑を手段とする場合が誘拐であり，両者をあわせて拐取という．現行刑法の33章「略取及び誘拐の罪」には，拐取罪として，*未成年者拐取罪'(224)，*営利目的等拐取罪'(225)，*身の代金目的拐取罪'(225の2Ⅰ)，国外移送目的拐取罪(226Ⅰ)の4類型が規定されている．このほか，関係する犯罪類型として国外移送目的人身売買罪(226Ⅱ前)も規定されている．さらに，これらの犯罪に関連して，その成立後に行われる行為を処罰する規定として，国外移送罪(226Ⅱ後)，幇助目的の収受等の罪(227Ⅰ・Ⅱ)，自利目的の収受罪(227Ⅲ・Ⅳ後)，身の代金要求罪(225条の2Ⅱ・227Ⅳ後)がある．

略取誘拐罪の保護法益の内容をどのように理解するべきかについては，見解の対立がある．第1の見解は，その保護法益を被拐取者の自由として一元的に理解する．しかし，自由侵害の程度だけに着目すれば，一般に，略取誘拐罪に

おける自由侵害は*逮捕監禁罪'(220)の場合ほどには強度である必要はないと考えられている。それにもかかわらず、略取誘拐罪は、逮捕・監禁罪以上に重く処罰されることになっている。そこで、第2の見解は、被拐取者の自由にくわえて、被拐取者の身体の安全も略取誘拐罪の保護法益に含まれていると理解している。→人質による強要行為等の処罰に関する法律

[鈴木左斗志]

留 置 **1 意義** 留置は、刑事訴訟法上、いくつかの異なる意味で用いられている。第1は、人を拘束する裁判およびその執行であり、*労役場留置'(刑訴505、刑18)や*鑑定留置'(刑訴167)がこれにあたる。第2は、そうした裁判およびその執行の結果として人が拘束されている状態を指す場合である。*被疑者'・*被告人'の*逮捕、*勾引'および*勾留、あるいは*証人'の勾引の結果としての拘束がこれに該当する(74・75・153の2・203・204)。さらに、第3として、物を人や機関の支配下にとどめておくことを指して用いられる場合もある。押収物の留置(123)が、その例である。このうち、解釈上の争いがあるのは、第2の意味における留置、特に、被疑者の逮捕に伴う留置についてである。

2 逮捕後留置の法的性格 被疑者が司法警察職員により逮捕された場合、その後の留置時間は、警察段階で48時間、検察段階で24時間に制限されている(刑訴203・205)。検察官による逮捕の場合は48時間である(204)。実務では、この留置時間は、その間に捜査機関がさらに捜査を進めて、勾留請求を行うかどうかを決定するための手持ち時間であると理解されている。しかし、学説上は、逮捕は、勾留へとつなぐ仮の処分にすぎず、捜査機関は、逮捕後速やかに、勾留請求をするか、それとも被疑者を釈放するかを決定すべきであって、逮捕後の留置を積極的な捜査のために利用することはできないとする見解も有力に主張されている。

3 逮捕後の留置場所 *逮捕状'には、引致すべき官公署その他の場所の記載が要求されているだけであり(刑訴200Ⅰ)、法律上は、逮捕後の留置場所に関する明確な規定は存在していない。しかし、実務では、引致場所がそのまま留置場所ともなると解されており、通常、引致場所は警察署であるから、逮捕された被疑者は、その警察署の留置場に留置されることになる。この場合の留置場は、*監獄法'上の*監獄'ではないから、その収容者については監獄法の適用はなく、しかも、それに対応する法律が存在しないため、現在は、その権利関係は、国家公安委員会規則である被疑者留置規則によって規律されている。

これに対し、引致場所に留置にふさわしい施設がない場合、例えば、引致場所が*検察庁'であるような場合には、被逮捕者は監獄に留置される(刑訴75・209)。この場合には、仮に、拘置所ではなく警察の留置場に収容されたとしても、それは*代用監獄'への収容となるから、監獄法が適用されることになる。

[川出敏裕]

流通食品への毒物の混入等の防止等に関する特別措置法 グリコ・森永事件およびその模倣事件の頻発をきっかけとして、1987年に制定された。「毒物」の範囲を、基本的には毒物および劇物取締法・薬事法の規定に依拠して定めるが、毒性または劇性においてそれに「類似するもの」にまで拡張している。刑罰法規としては、流通食品への毒物の混入、添加、塗布行為(9Ⅰ①)および、毒物を混入、添加または塗布された飲食物を流通食品に混在させる行為に対して(9Ⅰ②)、10年以下の懲役または30万円以下の罰金を規定し、その未遂処罰(9Ⅲ)、結果的加重犯(9Ⅱ致死傷罪、無期または1年以上の懲役)および自首減軽(9Ⅴ)の各規定を置く。また、混入等の罪が刑法の罪にも触れる場合には「重きに従って処断」する(9Ⅳ)。加えて、国および地方公共団体の毒物混入防止の施策を講じる義務、流通食品の製造業者等の国または地方公共団体の右施策への協力義務、警察等への届出義務、捜査機関への協力義務、警察官等の関係行政機関への通報義務、主務大臣の製造業者等に対する指導・助言の権限、国または地方公共団体の適切かつ円滑な流通の維持等のための措置をとるよう努める義務を定める。届出義務違反には罰則(10Ⅰ・Ⅱ、Ⅱは両罰規定)をも置いている。

[葛原力三]

理由不備 法律上判決に付すべき理由の表示が欠けていること。判決の重大な瑕疵とみなされ、判決内容への影響の有無を問わず

に、*控訴理由'となる．理由が表示されていてもそれが明らかな矛盾を含んでいる場合は、理由の食い違い（理由齟齬ともいう）として、同様に控訴理由となる（刑訴378④）．有罪判決の場合、罪となるべき事実、証拠の標目または法令の適用（335Ⅰ）の表示が欠ければ、理由不備となる．例えば、判決に挙示された証拠では、犯意が認定できない場合は、証拠の標目の不備となる（最判昭33・6・24刑集12・10・2286）．学説には、単なる証拠の標目の列挙だけでなく、より具体的な事実認定理由を判決では説示すべきであるという主張もある．しかし、判例は、有罪判決（最判昭34・11・24刑集13・12・3089）でも無罪判決でも（最判昭35・12・16刑集14・14・1947）、証拠取捨の理由を示す必要はないとしているので、これを欠いても理由不備とはされない．また、違法性ないし責任阻却事由や刑の加重減免理由の主張に対する判断（335Ⅱ）を欠いても、訴訟手続の*法令違反'にとどまり、理由不備には当たらないというのが判例である（最判昭28・5・12刑集7・5・1011）．　［後藤　昭］

量　刑　（英）sentencing　（独）Strafzumessung　**1 量刑の意義と基準**　量刑とは、一般に、*処断刑'の範囲内で具体的に*宣告刑'を決定することをいう．刑の量定ともいう．

裁判官は、有罪の判決のうち刑の言渡し（刑訴333Ⅰ）をするにあたっては、まず、*法定刑'として2種以上の刑が選択的に規定されている場合には、刑種を選択し、刑法72条の規定に従い、加重減軽のうえ得られた処断刑の範囲内で宣告すべき刑を決めることになる．

量刑は、行為者の責任に応じて決定されるが、一般に、犯人の年齢、性格、経歴および環境、犯罪の動機、方法、結果および社会的影響、犯罪後における犯人の態度その他の事情を考慮するものとされる（改正刑法草案48参照）．

2 量刑の資料　量刑の資料には種々のものが含まれるが、なかでも、被告人の態度、ことに自白や否認について問題となる．被告人には*黙秘権'が保障されているので、自白しないことを不利益に評価することは許されない．しかし、自己の行為に対する悔悟や反省の念から自白しているといえる場合には、これを有利な情状として量刑に考慮することは許されよう．また、被告人に起訴されていない余罪がある場合、これを量刑に考慮することは許されるであろうか．起訴されていない犯罪事実を単に量刑のための一情状として考慮することは、すべての事情を考慮して*裁判所'が法定刑の範囲内において適当に決定すべきという量刑の本質からみて違法でないが（最判大昭41・7・13刑集20・6・609）、*起訴'されていない犯罪事実を*余罪'として認定し、実質上これを処罰する趣旨で量刑の資料として被告人を重く処罰することは、憲法31条・38条3項に違反し許されない（最判大昭42・7・5刑集21・6・748）．

また、違法捜査による苦痛を「犯行後の状況」として量刑に考慮することができるとする裁判例もある（浦和地平1・12・21判タ723・257など）．

なお、量刑の基礎となる事実については、*証拠裁判主義'（刑訴317）に照らし、刑の加重減免事由については厳格な証明が必要であるが、それが単なる刑の量定に関する事実については*自由な証明'で足りる．

3 量刑の理由　量刑の理由は、有罪判決に示すべき理由（刑訴335Ⅰ）としてはあげられていないが、実務上は、重大事件や重い刑を言い渡す場合など、量刑理由を示すことが多い．*死刑'や*無期懲役'、*懲役刑'の求刑に罰金刑を言い渡す場合など量刑の理由を示すべきであろう（刑訴44参照）．

4 量刑不当　宣告刑が重きにすぎまたは軽きにすぎる場合、量刑不当として控訴理由となる（刑訴381）．

量刑不当を理由として控訴の申立てをした場合には、控訴趣意書に、訴訟記録および原裁判所において取り調べた証拠に現われている事実であって刑の量定が不当であることを信ずるに足りるものを援用しなければならない（刑訴381）．やむを得ない事由によって第1審の弁論終結前に取調べを請求することができなかった証拠によって証明することのできる事実であって、量刑不当により控訴申立ての理由があることを信ずるに足りるものは、訴訟記録および原裁判所において取り調べた証拠に現われている事実以外の事実であっても、控訴趣意書にこれを援用することができる（刑訴382の2Ⅰ）．ま

た，第1審の弁論終結後判決前に生じた事実も，同様に，控訴趣意書にこれを援用して量刑不当を主張することができる(刑訴382の2Ⅱ)．

なお，刑の量定が著しく不当である場合には，上告審での職権破棄事由とされている(刑訴411②)．→控訴理由，手続二分論，判決前調査制度，緩刑化，社会的制裁，ジャスティス・モデル，刑の軽減　　　　　　　　　[安冨潔]

領　置　領置とは，被告人・被疑者その他の者が遺留した物，または所有者，所持者，保管者が任意に提出した物を，領置する者の占有に移す強制処分である(刑訴101・221)．その占有の取得段階では物理的強制力が使用されない点で差押えと異なり，憲法35条にいう'押収'ではなく，令状は不要とされる．しかし領置の結果，領置者はその目的物の返還に応じる必要がなくなる点で，刑事訴訟法上は差押えとともに押収の一種である．したがって，領置後の取扱いは，領置物の還付・仮還付，領置の処分に対する抗告・準抗告など，差押えの場合と同様である．

捜査段階では，検察官，検察事務官，司法警察職員により行われる(刑訴221)．遺留物の領置のみならず，任意提出物についての領置も，実況見分などの任意捜査実行時に発見された証拠物や，ある事件の捜索差押時に発見された他事件の証拠物についてなどと，きわめて広範に行われている．

公判段階では，裁判所の決定で行われる(101)．証拠調べされた証拠物の領置などが行われている．　　　　　　　　　　　　[久岡康成]

領得行為説　*横領罪'ないし横領行為を，自己の占有する他人の財物または公務所から保管を命じられた自己の財物を不法に領得する罪ないし行為と解する見解．*不法領得の意思'を実現するすべての行為が横領にあたる．受託者が委託の趣旨に反して占有物に対しその権限を越えた行為をすることを横領と解し，不法領得の意思を不要とする*越権行為説'と対立する．両説は，委託の趣旨に反した委託物の一時使用(使用横領)や毀棄・隠匿等に関して，結論を異にし得る．越権行為説からは，これらの場合も横領罪が成立するが，領得行為説からは，不法領得の意思の発現が認められなければならないからである．

判例は，不法領得の意思必要説を採り，越権的な占有物の処分があっても，それが委託者本人のためにする意思である場合は横領罪は成立しないとする反面，横領罪にいう不法領得の意思を所有者として振舞う意思と解して，占有物の毀棄・隠匿を横領にあたるとしている．
　　　　　　　　　　　　　　　　[伊東研祐]

両罰規定　**1　意義と形式**　法人企業・個人企業の業務の中で，法律の定める違反行為が従業者によって行われた場合，業務主体である*法人'・自然人(個人)と違反行為者の両方を処罰するよう定めている規定で，これ以前の代罰(転嫁罰)規定では，違反行為者である従業者は処罰されていなかった．一般に「法人の代表者又は法人若しくは人の代理人，使用人その他の従業者が，その法人又は人の業務に関し，〇〇条の違反行為をしたときは，行為者を罰するほか，その法人または人に対して各本条の罰金刑を科する」という形式で規定されている．この「〇〇条」が，違反行為の個別的な類型と刑罰とを定める，本条と呼ばれる規定であり，この各本条の違反行為は，一定の作為義務・不作為義務に違反したことを内容とするため，その作為義務・不作為義務を課す規定が，さらにその前提として置かれるのが一般であるが，「*人の健康に係る公害犯罪の処罰に関する法律'」のように，罪が自然犯的な性格のものであると理解されて，置かれていないものもある．法人業務主と自然人(個人)業務主とを同一の規定で処罰し，違反行為の前提となる作為義務・不作為義務の名宛人が業務主体に限定されているか否とにかかわらず，また違反行為の態様が作為犯であると不作為犯であるとを区別することなく，同一の形式を採っている．最近の例では，法人を中心に業務主体に対する罰金を別に定めるものもある(独禁95，証取207)．

2　業務主体処罰の要件　代罰(転嫁罰)規定では，業務主体を処罰するには，違反行為者に犯罪の成立していること，つまり従業者がすべての犯罪成立要素を充たしていることが必要であったが，両罰規定において，業務主の責任が従業者の責任とは別の業務主固有の過失責任と理解されてからも，違反行為者の現実の処罰・訴

追は不要であるが，構成要件に該当する違法な行為として構成要件的故意は違反行為者に必要であると理解され，運用されてきた．これに対し，従業者に違反行為の故意は必要ではなく客観的な違法状態が従業者によって発生されれば足るとの理解が，最近ではかなり支持されている．しかし，過失推定説を前提にした現行法の解釈としては，単に客観的な違法状態が発生しただけでは業務主の過失を推定する事実としては足りないであろう．

3 処罰の根拠規定 両罰規定において，業務主体処罰の根拠条文は，両罰規定の「法人または人に対して罰金刑を科す」との規定である．名宛人が業務主体に限定されていない場合の，違反行為者である従業者の処罰の根拠条文は各本条であるが，名宛人が業務主に限定されている場合の従業者処罰の根拠条文は，両罰規定の「従業者を処罰する外」である（最決昭55・10・31刑集34・5・367）．違反行為者が実質的な代表者である従業員や代表者であっても，同様である（最決昭55・11・7刑集34・6・381）．この場合，判例は，両罰規定とともに各本条も適用条文として掲げるが，それは，両罰規定が，違反行為の内容である構成要件と刑罰の種類・程度とを各本条に求めているからであって，両罰規定が解釈規定として，各本条の業務主体を拡張・修正しているためではない．従業者処罰の根拠については，各本条が業務主を念頭に置いた身分犯の場合であっても，従業者も各本条の主体であり，両罰規定の文言は注意規定にすぎないとする本来的義務者説と，両罰規定は各本条の主体に従業者が含まれることを示したとする解釈規定説と，両罰規定により創設されたものとする構成要件修正説とが主張されているが，構成要件修正説が通説・判例である．→三罰規定，業務主体処罰規定，責任主義　　　　　　　　　［田中利幸］

臨床尋問　裁判所は，被告人・弁護人，検察官の意見を聞いた上で，証人の重要性，年齢，職業，健康状態その他の事情と事案の軽重を考慮して必要と認める場合，期日外尋問の一方法として，証人の現在場所で尋問を行うことができる（刑訴158；所在地尋問）．証人が病気の場合に入院先病院などで行う場合がその典型例である（臨床尋問）．これらの尋問は，受命裁判官または受託裁判官にさせることもできる（163）．ただし，*直接主義'，*公開主義'，*公判中心主義'ならびに被告人の証人喚問権に鑑み，やむをえない事情のあるときに限られる．尋問事項は，事前に被告人・弁護人，検察官に告知しなければならない．両当事者は尋問事項の付加を請求できる．被告人は，予期せぬ著しい不利益な証言がなされた場合，さらに尋問事項を追加できる（159）．被告人・弁護人，検察官は立会の権利はあるが，必要的ではない．裁判所は立ち会わなかった当事者には後に供述内容を告知しなければならない．→期日外尋問

［渡辺　修］

る

類似事実の立証　類似事実とは，公訴犯罪事実に類似する被告人の同種前科，起訴されていない犯罪事実（余罪），あるいは非行歴などを意味するが，これらによって公訴犯罪事実を立証することは，犯罪との因果の結びつきが微弱なうえに，裁判官に不当な予断・偏見を抱かせるおそれがあるため，原則として許されない．*同種前科の立証'と同様，法律的関連性が否定されるのである．しかし，犯罪の客観的側面が他の証拠によって立証されているときに，故意などの主観的要素を同種前科などの類似事実で立証することは許される（最決昭41・11・22刑集20・9・1035）．また，犯行の手口など，犯罪行為の方法や態様に著しい特徴がある場合にも，類似事実によって被告人と犯行との結びつきを証明することは許されよう（静岡地判昭40・4・22下刑7・4・623）．いわば，*情況証拠'による事実認定の一場面である．これとの関連で，警察は，強盗，窃盗，詐欺等について，犯罪手口資料を収集管理することによって，犯罪態様の把握に努めている．

［多田辰也］

累進処遇　(英) progressive treatment (独) progressive Behandlung　**1 累進処遇とその沿革**　累進処遇とは，自由刑の執行の過

程に数個の階級を設け，入所当時の最下級から，受刑者の行刑成績に応じて順次その階級を進め，優遇措置に差異を設け，もって処遇の緩和の度合に応じて共同生活における責任を加重して社会生活への適応を図る処遇方法である．

マコノキー Alexander Maconochie (1787-1860) は，1840 年にイギリスの流刑地オーストラリアのノーフォーク島において累進処遇制度を実施した．これは，刑期の第 1 段階を刑罰段階，第 2 段階を社会化段階，第 3 段階を個別化段階とする累進処遇制度であり，すでにニュー・サウス・ウェールズで萌芽的に実施されていた累進処遇制度を参考にしたものだった．これが，その後，イギリス本国に採り入れられ，イングランド制の誕生をみる．

1856 年には，クロフトン Walter Crofton (1815-97) がアイルランドの監獄改良作業において，いわゆるアイルランド制と呼ばれる一種の累進制を実施している．これは第 1 段階の 9 ヵ月を厳正独居とし，第 2 段階でスパイク島の監獄に移して雑居拘禁とし，土木要塞工事に従事させ，第 3 段階になって，完全開放施設であるラスクおよびスミスフィールドの中間刑務所へ移し，農業または工業に従事させ，大幅な自由・自治を許すものだった．

このアイルランド制の成功は，アメリカの行刑にも影響を与え，1870 年のシンシナティ監獄会議で累進処遇が決議され，1876 年にエルマイラ矯正監で累進処遇が実施された．これは処遇の段階を 3 つに分け，新入者は 2 級に編入し，一定の賞点を得た者は 1 級に進ませる一方，行状不良の者は 3 級に下げ，1 級に進級して賞点を得れば仮釈放を許すというものであって，*エルマイラ制'と呼ばれている．

2 わが国の累進処遇制度　わが国の累進処遇は，1894(明 27)年頃，留岡幸助(1864—1934)によってエルマイラ制，アイルランド制が紹介され，三池集治監，島根および高知の監獄署などで賞点制による累進処遇が実施されたことに始まるようである．しかし受刑者処遇制度の基本的制度として，累進処遇制が定着するのは，1933(昭 8)年に*行刑累進処遇令'が制定され，翌年から実施されて以来のことである．累進処遇は「受刑者ノ改悛ヲ促シ其ノ発奮努力ノ程度ニ従ヒテ処遇ヲ緩和シ受刑者ヲシテ漸次社会生活ニ適応セシムル」(行累 1)ことを目的とし，1 級から 4 級までの階級を設けている．審査方法は，当初，賞点制がとられていたが，1944 年からは考査制が用いられている．行刑累進処遇令は，監獄法を実質的に修正するもので，処遇という点で画期的改革をもたらしたと評価された．

わが国の行刑は，戦後アメリカの影響を受け，しかも 1955 年の国連の「被拘禁者処遇最低基準規則」に示唆され，*分類処遇'重視へと移ってきた．これを背景に，「受刑者分類規程」(1972 年)，「仮釈放及び保護観察等に関する規則」(1974 年)が制定され，行刑累進処遇令からは仮釈放に関する章が削除され，累進処遇制度と仮釈放制度との直接の関連が断たれることになった．従来，上級者にのみ認められていた優遇の多くが，下級者に対しても，処遇の必要性から認められることとなり，階級差による処遇差がなくなりつつある．

累進処遇に対しては，そのもつ公平・平等の原則と自主独立の原則が，画一的処遇をもたらし，処遇の個別化に反し，施設内の秩序維持に利用されやすいとの批判があるものの，累進処遇の趣旨そのものまで否定することは早計であろう．→段階的処遇，中間施設，開放処遇

[吉田敏雄]

類 推 解 釈　(独) Analogieschluß　類推解釈とは，問題の行為に直接あてはまる法律の規定がない場合に，これと内容的に類似した規定を類推的に適用する解釈方法をいう．刑法では，*罪刑法定主義'の要請として，処罰範囲を拡大する類推解釈は禁止される．それが，法の解釈ではなく裁判官による法の創造であり，実行時に犯罪と明示されていなかった行為が事後に処罰され国民の予測可能性を害するからである．他方，被告人に有利な類推解釈は，罪刑法定主義の自由主義的要請に照らし許される(貞操・名誉に対する危難への緊急避難など)．

刑法の解釈においても目的論的解釈が許され，法の趣旨や目的に応じて文言の日常的意味より拡大する*拡張解釈'や限定する*縮小解釈'がなる．そこで，拡張解釈は許されるが，類推解釈は禁止されるので，いかにしてこの 2 つを

区別するかが問題となる。類推解釈が立法目的・趣旨に照らした類似性を根拠とし、ともに言葉の日常的意味を超えるから、両者の区別はかなり微妙である。

一般には、拡張解釈と類推解釈の区別は「言葉の客観的に可能な意味の範囲内」にあるか否かに求められる。言葉の可能な語義を解釈の限界とすることは、議会が選択した法文の文言を尊重し、また国民に公正な告知を与え刑罰権の恣意的濫用を防止するから、罪刑法定主義の要請に合致する。ただ、「言葉の可能な意味」それ自体が明確ではない。国民がいまだ聞いたことのない意味もその範囲内にあるというのでは類推解釈の隠れ蓑となりうる(国民の予測可能性を限界とするとしても、予測可能性の判断構造の明確化が必要である)。ともあれ、類推という論理をとること自体刑罰法規を不当に拡張する危険を内在するから、類推解釈は許されない。

類推解釈か拡張解釈か判断の微妙な判例を挙げれば、旧刑法の窃盗罪が*電気窃盗'を含むとした事例(大判明36・5・21刑録9・874)、養鯉池の水門を開いて鯉を流失させた行為を動物傷害罪に当たるとした事例(大判明44・2・27刑録17・197)、過失往来危険罪の客体にガソリンカーも含まれるとした事例(大判昭15・8・22刑集19・540)、虚偽の写真コピーの作成を文書偽造とした事例(最判昭51・4・30刑集30・3・453など)、磁気情報部分を改ざんしたテレホンカードが変造有価証券に当たるとした事例(最決平3・4・5刑集45・4・171)などがある。→反対解釈, 勿論解釈, プリペイド・カードの改ざん

[門田成人]

累　犯　(独) Rückfall　(仏) récidive

累犯とは、字義どおりに解せば重ねて犯罪を行うことであるが、刑法においては広義と狭義の累犯がある。広義ではすでに処罰されたことのある者が2回以上犯罪を行うこと、狭義では、そのうちさらに一定の要件を備えて刑が加重されるものをさし、*再犯', 3犯, 4犯, ……を含む。併合罪が、まだ判決の確定していない数個の犯罪をまとめて1回で処罰する場合であるのに対し、累犯はすでに処罰された者の2回目以降の処罰の局面で問題になる。

まず、再犯の要件は、懲役刑に処せられ、その刑の執行が終了するかまたは免除されてから5年以内に再び犯罪を行って有期懲役に処すべき場合にあたることである(刑56 I)。前犯において死刑が免除または減軽された場合(56 II)や、前犯が軽い懲役刑の罪と重い禁錮刑の罪との併合罪(45)だったために禁錮刑で処罰された場合(56 III)も同様に扱われる。

再犯の効果は刑の上限が2倍になることである(57)。ただし20年を超えることはできない(14)。

裁判官はこの範囲で刑を量定しなければならないが、宣告する刑を加重前の刑の上限より重くする必要はない。

3犯以上の場合の効果も再犯と同じであり(59)、刑が3倍、4倍、……となるのではない。ただし、刑の量定の段階では、過去に何度も犯罪を繰り返したことが行為者に不利な量刑事情とされる場合もありうる。

累犯のうち、常習犯でもあるものを常習累犯という。刑法上の累犯は過去に処罰された場合に限られるが、それが同じ罪質の反復である必要はない。これに対し常習犯とは、過去に処罰されたことがあるか否かにかかわらず、同種の犯罪を何度も行っている場合をいう。日本には常習犯についての一般的な規定はなく、*常習賭博罪'(186)などの個別の条文が設けられているにすぎない。また、常習犯規定のある場合にも要件を満たせば累犯加重はできる。たとえば、過去に窃盗罪で処罰された者が常習賭博罪を行った場合に累犯加重が認められるのに、過去に常習賭博罪で処罰された者がまた常習賭博罪で処罰される際には同様の加重が認められないというのでは均衡を失するからである(大判大11・12・21刑集1・811)。なお、窃盗罪等の常習累犯に関しては特別規定がある(盗犯3)。

[髙山佳奈子]

れ

レイシオ・デシデンダイ　(羅) (英)

ratio decidendi　判決理由のうち，当該判決の結論を導くのに不可欠な理由を，英米法ではレイシオ・デシデンダイと呼ぶ．英米などの判例法国では，判例に法源性が認められるため，先例「法」として後の裁判所を拘束する真の理由部分（レイシオ・デシデンダイ）と，それに付随するたんなる*傍論'ないしオビタ・ディクタム（obiter dictum）とを区別する必要がある．たとえば，アメリカの連邦最高裁判例の先例としての意義を論じる際に，当該理由部分がレイシオ・デシデンダイか否かは重要な意義をもつ．これに対して，日本法はとくに判例法を法源とは認めておらず，「憲法及び法律にのみ拘束される」（憲76Ⅲ参照）裁判官は，先例たる判例に拘束されることはない．その点では，英米法と異なり，日本の裁判例についてレイシオ・デシデンダイとオビタ・ディクタムを厳格に区別する意味は，あまり大きくないといえよう．しかし，とりわけ最高裁判例に事実上の拘束力のあることは否定できず，判例を分析・研究する意義ないし必要性は大きい．のみならず，事実上ではあるが，判決のたんなる傍論部分よりレイシオ・デシデンダイにあたる理由部分の方が，先例としての価値が大きいことは日本でも一般に認められており，その意味でもレイシオ・デシデンダイの判例分析の道具概念としての有用性は高いといえよう．→判例違反　　　［白取祐司］

令　状　（英）warrant　（仏）mandat
1 意義　強制処分の執行を命じ，または許可する*裁判'を記載した*裁判書'をいう．憲法33条は*逮捕'につき，また同35条は*捜索'・*押収'について，原則として令状によらなければならないとしており，このように，強制処分をするには*裁判所'または*裁判官'の令状を必要とする原則を，一般に令状主義と呼んでいる．現行法上，令状主義の例外として認められているのは，*現行犯逮捕'（刑訴212・213），逮捕に伴う捜索・差押え・検証（220Ⅰ・Ⅲ），勾引状・勾留状を執行する際の捜索・差押え・検証（126・220Ⅳ），公判廷における捜索・差押え（106）である．

2 令状の法的性格　令状は，裁判所または裁判官自身が強制処分の主体となる場合には，他の機関に対してその執行を命じる命令状としての，捜査機関がその主体となる場合には，裁判所または裁判官による許可状としての性格を有する．召喚状，勾引状，勾留状，留置状，裁判所が行う場合の差押状，捜索状，身体検査令状が前者に当たることは問題がない．これに対し，これ以外の捜査上の強制処分に対する令状の法的性格，より根本的には，令状主義が有する意味には，歴史的経緯も絡んで争いがある．

旧法下では，強制処分権限は原則として予審判事が握っており，捜査機関は*現行犯'等の限られた範囲でそれを行使しえたにすぎなかった．それゆえ，予審判事によって発せられる令状は，自ら処分をなしえない場合に，捜査機関に対してその執行を命じる命令状であることは明らかであった．

こうした制度に対しては，すでに戦前から，捜査機関に対してより広い範囲で強制処分権限を認めるべきだという意見も有力に主張されており，そうした中で，現行法が，予審制度を廃止したうえで，強制処分について令状主義を採用したため，この変化をどう位置づけるかについて見解の対立が生じたのである．それは，具体的には，逮捕状および捜索・差押令状が，命令状なのかそれとも許可状なのかというかたちで問題とされているが，その根本には，令状主義を，一方当事者である捜査機関ではなく，中立な立場にある裁判官のみが強制処分権限を持つことを前提とした制度であると理解するか，それとも，捜査機関が強制処分権限を持つことを前提に，その司法的抑制を図ることを意図した制度と見るかの対立がある．学説上は，前者の見解も有力であるが，現在の実務は，後者の考え方に立って運用されている．

3 令状の呈示　令状に基づき強制処分を執行する際には，原則として，処分を受ける者に対して事前に令状を示さなければならない（刑訴73Ⅰ・Ⅱ・110・201Ⅰ・222Ⅰ）．これは，処分の相手方に，その処分が裁判所または裁判官によって適法に発付された令状に基づくものであることを告知するとともに，その者が受忍すべき範囲を示し，処分に対する不服申立ての機会を付与することを目的とするものであって，令状主義の直接の要請とまではいえないにしても，その趣旨に沿うものである．

ただし，それは例外を許さないものではなく，

令状を事前に呈示することにより証拠の隠滅が行われるおそれがある等，それができない合理的な理由がある場合には，令状を呈示しないまま執行に着手することも認められる（東京高判平 8・3・6 高刑 49・1・43）．また，同様の理由から，電話の検証のように，その性質上，令状の事前の呈示になじまない処分については，一律にその適用を排除することも許されるとされており（最決平 11・12・16 刑集 53・9・1327），「犯罪捜査のための通信傍受に関する法律」に基づく *通信の傍受' 制度も，それを前提に作られている．→強制捜査　　　　　　　　　　［川出敏裕］

礼拝所及び墳墓に関する罪　刑法第 24 章は，「礼拝所及び墳墓に関する罪」として，*礼拝所不敬罪'（188），*墳墓発掘罪'（189），*死体等損壊等の罪'（190），*墳墓発掘死体等損壊罪'（191），*変死者密葬罪'（192）の罪を規定している．同一の章に規定されているこれらの罪の性質は単一ではなく，死者を尊ぶ人々の感情を保護する罪（死体損壊罪等），宗教的感情を保護する罪（礼拝所不敬罪等），犯罪捜査上ないしは行政上の死因究明の利益を保護する罪（変死者密葬罪）に分かれる．→説教等妨害罪，風俗犯　　　　　　　　　　　　　　　　［近藤和哉］

礼拝所不敬罪　神祠，仏堂，墓所その他の礼拝所に対し，公然と不敬な行為を行うことによって成立し，法定刑は 6 ヵ月以下の懲役もしくは禁錮または 10 万円以下の罰金である（刑 188 I）．神祠等，本罪の客体は，礼拝所としての実質を備えるものに限られ，神体を奉還して廃殿した建物や，礼拝の対象でない社務所や庫裡等は，本罪の客体ではない．また，不敬な行為は，必ずしも行為時において不特定または多数人の目に触れる必要はなく，たとえば，通行人のない深夜に墓碑を押し倒す行為も，朝になってその結果が公然化するという事情の下では，本罪の行為に当たるとされている（最決昭 43・6・5 刑集 22・6・427）．礼拝所に対する単なる不礼拝は，刑法が宗教的行為を強制することは不適切であるという理由から，本罪には当たらないとされる．→風俗犯　　　　　［近藤和哉］

連 座 制　選挙運動の責任者が買収等の一定の選挙犯罪により有罪判決を受けた場合には，立候補者の当選を無効とし，その立候補を 5 年間禁止・制限する制度（公選 251 の 2・251 の 3）．公職選挙法では，当選人の選挙犯罪による当選無効（251）のほか，①選挙運動の総括主宰者，②出納責任者，③候補者または立候補予定者と意思を通じて選挙運動をした親族や秘書など，候補者と一定の関係にある者が買収・利害誘導罪，新聞雑誌の不法利用罪（221〜223 の 2），および，出納責任者にあっては法定選挙費用の制限違反罪（247）を犯して刑に処せられたときに，連座制が適用される．連座制は，1925 年の衆議院議員選挙法にすでに採用され，その後次第に拡大されてきたが，種々の免責規定があり実効性は弱かったところ，1994 年の公職選挙法の改正で上述のように，立候補禁止制度が設けられ，立候補予定者の一定の親族や秘書への適用対象の拡大，親族に対する執行猶予判決がある場合や組織的選挙運動管理者等による選挙違反の場合への適用範囲の拡大等，公職選挙法上の連座制は一層拡大・強化されるに至った．公職選挙法における連座制については，選挙運動の自由をおびやかし，候補者の立場や当選人たる地位を不当に不安定にするなどの側面もあるが，判例上（最判大昭 37・3・14 民集 16・3・537）も学説上も合憲とされている．なお，連座（連坐）制とは，本来は，ある者の犯した罪について，行為者のみならず職制上関係する他者をも処罰することをいい，たとえば唐律では，官吏の職務上の罪については，その上司や同僚が官吏と連帯して責を問われ処罰された．連座制は，連帯責任・*団体責任' という点では違法行為を行った者の親族も罪に問われる縁座（縁坐）制と性質を同じくする．しかし，これらの制度は，近代刑法がその基礎にしている個人責任の原則に反することを理由に，今日では一般に否定されている．　　　　　　　　　　［只木　誠］

連 続 犯（独）fortgesetztes Verbrechen（仏）délit continu　連続した数個の行為で同一の罪名に触れるものをいう．一罪として処断される．1947（昭 22）年の一部改正（法 124）以前における刑法 55 条は，「連続シタル数個ノ行為ニシテ同一ノ罪名ニ触ルルトキハ一罪トシテ之ヲ処断ス」と規定し，*科刑上一罪' のひとつとして連続犯という概念を認めていた．しかし，判例において，犯意の継続という主観的要件が

緩和され、また、「同一罪名」の範囲が次第に広く解されるようになると、窃盗、窃盗未遂、強盗未遂、強盗傷人の各行為にも連続犯が認められるようになった。しかし、このように連続犯の成立範囲を広く解すると、連続犯を構成する犯罪の一部についての既判力が全体に及ぶため、既判力の及ぶ範囲が広がりすぎ、捜査権が制限された現行刑事訴訟法のもとでは、不当に刑罰を免れる場合が生じるということで本規定は削除された。ただし、従来連続犯とされていたものをすべて併合罪とするには不都合があり、一部は*接続犯'として*包括一罪'を構成するとされている。　　　　　　　　　　　　　[只木 誠]

ろ

労役場留置　*罰金'、*科料'の不納付に対する施設収容処分(刑18)。罰金を完納することができない者は1日以上2年以下(併科の場合は3年まで)、科料の場合は1日以上30日以下(同60日)労役場に*留置'される。裁判で罰金・科料を言渡すときはこの留置期間もあわせて言渡され、一部でも納付すれば額に応じて相当する留置日数が控除される(1日に満たない額は納付できない)。経済事犯に言渡される高額の罰金では、1日あたり数十万円といった例もある。労役場は監獄に附設され(監8)、懲役囚の規定が準用される(9)。*仮出場'の制度もある(刑30Ⅱ)。労役場留置は、罰金の裁判が確定した後30日(科料は10日)以内は本人の承諾がなければ執行できないが(刑18Ⅴ)、留置の執行中にも納付額に応じて留置期間は短縮されるので(同Ⅶ)、この点からは、罰金・科料の執行態様のひとつといえる。他方、懲役受刑者と同様の処遇を受けることから、実質的には*財産刑'を自由刑にかえる換刑処分ともいえる。年間100万人以上に科される罰金・科料のうち、労役場留置になるのは2、3千人ほどであり、その多くは既に未決ないし既決として拘禁中の者であろうが、金が無く払えないために身柄を拘禁されるということには批判がある。また、平均留置日数が1ヵ月程度であることは、本来罰金にかえるべき短期自由刑に再び戻ってしまっているという刑事政策的な批判もある。実態調査では、労役場留置処分がなされて始めて罰金納付を行う例もあるので、このような制度の存在が、罰金納付の間接強制手段ともなっていること、また、全く財産をもたない者にも刑罰執行を貫徹するための最後手段として必要であることとも言われる。しかし、やはり上記の問題性が無視できず、できれば回避すべきだとされて、その具体策も議論されている。現行法下でも、少年に対しては、労役場留置の言渡しはしない(少54)。立法論としては、スイスなどにならった、自由労働による罰金償却や、実務的には検察官の裁量で行われている罰金の延納・分納制度の導入が主張される。そのほか、現行法でも50万円以下の罰金には認められている執行猶予(刑25)を活用すべきこと(現状では年に数人のみ)も言われる。施設拘禁という安易な形式的解決をできるだけ回避し、合理的に払えるような罰金額を量定したうえで、罰金支払いを可能にする仕事の斡旋、あるいは*社会奉仕命令'を罰金の代替刑にするといった方向も示唆される。　　　　　　　　　　　　　　　　[吉岡一男]

労作処分　(独) Unterbringung im Arbeitshaus　労作処分とは、労働を嫌忌し、正業に就かない者が、特定の犯罪を犯した場合に、労働習慣を身につけさせるため自由を剥奪して労働を強制する*保安処分'である。旧ドイツ刑法42条dは、浮浪者、物乞いをする者、賭博・飲酒・遊惰に耽る者、公然わいせつ行為者、労働嫌忌者、売春婦などを労働所に収容する保安処分を規定していた。日本でも、改正刑法予備草案(1927)や*改正刑法仮案'(1940)は、監護・矯正・予防の処分とならんで労作処分を規定していた。

しかし、*改正刑法準備草案'(1961)は、労作処分を規定しなかった。本来、福祉の対象であるべき無職者に刑事制裁を科して労働のモラルを強制することの不当性が認識されると、労作処分は存在意義を失う。ただし、1958(昭33)年4月1日から全面施行された売春防止法は、売春勧誘罪(売春5)を犯し、その刑の執行を猶予さ

れた20歳以上の女子に対して, 婦人補導院収容処分を課すことができるとしている (17以下).　　　　　　　　　　　　　　[石塚伸一]

老人と犯罪　**1 老人犯罪**　近年, 高齢化社会の進展に伴い, 老人による犯罪つまり高齢者犯罪, あるいは犯罪者の高齢化が指摘される. 従来犯罪学において, 犯罪は体力・腕力・瞬発力・判断力に優れた若者に特徴的な現象であり, 高齢化とともに犯罪行為能力が衰退し, あるいは犯罪生活をやめると考えられてきたが, 一般社会の高齢化に伴い, 高齢になっても犯罪をやめない者, あるいは高齢になってはじめて犯罪を犯す者などの新たな現象も出現しつつある. 近年老年学などの発達から, 老期は思春期および更年期と並んで人生におけるひとつの危機と認識され, 犯罪学的にも老年期犯罪性, つまり老人に固有の逸脱心理が指摘されている. 法務省の統計上, 高齢犯罪者とは60歳以上の者をさす. 交通関係業過を除く刑法犯検挙人員中, 高齢者は1996年で7.3％で, 一般人口中の高齢者比からすれば必ずしも高くないが, 1966年の高齢犯罪者比が1.9％であったことからすると, その上昇は著しい. これらの犯罪のうち窃盗が約7割を占め, 横領, 詐欺が続く. 財産犯罪には無銭飲食・宿泊, 万引きなど老人の置かれた経済的背景があるほか, 被害者的側面も看取される.

2 老人被害　高齢化社会にともない老人が*被害者'となる場合も少なくない. 老人は, 一般に警戒心が弱く犯罪の標的として狙われやすい, 被害者特性を有するからである. 刑法犯の認知件数のうち高齢者の被害者数では, 交通関係業過を除くと, 窃盗が最も多く約9割を占める. このほか, 詐欺, 器物損壊, 住居侵入, 傷害が多い. しかし, 罪名別に占める高齢者の比率が高いのは, 放火, 詐欺, 横領となっている. 総じて, 高齢者は相対的に身体に関する被害は少なく, 住居・財産に関する被害に遭いやすい. また, 交通事故の被害者, 悪徳商法等の被害者が高齢者層に目立っている. 今後, ますます社会の高齢化が進むことが予測されており, 老人被害の予防策が求められている.

3 高齢犯罪者の処遇　高齢者の犯罪は一般に軽微であるため警察段階での微罪処分, また犯人の年齢が起訴猶予処分の基準とされるため (刑訴248), 起訴猶予に付されることが多い (起訴猶予率は1991年で48％と一般の36％より高い). しかし, 高齢犯罪者には累犯者・常習犯も多く, 家族関係が破綻している場合, 起訴猶予を困難にしている. そのような場合, 裁判では実刑判決が多い. 但し, 70歳以上の受刑者には刑の執行停止制度を適用しうる (482). 刑務所においては, 高齢者の収容者数, 全体の施設人口に占める高齢者の比率いずれも上昇傾向にある (新受刑者中1966年461人1.3％から1999年1850人7.6％に上昇). しかも, 年齢が高いほど再入者の割合が高く, また再犯期間もきわめて短い. 他方, 近年初入の高齢者も目立っており, 罪名も殺人, 詐欺, 放火など比較的重大な犯罪が多く, 刑期も長い. このような状況にあって, 高齢受刑者の処遇は, 体力の衰え, 性格の膠着, 適応能力の欠如から, 懲役刑受刑者は刑務作業, なかでも職業訓練になじまず, 処遇効果も期待できない. 現行の*分類処遇'では, 収容分類級Pz級, 処遇分類級S級が高齢受刑者のために設けられている. さらに, 更生保護においても, 家族関係の破綻から環境調整が困難で, 一般に更生保護施設などの民間施設において処遇が行われている.　[守山 正]

労働刑法　狭義では, 特別刑法の一分野で, 労働法規範の効力を保障するために設けられた罰則をいい, 労働基準法, 労働組合法などの罰則がこれに当たる. より広義には, 労働関係の分野, とくに労働争議行為に関連して, 適用される一般刑罰法規を指す. 犯罪類型としては, 暴行・脅迫・業務妨害・建造物侵入のほか, 暴力行為等処罰に関する法律や軽犯罪法などが問題となる. 憲法28条は, 「勤労者の団結する権利及び団体交渉その他の団体行動をする権利は, これを保障する」と定めており, この保障された権利内の行為が外形上, 暴行罪, 脅迫罪, 住居侵入罪, 威力業務妨害罪などの構成要件に該当しても正当化される. そして, 労働組合法1条2項は,「刑法第35条の規定は, 労働組合の団体交渉その他の行為であつて前項に掲げる目的 (労働者の地位向上等の目的) を達成するためにした正当なものに適用があるものとする. 但し, いかなる場合においても, 暴力

の行使は，労働組合の正当な行為と解釈されてはならない」と規定する．その結果，外形上有形力の行使を伴う場合には，35条により正当化され得ないことになるため，判例・学説の一部は，法規に基づく正当化事由以外の*超法規的違法阻却事由*を援用して不可罰の結論を導こうとした．さらに，暴力を伴う以上違法ではあるがなお*可罰的違法性*を欠くという形で，労働刑法の領域で可罰的違法性論が発展した．ただ，判例における争議行為の処罰の限界は，結局，*実質的違法性*の一般原理で判断されており，目的が正当で手段が相当性を有するものでなければならないとされる．争議行為が単純な労務不提供を超えて，ピケッティング，生産管理等に及んだ場合の正当化については，会社側の態度など諸般の事情を考慮して実質的に判断される（最判昭 25・11・15 刑集 4・11・2257）．近時の判例は，最判大昭 48・4・25 刑集 27・3・418 の「当該行為の具体的状況その他諸般の事情を考慮に入れ，それが法秩序全体の見地から許容されるべきものであるか否か」という基準に依拠するものが多い． 〔木村光江〕

ローチン原則 (英) the Rochin rule 捜査機関が「良心にショック」を与える(shocked the conscience)ような方法で強制的に取得した*証拠*は，デュー・プロセスに違反するので*証拠排除*しなければならない，という原則．ローチン事件に関するアメリカ合衆国最高裁判決 (*Rochin v. California*, 342 U.S. 165 (1952))に由来する原則である．その判決はこの及ぶ範囲については不明確なところが残されてはいたが，合衆国最高裁判例による証拠排除法則の形成過程において先駆的意義をもつものとなった．

ローチン事件の概要は次のとおりである．麻薬密売事件の捜査のため，市の警察官が被告人宅に司法令状なしに侵入したところ，被告人は傍らにあったカプセルを呑込んでしまった．そこで，警察官は強制的に被告人を病院に連行し，医師に胃洗浄を行わせてそのカプセルを採取した．カプセルはヘロインを含有していたので，被告人は有罪とされた．しかし，合衆国最高裁は，前記の原則によりそのカプセルの証拠排除を命じた．

この後，アーヴァイン事件において，ローチン判決は物理的強制を伴わない場合には及ばない旨の判決が下され(*Irvine v. California*, 347 U.S. 128 (1957))，その適用範囲は限定された． 〔島 伸一〕

録音テープ 刑事手続において利用される録音には，現場録音と*供述録音*がある．前者は，犯行現場の状況等を録音したもので，この録音テープは，現場写真やビデオテープと同様に，機械的手段により対象(音)を記録したものであるから，*非供述証拠*であって，伝聞法則の適用はないというのが通説である．これに対して，録音・編集における人為的操作の可能性などを理由に，録音テープは*供述証拠*であるとする見解もある．後者の供述録音については，被疑者や参考人の供述を調書に記載する代わりにテープに録音したものであり，供述の内容の真実性の立証のために使用される場合には，供述証拠であり，伝聞法則が適用される．この録音テープには，署名・押印ということは考えられないが，多数説は，録音された供述が当該供述者のものであることが，再生された音声や録音立会人，テープの保管者等の尋問で立証されれば足りるとしている．

なお，被告人の供述を録音したテープの*証拠能力*については，刑事訴訟法 322 条 1 項が，また，被告人以外の者については，2 号ないし 321 条 1 項 3 号が準用ないし類推適用される．
〔山田道郎〕

ロッキード事件 **1 事件の概要・展開**
アメリカ合衆国のロッキード(Lockheed)社が大型ジェット旅客機 L1011 機(トライスター)や対潜哨戒機などの売り込みに関して，総合商社丸紅や児玉誉士夫らを通じて日本の政府高官に多額の賄賂を贈ったとされる疑獄事件．

発端は，1976(昭 51)年 2 月のアメリカ上院外交委員会における証言であり，東京地検特捜部を中心に，警視庁，東京国税局による三庁合同捜査体制が組まれ，国会議員 17 名を含む約 460 人に対する取調べ，丸紅前会長(檜山広)，全日空社長(若狭得治)，元運輸相(橋本登美三郎)，元運輸政務次官(佐藤孝行)らの逮捕と捜査は異例の展開を見せた．なかでも日米首脳会議で航空機導入を約束して 5 億円を受け取った容疑

による，同年7月27日の前首相・田中角栄の逮捕は，ロッキード事件が戦後疑獄史の総決算と称されることとなる衝撃的出来事であった．

2 裁判・判決 裁判は，丸紅ルート，全日空ルート，児玉・小佐野ルートに分けて審理されることとなった．全ルートを通じて多様な論点が争われたが，法律的にも注目を受けた最大の争点は，①内閣総理大臣には，運輸大臣に対し，民間航空会社に特定機種の航空機の選定購入を働きかける職務権限があるか，②検察官があらかじめ不起訴を確約する旨の宣明をし，さらに，最高裁もこれに関して宣明をした上で，アメリカの司法機関に嘱託してされたコーチャン（アメリカ在住）らに対する証人尋問は合憲か適法か，その結果得られた嘱託尋問調書には証拠能力があるか，であった．

最高裁大法廷は，①につき，運輸大臣が全日空に対し，ロッキード社のL1011型機の選定購入を勧奨する行為は，運輸大臣の行政指導としてその職務権限に属し，内閣総理大臣が運輸大臣に対し勧奨するよう働きかける行為は，内閣総理大臣の運輸大臣に対する指示としてその職務権限に属する，②につき，わが国の憲法は刑事免責制度の導入を否定しているとまでは解されないが，刑事訴法はこの制度に関する規定を置いていないから，結局この制度を採用していないものというべきであり，刑事免責を付与して得られた供述を録取した嘱託証人尋問調書を事実認定の証拠とすることは許容されない，とした（最判大平成7・2・22刑集49・2・1）．前者は，'内閣総理大臣の職務権限'に関する最初の最高裁の判断として，後者は，'刑事免責制度'の立法論議を展開する上で，重要な意義を有する．

［三井　誠］

論　告 *証拠調べ'が終わった後，*検察官'は，事実および法律の適用について意見を述べなければならない（刑訴293Ⅰ）．この検察官の*裁判所'に対する最終的な意見陳述が論告である．

事実および法律の適用についての意見というのは，*公訴事実'および量刑の基礎となる事実ならびに訴訟法上の事実など法律適用に際して必要な一切の事実についていかなる証拠によって認定しうるという意見，さらに証拠によって認定した事実についての実体法・訴訟法の具体的な適用に関する意見をいう．

論告は，検察官の権利であり，義務でもある．権利であるという意味で，論告の機会を与えなければ，判決に影響を及ぼすべき訴訟手続の法令違反となる．他方，義務ではあるが，検察官の職務について訓示的に規定した義務であり，訴訟法上の義務ではない．したがって，検察官の論告は，裁判所を拘束しないし，裁判所は検察官に論告の機会を与えれば，検察官が意見を陳述しなくても，訴訟手続上，違法となるわけではない（最決昭29・6・24刑集8・6・977）．

論告に際しては，その事件に対する検察官の具体的な刑罰に対する意見として'求刑'を述べるのが一般的である．

なお，*裁判長'は，必要と認めるときは，検察官の本質的な権利を害しない限り，論告を陳述する時間を制限することができる（刑訴規212）．
→最終陳述，最終弁論

［安冨　潔］

ロンブローゾ Cesare Lombroso（伊・1836-1909）　**1 人**　パヴィア大学精神病学教授，ペサロ精神病院長を経て，トリノ大学で精神病学と法医学を講じたが，後に同大学に創設された犯罪人類学講座を担当した．犯罪人類学の創始者として，*フェリー'や*ガロファロ'とともに，犯罪の原因を実証的に研究しようとする*イタリア学派'を形成し，犯罪学の発展に大きな貢献をした．

2 思想　ロンブローゾは，精神病院と監獄で犯罪者を対象とした解剖学的・人類学的調査・研究を重ね，その成果をまとめて，1876年に，『犯罪人論 L'uomo delinquente in rapporto all'-antropologia, alla giurisprudenza ed alle discipline carcerarie』の初版を著し，1896-97年にその最終版となった第5版を出版し，いわゆる*生来性犯罪人'delinquente nato説を展開した．これによれば，犯罪人には，一定の身体的・精神病的特徴，すなわち*犯罪者類型' tipo criminaleを具えている者が多いが，そのような犯罪人は，人類の一変種である犯罪人種 genus homo delinquensとして隔世遺伝によって生まれてくるのであって，生まれながらにして必然的に犯罪に陥る者である，という．ロンブローゾは，当初，生来性犯罪人の身体的特

徴として，削りとられたような前額部，上顎下部の前出，顴骨の強度の発達，後頭部隆起，斜視，扁平耳，眉弓などをあげ，精神的特徴として，残虐，怠惰，痛覚鈍麻，入墨志向などをあげていたが，後には社会的特徴もみられるとして，酒色や賭博への耽溺なども指摘した．

このような生来性犯罪人説は，大きな反響を呼んだが，必ずしも多くの賛同を得ることはできなかった．たとえば，イギリス人医師ゴーリング Charles B. Goring(英・1870-1919)は，その著書"The English Convict(1913)"で，3,000人以上の受刑者とほぼ同数の大学生，軍人の身体的特徴を比較調査した結果について報告し，ロンブローゾのいうような犯罪人に特有の人類学的特徴は認められないと反論した．また，リヨン大学の法医学教授で，犯罪学におけるリヨン学派(社会環境学派とも呼ばれる)の開祖となったラカッサーニュ Jean-Alexandre-Eugène Lacassagne(仏・1843-1924)は，犯罪の原因は隔世遺伝でも器質的欠陥でもなく貧困にあるとして，社会経済的環境を重視すべきだと批判した．

しかし，ロンブローゾによる生来性犯罪人説は，その結論自体は支持をえられなかったが，実証的研究方法と犯罪の原因として人類学的・遺伝学的原因の重要性を明らかにした点で大きな功績を残したといってよい．彼とともにイタリア学派を形成したフェリーは，実証的研究によって人類学的原因に社会的原因と物理的原因を加えた三元的な犯罪原因説を唱え，ガロファロは，心理学的研究によって犯罪の本質について考察し，犯罪防止策を提案したのである．

さらに，ロンブローゾによって開かれた実証的・自然科学的方法は，後に続く犯罪学に大きな影響を与え，一方では，犯罪の原因を遺伝学の立場から解明しようとする犯罪者家系の研究，双生児の研究，染色体の研究に引き継がれ，他方では，社会学的研究の発展を促すことになったのである．→イタリア学派(実証学派)

[大沼邦弘]

わ

わいせつ (英) obscenity (独) Unzucht (仏) obscénité　**1 意義**　判例によれば，*わいせつ'とは，いたずらに性欲を興奮・刺激させ，かつ普通人の正常な性的羞恥心を害し，善良な性的道義観念に反するものをいう(最判昭 26・5・10 刑集 5・6・1026)．「わいせつ」の用語は，*公然わいせつ罪'(刑 174)，*わいせつ物頒布販売罪'(175)，*強制わいせつ罪'(176)，準強制わいせつ罪(178)，わいせつ目的拐取罪(225)等に用いられており，その意義は基本的には同一であるが，各犯罪の保護法益および構成要件の規定形式に応じて若干の相違がある．強制わいせつ罪は個人の性的自由・感情を保護法益とする犯罪であるから，わいせつ概念は性的風俗を保護法益とする公然わいせつ罪やわいせつ物頒布販売罪におけるものより広く，単に人の正常な性的羞恥心を害するにすぎない行為もわいせつといえる．なお，強制わいせつ罪では姦淫行為は除かれるが，わいせつ目的拐取罪ではこれが含まれる．

2 わいせつ性の判断　わいせつ性は，裁判官の規範的・評価的な価値判断による補充を必要とする*規範的構成要件要素'の典型である．そして，わいせつに当たるか否かは「善良な性的道義観念に反する」ことが重要な要素となるから，この判断は社会通念に照らして行われるべきものである．社会通念は社会によって異なり，また時代とともに変遷するものであるから，わいせつ概念も固定的なものではなく，社会・時代によって相対的なものとなる．

3 科学・芸術作品とわいせつ性　科学・芸術作品でもわいせつ物となりうるかについては，①科学的・芸術的価値とわいせつ性は次元を異にし，わいせつと認められる部分がある以上はわいせつ物となるとする絶対的(部分的)わいせつ概念，②部分的にわいせつと認められる性表現があっても，作品全体からみてわいせつ性が

解消している場合にはわいせつ物とはならないとする全体的考察方法, ③文書等の販売・広告方法, 対象とする読者層との関連でわいせつ性の有無を判断すべきであるとする相対的わいせつ概念, ④当該文書等の公表により侵害される法益と, 科学・芸術がもたらす利益とを比較して, 後者の方が大きいときはわいせつ物とはならないとする利益衡量論などが主張されている. 下級審判例の中には③の見解を採用したものもある(東京高判昭38・11・21高刑16・8・573). 最高裁は, 当初*チャタレイ事件'判決においては①の見解を採用していたが, *悪徳の栄え事件'判決において②の見解を採用することを明らかにし, さらに*四畳半襖の下張事件'判決においてこれを確認した. この全体的考察方法については, 性表現と学問・芸術がどのような関連性を有する場合にわいせつ性が解消されるかが明らかでないという問題があり, 客観的にみてもっぱら好色的興味にのみ訴えるための物, すなわちハードコアポルノだけをわいせつ文書とすべきであるとの主張も有力である. →わいせつ物陳列罪　　　　　　　　　[松原久利]

わいせつの罪　刑法典は, 「わいせつ・姦淫の罪」として, *公然わいせつ罪'(刑174), *わいせつ物頒布販売罪'(175), 強制わいせつ罪(176), *強姦罪'(177)を規定している. しかし, 公然わいせつ罪および*わいせつ物頒布販売罪'が, 社会の健全な性風俗を保護法益とする*風俗犯'として*社会的法益に対する罪'であるのに対して, 強制わいせつ罪および強姦罪は, 個人の性的自由ないし性的感情を保護法益とする個人法益に対する罪であり, 両者はその性質を異にするものであるから, これを区別して認識すべきである. したがって, 正確には, 強制わいせつ罪は, *強姦罪'とならんで個人の性的自由に対する罪として理解すべきであるから, わいせつの罪とは, 公然わいせつ罪およびわいせつ物頒布販売罪を意味することになる. →わいせつ物陳列罪　　　　　　　　　[松原久利]

わいせつ物陳列罪　わいせつ物陳列罪とは, *わいせつ'な文書, 図画その他の物を公然と陳列することにより成立する犯罪である. 刑は2年以下の懲役または250万円以下の罰金もしくは科料である(刑175). わいせつ物とは, わいせつな内容が小説等文字により表示される文書, 絵画・写真・映画等象形的方法により表示される図画, その他の物としての彫刻, 性器の模擬物, 録音テープ等をいう. 公然と陳列するとは, わいせつ物を不特定または多数の人が観覧・認識できるような状態におくことをいい, 映画フィルムの上映, 録音テープの再生も陳列に含まれる. また, いわゆるダイヤルQ^2の回線を利用したアダルト番組の再生行為も公然陳列に含まれるとする判例もある(大阪地判平3・12・2判時1411・128). なお, 近年コンピュータネットワークを利用したわいせつ情報の提供がサイバー・ポルノとして問題となっているが, わいせつな画像データもわいせつ図画に当たり, これを不特定多数の人が容易に閲覧できるようにコンピュータネットワークに流す行為は公然陳列といえるとした判例がある(岡山地判平9・12・15判時1641・158). このように, 情報通信機器の発達に伴って, 従来のわいせつ「物」による規制の枠には収まりきらない問題が生じるようになったのであるから, 別個にわいせつ「情報」として立法的に解決する必要があるとの見解も有力に主張されている. →わいせつの罪　　　　　　　　　　　　　　　　[松原久利]

わいせつ物頒布販売罪　わいせつ物頒布販売罪とは, わいせつ物を頒布・販売することにより成立する犯罪である. 刑は2年以下の懲役または250万円以下の罰金もしくは科料である. 販売目的所持罪も同様に処罰される(刑175). 頒布とは, 不特定または多数の人に販売以外の方法で交付することをいう. 現実に相手方の手に渡ることが必要であるから, 郵送の場合は相手方に到着しなければ頒布とはいえない. 販売とは, 不特定または多数の人に有償で譲渡することをいう. 目的物が現実に引き渡されることが必要である. 販売目的所持とは, 国内で販売する目的でわいせつ物を自己の事実上の支配の下に置くことをいう(最判昭52・12・22刑集31・7・1176). 本罪については, ビデオテープのダビングサービスをめぐって, *わいせつ'なビデオテープの所有者が, 顧客の持参した生テープにわいせつなビデオテープをダビングして料金を受け取る場合に販売罪が成立するのかが問題となる. この場合に販売罪が成立するとす

る判例がある(大阪地堺支判昭54・6・22判月11・6・584).また,ダビングしたテープのみを販売する目的でわいせつなマスターテープを所持する場合に販売目的所持罪が成立するのかも問題となる.この場合も,判例は販売目的所持罪が成立するとする(富山地判平2・4・13判時1343・160).ここでも,実質的にはわいせつ「情報」の販売行為を,形式的にわいせつ「物」の販売として処罰することになるのではないかという問題がある.→悪徳の栄え事件,チャタレイ事件,四畳半襖の下張事件,わいせつの罪
[松原久利]

ワイヤ・タッピング (英) wiretapping 電話線の適当なところに電子機器などの傍受装置を取り付けてその会話を傍受すること.当事者の同意がなく,他人の電話・通信や口頭の会話を傍受する,いわゆる盗聴の方法のひとつである.この他の盗聴の方法としては,バッギング(bugging)がよく用いられる.これは小形のマイクロフォンなど口頭会話の傍受装置を室内の隠れたところに取り付けるなどして室内の会話を傍受することである.いずれも*科学的捜査'の発展にともなって問題になってきたものである.

日本では捜査機関がこれらを行う場合に,憲法21条2項の*通信の秘密'の保障との関係で問題があるが,この保障も絶対的なものではないと一般には解釈されているので特別の法律を設ければワイヤ・タッピング等も許される(刑訴222Ⅰ・100参照).このための法律が,犯罪捜査のための通信傍受に関する法律であり,ここでは電話その他の*通信の傍受'について,裁判官の発付する傍受令状を取得すれば傍受できるとされている.同法のねらいは,口頭会話ではなく,電話等による会話の傍受にあるから,ワイヤ・タッピングの方法によることになろう.なお,携帯電話についても有線の部分があるので,通常の電話と同様に解される. [島 伸一]

賄賂 (英) bribe **1 意義** *賄賂罪'の手段.刑法では,公務員または仲裁人の職務行為の対価として不法に供与・収受されるものを表す概念である(ただし,あっせん収賄罪(刑197の4)では,公務員のあっせん行為に対する報酬を意味する).特別法でも一般に「賄賂」概念は用いられるものの(破380・381,経罰1～4,保険329等),これに代えて「財産上ノ利益」(商493,保険328等)と規定されることもある.

賄賂の範囲は広汎に及び,「人の需要又は欲望を充すに足る一切の利益」を含む.金銭の提供はもちろん,酒食・遊興の接待,利子付での金銭の貸付,公開後の値上がりが確実で入手困難な新規上場株式の公開価格での取得,情交の機会の設定などにより得られる利益がその例である.なお,「財産上ノ利益」と規定される場合は,最後に挙げた,情交の機会の設定のほか,名誉職的な地位の提供による利益などは除かれることになる.

2 職務行為との対価関係 賄賂は職務行為の対価として供与・収受されることを要する.条文では「職務に関し」という文言がこれを示す.職務行為の内容は具体的に特定されることを要せず,「今後とも何かと取引を継続してほしい」といった趣旨でも対価性は否定されない.しかし,職務「行為」との関連性が問われるから,ある国会議員の政治活動を一般的に支援するなどの趣旨では不十分である.そのような資金提供が政治資金規正法に違反する場合でも,同法の罰則に触れるにとどまる(政資26①③).他方,同法に従って処理された政治献金であっても,対価関係が認められる限り,賄賂罪は成立する.

社交儀礼として行われる贈答については,少なくとも職務行為の対価に当たらなければ問題はない.しかし,仕事上の中元・歳暮などが「今後とも何かと取引を継続してほしい」との趣旨で行われる,すなわち,対価関係を否定できないケースも少なくなく,その取扱いが議論されている.対価性が認定される以上,賄賂罪が成立するとの見解も主張されるものの(大判昭4・12・4刑集8・609),近時では,当事者間の親疎や贈られた物の金額などを総合的に判断して,社交儀礼の範囲にとどまる限り賄賂とはいえないとする見解が多数を占めている.

3 没収・追徴 刑法は19条・19条の2において没収・追徴を規定するが,さらに賄賂については特別の規制を行う(刑197の5).すなわち,「犯人又は情を知った第三者が収受した賄

賂」が没収の対象となる．なお，例えば，利子付で金銭が貸し付けられた場合，金融を得たことが賄賂であるから，融資された金銭自体は総則上の没収・追徴規定の適用を受けることになる．

総則上の没収は「物」に限られるのに対して，賄賂には「利益」も含まれるところから，対象が拡張されている．もっとも，没収処分自体は物についてしか行われず，利益は没収できない．したがって，正確には，利益につき追徴が可能となる点に規制の意義が認められる．

賄賂の「全部又は一部を没収することができないときは，その価額を追徴する」．没収不能とは，賄賂が物以外の利益である場合のほか，物であっても，第三者による善意取得，収受者による費消・紛失，加工や混同による同一性の喪失などの場合が挙げられる．追徴は賄賂の価額を算定できなければ，実際上科しえない．情交の機会の設定や融資による利益がそれに当たる．

[塩見 淳]

賄賂罪 (英) bribery (独) Bestechung (仏) corruption *汚職罪'の一形態．刑法典では，「第25章汚職の罪」のうち197条以下に規定され，公務員・仲裁人が賄賂を受ける*収賄罪'(刑197～197の4)と，これらに賄賂を贈る*贈賄罪'(198)とに区分される．特別法にも規定がある(商493，破380Ⅰ・381Ⅰ，経罰1・2・4Ⅰ，証取203Ⅰ・Ⅲ等)．

賄賂罪の立法形式には，職務行為の正・不正を問わず，対価を得て行われれば処罰するものと，不正な職務行為を要件とするものとがある．現行法は，原則的に不正な職務行為を要求しないものの，加重収賄罪(刑197の3Ⅰ・Ⅱ)では重罰の根拠，事後収賄罪(197の3Ⅲ)では例外的に成立要件としており(なお，あっせん収賄罪(197の4)はあっせんの対象たる職務行為の不正を要求)，両形式を併用する．かくして，賄賂罪の保護法益は，折衷的に，職務の公正とこれに対する社会の信頼とするのが判例(最判大昭34・12・9刑集13・12・3186)・通説の立場である．これには，職務の不可買収性，あるいは，職務行為の公正として一元的に捉える見解も有力に主張されている．→昭和電工事件，外国公務員に対する贈賄 [塩見 淳]

和田心臓移植事件 1978年8月8日，札幌医科大学の和田寿郎教授により実施された日本最初の心臓移植例は，札幌医大心臓移植事件とも呼ばれ，わが国の移植医療への国民意識に与えた影響は多大である．その後長らく心臓移植はタブー視され，1984年の*筑波大腎臓同時移植事件'では脳死患者からの移植も殺人罪等で告発された．ようやく1997年に成立した*臓器の移植に関する法律'は，世界一厳格な要件を規定したともいわれ，脳死移植は普及していない．

本件移植の受容者・宮崎信夫(当時18歳)は，重症の心臓弁膜症を患っており，心臓移植後は自立歩行の可能な程に回復したが，同年10月29日に血清肝炎を併発して死亡した．

当初は快挙英断と報道されていたが，同年12月3日以後，告発が重ねられた．すなわち，①水泳中溺水した提供者・山口義政(当時21歳)には仮死状態の心臓摘出で殺人罪，②受容者には移植手術による拒絶反応等での死につき業務上過失致死罪が成立するという．慎重な捜査の結果，1970年9月，札幌地検は，*人の終期'につき*三徴候説'を前提としつつ，嫌疑(証拠)不十分を理由に不起訴処分とした．①につき，転送中の提供者の容態は自発呼吸があり，チアノーゼも肺水腫徴候もみられないが，脳波測定をした証拠がなく，人工心肺の循環を停止させた前後の心電図も現存しないため，心臓摘出時に生存していたか否かは，認定不能に終った．②につき，心臓移植術は，治療目的で関係者の承認のもとに医学上一般に承認されている方法によれば違法性は阻却される．受容者に手術の危険性や予後について十分説明しなかったのではないかとの疑いは残るが，手術自体を違法な医療行為とはしえない，というのである．

この事件は，脳死移植医療への不信感を国民に植えつけたとされる．しかし，本件の捜査不起訴は，従来の*三徴候説'・*心臓死'に依拠しており，*脳死'説への反対を基礎づけるものではない．検察当局も「厳格な脳死説は三徴候説に近い」としている．むしろ，本件は，利害の一致する医師団の「密室的移植医療」を公正・透明化して，その濫用防止のための移植法制を確立すべきことを求めていたのである．利害の対

立する提供者と受容者の間に中立公平な第三者が介入せず，その説明・記録・監視・審査のないままで，移植術が進行すれば，濫用は防止しえず，疑惑と責任の解明もなしえないことが示されたのである．→臓器移植　　　　　　［長井 圓］

「わな」の抗弁　（英）defense of entrapment　アメリカ合衆国では，*おとり捜査'によって被告人の犯行が誘発された場合，一定の要件のもとで，その訴追・処罰に対する抗弁事由となることが，判例または制定法によって，認められている．

この「わな(entrapment)」の抗弁について，連邦最高裁および多くの州は，被告人の「事前の犯罪的傾向(＝犯意)」の有無を重視し，捜査機関が，もともと犯罪とは無縁で「犯意」のなかった者に「わな」をかけて犯罪を実行させた場合には，抗弁の成立を認めて無罪，すでに「犯意」を有していた者に犯行の機会を提供したにすぎない場合には有罪とする，主観説の立場を採用する．その根拠は，犯罪の萌芽さえ存在しないところに捜査機関が犯罪を創り出したときにまで，立法府がその行為を犯罪として処罰する趣旨とは考えられない，という立法者意思の解釈に求められている．

これに対して，おとり捜査をめぐる問題の本質は，被告人の内心ではなく，捜査機関の活動にあるとして，その働きかけの態様・内容が不相当とされる場合に抗弁の成立を認めるべきだという立場(客観説)も有力に主張され，実際に，いくつかの州において採用されている．

［佐藤隆之］

索　引

- a 事項索引 ……………………………………………………… 3
- b 欧文索引 ……………………………………………………… 40
- c 判例索引(年月日)，外国の判例 ……………………………… 50
- d 判例索引(事件名) …………………………………………… 62
- e 人名索引(和文) ……………………………………………… 64
- f 人名索引(欧文) ……………………………………………… 68

担当項目一覧 (71)

a 事項索引

あ

相被告人　143
アイルランド制　792
青切符　256
あおり　493, 495, 586, 589
赤切符　256
阿賀野川水銀中毒事件　663
アクティオ・リベラ・イン・カウザ　207
悪徳商法　**1**, 174, 753
悪徳の栄え事件　**1**, 546, 776, 801, 802
欺く　316
アジャン・プロヴォカトゥール　**1**, 42, 748
預合い罪　**2**, 165
遊び型非行　432
遊び仲間　656
アダルト・オウソリティ　76
あっせん収賄罪　**2**, 239, 390, 508, 802, 803
あっせん利得罪　239
あてはめの錯誤　**2**, 208, 226, 725
アノミー論　**3**, 592, 620, 624
アパルトヘイト　274, 459
アパルトヘイト犯罪の抑圧及び処罰に関する国際条約　459
暴れ馬事件　111
あへん煙に関する罪　4
あへん法　**4**, 60, 278, 531, 746, 766
アムネスティ・インターナショナル　4
アメリカ合衆国憲法　222
アメリカ合衆国法典　744, 752
アメリカ行刑　34
アメリカ犯罪学会　4
誤った有罪判決　291
アリバイ　5
アレインメント　**5**, 79, 213, 302, 361, 770
アレインメント制度　578, 586
あれなければこれなし　407
安死術　6
暗数　634
暗数調査　649
安全体制確立義務　95
安寧秩序に対する罪　6
安寧秩序ノ罪　52
安保理決議　274
安楽死　**6**, 521, 575

い

家出　656
硫黄殺人事件　**7**, 119, 167, 686
威嚇刑　195
医学モデル　378
移監　**7**, 532
遺棄　8
遺棄罪　**7**, 734
遺棄致死傷罪　**7**, 202
いきなり型　432
異議の申立て　**8**, 237, 263, 412, 416, 510, 515, 527, 716
生きる価値のない生命の抹殺　6
違警罪　**9**, 174, 271, 382
違警罪即決例　**9**, 176, 195
意思刑法　102
意思決定規範　758
意思決定の自由　9
意思自由論　**9**, 576
意思責任　**10**, 121, 230
意思説　**10**, 224, 304, 604, 669, 769
遺失物等横領罪　**10**, 11, 39, 495, 565
遺失物法　**10**, 247
意思の連絡　143
医師法　405, 475
いじめ　70
移審　**11**, 14, 422
移送　**11**, 252, 321, 333, 363, 533, 550, 777
移送上告　11
遺族給付金　637
委託物横領罪　39, 609
イタリア学派　**11**, 78, 84, 279, 672, 799
イタリア刑法　**11**, 145, 575
イタリア刑法予備草案　370
一故意犯説　719
一号書面　311
一罪一勾留の原則　**11**, 271
一罪一訴因の原則　**12**, 498
一罪一逮捕の原則　12
一次統制　373
一事不再理　**12**, 62, 82, 115, 251, 253, 539, 598
一事不再理効　96
──の原則　63, 636, 698
一時保護　241
一所為数法　95
一部確定力　62
一部起訴　**13**, 253
一部行為全部責任　142, 156, 166
一部上訴　**14**, 422
一部認定　**14**, 494, 536
一部露出説　322, 664
一厘事件　**14**, 73, 221, 712
一件記録　**14**, 109
一項強盗罪　257
一審集中　387
一身的刑罰阻却事由

	14, 194, 457	465, 474, 475, 647, 710, 726, 728, 738, 762
逸脱行動	3	
逸脱社会学	624	——の錯誤 **22**, 30
一般化説	207	違法阻却的身分 405
一般教誨	126	違法配当罪 **22**, 696
一般抗告	237, 561	違法身分 751
一般司法警察職員	365, 366, 503	違法類型論 242
一般的指揮	366	意味の認識 **23**, 113
一般的指揮権	**15**, 168, 365, 503	イミュニティ 188
一般的指示	366	医療過誤 558
一般的指示権	**15**, 365, 503	医療刑務所 200
一般的指定	486	医療行為 558
一般予防	**16**, 37, 195, 543, 591, 672, 701, 761	医療少年院 428
居直り強盗	258	威力業務妨害罪 157
委 任	16	岩手県教組事件 495, 587
委任法令	17	石見ひまわり基金法律事務所 245
委任命令	**16**, 192, 444	瘖(いん)啞者 198, 220, 484
威 迫	106, 426	印 影 28
違 法	8, **17**, 73, 118, 160, 202, 204, 231, 242, 391, 392, 459, 721, 758, 786	印 顆 28
		因果関係 **24**, 25, 26, 33, 46, 105, 119, 132, 150, 154, 201, 203, 204, 207, 242, 351, 389, 407, 408, 506, 605, 678, 775
——な捜査手続	412	
——の相対性	143	
——の連帯性	143	——の錯誤 **25**, 29, 341, 774
違法一元論	577	——の推定 34
違法共犯論	**18**, 153	——の断絶 25
違法減少説	551	——の中断 **25**, 409
違法拘束命令	116	——の認識 25
違法収集証拠	**20**, 42, 761	因果関係中断論 26
——の排除原則	489	因果関係不要論 24
——の排除法則	**18**, 418, 489, 587	因果関係論 669
		因果(的)共犯論 2, 24, 132, 143, 406
違法状態維持説	**20**, 559, 583	因果的行為論 **26**, 30, 228, 369, 712, 762, 782
違法性	17, 121, 613	印 形 28
——の意識	**20**, 23, 30, 59, 224, 226, 347, 446, 469, 485, 722, 725	隠 語 200
		淫 行 **26**, 360, 393, 470, 607, 675
——の過失	725	淫行勧誘罪 26
——の錯誤	30, 167, 209, 725	インコミュニカード 26
違法性推定機能	743	インサイダー取引 **27**, 410
違法性阻却事由	392	印紙等模造取締法 **27**
違法阻却事由	**21**, 22, 73, 116, 161, 162, 209, 242, 371, 397, 405, 436, 451,	印紙犯罪処罰法 **27**
		印章偽造罪 **27**, 106

インターポール	273
引 致	**28**, 205, 231, 285, 403, 528
インテーク	72
陰 謀	**28**, 46, 155, 293, 589, 599, 778
陰謀行為	347
員面調書	134, 326
飲料水に関する罪	**29**, 234

う

ウィークス事件判決	18
ウェーバーの概括的故意	25, **29**, 45, 224, 346
浮貸し	**30**, 165, 397
浮貸し等の罪	31
うそ発見器	739
疑わしきは罰せず	31
疑わしきは被告人の利益に	**31**, 160, 354, 397, 494, 536, 539, 663
内ゲバ事件	**31**, 344
宇宙条約	102
写 し	696
裏返しの錯誤	209
運転免許剝奪	256

え

営業犯	**32**, 383, 711
営業秘密	**32**, 324, 605, 666
嬰児殺	**33**, 322
エイズ	91
衛生基準	86
営利の目的	32, **33**, 383
営利目的等拐取罪	**33**, 787
疫学的因果関係	**33**, 663
疫学の証明	33
エスコビード事件	34
エスコビード・ルール	**34**
越権行為説	**34**, 39, 790
NGO	404
M君事件	473
エルマイラ制	**34**, 792
冤 罪	**35**, 291, 302, 640
冤罪事件	730
縁座(縁坐)制	481, 543, 795
延焼罪	**35**
援助交際	357

延命治療の中止 521

お

押収 35, 36, 52, 96, 211, 321, 365, 401, 568, 680, 790, 794
押収拒絶権 36, 413
欧州理事会閣僚委員会 653
応報刑 16, 36, 43, 95, 193, 195, 591, 670, 699, 785
応報刑論 36, 761
枉法収賄罪 68
オウム事件 37, 380, 513, 610
往来危険罪 38, 103, 236, 448, 461, 749
往来危険による汽車転覆等の罪 38
往来妨害罪 38, 234
往来妨害致死傷罪 38
横領 457
横領罪 31, 34, 39, 300, 336, 381, 423, 444, 496, 547, 599, 687, 689, 790
大浦事件 39, 108, 111
大阪南港事件 699
大須事件 40, 465, 533, 574
オーストリア刑法 575
大津事件 40, 284, 366, 594
オートノミー 613
オーバン制 85, 593
置き去り 8
汚職の罪 41, 267, 803
オスボーン 384
おとり捜査 1, 42, 294, 515, 804
オビタ・ディクタム 729, 794
お礼参り 255, 426, 759
恩赦 43, 191, 210, 525, 587, 682
恩赦法 43, 192, 247, 683

か

カード犯罪 44, 174
海外買春ツアー 357
改革された刑事訴訟 539
概括的故意 29, 45, 224, 535, 674, 750
概括的認定 45, 535, 685
外患援助罪 46
外患罪 46
外患誘致罪 46
外患予備陰謀罪 46
戒具 47
海軍刑法 172
戒護 47, 85, 86, 180, 181, 384, 435
会合犯 387
外国為替及び外国貿易法 47
外国元首等に対する暴行・脅迫・侮辱罪 47, 290
外国公務員に対する贈賄 48, 274, 508
外国国章損壊罪 48, 290
外国人事件と刑事手続 48, 50
外国人受刑者の処遇 50
外国人犯罪 48, 49, 274, 564, 741
外国通貨偽造罪 50
外国ニ於テ流通スル貨幣紙幣銀行券証券偽造変造及模造ニ関スル法律 50
会社荒らし等に関する贈収賄罪 50, 784
解釈主義 625
会社財産危殆罪 23, 50
会社財産を危うくする罪 22, 50
会社犯罪 51
拐取罪 787
外出 51, 99, 375
拐取幇助目的収受罪 51
改正刑法仮案 52, 53, 149, 190, 197, 796
改正刑法準備草案 42, 52, 53, 197, 491, 796
改正刑法草案 32, 42, 53, 150, 190, 197, 198, 203, 223, 324, 491, 542, 559
改善刑 195
蓋然性説 53, 669, 750
外為法 47
改定律例 54, 234, 361, 382, 385, 458, 463, 546, 673
外的過剰 68
海難審判法 258
外泊 51
回避 54, 115, 266, 441, 680
回復証拠 54, 502, 572
外部交通 54
外部通学 55
外部通勤 55, 56, 200, 609
外部的成立 314
外部的名誉 679, 756, 757, 758
開放施設 55
開放処遇 55, 697
外務省秘密漏洩事件 56, 290, 475, 666
海洋法(に関する国際連合)条約 102, 283
カウンセリング 626
火炎びんの使用等の処罰に関する法律 57
価格協定 78
科学警察研究所 57, 88, 630
科学捜査研究所 57
科学的証拠 57, 97
科学的捜査 57, 58, 219, 630, 802
化学兵器の禁止及び特定物質の規制等に関する法律 58, 323
核原料物質, 核燃料物質及び原子炉の規制に関する法律 59
学習理論 619
確信犯 21, 59, 208, 554, 596, 782
覚せい剤取締法 4, 33, 60, 278, 308, 531, 746, 766
拡張解釈 60, 394, 792
拡張的共犯概念 470
拡張的共犯論 478
拡張的正犯概念 61, 90, 132, 399, 469, 478
確定後救済手続 61, 302, 421, 659
確定裁判 63, 636
確定訴訟記録の閲覧 178

a 事項索引

確定的故意	674	
確定判決	**61**, 179, 383	
確定力	13, **62**, 115, 333, 381, 596, 675	
確認効	62	
学派の争い	743	
角膜及び腎臓の移植に関する法律	502	
確　約	492	
隔離拘禁	593	
科刑上一罪	12, **62**, 69, 96, 223, 282, 304, 486, 636, 674, 711, 713, 741, 795	
加減的身分	**63**, 153, 751	
加減的身分犯	149	
加減例	**63**, 309, 377, 717	
過　失	**64**, 67, 121, 156, 201, 202, 203, 204, 243, 320, 345, 379, 392, 462, 480, 482, 484, 549, 565, 774, 775	
──による過剰防衛	285	
──の競合	320, 746	
──の教唆	66	
──の共同正犯	**66**, 143, 229	
──の共犯	**66**, 154	
──の幇助	66	
果実	587	
過失往来危険	67	
過失往来危険罪	38	
過失激発物破裂	67	
過失激発物破裂罪	200	
過失建造物浸害	67	
過失浸害罪	398	
過失推定説	156	
過失責任主義	482	
過失段階説	540	
過失致死	203	
過失致死罪	**65**, 121, 201, 379	
過失致死傷	67	
過失致傷罪	**65**, 379	
過失犯	64, **67**, 121, 201, 202, 203, 227, 343, 388, 677, 712, 775	
──の未遂	67	
過失併存説	540	

瑕疵の治癒	**67**	
加重結果	202, 204, 249, 605	
加重収賄罪	41, **67**, 335, 390, 803	
加重主義	697	
加重処罰	322	
加重単一刑主義	697	
加重的身分	63	
加重逃走罪	204, 581	
過剰拘禁	181, 349, 570	
過剰避難	**68**, 163	
過剰防衛	**68**, 143, 285, 477, 582	
かすがい現象	69	
かすがい効果	69	
かすがい外し	69	
ガス等漏出罪	69	
ガス等漏出致死傷罪	69	
仮装売買	507	
かたい決定論	206, 767	
過怠破産罪	69	
家宅侵入罪	381	
加担犯	**70**, 131, 388, 603	
価値考量説	710	
課徴金	**70**, 685	
学警連	430	
学校教育法	527, 554, 555	
学校病理	**70**, 72, 432, 656	
家庭裁判所	**71**, 87, 117, 216, 312, 332, 333, 431, 433, 490, 502, 506, 653	
家庭裁判所調査官	71	
仮定的因果関係	407	
仮定的付加え公式	407	
仮定の取去り公式	25, 407	
家庭内暴力	**72**, 466, 606, 656	
過度の広範性	355, 612	
可罰的違法性	14, 18, **72**, 221, 348, 371, 421, 556, 577, 678, 688, 712, 752, 798	
可罰的違法阻却	337	
可罰的違法類型	242	
可罰的責任	**73**, 114, 221	
可罰的符合説	553	
貨幣損傷等取締法	**74**	
牙　保	585	

火薬類取締法	**74**	
空　役	199	
仮還付	96	
仮刑律	54, **75**, 458, 463, 543, 673	
仮拘禁	**75**, 235	
仮釈放	**75**, 76, 77, 83, 491, 548, 615, 683	
仮釈放及び保護観察等に関する規則	792	
仮出獄	**75**, **76**, 163, 382, 554, 752	
仮出獄適格	76	
仮出獄取消し	76	
仮出場	75, **76**, 271, 382, 796	
仮退院	75, **77**, 428, 681	
仮納付	**77**, 78, 560	
仮放免	125, 210	
科　料	70, **77**, 78, 194, 205, 271, 299, 330, 394, 613, 614, 674, 796	
過　料	**78**, 140, 408, 716, 718	
カルテル	**78**, 684	
カレン・クィンラン事件	**78**, 521	
カロリナ刑事法典	**79**, 125, 361	
簡易却下	**79**	
簡易公判手続	5, **79**, 209, 264, 302, 388, 457, 770	
簡易裁判所	**80**, 216, 220, 312	
簡易送致	**81**, 432, 490, 506, 631, 659, 771	
姦　淫	449	
感化院	358	
管　轄	**81**, 82, 282, 363, 448, 533, 592, 680	
──の移転	82	
──の指定	82	
──の修正	81, 82	
管轄権	258, 548	
管轄違い	81, **82**, 179, 773	
──の申立て	702	
環境学派	84	
環境基本計画	83	
環境基本法	83	
環境刑法	**82**	

環境調整	**83**, 372, 434	療に関する法律 **90**
環境と犯罪	**83**	感染症予防法 90
環境犯罪	82	完全犯罪共同説 151, 617
環境犯罪学	84, 618, 656	官選弁護人 244
監禁罪	104, 529	監置 **91**, 716, 718
緩刑化	**84**, 193	勘違い騎士道事件 **91**
換刑処分	193, 299, 796	姦通罪 **92**
監獄	7, 47, **84**, 86, 91, 135, 163, 180, 200, 231, 255, 270, 379, 382, 435, 531, 554, 753, 788	鑑定 **92**, 93, 94, 137, 158, 298, 459, 523, 572, 602, 629
		——の嘱託 92
監獄衛生	135	鑑定書 92
監獄改革	85	鑑定証人 92, **93**, 424
監獄学	85	鑑定処分許可状 92
監獄規律	47, 435	鑑定人 92, **93**, 97
監獄建築	**85**, 180	鑑定留置 **94**, 235, 788
監獄作業	199	監督過失 65, **95**
監獄則	85, 86, 129	観念説 769
監獄破産論	**85**, **86**	観念的競合 48, 62, 69, **95**, 96, 124, 166, 223, 304, 636, 697, 711, 714
監獄法	47, 85, **86**, 126, 129, 181, 191, 199, 200, 322, 395, 403, 435, 531, 554, 626, 753, 788, 796	看病夫 136
		還付 36, **96**
		官吏 266
監獄法改正	181	管理過失 95
監獄法改正の骨子となる要綱	130, 199	管理可能性説 **97**, 315, 570
		管理売春 607
監獄法施行規則	86, 285	管理売春罪 32
監護権	555	関連事件 81, 82
監護措置	429	関連性 58, **97**, 377, 776
観護措置	**87**, 433, 434	
鑑識	57, **87**, 631	**き**
看守者逃走援助罪	581	
関税贓物罪	88	キール学派 **98**, 710
関税定率法	**88**, 164	議院証言法 103, 283, 759
関税法	88, 164, 175, 250, 283, 518	議院における証人の宣誓及び証言等に関する法律 426
関税逋脱罪	88	
間接教唆	**89**, 131	機会提供型 42
間接事実	**89**, 97, 173, 339, 340, 399, 404, 410, 557	機会犯人 785
		期間 **98**, 190, 249
間接証拠	**89**, 399, 404, 410, 557	毀棄 98
		毀棄罪 **98**, 115, 127, 219, 257, 300, 336, 452, 629, 695
間接正犯	61, 89, **90**, 132, 151, 152, 160, 226, 229, 343, 351, 399, 469, 479, 544, 577, 713, 784	
		毀棄説 422
間接幇助	89, 713	棄却 **98**, 118
感染症の予防及び感染症の患者に対する医		帰休制 **99**
		企業組織体責任論 453

企業組織体犯罪	99
企業内司法	51, 370
企業犯罪	51, **99**, 321, 513, 619
企業秘密	32, 666
企業秘密漏示罪	32, 324, 666
危惧感説	453, 678
偽計業務妨害罪	157
既決	747
危険	**100**, 101, 201
——の実現	507
——の引受け	206
危険性	**101**, 391
危険犯	67, 100, **101**, 167, 204, 353, 445, 596
企行	**102**
旗国主義	**102**, 273, 283, 511, 632
期日外尋問	**102**, 313, 425
騎士道精神	441
希釈化の法理	588
汽車等転覆等の罪	38, **103**, 328
記述的構成要件要素	113
記述的要素	243
偽証罪	**103**, 158, 343, 602
既遂	**104**, 348, 667, 747, 748
擬制同意	**104**, 640
規制薬物	724
帰責	24, **104**, 506
帰責能力	484
季節・気候と犯罪	**105**
キセル乗車	**105**, 316
起訴	111, 253, 680, 789
寄蔵	584
偽造	27, 28, 44, 74, **106**, 107, 171, 237, 365, 411, 560, 561, 596, 695, 705, 764, 767, 771
偽造カード	362
偽造外国通貨行使罪	50
偽証教唆	450
偽造公印不正使用罪	28
偽造公文書行使罪	107
偽造私印不正使用罪	28
偽造私文書等行使罪	107
偽装心中	**106**, 424, 647

偽造通貨行使罪	561	
偽造通貨交付罪	561	
偽造通貨収得後知情行使罪	**106**	
偽造通貨収得罪	561	
偽造文書行使罪	**107**, 237	
偽造有価証券等行使罪	**107**, 237, 768	
偽造有価証券等交付罪	107	
起訴強制手続	680	
覊束力	**107**, 115, 247	
起訴裁量主義	**107**, 111, 213, 215, 252, 333, 520, 253	
起訴裁量(便宜)主義	39, 110, 111	
起訴状	5, 14, **108**, 109, 245, 315, 332, 376, 380, 565, 611, 614	
起訴状一本主義	14, **109**, 246, 253, 262, 322, 440, 578, 777	
起訴条件	516, 674	
起訴独占主義	**109**, 213, 215, 253, 288, 333, 546	
起訴認否手続	5	
起訴陪審	527, 608	
起訴便宜主義	107, 123	
起訴変更主義	108	
起訴法定主義	39, 108, 110, 252	
起訴猶予	39, 50, 107, **111**, 248, 252, 352, 491, 520, 659, 674, 771	
期待可能性	30, 68, 104, 107, **111**, 112, 114, 163, 399, 412, 456, 483, 484, 524, 556, 641	
——の錯誤	**112**	
危殆犯	101	
期待不可能性	370	
機能説	318, 735	
機能的治安立法	545	
規範違反説	762	
規範感情緩和説	190	
規範の構成要件要素	**113**, 243, 800	
——の錯誤	**113**, 269	
規範的責任要素	484	
規範的責任論	73, 111, **114**, 399, 464, 480, 484, 576, 652, 690	
規範的要素	243	
規範的予防	16	
既判力	13, 62, 63, 96, **115**, 223, 253, 383, 565, 596, 635, 796	
規範論	670	
忌避	54, 79, **115**, 266, 441, 680	
忌避申立手続	185	
器物損壊罪	48, 60, 98, **115**, 257, 349, 423, 478	
基本的構成要件	477, 544, 748	
基本犯	202, 204, 249	
機密侵害罪	290, 599, 602	
義務緊急避難	116	
義務の推定	724	
義務の保釈	734	
義務の衝突	**116**, 747	
キメラ	663	
欺罔	316, 424, 647	
客殺し商法	1, 318	
逆送	72, **117**, 184, 432, 434, 490, 506, 733, 753	
客体の錯誤	**117**, 151, 341, 722	
逆探知	**117**, 562	
逆粉飾決算	23, 696	
却下	98, **118**	
客観義務論	213	
客観主義	**118**, 167, 391, 617, 748	
客観説	481	
客観的違法論	**118**, 392, 399, 700, 758	
客観的危険説	7, **119**, 167, 686	
客観的帰属	24, 105, **119**, 202, 408, 507	
客観的共犯論	669	
客観的構成要件要素	242	
客観的処罰条件	**120**, 209, 242	
客観的相当因果関係説	41, 507	
客観的注意義務	121, 201, 447, 549	
客観的未遂論	748	
ギャング	513	
旧過失論	64, **121**, 379, 447, 549, 775	
旧々刑事訴訟法	108, **122**, 247, 546	
求刑	**122**, 799	
旧刑事訴訟法	108, **122**, 185, 248, 252, 262, 296, 520, 600, 682	
旧刑法	**123**, 159, 297, 570, 707	
救護義務	**124**, 651	
求釈明	376	
吸収一罪	124, 674, 711, 714	
吸収関係	**124**, 711, 714	
吸収主義	697	
旧少年法	433	
旧ドイツ刑法	796	
急迫性	143	
旧派刑法学	40, 42, 118, **124**, 183, 193, 195, 197, 460, 576, 669, 670, 785	
糾問主義	**125**, 539, 707, 777	
糾問主義的検察官司法	215	
糾問訴訟	79, 125	
糾問的捜査観	**125**, 504, 541	
凶悪犯	712	
教育刑	**126**, 195, 591, 743, 744	
教育中立	468	
教唆	85, **126**	
教唆師	126	
境界損壊罪	98, **127**, 683	
恐喝罪	**127**, 222, 300, 316	
凶器	**128**	
凶器準備結集罪	129	
凶器準備集合罪	**128**, 387	
狭義の証明力	437	
狭義の相当性	506	
行刑	**129**, 130, 191, 378, 382	
行刑判事	199	
行刑累進処遇令	87, **130**, 271, 541, 696, 744, 792	
教護院	358	
競合犯	223, 697	

教唆	70, 89, 102, **131**, 152, 160, 494, 544
——の故意	2, 131, 132
——の従犯	713
——の幇助	89
——の未遂	**131**, 132, 149, 152, 153, 391, 591
教唆犯	70, **131**, 145, 149, 154, 160, 388, 412, 469, 477, 591, 603, 753
供述	147, 188, 189
供述拒否権	**132**, 631
供述書	**133**, 134, 214, 326, 421, 691
供述証拠	**133**, 134, 377, 411, 472, 651, 798
——の非供述的用法	661
供述心理学	**133**, 361
供述調書	134, 631
供述不能	**134**
供述録音	133, **134**, 798
供述録取書	133, **134**, 214, 263, 311, 326, 362, 411, 691
行状責任論	446, 759
矯正	**135**, 139, 384
矯正医学	85, **135**, 181
矯正可能性	773
行政官	212
矯正教育	**136**, 428
矯正協会	139
矯正局	135
行政警察	176, 365
行政警察規則	176
行政刑罰	140
行政刑法	67, 88, **136**, 197, 398
行政検視	216
矯正研修所	135, 139
行政検束	219
強制採血	138, 219, 459, 523
強制採尿	**137**, 162, 309, 459, 523
矯正施設	135, **138**, 180, 200, 428, 681
行政執行法	**138**, 138, 176
強制執行妨害罪	**138**, 193
強制執行免脱罪	138

行政従属性	83
矯正職員	135, **139**, 180, 428
強制処分	**139**, 168, 231, 270, 271, 680, 794
強制処分法定主義	140
強制捜査	**139**, 503, 602
行政手続法	403
矯正統計	135, 186
行政罰	136, **140**, 194, 519
行政犯	136, 137, **140**, 347
行政不服審査法	403
矯正保護	**141**, 626
矯正保護審査会	141
矯正保護法	141
強制わいせつ罪	**141**, 173, 479, 486, 800, 801
強制わいせつ致死傷罪	**142**, 202
競争入札妨害罪	542
京大事件	534
共同意思	508
共同意思主体説	**142**, 154, 155, 166, 228, 308, 543, 617, 706, 749
共同加害の目的	129
共同過失	66
共同正犯	66, 131, **142**, 145, 146, 147, 149, 153, 154, 155, 189, 229, 477, 544, 603, 617, 678, 705, 749
共同被告人	133, **143**, 147, 707
——の自白	144
共同謀議	155
共同幇助	713
脅迫	361, 361
脅迫罪	47, **144**, 158, 222, 255, 756
共罰的事後行為	423, 674
共犯	63, 66, 131, 142, 143, **145**, 147, 149, 150, 151, 154, 160, 188, 189, 240, 244, 334, 469, 477, 575, 580, 603, 614, 660
——からの離脱	146, 154
——の因果性	24, **150**
——の過剰	**150**, 151
——の錯誤	150, **151**
——の従属形式	**152**,

	160, 469, 743
——の従属性	**152**, 388, 575, 591
——の処罰根拠	2, 18, 146, **152**, 378, 481
——の中止	**153**
——の未遂	152
共犯学説	154
共犯者と刑事手続	**146**
共犯者の供述	147
共犯者の刑事手続	461
共犯者の自白	**147**, 544
共犯従属性説	2, 70, 131, **148**, 152, 779
共犯独立性説	2, 70, 131, **148**, 152, 575, 779
共犯と身分	**149**, 751
共犯理論	142, **154**, 228, 617
京踏切事件	24
共謀	28, 102, 143, **154**, 155, 293, 589
共謀共同従犯	713
共謀共同正犯	52, 132, 142, 143, 145, 147, **155**, 166, 477, 575, 744, 749
共謀共同正犯論	543
業務	**156**, 475
業務主体	156
業務主体処罰規定	**156**, 570, 714
業務上横領	457
業務上横領罪	39
業務上過失	64, **156**
業務上過失往来危険罪	38
業務上過失致死罪	65
業務上過失致死傷罪	163
業務上過失致傷罪	65
業務上失火罪	349
業務上堕胎罪	537
業務妨害罪	**157**, 159, 193, 268, 571
供用	238
強要罪	144, **158**, 438, 662
許可状	794
虚偽鑑定罪	**158**, 564, 741
虚偽公文書作成罪	158
虚偽告訴罪	**159**
虚偽申告罪	88

a 事項索引

虚偽診断書作成罪 **159**
虚偽の主張・弁解 449, 703
虚偽の証拠 703
虚偽の風説 157, **159**
虚偽排除説 362
局外中立命令違反罪 444, 554
極端従属形式 152, 153, 154, **160**, 617
挙証責任 31, **160**, 397, 436, 489, 664, 724
——の転換 160, 397
挙証責任者 436
挙証責任論 675
挙動犯 230, 249
切り違い尋問 362
規律秩序維持 47, 435
擬律の錯誤 729
緊急救助 **161**, 287, 476
緊急行為 162
緊急執行 **161**
緊急状態 162
緊急逮捕 **162**, 384, 528, 530
緊急配備 631
緊急配備検問 358
緊急避難 21, 68, 116, **162**, 285, 286, 330, 343, 466, 528, 555, 562, 710
金嬉老事件 49
禁 錮 5, 76, **163**, 194, 205, 347, 382, 382, 394, 554, 581, 597
禁錮監 85
禁 獄 382
禁錮刑 596
禁止の錯誤 3, 20, 30, **164**, 725
禁酒法 **164**
近親相姦 **164**, 671
禁制品 88, **164**, 315
禁制品輸入罪 88
禁絶処分 559
金 銭 **165**
——の占有 165, 496
——の他人の物性 165
近代学派 223
近代派 575, 617
禁断処分 52

緊張理論 655
金融犯罪 **165**, 175, 773

く

偶然防衛 **166**, 477
空白刑罰法規 444
偶発犯 628
区検察庁 212, 215, 216
公事方御定書 75, **167**, 677
苦情の申出 404
具体的依存性説 319
具体的危険説 119, **167**, 686
具体的危険犯 100, 101, 121, **167**, 201, 353, 552
具体的公訴権説 248
具体的指揮 366
具体的指揮権 15, **168**, 365, 503
具体的事実の錯誤 117, 151, **168**, 169, 341, 552, 719
具体的符合説 41, 117, 151, 168, **169**, 225, 553, 719, 722
具体的法定（的）符合説 168, **169**, 554, 719, 722
国 親 **169**, 433
国親思想 169
虞犯少年 **170**, 654
熊本水俣病事件 **170**, 525
グリコ・森永事件 788
クリップ効果 69
クリティカル・クリミノロジー 782
グループワーク 386, 626
クレジット・カード 44, **171**, 323, 363
クローン 663
クローン技術規制法 663
企 て 102
軍機保護法 290
軍刑法 **172**
群集心理 172
群集犯罪 **172**
訓 練 729

け

刑 193

——の加重 52, **190**, 310, 716
——の軽重 493
——の減軽 **190**, 211, 342
——の時効 98, **190**, 249, 384
——の執行 191
——の執行の免除 43, **191**, 192
——の消滅 **191**, 329, 683
——の宣告猶予 491
——の廃止 **192**, 444, 509, 554
——の分離決定 698
——の併科 **192**
——の変更 189, 192, 445
——の免除 **192**, 265, 461, 516, 674, 722
——の量定 789
警戒検問 358
軽過失 379
景気変動と犯罪 176
軽禁錮 382
経験則 **173**, 385, 404
傾向犯 142, **173**, 243
軽 罪 9, **174**, 327, 382, 384
経済関係罰則ノ整備ニ関スル法律 **174**, 802
経済刑法 1, **174**, 197, 356
経済的環境 175
経済的財産概念 300
経済的，社会的及び文化的権利に関する国際規約 367
経済的不平等 175
経済と犯罪 **175**
経済犯罪 174
警 察 138, **176**, 196, 365, 503, 659
警察官 **177**, 366, 438, 505, 506, 603, 607, 630
警察監視 730
警察官職務執行法 176, **177**, 220, 439, 603
警察監督 730
警察犬 379

警察庁　176, **177**, 178, 196
警察庁長官　186
警察統計　178, 186, 634, 711
警察白書　**178**, 634
警察犯処罰令　9, 176, **178**, 195
警察法　630
刑事学　**178**, 184, 617, 743
刑事確定訴訟記録法　178
形式裁判　82, **179**, 246, 309, 354, 741, 760
形式主義　106, 768
形式的違法論　17
形式的意味の刑法　196
形式的確定力　62, **179**, 314, 596
形式的挙証責任　160, 417
形式的限時法　217
形式犯　121, 141, **180**, 201, 231, 353, 552
形式秘説　666
刑事国際法　275
刑事裁判権　601
刑事事件における第三者所有物の没収手続に関する応急措置法　737
刑事システム　182
刑事施設　47, 84, 85, 86, 138, **180**, 200, 346, 435, 544, 752
刑事施設運営協議会　199
刑事施設法案　47, 51, 85, 87, 130, **181**, 199, 404, 435, 532, 540, 593, 626
刑事司法制度　182, 214, 373, 623
刑事処分　117
刑事制裁　117, **183**, 194, 431, 617
　──の限界　183
　──の多様化　100
刑事政策　178, **184**, 279, 616, 627, 785
刑事制度　182
刑事責任年齢　188
警視総監　186
刑事訴訟規則　**185**

刑事訴訟の目的　413
刑事訴訟法　8, 41, **185**, 248, 264, 361, 362, 376, 520, 530, 579, 691, 729, 730, 774
刑事訴訟法の一部を改正する法律　512
警視庁　**186**, 798
刑事手続参加　644
刑事統計　182, **186**, 634
刑事特別法　290, 494, 545, 591, 601
刑事犯　141, 347
刑事被疑者弁護援助　726
刑事法　182
刑事法社会学　186, 373, 625
刑事補償　**187**, 290, 651, 669, 754
刑事補償法　187
刑事未成年　**188**, 427, 484, 674
刑事免責　**188**, 213, 438, 527
刑事免責制度　799
刑種の統合　538
警職法　177, 603
刑事立法　60, **189**, 198, 295, 617, 665
刑事立法原理　189
刑事立法史　187
刑事和解　644, 649
刑訴応急措置法　185, 600
継続審理　**189**, 387, 457
継続犯　96, 104, **189**, 423, 511, 684
継続保護　241
軽懲役　382
競売入札妨害罪　139, **193**
刑　罰　36, 84, 122, 140, 183, 192, **193**, 195, 202, 299, 395, 458, 579, 591, 622, 628, 674, 683, 718, 737, 761
刑罰拡張原因　470
刑罰拡張事由　743
刑罰緩和　84, 432
刑罰請求権説　247
刑罰阻却事由　14, **194**
刑罰阻却的身分　405
刑罰適応性　194, 743

刑罰的苦痛の賦課　199
刑罰能力　**194**, 370, 484, 771
刑罰の個別化　460
刑罰の象徴的機能　187
刑罰不遡及の原則　509
刑罰目的　378
刑罰論　16, 124, 193, **195**, 460, 591, 626, 669
軽犯罪法　9, 178, **195**, 271, 478, 545
警備会社　196
警備活動　**196**
刑　法　64, 67, **196**, 198, 202, 241, 588, 593
　──の解釈　60
　──の現代用語化　53
　──の適用　198
　──の場所的適用範囲　274
　──の平易化　197, **198**
刑法改正　558
刑法改正原案起草委員会　52
刑法改正ノ綱領　149
刑法改正予備草案　52, 53
刑法学派　670
　──の争い　195, **197**, 460, 669, 785
刑法研究会　53
刑法草案　348, 420
刑法適用法　274
刑法典　197, 803
刑法並監獄法改正調査委員会　52
警保寮　176
刑務委員会　181, **199**
刑務官　139
刑務協会　139
刑務作業　163, **199**, 271, 382, 468, 554, 626, 753
刑務所　85, 138, 180, **200**, 430
刑務所化　235
刑務所太郎　200
刑務所文化　**200**, 235
刑務審査会　199
啓蒙哲学　700
警邏警察　545
激情犯　628

a 事項索引

激発物破裂罪 **200**	285, 287, 469, 482	検察審査会法 215
懈怠 604	厳格な証明 173, **209**, 313,	検察庁 212, 215, **216**, 329,
結果 100, **201**, 242	388, 399, 415, 417, 421,	332, 333, 506, 533, 550,
結果回避可能性 64, **201**,	435, 450, 518, 786	788
202, 775	幻覚犯 **209**, 685	検察庁法 212
結果回避義務 201, **202**,	喧嘩両成敗 **209**, 344, 676	検察統計 186
447, 549, 775	嫌疑刑 31, 125, **210**	検視 **216**, 705
結核予防法 91	研究部紀要 723	検事 212, **217**, 365
結果責任 10, **202**, 203,	検挙 178, **210**, 494, 502	検事正 212, 214, 217
482, 543	検挙率 210	検事総長 212, 214, 329
結果説 633	減刑 43, **210**	検事長 212, 214
結果的加重犯 35, 38, 143,	減軽 152	検事調書 214
202, 204, 227, 249, 405,	減軽処罰 424, 647	原始的無効 581
406, 482, 605	減軽的身分 63	限時法 192, **217**, 444
——の共犯 151	減軽類型 647	限時法理論 217
結果犯 24, 201, **203**, 230,	権限濫用説 39, **211**, 609	現住建造物 217
231, 249	現行犯 **211**, 400, 530, 718,	現住建造物等浸害罪 397
結果反価値論 204	772, 773, 794	現住建造物等放火罪
結果無価値 18, 21, 26, 30,	現行犯逮捕 162, **211**, 400,	**217**, 349, 710
204, 231, 369, 371, 459,	505, 528, 530, 794	限縮的正犯概念 132, 469
647, 686, 710, 748, 758,	現行犯人 211, 400	検証 137, 168, **218**, 298,
762	検察官 5, 8, 15, 122, 133,	325, 350, 419, 459, 631
結果無価値論 17, 204	160, 168, 205, **212**-217,	検証調書 218, 325
月刊ペン事件 **204**, 450,	252, 262, 264, 282, 300,	厳正独居 593
690, 757	301, 305, 306, 329, 332,	健全育成 470
欠効犯 747	333, 366, 380, 397, 401,	建造物侵入罪 381
結合犯 **204**, 405, 406, 543	416, 502, 503, 506, 527,	建造物等以外放火罪
血讐 543	530, 533, 550, 560, 565,	**219**, 711
結審 **205**	589, 614, 659, 674, 680,	建造物等損壊罪 98, **219**
欠席裁判 205	706, 715, 716, 735, 736,	検束 138, **219**
欠席判決 205	774, 777, 799	現代型犯罪 678
欠損家庭 656	検察官事務取扱検察事	限定解釈 393, 676
決定 8, 91, **205**, 265, 309,	務官 215	限定責任能力 **220**, 454,
388, 509, 526, 579, 615,	検察官上訴 **213**, 422, 598	484, 623
706, 758	検察官処分権主義 **213**, 252	ケント事件判決 733
決定論 9, **206**, 370, 652, 767	検察官送致 117	現場写真の証拠能力 377
決闘罪 **206**	検察官適格審査会 216, 723	現場助勢罪 **220**, 402
決闘罪ニ関スル件 206	検察官同一体の原則	現場不在証明 5
決闘誹毀罪 206	**214**, 329, 368	憲法違反 **221**, 333, 414
権威刑法 98	検察官面前調書 134,	憲法解釈の誤り 221
原因説 **206**, 408, 507, 669	**214**, 262, 326, 337, 572	検面調書 214
原因において違法な行	検察官役弁護士 680	謙抑主義 73, 83, **221**, 712,
為 **207**, 223, 343, 344	検察技官 216	752
原因において自由な行	検察権 212, 214, 329	権利，義務に関する文
為 52, **207**, 482, 484	検察事務 212, 214, 215, 329	書 364
厳格解釈 394	検察事務官 **215**, 216, 401,	権利行使と恐喝罪 **222**
厳格故意説 20, 113, **208**,	503, 680	権利行使と詐欺罪 222
225, 226, 469, 483, 725	検察審査会 110, **215**, 248,	権利章典 **222**, 297, 600
厳格責任説 20, 30, **208**,	520, 527, 645, 675	

権利侵害説	672, 709	
権利窃盗	487	
権利保釈	301, 734	
権利濫用説	**222**, 344	
牽連犯	62, 69, 204, **223**, 253, 348, 636, 711	

こ

故意	10, 20, 23, 64, 67, 121, 154, 202, **224**, 225, 227, 243, 319, 346, 392, 409, 463, 480, 482, 484, 565, 576, 668, 674, 686, 722, 725, 774, 775	
——と過失の限界		604
故意ある道具	90, **226**, 577	
故意ある幇助道具		226
故意説	20, 30, 208, 225, **226**, 468, 482	
5・15事件	**227**, 461, 596	
故意犯	121, 203, **227**, 343	
公安委員会	176, 227	
公安条例	**227**, 545	
公安調査庁	609	
行為	26, 202, **228**, 242, 350, 369, 446, 677, 712, 762	
——の客体		203
行為概念の機能		228
行為環境	84	
行為共同説	66, 132, 151, 152, 154, **228**, 406, 617, 705	
行為(挙動)説	633	
行為刑法	228	
行為支配	90, 143, 155, **229**, 406, 478	
行為者刑法	228, 785	
行為者-被害者-和解		632
行為者標準説		112
合意書面		229
行為責任	**230**, 446, 467, 482, 577, 767	
行為責任論	230, 446	
行為説	304, 769	
合一的評価説		553
行為犯	201, **230**, 231	
行為反価値		231
行為反価値論		231
行為無価値	18, 21, 30, 204, **231**, 369, 371, 459, 647, 748, 762	
行為無価値論	17, 231	
行為類型論		242
勾引	28, **231**, 398, 403, 774, 788	
公印偽造罪		28
勾引状		231
公開		232
公害		33
公害刑法	83, 663	
公開裁判		232
公害罪法	203, 663	
構外作業		56
公開主義	**232**, 259, 262, 264, 539, 546, 720, 791	
公海に関する条約		102
公害犯罪	83, 663	
公害犯罪処罰法		724
強姦罪	**232**, 257, 478, 485, 801	
強姦致死傷罪		233
合議	**233**, 306, 667, 717	
後期旧派	124, 197	
公記号偽造罪		28
合議制	233, 327	
合議体	233, 326, 667	
広義の相当性		506
合義務的代替行為		24
公共危険罪	29, 38, **234**, 397	
公共危険犯		67
口供結案	54, **234**, 361	
公共の平穏に対する罪		
	234, 508	
拘禁	75, **234**, 255, 270, 346, 361, 382, 718, 720, 752, 774	
拘禁形式		180
拘禁心理学		**235**
拘禁反応		235
航空機事故		345
航空危険法		479
航空機の強取等の処罰 に関する法律	**235**, 236, 328, 479, 663	
航空の危険を生じさせ る行為等の処罰に関 する法律	38, **236**	
合憲的限定解釈		393
口語化・現代用語化		198
抗告	8, 205, **236**, 308, 400, 401, 421, 448, 509, 561, 589, 680, 717, 733	
交互尋問		425
行使	44, 107, **237**, 561, 596, 768	
——の目的		237
皇室に対する罪	47, **238**, 289, 290, 524	
公衆訴追主義	**238**, 345	
公衆に著しく迷惑をか ける暴力的不良行為 等の防止に関する条 例		758
絞首刑		330
公証人		607
公職選挙法	**238**, 258, 283, 667, 795	
公職にある者等のあっ せん行為による利得 等の処罰に関する法 律		**239**
公序良俗		647
更生緊急保護	**239**, 240, 241, 627, 759	
更生緊急保護法		239
公正証書原本等不実記 載罪	2, **240**	
抗精神病薬		474
構成的身分	149, 153, **240**, 751	
構成的身分犯		149
更生保護	**240**, 373, 627, 643, 732	
更生保護機関		627
更生保護事業	**241**, 759	
更生保護事業法		241
更生保護事業法の施行 及びこれに伴う関係 法律の整備等に関す る法律		239
更生保護施設		**241**
更生保護法人		241
公正モデル		378
構成要件	21, 24, 43, 64,	

a 事項索引

113, 120, 121, 160, 189, **241,** 243, 301, 305, 340, 404, 423, 510, 554, 568, 614, 647, 668, 674, 686, 700, 743, 751, 758, 786
——の欠缺　340
——の修正形式　145, **244,** 748
構成要件該当事実　242
構成要件該当性　222, 242, **243,** 371, 647
構成要件該当性阻却　73
構成要件説　304
構成要件的故意　224
構成要件的行為共同説　617
構成要件的錯誤　164, **243**
構成要件的符合説　**243,** 553, 719
構成要件要素　104, 242
構成要件論　209
公設弁護人　**244**
公設弁護人制度　244
公然性　245, 757
公然わいせつ罪　**245,** 271, 478, 800, 801
公　訴　108, 212, **245,** 246, 252, 253, 380, 502
——の提起　107–110, 245, **252,** 261, 332, 333, 520, 677, 680
控　訴　**245,** 246, 251, 388, 421, 448, 615
——の放棄　246
構造型公害　663
控訴期間　246
公訴棄却　81, 82, 179, 204, **246,** 248, 252, 265, 376, 457, 458, 516, 579, 598, 736
控訴棄却　**246**
拘束力　**247**
公訴権　213, 215, **247,** 248, 262, 282, 680
公訴権濫用　**248,** 515, 520
公訴権濫用論　110
公訴権論否認説　248
公訴時効　98, 189, 190, **249,** 384, 510, 680

——の中断　249
——の停止　249
公訴事実　108, 122, 161, **250,** 301, 497, 799
——の単一性　250
——の同一性　12, 13, 109, **250,** 499, 535, 565, 598, 614
控訴趣意書　246, **251,** 252, 254
控訴審　246, **251,** 335, 342
控訴審・上告審の弁論　703
公訴取消し　108, 213, **252,** 296, 680
公訴不可分の原則　249, **253,** 635
控訴理由　246, 251, 252, **254,** 338, 727, 729, 789
強談威迫　**254,** 426
拘　置　84, 85, 163, 235, **255,** 271
拘置監　255, 532
構築主義　625
拘置所　200, 255, 788
公知の事実　255, 313, 436
交通切符　**255,** 256, 257
交通業過　256, 299
交通検問　358
交通事件即決裁判　**255,** 257, 470, 586
交通事件即決裁判手続法　255
交通取締　256
交通犯罪　163, **256**
交通反則金　**255,** 257, 299, 586, 659
公的刑事弁護制度　726
後天性免疫不全症候群の予防に関する法律　91
高等検察庁　212, 216
強盗強姦罪　204, 205, 233, **257,** 258
強盗強姦致死罪　257
強盗罪　204, **257,** 259, 260, 293, 300, 334, 684
高等裁判所　8, 216, **258,** 312, 509, 561
強盗殺人罪　204, 259
口頭主義　**259,** 260, 262,

264, 284, 443, 448, 539, 546
口頭審理主義　259
強盗致死傷罪　203, 258, **259**
口頭弁論　259, **260,** 396
強盗予備罪　258, **260,** 334
幸徳事件　524
校内暴力　70
後発的無効　581
公　判　14, 284, 608
交　番　545
公判期日　102, 205, **261,** 515
——の指定　**261**
——の変更　261
公判準備　**261**
公判請求　253, **261,** 333, 787
公判専従論　**262**
公判中心主義　109, 216, 259, **262,** 557, 573, 791
公判調書　8, **263,** 300
——の記載事項　185
公判廷　205, **263,** 264, 526
——の自白　5, **263**
公判廷外の自白　263, 361
公判手続　79, 122, 261, 262, 263, **264,** 401, 721
——の停止　252
交　付　237, 316
交付行為　316
交付罪　300
交付送達　505
公文書　265
——の間接無形偽造　158
公文書偽造罪　**265,** 695
公文書虚偽作成罪　158
公平な裁判所　54, 115, **266,** 441, 718
合法則的条件公式　407
攻防対象　252
公民権剥奪　329
公　務　266
——の適法性　268, **269**
公務員　2, 41, 67, **266,** 267, 268, 335, 390, 396, 508, 525, 802
公務員職権濫用罪　41, **267,** 563, 610

公務執行妨害罪 158, **267**, 269, 438, 604, 671
公務所 39, 159, **268**
公務所等照会 **268**
拷問 4, 52, 79, 125, 134, 234, **269**, 361, 362, 537, 707
効用喪失説 422
公用文書毀棄罪 695
公吏 266
合理的疑いを超える証明 45, 160, **269**, 340, 419, 435, 450, 494, 535, 685, 720, 754
合理的選択 620
合理的な疑い 338
拘留 194, **271**
勾留 7, 11, 28, 76, 87, 163, 193, 235, 255, **270**, 272, 301, 333, 379, 382, 394, 408, 427, 528, 530, 542, 554, 581, 603, 674, 702, 734, 747, 774, 788
勾留期間 270
勾留質問 270, **271**, 650
勾留状 7, 161, 270, **272**
拘留場 91
勾留請求 365
勾留取消請求 650
勾留理由開示 **272**, 650
勾留理由開示制度 235
高齢化社会 797
ゴールド(事件)判決 433, 733
国営企業労働関係法 577, 597
国外移送罪 787
国外移送目的拐取罪 787
国外移送目的人身売買罪 455, 787
国外犯 46, 47, **272**, 274, 278, 479, 510, 533
国際共助 533
国際軍事法廷 274, 459, 493
国際刑事学協会 **273**, 275, 460, 785
国際刑事警察機構 75, **273**, 277, 632
国際刑事裁判所 **274**, 275, 459, 493, 699
国際刑事裁判所規程 274, 493
国際刑事裁判所設立条約 274
国際刑事法廷 274
国際刑法 **274**, 278, 479
国際刑法及び刑務会議 280
国際刑法学会 273, **275**, 532
国際刑務会議 280
国際司法共助 274, **276**, 365, 438, 635
国際社会学会・逸脱と統制部会 **276**
国際社会防衛会議 276, 451
国際社会防衛学会 5, 276
国際準則 652
国際商取引における外国公務員に対する贈賄の防止に関する条約 48
国際人権規約 275, 297, 367
国際人権規約B規約 187, 235, 297, 367, 532
国際人権法 275
国際人権保障 653
国際捜査共助 273, 275, 276, **277**, 632
国際捜査共助法 277, 632
国際的な協力の下に規制薬物に係る不正行為を助長する行為等の防止を図るための麻薬及び向精神薬取締法等の特例等に関する法律 277, 560, 737
国際犯罪 274, **277**, 493, 699
国際犯罪学会議 276, **279**
国際犯罪学会 279
国際被害者学シンポジウム **279**
国際法上の犯罪 274, 493
国際連合・アジア極東犯罪防止研修所 279, 723
国際連合・犯罪と司法に関する研究所 275, **279**
国際連合・犯罪防止及び犯罪者処遇会議 **279** 431, 652
国税徴収法 336
国税犯則取締法 133, 250, **280**, 283, 519
国選弁護 **281**, 582
国選弁護制度 726
国選弁護人 661, 704
告訴 159, 215, **281**, 282, 283, 333, 444, 449, 468, 502, 505, 631, 645, 649, 659, 674, 680
——の客観的不可分 282
告訴権 281
告訴不可分の原則 **282**, 283, 468
告知 408
国内犯 102, 273, 275, **283**, 479, 510
告発 159, 215, 281, **283**, 333, 449, 502, 505, 631, 659, 680
国防保安法 290
国民の司法参加 **283**
国連犯罪者人種宣言 644
国連被拘禁者処遇最低基準規則 626
故殺 322
孤児院 360
個人(的)法益に対する罪 478, 801
個人の尊厳 137
御成敗式目 **284**, 676
護送 272, **285**
誤想過剰避難 68, 285
誤想過剰防衛 68, 91, **285**, 477
誤想避難 68, 163, **285**
誤想防衛 285, **286**, 477, 582
誇張従属形式 152, 617
誇張従属性説 152
国会中心立法の原則 444
国家緊急救助 161, **287**
国家警察 186
国家刑罰権 354
国家公安委員会 186, 366
国家公安委員会規則 630
国家公務員法 56, 102,

                                266, 493
国家正当防衛　　161, **287**,
                          461, 477
国家訴追主義　　238, **288**,
        333, 345, 546, 680
国家的法益に対する罪
                     288, 289, 290
国家の作用に対する罪
                          267, **289**
国家の存立に対する罪
                     46, **289**, 596
国家賠償　　　　188, **289**
国家賠償法　　　　　　289
国家秘密　　　　**290**, 666
国家秘密法案　290, 545, 599
国家標準説　　　　　　112
国交に関する罪　　47, 48,
              289, **290**, 347, 554
国庫正当防衛　　　　　288
固定式自動測定装置方
   式　　　　　　　　511
古典派　　　　　　　　617
古典派刑法学　　　　　669
子どもの権利条約　　　431
湖南事件　　　　　　　 40
故買　　　　　　　　　585
誤判　　　35, 187, 284, **291**,
      302, 640, 667, 691, 730
誤判原因　　　　　　　302
コピー　　　　　　　　694
古物営業法　　　　　**292**
個別化説　　　　　207, 408
個別行為責任　　　　　230
個別財産　　　　　　　300
個別恩赦　　　　　　　 43
コミュニティ・サー
   ヴィス・オーダー　375
コミュニティ・オーガ
   ニゼーション　　**292**
コミュニティ・ポリシ
   ング　　　　　　　545
固有権　　　　　　　　703
コラテラル・エストッ
   ペル　　　　　　**292**
混合惹起説　　　　　　378
混合的方法　　　　　　454
昏酔強盗罪　　　258, **293**,
                      334, 401

コンスピラシー　28, 155,
                             293
コンセンサス・モデル　295
コントロールド・デリ
   バリー　278, **293**, 390, 767
コントロール理論　　　371
コンピュータウイルス
                             294
コンピュータ犯罪　　175,
              294, 317, 571
コンフリクト理論　198, **295**

さ

サーシオレイライ　　**296**,
                        333, 414
再間接教唆　　　　　　 89
再起　　　　　　　550, 675
再起訴　　　　　248, 252, **296**
罪刑専断主義　　　297, 725
罪刑の均衡　　　　　　194
罪刑の不均衡　　　　　324
罪刑法定主義　16, 17, 53,
       60, 123, 167, 242, **296**,
       356, 394, 444, 509, 536,
       568, 570, 600, 611, 639,
       672, 673, 679, 683, 700,
       701, 707, 725, 764, 792
採血　　　　　　　**298**, 523
最高検察庁　　　　212, 216
再抗告　　　　　　　　237
最高裁判所　　216, **298**, 299,
              312, 333, 568, 605
最高裁判所裁判事務処
   理規則　　　　　　667
最高裁判所長官　　　　298
最高裁判所調査官　298, **299**
最高裁判所判事　　　　298
財産刑　　　193, **299**, 330, 796
財産上の利益　　　50, **299**,
              300, 315, 560, 784
財産犯　　299, **300**, 487, 488,
              547, 688, 787
　──の分類　　　　　300
　──の保護法益　　　487
罪質符合説　　　　244, 719
再社会化　　　　　195, 374
最終条件説　　　　　　207
最終陳述　　　　　　**300**
最終弁論　205, 300, **301**, 706

再主尋問　　　　　　　396
罪証隠滅　　　212, **301**, 486,
                     735, 270
　──のおそれ　　301, 528
採証科学　　　　　　　302
採証学　　　　　57, 90, **302**
最小従属形式　　152, 154, 617
最小従属性説　　　　　152
罪状認否　　　5, 80, **302**, 721
再審　　35, 61, 284, 291, **302**,
              305, 367, 418, 418, 445,
              567, 568, 587, 745, 760
罪数　　　62, **304**, 376, 497, 635
罪体　　　　　　　**305**, 730
罪体説　　　　　　　　730
再逮捕　　　　　　　12, **305**
再逮捕・再勾留禁止の
   原則　　　　　　　 12
財田川事件　　303, **305**, 331,
              367, 418, 445, 709, 745,
                             761
在宅拘禁　　　　　　　349
裁定合議　　　　　233, **306**
在廷証人　　　　　　**306**
裁定通算　　　　**306**, 718, 747
在廷命令　　　　　**306**, 716
差異的接触理論　**306**, 321,
              372, 452, 619, 620, 622,
              624, 628, 655
再伝聞　　　　　　**307**, 572
再度の考案　　　　237, **308**
採尿令状　　　　　**308**, 523
サイバー・ポルノ　　　801
再犯　　**309**, 310, 314, 793
裁判　　205, 212, 255, 300,
       309, 312, 314, 354, 380,
       515, 516, 581, 794
　──の公開　232, 526, 707
　──の告知　　　　**313**
　──の成立　179, 309, **314**
再犯加重　　190, 309, **310**, 490
裁判官　　8, 212, 264, **310**,
       312, 313, 326, 376, 400,
       417, 530, 589, 608, 639,
       715, 777, 794
　──の独立　　　284, 310
裁判官処分権主義　　　110
裁判官面前調書　134, 214,
              311, 326, 337, 572

裁判権	80, 81, 176, **311**, 515, 548, 716	
裁判所	8, 71, 122, 205, 212, 264, 298, **311**, 332, 376, 380, 396, 448, 515, 526, 533, 548, 565, 579, 614, 706, 716, 718, 720, 735, 789, 794, 799	
裁判書	309, **312**, 794	
裁判上顕著な事実	313, 436	
裁判所外尋問	103, **313**, 425	
裁判所間の共助	396	
裁判所書記官	437	
裁判所侮辱	720	
裁判所法	81, 258, 437, 448, 668	
裁判法	667	
裁判長	5, 8, 133, 205, 301, 306, **313**, 376, 515, 526, 716, 718, 799	
——の権利告知	185	
裁判批判	745	
裁判費用	70	
再犯予測	309, **314**, 372	
財物	39, 97, 164, 165, 299, **315**, 487, 570, 684, 687	
——の占有	496	
財物恐喝罪	127	
財物強盗罪	257	
財物詐欺罪	316	
再保釈	734	
罪名	108, **315**, 614	
罪名従属性	152, 617	
罪名独立性説	152	
裁面調書→裁判官面前調書	311	
最有力(効)条件説	207, 669	
裁量	771	
最良証拠の原則	**316**	
裁量保釈	734	
坂本弁護士一家殺害事件	37	
詐欺更生罪	317	
詐欺罪	44, 105, 127, 171, 300, **316**, 323, 368, 423, 565, 571, 595, 606, 687, 756	
詐欺破産罪	69, 120, **317**	
先物取引	1, **317**	
作業賞与金	200, 554	
作為	549	
——による不作為犯	319	
作為義務	116, 201, 202, **318**, 678, 679, 735	
作為犯	52, 116, **319**, 677	
錯誤	25, 113, 114, 224, **319**, 340, 424, 552, 725	
作成者	768	
作成名義	694	
桜木町事件	**320**, 699	
酒に酔つて公衆に迷惑をかける行為の防止等に関する法律	320, 542	
酒酔い鑑識カード	**320**	
差置送達	506	
差押え	35, 162, 168, **321**, 503, 568, 631, 693	
差戻し	**321**, 363, 611, 691	
差戻判決	321	
錯覚犯	209	
雑居拘禁	**322**, 593	
雑居制	322	
殺人罪	33, 121, 201, 206, **322**, 348, 478, 547, 623, 629, 647, 664	
殺人予備罪	462	
札幌医大心臓移植事件	803	
サブカルチャー	655	
差別的法執行	494	
サミットの経済宣言	513	
狭山事件	**323**	
サリドマイド事件	525	
サリン等による人身被害の防止に関する法律	37, **323**	
猿払事件	17, 444	
3S主義	542	
三角詐欺	317, **323**	
参観	199	
残虐刑禁止	235	
残虐な刑罰	194, **324**, 356, 458, 753	
産業スパイ	32, **324**	
三項書面	218, **325**, 350, 511, 572	
三号書面	134, **326**, 572	
参考人	**326**, 595, 650	
——の取調べ	595	
参審	283, **326**, 608	
三審制	448	
三審制度	**327**	
三徴候説	**327**, 564, 665, 803, 803	
三罰規定	**327**, 570	
三友炭坑事件	221

し

GGI	609	
シージャック	235, **328**	
CDカード	44	
CPR	404	
私印偽造罪	28	
シェパード事件判決	490	
資格回復	329	
資格制限	191, 194, **328**, 490, 635, 654, 682	
指揮権発動	**329**, 505	
自救行為	222, **329**, 476, 488	
死刑	4, 5, 46, 103, 162, 194, 289, 324, **330**, 394, 432, 458, 567, 596, 597, 608, 701, 753, 782, 789	
——の時効	191	
死刑再審無罪事件	709	
死刑囚	235	
死刑の廃止を目指す市民的及び政治的権利に関する国際規約の第2選択議定書	**331**, 367	
死刑廃止条約	**331**, 332	
死刑廃止論	330	
試験観察	**332**, 433, 434, 733, 738	
事件受理	**332**	
事件処理	**333**, 380, 550, 674	
事件単位	271	
——の原則	271, **333**	
事件単位説	**333**, 776	
時効	98, 190, 249, 384	
事故型公害	663	
自己株式の取得	51	
事後強盗罪	258, 260, **334**,

事後強盗の予備　260
事後従犯　20, **334**, 389, 583
事後従犯説　583
事後収賄罪　**335**, 390, 803
事後審　246, 251, 254, **335**, 339, 363
自己堕胎罪　537
事後の故意　346
自己の犯罪を行う意思　477
自己の物に対する犯罪　**336**, 487, 496
自己誣告　159
自己負罪拒否特権　34, 132, 147, 188, 222, **336**, 438, 761, 763
事後法　274, 297, 509, 642
自己報告調査　175
自己報告犯罪研究　**337**, 634
自己矛盾の供述　54, **337**, 539, 572, 662
自己予備　778
自己労作　199
時際刑法　192
自殺　337, 348, 424
自殺関与　337
自殺関与罪　**337**, 348, 423, 613
自殺教唆　337, 423
自殺教唆罪　106
自殺行為　338
自殺幇助　337, 423
資質鑑別　429
事実共同説　229
事実誤認　254, 291, **338**
事実上の推定　**338**, 436, 465, 723
事実証明に関する文書　364
事実審　245, 251, **339**, 448, 724
事実説　769
事実認定　338, **339**, 361, 438, 494, 535, 608, 729, 786
事実の欠缺　**340**, 686
事実の錯誤　22, 117, 151, 164, 166, 168, 243, 319, 401, 751

340, 552, 719, 722, 725
事実の取調べ　252, **341**, 363, 749
死者の名誉毀損罪　**342**, 757
自首　283, 333, **342**, 348, 505, 631, 659
自手犯　90, 104, 160, **343**, 581
自招危難　**343**
自傷行為　348
自招侵害　32, 207, 222, **344**
私人訴追　680
私人訴追主義　215, 238, 288, **345**, 682
雫石事件　**345**
施設管理　180
施設駐在官　731
施設適応　200
施設内処遇　135, 141, 180, 235, **345**, 374, 384, 626, 627
私戦陰謀罪　347
自然環境　105
自然死　521
事前収賄罪　67, 120, **346**, 390, 509
自然主義的行為論　399
事前準備　261, **346**, 387, 457
自然人(個人)業務主　156
自然的関連性　97
事前の故意　30, **346**
自然犯　**347**, 622
自然犯法定犯区別説　20, 226
私選弁護　281, **347**
私選弁護人　347
私選弁護人選任の要件　347
私戦予備罪　163, 290, **347**
思想犯保護観察法　730
自損行為　348
死体遺棄罪　348
死体(等)損壊等の罪　348, 795
自宅拘禁　181, 235, **349**, 570
示談　646
示談書　421
自治体警察　186
次長検事　212

失火　67
失火罪　**349**, 710
失業　175
──と犯罪　**350**
実況見分　325, **350**, 511, 602, 631
実況見分調書　218, 350
実刑　**350**
執行規定　379
実行行為　48, 70, 207, 334, **350**, 351, 477, 713
実行行為共同説　617
実行従属性　152, 779
実行中止　**351**, 548, 551
実行の着手　204, **351**, 456, 747, 748, 778, 785
執行罰　78
実行未遂　747
執行猶予　50, 350, **352**, 490, 491, 541, 683, 771, 785
執行猶予者保護観察法　141, **353**
実在的競合　95, 697
実質主義　106
実質証拠　399, 410
実質説　730
実質的違法性　798
実質的違法論　17
実質的意味の刑法　196
実質的挙証責任　160, 417, 397
実質的限時法　217
実質的行為責任論　767
実質的人権保障原理　297
実質的責任論　480
実質犯　88, 141, 201, 231, **353**, 445
実質秘説　666
実証学派　11
実証主義　625
実体形成行為　**354**, 514, 569
実体裁判　309, **354**, 515, 741
実体的真実主義　**354**, 569, 586
実体的真実の発見　569
実体的デュー・プロセス　297, 298, 324, **355**, 481, 600, 612, 676, 725

実体判決請求権説	248	
実体法上の事実	518	
質的過剰	68	
実用新案法	258	
私的独占の禁止及び公正取引の確保に関する法律	78, 103, 174, 356, 682, 684	
私的独占の罪	684	
児童	427	
児童買春	607	
児童買春勧誘罪	357	
児童買春禁止法	607	
児童買春罪	357	
児童買春児童ポルノに係る行為等の処罰及び児童の保護等に関する法律	357, 607	
児童買春周旋罪	357	
児童買春等目的国外移送罪	357	
児童買春等目的人身売買罪	357	
児童虐待	72	
児童虐待の防止等に関する法律	72	
児童虐待防止法	360	
自動車検問	**358**, 505	
児童自立支援施設	**358**, 359, 360, 693, 708, 732	
児童相談所	**359**, 360, 434	
自動速度監視装置	**359**	
児童の権利条約	431	
児童福祉機関	359, 360	
児童福祉施設	360	
児童福祉法	26, 161, 358, 359, **360**, 427, 434, 455, 607, 693	
児童養護施設	359, **360**, 732	
支配領域性	319	
自白	52, 147, 234, 263, 305, 342, **361**, 419, 640, 691, 729, 744, 770	
——の任意性	361, 397	
自白を必要としない事実認定モデル	339	
自白供述	148	
自白中心の捜査	302	
自白法則	**361**, 388, 631
支払用カード電磁的記録に関する罪	45, 171, 197, **362**, 572
支払用カード電磁的記録不正作出罪	44, 171, 768
自判	246, 252, 321, **363**, 448, 611, 691
事物管轄	81, 82, **363**, 448, 533, 592, 608
私文書偽造罪	**364**, 695
紙幣類似証券取締法	**364**
死亡	664
司法官	212
司法官憲	**365**
司法共助	274, **365**
司法警察	176, **365**
司法警察員	282, 305, 326, 333, **365**, 366, 502, 530, 560, 589, 659
司法警察職員	15, 168, 177, 215, **365**, 401, 502, 503, 680, 774
司法警察職員等指定応急措置法	366
司法権	311, 514
——の独立	40, **366**, 441
司法検視	216
司法巡査	365, 366
司法前処理	**367**
司法大臣	212
司法統計	186
司法取引	5, 189, 214
司法の廉潔性の思想	19
司法保護	241
島田事件	303, **367**, 418, 709, 745, 761
市民的及び政治的権利に関する国際規約	48, 109, 130, 331, **367**, 480, 564, 652
事務移転の権	214, **368**
事務承継の権	214
事務的管理可能性	97
事務引取の権	368
指名手配	368
地面師	**368**
下山事件	**368**
指紋	57, **369**
指紋押捺拒否	49
社会化	374
社会解体	3
社会学	187
社会規範的責任論	370, 767
社会治療	**369**, 708
社会治療処分	369
社会的逸脱	624
社会的危険性	101
社会的絆理論	371
社会的行為論	228, **369**, 399, 446, 712
社会的制裁	**369**, 756
社会的責任論	9, 194, 206, **370**, 399, 446, 460, 467, 481, 576, 743, 767
社会的相当行為	371
社会的相当性	21, 121, 243, 343, **371**, 762, 771
社会的統制理論	**371**, 372, 620, 622, 624
社会的反作用	369
社会的反作用論	783
社会的法益に対する罪	**372**, 478, 801
社会的予後	83, 315, **372**
社会統制	182, 187, 371, **372**, 619, 783
社会内処遇	141, 241, 346, **373**, 626, 730
社会病質	473
社会病理学	623
社会復帰	372, **374**
社会復帰モデル	626, 627
社会防衛	41, 183, 276, **375**, 451, 461
社会奉仕作業	51
社会奉仕命令	**375**, 796
社会問題	623
釈放時教育	376
釈放前処遇	**376**
釈明	**376**
釈明権	376
酌量減軽	63, 190, 209, **376**, 421, 717
社交儀礼	802
写真	**377**

ジャスティス・モデル 195, **377**, 683
惹起説 18, 131, 150, 153, **378**, 748
舎房割当 322
自由意思 9
重加算税 **379**
重過失 64, 157, **379**
重過失致死罪 65
重過失致傷罪 65
収　監 **379**
収監状 **379**
臭気選別 58, **379**
宗教教誨 126, **380**
宗教と犯罪 **380**
宗教犯罪 **380**
終局裁判 **380**
終局処分 333, **380**, 550, 674
住居権 381
住居権説 381
住居侵入罪 189, **381**
住居の平穏 381
住居平穏説 381
集金横領 381
重禁錮 382
集禁処遇 257
自由刑 84, 163, 193, 271, 299, **382**, 394, 541, 554, 596, 752
——の単一化 52
自由刑単一化論 59, 164, **382**, 538, 554
重警備刑務所 180
自由交通権 486
集合犯 32, **383**, 420, 543, 711
重婚罪 **383**, 478, 671
重　罪 9, 174, 327, 382, **384**, 527, 608
収　受 584
囚人自治制 **384**
自由心証主義 89, 173, 245, 323, 361, **385**, 435, 539, 546, 557, 707, 717, 729
修正された構成要件 244
修正惹起説 378
重大な事実の錯誤 338
集団殺害罪 274, 459

集団殺害罪の防止及び
　処罰に関する条約 459
集団処遇 **386**, 731
集団心理療法 **386**, 609
集団犯 383, **386**, 524, 660
集団犯罪 172, 383, **387**, 508, 596, 726
集団密航関与罪 398
集中審理 284, **387**
重懲役 382
銃刀所持 294
柔道整復師事件 699
自由な証明 209, 255, **388**, 421, 435, 518, 789
重罰主義 53
従　犯 70, 131, 145, 160, 189, 227, 334, **388**, 469, 477, 603, 706, 713, 749, 753
——の故意 388
重複証拠 97
修復的正義 625
銃砲刀剣類所持等取締
　法 293, **389**
週末拘禁 **390**, 542
住民基本 240
収容継続 428
重要説 408
収容分類級 697
終　了 104
終了未遂 747
収賄罪 2, 67, 335, 346, **390**, 396, 508, 525, 803
主観主義 101, 118, **391**, 460, 617, 634, 743, 748
主観主義刑法学 154
主観説 481, 551
主観的違法要素 103, 161, **391**, 393, 484, 668, 758, 763
主観的違法論 118, **392**, 751
主観的客観説 551
主観的構成要件要素 242, **392**, 668
主観的正当化要素 163, 392
主観的相当因果関係説 507
主観的未遂論 748
主観的名誉 679, 757

主観的要件 481
縮小解釈 **393**, 792
縮小認定 **394**, 494, 536
主　刑 77, 122, 163, 194, 271, 299, **394**, 554, 674, 737
受刑者 382, **394**, 468
——の権利 86, **395**
受刑者組合 395
受刑者自治制 384
受刑者訴訟 395
受刑者分類規程 130, 131, 696, 792
受刑者分類調査要綱 130, 131, 696
受刑能力 194
主尋問 **396**, 425, 640
酒税法 519
受託裁判官 365, **396**
受託収賄罪 67, 346, 390, **396**
主張責任 161, **396**, 417, 436
出獄者保護 759
出産開始説 322
出資の受入れ，預り金
　及び金利等の取締り
　に関する法律 30, 165, **397**
出水危険罪 398
出水罪 234, **397**
出　頭 231, **398**, 403, 602
出頭命令 398
出入国管理及び難民認
　定法 **398**, 772
受動的属人主義 510
シュトース草案 708
主任弁護人 704
首　服 342
主　文 **398**
受命裁判官 234, **399**
主要事実 89, 97, **399**, 557, 736, 773
巡閲官 403
巡回連絡 545
準起訴手続 680
準強制わいせつ罪 142, 800
閏　刑 54, 463
準現行犯 211, **400**

準強姦罪	233	
準抗告	7, **400**, 529, 758	
準強盗罪	258, 293, 334, **401**	
準詐欺罪	317	
順次共謀	156	
準司法官論	213	
純粋主観説	551	
純正不作為犯	456	
順点の原則	**401**	
準備手続	261, **401**, 458	
使 用	237	
障害給付金	637	
傷害罪	7, 220, **402**, 558, 629, 712, 736	
傷害致死罪	202, 402, 605	
障害未遂	154, 747	
消火妨害罪	**402**, 711	
召 喚	231, 398, **402**	
情 願	86, **403**	
上官の違法命令	116	
焼 燬	422	
情況証拠	5, 89, **404**, 410, 557, 667, 791	
状況的犯罪予防論	84	
消極的一般予防	16, 195	
消極的間接事実	340	
消極的構成要件要素	242, **404**	
——の理論	405	
消極的錯誤	225	
消極的責任主義	481	
消極的属人主義	510	
消極的法定証拠主義	717	
消極的身分	149, **405**, 751	
賞 遇	435	
承継的共同正犯	37, 143, 145, **405**, 406, 407, 751	
承継的共犯	334, 405, **406**, 407	
承継的従犯	389, 406, **407**	
承継的幇助	407	
証 言	188	
条件関係	24, 25, 26, 33, 203, **407**, 408, 506, 507	
証言拒絶権	104, 188, **407**, 408, 413, 424, 763	
証言拒否	408	
証言拒否罪	116, **408**	

証言心理学	134	
条件説	26, 203, 207, **408**, 507	
条件付き故意	45, 224, **409**, 674	
条件的関連性	97	
証券取引等監視委員会	410, **409**	
証券取引法	27, 160, 175, **409**, 507, 521, 790	
証言能力	97, **410**	
証言録取書	493	
証 拠	97, 133, 188, 230, 255, 301, 305, 376, 381, 388, 404, **410**, 411, 412, 435, 436, 565, 608, 639, 651, 675, 741, 777, 798	
——とすることの同意	702	
——の許容性	417	
——の証明力	417	
——の新規性	303, **418**	
——の標目	417, 616, 769	
——の明白性	303, **418**	
——の優越	160, **418**, 435	
——の優越程度	730	
証拠隠滅・偽造	450	
証拠隠滅罪	**411**, 427, 456, 602, 641	
証拠開示	14, **412**, 515	
証拠価値	411	
証拠禁止	**412**	
上 告	333, 388, **413**, 421, 443, 448, 568, 615	
上告棄却	8, **413**	
上告趣意書	414, 443	
上告受理	333	
上告理由	221, 333, 413, **414**, 641	
証拠決定	8, **414**, 416	
証拠構造	411	
証拠裁判主義	125, 173, 209, 255, 410, **415**, 789	
証拠裁判の原則	415	
証拠書類	412, **415**, 419, 440	
証拠調べ	5, 8, 79, 104, 205, 209, 251, 264, 300, 301, 388, **416**, 419, 515, 706, 718, 721, 799	
証拠調べ請求	416	

証拠資料	410	
証拠提出責任	161, 397, **416**, 436, 724	
証拠能力	18, 57, 97, 132, 144, 148, 189, 209, 350, 361, 377, 388, 397, 410, 411, **417**, 436, 492, 502, 518, 539, 574, 604, 616, 668, 691, 761, 769, 798	
証拠排除	388, 745, 798	
証拠物	412, 416, **419**, 440, 444, 533, 560	
証拠物たる書面	419, 440	
証拠方法	97, 410	
証拠保全	412, **419**	
常 習	310	
常習賭博罪	420, 593, 793	
常習犯	383, **420**, 423, 446, 593, 793	
常習犯規定	230	
常習累犯	310, 793	
情 状	122, 209, 271, 301, 388, **420**, 517, 377	
情状証拠	421	
上申書	**421**	
浄水汚染罪	29	
浄水毒物等混入罪	29, 393	
使用窃盗	**421**, 688	
上 訴	11, 14, 213, 245, 291, **421**, 448, 718	
——の取下げ	422	
——の放棄	422	
——の利益	291	
上訴期間	422	
上訴権	422	
上訴権回復請求	422	
焼 損	218, **422**, 711	
状態犯	189, **423**, 510, 674, 684	
状態犯人	785	
承諾殺人	337, 423	
承諾殺人罪	322, **423**, 613, 647, 738	
承諾捜索	602, **424**	
証 人	93, 97, 132, 188, 231, 301, 306, 412, **424**, 425, 426, 438, 526, 788	
——となる資格	424	
——の保護	**427**	

証人喚問権	426, 791	
証人尋問	102, 205, 313, 396, **425**, 438, 514, 526, 640, 680, 707, 735	
証人審問権	144, 222, **426**, 526, 538, 640	
証人尋問請求	365	
証人尋問の立会い	703	
証人適格	410, 424	
証人等威迫罪	254, **426**, 759	
少年	187, 360, **427**, 433	
——の刑事事件	81, 87, 117, 427, **431**, 490, 683, 752	
少年院	77, 136, 138, 139, **428**, 654, 708, 732	
少年院教官	136	
少年院処遇	**428**	
少年院法	428, 554	
少年鑑別所	87, **429**, 434	
少年行刑	129	
少年教護院	359	
少年矯正	35, 135	
少年警察活動	**430**, 434, 654	
少年警察活動要綱	430	
少年刑務所	200, **430**, 654, 697	
少年指導委員	430, 434	
少年司法	**431**	
少年司法運営最低基準規則	368, **431**	
少年審判	434	
少年審判規則	332	
少年審判所	433	
少年年齢	428	
少年の保護事件に係る補償に関する法律	187	
少年犯罪	**431**, 432	
少年非行	70, 427, **432**, 617, 655, 692	
少年法	72, 87, 332, 333, 359, 427, 428, 431, **433**, 564, 653, 708, 732, 738, 773, 796	
少年法改正	433	
少年保護手続	71, 87, 332, 360, **433**, 564, 733	
少年補導	**434**, 693	
少年補導員	430, 434	
少年補導センター	434
小陪審	608
賞罰	47, 85, 86, 181, **435**
証憑湮滅罪	411
商品先物取引	317
私用文書毀棄罪	695
情報収集活動	195
小法廷	298
情報の不正入手	294
商法罰則	22, 50
証明	209, **435**, 436, 520
——の必要	255, 313, **436**
証明力	57, 97, 144, 148, 173, 362, 385, 411, **436**, 566, 574, 691
条例	470, 758
昭和電工事件	2, **437**
書記官	**437**
処遇過程	429
処遇技法	136, 626
処遇専門官制度	544
処遇分類級	697
職業安定法	455
職業訓練	428
職業犯	383, 628
職警連	430
職権主義	786
嘱託殺人	337, 423
嘱託尋問調書	189, **438**
触法少年	427, 654
職務強要罪	268, **438**
職務権限	2, 335, 390, 437
職務質問	177, 358, 400, **438**, 439, 505, 603, 630
職務と密接な関連のある行為	390
職務の適法性	269
職務犯罪	2, 41
所在地尋問	791
女子刑務所	200
所持説	336, 487, 488, 496
所持品検査	19, **439**, 716
書証	97, 411, 415, 419, **440**
女性犯罪	**440**
除斥	54, 115, 266, **441**, 680
除斥・忌避	214
処断刑	**441**, 491, 615, 716, 789
処断上一罪	62
職権主義	109, 412, **441**, 578
職権証拠調べ	160, 260, **442**
職権探知主義	260
職権調査	252, **442**, 610
職権破棄	**443**, 464, 611
職権濫用罪	41, 267, 680
初等少年院	428
所得税法	518
初発型非行	432
処罰条件	120
処罰阻却事由	450
処罰不遡及の原則	53
処分権	323
処分権主義	213
処分行為	171, 316, 323
書面主義	259, 284, **443**
所有権留保	**444**
書類送検	502
書類等の閲覧・謄写	703
白地刑罰法規	192, 217, **444**, 496, 554
白鳥決定	303
白鳥事件	303, 306, 367, **445**, 472, 745, 761
自力救済	329
素人間の平行的評価	23
侵害原理	188
侵害犯	231, 353, **445**
人格	467
人格(形成)責任	446
人格(形成)責任論	198, 230, 420, **446**, 467, 469, 576, 652
人格的行為論	228, **446**
新過失論	64, 121, 202, 379, **447**, 453, 549, 772
新幹線鉄道における列車運行の安全を妨げる行為の処罰に関する特例法	38, **447**
審級	251, 312, 327, 339, 422, **448**
——の利益	321, 363, **448**
審級管轄	81, 364, **448**, 592
審級代理の原則	347
審級放免	125
親権	555

人権および基本的自由保護の条約 130	親族相盗例 15, 193, 283, 405, **457**, 722	推断的欺罔 316, 595
人権蹂躙問題 123, 185	迅速な裁判 5, 40, 387, **457**, 533	推定 338, **465**, 664, 723, 738, 755
人権の尊厳の確保 653	身体刑 193, 330, **458**	推定事実 724
人権保障機能 769	身体検査 137, 219, 231, 403, **458**, 631	推定的承諾 **465**
新構成要件論 242	人体実験 558	水道汚染罪 29
人工妊娠中絶 **449**, 537, 613, 728, 736	身体捜索 504	水道損壊・閉塞罪 29
親告罪 282, **449**, 453, 457, 516, 674, 722	陣痛開始説 664	水道毒物混入罪 29
真実義務 **449**, 703	人定質問 **459**	水防妨害罪 398, 397
真実性の誤信 450	人的違法 459	数故意犯説 719
真実性の証明 161, 204, **450**, 690, 757, 758	人的処罰阻却事由 14	数罪俱発 697
新社会防衛論 5, 277, 375, **450**	人的不法 30, 204, 231, **459**	スキューバダイビング講習事件 699
心中 106	人道に対する罪 274, **459**, 493	ステイタス・オフェンス 170
新住居権説 381	新派刑法学 41, 71, 183, 193, 195, 197, 273, 370, 375, 391, **460**, 594, 634, 669, 670, 743, 785	ストーカー規制法 466
新宿駅騒乱事件 **451**		ストーカー行為 466
人種と犯罪 **451**		ストーカー行為等の規制に関する法律 **466**
信書 54, 452	審判の分離 **461**, 696	ストップ・アンド・フリスク 466
信書隠匿罪 98, **452**	審判の併合 461	砂川事件 602
心証形成行為 354	審判の併合・分離 461	諏訪メモ 745
心情要素 452	神兵隊事件 **461**, 596	
信書開封罪 452, **453**, 562, 666	人民電車事件 38, **461**	**せ**
新新過失論 447, **453**, 678, 765	信用毀損罪 159, **462**	生育環境 84
心神耗弱 220, **453**, 454, 484	信用性の情況的保障 135, 214, 311, 326, 337, **462**, 572	性格責任 467
心神喪失 161, 205, 264, 417, **454**, 484, 516, 674, 668	信頼の原則 **462**	性格責任論 230, 370, **467**, 767
	心理学的方法 454	性格調査 **467**
	心理強制説 672, 725	性格の危険性 101
人身の自由 455	心理状態の供述 472	性格論的責任論 467, 759, 767
人身売買 **455**	新律綱領 54, 382, 458, **463**, 546	請願作業 163, 199, **468**
人身保護規則 455	心理的責任要素 484	正義モデル 378
人身保護制度 455	心理的責任論 115, 224, **463**, 480, 482	請求 215, 281, 283, 333, 381, 449, **468**, 505
人身保護法 258, **455**, 698	審理陪審 608	
人身保護令状 698	審理不尽 160, 376, **464**, 727	制限(限縮)的正犯概念 478
神通川カドミウム中毒事件 663	森林窃盗 487	制限故意説 3, 20, 226, 446, **468**, 726
真正自手犯 343	森林窃盗罪 **464**	制限従属形式 132, 152, 154, 160, **469**, 617
真正不作為犯 **455**, 678, 679	森林法 464	
真正身分 240		制限従属形態 469
真正身分犯 149, 581, 751	**す**	制限従属性説 152, 153, 337
心臓死 **456**, 664, 803	スイス刑法予備草案(1893年) 708	制限責任説 20, 208, **469**, 483
心臓死説 322		
親族間の犯罪 456, 457, 584	吹田黙禱事件 40, **465**, 533, 574	制限的正犯概念 90,
親族相隠 **456**		

	469, 478	
政策説	550	
正式裁判の請求	256, **470**, 787	
政治献金	437, 802	
政治資金規正法	470, 802	
誠実義務	608	
政治犯	59, 554	
青少年拘禁刑	729	
青少年サーヴィス局	566	
青少年保護条例	26, 357, 470, 607	
精神医学	**471**, 484, 629	
精神衛生法	473	
精神鑑定	92, 484	
成人矯正	135	
精神障害	**471**, 472, 473, 484, 519, 547, 629, 639	
精神障害者	424	
精神状態の供述	133, **472**, 662	
精神性説	159, 769	
成人の刑事事件	72, 433	
精神の障害	454	
精神薄弱	547, 629	
精神病質	369, 468, 471, **472**, 474, 478, 519, 547, 627, 629	
精神病者監護法	473	
精神分析	629	
精神保健及び精神障害者福祉に関する法律	471, **473**, 519, 547, 667	
精神保健福祉法	708	
精神保健法	473	
精神薬理	**473**	
生態・人間中心的法益概念	83	
性的倒錯	473, **474**, 478	
正当化事情の錯誤	22	
正当業務行為	21, 56, 156, **474**, 558, 728	
正当行為	450, 474, 728	
正当防衛	21, 68, 161, 162, 166, 189, 207, 209, 222, 285, 286, 287, 330, 344, 397, 417, 469, **475**, 527, 562, 581, 668, 710	
青年	427	
正犯	70, 89, 131, 142, 145, 150, 229, 334, 343, 351, 388, **477**, 544, 575, 713, 753	
正犯行為	477	
性犯罪	105, **478**, 547	
生来性犯罪者	627	
性犯罪その他の危険な犯罪行為に対する対策法	369	
性犯罪対策法	369	
性非行	170	
性病予防法	91	
生物学的方法	454	
精密司法	569	
生命刑	330	
生命倫理	663	
声 紋	57, 58, **479**	
生来性犯罪人	**479**, 799	
政令恩赦	43	
世界主義	273, 275, **479**	
世界人権宣言	297, 331, **480**	
世界被害者学会	279	
責任	64, 105, 121, 206, 224, 242, **480**, 482, 652, 767, 786	
——の阻却	481	
——の本質	481	
責任共犯論	2, 18, 132, 153, **481**, 748	
責任減少	647	
責任減少説	551	
責任主義	202, 203, 207, **481**, 543	
責任条件	121, **482**, 484	
責任説	3, 20, 30, 225, 226, 469, **482**, 726	
責任前提説	686	
責任阻却	337	
責任阻却事由	111, 161, 209, 397, 415, 436, 481, **483**, 484	
責任阻却的身分	405	
責任能力	161, 188, 194, 220, 392, 427, 454, 471, 473, 481, 483, **484**, 686	
責任身分	751	
責任無能力	484, 559	
責任要素	**484**	
責任要素説	686	
関根橋事件	324, **484**	
セクシュアル・ハラスメント	**485**	
説教強盗	**485**, 581	
説教等妨害罪	**485**	
積極的一般予防	16	
積極的一般予防論	195	
積極的加害意思	143	
積極的錯誤	225	
積極的実体的真実主義	569	
積極的責任主義	481	
積極的属人主義	510	
積極的動作	319	
積極的法定証拠主義	717	
接 見	54	
接見禁止	301	
接見交通	26, **486**	
接見交通権	650, 703	
窃 取	487	
接続犯	**486**, 711, 742, 796	
絶対的応報刑論	37, 194	
絶対的控訴理由	254, 727	
絶対的不定期刑	491, 683	
絶対不能	119	
絶対無効	581	
折衷的相当因果関係説	482, 507	
窃盗罪	44, 300, 323, 336, 423, 464, 477, **486**, 487, 495, 547, 570, 628, 684, 688, 730	
窃盗罪の保護法益	487, 496	
窃盗犯	712	
説得責任	160, 416, **489**	
窃 用	**489**, 562, 666	
セレクティブ・サンクション	494	
善意の例外	**489**	
前 科	190, 328, **490**, 635	
前科登録	490, 635	
前期旧派	124, 534	
選挙犯罪	239	
全刑法学	178	
全件送致	72, 434, 654	
全件送致主義	81, 431, 433, **490**, 506	

先行行為 318, 733	訴因・罰条の追加変更 265	送達 **505**
宣告 615	訴因変更 12, 250, 252,	送致 72, 81, 262, 333,
宣告刑 191, 441, **490**, 683,	376, 394, 497, **499**, 680	490, 502, **506**, 533, 534,
716, 789	訴因変更命令 260	560
宣告猶予 52, 108, 352,	騒音規制法 **500**	送致事件の特例に関す
491, 771	騒音防止条例 **500**, 545	る件 659
戦時刑事特別法 **491**	総会屋 50, 784	争点形成責任 161, 397,
善時制 76, **491**	臓器移植 322, **500**, 605, 664	417, 436
宣誓 **492**	臓器の移植に関する法	相当因果関係 24, 119,
宣誓義務 492	律 322, 500, **501**, 504,	**506**, 605, 699
宣誓供述書 492	605, 803	相当因果関係説 24, 119,
宣誓拒否 492	増強証拠 **502**, 572	203, 207, 408, **506**, 605,
宣誓能力 410, 492	送検 **502**, 506	699
戦争と犯罪 492	総合評価 303	相当性 163, 477, 506
戦争犯罪 274, 460, **493**, 699	捜査 140, 168, 189, 210,	相場操縦 410
専属管轄 81	212, 215, 262, 333, 365,	——の罪 **507**
全体財産 300	381, **502**-504, 533, 550,	贓物 583
仙台全司法事件 73, **493**,	560, 602, 630, 659, 675,	贓物運搬罪 583
495, 577, 587, 597	680	贓物牙保罪 585
選択刑 163, **493**	——の構造 125, **504**, 541	贓物寄蔵罪 584
選択的認定 **493**, 535	——の端緒 282, 283,	贓物故買罪 423, 585
選択的法執行 **494**	342, 439, 502, **504**, 649	贓物罪 583
全逓東京中郵事件→	捜査機関 168, 263, 281,	贓物収受罪 584
東京中郵事件 73,	283, 365, 368, 411, 468,	双方可罰の原則 533
493, **495**, 577, 587, 597	502, **503**, 504, 506, 667,	騒乱罪 40, 172, 234, 387,
煽動(せん動) 102, 131,	730, 761	451, 465, **508**, 532, 536,
494, 589, 599, 602, 753	捜査規範 368	758
煽動罪 494	捜査共助 277, 631	贈賄罪 2, 390, **508**, 803
全農林警職法事件 73,	捜索 52, 162, 168, 211,	遡及禁止 409
495, 587, 597	321, 365, **503**, 631, 680,	遡及処罰 192, 297, 298,
全部露出説 322, 664	693, 794	**509**, 642
占有 39, 336, 464, 487, **495**	捜査護持論 262	即時抗告 237, 247, **509**,
占有説 488	捜査比例の原則 **505**	561, 589
占有離脱物横領 457	捜査復命書 667	続審 251, 335
占有離脱物横領罪 10, 565	捜査密行の原則 703	属人主義 273, 275, **510**, 533
占領目的阻害行為処罰	騒擾罪 508	即成犯 96, 189, 423, **510**
令 **496**, 544	双生児研究 630	属地主義 48, 102, 273,
そ	造船疑獄事件 329, **505**	275, 283, 479, **510**, 632
	想像的競合 95	速度測定カード **511**
訴因 5, 12, 46, 65, 108,	相対的意思自由論 9	組織体犯罪 512
213, 250, 254, **497**, 498,	相対的応報刑論 37, 194	組織的な犯罪の処罰及
499, 515, 536, 614, 685	相対的控訴理由 254, 258,	び犯罪収益の規制等
——と罪数 **497**	727	に関する法律 511,
——と訴訟条件 **498**	相対的責任能力 686	560, 788, 746
——の訂正 497	相対的非決定論 652	組織的犯罪 37, 147
——の特定 **498**, 611, 736	相対的不定期刑 491, 683	組織的犯罪対策法 425,
——の補正 497	相対的わいせつ概念	427, **511**, 513, 544, 545,
訴因制度 497	549, 801	727
	相対不能 119	組織の犯罪 99, 172, 380,

	512, 513	
組織犯罪	172, 188, **512**, **513**, 687, 727	
素質と環境	83, 656	
訴訟係属	11, 381, **513**, 598, 680	
訴訟行為	8, 245, 354, **514**, 516, 569, 736	
訴訟行為論	514	
訴訟詐欺	317, 323	
訴訟指揮	160, 313, 412, **514**, 526, 716, 720	
訴訟指揮権	8	
訴訟条件	48, 107, 111, 248, 249, 282, 283, 290, 388, 397, 436, 449, 468, 498, **515**, 518, 520	
——の追完	516	
訴訟状態	252, 518	
訴訟促進	457	
訴訟遅延	457	
訴訟追行	680	
訴訟追行行為	514, **516**	
訴訟的捜査観	504	
訴訟能力	265, 454, **516**, 518	
訴訟費用	**516**	
訴訟法上の事実	209, 388, **517**	
訴訟法律関係	518	
訴訟法律状態	518	
租税刑法	175	
租税犯罪	**518**	
そそのかし	56, 131, 493, 495, 586, 589, 591	
措置入院	473, **519**, 708	
訴 追	110, 188, 213, **519**, 520	
訴追裁量	107, 110, 111, 248, **520**	
訴追裁量権	769	
訴追免除	188	
速 記	**520**	
即決裁判請求	262	
即決処理方式	256	
率先助勢	508	
ソフト・ディターミニズム	767	
粗暴犯	712	
疎 明	435, **520**	
損 壊	60, 98	
損害回復	649
損害賠償請求権	638
尊厳死	6, 78, **521**, 576
存在論	30
損失補填	410, **521**
尊属殺	522
尊属殺人罪	198, 522
尊属傷害致死罪	522
尊属逮捕監禁罪	522
尊属に対する罪	**522**
尊属保護責任者遺棄罪	522
ソンミ Son My (Lai) 事件	274

た

体液の採取	92, 138, 219, 298, 459, **523**
怠 学	71, 656
大学の自治	739
大逆罪	**523**, 524
大逆事件	**524**
体型と犯罪	629
代行検視	216
対向犯	386, **524**, 660
第五柏島丸事件	112, **524**
第三者委員会	199
第三者供賄罪	67, 390, **525**
第三者没収	737
第3の波	432
胎 児	**525**, 537
胎児傷害	**525**
胎児性致死傷	525
大 赦	43, 192, **525**, 698
大正刑事訴訟法	122
大正少年法	433
大審院	222, 227, 298, **526**, 570, 707
代替刑	796
代替的処分	771
退廷命令	**526**, 716, 718
第2次被害	645
大日本帝国憲法	264, 600
大陪審	215, 345, **527**, 608
体 罰	70, **527**, 555
代罰規定	156, 570
対物防衛	476, **527**
逮 捕	12, 28, 161, 162, 168, 210, 211, 301, 305, 333, 365, 368, 400, 502, **528**, 530, 603, 631, 702, 788, 794
大法廷	298
大宝律令	**529**
逮捕監禁罪	189, **529**, 788
逮捕許諾請求	682
逮捕状	28, 161, 162, 211, 368, **528**, **530**, 788
逮捕先行主義	**530**
逮捕前置主義	11, 271, 531
大麻取締法	4, 60, 278, **531**, 746, 766
代用監獄	4, 7, 85, 86, 270, 271, 395, **531**, 788
平事件	465, 508, **532**, 574
代理権	**533**
代理処罰	**533**
高田事件	458, **533**
他管送致	506, **533**, 550
瀧川事件	534
択一関係	**534**, 714
択一的記載	109, 536
択一的競合	407
択一的故意	45, 224, **535**, 674, 750
択一的認定	493, **535**, 685
打撃の錯誤	722
多元因子論	638
他行為可能性	576
蛸配当	23
多衆犯	386
多衆不解散罪	234, **536**, 678
太政官布告	54, 234, 269, **537**, 546, 612
多数被告人の事件	574
堕 胎	449, 613
堕胎罪	525, **537**, 664, 689, 736
立会権	**538**
立会人の指示・説明	218
奪取罪	300
脱 税	518
脱税犯	518
他人予備	37, 778
他人予備行為	561
たぬき・むじな事件	113, 726, 755

タリオ	194	
単一刑論	**538**	
単位罰金	599	
弾劾主義	125,**538**,707,777	
弾劾証拠	54,337,502,**539**,572,786	
段階処遇	540	
弾劾訴訟	539	
段階的過失	**540**	
段階的過失論	65,540	
段階的処遇	**540**	
弾劾的捜査観	125,504,**541**	
嘆願書	421	
短期自由刑	271,352,382,390,**541**	
短期処遇	428	
談合罪	193,**542**,685	
断獄則例	54,385,537,**543**,546	
単純一罪	32,204,383,**543**,711,741	
単純収賄罪	41,67,335,390,396,508	
単純数罪	697	
単純逃走罪	581	
断続拘禁	390	
団体規制法（団規令）	545,610	
団体責任	**543**,795	
団体等規正令	**544**,609	
担当制	181,**544**	
単独制	233	
単独正犯	132,477,**544**	

ち

治安維持法	59,545,781
治安刑法	196,227,**544**
治安優先主義	53
地域警察活動	178,**545**
地域社会の組織化	292
地下鉄サリン事件	37,323
治罪法	108,122,247,490,543,**546**,707
致傷罪	203
地図作成学派	636
秩序罰	78
知的財産権の侵害	175,**546**
知的所有権	547

知能と犯罪	**547**
知能犯	712
千葉大チフス菌事件	34
地方検察庁	212,216
地方更生保護委員会	28,76,163,241,271,**547**,550,554,752
地方公務員法	266
地方裁判所	214,216,312,**548**
着手中止	**548**,551
着手未遂	747
チャタレイ事件	1,**548**,776,801,802
注意義務	64,201,202,463,**549**,775
中央更生保護審査会	43,241,**550**,723
中間裁判	380
中間施設	376,**550**
中間少年	428
中間処遇	550
中間処分	333,533,**550**,674
中間的制裁	374
中間要証事実	89
駐在官事務所	731
駐在所	545
中止行為	551,747
中止処分	333,**550**
中止の任意性	551
中止犯	153,351,548,**550**,747,780
中止未遂	550,747
抽象的危険説	46,100,101,103,159,167,180,201,267,289,353,427,**551**,686
抽象的危険犯	**551**
抽象的事実の錯誤	117,151,168,169,243,341,**552**,553,688,719
抽象的符合説	166,225,**553**
抽象的法定(的)符合説	**554**,719,722
中絶	449
中等少年院	428
中立命令違反罪	163,290,**554**
中和の技術	620

懲役	5,46,76,163,194,205,394,**554**,581
懲役刑	46,789
懲戒権	527,**554**
懲戒罰	78
超過的内心傾向	237
長期処遇	428
懲治場	85
調書裁判	48,262,263,**555**
調書判決	**555**
懲罰	435
徴憑	89
調布駅前事件	433
重複起訴	598
重複逮捕・重複勾留禁止の原則	12
超法規的違法阻却事由	21,475,**555**,728,742,798
超法規的緊急避難	555
超法規的責任阻却事由	112,483,**556**,725
跳躍上告	**556**,602
直接主義	245,259,262,264,284,448,**556**,573,791
直接証拠	89,399,404,410,437,**557**
直接審理主義	556
直接正犯	90,477
直近過失一個論	540
著反正義	443,**558**
治療行為	371,402,475,**558**
治療処分	52,**558**,708,781
治療モデル	378

つ

追完	67
追起訴	**559**
追求権説	20,**559**,583
追送	**560**
追送致	506
追徴	77,122,194,512,**560**,674,737,803
追尾測定方式	511
通役作業	56
通貨	596
通貨及証券模造取締法	74,365,**560**,561

通貨偽造	365, 560	
通貨偽造罪	27, 74, 106, 237, **561**, 767	
通貨偽造準備罪	**561**	
通貨高権	561	
通貨模造取締法	764	
通算	306	
通事	564	
通常管轄	81	
通常抗告	237, 509, **561**, 680	
通常逮捕	162, 212, 528	
通信の秘密	117, 489, **562**, 666, 690, 802	
通信の傍受	117, 511, 545, **562**, 795, 802	
通謀	46	
通訳	48, 50, 158, **563**, 602, 741	
付添人	434, **564**	
つきまとい	466	
筑波大膵腎同時移植事件	501, **564**, 803	
罪となるべき事実	45, 65, 209, 338, 535, **565**, 685, 769	
つり銭詐欺	10, **565**	

て

出会送達	506	
ディヴァージョン	111, 367, 431, **566**, 659, 665, 771, 784	
DSM	472	
DNA 鑑定	57, 58, **565**	
定期刑	683	
定期刑化	378	
定期駐在	732	
帝銀事件	191, **567**	
ディクリミナリゼーション	665	
定型説	**568**	
停止の効力	422	
提出命令	35, 321, 412, **568**, 610	
訂正の判決	**568**	
訂正判決	568	
定量式測定方式	511	
低年齢化	432	

適正処罰の原則	355	
適正手続	160, 183, 248, 297, 355, 378, 600, 718, 745, 753	
適正手続主義	**568**	
適正な証明	209	
手続打切り	249, 252	
手続形成行為	354, 514, **569**	
手続裁判	741	
手続二分論	**569**, 777	
鉄道営業法	105, 448	
デビットカード	363	
デュー・プロセス	272	
デュープロセス・モデル	183	
寺錢	594	
テレホンカード	363, 692, 793	
転嫁責任	570	
転嫁罰規定	156, **570**	
電気窃盗	97, 315, 487, **570**, 793	
電気窃盗事件	487, 570	
展示	419	
電子監視	181, **570**	
電子計算機使用詐欺罪	44, 45, 294, 317, **571**, 692	
電子計算機損壊等による業務妨害罪	156, 157, 294, 294, **571**, 681	
電磁的記録	238	
電磁的記録不正作出罪	44, 171, 294, 362, **571**, 681, 692, 768	
電磁的記録部分	362, 572	
転職	390	
伝染病	136	
伝染病予防法	91	
伝聞証拠	133, 134, 308, 326, 411, 417, 438, 462, 527, 539, **572**, 573, 574, 640, 661, 759, 786	
伝聞証人	572	
伝聞法則	5, 134, 209, 377, 388, 411, **573**	
——の緩和	388	
伝聞例外	573	
電話	55	
電話検証	563	

と

ドイツ刑事訴訟法	557	
ドイツ刑法	559, 738	
ドイツ刑法典	453	
ドイツ秩序違反法	575	
ドイツの移植法	500	
同意殺人	423	
同意傷害	647	
同意書面	104, 572, **574**, 640	
同意堕胎罪	537	
統一公判	40, 461, **574**, 696	
統一的正犯概念	477, **574**	
同意誣告	159	
東海大学安楽死事件	6, 521, **575**	
同害報復	95, 194	
等価説	408	
等価値	319	
動機説	54, 217, **576**, 750	
道義的責任	41, 399	
道義的責任論	9, 42, 124, 230, 242, 370, **576**, 652	
東京中郵事件→全逓東京中郵事件	73, 493, 495, **577**, 587, 597	
道具理論	90, 226, **577**	
登校拒否	71	
当事者主義	8, 109, 160, 213, 254, 262, 263, 264, 301, 376, 397, 412, 417, 419, **578**, 675	
当事者追行主義	578, 769	
当事者適格	**579**	
当事者能力	516, 579	
同時傷害	161, 402, **579**, 580	
同時犯	477, 544, **580**, 603, 706	
同種前科の立証	97, **580**, 791	
同性愛	474, 613	
当然無効	310, **580**	
逃走援助罪	581	
逃走罪	**581**	
盗聴	545, 562, 802	
導入預金	773	
盗犯	310, 420	
盗犯等ノ防止及処分ニ		

関スル法律	258, 287, 485, 486, **581**	
盗犯等防止法	581	
当番弁護士	281, **582**	
当番弁護士制度	726	
盗品等運搬罪	423, **583**, 584	
盗品等に関する罪	20, 292, 300, 335, 457, 559, **583**, 584, 585, 687	
盗品等保管罪	**584**	
盗品等無償譲受け罪	423, **584**	
盗品等有償処分あっせん罪	**584**, 585	
盗品等有償譲受け罪	**584**, 585	
動物愛護法	585	
動物虐待罪	348, 585	
動物の愛護及び管理に関する法律	348, **585**	
答弁取引	**586**, 608	
逃亡犯罪人引渡法	635	
東洋電機カラーテレビ事件	50	
道路交通法	67, 124, 149, 255, 256, 257, 343, 405, 500, 545, 552, **586**, 622, 651, 764	
都教組事件	73, 493, 495, 577, **586**, 597	
独自の錯誤説	286	
徳島事件	303, 367, **587**, 745, 761	
徳島市公安条例事件	228, 611, 676	
篤志面接委員	199	
特赦	43, 192, **587**	
特修短期	429	
毒樹の果実	20, **587**, 701	
瀆職ノ罪	41	
特信情況	462	
独占禁止法	258, 283, 356, 790	
特定委任	17, 444	
特定商取引に関する法律	1, **588**, 754	
特に信用すべき情況	492	
特任検事	217	
毒物及び劇物取締法	170, **588**, 766	
特別管轄	81	
特別関係	713	
特別刑法	197, 444, **588**	
特別権力関係	395	
特別抗告	91, 237, 443, 448, 561, **589**, 717	
特別公務員職権濫用罪	41, 267, **589**	
特別公務員暴行陵虐罪	41, 267, **590**	
特別司法警察職員	365, 366, 503	
特別少年院	428	
特別大陪審	527	
特別背任罪	23, 50, **590**, 609, 692, 696	
特別弁護人	**590**	
特別弁護人制度	703	
特別予防	16, 37, 126, 171, 195, 249, **591**, 761	
ドグマティカー	30	
匿名主義	638	
独立教唆	589	
独立教唆罪	132, **591**, 599, 602, 322	
独立生存可能性説	322	
独立代理権	533, 703	
独立入手源の法理	588	
独立燃焼説	422	
徒刑	382	
都公安委員会	186	
都市化と犯罪	**592**	
土地管轄	81, 82, 363, 448, 533, **592**	
独居拘禁	85, 180, **593**	
独居制	593	
特許法	258	
都道府県警察	177	
都道府県公安委員会	177	
届出行動	649	
賭博及び富くじに関する罪	593, 671	
賭博罪	**593**	
賭博場開張図利罪	189, **594**	
泊込作業	56	
富くじ罪	**594**	
ドメスティック・バイ		
オレンス	72, 606	
富山イタイイタイ病事件	663	
図利加害目的	23, 51	
取込詐欺	316, **595**	
取調べ	162, 168, 189, 220, 262, 326, 329, 528, **595**, 680, 702	
取調べ受忍義務	595, 702	
取引の安全に対する罪	**596**, 695	
ドリフト理論	620	
トレード・シークレット	32	
遁刑	191	

な

内閣総理大臣の職務権限	799
内的過剰	68
内部的成立	314
内部的名誉	756
内容的確定力	13, 62, 115, 179, **596**
内乱罪	46, 163, 227, 387, 461, **596**
永山事件	331
名古屋中郵事件	73, 493, 577, 587, **597**
ナチス刑法学	197, 710
ナチスの刑法	98, 297
名張毒ぶどう酒事件	418
馴合売買	507

に

新潟水俣病事件	663
肉刑	458
二項強盗罪	257
二号書面	214
二項犯罪	**597**, 787
二次的逸脱	373, 783
二次統制	373
西山事件	56
二重起訴	246, **598**
二重処罰の禁止	685
二重抵当	**598**, 609
二重の危険	13, 213, 222, 253, **598**

二重の絞り論　493, 495, 587
二重の伝聞　308
二重売買　**598**, 609
二審制　448
日常活動理論　618, 620
日米相互防衛援助協定等に伴う秘密保護法　290, 545, 591, **599**, 666
日米地位協定　601
日数罰金　**599**, 614
仁保事件　**600**
日本型公設弁護人事務所構想　245
日本刑法草案　123
日本国憲法　147, 148, 222, 234, 264, 297, 361, 362, **600**, 729
日本国憲法の施行に伴う刑事訴訟法の応急的措置に関する法律　**600**
日本国とアメリカ合衆国との間の相互協力及び安全保障条約第6条に基づく施設及び区域並びに日本国における合衆国軍隊の地位に関する協定　601
日本国とアメリカ合衆国との間の相互協力及び安全保障条約第6条に基づく施設及び区域並びに日本国における合衆国軍隊の地位に関する協定の実施に伴う刑事特別法　**601**
ニュー・クリミノロジー　782
入札妨害罪　192
入所時教育　376
ニュルンベルク諸原則　274, 493
任意出頭　**602**, 603, 631
任意処分　602
任意捜査　118, 139, 168, 350, 424, 439, 503, **602**, 631
——の原則　602, 631
任意的共犯　**603**, 660
任意同行　438, **603**
任意未遂　550
認識ある過失　53, 64, 379, **604**, 750
認識説　668
認識なき過失　**604**
人　証　411
妊娠中絶　449, 537, 613, 728, 736
認容説　**604**, 750

ね

ねずみ講　753
ネットワーク犯罪　294
年少少年　427, 428
年齢超過　117

の

脳　死　327, 456, 500, 501, 564, **605**, 664, 803
能動的属人主義　510
脳梅毒事件　506, **605**
ノウハウ　32, **605**

は

ハート対デヴリン　613
ハーフウェイ・アウト　550
ハーフウェイ・イン　550
ハーフウェイ・インハウス　550
バイエルン刑法典　673
売買春　607
配給詐欺　**606**
配偶者　734
配偶者からの暴力の防止および被害者の保護に関する法律　72, **606**
配偶者暴力相談支援センター　607
ハイジャック　235, 328, 479
売　春　607, 613
売春防止法　26, 478, **607**, 681, 708, 724, 739, 796
排除決定　97
排除法則　18
陪　審　283, 326, 416, **607**, 720
陪審制　448
陪審制度　539
背信説　**608**, 609
陪審法　608
陪席裁判官　313
ハイテク犯罪　294
背任罪　31, 39, 211, 300, 444, 590, 598, **608**, 692
ハイフィールズ　**609**
ハイブリッド　663
ハウス・アレスト　349
破壊活動防止法　37, 46, 386, 387, 494, 544, 591, 597, **609**
博多駅事件　**610**
破　棄　246, 252, 321, 363, 443, **610**, 691
破棄移送　611
破棄差戻し　611
破棄自判　611
破棄判決　610, 611
白山丸事件　46, 499, **611**
白紙委任　17
漠然不明確　298, 356, **611**, 675
博徒結合罪　**612**
爆発物取締罰則　57, 161, 392, 393, 485, 494, 537, 591, **612**
派出所　545
パターナリズム　184, 189, 348, 544, **613**, 646
罰　金　48, 59, 70, 77, 78, 194, 205, 299, 330, 394, 408, 541, 554, 599, **613**, 614, 720, 785, 796
罰金等臨時措置法　77, 613, **614**
罰　条　109, 315, 515, **614**
パノプチコン　85
破防法　132, 494, 544, 609
パラノイア患者　686
パレンス・パトリエ　169
パロール　75, 378, 491, **615**, 683, 730
パロール廃止論　615
パロール・ボード　75, 615
犯　意　224

犯意誘発型　42
判決　5, 61, 190, 205, 213, 245, 264, 301, 309, 381, 555, 579, 579, **615**, 754, 758, 769
　──の言渡し　615, 720
　──の宣告　205
判決書　615
判決前調査制度　**616**
犯行再現ビデオ　**616**
犯罪　616, 628, 635
　──の完成　104
　──の客体　709
　──の競合　304, **635**, 697, 713
　──の国際化　50
　──の社会的機能　187
　──の社会的定義　187
　──の地理的分布　**636**
犯罪およびパワー濫用の被害者に関する基本原則宣言　644
犯罪化　189
犯罪学　4, 178, 184, 295, **616**, 619, 622, 625, 627, 629, 652
犯罪危険性　101
犯罪共同説　66, 132, 142, 152, 154, 228, 406, **617**, 705
犯罪原因　638, 785
犯罪原因論　617, 638
犯罪現象　178
犯罪行為環境　84, **618**, 636
犯罪行動系　**618**, 622
犯罪行動習得　307, **619**, 620, 655
犯罪行動理論仮説　307, 619, **620**, 784
犯罪行動類型　618, **621**
犯罪事実(主要事実)　340
犯罪者　101, **622**, 627, 628
犯罪社会学　3, 197, 307, 320, 371, 373, **623**, 625
犯罪者研究　623
犯罪者処遇　374, 386, 474, 547, **626**, 627
犯罪者予防更生法　141, 163, 239, 240, 547, 554,

627, 730, 752
犯罪者類型　621, **627**, 785, 799
犯罪少年　431, 654
犯罪処理　632
犯罪心理学　279, **628**
犯罪人類学　799
犯罪生活曲線　628
犯罪精神医学　279, **629**
犯罪生物学　279, **629**
犯罪成立要件　242
犯罪捜査学　57, **630**
犯罪捜査規範　285, 505, **630**, 649, 659
犯罪捜査共助　**631**
犯罪捜査共助規則　631
犯罪捜査のための通信傍受に関する法律
　117, 512, 562, 802
犯罪阻却事由　483
犯罪対応　184, **632**
犯罪対策　616, 632
犯罪地　102, 273, 283, 510, 511, 533, **632**, 785
犯罪徴表説　391, 460, **633**, 743
犯罪統計　175, 178, 186, 210, 337, **634**, 636, 648, 711
犯罪統計書　178, 711
犯罪統制モデル　183
犯罪取締活動　187
犯罪人引渡し　275, 276, 479, 510, **635**
犯罪人名簿　328, 490, **635**
犯罪白書　178, 182, 634, **636**, 637, 723
犯罪被害　648
犯罪被害者　214
犯罪被害者国家補償制度　648
犯罪被害者等給付金　163
犯罪被害者等給付金支給法　**637**, 648
犯罪被害者等の保護を図るための刑事手続に付随する措置に関する法律　**637**

犯罪・非行類型論　621
犯罪文化　619
犯罪防止　627
犯罪報道　**638**, 654, 757
　──の犯罪　638
犯罪要因　83, 380, 451, 468, 479, 492, 616, 629, **638**, 656
犯罪原因論　625
犯罪予防　16, 591, 617, 632
犯罪予防政策　625
犯罪類型　242
判事・判事補　310, **639**, 639
反社会的集団　513
反証　388, 397, 411, **639**, 741
反常規的条件説　207
ハンズオフ　395
反則金　659
磐梯熱海観光ホテル火災事件　95
反対解釈　**639**, 765
反対尋問　104, 147, 396, 425, 426, 492, 573, **640**, 735
判断基準　507
判断基底　507
反動形成　655
犯人隠避　450
犯人識別供述　**640**
犯人蔵匿罪　412, 456, **641**
犯人引渡し　75
反乱罪　172, 227, 596
判例　641
判例違反　333, 414, **641**, 642, 728
判例変更　**642**
犯歴　490

ひ

ピーク理論　75
ピーナル・リフォーム・インターナショナル　**642**
BBS運動　**642**
被害者　148, 215, 323, 449, 632, 637, **643**, 644, 645, 648, 680, 797
　──の意思　465

a 事項索引

――の錯誤　**647**
――の承諾　206, 371, 424, 465, **647**, 710, 738
――と刑事手続　**645**
――の責任　644
被害者援助・救援　643
被害者化　644
被害者学　279, 625, 643, **644**
被害者研究　643, 644
被害者訴追主義　238
被害者調査　648
被害者特性　644
被害者なき犯罪　348, 613, **646**, 666, 672
被害者補償　187, 637, 644, **648**, 649
被害調査　634, 643, **648**
被害届　281, 505, 630, **649**, 730
被害賠償　649
被害弁償　648, **649**
被害補償　648
引受け　318, 132, 133, 161, 220, 234, 271, 326, 333, 368, 381, 412, 426, 427, 528, 530, 533, 550, 581, 602, 603, 640, **650**, 657, 667, 674, 680, 702, 772, 774, 788
被疑者　502, 516, 640, **650**
――の権利　**650**
――の取調べ　595
被疑者勾留質問手続　538
被疑者国選弁護制度　244
被疑者補償規程　187, **651**
被疑者留規　285
ひき逃げ　124, **651**, 733
非供述証拠　133, 377, 404, 411, 437, **651**, 798
非刑罰化　665
非決定論　9, 206, 576, **652**, 767
非現住建造物等浸害罪　398
非現住建造物等放火罪　349, **652**, 710
非 行　432, 653
非行下位文化　655
被拘禁者処遇最低基準規則　130, 280, 368, 385, **652**
被拘禁者奪取罪　581
非拘禁的制裁　373
非行事実　148, 433, 434
非行少年　72, 87, 170, 432, 433, 629, **653**, 656, 693, 732
非行性　773
非行地域　307, 321, 452, 619, 636, **654**
非行副次文化　619, 620, **655**
非行要因　70, 71, 72, 432, **655**, 657
非行予測　656, **657**
非行類型　621
被告人　5, 8, 104, 132, 133, 134, 160, 161, 205, 213, 248, 252, 264, 271, 300, 301, 306, 333, 397, 412, 417, 426, 427, 450, 516, 526, 570, 581, 614, 640, 650, **657**, 659, 691, 706, 716, 734, 736, 761, 774, 777, 788
――の権利　**659**, 707
――の特定　658
被告人質問　**658**
微罪事件　631
微罪処分　16, 81, 111, 502, **659**, 771
微罪不検挙　659
非施設化　665
ビジネス犯罪　51
被収容者処遇最低基準規則　86
費消横領　39
非常救済手続　61
非訟事件手続法　78
非常上告　61, **659**
筆 跡　57, **660**
必罰主義　355
必要性　163
必要的仮釈放　76, 541
必要的共犯　145, 386, 524, 603, **660**, 774
必要的弁護　264, 281, **661**
必要的弁護事件　704
必要的弁護制度　661

ビデオテープ　616, 798
非伝聞　472, **661**
人質による強要行為等の処罰に関する法律　236, 328, 530, **662**
人単位　271
人単位説　333
ヒトに関するクローン技術等の規制に関する法律　**663**
人の健康に係る公害犯罪の処罰に関する法律　34, 83, **663**, 790
人の始期　33, 322, 525, **664**
人の終期　322, 327, 456, 564, 605, **664**, 803
非難可能　543
非難可能性　114
避難の意思　163
非犯罪化　182, 189, 347, 613, 646, **665**, 672
批判的犯罪学　782
批判的被害者学　625
比附援引　123, 463, 673, 674
秘密交通権　486
秘密侵害　453, 489, 562, **666**, 667
秘密の暴露　362, 437, **667**
秘密保護法　494, 599
秘密漏示罪　56, 666, **667**, 690
秘密録音　563
飛躍上告　556
百日裁判　**667**
檜山丸事件　577
評価規範　758
評 議　284, 326, 667
評 決　234, 326, 417, 608, **667**
表現犯　103, 243, **668**
被用者犯罪　51
表象説　10, 53, 224, 576, **668**
美容整形手術　558
費用補償　188, **669**
ビラ貼り　219
非類型的訴訟条件　249
日割罰金　599, 614
貧 困　175

ふ

語	ページ
不一致供述	54, 337
フィラデルフィア制	593
封印破棄罪	268, **671**
風営法	671
風俗営業等の規制及び業務の適正化等に関する法律	**671**
風俗に対する罪	671
風俗犯	384, 593, **671**, 712, 801
封土法	673
夫婦面会	51
フェミニスト犯罪学	441
フェリー草案	672
不応為律	54, **673**
不解散罪	536
不確定的故意	45, 224, 535, **674**, 750
付加刑	122, 194, 299, 394, 517, **674**, 737
不可罰	337
不可罰的事後行為	305, 423, **674**, 711
不可罰的事前行為	**674**, 711
不起訴	252
不起訴処分	108, 111, 215, 333, 380, 520, 533, 550, **674**, 680
武器対等の原則	**675**
武器等製造法	**675**
武器の使用	177
福岡県青少年保護育成条例事件	26, 393, 470, **675**
副検事	212, 214, 217
覆審	246, 251, 335
不敬罪	238
武家諸法度	**676**, 677
武家法	209, 284, **676**
誣告罪	159
不告不理の原則	122, 253, 539, 546, **677**, 707, 776
不作為	26, 201, 369, 549, 679, 762
——による幇助	678
——の因果関係	407
不作為犯	96, 116, 121, 318, 319, 456, **677**, 679
不出頭	398
侮辱罪	47, 48, 271, **679**, 757, 758
不処分	434, 733
不審訊問	438
不真正自手犯	343
不真正不作為犯	318, 456, 678, **679**
不真正身分	63
不真正身分犯	149, 405, 751
付審判	252
付審判請求	81
付審判請求手続	675
付審判制度	110, 248, 282, 610, **680**
付審判の請求権	645
婦人補導院	77, 138, 607, **681**, 708, 739
付随事情	111
不正アクセス行為の禁止等に関する法律	295, **681**
不正競争防止法	33, 48, 356, 666, **681**
不正作出電磁的記録供用罪	45, 571, **692**
不正利益の剥奪	381, 560, 737
不退去罪	319, 456, 678
附帯控訴	682
付帯私訴	646, **682**
附帯上訴	**682**, 691
不逮捕特権	**682**
復権	43, 192, 329, **682**
物証	97, 411, 419
物色説	487
物体化説	769
物理的管理可能性	97
不定期刑	52, 432, 615, **683**, 785
不同意堕胎罪	537
不同意堕胎致死傷罪	537
不登校	71
不動産侵奪罪	127, 258, 315, 487, **683**
不動産窃盗	684
不当な取引制限の罪	356, 542, **684**
不特定的認定	**685**
不任意の安楽死	6
不任意の疑いのある自白	417
不妊手術	458, **685**, 736
不能犯	7, 119, 167, 209, 340, 551, **685**, 748, 756
不能未遂	685
不服審査申請	403
部分的責任能力	484, **686**
部分的犯罪共同説	151, 152, 154, 617
普遍主義	479
不法	17
——の認識	20
不法共犯論	18
不法原因給付	**686**
不法収益	745
不法収益等隠匿罪	**687**
不法収益等収受罪	**688**
不法就労助長罪	398
不法責任符合説	553, **688**, 719
不法利用罪	795
不法領得の意思	34, 39, 421, 487, **688**, 790
不法類型説	758
不保護	734
不保護罪	189, 456, 678
不明判決	125
誣罔	342
プライヴァシー	638, 666, 667, 672, **689**, 757
プラカード事件	**690**, 760
フランクの公式	691
フランス刑法典	159
不利益な再審	303
不利益な事実の承認	**691**, 770
不利益変更禁止の原則	322, 363, 682, **691**
プリペイドカード	44, 363
——の改ざん	45, 571, **692**
不良貸付	165, **692**
不良行為	170, 358, 427,

a 事項索引

432, 434, **692**
プレイン・ヴューの理論
　　　321, 504, **693**
プレイン・フィールの理
　論　　　　　　　**693**
プロベーション　332, 352,
　378, 491, 609, **693**, 730
文化葛藤　　　295, 743
文化伝達　　　　　655
文化伝達理論　　　619
文　書　571, 596, 692, **694**,
　　　　　　　695, 767
文書毀棄罪　98, **694**, **695**
文書偽造　　　　　686
文書偽造罪　28, 106, 571,
　　　　694, **695**, 767
粉飾決算　　　　23, **696**
紛争解決　　　　　650
紛争処理モデル　　632
分配説　　　　198, 743
分娩開始説　　　　664
墳墓発掘罪　　**696**, 795
墳墓発掘死体(等)損壊
　罪　　　349, **696**, 795
分離公判　　　461, **696**
分類処遇　50, 130, 181,
　378, 430, **696**, 792, 797
分類制　　　　　　626
分類センター　　　697

へ

平穏占有説　　　　488
併科主義　　　　　697
平均人標準説　　9, 112
併合管轄　　　　　82
併合罪　7, 69, 95, 192, 223,
　304, 348, 486, 636, 674,
　　　　　　　　697
併合審理　　　　　147
ヘイビアス・コーパス
　　　　　　　272, **698**
米兵ひき逃げ事件 507, **699**
平和に対する罪 274, 493,
　　　　　　　　699
ヘーゲリアーナー　700
北京ルールズ　　　431
別件基準説　　　　702
別件勾留　　　　　702

別件差押え　　　　701
別件捜索　　　　　**701**
別件逮捕　567, **702**, 745, 776
ヴェルサリ原則　　481
弁護権　　　486, **702**, 707
弁護士　　667, 680, **703**, 715
弁護士法　　　　　703
弁護人　5, 8, 133, 205, 281,
　300, 301, 306, 526, 529,
　533, 564, 590, 667, 691,
　703, 706, 716, 718, 734,
　　　　　　　　　774
弁護人以外の者との接
　見　　　　　　　486
弁護人依頼権　526, 538,
　　　　659, **702**, 720
弁護人立会権　　　538
弁護人抜き裁判法案　**704**
遍在説　　　　　　633
変死者密葬罪　　9, **705**,
　　　　　　795, 217
変死体　　　　　　705
騙　取　　　　　　647
弁償命令　　　　　646
ペンシルヴェニア制　85,
　　　　　　　380, 593
変　造　27, 74, 107, 365,
　412, 560, 561, 596, **705**,
　　　　　　　767, 771
片面的教唆犯　　　706
片面的共同正犯　143, 580,
　　　　　　　705, 706
片面的共犯　154, 229, 389,
　　　　580, 705, **706**
片面的従犯　　　　**706**
弁　論　　205, 264, **706**
　――の再開　　　205
　――の分離・併合　515,
　　　　　　　　　706
弁論主義　　　260, 706
弁論能力　　　　　516

ほ

ボアソナード草案　159
保安警察　　　　　365
保安処分　53, 183, 369,
　519, 558, 683, **708**, 737,
　　　　　　　781, 796
ボイド事件判決　　18

法医学　　　　630, **708**
法医学的検査　　　302
防衛行為　　　　　527
防衛の意思　　　　166
法　益　48, 162, 189, 193,
　204, 222, 290, 353, 423,
　　510, 554, 606, **709**
　――の権衡　　　163
法益関係的錯誤説　647
法益考量(衡量)説　21, **710**
法益主体　　　　　647
法益侵害　　　　　202
法益侵害説　21, 118, 710
法益説　　　　　　304
法確証　　　　　　161
放火罪　35, 200, 234, 348,
　397, 402, 422, 547, 629,
　　　　　　　　710
包括一罪　12, 32, 124, 304,
　383, 486, 543, 674, **711**,
　　　　　714, 741, 796
包括罪種　　186, 634, **711**
包括的正犯概念　　477
包括的代理権　　　702
判官は些事を取り上げ
　ず　　　　73, 221, **712**
法規範　　　　　　758
忘却犯　26, 228, 369, 446,
　　　　　　　678, **712**
法禁物　　　　　　164
法源説　　　　　　318
暴行　　　　　47, 596, 712
暴行罪 47, 222, 271, 402, **712**
報告義務　　　　　124
謀　殺　　　　　　322
傍受令状　　　563, 802
幇　助　70, 152, 388, 544,
　　　　706, **713**, 753
　――の因果性　　24
褒　賞　　　　　　435
法条競合　96, 124, 304,
　　534, 635, **713**, 741
幇助行為　　　　　706
幇助犯　　145, 149, 388, 713
法　人　156, 205, 347, 571,
　　　　　　　714, 790
　――の刑事責任　714
　――の犯罪能力　714

a 事項索引

法人業務主 156
法人処罰 543, 714
法人税法 519
包摂の錯誤 2
法曹一元 310, **715**
暴走族 256
妨訴抗弁権 248
暴力団員による不当な行為の防止等に関する法律(暴対法) 513, **727**
傍聴 232, 720
法廷技術 **715**
法定刑 63, 84, 103, 163, 190, 202, 384, 394, 441, 490, 683, **716**, 789
法廷警察 306, 313, 514, 526, **716**, 718, 719, 720
法廷警察権 8
法定減軽 63, 190, 377, **717**
法定合議 233, 306, **717**
法定証拠主義 79, 125, 210, 385, 435, 539, 557, 707, **717**
法定代理人 734
法廷秩序 91, **718**, 719
法定通算 306, **718**, 747
法定的符合説 117, 151, 168, 169, 225, 243, 553, 554, 688, **719**, 722
法廷闘争 718, **719**
法廷等の秩序維持に関する法律 716, 718, 720
法定犯 347
法廷侮辱 718, **720**
法廷メモ 716, **720**
法的安全性の権利 291
法的責任 480
法的に空虚な領域 **721**
法典論争 707
冒頭陳述 8, 161, 376, 416, 417, **721**, 777
冒頭手続 5, 214, 264, 302, 397, **721**
放任行為 721
法の不知は害する 485, **722**, 725
法の不知は恕せず 722
法は家庭に入らず 457, **722**

防犯 57, 178, 196, 292, 545
防犯警察 196
方法の錯誤 151, 169, 341, 554, 719, **722**
法務研修所 723
法務省 216, 329, **723**
法務省設置法 200
法務省保護局 241
法務総合研究所 279, 473, 636, **723**
法務大臣 212, 214, 215
法律・経済的財産概念 300
法律上の推定 338, 397, 417, 436, 465, **723**, 724
法律上の推定規定 724
法律審 245, 251, 339, 448, **724**
法律的関連性 97
法律的財産概念 300
法律的不能説 686
法律なければ刑罰なし 297, 672, **725**
法律の錯誤 3, 22, 164, 208, 269, 319, 483, 722, **725**, 755
法律扶助 583, **726**
法律扶助協会 726
法律扶助法 726
暴力行為等処罰ニ関スル法律 31, 254, 387, **726**, 759
暴力主義的破壊活動 609
暴力団 513, 727
暴力団員による不当な行為の防止等に関する法律 513
法令違反 160, 254, 291, 443, 464, 515, 716, 718, **727**, 729, 789
法令解釈の統一 333, 422, 641, **728**
法令行為 21, 474, 527, 555, **728**
法令適用 254, 728, **729**, 769
――の誤り 729
傍論 **729**, 794
ボースタル制 428, 430, **729**
補強証拠 5, 264, 305, 361, 386, 649, **729**

補強証拠不要説 144
補強法則 631, **729**
北大電気メス事件 95
保険法 802
保護 241
保護環境 773
保護観察 28, 75, 240, 352, 353, 373, 386, 694, **730**, 732
保護観察官 **731**
保護観察所 28, 241, 627, **732**
保護検束 138, 220
保護司 **732**
保護主義 273, 275
保護処分 117, 332, 359, 360, 428, 431, 433, 434, 490, 653, 730, **732**, 753, 773
保護責任者遺棄罪 7, 124, 651, **733**
保護責任者遺棄致死傷罪 734
保護相当性 773
保護的措置 332, 733
保護統計 186
保佐人 **734**
補佐人 718, **734**
保釈 270, 301, 333, 403, 427, **734**, 737
保釈保証金 734, 737
補充関係 713
補充裁判官 264, **735**
補充尋問 425, **735**
補充性 68, 163, 556
補充送達 506
補充の原則 477
保障義務に関する錯誤 736
保障(証)人説 318, 679, **735**
補助事実 399, **736**
補助証拠 399, 410, 736
補正 67, **736**
補正的追完 67
母体保護法 449, 458, 474, 537, 667, 685, **736**
逋脱犯 518, 519
没取 **736**

没収　194, 299, 330, 398, 512, 560, 631, 674, 736, **737**, 803
欲する者に対しては侵害はない　647, **738**
ポツダム勅令　497
補導委託　332, 433, **738**
補導処分　607, 681, **739**
ポポロ事件　556, **739**, 742
ボランティア　643, 732
ポリグラフ　57, 58, **739**, 764
ポリグラフ検査　740
ホワイトカラー犯罪　99, 174, 321, **740**
本案裁判　354, **740**
本位的一罪　**741**
本位的訴因　109, 497, 680
本件基準説　702
本権説　336, 487, 488, 496
本証　411, 639, **741**
翻訳　48, 50, 158, 564, 602, **741**
本来的一罪　62, 96, 304, 543, 635, 674, 711, 713, **741**

ま

舞鶴事件　556, **742**
マグナ・カルタ　297
マクナブ=マロリー・ルール　**744**
マクナブ・ルール　**744**
魔女裁判　125
麻酔分析　**744**, 764
松川事件　148, 284, **744**
マックノートン・ルール　454
マップ事件　**745**
マップ事件判決　18
松本サリン事件　37
松山事件　303, 367, 418, 709, **745**, 761
マネーロンダリング　278, 512, 687, 688, **745**, 767
麻薬及び向精神薬取締法　4, 60, 278, 531, **746**, 764, 766
麻薬新条約　277, 687, 688, 745, 746, 767
麻薬特例法　4, 60, 277, 293, 560, 687, 688, 724, 737, 738, 746, 767
マルチ商法　754

み

三河島二重衝突事件　**746**
身代り犯人　303, 641
未決　87, **747**
未決監　747
未決拘禁　84
未決勾留　270, 271, 747
未決囚　747
未決通算　306, 334, 718, **747**
見込み捜査　638
未終了未遂　747
未遂　38, 46, 104, 107, 202, 348, 571, 614, 667, **747**, 748, 778
——の教唆　2, 132, 153, **748**
未遂罪　664
未遂犯　119, 167, 205, 209, 244, 340, 351, 550, 685, 747, **748**, 756, 779
未成年者飲酒禁止法　748
未成年者拐取罪　**748**, 787
未成年者喫煙禁止法　**749**
見せ金　2
三鷹事件　38, **749**
密行主義　130
水俣病事件　663
身の代金目的拐取罪　33, **749**, 787
身の代金要求罪　787
見張り　389, **749**
未必の故意　10, 45, 53, 409, 535, 604, 674, **750**
身分　145, 405, **750**, 751
身分帳　394
身分なき故意ある道具　226
身分犯　103, 149, 160, 240, 334, 334, 750, **751**
身分保障　212
脈拍終止説　665
ミランダ判決　752
ミランダ・ルール　34, 651, **752**
民営化　181
民間篤志家　643
民事死　395

む

無印文書　694
無期禁錮　163, 382, **752**
無期刑　432, **752**
無期囚　235
無期懲役　382, 554, 752, 789
無許可輸出入罪　88
無形偽造　106, 572, **753**, 768
無形的幇助　131, 132, 389, 713, **753**
無限連鎖講　753
無限連鎖講の防止に関する法律　1, **753**
無効の治癒　67
無罪　5, 187, 205, 248, 265, 354, 516, 579, 608, 615, 668, **754**
——の推定　160, 675, **755**
無罪推定の原則　772
無罪判決　754
むささび・もま事件　113, 726, **755**
無差別大量殺人行為を行った団体の規制に関する法律　545, 610
無銭飲食　316, **756**
無賃乗車の罪　105
村八分　**756**

め

明治刑事訴訟法　122, 546
明治憲法　297, 600
迷信犯　551, 686, **756**
迷信犯罪　380
明文規定　724
名誉　679, **756**, 757
名誉感情　679, 756
名誉毀損罪　47, 204, 342, 450, 485, 679, 690, 756, **757**
名誉刑　193, 194
命令　205, 306, 309, 388, 400, 515, 526, 615, **758**

命令規範	484
命令状	794
迷惑防止条例	**758**
メーデー事件	40, 574, **758**
メディア犯罪	638
メディカル・モデル	378
メモの理論	**759**
面会	54
面会強請	427, **759**
免囚保護事業	241, **759**
免訴	82, 179, 192, 248, 249, 265, 444, 457, 458, 516, 518, 554, 690, **760**
免田事件	303, 331, 367, 418, 709, 745, **760**

も

申立適格	**761**
毛髪	58, **761**
目撃者の供述	339, 436
目的刑	16, 193, 195, 591, **761**, 782, 785
目的説	21, **762**
目的的行為論	30, 228, 229, 399, 712, **762**, 782
目的なき故意ある道具	226
目的の錯誤	117
目的犯	237, 243, 391, 594, 596, 612, 750, **762**
目的論的解釈	60
黙秘権	34, 132, 144, 302, 336, 361, 404, 631, 658, 675, 703, 740, 744, 752, **763**, 789
模造	705, **764**
勿論解釈	639, **764**
モデル論	183
戻し収容	77
モラリズム	189
森永ドライミルク事件	453, **765**
問題行動	432, 692

や

八海事件	148, 539, 709, **766**
夜間執行	504
薬物犯罪	60, 293, 687, 688, 746, **766**

薬物療法	474
山形マット死事件	433
やわらかな決定論	9, 197, 206, **767**

ゆ

有意性	26, 369
有印文書	694
誘引目的	507
優越的条件説	207
優越的利益説	710
優越利益(の)原理	710, 728
有害環境	470
誘拐報道	638
有価証券	27, 107, 571, 596, 767, 771
有価証券偽造	365, 560
有価証券偽造罪	27, 106, 362, **767**
有価証券偽造の罪	362
有価証券取引税法	518
有期刑	752
有形偽造	106, 572, 753, **768**
有形的幇助	713, 753
有罪	5, 14, 45, 188, 214, 354, 494, 535, 608, 615, 685, 754, **769**
──である旨の陳述	5, 80, **770**
──の自認	770
──の推定	769
──の答弁	5, 586, **770**
──の判決書	770
有罪判決	338, 491, 769
有罪・無罪	608
有罪率	769
ユース・オウソリティ	76
優生手術	685
優生保護法	458, 736
有責行為能力	194, 484, **770**
有体物説	315, 570
誘導尋問	396, 425
郵便切手類模造等取締法	**771**
郵便送達	505
郵便法	771
猶予制度	352, **771**
有力条件説	669

許された危険	121, 371, 447, 466, 549, 728, **771**

よ

容疑者	**772**
要急事件	**772**, 773
要急処分	82, **772**
要求法理	458
要件事実	399
養護施設	360
要証事実	89, 173, 385, 399, 404, 410, 435, 436, 557, 724, 736, 741, **773**
要素従属性	152, 153, 617
容認	589
要保護性	433, **773**
養老律令	529
ヨーロッパ刑事施設規則	626, 653
ヨーロッパ被拘禁者処遇規則	653
ヨーロッパ「被拘禁者処遇最低基準規則」	130, 199
預金等に係る不当契約の取締に関する法律	165, **773**
抑止刑	195
抑止刑論	37
抑制理論	371
抑留	231, 234, **774**
予見可能性	64, 95, 121, 203, 345, 463, 549, 765, **774**, 775
予見義務	121, 202, 549, **775**
余罪	333, 677, 698, 701, 702, **775**, 789
余事記載	109
四畳半襖の下張事件	549, **776**, 801, 802
予審	248, 546, 776, 777
予審判事	211, 776
予断排除	261
──の原則	777
予断防止の原則	109, 248, **777**
四日市ぜんそく事件	663
予備	28, 46, 347, 747, **778**, 780

a 事項索引

——の共犯　37, 778, **779**
——の中止　779, **780**
予備行為　322
予備罪　37, 389, 561, 748, **779**
予備審問　272, 680, **779**
予備的記載　109
予備的訴因　497
予備的認定　14, 494, 536
予防検束　138, 220
予防拘禁　559, 708, **781**
予防接種法　91
四大公害事件　663

ら

らい予防法　91
烙印　783
ラディカル犯罪学　623, 625, **782**
ラベリング論　371, 373, 494, 620, 623, 625, 628, 782, **783**

り

リーガル・モラリズム　613
利益恐喝罪　127
利益供与罪　50, **784**
利益欠缺の原理　647, 710
利益強盗罪　257
利益衡量　116, 163, 343
利益考量(衡量)説　710
利益詐欺罪　316
利益窃盗　487
利益要求罪　784
理解社会学　198
理化学鑑識　302
離隔共犯　785
離隔犯　90, 352, **784**
陸軍刑法　172
立証　416
立証趣旨　416, **786**
立証証明責任　160
利得罪　300, **787**
略式起訴　787
略式手続　256, 257, 262, 299, 470, **787**
略式命令　787
略式命令請求　262
略取誘拐罪　748, **787**

リヤド・ガイドライン　431
理由齟齬　789
留置　91, 94, 231, 305, 529, **788**, 796
留置施設法案　181
留置場　271, 531, 788
流通食品への毒物の混入等の防止等に関する特別措置法　788
理由の食い違い　789
理由不備　46, 254, **788**
凌駕的因果関係　25
量刑　5, 84, 214, 249, 254, 326, 378, 441, 490, 569, 608, 616, 667, 683, 716, 749, **789**
——の資料　789
量刑不当　291, 789
領置　35, **790**
量的過剰　68
領得行為説　34, 39, **790**
両罰規定　47, 88, 156, 161, 202, 327, 398, 482, 518, 544, 570, 589, 714, 724, **790**
臨時法制審議会　52
臨床尋問　**791**
倫理的責任　480

る

類型的訴訟条件　249
類似事実の立証　**791**
累進処遇　130, 271, 540, 541, **791**
累進制　626
類推解釈　60, 297, 570, 639, 764, **792**
累犯　309, 310, 490, 627, 629, **793**
累非行性　773
流刑　792

れ

レイシオ・デシデンダイ　641, 729, **793**, 794
令状　161, 162, 211, 333, 529, 530, **794**
令状主義　19, 161, 211, 365, 702, 794

礼拝所及び墳墓に関する罪　671, **795**
礼拝所不敬罪　**795**
レイブリング理論　783
レオン事件判決　490
歴史法学派　673
レッテル貼り　783
レペタ訴訟　721
連座制　481, 543, **795**
連鎖的教唆　89
連鎖販売取引　754
連続犯　7, 486, **795**
連続ピストル殺人事件　331
連邦証拠規則　97

ろ

労役場留置　76, 78, 194, 394, 581, 614, 788, **796**
労作処分　708, **796**
老人と犯罪　**797**
労調法　468
労働基準法　764
労働組合法　577, **797**
労働刑法　157, **797**
労働嫌忌者　796
労働争議　461, **797**
労働争議行為　728
朗読　411, 419
老年期犯罪性　797
ローチン原則　**798**
録音テープ　133, 134, 651, **798**
ロシア共和国刑法(1926年)　297
ロッキード事件　188, 390, 438, **798**
論告　122, 300, 301, **799**
論理的関連性　97

わ

ワーク・リリース　55
わいせつ　1, 142, 245, 549, 776, **800**, 801
わいせつ、姦淫及び重婚の罪　478
わいせつの罪　671, **801**
わいせつ物陳列罪　60,

245, **801**
わいせつ物頒布罪　478
わいせつ物頒布販売罪
　　1,549,800,**801**
わいせつ文書販売罪　145
わいせつ目的拐取罪　800

ワイヤ・タッピング　562,
　　802
賄　賂　2,41,67,335,346,
　　391,396,508,525,560,
　　737,**802**,803
賄賂罪　41,68,390,508,

802,**803**
若者文化　655
和田心臓移植事件　501,
　　564,**803**
「わな」の抗弁　42,**804**

b 欧文索引

A

abandon (仏)	7
Abbruch des Kausalzusammenhanges (独)	25
aberratio ictus (羅)	722
Absichtsdelikt (独)	762
absolute Nichtigkeit (独)	580
absolutio ab instantia (羅)	125
abstraktes Gefährdungsdelikt (独)	551
Abweichendes Verhalten (独)	783
accessory (英)	388
accessory after the fact (英)	334
accommodation (英)	86
accusatorial system (英)	538
acte de procédure (仏)	514
actio libera in causa (羅)	207
action publique (仏)	247
active personality principle (英)	510
Adäquanz (独)	506
Adäquanztheorie (独)	506
adäquater Kausalzusammenhang (独)	506
Administrative Polizei (独)	365
adultère (仏)	92
adultery (英)	92
affect (英)	623
Agreement under Article VI of the Treaty of Mutual Cooperation and Security between Japan and the United States of America regarding Facilities and Areas and the Status of United States Armed Forces in Japan (英)	601
Akkusationsprinzip (独)	538
Akkusationsprozeß (独)	539
Aktenmässige Darstellung merkwürdiger Verbrechen (独)	673
aktive Bestechung (独)	508
alibi (英・仏)	5
Alibi (独)	5
Alleintäterschaft (独)	544
Allgemeine Erklärung der Menschenrechte (独)	480
Alternativvorsatz (独)	535
Amendments (英)	222
American Society of Criminology (ASC) (英)	4
Amnesty International (英)	4
Anklagemonopol (独)	109
Antragsdelikt (独)	449
apartheid (英・仏)	274, 459
appeal (英)	245, 253, 296, 421
appel (仏)	245
Äquivalenztheorie (独)	408
Arbeitshaus (独)	708
Arch Summit (英)	745
argument (英)	706
arm (英)	128
arme (仏)	128
arraignment (英)	5, 361
arrest (英)	528
arrest warrant (英)	530
arrestation (仏)	528
Association Internationale de Droit Pénal (仏)	275
Aufhebung (独)	610
Aufklärung (独)	376
aus niedrigen Beweggründen (独)	452
Ausdrucksdelikt (独)	668
Ausgleich (独)	632
Außenverkehr (独)	54
Aussetzung (独)	7
Aussicht (独)	518
aut dedere aut punire (羅)	510

B

Bambergische Halsgerichtsordnung
（独） 79
battered women （英） 72
Beamte （独） 266
bedingter Vorsatz （独） 409
Bedingungstheorie （独） 408
Bedingungszusammenhang （独） 407
Bedrohung （独） 144
Behauptungslast （独） 396
Beihilfe （独） 388
Beijing Rules （英） 431
Berufung （独） 245
Beschwerde （独） 236
Besondere persönliche Merkmale
（独） 750
Besserungsmaßnahme （独） 708
Bestechung （独） 803
Betrug （独） 316
betrüglicher Bankrott （独） 317
Beweis （独） 410, 435
Beweislast （独） 160
Bewußtsein der Rechtswidrigkeit
（独） 20
bigamie （仏） 383
bigamy （英） 383
bill of indictment （英） 108, 527
Bill of Rights （英） 222
Billigungstheorie （独） 604
blanchiment （仏） 745
borstal detention （英） 729
borstal system （英） 729
borstal training （英） 729
böswillig （独） 452
brain death （英） 605
bribe （英） 802
bribery （英） 390, 508, 803
bugging （英） 562, 802
burden of pleading （英） 396
burden of producing evidence （英） 416
burden of proof （英） 160

C

CAPIC （英） 200
cartel （英・仏） 78
cassation （仏） 610
causalità adeguata （伊） 506
causalité （仏） 24
causation （英） 24
cause of action （英） 497
chantage （仏） 127
charged offense （英） 250
child abuse （英） 72
chimera （英） 663
chose （仏） 315
circumstantial evidence （英） 404
circumstantial guarantee of
trustworthiness （英） 462
civil death （英） 328, 395
classified treatment （英） 696
clone （英） 663
closing statement （英） 301
Code d'instruction criminelle （仏）
539, 546
Code Louis （仏） 125
collateral estoppel （英） 292, 598
commissioner （英） 365
community service order （英） 375
compensation for litigation
expenses （英） 669
compensation order （英） 682
compétence réelle （仏） 273
concorso ideale （伊） 95
concours idéal （仏） 95
condicio sine qua non （羅） 24, 407
conspiracy （英） 28
Constitutio Criminalis
Bambergensis （羅） 79
Constitutio Criminalis Carolina （羅）
79, 125
contact with the outside world （英） 54
continuing offense （英） 189
contravention （仏） 255
controlled delivery （英） 293
Convention on Psychotropic
Substances （英） 277
corporate person （英） 714
corporation crime （英） 513
corpus delicti （羅） 305

corruption (仏)	803
corruption active (仏)	508
corruption de fonctionnaire (仏)	41
corruption passive (仏)	390
count (英)	497, 598
cour (仏)	311
cour d'assises (仏)	326
court (英)	311
crime against intellectual property (英)	546
Crime and Social Justice (英)	783
criminal compensation (英)	187
criminal law (英)	196
Criminal Law Revolution (英)	222
criminaloid (英)	627
cross-examination (英)	640
Crown Court (英)	608
crown prosecutor (英)	212
culpa (羅)	64

D

Dauerdelikt (独)	189
De minimis non curat praetor. (羅)	712
death with dignity (英)	521
Déclaration universelle des droits de l'homme (仏)	480
defense of entrapment (英)	804
delinquente nato (伊)	799
délit collectif (仏)	383
délit continu (仏)	189, 795
délit instantané (仏)	510
délit naturel (仏)	347
délit permanent (仏)	423
desertion (英)	7
determinism (英)	206
deterrence (英)	745
direct evidence (英)	557
directed verdict (英)	417
discovery (英)	412
dismissal (英)	246
Distanzdelikt (独)	784
district attorney (英)	238
diversion (英)	367, 431, 659
Division on Critical Criminology (英)	4
Division on International Criminology (英)	4
Division on People of Color and Crime (英)	4
Division on Women and Crime (英)	4
dol (仏)	224
Dolmetscher (独)	563
dolo (伊)	224
doloses Werkzeug (独)	226
dolus (羅)	224, 722
dolus alternativus (羅)	535
dolus antecedens (羅)	346
dolus eventualis (羅)	750
dolus generalis (羅)	45
dolus subsequens (羅)	346
domestic violence (英)	72
Doppelehe (独)	383
double jeopardy (英)	13, 293, 598
Dreiecksbetrug (独)	323
droit international pénal (仏)	275
droit pénal (仏)	196
due process (英)	222
duel (英・仏)	206

E

echtes Unterlassungsdelikt (独)	455
Economic Espionage Act (EEA) (英)	325
Ehebruch (独)	92
eigenhändiges Delikt (独)	343
einfache Beschwerde (独)	561
eingeschränkte Schuldtheorie (独)	469
eingeschränkte Vorsatztheorie (独)	468
Einheit und Unteilbarkeit der Staatsanwaltschaft (独)	214
Einheitstäterbegriff (独)	574
Einspruch (独)	8
Einwilligungstheorie (独)	604
Einzelhaft (独)	593
Einziehung (独)	737
electronic monitoring (英)	570
elektronische Überwachung (独)	570
Elmira Reformatory System (英)	34
Embryo (独)	525
embryon (仏)	525

Entlassungsvorbereitung (独)	376
entrapment (英)	42, 804
Entschädigung für Strafverfolgungsmaßnahmen (独)	187
Entziehungsanstalt (独)	559, 708
Erfahrungssatz (独)	173
Erfolg (独)	201
Erfolgsdelikt (独)	203
Erfolgstheorie (独)	633
erlaubtes Risiko (独)	771
Erpressung (独)	127
error in objecto (羅)	117
Escobedo rule (英)	34
escroquerie (仏)	316
espionnage industriel (仏)	324
état danger (仏)	423
état de nécessité (仏)	162
euthanasia (英)	6
Euthanasie (独)	6
evidence (英)	410
exécution des peines (仏)	129
execution of punishment (英)	129
explanation (英)	376
extensiver Täterbegriff (独)	61
extortion (英)	127
extreme Akzessorietät (独)	160

F

Fahrlässigkeit (独)	64
faute (仏)	64
faux matériel (仏)	768
faux moral (ou intellectuel) (仏)	753
felony (英)	527
Festnahme (独)	528
fetus (英)	525
Financial Action Task Force on Money Laundering [FATF] (英)	278, 746
flag state (英)	102
Flaggenstaat (独)	102
flagrans crimen (羅)	211
flagrant délit (仏)	211
floating territory (英)	102
fœtus (仏)	525
fonctionnair public (仏)	266
forfeiture (英)	737
forgotten man (英)	645
Formaldelikt (独)	180
formelle Rechtskraft (独)	179
fortgesetztes Verbrechen (独)	795
Forty Recommendations (英)	278, 746
fraud (英)	316
Freibeweis (独)	388
Freigang (独)	55
frischer Tat (独)	211
Frist (独)	98
Frye test (英)	58

G

gambling (英)	593
Gebot (独)	670
Gebührenpflichtige Verwarnung (独)	255
Gefahr (独)	100
Gefährdungsdelikt (独)	101
Gefühlstheorie (独)	750
Gegenbeweis (独)	639
Gehirntod (独)	605
Geldfälschung (独)	561
Geldwäsche (独)	745
Generalprävention (独)	16
genocide (英)	459
genus homo delinquens (伊)	799
Gericht (独)	311
gerichtskundige Tatsache (独)	313
Gerichtssaal (独)	669
Geschäftsgeheimnis (独)	32
Geschworenengericht (独)	607
Gesetz gegen unlauteren Wettbewerb (独)	681
Gesinnungsmerkmal (独)	453
Gewerbsmäßigkeitsverbrechen (独)	32
Glaubhaftmachung (独)	520
Gleichgültigkeitstheorie (独)	750
Glücksspiel (独)	593
good time system (英)	491
grand jury (英)	527
Grundzüge des Strafrechts (独)	700
Guided Group Interaction (GGI) (英)	609

Guidelines for the Prevention of Juvenile Delinquency (英)	431
guilty plea (英)	5
Güterabwägungstheorie (独)	710

H

halfway house (英)	431, 550
halfway-in (英)	550
halfway-out (英)	550
Halifax Summit (英)	687, 688, 746
Handlungsobjekt (独)	709
Handlungstheorie (独)	633
Hauptbeweis (独)	741
Hauptstrafe (独)	394
Haupttatsache (独)	399
Hauptverhandlung (独)	264
Hausarrest (独)	349
hearsay evidence (英)	572
hearsay rule (英)	573
Heilansalt (独)	708
Heilung von Verfahrensmängeln (独)	67
Heimatprinzip (独)	510
Herztod (独)	456
high risk high return (英)	1
highfields (英)	609
hijacking (英)	479
Hilfstatsache (独)	736
house arrest (英)	349
human death (英)	664
Human Rights Committee (英)	367
hybrid (英)	663

I

ICD (英)	472
Idealkonkurrenz (独)	95
Ignorantia juris nocet (羅)	722
immediately apparent (英)	693
immunity (英)	188
in dubio pro reo (羅)	539
in plain-view (英)	693
incest (英)	164
inceste (仏)	164
incommunicado (英)	752
indication (英)	89
indice (仏)	89
indictment (英)	527
indirect evidence (英)	89
indirekte Tatsache (独)	89
individual (英)	238
individualisierende Theorie (独)	207
Individualschutzprinzip (独)	510
Indiz (独)	89
industrial spy (英)	324
Industriespionage (独)	324
infamous crime (英)	527
information (英)	527
infraction fiscale (仏)	518
inmate (英)	394
inmate selfgovernment system (英)	384
Inquisitionsprinzip (独)	125
Inquisitionsprozeß (独)	125
inquisitorial system (英)	125
Instanzentbindung (独)	125
instruction (仏)	776
integrity (英)	745
intention (英)	224
intermediate sanction (英)	374
International Association of Penal Law (英)	275
international cooperation (英)	533
International Covenant on Civil and Political Rights (英)	367
International Criminal Police Organization (ICPO) (英)	273
international mutual assistance (英)	533
Internationale Kriminalistische Vereinigung (IKV) (独)	275
internationale Rechtshilfe (独)	276
interprète (仏)	563
interpreter (英)	563
invasion of intellectual property (英)	546
Inzest (独)	164
Irrtum (独)	319
Irrtum der normativen Tatbestandsmerkmale (独)	113
Irrtum über den Kausalverlauf (独)	25

Irrtum über Rechtfertigungsgründe (独) 22

J

Japan Financial Intelligence Office [JAFIO] (英) 746
jeux de hasard (仏) 593
judicial notice (英) 255
judicial officer (英) 365
judicial supervision (英) 744
Judizielle Polizei (独) 365
juristische Person (独) 714
jury (英) 327, 607
jury nullification (英) 608
juvenile justice (英) 170, 431
Juvenile Training School Treatment (英) 428

K

Kartell (独) 78
Kausalität (独) 24
Kausalzusammenhang (独) 24
Khmer Rouge (英・仏) 274
Klageerzwingungsverfahren (独) 680
klassifizierte Behandlung (独) 696
know-how (英) 605
Kollektivdelikt (独) 388
Komplott (独) 28
konkretes Gefährdungsdelikt (独) 167
körperliche Züchtigung (独) 527
Körperstrafe (独) 458
Kriminalpolitik (独) 184
kurzzeitige Freiheitsstrafe (独) 541

L

Last (独) 518
laws against economic-crimes (英) 174
Legalitätsprinzip (独) 110
Lehnrecht (独) 673
Lehre von der Beherrschbarkeit (独) 97
Lehre von der Garantenstellung (独) 735
limitierte Akzessorietät (独) 469
living will (英) 521

loi de saturation criminelle (仏) 672
loterie (仏) 594
Lotterie (独) 594
lottery (英) 594
low risk high return (英) 1
l'unité et la subordination hiérarchiques du ministère public (仏) 214

M

magistrate (英) 608, 779
Magna Charta (英) 297
mala in se (羅) 347
mala prohibita (羅) 347
mandat (仏) 794
McNabb rule (英) 744
McNaghten rules (英) 454
Minima non curat praetor. (羅) 712
ministère public (仏) 212
Miranda rule (英) 752
mittelbare Täterschaft (独) 90
mittelbarer Beweis (独) 89
mixed panel (英) 326
money laundering (英) 745
Motiventheorie (独) 576
Mündlichkeitsprinzip (独) 259
Mutual Welfare League (英) 384

N

nachfolgende Teilnahme (独) 334
National Transportation Safety Board (英) 65
Nationalitätsprinzip (独) 510
nationality principle (英) 510
ne bis in idem (羅) 12, 539
Nebenklage (独) 682
Nebenstrafe (独) 674
Nebentäterschaft (独) 580
necessity (英) 162
negatives Tatbestandsmerkmal (独) 404
negligence (英) 64
nemo judex sine actore (羅) 677
nesso causale (伊) 24
non liquet (英) 125, 160

nonhearsay (英) 661
Norm (独) 670
Normative Schuldlehre (独) 114
normatives Tatbestandsmerkmal
 (独) 113
Nothilfe (独) 161
Nötigung (独) 158
Notstand (独) 162, 286

O

obiter dictum (羅) 729, 794
objection (英・仏) 8
Objekt der Verletzung (独) 709
Objekt des Verbrechens (独) 709
objektive Strafbarkeitsbedingungen
 (独) 120
objektive Unrechtslehre (独) 118
objektive Zurechnung (独) 119
obscénité (仏) 800
obscenity (英) 800
offenkundige Tatsache (独) 255
offense against morals (英) 671
öffentliche Klage (独) 245
öffentliche Unzucht (独) 245
official corruption (英) 41
Opfer (独) 632
Opportunitätsprinzip (独) 107
order (英) 296
ordonnance (仏) 125
organ transplantation (英) 500
organizational crime (英) 512
Organtransplantation (独) 500
outrage public à pudeur (仏) 245

P

panopticon (英) 85
Parallelwertung in der Laiensphäre
 (独) 23
parens patriae (羅) 169
parole (英) 349, 615
passive Bestechung (独) 390
passive personality principle (英) 510
passive Sterbehilfe (独) 521
pays de pavillon (仏) 102

Peinliche Gerichtsordnung Karls V.
 (独) 79, 125
Penal Reform International (英) 642
pericologistà (伊) 672
persönliche Strafausschließungs-
 grund (独) 14
personne morale (仏) 714
petit jury (英) 608
petty jury (英) 608
Pflegeanstalt (独) 708
Pflichtenkollision (独) 116
pietà (伊) 78
plain-feel doctrine (英) 693
plain-touch (英) 693
plain-view doctrine (英) 693
plea bargaining (英) 5
plea of guilty (英) 361
police (英・仏) 176
police judiciaire (仏) 365
Polizei (独) 176
pouvoir de représentation (仏) 533
prejudicial disposition (英) 367
preliminary examination (英) 779
prerelease treatment (英) 376
prerogative writ (英) 296
preuve (仏) 410
preuve directe (仏) 557
preuve indirecte (仏) 89
preuve littérale (仏) 440
prima facie evidence (英) 417
principe de la personnalité active
 (仏) 510
principe de la personnalité passive
 (仏) 510
principe de l'oralité (仏) 259
principe inquisitoire (仏) 125
principe protecteur étatique (仏) 273
principe protecteur personnel (仏) 510
Prinzip der Unteilbarkeit des
 Prozeßgegenstandes (独) 253
Prinzip der Unteilbarkeit des
 Strafantrags (独) 282
prison visitor (英) 199
prisonization (英) 235

Privatklageprinzip (独)	345	relevancy (英)	97
privilege against self-incrimination (英)	336	Relevanztheorie (独)	408
		remedy (英)	745
probable cause (英)	693	remission (英)	492
probation (英)	349, 693	residential community corrections (RCC) (英)	550
probità (伊)	78		
procedural safeguards (英)	752	responsabilité collective (仏)	543
procédure du jugement (仏)	264	restitution (英)	646
procedure in a public trial (英)	264	restriktiver Täterbegriff (独)	470
progressive Behandlung (独)	791	reversal (英)	610
progressive treatment (英)	791	Rezeption (独)	79
Prohibition Act (米)	164	Riyadh Guidelines (英)	431
proof (英)	435	Rochin rule (英)	798
prophylactic standards (英)	752	Rückfall (独)	793
prosecuting attorney (米)	212	Rücktritt vom beendigten Versuch (独)	351
prosecutor (米)	212		
protective principle (英)	273	Rücktritt vom unbeendigten Versuch (独)	548
Prozeßhandlung (独)	514		
Prozeßrechtslage (独)	518	Rücktritt vom Versuch (独)	550
Prozeßrechtsverhältnis (独)	518	rule against hearsay (英)	573
Prozeßvoraussetzungen (独)	515	rule of four (英)	296
public indecency (英)	245	Rules for the Protection of Juveniles Deprived of their Liberty (英)	431
public person (英)	238		
public prosecution (英)	253		
public prosecutor (米)	212		

S

public servant (英)	266
Putativnotstand (独)	285
Putativnotwehr (独)	286
Putativnotwehrexzeß (独)	285

		Sachbeschädigung (独)	115
		Sache (独)	315
		Sachgestaltungslinie (独)	516
		saisine (仏)	513
		Sammelstraftat (独)	383
		sanctione (伊)	672

R

Raub (独)	257	Schiffsentführung (独)	328
Realprinzip (独)	273	Schöffengericht (独)	326
rebutting evidence (英)	639	Schriftlichkeitsprinzip (独)	443
Rechtsgut (独)	709	Schuldtheorie (独)	482
Rechtshängigkeit (独)	513	Schulenstreit (独)	197
Rechtshilfe (独)	365	Schutzobjekt des Rechts (独)	709
Rechtslage (独)	518	schwimmendes Territorium (独)	102
Rechtsmittel (独)	421	Schwurgericht (独)	608
Rechtssatz (独)	670	sciences pénales (仏)	184
Rechtswidrigkeit (独)	17	seajack (英)	328
récidive (仏)	793	sentencing (英)	789
reformatory (英)	34	short-term imprisonment (英)	541
Reformierter Strafprozeß (独)	539	Sicherheitspolizei (独)	365
Reichsstrafprozeßordnung (独)	539	Sicherungsmaßnahme (独)	708

Sicherungsverwahrung (独)	708, 781	Strafgesetz (独)	670
Single Convention on Narcotic Drugs (英)	277	Strafrecht (独)	196
		Strafverfolgungsverjährung (独)	249
Sittlichkeitsdelikt (独)	671	Strafvollzug (独)	129
Société internationale de défense sociale (SIDS) (仏)	276	Strafzettel (独)	255
		Strafzumessung (独)	789
sofortige Beschwerde (独)	509	Strengbeweis (独)	209
soft determinism (英)	767	strenge Schuldtheorie (独)	208
solitary confinement (英)	593	strenge Vorsatztheorie (独)	208
Sonderdelikt (独)	751	Stromdiebstahl (独)	570
Sorgfaltspflicht (独)	549	subjektive Unrechtslehre (独)	392
sostitutivi penali (伊)	672	subjektives Recht (独)	672, 709
Sozialadäquanz (独)	371	subjektives Tatbestandsmerkmal (独)	392
Special Criminal Act for the Enforcement of the Agreement under Article VI of the Treaty of Mutual Cooperation and Security between Japan and the United States of America regarding Facilities and Areas and the Status of the United States Armed Forces in Japan (英)	601	subjektives Unrechtselement (独)	391
		Subsumtionsirrtum (独)	2
		summary proceeding (英)	787
		Supreme Court (英)	298
		T	
		Talio (羅)	195
		Tatbestand (独)	241
		Tatbestandsirrtum (独)	243
Spezialprävention (独)	591	Tatbestandsmäßigkeit (独)	243
Staatsanwalt (独)	212	Täter (独)	632
Staatshaftung (独)	289	Täterschaft (独)	477
Staatsklageprinzip (独)	288	Tatherrschaft (独)	229
Staatsschutzprinzip (独)	273	Tätigkeitsdelikt (独)	230
Standard Minimum Rules for the Administration of Juvenile Justice (英)	431	Tätigkeitstheorie (独)	633
		Tatirrtum (独)	340
standing (英)	761	Tatsachenirrtum (独)	340
state compensation (英)	289	tax crimes (英)	518
stato di necessità (伊)	162	tax offenses (英)	518
status crime (英)	170	Teilanfechtung (独)	14
status offense (英)	170	temibilità (伊)	79
statutory writ of certiorari (英)	296	Tendenzdelikt (独)	173
step in the proceedings (英)	513	territoire flottant (仏)	102
Sterbehilfe durch Sterbenlassen (独)	521	threat (英)	144
		tipo criminale (伊)	799
Steuerdelikt (独)	518	trade secrets (英)	32
Strafantrag (独)	281	traduction (仏)	741
Strafanwendungsrecht (独)	274	traffic ticket (英)	255
Strafausschließungsgrund (独)	194	training school (英)	34
Strafbefehlsverfahren (独)	787	translation (英)	741
		trial (英)	5

Trinkerheilanstalt (独) 708

U

Übersetzung (独) 741
überholende Kausalität (独) 25
Überzeugungstäter (独) 59
Ubiquitätstheorie (独) 633
Umweltstrafrecht (独) 82
Unavailability (英) 134
unbestimmter Vorsatz (独) 674
unechtes Unterlassungsdelikt (独) 679
Union Internationale de Droit Pénal (仏) 275
Union of Radical Criminologists (英) 783
United Nations Convention against Illicit Traffic in Narcotic Drugs and Psychotropic Substances (英) 277, 745
United Nations Social Defense Research Institute (UNSDRI) (英) 279
Universal Declaration of Human Rights (英) 480
unmittelbarer Beweis (独) 557
Unmittelbarkeitsgrundsatz (独) 556
Unrecht (独) 17
Unterbrechung des Kausalzusammenhanges (独) 25
Unterlassungsdelikt (独) 677
Untreue (独) 608
Unzucht (独) 800
Urkundenbeweis (独) 440

V

Verabredung (独) 28
verbal act (英) 662
verbotene Ware (独) 164
Verbotsirrtum (独) 164
Verbrechen (独) 670
Verdachtsstrafe (独) 125, 210
verdict (英) 667
Verdunkelungsgefahr (独) 301
Verfahrenslinie (独) 516
Verfall (独) 560
Verfolgungslinie (独) 516
Verfolgungstheorie (独) 633
Verletzung des Immaterialgüterrechts (独) 546
Verletzungsdelikt (独) 445
Vermögensstrafe (独) 299
Verschlechterungsverbot (独) 691
Vertretungsmacht (独) 533
Verwaltungspolizei (独) 365
victimless crime (英) 613
Völkerstrafrecht (独) 275
Volstead Act (英) 164
Vorbereitung (独) 778, 779
Vorführung (独) 28
Vorsatz (独) 224
Vorsatztheorie (独) 226
Vorstellungstheorie (独) 668

W

Waffe (独) 128
Waffengleichheit (独) 675
Wahrscheinlichkeitstheorie (独) 53
warrant (英) 794
Werkzeugtheorie (独) 577
white-collar crime (英) 513
Willenstheorie (独) 10
wiretapping (英) 562, 802
Wirtschaftsstrafrecht (独) 174
work release (英) 55
World Society of Victimology (英) 279
writ of certiorari (英) 296
writ of error (英) 296
written stipulation (英) 229

Z

Zeitgesetz (独) 217
Züchtigungsrecht (独) 554
Zumutbarkeit (独) 111
Zurechnung (独) 104
Zustandsdelikt (独) 423
Zweckstrafe (独) 761
Zwecktheorie (独) 762
Zweikampf (独) 206
Zweiteilung der Hauptverhandlung (独) 569

c 判例索引(年月日)，外国の判例

[大審院]
大判明 36・5・21 刑録 9・874	
	97, 315, 487, 570, 793
大判明 38・6・13 新聞 286・11	343
大判明 40・9・26 刑録 13・1002	452
大判明 41・5・8 刑録 14・490	304
大判明 41・6・22 刑録 14・688	304
大判明 42・4・16 刑録 15・452	116
大判明 42・11・15 刑録 15・1622	597
大判明 42・11・19 刑録 15・1641	268
大判明 43・6・7 刑録 16・1210	597
大判明 43・9・30 刑録 16・1569	748
大判明 43・9・30 刑録 16・1572	694
大判明 43・10・4 刑録 16・1608	348
大判明 43・10・11 刑録 16・1620	14
大判明 43・12・16 刑録 16・2188	219
大判明 44・2・27 刑録 17・197	116, 793
大判明 44・3・3 刑録 17・258	238
大判明 44・4・24 刑録 17・655	711
大判明 44・7・8 刑録 17・1390	493
大判明 44・8・15 刑録 17・1488	694
大判明 44・9・5 刑録 17・1520	144, 756
大判明 44・11・16 刑録 17・1994	304
大判明 44・12・4 刑録 17・2095	597
大判明 44・12・8 刑録 17・2183	537
大判明 45・4・22 刑録 18・496	597
大判大 1・11・25 刑録 18・1421	315
大判大 2・12・16 刑録 19・1440	689
大判大 2・12・18 刑録 19・1212	154
大判大 2・12・23 刑録 19・1502	222
大判大 2・12・24 刑録 19・1517	217
大判大 3・5・18 刑録 20・932	149
大判大 3・10・2 刑録 20・1764	163
大判大 3・11・7 刑録 20・2046	89
大判大 3・11・7 刑録 20・2054	705
大判大 3・11・10 刑録 20・2079	268
大判大 4・4・26 刑録 21・422	597
大判大 4・5・14 刑録 21・625	266
大判大 4・5・21 刑録 21・670	7
大判大 4・5・21 刑録 21・663	688
大判大 4・5・24 刑録 21・661	260
大判大 4・6・24 刑録 21・886	349
大判大 4・10・20 新聞 1052・27	265
大判大 5・5・1 刑録 22・672	496
大判大 5・5・4 刑録 22・685	780
大判大 5・6・1 刑録 22・854	462
大判大 5・9・13 刑録 22・1335	131
大判大 6・2・8 刑録 23・41	159
大判大 6・5・25 刑録 23・519	131, 753
大判大 6・9・10 刑録 23・998	7
大判大 6・11・30 刑録 23・1449	565
大判大 7・3・15 刑録 24・219	422
大判大 7・9・25 刑録 24・1219	336, 488
大判大 7・11・16 刑録 24・1351	785
大判大 7・11・16 刑録 24・1352	352
大判大 7・12・6 刑録 24・1506	381
大判大 7・12・18 刑録 24・1558	679, 711
大判大 8・3・6 新聞 1547・19	349
大判大 8・4・4 刑録 25・382	495
大判大 8・6・30 刑録 25・820	158
大判大 8・12・13 刑録 25・1367	322, 664
大判大 9・5・8 刑録 26・348	316
大判大 9・12・24 刑録 26・938	364
大判大 9・12・24 刑録 26・1437	705
大判大 11・2・25 刑集 1・79	706
大判大 11・3・1 刑集 1・99	89
大判大 11・3・31 刑集 1・186	201
大判連大 11・7・22 刑集 1・397	266
大判大 11・9・29 刑集 1・505	364
大判大 11・11・22 刑集 1・681	127
大判大 11・11・28 刑集 1・705	537
大判大 11・12・21 刑集 1・811	793
大判連大 11・12・22 刑集 1・815	259
大判大 12・3・15 刑集 2・210	103
大判大 12・4・30 刑集 2・378	25
大判大 12・12・25 刑集 2・1017	597
大判大 13・4・25 刑集 3・364	755
大判大 13・4・29 刑集 3・387	151
大判大 13・10・14 刑集 3・694	342
大判大 13・11・28 新聞 2382・16	595
大判大 13・11・29 新聞 2337・22	222
大判大 13・12・12 刑集 3・867	343

大判大 14・1・22 刑集 3・921	706
大判大 14・6・9 刑集 4・378	755
大判大 14・10・16 刑集 4・613	348
大判大 15・6・19 刑集 5・267	60
大判昭 2・7・21 刑集 6・357	438
大判昭 3・4・6 刑集 7・291	203
大判昭 4・2・9 刑集 8・59	438
大判昭 4・4・11 新聞 3006・15	24, 201, 775
大判昭 4・5・16 刑集 8・251	259
大判昭 4・12・4 刑集 8・609	802
大判昭 5・2・7 刑集 9・2・51	116
大判昭 5・11・4 新聞 3210・14	494
大判昭 6・7・8 刑集 10・319	259
大判昭 6・10・29 刑集 10・511	260
大判昭 6・11・13 刑集 10・597	348
大判昭 6・12・3 刑集 10・682	484
大判昭 7・1・25 刑集 11・1	209, 344
大判昭 7・3・24 刑集 11・296	269
大判昭 7・9・12 刑集 11・1317	23
大判昭 8・3・9 刑集 12・232	348
大判昭 8・5・4 刑集 12・538	565
大判昭 8・6・5 刑集 12・736	393
大判昭 8・6・29 刑集 12・1001	287
大判昭 8・10・16 刑集 12・1807	127
大判昭 8・11・6 刑集 12・1471	377
大判昭 8・11・21 刑集 12・2072	524
大判昭 9・6・13 刑集 13・747	348, 696
大判昭 9・8・27 刑集 13・1086	424
大判昭 9・9・27 刑集 12・1654	68
大判昭 9・10・19 刑集 13・1473	352
大判昭 10・5・13 刑集 14・514	257
大判昭 10・10・24 刑集 14・1267	227, 461, 596
大判昭 11・1・30 刑集 15・34	266
大判昭 11・2・14 刑集 15・113	158
大判昭 11・5・2 刑集 15・551	705
大判連昭 11・5・28 刑集 15・715	155
大判昭 11・12・7 刑集 15・1561	476
大判昭 12・3・10 刑集 16・299	89
大判昭 13・2・28 刑集 17・125	381
大判昭 13・3・11 刑集 17・237	679, 711
大判昭 13・11・18 刑集 17・839	352, 407
大判昭 14・8・21 刑集 18・457	364
大判昭 15・4・2 刑集 19・181	158
大判昭 15・8・22 刑集 19・540	793
大判昭 16・3・15 刑集 20・263	288, 461, 596
大判昭 16・11・11 刑集 20・598	260
大判昭 18・5・8 刑集 22・130	139
大判昭 19・2・8 刑集 23・1	334
大判昭 20・5・1 刑集 24・1	348

[控訴院]

長崎控判明 42・12・13 新聞 614・10	705

[朝鮮高等法院]

朝高院判大 11・9・21 法律〔学説判例〕評論全集 11・刑法 300	597

[最高裁判所]

最判昭 23・2・6 刑集 2・2・23	377
最判昭 23・3・9 刑集 2・3・140	260
最判大昭 23・3・12 刑集 2・3・191	324, 330, 331, 753
最判昭 23・3・27 刑集 2・3・268	301
最判昭 23・4・8 刑集 2・4・307	493
最判昭 23・4・17 刑集 2・4・399	487
最判昭 23・4・17 刑集 2・4・364	514
最判大昭 23・5・5 刑集 2・5・447	441
最判大昭 23・5・26 刑集 2・6・529	690
最判昭 23・5・29 刑集 2・5・521	63
最判昭 23・6・5 刑集 2・7・641	687
最判昭 23・6・8 裁判集刑 2・329	350
最判大昭 23・6・23 刑集 2・7・734	426
最判大昭 23・6・30 刑集 2・7・777	324, 331
最判昭 23・7・19 刑集 2・8・952	426
最判昭 23・7・29 刑集 2・9・1076	261
最判昭 23・7・29 刑集 2・9・1045	415
最決大昭 23・7・29 刑集 2・9・1115	787
最判昭 23・10・6 刑集 2・11・1275	310
最判昭 23・10・30 刑集 2・11・1435	281
最判昭 23・11・2 刑集 2・12・1443	422
最判昭 23・11・4 刑集 2・12・1446	606
最判昭 23・11・9 刑集 2・12・1504	585
最判昭 23・11・16 刑集 2・12・1535	348
最判大昭 23・12・22 刑集 2・14・1853	458
最判昭 24・1・11 刑集 3・1・1	128
最判大昭 63・2・17 刑集 42・2・299	598
最判昭 24・2・8 刑集 3・2・75	258
最判昭 24・2・10 刑集 3・2・155	46, 565
最判昭 24・2・15 刑集 3・2・175	488
最判昭 24・2・22 刑集 3・2・221	388, 421
最判昭 24・3・8 刑集 3・3・276	689
最判昭 24・3・29 裁判集刑 8・455	63
最判昭 24・4・7 刑集 3・4・474	214
最判昭 24・5・14 刑集 3・6・721	342
最判大昭 24・5・18 裁判集刑 10・231	330

最判大昭 24・5・18 刑集 3・6・789 426	最判昭 26・5・25 刑集 5・6・1186 496
最判大昭 24・6・1 刑集 3・7・901 283	最判昭 26・6・1 刑集 5・7・1232 416, 778
最判昭 24・7・12 刑集 3・8・1237 223	最判昭 26・6・7 刑集 5・7・1236 157
最判昭 24・7・23 刑集 3・8・1373 486	最判昭 26・6・15 刑集 5・7・1277 394
最判昭 24・8・18 刑集 3・9・1465 161, 163, 288	最決昭 26・7・20 刑集 5・8・1571 579
	最判昭 26・7・26 刑集 5・8・1652 721
最判昭 24・10・1 刑集 3・10・1629 423, 478	最判昭 26・8・9 裁判集刑 51・363 165
最判昭 24・11・26 刑集 3・11・1850 348	最決昭 26・9・6 刑集 5・10・1895 662
最判昭 24・12・8 刑集 3・12・1915 96	最判昭 26・9・20 刑集 5・10・1937 580
最判昭 24・12・13 裁判集刑 15・349 19	最判昭 26・11・20 刑集 5・12・2408 661
最判昭 24・12・17 刑集 3・12・2028 154	最判昭 26・12・6 刑集 5・13・2485 131, 132
最判大昭 24・12・21 刑集 3・12・2048 753	最決昭 27・2・21 刑集 6・2・275 424
最判大昭 24・12・21 刑集 3・12・2062 310	最判昭 27・3・5 刑集 6・3・351 109
最判昭 24・12・22 刑集 3・12・2070 487	最判昭 27・3・28 刑集 6・3・546 269
最判昭 24・12・24 刑集 3・12・2114 257	最判大昭 27・4・9 刑集 6・4・584 134, 311
最判大昭 25・1・20 刑集 8・1・41 780	最判昭 27・5・6 刑集 6・5・736 415, 440
最判昭 25・2・1 刑集 4・2・100 661	最決昭 27・7・10 刑集 6・7・876 583
最判昭 25・2・24 刑集 4・2・255 423	最判昭 27・7・25 刑集 6・7・941 145
最判昭 25・2・28 刑集 4・2・268 265, 390	最判大昭 27・8・6 刑集 6・8・974 116
最判昭 25・3・6 刑集 4・3・308 426	最判昭 27・9・19 刑集 6・8・1083 149, 750
最判昭 25・3・15 刑集 4・3・371 103	最判昭 27・9・25 刑集 6・8・1093 189
最判大昭 25・3・15 刑集 4・3・355 426	最判昭 27・11・21 刑集 6・10・1223 574
最判昭 25・3・28 刑集 4・3・425 438	最判大昭 27・12・24 刑集 6・11・1363 322, 691
最判昭 25・3・31 刑集 4・3・469 605	
最判昭 25・4・21 刑集 4・4・655 116	最判昭 27・12・25 刑集 6・12・1387 158
最判昭 25・5・25 刑集 4・5・854 422	最判昭 28・1・22 刑集 7・1・8 438
最判昭 25・6・6 刑集 4・6・928 496	最判昭 28・1・23 刑集 7・1・30 60
最判昭 25・7・4 刑集 4・7・1168 687	最判昭 28・1・23 刑集 7・1・46 159
最判昭 25・9・27 刑集 4・9・1799 239	最決昭 28・2・17 刑集 7・2・237 786
最判大昭 25・9・27 刑集 4・9・1805 13, 213, 259, 598	最判昭 28・2・19 刑集 7・2・305 92
	最決昭 28・3・5 刑集 7・3・482 2, 42, 249
最判昭 25・10・3 刑集 4・10・1861 109	最判大昭 28・4・1 刑集 7・4・713 661
最判昭 25・10・4 刑集 4・10・1866 426	最判昭 28・4・14 刑集 7・4・850 63, 96
最判昭 25・10・10 刑集 4・10・1965 151	最決昭 28・4・25 刑集 7・4・881 335
最判昭 25・10・20 刑集 4・10・2115 268	最判昭 28・5・12 刑集 7・5・1011 789
最判大昭 25・11・8 刑集 4・11・2215 259	最判昭 28・5・14 刑集 7・5・1026 189
最判昭 25・11・9 刑集 4・11・2244 63	最判昭 28・6・12 刑集 7・6・1278 89
最判昭 25・11・15 刑集 4・11・2257 798	最判昭 28・6・19 刑集 7・6・1324 144
最判昭 25・11・21 刑集 4・11・2359 132	最判大昭 28・7・2 刑集 7・7・1562 496
最判昭 25・11・21 刑集 4・11・2351 763	最判昭 28・7・7 刑集 7・7・1441 144
最判大昭 25・11・29 刑集 4・11・2402 305	最判昭 27・8・6 刑集 6・8・974 407
最判昭 25・12・24 刑集 4・12・2621 251, 335	最判昭 28・9・25 刑集 7・9・1832 14
最判昭 26・3・8 刑集 5・4・495 692	最決昭 28・9・30 刑集 7・9・1866 394
最判昭 26・3・16 刑集 5・5・755 206	最判昭 28・10・2 刑集 7・10・1883 268
最判昭 26・3・20 刑集 5・5・794 268	最判昭 28・10・6 刑集 7・10・1888 461
最決昭 26・3・29 刑集 5・4・722 718	最判昭 28・10・9 刑集 7・10・1904 573
最判昭 26・4・27 刑集 5・5・947 268	最判昭 28・10・15 刑集 7・10・1934 93, 94
最判昭 26・5・10 刑集 5・6・1026 800	最判昭 28・11・10 刑集 7・11・2089 394

最決昭 28・11・20 刑集 7・11・2275	394	最判昭 30・12・26 刑集 9・14・3053	496
最判昭 28・11・27 刑集 7・11・2303	443	最判昭 31・1・19 刑集 10・1・67	496
最決大昭 28・12・12 刑集 7・13・2595	680	最決昭 31・3・6 刑集 10・3・282	705
最判昭 28・12・15 刑集 7・12・2436	450	最判昭 31・3・13 刑集 10・3・345	109
最決昭 28・12・17 刑集 7・12・2558	459	最判昭 31・3・27 刑集 10・3・387	759
最決昭 28・12・25 刑集 7・13・2721	689	最判昭 31・3・30 刑集 10・3・422	509
最判昭 29・3・2 刑集 8・3・217	12, 497	最判昭 31・4・12 刑集 10・4・540	498
最判昭 29・3・23 刑集 8・3・305	109	最判昭 31・4・13 刑集 10・4・567	352
最判昭 29・4・6 刑集 8・4・407	128	最判大昭 31・6・27 刑集 10・6・921	393
最判昭 29・4・27 刑集 8・4・555	592	最判昭 31・6・27 刑集 10・6・921	612
最決昭 29・4・28 刑集 8・4・596	139	最決昭 31・7・3 刑集 10・7・999	516
最決昭 29・5・20 刑集 8・5・692	495	最判昭 31・7・5 刑集 10・7・1020	691
最決昭 29・5・27 刑集 8・5・741	69	最判昭 31・7・17 刑集 10・7・1127	716
最決昭 29・6・2 刑集 8・6・794	306	最判大昭 31・7・18 刑集 10・7・1147	363
最決昭 29・5・6 刑集 8・5・634	352	最判大昭 31・7・18 刑集 10・7・1173	764
最決昭 29・6・24 刑集 8・6・977	799	最決昭 31・9・25 刑集 10・9・1382	115
最決昭 29・7・14 刑集 8・7・1100	498	最決昭 31・12・11 刑集 10・12・1605	
最判昭 29・7・14 刑集 8・7・1078	574		112, 221
最判昭 29・7・15 刑集 8・7・1137	439	最決昭 31・12・13 刑集 10・12・1629	144
最判昭 29・7・29 刑集 8・7・1217	134	最決大昭 31・12・24 刑集 10・12・1692	334
最判昭 29・7・30 刑集 8・7・1231	514	最決昭 31・12・25 刑集 10・12・1711	753
最決昭 29・8・20 刑集 8・8・1256	525	最決昭 32・1・17 刑集 11・1・23	768
最判昭 29・8・20 刑集 8・8・1277	712	最判昭 32・1・22 刑集 11・1・103	308
最判昭 29・9・24 刑集 8・9・1519	352	最判昭 32・1・24 刑集 11・1・270	496
最決昭 29・10・19 刑集 8・10・1600	394	最判昭 32・1・29 刑集 11・1・325	695
最判昭 29・10・19 刑集 8・10・1610	303, 418	最判大昭 32・2・20 刑集 11・2・802	459, 763
最判昭 29・11・5 刑集 8・11・1728	642	最判昭 32・2・26 刑集 11・2・906	202, 203
最判昭 29・11・11 刑集 8・11・1834	311	最判大昭 32・3・13 刑集 11・3・997	114, 549
最判大昭 29・11・24 刑集 8・11・1866	228	最判昭 32・4・4 刑集 11・4・1327	60
最判昭 29・12・24 刑集 8・13・2336	251	最決昭 32・4・25 刑集 11・4・1427	496
最判昭 30・1・11 刑集 9・1・8	661	最判昭 32・5・22 刑集 11・5・1526	245
最判昭 30・1・11・刑集 9・1・14	215	最判昭 32・5・24 刑集 11・5・1540	675
最判大昭 30・2・23 刑集 9・2・372	8	最判昭 32・6・21 刑集 11・6・1700	217
最判昭 30・3・17 刑集 9・3・500	661	最判昭 32・7・25 刑集 11・7・2037	768
最判昭 30・3・30 刑集 9・3・635	239	最決昭 32・8・20 刑集 11・8・2090	671
最判大昭 30・4・6 刑集 9・4・663	324, 331	最判昭 32・9・13 刑集 11・9・2263	258
最判昭 30・4・8 刑集 9・4・827	317	最決昭 32・9・26 刑集 11・9・2376	514
最判大昭 30・4・27 刑集 9・5・924	280	最判昭 32・10・3 刑集 11・10・2413	671
最決昭 33・5・27 刑集 12・8・1655	680	最判昭 32・10・4 刑集 11・10・2464	158
最決昭 30・6・22 刑集 9・8・1189	38, 749	最判昭 32・10・8 刑集 11・10・2487	12, 498
最決昭 30・7・7 刑集 9・9・1856	316, 756	最判大昭 32・10・9 刑集 11・10・2497	
最決昭 30・8・9 刑集 9・9・2008	315		445, 509
最決昭 30・9・13 刑集 9・10・2059	313	最判昭 32・10・15 刑集 11・11・2731	766
最決昭 30・10・14 刑集 9・11・2173	222	最判昭 32・10・18 刑集 11・10・2663	
最判昭 30・11・11 刑集 9・12・2438	330		324, 485
最判大昭 30・12・14 刑集 9・13・2760	162	最判昭 32・11・8 刑集 11・12・3061	496
最決昭 30・12・26 刑集 9・14・2996	334	最判大昭 32・11・27 刑集 11・12・3113	
最決昭 30・12・26 刑集 9・14・3011	252		156, 202, 724

最判大昭 32・11・27 刑集 11・12・3132 737	最判昭 35・7・14 刑集 14・9・1139 765
最判昭 32・12・24 刑集 11・14・3371 283	最判大昭 35・7・20 刑集 14・9・1243 228
最決昭 33・1・23 刑集 12・1・34 376, 736	最決昭 35・7・25 刑集 14・10・1307 722
最判昭 33・2・4 刑集 12・2・109 464	最判昭 35・9・8 刑集 14・11・1437
最判昭 33・2・13 刑集 12・2・218 442	218, 325, 350
最判昭 33・3・6 刑集 12・3・452 127	最判昭 35・9・9 刑集 14・11・1477 144, 707
最判昭 33・4・18 刑集 12・6・1090 156	最決昭 35・11・15 刑集 14・13・1677 12, 498
最判昭 33・4・30 民集 12・6・936 519	最判昭 35・12・8 刑集 14・13・1818
最判昭 33・5・6 刑集 12・7・1297 69	508, 532, 574
最判昭 33・5・20 刑集 12・7・1416 442	最判昭 35・12・16 刑集 14・14・1947
最判大昭 33・5・28 刑集 12・8・1718	754, 789
147, 155, 386, 769	最判昭 36・2・23 刑集 15・2・396 146, 595
最判昭 33・6・24 刑集 12・10・2286 789	最判昭 36・3・9 刑集 15・3・500 215
最判昭 33・9・9 刑集 12・13・2882 679, 711	最判昭 36・3・30 刑集 15・3・667 266
最判大昭 33・9・10 刑集 12・13・2897	最決昭 36・5・9 刑集 15・5・771 443, 588
468, 753	最判昭 36・5・26 刑集 15・5・893
最判昭 33・9・30 刑集 12・13・3151 267	218, 325, 350
最判昭 33・10・24 刑集 12・14・3368 583	最判昭 36・6・14 刑集 15・6・974 115
最判昭 33・11・4 刑集 12・15・3439 112	最判昭 36・6・20 刑集 15・6・984 240
最判昭 33・11・21 刑集 12・15・3519	最判昭 36・9・8 刑集 15・8・1309 29
106, 647	最判昭 36・9・26 刑集 15・8・1525 705
最決昭 34・2・6 刑集 13・1・49 516	最判昭 36・10・6 刑集 15・9・1567 671
最決昭 34・2・9 刑集 13・1・76 560	最判昭 36・10・10 刑集 15・9・1580 687
最判昭 34・2・13 刑集 13・2・101 609	最決昭 36・11・21 刑集 15・10・1764 502
最判昭 34・5・7 刑集 13・5・641 757	最判昭 36・12・1 刑集 15・11・1807 462
最判昭 34・5・22 刑集 13・5・773 363	最決昭 36・12・26 刑集 15・12・2956 680
最判昭 34・7・3 刑集 13・7・1075 612	最決昭 37・2・9 刑集 16・2・54 193
最決昭 34・7・3 刑集 13・7・1110 251, 336	最判昭 37・2・14 刑集 16・2・85 589
最決昭 34・7・24 刑集 13・8・1150 394	最判昭 37・2・22 刑集 16・2・203 80
最判昭 34・7・24 刑集 13・8・1163 651, 733	最判大昭 37・3・14 民集 16・3・537 795
最判大昭 34・8・10 刑集 13・9・1419	最判大昭 37・4・4 刑集 16・4・345 445
342, 745	最判大昭 37・4・4 刑集 16・4・345 509
最判昭 34・8・28 刑集 13・10・2906 336	最判大昭 37・5・2 刑集 16・5・495 764
最判昭 34・9・22 刑集 13・11・2985 107	最判昭 37・5・19 刑集 16・6・609 766
最判昭 34・10・26 刑集 13・11・3046 614	最決昭 37・11・8 刑集 16・11・1522 780
最判昭 34・11・24 刑集 13・12・3089	最決昭 37・11・21 刑集 16・11・1570 33
386, 616, 789	最判大昭 37・11・28 刑集 16・11・1593 221
最判大昭 34・12・9 刑集 13・12・3186 803	最判大昭 37・11・28 刑集 16・11・1633
最判大昭 34・12・16 刑集 13・13・3225 602	46, 499, 611, 769
最決昭 35・1・12 刑集 14・1・9 705	最判昭 38・3・15 刑集 17・2・23 577
最判大昭 35・1・27 刑集 14・1・33 356	最判大昭 38・5・22 刑集 17・4・370 739
最判昭 35・2・9 刑集 14・1・82 189	最判昭 38・9・12 刑集 17・7・661 641
最判昭 35・3・1 刑集 14・3・209 266	最判昭 38・10・17 刑集 17・10・1795
最判昭 35・3・18 刑集 14・4・416 144	445, 472, 573, 661, 662
最決昭 35・4・15 刑集 14・5・591 320	最決昭 38・11・8 刑集 17・11・2357 584
最判昭 35・4・26 刑集 14・6・748 336, 487	最判昭 38・12・24 刑集 17・12・2485 695
最判昭 35・6・10 刑集 14・7・973 426	最判昭 39・1・23 刑集 18・1・1 612
最判昭 35・6・24 刑集 14・8・1103 139	最決昭 39・1・28 刑集 18・1・31 713

最決昭 39・3・11 刑集 18・3・99	696
最決昭 39・5・7 刑集 18・4・136	692
最判昭 39・11・24 刑集 18・9・610	219
最判大昭 39・11・25 刑集 18・9・669	250
最決昭 39・12・3 刑集 18・10・698	742
最決昭 40・3・9 刑集 19・2・69	352
最決昭 40・3・26 刑集 19・2・83	156
最決昭 40・3・30 刑集 19・2・125	149, 750
最決昭 40・4・16 刑集 19・3・143	48
最決昭 40・4・21 刑集 19・3・166	394
最判大昭 40・4・28 刑集 19・3・204	13, 598
最判大昭 40・4・28 刑集 19・3・270	442
最判大昭 40・7・14 刑集 19・5・525	729
最判昭 40・11・2 刑集 19・8・797	377
最決昭 41・3・24 刑集 20・3・129	268
最判昭 41・4・8 刑集 20・4・207	496
最決昭 41・4・14 判時 449・64	269
最決昭 41・6・10 刑集 20・5・374	219
最決昭 41・7・7 刑集 20・6・554	92, 285
最判大昭 41・7・13 刑集 20・6・609	789
最判昭 41・7・21 刑集 20・6・696	249
最決昭 41・7・26 刑集 20・6・728	776
最決昭 41・9・16 刑集 20・7・790	193
最決昭 41・10・19 刑集 20・8・864	272
最判大昭 41・10・26 刑集 20・8・901	577, 587
最決昭 41・11・22 刑集 20・9・1035	580, 776, 791
最判大昭 41・11・30 刑集 20・9・1076	158, 268
最判昭 41・12・20 刑集 20・10・1212	463
最判昭 42・2・23 刑集 21・1・313	612
最判昭 42・3・7 刑集 21・2・417	149, 751
最判昭 42・5・24 刑集 21・4・505	269
最判昭 42・5・25 刑集 21・4・705	251
最決昭 42・5・26 刑集 21・4・710	287, 582
最判大昭 42・7・5 刑集 21・6・748	221, 776, 789
最判昭 42・10・13 刑集 21・8・1097	463
最決昭 42・10・24 刑集 21・8・1116	699
最判昭 42・11・2 刑集 21・9・1179	684
最判昭 42・11・28 刑集 21・9・1299	247
最判昭 42・12・19 刑集 21・10・1407	671
最決昭 42・12・21 刑集 21・10・1453	323
最決昭 43・1・18 刑集 22・1・7	450
最決昭 43・1・18 刑集 22・1・32	219
最判大昭 43・2・8 刑集 22・2・55	740
最決昭 43・6・5 刑集 22・6・427	795
最決昭 43・6・6 刑集 22・6・434	316, 595
最決昭 34・7・24 刑集 13・8・1163	124
最判大昭 43・9・25 刑集 22・9・871	560
最決昭 43・10・15 刑集 22・10・901	2
最決昭 43・10・24 刑集 22・10・946	299
最判昭 43・10・25 刑集 22・11・961	539, 709, 766
最決昭 43・11・14 刑集 22・12・1343	692
最決昭 43・11・26 刑集 22・12・1352	376
最決昭 43・12・11 刑集 22・13・1469	128
最判昭 43・12・24 刑集 22・13・1625	524, 660
最決昭 44・3・18 刑集 23・3・153	126, 541
最判大昭 44・4・2 刑集 23・5・305	586
最判大昭 44・4・2 刑集 23・5・685	493
最決昭 44・4・25 刑集 23・4・248	412, 588
最決昭 44・6・25 刑集 23・7・975	450, 758
最決昭 44・7・17 刑集 23・8・1061	89
最決昭 44・9・11 刑集 23・9・1100	680
最決大昭 44・10・1 刑集 23・10・1161	252, 338
最判大昭 44・10・15 刑集 23・10・1239	1
最決昭 44・10・16 刑集 23・10・1359	50
最決昭 44・10・31 刑集 23・10・1465	317
最決大昭 44・11・26 刑集 23・11・1490	610
最決昭 44・12・4 刑集 23・12・1573	477
最決昭 44・12・5 刑集 23・12・1583	249
最決昭 44・12・24 刑集 23・12・1625	269, 377
最判昭 45・1・29 刑集 24・1・1	173
最判昭 45・3・26 刑集 24・3・55	323
最判昭 45・4・24 刑集 24・4・153	764
最判昭 45・6・19 刑集 24・6・299	418
最判昭 45・7・28 刑集 24・7・585	233, 352
最判昭 45・7・31 刑集 24・8・597	600
最判大昭 45・10・21 民集 24・11・560	687
最判大昭 45・11・25 刑集 24・12・1670	147
最決昭 45・12・3 刑集 24・13・1707	128
最決昭 45・12・22 刑集 24・13・1812	268
最決昭 46・3・23 刑集 25・2・177	408
最決大昭 46・3・24 刑集 25・2・293	252, 254, 258, 335
最判昭 46・4・22 刑集 25・3・451	589
最決昭 46・4・22 刑集 25・3・530	103
最決昭 46・6・17 刑集 25・4・567	699
最決昭 46・7・30 刑集 25・5・756	330
最決昭 46・11・12 裁判集刑 182・27	7, 400
最判昭 46・11・16 刑集 25・8・996	344, 476

最判昭 47・3・9 刑集 26・2・151	613
最判昭 47・3・14 刑集 26・2・187	128
最決昭 47・3・16 判時 661・6	574
最判昭 47・6・2 刑集 26・5・317	219, 320
最決昭 47・7・25 刑集 26・6・366	499
最判昭 47・10・24 刑集 26・8・455	283
最判昭 47・11・16 刑集 26・9・515	680
最判大昭 47・11・22 刑集 26・9・554	764
最判大昭 47・12・20 刑集 26・10・631	179, 458, 533, 760
最決昭 48・2・8 刑集 27・1・1	129
最判昭 48・3・15 刑集 27・2・115	240
最判昭 48・3・15 刑集 27・2・128	498
最判昭 48・3・22 刑集 27・2・167	62
最判大昭 48・4・4 刑集 27・3・265	356, 522, 642
最判昭 48・4・17 判時 701・115	747
最判大昭 48・4・25 刑集 27・4・547	495, 587
最判大昭 48・4・25 刑集 27・3・418	798
最決昭 48・10・8 刑集 27・9・1415	115
最判昭 48・12・13 判時 725・104	270
最判昭 49・3・1 民集 28・2・135	773
最判昭 49・3・13 刑集 28・2・1	588, 680
最決昭 49・4・1 刑集 28・3・17	680
最判大昭 49・5・29 刑集 28・4・114	96
最判大昭 49・5・29 刑集 28・4・151	96
最判大昭 49・5・29 刑集 28・4・168	96
最決昭 49・5・31 裁判集刑 192・571	381
最判大昭 49・11・6 刑集 28・9・393	17, 324, 356, 444
最判昭 50・4・3 刑集 29・4・63	773
最決昭 50・5・20 刑集 29・5・177	303, 306, 418, 445
最決昭 50・5・30 刑集 29・5・360	658
最決昭 50・6・12 刑集 29・6・365	584
最判大昭 50・9・10 刑集 29・8・489	228, 611, 676
最判昭 50・11・28 刑集 29・10・983	344, 476
最決昭 50・12・4 裁判集刑 198・723	523
最判昭 51・2・6 刑集 30・1・1	522
最判昭 51・3・4 刑集 30・2・79	381
最決昭 51・3・16 刑集 30・2・187	140, 603
最決昭 51・4・1 刑集 30・3・425	606
最決昭 51・4・30 刑集 30・3・453	694, 793
最判大昭 51・5・21 刑集 30・5・1178	495, 587
最決昭 51・9・14 刑集 30・8・1611	641
最判大昭 51・9・22 刑集 30・8・1640	96
最決昭 51・10・12 刑集 30・9・1673	305, 445
最判昭 51・11・4 刑集 30・10・1887	615
最決昭 52・3・25 刑集 31・2・96	464, 640
最判大昭 52・5・4 刑集 31・3・182	587, 597
最判昭 52・5・6 刑集 31・3・544	129
最決昭 52・7・21 刑集 31・4・747	344
最決昭 52・8・9 刑集 31・4・821	323
最判昭 52・8・25 刑集 31・4・803	680
最判昭 52・12・19 刑集 31・7・1053	666
最判昭 52・12・22 刑集 31・7・1176	801
最決昭 53・2・16 刑集 32・1・47	614
最判昭 53・2・28 刑集 32・1・83	252, 516
最決昭 53・3・24 刑集 32・2・408	454
最決昭 53・5・31 刑集 32・3・457	56, 475
最決昭 53・6・20 刑集 32・4・670	439
最決昭 53・6・28 刑集 32・4・724	104, 640
最決昭 53・6・29 刑集 32・4・816	268
最判昭 53・7・7 刑集 32・5・1011	691
最判昭 53・7・10 民集 32・5・820	486
最判昭 53・7・18 刑集 32・5・1055	669
最判昭 53・7・28 刑集 32・5・1068	723
最判昭 53・9・4 刑集 32・6・1077	40, 574
最判昭 53・9・4 刑集 32・6・1652	40
最判昭 53・9・7 刑集 32・6・1672	19, 352, 439, 761
最決昭 53・9・22 刑集 32・6・1774	439
最判昭 53・10・20 民集 32・7・1367	289
最決昭 54・1・10 刑集 33・1・1	268
最判昭 54・4・13 刑集 33・3・179	151, 618
最判昭 54・7・2 刑集 33・5・416	281
最判昭 54・7・31 刑集 33・5・494	589
最判昭 54・11・19 刑集 33・7・710	260, 334
最判昭 54・12・14 刑集 33・7・917	669
最判昭 55・3・4 刑集 34・3・89	394
最判昭 55・7・15 判時 972・129	444
最決昭 55・9・22 刑集 34・5・272	358
最決昭 55・10・23 刑集 34・5・300	92, 138, 219, 295, 309, 459, 523
最決昭 55・10・30 刑集 34・5・357	421, 688, 791
最決昭 55・11・7 刑集 34・6・381	791
最判昭 55・11・13 刑集 34・6・396	647
最判昭 55・11・28 刑集 34・6・433	776
最決昭 55・12・4 刑集 34・7・499	692
最決昭 55・12・17 刑集 34・7・672	248, 520
最決昭 56・4・8 刑集 35・3・57	364
最決昭 56・4・16 刑集 35・3・84	204, 450
最決昭 56・4・25 刑集 35・3・116	499

最判昭 56・6・26 刑集 35・4・426	249
最決昭 57・1・28 刑集 36・1・1	267, 590
最決昭 57・4・2 刑集 36・4・503	589
最決昭 57・5・25 判時 1046・15	34
最決昭 57・7・16 刑集 36・6・695	155
最決昭 57・8・27 刑集 36・6・726	529
最判昭 58・4・8 刑集 37・3・215	381
最決昭 58・5・6 刑集 37・4・375	46
最決昭 58・5・9 刑集 37・4・401	193
最決昭 58・6・23 刑集 37・5・555	129
最決昭 58・6・30 刑集 37・5・592	215
最決昭 58・7・8 刑集 37・6・609	331
最決昭 58・9・13 判時 1100・156	454, 471
最決昭 58・9・21 刑集 37・7・1070	469
最決昭 58・9・22 判時 1089・17	345
最決昭 58・11・1 刑集 37・9・1341	679, 757
最決昭 58・11・24 刑集 37・9・1538	240
最決昭 58・12・13 刑集 37・10・1581	376
最決昭 58・12・19 刑集 37・10・1753	388
最決昭 59・1・27 刑集 38・1・136	13
最決昭 59・2・17 刑集 38・3・336	364
最決昭 59・2・24 刑集 38・4・1287	684
最決昭 59・2・29 刑集 38・3・479	603
最決昭 59・3・27 刑集 38・5・2037	133
最決昭 59・5・8 刑集 38・7・2621	158
最決昭 59・7・3 刑集 38・8・2783	454, 484
最決昭 59・7・6 刑集 38・8・2793	699
最決昭 59・9・20 刑集 38・9・2810	335
最判昭 59・12・12 民集 38・12・1308	88
最決昭 59・12・21 刑集 38・12・3071	133, 326, 377, 451, 651
最決昭 60・2・8 刑集 39・1・15	588
最決昭 60・3・28 刑集 39・2・75	652
最決昭 60・7・16 刑集 39・5・245	267
最決昭 60・7・19 判時 1158・28	191
最決昭 60・7・19 訟月 32・5・936, 判時 1158・28	567
最決昭 60・9・10 判時 1165・183	531
最決昭 60・9・12 刑集 39・6・275	476
最決昭 60・10・21 刑集 39・6・362	349
最判大昭 60・10・23 刑集 39・6・413	393, 471, 675
最決昭 60・10・32 刑集 39・6・362	157
最決昭 60・12・12 刑集 39・8・547	754
最判昭 61・4・25 刑集 40・3・215	19
最決昭 61・6・9 刑集 40・4・269	244
最決昭 61・7・18 刑集 40・5・438	487
最決昭 61・11・18 刑集 40・7・523	711
最決昭 62・3・3 刑集 41・2・60	380
最決昭 62・3・12 刑集 41・2・140	268
最決昭 62・3・24 刑集 41・2・173	749
最決昭 62・3・26 刑集 41・2・182	91
最決昭 62・4・10 刑集 41・3・221	496
最決昭 62・9・22 刑集 41・6・255	663
最決昭 62・9・30 刑集 41・6・297	671
最決昭 63・1・19 刑集 42・1・1	538, 733
最決昭 63・2・17 刑集 42・2・299	533, 702
最決昭 63・2・29 刑集 42・2・314	170, 249, 525
最決昭 63・5・11 刑集 42・5・807	699
最決昭 63・9・16 刑集 42・7・1051	19
最決昭 63・10・25 刑集 42・8・1100	251
最決昭 63・10・27 刑集 42・8・1109	463, 663
最決平 1・2・17 刑集 43・2・81	240
最判大平 1・3・8 民集 43・2・89	232, 716, 721
最判平 1・3・10 刑集 43・3・188	268
最判平 1・3・14 刑集 43・3・26	774
最判平 1・6・26 刑集 43・6・567	146
最判平 1・6・29 民集 43・6・664	289
最決平 1・7・4 刑集 43・7・581	603
最決平 1・7・7 刑集 43・7・607	336, 487, 488
最決平 1・7・14 刑集 43・7・641	218
最判平 2・2・16 裁判集刑 254・113	179
最判平 2・4・24 刑集 44・3・301	588
最判平 2・6・27 刑集 44・4・385	219
最判平 2・7・20 民集 44・5・938	289
最決平 2・11・16 刑集 44・8・744	65, 95
最決平 2・11・20 刑集 44・8・37	699
最決平 2・11・29 刑集 44・8・871	95
最決平 3・2・28 刑集 45・2・77	240
最決平 3・4・5 刑集 45・4・171	107, 571, 692, 768
最決平 3・7・16 刑集 45・6・201	138
最判平 3・11・14 刑集 45・8・221	95
最決平 4・2・18 刑集 46・2・1	318
最決平 4・6・5 刑集 46・4・245	143
最判平 4・7・10 判時 1430・145	774
最決平 4・12・17 刑集 46・9・683	699
最判平 5・1・25 民集 47・1・310	290
最判平 5・5・31 刑集 47・6・1	516
最決平 5・10・19 刑集 47・8・67	591
最判平 5・11・25 刑集 47・9・242	95
最決平 6・6・30 刑集 48・4・21	582
最決平 6・7・19 刑集 48・5・190	457
最決平 6・9・16 刑集 48・6・420	19, 309, 439

最決平 6・11・29 刑集 48・7・453　364
最判大平 7・2・22 刑集 49・2・1
　　　　　　　　　　　　147, 438, 799
最判平 7・2・22 刑集 49・2・465　188
最決平 7・2・28 刑集 49・2・481
　　　　　　　　　　　265, 514, 516
最判平 7・3・27 刑集 49・3・525　281, 661
最判平 7・4・12 刑集 49・4・609　7, 400
最判平 7・5・30 刑集 49・5・703　19
最判平 7・6・20 刑集 49・6・741　134, 215
最決平 8・1・29 刑集 50・1・1　400
最判平 8・3・8 民集 50・3・408　289
最判平 8・11・18 刑集 50・10・745　642
最決平 9・1・28 刑集 51・1・1　418
最判平 9・9・18 刑集 51・8・571　433, 691
最決平 9・10・21 刑集 51・9・755　217
最判平 10・3・12 刑集 52・2・17　265, 514
最決平 10・7・14 刑集 52・5・343　193
最決平 10・11・4 刑集 52・8・542　193
最判大平 11・3・24 民集 53・3・514
　　　　　　　　　　　126, 486, 541
最決平 11・12・16 刑集 53・9・1327　795
最決平 12・7・17 刑集 54・6・550　58, 566

[高等裁判所]
東京高判昭 23・10・16 高刑 1 追録 18　112
東京高判昭 24・7・29 高刑 2・1・53　196
東京高判昭 24・12・10 高刑 2・3・303　615
名古屋高金沢支判昭 25・2・24 判特 7・36
　　　　　　　　　　　　　　　　　786
福岡高裁宮崎支判昭 25・5・10 判特 9・120
　　　　　　　　　　　　　　　　　615
名古屋高判昭 25・5・27 判特 11・48　786
広島高松江支判昭 25・7・3 高刑 3・2・247
　　　　　　　　　　　　　　　　　145
福岡高判昭 25・7・11 判特 11・143　786
東京高判昭 25・7・20 判特 12・34　302
名古屋高判昭 25・7・29 判特 11・97　777
東京高判昭 25・9・14 高刑 3・3・407　146
大阪高判昭 25・10・21 判時 15・83　658
広島高判昭 25・10・28 判特 14・151　777
東京高判昭 25・11・9 判特 15・23　351
名古屋高判昭 25・11・14 高刑 3・4・748　487
広島高判昭 25・12・26 高刑 3・4・692　13
仙台高秋田支判昭 26・4・11 判特 22・227
　　　　　　　　　　　　　　　　　442
大阪高判昭 26・12・24 高刑 4・12・1674　146
仙台高判昭 27・4・5 高刑 5・4・549　759
広島高判昭 27・5・26 判特 20・72　212
仙台高判昭 27・9・15 刑集 5・11・1820　106
東京高判昭 27・9・30 判特 37・28　442
東京高判昭 27・11・15 高刑5・12・2201　786
東京高判昭 27・12・18 高刑5・12・2314　245
広島高判昭 28・10・5 高刑 6・9・1261　352
東京高判昭 28・11・25 判特 39・202　19
東京高判昭 28・12・14 判時 39・221　162
仙台高判昭 28・12・22 判時 16・1　744
広島高判昭 29・6・30 高刑 7・6・944　106
東京高判昭 29・9・7 高刑 7・8・1286
　　　　　　　　　　　　　　461, 574
大阪高判昭 30・5・16 高刑 8・4・545　555
名古屋高判昭 30・6・21 高刑特 2・13・657
　　　　　　　　　　　　　　　　　282
広島高岡山支判昭 30・11・15 高刑特 2・22・1173
　　　　　　　　　　　　　　　　　100
福岡高判昭 31・4・14 高刑特 3・8・409　749
東京高判昭 31・5・8 判タ 9・5・425　739
大阪高判昭 31・6・19 高刑特 3・12・631　19
大阪高判昭 32・1・30 高刑 10・1・17　189
大阪高判昭 32・7・22 高刑 10・6・521　269
大阪高判昭 32・9・13 高刑 10・7・602　756
東京高判昭 33・3・4 高刑 11・2・67　421
仙台高判昭 33・6・30 判時 166・5　532
福岡高宮崎支判昭 33・9・9 高刑特 5・9・393
　　　　　　　　　　　　　　　　　774
広島高判昭 34・2・27 高刑 12・1・36　406
名古屋高判昭 34・3・24 下刑 1・3・529　106
広島高判昭 34・9・23 判時 201・10　766
東京高判昭 34・12・2 東高刑時報 10・12・435
　　　　　　　　　　　　　　　　　406
東京高判昭 34・12・7 高刑 12・10・980　189
東京高判昭 35・2・1 東高刑時報 11・2・9
　　　　　　　　　　　　　　　　　555
東京高判昭 35・2・13 下刑 2・2・113　555
東京高判昭 35・2・22 東高刑時報 11・2・43
　　　　　　　　　　　　　　　　　317
広島高判昭 35・6・9 高刑 13・5・399　287
東京高判昭 35・12・27 下刑 2・11 = 12・1375
　　　　　　　　　　　　　　　　　742
広島高判昭 36・7・10 高刑 14・5・310
　　　　　　　　　　　　　　167, 664
仙台高判昭 36・8・8 判時 275・6　745
名古屋高判昭 36・11・27 高刑 14・9・635
　　　　　　　　　　　　　　　　　780
東京高判昭 37・1・23 下刑 4・1 = 2・16　385
東京高判昭 37・11・9 下刑 4・11 = 12・980

	268
名古屋高判昭 37・12・22 高刑 15・9・674	
	6,575
東京高判昭 38・1・21 高刑 16・1・1	560
大阪高判昭 38・1・22 高刑 16・2・177	780
大阪高判昭 38・9・6 高刑 16・7・526	358
仙台高判昭 38・9・12 判時 346 号 6 頁	745
東京高判昭 38・11・21 高刑 16・8・573	801
札幌高判昭 40・3・20 高刑 18・2・117	540
広島高判昭 40・8・30 判時 432・10	766
大阪高判昭 40・12・17 高刑 18・7・877	684
東京高判昭 41・1・27 下刑 8・1・11	212
東京高判昭 41・5・10 高刑 19・3・356	19
東京高判昭 42・3・6 高刑 20・2・85	376
広島高判昭 43・2・14 判時 528・3	600
大阪高判昭 43・7・25 判時 525・3	465
大阪高判昭 44・10・17 判タ 244・290	351
大阪高決昭 45・1・19 高刑 23・1・1	190
福岡高判昭 45・10・30 刑月 2・10・1068	610
東京高判昭 45・11・11 高刑 23・4・759	
	475,558
広島高判昭 46・12・14 判時 694・16	600
仙台高判昭 47・1・25 刑月 4・1・14	523
広島高岡山支判昭 47・5・12 判タ 280・348	377
東京高判昭 47・11・21 高刑 25・5・479	
	574,758
東京高決昭 48・1・31 判時 723・100	306
東京高判昭 48・10・16 刑月 5・10・1378	305
東京高判昭 49・10・31 高刑 27・5・474	323
東京高判昭 49・11・26 高刑 27・7・653	523
福岡高判昭 50・3・11 刑月 7・3・143	523
大阪高判昭 50・8・27 高刑 28・3・321	13
大阪高判昭 50・11・19 判時 813・102	162
大阪高判昭 50・12・19 高刑 28・4・525	
	322,692
東京高判昭 51・1・23 判時 818・107	69
札幌高判昭 51・3・18 高刑 29・1・78	
	95,453,463,774
福岡高判昭 51・5・26 高刑 29・2・284	555
東京高判昭 51・7・20 高刑 29・3・429	56
大阪高決昭 52・3・17 判時 850・13	658
東京高判昭 52・5・4 判時 861・122	423
大阪高判昭 52・5・30 高刑 30・2・242	317
東京高判昭 52・6・14 高刑 30・3・341	248
東京高判昭 52・12・20 高刑 30・4・423	498
東京高判昭 54・5・30 刑月 11・5・410	301
東京高判昭 54・7・19 東高刑時報 30・7・103	531
東京高判昭 54・8・23 判時 958・131	759
福岡高決昭 54・9・27 高刑 32・2・186	761
東京高判昭 55・2・1 判時 960・8	479
広島高松江支判昭 55・2・4 判時 963・3	249
東京高判昭 56・4・1 刑月 13・4=5・341	
	527,555
福岡高判昭 56・9・21 刑月 13・8=9・35	
	44,171
福岡高判昭 56・9・21 刑月 13・8=9・527	
	323
福岡高判昭 57・9・6 高刑 35・2・85	453
札幌高判昭 58・5・24 高刑 36・2・67	536
大阪高判昭 58・8・26 判時 1102・155	684
大阪高判昭 59・4・19 高刑 37・1・98	702
東京高判昭 59・4・27 高刑 37・2・153	276
東京高判昭 59・4・27 高刑 37・2・153	365
東京高判昭 59・5・9 高刑 37・2・298	336
東京高判昭 59・7・18 高刑 37・2・360	
	161,450
東京高判昭 59・11・19 判タ 544・251	323
大阪高判昭 60・12・18 判時 1201・93	212
福岡高判昭 61・3・6 判時 1193・152	351
札幌高判昭 61・3・24 高刑 39・1・8	536
福岡高判昭 61・4・28 刑月 18・4・294	702
名古屋高判昭 61・9・30 高刑 39・4・371	60
東京高判昭 62・5・25 判タ 646・216	377
広島高松江支判昭 62・6・18 判時 1234・154	233
大阪高判昭 62・7・10 高刑 40・3・720	406
名古屋高判昭 62・9・7 判タ 653・228	13
東京高判昭 62・9・16 判時 1294・143	173
東京高判昭 63・4・1 判時 1278・152	377
東京高判平 1・2・27 高刑 42・1・87	300
東京高判平 2・2・20 高刑 43・1・11	364
東京高判平 2・11・29 高刑 43・3・202	
	49,109,741
東京高判平 3・9・18 高刑 44・3・187	741
東京高判平 3・12・26 判タ 787・272	45,171
高松高判平 4・4・30 判タ 789・272	193
東京高判平 4・9・2 訟月 39・6・1053	49,564
東京高判平 4・10・15 高刑 45・3・85	219
東京高判平 4・10・15 高刑 45・3・85	563
東京高判平 5・2・3 外国人犯罪裁判例集 55	49,564
東京高判平 5・2・3 東高刑時報 44・1〜12・11	368
東京高判平 5・4・5 高刑 46・2・35	364

東京高判平 5・5・21 高刑 46・2・108　　685
名古屋高判平 8・1・31 判タ 908・262　　192
東京高判平 8・3・6 高刑 49・1・43　　795
広島高岡山支判平 8・5・22 判時 1572・
　150　　694
福岡高判平 8・6・25 判時 1580・150　　555
高松高判平 9・11・25 判時 1653・117
　　　　　　　　　　　　　　368, 395

[地方・簡易裁判所]
熊本地八代支判昭 25・3・23 (未登載)　760
東京地判昭 25・7・24 刑集 9・4・663　　567
福島地判昭 25・12・6 (未登載)　　744
山口地岩国支判昭 27・6・2 判時 127・53
　　766
東京地判昭 29・5・11 判時 26・3　　739
福島地平支判昭 30・8・18 判時 62・1　　532
東京地判昭 30・10・31 判時 69・27　　60
徳島地判昭 31・4・18 (未登載)　　587
東京地判昭 31・5・14 判時 76・2　　742
熊本地八代支決判昭 31・8・10 (未登載)　760
仙台地古川支判昭 32・10・29 (未登載)　745
大阪地判昭 33・8・20 判時 159・6　　395
東京地判昭 34・3・30 下刑 1・3・776　　602
東京地決判昭 35・5・2 判時 222・6　　531
東京地判昭 36・3・27 判時 255・7　　602
名古屋地判昭 36・4・28 下刑 3・3 = 4・
　378　　780
山口地判昭 37・6・15 下刑 4・5=6・524　600
大阪地決昭 38・4・27 下刑 5・3=4・444　301
大阪地判昭 38・6・22 判時 357・13　　465
浦和地判昭 39・3・11 下刑 6・3=4・206　323
大森簡判昭 40・4・5 下刑 7・4・596　　249
静岡地判昭 40・4・22 下刑 7・4・623　　791
東京地判昭 40・6・26 下刑 7・6・1275　739
東京地判昭 40・9・30 下刑 7・9・1828
　　　　　　　　　　　　　　124, 651
鳥取地判昭 42・3・7 下刑 9・3・375　　486
岡山地判昭 43・10・8 判タ 232・230　　733
福岡地判昭 44・4・11 刑月 1・4・411　　610
金沢地七尾支判昭 44・6・3 刑月 1・6・
　657　　702
東京地判昭 45・1・28 高刑 25・5・698　　758
大阪地判昭 46・9・9 判時 662・101　　536
京都地判昭 47・1・26 刑月 4・1・189　　555
久慈簡判昭 48・5・23 刑集 23・12・1606　249
徳島地判昭 48・11・28 刑月 5・11・1473
　　　　　　　　　　　　　　95, 453
徳島地判昭 48・11・28 判時 721・7　　765
東京地判昭 49・1・31 刑月 6・1・37　　56
東京地判昭 49・4・25 判時 744・37　　160
東京地決昭 49・12・9 刑月 6・12・1270　702
福島地郡山支判昭 50・3・29 刑月 7・3・
　425　　95
神戸地判昭 50・4・11 判時 793・109　　759
東京地判昭 51・2・20 判時 817・126　　702
大阪地判昭 51・4・17 判時 834・11　　588
松江地判昭 51・11・2 刑月 8・11 = 12・
　495　　146
高松地決昭 54・6・7 刑月 11・6・700　　306
大阪地堺支判昭 54・6・22 刑月 11・6・
　584　　802
仙台地決昭 54・12・6 刑月 11・12・1632　745
東京地判昭 55・3・26 判時 968・27　　761
熊本地八代支見解昭 55・6・5 刑月 13・
　6 = 7・482　　761
徳島地決昭 55・12・13 刑月 12・12・1285
　　587
神戸地決昭 56・3・10 判時 1016・138　　702
横浜地判昭 56・7・17 判時 1011・142　　407
福井地判昭 56・8・31 刑月 13・8 = 9・547
　　317
東京地判昭 57・11・17 法と民主主義
　179・37　　718
熊本地八代支判昭 58・7・15 判時 1090・
　21　　761
高松地判昭 59・3・12 判時 1127・79　　306
東京地判昭 59・6・22 刑月 16・5 = 6・467
　　423
東京地判昭 59・6・28 刑月 16・5 = 6・476
　　　　　　　　　　　　　　421, 487
仙台地判昭 59・7・11 判時 1127・79　　745
福岡地判昭 59・8・30 判時 1152・182　　478
千葉地佐倉支決昭 60・3・29 判時 1148・
　107　　252
東京地決昭 60・5・30 判時 1152・28
　　　　　　　　　　　　　　191, 567
東京地決昭 60・5・30 訟月 32・1・109　567
徳島地判昭 60・7・9 判時 1157・3　　587
静岡地決昭 61・5・30 判時 1193・31　　367
東京地判昭 62・3・17 判タ 637・227　　161
東京地判昭 63・7・27 判時 1300・153　　706
静岡地判平 1・1・31 判時 1316・21　　367
甲府地判平 1・3・31 判時 1311・160
　　　　　　　　　　　　　　571, 692
東京地八王子支判平元・6・30 判タ 725・

237	161
浦和地判平1・12・21判夕723・257	789
富山地判平2・4・13判時1343・160	802
千葉地判平3・3・29判時1384・141	563
気仙沼簡判平3・11・5判夕773・271	690
大阪地判平3・12・2判時1411・128	801
東京地判平4・1・23刑集1419・133	60
東京地判平6・9・22判時1532・28	404
横浜地判平7・3・28判時1530・28	6,575
浦和地判平7・6・5判時1546・145	192
東京地判平8・3・22判時1568・35	37,780
岡山地判平9・12・15判時1641・158	801

[外国の判例]

Arizona v. Hicks, 480 U.S. 321 (1987) 693
Ashe v. Swenson, 397 U.S. 436 293
Brewer v. Williams, 430 U.S. 387 (1977) 752
Coolidge v. New Hampshire, 403 U.S. 443 (1971) 693
Dickerson v. United States, 120 S. Ct. 2326 (2000) 752
Escobedo v. Illinois, 378 U.S. 478 (1964) 34
Harris v. New York 401 U.S. 222 (1971) 752
Horton v. California, 496 U.S. 128 (1990) 693
Irvine v. California, 347 U.S. 128 (1957) 798
Kirby v. Illinois, 406 U.S. 682 (1972) 34
Mapp v. Ohio, 367 U.S. 643 (1961) 745
Mallory v. United States, 354 U.S. 449 (1957) 744
Massachusetts v. Sheppard 104 s. ct. 3424 (1984) 490
Massiah v. United States, 377 U.S. 201 (1964) 752
McNabb v. United States, 318 U.S. 332 (1943) 744
Michigan v. Tucker, 417 U.S. 433 (1974) 752
Minnesota v. Dickerson, 508 U.S. 366 (1993) 693
Miranda v. Arizona, 384 U.S. 436 (1966) 752
New York v. Quarles 467 U.S. 649 (1984) 752
Rochin v. California, 342 U.S. 165 (1952) 798
Terry v. Ohio, 392 U.S. 1 (1968) 693
United States v. Leon, 104 ct. 3405 (1984) 490
Weeks v. United States, 232 U.S. 383 (1914) 745
Wolf v. Colorado, 338 U.S. 25 (1949) 745

アーヴァイン事件 Irvine v. California, 347 U.S. 128 (1957) 798
ウィークス事件判決 Weeks v. United States, 232 U.S. 383 (1914) 18,745
ウォルフ事件 Wolf v. Colorado, 338 U.S. 25 (1949) 745
カレン・クィンラン事件 78,521
シェパード事件判決 Massachusetts v. Sheppard 104 s. ct. 3424 (1984) 490
ディッカーソン判決 Minnesota v. Dickerson, 508 U.S. 366 (1993) 693
テリー判決 Terry v. Ohio, 392 U.S. 1 (1968) 693
ビリー・ミリガン事件 473
マクナブ判決 McNabb v. United States, 318 U.S. 332 (1943) 744
マップ事件 Mapp v. Ohio, 367 U.S. 643 (1961) 745
ミランダ判決 Miranda v. Arizona, 384 U.S. 436 (1966) 752
レオン事件判決 United States v. Leon, 104 ct. 3405 (1984) 490
ローチン事件 Rochin v. California, 342 U.S. 165 (1952) 798

d 判例索引(事件名)

阿賀野川水銀中毒事件 663
悪徳の栄え事件 **1**, 549, 776, 801, 802
暴れ馬事件 111
硫黄殺人事件 **7**, 119, 167, 686
一厘事件 14, 73, 221, 712
岩手県教組事件 496, 587
内ゲバ事件 **31**, 344
エスコビード事件 34
M君事件 473
オウム事件 37, 380, 514, 610
大浦事件 **39**, 108, 111
大須事件 40, 465, 533, 574
大津事件 **40**, 284, 366, 594
勘違い騎士道事件 **91**
京踏切事件 24
金嬉老事件 49
熊本水俣病事件 **170**, 525
グリコ・森永事件 788
湖南事件 40
財田川事件 303, **305**, 331, 367, 418, 445, 709, 745, 761
坂本弁護士一家殺害事件 37
桜木町事件 **320**, 699
札幌医大心臓移植事件 803
狭山事件 **323**
サリドマイド事件 525
猿払事件 17, 444
三友炭坑事件 221
死刑再審無罪事件 709
雫石事件 **345**
島田事件 303, **367**, 418, 709, 745, 761
下山事件 **368**
柔道整復師事件 699
昭和電工事件 2, **437**

白鳥事件 303, 306, 367, **445**, 473, 745, 761
新宿駅騒乱事件 **451**, 465, 533
神通川カドミウム中毒事件 663
神兵隊事件 **461**, 596
人民電車事件 38, **462**
吹田黙禱事件 40, **465**, 533
スキューバダイビング講習事件 699
砂川事件 602
関根橋事件 324, **485**
仙台全司法事件 73, **493**, 495, 496, 577, 587, 597
全逓東京中郵事件→
　東京中郵事件 73, 494, 495, 496, **577**, 587, 597
全農林警職法事件 73, 494, **495**, 587, 597
造船疑獄事件 329, **505**
大逆事件 **524**
第五柏島丸事件 112, **524**
平事件 465, 508, **532**, , 574
高田事件 458, **533**
瀧川事件 534
たぬき・むじな事件 113, 726, 755
地下鉄サリン事件 37, 323
千葉大チフス菌事件 34
チャタレイ事件 **1**, 548, 776, 801, 802
調布駅前事件 433
筑波大膵腎同時移植事件 501, **564**, 803
帝銀事件 190, **567**
電気窃盗事件 487, 570
東海大学安楽死事件 6, 521, **575**
東京中郵事件→全逓
　東京中郵事件 73, 494, 495, 496, **577**, 587, 597

東洋電機カラーテレビ
　事件　　　　　　　　50
都教組事件　73, 494, 495,
　　　　　577, **586**, 597
徳島事件　303, 367, **587**,
　　　　　745, 761
徳島市公安条例事件
　　　　　228, 611, 676
富山イタイイタイ病事
　件　　　　　　　663
永山事件　　　　　331
名古屋中郵事件　73, 494,
　　　　　577, 587, **597**
名張毒ぶどう酒事件　418
新潟水俣病事件　　663
西山事件　　　　　56
仁保事件　　　　　**600**
脳梅毒事件　　506, **605**
博多駅事件　　　　**610**
白山丸事件　46, 499, **611**
磐梯熱海観光ホテル火
　災事件　　　　　95
人違い監置事件　　718
檜山丸事件　　　　577
プラカード事件　**690**, 760
米兵ひき逃げ事件 507, **699**
北大電気メス事件　95
ポポロ事件　556, **739**, 742

舞鶴事件　　　556, **742**
松川事件　　148, 284, **744**
松本サリン事件　　37
松山事件　　303, 367, 418,
　　　　　709, **745**, 761
三河島二重衝突事件　**746**
三鷹事件　　　　38, **749**
水俣病事件　　　　663
むささび・もま事件　113,
　　　　　　726, **755**
メーデー事件　　40, 465,
　　　　　533, 574, **758**
免田事件　　303, 331, 367,
　　　　　418, 709, 745, **760**
森永ドライミルク事件
　　　　　　95, 453, **765**
八海事件　148, 539, 709, **766**
山形マット死事件　433
四畳半襖の下張事件
　　　　　549, **776**, 801, 802
四日市ぜんそく事件　663
四大公害事件　　　663
連続ピストル殺人事件
　　　　　　　　　331
ロッキード事件　　188,
　　　　　390, 438, **798**
和田心臓移植事件　501,
　　　　　　　564, **803**

e 人名索引（和文）

アーリック　Erlich, Isaac　621
アイゼンク　Eysenck, Hans Jürgen　628, 629
青木英五郎　600
赤堀政夫　367
芦田　均　437
アシャッフェンブルク　Aschaffenburg, Gustav　84, 105, 628
阿藤周平　766
アベック　Abegg, Julius Friedrich Heinrich　700
アンセル　Ancel, Marc　5, 276, 375, 451
アンデナエス　Andenaes, Johannes　373
イェーリング　Jhering, Rudolf von　762, 785
石川一雄　323
市川秀雄　460
犬養　健　505
ウィグモア　Wigmore, John Henry　462
ウィルソン　Wilson, James Q.　621
ヴィルト　Wirth, Karl Joseph　782
ウェーバー　Weber, Hellmuth von　25, 29
ヴェヒター　Wächter, Karl Georg von　670
ヴェルツェル　Welzel, Hans　**30**, 204, 226, 231, 243, 371, 407, 459, 710, 762
ウォーレン　Warren, Earl　222
ヴォルテール　Voltaire, François Marie Arouet　330
ウォルトン　Walton, Paul　782
ヴォルマー　Vollmer, A August　4
ウルフガング　Wolfgang, Marvin E.　622
エイカーズ　Akers, Ronald　307, 620
エーアリック　Ehrlich, Isaac　331
エクスナー　Exner, Franz　84, 105
エスタブルック　Estabrook, Arthur Howard　630
エルヴェシウス　Helvétius, Claude Adrien　704
エンギッシュ　Engisch, Karl　202, 407, 506
遠藤辰雄　657
エンペイ　Empey, LaMar T.　622
大浦兼武　39
オーガスタス　Augustus, John　693
大場茂馬　**40**
オーリン　Ohlin, Lloyd E.　307, 321, 625, 655
岡田朝太郎　41
オスボーン　Osborn, T.M.　384
小野清一郎　37, 41, **42**, 52, 105, 123, 125, 148, 195, 198, 209, 210, 221, 242, 380, 534, 568, 576, 743, 751
オルトマン　Ortmann, Rudolf　207, 594, 707
オルトラン　Ortolan, J.L. Elzéar　594, 707
オレンジ公ウイリアム　William III of Orange　222
勝本勘三郎　**71**, 460, 707
金子文子　524
カポネ　Capone, Alphonso　164
カリカク家　The Kallikaks　630
カルプツォー　Carpzov, Benedict　125, 210
カルル5世　Karl V.　79
ガロファロ　Garofalo, Raffaele　11, **78**, 178, 279, 347, 460, 594, 648, 672, 799
カント　Kant, Immanuel　37, **94**, 195, 670, 672, 699
キツセ　Kitsuse, John I.　626
ギボンズ　Gibbons, Don C.　621
木村亀二　**116**, 198, 744
クイニー　Quinney, Richard　295, 618, 619, 622, 783
草野豹一郎　142, **166**, 308, 553
グッドジョンソン　Gudjonsson, Gisli H.　134

クラーク Clark, Ronald 618, 621	齊藤金作 142, 166, **308**
クライン Klein, Ernst Ferdinand 673	斎藤幸夫 745
クラインシュロート Kleinschrod, Gallus Aloys Casper 673	ザウアー Sauer, Wilhelm 516
グラヴァン Graven, Jean 5	サヴィニー Savigny, Friedrich Karl von 672
グラマティカ Gramatica, Filippo 276, 375	サザランド Sutherland, Edwin H. 84, 306, **320**, 372, 452, 619, 624, 628, 655, 740
クラワード Cloward, Richard A. 625	
クリース Kries, Johannes von 507	ザック Sack, Fritz 783
クリナード Clinard, Marshall B. 618, 619, 622	サド Sade, Donatien Alphonse François de 1
グリフィス Griffith, John 183	佐藤栄作 505
グリュック夫妻 Glueck, Sheldon & Eleanor Touroff 627, 657	サンプソン Sampson, Robert J. 657
グルーレ Gruhle, Hans Walter 628	ジェフェリー Jeffery, Clarence Ray 307, 620
クレッシー Cressey, Donald R. 307, 321	シェルドン Sheldon, William Herbert 627, 629
クレッチマー Kretchmer, Ernst 468, 627, 629	下山定則 368
グロールマン Grolman, Karl Ludwig Wilhelm von **171**, 673	シューア Schur, Edwin M. 646
クロフトン Crofton, Walter 792	シュヴァルツェンベルク Schwarzenberg, und Hohenlandsberg, Johann Freiherr von 79
ケストリン Köstlin, Christian Reinhold 700	
ケトレ Quetelet, Adolphe 83, 175, 624, 634, 636	シュヴェンジンガー夫妻 Schwendinger, Herman & Julia 783
ゲリー Guerry, Andre-Michel 83, 175, 636	ジューク家 The Jukes 630
江家義男 460	シュテューベル Stübel, Christoph Carl 171, 673
幸徳秋水 524	シュトース Stooß, Carl 708
コーエン Cohen, Albert K. 84, 307, 321, 619, 620	シュナイダー Schneider, Kurt 468, 472, 627
コーエン Cohen, Lawrence E. 621, 625	シュペンデル Spendel, Günter 407
	シュミット Schmidt, Eberhard 30, 98, 111, 114, **398**, 399
コーラー Kohler, Josef 700	ショー Shaw, Clifford R. 84, 175, 307, 321, 452, 592, 618, 619, 636, 654, 655
ゴーリング Goring, Charles B. 800	
古賀廉造 71, 707	スキナー Skinner, Burrhus F. 307, 620
児島惟謙 40, **284**	
ゴダード Goddard, Henry Herbert 547, 630	スペクター Spector, Malcolm 626
児玉誉士夫 798	ゼーバッハ Seebach, Hans Karl Werner Otto Kurt von 86, 129
ゴットフレッドソン Gottfredson, Michael 371	ゼーリッヒ Sellig, Ernst 105, 628
ゴルトシュミット Goldschmidt, James Paul 111, 114, 518	セリン Sellin, Thorsten 331, 622
	ターク Turk, A. T. 295
コルニール Cornil, Paul 5	ダーム Dahm, Georg 98
サイクス Sykes, Gresham M. 620, 628	ダーレンドルフ Dahrendorf 295
	タイラー Taylor, Ian 782
	タカギ Takagi, Paul 783

e 人名索引

瀧川幸辰　71, 125, 198, 743, **534**
ダグデール　Dugdale, Richard Louis　630
館澤徳弘　657
田中角栄　799
タルド　Tarde, Jean-Gabriel de　84, 479, 619
団藤重光　42, 198, 371, 568
チャンブリス　Chambliss, William　783
デュルケム　Durkheim, Émile　3, 84, 623, 624
トクヴィル　Tocqueville, Alexis de　593
富井政章　71, 460, **594**
トルストイ　Толстой, Лев Николаевич　534
トレーガー　Traeger, Ludwig　407
永井荷風　776
ナポレオン　Napoléon, Bonaparte　704
難波大助　524
バウマン　Baumann, Jürgen　207
ハーシ　Hirschi, Travis　371, 425, 625
バージェス　Burgess, Ernest W.　657
バージェス　Burgess, Robert L.　307, 620
ハート　Hart, H.L.A.　613
バーナード博士　Barnard, Christian Noethling　501
バール　Bar, Karl Ludwig von　207
パッカー　Packer, Herbert L.　183, 373, 646
ハックラー　Hackler, James　276
花井卓蔵　594
ハメル　Hamel, Gerard Anton van　273, 275, 785
林知己夫　657
ハワード　Howard, John　85
バンデュラ　Bandura, Albert　619
ヒトラー　Hitler, Adolf　708
日野原節三　437
ビューロー　Bülow, Oskar　518
平沢貞通　567
平野龍一　37, 42, 125, 169, 197, 307, 321, 468, 504, 541, 613, 740
ヒル　Hill, Mathew Davenport　693
ビルクマイヤー　Birkmeyer, Karl von　40, 41, 125, 195, 197, 207, **669**, 785
ビルンバウム　Birnbaum　709
廣津和郎　745
ビンディング　Binding, Karl　125, 197, 207, 669, **670**, 700, 709, 710, 743, 785
ヒンデランク　Hindelang, Michael J.　452
フィリップ　Philip, Arther　75
グラマチカ　Gramatica, Philippo　5
フーコー　Foucauld, Michrl　704
ブーリ　Buri, Maximilian　207, 408
フェリー　Ferri, Enrico　11, 78, 279, 370, 375, 460, 479, 624, 627, 648, **672**, 799
フェルソン　Felson, Marcus　618, 621, 625
フォイエルバッハ　Feuerbach, Paul Johann Anselm von　16, 105, 124, 171, 172, 182, 195, 297, 534, 670, **672**, 700, 709, 725
福田 平　30, 371
藤木英雄　73, 371, 453, 678
冨士茂子　587
フット　Foote, Daniel H.　183
ブラック　Black, Donald J.　624
ブラックストン　Blackstone, William　704
プラット　Platt, Tony　783
フランク　Frank, Reinhard　111, 112, 114, 690
フリードリッヒ大王　Friedrich der Große　269
プリンス　Prins, Adolphe　273, 275, 785
ブレイスウェイト　Braithwaite, John　183, 372
フロイデンタール　Freudenthal, Bernhold　111, 114, 395
フロイト　Freud, Sigmund　628, 629
ヘイル　233
ヘーゲル　Hegel, Georg Wilhelm Friedrich　16, 37, 195, 670, 673, **699**
ベーリング　Beling, Ernst　242, 371, 393, 669, 670, **700**, 743
ベッカー　Becker, Gary　621
ベッカリーア　Beccaria, Cesare Bonesana　16, 182, 195, 297, 330, 534, 621, **700**, 701, 704

ベネンソン Benenson, Peter 4
ヘルシュナー Hälschner, Hugo 700
ベルナー Berner, Albert Friedrich 700
ベンサム Bentham, Jeremy 85, 182, 491, 621, 648, **704**
ヘンティッヒ 644
ボアソナード Boissonade, Emile Gustave 123, 546, 594, 707, 777
ホーキンス Hawkins, Gordon 646
ポーリング Pauling, Linus Carl 474
ボールド Vold, George 295
朴 烈 524
穂積陳重 71, 765
ボンガー Bonger, Willem A. 175, 380
マートン Merton, Robert K. 3, 84, 624
マイヤー Mayer, Max Ernst 152, 198, 242, 371, 534, 576, 670, **742**, 743, 758
牧野英一 41, 42, 71, 116, 126, 148, 154, 178, 195, 198, 370, 391, 460, 534, 553, 591, 617, 633, **743**, 744, 751
マコノキー Maconochie, Alexander 75, 792
正木 亮 116, **744**
マッケイ McKay, Henry D. 84, 175, 307, 321, 452, 592, 618, 619, 636, 654, 655
マッツァ Matza, David 620, 626, 628
マルクス Marx, Karl 700
ミード Mead, George H. 307, 321, 619
美濃部達吉 482
宮城浩蔵 594, 707
宮崎信夫 803
宮下太吉 524
宮本英脩 73, 198, 221, 391, 460, 553, 712, **751**
ミラー Miller, Walter B. 620
ミル Mill, John Start 24
村上国治 445
メアリ Mary II 222
メツガー Mezger, Edmund 30, 103, 119, 204, 242, 392, 393, 408, 467, 469, 638, 670, **758**, 759

免田栄 760
泉二新熊 198, **765**
モリス Morris, Norval 646
モンテスキュー Montesquieu, Cherles de Secondat, Baronde 297, 700, 704
八木 胖 460
ヤコプス Jakobs, Günther 16
山口義政 803
ヤング Young, Jack 782
ユング Jung, Carl Gustav 468
吉益脩夫 628
ラートブルフ Radbruch, Gustav 30, 98, 464, **782**
ラウブ Laub, John H. 657
ラカッサーニュ Lacassagne, Jean-Alexandre-Eugène 83, 800
ランゲ Lange, Johannes 630
リープマン Liepman, Moritz 126
リスト Liszt, Franz von 41, 125, 178, 182, 195, 197, 198, 273, 275, 370, 398, 460, 555, 617, 633, 669, 670, 709, 710, 762, 782, 785
李奉昌 524
リューダーセン Lüderssen, Klaus 783
リンズ Lynds, Elam 593
リンドスミス Lindesmith, Alfred 636
ルーベック Lubeck, Steven G. 622
ルソー Rousseau, Jean-Jacques 700
レヴィン Levin, Yale 636
レーガン Reagan, Ronald Wilson 378
レスナー Roesner, Ernst 84
レマート Lemert, Edwin M. 84, 624
ロクシン Roxin, Claus Roxin 229
ロレンス Lawrence, David Herbert 549
ロンブローゾ Lombroso, Cesare 11, 78, 182, 279, 460, 479, 591, 619, 627, 629, 672, **799**, 800
ワインズ Wines, Enoch C. 34
和田寿郎 803

f 人名索引（欧文）

Abegg, Julius Friedrich Heinrich 700
Akers, Ronald 307, 620
Ancel, Marc 5, 276, 375, 451
Andenaes, Johannes 373
Aschaffenburg, Gustav 84, 105, 628
Augustus, John 693
Bandura, Albert 619
Bar, Karl Ludwig Von 207
Barnard, Christian Noethling 501
Baumann, Jürgen 207
Beccaria, Cesare Bonesana 16, 182, 195, 297, 330, 534, 621, **700**, 701, 704
Becker, Gary 621
Beling, Ernst 242, 371, 393, 669, 670, **700**, 743
Benenson, Peter 4
Bentham, Jeremy 85, 182, 491, 621, 648, **704**
Berner, Albert Friedrich 700
Binding, Karl 125, 197, 207, 669, **670**, 700, 709, 710, 743, 785
Birkmeyer, Karl von 40, 41, 125, 195, 197, 207, **669**, 709, 785
Birnbaum 709
Black, Donald J. 624
Blackstone, William 704
Boissonade, Emile Gustave 123, 546, 594, 707, 777
Bonger, Willem A. 175, 380
Braithwaite, John 183, 372
Bülow, Oskar 518
Burgess, Ernest W. 657
Burgess, Robert L. 307, 620
Buri, Maximilian 207, 408
Capone, Alphonso 164
Carpzov, Benedict 125, 210
Chambliss, William 783
Clark, Ronald 618, 621
Clinard, Marshall B. 618, 619, 622
Cloward, Richard A. 625
Cohen, Albert K. 84, 307, 321, 619, 620, 655

Cohen, Lawrence E. 621, 625
Cornil, Paul 5
Cressey, Donald R. 307, 321
Crofton, Walter 792
Dahm, Georg 98
Dahrendoef 295
Dugdale, Richard Louis 630
Durkheim, Émile 3, 84, 623, 624
Ehrlich, Issaak 331
Empey, LaMar T. 622
Engisch, Karl 202, 407, 506
Erlich, Isaac 621
Estabrook, Arthur Howard 630
Exner, Franz 84, 105
Eysenck, Hans Jürgen 628, 629
Felson, Marcus 618, 621, 625
Ferri, Enrico 279, 370, 375, 460, 479, 624, 627, 648, **672**, 799
Feuerbach, Paul Johann Anselm von 16, 105, 124, 171, 172, 182, 195, 297, 534, 670, **672**, 700, 709, 725
Foote, Daniel H. 183
Foucauld, Michel 705
Frank, Reinhard 111, 112, 114, 690
Freud, Sigmund 628, 629
Freudenthal, Bernhold 111, 114, 395
Garofalo, Raffaele **78**, 178, 279, 347, 460, 594, 648, 672, 799
Gibbons, Don C. 621
Glueck, Sheldon & Eleanor Touroff 627, 675
Goddard, Henry Herbert 547, 630
Goldschmidt, James Paul 111, 114, 518
Goring, Charles B. 800
Gottfredson, Michael 371
Gramatica, Filippo 276, 375
Graven, Jean 5
Griffith, John 183
Grolman, Karl Ludwig Wilhelm von 171, 673
Gruhle, Hans Walter 628

Gudjonsson, Gisli H.	134
Guerry, Andre-Michel	83, 175, 636
Hälschner, Hugo	700
Hackler, James	276
Hamel, Gerard Anton van	273, 275, 785
Hart, H.L.A.	613
Hawkins, Gordon	646
Hegel, Georg Wilhelm Friedrich	16, 37, 195, 670, 673, **699**
Helvétius, Claude Adrien	704
Hill, Mathew Davenport	693
Hindelang, Michael J.	452
Hirschi, Travis	371, 452, 625
Hitler, Adolf	708
Howard, John	85
Jakobs, Günther	16
Jeffery, Clarence Ray	307, 620
Jhering, Rudolf von	762, 785
Jukes	630
Jung, Carl Gustav	468
Kallikak	630
Kant, Immanuel	37, 94, 195, 670, 672, 699
Karl V.	79
Kitsuse, John I.	626
Klein, Ernst Ferdinand	673
Kleinschrod, Gallus Aloys Casper	673
Kohler, Josef	700
Köstlin, Christian Reinhold	700
Kretchmer, Ernst	468, 627, 629
Kries, Johannes von	507
Lacassagne, Jean-Alexandre-Eugène	83, 800
Lange, Johannes	630
Laub, John H.	657
Lawrence, David Herbert	549
Lemert, Edwin M.	84, 624
Levin, Yale	636
Liepman, Moritz	126
Lindesmith, Alfred	636
Liszt, Franz von	41, 125, 178, 182, 195, 197, 273, 275, 370, 398, 460, 555, 617, 633, 669, 670, 709, 710, 762, 782, 785
Lombroso, Cesare	182, 279, 460, 479, 591, 619, 627, 629, 672, **799**, 800
Lubeck, Steven G.	622
Lüderssen, Klaus	783
Lynds, Elam	593
Maconochie, Alexander	75, 792
Marx, Karl	700
Mary II	222
Matza, David	620, 626, 628
Mayer, Max Ernst	152, 198, 242, 371, 534, 576, 670, **742**, 743, 758
McKay, Henry D.	84, 175, 307, 321, 452, 592, 618, 619, 636, 654, 655
Mead, George H.	307, 321, 619
Merton, Robert K.	3, 84, 624
Mezger, Edmund	30, 103, 119, 204, 242, 392, 393, 408, 467, 469, 638, 670, **758**, 759
Mill, John Stuart	24
Miller, Walter B.	620
Montesquieu, Cherles de Secondat, Baronde	297, 700, 704
Morris, Norval	646
Napoléon, Bonaparte	704
Ohlin, Lloyd E.	307, 321, 625, 655
Ortmann, Rudolf	207
Ortolan, J.L. Elzéar	594, 707
Osborn, T.M.	384
Packer, Herbert L.	183, 373, 646
Pauling, Linus Carl	474
Philip, Arther	75
Platt, Tony	783
Prins, Adolphe	273, 275, 785
Quetelet, Adolphe	83, 175, 624, 636
Quinney, Richard	295, 618, 619, 622, 783
Radbruch, Gustav	30, 98, 464, **782**
Reagan, Ronald Wilson	378
Roesner, Ernst	84
Rousseau, Jean-Jacques	700
Roxin, Claus	229
Sack, Fritz	783
Sade, Donatien Alphonse François de	1
Sampson, Robert J.	657
Sauer, Wilhelm	516
Savigny, Friedrich Karl von	672
Schmidt, Eberhard	30, 98, 111, 114, **398**, 399
Schneider, Kurt	468, 472, 627
Schur, Edwin M.	646
Schwarzenberg und Hohenlandsberg, Johann Freiherr von	79

Schwendinger, Herman & Julia	783
Seebach, Hans Karl Werner Otto Kurt von	86, 129
Sellig, Ernst	105, 628
Sellin, Thorsten	331, 622
Shaw, Clifford R.	84, 175, 307, 321, 452, 592, 618, 619, 636, 654, 655
Sheldon, William Herbert	627, 629
Skinner, Burrhus F.	307, 620
Spector, Malcolm	626
Spendel, Günter	407
Stübel, Christoph Carl	171, 673
Sutherland, Edwin H.	**320**
Sykes, Gresham M.	620, 628
Takagi, Paul	783
Tarde, Jean-Gabriel de	84, 479, 619
Taylor, Ian	782
Tocqueville, Alexis de	593
Толстой, Лев Николаевич	534
Traeger, Ludwig	407
Turk, A.T.	295
Vold, George	295
Vollmer, A. August	4
Voltaire, François Marie Arouet	330
Wächter, Karl Georg von	670
Walton, Paul	782
Warren, Earl	222
Weber, Hellmuth von	25, 29
Welzel, Hans	**30**, 204, 226, 243, 371, 407, 710, 762
Wigmore, John Henry	462
William III	222
Wilson, James Q.	621
Wines Enoch C.	34
Wirth, Karl Joseph	782
Wolfgang, Marvin E.	622
Young, Jack	782

担当項目一覧

[愛知正博]
旗国主義 102
国外犯 272
国際刑事裁判所 274
国際刑法 274
国内犯 283
人道に対する罪 459
世界主義 479
戦争犯罪 493
属人主義 510
属地主義 510
代理処罰 533
犯罪地 632
ヘーゲル(人) 699

[秋葉悦子]
嬰児殺 33
偽装心中 106
殺人罪 322
自殺関与罪 337
承諾殺人罪 423
人工妊娠中絶 449
推定的承諾 465
パターナリズム 613
被害者の錯誤 647
被害者の承諾 647
欲する者に対しては侵
　害はない 738

[浅田和茂]
刑罰能力 194
行為責任 230
社会的責任論 370
性格責任論 467
精神医学 471
責任主義 481
責任条件 482
責任阻却事由 483
道義的責任論 576
法医学 708
有責行為能力 770

[荒木伸怡]
供述心理学 133
共犯者の自白 147

口供結案 234
公判廷の自白 263
自白 361
自白法則 361
犯人識別供述 640
秘密の暴露 667
不利益な事実の承認 691
補強証拠 729

[石塚伸一]
外国人犯罪 49
緩刑化 84
刑事制裁 183
刑務作業 199
拘禁心理学 235
交通犯罪 256
国際社会防衛会議 276
社会治療 369
ジャスティス・モデル 377
受刑者 394
　──の権利 395
情願 403
請願作業 468
戦争と犯罪 492
組織犯罪 513
担当制 544
治療処分 558
不定期刑 683
保安処分 708
暴力団員による不当な
　行為の防止等に関す
　る法律(暴対法) 727
予防拘禁 781
ラディカル犯罪学 782
労作処分 796

[井田　良]
因果的行為論 26
既遂 104
幻覚犯 209
行為 228
社会的行為論 369
人格的行為論 446
ベーリング(人) 700
マイヤー(人) 742

未遂 747
未遂犯 748
メツガー(人) 758
目的的行為論 762

[伊東研祐]
越権行為説 34
横領罪 39
キール学派 98
金銭 165
グロールマン(人) 171
自救行為 329
集合横領 381
転嫁罰規定 570
二重売買 598
ビルクマイヤー(人) 669
ビンディング(人) 670
フォイエルバッハ(人) 672
法益 709
法的に空虚な領域 721
領得行為説 790

[伊藤　渉]
遺失物等横領罪 10
遺失物法 10
キセル乗車 105
公共の平穏に対する罪 234
財産上の利益 299
財産犯 300
先物取引 317
地面師 368
集団犯罪 387
新宿駅騒乱事件 451
騒音規制法 500
騒音防止条例 500
騒乱罪 508
多衆不解散罪 536
メーデー事件 758

[指宿　信]
一件記録 14
起訴状 108
起訴状一本主義 109
罪名 315

罪となるべき事実	565
訂正の判決	568
罰条	614
補正	736
予断防止の原則	777

[今井猛嘉]

偽造	106
虚偽公文書作成罪	158
虚偽診断書作成罪	159
公正証書原本等不実記載	240
公文書偽造罪	265
私文書偽造罪	364
文書	694
文書偽造罪	695
変造	705
無形偽造	753
有形偽造	768

[岩間康夫]

偽証罪	103
虚偽鑑定罪	158
虚偽告訴罪	159
強談威迫	254
証言拒否罪	408
証拠隠滅罪	411
証人等威迫罪	426
親族相隠	456
親族相盗例	457
逃走罪	581
犯人蔵匿罪	641
法は家庭に入らず	722
面会強請	759

[上嶌一高]

アレインメント	5
権限濫用説	211
心情要素	452
堕胎罪	537
特別背任罪	590
二重抵当	598
背信説	608
背任罪	608
不良貸付	692
利得罪	787

[上田信太郎]

刑事免責	188
検察官処分権主義	213
事件受理	332
事件処理	333

終局処分	380
他管送致	533
中間処分	550
中止処分	550
不起訴処分	674

[上田 寛]

季節・気候と犯罪	105
群集犯罪	172
国際犯罪学会議	279
国際被害者学シンポジウム	279
国際連合・アジア極東犯罪防止研修所	279
国際連合・犯罪と司法に関する研究所	279
失業と犯罪	350
性格調査	467
精神障害	471
精神病質	472
性的倒錯	474
精神保健及び精神障害者福祉に関する法律	473
精神薬理	473
性犯罪	478
生来性犯罪人	479
セクシュアル・ハラスメント	485
措置入院	519
知能と犯罪	547
犯罪学	616
犯罪者	622
犯罪者類型	627
犯罪心理学	628
犯罪生物学	629
犯罪精神医学	629
犯罪要因	638
不妊手術	685
母体保護法	736

[植田 博]

アジャン・プロヴォカトゥール	1
間接教唆	89
企行	102
教唆	131
教唆犯	131
集団犯	386
承継的共同正犯	405
承継的共犯	406
承継的従犯	407

煽動(せん動)	494
対向犯	524
独立教唆罪	591
任意的共犯	603
必要的共犯	660
無形的幇助	753

[臼木 豊]

陰謀	28
凶器	128
凶器準備集合罪	128
正当業務行為	474
体罰	527
懲戒権	554
法令行為	728
予備	778
予備の共犯	779
予備罪	779

[宇藤 崇]

移監	7
一罪一勾留の原則	11
仮拘禁	75
監置	91
勾引	231
拘禁	234
勾留	270
勾留質問	271
勾留状	272
勾留理由開示	272
護送	285
収監状	379
召喚	402
代用監獄	531
ヘイビアス・コーパス	698
未決	747
要急事件	772
要急処分	772

[梅田 豊]

予審	776
予備審問	779

[大久保哲]

インコミュニカード	26
接見交通	486
被疑者の権利	650
被告人の権利	659

[大越義久]

違法共犯論	18
教唆の未遂	131
共犯	145

共犯従属性説	148	強要罪	158	第2選択議定書	331
共犯独立性説	148	富井政章(人)	594	傷害罪	402
共犯の因果性	150	ひき逃げ	651	信用毀損罪	462
共犯の従属形式	152	フェリー(人)	672	遡及処罰	509
共犯の従属性	152	不動産侵奪罪	683	同時傷害	579
共犯の処罰根拠	152	ベッカリーア(人)	700	忘却犯	712
惹起説	378	保護責任者遺棄罪	733	暴行罪	712
責任共犯論	481	ロンブローゾ(人)	799	暴力行為等処罰ニ関スル法律	726
未遂の教唆	748			森永ドライミルク事件	765

[大澤 裕]
概括的認定	45
選択的認定	493
択一的認定	535
不特定的認定	685

[大塚裕史]
預合い罪	2
違法状態維持説	20
浮貸し	30
監督過失	95
金融犯罪	165
古物営業法	292
出資の受入れ,預り金及び金利等の取締りに関する法律(出資法)	397
信頼の原則	462
段階的過失	540
追求権説	559
盗品等に関する罪	583
盗品等運搬罪	583
盗品等保管罪	584
盗品等無償譲受け罪	584
盗品等有償処分あっせん罪	585
盗品等有償譲受け罪	585
認識ある過失	604
認識なき過失	604

[大出良知]
国選弁護	281
自己負罪拒否特権	336
当番弁護士	582
弁護士	703
黙秘権	763

[大沼邦弘]
遺棄罪	7
ガロファロ(人)	78
救護義務	124
脅迫罪	144

[奥村正雄]
延焼罪	35
火炎びんの使用等の処罰に関する法律	57
ガス等漏出罪	69
激発物破裂罪	200
現住建造物等放火罪	217
建造物等以外放火罪	219
公共危険罪	234
失火罪	349
社会的法益に対する罪	372
出水罪	397
消火妨害罪	402
焼損	422
非現住建造物等放火罪	652
放火罪	710

[小田直樹]
強制執行妨害罪	138
競売入札妨害罪	193
公務執行妨害罪	267
公務の適法性	269
自己の物に対する犯罪	336
使用窃盗	421
職務強要罪	438
森林窃盗罪	464
窃盗罪	486
占有	495
封印破棄罪	671
不法領得の意思	688

[甲斐克則]
過失致死罪	65
過失致傷罪	65
現場助勢罪	220
残虐な刑罰	324
死刑	330
死刑の廃止を目指す市民的及び政治的権利に関する国際規約の	

[香川喜八朗]
大津事件	40
合議	233
公判廷	263
公平な裁判所	266
児島惟謙(人)	284
裁定合議	306
裁判権	311
裁判の告知	313
三審制度	327
司法権の独立	366
書記官	437
訴訟費用	516
速記	520
法曹一元	715
法定合議	717

[加藤克佳]
確定後救済手続	61
再審	302
財田川事件	305
証拠の新規性	418
証拠の明白性	418
白鳥事件	445
非常上告	659

[門田成人]
委任命令	16
拡張解釈	60
罪刑法定主義	296
実体的デュープロセス	355
縮小解釈	393
白地刑罰法規	444
定型説	568
漠然不明確	611
反対解釈	639
福岡県青少年保護育成条例事件	675
法律なければ刑罰なし	

		725	司法前処理	367	[木村光江]	
勿論解釈		764	証拠保全	419	可罰的違法性	72
類推解釈		792	捜査	502	一厘事件	14
			捜査の構造	504	謙抑主義	221
[上口 裕]			捜査比例の原則	505	社会的相当性	371
大須事件		40	弾劾的捜査観	541	仙台全司法事件	493
簡易公判手続		79	取調べ	595	全農林警職法事件	495
継続審理		189	任意捜査	602	東京中郵事件	577
公判準備		261	余罪	775	都教組事件	586
事前準備		346			名古屋中郵事件	597
集中審理		387	[川端 博]		判官は些事を取り	
準備手続		401	違法阻却事由の錯誤	22	上げず	712
迅速な裁判		457	勘違い騎士道事件	91	宮本英脩(人)	751
高田事件		533	規範的構成要件要素の		労働刑法	797
百日裁判		667	錯誤	113		
弁護人抜き裁判法案		704	厳格責任説	208	[京藤哲久]	
法廷闘争		719	誤想過剰防衛	285	悪徳商法	1
			誤想避難	285	過怠破産罪	69
[川出敏裕]			誤想防衛	286	カルテル	78
引 致		28	錯誤	319	業務妨害罪	157
緊急執行		161	事実の錯誤	340	虚偽の風説	159
緊急逮捕		162	消極的構成要件要素	404	詐欺破産罪	317
現行犯		211	制限責任説	469	特定商取引に関する法	
現行犯逮捕		211	責任説	482	律	588
検 束		219	むささび・もま事件	755	不当な取引制限の罪	684
国際刑事警察機構		273			無限連鎖講の防止に関	
国際司法共助		276	[北川佳世子]		する法律	753
国際捜査共助		277	淫 行	26	預金等に係る不当契約	
罪証隠滅		301	淫行勧誘罪	26	の取締に関する法律	
再逮捕		305	感染症の予防及び感染			773
事件単位の原則		333	症の患者に対する医			
司法共助		365	療に関する法律	90	[葛野尋之]	
準現行犯		400	客体の錯誤	117	外国人事件と刑事手続	48
逮 捕		528	強制わいせつ罪	141	市民的及び政治的権利	
逮捕状		530	コンピュータウイルス		に関する国際規約	
逮捕先行主義		530		294	（自由権規約＝B規	
犯罪捜査共助		631	コンピュータ犯罪	294	約）	367
犯罪人引渡し		635	桜木町事件	320	世界人権宣言	480
犯罪被害者等の保護を			酒に酔つて公衆に迷惑		通 訳	563
図るための刑事手続			をかける行為の防止		翻 訳	741
に付随する措置に関			等に関する法律	320		
する法律		637	雫石事件	345	[葛原力三]	
別件逮捕		702	電子計算機使用詐欺罪		飲料水に関する罪	29
抑 留		774		571	オウム事件	37
留 置		788	電子計算機損壊等によ		往来危険罪	38
令 状		794	る業務妨害罪	571	往来妨害罪	38
			売春防止法	607	化学兵器の禁止及び特	
[川崎英明]			方法の錯誤	722	定物質の規制等に関	
糾問的捜査観		125	三河島二重衝突		する法律	58
強制捜査		139	事件	746	核原料物質，核燃料物	
公務所等照会		268	迷惑防止条例	758	質及び原子炉の規制	
拷 問		269			に関する法律	59

汽車転覆等の罪	103	検事	217	片面的従犯	706
航空機の強取等の処罰に関する法律	235	公判専従論	262	幇助	713
		指揮権発動	329		
航空の危険を生じさせる行為等の処罰に関する法律	236	送検	502	[斉藤豊治]	
		送致	506	アムネスティ・インターナショナル	4
サリン等による人身被害の防止に関する法律	323	追送	560	アメリカ犯罪学会	4
		[近藤和哉]		外務省秘密漏洩事件	56
		あへん法	4	確信犯	59
シージャック	328	覚せい剤取締法	60	公安条例	227
新幹線鉄道における列車運行の安全を妨げる行為の処罰に関する特例法	447	国際的協力の下に規制薬物に係る不正行為を助長する行為等の防止を図るための麻薬及び向精神薬取締法等の特例等に関する法律（麻薬特例法）	277	国際刑法学会	275
				国家秘密	290
				占領目的阻害行為処罰令	496
人民電車事件	461			治安刑法	544
三鷹事件	749			団体等規正令	544
流通食品への毒物の混入等の防止等に関する特別措置法	788			日米相互防衛援助協定等に伴う秘密保護法	599
		死体損壊等の罪	348		
		説教等妨害罪	485		
[後藤昭]		大麻取締法	531	日本国とアメリカ合衆国との間の相互協力及び安全保障条約第6条に基づく施設及び区域並びに日本国における合衆国軍隊の地位に関する協定	601
一部上訴	14	毒物及び劇物取締法	588		
検察官上訴	213	不法収益等隠匿罪	687		
控訴	245	不法収益等収受罪	688		
控訴棄却	246	墳墓発掘罪	696		
控訴趣意書	251	変死者密葬罪	705		
控訴審	251	マネーロンダリング	745		
控訴理由	254	麻薬及び向精神薬取締法（麻薬向精神薬取締法）	746	日本国とアメリカ合衆国との間の相互協力及び安全保障条約第6条に基づく施設及び区域並びに日本国における合衆国軍隊の地位に関する協定の実施に伴う刑事特別法	601
差戻し	321				
事後審	335				
事実審	339	薬物犯罪	766		
自判	363	礼拝所及び墳墓に関する罪	795		
上訴	421				
職権破棄	443	礼拝所不敬罪	795		
審級の利益	448				
審理不尽	464	[斎藤信治]		破壊活動防止法	609
破棄	610	過失の共同正犯	66	ピーナル・リフォーム・インターナショナル	642
判例違反	641	過失の共犯	66		
判例変更	642	加担犯	70		
附帯上訴	682	共犯の過剰	150		
不利益変更禁止の原則	691	共犯の錯誤	151	[齋野彦弥]	
		共犯理論	154	意思説	10
法律審	724	極端従属形式	160	意味の認識	23
法令違反	727	行為共同説	228	ウェーバーの概括的故意	29
法令適用	729	事後従犯	334		
理由不備	788	従犯	388	概括的故意	45
		制限従属形式	469	蓋然性説	53
[小山雅亀]		正犯	477	故意	224
検察官	212	単独正犯	544	故意犯	227
検察官同一体の原則	214	同時犯	580	事前の故意	346
検察事務官	215	片面的共同正犯	705		
検察庁	216	片面的共犯	706	条件付き故意	409

択一的故意	535	
動機説	576	
認容説	604	
表象説	668	
未必の故意	750	

[佐伯仁志]

月刊ペン事件	204
死者の名誉毀損罪	342
自損行為	348
真実性の証明	450
信書開封罪	453
窃用	489
通信の秘密	562
秘密侵害	666
秘密漏示罪	667
侮辱罪	679
プライヴァシー	689
村八分	756
名誉	756
名誉毀損罪	757

[酒井安行]

可罰的責任	73
期待可能性	111
期待可能性の錯誤	112
規範的責任論	114
傾向犯	173
主観的違法要素	391
主観的構成要件要素	392
心理的責任論	463
第五柏島丸事件	524
超法規的責任阻却事由	556
表現犯	668
フランク（人）	690
目的犯	762

[酒巻 匡]

旧々刑事訴訟法	122
旧刑事訴訟法	122
禁酒法	164
刑事訴訟規則	185
刑事訴訟法	185
権利章典	222
治罪法	546
日本国憲法の施行に伴う刑事訴訟法の応急的措置に関する法律	600
不逮捕特権	682

[佐久間修]

営業秘密	32
経済関係罰則ノ整備ニ関スル法律	174
経済刑法	174
産業スパイ	324
私的独占の禁止及び公正取引の確保に関する法律	356
談合罪	542
知的財産権の侵害	546
ノウ・ハウ	605
不正競争防止法	681

[佐藤隆之]

おとり捜査	42
コントロールド・デリバリー	293
「わな」の抗弁	804

[佐藤美樹]

公判期日の指定	261
公判期日	261
罪状認否	302
人定質問	459
審判の分離	461
統一公判	574
被告人質問	658
分離公判	696
冒頭手続	721

[椎橋隆幸]

一罪一訴因の原則	12
一部起訴	13
控訴事実の同一性	250
公訴事実	250
縮小認定	394
訴因	497
――と罪数	497
――と訴訟条件	498
――の特定	498
訴因変更	499
有罪である旨の陳述	770
有罪の答弁	770

[塩見 淳]

あっせん収賄罪	2
汚職罪	41
外国公務員に対する贈賄	48
加重収賄罪	67
公職にある者等のあっせん行為による利得等の処罰に関する法律	239
事後収賄罪	335
事前収賄罪	346
収賄罪	390
受託収賄罪	396
昭和電工事件	437
政治資金規正法	470
贈賄罪	508
第三者供賄罪	525
賄賂	802
賄賂罪	803

[島 伸一]

逆探知	117
強制採尿	137
検証	218
採尿令状	308
実況見分	350
身体検査	458
体液の採取	523
通信の傍受	562
ローチン原則	798
ワイヤ・タッピング	802

[島岡まな]

印紙等模造取締法	27
印紙犯罪処罰法	27
カード犯罪	44
貨幣損傷等取締法	74
偽造有価証券等行使罪	107
クレジット・カード	171
継続犯	189
紙幣類似証券取締法	364
状態犯	423
即成犯	510
通貨及証券模造取締法	560
電磁的記録不正作出罪	571
動物の愛護及び管理に関する法律	585
取引の安全に対する罪	596
プリペイド・カードの改ざん	692
有価証券偽造罪	767
郵便切手類模造等取締法	771

[清水一成]
安楽死	6
カレン・クィンラン事件	78
共犯からの離脱	146
共犯の中止	153
実行中止	351
尊厳死	521
着手中止	548
中止犯	550
治療行為	558
東海大学安楽死事件	575
予備の中止	780

[洲見光男]
エスコビード・ルール	34
プレイン・ヴューの理論	693
プレイン・フィールの理論	693
マクナブ・ルール	744
マップ事件	745
ミランダ・ルール	752

[白取祐司]
一事不再理	12
確定判決	61
確定力	62
棄却	98
羈束力	107
既判力	115
却下	118
形式裁判	179
形式的確定力	179
欠席判決	205
決定	205
公訴棄却	246
拘束力	247
裁判	309
裁判書	312
裁判の成立	314
実体裁判	354
終局裁判	380
主文	398
正式裁判の請求	470
調書裁判	555
調書判決	555
内容的確定力	596
二重の危険	598
判決	615
判決前調査制度	616
プラカード事件	690
傍論	729
本案裁判	740
命令	758
免訴	760
レイシオ・デシデンダイ	793

[城下裕二]
警察官	177
警察官職務執行法	177
自動車検問	358
指名手配	368
出頭	398
職務質問	438
所持品検査	439
ストップ・アンド・フリスク	466
捜査の端緒	504
任意出頭	602
任意同行	603

[新屋達之]
検察審査会	215
公訴権濫用	248
公訴取消し	252
大陪審	527
付審判制度	680

[鈴木左斗志]
営利の目的	33
営利目的等拐取罪	33
拐取幇助目的収受罪	51
熊本水俣病事件	170
人身売買	455
尊属に対する罪	522
胎児	525
胎児傷害	525
逮捕監禁罪	529
人質による強要行為等の処罰に関する法律	662
未成年者飲酒禁止法	748
未成年者拐取罪	748
身の代金目的拐取罪	749
未成年者喫煙禁止法	749
略取誘拐罪	787

[瀬川晃]
仮釈放	75
仮出獄	76
仮出場	76
仮退院	77
更生緊急保護	239
更生保護	240
更生保護施設	241
更生保護事業	241
執行猶予者保護観察法	353
社会内処遇	373
社会奉仕命令	375
善時制	491
地方更生保護委員会	547
中央更生保護審査会	550
中間施設	550
ハイフィールズ[計画]	609
パロール	615
犯罪者予防更生法	627
プロベーション	693
保護観察	730
保護観察官	731
保護観察所	732
保護司	732

[関正晴]
抗告	236
準抗告	400
即時抗告	509
通常抗告	561

[曽根威彦]
意思自由論	9
決定論	206
構成要件	241
シュミット(人)	398
責任要素	484
非決定論	652
不確定的故意	674
不法原因給付	686
法益考量(衡量)説	710
目的説	762
やわらかな決定論	767
ラートブルフ(人)	782
リスト(人)	785

[園田寿]
印章偽造罪	27
外国通貨偽造罪	50
偽造通貨収得後知情行使罪	106
偽造文書行使罪	107
行使	237
通貨偽造罪	561
通貨偽造準備罪	561

模 造	764

[高田昭正]
一部認定	14
疑わしきは被告人の利益に	31
冤 罪	35
合理的な疑いを超える証明	269
誤 判	291
採証学	302
最良証拠の原則	316
事実誤認	338
事実上の推定	338
事実認定	339
自由心証主義	385
証拠裁判主義	415
証拠の優越	418
証明力	436
推 定	465
説得責任	489
法定証拠主義	717
法律上の推定	723
無 罪	754
無罪の推定	755
有 罪	769
要証事実	773
立証趣旨	786

[高橋則夫]
共同意思主体説	142
共同正犯	142
共 謀	154
共謀共同正犯	155
草野豹一郎(人)	166
コンスピラシー	293
齊藤金作(人)	308
統一的正犯概念	574
犯罪共同説	617
見張り	749

[髙山佳奈子]
毀棄罪	98
器物損壊罪	115
木村亀二(人)	116
境界損壊罪	127
建造物等損壊罪	219
強盗強姦罪	257
強盗罪	257
強盗致死傷罪	259
強盗予備罪	260
昏酔強盗罪	293

再 犯	309
再犯加重	310
事後強盗罪	334
準強盗罪	401
信書隠匿罪	452
文書毀棄罪	695
牧野英一(人)	743
累 犯	793

[田口守一]
瑕疵の治癒	67
糺問主義	125
嫌疑刑	210
口頭主義	259
口頭弁論	260
公判中心主義	262
国家賠償	289
実体形成行為	354
書面主義	443
訴訟係属	513
訴訟行為	514
訴訟追行行為	516
訴訟法律関係	518
訴訟法律状態	518
代理権	533
弾劾主義	538
手続形成行為	569
手続二分論	569
当然無効	580
被害者と刑事手続	645
法廷技術	715

[只木 誠]
営業犯	32
観念的競合	95
牽連犯	223
集合犯	383
接続犯	486
単純一罪	543
団体責任	543
包括一罪	711
連座制	795
連続犯	795

[多田辰也]
アリバイ	5
科学的証拠	57
間接事実	89
間接証拠	89
経験則	173
罪 体	305
写 真	377

主要事実	399
情況証拠	404
証 拠	410
証拠物	419
情 状	420
書 証	440
疎 明	520
直接証拠	557
同種前科の立証	580
反 証	639
補助事実	736
本 証	741
類似事実の立証	791

[田中利幸]
課徴金	70
科 料	77
過 料	78
行政刑法	136
行政罰	140
行政犯	140
業務主体処罰規定	156
刑 法	196
三罰規定	327
重加算税	379
特別刑法	588
罰 金	613
罰金等臨時措置法	614
法 人	714
両罰規定	790

[田中 開]
公開主義	232
法廷メモ	720

[田淵浩二]
関連性	97
厳格な証明	209
公知の事実	255
裁判上顕著な事実	313
自由な証明	388
証 明	435
証明の必要	436
訴訟法上の事実	517
DNA鑑定	565

[津村政孝]
供述書	133
供述証拠	133
供述不能	134
供述録音	134
再伝聞	307

証拠書類 415
上申書 421
精神状態の供述 472
直接主義 556
伝聞証拠 572
伝聞法則 573
非供述証拠 651
非伝聞 661

[寺崎嘉博]
期 間 98
刑の時効 190
公 訴 245
公訴権 247
公訴時効 249
公訴不可分の原則 253
告 訴 281
告訴不可分の原則 282
告 発 283
親告罪 449
請 求 468
訴訟条件 515
二重起訴 598
白山丸事件 611

[土井政和]
監獄破産論 86
教 誨 126
矯 正 135
矯正医学 135
矯正教育 136
矯正施設 138
矯正職員 139
国際連合・犯罪防止及
 び犯罪者処遇会議 279
施設内処遇 345
社会復帰 374
自由刑単一化論 382
集団処遇 386
週末拘禁 390
単一刑論 538
犯罪者処遇 626
犯罪被害者等給付金支
 給法 637
被害者 643
被害者学 644
被害者補償 648
被害調査 648
被害弁償 649
被拘禁者処遇最低基準
 規則 652

[長井長信]
あてはめの錯誤 2
違法性の意識 20
禁止の錯誤 164
厳格故意説 208
故意説 226
制限故意説 468
法の不知は害する 722
法律の錯誤 725

[長井 圓]
三徴候説 327
心臓死 456
臓器移植 500
臓器の移植に関する法
 律（臓器移植法） 501
筑波大膵腎同時移植事
 件 564
脳 死 605
人の終期 664
和田心臓移植事件 803

[中空壽雅]
安寧秩序に対する罪 6
軍刑法 172
原因において自由な行
 為 207
皇室に対する罪 238
住居侵入罪 381
新過失論 447
新新過失論 453
責任能力 484
戦時刑事特別法 491
大逆罪 523
大逆事件 524
許された危険 771

[長沼範良]
科学的捜査 58
鑑 識 87
鑑 定 92
鑑定証人 93
鑑定人 93
鑑定留置 94
検 視 216
採 血 298
自動速度監視装置 359
指 紋 369
臭気選別 379
声 紋 479
筆 跡 660
ポリグラフ 739

麻酔分析 744
毛 髪 761

[中野目善則]
簡易裁判所 80
高等裁判所 258
最高裁判所 298
最高裁判所調査官 299
裁判官 310
裁判所 311
裁判長 313
受託裁判官 396
受命裁判官 399
大審院 526
地方裁判所 548
判事・判事補 639
補充裁判官 735

[中森喜彦]
インサイダー取引 27
証券取引等監視委員会
 409
証券取引法 409
相場操縦の罪 507
組織的犯罪対策法 511
損失補塡 521

[鯰越溢弘]
起訴独占主義 109
公衆訴追主義 238
公訴の提起 252
公判請求 261
国家訴追主義 288
再起訴 296
私人訴追主義 345
訴 追 519
追起訴 559
不告不理の原則 677
付帯私訴 682

[新倉 修]
アンセル(人) 5
違警罪 9
改正刑法準備草案 52
軽 罪 174
重 罪 384
ベンサム(人) 704
正木亮(人) 744

[西田典之]
加減的身分 63
共犯と身分 149
構成的身分 240

児童買春，児童ポルノに係る行為等の処罰及び児童の保護等に関する法律	357
支払用カード電磁的記録に関する罪	362
所有権留保	444
窃盗罪の保護法益	487
配偶者からの暴力の防止及び被害者の保護に関する法律	606
不正アクセス行為の禁止等に関する法律	681

[西村 秀二]

加減例	63
刑の減軽	190
刑の廃止	192
減 刑	210
限時法	217
自 首	342
実 刑	350
執行猶予	352
酌量減軽	376
宣告猶予	491
法定減軽	717

[野村 稔]

改定律例	54
仮刑律	75
旧刑法	123
公事方御定書	167
御成敗式目	284
実行の着手	351
新律綱領	463
大宝律令	529
太政官布告	537
断獄則例	543
不応為律	673
武家諸法度	676
武家法	676

[橋田 久]

外患罪	46
外国元首等に対する暴行・脅迫・侮辱罪	47
外国国章損壊罪	48
過剰避難	68
義務の衝突	116
緊急救助	161
緊急避難	162
5・15事件	227

国家の存立に対する罪	289
国交に関する罪	290
自招危難	343
私戦予備罪	347
神兵隊事件	461
中立命令違反罪	554
内乱罪	596

[橋爪 隆]

違法配当罪	22
会社荒らし等に関する贈収賄罪	50
会社財産を危うくする罪	50
決闘罪	206
財産刑	299
主 刑	394
消極的身分	405
身体刑	458
追 徴	560
付加刑	674
粉飾決算	696
没 取	736
没 収	737
身 分	750
身分犯	751
利益供与罪	784

[橋本 正博]

拡張的正犯概念	61
間接正犯	90
故意ある道具	226
行為支配	229
自手犯	343
制限的正犯概念	469
道具理論	577
離隔犯	784

[林 幹人]

二項犯罪	597

[林 美月子]

一般予防	16
応報刑	36
刑事未成年	188
限定責任能力	220
強姦罪	232
常習犯	420
心神喪失	454
心神耗弱	453
特別予防	591

部分的責任能力	686
目的刑	761

[林 陽一]

因果関係	24
——の錯誤	25
——の断絶	25
——の中断	25
疫学的因果関係	33
原因説	206
条件関係	407
条件説	408
相当因果関係	506
相当因果関係説	506
米兵ひき逃げ事件	699

[久岡 康成]

押 収	35
押収拒絶権	36
仮納付	77
還 付	96
差押え	321
承諾捜索	424
捜 索	503
博多駅事件	610
被害届	649
別件捜索	701
領 置	790

[日髙 義博]

具体的事実の錯誤	168
具体的符合説	169
具体的法定符合説	169
構成要件的錯誤	243
構成要件的符合説	243
抽象的事実の錯誤	552
抽象的符合説	553
抽象的法定符合説	554
不法責任符合説	688
法定的符合説	719

[平川 宗信]

小野清一郎(人)	42
刑罰論	195
刑法学派の争い	197
刑法の平易化	198
自然犯	347
瀧川幸辰(人)	534
日本国憲法	600
藤木英雄(人)	678
ボアソナード(人)	707

[平田 元]

挙証責任	160	人格責任論	446	提出命令	568
主張責任	396	真正不作為犯	455	武器対等の原則	675
証拠提出責任	416	責任	480		
		不作為犯	677	[松原久利]	
[平良木登規男]		不真正不作為犯	679	姦通罪	92
憲法違反	221	保障人説	735	悪徳の栄え事件	1
再度の考案	308			近親相姦	164
上　告	413	[前田雅英]		公然わいせつ罪	245
上告棄却	413	違法	17	重婚罪	383
上告理由	414	違法阻却事由	21	チャタレイ事件	548
跳躍上告	556	客観的違法論	118	賭博罪	593
著反正義	558	構成要件該当性	243	賭博場開張図利罪	594
特別抗告	589	構成要件の修正形式	244	富くじ罪	594
法令解釈の統一	728	実行行為	350	博徒結合罪	612
		主観的違法論	392	風俗営業等の規制及び	
[深尾正樹]		超法規的違法阻却事由		業務の適正化等に関	
公設弁護人	244		555	する法律	671
私選弁護	347	ポポロ事件	739	風俗犯	671
真実義務	449	舞鶴事件	742	四畳半襖の下張事件	776
人身保護法	455			わいせつ	800
立会権	538	[町野 朔]		——の罪	801
特別弁護人	590	ヴェルツェル（人）	30	わいせつ物陳列罪	801
必要的弁護	661	環境刑法	82	わいせつ物頒布販売罪	
弁護権	702	規範的構成要件要素	113		801
弁護人	703	業　務	156		
法律扶助	726	業務上過失	156	[松原芳博]	
		重過失	379	一身的刑罰阻却事由	14
[福島 至]		ストーカー行為等の規		客観的処罰条件	120
刑事確定訴訟記録法	178	制に関する法律	466	刑の加重	190
刑事補償	187	ヒトに関するクローン		刑の執行	191
交通事件即決裁判	255	技術等の規制に関す		刑の消滅	191
交通切符	255	る法律（ヒトクローン		刑の併科	192
交通反則金	257	規制法）	663	刑の免除	192
国税犯則取締法	280	人の健康に係る公害犯		刑罰阻却事由	194
費用補償	669	罪の処罰に関する法		処断刑	441
略式手続	787	律	663	宣告刑	490
				選択刑	493
[福山道義]		[松生光正]		法定刑	716
危　険	100	火薬類取締法	74		
危険犯	101	警察犯処罰令	178	[松宮孝明]	
具体的危険犯	167	軽犯罪法	195	過　失	64
形式犯	180	公職選挙法	238	過失犯	67
結　果	201	銃砲刀剣類所持等取締		旧過失論	121
結果犯	203	法	389	結果回避可能性	201
行為犯	230	関根橋事件	484	結果回避義務	202
実質犯	353	道路交通法	586	注意義務	549
侵害犯	445	爆発物取締罰則	612	予見可能性	774
抽象的危険犯	551	武器等製造法	675	予見義務	775
		平和に対する罪	699		
[堀内捷三]				[丸山雅夫]	
意思責任	10	[松代剛枝]		禁　錮	163
作為義務	318	証拠開示	412	刑　罰	193
作為犯	319				

結果責任	202	職権主義	441	少年警察活動	430
結果的加重犯	202	適正手続主義	568	少年の刑事事件	431
結合犯	204	当事者主義	578	少年補導	434
拘留	271			全件送致主義	490
自由刑	382	[宮城啓子]		選択的法執行	494
懲役	554	コラテラル・エストッ		地域警察活動	545
脳梅毒事件	605	ペル	292	ダイヴァージョン→ディ	
無期刑	752	サーシオレイライ	296	ヴァージョン	566
				ディヴァージョン	566
[三島 聡]		[宮澤節生]		都市化と犯罪	592
欠席裁判	205	アノミー論	3	犯罪統計	634
在廷令	306	会社犯罪	51	非行副次文化	655
訴訟指揮	514	企業犯罪	99	猶予制度	771
退廷命令	526	刑事司法制度	182	要保護性	773
法廷警察	716	国際社会学会・逸脱と			
法廷秩序	718	統制部会	276	[守山 正]	
法廷侮辱	720	国際犯罪	278	イタリア学派	11
		差異的接触理論	306	科学警察研究所	57
[水谷規男]		サザランド（人）	320	環境と犯罪	83
狭山事件	323	自己報告犯罪研究	337	環境調整	83
島田事件	367	社会的統制理論	371	危険性	101
下山事件	368	社会統制	372	教育刑	126
吹田黙禱事件	465	人種と犯罪	451	刑事学	178
造船疑獄事件	505	青少年保護条例	470	刑務所文化	200
平事件	532	組織の犯罪	512	国際刑事学協会	273
帝銀事件	567	犯罪行動系	618	コンフリクト理論	295
徳島事件	587	犯罪行動習得	619	社会防衛	375
仁保事件	600	犯罪行動理論仮説	620	宗教と犯罪	380
松川事件	744	犯罪行動類型	621	女性犯罪	440
松山事件	745	犯罪社会学	623	新社会防衛論	450
免田事件	760	犯罪の地理的分布	636	日数罰金	599
八海事件	766	犯罪白書	636	犯罪行為環境	618
		被害者なき犯罪	646	犯罪捜査学	630
[三井 誠]		非行地域	654	婦人補導院	681
違法収集証拠の排除法		非行予測	657	包括罪種	711
則	18	非犯罪化	665	補導処分	739
警察庁	177	ホワイトカラー犯罪	740	ラベリング論	783
警視庁	186			老人と犯罪	797
順点の原則	401	[村山眞維]			
証拠禁止	412	簡易送致	81	[安田拓人]	
証拠能力	417	逆送	117	外国為替及び外国貿易	
善意の例外	489	経済と犯罪	175	法	47
宣誓供述書	492	警察白書	178	関税定率法	88
答弁取引	586	刑事統計	186	関税法	88
毒樹の果実	587	刑事立法	189	恐喝罪	127
法務省	723	警備活動	196	権利行使と恐喝罪	222
保佐人	734	刑事法社会学	186	詐欺罪	316
補佐人	734	検挙	210	三角詐欺	323
ロッキード事件	798	コミュニティ・オーガ		出入国管理及び難民認	
		ニゼーション	292	定法	398
[三井誠=深尾正樹]		再犯予測	314	租税犯罪	518
実体の真実主義	354	社会的予後	372	つり銭詐欺	565

執筆者		担当項目一覧	
取込詐欺	595	増強証拠	502
配給詐欺	606	速度測定カード	511
無銭飲食	756	弾劾証拠	539
		同意書面	574
		犯行再現ビデオ	616
		録音テープ	798

[安冨 潔]
異議の申立て	8
求 刑	122
供述拒否権	132
結 審	205
公判手続	264
最終陳述	300
最終弁論	301
釈 明	376
訴訟能力	516
当事者適格	579
弁 論	706
申立適格	761
量 刑	789
論 告	799

[安村 勉]
国民の司法参加	283
参 審	326
陪 審	607
評 決	667

[山口 厚]
硫黄殺人事件	7
客観的危険説	119
具体的危険説	167
結果無価値	204
行為無価値	231
事実の欠缺	340
人的不法	459
抽象的危険説	551
人の始期	664
不能犯	685
迷信犯	756

[山田道郎]
回復証拠	54
擬制同意	104
供述録取書	134
検察官面前調書	214
合意書面	229
裁判官面前調書	311
酒酔い鑑識カード	320
三項書面	325
三号書面	326
自己矛盾の供述	337
嘱託尋問調書	438
信用性の情況的保障	462

[山中敬一]
勝本勘三郎(人)	71
帰 責	104
客観主義	118
客観的帰属	119
旧派刑法学	124
主観主義	391
新派刑法学	460
犯罪徴表説	633
泉二新熊(人)	765

[山名京子]
共同被告人	143
共犯者と刑事手続	146
参考人	326
被疑者	650
被告人	657
容疑者	772

[山火正則]
大場茂馬(人)	40
岡田朝太郎(人)	41
科刑上一罪	62
かすがい現象	69
吸収関係	124
罪 数	304
択一関係	534
犯罪の競合	635
不可罰的事後行為	674
併合罪	697
法条競合	713
本来的一罪	741

[山本輝之]
内ゲバ事件	31
過剰防衛	68
偶然防衛	166
原因において違法な行為	207
喧嘩両成敗	209
権利濫用説	222
国家正当防衛	287
自招侵害	344
正当防衛	475
説教強盗	485

| 対物防衛 | 527 |
| 盗犯等ノ防止及処分ニ関スル法律 | 581 |

[山本正樹]
一般的指揮権	15
一般的指示権	15
行政執行法	138
具体的指揮権	168
警 察	176
司法官憲	365
司法警察	365
司法警察職員	365
捜査機関	503
犯罪捜査規範	630
微罪処分	659

[吉井蒼生夫]
| 改正刑法仮案 | 52 |
| 改正刑法草案 | 53 |

[吉岡一男]
恩 赦	43
戒 護	47
学校病理	70
家庭裁判所	71
家庭内暴力	72
監 獄	84
監獄建築	85
監獄法	86
観護措置	87
国 親	169
虞犯少年	170
刑事施設	180
刑事施設法案	181
刑事政策	184
刑の執行の免除	191
刑務所	200
拘 置	255
資格制限	328
試験観察	332
児童自立支援施設	358
児童相談所	359
児童福祉法	360
児童養護施設	360
囚人自治制	384
少 年	427
少年院	428
少年鑑別所	429
少年刑務所	430
少年司法運営最低基準規則	431

少年非行	432	独居拘禁	593	移 送	11
少年保護手続	433	犯罪対応	632	回 避	54
少年法	433	犯罪報道	638	カロリナ刑事法典	79
賞 罰	435	分類処遇	696	簡易却下	79
前 科	490	ポースタル制	729	管 轄	81
大 赦	525	累進処遇	791	管轄の修正	82
段階的処遇	540			管轄違い	82
付添人	564	[吉田宣之]		忌 避	115
特 赦	587	カント(人)	94	公判調書	263
犯罪人名簿	635	管理可能性説	97	事物管轄	363
BBS運動	642	禁制品	164	事務移転の権	368
非行少年	653	公務員	266	除 斥	441
非行要因	655	公務員職権濫用罪	267	審 級	448
復 権	682	公務所	268	審級管轄	448
不良行為	692	国家的法益に対する罪		送 達	505
法務総合研究所	723		288	土地管轄	592
保護処分	732	国家の作用に対する罪			
補導委託	738		289	[渡辺 修]	
免囚保護事業	759	財 物	315	期日外尋問	102
労役場留置	796	電気窃盗	570	在廷証人	306
		特別公務員職権濫用罪		裁判所外尋問	313
[吉田敏雄]			589	事実の取調べ	341
エルマイラ制	34	特別公務員暴行陵虐罪		主尋問	396
外 出	51		590	証言拒絶権	407
外部交通	54			証言能力	410
開放処遇	55	[吉弘光男]		証拠決定	414
外部通勤	55	裁定通算	306	証拠調べ	416
帰休制	99	法定通算	718	証 人	424
行 刑	129	保 釈	734	証人尋問	425
行刑累進処遇令	130	未決通算	747	証人審問権	426
矯正保護	141			証人の保護	427
刑務委員会	199	[吉村 弘]		職権証拠調べ	442
雑居拘禁	322	大浦事件	39	職権調査	442
自宅拘禁	349	起訴裁量主義	107	宣 誓	492
社会的制裁	369	起訴法定主義	110	反対尋問	640
釈放前処遇	376	起訴猶予	111	冒頭陳述	721
少年院処遇	428	訴追裁量	520	補充尋問	735
短期自由刑	541			メモの理論	759
電子監視	570	[米山耕二]		臨床尋問	791
		移 審	11		

刑事法辞典

2003年3月28日　第1版第1刷発行　5601-0101	編集者　誠朔彦彦男之 　　　　井野根威喜一典 　　　　三町曽中吉 　　　　西岡田森

発行者	今井　　貴
発行所	株式会社 信山社
編集所	信山社出版株式会社
販売所	信山社販売株式会社
〒113-0033	東京都文京区本郷6-2-9-102 電話　　03(3818)1019 FAX　03(3818)0344
e-mail : henshu@shinzansha.co.jp	
編集/製作・信山社辞典編集部	印　刷　東洋印刷株式会社
	製　本　株式会社渋谷文泉閣

©2003, 信山社　Printed in Japan
ISBN 4-7972-5601-X C3532
5601-0101 : 012-0300-0200
NDC分類 326.001

Ⓡ本書の全部または一部を無断で複写複製（コピー）することは、著作
権法上の例外を除き禁じられています。複写を希望される場合は、日本
複写権センター（03-3401-2382）にご連絡ください。